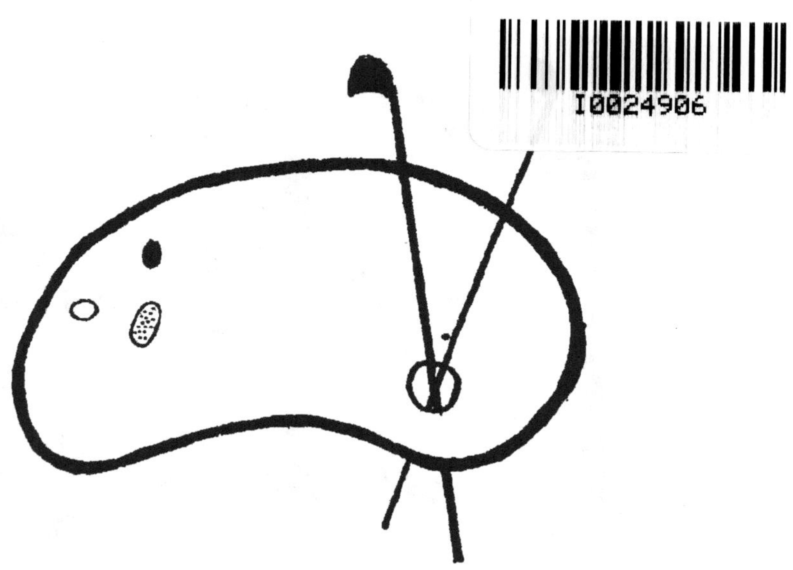
I0024906

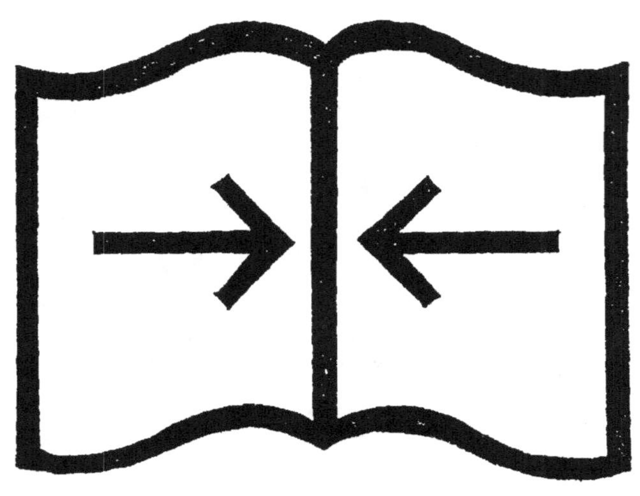

DICTIONNAIRE
GÉNÉALOGIQUE

DES

FAMILLES CANADIENNES

DEPUIS LA FONDATION DE LA COLONIE
JUSQU'A NOS JOURS

PAR

MGR CYPRIEN TANGUAY

Camérier Secret de Sa Sainteté.
Attaché du Bureau des Statistiques du Canada, Docteur-ès-Lettres de l'Université Laval,
membre de la Société Royale du Canada, membre des Sociétés historiques
de Montréal et du Missouri.

Monumentum exegi ære perennius.
HOR., LIV. III, Odes.

SIXIÈME VOLUME

MONTRÉAL

EUSÈBE SENÉCAL & FILS, IMPRIMEURS-ÉDITEURS

DICTIONNAIRE
GÉNÉALOGIQUE
DES
FAMILLES CANADIENNES

DICTIONNAIRE
GÉNÉALOGIQUE
DES
FAMILLES CANADIENNES

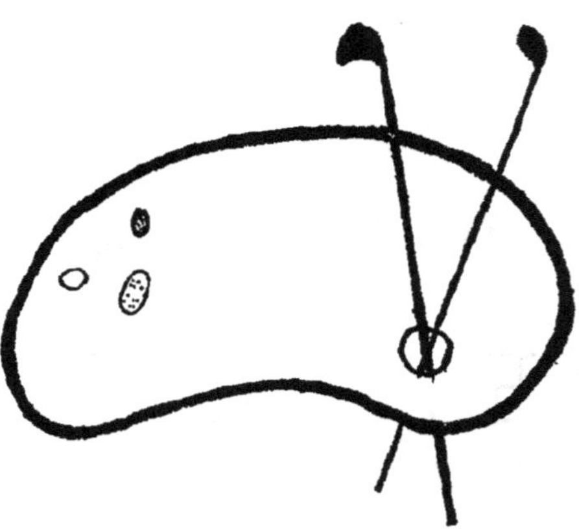

DICTIONNAIRE GÉNÉALOGIQUE

DES

FAMILLES CANADIENNES

DEPUIS LA FONDATION DE LA COLONIE
JUSQU'A NOS JOURS

PAR

MGR CYPRIEN TANGUAY

Camérier Secret de Sa Sainteté.
Attaché du Bureau des Statistiques du Canada, Docteur-ès-Lettres de l'Université Laval,
membre de la Société Royale du Canada, membre des Sociétés historiques
de Montréal et du Missouri.

Monumentum exegi ære perennius.
HOR., Liv. III, Odes.

SIXIÈME VOLUME

MONTRÉAL, (CANADA)

EUSÈBE SENÉCAL & FILS, IMPRIMEURS-ÉDITEURS

MDCCCLXXXIX

DICTIONNAIRE

GÉNÉALOGIQUE

DES

FAMILLES CANADIENNES

M

MERCIN.—Voy. MERÇAN.

1764, (12 nov.) Montréal.

I.—MERCKEL, JEAN, b 1735 ; fils de Christophe et de Barbe Kranvitz, de Franchenstin, Silésie.
BAYARJON, Marie-Louise, [PAUL III.
b 1728.

1697, (22 janvier) Cap-Santé. [2]

I.—MERCURE (1), FRANÇOIS,
b 1666 ; s [2] 19 juin 1747.
1° CATELAN, Marie, [JEAN I.
b 1676 ; s 22 avril 1701, à la Pte-aux-Trembles, Q. [3]
1707, (31 janvier) Ste-Famille, I. O.
2° PERROT, Marie, [JOSEPH II.
b 1690.
Jean-François, b [2] 15 février 1708 ; m 4 avril 1731, à Marie-Anne DORÉ, à St-Augustin ; s [3] 7 dec. 1775.— *Marie-Joseph*, b [2] 29 sept. 1711 ; m [2] 29 oct. 1738, à François CHAREST.—*Elisabeth*, b [2] 26 mars 1713 ; m [2] 17 avril 1730, à Etienne PAGÉ. — *Marie-Angélique*, b... m [2] 21 fevrier 1746, à Joseph-Marie HARDY. — *Joseph*, b 1726 ; m [2] 6 sept. 1747, à Anne GAUTIER.—*François*, b 1727 ; s [2] 13 déc. 1733.—*Marie*, b [2] 4 juin 1730 ; m [2] 20 avril 1748, à Pierre GROSLEAU.—*Pierre*, b... m [2] 5 mars 1753, à Marie-Therèse GIROUX.

1731, (4 avril) St-Augustin.

II.—MERCURE, JEAN-FRANÇOIS, [FRANÇOIS I.
b 1708 ; s 7 dec. 1775, à la Pte-aux-Trembles, Q. [3]
DORÉ, Marie-Anne, [LOUIS II.
b 1706 ; s [3] 27 nov. 1775.
Marie-Anne, b [3] 15 juin 1732 ; m [3] 18 nov. 1754, à Louis-Joseph PROU ; s [3] 23 août 1765. — *Jean-François*, b [3] 7 juin 1733. — *Marie-Thérèse*, b [3] 26 déc. 1734.—*Joseph*, b [3] 17 fevrier et s [3] 6 mars 1736.—*Pierre*, b [3] 17 janvier 1737.—*Marie-Madeleine*, b [3] 25 mars 1738, m [3] 7 janvier 1756, à Ange-Gabriel GARNEAU.—*Jean-Baptiste-Thierry*, b [3] 27 avril 1739 ; m [3] 10 fevrier 1772, à Françoise TRÉPAGNY. — *Jean-François*, b [3] 2 avril 1741 ; 1° m 11 fevrier 1765, à Marie-Joseph TOUPIN-DUSSAULT, aux Ecureuils [4] ; 2° m [4] 12 août 1776, à Madeleine LEFEBVRE.—*Marie-Angélique*, b [3] 6 mai 1744 ; m [3] 26 fevrier 1770, à Louis-Joseph FAUCHER. — *Marie-Jeanne*, b [3] 14 mars et s [3] 5 sept. 1746. — *Marie-Geneviève*, b [3] 6 août 1747.—*Augustin*, b [3] 3 mars et s [3] 30 août 1749.

(1) Voy. vol. I, p. 425.

1747, (6 sept.) Cap-Santé.

II.—MERCURE (1), JOSEPH, [FRANÇOIS I.
b 1726.
GAUTIER, Anne,
veuve de .... Bergeaux.
Louis, b 11 mai 1753, à l'Ile-St-Jean, Acadie. [6] — *Marie-Louise*, b [6] 10 fevrier 1755 ; m 13 fevrier 1776, à Joseph GOUIN, à Ste-Anne-de-la-Pérade. [7] —*Michel*, b 1756 ; m 14 juillet 1777, à Angelique POTVIN, à Kamouraska. — *Marie-Joseph*, b [7] 21 août 1760. — *Angelique*, b... m 3 mars 1783, à Paul BOUCHER, à la Rivière-Ouelle.

1753, (5 mars) Cap-Santé. [3]

II.—MERCURE, PIERRE. [FRANÇOIS I.
GIROUX, Marie-Therèse, [IGNACE III.
b 1734.
Marie-Thérèse, b [3] 25 mars 1753. — *Marie-Joseph*, b 20 août 1764, à Deschambault.

(1) Capitaine d'Infanterie de l'Ile-St-Jean, Acadie.

1765, (11 février) Ecureuils. [6]
III.—MERCURE, JEAN-FRS, [JEAN-FRANÇOIS II. b 1741.
1° TOUPIN-DUSSAULT, Marie-Jos., [JEAN-BTE III. b 1738; s [6] 20 juin 1775.
Jean-Baptiste, b [6] 24 juin 1766; s [6] 19 janvier 1770.—*Joseph,* b [6] 23 juillet 1768.—*Marie-Joseph,* b 23 juillet 1770, à la Pte-aux-Trembles, Q. [7]—*Jean-Baptiste,* b [7] 9 avril 1772.
1776, (12 août). [6]
2° LEFEBVRE, Madeleine, [LOUIS-JOSEPH II. b 1739.
Pierre, b [7] 30 sept. 1777.

1772, (10 février) Pte-aux-Trembles, Q. [4]
III.—MERCURE, J.-BTE-THIERRY, [JEAN-FRS II. b 1739.
TRÉPAGNY, Marie-Françoise, [FRANÇOIS IV. b 1753.
Thierry, b 24 oct. 1772, aux Ecureuils. [5]—*Marie-Françoise,* b [5] 24 oct. 1774.—*Marie-Louise,* b [4] 4 déc. 1775; s [4] 19 janvier 1776. — *Marie-Angélique,* b [4] 4 juin 1777.

MERCURE, JOSEPH.
RICHARD, Therèse.
Marie-Thérèse, b 7 juillet 1775, à la Pte-aux-Trembles, Q.

1777, (14 juillet) Kamouraska.
III.—MERCURE, MICHEL, [JOSEPH II. b 1756.
POTVIN (1), Marie-Angélique. [SIMON I.

I.—MERGEY (2), NICOLAS.

MÉRIAULT.—*Surnom :* LAPRAIRIE.

1699, (25 juillet) Montréal. [4]
I.—MÉRIAULT (3), PIERRE, b 1664; sergent; s [4] 23 oct. 1708.
HUOT, Geneviève, [NICOLAS I. b 1668.
Marie-Barbe, b [4] 21 mai 1703; m [4] 22 nov 1728, à Joseph HUET.—*Louis,* b 1705; s [4] 18 dec. 1707.—*Marie-Joseph,* b [4] 27 juillet 1708; s [4] 21 nov. 1744.

1725, (3 nov.) Québec. [9]
I.—MÉRIC, JEAN-PONCE, b 1687, chirurgien; fils de Pierre et de Jeanne Fouqueret, de Ste-Eulalie, Bordeaux; s [9] 16 sept. 1727.
MAILLOU (4), Marie-Joseph, [JOSEPH II. b 1700.
Anne-Mélanie, b [9] 5 août 1726; s [9] 24 sept. 1727. — *Marie-Joseph* (posthume), b [9] 18 mars et s [9] 28 déc. 1728.

(1) Voy. Pacrau.
(2) Il était aux Trois-Rivières en 1741.
(3) Dit Laprairie; voy. vol. I, p. 426.
(4) Elle épouse, le 21 oct. 1728, Pierre Desnouhes, à Québec.

I.—MÉRIEL (1), HENRI-ANTOINE, b 1661; prêtre de St-Sulpice; s 3 janvier 1713, à Montréal.

MÉRIEU. —*Variation et surnom :* MARIEUX — BOURBON.

1690, (6 février) Charlesbourg. [6]
I.—MÉRIEU (2), JEAN, b 1669.
GUÉRIN, Claudine, [CLÉMENT I. b 1674.
Marie-Anne, b [6] 1er déc. 1692; m 18 nov. 1715, à François DE LA MOTTE, à Beauport. — *Marie-Jeanne,* b 24 avril 1712, à Quebec [7]; m [7] 6 mai 1748, à Simon BARBEAU; s [7] 7 mars 1754.—*Jean-Jacques,* b [6] 29 mars 1715; 1° m [7] 10 mars 1738, à Elisabeth THIBAUT; 2° m [7] 1er août 1752, à Thérèse ROZA; s 28 mars 1775, à Terrebonne.

1738, (10 mars) Québec. [4]
II.—MÉRIEU (3), JEAN-JACQUES, [JEAN I. b 1715; s 28 mars 1775, à Terrebonne. [5]
1° THIBAUT, Elisabeth, [LOUIS III. b 1712; s [4] 8 août 1751.
Marie-Louise, b [4] 29 mars 1738; m [4] 29 sept. 1755, à François BOURGUIGNON.—*Marie-Anne,* b et s 5 sept. 1740, à Charlesbourg.—*Marie-Françoise,* b [4] 26 avril et s [4] 11 mai 1744.—*Marie-Françoise,* b [4] 13 juin 1746; s [4] 12 janvier 1748. — *Marie-Jeanne,* b [4] 20 juin 1748. — *Marie-Geneviève,* b [4] 30 mai et s [4] 23 juillet 1749.
1752, (1er août). [4]
2° ROZA, Thérèse, [BARTHÉLEMI I. b 1732.
Thérèse, b 1753; s [4] 10 juin 1754.—*Angélique,* b [4] 1er août 1754; m [5] 23 nov. 1772, à François VALIQUET.—*Jacques,* b [4] 22 nov. 1755.—*Jacques,* b [4] 31 mai 1757.— *Thérèse,* b [4] 5 oct. 1758; s [4] 5 février 1759.—*Marie-Anne,* b [4] 7 sept. 1759; m [4] 1er avril 1788, à Joseph DUFLAU. — *Anonyme,* b [4] et s [4] 9 février 1761. — *Jacques,* b [4] 13 oct. 1762. —*Madeleine,* b... m à Paul LARY.—*Nicolas,* b... m [4] 10 janvier 1792, à Louise VOCELLE.

MÉRIEU (4), JEAN.
MICHEL, Marguerite.
Marie-Joseph, b 23 juin 1789, à Ste-Foye.

1792, (10 janvier) Québec.
III.—MÉRIEU, NICOLAS. [JEAN-JACQUES II.
VOCELLE, Louise. [JEAN-FRANÇOIS II.

MERINVILLE.—Voy. DEREUX, 1759.

I.—MERITEN (DE) (5), ...

MERJACQUET.—*Variations et surnom :* MERJAQUES—MERJUGUE—OLIVIER.

(1) Arrivé au Canada, le 8 juillet 1690.
(2) Et Marieux dit Bourbon; voy. ce dernier nom, vol. I, p. 77, et vol. II, p. 412.
(3) Et Marieux dit Bourbon.
(4) Dit Bourbon.
(5) Sieur de Pradal; capitaine au régiment de Hussard.—Il était, en 1759, à Lachenaye.

1759, (22 janvier) Longueuil.[6]

I.—MERJACQUET (1), NICOLAS, fils de Nicolas et d'Anne Chenart, de Jubinville, diocèse de Toul, Lorraine.

GOGUET, Marie-Joseph, [ETIENNE III.
b 1737.

Marie-Joseph, b[6] 25 nov. 1758; s[6] 30 avril 1759. — *Jean-Baptiste-Edmond*, b 7 et s 22 sept. 1760, à Chambly. — *Louise*, b 5 janvier et s 26 mai 1763, à St-Philippe.[7] — *Marie-Joseph*, b[7] 8 mars et s[7] 6 juillet 1764.

MERJAQUES.—Voy. MERJACQUET.

MERJUGUE.—Voy. MERJACQUET.

MERLAN.—*Variation et surnom :* MERÇAN — PICARD.

I.—MERLAN (2), JEAN-BTE, b 1693 : de St-Georges-d'Abbeville, diocèse d'Amiens, Picardie; s 9 déc. 1730, à Montreal.

I.—MERLET (3), HARDOUIN, marchand.

MOTTÉ, Marie-Liesse.

MERLIA.—Voy. MARILLAC.

MERLIN.—*Surnom :* PRINTEMPS.

I.—MERLIN (4), JEAN.

MERLOT.—*Variation et surnoms :* MERSOT — LARAMÉE—LEPETIT.

1678, (21 nov.) Lachine.[6]

I.—MERLOT (5), ANDRÉ,
b 1645; s[6] 30 nov. 1700.

ROY (6), Marie, [JEAN I
b 1664.

Joachim, b[6] 3 janvier 1683 ; m 1706, à Jeanne MARTIN ; s 1er février 1740, au Bout-de-l'Ile, M.— *Marie*, b[6] 13 juin 1684 ; s 17 avril 1706, à Montreal.— *François*, b[6] 22 février 1691 ; m 1716, à Marie LAC; s[6] 15 oct. 1752.

1706.

II.—MERLOT, JOACHIM, [ANDRÉ I.
b 1683 ; s 1er fevrier 1740, au Bout-de-l'Ile, M.[1]

MARTIN (7), Jeanne.

Marie, b 16 août 1707, à Lachine[2]; m[1] 10 janvier 1736, à Pierre-Jacques SAUVÉ.—*Marie-Anne*, b[2] 10 mai 1709 ; m[1] 5 mai 1732, à Paul RANGER; s[1] 29 juin 1735.—*Marie-Jeanne*, b[2] 10 février 1711.—*Marie-Joseph*, b 1712 ; s[1] 10 mai 1735. — *Jeanne*, b 19 août 1714, à la Pointe-Claire ; s[1] 12 mai 1734.—*Geneviève*, b[1] 13 oct. 1715; s[1] 11 mai 1738.—*Catherine*, b[1] 8 mars 1717 ; m[1] 26 oct. 1750, à Pierre VALOIS.—*Judith*, b[1] 23 juillet 1718; m[1] 5 février 1743, à Lambert ROBILLARD.—*Thérèse*, b 1720 ; s[1] 6 juin 1735.—*Marie-Angélique*, b[1] 19 août et s[1] 20 sept. 1721.—*Joachim*, b[1] 21 août 1722 ; s[1] 17 août 1750.—*Augustin*, b[1] 24 mars 1724 ; m 1750, à Louise-Amable DUMAY ; s[1] 14 août 1763.—*Joseph*, b[1] 1er août 1725 ; m 1750, à Marie-Rose PILON.—*Marie-Louise*, b[1] 8 et s[1] 18 mars 1727.—*Jean-Baptiste-Marie*, b[1] 30 juin 1729 ; s[1] 30 mars 1733.—*André*, b[1] 22 juillet 1731 ; s[1] 31 août 1748.

1716.

II.—MERLOT, FRANÇOIS, [ANDRÉ I.
b 1691 ; s 15 oct. 1752, à Lachine.[3]

LAC (1), Marie,
b 1696.

François, b[3] 16 mai 1717.—*Marie-Joseph*, b[3] 25 avril 1719.—*Jacques*, b[3] 26 et s[3] 27 mai 1720. —*Etienne*, b 1722 ; m[3] 25 janvier 1751, à Angelique LABERGE.—*Claude*, b[3] 22 janvier 1728 ; m 7 janvier 1761, à Marie-Suzanne ALARIE, à Cahokia. —*Louis-Amable*, b[3] 31 oct. et s[3] 9 nov. 1729.— *Marie-Madeleine*, b[3] 15 avril 1731. — *Marie-Amable*, b 1732; 1° m[3] 20 janvier 1755, à Louis LABERGE ; 2° m 3 mai 1762, à Ignace GRANDMAISON, à Châteauguay. — *Joseph*, b 1734 ; s[3] 19 mars 1750.— *Gabriel*, b 1736; m 2 février 1761, à Marie-Anne MARTIN, à St-Laurent, M. — *Jacques*, b 1738 ; m 1762, à Marie AUBUCHON.—*Angélique*, b 1740 ; m[3] 27 fevrier 1764, à Joseph LALONDE.

1750.

III.—MERLOT, AUGUSTIN, [JOACHIM II.
b 1724 ; s 14 août 1763, au Bout-de-l'Ile, M.[4]

HOMAY (2), Louise-Amable, [CLAUDE II.
b 1730.

Louise-Amable, b 19 juillet 1751, à Ste-Geneviève, M.[5] — *Marie-Anastasie*, b[5] 26 mai 1753.— *Marguerite-Ursule*, b[5] 29 mars 1756.—*Augustin*, b[5] 14 août et s[5] 20 nov. 1757.—*Elisabeth*, b[4] 21 janvier 1759.—*Marie-Joseph*, b[4] 19 juin 1762.

1750.

III.—MERLOT, JOSEPH, [JOACHIM II.
b 1725.

PILON, Marie-Rose.

Joseph-Marie, b 10 déc. 1751, au Bout-de-l'Ile, M.[9] — *Jean-Baptiste*, b[9] 12 fevrier 1753.— *Etienne*, b[9] 28 fevrier 1755.—*Alexis*, b[9] 25 et s[9] 27 oct. 1756. — *Marie-Joseph*, b[9] 6 et s[9] 30 dec. 1759.—*Marie-Joseph*, b[9] 26 dec. 1760. — *Alexis*, b[9] 9 nov. 1762 ; s[9] 23 juillet 1763.—*Marie-Eugénie*, b[9] 25 août et s[9] 2 sept. 1764.—*Marie-Rose*, b[9] 9 et s[9] 16 dec. 1765. — *Paul*, b[9] 2 mai 1767.

---

(1) Dit Olivier; soldat du Royal-Roussillon.

(2) Dit Picard.

(3) Il était, le 22 avril 1766, à l'Ile-Dupas et le 21 avril 1775, à St-Cuthbert.

(4) Dit Printemps ; grenadier de la compagnie de Foulhiac, régiment de Berry.—Il était, le 8 janvier 1759, à Beauport.

(5) Dit LePetit—Laramée; voy. vol. I, p. 426.

(6) Elle épouse, le 14 mars 1701, Jacques Triolet, à Lachine.

(7) Dit Langevin, 1750.

(1) Et Lat.

(2) Et Dumay — Omay; elle épouse, le 19 nov. 1764, Gabriel Lalonde, au Bout-de-l'Ile, M.

1751, (25 janvier) Lachine. [9]
III.—MERLOT, ETIENNE, [FRANÇOIS II.
b 1722.
LABERGE, Angélique, [TIMOTHÉE III.
b 1728.
Etienne, b 1753 ; s [9] 5 sept. 1754.—*Marie-Anne*, b... s [9] 23 août 1755.

I.—MERLOT (1), RENÉ, b 1729 ; s 3 avril 1754, à St-Ours.

1761, (7 janvier) Cahokia.
III.—MERLOT, CLAUDE, [FRANÇOIS II.
b 1728.
ALARIE, Marie-Suzanne. [JEAN-BTE.

1761, (2 février) St-Laurent, M.
III.—MERLOT, GABRIEL, [FRANÇOIS II.
b 1736.
MARTIN, Marie-Anne. [JOSEPH II.

1762.
III.—MERLOT, JACQUES, [FRANÇOIS II.
b 1738.
AUBUCHON, Marie, [JOSEPH III.
b 1729.
Gabriel, b 1762 ; m 1er oct. 1793, à Marie-Joseph MILLOT, à Cahokia.

1793, (1er oct.) Cahokia.
IV.—MERLOT, GABRIEL, [JACQUES III.
b 1762.
MILLOT, Marie-Joseph. [JOSEPH.

MERO.—Voy. MOREAU.

MERS.—Voy. ROSSIGNOL.

MERS, FRANÇOIS.
LALIME, Angélique.
Angélique, b 1764 ; s 12 avril 1765, à Ste-Foye.

MERSAN.—Voy. MERÇAN.

MERSÉ.—Voy. MARCEL.

MERSIL.—Voy. MARSIL.

MERSOT.—Voy. MERLOT.

I.—MERVILLE (DE) (2), ...

1765, (13 mai) Montreal.
I.—MERVILLON (3), RENÉ, b 1717 ; fils d'Antoine et de Marie-Anne Baune, de St-Nicaise, ville de Rouen, Normandie.
PANISE (4), Marguerite,
b 1723.

MÉRY.—*Surnom* : LANGLOIS.

(1) Soldat de M. de Repentigny.
(2) Capitaine d'une compagnie.
(3) Camille DeBonne, chirurgien, était présent à ce mariage.
(4) Panise de M. Gamelin.

I.—MÉRY (1), FRANÇOISE, b 1621 ; m 14 janvier 1637, à Antoine BRASSARD, à Québec [1] ; s [1] 11 juillet 1671.

I.—MÉRY (2), JOSEPH.
LYONNAIS, Madeleine,
b 1738 ; s 2 mars 1783, à Québec.

MESERAY.—Voy. MEZERAY.

MESERÉ.—Voy. MEZERAY.

MESIN.—Voy. SOUPIRAN.

MESNARD.—Voy. MÉNARD.

MESNIER.—Voy. MEUNIER.

MESNIL.—Voy. MESNY.

MESNY.—*Variations* : MÉNY—MESNIL—MIGNIER—MINI.

1671, (23 nov.) Ste-Famille, I. O. [1]
I.—MESNY (3), ETIENNE,
b 1643.
LAISNÉ (4), Catherine,
b 1657.
Jeanne, b 7 février 1684, à St-François, I. O. [2] ; m [1] 9 fevrier 1706, à Jean BOURGOIN.—*Suzanne*, b [2] 10 mars 1686 ; m [1] 2 mai 1709, à Charles CROTEAU ; s 2 juin 1709, à St-Nicolas. — *Catherine*, b [2] 1er mai 1691 ; m 11 nov. 1709, à Nicolas CROTEAU, à Ste-Anne ; s 21 août 1758, à St-Antoine-Tilly.

1694, (18 août) Laprairie. [3]
I.—MESNY (5), CLAUDE,
b 1660 ; s [3] 2 juin 1715.
DENIGER, Marie, [BERNARD I.
b 1675.
Jean, b [3] 16 déc. 1696 ; m [3] 23 oct. 1724, à Catherine BABEUF ; s [3] 19 déc. 1736. — *Marguerite*, b [3] 8 janvier 1703 ; m [3] 19 nov. 1725, à Pierre-François LAMARQUE. — *Jacques*, b [3] 6 déc. 1704. — *Marie-Marguerite*, b [3] 6 mars 1707. — *Marie-Anne*, b 1709 ; m [3] 31 oct. 1729, à Joseph ROBIDOU.—*Claude*, b [3] 3 mars et s [3] 2 sept. 1710. — *Agnès*, b [3] 7 juillet 1711 ; m [3] 7 nov. 1735, à François-Antoine AUPRY. — *Antoine*, b 1712 ; m 29 juillet 1742, à Jeanne SÉGUIN, au Détroit [4] ; s [4] 1er fevrier 1794.

1724, (23 oct.) Laprairie. [4]
II.—MESNY (6), JEAN, [CLAUDE I.
b 1696 ; s [4] 19 déc. 1736.
BABEUF (7), Catherine, [ANDRÉ I.
b 1702.

(1) Elle était venue avant 1637 et résidait dans sa maison de la "Grande Allée," à Québec, aujourd'hui rue St-Louis.
(2) Dit Langlois.
(3) Voy. vol. I, p. 426.
(4) Elle épouse, le 23 mai 1709, Jean Paré, à Ste-Famille, I. O.
(5) Voy. vol. I, pp. 426-427.
(6) Appelé Mini en 1724.
(7) Voy. Babeu.

Jean-Baptiste, b [4] 5 sept. 1725; m 1757, à Euphrasie David.—*Pierre*, b [4] 1er oct. 1727; m [4] 18 janvier 1762, à Rosalie Bourassa.—*Marie-Catherine*, b [4] 7 février 1730. — *Jean-François*, b [4] 6 février 1732; m 2 mars 1767, à Marie-Joseph Bonnier, à la Longue-Pointe. — *Marie-Anne-Amable*, b [4] 30 juillet 1734.— *Marie-Louise*, b [4] 3 avril 1736; s [4] 6 avril 1738.

1742, (29 juillet) Detroit. [9]

II.—MESNY, Antoine, [Claude I.
b 1712; s [9] 1er février 1794.
Séguin-Ladéroute, Jeanne, [Joseph II.
b 1724.
Antoine, b [9] 27 et s [9] 29 juillet 1743.—*Joseph*, b [9] 20 oct. 1743.—*Marie*, b [9] 17 juin 1744.—*Marie-Françoise*, b... m [9] 8 mai 1758, à Jean-Baptiste Billiau.—*Catherine*, b [9] 21 avril 1746.—*Jacques*, b [9] 16 déc. 1747.—*Antoine*, b [9] 18 avril et s [9] 23 juillet 1750.—*Antoine*, b [9] 1er juin 1751; m [9] 9 juillet 1770, à Catherine Brilland.—*Madeleine*, b [9] 11 déc. 1754; m [9] 11 avril 1768, à Joseph Tremblay.—*Joseph*, b [9] 14 mars 1756; m 1782, à Archange Dussault.—*Agnès*, b [9] 30 déc. 1758; m [9] 20 janvier 1777, à Amable Latour.—*Pierre*, b [9] 13 avril 1761; 1° m à Cecile Brilland; 2° m [9] 11 mai 1795, à Marie-Anne Petit.—*Louis*, b [9] 6 nov. 1763; s [9] 25 sept. 1764.—*Gabriel*, b [9] 30 mai et s [9] 30 juillet 1765.

1757.

III.—MESNY, Jean-Bte, [Jean II.
b 1725.
David, Euphrasie, [Nicolas II.
b 1731.
Jean-Baptiste, b 30 mars 1758, à St-Philippe. [1] —*Hilaire*, b 1er déc. 1760, à St-Constant.—*Louis*, b [1] 22 oct. 1763.

1762, (18 janvier) Laprairie.

III.—MESNY, Pierre, [Jean II.
b 1727.
Bourassa, Rosalie, [Antoine II.
b 1744.

1767, (2 mars) Longue-Pointe. [2]

III.—MESNY, Jean-François, [Jean II.
b 1732.
Bonnier (1), Marie-Joseph, [Jacques II.
b 1736; veuve de Jean Senet.
François, b [2] 19 et s [2] 21 sept. 1767. — *Marie-Catherine*, b [2] 20 déc. 1768.

1770, (9 juillet) Détroit. [3]

III.—MESNY, Antoine, [Antoine II.
b 1751.
Brilland, Catherine, [Jean-Bte I.
b 1753.
Marie-Catherine, b [3] 25 juillet 1771; s [3] 12 sept. 1772.—*Antoine* et *Agnès*, b [3] 12 juin 1773.—*Catherine*, b... m [3] 3 février 1794, à Joseph Chauvin. —*Marie-Françoise*, b [3] 14 mars 1775; m [3] 11 mai 1795, à Louis Petit.—*Cécile*, b [3] 3 mai 1776; m [3] 4 février 1793, à Jean-Baptiste Aide-Créqui.—*Amable*, b [3] 11 et s [3] 27 août 1777.—*Jean-Baptiste*, b [3] 19 sept. 1778; s [3] 18 février 1779.—*Joseph*, b [3] 17 sept. 1781.—*Thérèse*, b [3] 8 juin 1783.—*Monique*, b [3] 19 mars 1785.

(1) Dit Laplante.

III.—MESNY, Pierre, [Antoine II.
b 1761.
1° Brilland, Cécile, [Jean-Bte I.
b 1764; s 29 sept. 1793, au Détroit. [4]
1795, (11 mai). [4]
2° Petit, Marie-Anne, [Nicolas IV.
b 1778.

1782.

III.—MESNY, Joseph, [Antoine II.
b 1756.
Dussault (1), Archange.
Marie-Louise, b 6 février 1783, au Détroit.

MESON, Hivon.
Petit, Marie-Louise.
Hivon, b 14 fevrier 1761, à Québec.

I.—MESPEC, François,
chaudronnier.
Boniface (2), Madeleine, [Jean I.
b 1712.
Marie-Madeleine, b 25 avril 1751, à Québec [1]; s [1] 11 sept. 1755.

MESSAGUÉ.—Voy. Messaguier.

MESSAGUER.—Voy. Messaguier.

MESSAGUIER.—*Variations et surnom* : Messagué—Messaguer—Laplaine.

1687, (23 sept.) Montréal. [5]

I.—MESSAGUIER (3), Hugues,
b 1664; s 29 mai 1719, à Lachine. [6]
1° Badel, Etiennette, [André I.
b 1672; s [5] 31 mars 1695.
Elisabeth, b [5] 19 mai 1690; 1° m [6] 22 juillet 1708, à Gabriel Gibaut; 2° m [6] 25 février 1726, à Toussaint Baugis. — *Marie-Jeanne*, b [5] 21 sept. 1692; m [5] 6 février 1719, à Jean-Baptiste Vincent.
1695, (19 sept.) [5]
2° Reignoir, Marie-Jeanne, [Etienne I.
b 1675; s [6] 19 janvier 1719.
Marie, b [5] 4 sept. 1696; m [6] 8 janvier 1721, à Bernard Clément. — *Jacques*, b [6] 19 oct. 1698; m 1717, à Jeanne St. Etienne; s [6] 21 juillet 1752. —*Françoise*, b 1699; s [6] 15 déc. 1701.—*Jean-Baptiste*, b [6] 8 janvier et s [6] 3 juin 1703.—*Angélique*, b [6] 12 juin 1704; m [6] 30 oct. 1730, à Pierre Lalande. — *Jean-Baptiste*, b [6] 3 oct. 1706; m [5] 18 oct. 1734, à Geneviève Parant. — *Marie-Jeanne*, b [6] 8 juillet 1709.—*Marie-Joseph*, b [6] 17 août 1711; m à Jacques Genus.

(1) Elle épouse, le 19 mai 1794, Joseph Roy-Chatellereau, au Détroit.
(2) Elle épouse, le 10 juin 1756, Nicolas Camus, à Québec.
(3) Dit Laplaine; voy. vol. I, p. 427.

1717.

II.—MESSAGUIER (1), JACQUES, [HUGUES I.
b 1698; s 21 juillet 1752, à Lachine.
ST. ETIENNE, Jeanne.
Marie-Jeanne, b... m 19 oct. 1733, à Jacques PILON, à la Pointe-Claire.—*Pierre*, b 1718; 1° m à Françoise BRUNET; 2° m 29 janvier 1759, à Catherine GOUJON, à Montreal. — *François*, b 1719; m 17 mai 1745, à Marie-Joseph BRUNET, au Bout-de-l'Ile, M.

1734, (18 oct.) Montréal. [5]

II.—MESSAGUIER (1), JEAN-BTE, [HUGUES I.
b 1706.
PARANT, Geneviève, [MATHURIN I.
b 1708.
Jean-Baptiste, b [5] 29 avril 1736; m [5] 7 juin 1762, à Monique DANY. — *Jacques*, b [5] 17 mai 1738.— *Joseph*, b [5] 12 mai 1743; s [5] 5 mai 1748

1745, (17 mai) Bout-de-l'Ile, M. [8]

III.—MESSAGUIER (1), FRANÇOIS, [JACQUES II
b 1719.
BRUNET, Marie-Joseph, [JEAN III
b 1720; s 23 juillet 1750, à Lachine. [9]
François-Marie, b [8] 9 mars 1746. — *Marie-Joseph*, b 1748; m 8 sept. 1766, à Hypolite VALLÉE, à Montréal. — *Marguerite*, b [8] 20 juillet et s [8] 26 août 1750.

III.—MESSAGUIER (1), PIERRE, [JACQUES II
b 1718.
1° BRUNET, Françoise, [JEAN III
b 1719.
1759, (29 janvier) Montreal.
2° GOUJON (2), Catherine, [PIERRE II.
b 1737.

I.—MESSAGUIER, GABRIEL, b 1732; de Gargan-villa, diocèse de Montauban, Guienne; s 30 nov. 1797, à Quebec. [1]
JULIEN (3), Théotiste.
Joseph, b 1763; s [1] 22 sept. 1793.

1762, (7 juin) Montréal.

III.—MESSAGUIER (1), JEAN-BTE, [JEAN-BTE II
b 1736.
DANY, Monique, [HONORÉ III
b 1740.

MESSAGUIER, CLAUDE.
TRUDEL, Louise,
b 1732; s 15 juillet 1782, à St-Augustin.

1756, (22 nov.) Charlesbourg.

I.—MESSAN, JEAN, fils de Jean (Meason) et de Geneviève-Grégoire Steven, de Londres, Angleterre.
CHARTRÉ, Madeleine, [ANDRÉ II
b 1735.

(1) Dit Laplaine.
(2) Voy. vol. IV, p. 336.
(3) Dit Quessi.

MESSIÉ.—Voy. MESSIER.

MESSIER.—*Variations et surnoms:* MASSIER—MERCIER — MESSIÉ — DE ST. FRANÇOIS — DE ST. MICHEL—DUCHESNE—ST. HILAIRE.

1658, (25 février) Montréal.

I.—MESSIER (1), MICHEL,
b 1640; s 3 nov. 1725, à Varennes. [4]
LEMOINE, Anne,
b 1644.
François-Michel, b 1679; 1° m [4] 6 février 1706, à Marie-Anne AMIOT; 2° m 8 oct. 1725, à Marie-Jeanne DUVAL, à St-Ours; 3° m 8 juin 1744, à Angelique POIRIER, au Bout-de-l'Ile, M.; s 11 janvier 1749, à la Pte-aux-Trembles, M.

1685.

II.—MESSIER, JACQUES, [JACQUES I.
b 1651.
COUILLARD, Marie-Renée, [FRANÇOIS I.
b 1670; s 16 juin 1695, à Boucherville.
Jacques, b 1686; m 23 nov. 1712, à Isabelle BISSONNET, à Varennes.

1706, (18 janvier) Varennes. [5]

II.—MESSIER (2), RENÉ, [MICHEL I.
b 1681.
1° BISSONNET, Catherine, [JACQUES I.
b 1681.
René, b [5] 23 août 1706; s [5] 21 janvier 1707.—*Catherine*, b [5] 5 août 1707; m [5] 23 juillet 1731, à Joseph LEFEBVRE. — *Marie-Louise*, b [5] 28 déc. 1708; s [5] 2 oct. 1712.—*Marie-Anne*, b [6] 3 janvier 1709; m [5] 7 janvier 1733, à Louis CHÈVREFILS.—*Elisabeth*, b [5] 9 mars et s [5] 8 juin 1710.—*René*, b [5] 6 juin 1711; 1° m 8 nov. 1734, à Suzanne LEFEBVRE, aux Trois-Rivières; 2° m 28 juillet 1749, à Angélique LEPAILLEUR, à Montreal. — *Jean-Baptiste*, b [5] 2 nov. 1712.—*Michel*, b [5] 12 fevrier 1714.—*Agathe*, b... m [5] 7 janvier 1737, à Jacques CHARBONNEAU.
1718, (25 août) Batiscan.
2° GUILLET, Marie-Madeleine, [LOUIS II.
b 1692.
Marie-Agnès, b... m [5] 7 mai 1742, à Louis GAUTIER.—*Marie-Joseph*, b [5] 1er sept. 1726; m 1754, à François JARRET-BEAUREGARD.

1706, (6 fevrier) Varennes. [6]

II.—MESSIER (3), FRANÇOIS-MICHEL, [MICHEL I.
b 1679; s 11 janvier 1749, à la Pte-aux-Trembles, M. [7]
1° AMIOT, Marie-Anne, [JEAN-BTE III.
b 1685.
François-Michel, b [6] 19 avril 1707; m [6] 22 janvier 1731, à Marie-Joseph GUYON. — *Jean-Baptiste*, b [6] 16 mars 1709; m [6] 19 nov. 1731, à Marie-Anne MONGEAU —*Marie-Anne*, b [6] 13 avril 1711; m [6] 17 fevrier 1738, à Jean LANGLOIS.—*Joseph*, b [6] 14 fevrier 1713; m [6] 17 nov. 1738, à

(1) Sieur de St. Michel; voy. vol. I, p. 427.
(2) Sieur Duchesne, 1712.
(3) Sieur de St. François—Seigneur de St. Michel.

Marie-Joseph MONGEAU.—*Augustin*, b [6] 15 août 1714 ; m [6] 7 nov. 1740, à Charlotte MONGEAU.

1725, (8 oct.) St-Ours.

2° DUVAL, Marie-Jeanne, [JEAN I.
b 1690 ; s [6] 4 sept. 1727.

1744, (8 juin) Bout-de-l'Ile, M.

3° POIRIER (1), Angélique, [PIERRE-RENÉ I.
b 1709.

1712, (23 nov.) Varennes. [4]

III.—MESSIER, JACQUES, [JACQUES II.
b 1686.
BISSONNET, Isabelle, [JACQUES I.
b 1692.

Marie-Louise, b [4] 12 et s [4] 13 sept. 1713.— *Jacques*, b [4] 18 et s [4] 23 déc. 1714. — *Elisabeth*, b 1720 ; s [4] 27 oct. 1727. — *Joseph*, b 1721 ; m [4] 22 avril 1743, à Marie-Anne GODU. — *Catherine*, b [4] 12 janvier 1727.—*Jacques-Simon* et *François-Xavier*, b [4] 24 déc. 1727.

1731, (22 janvier) Varennes.

III.—MESSIER (2), FRS-MICHEL, [FRS-MICHEL II.
b 1707.
GUYON, Marie-Joseph, [IGNACE IV.
b 1710.

François, b 1733 ; 1° m 22 janvier 1759, à Marie-Catherine DESLANDES, à St-Antoine-de-Chambly [9] ; 2° m [9] 30 mai 1768, à Marie-Louise MORIN. — *Marie-Joseph*, b 1734 ; m [9] 27 nov. 1752, à Jean-Baptiste MARTIN. — *Amable*, b 1741 ; m [9] 5 nov. 1764, à Madeleine DESLANDES.

1731, (19 nov.) Varennes. [5]

III.—MESSIER (2), JEAN-BTE, [FRANÇOIS II.
b 1709.
MONGEAU, Marie-Anne, [JEAN-BTE II.
b 1702 ; veuve d'Augustin Hébert.

Joseph, b 1732 ; m [5] 1er mars 1756, à Marie-Marguerite MONGEAU. — *François*, b 1734 ; m [5] 2 février 1761, à Marie-Anne PETIT. — *Marie*, b... m [5] 7 février 1763, à Augustin PETIT.

1734, (8 nov.) Trois-Rivières.

III.—MESSIER (3), RENÉ, [RENÉ II.
b 1711.
1° LEFEBVRE-BELISLE, Suzanne, [IGNACE II.
b 1697.

Antoine, b 1736 ; m 18 avril 1763, à Marie-Joseph PALARDY, à Verchères.

1749, (28 juillet) Montréal.

2° LEPAILLEUR, Angélique, [MICHEL I.
b 1709.

Apolline, b... m 21 août 1780, à Jean-Georges STENGELL, à Terrebonne.

1738, (17 nov.) Varennes. [4]

III.—MESSIER, JOSEPH, [FRS-MICHEL II.
b 1713.
MONGEAU, Marie-Joseph. [JEAN III.

(1) Elle épouse, le 5 oct. 1751, Jean-Baptiste Robidas, à Varennes.

(2) De St. François.

(3) Dit Duchesne.

Jean-Baptiste, b 1739 ; m [4] 26 avril 1763, à Marie LEBRODEUR. — *Joseph*, b 1741 ; m [4] 21 janvier 1765, à Marie-Joseph CHOQUET. — *Augustin*, b 1743 ; m [4] 15 février 1768, à Marie-Joseph PETIT. —*Gabriel*, b 1745 ; m [4] 17 février 1772, à Marie-Joseph JODOIN.

1740, (7 nov.) Varennes. [3]

III.—MESSIER, AUGUSTIN, [FRS-MICHEL II.
b 1714.
MONGEAU, Charlotte. [CHRISTOPHE III.

Augustin, b 1741 ; m [3] 3 février 1766, à Marie-Louise GIRARD.—*Marie-Archange*, b... m [3] 25 mai 1766, à Amable LEMOINE DE MARTIGNY.—*Angélique*, b... 1° m [3] 13 oct. 1766, à Jacques GIRARD ; 2° m [3] 26 nov. 1770, à Joseph AUGER.—*Charlotte*, b... m [3] 27 avril 1767, à Jean-Baptiste BOUSQUET.

1743, (22 avril) Varennes. [6]

IV.—MESSIER, JOSEPH, [JACQUES III.
b 1721.
GODU (1), Marie-Anne, [RENÉ II.
b 1724.

Joseph, b 1744 ; m [6] 11 avril 1768, à Marie-Anne MONGEAU. — *Marie*, b 1745 ; m [6] 17 oct. 1768, à Toussaint MARSAN. — *Jacques*, b 1747 ; m [6] 24 sept. 1770, à Marie-Antoinette PRÉVOST.

1756, (1er mars) Varennes.

IV.—MESSIER, JOSEPH, [JEAN-BTE III.
b 1732.
MONGEAU, Marie-Marguerite, [JEAN-PIERRE III.
b 1726 ; veuve de Joseph Girard.

1759, (22 janvier) St-Antoine-de-Chambly. [6]

IV.—MESSIER, FRANÇOIS, [FRS-MICHEL III.
b 1733.
1° DESLANDES, Marie-Catherine, [JOSEPH III.
b 1741.

Marie-Catherine, b [6] 5 nov. 1759.

1768, (30 mai). [6]

2° MORIN, Marie-Louise, [JEAN II.
b 1736.

1761, (2 février) Varennes.

IV.—MESSIER, FRANÇOIS, [JEAN-BTE III.
b 1734.
PETIT, Marie-Anne. [LOUIS III.

1763, (18 avril) Verchères.

IV.—MESSIER (2), ANTOINE, [RENÉ III.
b 1736.
PALARDY, Marie-Joseph. [CHARLES I.

1763, (26 avril) Varennes.

IV.—MESSIER, JEAN-BTE, [JOSEPH III.
b 1739.
LEBRODEUR, Marie. [CHRISTOPHE II.

(1) Elle épouse, le 4 juin 1764, Jean-Baptiste Jeudlet, à Varennes.

(2) Dit Duchesne.

1764, (5 nov.) St-Antoine-de-Chambly.
IV.—MESSIER (1), Amable, [Frs-Michel III.
b 1741.
Deslandes, Marie-Madeleine, [Joseph III.
b 1748.

1765, (21 janvier) Varennes.
IV.—MESSIER, Joseph, [Joseph III.
b 1741.
Choquet, Marie-Joseph, [Jacques IV.
b 1746.

1766, (3 février) Varennes.
IV.—MESSIER, Augustin, [Augustin III.
b 1741.
Girard, Marie-Louise, [Joseph III.
b 1744.

1768, (15 février) Varennes.
IV.—MESSIER, Augustin, [Joseph III.
b 1743.
Petit, Marie-Joseph, [Joseph III.
b 1748.

1768, (11 avril) Varennes.
V.—MESSIER, Joseph, [Joseph IV.
b 1744.
Mongeau, Marie-Anne, [Louis IV.
b 1748.

1770, (24 sept.) Varennes.
V.—MESSIER, Jacques, [Joseph IV.
b 1747.
Prévost, Marie-Antoinette. [Antoine III.

1772, (17 février) Varennes.
IV.—MESSIER, Gabriel, [Joseph III.
b 1745.
Jodoin, Marie-Joseph. [Jacques III.

MESSIÈRE (2).—Voy. Maizières.

I.—MESSIN, François,
b 1711; s 15 nov. 1757, à Contrecœur.
Jacques (3), Marie-Jeanne, [Nicolas II.
b 1731.

1760, (18 février) Montréal. 6
I.—MESSIN, Pierre, b 1723; fils de Christophe et d'Elisabeth Etienne, de St-Etienne, ville de Metz, en Lorraine.
1° DeLaunay, Marguerite, [Charles II.
b 1699; veuve de Pierre Lebeau.
1781, (2 juillet). 6
2° Boutin (4), Marie-Joseph, [Jos.-Etienne II.
b 1733; veuve de Pierre Tourlay.

(1) De St. François.
(2) De Maisoncelle; capitaine d'un détachement de la marine.
(3) Elle épouse, le 4 avril 1758, Louis Renault, à Contrecœur.
(4) Dit Dubord.

METAINE, Christophe.
Roy, Cécile.
Pierre, b 14 février 1788, à Repentigny. 9 — *Marie*, b 9 et s 9 2 avril 1791.

MÉTALIER.—Voy. Métayer—Métivier.

I.—MÉTANIER (1), Jean-Bte.
Trud, Marie-Jeanne.
Marie-Jeanne, b et s 24 sept. 1742, à Québec.

METAY.—*Variation et surnom :* Mettay—Ladouceur.

1730, (1er déc.) Boucherville.
I.—METAY (2), Jacques, fils de Jacques et de Jacqueline Durandet, de St-Jean-Dupoiré, diocèse de Luçon, Poitou.
Bau, Françoise, [René II.
b 1704; veuve de Joseph Cornet.
Thérèse, b 1731; m 5 oct. 1750, à Charles Casse, au Détroit. 1—*Jacques*, b 1733; m à Marie Jared.—*Joseph*, b 1735; m 1 10 janvier 1757, à Catherine Dufour; s 1 25 août 1791.—*Marie-Joseph*, b... m à Jean-Baptiste Pelletier. — *Félix*, b 1739; m à Marie-Joseph Custaud; s 1 28 janvier 1779.

II.—METAY, Jacques, [Jacques I.
b 1733.
Jared (3), Marie, [Louis II.
b 1715.

1757, (10 janvier) Détroit. 7
II.—METAY, Joseph, [Jacques I.
b 1735; s 7 25 août 1791.
Dufour, Catherine, [Pierre I.
b 1740.
Marie-Catherine, b 7 21 mai 1758.—*Joseph*, b 7 14 janvier 1760.—*Jean-Baptiste*, b 7 16 février et s 7 4 dec. 1763.—*Théophile*, b 7 24 nov. 1764.—*Félix*, b 7 20 oct. 1766; m 7 21 oct. 1793, à Catherine Lemay.—*Marie-Françoise*, b 7 15 nov. 1768. —*René*, b 7 27 février 1771; m 7 19 janvier 1795, à Elisabeth Riopel.

II.—METAY, Félix, [Jacques I.
b 1739; s 28 janvier 1779, au Détroit.
Custaud, Marie-Joseph, [Jean II.
b 1728.

1793, (21 oct.) Détroit.
III.—METAY, Félix, [Joseph II.
b 1766.
Lemay, Catherine, [Théophile IV.
b 1775.

1795, (19 janvier) Détroit.
III.—METAY, René, [Joseph II.
b 1771.
Riopel, Elisabeth, [Ambroise III.
b 1778.

(1) Pour Métayer dit St. Onge.
(2) Dit Ladouceur; soldat de M. de Longueuil.
(3) Elle épouse, le 14 janvier 1765, François Dumay, à St-Constant.

MÉTAYER.—*Variations et surnoms :* MÉTALIER —MÉTANIER —MÉTHEIÉ —MÉTIVIER—LAGIBERNE—SAINTONGE—ST. ONGE.

I.—MÉTAYER (1), ANDRÉ,
b 1611.

I.—MÉTAYER (2), DENIS, fils d'Etienne et de Jeanne Robineau, de Longère, Poitou.

I.—MÉTAYER, SUZANNE, b 1666; fille de François et de Françoise Charon, de St-Barthélemi, diocèse de LaRochelle, Aunis; 1° m 13 nov. 1684, à Philippe DION, à Québec [2]; 2° m [2] 30 juin 1693, à Guillaume DUPONT; 3° m 7 février 1717, à François FRÉCHET, à St-Nicolas [3]; s [3] 20 nov. 1742.

I.—MÉTAYER, JEAN, b 1650; du Poitou, France; s 12 nov. 1725, à Beauport.

....

Pierre, b 1680; 1° m 1703, à Marie-Madeleine PINGUET; 2° m 1704, à Geneviève LEDUC.

1703.

II.—MÉTAYER, PIERRE, [JEAN I.
b 1680; tailleur.
1° PINGUET, Marie-Madeleine, [NOEL II.
b 1681.
Pierre, b 10 et s 14 sept. 1704, à Quebec. [2]

1704.

2° LEDUC (3), Geneviève. [RENÉ I.
Joseph, b [2] 13 juillet 1705.—*Marie-Anne*, b [2] 31 oct. 1706; m [2] 20 oct. 1727, à Louis BAUGIS. — *François*, b [2] 28 mai 1710; m 8 juillet 1738, à Marie-Madeleine TAILLON, à St-Nicolas.—*Nicolas*, b [2] 28 mars 1712.—*Jean*, b [2] 28 mars 1712; m 23 mai 1736, à Gertrude HUYET, à L'Ange-Gardien.

1736, (23 mai) L'Ange-Gardien. [1]

III.—MÉTAYER (4), JEAN, [PIERRE II.
b 1712; tonnelier.
HUYET (5), Gertrude, [ETIENNE I.
b 1719.
Marie-Geneviève, b 14 sept. et s 26 oct. 1739, à Quebec. [2]— *Marie-Joseph*, b [2] 12 nov. 1740; m [1] 9 janvier 1758, à Jean CRÉPIN. — *Marie-Marguerite*, b [2] 19 avril 1742.—*Marie-Noelle*, b [2] 18 sept. 1743; s [2] 28 février 1752.— *Suzanne*, b [2] 28 nov. 1745; s [2] 2 janvier 1746.— *Louise-Angélique*, b [2] 13 sept. 1749; m 27 juillet 1767, à Jean-Baptiste LEGRAND, à Châteauguay. — *Véronique*, b [2] 27 mars et s [2] 17 avril 1751. — *Jean-Baptiste*, b [2] 21 oct. et s [2] 17 déc. 1752.—*Marie-Anne*, b 29 fevrier 1756, à Levis; s [2] 6 août 1757.

(1) Il était à Québec en 1681: son nom se trouve sur le recensement de cette année.

(2) Frère de Marie qui épouse Mathurin Baillargeon en 1650, aux Trois-Rivières.

(3) Elle épouse, le 16 janvier 1716, Joseph Roberge, à Québec.

(4) Dit St. Onge.

(5) Dit Champagne—Poncelet.

I.—MÉTAYER (1), JEAN.
DENIS, Rose,
s 27 déc. 1748, à Montréal.

1738, (8 juillet) St-Nicolas. [4]

III.—MÉTAYER (2), FRANÇOIS, [PIERRE II.
b 1710.
TAILLON, Marie-Madeleine, [PIERRE-MICHEL III.
b 1719.
Joseph-François, b [4] 29 avril 1739; m 1765, à Marie-Joseph MARTIN. — *Elisabeth*, b [4] et s [4] 23 juillet 1741.—*Pierre*, b [4] 8 juin 1742; m 10 nov. 1766, à Catherine VETU-BÉLAIR, à Repentigny.— *Marie-Madeleine*, b [4] 26 avril 1744. — *Jean-François*, b [4] 9 fevrier 1748.—*François-Xavier*, b [4] 19 février 1751. — *Marie-Louise*, b [4] 20 mai 1753.— *Marie-Thècle*, b [4] 25 mai et s [4] 7 juin 1756. — *Anonyme*, b [4] et s [4] 16 sept. 1757.

1749, (12 juin) St-Thomas.

I.—MÉTAYER, MARIN, fils de Thomas et de Colasse Poulard, de Genay, diocèse d'Avranches, Normandie.
PROU, Marie-Madeleine. [PIERRE II.
Jacques-Thomas, b 31 mai 1750, à Rimouski. [1] —*Charles*, b [1] 28 mai 1752. — *Marie-Madeleine*, b [1] 1er et s [1] 5 dec. 1754.—*Marie-Euphrosine*, b [1] 28 sept. 1755.

1765.

IV.—MÉTAYER (2), JOSEPH-FRS, [FRANÇOIS III.
b 1739.
MARTIN-VERSAILLES, Marie-Joseph.
Marie-Madeleine, b 8 nov. 1766, à Repentigny [6]; s [6] 15 dec. 1790. — *Marie-Anne*, b [6] 22 et s [6] 27 fevrier 1768.—*Marie-Thérèse*, b [6] 12 mars 1769; m [6] 16 fevrier 1789, à Jean-Baptiste LÉVESQUE. — *Marie-Louise*, b [6] 26 août 1770; s [6] 5 janvier 1772.—*Joseph-Marie*, b [6] 17 dec. 1772.— *Marie-Joseph*, b... m [6] 24 fevrier 1794, à Jean-Baptiste LABRY. — *François*, b [6] et s [6] 29 mars 1774.—*Agathe*, b [6] 3 fevrier 1788.

1766, (1er sept.) Ste-Foye. [3]

I.—MÉTAYER (3), PIERRE, fils de François et de Marie Langu, de Neufbourg, diocèse d'Evreux, Normandie.
FOURNIER, Marie-Joseph, [PIERRE.
b 1744.
Pierre, b [3] 7 juin 1767; m 8 avril 1788, à Marie SAMSON, à Quebec. — *Marie-Thérèse*, b [3] 6 oct. 1769.—*Anonyme*, b [3] et s [3] 6 déc. 1775.

1766, (10 nov.) Repentigny. [5]

IV.—MÉTAYER (2), PIERRE, [FRANÇOIS III.
b 1742.
VETU (4), Marie-Catherine. [JACQ.-PHILIPPE I.

(1) Maître de barque au fort Frontenac.

(2) Et Métivier dit St. Onge.

(3) Dit Lagiberne; soldat venu à 16 ans à Louisbourg d'où, prisonnier par les Anglais et conduit en la Nouvelle-Angleterre, il était venu avec les troupes anglaises faire le siège de Québec, et avait obtenu son congé après la conquête, pour s'établir à Ste-Foye en 1763. Il avait été soldat du régiment " Royal américain."

(4) Et Bétus dit Bélair; mariée sous ce dernier nom.

Pierre, b 1767; s [5] 15 février 1770.—*Louis*, b [5] 19 mars 1769; s [5] 19 janvier 1770.—*Pierre-Marie*, b [5] 20 juillet 1770. — *Marie-Catherine*, b [5] 22 janvier 1772.—*Louis*, b [5] 20 avril et s [5] 14 juin 1773. —*Marie-Angélique*, b [5] 8 juillet 1774; s [5] 21 mars 1775.

1788, (8 avril) Québec.

II.—MÉTAYER, PIERRE, [PIERRE I.
b 1767.
SAMSON, Marie, [JEAN III.
b 1763.

MÉTAYER, JACQUES.
TURCOTTE, Marguerite.
Soulanges, b 26 mars 1799, aux Trois-Pistoles.

MÉTHOT.—Voy. MÉTOT.

MÉTIVIER.—*Variations et surnoms :* MÉTALIER —MÉTAYER—METENIER—GROINIER —LAROSE —MORIN.

1676, (7 déc.) Québec.

I.—MÉTIVIER (1), NICOLAS,
b 1646; s 29 oct. 1721, à Beaumont.
1° BOETTE, Marie, [CHARLES I.
b 1652; veuve de Martin Guérard; s 20 mars 1687, à Ste-Famille, I. O. [6]
1687, (22 nov.) [6]
2° CHRÉTIEN, Marie-Anne, [VINCENT I.
b 1669; s [6] 14 déc. 1729.
Jean-Baptiste, b [6] 7 janvier 1695; 1° m 12 juin 1719, à Geneviève PEPIN-LACHANCE, à St-François, I. O.; 2° m 5 mai 1732, à Jeanne SENÉCAL, à Varennes.—*Barthélemi*, b [6] 24 août 1701; 1° m 9 janvier 1730, à Marguerite DESCARY, à Montréal [7]; 2° m [7] 2 mai 1737, à Marguerite CHAUVIN.

1701, (31 oct.) Quebec. [4]

III.—MÉTIVIER, JEAN, [MATHURIN II.
b 1679; bourgeois; s [4] 25 août 1747.
1° COUTURIER, Geneviève, [JACQUES I.
b 1679; s [4] 24 mars 1715.
François, b [4] 3 sept. 1702.—*Louis-François*, b [4] 3 déc. 1703.— *Pierre-Barthélemi*, b [4] 24 août 1705; s [4] 11 juillet 1721 (noyé). — *Noel-Laurent*, b [4] 10 août 1707; m 5 fevrier 1731, à Geneviève ROY, à St-Valier. [5] — *Geneviève*, b [4] 10 janvier 1709; m [4] 11 août 1735, à Louis ROBIN; s [4] 20 fevrier 1747. — *Angélique-Bonaventure*, b [4] 10 sept. 1710; m [4] 24 nov. 1732, à Antoine BONNET; s [4] 9 dec. 1737.— *Hélène*, b [4] 23 avril 1712; s [4] 12 fevrier 1717.—*Jean*, b [4] 27 déc. 1713; m [5] 3 février 1738, à Marie-Joseph FRADET; s [4] 30 mai 1748.
1717, (9 février). [4]
2° DUCHESNE, Angelique-Gabrielle, [GABRIEL I.
b 1691, s [4] 19 août 1740.
François-Claude, b [4] 29 avril 1718. — *Marie-Joseph*, b [4] 2 juin 1720; m [4] 19 août 1748, à Robert CONEFROY. — *Marie-Louise*, b [4] 9 sept. 1722. — *Louise-Charlotte*, b [4] 30 oct. 1724; 1° m [4] 29 oct. 1742, à Guillaume TACHET; 2° m [4] 23 janvier 1764, à François NORMAND.

1701, (22 nov.) Cap-St-Ignace. [6]

I.—MÉTIVIER, JEAN-FRANÇOIS, b 1670; fils de Nicolas et de Marguerite DeChambour, de Peira, en Poitou; s 18 nov. 1746, à St-Thomas. [7]
BALARD (1), Marie-Simone, [LOUIS I.
b 1679.
Jean-François, b [7] 1er nov. 1702; s [7] 16 août 1703. — *Jean-François*, b [7] 28 avril et s [7] 9 mai 1704.—*Jean*, b [7] 21 déc. 1705; s [7] 30 nov. 1733.—*Joseph*, b [6] 19 sept. 1707; s [7] 1er août 1711. — *François*, b [7] 10 avril 1711; m 1735, à Marie-Geneviève REGAULT.—*Marie*, b 1712; m [7] 18 nov. 1737, à François GAGNÉ. — *Françoise*, b [7] 6 juin 1713; m [7] 27 nov. 1730, à Jean-Baptiste HURETTE. —*Jacques* (2), b [7] 14 mai 1715; m [7] 12 oct. 1744, à Marie-Théotiste MIGNIER-LAGACÉ.—*Elisabeth*, b 1717; m [7] 4 nov. 1738, à Mathieu HOROSTEILLE.—*Louis*, b 1720; m [7] 7 août 1747, à Elisabeth PELLETIER.

1712, (20 nov.) Montréal. [8]

I.—MÉTIVIER (3), ETIENNE, b 1677; fils de Louis et de Madeleine Courtois, de Douy, diocèse de DeMoulins, en Bourbonnais; s 23 oct. 1742, à l'Hôpital-General, M. [9]
VOYNE (4), Marie-Barbe, [JACQUES II.
b 1695; s [9] 9 sept. 1737.
Julien-Etienne, b [8] 14 oct. et s [8] 3 déc. 1713. — *Marie-Thérèse*, b [8] 27 fevrier 1715; m [8] 7 janvier 1739, à François TIBAUT. — *Jean*, b [8] 16 juillet 1716. — *Jacques*, b [8] 24 oct. 1717; m [8] 9 nov. 1761, à Louise DENIORT; s [9] 7 janvier 1782.—*Joseph*, b [8] 15 avril 1720. — *Marie-Madeleine*, b [8] 18 mars et s [8] 23 juin 1723. — *Jean-Baptiste*, b 1724; s [8] 5 août 1725.

I.—MÉTIVIER, HENRI,
b 1693; s 12 fevrier 1723, à Kaskakia. [8]
CLERJAUX (5), Marguerite.
Henri, b [8] 5 mai 1720.

1719, (12 juin) St-François, I. O.

II.—MÉTIVIER (6), JEAN-BTE, [NICOLAS I.
b 1695.
1° PEPIN-LACHANCE, Geneviève, [IGNACE II.
b 1696.
1732, (5 mai) Varennes.
2° SENÉCAL, Jeanne, [NICOLAS II.
b 1703.
Marie-Anne, b 21 janvier et s 29 août 1735, à la Longue-Pointe.

(1) Pour Groinier, voy. vol. I, p. 284 et vol. IV, pp. 376-377.

(1) DelaTour.
(2) Sourd-muet.
(3) Et Metenier dit Larose; soldat de la Pipardière.
(4) Et Venne.
(5) Elle épouse, plus tard, Pierre Lachauvetat.
(6) Pour Groinier, voy. vol. IV, p. 377.

1730, (9 janvier) Montreal. [8]
II.—MÉTIVIER (1), BARTHÉLEMI, [NICOLAS I.
b 1701.
1° DESCARY, Marguerite, [MICHEL II.
b 1701 ; s [8] 20 dec. 1734.
Marguerite-Amable, b [8] 25 oct. 1730 ; m [8] 26 nov. 1753, à Laurent DUCHARME.
1737, (2 mai). [8]
2° CHAUVIN (2), Marguerite, [GILLES II.
b 1711.
Jean-Gabriel-Michel, b [8] 3 juillet 1739.—*Marie-Marguerite,* b [8] 30 juin 1741.—*François-Barthélemi,* b [8] 5 oct. 1742 ; s [8] 31 juillet 1743.—*Charles-Archange,* b [8] 3 août et s 24 déc. 1744, à Longueuil. — *Joseph,* b [8] 15 oct. 1747 ; s [8] 9 août 1748.—*Louise-Cecile,* b [8] 10 janvier 1750.

1731, (5 fevrier) St-Valier. [5]
IV.—MÉTIVIER (3), NOEL-LAURENT, [JEAN III.
b 1707.
ROY, Geneviève. [JEAN-BTE II.
Jean-Marie, b [5] 13 juin 1732.—*Marie-Geneviève,* b [5] 18 mai 1733.—*Marie-Geneviève,* b [5] 10 nov. 1734; m 18 février 1754, à Antoine CORON, à St-Antoine-de-Chambly. [6] — *Marie-Anne,* b [5] 31 août 1736 ; m [6] 8 janvier 1759, à Louis HUBERT, s [6] 28 mai 1760.—*Marie-Reine,* b [5] 5 sept. 1738.—*Marguerite,* b [5] 28 mars 1740. — *Marie-Joseph,* b [5] 1er oct. 1741.—*Jean-Laurent,* b [5] 7 fevrier 1745.—*Marie-Benoîte,* b [5] 6 mai 1747.—*Pélagie,* b 1748 ; s [6] 6 mars 1768.—*Louis,* b [6] 3 oct. 1750, s [6] 18 déc. 1757.—*Joseph,* b [6] 22 nov. 1754.

I.—MÉTIVIER (4), NICOLAS-CLAUDE, de la ville de Blois ; s 11 mars 1749, à Quebec.

1735.
II.—MÉTIVIER, FRANÇOIS, [JEAN-FRANÇOIS I.
b 1711.
REGAULT, Marie-Geneviève, [DOMINIQUE I.
b 1709 ; veuve de Thomas Gagne ; s 22 mars 1763, à St-Thomas. [7]
François, b [7] 25 sept. et s [7] 7 oct. 1736.—*Marie-Louise,* b [7] 25 sept. 1736. — *Nicolas,* b [7] 19 août 1738 ; m 19 oct. 1761, à Claire LEMIEUX, au Cap-St-Ignace.—*Marie-Geneviève,* b [7] 19 août 1738, m [7] 7 fevrier 1757, à Jean-Baptiste PROU ; s [7] 14 dec. 1766.—*Marie-Marguerite,* b [7] 26 mars 1741 ; m [7] 7 janvier 1765, à Pierre-Basile BARNÈCHE.

1738, (3 fevrier) St-Valier. [8]
IV.—MÉTIVIER, JEAN, [JEAN III.
b 1713 ; s 30 mai 1748, à Quebec. [9]
FRADET, Marie-Joseph, [JEAN I.
b 1715.
Jean-Marie, b 9 mars 1739, à Berthier ; m [9] 20 février 1764, à Marie-Anne GAUVIN.—*Louis,* b [8] 25 août 1741.—*Pierre,* b 1742 ; s [9] 20 janvier 1744.—*Michel,* b [9] 5 août 1743.—*Joseph,* b [9] 30 mars et s [9] 10 avril 1747.—*Raymond,* b [9] 1er mars 1748.

(1) Le véritable nom est Groinier.
(2) Et Lemaire.
(3) Et Morin.
(4) Soldat de la compagnie de M. de Berman ; il signait un acte le 10 oct. 1736, à Charlesbourg.

1744, (12 oct.) St-Thomas. [4]
II.—MÉTIVIER, JACQUES, [JEAN-FRANÇOIS I.
b 1715.
MIGNIER-LAGACÉ, Marie-Théotiste. [ANDRÉ II.
Marie-Victoire, b [4] 26 sept. et s [4] 2 oct. 1745.—*Jacques,* b [4] 6 sept. 1746 ; m [4] 16 nov. 1772, à Marie-Catherine MIVILLE.—*Marie-Victoire,* b [4] 21 déc. 1748 ; s [4] 13 juillet 1749.—*Marie-Ursule,* b... m [4] 16 nov. 1772, à Charles LACOMBE.—*Jean-Marie,* b 25 avril 1753, à Ste-Anne-de-la-Pocatière. — *Marie-Geneviève,* b 5 sept. 1759, à St-Pierre-du-Sud.

1747, (7 août) St-Thomas. [3]
II.—MÉTIVIER, LOUIS, [JEAN-FRANÇOIS I.
b 1720.
PELLETIER, Elisabeth. [PIERRE IV.
Louis-Marie, b [3] 23 oct. 1749 ; m [3] 15 février 1773, à Marie-Marthe BALAN-LACOMBE. — *Marie-Elisabeth,* b [3] 21 sept. 1750. — *Marie-Marguerite,* b [3] 7 mai 1752 ; s [3] 27 mai 1768. — *Pierre-Isaac,* b 20 août 1753, à St-Pierre-du-Sud [4] ; s [3] 12 mai 1757. — *François,* b [4] 15 sept. 1754 ; s [3] 23 dec. 1755. — *Marie-Elisabeth,* b [3] 26 juillet 1757. — *Marie-Louise,* b [4] 4 oct. 1758 ; s [4] 13 juillet 1759.

1750.
I.—MÉTIVIER (1), LOUIS.
THIBOUTOT, Marie-Joseph.
Marie-Joseph, b 20 sept. 1751, à la Rivière-Ouelle.—*Louis,* b 1753 ; m 16 août 1779, à Marie-Françoise BAUCHÉ-MORENCY, aux Trois-Pistoles.—*Raphael,* b 1755 ; s 11 fevrier 1760, à Ste-Anne-de-la-Pocatière. [8] — *Jacques,* b 1757 ; m 18 oct. 1784, à Marie-Joseph LÉVESQUE, à l'Ile-Verte. — *Bénoni,* b [8] 26 juillet 1760 ; m 1792, à Marie-Geneviève LEPAGE.—*Jean-Noel,* b [8] 25 déc. 1762.

1757, (19 juillet) Michillimakinac. [9]
MÉTIVIER, JEAN-BTE,
commerçant ; s [9] 4 août 1773.
PARANT, Marie-Joseph.
Jean-Baptiste, b [9] 7 août 1759. — *Joseph-Jean-Baptiste,* b [9] 28 oct. 1761.—*Gabriel,* b [9] 2 janvier 1763.—*Marie-Joseph,* b 5 avril 1768, au Detroit.

1761, (19 oct.) Cap-St-Ignace.
III.—MÉTIVIER, NICOLAS-FRS, [FRANÇOIS II.
b 1738.
LEMIEUX, Claire, [JOSEPH-ALEXIS III.
b 1738.

1761, (9 nov.) Montréal.
II.—MÉTIVIER (2), JACQUES, [ETIENNE-PIERRE I.
b 1717 ; s 7 janvier 1782, à l'Hôpital-General, M.
DEMORT, Louise, [JACQUES I.
b 1717 ; veuve de René Laigu ; s 14 nov. 1783, à Quebec.

(1) Et Métayer.
(2) Marie sous le nom de Métayer.

1764, (20 février) Québec. [5]
V.—MÉTIVIER, JEAN-MARIE, [JEAN IV.
b 1739.
GAUVIN, Marie-Anne, [PIERRE III.
b 1742.
Thérèse, b 1764 ; m [5] 23 août 1785, à François COUTURE ; s 12 avril 1794, à St-Jean-Deschaillons. — *Etienne*, b 1767 ; m [5] 19 avril 1796, à Marie-Anne DELIGNY.

1772, (16 nov.) St-Thomas.
III.—MÉTIVIER, JACQUES, [JACQUES II.
b 1746.
MIVILLE, Marie-Catherine, [JOSEPH IV.
b 1749.

1773, (15 février) St-Thomas.
III.—MÉTIVIER, LOUIS-MARIE, [LOUIS II.
b 1749.
BALAN-LACOMBE, Marie-Marthe. [JOSEPH III.

1779, (16 août) Trois-Pistoles. [5]
II.—MÉTIVIER (1), LOUIS, [LOUIS I.
b 1753.
BAUCHÉ-MORENCY, Françoise, [BASILE III.
b 1755.
Germain, b [5] 24 août 1784. — *Augustin*, b [5] 22 déc. 1788.

1784, (18 oct.) Ile-Verte. [6]
II.—MÉTIVIER (1), JACQUES, [LOUIS I.
b 1757.
LÉVESQUE, Marie-Joseph, [JOSEPH III.
b 1758 ; s 5 janvier 1796, aux Trois-Pistoles.[7]
Soulanges, b [7] 26 oct. 1785. — *Moïse*, né [6] 28 août 1787.

1792.
II.—MÉTIVIER, BÉNONI, [LOUIS I.
b 1760.
LEPAGE, Marie-Geneviève,
b 1765.
Agnès, b et s 25 mars 1793, aux Trois-Pistoles.[7] — *Marie-Geneviève*, b [7] 25 oct. 1795 ; s [7] 7 août 1798.

1794.
MÉTIVIER, LOUIS-ABRAHAM.
PRUNEAU, Marie-Rogère.
Antoine, b 17 avril 1795, à Berthier.

1796, (19 avril) Québec.
VI.—MÉTIVIER, ETIENNE, [JEAN-MARIE V.
b 1767.
DELIGNY, Marie-Anne. [FRANÇOIS II.

MÉTOT.—*Variation :* MÉTHOT.

(1) Marié sous le nom de Métayer.

1674.
I.—MÉTOT (1), ABRAHAM,
b 1644 ; s 11 sept. 1706, à St-Nicolas. [6]
MEZERAY, Madeleine, [RENÉ I.
b 1657 ; s 25 juillet 1740, à Québec. [7]
René, b... m [6] 16 août 1706, à Marie-Françoise LAMBERT. — *Marie-Anne*, b [7] 14 mars 1678 ; m [6] 17 août 1712, à Jean HAMEL. — *Abraham*, b 1er mai 1687, à Lévis ; m 24 avril 1713, à Thérèse MASSÉ, à Ste-Foye ; s [7] 18 nov. 1749. — *Charles*, b [6] 10 mai 1699 ; m [7] 7 mars 1720, à Marie-Geneviève HÉDOUIN ; s 26 oct. 1771, à Repentigny.

1706, (16 août) St-Nicolas. [6]
II.—MÉTOT, RENÉ. [ABRAHAM I.
LAMBERT, Marie-Françoise. [PIERRE I.
Marie-Françoise, b [6] 15 mai 1707 ; m [6] 9 sept. 1731, à Joseph BISSON.—*Marie-Angélique*, b [6] 21 mars 1709 ; s [6] 3 mai 1731.—*Marie-Charlotte*, b [6] 2 oct. 1712 ; s [6] 20 juin 1731.—*Marie-Joseph*, b 1er nov. 1714, à Québec [7] ; m [7] 26 sept. 1740, à Antoine FILTEAU. — *René-Pierre*, b [6] 17 sept. 1716 ; m 1747, à Thérèse LAMBERT ; s [6] 9 mars 1749.—*Joseph*, b [6] 26 sept. 1718. — *Marie-Thérèse*, b [6] 6 et s [6] 16 juillet 1720.—*Marie-Anne*, b [6] 13 juillet 1721 ; m [6] 2 oct. 1747, à Joseph LAMBERT.—*Marie-Louise*, b [6] 18 juin 1723 ; m à Jean-Baptiste DUBOIS.—*Augustin*, b [6] 28 février 1727.

1713, (24 avril) Ste-Foye. [8]
II.—MÉTOT, ABRAHAM, [ABRAHAM I.
b 1687 ; s 18 nov. 1749, à Québec. [4]
MASSÉ, Marie-Therèse, [PIERRE II.
veuve de Joseph Gingras.
Anonyme, b [8] et s [8] 12 oct. 1714.—*Marie-Thérèse*, b [8] 20 août 1715 ; m [4] 13 nov. 1747, à Marcellin AUBERT ; s [4] 21 sept. 1757. — *Anonyme*, b [8] et s [8] 6 mai 1717.—*François-Régis*, b [8] 27 juillet 1718.—*Françoise*, b... m [4] 25 janvier 1740, à Jacques LEMAGE. — *Joseph*, b [8] 24 juillet 1720. — *Louis-Joseph*, b [8] 11 août 1721 ; m [4] 7 nov. 1746, à Anne BONHOMME ; s [4] 4 mars 1760.—*Joseph*, b [8] 4 oct. 1722 ; m 8 oct. 1753, à Marie-Geneviève LAURIOT, à la Pte-aux-Trembles, Q. — *Pierre-Augustin*, b [8] 29 déc. 1723. — *Ursule*, b [8] 24 janvier 1725. — *Marie-Louise*, b [8] 28 juin 1728. — *Marie-Angélique*, b 1729 ; s [4] 5 janvier 1745. — *Felicité-Gabrielle*, b [8] 1er mai 1731 ; 1° m [4] 16 nov. 1750, à Joseph BODIN ; 2° m [4] 22 sept. 1760, à Antoine TERISSE.—*Augustin*, b [8] 19 avril et s [8] 3 juin 1734.

1720, (7 mars) Québec. [4]
II.—MÉTOT, CHARLES, [ABRAHAM I.
b 1699 ; s 26 oct. 1771, à Repentigny.
HÉDOUIN, Marie-Geneviève, [PIERRE II.
b 1701.
Marie-Geneviève, b [4] 27 avril et s [4] 3 mai 1721. —*Charles*, b [4] 3 et s [4] 5 mars 1722.—*Charles-Laurent*, b [4] 10 et s [4] 26 août 1723.—*Marie-Jeanne*, b [4] 14 août 1724.—*Marie-Agnès*, b [4] 17 oct. 1726 ; m 15 oct. 1745, à Louis SAREAU-CHAMPAGNE, au Cap-St-Ignace. [5] — *Marie-Françoise*, b [4] 28 mai 1728 ; s [4] 4 dec. 1730.—*Pierre*, b [4] 18 nov. 1729.

(1) Voy. vol. I, p. 427.

—*Marin-Antoine*, b [4] 9 juillet 1731; s [4] 2 déc 1732.—*François-Stanislas*, b [4] 11 juin 1733.—*Elisabeth*, b [4] 24 juin et s [4] 11 déc. 1735.—*Marie-Bonaventure*, b [4] 22 mai et s [4] 29 sept. 1737.—*Marie-Geneviève*, b [4] 3 sept. 1738.—*Paul-Charles*, b [4] 19 février 1740; s 8 nov. 1743, à l'Islet.—*Marie-Anne*, b [5] 12 février 1742.—*Jean-Baptiste*, b 1744; s [5] 9 juillet 1745.

1721, (24 fevrier) Québec. [6]

II.—MÉTOT, JOSEPH, [ABRAHAM I.
b 1699.
LENORMAND (1), Hélène, [JOSEPH II.
b 1703.

Joseph, b [6] 24 février 1722; m [6] 7 janvier 1743, à Marie-Joseph PICORON; s [6] 6 juin 1783.—*Jean-Joseph*, b [6] 19 février 1724; m 29 mai 1749, à Marie-Barbe GUIMOND, au Cap-St-Ignace. [7] —*Charles-Barthélemi*, b 8 fevrier 1726, à Charlesbourg; m 24 avril 1752, à Geneviève BOSSÉ, à l'Islet. [8] — *Madeleine*, b [6] 23 janvier 1729; s [6] 12 juin 1741.—*Marie-Anne*, b [6] 19 mai 1731; m [6] 12 mai 1750, à Gilles CAILLOUET.—*Antoine*, b [6] 6 avril 1733.—*Joseph*, b [6] 4 février 1735; m [8] 3 fevrier 1761, à Marie-Modeste BÉLANGER.—*Geneviève*, b [6] 19 fevrier 1737; m [7] 12 oct. 1756, à Jean PINAU.—*Catherine*, b [6] 4 février 1739; m [7] 11 janvier 1757, à Louis LEBRICE-KÉROAC.—*Jean-Marie*, b [6] 6 juin 1742; m [8] 1er mai 1764, à Angelique POLIQUIN.

1743, (7 janvier) Québec [9]

III.—MÉTOT, JOSEPH, [JOSEPH II.
b 1722; charpentier; s [9] 6 juin 1783.
PICORON (2), Marie-Joseph, [HENRI I.
b 1716.

Joseph, b [9] 11 oct. 1743; s [9] 14 juin 1744.—*Marie-Catherine*, b [9] 1er déc. 1744; m [9] 12 oct. 1762, à Jean-Baptiste LEBRUN.—*Joseph*, b [9] 16 fevrier 1746.—*Marie-Louise*, b [9] 13 juin 1748; s 16 janvier 1750, au Cap-St-Ignace.—*Marie-Anne*, b [9] 20 mai et s [9] 17 juin 1750.—*Marie-Madeleine*, b [9] 14 août 1751.—*Charles-Joseph*, b [9] 7 mai 1753; m [9] 22 juin 1779, à Elisabeth MARCHAND.—*Geneviève*, b [9] 22 mai 1754.—*Elisabeth*, b [9] 8 sept. 1755; s 26 déc. 1756, à Charlesbourg.—*Geneviève-Elisabeth*, b [9] 14 nov. 1757; s [9] 16 juin 1758.

1746, (7 nov.) Québec. [5]

III.—MÉTOT, LOUIS-JOSEPH, [ABRAHAM II.
b 1721; journalier; s [5] 4 mars 1760.
BONHOMME, Marie-Anne. [MICHEL III.

Pierre, b [5] 22 et s [5] 25 février 1748.—*Marie-Anne*, b [5] 10 oct. 1749.—*Louis*, b [5] 4 juillet 1753.

1747.

III.—MÉTOT, RENÉ-PIERRE, [RENÉ II.
b 1716; s 9 mars 1749, à St-Nicolas. [6]
LAMBERT (3), Thérèse, [FRANÇOIS II.
b 1725.

Louis-François, b [6] 9 fevrier 1748; s [6] 15 avril 1749.

1749, (29 mai) Cap-St-Ignace. [7]

III.—MÉTOT, JEAN-JOSEPH, [JOSEPH II.
b 1724.
GUIMOND, Marie-Barbe, [CLAUDE II.
b 1727.

Marie-Geneviève, b [7] 6 février et s [7] 5 sept. 1750.—*Marie-Barbe*, b [7] 6 février 1750; m 1790, à Pierre ST. LAURENT; s 16 sept. 1794, à Rimouski.—*Marie-Geneviève*, b [7] 23 mars 1751.—*Marie-Anne*, b [7] 26 février 1752; m 10 oct. 1774, à Joseph-Marie DUPONT, à l'Islet. [8]—*Marie-Joseph*, b [7] 2 avril et s [7] 4 août 1753.—*Marie*, b [7] 3 mars et s [7] 8 avril 1754.—*Elisabeth-Victoire*, b [7] 19 mai 1755; s [7] 9 août 1758.—*Marie-Catherine*, b [7] 12 sept. et s [7] 15 oct. 1756.—*Marie-Théotiste*, b [7] 20 sept. 1757.—*Jean-Baptiste*, b [7] 16 avril et s [7] 3 oct. 1759.—*Marie-Catherine*, b [7] 21 juin 1760; m [8] 11 fevrier 1782, à Joseph-Marie GIASSON.—*Marie-Louise-Thècle*, b [7] 19 et s [7] 28 mars 1762.—*Marie*, b [7] 25 avril et s [7] 18 mai 1763.—*Charles*, b [7] 6 et s [7] 22 juillet 1764.

1752, (24 avril) Islet. [5]

III.—MÉTOT, CHARLES-BARTHÉLEMI, [JOSEPH II.
b 1726.
BOSSÉ, Marie-Geneviève, [ETIENNE II.
b 1737.

Marie-Catherine, b [5] 27 mai 1753.—*Geneviève*, b 3 mars 1755, au Cap-St-Ignace. — *Charles*, b [5] 20 mars 1757.—*Jacques*, b [5] 8 juin 1759 —*Marie-Elisabeth*, b [5] 7 août 1760 —*Pierre*, b [5] 19 mai et s [5] 17 juin 1763. — *Rosalie*, b [5] 9 mars 1775. — *François*, b 1780; s 30 janvier 1781, à Repentigny.

1753, (8 oct.) Pte-aux-Trembles, Q. [2]

III.—MÉTOT, JOSEPH, [ABRAHAM II.
b 1722.
LAURIOT, Marie-Geneviève, [PIERRE-JOS. III.
b 1736; s [2] 26 avril 1774.

Marie, b et s 25 oct. 1755, à St-Augustin.—*Marie-Anne*, b [2] 12 nov. 1756; s [2] 13 avril 1766.—*Joseph*, b [2] 28 nov. 1759.—*Pierre*, b 1762; s [2] 13 avril 1766. —*Michel*, b [2] 12 avril 1764. — *Marie-Anne*, b [2] 9 février 1768; s [2] 4 juillet 1769.—*Marie-Joseph*, b [2] 17 mai 1772.

1761, (3 fevrier) Islet.

III.—MÉTOT, JOSEPH, [JOSEPH II.
b 1735.
BÉLANGER, Marie-Modeste, [JOSEPH IV.
b 1743.

Joseph, b 28 février et s 22 juin 1763, au Cap-St-Ignace. [9]— *Hélène*, b [9] 11 mars 1764.

1764, (1er mai) Islet. [9]

III.—MÉTOT, JEAN-MARIE, [JOSEPH II.
b 1742.
POLIQUIN, Marie-Angélique, [JEAN III.
b 1746.

Joseph-Paschal, b [9] 27 fevrier 1774. — *Marie-Pélagie*, b [9] 26 dec. 1775.

(1) Aussi appelée Jorian.

(2) Dit Descôteaux.

(3) Elle épouse, le 6 juillet 1749, Jean Gagnon, à St-Nicolas.

MÉTOT, François.
TESSIER-LAVIGNE, Marie.
Marie-Joseph, b 1765; s 20 avril 1767, à Repentigny.[9] — *Antoine* et *Joseph*, b [9] 5 sept. 1769. —*François*, b [9] 10 oct. 1772.

MÉTOT, Joseph.
CHARTRÉ, Marie-Louise, [PIERRE-FRANÇOIS III. b 1750.
Marie-Louise, b... m 21 nov. 1786, à François HÉLIE, à Quebec.

1779, (22 juin) Québec.
IV.—MÉTOT, CHARLES-JOSEPH, [JOSEPH III. b 1753.
MARCHAND, Elisabeth, [JEAN-BTE V. b 1763.

1723, (25 oct.) Champlain. [9]
I.—MÈTRA, JEAN, fils de Jacques et de Marie Billeau, de St-Médard, près LaRochelle, Aunis.
GASTINON (1), Marie-Charlotte, [LÉONARD-ANT. I. b 1703.
Marie-Marguerite, b [9] 13 et s [9] 15 août 1724.— *Marie-Marguerite*, b [9] 15 sept. 1725; m 7 janvier 1750, à Pierre BONNET, à Montreal. [8] —*Jean-Baptiste-Joseph*, b [9] 29 avril 1728; s [9] 8 février 1734 — *Jean-Baptiste*, b [9] 11 oct. 1729; s [9] 5 mars 1734. — *Marie-Louise*, b [9] 31 oct. 1731. — *Marie-Anne*, b [9] 12 nov. 1733.—*Joseph-Marie*, b [9] 2 avril et s [9] 9 juin 1735. — *Marie-Joseph-Geneviève*, b [9] 29 juin 1736; s [9] 1er sept. 1740.—*Anonyme*, b [9] et s [9] 10 avril 1738. — *Marie-Joseph*, b [9] 25 août 1739; m [8] 13 oct. 1760, à Jean BAUZET.—*Joseph*, b [9] 20 mai 1741.

MÉTRA, MARIE-JOSEPH-AMABLE, b 4 mars 1752, au Detroit.

METTAY.—Voy. METAY.

MEUDON.—Voy. BOUTONNE—BOUTONNIER.

MEUNIER —*Variations et surnoms :* LE MEUSNIER—LE MONIER — LE MOUNIER — MÉNIER— MESNIER — MEUSNIER — MEYNIER—MONIER— MONNIER — MOSNIER—MUNIER — MUSNIER— BELLEROSE—DE PÉCAUDI —DIGNIER—FRAPPE-D'ABORD— JOLICŒUR — LAFLEUR — LAFRAMBOISE — LAPÉRIÈRE — LAPIERRE — LARAMÉE —MALBROU—SANSOUCY.

1647, (3 nov.) Montréal.
I.—MEUNIER (2), MATHURIN, b 1619.
FAFART, Françoise, b 1624; s 13 janvier 1702, à Ste-Anne. [1]
Jean, b 8 janvier 1651, aux Trois-Rivières; m [1] 5 oct. 1670, à Marguerite HOUSSEAU.—*Mathurin*, b 12 dec. 1662, au Château-Richer; 1° m 22 nov. 1684, à Marie-Madeleine MENEUX, à Ste-Famille, I. O.; 2° m 18 fevrier 1705, à Catherine BONHOMME, à Lorette; s 15 février 1743, à Québec.

(1) Duchesne.
(2) Voy. vol. I, p. 428.

I.—MEUNIER (1), PIERRE, b 1648; s 4 janvier 1695, à Boucherville. [2]
RICHAUME (2), Barbe, [PIERRE I. b 1659.
Pierre, b 3 janvier 1677, à Sorel; m [2] 20 déc. 1701, à Denise DAUNAY; s 23 juin 1758, à Contrecœur. [3] — *Marie-Anne*, b 1679; 1° m [2] 11 janvier 1700, à Antoine FAVREAU; 2° m [2] 23 nov. 1711, à Louis PETIT.—*Jacques*, b 1681; m [2] 3 mai 1711, à Marie-Geneviève PETIT.—*Jeanne*, b [3] 6 mars 1685; m [2] 23 janvier 1702, à Jean FAVREAU. —*Jean-Baptiste*, b [3] 18 fevrier 1687; m [2] 16 oct. 1712, à Helène LACOSTE.—*Madeleine*, b 1692; m [2] 30 oct. 1712, à Nicolas SENÉCAL.—*Pierre-Jean*, b 1694; s 1er août 1741, à Montréal.

1684, (22 nov.) Ste-Famille, I. O.
II.—MEUNIER (3), MATHURIN, [MATHURIN I. b 1662; s 15 fevrier 1743, à Québec. [3]
1° MENEUX, Marie-Madeleine, [JACQUES I. b 1669; s 26 mars 1703, à Lorette. [4]
Marie, b 18 déc. 1685, à Ste-Anne [5]; 1° m [5] 30 janvier 1702, à Pierre BOUVIER; 2° m [4] 3 juillet 1716, à Pierre DELAGE; s [4] 12 fevreir 1743.—*Catherine*, b [5] 18 nov. 1687; s [5] 26 avril 1689.— *Françoise*, b [5] 5 oct. 1689.—*Jean*, b [5] 27 juillet 1691; m [4] 3 janvier 1719, à Marguerite VESINA; s [4] 17 fevrier 1760.—*Joseph*, b [5] 11 juillet 1693; m [4] 7 janvier 1720, à Marguerite BONHOMME.— *Marguerite*, b... 1° m [4] 26 janvier 1717, à Jean ROBITAILLE; 2° m [4] 19 juillet 1751, à Antoine OUVRARD.—*Madeleine*, b... 1° m [4] 4 oct. 1719, à François BERTRAND; 2° m [4] 14 juin 1745, à François VOYER.—*Charles*, b [3] 24 oct. 1700; m 1720, à Marie-Anne BONHOMME; s [4] 10 nov. 1723.— *Agathe*, b [5] 8 avril 1702; m [4] 28 fevrier 1729, à Jean-Baptiste ALARD.

1705, (18 février). [4]
2° BONHOMME, Catherine, [NICOLAS II. b 1685; s [3] 29 janvier 1749.
Marie-Catherine, b 25 janvier, à Ste-Foye et s [4] 2 fevrier 1706.—*Ignace*, b [4] 3 août 1707; s [4] 23 mai 1713.—*Marie-Catherine*, b [4] 20 août 1709; s [4] 7 oct. 1714.—*François*, b [4] 2 fevrier 1712; m [4] 10 janvier 1733, à Marguerite GAUVIN.—*Marie-Thérèse*, b [4] 2 avril et s [4] 13 mai 1714.—*Marie-Catherine*, b [4] 3 nov. 1715; s [4] 13 juillet 1717.—*Marie-Anne*, b [4] 23 oct. 1717; m 1741, à Jean-Baptiste ALARD.—*Catherine*, b [4] 20 janvier 1720; m [3] 30 juillet 1736, à Noel ALARD; s [3] 17 mars 1748.— *Jean-Mathurin*, b [4] 4 août 1722; m 25 nov. 1743, à Marie-Anne BONNEAU, à St-François, I. O.— *Marie-Thérèse*, b 1724; s [4] 24 août 1727.—*Pierre*, b [4] 16 avril 1729; m [3] 8 février 1751, à Marguerite DARVEAU.

1692, (18 février) L'Ange-Gardien.
II.—MEUNIER (3), FRANÇOIS, [MATHURIN I. b 1664.
JACOB, Angélique, [ETIENNE I. b 1671; s 8 janvier 1759, à Ste-Anne. [6]
Marie-Ursule, b [6] 15 avril 1693; s [6] 17 mai

(1) Dit Lapierre; voy. vol. I, p. 428.
(2) Elle épouse, le 19 nov. 1703, François Garnier, à Boucherville
(3) Voy. vol. I, p. 428.

1735.—*Agnès*, b 1696; m [6] 30 mai 1718, à Julien MERCIER; s 20 avril 1756, à St-Frs-du-Sud.—*Jeanne*, b [6] 19 août 1700; m 23 août 1728, à Zacharie BOLDUC, à St-Joachim [7]; s [7] 7 nov. 1770.—*Françoise*, b [6] 18 nov. 1709; m [6] 5 juin 1730, à Pierre SIMARD.—*Hélène*, b [6] 27 oct. 1711; m [6] 16 avril 1736, à Augustin BLOUIN. — *Marie-Madeleine*, b [6] 27 janvier 1715; s [6] 24 oct. 1739.

1701, (20 déc.) Boucherville.

II.—MEUNIER (1), PIERRE, [PIERRE I.
b 1677; s 23 juin 1758, à Contrecœur. [8]

DAUNAY, Denise, [ANTOINE I.
b 1674.

Marie-Joseph, b [8] 20 sept. 1704; s [8] 10 mai 1705.—*Marie-Anne*, b... m 13 août 1725, à Louis BOURGAUX, à St-Ours. [9] —*Joseph*, b 30 déc. 1715, à Verchères.—*Agathe*, b [9] 23 fevrier 1718; m à Joseph CIRCÉ.—*Pierre*, b 1721; m 1753, à Catherine PELLETIER; s 25 mars 1761, à Sorel.

II.—MEUNIER, PIERRE-JEAN, [PIERRE I.
b 1694; s 1er août 1741, à Montréal.

1711, (3 mai) Boucherville. [1]

II.—MEUNIER (1), JACQUES, [PIERRE I.
b 1681.

PETIT, Marie-Geneviève, [LOUIS II.
b 1691.

Jean-Baptiste, b 1713; m [1] 23 nov. 1739, à Angelique OUILEM. — *Marie-Joseph*, b [1] 16 avril 1717; m [1] 27 janvier 1737, à Adrien SENÉCAL. — *Marguerite*, b [1] 19 avril 1719; m [1] 13 juillet 1739, à Louis DELPUÉ.—*Marie-Véronique*, b [1] 26 juillet 1720; m [1] 8 fevrier 1739, à Louis NORMANDIN. — *Marie*, b [1] 9 dec. 1722; m [1] 1er déc. 1741, à Louis LHUISSIER.—*Marie-Brigitte*, b [1] 10 oct. 1724; m [1] 18 fevrier 1744, à Etienne SENÉCAL. — *Catherine*, b 1726; m [1] 15 février 1745, à François TROYE.—*Charlotte*, b 1728; m [1] 8 nov. 1751, à Christophe MONGEAU. — *Angélique*, b 1730; m [1] 10 fevrier 1755, à François LERICHE.

1711, (3 août) Varennes. [2]

II.—MEUNIER (1), FRANÇOIS. [PIERRE I.

LEDOUX, Marguerite, [LOUIS I.
b 1688.

Joseph et *Marie-Anne*, b [2] 16 mai 1714.—*Marie-Anne*, b 17 oct. 1719, à Repentigny; 1° m 8 janvier 1742, à Jean-Baptiste JARRET, à Verchères [5]; 2° m 21 fevrier 1757, à Claude FORGET, à Chambly. — *Marie-Françoise*, b 5 sept. 1721, à St-Ours. — *Nicolas*, b 1723; m [5] 3 avril 1742, à Madeleine BÉRARD.—*Pierre*, b 1724; m [5] 25 fevrier 1743, à Jeanne CHARON. — *Augustin*, b [5] 9 août 1727. — *Jean-Baptiste*, b [5] 26 juin 1729. — *Madeleine*, b 1730; m à Pierre-Simon LUSSIER.—*Michel*, b... m 20 janvier 1755, à Marie-Anne PEPIN, à Boucherville.

(1) Dit Lapierre.

1712, (16 oct.) Boucherville. [3]

II.—MEUNIER (1), JEAN-BTE, [PIERRE I.
b 1687.

LACOSTE (2), Hélène, [ALEXANDRE I.
b 1692; s 24 avril 1777, à Repentigny.

Jean-Baptiste, b... m [3] 3 mai 1734, à Elisabeth MARTIN.—*François*, b 1716; m 1750, à Antoinette GIARD; s 14 sept. 1756, à St-Ours.—*Joseph*, b [3] 9 mars 1717. — *Paul*, b [3] 9 février 1719; m 1750, à Cecile GIARD.—*Antoine*, b [3] 11 sept. 1720. —*Louis*, b [3] 17 août 1722; m 1er mars 1745, à Veronique CHICOINE, à Verchères. — *Véronique*, b [3] 22 juillet 1724.—*Pierre*, b [3] 1er et s [3] 25 juillet 1726.—*Marie-Joseph*, b 14 oct. 1727, à Montreal.

I.—MEUNIER (3), CLAUDE-JOSEPH.

I.—MEUNIER (4), JEAN-BTE,
b 1681; soldat; s 10 déc. 1749, à l'Hôpital-Général, M.

I.—MEUNIER (5), MARTIN,
s 16 nov. 1718, à St-Augustin.

1712, (14 nov.) Boucherville. [5]

I.—MEUNIER (6), GERVAIS, b 1677; fils de René et de Marguerite Cadiel, de Ruffalet, diocèse de Limoges, Limousin.

DAVID (7), Catherine, [JACQUES II.
b 1692; s 30 mai 1760, à Chambly. [6]

Catherine, b 1714; s 28 sept. 1727, à Laprairie. [7] — *Joseph*, b [5] 18 août 1718; s [7] 27 oct. 1731.—*Marie-Anne*, b... m [7] 12 oct. 1744, à Jean-Baptiste BISSONNET. — *Jacques*, b [7] 13 nov. 1724; s [7] 10 oct. 1731. — *Pierre*, b [7] 12 dec. 1726. — *Jean-Baptiste*, b... m 1750, à Marie-Louise BISSONNET. —*Marie-Charlotte*, b [7] 14 fevrier 1728; m 18 oct. 1762, à Jean-Baptiste BERTHIAUME, à Montréal. [8] —*Gervais*, b 1729; s [6] 4 nov. 1757. — *François-Amable*, b [7] 28 déc. 1730; m [6] 4 fevrier 1754, à Louise ST. AUBIN.—*Elisabeth*, b [7] 13 juillet 1733; 1° m [8] 26 avril 1756, à Pierre POMIER; 2° m [6] 11 juin 1770, à Louis BRIASSE.

1719, (3 janvier) Lorette. [1]

III.—MEUNIER, JEAN, [MATHURIN II.
b 1691; s [1] 17 fevrier 1760.

VÉSINA, Marguerite, [FRANÇOIS II.
b 1698, s 8 avril 1780, à Québec. [2]

Marie-Marguerite, b [1] 30 nov. et s [1] 27 déc. 1719. — *Jean*, b [1] 26 mars 1721; m [1] 19 fevrier 1748, à Marguerite RIOPEL.—*Marguerite*, b 1725; m [1] 24 nov. 1744, à Pierre CHUPIN; s [2] 26 fevrier 1778.—*Mathurin*, b [1] 26 février 1727; s [1] 18 mai 1730.—*François*, b... m 1750, à Louise JUNEAU. —*Charles-François*, b [1] 12 mars 1730; s [1] 17 mai

(1) Dit Lapierre—Lapérière—De Pécaudie, 1717.

(2) Dit Languedoc.

(3) Dit Sansoucy; il était, le 12 fevrier 1759, au Détroit.

(4) Dit Malbrou.

(5) Dit Frappe-d'abord; soldat de la compagnie de Granville.

(6) Dit Lafleur.

(7) Aussi appelée Dany.

1733.—*Marie-Agnès*, b [1] 24 février 1732.—*Ursule*, b [1] 10 août et s [1] 2 sept. 1734. — *Félicité*, b [1] 10 août 1734; m [1] 22 fevrier 1751, à André PLAMONDON.—*Jean*, b 1737; s [1] 20 juin 1739.—*Angélique*, b [1] 19 mai 1739; m [1] 10 nov. 1760, à Antoine GARNIER.

MEUNIER, JEAN.
GARNAUD, Marguerite.
Joseph-Mathurin, b 16 sept. 1736, à Lorette.

1720, (7 janvier) Lorette. [5]
III.—MEUNIER, JOSEPH, [MATHURIN II.
b 1693.
BONHOMME, Marguerite, [NICOLAS II.
b 1697.
Joseph, b [5] 14 nov. 1720; s [5] 11 avril 1722. — *Madeleine-Marguerite*, b [5] 6 sept. 1722. — *Marie-Madeleine*, b [5] 10 juillet 1724.—*Jeanne-Angélique*, b [5] 25 juillet 1726; m [5] 3 fevrier 1749, à Joseph-Antoine OUVRARD. — *Marie-Félicité*, b [5] 11 juillet 1728. — *Joseph*, b [5] 6 juillet 1730; m 1752, à Marie-Joseph BUSSIÈRE. — *Marie-Thérèse*, b [5] 8 juin 1732; m 1753, à Nicolas TRUDEL. — *Marie-Joseph*, b [5] 5 mars 1735; m [5] 4 nov. 1754, à Paul BUSSIÈRE; s 29 juillet 1795, à St-Augustin. — *Marie-Agnès*, b [5] 7 août 1737. — *Jean-François*, b [5] 21 juillet 1740.

1720.
III.—MEUNIER, CHARLES, [MATHURIN II.
b 1700; s 10 nov. 1723, à Lorette.
BONHOMME (1), Marie-Anne, [NICOLAS II.
b 1698.
Charles, b 1721; m 31 oct. 1746, à Madeleine BARBEAU, à Québec [1]; s [1] 15 nov. 1749.

MEUNIER, JEAN.
DELAVOYE, Marie-Joseph.
Joseph, b 4 fevrier 1725, à St-Nicolas.

1732, (23 nov.) Québec. [4]
I.—MEUNIER (2), GASPARD, fils de Pierre et de Marie Fauvre, de St-Bon, diocèse de St-Pierre-du-Montier, Nivernois.
POUPART, Madeleine. [JOSEPH II.
Gaspard, b [4] 12 sept. 1733; s 21 juillet 1734, à St-Augustin.—*Jean-Baptiste*, b [4] 1er nov. 1734. —*Jules-Pierre*, b [4] 26 sept. 1735. —*Jean-Antoine*, b [4] 7 juin 1737. — *Marie-Rose*, b [4] 16 mai 1738; s [4] 5 nov. 1741.

1733, (10 janvier) Lorette. [2]
III.—MEUNIER, FRANÇOIS, [MATHURIN II.
b 1712.
GAUVIN (3), Marguerite, [PIERRE II.
b 1712.
Marguerite, b [2] 3 et s [2] 26 déc. 1733. — *Anonyme*, b [2] et s [2] 13 déc. 1736.—*Marguerite*, b [2] 14 fevrier et s [2] 2 avril 1738. — *Marguerite*, b [2] 12 avril 1739; m 28 juillet 1760, à Charles PETIT-CLERC, à St-Augustin. [3] — *Marie-Catherine*, b 18 juin 1741, à Quebec. [4]—*Jean-Baptiste*, b [4] 11 oct. et s [3] 8 nov. 1744.

(1) Elle épouse, le 17 août 1726, Pierre Bezeau, à Lorette.
(2) Marié Munier.
(3) Elle épouse, plus tard, Jean-Baptiste Drolet.

1734, (3 mai) Boucherville.
III.—MEUNIER, JEAN-BTE. [JEAN-BTE II.
MARTIN (1), Elisabeth, [LÉGER III.
b 1712.

1739, (23 nov.) Boucherville. [1]
III.—MEUNIER (2), JEAN-BTE, [JACQUES II.
b 1713.
OUILEM, Angélique. [THOMAS I.
Angélique, b 1740; m [1] 19 nov. 1759, à Jean-Baptiste SENÉCAL.—*Catherine*, b... m 18 avril 1763, à Louis MIRAY, à Varennes. [2] — *Louis*, b... m [2] 18 mai 1772, à Marie-Louise QUINQUERELLE.

1742, (3 avril) Verchères. [3]
III.—MEUNIER (2), NICOLAS, [FRANÇOIS II.
b 1723.
BÉRARD, Madeleine, [FRANÇOIS II.
b 1723.
Marguerite, b... m [3] 5 février 1759, à Christophe TÉTREAU.—*François*, b... m 23 nov. 1772, à Marie PATENOTE, à Varennes. — *Michel*, b [3] 12 février et s [3] 19 avril 1752.—*Pierre*, b [3] 7 mai 1753.—*Jean-Baptiste*, b [3] 12 août 1755.

1743, (25 février) Verchères. [4]
III.—MEUNIER, PIERRE, [FRANÇOIS II.
b 1724.
CHARON, Jeanne, [PIERRE III.
b 1724.
Charlotte, b... m [4] 31 mai 1763, à Louis-Augustin FONTAINE.

1743, (25 nov.) St-François, I. O.
III.—MEUNIER, JEAN-MATHURIN, [MATHURIN II.
b 1722; voiturier.
BONNEAU, Marie-Anne. [AUGUSTIN II.
Joseph-Marie, b 16 janvier et s 3 sept. 1745, à Quebec. [6]— *Angélique*, b [6] 24 avril 1746; m 23 oct. 1764, à François DUBOIS, à Montréal. [7] — *Pierre-Mathurin*, b [6] 30 mars et s [6] 3 oct. 1748. —*Marie-Joseph*, b [6] 8 sept. 1750; m [7] 9 janvier 1769, à Martial JALATEAU.—*Marie-Agathe*, b [6] 11 juin et s [6] 5 sept. 1752.—*Jean-Baptiste*, b [6] 13 oct. 1753; s [6] 21 sept. 1755.—*Marie-Louise*, b 1755; m [7] 6 nov. 1775, à Pierre LENOIR-ROLLAND.—*Charlotte-Angélique*, b [6] 29 janvier 1759.

1745, (1er mars) Verchères. [8]
III.—MEUNIER (2), LOUIS, [JEAN-BTE II.
b 1722.
CHICOINE, Véronique. [PAUL III.
Marie-Véronique, b [8] 7 juillet 1752. — *Pierre-Paul*, b [8] 15 dec. 1753. — *Véronique*, b [8] 15 janvier 1755.—*Anonyme*, b [8] et s [8] 20 juin 1759.

(1) Elle épouse, le 24 oct. 1741, Pierre Isoir, à Boucherville.
(2) Dit Lapierre.

1746, (31 oct.) Québec. [9]

IV.—MEUNIER, CHARLES, [CHARLES III.
b 1721 ; journalier ; s [9] 15 nov. 1749.
BARBEAU (1), Marie-Madeleine. [PIERRE II.
Marie-Thérèse, b [9] 20 avril et s [9] 10 mai 1748. —*Charles-Michel*, b [9] 28 août et s [9] 12 sept. 1749.

1748, (19 février) Lorette. [5]

IV.—MEUNIER, JEAN, [JEAN III.
b 1721.
RIOPEL, Marguerite, [NICOLAS II.
b 1724.
Jean-Baptiste, b [5] 12 août 1750.—*Marie-Angélique*, b [5] 4 sept. 1753.—*Marie-Joseph*, b [5] 18 mars 1755.—*Joseph*, b [5] 23 juin 1757.—*Marie-Elisabeth*, b [5] 22 août 1760.—*Louis*, b [5] 12 mars 1762.—*François*, b [5] 19 février 1764.

1749, (18 août) Beauport.

I.—MEUNIER (2), FRANÇOIS, fils d'André et de Françoise Dudoit, de St-Jean, diocèse du Mans, Maine.
TOUPIN, Madeleine, [RENÉ II.
b 1725.

1750.

III.—MEUNIER (3), FRANÇOIS, [JEAN-BTE II.
b 1716 ; s 14 sept. 1756, à St-Ours. [6]
GIARD, Antoinette,
b 1716 ; s [6] 12 déc. 1754.
Marie-Louise, b [6] 21 et s [6] 28 février 1751.—*Marie-Joseph*, b [6] 13 et s [6] 22 juillet 1752.—*Marie-Antoinette*, b [6] 19 et s [6] 26 oct. 1753.—*Louis*, b [6] 19 oct. 1753.—*Pierre*, b... s [6] 22 mars 1755.

1750.

III.—MEUNIER (3), PAUL, [JEAN-BTE II.
b 1719.
GIARD, Cécile.
Antoine, b 13 juillet 1751, à St-Ours. [4] — *Jean-Baptiste*, b [4] 17 mai 1753.—*Joseph-Marie*, b [4] 2 et s [4] 4 mars 1755.—*Marie-Elisabeth*, b [4] 13 février 1756.

1750.

II.—MEUNIER (4), JEAN-BTE. [GERVAIS I.
BISSONNET, Marie-Louise. [ALEXIS II.
Marie-Louise, b 21 août 1751, à Chambly [4] ; s [4] 10 février 1753. — *Antoine-Gaspard*, b [4] 8 déc. 1752.—*Marie-Catherine*, b [4] 4 avril 1754.—*Louise*, b [4] 14 août 1755. — *Marie-Joseph*, b [4] 15 déc. 1756 ; s [4] 21 juin 1757.—*Marie-Anne*, b [4] 28 janvier 1758. — *Jean-Baptiste*, b [4] 8 mars 1759. — *Pierre*, b [4] 14 oct. 1760.

1750.

IV.—MEUNIER, FRANÇOIS. [JEAN III.
JUNEAU, Louise.
Marie-Louise, b 4 juin 1751, à Lorette. [5]—*Jean*, b [5] 8 janvier 1753. — *Marie-Marguerite*, b [5] 13 sept. 1755. — *Marie-Catherine*, b [5] 2 mars 1757 ; m à Jean-Baptiste AMIOT. — *Marie-Agathe*, b [5] 5 février 1759. — *Pierre*, b [5] 22 avril 1761 ; m 30 janvier 1787, à Thérèse VALIN, à St-Augustin. — *Joseph-Augustin*, b [5] 4 mars 1763. — *Marie-Thérèse*, b [5] 29 avril 1765.

(1) Elle épouse, le 1er mai 1752, Joseph Vandet, à Québec.
(2) Et Monnier.
(3) Dit Lapierre.
(4) Dit Lafleur.

1751, (8 fevrier) Québec. [6]

III.—MEUNIER, PIERRE, [MATHURIN II.
b 1729.
DARVEAU, Marguerite, [JEAN-BTE II.
b 1731.
Jean-Pierre, b [6] 11 nov. 1752; m 10 janvier 1785, à Marguerite-Geneviève JEANBARD, à la Rivière-Ouelle.

1751.

MEUNIER (1), PIERRE.
LUSSIER, Marguerite.
Marie-Marguerite, b 11 nov. 1752, à Verchères. [7] — *Jean-Baptiste*, b [7] 26 janvier 1754. — *Marie-Marguerite*, b [7] 6 mars 1756. — *Marie-Elisabeth*, b [7] 27 janvier et s [7] 26 juin 1760.

MEUNIER (1), JOSEPH.
NIEL, Elisabeth.
Marie-Joseph, b 7 août 1752, à St-Antoine-de-Chambly.

1752.

IV.—MEUNIER, JOSEPH, [JOSEPH III.
b 1730.
BUSSIÈRE, Marie-Joseph, [AUGUSTIN III.
b 1730.
Joseph, b 30 sept. 1753, à Lorette. [8] — *Joseph*, b [8] 1er mars 1755.—*Jean-Paul*, b [8] 28 sept. 1756. —*Nicolas*, b [8] 3 sept. 1758.—*Marie-Charlotte*, b [8] 7 février 1760. — *Joseph-Antoine*, b [8] 7 nov. 1761. —*Prisque* et *Marie*, b [8] 2 fevrier et s [8] 10 mars 1763.—*Geneviève*, b... m 4 avril 1792, à François AUDIBERT, à Repentigny. [9] — *François*, b [9] 30 nov. 1774.—*Marie*, b 1780 ; s [9] 9 mai 1794.

III.—MEUNIER (1), PIERRE, [PIERRE II.
b 1721 ; s 25 mars 1761, à Sorel. [1]
PELLETIER, Catherine.
Pierre, b 1754 , s [1] 25 nov. 1759.

MEUNIER (1), FRANÇOIS.
MICHON, Marie-Marthe.
Marie-Angélique, b... m 22 janvier 1798, à François DUHAMEL, à Contrecœur.

1754, (4 février) Chambly. [2]

II.—MEUNIER (2), FRS-AMABLE, [GERVAIS I.
b 1730.
ST. AUBIN-BENJAMIN, Louise, [JEAN-SIMON II.
b 1734.
Jean, b [2] 27 nov. 1754. — *François*, b [2] 28 janvier et s [2] 19 avril 1756. — *Jean-Baptiste*, b [2] 27 avril 1758.—*Jean-Baptiste*, b [2] 2 janvier 1759.

(1) Dit Lapierre.
(2) Dit Lafleur.

1755, (20 janvier) Boucherville.
III.—MEUNIER, MICHEL. [FRANÇOIS II.
PEPIN, Marie-Anne. [JEAN-BTE III.

MEUNIER, LOUIS-CHARLES.
VACHERIE, Marguerite.
Louise-Marguerite, b 27 sept. 1757, à Québec [1]; s [1] 26 fevrier 1758.

MEUNIER (1), PAUL.
BRANCHAU, Geneviève.
Marie-Charlotte, b 12 juillet 1758, à St-Ours [2]; s [2] 28 février 1759.

1760, (5 février) Montréal.
I.—MEUNIER (2), PIERRE, b 1739; fils de Pierre et de Marie-Anne Chauvet, de St-Jean, ville de Valence, Dauphiné.
NOREAU, Agathe, [MATHURIN I.
b 1739.
Marie-Agathe, b 18 oct. 1760, à Lorette.—*Agathe*, b et s 29 mai 1767, à la Longue-Pointe.

1760, (17 février) Chambly.
I.—MEUNIER, PHILIPPE, fils de Nicolas et de Marie Vable, de Vaumort, Bourgogne.
POYER, Marie-Marthe, [JACQUES I.
b 1710; veuve de Jean Monty.

1761, (25 janvier) St-Antoine-Tilly. [5]
I.—MEUNIER (3), PIERRE, fils de Nicolas et de Catherine Gesny, de Hochi, Lorraine.
1° COTÉ, Marie-Madeleine, [JOSEPH IV.
b 1739; s [5] 15 avril 1761.
1762, (7 février). [5]
2° COTÉ, Marie-Joseph, [PIERRE IV.
b 1735.
Pierre, b [5] 2 mai 1763; s [5] 15 avril 1765.—*Pierre-François*, b [5] 20 mai 1765. — *Joseph*, b 1er oct. 1771, à la Baie-du-Febvre.

MEUNIER, FRANÇOIS.
COTÉ (4), Therèse.
Marie, b... m 6 oct. 1788, à Louis CHARBONNEAU, à Repentigny. [2] — *Michel*, b [2] 26 et s [2] 30 sept. 1786.

1772, (18 mai) Varennes.
IV.—MEUNIER, LOUIS. [JEAN-BTE-LOUIS III.
QUINQUERELLE, Marie-Louise. [JEAN-NICOLAS I.

1772, (23 nov.) Varennes.
IV.—MEUNIER, FRANÇOIS. [NICOLAS III.
PATENOTE, Marie. [TOUSSAINT III.

MEUNIER, JOSEPH.
GAUTIER, Marie. [FRANÇOIS.
Joseph, b 28 mai 1782, à Lachenaye.

(1) Dit Lapierre.
(2) Dit Dignier—Jolicœur.
(3) Dit Bellerose.
(4) Elle épouse, le 22 juillet 1793, Jean-Baptiste Baudry, à Repentigny.

1785, (10 janvier) Rivière-Ouelle.
IV.—MEUNIER, JEAN-PIERRE, [PIERRE III
b 1752.
JEANBARD, Margte-Geneviève. [JOS.-MARIE II

MEUNIER, NICOLAS.
BAUDOIN, Marie-Angélique.
Anonyme, b et s 25 février 1787, à Repentigny

MEUNIER, PAUL.
1° BRISSAU-LAFLEUR, Marie-Joseph,
b 1765; s 10 sept. 1787, à Repentigny. [5]
Marie-Louise, b [5] 23 mars et s [5] 1er oct. 1787.
1788, (27 oct.) [5]
2° ST. MICHEL (1), Marie-Anne. [BASILE
Paul, b [5] 8 et s [5] 9 juillet 1790.—*Pierre*, b [5] 2 nov. 1791.—*Marie-Anne*, b [5] 29 déc. 1792; s [5] 20 juin 1793.—*Louis*, b [5] 12 février 1794.

1787, (30 janvier) St-Augustin.
V.—MEUNIER, PIERRE, [FRANÇOIS IV
b 1761.
VALIN, Thérèse. [IGNACE III

MEUNIER, FRANÇOIS, b 1730; s 3 déc. 1787, à Repentigny.

MEUNIER, ANTOINE.
GAUTIER, Therèse.
Antoine, b 25 juin 1790, à Repentigny. [7] —*Euphrosine*, b [7] 20 et s [7] 29 sept. 1794. — *Marie Agathe*, b [7] 10 sept. 1795.

MEUNSON.—*Variations :* MENANÇON — MENESSON—MENSON.

1706, (8 février) Montréal. [3]
I.—MEUNSON, CLAUDE-VINCENT, b 1678, maître doreur; fils d'Andre (marchand drapier) et d'Elisabeth Tiber, de Paris.
ALARIE, Marie-Françoise, [RENÉ I
b 1683; s 10 déc. 1761, à St-Vincent-de Paul.
Marie-Françoise, b [3] 7 nov. 1706; m 1726, à Charles DESROCHES. — *Marie-Anne*, b... m 5 février 1726, à Jean NOISEUX, à Longueuil.—*Marie* b [3] 16 janvier 1708; s [3] 6 janvier 1728.—*Marguerite*, b [3] 21 janvier 1709; m [3] 12 juin 1730, à Jean-Baptiste LARCHEVÊQUE. — *Louis*, b [3] 2 oct 1710.—*Jean-Vincent*, b [3] 28 janvier 1712.—*Louise Véronique*, b [3] 25 juillet et s [3] 29 sept. 1713. — *Denis*, b [3] 31 sept. 1714; s [3] 18 août 1715. — *Joseph-Olivier*, b [3] 2 août 1716; m 22 juillet 1743 à Marie CAILLÉ, à Laprairie.—*Jean*, b [3] 10 avril 1718; m à Marie LANOUX.—*Marie-Joseph*, b [3] 1[?] juillet et s [3] 25 août 1722. — *Françoise*, b [3] 17 et s [3] 30 janvier 1724.

1743, (22 juillet) Laprairie.
II.—MEUNSON (2), JOS.-OLIV., [CLAUDE-VINC. I
b 1716.
CAILLÉ, Marie, [JACQUES II
b 1723.

(1) Appelée Mitron en 1794.
(2) Marié Menançon.

II.—MEUNSON (1), JEAN, [CLAUDE-VINCENT I. b 1718.
LANOUX, Marie.
Marie, b... m 1763, à Louis AIDE-CRÉQUI. — *Marie-Anne*, b... m 10 février 1766, à Pierre AUGÉ, à Lotbinière.

MEURS.—*Variation :* MŒURS.

1763, (8 août) Québec. [4]
I.—MEURS (2), FRANÇOIS, navigateur ; fils de Jean et de Jeanne Glaudine, de St-Sauveur, diocèse de LaRochelle, Aunis.
LEPINE (3), Angelique, [JEAN-BTE-HYACINTHE II. b 1744 ; s [4] 3 août 1785.
Geneviève-Angélique, b [4] 22 mai 1764.—*Elisabeth*, b... m [4] 17 avril 1787, à Pierre MOISAN.

MEUSNIER.—Voy. MEUNIER.

MEYNIER.—Voy. MEUNIER.

MEZERAY.—*Variations et surnoms :* MAISERET —MESERAY—MESERÉ — MEZERÈS — MEZERET —MEZERETS—MEZIER—DUVERGER — LAPLANCHE.

1673.
II.—MEZERAY (4), JEAN, [RENÉ I. b 1650 ; s 5 février 1703, à la Pte-aux-Trembles, Q. [7]
MASSE, Madeleine, [PIERRE I. b 1655 ; s [7] 15 nov. 1709.
Marie-Françoise, b [7] 23 mars 1683 ; m 26 nov. 1711, à Zacharie BOYER, à Montréal. [8] — *Marie-Jeanne*, b [7] 6 oct. 1693 ; 1° m [8] 17 déc. 1715, à Toussaint DARDENNE ; 2° m [7] 18 nov. 1720, à François BOUDIER. — *Marie-Louise*, b [7] 19 mai 1695 ; m [7] 13 février 1719, à Jean AIDE-CRÉQUI ; s 1er février 1766, à Lotbinière.—*Marguerite*, b [7] 6 mars 1697 ; 1° m [8] 1er mars 1734, à François COITEUX ; 2° m [8] 22 juillet 1743, à Charles DESGRITAUX.

1678, (12 sept.) Quebec. [4]
II.—MEZERAY (4), THOMAS, [RENÉ I. b 1652.
PARADIS (5), Louise, [PIERRE I. b 1661.
Marie-Catherine, b 1680 ; 1° m [4] 29 juillet 1697, à François-Gilles PARIS ; 2° m 16 juin 1732, à Louis JEAN-DENIS, à Terrebonne [2] ; s [2] 7 février 1751.—*Jean-Baptiste*, b 24 février 1681, à la Pte-aux-Trembles, Q. ; s 5 mai 1741, à l'Hôpital-General, M.

III.—MEZERAY, JEAN-BTE, [THOMAS II. b 1681 ; s 5 mai 1741, à l'Hôpital-General, M.

(1) Et Menançon.

(2) Et Mœurs ; arrivé au Canada en 1752. (Procès-verbaux).

(3) Dit Lalime.

(4) Voy. vol. I, p. 429.

(5) Elle épouse, le 18 juin 1691, Hilaire Sureau, à Québec.

1719, (14 nov.) Pte-aux-Trembles, Q. [6]
III.—MEZERAY, RENÉ, [JEAN II. b 1689 ; s [6] 17 février 1726.
PAPILLON (1), Geneviève, [ETIENNE I. b 1697.
Marie-Madeleine, b [6] 26 août 1720. — *Marie-Geneviève*, b 1721 ; m 2 dec. 1741, à Jacques DELAUNE, à Québec. [9]—*Marie-Charlotte*, b [6] 11 sept. et s [6] 2 nov. 1722. — *Charlotte*, b [6] 27 oct. 1723 ; m [9] 29 mai 1749, à Pierre CHRÉTIEN. — *René* (posthume), b [6] 13 avril 1726 ; s [6] 12 juin 1733.

MEZERÈS.—Voy. MEZERAY.

MEZERET.—Voy. MEZERAY.

MEZERETS.—Voy. MEZERAY.

MEZIER.—Voy. MEZERAY.

MEZIÈRE.—Voy. MEZIERES.

MEZIÈRES.—*Variation et surnoms :* MEZIÈRE —DELEPERVANCHE—LEPELLÉ—LEPERVANCHE.

1725, (17 déc.) Détroit. [1]
I.—MEZIÈRES (2), CHARLES-FRANÇOIS, fils de Henri et de Marie Tracet, de Boisset-lepervanche, diocèse d'Evreux, Normandie.
NOLAN, Louise-Suzanne, [JEAN-BTE II. b 1702.
Alphonse-Marie, b [1] 15 nov. 1726. — *Marie-Anne*, b [1] 19 déc. 1727 ; s 4 déc. 1729, à Montreal. [2] —*Charles*, b [2] 10 nov. 1728 ; m [2] 19 juin 1758, à Marie-Anne TÉTARD.—*Suzanne-Amable*, b [2] 30 oct. 1729.—*Marie-Joseph*, b [2] 14 nov. 1730.—*Louise-Antoinette*, b... m 31 janvier 1758, à Louis-Joseph GAUTIER, à Laprairie.

1758, (19 juin) Montréal.
II.—MEZIÈRES (3), CHARLES, [CHARLES-FRS I. b 1728.
TÉTARD, Marie-Anne, [JACQUES II. b 1726 ; veuve de Pierre-Julien Trotier.

1760, (4 février) Montreal.
I.—MEZIÈRES, PIERRE-FRANÇOIS, b 1735, notaire-royal ; fils d'Antoine et de Marguerite André, de Vilat, diocèse de Langres, Champagne.
CAMPEAU, Michelle. [HENRI III.

1757, (10 janvier) Québec. [5]
I.—MEZOU, YVES, fils d'Olivier et de Julienne Dourzal, de Guipavas, diocèse de St-Paul-de-Léon, Basse-Bretagne.
PETITEAU, Marie-Louise, [PIERRE I. b 1727.
Marie-Louise, b [5] 1er et s [5] 16 juillet 1757.—*Antoine-Olivier*, b [5] 16 juillet et s [5] 21 oct. 1762.

(1) Elle épouse, le 6 août 1727, Edmé Bornais, à la Pte-aux-Trembles, Q.

(2) Chevalier ; sieur de Lepervanche ; enseigne, officier.

(3) Dit Lepervanche ; officier.

1733, (11 août) Chambly.
I.—MIAU, CLAUDE, fils de Jacques et de Barbe Brisset, de St-Pierre, diocèse d'Autun, Bourgogne.
POYER, Louise-Ursule, [JACQUES I.
b 1712.

MIAU, CLAUDE.
SICARD, Marie.
Marie-Angélique, b 9 nov. et s 8 déc. 1742, à Québec.[1]—*Jean-Amable*, b [1] 2 déc. 1743.

I.—MICARD (1), JOSEPH, b 1714; de Berne; s 2 juillet 1810, à l'Hôpital-Général, M.

MICHARNY, ...
MARTIN, Marie-Joseph,
b 1742; s 10 avril 1761, à l'Islet.

MICHAU.—Voy. MICHAUD.

MICHAUD.—*Variations et surnoms :* MICHAU—MICHAUX—CHABALE—DIJON—LAROUCHE—LE BORGNE—MICHEL—SAUVAGE.

1667.
I.—MICHAUD (2), PIERRE,
b 1637.
ANCELIN, Marie,
b 1654; s 18 avril 1729, à Kamouraska.[2]
Pierre, b 8 mars 1672, à Québec[3]; m[3] 5 fevrier 1697, à Madeleine THIBODEAU; s[2] 15 janvier 1761.—*Jean-Baptiste*, b [3] 8 avril 1674; 1° m 3 juin 1697, à Marie VAILLANCOUR, à St-Pierre, I. O., 2° m 28 février 1707, à Marie-Françoise DUPILLE, à la Rivière-Ouelle.—*Pierre*, b 9 fevrier 1681, à l'Islet; m [3] 20 oct. 1704, à Marie-Madeleine CADIEU; s [2] 18 avril 1760.

1697, (5 février) Québec.
II.—MICHAUD (2), PIERRE, [PIERRE I.
b 1672; s 15 janvier 1761, à Kamouraska.[4]
THIBODEAU, Madeleine. [MATHURIN I.
Marie-Anne, b 9 fevrier 1699, à la Rivière-Ouelle[5]; m 1720, à Joseph AUBIN.—*Marie-Madeleine*, b [5] 31 août 1703; m à Jean-Baptiste DIONNE.—*Cécile*, b [5] 14 nov. 1706; 1° m [4] 5 mai 1731, à Jean BOUCHER; 2° m [4] 21 juillet 1738, à Louis SAUCIER.—*Marie-Angélique*, b [5] 20 janvier 1709.—*Hélène*, b... m [4] 24 janvier 1735, à Guillaume MIGNEAU.

1697, (3 juin) St-Pierre, I. O.
II.—MICHAUD (2), JEAN-BTE, [PIERRE I.
b 1674.
1° VAILLANCOUR, Marie, [ROBERT I.
b 1674; s 2 juin 1706, à Québec.[2]
Anonyme, b [2] et s [2] 2 juin 1706.
1707, (28 février) Rivière-Ouelle.
2° DUPILLE (3), Marie-Françoise, [RÉMI I.
b 1686.

(1) Ancien soldat du régiment de la Sarre.
(2) Voy. vol. I, p. 429.
(3) Elle épouse, plus tard, Barthélemi Normandin.

1702, (30 mai) Ste-Famille, I. O.
II.—MICHAUD, JOSEPH, [PIERRE I.
b 1679.
DIONNE, Catherine, [ANTOINE I.
b 1683.
Antoine, b... m 30 mai 1729, à Madeleine CORDEAU, à Kamouraska.[4]—*Joseph*, b 10 mars 1706, à la Rivière-Ouelle[5]; m [4] 7 avril 1739, à Marguerite CORDEAU.—*Jérôme* (1), b [5] 4 mars 1708; s 6 juillet 1730, à St-Valier.—*Marie*, b [5] 7 oct. 1709.

1704, (20 oct.) Québec.
II.—MICHAUD, PIERRE, [PIERRE I.
b 1681; s 18 avril 1760, à Kamouraska.[4]
CADIEU, Marie-Madeleine, [JEAN-CHARLES II.
b 1683; s [4] 6 avril 1770.
Marie-Madeleine, b 15 février 1706, à la Rivière-Ouelle[5]; m à Jean-Baptiste DIONNE; s [4] 16 juin 1771.—*Pierre*, b [5] 30 nov. 1707; 1° m [5] 7 janvier 1733, à Anne-Angélique DUPÉRÉ; 2° m [5] 2 juin 1749, à Marie-Charlotte MIVILLE; s [4] 26 mars 1756.—*Antoine*, b [5] 15 août 1709.—*François*, b 1711; s [4] 4 fevrier 1736.—*Dorothée*, b... m [4] 24 mai 1734, à Pierre-Joseph MOREAU.—*Geneviève*, b... m [4] 13 janvier 1738, à François CORDEAU.—*Alexandre*, b... m [4] 12 janvier 1739, à Brigitte CORDEAU.—*Jean-Baptiste*, b... m [4] 4 fevrier 1743, à Françoise CHASSEY.—*Marie-Charlotte*, b 1726; 1° m [4] 9 mai 1746, à Gabriel PARADIS; 2° m [4] 23 juin 1760, à Jean HYARD; s [4] 16 avril 1775.—*Etienne*, b [4] 22 fevrier 1728; m [4] 26 fevrier 1748, à Jeanne CHASSEY.—*Marie-Ursule*, b... m [4] 8 nov. 1751, à Pierre MORIN.—*Marie-Jeanne*, b 1736; s [4] 18 mars 1756.

1708, (22 oct.) Levis.
II.—MICHAUD, LOUIS, [PIERRE I.
b 1684.
LEVASSEUR (2), Claire-Françoise, [LAURENT II.
b 1691.
André, b 1712; s 12 juin 1730, à Kamouraska.[9]—*Louis*, b 1714; m [9] 15 nov. 1734, à Geneviève ALBERT.—*Elisabeth*, b... m [9] 14 avril 1738, à Jean-Bernard LÉVESQUE.

II.—MICHAUD, FRANÇOIS, [PIERRE I.
b 1687; s 7 sept. 1727, à Kamouraska.[5]
DIONNE (3), Marie. [JEAN II.
François, b 1718; m 1742, à Marie-Joseph MARTIN; s 12 oct. 1750, à Ste-Anne-de-la-Pocatière.[6]—*Benjamin*, b... m [5] 21 nov. 1746, à Marie-Anne CHASSEY.—*Etienne*, b 1726; m à Marie NADEAU; s [5] 15 nov. 1756.—*Madeleine*, b... m [6] 23 nov. 1750, à Joseph DELAVOYE.—*Antoine*, b... m [6] 14 juin 1751, à Madeleine MIGNIER.

III.—MICHAUD, JOSEPH, [JEAN-BTE II.
s 4 juillet 1735, à Kamouraska.[9]
OUELLET, Marguerite,
b 1700; s [9] 10 mars 1735.
Marie-Joseph, b 1720; m [9] 20 avril 1740, à

(1) Noyé en passant la rivière Boyer à la nage.
(2) Elle épouse, en 1720, François Autin.
(3) Elle épouse, le 4 juillet 1729, Philippe Boucher, à Ste-Anne-de-la-Pocatière.

Jacques De la Bourlière; s[9] 22 déc. 1743. — *Marie-Anne*, b 1722; m[9] 20 nov. 1742, à Augustin De la Bourlière. — *Marie-Judith*, b[9] 22 fevrier 1728; s[9] 14 août 1730. — *Marie-Louise*, b[9] 21 mars 1730; m[9] 10 juillet 1765, à Jean-Baptiste Dumont. — *Alexandre*, b[9] 13 nov. 1732. —*Joseph*, b... m[9] 23 janvier 1758, à Véronique Nadeau. — *Marie-Claire*, b... m[9] 11 nov. 1765, à Gabriel Phocas; s[9] 11 déc. 1769. — *Marie-Geneviève*, b[9] 9 mars 1735; m[9] 25 février 1759, à Louis Nadeau.

1725, (21 nov.) Québec. [3]

I.—MICHAUD, Florent, fils de Florent et de Françoise Petit, de St-André, diocèse de Chartres, Beauce.
Samson, Marguerite, [Louis II.
b 1704.

Charles, b[3] 21 août 1726.— *Marguerite-Catherine*, b[3] 27 oct. 1728; m[3] 10 avril 1752, à Jean-Chrétien Shindler.—*Elisabeth*, b[3] 28 juillet 1730. —*Christophe-Hilarion*, b[3] 28 oct. 1731. — *Philippe*, b[3] 17 nov. 1733; s[3] 23 juin 1735.

1728.

III.—MICHAUD, Jean, [Jean-Bte II.
b 1701.
Ouellet, Cécile, [Mathurin-René II.
b 1706.

Jean-François, b 13 mai 1729, à Kamouraska [8]; m 27 oct. 1752, à Marie-Anne Coté, aux Trois-Pistoles.—*Marie-Joseph*, b... m[8] 7 janvier 1744, à Pierre Moreau.—*Joseph-Marie*, b[8] 8 oct. 1731. —*Jean-Baptiste*, b... 1° m[8] 2 mai 1753, à Dorothee Autin; 2° m[8] 15 sept. 1760, à Louise Morin. —*Marie-Catherine*, b[8] 15 août 1733; m[8] 25 août 1755, à Pierre Dumay.—*Joseph-Toussaint*, b[8] 20 oct. 1735; m[8] 27 nov. 1758, à Elisabeth Chassey. —*Marie-Louise*, b[8] 9 fevrier 1738; m[8] 14 oct. 1771, à Pierre St. Jore.—*François-Germain*, b[8] 31 janvier 1740; m 15 mai 1775, à Marie-Anne Gagnon, à Terrebonne. — *Julien*, b[8] 12 avril 1742; m[8] 11 fevrier 1765, à Elisabeth Morin.— *Anonyme*, b[8] et s[8] 14 février 1744. — *Pierre-Joseph*, b[8] 6 fevrier et s[8] 23 sept. 1745. — *Marie-Anne*, b... m[8] 19 oct. 1773, à François Morin-Valcour.

1729, (30 mai) Kamouraska. [7]

III.—MICHAUD, Antoine. [Joseph II.
Cordeau (1), Marie-Madeleine, [Jacques II.
b 1707; s[7] 26 oct. 1730.

Joseph (2), b[7] 28 février 1730; s[7] 19 août 1761. —*Antoine*, b[7] 23 oct. 1731; 1° m[7] 15 nov. 1751, à Marie-Françoise Vaillancour; 2° m à Angélique Miville.—*Athanase*, b[7] 16 août 1733; m[7] 23 juillet 1764, à Dorothee Lalande.—*Geneviève*, b[7] 23 juin 1736; 1° m[7] 27 nov. 1758, à Jean Vaillancour; 2° m[7] 9 janvier 1764, à Jean-Baptiste De la Bourlière.—*Marguerite*, b[7] 6 sept. 1738; m[7] 21 janvier 1765, à Charles Miville. — *Marie-Rose*, b[7] 21 oct. 1740; m[7] 25 nov. 1760, à Barthelemi Jollet.—*Marie-Jeanne*, b[7] 11 déc. 1744.

(1) Dit Deslauriers.
(2) Dit l'Innocent.

—*Marie-Judith*, b[7] 11 déc. 1744; s[7] 2 sept. 1745. —*Madeleine*, b[7] 13 juillet 1747; m[7] 9 janvier 1769, à Alexandre De la Bourlière.

1733, (7 janvier) Rivière-Ouelle. [1]

III.—MICHAUD, Pierre, [Pierre II.
b 1707; s 26 mars 1756, à Kamouraska. [2]
1° Dupéré, Anne-Angélique, [Michel I.
b 1712; s[2] 22 juin 1748.

Benjamin, b[2] 15 février 1734. — *Marie-Catherine*, b[2] 13 mai 1736; m 1758, à Joseph Hudon.—*Marie*, b[2] 8 déc. 1737; m[2] 16 juillet 1764, à Charles Dubé.— *Marie-Geneviève*, b[2] 21 avril 1739; m[2] 26 sept. 1757, à Jean Martin.— *Alexandre*, b[2] 6 mars 1741; m[2] 24 nov. 1766, à Marie-Joseph Paradis. — *Jean-Baptiste*, b[2] 27 déc. 1742; m[2] 11 janvier 1768, à Marie-Joseph Choret.—*Michel*, b[2] 29 mai et s[2] 18 sept. 1746. —*Grégoire*, b[2] 29 mai 1746. — *Joseph*, b[2] 14 et s[2] 22 juin 1748.

1749, (2 juin). [1]
2° Miville (1), Marie-Charlotte, [Joseph IV.
b 1729.

Joseph, b 1750; s[1] 16 mars 1760. — *Romain*, b[2] 7 fevrier et s[2] 16 avril 1752.—*François-Marie*, b[2] 28 janvier 1753; m[2] 7 nov. 1774, à Marie-Anne Levasseur.—*Pierre-Ambroise*, b[2] 24 août 1755.—*Pierre* (posthume), b[1] 9 nov. et s[1] 4 déc. 1756.

1734, (15 nov.) Kamouraska. [3]

III.—MICHAUD, Louis, [Louis II.
b 1714.
Albert, Geneviève, [Pierre I.
b 1714.

Marie-Joseph, b[3] 13 déc. 1735; 1° m[3] 10 janvier 1752, à Marc-Antoine Paradis; 2° m[3] 3 nov. 1756, à François Dionne. — *Marie-Anne*, b[3] 26 juillet 1737; m[3] 19 janvier 1757, à Pierre Sirois. —*Marie-Catherine*, b[3] 24 mars 1739; m[3] 9 nov. 1756, à Jean Laplante de la Bourlière.—*Geneviève*, b[3] 12 nov. 1740; m[3] 18 avril 1757, à Ignace Boucher.—*Madeleine*, b[3] 15 sept. 1742; m[3] 19 janvier 1761, à Alexandre Dionne.—*Louis-Jean*, b[3] 24 juin 1744; s[3] 29 août 1745. — *Marguerite*, b... m[3] 18 fevrier 1765, à Pierre Pinet. — *Jean-Baptiste*, b[3] 3 déc. 1746; s[3] 24 mars 1756.—*Louis*, b[3] 24 nov. 1752; s[3] 25 sept. 1755.

1738, (25 juin) Kamouraska. [6]

III.—MICHAUD, Jacques. [Jean-Bte II.
Ouellet, Marie-Joseph. [Augustin III.

Marie-Joseph, b[6] 15 avril 1739.—*Marie-Joseph*, b[6] 5 déc. 1740; s[6] 14 avril 1747.— *Marie-Catherine*, b[6] 21 oct. 1742; m[6] 18 fevrier 1765, à François Paradis; s[6] 13 juillet 1775. — *Joseph*, b... m[6] 2 fevrier 1761, à Marie-Joseph Paradis. — *Marie-Elisabeth*, b[6] 22 nov. 1744; s[6] 4 juillet 1745. — *Geneviève*, b... m[6] 10 février 1766, à Etienne Phocas. — *Jean*, b... 1° m[6] 11 fevrier 1771, à Marie-Anne Levasseur; 2° m[6] 16 juillet 1781, à Marie-Anne Sirois. — *Marie-Joseph*, b 1750; s[6] 3 fevrier 1768. — *Marie-Louise*, b[6] 25

(1) Elle épouse, le 21 sept. 1761, Jean Isabel, à la Rivière-Ouelle.

août 1753; m[6] 11 février 1771, à Michel Phocas; s[6] 23 février 1772.—*Marie-Anne*, b[6] 6 nov. 1755; m[6] 26 oct. 1778, à Joseph Roy.—*Jacques-André*, b[6] 4 août 1758.—*Joseph-Amable*, b[6] 9 nov. 1760; m[6] 7 février 1780, à Marie-Anne Phocas.—*Jean-Raphaël*, b[6] 5 août 1763.

1739, (12 janvier) Kamouraska.[7]

III.—MICHAUD, Alexandre. [Pierre II.
Cordeau-Deslauriers, Brigitte, [Jacques II.
b 1717.

Alexandre, b[7] 4 déc. 1739; s[7] 18 janvier 1740.—*François-Toussaint*, b[7] 6 oct. 1740; m[7] 18 février 1765, à Marie-Anne Landry.—*Marie-Geneviève*, b[7] 21 oct. 1742; m[7] 12 janvier 1767, à Pierre Denis.—*Marie-Catherine*, b[7] 1er déc. 1744; m[7] 7 janvier 1771, à Julien Rossignol.—*Benoît*, b[7] 13 janvier 1747; m[7] 4 nov. 1771, à Marie Choret.—*Marie-Euphrosine*, b[7] 4 fevrier 1752; m[7] 24 nov. 1777, à Pierre Levasseur.—*Alexandre* (1), b[7] 4 février et s[7] 7 sept. 1754.—*Alexandre*, b[7] 21 août 1755; m[7] 12 avril 1779, à Elisabeth Ouellet.—*Anonyme*, b[7] et s[7] 3 août 1758.—*Alexandre*, b[7] 18 mai 1766.

1739, (7 avril) Kamouraska.[5]

III.—MICHAUD, Joseph, [Joseph II.
b 1706.
Cordeau-Deslauriers, Marguerite, [Jacques II.
b 1704.

Joseph, b[5] 14 fevrier 1740; m[5] 7 janvier 1766, à Marie-Barbe Vaillancour.—*Jean-Baptiste*, b[5] 22 oct. 1741; m[5] 18 février 1764, à Véronique Boucher.—*Marie-Madeleine*, b[5] 15 oct. 1743; s[5] 26 juillet 1758.—*Marguerite*, b[5] 7 juillet 1745; m[5] 12 janvier 1767, à Charles Vaillancour; s[5] 17 sept. 1769.—*Geneviève*, b[5] 12 février 1747.—*Marc-Antoine*, b 1750; s[5] 20 oct. 1751.—*Jean-François*, b[5] 9 août 1752; m[5] 23 août 1779, à Marie-Pelagie Moreau.—*Louis*, b[5] 22 mai 1754.—*Marie-Rose*, b[5] 6 janvier 1756; m 27 février 1775, à Joseph Drot-Deneau, à la Rivière-Ouelle.—*Antoine*, b... m 16 août 1779, à Antoine Leblond, aux Trois-Pistoles.—*Benjamin*, b[5] 10 mai 1761.—*Alexandre*, b[5] 12 avril 1763.

1740, (11 janvier) Kamouraska.[9]

III.—MICHAUD, Pierre. [Jean-Bte II.
Saucier (2), Marie-Françoise, [Charles II.
b 1723.

Marie-Françoise, b[9] 1er nov. 1740; m 17 mai 1763, à Michel LePelé-Desmarais, aux Trois-Rivières.—*Antoine*, b[9] 5 janvier et s[9] 30 déc. 1742.

1742.

III.—MICHAUD, François, [François II.
b 1718; s 12 oct. 1750, à Ste-Anne-de-la-Pocatière.[7]
Martin (3), Marie-Joseph, [Frs-Lucien II.
b 1722.

(1) Voy. 29 avril 1756, registre de Kamouraska.

(2) Elle épouse, le 14 février 1746, Charles Pelletier, à Kamouraska.

(3) Elle épouse, le 22 février 1751, Pierre Joncas, à Ste-Anne-de-la-Pocatière.

Marie-Joseph, b[7] 18 nov. 1743; m 9 nov. 1767, à François Prou, à St-Thomas.[9]—*Jean-François*, b[7] 30 août 1745; m[7] 25 janvier 1768, à Angélique Caron.—*Marie-Anne*, b 3 mars 1747, à la Rivière-Ouelle.[8]—*Germain*, b[8] 9 oct. 1748; s[8] 4 déc. 1749.—*Marie-Catherine*, b[7] 5 juin 1750; m[9] 12 juillet 1773, à Jean Fournier.

1743, (4 février) Kamouraska.[5]

III.—MICHAUD, Jean-Bte. [Pierre II.
Chassey (1), Françoise, [Sébastien I.
b 1714.

Elisabeth, b[5] 13 fevrier 1744; m[5] 4 février 1765, à Alexandre Coté.—*Marie-Ursule*, b[5] 24 mai 1745.—*Marie*, b... m[5] 22 février 1762, à Antoine Roy.—*Jean-Baptiste*, b[5] 26 février 1747; s[5] 16 avril 1748.—*Marie-Catherine*, b... m[5] 11 janvier 1768, à Antoine Dumont.—*Sébastien*, b... m 3 août 1772, à Euphrasie Pelletier, à Ste-Anne-de-la-Pocatière.—*Rosalie*, b[5] 30 juillet 1753; m[5] 14 oct. 1771, à André Mignot.—*François*, b[5] 23 mars 1755.

1746, (21 nov.) Kamouraska.

III.—MICHAUD, Benjamin. [François II.
Chassey, Marie-Anne. [Sébastien I.

Benjamin, b 17 sept. 1747, à Ste-Anne-de-la-Pocatière[4]; m[4] 25 nov. 1771, à Geneviève Bouchard.—*Rose*, b[4] 22 avril 1749; m[4] 11 nov. 1771, à Joseph Boucher.—*Jean-Baptiste*, b[4] 11 juillet 1751; s[4] 22 mai 1752.—*Henri-Marie*, b[4] 28 juillet 1753; m 3 fevrier 1777, à Marie-Euphrosine Boucher, à la Rivière-Ouelle.—*Marie-Charlotte*, b[4] 21 nov. 1761.

MICHAUD, Jacques.
Dionne, Marie. [Jean II.

Geneviève, b 5 juin 1746, à Kamouraska.

MICHAUD, Jean-Bte, b 1721; s 9 février 1765, à Kamouraska (picote).

1747, (23 oct.) Charlesbourg.[1]

I.—MICHAUD (2), François, fils de Michel et d'Angélique Pervet, de St-Pierre, diocèse de Dijon, Bourgogne.
Pageot, Marie-Madeleine, [Joseph II.
b 1718.

Madeleine, b[1] 26 août et s[1] 2 sept. 1748.—*Anonyme*, b et s 27 avril 1749, à Quebec.[2]—*François-Laurent*, b[2] 8 et s[2] 25 août 1750.

1748, (26 février) Kamouraska.

III.—MICHAUD, Etienne, [Pierre II.
b 1728.
Chassey, Jeanne. [Sébastien I.

1751, (14 juin) Ste-Anne-de-la-Pocatière.

III.—MICHAUD, Antoine. [François II.
Mignier, Madeleine, [Michel II.
b 1706; veuve de Joseph Soucy.

(1) Elle épouse, le 10 février 1766, Pierre Doucet, à Kamouraska.

(2) Dit Dijon; soldat dans les troupes.

1751, (15 nov.) Kamouraska. [8]
IV.—MICHAUD, Antoine, [Antoine III.
b 1731.
1° Vaillancour, Françoise, [Robert II.
b 1725 ; s [8] 2 nov. 1752.
2° Miville, Angélique.
Marie-Angélique, b... m [8] 18 juin 1781, à Etienne Levasseur.—*Antoine*, b 18 fevrier 1760, à Ste-Anne-de-la-Pocatière.—*Marie*, b [8] 15 nov. 1762.—*Antoine-Germain*, b [8] 3 avril 1764 ; m [8] 10 janvier 1780, à Marie-Anne Laplante.—*Marie-Rosalie*, b [8] 19 janvier 1766. — *François-Cyrille*, b [8] 12 juillet 1767.

III.—MICHAUD, Etienne, [François II.
b 1726 ; s 15 nov. 1756, à Kamouraska. [6]
Nadeau, Marie.
Euphrosine, b... m [6] 15 juillet 1771, à André Bérubé.—*Etienne*, b [6] 18 oct. 1752 ; 1° m [6] 19 oct. 1772, à Théotiste Chassey ; 2° m [6] 6 juin 1774, à Marie-Joseph Phocas-Raymond. —*Jean-Baptiste*, b [6] 17 février et s [6] 6 mai 1754. —*Germain*, b [6] 29 mai 1755 ; m [6] 25 nov. 1776, à Marie-Rose Lebel.—*Marie-Françoise*, b [6] 19 oct. 1756.—*Alexis*, b [6] 19 oct. 1756 ; s [6] 7 août 1757.

MICHAUD, Joseph-Marie.
Mignot (1), Marie-Anne. [Michel.

1752, (27 oct.) Trois-Pistoles.
IV.—MICHAUD, Jean-François, [Jean III.
b 1729.
Coté, Marie-Anne. [Jean-Bte IV.
Jean-François, b 23 août 1753, à Kamouraska [1] ; m 20 mai 1776, à Marie-Rose Bélanger, à la Rivière-Ouelle. [2] — *Marie-Anne*, b [1] 19 sept. 1755. —*Pierre*, b... m [2] 13 nov. 1780, à Geneviève Boucher.—*Marie-Geneviève*, b [1] 24 juillet 1761 ; m [2] 22 nov. 1784, à Jean-François Ritsir.—*Marie-Louise*, b [1] 23 janvier 1763.—*Louis*, b [1] 7 avril 1765.

1753, (2 mai) Kamouraska. [4]
IV.—MICHAUD (2), Jean-Bte. [Jean III.
1° Autin, Dorothée, [François II.
b 1752 ; s [4] 28 janvier 1757.
Jean-Marie (3), b [4] 31 mars 1754 ; s [4] 16 août 1768.
1760, (15 sept.) [4]
2° Morin, Louise, [Claude-Joseph IV.
b 1739.
Marie-Modeste, b [4] 13 déc. 1761.—*Marie-Rosalie*, b [4] 1er sept. 1763. — *Marie-Catherine*, b [4] 22 janvier 1764.—*Joseph-Marie*, b [4] 28 oct. 1766.—*Joseph-Isaac*, b [4] 10 oct. 1768.—*Anonyme*, b [4] et s [4] 2 sept. 1770.

MICHAUD, Jean-Bte.
Chassey, Geneviève. [Sébastien I.
Jean-Baptiste, b 16 août 1758, à Kamouraska.

(1) Elle épouse, le 12 sept. 1767, Joseph Roy, à la Rivière-Ouelle.
(2) Dit LeBorgne ; il est dit du Cap-Blanc, en 1763.
(3) Idiot.

1758, (23 janvier) Kamouraska.
IV.—MICHAUD, Joseph. [Joseph III.
Nadeau, Véronique. [Alexis III.

MICHAUD (1), Joseph.
Nadeau, Brigitte.
Joseph, b 13 nov. 1770, à Kamouraska.

MICHAUD, François.
.... Elisabeth.
Marie-Joseph, b 2 mars 1758, à Kamouraska. [5] —*Pierre*, b [5] 14 février 1759.

1758, (27 nov.) Kamouraska. [6]
IV.—MICHAUD, Joseph-Toussaint, [Jean III.
b 1735.
Chassey, Elisabeth, [Jean II.
b 1739 ; s [6] 25 mars 1764.
François-Paschal, b [6] 2 juillet 1762.—*Isabelle*, b [6] 20 février et s [6] 16 août 1764.

1761, (2 février) Kamouraska. [7]
IV.—MICHAUD (2), Joseph. [Jacques III.
Paradis, Marie-Joseph, [François IV.
b 1740.
Marie-Joseph, b [7] 24 oct. 1762 ; m [7] 27 nov. 1780, à Louis Emond.—*Joseph-Marie*, b [7] 21 mai 1764.—*Marie-Geneviève*, b [7] 7 déc. 1765.—*Marie-Rose*, b [7] 14 mars et s [7] 1er avril 1767. — *Benjamin*, b [7] 8 mars 1768.—*Jean-Baptiste*, b [7] 9 avril 1771.

MICHAUD, Benjamin.
Moreau, Marie-Régis.
Joseph-Amable, b 10 janvier 1762, à Kamouraska. [8] —*Marie-Rose*, b [8] et s [8] 18 août 1763.—*Benjamin*, b [8] 17 et s [8] 28 juillet 1764.— *Pierre*, b [8] 13 sept. 1765. — *Marie-Perpétue*, b [8] 30 sept. 1767.—*Hypolite*, b [8] 4 août 1769.

1764, (18 février) Kamouraska. [9]
IV.—MICHAUD, Jean-Bte, [Joseph III.
b 1741.
Boucher, Véronique. [Michel IV.
Jean-Baptiste, b [9] 2 avril 1765.—*Michel*, b [9] 20 sept. 1767. — *Marie-Euphrosine*, b [9] 12 janvier 1769. — *Marie-Rose*, b [9] 22 fevrier 1771.—*Jean-Baptiste*, b 18 juillet 1772, à St-Joseph, Beauce.

1764, (23 juillet) Kamouraska. [5]
IV.—MICHAUD, Athanase, [Antoine III.
b 1733.
Lalande (3), Dorothée, [Claude-Louis I.
b 1743.
Athanase, b [5] 5 avril et s [5] 5 sept. 1765.—*Jean-Baptiste*, b [5] 29 mai 1766.—*Théopiste*, b [5] 12 déc. 1767.—*Henri*, b [5] 5 nov. 1769.—*Marie-Judith*, b [5] 29 et s [5] 30 juillet 1771.

1764, (29 août) Trois-Pistoles.
MICHAUD, François. [Toussaint.
Coté, Rose. [Gabriel IV.

(1) Dit Larouche, 1770.
(2) Dit Chabale, 1767.
(3) Dit St. Louis.

Joseph-Marie, b 12 août 1766, à Kamouraska.[4] — *François-Toussaint*, b[4] 4 avril 1768.— *Marie-Rose*, b[4] 3 sept. 1770. — *Augustin*, b[4] 6 avril 1772.

1765, (11 février) Kamouraska [1]
IV.—MICHAUD, JULIEN, [JEAN III.
b 1742.
MORIN (1), Elisabeth. [CLAUDE-JOSEPH IV.
Marie-Elisabeth, b[1] 4 mars 1767.—*François-Julien*, b[1] 4 oct. 1768.—*Marie-Joseph*, b[1] 20 déc. 1770.

1765, (18 février) Kamouraska. [2]
IV.—MICHAUD, FRANÇOIS, [ALEXANDRE III.
b 1740.
LANDRY, Marie-Anne. [FRANÇOIS I.
Anonyme, b[2] et s[2] 1er janvier 1766.—*Hypolite*, b[2] 2 et s[2] 5 janvier 1767.—*Marguerite*, b[2] 20 mai 1768.—*Alexandre*, b[2] 19 nov. 1769.—*Marie-Anne*, b[2] 4 août 1771.

1766, (7 janvier) Kamouraska. [3]
IV.—MICHAUD, JOSEPH, [JOSEPH III.
b 1740.
VAILLANCOUR, Marie-Barbe, [JOSEPH III.
b 1744.
Marie-Barbe, b[3] 15 février 1767.—*Marie-Modeste*, b[3] 1er avril 1768.—*François-Germain*, b[3] 7 mars 1769.—*Joseph-Marie*, b[3] 29 mars 1771.

1766, (24 nov.) Kamouraska. [4]
IV.—MICHAUD, ALEXANDRE, [PIERRE III.
b 1741.
PARADIS, Marie-Joseph, [JEAN-BERNARD IV.
b 1745.
Alexandre, b[4] 1er nov. 1767 ; s[4] 3 février 1768. —*Marie-Thècle*, b[4] 22 janvier 1769.—*Marie-Julie*, b[4] 30 sept. et s[4] 28 oct. 1770.—*Alexandre-Amable*, b[4] 10 janvier 1772.

1768, (11 janvier) Kamouraska [5]
IV.—MICHAUD, JEAN-BTE, [PIERRE III.
b 1742.
CHORET, Marie-Joseph. [JEAN-BTE IV.
Jean-Baptiste, b[5] 2 juin 1769.—*Marie-Julie*, b[5] 23 août 1771.

1768, (25 janvier) Ste-Anne-de-la-Pocatière.
IV.—MICHAUD, JEAN-FRANÇOIS, [FRANÇOIS III.
b 1745.
CARON, Angélique, [AUGUSTIN IV.
b 1751.

1771, (11 février) Kamouraska. [6]
IV.—MICHAUD, JEAN. [JACQUES III.
1° LEVASSEUR, Marie-Anne, [JOS.-CLÉMENT IV.
b 1752.
Jean, b[6] 7 déc. 1771.
1781, (16 juillet). [6]
2° SIROIS, Marie-Anne, [PIERRE III.
b 1764.

(1) Dit Valcour.

1771, (4 nov.) Kamouraska.
IV.—MICHAUD, BENOIT, [ALEXANDRE III.
b 1747.
CHORET, Marie. [JEAN-BTE IV.

1771, (25 nov.) Ste-Anne-de-la-Pocatière.
IV.—MICHAUD, BENJAMIN, [BENJAMIN III.
b 1747.
BOUCHARD, Geneviève, [JOSEPH III.
b 1749.

1772, (3 août) Ste-Anne-de-la-Pocatière.
IV.—MICHAUD, SÉBASTIEN. [JEAN-BTE III.
PELLETIER, Euphrasie, [JACQUES IV.
b 1752.

1772, (19 oct.) Kamouraska. [7]
IV.—MICHAUD, ETIENNE, [ETIENNE III.
b 1752.
1° CHASSEY, Théotiste, [JEAN II.
b 1751 ; s[7] 28 nov. 1773.
1774, (6 juin). [7]
2° PHOCAS-RAYMOND, Marie-Joseph. [GABRIEL II.

1774, (7 nov.) Kamouraska. [8]
IV.—MICHAUD, FRANÇOIS-MARIE, [PIERRE III.
b 1753.
LEVASSEUR, Marie-Anne, [JEAN-TIMOTHÉE IV.
b 1760 ; s[8] 29 mars 1780.

1775, (15 mai) Terrebonne.
IV.—MICHAUD, FRS-GERMAIN, [JEAN III.
b 1740.
GAGNON, Marie-Anne. [JEAN-BTE V.
b 1757.

1776, (20 mai) Rivière-Ouelle.
V.—MICHAUD, JEAN-FRS, [JEAN-FRANÇOIS IV.
b 1753.
BÉLANGER, Marie-Rose. [BARTHÉLEMI IV.

1776, (25 nov.) Kamouraska.
IV.—MICHAUD, GERMAIN, [ETIENNE III.
b 1755.
LEBEL, Marie-Rose, [NICOLAS III.
b 1757.

1777, (3 février) Rivière-Ouelle.
IV.—MICHAUD, HENRI-MARIE, [BENJAMIN III.
b 1753.
BOUCHER, Marie-Euphrosine, [JOSEPH IV.
b 1757.

1779, (12 avril) Kamouraska.
IV.—MICHAUD, ALEXANDRE, [ALEXANDRE III.
b 1755.
OUELLET, Marie-Elisabeth, [ANDRÉ III.
b 1753.

1779, (16 août) Trois-Pistoles. [5]
IV.—MICHAUD, ANTOINE. [JOSEPH III.
LEBLOND, Marie-Angelique, [NICOLAS IV.
b 1757.
Antoine, né 13 mai et b 20 août 1780, à l'Ile-

Verte.[6] — *Benjamin*, né [6] janvier 1782; b [6] 30 mars 1783.—*François*, b [6] 30 mars 1783.—*Louis-Paschal*, b [6] 13 oct. 1786. — *Etienne*, b [6] 12 oct. 1788.— *Joseph*, b [5] 16 juillet 1790. — *Marie-Marguerite*, b [5] 28 avril 1792.—*Ange*, b [5] 12 mai 1799.

1779, (23 août) Kamouraska.

IV.—MICHAUD, JEAN-FRS, [JOSEPH III.
b 1752.
MOREAU, Marie-Pélagie, [PIERRE-JOSEPH III.
b 1752; s 1811, à St-André.

1780, (10 janvier) Kamouraska.

V.—MICHAUD, ANT.-GERMAIN, [ANTOINE IV.
b 1764.
LAPLANTE, Marie-Anne. [JEAN-BTE.

1780, (7 février) Kamouraska.

IV.—MICHAUD, JOS.-AMABLE, [JACQUES III
b 1760.
PHOCAS, Marie-Anne. [PIERRE II.

1780, (13 nov.) Rivière-Ouelle.[2]

MICHAUD, PIERRE.
BOUCHER, Geneviève, [PIERRE IV.
b 1750; veuve de Pierre Macé; s [2] 26 mars 1785.

MICHAUD (1), CHRISTOPHE,
marchand.
GAUVREAU, Marie-Joseph.

MICHAUVILLE.—Voy. LEFEBVRE.

MICHAUX.—Voy. MICHAUD.

MICHEL.— *Surnoms :* BERTHELOT — BICHEL — LARIVIÈRE—LEGASCON— LETARDIF—LORAIN — MICHAUD — OLIVIER — ST. MICHEL — ST. PIERRE—TAILLON.

I.—MICHEL, JEAN.
MENÉ, Sara.
Joseph, né 1676; b 6 janvier 1691, à St-François-du-Lac.

I.—MICHEL (2), ...
b 1688; s 3 déc. 1743, à Québec.

1718, (17 oct.) Montréal.[3]

I.—MICHEL (3), ANDRÉ, b 1674; fils de Pierre et de Catherine Tusole, de St-Martin, diocèse d'Alby, Languedoc.
VALADE, Marie-Françoise, [GUILLAUME I.
b 1693.
Marie-Françoise, b [3] 14 août 1719; m 19 février 1748, à Michel HOULE.—*André*, b [3] 28 sept. 1720. —*Catherine*, b 1727; m [3] 4 nov. 1748, à Jean MIOT. — *Joseph*, b... m 18 oct. 1756, à Marie-Joseph LEPAGE, à Châteauguay. — *Louis*, b... m 24 nov. 1760, à Rose DARPENTIGNY, au Bout-de-l'Ile, M.

(1) Il était, le 9 août 1783, à Québec.
(2) Dit St. Michel.
(3) Appelé Bichel en 1748.

1720, (22 janvier) Ste-Anne.

II.—MICHEL, CHARLES. [LOUIS I.
SIMART, Marie-Thérèse, [PIERRE II.
b 1701.
Prisque, b 9 nov. 1720, au Château-Richer [8]; m [8] 20 avril 1740, à Marie-Joseph BUREAU. — *Marie-Madeleine*, b [8] 3 mars et s [8] 25 août 1722. —*Marie*, b [8] 10 nov. 1723; m [8] 22 sept. 1744, à Guillaume GUÉRIN.—*Louis*, b [8] 4 avril 1725; m [8] 4 oct. 1751, à Hélène GAGNON.—*Françoise*, b [8] 14 oct. 1726; m 18 nov. 1748, à Jean-Baptiste COTÉ, à Montréal. — *Françoise-Victoire*, b [8] 26 avril 1729; m 27 juin 1768, à Jacques PARÉ, à St-Joachim.—*Charles*, b [8] 5 juin 1731.— *Joseph*, b [8] 16 mars 1733. — *Pierre*, b [8] 30 juillet 1735. — *Barthélemi*, b [8] 13 août et s [8] 9 sept. 1736.

1731, (26 nov.) Annapolis, Acadie.

I.—MICHEL, PIERRE, b 1710; fils de Jacques et de Catherine Comeau, (Acadiens).
GUILBAUT, Anne, b 1712; fille de Charles et d'Anne Bauve, (Acadiens).
Jean-Baptiste, b... m 18 février 1760, à Elisabeth COMEAU, à St-Pierre-les-Becquets.

MICHEL, HONORÉ.
BÉGON, Catherine.
Marie-Catherine-Elisabeth, b 23 oct. 1739, à Montréal.

1740, (20 avril) Château-Richer.[9]

III.—MICHEL, PRISQUE, [CHARLES II.
b 1720.
BUREAU-SANSOUCY, Marie-Joseph. [JEAN II.
Marie-Joseph, b 7 et s 14 oct. 1741, à Lorette.[8] —*Jean-Baptiste*, b [8] 17 oct. 1742; s [9] 25 février 1764. — *Michel*, b [8] 13 avril 1745. — *Prisque*, b [8] 16 nov. 1746; s [8] 23 juin 1748. — *Louis-Michel*, b [8] 15 juin 1749. — *Mathurin-Joseph*, b [8] 15 juin et s [8] 22 août 1749.—*Joseph*, b [8] 15 nov. 1750.— *Marie-Charlotte*, b 1759; s [9] 8 janvier 1761. — *Marie-Marguerite*, b [8] 29 mars 1760.

I.—MICHEL, FRANÇOIS, b 1722; de Côme; s 26 mars 1757, à Québec.

1751, (4 oct.) Château-Richer.[4]

III.—MICHEL, LOUIS, [CHARLES II.
b 1725.
GAGNON, Hélène, [PIERRE III.
b 1725.
Marie-Hélène, b [4] 16 juillet 1752. — *Louis*, b [4] 12 nov. 1754; m [4] 10 nov. 1777, à Marie-Elisabeth GAGNON.—*Joseph-Marie*, b [4] 3 juin 1757; s [4] 17 sept. 1776.—*Charles*, b [4] 20 oct. 1760; m 27 juillet 1784, à Madeleine HENRY, à Québec. — *François*, b [4] 26 nov. 1762.

1752, (24 avril) Ile-St-Jean, Acadie.[4]

I.—MICHEL (1), PAUL, fils de Paul et de Marie-Joseph Vincent, (Acadiens).
HÉBERT, Marie-Rose, fille de Charles et de Catherine Saunier, (Acadiens).

(1) Dit Larune.

Osithe, b [4] 26 avril 1753 ; s 10 février 1757, à Ste-Famille, I. O. [9] — *Paul*, b 1756 ; s [9] 10 fevrier 1757. — *Joseph*, b [9] 31 janvier 1757 ; s 4 sept. 1760, à St-Charles. [7] — *Marguerite*, b [7] 11 mars 1759 ; s [7] 6 mai 1760.

1756, (18 oct.) Châteauguay.

II.—MICHEL (1), JOSEPH. [ANDRÉ I.
LEPAGE (2), Marie-Joseph, [JEAN-BTE II.
b 1722.

Guillaume, b 4 et s 6 février 1757, au Bout-de-l'Ile, M. [2] — *Michel*, b [2] 4 fevrier 1757.—*Jacques*, b [2] 29 sept. 1767.

I.—MICHEL, JOSEPH,
Acadien.
LAUR, Marie-Anne,
Acadienne.

Joseph, ne 1757, à Amarith, province de Boston [4] ; b 6 sept. 1767, à la Pte-aux-Trembles, Q. [5] — *Marguerite*, née [4] 1759 ; b [5] 6 sept. 1767. — *Marie-Joseph*, née [4] 1761 ; b [5] 6 sept. 1767. — *Elisabeth*, nee [4] 1764 ; b [5] 26 août 1767.—*Charles*, b [5] 2 et s [5] 12 août 1768.

I.—MICHEL, JOSEPH,
Acadien.
COMEAU, Madeleine,
Acadienne.

François et *Jean*, b 9 déc. 1760, à St-Pierre-les-Becquets.

1760, (18 février) St-Pierre-les-Becquets.

II.—MICHEL, JEAN-BTE. [PIERRE I.
COMEAU, Elisabeth. [FRANÇOIS I.

1760, (24 nov.) Bout-de-l'Ile, M. [9]

II.—MICHEL, LOUIS. [ANDRÉ I.
DARPENTIGNY, Marie-Rose. [JEAN-BTE.

Marie-Joseph, b [9] 3 mai 1762. — *Jean-Baptiste*, b [9] 24 janvier 1764.—*Marie-Charlotte*, b [9] 4 et s [9] 16 janvier 1767.—*Marie-Françoise*, b [9] 4 et s [9] 19 janvier 1767.—*Simon*, b [9] 4 et s [9] 12 janvier 1767. —*Gabriel*, b [9] 13 dec. 1767.

1762, (1er février) Pte-aux-Trembles, Q. [9]

I.—MICHEL (3), ANDRÉ-JOSEPH, b 1720 ; fils d'Alarie et d'Anne Seise, de St-Pierre, ville de Lille, Flandre ; s 4 sept. 1795, à Nicolet. [8]
ARBOUR, Marie-Madeleine, [JEAN-FRANÇOIS III.
b 1738.

André, b [9] 3 oct. 1762.—*Jean-Baptiste*, b... m [8] 3 mars 1794, à Marguerite COUTANCINEAU.

MICHEL, LOUIS.
BADAILLAC, Elisabeth.

Geneviève, b 3 mars 1768, à St-Michel-d'Yamaska.

(1) Dit St. Michel.
(2) Voy. Pagésy dit St. Amant.
(3) Dit St. Pierre ; soldat au régiment du Languedoc.

1769, (19 août) Détroit. [6]

I.—MICHEL (1), NICOLAS, marchand ; fils de Sébastien (architecte des ducs de Lorraine) et de Catherine Gentillar, de St-Sébastien, ville de Nancy, diocèse de Toul, Lorraine.
CÉSIRE, Marie-Charlotte. [JEAN II.

François-Antoine (2), né 1766 ; b [6] 14 mars 1773.

1777, (10 nov.) Château-Richer. [6]

IV.—MICHEL, LOUIS, [LOUIS III.
b 1754.
GAGNON, Marie-Elisabeth, [BONIFACE IV.
b 1751.

Louis-Barthélemi, b [6] 24 août 1778.

1784, (27 juillet) Québec.

IV.—MICHEL, CHARLES, [LOUIS III.
b 1760.
HENRY (3), Marie-Madeleine, [FRANÇOIS I.
b 1763.

MICHEL, FRANÇOIS.
1° PEPIN, Marguerite.
1794, (3 février) St-Jean-Deschaillons.
2° COURTOIS, Marie-Joseph, [FRANÇOIS III.
b 1761.

1794, (3 mars) Nicolet.

II.—MICHEL (4), JEAN-BTE. [ANDRÉ-JOSEPH I.
COUTANCINEAU, Marguerite. [AUGUSTIN IV.

I.—MICHELET, JACQUES, b 1697 ; s 1er mars 1727, à Montreal.

1719, (25 février) Montréal. [1]

I.—MICHELET, MELCHIOR, b 1696 ; fils de Philibert et de Marguerite Bruno, de Toulon, diocèse d'Autray.
PICARD, Anne, [FRANÇOIS II.
b 1698.

Melchior-Joseph, b 16 oct. 1720, à Québec. — *Anne-Marguerite*, b [1] 15 nov. 1722 ; m à Jacques BRUNEL. — *Marie-Louise*, b 4 mai 1725, aux Trois-Rivières.—*Jean-Baptiste*, b [1] 28 déc. 1726.

MICHELIN.—*Surnom* : SANSREGRET.

1729, (8 juin) Charlesbourg.

I.—MICHELIN (5), LOUIS, fils de François et de Madeleine Filica, de St-Jean, diocèse de Troye, Champagne.
1° AUVRAY, Françoise, [JACQUES I.
b 1695.

Marie-Françoise, b 31 mars 1730, à Québec. [7] —*Louis*, b [7] 16 avril 1732.—*Marie-Françoise*, b [7] 24 et s [7] 31 août 1733.—*Louis*, b 4 mars 1736, à Ste-Anne-de-la-Perade. [5] — *Clotilde*, b [5] 19 mars 1737.

(1) Dit Loraın.
(2) Cet enfant eut pour mère une sauvagesse infidèle, de la nation Miamis.
(3) Elle épouse, le 26 mai 1789, Antoine Debelot, à Québec.
(4) Dit St. Pierre.
(5) Dit Sanregret.

1738, (5 août). [5]
2° LÉTOURNEAU (1), Angelique, [JACQUES II.
b 1698; veuve de Jean-Baptiste Gendra; s 10 fevrier 1765, aux Trois-Rivières. [4]
Joseph, b [4] 21 sept. 1739. — *Jean-Baptiste*, b 8 avril 1745, à la Pointe-du-Lac.

1731.
I.—MICHELIN (2), PIERRE-FRANÇOIS.
FISET (3), Claire.
Louise, b 1732; s 14 janvier 1761, aux Trois-Rivières. [8]—*Pierre-Henri*, b [8] 20 et s [8] 31 janvier 1738. — *Pierre-François*, b [8] 14 janvier 1739; m [8] 21 janvier 1762, à Angelique LEFEBVRE. — *Louis*, b [8] 6 mai 1742. — *Nicolas*, b [8] 25 mars 1744; m à Marie DUPUIS. — *Claire*, b [8] 12 mars 1746.—*Louise-Catherine*, b [8] 17 et s [8] 23 février 1748. — *François*, b [8] 13 août 1751; s [8] 20 juin 1752.—*Gabrielle*, b [8] 13 août 1751.

1762, (21 janvier) Trois-Rivières.
II.—MICHELIN, PIERRE-FRS, [PIERRE-FRS I
b 1739.
LEFEBVRE, Angelique, [GUILLAUME II
b 1738; veuve d'Etienne Tibaut.

II.—MICHELIN, NICOLAS, [PIERRE-FRANÇOIS I
b 1744.
DUPUIS, Marie.
Louis, b... m 23 mai 1825, à Julie HAMELIN, à Cahokia.

1825, (23 mai) Cahokia.
III.—MICHELIN, LOUIS. [NICOLAS II
HAMELIN, Julie. [LOUIS

I.—MICHELON (4), ADRIEN,
b 1644.
LAURENT (5), Geneviève,
b 1643.
Jean, b 3 juillet 1669, à Québec [7]; 1° m [7] 23 avril 1703, à Geneviève GATIEN; 2° m [7] 2 fevrier 1712, à Madeleine MAILLOU; s [7] 2 juin 1724.

1703, (23 avril) Québec. [4]
II.—MICHELON, JEAN, [ADRIEN I.
b 1669; maître-cloutier; s [4] 2 juin 1724.
1° GATIEN, Geneviève, [PIERRE I.
b 1682; s [4] 3 juin 1711.
Pierre, b [4] 12 avril et s 30 mai 1704, à Charlesbourg. — *Marie-Geneviève*, b [4] 16 août 1705. s [4] 16 mars 1724. — *Marie-Geneviève*, b [4] 3 sept 1706; m [4] 14 nov. 1730, à Pierre L'EUROPE; s [4] 14 nov. 1757.—*Marie-Charlotte*, b [4] 21 oct. 1708, m [4] 24 oct. 1728, à Pierre COIGNAC. — *Marie-Catherine*, b [4] 4 février 1711; m [4] 29 août 1729, à Noël BURON; s [4] 4 dec. 1741.

1712, (2 février). [4]
2° MAILLOU, Madeleine, [JOSEPH II
b 1691; s [4] 5 fevrier 1726

(1) Appelé Laperle à sa sépulture.
(2) Ouvrier des forges de St-Maurice
(3) Et Pilet.
(4) Voy. vol. I, p. 430.
(5) Elle épouse, le 9 sept. 1681, Jean Journet, à Québec.

Marie-Louise, b [4] 6 mars 1713; m 15 février 1745, à Joseph DUFAUT, à Longueuil.—*Jean-Baptiste*, b [4] 1er février et s [4] 20 mars 1715.—*Marie-Madeleine*, b [4] 11 mars 1716. — *Marie-Joseph*, b [4] 20 août 1718. — *Marie-Anne*, b [4] 6 mars 1721; m [4] 30 mai 1742, à Louis BRIQUET.

1729, (8 mai) Québec. [3]
III.—MICHELON, PIERRE-JACQUES, [JACQUES II.
b 1698.
CHORET (1), Angélique, [ROBERT III.
b 1705.
Pierre, b [3] 4 mai 1730.—*Marie-Marguerite*, b [3] 13 juin et s [3] 27 juillet 1731. — *Joseph-Michel*, b [3] 29 sept. 1732. — *Thérèse-Angélique*, b [3] 4 août 1734.—*Marie-Angélique*, b [3] 28 oct. et s [3] 22 nov. 1735.—*Marie-Angélique*, b [3] 5 et s [3] 10 oct. 1736. —*Marie-Charlotte*, b [3] 5 oct. 1736.

MICHON.—*Surnom* : LADOUCEUR.

1699, (20 janvier) Quebec.
I.—MICHON (2), ABEL,
b 1672; s 1er sept. 1749, à St-Thomas. [1]
TIBAUDEAU, Marie, [MATHURIN I.
b 1669.
Laurent, b 1700; m 9 fevrier 1728, à Marie-Anne BLANCHET, à St-Pierre-du-Sud [2]; s [2] 21 août 1757. — *Louis-Augustin*, b 1er nov. 1701, à St-Laurent, I. O. [3]; m [1] 9 avril 1731, à Marthe BLANCHET. — *Marie-Barnabée*, b 21 mai 1704, à Contrecœur; 1° m [1] 20 nov. 1736, à Alexis GUYON; 2° m 22 avril 1748, à Pierre JEUNE, à l'Islet [4]; 3° m [4] 29 avril 1750, à Pierre LOCHET. — *Jean-Baptiste*, b 9 avril 1707, à Verchères [5]; 1° m [1] 14 janvier 1737, à Marguerite LEMIEUX; 2° m 26 janvier 1744, à Marie-Elisabeth MORISSET, à St-Michel. — *Charles*, b [5] 17 avril 1709; m [3] 25 oct. 1735, à Marie-Anne DUFRESNE.

1728, (9 février) St-Pierre-du-Sud. [6]
II.—MICHON, LAURENT, [ABEL I.
b 1700; s 21 août 1757, à St-Thomas. [7]
BLANCHET, Marie-Anne, [PIERRE II.
b 1704.
Guillaume, b... m 13 février 1753, à Madeleine MORISSET, à St-Michel.—*Marie-Anne*, b [7] 16 sept. 1732; m [7] 21 janvier 1754, à Bonaventure CARON. — *Louis-Marie*, b [7] 29 nov. 1733. — *Jean-Marie*, b... m [6] 24 oct. 1757, à Marie-Joseph DESTROISMAISONS-PICARD. — *Alexis*, b [7] 16 août 1737. — *Joseph*, b [7] 4 sept. 1740.— *Charles*, b [7] 19 août 1742.—*Elisabeth*, b [7] 2 juin 1745.

1731, (9 avril) St-Thomas. [6]
II.—MICHON, LOUIS-AUGUSTIN, [ABEL I.
b 1701.
BLANCHET, Marthe, [PIERRE-ALPHONSE II.
b 1711.
Marie-Marthe, b [6] 28 février 1732; m [6] 24 juillet 1753, à Jean-Baptiste LÉVESQUE. — *Marie-Anne*, b [6] 27 mars et s [6] 9 mai 1736.—*Augustin*, b [6] 16 avril 1737. — *Abel-Charles*, b [6] 15 avril 1739.—

(1) Elle épouse, le 12 janvier 1739, Jean Bernard, à Québec.
(2) Voy. vol. I, p. 430.

Simon, b [6] 1er août 1740. — *Louis-Joseph*, b [6] 16 janvier 1743; s [6] 12 mai 1763. — *Jean-Marie-Michel*, b [6] 25 avril 1744; m 10 oct. 1769, à Thérèse Gervais, à St-Philippe.—*Jérôme*, b [6] 14 janvier et s [6] 13 février 1746. — *Guillaume*, b [6] 1er mai 1747; s [6] 30 janvier 1749. — *François*, b [6] 6 mars 1749. — *Elisabeth*, b [6] 18 avril 1751; s [6] 11 mai 1753.—*Jacques*, b [6] 10 et s [6] 11 août 1753.

1735, (25 oct.) St-Laurent, I. O.

II.—MICHON, Charles, [Abel I.
b 1709.
Dufresne, Marie-Anne, [Pierre II.
b 1715; s 13 oct. 1756, à Québec. [6]
Charles-François, b 13 nov. 1736, à St-Thomas.[7] — *Marie-Anne*, b [7] 20 avril 1739. — *Louis*, b [7] 24 et s [7] 25 février 1743. — *Elisabeth*, b [7] 11 mars 1744; m 25 février 1772, à François Paré, à Ste-Anne. — *Marie-Marguerite*, b [7] 25 avril 1746; s [6] 20 juin 1757. — *Jean-Marie*, b [7] 8 oct. 1748. — *Marie-Marthe*, b 28 fevrier 1751, à St-Michel. [8] — *Marie-Agathe*, b [8] 31 mars 1753; s [8] 16 juillet 1754.—*Charles*, b [6] 14 sept. 1755.

1737, (14 janvier) St-Thomas. [3]

II.—MICHON, Jean-Bte, [Abel I.
b 1707.
1° Lemieux, Marguerite, [Alexis II.
b 1718, s [3] 23 fevrier 1743.
Marie-Marguerite, b [3] 4 oct. 1737; m [3] 5 nov. 1754, à Jacques Campagna.—*Elisabeth*, b [3] 25 fevrier et s [3] 19 mars 1739.—*Marie-Françoise*, b [3] 30 mars 1740; s [3] 1er déc. 1749.—*Marie-Marthe*, b [3] 6 fevrier 1742; m [3] 12 janvier 1761, à François Picard.

1744, (26 janvier) St-Michel.

2° Morisset, Marie-Elisabeth, [Nicolas II.
b 1720.
Nicolas, b [3] 28 nov. et s [3] 2 déc. 1744.—*Elisabeth*, b [3] 10 et s [3] 22 août 1746.—*André*, b [3] 23 et s [3] 30 janvier 1748.—*Rosalie*, b [3] 24 mai 1749; m [3] 9 nov. 1767, à Jean-Baptiste Casault.—*Marie-Louise*, b... m [3] 24 avril 1773, à François Tidierge.—*Marie-Elisabeth*, b [3] 14 oct. 1755; m [3] 24 mai 1773, à Joseph Blais.—*Marie-Geneviève*, b [3] 18 nov. 1758; m [3] 22 juillet 1783, à Charles Taché.

MICHON, Guillaume,
b 1723; s 15 avril 1786, à Québec.
Terrien, Marie-Joseph.

1753, (13 février) St-Michel. [5]

III.—MICHON, Guillaume. [Laurent II.
Morisset, Madeleine, [Nicolas II.
b 1716; veuve de Georges Plante.
Guillaume, b [5] 21 fevrier 1754.—*Marie-Joseph*, b [5] 7 et s [5] 8 juin 1755.—*Pierre-Antoine*, b [5] 5 et s [5] 12 sept. 1756.—*Marie-Louise*, b [5] 10 nov. 1757, s [5] 8 oct. 1758.

1757, (10 janvier) St-Laurent, M. [6]

MICHON (1), Eustache.
Devoyou, Marie-Louise. [Nicolas II.

(1) Marié Ladouceur

Louis-Eustache, b [6] 17 nov. et s [6] 11 déc. 1757. —*Joseph-Pierre*, b [6] 18 mars et s [6] 19 sept. 1759.

1757, (24 oct.) St-Pierre-du-Sud.

III.—MICHON, Jean-Marie. [Laurent II.
Destroismaisons (1), Marie-Jos. [François III.
Jean-Marie, b... m 1777, à Marie-Rose Plante.

1760, (21 janvier) Montréal.

I.—MICHON, Edmond, b 1727, sergent; fils de Joseph et de Charlotte Ray, de St-Hugues, ville de Grenoble.
Brébion, Louise, [François I.
b 1733.

MICHON, Joseph,
b 1736; s 26 mai 1786, à Québec.
Terrien, Marie-Louise.

MICHON, Louis.
Morin, Marie.
Antoine, b 1764; s 31 juillet 1795 (noyé), à Québec.

1769, (16 oct.) St-Philippe.

III.—MICHON, Jean-Marie-Michel, [Ls-Aug. II.
b 1744.
Gervais, Marie-Thérèse, [Gabriel II.
b 1742.

1777.

IV.—MICHON, Jean-Marie. [Jean-Marie III.
Plante (2), Marie-Rose.
Marie-Louise, b 28 juin 1778, à St-Cuthbert.[7] — *Marie-Madeleine*, b [7] 15 nov. 1781.—*Jean-Marie*, b [7] 21 janvier 1784.

MICLET.—Voy. Miclette.

MICLETTE.—*Variation et surnom :* Miclet—Laplume.

1751, (6 sept.) Montréal.

I.—MICLETTE (3), Henri, b 1721, soldat; fils de Henri et d'Angélique Senet, de St-Nicolas de Brême.
Césire, Marie-Joseph, [Joseph II.
b 1722; veuve de Louis Pelletier.
Marie-Joseph, b 6 avril 1755, à Chambly. [7] — *Joseph-Amable*, b [7] 15 août 1756. —*Charlotte*, b [7] 25 nov. 1757.

MICOIN (4), ...

MICOLE, Etienne.
.... Catherine.
Etienne-Jean, ne 27 sept. 1758; b 24 juin 1769, à la Baie-St-Paul.

(1) Dit Picard; elle épouse, le 22 fevrier 1773, Prisque Bélanger, à St-Thomas.

(2) Elle épouse, le 17 oct. 1791, Charles Allard, à St-Cuthbert.

(3) Dit Laplume.

(4) Dans les documents " LeBorgne, " le 31 oct. 1722, on rencontre ce nom, notaire royal à Louisbourg.

I.—MIDOUX (1), JEAN-LOUIS.

MIEL.— *Variation et surnom :* AMIEL — LUSIGNAN.

1699, (27 avril) Boucherville.

I.—MIEL (2), JEAN,
b 1671.
LATOUCHE, Thérèse, [ROGER I.
b 1682.
Jean-Baptiste, b 25 déc. 1704, à Contrecœur; m à Marguerite LAPIERRE. — *Antoine,* b 1706; s 12 nov. 1725, à St-Ours.[7] — *François,* b... m 1750, à Isabelle CODERRE-EMERY.—*Isabelle,* b [7] 26 oct. 1725.

II.—MIEL (3), JEAN-BTE, [JEAN I.
b 1704.
MEUNIER-LAPIERRE, Marguerite.
Amable, b... m 22 août 1770, à Louise MORNEAU, à St-Michel-d'Yamaska.—*Antoine,* b 8 juin 1750, à Sorel; s 22 déc. 1755, à St-Ours. [3]—*Marie-Marguerite,* b [3] 6 juillet 1752.— *Jean-Baptiste,* b [3] 17 avril 1754. — *Marie-Claire,* b [3] 29 juillet 1755. — *Marie-Amable,* b [3] 18 avril 1757, s [3] 9 juin 1758.

1750.

II.—MIEL (3), FRANÇOIS, [JEAN I.
CODERRE-EMERY, Isabelle.
Marie-Ursule, b 12 mars 1751, à St-Ours[6]; s [6] 1er oct. 1752. — *Joseph-Marie,* b [6] 9 déc. 1753.—*Marie-Gabrielle,* b [6] 25 sept. 1759.

1770, (22 août) St-Michel-d'Yamaska.

III.—MIEL, AMABLE. [JEAN-BTE II.
MORNEAU, Louise, [PIERRE IV.
b 1742; veuve de Louis Dorval.

MIERRE.—Voy. MILLET.

MIET.—Voy. MIGUET—LATREMOUILLE.

I.—MIET, JEAN-BTE, b 1707; s 5 sept. 1793, à à St-Augustin.

1724, (28 août) Québec.[7]

I.—MIGENON, PIERRE, fils de Pierre et de Jeanne Bernard, de Ste-Foy, diocèse d'Agen, Guienne-d'Agenois.
GIRARD (4), Jeanne-Elisabeth, [JOACHIM I.
b 1686.
Catherine-Elisabeth, b [7] 21 août 1726.—*Pierre,* b [7] 11 mars et s [7] 10 août 1730. —*Gabriel,* b [7] 1er et s [7] 24 sept. 1731.

MIGEON.—*Surnoms :* DEBRANSAC— DE LA GAUCHETIÈRE.

(1) Grenadier de la compagnie de Foulhiac, régiment de Berry; il était, le 8 janvier 1759, à Beauport.

(2) Et Amiel dit Lusignan; voy. vol. I, pp. 430-431.

(3) Dit Lusignan.

(4) Elle épouse, le 20 avril 1744, André Deschevaux, à Québec.

1665, (26 nov.) Montreal. [7]

I.—MIGEON (1), JEAN-BTE,
b 1639; s [7] 21 août 1693.
GAUCHET, Catherine,
b 1644.
Daniel, b [7] 6 août 1671; m [7] 31 janvier 1712, à Marie LEGUAY. — *Denise-Thérèse,* b [7] 5 février 1678; 1° m [7] 21 avril 1692, à Charles JUCHEREAU; 2° m [7] 6 sept. 1706, à Louis LIÉNARD DE BEAUJEU.

1712, (31 janvier) Montréal. [8]

II.—MIGEON (2), DANIEL, [JEAN-BTE I.
b 1671.
LEGUAY, Marie, [JEAN-JÉROME I.
b 1692; s [8] 7 sept. 1714.
Marie-Thérèse, b [8] 10 avril 1713; m [8] 27 janvier 1738, à François LEMARCHAND.— *Anonyme,* b [8] et s [8] 24 janvier 1714.— *Marie-Anne,* b... m à Jacques COURTEMANCHE.

MIGNAU.—*Variations et surnoms :* MÉGNIOT—MEIGNOT—MIGNAULT— MIGNEAU— MIGNEAUX —MIGNIER — MIGNOT — MIOT—AUBIN—CHATILLON—DECHASTILLON — DE LA FRAYNAYE—DE LA GERBAUDIÈRE— LABRIE — LAFRAYNAYE —LAFRENAYE.

1648, (10 nov.) Québec.

I.—MIGNAU (3), JEAN,
b 1628.
CLOUTIER, Louise, [ZACHARIE I.
b 1631; veuve de François Marguerie.
Pierre, b... 1° m à Jeanne AUTIN; 2° m 10 nov. 1718, à Catherine-Anne OUELLET, à Ste-Anne-de-la-Pocatière; 3° m 10 mai 1745, à Marie ROY, à Kamouraska.

1689, (7 nov.) Château-Richer.

I.—MIGNAU (4), JEAN,
b 1665; s 6 déc. 1735, à la Rivière-Ouelle. [6]
1° BOUCHER, Marie-Xaintes, [PIERRE II.
b 1668; s [6] 15 juillet 1717.
Marie-Thérèse, b [6] 11 nov. 1694; m 1720, à Joseph GAGNON.—*Michel,* b [6] 2 mai 1697; 1° m 26 oct. 1724, à Ursule SOUCY, à Ste-Anne-de-la-Pocatière[7]; 2° m 24 nov. 1755, à Marie-Angélique MORIN, à St-Roch. — *Jean-Baptiste,* b [6] 1er mai 1707; 1° m [7] 22 sept. 1733, à Marie-Anne GRONDIN; 2° m [7] 10 nov. 1766, à Marie-Anne CHOUINARD. — *Marie,* b... m [6] 22 juin 1732, à Etienne RAYMOND.

1726, (4 mars). [7]

2° DUBÉ (5), Marie-Anne, [MATHURIN II.
b 1693; veuve de Jean-Baptiste Grondin.
Marie-Véronique, b [6] 25 janvier 1734.

(1) Voy. vol. I, p. 431.

(2) Sieur de la Gauchetière; lieutenant et aide-major; chevalier de St. Louis.

(3) Voy. vol. I, p. 432.

(4) Dit Labrie; voy. vol. I, p. 433.

(5) Elle épouse, le 3 février 1744, François Posé, à St-Thomas.

1693.

I.—MIGNAU, JEAN.
MIRANDE (1), Madeleine.
Pierre, b 1694 ; m 3 février 1739, à Agathe ROY, à Kamouraska [2]; s [2] 8 février 1770. — *Jean-François*, b 7 oct. 1708, à la Rivière-Ouelle ; m à Madeleine CHAVITEAU. — *Marie-Anne*, b... m 30 avril 1733, à Charles LEROY, à Beaumont ; s 23 déc. 1753, à St-Charles. — *Guillaume*, b... m [2] 24 janvier 1735, à Helène MICHAUD. — *Antoine*, b... m [2] 8 janvier 1753, à Marie-Louise OUELLET.

1704, (8 déc.) Montréal. [9]

I.—MIGNAU (2), RENÉ, b 1669, taillandier ; fils de René et de Marie Melier, de la Trinite, ville de Laval, diocèse du Mans, Maine ; s [9] 25 nov. 1740.
OZOU, Cécile, [JEAN I.
b 1682 ; s [9] 1er mai 1756.
René-Joseph, b [9] 2 sept. 1705 ; s [9] 28 janvier 1708.—*Cécile*, b [9] 19 janvier et s [9] 18 oct. 1707.—*Joseph*, b 1708 ; m [9] 16 fevrier 1756, à Marie-Angelique BOIVIN. — *Elisabeth*, b [9] 6 juin 1710 ; m [9] 4 nov. 1738, à Michel BOUVET. — *Jean*, b [9] 6 août 1712 ; s [9] 16 sept. 1714.—*François-Marie*, b [9] 7 juin et s [9] 7 août 1714.—*Marie-Anne*, b [9] 6 sept. 1715.—*Jean*, b [9] 17 avril 1717 ; m 28 oct. 1757, à Marie-Louise BLAIS, à Quebec. — *Marie-Angélique*, b [9] 7 juillet et s [9] 8 sept. 1718. — *Louis*, b [9] 11 mars et s [9] 19 juin 1720.— *Laurent*, b [9] 17 juin et s 7 sept. 1721, à St-Laurent, M. — *Cécile*, b [9] 21 oct. 1722 ; m [9] 9 janvier 1758, à Jean VINAY.

II.—MIGNAU (3), PIERRE. [JEAN I.
1° AUTIN, Jeanne, [FRANÇOIS I.
b 1693.
Marie, b... m à Joseph LAVALLÉE. — *Marie-Joseph*, b 1715 ; m 27 juin 1735, à Jean CHASSEY, à Kamouraska [7] ; s [7] 2 mars 1757.

1718, (10 nov.) Ste-Anne-de-la-Pocatière.
2° OUELLET, Catherine-Anne, [JOSEPH II.
b 1696.
Etienne, b [7] 14 juillet 1727 ; s [7] 28 oct. 1728.—*Jean-François*, b [7] 23 avril 1729 ; 1° m à Marie BOURG ; 2° m 5 sept. 1758, à Françoise LECOURS, à Quebec ; 3° m 5 oct. 1761, à Marie-Joseph GABOURY, à Ste-Foye. — *Alexis*, b [7] 12 février et s [7] 27 mars 1731. — *Etienne*, b [7] 3 mai 1732. — *Joseph-Marie*, b [7] 16 mai 1734. — *Michel*, b [7] 1er mai 1736. — *Félicité*, b... m [7] 8 janvier 1753, à Jean-Baptiste MIVILLE.

1745, (10 mai). [7]
3° ROY, Marie,
veuve de François Citois.

1724, (26 oct.) Ste-Anne-de-la-Pocatière. [1]

II.—MIGNAU (4), MICHEL, [JEAN I.
b 1697.
1° SOUCY, Ursule, [PIERRE II.
b 1706 ; s [1] 1er avril 1754.

(1) Elle épouse, plus tard, Jacques Deslauriers.
(2) Dit Lafraynaye ; soldat de M. Dumesny.
(3) Dit Chatillon.
(4) Dit Labrie.

Marie-Ursule, b... 1° m [1] 17 janvier 1752, à Nicolas LISOT ; 2° m [1] 30 janvier 1758, à Jean MORIN.—*Joseph*, b [1] 17 juillet 1733 ; m 5 février 1759, à Marie-Rosalie LISOT, à St-Roch. [2] —*Marie-Anne*, b [1] 17 sept. 1736 ; 1° m à Joseph MICHAUD ; 2° m 12 sept. 1757, à Joseph-Marie ROY, à la Rivière-Ouelle.—*Marie-Joseph*, b [1] 14 mars 1738 ; m [1] 30 juin 1767, à Xiste MIVILLE. — *Charles*, b [1] 9 déc. 1739 ; m 12 oct. 1767, à Dorothee CORDEAU, à Kamouraska.—*Jean-Bernard*, b [1] 4 sept. 1741 ; m [1] 8 janvier 1770, à Marie-Anne LANCOGNAC.—*Joseph-François*, b [1] 3 mai 1743 ; 1° m 23 oct. 1769, à Marie-Marthe FORTIN, à St-Jean-Port-Joli [3] ; 2° m [3] 12 janvier 1779, à Marguerite CHOUINARD. — *Jean-Germain*, b [1] 9 fevrier 1745 ; s [3] 20 janvier 1775.—*Geneviève*, b [1] 14 déc. 1748.

1755, (24 nov.) [2]
2° MORIN, Marie-Angelique, [ROBERT I.
b 1710 ; veuve de Joseph Dubé.

1728, (12 janvier) Ste-Anne-de-la-Pocatière. [4]

II.—MIGNAU, CHARLES. [JEAN I.
AUBERT (1), Madeleine, [FÉLIX III.
b 1712.
Marie-Anne, b 1728 ; m [4] 5 juillet 1751, à Augustin DIONNE ; s [4] 2 fevrier 1760.—*Madeleine*, b... m [4] 29 juillet 1748, à Jean-François OUELLET.—*Marie-Joseph*, b [4] 28 mars 1730 ; m [4] 20 nov. 1752, à Jean GAGNON. — *Marie-Geneviève*, b [4] 21 sept. 1733.—*Marie-Angélique*, b [4] 11 oct. 1735 ; s [4] 29 janvier 1754.—*Charles*, b 29 sept. 1737, à St-Roch ; m [4] 26 nov. 1764, à Marie PINEL. — *Marie-Françoise*, b [4] 18 janvier 1740. — *Joseph-Marie*, b [4] 29 avril 1742 —*Jean-Marie*, b [4] 18 juin 1744.—*François*, b [4] 4 août 1746.—*Marie-Charlotte*, b [4] 28 août 1749 ; s [4] 11 nov. 1759. — *Louis-Germain*, b [4] 27 août 1751 ; s [4] 3 dec. 1752.—*Louise-Ursule*, b [4] 31 dec. 1753. — *Marie-Judith*, b 25 janvier 1758, à la Rivière-Ouelle.

MIGNAU, JOSEPH,
b 1688 ; s 11 mai 1756, à St-Pierre-du-Sud. [5]
MICHAUD, Marie-Anne.
Marie-Claire, b... m [5] 23 oct. 1752, à Louis-Charles LAURENDO.—*Angélique*, b... m [5] 7 janvier 1760, à Joseph-Charles PICOTE.

II.—MIGNAU, JEAN-BTE-FRANÇOIS, [JEAN I.
b 1708.
CHAVITEAU, Madeleine.
Marguerite, b 1725 ; m 28 août 1741, à Simon DECASTRES, à Quebec [6] ; s [6] 18 mai 1747.

1733, (22 sept.) Ste-Anne-de-la-Pocatière. [7]

II.—MIGNAU (2), JEAN-BTE, [JEAN I.
b 1707.
1° GRONDIN, Marie-Anne, [SÉBASTIEN II.
b 1715 ; s [7] 13 nov. 1764.
Marie-Anne, b... m à Joseph-François DE LA BOURLIÈRE.

1766, (10 nov.) [7]
2° CHOUINARD, Marie-Anne, [JACQUES I.
veuve d'Alexandre St. Pierre.

(1) Elle épouse, le 3 sept. 1764, Louis Miville, à Ste-Anne-de-la-Pocatière.
(2) Dit Labrie.

1735, (24 janvier) Kamouraska. [9]
II.—MIGNAU, GUILLAUME. [JEAN I.
MICHAUD, Hélène. [PIERRE II.
Pierre, b [9] 23 nov. 1735 ; s [9] 28 janvier 1736.—*Marie-Joseph*, b [9] 16 juin et s [9] 4 juillet 1737. — *Guillaume*, b [9] 17 août et s [9] 6 sept. 1738.—*Anne*, b [9] 18 oct. 1739 ; s [9] 23 août 1742.—*Marie-Joseph*, b [9] 9 et s [9] 15 sept. 1741.—*Madeleine*, b [9] 19 janvier 1743 ; m [9] 8 janvier 1759, à Jean-Baptiste OUELLET.—*André*, b [9] 30 nov. 1744 ; s [9] 18 août 1745.—*Suzanne*, b [9] 31 mars et s [9] 24 avril 1747. —*Geneviève*, b [9] 21 juillet 1748.—*Alexandre*, b [9] 20 janvier 1753 ; m [9] 12 janvier 1778, à Marie HYARD.—*Joseph-Marie*, b [9] 20 janvier 1753.

1739, (3 février) Kamouraska. [6]
II.—MIGNAU, PIERRE, [JEAN I.
b 1694 ; s [6] 8 fevrier 1770.
ROY-DESJARDINS, Agathe, [PIERRE II.
b 1712 ; s [6] 20 fevrier 1758.
Jean-Baptiste, b [6] 4 janvier 1740. — *Marie-Agathe*, b... m [6] 21 nov. 1763, à Pierre BOUCHER. —*Alexandre*, b [6] 19 août 1744 ; m 7 janvier 1771, à Marie-Joseph GUÉRET-DUMONT, à la Rivière-Ouelle.—*André*, b [6] 30 nov. 1746 ; m [6] 14 oct. 1771, à Marie-Rose MICHAUD.—*Pierre*, b [6] 23 mars et s [6] 3 avril 1752.—*Marie-Catherine*, b [6] 1er nov. 1753 ; m [6] 5 juillet 1773, à Joseph LEVASSEUR.—*Marie-Joseph*, b [6] 6 oct. 1755 ; m [6] 25 oct. 1774, à Jean-Baptiste MOREAU.

MIGNAU, JEAN.
BÉRARD (1), Marie.
Marie, b 1748 ; m 18 janvier 1768, à Joseph-Marie RACINE, à St-Antoine-de-Chambly. [8] —*Félicité*, b 1752 ; m [8] 18 janvier 1768, à Claude PHANEUF.

MIGNAU, JACQUES, b 1690 ; s 4 déc. 1755, à Kamouraska.

1753, (8 janvier) Kamouraska. [3]
II.—MIGNAU, ANTOINE. [JEAN I.
OUELLET, Marie-Louise, [JEAN-BTE III.
b 1735.
Marie-Louise, b [3] 1er février 1754. — *Marie-Judith*, b [3] 31 oct. 1755 ; m [3] 8 janvier 1781, à Joseph LÉVESQUE.—*Antoine*, b [3] 29 mai 1757.—*Antoine*, b [3] 12 dec. 1758.—*Marie-Joseph*, b [3] 5 mars et s [3] 23 avril 1761.—*François-Germain*, b [3] 4 avril 1762.—*Marie-Anne*, b [3] 14 sept. 1763 ; s [3] 14 sept. 1764.—*Marie-Joseph*, b [3] 6 avril et s [3] 11 juin 1765.—*Marie-Catherine*, b [3] 25 oct. 1768. —*Marie-Joseph*, b [3] 25 fevrier 1771.

III.—MIGNAU, JEAN-FRANÇOIS, [PIERRE II.
b 1729.
1° BOURG, Marie,
b 1735 ; s 16 oct. 1755, à Québec. [4]
Marguerite, b... m [4] 28 mai 1782, à François PAQUET.

(1) Elle épouse, le 8 février 1763, Pierre Bourgeois, à St-Antoine-de-Chambly.

1758, (5 sept.) [4]
2° LECOURT, Françoise, [IGNACE II.
b 1717.
1761, (5 oct.) Ste-Foye (1).
3° GABOURY, Marie-Joseph, [ANTOINE II.
b 1733 ; s [4] 16 nov. 1777.

1756, (16 février) Montréal.
II.—MIGNAU (2), JOSEPH, [RENÉ I.
b 1708.
BOIVIN, Marie-Angélique, [FRANÇOIS II.
b 1708 ; veuve de Roland Paradis.

1757.
MIGNAU, FRANÇOIS,
navigateur.
CHARON, Marguerite.
Marie-Madeleine, b 3 oct. 1758, à Québec.

1757, (28 oct.) Québec.
II.—MIGNAU (2), JEAN, [RENÉ I.
b 1717.
BLAIS, Marie-Louise, [ANTOINE III.
b 1743.

1759, (5 février) St-Roch. [1]
III.—MIGNAU (2), JOSEPH, [MICHEL II.
b 1733.
LISOT (3), Marie-Rosalie, [NICOLAS III.
b 1738.
Joseph-Marie, b [1] 14 oct. 1759. — *Louis*, b [1] 29 nov. 1760.—*Marie-Rosalie*, b 26 mars 1765, à St-Joseph, Beauce [2] ; m 4 nov. 1786, à Jean-Pierre ARSENAULT, à Québec.—*Charles*, b [2] 18 sept. 1768 ; m 21 février 1792, à Marie-Joseph BANVILLE, à Rimouski. [3] —*Marguerite*, b... 1° m [3] 19 oct. 1790, à Louis CANUEL ; 2° m [3] 12 avril 1796, à Charles PAQUET.—*Joseph*, b 26 déc. 1773, à Kamouraska. — *Michel*, b [3] 18 juillet 1783. — *Pierre*, b... m [3] 17 avril 1804, à Françoise CHABOT. —*Théotiste*, b [3] 16 juillet 1787.

1760.
MIGNAU, ETIENNE.
CORMIER, Madeleine.
François, b 30 mai 1761, à Bécancour.

1764, (26 nov.) Ste-Anne-de-la-Pocatière.
III.—MIGNAU (4), CHARLES, [CHARLES II.
b 1737.
PINEL, Marie. [CHARLES-FRANÇOIS IV.

1767, (12 oct.) Kamouraska. [9]
III.—MIGNAU (5), CHARLES, [MICHEL II.
b 1739.
CORDEAU (6), Dorothée, [TOUSSAINT III.
b 1746.

(1) Réhabilité, le 2 avril 1769, à Ste-Foye, avec dispenses au 3ème degré de parenté.
(2) Dit Lafrenaye.
(3) Et Mignier dit Labrie.
(4) Elle épouse, le 8 oct. 1805, Louis Gasse, à Rimouski.
(5) Dit Labrie.
(6) Dit Deslauriers.

Charles, b [9] 3 juillet 1768.—*Jean-Germain*, b [9] 26 août 1771.

1769, (23 oct.) St-Jean-Port-Joli. [2]
III.—MIGNAU (1), JOSEPH-FRS, [MICHEL II.
b 1743.
1° FORTIN, Marie-Marthe, [LOUIS III.
b 1749.
1779, (12 janvier). [2]
2° CHOUINARD, Marguerite. [JEAN-FRANÇOIS III.

1770, (8 janvier) Ste-Anne-de-la-Pocatière.
III.—MIGNAU, JEAN-BERNARD, [MICHEL II.
b 1741.
LANCOGNAC, Marie-Anne. [PIERRE-RENÉ I.

1771, (7 janvier) Rivière-Ouelle.
III.—MIGNAU, ALEXANDRE, [PIERRE II.
b 1744.
GUÉRET-DUMONT, Marie-Joseph, [JOSEPH III.
b 1753.

1771, (14 oct.) Kamouraska.
III.—MIGNAU, ANDRÉ, [PIERRE II.
b 1746.
MICHAUD, Marie-Rosalie, [JEAN-BTE III.
b 1753.

MIGNAU, FRANÇOIS.
ROBERGE, Marie,
b 1736; s 28 juin 1788, à Québec.

1778, (12 janvier) Kamouraska.
III.—MIGNAU, ALEXANDRE, [GUILLAUME II.
b 1753.
HYARD-ST. LOUIS, Marie. [FRANÇOIS I.

MIGNAU, MICHEL.
1° DENAU, Marie-Joseph.
1779, (15 février) St-Roch.
2° HERVÉ, Marie-Rose, [SÉBASTIEN II.
b 1730; veuve de Jean Hamond.

1792, (21 février) Rimouski. [4]
IV.—MIGNAU (1), CHARLES, [JOSEPH III.
b 1768.
BANVILLE, Marie-Joseph, [LOUIS I.
b 1757.
Julie, b [4] 26 avril 1793. — *Monique*, b [4] 4 mai 1795.

1804, (17 avril) Rimouski.
IV.—MIGNAU, PIERRE. [JOSEPH III.
CHABOT, Françoise, [FRANÇOIS V.
b 1784.

MIGNAULT.—Voy. MIGNAU.

MIGNEAU.—Voy. MIGNAU.

MIGNEAUX.—Voy. MIGNAU.

(1) Marié Labrie.

MIGNER.—Voy. MIGNIER.

MIGNERAND.—Voy. MIGNERON.

MIGNERANT.—Voy. MIGNERON.

MIGNERON.—*Variations et surnoms:* MAGNERON—MIGNERAND—MIGNERANT—MILLERON—LAJEUNESSE—TAPHORIN.

1667.
I.—MIGNERON (1), LAURENT,
b 1639.
1° ST. DENIS, Anne, [PIERRE I
s 17 oct. 1674, à Ste-Anne. [1]
Pierre, b [1] 4 mars 1672; m 7 juillet 1698, à Marie CHARON, à Québec; s 21 déc. 1720, à Montréal. [2] — *Anne*, b [1] 16 oct. 1674; m à Joseph BERTHELOT.
1675.
2° GUILLAUME, Marie,
b 1652.
Jean, b [1] 15 avril 1676; 1° m à Marie LABELLE; 2° m 7 août 1703, à Françoise MARCEL, à St-François, I. J.; s [2] 16 déc. 1708.—*Françoise*, b [1] 3 déc. 1677; m 1699, à François ROBIN; s 8 juin 1760, à St-Thomas. [3] — *Ambroise*, b [1] 15 février 1682; m 8 août 1703, à Geneviève PEPIN, à Ste-Famille, I. O.; s [3] 3 février 1738. — *Agnès*, b [1] 31 mars 1684; m à Paul PEPIN; s [3] 16 juillet 1743.

1688.
II.—MIGNERON (1), ABRAHAM-JEAN, [JEAN I
b 1666.
DELPECHE (2), Catherine, [BERNARD I
b 1672; s 6 oct. 1716, à Repentigny. [8]
Jean, b [8] 8 mai 1711; s [8] 11 mai 1772.

II.—MIGNERON (3), SÉBASTIEN, [JEAN I
b 1668; s 23 mai 1741, à Ste-Foye. [1]
TRUD, Catherine, [MATHURIN I
b 1672.
François, b 1689; s 28 déc. 1722, à Lorette.—*Marie-Catherine*, b 26 oct. 1692, à la Pte-aux-Trembles, Q. [2]; m à Joseph ENAU. — *Joseph*, b [2] 9 février 1704; 1° m [1] 19 janvier 1728, à Françoise SAMSON; 2° m [1] 24 nov. 1750, à Marie-Joseph GIRARD; s 31 mai 1784, à Quebec. — *Catherine-Joseph*, b [1] 26 avril 1706; m [1] 16 janvier 1732, à Joseph HAINS.

1689.
II.—MIGNERON (1), JEAN, [LAURENT I
b 1669, s 23 déc. 1708, à Ste-Foye.
BRISSON, Marie-Geneviève, [RENÉ I
b 1666.
Jean-François, b 27 avril 1696, à la Pte-aux-Trembles, Q; m à Marguerite HUNAUT.

(1) Voy. vol. I, p. 431.
(2) Dit Bélair.
(3) Voy. vol. I, pp. 431-432.

1698, (7 juillet) Québec.[3]
II.—MIGNERON (1), PIERRE, [LAURENT I.
b 1672; s 21 déc. 1720, à Montréal.[4]
CHARON, Marie-Anne, [JEAN-BTE I.
b 1674; veuve de Joseph Charpentier; s[3] 9 août 1728.
Noel, b 22 juillet 1705, à Ste-Foye[5]; m 1727, à Louise FOURNEAU-BRINDAMOUR.—*Charles*, b 1706; m 1725, à Marie GAREAU; s 17 mai 1771, à Terrebonne.—*Marie-Jeanne*, b[5] 1er avril 1707; m 1729, à Jean-Baptiste GAREAU.—*Marie-Madeleine*, b[5] 3 janvier 1711; m 17 janvier 1735, à Michel FORGET, à Lachenaye.—*Pierre*, b[5] 9 juin 1713; m 1748, à Marie-Joseph MONET.—*Jean*, b[5] 21 juin 1716; m[4] 24 oct. 1740, à Marie-Madeleine LEBLANC.—*Pierre-Ignace*, b[5] 8 août 1718.

II.—MIGNERON, JEAN, [LAURENT I
b 1676; s 16 dec. 1708, à Montréal.[1]
1° LABELLE, Marie.
Marie-Anne, b... m à François DESNOYERS.
1703, (7 août) St-François, I. J.[2]
2° MARCEL-MARIÉ (2), Françoise, [FRANÇOIS I.
b 1684.
Marie-Françoise, b... m 1727, à Vincent BOURGOIN.—*Joseph*, b[2] 13 mai 1705; m 7 janvier 1730, à Marguerite LÉVESQUE, à Repentigny.—*Charles*, b 1706; m 1727, à Marie GAREAU.—*Jean-Dominique*, b[1] 14 et s[1] 31 dec. 1707.—*Geneviève*, b... 1° m à Louis-Hyacinthe LANDRY; 2° m 3 mai 1733, à Louis TESSIER, à Lavaltrie.

1703, (8 août) Ste-Famille, I. O.[1]
II.—MIGNERON, AMBROISE, [LAURENT I.
b 1682; s 3 fevrier 1738, à Montreal.[2]
PEPIN, Geneviève, [ANTOINE I
b 1682; s 10 juin 1754, à Terrebonne.[3]
Geneviève, b[1] 23 dec. 1703; m 6 nov. 1725, à Pierre BOUCHER, à Sorel.[5]—*Ambroise*, b 10 oct. 1705, à St-François, I. O.[6]—*Ambroise*, b[6] 3 oct 1707.—*Marie-Madeleine*, b... m[5] 6 nov. 1725, à Joseph BOUCHER.—*Marie-Joseph*, b[1] 23 oct. 1709; s 23 avril 1787, à Repentigny.—*Jacques*, b[6] 4 janvier 1714; 1° m à Marie BELISLE; 2° m[3] 5 fevrier 1748, à Marie-Françoise CARBONNEAU.—*François*, b[6] 1er dec. 1715; m 1741, à Marie-Angelique POUTRÉ-LAVIGNE.—*Jean*, b[6] 18 nov. 1717; s 28 mars 1720, à Quebec.—*Joseph*, b... m 4 mars 1737, à Marie-Anne GAREAU, à L'Assomption.—*Marie-Françoise*, b[2] 10 mai 1721.—*Catherine*, b 1723, m 5 fevrier 1748, à Jean-Baptiste BROUILLET, à la Pte-aux-Trembles, M.—*Marie-Geneviève*, b[5] 26 mars 1728; m[3] 20 oct. 1749, à Jacques GIBAUT; s[3] 5 mars 1775.

III—MIGNERON, JEAN-FRANÇOIS, [JEAN II
b 1696.
HUNAUD, Marguerite, [TOUSSAINT II.
b 1699.
Marie-Joseph, b.. m 10 nov 1738, à Augustin ASSELIN, à St-François, I. J.[7]—*Marguerite*, b 1723, m[7] 21 nov. 1740, à Basile MAROIS, s 26 nov 1755, au Detroit.[8]—*Joseph*, b[7] 8 oct. 1725, m 17 février 1749, à Françoise PAQUET, à St-Vincent-de-Paul.[9]—*Antoine*, b[7] et s[7] 28 sept. 1727.—*Isabelle*, b[7] 6 sept. 1728; m[9] 11 janvier 1749, à Michel RÉAUME; s[9] 28 avril 1754.—*Madeleine*, b... m[9] 6 janvier 1749, à Jacques-Philippe VERMET.—*Marie-Catherine*, b[7] 8 sept. 1730; s[7] 4 août 1731.—*Marie-Catherine*, b[7] 27 déc. 1732; m[9] 25 février 1754, à Nicolas RÉAUME.—*Charles-Toussaint*, b[7] 4 nov. 1734; s[8] 4 avril 1756.—*François*, b 1736; s[7] 24 mai 1738.—*Anonyme*, b[7] et s[7] 13 sept. 1739.

1725.
III.—MIGNERON (1), CHARLES, [PIERRE II.
b 1706; s 17 mai 1771, à Terrebonne.[3]
GAREAU, Marie-Agnès, [PIERRE II.
b 1702.
Agathe, b 28 sept. 1726, à Lachenaye[1]—*Pierre*, b 1727; s[3] 7 sept. 1749.—*Jean-Baptiste*, b[3] 24 juillet 1728; m 1748, à Madeleine BONNIER.—*Marie-Charlotte*, b[1] 17 oct. 1730; m[3] 19 oct. 1761, à Pierre RABASSE.—*Athanase*, b[3] 7 août 1732; m[3] 8 janvier 1759, à Marie-Joseph RENAUD.—*Antoine*, b[3] 11 sept. 1734; s[3] 5 juillet 1754.—*François*, b[3] 8 fevrier 1737; s[3] 21 avril 1760.—*Marie-Thérèse*, b... m[3] 2 fevrier 1761, à Ignace BONHOMME; s[3] 25 mars 1776.—*Jean-Baptiste*, b... s[3] 4 oct. 1749.—*Charles*, b... s 24 nov. 1761, à Ste-Rose.—*Marie*, b... s[3] 12 juin 1757.

1726, (19 août) Repentigny.[1]
II.—MIGNERON (2), FRS, [ABRAHAM-JEAN I.
b 1701.
CHAMPAGNE-ST. MARTIN, Catherine. [JEAN-BTE I.
François, b[1] 6 juin 1727.

1727, (13 janvier) Ste-Foye.[2]
III.—MIGNERON, PIERRE-AUG., [SÉBASTIEN II.
b 1695; s[2] 2 août 1744.
BISSON, Angelique, [ANTOINE III.
b 1702.
Marie-Elisabeth, b[2] 19 dec. 1727: s[2] 6 fevrier 1728.—*Noel-Augustin*, b[2] 25 déc. 1728; m[2] 21 mai 1748, à Angelique MANSEAU.—*Angélique*, b 1731, m[2] 11 nov. 1749, à Etienne BILLOT; s[2] 12 sept. 1755.—*Felicité-Gabrielle*, b[2] 1er janvier 1733.—*Elisabeth-Dorothée*, b[2] 1er avril 1736; s[2] 13 avril 1743.—*François*, b[2] 29 janvier 1744.

1727.
III.—MIGNERON, NOEL, [PIERRE II.
b 1705.
FOURNEAU-BRINDAMOUR, Louise,
b 1710; s 2 mai 1755, à Montréal.
Jean-Baptiste, b 1er juillet 1728, à Terrebonne.[6]—*Marie-Anne*, b... m[6] 7 oct. 1748, à Joseph MONET.—*Michel*, b[6] 2 avril et s[6] 11 sept. 1730.—*Jean-Noel*, b 9 août 1731, à Lachenaye; m 1er fevrier 1762, à Marie-Louise TOUGAS, à Ste-Rose.[7]—*Antoine*, b 1734, s[6] 31 mars 1737.—*Marie-Joseph*, b[6] 18 oct. 1735.—*Antoine*, b[6] 21 août 1737.—*Marie-Louise*, b[6] 8 sept 1739; m[6] 18 fevrier 1760, à Jean-Baptiste FOURNIER.—*Pierre*, b[6] 21

(1) Voy. vol. I, p. 431.
(2) Elle epouse, plus tard, Pierre Chouard

(1) Appele Milleron, 1726.
(2) Et Magneron.

août 1741.—*Joseph*, b [6] 11 mars et s [6] 20 août 1745.—*Marie-Louise*, b [6] 29 mars et s [6] 17 juillet 1748.—*Charles-François*, b [7] 22 mai et s [7] 22 juin 1749.

IV.—MIGNERON, CHS-TOUSS., [JEAN-FRS III.
b 1734 ; s 4 avril 1756, au Detroit.

1728, (19 janvier) Ste-Foye. [8]
III.—MIGNERON, JOSEPH, [SÉBASTIEN II.
b 1704 ; s 31 mai 1784, à Quebec. [9]
1° SAMSON, Françoise, [ANTOINE II.
b 1700 ; s [8] 28 fevrier 1749.
Louis-Joseph, b [8] 14 juillet 1730.—*Anonyme*, b [8] et s [8] 21 février 1731.—*Joseph*, b [8] 7 avril 1734, m 3 nov. 1761, à Marie-Joseph CADORET, à Lévis. —*Françoise-Elisabeth*, b... m 1762, à Jean-Frédéric ISAR.
1750, (24 nov.) [8]
2° GIRARD, Marie-Joseph, [RENÉ I.
b 1723.
Joseph-Gabriel, b [8] 18 nov. 1751 ; m [9] 14 juillet 1777, à Marie-Charlotte LEVITRE.—*Marguerite-Joseph*, b [8] 14 mars 1754 ; 1° m à Jacques BOITEAU ; 2° m [9] 25 nov. 1783, à Joseph-Charles PARADIS.—*Marie-Louise*, b [8] 23 nov. 1758.

1730, (7 janvier) Repentigny. [1]
III.—MIGNERON, JOSEPH, [JEAN II.
b 1705.
LÉVESQUE, Marguerite, [JACQUES I.
b 1706 ; veuve de Charles Maheu.
François, b 1730 ; m 1765, à Marie-Catherine LÉVESQUE-SANSSOUCY ; s [1] 10 août 1792.—*Agathe*, b... m 21 nov. 1757, à François AUMONT, à L'Assomption.

1737, (4 mars) L'Assomption.
III.—MIGNERON, JOSEPH. [AMBROISE II.
GAREAU-PARISEAU, Marie-Anne. [PIERRE.

1740, (24 oct.) Montréal. [3]
III.—MIGNERON, JEAN, [PIERRE II.
b 1716.
LEBLANC, Marie-Madeleine, [JULIEN II.
b 1717 ; s [3] 15 mars 1743.
Jean-Baptiste, b [3] 1er juillet 1742.

MIGNERON (1), JEAN-BTE.
1° DEGUIRE, Thérèse.
1754, (26 mai) Verchères.
2° PINARD, Catherine, [ANTOINE II.
b 1687 ; veuve de Vincent Jared.

III.—MIGNERON, JACQUES, [AMBROISE II.
b 1714.
1° BELISLE, Marie,
b 1722 ; s 18 avril 1747, à Terrebonne. [8]
Marie, b... m [8] 16 janvier 1757, à Joseph GIBAUT.—*Jacques*, b [8] 26 nov. 1742 ; s [8] 27 janvier 1743.—*Pierre*, b [8] 24 mars et s [8] 4 août 1744.—*Marguerite*, b... s [8] 27 avril 1747.

(1) Et Magneron.

1748, (5 fevrier). [8]
2° CARBONNEAU (1), Marie-Françoise. [PIERRE II.
Marie-Françoise, b [8] 6 mars 1749 ; m [8] 11 fevrier 1765, à Jacques LAMOUREUX.—*Elisabeth*, b 26 juin 1750, à Ste-Rose ; m [8] 5 février 1781, à Jean-Baptiste NANTEL.—*Marie-Marguerite*, b [8] 12 mars 1752 ; m [8] 17 août 1772, à Antoine-Marie GODARD-LAPOINTE.—*Jacques*, b [8] 27 juin 1754 ; m [8] 12 février 1776, à Thérèse RANGER.—*Marie-Rose*, b [8] 7 nov. 1756 ; m [8] 9 janvier 1775, à François GODARD-LAPOINTE.—*Marie-Joseph*, b [8] 9 fevrier 1758.—*Jérémie*, b [8] 20 août 1760.

III.—MIGNERON, FRANÇOIS, [AMBROISE II.
b 1715.
POUTRÉ, Marie-Angélique.
Marie, b 1742 ; m 14 fevrier 1763, à Julien DELINEL, à Terrebonne [7] ; s [7] 17 avril 1763.—*François*, b [7] 27 dec. 1745 ; s [7] 14 avril 1746.—*Jacques*, b [7] 27 déc. 1745. — *Marie-Charlotte*, b [7] 19 avril 1747.—*Marie-Thérèse*, b [7] 5 et s [7] 6 sept 1748.— *Marie-Anne*, b [7] 3 mars 1750 ; s [7] 10 janvier 1754. — *François*, b [7] 9 sept. 1752. — *Louis*, b [7] 3 janvier 1754. — *Joseph*, b [7] 5 août et s [7] 11 sept. 1756.— *Marie-Reine*, b [7] 20 juillet 1758.

1748.
III.—MIGNERON, PIERRE, [PIERRE II
b 1713.
MONET, Marie-Joseph.
Marie-Joseph, b 1749 ; m 10 juin 1767, à Joseph-François MARTEL, à Repentigny. [9]—*Marie-Amable*, b 8 juillet 1750, à la Longue-Pointe m [9] 22 janvier 1770, à Joseph-Marie MOREAU DUPLESSIS. — *Pierre*, b 10 mai 1752, à la Pte aux-Trembles, M. [8]— *Marie-Marguerite*, b [8] 1er et s [8] 16 mars 1754.— *Catherine*, b 1761 ; m 28 oct 1782, à Jean-Baptiste BIGUET, à Montréal.

1748.
IV.—MIGNERON, JEAN-BTE, [CHARLES III
b 1728.
BONNIER (2), Madeleine, [JACQUES II
b 1729.
Marie-Madeleine, b... s 17 février 1750, à la Pte-aux-Trembles, M. [6] — *Anne-Thérèse*, b [6] 1er oct. 1749 ; m à Joseph BAYARD.

1748, (21 mai) Ste-Foye. [8]
IV.—MIGNERON, NOEL-AUG., [AUGUSTIN III
b 1728.
MANSEAU, Angelique, [PIERRE-JOSEPH II
b 1726 ; s 6 août 1793, à Quebec. [9]
Augustin, b [9] 11 avril 1749 ; s [9] 8 déc. 1758.—*Jean*, b [9] 11 et s [9] 15 avril 1749. — *Marie-Angélique*, b [8] 17 juin 1750 ; m [9] 29 avril 1776, à Gabriel-Hilarion LANDRY.— *Joseph-Augustin*, b 1er nov. 1751 ; m [9] 4 sept. 1775, à Marie-Angelique LANDRY.—*Jean-Baptiste*, b [9] 6 février 1754 s [9] 28 oct. 1756.—*Marguerite*, b [9] 18 nov. 1756.—*Jean-Joseph*, b [8] 7 déc. 1759 ; m [9] 19 août 1783, à Marie-Scholastique CORNELIER.— *Geneviève*, b [9]

(1) Elle épouse, le 18 fevrier 1765, Charles Potvin, Terrebonne.

(2) Dit Laplante ; elle épouse, le 22 avril 1754, André St Jean, à la Pte-aux-Trembles, M.

et s[9] 7 juin 1762. — *Geneviève,* b[9] 11 et s[9] 30 juin 1763. — *Marguerite,* b... m[9] 27 mai 1783, à Jean Kélie.

1749, (17 fevrier) St-Vincent-de-Paul.[5]
IV.—MIGNERON, Joseph, [Jean-Frs III.
b 1725.
Paquet, Françoise, [Pierre IV.
b 1732.
Joseph, b[5] 22 mai 1750; s[5] 24 mai 1751.

MIGNERON, Jean.
1° Hunaut, Marguerite.
1759, (26 fevrier) St-Vincent-de-Paul.
2° Leduc, Geneviève, [Charles II.
b 1704; veuve de Jacques Cheval.

1759, (8 janvier) Terrebonne.[1]
IV.—MIGNERON, Athanase, [Charles III.
b 1732.
Renaud (1), Marie-Joseph, [Antoine III.
b 1741.
Athanase, b 6 oct. 1759, à Ste-Rose; m[1] 30 sept. 1782, à Marie-Louise Duclou. — *Marie,* b... m[1] 11 février 1782, à Louis Labelle.

MIGNERON, Antoine.
Audret, Angélique.
Jacques, b 15 août 1760, à Terrebonne.

1761, (3 nov.) Lévis.
IV.—MIGNERON, Joseph, [Joseph III.
b 1734.
Cadoret, Marie-Joseph, [Antoine II.
b 1741.

1762, (1er fevrier) Ste-Rose.
IV.—MIGNERON, Jean-Noel, [Noel III.
b 1731.
Tougas (2), Marie-Louise. [Gabriel II.

MIGNERON (3), Alexis.
Touin, Agathe.
Marie-Agathe, b 20 août 1767, à Repentigny.

1765.
IV.—MIGNERON (4), François, [Joseph III.
b 1730; s 10 août 1792, à Repentigny.[8]
Lévesque-Sanssoucy (5), Marie-Catherine.
Marie-Angélique, b[8] 18 nov. 1766; m[8] 1er février 1790, à Joseph Chevalier. — *Marie-Claire,* b[8] 29 janvier 1768, m[8] 11 janvier 1790, à Joseph Dupuis — *Marie-Joseph,* b[8] 18 nov. 1769; m[8] 6 oct. 1788, à Isaac Dupuis.—*Marie-Amable,* b[8] 30 mai et s[8] 3 juin 1771. — *Jean-Baptiste,* b[8] 13 juillet 1772; s[8] 12 avril 1781.—*Thérèse,* b... m[8] 11 fevrier 1793, à Joseph Martin. — *Amable,* b[8] 1er avril 1775.

(1) Aussi appelée Lamoureux, du nom de sa mère.
(2) Dit Laviolette.
(3) Et Magneron dit Lajeunesse.
(4) Dit Lajeunesse.
(5) Elle épouse, le 5 mai 1794, Joseph Liénard-Mondor, à Repentigny.

1767, (2 fevrier) Repentigny.[2]
MIGNERON (1), Louis. [François.
Touin, Marie-Anne. [Roch III.
Marie-Anne, b[2] 5 déc. 1767.—*Catherine-Charlotte,* b[2] 30 oct. 1769; s[2] 17 août 1770.

MIGNERON, Joseph.
Maheu, Marie-Judith.
Marie-Judith, b 15 juin 1767, à Repentigny[3]; s[3] 3 juin 1768.

MIGNERON (1), Joseph.
Touin, Madeleine.
Joseph, b 28 août 1767, à Repentigny.[4] — *Joseph,* b[4] 2 oct. 1772.

1775, (4 sept.) Québec.[5]
V.—MIGNERON, Jos.-Augustin, [Noel-Aug. IV.
b 1751.
Landry, Marie-Angélique, [Hilarion IV.
b 1757; s[5] 31 dec. 1785.

1776, (12 février) Terrebonne.[6]
IV.—MIGNERON, Jacques, [Jacques III.
b 1754.
Ranger, Therèse, [François III.
b 1754; s[6] 16 janvier 1782.

1777, (14 juillet) Québec.
IV.—MIGNERON, Joseph-Gabriel, [Joseph III.
b 1751.
Levitre, Marie-Charlotte, [Michel III.
b 1756.

1782, (30 sept.) Terrebonne.
V.—MIGNERON, Athanase, [Athanase IV.
b 1759.
Duclou (2), Marie-Louise. [Pierre II.

MIGNERON (1), François.
Courtois, Angélique, [Jean III.
b 1756.
Marie-Angélique, b... s 1er avril 1785, à Repentigny.

1783, (19 août) Québec.[8]
V.—MIGNERON, Jean-Joseph, [Noel-Aug. IV.
b 1759.
Cornelier, Marie-Scholastique. [Pierre III.
Catherine, b... m[8] 11 juin 1811, à François Buteau.

MIGNIER.—*Variations et surnoms:* Magnan—Magnien—Mégnin—Meignier—Meignin—Mesny—Meunier—Mignau—Migner—Lagace—Lagassé—Lajoie.

(1) Dit Lajeunesse.
(2) Mariée Duclos.

1668, (23 oct.) Quebec. [6]
I.—MIGNIER (1), ANDRÉ,
b 1640; s 21 nov. 1727, à Ste-Anne-de-la-Pocatière. [2]
MICHAUD, Jaqueline,
b 1630; veuve de Jean Gardin; s 29 nov. 1710, à la Rivière-Ouelle.
Françoise, b [6] 29 juin 1674; m à Robert MORIN. —*Michel*, b 19 avril 1682, à Charlesbourg; 1° m 28 juillet 1705, à Angelique THIBAUT, au Cap-St-Ignace; 2° m [2] 6 août 1736, à Marie-Louise PINEL.

1669, (14 oct.) Québec. [3]
I.—MIGNIER (2), JACQUES,
b 1635; s 21 déc. 1713, à Charlesbourg. [4]
DOUET, Ambroise,
b 1644, s [4] 20 fevrier 1709.
Germain, b [3] 27 juin 1674; m [4] 9 janvier 1702, à Marie DÉRY; s [3] 12 oct. 1747. — *Madeleine*, b [3] 18 nov. 1676; m [4] 19 avril 1694, à Jean MARCOU; s 18 août 1743, à Beauport.

1693, (10 nov.) Rivière-Ouelle. [1]
II.—MIGNIER (3), ANDRÉ, [ANDRÉ I.
b 1669; s 4 fevrier 1729, à Ste-Anne-de-la-Pocatière. [2]
1° PELLETIER, Marie-Charlotte, [JEAN II.
b 1674; s [1] 3 sept. 1699.
1701, (31 mai). [1]
2° OUELLET, Françoise, [RENÉ I.
b 1682.
André, b [1] 4 mars 1702; m 19 janvier 1728, à Geneviève ROUSSEAU, à l'Islet. [5] — *Marie-Françoise*, b [1] 13 janvier 1704; m à Alexis DELAVOYE. —*Bernard*, b 1714; m [2] 5 oct. 1739, à Marie-Joseph DUBÉ; s [2] 24 mars 1764. — *Marie-Madeleine*, b [2] 16 juillet 1718, m [2] 17 avril 1736, à Louis-Ignace BOUCHER.—*Marie-Anne*, b [2] 1er nov. 1720; 1° m 15 janvier 1742, à Jean-Hilaire PROU, à St-Thomas [4]; 2° m [4] 24 janvier 1752, à Jean PELLETIER. — *Marie-Théotiste*, b... m [4] 12 oct. 1744, à Jacques MÉTIVIER. — *Charles*, b [2] 16 juin 1725; m [8] 23 nov. 1750, à Louise DUCROS-LATERREUR; s 1er juin 1793, à St-Cuthbert.

1702, (9 janvier) Charlesbourg. [8]
II.—MIGNIER (4), GERMAIN, [JACQUES I.
b 1674; major de milice; s 12 oct. 1747, à Québec.
DÉRY, Marie, [MAURICE I.
b 1683.
Jacques, b [8] 2 février et s [8] 1er mars 1703.— *Germain*, b [8] 4 avril 1705.— *Michel*, b [8] 2 sept 1708; 1° m [8] 2 mai 1729, à Michelle-Françoise VILLENEUVE; 2° m 20 oct. 1732, à Angelique LEFRANÇOIS, au Château-Richer; 3° m 6 fevrier 1748, à Elisabeth COLOMBE, à St-Laurent, I. O.; s 27 août 1759, à Ste-Anne.—*Marie-Elisabeth*, b [8] 1er oct. 1710; m [8] 11 juin 1731, à Pierre-Charles JEAN-GODON. — *Jean-François*, b [8] 21 août 1712; m [8] 16 janvier 1741, à Louise-Agnès LEROUX.— *Jacques*, b [8] 28 juin 1714; m [8] 16 janvier 1736, à Marie-Joseph BERGEVIN.—*Marie-Françoise*, b [8] 15 juillet 1716; s [8] 16 mai 1731.—*Marie-Marguerite* b [8] 22 juillet 1719; m [8] 16 janvier 1741, à Charles-Joseph PAGEOT; s [8] 8 nov. 1759. — *Louise-Angélique*, b [8] 28 mars 1721; m [8] 11 janvier 1745, à Jean DETRÉPAGNY. — *Marie-Jeanne*, b [8] 6 ma[i] 1723.—*Jean-Baptiste*, b [8] 10 mars 1725. — *Geneviève*, b [8] 4 août 1727; m [8] 15 juillet 1748, à Antoine COLOMBE.

1705, (28 juillet) Cap-St-Ignace.
II.—MIGNIER, MICHEL, [ANDRÉ I
b 1682.
1° TIBAUT, Angélique, [FRANÇOIS-LOUIS I
b 1686; s 8 fevrier 1736, à Ste-Anne-de-la-Pocatière. [2]
Madeleine, b 1er mai 1706, à la Rivière-Ouelle [4] 1° m [3] 7 janvier 1727, à Joseph SOUCY; 2° m [3] 1[4] juin 1751, à Antoine MICHAUD. — *Michel*, b [4] 8 fevrier 1708. — *Marie-Angelique*, b [4] 30 janvie[r] 1710; m [3] 3 nov. 1730, à Jacques BOIS. — *Geneviève*, b [4] 17 juin 1712; m [3] 25 nov. 1748, à Charles PELLETIER; s [3] 23 nov. 1759. — *Michel* b [4] 26 mars 1714; m 9 janvier 1736, à Marguerite PELLETIER, à St-Roch. — *Joseph*, b [3] 29 ma[i] 1716; 1° m 29 août 1740, à Geneviève CARON, à l'Islet; 2° m [3] 19 nov. 1750, à Marie-Anne OUELLET.—*Marie-Françoise*, b [3] 7 et s [3] 8 fevrier 1719 —*Jean-Bernard*, b [3] 23 sept. 1720; 1° m [3] 20 janvier 1744, à Marie-Brigitte PELLETIER; 2° m [3] 1[0] janvier 1747, à Marie DUMONT. — *Marie-Joseph* b [3] 2 oct. 1722; m [3] 6 fevrier 1742, à Pierre JEAN — *Marie-Anne*, b [3] 25 juillet 1724; m [3] 23 nov 1744, à Louis GRONDIN.
1736, (6 août). [3]
2° PINEL, Marie-Louise, [FRANÇOIS III
b 1689; veuve de Guillaume Pelletier; s 13 oct. 1752.

II.—MIGNIER, JOSEPH. [ANDRÉ I
LIZOT, Marie-Madeleine.
Marie-Madeleine, b 8 sept. 1710, à la Rivière Ouelle; s 27 janvier 1750, à Ste-Anne-de-la-Pocatière.

1728, (19 janvier) Islet. [5]
III.—MIGNIER (1), ANDRÉ, [ANDRÉ II
b 1702.
ROUSSEAU, Geneviève, [MARTIN II
b 1707.
Ignace-André, b [5] 24 avril 1731; m à Marie Madeleine BOUCHER.—*Pierre*, b [5] 3 avril et s [5] 1 mai 1733.—*Geneviève*, b [5] 17 janvier 1735; m 2[.] oct. 1756, à Pierre GUINARD, à Kamouraska. [6] — *Marie-Angélique*, b 23 dec. 1736, à Ste-Anne de-la-Pocatière [7]; 1° m [6] 6 février 1758, à Jacques DENEAU-DEVOS; 2° m [6] 14 juin 1762, à Charles FORTON. — *Marie-Joseph*, b [7] 17 et s [7] 3 juillet 1739. — *Joseph*, b [7] 9 et s [7] 22 dec. 1740.— *Marie-Catherine*, b [7] 13 juillet 1742; m [6] 31 janvier 1763, à Joseph MIVILLE. — *Joseph-Marie* e[...]

(1) Dit Lagacé; voy. vol. I, p. 432.
(2) Voy. vol. I, p. 432.
(3) Dit Lajoie; voy. vol. I, p. 432.
(4) Marié sous le nom de Magnan.—Aussi appelé Meignin.

(1) Dit Lagacé.

Marie-Joseph, b [7] 17 fevrier 1746. — *Charles-François*, b [7] 6 avril 1749.

1729, (2 mai) Charlesbourg. [1]

III.—MIGNIER (1), MICHEL, [GERMAIN II.
b 1708; s 27 août 1759, à Ste-Anne. [2]

1° VILLENEUVE, Michelle-Françoise, [CHARLES II.
b 1707; s [1] 17 janvier 1731.

Anonyme, b [1] et s [1] 31 déc. 1730.

1732, (20 oct.) Château-Richer.

2° LEFRANÇOIS, Angelique, [ALEXIS-NICOLAS II.
b 1711; s 6 août 1746, à Quebec. [3]

Marie-Françoise-Angélique, b [3] 16 nov. 1734; m 19 août 1754, à Jean CHORET, à Beauport. [4] — *Michel*, b [3] 15 mars 1736.—*Marguerite*, b [3] 5 nov. 1737; 1° m [4] 9 janvier 1758, à Jean CHABOT; 2° m 26 janvier 1761, à René LEBELLAY, à la Baie-St-Paul.—*Marie-Anne*, b [3] 26 mars 1740; m 14 janvier 1760, à Noël PARÉ, à St-Joachim; s 10 avril 1770, à St-Joseph, Beauce.—*François-Xavier*, b [3] 23 juin 1741.—*Ursule*, b [3] 25 sept. 1742.—*Charles*, b [3] 4 juillet 1744.—*Louise*, b 1745; s [3] 16 janvier 1746.

1748, (6 février) St-Laurent, I. O.

3° COLOMBE, Elisabeth. [LOUIS II.

Elisabeth, b [3] 9 fevrier 1749. — *Pierre*, b [4] 8 avril 1750.— *Jean-Baptiste*, b [4] 23 nov. et s [4] 18 déc. 1751. — *Marie-Joseph*, b [4] 1er août 1753. — *Marie-Joseph*, b [4] 23 sept. 1754.—*Marie-Brigitte*, b [4] 16 mars 1756.—*Jean-Baptiste*, b [4] 8 juin 1757; m [3] 11 mai 1784, à Geneviève HAYOT. — *Marie*, b.. m [3] 18 nov. 1776, à Augustin LABADIE.— *Marie-Judith* (posthume), b [2] 31 mai 1760.

1730, (16 août) Cap-St-Ignace.

III.—MIGNIER (2), JOSEPH, [ANDRÉ II.
b 1706.

GAOUETTE, Félicité, [PIERRE I.
b 1709.

Joseph-Marie, b 21 mai 1731, à Ste-Anne-de-la-Pocatière. [6] — *Joseph-Marie*, b [6] 8 sept. 1732; m [6] 25 janvier 1768, à Marie-Anne AUBERT.—*Louis*, b [6] 3 juin 1734; m 1759, à Marie-Joseph BOURGELA; s [6] 14 nov. 1761.—*Marie-Félicité*, b [6] 4 avril 1736.—*André*, b [6] 20 mai 1739.—*Marie-Geneviève*, b [6] 22 nov. 1741; s [6] 12 fevrier 1742.—*Marie-Clotilde*, b [6] 2 nov. 1743; s [6] 12 janvier 1744.—*Charles-François*, b [6] 28 nov. 1744, m [6] 14 oct. 1771, à Madeleine AUBERT.— *Marie-Madeleine*, b [6] 1er nov. 1746. — *Jean-Baptiste*, b [6] 8 avril 1749.

1736, (9 janvier) St-Roch.

III.—MIGNIER, MICHEL, [MICHEL II.
b 1714.

PELLETIER, Marguerite, [JEAN-BTE IV.
b 1717.

Michel, b 7 janvier 1737, à Ste-Anne-de-la-Pocatière [7]; m 16 janvier 1758, à Marie-Joseph HUDON, à la Rivière-Ouelle. [8] — *Jean-Marie*, b [8] 8 nov. 1738; s [7] 8 mai 1765 (idiot).—*Jean-Charles*, b [7] 17 sept. 1740; m [7] 15 nov. 1762, à Marie-Madeleine LECLERC. — *Michel-Joseph*, b [7] 11 sept. 1742; m [8] 9 janvier 1769, à Marie-Catherine BÉRUBÉ.—*Jean-François*, b [7] 22 août 1744; m [7] 14 janvier 1772, à Angélique LECLERC.—*Basile*, b [7] 27 janvier 1747; 1° m [7] 14 janvier 1772, à Madeleine LECLERC; 2° m [8] 11 oct. 1779, à Catherine DUBÉ.—*Marie-Marguerite*, b [7] 3 mai 1749; m [7] 11 avril 1768, à Joseph DAMOURS.—*Marie-Joseph*, b [7] 24 juin 1751.—*Marie-Rosalie*, b [7] 24 avril 1754. —*Marie-Anne*, b... m [8] 8 nov. 1779, à Pierre BÉRUBÉ.—*Barthélemi*, b 1759; s [7] 20 avril 1760.

(1) Tué par les Anglais.

(2) Dit Lagacé.

1736, (16 janvier) Charlesbourg. [9]

III.—MIGNIER (1), JACQUES, [GERMAIN II.
b 1714.

BERGEVIN, Marie-Joseph, [FRANÇOIS II.
b 1716.

Marie-Françoise, b [9] 22 mars et s [9] 10 avril 1737.—*Marie-Félicité*, b [9] 10 oct. 1738; m [9] 21 nov. 1763, à Jean-Vincent GIROUX. — *Jacques-Germain*, b [9] 2 janvier 1740.—*Marie-Elisabeth*, b [9] 14 fevrier 1741.—*Marie-Barbe*, b [9] 22 mars 1742.—*Marie-Madeleine*, b [9] 20 mai 1743.—*Marie-Véronique*, b [9] 29 mai et s [9] 24 juin 1744.—*Louis-Charles*, b [9] 10 mai et s [9] 9 juin 1745.—*Marie-Charlotte*, b [9] 13 juin 1746.—*Ursule*, b [9] 25 fevrier 1748.—*Marie-Joseph*, b [9] 27 sept. 1749.—*Anonyme*, b [9] et s [9] 18 dec. 1750.—*Marie-Marguerite*, b [9] 31 déc. 1751; s [9] 17 avril 1752.—*Jean-Baptiste*, b [9] 9 et s [9] 28 juillet 1753.—*Jean-Baptiste*, b [9] 18 août et s [9] 17 sept. 1754.—*Marie-Louise*, b [9] 31 mai et s [9] 2 août 1758.

1739, (5 oct.) Ste-Anne-de-la-Pocatière. [5]

III.—MIGNIER (2), BERNARD, [ANDRÉ II.
b 1714; s [5] 24 mars 1764.

DUBÉ (3), Marie-Joseph, [MATHURIN II.
b 1713.

Joseph, b [5] 28 janvier 1740.—*Marie-Joseph*, b [5] 28 janvier 1741; m [5] 13 janvier 1766, à Jean-François HAYOT.—*Marie-Angélique*, b [5] 28 mars 1742; 1° m [5] 9 sept. 1760, à Charles PELLETIER; 2° m [5] 13 nov. 1764, à François CHRÉTIEN.—*Jean-Bernard*, b [5] 14 oct. 1743; m [5] 18 nov. 1771, à Madeleine OUELLET. — *Marie-Charlotte*, b [5] 15 nov. 1745; m [5] 16 nov. 1767, à Jean-Charles LISOT.—*Marie-Catherine*, b [5] 17 avril 1747.—*Jean-Marie*, b [5] 19 fevrier 1749.—*Charles-François*, b [5] 2 janvier 1751.—*Joseph-Marie*, b [5] 22 nov. 1752; m 4 sept. 1779, à Marie-Charlotte MIVILLE, à St-Roch. — *Marie-Louise*, b [5] 27 dec. 1754.

1740, (29 août) Islet.

III.—MIGNIER, JOSEPH, [MICHEL II.
b 1716.

1° CARON, Marie-Geneviève, [JOSEPH III.
b 1720; s 30 juin 1749, à Ste-Anne-de-la-Pocatière. [6]

Marie-Geneviève, b [6] 23 janvier 1742.—*Anonyme*, b [6] et s [6] 4 mars 1744.—*Marie-Joseph*, b [6] 3 avril 1745; m 28 juin 1773, à Jean-Baptiste LEBEL, à Kamouraska.—*Joseph*, b [6] 5 avril 1747. —*Anonyme*, b [6] et s [6] 23 juin 1749.

(1) Et Meignin.

(2) Dit Lagacé.

(3) Elle épouse, le 13 oct. 1766, François Sirois-Duplessis, à Ste-Anne-de-la-Pocatière.

1750, (19 nov.) [6]
2° OUELLET, Marie-Anne, [JOSEPH III.
b 1727.
Louis-Marie, b [6] 21 août 1751. — *François-Marie*, b [6] 28 juillet 1752.—*Jean-Clément*, b [6] 1er sept. 1753.—*Marie-Anne*, b [6] 10 nov. 1754.—*Jean-Marie*, b [6] 1er sept. 1760.—*Toussaint*, b [6] 1er nov. 1761.

1741, (16 janvier) Charlesbourg. [7]
III.—MIGNIER (1), JEAN-FRS, [GERMAIN II.
b 1712.
LEROUX, Louise-Agnès, [IGNACE II.
b 1720.
Marie-Louise, b [7] 9 déc. 1741.—*Jean-Baptiste*, b [7] 9 fevrier 1744.—*Jean-Etienne*, b [7] 9 fevrier et s [7] 16 août 1744.—*Germain*, b [7] 17 nov. 1745.—*François*, b [7] 22 déc. 1747.—*Pierre*, b [7] 21 avril et s [7] 24 août 1750.—*Marie-Louise*, b [7] 9 sept. et s [7] 12 oct. 1751.—*Jacques*, b [7] 9 oct. 1752.—*Jean-Baptiste*, b [7] 12 janvier 1755; s [7] 23 mai 1762.—*Marguerite*, b [7] 19 janvier 1757.—*Laurent*, b [7] 6 avril et s [7] 3 sept. 1759.—*Joseph*, b [7] 28 mai 1761.—*Louise*, b [7] 26 sept. 1763.

MIGNIER, BERNARD.
OUELLET, Marie.
Marie-Geneviève, b 20 nov. 1750, à la Rivière-Ouelle.

1744, (20 janvier) Ste-Anne-de-la-Pocatière. [5]
III—MIGNIER, JEAN-BERNARD, [MICHEL II.
b 1720.
1° PELLETIER, Marie-Brigitte, [GUILLAUME IV.
b 1726 ; s [5] 7 mars 1746.
Marie-Brigitte, b [5] 12 dec. 1744. — *Jean-Bernard*, b [5] 2 mars 1746 ; s 1er avril 1757, à la Rivière-Ouelle. [4]
1747, (16 janvier). [5]
2° DUMONT, Marie, [JEAN II.
b 1728.
Marie-Madeleine, b [5] 31 août 1747. — *Joseph-Marie*, b [5] 1er avril 1749.— *Paschal*, b [4] 19 nov. 1752.—*Jean-François*, b [4] 20 juillet 1755. — *Maurice*, b [4] 10 juin 1757 ; m 20 nov. 1780, à Marie-Catherine LACROIX, à Montréal.

1750, (23 nov.) Islet. [3]
III.—MIGNIER (2), CHARLES, [ANDRÉ II.
b 1725 ; s 1er juin 1793, à St-Cuthbert. [2]
DUCROS-LATERREUR, Louise, [ANTOINE I.
b 1730.
Charles, b [3] 19 sept. 1751. — *Jean-Baptiste*, b [3] 11 déc. 1757.—*Marie-Louise*, b 22 juillet 1760, à Ste-Anne-de-la-Pocatière. — *Marie-Joseph*, b... m [2] 24 juin 1793, à Pierre BRULÉ.—*Marie-Anne*, b... m [2] 18 nov. 1793, à Alexis DENIS. — *Paschal*, b... m [2] 20 juillet 1795, à Angélique REBERDY.

(1) Et Meignin.
(2) Dit Lagacé.

1758, (16 janvier) Rivière-Ouelle.
IV.—MIGNIER (1), MICHEL, [MICHEL III
b 1737.
HUDON, Marie-Joseph, [LOUIS-CHARLES II
b 1734.
Marie-Charlotte, b 9 janvier 1760, à Ste-Anne de-la-Pocatière. [1] — *Michel*, b [1] 17 déc. 1761. — *Marie-Barbe*, b 13 mars 1777, à Lachenaye.

1759.
IV.—MIGNIER (1), LOUIS, [JOSEPH III
b 1734 ; s 14 nov. 1761, à Ste-Anne-de-la Pocatière [9]
BOURGELA (2), Marie-Joseph.
Marie, b [9] 13 juin 1760. — *Pierre-Jacques* (posthume), b [9] 5 avril 1762.

MIGNIER (1), JEAN.
LAPRISE, Marie-Anne.
Marie-Anne, b... s 17 déc. 1760, à Chambly.

IV.—MIGNIER (1), IGNACE-ANDRÉ, [ANDRÉ III
b 1731.
BOUCHER, Marie-Madeleine.
Marie-Thècle, b... m 17 nov. 1777, à Alexandr LEFEBVRE, à St-Cuthbert. — *Anonyme*, b et s 2 juillet 1762, à St-Roch. [8] — *Marie-Joseph*, b [8] 1 janvier 1764. — *Augustin*, b 13 avril 1771, au Ecureuils.

1762, (15 nov.) Ste-Anne-de-la-Pocatière.
IV.—MIGNIER, JEAN-CHARLES, [MICHEL II
b 1740.
LECLERC, Marie-Madeleine, [ETIENNE I
b 1737.

1768, (25 janvier) Ste-Anne-de-la-Pocatière.
IV.—MIGNIER, JOSEPH-MARIE, [JOSEPH II
b 1732.
AUBERT, Marie-Anne, [FRANÇOIS IV
b 1750.

1769, (9 janvier) Rivière-Ouelle.
IV.—MIGNIER, MICHEL-JOSEPH, [MICHEL II
b 1742.
BÉRUBÉ, Marie-Catherine, [FRANÇOIS II
b 1743.

1771, (14 oct.) Ste-Anne-de-la-Pocatière.
IV.—MIGNIER (1), CHS-FRANÇOIS, [JOSEPH II
b 1744.
AUBERT, Madeleine, [FRANÇOIS IV
b 1747.

1771, (18 nov.) Ste-Anne-de-la-Pocatière.
IV.—MIGNIER (1), JEAN-BERNARD, [BERNARD II
b 1743.
OUELLET, Madeleine, [FRANÇOIS IV
b 1752.

(1) Dit Lagacé.
(2) Elle épouse, le 7 janvier 1764, Pierre Lombard, à St Anne-de-la-Pocatière.

1772, (14 janvier) Ste-Anne-de-la-Pocatière.
IV.—MIGNIER, Basile, [Michel III.
b 1747.
1° Leclerc, Madeleine, [Joachim II.
b 1750.
1779, (11 oct.) Rivière-Ouelle.
2° Dubé, Catherine. [Jean-François IV.

1772, (14 janvier) Ste-Anne-de-la-Pocatière.
IV.—MIGNIER (1), Jean-François, [Michel III.
b 1744.
Leclerc, Angélique, [Joachim II.
b 1752.

1779, (4 sept.) St-Roch.
IV.—MIGNIER (1), Joseph-Marie, [Bernard III.
b 1752.
Miville, Marie-Charlotte, [François IV.
b 1748 ; veuve d'Augustin Lemieux.

1780, (20 nov.) Montréal.
IV.—MIGNIER, Maurice, [Jean-Bernard III.
b 1757.
Lacroix, Marie-Catherine, [Jean-Joseph.
b 1759.

1784, (11 mai) Québec.
IV.—MIGNIER (2), Jean-Bte, [Michel III.
b 1757.
Hayot, Geneviève, [Jean-Bte IV.
b 1743 ; veuve de Michel Dupont.

1795, (20 juillet) St-Cuthbert.
IV.—MIGNIER, Paschal. [Charles III.
Reberdy, Marie-Angelique. [Pierre I.

MIGNOT.—Voy. Mignau.

MIGRET.—*Variations et surnom :* Maigret — Mégret—St. Jean.

I.—MIGRET, Julien.
Hervé, Marie-Françoise.
Marguerite, b 1743, m 9 nov. 1772, à François Jardon, à Montreal.

1744, (17 fevrier) Montréal. [7]
I.—MIGRET (3), Jean, b 1707 ; fils de Jean et de Louise Marcille, de St-Lubin, diocèse de Chartres, Beauce.
Malidor (4), Angelique, [Sébast.-Victor-Ls I.
b 1724.
Marie-Marguerite, b [7] 24 oct. et s [7] 18 nov. 1744. — *Marie-Angélique*, b [7] 28 août 1745. — *Jean-Baptiste*, b [7] 22 août et s [7] 29 sept. 1746. — *Joseph-Marie*, b [7] 11 mars et s [7] 19 oct. 1748. — *René*, b 1750 ; m [7] 19 fevrier 1776, à Marguerite Castagnier.—*Marie-Thérèse*, b... s 10 sept. 1752, à la Longue-Pointe.

(1) Dit Lagacé.
(2) Marié sous le nom de Magnan.
(3) Dit St. Jean ; sergent de la compagnie de Périgny.
(4) Elle épouse, le 29 sept. 1758, Raymond Quesnel, à Montréal.

1776, (19 février) Montréal.
II.—MIGRET, René, [Jean I.
b 1750.
Castagnier, Marguerite, [Mathurin I.
b 1751.

MIGUET.—*Variations et surnoms :* Miet—Millet—LaTrimouille.

1706, (27 nov.) Montréal. [1]
I.—MIGUET (1), Silvain-Jacques, b 1666 ; fils de Léonard et de Catherine Dincote, de St-Syvran, diocèse de Poitiers, Poitou ; s [1] 4 août 1721.
Vaudry, Marie, [Jacques I.
b 1667 ; veuve de Claude Crépin , s [1] 16 oct. 1720.
Marie-Renée, b [1] 16 mai 1707 ; m 23 nov. 1733, à Louis Daout, au Bout-de-l'Ile, M.— *Jacques-Urbain*, b [1] 21 oct 1709 ; m 31 août 1733, à Marie-Joseph Lesueur, à Boucherville.

1733, (31 août) Boucherville. [2]
II.—MIGUET (2), Jacq.-Urbain, [Silvain-Jacq. I.
b 1709.
Lesueur, Marie-Joseph. [Jean-Bte II.
Jean-Marie, b... m [2] 3 nov. 1772, à Marie-Anne Racicot. — *Joseph*, b 1747 ; m 19 juillet 1774, à Marie-Joseph Descaris, à Montréal.

1772, (3 nov.) Boucherville.
III.—MIGUET (2), Jean-Marie. [Jacq.-Urbain II.
Racicot, Marie-Anne. [Joseph II.

1774, (19 juillet) Montréal.
III.—MIGUET (3), Joseph, [Jacques-Urbain II.
b 1747.
Descaris, Marie-Joseph, [Jean-Nicolas III.
b 1748.

1749, (10 nov.) St-Joachim.
I.—MIJON (4), François.
Laforest (5), Marie-Catherine, [Jean III.
veuve de Jacques Bonneau.

I.—MIJONE, Joseph, b 1710 ; s 15 oct. 1755, à la Pointe-du-Lac.

MILAIRE.—Voy. Miller.

1757, (18 avril) Boucherville.
I.—MILARD (6), Jean-Bte, fils d'Antoine et d'Elisabeth Braban, de Noviou, diocèse de Reims, Champagne.
Lenoir, Elisabeth. [Vincent II.

(1) Et Millet dit LaTrimouille ; sergent de la compagnie de Beauvais.
(2) Dit LaTrimouille.
(3) Dit LaTrimouille ; marié sous le nom de Millet.
(4) Voy. Bigon, vol. II, p. 276.
(5) Elle épouse, le 9 juin 1756, Guillaume Bompart, à la Pointe-du-Lac.
(6) Sergent de la compagnie Daubrepy, régiment de Bearn.

MILET.—Voy. MILLET.

MILHEAU.—Voy. MILOT.

MILHOMME.—Voy. PETIT.

MILLER.—*Variation et surnom :* MILAIRE—DESROSIERS.

1757, (8 janvier) Montréal. [2]
I.—MILLER (1), MATHIEU-VALENTIN-JACQUES, b 1732 ; fils de Valentin et de Louise Beauget, de St-Sulpice, Paris.
........., Marie-Joseph,
b 1739 ; s 9 oct. 1778, à l'Hôpital-Général, M.
Jacques, b 1761 ; m [2] 29 avril 1783, à Marie-Joseph RETEIL.

1759, (23 avril) Boucherville.
I.—MILLER, FRANÇOIS-JACOB, fils de Bernard et de Sophie Milbergevine, de St-Jean-de-Wisembourg, Alsace.
BABIN, Cécile. [PIERRE II.

I.—MILLER, JEAN-BTE, b 1740 ; Irlandais ; s 11 août 1782, à Quebec.

1783, (29 avril) Montréal.
II.—MILLER (2), JACQ. [MATH.-VALENTIN-JACQ. I.
b 1761.
RETEIL, Marie-Joseph, [JEAN I.
b 1766.

MILLERAND.—Voy. TAPHORIN.

MILLERON.—Voy. MIGNERON.

MILLERON, JACQUES.
BELLISLE, Marie.
Marie-Marguerite, b 14 mars 1747, à Lachenaye.

MILLET. — *Variations et surnoms :* MALLET — MIERRE—MIGUET—MILET — MILLIER — MILLIET — BEAUCHEMIN — BEAUSSERON — HUS—JOLICŒUR—MARANDAIS—SANSCHAGRIN.

1657, (9 avril) Montréal. [4]
I.—MILLET (3), NICOLAS,
b 1632 ; s [4] 9 mars 1674.
LORION (4), Catherine, [MATHURIN I.
b 1636 ; veuve de Jean Simon.
Catherine, b 1657, m [4] 7 janvier 1671, à François RAYNAUD ; s 26 sept. 1722, à la Pte-aux-Trembles, M. — *Jacques*, b [4] 30 mars 1667 ; m [4] 23 fevrier 1688, à Elisabeth HUBERT ; s [4] 16 dec. 1745.

(1) Dit Desrosiers ; ancien soldat de M. Dumas.

(2) Marié Milaire.

(3) Voy. vol. I, p. 433.

(4) Elle épouse, le 23 nov. 1676, Pierre Desautels, à Montréal.

I.—MILLET (1), NICOLAS,
b 1636.
SEGUILLET (2), Michelle,
b 1645.
Mathieu, b 1674 ; m 7 janvier 1709, à Geneviève BANLIA, aux Trois-Rivières ; s 22 nov. 1740, à Yamachiche.

1684, (31 janvier) Pte-aux-Trembles, M. [5]
II.—MILLET (3), NICOLAS, [NICOLAS I.
b 1660.
1° CHAPERON, Catherine, [JEAN I.
b 1666 ; s [5] 9 janvier 1695.
1695, (2 mai) Varennes.
2° GAUTIER, Catherine, [MATHURIN I.
b 1673.
Marie-Catherine, b [5] 27 oct. 1696 ; m 1717, à Jean-Baptiste JANOT.—*Nicolas*, b [5] 8 nov. 1698 ; s [5] 11 août 1699.—*Jean*, b [5] 28 sept. 1700 ; m [5] 20 janvier 1723, à Barbe JANOT.—*Marie-Agathe*, b [5] 13 juin 1703.—*Marie-Joseph*, b [5] 15 mai 1705.—*Nicolas*, b [5] 31 mai 1707.—*Anne-Thérèse*, b 1709 ; s [5] 10 nov. 1712.—*Joseph*, b [5] 6 sept. 1711 ; s [5] 13 nov. 1712.

1688, (23 février) Montréal. [7]
II.—MILLET (4), JACQUES, [NICOLAS I.
b 1667 ; s [7] 16 déc. 1745.
HUBERT, Elisabeth, [NICOLAS I.
b 1658 ; veuve d'Antoine Renaut ; s [7] 23 janvier 1742.
Nicolas, b [7] 26 mars 1689 ; m [7] 4 janvier 1712, à Marie-Louise CARDINAL.—*François*, b [7] 13 oct. 1692 ; m [7] 20 oct. 1727, à Catherine LEDUC. —*Marie*, b 1693 ; m [7] 19 mars 1719, à Joseph LENOIR. —*Marie-Catherine*, b [7] 8 oct 1694 ; m [7] 5 fevrier 1714, à Jean-Baptiste LÉCUYER.—*Elisabeth*, b [7] 22 sept. 1696 ; 1° m [7] 12 nov. 1714, à Jean-Baptiste MAGDELEINE ; 2° m [7] 3 juillet 1741, à François REBÉRIEUX. — *Jean-Baptiste*, b [7] 26 juillet 1698 ; s [7] 1er janvier 1707.

I.—MILLET (5), LOUIS-DENIS,
s 1er nov. 1704, à Montréal.
1° JÉRÉMIE, Marie-Madeleine, [NOEL I.
b 1674 ; s 18 sept. 1699, à Québec. [4]
1699, (10 nov.) Ste-Foye. [5]
LIÉNARD (6) Geneviève, [SÉBASTIEN I.
b 1673.
Geneviève, b [5] 21 juin 1703 ; 1° m [5] 30 nov. 1726, à Pierre ROY ; 2° m [4] 23 sept. 1748, à Bertrand MECHERVÉ ; s 12 nov. 1766, à St-Joseph, Beauce.

(1) Dit Marandais ; voy. vol. I, p. 433.

(2) Elle épouse, le 29 sept 1685, Pierre Gilbert, aux Trois-Rivières.

(3) Dit Beausseron ; voy. vol. I, p. 433.—Millet et sa femme furent captifs des Iroquois du lundi 27 août au lundi 4 sept. 1691.

(4) Voy. vol. I, p. 433.

(5) Et Maillet—Mallet ; voy. vol. I, p. 405.

(6) Elle épouse, le 12 nov. 1710, Jean-François Grégoire à Ste-Foye.

1702, (13 nov.) St-Jean, I. O.

II.—MILLET, FRANÇOIS, [NICOLAS I.
b 1676 ; s 5 janvier 1703, à St-François, I. O.
BERNARD (1), Marie-Madeleine, [JEAN I.
b 1680.

1702, (20 nov.) St-Laurent, I. O. [4]

I.—MILLET, PIERRE,
s [4] 16 oct. 1715.
SALOIS, Marie, [CLAUDE I.
b 1677.

Pierre, b [4] 6 janvier 1704 ; 1° m 3 janvier 1727, à Angelique BROUSSEAU, à St-Augustin [3] ; 2° m 27 avril 1745, à Marie-Angelique LEILLU, à Québec. [2] —*Zacharie,* b [2] 27 juin 1705.—*Marie-Anne,* b [4] 1er août 1707 ; m [4] 16 fevrier 1722, à Guillaume CHEARBY.—*Jean,* b [4] 16 mars 1710 ; 1° m [3] 14 fevrier 1729, à Marie-Louise MASSON ; 2° m 6 fevrier 1758, à Geneviève CHORET, à la Pte-aux-Trembles, Q.—*Geneviève,* b [4] 10 mars 1712 ; m [2] 29 sept. 1728, à Pierre ROY. — *Ignace,* b [4] 15 et s [4] 23 avril 1713.—*Anonyme,* b [4] et s [4] 23 février 1714. — *Louise,* b [4] 23 fevrier 1714.

1709, (7 janvier) Trois-Rivières. [1]

II.—MILLET, MATHIEU, [NICOLAS I
b 1674 ; s 22 nov. 1740, à Yamachiche. [9]
BANLIA (2), Geneviève, [FRANÇOIS I.
b 1685 ; s [9] 20 août 1747.

Pierre-Joseph, b [1] 25 mai 1710 ; m 13 février 1735, à Marie-Antoinette LAVERDIÈRE, à Deschambault. — *Charles,* b [1] 8 mai et s [1] 26 juillet 1712. —*François,* b [1] 26 juillet 1713. —*Jacques,* b 26 janvier 1716, à la Rivière-du-Loup [8] ; m [9] 5 mars 1764, à Catherine ROULEAU. — *Augustin,* b [8] 29 mars 1717 ; 1° m [9] 7 mai 1741, à Catherine GRENIER ; 2° m [9] 10 mai 1750, à Marie-Anne GÉLINA ; s [9] 18 mai 1756. — *Geneviève,* b... m [9] 4 février 1737, à Claude GUILMET. — *Joseph,* b [9] 25 juin 1723. — *Marie-Cécile,* b [9] 24 août 1724 ; m [9] 23 oct. 1747, à Joseph GLADU. — *Marie,* b... m [9] 31 janvier 1746, à Jacques BLAY.—*Anonyme,* b [9] et s [9] 4 mai 1727.—*Mathieu,* b [9] 22 août 1728 ; s [9] 20 août 1729. — *Louis,* b... m [9] 7 janvier 1754, à Catherine LESIEUR ; 2° m [9] 16 janvier 1758, à Marie-Amable HÉROU.

1712, (4 janvier) Montréal. [1]

III.—MILLET, NICOLAS, [JACQUES II.
b 1689.
CARDINAL, Louise, [JACQUES II.
b 1694.

Jacques, b [1] 30 déc. 1712. — *Marie-Françoise,* b [1] 10 fevrier 1721.

MILLET (3), JACQUES.
BAUDOIN, Françoise,
b 1700 ; s 26 mars 1794, à Repentigny.

(1) Dit Hense ; elle épouse, le 12 juin 1703, Robert Vermet, à Ste-Famille, I. O.

(2) Pour Bayard.

(3) Dit Jolicœur.

MILLET, JACQUES.
HERVÉ-LAGRANDEUR, Marie-Anne.
Hélène, b 19 sept. et s 6 oct. 1723, à Montréal.

1723, (20 janvier) Pte-aux-Trembles, M. [1]

III.—MILLET, JEAN, [NICOLAS II.
b 1700.
JANOT, Barbe, [ROBERT II.
b 1702.

Marie-Thérèse, b [1] et s [1] 19 déc. 1723. — *Nicolas,* b [1] 12 déc. 1724 ; 1° m 8 nov. 1756, à Agathe DUFRESNE, à la Longue-Pointe [2] ; 2° m [1] 14 fevrier 1763, à Archange DESROCHES. — *Marie-Monique,* b 1727 ; m [1] 15 fevrier 1751, à Jean JANOT. — *Paschal,* b 1728 ; m [1] 10 janvier 1757, à Marie-Amable JANOT.—*Joseph,* b [2] 5 oct. 1730 ; m [1] 27 juillet 1761, à Dorothée BAZINET. — *Marie-Barbe,* b 1732 ; m [1] 20 janvier 1755, à Joseph JANOT.—*Scholastique,* b 1734 ; m [1] 21 février 1757, à Antoine BAZINET. — *Agathe,* b 1737 ; m [1] 21 fevrier 1757, à Maurice BAZINET. — *Marie-Victoire,* b 1742 ; m [1] 31 janvier 1763, à Jean-Baptiste BROUILLET.—*Bonaventure,* b 1745 ; 1° m [1] 23 nov. 1767, à Marie-Françoise GERVAISE ; 2° m 18 mai 1790, à Rose GALARNEAU, à Repentigny.

MILLET, PIERRE,
b 1700 ; s 7 mars 1786, à Québec.
LANDRY, Catherine.

1727, (3 janvier) St-Augustin. [7]

II.—MILLET, PIERRE, [PIERRE I.
b 1704 ; journalier.
1° BROUSSEAU, Marie-Angélique. [JEAN I.

Pierre, b [7] 26 oct. 1727 ; m 11 juin 1749, à Marie LEVITRE, à Quebec. [8] — *Marie-Joseph,* b [7] 28 fevrier 1731 ; m [8] 24 avril 1752, à Jean VOCELLE. —*Augustin,* b [7] 3 sept. 1732 ; s [7] 4 juillet 1733.—*Louis-Joseph,* b [7] 10 juillet 1734. — *Félix,* b [7] 30 mai 1740.

1745, (27 avril). [8]

2° LEILLU (1), Marie-Angelique, [RENÉ-CHS I.
b 1722.

Michel-Joseph, b [8] 4 mai et s [8] 20 juillet 1745. — *Charlotte-Angélique,* b [8] 24 août 1746 ; s [8] 9 août 1747. — *François,* b [8] 4 et s [8] 23 sept. 1748. — *Marie-Madeleine,* b [8] 7 sept. 1749. — *Marie-Louise,* b [8] 16 sept. 1750 ; s [8] 3 sept. 1751.—*Marie-Louise,* b [8] 1er déc. 1751 ; s [8] 14 août 1752.— *Agathe-Angélique,* b [8] 25 mars et s 23 août 1753, à Charlesbourg. — *Marie-Thérèse,* b [8] 28 août 1754. — *Marie-Angelique,* b [8] 15 et s [8] 17 mars 1756. — *Marie-Joseph,* b [8] 17 mai et s [8] 6 juin 1757. —*Marie,* b [8] 12 sept. 1759 ; s [8] 17 oct. 1760. — *Pierre,* b [8] 13 sept. et s [8] 26 oct. 1762.

1727, (20 oct.) Montréal. [3]

III.—MILLET, FRANÇOIS, [JACQUES II.
b 1692.
LEDUC, Catherine-Geneviève, [JOSEPH II.
b 1708.

Joseph, b [3] 31 août 1728.—*Jean-Baptiste,* b [3] 25 mai et s [3] 13 juin 1730.—*François,* b [3] 16 janvier

(1) Et Laigu—Lanoue.

1733; m 10 février 1755, à Marie-Catherine FRANÇOIS, à Varennes. — *Pierre-Amable*, b [3] 16 juin 1734.—*Catherine-Geneviève*, b [3] 9 août 1735; s [3] 19 janvier 1736. — *Marie-Catherine*, b [3] 29 sept. 1736; s [3] 26 juin 1737. — *Marie-Charlotte*, b [3] 15 sept. 1737; s [3] 24 janvier 1738.—*Charles*, b [3] 2 et s 10 août 1739, à la Longue-Pointe. — *Jean-Baptiste*, b [3] 5 août 1740. — *Marie-Anne*, b [3] 29 août et s [3] 9 oct. 1742.—*Catherine*, b [3] 26 février 1744; m [3] 19 juillet 1762, à Gérard BARSOLOU.—*Jacques*, b [3] 11 mai et s [3] 26 juin 1745. — *Gabriel*, b [3] 31 août 1747; s [3] 13 avril 1748.—*Jean-Baptiste*, b [3] 5 et s [3] 7 déc. 1748.

1729, (14 février) St-Augustin. [7]

II.—MILLET, JEAN, [PIERRE I.
b 1710.
1° MASSON, Marie-Louise, [JEAN I.
b 1712; s [7] 15 sept. 1754.

Jean-François, b [7] 22 janvier 1730; s [7] 13 mars 1731.—*Marie-Louise*, b [7] 5 août 1731; m 1757, à Pierre MASSON; s [7] 12 dec. 1761.—*Marie-Charlotte*, b [7] 12 juillet 1733; s [7] 8 avril 1745.—*Marie-Angélique*, b 23 sept. 1734, à la Pte-aux-Trembles, Q. [8]—*Jean-François*, b [7] 16 mai 1736.—*Augustin*, b [7] 16 juillet 1738.—*Monique*, b [7] 26 mai 1740; m à Joseph ALARY.—*Joseph*, b [7] 22 mars 1742; m 1766, à Marie-Ursule BINET.—*Louis-Marie*, b [7] 1er avril et s [7] 8 juin 1744.—*Charles*, b... m 19 oct. 1772, à Marie-Geneviève POSÉ, à Lachenaye.—*Pierre*, b [8] 28 avril 1751.—*Marie-Madeleine*, b 1753; s [8] 12 juillet 1756.

1758, (6 fevrier). [8]

2° CHORET, Geneviève, [PIERRE III
b 1723.

1735, (13 fevrier) Deschambault.

III.—MILLET, PIERRE-JOSEPH, [MATHIEU II.
b 1710.
LAVERDIÈRE, Marie-Antoinette, [PHILIPPE II.
b 1719.

Mathieu-Joseph, b 23 mars 1737, à Yamachiche. [3] — *Charles*, b [3] 20 janvier 1739; m [3] 15 fevrier 1768, à Geneviève BLAIS.—*Marie-Louise*, b [3] 20 août 1741.—*Marie*, b [3] 14 fevrier 1744; s [3] 4 nov. 1757.—*Jean-François*, b [3] 22 avril 1746.—*Marie*, b [8] 31 janvier 1747; m [3] 30 avril 1764, à Michel HÉROU.—*Pierre*, b [3] 22 mars 1748.

1735, (18 juillet) Sorel. [5]

III.—MILLET (1), MARC-ANT., [MARC-ANT. II.
b 1705.
LAGUERCE, Ursule, [JEAN-FRANÇOIS I.
b 1715; s [5] 18 janvier 1761.

Joseph, b [5] 29 avril 1739; m 8 février 1762, à Angelique CARTIER, à St-Frs-du-Lac.—*François*, b [5] 7 nov. 1745; m 14 février 1774, à Marie-Joseph MÉNARD, à St-Michel-d'Yamaska [6] — *Pierre*, b [5] 13 mars 1747; m [6] 15 fevrier 1768, à Rosalie BELLEGARDE.

(1) Dit Beauchemin.—Voy. Hus, vol. IV, p. 562.

1741, (7 mai) Yamachiche. [6]

III.—MILLET, AUGUSTIN, [MATHIEU I
b 1717; s [6] 18 mai 1756.
1° GRENIER, Catherine, [ETIENNE I
b 1714; s [6] 1er mars 1750.

Augustin, b [6] 10 avril 1742.—*Catherine*, b [6] ... fevrier 1744; m [6] 8 janvier 1761, à François LIGNON DE LA MIRANDE.—*Alexis*, b [6] 24 avril 174.. —*Louis*, b [6] 25 février 1748.

1750, (10 mai). [6]

2° GÉLINA (1), Marie-Anne, [MAURICE I..
b 1724.

Marie-Anne, b [6] 1er avril 1751; s [6] 19 avr.. 1767.—*Jean-Baptiste*, b [6] 25 mars 1752.—*Jacques-Amable*, b [6] 12 août 1755; m 7 oct. 1782, .. Suzanne TURCOT, à Montreal. —*Marie-Madeleine* (posthume), b [6] 21 oct. 1756.

1749, (11 juin) Quebec. [7]

III.—MILLET, PIERRE, [PIERRE I
b 1727.
LEVITRE, Marie-Anne, [FRANÇOIS
b 1731; s [7] 20 mai 1758.

Marie-Louise, b [7] 14 dec. 1750; s [7] 22 janvi.. 1751.—*Marie-Joseph*, b [7] 31 juillet et s [7] 12 se.. 1753.—*Marie-Anne*, b [7] 11 et s [7] 14 fevrier 1756

1754, (7 janvier) Yamachiche. [8]

III.—MILLET, LOUIS. [MATHIEU I
1° LESIEUR, Catherine, [JEAN-BTE I
b 1729; veuve d'Alexis Gélina; s [8] 7 ma.. 1756.

Louis, b [8] 26 sept. 1754. — *Madeleine*, b [8] 7 .. s [8] 8 mars 1756.

1758, (16 janvier). [8]

2° HÉROU, Amable, [PIERRE I..
b 1735.

Joseph, b [8] 28 avril 1759.—*Marie-Amable*, b 15 dec. 1760.

1755, (10 fevrier) Varennes.

IV.—MILLET (2), FRANÇOIS, [FRANÇOIS I..
b 1733.
FRANÇOIS, Marie-Catherine, [JEAN-BTE
b 1727.

Charles, b... s 17 avril 1759, à la Longu.. Pointe. [3] — *Catherine*, b 1755; m 28 sept. 1772, .. François PICARD, à Montreal.—*Marie-Louise*, b s [3] 1er août 1776.

1756, (8 nov.) Longue-Pointe. [2]

IV.—MILLET, NICOLAS, [JEAN I..
b 1724.
1° DUFRESNE, Agathe, [JEAN-BTE I..
b 1735.

Jean-Paschal, b [2] 20 août 1757.

1763, (14 fevrier) Pte-aux-Trembles, M.

2° DESROCHES, Archange, [PIERRE ..
b 1734.

(1) Dit Bellemare; elle épouse, le 24 sept 1757, Gab.. Nolin, a Yamachiche.
(2) Hus—Milliet.

1757, (10 janvier) Pte-aux-Trembles, M.
IV.—MILLET, Paschal, [Jean III.
b 1728.
Janot, Marie-Amable, [Jean III.
b 1731.

1759, (28 mai) Montréal.
I.—MILLET (1), Louis, b 1734, soldat; fils de Guillaume et d'Anne Sancenoit, de St-Laurent, Montauban, Guienne.
Hallé, Louise, [Jean III.
b 1739.

1761, (27 juillet) Pte-aux-Trembles, M.
IV.—MILLET, Joseph, [Jean III.
b 1730.
Bazinet, Dorothée, [Antoine II.
b 1738.

1761, (19 août) Montréal.
IV.—MILLET (2), Antoine, [Marc-Antoine III.
b 1741.
Lavallée, Marie-Joseph, [Jacques III.
b 1743.
Antoine, b 10 avril 1764, à St-Michel-d'Yamaska. [1]—*Jacques,* b [1] 9 sept. 1769.

1762, (8 février) St-Frs-du-Lac.
IV.—MILLET (3), Joseph, [Marc-Antoine III.
b 1739.
Cartier, Angelique, [Guillaume II.
b 1738.

1764, (5 mars) Yamachiche. [6]
III.—MILLET, Jacques, [Mathieu II.
b 1716.
Rouleau, Catherine, [Antoine III.
b 1743.
Marie-Catherine, b [6] 28 mai 1765. — *Jacques,* b [6] 10 mars 1767.

1766.
III.—MILLET, Joseph, [Jean II.
b 1742.
Binet, Ursule, [Ange III.
b 1746.
Joseph, b 3 sept. 1767, à la Pte-aux-Trembles, Q. [4]—*Pierre,* b [4] 22 juin 1769; s 16 mars 1771, à Lachenaye. [5]— *Etienne,* b [5] 20 mars et s [5] 12 août 1771.

1767, (23 nov.) Pte-aux-Trembles, M.
IV.—MILLET, Bonaventure, [Jean III.
b 1745.
1° Gervaise, Marie-Françoise, [Joseph III.
b 1752, s 29 mars 1787, à Repentigny. [2]
Jean-Bonaventure, b 4 sept. 1768, à la Longue-Pointe; m [2] 25 nov. 1793, à Marie-Thérèse Loyer. —*Amable,* b [2] 15 mars et s [2] 29 juin 1786.
1790, (18 mai). [2]
2° Galarneau, Rose [Jean

(1) Dit Sanschagrin.
(2) Dit Beauchemin; voy. Hus, vol. IV, p. 563.
(3) Marie sous le nom de Mierre.

Louis, b [2] 18 juin 1791. — *Marie-Rose,* b [2] 16 mars 1793. — *Marie-Adélaïde,* b [2] 3 août 1794.— *Jean-Baptiste,* b [2] 25 dec. 1795.

1768, (15 février) Yamachiche.
IV.—MILLET, Charles, [Pierre-Joseph III.
b 1739.
Blais, Geneviève, [Jean-Bte III.
b 1748.

1768, (15 février) St-Michel-d'Yamaska.
IV.—MILLET (1), Pierre, [Marc-Antoine III.
b 1747.
Bellegarde, Rosalie.

1772, (19 oct.) Lachenaye. [6]
III.—MILLET (2), Charles. [Jean II.
Posé, Marie-Geneviève, [Jean III.
b 1753.
Marie-Geneviève, b [6] 15 et s [6] 18 juin 1773.— *Charles,* b [6] 24 nov. 1775; s [6] 19 sept. 1776.— *Jean,* b [6] 26 nov. 1785.— *Pierre-Paul,* b [6] 18 déc. 1786; s [6] 23 juin 1787.— *Marie-Rose,* b [6] et s [6] 21 août 1788.—*Rose,* b [6] et s [6] 24 sept. 1789.

1774, (14 février) St-Michel-d'Yamaska.
IV.—MILLET (3), François, [Marc-Antoine III.
b 1745.
Ménard, Marie-Joseph. [Antoine-Paul IV.

1782, (7 oct.) Montréal.
IV.—MILLET, Jacques, [Augustin III.
b 1755.
Turcot, Suzanne, [Charles III.
b 1764.

1793, (25 nov.) Repentigny.
V.—MILLET, Jean-Bonav., [Bonaventure IV.
b 1768.
Loyer, Marie-Thérèse. [Joseph IV.

1760.
I.—MILLIARD, Jean.
1° Bérubé, Françoise.
Marie-Catherine, b 7 sept. 1761, à Ste-Anne-de-la-Pocatière. [8] — *Jean-François-Régis,* b [8] 9 nov. 1762.
1767, (17 août). [8]
2° Miville, Marie-Hélène, [Pierre-René IV.
b 1737.

MILLIER.—Voy. Hus—Millet.

MILLIET.—Voy. Millet.

1759, (5 nov.) Bout-de-l'Ile, M. [5]
I.—MILLIKAN, André, fils de Jacques et d'Angelique Armour, de Ste-Marie, Kilmore.
Pagesi (4), Angélique. [Jean-Bte II.
Jacques, b [5] 16 juillet 1760.

(1) Dit Beauchemin—Hus.
(2) Marie Milliet.
(3) Dit Beauchemin.
(4) Mariée Lepage dit St. Amant.

MILLIOT.—*Variations :* Miot—Myot—Myotte.

1753, (5 nov.) Québec. [1]

I.—MILLIOT, François, b 1724, navigateur; fils d'Etienne et de Jeanne Lafond, de St-Catalin, diocèse de Montauban, Guienne; s [1] 17 nov. 1789.
Bedard, Thérèse, [Jacques III.
b 1720; s [1] 21 mars 1790.
MarieThérèse, b [1] 22 déc. 1754; s [1] 11 sept. 1755.—*François,* b 1755; m [1] 1er février 1780, à Marie-Joseph Servant; s [1] 17 déc 1796.—*Thérèse,* b [1] 11 oct. 1758; m [1] 7 août 1781, à Charles Valleran.—*Louis,* b [1] 3 mars 1763.—*Marie-Joseph,* b... m [1] 30 janvier 1781, à Joseph Gingras.

1780, (1er février) Québec. [4]

II.—MILLIOT (1), François, [François I.
b 1755; s [4] 17 dec. 1796.
Servant, Marie-Joseph, [Oliv. II.
b 1759; s [4] 9 juin 1792.

I.—MILLIS (2), Thomas, b 1745; de Boston.

1776, (8 janvier) Montréal.

I.—MILLON, François, b 1751; fils d'Antoine et de Marguerite Mezier, de Ste-Marie-de-Modène, Italie.
Brassard, Marguerite, [Pierre III.
b 1752.

MILLOT.—Voy. Milot.

MILMENNE, Alexis.
Foucher, Therèse.
Jeanne, b... m 27 juin 1791, à Charles Cabassier, au Detroit.

I.—MILNER (3), Frédéric,
b 1724; s 1er dec. 1781, à la Rivière-Ouelle. [1]
....
b 1722; s [1] 3 janvier 1782.

MILOT.—*Variations et surnoms :* Milheau—Millot—Miot—Bourguignon—Laval—Printemps.

1660, (7 mars) Montréal. [6]

I.—MILOT (4), Jacques,
b 1632; s [6] 4 nov. 1699.
Hébert, Jeanne, [Augustin I.
b 1647; s [6] 25 mars 1687.
Jacques, b [6] 16 février 1676; s 20 février 1750, au Bout-de-l'Ile, M.—*Jeanne,* b [6] 22 oct. 1679; 1° m [6] 14 janvier 1699, à Julien Aubert; 2° m [6] 28 mai 1738, à Jacques Boyer; s [6] 22 avril 1739.

(1) Et Miot.
(2) Commis à la douane de Québec. (Procès-verbaux.)
(3) Soldat au régiment de Hesse-Hanaut.
(4) Dit Laval; voy. vol. I, p. 434.

1689, (12 mai) Montreal. [8]

II.—MILOT (1), Charles, [Jean I.
b 1667; marchand; s 19 avril 1727, à Lachine. [7]
Potier, Marie, [Claude I.
b 1673; s [7] 16 mars 1734.
Marie-Barbe, b [8] 20 mars 1699; m à Jean-Baptiste Mallet.—*Marie-Anne,* b [8] 22 sept. 1700; m [7] 27 janvier 1728, à François Fortier; s [7] 20 nov. 1728.—*Angélique,* b [7] 14 nov. 1710; m [8] 27 avril 1750, à Jacques Pressecq.—*Marie-Louise,* b [7] 3 mars 1717; m [8] 25 juin 1748, à Pierre Boyer.

II.—MILOT, Jacques, [Jacques I.
b 1676; s 20 fevrier 1750, au Bout-de-l'Ile, M.

1700, (9 juillet) Montréal. [1]

II.—MILOT, Jacques, [Jean I.
b 1672; marchand.
Guenet, Helène, [Jean I.
b 1679; s 31 mai 1751, à Lachine.
Jacques, b [1] 15 juillet 1704; m 13 fevrier 1736, à Marie-Joseph Fortier, à la Pointe-Claire [2]; s 5 sept. 1765, à Soulanges. [3]—*Marie-Marthe,* b 1er août 1709, au Bout-de-l'Ile, M. [4]; s [3] 6 mai 1767.—*Angélique,* b... s [1] 25 août 1712.—*Hélène,* b [1] 19 oct. 1712.—*Etiennette,* b [4] 27 janvier 1715; m [2] 16 janvier 1741, à Jean-Baptiste Pirevre; s 21 janvier 1767, à l'Hôpital-General, M.—*Jean,* b [4] 23 nov. 1718.—*Antoine,* b... m 24 avril 1749, à Marie-Amable Griveau-Boisjoly, à Lavaltrie.

I.—MILOT, Charles.
Chaillé, Marie-Anne.
Pierre, b... m 9 février 1756, à Marie Blais, aux Trois-Rivières.

MILOT, Claude.
Picard, Marie.
Marie-Amable, b et s 6 juillet 1744, à Québec.

1736, (13 fevrier) Pointe-Claire.

III—MILOT, Jacques, [Jacques II.
b 1704 s 5 sept. 1765, à Soulanges. [1]
Fortier (2), Marie-Joseph, [Louis II.
b 1719.
Paul, b... m [1] 2 mars 1767, à Marie-Catherine Lalonde.—*Marie-Clémence,* b 1751; s 18 fevrier 1774, à Lachenaye.—*Joseph,* b [1] 17 sept. 1752, s [1] 31 juillet 1753.—*Antoine,* b [1] 17 juillet 1754, s [1] 28 oct. 1755.—*Charles,* b [1] 8 avril 1757; s [1] 9 juillet 1758.—*Jean-Baptiste,* b... m 15 janvier 1781, à Françoise Pilet, à St-Louis, Mo.—*Marie-Louise,* b [1] 24 fevrier 1761.

1749, (24 avril) Lavaltrie.

III.—MILOT, Antoine. [Jacques II.
Griveau (3), Marie-Amable. [Jean-Bte I.
Jean, b 11 juin et s 27 sept. 1750, aux Trois-Rivières. [9]—*Marie-Brigitte,* b [9] 8 août et s [9] 9 sept. 1756.—*Marguerite,* b [9] 10 juin 1758.

(1) Voy. vol. I, p. 434.
(2) Mariée Poitier; elle épouse, le 17 août 1767, Hubert Leroux, à Soulanges.
(3) Voy. Boisjoli.

MILOT, ANTOINE.
CRÉPEAU, Marie-Anne.
Marie-Anne, b 8 nov. 1753, à Québec.

1756, (9 février) Trois-Rivières. [2]
II.—MILOT, PIERRE. [CHARLES I.
BLAIS, Marie, [JACQUES II.
veuve de François Godard.
Anonyme, b [2] et s [2] 18 avril 1757. — *Antoine,* b [2] 16 juillet 1758. — *Pierre-Nicolas,* b [2] 5 sept. 1760; s 16 juin 1766, à Yamachiche. [5] — *Marie-Amable,* b [5] 11 sept. 1765.

1767, (2 mars) Soulanges.
IV.—MILOT, PAUL. [JACQUES III.
LALONDE, Marie-Catherine, [FRANÇOIS III.
b 1748.

1781, (15 janvier) St-Louis, Mo.
IV.—MILOT, JEAN-BTE. [JACQUES III.
PILET, Françoise. [FRANÇOIS.

MILTEAU.—Voy. MECTEAU.

MILTON.—*Surnom :* FLAVIGNY.

1748, (29 janvier) Montréal. [7]
I.—MILTON (1), JEAN, b 1703; fils de Jean et de Jeanne Fleury, de St-Paul-Desmoutiers, St-Jean, diocèse de Dijon, Bourgogne.
LEBEUF, Angélique, [PIERRE II.
b 1710; veuve de Paul Larchevêque.
Marguerite-Charlotte, b [7] 23 dec. 1748; m [7] 5 sept. 1768, à Louis MASSY. — *Louise-Angélique,* b [7] 3 et s [7] 15 nov. 1750.

MIMAU.—Voy. MIMAUX.

MIMAUX.—*Variations :* MIMAU— MIMEAU —MINAU—MINAUD.

1698, (10 nov.) Ste-Famille, I. O.
I.—MIMAUX (2), JEAN,
b 1673; s 7 janvier 1743, à St-Michel. [1]
1° FEUILLETEAU, Suzanne, [PIERRE I.
b 1677; s [1] 28 dec. 1708.
Marie-Joseph, b [1] 19 fevrier 1702; m 4 mars 1725, à Pierre LECLERC, à St-Valier. [2]
1713.
2° RONDEAU, Catherine,
b 1686; s [1] 2 dec. 1746.
Jean-Baptiste, b 5 dec. 1714, à Beaumont [3]; s [2] 22 mars 1728. — *Elisabeth,* b [3] 21 dec. 1716; m 21 nov. 1746, à Jacques CUSSON, à Ste-Rose.—*Pierre,* b [3] 7 juin 1719, m [3] 27 nov. 1752, à Marie-Joseph DEROME.—*Joseph,* b [3] 16 août 1721; 1° m [1] 21 fevrier 1746, à Marie-Cecile CHARON; 2° m [1] 5 juillet 1756, à Marie-Anne FORGUES.

(1) Dit Flavigny; caporal de la compagnie de LaVérandrie.

(2) Voy. vol. I, p. 434.

1746, (21 février) St-Michel. [8]
II.—MIMAUX, JOSEPH, [JEAN I.
b 1721.
1° CHARON, Marie-Cécile, [JEAN-BTE II.
b 1721; s [8] 5 mars 1755.
Marie-Cécile, b [8] 29 janvier 1747. — *Marie-Geneviève,* b [8] 26 oct. 1748; m 10 fevrier 1766, à Pierre TELLIER, à Sorel. — *Joseph,* b [8] 1er janvier 1751; s [8] 5 janvier 1758.—*Jean,* b [8] 9 mai 1753.—*Marie-Angélique,* b [8] 1er mars et s [8] 12 avril 1755.
1756, (5 juillet). [8]
2° FORGUES, Marie-Anne, [JOSEPH III.
b 1733.
Marie-Anne, b [8] 16 mai 1757. — *Joseph,* b 9 février 1759, à l'Ile-Dupas.

1752, (27 nov.) Beaumont. [2]
II.—MIMAUX, PIERRE, [JEAN I.
b 1719.
DEROME (1), Marie-Joseph, [MICHEL II.
b 1733.
Marie-Joseph, b [2] 4 février et s [2] 26 juin 1753. —*Pierre,* b 17 mai 1754, à St-Charles. [5] — *Jean,* b [5] 19 et s [5] 24 fevrier 1757. — *Marie-Joseph,* b [5] 1er et s [5] 7 avril 1758.

MIMEAU.—Voy. MIMAUX.

MINAUD.—*Variations :* MIMAUX —MINAU— MINAUX—MINEAU—MINOS—MINOT.

1657.
I.—MINAUD (2), JEAN.
CAILLÉ (3), Jeanne.

1682, (27 oct.) St-Laurent, I. O. [1]
II.—MINAUD (2), RENÉ, [JEAN I.
b 1658.
DUFRESNE (4), Jeanne, [PIERRE I.
b 1666.
René, b [1] 11 oct. 1683; m [1] 14 nov. 1703, à Marie-Anne MOREAU. — *Anne-Françoise,* b [1] 17 juillet 1685; m [1] 16 nov. 1706, à Etienne FONTAINE.

1703, (14 nov.) St-Laurent, I. O [2]
III.—MINAUD, RENÉ, [RENÉ II.
b 1683.
MOREAU, Marie-Anne, [JEAN I.
b 1682.
René, b 2 avril 1705, à Beaumont [3]; m 3 nov. 1728, à Marie-Joseph MORNEAU, à St-Michel-d'Yamaska. [8] — *Etienne,* b [3] 2 mars 1707; s [8] 24 mars 1764.—*Marie-Françoise,* b [8] 11 juillet 1709; m 1730, à Joseph BIBAUT.—*Geneviève,* b [2] 13 sept. 1711; m [8] 25 fevrier 1732, à Jean BOYER.—*Catherine,* b 19 nov. 1713, à St-Jean, I. O. [5], m [8] 14 janvier 1732, à Noël GODARD-LAPOINTE; s [8] 28 fevrier 1750.—*Charlotte,* b... s [5] 21 avril 1721.—*Pierre,* b [5] 19 mai 1721.—*Joseph,* b 19 mars 1727, à St-Frs-du-Lac.

(1) Dit Descarreaux.

(2) Voy. vol. I, p. 434.

(3) Elle épouse, en 1674, Guillaume Dupas.

(4) Elle épouse, le 25 nov. 1687, Gabriel Rouleau, à St-Laurent, I. O.

1728, (3 nov.) St-Michel-d'Yamaska. [6]

IV.—MINAUD, RENÉ, [RENÉ III.
b 1705.
MORNEAU, Marie-Joseph. [PIERRE III.
Pierre, b [6] 11 sept. 1729.—*Marie-Madeleine*, b [6] 13 mars et s [6] 2 juin 1731.—*Marie-Joseph*, b [6] 25 nov. 1732.—*Marguerite-Antoinette*, b [6] 23 et s [6] 31 déc. 1733.—*Pierre*, b [6] 28 avril 1735 ; s [6] 28 juin 1760.—*Joseph*, b [6] 20 juin 1737.—*Antoine*, b 1741 ; s [6] 28 mai 1743. — *François*, b 10 sept. 1746, à St-François-du-Lac. [7] — *Antoine*, b [7] 21 août 1751.

IV.—MINAUD, ETIENNE, [RENÉ III.
b 1707 ; s 24 mars 1764, à St-Michel-d'Yamaska.

MINAUD, SIMON.
GIBAUT, Angelique.
Thérèse, b... m 21 oct. 1765, à Etienne GÉLINA, à Yamachiche. — *Marie-Charlotte*, b 22 janvier 1754, à Ste-Croix.

1760, (30 dec.) Terrebonne.

I.—MINAUD, JOSEPH, fils de Nicolas et de Marie Gélinau, du diocèse d'Angers, Anjou.
RENAUD, Agathe, [LOUIS II.
veuve de Jean-Baptiste Petit-Laliberté.

MINAUD, CHARLES.
BAUDOIN, Marie-Anne.
Marie-Charlotte, b 12 juillet 1786, à Repentigny [8] ; s [8] 26 avril 1788. — *Marie-Angélique*, b [8] 31 mars 1788.

MINAUX.—Voy. MINAUD.

MINEAU.—Voy. MINAUD.

MINER, ANDRÉ.
NORMANDEAU, Marie-Anne.
Joseph, b... m 27 juillet 1795, à Marie-Joseph DUROCHER, à St-Cuthbert.

1795, (27 juillet) St-Cuthbert.

MINER, JOSEPH. [ANDRÉ.
DUROCHER, Marie-Joseph. [ANDRÉ.

MINET.—*Surnom :* MONTIGNY.

I.—MINET (1), JEAN,
b 1637; s 20 janvier 1712, à Québec. [1]
PAGNOUX, Perinne,
b 1640 ; s [1] 19 août 1720.
Michel, b... m 1706, à Thérèse CATIN.

1693.

II.—MINET, JEAN, [JEAN I.
b 1672 ; s 11 dec. 1702, à Québec. [2]
BONHOMME (2), Anne, [GUILLAUME II.
b 1670.
Anne-Thérèse, b [2] 23 janvier 1697 ; 1° m [2] 23 mai 1719, à Charles MORIN ; 2° m [2] 28 sept. 1724, à Jean DEHOGUE ; 3° m [2] 21 nov. 1728, à Philippe RAINEAU DE LA ROCHE.—*Roch* (posthume), b [2] 11 avril 1703.

1705, (27 avril) Québec. [3]

II.—MINET (1), JEAN-BTE, [JEAN I.
b 1677.
LEFEBVRE (2), Madeleine, [LOUIS II.
b 1686.
Marie-Pérette, b [3] 13 sept. 1707.—*Marie-Madeleine*, b [3] 24 janvier 1709 ; s [3] 23 mai 1723. — *Louis-François*, b [3] 24 fevrier 1710 ; s [3] 20 fevrier 1715.—*Jacques-Christophe*, b [3] 25 juillet 1711 ; 1° m [3] 4 mai 1733, à Madeleine LOQUEL ; 2° m 1752, à Marie-Joseph DELESSARD.—*Jean-Baptiste*, b... m 26 août 1734, à Dorothée GAUTIER, à St-Valier.

1706.

II.—MINET (3), MICHEL. [JEAN I.
CATIN, Therèse. [HENRI I.
Pierre-Michel, b 30 mai 1707, à Montréal ; 1° m 13 fevrier 1730, à Madeleine FRELAN, à St-Pierre, I. O. [2] ; 2° m [2] 25 nov. 1743, à Marie-Anne LEBLANC.

1730, (13 fevrier) St-Pierre, I. O. [5]

III.—MINET (3), PIERRE-MICHEL, [MICHEL II.
b 1707.
1° FRELAN, Madeleine, [JEAN-BTE II.
b 1712 ; s [5] 17 avril 1743.
Marie-Madeleine, b [5] 14 février 1731 ; m [5] 14 fevrier 1752, à Joseph LÉTOURNEAU.—*Hélène*, b [5] 13 avril 1732.—*Marie-Anne*, b [5] 11 juin 1734 ; m [5] 27 août 1753, à Jean LÉTOURNEAU.—*Geneviève*, b [5] 3 février 1737, s [5] 12 nov. 1755.—*Marie-Reine*, b [5] 16 mars 1739.—*Véronique*, b [5] 10 avril et s [5] 8 oct. 1743.

1743, (25 nov.) [5]

2° LEBLANC, Marie-Anne. [JOSEPH II.
Marie-Anne, b [5] 25 sept. 1744.—*Marie-Thècle*, b [5] 17 mars 1746.—*Michel*, b [5] 20 janvier 1748.—*Marie-Reine*, b [5] 25 nov. 1749.—*Marie-Victoire*, b [5] 26 fevrier et s [5] 9 mars 1752.—*Ignace*, b [5] 30 mars et s [5] 9 avril 1753.—*Madeleine*, b [5] 15 et s [5] 30 mars 1754.—*François*, b [5] 7 sept. 1755 ; m à Françoise NOLIN.—*Marie-Geneviève*, b [5] 23 nov. 1757.

1733, (4 mai) Québec. [8]

III.—MINET, JACQUES-CHRISTOPHE, [JEAN-BTE II.
b 1711.
1° LOQUEL (4), Madeleine, [FRANÇOIS I.
b 1714 ; s [8] 14 janvier 1751.
Jacques-Olivier, b [8] 29 et s [8] 31 déc. 1733.—*Germain*, b [8] 30 dec. 1734 ; m à Catherine AUDET ; s [8] 28 février 1780.—*Marie-Louise*, b [8] 5 nov. 1736 ; s [8] 23 janvier 1793.—*Louis*, b [8] 17 juin 1740.—*Antoine*, b [8] 13 juillet 1743 ; m [8] 30 janvier 1775, à Barbe AUDET.—*Claude*, b [8] 21 fevrier

(1) Voy vol. I, pp. 434-435.
(2) Elle épouse, le 8 février 1706, Nicolas Bailly, à Québec.

(1) Dit Montigny ; il était à Lorette en 1709.
(2) Elle épouse, le 5 février 1715, Pierre-Alexandre Simon, à Québec.
(3) Dit Montigny.
(4) Dit Dupont.

1745.—*Joseph*, b [8] 31 mai 1747.—*Marie-Joseph*, b [8] 27 août 1749; s [8] 19 mars 1751.

1752.

2° DeLessard, Marie-Joseph.

Marie-Joseph, b... m [8] 13 juillet 1784, à Jacques Timgfar.

MINET (1), Jacques,
b 1707; s 9 mai 1793, à Québec. [9]
Nolet (2), Madeleine.

Marie-Madeleine, b... s [9] 15 avril 1786.—*Marguerite*, b... m [9] 24 juillet 1798, à Nicolas Graw.

1734, (26 août) St-Valier. [6]

III.—MINET (1), Jean-Bte. [Jean-Bte II.
Gautier, Dorothee, [Jacques I.
b 1706.

Jean, b [6] 11 déc. 1734; m 13 février 1753, à Marie-Joseph Larrivée, à St-Frs-du-Sud.—*Marie-Dorothée*, b [6] 12 juin 1737; m [6] 24 avril 1758, à Jacques Touron. — *Marie-Joseph*, b [6] 10 avril et s [6] 4 mai 1740.—*Nicole-Ursule*, b [6] 10 sept. 1741, m [6] 3 oct. 1763, à Philippe-Antoine Fontaine.—*Marie-Madeleine*, b [6] 30 sept. 1745.

1753, (13 février) St-François-du-Sud.

IV.—MINET (1), Jean, [Jean-Bte III.
b 1734.
Larrivée (3), Marie-Joseph, [François III
b 1733.

Marie-Geneviève, b 23 nov. 1753, à St-Valier. [7] —*Jean-Baptiste*, b [7] 19 nov. 1754.—*Joseph-Marie*, b [7] 14 mars 1757.—*Pierre*, b [7] 29 oct. 1759. — *Marie-Angélique*, b [7] 15 mai et s [7] 26 juillet 1761.

1775, (30 janvier) Quebec.

IV.—MINET, Antoine, [Jacq.-Christophe III.
b 1743.
Audet, Barbe, [Louis III
b 1748.

IV.—MINET, Germain, [Jacq.-Christophe III.
b 1734; s 28 fevrier 1780, à Quebec.
Audet (4), Catherine, [Louis III.
b 1746.

IV.—MINET (1), François, [Pierre-Michel III.
b 1755.
Nolin, Françoise.

Jean-Baptiste, b 1802, à St-Pierre, I. O.; m 25 nov. 1823, à Marguerite Maret-Lépine, à l'Hôpital-General, Q.

1823, (25 nov.) Hôpital-Général, Q. [2]

V.—MINET (1), Jean-Bte. [François IV.
Maret-Lépine, Marguerite. [Charles.

Marie-Emérance, b [2] 12 nov. 1828.

MINFRET (5).—Voy. Hébert.

(1) Dit Montigny.

(2) Elle épouse, le 28 avril 1795, Louis Baugis, à Québec.

(3) Elle épouse, le 19 avril 1762, Jean Lebron, à St-Valier.

(4) Elle épouse, le 26 février 1781, Antoine Choverie, à Quebec.

(5) Etymologie: Mainfroy, roy de Naples en 1250.

MINGOT, Louis.
Fontaine, Marie.

Marie-Marguerite, b 9 juin 1770, à St-Michel-d'Yamaska.

MINGUI.—Voy. Mainguy.

MINI.—Voy. Mesny.

I.—MINI (1), Pierre, b 1735; fils de François et de ...., de Lizieux, Normandie; s 27 juillet 1757, à St-Jean, I. O.

MINOS.—Voy. Minaud.

MINOT.—Voy. Minaud.

MINVILLE.—Voy. Miville.

1761, (2 mai) Lorette.

I.—MINX (2), André, fils de Joseph et de Jacobine Mayer, de Geinshaxim, diocèse de St-Paièvre, Allemagne.
Roy, Marie-Charlotte, [Pierre III.
b 1743.

MIOT.—*Variations et surnoms :* Mignau—Milot—Myot—Bourbonnais—Girard—Ladouceur—Printemps.

1748, (4 nov.) Montréal. [5]

I—MIOT (3), Jean, fils d'Ignace et de Jeanne Collier, de St-Martin, diocèse de Beauvais, Ile-de-France.
Michel (4), Catherine, [André I.
b 1727.

Marie-Catherine, b [5] 25 août 1749. — *Marie-Marguerite*, b [5] 27 janvier 1751.—*Jacques*, b janvier et s 18 fevrier 1757, à Longueuil.

1758, (17 janvier) St-Laurent, M.

I—MIOT, Elie, fils de Nicolas et de Jeanne Michelet, de Gemeux, en Saintonge.
Couvret, Euphrasie. [Jean-Bte II.

1760, (7 sept.) Beaumont. [1]

I.—MIOT (5), Joseph-Alexis, b 1732; fils d'Etienne et d'Adrienne Mahon, de Lag-de-Combe, diocèse de Besançon, Franche-Comté; s [1] 20 juillet 1802.
Bosche, Angélique, [Joseph III.
b 1740; s [1] 25 février 1817.

Angélique, b... m [1] 3 nov. 1778, à Augustin Cuvillier. — *Joseph*, b... m [1] 26 sept. 1785, à Charlotte Roy.—*Jacques*, b... m [1] 9 avril 1793, à Marie-Joseph Boilard.

(1) Soldat grenadier.—Bon catholique.

(2) Cousin de Georges Resche.—Tambour de la compagnie de Laurens. (Reg. des Procès-verbaux 1761, évêché).

(3) Dit Ladouceur—Printemps.

(4) Mariée sous le nom de Bichel.

(5) Dit Girard.

1785, (26 sept.) Beaumont.[2]
II.—MIOT (1), JOSEPH. [JOSEPH-ALEXIS I.
ROY, Charlotte-Angélique, [JOSEPH IV.
b 1758.
Marie-Charlotte-Angélique, b... m[2] 20 avril 1807, à Murdoch MCKENZIE.

1793, (9 avril) Beaumont.
II.—MIOT (1), JACQUES. [JOSEPH-ALEXIS I.
BOILARD, Marie-Joseph. [NICOLAS III.

I.—MIQUEL, FRANÇOIS,
marchand.
TARAYRE, Marie-Anne.
Etienne, b... m 14 nov. 1757, à Marie-Joseph CHARPENTIER, à Lavaltrie.

1757, (14 nov.) Lavaltrie.
II.—MIQUEL (2), ETIENNE. [FRANÇOIS I.
CHARPENTIER, Marie-Joseph. [JOSEPH II.

MIQUETO.—Voy. MECTEAU—VALENTIN.

MIRABEL.—Voy. MIRABIN.

MIRABENT.—Voy. MIRABIN.

MIRABIN.—*Variations et surnom :* MIRABEL—MIRABENT—MIRAMBEN—VADEBONCŒUR.

I.—MIRABIN (3), PAUL.
1° GILET, Louise.
1775, (9 janvier) Québec.
2° DALAIRE, Marie-Louise, [LOUIS III.
b 1745.
Marguerite, b... m 9 mai 1796, à Pierre ORION, à Nicolet.

MIRAMBAULT.—Voy. MIRANBEAU.

MIRAMBEN.—Voy. MIRABIN.

MIRANBEAU.—*Variation :* MIRAMBAULT.

1702, (7 janvier) Québec.[8]
I.—MIRANBEAU (4), ETIENNE, marchand ; fils de Salomon et d'Elisabeth Velleger, de St-Severin, Bordeaux.
1° FORTIN, Anne, [JULIEN I.
b 1666 ; veuve de Jean LePicard ; s[8] 28 dec. 1702.
1705, (22 avril).[8]
2° LEVASSEUR, Jeanne, [NOEL II.
b 1682 ; s[8] 23 déc. 1716.
Ursule-Elisabeth, b[8] 13 août 1705 ; m[8] 10 avril 1725, à François LEVITRE ; s[8] 9 oct. 1726.—*Geneviève,* b[8] 7 juin 1707 ; m à Claude HERTEL. —*Marie-Madeleine-Françoise,* b[8] 8 et s[8] 10 fevrier 1709.—*Marie-Louise,* b[8] 8 mai 1710 ; s[8] 24 avril 1728.—*Etienne,* b[8] 2 nov. 1712 ; s[8] 11 oct. 1714 —*Etienne,* b[8] 25 sept. 1715 ; s 23 avril 1716, à Charlesbourg.

(1) Dit Girard.
(2) Huissier de la juridiction royale.
(3) Aussi appelé Mirabel—Mirabent—Miramben dit Vadeboncœur.—Soldat de la Reine. (Procès-verbaux).
(4) Et Mirambault.

MIRAND.—Voy. MIRANT.

MIRANT.—*Variation :* MIRAND.

MIRANT, JEAN-BTE,
maître-menuisier.
....
Nicolas, b... m 22 juin 1779, à Marie-Marguerite ROBIDOU, au Detroit.

1753, (8 janvier) Montréal.
I.—MIRANT, BERNARD, b 1720; fils de Jean et d'Elisabeth Robert, de St-Vincent, Carcassonne, Languedoc.
LAMOTHE, Marie-Charlotte, [PIERRE I.
b 1730 ; veuve de Jean-Baptiste Jusseaume
Marie-Charlotte, b et s 7 août 1754, à St-Laurent, M.

1779, (22 juin) Détroit.[1]
MIRANT, NICOLAS, [JEAN-BTE
maître-boulanger.
ROBIDOU, Marie-Marguerite. [JOSEPH
Marguerite, b[1] 14 avril 1780 ; m 1803, à Pierre FERLAND, à St-Pierre, I. O.

MIRAY.—*Variations :* DEMIRAY—MIRRAY.

1763, (18 avril) Varennes.
I.—MIRAY, LOUIS, fils de Louis et d'Angélique Gauger, de N.-D.-de-Caën, Normandie.
1° MEUNIER, Catherine. [JEAN-BTE III
1770, (26 fevrier) St-François, I. O.[1]
2° EDMOND, Marie-Louise, [FRANÇOIS IV.
b 1747.
Marie-Louise, b[1] 11 fevrier 1771.

MIRÉ.—Voy. LEMIRE.

I.—MIREAU, PIERRE,
Acadien.
BRUN, Anne,
Acadienne.
Rosalie, b... m 28 sept. 1761, à Joseph GENDRON, à Ste-Anne-de-la-Perade.

MIREAU, LOUIS.
RICHARD, Marie.
Frédéric, b... m 23 janvier 1792, à Marie-Therèse JUNEAU, à Repentigny.

1792, (23 janvier) Repentigny.
MIREAU, FRÉDÉRIC. [LOUIS
JUNEAU, Marie-Therèse. [PHILIPPE

MIRÉE.—Voy. MARCIL.

MIREMONT.—Voy. MIRMOND.

MIRMOND.—*Variation et surnom :* MIREMONT —LAROSE.

1747, (6 nov.) Québec. 6

I.—MIRMOND (1), ALEXIS-CHARLES, soldat ; fils de François et de Charlotte Goneau, de St-Laurent, Paris.

LALLEVAND, Helène, [FRANÇOIS I.
b 1726.

Paul, b 6 8 avril 1748. — *Marie-Hélène,* b 6 29 nov. 1749 ; m 1er juillet 1765, à Jean-Baptiste LECLERC, à St-Antoine-de-Chambly.

1752.

I.—MIRON, PIERRE.

MONET, Marie-Joseph, [JEAN-BTE II.
b 1723.

Pierre, b 1753 ; m 13 janvier 1777, à Marie-Céleste CAILLET, à Montréal.

1777, (13 janvier) Montreal.

II —MIRON, PIERRE, [PIERRE I.
b 1753.

CAILLET, Marie-Céleste, [JEAN-FRANÇOIS III.
b 1755.

MIRRAY.—Voy. MIRAY.

MISCOU.—Voy. MORIN.

MISSÈQUE.—Voy. FOUCAUT.

1769, (9 oct.) Montréal.

I.—MITRESSÉ, ANDRÉ, b 1729 ; veuf de Marie-Joseph Goyer ; fils d'Andre et de Perinne Brûle, de St-Martin-Sorerdeval, diocèse de Rouen, Normandie.

DROUILLARD (2), Marie-Thérèse, [RENÉ II.
b 1747.

MITRON.—Voy. JOLIVET.

1728, (8 nov.) Beaumont. 1

II.—MITRON (3), JOSEPH, [AIMÉ I.
b 1705 ; s 16 janvier 1758, à St-Charles. 2

GUENET, Charlotte, [PIERRE II.
b 1709 ; s 2 12 avril 1757.

Thérèse, b 1 20 mars 1735 ; m 2 5 nov. 1760, à Jean-Baptiste BEAUCERON.—*Jean-Baptiste,* b 2 22 fevrier 1750 ; s 2 7 août 1751.—*Françoise,* b 2 19 oct. 1752.

MIVILLE.—*Variations et surnoms :* MAINVILLE —MINVILLE—MYVILLE—BONNE-RENCONTRE— —DECHÊNE—DESCHÊNES—LESUISSE.

I.—MIVILLE (4), PIERRE,
s 15 oct. 1669, à Quebec. 3

MAUGIS, Charlotte,
b 1581 ; s 3 11 oct. 1676.

Jacques, b... m 3 12 nov. 1669, à Catherine BAILLON.

(1) Dit Larose.
(2) Dit Laprise.
(3) Dit Jolivet ; voy. ce nom, vol. V, p. 12.
(4) Dit Le Suisse ; voy. vol. I, p. 435.

1660, (10 août) Québec. 2

II.—MIVILLE (1), FRANÇOIS, [PIERRE I.
b 1630.

1° LANGLOIS, Marie, [NOEL I.
b 1636 ; s 2 15 août 1687.

Marie, b 2 13 avril 1665 ; 1° m 12 nov 1684 (2), à Michel GOSSELIN ; 2° m 2 juin 1704, à Michel BAUGIS, à St-Pierre, I. O. 5 ; s 5 27 oct. 1726.— *Joseph,* b 2 8 juin 1669 ; m 8 juin 1695, à Geneviève CARON, au Cap-St-Ignace ; s 26 janvier 1736, à St-Thomas.—*Marie-Jeanne,* b 2 21 avril 1671 ; m 2 21 nov. 1689, à Denis BOUCHER ; s 3 nov. 1744, à St-Antoine-Tilly.—*Jacques,* b 2 29 avril 1675 ; m 20 fevrier 1706, à Catherine LESCUYER, à Montreal. 6—*Charles,* b 2 14 avril 1679 ; 1° m 16 avril 1703, à Marie SAVARY, à Beauport 7 ; 2° m 7 10 janvier 1708, à Madeleine TARDIF ; 3° m 6 26 oct. 1733, à Jeanne LABADIE. 4° m 5 mai 1749, à Marie-Agnès EMOND, à Terrebonne 8 ; s 8 12 janvier 1758.

1692, (7 nov.) Rivière-Ouelle. 9

2° SAVONET, Jeanne,
b 1647, veuve de Damien Berube ; s 9 12 mars 1721.

1669, (12 nov.) Québec. 1

II.—MIVILLE (3), JACQUES, [PIERRE I.
s 27 janvier 1688, à la Rivière-Ouelle. 2

BAILLON, Catherine,
b 1645.

Charles, b 1 1er sept. 1677 ; m 2 28 août 1702, à Marthe LAVALLÉE ; s 11 fevrier 1758, à Ste-Anne-de-la-Pocatière.—*Robert,* b 1678 ; s 22 dec 1758, à St-Roch. — *Marie-Claude,* b 30 nov. 1681, à l'Islet ; 1° m 2 mai 1710, à Jean-Baptiste HAREL, à St-Frs-du-Lac 3 ; 2° m 3 22 juillet 1725, à Gilles LAPLANTE.

1691, (13 mai) Rivière-Ouelle. 6

III.—MIVILLE (3), JEAN, [JACQUES II.
b 1672, s 5 31 dec. 1711.

DUBÉ, Madeleine, [MATHURIN I.
b 1673 ; veuve de Charles Bouchard.

Joseph, b 5 17 avril 1695, m 1725, à Marie-Jeanne LÉVESQUE ; s 5 31 juillet 1780. — *Pierre-François,* b 5 2 fevrier 1702 ; 1° m 1728, à Marie PARADIS ; 2° m 5 29 janvier 1753, à Geneviève LEBEL ; 3° m 5 11 avril 1758, à Marie-Angelique BOUCHER. — *Guillaume,* b 5 18 mars 1704 ; 1° m 14 janvier 1726, à Marie-Madeleine SOUCY, à Ste-Anne-de-la-Pocatière ; 2° m 5 26 juillet 1745, à Marie-Anne BOUCHARD.—*Marie-Madeleine,* b 5 23 mai 1706 ; m 7 janvier 1734, à Jacques ROBIDA, à St-Frs-du-Lac ; s 20 avril 1772, à la Baie-du-Febvre. — *Jean-Bernard,* b 5 20 février 1711 ; m 1733, à Marie-Françoise SOUCY.

1695, (8 juin) Cap-St-Ignace. 1

III.—MIVILLE (3), JOSEPH, [FRANÇOIS II.
b 1669 ; s 26 janvier 1736, à St-Thomas. 2

CARON, Geneviève, [PIERRE II.
b 1680 ; s 2 1er nov. 1733.

(1) Voy. vol. I, p. 435.
(2) Date du contrat, (greffe de Duquet).
(3) Voy. vol. I, p. 436.

Madeleine, b [1] 10 février 1698; m [2] 11 nov. 1727, à Guillaume BOULET; s [2] 25 juillet 1733.—*Marthe*, b [1] 7 sept. 1699; m [2] 14 oct. 1732, à Charles BOULET. — *Véronique*, b [1] 27 mars 1701; m [2] 4 oct. 1723, à Augustin BOULET; s [2] 13 juin 1763.— *Joseph*, b [1] 18 juin 1703; 1° m 11 juin 1736, à Suzanne GUAY, à Beaumont; 2° m 6 oct. 1747, à Marie BRISSON, à St-Pierre-les-Becquets; 3° m [2] 27 février 1764, à Marie-Anne LAMARRE.—*François*, b [1] 1er mars 1705; 1° m [2] 5 juillet 1734, à Marguerite TIBAUT; 2° m 3 oct. 1746, à Geneviève LANGELIER, à l'Islet.—*Geneviève*, b [1] 9 oct. 1708; m [2] 19 nov. 1730, à François BOULET; s [2] 12 juillet 1740.—*Claire*, b [2] 13 nov. 1710; m [2] 26 nov. 1731, à Paul BOULET; s [2] 16 déc. 1770.—*Louis*, b [2] 20 juillet 1712; 1° m [1] 23 août 1735, à Marthe LEMIEUX; 2° m 3 sept. 1764, à Madeleine AUBERT, à Ste-Anne-de-la-Pocatière.—*Jean-Baptiste*, b [2] 25 juin 1714. — *Augustin*, b [2] 6 et s [2] 17 sept. 1716.—*Elisabeth*, b [2] 19 juillet 1718; s [2] 21 février 1726.—*Louise-Françoise*, b [2] 13 juin 1722; m [2] 17 nov. 1738, à Isidore MORIN.

1697, (13 février) Rivière-Ouelle.[1]

III.—MIVILLE (1), CHARLES, [JACQUES II.
b 1671.
GRONDIN-MIGNOT, Louise, [JEAN I.
b 1676.

Jean, b [1] 27 janvier 1698; s 13 juillet 1755, à Ste-Anne-de-la-Pocatière.[2] — *Marie-Thérèse*, b [1] 2 oct. 1703; 1° m 29 juillet 1727, à Joseph RONDEL, à Berthier; 2° m 7 février 1736, à Jean-Baptiste LENORMAND, à Montréal.[3] — *Angélique*, b [1] 15 février 1711; m [3] 8 février 1740, à Joachim FASCHE.—*Charles*, b [1] 23 sept. 1713; m 15 janvier 1742, à Marie-Jeanne FASCHE, à St-Laurent, M.[8] —*Marie-Joseph*, b [2] 25 mars 1716; m [1] 30 juillet 1736, à Augustin DUBÉ; s 17 mai 1737, à Québec. —*Joseph*, b [2] 29 mars 1719; m [8] 1er juillet 1743, à Marie-Joseph GERMAIN.

1702, (28 août) Rivière-Ouelle.[1]

III.—MIVILLE (2), CHARLES, [JACQUES II.
b 1677; s 11 février 1758, à Ste-Anne-de-la-Pocatière.[2]
LAVALLÉE, Marthe, [PIERRE I.
b 1683; s [2] 21 mars 1748.

Catherine, b [1] 27 déc. 1702; 1° m [2] 24 nov. 1723, à Joseph OUELLET; 2° m à Michel MORIN; 3° m [2] 6 février 1736, à Jean DUVAL. — *Charles*, b [1] 23 juin 1707; m [2] 20 juillet 1727, à Madeleine OUELLET. — *Pierre-René*, b... m 1728, à Marie-Anne ROY. — *Jacques*, b [1] 12 mai 1709; m [2] 26 oct. 1735, à Marie-Anne ROY. — *Marie-Joseph*, b [1] 11 janvier 1711; m [2] 9 janvier 1730, à Joseph LISOTTE. —*Joseph*, b [1] 18 sept. 1712; m 19 nov. 1741, à Marie-Charlotte MORIN, à St-Roch.[9] — *Marie-Angélique*, b [1] 14 juin 1714. — *Jean-Baptiste*, b [1] 21 février et s [2] 13 mars 1716. — *Jean-Baptiste*, b [1] 18 avril 1717; m 8 janvier 1753, à Félicité MIGNOT, à Kamouraska.— *Pierre*, b [2] 5 sept. 1719; m 16 février 1744, à Luce RICHARD, au Cap-St-Ignace; s [2] 31 août 1771.— *François*, b [2] 18 sept. 1721; m [2] 21 février 1746, à Marie-Catherine SAUCIER; s [9] 7 février 1764. — *Louis*, b [2] 20 mai 1724; m 25 nov. 1745, à Louise VILLIARS, à Québec. — *Marie-Anne*, b... m [2] 22 nov. 1745, à Louis THIBAUT.

(1) Voy. vol. I, p. 436.
(2) Dit Deschênes.

1703, (16 avril) Beauport.[1]

III.—MIVILLE, CHARLES, [FRANÇOIS II.
b 1679; s 12 janvier 1758, à Terrebonne.[2]
1° SAVARY, Marie, [JACQUES I.
b 1682; s [1] 30 sept. 1707.

Joseph-Marie, b [1] 20 janvier 1704; m 14 juin 1729, à Jeanne STE MARIE, à Longueuil.—*Charles*, b [1] 26 mai 1705; 1° m 8 janvier 1731, à Marie-Barbe BOUSQUET, à Montréal[3]: 2° m [3] 17 oct 1768, à Marie HAINS; 3° m [3] 26 avril 1774, à Marie-Joseph SIMON —*Louis*, b 1706; s [1] 30 oct. 1727.—*Angélique*, b [1] 9 février 1707; m [1] 7 nov. 1724, à Jean MARCOU; s [1] 5 août 1731.

1708, (10 janvier).[1]

2° TARDIF, Marie-Madeleine, [JACQUES I.
b 1686.

Ignace-Marie, b [1] 30 sept. et s [1] 1er oct. 1708.—*Anonyme*, b [1] et s [1] 29 juillet 1709.—*Pierre*, b [1] 8 sept. 1710; m 29 juillet 1734, à Marguerite HUNAUT, au Bout-de-l'Ile, M.—*François*, b [1] 31 oct. 1712; m 6 février 1736, à Angélique BEAUNE, à la Pointe-Claire.— *Jacques*, b [1] 19 février et s [1] 7 juillet 1715. — *Michel*, b [1] 10 sept. 1716; m [2] 23 nov. 1741, à Marie-Louise SÉGUIN. — *Marie-Madeleine*, b [1] 31 déc. 1718; s [1] 8 février 1722.

1733, (26 oct.)[3]

3° LABADIE, Jeanne, [FRANÇOIS I.
b 1674; veuve de Thomas Lemarié; s [2] 10 mars 1746.

1749, (5 mai).[2]

4° EMOND, Marie-Agnès, [PIERRE I.
b 1691; veuve de Pierre Defontrouver.

1706, (20 février) Montréal.[2]

III.—MIVILLE (1), JACQUES, [FRANÇOIS II.
b 1675.
LESCUYER (2), Catherine, [PIERRE I.
b 1683.

Jean-Baptiste, b [2] 17 février 1707.—*Marie-Anne*, b [2] 3 oct. 1708; m [2] 9 oct. 1730, à Nicolas BRAZEAU.

III.—MIVILLE (3), ROBERT, [JACQUES II.
b 1678; s 22 déc. 1758, à St-Roch.

MIVILLE, JEAN.
AUTIN (4), Geneviève, [FRANÇOIS I.
b 1704.

1725.

IV.—MIVILLE (3), JOSEPH, [JEAN III.
b 1695; major; s 31 juillet 1780, à la Rivière-Ouelle.[7]
LÉVESQUE, Marie-Jeanne,
b 1702, s [7] 20 avril 1782.

(1) Marié Minville.
(2) Elle épouse, le 5 avril 1717, Michel Germaneau, à Montréal.
(3) Dit Dechêne.
(4) Elle épouse, plus tard, Jean Ouellet.

Geneviève, b... 1° m [7] 17 janvier 1746, à Jean BÉRUBÉ ; 2° m [7] 15 février 1762, à Michel AUMONT.—*Jean-François*, b... m [7] 7 janvier 1749, à Marie-Ursule BÉRUBÉ.—*Marie-Charlotte*, b 1729 ; 1° m [7] 2 juin 1749, à Pierre MICHAUD ; 2° m [7] 21 sept. 1761, à Jean ISABEL. — *Joseph-Toussaint*, b... m [7] 13 nov. 1753, à Thérèse SAUCIER. — *Ambroise*, b... m [7] 12 janvier 1757, à Marie-Claire PELLETIER.—*Basile*, b [7] 22 mars 1733 ; m 18 nov. 1754, à Marie-Louise LANGLVIN, à Kamouraska [9]; s [9] 2 mars 1760. — *Marie-Madeleine*, b [7] 17 mars 1735 ; m [7] 10 janvier 1757, à Nicolas HUDON ; s [7] 14 mai 1781. — *Marie-Angélique*, b [7] 30 nov. 1736 ; m [7] 18 nov. 1766, à Joseph BÉRUBÉ — *Marie-Françoise*, b [7] 18 oct. et s [7] 9 nov. 1738.— *Alexis*, b [7] 15 janvier 1740 ; m 10 février 1766, à Marie-Charlotte LECLERC, à Ste-Anne-de-la-Pocatière. [8] — *Marie-Véronique*, b [7] 18 oct. 1742 ; m [7] 5 mars 1764, à Etienne BOIS ; s [8] 13 mai 1769.—*Pierre*, b [7] 16 déc 1744 ; m [7] 18 avril 1774, à Catherine OUELLET.

1726, (14 janvier) Ste-Anne-de-la-Pocatière [1]

IV.—MIVILLE, GABRIEL, [JEAN III.
b 1704.

1° SOUCY, Marie-Madeleine, [PIERRE II.
b 1708.

Marie-Joseph, b [1] 18 janvier 1727 ; m [1] 12 février 1748, à Joseph DARCOSSE.—*François*, b [1] 6 sept. 1728.—*Jean-Baptiste*, b [1] 1er janvier 1733 ; 1° m 21 janvier 1754, à Isabelle BAUDET, à la Rivière-Ouelle [2]; 2° m [2] 19 janvier 1778, à Catherine PARADIS.—*Marie-Louise*, b [1] 23 juillet 1734.— *Marie-Madeleine*, b [2] 26 février 1736 ; m 7 mai 1764, à Jacques GAUTIER, à Montréal.—*Guillaume*, b [1] 19 janvier 1738 ; s [2] 7 février 1758.— *Joseph-Marie* (1), b [1] 28 sept. 1739 ; m 9 février 1770, à Anne CHANCELIER, à St-Louis, Mo.

1745, (26 juillet). [2]

2° BOUCHARD, Marie-Anne, [PIERRE II.
b 1713 ; veuve de Joachim Lévesque.

Gabriel-Basile, b [2] 25 juin et s [2] 11 sept. 1746. —*Marie-Catherine*, b [2] 29 oct. 1747 ; 1° m 2 mars 1767, à Nicolas HUPÉ, à Lachine ; 2° m 28 août 1811, à Joseph BAUDOIN, à Florissant, Mo. — *Marie-Charlotte*, b [2] 14 février 1749. — *Marie-Rosalie*, b [1] 3 juillet 1751.—*Joseph-Marie*, b [1] 19 déc. 1752.—*Marie-Marthe*, b [2] 17 février 1757 ; s [2] 15 nov. 1758.

1727, (20 juillet) Ste-Anne-de-la-Pocatière. [5]

IV.—MIVILLE, CHARLES, [CHARLES III.
b 1707.

OUELLET, Madeleine, [JOSEPH II.
b 1708.

Marie-Joseph, b [5] 19 juin 1728.—*Marie-Angélique*, b [5] 20 nov. 1730.—*Marie-Madeleine*, b... s [5] 4 août 1742.—*Charles*, b [5] 8 mars 1732.— *Marie-Louise*, b [5] 13 avril 1733.—*Charles-François*, b [5] 28 mars 1735 —*Marie-Joseph*, b [5] 6 et s [5] 16 sept. 1737.—*Joseph-Marie*, b [5] 4 février 1739. —*Michel*, b [5] 3 oct. 1740.—*Antoine-Augustin*, b [5] 4 sept 1741, m [5] 13 juillet 1767, à Marie-Véronique POULIN.—*Louis-Marie*, b [5] 26 juillet et s [5] 20 août 1746.—*François-Germain*, b [5] 27 oct. et s [5] 29 déc. 1748.—*Louis*, b [5] 24 et s [5] 30 janvier 1750.— *Marie-Catherine*, b [5] 15 avril et s [5] 12 mai 1751. —*Madeleine*, b... m [5] 15 janvier 1771, à Anaclet TURCOT.—*Antoine*, b [5] 7 et s [5] 15 juillet 1753.

1728.

IV.—MIVILLE, PIERRE-RENÉ. [CHARLES III.
ROY-DESJARDINS, Marie-Anne.

Marie-Geneviève, b... m 27 janvier 1749, à Jean-Baptiste DUMONT, à Ste-Anne-de-la-Pocatière. [6]— *Marie-Anne-Françoise*, b [6] 7 mars 1733.—*Joseph-Augustin*, b [6] 4 février 1735 ; m [6] 21 juillet 1760, à Rosalie BOUCHARD.—*Véronique*, b [6] 14 février 1736 ; m [6] 14 février 1763, à Louis DUBÉ.—*Marie-Hélène*, b [6] 24 nov. 1737.—*Marie-Joseph*, b [6] 5 avril 1739.—*Louis-Charles*, b [6] 8 et s [6] 29 juillet 1740.—*Xiste*, b [6] 26 février 1742 ; m [6] 30 juin 1767, à Marie-Joseph MIGNOT.—*Marie-Judith*, b [6] 21 oct. 1743.—*Marie-Catherine*, b [6] 8 juin 1745 ; m [6] 13 janvier 1772, à Joseph-Michel LEBRET.— *Marie-Charlotte*, b [6] 22 nov. 1746 ; 1° m [6] 7 janvier 1766, à Etienne GRONDIN ; 2° m [6] 27 nov. 1769, à René-Pierre SIROIS ; 3° m [6] 20 juillet 1772, à Noël LISOT.—*Anne*, b [6] 21 mars 1748 ; s [6] 15 mai 1749.

1728.

IV.—MIVILLE (1), PIERRE-FRS, [JEAN III.
b 1702.

1° PARADIS, Marie,
b 1705 ; s 2 mai 1751, à la Rivière-Ouelle. [7]

Madeleine, b... m [7] 30 oct. 1748, à Pierre COTÉ. —*Marie-Joseph*, b... m [7] 12 oct. 1750, à André-Basile AUTIN.—*Geneviève*, b [7] 21 oct. 1731.— *Pierre-François*, b [7] 14 juillet 1734.—*Joseph*, b [7] 12 février 1736.—*Marie-Angélique*, b [7] 21 oct. 1737 ; m [7] 7 janvier 1764, à Jean-Baptiste LÉVESQUE. — *Jean-Baptiste*, b [7] 30 sept. 1739. — *Charles-François*, b [7] 20 juillet 1742 ; m 21 janvier 1765, à Marguerite MICHAUD, à Kamouraska. —*Véronique*, b [7] 21 juin 1744 ; m [7] 14 janvier 1765, à Michel BOUCHARD.—*Marie-Catherine*, b [7] 24 août 1746 ; m 20 juillet 1766, à Jean-Baptiste COTE, à l'Ile-Verte.

1753, (29 janvier). [7]

2° LEBEL, Geneviève, [NICOLAS III.
b 1730 ; s [7] 19 déc. 1755.

Jean-François, b [7] 30 mars 1754 ; m [7] 10 janvier 1780, à Marie-Anne BÉRUBÉ.—*Jean-Baptiste*, b [7] 14 et s [7] 15 déc. 1755.

1758, (11 avril). [7]

3° BOUCHER, Marie-Angélique, [PIERRE III.
b 1711 ; veuve de Jean-Baptiste Richard ; s [7] 27 sept. 1781.

1729, (14 juin) Longueuil.

IV.—MIVILLE, JOSEPH-MARIE, [CHARLES III.
b 1704.

STE MARIE, Jeanne, [FRANÇOIS II.
b 1713.

Marie-Louise, b... s 20 avril 1744, à Terrebonne.

---

(1) Etabli à St-Louis, Mo , il y élève toute sa famille et y compte encore des descendants.

(1) Dit Dechêne.

1731, (8 janvier) Montréal. [8]
IV.—MIVILLE, CHARLES, [CHARLES III.
b 1705.
1° BOUSQUET, Marie-Barbe, [JEAN I.
b 1684; veuve de Jean-Baptiste Desrosiers.
1768, (17 oct.) [8]
2° HAINS, Marie, [JOSEPH I.
b 1715; veuve de René Lebeuf.
1774, (26 avril). [8]
3° SIMON, Marie-Joseph, [JOSEPH III
b 1739: veuve de Simon-Joseph Lescot; s [8] 10 avril 1777.

1733.
IV.—MIVILLE (1), BERNARD, [JEAN III.
b 1711.
SOUCY, Marie-Françoise.
Jean-Bernard, b 18 août 1734, à Ste-Anne-de-la-Pocatière.[1] — *Joseph,* b 27 nov. 1735, à la Rivière-Ouelle [2]; m 31 janvier 1763, à Marie-Catherine MIGNIER, à Kamouraska. [3]—*Madeleine,* b [1] 3 fevrier 1737; m [3] 26 oct. 1767, à Jean-Baptiste SAUCIER.—*Marie-Geneviève,* b [2] 11 mai 1738. —*François-Marie,* b [2] 27 avril 1740.— *Augustin,* b [2] 3 juin 1742; m [3] 19 juillet 1779, à Marie-Angélique OUELLET. — *Marie-Françoise,* b [3] 27 août 1743; 1° m [3] 23 janvier 1763, à François-Germain OUELLET; 2° m [3] 19 avril 1779, à Jean-Baptiste PARADIS. — *Marie-Joseph,* b [3] 16 mai 1745. — *Marie,* b... s [3] 15 oct. 1757. — *Marie,* b... s [3] 1er oct. 1759. — *Marie-Angélique,* b... m [3] 26 août 1776, à Jean DUMONT.

1734, (5 juillet) St-Thomas. [3]
IV.—MIVILLE, FRANÇOIS, [JOSEPH III.
b 1705.
1° TIBAUT, Marguerite, [JACQUES II.
b 1707; s [3] 16 mars 1745.
Jacques-François, b [3] 18 sept. 1735; 1° m [3] 24 nov. 1760, à Marthe COUILLARD; 2° m [3] 28 février 1764, à Geneviève LEMIEUX. — *Marie-Joseph,* b [3] 31 mars 1737; s [3] 9 déc. 1749. — *Marguerite,* b [3] 15 mai 1739; 1° m [3] 7 juin 1762, à Pierre BERNIER; 2° m [3] 1er juin 1767, à Etienne DAMIEN. — *Joseph,* b [3] 19 février 1741; s [3] 8 nov. 1749. — *Louis,* b [3] 23 mars 1743; s [3] 9 déc. 1749 —*Marie-Louise,* b [3] 24 février et s [3] 15 avril 1745.
1746, (3 oct.) Islet.
2° LANGELIER, Geneviève, [CHARLES II.
b 1707.

1734, (29 juillet) Bout-de-l'Ile, M. [1]
IV.—MIVILLE, PIERRE, [CHARLES III.
b 1710.
HUNAUT (2), Marguerite, [PIERRE III.
b 1713.
Pierre, b [1] 29 mai 1735; s [1] 22 mars 1738. — *François-Marie,* b [1] 18 oct. 1736; s [1] 30 mars 1738. — *Marguerite-Françoise,* b 8 août 1738, à Montreal [2]; m [2] 13 janvier 1755, à François BARSOLOU.—*Marie-Joseph,* b [2] 17 janvier 1740; m [2] 2 mai 1757, à Gilles MAUFAIT. — *Pierre,* b [2] 8 mai 1741; s [2] 16 oct. 1743. — *Rosalie,* b... s [2] 29 juin 1743.—*Pierre,* b [2] 4 avril 1744; s [2] 19 juillet 1745. —*Marie-Françoise,* b [2] 6 février 1746; m [2] 18 février 1765, à Jean-Baptiste PÉROT.—*Pierre,* b [2] 17 janvier et s [2] 16 juillet 1747.—*Pierre-François,* b [2] 24 mars 1748.—*Pierre,* b [2] 1er fevrier et s [2] 21 mai 1750.—*Pierre,* b 1755; 1° m à Marie-Archange AUGÉ; 2° m [2] 2 sept. 1782, à Marguerite BENÈQUES.

1735, (23 août) Cap-St-Ignace. [2]
IV.—MIVILLE (1), LOUIS, [JOSEPH III
b 1712.
1° LEMIEUX, Marthe, [LOUIS II
b 1717; s [2] 19 dec. 1763.
Joseph, b [2] 8 fevrier 1737; m 27 juillet 1761, à Marie-Louise TERRIEN, à St-Jean, I. O. — *Jean-Baptiste,* b [2] 25 juin 1738; s [2] 10 avril 1751. — *Louis-Isidore,* b [2] 9 avril 1740; s [2] 3 juin 1756.— *Reine-Félicité,* b [2] 8 janvier 1742; m 5 février 1776, à Louis LEMELIN, à l'Islet. — *Pierre-Benjamin,* b [2] 26 mai 1743. — *Basile-Timothée,* b [2] 17 nov. 1744; s [2] 19 déc 1752.—*Marie-Marthe,* b [2] 6 juin 1747; s [2] 19 juillet 1749.—*Marie-Geneviève,* b 7 fevrier 1749, à St-Thomas. — *François-Gregoire,* b [2] 14 mars 1751.—*Marie-Louise,* b [2] 2 février et s [2] 1er août 1753. —*Marie-Claire,* b [2] 12 juin 1754. — *Marie-Louise,* b [2] 29 août et s [2] 19 sept. 1756.—*Anonyme,* b [2] et s [2] 3 dec. 1758. — *Marie-Françoise,* b [2] 3 dec. 1758; s [2] 12 fevrier 1759.
1764, (3 sept.) Ste-Anne-de-la-Pocatière.
2° AUBERT, Madeleine, [FÉLIX III.
b 1712; veuve de Charles Mignot.

1735, (26 oct.) Ste-Anne-de-la-Pocatière. [5]
IV.—MIVILLE (1), JACQUES, [CHARLES III.
b 1709.
ROY, Anne. [PIERRE II.
Jeanne-Judith, b [5] 13 sept. 1736; m [5] 25 nov. 1754, à Jean-François PELLETIER.—*Marie-Joseph,* b [5] 14 février 1738; m [5] 10 février 1755, à Jean-Maurice MORIN. — *Louise-Hypolite,* b [5] 16 mars 1739.—*Joseph,* b [5] 15 mai 1740; s [5] 3 juillet 1742. —*Joseph-François,* b [5] 28 oct. 1742; s [5] 27 août 1743.—*Marie-Apolline,* b... m [5] 9 janvier 1764, à François-Marie LISOT.—*Joseph-François,* b [5] 27 mars 1744, 1° m [5] 21 janvier 1766, à Marie-Louise SAUCIER; 2° m [5] 2 juillet 1770, à Scholastique CARON. — *Louis-Germain,* b [5] 25 février 1746. m 20 janvier 1772, à Perpetue DUPÉRÉ, à la Rivière-Ouelle.—*Claude-Raphael,* b [5] 3 avril 1748, m [5] 23 nov. 1772, à Marie-Charlotte CARON. — *Geneviève,* b [5] 18 oct. 1750; s [5] 3 déc. 1751. — *Antoine,* b [5] 8 et s [5] 9 nov. 1752. — *Marie-Charlotte,* b [5] 29 et s [5] 31 oct. 1754. — *Antoine,* b... s [5] 28 juillet 1760.—*Joseph,* b 1759; s [5] 20 avril 1760.

1736, (6 fevrier) Pointe-Claire.
IV.—MIVILLE, FRANÇOIS, [CHARLES III
b 1712.
BEAUNE (2), Marie-Angélique, [JEAN II
b 1714.

(1) Dit Dechêne.
(2) Dit Deschamps.

(1) Marié Minville.
(2) Et Bonne.

Marie-Amable, b 25 fevrier 1739, au Bout-de-Ile, M.[1]; m 22 avril 1754, à Jean-Gabriel Sédiot, à Soulanges.[2] — *François*, b 2 sept. et s 14 nov. 1740, à Longueuil.[3] — *Marie-Joseph*, b [3] 13 oct. 1741. — *François*, b 21 mars 1743, à Terrebonne[9]; s [9] 2 mars 1744. — *Joseph*, b [9] 25 août 1745. — *François-Xavier*, b 28 juillet 1749, à Montréal[5]; s [5] 17 mars 1750. — *Joseph-Gabriel*, b [2] 19 juin 1753. — *François-Amable*, b [2] 26 juin et s [1] 15 déc. 1755.—*François*, b 22 juin et s 19 juillet 1757, à Ste-Geneviève, M.

1736, (11 juin) Beaumont.

IV.—MIVILLE, Joseph, [Joseph III. b 1703.

1° Guay, Suzanne. [Jacques II. b 1708; s 8 mai 1737, à St-Thomas [2]

Marie-Joseph, b [2] 19 avril 1737; m [2] 21 nov. 1754, à Noël-Augustin Brisson.

1747, (6 oct.) St-Pierre-les-Becquets.

2° Brisson, Marie, [Pierre III. b 1722; s [2] 12 mai 1757.

Marie-Catherine, b [2] 29 mars 1749; m [2] 16 nov. 1772, à Jacques Métivier.—*Marie-Elisabeth*, b [2] 12 juillet 1750.—*Marie-Judith*, b [2] 29 juillet 1753. —*Joseph-Marie*, b [2] 6 sept. 1755.

1764, (27 février).[2]

3° Lamarre, Marie-Anne. [Pierre IV.

1741, (19 nov.) St-Roch.[8]

IV.—MIVILLE (1), Joseph, [Charles III b 1712.

Morin, Marie-Charlotte. [Pierre II.

Joseph, b 21 sept. 1742, à Ste-Anne-de-la-Pocatière[9]; m [9] 19 nov. 1764, à Françoise Pain. — *Marie-Charlotte*, b [9] 5 oct. 1743; m [8] 13 fevrier 1764, à Joseph Roy.—*Madeleine-Marie-Anne*, b [9] 31 mai 1745; m [9] 14 nov. 1763, à Joseph Gagnon. —*Jean-Baptiste*, b [9] 3 nov. 1746. — *Charlotte-Catherine*, b [9] 18 avril 1748. — *Anne-Judith*, b [8] 12 déc. 1749; m [9] 21 août 1770, à Charles-François Gagnon; s 9 juin 1784, à St-Jean-Port-Joli.— *Marie-Louise*, b [8] 11 fevrier 1751; m [9] 26 nov. 1770, à Joseph Ouellet. — *Marie-Joseph*, b [8] 3 avril et s [8] 31 déc. 1752. — *Augustin*, b [9] 16 oct. 1753, m 19 juillet 1779, à Marie-Joseph Roy, à Kamouraska.—*Marie-Marthe*, b [9] 23 janvier 1755; m [9] 7 janvier 1771, à Pierre Bouchard — *Marie-Rosalie*, b [9] 21 dec. 1756.—*Madeleine*, b [9] 22 janvier 1759. — *Marie-Geneviève*, b [8] 9 dec. 1760.— *Marie-Geneviève*, b [8] 13 juillet 1762; m [9] 17 août 1779, à Jean-Marie Chouinard. — *Marie*, b... m [8] 3 nov. 1778, à Jean-Baptiste Roy.

1741, (23 nov.) Terrebonne.[8]

IV.—MIVILLE, Michel, [Charles III. b 1716.

Séguin, Marie-Louise. [François II.

Marie-Louise, b [8] 26 sept. 1742; m [8] 24 nov. 1760, à Nicolas-Amant Chabot. — *Marie-Joseph*, b [8] 11 fevrier 1744; s [8] 26 avril 1746.—*Michel*, b [8] 7 mai 1745; m 24 fevrier 1772, à Marie-Charlotte Filbou, à St-Henri-de-Mascouche.—*Michel-François*, b [8] 2 février 1747; m [8] 1er février 1773, à Marie-Anne Riquier. — *Marie-Joseph*, b [8] 11 janvier et s [8] 22 dec. 1749.—*Marie-Françoise*, b [8] 10 mai 1750; m [8] 27 sept. 1773, à Pierre Lefort.— *Louis*, b [8] 27 juin 1752.—*Marie-Joseph*, b [8] 3 juin et s [8] 30 juillet 1754. — *Marie-Angélique*, b [8] 13 janvier et s [8] 20 mars 1756.—*Joseph-Marie*, b [8] 11 juin et s [8] 27 juillet 1757. — *Antoine*, b [8] 14 avril et s [8] 22 sept. 1759.—*Nicolas*, b 1760; s [8] 15 nov. 1780.

(1) Deschênes.

1742, (15 janvier) St-Laurent, M.[1]

IV.—MIVILLE, Charles, [Charles III. b 1713.

Fasche, Marie-Jeanne, [Robert II. b 1723.

Angélique, b 1744; m 9 juin 1766, à Joseph Carpillet, à Montreal.[2] — *Marie-Judith*, b 22 sept. 1746, à Ste-Geneviève, M.[3] — *Véronique*, b 1747; m [2] 26 nov. 1770, à François Consigny. —*Marie-Joseph*, b [3] 19 mai et s [3] 7 juillet 1748.— *Marguerite*, b [3] 15 juillet et s 22 août 1749, au Sault-au-Recollet. — *Marie-Amable*, b [1] 29 sept. et s [1] 28 oct. 1750.— *Charles-Amable*, b [1] 25 nov. 1751; m [2] 30 sept. 1776, à Angelique Gauvreau. — *Marie-Madeleine*, b [1] 21 dec. 1753; s [1] 23 juin 1754.—*Jean-Baptiste*, b [1] 21 juin 1755. — *Gilles-Françoise*, b [1] 21 fevrier et s [1] 13 mars 1757.— *Jean-Baptiste*, b [1] 24 juin et s [1] 14 août 1758.— *Marie-Brigitte*, b [1] 19 août 1759; m [2] 4 fevrier 1782, à Louis Heurtebise.

1743, (1er juillet) St-Laurent, M.[5]

IV.—MIVILLE, Joseph, [Charles III. b 1719.

Germain, Marie-Joseph, [François I. b 1724.

Marie-Apolline, b... m [5] 2 mai 1763, à Pierre Langevin. — *Joseph-Paschal*, b 21 oct. 1746, à Ste-Geneviève, M.[2]; s [2] 6 dec 1747.—*Geneviève*, b [2] 10 juillet 1748, s [2] 17 mars 1749. — *Joseph*, b... s [5] 22 août 1749. — *Marie-Joseph*, b [5] 7 nov. 1749. — *Michel*, b [5] 12 juin et s [5] 31 août 1751.— *Louis*, b [5] 14 dec. 1752; s [5] 15 août 1753. — *Antoine*, b [5] 3 et s [5] 21 juillet 1754. — *Marguerite*, b [5] 10 oct. 1755. — *Brigitte*, b [5] 17 juin et s [5] 21 août 1758.—*Hyacinthe*, b [5] 3 sept. 1760.

MIVILLE, Antoine.

Bergeron, Louise.

Henri-Marie-Gaspard, b 18 nov. 1744, à Lavaltrie.

1744, (16 février) Cap-St-Ignace.

IV.—MIVILLE, Pierre, [Charles III. b 1719; s 31 août 1771, à Ste-Anne-de-la-Pocatière.[8]

Richard, Marie-Luce. [Pierre II.

Marie-Luce, b [8] 5 mai 1745; s [8] 17 dec. 1747. — *Marie-Catherine*, b [8] 2 juillet 1746. — *Pierre*, b [8] 13 janvier 1748; m [8] 15 janvier 1771, à Madeleine Laurendeau.—*Marie-Luce*, b [8] 18 juillet 1749; m 26 août 1777, à Sebastien Soulard, à St-Roch. — *Joseph*, b [8] 4 sept. 1750. — *Marie*, b [8] 23 août 1752.—*Jean-Baptiste*, b [8] 3 sept. 1753. — *Joseph-Henri*, b [8] 5 mars 1755.

MIVILLE, Alexis, b 1699; s 4 mai 1782, à la Rivière-Ouelle.

IV.—**MIVILLE**, Jean, [Charles III. b 1698; s 13 juillet 1755, à Ste-Anne-de-la-Pocatière.

1745, (25 nov.) Québec. [1]
IV.—**MIVILLE** (1), Louis, [Charles III. b 1724; boucher.
Villiars (2), Marie-Louise, [Germain I. b 1726; veuve de Thomas Doyon.
Louis-Marie, b [1] 12 janvier 1747.

1746, (21 février) Ste-Anne-de-la-Pocatière. [1]
IV.—**MIVILLE** (1), François, [Charles III. b 1721; s 7 fevrier 1764, à St-Roch. [2]
Saucier, Marie-Catherine, [Charles-Frs III b 1726; s [1] 1er sept. 1765.
Marie-Catherine, b [1] 27 déc. 1746; m [1] 4 février 1765, à Joseph Lebel. — *Marie-Charlotte*, b [1] 9 mars 1748; m [1] 2 fevrier 1768, à Pierre-Augustin Lemieux.—*Charles-François*, b [2] 8 nov. 1749; m [1] 7 janvier 1771, à Marie-Charlotte Dubé.—*Marie-Anne*, b [2] 7 sept. 1751; s [2] 23 avril 1756. —*Marie-Louise*, b [1] 10 juin 1753.—*Marie-Marthe*, b [2] 22 fevrier 1755.—*Benoît*, b [2] 23 mars 1757.—*François*, b 1758; s [1] 14 août 1760. — *Marie-Anges*, b [2] 23 mai 1761. — *Marie-Rosalie*, b [2] 6 juillet 1763.

1749, (7 janvier) Rivière-Ouelle. [1]
V.—**MIVILLE**, Jean-François. [Joseph IV.
Bérubé, Marie-Ursule. [Pierre II
Jean-François-Maurice, b [1] 22 oct. 1749. — *Marie-Ursule*, b [1] 8 oct. 1750; m [1] 31 juillet 1780, à Antoine Tardif.—*Joseph-Marie*, b [1] 21 août 1752; m [1] 16 juin 1783, à Marie-Rose Dubé.—*Marie-Véronique*, b [1] 9 nov. 1754; s [1] 15 avril 1755.—*Henri*, b [1] 29 mars 1756.—*Louise-Charlotte*, b [1] 15 avril et s [1] 21 sept. 1758.—*Marie-Judith*, b [1] 20 nov. 1760.

1753, (8 janvier) Kamouraska.
IV.—**MIVILLE**, Jean-Bte, [Charles III. b 1717.
Mignot, Félicité-Cécile. [Pierre II.
Jean-Bernard, b 26 fevrier 1754, à Ste-Anne-de-la-Pocatière; s 8 juillet 1755, à St-Roch.

1753, (13 nov.) Rivière-Ouelle. [2]
V.—**MIVILLE**, Joseph-Toussaint. [Joseph IV.
Saucier, Therèse, [Pierre III. b 1736.
Joseph-Maurice, b [2] 21 juin et s [2] 14 juillet 1756. —*Joseph-Toussaint*, b [2] 20 avril 1759.—*Marie-Joseph*, b... m [2] 10 janvier 1780, à Jean-Noel Morel.

(1) Dit Deschênes.

(2) Elle epouse, le 10 mai 1756, François-Josué Moreau, à Quebec.

1754, (21 janvier) Rivière-Ouelle. [3]
V.—**MIVILLE**, Jean-Bte, [Guillaume IV b 1733.
1° Baudet, Isabelle, [Jean-Bte II b 1737; s [3] 25 mars 1777.
Madeleine, b [3] 18 août 1755; m [3] 23 janvier 1775, à Louis-Joseph Macé.—*Angélique-Salomée* b [3] 5 oct. 1757; m [3] 23 janvier 1775, à Jean Baptiste Simon.—*Jean-Marie*, b [3] 1er nov. 1759 s [3] 28 février 1760.—*Marie-Joseph*, b [3] 24 dec 1760; m [3] 18 nov. 1782, à Nicolas-Basile Hudon —*Marie-Françoise*, b [3] 9 mai 1763.
1778, (19 janvier). [3]
2° Paradis, Catherine, [Jean-Bte IV b 1743.

1754, (18 nov.) Kamouraska. [2]
V.—**MIVILLE**, Basile, [Joseph IV b 1733; s [2] 2 mars 1760.
Langlvin, Marie-Louise, [François s [2] 2 mars 1760.
Basile-Hypolite, b 30 nov., à la Rivière-Ouelle et s [2] 29 dec. 1755.—*Benjamin*, b [2] 29 mai 1757 s (noyé) 21 avril 1773, à St-Thomas. — *Marie*, b 6 avril 1759, s [5] 27 mars 1760 —*Jean*, b... m [2] 1[illegible] janvier 1779, à Marie-Rosalie Blier.

1757, (12 janvier) Rivière-Ouelle.
V.—**MIVILLE**, Ambroise. [Joseph IV
Pelletier, Marie-Claire, [Guillaume V b 1735.
Toussaint, b 31 oct. 1757, à Kamouraska. [2] — *Ambroise*, b [2] 6 avril 1759.—*Jean-Baptiste*, b [2] [illegible] sept. 1762.—*Marie-Euphrosine*, b [2] 7 mai 1764.—*Germain*, b [2] 26 avril 1766; m 30 juin 1795, à Catherine Ethier, à Repentigny. [7] — *Marie-Marguerite*, b [2] 7 février 1768. — *Marie-Archange* b 1773; s [7] 13 août 1791.

I.—**MIVILLE**, Joseph, b 1724; du diocèse de Coutances, Normandie; s 24 mars 1760, à Ste-Anne-de-la-Pocatière.

MIVILLE (1), Bernard.
Miville, Louise.
Jean-Baptiste, b 26 juillet 1760, à Ste-Anne-de-la-Pocatière. [8] — *Richard*, b [8] 10 février 1762.

1760, (21 juillet) Ste-Anne-de-la-Pocatière. [9]
V.—**MIVILLE**, Jos.-Augustin, [Pierre-René IV b 1735.
Bouchard, Rosalie, [Joseph III b 1736; veuve de Louis Chouinard.
Joseph, b [9] 24 juin 1761.

1760, (24 nov.) St-Thomas. [1]
V.—**MIVILLE**, Jacques-François, [François IV b 1735.
1° Couillard, Marthe, [Jacques IV b 1737; s [1] 13 janvier 1763.
1764, (28 février). [1]
2° Lemieux, Geneviève. [Alexis III

(1) Dit Dechêne.

MIVILLE (1), Jean.
Lanoue, Judith.
Louis, b 18 janvier 1761, à Ste-Anne-de-la-Pocatière.

1761, (27 juillet) Ste-Famille, I. O.
V.—MIVILLE, Joseph, [Louis IV.
b 1737.
Terrien, Marie-Louise, [Pierre III.
b 1740.
Prisque-Bénoni, b 18 avril 1762, au Cap-St-Ignace. [2] — *Marie-Louise*, b [2] 8 sept. 1763.

1763, (31 janvier) Kamouraska. [7]
V.—MIVILLE, Joseph, [Bernard IV.
b 1735.
Mignier, Marie-Catherine, [André III.
b 1742.
Jean-Marie, b [7] 8 janvier 1764. — *Marie-Geneviève*, b [7] 27 oct. 1765.—*Jacques*, b [7] 4 oct. 1767. —*Marie-Joseph*, b [7] 2 nov. 1769. — *Marie-Joseph*, b [7] 15 déc. 1771.

1764, (19 nov.) Ste-Anne-de-la-Pocatière.
V.—MIVILLE, Joseph, [Joseph IV.
b 1742.
Pain (2), Françoise, [Jean I.
b 1737.

1765, (21 janvier) Kamouraska. [9]
V.—MIVILLE, Charles-Frs, [Pierre-Frs IV.
b 1742.
Michaud, Marguerite, [Antoine III.
b 1738.
Marie-Anne, b [9] 11 nov. 1765.— *Charles-François*, b [9] 11 avril 1767.

1766, (21 janvier) Ste-Anne-de-la-Pocatière. [2]
V.—MIVILLE, Joseph-François, [Jacques IV.
b 1744.
1° Saucier, Marie-Louise, [Charles-Frs III.
b 1744 ; s [2] 15 février 1769.
1770, (2 juillet). [2]
2° Caron, Scholastique. [Augustin.

1766, (10 février) Ste-Anne-de-la-Pocatière.
V.—MIVILLE, Alexis, [Joseph IV.
b 1740.
Leclerc (3), Marie-Charlotte, [Joachim II.
b 1744.

1767, (30 juin) Ste-Anne-de-la-Pocatière.
V.—MIVILLE, Xiste, [Pierre-René IV.
b 1742.
Mignot, Marie-Joseph, [Michel II.
b 1738.

1767, (13 juillet) Ste-Anne-de-la-Pocatière.
V.—MIVILLE, Antoine-Augustin, [Charles IV.
b 1744.
Poulin, Véronique. [Joseph.

(1) Dit Dechêne.
(2) Dit Langlois.
(3) Dit Francœur.

Jean-Baptiste, b... m 15 février 1813, à Théotiste Lepage, à Rimouski.

1770, (9 février) St-Louis, Mo. [2]
V.—MIVILLE (1), Jos.-Marie, [Guillaume IV.
b 1739.
Chancellier, Anne, [Louis.
veuve de Pierre Daniel-Jolibois.
Thérèse, b [2] 6 mai 1771 ; m [2] 6 août 1787, à Joseph Desautels. — *Pélagie*, b [2] 18 mai 1773 ; m [2] 27 avril 1795, à Joseph Lagrave. — *Hélène*, b... 1° m [2] 26 août 1789, à Pierre Gagnon ; 2° m 20 avril 1801, à Pierre Daniel, à St-Charles, Mo. [3], 3° m [2] 17 août 1813, à Charles Cardinal. —*Pélagie*, b [2] 1er mai 1775. —*Julie*, b [2] 28 sept. 1777. — *Julie*, b [2] 1er février 1779 ; m [2] 15 juin 1794, à Joseph LeBer-Hubert.—*Marie-Anne*, b [2] 21 juin 1781 ; m [3] 28 juin 1797, à Augustin Filteau.—*Joseph*, b [2] 2 nov. 1783 ; m [3] 19 août 1811, à Pélagie Cardinal.

VI.—MIVILLE, Benjamin, [Basile V.
b 1757 ; s (2) 21 avril 1773, à St-Thomas.

1771, (7 janvier) Ste-Anne-de-la-Pocatière.
V.—MIVILLE, Charles-Frs, [François IV.
b 1749.
Dubé, Marie-Charlotte. [Joseph III.

1771, (15 janvier) Ste-Anne-de-la-Pocatière.
V.—MIVILLE, Pierre, [Pierre IV.
b 1748.
Laurendeau, Madeleine. [Louis-Joseph III.

1772, (20 janvier) Rivière-Ouelle.
V.—MIVILLE (1), Ls-Germain, [Jacques IV.
b 1746.
Dupéré, Marie-Perpétue, [Jean-Bte III.
b 1752 ; s 24 nov. 1783, à Québec. [2]
Constance, b... m [2] 11 janvier 1790, à Charles Lefrançois. — *Perpétue*, b... m [2] 18 mai 1790, à François Ponsy.

1772, (24 février) St-Henri-de-Mascouche.
V.—MIVILLE, Michel, [Michel IV.
b 1745.
Hubou (3), Marie-Charlotte, [Gabriel IV.
b 1752.

1772, (23 nov.) Ste-Anne-de-la-Pocatière.
V.—MIVILLE, Claude-Raphael, [Jacques IV.
b 1748.
Caron, Marie-Charlotte, [Louis IV.
b 1756.

1773, (1er février) Terrebonne.
V.—MIVILLE, Michel-François, [Michel IV.
b 1747.
Riquier, Marie-Anne, [Jean II.
b 1732.

(1) Dit Deschênes.
(2) Noyé le 4 déc. 1772.
(3) Dit Tourville.

1774, (18 avril) Rivière-Ouelle.
V.—MIVILLE, Pierre, [Joseph IV.
b 1744.
Ouellet, Catherine, [Alexis III.
b 1746.

1774.
MIVILLE, Joseph.
Gagné, Marie-Reine, [Pierre V.
b 1744; veuve de Joseph Rancour.
Marie-Françoise, b 23 juillet 1775, à St-Joseph, Beauce. [9]—*Joseph*, b [9] 5 oct. 1777.

1776, (30 sept.) Montréal.
V.—MIVILLE, Charles, [Charles IV.
b 1754.
Gauvreau, Angélique, [Jean-Bte II.
b 1760.

1779, (11 janvier) Montréal. [1]
V.—MIVILLE, Pierre, [Pierre IV.
b 1755.
1° Auger (1), Archange, [Ferdinand I.
b 1762.
1782, (2 sept.) [1]
2° Benèques, Marguerite, [Pierre.
b 1765.

1779, (18 janvier) Kamouraska.
VI.—MIVILLE, Jean. [Basile V.
Blier, Marie-Rosalie. [Jean I.

1779, (19 juillet) Kamouraska.
V.—MIVILLE, Augustin, [Bernard IV.
b 1742.
Ouellet, Marie-Angélique, [Augustin III.
b 1738; veuve de Michel Laisné.

1779, (19 juillet) Kamouraska.
V.—MIVILLE, Augustin, [Joseph IV.
b 1753.
Roy, Marie-Joseph, [Joseph-Marie IV.
b 1758.

1780, (10 janvier) Rivière-Ouelle.
V.—MIVILLE, Jean-Frs, [Pierre-Frs IV.
b 1754.
Bérubé, Marie-Anne, [Pierre III.
b 1759.

MIVILLE, Joseph.
....
Thérèse, b 11 mai 1783, à St-Cuthbert.

1783, (16 juin) Rivière-Ouelle.
VI.—MIVILLE, Joseph-Marie, [Jean-Frs V.
b 1752.
Dubé, Marie-Rose, [Basile.
b 1763.

(1) Dit Lallemand.

1795, (30 juin) Repentigny.
VI.—MIVILLE, Germain, [Ambroise V.
b 1766.
Ethier, Catherine. [Joseph IV.

MIVILLE, Joseph,
meunier.
Hudon, Marie-Anne.
Joseph, b 24 nov. 1799, aux Trois-Pistoles.

1811, (19 août) St-Charles, Mo.
VI.—MIVILLE, Joseph, [Joseph-Marie V.
b 1783.
Cardinal, Pelagie. [Charles.

1813, (15 fevrier) Rimouski.
VI.—MIVILLE, Jean-Bte. [Antoine-August. V.
Lepage, Theotiste. [Louis IV.

MOBLOT.—Voy. Maublot.

MOCHEL, ...
Lavigne, Marie.
François, b 1718; s 25 mai 1719, à Lachine.

MOCOUR.—Voy. Marcour.

MOCQUET.—Voy. Moquin.

MOCQUIN.—Voy. Moquin.

MODOUE.—Voy. Maudoux.

MODOUX.—Voy. Maudoux.

MOET.—Voy. Mouet.

MŒURS.—Voy. Meurs.

MOGEON.—Voy. Mongeon.

MOGRAIN.—Voy. Lafond.

1755, (24 nov.) Montréal.
I.—MOIGNARD, Jean, b 1720; fils de Bernardin et de Marie Debien, de Noyan, diocèse de Lombez, Gascogne.
Hallé, Marie-Charlotte, [Jean III.
b 1720.

MOINE.—Voy. Bourguignon.

1755, (29 sept.) Québec. [1]
I.—MOINE (1), François, fils de Pierre et de Jeanne Durand, de Pagny, diocèse de Besançon, Franche-Comté.
Mérieux, Louise, [Jean-Jacques II.
b 1738.
Louise-Angélique, b [1] 6 août 1756.—*François*, b [1] 21 déc. 1757.—*Joseph*, b 6 sept. 1761, à St-Michel-d'Yamaska.

MOINEAU.—*Variations et surnom :* Jammoneau—Jeanmoneau—Moneau—Beauchemin.

(1) Dit Bourguignon; voy. vol. II, p. 428.

I.—MOINEAU, Claude, b 1685; sergent; s 6 août 1756, à Montreal.

1688, (1er sept.) Boucherville.[1]
I.—MOINEAU (1), Michel-Jean,
b 1659; soldat.
Jodouin, Marie-Rose-Anne, [Claude I.
b 1671; s[1] 24 dec. 1721.
Marie-Anne, b[1] 3 déc. 1689; m 21 oct. 1715, à Joseph Savarias, à Varennes.[2] — *Marie*, b 18 sept. 1692, à la Pte-aux-Trembles, M.[3]; m[1] 7 janvier 1717, à Joseph David. — *Marie-Jeanne*, b... m[3] 19 janvier 1711, à Jean-Baptiste Quévillon. — *Marguerite*, b... m à Jean-Baptiste Béique.— *Joseph*, b[2] 26 avril 1702; s 24 oct. 1765, au Detroit.—*Jacques*, b[2] 1er février 1704; m 1727, à Louise Leroux; s 23 sept. 1770, à la Longue-Pointe.

1727.
II.—MOINEAU (2), Jacques, [Michel-Jean I.
b 1704; s 23 sept. 1770, à la Longue-Pointe.[1]
Leroux (3), Louise,
b 1705; s[1] 25 mai 1772.
Nicolas, b[1] 23 nov. 1728.—*Paschal*, b[1] 9 mai 1731; m 13 mai 1754, à Louise Boyer, au Bout-de-l'Ile, M.[7] — *Charles*, b[1] 23 déc. 1732.—*Angélique*, b[1] 9 nov. 1734; m[1] 23 fevrier 1751, à Jean-Baptiste Aymond (4).—*Joseph*, b[1] 24 oct. 1736; s[7] 1er dec. 1760.—*Jacques*, b 1738; m[7] 31 mars 1761, à Marie-Louise Brabant.—*Marie-Joseph*, b 1740; m[1] 10 janvier 1757, à Jean-Baptiste Simon.— *Marie-Amable*, b[1] 7 et s[1] 22 avril 1743. — *Toussaint*, b[1] 1er nov. 1744. — *Charles*, b[1] 12 mai 1747; s[1] 4 février 1748. — *Antoine*, b[1] 1er mai 1749.

1754, (13 mai) Bout-de-l'Ile, M.[1]
III.—MOINEAU, Paschal, [Jacques II.
b 1731.
Boyer, Louise, [Jacques III.
b 1735; s[1] 1er déc. 1760.
Anonyme, b[1] et s[1] 22 nov. 1755.—*Joseph*, b[1] 2 et s[1] 5 nov. 1756.—*Jean-Baptiste*, b 1758; s[1] 20 juillet 1760.—*Jean-Louis*, b[1] 2 avril 1760, s[1] 23 janvier 1761.

1761, (31 mars) Bout-de-l'Ile, M.[2]
III.—MOINEAU, Jacques, [Jacques II.
b 1738.
Brabant, Marie-Louise, [Michel II.
b 1725: veuve de Louis-Philippe Lamoureux-St. Germain.
Marie-Rose, b[2] 21 janvier 1762.—*Antoine*, b[2] 22 août 1764.—*Madeleine*, b[2] 2 août 1767.

1768, (24 oct.) Soulanges.
I.—MOINEAU, Jean-Bte, b 1743; fils de Jacques et de Marie-Louise Dardenne, de St-Leonard.
Boyer, Marie-Joseph, [Alexandre-Paul III.
b 1750.

(1) Dit Jeanmoneau — Beauchemin; voy. vol. I, pp. 320 et 436
(2) Et Jeanmoneau—Moneau.
(3) Dit Laliberté.
(4) Voy. aussi Haimond.

MOINET.—Voy. Chavoye—Monet.

MOISAN.—*Variations :* Moison—Moizin.

I.—MOISAN (1), Nicolas,
b 1635; cordonnier.
Vallée, Jeanne,
b 1641; s 16 avril 1717, à Montréal.

1673, (11 sept.) Québec.[8]
I.—MOISAN (2), Pierre,
b 1648; s[8] 7 dec. 1693.
Rotteau, Barbe,
b 1653; s 25 août 1728, à Lorette.[2]
Marie-Madeleine, b[8] 1er août et s[8] 5 oct. 1674. —*Marie-Charlotte*, b[8] 20 oct. 1677; m[8] 11 février 1699, à Jean Cotton; s 30 nov. 1741, à l'Hôpital-Général, Q. — *Michel*, b[8] 4 oct. 1687; m[2] 18 nov. 1709, à Therèse Bonhomme; s[2] 20 mai 1758.

1701, (19 oct.) Montréal.[5]
II.—MOISAN (3), Jean-Bte, [Nicolas I.
b 1677.
Robillard, Thérèse, [Claude I.
b 1686.
Marie-Joseph, b 14 août 1709, à Lachine[9]; s[5] 8 mars 1724.—*Antoine*, b[9] 7 août 1719; m[5] 8 février 1751, à Marie-Amable Vallée.—*Agathe*, b 1721; s[5] 23 juin 1728.—*Jean-Baptiste*, b[5] 31 mai 1726; 1° m[5] 10 février 1749, à Marie-Angelique Roy; 2° m[5] 21 janvier 1771, à Marie-Eleonore Caron.—*Marie-Joseph-Marguerite*, b[5] 31 mai 1726; m[5] 10 fevrier 1749, à Jean-Baptiste Colonges.

1709, (18 nov.) Lorette.[7]
II.—MOISAN (4), Michel, [Pierre I.
b 1687; s[7] 20 mai 1758.
Bonhomme, Thérèse, [Nicolas II.
b 1691; s[7] 1er déc. 1751.
Pierre, b[7] 26 août 1710; s[7] 14 mai 1713.— *Etienne*, b[7] 16 fevrier 1712.—*Pierre*, b... m 17 janvier 1735, à Madeleine Mathieu, au Château-Richer.—*Michel*, b[7] 17 mars et s[7] 24 sept. 1714. —*Marie-Joseph*, b[7] 5 fevrier 1716, m[7] 17 nov. 1739, à Mathieu Gingras; s 3 nov. 1785, à St-Augustin.—*Michel*, b[7] 24 fevrier 1718; 1° m 7 avril 1750, à Marie-Catherine Marette, à L'Ange-Gardien; 2° m 30 août 1762, à Geneviève Lagneau, à Ste-Foye.[8]—*Jean-Baptiste*, b[7] 12 mai 1720; m[8] 11 janvier 1745, à Marie-Elisabeth Levitre.— *Marie-Thérèse*, b[7] 3 avril 1722; m[7] 5 fevrier 1742, à Noël Bonhomme.—*Joseph-Marie*, b[7] 11 août 1724; m 1754, à Marie-Agnès Meunier; s 18 dec. 1790, à Québec.—*Marie-Félicité*, b[7] 1er sept. 1727; m[7] 3 fevrier 1755, à François Robitaille. —*Guillaume*, b[7] 15 juin 1730; m 1753, à Louise Trudel.

(1) Voy. vol. I, p. 437.
(2) Voy. vol. I, pp. 436-437.
(3) Et Moison.
(4) Il avait adopté Denis Germain, qui prit le nom de Moisan et se maria à Lorette le 21 nov. 1735.

1714, (6 août) Lorette. [1]
II.—MOISAN, ETIENNE, [PIERRE I.
b 1693.
BONHOMME, Anne-Félicité, [NICOLAS II.
b 1693 ; s [1] 16 janvier 1741.
Félicité, b [1] 30 août 1715 ; m [1] 29 février 1740, à Augustin GINGRAS ; s 12 avril 1790, à St-Augustin. [5]—*Catherine-Ambroise*, b [1] 11 août 1717 ; m [1] 7 février 1735, à François MARET ; s 6 déc. 1756, à L'Ange-Gardien.—*Antoine*, b [1] 18 sept. 1721 ; 1° m [1] 12 fevrier 1748, à Marie-Anne MORIN; 2° m [5] 19 oct. 1761, à Marie-Joseph AMIOT. —*Etienne*, b [1] 24 oct. 1723 ; m [1] 5 février 1748, à Marie-Agathe VOYER.—*Jean*, b... m 1752, à Marie-Charlotte DORÉ. — *Marie-Geneviève*, b [1] 7 sept. 1728. — *Anonyme*, b [1] et s [1] 17 janvier 1733. — *Elisabeth* et *Louise*, b [1] 14 et s [1] 16 janvier 1735. —*Ursule*, b [1] 24 avril 1737 ; m [1] 11 février 1759, à Pierre VOYER.—*Joseph*, b... m [1] 11 février 1759, à Marie DROLET. — *Marie-Charlotte*, b 1739 ; m 1754, à Pierre GINGRAS.

1735, (17 janvier) Château-Richer.
III.—MOISAN, PIERRE. [MICHEL II.
MATHIEU, Madeleine, [NICOLAS II.
b 1718.
Madeleine, b 2 fevrier 1737, à Lorette. [9] — *Pierre*, b [9] 29 mars 1738 ; m [9] 13 juillet 1761, à Marguerite DROLET. — *Marie-Joseph*, b [9] 20 sept. 1739 ; m [9] 14 avril 1755, à Joseph ROBITAILLE. — *Marie-Angélique*, b [9] 23 mars 1741 ; m [9] 14 janvier 1765, à Joseph DROLET.—*Joseph*, b [9] 8 janvier 1743. — *Jean-Baptiste*, b [9] 14 avril 1745. — *Marguerite*, b [9] 30 janvier 1747 ; s [9] 6 oct. 1750. — *Marie-Madeleine*, b [9] 30 juillet 1748 ; 1° m à Ignace MOISAN ; 2° m 3 mars 1794, à Jean-Baptiste MANSEAU, à Quebec. — *Michel*, b [9] 20 août 1750.— *Nicolas*, b [9] 10 mai 1753 ; s [9] 31 oct. 1759. — *Marie-Catherine*, b [9] 27 mars 1755. — *Jean-Baptiste*, b [9] 15 août 1757. — *Marie-Thérèse*, b [9] 27 avril 1761.

1735, (21 nov.) Lorette. [7]
III.—MOISAN (1), DENIS. [MICHEL II.
ALAIN, Marie-Anne, [PIERRE III.
b 1714.
Anonyme, b [7] et s [7] 14 déc. 1736.—*Marie-Anne*, b [7] 21 fevrier 1738 ; m [7] 26 nov. 1753, à Joseph ROBITAILLE. — *Pierre*, b [7] 28 mars 1740 ; m [7] 11 février 1765, à Catherine ROBITAILLE.—*Anonyme*, b [7] et s [7] 24 février 1742. — *Ignace-François*, b [7] 10 mai 1743 ; m à Madeleine MOISAN ; s 10 janvier 1793, à Quebec.—*Joseph*, b [7] 17 mars 1748 ; s [7] 4 déc. 1764.—*Michel*, b [7] 7 déc. 1751.—*Marie*, b 1752 ; s [7] 26 avril 1765.— *Jean-Baptiste*, b [7] 10 juin 1756.

1745, (11 janvier) Ste-Foye [2] (2).
III.—MOISAN, JEAN-BTE, [MICHEL II.
b 1720.
LEVITRE, Marie-Elisabeth, [FRANÇOIS II.
b 1726 ; s 26 sept. 1751, à Lorette. [8]
Jean-Baptiste, b [2] 10 février 1746.— *Françoise-Elisabeth*, b [2] 26 avril 1747. — *Marie-Madeleine*, b [8] 5 août et s [8] 13 déc. 1748. — *Marie-Catherine*, b [8] 13 avril et s [8] 18 sept. 1750.

1748, (5 fevrier) Lorette. [2]
III.—MOISAN, ETIENNE, [ETIENNE II.
b 1723.
VOYER, Marie-Agathe, [FRANÇOIS-MARIE II.
b 1727.
Marie-Madeleine, b [2] 6 janvier et s [2] 2 sept. 1749. — *Marie-Charlotte*, b [2] 1er sept. 1751. — *Etienne*, b [2] 10 avril 1754 ; s [2] 8 avril 1756. — *Etienne*, b [2] 14 sept. 1757. — *Pierre*, b [2] 22 mai 1760. — *Marie*, b [2] 15 avril 1762. — *Ignace*, b [2] 9 mars et s [2] 20 juillet 1765.

1748, (12 fevrier) Lorette. [1]
III.—MOISAN, ANTOINE, [ETIENNE II.
b 1721.
1° MORIN, Marie-Anne, [PIERRE II.
b 1730.
Marie-Anne, b [1] 23 janvier 1751. — *Pierre*, b... 1° m 30 sept. 1794, à Rosalie MOISAN, à Québec [5]; 2° m [5] 2 oct. 1798, à Marie-Madeleine CROTEAU.
1761, (19 oct.) St-Augustin. [7]
2° AMIOT, Marie-Joseph, [LAURENT IV.
b 1729 , s [7] 28 janvier 1788.
Marie-Barbe, b... m [7] 9 juillet 1792, à Pierre CRÉPEAU.—*Jean-Baptiste*, b... m [5] 18 juillet 1797, à Marie-Angelique JOBIN.

1749, (10 fevrier) Montréal. [3]
III.—MOISAN, JEAN-BTE, [JEAN-BTE II.
b 1726.
1° ROY, Marie-Angélique, [JEAN II.
b 1694 ; veuve d'Antoine Thunay.
1771, (21 janvier). [3]
2° CARON, Marie-Eleonore, [IGNACE IV.
b 1745.

1750, (7 avril) L'Ange-Gardien.
III.—MOISAN, MICHEL, [MICHEL II.
b 1718.
1° MARETTE, Catherine, [CHARLES II.
b 1729; s 28 juillet 1761, à Lorette. [9]
Marie-Charlotte, b [9] 3 sept. 1751.— *Joseph*, b [9] 24 fevrier 1754. — *Marie-Marguerite*, b [9] 29 nov. 1755.—*Marie-Joseph*, b [9] 10 mai 1757 ; s [9] 5 août 1758. — *Marie-Anne*, b [9] 20 oct. 1758. — *Pierre*, b [9] 27 janvier 1760.—*Marie-Thérèse*, b [9] 21 juillet 1761.
1762, (30 août) Ste-Foye.
2° LAGNEAU (1), Geneviève, [ETIENNE I.
b 1734 ; veuve d'Augustin Billot.
Charles, b [9] 10 avril 1764.

1751, (8 fevrier) Montréal.
III.—MOISAN, ANTOINE, [JEAN-BTE II.
b 1719.
VALLEE (2), Marie-Amable, [JEAN-PIERRE III.
b 1735.
Antoine, b et s 12 fevrier 1757, à Lachine.

(1) Fils adoptif—Germain est son vrai nom.
(2) Réhabilité le 25 avril 1749 pour cause de parenté.

(1) Mariée Laniau.
(2) Elle épouse, le 25 juillet 1763, Etienne Nivard, à Montréal.

1752.

III.—MOISAN, Jean. [Etienne II.
Doré, Marie-Charlotte, [Etienne II.
b 1726.
Marie-Charlotte, b 15 juin 1753, à Lorette.[7]— *Marie-Félicité*, b [7] 7 août 1754. — *Marie-Angélique*, b [7] 27 août 1755. — *Jean-Baptiste*, b [7] 16 août 1756 ; s [7] 9 juillet 1757. — *Marie-Louise*, b [7] 25 et s [7] 28 août 1757.— *Jacques-Philippe*, b [7] 16 oct. 1758. — *Marie-Thérèse*, b 19 juillet 1760, à St-Augustin.—*Marie-Joseph*, b [7] 23 juillet 1761. —*Jean-François*, b [7] 29 juillet et s [7] 13 août 1762. —*Marie-Augustine*, b [7] 25 juillet 1763 ; s [7] 4 avril 1765. — *Marie-Louise*, b [7] 16 juillet 1764 ; s [7] 31 mars 1765.

1753.

MOISAN, Pierre.
Trudel, Marie.
Pierre, b 23 août 1754, à Lorette.[8] — *Marie-Ursule*, b [8] 15 août 1755. — *Marie-Angélique*, b [8] 21 février 1757. — *Etienne-Christophe*, b [8] 25 juillet 1758. — *Etienne*, b [8] 19 fevrier 1761.— *Joseph*, b [8] 13 avril 1762.— *Madeleine-Françoise*, b [8] 3 déc. 1764.

1753.

III.—MOISAN, Guillaume, [Michel II.
b 1730.
Trudel, Louise.
Marie-Félicité, b 14 janvier 1754, à Lorette.[1]— *Louis-Benjamin*, b [1] 6 sept. 1755 ; m 4 fevrier 1782, à Madeleine Bussière, à St-Augustin.

1754.

III.—MOISAN, Joseph-Marie, [Michel II.
b 1724 ; s 18 déc. 1790, à Québec.[2]
Meunier, Marie-Agnès.
Pierre, b 7 fevrier 1755, à Lorette[8] ; 1° m [2] 16 sept. 1776, à Marie-Charlotte Renaud ; 2° m [2] 17 avril 178' à Elisabeth Mœurs. — *François*, b [8] 10 fevrier 1757.— *Rosalie*, b [8] 21 sept. 1759 ; m [2] 30 sept. 1794, à Pierre Moisan ; s [2] 14 mars 1797. — *Marie-Félicité*, b [8] 10 sept. 1761 ; m [2] 3 mars 1783, à Pierre Fluet. — *Joseph*, b... m [2] 29 mai 1781, à Marie-Louise Levasseur. — *Marie-Françoise*, b [8] 31 janvier 1763 ; s [2] 29 mai 1764. — *Marie-Joseph*, b [8] 14 nov. 1764 ; m [2] 17 avril 1787, à Jacques Rinfret.

1759, (11 fevrier) Lorette.

III.—MOISAN, Joseph. [Etienne II.
Drolet, Marie-Madeleine, [Philippe III.
b 1740.

1761, (13 juillet) Lorette.[2]

IV.—MOISAN, Pierre, [Pierre III.
b 1738.
Drolet, Marguerite, [Jean-Bte III.
b 1739.
Marie-Marguerite, b [2] 14 mai et s [2] 20 sept. 1762 — *Pierre*, b [2] 2 mai 1763. — *Joseph*, b [2] 27 août 1764.

1765, (11 février) Lorette.

IV.—MOISAN, Pierre, [Denis III.
b 1740.
Robitaille, Catherine, [André III.
b 1738.
Pierre, b 24 août 1772, à Ste-Foye.

IV.—MOISAN, Ignace, [Denis III.
b 1743 ; s 10 janvier 1793, à Québec.
Moisan (1), Madeleine, [Pierre III.
b 1748.

1776, (16 sept.) Québec.[1]

IV.—MOISAN, Pierre, [Joseph-Marie III.
b 1755.
1° Renaud (2), Marie-Charlotte, [Pierre I.
b 1755 ; s [1] 2 déc. 1785.
1787, (17 avril).[1]
2° Mœurs, Elisabeth. [François I.

1780.

MOISAN, Jean-Bte.
Galarneau, Felicité.
Pierre, b 20 nov. 1781, à St-Augustin.[8] — *Marie-Félicité*, b [8] 24 mars 1784.—*Madeleine*, b [8] 5 dec. 1785. — *Marguerite*, b [8] 2 juin 1788. — *Augustin*, b [8] 15 sept. 1791.—*Etienne*, b [8] 21 sept. 1795.

1781, (29 mai) Québec.

IV.—MOISAN, Joseph. [Joseph-Marie III.
Levasseur, Marie-Louise. [Pierre V.

1782, (4 fevrier) St-Augustin.

IV.—MOISAN, Louis-Benjamin, [Guillaume III.
b 1755.
Bussière, Madeleine, [Charles III.
b 1760.
Joseph, b 28 juin 1786, à Ste-Foye.

1783.

MOISAN, Michel.
Petitclerc, Dorothée.
Madeleine, b 17 mars 1784, à St-Augustin.[2] — *Jeanne*, b [2] 19 fevrier 1786.

MOISAN, Michel.
Bairn, Marie-Anne.
Pierre, b 22 août 1787, à St-Augustin.

1794, (30 sept.) Québec.[2]

IV.—MOISAN, Pierre. [Antoine III.
1° Moisan, Rosalie, [Joseph-Marie III.
b 1759 ; s [2] 14 mars 1797.
1798, (2 oct.)[2]
2° Croteau, Marie-Madeleine. [Joseph IV.

1797, (18 juillet) Québec.

IV.—MOISAN, Jean-Bte. [Antoine III.
Jobin, Marie-Angelique. [Pierre.

(1) Elle épouse, le 3 mars 1794, Jean-Baptiste Manseau, à Québec.
(2) Dit Duchemin.

MOISAN (1), JACQUES.
BEAUCHAMP, Marie. [JACQUES.

MOISON.—Voy. MOISAN.

MOISSET.—Voy. MOUTELLE.

MOITIER, FRANÇOIS.
DUHAUTMÉNY, Marie.
Marie-Anne, b 31 août 1747, aux Trois-Rivières; m 10 juin 1765, à Augustin VALIÈRE, à Chambly.

I.—MOITREL, PIERRE, b 1665; de Paris; s 2 janvier 1735, à l'Hôpital-Genéral, Q.

MOIZIN.—*Variation :* MOISAN.

1787, (22 mai) Québec. [1]
I.—MOIZIN, ANTOINE, fils d'Antoine et de Marie-Anne Lalande, de Villefranche, Rouergue, Guienne.
1° GALARNEAU, Marie-Françoise. [PHILIPPE III.
1794, (7 janvier). [1]
2° ALARY, Angélique. [CHARLES.

I.—MOL, CLAUDE.
RIOPEL, Catherine.
François, b... 1° m 18 avril 1757, à Marie-Louise GAGNON, à St-Vincent-de-Paul [2]; 2° m [2] 2 fevrier 1761, à Françoise DESNOYERS.

1757, (18 avril) St-Vincent-de-Paul. [3]
II.—MOL, FRANÇOIS. [CLAUDE I.
1° GAGNON, Marie-Louise. [LOUIS-AUGUSTIN IV
1761, (2 fevrier). [3]
2° DESNOYERS, Françoise,
veuve d'Alexandre Gaulet.

MOLAIRE.—*Variation et surnom :* MOLLER—LARONDE.

1756, (9 février) Soulanges. [1]
I.—MOLAIRE (2), FRANÇOIS, marchand; fils de Guillaume et de Jeanne Labenère, de Baraut, diocèse d'Auch, Gascogne.
PÉRODEAU (3), Marguerite. [JEAN-BTE I.
François, b [1] 8 mai 1758. — *Paul*, b 8 août 1762, à Quebec.

MOLARD.—Voy. MALARD.

MOLER (4), ...
medecin.

MOLEUR. — *Variations et surnom:* MOLLE—MOLLEUR—LALLEMAND.

(1) Il était, le 24 février 1794, à Repentigny.
(2) Et Moller dit Laronde.
(3) Dit Lafleur.
(4) Il était au Détroit, le 20 oct. 1767.

1671, (3 nov.) Quebec. [5]
I.—MOLEUR (1), PIERRE,
b 1631; s 26 janvier 1729, à Beaumont. [2]
1° GUENEVILLE, Jeanne,
b 1647; s [2] 16 août 1717.
Joachim, b [5] 17 août 1672; m 1693, à Jeanne SIVADIER; s [2] 14 août 1752.
1718, (15 août). [2]
2° MARANDA, Elisabeth, [JEAN I.
b 1653; veuve de Zacharie Lis.

1693.
II.—MOLEUR (2), JOACHIM, [PIERRE I.
b 1672; s 14 août 1752, à Beaumont. [7]
SIVADIER, Jeanne, [LOUIS I.
b 1674; s [7] 5 mai 1753.
Geneviève, b [7] 14 janvier 1697; 1° m [7] 2 août 1723, à Nicolas ALLAIRE; 2° m 22 août 1746, à Louis BOISSY, à Quebec [8]; s [8] 19 février 1758.—*Pierre-Louis*, b [7] 27 avril 1705; s [8] 4 mai 1758.—*Marie-Joseph*, b [7] 19 mars 1707; m [7] 12 mai 1738, à François ALAIRE.—*Jean-Baptiste*, b 1708; m 22 mai 1730, à Marie-Françoise BOURBEAU, à Charlesbourg; s [7] 30 mai 1768.—*Marguerite*, b [7] 11 mars 1712; m [8] 18 fevrier 1738, à Jean MATHIEU; s [8] 12 janvier 1748.—*Antoine*, b [7] 9 avril 1714; m [7] 6 avril 1739, à Marie-Louise LABRECQUE; s 20 janvier 1784, à l'Hôpital-General, M.—*François*, b [7] 12 mars 1717; s [7] 19 oct. 1731.

1694.
II.—MOLEUR (3), MICHEL, [PIERRE I.
b 1673.
1° SIVADIER, Marie-Françoise, [LOUIS I
b 1672; s 10 dec. 1702, à Beaumont [9]
Pierre, b [9] 29 juillet 1696; m 6 juin 1728, à Marie-Françoise LABADIE, à Québec; s [9] 24 juillet 1768.—*Jean-Baptiste*, b [9] 11 oct. 1700; 1° m [9] 9 juin 1721, à Marie-Françoise QUÉRET; 2° m 6 juin 1730, à Marie-Joseph TESSIER, à Charlesbourg, s [9] 1er nov. 1733.
1703, (23 juillet). [9]
2° LIS, Marie-Jeanne, [ZACHARIE I.
b 1677; s [9] 5 avril 1756.

1721, (9 juin) Beaumont. [8]
III.—MOLEUR (4), JEAN-BTE, [MICHEL II.
b 1700; s [8] 1er nov. 1733.
1° QUÉRET, Marie-Françoise, [MICHEL I.
b 1702; s [8] 4 fevrier 1726.
Marie-Françoise, b [8] 17 mai 1722.—*Marie*, b... m 25 avril 1746, à Pierre JOING, à Levis; s (gelee) 26 février 1747, à St-Joseph, Beauce. — *Jean-Baptiste*, b [8] 8 sept. et s [8] 4 déc. 1724.—*Marie-Joseph*, b [8] 28 janvier et s [8] 31 mai 1726.
1730, (6 juin) Charlesbourg.
2° TESSIER (5), Marie-Joseph, [PIERRE II.
b 1705.
Marie-Anne, b [8] 27 mars 1731.—*Jean-Baptiste*, b [8] 4 avril 1733.

(1) Voy. Molleur, vol. I, p. 437.
(2) Dit Lallemand; voy. vol. I, p. 437.
(3) Voy. vol I, p 437.
(4) Dit Lallemand.
(5) Elle épouse, le 15 juillet 1737, Nicolas Jacques, à Charlesbourg.

1728, (6 juin) Québec.

III.—MOLEUR (1), PIERRE, [MICHEL II.
b 1696 ; s 24 juillet 1768, à Beaumont.[2]
LABADIE, Marie-Françoise, [FRANÇOIS I.
b 1687 ; veuve d'Antoine-Simon Buisson ; s[2] 15 mars 1765.
Marie-Joseph, b... m 1746, à Pierre LECLERC.

1730, (22 mai) Charlesbourg.

III.—MOLEUR, JEAN-BTE, [JOACHIM II.
b 1708 ; s 30 mai 1768, à Beaumont.[9]
BOURBEAU, Marie-Françoise, [JEAN II.
b 1702 ; s[9] 30 mai 1768.
Jean-Baptiste, b[9] 15 mars 1731 ; m[9] 22 nov. 1756, à Thérèse GUAY ; s[9] 17 déc. 1800.— *Marie-Françoise*, b[9] 13 juillet 1732 ; m[9] 18 sept. 1758, à Joseph DODIER , s 22 juin 1768, à St-Valier. — *Anonyme*, b[9] et s[9] 12 février 1734.—*Marie-Joseph*, b[9] 18 janvier 1735 ; m[9] 22 nov. 1756, à François COUILLARD. — *Jean-Mathurin*, b[9] 25 juin 1736.— *Cécile*, b[9] 14 sept. et s[9] 8 dec. 1737. — *Marie-Cécile*, b[9] 10 juillet et s[9] 10 août 1739.—*Charles*, b[9] 26 juillet et s[9] 21 août 1740. — *Marie-Marguerite*, b[9] 23 avril et s[9] 23 juillet 1742.—*François*, b[9] 6 février 1756.

1739, (6 avril) Beaumont.[1]

III.—MOLEUR, ANTOINE, [JOACHIM II
b 1714 ; s 20 janvier 1784, à l'Hôpital-General, M.
LABRECQUE, Marie-Louise, [MATHURIN II.
b 1713 ; s[1] 10 oct. 1780.

1756, (22 nov.) Beaumont.[1]

IV.—MOLEUR (1), JEAN-BTE, [JEAN-BTE III.
b 1731 ; s[1] 17 dec. 1800.
GUAY, Thérèse, [JACQUES III.
b 1740 ; s[1] 5 mai 1806.
Marie-Charlotte, b[1] 21 juin 1758 ; s[1] 14 mars 1760.—*Jean-Baptiste*, b[1] 5 sept. 1759 ; m à Agathe ROULEAU : s[1] 23 avril 1836.—*Marie-Charlotte*, b 6 janvier 1762, à St-Michel.— *Thérèse*, b... m[1] 20 février 1786, à Pierre COUTURE. — *Marie-Thérèse*, b... s 14 juillet 1773, à Ste-Foye.

V.—MOLEUR, JEAN-BTE, [JEAN-BTE IV.
b 1759 ; s 23 avril 1836, à Beaumont.
ROULEAU, Agathe.

MOLIÈRE.—Voy. MONIER.

MOLIÈRES (DE).—*Variation* : DESMOULIERS.

1733, (16 fevrier) Pte-aux-Trembles, Q.

II.—MOLIERES (2), JOACHIM, [JACQUES I.
b 1710 ; cordonnier.
AUGER, Marie-Joseph, [RENÉ II.
b 1713 ; s 1er juillet 1793, à Quebec.[2]
Joachim, b[2] 10 juin 1739 ; m 13 mai 1765, à Marguerite DUPUIS, à Montreal ; s 1772, à Kaskakia.

(1) Dit Lallemand.
(2) Pour Desmouliers, voy. vol. III, p. 385.

1765, (13 mai) Montréal.

III.—MOLIÈRES (DE), JOACHIM, [JOACHIM II.
b 1739 ; s 1772, à Kaskakia.
DUPUIS, Marguerite, [RENÉ III.
b 1746.

1695, (8 février) Beaumont.

I.—MOLINET, FRANÇOIS.
LELIÈVRE, Jeanne,
b 1640 ; veuve de Nicolas Roy ; s 11 janvier 1728, à St-Valier.

I.—MOLLARD (1), CLAUDE.

MOLLE.—Voy. MOLEUR.

MOLLER.—Voy. MOLAIRE.

MOLLEUR.—Voy. MOLEUR.

I.—MOLVAN (2), OLIVIER, b 1720 ; de Pleurhan, diocèse de St-Brieux, Bretagne ; s 17 août 1748, à Québec.

MOMBRÉ.—Voy. FORTIN.

MOMESNIL.—Voy. MONTMESNIL.

1721, (5 juin) Montreal.[5]

I.—MONARQUE, CHARLES, b 1697 ; fils de François (maître-coutelier) et d'Anne Chartier, de St-Etienne-du-Mont, Paris.
DHAZÉ, Marie-Madeleine, [PAUL-CHARLES II.
b 1700.
Charles, b[5] 5 fevrier et s[5] 11 août 1722.— *Marie-Anne*, b 1723; m à Michel QUEVILLON ; s 20 juin 1782, à Terrebonne. — *Jacques*, b[5] 15 août 1725 ; m 1747, à Marie-Anne LACROIX. — *Angélique*, b[5] 8 fevrier 1727. — *Marie-Thérèse*, b[5] 19 juin 1729. — *Charles*, b... m 28 sept. 1761, à Marie FILIATREAU, à Ste-Rose.

1747.

II.—MONARQUE, JACQUES, [CHARLES I.
b 1725.
LACROIX, Marie-Anne.
Pierre, b... — *Jean-Baptiste*, b 4 sept. 1750, à Montréal.[2]—*Jacques*, b 1751 ; m[2] 27 sept. 1773, à Marie-Anne JANOT. — *Antoine*, b 19 mai 1769, à la Longue-Pointe.

1761, (28 sept.) Ste-Rose.

II.—MONARQUE, CHARLES. [CHARLES I.
FILIATREAU-ST. LOUIS, Marie. [JACQUES III.

III.—MONARQUE (3), PIERRE. [JACQUES II.

1773, (27 sept.) Montreal.

III.—MONARQUE, JACQUES, [JACQUES II.
b 1751.
JANOT, Marie-Anne, [HENRI I.
b 1757.

(1) Sergent de la compagnie de M. De la Ronde.—Il était, le 13 mars 1760, a la Pte-aux-Trembles, Q.
(2) Matelot sur *Le fleuve St-Laurent*.
(3) Il était, le 17 juin 1767, à Lachenaye.

I.—MONASTER, JEAN.
........, Marie-Anne.
Marguerite, b... s 23 juin 1765, à Ste-Anne — *Marie-Anne*, b... m à Simon DE LA GARDE.

MONBLEAU.—Voy. MAUBLOT.

MONBRON. — *Variations* : MONBRUN — MONTBRON.

1731, (17 avril) Boucherville.
I.—MONBRON, PIERRE, b 1705; fils de Louis et de Marguerite Tancene, de St-Eustache, Paris.
1° MÉNARD (1), Marie-Jeanne, [LOUIS II. b 1706; s 24 mars 1736, à Montréal.[2]
Anonyme, b [2] et s [2] 18 mars 1736.
1752, (19 juin). [2]
2° COUSINEAU, Cécile, [JEAN-BTE I. b 1706; veuve de François Rivière.

MONBRUN.—Voy. MONBRON.

I.—MONBRUN, CHARLES.
BOUDEAU, Marie-Anne.
François, b... m 11 sept. 1753, à Madeleine MAGNAN, à Québec.

1753, (11 sept.) Québec.
II.—MONBRUN, FRANÇOIS. [CHARLES I.
MAGNAN, Madeleine, [ETIENNE II. b 1735.

MONBUISSON.—Voy. LUCAS.

MONCEAU.—*Variations et surnom:* MANSEAU —MOUSSEAU—ROSOIR.

1759, (27 février) Québec.
I.—MONCEAU (2), JEAN-BTE, soldat; fils de Nicolas et de Jeanne Fosis, de N.-D.-de-Rosoir, diocèse de Laon, Ile-de-France.
PETIT, Madeleine, [PIERRE I. b 1733.
Jean-Baptiste, b 11 janvier 1760, à la Pte-aux-Trembles, Q.

MONCIAU.—Voy. LAMOUCHE — MONTAU — MOSSION.

MONCOUR (DE).—Voy. HERTEL.

MONDAIN.—Voy. MONDIN.

1761, (19 janvier) St-Vincent-de-Paul.
I.—MONDARY, PIERRE, fils d'Edouard et de Marie Choret, du diocèse de Limoges, Limosin.
BAZINET, Marie-Joseph. [JOSEPH.

(1) Dit Lafontaine.
(2) Dit Rosoir.

1772, (1er juin) St-Constant.
I.—MONDE, CHARLES, fils de Dominique et d'Anne Mastereau, de Notre-Dame, ville et diocèse de Mirecourt, Lorraine.
LEFEBVRE, Marie-Charlotte. [LOUIS III.

1759, (23 avril) Québec.
I.—MONDELET (1), DOMINIQUE, b 1735, chirurgien; fils de Didier et d'Anne Manevaut, de St-Sulpice, Paris; s 8 janvier 1802, à St-Marc-de-Chambly.
HAINS, Marie-Françoise, [JOSEPH I. b 1740; s 7 janvier 1813, à la Longue-Pointe.
Jean-Marie, b... 1° m 29 janvier 1798, à Charlotte BOUCHER, à Boucherville; 2° m 28 déc. 1811, à Julia WALKER, à Montréal.

1798, (29 janvier) Boucherville.
II.—MONDELET (2), JEAN-MARIE. [DOMINIQUE I.
1° BOUCHER, Charlotte, [CHARLES V. b 1770.
Dominique (3), b 23 janvier 1799, à St-Marc-de-Chambly.[2]—*Françoise-Eloïze*, b 11 et s 24 juillet 1800, à St-Charles-de-Chambly.— *Joseph-Charles-Elzéar*, b [2] 28 dec. 1801; m 19 juin 1824, à Marie-Elisabeth-Henriette CARTER, à Montréal[3]; s [3] 31 dec. 1875.
1811, (28 déc.) [3]
2° WALKER, Julia, [JACQUES I. veuve de Jacques Satherland.
Jean-Olivier-Joseph, b [3] 3 nov. 1812.

1824, (19 juin) Montreal [1] (4).
III.—MONDELET, CHS-ELZÉAR, [JEAN-MARIE II. b 1801; juge; s [1] 31 dec. 1875.
CARTER, Marie-Elisabeth-Henriette, fille de Georges (médecin) et de Marie-Anne Short (celle-ci fille du rev. Robert-Quirk Short, ministre anglican des Trois-Rivières).
Charles-Jean-Joseph-Elzéar (5), b 24 oct. 1825, aux Trois-Rivières[2]; s [2] 13 juin 1826. — *Albert-Gustave-Dominique-Robert* (5), b [2] 15 et s [2] 16 janvier 1827. — *Rodolphe-Zéphirin-Lactance*, b [2] 18 mai 1828; s [1] 22 avril 1831.—*Marie-Charlotte*, b [2] 26 août 1829; s [1] 3 juin 1830. — *Marie-Georgiana-Clorinde*, b [1] 11 mars 1831; m [1] 9 juin 1853, à Georges PACAUD. — *Charles-Olivier-Albert-Rodolphe*, b [1] 28 juillet 1832; m 24 août 1853, à Marie-Letitia HOUGHTON, aux Bermudes. — *Georges-Carter*, b [1] 23 mars 1834; s [1] 26 mai 1835 — *Marie-Elisabeth-Henrielle*, b [1] 13 dec. 1835; m à Moïse BRANCHAUD. — *Marie-Luce-Suzanne*, b [1] 5 mai 1837; s [1] 13 février 1849 —*Joseph-Gustave-Alphonse*, b [1] 4 mai et s [1] 30 sept. 1838.—*Georges-Washington*, b [1] 24 oct. 1839; s [1] 20 oct. 1840.— *Marie-Anne-Françoise*, b [1] 11 avril 1841; m [1] 20 oct. 1859, à Dearing-Arthur ST. CLAIR (du 2nd régiment d'artillerie des Etats-Unis). — *Alphonse-*

(1) Soldat du régiment de la Reine, compagnie de Maron.
(2) M. P. P. pour Montréal en 1804 et 1808; Juge de Police, Président des Sessions de Quartier.
(3) Ancien juge.
(4) Par le rév. Bethune.
(5) Exhumé le 16 et inhumé le 18 mai 1869 au cimetière de Montreal.

Barthélemi, b 24 juillet 1842, à L'Assomption; s 1 8 août 1844.

1853, (24 août) Bermudes.

IV.—MONDELET, RODOLPHE, [CHS-ELZÉAR III. b 1832.

HOUGHTON, Marie-Letitia, fille de Georges (du Department des Ingenieurs) ci-devant du Canada.

MONDIN.—*Variation :* MONDAIN.

1665.

I.—MONDIN (1), ANTOINE, b 1648.

1° LAISNE, Marie.

1668.

2° POULIOT, Marie.

1681, (5 février) Ste-Famille, I. O.

3° BAILLARGEON, Jeanne, [JEAN I. b 1651; veuve de Pierre Burlon; s 20 août 1729, à Québec.[1]

Pierre, b 25 avril 1686, à St-Pierre, I. O.[2]; m[1] 9 janvier 1710, à Marie-Gabrielle DEVIN; s[1] 16 dec. 1717. — *Jean*, b[2] 15 août 1688.—*Claude*, b[2] 16 août 1691; s[1] 16 août 1704 (noye).—*Charlotte*, b[2] 8 fevrier 1695; m[1] 8 janvier 1714, à Pierre DIERS-BEAULIEU; s[1] 17 dec. 1763. — *Anonyme*, b[2] et s[2] 15 sept. 1697.—*Michel*, b[2] 22 avril 1699; s 23 janvier 1750, à St-Roch.

1685, (20 août) Charlesbourg.[1]

I.—MONDIN (2), PIERRE, b 1640, farinier; fils de Mathurin et de Renée Chaynet, de la Chaise, diocèse de Luçon, Poitou; s 7 avril 1706, à Champlain.

COTIN, Catherine, b 1645; veuve de Pierre Brunet; s[1] 30 mars 1690.

Mathurin, b[1] 30 avril 1686.—*Jean*, b[1] 26 août et s[1] 10 sept. 1687. — *Pierre*, b[1] 30 sept. 1688; s[1] 19 oct. 1689.—*Michel*, b[1] 30 sept. 1688.

1694, (16 nov.) Quebec.[1]

II.—MONDIN (3), JEAN, [ANTOINE I. s[1] 5 février 1725.

1° DEROME, Marie, [DENIS I. b 1669.

Jean-François, b[1] 16 mai et s[1] 13 juin 1696.—*Charles-François*, b[1] 6 mai et s[1] 2 dec. 1700.—*Michel*, b[1] 2 et s[1] 14 juillet 1702.

1723, (1er fevrier).[1]

2° TELLIER, Jeanne, [ETIENNE I. b 1675; veuve de Jean Rinfret.

1710, (9 janvier) Quebec.[8]

II.—MONDIN, PIERRE, [ANTOINE I. b 1686; s[8] 16 dec. 1717.

DEVIN (4), Marie-Gabrielle, [JEAN I. b 1693.

Pierre, b[8] 28 nov. 1710; s[8] 20 oct. 1711.—*Pierre-Paul*, b[8] 14 juillet et s[8] 19 août 1712.—*Pierre*, b[8] 30 juillet 1713; s[8] 22 nov. 1716.—*Marie-Madeleine*, b[8] 20 sept. 1715; m[8] 7 avril 1739, à Pierre DUPUY.—*Pierre* (posthume), b[8] 29 déc. 1717.

(1) Voy. vol. I, pp. 437-438.
(2) Voy. vol. I, p. 437.
(3) Voy. vol. I, p 438.
(4) Elle épouse, le 13 oct. 1719, Jacques Parant, à Québec.

II.—MONDIN, MICHEL, [ANTOINE I. b 1699; s 23 janvier 1750, à St-Roch.

MONDINA.—*Variation et surnom :* MONDINAT—OLIVIER.

I.—MONDINA (1), JACQUES, b 1704; fils d'Antoine et d'Elisabeth Perrin, de Lizan, diocèse de Poitiers, Poitou, s 16 fevrier 1764, au Cap-St-Ignace.

1° DURAND, Catherine.

1734, (22 dec.) St-Thomas.[2]

2° POSÉ, Marie, [FRANÇOIS II. b 1719; s[2] 24 déc. 1758.

Marie-Françoise, b[2] 20 fevrier 1735.—*Jacques*, b[2] 14 sept. et s[2] 28 oct. 1736. — *Jean-Victor*, b[2] 27 fevrier 1739; m[2] 21 nov. 1768, à Angelique LAVALLÉE.—*Marguerite*, b[2] 30 avril 1746; s[2] 1er déc. 1748 — *Elisabeth*, b 6 août 1749, à l'Islet; m 5 août 1783, à François WILLIAMS, à Quebec. — *Jacques*, b 28 juin 1751, à St-Roch.[9] — *Anonyme*, b[9] et s[9] 27 mars 1754. — *Marie-Marthe*, b[9] 2 juin 1756; s[2] 11 fevrier 1757. — *Anonyme*, b[2] et s[2] 11 avril 1757.

1768, (21 nov.) St-Thomas.

II.—MONDINA, JEAN-VICTOR, [JACQUES I. b 1739.

LAVALLÉE, Angélique, [CHARLES III. b 1740, veuve de Jean-Baptiste Boulet.

MONDINAT.—Voy. MONDINA.

1750, (5 nov.) Montreal.

I.—MONDION, MATHURIN, b 1722; fils de Denis et de Marie-Anne Auge, de St-Genitour-du-Blanc, diocèse de Bourges, en Berry.

DEMERS, Marie-Barbe, [FRANÇOIS III. b 1732.

MONDOR.—Voy. BOUCHERIE—LIÉNARD.

MONDOR, JEAN-BTE.

DROLET, Marie.

Joseph, b 1763; s 18 mai 1764, à Québec.

MONDOR (2), JOSEPH.

1° PRUDHOMME, Therèse.

1794, (5 mai) Repentigny.

2° LEVESQUE, Marie-Catherine, veuve de François Migneron.

MONDOUX.—Voy. MAUDOUX.

MONDY.—*Surnom :* ARNOUX.

(1) Dit Olivier.
(2) Leonard.

1760, (21 oct.) Montréal.
I.—MONDY (1), ARNOUX-DOMINIQUE, fils de Nicolas et de Madeleine Beaudoin, de St-Sulpice, diocèse de Metz, Lorraine.
NORMANT (2), Marie-Françoise, [PIERRE I.
b 1740; veuve de Jean-Baptiste Pontas.
Marguerite, b 7 oct. 1761, au Bout-de-l'Ile, M. [1] —*Marie-Geneviève,* b [1] 16 sept. 1762 ; s [1] 22 sept. 1763.

MONEAU.—Voy. MOINEAU.

MONERT.—*Surnom :* MAISON-ROUGE.

1743, (28 mars) Rimouski.
I.—MONERT (3), GUILLAUME, fils de Pierre (bourgeois), de St-Malo, Bretagne.
VAUTOUR (4), Madeleine, [JOACHIM II.
b 1720.

I.—MONERY (5), MICHEL,
b 1711 ; s (noyé) 14 nov. 1730, à Québec.

MONESTE.—*Surnom :* JOLICOEUR.

1758, (9 mai) Quebec. [2]
I.—MONESTE (6), JEAN, soldat; fils de François et de Jeanne Rousseau, de Flannmorias, diocèse de Lectoure, Gascogne.
.... Marie-Anne.
Marguerite, b [2] 1er janvier 1762.

MONET.—*Variations et surnoms :* MOINET — MOYNET—BISCORNET—BOISMENU— LAMARCHE —LAVERDURE—ST. LÉVRARD.

I.—MONET (7), JEAN-PAUL,
b 1646 ; s 21 nov. 1724, à Montreal.
BRUNEAU, Catherine,
b 1655.

1678, (31 oct.) Pte-aux-Trembles, M. [1]
I.—MONET (8), JEAN, fils de Michel et de Marie Bretel, de Dompierre-sur-Boutonne, diocèse de Poitiers, Poitou.
GLORY, Therèse, [LAURENT I.
b 1665.
Nicolas, b [1] 4 mars 1683 ; m 13 août 1708, à Jeanne VIAU, à Longueuil ; s 24 janvier 1748, à Montréal.—*Jean,* b [1] 24 mars 1685 ; m 1709, à Madeleine DRAPEAU ; s 29 sept. 1737, à St-François, I. J.

(1) Dit Arnoux.

(2) Elle épouse, le 23 nov. 1784, Jacob Fleischman, à Quebec.

(3) Dit Maison-Rouge.

(4) Elle épouse, le 1er février 1756, Michel Desrosiers, à Rimouski.

(5) Dit Latulippe ; soldat de la compagnie de M. De la Ronde.

(6) Dit Jolicœur ; caporal de la compagnie de M. Delmos, régiment de la Reine. (Registre des Proces-verbaux, 1761, Eveché).

(7) Voy. vol. I, p. 438.

(8) Voy. Moinet, vol. I, p. 436.

1684, (10 avril) Pte-aux-Trembles, M. [9]
I.—MONET (1), ANTOINE,
s 31 mars 1732, à la Longue-Pointe. [8]
HURTAUT, Françoise,
b 1665 ; s [8] 29 nov. 1749.
Jean-Baptiste, b [9] 29 sept. et s [9] 10 oct. 1685.—*Marie-Françoise,* b [9] 10 nov. 1687 ; m [9] 26 nov. 1708, à Jean REIMER.— *Anne,* b [9] 12 avril 1691 ; m [9] 3 sept. 1708, à Jacques FISSEAU.— *Jean-Baptiste,* b [9] 18 mai 1695 ; m 9 avril 1720, à Marie-Louise BAU, à Boucherville.

1693, (5 nov.) Montréal. [8]
I.—MONET (2), JEAN.
BADEL (3), Jeanne, [ANDRÉ I.
b 1680 ; s [8] 22 sept. 1712.
François, b [8] 13 juin 1696 ; m 1er février 1718, à Geneviève GOUJON, à Lachine [9] — *Louis,* b [8] 4 février 1700 ; m [9] 7 janvier 1723, à Marie GOUJON.—*Jean,* b [8] 19 avril 1702 ; 1° m [9] 6 nov. 1730, à Marie-Françoise-Elisabeth TROTIER ; 2° m [8] 26 juin 1752, à Marie-Thérèse SARRAZIN ; s [8] 31 août 1756.

1699.
I.—MONET (4), FRANÇOIS,
soldat.
DUMAS, Marie, [RENÉ I.
b 1675.
Marie-Judith, b 15 sept. 1700, à Laprairie [1] ; 1° m [1] 27 juillet 1722, à Michel HARDY ; 2° m [1] 11 fevrier 1737, à François GOURNAIS. — *François,* b [1] 29 mai 1702.—*Pierre,* b [1] 19 mars 1704 ; m [1] 16 janvier 1730, à Elisabeth CASSE. — *François,* b [1] 5 sept. 1706 ; m [1] 5 mai 1732, à Elisabeth DUMONTET ; s 9 juin 1762, à St-Philippe. [2] — *Marie-Angélique,* b [1] 13 fevrier 1709 ; 1° m [1] 1er déc. 1730, à Jacques POISSANT ; 2° m [2] 19 juin 1758, à Jean FROGE. —*Jean-Baptiste,* b [1] 10 mars 1711 ; m [1] 21 fevrier 1735, à Elisabeth CUSSON.— *Jean,* b [1] 30 nov. 1715 ; m [1] 19 janvier 1739, à Marie-Agathe POISSANT.

1708, (13 août) Longueuil. [2]
II.—MONET (5), NICOLAS, [JEAN I
b 1683 ; s 24 janvier 1748, à Montréal.
VIAU, Jeanne, [JACQUES I
b 1688 ; s [2] 18 mars 1726.
Nicolas, b [2] 16 août 1709 ; 1° m [2] 22 février 1745, à Marie-Joseph TESSIER ; 2° m 22 fevrier 1762, à Marie-Anne GOUYAU, à Chambly.—*Marie-Madeleine,* b [2] 22 mars et s [2] 14 juillet 1711.—*Joseph,* b 1713 ; m 1er oct. 1736, à Marie-Joseph BOHEMIER, au Sault-au-Récollet. [3] — *Jacques,* b [2] 29 avril et s [2] 23 juin 1714. — *Adrien,* b [2] 2 mai 1715, m [3] 6 nov. 1741, à Madeleine DANIEL.— *Marie-Louise,* b [2] 27 mai 1717 ; m [2] 22 fevrier 1740, à Jacques TESSIER. — *Marie-Jeanne,* b [2] 7 dec. 1719 ; s 15 déc. 1788, à l'Hôpital-Géneral, M. —*Louis,* b [2] 27 février 1722 ; s [2] 29 mars 1723.—

(1) Voy. Moinet, vol. I, p. 436.

(2) Voy. vol. I, p. 438.

(3) Dit Lamarche.

(4) Dit Laverdure—Biscornet.

(5) Et Moinet dit Boismenu.

Jacques, b [2] 25 et s [2] 30 juillet 1723.— *Jean-Baptiste*, b 1724; s [2] 15 janvier 1727.—*François*, b... m 1745, à Marie-Anne CHAUDILLON.

1709.

II.—MONET (1), JEAN, [JEAN I.
b 1685; s 29 sept. 1737, à St-François, I. J. [1]
DRAPEAU, Madeleine, [JEAN I.
b 1693; s [1] 5 oct. 1737.

Jean-Baptiste, b [1] 19 nov. 1710; m 1735, à Marie-Joseph QUÉVILLON.— *Marguerite*, b et s 10 juillet 1712, à Montreal.— *Charles*, b [1] 21 fevrier 1713; m [1] 25 janvier 1734, à Marie-Victoire CORON.—*Marie-Marguerite*, b [1] 27 juin 1714; m [1] 10 avril 1736, à Gilles LAUZON. — *Marie-Joseph*, b [1] 8 mars 1716. — *Angélique*, b 1717; m [1] 11 janvier 1737, à Augustin ASSELIN; s [1] 15 oct. 1737. — *Isabelle*, b 1726; 1° m 19 oct. 1744, à Michel LOISEL, à St-Vincent-de-Paul [5]; 2° m [5] 29 janvier 1748, à Jean-Baptiste MENARD; s 12 mai 1761, à Ste-Rose.—*Pierre*, b... m 16 août 1751, à Charlotte DAUDELIN, à Verchères. — *Marie-Véronique*, b [1] 4 nov. 1729; m [5] 21 fevrier 1757, à Guillaume LEFORT. — *Marie-Anne*, b [1] 17 mars 1732.

1718, (1er fevrier) Lachine.

II.—MONET, FRANÇOIS, [JEAN I.
b 1696.
GOUJON, Geneviève, [PIERRE I.
b 1697.

Louis-François, b 25 nov. 1718, à Montréal [2]; m 1741, à Felicité MADOR. — *Marie-Anne*, b [2] 6 sept. et s [2] 20 nov. 1720.—*Pierre*, b [2] 16 oct. 1721; s [2] 25 juillet 1722. — *Marie-Madeleine*, b [2] 21 mai 1723; m [2] 8 février 1751, à Louis-Gabriel LENOIR. — *Pierre-Gabriel*, b [2] 4 janvier et s [2] 22 fevrier 1725. — *Marie-Marguerite*, b [2] 4 janvier et s [2] 15 mai 1725. — *Geneviève*, b [2] 26 juin 1726; m [2] 10 janvier 1757, à Joseph PATOUELLE.— *Marguerite*, b [2] 14 et s [2] 31 janvier 1728. — *Jean-Baptiste*, b [2] 17 mars et s [2] 24 juillet 1729. — *Pierre-Gabriel*, b [2] 30 juin 1730; m 1751, à Marie-Angélique LEGAUT.

1720, (9 avril) Boucherville. [8]

II.—MONET, JEAN-BTE, [ANTOINE I.
b 1695.
BAU (2), Marie-Louise, [RENÉ II.
b 1702.

Jean-Baptiste, b [8] 28 janvier 1721; m 1741, à Marie-Charlotte TESSIER-LAVIGNE. — *François*, b 9 mai 1722, à la Pte-aux-Trembles, M. [5]—*Marie-Joseph*, b [5] 30 avril 1723; m 1752, à Pierre MIRON. — *Joseph*, b... m 7 oct. 1748, à Marie-Anne MIGNERON, à Terrebonne. — *Jacques*, b 1727; s 3 janvier 1730, à la Longue-Pointe. [9] — *Marie-Louise*, b 1728; m [5] 23 juin 1749, à Jean LAPORTE. —*Jean-Baptiste*, b [9] 20 janvier 1731. — *Gabriel*, b 1734; m [5] 19 février 1759, à Marie-Charlotte CHAUDILLON. — *Madeleine*, b 1735; m [5] 6 avril 1761, à Pierre-François DENICOUR.

(1) Dit Boismenu.
(2) Et Lebeau.

1723, (7 janvier) Lachine.

II.—MONET, LOUIS, [JEAN I.
b 1700.
GOUJON (1), Marie, [PIERRE I.
b 1699.

François, b 17 et s 24 nov. 1723, à Montréal. [8] — *Marie-Louise*, b [8] 8 février 1725; m [8] 9 janvier 1747, à Jean-Baptiste TESSEREAU; s [8] 25 février 1749. — *Geneviève*, b [8] 1er mai 1726.— *Jean-Baptiste*, b [8] 23 et s [8] 25 sept. 1727. — *Pierre*, b [8] 2 nov. 1728; s [8] 29 sept. 1729.— *Marie-Jeanne*, b [8] 17 août 1730, m [8] 5 mars 1764, à Joseph MARTIN. —*Louis*, b 1731; s [8] 30 sept. 1747. — *Anonyme*, b [8] et s [8] 11 février 1735.— *Marie-Thérèse*, b [8] 18 fevrier 1736. —*Joseph-Amable*, b [8] 17 sept. 1737; m [8] 14 fevrier 1763, à Catherine SENÉCAL.—*François*, b [8] 9 oct. 1739; 1° m [8] 26 juillet 1766, à Marguerite HARDY; 2° m [8] 16 août 1774, à Marie-Louise GOUJON.

1730, (16 janvier) Laprairie. [9]

II.—MONET (2), PIERRE, [FRANÇOIS I.
b 1704.
CASSE, Elisabeth, [JACQUES I.
b 1705; veuve de Jean Dumontet-Lagrandeur.

Marie-Céleste, b [9] 18 mai 1731; s [9] 22 avril 1733. — *Constance*, b [9] 7 juin et s [9] 15 août 1732. —*Louis*, b [9] 25 août 1733.— *Marie-Anne*, b [9] 12 sept. 1734; 1° m à Louis VIGNON; 2° m [9] 27 oct. 1760, à François DUBOIS. — *Marie-Louise*, b [9] 26 fevrier et s [9] 1er mars 1736.—*Jacques*, b [9] 15 avril 1737.

1730, (6 nov.) Lachine.

II.—MONET, JEAN, [JEAN I.
b 1702; s 31 août 1756, à Montréal. [2]
1° TROTTIER, Marie-Françoise, [JOSEPH III.
b 1704; s [2] 27 juillet 1745.

Elisabeth, b 1732; m [2] 15 mai 1752, à Pierre-Joseph MARTIN.—*Véronique*, b [2] 21 et s [2] 26 déc. 1734.— *Jean-Baptiste*, b [2] 11 juin 1736; m [2] 18 avril 1757, à Marie-Celeste LEGAUT. — *Toussaint*, b [2] 2 nov. 1738.—*Pierre*, b [2] 2 oct. 1740.—*Marie-Charlotte*, b [2] 1er et s [2] 10 mars 1742. — *Joseph*, b [2] 10 mars 1744; m [2] 17 juin 1765, à Veronique PARANT.

1752, (26 juin). [2]

2° SARRAZIN, Marie-Thérèse, [THOMAS III.
b 1723; s [2] 16 oct. 1756.

1732, (5 mai) Laprairie. [1]

II.—MONET (2), FRANÇOIS, [FRANÇOIS I.
b 1706; s 9 juin 1762, à St-Philippe. [9]
DUMONTET, Elisabeth, [JEAN II.
b 1717; s [9] 23 fevrier 1767.

Jean-Baptiste, b [1] 3 oct. 1733; m [9] 13 fevrier 1764, à Marie-Joseph LAMARRE.—*Marie-Anne*, b [1] 26 juillet 1735; m 31 mai 1756, à Jean-Michel LAMARRE, à St-Constant. [7] — *Marie-Catherine*, b [1] 11 fevrier 1738; m [9] 19 avril 1762, à Pierre POISSANT. — *Marie-Charlotte*, b [1] 1er mars 1740; m [9] 19 avril 1762, à Louis BAUDIN. — *Marie-Isabelle*,

(1) Aussi appelée Auzon—Gouyau.
(2) Dit Laverdure.

b [1] 24 mars 1742; m [9] 14 février 1763, à Joseph NORMANDIN. — *François*, b... m [9] 16 fevrier 1767, à Marie-Joseph SUPERNANT.—*Angélique*, b... m [9] 7 nov. 1768, à Pierre NORMANDIN.—*François*, b [7] 15 juillet 1752.—*Joseph-Marie*, b [9] 29 juillet 1759.

1734, (25 janvier) St-François, I. J. [7]
III.—MONET (1), CHARLES, [JEAN II.
b 1713.
CORON, Marie-Victoire, [FRANÇOIS II.
b 1709.
Marie-Anne, b [7] 22 mai 1735; 1° m 25 février 1754, à Jacques GALARNEAU, à St-Vincent-de-Paul [9]; 2° m [9] 23 avril 1759, à Jean COLLERET.—*Marie-Victoire*, b 24 sept. 1736, à Nicolet; m [9] 20 oct. 1760, à .... BONIFACE.—*Jean-François*, b [7] 10 juin et s [7] 21 juillet 1739.—*Charles*, b [7] 18 juin 1740 —*Françoise-Angélique*, b 1743; m [9] 9 janvier 1764, à Jacques PAQUET —*Joseph*, b 1744; s [9] 14 janvier 1762.—*Louis* et *Amable*, b [9] 5 août 1746. — *Marie-Hélène*, b [9] 22 avril 1748; s [9] 23 mai 1749.—*Marie-Agnès*, b [9] 6 juillet 1749.

MONET, JEAN-BTE, b 1714; s 16 juin 1810, à l'Hôpital-General, M.

1735, (21 février) Laprairie. [8]
II.—MONET (2), JEAN-BTE, [FRANÇOIS I
b 1711.
CUSSON, Elisabeth, [ANGE II
b 1714.
Marie-Catherine, b [8] 13 nov. 1735. — *Marie-Judith*, b [8] 15 avril 1737; s [8] 25 mars 1743.— *Jean-Ambroise*, b [8] 28 janvier 1739; m 9 janvier 1769, a Anne ROBIDOU, a St-Constant. [9] — *Marie-Madeleine*, b [8] 16 juillet 1741; s [9] 6 sept. 1752 — *Ange*, b [8] 1er mai 1744 —*Marie-Marguerite*, b [9] 17 janvier 1753.—*Marie-Louise*, b [9] 23 avril 1755.— *Marie-Joseph*, b [9] 21 fevrier 1757; s 16 déc. 1758, à St-Philippe.—*Marie-Catherine*, b [9] 9 janvier 1762.

1735.
III.—MONET (1), JEAN-BTE, [JEAN II.
b 1710.
QUÉVILLON, Marie-Joseph.
Jean-Baptiste, b 11, à Lachenaye et s 28 janvier 1736, à St-François, I. J. [2] — *Marie-Geneviève-Amable*, b [2] 15 juin 1737. — *Marie*, b [2] et s [2] 25 juin 1740.—*Jean-François*, b 8 fevrier 1742, à Terrebonne [1]; m 10 août 1767, à Marie-Charlotte HUNAUT, à St-Vincent-de-Paul. — *Marie-Agathe*, b [1] 14 juillet 1743; s [1] 12 janvier 1750.— *Adrien-Amable*, b [1] 19 nov. 1745; m 17 oct. 1768, à Madeleine POITEVIN, à St-Henri-de-Mascouche. —*Louis*, b [1] 25 août 1748; m [1] 29 sept. 1777, à Marie-Charlotte ST. JEAN. — *Michel*, b 27 sept. 1756, à Ste-Rose.

(1) Dit Boismenu.
(2) Dit Laverdure.

1736, (1er oct.) Sault-au-Récollet. [9]
III.—MONET (1), JOSEPH, [NICOLAS I
b 1713.
BOHÉMIER (2), Marie-Joseph, [JEAN I
b 1718.
Marie-Joseph, b [9] 26 août 1737; m [9] 26 févrie 1759, à Jean-Baptiste SANCOUR. — *Marie-Madeleine*, b [9] 1er août 1739.—*Jean-François*, b [9] 1 juin et s [9] 29 août 1741.—*Joseph-Amable*, b [9] 1 juillet 1743.—*Pierre-Nicolas*, b [9] 6 mai 1746; s 26 mars 1748.—*Marie-Angélique*, b [9] 5 oct. 1748

1739, (19 janvier) Laprairie. [7]
II.—MONET (3), JEAN, [FRANÇOIS I
b 1715.
POISSANT, Marie-Agathe, [JACQUES I
b 1720.
Marie-Agathe-Pélagie, b [7] 26 nov. 1739; m [7] février 1761, à Joseph BRISSON.—*Marie-Elisabeth*, b [7] 6 juin et s [7] 9 sept. 1741.—*Jean-Baptiste*, b... m 13 août 1770, à Marie-Catherine GERVAIS, à St-Constant.

1741.
III.—MONET (4), JEAN-BTE, [JEAN-BTE II
b 1721.
TESSIER, Marie-Charlotte, [JEAN-BTE II
b 1718.
Marie-Joseph, b 1742; s 13 fevrier 1815, à l'Hôtel-Dieu, M.—*Marie-Charlotte*, b 8 avril 1747 à la Longue-Pointe [9]; s [9] 11 août 1761.—*Jean-Baptiste*, b [9] 18 juillet 1748.—*Marie-Joseph*, b [9] 1 fevrier 1750; s [9] 1er dec. 1763.—*Marie*, b [9] 1 mars 1752 —*Marie-Anne*, b [9] 13 et s [9] 17 oct 1753.—*Thérèse*, b [9] 13 oct. et s [9] 8 nov. 1753.— *Joseph*, b [9] 26 mars 1755.—*Marie-Marguerite*, b [9] 30 mai 1756.—*Jacques*, b [9] 29 mars 1758.—*Marie-Victoire*, b [9] 1er et s [9] 17 sept. 1759.—*Marie-Elisabeth*, b [9] 1er nov. 1760.—*Louis*, b [9] 29 août 1762 —*Marie-Monique*, b [9] 15 juillet 1764. — *Gabriel*, b [9] 21 oct. 1765. — *Marie-Victoire*, b [9] 11 avril 1767.—*Marie-Monique*, b [9] 13 juillet 1768.

1741, (6 nov.) Sault-au-Récollet. [1]
III.—MONET (1), ADRIEN, [NICOLAS II
b 1715.
DANIEL (5), Madeleine, [JACQUES I
b 1720.
Joseph, b [1] 12 août 1742.—*André-Amable*, b [1] 11 oct. 1743; m 20 nov. 1780, à Marie-Joseph FAUVEL, au Détroit.—*Jean-Baptiste*, b [1] 11 juillet 1745.—*Marie-Joseph*, b [1] 18 mai 1747.—*Adrien*, b [1] 23 août 1748.—*Nicolas*, b 19 nov. 1753, à St-Vincent-de-Paul.

1741.
III.—MONET, LOUIS-FRANÇOIS, [FRANÇOIS II.
b 1718
MADOR, Félicité.

(1) Dit Boismenu.
(2) Voy Boesmé; elle épouse, le 19 mai 1749, Joseph Colleret, au Sault-au-Récollet.
(3) Dit Laverdure.
(4) Dit St. Leviard.
(5) Aussi appelée Danier—Vannier.

Marie-Geneviève, b 30 avril 1742, à Ste-Geneviève, M.[2] —*Michel*, b[2] 25 janvier 1745.—*Pierre*, b 30 juin 1747, à Montréal.—*François*, b[2] 27 déc. 1748.

—

1745, (22 février) Longueuil.[8]
III.—MONET (1), Nicolas, [Nicolas II.
b 1709.
1° Tessier (2), Marie-Joseph, [Jean-Bte II.
b 1721.
Nicolas, b 1745; s 15 avril 1746, à Chambly.[7] —*Joseph*, b[7] 15 nov. 1748.—*Gabriel*, b[7] 29 mars et s[7] 25 juillet 1750.—*Marie-Joseph*, b[7] 28 juillet et s[7] 1er août 1751.—*René*, b[7] 20 oct. 1752.—*Marie-Louise*, b[7] 25 août et s[7] 11 sept. 1754.—*Antoine*, b[7] 9 février 1756.—*Marie-Geneviève*, b[7] 24 déc. 1757.—*Marie-Catherine*, b[7] 4 août 1759.—*Anonyme*, b[8] et s[8] 28 août 1760.
1762, (22 février).[7]
2° Gouyau, Marie-Anne, [Jean-Bte II.
b 1721; veuve de Jean-Baptiste Paquet.

—

1745.
III.—MONET (1), François. [Nicolas II.
Chaudillon, Marie-Anne, [Pierre II.
b 1723.
François, b 1746; s 31 oct. 1751, à la Longue-Pointe.[3] — *Marie-Marguerite*, b[8] 7 juillet 1749. —*Marie-Louise*, b[8] 9 février 1751.—*Marie-Joseph*, b[8] 20 déc. 1752.—*Françoise*, b[8] 13 août 1754.

—

1748, (7 oct.) Terrebonne.
III—MONET, Joseph. [Jean-Bte II.
Migneron, Marie-Anne. [Noel III.
Joseph, b 17 avril 1750, à Ste-Rose.[9] — *Jean-Baptiste*, b[9] 1er mai et s[9] 26 août 1752.—*Jean-Marie*, b[9] 7 avril 1755; s[9] 29 février 1756.—*Jean-Marie*, b[9] 28 juin 1757.

—

1751, (16 août) Verchères.[1]
III.—MONET (1), Pierre. [Jean II.
Daudelin, Charlotte, [Pierre III.
b 1727; s[1] 23 mars 1760.
Marie-Charlotte, b[1] 20 juin et s 14 août 1755, à St-Ours.

—

1751.
III.—MONET, Pierre-Gabriel, [François II.
b 1730.
Legaut (3), Marie-Angélique, [Pierre-Noel II.
b 1726.
Pierre, b 20 mars et s 2 août 1752, à Lachine.[4] — *Charles-Amable*, b[4] 21 avril et s[4] 1er août 1753 —*Joseph-Marie*, b[4] 2 oct. 1754.—*Angélique-Archange*, b[4] 17 août et s[4] 1er sept. 1756. — *Marie-Angélique*, b[4] 15 juillet 1757. — *Pierre-Noel*, b[4] 19 avril et s[4] 10 août 1759. — *Roland*, b[4] 11 août 1760; s[4] 30 juillet 1761.

(1) Dit Boismenu.
(2) Dit Lavigne.
(3) Dit Desloriers.

1752, (12 juin) Montréal.
I.—MONET (1), Antoine, b 1726, caporal; fils d'Antoine et de Jeanne DeSales, de Gentieux, diocèse de Limoges, Limousin.
Ils, Marie-Marguerite, [Antoine I.
b 1734.

—

1757, (18 avril) Montréal.[1]
III.—MONET, Jean-Bte, [Jean II.
b 1736.
Legaut (2), Marie-Celeste, [Pierre-Noel II.
b 1739.
Marie-Céleste, b 1759, m[1] 15 février 1779, à Jean Groux.—*Marie-Jeanne*, b 1760; m[1] 5 juillet 1779, à Antoine DeNoyon.

—

1759, (19 février) Pte-aux-Trembles, M.
III.—MONET, Gabriel, [Jean-Bte II.
b 1734.
Chaudillon, Marie-Charlotte. [Pierre.

1760.
MONET (3), Jean-Bte.
Fonjamy, Catherine, [Léonard I.
b 1740; veuve de Joseph Chalifour.
Marie-Catherine, b 20 sept. 1761, à Quebec.

—

MONET, Jean-Bte.
1° Hunaut, Marie.
1776, (5 février) Terrebonne.
2° Dubé, Geneviève, [Jean-Bte IV.
b 1756.

—

1763, (14 février) Montréal.
III.—MONET, Joseph-Amable, [Louis II.
b 1737.
Senécal, Catherine, [André II.
b 1729.

—

1764, (13 février) St-Philippe.[6]
III.—MONET, Jean-Bte, [François II.
b 1733.
Lamarre, Marie-Joseph. [Jean-Louis IV.
Jean-Baptiste, b[6] 8 janvier 1765.

1765, (17 juin) Montréal.
III.—MONET, Joseph, [Jean II.
b 1744.
Parant, Véronique, [Pierre II.
b 1713.

—

1766, (26 juillet) Montréal.[1]
III.—MONET, François, [Louis II.
b 1739.
1° Hardy, Marguerite, [Jean-Bte III.
b 1745.
1774, (16 août).[1]
2° Goujon, Marie-Louise, [Pierre II.
b 1751.

(1) Dit Lamarche Voy. Mornay
(2) Dit Desloriers.
(3) Dit Boismenu.

1767, (16 février) St-Philippe.
III.—MONET, François, [François II.
Supernant, Marie-Joseph. [Joseph.

1767, (10 août) St-Vincent-de-Paul.
IV.—MONET, Jean-François, [Jean-Bte III.
b 1742.
Huneau, Marie-Charlotte, [Toussaint II.
b 1730; veuve de François Cossal.

1768, (17 oct.) St-Henri-de-Mascouche.
IV.—MONET, Adrien-Amable, [Jean-Bte III.
b 1745.
Poitevin, Madeleine, [Michel.
b 1748.
Marie-Geneviève, b 11 mars 1776, à Lachenaye.

1769, (9 janvier) St-Constant.
III.—MONET, Jean-Ambroise, [Jean-Bte II.
b 1739.
Robidou, Anne. [Jean-Bte III.

1770, (13 août) St-Constant.
III.—MONET, Jean-Bte. [Jean II.
Gervais, Marie-Catherine. [Joseph.

1777, (29 sept.) Terrebonne.
IV.—MONET, Louis, [Jean-Bte III.
b 1748.
St. Jean, Marie-Charlotte. [Pierre.

1780, (20 nov.) Détroit.[5]
IV.—MONET (1), André-Amable, [Adrien III.
b 1743.
Fauvel, Marie-Joseph, [Joseph-Amable III.
b 1763.
Louis-Joseph, b [5] 9 oct. 1781.

I.—MONFORTON (2), Guillaume.

MONGEAU.—*Variations et surnom :* Monjaud—Monjeau—Major.

I.—MONGEAU (3), Pierre-Jacques,
s 18 juillet 1663, à Quebec [5]
DuBois, Louise.
Jean-Baptiste, b 1658; m [5] 14 février 1691, à Elisabeth Bonnedeau; s 6 août 1708, à Montreal.

1685, (1er mars) Montréal.
II.—MONGEAU (3), Jacques. [Pierre-Jacques I.
Milot (4), Catherine, [Jacques I.
b 1665.
Jean-Baptiste, b 8 mars 1688, à Boucherville [4]; m 7 avril 1717, à Marie-Louise Pinard, à St-Frs-du-Lac. — *Jean-Pierre*, b [4] 20 fevrier 1693; m 6 janvier 1718, à Marguerite Lussier, à Varennes [6], s [6] 7 sept. 1766.

(1) Marié sous le nom de Boismenu.

(2) Il était, le 21 janvier 1769, a St-Joseph, Beauce.

(3) Voy. vol. I, p. 438.

(4) Elle épouse, le 17 avril 1698, Jean Juffrion, à Varennes.

1691, (14 février) Québec.
II.—MONGEAU (1), J.-Bte, [Pierre-Jacques I.
b 1658; s 6 août 1708, à Montreal.
Bonnedeau (2), Elisabeth, [Louis I.
b 1674.
Suzanne, b 1er juin 1697, à Varennes [4]; 1° m [4] 21 oct. 1720, à Pierre Viel; 2° m [4] 25 fevrier 1726, à Michel Celles-Duclos.

1708, (17 janvier) Québec.
I.—MONGEAU (3), Jean, fils de David et de Marie Gentil, de St-Gui-à-Ortes, en Beard
Rancour, Angelique, [Joseph I.
b 1690.

1710, (24 nov.) Repentigny.[6]
III.—MONGEAU (4), Pierre, [Jacques II
b 1686; s 19 dec. 1727, à Varennes.[7]
Duverger (5), Madeleine, [Jean-Bte I.
b 1689.
Pierre, b [7] 14 avril 1712; s [7] 25 août 1714. — *Marie-Geneviève*, b [6] 13 sept. 1713.—*Marie-Anne*, b [7] 18 nov. 1726; m [7] 19 avril 1758, à Jean-Pierre François.

1717, (7 avril) St-Frs-du-Lac.
III.—MONGEAU (6), Jean-Bte, [Jacques II
b 1688.
Pinard, Marie-Louise. [Claude II.
Jean-Baptiste, b 1721; m 17 février 1749, a Marie-Joseph Martel, à la Longue-Pointe; s 14 mars 1753, à la Pte-aux-Trembles, M. — *Marie-Louise*, b 13 déc. 1725, à Varennes [4]; m [4] 26 nov. 1742, à Joseph Petit.—*Marie-Joseph*, b [4] 13 déc 1725; m [4] 22 fevrier 1751, à François Lafond — *Pierre*, b [4] 14 juillet 1727. — *Christophe*, b [4] 7 sept. 1731.—*Marie-Anne*, b... m [4] 25 nov. 1754, à Claude Gautier. — *Jacques*, b... m [4] 24 sept 1764, à Marie-Madeleine Cadieu.

1717, (5 août) Varennes [6]
III.—MONGEAU, Gabriel, [Jacques II.
b 1690; s [6] 27 avril 1718.
Choquet (7), Catherine, [Nicolas I
b 1694.
Marie-Gabrielle, b 1718; m [6] 3 mai 1739, à Jacques Jodoin.

1718, (6 janvier) Varennes.[9]
III.—MONGEAU (6), Jean-Pierre, [Jacques II
b 1693; s [9] 7 sept. 1766.
Lussier, Marguerite, [Christophe II
b 1699, s [9] 17 sept. 1764 (dans l'eglise).
Pierre, b [9] 7 fevrier 1720; s [9] 18 mai 1742.— *Louis*, b [9] 24 oct. 1721; 1° m [9] 23 janvier 1746, à Agnès Jacquiers-Leblond; 2° m 12 nov. 1770, à

(1) Voy. vol. I, p. 438.

(2) Elle épouse, le 17 fevrier 1710, Pierre DeCourtigny, sieur de Chandalon, a Montreal.

(3) Marié Monjaud.

(4) Et Monjeau

(5) Voy. Verger.

(6) Aussi appele Monjeau.

(7) Elle épouse, le 8 sept. 1728, Jacques Gautier, à Varennes.

Madeleine LACOSTE, à Boucherville. — *Marie-Joseph*, b... m [9] 17 nov. 1738, à Joseph MESSIER. —*Christophe*, b [9] 26 mai 1724 ; m [9] 1er mars 1756, à Angelique MASSÉ ; s [9] 6 mai 1790. — *Marie-Marguerite*, b [9] 16 mars 1726; 1° m [9] 26 fevrier 1748, à Joseph GIRARD ; 2° m [9] 1er mars 1756, à Joseph MESSIER. — *Marie-Anne*, b [9] 29 mai 1728. — *Joseph*, b [9] 12 mai 1730 ; s [9] 26 déc. 1737. — *Jacques*, b [9] 19 fevrier 1732 ; s [9] 4 juin 1736.— *Marie-Anne*, b [9] 19 avril 1734 ; m [9] 9 nov. 1761, à Jean-Baptiste HAYET. — *Marie-Madeleine*, b [9] 15 janvier 1737 ; m [9] 19 janvier 1761, à Amable LEMOYNE DE MARTIGNY ; s [9] 22 mars 1762. — *Marie-Louise*, b [9] 12 oct. 1738 ; s [9] 21 avril 1753.—*Jean-Pierre*, b [9] 12 juillet 1740 ; 1° m [9] 7 fevrier 1763, à Marguerite BRISSET ; 2° m [9] 24 avril 1786, à Marguerite LAVIGNE ; s [9] 23 janvier 1801.

MONGEAU, SÉBASTIEN.—Voy. MAJOR, 1720.

1721, (21 avril) Varennes. [1]

III.—MONGEAU (1), CHRISTOPHE, [JACQUES II.
b 1696 ; s [1] 31 août 1762.
PRÉVOST, Marie-Charlotte-Elisabeth, [RENÉ I.
b 1700.

Charlotte, b... m [1] 7 nov. 1740, à Augustin MESSIER.—*Elisabeth*, b [1] 20 avril 1723.—*Christophe*, b... m 8 nov. 1751, à Charlotte MEUNIER, à Boucherville.—*Joseph*, b [1] 12 nov. 1727 ; m [1] 22 janvier 1759, à Marie-Joseph LHUISSIER.—*Marie*, b [1] 15 juillet 1731. — *François*, b... m [1] 16 mai 1763, à Charlotte BREILLARD. — *Marie-Anne*, b... m [1] 4 juin 1764, à Etienne DESEL.

1746, (23 janvier) Varennes. [4]

IV.—MONGEAU, LOUIS, [JEAN-PIERRE III.
b 1721.
1° JACQUIERS (2), Agnès, [JEAN I.
b 1720.

Marie-Anne, b 1748 ; m [4] 11 avril 1768, à Joseph MESSIER. — *Joseph*, b... m [4] 17 fevrier 1772, à Marie-Louise BISSONNET.

1770, (12 nov.) Boucherville.

2° LACOSTE, Madeleine, [JEAN-BTE II.
b 1724 ; veuve de Joseph Reguindeau.

1749, (17 février) Longue-Pointe. [2]

IV.—MONGEAU, JEAN-BTE, [JEAN-BTE III.
b 1721 ; s 14 mars 1753, à la Pte-aux-Trembles, M. [3]
MARTEL (3), Marie-Joseph, [JOS.-ALPHONSE III.
b 1729.

Jean-Baptiste, b [2] 21 déc. 1749 ; s [2] 4 janvier 1750.—*Marie-Elisabeth*, b [3] 17 fevrier 1753.

1751, (8 nov.) Boucherville.

IV.—MONGEAU, CHRISTOPHE. [CHRISTOPHE III.
MEUNIER (4), Charlotte. [JACQUES II.

(1) Et Monjeau.

(2) Et Jaqueze—Jacquesse, mariée sous ce dernier nom. —Dit Leblond.

(3) Elle épouse, le 20 août 1753, François Pelletier, à Varennes.

(4) Dit Lapierre.

1756, (1er mars) Varennes. [4]

IV.—MONGEAU (1), CHRISTOPHE, [J.-PIERRE III.
b 1724 ; s [4] 6 mai 1790.
MASSÉ (2), Angélique, [CLAUDE II.
b 1739 ; s [4] 15 mars 1769 (dans l'église).

Christophe, b [4] 4 déc. 1756 ; m [4] 14 nov. 1774, à Marie-Joseph SAVARIAS ; s [4] 6 mai 1822.

1759, (22 janvier) Varennes.

IV.—MONGEAU, JOSEPH, [CHRISTOPHE III.
b 1727.
LHUISSIER, Marie-Joseph. [JOSEPH III.

1763, (7 fevrier) Varennes. [6]

IV.—MONGEAU (1), J.-PIERRE. [JEAN-PIERRE III.
b 1740 ; s [6] 23 janvier 1801.
1° BRISSET, Marguerite. [JOSEPH II.
b 1743 ; s [6] 25 sept. 1784.

Véronique, b [6] 16 fevrier 1764 ; s [6] 29 sept. 1777. — *Jean-Baptiste*, b [6] 5 janvier 1766 ; s [6] 27 nov. 1769. — *Louis*, b [6] 9 juin 1767 ; s [6] 9 juillet 1780 —*Pierre*, b [6] 2 nov. 1768.—*Marie-Anne*, b [6] 17 et s [6] 24 sept. 1770. — *Marie-Joseph*, b [6] 27 nov. 1771 ; m [6] 19 janvier 1789, à Michel SENÉCAL. —*Jean-Baptiste*, b [6] 11 oct. 1773. — *Pierre*, b [6] 3 et s [6] 22 juillet 1775. — *Marie-Angélique*, b [6] 14 sept. 1776. — *Marie-Archange*, b [6] 13 et s [6] 20 déc. 1777. — *Marie-Louise*, b [6] 16 juin et s [6] 10 juillet 1779. — *Antoine*, b [6] 9 nov. 1780 ; m [6] 24 sept. 1804, à Desanges SENÉCAL ; s [6] 23 fevrier 1862.—*Théophile*, b [6] 6 et s [6] 15 sept. 1784.

1786, (24 avril). [6]

2° LAVIGNE (3), Marguerite. [AUGUSTIN IV.

Marie-Marguerite, b [6] 23 août 1787 ; m [6] 13 avril 1807, à Louis CONDIN. — *Jean-Baptiste*, b [6] 26 sept. 1789 ; m [6] 1er mars 1813, à Marie-Angelique BRODEUR. — *Michel*, b [6] 24 sept. 1791. — *Marie-Elisabeth*, b [6] 13 janvier 1793.—*Théophile*, b [6] 16 août 1795.—*Marie-Joseph*, b [6] 5 nov. 1796. —*Félicité*, b [6] 23 oct. 1798. — *Henri* (posthume), b [6] 19 juillet 1801.

1763, (16 mai) Varennes.

IV.—MONGEAU, FRANÇOIS. [CHRISTOPHE III.
BREILLARD, Charlotte. [MATHURIN II.

1764, (24 sept.) Varennes.

IV.—MONGEAU, JACQUES. [JEAN-BTE III.
CADIEU, Marie-Madeleine. [JEAN-BTE IV.

1772, (17 fevrier) Varennes.

V.—MONGEAU, JOSEPH. [LOUIS IV.
BISSONNET, Marie-Louise. [MICHEL III.

1774, (14 nov.) Varennes. [5]

V.—MONGEAU, CHRISTOPHE, [CHRISTOPHE IV.
b 1756 ; s [5] 6 mai 1822.
SAVARIAS, Marie-Joseph, [JEAN-BTE III.
b 1756.

(1) Et Monjeau.

(2) Mariée sous le nom de Martin, du nom de baptême de son grand-père.

(3) Voy. Poutré ; elle épouse, le 5 oct. 1806, François Hébert, à Varennes.

Christophe, b [6] 14 oct. 1775; m [6] 19 nov. 1798, à Marie-Louise Brodeur. — .... (1), b [6] 14 oct 1775.

1798, (19 nov.) Varennes.[1]
VI.—MONGEAU (2), Christ., [Christophe V. b 1775.
Brodeur, Marie-Louise. [Christophe III.
Toussaint-Christophe, b [1] 5 nov. et s [1] 8 dec. 1799. — *Christophe*, b [1] 6 janvier et s [1] 4 juillet 1801. — *Marie-Justine*, b [1] 17 fevrier 1802. — *Zéphirin*, b [1] 14 juin 1803.—*Louis*, b [1] 23 dec. 1804; s [1] 1er oct. 1805. — *Anonyme*, b [1] et s [1] 17 dec 1806.—*Christophe*, b [1] 10 janvier et s [1] 13 fevrier 1808. — *Joseph*, b [1] 6 avril 1809. — *Catherine-Sophie*, b [1] 17 mai et s [1] 1er oct. 1810.—*Theophile*, b [1] 8 nov. 1813.—*Moïse*, b [1] 18 dec. 1814.

1804, (24 sept.) Varennes [1]
V.—MONGEAU (2), Antoine, [Jean-Pierre IV. b 1780; s [1] 23 fevrier 1862.
Senecal, Desanges, [Etienne IV. b 1785; s [1] 3 nov. 1864.
Marie-Desanges, b [1] 16 mars 1806; m [1] 14 août 1832, à Modeste Malbœuf.—*Marie-Charlotte*, b [1] 19 janvier 1808; s [1] 16 août 1834. — *Antoine-Limoges*, b [1] 25 août 1811; s [1] 24 mars 1812. — *Marie-Nathalie*, b [1] 6 mars 1813. — *Sophie*, b [1] 16 juillet et s [1] 6 dec. 1815. — *Antoine-Limoges*, b [1] 30 oct. 1816. — *Etienne*, b [1] 17 janvier 1820; m [1] 29 oct. 1844, à Angelique Choquet.—*Théophile-Alfred*, b [1] 1er juillet 1824; s [1] 12 avril 1826. — *Jean-Baptiste-Alfred*, b [1] 8 fevrier 1829; s [1] 14 août 1834.

1813, (1er mars) Varennes.
V.—MONGEAU, Jean-Bte, [Jean-Pierre IV. b 1789.
Brodeur, Marie-Anne.

1844, (29 oct.) Varennes.
VI.—MONGEAU, Etienne, [Antoine V. b 1820.
Choquet, Angélique.

MONGENAIS.—Voy. Maugenet.

1701, (6 fevrier) Montréal.[4]
I.—MONGENEAU (3), Simon, b 1677; fils de Claude et de Catherine Moineau, de Varennes, diocèse de Langres, Champagne; s [4] 27 juin 1743.
1° Goupil, Marie-Anne, [Nicolas I. b 1653; veuve d'Aimé Lecompte, s [4] 12 août 1741.
1742, (22 oct.) [4]
2° Jetté, Marie-Barbe, [Nicolas II. b 1698.

MONGEON.—*Variations :* Mogeon—Monjon.

(1) Le nom manque au registre.
(2) Et Monjeau.
(3) Bedeau de Montréal.

1716, (6 juillet) Beauport.[2]
I.—MONGEON (1), Nicolas, b 1678; fils de Nicolas et d'Andree Brillard, de Montargis diocèse de Sens, Champagne; s [2] 5 janvier 1757.
1° Vachon, Marie-Madeleine, [Noel II b 1698.
Madeleine, b 28 oct. 1717, à Québec [3]; m [2] février 1736, à Jean Lavallée.
1723, (16 janvier).[2]
2° Chevalier, Marie-Marguerite. [Jean II
François-Nicolas, b [2] 28 déc. 1723; s [2] 27 dec 1725.—*Guillaume*, b [2] 19 mars 1725; s [2] 22 ma 1733.—*Marie-Marguerite*, b [2] 30 oct. 1726; m [2] juillet 1744, à Jacques Cartier. — *Henri*, b [2] 1 oct. 1728; m [3] 19 mai 1749, à Marie-Joseph Lauzé.—*Angélique*, b... m 1751, à François Cartier.—*Marie-Geneviève*, b [2] 22 avril 1731; m [2] janvier 1748, à Louis Lavallée.— *Jean-Nicolas* b [2] 20 avril 1733; 1° m [2] 4 nov. 1754, à Marie Madeleine Laurent; 2° m [3] 6 juin 1757, à Marie Anne Paquet.— *Alexis-René*, b [2] 24 mars 1736 1° m à Marie-Geneviève Paquet; 2° m [3] 9 oct 1781, à Françoise Robin. — *Louis-Marie*, b [2] 1 juin 1738; m [3] 9 janvier 1764, à Catherine Lavallée. — *Geneviève-Louise*, b [2] 24 dec. 1740 m [2] 24 nov. 1760, à Jacques-François Amelot.

1749, (19 mai) Quebec.[7]
II.—MONGEON (2), Henri, [Nicolas I b 1728.
Lauzé, Marie-Joseph, [Jean-Bte III b 1730.
Marie-Joseph, b [7] 24 mai 1750; s [7] 20 fevrier 1751.—*Jean-Charles*, b [7] 11 août 1751. — *Henri* b [7] 8 juin 1753.—*Joseph*, b [7] 22 sept. 1754; s [7] 2 août 1755.—*Jean-Baptiste*, b [7] 26 janvier et s [7] 1 oct. 1756. — *Marie-Joseph*, b [7] 20 février 1757— *Louis-Marie*, b [7] 22 fevrier 1759; s 4 sept. 1760, à Beauport.[8] — *Marie-Jeanne*, b [8] 20 nov. 1760— *Marie-Anne*, b [7] 2 juillet 1762. — *Joseph*, b [7] 1 fevrier 1764.

1754, (4 nov.) Beauport.
II.—MONGEON (2), Jean-Nicolas, [Nicolas I b 1733.
1° Laurent-Lortie, Marie-Madeleine, [Jean II b 1730; s 14 dec. 1756, à Quebec.[4]
1757, (6 juin).[4]
2° Paquet, Marie-Anne, [Rene IV b 1739.
Jean-Pierre, b [4] 5 et s [4] 30 mai 1759. — *Alexis François*, b 14 juin 1761, au Cap-St-Ignace.— *Marie-Anne*, b [4] 31 mars 1763.—*Juste*, b... m [4] 1 avril 1796, à Louise Vocelle.

1764, (9 janvier) Québec.
II.—MONGEON (2), Louis-Marie, [Nicolas I b 1738.
Lavallée, Catherine, [Charles III b 1743.

(1) Marie Mogeon.
(2) Marie Monjon.

II.—MONGEON, ALEXIS-RENÉ, [NICOLAS I.
b 1736 ; navigateur.
1° PAQUET, Marie-Geneviève,
b 1738 ; s 30 juin 1780, à Québec.[5]
1781, (9 oct.)[5]
2° ROBIN, Françoise, [LOUIS I.
b 1747 ; s[5] 9 avril 1832.

—

1796, (12 avril) Québec.

III—MONGEON, JUSTE. [JEAN-NICOLAS II.
VOCELLE, Louise. [JOSEPH.

—

MONGES, PIERRE, b 1724 ; s 26 mai 1752, au Detroit.

—

MONGIN.—*Surnom :* LÉVEILLÉ.

—

MONGIN (1), FRANÇOIS.
MASSICOT, Françoise.
Joseph, b 25 mars 1770, à Ste-Anne-de-la-Pérade.

—

MONGRAIN.—Voy. LAFOND (DE).—RIVARD.

MONIER.—*Variations et surnom :* LEMOINE—LEMONIER—MEUNIER— MOLIÈRE—MOUNIER—LANGUEDOC.

—

1724, (26 fevrier) Quebec.[5]

I.—MONIER, JEAN-GILLES, b 1702, navigateur, fils de Jean et de Jeanne Gilbert, de St-Peren-Re, diocèse de Nantes, Haute-Bretagne, s[5] 28 mars 1748.
DELAVOYE, Marie-Joseph. [JEAN II.
François, b 1724 ; m 1749, à Madeleine TOUPIN ; s[5] 24 juillet 1774. — *Joseph*, b 1725, m[5] 9 janvier 1748, à Marie-Anne SYLVESTRE ; s[5] 2 janvier 1809.—*Charles-Gilles*, b[5] 4 oct. 1733 ; m 11 janvier 1762, à Geneviève TINON, à St-Augustin. —*Pierre*, b[5] 1er février 1736 ; m[5] 5 nov. 1759, à Geneviève CHUPIN ; s[5] 14 nov. 1760. — *Antoine*, b[5] 15 mai 1741.—*Marie-Joseph*, b[5] 12 juin 1744 ; s[5] 8 juin 1745.

—

MONIER (2), ...

—

1743, (29 avril) Pte-aux-Trembles, Q.[4]

I.—MONIER (3), FRANÇOIS-JOACHIM, fils de Jean et de Marie Lebus, de Villebaudon, diocèse de Coutances, Normandie.
1° BELAN, Therèse, [JEAN II.
b 1713 ; s[4] 13 nov. 1759.
Jean-François, b[4] 31 janvier et s[4] 17 fevrier 1744.—*Marie-Thérèse*, b[4] 4 janvier 1745.—*Marie-Madeleine*, b[4] 5 dec. 1746 ; m[4] 18 janvier 1768, à Joseph CHATIGNY.—*François*, b[4] 12 dec. 1748. —*Anonyme*, b[4] et s[4] 16 janvier 1750. — *Joseph-Marie*, b[4] 13 janvier 1751.—*Marie-Françoise*, b[4] 10 mars 1757 ; m[4] 19 fevrier 1776, à Louis BORDELEAU.

1761, (19 janvier).[4]
2° AIDE-CRÉQUY, Marie-Anne, [IGNACE II.
b 1731.

—

1748, (9 janvier) Québec[9]

II.—MONIER (2), JEAN-JOSEPH, [JEAN-GILLES I.
b 1725 ; s[9] 2 janvier 1809.
SYLVESTRE (3), Marie-Anne, [FRANÇOIS II.
s[9] 27 oct. 1811.
Marie-Anne, b[9] 28 nov. et s[9] 9 déc. 1748.—*Marie-Catherine*, b[9] 21 nov. 1749 ; s[9] 22 mai 1751. — *Bernard*, b[9] 24 juin 1751 ; s[9] 19 fevrier 1778.—*Madeleine*, b[9] 18 mars 1753 ; m[9] 13 janvier 1778, à Emmanuel-Joseph SÉGUIN ; s[9] 18 janvier 1843.—*Marie-Joseph*, b[9] 5 janvier 1755 ; m[9] 6 nov. 1775, à Antoine VANFELSON ; s 2 dec. 1820, à l'Hotel-Dieu, Q. — *Joseph*, b[9] 8 août 1756 ; m[9] 17 dec. 1782, à Marthe SIMON-LAFLEUR ; s[9] 4 dec. 1786.—*Marie-Anne*, b[9] 18 mai 1759.—*Françoise*, b[9] 17 et s[9] 25 juillet 1763.—*Charles*, b... m[9] 8 janvier 1788, à Marie-Anne FALARDEAU.

1749.

II.—MONIER, FRANÇOIS, [JEAN-GILLES I.
b 1724, charpentier ; s 24 juillet 1774, à Quebec.[5]
TOUPIN, Madeleine,
b 1724 ; s[5] 18 avril 1792.
Madeleine, b[5] 25 mai et s[5] 14 juin 1750.—*Louise-Madeleine*, b[5] 27 mars 1751 ; m[5] 9 fevrier 1779, à Louis LARRIVÉ. — *Marie-Ursule*, b[5] 25 oct. 1752 ; s[5] 27 juillet 1753. — *Françoise*, b[5] 12 nov. 1754 ; s[5] 1er nov. 1756 — *François*, b[5] 29 oct. et s[5] 10 nov. 1757. — *Marie-Joseph*, b[5] 5 et s[5] 25 nov. 1758. — *Raphael*, b[5] 7 mars 1760 ; m[5] 25 nov. 1783, à Marie-Joseph BLANCHARD.—*François-Nicolas*, b[5] 17 mai 1762.

1756.

MONIER, MATHIEU,
cordonnier.
GIASSON (1), Françoise.
Françoise, b 4 avril 1757, à Québec[1] ; s[1] 16 dec. 1758. — *Lévi*, b 22 janvier 1760, à Charlesbourg.

—

1759, (5 nov.) Québec.[4]

II.—MONIER, PIERRE, [JEAN-GILLES I.
b 1736 ; forgeron ; s[4] 14 nov. 1760.
CHUPIN-LAJOIE (4), Geneviève, [PIERRE I.
b 1734.
Pierre, b[4] 13 fevrier 1760. — *Pierre* (posthume), b[4] 24 juillet et s[4] 16 août 1761.

1760, (29 sept.) Montréal.

I.—MONIER, JEAN, b 1718 ; fils de Claude et de Madeleine Page, de N.-D.-de-Rogue, diocèse de Viviers, Languedoc.
DUDEVOIR, Louise, [CLAUDE I.
b 1693, veuve de Pierre Bougret.

(1) Dit Leveillé.

(2) Dit Languedoc.—Soldat de la garnison (janvier 1752, au Lac-des-Deux-Montagnes).

(3) Dit Molière—marié Lemonier.

(1) Et Chiasson.

(2) Il est dit charpentier à son mariage et maître-boucher au mariage de son fils Charles en 1788.

(3) Appelée Fluet, 1751.

(4) Elle epouse, le 2 déc 1762, Jacques Crémazy, à Quebec.

1762, (11 janvier) St-Augustin.
II.—MONIER, Charles-Gilles, [Jean-Gilles I.
b 1733.
Tinon-Desroches, Geneviève, [Charles II.
b 1738; s 2 août 1782, à Quebec.

1782, (17 dec.) Québec. [2]
III.—MONIER, Joseph, [Joseph II.
b 1756; s [2] 4 dec. 1786.
Simon-Lafleur, Marthe, [Antoine I.
b 1762.
Jean-Baptiste, b [2] 4 avril 1781.

1783, (25 nov.) Québec. [2]
III.—MONIER (1), Raphael, [François II.
b 1760.
Blanchard, Marie-Joseph, [François I.
b 1761; s [2] 24 dec. 1794.

1788, (8 janvier) Québec.
III —MONIER, Charles. [Joseph II
Falardeau, Marie-Anne. [Jacques-Louis III.

1757, (5 sept.) Pointe-du-Lac. [1]
I.—MONIN, Hugues, fils de Jerôme et de Madeleine Moreau, de Ste-Marie, ville d'Ossonne, diocèse de Besançon, Franche-Comte.
Potier, Madeleine, [Jean II.
b 1739.
Jean-Baptiste, b [1] 16 juin 1758.—*Madeleine,* b [1] 8 fevrier 1760.

MONITER, Jean.
Lafond, Marie-Anne.
Marie-Agnès, b 17 avril 1759, à Quebec.

MONJAUD.—Voy. Mongeau.

MONJEAU.—Voy. Mongeau.

MONJOLY.—*Surnom :* Sansfaçon.

1699, (4 janvier) Montréal. [1]
I.—MONJOLY (2). Arnaud-René,
b 1671; s [1] 14 juillet 1721.
Rabouin, Anne, [Jean I.
b 1671; veuve de Nicolas Poirier; s [1] 17 mai 1699.

MONJON.—Voy. Mongeon.

MONMAINIER.—Voy. Montmesnil.

MONMELIAN.—Voy. Monmellian.

MONMELLIAN.—*Variation et surnom :* Monmelian—St. Germain.

(1) Marié sous le nom de Mounier.
(2) Dit Sansfaçon, voy. vol. I, p 439.

1690, (30 janvier) Quebec. [6]
I.—MONMELLIAN (1), Jean,
b 1664; s [6] 5 dec. 1720.
Juineau, Helène, [Jean
b 1665; s [6] 5 avril 1723.
Angélique-Françoise, b [6] 17 avril 1693; s fevrier 1764, au Cap-St-Ignace.

1722, (19 sept.) Quebec. [6]
II.—MONMELLIAN (2), Jean-Bte, [Jean
b 1695; s [6] 30 juillet 1749.
DeLaunay, Marie-Barbe, [Henri I
b 1692; s [6] 4 juin 1756.
Jean-Baptiste, b [6] 12 oct. et s [6] 6 nov. 1725.—*Jean-François-Etienne,* b [6] 26 dec. 1726; s [6] sept. 1746.—*Marie-Barbe,* b [6] 18 juin 1729; 1° m 17 avril 1752, à Jean-Pierre Andry; 2° m [6] fevrier 1759, à Jacques Riffo. — *Joseph,* b [6] août 1731; m [6] 10 nov. 1761, à Félicite Charland. — *Catherine,* b [6] 21 août 1733; m 7 no 1763, à Antoine Rivero, à Montréal.—*Anonym* b [6] et s [6] 22 août 1733.

1761, (10 nov.) Québec. [3]
III.—MONMELLIAN (2), Joseph, [Jean-Bte
b 1731.
Charland, Marie-Félicité, [Alexis I
b 1746.
Jean-Baptiste, b [3] 24 dec. 1762; s [3] 26 févri 1763.—*Louis-Joseph,* b [3] 5 fevrier 1764.

1729, (22 mars) Trois-Rivières [3] (3).
I —MONMERQUE (4), Cyrille.
Picard, Anne.
Cyrille-Joseph, b [3] 18 mars 1729. — *Anonym* b [3] et s [3] 18 mars 1729.

MONMIDI.—Voy. Hianzau—Osselet.

MONMINY.—Voy. Montmesnil.

MONNIER.—Voy. Meunier.

MONPAR.—Voy. Maupas.

MONPARDIT.—Voy. St. Hilaire.

MONPAS.—Voy. Maupas.

MONPERAT.—*Variations et surnom :* Monpezard—Montpezat—Beausoleil.

(1) Et Monmelian dit St. Germain; voy. vol. I, p. 439
(2) Dit St. Germain.
(3) Rehabilite ce 22 mars 1729, ce mariage avait été premier lieu celebre par M. Vachon, cure du Cap, sa avoir reçu de dispense et sans etre delegué ni du Vicai Général Boulard, ni du curé de leur paroisse.
(4) Sieur Dubreuil.

1760, (27 oct.) Lorette.[1]

I.—MONPERAT (1), BERNARD, b 1721 ; fils d'Arnault et de Marie Froment, de St-Jacques, ville et diocèse de Beziers, Languedoc ; s 22 mars 1790, à Quebec.[2]

DION, Marie-Anne, [IGNACE II. b 1733.

Bernard, b[1] 1er août 1761. — *Louis-Joseph*, b[2] 9 mai 1763.

MONPETIT.—Voy. MAUPETIT.

MONPEZARD.—Voy. MONPERAT.

MONPLAISIR.—*Variation et surnoms :* MONTPLAISIR—DESFOSSES— DISY—JARDON — PORTRINEAU.

1720, (18 nov.) St-Ours.

I.—MONPLAISIR, NICOLAS, panis.

GUERTIN, Catherine, [LOUIS II. b 1701.

Nicolas, b 1722 ; m 6 mai 1749, à Marie-Madeleine LACOSTE, à Chambly[3] ; s[3] 7 mai 1757. — *Marie-Catherine*, b 13 sept. 1724, à L'Assomption. — *Joseph*, b 1725 ; m 10 nov. 1749, à Marie-Anne BARBEAU, à Montreal. — *Françoise*, b 27 sept. 1727, à Verchères.

1749, (6 mai) Chambly.[4]

II.—MONPLAISIR, NICOLAS, [NICOLAS I. b 1722 ; s[4] 7 mai 1757

LACOSTE (2), Marie-Madeleine, [ANDRÉ II. b 1730.

Jacques, b[4] 15 juillet 1750.—*Jean-Baptiste*, b[4] 25 dec. 1751.—*André*, b[4] 18 oct. 1753.

1749, (10 nov.) Montreal.

II—MONPLAISIR, JOSEPH, [NICOLAS I. b 1725.

BARBEAU (3), Marie-Anne, [JEAN II. b 1731.

Marie-Anne, b 5 août 1750, à Lachine —*Marie-Joseph*, b 1751 ; s 19 dec. 1755, à St-Laurent, M.

MONPOIRIER.—*Surnom :* VADEBONCŒUR.

I.—MONPOIRIER (4), PIERRE, s (noye) 3 août 1746, au Detroit.

MONREPOS (DE).—Voy. GUITON.

MONRO.—Voy. MUNRO.

MONROUGEAU.—Voy. FORGUES.

(1) Et Monpezard—Montpezat dit Beausoleil.

(2) Elle épouse, le 27 oct. 1760, Jacques Latour, à Chambly

(3) Elle épouse, le 30 juin 1761, François Coursel, à Montreal.

(4) Dit Vadeboncœur ; soldat de la compagnie de Celdron

1745, (14 sept.) Québec.

III.—MONROUGEAU (1), JEAN, [JACQUES II. b 1708 ; s 23 mars 1758, à St-Charles.

FRONTIGNY (2), Catherine, [PIERRE I. b 1721.

1750, (12 janvier) Ste-Anne-de-la-Pocatière.

III.—MONROUGEAU (1), JOSEPH, [JACQUES II. b 1717.

MARTIN, Marie-Françoise, [PIERRE III. b 1730.

Joseph-Marie, b 12 sept. 1760, à St-Charles.

1713, (7 janvier) Beauport.

I.—MONS (3), PIERRE, fils d'Etienne et de Marie Pie, de St-Martin, Bas-Limousin.

GOSLIN, Marie-Jeanne, [JEAN II. b 1692.

MONSÉGUR.—Voy. LANGLOIS.

MONSIAU.—Voy. MONCIAU—MONTAU.

MONTABER.—Voy. MONTABERT.

MONTABERT.—*Variation et surnom :* MONTABER—ST. LOUIS.

1711, (17 fevrier) L'Ange-Gardien.

I.—MONTABERT (4), ETIENNE, fils de Barthélemi et de Jeanne Leonard, de St-Jean-de-Parissière, diocèse de Lyon, Lyonnois.

ROTUREAU, Geneviève, [NICOLAS I. b 1692.

Thomas, b 5 mars 1712, à Charlesbourg[3], s 5 juillet 1728, à L'Assomption.[4] — *Joseph-Etienne*, b[3] 3 dec. 1713, s[3] 17 oct. 1714.—*Marie-Geneviève*, b[3] 31 août 1715 ; m[4] 8 fevrier 1734, à Augustin PELTIER.—*Ignace*, b[3] 20 nov. 1717 ; s 28 nov. 1752, à la Pte-aux-Trembles, M.[5] — *Pierre-René*, b[4] 15 mars 1725.—*Louis*, b[4] 18 mai 1727. —*Marie-Madeleine*, b[4] 28 mars 1729, s[4] 24 fevrier 1730.—*Marie-Therèse*, b[4] 27 fevrier 1732, m[5] 12 fevrier 1753, à Jean BERTON.—*Marie*, b... m 26 sept. 1763, à Pierre DELGUEL, à St-Vincent-de-Paul.

II.—MONTABERT (5), IGNACE, [ETIENNE I. b 1717, s 28 nov. 1752, à la Pte-aux-Trembles, M.

MONTAGNE.—*Surnom :* SANSCHAGRIN.

(1) Aussi appele Morrigeau, pour Forgues dit Monrougeau, voy. vol IV, p. 59.

(2) Elle epouse, le 27 nov. 1758, Alexandre Couture, à St-Charles.

(3) Dans le pays depuis 10 ans, au service de Sa Majeste ; caporal dans la compagnie de M. Begon.

(4) Et Montaber dit St. Louis.

(5) Dit St. Louis.

1759, (26 fevrier) Québec.

I.—MONTAGNE (1), RAYMOND, soldat ; fils de Bernard et de Perette Jolierre, de Ste-Madeleine, diocèse d'Alby, Languedoc.
LÉGER (2), Marie-Louise, [JEAN I.
b 1730.
Jean-Baptiste, b 4 oct. 1760, à Deschambault.

I.—MONTAINE, FRANÇOIS.
TABANAU, Brigitte.
François, b 17 juillet 1707, à la Baie-St-Paul.

MONTALON.—*Surnom* : CLERMONT.

1760, (7 janvier) Chambly.

I.—MONTALON (3), ANTOINE, soldat ; fils de Jacques et de Marie Merville, de Gliveneve, diocèse de Clermont, Auvergne.
DAVIGNON, Marguerite, [FRANÇOIS I.
b 1740.

MONTAMBAULT. — *Variations et surnom* : MONTAMBAUT—MONTAMBEAU—L'EVEILLÉ.

I.—MONTAMBAULT (4), JEAN,
b 1650 , s 26 juillet 1727, à Lachine.

I.—MONTAMBAULT (5), MICHEL,
b 1640.
MESNIÉ, Marie,
b 1645 ; s 27 nov. 1708, à Ste-Famille, I. O.[6]
Jean, b 1668 ; m à Marie MARCOT ; s 16 avril 1748, à Deschambault. [5]—*Jacques*, b [6] 9 oct. 1673, m 9 avril 1709, à Marguerite MARCOT, au Cap-Sante ; s [5] 2 dec. 1740.—*Simon*, b [6] 2 mai 1682 ; s [6] 27 sept. 1711.

II.—MONTAMBAULT, SIMON, [MICHEL I.
b 1682 ; s 27 sept. 1711, à Ste-Famille, I. O.

1709, (9 avril) Cap-Santé.

II.—MONTAMBAULT (6), JACQUES, [MICHEL I.
b 1673 ; s 2 dec. 1740, à Deschambault. [7]
MARCOT, Marguerite, [JACQUES I.
b 1683 ; s [7] 30 août 1755.
Jacques, b 15 et s 18 dec. 1709, à Ste-Famille, I. O. [8] — *François*, b [8] 10 nov. 1710 ; 1° m [7] 25 janvier 1739, à Marie-Anne PERROT ; 2° m 9 avril 1742, à Marguerite MORAND, à Ste-Anne-de-la-Perade.—*Jean-Baptiste*, b [8] 5 mars 1712 ; s [8] 27 oct. 1713.—*Marie-Anne*, b 8 oct. 1713, à St-Pierre, I. O.— *Jacques*, b [8] 19 nov. 1714. — *Marguerite*, b [8] 15 sept. 1716 ; m [7] 7 avril 1750, à Jean-Baptiste JUGNAC.—*Marie-Joseph*, b [7] 18 juin 1717 ; s [7] 31 mai 1783. — *Pierre*, b [7] 25 nov. 1720 ; m [7] 12 fevrier 1770, à Angelique MORIN. — *Paul*, b 1722 ; m [7] 14 fevrier 1752, à Madeleine BOISVERD ; s [7] 7 janvier 1757.—*Angelique*, b [7] 1er mars 1726 ; m [7] 11 janvier 1751, à Jean-Baptiste CHAILLÉ.

(1) Dit Sanschagrin.
(2) Dit Richelieu.
(3) Dit Clermont.
(4) Engagé de Mde DeLorimier
(5) Dit L'Eveillé, voy. vol. I, p 439.
(6) Dit L'Eveillé.

MONTAMBAULT, JACQUES.
SCEURÉ, Marie-Anne,
s 19 mai 1746, à Deschambault.

II.—MONTAMBAULT, JEAN, [MICHEL I.
b 1668 ; s 16 avril 1748, à Deschambault. [9]
MARCOT, Marie.
Jean, b... m [9] 2 mars 1772, à Angelique GRÉGOIRE ; s [9] 14 dec. 1792.

1739, (25 janvier) Deschambault. [1]

III.—MONTAMBAULT, FRANÇOIS, [JACQUES II.
b 1710.
1° PERROT, Marie-Anne. [JACQUES II.
b 1717 ; s [1] 12 mars 1739.
François, b [1] 4 mars 1739.
1742, (9 avril) Ste-Anne-de-la-Perade.
2° MORAND, Marguerite, [JEAN-BTE II.
b 1712 ; s [1] 1er juillet 1791.
Anonyme, b [1] et s [1] 24 mars 1743.—*Marie-Marguerite*, b [1] 28 mars 1744 ; m [1] 10 janvier 1763, à Pierre-Joseph ARCAN. — *Jean-Baptiste*, b [1] 5 janvier 1746 ; m [1] 23 fevrier 1767, à Marie-Madeleine NAU.—*Marie-Joseph*, b [1] 7 oct. 1747 ; s [1] 16 déc. 1748.—*Joseph-Marie*, b [1] 12 sept. 1749 ; m [1] 31 oct. 1770, à Marie LANDRY. — *Paul*, b [1] 3 avril 1751 ; s [1] 13 fevrier 1758. — *Marie-Joseph*, b [1] 22 mars 1753. — *Marie-Anne*, b [1] 26 fevrier 1755.—*Marie-Louise*, b [1] 3 et s [1] 5 juillet 1757. — *Anonyme*, b [1] et s [1] 3 juillet 1757. — *Paul-Hyacinthe*, b [1] 28 oct. 1758 ; s [1] 13 janvier 1760. — *Marie-Françoise*, b [1] 8 dec. 1762 ; m [1] 27 janvier 1784, à Charles RAYMOND.— *Marie-Madeleine*, b [1] 1er et s [1] 28 avril 1764.

1752, (14 fevrier) Deschambault. [4]

III.—MONTAMBAULT (1), PAUL, [JACQUES II.
b 1722 ; s [4] 7 janvier 1757.
JOBIN-BOISVERD (2) Madeleine. [JEAN III.
Joseph, b [4] 19 dec. 1752 ; m 1783, à Marie GIGUÈRE.—*Madeleine*, b [4] 21 juin 1754 ; m 26 mai 1778, à Charles-Beletisse GALLAND, à Quebec. [5]—*Paul*, b [4] 3 juillet 1756 ; m [5] 9 janvier 1779, à Marie-Joseph GAGNÉ.

1767, (23 fevrier) Deschambault. [4]

IV.—MONTAMBAULT, J.-BTE, [FRANÇOIS III.
b 1746.
NAU, Marie-Madeleine, [RENÉ II.
b 1744.
Madeleine, b [4] 19 nov. 1767 ; s [4] 23 août 1791. —*Angélique*, b 1772 ; m [4] 19 oct. 1789, à Pierre GERMAIN ; s [4] 19 nov. 1795.

1770, (12 février) Deschambault.

III.—MONTAMBAULT, PIERRE, [JACQUES II
b 1720.
MORIN, Angélique, [FRANÇOIS III
b 1741.

(1) Dit L'Eveillé.
(2) Elle epouse, le 9 nov. 1760, Jean-François Chon, à Deschambault.

1770, (31 oct.) Deschambault.

IV.—MONTAMBAULT, Jos.-Marie, [Frs III.
b 1749.
Landry, Marie,
veuve de Tite Robichau.

1772, (2 mars) Deschambault. [9]

III.—MONTAMBAULT, Jean, [Jean II.
s [9] 14 dec. 1792.
Grégoire, Angelique, [Jean-Bte.
b 1736 ; s [9] 20 fevrier 1792.
Angélique, b... m [9] 19 oct. 1789, à Pierre Germain. — *Marie-Joseph*, b 1775 ; m [9] 30 janvier 1792, à François Hamelin ; s [9] 24 nov. 1797.

1779. (9 janvier) Québec.

IV.—MONTAMBAULT, Paul, [Paul III.
b 1756
Gagné, Marie-Joseph, [Pierre V.
b 1751.

1783.

IV.—MONTAMBAULT, Joseph, [Paul III.
b 1752.
Giguère, Marie.
Marguerite, b 18 mars 1784, aux Grondines.

MONTAMBAUT.—Voy. Montambault.

MONTAMBEAU.—Voy. Montambault.

I.—MONTANIER, (1) ....

MONTARGIS.—Voy. Brisson.

MONTARVAU.—Voy. Dupuis.

1730, (30 janvier) Québec. [3]

I—MONTARY, Jean, fils de Jean et de Marie-Anne ...., de St-Sauveur-Castel-Sarazin, diocèse de Montauban, Guienne.
1° Montour, Marie-Anne,
b 1695 ; s [3] 23 avril 1730.
1730, (26 août). [3]
2° Lafleur (2), Marie-Elisabeth, [Jos.-Sam. II
b 1708.
Marie-Angélique, b [3] 3 juin 1731 ; m [3] 1er mai 1752, à Charles Royal ; s 12 sept 1774, à l'Hôpital-Genéral, M.—*Julien*, b [3] 24 mars 1746.

MONTAU.—*Variations et surnom :* Monciau—Monsiau—Desormeaux.

1716, (4 juin) Montréal.

I—MONTAU (3), Pierre, b 1691 ; fils de Jean et de Marie Hudet, de Bressy, diocèse d'Orleans, Orleanois.
1° Auger, Marie-Marguerite, [Jean-Bte II.
b 1698 ; s 12 dec. 1738, au Sault-au-Recollet. [4]
Marguerite, b... m [4] 29 février 1740, à Jean-François Nolet.—*Madeleine*, b... m 23 nov. 1744, à Jean-Baptiste Chartran, à St-Vincent-de-Paul. [5] —*Pierre*, b... m [5] 5 juin 1748, à Marie-Anne Desnoyers.—*Marie*, b... m [5] 11 janvier 1751, à Joseph Chartran.—*Jean-Baptiste*, b... m [5] 25 fevrier 1754, à Marie-Joseph Valiquet.—*Jean-Baptiste*, b [4] 16 nov. et s [4] 17 déc. 1738.
1739, (9 avril). [4]
2° Maranda, Marie-Louise, [Jean II.
b 1691 ; veuve de François Nolet.

1748, (5 juin) St-Vincent-de-Paul [6]

II.—MONTAU (1), Pierre. [Pierre I.
Desnoyers, Marie-Anne. [François II.
Pierre, b 27 février 1749, au Sault-au-Recollet. —*Michel*, b [6] 27 sept. 1750.—*Marie-Amable*, b [6] 8 juillet 1752.—*Marie-Louise*, b [6] 10 avril 1754.— *Jean-Baptiste*, b [6] 7 sept. 1755.

1754, (25 février) St-Vincent-de-Paul. [7]

II.—MONTAU (2), Jean-Bte. [Pierre I.
Valiquet, Marie-Joseph. [Louis III.
Marie-Joseph, b... s [7] 27 oct. 1755.—*Marie-Geneviève*, b [7] 5 dec. 1756.

MONTAUBAN. — Voy. Belhumeur—Descaut—Desco — Galaup — Pressé —Pressecq—Terisse.

MONTAUSON —Voy. Gipoulon.

MONTAY —*Surnom :* Lafleur.

1749.

I.—MONTAY (3), Pierre.
1° Moreau, Marguerite-Therèse,
b 1720 ; s 31 dec. 1757, à St-Laurent, M [8]
Marguerite, b [8] 23 juillet 1750.—*François*, b [8] 19 mai 1752, s [8] 22 août 1753.—*Marie*, b [8] 23 nov. 1753.—*François*, b [8] 5 et s [8] 22 avril 1756.
1759, (22 oct.) [8]
2° Savard (4), Marguerite, [François II.
b 1718 ; veuve de Joseph Gautier.
Marie-Louise, b [8] 22 juillet et s [8] 4 août 1760.

I.—MONTAYE (5), Philippe-Joseph, né 25 mai 1683, à St-Orn, Ile-Jersey ; b 7 oct. 1708, à Montreal ; fils de Philippe et de Jeanne Turgis.

I.—MONTBEILLARD (6), Fiacre-François.

MONTBRON.—Voy. Monbron.

(1) Lieutenant des Grenadiers, régiment de la Reine, (16 fevrier 1756, à la Pte-aux-Trembles, M.). Officier, régiment de Guyenne, (22 fevrier 1761, à Vercheres)

(2) Voy Dery.

(3) Et Monciau dit Desormeaux.

(1) Marié Monciau dit Desormeaux.

(2) Dit Desormeaux.

(3) Dit Lafleur.

(4) Pour Serran.

(5) Pris à Port Grave, Ile Terreneuve, le 25 mars 1705. Il était au service de M. Jacques Tetard

(6) Capitaine du corps royal d'artillerie et de génie. (Ste-Foye, 9 mai 1758)

I.—MONTCALM (1), LOUIS-JOSEPH, b... s 14 sept. 1759, à Quebec.

MONTD'OR.—Voy. LIÉNARD.

MONTEGRON.—Voy. LEVRAUX DE LANGIS.

MONTEIL.—*Variation* : MONTEILLE.

I.—MONTEIL (2), RENÉ,
b 1674 ; s 4 mars 1724, à St-Ours. [3]
1° CHICOINE, Marguerite, [PIERRE I.
s 22 juin 1717, à Verchères. [5]
Marguerite-Renée, b 21 juillet 1708, à Contrecœur ; m à Jacques COURSOLLE.
1719, (25 mars). [5]
2° FONTAINE-BIENVENU (3), Therèse, [PIERRE II.
b 1693 ; s 2 mai 1767, à St-Henri-de-Mascouche.
Pierre, b [3] 11 avril et s [3] 24 juin 1720.—*Agathe*, b 1721 ; m 31 juillet 1741, à Noel DIDIER, à Lachenaye. [7]—*Marie-Anne*, b... m [7] 29 avril 1737, à Gabriel CHARPENTIER.

MONTEILLE.—Voy. MONTEIL.

MONTENDRE.—Voy. RIVARD—VÉRON.

1685, (5 nov.) (4).

I.—MONTENU (5), LOUIS, b 1651 ; fils de Jacques et de Suzanne Arrière, du diocèse de LaRochelle, Aunis ; s 10 mars 1734, à Lotbinière.
DUTOST-OUENVILLE, Michelle,
b 1640 ; veuve de Michel Lemay.

MONTESSON (DE).—Voy. LEGARDEUR.

MONTFERRANT.—*Surnoms* : FABRE—FAVRE.

1760, (20 oct.) Sorel.

I.—MONTFERRANT (6), FRANÇOIS, fils de Blaise et de Jeanne Isabelle, de Montferrant, diocèse de Lonoye (pour Lannoy), en Flandre.
HÉTU (7), Marie-Anne. [JOSEPH II.
Marie, b 16 août 1762, à l'Ile-Dupas. [9]—*Marie-Geneviève*, b [9] 10 déc. 1763 ; s [9] 23 mai 1764.—*Marie-Marguerite*, b [9] 20 fevrier 1765.

(1) Gozon, marquis de Montcalm, baron de Galeriac et des Etats de Gevaudan.—L'acte de sépulture est ainsi conçu : L'an 1759, le 14 sept., a été inhumé, dans l'église des religieuses Ursulines de Quebec, haut et puissant seigneur Louis-Joseph marquis de Montcalm, lieutenant-général des armées du roy, commandant de l'ordre royal et militaire de saint Louis, commandant en chef des troupes de terre en l'Amérique septentrionale ; décédé le même jour de ses blessures, au combat de la veille, muni des sacrements qu'il a reçus avec beaucoup de piété et de religion.
Etaient presents MM. Resche, Cugnet et Collet, chanoines ; M. de Ramzay, commandant de la place, et tout le corps des officiers.
" (Signé) RESCHE, ptre chapelain,
COLLET, chanoine."

(2) Et Monteille.

(3) Mariée sous le nom de Bienvenu.

(4) Date du contrat de mariage à Lotbinière.

(5) Il était à Lotbinière en 1681.

(6) Marie Favre, voy. vol. IV, p. 15.—Le surnom " Montferrant " lui a ete donne d'après la paroisse de France de ce nom d'où il etait venu.

(7) Et Ethier.

MONTFERRANT, FRANÇOIS.
ENAUD, Geneviève.
Joseph-Galien, b 16 oct. 1787, à St-Cuthbert.

MONTFORT.—Voy. DUMAY.

MONTFORT, PIERRE-JACQUES,
meunier.
DUVAL, Marie-Anne.
Marie, b 1712 ; s 18 déc. 1718, à St-Nicolas. [4]—*Marie-Angélique*, b [4] 19 janvier 1721.

MONTFORT, PIERRE, b 1737 ; s 5 août 1772, au Detroit.

1775.

I.—MONTFORTON, GUILLAUME,
marchand.
SOUMANDE, Marie-Louise, [FRANÇOIS-MARIE III.
b 1746.
Guillaume, né 25 mars 1776 ; b 10 oct. 1778, au Détroit. [5] — *François-Marie*, né 10 oct. 1777 ; b [5] 10 oct. 1778.—*Elisabeth*, b [5] 15 juillet 1785.

MONTIGNY (DE). — Voy. DEVAUCOUR —MINET—PAPINEAU—PINGUET—TESTARD.

MONTMARQUET, MICHEL-CHARLES.
PIET, Marguerite.
Marie-Marguerite, b 30 juillet 1753, à l'Ile-Dupas.

MONTMARQUET, FRANÇOIS.
RICARD, Catherine.
Thérèse, b... s 6 oct. 1767, à Repentigny. [6] — *Pierre*, b [6] 21 avril 1769.

MONTMÉNY.—Voy. DUMESNIL—MONTMESNIL.

MONTMESNIL.—*Variations* : MOMESNIL—MONMAINIER—MONMINY—MONTMÉNY—MONTMINI—MONTMINY—OMINI.

I.—MONTMESNIL (1), RENÉ.
VIEDON, Catherine.
Guillaume, b 1662 ; m 25 février 1688, à Marguerite GOBEIL, à St-Jean, I. O. ; s 21 nov. 1703, à St-Michel.

1688, (25 février) St-Jean, I. O. [2]

II.—MONTMESNIL (1), GUILLAUME, [RENÉ I.
b 1662 ; s 21 nov. 1703, à St-Michel. [3]
GOBEIL, Marguerite, [JEAN I.
b 1670.
Joseph, b 1693 ; m [3] 12 nov. 1715, à Angelique FORGUES ; s [3] 18 fevrier 1753.—*Jeanne*, b [2] 28 janvier 1698, 1° m 5 sept. 1723, à Nicolas MAUPAS, à Beaumont [4] ; 2° m 24 nov. 1738, à Adrien JOUBERGE, à Quebec. [5]—*Jean-Baptiste*, b [3] 12 juin 1701 ; 1° m [4] 26 avril 1723, à Françoise BISSONNET, 2° m 3 avril 1742, à Geneviève DELAVOYE, à

(1) Voy. vol. I, p. 440.

St-Valier[6]; 3° m [6] 26 juin 1752, à Marie-Françoise HÉLY.—*Madeleine* (posthume), b [8] 7 avril 1704; 1° m [6] 5 janvier 1727, à Jean-Baptiste CADIEU; 2° m [5] 7 oct. 1743, à Louis BERTHELOT; s [5] 20 février 1760.

1715, (12 nov.) St-Michel. [3]

III.—MONTMESNIL, JOSEPH, [GUILLAUME II.
b 1693; s [3] 18 fevrier 1753.
FORGUES, Marie-Angelique, [JOSEPH II.
b 1699; s [3] 26 dec. 1762.
Marie-Angélique, b [3] 20 mars 1717; s [3] 22 avril 1718.—*Joseph*, b 20 fevrier 1719, à St-Valier[7]; m [3] 3 fevrier 1739, à Geneviève FOURNIER; s 13 mars 1751, à St-Charles.[4] — *Jean-Baptiste*, b 24 nov. 1720, à Beaumont[9]; 1° m [4] 16 nov. 1750, à Geneviève GONTIER; 2° m [3] 15 janvier 1759, à Genevieve PAQUET.—*Marguerite*, b [9] 17 oct. 1722, m [3] 16 janvier 1741, à Pierre BACQUET.— *Marie-Joseph*, b... m [3] 10 nov. 1745, à Michel QUÉRET. — *Michel*, b [9] 8 avril 1725; m [3] 23 nov. 1750, à Marie-Joseph LACROIX.— *Marie-Angélique*, b [7] 27 oct. 1729; m [3] 28 avril 1749, à Jean-Baptiste TANGUAY.— *Louis-Jean*, b [7] 1er sept. 1731; m à Agathe PRUDHOMME.—*André*, b [7] 25 février 1734. —*Marie-Angélique*, b [3] 5 mars 1736; m [3] 28 janvier 1754, à Andre PLANTE.—*François*, b [3] 2 mai 1738; s [3] 8 janvier 1760. — *Agathe*, b [3] 12 mars 1741; s [3] 23 nov. 1759.

1723, (26 avril) Beaumont. [9]

III.—MONTMESNIL, JEAN-BTE, [GUILLAUME II.
b 1701.
1° BISSONNET, Marie-Françoise, [ANDRÉ II.
b 1704; s 14 sept. 1741, à St-Michel.[4]
Marie-Anne, b [9] 22 janvier 1724; m [4] 6 nov. 1747, à Jean GARANT.—*Jean-Baptiste*, b [9] 8 sept 1726; m [4] 20 janvier 1749, à Catherine CHAMBERLAN.—*Pierre*, b 2 sept. 1729, à St-Valier.[8]— *Marie-Joseph*, b [8] 16 sept. 1731. — *Marie-Madeleine*, b [8] 15 oct. 1733.— *Marie-Geneviève*, b [4] 24 sept. 1736; m [4] 14 fevrier 1763, à Augustin LACROIX.—*Marguerite*, b [4] 14 déc. 1738; m [4] 3 nov. 1757, à Jean-Baptiste DEBLOIS. — *Marie-Elisabeth*, b [4] 23 mai et s [4] 14 juillet 1741.

1742, (3 avril). [8]
2° DELAVOYE, Geneviève, [PIERRE II.
b 1717; s [4] 26 nov. 1751.
Joseph, b [4] 4 mars et s [4] 8 juin 1743. — *Pierre*, b [4] 3 avril 1745.—*Marie-Louise*, b [4] 2 sept. 1746, s [4] 12 fevrier 1747.— *Michel*, b [4] 16 sept. 1748.— *Charles*, b [4] 17 sept. 1750; s [4] 15 fevrier 1751.

1752, (26 juin). [8]
3° HÉLY, Marie-Françoise, [FRANÇOIS II.
b 1693; veuve de Jean Corriveau; s [4] 20 nov. 1762.

1739, (3 fevrier) St-Michel. [9]

IV.—MONTMESNIL, JOSEPH, [JOSEPH III.
b 1719; s 13 mars 1751, à St-Charles.[3]
FOURNIER, Geneviève, [JEAN II.
b 1721.
Marie-Angélique, b [9] 20 fevrier 1740. — *Joseph*, b [9] 24 sept. 1741; m 10 janvier 1774, à Louise CHATIGNON, à Quebec[7], s [7] 29 mars 1796.— *Pierre*, b [9] 14 mars 1743; m 15 fevrier 1768, à Marie-Félicité BÉLÉ, à St-Valier. — *Etienne*, b 5 déc. 1744, à Beaumont. [1]—*Anonyme*, b [1] et s [1] 1er avril 1747. — *Antoine*, b [1] 12 avril 1748; m à Marie-Rose TAPIN; s [7] 4 oct. 1789. — *Geneviève*, b [3] 3 août 1750.

1749, (20 janvier) St-Michel. [3]

IV.—MONTMESNIL, JEAN-BTE, [JEAN-BTE III.
b 1726.
CHAMBERLAN, Catherine, [IGNACE II.
b 1721.
Marie-Catherine, b [3] 5 mars et s [3] 23 mai 1750. —*Jean-Baptiste*, b [3] 4 mars 1753. — *Louis-Marie*, b [3] 4 et s [3] 5 avril 1756. — *Joseph-Marie*, b [3] 10 mars et s [3] 2 oct. 1758.

1750, (16 nov.) St-Charles. [6]

IV.—MONTMESNIL, JEAN-BTE, [JOSEPH III.
b 1720.
1° GONTIER, Geneviève, [JEAN-BTE II.
b 1724; veuve de Pierre Boissonneau.
Jean-Jacques, b [6] 7 nov. 1751.—*Marie-Angélique*, b [6] 2 janvier 1754.—*Marie-Ursule*, b [6] 11 août 1755; s [6] 29 avril 1759.—*Charles*, b [6] 19 février 1757.

1759, (15 janvier) St-Michel.
2° PAQUET, Geneviève,
veuve d'Antoine Queret.

1750, (23 nov.) St-Michel. [7]

IV.—MONTMESNIL, MICHEL, [JOSEPH III.
b 1725.
LACROIX, Marie-Joseph, [ANDRÉ II.
b 1724; s [7] 8 mars 1755.
Michel, b [7] 11 sept. 1751.—*Joseph-Marie*, b [7] 19 nov. 1753; s [7] 29 juillet 1754.

MONTMESNIL, PIERRE,
b 1736, s 5 oct. 1828, à Beaumont.
PLANTE, Marie. —

1768, (15 fevrier) St-Valier.

V.—MONTMESNIL, PIERRE, [JOSEPH IV.
b 1743.
BÉLÉ (1), Marie-Felicite. [FRANÇOIS.

1774, (10 janvier) Québec. [8]

V.—MONTMESNIL, JOSEPH, [JOSEPH IV.
b 1741; s [8] 29 mars 1796.
CHATIGNON, Louise, [PHILIPPE I.
b 1743.

IV.—MONTMESNIL, LOUIS-JEAN, [JOSEPH III.
b 1731.
PRUDHOMME, Agathe.
Marie-Louise, b... m 6 fevrier 1794, à Nicolas DROUILLARD, au Detroit.

V.—MONTMESNIL, ANTOINE, [JOSEPH IV.
b 1748; s 4 oct. 1789, à Québec.
TAPIN (2), Marie-Rose, [JEAN-BTE III.
b 1746.

(1) Voy. vol. II, p. 213.

(2) Elle épouse, le 31 janvier 1792, Ambroise McCarthy, à Québec.

MONTMINI.—Voy. MONTMESNIL.

MONTMINY.—Voy. MONTMESNIL.

MONTMIREL.—Voy. DURAND.

MONTOIS.—Voy. LEPREUX.

MONTOUR.—Voy. DELPÉE—MÉNARD.

I.—MONTOUR, JOSEPH.
HURONNE (1), Elisabeth.
Joseph, ne en janvier et b 23 juillet 1714, à Montréal.

1729, (27 juillet) Trois-Rivières.
II.—MONTOUR (2), MAURICE, [FRANÇOIS I.
b 1703; s 13 mai 1749, à la Pointe-du-Lac.
PETIT, Therèse-Veronique, [PIERRE I.
b 1710.

1756, (27 sept.) Pointe-du-Lac.[6]
III.—MONTOUR (3), CHARLES. [MAURICE II.
DÉRY, Marie-Louise, [MAURICE II.
b 1731.
Charles, b [6] 29 janvier 1757.—*Judith*, b 29 oct. et s 30 nov. 1758, aux Trois-Rivières — *Marie-Joseph*, b [6] 5 fevrier 1760; s 16 fevrier 1761, à Yamachiche.[7] — *Marie-Louise*, b [7] 11 fevrier 1762.—*Judith*, b [7] 31 dec. 1763. — *Pierre*, b [7] 23 oct. 1765.—*Elisabeth*, b [7] 22 juin 1767.

1758, (6 février) Pointe-du-Lac [6]
III.—MONTOUR (3), PIERRE, [MAURICE II.
b 1730.
CHAUVET (4), Marie-Anne, [PIERRE III.
b 1736.
Anonyme, b [6] et s [6] 16 nov. 1758. — *Marie-Anne*, b 23 mars 1760, aux Trois-Rivières. — *Marie-Joseph*, b 29 oct. 1761, à Yamachiche.[7] — *Pierre*, b [7] 19 déc. 1764.

MONTOUR, FRANÇOIS.
SAVOIE (5), Rosalie.

MONTPELLIER.—Voy. MARTIN.

MONTPEZAT.—Voy. MONPERAT.

I.—MONTPEZAT (6), BERNARD.

MONTPLAISIR.—Voy. MONPLAISIR.

MONTRAIS.—Voy. JUILLET-MONTREUIL.

MONTRET.—*Variations :* REMONDRÉ—MONTREL.

(1) Du Détroit.
(2) Voy. Delpée, vol. III, p. 325.
(3) Delpée.
(4) Dit Camirand.
(5) Elle épouse, le 19 juillet 1787, Louis Audet, à Quebec.
(6) Et Monperat dit Beausoleil; sergent du Royal-Roussillon. (Proces-verbaux).

I.—MONTRET, RENÉ-ETIENNE, b 1692; fils de Pierre et de Marguerite Grelier, de St-Etienne, LaRochelle, Aunis.
1° JUILLET, Charlotte, [LOUIS II.
b 1708; s 13 avril 1740, à Montréal.[2]
René-Amable, b [2] 5 nov. 1729.—*Marie-Marguerite* (1), b [2] 5 fevrier 1734.—*Marie-Charlotte*, b [2] 3 avril 1735; m [2] 9 janvier 1758, à Pierre SARRÈRE. — *Louis-Charles*, b [2] 4 et s [2] 5 mai 1737. —*Marie*, b [2] 18 nov. 1738.
1748, (19 février).[2]
2° SÉRAT (2), Veronique, [PIERRE I.
b 1706; veuve de François Tibaut; s [2] 2 juillet 1781.
Françoise, b 1751; m [2] 2 mars 1772, à Jean-Baptiste LECOMPTE.—*Marie-Reine*, b 1753; m [2] 19 août 1771, à Jacques LÉPINE.

MONTREUIL.—Voy. JUILLET—SÉDILOT.

MONTY.—*Surnom :* NIQUET.

1729, (27 fevrier) Chambly.[4]
I.—MONTY, JEAN, soldat; fils de Dominique et de Jeanne Benoit, de St-Bernard, diocèse de Cominges, Gascogne.
POYER (3), Marie-Marthe, [JACQUES I.
b 1710.
Marguerite, b... m [4] 9 fevrier 1750, à Jean-Baptiste-Clément RACINE. — *Amable*, b... 1° m 4 nov. 1754, à Marie-Anne LEBERT, à Laprairie; 2° m [4] 4 juillet 1757, à Angélique LÉTOURNEAU — *Geneviève*, b... m [4] 27 janvier 1756, à Pierre BINET. — *François*, b... m [4] 21 janvier 1760, à Marie-Joseph BERGEVIN. — *Gaspard*, b... m [4] 19 mai 1760, à Marie-Therèse DESNOYERS. — *Marie-Angélique*, b 1742; 1° m [4] 23 mai 1761, à Louis COURTIN; 2° m 4 fevrier 1782, à Jean-Baptiste MAURAY, à Montreal. — *Claude*, b... m à Marie-Anne BOYER. — *Clément*, b... m [4] 27 fevrier 1764, à Louise BOILEAU. — *Geneviève-Amable*, b [4] 28 janvier 1746.—*Joseph-Antoine*, b [4] 20 mars 1747. —*Marie*, b... m [4] 14 fevrier 1763, à Joseph BOILEAU.—*Marie-Françoise*, b [4] 16 sept. et s [4] 22 oct. 1748.

1754, (4 nov.) Laprairie.
II.—MONTY, AMABLE. [JEAN I.
1° LEBERT, Marie-Anne, [JACQUES III.
b 1737.
1757, (4 juillet) Chambly.[5]
2° LÉTOURNEAU, Angelique. [JOSEPH IV.
Marie-Angelique, b [5] 10 fevrier 1758. — *Amable*, b [5] 6 janvier 1759.

II.—MONTY, CLAUDE. [JEAN I
BOYER, Marie-Anne.
Claude, b 7 juin 1760, à Chambly.

(1) Baptisée Remondre, pour Montret.
(2) Appelee Sciain a sa sepulture.
(3) Et Soyer, elle epouse, le 17 fevrier 1760, Philippe Meunier, à Chambly.

1760, (21 janvier) Chambly.[7]
II.—MONTY, FRANÇOIS. [JEAN I.
BERGEVIN, Marie-Joseph, [FRANÇOIS-MARIE III.
b 1743.
Joseph, b [7] 26 et s [7] 27 juillet 1760.

1760, (19 mai) Chambly.
II.—MONTY, GASPARD. [JEAN I
DESNOYERS, Marie-Thérèse. [PIERRE II.

1764, (27 fevrier) Chambly.
II.—MONTY, CLÉMENT. [JEAN I.
BOILEAU, Louise. [RENÉ III.

MONVIEL.—Voy. VASSAL.

MONY.—Voy. DEMOSNY.

MONY, JOSEPH.
.........., Marie-Anne,
b 1744 ; s 17 août 1784, à Quebec.

MOOR.—Voy. MOORE.

MOORE.—*Variations :* MAUR— MAURE — MOOR.

1690, (6 avril) Québec.
I.—MOORE (1), THOMAS,
navigateur.
LEMELIN, Jeanne, [JEAN I.
b 1673 ; s 27 mars 1732, à St-Laurent, I. O.[1]
Antoine, b 17 nov. 1692, à St-Pierre, I. O. ; s [1] 22 avril 1705.—*Louise*, b 1696 ; s [1] 24 mars 1703. — *Pierre*, b [1] 10 sept. 1704 , m [1] 26 nov. 1724, à Geneviève-Louise GENDREAU ; s [1] 22 nov. 1759 — *Louis*, b [1] 10 juin 1706 ; s [1] 10 juin 1707.—*Marie-Louise*, b [1] 19 nov. 1708 ; m [1] 24 mai 1734, à Louis MALLET. — *François*, b [1] 31 dec. 1709 ; s [1] 31 mars 1710.

1724, (26 nov.) St-Laurent, I. O.[2]
II.—MOORE, PIERRE, [THOMAS I.
b 1704 ; s [2] 22 nov. 1759.
GENDREAU, Geneviève-Louise, [JACQUES II
b 1702.
Pierre, b [2] 2 sept. 1725 ; s [2] 4 juin 1731. — *Thomas*, b 1726 ; m [2] 7 fevrier 1763, à Isabelle DENIS ; s [2] 9 janvier 1772.—*François*, b... m 26 nov. 1753, à Louise DEMEULES, à St-Jean, I. O. — *Hélène*, b [2] 6 nov. 1731 ; s [2] 13 juillet 1735. — *Pierre*, b [2] 15 avril 1733. — *Jean-François*, b [2] 30 mai 1735 , s [2] 21 avril 1756.—*Julien*, b [2] 17 février 1739 ; s [2] 7 mars 1757. — *Laurent*, b [2] 24 mars 1740.

I.—MOORE, CHARLES, de Ste-Marie, diocèse de Drockety, Irlande.
BARRON, Marguerite, de Ste-Marie, diocèse de Drockety, Irlande.
Marie-Anne, b 1745 ; m 20 mars 1775, à Joseph INGO, à Montréal.

(1) Voy. vol. I, p. 440.

1753, (26 nov.) St-Jean, I. O.
III.—MOORE, FRANÇOIS. [PIERRE II.
DEMEULES, Marie-Louise. [JOSEPH II.
Pierre, b 12 oct. 1754, à St-Laurent, I. O. ; s 3 oct. 1780, à Marie-Françoise GALARNEAU, à Québec. — *François*, b 3 dec. 1756, à St-Charles.[3] — *Louis-Marie*, b [3] 10 oct. 1758 ; m 21 août 1782, à Marie MOREAU, à Montreal.—*Laurent*, b... 1° m 6 janvier 1786, à Marie-Joseph-Ursule BÉLANGER, au Detroit [4] ; 2° m [4] 3 mars 1794, à Suzanne LAPERLE.

1763, (7 février) St-Laurent, I. O.[5]
III.—MOORE, THOMAS, [PIERRE II.
b 1726 ; s [5] 9 janvier 1772.
DENIS, Isabelle, [PIERRE-JACQUES II.
b 1737.
Marie-Geneviève, b [5] 10 mars 1764.

1780, (3 oct.) Québec.[6]
IV.—MOORE (1), PIERRE, [FRANÇOIS III.
b 1754.
GALARNEAU, Marie-Françoise, [PHILIPPE III.
b 1759 , s [6] 5 janvier 1795.

1782, (21 août) Montréal.
IV.—MOORE, LOUIS, [FRANÇOIS III.
b 1758.
MOREAU, Marie, [PIERRE IV.
b 1764.

1786, (6 janvier) Détroit.[7]
IV.—MOORE, LAURENT. [FRANÇOIS III.
1° BÉLANGER, Marie-Joseph-Ursule, [PIERRE I.
b 1749 ; s [7] 11 janvier 1793.
1794, (3 mars).[7]
2° LAPERLE, Suzanne. [PIERRE-AMABLE IV.

MOQUANT —Voy. MAGNAN.

1750, (2 fevrier) Québec.[7]
I.—MOQUILLION, CHARLES, charpentier; fils de Charles et de Jeanne Erignon, de St-Nicolas, diocèse de LaRochelle, Aunis.
GAGNE, Marie-Louise, [DENIS IV.
b 1728.
Marie-Joseph, b [7] 11 nov. 1750. — *Marie-Charlotte*, b [7] 5 mars 1752

MOQUIN.—*Variations :* MOCQUET—MOCQUIN.

1672, (29 fevrier) Montreal.[6]
I.—MOQUIN (2), MATHURIN,
b 1636.
BEAUJEAN, Suzanne, [ELIE I.
b 1657.
Jacques, b 1681 ; 1° m [6] 26 février 1713, à Anne-Agnès TESSIER ; 2° m [6] 15 sept. 1738, à Marie-Joseph TRULLIER ; s [6] 14 dec. 1749.— *Marie-Anne*, b 1er oct. 1687, à Laprairie [7] ; m [7] 23 nov. 1711, à François BISAILLON.

(1) Marie Maure.
(2) Voy. vol. I, p. 440.

1706, (8 fevrier) Laprairie. [5]
II.—MOQUIN (1), PIERRE, [MATHURIN I.
b 1679.
BISAILLON (2), Marie-Catherine, [ETIENNE I.
b 1688.
Marie-Suzanne, b [5] 10 janvier 1707. — *François,* b [5] 6 janvier 1710 ; s 25 juillet 1715, à Montreal. [6] — *Jeanne,* b [5] 4 juillet 1711; m [5] 11 fevrier 1732, à Pierre BROSSEAU; s [5] 15 mai 1743. — *Marie-Anne,* b 1713; m [5] 4 avril 1731, à Antoine BOURASSA. — *Marguerite,* b 1715 ; m [6] 22 février 1734, à Pierre LEFEBVRE. — *Pierre,* b [5] 17 avril 1716. — *François-Antoine,* b [5] 11 avril 1719 ; m [5] 22 fevrier 1745, à Marguerite PINSONNEAU. — *Anne,* b [5] 6 sept. 1720. — *Jean-Baptiste,* b [5] 23 juin 1722 ; m [5] 18 fevrier 1743, à Ursule SUPERNANT.—*Marie,* b... s [6] 13 fevrier 1729.

1713, (26 février) Montréal. [7]
II.—MOQUIN, JACQUES, [MATHURIN I.
b 1681 ; s [7] 14 déc. 1749.
1° TESSIER, Anne-Agnès, [PAUL II.
b 1692 ; s [7] 8 mars 1738.
1738, (15 sept.) [7]
2° TRULLIER-LACOMBE, Marie-Joseph, [JEAN I.
b 1708 ; s 9 avril 1795, à Varennes.
Marie-Joseph, b [7] 21 sept. 1739 ; m [7] 14 sept. 1761, à Charles CURAUX. — *Jacques-Antoine,* b [7] 15 oct. 1740 ; s [7] 7 déc. 1741. — *Jacques,* b [7] 14 janvier et s [7] 6 sept. 1743.—*Marie-Catherine,* b [7] 30 avril 1745 ; m [7] 19 oct. 1767, à Alexis LEPELÉ. —*Louis-Amable,* b [7] 11 avril 1749 ; m [7] 19 fevrier 1776, à Marie-Joseph DUNIÈRE.

1743, (18 fevrier) Laprairie. [8]
III.—MOQUIN, JEAN-BTE, [PIERRE II.
b 1722.
SUPERNANT, Ursule, [LAURENT II.
b 1722.
Jean-Baptiste, b [8] 29 dec. 1743.

1745, (22 février) Laprairie.
III.—MOQUIN, FRANÇOIS-ANTOINE, [PIERRE II.
b 1719.
PINSONNEAU, Marguerite, [JACQUES II.
b 1725.

1776, (19 février) Montréal. [9]
III.—MOQUIN, LOUIS-AMABLE, [JACQUES II.
b 1749.
DUNIÈRE, Marie-Joseph, [LOUIS II.
b 1750 ; veuve de Charles-Martin Curaux.
Louis, b [9] 4 oct. 1778. — *Louis* (3), b [9] 23 oct. 1786 , s 25 juin 1825, à Quebec.

MORACHE.—*Variation :* DEMORACHE.

(1) Et Mocquet.

(2) Elle épouse, le 14 janvier 1725, Pierre Pinsonneau, à Laprairie.

(3) Avocat et celèbre orateur.

1674.
I.—MORACHE (1), JOSEPH,
b 1654 ; s 14 mars 1690, à Batiscan.
AUBERT, Anne. [FRANÇOIS I
Pierre-Joseph, b 1677 ; m 10 nov. 1710, à Madeleine BONHOMME, à Ste-Foye.

1710, (10 nov.) Ste-Foye. [3]
II.—MORACHE, PIERRE-JOSEPH, [JOSEPH I.
b 1677.
BONHOMME, Madeleine, [IGNACE II.
b 1685.
Pierre, b [3] 9 et s [3] 23 août 1711.—*Marie-Angélique,* b [3] 25 sept. 1712. — *Ignace,* b [3] 1er juillet 1714. — *Louis-Marie,* b [3] 22 fevrier 1716 ; m 24 nov. 1739, à Marie CLÉMENT, à St-Augustin [2] ; s [2] 14 oct. 1788. — *Marie-Charlotte,* b [3] 8 janvier 1718 ; s 3 fevrier 1760, à Lorette.

1739, (24 nov.) St-Augustin. [6]
III.—MORACHE, LOUIS-MARIE, [PIERRE-JOS. II.
b 1716 ; s [6] 14 oct. 1788.
CLÉMENT, Marie, [ANDRÉ I.
b 1721.
Louis-François, b [6] 14 déc. 1740 ; s 16 juillet 1741, à Lorette. [7] — *Louis,* b [7] 27 mai 1742 ; m 16 nov. 1772, à Rose GRENON, à Repentigny. — *Augustin,* b [6] 4 mai 1744. — *Michel,* b 1747 ; s 27 nov. 1758, à Quebec. [8] — *Joseph,* b [7] 5 août 1750. —*Jacques,* b 1752 ; s [6] 26 mai 1754.—*Charles,* b [6] 3 juin 1754 ; s [6] 15 février 1755.—*François-Xavier,* b [6] 21 dec. 1755.—*Agathe,* b 1757 ; s [6] 9 janvier 1758. — *Marie-Louise,* b [8] 11 dec. 1758. — *Jean-Baptiste,* b 1760 ; m 4 nov. 1782, à Marie-Joseph GIGUÈRE-BELLEROSE, à Montréal. — *Marie-Angélique,* b [6] 3 juin 1762.

1772, (16 nov.) Repentigny.
IV.—MORACHE, LOUIS, [LOUIS-MARIE III.
b 1742.
GRENON, Rose, [PIERRE III.
b 1744.
Marie-Amable-Rose, b 11 oct. 1773, à Lachenaye.

1782, (4 nov.) Montréal.
IV.—MORACHE, JEAN-BTE, [LOUIS III.
b 1760.
GIGUÈRE (2), Marie-Joseph, [JOSEPH IV.
b 1760.

MORAIN.—Voy. MORIN.

MORAL.—*Surnom :* ST. QUENTIN.

1652.
I.—MORAL (3), QUENTIN,
b 1622 ; s 9 mai 1686, aux Trois-Rivières. [1]
MARGUERIE, Marie,
b 1626 ; veuve de Jacques Hertel ; s [1] 26 nov. 1700.
Marie-Jeanne, b 1653 ; 1° m à Jacques MAU-

(1) Voy. vol. I, p. 440.

(2) Dit Bellerose.

(3) Dit St. Quentin ; voy. vol I, p. 440.

GRAS; 2° m 9 déc. 1691, à Gilles COUTURIER, à St-Frs-du-Lac.—*Gertrude*, b [1] 22 mars 1658; m [1] 10 nov. 1676, à Jacques BERGERON-JOYELLE.

MORAMBERT.—Voy. ROUSSEL.

MORAND.—*Variations et surnoms :* MORAN—MORIN—MOURAND—DOUVILLE—GRIMARD—LAGRANDEUR—LANGEVIN—ST. JEAN—VADEBONCŒUR.

1679.

I.—MORAND (1), PIERRE, b 1651; s 11 juin 1729, à Batiscan. [2]
GRIMARD, Marie-Madeleine, [JEAN II. b 1663; s [2] 22 déc. 1725.
Jean-Baptiste, b [2] 8 juin 1685; 1° m 7 nov. 1707, à Elisabeth DUBOIS, à Quebec; 2° m 7 nov. 1741, à Marie-Angelique HAMEL, à Deschambault. —*Nicolas*, b [2] 30 juin 1688; s 6 juin 1734, à Ste-Anne-de-la-Perade.

1684, (7 nov.) Québec. [3]

I.—MORAND (2), JACQUES, b 1661; s 24 dec. 1734, à Charlesbourg.
1° AUDET, Jacquette, b 1658; veuve de François Nicolas; s [3] 28 juillet 1717.
Jacques, b [3] 16 sept. 1687; 1° m 19 août 1709, à Louise PETITCLERC, à Ste-Foye; 2° m 4 oct. 1752, à Catherine PRUNEAU, à St-Charles; s [3] 8 janvier 1756.
1718, (23 janvier). [3]
2° GRESLON, Jeanne, [JACQUES I. b 1663; veuve de Pierre Dasylva; s [3] 8 juin 1731.

1687, (28 mai) Sorel. [4]

I.—MORAND (3), ANTOINE, b 1645; cordonnier; s 17 avril 1705, à Montréal. [5]
POUTRÉ (4), Marie-Anne-Madeleine, [ANDRÉ I. b 1670.
Marie-Louise, b [4] 30 oct. 1689; s [5] 17 déc. 1705. —*Marie-Anne*, b 27 août 1692, à la Pte-aux-Trembles, M. [6]; m [5] 12 sept. 1713, à François LALUMAUDIÈRE; s [5] 17 janvier 1745.—*Jean-André*, b [6] 3 avril 1696; m [5] 26 avril 1718, à Catherine VALADE.—*Laurent*, b [6] 6 juillet 1696; m [5] 17 fevrier 1721, à Louise VIGER, s [5] 8 nov. 1721.—*Nicolas*, b [6] 7 mai 1699; m [5] 29 oct. 1722, à Marie-Anne LORIN.—*Vincent*, b [5] 16 janvier 1702; 1° m [5] 23 mai 1729, à Marie-Anne POUGET; 2° m [5] 27 août 1738, à Angelique JUSSEAUME.—*Marie-Madeleine*, b [5] 22 oct. 1704; m [5] 4 fevrier 1726, à Nicolas LAUZON.

(1) Voy. vol. I, p. 440.
(2) Voy. vol. I, p. 441.
(3) Dit LaGrandeur; voy. vol. I, p. 441.
(4) Elle épouse, le 21 avril 1709, Antoine Gabriel dit Lacharpente, à Montréal.

1698, (10 février) St-Augustin. [7]

I.—MORAND (1), JEAN, b 1663; s [7] 13 février 1736.
MARTIN, Anne-Gabrielle, [PIERRE I. b 1676.
Jean, b [7] 16 avril 1707; m [7] 1er février 1729, à Marie-Madeleine TINON; s [7] 13 sept. 1744.—*Marie-Charlotte*, b 25 sept. 1710, à Lorette [8]; m [7] 30 janvier 1731, à Jean-Baptiste JOSEPH.—*Etienne*, b [8] 16 mars 1713; m [7] 27 février 1737, à Françoise PELLETIER; s [7] 16 mars 1743.—*Marguerite-Joseph*, b [7] 1er mai 1717.

1705, (23 fevrier) Québec. [4]

II.—MORAND, JEAN, [JACQUES I. b 1685; s [4] 23 fevrier 1754.
DASILVA, Elisabeth, [PIERRE I. b 1687; s [4] 20 avril 1760.
Thérèse, b [4] 26 janvier 1706; s [4] 23 juillet 1707. —*Marie-Catherine*, b [4] 18 mai 1708.—*Marie-Elisabeth*, b [4] 16 fevrier 1710; 1° m [4] 7 fevrier 1735, à Antoine LAFEY; 2° m [4] 26 nov. 1749, à Jean YVON.—*Louis-Guillaume*, b [4] 22 août et s [4] 27 oct. 1711.—*Marie-Thérèse*, b [4] 1er sept. 1712; m [4] 18 sept. 1727, à Charles SÉVIGNY; s 23 janvier 1812, à l'Hôpital-General, Q.—*Jean-Baptiste*, b [4] 4 mars et s [4] 24 avril 1714.—*Marguerite*, b [4] 28 février 1715; 1° m [4] 2 sept. 1737, à Georges TANQUEREY; 2° m [4] 31 mai 1756, à Jean HECKER; s [4] 14 mai 1762.—*Jean-Baptiste-Marie*, b [4] 10 janvier 1717; s [4] 25 sept. 1718.—*Louise-Marguerite*, b [4] 27 sept. 1718; m [4] 21 fevrier 1746, à Julien GUIGNARD.—*Jean-François-Nicolas*, b [4] 1er juillet 1720; s [4] 16 mai 1733.—*Claude-Charles*, b [4] 18 juin 1722; m 22 sept. 1751, à Marie-Anne BELLEPERCHE, au Detroit [5]; s [5] 11 dec. 1775.—*Marie-Anne-Michelle*, b [4] 11 juillet 1723; s [4] 24 juillet 1725.—*Marie-Joseph*, b [4] 11 et s [4] 29 juillet 1723. —*Louis*, b [4] 24 juillet et s 6 août 1724, à St-Augustin.—*Barbe-Joseph*, b [4] 16 juillet 1725. —*Marie-Catherine*, b [4] 29 avril 1729.

1707, (7 nov.) Québec. [1]

II.—MORAND (2), JEAN-BTE, [PIERRE I. b 1685.
1° DUBOIS, Elisabeth, [JEAN I. b 1692; s 21 dec. 1740, à Ste-Anne-de-la-Perade. [2]
Marie-Anne, b 11 nov. et s 21 déc. 1708, à Batiscan. [3]—*Marie-Anne*, b [3] 30 dec. 1709.—*Marie-Anne*, b [3] 10 oct. 1711; m [2] 16 janvier 1731, à Antoine LEFEBVRE.—*Marguerite*, b 1712; m [2] 9 avril 1742, à François MONTAMBAULT; s 1er juillet 1791, à Deschambault. [4]—*Jean-Baptiste*, b [2] 7 mai 1713; 1° m [2] 8 mars 1734, à Marie-Anne RICARD; 2° m 31 juillet 1748, à Marie-Clotilde BRISSON, à la Pte-aux-Trembles, Q.—*Marie-Madeleine*, b... 1° m [1] 14 mars 1738, à Michel VALLÉE; 2° m [2] 3 nov. 1740, à Pierre GAUDARD.—*Ignace*, b [2] 7 janvier 1715; m [2] 6 avril 1752, à Marie-Joseph TESSIER.—*Joseph*, b [2] 22 mai 1716; m 10 avril 1742, à Suzanne HAMELIN, aux Grondines; s [2] 26 février 1748.—*Alexis*, b [2] 24 fevrier et s [2]

(1) Voy. vol. I, p. 441.
(2) Dit Grimard, du nom de sa mère.

30 mai 1718.—*Marie-Françoise*, b [2] 15 déc. 1719; m [2] 21 août 1741, à Gervais VEILLET. — *Pierre*, b [2] 21 mars 1723; m 3 juillet 1747, à Véronique COUSINEAU, à St-Laurent, M.—*Alexis*, b [2] 3 août 1724.—*Charles*, b [2] 1er mars 1726; m 23 nov. 1767, à Marguerite SIMARD, au Détroit [6]; s [6] 28 février 1785.—*Louis*, b [2] 25 juin 1727; m 24 juillet 1747, à Madeleine DESTRÉE-DESTAILLIS, à Laprairie. — *Antoine*, b [2] 29 mai 1729; s [2] 3 sept. 1730. — *Marie-Joseph*, b [2] 6 août 1730; s [2] 2 juin 1731.— *Elisabeth*, b [2] 10 janvier 1732; 1° m [2] 8 janvier 1753, à François TESSIER; 2° m [2] 10 oct. 1778, à Joseph CHARLAND. — *Marie-Joseph*, b [2] 2 et s [2] 14 janvier 1734. — *Marie-Geneviève*, b [2] 2 et s [2] 11 janvier 1734.

1741, (7 nov.) Deschambault.

2° HAMEL, Marie-Angélique, b 1700; veuve de Louis Houde; s [2] 15 déc. 1760.

1709, (19 août) Ste-Foye.

II.—MORAND, JACQUES, [JACQUES I.
b 1687; s 8 janvier 1756, à Québec.[3]

1° PETITCLERC, Louise, [PIERRE I.
b 1686; s [3] 6 mars 1752.

Charles, b 21 sept. 1710, à Charlesbourg [4]; m [4] 16 oct. 1730, à Marguerite BARBOT; s [4] 29 mars 1749.— *Louise*, b [4] 7 mai 1712; m [4] 11 février 1732, à Jean JEANNES. — *Jacques*, b [4] 11 mars 1714; 1° m [3] 15 juin 1750, à Marguerite LEMEUDEC; 2° m [4] 20 août 1753, à Angélique HILERET.— *Marie-Joseph*, b [4] 19 mars 1716; m [4] 19 oct. 1739, à Charles CHRÉTIEN.—*Jean-François*, b [4] 1er mars 1718; s [4] 27 avril 1737. — *Louis*, b [4] 21 février 1720, m [4] 23 avril 1742, à Marie-Marguerite PAGEOT. — *Marie-Barbe*, b [4] 20 nov. 1722; m [4] 21 août 1747, à Jacques RENAULT.

1752, (4 oct.) St-Charles.

2° PRUNEAU, Catherine, [JEAN I.
b 1694; veuve de Joseph Forgues.

1718, (26 avril) Montréal.[5]

II.—MORAND (1), JEAN-ANDRÉ, [ANTOINE I.
b 1696.

VALADE (2), Catherine, [GUILLAUME I.
b 1698.

Marie-Catherine, b [5] 11 mars 1720; m à Pierre ANDRIET.—*Jean*, b [5] 8 avril 1722; s [5] 24 janvier 1724. — *Marie-Jeanne*, b [5] 29 déc. 1723; s [5] 4 février 1724.— *Louis*, b [5] 12 et s [5] 19 mars 1725.— *Joseph*, b [5] 13 mars 1727.

1721, (17 fevrier) Montréal.[5]

II.—MORAND, LAURENT, [ANTOINE I.
b 1696; s [5] 8 nov. 1721.

VIGER, Louise, [CHARLES II.
b 1698.

Laurent (posthume), b [5] 28 nov. 1721; m 3 nov. 1746, à Louise-Thérèse MONGEAU, à la Longue-Pointe.

(1) Dit LaGrandeur.

(2) Elle épouse, le 6 août 1734, Augustin Laprise, au Bout-de-l'Ile, M.

1722, (29 oct.) Montréal.[5]

II.—MORAND (1), NICOLAS, [ANTOINE I.
b 1699.

LARIN, Marie-Anne, [PIERRE I.
b 1695.

Antoine, b [5] 12 mai 1724. — *Joseph-Marie*, b 14 nov. 1727; s [5] 8 déc. 1729. — *Nicolas-Amable*, b [5] 23 juillet 1729; m 17 oct. 1752, à Marie-Anne LOISEAU, à Boucherville.—*Joseph*, b [5] 23 mars et s [5] 10 août 1735.

1724, (1er mai) Batiscan.[1]

II.—MORAND (2), ALEXIS, [PIERRE I.
b 1699.

MASSICOT, Marie-Joseph, [JACQUES I.
b 1702.

Marie-Catherine, b [1] 14 juin 1725. — *Marie-Joseph*, b 24 juin 1726, à Ste-Anne-de-la-Pérade [9]; m [9] 4 février 1744, à Pierre GERVAIS. — *Marie-Elisabeth*, b [9] 21 sept. 1727; m à Augustin SANS-FAÇON. — *Marie-Anne*, b [9] 17 août 1729; m [9] 1 février 1747, à Pierre BOURBEAU. — *Alexis*, b [9] [illegible] et s [9] 18 avril 1731. — *Alexis-Joseph*, b [9] 31 mai 1732; m [9] 10 fevrier 1755, à Marie-Joseph VALLÉE.— *Joseph*, b [9] 30 juin 1734; 1° m [9] 7 janvier 1761, à Angélique TESSIER; 2° m [9] 3 avril 1769, à Marie-Joseph GUIBAUT.—*François-Xavier*, b [9] 12 mars 1736; m [9] 8 avril 1755, à Marie-Joseph GERVAIS. — *Louis-Joachim*, b [9] 16 février 1738.— *Marie-Suzanne*, b [9] 8 juin 1740. — *Jean-Baptiste*, b [9] 25 juin 1743; s [9] 25 avril 1756.— *Marie-Angélique*, b [9] 15 nov. 1745.

1729, (1er février) St-Augustin.[4]

II.—MORAND, JEAN, [JEAN I.
b 1707; s [4] 13 sept. 1744.

TINON (3), Marie-Madeleine, [JEAN-IGNACE II.
b 1709.

Jean-Baptiste, b [4] 13 janvier 1730; m 5 mai 1753, à Marie-Angélique DAUDELIN, à Verchères. — *Etienne*, b [4] 3 et s [4] 5 août 1731. — *François*, b 2 juillet 1732, à la Pte-aux-Trembles, Q.; s 9 mai 1733. — *Augustin*, b [4] 8 août 1734; m 1[illegible] janvier 1758, à Marie-Anne DELESSARD, à Ste-Anne.—*Charles*, b [4] 3 mai 1736. — *Marie-Catherine*, b [4] 3 sept. 1737; s [4] 28 mars 1738.— *Marie-Thérèse*, b [4] 12 janvier 1739. — *Marie-Joseph*, b 14 juin et s [4] 6 sept. 1740. — *Marie-Madeleine-Hyacinthe*, b [4] 20 avril 1742; s [4] 29 mars 1743.— *Marie-Joseph* (posthume), b [4] 7 mars 1745.

1729, (23 mai) Montréal.[9]

II.—MORAND, VINCENT, [ANTOINE I.
b 1702.

1° POUGET, Marie-Anne, [JEAN I.
b 1705; s [9] 30 janvier 1737.

Marthe, b [9] 12 mars 1730; m [9] 13 sept. 1751, à Joseph BOUGRET. — *Thérèse*, b 1732; m [9] 24 juin 1754, à Charles DEGUIRE; s 9 juillet 1806, à l'Hôpital-Général, M.—*Vincent*, b [9] 12 août 1734; s

(1) Dit LaGrandeur.

(2) Dit Douville.

(3) Elle épouse, le 6 nov. 1758, René Letarte, à St-Augustin.

avril 1735.—*Marie-Anne*, b [9] 24 février 1736.—
ierre, b [9] 17 janvier et s [9] 29 avril 1737. — *Vincent*, b [9] 17 janvier et s [9] 9 sept. 1737.

1738, (27 août). [9]

2° JUSSEAUME (1), Angélique, [LÉONARD I.
b 1714.

Marie, b [9] 28 juin 1739. — *Marie-Louise*, b [9] 23 oût 1740; s [9] 11 février 1747. — *Vincent*, b [9] 12 ept. 1741; s [9] 30 juillet 1742.—*Françoise*, b [9] 23 éc. 1742; s [9] 21 février 1743.—*Madeleine*, b [9] 23 éc. 1742; s [9] 23 janvier 1743.—*Marie-Madeleine*, [9] 17 avril et s 15 sept. 1744, à Longueuil.—*Marie-oseph*, b [9] 10 juillet 1745. — *Gilles*, b [9] 2 déc. 747.—*Antoine*, b [9] 22 oct. 1749.—*Angélique*, b... m 25 oct. 1768, à Joseph-Paschal VIGER, à Vaennes; 2° m 15 janvier 1781, à Joseph CABASIER, au Détroit.

1729, (1er août) Montréal. [8]

.—MORAND, JEAN-LOUIS, b 1703; fils de Jean et de Michelle Lecarre, de St-Sulpice, Paris.
PANISE (2), Marie-Anne,
b 1707.

Joseph, b [8] 16 juillet et s [8] 10 août 1730.—*ouis*, b 1732; m 1757, à Marie RIVET-LAVIGNE. -*Joseph-Marie*, b [8] 16 déc. 1735; s [8] 9 déc. 1737.

1730, (16 oct.) Charlesbourg.[3]

II.—MORAND, CHARLES, [JACQUES II.
b 1710; s [3] 29 mars 1749.
BARBOT, Marguerite, [JACQUES II.
b 1709.

Philippe, b [3] 4 et s [3] 22 juillet 1731.—*Jacques*, [3] 2 juin 1732; s [3] 10 juillet 1733. — *Marie-ouise*, b [3] 13 sept. 1734; m 12 janvier 1761, à ean MANDBY, à Beauport.[4]—*Marie-Joseph*, b [3] 20 mars 1737.—*Marie-Jeanne*, b [3] 5 oct. 1739.—*Marguerite*, b [3] 20 janvier 1742; m [3] 17 oct. 1763, à ierre DUCHESNEAU.— *Charles*, b [3] 16 mars 1744; m [4] 10 fevrier 1766, à Marie-Louise PARANT; m 1er mai 1798, à Geneviève GIRARD, à Québec. -*Louis*, b [3] 15 avril et s [3] 4 mai 1747. — *Louis*, [3] 1er nov. 1748.

IORAND, JOSEPH,
b 1707; s 26 juin 1733, au Détroit

IORAND, JEAN-LOUIS,
b 1694; charpentier; s 17 mai 1734, à Montreal. [7]
MONIER, Marie.
Marie-Louise, b [7] 15 février 1734.

1734, (8 mars) Ste-Anne-de-la-Pérade. [1]

II.—MORAND (3), JEAN-BTE, [JEAN-BTE II.
b 1713.
1° RICARD, Marie-Anne, [JEAN I.
b 1702; s [1] 14 mars 1740.

Antoine-Jean-Baptiste, b [1] 16 déc. 1734. — *lexis*, b [1] 25 fevrier 1736. — *Ignace*, b [1] 13 déc 737.—*Louis-Joseph*, b [1] 25 oct. 1739.

(1) Dit St. Pierre.
(2) Et Desroches.
(3) Dit Grimard.

1748, (31 juillet) Pte-aux-Trembles, Q.

2° BRISSON, Marie-Clotilde, [RENÉ II.
b 1702; veuve de Jacques Girardin.

1737, (27 février) St-Augustin. [3]

II.—MORAND, ETIENNE, [JEAN I.
b 1713; s [3] 16 mars 1743.
PELLETIER, Françoise, [FRANÇOIS I.
b 1704.

Marie-Joseph, b [3] 1er sept. 1737. — *Charles*, b [3] 9 avril 1741.

1739, (23 nov.) Québec. [4]

I.—MORAND (1), JACQUES, fils de Jean et de Françoise Fouleau, de Montreuil-sur-maine, diocèse d'Angers, Anjou.
LANDRY (2), Marie-Madeleine, [CLAUDE II.
b 1715.

Jacques, b [4] 6 et s [4] 10 sept. 1740.—*Geneviève*, b [4] 23 oct. 1741. — *Marie-Madeleine*, b [4] 7 juin 1745; s [4] 4 déc. 1748.

1742, (10 avril) Grondines.

III.—MORAND (3), JOSEPH, [JEAN-BTE II.
b 1716; s 26 fevrier 1748, à Ste-Anne-de-la-Pérade. [5]
HAMELIN, Suzanne, [FRANÇOIS I.
b 1714; s [5] 7 juillet 1747.

Marie-Suzanne, b [5] 8 janvier 1743; s [5] 20 déc. 1756.—*Joseph*, b [5] 27 avril 1744. — *Marie-Joseph*, b [5] 20 mars 1746; m [5] 12 janvier 1767, à Jean-Baptiste BARIL.

1742, (23 avril) Charlesbourg. [6]

III.—MORAND, LOUIS, [JACQUES II.
b 1720; s [6] 27 nov. 1749.
PAGFOT (4), Marie-Marguerite, [JOSEPH II.
b 1720.

Marie-Marguerite, b [6] 20 février 1743; s [6] 22 sept. 1749.—*Jacques*, b [6] 23 juillet 1744.—*Marie-Louise*, b [6] 26 fevrier 1746; s [6] 19 sept. 1749. — *Marie-Elisabeth*, b [6] 10 sept. 1747. — *Charles-Joseph*, b [6] 17 mars 1749.

1746, (3 nov.) Longue-Pointe.

III.—MORAND, LAURENT, [LAURENT II.
b 1721.
MONGEAU-MARGEON, Louise-Thérèse. [FRANÇOIS.

Marguerite, b 1748; m 13 janvier 1766, à François COMPARET, à la Pte-aux-Trembles, M. [7]— *Madeleine-Louise*, b [7] 12 sept. 1749; s [7] 6 mars 1750. — *Laurent*, b [7] 14 déc. 1750; m 10 sept. 1771, à Pelagie MASSUE, à Varennes. — *Marie-Louise*, b [7] 2 sept. 1752. — *Marie-Louise*, b [7] 21 oct. 1754.

(1) Dit Vadeboncœur—Langevin, 1748.
(2) Elle épouse, le 17 juin 1748, Louis Brousseau, à Québec.
(3) Dit Grimard.
(4) Elle épouse, le 3 août 1750, Augustin Vésina, à Charlesbourg.

1747, (3 juillet) St-Laurent, M. [9]
III.—MORAND (1), PIERRE, [JEAN-BTE II.
b 1723.
COUSINEAU, Véronique, [JEAN-NOEL II.
b 1726 ; s [9] 16 février 1762.
Pierre, b [9] 21 déc. 1749 ; s [9] 23 août 1750. — *Marie-Véronique*, b [9] 18 mars 1752. — *Marie-Louise*, b [9] 28 nov. 1753. — *Pierre*, b [9] 19 avril 1755. — *Véronique*, b [9] 12 et s [9] 27 nov. 1756. — *Joseph*, b [9] 7 et s [9] 25 avril 1758.—*Geneviève*, b [9] 2 mars 1760 ; s [9] 15 janvier 1762.

1747, (24 juillet) Laprairie.
III.—MORAND (2), LOUIS, [JEAN-BTE II.
b 1727.
DESTRÉE (3), Marie-Madeleine, [DOMINIQUE I.
b 1719.
Louis, b 1748 ; m 6 sept. 1773, à Véronique GREFFARD, à Montréal. [8] — *Jean-Baptiste*, b... m [8] 9 juin 1777, à Marie-Judith ROUSSIN.

1750, (15 juin) Québec. [3]
III.—MORAND, JACQUES, [JACQUES II.
b 1714.
1° LEMEUDEC, Marguerite, [FÉLIX I.
b 1732 ; s [3] 27 janvier 1753.
Marguerite, b [3] 20 et s [3] 25 sept. 1751.—*Henri-Jacques*, b [3] 21 et s [3] 22 janvier 1753.
1753, (20 août) Charlesbourg.
2° HILERET (4), Angélique, [AMBROISE-AUG. II.
b 1732.
Marie, b [3] 13 oct. 1754 ; s [3] 29 oct. 1757. — *Jacques*, b [3] 20 janvier 1756 ; s [3] 21 février 1757. —*Jean-Louis*, b [3] 20 août 1759.

1751, (22 sept.) Détroit. [7]
III.—MORAND, CLAUDE-CHARLES, [JEAN II.
b 1722; bourgeois; s [7] 11 déc. 1775 (5).
BELLEPERCHE, Marie-Anne, [PIERRE II.
b 1734; s [7] 30 janvier 1794.
Charles, b [7] 29 mars 1755 ; m [7] 4 nov. 1794, à Catherine VESSIÈRE. — *Louis*, b [7] 14 août 1757 ; m [7] 26 nov. 1794, à Catherine CAMPEAU.— *Marie-Suzanne*, b [7] 19 juillet 1760 ; m [7] 7 février 1785, à François CAMPEAU. — *Joseph*, b [7] 14 janvier 1763; m [7] 17 janvier 1791, à Catherine BOYER.— *Jacques*, b [7] 22 et s [7] 25 mars 1766.—*Marthe*, b [7] 1er mai 1767. — *Marie-Louise*, b [7] 7 février 1769 : m [7] 9 nov. 1790, à Seraphin LAUZON. — *Thérèse*, b [7] 5 juillet 1770 ; m à Louis CAMPEAU. — *Pierre-Philippe*, b [7] 10 janvier 1772. — *Maurice*, b [7] 23 juillet 1775.

1752, (6 avril) Ste-Anne-de-la-Pérade. [8]
III.—MORAND (2), IGNACE, [JEAN-BTE II.
b 1715.
TESSIER, Marie-Joseph, [RENÉ III.
b 1732.

(1) Marié Moreau.
(2) Dit Grimard.
(3) Dit Deneau—Destaillis—Detailly.
(4) Et Hilarest—Lairet.
(5) Assassiné à coups de couteaux reçus en trahison par un nommé Hecker, et avec des circonstances qui, de la part de l'assassin, font horreur à la nature.

Jean-Baptiste, b [8] 1er février 1753 ; m [8] 13 ja vier 1777, à Angélique LEBEUF. — *Marie-Josep* b [8] 11 sept. 1754 ; s [8] 11 janvier 1756. — *Mar Angélique*, b [8] 7 déc. 1756 ; s [8] 25 août 1759. *Marie-Joseph*, b [8] 19 mars et s [8] 25 sept. 1759. *Paul*, b [8] 24 juillet 1760. — *Joseph*, b [8] 31 d 1762. — *Marie-Rose*, b [8] 2 et s [8] 20 avril 1765. *Ignace*, b [8] 17 mai 1766. — *Louis-Etienne*, b [8] août 1769.—*Pierre*, b [8] 23 janvier 1772.

1752, (17 oct.) Boucherville.
III.—MORAND, NICOLAS-AMABLE, [NICOLAS
b 1729.
LOISEAU, Marie-Anne. [ANTOINE

1753, (5 mars) Verchères. [8]
III.—MORAND, JEAN-BTE, [JEAN
b 1730.
DAUDELIN, Marie-Angélique. [PIERRE-RENÉ I
Jean-Baptiste, b [8] 24 mai et s [8] 7 juin 1753. *François-Xavier*, b [8] 26 nov. et s [8] 1er dec. 17 — *Jean-Baptiste*, b [8] 15 février 1756. — *Mar* b 1757 ; s [8] 9 mai 1760. — *Jean-Amable*, b [8] mars 1760.

1755, (10 février) Ste-Anne-de-la-Perade. [9]
III.—MORAND (1), ALEXIS-JOSEPH, [ALEXIS
b 1732.
VALLÉE, Marie-Joseph, [PIERRE-CHARLES I
b 1727.
Marie-Joseph, b [9] 5 nov. 1755. — *Noël-Alex* b [9] 25 déc. 1756. — *Marie-Suzanne*, b [9] 19 juil 1758.—*Joseph*, b [9] 26 juillet 1760.

1755, (8 avril) Ste-Anne-de-la-Pérade. [9]
III.—MORAND (1), FRS-XAVIER, [ALEXIS
b 1736.
GERVAIS, Marie-Joseph, [PIERRE
b 1733.
François-Marie, b [9] 1er mai 1757.—*Paul*, b [9] oct. 1758.—*Marie-Joseph*, b [9] 17 août et s [9] 9 se 1760. — *Michel*, b [9] 27 juillet 1762 ; m [9] 2 a 1791, à Rose GENDRON. — *Antoine*, b [9] 5 m 1764.—*Alexis*, b [9] 16 mai 1766. — *Pierre*, b [9] mai 1768. — *Angélique-Ursule*, b [9] 15 mars 17 — *Joseph*, b [9] 25 mai 1772 ; s [9] 1er avril 1775 *Joachim*, b [9] 12 janvier 1775.

1757.
II.—MORAND, LOUIS, [JEAN-LOUIS
b 1732.
RIVET-LAVIGNE, Marie.
Marie-Madeleine, b 1758 ; m 29 sept. 178? Joseph-Louis BEAUCHEMIN, à Montreal. — *Lou* b... m 21 nov. 1785, à Marie-Anne LASPRON, à Longue-Pointe.

1758, (10 janvier) Ste-Anne. [8]
III.—MORAND, AUGUSTIN, [JEAN
b 1734.
DELESSARD (2), Marie-Anne. [JEAN-BTE

(1) Dit Douville.
(2) Elle épouse, le 14 mai 1776, François Hallé, à Joseph, Beauce.

Joseph-Marie, b [8] 16 et s [8] 25 mai 1760.—*Jean-Baptiste*, b [8] 16 mai 1760.—*Marie-Geneviève*, b [8] 26 avril 1761.

1760, (28 janvier) Pte-aux-Trembles, M.

I.—MORAND (1), PIERRE, b 1736; fils de Jacques et de Marguerite Laselle, de Matinort, diocèse de Limoges, Limosin.

DUFRESNE, Madeleine, [MICHEL III.
b 1745.

1761, (7 janvier) Ste-Anne-de-la-Pérade [9] (2).

III.—MORAND (3), JOSEPH, [ALEXIS II.
b 1734.

1° TESSIER, Angélique, [RENÉ III.
b 1734; veuve de Joseph Vallee; s [9] 4 mai 1767.

Marie-Joseph, b [9] 20 août 1761.—*Joseph*, b [9] 17 juillet 1763; s [9] 13 sept. 1778.—*Jean-Baptiste*, b 8 mars 1766, à Deschambault.—*Marie-Françoise*, b [9] 30 avril 1767.

1769, (3 avril). [9]

2° GUIBAUT (4), Marie-Joseph, [FRS-JOS. III.
b 1755.

Marie-Joseph, b [9] 8 août 1769; s [9] 2 mars 1770.—*Marie-Joseph*, b [9] 7 fevrier 1771; s [9] 22 avril 1779.—*Alexis-Joseph*, b 7 mai 1772, à Batiscan [8]; s [9] 7 mars 1780.—*Marie-Angélique*, b [9] 8 sept. 1775.—*Françoise-Louise*, b [9] 20 mai 1778; 1° m 3 juillet 1810, à François COUTURE, à St-Jean-Deschaillons [8]; 2° m [8] 16 janvier 1821, à Joseph RICHER.—*Marie-Marguerite*, b [8] 7 juillet 1784.

1761, (8 janvier) Québec. [7]

I.—MORAND, FRANÇOIS, fils de Jean et de Marie Dsemer, de Thionville, Lorraine.

PETITCLAIR (5), Catherine, [LOUIS III.
b 1737.

Joseph-François, b [7] 28 mai 1762.—*Louis*, b [7] 31 mai 1764.—*Marguerite-Geneviève*, b... m [7] 21 fevrier 1786, à Jean-Baptiste TURCOT.—*Claude*, b... m [7] 29 août 1792, à Pelagie DAUPHIN.

1766, (10 février) Beauport.

IV.—MORAND, CHARLES, [CHARLES III.
b 1744.

1° PARANT, Marie-Louise, [ADRIEN IV.
b 1749; s 13 mars 1797, à Québec. [1]

Antoine, b... m [1] 8 nov. 1796, à Louise FLUET.

1798, (1er mai). [1]

2° GIRARD, Geneviève, [PIERRE II.
veuve de Paul Vallee.

(1) Dit St. Jean.

(2) Mariage annulé le 30 avril 1767. (Le mari d'Angélique Tessier, Joseph Vallée, n'était pas mort).—Voy. *A Travers les Registres*, pp. 204-205.

(3) Dit Douville.

(4) Dit Grandbois.

(5) Et Petitclerc.

1767, (23 nov.) Detroit. [7]

III.—MORAND (1), CHARLES, [JEAN-BTE II.
b 1726; s [7] 23 fevrier 1785.

SIMARD, Marguerite, [NOEL III.
b 1726; veuve d'Ambroise Tremblay; s [7] 9 mai 1771.

Charles, b [7] 9 mai et s [7] 6 août 1771.

MORAND, PIERRE.

PINAU, Marie-Madeleine.

Michel, b 7 juin 1770, à Repentigny.

1771, (10 sept.) Varennes.

IV.—MORAND, LAURENT, [LAURENT III.
b 1750.

MASSUE, Pélagie. [NICOLAS I.

MORAND, CHARLES.

VERRET, Marie,
b 1748; s 12 avril 1788, à Québec.

1773, (6 sept.) Montréal.

IV.—MORAND, LOUIS, [LOUIS III.
b 1748.

GREFFARD, Veronique, [ALEXIS III.
b 1749.

MORAND, CHARLES.

DUPONT, Marie-Therèse.

François-Marie, b 19 mars 1775, à Repentigny.

MORAND (2), FRANÇOIS.

CADORET, Elisabeth.

François, b 23 sept. 1777, à Ste-Anne-de-la-Pérade.

1777, (13 janvier) Ste-Anne-de-la-Perade. [1]

IV.—MORAND, JEAN-BTE, [IGNACE III.
b 1753.

LEBEUF, Angélique, [MICHEL III.
b 1750.

Jean-Baptiste, b [1] 9 mars 1778.—*Marie-Hélène*, b [1] 13 janvier 1780.

1777, (9 juin) Montréal.

IV.—MORAND, JEAN-BTE, [LOUIS III.
b 1752.

ROUSSIN, Marie-Judith, [LOUIS IV.
b 1751.

1785, (21 nov.) Longue-Pointe.

III.—MORAND, LOUIS. [LOUIS II.

LASPRON, Marie-Anne, [FRANÇOIS IV.
b 1766.

1791, (17 janvier) Détroit. [2]

IV.—MORAND, JOSEPH, [CLAUDE-CHARLES III.
b 1763.

BOYER, Catherine, [IGNACE III.
b 1767; s [2] 4 mai 1793.

(1) Dit Grimard. Le 23 janvier 1774, le dit Charles Morand et Marie-Françoise Meany, femme de Jean Billiau, sont excommuniés (coupables depuis deux ans d'adultère.) Ils reçoivent l'absolution publique le 29 mai 1774.

(2) Dit Douville.

1791, (2 août) Ste-Anne-de-la-Pérade. [3]
IV.—MORAND (1), MICHEL, [FRS-XAVIER III.
b 1762.
GENDRON, Rose, [JOSEPH IV.
b 1769.
Pierre, b... m [3] 11 sept. 1837, à Marie-Anne CHARETS.

1792, (29 août) Québec.
II.—MORAND (2), CLAUDE. [FRANÇOIS I.
DAUPHIN, Pélagie. [RENÉ.

1794, (4 nov.) Détroit.
IV.—MORAND, CHARLES, [CLAUDE-CHARLES III.
b 1755.
VESSIÈRE, Catherine, [LOUIS II.
b 1775.

1794, (26 nov.) Détroit. [5]
IV.—MORAND, LOUIS, [CLAUDE-CHARLES III.
b 1757.
CAMPEAU, Catherine, [JEAN-BTE IV.
b 1767.
Monique, b [5] 8 oct. 1795.

1796, (8 nov.) Québec.
V.—MORAND, ANTOINE. [CHARLES IV.
FLUET, Louise. [GUILLAUME-ALEXIS IV.

1837, (11 sept.) Ste-Anne-de-la-Pérade. [6]
V.—MORAND, PIERRE. [MICHEL IV.
CHARETS, Marie-Anne, [ANTOINE V.
b 1804; s [6] 14 oct. 1858.
François-Xavier-Cléophas, b [6] 2 déc. 1839; s [6] 6 mars 1840.—*Pierre-Octave*, b [6] 11 juin 1841; s [6] 24 juillet 1844.—*Edouard*, b [6] 9 nov. 1842.—*Anonyme*, b [6] et s [6] 9 janvier 1844.—*Marie-Elisabeth*, b [6] 6 janvier 1846.—*Marie-Anne-Catherine*, b [6] 25 nov. 1847.—*Marie-Elmire*, b [6] 21 février 1849.

1764, (13 février) Montréal.
I.—MORANGES, THOMAS, b 1734; fils de Jean et de Françoise Pages, de St-Martin-Cauteles, diocèse de Clermont, Auvergne.
1° BIRON, Marie-Joseph, [HENRI I.
b 1741.
1774, (25 juin) Québec.
2° LANDRY, Marie-Geneviève, [JOSEPH III.
b 1731; veuve de Nicolas Naudet.

MORARD.—Voy. MORAS—MOURAND.

MORARE.—Voy. MOURAND.

MORAS.—*Variations :* MAURA—MORARD.

1728, (8 nov.) Charlesbourg. [3]
I.—MORAS (3), JEAN, quincailleur et soldat; fils d'André et de Marie Richard, de N.-D.-de-Ligny-en-Barrois, diocèse de Toul, Lorraine.
DUCHESNEAU, Therèse, [RENÉ I.
b 1703; s 11 dec. 1760, à Québec. [4]
Marie, b [3] 18 août 1729; m [4] 31 janvier 1752, à Joseph FOURRÉ; s [4] 25 avril 1798.—*Jean-François*, b [3] 5 janvier 1731.—*Marie-Catherine*, b [3] 23 déc. 1732; m [4] 4 nov. 1754, à François DUVAL.—*Marie-Jeanne*, b [3] 11 sept. 1734; m [4] 19 janvier 1761, à Michel SATIS.—*Marie-Thérèse*, b [3] 22 mars 1736; m [4] 2 juin 1762, à Rene GRAJAN.—*Marguerite*, b 1739; s [4] 12 mars 1752.—*Pierre*, b [4] 11 janvier 1740.—*Angélique*, b [4] 18 août 1741.—*Jean-Baptiste*, b [4] 29 février 1744.—*Joseph-Marie*, b [4] 20 oct. 1745.—*Charlotte*, b... m [4] 13 mai 1761, à Michel CHARLERY.

1741, (13 fevrier) Ste-Foye. [3]
I.—MORAS, CLAUDE, b 1719; fils de Godfroy et d'Anne Deroche, de St-Eustache, Paris; s [3] 6 février 1774.
SAMSON, Thérèse, [ANTOINE II.
b 1716; s [3] 10 avril 1760.
Claude-Antoine, b [3] 25 juin 1741; 1° m 1764, à Madeleine DEFOY; 2° m [3] 16 août 1769, à Thérese BERNIER.—*Jean-Baptiste*, b [3] 27 dec. 1742.—*Gabrielle-Françoise*, b [3] 9 déc. 1745.—*Godfroy*, b [3] 8 nov. 1748.—*Noël-Joseph*, b [3] 15 juin 1750; m 3 mars 1783, à Angélique MARTIN, à Québec.—*Christianne*, b [3] 19 fevrier 1752.—*Nicolas*, b... m 25 oct. 1773, à Marie-Anne BOYER, au Detroit.—*Michel*, b [3] 21 sept. 1755.

1764.
II.—MORAS, CLAUDE-ANTOINE, [CLAUDE I.
b 1741.
1° DEFOY, Elis.-Marie-Madel. [JEAN-JÉRÉMIE I.
Pierre, b 1er mai 1765, à Ste-Foye. [4]
1769, (16 août). [4]
2° BERNIER, Thérèse, [NICOLAS II.
b 1739.
Marie-Thérèse, b [4] 15 mai 1770.—*Joseph-André*, b [4] 15 sept. 1771.—*Marguerite*, b [4] 16 avril 1773, s [4] 29 février 1775.

1773, (25 oct.) Détroit. [5]
II.—MORAS (1), NICOLAS. [CLAUDE I.
BOYER, Marie-Anne, [PIERRE III.
b 1755.
Marie-Anne, b [5] 2 oct. 1774.—*Ignace*, b [5] 21 août 1776.—*Antoine*, b [5] 8 déc. 1778.—*Joseph*, b [5] 6 février 1781.—*Antoine-Médard*, b [5] 8 dec. 1783.

1783, (3 mars) Québec. [2]
II.—MORAS (2), NOEL-JOSEPH, [CLAUDE I.
b 1750.
MARTIN (3), Angélique, [FRANÇOIS.
b 1752; s [2] 22 déc. 1797.

MORAU.—Voy. MOREAU.

MORAUT.—Voy. MOREAU.

(1) Dit Douville.
(2) Marié sous le nom de Morin.
(3) Dit Lorrain.

(1) Dit Tomichinx—Antoine, 1781.
(2) Et Maura.
(3) Dit LaTerreur.

MOREAU.—*Variations et surnoms :* MAUREAU—MORAU—MORAUT—BEAUSOLEIL—COMPTOIR—DE LA TAUPINE—DOYON—DUBREUIL—DUPLESSY—DUPORTAIL—FRANCŒUR—HÉMÉRIO—JOLICŒUR—LAGRANGE—LAPLUME—LAPORTE.

I.—MOREAU (1), ...
....
Marie, b 1645 ; s 15 juillet 1705, à Sorel.

1656.

I.—MOREAU, JEAN, de St-Laurent-de-Partenay, diocèse de Poitiers, Poitou.
LEROUX, Catherine.
Jean-Baptiste, b 1657 ; m 18 février 1692, à Marie RODRIGUE, à Québec ; s 25 août 1727, à Rimouski.

I.—MOREAU, JEAN.
LUCOS, Catherine,
b 1647 ; s 13 août 1707, à Montréal.

1665, (12 nov.) Château-Richer.

I.—MOREAU (2), JEAN,
b 1635 ; s 13 mars 1704, à St-Laurent, I. O.[3]
COUTURE, Marie-Anne,
b 1641.
Jean, b 11 oct. 1668, à Ste-Famille, I. O.[4] ; s[3] 18 déc. 1739. — *Louis,* b[4] 24 déc. 1670 ; s 3 juin 1749, à l'Hôpital-Général, M. — *Jeanne,* b[4] 29 janvier 1676 ; m à Rene SIMONEAU ; s 26 avril 1740, à St-Thomas. — *Pierre,* b[4] 24 avril 1679 ; 1° m[3] 14 nov. 1703, à Catherine BRULON ; 2° m à Anne MONDIN ; 3° m 24 nov. 1710, à Geneviève FONTAINE, à St-Jean, I. O. ; s[3] 10 février 1744.— *Marie-Anne,* b[3] 10 mai 1682 ; m[3] 14 nov. 1703, à Vincent MINAUD.

1667.

I.—MOREAU (3), MATHURIN,
b 1644.
GIRARD, Marie,
b 1633 ; s 9 déc. 1708, à Ste-Foye.

1671.

I.—MOREAU (3), JEAN,
b 1640 ; s 5 février 1711, à Batiscan.[6]
GUILLET, Anne, [PIERRE I.
b 1654.
Augustin, b 1694 ; s[6] 19 nov. 1726.

1672, (18 janvier) Québec.

I.—MOREAU (3), MARTIN,
b 1644.
LECOCQ (4), Jeanne,
b 1646 ; veuve de Guillaume Dubocq.

(1) Dit Laporte.
(2) Dit Lagrange; voy. vol. I, p. 441.
(3) Voy. vol. I, p. 441.
(4) Elle épouse, le 27 juin 1689, Jean Laverdure, à Québec.

1672, (20 juin) Montréal.

I.—MOREAU (1), RENÉ,
soldat.
MERRIN, Jeanne,
veuve de Henri Perrin.

1677, (27 nov.) Québec.[6]

I.—MOREAU (2), PIERRE,
b 1639 ; s[6] 24 août 1727.
LEMIRE, Marie-Madeleine, [JEAN I.
b 1660 ; s[6] 13 mars 1736.
Pierre, b[6] 9 déc. 1678 ; s 21 février 1703, à Montréal.[7] — *Catherine,* b[6] 8 oct. 1696 ; m[7] 7 janvier 1733, à Jean-Baptiste ADHÉMAR.

1678, (21 février) Ste-Famille, I. O.[4]

I.—MOREAU (3), LOUIS,
b 1649 ; s 15 janvier 1683, à Québec.
GAGNON (4), Elisabeth, [ROBERT I.
b 1661.
Elisabeth, b[4] 2 oct. 1679 ; m 5 avril 1701, à Gabriel COURTOIS, à Batiscan. — *Geneviève,* b 4 nov. 1681, au Château-Richer ; m 11 février 1709, à Jean-Baptiste CADORET, à Lévis[5] ; s[5] 19 déc. 1749.

1692, (18 février) Québec.[6]

II.—MOREAU (3), JEAN-BTE, [JEAN I.
b 1657 ; s 25 août 1727, à Rimouski.[7]
RODRIGUE, Marie, [JEAN I.
b 1675.
Marie-Anne-Jeanne, b 17 février 1699, à Beauport[8] ; m[7] 28 mai 1716, à Michel DESROSIERS ; s[7] 15 nov. 1756. — *Ignace-François,* b 5 déc. 1700, à Ste-Foye ; m 1731, à Jeanne AUDET-LAPOINTE.— *Marie,* b... 1° m[7] 1725, à Jean-Baptiste GUY ; 2° m 1er mars 1729, à Augustin DIONNE, à Kamouraska.[9] — *Louis,* b[6] 2 sept. 1707 ; m 17 juin 1734, à Catherine SOUCY, à Ste-Anne-de-la-Pocatière[5] ; s[5] 23 juillet 1737.—*Pierre-Joseph,* né en 1710 ; b[6] 30 mai 1714 ; m[9] 24 mai 1734, à Dorothée MICHAUD ; s[9] 14 avril 1771. — *Catherine,* b[7] 8 juillet 1714 ; m[9] 5 juin 1732, à Alexis OUELLET ; s[9] 9 juin 1757. — *Pierre,* b[7] 2 nov. 1717 ; m[9] 7 janvier 1744, à Marie-Joseph MICHAUD.

1694.

II.—MOREAU, MICHEL, [MATHURIN I.
b 1673.
1° BILLOT, Madeleine, [BLAISE I.
b 1677 ; s 10 avril 1711, à Ste-Foye.[3]
Madeleine, b... m[3] 27 janvier 1713, à Ignace BONHOMME.—*Michel,* b 1697 ; m[3] 10 janvier 1726, à Angélique HAMEL ; s[3] 8 juillet 1749.—*Félicité,* b... m[3] 20 avril 1717, à André HAMEL ; s[3] 5 avril 1774. — *Louis,* b[3] 2 janvier 1701 ; s[3] 24 janvier 1703.—*Marie-Thérèse,* b[3] 4 et s[3] 23 janvier 1703. —*François,* b[3] 16 janvier 1704.—*Marie,* b 1705 ; m à Michel BONHOMME ; s 27 mars 1755, à Québec.[4] — *Joseph,* b[3] 5 mars 1706 ; s[3] 26 mars

(1) Du Portail dit Dubreuil ; voy. vol. I, pp. 441-442.
(2) Sieur de la Taupine ; voy. vol. I, p. 442.
(3) Voy. vol. I, p. 442.
(4) Elle épouse, le 25 mai 1684, Jean Baril, à Ste-Famille, I. O.

1710. — *François-Josué*, b [3] 9 avril 1708 ; m [4] 10 mai 1756, à Marie-Louise VILLIARS.—*Pierre*, b [3] 7 sept. 1710.

1712, (8 août). [3]

2° DE LA RUE, Marie-Madeleine, [JEAN I. b 1673.

Marie-Françoise, b [3] 16 oct. 1713 ; m [3] 29 oct. 1731, à Antoine ROUTIER ; s [3] 28 février 1760.—*Angélique*, b [3] 3 janvier 1715.—*Marie*, b [3] 30 oct. 1716.—*Madeleine*, b... m [3] 24 février 1733, à Paul COTÉ. — *Marie-Joseph*, b... m 1734, à Jean-Baptiste DEROME ; s [4] 30 mars 1756.

1697, (16 août) Québec.

I.—MOREAU (1), PIERRE, b 1644.

1° RICHAUME, Elisabeth, [PIERRE I. b 1666 ; veuve de Robert Desmarès ; s 4 avril 1703, à Montreal. [5]

Marie, b [5] 14 fevrier 1698 ; m [5] 4 mai 1716, à Jean-Baptiste BERNARD.—*Marie-Jeanne*, b [5] 7 janvier 1701 ; s [5] 28 juillet 1715.

1705, (29 nov.) [5]

2° MÉLAIN (2), Françoise-Angélique, [LOUIS I. b 1687.

Jean-Baptiste, b [5] 13 et s [5] 21 déc. 1706. — *Antoine*, b [5] 21 dec. 1707 ; m 13 fevrier 1736, à Marie-Madeleine BRULÉ, à Sorel.—*Michel*, b [5] 25 fevrier 1710 ; m 14 avril 1738, à Agnès DOUCET, à l'Ile-Dupas.

1700, (8 fevrier) Batiscan. [3]

II.—MOREAU, JOSEPH, [JEAN I. b 1672.

FRIGON, Françoise, [FRANÇOIS I b 1682 ; s 23 mai 1755, à Yamachiche. [4]

Joseph-Marie, b [3] 4 et s [3] 12 fevrier 1701. — *Marie-Joseph*, b [3] 30 janvier 1702 ; m 2 nov. 1722, à Pierre DESHAIES, à Bécancour [5] ; s [5] 20 avril 1743.— *Jeanne-Françoise*, b [3] 8 fevrier 1705 ; m [5] 27 août 1736, à Pierre LESIEUR. — *Madeleine*, b [3] 25 janvier 1707 ; m [4] 19 juillet 1738, à Maurice LEMAITRE.

1703, (14 nov.) St-Laurent, I. O. [6]

II.—MOREAU, PIERRE, [JEAN I. b 1679 ; s [6] 10 fevrier 1744.

1° BRULON (3), Catherine, [PIERRE I. b 1678 ; veuve de François Noël ; s [6] 19 juin 1706.

Ignace, b [6] 7 juillet 1704.

2° MONDIN, Anne.

1710, (24 nov.) St-Jean, I. O. [7]

3° FONTAINE, Geneviève, [ETIENNE I. b 1690 ; s [6] 19 février 1744.

Marie, b [6] 18 oct. 1711 ; 1° m [6] 7 février 1735, à Basile CLOUTIER ; 2° m 22 août 1749, à Joseph LALAGUE, au Château-Richer.[8]—*Geneviève*, b 1713 ; s [6] 29 nov. 1725. — *Pierre*, b... s [6] 28 avril 1715. —*Marguerite*, b [6] 31 août 1716.—*Joachim*, b [6] 27 mai 1718 ; s [6] 13 janvier 1733. — *Pierre*, b [6] 4 sept. 1720 ; 1° m [7] 5 nov. 1742, à Angélique DEMEULES ; 2° m [7] 20 oct. 1760, à Thècle LAISNÉ. — *Laurent*, b [6] 25 oct. 1722 ; m [6] 10 juin 1748, à Hélène COULOMBE. — *Marie-Thérèse*, b [6] 9 avril 1724 ; m [6] 8 nov. 1746, à Louis ISABEL. — *Geneviève*, b [6] 21 juillet 1727 ; m [6] 18 nov. 1748, à Charles CLOUTIER. — *Véronique*, b [6] 16 juillet et s [6] 18 oct. 1729.—*Jean-Baptiste*, b [6] 25 nov. 1730 ; m [8] 7 avril 1755, à Catherine RÉAUME.

(1) Dit Francœur ; voy. vol. I, p. 442.

(2) Elle épouse, le 1er nov. 1711, Antoine Brûlé, à Montréal.

(3) Voy. Burlon.

1703, (1er déc.) Pte-aux-Trembles, M.

I.—MOREAU (1), JEAN, fils de Jean et de Suzanne Pied, de St-Saturnin, ville de St-Messan, diocèse de Poitiers, Poitou.

RICHARD, Agnès, [GUILLAUME I. b 1676.

Jean, b 22 nov. 1704, à Montréal [2] ; m à Marie ROGANT.—*Claude*, b [2] 24 avril 1706 ; m à Ursule ETHIER. — *Charles*, b [2] 14 juin 1708 ; s [2] 17 janvier 1709.—*Charles*, b [2] 10 juillet 1710 ; m 1746, à Marie-Françoise HUNAULT.—*Jacques*, b [2] 27 fevrier 1712 ; m 1734, à Geneviève LAUZON. — *Joseph*, b [2] 29 nov. 1713. — *Léonard*, b 23 avril 1716, à Repentigny.

I.—MOREAU (2), JACQUES, b 1695 ; s 29 juillet 1745, à Montréal.

1706, (29 août) Montréal. [6]

I.—MOREAU, EDME, fils de Jacques et de Marguerite Germain, de St-Césaire, ville et diocèse de Troye, Champagne.

FORTIER, Françoise, [ETIENNE I. b 1685.

Marie-Angélique, b [6] 28 juin et s [6] 13 juillet 1707.—*François*, b [6] 27 juin 1708 ; s [6] 10 mai 1709.—*François-Urbain*, b [6] 13 oct. 1709 ; m 31 juillet 1730, à Louise HUOT, à L'Ange-Gardien, s [6] 26 nov. 1737.—*Marie-Marguerite*, b [6] 19 fevrier et s [6] 23 sept. 1711.—*Jean-Baptiste*, b [6] 10 juillet 1712.—*Louise-Catherine*, b [6] 22 nov. 1713 ; s [6] 23 avril 1714.—*Louis*, b [6] 29 nov. et s [6] 26 dec. 1714. —*Marie-Joseph*, b [6] 5 dec. 1715 ; m [6] 7 janvier 1734, à Jean BEAUPARLANT.—*Georges*, b [6] 24 nov. 1716.—*Jeanne-Françoise*, b [6] 10 février 1718.—*Elisabeth*, b [6] 18 mai 1719.—*Ignace*, b [6] 31 juillet et s [6] 7 août 1720.—*Ignace*, b [6] 9 mars 1723, s [6] 30 août 1727.—*Pierre*, b [6] 21 fevrier et s [6] 5 juin 1726.

MOREAU, DAVID.

AIGRON, Marie.

Daniel, b 4 juillet 1712, à Chambly.

1718, (21 février) Batiscan. [7]

II.—MOREAU, JEAN, [JEAN I. b 1684 ; s [7] 5 dec. 1757.

LEPELÉ, Marie-Charlotte, [CLAUDE II. b 1688 ; s [7] 22 mars 1764.

Claude-Joseph, b [7] 3 nov. 1718 ; m [7] 18 nov. 1748, à Marie-Joseph DUCLOS.

(1) Dit Duplessy ; sergent de la compagnie de Lachassaigne.

(2) Dit Beausoleil ; soldat de la compagnie de Celoron.

II.—MOREAU, Augustin, [Jean I.
b 1694; s 19 nov. 1726, à Batiscan.

MOREAU, Pierre.
........, Anne.
Claude, b 29 avril 1725, au Lac-des-Deux-Montagnes.

1726, (10 janvier) Ste-Foye. [2]
III.—MOREAU, Michel, [Michel II.
b 1697; s [2] 8 juillet 1749.
Hamel, Angélique, [Charles II.
b 1703.
Michel, b 1726; s 29 oct. 1752, à Québec. [3] — *Joseph*, b [2] 11 juin 1728; m [3] 5 nov. 1753, à Louise Drolet; s[3] 19 oct. 1760.—*Angélique*, b [2] 6 avril 1730; m [2] 17 nov. 1750, à Charles Dauteuil.—*François*, b... m [2] 7 août 1752, à Marie-Louise Constantin.—*Marie-Madeleine*, b [2] 13 juillet 1732; m [2] 1er février 1751, à Jérôme Fiset. —*Ursule*, b [2] 6 août 1734; m [2] 10 avril 1752, à André Maufet; s [2] 14 juin 1786.—*Charles-André*, b [2] 24 avril 1735; m [2] 19 avril 1762, à Marie-Anne Legris; s [3] 25 sept. 1795.—*Louis*, b [2] 25 août 1736; s [2] 6 sept. 1740.—*Pierre-François*, b [3] 25 mars 1738.—*Valentin*, b [2] 15 avril 1739; s [2] 29 déc. 1740.—*Louis*, b 1740; s [2] 24 février 1760.—*Marie-Rose*, b [2] 11 avril 1745; m [3] 3 juin 1777, à Louis Lereau; s [3] 1er janvier 1793.—*Valentin*, b [2] 25 mai 1746; s [2] 14 juillet 1748.

1726, (19 janvier) Québec. [5]
I.—MOREAU (1), François-Emmanuel, notaire-royal; fils de François et de Catherine Beudon, de St-Sulpice, Paris.
Doyon, Geneviève, [Nicolas II.
b 1695; veuve de Charles Hédouin; s [5] 20 oct. 1763.
Etienne-François, b [5] 18 nov. 1727; m [5] 24 janvier 1757, à Marie-Anne Voyer.—*Nicolas*, b [5] 13 sept. et s [5] 6 oct. 1729.—*Antoine*, b [5] 13 et s [5] 28 sept. 1729.—*Marie-Geneviève*, b [5] 18 juillet 1732; s[5] 15 sept. 1733.—*Jean* (2), b 1742; m à Marie-Jeanne Langlois; s [5] 3 oct. 1794.

1726.
III.—MOREAU, Jean-François, [Jean-Bte II.
b 1696.
Dionne (3), Marie-Anne, [Jean II.
b 1709.
Anne, b 8 sept. 1727, à Kamouraska [6]; m 30 janvier 1748, à Nicolas Hudon, à Ste-Anne-de-la-Pocatière [7]; s 24 mai 1756, à la Rivière-Ouelle. [8] —*Jean-Baptiste*, b [6] 9 déc. 1729; m 22 avril 1754, à Marie-Claire Bernier, à l'Islet. [9] — *Marie-Catherine*, b [6] 3 nov. 1731; m [7] 26 nov. 1754, à Louis-Clement Roy; s [6] 29 déc. 1755.—*Marie-Régis*, b [7] 13 sept. 1733.—*Marie-Louise*, b [7] 21 juillet 1735.—*Louis-Amable*, b [7] 8 sept. 1737; m 1759, à Marie-Anne Grondin.—*Joseph*, b [7] 12 juillet 1739; m [9] 5 février 1759, à Marie-Marthe Tondreau.—*Marie-Charlotte*, b [7] 25 dec. 1741; m [9] 9 janvier 1764, à Charles Fortin.—*Jean-François*, b [7] 11 juin 1744.—*Jean-Romain*, b [8] 18 et s [7] 21 mai 1748.

(1) 1er commis du bureau du domaine du roi. Il signe, le 19 mars 1761, à Charlesbourg.

(2) Surnommé Doyon, du nom de sa mère.

(3) Elle épouse, le 6 juin 1763, Pierre Morin, à Ste-Anne-de-la-Pocatière.

1730, (31 juillet) L'Ange-Gardien. [1]
II.—MOREAU, François-Urbain, [Edme I.
b 1709; s 26 nov. 1737, à Montréal. [2]
Huot (1), Louise, [René II.
b 1707.
Marie-Anne-Amable, b 1730; m [2] 14 février 1747, à Pierre Robineau.—*Marie-Louise*, b... m [1] 9 janvier 1758, à Hubert Voyer.—*François*, b... 1° m à Thérèse Court; 2° m 6 sept. 1767, à Marie-Catherine Maréchal, à St-Louis, Mo.

I.—MOREAU (2), Jean, b 1691; de St-Olindois, diocèse d'Angoulesme, Angoumois; s 10 janvier 1731, à Montreal.

1731.
III.—MOREAU, Ignace-Frs, [Jean-Bte II.
b 1700.
Audet-Lapointe, Jeanne.
Jeanne, b 27 juillet 1732, à St-Jean, I. O. [4]; s [4] 24 août 1733. — *Gencien*, b [4] 22 juillet 1734. — *Antoine*, b [4] 3 juin 1736; m 10 janvier 1757, à Marie-Angélique Martin, au Cap-St-Ignace.— *Pierre*, b... m 9 mai 1757, à Marie-Charlotte Gendron, à Contrecœur. — *Ignace*, b [4] 23 avril 1738. — *Marie-Louise*, b... m 5 fevrier 1760, à François Laporte, à St-Ours. — *Joseph*, b [4] 26 janvier 1740. — *Jean*, b... m 12 janvier 1761, à Louise LeBrodeur, à Varennes.— *Marie-Catherine*, b [4] 4 avril 1744. — *Gabriel*, b [4] 19 janvier 1747.

1734, (24 mai) Kamouraska. [2]
III.—MOREAU, Pierre-Joseph, [Jean-Bte II.
b 1714; s [2] 14 avril 1771.
Michaud, Dorothée. [Pierre II.
Alexandre, b [2] 13 mars 1735. — *Joseph*, b [2] 3 février 1737; m 14 janvier 1765, à Françoise Bérubé, à la Rivière-Ouelle. — *Anne*, b [2] 24 février 1739; m [2] 9 nov. 1756, à Joseph Paradis. — *Marie-Dorothée*, b [2] 19 janvier 1742; m [2] 8 janvier 1770, à Jean-Baptiste Beaulieu (3).—*Marie*, b [2] 2 février 1744; m [2] 1767, à Joseph Servant. —*Marie-Rose*, b [2] 3 nov. 1746; 1° m [2] 19 janvier 1768, à Charles-François Ouellet; 2° m [2] 12 août 1771, à Philippe Jouvin.—*Jean-Baptiste*, b [2] 6 oct. 1748; m [2] 25 oct. 1774, à Marie Mignau. — *Germain* (4), b [2] 7 août 1750. — *Marie-Pélage*, b [2] 24 nov. 1752; m [2] 23 août 1779, à François Michaud. —*François-Félix*, b [2] 4 avril 1755; 1° m 1779, à Marie-Joseph Bourdette; 2° m 1793, à Madeleine St. Yves; s 1828, à la Rivière-du-Loup-en-haut.

(1) Elle épouse, le 17 février 1744, Louis Fafart, à L'Ange-Gardien.

(2) Soldat de Bornville.

(3) Grand-père de M. Eusèbe Beaulieu, prêtre.

(4) Etabli vers 1775 à la Baie-des-Chaleurs.

I.—MOREAU (1), Louis, b 1715; s 9 mai 1796, à Nicolet.

1734, (17 juin) Ste-Anne-de-la-Pocatière.[4]
III.—MOREAU, Louis, [Jean-Bte II.
b 1707; s[4] 23 juillet 1737.
Soucy (2), Catherine, [Pierre II.
b 1716.
Louis, b[4] 22 mai 1735; m 23 oct. 1761, à Madeleine Lafrance, aux Trois-Rivières. — *Pierre-Joseph*, b[4] 18 juin 1737; m[4] 14 fevrier 1763, à Madeleine Bourgela.

1734.
II.—MOREAU (3), Jacques, [Jean I.
b 1712.
Lauzon, Geneviève.
Michel, b... m à Cécile Hunault. — *Marie-Geneviève*, b 3 août 1735, à Lachenaye.—*André*, b... m 1766, à Marie-Joseph Hénaut.

1736, (13 février) Sorel.[6]
II.—MOREAU (4), Antoine, [Pierre I.
b 1707.
Brulé, Marie-Madeleine. [Antoine I.
Marie-Madeleine, b[6] 27 nov. 1736; m 15 nov. 1756, à François Bérard, à l'Ile-Dupas.[7]—*Michel-Amable*, b[7] 12 et s[7] 16 février 1738.—*Françoise*, b[7] 6 juillet 1739; m[7] 24 janvier 1757, à Joseph Sylvestre.—*Antoine-Joseph*, b[7] 29 juillet 1741; 1° m 7 février 1774, à Marie-Charlotte Cottenoire, à St-Cuthbert[8]; 2° m[8] 4 nov. 1794, à Marie-Joseph Germain.— *Marie-Madeleine*, b[7] 22 et s[7] 24 fevrier 1750. — *Antoine*, b[7] 14 juin 1752; m[7] 18 août 1777, à Madeleine Casaubon. — *Marie-Joseph*, b... m[8] 5 mai 1778, à Jean-Baptiste Moreau.

1736, (2 juillet) Québec.[3]
I.—MOREAU, Jean, fils de Renaud et de Jeanne Galateau, de Falerpras, diocèse de Bordeaux.
Bean-Onelle, Marie-Geneviève. [Corneille I.
Radegonde-Catherine, b[3] 13 dec. 1738.

1738, (14 avril) Ile-Dupas.
II.—MOREAU, Michel, [Pierre I.
b 1710.
Doucet, Agnès, [Pierre I.
b 1721.
Michel-Ambroise, b 6 juin 1739, à Sorel[4]; m 1768, à Marguerite Fafard; s 20 mai 1778, à St-Cuthbert.[5] — *Alexis*, b[4] 5 juin 1740 —*Pierre*, b... m[5] 29 juillet 1776, à Theotiste Rivard. — *Jean-Baptiste*, b... m[5] 5 mai 1778, à Marie-Joseph Moreau.

II.—MOREAU, Louis, [Jean I.
b 1670; s 3 juin 1749, à l'Hôpital-Général, M.

(1) Soldat des troupes de terre.
(2) Elle épouse, le 24 nov. 1738, Joachim Leclerc, à Ste-Anne-de-la-Pocatière.
(3) Dit Duplessy.
(4) Dit Francœur.

II.—MOREAU (1), Claude, [Jean I
b 1706.
Ethier, Ursule, [Georges I
b 1707; s 11 sept. 1773, à Repentigny.[9]
Charles, b... m 20 janvier 1766, à Marie-Joseph Guernon, à Lachenaye.—*Claude-Joseph*, b 1743 m 1766, à Marie-Rose Hunault; s[9] 7 avril 178?

MOREAU (2), Pierre-Mathurin.
Harnois, Thérèse.
Pierre, b 1741; s 29 avril 1742, à St-Augustin — *Mathurin*, b 21 et s 30 juillet 1746, à Lavaltrie. — *Joseph*, b 21 et s 24 juillet 1750, à l'Ile Dupas.[6] — *Mathurin-Joseph*, b... m[6] 26 fevrie 1781, à Françoise Bérard.

II.—MOREAU, Jean, [Jean I
b 1668; s 18 déc. 1739, à St-Laurent, I. O

1742, (5 nov.) St-Jean, I. O.[7]
III.—MOREAU Pierre, [Pierre II
b 1720.
1° Demeules, Angélique, [Joseph I
s 18 avril 1760, à St-Laurent, I. O.[8]
Pierre, b[8] 30 juin 1744.—*Marie-Catherine*, b oct. et s[8] 11 nov. 1745. — *Antoine*, b[7] 17 févrie 1746. — *Marie-Angélique*, b[8] 12 juillet 1748. — *Marie-Louise*, b[8] 14 sept. 1751.— *Agathe*, b[7] 2 janvier et s[8] 3 nov. 1754.—*Catherine*, b[8] 17 sep 1755.—*Madeleine*, b[8] 16 avril et s[8] 26 mai 175?
1760, (20 oct.)[7]
2° Laisné (3), Marie-Thècle, [Pierre I
b 1733.
Marguerite, b[7] 13 avril 1763.—*Pélagie*, b 176? m 5 avril 1785, à Pierre Maufet, à Québec.

1743, (27 janvier) Ste-Foye.
III.—MOREAU Louis, [Louis I
b 1693.
Aide-Créqui-Tardif, Catherine, [Jean
b 1703; veuve de Pierre Jourdain; s 7 no 1757, à Québec.[9]
Louis-Joseph, b[9] 5 sept. 1743. — *Valentin*, b 16 juillet 1745.

MOREAU, François,
b 1709; maître-maçon; s 1er fevrier 1764, Québec.

I.—MOREAU, Jean-Joseph, b 1723; fils de Jean Joseph et de Marguerite Amable, de Marseille, Provence; s 23 juin 1742, à Beaupo

1744, (7 janvier) Kamouraska.[3]
III.—MOREAU, Pierre, [Jean-Bte I
b 1717.
Michaud, Marie-Joseph. [Jean II
Marie, b... m[3] 29 oct. 1764, à Pierre Laland —*Pierre-Joseph*, b[3] 12 oct. 1746.

(1) Dit Duplessy.
(2) Dit Laplume.
(3) Et Laliberté.

II.—MOREAU (1), JEAN, [JEAN I.
b 1704.
ROCANT, Marie.
Louis, b... m 15 février 1768, à Marie GAGNON, à Repentigny.

1746.

II.—MOREAU (1), CHARLES, [JEAN I.
b 1710.
HUNAULT (2), Marie-Françoise, [ANTOINE III.
b 1723.
Joseph-Marie, b 1747 ; m 22 janvier 1770, à Amable MIGNERON, à Repentigny[1] : s[1] 23 janvier 1789. — *Charles*, b... 1° m à Thérèse DUPONT ; 2° m 16 juillet 1781, à Marie-Angélique BRIÈRE, à Terrebonne.

1747, (24 juillet) Québec. [2]

I.—MOREAU, JEAN-MARCEL, b 1716, marchand ; fils de Jean et de Marie-Anne Fouchard, de St-Nicolas, Paris ; s[2] 31 janvier 1759.
DUPÉRÉ, Marie-Anne, [MICHEL II.
b 1720 ; s[2] 6 avril 1760.

1748, (10 juin) St-Laurent, I. O.

III.—MOREAU, LAURENT, [PIERRE II.
b 1722.
COLOMBE, Hélène, [LOUIS II.
b 1725.
Marie-Hélène, b 13 oct. 1750, à St-Antoine-Tilly.[9] — *Marie-Thérèse*, b[9] 12 février 1752 ; m[9] 5 sept. 1774, à Jean-Joseph BOUCHER.—*Marie-Joseph*, b[9] 23 sept. 1753 ; s[9] 17 avril 1756.—*Jean-Marie*, b[9] 1er août 1755. — *Suzanne*, b[9] 1er août 1757. — *Joseph*, b[9] 6 fevrier 1760. — *Marie-Charlotte*, b[9] 31 août 1762.—*Simon*, b[9] 26 oct. 1766.

1748, (18 nov.) Batiscan. [1]

III.—MOREAU, CLAUDE-JOSEPH, [JEAN II.
b 1718.
DUCLOS, Marie-Joseph, [NICOLAS II.
b 1726.
Jean-Marie-Joseph, b[1] 2 oct. 1749 ; m[1] 21 juillet 1777, à Louise MARCHAND.—*Marie-Joseph*, b[1] 20 avril 1752 ; s[1] 1er oct. 1774.—*François-Xavier*, b[1] 30 nov. 1754.—*Marie-Véronique*, b[1] 8 mai 1756 ; s[1] 28 janvier 1759.—*Jean-Baptiste-Charles*, b[1] 23 dec. 1757 ; s[1] 13 sept. 1759.—*Véronique*, b[1] 12 janvier 1760.—*Pierre*, b[1] 5 nov. 1763.—*Marie-Marthe*, b[1] 13 nov. 1770.

1751, (28 juin) Québec. [3]

I.—MOREAU, JEAN, charpentier ; fils de Jean et de Marguerite Bernard, de Segonzac, diocèse de Xaintes, Saintonge.
MARCHAND, Margte-Geneviève, [FRS-LOUIS I.
b 1734.
Jean-François, b[3] 7 mai 1752.—*Marguerite*, b[3] 13 juin 1754.

(1) Dit Duplessy.
(2) Elle épouse, en 1740, François Payet.

1751, (25 oct.) Québec. [4]

I.—MOREAU, LOUIS, fils de Jean et de Marguerite Belormeau, de St-Romain, diocèse de Bordeaux.
1° BROUSSEAU, Marie-Joseph, [NICOLAS II.
b 1715.
1792, (21 août). [4]
2° DASILVA, Geneviève. [JEAN-BTE.

1752, (24 avril) Montréal.

I.—MOREAU, CLAUDE, fils de Mathurin et de Jeanne Joyau, de Vieilleville, diocèse de Nantes, Haute-Bretagne.
DUMANS (1), Marie-Anne, [MICHEL II.
b 1717 ; veuve de Jacques Ducharme-Lesourd.
Marie-Anne, b 22 février 1751, au Cap-Santé.

1752, (7 août) Ste-Foye. [1]

IV.—MOREAU, FRANÇOIS. [MICHEL III.
CONSTANTIN, Marie-Louise, [PIERRE III.
b 1730.
Joseph, b[1] 24 juin 1753.—*Louise-Angélique*, b[1] 24 mai 1754 ; s[1] 15 oct. 1759.—*Charles*, b[1] 7 fevrier 1756 ; m[1] 16 janvier 1786, à Marie-Joseph PROVOST.—*Marie-Angélique*, b[1] 25 nov. 1757 ; m 1er juin 1790, à Ignace POULIOT, à Québec.[2]—*Marie-Joseph*, b[1] 14 déc. 1759 ; m[1] 13 nov. 1781, à Louis THOMAS-BIGAOUETTE. — *Ufrosile*, b[1] 13 janvier 1762. — *Marie-Rose*, b[1] 27 juin 1764. — *Joseph*, b[1] 1er mars 1766.—*Nicolas*, b[1] 1er et s[1] 29 mars 1766.—*Angélique-Marguerite*, b[1] 23 oct. 1768. — *Louise*, b... m[2] 12 janvier 1790, à Alexandre COUTURE.—*Marie-Rose*, b[1] 15 juillet 1771.—*François*, b[1] 6 août 1773.—*Marie*, b... m[2] 23 avril 1793, à Ignace DROLET.

1753, (5 nov.) Québec. [4]

IV.—MOREAU, JOSEPH, [MICHEL III.
b 1728 ; maçon ; s[4] 19 oct. 1760.
DROLET, Louise, [CHARLES III.
b 1734 ; s[4] 14 mars 1785.
Marie-Louise, b[4] 16 août 1754.—*Joseph*, b[4] 26 février 1757 ; s[4] 4 janvier 1758. — *Joseph-François-Xavier*, b[4] 6 mars 1759 ; s 29 avril 1760, à Beauport. — *Françoise* (posthume), b[4] 1er dec. 1760.

1754, (22 avril) Islet. [6]

IV.—MOREAU, JEAN-BTE, [JEAN-FRS III.
b 1729.
BERNIER, Marie-Claire, [JEAN-BTE III.
b 1734.
Claire, b[6] 30 mars 1755.—*Jean-Baptiste-Paul*, b 15 janvier 1757, au Cap-St-Ignace.[7] — *Joseph-Marie*, b[7] 23 février 1759.—*Marie-Geneviève*, b[7] 23 février 1759 ; s[7] 12 mars 1761. — *Marie-Joseph*, b[7] 19 mars et s[7] 18 juillet 1762.—*Joseph-Marie*, b[7] 17 mai 1763. — *Marie-Madeleine*, b[7] 2 juillet 1764.

III.—MOREAU, MICHEL. [JACQUES II.
HUNAULT-DESCHAMPS, Marie-Cécile.
François-Xavier, b... m 31 janvier 1774, à Hen-

(1) Aussi appelee Dumas—Dumont.

riette-Thérèse RATEL, à Repentigny.—*Angélique*, b... s 20 mai 1759, à Lavaltrie.

MOREAU, NICOLAS, chirurgien.

....

Nicolas, b et s 3 oct. 1755, à St-Laurent, M.

1755, (7 avril) Château-Richer.

III.—MOREAU, JEAN-BTE, [PIERRE II. b 1730.

RÉAUME, Catherine, [GABRIEL III. b 1724; s 23 février 1774, à Québec.[1]

Catherine, b 25 nov. et s 12 déc. 1756, à St-Charles. — *Jean*, b 7 avril 1761, à St-Antoine-Tilly.—*Catherine*, b [1] 2 mai 1764.

1756, (10 mai) Québec.

III.—MOREAU, FRS-JOSUÉ, [MICHEL II. b 1708.

VILLIARS, Marie-Louise, [GERMAIN I. b 1726; veuve de Louis Miville.

1757, (10 janvier) Cap-St-Ignace.

IV.—MOREAU, ANTOINE, [IGNACE-FRS III. b 1736.

MARTIN, Marie-Angélique. [CHARLES-FRS III.

Antoine et *Marie-Angélique*, b 21 nov. 1759, à Ste-Anne-de-la-Pocatière. — *Marie-Geneviève*, b 23 juin 1761, à l'Islet.

1757, (24 janvier) Québec.[6]

II.—MOREAU (1), ETIENNE-FRS, [FRS-EMM. I. b 1727.

VOYER (2), Marie-Anne, [MICHEL II. b 1737.

Marie-Geneviève, b [6] 28 mai 1759 — *Marie-Anne*, b 26 juillet et s 16 août 1760, à Beauport. —*Geneviève-Françoise*, b [6] 23 juillet 1762.

1757, (9 mai) Contrecœur.[7]

IV.—MOREAU, PIERRE. [IGNACE-FRS III.

GENDRON, Marie-Charlotte. [NICOLAS III.

Marie-Louise, b [7] 13 février 1758. — *Marie-Charlotte*, b 1759; m 11 août 1777, à Joseph BOUCHER, à Montreal.[8] — *Marie*, b 1764; m [8] 21 août 1782, à Louis MOORE.

I.—MOREAU (3), JEAN-FRANÇOIS, de Thionville.

II.—MOREAU (4), JEAN, [FRANÇOIS-EMMANUEL I. b 1742; s 3 oct. 1794, à Quebec.[3]

LANGLOIS, Marie-Jeanne, [ANTOINE IV. b 1745.

Jean, b... m [3] 21 nov. 1797, à Agathe CHAMBERLAN.

(1) Visiteur au bureau du domaine du roi.

(2) Elle épouse, le 20 déc. 1767, Etienne Caze de Laferrière, à Québec.

(3) Soldat de la compagnie de M. de Beaujeu.—Sergent des grenadiers du Languedoc, venu en 1751, sur l'*Angélique*, capitaine Vitray. (Procès-verbaux).—Il était, le 8 avril 1758, à la Pte-aux-Trembles, Q.

(4) Et Doyon, du nom de sa mère.

MOREAU, ...

....

Geneviève, b et s 29 août 1762, à Lorette.

1759.

IV.—MOREAU, LOUIS-AMABLE, [JEAN-FRS III. b 1737.

GRONDIN, Marie-Anne, [JEAN-BTE III. b 1740.

Marie-Anne, b 7 déc. 1759, à Ste-Anne-de-la-Pocatière.[4] — *Jean-Baptiste*, b [4] 22 avril 1761.

1759, (5 février) Islet.[5]

IV.—MOREAU, JOSEPH, [JEAN-FRANÇOIS III. b 1739.

TONDREAU, Marie-Marthe, [JOSEPH II. b 1729 ; veuve de Simon Caron.

Marie-Victoire, b [5] 6 mai 1762.

III.—MOREAU, FRANÇOIS. [FRANÇOIS-URBAIN II.

1° COURT, Therèse.

1767, (6 sept.) St-Louis, Mo.[7]

2° MARÉCHAL, Marie-Catherine, [NICOLAS I. b 1747.

Louise, b... 1° m [7] 23 juin 1783, à Pierre-Amable MÉNARD; 2° m [7] 1er mai 1797, à Joseph LÉVESQUE. — *François*, b [7] 10 nov. 1772.—*Marie*, b [7] 1er mars 1774; m [7] 18 août 1788, à Pierre DEVAUX. — *Joseph-Marie*, b [7] 1er sept. 1776. — *Louis*, b [7] 27 mars 1780. — *Antoine*, b [7] 15 août 1781. — *Pierre-Alexis*, b [7] 29 avril 1782.—*Louis*, b [7] 5 mai 1785. — *Hélène*, b [7] 2 août 1789.— *Angélique*, b [7] 2 août 1789 ; m 15 mars 1812, à Antoine MALLET, à Florissant, Mo. — *Marie*, b... m 16 juillet 1811, à Jean-Baptiste-Louis COLLIN, à St-Charles, Mo.

1761, (12 janvier) Varennes.

IV.—MOREAU, JEAN. [IGNACE-FRANÇOIS III

LEBRODEUR, Louise. [JEAN-BTE II

1761, (23 oct.) Trois-Rivières.

IV.—MOREAU, LOUIS, [LOUIS III b 1735.

LAFRANCE, Madeleine, veuve de Guillaume Lacoste.

1762, (19 avril) Ste-Foye.

IV.—MOREAU, CHARLES-ANDRÉ, [MICHEL III b 1735 ; s 25 sept 1795, à Québec.[1]

LEGRIS (1), Marie-Anne, [PIERRE II. b 1740.

Charles, b [1] 13 février 1763. — *Marie-Anne*, b [1] 19 mars 1764. — *Marie-Madeleine*, b... m [1] 8 mai 1787, à Joseph TRUDEL. — *Geneviève*, b... m [1] 1[?] sept. 1796, à Michel CORNEAU. — *Marie-Joseph*, b 1777 ; m [1] 21 nov. 1797, à Victor HAMEL, s 14 juin 1832.

MOREAU, PIERRE, b 1741 ; s 18 oct. 1795, à Québec.

LAFORME, Marie.

(1) Voy. aussi Lépine, vol. V, p. 352.

1763, (14 février) Ste-Anne-de-la-Pocatière.
IV.—MOREAU, PIERRE, [LOUIS III.
b 1737.
BOURGELA, Madeleine, [PIERRE I.
b 1734.

1764, (13 février) Ile-Dupas. [2]
I.—MOREAU, JOSEPH, fils de Jean et d'Anne Robin, de Châlons, Champagne.
MAROT, Marie-Françoise, [JOSEPH II.
b 1733.
Marie-Françoise, b [2] 17 nov. et s [2] 7 déc. 1764.

1765, (14 janvier) Rivière-Ouelle.
IV.—MOREAU, JOSEPH, [PIERRE-JOSEPH III.
b 1737.
BÉRUBÉ, Marie-Françoise, [FRANÇOIS III.
b 1745.
Joseph-François, b 9 déc. 1765, à Kamouraska.[3] —*Jean-François*, b [3] 5 janvier 1768.—*Alexandre*, b [3] 29 juin 1770. —*Cyriac*, b [3] 19 déc. 1772; m 1817, à Marie-Emilie SIROIS.—*Jean-Baptiste*, b [3] 28 sept. 1774.—*Henri-Germain*, b [3] 19 oct. 1775. —*Marie*, b [3] 17 avril 1778.—*Pierre*, b [3] 1er avril et s [3] août 1780. — *François-Félix*, b [3] 20 juin 1781.—*Jean-Baptiste*, b [3] 28 mai et s [3] juin 1783. —*Jean-Louis*, b [3] 20 et s [3] 31 août 1785.

1766, (20 janvier) Lachenaye. [5]
III.—MOREAU (1), CHARLES. [CLAUDE II.
GUERNON, Marie-Joseph. [PIERRE III.
Marie-Joseph, b 3 février 1767, à Repentigny [6]; m [6] 4 août 1788, à Jean-Baptiste FORTIN.—*Marie-Charlotte*, b [6] 14 mai 1768.—*Rose*, b [5] 31 janvier 1771, m [6] 18 oct. 1790, à Pierre PAYET.—*Charles*, b 1779; s [6] 24 janvier 1780.—*Marie-Madeleine* et *Marie-Angélique*, b [5] 28 juin 1784.—*Marie*, b [6] 4 février 1786.

1766.
III.—MOREAU (1), ANDRÉ. [JACQUES II.
HÉNAUT, Marie-Joseph, [GABRIEL III.
b 1734.
Louis, b 15 oct. 1767, à Repentigny.

1766.
III.—MOREAU (1), CLAUDE-JOSEPH, [CLAUDE II
b 1743; s 7 avril 1789, à Repentigny. [7]
HUNAULT (2), Marie-Rose, [ANTOINE IV.
b 1746; s [7] 17 juin 1788.
Marie-Rose, b [7] 10 février 1767, m à François LANDRY.—*Joseph*, b [7] 20 sept. 1768; m [7] 4 août 1788, à Marie-Charlotte NEUVILLON.—*Pierre*, b [7] 9 mars 1770; s [7] 19 février 1771.—*Jean*, b [7] 27 déc. 1771.—*Anonyme*, b [7] et s [7] 12 mai 1773.—*Pierre-Simon*, b 2 sept. 1774, à Lachenaye [6]; s [7] 12 janvier 1775.—*François*, b [8] 27 nov. 1775. — *Marie-Françoise*, b [8] 9 janvier 1777.—*Joseph-Marie*, b... s [7] 20 janvier 1783.—*Marie-Thérèse*, b [8] 4 mars 1782.—*Amable*, b [8] 8 janvier 1784.—*Charles*, b... s [7] 20 mars 1784.—*François*, b [7] 19 mai et s [7] 29 juin 1786.

(1) Dit Duplessy.
(2) Dit Deschamps.

1768, (15 février) Repentigny. [9]
III.—MOREAU (1), LOUIS. [JEAN II.
GAGNON, Marie. [MARC-ANTOINE IV.
Marie-Joseph, b [9] 27 janvier 1769.

1768.
III.—MOREAU, MICHEL-AMABLE, [MICHEL II.
b 1739; s 20 mai 1778, à St-Cuthbert. [2]
FAFARD, Marguerite.
Marie-Anne, b... m [2] 19 janvier 1789, à Louis COURTOIS.—*Amable*, b... 1° m [2] 11 janvier 1790, à Marie-Joseph CARPENTIER; 2° m [2] 9 janvier 1792, à Marie-Joseph BOISVERT-JOBIN.—*Pierre*, b... m [2] 9 juin 1794, à Marie-Geneviève RIVARD.—*Marie-Elisabeth*, b [2] 28 février et s [2] 30 août 1776.—*Marie-Geneviève*, b [2] 13 juillet 1777; s [2] 6 juillet 1779.

1770, (22 janvier) Repentigny. [3]
III.—MOREAU (1), JOSEPH-MARIE, [CHARLES II.
b 1747; s [3] 23 janvier 1789.
MIGNERON, Marie-Amable, [PIERRE III.
b 1750.
Marie-Amable, b [3] 20 nov. 1770; m [3] 1er février 1790, à Joseph PERSONNE.—*Marie-Charlotte*, b [3] 13 mars 1772; m [3] 10 nov. 1788, à Jean-Baptiste ROY.—*Marguerite*, b 1780; s [3] 22 déc. 1782.

III.—MOREAU (1), CHARLES. [CHARLES II.
1° DUPONT, Thérèse.
Thérèse, b... m 3 mars 1794, à Pierre BAUDRY, à Repentigny.
1781, (16 juillet) Terrebonne.
2° BRIÈRE, Marie-Angélique, [LOUIS III.
b 1743.

MOREAU, FRANÇOIS.
BÉLANGER, Cécile.
Marie-Cécile, b 12 juillet 1773, à l'Islet. [3]—*François*, b [3] 15 février 1775. — *Marie-Louise*, b [3] 20 juin 1776.

1774, (31 janvier) Repentigny. [4]
IV.—MOREAU, FRANÇOIS-XAVIER. [MICHEL III.
RATEL, Henriette-Thérèse. [JEAN-BTE IV.
François-Xavier, b [4] 22 nov. 1774. — *Thérèse*, b... m [4] 10 février 1794, à Jean-Baptiste GARIEPY. —*Marie-Joseph*, b [4] 14 avril 1792.

1774, (7 février) St-Cuthbert. [5]
III.—MOREAU, ANTOINE-JOSEPH, [ANTOINE II.
b 1741.
1° COTTENOIRE, Charlotte, [ANTOINE.
s [5] 4 déc. 1787.
Joseph-Antoine, b [5] 25 février 1776.
1794, (4 nov.) [5]
2° GERMAIN, Marie-Joseph, [CHARLES.
veuve de Michel Berard.

1774, (25 oct.) Kamouraska.
IV.—MOREAU, JEAN-BTE, [PIERRE-JOSEPH III.
b 1748.
MIGNAU, Marie-Joseph, [PIERRE II.
b 1755.

(1) Dit Duplessy.

MORËAU, Gabriel.
Gagnon, Marie-Claire.
Gabriel, b 23 août 1776, à l'Islet.

MOREAU, Joseph.
Carpentier, Geneviève.
Jean-Baptiste (posthume), b 6 oct. 1776, à St-Cuthbert.

MOREAU, Jean.
Navarre, Geneviève,
b 1735 ; s 23 déc. 1778, à Québec. [6]
Pierre, b déc. 1778 ; s 24 janvier 1779, à Ste-Foye.—*Elisabeth*, b... m [6] 6 février 1798, à Jean-Olivier Cordin.

1776, (29 juillet) St-Cuthbert. [7]
III.—MOREAU, Pierre. [Michel II.
Rivard (1), Théotiste. [Louis.
Pierre, b [7] 21 déc. 1776 ; s [7] 23 février 1777. — *Marie-Marguerite*, b [7] 21 et s [7] 24 déc. 1777. — *Marie-Joseph*, b [7] 23 avril 1779 —*Marie-Anne*, b [7] 26 juillet 1781.—*Elisabeth*, b [7] 27 août 1782.

1777, (21 juillet) Batiscan. [8]
IV.—MOREAU, Jean-Marie-Jos., [Claude-J. III.
b 1749.
Marchand, Louise, [Louis-Joachim III.
b 1749.
Marie-Louise, b [8] 27 avril 1778. — *Marie-Anne*, b [8] 12 déc. 1779. — *François-Xavier*, b [8] 9 mai 1781.— *Joseph*, b [8] 14 mai 1782. — *Marie-Joseph*, b [8] 14 nov. 1783.—*Véronique*, b [8] 7 janvier 1785. —*Marie-Marthe*, b [8] 7 mars 1786.—*Marie-Louise*, b [8] 3 juin 1787.—*Marie-Marguerite*, b [8] 11 février 1789.—*Alexis*, b [8] 15 oct. 1790.

1777, (18 août) Ile-Dupas.
III.—MOREAU, Antoine, [Antoine II.
b 1752.
Casaubon, Marie-Madeleine. [Joseph III.

MOREAU (2), François.
Laporte, Marie.
Joseph, b... s 28 déc. 1778, à Repentigny. [9] — *Marie-Anne*, b 1778 ; s [9] 22 juin 1780.

1778, (5 mai) St-Cuthbert. [3]
III.—MOREAU, Jean-Bte. [Michel II.
Moreau, Marie-Joseph. [Antoine II.
Pierre, b [3] 24 sept. 1779 ; s [3] 26 février 1780.— *Jean-Baptiste*, b [3] 30 juillet 1781.— *Marguerite*, b [3] 12 août 1785.—*Pierre*, b [3] 24 oct. 1788.

MOREAU, Michel.
Langlois, Marie.
Joseph, b 25 sept. et s 8 oct. 1780, à l'Ile-Dupas.

1779.
IV.—MOREAU, Frs-Félix, [Pierre-Joseph III.
b 1755 ; s 1828, à la Rivière-du-Loup-en-haut.
1° Bourdette, Marie-Joseph.

(1) Dit Lacoursière.

(2) Dit Comptoir.

Marie (1), b... m 1806, à Joseph Perrault.
1793.
2° St. Yves, Madeleine.
Benjamin (2), b... m à Angélique Lareau.

1781, (26 février) Ile-Dupas.
MOREAU (3), Mathurin-Jos. [Pierre-Mathurin.
Bérard-Lépine, Françoise, [Pierre III.
b 1760.
Françoise, b 12 mai 1781, à St-Cuthbert. [1] — *Marie-Charlotte*, b [1] 27 août 1782.—*Marie-Angélique*, b [1] 30 août 1784.—*Joseph* et *Marie-Joseph*, b [1] 21 oct. 1786.—*Pierre*, b [1] 28 juin 1788 ; s [1] 20 nov. 1790.—*Louis*, b [1] 27 oct. 1790.—*Marie-Joseph*, b [1] 6 août 1792. — *Pierre-Ambroise*, b [1] 6 janvier et s [1] 2 juillet 1795.

1781.
MOREAU, Michel.
Caron, Marie.
Marie-Joseph, b 25 nov. 1782, à St-Cuthbert. [2] —*Joseph*, b [2] 21 nov. 1794.

MOREAU, Michel.
Langlade, Marie.
Joseph-Adrien, b 21 sept. 1781, à St-Cuthbert.

MOREAU, Romain.
Hudon, Marie-Judith.
Félicité, née 18 oct. et b 20 déc. 1783, à l'Ile-Verte. [2]—*Joseph*, b [2] 19 déc. 1785.

MOREAU (4), Joseph-Marie.
Cadieu, Marguerite.
Marie-Marguerite, b 10 mars 1786, à Repentigny. [3]—*Louis*, b [3] 25 août 1787.

1786, (16 janvier) Ste-Foye. [4]
V.—MOREAU, Charles, [François IV.
b 1756.
Provost, Marie-Joseph, [Joseph IV
b 1762.
Charles, b [4] 26 nov. 1786. — *Marie-Joseph*, b [4] 24 mai 1789.

1788, (4 août) Repentigny.
IV.—MOREAU (4), Joseph, [Claude-Joseph III.
b 1768.
Neuvillon, Marie-Charlotte. [Jacques.

MOREAU, Joachim.
Maheux, Marie-Louise.
Pierre-François, b 13 sept. 1790, à Batiscan. [3] —*Joseph*, b [3] 16 mai 1792.—*Joachim*, b [3] 11 déc. 1794.

(1) Mère de Messieurs Joseph et David Perrault, anciens contracteurs et aujourd'hui rentiers de Montréal.

(2) Père du Rév. M. Louis-Edmond Moreau qui accompagna, comme aumônier, les zouaves pontificaux à Rome, en 1868 ; — actuellement curé de St-Barthélemi, diocèse de Montréal (1888).

(3) Dit Laplume—Mero.

(4) Dit Duplessy.

1790, (11 janvier) St-Cuthbert.[5]

IV.—MOREAU, Amable. [Michel-Amable III.
1° Carpentier, Marie-Joseph, [Joseph.
b 1761; s[5] 16 janvier 1791.
Marie-Geneviève, b[5] 4 janvier 1791; s[5] 24 avril 1792.

1792, (9 janvier).[5]

2° Boisvert-Jobin, Marie-Joseph. [Charles.
Amable, b[5] 6 nov. 1792.—*Marie-Joseph*, b[5] 11 avril 1795.

1792, (10 juillet) Québec.

MOREAU, Louis.
Bergevin, Marie-Louise. [Germain.

MOREAU, Charles,
b 1761; s 11 sept. 1834, à Beaumont.
Routier, Marie.

1794, (9 juin) St-Cuthbert.[4]

IV.—MOREAU, Pierre. [Michel-Amable III.
Rivard, Marie-Geneviève. [Jean-Bte.
Marie-Amable, b[4] 20 janvier 1795.

1797, (21 nov.) Québec.

III.—MOREAU (1), Jean. [Jean II.
Chamberland, Agathe. [Prisque IV.

1817.

V.—MOREAU, Cyriac, [Joseph IV.
b 1772.
Sirois, Marie-Emilie.
Thomas, b 16 nov. 1818, à Kamouraska[6]; m 1848, à Eléonore Renaud, à la Rivière-du-Loup-en-bas.[7]— *Joseph-Pierre-Anselme*, b[6] 27 dec. 1819; ord. 10 février 1842.— *Cyriac-Bonaventure*, b 14 juillet 1821, à Quebec.—*François-Pierre-Martin*, b[6] 13 nov. 1822; s[7] 8 août 1851.—*Jean-Elie*, b[6] 25 oct. 1823. — *Marie-Emilie-Catherine*, b[6] 25 nov. 1824. — *Louis-Benjamin* (médecin), b[6] 5 mars 1827. — *Marie-Anne-Félicité*, b[6] 13 déc. 1828.

MOREL.—*Variations et surnoms :* Maurais—Maurel — Boisbriant — DeBoisbriant—De Boisbrillant—De la Chaussée— De la Durantaye—DuHoussay — Fleuridor —Ladurantaye—Lafontaine—Laplume—Mador—Parisien.

I.—MOREL, Louis, b 1638 ; seigneur ; s 28 sept. 1716 (dans l'eglise), à St-Valier.

1669.

I.—MOREL (2), Michel,
b 1644; cultivateur; s 19 sept. 1679, à Montreal.[3]
Grandin (3), Marie.
François, b 1670; 1° m[3] 5 nov. 1696, à Marie Moisan; 2° m[3] 1er dec. 1708, à Marie Roy; s 10 déc. 1749, à Lachine.

(1) Marié Doyon, du nom de sa grand'mère.
(2) Bedeau de Montréal—Voy. vol. I, p. 442.
(3) Elle épouse, plus tard, Claude Robillard.

1670, (14 sept.) Québec.[4]

I.—MOREL (1), Olivier,
b 1644.
Duquet, Françoise, [Denis I.
b 1645; veuve de Jean Madry; s[4] 15 sept. 1719.
Charles, b[4] 12 juin 1681; m 1703, à Marie-Charlotte Mossion.

1673, (9 janvier) Québec.

I.—MOREL (2), Etienne,
b 1632.
Patou, Catherine,
b 1642.

1676.

I.—MOREL (3), Pierre,
b 1646; s 5 déc. 1699, à Beauport.
Leblanc, Marie-Jeanne, [Léonard I.
b 1659.

1679, (30 oct.) Ste-Anne.[5]

I.—MOREL (3), Guillaume,
b 1654; s[5] 20 janvier 1725.
1° Pelletier, Catherine, [Georges I.
b 1661.
Etienne, b[5] 26 fevrier et s[5] 15 mai 1690.

1690, (24 juillet).[5]

2° Barette, Marie-Madeleine, [Jean I.
b 1672.
Jean, b[5] 27 mars 1693; m 21 février 1718, à Marguerite Gariépy, au Château-Richer[6]; s[6] 24 avril 1743.—*Françoise*, b... m à Louis Tremblay; s 3 mai 1715, à la Baie-St-Paul.—*Antoine*, b[5] 19 juillet 1703; m[6] 22 oct. 1726, à Geneviève Drouin. —*Etienne*, b... m[5] 30 sept. 1727, à Geneviève Caron.—*Agnès*, b[5] 13 juin 1710; m[5] 3 oct. 1729, à Etienne Paré; s[5] 25 avril 1761.—*Guillaume*, b[5] 1er oct. 1716; s[5] 10 janvier 1736.

1691.

II.—MOREL (4), Louis-Joseph, [Olivier I.
b 1671.
Rasné (5), Elisabeth.
Louis, b 1693; m 27 juin 1723, à Marguerite Dumont, à Montréal.— *Michel*, b... m 4 oct. 1718, à Marguerite Hubert, à Laprairie.—*André*, b 30 nov. 1704, à St-Michel; 1° m 16 janvier 1730, à Therèse De la Bourlière, à Kamouraska; 2° m 20 avril 1750, à Marie-Joseph Gagnon, à la Rivière-Ouelle.

I.—MOREL (6), Andre.
Langoumais, Suzanne,
b 1673; s 10 dec. 1741, à Québec.

(1) De la Durantaye; voy. vol. I, p. 443.
(2) Voy. vol. I, pp. 442-443.
(3) Voy. vol. I, p. 443.
(4) Sieur de la Durantaye.
(5) Et Béquard.
(6) Dit Fleuridor.

1696, (5 nov.) Montréal. [1]

II.—MOREL (1), FRANÇOIS, [MICHEL I.
b 1670 ; s 10 déc. 1749, à Lachine. [2]
1° MOISAN, Marie, [NICOLAS I.
b 1679 ; s [2] 30 sept. 1708.
Jeanne, b [2] 5 fevrier 1698 ; m [2] 14 nov. 1718, à Jacques SÉGUIN.—*Marie*, b... m [2] 10 janvier 1755, à Gabriel BOURHIS.

1708, (1er déc.) [1]
2° ROY, Marie, [JEAN II.
b 1691 ; s [1] 18 février 1746.
François, b [2] 19 et s [2] 25 janvier 1711.—*Louis*, b [2] 20 déc. 1711 ; m à Catherine CHENIER. — *Catherine*, b... m 1740, à Jean-Baptiste RAPIN. — *Marie-Louise*, b 1713 ; m 1748, à Pierre ROBINEAU. —*Marie-Joseph*, b [2] 5 et s [2] 10 oct. 1727.—*Joseph*, b [2] 19 et s [2] 25 mars 1729.— *Jean-Baptiste*, b [2] 25 et s [2] 30 juillet 1730. — *Marie-Joseph*, b [2] 30 oct. 1731.

1703.

II.—MOREL (2), CHARLES, [OLIVIER I.
b 1681.
MOSSION (3), Charlotte, [ROBERT I.
b 1681.
Françoise, b 11 sept. 1704, à Québec, m 10 février 1733, à Jean DUVAL, à l'Islet [3] ; s [3] 21 mai 1735.

I —MOREL (4), JOSEPH.
TIBIERGE, Marie.
Marie-Anne, b... 1° m 21 avril 1723, à Joseph LECOURS, à Beaumont ; 2° m 10 janvier 1747, à Joseph-François-Xavier DELISLE, à Quebec.

MOREL, ...
....
b 1669 ; s 3 mars 1739, à la Pte-aux-Trembles, Q.

1717, (8 nov.) Montréal. [5]

II.—MOREL, JOSEPH-FRANÇOIS (5), [PIERRE I.
b 1693.
BOURG (6), Marie-Anne, [ANTOINE I.
b 1699.
François, b [5] 25 août et s [5] 20 oct. 1718. — *Anonyme*, b [5] et s [5] 14 juillet 1719. — *Jean-François*, b 17 juin 1720, à Beauport ; m [5] 15 janvier 1742, à Angelique GIBAULT. — *Antoine*, b 1722 ; m 10 janvier 1746, à Marie CONSTANTINEAU, à St-Vincent-de-Paul. — *Marie-Françoise*, b [5] 20 août et s [5] 18 sept. 1728.— *Jean-Baptiste*, b 1735 ; m [5] 3 nov. 1761, à Marie-Joseph DELAHAYE.

(1) Dit Mador ; voy. vol. I, p. 443.
(2) Chevalier de la Chaussée.
(3) Elle épouse, le 8 sept. 1714, Léonard Simon, à Québec.
(4) De Boisbriant ; voy. vol. I, p. 443.
(5) Aussi appelé Jean-Baptiste.
(6) Voy. Bouhours — Aussi appelée Bourgredette — Lachapelle — Elle epouse, le 28 janvier 1737, Claude Blanchy, à Montréal.

1717, (29 nov.) Québec. [6]

I.—MOREL (1), JACQUES, fils de Pierre et de Marie Sensard, de St-Frond, diocèse de Sée Normandie.
MIGNERON, Marie-Anne, [JEAN
b 1661 ; veuve de Simon Brière ; s [6] 17 ma 1725.

1718, (21 février) Château-Richer. [9]

II.—MOREL, JEAN, [GUILLAUME
b 1693 ; s [9] 24 avril 1743.
GARIÉPY, Marguerite, [CHARLES I
b 1696.
Jean, b [9] 19 oct. 1725 ; 1° m 1754, à François GIGUÈRE ; 2° m 20 février 1759, à Madeleine-Angélique PARANT, à Charlesbourg ; s [9] 24 juill 1760.—*Marie-Elisabeth*, b [9] 30 juin 1727.—*Marie Geneviève*, b [9] 23 juillet 1728 ; m [9] 10 février 174 à Louis AUCLAIR.— *Marie-Joseph*, b [9] 18 mars s [9] 8 août 1730.—*Louis*, b [9] 6 mars 1731 ; s [9] oct. 1738. — *Thérèse*, b 7 nov. 1732, à L'Ange Gardien ; s [9] 14 nov. 1732. — *Marie-Joseph*, b [9] janvier et s [9] 15 juillet 1734.—*Marguerite*, b [9] nov. 1735 ; s [9] 18 août 1736 —*François*, b [9] 7 s [9] 12 mai 1737. — *Louis*, b [9] 3 oct. 1738 ; m [9] juillet 1762, à Louise GOSSELIN.

1718, (4 oct.) Laprairie.

III.—MOREL (2), MICHEL, [LOUIS-JOSEPH I
enseigne.
HUBERT, Marguerite, [LOUIS I
b 1700 ; s 20 fevrier 1764, à Kamouraska. [1]
Charles, b 22 fevrier 1720, à Montréal [2] ; s 1 juin 1725, à Boucherville. [3]—*Philippe*, b [2] 17 mai 1722 ; s (picote) 4 juin 1733, à St-François, I. J. —*Pierre*, b [3] 1er août et s [3] 23 oct. 1724.—*Charles Michel*, b [3] 18 sept. 1725.—*Marguerite*, b... 1° m 14 juin 1752, à René LEBEAU ; 2° m 27 nov. 176 à Jacques QUESNEL, au Détroit. [5] — *Jean-Marie* b 18 janvier 1730, à Terrebonne. [6] —*Marie-Charlotte*, b [6] 19 déc. 1730 ; s [4] 8 juin 1733.—*Marie-Catherine*, b [4] 5 mai 1732 ; s [4] (picote) 6 juin 173 —*Pierre*, b [4] 29 sept. et s [4] 1er oct. 1733.—*Marie Louise*, b... 1° m [5] 17 juillet 1758, à Jean-Antoine DONYS ; 2° m 13 oct. 1769, à Jean-Baptiste SAVOIE à St-Louis, Mo. — *François* (3), b... m [1] 15 déc 1764, à Brigitte MOREL.

1723, (27 juin) Montréal. [7]

III.—MOREL (4), LOUIS, [LOUIS-JOSEPH I
b 1693.
DUMONT, Marguerite, [JULIEN I
b 1698.
Marie-Anne, b 19 avril 1725, à Boucherville [8] m [8] 29 juillet 1743, à Pierre PETIT.—*Jean*, b 172 1° m [7] 3 juillet 1752, à Suzanne COLIN ; 2° m [8] 1 février 1765, à Marie-Anne QUINTAL.

(1) Dit Lafontaine ; soldat de la compagnie de Blainvill 1713.
(2) De la Durantaye—De la Chaussée.—Il était au Détroit le 27 nov. 1760.
(3) Marié sous le nom de De la Chaussée.
(4) De la Durantaye.

1724, (21 février) Beaumont. [1]
III.—MOREL (1), CHS-ALEXANDRE, [LS-JOSEPH II.
s 31 mars 1774, à St-Thomas.[2]
1° COUILLARD (2), Marie, [CHARLES-THOMAS II.
b 1697 ; s 2 nov. 1745, à Kamouraska. [3]
Charles, b [1] 13 oct. et s[1] 1er nov. 1725.—*Marie-Françoise*, b [1] 13 nov. 1726 ; m[2] 9 février 1750, à Jacques BÉLANGER.—*Charles-Joseph*, b[1] 18 février 1728 ; m 12 sept. 1751, à Marie-Françoise PINEL, à Ste-Anne-de-la-Pocatière.—*Marguerite*, b[1] 9 et s[1] 14 sept. 1729.—*Marie-Madeleine-Régis*, b [1] 15 nov. 1730 ; m [2] 29 mai 1752, à Thomas FOURNIER. —*Jean-Baptiste*, b [1] 16 août 1732.—*Cécile*, b [1] 15 nov. 1734 ; m [2] 7 juillet 1760, à Nicolas-Charles-Louis LÉVESQUE.—*Joseph*, b [1] 3 nov. 1736.
1746, (26 avril). [3]
2° NORMANDIN (3), Marthe, [BARTHÉLEMI I.
veuve de Pierre Hayot ; s [1] 4 nov. 1748.
Marie-Marthe, b [1] 28 janvier et s [1] 17 février 1747.—*Jean-Baptiste*, b [1] 28 avril et s [1] 10 nov. 1748.
1749, (7 août) [3] (4).
3° OUIMET, Marie-Anne. [LOUIS II.

1726, (22 oct.) Château-Richer. [1]
II.—MOREL, ANTOINE, [GUILLAUME I.
b 1703.
DROUIN, Geneviève, [ETIENNE II.
b 1699 ; s 19 oct. 1765, à Ste-Anne. [2]
Antoine, b [2] 8 oct. 1727 ; m [1] 9 nov. 1750, à Marie-Louise GAGNON. — *Geneviève*, b [2] 1er oct. 1728. — *Etienne*, b [2] 6 et s [2] 15 février 1730.—*Marie-Angélique*, b [3] 31 mars 1731 ; s [2] 29 juin 1750.— *Marie-Joseph*, b [2] 5 sept. 1732. — *Marie-Madeleine*, b [2] 21 mai 1734 ; m [2] 6 nov. 1758, à François DELESSARD.—*Etienne*, b [2] 29 avril 1736 ; m [2] 2 avril 1757, à Marie-Joseph DELESSARD.—*Joseph-Marie* et *Augustin*, b [2] et s [2] 27 avril 1738 —*Jean*, b [2] 9 mai 1739.

1727, (30 sept.) Ste-Anne. [6]
II.—MOREL, ETIENNE. [GUILLAUME I.
CARON, Geneviève, [JEAN III.
b 1707.
Scholastique, b 1729 ; s [6] 28 avril 1731. — *Etienne*, b [6] 22 mai 1731 ; m 1754, à Marie-Joseph RACINE.—*Jean*, b [6] 3 mai 1733.—*Marie-Geneviève*, b [6] 15 mars 1735. — *Jacques*, b [6] 30 avril 1737 ; s [6] 25 avril 1755. — *Louis*, b [6] 29 déc. 1739.—*Marie-Rose*, b [6] 11 oct. 1743 ; m[6] 7 nov. 1768, à Nicolas GUÉRIN. — *Marie-Joseph*, b [6] 7 et s [6] 19 déc. 1746.

1730, (16 janvier) Kamouraska. [3]
III.—MOREL, ANDRÉ, [LOUIS-JOSEPH II.
b 1704.
1° DE LA BOURLIÈRE, Thérèse, [JEAN-BTE I.
b 1704.
Marie-Angélique, b [3] 1er juillet 1730 ; m [3] 19 oct. 1751, à Pierre GAGNON. — *André-Charles*, b [3] 20 juillet 1732 ; s [3] 18 juin 1756.—*Jean-Roch*, b [3] 25 août 1734.—*Marie-Louise-Thérèse*, b [3] 30 nov. 1736 ; m [3] 17 janvier 1763, à Prisque DUMONT.—*Marie-Madeleine*, b [3] 4 mars 1739 ; m [3] 14 janvier 1765, à Pierre GUÉRET-DUMONT. — *Marie-Judith*, b [3] 13 oct. 1741.— *Marie-Geneviève*, b [3] 5 février 1744 ; m [3] 10 sept. 1764, à Joseph GUÉRET-DUMONT. — *Brigitte*, b 1745 ; m [3] 15 déc. 1764, à François MOREL DE LA CHAUSSÉE. — *Marie*, b [3] 4 et s [3] 6 mars 1748.
1750, (20 avril) Rivière-Ouelle. [4]
2° GAGNON, Marie-Joseph. [JEAN-FRS III.
Marie-Joseph, b [3] et s [3] 25 oct. 1751.—*Antoine-Bénoni*, b [3] 30 juillet 1752. — *Jean-Noel*, b [3] 25 déc. 1753 ; m [4] 10 janvier 1780, à Marie-Joseph MIVILLE. — *Marie-Anne*, b [3] 7 oct. et s [3] 2 déc. 1755.—*Charles-Joseph*, b [3] 27 oct. 1756 ; m [4] 3 mars 1783, à Catherine LÉVESQUE. — *Marie-Louise*, b [3] 10 déc. 1758. — *Marie-Joseph*, b [3] 9 avril 1761.—*Marie-Charlotte*, b [3] 7 déc. 1763.—*Marie-Thérèse*, b [3] 27 oct. 1765.—*Pierre*, b [3] 14 sept. 1767. — *André* et *Elisabeth*, b [4] 3 janvier 1771.

III.—MOREL (1), LOUIS, [FRANÇOIS II.
b 1711.
CHÉNIER, Catherine.
Marie-Joseph, b... m 1750, à Pierre HUBERT-LACROIX, à Lachine. [8] — *Marie-Louise-Catherine*, b 1737 ; s [8] 21 oct. 1750. — *Apolline*, b... m [8] 14 nov. 1763, à Pierre CARDINAL.—*Louis*, b... m [8] 10 février 1766, à Françoise CHRÉTIEN. — *François*, b... m [8] 15 février 1768, à Marguerite CAMPEAU.—*Jean-Baptiste-Gabriel*, b [8] 23 mars et s [8] 20 avril 1751.—*Geneviève-Antoinette*, b [8] 4 sept. 1752.—*Antoine*, b [8] 23 février 1755.

1742, (15 janvier) Montréal. [8]
III.—MOREL, JEAN-FRANÇOIS, [JOS.-FRANÇOIS II.
b 1720.
GIBAULT, Angélique, [JEAN-BTE II.
b 1715 ; veuve de Jean-Baptiste Birabin.
Marie-Angélique, b [8] 28 oct. 1742. — *Marie-Thérèse*, b [8] 17 août et s [8] 6 sept. 1746. — *Marie-Amable*, b 2 sept. 1750, à Lachine [9] ; m [9] 23 nov. 1767, à Michel ROY.

1744.
I.—MOREL, JEAN.
PARADIS, Geneviève.
André, b 29 déc. 1745, à St-Joseph, Beauce [1] ; s [1] 15 avril 1746.—*Louise-Benjamin*, b [1] 29 déc. 1745 ; m 2 juillet 1761, à Robert DURIEUX, à Beauport.[2] — *Marie-Louise*, b... m [2] 23 juin 1767, à Joseph LAMOTTE. — *Jean-Baptiste*, b... s [2] 26 nov. 1765.

1746, (10 janvier) St-Vincent-de-Paul. [3]
III.—MOREL, ANTOINE, [JOSEPH-FRANÇOIS II.
b 1722.
CONSTANTINEAU, Marie, [JULIEN III.
b 1722 ; s 7 juin 1781, à Montréal.
Antoine, b [3] 23 mai et s [3] 25 juin 1748.—*Amable*, b [3] 11 avril 1750 ; s [3] 17 août 1751.—*Marie-Angélique*, b [3] 21 et s [3] 31 août 1752.—*Catherine*, b [3]

(1) Sieur, chevalier de la Durantaye.
(2) DeBeaumont.
(3) Dit Lajoie.
(4) Contrat passé devant Gabriel Paradis.

(1) Mador.

21 août et s [3] 4 sept. 1752.—*Marie-Amable*, b [3] 23 juin et s [3] 7 juillet 1754.

1750, (9 nov.) Château-Richer.

III.—MOREL, ANTOINE, [ANTOINE II. b 1727.

GAGNON, Marie-Louise, [RAPHAEL III. b 1724.

Antoine, b... s 25 avril 1752, à Ste-Anne. [4] — *Jean*, b... s [4] 11 nov. 1763.—*Marie-Joseph*, b [4] 12 janvier 1756.—*Etienne*, b [4] 10 nov. 1759.—*Louis*, b [4] 23 juillet 1762. — *François*, b [4] 20 février et s [4] 8 mai 1765.—*Pierre*, b [4] 20 oct. 1766.—*Charles*, b [4] 25 janvier et s [4] 20 février 1771.

1751, (12 sept.) Ste-Anne-de-la-Pocatière.

IV.—MOREL (1), CHS-JOS., [CHS-ALEXANDRE III. b 1728.

PINEL, Marie-Françoise, [CHARLES-FRANÇOIS IV. b 1729.

Charles-François, b 25 juin 1752, à Kamouraska. [5] — *Marie-Geneviève*, b [5] 13 dec. 1753 ; s [5] 18 janvier 1754.—*André-Joseph*, b [5] 7 juin 1755 ; m [5] 5 juillet 1779, à Euphrosine PARADIS.—*Louis-Joseph*, b [5] 28 nov. 1756. — *Jean-Baptiste*, b [5] 26 sept. 1758.—*Charles-Joseph*, b... m 19 juin 1780, à Marie-Madeleine DUBÉ, à la Rivière-Ouelle.—*Jean-Marie*, b [5] 19 juillet 1760.—*Marie-Françoise*, b [5] 14 avril 1762.—*Marie-Madeleine*, b [5] 22 sept. 1763.—*Marie-Judith*, b [5] 22 avril 1765.—*Marie-Anne*, b [5] 23 oct. 1768.

1752, (3 juillet) Montréal. [6]

IV.—MOREL, JEAN, [LOUIS III. b 1729.

1° COLIN, Suzanne, [ANDRÉ II. b 1714 ; veuve de François Deslauriers.

Marguerite, b [6] 30 avril 1752.

1765, (18 février) Boucherville.

2° QUINTAL, Marie-Anne, [FRANÇOIS II b 1720 ; veuve de François Chicot.

1752.

MOREL, JEAN.

VIAU, Dorothee.

Thérèse, b 1753 ; s 15 mai 1755, à Ste-Anne. [8] —*Marie-Joseph*, b [8] 20 janvier 1757. — *Louis*, b [8] 6 nov. 1759.—*Augustin*, b [8] 7 août 1761.—*Joseph*, b [8] 20 déc. 1763. — *Marie-Geneviève*, b [8] 6 oct. 1768. — *Dorothée*, b [8] 20 mars 1772 ; s [8] 13 août 1773.

1754.

III.—MOREL, ETIENNE, [ETIENNE II. b 1731.

RACINE, Marie-Joseph.

Etienne, b 15 février 1755, à Ste-Anne. [8] — *Jean-Marie*, b [8] 8 déc. 1757.—*Marie-Thècle*, b [8] 8 janvier 1760 ; s [8] 13 sept. 1771. — *Louis*, b [8] 29 août 1762. — *Marie-Geneviève*, b 23 fevrier 1765, à St-Joachim. — *Marie-Marguerite*, b [8] 7 avril 1767. — *Joseph*, b [8] 24 janvier 1770. — *Marie-Louise*, b [8] 23 août 1772.

(1) Sieur de la Durantaye.

1754, (22 avril) Montréal.

I.—MOREL, PIERRE-JEAN-LOUIS, b 1719 ; fils de Nicolas et de Marie-Anne Jacquemas, de Vauduse, diocèse de Langres, Champagne.

PARANT, Marie-Anne, [ANDRÉ III. b 1732.

1754.

III.—MOREL, JEAN, [JEAN II b 1725 ; s 24 juillet 1760, au Château-Richer. [7]

1° GIGUÈRE, Françoise, s [7] 13 août 1755.

Marguerite, b [7] 10 et s [7] 11 mai 1755.

1759, (20 février) Charlesbourg. [8]

2° PARANT (1), Madeleine-Ang., [ANTOINE III. b 1737.

Marguerite, b [7] 2 déc. 1759.— *Marie-Geneviève* (posthume), b [8] 6 nov. 1760.

1755, (27 janvier) Ste-Anne-de-la-Perade. [7]

I —MOREL, LOUIS, fils de Thomas et de Suzanne Lefebvre, d'Amblie (St-Jean), diocese de Bailleul.

1° VALLÉE, Madeleine, [MICHEL III. b 1735 ; s [7] 15 août 1770.

Louis, b [7] 7 fevrier et s [7] 24 mars 1756.—*Louis*, b [7] 27 nov. 1757. — *Marie-Anne*, b [7] 1er janvier 1760.—*Jeanne*, b [7] 4 avril 1761 ; s [7] 7 mars 1763 —*Joseph*, b [7] 25 déc. 1762.—*Marie-Joseph*, b [7] 12 avril et s [7] 19 juin 1765. — *Louis*, b [7] 26 avril 1766.—*Marie-Brigitte*, b [7] 31 mars 1768. — *François*, b [7] 21 janvier 1770 ; m 7 juin 1790, à Marguerite COLTRET, à Nicolet.

1771, (11 fevrier). [7]

2° GUIBAUT, Marie-Louise, [JOSEPH II b 1744.

Marie-Louise, b [7] 21 juillet 1772. — *Pierre-Joseph*, b [7] 3 et s [7] 22 avril 1775.—*Eulalie-Angélique*, b [7] 22 mars et s [7] 22 sept. 1776.—*Antoine*, b [7] 22 juillet et s [7] 17 sept. 1777.—*Geneviève*, b [7] 20 août et s [7] 1er sept. 1778.—*Nicolas*, b [7] 1er juin 1780.

1757, (2 avril) Ste-Anne. [4]

III.—MOREL, ETIENNE, [ANTOINE II b 1736.

DELESSARD, Marie-Joseph, [ETIENNE III b 1731.

Etienne, b [4] 7 sept. 1760.

1761, (8 juin) Montréal.

I.—MOREL, JEAN-BTE, b 1734 ; fils de Jean-Baptiste et de Geneviève Labbé, de St-Medard de Brumois, Paris.

LEDEAU, Catherine-Elisabeth, [JEAN-BTE II b 1740.

Marguerite-Catherine, b 31 janvier 1762, à Longueuil.

(1) Elle épouse, le 10 janvier 1763, Eustache Chartré, à Charlesbourg

1761, (3 nov.) Montréal.
III.—MOREL, JEAN-BTE, [FRANÇOIS II.
b 1735.
DELAHAYE, Marie-Joseph, [FRANÇOIS I.
b 1746.

1762, (5 juillet) Château-Richer. [8]
III.—MOREL, LOUIS, [JEAN II.
b 1738.
GOSSELIN, Louise, [GUILLAUME IV.
b 1743 ; s 28 août 1790, à Québec. [9]
Louis, b... s [8] 26 sept. 1763. — *Marie-Anne*, b [8] 4 oct. 1763. — *Marie-Louise*, b [8] 13 avril 1765.— *Catherine*, b... m [9] 12 oct. 1790, à Joseph GABOURY. — *Françoise*, b 1772 ; m [9] 6 nov. 1798, à Joseph GAGNON ; s 22 nov. 1851, à l'Hôpital-General, Q.—*Guillaume*, b [8] 26 nov. 1775.

1766, (10 fevrier) Lachine.
IV.—MOREL, LOUIS. [LOUIS III.
CHRÉTIEN, Françoise. [LOUIS III.

1768, (15 fevrier) Lachine.
IV.—MOREL, FRANÇOIS. [LOUIS III.
CAMPEAU, Marguerite, [PAUL III.
b 1742.

MOREL, LOUIS.
HALLÉ, Marguerite.
Brigitte, b... m 8 oct 1787, à Pierre BOUCHER, à Nicolet.

MOREL (1), FRANÇOIS.
JANNOT, Marie.
Joseph-Marie, b 18 avril 1772, à Lachenaye. [7] — *Marie-Charlotte*, b [7] 2 et s [7] 24 oct. 1773.— *Françoise*, b [7] 28 mai 1782.

1779, (5 juillet) Kamouraska.
V.—MOREL (2), ANDRÉ-JOS., [CHS-JOSEPH IV.
b 1755.
PARADIS, Euphrosine. [JOSEPH IV.

1780, (10 janvier) Rivière-Ouelle.
IV.—MOREL (3), JEAN-NOEL, [ANDRÉ III.
b 1753.
MIVILLE, Marie-Joseph. [JOSEPH-TOUSSAINT V.

1780, (19 juin) Rivière-Ouelle.
V.—MOREL (3), CHS-JOSEPH. [CHS-JOSEPH IV.
DUBÉ, Marie-Madeleine, [AUGUSTIN III.
b 1753.

1783, (3 mars) Rivière-Ouelle.
IV.—MOREL, CHARLES-JOSEPH, [ANDRÉ III.
b 1756.
LÉVESQUE, Catherine, [JOSEPH III.
b 1760.

(1) De la Durantaye.
(2) Marie sous le nom de DeBoisbriand.
(3) Sieur de la Durantaye.

1790, (7 juin) Nicolet.
II.—MOREL, FRANÇOIS, [LOUIS I.
b 1776.
COLTRET-RENÉ, Marguerite. [AMABLE III.

MORENCY.—Voy. BAUCHÉ—BOSCHÉ.

1695.
I.—MORENCY (1), RENÉ.
TRUNET, Marie-Madeleine.
Marie-Madeleine, b 30 janvier 1696, à Ste-Famille, I. O. ; s 9 fevrier 1703, à Québec. [1] — *René*, b [1] 20 mai 1703. — *Marie-Louise*, b [1] 30 janvier 1705.

MORENCY, JEAN.
GONTIER, Geneviève,
b 1723 ; s 17 janvier 1758, à St-Charles.

MOREST.—Voy. MAURAIS.

MORET.—Voy. MORIN.

I.—MORET, MICHEL.
LESCARBOT, Charlotte.
Claude et *Thérèse*, b 15 déc. 1751, à Verchères.

I.—MORGEAU, MARIE, b 1725 ; m à François PITALIER.

MORGELÉ.—Voy. MORJERET.

1768, (7 nov.) Baie-St-Paul.
I.—MORGUÈS, JEAN-BTE, fils de Gabriel et de Marie Cotton, de St-André, ville de Bordeaux, Guienne.
TREMBLAY, Apolline-Sophie, [LOUIS-ANDRÉ III.
b 1746.

MORIAT.—Voy. MOUET DE MORAS.

MORICEAU.—Voy. MORISSEAU.

MORIÉ.—Voy. MORIER.

MORIER. — *Variations et surnoms :* MARIÉ — MAURIAY — MAURIER — MORIÉ — MORLIER — MOURIER—LESPÉRANCE — SIMON-LAGIROFFLÉ —VERRON.

1678, (29 oct.) Ste-Famille, I. O.
I.—MORIER (2), JEAN,
b 1630 ; s 18 août 1705, à St-Jean, I. O. [2]
MINAUD, Marie. [JEAN I.
Marie-Jeanne, b [2] 31 août 1688 ; m [2] 20 juin 1704, à Pierre GALLIEN ; s 3 déc. 1750, à Lachine. —*Jean*, b [2] 12 nov. 1692 ; m 17 fevrier 1716, à Marthe POITEVIN, à Québec. [3] — *Mathurin*, b... 1° m 17 nov. 1721, à Marie-Françoise CHORET, à Beauport ; 2° m [3] 26 oct. 1750, à Marie-Madeleine GILBERT.

(1) Bauchet dit Morency ; voy. Bauché, vol. II, p. 136.
(2) Marie sous le nom de Mourier dit Verron, voy. vol. I, p. 448.

1716, (17 février) Québec. [3]
II.—MORIER (1), Jean, [Jean I.
b 1692.
Poitevin (2), Marie-Marthe. [Louis II.
Jean-Baptiste, b 7 sept. 1717, à Ste-Foye; m [3] 17 sept. 1738, à Marie-Anne Lamotte.

1721, (17 nov.) Beauport. [4]
II.—MORIER (3), Mathurin, [Jean I.
voiturier.
1° Choret, Marie-Françoise-Jeanne. [Pierre II.
Pierre, b [4] 24 janvier 1723; s 7 mai 1726, à Québec. [5] — *Louis-François*, b [5] 20 oct. et s [5] 3 nov. 1724.—*Marie-Madeleine*, b [5] 13 mai 1726; m [5] 24 avril 1747, à Louis-Nicolas Gaudin; s 18 juillet 1780, à Montreal. [6] — *Marie-Anne*, b [5] 15 fevrier 1728; m [5] 6 fevrier 1747, à Pierre-Paul David; s [5] 11 fevrier 1755. — *Marie-Françoise*, b [5] 4 juin 1730; m [5] 29 avril 1748, à Antoine Simon; s [5] 2 avril 1760.—*Marie-Madeleine*, b [5] 24 août 1732. — *Louis*, b [5] et s [5] 17 mai 1733. — *Jean-Baptiste*, b [5] 22 oct. 1734; m à Marie Doiron.—*Eustache*, b [5] 21 dec. 1736; m [6] 16 janvier 1758, à Marie-Amable Lefebvre. — *Charlotte-Joseph*, b [5] 29 janvier 1742; s [5] 29 mars 1747.—*Marie-Geneviève*, b [5] 15 nov. 1744; m [6] 27 janvier 1766, à François Demers.
1750, (26 oct.) [5]
2° Gilbert, Marie-Madeleine, [Etienne I
veuve de Nicolas Gaudin.

1738, (17 sept.) Québec. [6]
III —MORIER (4), Jean-Bte, [Jean II.
b 1717.
Lamotte (5), Marie-Anne, [François-Louis I
b 1718.
Marie-Marthe, b [6] 12 déc. 1738; s [6] 23 août 1739. — *Jean-Baptiste*, b [6] 22 dec. 1739; s [6] 9 fevrier 1742. — *Louise*, b [6] 9 janvier 1741. — *Jean-Baptiste*, b [6] 31 mai 1742; s [6] 13 avril 1743.—*Marie-Anne*, b 8 déc. 1745, aux Trois-Rivières. [7] — *Pierre*, b [7] 27 mai 1747.—*Nicolas*, b [7] 22 sept et s [7] 5 dec. 1748. — *Jean-Baptiste*, b [7] 27 janvier et s [7] 13 juillet 1750. — *Thérèse*, b [7] 31 janvier 1751. — *Charles-Louis*, b [7] 12 oct. et s [7] 15 dec. 1754.—*Jean-Baptiste-Michel*, b [7] 29 sept. 1755.—*François*, b [7] 7 mars et s [7] 30 juillet 1758.

MORIER, Antoine.—Voy. Simon-Lagirofflé.

1758, (16 janvier) Montréal. [1]
III.—MORIER, Eustache, [Mathurin II
b 1736.
Lefebvre, Marie-Amable, [Charles II.
b 1733.
Marie-Archange, b 1766; m [1] 13 mai 1782, à Jean Poitras.

(1) Marié sous le nom de Maurray.
(2) Dit Laviolette.
(3) Marié sous le nom de Marié
(4) Et Morlier — Maurice; charretier aux forges de St-Maurice.
(5) Dit Laramée.

MORIER (1), Charles.
LaVallière, Judith.
Charles-Michel, b 24 juillet 1760, aux Trois-Rivières.

III.—MORIER, Jean-Bte, [Mathurin II.
b 1734.
Doiron, Marie.
Marie, b... m 10 mai 1785, à Jean Doucet, à Québec. [3] — *Louise*, b... m [3] 23 fevrier 1789, à Jean-François Nadeau.

MORIER (2), Jean-François,
sergent.
Lemay, Marie-Françoise,
b 1721; s 9 déc. 1789, à Québec. [3]
Jean, b [3] 6 nov. 1758; m [3] 7 janvier 1784, à Marie-Françoise Chrétien.—*Marie*, b... m [3] 8 fevrier 1796, à Louis Lemery.

1784, (7 janvier) Québec.
MORIER (2), Jean, [Jean-François.
b 1758.
Chrétien, Marie-Françoise. [Charles III.

MORILLE (de la).—Voy. Lemaitre.

MORILLON.—*Variation:* Marion.

1710, (28 juillet) Rivière-Ouelle. [1]
I.—MORILLON (3), Mathurin, b 1680; fils de Mathurin et de Jeanne Ferret, de Haret, diocèse de Poitiers, Poitou; s 29 juillet 1757, à St-Roch.
Morin, Marguerite, [Robert I.
b 1691.
Marie-Angélique, b [1] 10 nov. 1712; m 14 janvier 1730, à Jean-Baptiste Bois, à Ste-Anne-de-la-Pocatière. [2] — *Marguerite*, b [2] 28 janvier 1716; 1° m 29 mai 1747, à François Daubert, à St-Michel; 2° m 12 juillet 1762, à François Chamberlan, à Quebec. [3] — *Anonyme*, b [2] et s [2] 20 fevrier 1718 — *Marie-Rosalie*, b [2] 25 avril 1719. m [3] 16 juillet 1742, à Antoine Couturier; s [3] 22 mai 1756.—*Joseph*, b [2] 25 mars 1721; m [3] 5 août 1748, à Angelique Couture; s [3] (noye) 24 juin 1759.

MORILLON, Joseph.
Anglaise, Marie-Catherine,
b 1680; s 8 août 1735, à St-Roch.

1748, (5 août) Québec. [4]
II.—MORILLON, Joseph, [Mathurin I
b 1721; journalier; s [4] 24 juin 1759.
Couture (4), Angélique, [Guillaume II
b 1720.
Marie-Angélique, b [4] 30 août 1750. — *Joseph*, b [4] 28 avril et s [4] 15 juillet 1752. — *Marie-Geneviève*, b [4] 21 juin et s [4] 3 juillet 1753. — *Marie*

(1) Receveur du domaine du Roy.
(2) Dit Lespérance.
(3) Et Marion.
(4) Elle épouse, le 4 juillet 1764, Jean-Baptiste Bélanger, à Quebec.

Joseph, b [4] 25 juillet 1754. — *Joseph-Marie*, b [4] 20 février 1757 ; s [4] 9 février 1758. — *Joseph*, b [4] 14 janvier 1759.

1725, (31 dec.) Québec.

I.—MORILLONNET, CLAUDE, fils de Jean et de Jeanne Marchais, de St-Denis, ville de Châteauroux, en Berry.
BOUCHET, Madeleine,
veuve de Jacques Dontaille.

MORIN.—*Variations et surnoms :* MORAIN—MORAN — MORET — MORING—MOYEN—BEAUSÉJOUR — CHENEVERT — COR— DUCHARME—DU LAC—MANSEAU—MISCOU—PIERRE-DE-MARBRE ROCHEBELLE—VALCOUR.

1640, (9 janvier) Quebec. [8]

I.—MORIN (1), NOEL,
b 1616 ; charron ; s 10 fevrier 1680, à St-Thomas. [9]
DESPORTES, Hélène,
veuve de Guillaume Hébert.
Louise, b [8] 27 avril 1643 ; m [8] 20 avril 1659, à Charles CLOUTIER ; s 28 avril 1713, au Château-Richer. — *Alphonse*, b [8] 13 déc. 1650 ; 1° m [8] 10 fevrier 1670, à Marie-Marguerite NORMAND ; 2° m 24 nov. 1692, à Angélique DESTROISMAISONS, au Cap-St-Ignace ; s [9] 30 août 1711.

1661, (19 sept.) Montréal. [0]

I.—MORIN (1), JACQUES,
b 1630.
GARNIER, Louise, [CHARLES I.
veuve de Jean Pichard (2) ; s [6] 22 août 1698.

1667, (3 nov.) Québec. [8]

I.—MORIN (1), CHARLES,
b 1641.
MICHEL, Marie,
b 1637 ; s [8] 17 sept. 1714.
Françoise, b 1669 ; 1° m 7 janvier 1686, à Jean POREAUX, à la Pte-aux-Trembles, Q. ; 2° m 1700, à Mathieu RABY ; s 9 juin 1735, à St-Augustin.

1670, (10 fevrier) Québec. [6]

II.—MORIN (3), ALPHONSE, [NOEL I.
b 1650 ; s 30 août 1711, à St-Thomas. [7]
1° NORMAND, Marie-Marguerite,
b 1651 ; s [7] 28 avril 1690.
François-Alphonse, b [6] 3 déc. 1670 ; m [7] 11 nov. 1697, à Catherine CHAMAILLARD ; s [7] 4 juin 1737. — *Pierre-Noel*, b [6] 28 fevrier 1672 ; 1° m [7] 30 mai 1696, à Marguerite ROUSSEAU ; 2° m 21 août 1731, à Hélène MARANDA, à St-Pierre, I. O. — *Joseph*, b [6] 9 juin 1675 ; m 17 nov. 1701, à Agnès BOUCHARD, au Cap-St-Ignace [8] ; s [7] 12 avril 1730. — *Nicolas*, b [6] 25 mars 1679 ; m [7] 15 nov. 1706, à Madeleine MERCIER.

(1) Voy. vol. I, p 444.
(2) Et non Richard.
(3) Dit Valcour ; voy. vol. I, pp. 444 445.

1692, (24 nov.) [8]

2° DESTROISMAISONS (1), Angélique, [PHILIPPE I.
b 1670 ; s [7] 27 février 1744.
Louis, b [7] 20 mai 1698 ; m 14 oct. 1721, à Elisabeth BILODEAU, à St-François, I. O. ; s [7] 28 mars 1767. — *Marie-Anne*, b... m 1719, à René DENEAU ; s [7] 11 mai 1760. — *Marie*, b [7] 4 sept. 1702 ; m [7] 13 nov. 1720, à Jacques BILODEAU.— *Hélène* (posthume), b [7] 12 et s [7] 29 sept. 1711.

1670, (26 août) Québec. [7]

I.—MORIN (2), ANDRÉ,
b 1645 ; s 30 janvier 1710, à Montréal. [8]
1° MOREAU, Marguerite,
b 1650.
Siméon, b [7] 10 mars 1675 ; 1° m 31 oct. 1696, à Françoise MEUSNIER, à Lorette ; 2° m 9 juillet 1703, à Marie BERGEVIN, à Beauport ; s 18 déc. 1728, à Charlesbourg. [9]—*Thomas*, b [9] 6 août 1679. —*Marie-Anne*, b [9] 26 août 1685 ; m 11 janvier 1706, à Jean PRUDHOMME, à la Pte-aux-Trembles, M.

1696, (26 nov.) [9]

2° LARUE, Marie-Charlotte, [FRANÇOIS II.
b 1679 ; veuve de Jean-Baptiste Savanois ; s [8] 22 mars 1711.

1672, (13 juin) Québec. [1]

II.—MORIN (2), PIERRE. [JACQUES I.
LEMESLE (3), Catherine,
b 1646.
Joseph, b [1] 6 janvier 1682 ; 1° m [1] 4 nov. 1704, à Marie-Anne BRIDEAU ; 2° m [1] 2 février 1724, à Dorothée GIRARDIN ; s 12 dec. 1735, à Lorette. [2] —*Pierre-Jean*, b [1] 29 oct. 1690 ; m [2] 9 juin 1721 à Marie-Louise BEZEAU.

I.—MORIN (4), PIERRE, b 1655 ; de St-Jean, Port-Royal, Acadie ; s 15 avril 1741, à St-Thomas. [8]
1° MARTIN, Marie,
Acadienne.
Jean, b 1681 ; m 18 nov. 1715, à Marie-Elisabeth HUBERT, à Quebec [9] ; s [9] 30 janvier 1717.— *Charles*, b... m [9] 23 mai 1719, à Therèse MINET.

1693.

2° GIASSON (5), Françoise.
Denis, b [9] 7 août 1694 ; m à Madeleine BOULET. —*Sébastien*, b 1696 , 1° m à Françoise BLANCHET ; 2° m 25 fevrier 1743, à Marie-Anne FRÉGEAU, à St-Frs-du-Sud [7] ; s 15 nov. 1756, à St-Pierre-du-Sud. — *Agathe*, b [8] 31 mars 1697, m 1719, à Jacques BOULÉ. — *Michel*, b 1698 ; m 7 janvier 1727, à Marie FRÉGEAU, à Berthier ; s 20 juin 1767, à Kamouraska.—*Antoine*, b [8] 16 oct. 1704 ; m [7] 25 oct. 1734, à Marguerite DAGNEAU.—*Marie-Françoise*, b [8] 19 mai 1709 ; m à Joseph COTÉ.— *Jean*, b... m 25 juin 1739, à Felicite LEMIEUX, au Cap-St-Ignace.

(1) Dit Picard ; elle épouse, le 30 avril 1714, Jean-François Langlois, à St-Thomas.
(2) Voy. vol. I, p. 445.
(3) Et Lamelée.
(4) Ancètre de l'hon. A. N. Morin ; voy. vol. I, p. 445.
(5) Et Chiasson.

1690.

I.—MORIN (1), ROBERT, bedeau.

MIGNIER, Françoise, [ANDRÉ I. b 1674; s 29 sept. 1750, à Ste-Anne-de-la-Pocatière. [8]

Pierre-Joseph, b 27 nov. 1698, à la Rivière-Ouelle[9]; 1° m [8] 7 janvier 1722, à Marie-Charlotte DUBÉ; 2° m [8] 6 juin 1763, à Marie-Anne DIONNE. — *Michel*, b [9] 6 août 1702; m à Catherine MIVILLE; s [8] 3 avril 1734.—*André*, b [9] 25 déc. 1707; 1° m 1729, à Jeanne DUBÉ; 2° m [8] 13 janvier 1737, à Marie-Françoise GRONDIN.—*Angélique-Rosalie*, b [9] 10 dec. 1710; 1° m à Joseph DUBÉ; 2° m 25 nov. 1755, à Michel MIGNOT, à St-Roch. — *Marie-Anne*, b [9] 19 août 1713; m [8] 8 janvier 1735, à Jean-François PELLETIER.

1694, (22 février) Beauport. [1]

I.—MORIN (2), PIERRE, b 1669; s [1] 28 oct. 1722.

DEL'ESPINAY-BARDET (3), Madeleine, [JEAN I. b 1675.

Mathieu, b [1] 7 février 1697; 1° m [1] 8 février 1717, à Madeleine PROVOST; 2° m 2 déc. 1724, à Catherine HILAIRE, à la Pte-aux-Trembles, M.; 3° m 3 février 1739, à Thérèse RIQUIER, à Varennes.—*Jean-Baptiste*, b [1] 8 juillet 1699; m 1724, à Marie-Therèse PITON.—*Jean-Baptiste*, b 13 mai 1701, à Québec; m 1722, à Jeanne BONHOMME, s 6 fevrier 1750, à Lorette.—*Pierre*, b [1] 5 mai 1703; 1° m 1724, à Marie-Joseph DONAY; 2° m 15 mai 1730, à Geneviève JOACHIM, à Boucherville.—*Jeanne*, b [1] 23 dec. 1706; m [1] 29 janvier 1725, à Jean MASSÉ, s [1] 27 mars 1758.—*Marie-Madeleine*, b [1] 21 mai 1720; m 5 oct. 1738, à Joseph LAPERCHE, à L'Assomption.

1696, (30 mai) St-Thomas. [3]

III.—MORIN (4), PIERRE-NOEL, [ALPHONSE II. b 1672.

1° ROUSSEAU, Marguerite, [THOMAS I. b 1676.

Pierre-Noel, b [3] 26 janvier 1698; m à Thérèse PELLETIER.—*Jean-François*, b [3] 6 oct. 1705; m 23 oct. 1725, à Marguerite ISABEL, à St-Laurent, I.O.[4]; s 6 janvier 1750, à St-Valier.—*Joseph*, b... m [4] 23 oct. 1730, à Therèse DUFRESNE.—*Charles*, b... m 1730, à Marie-Claire PICARD.—*Joseph*, b [3] 19 janvier 1710; m 11 juillet 1741, à Dorothée TERRIEN, à St-Jean, I. O.; s 24 sept. 1752, à St-Pierre-du-Sud.—*Germain*, b [3] 22 janvier 1712; m 15 oct. 1731, à Ursule VALLIÈRE, à St-Pierre, I. O. [5] — *François-Noel*, b [3] 29 oct. 1713.—*Isidore*, b... m [5] 27 juillet 1735, à Elisabeth NOLIN.

1731, (21 août). [5]

2° MARANDA, Helène, [MICHEL II. b 1705.

(1) Voy. vol. I, p. 446.

(2) Voy. vol. I, p. 445.

(3) Elle épouse, le 30 juillet 1724, Guillaume Dubeau, à Beauport.

(4) Dit Valcour; voy. vol. I, p. 445.

1696, (31 oct.) Lorette.

II.—MORIN (1), SIMÉON, [ANDRÉ I. b 1675; s 18 déc. 1728, à Charlesbourg. [3]

1° MEUSNIER, Françoise, [JULIEN I. b 1676; s [3] 21 janvier 1703.

1703, (9 juillet) Beauport.

2° BERGEVIN (2), Marie. [JEAN I.

Thomas, b [3] 25 mai 1704; 1° m [3] 12 nov. 1725 à Marie-Angélique GERVAIS; 2° m [3] 10 avril 1742 à Marie-Jeanne BARBOT; s [3] 2 sept. 1743.—*Louise* b [3] 12 avril 1706; m [3] 20 nov. 1729, à Claude LACROIX.—*François-Marie*, b [3] 28 sept. 1710; m 30 sept. 1731, à Louise DELOMÉ, à Deschambault[4]; s [4] 24 avril 1770.—*Jean-Baptiste*, b [3] ... mars 1715; m 7 avril 1739, à Marie-Barbe PELLETIER, à St-Roch.—*Marie-Catherine*, b [3] 23 juin 1719; 1° m 25 janvier 1740, à Jacques ROUJAS, à Québec[5]; 2° m [5] 6 sept. 1745, à Pierre CARDOS—*Marie-Elisabeth*, b [3] 4 et s [3] 6 juin 1724

1697, (11 nov.) St-Thomas. [6]

III.—MORIN (3), FRS-ALPHONSE, [ALPHONSE II. b 1670; s [6] 4 juin 1737.

CHAMAILLARD, Catherine, [JEAN-VINCENT I. b 1677; s [6] 22 avril 1753.

Augustin, b [6] 16 avril 1700; m [6] 15 nov. 1723 à Charlotte LANGLOIS; s [6] 9 mai 1769.—*François* b [6] 4 mars 1702; m 14 janvier 1726, à Geneviève BOSSÉ, au Cap-St-Ignace; s [6] 16 nov. 1771.

1699, (3 fevrier) Québec. [7]

II.—MORIN (4), JACQUES. [PIERRE I.

LAVERGNE (5), Marie-Anne, [LOUIS I. b 1677.

Jacques, b... 1° m [7] 15 sept. 1727, à Ursule PANNETON; 2° m 6 août 1753, à Angelique GENEST, à St-Antoine-Tilly.

1701, (17 nov.) Cap-St-Ignace. [2]

III.—MORIN (6), JOSEPH, [ALPHONSE II. b 1675; s 12 avril 1730, à St-Thomas. [3]

BOUCHARD, Agnès, [NICOLAS I. b 1675; s [3] 28 mars 1758.

Joseph, b [3] 27 oct. et s [3] 1er nov. 1702. — *Elisabeth-Agnès*, b [3] 14 janvier 1704; m [3] 13 oct. 1727 à Joachim GUYON; s 22 fevrier 1732, à Berthier —*Pierre*, b [3] 24 dec. 1705; 1° m [3] 28 janvier 1732 à Marie-Claire LANGLOIS; 2° m [2] 22 mai 1753, à Madeleine LANGELIER. — *Elisabeth*, b [3] 7 avril 1708; m [3] 5 fevrier 1731, à Jacques CAMPAGNA; s [3] 3 juin 1765.—*Marie-Geneviève*, b [3] 1er mars 1710; m [3] 28 janvier 1732, à Joseph DENEAU; s [3] ... janvier 1772.—*Claude-Joseph*, b [3] 24 mars 1712 m 1735, à Marie GAGNÉ; s 5 avril 1766, à Kamouraska. [4] — *Isidore*, b [3] 11 fevrier 1713; m [4] 1... nov. 1738, à Louise-Françoise MIVILLE; s [4] 2...

(1) Voy. vol. I, p. 445.

(2) Elle épouse, le 9 janvier 1736, Charles Crespon, à Quebec.

(3) Dit Valcour; voy. vol. I, p 445.

(4) Voy. vol. I, p. 446.

(5) Elle epouse, le 23 juin 1710, Etienne Fréchet, à Québec.

(6) Dit Valcour.

nov. 1758.—*Augustin*, b [3] 20 juillet 1716.—*Marie-Madeleine*, b... m [3] 3 oct. 1743, à Pierre FOURNIER.

1704, (4 nov.) Québec. [4]

III.—MORIN, JOSEPH, [PIERRE II.
b 1682; s 12 déc. 1735, à Lorette. [5]
1° BRIDAUT, Marie-Anne, [JEAN I.
b 1688.

Marie-Joseph, b [4] 8 nov. 1705; s [4] 23 sept. 1706.—*Marie-Joseph*, b [4] 6 et s [4] 29 mars 1707.—*Marie-Anne*, b [5] 28 février 1708; m [4] 15 nov. 1728, à Charles AUBOIS.—*Joseph*, b [5] 28 oct. 1709; 1° m 6 fevrier 1736, à Marie-Charlotte CROQUELOIS, à Montreal [6]; 2° m [6] 27 avril 1772, à Marie-Marthe FOURNIER.—*Pierre-Jean*, b [5] 19 sept. 1711; s [5] 8 juillet 1714.—*Thérèse*, b 1712; s [5] 9 août 1740.—*Marie-Françoise*, b [5] 27 juillet 1713; s [5] 28 juillet 1714.—*Marguerite*, b [5] 22 fevrier 1715; m [4] 9 mai 1735, à François DUMONT.—*Barthélemi*, b [5] 20 déc. 1716.—*Marie-Catherine*, b [4] 11 mars 1718; s [4] 7 juin 1722.—*Roch-Charles*, b [4] 4 mars 1720; m 1743, à Marie-Barbe LABELLE.—*Marie-Madeleine*, b [4] 21 mars 1722.—*Jean-Baptiste*, b... m [4] 25 oct. 1745, à Angelique-Elisabeth ST. MARTIN.

1724, (2 fevrier). [4]

2° GIRARDIN (1), Dorothée, [JEAN II.
b 1696; veuve de Claude Vivier.

Etienne, b [4] 23 oct. 1724.—*Marie-Guillaume-Louise*, b [4] 11 janvier 1727; s [4] 22 sept. 1747.—*Claire-Félicité*, b [4] 22 fevrier 1729; s [4] 30 août 1730.—*Jean-Michel*, b [4] 27 oct. 1730; s [4] 10 août 1731.—*Jean-Marie*, b [4] 22 sept. 1732.—*Marie-Angélique*, b [4] 9 oct. 1734.

1704.

I.—MORIN (2), JACQUES, b 1687; de Granville, diocèse de Coutances, Normandie; s 23 avril 1757, à St-Pierre-du-Sud.
JEANNES, Charlotte, [ROBERT I.
b 1679; veuve d'Etienne Rochon; s 15 nov. 1734, à Quebec. [8]

Marie-Anne, b 1705; 1° m 1724, à Ambroise SAMSON, 2° m [8] 12 sept. 1735, à Joseph TURGEON; s 3 sept. 1764, à Lévis. [9]—*Marie-Louise*, b [8] 20 avril 1709; m [9] 30 oct. 1727, à Jean CARRIER.—*Marie-Angélique*, b [8] 26 juin 1711; m [9] 16 juillet 1731, à Joseph-Marie LEMIEUX; s [8] 16 juillet 1733.—*Jacques*, b [8] 28 sept. 1713; s [9] 22 juin 1725.—*Pierre*, b 1714; s [9] 7 janvier 1740.—*Marie-Ursule*, b... m [9] 20 nov. 1737, à Jean-Baptiste DUQUET.—*Joseph-Marie*, b [9] 14 et s [9] 22 sept. 1721.—*Marie-Charlotte*, b [9] 1er mai et s [9] 1er juin 1723.

1706, (15 nov.) St-Thomas. [3]

III.—MORIN (3), NICOLAS, [ALPHONSE II.
b 1679.
MERCIER, Madeleine. [PIERRE I.

Marie-Madeleine, b [3] 29 nov. 1707.

1707, (10 janvier) St-Thomas. [1]

II.—MORIN, PIERRE, [PIERRE I.
major.
BOULÉ, Marie-Françoise. [JACQUES II.

Pierre, b [1] 23 sept. 1708.—*Marie-Charlotte*, b... m 1726, à Noel BACON.—*Jacques*, b [1] 12 mai 1711; m 20 juillet 1733, à Thérèse QUEMLEUR-LAFLAMME, à St-Frs-du-Sud [2]; s [2] 31 oct. 1760.—*Jean-Baptiste*, b [1] 31 nov. 1713; m [2] 13 oct. 1738, à Agnès MERCIER.—*Antoine*, b 1722; m 19 avril 1746, à Marie-Anne PELLERIN, à l'Islet; s 16 déc. 1749, à St-Pierre-du-Sud. [3]—*François*, b... 1° m 5 nov. 1749, à Dorothee MALBEUF, au Château-Richer; 2° m [3] 31 juillet 1753, à Marie-Elisabeth BRIDEAU; 3° m 1756, à Geneviève LANGELIER; 4° m 1764, à Félicite PLANTE.—*Reine*, b... m [3] 19 janvier 1750, à Joseph MALBEUF.—*Augustin*, b... m [2] 16 nov. 1750, à Judith TALBOT.—*Joseph*, b... m [3] 12 janvier 1756, à Geneviève BLANCHET.—*Marie-Joseph*, b 1730; m à Jean-Baptiste MALBEUF; s 4 avril 1756, à Levis.—*Marie-Angélique*, b [2] 23 mai 1734.

1707, (26 nov.) Québec. [6]

I.—MORIN (1), MOISE, fils d'Aaron et de Jeanne Boutin, de St-André, Niort, diocèse de Poitiers, Poitou.
MONIN, Madeleine. [FRANÇOIS I.

Joseph-Moise, b 28 août 1708, à Montréal [7]; m [6] 28 août 1729, à Angélique LEGRIS; s [6] 11 janvier 1752.—*Marie-Elisabeth*, b [6] 31 août 1710; m [6] 3 oct. 1731, à Louis AIMÉ.—*Marguerite*, b [6] 9 sept. 1712; s [6] 26 janvier 1717.—*Jean*, b [6] 28 août et s [6] 1er sept. 1714.—*Nicolas*, b [6] 10 sept. 1715; m 30 sept. 1742, à Marguerite CHAUVET, aux Trois-Rivières.—*Marie-Jeanne*, b [6] 26 juin 1718; s [6] 29 juin 1719.—*François*, b [6] 1er mars 1721; m [7] 25 mai 1750, à Charlotte HUBERDEAU.—*Louise-Catherine*, b [6] 30 août 1723; s [6] 18 février 1724.—*Louise*, b [6] 27 avril 1725.—*Véronique*, b [6] 24 juillet et s [6] 7 août 1727.—*Jean-Baptiste*, b [6] 17 dec. 1735.

1712, (24 oct.) Charlesbourg. [1]

II.—MORIN, JEAN, [ANDRÉ I.
b 1682
LEREAU, Angélique, [PIERRE II.
b 1691; s 23 février 1737, à Québec. [2]

Jean-Simon, b [1] 6 fevrier et s [1] 1er mai 1715.—*François*, b [1] 8 mars 1716; m 26 août 1737, à Marie-Anne PAGÉ, à la Pointe-aux-Trembles, Q.—*Jean-Baptiste*, b 6 dec. 1717, à Lorette [3], m 20 juin 1746, à Elisabeth ROY, à Montreal.—*Etienne*, b [3] 15 janvier 1720; 1° m [3] 17 fevrier 1744, à Geneviève DUSAULT; 2° m [2] 10 janvier 1757, à Marie-Françoise PARÉ; s 28 avril 1763, à St-Joachim.—*Thomas*, b [3] 22 août 1722; m 30 sept. 1743, à Marguerite-Veronique PARANT, à Beauport.—*Marie-Angelique*, b [3] 25 janvier 1728; m [3] 21 juillet 1749, à Charles GAGNON.

---

(1) Elle épouse, le 30 oct 1741, Charles-François Thibault, à Quebec.

(2) Dit Beausejour.

(3) Dit Valcour.

(1) Dit Chenevert; sergent de la compagnie de M. de Beaucour.

1715, (18 nov.) Quebec. [8]
II.—MORIN (1), JEAN, [PIERRE I
b 1681 ; s [8] 30 janvier 1717.
HUBERT, Marie-Elisabeth, [FRANÇOIS I.
b 1697 ; s [8] 28 juillet 1717.
Joseph, b [8] 12 août et s [8] 3 sept. 1716. — *Jean-Baptiste* (posthume), b [8] 14 juillet et s 16 août 1717, à Lorette.

1717, (8 février) Beauport. [7]
II.—MORIN, MATHIEU, [PIERRE I.
b 1697.
1° PRÉVOST, Madeleine, [JEAN II.
b 1690.
Jean-Baptiste, b [7] 26 janvier 1718 ; m 20 oct 1738, à Marie-Anne JOACHIM, à Boucherville.
1724, (2 déc.) Pte-aux-Trembles, M.
2° HILAIRE, Catherine, [HILAIRE I
b 1678 ; veuve de Guillaume Jacques-Sansoucy.
1739, (3 février) Varennes.
3° RIQUIER, Therèse, [FRANÇOIS I.
b 1705.
Joseph, b 1739 ; m 10 mai 1762, à Marie-Louise PÉRON, à Chambly.

1719, (23 mai) Québec.
II.—MORIN (1), CHARLES. [PIERRE I.
MINET (2), Anne-Therèse, [JEAN II.
b 1697.

MORIN, JACQUES,
b 1695 ; s 17 oct. 1782, à Québec.
LABARRE, Angelique-Jeanne.

1720, (9 janvier) L'Ange-Gardien. [2]
II.—MORIN, PIERRE, [PIERRE I.
b 1694.
GARNAUD, Marie-Françoise, [LOUIS II.
b 1700 ; s 7 janvier 1748, à Lorette. [8]
Louis, b [2] 28 août 1721 ; m à Geneviève COUILLARD. — *Jean-Pierre*, b [8] 5 juillet 1723 ; 1° m à Véronique GIROUX ; 2° m [2] 22 fevrier 1751, à Marie-Charlotte TRUDEL ; 3° m [2] 22 avril 1754, à Marie-Joseph MARETTE ; s 5 fevrier 1764, à la Pte-aux-Trembles, Q.—*Jean-Baptiste*, b [8] 23 juillet 1726 ; s [8] 14 nov. 1747. — *Joseph*, b [8] 21 juin 1728 ; m 4 nov. 1755, à Angélique LETARTE, à St-Augustin. — *Marie-Anne*, b [8] 12 juin 1730 ; m [8] 12 fevrier 1748, à Antoine MOISAN. — *Louis*, b [8] 25 avril et s [8] 25 juillet 1732. — *Marie-Louise*, b [8] 12 oct. 1733 ; s [8] 3 déc. 1747.—*René*, b [8] 2 avril 1736 ; s [8] 13 mars 1737.—*Marguerite*, b [8] 25 juin 1738 ; m [8] 2 fevrier 1761, à Pierre TARDIF ; s [8] 8 mars 1764. — *Geneviève*, b [8] 21 février 1740 ; s [8] 23 nov. 1747.

IV.—MORIN, PIERRE-NOEL, [PIERRE-NOEL III.
b 1698.
PELLETIER, Thérèse.
Pierre (3), b 1721 ; s 21 avril 1728, à St-Thomas [1]

(1) Dit Ducharme.

(2) Elle épouse, le 28 sept. 1724, Jean DeHogue, à Québec.

(3) Perdu sur les glaces de la Rivière-du-Sud, le 5 oct. 1727, et retrouvé sur le rivage du fleuve par son propre père.

—*Thérèse*, b... m 3 dec. 1748, à Jean-Baptiste BLAIS, à St-Pierre-du-Sud. [2] — *Geneviève*, b... 1° m 1748, à François DAGNEAU ; 2° m [2] 16 janvier 1759, à Joseph CHAMBERLAND.—*Pierre*, b... m [1] 8 fevrier 1751, à Madeleine FOURNIER. — *Basile-Jean-Baptiste*, b... m [2] 18 janvier 1751, à Angelique BLANCHET.—*Marie-Anne*, b 1732 ; m 19 nov. 1753, à Gabriel BILODEAU, à Berthier [3] ; s [3] 20 août 1754.—*Marie-Joseph*, b... m [3] 5 fevrier 1753, à Jean-Baptiste DAGNEAU.—*Pierre-Noel*, b [1] 9 oct. 1740.—*Alexis*, b... m [1] 18 janvier 1762, à Marie-Geneviève COUTURE.

1721, (9 juin) Lorette. [6]
III.—MORIN, PIERRE-JEAN, [PIERRE II.
b 1690.
BEZEAU, Marie-Louise, [PIERRE II.
b 1714 ; s 3 fèvrier 1742, à Québec [7]
Marie-Louise, b [6] 16 avril 1722 ; m [7] 16 oct. 1747, à Pierre LERAY.—*Pierre-Marie*, b [6] 5 oct 1723 ; 1° m 1753, à Marie-Angélique PERRON, 2° m 14 février 1763, à Thérèse ROBERT-ST. AMAND, à Deschambault. [8] — *Marie-Thérèse*, b [6] 14 juin et s [6] 28 août 1726.—*Marie-Félicité*, b [6] 11 juillet 1727.—*Marie-Angélique*, b [6] 10 avril 1729 ; m 30 août 1762, à Mathieu ROUSSEL, à Montréal. [9] — *Marie-Joseph*, b [6] 4 juin 1731 ; 1° m [8] 18 oct. 1760, à Etienne PERDIGAU ; 2° m [9] 3 juin 1771, à Charles GENDREAU.—*Marguerite*, b [6] 20 juillet 1734 ; s [6] 20 juillet 1735.—*Adrien*, b [6] 10 avril 1736.—*Jean-Baptiste*, b [7] 15 sept. 1740.

1721, (14 oct.) St-François, I. O.
III—MORIN (1), LOUIS, [ALPHONSE II
b 1698 ; s 28 mars 1767, à St-Thomas. [1]
BILODEAU, Elisabeth, [JEAN II.
b 1697 ; s [1] 12 août 1757.
Louis-Hyacinthe, b [1] 24 juillet et s [1] 8 août 1731 —*Louis-Marie*, b [1] 25 oct. 1732 ; 1° m [1] 31 janvier 1752, à Marie-Geneviève COUILLARD ; 2° m [1] 30 avril 1764, à Marie-Louise BOULET.

II.—MORIN, SÉBASTIEN, [PIERRE I
b 1696 ; s 15 nov. 1756, à St-Pierre-du-Sud [2]
1° BLANCHET, Françoise, [PIERRE I.
b 1694.
Pierre, b... 1° m 18 nov. 1742, à Reine FORTIN, au Cap-St-Ignace ; 2° m 23 août 1751, à Marie-Geneviève BLAIS, à Berthier. [3] — *Jean-Baptiste*, b... m [3] 19 fevrier 1753, à Marie-Françoise BLAIS. —*Marie-Geneviève*, b... m [2] 8 janvier 1753, à Antoine GERBERT.
1743, (25 fevrier) St-Frs-du-Sud.
2° FRÉGEAU, Marie-Anne, [DANIEL I.
b 1700.

I.—MORIN, ALEXIS,
soldat ; s (2) 27 février 1723, à Montreal.

1722, (7 janvier) Ste-Anne-de-la-Pocatière [1]
II.—MORIN, PIERRE-JOSEPH, [ROBERT I.
b 1698.
1° DUBÉ, Marie-Charlotte, [MATHURIN II.
b 1696.

(1) Dit Valcour.

(2) Gladio occisus.

Pierre-Roch (1), b 23 dec. 1722, à St-Roch [2]; 1° m 4 juillet 1746, à Marie-Joseph HUDON, à la Rivière-Ouelle; 2° m 8 nov. 1751, à Ursule MICHAUD, à Kamouraska. — *Marie-Charlotte*, b... m [2] 19 nov. 1741, à Joseph MIVILLE. — *André*, b 1729; s [2] 10 avril 1754. — *Joseph*, b... m 2 février 1750, à Barbe GAGNON, à l'Islet. — *Jean-Maurice*, b... m [1] 10 fevrier 1755, à Marie-Joseph MIVILLE.—*Mathurin*, b [1] 15 février 1733.—*Marie-Louise*, b [2] 10 juillet 1735; m [2] 19 février 1753, à Joseph OUABARD-LANGLAIS.—*Marie-Madeleine*, b [2] 16 juin 1737; s [2] 2 fevrier 1740. — *Anonyme*, b [2] et s [2] 5 mars 1747.

1763, (6 juin). [1]

2° DIONNE, Marie-Anne, [JEAN II.
b 1709; veuve de Jean Moreau.

1722.

II.—MORIN, JEAN-BTE, [PIERRE I.
b 1701; s 6 fevrier 1750, à Lorette. [3]
BONHOMME, Marie-Jeanne, [NICOLAS II.
b 1702.

Jean-Baptiste, b 20 oct. 1723, à Ste-Foye. [4] — *Michel*, b [3] 2 mai 1727; 1° m 15 nov. 1751, à Geneviève MARANDA, à St-Laurent, I. O. [5]; 2° m 17 oct. 1757, à Geneviève CORNELIER, à Ste-Famille, I. O.; 3° m 1764, à Thècle LECLERC.—*Joseph*, b [3] 19 mars 1729; s [3] 6 juin 1733. — *François*, b [3] 27 mars 1731; 1° m [5] 12 nov. 1753, à Marie BOUFFARD; 2° m [3] 17 nov. 1760, à Angélique ALAIN; s 26 juillet 1764, à Quebec. — *Joseph*, b... m 25 juin 1753, à Elisabeth FALARDEAU, à Charlesbourg. — *Marie-Jeanne*, b [3] 12 mars 1733. — *Pierre*, b [3] 12 mars 1736. — *Marie-Louise*, b... m 30 mai 1768, à François MESSIER, à St-Antoine-de-Chambly.—*Marie-Thérèse*, b [3] 2 mai 1738; s [3] 29 mai 1739. — *Thérèse*, b [4] 29 mai 1740; s [3] 20 avril 1743.— *René*, b [3] 19 mars 1742; m [4] 29 janvier 1765, à Marie-Anne POITRAS. — *Augustin*, b [3] 1er mars et s [3] 25 juillet 1744.

1723, (15 nov.) St-Thomas. [7]

IV.—MORIN (2), AUGUSTIN, [FRS-ALPHONSE III.
b 1700; s [7] 9 mai 1769.
LANGLOIS, Charlotte, [JOSEPH III.
b 1708; s [7] 31 déc. 1750.

Augustin, b [7] 12 nov. 1724; m 26 juillet 1751, à Elisabeth FORTIN, à l'Islet. [6]—*Louise-Marie*, b [7] 19 mars et s [7] 11 avril 1726. — *Marie-Geneviève*, b [7] 25 mai 1727; s [7] 1er sept. 1744.— *Joseph*, b [7] 20 oct. 1728; m [7] 25 janvier 1757, à Marie-Geneviève TANON. — *Marie-Françoise*, b [7] 19 janvier 1730; m [7] 28 juillet 1751, à Hyacinthe CARON.— *Marie-Claire*, b [7] 7 mai 1731; m [7] 14 fevrier 1746, à Louis FORTIN; s [6] 15 nov. 1749.—*Elisabeth*, b [7] 5 fevrier 1733.—*Jean-Baptiste*, b [7] 9 mars 1735; m [7] 23 oct. 1758, à Véronique BOULET. — *Louis*, b [7] 10 avril 1736; m [6] 3 fevrier 1761, à Françoise CARON. — *Brigitte*, b [7] 28 oct. 1737; s [7] 25 août 1738. — *Alphonse-François*, b [7] 15 mai 1739. — *Nicolas*, b [7] 15 juillet et s [7] 20 nov. 1740.— *Chrysostôme*, b [7] 25 juillet 1742. — *Pierre*, b [7] 25 février et s [7] 3 août 1744. — *Marie-Charlotte*, b [7] 26 avril 1746; m [6] 7 fevrier 1763, à Denis CARON.— *Pierre*, b 1747; m à Marie-Angélique CARON; s 10 dec. 1776, à St-Jean-Port-Joli.— *Louise-Brigitte*, b [7] 26 février et s [7] 5 juin 1748.—*Marie*, b... m à Augustin CARON.

(1) Cet acte est entré au 11 fevrier 1739 par le G. V. Mimac. "Le Sieur L'Esclache, pour lors missionnaire du dit "lieu, manquant de l'inscrire par ses grandes fatigues, "etc."

(2) Dit Valcour.

1724.

II.—MORIN, PIERRE, [PIERRE I.
b 1703.
1° DONAY, Marie-Joseph.

Marie-Joseph, b 12 juillet 1725, à St-Ours. — *Madeleine*, b... m 22 août 1746, à Louis VILLERS, au Detroit.—*Pierre*, b 3 juillet 1727, à Longueuil.

1730, (15 mai) Boucherville.

2° JOACHIM, Geneviève, [BERNARD I.
b 1694.

Joachim, b... m 23 août 1762, à Thérèse LEMOINE-JASMIN, à Chambly.

I.—MORIN (1), FRANÇOIS, b 1679; de St-Surin; s 1er déc. 1737, à l'Hôpital-Général, M.

1724.

II.—MORIN (2), JEAN-BTE, [PIERRE I.
b 1699; s 7 août 1729, à la Longue-Pointe. [1]
PITON (3), Marie-Thérèse, [SIMON-PIERRE I.
b 1697.

Jean-Baptiste, b [1] 15 juillet 1725; 1° m 20 juin 1748, à Marie-Joseph HALLÉ, au Sault-au-Recollet; 2° m 13 janvier 1766, à Marguerite BAZINET, à la Pte-aux-Trembles, M.— *Marie-Joseph*, b [1] 14 juillet 1727. — *Marie-Amable*, b [1] 15 juin 1729; m 21 fevrier 1757, à François GAUTIER, à Montréal.

1725, (23 oct.) St-Laurent, I. O.

IV.—MORIN (4), JEAN-FRS, [PIERRE-NOEL III.
b 1705; s 6 janvier 1750, à St-Valier. [5]
ISABEL (5), Marguerite, [MARC II.
b 1705.

Marguerite, b... m 1748, à Pierre BLAIS.— *Geneviève*, b.. m [5] 13 janvier 1749, à Maurice COUPART.—*Marie-Joseph*, b 19 février 1730, à St-Thomas.— *Jean-François*, b 1731; m 20 janvier 1755, à Ursule RICHARD, à St-Frs-du-Sud, s 18 mai 1760, à St-Charles. —*Joseph*, b... m 1755, à Marie-Therèse VERGUEUR.—*François-Marie*, b 16 avril 1738, au Cap-St-Ignace.—*Marie-Angélique*, b 10 août 1742, à Berthier.—*Nicolas*, b [5] 20 août et s [5] 22 sept. 1744. — *Marie-Reine*, b [5] 21 mars 1746.—*Marie-Anne*, b [5] 20 février 1748.

(1) Tambour de la compagnie de M. de Montigny.

(2) Dit Dulac.

(3) Dit Toulouse; elle épouse, le 7 fevrier 1746, Guillaume Bonhomme-Dulac, à la Longue-Pointe.

(4) Dit Miscou.

(5) Elle épouse, le 14 juin 1751, Jacques Boulé, à St-Frs-du-Sud.

1725, (12 nov.) Charlesbourg. [4]
III.—MORIN, THOMAS, [SIMÉON II.
b 1704; s [4] 2 sept. 1743.
1° GERVAIS, Angelique, [JACQUES II.
b 1702; s [4] 21 sept. 1741.
Thomas, b [4] 9 sept. et s [4] 13 oct. 1726.—*Marie-Angélique*, b [4] 13 janvier 1728; s [4] 18 nov. 1729. — *Thomas*, b [4] 24 août 1729. — *Joseph*, b [4] 25 février 1732; s [4] 6 nov. 1755.— *Marie-Angélique*, b [4] 7 mai 1734; s [4] 7 avril 1735. — *Marie-Angélique*, b [4] 29 janvier et s [4] 1er février 1736.— *Marie-Françoise*, b [4] 10 mars 1737. — *Marie-Madeleine*, b [4] 20 dec. 1739; m 4 nov. 1760, à Joseph SILVAIN, à Québec.—*Louis*, b 1741; s [4] 2 mars 1742.
1742, (10 avril). [4]
2° BARBOT (1), Marie-Jeanne, [JACQUES II.
b 1720.
Jacques, b [4] 30 juillet 1743; m 24 oct. 1763, à Barbe CARREAU, à Beauport.

1726, (14 janvier) Cap-St-Ignace.
IV.—MORIN (2), FRANÇOIS, [FRS-ALPHONSE III.
b 1702; s 16 nov. 1771, à St-Thomas. [8]
BOSSÉ, Geneviève, [LOUIS I.
b 1705.
Louis, b [8] 12 oct. 1726; 1° m [8] 9 juillet 1761, à Charlotte BERNIER; 2° m [8] 18 janvier 1768, à Marthe PROULX. — *François*, b [8] 24 janvier 1728; m [8] 25 juillet 1763, à Madeleine RUEL. — *Louis*, b [8] 22 avril 1732.— *Marie-Angélique*, b [8] 29 nov. et s [8] 30 déc. 1733. — *Madeleine*, b [8] 20 fevrier 1735; m [8] 1er oct. 1753, à Ignace ST. PIERRE; s [8] 20 sept. 1756. — *Joseph*, b [8] 4 et s [8] 25 nov. 1736. —*Elisabeth*, b [8] 12 fevrier 1738; m [8] 16 fevrier 1767, à Joseph MORIN. — *Françoise*, b [8] 17 oct. et s [8] 2 nov. 1739.—*Marie-Thérèse*, b [8] 31 août et s [8] 1er oct. 1741.—*Gabriel*, b [8] 26 déc. 1742.—*Pierre-Basile*, b [8] 28 juin et s [8] 8 juillet 1744. — *Marie-Claire*, b [8] 29 janvier 1746.

1727, (7 janvier) Berthier. [4]
II.—MORIN, MICHEL, [PIERRE I.
b 1698; s 20 juin 1767, à Kamouraska. [6]
FRÉGEAU, Marie, [DANIEL I.
b 1702.
Anonyme, b [4] et s [4] 19 oct. 1727.—*Marie*, b [4] 22 oct. 1727; m 1er juin 1755, à Joseph-Charles PILOTE, à Québec; s 20 mai 1759, à St-Pierre-du-Sud.—*Michel*, b... m [6] 25 juillet 1757, à Marie-Joseph BOUCHER.—*Antoine*, b 1735; m [6] 7 juin 1762, à Elisabeth BOUCHER.—*Marie-Joseph*, b 13 sept. 1738, à St-Thomas.—*Simon*, b 28 oct. 1740, à St-Frs-du-Sud. [6] — *Joseph*, b [6] 28 juillet et s [6] 13 août 1746.—*Denis*, b... m [6] 12 juillet 1774, à Marie-Euphrosine BOUCHER.

1727, (15 sept.) Québec. [9]
III.—MORIN, JACQUES. [JACQUES II.
1° PANNETON, Marie-Ursule, [CLAUDE I.
b 1696; veuve de Joseph Boissel; s [9] 3 nov. 1740.
Marie-Angélique, b [9] 22 avril 1729. — *Jean-Baptiste*, b [9] 1er juin et s [9] 14 août 1731.—*Marguerite*, b [9] 20 sept. et s [9] 8 oct. 1732.—*Jacques-Simon*, b [9] 20 janvier 1734.—*Marie-Angélique*, b [9] 10 fevrier 1737; s [9] 4 janvier 1741.
1753, (6 août) St-Antoine-Tilly.
2° GENEST. Angelique, [JACQUES II.
b 1709; veuve de Jean Hayot.

MORIN, BASILE.
LEVRARD, Marie-Thérèse.
Angélique-Joseph, b 25 sept. 1730, à Québec.

II.—MORIN, DENIS, [PIERRE I.
b 1694.
BOULET, Madeleine.
Marie-Françoise, b... m 14 avril 1749, à Pierre PELLERIN, à St-Pierre-du-Sud. [8] —*Jean-Moïse*, b... m 23 nov. 1750, à Marie-Joseph GAGNÉ, à St-Michel —*Marie-Joseph*, b 1733; m [8] 24 janvier 1752, à Jean-Baptiste MALBEUF; s 4 avril 1756, à Levis. —*Angélique*, b 1734; s [8] 18 déc. 1750.—*Denis*, b... m [8] 30 sept. 1754, à Cécile FONTAINE.—*Geneviève*, b 1738; m [8] 9 janvier 1758, à Michel ROUSSEAU.

1729, (28 août) Québec. [7]
II.—MORIN (1), JOSEPH-MOISE, [MOISE I.
b 1708; forgeron; s [7] 11 janvier 1752.
LEGRIS, Marie-Angelique, [JEAN I.
b 1707; s [7] 15 dec. 1788.
Thérèse-Angélique, b [7] 23 août et s [7] 5 sept. 1730.—*Angélique-Madeleine*, b [7] 10 août 1731; m [7] 4 juillet 1752, à Jacques LEMOINE; s [7] 15 mars 1796.—*Marie-Charlotte*, b [7] 19 nov. 1733; m [7] 23 sept. 1754, à Michel VOYER.—*Marie-Anne*, b [7] 28 oct. 1737; s [7] 29 mars 1738.—*Marie-Elisabeth*, b [7] 19 mars 1739; m [7] 30 janvier 1758, à Guillaume BRUNEAU, s [7] 22 déc. 1780.—*Jean-André*, b [7] 1er dec. 1740; m 25 nov. 1776, à Geneviève DESTRAMPES, à Batiscan.—*François-Xavier*, b [7] 4 mars 1743.—*Marie-Charlotte*, b [7] 27 avril 1745 — *Pierre*, b [7] 26 juin 1747, s [7] 26 juillet 1748. — *Joseph*, b [7] 31 dec 1748.—*Marie-Jeanne*, b [7] 3 dec. 1750.

1729.
II.—MORIN, ANDRÉ, [ROBERT I.
b 1707.
1° DUBÉ, Jeanne,
s 29 juin 1736, à Ste-Anne-de-la-Pocatière [3]
André, b [3] 12 mai 1730; m 1753, à Marie-Claire VAILLANCOUR.—*Joseph-Marie*, b [3] 10 avril 1732; m 27 juin 1757, à Louise-Brigitte SAUCIER, à Kamouraska.—*François*, b [3] 5 juillet 1734; m [7] janvier 1759, à Reine CHOUINARD, à l'Islet [4], s [4] 6 fevrier 1764. — *Jean-François*, b [3] 1er fevrier 1736; 1° m 3 fevrier 1772, à Rose BÉLANGER, à St-Jean-Port-Joli [5]; 2° m [5] 8 janvier 1776, à Angélique JEAN.
1737, (13 janvier). [3]
2° GRONDIN (2), Marie-Françoise, [SÉBASTIEN II.
b 1717.

(1) Elle épouse, le 21 janvier 1760, Jean Baugis, à Beauport.
(2) Dit Valcour.

(1) Dit Chenevert.
(2) Elle épouse, le 22 février 1751, René Barbeau, à Ste-Anne-de-la-Pocatière.

Basile, b [3] 30 oct. 1737; m 1760, à Marie-Anne-Joseph SIROIS.—*Jean-Marie*, b [3] 16 mars et s [3] 20 mai 1739.—*Louis-Marie*, b [3] 16 mai 1740; m [3] 24 nov. 1760, à Ursule OUELLET.—*Pierre-Roch*, b [3] 5 sept. 1741; s [3] 14 janvier 1766. — *Marie*, b... m [3] 1er février 1762, à Joseph BOIS.—*Marie-Françoise*, b [3] 9 mars et s [3] 29 août 1743.—*Marie-Françoise* et *Marie-Madeleine*, b [3] 8 sept. 1744.—*Marie-Joseph*, b [3] 29 mai 1746; m [3] 7 nov. 1763, à Joseph LISOT.—*Germain*, b [3] 24 mars 1748; m [3] 14 oct. 1771, à Marie-Catherine LISOT.—*Germain*, b [3] 6 février 1750; s [3] 12 déc. 1752.

I.—MORIN, MICHEL, [ROBERT I
b 1702; s 3 avril 1734, à Ste-Anne-de-la-Pocatière.[6]
MIVILLE (1), Catherine, [CHARLES III.
b 1702; veuve de Joseph Ouellet.
Marie-Joseph, b... m 9 nov. 1750, à Charles BÉLANGER, à l'Islet.[7] — *Jean-François*, b [6] 2 sept. 1733; m 30 janvier 1758, à Ursule MIGNOT-LABRIE, à St-Roch.—*Michel*, b... m [7] 23 janvier 1757, à Claire CLOUTIER.

1730.

IV.—MORIN, CHARLES. [PIERRE-NOEL III.
PICARD, Marie-Claire.
Marie-Claire, b... m 31 janvier 1752, à Jacques CIBIERGE, à St-François-du-Sud.[8] — *Charles*, b... m [8] 28 nov. 1753, à Madeleine LARRIVÉE. — *Jean-Baptiste*, b... m 20 février 1764, à Marie-Angélique TANON, à St-Thomas.[9] — *Marie-Angélique* 1738; s [8] 5 janvier 1743.—*Marie-Charlotte*, b [8] 1 janvier 1743. — *Marie-Françoise*, b [8] 14 nov. 1744; s [8] 29 août 1748.—*Marie-Geneviève*, b [8] 22 juillet 1747. —*Joachim*, b [8] 20 mai 1749.— *René*, b [8] 31 août 1751; m [9] 4 oct. 1773, à Marie-Therèse ASSELIN.

1730, (23 oct.) St-Laurent, I. O.
IV.—MORIN, JOSEPH. [PIERRE-NOEL III.
DUFRESNE (2), Therèse, [GUILLAUME II.
b 1712.
Marie-Cécile, b 5 août 1732, à St-Thomas.

1731, (30 sept.) Deschambault.[4]
III.—MORIN, FRANÇOIS-MARIE, [SIMÉON II.
b 1710; s [4] 24 avril 1770.
DELOMÉ (3), Louise, [BERNARD I
b 1714.
Marie-Louise, b [4] 25 janvier 1733. — *Marie-Joseph*, b [4] 22 février 1735; m [4] 21 février 1757, à Jean PAQUIN; s [4] 11 juin 1767. — *François-Marie*, b [4] 4 mai 1737.—*Antoine*, b [4] 7 avril 1739 — *Angélique*, b [4] 6 mars 1741, m [4] 12 février 1770, à Pierre MONTAMBAUT. — *Geneviève*, b [4] 14 mars 1743; m [4] 4 février 1766, à Daniel SUTHERLAND. —*Joseph*, b [4] 14 mars 1745.—*Thomas*, b [4] 30 nov. 1747, s [4] 28 sept. 1749.

(1) Elle épouse, le 6 février 1736, Jean Duval, à Ste-Anne-de-la-Pocatière.

(2) Elle épouse, le 18 avril 1735, Charles Mathieu, à St-Laurent, I. O.

(3) Et Colombe.

1731, (15 oct.) St-Pierre, I. O.
IV.—MORIN, GERMAIN, [PIERRE-NOEL III.
b 1712.
VALLIÈRE, Ursule, [JEAN II.
b 1716.
Marie-Ursule, b... m 12 nov. 1753, à François CLOUTIER, à St-Pierre-du-Sud.[5] — *Marie-Joseph*, b... m [5] 7 février 1757, à Jean-Baptiste CHARTIER. —*Germain*, b... m [5] 4 nov. 1760, à Therèse COTÉ. — *Marguerite*, b... m [5] 6 oct. 1761, à Michel CHARTIER. — *Joseph-Magloire*, b 3 avril 1737, au Cap-St-Ignace.— *Pierre*, b [5] 26 oct. 1749; s [5] 1er oct. 1750.—*Pierre*, b [5] et s [5] 1er oct. 1750.—*François*, b... m 3 février 1772, à Marie-Elisabeth BOULET, à St-Thomas. — *Marie-Anne*, b [5] 4 août 1752.—*Angélique*, b [5] 1er avril 1754.—*Hyacinthe*, b [5] 9 sept. 1755; s [5] 3 mai 1759. — *Jean-Baptiste*, b [5] 8 sept. 1757.

1732, (28 janvier) St-Thomas.[8]
IV.—MORIN (1), PIERRE, [JOSEPH III.
b 1705.
1° LANGLOIS, Marie-Claire, [JOSEPH III.
b 1714; s [8] 10 février 1752.
Marie-Claire, b [8] 26 janvier 1733; s [8] 19 février 1734.—*Marie-Geneviève*, b [8] 2 déc. 1733; m [8] 23 oct. 1758, à François BOULET; s [8] 8 janvier 1766. —*Elisabeth*, b [8] 15 avril 1735; m [8] 8 août 1763, à Jacques BOULET. — *Félicité*, b [8] 10 juillet et s [8] 25 sept. 1736.—*Pierre-Joseph*, b [8] 16 juin 1737.— *Louis*, b... m à Marie-Louise BOULET. — *Marie-Claire*, b [8] 15 août 1739, m [8] 21 nov. 1763, à Charles BOULET; s [8] 11 nov. 1765. — *Jean-Baptiste*, b... m [8] 22 août 1763, à Claire BOULET.— *Pierre*, b [8] 22 janvier 1741. — *Jacques*, b [8] 11 avril et s [8] 18 mai 1742.—*Pierre*, b [8] 7 mai 1743; s [8] 18 mai 1744.—*Nicolas*, b [8] 3 juillet 1744; m [8] 3 février 1772, à Marie-Madeleine RENAUD. — *Marie-Madeleine*, b [8] 25 sept. 1745; s [8] 17 avril 1749.—*Marie-Françoise*, b [8] 23 avril 1747; s [8] 14 avril 1749.—*Louis*, b [8] 24 juin et s [8] 1er déc. 1748. — *Victoire*, b [8] 1er mars et s [8] 16 nov. 1750. — *Martin*, b [8] 24 janvier 1752.
1753, (22 mai) Cap-St-Ignace.
2° LANGELIER, Marie-Madeleine, [CHARLES II.
b 1707; veuve de Louis Fortin.

1733, (20 juillet) St-Frs-du-Sud.[7]
III.—MORIN, JACQUES, [PIERRE II.
b 1711; s [7] 31 oct. 1760.
QUEMLEUR-LAFLAMME, Therèse, [FRANÇOIS I.
b 1713.
Jacques-François, b 4, à Berthier[6] et s [7] 25 oct. 1734. — *Pierre*, b [7] 17 oct. 1735; 1° m 9 février 1756, à Marie-Geneviève DAGNEAU, à St-Pierre-du-Sud[8]; 2° m 21 avril 1766, à Marie-Joseph TANON, à St-Thomas.[9] — *François*, b [7] 10 février 1742; m [8] 18 août 1761, à Rosalie FOREST. — *Charles*, b [7] 3 et s [7] 8 nov. 1744.— *Joseph-Marie*, b [7] 17 août et s [7] 4 sept. 1746.—*Jean-Baptiste*, b [7] 17 août 1746; m [9] 30 janvier 1769, à Barbe PELLETIER. — *Pierre*, b [6] 15 oct. 1748. — *Augustin*, b... m 28 janvier 1771, à Catherine LEFEBVRE, à

(1) Dit Valcour

Lévis. — *Louis*, b [7] 21 février 1751. — *Joseph-Marie*, b [7] 9 août 1753 ; m à Marie FORTIN.—*Charles*, b [7] 1er janvier 1756.— *Charles*, b [7] et s [7] 5 oct. 1759.

1734, (25 oct.) St-Frs-du-Sud. [1]

II.—MORIN, ANTOINE, [PIERRE I.
b 1704.

DAGNEAU, Marguerite. [JACQUES II.

Antoine, b [1] 10 oct. 1736 (1) ; m 1765, à Marie-Joseph PAGÉ. — *Marie-Marguerite*, b... m [1] 18 février 1754, à Jean-François CHOUINARD.—*Marie-Louise*, b 1737 ; m[1] 10 oct. 1757, à Pierre-Joseph JEAN.—*Geneviève*, b 4 avril 1743, à Berthier. [2]—*Marie-Clotilde*, b [2] 17 avril 1744. — *Marie-Françoise*, b [1] 29 janvier 1746. — *Louis*, b [1] 24 août 1747. — *Martin*, b [1] 25 mars 1749 ; m 18 janvier 1773, à Françoise PELLETIER, à St-Thomas.—*Eustache*, b [1] 7 mars 1751. — *André-Isaac*, b [1] 31 août 1752.—*Augustin*, b [1] 24 février 1754 ; s [1] 1er mai 1759. — *Anonyme*, b [1] et s [1] 22 nov. 1755.—*Denis-Marie*, b [1] 26 déc. 1756. — *Pierre-Michel*, b [1] 11 nov. 1760.

1735, (27 juillet) St-Pierre, I. O.

IV.—MORIN, ISIDORE. [PIERRE-NOEL III
NOLIN (2), Elisabeth, [GABRIEL II.
b 1709.

1735.

IV.—MORIN (3), CLAUDE-JOSEPH, [JOSEPH III
b 1712 ; s 5 avril 1766, à Kamouraska. [6]

GAGNÉ, Marie, [FRANÇOIS IV.
b 1713 ; s [6] 14 oct. 1763.

Joseph-Marie, b 17 nov. 1736, à St-Thomas. [7]—*Marie-Joseph*, b... m 20 janvier 1755, à Joseph GAUDREAU, à St-Pierre-du-Sud. [8]—*Marie-Louise*, b [7] 7 avril 1739 ; m [6] 15 sept. 1760, à Jean-Baptiste MICHAUD. — *Claude*, b 1740 ; m à Marie-Madeleine DELESTRE ; s 5 avril 1782, à Quebec. —*Elisabeth*, b... m [6] 11 février 1765, à Julien MICHAUD. — *François*, b [7] 30 sept. 1748 ; m [6] 19 oct. 1773, à Marie-Anne MICHAUD. — *Geneviève-Félicité*, b [7] 26 sept. 1751. — *Louis-Ignace*, b [8] 31 janvier 1754.—*Marguerite*, b [8] 30 mars 1756.

1736, (6 février) Montreal. [9]

IV.—MORIN, JOSEPH, [JOSEPH III.
b 1709.

1° CROQUELOIS, Marie-Charlotte, [JACQUES I.
b 1714.

Catherine, b [9] 23 nov. 1736 ; m [9] 16 août 1756, à Jean-Baptiste LABELLE.—*Marie-Charlotte*, b [9] 4 août 1738 ; m [9] 26 sept. 1757, à Charles-Gabriel GUILBAUT.—*Marie-Joseph*, b [9] 5 janvier et s [9] 1er mars 1740.—*Marie*, b [9] 31 janvier 1741 ; m [9] 4 mai 1767, à François RENAUD.—*Marie-Jeanne*, b [9] 12 oct. 1742 ; s [9] 16 avril 1743.—*Joseph-Marie*, b [9] 30 nov. 1743 ; s [9] 13 février 1744.—*Louis-Marie-Joseph*, b [9] 17 mars 1746 ; m [9] 12 janvier 1767, à Marie-Joseph HUBERT.—*Madeleine*, b [9] 13 nov. 1747 ; m [9] 2 juillet 1770, à Louis LALUMANDIÈRE.—*Marie-Anne*, b [9] 6 mars 1749 ; m [9] 2 mai 1772, à René GAUDRY.—*Marie-Amable*, b [9] 25 juin 1750 ; m [9] 24 janvier 1774, à Jean-Baptiste DUBOIS. —*Marie-Louise*, b 1751 ; m [9] 6 février 1775, à Toussaint DESÈVE.

1772, (27 avril). [9]

2° FOURNIER, Marie-Marthe, [SIMON
b 1727 ; veuve de Jean-Baptiste Nadeau.

1737, (26 août) Pte-aux-Trembles, Q.

III.—MORIN, FRANÇOIS, [JEAN I.
b 1716.

PAGÉ, Marie-Anne, [GUILLAUME II.
b 1695 ; veuve de Nicolas Cocquin ; s 4 janvier 1746, au Cap-Sante.

1738, (13 oct.) St-Frs-du-Sud. [8]

III.—MORIN, JEAN-BTE, [PIERRE I.
b 1713.

MERCIER, Agnès, [JULIEN II.
b 1721 ; s [8] 21 oct. 1754.

Marie-Thérèse, b [8] 24 sept. 1741 ; s [8] 16 nov. 1754. — *Marie-Geneviève*, b [8] 26 sept. 1743. — *Marie-Angélique*, b 16 déc. 1745, à Berthier ; s 16 nov. 1754.—*Augustin*, b [8] 26 sept. 1750.—*Laurent*, b [8] 27 sept. 1752 ; m à Marie-Joseph HARNOIS.—*Joseph*, b [8] 25 sept. 1754.

1738, (20 oct.) Boucherville. [1]

III.—MORIN, JEAN-BTE, [MATHIEU I.
b 1718.

JOACHIM-LAVERDURE, Marie-Anne. [LUCAS I.

Jean-Baptiste, b... 1° m [1] 5 mars 1764, à Charlotte PETIT ; 2° m 24 nov. 1766, à Marie-Elisabeth LAVIGNE, à Varennes. [2] — *Joseph*, b... m [1] juillet 1766, à Marie FILY.—*François*, b... m [1] oct. 1770, à Geneviève DURET.—*Pierre*, b... m 18 nov. 1771, à Therèse LAVIGNE.

1738, (17 nov.) St-Thomas. [6]

IV.—MORIN, ISIDORE, [JOSEPH III.
b 1713 ; s 21 nov. 1758, à Kamouraska.

MIVILLE, Louise-Françoise, [JOSEPH II.
b 1722.

Marie-Louise, b [6] 31 août 1739 ; 1° m [6] 10 janvier 1764, à Pierre STUART ; 2° m [6] 23 avril 17.., à Chrysostôme JONCAS.—*Joseph*, b [6] 4 avril 174. —*Elisabeth-Agnès*, b [6] 2 février 1743 ; m [6] sept. 1763, à Jean-Baptiste DANDURAND.—*Marie-Geneviève*, b [6] 20 mai et s [6] 16 juillet 1744.—*Anonyme*, b [6] et s [6] 29 mars 1745.—*Ursule*, b [6] février et s [6] 23 juillet 1746.—*Isidore*, b [6] 17 nov. 1755.

1739, (7 avril) St-Roch. [7]

III.—MORIN, JEAN-BTE, [SIMÉON I.
b 1715.

PELLETIER, Marie-Barbe, [CHARLES II.
b 1715 ; s 17 mai 1772, à Ste-Anne-de-la-Pocatière. [8]

Jean-Roch, b [7] 26 sept. 1740.—*Marie-Barbe*, b 13 mars 1742 ; m [7] 13 février 1764, à Germain DUTREMBLE. — *Pierre*, b [7] 24 août 1743.—*Marie-Charlotte*, b [7] 3 déc. 1744. — *Marie*, b... m [8]

---

(1) Cet acte est entré au registre du 11 mai 1747.

(2) Elle épouse, le 24 janvier 1752, Charles Destroismaisons-Picard, à St-Pierre-du-Sud.

(3) Dit Valcour.

janvier 1770, à Pierre LÉVESQUE.—*François-Maurice*, b[7] 10 avril 1746; m[8] 18 nov. 1771, à Therèse LÉVESQUE—*Charles-Roch*, b[7] 21 février 1748; s[7] 28 oct. 1751.—*Reine-Madeleine*, b[7] 7 juin 1750.—*Charles-Amable*, b[7] 3 et s[7] 10 janvier 1752.—*Michel*, b[7] 14 avril 1753.—*Joseph-Marie*, b[7] 29 sept. 1754.—*Clément-Athanase*, b[7] 10 juillet et s[7] 18 nov. 1759.—*Marie-Rose*, b[7] 11 mars et s[7] 29 juin 1763.

1739, (25 juin) Cap-St-Ignace.

II.—MORIN, JEAN. [PIERRE I
LEMIEUX, Félicité, [LOUIS II.
b 1720.

Joseph, b... m 16 février 1767, à Elisabeth MORIN, à St-Thomas.—*Chrysostôme*, b 23 sept. 1743, à St-François-du-Sud.[6] — *Pierre*, b[6] 3 oct. 1745. —*Antoine*, b[6] 16 mars 1747.—*Louis-Marie*, b 25 février, à Berthier et s[6] 7 juin 1749. —*Alexis*, b[6] 22 avril 1750; m 20 janvier 1777, à Geneviève DOYON, à St-Joseph, Beauce.—*Louis-Marie*, b[6] 1er juillet 1752. — *Marie-Félicité*, b 30 avril 1754, à St-Pierre-du-Sud.[7] — *Marie-Joseph*, b[7] 16 mars 1756.—*Marie-Madeleine*, b[6] 5 avril 1758.— *Marie-Marguerite*, b[6] 20 et s[6] 24 sept. 1760.

MORIN, CHARLES.
LAPOINTE, Barbe.

Guillaume, b... m 1er oct. 1764, à Marie AUDET, à Terrebonne.

MORIN (1), FRANÇOIS.
VIGNEAU, Marie-Charlotte,
b 1713; s 27 nov. 1749, à St-Nicolas.

1741, (11 juillet) St-Jean, I. O.

IV.—MORIN, JOSEPH, [PIERRE-NOEL III.
b 1716; s 24 sept. 1752, à St-Pierre-du-Sud.[1]
TERRIEN, Dorothee, [GUILLAUME II.
b 1720.

Augustin, b... m 8 janvier 1770, à Marguerite BOUCHER, à Kamouraska.[2] — *Marie-Joseph*, b... m[2] 6 août 1770, à Joseph DUFOUR.—*Joseph*, b... m 7 oct. 1772, à Angélique DUFOUR, à l'Ile-aux-Coudres.—*Marie-Françoise*, b 5 juin, à Berthier[3] et s[1] 9 nov. 1749.—*René*, b 1751; s[1] 10 mai 1752. —*Pierre* (posthume), b[4] 14 fevrier 1753; s[1] 5 janvier 1756.

1742, (30 sept.) Trois-Rivières.[2]

II.—MORIN (2), NICOLAS, [MOISE I.
b 1715.
CHAUVET, Marguerite, [ANDRÉ II.
b 1719.

Nicolas-Antoine, b[2] 13 juillet 1743. — *Charles*, b[2] 16 fevrier et s[2] 4 mars 1745. — *Charles-Amable*, b[2] 24 mars et s[2] 2 avril 1746. —*Jean-François*, b[2] 19 avril 1747. — *Louise-Marguerite*, b[2] 22 nov. 1748.—*Anonyme*, b[2] et s[2] 20 mars 1750. —*Joseph*, b[2] 23 mars et s[2] 20 avril 1751.—*Jean-Marie*, b[2] 18 mai et s[2] 3 août 1752.—*Claire*, b[2] 12 août et s[2] 1er sept. 1755.

(1) Dit Valcour.
(2) Dit Chenevert.

1742, (18 nov.) Cap-St-Ignace.

III.—MORIN, PIERRE. [SÉBASTIEN II.
1° FORTIN, Reine, [FRANÇOIS III.
b 1721; s 16 mars 1750, à St-Pierre-du-Sud.[1]

Jean-Baptiste, b[1] 19 fevrier et s[1] 10 mai 1749. — *Marie-Geneviève*, b[1] 11 fevrier et s[1] 24 mars 1750.—*Marie-Geneviève*, b... m à Basile BAUCHER.

1751, (23 août) Berthier.[2]

2° BLAIS, Marie-Geneviève, [PIERRE III.
b 1727.

Marie-Geneviève, b[1] 3 juin 1752. — *Marie-Joseph*, b[1] 16 dec. 1753; s[1] 9 oct. 1754. — *Augustin*, b[1] 8 sept. 1755, m[2] 13 nov. 1781, à Marie-Joseph BOUCHARD.—*Marie-Louise*, b 1757; s[1] 13 août 1758. — *Marie-Claire*, b[1] 17 juillet 1759.

1743, (30 sept.) Beauport.[1]

III.—MORIN, THOMAS, [JEAN II.
b 1722; voiturier.
PARANT, Marguerite-Veronique, [ETIENNE III.
b 1721.

Thomas, b[1] 28 avril 1745. — *Marguerite*, b 1748; m 28 oct. 1765, à Jacques SIMARD, à la Baie-St-Paul[2]; s[2] 23 oct. 1775. — *Marie-Joseph*, b 21 sept. 1749, à Quebec.[3] — *Pierre*, b[3] 14 fevrier 1751. — *Marie-Anne*, b[3] 24 août et s[3] 10 sept. 1752. — *Etienne*, b[3] 23 mars et s[3] 2 juillet 1754.—*Etienne*, b[3] 6 sept. 1755.—*Marie-Félicité*, b 20 août 1760, à Charlesbourg; m[3] 14 oct. 1779, à Gabriel FRANCHÈRE.

1743.

IV.—MORIN, ROCH-CHARLES, [JOSEPH III.
b 1720.
LABELLE, Marie-Barbe.

Guillaume, b 1743; s 19 janvier 1766, à St-Vincent-de-Paul.[2] — *Jean-François*, b[2] 15 et s[2] 29 avril 1744.—*Joseph*, b[2] 4 juillet 1745; m[2] 21 sept. 1767, à Marie FORTIN. — *Charles-Marie*, b[2] 31 juillet 1747.—*Jean-Amable*, b[2] 23 mai et s[2] 6 juillet 1749. — *Pierre-Marie*, b[2] 5 avril et s[2] 6 juin 1751. — *Marie-Louise*, b[2] 4 mai et s[2] 23 juillet 1752.—*Jean-Marie*, b... s[2] 29 juillet 1753. — *Jean-Baptiste*, b[2] 5 et s[2] 18 sept. 1754. — *Basile*, b[2] 24 mars et s[2] 22 août 1756.

1744, (17 fevrier) Ecureuils.[1]

III.—MORIN, ETIENNE, [JEAN II.
b 1720; s 28 avril 1763, à St-Joachim.[2]
1° DUSAULT, Geneviève, [DENIS II.
b 1724, s 9 sept. 1756, à Quebec.[3]

Etienne-Thomas, b[1] 21 dec. 1744; s[1] 31 mars 1747. — *Geneviève*, b 1747; s[3] 28 sept. 1753.— *Thomas*, b[3] 7 mars 1753; s[3] 30 mai 1754.— *Marie-Geneviève*, b[4] 17 avril 1755, s[3] 26 juin 1756.

1757, (10 janvier).[3]

2° PARÉ (1), Frse-Dorothee, [TIMOTHÉE III.
b 1734; veuve de François Cliche.

Marie-Marguerite, b[3] 26 janvier 1758 —*Joseph-Marie*, b[2] 29 oct. 1760; s 28 fevrier 1770, à Ste-Anne. — *Nicolas*, b[2] 19 mars 1763.

(1) Elle épouse, le 24 août 1767, Charles Savard, à l'Ile-aux-Coudres.

1745, (25 oct.) Quebec.
IV.—MORIN, JEAN-BTE. [JOSEPH III.
ST. MARTIN (1), Ang.-Elisabeth, [JEAN-BTE I.
b 1718.

1746, (19 avril) Islet.
III.—MORIN, ANTOINE, [PIERRE II.
b 1722; s 16 dec. 1749, à St-Pierre-du-Sud. [1]
PELLERIN, Marie-Anne. [PIERRE I.
Pierre-Antoine, b [1] 17 avril 1749; m 10 août 1778, à Marie-Joseph PERRAULT, à Kamouraska.

1746, (20 juin) Montréal. [2]
III.—MORIN, JEAN-BTE, [JEAN II.
b 1717.
ROY, Elisabeth, [JEAN II.
b 1710.
Jean-Baptiste, b 1751; m [2] 7 janvier 1772, à Pélagie BOUCHARD.

MORIN, FRANÇOIS.
LAGACÉ, Geneviève.
Ursule, b 3 et s 16 mai 1747, à St-Thomas.

1746, (4 juillet) Rivière-Ouelle. [2]
III.—MORIN, PIERRE-ROCH, [PIERRE-JOS II.
b 1722.
1° HUDON, Marie-Joseph, [JEAN-BERNARD II.
s 14 avril 1751, à St-Roch.[1]
Pierre-Noel, b [1] 4 fevrier 1748; m [2] 1er février 1768, à Therèse ENAUD. — *Marie-Joseph*, b [1] 13 avril 1749; m [2] 22 oct. 1766, à Basile LEVESQUE.— *François*, b [1] 8 nov. 1750; m 20 oct. 1772, à Genevieve AUCOUTURIER, à Ste-Anne-de-la-Pocatière.
1751, (8 nov.) Kamouraska.
2° MICHAUD, Marie-Ursule. [PIERRE II.
Jean-Baptiste, b [1] 8 oct. 1752. — *Germain-Mathias*, b [1] 23 février 1754.— *Marie-Angélique*, b [1] 12 août 1755.—*Marie-Madeleine*, b [1] 14 juin 1757. —*Henri-Alexis*, b [1] 11 mai 1761. —*Alexis*, b [1] 19 janvier 1763.

1748, (20 juin) Sault-au-Récollet. [1]
III.—MORIN, JEAN-BTE, [JEAN-BTE II.
b 1725; bedeau.
1° HALAY (2), Marie-Joseph, [PIERRE I.
b 1730; s 20 août 1764, à la Longue-Pointe. [2]
Marie-Joseph, b [1] 29 avril et s [1] 12 juin 1749.— *Marie-Angélique*, b [2] 4 août 1750.— *Marie-Françoise*, b [2] 1er avril 1752; m [2] 11 oct. 1771, à Jacques LARCHEVÊQUE. — *Jean-Baptiste*, b [2] 5 et s [2] 12 oct. 1753. — *Marie-Joseph*, b [2] 4 janvier et s [2] 4 juin 1755. — *Jean-Baptiste*, b [2] 28 juin 1756. — *Marie-Joseph*, b [2] et s [2] 10 oct. 1757. — *Marie-Judith*, b [2] 8 déc. 1758. — *Marie-Joseph*, b [2] 7 fevrier et s [2] 5 avril 1761. — *Marie-Catherine*, b [2] 26 fevrier et s [2] 18 mars 1764.
1766, (13 janvier) Pte-aux-Trembles, M.
2° BAZINET, Marguerite, [JOSEPH II.
b 1730, veuve de Louis Charland.
Marie-Anne, b [2] 7 mars 1767. — *Louis*, b [2] 1er mai et s [2] 10 sept. 1768.

(1) Voy. Champagne, vol. II, p. 611.
(2) Et Allé.

1749, (22 janvier) Québec.
I.—MORIN, ANTOINE, fils de Claude et de Madeleine Lamoureux, de Louisbourg, Acadie.
LABORDE, Catherine, fille de Jean (notaire royal) et de Louise Dupuy, de Louisbourg, Acadie.

MORIN, JEAN-BTE.
ALAIRE, Marie.
Marie-Louise, b... m 25 juillet 1774, à Nicolas DUVAL, à Québec.

1749, (5 nov.) Château-Richer.
III.—MORIN, FRANÇOIS. [PIERRE II.
1° MALBEUF, Dorothee, [JOSEPH II.
b 1731; s (de mort subite) 9 août 1752, à St-Pierre-du-Sud. [2]
Marie-Françoise, b 27 nov. 1750, à Lévis [1], m [1] 21 nov. 1768, à Jean-Baptiste BOURGEAU.
1753, (31 juillet). [2]
2° BRIDEAU, Marie-Elisabeth, [JEAN-HILAIRE II
b 1723; s [1] 8 sept. 1754.
1756.
3° LANGELIER, Geneviève,
s [1] 2 juillet 1763.
Jean-François, b [1] 26 août et s [1] 6 sept. 1757.— *Augustin*, b [1] 26 août 1757. — *François*, b [1] 28 février 1759; s [1] 11 juin 1763. — *Joseph*, b [1] 16 nov. 1760.—*François*, b 1762; s [1] 11 juin 1763.
1764.
4° PLANTE, Felicite.
François, b [1] 25 août 1765.

MORIN, PIERRE.
PICARD, Marie.
Isidore, b... m 14 janvier 1772, à Marie-Joseph TREMBLAY, au Detroit.

1750, (2 fevrier) Islet.
III.—MORIN, JOSEPH. [PIERRE-JOSEPH II
GAGNON (1), Barbe, [ALEXANDRE III
b 1730.

1750, (25 mai) Montréal. [1]
II.—MORIN (2), FRANÇOIS-MOISE, [MOISE I
b 1721.
HUBERDEAU (3), Charlotte, [JEAN-BTE I
b 1725.
Marie-Charlotte, b [1] 1er déc. 1750.

MORIN (4), FRANÇOIS.
PICHÉ, Marie.

1750, (16 nov.) St-François-du-Sud. [2]
III.—MORIN, AUGUSTIN. [PIERRE II
TALBOT, Marie-Judith, [JACQUES II
b 1732.
Marie-Thérèse, b [2] 12 nov. 1751. — *Augustin* b 26 fevrier 1753, à St-Pierre-du-Sud [3]; m à Fran-

(1) Elle épouse, le 12 février 1753, Joseph-Marie Gaulin, à l'Islet.
(2) Dit Chenevert.
(3) Elle épouse, le 22 août 1757, François Hénault, à Berthier (en haut)
(4) Mort en 1756 à Carillon, d'après les témoignages de Timothee Laflèche et Joseph Hamel de Québec, 1763.

çoise Bélanger. — *Marie-Madeleine*, b [3] 16 janvier 1755.—*Marie-Geneviève*, b [3] 4 sept. 1756. — *Marie-Françoise*, b [3] 3 sept. 1758.

1750, (23 nov.) St-Michel.

III.—MORIN, Jean-Moise. [Denis II.
Gagné, Marie-Joseph. [Pierre III.
Jean-Moïse, b 15 sept. 1751, à St-François-du-Sud. — *Marie-Joseph*, b 8 mai 1753, à St-Pierre-du-Sud. [4] — *Augustin*, b [4] 1er oct. 1755 ; s [4] 3 mars 1756.— *Pierre*, b [4] 9 février 1757. — *Louis-Marie*, b [4] 20 fevrier 1759.

III.—MORIN (1), Pierre, [Pierre II.
b 1723 ; s 5 février 1764, à la Pte-aux-Trembles, Q.
1° Giroux, Véronique,
b 1726 ; s 20 juin 1750, à Lorette.
1751, (22 fevrier) L'Ange-Gardien. [5]
2° Trudel, Marie-Charlotte, [Ambroise III.
b 1731.
Pierre, b 6 février 1752, à St-Henri-de-Mascouche. [6]
1754, (22 avril). [5]
3° Maret (2), Marie-Joseph, [Charles II.
b 1726.
François-Marie, b [6] 27 mai et s [6] 2 sept. 1756. —*Michel*, b [6] 12 juin et s [6] 2 juillet 1758.— *Amable*, b [6] 10 août 1759. — *Marie-Joseph*, b... s [6] 16 mai 1761.

1751, (18 janvier) St-Pierre-du-Sud. [7]

V.—MORIN, Basile-Jean-Bte. [Pierre-Noel IV.
Blanchet (3), Angelique. [Louis II.
Marie-Angélique, b 15 nov. 1751, à St-François-du-Sud ; s [7] 19 fevrier 1752.—*Charles-Basile*, b [7] 6 fevrier 1753 ; m 1773, à Marie Sirois.—*Pierre-Basile*, b [7] 28 dec. 1754.—*Joseph-Marie*, b [7] 9 dec. 1756.—*Alexis*, b [7] 20 fevrier 1759.

1751, (8 fevrier) St-Thomas.

V.—MORIN, Pierre. [Pierre-Noel IV.
Fournier, Madeleine, [Charles III.
b 1730.

1751, (26 juillet) Islet.

V.—MORIN (4), Augustin, [Augustin IV.
b 1724.
Fortin, Elisabeth, [Charles III.
b 1724.
Jean-Baptiste, b 23 juin 1752, à St-Thomas [8] ; m [8] 18 oct. 1773, à Françoise Lemieux.—*Augustin*, b [8] 11 mai 1758 ; s 12 sept. 1759, à St-Pierre-du-Sud.

1751, (15 nov.) St-Laurent, I. O.

III.—MORIN, Michel, [Jean-Bte II.
b 1727.
1° Maranda, Geneviève, [Joseph III.
b 1729 ; s 11 juin 1752, à Québec.

(1) Dit Chenevert—Pierre-de-marbre.
(2) Dit Lépine — Lentier ; elle epouse, le 22 oct 1764, Pierre Tardif, a Lorette.
(3) Elle épouse, le 26 janvier 1761, Joseph-Marie Destroismaisons, à St-Pierre-du-Sud.
(4) Dit Valcour.

1757, (17 oct.) Ste-Famille, I. O. [2]
2° Cornelier, Geneviève, [Pierre II.
b 1735 ; s [2] 10 juillet 1762.
1764.
3° Leclerc, Thècle, [Jean-Bte III.
b 1735.
Michel, b [2] 18 janvier 1766.

1752, (8 janvier) Québec. [2]

I.—MORIN (1), Henri, b 1728, marchand ; fils de Pierre et de Marguerite Lacoste, de St-Sauveur, ville et diocèse de LaRochelle, Aunis ; s [2] 4 avril 1780.
Bouchaut, Marie-Anne, [André II.
b 1730 ; s [2] 11 juillet 1777.
Marie-Anne, b [2] 2 oct. 1752. — *Henri*, b [2] 25 avril 1754.—*André*, b [2] 11 avril 1755 : s [2] 17 août 1756. — *Etienne-François*, b [2] 28 juillet 1756. — *Pierre* et *Jean*, b [2] 25 août 1758.—*Marie-Louise*, b [2] 23 et s 27 sept. 1761, à la Pte-aux-Trembles, Q. — *Marie-Louise*, b [2] 8 et s 22 mai 1763, à Lévis.

1752, (31 janvier) St-Thomas. [1]

IV.—MORIN, Louis-Marie, [Louis III.
b 1732.
1° Couillard, Marie-Geneviève, [Jacques IV.
b 1735 ; s [1] 11 dec. 1763.
Louis-Marie, b [1] 22 oct. et s [1] 1er nov. 1753.— *Louis-Marie*, b [1] 8 juin 1755 ; s [1] 26 fevrier 1756. —*Marie-Geneviève*, b [1] 27 janvier 1757.—*Michel*, b [1] 6 janvier 1758.
1764, (30 avril). [1]
2° Boulet, Marie-Louise. [Martin III.

1753.

IV.—MORIN, Pierre-Marie, [Pierre-Jean III.
b 1723.
1° Perron, Marie-Angélique, [Jean II.
b 1735.
Marie-Angélique, b 9 janvier 1754, à Québec. — *Marie-Louise*, b 26 dec. 1755, à Deschambault [5] ; s [5] 17 février 1756. — *Pierre*, b [5] 10 janvier 1757.
1763, (14 février). [5]
2° Robert (2), Therèse, [Louis-Joseph II.
b 1742 ; s [5] 3 dec. 1767.
Marie-Joseph, b [5] 15 février 1764 ; m [5] 29 août 1785, à Alexis Lefebvre. — *Joseph*, b... m [5] 2 fevrier 1795, à Marie-Louise Belisle. —*Jean*, b [5] 6 janvier 1766. — *Michel*, b [5] 4 sept. et s [5] 3 dec. 1767.

1753, (19 fevrier) Berthier.

III.—MORIN, Jean-Bte. [Sébastien II.
Blais, Marie-Françoise. [Augustin III.
Marie-Françoise, b 8 nov. 1753, à St-Pierre-du-Sud [8] ; s [8] 18 février 1754.—*Jean-Baptiste*, b [8] 1er avril 1755. — *Marie-Elisabeth*, b [8] 30 avril et s [8] 19 mai 1757.—*Sébastien*, b [8] 3 juillet 1758.

(1) Marguillier, 1780.
(2) Dit St. Amand.

1753, (25 juin) Charlesbourg.

III.—MORIN, Joseph. [Jean II.
Falardeau, Elisabeth. [René II.
Joseph, b 11 déc. 1754, à Lorette.[5] — *Marie-Angélique*, b [5] 17 mai 1758. — *Jean-Baptiste*, b [5] 30 déc. 1759.—*Marie-Félicité*, b [5] 27 juin 1762.—*Pierre*, b [5] 15 juin 1764.—*Marie-Joseph*, b 19 juin 1768, à Yamachiche

1753.

III.—MORIN, André, [André II.
b 1730.
Vaillancour, Marie-Claire, [Jean-Bte III.
b 1735.
André, b 28 juillet 1754, à Ste-Anne-de-la-Pocatière. — *Marie-Françoise*, b 29 juillet 1761, à l'Islet.[8] — *André*, b [8] 1er nov. 1763.

1753, (12 nov.) St-Laurent, I. O.

III.—MORIN, François, [Jean-Bte II.
b 1731 ; maçon ; s 26 juillet 1764, à Québec.[6]
1° Bouffard, Marie, [Jacques III.
b 1735 ; s [8] 4 février 1757.
Marie, b [8] 7 nov. 1754.
1760, (17 nov.) Lorette.
2° Alain, Angelique, [Noel III.
b 1741.
Marie-Louise, b [8] 9 juin 1761. — *François*, b [8] 22 février 1763. — *Marie-Christine*, b [8] 24 juillet 1764.

1753, (28 nov.) St-Frs-du-Sud. [1]

V.—MORIN, Charles. [Charles IV.
Larrivée, Madeleine, [François III.
b 1737.
Marie-Joseph, b [1] 4 juin 1754.—*Marie-Joseph*, b [1] 10 nov. 1755.—*Marie-Victoire*, b [1] 29 janvier 1758.—*Jean-Baptiste*, b [1] 14 sept. 1760.

MORIN, Claude.
Millet, Marie-Jeanne.
Pierre-Noel, b... m 3 février 1777, à Marie-Marthe Glené-St. Agnan, à Quebec.

1754, (30 sept.) St-Pierre-du-Sud. [2]

III.—MORIN, Denis. [Denis II.
Fontaine, Cécile. [Etienne II.
Marie-Reine, b [2] 11 juillet 1755.—*Marie-Joseph*, b [2] 12 janvier 1757.

1755, (20 janvier) St-Frs-du-Sud.

V.—MORIN, Jean-François, [Jean-François IV.
b 1731 ; s 18 mai 1760, à St-Charles.
Richard, Ursule, [Jean II.
b 1729.

1755, (10 février) Ste-Anne-de-la-Pocatière.

III.—MORIN, Jean-Maurice. [Pierre-Joseph II.
Miville, Marie-Joseph, [Jacques IV.
b 1738.
Maurice, b 7 nov. 1756, à St-Roch.[3] — *Marie-Charlotte*, b [3] 28 janvier 1758.—*Marie-Marthe*, b [3] 4 mai 1759.—*Marie-Catherine*, b [3] 15 janvier 1761.—*Marie-Judith*, b [3] 11 juin 1762.

1755.

V.—MORIN, Joseph. [Jean-François IV.
Vergueur (1), Marie-Thérèse, [Ambroise III.
b 1738.
Anonyme, b et s 22 février 1756, à St-Frs-du-Sud.[4] — *Joseph*, b [4] 23 sept. 1759 ; s [4] 5 février 1760.

1755, (4 nov.) St-Augustin. [5]

III.—MORIN, Joseph, [Pierre II
b 1728.
Letarte, Marie-Angélique, [René IV
b 1732.
Marie-Anne, b [5] 12 oct. 1758.—*Marie-Joseph-Françoise*, b [5] 14 juillet 1760 ; m à Jean-Baptiste Favron.—*Marguerite*, b... m [5] 3 nov. 1794, à Thierry Peltier.

1756, (12 janvier) St-Pierre-du-Sud.

III.—MORIN, Joseph. [Pierre II
Blanchet, Geneviève. [Jean II
Marie-Reine, b 16 avril 1757, à St-Frs-du-Sud.[6] —*Marie-Thècle*, b [6] 12 oct. 1759.

1756, (9 février) St-Pierre-du-Sud. [7]

IV.—MORIN, Pierre, [Jacques III
b 1735.
1° Dagneau, Marie-Geneviève. [François II
Pierre, b 27 mars 1757, à St-Frs-du-Sud.[8] — *Jacques*, b [8] 1er avril et s [7] 8 sept. 1759.
1766, (21 avril) St-Thomas.
2° Tanon, Marie-Joseph, [Germain II.
b 1744.

1756, (18 oct.) Québec. [9]

I.—MORIN (2), François, fils de François et de Marie Gastonguay, de St-François, diocèse de Vienne, Autriche.
LeDroit (3), Marie-Madeleine. [François I
Augustin (posthume), b [9] 28 août et s [9] 30 sept. 1757.

1757, (23 janvier) Islet. [1]

III.—MORIN, Michel. [Michel II
Cloutier, Claire, [Jean-Bte \
b 1735.
Joseph-Henri, b [1] 5 déc. 1757 ; m 21 nov. 1785, à Marguerite Goulet, à Lachenaye.[2] — *Jean-François*, b [1] 14 sept. 1760 ; m [2] 19 février 1787, à Marie-Anne Destroismaisons.—*Marie-Claire*, b [1] 16 août 1762.—*Marie-Joseph*, b [1] 29 sept 1764.—*Marie*, b 1770 ; s [1] 29 mai 1774.—*François*, b et s 29 août 1774, au Château-Richer.[3] — *Nicolas*, b [3] 2 mars 1776.

1757, (25 janvier) St-Thomas.

V.—MORIN, Joseph, [Augustin IV
b 1728.
Tanon, Marie-Geneviève, [Germain II
b 1736.
Joseph, b 26 juin 1759, à St-Frs-du-Sud.

(1) Voy. Vérieul.
(2) Dit Cor.
(3) Elle épouse, le 9 janvier 1764, Bernard Brancognet, à Québec.

1757, (7 février) Contrecœur.
I.—MORIN, JEAN-BTE, fils de Jean-Baptiste et de Gilette Privé, de Dinan, diocèse de St-Malo, Basse-Bretagne.
DUPRÉ, Marie. [FRANÇOIS III.
Jean-Baptiste, b 22 et s 25 avril 1758, à St-Ours.

1757, (16 février) Rimouski.
I.—MORIN, FRANÇOIS, fils de Jean et de Marie Durand, du diocèse de LaRochelle, Aunis.
POULIN, Marie-Charlotte, [JEAN II.
b 1740.
Louis, b 13 déc. 1758, à Kamouraska.

1757, (27 juin) Kamouraska. [8]
III.—MORIN, JOSEPH-MARIE, [ANDRÉ II.
b 1732.
SAUCIER, Marie-Louise-Brigitte, [LOUIS III.
b 1741.
Joseph-Marie, b [8] 14 sept. 1761.—*Jean-Baptiste*, b [8] 23 mai 1763; s [8] 30 janvier 1766. — *Marie-Louise*, b [8] 24 février 1765.—*Augustin*, b [8] 18 oct. 1766.— *André*, b [8] 22 avril 1768. — *Marie-Judith*, b [8] 18 mars 1770.—*Marie-Joseph*, b [8] 9 déc. 1771.

1757, (25 juillet) Kamouraska. [2]
III.—MORIN, MICHEL. [MICHEL II.
BOUCHER, Marie-Joseph, [MICHEL IV.
b 1736.
Michel, b 1758; s [2] 7 janvier 1761. — *Marie-Joseph*, b [2] 23 dec. 1760.—*Michel*, b [2] 5 sept. 1762. — *Marie-Modeste*, b [2] 16 et s [2] 18 déc. 1766. — *Marie-Marguerite*, b [2] 28 fevrier 1768. — *Charlemagne*, b [2] 24 nov. 1771.

1758, (30 janvier) St-Roch.
III.—MORIN, JEAN-FRANÇOIS, [MICHEL II.
b 1733.
MIGNOT-LABRIE, Marie-Ursule, [MICHEL II.
veuve de Nicolas Lisotte.
Marie-Rose, b 16 janvier 1760, à Ste-Anne-de-la-Pocatière. [1]—*Jean-Baptiste*, b [1] 9 dec. 1761.

1758, (23 oct.) St-Thomas. [2]
V.—MORIN (1), JEAN-BTE, [AUGUSTIN IV.
b 1735.
BOULET, Véronique, [MARTIN III.
b 1738.
Jean-Baptiste, b [2] 23 sept. 1759. — *Michel*, b [2] 29 sept. 1760.—*Madeleine*, b... 1° m 26 nov. 1781, à Vital TURCOT, à St-Cuthbert [3]; 2° m [3] 28 juillet 1794, à Joseph BLAIS.—*Marie-Louise*, b... m [3] 1er oct. 1792, à Pierre-Jacques BOULET.

1759, (7 janvier) Islet. [1]
III.—MORIN, FRANÇOIS, [ANDRE II.
b 1734; s [1] 6 février 1764.
CHOUINARD, Marie-Reine, [JULIEN II.
b 1743.

1760.
III.—MORIN, BASILE, [ANDRÉ II.
b 1737.
SIROIS-DUPLESSIS, Marie-Anne.

(1) Dit Valcour.

Basile-René, b 3 sept. 1761, à Ste-Anne-de-la-Pocatière.

1760, (4 nov.) St-Philippe.
I.—MORIN, JACQUES, b 1731; fils de Jean et d'Olive Ribeau, de St-Planche, diocèse de Coutances, Normandie; s 31 mars 1761, à St-Constant. [2]
ROBERT (1), Marie-Anne, [JACQUES II.
b 1740.
Jacques (posthume), b [2] 4 oct. et s [2] 19 nov. 1761.

1760, (4 nov.) St-Pierre-du-Sud.
V.—MORIN, GERMAIN, [GERMAIN IV.
COTÉ, Therèse. [ISIDORE IV.

1760, (24 nov) Ste-Anne-de-la-Pocatière. [2]
III.—MORIN, LOUIS-MARIE, [ANDRÉ II.
b 1740.
OUELLET, Ursule, [BERNARD III.
b 1731, veuve de Joseph Gagné.
Marie-Françoise, b [2] 13 sept. 1761. — *Louis-Marie*, b [2] 19 nov. 1762. — *Jean-Baptiste*, b 1er fevrier 1764, à St-Roch.

1761, (3 février) Islet.
V.—MORIN (2), LOUIS, [AUGUSTIN IV.
b 1736.
CARON, Françoise, [FRANÇOIS III.
b 1727, veuve d'Alexis Morneau.
Louis-Marie, b 24 février 1762, à St-Roch; s 16 juillet 1768, à la Longue-Pointe.

1761, (9 juillet) St-Thomas. [9]
V.—MORIN, LOUIS, [FRANÇOIS IV.
b 1726.
1° BERNIER, Charlotte, [JOSEPH III.
b 1741, s [9] 2 avril 1762.
1768, (18 janvier). [9]
2° PROU, Marie-Marthe, [AUGUSTIN III.
b 1749.

1761, (18 août) St-Pierre-du-Sud.
IV.—MORIN, FRANÇOIS, [JACQUES III.
b 1742.
FOREST, Rosalie. [FRANÇOIS I.

1762, (18 janvier) St-Thomas.
V.—MORIN, ALEXIS. [PIERRE-NOEL IV.
COUTURE, Geneviève, [CHARLES III.
b 1743, s 15 oct. 1774, à Berthier. [1]
Pierre-Alexis, b [1] 13 nov. 1762; s [1] 24 mars 1777. — *Charles*, b [1] 15 mars 1764. — *Jean-Baptiste-Athanase*, b [1] 7 sept. 1765. — *Joseph*, b [1] 15 mars 1767; s [1] 22 janvier 1777. — *Geneviève*, b [1] 13 nov. 1768. — *Angélique*, b 1770; s [1] 11 fevrier 1777.—*Pierre*, b [1] 18 oct. et s [1] 8 nov. 1772.

(1) Elle épouse, le 11 janvier 1762, Antoine Supernant, à St-Constant.

(2) Dit Valcour.

1762, (10 mai) Chambly.
III.—MORIN, JOSEPH, [MATHIEU II.
b 1739.
PÉRON, Marie-Louise, [PASCHAL III.
b 1739.

1762, (7 juin) Kamouraska. [2]
III.—MORIN, ANTOINE, [MICHEL II.
b 1735.
BOUCHER, Elisabeth, [PIERRE IV.
b 1745.
Antoine, b [2] 23 mai 1763 ; m 1er août 1786, à Thérèse ST. LAURENT, à Rimouski.— *Rosalie*, b [2] 5 avril 1765.—*Pierre*, b [2] 25 août 1768.

1762, (23 août) Chambly.
III.—MORIN, JOACHIM. [PIERRE II
LEMOINE-JASMIN, Therèse. [NOEL II

MORIN, LOUIS.
BOUCHARD, Marie-Anne.
Marie-Louise, b 22 mai 1763, à Lévis.

1763, (25 juillet) St-Thomas. [3]
V.—MORIN, FRANÇOIS, [FRANÇOIS IV.
b 1728.
RUEL, Madeleine, [HENRI II
b 1729 ; veuve de François Boulet; s [3] 5 avril 1767.

1763, (22 août) St-Thomas.
V.—MORIN, JEAN-BTE. [PIERRE IV.
BOULET, Claire, [AUGUSTIN III.
b 1743.

1763, (24 oct.) Beauport. [4]
IV.—MORIN, JACQUES, [THOMAS III.
b 1743.
CARREAU, Barbe, [JOSEPH III.
b 1736.
Joseph, b [4] 30 sept. 1764.

1764, (20 février) St-Thomas.
V.—MORIN, JEAN-BTE. [CHARLES IV.
TANON, Marie-Angélique, [GERMAIN II.
b 1742.

1764, (5 mars) Boucherville.
IV.—MORIN, JEAN-BTE. [JEAN-BTE III.
1° PETIT, Charlotte. [FRANÇOIS III.
1766, (24 nov.) Varennes.
2° LAVIGNE (1), Marie-Elisabeth. [JEAN-BTE II.

1764, (1er oct.) Terrebonne.
MORIN, GUILLAUME. [CHARLES.
AUDET, Marie. [JEAN-BTE.

1765, (29 janvier) Ste-Foye.
III.—MORIN, RENÉ, [JEAN-BTE II.
b 1742.
POITRAS, Marie-Anne, [JOSEPH-LUCIEN II.
b 1734.

(1) Voy. Fydy.

MORIN, JACQUES.
GENDRON, Marie-Anne.
Jacques, b 8 déc. 1765, à Lévis.

III.—MORIN, PIERRE-ROCH, [ANDRÉ II
b 1741 ; s 14 janvier 1766, à Ste-Anne-de-la-Pocatière.

V.—MORIN (1), LOUIS. [PIERRE IV
BOULET, Marie-Louise.
Jean-Baptiste, b... m 26 nov. 1787, à Marie-Elisabeth CANELIER, à St-Cuthbert.

1765.
III.—MORIN, ANTOINE, [ANTOINE II
b 1736.
PAGÉ, Marie-Joseph.
Thomas, b 29 déc. 1766, à Deschambault. [8]— *Antoine*, b [8] 30 mars 1768.

MORIN (1), FRANÇOIS.
BOURON, Madeleine.
Joseph, b déc. 1766 ; s 30 janvier 1767, au Détroit. [8] — *Pierre*, b sept. et s [8] 23 oct. 1768.

MORIN (1), LOUIS.
COUILLARD, Geneviève.
Marie-Françoise, b... m 14 janvier 1788, à Antoine ALLART, à St-Cuthbert.

1766, (12 juillet) Boucherville.
IV.—MORIN, JOSEPH. [JEAN-BTE II
FILY, Marie. [JEAN-BTE I

1767, (12 janvier) Montréal.
V.—MORIN, LOUIS-MARIE-JOSEPH, [JOSEPH IV
b 1746.
HUBERT, Marie-Joseph, [PIERRE-PAUL I
b 1750.

1767, (16 février) St-Thomas.
III.—MORIN, JOSEPH. [JEAN I
MORIN (1), Elisabeth, [FRANÇOIS IV
b 1738.

V.—MORIN, PIERRE, [AUGUSTIN IV
b 1747 ; s 10 déc. 1776, à St-Jean-Port-Joli.
CARON (2), Marie-Angelique.

V.—MORIN, CLAUDE, [CLAUDE-JOSEPH IV
b 1740 ; s 5 avril 1782, à Québec. [9]
DELESTRE (3), Madeleine, [PIERRE II
b 1745 ; s [9] 21 août 1782.
Madeleine, b... m [9] 20 janvier 1789, à Jean-Baptiste PROTEAU.

1767, (21 sept.) St-Vincent-de-Paul.
V.—MORIN, JOSEPH, [ROCH-CHARLES IV
b 1745.
FORTIN, Marie-Thérèse, [JULIEN IV
b 1750.

(1) Dit Valcour.
(2) Elle épouse, le 5 nov. 1781, François Bois, à St-Jean-Port-Joli.
(3) Dit Beauséjour.

1768, (1er février) Rivière-Ouelle.
IV.—MORIN, Pierre-Noel, [Pierre-Roch III.
b 1748.
Enaud (1), Thérèse, [Jean-Bte II.
b 1746.

1769, (30 janvier) St-Thomas.
IV.—MORIN, Jean-Bte, [Jacques III.
b 1746.
Pelletier, Barbe. [René V.

MORIN, Jean.
Letarte, Marie-Joseph.
Marie-Anne, b 1769; s 14 juin 1789, à St-Augustin.

1770, (8 janvier) Kamouraska.[5]
V.—MORIN, Augustin. [Joseph IV.
Boucher, Marguerite. [Michel IV.
Bénoni, b [5] 16 nov. 1770. — *Augustin-Honoré*, b [5] 12 janvier 1772.

1770, (22 oct.) Boucherville.
IV.—MORIN, François. [Jean-Bte III.
Duret, Geneviève, [Jacques I.
b 1718; veuve de Jean-Baptiste DeNoyon.

MORIN (2), Pierre,
b 1750; s 14 nov. 1797, à Québec.
Duhamel, Rose.

MORIN (3), François.
Pain, Marie-Modeste.
Marie-Modeste, b 1772; s 21 déc. 1773, à l'Islet.[1]
—*Marie*, b [1] 1er avril 1774.—*Marie-Constance*, b [1] 5 juillet 1775.

1771, (28 janvier) Lévis.
IV.—MORIN, Augustin. [Jacques III.
Lefebvre, Catherine. [Ignace.

1771, (14 oct.) Ste-Anne-de-la-Pocatière.
III.—MORIN, Germain, [André II.
b 1748.
Lisot, Marie-Catherine, [Joseph III.
b 1749.

1771, (18 nov.) Ste-Anne-de-la-Pocatière.
IV.—MORIN, François-Maurice, [Jean-Bte III.
b 1746.
Lévesque, Thérèse, [François-Robert III.
b 1751.

1771, (18 nov.) Varennes.
IV.—MORIN, Pierre. [Jean-Bte III.
Lavigne, Thérèse. [Jean-Bte II.

1772, (7 janvier) Montréal.[2]
IV.—MORIN, Jean-Bte, [Jean-Bte III.
b 1751.
Bouchard, Pelagie, [Joseph II.
b 1751.

(1) Voy. Nau.
(2) Capitaine de Longcours.
(3) Dit Valcour.

Jean-Baptiste, b [2] 21 juin 1773; ordonné 13 nov. 1803; s 10 déc. 1847, à Raleigh, Haut-Canada.

1772, (14 janvier) Détroit.[2]
MORIN, Isidore. [Pierre.
Tremblay (1), Marie-Joseph, [Ambroise III.
b 1751; veuve de Jean-Baptiste Baudin.
Pierre, b [2] 21 avril 1772.—*Charles*, b [2] 18 avril 1774.—*Isidore*, b [2]-28 nov. 1776.—*Louis*, b [2] 28 déc. 1779.—*Geneviève*, b [2] 13 mars 1783.

1772, (3 février) St-Jean-Port-Joli.[3]
III.—MORIN, Jean-François, [André II.
b 1736.
1° Bélanger, Rose, [Jean IV.
b 1747; s [3] 9 déc. 1774.
1776, (8 janvier).[3]
2° Jean, Angélique. [Pierre III.

1772, (3 février) St-Thomas.
V.—MORIN, François. [Germain IV.
Boulet, Marie-Elisabeth, [Guillaume III.
b 1739.

1772, (3 février) St-Thomas.
V.—MORIN (2), Nicolas, [Pierre IV.
b 1744.
Renaud, Marie-Madeleine, [Jean I.
b 1746.

1772, (7 oct.) Ile-aux-Coudres.
V.—MORIN, Joseph. [Joseph IV.
Dufour, Angelique, [Joseph II.
b 1736; veuve de Pierre Gilbert.

1772, (20 oct.) Ste-Anne-de-la-Pocatière.
IV.—MORIN, François, [Pierre-Roch III.
b 1750.
Augouturier, Geneviève, [Pierre I.
b 1752.

1772.
MORIN, Benoit.
Colin, Anne.
Marie, b 1773; s 26 février 1777, à Repentigny.[5] — *Marie-Louise*, b... s [5] 19 oct. 1778.—*Jean-Baptiste*, b [5] 28 juillet 1792.

1773, (18 janvier) St-Thomas.
III.—MORIN, Martin, [Antoine II.
b 1749.
Pelletier, Françoise, [René V.
b 1756.

1773, (4 oct.) St-Thomas.
V.—MORIN, René, [Charles IV.
b 1751.
Asselin, Marie-Thérèse, [Louis III.
b 1748; veuve de Charles Bélanger.

(1) Elle épouse, le 21 février 1791, Nicolas Patenaude, au Détroit.
(2) Dit Valcour.

1773, (18 oct.) St-Thomas.
VI.—MORIN, JEAN-BTE, [AUGUSTIN V.
b 1752.
LEMIEUX, Françoise, [LOUIS III.
b 1746.

1773, (19 oct.) Kamouraska.
V.—MORIN (1), FRANÇOIS, [CLAUDE-JOSEPH IV.
b 1748.
MICHAUD, Marie-Anne. [JEAN III.

1773.
VI.—MORIN, CHS-BASILE, [BASILE-JEAN-BTE V.
b 1753.
SIROIS, Marie.
Jean-Baptiste, b 1774; m à Marie-Charlotte LOMBARD; s 29 janvier 1796, à Quebec.

IV.—MORIN, JOSEPH-MARIE, [JACQUES III.
b 1753.
FORTIN, Marie.
Jean-François, b... m 10 juillet 1798, à Marie-Joseph MATHON, à Québec.

IV.—MORIN, LAURENT, [JEAN-BTE III.
b 1752.
HARNOIS, Marie-Joseph, [JEAN I.
b 1751.
Joseph, b... m 16 juillet 1805, à Marie-Geneviève JEAN-VIEN, à Beaumont.

1774, (12 juillet) Kamouraska.
III.—MORIN, DENIS. [MICHEL II.
BOUCHER, Marie-Euphrosine, [MICHEL IV.
b 1755.

1776, (25 nov.) Batiscan. 5
III.—MORIN (2), JEAN-ANDRÉ, [MOISE-JOS. II.
b 1740.
DESTRAMPES, Marie-Geneviève, [JEAN-BTE I.
b 1754.
Marie-Louise, b 15 sept. 1777, à Ste-Anne-de-la-Pérade.—*François*, b 5 10 janvier 1779.—*Jean-Baptiste*, b 5 10 sept. 1780.—*Antoine*, b 5 17 juin 1782.—*Marie-Joseph*, b 5 18 mars et s 5 29 juillet 1784.—*Joseph*, b 5 22 juin 1785. — *Etienne*, b 5 17 fevrier 1787. — *Judith* et *Marie-Rosalie*, b 5 20 mars 1790.—*Marguerite*, b 26 janvier 1793, à St-Cuthbert.

1777, (20 janvier) St-Joseph, Beauce. 5
III.—MORIN, ALEXIS, [JEAN II.
b 1750.
DOYON, Geneviève. [JEAN IV.
Jean-Alexis, b 5 30 nov. 1777; s 5 22 mars 1778. — *Anonyme*, b 5 et s 5 24 janvier 1779. — *Anonyme*, b 5 et s 5 26 dec. 1779.

1777, (3 fevrier) Quebec.
MORIN, PIERRE-NOEL, [CLAUDE.
marchand.
GLENÉ-ST. AGNAN, Marie-Marthe, [ETIENNE I.
b 1753.

(1) Marié sous le nom de Valcour.
(2) Dit Chenevert.

1778, (10 août) Kamouraska.
IV.—MORIN, PIERRE-ANTOINE, [ANTOINE III.
b 1749.
PERRAULT, Marie-Joseph, [JOSEPH IV.
b 1749.

1778.
MORIN, CHARLES.
ALAIN, Marie-Joseph.
Marie-Françoise, b et s 10 août 1779, à Repentigny. 5 — *Marie-Charlotte*, b 5 et s 5 16 janvier 1781. — *Marie*, b 5 et s 5 5 avril 1782. — *Pierre*, b 5 et s 5 8 juillet 1784.

MORIN, JOSEPH.
PINARD (1), Marie-Louise, [LS-HYACINTHE III
b 1760.
Louise, b... m 26 janvier 1795, à Joseph POIRIER, à Nicolet. 2 — *Marie*, b... m 2 13 avril 1795, à Charles MARIÉ; s 2 9 dec. 1795.

IV.—MORIN, AUGUSTIN, [AUGUSTIN III.
b 1753.
BÉLANGER, Françoise.
Augustin, b 1780, à St-Michel; m 1802, à Marie-Anne COTIN.

1781, (13 nov.) Berthier.
IV.—MORIN, AUGUSTIN, [PIERRE III.
b 1755.
BOUCHARD, Marie-Joseph, [JOSEPH-CLAUDE III.
b 1757.

1783.
MORIN, NICOLAS.
MARIÉ, Madeleine,
b 1760; s 31 dec. 1786, aux Eboulements. 1
Bénoni, b 1 29 oct. 1784. — *Anonyme*, b 1 et s 1 31 déc. 1786.

MORIN (2), JEAN.
BOUCHARD, Marie-Anne.
Barthélemi, b... s 4 avril 1785, à St-Cuthbert 1 —*Marie*, b... s 1 28 mai 1785.—*Joseph*, b 1 7 nov. 1786.

1785, (21 nov.) Lachenaye. 5
IV.—MORIN, JOSEPH-HENRI, [MICHEL III.
b 1757.
GOULET, Marguerite, [LOUIS IV.
b 1768.
Marie-Marguerite, b 5 7 nov. 1786; s 5 3 mars 1787.

1786, (1er août) Rimouski.
IV.—MORIN, ANTOINE, [ANTOINE III.
b 1763.
LAURENT (3), Thérèse. [GABRIEL III.

(1) Dit Lauzière.
(2) Dit Valcour.
(3) Et St. Laurent.

1787, (19 fevrier) Lachenaye. [6]
IV.—MORIN, JEAN-FRANÇOIS, [MICHEL III.
b 1760.
DESTROISMAISONS (1), Marie-Anne. [GABRIEL IV.
Marie-Marguerite, b [6] 5 dec. 1787.

1787, (26 nov.) St-Cuthbert. [7]
VI.—MORIN, JEAN-BTE. [LOUIS V.
CANELIER, Marie-Elisabeth. [JEAN.
Jean-Baptiste, b [7] 13 nov. 1789.

MORIN, LOUIS.
VIGNEUX, Catherine.
Marie-Joseph, b 1789 ; s 9 oct. 1790, à St-Cuthbert. [8] — *Marie-Angélique*, b [8] 16 janvier 1791.

MORIN, ETIENNE.
MARANDA, Cécile.
Remi, b 2 oct. 1795, à Berthier.

1795, (2 février) Deschambault.
V.—MORIN, JOSEPH. [PIERRE-MARIE IV.
BELISLE, Marie-Louise. [JOSEPH IV.

MORIN (2), NICOLAS,
b 1766 ; s 1er juillet 1796, à Québec.

VII.—MORIN (2), JEAN-BTE, [CHS-BASILE VI.
b 1774 ; s 29 janvier 1796, à Quebec.
LOMBARD, Marie-Charlotte.

1798, (10 juillet) Québec.
V.—MORIN, JEAN-FRANÇOIS. [JOSEPH-MARIE IV.
MATHON, Marie-Joseph. [FRANÇOIS-DE-SALES II.

1802.
V.—MORIN, AUGUSTIN, [AUGUSTIN IV.
b 1780.
COTIN, Marie-Anne.
Augustin-Norbert, b 13 oct. 1803, à St-Michel [2] ; m 28 février 1843, à Alvine-Adèle RAYMOND, à Quebec [3] ; s 1865, à St-Hyacinthe. — *François*, b [2] 20 août 1806 ; ordonné [3] 13 déc. 1835.

1805, (16 juillet) Beaumont.
V.—MORIN, JOSEPH. [LAURENT IV.
JEAN-VIEN, Marie-Geneviève. [LOUIS V.

MORIN, JEAN-BTE,
b 1712 ; s 27 oct. 1759, à St-François-du-Sud.

MORING.—*Variation* : MORIN.

1764, (4 juin) Sorel.
I.—MORING, JEAN, fils de Jean et d'Anne Morhead, de Dumfries, Ecosse.
LEROUX (3), Marie-Joseph, [JEAN I.
b 1747.
Jean-Baptiste, b... m 12 janvier 1790, à Angélique DOIRON, à Quebec. [9] — *Joseph*, b... m [9] 6 mai 1794, à Madeleine LABADIE. — *Marie-Charlotte*, b... m [9] 12 sept. 1797, à Jacques LABADIE.

(1) Dit Picard.
(2) De la compagnie des Royaux-Canadiens-Volontaires.
(3) Dit Provençal.

1790, (12 janvier) Québec.
II.—MORING (1), JEAN-BTE. [JEAN I.
DOIRON (2), Angélique. [ALEXIS I.

1794, (6 mai) Québec.
II.—MORING (1), JOSEPH. [JEAN I.
LABADIE, Madeleine. [JEAN I.

MORINVILLE.—Voy. RAOUL.

MORISSEAU.—*Variations et surnoms* : MAURICEAU — MORICEAU — ROCHELEAU — ROCHEREAU — CHAUMONT.

I.—MORISSEAU (3), VINCENT,
b 1647 ; s 12 mars 1713, à Repentigny. [2]
BEAUMONT, Marie-Anne,
b 1655.
Pierre, b 22 avril 1677, à Boucherville [3] ; 1° m [3] 27 janvier 1704, à Catherine CAILLONNEAU ; 2° m [2] 12 mai 1721, à Marie JETTÉ.—*Jean-Baptiste*, b 1684 ; m 10 juillet 1713, à Suzanne PETIT, à Montréal.

1698, (19 juin) Boucherville.
II.—MORISSEAU (3), JEAN, [VINCENT I.
b 1675.
PASTOREL (4), Anne, [CLAUDE I.
b 1677.
Catherine, b .. m 15 nov. 1728, à François DELPÉ, aux Trois-Rivières, s 6 nov. 1750, à la Pointe-du-Lac.

1704, (27 janvier) Boucherville.
II.—MORISSEAU, PIERRE, [VINCENT I.
b 1677.
1° CAILLONNEAU, Catherine, [PIERRE I.
b 1682, s 6 fevrier 1720, à Repentigny. [8]
Pierre, b 1704 ; m 1730, à Thérèse TESSIER. — *Marie-Pélagie*, b [8] 7 fevrier 1706. — *Marie-Anne-Joseph*, b 23 mars 1707, à Varennes. — *Jean-Baptiste*, b [8] 3 juin 1708. — *Joseph*, b 1709 ; 1° m à Thérèse CUSSON ; 2° m à Marie JANOT, s [8] 2 sept. 1789. — *Marie-Véronique*, b [8] 29 avril 1712. — *Jean*, b [8] 2 et s [8] 5 sept. 1713.— *Marie-Catherine*, b [8] 20 nov. et s [8] 6 déc. 1714. — *Marie-Madeleine*, b [8] 5 janvier 1717 ; m à Pierre CHAUVET. — *Louis*, b [8] 19 mars 1718 ; m à Marie-Joseph DAREIS.—*Catherine*, b [8] 2 et s [8] 19 fevrier 1720.
1721, (12 mai). [8]
2° JETTÉ (5), Marie. [PAUL II.
François, b [8] 1er janvier 1724.—*Pierre-Amable*, b [8] 20 et s [8] 26 juillet 1728.—*Marie-Madeleine*, b [8] 14 nov. 1729.

(1) Marié sous le nom de Morin.
(2) Mariee sous le nom de Douairon.
(3) Voy. vol. I, p. 446.
(4) Elle épouse, en 1709, André Chauvet.
(5) Desnoyers, 1728.

1713, (10 juillet) Montreal.[9]
II.—MORISSEAU (1), JEAN-BTE, [VINCENT I.
b 1684.
PETIT, Suzanne, [JEAN I.
b 1690; s [9] 25 juin 1764.
Suzanne-Catherine, b [9] 14 mai 1716; m [9] 11 juin 1736, à François NOLIN.—*Marie-Charlotte*, b [9] 17 août 1717; m [9] 21 juillet 1738, à Etienne ROUSSEAU.—*Laurent*, b [9] 10 août 1718.—*François*, b [9] 16 février 1720.—*François*, b [9] 18 juillet 1722.—*Marie-Joseph-Elisabeth*, b [9] 19 nov. 1723; m 26 février 1748, à Gilles STROUDS, à Charlesbourg. —*Jeanne-Marguerite* (2), b [9] 30 mai 1725. — *Madeleine-Françoise*, b [9] 2 mai 1728; m [9] 21 janvier 1754, à Guillaume GIMBAL. — *Pierre-Amable*, b [9] 19 août 1729.

1726.
III.—MORISSEAU, JACQUES, [JEAN II.
b 1701; s 22 janvier 1729, à Repentigny.[1]
HUNAUT (3), Marie-Marguerite. [PIERRE II.
Marie-Marguerite, b [1] 29 août 1727; m 10 février 1749, à Basile PEPIN, à Boucherville.

1730.
III.—MORISSEAU, PIERRE, [PIERRE II.
b 1704.
TESSIER, Thérèse.
Pierre, b 1763; m 24 févrior 1783, à Marie-Joseph ROBIDOU, à Montréal.

MORISSEAU, JOSEPH.
SER, Marie-Anne.
Marie-Joseph, b 1747; m 9 janvier 1764, à Louis CAMPAGNAC, à Montréal.

III.—MORISSEAU, JOSEPH, [PIERRE II.
s 2 sept. 1789, à Repentigny.[9]
1° CUSSON, Thérèse.
Marie-Louise, b 1733; m 1765, à Joseph JETTÉ; s [9] 21 juillet 1780.—*Marie-Anne*, b 1736, m 1766, à Amable JETTÉ; s [9] 3 sept. 1770.—*Thérèse*, b... m [9] 21 nov. 1768, à Joseph BEAUPRÉ.—*Antoine*, b 1745; m [9] 7 mai 1770, à Geneviève GRENON.—*Jean-Baptiste*, b 1747; s [9] 6 mai 1772.
2° JANOT, Marie,
s [9] 16 janvier 1789.
Marie, b 1753; m [9] 3 juillet 1775, à Hyacinthe TOUIN.—*Marie-Joseph*, b... m 1767, à Bernard JANOT-LACHAPELLE.

III.—MORISSEAU, LOUIS, [PIERRE II
b 1718.
DABEIS, Marie-Joseph.
Marguerite, b... m 12 juillet 1773, à Jean-Baptiste DOLBEC, à Repentigny.

(1) Interprète du Roy en langue Iroquoise.
(2) Elle était au Cap-Madeleine, en 1748.
(3) Elle épouse, le 24 janvier 1730, Pierre Quintin, à Repentigny.

1757, (7 février) Quebec.
I.—MORISSEAU (1), FRANÇOIS, fils de Simon et d'Anne Griault, de Chamerance, diocèse de Langres, Champagne.
DESÈVRE, Marie-Françoise, [DENIS I.
b 1709; veuve de François Vocelle.

MORISSEAU, PIERRE, b 1732; s 25 juillet 1760, à St-Michel-d'Yamaska.

1770, (7 mai) Repentigny.[6]
IV.—MORISSEAU, ANTOINE, [JOSEPH III.
voyageur.
GRENON, Geneviève. [PIERRE.
Marie-Angélique, b [6] 12 nov. 1770.—*Antoine*, b 4 nov. 1772, au Detroit.[7]— *Madeleine*, b 1774; s [7] 29 sept. 1775.—*Jean-Baptiste*, b [7] 14 oct. 1776.

1783.
IV.—MORISSEAU, PIERRE, [PIERRE III.
b 1763.
ROBIDOU (2), Marie-Joseph, [JOSEPH IV.
b 1763.
Marie-Joseph, b... m 28 avril 1800, à Michel ROLET, à St-Louis, Mo.

MORISSET.—*Variations* : MAURICET — MAURISSET.

1660, (14 janvier) Québec.
I.—MORISSET (3), JEAN,
b 1641; s 16 août 1699, à Ste-Famille, I. O.[1]
CHORET, Jeanne, [MATHIEU I.
b 1652.
Pierre, b [1] 4 janvier 1676; 1° m [1] 24 nov. 1698, à Catherine LÉTOURNEAU; 2° m 1719, à Marie CHARLAND; s 26 mai 1756, à St-Jean, I. O. — *Nicolas*, b [1] 24 février 1692; 1° m [1] 20 août 1709, à Anne CADRIN; 2° m 28 août 1714, à Anne CLOUTIER, au Château-Richer.

1690, (9 janvier) Pte-aux-Trembles, Q.[1]
I.—MORISSET (3), MATHURIN,
b 1645.
COCQUIN, Isabelle, [PIERRE I.
b 1674; s 18 avril 1714, au Cap-Santé.[2]
Pierre, b 1704, m [1] 21 nov. 1729, à Geneviève GAUDIN; s [1] 12 août 1749.—*Marie-Joseph*, b 1706; m [2] 9 avril 1725, à Joseph PAGÉ; s 23 mai 1771, aux Ecureuils.—*Marie-Charlotte*, b... m [1] 12 avril 1723, à Etienne DORÉ.

MORISSET, JEAN-BTE,
s 22 nov. 1731, à Ste-Croix.

1698, (24 nov.) Ste-Famille, I. O.
II.—MORISSET (3), PIERRE, [JEAN I.
b 1676; s 26 mai 1756, à St-Jean, I. O [4]
1° LÉTOURNEAU, Catherine, [DAVID II.
b 1679.
Simon, b 13 mars 1701, à la Pte-aux-Trem-

(1) Dit Chaumont, soldat bombardier.
(2) Elle épouse, le 9 août 1796, Alexandre Bellissime, à St-Louis, Mo.
(3) Voy. vol. I, p. 446.

bles, Q. [5]; m 1745, à Marie-Ursule BOUCHER. — *Angélique*, b 1706 ; m 10 avril 1725, à Louis LEMAY, à St-Antoine-Tilly ; s 10 nov. 1733, à Lotbinière.—*Marie-Elisabeth*, b... m 12 janvier 1733, à Claude HOUDE, à Ste-Croix. [6] —*Pierre*, b... m [6] 13 avril 1733, à Marie-Anne DEMERS ; s [6] 31 mars 1758.—*Jean*, b 1717 ; 1° m 1749, à Marie-Joseph HOUDE ; 2° m [6] 16 août 1757, à Marie-Louise LEMAY.—*François*, b 1718 ; m [6] 22 février 1751, à Geneviève GRENIER ; s [6] 25 sept. 1757.

1719.

2° CHARLAND, Marie, [NOEL II. veuve de Jean Paquet ; s [4] 22 janvier 1748.

Pierre, b [4] 11 août 1720 ; s [4] 26 mars 1744. — .... (1), b [4] 15 août 1721. — *Joseph-Marie*, b [4] 24 oct. 1722 ; m [5] 8 fevrier 1752, à Angelique LAROCHE.—*Jean-Baptiste*, b 1724 ; s 9 sept. 1756, à Quebec. [7] — *Marie-Anne*, b 10 avril 1726, à St-François, I. O. [3]; m [7] 18 avril 1757, à Louis TURCOT.—*Charlotte*, b [3] 22 juillet 1727 ; m [7] 8 février 1757, à Pierre TREMOULET.

1709, (20 août) Ste-Famille, I. O.

II—MORISSET, NICOLAS, [JEAN I. b 1692.

1° CADRIN, Anne, [NICOLAS I. b 1690 ; s 18 sept. 1712, à Beaumont. [9]

Marie-Anne, b 3 janvier 1712, à St-Michel [1] ; 1° m [1] 8 janvier 1731, à Gabriel OUIMET ; 2° m [1] 22 nov. 1746, à Joseph PATRY.

1714, (28 août) Château-Richer.

2° CLOUTIER, Anne, [JEAN III. b 1692.

Marie-Louise, b [1] 30 août 1715. — *Marie-Madeleine*, b [1] 29 sept. 1716 ; 1° m [1] 9 nov. 1734, à Georges PLANTE ; 2° m [1] 13 fevrier 1753, à Guillaume MICHON.—*Jean-François*, b [9] 29 nov. et s [9] 19 dec. 1718. — *Marie-Elisabeth*, b [9] 29 fevrier 1720 ; m [1] 26 janvier 1744, à Jean MICHON. — *Marie-Marthe*, b [9] 29 mars 1722 ; m [1] 30 janvier 1742, à Louis LEBLOND. — *Nicolas*, b [9] 27 fevrier 1724 ; m 20 nov. 1747, à Marie-Joseph BLAIS, à St-Valier. [2] — *Michel*, b [9] 16 dec. 1725 ; s [9] 13 janvier 1726.— *Joseph*, b... 1° m [2] 4 nov. 1749, à Marie-Anne GUILLEMET ; 2° m 29 août 1757, à Marie-Louise GENEST, à St-Jean, I. O. — *Jean-Baptiste*, b [2] 25 nov. 1728. —*Marie-Agathe*, b [2] 24 fevrier 1730 ; m [1] 13 fevrier 1747, à Jean GAUTRON. — *Michel*, b... m 8 fevrier 1762, à Claire FORTIN, à l'Islet. — *Geneviève*, b [1] 23 janvier 1735, m [1] 4 fevrier 1754, à Jean-Baptiste GUYON.

1710, (29 oct.) Château-Richer. [3]

II.—MORISSET, GENCIEN, [JEAN I b 1687.

SIMON (2), Geneviève, [GUILLAUME II. b 1695.

Marie-Geneviève, b 26 sept. 1712, à Ste-Famille, I. O. [4]; 1° m [4] 27 nov. 1731, à Jean-Baptiste PRÉMONT ; 2° m [4] 27 nov. 1758, à Jacques PICHET. — *Jean-Baptiste*, b [4] 3 et s [4] 6 mars 1714. —*Marie-Françoise*, b [4] 6 juillet et s [3] 15 oct. 1715. —*Marie-Agnès*, b [4] 31 août 1716 ; s [4] 20 déc. 1744. — *Marie-Marthe*, b [4] 14 déc. 1717 ; s [4] 23 nov. 1733. — *Marie-Françoise*, b [4] 8 fevrier 1720 ; 1° m [4] 27 nov. 1741, à Hyacinthe-Charles LEHOUX ; 2° m 25 juillet 1746, à Jean BILODEAU, à St-Joseph, Beauce [5] ; s [5] 20 janvier 1765. — *Michel*, b [4] 29 sept. 1721 ; m [4] 26 oct. 1745, à Agathe DEBLOIS. —*Marguerite*, b [4] 2 déc. 1723 ; m [4] 26 oct. 1745, à Jean-Baptiste GAGNON. — *Jean-Baptiste*, b [4] 29 juillet 1726 ; m [4] 10 oct. 1747, à Louise LARRIVÉE. —*Madeleine*, b [4] 9 février 1728 ; s [4] 17 nov. 1733.

1716, (17 février) Cap-Santé. [9]

II.—MORISSET, MATHURIN, [MATHURIN I. b 1692.

TELLIER, Marie-Anne, [FRANÇOIS II. b 1695.

Marie-Madeleine, b... m [9] 21 nov. 1740, à Philippe HARDY.—*Marie-Joseph*, b... m [9] 22 avril 1743, à François MARCOT.—*Marie-Thérèse*, b... m [9] 13 février 1747, à Jean-François MARCOT.— *Mathurin*, b [9] 20 janvier 1726, m [9] 9 fevrier 1750, à Marie-Joseph PICHÉ.—*Marie-Anne*, b [9] 16 janvier 1729 ; s [9] 13 août 1730 —*Marie-Anne*, b [9] 11 juin 1731 ; s [9] 3 nov. 1733.—*Marie-Angélique*, b [9] 29 sept. 1733.—*Anne-Catherine*, b [9] 15 sept. 1736. —*Marie-Anne*, b [9] 14 mai 1740.

1729, (21 nov.) Pte-aux-Trembles, Q. [7]

II.—MORISSET, PIERRE, [MATHURIN I. b 1704 ; s [7] 12 août 1749.

GAUDIN, Geneviève, [JEAN-FRANÇOIS II. b 1708.

Marie-Anne, b 29 sept. 1730, au Cap-Santé [8]; m [8] 11 nov. 1748, à Joseph PAGÉ.—*Pierre*, b [8] 3 dec. 1731.—*Joseph*, b [8] 27 avril 1733.—*Marie-Geneviève*, b [8] 28 oct. 1734 ; m [8] 10 janvier 1752, à Jean-Baptiste PAGÉ.—*Marie-Joseph*, b [8] 25 sept. 1736 ; m [8] 10 janvier 1752, à Adrien PICHÉ.— *Jean-Baptiste*, b [8] 22 juillet 1738.—*Marie-Angélique*, b [8] 17 nov. 1739 ; s [8] 22 janvier 1740.— *Jean-François*, b [8] 14 fevrier 1741.—*Mathurin*, b [8] 29 juillet 1742.—*Marie-Claire*, b [8] 19 mars 1744.—*Augustin*, b [8] 31 janvier 1746 ; m 1773, à Thérèse AUGERS.—*Marie-Elisabeth*, b [8] 31 janvier 1746.—*Geneviève*, b [8] 11 fevrier 1748.

1733, (13 avril) Ste-Croix. [2]

III.—MORISSET, PIERRE, [PIERRE II. s [2] 31 mars 1758.

DEMERS, Marie-Anne, [RENÉ II. b 1703 ; veuve de Joseph Houde ; s [2] 27 mai 1758.

Suzanne, b 27 juin 1739, à St-Antoine-Tilly ; m 26 sept. 1764, à Jean-Baptiste CORBIN, au Cap-de-la-Madeleine.—*Marie-Françoise*, b [2] 23 mars 1751.—*Marie-Louise*, b [2] 19 avril 1754.

1745, (26 oct.) Ste-Famille, I. O.

III.—MORISSET, MICHEL, [GENCIEN II. b 1721.

DEBLOIS, Agathe, [FRANÇOIS III. b 1719.

Charles-Michel, b 23 et s 30 oct. 1746, à St-Joseph, Beauce.

---

(1) Le nom manque au registre.

(2) Et Audet ; elle épouse, le 22 nov. 1729, Charles Loiseau, à Ste-Famille, I. O.

1745.

III.—MORISSET, Simon, [Pierre II.
b 1701.
Boucher (1), Marie-Ursule.
Marie-Christine, b 1746 ; s 28 juillet 1758, à Ste-Croix.[8] — *Marie-Ursule*, b [8] 6 et s [8] 27 août 1749. — *Pierre-Joseph*, b [8] 23 oct. et s [8] 21 nov. 1750.— *Gabriel*, b [8] 28 avril 1753. — *Jean-Marie*, b [8] 10 avril 1756.—*Anonyme*, b [8] et s [8] 25 janvier 1758.

1747, (10 oct.) Ste-Famille, I. O.

III.—MORISSET, Jean-Bte, [Gencien II.
b 1726.
Larrivée, Louise, [Joseph II.
b 1721.
Louis-Marie, b 13 sept. 1761, à St-Joseph, Beauce.[3] — *Marie-Gertrude*, b [3] 28 août 1763.

1747, (20 nov.) St-Valier.

III.—MORISSET, Nicolas, [Nicolas II.
b 1724.
Blais, Marie-Joseph, [Antoine II.
b 1725.
Nicolas, b 11 mars 1749, à St-Michel[2]; s [2] 12 mai 1750.— *Marie-Catherine*, b [2] 2 janvier 1751. —*Jean-Baptiste*, b [2] 9 janvier 1752. — *Nicolas*, b [2] 24 février 1753. — *Marie-Joseph*, b [2] 25 avril 1754.—*Marie-Claire*, b [2] 28 août 1755. — *Marie-Françoise*, b [2] 21 dec. 1756. — *Michel*, b [2] 24 oct. 1758.—*Marie-Apolline*, b [2] 9 fevrier 1761.

1749, (4 nov.) St-Valier.

III.—MORISSET, Joseph. [Nicolas II
1° Guillemet, Marie-Anne, [Jean III
b 1729 ; s 30 dec. 1756, à St-Michel.[7]
Marie-Anne, b [7] 31 oct. 1750.—*Nicolas-Joseph*, b [7] 30 janvier et s [7] 3 mars 1752 —*Joseph*, b [7] 16 janvier et s [7] 16 mars 1753.—*Marie-Louise*, b [7] 23 janvier 1754. — *Joseph-Marie*, b [7] 13 dec. 1756 ; m 9 oct. 1781, à Catherine Blais, à Berthier.— *Marie-Joseph*, b [7] 13 déc. 1756.
1757, (29 août) St-Jean, I. O.
2° Genest, Marie-Louise, [Pierre III.
b 1732.
Marie-Catherine, b [7] 12 juillet 1758. — *Marie-Marguerite*, b [7] 27 nov. 1759; s [7] 6 mai 1760.— *Marguerite*, b [7] 14 mars 1761.

1749.

III.—MORISSET, Jean, [Pierre II.
b 1717 ; s 29 janvier 1784, à Nicolet.[2]
1° Houde, Marie-Joseph,
b 1723 ; s 15 déc. 1755, à Ste-Croix.[3]
Marie-Anne, b [3] 26 déc. 1750. — *Marie-Joseph*, b... s [3] 11 janvier 1756.— *Marie-Charlotte*, b [3] 14 janvier 1753. — *Anonyme*, b [3] et s [3] 12 oct. 1754. —*Jacques-Philippe*, b [3] 14 nov. 1755.
1757, (16 août).[3]
2° Lemay, Marie-Louise. [Simon II.
Pierre-Joseph, b [3] 3 et s [3] 6 avril 1758.—*Marie*, b... 1° m [2] 13 fevrier 1787, à Pierre Chauret ; 2° m [2] 10 janvier 1791, à Jean-Baptiste Provencher. — *Jean-Baptiste*, b... m [2] 11 août 1794, à Geneviève St. Laurent.

(1) Houde en 1756.

1750, (9 fevrier) Cap-Sante.[1]

III.—MORISSET, Mathurin, [Mathurin II.
b 1726.
Piché, Marie-Joseph, [Adrien III.
b 1734.
Marie-Joseph, b [1] 17 mars 1751.—*Elisabeth*, b [1] 4 mars 1753.

1751, (22 février) Ste-Croix.[2]

III.—MORISSET, François, [Pierre II.
b 1718 ; s [2] 25 sept. 1757.
Grenier, Marie-Geneviève. [Joseph III.
François, b [2] 28 janvier 1752 ; s [2] 15 dec. 1755. —*Marie-Geneviève*, b [2] 24 déc. 1753. — *Marie-Thérèse*, b [2] 1er nov. 1755. — *Joseph* (posthume), b [2] 9 janvier 1758.

1752, (8 février) Pte-aux-Trembles, Q.[3]

III.—MORISSET, Joseph-Marie, [Pierre II.
b 1722.
Laroche (1), Marie-Angélique, [Noel III.
b 1731.
Marie-Joseph, b 30 nov. 1752, à St-Jean, I. O.[4]; s [3] 20 nov. 1759.—*Marie-Angélique*, b [4] 21 fevrier 1754.—*Marie-Angélique*, b 19 janvier 1757, aux Ecureuils.

1762, (8 fevrier) Islet.

III.—MORISSET, Michel. [Nicolas II.
Fortin, Claire. [Jean.

1773.

III.—MORISSET, Augustin, [Pierre II.
b 1746.
Augers, Thérèse.
Marie-Thérèse, b 9 nov. et s 26 déc. 1774, à la Pte-aux-Trembles, Q.[5]— *Marie-Angélique*, b [5] 28 sept. 1775.—*Augustin*, b [5] 5 février 1777.

MORISSET, Pierre.
Lambert (2), Marie-Elisabeth. [Joseph.
Joseph, b 27 dec. 1773, à St-Joseph, Beauce.[6] —*Marie-Elisabeth*, b 1776 ; s [6] 22 février 1778 — *Jean-Baptiste*, b [6] 1er avril 1778 ; s [6] 4 sept. 1779.

MORISSET, Mathurin.
Delisle, Catherine.
Elisabeth, b... m à Joseph Hardy.

1781, (9 oct.) Berthier.

IV.—MORISSET, Joseph-Marie, [Joseph III
b 1756.
Blais, Catherine, [Louis III
b 1757.

1794, (11 août) Nicolet.

IV.—MORISSET, Jean-Bte. [Jean III
St Laurent, Geneviève. [François

(1) Elle épouse, le 13 oct. 1760, Jean Osman, à la Pte-aux-Trembles, Q.

(2) Dit Champagne.

MORJERET.—*Surnom :* SANSSOUCY.

1757, (21 février) Québec. [7]

I.—MORJERET (1), CLAUDE, soldat; fils de Jean et de Marie Plantier, de St-Maurice-de-Lyon, Lyonnois.

CHALIFOUR, Marie-Margte, [JOS.-BERNARD III.
b 1727: veuve d'Augustin Dugal.

Marie, b [7] 13 oct. 1757; s [7] 6 sept. 1759.

MORLIER.—Voy. MORIER.

MORNAIS.—Voy. MORNAY.

MORNAY.—*Variations et surnom :* MONET — MORNAIS—MORNET—MOURNET—L'EVEILLÉ.

I.—MORNAY (2), LOUIS.
LAROCHE, Marie-Madeleine.

Suzanne, b 1711, m 26 nov. 1731, à Bernard GARAUT, à L'Assomption. [7]— *Louis*, b 11 mars 1718, à Repentigny [8]; m [7] 18 oct. 1739, à Angelique HAMELIN.—*Anonyme*, b [8] et s [8] 20 avril 1721.—*Marie-Joseph*, b [8] 25 mai 1723.—*Pierre-René*, b [7] 9 juin 1725 —*Agathe*, b [7] 28 avril 1729; s [7] 30 mai 1730.—*Marie-Agathe*, b [7] 12 mars 1731.

1739, (18 oct.) L'Assomption.

II.—MORNAY (3), LOUIS, [LOUIS I.
b 1718.
HAMELIN, Angelique.

1752, (12 juin) Montreal.

I.—MORNAY (4), ANTOINE, b 1726, caporal; fils d'Antoine et de Jeanne DeSales, de Genteux, diocèse de Limoges, Limousin.

1° HUS, Marguerite, [ANTOINE I.
b 1734.

1757, (17 janvier) Contrecœur. [5]

2° RIEL-LIRLANDE, Marie-Anne, [MAURICE II.
b 1736.

Maurice, b [5] 24 dec. 1757.

MORNEAU.—*Variation :* MORNEAUX.

1675, (28 février) (5).

II.—MORNEAU (6), JEAN, [FRANÇOIS I.
b 1646; arquebusier.

TRUD (7), Geneviève, [MATHURIN I.
b 1654.

Pierre, b 28 août 1685, à Batiscan; m 3 mai 1707, à Marie-Jeanne BIBAUT, aux Trois-Rivières; s 30 janvier 1750, à St-Michel-d'Yamaska.

(1) Dit Sanssoucy.
(2) Et Mornet dit L'Eveillé.
(3) Dit L'Eveillé.
(4) Appelé Monet dit Lamarche à son premier mariage, et Mournet à son second.
(5) Date du contrat de mariage.
(6) Voy. vol. I, pp. 446-447.
(7) Elle épouse, le 6 juillet 1693, Jean Brisset, à Batiscan.

1707, (3 mai) Trois-Rivières.

III.—MORNEAU, PIERRE, [JEAN II.
b 1685; s 30 janvier 1750, à St-Michel-d'Yamaska. [5]

BIBAUT, Marie-Jeanne, [FRANÇOIS I.
b 1674; s [5] 12 février 1748.

Marie-Joseph, b... m [5] 3 nov. 1728, à Rene MINEAU. — *Madeleine*, b 1er janvier 1714, à St-Frs-du-Lac [6]; m [5] 3 mars 1731, à Etienne ONDOYER-MARTIN.—*Marguerite*, b 1715; m [5] 10 nov. 1738, à François DURIVAGE; s [5] 9 oct. 1745. — *Pierre-François*, b [6] 30 janvier 1718; m [5] 6 fevrier 1741, à Jeanne PELISSIER; s [5] 7 oct. 1748.

1713, (24 oct.) Cap-St-Ignace [2]

III.—MORNEAU, FRANÇOIS, [JEAN II.
b 1682.

BERNIER, Angélique, [PIERRE II.
b 1695.

Marie-Angélique, b [2] 6 sept. 1714; m 6 février 1737, à Noel DUPONT, à l'Islet. [3]— *Jean-François*, b [2] 9 fevrier 1716; m 16 nov. 1745, à Reine PELLETIER, à St-Roch. [4]—*Pierre*, b [3] 2 oct. 1717; m [4] 3 février 1749, à Marie-Joseph PELLETIER; s [4] 21 fevrier 1756.—*Basile*, b [2] 7 avril 1719; m [2] 23 janvier 1747, à Elisabeth LEMIEUX. — *Marie-Claire*, b [2] 29 mai 1720; m [3] 3 fevrier 1739, à Pierre GAGNON. — *Alexis*, b [3] 19 avril 1722; m [3] 20 nov. 1747, à Marie-Françoise CARON; s [4] 31 janvier 1760 —*Geneviève*, b [2] 15 dec. 1723; m [3] 3 nov. 1741, à Joseph PELLETIER. — *Louis-François*, b [3] 22 sept. 1725.—*Marie-Félicité*, b [2] 3 juin 1727; 1° m [3] 15 février 1751, à Joseph GAGNON; 2° m [3] 11 fevrier 1761, à Louis FOURNIER. —*Salomée*, b [2] 3 mars 1729; m [3] 7 oct. 1749, à Joseph-Claude GUIMONT.—*Marie-Françoise*, b [3] 29 juillet 1731; m [3] 16 nov. 1750, à Charles-François CLOUTIER.— *Marie-Joseph*, b [2] 13 juin 1733. — *Marie-Joseph*, b [2] 11 nov. 1735; s [2] 17 dec. 1742. — *Joseph*, b... m [2] 13 juin 1757, à Marie-Louise GAMACHE.— *Marie-Madeleine*, b [2] 22 sept. 1737; s [3] 22 mars 1738.

1741, (6 fevrier) St-Michel-d'Yamaska. [1]

IV.—MORNEAU, PIERRE-FRANÇOIS, [PIERRE III.
b 1718, s [1] 7 oct. 1748.

PELISSIER (1), Jeanne, [ISAAC-PIERRE I.
b 1719.

Marie-Louise, b [1] 19 août 1742; 1° m [1] 8 avril 1766, à Louis DORVAL; 2° m [1] 22 août 1770, à Amable MIEL.—*Elisabeth*, b [1] 17 fevrier et s [1] 5 juillet 1744. — *Marie-Jeanne*, b [1] 14 juillet 1745; m [1] 2 fevrier 1761, à Jean-Baptiste CHEVALIER.— *François*, b [1] 27 sept. et s [1] 14 oct. 1747.—*Pierre-Jacques* (posthume), b [1] 14 nov. 1748.

1745, (16 nov.) St-Roch. [2]

IV.—MORNEAU, JEAN-FRANÇOIS, [FRANÇOIS III.
b 1716.

PELLETIER, Reine. [CHARLES III.

Jean-Baptiste, b [2] 1er juillet 1747; s [2] 6 sept. 1751.—*Pierre*, b 8 sept. 1748, à Ste-Anne-de-la-Pocatière [5]; m [5] 20 janvier 1772, à Madeleine

(1) Dit Lafeuillade; elle epouse, le 19 janvier 1750, André Theroux, à St-Michel-d'Yamaska.

OUELLET. — *Marie-Angélique*, b [2] 15 juin et s[2] 23 juillet 1750.—*Marie-Reine*, b [2] 6 juillet 1751 ; m [6] 9 nov. 1772, à Ferdinand OUELLET.—*Marie-Françoise*, b [2] 16 nov. 1752. — *Jean-Charles* et *Marie-Rose*, b [2] 19 mai 1754.—*Pierre-Noel*, b [2] 24 et s [2] 27 déc. 1755. — *Marie-Joseph*, b [2] 3 avril 1757. — *Jean-François*, b [2] 1er février 1759. — *Alexis*, b [2] 17 nov. 1760.—*Marie-Ange*, b [2] 19 oct. 1762.

1747, (23 janvier) Cap-St-Ignace. [8]
IV.—MORNEAU, BASILE, [FRANÇOIS III.
b 1719.
LEMIEUX (1), Elisabeth, [LOUIS II.
b 1726.
François-Xavier, b 19 oct. 1747, à l'Islet. [7] — *Joseph-Marie*, b [6] 21 janvier 1750. — *Marie-Anne*, b [7] 29 août 1751. — *Basile*, b [7] 6 juillet 1753. — *Joseph-Marie*, b [7] 13 février 1755. — *Elisabeth-Euphrosie*, b [7] 15 août 1756.

1747, (20 nov.) Islet.
IV.—MORNEAU, ALEXIS, [FRANÇOIS III.
b 1722 ; s 31 janvier 1760, à St-Roch. [8]
CARON (2), Marie-Françoise, [FRANÇOIS III.
b 1727.
François-Xavier, b [8] 18 août 1748. — *Alexis*, b [8] 4 mars 1750.—*Marie-Françoise*, b[8] 26 janvier 1752. — *Marie-Louise*, b [8] 30 janvier 1754.— *Marie-Joseph*, b [8] 28 oct. 1755. — *Basile*, b [8] 16 février et s [8] 15 oct. 1758 —*Basile*, b [8] 8 nov. 1759.

1749, (3 février) St-Roch. [9]
IV.—MORNEAU, PIERRE, [FRANÇOIS III.
b 1717 ; s [9] 21 fevrier 1756.
PELLETIER (3), Marie-Anne-Joseph, [JOSEPH IV.
b 1726.
Marie-Anne, b [9] 23 nov. 1749. — *Marie-Marthe*, b [9] 28 juin 1751. — *Marie-Joseph*, b [9] 19 mars 1753.—*Marie-Madeleine*, b [9] 9 dec. 1754.— *Charles-François* (posthume), b [9] 29 avril et s [9] 8 mai 1756.

MORNEAU, GABRIEL.
AUDET, Marie.
Gabriel, b... m 23 oct. 1775, à Claire GAGNON, à l'Islet.

1757, (13 juin) Cap-St-Ignace. [1]
IV.—MORNEAU, JOSEPH. [FRANÇOIS III.
GAMACHE, Marie-Louise, [LOUIS III.
b 1734.
Joseph-Marie, b [1] 22 mars 1758 ; m 3 mai 1784, à Marie-Louise JEAN, à St-Jean-Port-Joli. — *Charles-Prosper*, b [1] 30 sept. 1759 ; s [1] 24 fevrier 1760.—*Marie-Louise*, b 8 sept. 1761, à St-Roch. [2] —*Prosper*, b [1] 22 fevrier 1763.—*Jean-Marie*, b [2] 2 sept. 1764.

(1) Elle épouse, le 5 juillet 1757, Joseph Guyon, à l'Islet.
(2) Elle épouse, le 8 fevrier 1761, Louis Morin, à l'Islet.
(3) Elle épouse, le 23 août 1756, Gabriel Asselin, à St-Roch.—Le contrat de mariage a été passé le 21 août par devant messire Garault, curé.

1772, (20 janvier) Ste-Anne-de-la-Pocatière.
V.—MORNEAU, PIERRE, [JEAN-FRANÇOIS IV.
b 1748.
OUELLET, Madeleine, [JOSEPH III.
b 1746.

1775, (23 oct.) Islet.
MORNEAU, GABRIEL. [GABRIEL.
GAGNON, Marie-Claire, [PIERRE-PRISQUE IV.
b 1751.

1784, (3 mai) St-Jean-Port-Joli.
V.—MORNEAU, JOSEPH-MARIE, [JOSEPH IV.
b 1758.
JEAN, Marie-Louise. [PIERRE-JOSEPH IV.
b 1760.

MORNEAUX.—Voy. MORNEAU.

MORNET.—Voy. MORNAY.

MORONEY.—*Variation :* MARONÉ.

1779, (7 avril) Québec.
I.—MORONEY, GUILLAUME, fils de Darby et de Catherine Reily, de Kilworth, comté de Cork, Irlande.
DROUIN (1), Marie-Françoise, [JOSEPH IV.
b 1756.

MORRIGEAU.—Voy. FORGUES—MONROUGEAU.

1781, (9 janvier) Québec.
I.—MORRIS, THOMAS, fils de Mathieu et de Marthe Murphy, du comte de Wexford, province de Leinster, Irlande.
SAMSON, Catherine, [JACQUES III.
b 1760.

I.—MORRISON (2), GUILLAUME.
CHÉNIER, Catherine,
b 1759 ; s 23 août 1780, à Montréal.

1775, (21 août) Montréal [3] (3).
I.—MORRISON (4), DONALD, b 1747 ; fils d'Alexandre et d'Elisabeth McKenzie, de l'Ile Lewis, comte de Ross, Ecosse.
CAIRNS, Jeanne, b 1756 ; fille de David et de Catherine Wilson, du comté de Fife, Ecosse ; s 12 déc. 1803, à Sorel, Christ Church. [1]
Alexandre, b 24 mai 1776, à Berthier [2] ; s [2] avril 1788.—*David*, b [3] 9 sept. 1777 (3).—*Jacques*, b [1] 3 déc. 1784.—*Jeanne*, b [1] 21 février 1789 —*Catherine-Cairns*, nee 12 oct. 1790 ; b [1] 11 sept. 179. — *Jean*, né 28 janvier et b [1] 27 août 1792.—*Charles*, né 9 août 1795 ; b [1] 3 mars 1796, m 11 janvier 1819, à Marie-Julie-Emerance BOUCHER, à Maskinonge ; s [2] 31 juillet 1832.

(1) Elle épouse, le 18 sept. 1792, Louis Thomas-Bigouette, à Québec.
(2) Capitaine du régiment Johnson.
(3) Registre de *Christ Church*.
(4) Agent de la seigneurie de Berthier.

1819, (11 janvier) Maskinongé. [6]

II.—MORRISON, Charles, [Donald I.
b 1796; s 31 juillet 1832, à Berthier. [7]
Boucher, Julie-Emerance, [Frs-Xavier VI.
b 1802; s [6] 21 nov. 1836.
Charles-François-Calixte, b [7] 28 sept. 1819; ordonne 16 oct. 1842. — *Julie-Elisabeth-Geneviève*, b... 1° m à Thomas Kinton; 2° m 30 janvier 1861, à Sir Louis-Hypolite Lafontaine, à Montreal.—*Marie-Julie-Flore*, b [7] 28 mai 1823.—*Louis-Georges-Edouard*, b [7] 4 oct. 1824 —*Louis-Charles-Henri*, b [7] 17 janvier et s [7] 14 juillet 1826.—*Edme-Olivier*, b [7] 26 mars 1827. — *Charles-Simon-Henri*, b [7] 30 août 1828. — *Marie-Louise-Georgina*, b [7] 27 fevrier 1830. — *Louise-Elisabeth*, b [7] 8 juillet 1831.

MORTINONT.—Voy. DeMoitemont.

MORVENT.—*Surnom :* Labonté.

1694, (4 février) Ste-Famille, I. O.

I.—MORVENT (1), François,
b 1671.
DeLaunay, Madeleine, [Nicolas I.
b 1671.
Jeanne-Charlotte, b 1695; m à Joseph Dechainé; s 25 mai 1764, à Quebec. [4] — *Marie-Angélique*, b [1] 11 juillet 1701.

1739, (12 oct.) Charlesbourg. [8]

I.—MORVENT, Jean, fils de François et de Jeanne Hourdin, de Calorien, diocèse de St-Malo, Basse-Bretagne.
Barbot, Marie-Joseph, [François II.
b 1718.
Marie-Joseph, b [8] 8 août 1740 —*Jean-Baptiste*, b [8] 4 oct. 1741.—*François*, b 1752; s (noyé) 9 juillet 1762, à St-Michel-d'Yamaska.

MORVILLE.—Voy. Laguerre de Morville.

MOSION.—*Variations et surnoms :* Monciau — Mossion—Lamouche—Robert.

1666, (15 mai) Québec. [1]

I.—MOSION (2), Robert,
b 1643; maître-tailleur; s [1] 24 nov. 1718.
Taverrier, Anne,
b 1643.
Charlotte, b [1] 9 février 1681; 1° m 1703, à Charles Morel; 2° m [1] 8 sept. 1714, à Leonard Simon; s [1] 12 oct. 1751.

1712, (13 juillet) Québec. [2]

II.—MOSION (3), Robert, [Robert I.
b 1676; s [2] 22 avril 1742.
Chénier, Marie-Elisabeth, [Jean II.
b 1689; s [2] 22 avril 1742.
Robert, b [2] 27 juillet 1713; s [2] 18 sept. 1714.—*Robert-Antoine*, b [2] 26 dec. 1715; m 25 nov. 1737, à Marguerite Ménard, à Montreal [5]—*Marie-Anne*, b [2] 28 mai 1718; m 18 janvier 1754, à Jean-Baptiste Choret, à Lachine. — *Jean-Baptiste*, b [2] 22 avril 1720; 1° m [5] 15 février 1745, à Marie Blénier; 2° m 13 sept. 1751, à Louise Rapidiou, à Ste-Geneviève, M. — *Marie-Elisabeth*, b [2] 30 août 1728. — *Flavianne*, b... s [2] 2 nov. 1736. — *Marie-Louise*, b... m [2] 11 mai 1762, à Charles Vallière.

1737, (25 nov.) Montréal. [7]

III.—MOSION (1), Robert-Antoine, [Robert II.
b 1715.
Ménard, Marguerite, [Jean-Bte III.
b 1716; s [7] 20 mars 1756.
Marguerite, b [7] 16 janvier 1738. — *Louis*, b [7] 8 avril 1739.—*Antoine*, b [7] 2 sept. 1740; m [7] 9 nov. 1761, à Louise Biord.—*Jacques*, b [7] 4 mars 1742. —*Jean-Baptiste*, b [7] 7 et s [7] 12 fevrier 1744.—*Marie-Louise*, b [7] 12 mars 1745. — *Agathe*, b [7] 28 mai 1746; m [7] 22 juillet 1765, à Simon Odon. — *Madeleine*, b [7] 28 oct. et s [7] 1er nov. 1747.—*Marie-Anne*, b [7] 16 fevrier 1750.

1745, (15 fevrier) Montréal. [8]

III.—MOSION (1), Jean-Bte, [Robert II.
b 1720.
1° Blenier, Marie, [Pierre II.
b 1724; s 21 août 1749, à Ste-Geneviève, M. [9]
Jean-Baptiste, b [8] 22 avril et s [8] 30 juillet 1745. —*Jean-Baptiste*, b [9] 21 janvier 1747. — *Marie-Geneviève*, b [9] 11 fevrier et s [9] 22 juillet 1749.

1751, (13 sept.) [9]

2° Rapidiou, Louise, [Jean I.
b 1719.
François-Régis, b [9] 8 déc. 1753; s [9] 7 juillet 1754.—*Marie-Joseph*, b [9] 11 sept. 1755.

1761, (9 nov.) Montréal.

IV.—MOSION (2), Antoine, [Robert-Ant. III.
b 1740.
Biord, Louise, [Louis-Joseph II.
b 1740.

MOSNIER.—Voy. Meunier.

MOSNY.—Voy. DeMosny.

I.—MOSSARD (3), Jean.

MOSSION.—Voy. Mosion.

MOTARD.—*Variation et surnoms :* Mottard—Lamothe—Lassol.

1694, (4 février) Pte-aux-Trembles, Q.

I.—MOTARD (4), Louis,
b 1665; s 30 déc. 1725, au Cap-Santé. [5]
Langlois, Elisabeth, [Nicolas I.
b 1677; s [5] 15 mars 1752.

(1) Dit Labonté; voy. vol. I, p. 447.
(2) Voy. vol. I, p. 447.
(3) Dit Lamouche.

(1) Dit Lamouche—Robert.
(2) Dit Lamouche.
(3) Dit Labrise; il était, le 29 juillet 1708, à Chambly.
(4) Bienfaiteur de l'eglise du Cap-Santé, pour en avoir donné le fonds.—Voy. vol. I, p. 447.

François-de-Sales, b 1706; m [5] 9 avril 1742, à Marie-Thérèse LAMOTTE; s [5] 23 sept. 1752.—*Marie-Elisabeth*, b [5] 15 mai 1708; m [5] 10 février 1738, à Jean-François MARCOT; s [5] 10 déc. 1749. —*Jean-Baptiste*, b [5] 8 janvier 1713; m [5] 19 juillet 1751, à Marie-Louise MERCIER.—*Marie-Françoise*, b... m [5] 22 janvier 1742, à Gervais MARCOT.

1720, (6 février) Pte-aux-Trembles, Q.

II.—MOTARD, LOUIS-JOSEPH, [LOUIS I.
b 1699.

BERTRAND, Marie-Anne, [JEAN-FRANÇOIS II.
b 1697.

Marie-Anne, b... m 12 oct. 1744, à Joseph-Marie RICHARD, au Cap-Santé. [8] — *Marie-Madeleine*, b [8] 3 janvier et s [8] 1er mars 1725.—*Marie-Marguerite*, b [8] 21 janvier 1726. — *Gabriel* et *Adrien*, b [8] 9 dec. 1728.—*Joseph*, b... m [8] 11 janvier 1751, à Marie-Anne MARCOT.—*Jérôme*, b [8] 30 juillet 1730; s [8] 26 nov. 1733.—*Jean-Baptiste*, b [8] 2 mars 1732; s [8] 17 dec. 1735.—*Ambroise*, b [8] 26 sept. 1733.—*Marie-Thérèse*, b... m [8] 5 mars 1753, à Jean-François PETIT.—*Deux anonymes*, b [8] et s [8] 2 fevrier 1735.—*Augustin*, b [8] 24 août 1736 — *Marie-Joseph*, b [8] 6 mai 1738.

1742, (9 avril) Cap-Santé. [9]

II.—MOTARD (1), FRS-DE-SALES, [LOUIS I.
b 1706; s [9] 23 sept. 1752.

LAMOTTE, Marie-Thérèse. [JEAN II.

Jean-François, b [9] 20 février 1743.—*Marie-Thérèse*, b [9] 1er juin 1744.—*Joseph-Marie*, b [9] 4 fevrier 1746.—*François*, b [9] 24 fevrier 1748; m 22 août 1774, à Marie-Joseph RATIER, à Nicolet. —*Françoise*, b [9] 21 juillet 1750.

1751, (11 janvier) Cap-Santé. [1]

III.—MOTARD, JOSEPH. [LOUIS-JOSEPH II.

MARCOT, Marie-Anne. [JEAN II.

Joseph-Marie, b [1] 4 oct. 1751.—*Ambroise*, b [1] 12 mai 1753.—*Hyacinthe*, b 25 août 1757, à Deschambault.

1751, (19 juillet) Cap-Sante. [2]

II.—MOTARD, JEAN-BTE, [LOUIS I.
b 1713.

MERCIER, Marie-Louise, [ANTOINE II.
b 1730.

Jean-Baptiste, b [2] 11 avril 1752.—*Joseph* et *Marie-Rosalie*, b [2] 21 juillet 1754.

1774, (22 août) Nicolet.

III.—MOTARD, FRANÇOIS, [FRS-DE-SALES II.
b 1748.

RATIER, Marie-Joseph, [ANTOINE III.
b 1754.

MOTÈRE.—Voy. MOTTAIRE.

MOTERRE.—Voy. MOTTAIRE.

MOTTAIRE.—*Variations* : MOTÈRE — MOTERRE.

(1) Dit Lassol.

1761, (31 mars) Quebec. [1]

I.—MOTTAIRE (1), BERTRAND, b 1725; fils de Catelain et d'Anne Pullio, de St-Georges, Lyon, Lyonnois; s 29 mars 1781, à Montréal.

LIÉNARD (2), Marie-Louise, [JEAN-FRS III.
b 1731.

Bertrand, b [7] 15 février 1762. — *Marie-Louise*, b 18 mars 1764, à St-Antoine-Tilly.

MOTTARD.—Voy. MOTARD.

I.—MOUCHARD, JACQUES, fils de Jean et de Marguerite Norel, de Champlat.

1° DUFAUT (3), Marie-Joseph, [FRS-LÉONARD I.
b 1731; s 26 fevrier 1759, à la Pte-du-Lac. [1]

Catherine, b [1] 11 juin et s [1] 21 déc. 1755.—*Anonyme*, b [1] et s [1] 7 déc. 1756. — *Marie-Joseph*, b 24 sept. et s 2 oct. 1758, au Cap-de-la-Madeleine. [2] — *Anonyme*, b [2] et s [2] 24 sept. 1758.

1760, (18 août). [1]

2° OLIVIER, Marguerite. [JACQUES

MOUCHET.—Voy. BEAUDIEN.

MOUET. — *Variations et surnoms* : MOET — MOUETTE—D'ENGLADE — DE LA BORDE — DE LANGLADE — DEMORAS—LANGLADE—MORIAT

1668, (8 avril) Trois-Rivières. [6]

I.—MOUET (4), PIERRE,
b 1639; s [6] 24 nov. 1693.

TOUPIN, Marie, [TOUSSAINT I.
b 1651; s [6] 14 mars 1723.

Michel, b [6] 20 janvier 1679; m [6] 30 janvier 1726, à Catherine DESJORDIS; s [6] 3 mars 1757.—*Thérèse*, b [6] 14 mars 1688; m [6] 27 oct. 1715, à Michel TROTIER; s 7 janvier 1773, à la Baie-du-Febvre.

1694, (18 avril) Trois-Rivières. [7]

II.—MOUET (5), PIERRE, [PIERRE I.
b 1669; s [7] 31 oct. 1708.

JUTRAS, Elisabeth, [CLAUDE I.
b 1669; s [7] 11 mai 1705.

Marie-Joseph, b [7] 13 fevrier 1697; 1° m [7] 9 janvier 1718, à Joseph POTIER; 2° m 15 janvier 1748, à Joseph JUTRAS, à Nicolet. — *Didace*, b [7] 29 déc. 1701; m 2 juin 1727, à Louise DE LA PORTE, à Québec; s 3 sept. 1763, à Lachenaye. —*Augustin*, b [7] 16 sept. 1703; m 1728, à Domtilde ....

1726, (30 janvier) Trois-Rivières [6]

II.—MOUET (6), MICHEL, [PIERRE I.
b 1679; officier, s [6] 3 mars 1757.

DESJORDIS, Catherine, [FRANÇOIS I.
b 1699; s [6] 6 sept. 1755.

(1) Aussi appelé Barthelemi Moterre dit Francœur

(2) Dit Dubois; elle épouse, le 3 sept. 1781, Jean Wolcamp, à Montréal.

(3) Dit Lamarche.

(4) Sieur de Moras; voy. vol. I, p. 447.

(5) Sieur de Moras, officier dans les troupes de la marine voy. vol I, p 447.

(6) Sieur de Moras.

Catherine, b [6] 11 mars 1729; m [6] 19 mars 1763, à Jean-Baptiste Amiot.

1727, (2 juin) Québec.

III.—MOUET (1), Didace, [Pierre II.
b 1701; cadet; s 3 sept. 1763, à Lachenaye.
De la Porte (2), Marie-Louise, [Louis I.
b 1704; s 25 sept. 1752, à Montréal. [8]
Louis-Didace-Augustin, b 7 février 1729, aux Trois-Rivières. [9] — *Marie-Amable*, b [9] 2 février 1730. — *Antoine*, b [9] 13 mars 1731. — *François-Catherine*, b [9] 30 mars 1732.—*Marie-Marguerite*, b [9] 26 mars 1734; s 18 mai 1767, à l'Hôpital-Général, M. — *François*, b [9] 20 juillet et s [9] 19 sept. 1735. — *Louise*, b [8] 28 août 1736. — *Louis-Charles*, b [8] 12 nov. 1737. — *Joseph-Hector*, b [8] 7 mars 1739. — *Pierre-Joseph*, b [8] 31 juillet 1740; m 8 juillet 1771, à Marie-Catherine Tiriac, à Repentigny; s 25 oct. 1772, à l'Ile-Dupas. — *Anonyme*, b [8] et s [8] 2 février 1742. — *Pierre*, b [8] 2 et s [8] 19 janvier 1744.— *Jeanne-Apolline*, b [8] 20 mars et s [8] 10 juillet 1745. — .... b... s 29 oct. 1754, au Detroit.

1728.

III.—MOUET (3), Augustin, [Pierre II.
b 1703.
.........., Domitilde,
veuve de Jean-Baptiste Villeneuve.
Charles-Michel, b 9 mai 1729, à Michillimakinac [1], m [1] 12 août 1754, à Catherine-Ambroisine Bourassa; s janvier 1800, à la Baie-Verte.

1754, (12 août) Michillimakinac. [2]

IV.—MOUET, Charles-Michel, [Augustin III.
b 1729; s janvier 1800, à la Baie-Verte.
Bourassa, Catherine-Ambroisine. [René.
Louise-Domitilde, b [2] 30 janvier 1759, m [2] 8 août 1787, à Pierre Grignon.

1771, (8 juillet) Repentigny.

IV.—MOUET (4), Pierre-Joseph, [Didace III.
b 1740; s 25 oct. 1772, à l'Ile-Dupas.
Tiriac, Marie-Catherine. [François I.

MOUETTE.—Voy. Mouet.

MOUFFLETTE.—Voy. Mouflet.

MOUFLET.—Voy. Brassard.

MOUFLET. — *Variation et surnoms* : Mouflette—Brassard—Champagne

(1) Sieur de Moras—Moriat à la sépulture de son épouse.
(2) DeLouvigny.
(3) Sieur de Langlade; officier reformé commandant 200 sauvages des nations à l'entour de Michillimakinac; arriva à Montréal, le 23 juin 1759, et descendit de suite à Québec.
(4) Noyé vers Montréal et trouvé à l'Ile-Dupas.

1669, (19 août) Québec.

I.—MOUFLET (1), Jean,
b 1648.
Bodin, Anne,
b 1651.
Marie-Suzanne, b 22 février 1688, à Lachine; m 25 février 1710, à Vincent Henry, à Montréal.

1766, (11 août) Montréal.

I.—MOUFLET, Nicolas, b 1733; fils de Pierre-Nicolas et de Jeanne Meunier, de St-Paul, Paris.
Grégoire, Marie-Joseph,
b 1744.

MOUGON.—*Surnom* : Jarimeau.

1760, (15 sept.) Montréal.

I.—MOUGON (2), Michel, b 1725; fils de Charles (colonel de cavalerie) et de Blanche Colombe de Rasilly, de N.-D. de Niort, diocèse de Poitiers, Poitou.
Prudhomme, Marie-Amable, [Louis III.
b 1737; veuve de Louis Coulon.

MOUILLERON.—*Surnom* : Laliberté.

1729, (23 juin) Montréal. [5]

I.—MOUILLERON (3), Pierre, b 1708; fils de Pierre et de Jeanne Garine, de Messac, diocèse de Xaintes, Saintonge.
Périer (4), Marguerite, [Laurent I.
b 1708.
Louis, b 1730; s 25 oct. 1750, à St-Antoine-de-Chambly.—*Marguerite*, b 5 janvier 1735, à Laprairie; 1° m à Henri-Joseph Robert; 2° m [5] 8 janvier 1759, à Pierre Bossu.

MOUILLERON, Louis.
Olivier, Angélique.
Jean-Baptiste, b 12 oct. 1737, à Montréal.

MOULEVIN.—Voy. Colombe.

MOULIN.—Voy. Marin.

1700, (26 avril) Champlain.

I.—MOULIN, Pierre, sergent; fils de François et de Jeanne Nicolet.
Dandonneau, Renée, [Pierre I.
veuve d'Adrien Neveu.

MOULINEUF.—Voy. Dumoulineuf.

1757, (19 sept.) Québec.

I.—MOULU, Dominique, sergent; fils de Gaspard et d'Agathe Lacroix, de St-Nizier, diocèse de Lyon, Lyonnois.
Pelot, Madeleine, [Pierre I.
b 1718.

(1) Dit Champagne; voy. vol. I, pp. 447-448.
(2) De Jarimeau; seigneur de la Garde, capitaine du régiment de Berry.
(3) Dit Laliberté.
(4) Dit Olivier, elle épouse, le 21 oct. 1744, Jacques Coutaut, à Montréal.

MOUNIER.—Voy. MONIER.

MOURAND.—*Variations et surnoms :* MORARD —MORARE— MOURARD—LAFERME—LAFORME.

1731, (19 nov.) Québec. [8]

I.—MOURAND (1), FRANÇOIS, maitre-cordonnier ; fils de Jean et d'Anne Durand, de l'Ile-Ore, diocèse de Cavaillon, Venaissin.
LOISY (2), Angélique, [ETIENNE I. b 1711.
Marie-Angélique, b [8] 10 août 1732 ; m [8] 15 mai 1752, à Jean MOZIÈRES.—*François-Michel,* b [8] 29 sept. 1733.—*Pierre,* b [8] 11 mars 1735 ; m [8] 5 juillet 1762, à Elisabeth PARANT.—*Etienne,* b [8] 27 avril 1737 ; m [8] 5 oct. 1761, à Marie-Joseph LAMBERT.—*Louise,* b [8] 17 mai 1739.—*Jean-François,* b 7 mai 1742, à St-Michel ; s [8] 12 fevrier 1744.—*Marie-Charlotte,* b [8] 3 mai 1744.—*Jean-Baptiste,* b [8] 28 oct. 1746 ; s [8] 28 nov. 1748.—*Marie-Catherine,* b [8] 5 mai 1749 ; s [8] 8 dec. 1750.—*Jean-Baptiste,* b [8] 27 sept. 1752 ; m à Catherine CONNOR.

1761, (5 oct.) Quebec. [9]

II.—MOURAND (3), ETIENNE, [FRANÇOIS I b 1737.
LAMBERT (4), Marie-Joseph, [PIERRE-LOUIS III b 1740.
Etienne, b [9] 15 août 1762.—*Marie,* b... m [9] 20 janvier 1784, à Frederic SCHETKY.—*Françoise,* b... m [9] 30 oct. 1792, à Pierre LAURENT-LORTY.

1762, (5 juillet) Quebec. [1]

II.—MOURAND (3), PIERRE, [FRANÇOIS I. b 1735.
PARANT, Elisabeth, [PIERRE III. b 1743.
Elisabeth, b [1] 28 mars 1763.

II.—MOURAND (5), JEAN-BTE, [FRANÇOIS I. b 1752.
CONNOR, Catherine.
Catherine, b... m 31 janvier 1792, à François ROUSSEAU, à Quebec.

MOURARD.—Voy. MOURAND.

1762, (7 janvier) Montréal.

I.—MOURAS, NICOLAS, b 1726 ; fils de Nicolas et de Christine Paquinet, de St-Nicolas-de-Ropsy, diocèse de Toul, Lorraine.
DENIORT, Elisabeth, [JACQUES I. b 1728 ; veuve de Pierre Charles.

1744, (13 avril) Québec. [3]

I.—MOUREJEAU, JEAN, capitaine de navire ; fils de Jean et de Rose Rochet, de Ste-Anne, Ile-Guadeloupe.
BADEAU, Marie-Frse-Bazile, [JEAN-JACQUES IV. b 1728.

(1) Et Mourard dit Laferme.
(2) Dit Desrochers.
(3) Dit Laforme.
(4) Dit Champagne.
(5) Et Morare dit Laforme.

Jean-Jacques, b [3] 22 juin 1748.—*Marie-*, b [3] 20 juin 1752.

MOURIER.—Voy. MORIER.

MOURNÉ.—Voy. MORNAY.

MOURSIN.—Voy. LAJOIE — MANSEAU—MO ROBIDAS.

MOUSSARD, JEAN-FRANÇOIS.
ROUSSEL, Clotilde.
Marie-Louise, b 18 août 1759, à Beauport

MOUSSEAU.—Voy. MOUSSEAUX.

MOUSSEAUX.—*Variations et surnoms :* CEAU—MOUSSEAU—DESILETS—LAVIOLET

1658, (16 sept.) Montréal. [6]

I.—MOUSSEAUX (1), JACQUES, b 1631.
SAUVIOT, Marguerite, [J b 1643.
Françoise, b [6] 10 nov. 1659 ; m à Jean M VILLE ; s 16 mai 1743, à l'Ile-Dupas.

1694, (25 janvier) Boucherville. [6]

II.—MOUSSEAUX (2), JACQUES, [JACQ b 1665.
DAUNET (3), Marie-Anne, [ANTO b 1672.
Joseph, b [6] 7 juin 1697 ; m 5 fevrier 17 Marie-Madeleine DAVID, à Montréal.— *Jean tiste,* b 23 juin 1702, à Repentigny [7] ; m à leine LACROIX.—*Madeleine,* b 18 mars 1705 Pte-aux-Trembles, M. — *François,* b [7] 17 ja 1710 ; 1° m à Marie-Anne LAPORTE ; 2° m 17 Marie-Joseph CADERON.

1725, (5 fevrier) Montréal.

III.—MOUSSEAUX, JOSEPH, [JACQU b 1697.
DAVID, Marie-Madeleine, [JACQU b 1705.
Marie-Madeleine, b 5 oct. 1731, à L'Assomption.

MOUSSEAUX, JEAN, b 1690 ; meunier ; juillet 1715, à Montreal.

III.—MOUSSEAUX, JEAN-BTE, [JACQU b 1702.
LACROIX, Madeleine, b 1702 ; s 1er août 1782, à Repentigny.
Marie-Anne, b 1739 ; m à Jean CORSIN, janvier 1773.

III.—MOUSSEAUX (4), FRANÇOIS, [JACQU b 1710.
1° LAPORTE, Marie-Anne.

(1) Dit Laviolette ; voy. vol. I, p. 448.
(2) Dit Desilets ; voy. vol. I, p. 448.
(3) Aussi appelée Richard.
(4) Dit Desilets.

Marie-Anne (1), b 1737; m 21 janvier 1761, à Pierre GUYOT, à Montréal.—*Marie-Catherine*, b... m 22 janvier 1759, à François DELPÉE, à Lavaltrie.[5]

1743.

2° CADERON, Marie-Joseph.

Marie-Joseph, b [6] 25 mars 1744. — *Anonyme*. b [6] et s [6] 7 mai 1746. — *Elisabeth*, b 1747, m à Jean-Baptiste JOUBERT. — *Marie-Thérèse*, b [6] 8 oct. 1748; s [6] 4 juin 1751.—*Marie-Suzanne*, b [6] 28 déc. 1750. — *Marie-Thérèse*, b [6] 23 mai 1752. — *Marie-Archange*, b [6] 13 janvier 1754.— *Joseph-François*, b [6] 1er déc. 1755; m 1779, à Angélique-Madeleine RASSET.—*Marguerite*, b 11 août 1759, à St-Michel-d'Yamaska.

1754, (30 sept.) Rivière-des-Prairies.

I.—MOUSSEAUX (2), JEAN, fils d'Etienne et d'Anne Valée, de la Lagarche, diocèse de Paris.

FORGET, Marie-Catherine, [PIERRE III. b 1736.

Marie-Louise, b 1760; m 4 avril 1777, à Thomas REYDIS, à Montreal.

1754.

MOUSSEAUX, FRANÇOIS.

LARCHE, Marie-Therèse.

Marie, b... s 26 nov. 1755, à Lavaltrie.[6] — *François*, b [6] 13 nov. 1756.—*Joseph*, b [6] 30 juillet 1758.—*Charles*, b [6] 9 août 1760.

1765.

MOUSSEAUX, CHARLES.

LARCHEVÊQUE, Madeleine.

Jean-Baptiste, b 31 oct. 1766, à Repentigny.[2] — *Marie-Charlotte*, b [2] 25 mai 1768. — *Charles*, b [2] 1er et s [2] 16 juillet 1771.

MOUSSEAUX, JOSEPH.

LÉVESQUE, Angelique.

Joseph, b et s 2 mars 1782, à Repentigny.

1779.

IV.—MOUSSEAUX, JOSEPH-FRS, [FRANÇOIS III. b 1755.

RASSET, Angelique-Madeleine, b 1755; s 26 janvier 1793, à Repentigny.[6]

François, b [6] et s [6] 3 juillet 1780 — *François*, b [6] et s [6] 8 sept. 1781.—*Charles*, b [6] et s [6] 15 fevrier 1783. — *Marie-Madeleine*, b [6] 11 mars 1786. —*Charles*, b [6] et s [6] 2 sept. 1789.—*Marie-Joseph*, b [6] et s [6] 8 sept. 1790. — *Marie-Angélique*, b [6] 2 janvier 1791. — *François*, b [6] 22 et s [6] 23 dec. 1791.— *Anonyme*, b [6] et s [6] 8 janvier 1793.

1785.

MOUSSEAUX, JEAN.

LACROIX, Catherine.

Marguerite, b 25 mars 1786, à Repentigny.

---

(1) Mariée sous le nom de Desilets.

(2) Marie sous le nom de Manseau.

MOUSSEAUX (1), FRANÇOIS.

MOISAN, Marie.

Marie-Louise, b 5 mars 1794, à Repentigny.[8] — *Marie-Marguerite*, b [8] 21 sept. 1795.

MOUSSET.—Voy. MOUTELLE.

I.—MOUSSIN (2), THOMAS.

MOUSTIER.—Voy. GUYON.

I.—MOUTARDE (3), BALTHAZAR, b 1738; de Stembach, diocèse de Strasbourg, Alsace.

MOUTELLE.—*Surnoms* : MOISSET—MOUSSET.

1736, (30 juin) Batiscan.

I.—MOUTELLE (4), MICHEL, fils de Charles et de Julienne Lacroix, de Nesle, en Picardie.

CONTANT, Marie-Anne, [ANDRÉ II. b 1718; veuve de Noël Gugneu.

Charles-François, b 1er juin 1737, aux Trois-Rivières.[9] — *Michel*, b [9] 30 juin 1738, s [9] 25 juillet 1739.—*Michel*, b [9] 17 oct. 1739. — *Agathe*, b [9] 6 janvier 1741.—*Jean-André*, b [9] 19 août 1742.

I.—MOUTON, JACQUES.

CAISSY, Marguerite.

Marguerite, b... 1° m à Jean LOISEAU; 2° m 12 juillet 1763, à Armand ROBICHAU, à Québec.

1759, (29 janvier) Montréal.

I.—MOUTON, FRANÇOIS, b 1732, marchand et soldat; fils de Laurent et d'Elisabeth Heury, de St-Pierre-de-Bouillon, diocèse de Liège, en Belgique.

DUROUZEAU, Charlotte, [ANTOINE I. b 1741.

Louise, née 22 oct. 1773, à Miamis; b 1er mai 1775, au Detroit.

1729, (10 janvier) Montreal.[1]

I.—MOUTREL, RENÉ-ETIENNE, b 1699; fils de Pierre et de Jeanne Passereau, de St-Etienne, LaRochelle, Aunis.

JUILLET, Marie-Charlotte, [LOUIS II. b 1709; s [1] 13 avril 1740.

MOUTRET.—Voy. MANFRET.

MOUVIER.—*Surnom* : LESPÉRANCE.

1757, (14 fevrier) Québec.

I.—MOUVIER (5), JEAN, soldat; fils de Jacques et de Marie Olivier, de St-Martin, diocèse de Soissons, Ile-de-France.

LEMAY, Marie-Françoise, [JOSEPH III. b 1722.

---

(1) Dit Desilets.

(2) Ancien colon de St-Paul-de-Wallamette. Il était à *French Prairie*, en 1844

(3) Venu, en 1757, dans les ficheurs pris à Louisbourg. Il était soldat dans les troupes anglaises, en 1758.

(4) Dit Moisset et Mousset.

(5) Dit Lespérance.

I.—MOUX (1), JACQUES.

I.—MOYÉ (2), NICOLAS,
b 1633 ; s 19 sept. 1713, à Sorel.
BOETTE, Marie.

MOYEN.—*Variations :* LEMOYEN—MORIN.

I.—MOYEN (3), JEAN-BTE.
LEBRET, Elisabeth.
Elisabeth, b 1641 ; m 12 août 1657, à Lambert CLOSSE, à Montréal [1] ; s [1] 3 juin 1722.

1741, (4 mai) Rivière-Ouelle. [2]
I.—MOYEN (4), JEAN, fils de Louis et de Marie Gales, de Diclons, diocèse de Coutances, Normandie.
1° DELAVOYE, Marie-Françoise, [JEAN II.
b 1710.
Marie-Anne, b [2] 19 oct. 1742.—*Louise-Geneviève*, b [2] 11 mai 1745 ; s [2] 25 nov. 1759.—*Jean-Baptiste*, b [2] 14 avril 1746 ; m [2] 31 juillet 1769, à Judith GAGNON.—*Marie-Joseph*, b [2] 18 et s [2] 21 mai 1748.—*Antoine*, b [2] 16 sept. et s [2] 22 nov. 1750.—*Marie-Catherine*, b [2] 25 février 1753 ; m [2] 6 août 1781, à Julien HUDON.
1754.
2° EMOND, Cécile, [PIERRE I.
b 1704 ; veuve de Louis Dubé ; s [2] 21 février 1775.

I.—MOYEN (5), JACQUES-CHRISTOPHE.
CHIASSON, Marguerite. [MICHEL I.
Marie, b... m 11 janvier 1762, à Gabriel PICARD, à St-Pierre-du-Sud. [4] — *Marie-Françoise*, b... m 2 oct. 1769, à Jean-Marie GARIÉPY, à Lachenaye. [5] —*Joseph-Marie*, b [4] 7 avril et s [4] 15 mai 1749.—*Marie-Geneviève*, b [4] 6 juin 1750 ; m [5] 10 fevrier 1771, à Joseph GRATON.—*Marguerite*, b [4] 31 mars 1753 ; m [5] 6 fevrier 1769, à Joseph CHARBONNEAU ; s [5] 21 juin 1771.—*Pierre*, b 23 janvier 1755, à St-Frs-du-Sud ; m [5] 19 sept. 1780, à Marie-Joseph MANSEAU.—*Louis-Marie*, b [4] 27 août 1757 ; s [4] 12 sept. 1758.—*Jean-Baptiste*, b [4] 15 mai et s [4] 3 août 1759.—*Marguerite-Aimée*, b... m [5] 13 mai 1782, à Jacques FORTIN.—*Marie-Louise*, b... m à Louis-François LAURENDEAU.

1769, (31 juillet) Rivière-Ouelle.
II.—MOYEN (5), JEAN-BTE, [JEAN I.
b 1746.
GAGNON, Judith, [JOSEPH III.
b 1752.

1780, (19 sept.) Lachenaye. [6]
II.—MOYEN, PIERRE, [JACQUES-CHRISTOPHE I.
b 1755.
MANSEAU, Marie-Joseph, [JEAN-BTE III.
b 1756.

(1) Garde de M. le Général (17 janvier 1732, Lorette).
(2) Dit Grancé ; ancien soldat de Carignan.
(3) Voy. vol. I, p. 448.
(4) Lemoyen, 1750.
(5) Et Lemoyen.

Marie-Joseph, b [6] 9 août 1781.—*Marie-Angélique*, b [6] 28 sept. 1782.—*Pierre*, b [6] 2 mai 178 —*Jacques-Christophe*, b [6] 30 déc. 1785.

MOYNET.—Voy. MONET.

MOYSE.—Voy. DUPUY.

1752, (15 mai) Québec. [7]
I.—MOZIÈRES, JEAN, soldat ; fils de Guillaum et de Marguerite Chaumet, de Montagn diocèse de Perigueux, Périgord.
MOURAND (1), Marie-Angélique, [FRANÇOIS
b 1732.
Jean-François, b [7] 28 février 1753.

MULAIRE.—Voy. MALAIRE.

1756, (22 nov.) Montréal.
I.—MULLIGAN, ANDRÉ, b 1735 ; fils de Thom et de Marie Maguire, d'Irlande.
ROY, Marie-Joseph, [FRANÇOIS
b 1738.

MULOIS.—Voy. MULOIN.

MULOIN.— *Variations et surnom :* MULOIS—MULOUIN—NANTEL.

I.—MULOIN (2), JEAN.
FROGET, Marguerite, [NICOLAS
b 1666.
Jacques, b... m 14 janvier 1710, à Madelein Elisabeth GOULET, à St-François, I. J. ; s 7 ju 1756, à St-Henri-de-Mascouche.

1710, (14 janvier) St-François, I. J. [1]
II.—MULOIN (3), JACQUES, [JEAN
s 7 juin 1756, à St-Henri-de-Mascouche. [2]
GOULET, Madeleine-Elisabeth, [THOMAS I
b 1687 ; s 5 juin 1753, à Lachenaye. [3]
Jacques, b 1712 ; 1° m [3] 7 nov. 1735, à Mar Anne GARIÉPY ; 2° m [3] 19 août 1743, à Madelei PICARD ; s [3] 21 mars 1757. — *Marie-Renée*, b [1] janvier 1713, s [3] 27 avril 1741.—*François*, b [1] et s [1] 14 juin 1715. — *Marguerite*, b [1] 12 et s [1] juin 1715. — *Marie-Madeleine*, b [1] 25 mai 171 m [3] 12 juillet 1734, à Jean BOURGOIN ; s [2] 5 juill 1751.—*Elisabeth*, b 1717 ; m [3] 7 août 1741, à A toine CUSSON ; s [2] 15 février 1760. — *Suzann* b 1721 ; m [3] 31 août 1744, à Denis-Franço HUBERT.—*Pierre*, b 1722 ; m [3] 19 fevrier 1748, Marguerite DAUNAY ; s [2] 24 mars 1761. — *Théodore*, b [3] 3 mars 1728 ; m [3] 10 janvier 1752, Marie-Joseph HUBOU. — *Jean*, b... m 1750, à V ronique LEMARIÉ.—*Marguerite*, b [3] 12 sept. 173 m [3] 29 janvier 1753, à Laurent ARCHAMBAULT.

(1) Mariée sous le nom de Morard.
(2) Voy. vol. I, p. 448.
(3) Et Mulois—Mulouin.

1735, (7 nov.) Lachenaye. [6]

III.—MULOIN (1), JACQUES, [JACQUES II.
b 1712; s [6] 21 mars 1757.
1° GARIÉPY, Marie-Anne, [JEAN II.
b 1714; s [6] 5 avril 1742.
Marie-Marguerite, b [6] 7 août 1736; m [6] 20 oct. 1755, à Louis GOULET. — *Marie-Anne*, b 12 août 1738, à Terrebonne.—*Jacques*, b [6] 15 juillet 1740; s [6] 25 mars 1761.

1743, (19 août). [6]

2° PICARD (2), Madeleine, [PIERRE II.
b 1722.
Jacques, b [6] 26 août 1744; s [6] 22 juin 1749.—*Madeleine*, b... m [6] 31 juillet 1763, à Jean COTINAULT. — *Marie-Joseph*, b... m [6] 3 oct. 1768, à Dominique CHARBONNEAU.

1748, (19 février) Lachenaye. [4]

III.—MULOIN, PIERRE, [JACQUES II.
b 1722; s 24 mars 1761, à St-Henri-de-Mascouche. [5]
DAUNAY (3), Marguerite, [LOUIS II.
b 1732.
Pierre, b [4] 1er mars 1749. — *Marie-Marguerite*, b [4] 27 juillet 1750. — *Pierre*, b [4] 11 oct. 1751. — *Louis*, b [4] 9 avril 1753. —*Marie-Françoise*, b [5] 11 juin 1754; m [5] 20 juin 1774, à Jean-Baptiste RENAUD. — *Jean-Baptiste*, b [5] 16 juin et s [5] 18 juillet 1756. — *Rosalie*, b [5] et s [5] 17 nov. 1757.—*Joseph*, b [5] 27 août 1758; s [4] 26 juin 1770.

1750.

III.—MULOIN, JEAN. [JACQUES II.
LEMARIE, Veronique.
Marie-Véronique, b 29 juillet 1751, à Lachenaye. [6] — *Marie-Catherine*, b [6] 16 juillet 1752.—*Amable*, b 20 juin 1754, à St-Henri-de-Mascouche. [7] — *Marie-Archange*, b [7] 12 février 1757; m [7] 11 avril 1774, à Pierre ALARD. — *Marie-Véronique*, b [7] 12 juillet 1758. — *Marie-Françoise*, b [6] 1er oct. 1759.—*Jean-Baptiste*, b [6] 16 mars 1768.

1752, (10 janvier) Lachenaye.

III.—MULOIN, THÉODORE, [JACQUES II.
b 1728.
HUBOU, Marie-Joseph, [ATHANASE III.
b 1734.

MULOIN, JOSEPH.
MIMAUX, Elisabeth.
Joseph, b et s 10 oct. 1778, à Lachenaye.

I.—MULOT, CHARLES, b 1683; s 16 mars 1763, à l'Hôpital-Géneral, M.

(1) Marié Mulois dit Nantel

(2) Elle epouse, le 19 avril 1762, Ignace Crépeau, à Lachenaye

(3) Elle épouse, le 19 oct. 1761, Jean Chalifour, à St-Henri-de-Mascouche.

1761, (19 oct.) Bécancour.

I.—MULOT, OLIVIER, fils de Jacques (capitaine de vaisseau) et de Marie Tapin, de Granville, en Normandie.
LEMAY, Marie-Geneviève, [JOSEPH III.
b 1734.

MULOUIN.—Voy. MULOIN.

I.—MUNDO (1), JEAN, b 1729, de Satella, Ecosse; s 25 juillet 1758, à l'Hôpital-Géneral, M.

MUNIER.—Voy. MEUNIER.

MUNRO.—*Variation:* MONRO.

I.—MUNRO (2), GEORGES,
b 1747; Ecossais; s 18 mars 1777, à Québec [2] (dans l'église).
LACROIX, Judith,
b 1750; s [2] 22 juillet 1777.
Louise, b... m [2] 21 avril 1789, à Louis ROBITAILLE. — *Paul*, b 1774; s 21 avril 1776, à Ste-Foye.—*Catherine* (posthume), b [2] 3 juillet 1777.

1772.

I.—MUNRO (3), PHILIPPE, b 1736; de Kilmour, province de Ross, Ecosse.
GIRARD, Charlotte.
Charlotte, b 1773; m 10 nov. 1794, à Jean-Baptiste COTÉ, à Beaumont [8]; s [8] 18 août 1807.—*Louise*, b... m [8] 15 avril 1793, à Louis COTÉ.

I.—MURAULT (4), PIERRE.

MURETTE.—Voy. MARETTE.

1777, (28 avril) Québec.

I.—MURPHY, AUGUSTIN-JEAN-BTE, fils de Michel et d'Elisabeth Cakeron, de Canarie, Espagne.
DASYLVA, Marie. [JEAN-BTE III.

1778, (21 avril) St-Roch.

I.—MURRAY, MICHEL,
Irlandais.
SMITH (5), Helène,
Irlandaise.

MUSNIER.—Voy. MEUNIER.

MYOT.—Voy. MILLIOT.

MYOTTE.—Voy. MILLIOT.

I.—MYRE, JACQUES, b 1647; s 15 mars 1717, à Montreal.

MYVILLE.—Voy. MIVILLE.

(1) Soldat du régiment *Fortifo*.

(2) Et Monro.

(3) Soldat du 78e régiment écossais, en 1757, au siège de Quebec. Il s'etablit à St-Charles-Boyer. (Procès-verbaux).

(4) 22 mars 1664 (Registre du Conseil Souverain).

(5) Elle avait abjuré le protestantisme, le même jour, et son mariage fut réhabilité.

N

NADAL. — *Variation et surnom:* ADAL — ST. AMOUR.

1758, (10 janvier) Québec. [1]

I.—NADAL (1), ETIENNE, canonnier; fils d'Etienne et de Marie-Louise ......, de Merac, diocèse d'Auch, Gascogne.
HEURTAUT, Marie-Louise-Marguerite. [JEAN I.
Marie-Louise, b [1] 1er sept. 1757.—*Etienne,* b [1] 28 oct. 1758.

NADEAU. — *Variation et surnoms:* NADRO — BELHAIR—FORCIER—GRENIER—LAVIGNE.

I.—NADEAU (2), JOSEPH-OSANNY,
b 1637; s 12 février 1677, à Ste-Famille, I.O.[2]
ABRAHAM (3), Marguerite,
b 1645.
Jean, b [2] 22 avril 1669; m 1689, à Anne CASSÉ; s 1er mars 1735, à Beaumont. [3] — *Jean-Baptiste,* b 1670; m 30 oct. 1696, à Marie-Anne DUMONT, à St-Jean, I. O.; s 25 déc. 1745, à Berthier.—*Denis,* b 18 juin 1673, à Quebec; 1° m [3] 9 nov. 1695, à Charlotte CASSÉ; 2° m [3] 22 mai 1724, à Elisabeth LEROY; s 4 mars 1759, à St-Michel.—*François,* b... m 1699, à Marie DUQUET.

1689.

II.—NADEAU (4), JEAN, [JOSEPH-OSANNY I.
b 1669; s 1er mars 1735, à Beaumont. [4]
CASSÉ (5), Anne, [ANTOINE I.
b 1674; s 11 juin 1754, à St-Nicolas.
Jean-Baptiste, b 18 juin 1690, à Levis; s [4] 14 janvier 1716.—*Anonyme,* b et s 7 sept. 1702, à St-Laurent, I. O. [5] — *Jean-Baptiste,* b [5] 11 déc. 1703.—*Joseph,* b... s [5] 28 fevrier 1705.—*Anne,* b [6] 7 oct. 1706; 1° m 29 oct. 1720, à Augustin GUIGNARD, à Berthier; 2° m 1er août 1729, à Jean-Baptiste AYMARD, à Quebec.—*Elisabeth,* b [5] 27 juin 1709; m [4] 22 juillet 1727, à Pierre COUILLARD.

1695, (9 nov.) Beaumont. [1]

II.—NADEAU (4), DENIS, [JOSEPH-OSANNY I.
b 1673; s 4 mars 1759, à St-Michel. [2]
1° CASSÉ (5), Charlotte, [ANTOINE I.
b 1678.
Jean, b 1697; m [1] 13 janvier 1727, à Louise TURGEON; s [1] 15 juin 1769.—*Joseph,* b [1] 23 mars 1698; 1° m [1] 12 janvier 1723, à Angélique TURGEON; 2° m 25 mai 1751, à Marie-Anne HARNOIS, à Québec. [3] — *Alexis,* b [1] 26 fevrier 1701; m 15 février 1729, à Marie-Claire ALBERT, à Kamouraska [4]; s [4] 10 fèvrier 1766.—*Antoine,* b... 1° m [1] 6 mai 1726, à Marguerite TURGEON; 2° m à Charlotte HUBERT. — *Guillaume,* b [1] 3 déc. 1708; 1° m [1] 27 février 1737, à Therèse ROY; 2° m 1747, à Marie LAVIOLETTE.—*Marie-Madeleine,* b [1] 17 oct. 1717; m [3] 2 mai 1744, à François RIGAUD.

1724, (22 mai). [1]

2° LEROY, Elisabeth, [LOUIS II.
b 1701; s [1] 29 nov. 1771.
Geneviève, b [1] 4 août 1726; 1° m [1] 28 mai 1748, à Nicolas HÉLY; 2° m 1er oct. 1753, à Louis BÉLANGER, à Berthier.—*Elisabeth,* b [1] 1er fevrier 1728; m 21 sept. 1750, à Germain BERGEVIN, à Charlesbourg.—*Louise,* b [1] 2 nov. 1732; m 5 mars 1753, à Claude POLIQUIN, à St-Charles.—*Joseph-Marie,* b [1] 2 déc. 1734.—*François,* b [1] 21 mai 1736; m [2] 22 février 1762, à Marie-Louise AUBOIS —*Thérèse,* b [1] 29 mars 1738.—*Marie-Joseph,* b [1] 26 dec. 1739.—*Marie-Angélique,* b [1] 17 oct. 1742. —*Marie-Françoise,* b [1] 5 dec. 1744; s [1] 8 janvier 1745.—*Suzanne,* b [1] 24 mars 1746.—*Cécile,* b [1] 30 juin 1748.

1696, (30 oct.) St-Jean, I. O.

II.—NADEAU (1), JEAN-BTE, [JOSEPH-OSANNY I.
b 1670; s 25 déc. 1745, à Berthier. [1]
DUMONT, Marie-Anne, [JULIEN I.
b 1673; s [1] 13 janvier 1756.
Marie-Anne, b 27 janvier 1698, à St-Michel[2], 1° m [1] 29 oct. 1720, à Augustin GUIGNARD; 2° m 1er août 1729, à Jean-Baptiste EMOND, à Quebec.[3] — *Jean-Baptiste,* b [2] 21 sept. 1700; m [1] 25 nov 1721, à Marguerite CARBONNEAU.—*Geneviève,* b [3] 18 avril 1706; m 11 juin 1726, à Barthélemi CARBONNEAU, à St-Valier [4]; s [3] 11 déc. 1757.—*Marie-Thérèse,* b 1708; s [3] 9 juillet 1726 (de mort subite). —*Marie-Françoise,* b [1] 29 déc. 1710.—*Isabelle,* b... m [1] 17 mai 1734, à Jean HÉLY. — *Louis,* b... m [4] 17 mai 1734, à Elisabeth HÉLY. — *Ignace,* b [4] et s [4] 22 mai 1718.

1699.

II.—NADEAU, FRANÇOIS. [JOSEPH-OSANNY I.
DUQUET, Marie.
Olivier-François, b 1700; m 3 avril 1742, à Marguerite FORCIER, à St-Michel-d'Yamaska[2], s [2] 17 mars 1770.

I.—NADEAU (2), JEAN, b 1702; de St-Pierre, Oleron, Gascogne; s 21 août 1719, à Montreal.

1721, (25 nov.) Berthier. [2]

III.—NADEAU, JEAN-BTE, [JEAN-BTE II
b 1700.
CARBONNEAU (3), Marguerite, [PRISQUE I
b 1688.
Jean-Baptiste (posthume), b [2] 22 dec. 1722, m 1745, à Marthe FOURNIER.

(1) Et Adal dit St. Amour.
(2) Dit Lavigne; voy. vol. I, p. 449.
(3) Elle épouse, le 31 janvier 1678, Guillaume Chartier, à Ste-Famille, I. O.
(4) Voy. vol. I, p. 449.
(5) Et Lacasse.

(1) Voy. vol. I, p. 449.
(2) Soldat de la compagnie de Portneuf.
(3) Elle épouse, le 19 nov. 1726, Jean-Mario Boucher, à Berthier.

1723, (12 janvier) Beaumont. [8]

III.—NADEAU, Joseph, [Denis II.
b 1698.

1° Turgeon, Angélique, [Zacharie II.
b 1701 ; s 6 avril 1750, au Château-Richer. [9]

Marie-Angélique, b [8] 26 nov. 1723 ; m [8] 19 nov. 1742, à Jean Lecours. — *Joseph*, b [8] 12 juillet 1726 ; m 26 oct. 1750, à Marie-Louise Nolin, à St-Pierre, I. O. — *Marie-Angélique*, b... m [9] 28 sept. 1750, à Louis Jobidon. — *Marie-Louise*, b [8] 15 fevrier 1729 ; m [8] 10 juin 1748, à François Labrecque.—*Marie-Angélique*, b 12 avril 1731, à St-Nicolas [7] ; s [7] 18 janvier 1732.—*Alexandre*, b [8] 24 nov. 1732 ; m 17 janvier 1757, à Thérèse Destoismaisons-Picard, à St-Pierre-du-Sud. — *Ambroise*, b [8] 10 oct. 1734 ; m 22 nov. 1756, à Marie-Jeanne Harnois, à St-Charles. [6] — *Marie-Thérèse*, b [8] 27 mars 1740 ; m 1756, à Louis Dubé.

1751, (25 mai) Quebec.

2° Harnois, Marie-Anne, [Laurent II.
b 1710 ; veuve de Pierre Granet ; s [6] 20 mars 1760.

Jean-Baptiste, b [6] 11 oct. 1752 ; s [6] 31 mars 1753.—*Charles*, b [6] 20 avril 1755.

1726, (6 mai) Beaumont. [7]

III.—NADEAU, Antoine. [Denis II.

1° Turgeon, Marguerite, [Zacharie II.
b 1711 ; s [7] 8 nov. 1763.

François-Etienne, b [7] 12 février 1727 ; m 20 janvier 1748, à Geneviève Martineau, à St-Nicolas. [8]—*Antoine*, b [7] 10 mars 1728 ; 1° m 9 fevrier 1750, à Marie-Louise Tardif, à Lévis [9] ; 2° m [9] 31 mars 1761, à Thérèse Marchand. — *Marguerite*, b [7] 26 avril et s [7] 29 juillet 1729. — *Marie*, b [7] 27 juillet 1730 ; m [8] 8 nov. 1751, à Louis Fréchet. — *Louis*, b [8] 7 janvier 1732 ; m 7 août 1753, à Françoise Cazeau, au Château-Richer. — *Marie-Anne*, b [8] 18 nov. 1733 ; s [8] 2 janvier 1734. — *Marie-Geneviève*, b [7] 9 dec. 1734.—*Joseph*, b [8] 14 oct. 1736 ; m 1776, à Angélique DeLessard — *Louis-Alexandre*, b [8] 20 avril 1738. — *Anonyme*, b [8] et s [8] 17 mai 1739. — *Jean-Baptiste*, b [8] 2 fevrier 1741. — *Geneviève*, b [8] 3 juillet 1742 ; m [8] 19 sept. 1757, à Louis-Alexandre Marion ; s 19 nov. 1763, à St-Antoine-Tilly. — *Marguerite-Louise*, b [8] 4 juillet 1748 ; m [7] 17 oct. 1764, à Jean-Baptiste Couture ; s [7] 11 mai 1817.—*Marie-Thérèse*, b [8] 19 oct. 1749 ; m à Guillaume Gosselin.—*Théotiste*, b [8] 21 juin 1753 ; s [8] 30 oct. 1754.

2° Hubert, Charlotte, [Simon II.
b 1702 ; s [7] 19 déc. 1779.

1727, (13 janvier) Beaumont. [7]

III.—NADEAU, Jean, [Denis II.
b 1697 ; s [7] 15 juin 1769.

Turgeon, Louise, [Zacharie II.
b 1706 ; s [7] 1er juin 1791.

Louise, b [7] 13 oct. 1727 ; s [7] 3 oct. 1733.—*Charlotte*, b [7] 23 fevrier 1729 ; m [7] 20 nov. 1758, à Jean Bussière.—*Marie-Madeleine*, b [7] 14 juillet 1732 ; s [7] 11 oct. 1733.—*Marie-Anne*, b [7] 6 et s [7] 12 fevrier 1734.—*Joseph*, b [7] 19 avril 1735.—*Zacharie*, b [7] 15 nov. 1737 ; m [7] 10 janvier 1763, à Françoise Gosselin.—*Jean-Baptiste*, b [7] 25 avril 1740 ; m [7] 5 mars 1764, à Marie-Anne Boilard.—*Marie-Anne*, b [7] 20 dec. 1743 ; s nov. 1759, à St-Charles. —*Joseph-Charles*, b [7] 13 mai 1746 ; s [7] 19 avril 1750.

1729, (15 février) Kamouraska. [5]

III.—NADEAU, Alexis, [Denis II.
b 1701 ; s [5] 10 fevrier 1766.

Albert, Marie-Claire, [Pierre I.
b 1709 ; s [5] 2 déc. 1774.

Marie-Claire, b [5] 21 fevrier 1730 ; m 1751, à Jean-Timothee Levasseur.—*Louis*, b [5] 18 oct. et s [5] 2 nov. 1731.—*Marie-Catherine*, b [5] 9 nov. 1732 ; m [5] 6 fevrier 1764, à Etienne Tardif.—*Alexis*, b [5] 24 juin 1734 ; m [5] 22 oct. 1758, à Marie-Ursule Dumont.—*Véronique*, b... m [5] 23 janvier 1758, à Joseph Michaud.—*Louis*, b [5] 5 fevrier 1737 ; m [5] 25 fevrier 1759, à Geneviève Michaud. — *Marthe-Judith*, b [5] 2 janvier 1739. — *Marie-Catherine*, b [5] 15 juillet 1742. — *Jean-Baptiste-Gabriel*, b [5] 15 juillet 1742 ; m [5] 12 janvier 1767, à Marie-Rose Ouellet.—*Marie-Joseph*, b [5] 10 fevrier 1745.—*Marie-Rose*, b [5] 9 avril 1747 ; m [5] 9 nov. 1767, à Benjamin De la Bourlière ; s [5] 13 fevrier 1776.—*Marie-Anne*, b [5] 9 avril 1747 ; s [5] 21 sept. 1755.—*Joseph*, b... m [5] 26 nov. 1770, à Marie-Joseph Paradis.

1732, (8 nov.) Lévis.

III.—NADEAU (1), Louis, [Jean II.
b 1712.

Duquet, Geneviève, [Jean-Bte III.
b 1714 ; s 10 juin 1785, à St-Augustin.

Louis, b 7 août 1735, à St-Valier ; 1° m 13 oct. 1755, à Geneviève Dorval, à St-Pierre, I. O. ; 2° m 17 oct. 1757, à Marie-Madeleine Giguère, à Ste-Famille, I. O.—*Marie-Anne*, b 1er août 1740, à St-Thomas [2] ; s [2] 26 juin 1743.—*Simon*, b 28 oct. 1742, à Québec. [3]—*Jean-Baptiste*, b [3] 23 mars 1744.—*Geneviève*, b 24 fevrier 1746, au Château-Richer [4] ; s [4] 30 dec. 1748.—*Elisabeth*, b [4] 26 janvier et s [4] 28 fevrier 1748.—*Geneviève-Brigitte*, b [4] 3 mai 1751.—*Suzanne*, b [3] 17 janvier 1754.

1734, (17 mai) St-Valier. [6]

III.—NADEAU, Louis. [Jean-Bte II.

Hély, Elisabeth, [François II.
b 1714.

Marie-Elisabeth, b 11 mars 1735, à Berthier [7] ; m [7] 30 avril 1750, à Jean-Baptiste Guignard.—*Louis*, b [6] 17 dec. 1736 ; m [7] 21 oct. 1765, à Marie-Joseph Bilodeau.—*Jean-Baptiste*, b [7] 7 janvier 1739 ; m [7] 26 oct. 1761, à Marie-Joseph Balan ; s 3 avril 1819, à Beaumont.—*François-Xavier*, b... s [7] 12 fevrier 1743.—*Antoine-Cyriac*, b [7] 8 août 1742 ; s [7] 23 dec. 1749.—*Marie-Joseph*, b [7] 23 mars 1744 ; s [7] 21 dec. 1749.—*Joseph-Marie*, b [7] 3 juin 1746.—*Jean-François*, b [7] 22 mars 1748 ; s [7] 4 juin 1749.—*Jean-Valier*, b [7] 18 fevrier 1751 ; m [7] 7 nov. 1780, à Marie-Geneviève Dagneau. — *Charles*, b [7] 11 mars 1752.—*Marie-Marthe*, b [7] 30 juillet 1755 ; s [7] 9 oct. 1758.—*Dorothée*, b [7] 8 mars 1757 ; s [7] 6 nov. 1758.

(1) Contre-maître au Petit-Pré.

1737, (27 fevrier) Beaumont. [4]
III.—NADEAU, GUILLAUME, [DENIS II.
b 1708.
1° ROY, Thérèse, [GUILLAUME II.
s [4] 3 avril 1746.
Marie-Catherine, b [4] 30 mars 1738; m 11 oct. 1763, à Antoine GIRARD, à Lévis. — *Marie-Thérèse*, b [4] 22 fevrier 1739; s [4] 6 mai 1741.—*Joseph-Marie*, b [4] 20 mars 1740. — *Jean-Baptiste*, b [4] 23 fevrier 1742. — *Marie-Louise*, b [4] 3 août 1744.—*Alexandre*, b [4] 19 mars 1746.
1747.
2° LAVIOLETTE, Marie.
Marie, b [4] 6 et s [4] 10 juillet 1748. — *Marie-Joseph*, b [4] 28 sept. 1749; 1° m à Jean-Charles DE LA HOUSSAYE; 2° m 17 mai 1774, à Basile GOSSELIN, à Québec. — *Marie*, b 14 fevrier 1751, à St-Charles.[5]—*Charles*, b [5] 11 août 1752; s [5] 24 janvier 1758.— *Marie-Anne*, b [5] 21 juillet 1754.—*Pétronille*, b [5] 17 fevrier 1757.—*Guillaume*, b [5] 8 février 1759.

1742, (3 avril) St-Michel-d'Yamaska. [2]
III.—NADEAU, OLIVIER-FRS, [FRANÇOIS II.
b 1700; s [2] 17 mars 1770.
FORCIER, Marguerite, [JACQUES II.
b 1727.
Marguerite, b 16 mars 1745, à St-Frs-du-Lac[3]; 1° m à Guillaume CAMERON; 2° m [2] 19 juin 1769, à François GUYON. — *Cécile*, b [2] 27 mars 1747.—*François*, b [2] 19 juillet 1750.— *Marie-Angélique*, b [2] 29 mars 1753; s [2] 27 sept. 1756. — *Marie-Agathe*, b [2] 1er mars 1759; s [3] 20 juillet 1762.—*Jean*, b [2] 16 mai 1762.

1745.
IV.—NADEAU, JEAN-BTE, [JEAN-BTE III.
b 1722.
FOURNIER (1), Marthe, [SIMON.
b 1727.
Jean-Baptiste, b... 1° m 12 janvier 1767, à Marguerite LEVASSEUR, à Kamouraska; 2° m 11 mai 1795, à Madeleine TOUIN, à Repentigny.—*Joseph*, b 15 oct. 1748, à Berthier[1]; m 10 nov. 1777, à Marie-Joseph ROUILLARD, à Montréal. [8]— *Marie-Marthe*, b [1] 20 février 1750; m [8] 12 janvier 1778, à Guillaume PERRAULT. — *Pierre*, b [1] 11 février 1752.—*Pierre*, b [1] 1er avril 1754.— *Louis-Alexandre*, b [1] 3 mai 1755.—*François-Simon*, b [1] 25 février et s [1] 29 mars 1757. — *Prisque*, b [1] 26 janvier et s 22 juillet 1758, à St-Pierre-du-Sud.[2] —*Charles*, b [2] 14 juillet et s [2] 29 août 1759.

1748, (20 janvier) St-Nicolas.
IV.—NADEAU, FRS-ETIENNE, [ANTOINE III.
b 1727.
MARTINEAU, Marie-Geneviève, [JOSEPH II.
b 1732.
Marie-Geneviève, b 4 mars 1751, à Lévis[2]; m 22 février 1773, à Jean-Alexis DOYON, à St-Joseph-Beauce. [3]—*Marie-Joseph*, b [2] 11 avril 1752. — *François*, b... m à Marie-Marthe VALLÉE.—*Véronique*, b [2] 24 mars 1754.—*Etienne* (2), b [2] 18 avril 1755; m [3] 12 oct. 1778, à Marguerite LAMBERT. — *Brigitte*, b 28 février 1758, à Québec.—*Jean-Baptiste*, b [3] 9 janvier et s [3] 18 juillet 1761 —*Marguerite*, b [3] 9 juin 1762.—*Catherine*, b [3] 2[illegible] oct. 1765. — *Charles*, b [3] 12 avril 1767. —*Marie-Ursule*, b [3] 5 mars 1770. — *Marie-Anne*, b [3] [illegible] février et s [3] 18 sept. 1773. — *Jean-Alexis*, b [3] 3[illegible] mars 1775.—*Antoine*, b [3] 15 déc. 1776.

(1) Elle épouse, le 27 avril 1772, Joseph Morin, à Montréal.
(2) A ce baptême la mère est appelée Lormière.

1749, (1er nov.) Ile-aux-Coudres. [1]
I.—NADEAU (1), JOSEPH, fils de Bernard et de Jeanne Sautant, de St-Paul, en Guyenne.
DEDIEN, Felicite, [ETIENNE II
b 1731.
Marie-Félicité, b 8 et s 19 juillet 1752, à Québec. [2] — *Marie-Elisabeth*, b [2] 8 juillet 1752—*Joseph*, b [1] 31 mars 1754.—*Etienne-Bernard*, b [1] 21 mars 1756.

1750, (9 février) Lévis [6]
IV.—NADEAU, ANTOINE, [ANTOINE III
b 1728.
1° TARDIF, Marie-Louise, [PIERRE III
b 1730.
Marie-Louise, b [6] 26 juin 1751.—*Marc-Antoine* b [6] 22 avril 1753.—*Pierre*, b [6] 5 janvier 1757.—*Geneviève*, b [6] 4 mars 1759.
1761, (31 mars) [6]
2° MARCHAND, Thérèse, [LOUIS II
b 1723; veuve de Jacques Poulin de Granville.
Pierre, b [6] 19 juin 1763 —*Marie-Joseph*, b [6] [illegible] et s [6] 21 avril 1765.—*Thérèse*, b... m à Charles GRENET.

1750, (26 oct.) St-Pierre, I. O.
IV —NADEAU, JOSEPH, [JOSEPH III
b 1726.
NOLIN, Marie-Louise, [GUILLAUME II
b 1726.
Joseph, b 14 nov. 1751, à St-Charles. [7] — *Jean-Baptiste*, b [7] 31 mai et s [7] 15 sept. 1753.—*Marie-Geneviève*, b [7] 9 fevrier 1755; s [7] 17 déc. 1758.—*Anonyme*, b [7] et s [7] 18 sept. 1756.—*Anonyme*, b [7] et s [7] 9 sept. 1757.—*Marie-Joseph*, b [7] 18 fevrier 1759; m 14 mai 1781, à Jean-Baptiste JOUBERT à Montréal.

1753, (7 août) Château-Richer.
IV.—NADEAU, LOUIS, [ANTOINE III
b 1732.
CAZEAU, Françoise, [JEAN I
b 1735.
François, b 6 oct. 1754, à St-Nicolas[9]; s [9] 1[illegible] oct. 1755.—*Louis*, b [9] 8 fevrier 1756.—*Alexandre* b [9] 3 mai 1757.—*Marie-Francoise*, b [9] 24 avril 1759.—*Ignace*, b [9] 8 février 1761.—*Joseph*, b [9] [illegible] nov. 1762.

1753, (29 oct.) St-Michel. [1]
III.—NADEAU, DENIS, [DENIS II
b 1731.
GOSSELIN, Elisabeth, [PIERRE-JOSEPH III
b 1733.

(1) Dit Belhair; capitaine de navire.

Denis, b 19 oct. 1754, à Beaumont.[2] — *Marie-Elisabeth*, b [2] 4 oct. 1756 ; s [2] 13 juillet 1758. — *François*, b [1] 14 sept. 1758 ; s [2] 6 mars 1761. — *Marguerite*, b 1760 ; m 20 juillet 1784, à Jean-Baptiste JARNAC, à Québec.—*Marie-Joseph*, b... m [2] 22 août 1785, à Pierre-Noël MERCIER.

1755, (13 oct.) St-Pierre, I. O.
IV.—NADEAU (1), LOUIS, [LOUIS III.
b 1735.
1° DORVAL, Geneviève, [JEAN-BTE IV.
b 1734.
1757, (17 oct.) Ste-Famille, I. O. [4]
2° GIGUÈRE, Marie-Madeleine, [JOSEPH III.
b 1739.
Louis, b [4] 15 oct. 1758 ; m 26 juin 1775, à Angelique ALAIRE, à St-François, I. O.[5] — *Joseph*, b [4] 26 mars 1760.—*Marie-Angélique*, b [5] 6 avril 1761.—*Marie*, b [5] 18 avril et s [5] 21 mai 1762.—*Marie-Joseph*, b [5] 20 avril 1763 ; 1° m [5] 12 nov. 1781, à Charles GUÉRARD ; 2° m 30 juillet 1793, à Augustin GINGRAS, à Quebec.—*Marie-Louise*, b [5] 20 mai et s [5] 5 juillet 1765.—*Geneviève*, b [5] 5 mai 1766.—*Jean-Baptiste*, b [5] 3 août 1768 ; s [5] 16 février 1770.—*Pierre*, b [5] 26 nov. 1770.—*Jean-Baptiste*, b [5] 30 oct. 1772 ; s [5] 8 janvier 1773. — *Simon*, b [5] 7 nov. 1773 ; s [5] 5 fevrier 1774.—*Jean-Baptiste*, b [5] 21 mai 1775.

1756, (22 nov.) St-Charles.[9]
IV.—NADEAU, AMBROISE, [JOSEPH III
b 1734.
HARNOIS, Marie-Jeanne, [LAURENT II.
b 1723.
Marie, b [9] 5 mars et s [9] 27 avril 1758. — *Thérèse*, b [9] 4 mars et s [9] 6 avril 1759.

1757, (17 janvier) St-Pierre-du-Sud.
IV.—NADEAU, ALEXANDRE, [JOSEPH III.
b 1732.
DESTROISMAISONS (2), Thérèse. [FRANÇOIS III.
Thérèse, b 4 février 1759, à Beaumont.

1758, (22 oct.) Kamouraska.[5]
IV.—NADEAU, ALEXIS, [ALEXIS III.
b 1734.
DUMONT, Marie-Ursule, [MICHEL II.
b 1737.
Marie-Rose, b [5] 21 juillet 1761.—*Alexis*, b [5] 11 juillet 1762.—*Bénoni*, b [5] 25 mars 1764. —*Marie-Régis*, b [5] 14 juin 1767. — *Marie-Anne*, b [5] 9 oct. 1768.—*Joseph*, b [5] 29 juin 1770.—*Michel*, b [5] 15 février 1772.

1758.
NADEAU, JEAN-BTE.
LAPRISE, Geneviève.
Geneviève, b nov. et s 14 déc. 1758, à Lévis.

1759, (25 février) Kamouraska.[9]
IV.—NADEAU, LOUIS, [ALEXIS III.
b 1737.
MICHAUD, Geneviève, [JOSEPH III.
b 1735.

Louis, b... m [9] 19 février 1781, à Rose NORMANDIN.—*Marie-Joseph*, b [9] 28 juin 1761.—*Marie-Geneviève*, b [9] 13 février 1763.—*Germain*, b [9] 22 déc. 1764 ; s [9] 7 mars 1767. — *Marie-Rose*, b [9] 10 sept. 1766 ; m à Isidore CHASSÉ. — *Jean*, b [9] 28 juillet 1768.—*Bénoni*, b [9] 11 août 1770.

1761, (26 oct.) Berthier.[9]
IV.—NADEAU, JEAN-BTE, [LOUIS III.
b 1739 ; s 3 avril 1819, à Beaumont.[8]
BALAN-LACOMBE, Marie-Joseph, [JOSEPH III.
b 1739 ; s [8] 21 mai 1814.
Jean-Baptiste, b [9] 28 août 1762.—*Louis*, b [9] 16 mars 1764.—*Marie-Joseph*, b [9] 9 déc. 1765 ; s [9] 10 mai 1767. — *Marie-Antoinette*, b [9] 18 mai 1767.—*Augustin*, b 1768 ; s [9] 24 août 1773. — *Marie-Marguerite*, b [9] 12 oct. 1769. — *Marie-Geneviève*, b [9] 15 janvier 1774.—*Joseph-Marie*, b [9] 26 fevrier 1776 ; s [9] 10 juillet 1777.— *Gabriel-Amable*, b [9] 9 oct. 1782.

1762, (22 février) St-Michel.[8]
III.—NADEAU, FRANÇOIS, [DENIS II.
b 1736.
AUBOIS, Marie-Louise, [CHARLES II.
b 1739.
Jean-François, b [8] 28 nov. 1762 ; m 23 février 1789, à Louise MORIER, à Quebec. — *Joseph*, b 6 nov. 1772, à St-Charles-Boyer ; m 27 oct. 1800, à Marie SAUVAGE, à Montreal ; s 16 juin 1853, à Ottawa.

1763, (10 janvier) Beaumont.
IV.—NADEAU, ZACHARIE, [JEAN III.
b 1737.
GOSSELIN, Françoise, [JOSEPH III.
b 1738.

1764, (5 mars) Beaumont.[9]
IV.—NADEAU, JEAN-BTE, [JEAN III.
b 1740.
•BOILARD, Marie-Anne, [MATHURIN II.
b 1745 ; s [9] 17 oct. 1828.
Apolline-Angélique, b 1766 ; m [9] 23 janvier 1787, à Charles COUILLARD ; s [9] 21 juin 1798.—*Jean-Baptiste*, b... m [9] 12 fevrier 1787, à Marie-Joseph BOUCHER ; s [9] 23 mai 1795.— *Judith*, b... m [9] 18 janvier 1802, à Antoine FOURNIER.— *Joseph*, b... m [9] 6 fevrier 1809, à Marie LAISNÉ.

NADEAU, FRANÇOIS.
BAUDRY, Marie-Joseph.
François, b 1765 ; s 29 juin 1775, à Repentigny.[1] — *Paschal*, b [1] et s [1] 27 juillet 1775.

1765, (21 oct.) Berthier.[2]
IV.—NADEAU, LOUIS, [LOUIS III.
b 1736.
BILODEAU, Marie-Joseph, [JEAN-BTE IV.
b 1746.
Marie-Joseph, b [2] et s [2] 29 nov. 1766. — *Marie-Joseph*, b [2] 27 oct. 1767. — *Joseph-Marie*, b [2] 24 janvier 1772. — *Gabriel*, b [2] 5 fevrier 1774.— *Charles-Prisque*, b [2] 25 février 1776. — *Marie-Thérèse*, b [2] 13 et s [2] 28 sept. 1778. — *Geneviève*,

(1) Dit Meunier.
(2) Dit Picard.

b [2] 9 oct. 1779. — *Marie-Geneviève*, b [2] 9 avril 1782.

1766, (3 février) Terrebonne.

I.—NADEAU, ANTOINE, fils de Pierre et de Marie Pacot, du diocèse d'Angoumois.
RITIER, Marguerite. [FRANÇOIS-JEAN-BTE I.

1767, (12 janvier) Kamouraska.[9]

IV.—NADEAU, JEAN-BAPTISTE (1), [ALEXIS III. b 1742.
OUELLET, Marie-Rose, [ANDRÉ III. b 1739.
Marie-Rose, b [9] 3 août 1768. — *Gabriel*, b [9] 11 avril 1771.

1767, (12 janvier) Kamouraska.

V.—NADEAU, JEAN-BTE. [JEAN-BTE IV.
1° LEVASSEUR, Marguerite, [PIERRE. veuve d'André Ouellet.
1795, (11 mai) Repentigny.
2° TOUIN, Madeleine. [GERMAIN III.

1770, (26 nov.) Kamouraska.

IV.—NADEAU, JOSEPH. [ALEXIS III.
PARADIS, Marie-Joseph, veuve de Jean-Baptiste Roy.

1772.

V.—NADEAU, FRANÇOIS. [FRS-ETIENNE IV.
VALLÉE, Marie-Marthe.
Marie-Marthe, b 23 oct. 1773, à St-Joseph, Beauce.[5] — *Claire-Félicité*, b [5] 21 août 1775.

1775, (26 juin) St-François, I. O.

V.—NADEAU, LOUIS, [LOUIS IV. b 1758.
ALAIRE, Angélique, [JOSEPH III. b 1753.

NADEAU, LOUIS.
TOUSIGNAN, Marie-Joseph.
Marie-Céleste, b 17 février 1775, à Lachenaye.

1776.

IV.—NADEAU, JOSEPH, [ANTOINE III. b 1736.
DELESSARD, Angélique, [GABRIEL IV. b 1758.
Joseph, b 24 août 1777, à St-Joseph, Beauce.

1777, (10 nov.) Montréal.[2]

V.—NADEAU, JOSEPH, [JEAN-BTE IV. b 1748.
ROUILLARD (2), Marie-Joseph, [PIERRE III. b 1757.
Pierre, b [2] 2 avril 1783.

(1) En marge "Gabriel."
(2) Dit Gauvin.

1778, (12 oct.) St-Joseph, Beauce.[1]

V.—NADEAU, ETIENNE, [FRS-ETIENNE IV. b 1755.
LAMBERT, Marguerite, [PIERRE-JOSEPH III. b 1757.
Marie-Marguerite, b [1] 24 juillet 1779.

1780, (7 nov.) Berthier.

IV.—NADEAU, JEAN-VALIER, [LOUIS III. b 1751.
DAGNEAU, Marie-Geneviève, [JOSEPH II. b 1759.

1781, (19 février) Kamouraska.

V.—NADEAU, LOUIS. [LOUIS IV.
NORMANDIN, Marie-Rose. [BARTHÉLEMI II.

1783.

NADEAU (1), NICOLAS.
LAPERCHE, Therèse.
Thérèse, b et s 20 avril 1784, à Repentigny.[2] — *Nicolas*, b [2] 3 juin 1789. — *Joseph*, b [2] 16 juin 1791.—*Marie-Thérèse*, b [2] 9 sept. 1792.

1787, (12 février) Beaumont.[1]

V.—NADEAU, JEAN-BTE, [JEAN-BTE IV. s [1] 23 mai 1795.
BOUCHER, Marie-Joseph, [ETIENNE IV. b 1758 ; s [1] 29 mars 1817.

1789, (23 février) Québec.

IV.—NADEAU, JEAN-FRANÇOIS, [FRANÇOIS III. b 1762.
MORIER, Louise. [JEAN-BTE III.

NADEAU, JEAN-BTE.
DAGUILLE, Angélique.
Bonaventure, b 7 avril 1790, à Lachenaye.

1800, (27 oct.) Montréal.[1]

IV.—NADEAU, JOSEPH, [FRANÇOIS III. b 1772 ; brasseur ; s 16 juin 1853, à Ottawa[2]
SAUVAGE, Marie, [PIERRE. s [3] 16 juillet 1832.
Narcisse, b [1] 16 oct. 1810 ; 1° m 10 mai 1842, à Marie-Louise PHILIBERT, à St-Louis, Mo.[3] ; 2° m [1] sept. 1853, à Julie-Virginie SANGUINET.

1809, (6 février) Beaumont.

V.—NADEAU, JOSEPH. [JEAN-BTE IV.
LAISNÉ, Marie. [JEAN-MARIE.

1842, (10 mai) St-Louis, Mo.[4]

V.—NADEAU, NARCISSE, [JOSEPH IV. b 1810.
1° PHILIBERT, Marie-Louise, [JOSEPH. s [4] 4 mai 1851.
1853, (sept.)[4]
2° SANGUINET, Julie-Virginie, [CHARLES IV. b 1828.

NADEREAU.—Voy. NARDERAU.

(1) Et Nadro.

NADON.—*Surnom :* LÉTOURNEAU.

1711.

I.—NADON (1), PIERRE,
b 1669; s 26 déc. 1739, à St-François, I. J. [7]
LABELLE, Catherine.
Marie-Catherine, b [7] 5 février 1712; m [7] 25 février 1734, à François BÉLANGER.—*Angélique*, b [7] 3 oct. 1713; m [7] 24 janvier 1735, à Joseph-Cécile LAPORTE.—*Joachim*, b [7] 5 avril 1715; m [7] 8 août 1740, à Reine TRÉPAGNY.—*Marie-Joseph*, b [7] 22 juillet 1716; m 1744, à Jean SÉGUIN; s 13 janvier 1761, à St-Vincent-de-Paul.—*Madeleine*, b... m 1743, à François GAUTIER.—*Jean-Baptiste*, b 1725; s [7] 1er avril 1733.—*André*, b... m 13 juin 1746, à Marguerite MAISONNEUVE, à Ste-Rose. [8] — *Pierre*, b... m [8] 19 fevrier 1749, à Catherine MAISONNEUVE.—*Jean-Baptiste*, b... m 1753, à Louise GAGNON. — *Marie-Barbe*, b [7] 12 et s [7] 14 mars 1735.

1740, (8 août) St-François, I. J.

II.—NADON, JOACHIM, [PIERRE I.
b 1715.
TRÉPAGNY, Reine, [FRANÇOIS III.
b 1721.
Joachim, b... m 19 janvier 1789, à Thérèse DEVAU, à Repentigny.

1746, (13 juin) Ste-Rose. [9]

II.—NADON, ANDRÉ. [PIERRE I.
MAISONNEUVE, Marguerite. [JEAN-BTE II.
Marie-Marguerite, b [9] 20 mars 1747.—*André*, b 9 juin 1748, à Terrebonne; s [9] 13 oct. 1748.—*Jean-Baptiste*, b [9] 16 nov. et s [9] 5 déc. 1749.—*Marie-Louise*, b [9] 1er nov. 1750; s [9] 10 avril 1751. —*Joseph*, b [9] 3 fevrier 1751.—*Joseph*, b [9] 13 février 1752. — *Amable*, b [9] 26 juillet 1753. — *Marie-Françoise*, b [9] 19 déc. 1754.—*Antoine*, b [9] 25 mai et s [9] 25 juillet 1756.—*Louis-Joseph*, b [9] 7 oct. 1757.—*François*, b [9] 14 janvier 1759.—*Antoine*, b [9] 17 mars 1761.—*Pierre*, b [9] 20 oct. 1762.

1749, (19 février) Ste-Rose. [9]

II.—NADON (2), PIERRE. [PIERRE I.
MAISONNEUVE, Catherine, [JEAN-BTE II.
b 1731.
Pierre, b [9] 24 et s [9] 28 déc. 1749. — *Marie-Rose*, b [9] 18 avril 1752.— *Pierre*, b [9] 4 nov. 1753. —*Jean*, b [9] 13 sept. 1755. — *Paul*, b [9] 25 avril et s [9] 26 mai 1757. — *Louise*, b [9] 24 mars et s [9] 9 août 1758.—*Marie-Catherine*, b [9] 30 août 1759.—*François*, b [9] 11 avril et s [9] 17 mai 1761.—*Marie-Anne*, b... m 28 janvier 1788, à Joseph FORGET, à St-François, I. J. [1]; s [1] 9 août 1795.

1753.

II.—NADON, JEAN-BTE. [PIERRE I.
GAGNON, Louise, [VINCENT III.
b 1733.
Marie-Louise, b 24 nov. 1753, à Ste-Rose. [2]— *Jean*, b [2] 5 mai 1755.— *Marie*, b [2] 31 oct. 1756.— *Jean-Baptiste*, b [2] 22 mars 1758.

(1) Dit Létourneau, 1713.
(2) Dit Létourneau, 1761.

NADON, JOSEPH.
FOUCAULT, Marie.
Pierre, b 4 nov. 1784, à Lachenaye.

1789, (19 janvier) Repentigny.

III.—NADON, JOACHIM. [JOACHIM II.
DEVAU (1), Thérèse. [PIERRE.

NADRO.—Voy. NADEAU.

1668, (19 nov.) Montréal. [4]

I.—NAFRECHON (2), ISAAC,
b 1636; s [4] 29 août 1724.
LELOUP, Catherine.
Catherine, b [4] 23 mars 1671; 1° m [4] 1er sept. 1687, à Denis SABOURIN; 2° m [4] 30 août 1691, à François FOUCAULT; s 29 janvier 1735, à Québec. —*Marguerite*, b [4] 7 mars 1679; m [4] 30 nov. 1713, à François DEGANNES; s [4] 21 fevrier 1749.—*Jean*, b [4] 28 mars 1681; s [4] 11 nov. 1748. — *Madeleine*, b [4] 25 avril 1684; m [4] 30 sept. 1716, à Claude ST. OLIVE; s [4] 28 déc. 1742. — *Marie-Catherine*, b [4] 8 déc. 1686; s [4] 14 février 1705.—*Jeanne*, b [4] 7 déc. 1689; m [4] 10 février 1722, à François DEBERRY.

II.—NAFRECHON, JEAN, [ISAAC I.
b 1681; s 11 nov. 1748, à Montréal.

1761, (3 février) Québec.

I.—NAGLE, JEAN-BTE-MATHIEU (veuf de Salomé Chenaiterin), fils de Christian et de Louise Crémé, de Lautrebourg, Wittemberg, Allemagne.
POULIOT, Marie-Joseph, [PIERRE-FRS III.
b 1741.

NAMUR.—Voy. ROBERT.

NANTAIS.—Voy. PRUDHOMME.

NANTEL.—Voy. BERLOIN—MULOIN.

1733, (16 nov.) St-François, I. J.

II.—NANTEL (3), JEAN, [JEAN I.
b 1712; s 13 mars 1761, à Terrebonne. [1]
1° LABELLE, Marie-Françoise, [JOSEPH II.
b 1712; s [1] 10 avril 1737.
Marie, b [1] 15 mai 1736.

1739, (25 mai). [1]

2° RENAUD, Françoise, [LOUIS II.
b 1721.
François, b [1] 5 août 1750; m 5 février 1776, à Marie-Louise BRACONNIER, à Montréal.

(1) Et Deneau dit Jolicœur.
(2) Voy. vol. I, p. 449.
(3) Voy. Berloin, vol. II, p. 236.

1767, (2 mars) Terrebonne.

III.—**NANTEL** (1), Simon, [Pierre II.
b 1740.
Locat, Françoise, [Antoine III.
b 1750.

1776, (5 fevrier) Montréal.

III.—**NANTEL** (1), François, [Jean II.
b 1750.
Braconnier, Marie-Louise, [François II.
b 1755.

NANTET.—Voy. Narderau.

NARBONNE.—*Surnoms :* Crépin—Renaud.

I.—NARBONNE (2), Charles.

1749, (15 avril) Montréal.

I.—**NARBONNE** (3), Pierre, b 1722; fils de Jean et de Catherine Dubaut, de N.-D.-de-Villefranche, diocèse de Lyon, Lyonnois.
Lamadeleine, Madeleine, [Nicolas II.
b 1727.
Joseph-Marie, b 15 mars 1751, au Bout-de-l'Ile, M. — *Marie-Anne,* b 15 sept. 1753, à Ste-Geneviève, M.[9] — *Jean-Baptiste,* b [9] 17 et s [9] 24 juillet 1756. — *Jean-Baptiste,* b [9] 24 juillet et s [9] 26 sept. 1757.—*Pierre,* b et s 15 août 1762, à Ste-Rose.

NARDERAU.—*Variation et surnom :* Nadereau—Nantet.

1756, (15 nov.) Trois-Rivières. [3]

I.—**NARDERAU** (4), Nicolas, fils de Jean et d'Anne Tiret, de Ste-Croix, diocèse de Nantes, Haute-Bretagne.
Delpé (5), Marie-Anne. [François II.
Nicolas, b [3] 14 sept. 1757. — *Marie-Joseph,* b [3] 2 oct. 1759.

NARME.—*Variations :* Marne—Narne.

1753, (12 nov.) Trois-Rivières. [1]

I.—**NARME** (6), Christophe, fils de Jean-Baptiste et de Marie Delorme, de Châteaulandon, diocèse de Sens, Champagne.
Grenier, Marie-Joseph, [François II.
b 1734.
Antoine, b [1] 9 mars 1754. — *Marguerite,* b [1] 16 juin et s [1] 17 oct. 1755.—*Christophe,* b [1] 7 juillet 1756.—*Marie-Joseph,* b [1] 13 déc. 1757; s [1] 16 janvier 1758.—*François-Marie,* b [1] 9 déc. 1758; s [1] 29 sept. 1760.

NARNE.—Voy. Narme.

(1) Voy. Berloin, vol. II, p. 236.
(2) 21 nov. 1757 (Reg. de St-Frs-du-Sud).
(3) Dit Crépin; soldat de la compagnie de Marin.
(4) Et Nadereau—Nantet.
(5) Elle épouse, le 22 août 1763, Joseph Girard, aux Trois-Rivières.
(6) Et Narne, 1760.

NASPLAISE.—*Surnom :* Passe-partout.

1760, (20 oct.) Verchères.

I.—**NASPLAISE** (1), Michel, fils de François et de Rose Eustache, de Clairac, diocèse de Perpignan, en Roussillon.
Deline, Marie-Françoise. [François II.

NATTE.—*Surnom :* Marseille.

1758, (6 fevrier) Québec. [8]

I.—**NATTE** (2), Jean, soldat; fils de Jean-Noël et de Françoise Gassin, de St-Martin, Marseille.
1° Duchesneau, Marguerite, [François II.
b 1741.
Marguerite, b [8] 5 nov. 1758.—*Marie-Françoise,* b 1759; s [8] 20 janvier 1764. — *Marie-Angélique,* b [8] 26 mai 1764.

1781, (5 mai). [8]

2° Fluet, Marie-Louise, [François-Louis III
b 1736; veuve de Joseph Barbeau; s [8] 12 janvier 1795.

NAU.—*Variations et surnoms :* Enaud—Huot—Naud—Nault—Renaud—DeFossambault—Labrie—St. Crespin.

1676, (20 juillet) L'Ange-Gardien.

I.—**NAU** (3), François.
1° Bidon, Marguerite, [Louis I.
b 1661; s 27 nov. 1687, à la Pte-aux-Trembles, Q. [1]
François, b 30 mai 1679, au Château-Richer, m 1707, à Ursule Marcot; s 23 mars 1744, à Deschambault. [2] — *Jean-François,* b [1] 4 fevrier 1686; 1° m 28 juillet 1711, à Geneviève Paquin, à Ste-Famille, I. O.; 2° m [2] 30 oct. 1726, à Anne Cousin; 3° m [2] 5 nov. 1730, à Rose Cochon-Laverdière; s [2] 22 juin 1758.

1688, (1er juillet). [1]

2° Chaillé, Marie-Thérèse, [Mathurin I.
b 1667; s [2] 29 oct. 1726.
Marie-Thérèse, b 2 oct. 1689, au Cap-Santé, s [2] 24 avril 1761.—*Pierre,* b... m à Marie-Anne Perrot.—*Claude,* b 8 janvier 1696, aux Grondines; m [2] 11 juillet 1729, à Marie-Elisabeth Abel; s [2] 19 juin 1758.—*Michel,* b 1697; m [2] 17 août 1738, à Geneviève Belisle; s [2] 22 février 1768.—*Jean-Baptiste,* b 1699; m [2] 7 août 1735, à Ursule-Angélique Delomé; s [2] 18 déc. 1764.—*Louis,* b... m [2] 12 février 1726, à Marie-Joseph Perrot; s [2] 3 mars 1773.—*René,* b... m [2] 23 avril 1731, à Catherine Benoit.

1692, (26 juillet) (4).

I.—**NAU** (5), Pierre,
soldat.
1° Garand, Marie-Thérèse, [Pierre I.
b 1672; s 13 mai 1715, à St-Michel [3]

(1) Dit Passe-partout; soldat du Royal-Roussillon.
(2) Dit Marseille.
(3) Voy. vol. I, p. 450.
(4) Date du contrat de mariage.
(5) Dit Labrie; voy. vol. I, p. 450.

Jean, b 1696; m 26 oct. 1723, à Marie-Madeleine DEMOLIER, à l'Islet[4]; s 14 nov. 1766, à St-Valier.[5] — *Anne*, b 26 juin 1701, à St-Laurent, I. O.[6]; s [6] 23 oct. 1702. — *Ignace*, b... s[6] 21 oct. 1702.—*Jacques*, b 2 mai 1709, à Beaumont; 1° m à Elisabeth CORRIVEAU; 2° m 11 janvier 1740, à Charlotte MARCHAND, à Lévis[7]; 3° m[7] 25 février 1756, à Geneviève JOURDAIN.—*Marie-Angélique*, b[3] 8 mars 1711; m 30 janvier 1730, à Jean-Baptiste MAROIS, à Québec.

1716, (20 avril). [3]

2° GABOURY, Marie-Jeanne-Elisabeth, [LOUIS I. b 1682; veuve d'Antoine Goupy; s[5] 6 déc. 1731.

Jean-Baptiste, b[5] 13 mars 1717; m [4] 14 nov. 1741, à Geneviève GRAVEL.

1707.

II.—NAU, FRANÇOIS, [FRANÇOIS I. b 1679; s 23 mars 1744, à Deschambault. [1]

MARCOT, Ursule, b 1689; s[1] 2 mars 1759.

François, b 1708; s[1] 18 août 1734.—*Joseph*, b 1711; m [1] 1er sept. 1743, à Marie-Elisabeth CLOUTIER; s[1] 25 mars 1751.—*Jean-Baptiste*, b[1] 6 janvier 1713; m 30 juillet 1743, à Thérèse SAUVAGEAU, aux Grondines; s[1] 13 janvier 1773.—*Louis*, b[1] 27 mai 1714; m[1] 15 nov. 1739, à Marie PERRON; s 25 déc. 1749, à St-Pierre-les-Becquets.—*Henri*, b[1] 12 juin 1716; m 11 oct. 1744, à Genevieve RIVARD, à Batiscan.—*Mathieu*, b[1] 23 sept. 1717; m[1] 16 juillet 1741, à Louise ARCAN; s[1] 24 janvier 1759.—*Françoise*, b... m[1] 21 janvier 1743, à Jacques GAUTIER; s[1] 29 mai 1757.—*Ursule*, b[1] 27 avril 1720; m[1] 27 avril 1745, à Louis SAUVAGEAU; s [1] 27 février 1751.—*Louise*, b[1] 4 avril 1722; m [1] 29 juillet 1743, à Jacques SAUVAGEAU.—*Michel*, b[1] 29 sept. 1723.—*Marguerite*, b[1] 4 avril 1726; m[1] 1er juin 1762, à Etienne GOUGEAU; s[1] 15 nov. 1794.—*Marie-Angélique*, b[1] 17 juin 1727.

1711, (28 juillet) Ste-Famille, I. O.

II.—NAU, JEAN-FRANÇOIS, [FRANÇOIS I. b 1686; s 22 juin 1758, à Deschambault. [8]

1° PAQUIN, Geneviève, [NICOLAS I. b 1688; s[8] 23 fevrier 1726.

Jean-François, né 18 dec. 1712; b[8] 6 et s 10 janvier 1713, au Cap-Santé.[9] — *Jean-François*, b[9] 16 fevrier et s[9] 30 mars 1717.—*Marie-Joseph*, b[9] 5 mars 1719; m[9] 21 août 1752, à Denis DUTAILLY. — *Marie-Geneviève*, b... m [8] 13 juillet 1738, à Alexis LÉTOURNEAU; s[8] 2 avril 1788.—*Marie-Madeleine*, b[8] 27 août 1720. — *Angélique*, b[8] 13 mai 1722; m [8] 1er mars 1745, à Etienne CHAILLÉ.—*Marie-Thérèse*, b [8] 13 sept. et s[8] 9 nov. 1724.—*Marie-Jeanne*, b[8] 19 février et s[8] 30 juillet 1726.

1726, (30 oct.) [8]

2° COUSIN, Anne, [JEAN I. b 1691; s[8] 18 oct. 1729.

Jacques, b[8] 30 juillet et s[8] 20 sept. 1727.—*Louis*, b[8] 31 janvier 1729.

1730, (5 nov.) [8]

3° COCHON-LAVERDIÈRE, Rose, [RENÉ I. b 1693; s[8] 13 juillet 1758.

Jean, b... m [8] 26 février 1753, à Geneviève TRUDEL.—*Joseph-Marie*, b[8] 1er août 1732.—*Jean-François*, b[8] 25 fevrier 1735; m[8] 19 août 1765, à Marie-Louise BELISLE.

1716, (23 nov.) Lévis. [4]

II.—NAU (1), PIERRE, [PIERRE I. b 1693; s[4] 13 mars 1763.

1° HUARD, Marguerite, [JEAN I. b 1694; veuve de Jean-Baptiste Grenet; s[4] 9 juillet 1754.

Pierre, b... m[4] 2 mai 1746, à Marguerite TURGEON. — *Jacques*, b... m 21 avril 1749, à Geneviève COUTURE, à Beaumont. — *Marie-Suzanne*, b[4] 4 avril 1723; m[4] 21 février 1746, à Etienne GUAY.

1755, (10 février). [4]

2° POLIQUIN (2), Catherine, [CLAUDE II. b 1722; veuve de Charles Couture.

Pierre, b[4] 2 dec. 1755. — *Marie-Catherine*, b[4] 1er nov. 1757; s[4] 15 oct. 1767. — *Elisabeth*, b 22 mars 1759, à Québec.

1723, (26 oct.) Islet.

II.—NAU (1), JEAN, [PIERRE I. b 1696; s 14 nov. 1760, à St-Valier.[2]

DEMOLIER, Marie-Madeleine, [JACQUES I. b 1701.

Jeanne-Françoise, b[2] 15 mai 1725. — *Marie-Augustine*, b[2] 3 avril 1727.—*Jean-Pierre*, b[2] 29 avril 1729. — *Marie-Anne-Michelle*, b[2] 25 sept. 1730; s[2] 9 avril 1761. — *Pierre-Augustin*, b[2] 19 janvier 1734; m [2] 24 nov. 1760, à Anastasie DAIGLE. — *Marie-Madeleine-Thècle*, b [2] 16 juin 1738. — *Geneviève*, b... m 1757, à Jean-Baptiste BERNIER.

II —NAU, PIERRE. [FRANÇOIS I.

PERROT, Marie-Anne, b 1692; s 16 mars 1772, à Deschambault.

1726, (12 fevrier) Deschambault. [5]

II.—NAU, LOUIS, [FRANÇOIS I. s[5] 3 mars 1773.

PERROT, Marie-Joseph, [PAUL II. s[5] 13 mars 1767.

Louis, b[5] 24 oct. 1726; s[5] 10 oct. 1753. — *Jacques-Alexis*, b[5] 15 juillet 1728; s[5] 28 juin 1733.—*Jean-François*, b[5] 11 fevrier 1730; m[5] 20 nov. 1757, à Marie-Joseph PERRON. — *Denis*, b[5] 16 mars 1732; m 18 juillet 1763, à Louise HAMELIN, aux Grondines.—*Joseph*, b[5] 11 fevrier 1734; s[5] 15 nov. 1737. — *Marie-Joseph*, b[5] 9 mars 1736; m[5] 21 nov. 1757, à Jean-Baptiste FRENET. —*Marie-Louise*, b[5] 3 fevrier 1739; m[5] 29 août 1763, à Joseph ARCAN.—*Marie-Angélique*, b[5] 21 avril 1741.

1729, (11 juillet) Deschambault.[1]

II.—NAU, CLAUDE, [FRANÇOIS I. b 1696; s[1] 19 juin 1758.

ABEL, Marie-Elisabeth, [PIERRE II. b 1711; s[1] 7 oct. 1764.

Marie-Elisabeth, b[1] 20 et s[1] 29 mars 1730.—

(1) Dit Labrie.

(2) Elle epouse, le 4 sept. 1769, Valentin Poirot, à Lévis.

Marie-Joseph, b [1] 6 juillet 1731; m [1] 14 oct. 1748, à Jean-François Plau. — *Joseph-Marie*, b [1] 4 juin et s [1] 22 juillet 1733. —*Joseph*, b [1] 7 mars 1735; m [1] 4 février 1754, à Marie-Joseph Dutailly.— *Marie-Isabelle*, b [1] 22 oct. 1738; m [1] 4 fevrier 1754, à Simon Gautier; s [1] 13 déc. 1798. — *Augustin-Eustache*, b [1] 15 sept. 1740; s [1] 27 février 1756. — *Marie-Joseph*, b [1] 25 oct. 1743; m à Jean-Gabriel Beauparlant.—*Jean-Baptiste*, b [1] 3 avril et s [1] 21 août 1746.—*Marie-Catherine*, b [1] 28 juillet 1747.

II.—NAU (1), Jacques, [Pierre I.
b 1709.
1° Corriveau, Elisabeth.
Marie-Joseph, b... m 24 avril 1752, à Jean Dabin, à Québec.

1740, (11 janvier) Lévis. [7]

2° Marchand, Charlotte, [Louis II.
s [7] 23 mai 1755.
Marie-Angélique, b [7] 19 février 1741.—*Joseph*, b [7] 12 mai 1743; s [7] 18 juillet 1744. — *Marie-Charlotte*, b [7] 3 oct. 1745; m [7] 29 janvier 1771, à Noel Paré. —*Marie-Anne*, b [7] 16 oct. 1749; s [7] 18 mai 1751. —*Marguerite*, b... s [7] 22 août 1750. —*Marie-Marguerite*, b [7] 18 juillet 1751. — *Louis*, b [7] 20 juillet 1753.

1756, (25 février). [7]

3° Jourdain, Geneviève, [Joseph II.
b 1723.
Jean-Baptiste, b [7] 24 déc. 1756. — *Geneviève*, b [7] 4 mars 1758. — *Louis*, b [7] 20 sept. 1760. — *Marie-Geneviève*, b [7] 2 juin 1763. — *Joseph*, b [7] 8 juillet 1766; s [7] 25 oct. 1767.

1731, (23 avril) Deschambault. [1]

II.—NAU, René. [François I.
Benoit-Abel, Catherine, [Pierre II.
b 1713; s [1] 29 mai 1796.
René, b [1] 10 juin 1732; m [1] 20 août 1753, à Veronique Mathieu.—*Marie-Catherine*, b [1] 1er avril et s [1] 11 juin 1734.—*Joseph-René*, b [1] 1er janvier 1736; m [1] 19 fevrier 1765, à Madeleine Belisle.—*Jean-Baptiste*, b [1] 15 dec. 1737.—*Paul*, b [1] 24 oct. 1740.—*Marie-Catherine*, b [1] 7 nov. 1742; m [1] 26 oct. 1767, à Joseph Paquin.—*Marie-Madeleine*, b [1] 23 oct. 1744; m [1] 23 fevrier 1767, à Jean-Baptiste Montambault.—*Marie-Thérèse*, b [1] 12 mars 1747.—*Marie-Angélique*, b [1] 24 avril 1750.—*Marie-Isabelle*, b [1] 12 avril 1753.—*Marie-Anne*, b [1] 8 nov. 1756.

NAU, Jean,
b 1703; s 19 déc. 1790, à Deschambault. [2]
Dehorné, Marie-Louise,
b 1712; s [2] 5 avril 1787.

1735, (7 août) Deschambault. [3]

II.—NAU, Jean-Bte, [François I.
b 1699; s [3] 18 dec. 1764.
Delomé, Ursule-Angélique, [Bernard I.
b 1712; s [3] 22 sept. 1789.
Marie-Angélique, b [3] 4 mars 1733; m [3] 16 août 1751, à Jean Arcan.—*Louise*, b [3] 12 avril 1737; m [3] 5 mars 1753, à Simon Arcan.—*Jean-François*, b [3] 30 août 1740.—*Ambroise*, b [3] 18 fevrier 1753.

(1) Dit Labrie.

1736, (29 oct.) L'Ange-Gardien. [2]

III.—NAU (1), Louis, [René II.
b 1715.
Boutillet, Thérèse, [Jacques I
b 1713.
Louise, b... m 9 janvier 1769, à Jacques Lauzon, à Terrebonne. [3] — *Antoine*, b [2] 27 mars 1750; m [3] 19 oct. 1772, à Marie-Thècle Malbeuf

1738, (17 août) Deschambault. [4]

II.—NAU, Michel, [François I
b 1697; s [4] 22 fevrier 1768.
Belisle, Geneviève, [Germain-Henri II
b 1697; s [4] 30 août 1787.
Marie-Thérèse, b [4] 6 août 1739; s [4] 5 avril 1740.—*Michel*, b [4] 27 février 1741. — *Pierre-Joseph*, b [4] 19 août 1743; m 1770, à Marie-Joseph Groleau.

1739, (15 nov.) Deschambault. [5]

III.—NAU, Louis, [François II.
b 1714; s 25 déc. 1749, à St-Pierre-les-Becquets. [6]
Perron (2), Marie, [Jean II.
b 1720.
Louis-François, b [5] 14 sept. 1740; m 19 nov. 1764, à Marie-Joseph Lemay, à Lotbinière. [7] — *Marie-Agathe*, b 3 juillet 1742, à St-Frs-du-Lac. —*Marie-Angélique*, b [5] 12 mars 1744.—*Marie-Geneviève*, b 22 mai 1746, à St-Jean-Deschaillons. —*Basile*, b [6] 9 et s [6] 17 mai 1748.—*Marie*, b... m [7] 19 sept. 1768, à François Courteau.

1741, (16 juillet) Deschambault. [9]

III.—NAU, Mathieu, [François II.
b 1717; s [9] 24 janvier 1759.
Arcan, Louise, [Pierre II.
b 1720.
Marie-Louise, b [9] 5 avril 1742.—*Basile*, b [9] 10 sept. 1743.—*Mathieu*, b... s [9] 10 mai 1745.—*Joseph*, b [9] 19 mai 1746.—*Marie-Judith*, b [9] 15 déc. 1748; s [9] 16 janvier 1764.—*Michel*, b [9] 31 mai et s [9] 23 juin 1750. — *Jean-Baptiste*, b [9] 26 fevrier 1752.—*François*, b [9] 6 juillet 1753.—*Charles*, b [9] 6 mai 1755; s [9] 8 oct. 1757.—*Marie-Joseph*, b [9] 2 avril 1757.— *Mathieu* (posthume), b [9] 29 mars 1759; s [9] 1er février 1761.

1741, (14 nov.) Islet. [1]

II.—NAU (3), Jean-Bte, [Pierre I.
b 1717.
Gravelle, Geneviève, [Augustin III.
b 1702; veuve d'Etienne Bossé; s 24 mai 1767, à la Rivière-Ouelle. [2]
Elisabeth-Judith, b [1] 10 sept. 1742; m 10 janvier 1763, à François Soucy, à Kamouraska; s [1]

(1) Pour Huot; voy. vol. IV, pp. 553-554.
(2) Elle épouse, le 31 janvier 1752, André Hubert, à Lotbinière.
(3) Et Enaud—Naud.

15 mai 1782.—*Marie-Thérèse*, b [1] 12 avril 1746; m [1] 1er février 1768, à Pierre MORIN.

1743, (30 juillet) Grondines.

III.—**NAU, JEAN-BTE,** [FRANÇOIS II.
b 1713; s 13 janvier 1773, à Deschambault [4]
SAUVAGEAU, Marie-Thérèse, [ALEXIS II.
b 1712; s [4] 18 mars 1762.

Marie-Anne, b [4] 24 mai et s [4] 27 juin 1745.—*Bonaventure*, b [4] 21 juillet 1746; m 1774, à Marie-Anne TROTIER.—*Marguerite*, b [4] 7 nov. 1747.—*Marie-Joseph*, b [4] 25 mai 1749; s [4] 15 sept. 1787.—*Michel*, b [4] 2 nov. 1750.—*Marie-Thérèse*, b [4] 16 juin 1752.

1743, (1er sept.) Deschambault. [1]

III.—**NAU, JOSEPH,** [FRANÇOIS II.
b 1711; s [1] 25 mars 1751.
CLOUTIER, Marie-Elisabeth, [JOSEPH IV.
b 1716; s [1] 18 avril 1792.

Marie-Joseph, b [1] 27 août 1744; m [1] 22 oct. 1770, à Eustache MÉRAN.—*Joseph*, b [1] 1er avril 1746; m [1] 7 janvier 1771, à Marie-Joseph GARIÉPY.—*François*, b [1] 19 avril 1748; m [1] 27 août 1770, à Marie-Joseph COURTOIS.

1744, (11 oct.) Batiscan.

III.—**NAU, HENRI,** [FRANÇOIS II.
b 1716.
RIVARD, Geneviève, [FRANÇOIS II
b 1722.

Marie-Geneviève, b 18 oct. 1745, à St-Pierre-les-Becquets [2]; s [2] 27 juillet 1754.—*Marie-Thérèse*, b [2] 23 juin 1747.—*Marguerite*, b 16 mars 1749, à Ste-Anne-de-la-Pérade.—*Angélique*, b [2] 23 février 1751.—*Alexis*, b [2] 26 avril 1753.—*Marie-Charlotte*, b [2] 16 juillet 1755.—*François-Joachim*, b [2] 19 juin 1757; m 16 août 1780, à Marie MAILLOT, à St-Jean-Deschaillons.—*Henri-Marie*, b [2] 5 mars 1759.

1746, (2 mai) Lévis. [3]

III.—**NAU, PIERRE.** [PIERRE II.
TURGEON (1), Marguerite, [JOSEPH III.
b 1721.

Marie-Marguerite, b [3] et s [3] 5 nov. 1749.

1749, (21 avril) Beaumont.

III.—**NAU, JACQUES.** [PIERRE II.
COUTURE, Geneviève, [AUGUSTIN III.
b 1727.

Anonyme, b et s 29 janvier 1750, à Lévis. [5] — *Geneviève*, b [5] 3 déc. 1750.—*Marie-Thérèse*, b 1er mai 1753, à St-Charles. [6] — *Marie-Marthe*, b [6] 26 avril 1755.— *Jacques-Philippe*, b [6] 14 août 1757.

1753, (26 février) Deschambault.

III.—**NAU, JEAN.** [JEAN-FRANÇOIS II.
TRUDEL (2), Geneviève, [CHARLES III.
b 1734.

(1) Elle épouse, le 20 avril 1751, Joseph Poiré, à Lévis.

(2) Elle épouse, le 30 mars 1761, Charles Rouillard, à Deschambault.

1753, (20 août) Deschambault. [7]

III.—**NAU, RENÉ,** [RENÉ II.
b 1732.
MATHIEU, Véronique, [JEAN-BTE III.
b 1737.

René, b [7] 18 mai 1755; s [7] 9 août 1756.—*Marie-Véronique*, b [7] 14 sept. 1756.—*Marguerite*, b [7] 1er déc. 1757.—*Françoise*, b [7] 1er sept. 1760.—*Marie-Catherine*, b [7] 12 janvier 1762.—*Marie-Madeleine*, b [7] 19 nov. 1763; s [7] 8 juillet 1765.—*René*, b [7] 15 avril 1765; s [7] 24 mars 1766.—*Marie-Anne*, b [7] 31 août 1767.

1754, (4 février) Deschambault. [8]

III.—**NAU, JOSEPH,** [CLAUDE II.
b 1735.
DUTAILLY, Marie-Joseph, [DENIS I.
b 1735.

Joseph, b [8] 3 et s [8] 14 sept. 1755.—*Marie-Joseph*, b [8] 20 février 1757.—*Claude*, b [8] 1er et s [8] 8 sept. 1759.—*Charles*, b [8] 25 déc. 1760.—*Joseph*, b [8] 11 mars 1763.—*Jean-Baptiste*, b [8] 10 oct. 1765.—*Marie-Louise*, b [8] 19 février 1767.

1757, (20 nov.) Deschambault. [6]

III.—**NAU, JEAN-FRANÇOIS,** [LOUIS II.
b 1730.
PERRON, Marie-Joseph, [GASPARD III.
b 1730; s [6] 28 mai 1792.

Jean-Baptiste, b [6] 16 août 1758; m [6] 4 février 1788, à Angélique LÉTOURNEAU; s [6] 19 nov. 1788.—*Marie-Joseph*, b [6] 27 août 1760.— *Marie-Madeleine*, b [6] 6 sept. 1762.—*Michel*, b [6] 13 mai 1764.—*Jacques*, b [6] 10 avril 1766; m [6] 16 février 1795, à Marie-Louise MARCOT.

1760, (24 nov.) St-Valier.

III.—**NAU (1), PIERRE-AUGUSTIN,** [JEAN II.
b 1734.
DAIGLE, Anastasie, [JOSEPH I.
Acadienne.

Marie-Anastasie, b 5 nov. 1761, à Charlesbourg.— *Jean-Philippe*, b 8 mars 1768, à Berthier.—*Jean-Baptiste*, b et s 28 déc. 1775, à Ste-Foye.

NAU (1), JOSEPH.
SÉDILOT (2), Rosalie.

Pierre, b 19 sept. 1762, à Lévis. [2]— *Jean-François*, b [2] 12 février et s [2] 3 mars 1764.

1763, (18 juillet) Grondines.

III.—**NAU, DENIS,** [LOUIS II.
b 1732.
HAMELIN, Louise. [JOSEPH II.

1764, (19 nov.) Lotbinière. [3]

IV.—**NAU, LOUIS,** [LOUIS III.
b 1710.
LEMAY, Marie-Joseph, [JOSEPH-LOUIS III.
b 1729; veuve de Michel Marcot.

Louis, b [3] 9 mai 1767. — *Marie-Catherine* et *Marie-Joseph*, b [3] 5 sept. 1768.

(1) Dit Labrie.

(2) Elle est appelée Lisotte en 1764.

1765, (19 février) Deschambault.[7]
III.—NAU, JOSEPH-RENÉ, [RENÉ II.
b 1736.
BELISLE, Madeleine, [JOSEPH III.
b 1741; s [7] 7 août 1787.
Marie-Madeleine, b [7] 26 mars 1766. — *Madeleine*, b [7] 21 nov. 1767. — *Marie-Joseph*, b... m [7] 30 juillet 1792, à Joseph PAQUIN.

NAU, LOUIS.
NAU, Marie-Angélique.
Louis, b 7 sept. 1765, à Lotbinière [6]; s [6] 9 mars 1766. — *Marie-Angélique*, b [6] et s [6] 20 dec. 1768.

1765, (19 août) Deschambault. [8]
III.—NAU, JEAN-FRANÇOIS, [JEAN-FRANÇOIS II.
b 1735.
BELISLE, Marie-Louise, [EUSTACHE III.
b 1746.
François, b [8] 11 juin 1766; m [8] 9 nov. 1789, à Angélique GRÉGOIRE.— *Marie-Louise*, b [8] 8 dec. 1767.—*Angélique*, b... m [8] 1er août 1791, à Augustin BARIBEAU — *Marie-Judith*, b... m [8] 1er août 1797, à Antoine BELISLE.

NAU, JEAN-BTE.
MARCOT, Marie-Madeleine.
Marie-Madeleine, b 16 mars 1766, à Deschambault.—*Geneviève*, b 13 nov. 1775, à St-Cuthbert.

NAU, BASILE.
LAPIERRE, Helène.
Basile, b... m 26 janvier 1789, à Marguerite PLANTE, à St-Cuthbert. [6] — *Marie-Geneviève*, b [6] 14 juin 1775.—*Marie-Hélène*, b [6] 12 août 1776.— *Marie-Geneviève*, b [6] 19 août 1779.

1770.
III.—NAU, PIERRE-JOSEPH, [MICHEL II.
b 1743.
GROLEAU, Marie-Joseph.
Pierre, b... m 9 fevrier 1795, à Marie-Louise BERNARD, à Deschambault. [9] —*Marie-Joseph*, b... m [9] 24 nov. 1795, à Joseph PETIT.

1770, (27 août) Deschambault. [9]
IV.—NAU, FRANÇOIS, [JOSEPH III.
b 1748.
COURTOIS, Marie-Joseph. [JEAN III.
Marie-Joseph, b... m [9] 21 février 1797, à Jean-Baptiste HAMELIN.

1771, (7 janvier) Deschambault. [9]
IV.—NAU, JOSEPH, [JOSEPH III.
b 1746.
GARIÉPY, Marie-Joseph, [JOSEPH IV.
b 1756.
Marie-Joseph, b... m [9] 28 février 1791, à François PAQUIN.

1772, (19 oct.) Terrebonne.
IV.—NAU, ANTOINE, [LOUIS III.
b 1750.
MALBEUF, Marie-Thècle, [JOSEPH III.
b 1755.

1774.
IV.—NAU, BONAVENTURE. [JEAN-BTE III.
TROTIER, Marie-Anne.
Marie-Archange, b 27 nov. 1775, aux Grondines. [9] — *Marie-Joseph*, b [9] 5 juillet 1788.

1774.
NAU, JOSEPH.
MASSON, Marie-Charlotte,
b 1757; s 13 janvier 1790, à St-Cuthbert. [2]
Marie-Joseph, b [2] 9 avril 1775.—*Marie-Judith*, b [2] 29 oct. 1776.—*Marguerite*, b [2] 14 oct. 1778.— *Joseph*, b [2] 16 avril 1783. — *Marie-Anne*, b [2] 12 juin et s [2] 7 sept. 1787.— *Louis*, b [2] 7 sept. 1788; s [2] 24 mars 1790.

1780, (16 août) St-Jean-Deschaillons.
IV.—NAU, FRANÇOIS-JOACHIM, [HENRI III.
b 1757.
MAILLOT, Marie. [FRANÇOIS.

NAU, JEAN-BTE.
BÉRARD, Marie.
Madeleine, b 16 oct. 1783, à St-Cuthbert. [9] — *Pierre*, b [9] 29 juin 1786; s [9] 19 mars 1788.

NAU, JOSEPH.
LANGLOIS, Marie-Louise,
b 1762; s (1) 6 nov. 1794, à St-Cuthbert.

1788, (4 février) Deschambault. [9]
IV.—NAU, JEAN-BTE, [JEAN-FRANÇOIS III.
b 1758; s [9] 19 nov. 1788.
LÉTOURNEAU, Angelique, [ALEXIS III.
b 1752; s [9] 15 mars 1789.

1789, (26 janvier) St-Cuthbert.
NAU, BASILE. [BASILE.
PLANTE, Marguerite. [JEAN-BTE IV.

1789, (9 nov.) Deschambault.
IV.—NAU, FRANÇOIS, [JEAN-FRANÇOIS III.
b 1766.
GRÉGOIRE, Angelique. [JEAN-BTE IV

1795, (9 fevrier) Deschambault.
IV.—NAU, PIERRE. [PIERRE-JOSEPH III.
BERNARD (2), Marie-Louise, [PIERRE I.
b 1759.

1795, (16 février) Deschambault.
IV.—NAU, JACQUES, [JEAN-FRANÇOIS III.
b 1766.
MARCOT, Marie-Louise. [ALEXIS IV.

NAUBLAUT.—Voy. MAUBLOT.

NAUD.—Voy. NAU.

NAUDET.—*Surnom :* BELHUMEUR.

(1) Brûlée dans l'incendie de sa maison.
(2) Dit St. Pierre.

1759, (8 janvier) Beauport. [3]

I.—NAUDET (1), NICOLAS, fils de Nicolas et de Catherine Bourgogne, de Courboin, diocèse de Soissons, Ile-de-France.

LANDRY (2), Marie-Geneviève, [JOSEPH III b 1731.

Marie-Joseph, b [3] 30 janvier 1759. — *Nicolas*, b 1er janvier 1764, à Québec.

NAULT.—Voy. NAU.

NAVARE.—Voy. NAVARRE—NAVERS.

NAVARRE.—*Variation :* NAVARE.

1720, (8 janvier) St-Valier.

I.—NAVARRE, JEAN-PIERRE, fils de Barthélemi et d'Anne Lyon, de St-Louis-de-Rochefort, diocèse de LaRochelle, Aunis.

ROY, Anne, [NICOLAS II. b 1698 ; s 25 mars 1776, à Québec. [9]

Marie-Anne, b [9] 11 oct. 1720 ; m [9] 26 août 1743, à Jean DENIS ; s [9] 28 juin 1758. — *Jean-Louis*, b [9] 26 janvier 1722 ; m 18 nov. 1760, à Julie-Ursule-Regis TREMBLAY, à la Baie-St-Paul. — *Pierre*, b [9] 13 sept. 1723. — *Marie-Angélique*, b [9] 15 mars 1727 ; m [9] 22 nov. 1756, à Jean-Louis DUFRESNAY. —*Joseph-Michel*, b [9] 31 déc. 1728 ; s [9] 20 mars 1730 —*Marie-Angélique*, b [9] 8 sept. 1730 ; s [9] 15 février 1731. — *Pierre-Barthélemi*, b [9] 25 août 1732 ; m [9] 22 mai 1758, à Barbe-Elisabeth TRUDEL.—*Elisabeth*, b [9] 14 oct. 1734. — *Marie-Cécile*, b [9] 28 juillet 1736.— *Françoise-Régis*, b [9] 3 sept. 1738 ; m [9] 6 sept. 1762, à Pierre EMOND. —*Marie-Louise*, b [9] 6 mai 1742 ; s [9] 14 avril 1743.

1734, (10 février) Détroit. [4]

I.—NAVARRE, ROBERT, b 1709, notaire royal ; fils de François et de Jeanne Plugette, de Villeroy, diocèse de Meaux, en Brie ; s [4] 24 nov. 1791.

BARROIS-LOTHMAN, Marie. [FRANÇOIS II.

Marie-Françoise, b [4] 10 janvier 1735 ; 1° m à Georges MACDOUGALL ; 2° m [4] 5 janvier 1784, à Jacques CAMPEAU.—*Marie-Anne*, b [4] 15 oct. 1737 ; 1° m [4] 28 oct. 1760, à Jacques DESBUTTES ; 2° m à........ ANTONY ; s [4] 11 oct. 1773. — *Robert*, b [4] 26 nov. 1739 ; m [4] 13 dec. 1762, à Marie-Louise DEMARSAC. — *Joseph*, b [4] 3 et s [4] 8 août 1748.— *Marie-Catherine*, b [4] 14 juillet 1749 ; s [4] 6 sept. 1751.—*Bonaventure-Marie-Pierre*, b [4] 8 oct. 1753 ; s [4] 29 sept. 1764. — *Marie-Catherine*, b [4] 13 avril 1757 ; m à Alexandre MACOMB.—*François*, b [4] 20 nov. 1759 ; m [4] 26 février 1781, à Marie-Louise GODET.—*Jean-Marie-Alexis*, b [4] 22 sept. 1763.

(1) Dit Belhumeur ; grenadier de la compagnie de Foulhac.

(2) Elle épouse, le 25 juin 1774, Thomas Morange, à Québec.

1737, (22 janvier) St-Augustin.

I.—NAVARRE, NICOLAS, fils de Robert et de Louise Baron, de St-Louis-de-Rochefort, diocèse de LaRochelle, Aunis ; s 4 avril 1744, à St-Pierre-les-Becquets.

TIBAUT (1), Marie-Madeleine, [JEAN-BTE II. b 1707.

1758, (22 mai) Québec. [3]

II.—NAVARRE, PIERRE-BARTH., [JEAN-PIERRE I. b 1732.

TRUDEL, Barbe-Elisabeth, [NICOLAS III. b 1739.

Marie-Anne-Angélique, b... m [3] 26 juillet 1791, à Jacques SIMON-LAFLEUR.

1760, (18 nov.) Baie-St-Paul.

II.—NAVARRE, JEAN-LOUIS, [JEAN-PIERRE I. b 1722.

TREMBLAY, Julie-Ursule-Régis, [LS-ANDRÉ III. b 1740.

1762, (13 déc.) Détroit. [3]

II.—NAVARRE, ROBERT, [ROBERT I. b 1739.

DEMARSAC, Marie-Louise, [FRANÇOIS II. b 1744.

François, b... m [3] 9 nov. 1790, à Marie SUZOR. —*Robert*, b [3] 4 mars 1765. —*Jacques*, b [3] 15 déc. 1766. — *Isidore*, b [3] 19 août 1768 ; m [3] 18 juin 1795, à Françoise DESCOMPS. — *Marie-Archange*, b [3] 23 juillet 1770. — *Antoine*, b [3] 26 mai 1772.— *Charlotte*, b [3] 10 avril 1774. — *Pierre*, b [3] 3 déc. 1775.—*Simon*, b [3] 18 et s [3] 20 août 1777.— *Jean-Marie*, b [3] 24 oct. 1778.—*Marie-Anne*, b [3] 21 sept. 1780.—*Marie-Catherine*, b [3] 5 sept. 1782.

1765, (18 février) St-Sauveur-de-Cayenne.

I.—NAVARRE (2), PAUL-MAURICE-JEAN, fils de Jacques et de Marie Mouseux, de Maubourquet, diocèse de Tarbes, en Armagnac.

DE LA ROCHE (3), Geneviève, veuve de Pierre Gallet ; de St-Eustache, Paris.

Elisabeth, b 12 et s 17 juillet 1766, aux Ecureuils.

1781, (26 fevrier) Detroit. [6]

II.—NAVARRE, FRANÇOIS, [ROBERT I. b 1759.

GODET, Marie-Louise. [RENÉ.

Suzanne, b [6] et s [6] 9 déc. 1782. — *François-Xavier*, b [6] 21 janvier 1784.

1790, (9 nov.) Detroit.

III.—NAVARRE, FRANÇOIS. [ROBERT II.

SUZOR, Marie. [LOUIS.

(1) Elle épouse, le 17 août 1745, René Pannot, à St-Pierre-les-Becquets.

(2) Chirurgien-major du vaisseau " Le Favory," frégate du roy T. Chrétien. Il était mineur quand il se maria. Ce monsieur naufragea sur la côte de Terreneuve, où il perdit une partie de sa fortune et y mourut. La veuve recueillit ses effets les plus précieux, vint à Montréal et s'y maria.

(3) Elle épouse, le 28 sept. 1768, Raymond Mesnard, à Montréal.

1795, (18 juin) Détroit.
III.—NAVARRE, ISIDORE, [ROBERT II.
b 1768.
DESCOMPS-LABADY, Françoise, [ALEXIS II.
b 1774.

NAVERS.—*Variation :* NAVARE.

1687, (13 mai) Québec. [7]
I.—NAVERS (1), JEAN-BTE,
b 1654; chirurgien; s 13 mai 1722, au Château-Richer. [8]
SAUVIN, Marie-Françoise, [FRANÇOIS I.
b 1671; s [8] 4 janvier 1752.
Anne, b [8] 24 oct. 1699; m [8] 7 février 1718, à Julien JOBIDON; s [8] 2 avril 1764. — *Marie-Elisabeth,* b [8] 2 juillet 1704; m [8] 10 janvier 1724, à Jacques PERROT. — *Catherine,* b [8] 7 juin 1706; m [8] 3 fevrier 1728, à Prisque DOYON.—*Jean-Baptiste,* b [8] 19 nov. 1709; m [8] 21 nov. 1735, à Cécile CHAPELAIN; s [7] 9 mars 1779. — *Marie,* b [8] 8 dec. 1712; m [8] 7 février 1736, à Julien FORTIN.

1735, (21 nov.) Château-Richer. [7]
II.—NAVERS (2), JEAN-BTE, [JEAN-BTE I.
b 1709; s 9 mars 1779, à Québec.
CHAPELAIN, Cécile, [PIERRE III.
b 1705.
Jean-Baptiste, b [7] 17 oct. 1736.— *Augustin,* b [7] 17 fevrier 1742; m 29 janvier 1770, à Marie-Amable CONTENT, à Lachenaye.—*Charles,* b [7] 19 avril 1748.

1770, (29 janvier) Lachenaye. [6]
III.—NAVERS, AUGUSTIN, [JEAN-BTE II.
b 1742.
CONTENT, Marie-Amable, [JEAN-BTE III.
b 1751.
Marie-Amable, b [6] 3 mars 1771; m [6] 9 nov. 1789, à Paul BRÉBANT. — *Augustin,* b [6] 5 et s [6] 8 février 1772.—*Marie-Angélique,* b [6] 10 mai 1773; s [6] 20 février 1775. — *Augustin-Jean-Baptiste,* b [6] 16 sept. 1774; s [6] 27 avril 1775. — *Augustin,* b [6] 27 juillet 1775; s [6] 30 mars 1778. — *Joseph,* b [6] 2 avril 1780. — *Marie-Louise,* b [6] 11 avril et s [6] 5 mai 1782. — *Charles,* b [6] 28 oct. 1783. — *Marie-Céleste,* b [6] 25 dec. 1786.

I.—NAVETIER, PIERRE, b 1698; prêtre S.S.; de St-Pierre-de-Beaune, diocèse d'Autun, Bourgogne; s 18 janvier 1751, à Montréal.

NÈCLE.—Voy. NESLE.

NÈGRES.

JACQUES, pris sur les Anglais; baptisé le Samedi-Saint 1694, par l'evêque de Quebec; s 12 sept. 1708, à Montréal.

MARIE, appartenant à Antoine Paris; née 1698; b 7 janvier 1715, à Quebec.

SCIPION, ne 1707; b 11 août 1717, à Québec.

JOSEPH, appartenant à M. Lajannière, marchand de la Martinique; né 1714; b 10 oct. 1717, à Québec.

NÈGRE, ...
LEMIRE, Marie.
Marie-Catherine, b et s 11 avril 1714, à Lorette.

CHARLOTTE, b 1733; s 24 avril 1817, à l'Hotel-Dieu, M.

CATHERINE, b 1741; s 14 août 1811, à l'Hôpital-Général, M.

JEAN, appartenant à M. Auger, marchand; b 1754; s 2 sept. 1776, à l'Hôpital-General, M.

UN GARÇON, appartenant à M. Chaboillez; né 1761, s 23 sept. 1771, à l'Hôpital-Général, M.

FRANÇOIS dit MENTOR, appartenant à M. Nafrechon; ne 1723; s 10 mai 1773, à l'Hôpital-Général, M.

THOMAS, appartenant à M. Fortier; né 1769; s 12 août 1776, à l'Hôpital-Général, M.

HUNTER, JOSEPH, né 1733, soldat; s 6 sept. 1756, à l'Hôpital-Genéral, M.

UN GARÇON, demeurant chez Dlle Guy, marchande; né 1719; s 19 fevrier 1757, à l'Hôpital-Genéral, M.

JEAN-BAPTISTE, appartenant à M. Charly-St Ange, marchand; né 1741; s 10 déc. 1761, à l'Hôpital-Général, M.

CANTIN, appartenant à M. Hervieux; b 1740, s 23 sept. 1755, à l'Hôpital-Général, M.

JOSEPH, appartenant à M. Deschambault; né 1720; s 3 nov. 1755, à l'Hôpital-Général, M

1750, (12 janvier) Montréal.
I.—NÈGRE, JOSEPH.
NÉGRESSE, Marie-Louise.

I.—NÈGRE (1), PIERRE.
TALON, Marguerite.
Marie-Joseph, b et s 29 avril 1750, à Lévis.

1750, (21 avril) Montréal.
I.—NÈGRE, JOSEPH-HIPPOLYTE.
NÉGRESSE, Marie-Madeleine.

1756, (5 fevrier) Montréal.
I.—NÈGRE, CHARLES.
NÉGRESSE, Marie-Anne-Victoire.

(1) Voy. vol. I, p. 450.
(2) Appelé Navare à sa sépulture.

(1) Ce nègre est dit appartenir à Dlle Philibert.

1757, (24 mai) Montréal.

I.—NÈGRE, JACQUES.
NÉGRESSE, Marie.

1759, (27 février) Montréal.

I.—NÈGRE, JOSEPH.
NÉGRESSE, Marie-Françoise.

JEAN-BAPTISTE, esclave de M. De la Naudière; b 1770; s 6 avril 1775, à Ste-Anne-de-la-Pérade.

I.—NÉGRILLÉ (1), CHARLES, b 1718, du Poitou; s 3 avril 1763; au Bout-de-l'Ile, M.

NEILSON.—Voy. NELSON.

1746.

I.—NEL, JULIEN.
JOURDAIN, Françoise.
Marie-Françoise, b 20 déc. 1747, à Montréal.

NELSON.—*Variation :* NEILSON.

I.—NELSON, GUILLAUME.
SPROAT, Marie.
Jacques, b... 1° m 22 août 1788, à Marie-Joseph LÉPINE, à Québec[4]; 2° m[4] 17 déc. 1792, à Marie-Louise MAILLOU.

1788, (22 août) Québec.[5]

II.—NELSON, JACQUES, [GUILLAUME I.
écrivain.
1° LÉPINE (2), Marie-Jos., [JEAN-BTE-HYAC. II.
b 1762; s[5] 14 oct. 1789.
1792, (17 déc.)[5]
2° MAILLOU, Marie-Louise, [JOS.-GERMAIN IV.
b 1762; s[5] 4 février 1793.

1754.

I.—NELTIER (3), VINCENT.
DESJARDINS, Marie-Catherine.
Marie-Joseph, b 1755; m 11 juillet 1774, à Jean-Baptiste BAILLARGEON-BOCAGE, à Montreal.

I.—NEMPECH, JOSEPH.
LAHOUGHINE, Marie-Louise.
Louis, b 19 janvier 1764, à la Baie-St-Paul.

NENET.—*Variation :* VENET.

1722, (11 août) Pointe-Claire.

I.—NENET (4), RENÉ, b 1694; fils de Laurent et de Françoise Masson, de N.-D.-de-LaRochelle, Aunis; s 3 mai 1776, à l'Hôpital-Général, M.
BIGRAS, Marguerite, [FRANÇOIS I.
b 1701.
Louis-René, b... m 21 janvier 1754, à Marie-Amable BOULAGUET, à Montréal.[3] — *Nicolas,* b[3] 29 août 1727.—*François-Marie,* b[3] 31 août 1730. —*Marie-Joseph,* b 1733; m[3] 4 février 1760, à Gabriel GRENIER.—*Antoine,* b[3] 15 mai 1734; s[3] 15 juin 1741.—*Jacques,* b[3] 10 mars 1736; s[3] 17 nov. 1737. — *Marguerite,* b[3] 27 août 1737; s[3] 7 juillet 1739.— *Marie-Louise,* b[3] 29 janvier 1739; s[3] 18 juin 1742. — *Marie-Anne,* b[3] 31 oct. 1740; m[3] 6 nov. 1758, à Jacques DUPÉRON. — *Gabriel,* b[3] 18 janvier 1743.

(1) Ancien soldat du régiment de Béarn.
(2) Dit Lalime.
(3) Dit Poitevin.
(4) Et Venet.

1754, (21 janvier) Montréal.

II.—NENET (1), LOUIS-RENÉ. [RENÉ I.
BOULAGUET (2), Marie-Amable, [ETIENNE I.
b 1733.
André-René, b 13 juillet et s 19 août 1758, à St-Laurent, M.

NEPVEU.—*Variations et surnoms :* LENEPVEU —NEVEU—BACQUEVILLE—DE LA BRETONNIÈRE —DE LÉMON—FRANCŒUR — LACROIX—LANORAYE—L'EVEILLÉ — PAULET — RICHEVILLE— SEVESTRE.

1659, (4 août) Québec.[1]

I.—NEPVEU (3), PHILIPPE,
b 1635; tailleur; s[1] 1er janvier 1721.
SÉVESTRE, Denyse, [CHARLES II.
b 1628; veuve d'Antoine Martin; s[1] 14 déc. 1700.
Jean, b[1] 20 déc. 1676; 1° m 24 janvier 1702, à Marie-Jeanne PASSARD, à Montreal[2]; 2° m[2] 27 juillet 1704, à Françoise LEGRAS; s[2] 25 juin 1754.

1671.

I.—NEPVEU (4), THOMAS.
1° LEGRAND, Antoinette,
b 1649; s 21 nov. 1701, à Boucherville.
2° TOUIN, Jeanne, [ROCH I.
b 1681.
Jean-Baptiste, b 30 avril 1704, à Repentigny; s 2 dec. 1755, à Ste-Geneviève, M.—*Marguerite,* b... m 15 août 1732, à Louis GAGNON, à Varennes.[3] — *Catherine,* b... m[3] 7 janvier 1739, à Thomas DELABOYTANIÈRE.

1681.

II.—NEPVEU (5), ADRIEN, [JEAN I.
b 1656; s 15 mars 1699, à Champlain.[4]
DANDONNEAU (6), Renée. [PIERRE I.
Marie-Renée, b[4] 12 janvier 1687; m[4] 30 nov. 1737, à Joseph TOUTAN.—*Charles-Adrien,* b[4] 11 janvier 1691; m 20 juin 1719, à Marie-Joseph DESROSIERS, à Sorel; s 23 mars 1754, à l'Ile-Dupas.[5] — *François,* b[4] 10 août 1692; m[4] 22 février 1724, à Marie-Joseph DUBORD; s[4] 17 mars 1733.—*Marie-Catherine,* b[4] 18 mars 1697; m[4] 12 janvier 1722, à Pierre CAILLIA; s[5] 22 avril 1741.

(1) Marié sous le nom de Venet.
(2) Dit St. Amour.
(3) Voy. vol. I, p. 450.
(4) Dit Lacroix; voy. vol. I, p. 451.
(5) Voy. vol. I, p. 451.
(6) Elle épouse, le 26 avril 1700, Pierre Moulin, à Champlain.

1688, (16 fevrier) Lachine. [1]

I.—NEPVEU (1), JEAN,
b 1659; bedeau; s 6 avril 1719, à la Pointe-Claire. [2]
GODIN, Catherine, [PIERRE I.
b 1659; veuve de Louis Fortin.
Louis, b [1] 2 fevrier 1695; 1° m 9 oct. 1718, à Marguerite GERVAIS, au Bout-de-l'Ile, M. [8]; 2° m 23 juillet 1725, à Marie-Anne CHARBONNEAU, à Montréal [4]; s [4] 11 août 1728.—*Jean-Baptiste*, b [1] 3 avril 1697; 1° m [4] 12 nov. 1725, à Marguerite BEAUMONT; 2° m à Catherine TIBAUT; 3° m [8] 3 fevrier 1738, à Véronique HUNAUT.—*Jacques*, b [8] 3 février 1704; 1° m [2] 7 janvier 1732, à Isabelle BRUNET; 2° m [2] 16 août 1746, à Angelique CHARLEBOIS.

1695, (24 oct.) Montréal. [5]

II.—NEPVEU (2), JACQUES, [PHILIPPE I.
b 1663; marchand.
CHAUVIN (3), Michelle, [PIERRE I.
b 1670; s 22 juin 1722, à Kaskakia. [6]
Jean-Michel (3), b [5] 19 janvier 1702; s [6] 22 juin 1722.—*Suzanne* (3), b 23 juin 1704, à St-François, I. J.; s [6] 22 juin 1722.—*Françoise-Elisabeth* (3), b [5] 5 mai 1709; s [6] 22 juin 1722.

I.—NEPVEU (4), NICOLAS, b 1646; s 14 oct. 1706, à Montreal.

1702, (24 janvier) Montréal. [7]

II.—NEPVEU (5), JEAN, [PHILIPPE I.
b 1676; s [7] 25 juin 1754.
1° PASSARD, Marie-Jeanne, [JACQUES I.
b 1681; s [7] 4 fevrier 1703.
Louise, b [7] 11 oct. 1702; s [7] 22 août 1708.

1704, (27 juillet). [7]

2° LEGRAS, Françoise, [JEAN I.
b 1687.
Jean-François, b [7] 17 avril 1705; m 1737, à Charlotte-Ursule BOUCHER.—*Marie*, b [7] 28 juin 1706; m [7] 13 août 1731, à Hector ROUER-VILLERAY.—*Jacques-Urbain-Michel*, b [7] 29 sept. 1708; s [7] 14 juillet 1710.—*Françoise-Catherine*, b [7] 4 février 1711, s [7] 20 oct. 1733.—*Marguerite*, b [7] 23 juin 1712; m [7] 7 juillet 1749, à François SIMONET; s [7] 23 nov. 1778.—*Pierre*, b [7] 15 sept. 1713; m [7] 24 avril 1741, à Madeleine-Elisabeth JANVRIN; s 9 janvier 1759, à Lanoraie.—*Jean-Baptiste-Paul*, b [7] 2 avril et s 21 juillet 1715, à Longueuil.—*Etienne-Jérôme*, b [7] 23 sept. 1716; s [7] 17 août 1717.—*Marie-Joseph-Liduvine*, b [7] 13 avril 1718.—*Pierre-Paul*, b [7] 29 juin 1719; m [7] 31 mars 1761, à Elisabeth-Françoise HERTEL.—*Marie-Françoise*, b [7] 25 sept. 1720; s [7] 4 mai 1723.—*Guillaume-Philippe*, b [7] 15 avril 1722; s [7] février 1733.—*Françoise-Elisabeth*, b [7] 17 ju[in] 1723.—*Marie-Elisabeth*, b [7] 19 nov. 1724.

(1) Voy. vol. I, p. 451.

(2) On croit le sieur Jacques Nepveu pris et emmené prisonnier avec un jeune enfant âgé d'environ 9 ans, nommé Provost, et un esclave, non baptisé. (Note du registre 22 juin 1722, Kaskakia.) Voy. vol. I, p. 451.

(3) Tués par les sauvages, à quatre lieues en deçà d'*Ouabache*.

(4) Dit Richeville.

(5) De la Bretonnière; colonel de milice; seigneur d'Autray et de Lanoraye.

1718, (9 oct.) Bout-de-l'Ile, M. [8]

II—NEPVEU, LOUIS, [JEAN
b 1695; s 11 août 1728, à Montréal. [9]
1° GERVAIS, Marguerite, [MATHIEU
b 1684.
Louis, b... m à Marie-Anne BOURDET.—*Catherine*, b 23 et s 27 avril 1720, à la Pointe-Claire.—*Marie-Anne*, b [8] 22 juillet 1722.

1725, (23 juillet). [9]

2° CHARBONNEAU, Marie-Anne, [JEAN
b 1700.

1719, (20 juin) Sorel. [1]

III.—NEPVEU, CHS-ADRIEN, [ADRIEN I
b 1691; s 23 mars 1754, à l'Ile-Dupas. [2]
DESROSIERS (1), Marie-Joseph, [ANTOINE I
b 1700.
Joseph, b... m 1748, à Marie-Madeleine BRISSET.—*Pierre-Alexis*, b [2] 2 janvier 1724.—*Marie-Geneviève*, b [1] 4 oct. 1726; s [2] 20 oct. 1727.—*Denis-Adrien*, b [2] 13 juillet 1730.—*Amable*, b [1] fevrier 1733.—*Thomas*, b [1] et s [1] 19 nov. 1734.—*Amable*, b [1] 11 sept. 1735; m [2] 12 fevrier 1754, Marie-Anne LEMAITRE.—*Véronique*, b [2] 30 ma[rs] 1737.—*Vital*, b [2] 27 août 1738; m [2] 8 janvi[er] 1759, à Marguerite BRISSET.

1724, (22 fevrier) Champlain. [3]

III.—NEPVEU (2), FRANÇOIS, [ADRIEN I
b 1692; s [3] 17 mars 1733.
DUBORD-LAFONTAINE, Marie-Joseph, [PIERRE I
b 1705.
Anonyme, b [3] et s [3] 2 mai 1725.—*Pierre*, b 25 février 1726.—*François-Marie*, b [3] 9 nov. 172[7].—*Marie-Joseph*, b [3] 31 mars 1729; m à Jean-Baptiste TOUTAN.—*Marie-Marguerite*, b [3] 14 janvier 1731.—*Marie-Angélique*, b [3] 28 fevrier et s 10 mai 1733.

1725, (12 nov.) Montréal. [5]

II.—NEPVEU, JEAN-BTE, [JEAN
b 1697.
1° BEAUMONT, Marguerite, [JEAN-BTE
b 1702.
2° TIBAUT, Catherine.
Jean-Baptiste, b... m 7 nov. 1757, à Marie-Joseph GAUDIN, à St-Laurent, M.—*Pascal*, b 1734; m 14 nov. 1762, à Marie-Charlotte HUNAUT, à Lachine.

1738, (3 fevrier) Bout-de-l'Ile, M. [6]

3° HUNAUT, Veronique, [PIERRE I
b 1714.
Pierre, b [6] 16 fevrier 1745.—*Louise*, b [6] janvier 1751.

(1) Lafrenière, 1759.

(2) Dit Bacqueville.

1728, (28 juin) Montréal.[5]
I.—NEPVEU, CHARLES, b 1695; fils de Jean (marchand) et de Jaqueline Getté, de N.-D.-de-la-Riche, ville de Tours, Touraine.
CATIN (1), Marie-Anne, [HENRI I. b 1706.
Joseph-Charles-Amable, b [5] 27 mai et s [5] 6 juin 1729.—*Jean-Louis*, b [5] 7 oct. 1730.

1732, (7 janvier) Pointe-Claire.[7]
II.—NEPVEU, JACQUES, [JEAN I. b 1704.
1° BRUNET, Isabelle, [THOMAS II. b 1705; s [7] 7 fevrier 1745.
1746, (16 août).[7]
2° CHARLEBOIS, Angelique. [JEAN-BTE I.

1737.
III.—NEPVEU (2), JEAN-FRANÇOIS, [JEAN II. b 1705.
BOUCHER (3), Charlotte-Ursule, b 1712; s 24 déc. 1793, à l'Hôpital-Général, M.
Jean-Charles, b 20 sept. 1738, à Montréal.[5] — *Louise-Geneviève-Marguerite*, b [5] 28 mai 1740; s 27 fevrier 1741, à Longueuil.—*Marin*, b 3 août et s 7 oct. 1750, à St-Antoine-de-Chambly.[6] — *Marie-Louise-Ursule*, b [6] 3 août 1751; s [6] 9 avril 1752.

1740, (12 sept.) Montréal.[5]
I.—NEPVEU (4), MICHEL-JACQUES, b 1718; fils de Jacques et de Françoise Bourgeois, de St-Gervais, Paris; s 14 oct. 1804, à l'Hôpital-Général, M.
BRASSARD, Marguerite, [PIERRE III. b 1722.
Louise-Marguerite, b [5] et s [5] 23 nov. 1740.—*Marie-Anne*, b [5] 12 mai 1742; s [5] 28 juin 1743.—*Marguerite*, b [5] 8 mars 1744; m [5] 3 nov. 1767, à Jean-Philippe CAQUEREL-JOLIBOIS.—*Michel*, b [5] 17 juin 1747; m [5] 11 janvier 1768, à Marie-Catherine CAUTELET.—*Marie-Marguerite*, b [5] 14 juillet et s [5] 1er août 1750.

1741, (24 avril) Montréal.[2]
III.—NEPVEU (5), PIERRE, [JEAN II. b 1713; s 9 janvier 1759, à Lanoraie.[3]
JANVRIN (6), Madeleine-Elisabeth, [JEAN-BTE II. b 1723.
Marie-Madeleine-Antoinette, b [2] 5 nov. 1741.—*Jean-Baptiste*, b [2] 23 fevrier 1746; s [3] 2 juin 1759. —*Marie-Madeleine*, b 13 oct. 1750, à Lavaltrie.

III.—NEPVEU, LOUIS. [LOUIS II.
BOURDET, Marie-Anne.
Marie-Marthe, b... m 5 mai 1760, à Yves BOYER, à Chambly.[6] — *Marie-Anne*, b 1745; m [6] 25 juillet 1763, à Louis-Charles LEBEAU. — *Jean-Louis*, b [6] 20 avril et s [6] 16 août 1746. — *Joseph-Amable*, b [6] 8 juin 1747.—*Louise*, b [6] 3 août 1749.

NEPVEU, JEAN-BTE.
DUVAL, Marie.
Jean-Baptiste, b 1747; s 10 juillet 1748, à Montréal.

II.—NEPVEU (1), JEAN-BTE, [THOMAS I. b 1705; s 2 déc. 1755, à Ste-Genevieve, M.

I.—NEPVEU (2), CLAUDE-EMMANUEL.

1748.
IV.—NEPVEU, JOSEPH. [CHARLES-ADRIEN III.
BRISSET, Marie-Madeleine.
Joseph-Adrien, b 6 juin 1749, à Sorel; m 17 janvier 1780, à Geneviève RIVARD, à St-Cuthbert.

1754, (12 fevrier) Ile-Dupas.[3]
IV.—NEPVEU, AMABLE, [CHARLES-ADRIEN III. b 1735.
LEMAITRE (3), Marie-Anne, [PIERRE III. b 1732.
Adrien, b [3] 8 janvier 1755; 1° m à Marguerite BÉRARD; 2° m 29 janvier 1787, à Marie-Louise JACQUES, à St-Cuthbert.[4] — *Alexis-Amable*, b [3] 2 et s [3] 9 mars 1757.—*Alexis*, b [3] 14 août 1758; s [3] 22 mars 1765.—*Joseph-Amable*, b [3] 20 mars 1761; m [4] 29 oct. 1781, à Marie BÉRARD. — *Amable*, b [3] 5 avril 1763; m [4] 7 janvier 1788, à Geneviève BARIL. — *Marie-Joseph*, b... m [4] 29 avril 1783, à Antoine FRAPIER.—*Alexis*, b... m [4] 22 oct. 1787, à Marguerite BRULÉ. — *Marie-Anne*, b... m [4] 7 janvier 1788, à Charles BARIL. — *Joseph*, b [4] 5 juin et s [4] 4 juillet 1775.

1757, (7 nov.) St-Laurent, M.[8]
III.—NEPVEU, JEAN-BTE. [JEAN-BTE II.
GAUDIN, Marie-Joseph. [JACQUES III.
Marie-Geneviève, b 30 oct. 1758, à Ste-Geneviève, M.; s [8] 18 janvier 1762.—*Marie-Catherine*, b [8] 12 mai et s [8] 18 août 1760. — *François*, b... m 13 janvier 1800, à Marie-Anne MALHERBE, à Montreal.—*Jean-Baptiste*, b [8] 29 août 1763.

1759, (8 janvier) Ile-Dupas.[7]
IV.—NEPVEU, VITAL, [CHARLES-ADRIEN III. b 1738.
BRISSET-BEAUPRÉ, Marguerite. [JOSEPH.
Marguerite, b [7] 5 sept. 1765. — *Alexis*, b [7] 8 février 1767. — *Antoine*, b [7] 25 janvier 1769.—*Marie-Archange*, b [7] 17 fevrier 1771.

1761, (31 mars) Montréal.[6]
III.—NEPVEU (4), PIERRE-PAUL, [JEAN II. b 1719.
HERTEL, Elisabeth-Françoise, [JOSEPH III. b 1722; s [6] 9 janvier 1779.

(1) Elle épouse, le 5 sept. 1746, Pierre Lucas, à Montréal.
(2) Commandant les milices du Sud.
(3) De Niverville.
(4) Dit Francœur; soldat de la compagnie de M. Hertel.
(5) Dit Lanoraye.
(6) Dit Dufresne.

(1) Dit Lacroix.
(2) Dit L'Eveillé; soldat de Cambray, régiment de Berry. Il etait, le 23 avril 1759, à St-François, I O.
(3) Dit Lotinville.
(4) Colonel de la milice.—A la sépulture de son épouse, il est appelé Sevestre, du nom de sa grand'mère.

1762, (14 nov.) Lachine.

III.—NEPVEU, PASCHAL, [JEAN-BTE II.
b 1734.
HUNAUT, Marie-Charlotte, [GABRIEL III.
b 1742.

1768, (11 janvier) Montréal. [2]

II.—NEPVEU, MICHEL, [MICHEL-JACQUES I
b 1747.
CAUTELET (1), Marie-Catherine, [LOUIS I.
b 1748.
Joseph, b [2] 9 nov. 1783.

1780, (17 janvier) St-Cuthbert. [9]

V.—NEPVEU, JOSEPH-ADRIEN, [JOSEPH IV.
b 1749.
RIVARD, Geneviève, [GERVAIS-MARIE III.
b 1756.
Marie, b [9] et s [9] 14 juin 1785.—*Joseph-Adrien*, b [9] 2 février 1786 —*Charles-Amable*, b [9] 13 avril et s [9] 1er juillet 1791. — *Alexis*, b [9] 28 mars 1795.

1781, (29 oct.) St-Cuthbert.

V.—NEPVEU, JOSEPH-AMABLE, [AMABLE IV.
b 1761.
BÉRARD, Marie. [JEAN-BTE

V.—NEPVEU, ADRIEN, [AMABLE IV.
b 1755.
1° BÉRARD, Marguerite,
b 1763 ; s 24 août 1785, à St-Cuthbert [9]
1787, (29 janvier). [9]
2° JACQUES, Marie-Louise. [JOSEPH III.
Marie-Claire, b [9] 14 déc. 1787.

1786.

NEPVEU, ANDRÉ.
GERVAIS, Geneviève.
Joseph-Gervais, b 5 déc. 1787, à St-Cuthbert [9]; s [9] 24 juin 1788. — *Marie-Charlotte*, b [9] 21 mai et s [9] 13 juillet 1789. — *Anonyme*, b [9] et s [9] 15 mars 1790.

1787, (22 oct.) St-Cuthbert. [9]

V.—NEPVEU, ALEXIS. [AMABLE IV.
BRULÉ (2), Marguerite. [ANTOINE II.
Alexis, b [9] 5 nov. 1788; s [9] 15 mars 1791. — *Anonyme*, b [9] et s [9] 30 mars 1790. — *Joseph*, b [9] 1er janvier 1793. — *Marie-Marguerite*, b [9] 11 janvier et s [9] 18 juillet 1794.—*Antoine*, b [9] 24 juillet et s [9] 3 août 1795.

1788, (7 janvier) St-Cuthbert. [9]

V.—NEPVEU, AMABLE, [AMABLE IV.
b 1763.
BARIL, Marie-Geneviève. [FRANÇOIS.
Amable, b [9] 15 fevrier et s [9] 16 juillet 1790.— *Marie-Geneviève*, b [9] 22 mai 1792.

NEPVEU, JOSEPH.
DUFOUR, Marguerite.
Louise-Sophie, b 14 août 1795, à Repentigny

(1) Dit Marcheterre.
(2) Voy. Francœur, vol. IV, p. 101.

1800, (13 janvier) Montreal.

IV.—NEPVEU, FRANÇOIS, [JEAN-BTE III.
voyageur.
MALHERBE, Marie-Anne. [JEAN-JOSEPH II.

NEPVEU, ANTOINE.
CHEVALIER, Marguerite.
Eléonore, b... m 8 août 1843, à Joseph PELLETIER, à Sorel.

1759.

I.—NERNE, JEAN.
CASTILLE, Christine.
Anne, née 26 nov. 1760 ; b 24 juin 1769, à la Baie-St-Paul [2] — *Jean-Moïse*, b [2] 6 nov. 1770.

NERNE, JEAN.
EMERAY, Scholastique.
Scholastique, b 24 fevrier 1774 à la Baie-St-Paul.

I.—NÉRON (1), ..., b 1737 ; s (gelé) 3 fevrier 1758, à St-Laurent, I. O.

1760, (26 août) Baie-St-Paul. [9]

I.—NÉRON, JEAN, marchand ; fils de Michel et de Marie-Anne Fauguet, de St-Colombe, diocèse de Debord.
BOUCHARD, Marie-Elisabeth, [J.-BTE-NOEL III.
b 1742.
Marie-Reine, b [9] 5 juin 1761. — *Marie-Anne-Rosalie*, b [9] 10 janvier 1763. — *Marie-Elisabeth-Juste-Pome*, b [9] 9 janvier 1765. — *Jean-Michel-Pierre-Saturnin*, b [9] 18 août 1766. — *Marie-Louise*, b [9] 26 août 1768. — *Augustin-Jean-François-Moïse*, b [9] 5 dec. 1770. — *Joseph-Marie*, b [9] 4 mars 1773. — *Marie*, b [9] 8 déc. 1774. — *Marie-Catherine*, b [9] 6 oct. 1776.

NESLE.—*Variation :* NÈCLE.

1728, (30 dec.) Québec. [1]

I.—NESLE (2), FRANÇOIS, fils de François et de Marie ......, de St-Sulpice, Paris.
GIRARD, Marguerite, [JOACHIM I
b 1694 ; veuve de Thomas Lefebvre.
François, b [1] 28 sept. 1729 ; s [1] 3 février 1731 —*Louise*, b [1] 12 avril 1731 ; m [1] 19 avril 1751, à Nicolas PIZANNE.—*Françoise*, b [1] 20 mai 1733 s [1] 21 juillet 1735.—*Marie-Joseph*, b [1] 27 et s [1] 28 août 1736.

NETIER.—Voy. NIQUET.

NEUFPORT, PIERRE, b 1687 ; s 12 déc. 1742, à Cahokia.

1702, (24 janvier) St-Laurent, I O.

I.—NEUVILLE (3), JACQUES,
notaire-royal.
SIVADIER-OLIVIER, Marie-Jeanne, [LOUIS I
b 1677.

(1) Soldat au régiment de Berry.
(2) Marié Nècle.
(3) Dehornay dit Laneuville, voy. vol. III, p. 281.

Marie-Françoise, b 1720 ; m 7 janvier 1743, à Charles LEVASSEUR, à Quebec.

NEUVILLON.—*Surnom :* SANSQUARTIER.

I.—NEUVILLON (1), JACQUES.
LAVIGNE, Marie-Anne-Geneviève.
Marie-Joseph, b... m 28 janvier 1788, à Charles PAYET, à Repentigny.[2] — *Marie-Charlotte*, b... m[2] 4 août 1788, à Joseph MOREAU.—*Jacques*, b... m[2] 17 août 1789, à Marie-Joseph JANOT.

1789, (17 août) Repentigny.[3]
II.—NEUVILLON, JACQUES. [JACQUES I.
JANOT, Marie-Joseph, [JOSEPH IV.
b 1768.
Marie-Joseph, b[3] 27 janvier 1790.

NEVERS.—*Surnom :* ST. LOUIS.

I.—NEVERS (2), LOUIS,
marchand.
ROY (3), Catherine.
François, b 25 nov. 1751, à Kamouraska[4]; s[4] 30 janvier 1752.

NEVEU.—Voy. NEPVEU.

NEXER.—*Surnom :* ST. JEAN.

1758, (8 mai) Québec.[5]
I.—NEXER (4), JEAN, caporal ; fils de Pierre et de Jeanne Robert, de St-Etienne, ville de St-Michel, diocèse de Verdun, Bourgogne.
CARON, Louise, [JEAN III.
b 1725 ; veuve de Basile Bonneau.
Marie-Louise, b 2 août 1760, à Ste-Anne ; s[5] 6 fevrier 1762.—*Marie-Louise*, b[5] 24 mars 1763 ; m[5] 28 nov. 1786, à Joseph DEROUSSEAU.

NIAGARA.—Voy. CAMPEAU.

NICANT.—*Surnom :* COMTOIS.

1737.
I.—NICANT (5), MICHEL.
MAGNAN (6), Marie-Anne. [JOSEPH II.
Jean-Baptiste-Gabriel, b 24 nov. 1737, à Montreal.[6] — *Marie-Louise*, b 22 nov. 1739, à Laprairie[7]; m[6] 5 août 1766, à Pierre BRESSE.—*Marie-Anne*, b[7] 10 mai 1742 ; s[7] 5 mai 1744.—*Félicité*, b[7] 6 mars 1744.

I.—NICOU (7), FRANÇOIS, b... s 5 nov. 1750, à St-Laurent, I. O.

(1) Dit Sansquartier.
(2) Dit St. Louis, 1751, Kamouraska.
(3) Dit Desjardins ; elle épouse, le 22 février 1762, Jean-Baptiste Curieux, à Kamouraska.
(4) Dit St. Jean.
(5) Dit Comtois.
(6) Aussi appelée Robert, du nom de sa mère ; elle épouse, le 11 août 1752, Jean Catel, à Laprairie.
(7) Contremaître sur le navire "Le St-Joseph," de Nantes, capitaine Fontaine.

NICOLAS.—Voy. DELLIGNE.

I.—NICOLAS (1), ..., b 1671 ; s 11 juin 1731, à St-Thomas.

1705, (5 mai) Québec.[6]
I.—NICOLAS, GUILLAUME, b 1660, menuisier ; fils de Jean et de Jeanne Ainette, de St-Pierre-Montferrant, diocèse de Bordeaux ; s[6] 27 janvier 1741.
MARANDEAU, Marie-Jacquette, [ETIENNE I.
b 1686.
Marie-Geneviève, b[6] 6 janvier 1706 ; m[6] 30 déc. 1726, à Hypolite THIBIERGE ; s[6] 29 mars 1751.—*François-Marie*, b[6] 20 janvier 1709 ; s[6] 28 août 1715. — *Jean-Baptiste*, b[6] 20 nov. 1710 ; s[6] 21 nov. 1716. — *Louis-Flavien*, b[6] 10 février 1715.—*Louise-Félicité*, b[6] 13 juin 1718 ; 1° m[6] 5 nov. 1736, à Jacques AMELOT ; 2° m 2 fevrier 1761, à Amable MARCOT, à Montréal. — *Nicolas-Guillaume*, b[6] 6 mars 1722 ; s[6] 19 mai 1733.—*Marie-Joseph*, b[6] 9 janvier 1728 ; m[6] 9 oct. 1747, à Etienne PARANT.

1750, (7 sept.) Québec.[1]
I.—NICOLAS, ETIENNE, b 1719, charpentier ; fils de Jacques et de Marie Flamanchette, de St-Sauveur, diocèse de LaRochelle, Aunis ; s[1] 25 juin 1779.
CHEVALIER, Marie-Charlotte, [LOUIS III.
b 1720.
Etienne, b[1] 11 sept. 1751 ; m[1] 31 août 1779, à Marie-Louise LEVASSEUR. — *Jacques*, b[1] 15 avril 1754 ; s[1] 21 août 1755.—*Marie-Joseph*, b[1] 29 août 1756 ; m[1] 24 août 1779, à Antoine FRANCHÈRE.

1779, (31 août) Québec.
II.—NICOLAS, ETIENNE, [ETIENNE I.
b 1751.
LEVASSEUR, Marie-Louise, [LOUIS IV.
b 1762.

NICOLE.— *Variation et surnoms :* NICOLLE—LESBOIS—VINIÈRE.

I.—NICOLE, JACQUES-NICOLAS.
MEGNEMARÉ, Marie.
Jean, b 1754 ; s 22 oct. 1755, à Québec.[8] — *Jacques-Philippe*, b[8] 9 janvier 1756.

1760.
I.—NICOLE (2), ETIENNE, de la Croix, en Avranches, Normandie.
GUYARD (3), Marie-Angélique.
Françoise, b 19 sept. 1761, à Cahokia ; 1° m à Charles LEFEBVRE ; 2° m 7 oct. 1793, à François SAUCIER, à St-Louis, Mo.[7] — *Catherine*, b... m[7] 22 mai 1782, à Louis BIENVENU. — *Marie-Anne*, b... m[7] 23 fevrier 1789, à Eugène-Jonas DORSIÈRE. — *Rosalie*, b... m 28 janvier 1799, à François LESIEUR, à St-Charles.

(1) Vieux garçon qui a servi les missionnaires pendant 50 ans, avec un exemple, un zèle et une fidelité dignes de nos premiers chretiens.
(2) LesBois.
(3) Et Giard.

1763, (21 nov.) St-Thomas. [8]

I.—NICOLE (1), JACQUES, b 1729 ; fils de Nicolas et de Marie Debouteillé, de St-Planché, diocèse de Coutances, Normandie.

1° COUILLARD, Therèse, [PAUL IV.
b 1742 ; s [8] 2 janvier 1768.

1770, (29 janvier). [8]

2° TIBAUT, Marie-Elisabeth, [JACQUES III.
b 1751.

1765, (18 février) St-Valier.

I.—NICOLE, OLIVIER, b 1739 ; fils de Luc et de Gilette Bassé, de St-Per, diocèse de Coutances, Normandie.

BROCHU, Marie-Louise, [JEAN III.
b 1741.

1768, (18 janvier) St-Thomas.

I.—NICOLE (2), JOSEPH, b 1736 ; fils de Luc et de Gilette Basse, de St-Per, diocèse de Coutances, Normandie.

LEFEBVRE, Marie-Geneviève, [JOSEPH III.
b 1736.

NICOLET. — *Surnoms :* COURVAL — DEBELLEBORNE—LUBINE—POULIN.

I.—NICOLET, EUPHROSINE-MADELEINE, b 1631, 1° m 21 nov. 1643, à Jean LEBLANC, à Quebec[1] ; 2° m [1] 22 fevrier 1663, à Elie DUSCEAU.

1637, (7 oct.) Québec. [2]

I.—NICOLET (3), JEAN,
s (noyé) 29 oct. 1642, à Sillery.

COUILLARD (4), Marguerite, [GUILLAUME I.
b 1626.

Marguerite, b 1er avril 1642, aux Trois-Rivières, m [2] 11 juillet 1656, à Jean-Baptiste LEGARDEUR, s 21 janvier 1722, à Montreal.

I.—NICOLET (5), MARIE, fille d'Ambroise et de Catherine Disurat, de St-Martin, diocèse de Senez, Provence ; m 14 avril 1760, à Laurent RIOUSSEL, à St-Vincent-de-Paul.

NICOLLE.—Voy. NICOLE.

NIDELEC.—Voy. PERROT.

1658, (1er mai) Québec. [5]

I.—NIEL (6), PIERRE,
b 1640, s [5] 4 nov. 1700.

LEFRANC, Jacquette,
b 1645 ; s [5] 2 nov. 1717.

Marie, b [5] 22 mars 1660 ; 1° m [5] 24 nov. 1678, à Zacharie JOLIET ; 2° m [5] 25 nov. 1692, à Jacques DEVERNEUIL ; 3° m [5] 12 oct. 1700, à Etienne DESFORGES.

1690.

II.—NIEL, PIERRE, [PIERRE I
b 1662.

VANIER, Marguerite, [GERMAIN I.
b 1672.

Pierre, b 24 mars 1691, à Charlesbourg ; m 27 nov. 1724, à Marie-Anne NOEL, à St-Pierre, I. O.

1724, (27 nov.) St-Pierre, I. O. [6]

III.—NIEL, PIERRE, [PIERRE II.
b 1691.

NOEL, Marie-Anne, [PHILIPPE II.
b 1697.

Anonyme, b [6] et s [6] 17 sept. 1726.—*Pierre-Marie*, b [6] 19 janvier 1728 ; s [6] 29 nov. 1730—*Marie-Anne-Joseph*, b [6] 19 juin 1732 ; m [6] 10 nov. 1749, à Gabriel PARADIS.—*Anonyme*, b [6] et s [6] 8 février 1734.—*Anonyme*, b et s 28 fevrier 1735, à Quebec. [7] — *Anonyme*, b [6] et s [6] 20 fevrier 1736. *Marie-Geneviève*, b [7] 7 sept. 1737 ; m [6] 13 juin 1757, à Paul BEDARD.—*Antoine*, b [7] 18 nov. 1739, s [7] (noyé) 27 avril 1761.—*Marie-Anne*, b [7] 15 nov 1742 ; m à Nicolas PARADIS.

NILDAVY, FRANÇOIS,
forgeron.

ST. PIERRE, Marie-Anne.

Marie-Françoise, b 20 mai 1717, à Ste-Anne-de-la-Pocatière.

1756, (24 fevrier) Trois-Rivières.

I.—NIOCHE, RENÉ, soldat ; fils de Jean et de Marie-Anne Lemaire, de St-Médard, Paris.

VINET, Marie-Therèse. [JACQUES I

NIOF.—*Surnom :* LAFRANCE.

1716, (20 juillet) Ste-Anne-de-la-Pérade [1]

I.—NIOF (1), GEORGES, b 1671, maçon ; fils d'Antoine et de ......, de St-Pierre-du-Puy, en Velau ; s [1] 23 déc. 1751.

LARUE, Marie-Anne, [GUILLAUME I.
s [1] 15 janvier 1749.

Joseph-Antoine, b [1] 4 avril 1717.—*Marie-Anne*, b 1718 ; s [1] 22 janvier 1734.—*Pierre-François*, b [1] 29 mars et s [1] 11 avril 1719.—*Marie-Charlotte-Agathe*, b [1] 6 mai 1720 ; m [1] 14 janvier 1747, à Guillaume COTTARD.— *Marie-Madeleine*, b [1] 10 nov. 1722 ; s [1] 24 janvier 1734.—*François-Michel*, b [1] 25 sept. 1724, m [1] 17 oct. 1747, à Marie ROSEAU.

1747, (17 oct) Ste-Anne-de-la-Perade [2]

II.—NIOF (2), FRANÇOIS-MICHEL, [GEORGES I.
b 1724.

ROSEAU, Marie, [JACQUES I
b 1727.

François-Antoine, b [2] 7 nov. 1747 ; s [2] 7 janvier 1748.—*Alexis-Joseph*, b [2] 22 mars 1749 ; s [2] 2[illegible]

(1) Arrivé en 1743 (Reg. des Procès-verbaux, 1766, archevêché de Québec).

(2) Frère du précédent—Arrivé en 1751 (Reg. des Procès-verbaux, 1768, évêché).

(3) DeBelleborne ; voy. vol. I, p. 451.

(4) Elle épouse, le 12 nov. 1646, Nicolas Macard, à Québec.

(5) Dit Lubine.

(6) Voy. vol. I, p. 451.

(1) Dit Lafrance, 1724.

(2) Dit Lafrance.

anvier 1750.—*Marie-Joseph*, b [2] 22 août et s [2] 20 ept. 1751.—*François*, b [2] 19 sept. 1752.—*Marie-Joseph*, b [2] 12 août 1755.—*Marie-Anne*, b [2] 13 mars 1757.—*Anne-Victoire*, b [2] 20 mai 1760.

NIQUÉ.—Voy. NIQUET.

NIQUET.—*Variations et surnoms :* NETIER—NIQUÉ—RIQUET—MONTY—PICARD.

I.—NIQUET (1), PIERRE-RENÉ,
b 1642 ; s 22 oct. 1722, à St-Frs-du-Lac.[1]
LEMOINE, Françoise,
b 1644 ; s [1] 10 nov. 1728.

Marie, b... m 9 janvier 1684, à Dominique Dutras, à Sorel.[2] — *Marie-Madeleine*, b 1667 ; m [1] 5 juillet 1691, à Charles MARIN ; s 15 mars 1703, à Montreal. — *Jean*, b 1668 ; m 1699, à Angélique PINARD ; s [1] 11 août 1703.—*Alexis*, b 1673 ; m [1] 9 janvier 1701, à Françoise GIGUÈRE ; s [1] 19 août 1703. — *François*, b... m [1] 7 janvier 1699, à Marie MIVILLE ; s [1] 16 fevrier 1709. — *Marie-Angélique*, b [2] 6 août 1683 ; m [1] 10 juin 1699, à Louis HUS.—*Gertrude*, b [1] 26 sept. 1688 ; m [1] 23 janvier 1708, à Nicolas CARTIER ; s [1] 6 avril 1755. — *Marie-Thérèse*, b [1] 28 sept. 1690 ; m [1] 15 oct. 1714, à Jean-Baptiste-Antoine HUS ; s [2] 5 dec. 1768. — *Marie-Joseph*, b... m [1] 2 juillet 1725, à Jean-Baptiste HUS.

1699, (7 janvier) St-François-du-Lac.[3]
II.—NIQUET, FRANÇOIS, [PIERRE-RENÉ I.
s [3] 16 fevrier 1709.
MIVILLE (2), Marie.

Antoine, b [3] 11 juillet 1700 ; s [3] 16 fevrier 1703. —*François*, b 1702 ; m [3] 28 janvier 1726, à Marie-Agathe PINARD ; s [3] 12 sept. 1761. — *Toussaint-Claude*, b [3] 1er nov. 1708 ; 1° m [3] 10 avril 1736, à Elisabeth COUTURIER ; 2° m 3 fevrier 1738, à Louise RIEL, à Lavaltrie ; 3° m [3] 10 janvier 1757, à Marie-Louise BASQUIN ; s [3] 3 sept. 1761.

1699.
II—NIQUET, JEAN, [PIERRE-RENÉ I.
b 1668 ; s 11 août 1703, à St-Frs-du-Lac.[6]
PINARD, Angélique, [LOUIS I.
b 1677 ; s 18 mars 1732, à Sorel.[7]

Pierre, b [6] 21 mai 1700 ; s [7] 22 mars 1732.—*Madeleine*, b [6] 22 oct. 1702. — *Angélique*, b... 1° m [7] 3 fevrier 1726, à Pierre BLUT ; 2° m [7] 26 nov. 1729, à Nicolas BAILLARGEON.

1701, (9 janvier) St-Frs-du-Lac.[2]
II—NIQUET, ALEXIS, [PIERRE-RENÉ I.
b 1673 ; s [2] 19 août 1703.
GIGUÈRE (3), Françoise, [MARTIN II.
b 1684.

Marie-Françoise, b 1701 : m [2] 1er juillet 1721, à Noel LANGLOIS ; s [2] 15 avril 1750.

(1) Voy. vol. I, p. 452.
(2) De la Rivière-Ouelle.
(3) Elle epouse, le 24 fevrier 1705, Gilles Badailla, à St-Frs-du-Lac.

1701, (7 fevrier) Trois-Rivières.[2]
II.—NIQUET (1), PIERRE. [PIERRE-RENÉ I.
LEFEBVRE, Marie, [JACQUES II.
b 1676.

Françoise, b... m 10 février 1727, à Jean-François LEMIRE, à St-Frs-du-Lac.—*Anonyme*, b [2] et s [2] 7 janvier 1704.

1726, (28 janvier) St-Frs-du-Lac.[1]
III.—NIQUET, FRANÇOIS, [FRANÇOIS II.
b 1702 ; s [1] 12 sept. 1761.
PINARD, Marie-Agathe, [CLAUDE II.
b 1707 ; s [1] 24 mai 1750.

François-Joseph, b [1] 28 nov. 1726.—*Claude-Marie*, b [1] 5 juin 1728.—*Marie-Geneviève*, b [1] 15 avril 1730.—*Jean-Baptiste*, b [1] 22 août 1731.—*François-Jean-Baptiste*, b [1] 26 et s [1] 30 mai 1733. —*François*, b [1] 27 et s [1] 29 août 1734.—*Marie-Agathe*, b [1] 6 nov. 1735 ; m 27 juin 1763, à Paul PARMENTIER, à St-Michel-d'Yamaska ; s 21 mars 1790, à Nicolet.—*Toussaint*, b [1] 29 mai 1737.—*François-Gabriel*, b [1] 27 août 1739 ; s [1] 27 août 1741.—*Elisabeth*, b [1] 16 août 1741.—*Joseph*, b [1] 1er sept. 1744.—*François-Antoine*, b [1] 28 août 1746 ; s [1] 14 sept. 1750.—*Paul*, b [1] 13 avril 1748 ; s [1] 10 sept. 1750.

I.—NIQUET (2), ETIENNE, b 1706 ; fils d'Adrien et de ......, de St-Jacques, diocèse d'Amiens, Picardie ; s 11 janvier 1731, à Montréal.

1736, (10 avril) St-Frs-du-Lac.[2]
III—NIQUET (3), TOUSSAINT-CLAUDE, [FRS II.
b 1708 ; s [2] 3 sept. 1761.
1° COUTURIER, Elisabeth. [PIERRE II.
1738, (3 fevrier) Lavaltrie.
2° RIEL, Louise, [JEAN-BTE I.
b 1719 ; s [2] 2 nov. 1755.

Toussaint, b [2] 20 et s [2] 23 nov. 1738.—*François-Alexis*, b [2] 5 dec. 1739 ; s [2] 2 juillet 1761.—*Marie-Louise*, b [2] 1er janvier 1742.—*Jean-Capistran*, b [2] 2 nov. 1743 ; s [2] 13 juin 1744.—*Geneviève*, b [2] 6 déc. 1745.—*Angélique*, b [2] 15 sept. 1747 ; m 7 janvier 1766, à Jean-Baptiste HÉBERT, à St-Michel-d'Yamaska.—*François-Joseph*, b [2] 16 juin et s [2] 7 sept. 1750.—*Joseph*, b [2] 23 mars 1752.—*Marie-Joseph*, b [2] 20 avril 1754 ; s [2] 14 avril 1756.—*Basile*, b [2] 23 oct. 1755.

1757, (10 janvier).[2]
3° BASQUIN (4), Marie-Louise, [PIERRE II.
b 1726 ; veuve de Jean-François Amiot.

NIQUET (5), VINCENT.
ROY (6), Marie-Joseph.

Marie-Antoinette, b 4 mai 1753, à Lavaltrie. — *Joseph*, b 25 mars 1755, à Nicolet.[3] — *Marie-Joseph*, b [3] 10 mai 1756.

(1) Dit Monty.
(2) Dit Picard ; soldat de la compagnie de Duplessis.
(3) Appele Riquet à son second mariage.
(4) Voy. Bastien.
(5) Et Netier—Niqué.
(6) Dit Desjardins.

NIQUET, Joseph.
1° Julien, Catherine.
1770, (11 juillet) Nicolet.
2° Hébert, Marie-Anne, [Jean-Bte I.
Acadienne.

NIQUET, Joseph.
........, Madeleine.
Joseph, b 1er mars 1780, à St-Cuthbert.

NIVARD.—*Surnom :* St. Dizier.

1712, (16 janvier) Montréal.[7]

I.—NIVARD (1), Pierre, b 1679, soldat; fils d'Etienne et d'Anne Sibille, de N.-D.-de-St-Dizier, diocèse de Châlons, Champagne; s[7] 30 mai 1729.
Prudhomme, Marie-Anne, [Pierre II.
b 1689.
Marie-Thérèse, b[7] 26 mars et s[7] 9 avril 1713.—*Louis*, b[7] 17 nov. 1714; s[7] 13 mai 1716.—*Etienne*, b[7] 26 dec. 1715; 1° m[7] 4 sept. 1752, à Catherine Quesnel; 2° m[7] 25 juillet 1763, à Marie-Amable Vallée.—*Catherine*, b[7] 18 nov 1716; s[7] 13 fevrier 1717.—*Anonyme*, b[7] et s[7] 2 juillet 1717.—*Louis*, b[7] 25 mai et s[7] 17 juin 1718.—*Marie-Anne*, b[7] 14 juin 1719; m[7] 28 juillet 1738, à François-Marie Picoté; s[7] 16 oct. 1750.

1752, (4 sept.) Montreal.[1]

II.—NIVARD (1), Etienne, [Pierre I.
b 1715.
1° Quesnel (2), Catherine, [Jacques-Frs II.
b 1721.
1763, (25 juillet).[1]
2° Vallée, Marie-Amable, [Jean-Pierre III.
b 1735; veuve d'Antoine Moisan.

NOBERT.—Voy. Biguet—Rocbert.

1755, (3 fevrier) Ste-Anne-de-la-Pérade[2]

III.—NOBERT (3), Jean-Bte, [Etienne II.
b 1731.
Rivard-Lanouette, Therèse, [Ignace III.
b 1735.
Eustache, b[2] 24 mai 1762.—*Marguerite-Pélagie*, b 4 mars 1774, à Batiscan; s[2] 15 nov. 1775.

NOBLESSE.—*Surnom:* Picard.

1702, (18 sept.) Montréal.

I.—NOBLESSE (4), Martin, b 1667, menuisier; fils de François et de Marguerite Danderon, de St-Martin-de-Colègne, diocèse de Boulogne, Artois.
Besnard, Elisabeth, [René I.
b 1668.

NOBLET.—Voy. Duplessis.

(1) Dit St. Dizier.
(2) Dit Fomblanche.
(3) Voy. Biguet, vol. II, p. 279.
(4) Dit Picard.

NOEL.—*Variations et surnoms :* Nouel—No —Charland—Galibois — Labonté—Pré boire—Sansçoucy.

1669, (22 oct.) Québec.[3]

I.—NOEL (1), François,
b 1639; s 26 mai 1725, à St-Laurent, I. C
Legrand, Nicole.
Philippe, b 28 déc. 1670, à Ste-Famille, I. C m 5 nov. 1692, à Marie Rondeau, à St-Pie I. O.[6]; s[6] 30 sept. 1736.—*François*, b[5] 17 s 1675; m[6] 9 février 1699, à Catherine Burl s[4] 21 mars 1703.—*Pierre*, b[5] 20 sept. 1677; 5 nov. 1703, à Louise Gosselin; s[6] 5 oct. 1 —*Marguerite*, b[4] 23 nov. 1679; 1° m à Fran Chabot; 2° m[4] 15 nov. 1706, à Pierre Paran *Ignace*, b[4] 8 mai 1681; m[4] 7 nov. 1707, à Ma Anne Huard; s[3] 14 juin 1759.—*Michel*, b mars 1683; m[6] 22 fevrier 1713, à Margue Agnès Garaut; s[4] 27 mai 1751.—*Madeleine*, 12 mai 1687; 1° m[4] 3 fevrier 1706, à Ant Fortier; 2° m 14 fevrier 1752, à Antoine Pe à St-Jean, I. O.

1692, (5 nov.) St-Pierre, I. O.[8]

II.—NOEL (1), Philippe, [François
b 1670; s[8] 30 sept. 1736.
Rondeau, Marie, [Thoma
b 1673; s[8] 31 mai 1751.
Ursule, b[8] 28 sept. 1693; m[8] 16 nov. 172 Adrien Leclerc; s[8] 6 oct. 1743.—*Angelique*, 15 fevrier 1695; m[8] 25 nov. 1720, à Fran Gosselin. — *Marie-Anne*, b[8] 8 dec. 1697; m nov. 1724, à Pierre Niel. — *Pierre*, b[8] 29 a et s[8] 1er juillet 1699.—*Ignace*, b[8] 7 juillet 17 m 1722, à Marie Crépeau.—*Marie-Madeleine*, 29 avril 1703.—*Philippe*, b[8] 15 mars 1705; 15 nov. 1729, à Geneviève Leclerc. — *Marie*, 11 avril 1707. — *Jean-Baptiste*, b[8] 11 jan 1709; 1° m à Renee Ferland; 2° m 22 juin 17 à Geneviève Dussault, à Levis.—*Françoise*, 9 mars 1711. — *Marie-Thérèse*, b[8] 11 et s août 1712.— *Pierre*, b[8] 5 mars 1714; s[8] 17 j vier 1715.

1699, (13 janvier) Pte-aux-Trembles, M.

I.—NOEL (2), Maurice,
b 1671; s 17 nov. 1731, à St-François, I.
Glory-Labière, Catherine. [Lauren
Pierre, b[9] 14 mars 1705. — *Marie-Cather* b 18 juillet 1707, à Montreal. — *Marie-Anne*, 20 fevrier 1710. — *Joseph*, b[9] 19 mars 17 m 1730, à Marie-Anne Lauzon. — *Marguer Louise*, b... m[9] 3 mai 1734, à Jean Forget.

1699, (9 fevrier) St-Pierre, I. O.

II.—NOEL (1), François, [François
b 1675; s 21 mars 1703, à St-Laurent, I.
Burlon (3), Catherine, [Pierr
b 1678.
François, b[9] 16 juin 1701.

(1) Voy. vol. I, p. 452.
(2) Dit Labonte; voy. vol. I, p. 452.
(3) Elle épouse, le 14 nov. 1703, Pierre Moreau, à Laurent, I. O.

1703, (5 nov.) St-Pierre, I. O.[2]

II.—NOEL, PIERRE, [FRANÇOIS I.
b 1677; s[2] 5 oct. 1748.
GOSSELIN, Louise, [MICHEL II.
b 1687; s[2] 20 oct. 1748.
Louise, b[2] 5 sept. 1704; m[2] 2 juin 1749, à Barthélemi TERRIEN.—*Anonyme*, b[2] et s[2] 12 janvier 1706. — *Pierre*, b[2] 20 dec. 1706. — *Joseph*, b[2] 14 oct. 1708. — *Raphaël*, b[2] 20 juin 1710; 1° m 8 juillet 1737, à Marie-Anne PEPIN, à St-Jean, I. O.[3]; 2° m 11 nov. 1748, à Marie-Thècle BILODEAU, à Ste-Famille, I. O.[4] — *Geneviève*, b[2] 1er mars 1712; m[2] 29 juillet 1743, à Charles FORTIER. — *Marie-Dorothée*, b[2] 4 avril 1714; m[2] 3 fevrier 1738, à Louis PICHET. — *François*, b[2] 11 février 1716; m[2] 4 janvier 1745, à Marie-Marthe NOLIN. — *Jacques*, b[2] 11 février 1718; 1° m[3] 26 janvier 1746, à Marie-Joseph FONTAINE; 2° m[2] 14 fevrier 1757, à Madeleine DUPILE. — *Marie-Marguerite*, b[2] 2 mai 1720; m[2] 20 oct. 1749, à Pierre FILTEAU. — *Hélène*, b[2] 9 juillet 1722; m[2] 11 nov. 1754, à Joseph BAILLARGEON. — *Joseph-Marie*, b[2] 30 nov. 1724; m[4] 27 oct. 1749, à Marie-Madeleine BILODEAU. — *Elisabeth*, b[2] 25 août 1727; 1° m[2] 11 fevrier 1749, à Joseph FORTIER; 2° m 15 nov. 1762, à Guillaume DAGNEAU, à St-Michel.—*Marie-Louise*, b[2] 12 fevrier 1730.

1707, (7 nov.) St-Laurent, I O.[5]

II.—NOEL, IGNACE, [FRANÇOIS I.
b 1681; s 14 juin 1759, à Québec.
HUARD, Marie-Anne, [JEAN I.
b 1686; s[5] 31 juillet 1749.
Ignace, b[5] 3 sept. 1708; s[5] 27 oct. 1709. — *Ignace*, b[5] 6 nov. 1709; m[5] 27 juillet 1735, à Madeleine GOSSELIN. — *Michel*, b[5] 27 avril 1711; s[5] 29 juillet 1733.—*Ursule*, b 11 oct. 1712, à St-Pierre, I. O.; m[5] 8 juin 1734, à Joseph LECLERC. —*Marie*, b... s[5] 2 sept. 1716. — *Marie-Anne*, b[5] 18 juillet 1718; s[5] 10 août 1733. — *François*, b[5] 2 juin 1720; m[5] 2 février 1750, à Geneviève RUEL; s[5] 6 sept. 1755.—*Pierre*, b[5] 22 dec. 1722. —*Jean-Baptiste*, b[5] 30 sept. 1725; m 18 fevrier 1754, à Marie-Joseph BOURGET, à Lévis.—*Cécile*, b[5] 21 fevrier 1728; m[5] 7 nov. 1746, à Antoine ROUSSEAU.

NOEL, PIERRE.
LAISNÉ, Marie-Anne.
Louise, b... m 12 nov. 1736, à Paschal MERCIER, à Berthier.

1713, (22 février) St-Pierre, I. O.[1]

II.—NOEL, MICHEL, [FRANÇOIS I.
b 1683; s 27 mai 1751, à St-Laurent, I. O.[2]
GARAUT, Marguerite-Agnès, [PIERRE I.
b 1686; s[2] 9 mai 1758.
Marie-Agnès, b[1] 29 janvier et s[1] 14 oct. 1714. —*Pierre*, b[1] 19 août 1715; s[2] 29 nov. 1749.—*Marie-Louise*, b[1] 19 janvier 1717.—*Marie-Thérèse*, b[1] 25 mars 1719.—*Agnès-Marguerite*, b[2] 17 avril 1721.—*Marie-Madeleine*, b[2] 28 mars 1723; m[1] 10 avril 1747, à Beaunet GILAUDÉ; s 2 fevrier 1748, à Quebec.—*Ignace*, b[2] 5 août 1725; m[2] 30 mai 1763, à Rosalie COLOMBE.—*Jean-Baptiste*, b[2] 2 juillet 1728; s[2] 8 avril 1758.

1722.

III.—NOEL, IGNACE, [PHILIPPE II.
b 1700.
CRÉPEAU, Marie.
Marie-Anne, b 1723; s 26 mars 1739, à St-Pierre, I. O.[7] — *Antoine*, b[7] 15 et s[7] 17 nov. 1724.—*Marie-Madeleine*, b[7] 30 janvier 1726; m[7] 14 février 1746, à Bernard DUBERGÈS; s 25 oct. 1764, à St-Thomas.[8]—*Marie-Louise*, b[7] 23 juillet 1728; m[7] 2 fevrier 1751, à Jean-François PAULET. —*Marie-Joseph*, b[7] 19 sept. 1730; m[7] 26 sept. 1757, à Zacharie BONNEAU.—*Ignace*, b[7] 5 avril 1732; m[8] 4 juillet 1768, à Marie-Louise HINS.—*Gertrude*, b[7] 4 juillet 1734; s[7] 9 déc. 1751.—*Marie-Angélique*, b[7] 8 janvier 1736; m[8] 23 janvier 1769, à Jacques FOURNIER.—*Benoit*, b[7] 1er juillet 1738.—*Marguerite*, b[7] 4 juillet 1740.—*Marie-Ursule*, b[7] 3 juin 1745.

1729, (23 août) Montréal.[1]

I.—NOEL, PIERRE, b 1700; fils de Michel et de Marie Boisamber (1), de St-Denis-de-Sezanne, diocèse de Troye, Champagne; s[1] 24 août 1746.
1° DUBOIS, Marguerite, [RENÉ I.
b 1672; veuve de Michel Carlé; s[1] 28 mars 1742.
1742, (5 juin).[1]
2° LEFORT (2), Marguerite, [JEAN I.
b 1721.
Pierre-Amable, b[1] 16 et s[1] 20 juin 1743.—*Anne-Marguerite*, b[1] 25 juillet 1744. — *Marie-Amable*, b[1] 7 janvier 1746.

1729, (15 nov.) St-Pierre, I. O.[9]

III.—NOEL, PHILIPPE, [PHILIPPE II.
b 1705; seigneur de Tilly.
LECLERC, Geneviève, [JEAN-CHARLES II.
b 1711.
Geneviève-Marie, b[9] 12 août 1730; s 29 nov. 1745, à St-Jean, I. O.—*Jean-Baptiste-Marie*, b[9] 16 déc. 1731; 1° m[9] 14 janvier 1754, à Reine FERLAND; 2° m 22 juin 1756, à Geneviève DUSSAULT, à Lévis.—*Philippe*, b[9] 13 mars 1734; m[9] 10 fevrier 1755, à Agathe AUBIN.—*Louis*, b[9] 12 juillet 1735; m[9] 20 nov. 1758, à Marguerite PARADIS.—*Marie-Thècle*, b[9] 23 sept. 1737; m[9] 18 oct. 1756, à Etienne-Prisque PAQUET.—*Marie-Joseph*, b[9] 24 sept. 1739.—*François-Jean-Marie*, b[9] 19 fevrier 1742.—*Joseph*, b[9] 3 mai 1744; s[9] 26 février 1749.—*Pierre*, b[9] 15 sept. 1746; s[9] 4 mars 1749.—*Marie-Geneviève*, b[9] 7 mars 1749.—*Antoine*, b[9] 1er janvier 1751.—*Marie-Victoire*, b[9] 4 juillet 1753.—*Thérèse*, b[9] 30 avril 1756.

III.—NOEL, JEAN-BTE, [MICHEL II.
b 1728; s 8 avril 1758, à St-Laurent, I. O.

I.—NOEL (3), FRANÇOIS, b 1700; de Paris; s 3 sept. 1750, à Montreal.

---

(1) Voisambart, 1742.
(2) Desmar, 1743.
(3) Dit Prêt-à-boire.

1730.

II.—NOEL (1), Joseph, [Maurice I.
b 1712.

Lauzon, Marie-Anne.

Laurent, b 1731 ; 1° m 1751, à Marguerite Réaume ; 2° m 6 nov. 1757, à Marie Paquet, à St-Vincent-de-Paul. 5 — *Marie-Anne*, b 1732 ; 1° m 5 16 janvier 1757, à Augustin Silvain ; 2° m 5 30 janvier 1758, à Pierre Paquet. — *Marie-Joseph*, b 24 déc. 1734, à St-François, I. J. 6 ; s 6 5 janvier 1735. — *Marie-Joseph*, b 6 9 avril 1739 ; m 5 7 janvier 1760, à Jean-Baptiste Hunault. — *Françoise*, b 6 9 août 1740. — *Geneviève*, b 5 30 mars et s 5 8 avril 1746. — *François*, b 5 22 mai et s 5 29 juin 1747. — *Geneviève*, b 5 28 avril 1750. — *Marie-Marguerite*, b 5 23 et s 5 29 mars 1752. — *Joseph-Marie*, b 5 28 mai et s 5 16 juin 1754.

1735, (27 juillet) St-Laurent, I. O. 1

III.—NOEL, Ignace, [Ignace II.
b 1709.

Gosselin, Madeleine. [François.

Marie-Marguerite, b 1 18 février 1737. — *Marie-Madeleine*, b 15 mai 1739, à Beaumont 2 ; m 31 janvier 1763, à Jean-Baptiste Vallière, à St-Michel. 3 — *François*, b 3 19 février 1741. — *Marie-Geneviève*, b 3 13 janvier 1742. — *Ignace*, b 3 3 janvier 1745. — *Joseph*, b 3 6 nov. 1746. — *Marie-Catherine*, b 3 2 juin 1748 ; s 3 7 mars 1750. — *Marie-Angélique*, b 3 26 avril et s 3 21 août 1750. — *Pierre-Marie*, b 3 29 mai et s 3 30 juin 1751. — *Pierre*, b 3 3 juin 1752 ; s 3 28 août 1762. — *Marie*, b 3 13 février 1754. — *Cécile*, b 3 21 oct. 1755 ; m à Antoine Rousseau. — *Marie-Louise*, b 3 8 avril et s 3 23 août 1757. — *Marie-Marguerite*, b 3 26 avril et s 3 9 mai 1759. — *Laurent*, b 3 10 avril 1760.

1737, (8 juillet) St-Jean, I. O.

III.—NOEL, Raphael, [Pierre II.
b 1710.

1° Pepin, Marie-Anne, [Gervais II.
b 1715 ; s 19 nov. 1746, à St-Pierre, I. O. 2

Marie-Anne, b 2 28 mars 1738 ; m 2 7 février 1757, à Pierre Leclerc.

1748, (11 nov.) Ste-Famille, I. O. 3

2° Bilodeau, Marie-Thècle, [François III.
b 1724.

Pierre, b 2 et s 2 12 déc. 1749. — *Pierre*, b 2 4 oct. 1750 ; s 2 2 janvier 1753. — *Louis*, b 2 20 août 1752. — *Augustin*, b 2 22 nov. 1754. — *Marie*, b 2 15 oct. 1757. — *Pierre*, b 3 26 oct. 1759.

1738, (3 février) Québec. 6

I.—NOEL (2), Pierre, b 1699, sergent ; fils de Jacques et de Marie Berdensac, de Corme-Royal, diocèse de Xaintes, Saintonge ; s 6 9 déc. 1749.

Dupuyau, Louise, [Jean-Bte I
b 1716 ; s 6 19 mai 1776.

Pierre-Marc, b 6 25 nov. 1738. — *Pierre-Paul*, b 6 29 mars 1740 ; s 6 13 août 1744. — *Marie-Louise*, b 6 7 et s 6 20 sept. 1741. — *Marie-Louise*, b 6 29 avril et s 6 25 mai 1743. — *Jean-François*, b 6 18 et s 6 19 février 1744. — *Marie-Madeleine*, b 6 28 et s 6 29 juin 1745. — *Jean-Baptiste*, b 6 7 et s 6 10 sept. 1746.

1740, (9 mai) Québec. 7

I.—NOEL, Noel, marchand ; fils de Jacques et de Marguerite Prudhomme, de St-Séverin, Paris.

Lajus, Madeleine-Ursule, [Jourdain I.
b 1710 ; veuve d'Antoine Vaillant ; s 7 31 déc. 1758 (dans l'église).

Alexandre, b 7 18 et s 7 23 nov. 1741. — *Joseph-Noël*, b 7 20 juillet 1744. — *Marie-Louise*, b 7 31 mai et s 3 août 1745, à Lorette. — *Charles-François*, b 7 25 juin 1746. — *Marie-Anne*, b 7 6 août 1747.

1745, (4 janvier) St-Pierre, I. O. 8

III.—NOEL, François, [Pierre II.
b 1716.

Nolin, Marie-Marthe, [Guillaume II.
b 1722.

François, b 8 29 déc. 1745. — *Augustin*, b 8 4 sept. 1747. — *Marie-Marthe*, b 8 25 nov. 1749. — *Hélène*, b 8 14 et s 8 22 janvier 1752. — *Basile*, b 8 30 juillet 1754. — *Alexis*, b 8 10 janvier et s 8 11 juin 1756. — *Louis*, b 8 12 sept. 1757.

1746, (26 janvier) St-Jean, I. O.

III.—NOEL, Jacques, [Pierre II.
b 1718.

1° Fontaine, Marie-Joseph, [Pierre II.
b 1725 ; s 21 nov. 1756, à St-Pierre, I. O. 6

Marie-Joseph, b 6 16 nov. 1746. — *Jacques*, b 6 18 février 1748 ; s 6 19 nov. 1749. — *Marie-Joseph*, b 6 6 et s 6 22 oct. 1749. — *Marie-Thècle*, b 6 29 oct. 1750. — *Hélène*, b 6 29 août 1752. — *Marie-Joseph*, b 6 18 août 1754 ; s 6 10 déc. 1758. — *Pierre*, b 6 3 sept. 1756.

1757, (14 février). 6

2° Dupile, Madeleine, [Augustin II.
b 1724.

Marie-Madeleine, b 6 25 déc. 1757.

NOEL, Pierre.

Baron, Marie-Joseph,
b 1728 ; s 5 mars 1748, à St-Antoine-Tilly.

1749, (27 oct.) Ste-Famille, I. O. 1

III.—NOEL, Joseph-Marie, [Pierre II
b 1724.

Bilodeau, Marie-Madeleine, [François III.
b 1731.

Pierre, b 1 1er nov. 1749. — *Marie-Joseph* (1), b 1er oct. 1750, à St-Pierre, I. O. 2 — *Marie-Madeleine*, b 2 26 août 1752. — *Elisabeth*, b 2 24 février 1754. — *Pierre*, b 2 14 février 1756. — *Marie-Thècle*, b 2 21 février 1759.

(1) Dit Labonté.
(2) Dit Sansçoucy.

(1) Filleule du chanoine Gaillard, seigneur de l'Ile et comté St-Laurent.

1750, (2 février) St-Laurent, I. O.[8]
III.—NOEL, FRANÇOIS, [IGNACE II.
b 1720; s[8] 6 sept. 1755.
RUEL (1), Geneviève, [JEAN II.
b 1726.

1751.
III.—NOEL (2), LAURENT, [JOSEPH II.
b 1731.
1° RÉAUME, Marguerite,
b 1733; s 30 août 1756, à St-Vincent-de-Paul.[8]
Laurent, b[8] 2 mars 1752; m 1776, à Marie ETHIER.—*Joseph*, b[8] 19 avril 1754.—*Marguerite-Louise*, b[8] 24 juillet et s[8] 20 août 1756.
1757, (6 nov.)[8]
2° PAQUET, Marie. [PIERRE IV.

1752.
NOEL (2), LOUIS.
CAILLET, Marie.
Marie-Joseph, b 1753; m 26 oct. 1767, à Claude PEANEF, à St-Antoine-de-Chambly.

1754, (14 janvier) St-Pierre, I. O.[1]
IV.—NOEL, JEAN-BTE-MARIE, [PHILIPPE III.
b 1731.
1° FERLAND, Reine, [JEAN-BTE III.
b 1733; s[1] 14 oct. 1755.
Jean-Baptiste, b[1] 4 oct. 1754.—*Marie*, b[1] 11 et s[1] 13 oct. 1755.
1756, (22 juin) Lévis.
2° DUSSAULT, Geneviève, [PIERRE III.
b 1736; veuve de Pierre-Michel Ducas.
Marie-Geneviève, b 13 janvier 1766, à St-Antoine-Tilly. — *Jean-Baptiste*, b... m 13 fevrier 1798, à Marie-Joseph BOUDROT, à Deschambault.

1754, (18 fevrier) Lévis.[3]
III.—NOEL, JEAN-BTE, [IGNACE II.
b 1725.
BOURGET, Marie-Joseph. [PIERRE II
Jean-François, b[3] 6 avril 1756; s[3] 11 août 1768. — *Marie-Angélique*, b[3] 12 février 1759.—*Marie-Charlotte*, b[3] 26 mars 1761; s[3] 5 nov. 1762.—*Joseph*, b avril 1762; s[3] 16 janvier 1764. —*Michel*, b[3] 8 juillet 1765.

1755, (10 février) St-Pierre, I. O.
IV.—NOEL, PHILIPPE, [PHILIPPE III.
b 1734.
AUBIN, Agathe, [PIERRE III.
b 1738.
Marie-Agathe, b 9 mars 1756, à St-Antoine-Tilly[8]; s[8] 1er avril 1757. — *Marie*, b[8] 27 sept. 1757.—*Philippe*, b[8] 28 mai 1761.—*Jean-Baptiste*, b[8] 30 sept. et s[8] 26 oct. 1763. — *Joseph*, b[8] 21 janvier 1765.— *Alexis*, b[8] 4 avril 1767.

NOEL, PIERRE.
NOEL, Marguerite.
Joseph, b 6 sept. 1756, à St-Michel.

(1) Elle épouse, le 22 nov. 1756, Louis Rouleau, à St-Laurent, I. O.
(2) Dit Labonté.

NOEL, JEAN-BTE.
CHENARTERIN, Salomée,
b 1720; s 7 mars 1760, à St-Charles.[8]
Jean-Baptiste, b[8] 25 oct. 1757.—*Anonyme*, b[8] et s[8] 2 mars 1760.

1758, (9 janvier) Montréal.
I.—NOEL, PIERRE-JOSEPH, b 1730, soldat; fils de Charles et de Dorothée Deleau, de St-Vaast, diocèse d'Arras, Artois.
LEGROS, Marie-Louise, [ELIE I.
b 1741.

1758, (20 nov.) St-Pierre, I. O.
IV.—NOEL, LOUIS, [PHILIPPE III.
b 1735.
PARADIS, Marguerite, [IGNACE III.
b 1738.
Marguerite, b 30 janvier 1760, à St-Laurent, I. O.[8]; m 1780, à Etienne RÉAUME. — *François*, b[8] 23 août 1761.—*Louis*, b[8] 31 mai 1763.

NOEL (1), JEAN-BTE,
charpentier.
KAREL, Helène,
Irlandaise.
Jean-Baptiste, b 26 juin et s 2 août 1761, à Québec.[1] — *Jean-Baptiste*, b 15 dec. 1761, à Beauport. — *Joseph-David*, b[1] 17 avril 1763.

NOEL, JOSEPH.
BILODEAU, Madeleine.
Jean, b 9 et s 21 mars 1762, à Québec.[1] — *Honoré*, b[1] 13 avril 1763.

1763, (30 mai) St-Laurent, I. O.
III.—NOEL, IGNACE, [MICHEL II.
b 1725.
COLOMBE, Rosalie, [LOUIS II.
b 1722.

NOEL, JOSEPH.
ALAIRE, Geneviève.
Joseph, b... m 8 avril 1793, à Véronique GOURDEAU, à Quebec.[8]— *Geneviève*, b... m[8] 2 juin 1795, à François VALIN.

1768, (4 juillet) St-Thomas.
IV.—NOEL, IGNACE, [IGNACE III.
b 1732.
HINS, Marie-Louise, [JOSEPH II.
b 1748.

1776.
IV.—NOEL (2), LAURENT, [LAURENT III.
b 1752.
ETHIER, Marie.
Laurent, b 13 juin 1777, à Lachenaye.

1793, (8 avril) Québec.
NOEL, JOSEPH. [JOSEPH.
GOUDREAU, Veronique. [MARIN.

(1) Se disant maries.
(2) Dit Labonté.

1797, (2 mai) Québec.

I.—NOEL, Edouard, pêcheur; fils d'Edouard et d'Elisabeth Noël, de l'Ile-Jersey.
Gauvreau, Marguerite. [Etienne-Frs III.

1798, (13 fevrier) Deschambault.

V.—NOEL, Jean-Bte. [Jean-Bte-Marie IV.
Boudrot, Marie-Joseph. [Isaie II.

NOGARD, Michel.
Lefrançois, Angélique.
Louise, b 14 nov. 1745, à Québec.

1749, (17 fevrier) Quebec.[3]

I.—NOGARD, André, b 1692, sergent; fils de Pierre et de Marguerite Jolivet, de St-Quentin, diocèse de Noyon, Ile-de-France; s [3] 9 avril 1775.
Groysard, Elisabeth, [Jean-Bte-Ignace I. veuve de Jean-Baptiste Legras.
Marie-Angélique, b [3] 1er et s [4] 16 sept. 1750.—*Marie-Joseph*, b [3] 16 déc. 1753; s [3] 29 nov. 1758.—*Georges*, b [3] 4 avril 1756; s [3] 24 dec. 1758.

I.—NOGUE, François, b 1740; Acadien; s 13 août 1766, à St-Valier.

NOGUÈRES.—*Surnom :* Pauquet.

I.—NOGUÈRES (1), Pierre.

NOIRET.—*Surnom :* Picard.

1756, (8 nov.) Montréal [6]

I.—NOIRET (2), Alexandre, b 1730; fils de Louis et de Louise Braillon, de Tanel, diocèse de Lâon, Ile-de-France.
Quenneville, Marie-Jeanne, [Jean-Bte II. b 1719; veuve de Jean Jardon.
Marguerite, b 1760; m [6] 27 avril 1778, à Joseph-Hyacinthe Beranger.

NOISET.—*Surnom :* Labbé.

I.—NOISET (3), Nicolas.
Barbé, Catherine.
François, b... m 16 janvier 1758, à Marie St. Yves, à Cahokia.—*Catherine*, b... 1° m à Jean-Baptiste Langoumois; 2° m 31 janvier 1776, à François Lunegand, à St-Louis, Mo.

1758, (16 janvier) Cahokia.

II.—NOISET, François. [Nicolas I.
St. Yves, Marie. [Augustin.

NOISEUX.—*Variation :* Loiseux.

(1) Sieur Pauquet; lieutenant au régiment du Royal-Roussillon. Il était, le 28 janvier 1759, à Verchères, et le 8 oct. 1759, à la Pte-aux-Trembles, Q.

(2) Dit Picard.

(3) Dit Labbé.

1725, (22 oct.) Ste-Foye.[3]

I.—NOISEUX (1), Etienne, soldat de Cavagnac, fils de Martin et de Marguerite Amblard, de St-Nicolas-des-Champs, Paris.
Mallet, Marie-Jeanne, [Denis I b 1700; s [3] 10 juillet 1774.
Louis-Marie, b [3] 5 mars 1726.—*Angélique*, b [3] 7 oct. 1727; s [3] 20 fevrier 1728.—*François*, b... m 22 janvier 1748, à Marie-Anne Guilbaut, à Charlesbourg.

1726, (5 fevrier) Longueuil.

I.—NOISEUX (2), Jean, boucher; fils de Martin et de Marguerite Amblard, de St-Nicolas-des-Champs, Paris.
Menson (3), Marie-Anne. [Claude-Vincent I
Jean-Baptiste, b 27 mars 1726, à Montréal.

1748, (22 janvier) Charlesbourg.

II.—NOISEUX, François, [Etienne I. perruquier.
Guilbaut, Marie-Anne, [Joseph-Olivier II. b 1722.
François, b 17 nov. 1748, à Québec.[2]—*Joseph-Henri*, b [2] 3 mai 1750; 1° m 1780, à Marie-Louise Langlois; 2° m 2 oct. 1786, à Marie-Thérèse Richaume, à Repentigny.—*Pierre-Victor*, b [2] 17 mai 1757.

NOISEUX, Jean.
Hunault-Deschamps, Archange.
Marie-Françoise, b et s 26 août 1775, à Repentigny.

1780.

III.—NOISEUX, Jos.-Henri, [François II b 1750.
1° Langlois, Marie-Louise, b 1764; s 13 janvier 1785, à Repentigny.[1]
Marie-Louise, b 1783; s [1] 1er avril 1784.

1786, (2 oct.)[1]

2° Richaume, Marie-Therèse, [Pierre IV. veuve de Michel Laraut.
Thérèse, b [1] 14 mars 1787.—*Marie-Louise*, b [1] 8 août 1788.—*Ursule*, b [1] 20 mars 1790.—*Marie-Angélique*, b [1] 28 août 1791.—*Joseph*, b [1] 29 avril 1794.

NOIZE (4), Jean.
Favreau, Marie-Veronique.
Marie-Catherine, b 30 mars et s 14 juin 1766, au Lac-des-Deux-Montagnes.

NOLAN.—Voy. Noland.

NOLAND.—*Variation et surnoms :* Nolan—De Fosseneuve—De la Marque—Lechevalier—Thierry.

(1) Marié sous le nom de Loiseux.

(2) Frère du précédent.

(3) Et Menançon—Meunson.

(4) Et Nooz.

1663, (29 janvier) Quebec.[1]
I—NOLAND (1), PIERRE.
HOUART, Catherine,
veuve de Guillaume LeGeay; s [1] 23 avril 1712.
Jean, b [1] 6 juillet 1667; m 26 janvier 1688, à Marie-Anne LAMARQUE, à Montreal[2]; s [2] 12 août 1708.

1688, (26 janvier) Montréal.[3]
II.—NOLAND (2), JEAN, [PIERRE I.
b 1667; s[3] 12 août 1708.
LAMARQUE (3), Marie-Anne, [JACQUES I.
b 1669.
Charles, b [3] 25 nov. 1694; m [3] 28 janvier 1727, à Marie-Anne LEGARDEUR; s [3] 6 oct. 1754.—*Marie-Anne*, b [3] 26 janvier 1697; s[3] 16 février 1715.—*Marie-Louise*, b [3] 29 oct. 1702; m 17 dec. 1725, à Charles-François MÉZIÈRE DE LEPERVANCHE, au Détroit; s [3] 26 dec. 1782.—*Nicolas-Augustin*, b [3] 2 nov. 1705.

NOLAND (4), JEAN-FRANÇOIS.
GODFROY, Marguerite.
Marie-Françoise, b 14 juillet 1700, à Montréal.

1723, (17 avril) Montreal.[4]
I—NOLAND, PIERRE, b 1694, fils de Pierre et d'Anne Gautier, de Ste-Fleur, diocèse de Luçon, Poitou.
AUGER (5), Marie-Joseph, [JEAN I.
b 1704.
Marie-Anne, b [4] 9 avril 1725; m[4] 26 nov. 1750, à Louis DUVAL.—*Marie-Joseph*, b [4] 11 janvier et s [4] 20 juin 1727.

NOLAND (6), LOUIS, b 1696; s 16 oct. 1738, à Montréal.

1727, (28 janvier) Montréal.[5]
III.—NOLAND (7), CHARLES, [JEAN-BTE II.
b 1694; s[5] 6 oct. 1754.
LEGARDEUR (8), Marie-Anne, [JEAN-PAUL IV.
b 1699; s[5] 6 mai 1742.
Charles, b [5] 10 juin 1728.—*Jacques-Marie*, b [5] 17 mai 1729; 1° m 11 oct. 1762, à Louise PERRAULT, à Lachenaye[6]; 2° m [6] 30 sept. 1770, à Marie-Anne CÉLORON.—*François-Amable*, b [5] 21 sept. 1730.—*Marie-Anne*, b 1733, m [5] 2 oct. 1752, à André GRASSET; s [5] 18 oct. 1755.—*Charles-François*, b [5] 19 janvier 1736.

(1) Voy. vol. I, pp. 452-453.
(2) Voy. vol. I, p. 453.
(3) Elle épouse, le 21 février 1712, Joseph-Antoine De Frenel, à Laprairie.
(4) DeFosseneuve.
(5) Appelée Madeleine Delhorne en 1727.
(6) Dit Thierry.
(7) De la Marque, du nom de sa mère.
(8) De St. Pierre.

1762, (11 oct.) Lachenaye.[7]
IV.—NOLAND (1), JACQUES-MARIE, [CHARLES III.
b 1729.
1° PERRAULT, Louise, [JACQUES I.
b 1733; s [7] 22 déc. 1765.
Marie-Louise, b [7] 31 juillet et s [7] 29 août 1763.—*Marie-Elisabeth*, b [7] 13 déc. 1764; s [7] 28 sept. 1765.
1770, (30 sept.)[7]
2° CÉLORON, Marie-Anne, [JEAN-BTE II.
b 1731.

NOLET.— *Surnoms :* LARIVIÈRE — PASSE-PARTOUT.

1671, (26 oct.) Québec.[1]
I.—NOLET (2), SÉBASTIEN,
b 1628; s 16 avril 1708, à Beaumont.[2]
AUGER, Jeanne,
b 1637; s [2] 18 oct. 1735.
Jean-François, b [1] 23 juillet 1674; s [2] 29 nov. 1750.—*Constance*, b [1] 17 avril 1679; s[2] 12 janvier 1744. — *François*, b 13 avril 1687, à Levis[3]; 1° m 3 déc. 1728, à Marie-Anne TIBAUT, à St-Laurent, I. O.; 2° m 19 août 1754, à Angélique FONTAINE, à St-Valier; s 9 juillet 1757, à St-Charles.—*Marie*, b [3] 11 août et s [3] 3 dec. 1690.—*Jacques*, b [3] 15 oct. 1691.—*Jacques*, b [3] 27 janvier 1694; m [2] 26 nov. 1727, à Marie COLOMBE; s [2] 12 janvier 1756.

1710, (10 nov.) Beaumont.[1]
II.—NOLET, LOUIS-FRANÇOIS, [SÉBASTIEN I.
b 1681.
LIS, Marguerite, [ZACHARIE I.
b 1693.
Joseph, b [1] 12 déc. 1711; s [1] 20 janvier 1712.—*Louis*, b 1712; s 3 nov. 1730, à Levis.[2]— *Jean-Marie*, b [1] 17 juin 1713; m 1757, à Louise PARANT; s [1] 18 mai 1760.— *Françoise*, b [2] 10 mars 1717; m 13 juin 1737, à Philippe BENOIT, à Québec[3]; s 24 janvier 1761, à Lorette.—*Louise*, b [2] 4 sept. 1718; m [3] 11 février 1744, à Gabriel RENAUD.—*Catherine*, b [2] 2 nov. 1720; m 21 avril 1749, à François BOURDIGAL, à Montreal. — *Jean-Baptiste*, b [2] 5 mars 1723.—*Louis*, b... m 12 oct. 1744, à Madeleine PELLETIER, à St-Pierre, I. O.; s 12 mars 1760, à St-Charles.

1711, (27 juillet) Québec.[1]
II.—NOLET (3), FRANÇOIS, [SÉBASTIEN I.
b 1672; s 12 mars 1727, à Lévis.[2]
MARANDA (4), Marie-Louise, [JEAN II.
b 1691.
Sébastien, b 1712; m [1] 6 oct. 1742, à Madeleine PALIN. — *Jean-François*, b [2] 1er avril 1717; m 29 fevrier 1740, à Marguerite MONCIAU, au Sault-au-Recollet. — *Marie-Anne*, b 1719; m [1] 21 août 1741, à François QUENET. — *Louise*, b [2] 14 mars 1721; s 13 juillet 1733, à Beaumont.—

(1) De la Marque; seigneur de Blainville.
(2) Voy. vol. I, p. 453.
(3) Dit Larivière.
(4) Elle épouse, le 9 avril 1739, Pierre Monciau, au Sault-au-Recollet.

Marie-Joseph, b [2] 31 janvier 1723; m 8 août 1762, à Jean Antoine, à Montreal. [3] — *Marguerite*, b [2] 28 janvier 1725; m [3] 8 janvier 1748, à Pierre Speneux.—*Marie-Angélique*, b [2] 24 nov. 1726.

1727, (26 nov.) Beaumont. [9]
II.—NOLET, Jacques, [Sébastien I.
b 1694; s [9] 12 janvier 1756.
Colombe, Marie, [Jean II.
b 1710; s [9] 24 juin 1797.
Anonyme, b [9] et s [9] 8 oct. 1728. — *Augustin*, b [9] et s [9] 13 janvier 1730. — *Marie-Joseph*, b [9] 26 sept. 1731; s [9] 15 sept. 1819.—*Claude*, b [9] 24 mai 1733; m [9] 22 sept. 1760, à Marie Doinon. — *Anonyme*, b [9] et s [9] 15 mai 1735. — *Marie-Françoise*, b [9] 15 février et s [9] 25 sept. 1737. — *Etienne*, b [9] 26 mars 1739; s [9] 25 nov. 1750. — *Basile*, b [9] 2 janvier 1741; m à Suzanne Carrier; s [9] 9 février 1815.— *Anonyme*, b [9] et s [9] 18 fevrier 1745.

1728, (3 déc.) St-Laurent, I. O. [8]
II.—NOLET, François, [Sébastien I.
b 1687; s 9 juillet 1757, à St-Charles.
1° Tibaut, Marie-Anne, [Denis I.
b 1673; veuve de Jean Gauthier; s [8] 1er nov. 1749.
Jean-François, b 30 oct. 1729, à Lévis. [9] — *Charles*, b [9] 27 mai 1731; s [9] 10 juin 1756 (noyé).
1754, (19 août) St-Valier.
2° Fontaine, Angelique, [Etienne II.
b 1713.

NOLET, François.
Denis, Marie-Anne,
b 1695; s 11 mars 1745, à Beaumont.

1740, (29 fevrier) Sault-au-Récollet.
III.—NOLET (1), Jean-François, [François II.
b 1717; s 9 déc. 1770, à Beaumont.
Monciau, Marguerite, [Pierre.

1742, (6 oct.) Québec. [6]
III.—NOLET, Sébastien, [François II.
b 1712.
Palin, Marie-Madeleine, [Mathurin I.
b 1712; veuve de Jean Tardif; s [6] 14 avril 1746.
Pierre-Honoré, b [6] 7 sept. 1743.— *Marie-Madeleine*, b [6] 9 juin 1745; m à Jacques Minet.

1744, (12 oct.) St-Pierre, I. O.
III.—NOLET, Louis, [Louis-François II.
s 12 mars 1760, à St-Charles. [7]
Pelletier, Madeleine, [Jean IV.
b 1721.
Louis, b 12 nov. 1746, à Beaumont [8]; m 1er mai 1775, à Marie-Françoise Godbout, à Québec. —*Marie-Elisabeth*, b [8] 10 nov. 1748; s [8] 7 fevrier 1749. — *Marie-Madeleine*, b [7] 14 juin 1750. — *Joseph-Marie*, b [7] 4 avril 1752.— *Anonyme*, b [7] et s [7] 6 avril 1756. — *Anonyme*, b [7] et s [7] 4 mars 1757.—*Louis*, b... s [7] 15 mars 1758.

(1) Dit Larivière.

1757.
III.—NOLET, Jean-Marie, [Louis-Frs II
b 1713; s 18 mai 1760, à Beaumont.
Parant (1), Louise. [Antoine
Jean-Marie, b 10 avril 1758, à Lévis. [5] —*François*, b [5] 3 mai 1759. — *Laurent-Nicolas* (posthume), b [5] 10 sept. 1760.

1758, (16 janvier) St-Laurent, M. [2]
I.—NOLET (2), Jean-Bte, fils de Joseph et de Marie Lombard, de St-Martin-le-Château, diocèse de Lyon, en Bresse.
Dufresne, Marie-Agathe. [Jean-Bte II
Marie-Catherine, b [2] 23 février 1760.—*Marguerite*, b... s [2] 26 juin 1761. —*Jean-Baptiste*, b [2] 2[illegible] sept. 1761.

1760, (22 sept.) Beaumont.
III.—NOLET, Claude, [Jacques II
b 1733.
Doiron, Marie,
veuve de François Vincent.

III.—NOLET, Basile, [Jacques II
b 1741; s 9 fevrier 1815, à Beaumont.
Carrier, Suzanne. [André-Joseph II
b 1745; veuve de Louis Quentin.

1775, (1er mai) Quebec.
IV.—NOLET, Louis, [Louis III
b 1746.
Goddout, Marie-Françoise, [André II
b 1750.

NOLIN.—*Surnoms* : Boncourage — Lafougère

1653, (27 janvier) Québec. [6]
I.—NOLIN (3), Pierre,
s [6] 17 avril 1659.
Gachet (4), Marie.

1671, (18 nov.) Québec. [1]
I.—NOLIN (3), Jacques,
b 1641; s 15 fevrier 1729, à St-Pierre, I. O
Chalifour, Françoise, [Paul I
b 1657; s [2] 6 juillet 1697.
Gabriel, b [1] 28 juin 1676; m [2] 29 oct. 1704, à Marie-Madeleine Bouchard; s [2] 13 mai 1719.—*Louise*, b 11 sept. 1678, à Ste-Famille, I. O; 1° m [2] 30 juillet 1696, à Pierre Joncas; 2° m [illegible] août 1705, à Joseph Langlois, à St-Thomas [3]; 3° m [3] 31 janvier 1719, à Louis Couillard; s [3] [illegible] sept. 1754.—*Françoise*, b [2] 27 août 1680; m [2] [illegible] oct. 1698, à Martin Boulé.—*Mathieu*, b [2] 14 nov. 1683; s [2] 14 sept. 1705 —*Pierre*, b... m [2] 19 nov. 1708, à Madeleine Pressau. —*Jeanne*, b [2] [illegible] mars 1685; 1° m [2] 27 nov. 1702, à Pierre Rate[illegible]; 2° m [2] 9 nov. 1722, à Antoine Rasset; s [2] 26 nov. 1733.—*Jean*, b [2] 22 fevrier et s [2] 9 mars 1687.—

(1) Elle épouse, le 6 nov. 1761, Jean-Baptiste Lefebvre, à Lévis.
(2) Dit Passe-partout; soldat de la compagnie de Lacorne.
(3) Voy. vol. I, p. 453.
(4) Elle épouse, le 4 mai 1660, Charles Rogers, à Québec.

Jean-Baptiste, b [2] 8 janvier 1688. — *Marie-Madeleine*, b [2] 30 avril 1690 ; m [2] 4 nov. 1710, à Guillaume RATÉ ; s [2] 17 juillet 1748.—*Michelle*, b... m [2] 4 nov. 1715, à Jean TRUDEL.—*Guillaume*, b [2] 17 mai 1693 ; m [2] 8 oct. 1715, à Therèse TRUDEL ; s [2] 8 mai 1759.—*Claude*, b [2] 23 fevrier 1695 ; s [2] 15 janvier 1709.—*Marie-Louise*, b [2] 16 juin 1697. —*Marie-Anne*, b [2] 16 juin 1697 ; m [1] 13 nov. 1724, à Louis JUDON ; s [1] 1er avril 1732.

1704, (29 oct.) St-Pierre, I. O. [4]

II.—NOLIN (1), GABRIEL, [JACQUES I.
b 1676 ; s [4] 13 mai 1719.
BOUCHARD (2), Marie-Madeleine, [JEAN II.
b 1687.

Marie-Madeleine, b [4] 2 sept. 1706 ; s [4] 28 sept. 1714.—*Elisabeth*, b [4] 15 juillet 1709 ; 1° m [4] 27 juillet 1735, à Isidore MORIN ; 2° m [4] 24 janvier 1752, à Charles DESTROISMAISONS.—*Gabriel*, b [4] 15 mars 1711 ; 1° m 25 oct. 1734, à Elisabeth FOURNIER, à St-Thomas ; 2° m 20 mai 1748, à Catherine GUIBAUT, à Ste-Anne-de-la-Perade ; 3° m 24 sept. 1757, à Marie-Anne GÉLINAS-BELLEMARE, à Yamachiche.—*Cécile*, b [4] 15 et s [4] 20 janvier 1713. — *Marie-Madeleine*, b [4] 5 fevrier 1715 ; m [4] 19 oct. 1735, à Joseph TALBOT.—*Jean-Baptiste*, b [4] 14 et s [4] 19 janvier 1717.

1708, (19 nov.) St-Pierre, I. O. [7]

II—NOLIN (3), PIERRE. [JACQUES I.
PRESSEAU, Madeleine, [FABIEN I.
b 1691.

Marie-Madeleine, b [7] 5 oct. 1709 ; s [7] 7 déc 1714.—*Marie*, b 1710 ; s [7] 9 nov. 1714.—*Geneviève*, b [7] 24 janvier 1712.—*Marie-Joseph*, b [7] 19 mars 1714.—*Hélène-Eléonore*, b [7] 10 août 1716 ; m [7] 16 nov. 1739, à Jean-Baptiste LANGLOIS.—*Pierre*, b... m [7] 14 oct. 1743, à Marie-Rose BOUCHARD-DORVAL.—*Joseph*, b [7] 6 nov. 1720 ; m [7] 25 juillet 1746, à Therèse PARADIS.—*Antoine*, b [7] 26 oct. 1722.—*Marie-Thérèse*, b [7] 22 nov. 1724 ; m [7] 22 fevrier 1745, à Pierre CHORET.—*Jean-Baptiste-Marie*, b [7] 22 oct. 1726 ; m [7] 22 juillet 1748, à Madeleine PAULET. — *François-Marie*, b [7] 21 fevrier 1729 ; s [7] 13 juillet 1730.—*Marie-Geneviève*, b [7] 13 janvier 1731.—*Marie-Agathe*, b [7] 22 août 1733.—*Guillaume*, b [7] 11 janvier 1736.

1715, (8 oct.) St-Pierre, I. O. [8]

II.—NOLIN, GUILLAUME, [JACQUES I.
b 1693 ; s [8] 8 mai 1759.
TRUDEL, Thérèse, [NICOLAS II.
b 1694 ; veuve de Jean Choret.

Marie-Anne, b [8] 24 fevrier et s [8] 28 mars 1717. —*Guillaume*, b [8] 2 déc. 1718 ; m [8] 18 juillet 1746, à Madeleine LECLERC. — *Marie-Thérèse*, b [8] 25 sept. 1720.—*Marie-Marthe*, b [8] 19 août 1722 ; m [8] 4 janvier 1745, à François NOEL.—*Jean-Baptiste*, b 28 août 1724, à L'Ange-Gardien.—*Marie*, b... m [8] 28 janvier 1744, à Pierre ALAIRE.—*Marie-Louise*, b [8] 16 dec. 1726 ; m [8] 26 oct. 1750, à Joseph NADEAU.—*Marie-Benjamine*, b [8] 31 oct. 1729 ; 1° m [8] 26 oct. 1750, à Pierre GOSSELIN ; 2° m [8] 8 oct. 1753, à Jean ALEXANDRE.—*Guillaume*, b [8] 12 oct. 1732 ; s [8] 31 dec. 1745.—*Marie-Joseph*, b [8] 25 juin 1735 ; m [8] 27 janvier 1755, à François LECLERC.

1715, (21 oct.) Beauport. [2]

II.—NOLIN, JACQUES, [JACQUES I.
b 1674 ; s 21 nov. 1735, à Québec. [3]
DERAINVILLE (1), Marie, [JEAN III.
b 1690.

Marie, b [2] 30 août 1716 ; m [3] 25 juillet 1736, à François LAMOTTE. — *Jean-Baptiste*, b [3] 20 juin 1718. — *Marguerite*, b [3] 25 dec. 1719 ; s [3] 10 déc. 1722.—*Jacques*, b [3] 28 janvier 1721, s [3] 8 janvier 1723. — *Augustin*, b [3] 21 oct. 1722 ; s [3] 20 sept. 1724. — *Marie-Anne*, b [3] 18 sept. 1724 ; s [3] 12 février 1726. — *Jacques*, b [3] 22 juillet 1726 ; s 5 février 1727, à Charlesbourg. — *Marie-Angélique*, b [3] 2 août 1729 ; s [3] 17 mai 1730. — *Marie-Françoise*, b [3] 14 oct. 1731 ; s [3] 15 mai 1733.

1734, (25 oct.) St-Thomas. [1]

III.—NOLIN, GABRIEL, [GABRIEL II.
b 1711.
1° FOURNIER, Elisabeth, [LOUIS II.
b 1711 ; s 19 août 1739, à l'Islet. [2]

Elisabeth, b [1] 29 juillet 1735 ; s 29 mai 1737, à Quebec. [3] — *Marie-Angélique*, b [3] 29 mars et s [3] 3 avril 1737. — *Elisabeth*, b [1] 16 juillet 1738 ; s [2] 30 avril 1740.

1748, (20 mai) Ste-Anne-de-la-Pérade. [4]

2° GUIBAUT, Marie-Catherine, [JOSEPH II.
b 1725 ; s [4] 6 fevrier 1756.

Joseph, b [4] 2 et s [4] 9 oct. 1749. — *Marie-Angélique*, b [4] 1er nov. 1750 ; s [4] 30 janvier 1756.—*Marie-Joseph*, b [4] 28 juin 1752. — *Marie-Elisabeth*, b [4] 20 février 1754 ; s [4] 21 fevrier 1756. — *Marie-Louise*, b [4] 20 fevrier 1754 ; s [4] 3 fevrier 1756.—*Joseph*, b [4] 31 août et s [4] 3 sept. 1755.

1757, (24 sept.) Yamachiche. [5]

3° GÉLINAS (2), Marie-Anne, [MAURICE IV.
b 1724 ; veuve d'Augustin Milet.

Marie-Louise, b [5] 26 juillet 1758.

1736, (11 juin) Montréal. [5]

I.—NOLIN (3), FRANÇOIS, b 1702, caporal ; fils de Jean et de Marie Denis, de Compeigne, diocèse de Xaintes, Saintonge.
MORISSEAU, Suzanne-Catherine, [JEAN-BTE II.
b 1716.

Geneviève, b 1745 ; m [5] 21 janvier 1765, à Louis LOISEAU.—*Louis*, b [5] 28 mars et s [5] 14 avril 1747.

1743, (14 oct.) St-Pierre, I. O. [8]

III.—NOLIN, PIERRE. [PIERRE II.
BOUCHARD-DORVAL, Marie-Rose, [JEAN-BTE III.
b 1736.

Marie-Rose, b [8] 30 juin 1745 ; m 18 avril 1763, à Jean-Baptiste BEGIN, à Levis. [9]—*Etienne-Basile*,

(1) Tué par la chute d'un arbre.
(2) Elle épouse, le 27 mai 1720, Joseph Godbout, à St-Pierre, I. O.
(3) Nolet, 1742.

(1) Elle épouse, le 27 nov. 1736, Joseph Filteau, à Québec.
(2) Dit Bellemare.
(3) Dit Boncourage ; commis au magasin de Niagara, 1747.

b [9] 4 mai et s [9] 23 août 1749.— *Louis-Basile*, b [9] 30 nov. 1750. — *Marie-Geneviève*, b [9] 22 janvier 1753. — *Jean-François*, b [9] 19 mai et s [9] 24 nov. 1755. — *Jean-François*, b [9] 29 déc. 1756 ; s [9] 12 juillet 1757.—*Louis-Joseph*, b [9] 30 août 1762 ; s [9] 7 août 1769.—*Jean-Baptiste*, b [9] 5 août 1764 ; s [9] 4 juin 1765.

1746, (18 juillet) St-Pierre, I. O. [6]

III.—NOLIN, Guillaume, [Guillaume II.
b 1718.
Leclerc, Madeleine, [Adrien III.
b 1729.

Marie-Madeleine, b [6] 19 oct. 1747. — *Marie-Thérèse*, b [6] 13 dec. 1749. — *Charles*, b 1er sept. 1752, à L'Ange-Gardien ; 1° m 20 fevrier 1775, à Angélique Palin, à Quebec [7] ; 2° m [7] 30 avril 1782, à Marguerite Isar. — *Marie-Joseph*, b [6] 26 mars 1754.—*Pierre*, b [6] 15 avril 1756. — *Joseph*, b [6] 19 juin 1758.

1746, (25 juillet) St-Pierre, I. O. [7]

III.—NOLIN, Joseph, [Pierre II
b 1720.
Paradis, Marie-Thérèse, [Ignace III
b 1724.

Joseph-Marie, b [7] 21 juin 1747. — *Marie-Thérèse*, b [7] 23 nov. 1751. — *Anonyme*, b [7] et s [7] 26 février 1755.

1748, (22 juillet) St-Pierre, I. O [9]

III.—NOLIN, Jean-Bte-Marie, [Pierre II.
b 1726.
Paulet, Madeleine, [Pierre III.
b 1731.

Madeleine, b 18 août 1749, à St-Laurent, I. O. [8] ; s [9] 24 nov. 1750.—*Jean-Baptiste* b [9] 28 mars 1751 —*Marie-Madeleine*, b [8] 30 juillet 1753.—*Joseph*, b [9] 20 nov. 1755.—*Marie*, b [9] 28 nov. 1757.

1775, (20 fevrier) Québec. [7]

IV.—NOLIN, Charles, [Guillaume III.
b 1752.
1° Palin, Angélique, [Jean-Marie II.
b 1751.
1782, (30 avril). [7]
2° Isar, Marguerite. [Jean-Frédéric I.

NOLIN, François.
Couture, Angelique.

Euphrosine, b... m 16 nov. 1818, à Dominique Baril, à St-Jean-Deschaillons.

1747, (28 avril) Québec. [3]

I.—NOM, Pierre, navigateur; fils de Pierre et de Marie Amphouse, des Acoules, diocèse de Marseille, Provence.
Maranda, Marie-Françoise, [Charles II.
b 1724.

Gilles-Jacques, b [3] 2 mai et s [3] 15 juin 1750.— *Jean-Baptiste*, b [3] 9 mai 1756, s [3] 10 oct. 1760.

NONPAREIL.—Voy. DeLugerat.

1722.

I.—NOREAU, Mathurin,
b 1689; s 13 déc. 1749, à Lorette. [5]
Marchet (1), Marie-Joseph, [Jean I.
b 1704.

Jean-Joseph, b [5] 29 août 1723; m [5] 22 avril 1748, à Geneviève Maranda. — *Geneviève*, b 8 sept. 1725, à Quebec [4] ; s [5] 8 sept. 1727.—*Charles*, b... m [5] 11 janvier 1751, à Marie-Françoise Robitaille. — *Marie-Joseph*, b [5] 7 dec. 1728 ; m [5] 12 janvier 1750, à Joseph Voyer. — *Marie-Louise*, b [5] 17 août 1730; m [5] 22 février 1762, à Andre Cloutier. — *Michel*, b [5] 16 juin 1732. — *Jean-Jacques*, b [5] 1er mai 1734.—*Mathurin*, b [5] 29 nov. 1735.—*Michelle-Catherine*, b [5] 29 sept. 1737; m [4] 27 juin 1769, à Jean-Baptiste Donohue. — *André*, b... m [4] 18 oct. 1762, à Elisabeth Couillard.— *Agathe*, b [5] 29 oct. 1739; m 5 février 1760, à Pierre Meunier, à Montréal.—*Anonyme*, b [5] et s [5] 27 sept. 1741. — *Madeleine*, b [5] 22 oct. 1742 ; s [5] 27 juin 1748.—*Marie*, b [5] 7 janvier 1745; m [5] 10 mai 1762, à François Robitaille.— *Marie-Geneviève*, b [5] 14 avril 1747.

1748, (22 avril) Lorette. [8]

II.—NOREAU, Jean-Joseph, [Mathurin I.
b 1723.
Maranda, Geneviève, [Pierre III
b 1726 ; veuve de Joseph Delage.

Jean-Marie, b [8] 27 oct. 1749; m 8 janvier 1776, à Madeleine Poitras, à Montreal. [6]—*Marie-Geneviève*, b [8] 18 août 1751 ; m [6] 24 oct. 1774, à Jean-Baptiste Clément. — *Charles*, b [8] 13 juin 1753.— *Marie-Louise*, b [8] 13 mars 1755. — *Pierre*, b 28 avril 1757, à Lachine.

1751, (11 janvier) Lorette. [1]

II.—NOREAU. Charles. [Mathurin I
Robitaille, Marie-Françoise, [Romain II
b 1732.

Marie-Françoise, b [1] 1er mai 1753.—*Marie-Madeleine*, b [1] 30 sept. 1754.—*Joseph*, b [1] 19 avril 1756. — *Marie-Marguerite*, b [1] 8 sept. 1757. — *Marie-Louise*, b [1] 2 mars 1759. — *Charles*, b [1] 13 mars 1761.—*Marie-Joseph*, b [1] 15 nov. 1762.— *Charles*, b [1] 23 août 1764.

1762, (18 oct.) Québec. [2]

II.—NOREAU, André. [Mathurin I.
Couillard (2), Elisabeth, [Pierre III
b 1730; veuve de Maurice Jean.

Etienne, b [2] 27 mars 1763.—*André-Marie*, b [2] 11 et s [2] 29 mai 1765.

1776, (8 janvier) Montréal.

III.—NOREAU, Jean-Marie, [Joseph II
b 1749.
Poitras, Madeleine, [François-Joseph III
b 1754.

I.—NORÉE (3), Jean-Bte.

(1) Elle épouse, le 26 juillet 1751, Jean Maillou, à Lorette.
(2) De Beaumont.
(3) Sergent de la compagnie de M. de la Ronde, 13 mars 1760, à la Pte-aux-Trembles, Q.

NORMAND.—*Variations et surnoms :* LENORMAND—NORMANT—BOUQUEVILLE—CHAMPAGNE—FORGET—GASPARD—JOLICŒUR—LABRIÈRE—MALAUPOUCE—POUQUEVILLE.

1656, (18 juillet) Québec. 3

I.—NORMAND (1), JEAN,
b 1638 ; s 8 25 juillet 1706.
1° LELABOUREUR, Marie-Anne,
b 1630.
Marie, b 3 27 juillet 1658 ; m 3 4 mars 1680, à Pierre LAMBERT ; s 13 juin 1712, à St-Nicolas.—*Joseph*, b 3 18 janvier 1669 ; 1° m 3 5 fevrier 1691, à Madeleine TREFFLÉ ; 2° m 3 29 oct. 1693, à Marie CHORET ; s 3 22 dec. 1749.

1703, (2 mai). 3

2° BRASSARD, Marie-Madeleine, [ANTOINE I.
b 1642 ; veuve de Louis Fontaine ; s 3 22 sept. 1712.

1665, (7 sept.) Quebec. 4

I.—NORMAND (2), PIERRE,
b 1638.
NORMAND, Catherine,
b 1646 ; s 4 7 fevrier 1703.

1686, (6 juin) Québec. 5

II.—NORMAND (1), JEAN, [JEAN I.
b 1661.
CHALIFOUR (3), Anne, [PAUL I.
b 1670.
Jean, b 19 février 1687, à Beauport ; 1° m 6 août 1708, à Marie HOUDE, à Lotbinière ; 2° m à Marie-Jeanne CHORET ; s 5 8 oct. 1720.

1691, (5 février) Québec 6

II.—NORMAND (1), JOSEPH, [JEAN I.
b 1669 ; s 6 22 dec. 1749.
1° TREFFLÉ, Madeleine, [FRANÇOIS I
b 1671.
Joseph, b 6 13 février 1692 ; s 6 19 mai 1693.

1693, (29 oct.) 6

2° CHORET, Marie, [ROBERT II.
b 1675 ; s 6 13 mai 1737.
Jacques, b 6 25 sept. 1707 ; m 21 avril 1730, à Marguerite COLLET, à Charlesbourg ; s 6 26 juillet 1737.—*Jean-Baptiste*, b 6 30 août 1717 ; m à Marie-Angélique RICHAUME ; s 4 juillet 1787, à Repentigny.

1691, (20 nov.) Québec. 7

II.—NORMAND (1), CHARLES, [JEAN I.
b 1663 ; s 7 22 mars 1715.
1° DIONNE, Marie-Madeleine, [ANTOINE I.
b 1667 ; s 7 10 dec. 1702.
Charles, b 7 26 sept. 1694 ; 1° m 13 juin 1718, à Catherine-Françoise BOUTIN, à Lorette ; 2° m 9 janvier 1741, à Marie-Anne DUBUC, à la Pte-aux-Trembles, Q. 8

(1) Voy. LeNormand, vol. I, p. 382.
(2) Dit LaBrière ; voy. vol. I, p. 453.
(3) Elle épouse, le 7 février 1692, Jean Delage, à Beauport.

1703, (13 mars). 7

2° JEAN-DENIS (1), Frse-Monique. [DENIS I.
Marie-Anne, b 1706 ; m 26 nov. 1727, à Philippe DELISLE, à Montréal.—*Jean-Gaspard-Joseph*, b 7 25 juin 1712 ; m 15 fevrier 1734, à Marie-Joseph CHÉNIER, au Bout-de-l'Ile, M.—*Jeanne*, b 7 20 mars 1714 ; s 8 19 juin 1717. — *Marie-Joseph* (posthume), b 7 6 juillet 1715 ; m 8 4 juillet 1735, à Jacques GOULET.

1701, (29 mai) Québec. 9

II.—NORMAND (2), LOUIS, [PIERRE I.
b 1680 ; maître-taillandier et forgeron ; s 9 15 juillet 1729.
BRUNEAU (3), Anne, fille de Vincent et de Marie Cordier, de St-Pierre, diocèse de Chartres, Beauce.
Guillaume, b 9 15 février 1703 ; m 1738, à Marie-Joseph HURETTE-ROCHEFORT ; s 28 sept. 1766, à Ste-Anne-de-la-Pocatière. — *Marie-Anne*, b 9 1er sept. 1705.—*Angélique*, b 20 juin 1707, au Détroit 8 ; 1° m 9 21 janvier 1732, à Jean DELAUNAY ; 2° m 9 1er sept. 1744, à Jacques BÉDA ; 3° m 9 12 oct. 1751, à Jacques HERMIER. — *Marie-Thérèse*, b 8 22 août 1708. — *Anonyme*, b 9 et s 9 4 dec. 1709.—*Marie-Ignace*, b 1710 ; m à Philippe ARRIVÉ.— *Charles*, b 9 13 août 1716 ; s 20 fevrier 1718, à Charlesbourg. —*Alexandre*, b 9 et s 9 29 oct. 1718.

1708, (6 août) Lotbinière.

III.—NORMAND (4), JEAN. [JEAN II.
b 1687 ; s 8 oct. 1720, à Québec. 6
1° HOUDE, Marie.
2° CHORET (5), Marie-Jeanne, [ROBERT II.
b 1693.
Geneviève, b 1719 ; m 6 28 sept. 1739, à Michel LARAUE ; s 6 10 mars 1750. — *Marie-Madeleine*, b... m 6 11 juin 1742, à Louis-Charles DELLEBLOND.

1718, (13 juin) Lorette. 1

III.—NORMAND (4), CHARLES, [CHARLES II.
b 1694, charretier
1° BOUTIN, Catherine-Françoise, [JEAN II.
b 1701 ; s 22 juin 1739, à Quebec. 2
Marie-Catherine, b 1 26 mai 1719, m 2 21 janvier 1738, à Toussaint BAUDRY ; s 11 juin 1747, à Montréal. 3 — *Charles*, b 2 15 avril 1721 ; m 26 juillet 1745, à Elisabeth LARCHE, au Sault-au-Recollet.—*Marie-Joseph*, b 2 15 janvier 1723 ; m 2 26 nov. 1742, à Pierre-Joseph BOUVET ; s 2 21 janvier 1754.—*Marie-Louise*, b 2 18 juillet 1724 ; m 2 25 mai 1745, à Nicolas BOISSONNEAU.— *Jean-Baptiste*, b 2 21 fevrier 1727.—*Guillaume-Charles*, b 2 13 et s 2 19 dec. 1728. — *Jean-Isaac*, b 2 11 mars et s 2 18 avril 1730. — *Françoise*, b 2 7 août 1731 ; 1° m 3 4 nov. 1748, à Jacques DENIS ; 2° m 3 15 nov. 1756, à Rene GAUDRY. — *Jean-André*,

(1) Elle épouse, le 4 fevrier 1732, Guillaume Vinet, au Bout-de-l'Ile, M.
(2) Dit LaBrière.
(3) Aussi appelée Brunel.
(4) Et LeNormand,
(5) Elle épouse, le 9 fevrier 1722, Antoine Masse, à Quebec.

b 1732; s [2] 7 sept. 1733. — *Marie-Angélique*, b [2] 21 oct. 1733; m [2] 25 fevrier 1754, à Louis FALARDEAU.— *Charles-Joseph*, b [2] 3 et s [2] 30 juin 1735. —*Thomas-Joseph*, b [2] 5 juin 1736; s [2] 21 janvier 1737.—*Joseph*, b [2] 1er fevrier 1738.

1741, (9 janvier) Pte-aux-Trembles, Q.

2° DUBUC, Marie-Anne, [ROMAIN II.
b 1703.

Pierre, b [2] 3 avril 1742.—*Marie-Madeleine*, b [2] 13 oct. et s [2] 3 nov. 1743.—*Marie-Anne*, b [2] 9 fevrier et s [2] 18 mars 1745. — *Louise-Charlotte*, b [2] 19 juillet 1746; 1° m [3] 13 juin 1763, à François GADOIS; 2° m [3] 13 juillet 1767, à Noël TIMMANDS.

1719, (31 mai) Montréal.[8]

I.—NORMAND (1), PIERRE, fils de Pierre et de Marie Viger, de St-Palais, diocèse de Bordeaux.

LEHAYS, Marguerite, [JEAN I.
b 1702.

Marguerite, b 1720; m [8] 21 janvier 1743, à Antoine BEAUMONT. — *Marie-Joseph*, b 18 mars 1721, à St-Laurent, M.; m 11 oct. 1745, à François RICHER, au Sault-au-Recollet.[9] — *Cécile*, b 1727; m 3 juillet 1749, à Joseph HARMOND, à Québec.[5] — *Angélique*, b 1728; 1° m [9] 25 août 1749, à Pierre DUBÉ; 2° m [9] 1er mai 1754, à Marcellin FORAN.—*Marie-Elisabeth*, b [9] 6 sept. 1736; 1° m [9] 26 fevrier 1753, à François ROBIDOU; 2° m [8] 10 janvier 1757, à François CLIN. — *Charles*, b... m 12 fevrier 1760, à Thérèse GAKERIENNENTA, au Lac-des-Deux-Montagnes.[7] — *Joseph*, b 1738; m 1768, à Angélique GAMELIN.—*Françoise*, b [9] 12 février 1740; 1° m [5] 10 janvier 1757, à Jean-Baptiste PONTAS; 2° m [8] 21 oct. 1760, à Arnoux-Dominique MONDY; 3° m [8] 23 nov. 1784, à Jacob FLEISCHMAN; s [8] 22 avril 1793. — *Marie-Joseph*, b [9] 23 oct. 1742; s [9] 10 fevrier 1744. — *Jean-Baptiste*, b... m [7] 13 fevrier 1764, à Françoise-Amable ANDRÉ.

NORMAND, JOSEPH, b... s 12 janvier 1770, à Deschambault.

1725, (1er août) Québec.[1]

III.—NORMAND (2), CHARLES, [JOSEPH II.
b 1697.

JORIAN, Marie-Anne, [ANDRÉ I.
b 1702.

Joseph, b 12 janvier 1727, à Charlesbourg; m [1] 24 août 1750, à Charlotte LAVALLÉE.—*Charles*, b [1] 8 fevrier 1729; s [1] 21 mars 1752.—*Joseph-Hyacinthe*, b [1] 26 sept. 1730, s [1] 25 janvier 1731. —*Jean-André*, b [1] 21 juin 1732; m [1] 18 juin 1764, à Louise St. HUBERT.—*Jean-Baptiste*, b [1] 4 janvier 1735.—*Pierre-Hyacinthe*, b [1] 19 nov. 1736; m [1] 14 juin 1774, à Elisabeth-Joseph GAUVREAU. —*Marie-Geneviève*, b [1] 7 mars 1738.—*André*, b [1] 21 et s [1] 24 janvier 1740.—*Marie-Anne*, b 1741; s [1] 27 janvier 1760.—*Marie-Madeleine*, b [1] 10 mars 1742.

(1) Dit Jolicœur—et en iroquois "Zorahk8annen."

(2) Et LeNormand.

1727, (31 août) Québec.[4]

I.—NORMAND, JEAN, fils de Jean et de Marie Mauvière, de St-Laurent, diocèse de Nantes, Haute-Bretagne.

DORION, Barbe, [PIERRE I
b 1708; s [4] 6 mars 1782.

Marguerite, b [4] 14 mars 1733; m [4] 26 janvier 1756, à Louis GIROUX.—*Jean-Baptiste*, b [4] 29 sept 1734; m [4] 21 nov. 1763, à Marie-Angélique TOUPIN.

1730, (21 avril) Charlesbourg.

III.—NORMAND, JACQUES, [JOSEPH II
b 1707; s 26 juillet 1737, à Québec.[5]

COLLET, Marguerite-Louise, [PIERRE-JOSEPH I
b 1705; s [5] 13 mai 1737.

Louise-Marie, b [5] 30 janvier 1731.—*Jacques-Philippe*, b [5] 20 avril 1732; m 5 juin 1752, à Marie-Marguerite LANGLOIS, au Cap-St-Ignace.—*Marie-Charlotte*, b [5] 30 août 1733; m [5] 6 nov 1752, à François-Rene FORTIN.—*Michel*, b [5] 30 avril 1735; s [5] 14 nov. 1736.—*Marie-Marguerite*, b [5] 8 et s [5] 17 février 1737.

1734, (15 février) Bout-de-l'Ile, M.[6]

III.—NORMAND (1), JEAN-GASP.-JOS., [CHS II
b 1711.

CHÉNIER, Marie-Joseph, [JOSEPH III
b 1717.

Charles, b [6] 31 mai 1735; m [6] 24 nov. 1760, à Felicite LALONDE.—*Marie-Françoise*, b 1737; s 15 avril 1742, à Montréal.[7] — *Marie-Thérèse*, b [7] 27 fevrier 1739.—*Pierre*, b [7] 27 mars 1742; s 6 août 1747, à Longueuil.[9] —*Joseph*, b [7] 1er et s [7] 15 juillet 1743.—*Joseph*, b [9] 15 fevrier et s [9] 12 juillet 1748.—*Marie-Amable*, b [7] 17 mars et s [7] 15 juillet 1749. —*Antoine-Amable*, b [7] 31 juillet et s [7] 11 août 1750.—*Luc-Laurent*, b [6] 13 août 1759.

1736, (23 janvier) Quebec.[4]

III.—NORMAND (2), FRANÇOIS, [JOSEPH II.
b 1714; cultivateur; s [4] 17 juillet 1786.

PARANT, Marie-Therèse, [MICHEL II.
b 1717,

François, b [4] 8 juin 1737; m [4] 23 janvier 1764, à Louise-Charlotte MÉTIVIER.—*Thérèse*, b [4] 16 mai 1739; m 17 juin 1760, à Nicolas DELAGE, à l'Hôpital-Général, Q. — *Angélique*, b [4] 3 fevrier 1741.—*Marie-Joseph*, b [4] 18 juillet 1743; m [4] 5 juillet 1762, à Noel DORION.—*Joseph-Bonaventure*, b [4] 22 juillet 1745; s [4] 30 mai 1757.—*Joseph*, b [4] 30 juin 1747.—*Joseph-Antoine*, b [4] 23 oct. 1748; s [4] 20 dec. 1760.—*Michel-Etienne*, b [4] 27 dec. 1750.—*Françoise-Marguerite*, b [4] 20 juillet 1753.—*Jean-Baptiste*, b [4] 27 nov. 1754; 1° m 11 février 1774, à Louise TROTIER-BEAUBIEN, à Nicolet[5]; 2° m [5] 19 mai 1785, à Elisabeth LEFEBVRE. —*Nicolas-Augustin*, b [4] 15 mars 1757.—*Marie-Ursule*, b [4] 11 nov. et s 21 dec. 1759, à Charlesbourg.

(1) Et LeNormand dit Gaspard.

(2) Et LeNormand.

1736, (7 février) Montréal.[7]
—NORMAND (1), JEAN-BTE, b 1708; fils de Jacques et de Jaqueline Lemaitre, de N.-D.-de-Grandville, diocèse de Coutances, Normandie; s 28 avril 1777, à Quebec.
MIVILLE, Marie-Thérèse, [CHARLES III.
b 1703; veuve de Joseph Rondel.
Jean-Louis, b [7] 25 août 1737; s [7] 29 juin 1738. -*Jacques*, b [7] 4 sept. 1739.—*Marie-Joseph*, b [7] 28 oct. 1744; m 18 février 1760, à Maurice FOURNIER, Varennes.

1738.
II.—NORMAND (2), GUILLAUME, [LOUIS II.
b 1703; s 28 sept. 1766, à Ste-Anne-de-la-Pocatière.[6]
HURETTE, Marie-Joseph, [BERNARD I.
b 1718; s 21 avril 1753, à la Rivière-Ouelle.[7]
Marie-Reine, b 12 nov. 1739, à l'Islet[8]; s 16 février 1755, à Kamouraska. — *Joseph*, b [8] 25 oct. 1741. — *Judith*, b [8] 30 oct. 1743; m 10 sept. 1763, à Louis BENOIT, à la Baie-du-Febvre. — *Joseph-Marie*, b [8] 12 août 1748; s 3 juillet 1749, St-Thomas. — *Guillaume*, b [8] 18 juillet 1750.—*Louise-Marguerite*, b [7] 16 mars 1753; s [6] 19 janvier 1755.

—NORMAND (3), FRANÇOIS, b... s 29 déc. 1743, à St-Valier.

1745, (26 juillet) Sault-au-Récollet.
V.—NORMAND (4), CHARLES, [CHARLES III.
b 1721.
LARCHE, Elisabeth, [JOSEPH-NICOLAS III.
b 1725.
Charles, b 27 mai 1746, à St-Vincent-de-Paul.[6] — *Marie-Elisabeth*, b [6] 15 janvier 1748; m 10 février 1771, à François LAMARINE, à Montréal.[7] — *Pierre*, b [7] 29 mars 1749. — *Marie-Anne*, b 1752; m [7] 9 janvier 1775, à Jean-Marie FORTIER. —*Marie*, b 1755; s 26 janvier 1756, à la Longue-Pointe.—*François*, b 1759; m [7] 8 fevrier 1779, à Jeanne RAZA.— *Catherine*, b 1763; m [7] 4 nov. 1782, à Jean-Baptiste HEURTAUX.

I.—NORMAND, LOUIS-FRANÇOIS,
Métis.
MIDONAQUEL, Marguerite,
Micmac.
Joseph, b 22 février, à Ste-Anne-de-la-Pocatière et s 31 août 1749, à l'Ile-aux-Coudres.

1750, (24 août) Québec.
IV.—NORMAND (5), JOSEPH, [CHARLES III
b 1727.
LAVALLÉE, Charlotte, [CHARLES III.
b 1733.
Joseph, b 26 nov. 1751, à St-Thomas.[6] —*Charlotte-Marthe*, b [6] 18 mars 1754.—*Marie-Angélique*, b [6] 27 sept. et s [6] 23 déc. 1755. —*Charles*, b [6] 11 juillet 1757; s [6] 14 août 1758. — *Jean-Baptiste*, b [6] 3 janvier 1759.—*Charles*, b [6] 19 mai 1760.

(1) Marié LeNormand dit Forget.
(2) Dit Malaupouce.
(3) Jeune pêcheur de Granville.
(4) Dit Gaspard.
(5) Et LeNormand.

NORMAND, JEAN-BTE,
b 1729; s 24 mai 1751, aux Trois-Rivières.[5]
ROCHEREAU (1), Marie-Joseph. [ANTOINE II.
Marie-Joseph, b [5] 5 mars 1751.

1752, (5 juin) Cap-St-Ignace.
IV.—NORMAND (2), J.-PHILIPPE, [JACQUES III.
b 1732.
LANGLOIS (3), Marie-Marguerite, [FRANÇOIS III.
b 1734.
Jacques-François, b 30 août 1753, à l'Islet.[8] — *Marie-Thérèse*, b [8] 13 fevrier 1755.—*Bonaventure*, b [8] 24 sept. 1758. — *Louis-Marie*, b [8] 9 janvier 1760.—*Antoine*, b [8] 29 nov. 1761. — *Marie-Anastasie*, b [8] 12 mai 1763. — *Marie-Geneviève*, b [8] 12 mai 1763.—*Marguerite*, b 1770; s [8] 12 mars 1773.

1759, (23 avril) Montréal.[8]
I.—NORMAND (4), JEAN-BTE, b 1711; fils de François et d'Anne Vaillant, de Pouilly-sur-Meuse, diocèse de Reims, Champagne.
LÉVEILLÉ-COMIRÉ, Madeleine. [PIERRE.
Marie-Joseph, b 27 juin 1761, à Lachine; m [8] 7 janvier 1782, à Jean-Baptiste BOUVIER.

1760, (12 février) Lac-des-Deux-Montagnes.
II.—NORMAND (5), CHARLES. [PIERRE I.
GAKERIENNENTA, Thérèse,
Iroquoise.

1760, (24 nov.) Bout-de-l'Ile, M.[1]
IV.—NORMAND, CHS, [JEAN-GASPARD-JOS. III.
b 1735.
LALONDE, Félicité, [ANTOINE III.
b 1736.
Marie-Joseph, b [1] 12 mars 1761; s [1] 1er mai 1765.—*Pélagie*, b 12 août 1762, au Lac-des-Deux-Montagnes.[2] — *Marie-Rose*, b [1] 17 mars 1764.—*Charles*, b [1] 31 janvier 1766.—*Marguerite*, b [2] 12 déc. 1767.

1763, (21 nov.) Québec.
II.—NORMAND, JEAN-BTE, [JEAN I.
b 1734.
TOUPIN, Marie-Angélique, [RENÉ III.
b 1747.

1764, (23 janvier) Québec.
IV.—NORMAND (2), FRANÇOIS, [FRANÇOIS III.
b 1737.
MÉTIVIER, Louise-Charlotte, [JEAN III.
b 1724; veuve de Guillaume Tachet.

(1) Elle épouse, le 3 février 1755, Jean-Baptiste Desplans, aux Trois-Rivières.
(2) Et LeNormand.
(3) Dit St. Jean.
(4) Dit Champagne.
(5) Dit Jolicœur: Torahk8annen, en iroquois.

1764, (13 février) Lac-des-Deux-Montagnes. [3]
II.—NORMAND (1), JEAN-BTE. [PIERRE I.
ANDRÉ (2), Françoise-Amable, [LOUIS I.
b 1740.
Marie-Louise, b [3] 19 nov. 1764.—*Jean-Baptiste*, b [3] 11 nov. 1765.

1764, (18 juin) Quebec. [4]
IV.—NORMAND (3), JEAN-ANDRÉ, [CHARLES III.
b 1732.
ST. HUBERT, Louise-Thérèse, [JACQUES-FRS III.
b 1741.
Marie-Anne-Françoise, b... m [4] 7 janvier 1792, à Guillaume BOUTILLIER.—*Elisabeth*, b... m [4] 11 oct. 1796, à Jean-Julien PEACHY.

III.—NORMAND (4), JEAN-BTE, [JOSEPH II.
b 1717; s 4 juillet 1787, à Repentigny. [5]
RICHAUME, Marie-Angelique, [JEAN-BTE III.
b 1723.
Michel, b... m [5] 2 juillet 1787, à Marie SOUMIS. —*Geneviève*, b... m à Michel LARAUT.

1768.
II.—NORMAND, JOSEPH, [PIERRE I.
b 1738.
GAMELIN (5), Agathe, [LAURENT-EUSTACHE III.
b 1745.
Joseph, né 29 déc. 1768; b 5 juillet 1773, à Montreal. [6] — *Louise*, née 30 janvier 1770; b [6] 5 juillet 1773.—*Elisabeth*, née 12 déc. 1771; b [6] 5 juillet 1773.—*Ignace*, né 1er janvier 1773; b [6] 5 juillet 1773 (6).

1772.
NORMAND (3), JACQUES.
COUILLARD (7), Marie-Clémente.
Pierre, b 10 juillet 1773, à l'Islet. [1] — *Marie-Cécile*, b [1] 12 avril 1775.—*Roger-Clément*, b [1] 22 juillet 1776.

1774, (14 fevrier) Nicolet. [3]
IV.—NORMAND, JEAN-BTE, [FRANÇOIS III.
b 1754.
1° TROTIER-BEAUBIEN, Louise, [LOUIS IV.
s [3] 7 mars 1785.
Louise, b... m [3] 21 nov. 1796, à Louis PINARD.
1785, (19 mai). [3]
2° LEFEBVRE, Elisabeth. [CHARLES-JOSEPH IV.

1774, (14 juin) Québec.
IV.—NORMAND, PIERRE-HYACINTHE, [CHS III.
b 1736.
GAUVREAU, Elisabeth-Jos., [JACQUES-ALEXIS II.
b 1752.

(1) Dit Jolicœur.
(2) Dit St. Amand—Samson, 1764.
(3) Et LeNormand.
(4) Seigneur de Repentigny. (8 janvier 1770, Repentigny.)
(5) Et Hamelin.
(6) Ces quatre enfants, nés dans les pays d'en haut, n'avaient été qu'ondoyés.
(7) Desprès.

1779, (8 février) Montréal.
V.—NORMAND, FRANÇOIS, [CHARLES I
b 1759.
RAZA (1), Jeanne, [NICOLAS
b 1762.

NORMAND, JEAN-BTE.
RIVET, Marie-Louise.
Marie-Amable, b... s 30 déc. 1780, à Repentigny.

1787, (2 juillet) Repentigny. [1]
IV.—NORMAND, MICHEL. [JEAN-BTE I
SOUMIS, Marie-Claire. [PIERRE
Marie-Angélique, b [1] 10 mai et s [1] 14 ju 1788.

NORMANDEAU.—*Variation et surnom:* NORMANDIN—DESLAURIERS.

1694, (18 janvier) Charlesbourg. [2]
I.—NORMANDEAU (2), AUGUSTIN.
SASSEVILLE (3), Marie-Madeleine, [PIERRE
b 1678.
Augustin, b [2] 14 oct. 1694; 1° m 4 juin 1721, Marie-Françoise BINET, à Québec [3]; 2° m [3] 5 sep 1725, à Marie-Angélique DEMERS; s [3] 3 ao 1743.

1719, (14 août) Québec. [4]
II.—NORMANDEAU, PIERRE. [AUGUSTIN
RANCOUR, Marguerite, [JOSEPH
b 1696; s [4] 13 janvier 1756.
Pierre, b [4] 5 juillet et s [4] 6 nov. 1720. — *Charlotte-Marguerite*, b [4] 8 juin 1721; m [4] 8 janvie 1742, à Charles LAPOINTE.—*Louis*, b [4] 2 nov. 172 m 14 février 1746, à Marie-Anne BEDARD, à Charlesbourg. [5]—*Marguerite*, b [4] 30 sept. 1723; m [4] 2 sept. 1748, à Bernard BRANET.—*Marie-Joseph* b [4] 11 oct. 1724.—*Marie-Joseph*, b [4] 10 mai 1726 m [4] 23 août 1751, à Pierre LEPARON.—*Marie-Angélique*, b [4] 24 juin et s [4] 3 sept. 1727.—*Guillaume-Joseph*, b [4] 11 sept. 1728; m [5] 8 nov. 175 à Marie-Joseph THIBAULT.—*Louise*, b [4] 17 avr et s [5] 15 juillet 1730.—*Marie-Anne*, b [4] 16 sept 1731; s [4] 9 mai 1733.—*Guillaume*, b [4] 23 déc 1732.—*Louis-Pierre*, b [4] 15 mai 1734; m [4] 1er mars 1756, à Cécile GOSSELIN.—*Marie-Madeleine*, b [4] 12 oct. 1735; m [4] 2 février 1756, à François GALLET.—*Jacques*, b [4] 16 février 1737; m [4] 2 août 1762, à Catherine TINON.—*François-Chrysostôme*, b [4] 3 juillet et s [4] 25 août 1739.—*Augustin-Antoine*, b [4] 28 août et s [5] 9 sept. 1741—*Athanase* (4), b... m 24 nov. 1771, à Marie-Charlotte CAQUEREL, à Boucherville.

1721, (4 juin) Québec. [5]
II.—NORMANDEAU (5), AUG., [AUGUSTIN I
b 1694; s [5] 3 août 1743.
1° BINET, Marie-Frse-Jos., [JOSEPH-FRANÇOIS II
b 1700.

(1) Dit Gascon.
(2) Voy. vol. I, pp. 453-454.
(3) Elle épouse, le 23 mai 1712, Abel Sagot, à Québec.
(4) Marié sous le nom de Normandin.
(5) Dit Deslauriers.

Marie-Françoise, b [6] 28 mai 1722.—*Augustin*, b [6] 12 et s [6] 25 oct. 1723.

1725, (5 sept.) [6]

2° DEMERS, Marie-Angélique, [JEAN II.
b 1701; s [6] 16 janvier 1786.

Augustin, b [6] 6 juillet 1726; s [6] 21 avril 1727. —*Marie-Angélique*, b [6] 14 mai 1728; m [6] 24 nov. 1746, à Pierre ROY.—*Charles-Augustin*, b [6] 25 oct. 1730; m [6] 22 oct. 1753, à Marie-Louise LABADIE; s [6] 4 avril 1777.—*Antoine*, b [6] 10 mars 1732. —*André*, b [6] 7 janvier 1734.—*Marie-Louise*, b [6] 23 sept. 1736; m [6] 26 nov. 1754, à Joseph FILTEAU.—*Pierre*, b [6] 29 juin 1739; m [6] 18 avril 1763, à Marie-Charlotte MAILLOU. — *Francois-Joseph*, b [6] 5 avril 1741; m 7 janvier 1766, à Marie-Anne DESAUTELS, à Montréal.

1746, (14 février) Charlesbourg. [7]

III.—NORMANDEAU, LOUIS, [PIERRE II.
b 1722; menuisier.
BEDARD, Marie-Anne, [JACQUES III.
b 1723.

Marie-Anne-Marguerite, b [7] 19 nov. 1746; 1° m à Jean-Baptiste SÉVIN; 2° m 25 août 1788, à Charles CROISETIÈRE, à St-Cuthbert. — *Louis-Nicolas*, b [7] 29 fevrier et s 11 sept. 1748, à Québec. [8] — *Geneviève*, b [8] 11 juillet et s [8] 10 oct. 1749.—*Joseph*, b [7] 17 oct. 1750; s [7] 22 fevrier 1751.—*Marie-Louise*, b [7] 27 août 1752; s [7] 20 mai 1756.—*Marie-Angélique*, b [7] 13 fevrier 1754.—*Athanase*, b [7] 8 sept. et s [7] 13 nov. 1755.—*Paul-Thomas*, b [7] 7 sept. 1756.—*Marie-Louise*, b [7] 14 mai 1758.—*Marguerite*, b [7] 10 janvier 1760.—*Jean-Marie* et *Antoine*, b [7] 22 oct. 1761.—*Catherine*, b 1763; m [8] 11 juillet 1786, à Joseph DESPLANS.—*Ursule-Agathe*, b... m [8] 19 mai 1795, à Pierre GIRARD.

NORMANDEAU, PIERRE,
b 1733; s 20 août 1777, à Québec. [9]
CHARLERY, Marguerite,
s [9] 19 février 1798.

1751, (8 nov.) Charlesbourg. [2]

III.—NORMANDEAU, GUILL.-JOS., [PIERRE II.
b 1728.
THIBAULT, Marie-Joseph, [LOUIS III.
b 1720; veuve de Thomas Huppé.

Joseph, b [2] 10 août 1752.—*Marie-Louise*, b [2] 13 fevrier 1754; s [2] 24 sept. 1755.—*Marie-Anne*, b [2] 2 avril et s [2] 29 sept. 1755.—*Charles*, b [2] 24 nov. 1756; s [2] 14 août 1758.—*Charles*, b [2] 15 avril 1759.—*Anne-Charlotte*, b [2] 2 juillet 1761; s [2] 16 mai 1762.

1753, (22 oct.) Québec. [5]

III.—NORMANDEAU (1), CHS-AUG., [AUG. II.
b 1730; s [5] 4 avril 1777.
LABADIE, Marie-Louise, [PIERRE II.
b 1732; s [5] 10 sept. 1794.

Louis, b [5] 5 sept. 1754.—*Augustin*, b [5] 22 août 1756, s [5] 13 juin 1758.—*Etienne*, b [5] 3 août 1758; m [5] 24 avril 1781, à Marguerite VOCELLE.—*Marie-Louise*, b [5] 15 avril 1760.—*Marguerite*, b [5] 27 mai 1762.—*Elisabeth*, b [5] 1er mars 1764.—*Pierre*, b... m 19 nov. 1798, à Thérèse ROIROUX, à St-Jean-Deschaillons.

(1) Dit Deslauriers.

1756, (1er mars) Québec. [1]

III.—NORMANDEAU, LS-PIERRE, [PIERRE II.
b 1734; menuisier.
GOSSELIN, Cécile, [PIERRE III.
b 1724; veuve de Jacques Pepie; s [1] 12 juin 1764.

Marie-Cécile, b [1] 20 juin et s [1] 23 juillet 1757. — *Marie*, b [1] 18 sept. 1758; s [1] 12 mai 1760. — *Marie-Anne-Ursule*, b [1] 14 août et s [1] 4 oct. 1760.

1762, (23 août) Quebec. [1]

III.—NORMANDEAU, JACQUES, [PIERRE II.
b 1737.
TINON, Marie-Catherine, [CHARLES II.
b 1734.

Marie-Agathe, b 1763; s [1] 21 mars 1764.

1763, (18 avril) Québec. [1]

III.—NORMANDEAU (1), PIERRE, [AUGUSTIN II.
b 1739.
MAILLOU, Marie-Charlotte, [BENJAMIN III.
b 1741.

Pierre, b [1] 17 janvier et s [1] 23 mars 1764.

1766, (7 janvier) Montréal.

III.—NORMANDEAU (1), FRS-JOS., [AUGUST. II.
b 1741.
DESAUTELS, Marie-Anne, [GILBERT III.
b 1745.

1771, (24 nov.) Boucherville.

III.—NORMANDEAU (2), ATHANASE. [PIERRE II.
CAQUEREL, Marie-Charlotte, [JEAN-NICOLAS.
b 1750.

NORMANDEAU, JOSEPH.
1° PAQUET, Catherine.

1791, (25 oct.) Québec.

2° RENAUD, Marie-Louise,
veuve de Françoise Alaire.

1781, (24 avril) Québec.

IV.—NORMANDEAU (1), ET., [CHS-AUGUST. III.
b 1758.
VOCELLE (3), Marguerite. [JEAN I.

1798, (19 nov.) St-Jean-Deschaillons.

IV.—NORMANDEAU, PIERRE. [CHS-AUG. III.
ROIROUX, Thesèse. [JOSEPH III.

NORMANDIN. —*Variation et surnoms:* NORMANDEAU—BEAUSOLEIL— LAJOIE—LAMOTTE—SAUVAGE.

(1) Dit Deslauriers.
(2) Marié sous le nom de Normandin.
(3) Dit Belhumeur.

I.—NORMANDIN (1), MATHURIN,
b 1634; s 21 mai 1684, à Montréal.
DODIER, Marie.
Jean-Baptiste, b 1679; m 4 février 1706, à Marie-Anne PERROT, à Boucherville.—*Françoise*, b... m à Maurice BESNARD.

1687, (10 janvier) Sorel.

II.—NORMANDIN (2), DANIEL, [JACOB I.
notaire-royal; s 18 sept. 1729, à Batiscan.[6]
DAYOT, Louise, [JEAN II.
b 1664; s 26 mars 1720, à Champlain.[6]
Jean-François, b [5] 27 juin 1691; m 1er mars 1719, à Geneviève GATEAU, à Montréal. — *Madeleine*, b 14 juillet 1694, à la Pte-aux-Trembles, Q.; m [6] 9 avril 1717, à Guillaume BILLY. — *Marie-Françoise*, b [5] 13 février 1699. — *Marie-Joseph*, b [6] 2 juin 1703; m 11 janvier 1734, à Michel BUREL, à Varennes. — *Daniel-Pierre*, b... m 30 nov. 1730, à Marie-Joseph BRULÉ, à l'Ile-Dupas.

1695, (18 juillet) Québec.[5]

I.—NORMANDIN (2), LAURENT.
RENAULT, Marie-Anne, [JACQUES II.
b 1674; s [5] 19 mai 1739.

1699, (27 avril) Québec.[1]

I.—NORMANDIN (3), PIERRE,
b 1673; frère du précédent; s [1] 14 avril 1733.
CARTIER, Angélique, [PAUL I.
b 1678; s [1] 19 mars 1719.
Catherine, b [1] 9 avril 1711; s 25 août 1731, à St-Joachim.

1706, (4 février) Boucherville.[8]

II.—NORMANDIN (1), JEAN-BTE, [MATHURIN I.
b 1679.
PERROT (4), Marie-Anne, [JACQUES II.
b 1692.
Joseph, b 1710; m 9 mai 1735, à Marie-Anne PLAMONDON, à Laprairie. — *Jean-Baptiste*, b... m [8] 23 mai 1735, à Madeleine FAVREAU. — *Louis*, b... m [8] 8 février 1739, à Véronique MEUNIER.

1713.

I.—NORMANDIN, JOSEPH,
b 1682; s 19 oct. 1751, à Verchères.[1]
RIVET, Marguerite.
Joseph, b 1714; s [1] 8 oct. 1728.—*Jean-Baptiste*, b 28 oct. 1716, à Bécancour[2]; m [1] 4 février 1743, à Marguerite PAQUET.—*Pierre*, b [2] 2 avril 1718.—*Angélique*, b 22 oct. 1719, à Repentigny; m [1] 23 nov. 1740, à Pierre RACINE. — *Marie-Anne*, b 8 février 1721, à St-Ours; m [1] 10 avril 1741, à Louis-Daniel GUILLET.

1719, (1er mars) Montréal.

III.—NORMANDIN, JEAN-FRS, [DANIEL II.
b 1691.
GATEAU, Geneviève, [JEAN II.
b 1698.
Marie-Joseph, b 17 déc. 1719, à Champlain.[2]—*Jean-François*, b [2] 9 sept. 1723; m à Marie-Anne PAPLAU.—*Joseph*, b [2] 11 mai 1726. — *Alexis*, b [2] 19 juillet 1728. — *Antoine*, b [2] 3 oct. 1731; s [2] 21 janvier 1733.—*Marie-Joseph-Apolline*, b [2] 9 février 1734.

1720.

I.—NORMANDIN (1), BARTHÉLEMI,
b 1698; s 4 mars 1758, à Kamouraska [3]
DUPILLE, Marie-Françoise,
b 1686; veuve de Jean Michau; s [3] 25 déc. 1758.
Marthe, b... 1° m [3] 25 avril 1740, à Pierre HAYOT; 2° m [3] 26 avril 1746, à Charles MOREL, s 4 nov. 1748, à Beaumont. — *Marie-Joseph*, b... m [3] 6 sept. 1745, à Jacques BAUDRY; s [3] 26 mars 1747.—*Basile*, b 1726; m [3] 2 sept. 1748, à Geneviève HAYOT; s [3] 13 avril 1756. — *Barthélemi*, b [3] 18 avril 1728; m [3] 28 janvier 1748, à Geneviève BOUCHER; s [3] 18 février 1778.

1730, (30 nov.) Ile-Dupas.[1]

III.—NORMANDIN, DANIEL-PIERRE. [DANIEL II.
BRULÉ, Marie-Joseph, [ANTOINE I
b 1712.
Pierre-Daniel, b [1] 22 oct. 1731; s [1] 2 juin 1732. —*Jean-Baptiste*, b 11 janvier 1735, à la Rivière-du-Loup[2]; m 12 mai 1766, à Agathe COTARD, à St-Antoine-de-Chambly. — *Pierre*, b [2] 27 juillet 1737.

1735, (9 mai) Laprairie.[7]

III.—NORMANDIN (2), JOSEPH, [JEAN-BTE II.
b 1710.
PLAMONDON, Marie-Anne, [BENOIT II
b 1719.
Joseph, b [7] 24 juillet 1736; m 14 février 1763, à Marie-Elisabeth MONET, à St-Philippe.[8]—*Pierre*, b [7] 24 oct. 1737; m [8] 7 nov. 1768, à Angélique MONET. — *Marie-Catherine*, b [7] 8 février 1739.—*Marie-Joseph*, b [7] 28 février 1742; m [7] 1er février 1762, à François-Marie SENÉCAL.—*Marie-Anne*, b [7] 15 nov. 1743.

1735, (23 mai) Boucherville.[7]

III.—NORMANDIN (2), JEAN-BTE. [JEAN-BTE II
FAVREAU, Madeleine. [MATHURIN II.
Thérèse, b... m [7] 13 nov. 1758, à Louis PETIT —*Françoise*, b 1738; m [7] 25 juin 1764, à Charles AUBERTIN. — *Marguerite*, b... m [7] 30 oct. 1765 à Toussaint RENAUD.—*Cécile*, b... m [7] 26 oct. 1767, à Jacques RACICOT.—*Charlotte*, b... m [7] 3 février 1772, à Antoine GIRARD.

1739, (8 février) Boucherville.[8]

III.—NORMANDIN (2), LOUIS. [JEAN-BTE II.
MEUNIER-LAPIERRE, Veronique, [JACQUES II.
b 1720.
Jean-Baptiste, b... m [8] 15 février 1768, à Marie-Amable LAMOUREUX. — *Antoine*, b... m [8] 6 nov. 1769, à Marie RACICOT. — *Thérèse*, b... m [8] 28 sept. 1772, à Nicolas RAYMOND.

---

(1) Dit Beausoleil.

(2) Voy. vol. I, p. 454.

(3) Dit Sauvage; voy. vol. I, p. 454.

(4) Elle épouse, le 28 juin 1716, Pierre Favreau, à Boucherville.

(1) Dit Lajoie.

(2) Dit Beausoleil.

NORMANDIN (1), Louis,
b 1711 ; major ; s 20 juin 1787, à Lachenaye.[6]
GUENET, Marie-Charlotte,
b 1700 ; s[6] 12 nov. 1771.

1743, (4 février) Verchères. [6]
II.—NORMANDIN, JEAN-BTE, [JOSEPH I.
b 1716.
PAQUET, Marguerite, [CHARLES III.
b 1726.
Jean-Marie, b[6] 16 juin 1754. — *Marie-Marguerite*, b[6] 27 fevrier 1756.—*Jean-Baptiste*, b 1758 ; s[6] 20 mars 1759. — *Marie-Louise* et *Marie-Angélique*, b[6] 2 janvier et s[6] 8 février 1760.

1748, (28 janvier) Kamouraska.[1]
II.—NORMANDIN (2), BARTH., [BARTHÉLEMI I.
b 1728 ; s[1] 18 février 1778.
BOUCHER, Geneviève, [JOSEPH IV.
b 1731.
Barthélemi, b[1] 24 juillet 1748.—*Zacharie*, b[1] 13 mai 1753 ; m[1] 23 août 1773, à Marie-Anne OUELLET.—*Louis-Barthélemi*, b[1] 19 sept. 1758.—*Marie-Rose*, b... m[1] 19 fevrier 1781, à Louis NADEAU.—*Marie-Marthe*, b[1] 5 avril 1761.—*Marie-Rose*, b[1] 27 mars et s[1] 5 juin 1763.—*Jean-Baptiste*, b[1] 26 avril 1764 ; s[1] 13 sept. 1765.—*Joseph-Marie*, b[1] 29 août 1766.—*Amable*, b[1] 31 août 1768.—*Marie-Joseph*, b[1] 9 sept. 1771.

1748, (2 sept.) Kamouraska. [2]
II—NORMANDIN, BASILE, [BARTHÉLEMI I.
b 1726 ; s[2] 13 avril 1756.
HAYOT, Geneviève, [JEAN-BTE III.
b 1707 ; veuve de Joseph Boucher ; s[2] 7 fevrier 1757.

IV.—NORMANDIN, JEAN-FRS, [JEAN-FRS III.
b 1723.
PAPLAU, Marie-Anne.
Jean-Baptiste, b... m 12 février 1781, à Marie-Anne LEPELLÉ, à Batiscan.[3] — *Marie*, b... m à Jean-Baptiste HOULE.—*Marie*, b... m à Prisque TRÉPANIER.—*Marie-Charlotte*, b... m[3] 22 juin 1795, à Paul BERTRAND.

1763, (14 février) St-Philippe.
IV.—NORMANDIN, JOSEPH, [JOSEPH III.
b 1736.
MONET, Marie-Elisabeth, [FRANÇOIS II.
b 1742.

1766, (12 mai) St-Antoine-de-Chambly.
IV.—NORMANDIN, J.-BTE, [DANIEL-PIERRE III.
b 1735.
COTARD, Agathe, [PIERRE I.
b 1744.

1768, (15 fevrier) Boucherville.
IV—NORMANDIN, JEAN-BTE. [LOUIS III.
LAMOUREUX, Marie-Amable. [FRANÇOIS III.

(1) Dit Lamotte ; il était, en 1753, à Lachenaye.
(2) Dit Lajoie.

1768, (7 nov.) St-Philippe.
IV.—NORMANDIN, PIERRE, [JOSEPH III.
b 1737.
MONET, Angélique. [FRANÇOIS II.

1769, (6 nov.) Boucherville.
IV.—NORMANDIN, ANTOINE. [LOUIS III.
RACICOT, Marie. [JOSEPH II.

NORMANDIN, ATHANASE.—Voy. NORMANDEAU, 1771.

1773, (23 août) Kamouraska.
III.—NORMANDIN (1), ZACHARIE, [BARTH. II.
b 1753.
OUELLET, Marie-Anne, [JEAN III.
b 1745.

NORMANDIN, JOSEPH.
DELÈQUE, Jeanne.
Joseph, b 24 oct. 1777, à Ste-Anne-de-la-Pérade.

1781, (12 fevrier) Batiscan.
V.—NORMANDIN, JEAN-BTE. [JEAN-FRS IV.
LEPELLÉ, Marie-Anne. [FRS-STANISLAS IV.

NORMANDIN, LOUIS.
DUBORD, Marie-Anne.
Louis, b 10 dec. 1794, à Batiscan.

NORMANT.—Voy. NORMAND.

NORMANVILLE (DE).—Voy. GODFROY.

NOTINVILLE.—Voy. LOTINVILLE.

1723, (7 août) Québec.[9]
I.—NOUCHET (2), JOSEPH, b 1690 ; fils de Julien et de Barbe Barrat, de St-Vincent, diocèse d'Angers, Anjou ; s[9] 27 sept. 1750.
GATIN, Geneviève, [JEAN I.
b 1708.
Joseph-Etienne, b[9] 7 juillet 1724 ; m[9] 8 février 1747, à Catherine FOUCAULT ; s[9] 4 fevrier 1758.

1747, (8 fevrier) Québec. [6]
II.—NOUCHET, JOS.-ETIENNE, [JOSEPH I.
b 1724 ; conseiller du roy ; s[6] 4 fevrier 1758, (dans l'église).
FOUCAULT, Catherine, [FRANÇOIS I.
b 1725.
Joseph-François, b[6] 1er nov. 1747 ; s 5 février 1748, à Charlesbourg. — *Joseph-Daniel*, b[6] 10 fevrier et s[6] 7 avril 1749. — *Marie-Joseph-Elisabeth*, b[6] 14 mai 1751 ; m 16 janvier 1770, à Augustin CHABOILLÉ, à Montréal.—*André-Roch*, b[6] 17 août et s[6] 6 sept. 1752. — *Charles-Joseph*, b[6] 12 février et s[6] 11 août 1756.

NOUEL.—*Variation et surnoms :* NOEL—DELFOURNEAU—DESFOURNAUX.

(1) Dit Lajoie.
(2) Receveur des droits du domaine du roi.

1733, (21 janvier) St-Valier.[1]

I.—**NOUEL** (1), JEAN-FRANÇOIS, fils de Jean-François (notaire-royal) et de Louise Mellecent, du Mans, Maine.

COCHON (2), Véronique. [JEAN-RENÉ II.

Jean, b 29 avril 1734, à Québec.[2] — *René*, b[2] 26 février 1736. — *Véronique*, b[2] 23 juin 1737; m[1] 26 nov. 1753, à Jean-Baptiste ROY; s[1] 11 août 1761. — *Elisabeth*, b[2] 5 avril 1739; m[1] 7 mai 1764, à Jean-Baptiste RÉMILLARD. — *Louis*, b[2] 4 oct. 1740; s[2] 30 mars 1741.

NOUET.—Voy. NOEL.

NOURRIS.— *Variation et surnom :* NOURRY—ST. MARTIN.

1761, (16 nov.) Soulanges.

I.—NOURRIS (3), LOUIS, fils de François et de Jeanne Dalmace, de Ste-Catherine, diocèse d'Agen, Guienne-d'Agenois.

CHARBONNEAU, Marie-Joseph. [JEAN II.

Marie-Catherine, b 31 mars 1766, au Bout-de-l'Ile, M.

NOURRY.—Voy. NOURRIS.

1760, (20 oct.) Varennes.

I.—NOUVION (1), JACQUES, fils de Nicolas et de Reine Breuse, du diocèse de Guise, Picardie.

POUTRÉ-LAVIGNE, Marie-Anne. [JACQUES III.

NOYELLE DE FLEURIMONT.—Voy. DENIS.

NOYER.—Voy. RACINE.

NOYON.—Voy. DENOYON.

NUS.—Voy. HUS.

I.—NUS (2), ANTOINE.

O

I.—OARDAWAY, JEANNE (4), fille d'Edouard et de Marie Wood; née 10 janvier 1687, à Newbury, Nouvelle-Angleterre; b 11 juillet 1710, à Montréal.

I.—OBERY, MARGUERITE, b... m 1er février 1751, à Pierre PINEAU, à Yamachiche.

1765, (7 janvier) Beauport.

I.—O'BRIEN, MICHEL, fils de Guillaume et de Marguerite Tool, de St-François, Dublin, Irlande.

LAMOTTE, Marie-Françoise, b 1739. [LOUIS II.

I.—OBRY, JOSEPH-ANTOINE-FRANÇOIS-VALENTIN, de N.-D.-de-Pitie, Spire.

I.—O'BRYAN, MAURICE.

SEXTON, Marie.

Marie-Catherine, b 11 août 1761, à Québec.

OCTEAU, SIMON.

POLIQUIN, Marie-Joseph.

Simon, b 23 oct. 1748, à Beaumont.

ODELIN.—*Surnom :* JOLIBOIS.

1751, (19 avril) Québec.[5]

I.—ODELIN (3), FRANÇOIS, fils de François-Joseph et de Therèse Lecouturier, de St-Remi, diocèse d'Amiens, Picardie.

TOUPIN, Dorothee, b 1720. [RENÉ II

Dorothée, b[5] 13 juin 1752; s[5] 19 sept. 1755.—*Joseph-François*, b[5] et s[5] 15 mai 1754.—*Jacques*, b[5] 14 mars 1755; m 1788, à Marie-Angelique LAVIGNE. — *Marie-Madeleine*, b[5] 8 juin et s[5] 11 août 1759.

1788.

II.—ODELIN, JACQUES, b 1755. [FRANÇOIS I

LAVIGNE, Marie-Angélique.

Jacques, b 5 août 1789, à St-Constant; ordonné 4 fevrier 1816; s 8 juin 1841, à St-Hilaire.

ODIN.—Voy. OUDIN.

I.—ODIORNE (4), JEAN, de Newcastel, Nouvelle-Angleterre.

JANSON, Marie.

Anne-Bedson, née 30 juin 1673, à la Nouvelle Angleterre; b 14 mars 1705, à Montreal[6]; m[6] ... oct. 1705, à Jacques STILSON.

ODON.—*Variations :* AUDON—GODON.

(1) Et Noël sieur Dolfourneau.

(2) Elle épouse, le 7 janvier 1744, Thomas Fichet, à Quebec.

(3) Et Nourry dit St. Martin.

(4) Prise à Haverhill en mars 1704 par les Abénaquis de Bécancour.

(1) Soldat du régiment de Béarn.

(2) Dit Laventure (8 oct. 1756, au Lac-des-Deux-Montagnes).

(3) Dit Jolibois. Il était à St-Antoine-Tilly, le 23 février 1766.

(4) Ce nom est devenu Hodicsne.

1726, (7 janvier) Montréal. [7]

-ODON (1), BERNARD,
b 1698.
DESFORGES (2), Marie-Joseph. [JEAN I.
Simon, b [7] 4 juillet 1734 ; m [7] 22 juillet 1765, à gathe MOSSION-LAMOUCHE.—*Marie-Joseph*, b [7] avril et s [7] 17 nov. 1740.

1765, (22 juillet) Montréal.

I.—ODON (3), SIMON, [BERNARD I
b 1734.
MOSSION (4), Agathe, [ROBERT-ANTOINE III.
b 1746.

—O'DONALD, PATRICE, b 1722; Irlandais; s 24 juin 1777, à Quebec.
MURRAY, Marie.

—OEMANY (5), CHRÉTIEN-FRÉDÉRIC, Allémand.
ABSUHRMANN, Frédériq, Allemande.
Anonyme, b et s 17 nov. 1780, aux Grondines.

—O'HARA, PATRICE,
b 1738; s 17 sept. 1841, à l'Hôpital-Général, Q.
MCWILLING, Geneviève.

OLÉRON —Voy. CHARLES.

OLIDE.—Voy. DEKERVERZO.

—OLIVA, GUILLAUME-FRÉDÉRIC, b 1749, marchand ; de Hesse Cassell ; s 1er août 1796, à Quebec.
COUILLARD, Catherine, [LOUIS V.
veuve de Pierre Dambourgès.
Emilie-Jacobine, b... m à Louis CHAPERON. — *Jacques*, b 1788 ; m 20 janvier 1818, à Marguerite-Charlotte DESRIVIÈRES, à Montréal.

1818, (20 janvier) Montréal.

I.—OLIVA, JACQUES, [GUILLAUME-FRÉDÉRIC I.
b 1788.
DESRIVIÈRES, Marguerite-Charlotte.
Frédéric-Auguste, b 4 juillet 1828, à St-Thomas ; ordonné 11 mai 1851, à Quebec.

1742, (7 janvier) Québec. [3]

I.—OLIVE, ADRIEN-PIERRE, fils d'Adrien-Pierre (officier en chef chez le roy) et de Jeanne Renard, de St-Eustache, Paris.
SIMON, Flavie-Louise, [LÉONARD I.
b 1724.
Adrien-Pierre, b [3] 30 oct. 1742.—*André*, b [3] 12 déc. 1743. — *Madeleine*, b [3] 10 et s [3] 16 fevrier 1745

(1) Pour Audon dit Rochefort, voy. vol. II, p. 79.
(2) Elle épouse, le 26 oct. 1761, Nicolas Jenot, à Montréal.
(3) Dit Rochefort.
(4) Dit Robert—Lamouche; mariée sous ce dernier nom.
(5) Sergent de Dragon, régiment de Brunswick.

OLIVIER. — *Surnoms :* DEVEZAIN — HARET — HUGRON — LAISNÉ — LAVICTOIRE — LEPICARD — MARANDA — MERJAQUES — MONDINA — PÉRIER — TAILLON.

1673, (20 sept.) Sorel. [7]

I.—OLIVIER (1), JEAN.
RENAUT, Elisabeth.
Elisabeth, b [7] 23 juillet 1679 ; m 27 avril 1704, à Jean-Baptiste HOC-JOLICŒUR, à Montréal ; s 24 août 1757, à l'Hôpital-Géneral, M.

1718, (14 nov.) Québec. [3]

I.—OLIVIER, ABEL, (Anglais converti à Québec) ; de Londres.
LEFEBVRE, Marie-Madeleine, [LOUIS II.
veuve de Pierre-Alexandre Simon.
Marie, b 1728 ; s [3] 12 juin 1739.

OLIVIER, JOSEPH.
....
b 1695 ; s 30 nov. 1760, à Terrebonne.

I.—OLIVIER (2), PIERRE-FRANÇOIS.

OLIVIER, ANTOINE.
COUPY (3), Marie.

OLIVIER, JACQUES.
MAURICE, Marguerite.
Marguerite, b... m 18 août 1760, à Jacques MOUCHARD, à la Pointe-du-Lac.

1727, (19 janvier) Champlain.

I.—OLIVIER, JACQUES-PHILIPPE, fils de Louis et de Madeleine Gleno, de St-Pierre, diocèse de Xaintes, Saintonge.
ROBINEAU, Marie-Agnès (4).
Joseph, b 1729 ; m à Marie-Joseph ROBILLARD ; s 22 nov. 1758, à Terrebonne. [7] — *Jean-Baptiste*, b [7] 27 fevrier et s [7] 1er mars 1733.—*Jean-Baptiste*, b [7] 2 juin 1735 ; m [7] 12 janvier 1761, à Marie DUTRISAC.

1743, (26 fevrier) Montréal. [8]

I.—OLIVIER (5), LOUIS, b 1720 ; fils de Pierre et de Marie-Anne Dubuc, de St-Eustache, Paris.
1° BUISSON, Marie-Joseph, [FRS-JOSEPH III.
b 1725 ; s [8] 6 mai 1743.
Marie-Marguerite, b [8] 5 avril et s [8] 19 juin 1743.
1757, (24 oct.) Berthier (en haut).
2° ENAUD (6), Marie-Madeleine, [PIERRE II.
b 1721.
Louis, b... m 13 sept. 1778, à Marie-Charlotte FAFARD-JOINVILLE, à l'Ile-Dupas.—*Jean-Baptiste*, b... m 1788, à Marguerite-Antoinette FAFARD-JOINVILLE.

(1) Voy. vol. I, p. 451.
(2) Sieur de Vezain, directeur des forges de St-Maurice ; il était, en 1736, aux Trois-Rivières.
(3) Elle épouse, le 2 oct. 1730, Joseph Anglais, à Québec.
(4) L'acte ajoute après ce nom : " et de Marie de Mouet, sauvagesse, d'autre part."
(5) Dit Lavictoire ; soldat de la compagnie de Lavaltrie.
(6) Mariée Hénaut.

OLIVIER, Joseph,
marchand.
Levasseur, Marie-Françoise-Agnès. [Noel III.
Joseph-Antoine, b 6 juin 1754, à Quebec. [8]—
Anonyme, b [8] et s [8] 24 août 1758.

II.—OLIVIER, Joseph, [Jacques I.
b 1729; s 22 nov. 1758, à Terrebonne.
Robillard (1), Marie-Joseph, [Jean-Bte III.
b 1737.

OLIVIER, Jean-Bte.
Pilet, Dorothée,
b 1739; s 8 sept. 1764, à Kaskakia. [1]
Nicolas, b [1] 13 juin 1759.—*Rosalie*, b... m 17 janvier 1780, à Joseph Lapierre, à St-Louis, Mo.

1760, (10 nov.) Québec.
I.—OLIVIER, Laurent, fils de Pierre et de Claire Paré, de St-Maurice, diocèse d'Ellisine.
Guibord, Marie-Joseph, [Louis II.
b 1735.

1761, (12 janvier) Terrebonne.
II.—OLIVIER, Jean-Bte, [Jacques I.
b 1735.
Dutrisac, Marie-Marguerite, [Jean-Bte I.
b 1745.
Marie-Louise, b 1766; m 4 août 1783, à Joseph Gaudin, à Montréal.

1761, (26 oct.) Longueuil.
I.—OLIVIER, Jean, fils de Jérôme et de Marthe Igousse, d'Aurillac, diocèse de Clermont, Auvergne.
Benoit, Cécile, [Antoine III.
b 1743.
Françoise, b 23 mai 1764, à Lachenaye.

1762, (21 juin) Chambly.
I.—OLIVIER, Jean-Bte-Eutrope, fils de Joseph et de Marie Laferre, de Xaintes, Saintonge.
Poirier, Marie-Joseph, [Jacques III.
b 1744.

1778, (19 août) St-Louis, Mo. [5]
I.—OLIVIER, Jean, fils de Jean et de Théodore Quintana, de Malaga, Espagne.
LeGrain, Marguerite,
veuve de Michel Rolet-Laderoute.
Marie-Anne (2), b [5] 27 oct. 1776; m [5] 12 janvier 1796, à Joseph Rivet.—*Jean-Joseph*, b [5] 24 fevrier 1779.

1778, (13 sept.) Ile-Dupas. [9]
II—OLIVIER (3), Louis. [Louis I.
Fafard-Joinville, Charlotte, [Pierre IV.
b 1750.
Marie-Louise, b [9] 30 août 1779.—*Julie*, b... m à François-Xavier Boucher.

(1) Elle épouse, le 7 mai 1759, Louis Hubout, à Terrebonne.
(2) Légitimée le 19 août 1778.
(3) Membre du comté de Warwick, 1795.

1788.
II.—OLIVIER, Jean-Bte. [Louis
Fafard-Joinville, Marguerite, [Pierre I
b 1764.
Anonyme, b et s 13 nov. 1789, à St-Cuthbert—*Catherine*, b [8] 22 mars 1791.—*Julie*, b [8] février 1793.—*Jean-Baptiste*, b [8] 7 juin 1794.—*Pierre*, b [8] 19 dec. 1795.

OLLIER.—*Surnom :* Thoui.

I.—OLLIER (1), Sébastien, b 1727; de Perpignan.

OLSCAMP.—*Variation et surnom :* Holzeam-Lallemand.

1764, (5 mars) Beauport.
I.—OLSCAMP (2), Jean.
Maillou (3), Marie-Louise, [Germain I
b 1741; s 26 août 1780, à Montreal.

OMAITRE.—*Surnom :* St. Pierre.

-1754—

OMAITRE (4), Pierre.
Chamberlan, Marie-Joseph.
Marie-Joseph, b... m 14 sept. 1784, à Joseph Simoneau, à Québec.

1757, (16 fevrier) Québec.
I.—OMETRE, Pierre, soldat; fils de Giraud de Marie Toinette, de St-Rabyer, diocèse de Perigueux, Périgord.
Pacquet, Marie-Anne, [Pierre
b 1721.

OMIER.—*Variations :* Aumier—Homier.

1727, (7 janvier) Montreal. [5]
II.—OMIER (5), Michel, [Jean-Bte
b 1701.
Ethier, Marie, [François
b 1709.
Jacques, b [5] 17 janvier 1736; m [5] 12 janvier 1767, à Marie-Anne Joly.—*Marie-Joseph*, b [5] mars 1737; 1° m [5] 23 avril 1759, à François Salmon; 2° m [5] 7 nov. 1768, à Hyacinthe Desève.—*Suzanne*, b [5] 23 mai 1744; m [5] 10 fevrier 17.. à Louis Girard.

1767, (12 janvier) Montréal.
III.—OMIER, Jacques, [Michel
b 1736.
Joly (6), Marie-Anne, [Pierre I
b 1752.

OMINI.—Voy. Montmesnil.

(1) Sergent de la Sarre, compagnie de Sabourin. (Registre des Procès-verbaux, 1761, évêché.)
(2) Pour Holzeam dit Lallemand, voy. vol. IV, p. 510.
(3) Dit Lasource.
(4) Dit St. Pierre.
(5) Pour Aumier, voy. vol. II, p. 85.
(6) Dit St. Onge.

I.—ONAQUACOMENNE, Michel, Algonquin.
………, Françoise, Algonquine.
François, b 11 nov. 1735, à Lévis.

ONDAYÉ.—Voy. Ondoyer.

ONDAYER.—Voy. Ondoyer.

ONDOIER.—Voy. Ondoyer.

ONDOYER.—*Variations et surnoms :* Ondayé—Ondayer—Ondoier—Boisverd—Laudière—Martin.

I.—ONDOYER (1), Martin-Antoine, b 1648, s 5 juin 1718, aux Trois-Rivières.[4]
Esnard (2), Marie, [Simon I.
Jacques, b [4] 9 juillet 1695 ; m 27 nov. 1724, à Marie-Louise Auger, à Montreal.[5] — *Marguerite*, b[4] 1er mars 1699 ; m [4] 4 oct. 1722, à Raymond Ratier.—*Marie*, b[4] 24 avril 1701 ; 1° m à Leonard Henry ; 2° m 2 oct. 1725, à Joseph Raymond, à St-Laurent, M.—*Etienne*, b [4] 1er dec. 1704 ; m 3 mars 1731, à Madeleine Morneau, à St-Michel-d'Yamaska.—*Marie-Joseph*, b [4] 10 oct. 1706 ; m [5] 20 mars 1727, à Joseph Dumas.—*Marie-Jeanne*, b [4] 3 sept. 1708 ; m [5] 16 août 1729, à Jean Bireau.—*Charlotte*, b [4] 16 sept. 1711 ; m [5] 16 août 1729, à Antoine Laurent.

1724, (27 nov.) Montréal.[8]
II.—ONDOYER (3), Jacques, [Martin-Ant. I. b 1695.
Auger, Marie-Louise, [Jean I. b 1710.
Louise, b 1725 ; s [8] 4 déc. 1728.—*Jacques*, b 1726 ; s [8] 10 nov. 1728.—*Paul*, b [8] 20 avril et s [8] 26 mai 1728.—*Jacques*, b[8] 13 mars et s [8] 10 mai 1729.—*Joseph* et *Angélique*, b [8] 15 et s [8] 25 mai 1730.—*Charles*, b... 1° m 1er juillet 1754, à Suzanne Berthody, à St-Constant ; 2° m [8] 25 oct. 1779, à Geneviève Fournier.—*Jean*, b [8] 25 mars 1735.—*Pierre*, b [8] 24 fevrier et s [8] 4 mars 1738.—*Marie-Joseph*, b [8] 24 février et s [8] 13 mars 1738. —*Marie-Catherine*, b 2 juillet 1739, à Laprairie.[9] —*Marie-Catherine*, b [9] 3 nov. 1740.

1731, (3 mars) St-Michel-d'Yamaska.[4]
II.—ONDOYER (4), Etienne, [Martin-Ant. I. b 1704.
Morneau, Madeleine, [Pierre III. b 1714.
Pierre, b [4] 5 sept. 1731.—*Marie-Madeleine*, b [4] 5 fevrier 1733 ; m [4] 26 nov. 1759, à Pierre Laurent.—*Etienne*, b [4] 19 mai et s [4] 22 juin 1734.—*Marie-Louise*, b [4] 26 et s [4] 27 avril 1735.—*Marie-Anne*, b 22 mars 1736, à St-Frs-du-Lac.[6] — *Anonyme*, b [4] et s [4] 23 mars 1737. — *Marie-Louise*, b [4] 15 mars 1738 ; m [6] 26 février 1759, à Nicolas Gouchs. — *Marie-Joseph*, b [4] 18 avril 1740 ; m [4] 28 sept. 1761, à Augustin Coutancineau ; s [4] 23 janvier 1765. — *François-Etienne-Casimir*, b [4] 4 mars 1742 ; s [4] 6 août 1748. — *Joseph*, b [4] 17 fevrier 1744 ; s [4] 20 mars 1745. — *Jean-Baptiste*, b [4] 3 avril 1746 ; s [4] 7 août 1748. — *Jeanne*, b [4] 5 et s [4] 13 juillet 1748.—*Marie-Anne*, b [4] 25 juillet 1749 ; m [4] 14 février 1774, à Joachim Marois.—*Jeanne*, b 1751 ; s [4] 23 juillet 1754.—*Marguerite*, b [4] 31 août 1753.

(1) Dit Boisverd—Martin ; voy. vol. I, p 455.
(2) Aussi appelée Laubier, du nom de sa mère. Elle épouse, le 16 nov. 1721, François Futrier, à Québec.
(3) Et Ondayer dit Martin.
(4) Dit Boisverd ; marié sous le nom de Martin.

1754, (1er juillet) St-Constant.[3]
III.—ONDOYER (1), Charles. [Jacques II.
1° Berthody-St. Michel, Suzanne, [Charles II. b 1736 ; veuve de Joseph Agre.
Suzanne, b [3] 4 oct. 1756. — *Jacques*, b 25 mai et s 18 juillet 1758, à St-Philippe.[4]—*Charles*, b [4] 11 août et s [4] 11 sept. 1759. — *Marie-Joseph*, b [4] 12 juillet et s [4] 18 sept. 1763.
1779, (25 oct.) Montréal.
2° Fournier, Geneviève, [Frs-Martial III. b 1753.

O'NEIL.—Voy. Onel.

ONEILLE.—Voy. Onel.

ONEL.—*Variations :* O'Neil—Oneille—Onelle.

1751, (22 nov.) Québec.[2]
I.—ONEL (2), François, fils de Nicolas et d'Antoinette Joudrier, de St-Valier, diocèse de Dijon, département de la Côte-d'Or, Bourgogne.
Chandoné, Marie-Anne, [Charles I. b 1726.
Marie-Anne, b [2] 4 sept. 1752.— *François*, b [2] 9 août 1753.— *Marie-Antoinette*, b [2] 9 sept. 1754.—*Louise-Gilette*, b [2] 24 sept. 1755 ; s [2] 21 sept. 1758. — *Louis*, b [2] 10 oct. et s 24 nov. 1756, à Charlesbourg.— *Marie-Joseph*, b [2] 30 juillet et s [2] 13 août 1758.

1753, (13 nov.) Québec.[7]
I.—ONEL (3), Pierre, perruquier ; fils de Nicolas et d'Antoinette Joudrier, de Talmès, diocèse de Dijon, département de la Côte-d'Or, Bourgogne.
Chandoné, Marie-Joseph, [Charles I. b 1734.
Pierre-Charles, b [7] 20 août 1754 ; s [7] 1er août 1758.—*Anonyme*, b [7] et s [7] 12 sept. 1755.— *Jean-Baptiste*, b [7] 11 déc. 1756 ; m [7] 8 juin 1784, à Therèse Aide-Créquy. — *Joseph-François*, b [7] 18 janvier 1758.— *Marie-Joseph*, b [7] 1er mars et s 16 juin 1759, à Lévis. — *Anonyme*, b [7] et s [7] 7 nov. 1760.—*Elisabeth*, b [7] 21 janvier 1763 ; s[7] (tuée par le tonnerre) 21 juin 1776.— *Anonyme*, b [7] et s [7] 9 fevrier 1764.

(1) Et Ondayer dit Martin.
(2) Sergent des canonniers-bombardiers de la garnison.
(3) Frère du précédent.

1784, (8 juin) Québec.[1]
II.—ONEL (1), JEAN-BTE, [PIERRE I.
b 1756.
AIDE-CRÉQUY, Thérèse, [ANTOINE II.
b 1760; s[1] 24 sept. 1840.
Marie-Louise et *Thérèse*, b[1] 16 fevrier 1786: (Religieuses Ursulines). — *Marie-Joseph*, b[1] 4 sept. 1788; s[1] 13 février 1868. — *Françoise-Henriette*, b[1] 3 déc. 1789.—*Jeanne-Antoinette*, b[1] 29 déc. 1791; s[1] 22 nov. 1867. — *Catherine*, b[1] 21 juin et s 17 sept. 1793, à St-Augustin.— *Marie-Angélique* (2), b[1] 9 fevrier 1797.

ONELLE.—Voy. BEAN—ONEL.

ORANGE.—*Surnoms:* CLUSEAU—SANSFAÇON.

I.—ORANGE (3), JEAN.

ORANT.—*Surnom:* DAUPHINÉ.

1765, (22 juillet) St-Henri-de-Mascouche.
I.—ORANT (4), JEAN, fils de Pierre et de Claudine Fabre, de N.-D.-de-Vaison, diocèse de Vaison, Avignon.
1° FORGET, Marie-Agnès, [ANTOINE III.
b 1739.
1767, (3 août) Terrebonne.
2° GAUTIER, Marie, [JACQUES III.
b 1744.

ORDE, JEAN.
JOSEPH, Marguerite.
Joseph, b 1765; s 16 sept. 1772, à Ste-Foye.

I.—OREILLE, JACQUES-GRACE, b 1700, de Bourge, en Berry; s 16 mai 1750, à Montréal.

ORESTE.—Voy. HOROSTEILLE.

1738, (4 nov.) St-Thomas.[1]
I.—ORESTE (5), MATHIEU.
MÉTIVIER, Elisabeth, [JEAN I.
b 1717.
Thérèse, b 31 juillet 1753, à St-Pierre-du-Sud.[2] —*Marie-Victoire*, b[2] 10 dec. 1755.— *Marguerite*, b[1] 16 mars 1758; s[2] 28 juillet 1759.

1761, (21 sept.) Montréal.[2]
I.—ORILLAT (6), JEAN, b 1733, marchand; fils de Jean et de Marie Dupuy, de Barbesieux, diocèse de Xaintes, Saintonge.
1° FILIAU, Marie-Amable, [FRANÇOIS II.
b 1731.
Marie-Luce, b 1763; m[2] 1er juillet 1779, à Alexis RÉAUME.
2° VIGER, Thérèse-Amable, [RENÉ III.
b 1736; s 19 juin 1803, à l'Hôpital-Général, M.

(1) Et O'Neil—Oneille; bedeau de Notre-Dame de Québec.
(2) Elle vivait encore en 1868.
(3) Dit Sansfaçon, soldat. Il était, le 30 sept. 1745, à Montréal.
(4) Dit Dauphiné.
(5) Voy. Horosteille dit Lamy, vol. IV, p. 511.
(6) Voy. Aurillac, vol. II, p 86.

ORION.—*Surnom:* CHAMPAGNE.

I.—ORION (1), CHARLES, b 1710; Acadien; s 2 mars 1790, à Nicolet.[6]
1° RICHARD, Marie-Anne,
Acadienne.
Théotiste, b... m[6] 15 janvier 1761, à Joseph LAFORCE.—*Jean-Baptiste*, b... m[6] 21 sept. 1762, Françoise GAUDET.—*Anne*, b... m[6] 19 nov. 1764 à Ozias BOUDROT.—*Nathalie*, b... m[6] 7 janvier 1765, à Jean-Baptiste ROBERT. — *Elisabeth*, b... m[6] 11 nov. 1771, à Pierre-Jean LEMIRE. — *Jean-Charles*, b... m[6] 20 janvier 1777, à Angélique GAUTIER.—*Geneviève*, b... m[6] 19 fevrier 1781, à Joseph GAUDET.—*Firmin*, b... m[6] 1er août 1785 à Marguerite GAUDET. — *Félicité*, b... m à Athanase BOUDREAU.
1763, (27 juin)[6]
2° DOUCET, Marie,
veuve de Jean-Baptiste Gaudet; s[6] 1er déc. 1789.

I.—ORION, PIERRE,
Acadien; forgeron.
BRUN, Brigitte,
Acadienne.
Marie, b... m 18 janvier 1768, à Jean-Baptiste DUMAS, à Nicolet.[2]—*Joseph*, b... m[2] 7 janvier 1773, à Marie-Louise DUMAS. — *Charles*, b... m 17 février 1777, à Marie-Françoise DUMAS.—*Pierre*, b... m[2] 9 mai 1796, à Marguerite MIRABEN.

1762, (21 sept.) Nicolet.[2]
II.—ORION, JEAN-BTE. [CHARLES I.
GAUDET, Françoise. [JEAN-BTE
Jean-Baptiste, b... m[2] 1er août 1785, à Marie-Anne DESCOTEAUX. — *Théotiste*, b... m[2] 12 oct. 1789, à Joseph BELLEROSE. — *Louis*, b... m[2] 1 août 1794, à Marguerite DEHAIS.

1773, (7 janvier) Nicolet.
II.—ORION, JOSEPH. [PIERRE I.
DUMAS, Marie-Louise, [JEAN-BTE IV.
b 1754.

1777, (20 janvier) Nicolet.
II.—ORION, JEAN-CHARLES. [CHARLES I.
GAUTIER, Angelique. [LOUIS III.

1777, (17 fevrier) Nicolet.
II.—ORION, CHARLES. [PIERRE I.
DUMAS, Marie-Françoise, [JEAN-BTE IV.
b 1759.

1785, (1er août) Nicolet.
II.—ORION, FIRMIN. [CHARLES I.
GAUDET, Marguerite. [JOSEPH

1785, (1er août) Nicolet.
III.—ORION, JEAN-BTE. [JEAN-BTE II.
DESCOTEAUX, Marie-Anne. [JEAN-BTE IV.

(1) Dit Champagne.

1794, (11 août) Nicolet.
III—ORION, Louis. [Jean-Bte II.
Dehais, Marguerite. [Joseph-Pierre III.

1796, (9 mai) Nicolet.
II.—ORION, Pierre. [Pierre I.
Mirambeн, Marguerite. [Paul I.

ORSON.—Voy. Horson.

1757, (30 mai) Ste-Anne-de-la-Pérade. [9]
I.—ORTEGA (1), François, fils de François et de Marie-Anne Petit, de Ste-Marie, Espagne.
Tousignan, Marie-Charlotte. [Jean-Bte II.
Marie-Charlotte, b [9] et s [9] 28 nov. 1758.

ORTIN.—Voy. Hostain.

ORVEAUX.—*Surnom :* Sanssoucy.

I.—ORVEAUX (2), Jean, b 1720, soldat; fils de Jean-Baptiste et d'Agnès Nona, de Ste-Marguerite, Paris ; s 2 janvier 1743, à Montreal.

OSMAN.—*Variation :* Homan.

1760, (13 oct.) Pte-aux-Trembles, Q.
I.—OSMAN (3), Jean, fils d'André et de Catherine-Agnès Crême, de Vignère-Simple, diocèse de Strasbourg, Lorraine.
Laroche, Marie-Angélique, [Noel II.
b 1731 ; veuve de Joseph Morisset.
Jean-Baptiste, b 5 août et s 7 nov. 1761, à Quebec.

OSSANT.—*Variations :* Aussan—Hussan.

I.—OSSANT (4), Antoine,
b 1645 ; s 12 août 1685, à L'Ange-Gardien [5]
Vésinat, Marie.
Richard, b [5] 9 sept. 1680; m [5] 7 mai 1703, à Marie Touchet ; s 13 nov. 1734, à Sorel.

1703, (7 mai) L'Ange-Gardien. [1]
II.—OSSANT, Richard, [Antoine I.
b 1680; s 13 nov. 1734, à Sorel. [2]
Touchet, Marie, [Simon II.
b 1683.
Nicolas, b [1] 28 sept. 1704 ; s 6 oct. 1709, à Beauport. [3] — *Ange,* b [1] 25 janvier 1707 ; m [2] 5 fevrier 1731, à Antoinette Bonin.—*Marie-Angélique,* b 1708 ; m à Noël Legaut.—*Etienne,* b [3] 4 mai 1710 ; s [3] 13 janvier 1739. — *Antoine,* b [3] 28 mai 1712. — *Ignace,* b [3] 21 mars 1715 ; 1° m [2] 6 janvier 1738, à Françoise Guevremont ; 2° m [2] 3 mai 1756, à Rose Chevalier.—*Joseph-Marie,* b 30 avril 1717, à Quebec [4] ; m [2] 7 janvier 1750, à Marie-Anne Desrosiers. — *Pierre,* b [4] 16 janvier 1719 ; s 8 mars 1720, à Montréal. [5] — *François,* b [5] 10 avril 1720 ; m 9 juin 1749, à Françoise Grenier, à Boucherville.— *Pierre,* b 3 oct. 1723, à l'Ile-Dupas.

1731, (5 février) Sorel. [8]
III.—OSSANT, Ange, [Richard II.
b 1707.
Bonin, Antoinette. [André I.
Marie-Agathe, b [3] 26 oct. 1731 ; m [3] 1er mars 1756, à Pierre Péloquin ; s [3] 5 janvier 1757.— *Pierre-Armand,* b [3] 2 nov. 1733 ; s [3] 9 juillet 1736.— *Ignace,* b [3] 20 août et s [3] 11 sept. 1735.— *Pierre-Etienne,* b [3] et s [3] 7 oct. 1736.—*Toussaint,* b [3] 1er nov. 1737,—*François,* b [3] 31 mars 1740 ; m [3] 7 janvier 1765, à Marie-Anne Péloquin.— *Pierre,* b [3] 27 nov. 1742. — *Paul,* b [3] 30 juillet 1745.— *Marie-Joseph,* b [3] 7 et s [3] 23 juillet 1747.—*Antoine,* b [3] 19 déc. 1748.—*Marie-Brigitte,* b [3] 29 mars 1751 ; m [3] 16 sept. 1771, à Augustin Ethier.

1738, (6 janvier) Sorel. [5]
III.—OSSANT, Ignace, [Richard II.
b 1715.
1° Guevremont, Marie-Françoise, [Jean I.
b 1707 ; s [5] 7 fevrier 1755.
Ignace, b [5] 20 oct. 1738 ; s [5] 8 mai 1748. — *Françoise,* b [5] 16 mars 1742 ; s [5] 22 mai 1748.— *Marie-Joseph,* b [5] 8 mars 1745 ; m [5] 30 janvier 1764, à Thomas Letendre. — *Thérèse,* b [5] 22 février 1747 ; s [5] 15 mai 1748.—*Marie-Madeleine,* b [5] 24 avril 1749 ; m [5] 12 juillet 1768, à Joseph Maheu.
1756, (3 mai). [5]
2° Chevalier, Marie-Rose.
Ignace, b [5] 19 avril et s [5] 8 juin 1757.— *Pierre,* b 12 sept. 1759, à l'Ile-Dupas.

1749, (9 juin) Boucherville. [7]
III.—OSSANT, François, [Richard II.
b 1720.
Grenier, Françoise, [Charles II.
b 1725.
Françoise, b... m [7] 12 oct. 1767, à Jacques Deniau.

1750, (7 janvier) Sorel. [6]
III.—OSSANT, Joseph-Marie, [Richard II.
b 1717.
Desrosiers, Marie-Anne. [Antoine III.
Joseph, b [6] 25 sept. 1750.

1765, (7 janvier) Sorel.
IV.—OSSANT (1), François, [Ange III.
b 1740.
Péloquin, Marie-Anne, [François III.
b 1747.

OSSELET.—*Surnom :* Monmidi.

---

(1) Il signo Franco Ortega.
(2) Dit Sanssoucy.
(3) Brigadier de la cavalerie de M. de St. Rome ; il était, le 19 février 1760, à la Pte-aux-Trembles, Q.
(4) Voy. vol. I, p. 455.

(1) Marié Aussan.

1759, (15 janvier) Sault-au-Récollet.

I.—OSSELET (1), JACQUES, fils de Jean et de Catherine Marie, de Laferté-sur-cher, diocèse de Trèves, Luxembourg.

VANIER, Marie-Anne, [JEAN-BTE III. b 1709; veuve de Pierre Drouin.

OSTAIN.—Voy. HOSTAIN.

OSTAN.—Voy. HOSTAIN.

OSTENDE.—Voy. HOSTAIN.

OTESSE.—Voy. HOTESSE.

OTHYS.—Voy. OTISSE.

OTICE.—Voy. OTISSE.

OTISSE. — *Variations et surnoms :* OTHYS — OTICE—ROZOTTY—JASMIN—LANGLOIS.

I.—OTISSE (2), JEAN-BTE, b 1680; s 16 sept. 1760, à la Baie-St-Paul. [6]

1° POULIN, Cécile, [JEAN II. b 1676; s 27 avril 1731, à St-Joachim. [7]

Marie-Joseph, b... 1° m à François QUIRION; 2° m [7] 16 juillet 1736, à Jean BOLDUC; 3° m [7] 29 janvier 1742, à Jacques FOUGÈRE.

1733, (9 fevrier). [6]

2° GAGNÉ, Marie-Françoise, [IGNACE III. b 1696; veuve de Claude Gautier.

Geneviève, b [6] 5 nov. 1733; m 26 oct. 1751, à François FORTIN, à la Petite-Rivière.—*Jean-Baptiste*, b [6] 25 février et s [6] 21 mars 1735. — *Jean-Baptiste*, b [6] 16 avril 1736; 1° m 24 nov. 1756, à Marie-Anne TREMBLAY, aux Eboulements; 2° m [7] 26 mai 1761, à Marie-Anne BOLDUC.—*Augustin*, b 28 août et s 11 sept. 1738, au Château-Richer. [8] — *Prisque*, b [8] 28 août et s [8] 19 sept. 1738. — *Prisque* (3), b [6] 29 mars 1739; s [6] 3 oct. 1745.

OTISSE (4), JEAN.

VÉSINA, Marie.

Joseph, b 3 mars 1752, à St-Joachim.

1756, (24 nov.) Eboulements.

II.—OTISSE (5), JEAN-BTE, [JEAN I. b 1736.

1° TREMBLAY, Marie-Anne. [JEAN III.

Jean, b 18 sept. 1757, à la Baie-St-Paul [8]; m [8] 14 janvier 1777, à Thérèse GRENON.

1761, (26 mai) St-Joachim.

2° BOLDUC, Marie-Anne, [JEAN-GERMAIN III. veuve de Jacques Tremblay.

1777, (14 janvier) Baie-St-Paul.

III.—OTISSE, JEAN, [JEAN-BTE II. b 1757.

GRENON, Thérèse, [JEAN-BTE III. b 1760.

(1) Dit Monmidi; soldat de Vassal, régiment de Bear.
(2) Dit Jasmin; contre-maître de la ferme de la Baie.
(3) Presque toute la paroisse a assisté à ses obsèques.
(4) Et Othys.
(5) Dit Jasmin—Langlois.

OUABARD.—*Variations et surnom :* OUABART —OUABERT—OUABORD—LANGLOIS.

1725, (20 août) Cap-St-Ignace. [8]

I.—OUABARD (1), JOSEPH-PHILIPPE, né 1689; fils de Nicolas et de ...., de la Nouvelle-Angleterre; s [8] 29 nov. 1756.

GUILLET (2), Marie-Charlotte, [MATHIEU I. b 1703.

Joseph, b [8] 26 juin 1726; 1° m [8] 29 avril 1748, à Marthe GRAVELLE; 2° m 19 fevrier 1753, à Marie-Louise MORIN, à St-Roch. — *Jean-Baptiste*, b [8] 18 sept. 1727. — *Geneviève*, b [8] 21 mars 1729; s [8] 21 janvier 1730. — *Marie-Geneviève*, b [8] 14 mars 1731; m [8] 3 août 1750, à Jacques CAHOUET. — *Pierre*, b [8] 30 août 1732; s [8] 13 nov. 1748. — *Marie-Joseph*, b [8] 18 mars 1734; m [8] 23 mai 1757, à François PROU. — *Elisabeth-Reine*, b [8] 22 avril 1738.

1730, (14 mai) Cap-St-Ignace.

I.—OUABARD, JEAN-BTE, fils de Mathieu et de Marie Guardine (Anglais de nation).

BOYRY, Hélène, [JEAN I. b 1703.

1748, (29 avril) Cap-St-Ignace. [1]

II.—OUABARD (3), JOSEPH, [JOSEPH I. b 1726.

1° GRAVELLE, Marthe, [AUGUSTIN III b 1718; veuve de François Gendros (pour Gaudreau); s [1] 15 janvier 1752.

Marie-Geneviève, b [1] 8 février 1749. — *Marie-Marthe*, b [1] 25 oct. 1750.—*Anonyme*, b [1] et s [1] 11 janvier 1752.

1753, (19 février) St-Roch.

2° MORIN, Marie-Louise, [PIERRE-JOSEPH II. b 1735.

Marie-Charlotte, b [1] et s [1] 7 mars 1754.—*Marie-Hélène*, b [1] 23 mars 1755.—*Joseph-Placide*, b [1] 16 juillet 1756.—*Jean-Maurice*, b [1] 28 déc. 1757; s [1] 21 février 1758. — *Anonyme*, b [1] et s [1] 17 janvier 1759. — *Elie*, b [1] 13 janvier 1760; s [1] 19 août 1761.—*Jean-Baptiste*, b [1] 11 et s [1] 18 juillet 1762. —*Anonyme* et *Marie-Véronique*, b [1] 30 juillet 1763.

OUABART.—Voy. OUABARD.

OUABERT.—Voy. OUABARD.

OUABORD.—Voy. OUABARD.

1749, (17 février) Bout-de-l'Ile, M. [2]

I.—OUATIER, THOMAS, fils de Thomas et de Jeanne Agnier, du diocèse de Laon, Ile-de-France.

LALONDE, Marie-Joseph, [GUILLAUME II. b 1724.

Marie-Joseph, b [2] 3 janvier 1750.—*Pierre-Amable*, b [2] 9 juillet 1755.

(1) Et Ouabord dit Langlois; baptisé à 17 ans, le 12 déc. 1706, au Cap-St-Ignace.
(2) Elle épouse, le 5 oct. 1761, Louis Guyon, au Cap St-Ignace.
(3) Et Ouabert—Langlois, marié sous ce nom.

OUATTÉ.—*Variations et surnom :* HOUATTÉ—OUETTÉ—ST. GODARD.

1738, (9 sept.) Québec.

I.—OUATTÉ (1), PIERRE.
JEFFRAY (2), Catherine-Angélique. [THOMAS I.
Louis, b 1739 ; m 1771, à Marie CHARON ; s 24 janvier 1793, à St-Cuthbert [9] — *Josué*, b... m [9] 5 fevrier 1787, à Judith PROVOST. —*Jacques*, b... m [9] 12 oct. 1789, à Angelique BRULÉ.

1773.

OUATTÉ (3), JOSEPH-LOUIS.
HOUL, Marie-Thérèse.
Michel, b 19 août et s 11 oct. 1774, à St-Cuthbert. [9] — *Geneviève-Ursule*, b [9] 7 avril 1776 ; s [9] 21 mars 1777.

1771.

II.—OUATTÉ (4), LOUIS, [PIERRE I.
b 1739 ; s 24 janvier 1793, à St-Cuthbert. [5]
CHARON-DUCHARME (5), Marie.
Marie-Angélique, b [5] 8 fevrier 1772 ; m [5] 17 juin 1793, à François LAVENTURE. — *Louis* et *Marie-Anne*, b [5] 14 et s [5] 29 sept. 1775. — *Marie-Françoise*, b [5] 20 nov. 1776. — *Marie-Archange*, b [5] 24 mars 1778. — *Alexis*, b [5] 11 et s [5] 30 août 1779. — *Marie-Marguerite*, b [5] 3 fevrier 1781. — *Pierre*, b [5] 24 juillet 1782. — *Pierre*, b [5] 2 nov. 1783.—*Anonyme*, b [5] et s [5] 28 mai 1785.—*Joseph*, b [5] 6 sept. 1786. — *Anonyme*, b [5] et s [5] 21 fevrier 1788. — *Marie-Julie*, b [5] 23 août 1789 ; s [5] 6 sept. 1792.—*Augustin*, b [5] et s [5] 6 sept. 1792.

1787, (5 février) St-Cuthbert. [1]

II.—OUATTÉ (6), JOSUÉ. [PIERRE I.
PROVOST, Judith. [PIERRE IV.
Anonyme, b [1] et s [1] 29 février 1788.—*Joseph*, b [1] 17 fevrier et s [1] 17 avril 1789.—*Josué*, b [1] 22 déc. 1790 ; s [1] 12 mai 1793.—*Pierre*, b [1] 4 nov. 1792.—*Jean-Baptiste*, b [1] 7 nov. 1794.

1789, (12 oct.) St-Cuthbert. [2]

II.—OUATTÉ, JACQUES. [PIERRE I.
BRULE (7), Angélique. [ANTOINE II.
Antoine, b [2] 22 nov. et s [2] 4 déc. 1790.—*Marie-Marguerite*, b [2] 29 août 1792.

I.—OUDARD, VINCENT, b... s (noyé) 21 juin 1764, à St-Joseph, Beauce.

OUDIN.—*Variations et surnom :* AUDIN—HOUDIN—ODIN—LEFRANC.

(1) Dit St. Godard—Voy. Houatté, vol. IV, p. 515.
(2) Et Geoffroi.
(3) Et Ouetté dit St. Godard.
(4) Dit St. Godard—Houatté.
(5) Elle épouse, le 26 août 1793, Joseph Robillard, à St-Cuthbert.
(6) Dit St. Godard.
(7) Voy. Francœur, vol. IV, p. 101.

1704, (12 mai) Varennes.

I.—OUDIN (1), MAJOLE.
BOUSQUET, Marie, [JEAN I.
b 1684 ; s 15 mai 1740, à St-François, I. J. [3]
Marie-Jeanne, b [3] 13 et s [3] 21 mars 1708.—*François*, b [3] 27 mai 1709 ; s 19 mai 1722, à Montreal. [4] — *Jean-Baptiste*, b [3] 11 août 1710 ; m [3] 22 août 1740, à Jeanne PARANT.—*Toussaint*, b [3] 20 mai et s [4] 6 août 1714.

1740, (22 août) St-François, I. J.

II.—OUDIN, JEAN-BTE, [MAJOLE I.
b 1710.
PARANT, Jeanne, [ANTOINE II.
b 1716.
Marie-Françoise, b 20 oct. 1751, à Lachenaye.

1752, (7 fevrier) Québec. [5]

I.—OUDIN (2), JEAN, b 1729 ; fils de Pierre et d'Hélène Milliard, de St-Colomban, diocèse de Langres, Champagne.
1° LOISEL (3), Geneviève. [JACQUES II.
Jean-François, b [5] 9 mars 1752 ; s 19 avril 1760, à Lorette. [6] —*Jacques-Laurent*, b [5] 25 mars 1753 ; s [5] 10 sept. 1755.—*Louis*, b [5] 25 août 1754.—*Marie-Geneviève*, b [5] 21 sept. 1755 ; m 13 nov. 1780, à Charles LIBERÇAN, à Montreal. [7] — *Marie-Hélène*, b [6] 4 février 1757 ; s [6] 3 janvier 1758.—*Pierre-François*, b [6] 23 février 1758.—*Jacques-Charles*, b [6] 27 nov. 1759.—*Louis-Joseph*, b [6] 31 mars 1761.—*Marie-Véronique*, b [6] 3 mars 1763. —*Antoine*, b 20 oct. 1768, à la Longue-Pointe ; m 22 juillet 1793, à Marie-Joseph ANDRÉ, au Détroit.

1774 (16 mai). [7]

2° THIBAUDEAU, Helène, [PIERRE.
b 1749.

1793, (22 juillet) Detroit.

II.—OUDIN (4), ANTOINE, [JEAN I.
b 1768.
ANDRÉ, Marie-Joseph. [JACQUES I.

I.—OUDINEZ, PIERRE, b 1648 ; s 24 sept. 1708, à Montreal.

OUÉ.—Voy. HOC.

OUEL, JEAN,
b 1726 ; s 11 déc. 1756, à Québec. [2]
DESMARETZ, Marie-Joseph.
Marie-Joseph, b 1755 ; s [2] 12 sept. 1757.

OUELEM.—Voy. OUÏLEM.

OUELLET.—*Variations et surnoms :* HOELET—HOUALLET — HOUELET — OYLET — VOYER — AUCLAIR—CROCHET—LESPÉRANCE.

(1) Pour Audin, voy. vol. II, p. 78.
(2) Et Houdin dit Lefranc.
(3) Et Loyselle—Ouerel.
(4) Dit Lefranc ; marié sous le nom de Houdin.

1666, (8 mars) Québec. [1]

I.—OUELLET (1), René,
b 1635 ; s 15 janvier 1722, à Ste-Anne-de-la-Pocatière.
1° Rivet, Anne,
b 1642 ; s 7 avril 1675, au Château-Richer.
Joseph, b 1668 ; 1° m 12 fevrier 1691, à Françoise Lisot, à la Rivière-Ouelle [2]; 2° m 25 oct. 1700, à Reine Meneux, à Ste-Famille, I. O. [3] — *Mathurin-René*, b [3] 14 sept. 1669 ; m [2] 8 janvier 1691, à Angelique Lebel.—*Grégoire*, b [3] 7 oct. 1672 ; 1° m [2] 5 mars 1696, à Marie-Anne Lisot ; 2° m 1717, à Madeleine Dubé.

1679, (6 février). [1]

2° Mignot, Thérèse, [Jean I.
b 1651 ; veuve de Nicolas Lebel ; s 5 dec. 1728, à Kamouraska.
Sébastien, b [2] 2 juin 1685 ; m [2] 16 août 1707, à Madeleine Lizot ; s 15 janvier 1756, à St-Roch.

1691, (8 janvier) Rivière-Ouelle. [4]

II.—OUELLET (2), Mathurin-René, [René I.
b 1669.
Lebel, Angélique, [Nicolas I.
b 1672.
Augustin, b 1694 ; 1° m à Marie-Anne Autin ; 2° m 27 juillet 1732, à Catherine Soulard, à Ste-Anne-de-la-Pocatière [5] ; 3° m 18 avril 1735, à Marie-Anne Michaud, à Kamouraska [6] ; 4° m [6] 4 mars 1737, à Angelique Laplante de la Bourlière ; s [6] 23 mars 1778.—*François*, b... m 1727, à Marie-Anne Bouchard ; s [5] 3 janvier 1754.—*Jean-Baptiste*, b [4] 4 mars 1704 ; m à Catherine Lariou.—*Louis*, b... 1° m 13 avril 1733, à Marie-Joseph Casse-Lacasse, à Beaumont ; 2° m 19 nov. 1748, à Marie-Anne Quemleur, à Berthier.

1691, (12 fevrier) Rivière-Ouelle. [2]

II.—OUELLET (3), Joseph, [René I.
b 1668.
1° Lisot, Françoise, [Guillaume I.
b 1672 ; s [2] 20 oct. 1699.

1700, (25 oct.) Ste-Famille, I. O.

2° Meneux, Reine, [Jacques I.
b 1680.
Dorothée, b [2] 1er nov. 1701 ; m 1727, à Joseph Bouchard ; s 7 dec. 1743, à Ste-Anne-de-la-Pocatière. [5]—*Marie-Claire*, b [2] 23 avril 1703 ; 1° m [3] 12 mai 1734, à Joseph Hayot ; 2° m [3] 18 fevrier 1754, à Pierre Bourgela.—*Reine*, b [2] 8 déc. 1704 ; m [3] 24 nov. 1727, à Antoine Gagnon.—*Sébastien*, b [2] 29 août 1706 ; m 29 août 1741, à Marie-Françoise St. Pierre, à St-Roch ; s [3] 28 juillet 1766. —*Marie-Madeleine*, b [2] 4 juillet 1708 ; m [3] 20 juillet 1727, à Charles Miville.—*Geneviève*, b [2] 17 juillet 1714 ; m [3] 29 juillet 1736, à Jean Grondin ; s 3 mars 1761, à l'Hôpital-General, M.—*Joseph*, b [3] 26 sept. 1716 ; m [3] 8 oct. 1742, à Marie-Joseph Lisot. — *Françoise*, b [3] 21 août 1719 ; m à Claude Huguet-Latour. — *Jean-François*, b [3] 8 mai 1723.

---

(1) Voy. vol. I, p. 455.
(2) Voy. vol. I, pp. 455-456.
(3) Voy. vol. I, p. 456.

1696, (5 mars) Rivière-Ouelle. [5]

II.—OUELLET (1), Grégoire, [René I.
b 1672.
1° Lisot, Anne, [Guillaume I.
b 1676 ; s 8 février 1716, à Ste-Anne-de-la-Pocatière. [6]
Joseph, b [5] 28 janvier 1697 ; m 1722, à Madeleine Bouchard ; s [6] 20 nov. 1759. —*François*, b [5] 13 avril 1698 ; m [6] 11 nov. 1720, à Felicite Pinel ; s [6] 5 mai 1743.—*Sébastien*, b [5] 23 sept. 1703 ; m [6] 27 juillet 1733, à Marie-Anne Albert ; s [6] 31 janvier 1760.—*Bernard*, b 1705 ; m 20 janvier 1730, à Marie-Madeleine Jean, à l'Islet ; s [6] 3 janvier 1760.—*Jacques*, b [5] 26 mai 1709 ; 1° m 19 janvier 1739, à Marie-Joseph St. Pierre, à St-Roch [7] ; 2° m [7] 24 août 1750, à Marie-Charlotte Lebel.—*Marie-Joseph*, b [5] 17 avril 1712 ; m [6] 11 août 1739, à Etienne Grondin ; s [6] 20 janvier 1760.—*Madeleine*, b [5] 6 août 1714 ; s [6] 11 août 1733. — *Marie-Anne*, b... m à Jean-Baptiste Choret ; s 7 fevrier 1758, à Kamouraska. —*Jean*, b... m [6] 4 nov. 1745, à Thérèse Autin.

1717.

2° Dubé, Madeleine,
b 1671 ; s [5] 15 juin 1749.
Grégoire, b... 1° m [5] 16 août 1740, à Geneviève Bérubé ; 2° m [5] 22 nov. 1751, à Marie-Joseph Emond ; 3° m [5] 7 janvier 1765, à Rosalie Autin.

1707, (16 août) Rivière-Ouelle. [4]

II.—OUELLET, Sébastien, [René I
b 1685 ; s 15 janvier 1756, à St-Roch. [5]
Lisot, Madeleine, [Guillaume I.
b 1683 ; s 16 mars 1765, à Ste-Anne-de-la-Pocatière. [6]
Sébastien, b [4] 5 juillet 1708.—*Anonyme*, b [4] et s [4] 29 janvier 1710.—*Madeleine*, b [4] 30 mai 1711 m [5] 19 nov. 1742, à Jean Bouchard ; s [6] 1er avril 1748.—*Marie-Angélique*, b [4] 11 juin 1713 ; s [4] 4 dec. 1714.—*Joseph*, b [6] 3 mars 1715 ; m [5] 3 janvier 1744, à Marie-Reine St. Pierre. — *Philippe-Pierre*, b [6] 17 juillet 1719 ; m [5] 12 avril 1744, à Marie-Hélène Duval ; s [6] 14 oct. 1772.—*François-Thomas*, b [6] 21 dec. 1721 ; m [5] 9 janvier 1747, à Madeleine Pelletier.—*Jean-Baptiste*, b... 1° m [5] 22 sept. 1745, à Marie-Joseph Thiboutot ; 2° m [5] 23 avril 1759, à Françoise Soucy.

III.—OUELLET, Augustin, [Mathurin-René II
b 1694 ; s 23 mars 1778, à Kamouraska. [9]
1° Autin, Marie-Anne,
s [9] 29 avril 1732.
Marie-Joseph, b... m [9] 25 juin 1738, à Jacques Michaud.—*Jean*, b... m [9] 24 juillet 1747, à Marie-Joseph Tardif.—*Joseph*, b... m 17 février 1749, à Marie-Thècle Charon, à St-Michel.—*Augustin*, b... m 1751, à Geneviève Gauvin.—*Marie-Anne*, b [9] 11 mai 1729 ; m [9] 7 nov. 1752, à Charles Tardif.—*Marie-Louise*, b [9] 23 juillet 1731.

1732, (27 juillet) Ste-Anne-de-la-Pocatière.

2° Soulard, Catherine, [Jacques I.
s [9] 22 oct. 1734.
Anonyme, b [9] et s [9] 6 août 1733.

---

(1) Voy. vol. I, p. 456.

1735, (18 avril). [9]

3° Michaud, Marie-Anne. [Jean-Bte II
Marie-Catherine, b [9] 11 mars et s [9] 4 avril 1736

1737, (4 mars). [9]

4° De la Bourlière (1), Angelique, [Jean-Bte I
b 1702.

Marie-Angélique, b [9] 10 janvier 1738 ; 1° m [9] 12 janvier 1756, à Michel Laisné ; 2° m [9] 19 juillet 1779, à Augustin Miville.—*François-Germain*, b [9] 10 juillet 1739 ; m [9] 23 janvier 1763, à Marie-Françoise Miville ; s [9] 15 sept. 1778.—*Anonyme*, b [9] et s [9] 4 sept. 1740.—*Marie-Joseph*, b [9] 28 nov. 1741 ; 1° m [9] 7 sept. 1761, à Maurice St. Pierre ; 2° m [9] 19 février 1781, à Joseph St. Jorre.—*Catherine-Françoise*, b [9] 27 oct. 1743 ; 1° m [9] 13 juin 1761, à Joseph-Marie Phocas ; 2° m 18 avril 1785, à Antoine Bibaut, à St-Cuthbert.—*Joseph-Marie*, b [9] 19 janvier 1747.

1720, (11 nov.) Ste-Anne-de-la-Pocatière. [2]

III.—OUELLET, François, [Grégoire II.
b 1698 ; s [2] 5 mai 1743.
Pinel (2), Félicité, [François III.
b 1703.

Joseph-François, b [2] 30 août 1722 ; m 5 juin 1743, à Marie-Françoise Sirois, à la Rivière-Ouelle. [1]—*Jean-Baptiste*, b [2] 6 oct. 1727 ; 1° m [2] 7 janvier 1751, à Catherine Dupéré ; 2° m [2] 5 nov. 1770, à Marie-Geneviève Doucet ; 3° m [1] 2 mars 1778, à Marie-Angelique Gagnon.—*Marie-Joseph*, b [2] 24 oct. 1729 ; m [2] 15 janvier 1748, à Joseph Hudon. — *Sébastien*, b [2] 23 avril 1732 ; m [1] 14 janvier 1755, à Marie-Catherine Plourde.—*François*, b [2] 31 mai 1734 ; m 6 fevrier 1758, à Marie-Anne Hayot, à Kamouraska.—*Marie-Anne-Françoise*, b [2] 14 août 1736 ; m [2] 16 nov. 1750, à Bernard Hudon ; s [1] 24 mai 1766. — *André*, b [2] 28 avril 1739 ; m [1] 11 avril 1758, à Marie-Louise Gagnon. — *Marie-Françoise-Judith*, b [2] 22 oct. 1741 ; s [2] 28 août 1743.

1720, (25 nov.) Ste-Anne-de-la-Pocatière. [7]

III.—OUELLET, Jean-Bte. [Grégoire II.
Morin, Marie-Ursule, [Robert I.
b 1703.

Marie-Joseph, b [7] 3 sept. 1721 ; m [7] 10 janvier 1746, à Pierre Boucher.—*Marie-Angélique*, b [7] 8 fevrier 1723. — *Angélique*, b [7] 16 sept. 1724. — *Jean-Baptiste*, b 3 avril 1726, à Ste-Anne [8] ; m 3 mai 1751, à Marie-Charlotte Leclerc, à Charlesbourg. [9]—*Etienne*, b [8] 19 avril 1730 ; m [9] 14 avril 1760, à Marie-Geneviève Choret.—*Joseph*, b [7] 22 avril 1734.—*Marie-Louise*, b [7] 22 avril 1734 ; m [9] 2 août 1756, à Théodore Verret.

1722.

III.—OUELLET, Joseph, [Grégoire II.
b 1697 ; s 20 nov. 1759, à Ste-Anne-de-la-Pocatière. [1]
Bouchard, Madeleine. [François II.

Jean-François, b [1] 21 mars 1723 ; m [1] 29 juillet 1748, à Madeleine Mignot. — *Gabriel-Basile*, b [1] 11 sept. 1724 ; m 1758, à Veronique Mignot.—*Marie-Madeleine*, b [1] 24 janvier 1726 ; m [1] 22 fevrier 1745, à Jean-Baptiste Emond.—*Marie-Anne*, b [1] 6 oct. 1727 ; m [1] 19 nov. 1750, à Joseph Mignier. — *Joseph*, b... m [1] 5 juillet 1751, à Marie-Madeleine Fortin.—*Jean-Clément*, b [1] 11 janvier 1733 ; s [1] 12 juin 1734. — *Pierre*, b [1] 18 sept. 1734 ; m [1] 12 janvier 1762, à Marie-Charlotte Deschamps ; s [1] 19 mai 1767.—*Bernard*, b [1] 17 août 1736. — *Nicolas-Jean*, b [1] 8 oct. 1738. — *Marie-Joseph*, b [1] 12 juin 1740 ; s [1] 30 mars 1742.— *Marie-Charlotte*, b [1] 16 mai 1742 ; m [1] 8 nov. 1762, à François Richard. — *Antoine*, b [1] 5 sept. 1744. — *Marie-Geneviève*, b [1] 31 mars et s [1] 29 mai 1747.

(1) Laplante.

(2) Elle épouse, le 26 nov. 1744, Jean-François Ruellans, à Ste-Anne-de-la-Pocatière.

III.—OUELLET, Joseph, [Mathurin-René II.
b 1702 ; s 12 fevrier 1736, à Kamouraska. [7]
Michaud, Marie-Madeleine, [Pierre II.
b 1703 ; s [7] 20 oct. 1744.

Joseph, b 1725 ; m [7] 6 mai 1753, à Madeleine Tardif ; s [7] 26 février 1760.—*Etienne-Emmanuel*, b [7] 1er oct. 1727 ; m [7] 30 mai 1752, à Marie-Angélique Sirois.—*Marie-Louise*, b [7] 14 mars 1729 ; m [7] 25 oct. 1751, à Jean-Baptiste Paradis. — *François-Xavier*, b [7] 30 mai et s [7] 9 août 1730. —*Marie-Catherine*, b [7] 15 août 1731 ; m [7] 9 juillet 1753, à Joseph Hudon. — *Marie-Joseph*, b [7] 27 avril 1733 . m [7] 14 août 1752, à Alexandre Paradis. — *Marie-Madeleine*, b [7] 5 sept. 1734 ; 1° m 1er fevrier 1751, à Joseph Gagnon, à la Rivière-Ouelle [8] ; 2° m [8] 8 avril 1777, à Jean-François Dubé. — *Barthélemi*, b... m 1750, à Jeanne-Placide Tardif.— *Julien* (posthume), b [7] 26 février 1736.

1722.

III.—OUELLET, François, [Mathurin-René II.
s 3 janvier 1754, à Ste-Anne-de-la-Pocatière. [8]
Bouchard, Marie-Anne,
s 9 sept. 1760, à St-Vincent-de-Paul. [9]

Jean-François, b... 1° m 22 avril 1743, à Marie-Joseph Lorain, au Sault-au-Récollet [7] ; 2° m [9] 18 avril 1746, à Agnès Coron ; 3° m 1751, à Thérèse Baudoin.—*Joseph*, b 1723 ; m 7 février 1746, à Louise Rouleau, à St-Laurent, M.— *François-L'Ange*, b 1727 ; m [7] 5 nov. 1752, à Madeleine Rouleau.—*Jean-Baptiste*, b 29 mars 1728, à Kamouraska. [6] — *Gabriel*, b [6] 15 dec. 1729 ; m [9] 10 fevrier 1755, à Helène Boucher.—*Alexandre*, b [6] 4 mai 1732. — *Basile*, b [6] 22 juillet 1734 ; s 26 août 1743, à Montreal. — *Marie-Joseph*, b [6] 21 fevrier et s [6] 12 août 1737. — *Brigitte*, b [6] 5 nov. 1738 ; s [9] 24 août 1754. — *Antoine-Germain*, b [6] 28 nov. 1740 ; s [7] 28 mars 1742. — *Michel*, b [7] 12 juillet 1743.—*Charles*, b [9] 28 juin 1745.

1723, (24 nov.) Ste-Anne-de-la-Pocatière. [1]

III.—OUELLET, Joseph, [Joseph II.
b 1697.
Miville (1), Catherine, [Charles III.
b 1702.

Joseph, b... m 2 août 1745, à Marie-Louise Charron, à St-Roch. — *Jean-Roch*, b [1] 9 mars 1726.—*Catherine*, b... m à Pierre Aubin.

(1) Elle épouse, plus tard, Michel Morin.

OUELLET, Jean-Bte, b 1705 ; s 6 déc. 1780, à Kamouraska.

OUELLET, Joseph, b... s 29 juillet 1740, à Rimouski.

OUELLET, Jean.
Autin, Geneviève, [François I.
b 1704 ; veuve de Jean Miville ; s 28 déc. 1759, à Ste-Anne-de-la-Pocatière.

1730, (20 janvier) Islet.[2]
III.—OUELLET, Bernard, [Grégoire II.
b 1705 ; s 3 janvier 1760, à Ste-Anne-de-la-Pocatière.[3]
Jean (1), Marie-Madeleine, [Pierre II.
b 1707.
Simon-Bernard, b [2] 31 oct. et s [2] 16 nov. 1730. —*Marie-Ursule*, b [2] 4 nov. 1731 ; 1° m [3] 5 août 1748, à Joseph-Prisque Gagné ; 2° m [3] 24 nov. 1760, à Louis-Marie Morin.

1732, (5 juin) Kamouraska [9]
III —OUELLET, Alexis, [Mathurin-René II.
b 1708.
Moreau, Catherine, [Jean-Bte II.
b 1714 ; s [9] 9 juin 1757.
Jean-François, b [9] 15 mars 1733 ; m [9] 2 janvier 1755, à Anne Dumont ; s [9] 20 janvier 1781. — *Pierre-Joseph*, b [9] 20 fevrier 1735.—*Alexis*, b [9] 18 sept. 1736.—*Jean-Baptiste*, b [9] 9 mars 1739 ; m [9] 8 janvier 1759, à Madeleine Mignot.—*Michel*, b [9] 8 janvier 1741 ; m [9] 22 nov. 1762, à Madeleine Guenet.—*Louis*, b [9] 9 oct. 1742.—*Etienne*, b [9] 28 août 1744 ; m [9] 19 août 1765, à Dorothee Hayot. — *Marie-Catherine*, b [9] 3 mai 1746 ; m 18 avril 1774, à Pierre Miville, à la Rivière-Ouelle. — *Brigitte*, b [9] 10 mai 1748 ; m [9] 18 janvier 1776, à Catherine Paradis. — *Alexandre*, b [9] 21 mars 1753.

1733, (13 avril) Beaumont.[2]
III.—OUELLET, Louis. [Mathurin-René II.
1° Cassé (2), Marie-Joseph, [Joseph II.
b 1716 ; s 31 oct. 1747, à St-Michel.[3]
François-Louis, b [2] 4 déc. 1733.—*Marie-Louise*, b [2] 1er et s [2] 4 sept. 1735. — *Jean-Baptiste*, b [3] 23 sept. 1736. — *Marie*, b [3] 12 et s [3] 15 nov. 1737.— *Marie-Charlotte*, b [2] 28 janvier et s [2] 7 fevrier 1739.— *Louis*, b [3] 6 fevrier et s [3] 29 juillet 1742. —*Ambroise*, b [3] 27 oct. 1743.—*Marie-Joseph*, b [3] 13 juillet et s [3] 2 sept. 1746. — *Marie-Madeleine*, b [3] 25 oct. et s [3] 11 dec. 1747.
1748, (19 nov.) Berthier.
2° Quemleur (3), Marie-Anne, [Jean-Bte II.
b 1729.
Jean, b [3] 19 oct. 1749.—*Marie-Anne*, b [3] 29 avril 1751.—*Marie-Louise*, b [3] 1er oct. 1752. — *Louis*, b [3] 14 mai 1754.—*Marie-Agathe*, b 22 mars 1756, à St-Frs-du-Sud. — *Marie-Madeleine*, b 16 nov. 1757, à St-Antoine-de-Chambly. — *Pierre*, b 10 juin et s 28 août 1769, à la Longue-Pointe.

1733, (28 mai) Kamouraska.[9]
III.—OUELLET, André. [Mathurin-René II
Levasseur (1), Marguerite. [Pierre III.
Joseph, b [9] 29 juin et s [9] 12 juillet 1734.—*Geneviève*, b [9] 25 déc. 1736 ; s [9] (ébouillantee 14 mai 1743.— *Marie-Rose*, b [9] 2 mars 1739 m [9] 12 janvier 1767, à Jean-Baptiste Nadeau.— *Jean*, b [9] 15 janvier 1741 ; s [9] 8 sept. 1758.— *André*, b [9] 19 mars 1743 ; m [9] 5 août 1765, à Marie-Joseph Coté.—*Maurice*, b [9] 19 avril 1746, m [9] 23 sept. 1776, à Angelique Amond. — *Geneviève*, b [9] 10 nov. 1748 ; s [9] 10 fevrier 1774.— *Marguerite*, b... m [9] 7 janvier 1772, à Pierre Saindon. — *Isabelle*, b [9] 8 fevrier 1753 ; m [9] 12 avril 1779, à Alexandre Michau. — *Germain*, b 1756 ; s [9] 30 déc. 1773.

1733, (27 juillet) Ste-Anne-de-la-Pocatière.[8]
III.—OUELLET, Sébastien, [Grégoire II.
b 1703 ; s [8] 31 janvier 1760.
Albert, Marie-Anne, [Pierre I
b 1706.
Sébastien, b [8] 15 juin 1734 ; s [8] 8 juin 1750.— *Joseph*, b [8] 5 avril 1736 ; m [8] 30 juin 1766, à Marie Tibodeau.—*Marie-Joseph*, b [8] 9 avril 1738 —*Marie-Anne*, b [8] 9 juin 1740. — *Marie-Modeste*, b [8] 8 avril 1742 ; m [8] 2 février 1761, à Jean-Baptiste Fournier. — *Marie-Charlotte*, b [8] 26 juillet 1744.—*Marie-Geneviève*, b [8] 30 dec. 1746.—*Jean-Baptiste*, b [8] 24 et s [8] 30 juillot 1749.

III.—OUELLET, Jean-Bte, [Mathurin-René II
b 1704.
Lariou, Catherine.
Jean-Baptiste, b... m 5 août 1754, à Marie-Anne Charbonneau, à Verchères.

OUELLET, Jean.
Roy, Marie,
b 1715 ; s 4 juin 1773, à Kamouraska.

OUELLET, Jean, b 1716 ; s 7 mars 1760, à St Roch.

1735, (10 janvier) Kamouraska.[9]
III.—OUELLET, Jean, [Mathurin-René II
meunier.
Tardif, Marie-Geneviève. [Charles III
Marie-Louise, b [9] 19 nov. 1735 ; m [9] 8 janvier 1753, à Antoine Mignot. — *Jean-Baptiste*, b [9] 3 nov. 1737 ; m 7 janvier 1765, à Jeanne Patel, au Détroit. — *Marie-Angélique*, b [9] 28 mai 1739.— *Marie-Madeleine*, b [9] 1er janvier 1741. — *Joseph-Marie*, b [9] 14 et s [9] 25 oct. 1742.— *Charles-François*, b [9] 6 nov. 1743 ; m [9] 19 janvier 1768, à Rose Moreau. — *Marie-Anne*, b [9] 9 avril 1745 m [9] 23 août 1773, à Zacharie Normandin.—*Joseph-Marie*, b [9] 19 janvier 1747 ; m [9] 29 oct. 1770, à Marie-Geneviève Levasseur.— *Marie-Joseph*, b [9] 1er nov. 1748.—*Catherine*, b... m [9] 26 nov. 1770, à Charles Vaillancour.— *André*, b [9] 13 sept. 1752

---

(1) Elle épouse, le 19 sept. 1762, Jean-Baptiste Gagnon, à Ste-Anne-de-la-Pocatière.

(2) Et Lacasse.

(3) Mariée sous le nom de Laflamme.

(1) Elle épouse, le 12 janvier 1767, Jean-Baptiste Nadeau, à Kamouraska.

1739, (19 janvier) St-Roch. [8]
III.—OUELLET, JACQUES, [GRÉGOIRE II.
b 1709.
1° ST. PIERRE, Marie-Joseph, [PIERRE II.
b 1718; s [8] 2 avril 1749.
Pierre-Jacques, b [8] 8 déc. 1739; s [8] 8 janvier 1740. — *Marie-Joseph*, b [8] 20 nov. 1740; m [8] 2 février 1761, à Joseph BOUCHARD.— *Marie-Reine-Félicité*, b [8] 10 juillet 1743; s [8] 16 juillet 1744.—*Marie-Louise*, b [8] 9 mai et s [8] 3 juin 1745.—*Louis-Jérôme*, b [8] 24 avril et s [8] 21 mai 1746. — *Pierre*, b [8] 16 juillet 1747. — *Ferdinand*, b... m 9 nov. 1772, à Reine MORNEAU, à Ste-Anne-de-la-Pocatière.
1750, (24 août). [8]
2° LEBEL, Marie-Charlotte, [JOSEPH II.
b 1714.
Marie-Anne, b [8] 31 mai 1752.—*François-Marie*, b [8] 19 juin 1755.

1740, (16 août) Rivière-Ouelle [3]
III.—OUELLET, GRÉGOIRE. [GRÉGOIRE II.
1° BÉRUBÉ, Geneviève, [PIERRE II
b 1713; veuve de Pierre Saucier; s [3] 3 juin 1751.
Jean-Baptiste, b [3] 22 oct. 1741. — *Françoise-Judith*, b [3] 19 oct. 1743; m [3] 16 janvier 1769, à Jean-François SIMON. — *François*, b [3] 7 février 1746, m [3] 19 nov. 1770, à Marie-Angélique BOUCHER.—*Marie-Geneviève*, b [3] 14 nov. 1747. — *André*, b [3] 2 sept. 1749.
1751, (22 nov.) [3]
2° EMOND, Marie-Joseph, [PIERRE
s [3] 28 janvier 1760.
Marie-Madeleine, b 1752; m [3] 11 février 1771, à Charles-Felix BÉRUBÉ; s [3] 26 oct. 1785.—*Marie-Catherine*, b [3] 28 janvier 1753.—*Augustin*, b [3] 27 juin 1755; s [3] 27 février 1756. — *Marie-Joseph*, b [3] 19 déc. 1756; s [3] 10 nov. 1758. — *Noel-Grégoire*, b [3] 4 janvier 1760.
1765, (7 janvier). [3]
3° AUTIN, Rosalie, [JOSEPH II.
b 1732.

1741, (29 août) St-Roch. [8]
III.—OUELLET, SÉBASTIEN, [JOSEPH II.
b 1706; s 28 juillet 1766, à Ste-Anne-de-la-Pocatière. [9]
ST. PIERRE, Marie-Françoise, [PIERRE II.
b 1720.
Marie-Françoise, b [9] 6 et s [9] 12 août 1742.—*Sébastien*, b [9] 8 sept. 1743; m [9] 5 sept. 1768, à Geneviève DUMONT.—*Jean-Marie*, b [8] 9 avril 1746.—*Jean-Baptiste*, b [9] 30 juillet 1748.—*Françoise-Victoire*, b [8] 7 août 1750.—*Jean-Chrysostôme*, b [9] 18 sept. 1752.—*Henri-Benoît*, b [8] 28 juillet 1754.—*Marie-Madeleine*, b [8] 10 mars 1759.

1742, (8 oct.) Ste-Anne-de-la-Pocatière. [2]
III.—OUELLET, JOSEPH, [JOSEPH II.
b 1716.
LISOTTE, Marie-Joseph. [NICOLAS.
Joseph-Roch, b [2] 19 août 1743; m [2] 18 février 1765, à Marie-Joseph PELLETIER.—*Jean-François*, b [2] 4 avril 1745.—*Madeleine*, b [2] 2 juillet 1746; m [2] 20 janvier 1772, à Pierre MORNEAU.—*Brigitte-Marie-Joseph*, b [2] 16 juillet 1748; m [2] 7 nov. 1768, à Michel ST. PIERRE.—*Jean-Maurice*, b 8 février 1750, à St-Roch [3]; m 15 février 1773, à Louise-Joseph HUDON, à la Rivière-Ouelle.—*Marie-Anne*, b [3] 6 août 1751.—*André-Benoît*, b [3] 2 oct. 1754. —*Marie-Reine*, b [3] 19 mai 1757; s [3] 31 août 1758. —*Joseph-Marie*, b [3] 15 juillet 1760.—*Marie-Ange*, b [3] 14 juin 1762.—*Paul-Théodore*, b [5] 17 février 1764.

1743, (22 avril) Sault-au-Récollet. [4]
IV.—OUELLET, JEAN-FRANÇOIS. [FRANÇOIS III.
1° LORAIN, Marie-Joseph, [JOSEPH III.
b 1724; s [4] 16 mars 1744.
Marie-Joseph, b [4] 23 février et s [4] 20 mars 1744.
1746, (18 avril) St-Vincent-de-Paul. [5]
2° CORON, Agnès, [FRANÇOIS II.
b 1713; veuve de Charles Drapeau; s [5] 29 mars 1750.
Marie-Anne, b [5] 6 mars 1747; m [5] 27 juillet 1766, à Charles DRAPEAU.— *François-Amable*, b [5] 23 sept. 1748.—*Jean-Baptiste*, b [5] 18 mars 1750.
1751.
3° BAUDOIN, Thérèse.
Marie-Joseph, b [5] 20 mai 1752.—*Marie-Judith*, b 26 août et s 25 nov. 1757, à St-Antoine-de-Chambly. [6] — *Marie-Françoise*, b [6] 19 avril 1759.

1743, (5 juin) Rivière-Ouelle. [7]
IV.—OUELLET, JOSEPH-FRS, [FRANÇOIS III.
b 1722.
SIROIS, Marie-Françoise, [FRANÇOIS II.
b 1717.
Marie-Joseph, b 9 février 1745, à Ste-Anne-de-la-Pocatière [8]; m [8] 30 août 1763, à Joseph-François LÉVESQUE.—*Marie-Charlotte*, b [8] 29 nov. 1746. —*Françoise*, b [8] 24 déc. 1748; m [7] 14 février 1774, à André MARTIN.—*Marie-Françoise*, b [8] 10 juillet 1750; s [8] 23 déc. 1751.—*Louise-Françoise*, b [8] 8 mars et s [8] 29 août 1752.—*Marie-Catherine*, b [8] 2 sept. 1753.—*Joseph-François*, b [8] 12 juillet 1755.

I.—OUELLET, FRANÇOIS, de la paroisse de Ste-Anne, en Irlande.
CHALIFOUR, Marie.
Jean, b... m 11 février 1765, à Madeleine BOUCHER, à Kamouraska.

1744, (3 janvier) St-Roch. [2]
III.—OUELLET, JOSEPH, [SÉBASTIEN II.
b 1715.
ST. PIERRE, Marie-Reine. [PIERRE II.
Joseph-Marie, b [2] 24 et s [2] 31 janvier 1745.—*Jean-Baptiste*, b [2] 20 février et s [2] 6 mars 1746.—*Marie-Geneviève*, b [2] 22 janvier 1747; m 18 janvier 1768, à Jean-Baptiste DUBÉ, à Ste-Anne-de-la-Pocatière. [4]—*Marie-Reine*, b [2] 2 février 1749: s [2] 5 août 1751.—*Barthélemi*, b [2] 9 nov. 1750; s [2] 29 janvier 1751.—*Joseph*, b... m [4] 2 mars 1772, à Felicité EMOND.—*Charles-François*, b [2] 20 mars 1753.—*Marie-Reine*, b [2] 4 mars 1755.—*Jean-Noël*, b [2] 25 dec. 1756.—*Marie-Anne*, b [2] 6 dec. 1758.—*Augustin*, b [2] 7 oct. 1760.

1744, (12 avril) St-Roch. [4]

III.—OUELLET, Philippe-Pierre, [Sébastien II.
b 1719; s 14 oct. 1772, à Ste-Anne-de-la-Pocatière. [5]

Duval, Marie-Hélène, [François I.
b 1713.

Pierre, b [4] 22 juillet 1744; m [5] 17 février 1772, à Reine Caron.—*Charles-François,* b [5] 9 février 1746.—*Marie-Louise,* b [4] 15 et s [4] 24 oct. 1747.—*Marie-Charlotte,* b [4] 17 janvier 1749.—*Etienne,* b [4] 26 déc. 1750.—*Chrysostôme,* b [4] 26 janvier et s [4] 27 février 1752.—*Marie-Madeleine,* b [4] 11 février et s [4] 2 juin 1753.—*Marie-Angélique,* b [4] 2 nov. 1754; m 1777, à Ignace Bélanger.—*Marie-Geneviève,* b [4] 31 mai et s [4] 12 nov. 1756.

1745, (2 août) St-Roch. [4]

IV.—OUELLET, Joseph. [Joseph III.

Charron (1), Marie-Louise, [Jean-Bte II.
b 1716; veuve de Louis Dechaulnes; s [4] 12 mars 1750.

Joseph, b 28 août 1746, à Ste-Anne-de-la-Pocatière [5]; m [5] 26 nov. 1770, à Louise Miville.—*Michel-Romain,* b [5] 6 mars 1749.

1745, (22 sept.) St-Roch. [7]

III.—OUELLET, Jean-Bte. [Sébastien II

1° Thiboutot, Marie-Joseph, [Adrien II.
b 1721; s [7] 7 déc. 1758.

Jean-Marie, b [7] 18 et s [7] 21 sept. 1746.—*Marie-Joseph,* b [7] 1er oct. et s [7] 1er nov. 1747. — *Marie-Angélique,* b [7] 27 oct. et s [7] 8 déc. 1748.— *Sébastien,* b [7] 19 juin et s [7] 8 juillet 1750. — *Louis-Henri,* b [7] 28 août et s [7] 22 sept. 1752. — *Jean-Maurice,* b [7] 4 et s [7] 28 juin 1754.

1759, (23 avril). [7]

2° Soucy, Françoise, [Joseph III.
b 1732; veuve de Joseph Thiboutot; s [7] 17 août 1760.

1745, (4 nov.) Ste-Anne-de-la-Pocatière. [6]

III.—OUELLET, Jean. [Grégoire II.

Autin, Thérèse-Renée, [François I.
b 1699; veuve de Jean Dumont.

Marie-Catherine, b [6] 25 nov. 1746; m 27 juillet 1785, à François Tremblay, à la Rivière-Ouelle.

1746, (7 février) St-Laurent, M. [5]

IV.—OUELLET, Joseph, [François III.
b 1723.

Rouleau, Louise, [Louis II.
b 1728.

Joseph-Marie, b 28 janvier 1747, au Sault-au-Récollet. [5] — *Michel,* b [5] 29 et s [5] 30 mars 1749.—*Charlotte,* b [6] 3 février et s [6] 16 août 1757. — *Marie-Charlotte,* b [6] 7 déc. 1758.—*Gabriel,* b [6] 26 février 1759.—*Jean,* b [6] 5 nov. 1760.

1747, (9 janvier) St-Roch. [8]

III.—OUELLET, Frs-Thomas, [Sébastien II.
b 1721.

Pelletier, Madeleine, [Joseph IV.
b 1724.

(1) Aussi appelée Lefebvre, pour Charron dit Laferrière, 1770.

Joseph-François, b [8] 26 nov. 1747. — *Marie-Joseph,* b [8] 13 oct. 1749; s [8] 20 juin 1750.— *Jean-Baptiste,* b [8] 10 avril 1751; m 24 janvier 1780, à Marie-Judith Gagnon, à la Rivière-Ouelle.—*Joseph-Marie,* b [8] 29 août 1753. — *Michel,* b [8] 1er oct. 1755. — *Anselme* et *Madeleine,* b [8] 20 avril 1757.—*Marie-Geneviève,* b [8] 10 janvier 1760, m 15 février 1779, à Jean-Baptiste Gagnon.—*Marie-Félicité,* b [8] 20 janvier 1762. — *Timothée-Augustin,* b [8] 16 janvier 1764.

1747, (24 juillet) Kamouraska. [5]

IV.—OUELLET, Jean. [Augustin III

Tardif, Marie-Joseph. [Charles III.

Jean-Baptiste, b [5] 11 avril 1748.— *Marie,* b.. m [5] 8 oct. 1764, à Germain Cordeau.— *Marie-Geneviève,* b [5] et s [5] 11 déc. 1751.—*Marie-Marthe,* b [5] 15 sept. 1752.— *Marie,* b... m [5] 4 mai 1772, à Antoine Pelletier. — *Marie-Joseph,* b... m [5] 12 juillet 1773, à Augustin Laplante de la Bourlière.— *Marguerite-Apollone,* b [5] 4 janvier 1754. —*Charles-François,* b [5] 1er nov. 1754. — *Jean-Baptiste,* b [5] 31 août 1755; m [5] 26 sept. 1774, à Françoise Hudon.—*Alexandre,* b [5] 1er juillet 1758, m 19 janvier 1784, à Marie-Louise Perrault, à la Rivière-Ouelle.—*Joseph,* b... m [5] 8 février 1779, à Geneviève Laplante de la Bourlière.—*Jeanne,* b [5] 5 août 1760.—*Françoise,* b [5] 20 sept. 1761; s [5] 28 juin 1767.—*Toussaint,* b [5] 20 mars 1763.—*Philippe-Amable,* b [5] 6 mai 1764. — *Antoine,* b [5] 22 avril 1765.—*Marie-Geneviève,* b [5] 3 février 1766. — *Marie-Geneviève,* b [5] 28 juin 1768. — *Amable,* b [5] 18 juillet 1771.

1748, (29 juillet) Ste-Anne-de-la-Pocatière. [1]

IV.—OUELLET, Jean-François, [Joseph III
b 1723.

Mignot (1), Madeleine. [Charles II

François-Germain, b [1] 28 juillet 1749.—*Joseph-Clément,* b [1] 23 oct. 1750. — *Marie-Madeleine,* b [1] 24 août 1752; m [1] 18 nov. 1771, à Jean-Bernard Lagacé.—*Marie-Joseph,* b [1] 28 sept. 1754; m [1] 11 août 1779, à Jacques Bouchard, à l'Ile-aux-Coudres.

1749, (17 février) St-Michel.

IV.—OUELLET, Joseph. [Augustin III

Charron (2), Marie-Thècle, [Jean-Bte II
b 1725.

OUELLET, Joseph,
s 23 nov. 1759, à Ste-Anne-de-la-Pocatière.

Miville (3), Marie-Anne.

1750.

IV.—OUELLET, Barthélemi. [Joseph III

Tardif, Jeanne-Placide. [Charles III

Marie-Catherine, b 13 février 1752, à Kamouraska [9]; m [9] 8 avril 1777, à Benjamin Laplante de la Bourlière. — *Marie-Thècle,* b [9] 2 juin

(1) Dit Labrie—Brie.

(2) Dit Laferrière; elle épouse, le 21 nov. 1763, Jean-Mr Cutcho, à Kamouraska

(3) Elle épouse, le 6 oct. 1760, Etienne Grondin, à St-Roch.

1753.—*Angélique*, b... m [9] 21 nov. 1775, à Pierre Guéret.—*Barthélemi*, b [9] 18 mars 1755.—*Jean*, b [9] 3 avril 1756 ; s [9] 26 janvier 1757.—*Joseph-Marie*, b [9] 15 février 1758.—*Marie-Joseph*, b [9] 4 mars 1760.—*Marie-Rose*, b [9] 10 août 1762.—*Noël-Antoine*, b [9] 22 mai 1764.—*Anonyme*, b [9] et s [9] 14 août 1766.—*Marie-Judith*, b [9] 21 oct. 1767.—*François-Germain*, b [9] 26 février 1770.

—

1751, (7 janvier) Ste-Anne-de-la-Pocatière. [7]
IV.—OUELLET, Jean-Bte, [François III.
b 1727.
1° Dupéré, Catherine, [Charles II.
b 1733 ; s [7] 26 mars 1770.
Marie-Catherine, b [7] 17 déc. 1752 ; m [7] 13 janvier 1772, à Alexis-Barthelemi Gagnon.—*Marie-Geneviève*, b [7] 9 juillet 1754.—*Marie-Félicité*, b [7] et s [7] 10 déc. 1760.—*Marie-Charlotte*, b [7] 18 sept. 1762.
1770, (5 nov.) [7]
2° Doucet, Marie-Geneviève. [Paul I.
1778, (2 mars) Rivière-Ouelle.
3° Gagnon, Marie-Angélique, [Jean-Frs III.
b 1746.

—

1751, (3 mai) Charlesbourg. [2]
IV.—OUELLET, Jean-Bte, [Jean-Bte III.
b 1726.
Leclerc, Marie-Charlotte, [Adrien II.
b 1712 ; veuve de Jean-Baptiste Auclair.
Marie-Charlotte, b [2] 29 février et s [2] 22 avril 1752.—*Monique*, b [2] 23 janvier 1755.

—

1751, (5 juillet) Ste-Anne-de-la-Pocatière. [3]
IV—OUELLET, Joseph. [Joseph III.
Fortin, Madeleine, [Pierre II.
b 1710 ; veuve de Joseph Bouchard.
Joseph-Henri, b [3] 9 juin 1752, m 21 avril 1777, à Marie-Joseph Hurette-Rochefort, à St-Jean-Port-Joli.

—

1751.
IV—OUELLET, Augustin. [Augustin III.
Gauvin, Geneviève,
b 1726 ; s 26 sept. 1791, à St-Cuthbert. [8]
Augustin, b 24 juin 1752, à Kamouraska [9] ; s [9] 15 déc. 1757.—*François-Germain*, b [9] 17 février 1754.—*Jacques*, b [9] 7 mars 1756.—*Marie-Elisabeth*, b [9] 14 février et s [9] 3 août 1757.—*Marie-Geneviève*, b [9] 4 avril 1758.—*Augustin*, b [9] et s [9] 9 janvier 1759.—*André*, b [9] 4 sept. 1760 ; 1° m [8] 12 janvier 1789, à Marguerite Guignard ; 2° m [8] 31 mai 1790, à Angelique Brulé.—*Paschal*, b [9] 12 sept. 1762 ; s [9] 24 sept. 1766.—*Marie-Théotiste*, b [9] 13 avril 1764.—*Marie-Euphrosine*, b [9] 4 mars 1766 ; m [8] 21 juillet 1794, à Vital Rouleau.—*Marie-Joseph*, b [9] 27 déc. 1767 ; s [9] 15 février 1768.—*Marie-Angélique*, b 28 avril 1771, à l'Ile-Dupas ; m [8] 3 mai 1790, à Etienne Croisetière.

1752, (30 mai) Kamouraska. [6]
IV—OUELLET, Etien-Emmanuel, [Joseph III.
b 1727.
Sirois, Marie-Angélique, [François II.
b 1734 ; s [6] 19 janvier 1772.
Marie-Judith, b [6] 3 juin 1755. — *Julien*, b [6] 8 janvier 1757 ; m [6] 19 oct. 1778, à Marie-Catherine Asselin. — *Etienne*, b [6] 29 juin 1758. — *Marie-Ursule*, b [6] 15 sept. 1761. — *Marie-Geneviève*, b [6] 22 avril 1763. — *Benjamin*, b [6] 12 sept. 1764. — *Jean-Bénoni*, b [6] 12 mai 1766.—*Marie-Véronique*, b [6] 13 février 1768.—*Alexandre-Emmanuel*, b [6] 12 juin 1770.—*Marie-Joseph*, b [6] 17 et s [6] 19 janvier 1772.

—

1752, (5 nov.) Sault-au-Récollet.
IV.—OUELLET, Frs-L'Ange, [François III.
b 1727.
Rouleau, Madeleine, [Louis II.
b 1734.
Marie-Madeleine, b 28 sept. 1753, à St-Laurent, M. [8] — *Michel*, b [8] 20 et s [8] 25 août 1755.—*Jean-Ange*, b [8] 3 et s [8] 14 juillet 1757. — *Félicité*, b [8] 2 juillet 1761.—*Nicolas*, b [8] 25 sept. 1763.

—

OUELLET, François.
Caron, Marie-Reine,
b 1710 ; s 7 sept. 1782, à l'Islet. [6]
Basile, b [6] 11 février 1752.—*Marie-Joseph*, b... m [6] 19 avril 1773, à Louis Blanchet.

—

1753, (6 mai) Kamouraska. [1]
IV.—OUELLET, Joseph, [Joseph III.
b 1725 ; s [1] 26 février 1760.
Tardif (1), Madeleine, [Charles III.
b 1733 ; veuve de Jean-Baptiste Bechard.
Alexandre, b [1] 24 avril 1754 ; m 23 juillet 1781, à Angelique Bourassa, au Detroit. — *Marie-Joseph*, b [1] 26 juin 1758.

—

1754, (5 août) Verchères.
IV—OUELLET, Jean-Bte. [Jean-Bte III.
Charbonneau, Marie-Anne. [Jean III.

—

1755, (2 janvier) Kamouraska. [7]
IV.—OUELLET, Jean-Frs, [Alexis III.
b 1733 ; s [7] 20 janvier 1781.
Dumont, Anne, [Jacques II.
b 1734.
Joseph-Marie, b [7] 12 oct. 1755.—*Anonyme*, b [7] et s [7] 24 oct. 1758.—*Geneviève*, b [7] 7 février 1762. — *Marie-Anne*, b [7] 17 oct. 1763.—*Jean-François*, b [7] 2 février 1766. — *Louis*, b [7] 4 avril 1768. — *Alexandre*, b [7] 20 mai 1770. — *Pierre*, b [7] 28 oct. 1771.

—

1755, (14 janvier) Rivière-Ouelle.
IV.—OUELLET, Sébastien, [François III.
b 1732.
Plourde, Marie-Catherine, [Pierre II.
b 1737.
Pierre, né 10 oct. et b 11 nov. 1759, à Ste-Anne-de-la-Pocatière. [4] — *Marie-Catherine*, b [4] 3 mai 1761. — *Pierre-Sébastien*, b [4] 27 sept 1762.

(1) Elle épouse, le 10 nov. 1760, Jean Pelletier, à Kamouraska.

1755, (10 fevrier) St-Vincent-de-Paul.[2]
IV.—OUELLET, GABRIEL. [FRANÇOIS III.
BOUCHER, Marie-Hélène, [NOEL III.
b 1733.
Marie-Gabrielle, b [2] 2 février 1756.

1758, (6 février) Kamouraska.
IV.—OUELLET, FRANÇOIS, [FRANÇOIS III.
b 1734.
HAYOT, Marie-Anne, [ZACHARIE IV.
b 1733.
Anastasie, b... m 15 nov. 1779, à Germain LÉVESQUE, à St-Roch. — *François-Zacharie,* b 22 mai 1762, à Ste-Anne-de-la-Pocatière.

OUELLET, HUBERT.—Voy. VOYER.

1758, (11 avril) Rivière-Ouelle.[1]
IV.—OUELLET, ANDRÉ, [FRANÇOIS III.
b 1739.
GAGNON, Marie-Louise, [JEAN-BTE III.
b 1739.
Marie-Louise, b [1] 18 février 1759.—*André,* b [1] 23 déc. 1760.

1758.
IV.—OUELLET, GABRIEL-BASILE, [JOSEPH III.
b 1724.
MIGNOT, Veronique.
Basile, b... s 23 nov. 1759, à Ste-Anne-de-la-Pocatière.[2] — *Marie-Anne,* b [2] 25 juin 1760.— *Marie-Angélique,* b [2] 23 sept. 1762.

1759, (8 janvier) Kamouraska.[3]
IV.—OUELLET, JEAN-BTE, [ALEXIS III.
b 1739.
MIGNOT (1), Madeleine, [GUILLAUME II.
b 1743.
Marie-Madeleine, b [3] 19 oct. 1761.—*Marie-Anne,* b [3] 3 avril et s [3] 7 mai 1763.—*Jean-Baptiste,* b [3] 15 mai 1764.—*Marie-Joseph,* b [3] 4 sept. 1767.

1760, (14 avril) Charlesbourg [4]
IV.—OUELLET, ETIENNE, [JEAN-BTE III.
b 1730.
CHORET, Marie-Geneviève, [JACQUES III.
b 1727; veuve de Louis Leclerc.
Etienne, b [4] 9 juillet 1761; s [4] 21 août 1762.

1760, (7 juillet) St-Ours.
OUELLET, FRANÇOIS.
BRANCHAU, Geneviève.

1762, (12 janvier) Ste-Anne-de-la-Pocatière.[5]
IV.—OUELLET, PIERRE, [JOSEPH III.
b 1734; s [5] 19 mai 1767.
DESCHAMPS (2), Marie-Charlotte, [ANDRÉ I.
b 1744.

(1) Et Mignaud.
(2) Elle épouse, le 8 août 1768, Jean Sirois, à Ste-Anne-de-la-Pocatière.

1762, (22 nov.) Kamouraska.[7]
IV.—OUELLET, MICHEL, [ALEXIS III.
b 1741.
QUÉRET-DUMONT, Marguerite, [JACQUES II.
b 1736.
Michel, b [7] 6 sept. 1763.—*Louis,* b [7] 24 nov. 1765.—*Marguerite,* b [7] 14 oct. 1767.—*Amable,* b [7] 5 mai 1771.

1763, (23 janvier) Kamouraska.[8]
IV.—OUELLET, FRS-GERMAIN, [AUGUSTIN III.
b 1739; s [8] 15 sept. 1778.
MIVILLE (1), Marie-Françoise, [BERNARD IV.
b 1743.
Charles-François, b [8] 3 février 1764; s [8] 16 sept. 1765.—*François-Germain,* b [8] 8 nov. 1767 —*Marie-Angélique,* b [8] 21 oct. 1770.

1765, (7 janvier) Détroit.
IV.—OUELLET, JEAN-BTE, [JEAN III
b 1737.
PATEL, Jeanne. [JEAN-BTE I.

1765, (11 février) Kamouraska.
II.—OUELLET, JEAN. [FRANÇOIS I
BOUCHER, Madeleine, [JOSEPH IV
b 1729.

1765, (18 février) Ste-Anne-de-la-Pocatière
IV.—OUELLET, JOSEPH-ROCH, [JOSEPH III
b 1743.
PELLETIER, Marie-Joseph, [AUGUSTIN V
b 1741.

1765, (5 août) Kamouraska.[7]
IV.—OUELLET, ANDRÉ, [ANDRÉ III.
b 1743.
COTÉ, Marie-Joseph. [GABRIEL IV
André, b [7] 2 juin 1766.—*Marie-Joseph,* b [7] 28 mars 1768.—*Pierre,* b [7] 29 juin 1770.

1765, (19 août) Kamouraska.[8]
IV.—OUELLET (2), ETIENNE, [ALEXIS III
b 1744.
HAYOT, Dorothée, [GUILLAUME IV.
b 1739; s [8] 9 avril 1772.
Etienne, b [8] 3 juillet 1766.—*Michel,* b [8] 9 juin 1768.—*Marie-Joseph,* b [8] 23 juillet 1770.—*Joseph-Marie,* b [8] 28 mars 1772.

1766, (30 juin) Ste-Anne-de-la-Pocatière
IV.—OUELLET, JOSEPH, [SÉBASTIEN III
b 1736.
TIBODEAU, Marie, [PIERRE I
Acadienne.

OUELLET, JEAN-BTE.
TOUIN, Marie-Charlotte-Germaine.
Jean-Baptiste, b 22 mai 1767, à Repentigny[6] —*Marie-Agathe,* b [6] et s [6] 24 sept. 1769.—*Marie-Madeleine,* b [6] 8 fevrier 1771.—*Joseph-Marie,* b [6] 6 fevrier et s [6] 10 août 1773.

(1) Elle épouse, le 19 avril 1770, Jean-Baptiste Paradis, à Kamouraska.
(2) Dit Crochet, 1772.

1768, (19 janvier) Kamouraska.[1]
IV.—OUELLET, Charles-François, [Jean III.
b 1743.
Moreau, Marie-Rose, [Pierre-Joseph III.
b 1746.
François-Toussaint, b[1] 1er nov. 1769. — *Jean-Baptiste,* b[1] 2 nov. 1771.

1768, (5 sept.) Ste-Anne-de-la-Pocatière.
IV.—OUELLET, Sébastien, [Sébastien III.
b 1743.
Dumont, Marie-Geneviève. [Jean-Bte III.

1770, (29 oct.) Kamouraska.
IV.—OUELLET, Joseph-Marie, [Jean III.
b 1747.
Levasseur, Geneviève, [Jos.-Clément IV.
b 1745; veuve de Jacques Deschamps.

1770, (19 nov.) Rivière-Ouelle.
IV.—OUELLET, François, [Grégoire III.
b 1746.
Boucher, Marie-Angélique, [Pierre IV.
b 1744.

1770, (26 nov.) Ste-Anne-de-la-Pocatière.
V.—OUELLET, Joseph, [Joseph IV.
b 1746.
Miville, Louise, [Joseph IV.
b 1751.

1772, (17 février) Ste-Anne-de-la-Pocatière.
IV.—OUELLET, Pierre. [Philippe-Pierre III.
Caron, Reine, [Joseph IV.
b 1749.

1772, (2 mars) Ste-Anne-de-la-Pocatière.
IV.—OUELLET, Joseph. [Joseph III.
Emond, Félicite. [Jean.

OUELLET, Jean-Bte,
maître-menuisier.
Guibord, Geneviève, [Joachim.
s 18 oct. 1773, au Détroit.[4]
Jean-Baptiste, b 1773; s[4] 14 février 1774.

1772, (9 nov.) Ste-Anne-de-la-Pocatière.
IV.—OUELLET, Ferdinand. [Jacques III.
Morneau, Reine, [Jean-Frs IV.
b 1751.

1773, (15 février) Rivière-Ouelle.
IV.—OUELLET, Jean-Maurice, [Joseph III.
b 1750.
Hudon, Louise-Joseph, [Nicolas II.
b 1739; veuve de Pierre Plourde.

1774, (26 sept.) Kamouraska.
V.—OUELLET, Jean-Bte, [Jean IV.
b 1755.
Hudon, Marie-Françoise, [Jean-Bernard III.
b 1754.

1776, (23 sept.) Kamouraska.
IV.—OUELLET, Maurice, [André III.
b 1746.
Amond (1), Marie-Angélique. [Jean.
Julie, b 10 juin 1784, à l'Ile-Verte.[7] — *Marie-Charlotte,* b[7] 3 juin 1786.

1777, (21 avril) St-Jean-Port-Joli.
V.—OUELLET, Joseph-Henri, [Joseph IV.
b 1752.
Hubette-Rochefort, Marie-Joseph. [Joseph II.

1778, (19 oct.) Kamouraska.
V.—OUELLET, Julien, [Etienne-Emmanuel IV.
b 1757.
Asselin, Marie-Catherine, [Gabriel III.
b 1755.

1779, (8 février) Kamouraska.
V.—OUELLET, Joseph. [Jean IV.
De la Bourlière, Geneviève. [Jacques II.

1780, (24 janvier) Rivière-Ouelle.
IV.—OUELLET, Jean-Bte, [Frs-Thomas III.
b 1751.
Gagnon, Marie-Judith, [Jean-Bte III.
b 1757.

1781, (23 juillet) Détroit.[7]
V.—OUELLET, Alexandre, [Joseph IV.
b 1754.
Bourassa, Angélique, [René III.
b 1763.
Charlotte, b[7] 15 sept. 1782.

OUELLET, Alexis.
Ethier, Angélique.
Alexis, b 19 nov. 1781, à Lachenaye. —

1784, (19 janvier) Rivière-Ouelle.
V.—OUELLET, Alexandre, [Jean IV.
b 1758.
Perrault, Marie-Louise. [Etienne IV.

OUELLET, André.
........, Marie-Charlotte.
André, b 15 et s 18 dec. 1788, à l'Ile-Verte.

1789, (12 janvier) St-Cuthbert.[1]
V.—OUELLET, André, [Augustin IV.
b 1760.
1° Guignard, Marguerite, [Antoine.
veuve de ...... Dupuis; s[1] 4 juin 1789.
1790, (31 mai).[1]
2° Brulé, Angelique. [Joseph.
Marie-Angélique, b[1] 9 oct. 1791.—*Marie-Marguerite,* b[1] 8 janvier 1794.—*Marie-Geneviève,* b[1] 15 dec. 1795.

OUETTÉ.—Voy. Ouatté.

OUI.—Voy. Houy.

(1) Et Emond.

OUILEM.—*Variations et surnoms :* OUELEM—OUILÈME — OUILIAM — WILLIAM — AYIER — HAYET—THOMAS.

1715, (19 fevrier) Boucherville. [2]

I.—OUILEM (1), JOSEPH-THOMAS, b 1689 ; fils de Joseph et de Marguerite Longtin, de l'Ile-Jersey.
VÉRONNEAU (2), Angélique, [DENIS I.
b 1697.
Marie-Joseph, b [2] 18 mai 1717 ; m [2] 21 nov. 1740, à Laurent GAUTIER.—*Jean-Baptiste*, b [2] 26 août 1718 ; m [2] 15 juin 1744, à Marie-Geneviève LEFEBVRE.—*Angélique*, b... m [2] 23 nov. 1739, à Jean-Baptiste MEUNIER.—*Joseph*, b [2] 1er sept. 1720 ; m [2] 21 fevrier 1746, à Marguerite SÉGUIN.—*Marie*, b... m [2] 20 janvier 1749, à Louis BERTRAND.—*François*, b [2] 26 juillet 1725 ; m 25 oct. 1751, à Gertrude ROUGEAU, à Varennes.

1744, (15 juin) Boucherville.

II.—OUILEM (1), JEAN-BTE, [JOS.-THOMAS I.
b 1718.
LEFEBVRE (3), Marie-Geneviève. [NICOLAS III.
Joseph (posthume), b 31 mars 1754, à la Baie-du-Febvre ; m 12 juin 1775, à Thérèse PROVENCHER, à Nicolet [3] ; s [3] 16 nov. 1777.

1746, (21 février) Boucherville. [4]

II.—OUILEM, JOSEPH, [JOS.-THOMAS I.
b 1720.
SÉGUIN (4), Marguerite, [SIMON II.
b 1721.
François, b... m [4] 30 juillet 1770, à Desanges GAUTIER.—*Joseph*, b... m [4] 10 juin 1771, à Marie-Amable CHAUVIN.

1751, (25 oct.) Varennes.

II.—OUILEM, FRANÇOIS, [JOS.-THOMAS I.
b 1725.
ROUGEAU, Gertrude. [PIERRE II.
François, b 8 mars 1756, à Verchères.

I.—OUILEM (5), ...,
Ecossais.
CHARTIER, Marie-Joseph.
Marie-Joseph, b 17 nov. 1761, à Deschambault

I.—OUILEM (6), JOSEPH.
LAFONT, Angelique.
Louis-Joseph, b 28 fevrier et s 28 avril 1761, à St-Anne-de-la-Perade. [6] — *Marie-Jeanne*, b [6] 18 juin 1776.

1770, (30 juillet) Boucherville.

III.—OUILEM, FRANÇOIS. [JOSEPH II.
GAUTIER, Desanges. [PAUL-JOSEPH III.

(1) Dit Thomas.

(2) Elle épouse, le 3 août 1750, Pierre Gautier, à Boucherville.

(3) Et Descôteaux dit Courville ; elle épouse, le 4 nov. 1754, Jean-Baptiste Coltret, à Nicolet.

(4) Elle épouse, le 13 mai 1771, Adrien Senécal, à Boucherville.

(5) Et Ouiliam.

(6) Pour William—Ouiliam.

1771, (10 juin) Boucherville.

III.—OUILEM, JOSEPH. [JOSEPH II.
CHAUVIN, Marie-Amable. [JEAN III.

1775, (12 juin) Nicolet. [4]

III.—OUILEM (1), JOSEPH, [JEAN-BTE II.
b 1754 ; s [4] 16 nov. 1777.
PROVENCHER (2), Thérèse, [CHARLES III.
b 1755.
Marie-Thérèse, b... m [4] 31 juillet 1797, à Antoine RATIER.

OUILÈME.—Voy. OUILEM.

OUILIAM.—Voy. OUILEM.

OUIMET.—*Variations et surnoms :* HOUIMET—HOUYMET—LEMAY—OUINVILLE.

1660.

I.—OUIMET (3), JEAN,
b 1634 ; s 19 nov. 1687, à Ste-Famille, I. O. [1]
GAGNON, Renée, [JEAN I.
b 1643.
Marguerite, b [1] 15 janvier 1667 ; m [1] 16 nov. 1688, à François TURCOT ; s [1] 25 février 1743.—*Jacques*, b 30 août 1676, au Château-Richer ; s [1] 14 avril 1744. — *Jeanne*, b [1] 15 juin 1679 ; s [1] 8 mai 1716.

1693, (3 février) Ste-Famille, I. O. [8]

II.—OUIMET (3), LOUIS, [JEAN I.
b 1663.
GENEST, Marie-Anne, [JACQUES I.
b 1677 ; s 29 nov. 1743, à St-Jean, I. O. [9]
Jacques, b [8] 18 janvier 1694 ; m [8] 20 nov. 1752, à Marguerite FONTAINE ; s [8] 2 oct. 1760.—*Marie*, b [8] 9 sept. 1695 ; m [9] 27 nov. 1713, à Joseph MAUSEAU. — *Albert*, b [9] 31 janvier 1699 ; m 1726, à Elisabeth LEMARIÉ ; s 28 juin 1781, à Terrebonne. — *Thérèse-Catherine*, b [9] 19 nov. 1700, m 3 mai 1723, à Simon CHAMBERLAN, à Ste-Foye —*Joseph*, b [9] 30 avril 1704 ; m 15 février 1740, à Françoise FILION, à Lachenaye. — *Clotilde*, b [9] 5 août 1707 ; s [9] 2 oct. 1723. — *Marie-Anne*, b [9] 2 mars 1712 ; 1° m [9] 29 oct. 1735, à Charles-Henri MAHIER ; 2° m 27 juillet 1740, à Pierre SAJOT, à Québec.

II.—OUIMET, JACQUES, [JEAN I
b 1676 ; s 14 avril 1744, à Ste-Famille, I. O

1702, (22 nov.) St-François, I. O.

II.—OUIMET (4), JEAN, [JEAN I
b 1661 ; s 23 avril 1749, à St-Michel. [1]
1° JUIN, Marie-Joseph, [PIERRE I.
b 1676 ; s [1] 30 sept. 1704.
1705, (8 janvier) Beaumont. [2]
2° BISSONNET, Marie, [PIERRE I
b 1677 ; veuve de Joseph Forgues ; s [1] 6 avril 1754.

(1) Marié Thomas.

(2) Elle épouse, le 6 nov. 1780, Jacques Courtois, à Nicolet

(3) Voy. vol. I, p. 456.

(4) Et Houymet,

Madeleine, b [1] 14 mars 1706; s [1] 3 avril 1708. —*Gabriel*, b [2] 15 janvier 1709; m [1] 8 janvier 1731, à Marie-Anne MORISSET; s [1] 1er mars 1745. —*Jean*, b [2] 26 juin 1712.

1717.

II.—OUIMET (1), PIERRE, [JEAN I.
b 1683.
BRAULT-POMINVILLE, Marguerite, [HENRI I.
b 1697.
Louis, b 4 oct. 1717, à Ste-Anne; m 16 oct 1741, à Marie-Catherine FORTIN, au Sault-au-Recollet. [2]— *Marie-Joseph*, b 4 et s 9 juin 1721, à Montreal. [3] — *Joseph*, b [3] 5 oct. 1722. — *Pierre*, b 1723; m [3] 28 oct. 1748, à Marie GIRARD.— *Jacques*, b 1725; m 10 février 1755, à Marie-Joseph SYRE, à St-Vincent-de-Paul [4]; s [4] 21 sept. 1756. — *Marie-Louise*, b 1727; 1° m [3] 19 fevrier 1748, à François LUNEGAND; 2° m 14 août 1763, à Jean BESSE, à Longueuil. [5]—*Jean*, b... m [4] 16 juin 1749, à Marie SYRE. — *François*, b... m 12 fevrier 1752, à Marie-Gabrielle GRATON, à Terrebonne.—*Ignace*, b... m [5] 18 février 1754, à Marie-Amable PIÉDALU.—*Marie-Joseph*, b 1734; m [3] 22 avril 1754, à Jacques BERNARD. — *Jean-Cyprien*, b [2] 29 sept. 1736; m [4] 13 février 1764, à Marie-Joseph SYRE.—*Michel*, b [2] 9 juillet 1738; 1° m à Marie SENÉCAL; 2° m [3] 7 janvier 1772, à Marthe GOSSELIN.

1726.

III.—OUIMET, ALBERT, [LOUIS II.
b 1699; s 28 juin 1781, à Terrebonne. [1]
LEMARIÉ, Elisabeth,
b 1706; s [1] 9 juillet 1778.
Louis, b [1] 5 dec. 1727; 1° m 10 fevrier 1755, à Marie-Anne MAISONNEUVE, à Ste-Rose [2]; 2° m à Louise DESJARDINS. — *Elisabeth*, b [1] 1er sept. 1730; m [2] 3 août 1750, à François MAROIS.— *Albert*, b [1] 6 mars 1732; 1° m [1] 26 janvier 1761, à Marie-Angélique BRIÈRE; 2° m [1] 23 février 1767, à Pelagie FILION.—*Joseph*, b [1] 4 oct. 1733, m [1] 30 mai 1774, à Madeleine DUMAIS. — *Marie-Joseph*, b [1] 2 mars 1735; m [1] 16 fevrier 1756, à Jean-Charles ROTUREAU. — *Jean-Baptiste*, b [1] 6 août 1736; s [1] 10 avril 1760. — *Marie-Louise*, b [1] 14 avril 1738; m [1] 15 février 1779, à Thomas VARRI. — *Marie-Marguerite*, b [1] 19 fevrier 1741 m [1] 26 fevrier 1759, à Pierre ROTUREAU; s [1] 17 sept. 1770 — *Marie-Rose*, b [1] 23 sept. 1742; m [1] 6 fevrier 1764, à Augustin LORIOT.—*Marie-Françoise*, b [1] 4 et s [1] 6 sept. 1744.—*François-Xavier*, b [1] 7 et s [1] 23 sept. 1745. — *Marie-Charlotte*, b [1] 25 juin 1747. — *Marie-Amable*, b [1] 5 et s [1] 17 juillet 1749.

1731, (8 janvier) St-Michel. [2]

III.—OUIMET, GABRIEL, [JEAN II.
b 1709; s [2] 1er mars 1745.
MORISSET (2), Marie-Anne, [NICOLAS II.
b 1712.
Marie-Madeleine, b 15 avril 1732, à St-Valier [3]; s [3] 12 oct. 1733.—*Gabriel*, b [3] 4 juin et s [3] 12 oct 1733.—*Michel-Charles*, b [2] 28 sept. 1735; m [2] 18 nov. 1765, à Marguerite TANGUAY. —*Marie-Anne*, b [2] 9 mai 1737; m [2] 10 oct. 1757, à Joseph LACROIX. — *Marie-Joseph*, b [2] 1er février 1739; s [2] 7 mai 1756.—*Marie-Elisabeth*, b [2] 18 juillet et s [2] 2 août 1740. — *Marie-Louise*, b [2] 16 août 1741; s [2] 6 mai 1757.—*Agathe*, b [2] 16 mai 1744.

1740, (15 févrieг) Lachenaye.

III.—OUIMET, JOSEPH, [LOUIS II.
b 1704.
FILION, Françoise, [ANTOINE II.
b 1715; s 20 août 1780, à Terrebonne. [1]
Joseph, b [1] 19 mars 1741.—*Louis*, b [1] 3 oct. 1742; s [1] 26 août 1747.—*Marie-Monique*, b [1] 22 avril 1744.—*François*, b [1] 29 août 1745; m [1] 28 juin 1779, à Marie-Louise MARION.—*Marie-Angélique*, b [1] 19 fevrier 1747.—*Pierre*, b [1] 20 sept. 1748; m [1] 5 février 1781, à Marie-Archange JOLY. —*Thérèse*, b 12 oct. 1750, à Ste-Rose [2]; 1° m [1] 15 oct. 1770, à Antoine LABELLE; 2° m [1] 24 avril 1775, à Pierre LIMOGES.—*Jacques*, b [1] 6 mai 1753. —*Marie-Rose*, b [1] 12 mars 1755.—*Reine*, b [2] 24 oct. 1756; m [1] 10 févrıer 1777, à Toussaint SARAZIN.—*Agathe*, b [2] 22 oct. 1758.

1741, (16 oct.) Sault-au-Récollet. [3]

III.—OUIMET (1), LOUIS, [PIERRE II.
b 1717.
FORTIN, Marie-Catherine. [CHARLES II.
Pierre, b [3] 23 juillet 1743.—*Jean-Louis*, b [3] 12 mai 1746.—*Marie-Catherine*, b [3] 16 juin 1748.

1748, (28 oct.) Montréal. [4]

III.—OUIMET, PIERRE, [PIERRE II.
b 1723.
GIRARD, Marie, [FRANÇOIS III.
b 1730.
Marie-Angélique, b [4] 22 sept. 1749.—*Pierre*, b [4] 10 oct. 1750.

1749, (16 juin) St-Vincent-de-Paul. [5]

III —OUIMET, JEAN. [PIERRE II.
SYRE, Marie. [MICHEL II.
Marie-Françoise, b [5] 22 février 1751; s [5] 29 sept. 1752.—*Marie-Joseph*, b [5] 23 février 1753.— *Marie-Cécile*, b [5] 6 sept. 1754; s [5] 4 sept. 1755.— *Marie-Angélique*, b [5] 17 fevrier 1764.

OUIMET, JEAN.
RENAUD, Marie.
Marie-Joseph, b 25 et s 26 janvier 1750, à St-Vincent-de-Paul.

1752, (12 fevrier) Terrebonne. [7]

III.—OUIMET, FRANÇOIS. [PIERRE II.
GRATON, Marie-Gabrielle, [JOSEPH III.
b 1731.
Euphrosine, b 27 déc. 1752, à Ste-Rose [8]; m [7] 9 août 1773, à Augustin MATTE.—*Marie-Gabrielle*, b [7] 29 juin 1754.—*Marie*, b... m [7] 5 fevrier 1776, à François DESJARDINS.—*François*, b [8] 11 janvier 1756.—*Marie-Angélique*, b [8] 7 sept. et s [8] 24 déc. 1757.—*Angélique*, b... m [7] 14 juillet 1777, à

(1) Et Houimet.

(2) Elle épouse, le 22 nov. 1746, Joseph Patry, à St-Michel.

(1) Et Houimet.

Joseph FILIATREAU.—*Suzanne*, b [8] 16 oct. 1759. —*Marie-Flavie*, b... m [7] 5 nov. 1781, à Alexandre-Laurent SANCHE.—*Louis*, b [7] 9 mai 1767.

1752, (20 nov.) St-Jean, I. O. [2]
III.—OUIMET, JACQUES, [LOUIS II.
b 1694 ; s [2] 2 oct. 1760.
FONTAINE, Marguerite, [ETIENNE I.
b 1693 ; veuve de Pierre Lepage.

1754, (18 février) Longueuil. [7]
III.—OUIMET, IGNACE. [PIERRE II.
PIÉDALU, Marie-Amable, [JULIEN I.
b 1735.
Adrien, b [7] 15 nov. 1754.— *Ignace*, b [7] 21 mars et s [7] 1er oct. 1756. — *Ignace*, b [7] 18 oct. 1758.— *François*, b [7] 17 nov. et s [7] 4 déc. 1759.

1755, (10 fevrier) St-Vincent-de-Paul. [8]
III.—OUIMET, JACQUES, [PIERRE II.
b 1725 ; s [8] 21 sept. 1756.
SYRE (1), Marie-Joseph. [MICHEL II.
Jacques, b [8] 31 oct. et s [8] 15 nov. 1755. — *Jacques* (posthume), b [8] 2 janvier 1757.

1755, (10 fevrier) Ste-Rose. [9]
IV.—OUIMET, LOUIS, [ALBERT III.
b 1727.
1° MAISONNEUVE, Marie-Anne.
Marie-Louise, b [9] 20 oct. 1756.—*Marie-Joseph*, b [9] 19 nov. 1757.
2° DESJARDINS, Louise.
b 1735 ; s 25 mars 1799, à Ste-Thérèse. [8]
Louis, b [9] 26 déc. 1758.—*Albert*, b 18 oct. 1761, à Terrebonne. — *Marie-Barbe*, b 7 mai 1765, à Lachenaye.—*Marie-Joseph*, b... m [8] 23 oct. 1797, à Pierre LABELLE.

1761, (26 janvier) Terrebonne. [5]
IV.—OUIMET, ALBERT (2). [ALBERT III.
1° BRIÈRE, Marie-Angélique, [JACQUES III.
b 1736.
Albert, b [5] 9 janvier 1766. — *Amable*, b... m 9 janvier 1804, à Marie-Anne DEGERLAIS, à Florissant, Mo.
1767, (23 février). [5]
2° FILION (3), Pélagie, [ANTOINE III.
b 1747 ; s [5] 4 août 1780.
Marie-Pélagie, b [5] 24 janvier 1769 ; s [5] (noyée) 4 août 1780.

1764, (13 février) St-Vincent-de-Paul.
III.—OUIMET, JEAN-CYPRIEN, [PIERRE II.
b 1736.
SYRE, Marie-Joseph, [JEAN III.
b 1743.
Jean, b... 1° m 3 mars 1783, à Marguerite BÉLANGER, à Ste-Rose [1] ; 2° m [1] 21 oct. 1799, à Marie BEAUTRON-MAJOR.

(1) Elle épouse, le 18 février 1760, Pierre Chartran, à St-Vincent-de-Paul.
(2) Aussi appelé Louis-Joseph.
(3) Voulant sauver sa fille elle se noye avec elle.

1765, (18 nov.) St-Michel.
IV.—OUIMET, MICHEL-CHARLES, [GABRIEL III.
b 1735.
TANGUAY, Marguerite, [RENÉ II.
b 1742.
Gabriel, b... m 8 nov. 1796, à Marie-Madeleine THOMAS, à Québec.

III.—OUIMET, MICHEL, [PIERRE II.
b 1738.
1° SENÉCAL, Marie.
1772, (7 janvier) Montréal.
2° GOSSELIN, Marthe-Amable, [GABRIEL III.
b 1742.

1774, (30 mai) Terrebonne. [2]
IV.—OUIMET, JOSEPH, [ALBERT III.
b 1733.
DUMAIS (1), Madeleine, [PIERRE I.
b 1748 ; s [2] 19 juillet 1780.

1779, (28 juin) Terrebonne.
IV.—OUIMET (2), FRANÇOIS, [JOSEPH III.
b 1745.
MARION, Marie-Louise. [PIERRE III.
Marie-Louise, b 3 oct. 1782, à Lachenaye. [7] — *Joseph*, b [7] 1er juin 1783.

1781, (5 février) Terrebonne.
IV.—OUIMET, PIERRE, [JOSEPH III.
b 1748.
JOLY, Marie-Archange, [JEAN-BTE V.
b 1760.
Pierre, b... m 12 nov. 1804, à Marie MATHIEU, à Ste-Thérèse.

OUIMET, PIERRE.
PAQUET, Charlotte.
Michel, b 13 mars 1783, à Ste-Rose.

OUIMET, LOUIS.
DUCAS, Marie-Marguerite.
Louis, b 1er avril 1783, à Ste-Rose.

1783, (3 mars) Ste-Rose. [2]
IV.—OUIMET, JEAN. [JEAN-CYPRIEN III.
1° BÉLANGER, Marguerite. [CHARLES IV.
1799, (21 oct.) [2]
2° BEAUTRON, Marie, [JEAN-BTE III.
b 1779.
Gédéon (3), b [2] 3 juin 1823 ; m 13 août 1850, à Jeanne PELLANT, à Montréal.

OUIMET, FRANÇOIS.
MAISONNEUVE, Thérèse.
Thérèse, b 1er mars 1785, à Lachenaye.

1796, (8 nov.) Québec.
V.—OUIMET, GABRIEL. [MICHEL IV.
THOMAS, Marie-Madeleine. [JEAN-BTE V.

(1) Voy. Dumay.
(2) Houimet en 1782.
(3) Il est le 26me enfant.

1804, (9 janvier) Florissant, Mo.[2]

V.—OUIMET (1), AMABLE. [ALBERT-JOSEPH IV.
DEGERLAIS (2), Marie-Amable, [CHARLES.
veuve d'Alexis Cadot.
Angélique, b... m [2] 20 août 1821, à Michel CRÉLY.

1804, (12 nov.) Ste-Thérèse.

V.—OUIMET, PIERRE. [PIERRE IV.
MATHIEU, Marie, [JEAN-BTE IV.
b 1782.

1850, (13 août) Montréal.

V.—OUIMET (3), GÉDÉON, [JEAN IV.
b 1823.
PELLANT, Jeanne, fille d'Alexis et d'Elisabeth Lyonnais.

I.—OUIST, PIERRE, b 1709; s 24 nov. 1749, à St-Thomas.

OULE.—Voy. HOUDE.

I.—OURSON (4), JACQUES, b 1695; boulanger; du diocèse de Tours, Touraine; s 9 fevrier 1740, à Montréal.

I.—OURSOUBISE, JEAN,
b 1674.
FROIDPIED, Marie,
b 1677.

I.—OUTARIMANOUK8E, JEANNE, b 1590; Abénaquise; s 12 mars 1690, à St-Frs-du-Lac.

OUTLAN.—*Variations :* HOUTELAS — OUTLAS— WHITTLE.

1692, (10 oct.) Québec.[2]

I—OUTLAN (5), JEAN,
capitaine de navire.
DENIS (6), Françoise, [SIMON I.
b 1666.
Joseph, b [2] 11 juillet 1697; 1° m 25 juillet 1729, à Marie-Anne BOUCHER, à Montreal; 2° m [2] 27 oct. 1744, à Catherine LEGARDEUR; s 28 avril 1777, à Boucherville.

1729, (25 juillet) Montréal.

II.—OUTLAN (7), JOSEPH, [JEAN I.
b 1697; negociant; s 28 avril 1777, à Boucherville.[2]
1° BOUCHER, Marie-Anne, [RENÉ-JEAN III.
b 1708.
Françoise, b [2] 1er juin 1730; m à Antoine DROUET. — *Joseph-René*, b [2] 17 dec. 1731; s [2] 19 février 1737. — *Charlotte-Amable*, b [2] 22 avril et s [2] 1er mai 1733.—*Jean-Baptiste*, b [2] 16 juillet 1734; m [2] 8 nov. 1767, à Françoise BOUCHER.—*Etienne*, b [2] 8 sept. et s [2] 12 oct. 1736.

1744, (27 oct.) Québec.

2° LEGARDEUR (1), Catherine. [CHARLES IV.
René-Charles, b [2] 3 et s [2] 12 juin 1746. —*François-Xavier*, b [2] 22 août et s [2] 24 sept. 1749 — *Charlotte*, b [2] 13 et s [2] 24 août 1750.—*Françoise-Renelle*, b [2] 22 sept. 1751; s [2] 24 janvier 1752.—*Marie*, b [2] 9 mars 1753.

1767, (8 nov.) Boucherville.

III.—OUTLAN (2), JEAN-BTE, [JOSEPH II.
b 1734; officier.
BOUCHER (3), Françoise, [PIERRE IV.
b 1734.

OUTLAS.—Voy. OUTLAN.

OUVRARD.—*Variation et surnoms :* AUVRAY— LAPERRIÈRE—ST. LAURENT.

I.—OUVRARD (4), CHARLES, b 1680; natif de Château-Gontier, Anjou; s 23 oct. 1750, à Montréal.

1688, (1er mars) Château-Richer.

I.—OUVRARD (5), LOUIS,
s 30 déc. 1690, à la Pte-aux-Trembles, Q.
QUENTIN (6), Anne, [NICOLAS I.
b 1665; veuve de Louis De la Marre.
Antoine, b 1689; 1° m 30 janvier 1713, à Angelique VÉSINA, à L'Ange-Gardien; 2° m 19 juillet 1751, à Marguerite MEUNIER, à Lorette.—*Paule-Marguerite* (posthume), b 30 mai et s 8 août 1691, à Québec.

1713, (30 janvier) L'Ange-Gardien.[1]

II.—OUVRARD (7), ANTOINE, [LOUIS I.
b 1689.
1° VÉSINA, Angélique, [FRANÇOIS II.
b 1692; s 26 dec. 1747, à Lorette.[2]
Marie-Angélique, b [2] 7 et s [2] 20 janvier 1714.—*Marie*, b [2] 17 janvier 1715. — *Marie-Félicité*, b [2] 12 mars 1717; s [2] 15 juin 1733.—*Joseph-Antoine*, b [2] 19 mars 1719; m [2] 3 février 1749, à Angélique MEUNIER. — *Louis*, b [1] 16 sept. 1720; m [2] 19 février 1748, à Elisabeth RIOPEL. — *Angélique*, b... m [2] 14 janvier 1743, à Joseph GAUVIN. — *Elisabeth*, b... m [2] 14 oct. 1748, à Ignace GAUVIN.—*François*, b [2] 4 avril 1727; m 1752, à Marie-Joseph BUSSIÈRE; s 21 nov. 1789, à St-Augustin.[3] —*Pierre*, b [2] 9 mai 1729; m 1753, à Marie-Pelagie TRUDEL.—*Barbe*, b [2] 15 dec. 1731; 1° m [2] 11 janvier 1751, à Pierre BUSSIÈRE; 2° m [3] 28 avril

(1) Et Wemet.
(2) Elle épouse, le 14 février 1807, Jean-Baptiste Desrosiers, à Florissant, Mo.
(3) Procureur-Général, 1868; actuellement (1889) Surintendant de l'instruction publique.
(4) Brûlé dans la boulangerie du séminaire St-Sulpice.
(5) Voy. vol. I, p. 456.
(6) Elle épouse, le 17 juillet 1698, Noël Chartrain, à Québec.
(7) Et Outlas—Whittle.

(1) De Croisille.
(2) Marié Houtelas.
(3) De Boucherville; elle épouse, le 13 février 1775, Gordien Daillebout, à Boucherville.
(4) Dit St. Laurent.
(5) Dit Laperrière; voy. vol. I, pp. 347, 456 et 457.
(6) Elle épouse, le 11 février 1697, Nicolas Bosché, à L'Ange-Gardien.
(7) Dit Laperrière.

1755, à Prisque Marois. — *Madeleine*, b... m [2] 14 avril 1755, à Joseph-Marie Tardif.—*Jacques*, b [2] 9 mai 1735; m [2] 30 janvier 1758, à Catherine Drolet.

1751, (19 juillet). [2]

2° Meunier, Marguerite, [Mathurin II. veuve de Jean-Baptiste Robitaille.

1748, (19 février) Lorette. [2]

III.—OUVRARD, Louis, [Antoine II. b 1720.

Riopel, Elisabeth. [Nicolas II.

Marie-Madeleine, b 12 juillet 1755, à St-Augustin.—*Jean-Baptiste*, b [2] 23 février 1761.—*Marie-Anne*, b [2] 25 août 1763.

1749, (3 fevrier) Lorette. [1]

III.—OUVRARD (1), Jos.-Antoine, [Antoine II. b 1719.

Meunier, Angélique, [Joseph III. b 1726.

Angélique, b 30 déc. 1749, à Ste-Foye ; m 16 nov. 1789, à Nicolas Jobin, à St-Augustin. [2] — *Joseph*, b [1] 16 déc. 1750. — *Pierre*, b... m [2] 29 sept. 1783, à Marie-Anne Drolet.—*François*, b [2] 3 fevrier 1755. — *Marie-Marguerite*, b... s [2] 11 août 1758. — *Thérèse*, b [2] et s [2] 5 oct. 1758. — *Marie-Charlotte*, b [2] 4 février 1762.—*Marie*, b... m [2] 29 sept. 1783, à Joseph Drolet.—*Barbe*, b... m [2] 23 janvier 1792, à Augustin Maret. — *Ambroise*, b... m [2] 2 fevrier 1795, à Marie-Anne Jobin. — *Marie-Joseph*, b... m [2] 10 août 1795, à Charles Maret.

1752.

III.—OUVRARD (1), François, [Antoine II. b 1727; s (de mort subite) 21 nov. 1789, à St-Augustin. [1]

Bussière, Marie-Joseph.

Jacques, b 1753; s [1] 30 nov. 1755.—*Louis-Gervais*, b [1] 19 juin et s [1] 18 août 1755. — *Marie-Joseph*, b [1] 11 mai 1759. — *Joseph-Antoine*, b [1] 9 oct. 1761; m [1] 26 janvier 1795, à Marie-Barbe Fiset. — *Marie-Joseph*, b [1] 10 oct. 1762 ; m [1] 29 sept. 1794, à Louis Carpentier.—*Angélique*, b... m [1] 26 nov. 1792, à Charles Fiset. — *Paul*, b... m [1] 10 février 1794, à Madeleine Goulet.—*Marie*, b 1768; m [1] 9 fevrier 1795, à Jean-Baptiste Marois.

1753.

III.—OUVRARD, Pierre, [Antoine II. b 1729.

Trudel, Marie-Pelagie, [Nicolas III. b 1731.

Pierre, b 24 nov. 1753, à Lorette [1]; m 7 juin 1779, à Marie Janois, à Ste-Foye.—*Marie-Barbe*, b [1] 27 avril 1756.—*Gervais-Augustin*, b [1] 27 oct 1757; m 19 février 1781, à Geneviève Defoy, à St-Augustin. [2] — *Jacques*, b [1] 25 oct. 1759; m [2] 23 février 1789, à Marie-Joseph Rochon. — *Antoine*, b [1] 19 août 1761 ; m [2] 12 fevrier 1787, à Rosalie Bolf.—*Marie-Pélagie*, b [1] 12 oct. 1763.—

(1) Dit Laperrière.

Angélique, b 1765 ; m [2] 18 oct. 1784, à François Gingras ; s [2] 12 sept. 1790.

1758, (30 janvier) Lorette. [1]

III.—OUVRARD, Jacques, [Antoine II. b 1735.

Drolet, Catherine, [Philippe III. b 1734.

Jacques, b [1] 3 avril 1759.—*Marie-Catherine*, b [1] 3 août 1760. — *Marie-Louise*, b [1] 17 nov. 1761.—*Prisque*, b [1] 17 dec. 1762 ; s [1] 15 mars 1763.—*Marie-Marguerite*, b [1] 4 janvier 1764.

1779, (7 juin) Ste-Foye.

IV.—OUVRARD, Pierre, [Pierre III b 1753.

Janois (1), Marie. [François I.

Marie, b 7 dec. 1781, à St-Augustin.

OUVRARD, François.

Tinon, Louise.

Joseph, b 1779; s 3 mars 1784, à St-Augustin. [1]—*François-Xavier*, b [1] 5 août 1782. — *Angélique*, b [1] 22 avril 1785.

1781, (19 février) St-Augustin. [1]

IV.—OUVRARD, Gervais-August., [Pierre III b 1757.

Defoy, Geneviève, [Augustin III b 1761.

Judith, b [1] 4 juin 1794.

1783, (29 sept.) St-Augustin. [1]

IV.—OUVRARD, Pierre. [Jos.-Antoine III.

Drolet, Marie-Anne. [Jean-Marie IV.

Pierre, b [1] 12 juin 1786.— *Nicolas*, b [1] 11 dec. 1787. — *François*, b [1] 30 avril 1789. — *Augustin*, b [1] et s [1] 2 août 1790.—*Marie-Anne*, b [1] 8 fevrier 1791.—*Joseph*, b [1] 18 août 1792.—*Antoine*, b [1] 17 nov. 1795.

1787, (12 fevrier) St-Augustin. [1]

IV.—OUVRARD, Antoine, [Pierre III b 1761.

Bolf, Rosalie, [Mathurin I. b 1761.

Marie-Pélagie, b [1] 24 avril 1788.

1789, (23 février) St-Augustin. [3]

IV.—OUVRARD, Jacques, [Pierre III. b 1759.

Rochon, Marie-Joseph, [Jacques veuve de Charles Tinon.

Jacques, b [3] 15 dec. 1789.—*Louis*, b [3] 11 fevrier 1794.

OUVRARD, Louis.

Cantin, Marguerite.

Antoine, b 5 mai 1790, à St-Augustin.

1794, (10 février) St-Augustin. [5]

IV.—OUVRARD, Paul. [François III.

Goulet, Madeleine. [Prisque IV.

Madeleine, b [5] 14 avril 1795.

(1) Pour Genoin.

1795, (26 janvier) St-Augustin.
IV.—OUVRARD, Jos.-Antoine, [François III.
b 1761.
Fiset, Marie-Barbe. [Joseph III.

1795, (2 février) St-Augustin.
IV.—OUVRARD, Ambroise. [Jos.-Antoine III.
Jobin, Marie-Anne. [Louis III.

OUVRARD (1), Louis.
Martel, Marie-Louise.
Marguerite, b... m 24 nov. 1836, à Pierre Bedard, à Quebec.

OUVRAY.—Voy. Auvray.

1735, (11 juillet) Québec.[7]
II.—OUVRAY (2), Jacques, [Jacques I.
b 1700.
Rondeau, Marie-Anne, [François II.
b 1710.
Marie-Anne, b [7] 16 fevrier 1747; m 9 nov. 1772, à Jean Giroüard, à Montreal.

OUY.—Voy. Houy.

1714, (22 avril) Ste-Foye.
I.—OVARD, Christophe, fils de Thomas et de Marguerite Ovartens, d'Angleterre.
Dubois, Marguerite. [Thomas I.

OYLET.—Voy. Ouellet.

OZAN.—Voy. Ozannes.

OZANNE.—Voy. Ozannes.

OZANNES.—*Variations et surnom :* Auzanes — Auzou—Ozan—Ozanne—Ozou — Lafronde.

1655, (26 janvier) Trois-Rivières.[3]
I.—OZANNES (1), Louis,
b 1616; s [3] 21 dec. 1661.
Denot (2), Marie,
veuve de Mathieu Labat.
Jean, b... m 1670, à Isabelle Martin; s 6 mars 1707, à Montreal.

1670.
II.—OZANNES (3), Jean, [Louis I.
s 6 mars 1707, à Montréal.[7]
Martin, Isabelle, [Antoine I.
b 1649; s [7] 17 avril 1736.
Marie-Anne, b [7] 24 déc. 1680; m [7] 25 sept. 1706, à Jean Goteron.

1705, (23 nov.) Lachine.[3]
III.—OZANNES, Pierre, [Nicolas II (4).
b 1682.
Gignard, Marguerite, [Laurent I.
b 1686.
Nicolas, b [3] 9 nov. et s [3] 8 déc. 1706. — *Marie-Madeleine*, b [3] 8 avril 1708. — *Marguerite*, b [3] 28 oct. 1709.—*Marie*, b [3] 28 janvier 1721. — *Pierre*, b 1727; s 16 août 1728, à Montreal.

OZOU.—Voy. Ozannes.

P

PABO.—*Surnom:* Kinsac.

1714, (3 mai) Montréal.[1]
I.—PABO (3), Noel, b 1672; fils de Léonard et de Catherine Dubois, de Quensac, diocèse de Tours, Touraine; s [1] 11 janvier 1721.
Marcel (4), Françoise, [François I.
b 1684; veuve de Jean Migneron.
Marie-Madeleine, b [1] 19 juillet 1711, s [1] 30 août 1719.—*Paul*, b [1] 2 mars 1715.—*Jean-Léandre*, b [1] 25 et s [1] 28 fevrier 1717.

PACAUD.—*Variations et surnom :* Pacault—Pacaut—Chapacou.

1688, (20 avril) Sorel.
II.—PACAUD (5), Louis-Joseph. [Simon-Jean I.
Poutre (6), Marie, [André I.
b 1672.

Marie, b 7 mai 1690, à Boucherville; m [1]2 sept. 1707, à Jean Plouf, à Varennes.

1697, (21 janvier) Montréal.[2]
I.—PACAUD (5), Antoine,
b 1665.
Bouat, Marguerite, [Abraham I.
b 1678.
Antoine, b [2] 3 août 1697; m [2] 17 janvier 1727, à Agathe LeGardeur.—*Antoine-François*, b [2] 6 août et s [2] 5 oct. 1706.—*Anne-Marguerite*, b [2] 16 dec. 1707.

1727, (17 janvier) Montreal.[3]
II.—PACAUD (6), Antoine, [Antoine I.
b 1697.
LeGardeur, Agathe, [Jean-Paul IV.
b 1696; s [3] 10 mars 1729.

(1) Dit Laperrière.
(2) Pour Auvray; voy. vol. II, p. 88.
(3) Dit Kinsac; soldat de la compagnie de St-Ours-Deschaillons.
(4) Elle épouse, le 10 nov. 1721, Pierre Chauvin, à Montréal.
(5) Voy. Chapacou, vol. I, p 113.
(6) Elle épouse, le 9 sept. 1692, Jean Féron, à Montréal.

(1) Dit Lafronde; voy. vol. I, p. 457.
(2) De la Martinière.
(3) Aussi appelé Ozou; voy. vol. I, p. 457.
(4) Voy. vol. I, p. 457.
(5) Trésorier du roi, voy. vol. I, p. 457.
(6) Conseiller, Président, Tresorier de France, Grand Voyeur en la generalite de LaRochelle, Juge de la Moynee royale d'icelle.

I.—PACAUD, François, fils de François et d'Antoinette Prevost, de Marcape, diocèse de La-Rochelle, Aunis; s 18 janvier 1743, à Montreal.

PACAUD, Louis,
maitre-boulanger.
Vertour (1), Marie,
veuve de Pierre Corbineau.
Charles, b 13 janvier 1751, à Québec.[4]—*Marie*, b [4] 15 juin 1754.—*Louis-Gabriel*, b [4] 1er août 1756.—*Jacques-Louis*, b [4] 13 sept. 1757.

1752, (10 avril) Québec.
I.—PACAUD, Jean, marchand; fils de Guillaume et de Marie-Anne Beaula, de St-Michel, ville de Bordeaux.
DeCournoyer, Elisabeth, fille de Michel et d'Anne Degouteau, de Louisbourg, Acadie.

1761, (21 sept.) St-Valier.
I.—PACAUD (2), Pierre, b 1736; fils d'André et d'Anne Terrier, de St-Séverin, diocèse de Xaintes, Saintonge.
Corriveau, Catherine, [Jacques III.
b 1737.
Pierre-Jacques, b 5 sept. 1763, à Québec.

PACAULT.—Voy. Pacaud.

PACAUT.—Voy. Pacaud.

1680, (17 dec.) Beauport.[6]
I.—PACHOT (3), François-Viénay,
b 1628; marchand; s 2 sept. 1698, à Québec.[7]
Juchereau (4), Charlotte-Frse, [Nicolas II.
b 1660.
Marie-Françoise, b [7] 10 juillet 1686; 1° m [7] 4 oct. 1702, à Alexandre Berthier; 2° m [7] 4 avril 1712, à Nicolas Desbergères.—*Charles*, b [7] 15 sept. 1690; s [6] 8 mai 1692.

1761, (27 avril) Montréal.[8]
I.—PACHOT, Louis, b 1732; fils de Louis et de Marguerite Porcheron, de St-Martin-de-Thorigny, diocèse de Paris; s [8] 28 janvier 1780.
Lemoine, Geneviève, [François II.
b 1737; s [8] 22 août 1780.
Marie-Geneviève, b 1763; m [8] 11 fevrier 1782, à Louis Truteau.

1767, (5 oct.) Montréal.
I.—PACHOT, Nicolas-Denis, b 1745; fils de Louis et de Marguerite Porcheron, de St-Martin-de-Thorigny, diocèse de Paris.
Groux, Marie-Joseph, [Jean IV.
b 1753.

I.—PACHOUE (5), Jean-Pierre.

(1) Ou Verton.
(2) Venu en 1752. (Reg. des Procès-verbaux de 1761.)
(3) Voy. vol. I, p. 457.
(4) Elle épouse, le 11 nov. 1702, François De la Forest, à Québec.
(5) Voy. Bachoie, 1754; sieur de Barrante, chevalier, capitaine du régiment de Béarn. Il était, le 23 avril 1759, à Montréal.

I.—PACHOUX (1), François, b... s 16 dec. 1728, à Montreal.

PACOT.—Voy. Pucelle, 1757.

1741, (3 juillet) Laprairie.[7]
I.—PACQUELIN, Jean, fils de Louis et de Jeanne Charvette, de Rufé, diocèse de Besançon, Franche-Comté.
Auprу, Françoise, [Louis-Bertrand I.
veuve de Julien Piédalu.
Jeanne-Clotilde, b [7] 8 mai 1742; m [7] 13 janvier 1761, à Jacques Bourdeau.—*Félicité*, b... m [7] 20 juin 1761, à Pierre Bourdeau.

PACQUET.—Voy. Paquet.

PACRAU.—*Variation et surnom:* Pacraud—Poitevin.

1749.
I.—PACRAU (2), Simon.
Hardouin, Marie, [Pierre I.
b 1718; s 5 fevrier 1758, à Montréal.[7]
Geneviève, b [7] 3 sept. 1750.—*Marie-Angélique*, b [7] 2 dec. 1755; s [7] 28 janvier 1756.—*Jeanne*, b [7] 23 et s [7] 30 janvier 1758.—*Marie-Angélique*, b... m 14 juillet 1777, à Michel Mercure, à Kamouraska.

PACRAUD.—Voy. Pacrau.

PAGÉ.—*Variations et surnoms:* Lepage—Pageot—Pagési-St. Amant—Pagis—Paillart Poyer-Lapintarde — Carcie — DeQuercy—DeQuessy—Lamoureux — Quercy— St. Antoine.

II.—PAGÉ (3), Robert, [Raymond I.
b 1643.
Gaudin, Marguerite, [Barthélemi I.
b 1657; s 10 mars 1717, à la Pte-aux-Trembles, Q.[2]
Martin, b 29 sept. 1675, à L'Ange-Gardien[3]; m [3] 17 nov. 1704, à Françoise Gaudin; s [2] 22 janvier 1735.—*Jacques*, b [2] 24 et s [2] 30 mars 1683.—*Anne*, b [2] 16 juin 1685; m [2] 25 janvier 1708, à François Fiset; s [2] 4 mai 1736.—*Pierre*, b [2] 8 nov. 1690; 1° m 19 juin 1713, à Marie-Catherine Morisset, au Cap-Santé; 2° m [2] 9 juillet 1725, à Françoise Larue; s [2] 4 avril 1731.

1679, (30 janvier) L'Ange-Gardien.
II—PAGÉ (4), Guillaume, [Raymond I.
b 1657; s 28 mars 1722, à Québec.[7]
Letartre, Elisabeth, [René I.
s [7] 8 dec. 1720.
Marie-Anne, b [7] 24 oct 1697; m [7] 9 sept. 1727, à Nicolas Boisseau; s [7] 9 mai 1739.

(1) Soldat de la compagnie de Budemont.
(2) Dit Poitevin.
(3) Voy. vol. I, pp. 457-8.
(4) Voy. vol. I, p. 458.

1692, (19 nov.) Pte-aux-Trembles, Q. [6]
III.—PAGÉ (1), GUILLAUME, [ROBERT II.
b 1671.
TELLIER, Isabelle, [ETIENNE I.
b 1667; s 25 mai 1711, au Cap-Santé. [7]
Joseph, b [6] 5 juin 1697; m [7] 9 avril 1725, à Marie-Joseph MORISSET; s 29 avril 1763, aux Ecureuils. — *François*, b [6] 7 nov. 1700; m [7] 5 février 1725, à Marguerite LAROCHE. — *Etienne*, b [6] 1er janvier 1704; m [7] 17 avril 1730, à Elisabeth MERCURE. — *Antoine*, b [7] 27 avril 1711; s [7] 9 déc. 1734.

1698.
I.—PAGÉ (2), ANTOINE,
b 1666; s 13 février 1753, à Longueuil. [8]
COLIN, Madeleine, [MATHURIN I.
b 1681; s [8] 3 avril 1756.
Marguerite, b 1699; m 19 oct. 1716, à Olivier HUGRON, à Montréal. [9] — *Marie-Madeleine*, b [8] 5 mars et s [8] 14 oct. 1701. — *Marie-Louise*, b [8] 16 janvier et s [8] 16 mai 1703.— *Antoine*, b [8] 21 avril 1704; s [8] 6 oct. 1707. — *Claude*, b [8] 23 janvier 1706, s [8] 6 oct. 1707. — *Pierre*, b [8] 13 janvier et s [8] 7 février 1708.— *Louis-Antoine*, b [8] 21 janvier 1709, s [8] 26 avril 1730.—*Pierre*, b [8] 18 déc. 1710; 1° m [9] 4 mars 1737, à Therèse JUSSEAUME-ST. PIERRE; 2° m [8] 22 février 1751, à Marie-Françoise PATENOTE. — *Marie-Madeleine*, b [8] 16 nov. 1712, m [8] 9 janvier 1730, à Jean-Baptiste LALEU, s [8] 6 avril 1730. — *Louise*, b [8] 22 juillet 1714. — *Joseph*, b [8] 27 oct. 1715; m [8] 5 février 1742, à Angelique PATENOTE. — *François-Olivier* (3), b [8] 17 oct. 1717; m [8] 26 février 1748, à Marie-Jeanne PATENOTE; s [8] 19 avril 1750. — *Marie-Joseph*, b [8] 31 mai et s [8] 6 oct. 1720.—*Claude*, b [8] 14 juillet et s [8] 15 août 1721. — *Alexis*, b [8] 12 déc. 1722; s [8] 25 mars 1724. — *Joseph*, b [8] 13 et s [8] 14 janvier 1724.

1704, (17 nov.) L'Ange-Gardien.
III.—PAGÉ, MARTIN, [ROBERT II.
b 1675; s 22 janvier 1735, à la Pte-aux-Trembles, Q. [9]
GAUDIN, Françoise, [CHARLES I.
b 1685; s 1er mai 1765, aux Ecureuils. [8]
Marie-Angélique, b [9] 27 mai 1707; s [9] (de mort subite) 31 oct. 1720.—*Antoine*, b [9] 10 août 1709, m [8] 8 janvier 1743, à Angelique LÉVEILLÉ; s [8] 8 nov. 1777. — *Jean-Baptiste*, b [9] 16 août 1711; 1° m 6 février 1736, à Marie-Joseph RICHARD, au Cap-Santé [7]; 2° m [7] 10 février 1744, à Marie-Madeleine LÉVEILLÉ; 3° m [8] 3 oct. 1746, à Françoise MATTE.— *Geneviève*, b [9] 16 avril 1713; m [9] 8 août 1735, à Jean-François RICHARD. — *Marie-Louise*, b... m [9] 18 février 1737, à François DUSAULT.—*Marguerite*, b [9] 21 mars 1719; s [9] 29 oct 1734.—*Marie-Angélique*, b [9] 3 mars 1721; m [8] 27 nov. 1742, à Antoine GERMAIN.—*Augustin*, b [9] 23 février 1723. — *Michel*, b [9] 8 février 1725; s [8] 15 oct. 1746.—*Marie-Anne*, b... m [8] 30 janvier 1748, à François RICHARD. — *Alexandre*, b [9] 5 janvier 1728; m [9] 26 avril 1751, à Angélique PROU.

1713, (19 juin) Cap-Santé.
III.—PAGÉ, PIERRE, [ROBERT II.
b 1690; s 4 avril 1731, à la Pte-aux-Trembles, Q. [2]
1° MORISSET (1), Marie-Catherine, [MATHURIN I.
b 1694; s [2] 20 février 1724.
Marie-Catherine, b [2] 10 avril et s [2] 1er mai 1714.—*Pierre*, b [2] 4 mai 1715. — *Prisque*, b [2] 11 avril 1717. — *Marie-Joseph*, b [2] 16 déc. 1718. — *Marie-Madeleine*, b [2] 27 mai 1720; s [2] 16 juin 1726.—*Marie-Catherine*, b [2] 25 avril 1722; s [2] 14 juin 1726.
1725, (9 juillet). [2]
2° LARUE (2), Françoise, [JEAN-BTE II.
b 1698.
Jean-Baptiste, b [2] 23 mai 1727; 1° m [2] 18 août 1749, à Marie-Jeanne PROU; 2° m 12 janvier 1755, à Scholastique DUSSAULT, aux Ecureuils.— *Marie-Catherine*, b [2] 28 février 1729; s [2] 5 mai 1736.—*Marie-Claire*, b [2] 11 dec. 1730; m 1759, à Jean-Baptiste-Laurent MATTE.

1714.
III.—PAGÉ, JEAN-FRANÇOIS, [ROBERT II.
b 1688; s 23 mars 1724, à la Pte-aux-Trembles, Q. [7]
COCQUIN, Marie-Anne, [PIERRE I.
b 1687; s 8 janvier 1745, aux Ecureuils. [8]
Joseph, b 1715; s [7] 24 juillet 1718.—*Antoine*, b [7] 19 février 1717. — *Jean-Baptiste*, b [7] 25 avril 1719; m [8] 25 février 1754, à Scholastique TOUPIN-DUSSAULT.—*Joseph*, b [7] 24 août 1721; m [8] 19 février 1748, à Madeleine TOUPIN-DUSSAULT; s [8] 16 février 1776.

1715, (9 sept.) Québec. [1]
III.—PAGE, JACQUES, [GUILLAUME II.
b 1682; s [1] 3 mai 1742 (dans l'église).
ROUSSEL, Marie-Louise, [TIMOTHÉ I.
b 1690.

1716, (20 janvier) Cap-Santé [6]
IV.—PAGÉ, LOUIS-GUILLAUME, [GUILLAUME III.
b 1693.
PICHÉ, Isabelle, [ADRIEN II.
b 1695.
Joseph, b [6] 10 nov. 1725; m [6] 11 nov. 1748, à Marie-Anne MORISSET. — *Jean-Baptiste*, b [6] 21 sept. 1728; m [6] 10 janvier 1752, à Geneviève MORISSET.—*Marie-Joseph*, b [6] 26 sept. 1738; m [6] 7 janvier 1754, à Jean-Baptiste LAMOTTE.

1723, (30 août) Quebec [7]
III.—PAGÉ (3), JOSEPH, [GUILLAUME II.
b 1701; marchand.
FREROT, Marie-Renee, [RENÉ II.
b 1704; s 21 déc. 1778, à Kamouraska.
Marie-Elisabeth, b [7] 20 août et s [7] 4 sept. 1724.

(1) Voy. vol. I, p. 458.
(2) Et Lepage dit St. Antoine.
(3) Baptisé sous le nom de Lepage.

(1) Baptisée par Mgr St. Valier.
(2) Elle épouse, le 8 oct. 1736, Jean Roberge, à la Pte-aux-Trembles, Q.
(3) De Quercy.

—*Marie-Louise*, b [7] 21 juillet 1725 ; 1° m [7] 30 oct. 1747, à Joseph Dubois ; 2° m [7] 7 janvier 1755, à Jean-Baptiste Decharnay.—*Joseph-Claude*, b [7] 5 fevrier 1727. — *Antoine-François*, b [7] 17 avril 1728 ; s [7] 12 avril 1730. — *Anne-Catherine*, b [7] 21 mai 1730.

—

1725, (5 février) Cap-Santé. [7]

IV.—PAGÉ, François, [Guillaume III. b 1700.

Laroche, Marie-Marguerite. [François II.

François, b [7] 15 février 1726 ; m [7] 10 nov. 1749, à Marie-Madeleine Langlois.—*Jean-Baptiste*, b [7] 26 déc. 1729; m [7] 19 fevrier 1753, à Marie-Francoise Lesage.—*Marie-Joseph*, b 7 mars 1731, à la Pte-aux-Trembles, Q. ; m [7] 2 février 1750, à Louis Bertrand. — *Guillaume*, b [7] 13 oct. 1732. — *Alexandre*, b [7] 30 nov. 1734. — *Marie-Françoise*, b [7] 21 avril et s [7] 24 août 1737. — *Marie-Angélique*, b [7] 2 août 1743.

—

1725, (9 avril) Cap-Santé.

IV.—PAGÉ, Joseph, [Guillaume III. b 1697 ; s 29 avril 1763, aux Ecureuils. [5]

Morisset, Marie-Joseph, [Mathurin I. b 1706 ; s [5] 23 mai 1771.

Marie-Anne, b 26 janvier et s 30 mai 1726, à la Pte-aux-Trembles, Q. [6] — *Marie-Thérèse*, b [6] 8 fevrier 1727.—*Louis-Joseph*, b [6] 1er mai 1727.—*Augustin*, b [6] 3 juillet 1729 ; s [6] 29 août 1730.—*Augustin*, b [6] 6 juin 1731 ; s [6] 27 oct. 1733.—*Marie-Thérèse*, b [6] 4 mai et s [6] 19 déc. 1733.—*Marie-Joseph*, b [6] 28 dec. 1734 ; m 5 fevrier 1776, à Pierre Marion-Lafontaine, à St-Laurent, M.—*Augustin*, b [6] 3 nov. 1736 ; s [5] 6 oct. 1755.—*Marie-Thérèse*, b [6] 30 août 1738 ; s [5] 6 nov. 1755. — *Madeleine*, b... m [5] 18 mai 1761, à Pierre Rivé.—*Jean-Baptiste*, b [5] 19 août 1746 ; s [5] 2 juin 1747.—*Jean-Baptiste*, b [5] 18 juillet 1750 ; m [5] 18 janvier 1774, à Marie-Angelique Pagé.

—

1725, (13 août) Pte-aux-Trembles, Q. [1]

IV.—PAGÉ, Jean-François, [Guillaume III. b 1698.

Matte, Angélique, [Nicolas II. b 1706.

Jean-Baptiste, b 20 juin et s 8 juillet 1726, au Cap-Sante. [2]—*Jean-Baptiste*, b [1] 19 oct. 1728 ; m 7 fevrier 1758, à Marguerite Graton, à St-Vincent-de-Paul. [8] — *Joseph-Marie*, b [2] 29 mai 1730.—*Augustin*, b [2] 14 avril 1732.—*Angelique*, b... m [1] 23 nov. 1750, à Jacques Delisle.—*Pierre*, b [2] 28 avril 1735 ; m [1] 21 nov. 1768, à Madeleine Augers.—*François*, b [2] 28 avril 1735.—*Marie-Madeleine*, b [2] 9 et s [2] 18 avril 1737.—*Gabriel*, b [2] 24 juin 1738 ; m 17 janvier 1763, à Geneviève Bernard, à Charlesbourg.—*Marie-Joseph*, b [1] 7 mars 1740 ; m 1er juin 1767, à Jean Ponteau, à St-Vincent-de-Paul.—*Thérèse*, b 28 août 1741, à Deschambault.—*Alexis*, b [2] 4 juillet 1743 ; s [2] 8 nov. 1746.—*Marie-Madeleine*, b [2] 10 mars 1745.—*Françoise*, b [2] 15 avril 1748.

1730, (17 avril) Cap-Santé. [1]

IV.—PAGÉ, Etienne, [Guillaume III b 1704.

Mercure, Elisabeth, [François I. b 1713.

François, b [1] 10 et s [1] 14 juin 1731.—*Marie-Joseph*, b [1] 8 janvier 1733 ; m 1756, à François-de-Sales Marcot.—*Joseph*, b [1] 14 mai et s [1] 21 juin 1734.—*Joseph*, b 19 fevrier 1736, à Deschambault [2] ; m à Madeleine Hardy.—*Etienne*, b [1] 15 déc. 1737.—*Marie-Angélique*, b [1] 13 juillet 1739.—*Marie-Elisabeth*, b [1] 11 mai 1745.—*Augustin*, b [1] 1er oct. 1748.—*Pierre*, b [1] 2 nov. 1751 ; 1° m 25 oct. 1784, à Elisabeth Dupéron, à Québec [3] ; 2° m [3] 12 janvier 1790, à Geneviève Damien.—*Guillaume*, b [1] 20 nov. et s [1] 4 déc. 1752.

—

PAGÉ, Jean-Bte.

Dupuis, Marguerite.

Joseph, b 24 mai 1735, à St-Frs-du-Lac.

—

1736, (6 fevrier) Cap-Sante. [1]

IV.—PAGÉ (1), Jean-Bte, [Martin III. b 1711.

1° Richard, Marie-Joseph, [Louis II. b 1713 ; s 20 août 1743, aux Ecureuils. [2]

Marie-Louise, b 9 dec. 1736, à la Pte-aux-Trembles, Q. [3] ; m [2] 2 février 1761, à Jean-Baptiste Laroche. — *Marie-Angélique*, b [3] 1er avril et s [3] 23 juin 1738.—*Jean-Baptiste*, b [2] 2 mai et s [3] 12 juin 1739.—*Jean-Baptiste*, b [3] 22 juin 1740.—*Marie-Françoise*, b [2] 14 août et s [2] 14 sept. 1743.

1744, (10 fevrier). [1]

2° Léveillé, Marie-Madeleine, [Jean II. b 1724 ; s [2] 26 mars 1745.

Marie-Madeleine, b [2] 5 et s [2] 7 oct. 1744.

1746, (3 oct.) [2]

3° Matte, Marie-Françoise, [Alexis II. b 1726.

Marie-Françoise, b [2] 15 juillet 1747 ; s [1] 21 fevrier 1750.—*Alexandre*, b [2] 15 sept. 1748—*Marie-Angélique*, b [2] 9 août 1750.—*Joseph*, b [2] 22 mai 1754.—*Antoine*, b [2] 21 février 1756.—*Charles*, b [2] 28 déc. 1757 ; s [2] 10 janvier 1758.—*Louis*, b [2] 8 février 1759 ; s [2] 5 février 1760.—*Michel*, b [2] 28 mars 1761.—*Pierre*, b [2] 5 mai 1765.—*Alexis*, b [2] 1er oct. et s [2] 6 nov. 1767.—*Marie-Thérèse*, b [2] 14 oct. 1769.

—

1737, (4 mars) Montréal.

II.—PAGÉ (2), Pierre, [Antoine I. b 1710.

1° Jusseaume-St. Pierre, Thérèse, [Léonard I. b 1718 ; s 24 nov. 1749, à Longueuil. [6]

Angélique, b [6] 31 janvier 1738 ; m [6] 18 fevrier 1754, à François Patenote ; s [6] 5 oct. 1755.—*Thérèse*, b [6] 31 août 1740 ; m [6] 2 février 1761, à Jean-Baptiste Lajeunesse. — *Pierre*, b [6] 8 dec 1741 ; s [6] 20 février 1742. — *Antoine*, b [6] 11 mai 1746 ; s [6] 1er avril 1747.—*Marie-Madeleine*, b [6] 14 nov. 1747.

(1) Traversier de la rivière Jacques-Cartier.
(2) Dit St. Antoine.

1751, (22 fevrier). [6]
2° PATENOTE, Marie-Françoise. [CHARLES III.
Françoise-Amable, b [6] 9 janvier 1752.—*Marie-Charlotte*, b [6] 1er oct. 1753; s [6] 9 août 1754.—*Antoine*, b [6] 4 sept. 1756. — *François*, b [6] 3 mars 1758.— *Thérèse*, b... s [6] 4 février 1760. — *Marie-Cécile*, b [6] 1er février 1760; s [6] 1er mai 1762.

1742, (5 février) Longueuil. [9]
II.—PAGÉ, JOSEPH, [ANTOINE I.
b 1715.
PATENOTE, Angélique, [ETIENNE III.
b 1724.
Angélique, b [9] 6 nov. 1742; m [9] 3 août 1761, à Pierre TRUTEAU.—*Marie-Madeleine*, b [9] 10 fevrier et s [9] 3 août 1744. — *Joseph*, b [9] 26 sept. 1745.—*Marie-Joseph*, b [9] 21 avril 1747.— *Marie-Amable*, b [9] 21 mai 1749.— *Geneviève*, b [9] 15 février 1751. —*Jean-Baptiste*, b [9] 1er oct 1752; s [9] 28 avril 1753. —*Marie-Louise*, b [9] 25 fevrier 1754.—*Thérèse*, b [9] 22 nov. 1759.—*Elisabeth*, b [9] 12 janvier 1761.

1743, (8 janvier) Ecureuils [5]
IV—PAGÉ, ANTOINE, [MARTIN III.
b 1709; s [5] 8 nov. 1777.
LÉVEILLÉ, Angélique, [JEAN II.
b 1722; s [5] 10 janvier 1745.
Angélique, b [5] 22 déc. 1743; s [5] 9 déc. 1771.

1745, (25 janvier) Sorel. [1]
PAGÉ, JOSEPH. [JACQUES.
BLANCHET, Marie-Madeleine, [PIERRE II.
b 1729.
Marie-Joseph, b [1] 29 janvier et s [1] 3 fevrier 1746.—*Amable*, b [1] 30 mai 1747.

1748, (19 février) Ecureuils. [5]
IV.—PAGÉ (1), JOSEPH, [JEAN-FRANÇOIS III.
b 1721; s [5] 16 fevrier 1776.
TOUPIN-DUSSAULT, Madeleine, [JEAN-BTE III.
b 1729; s [5] 8 mars 1773.
Joseph-Marie, b [5] 8 sept. et s [5] 2 dec. 1749.—*Marie-Madeleine*, b [5] 7 dec. 1750; m 3 fevrier 1777, à Hyacinthe GERMAIN, à la Pte-aux-Trembles, Q. [4] — *Catherine*, b [4] 6 juillet et s [5] 19 août 1752.— *Jean-Baptiste*, b [5] 1er juin 1753; 1° m [4] 4 août 1777, à Marie-Felicité ROGNON; 2° m [5] 23 juillet 1781, à Clotilde DUSSAULT.—*Scholastique*, b [5] 28 janvier 1755; m [5] 20 janvier 1777, à François DENIS. — *Marie-Anne*, b [5] 14 sept. 1757; m [5] 11 oct. 1779, à Pierre-Joseph DELISLE. — *Marie-Joseph*, b [5] 21 sept. et s [5] 10 oct. 1759. — *Joseph-Marie*, b [5] 17 oct. 1760. — *Prisque*, b [5] 19 oct. 1762.—*Hyacinthe*, b [5] 4 janvier 1765.—*François*, b [4] 6 mars 1769; s [5] 6 janvier 1776. — *Anonyme*, b [5] et s [5] 8 mars 1773.

1748, (26 février) Longueuil. [3]
II.—PAGÉ (2), FRS-OLIVIER, [ANTOINE I.
b 1717; s [3] 19 avril 1750.
PATENOTE (3), Marie-Jeanne, [CHARLES III.
b 1732.

(1) Dit Lamoureux, 1773.
(2) Dit St. Antoine.
(3) Elle épouse, le 14 février 1752, Louis Gadois, à Longueuil.

Marie-Françoise, b [3] 16 mai 1749; s [3] 25 août 1750.

1748, (11 nov.) Cap-Santé. [3]
V.—PAGÉ, JOSEPH, [LOUIS-GUILLAUME IV.
b 1725.
MORISSET, Marie-Anne, [PIERRE II.
b 1730.
Marie-Anne, b [3] 8 sept. 1749. — *Joseph*, b [3] 23 août 1751.—*Pierre*, b [3] 16 juin 1753.

1749, (18 août) Pte-aux-Trembles, Q.
IV.—PAGÉ, JEAN-BTE, [PIERRE III.
b 1727.
1° PROU, Marie-Jeanne, [FRANÇOIS II.
b 1723; s 4 oct. 1752, aux Ecureuils. [9]
1755, (12 janvier). [9]
2° DUSSAULT, Scholastique, [DENIS II.
b 1735.
Scholastique, b 1755; s [9] 4 août 1758.

1749, (10 nov.) Cap-Santé. [8]
V.—PAGÉ, FRANÇOIS, [FRANÇOIS IV.
b 1726.
LANGLOIS, Marie-Madeleine, [ETIENNE III.
b 1730.
François, b [8] 1er oct. 1750.—*Marie-Madeleine*, b [8] 2 mai 1752. — *Marie-Thérèse*, b [8] 25 janvier 1754. — *Marie-Joseph*, b 14 sept. 1766, aux Ecureuils.

1751, (26 avril) Pte-aux-Trembles, Q. [1]
IV.—PAGÉ, ALEXANDRE, [MARTIN III.
b 1728.
PROU, Angélique, [FRANÇOIS II.
b 1718.
Marie-Angélique, b 30 oct. 1752, aux Ecureuils [2]; m [2] 18 janvier 1774, à Jean-Baptiste PAGÉ. — *Alexandre*, b [2] 9 fevrier 1754. — *Marie-Joseph*, b [2] 28 mars 1755.—*Toussaint*, b [2] 1er nov. 1756.—*Joseph*, b [2] 14 fevrier 1758.—*Marie-Louise*, b [2] 2 sept. 1759.—*Jean-Baptiste*, b [2] 30 juin 1762. — *Marie-Geneviève*, b [2] 21 mai et s [2] 2 sept. 1764. — *Marie-Anne*, b [1] 8 mars 1767.—*François*, b [2] 3 juillet 1769.—*Marie-Françoise*, b [1] 10 avril 1771.

1752, (10 janvier) Cap-Santé.
V.—PAGÉ, JEAN-BTE (1), [LOUIS-GUILLAUME IV.
b 1728.
MORISSET, Geneviève, [PIERRE II.
b 1734.
Jean-Baptiste, b 29 mars 1753, aux Ecureuils. —*Joseph*, b... m 3 nov. 1790, à Marie DAGORY, à Quebec. [4] — *Louis*, b... m [4] 22 oct. 1793, à Thérèse CHALIFOUR.

1753, (19 fevrier) Cap-Santé. [8]
V.—PAGÉ, JEAN-BTE, [FRANÇOIS IV.
b 1729.
LESAGE, Marie-Françoise, [NICOLAS II.
b 1735.
Marie-Thérèse, b [8] 3 nov. 1753. — *Françoise*, b 23 juin 1762, aux Ecureuils.—*Jean-Baptiste*, b... m 13 nov. 1783, à Elisabeth DORÉ, à St-Augustin.

(1) Aussi appelé Louis.

1754, (25 février) Ecureuils. [9]
IV.—PAGÉ (1), JEAN-BTE, [JEAN-FRANÇOIS III.
b 1719.
TOUPIN-DUSSAULT, Scholastique, [JEAN-BTE III.
b 1734.
Marie-Joseph, b [9] 21 février 1757; s [9] 5 juin 1766.— *Marie-Scholastique*, b [9] 23 mars et s [9] 2 juin 1759.

1758, (7 février) St-Vincent-de-Paul.
V.—PAGÉ, JEAN-BTE, [JEAN-FRANÇOIS IV.
b 1728.
GRATON, Marguerite, [JOSEPH III.
veuve d'Augustin Gravel.

1761, (31 mars) Québec. [8]
I.—PAGÉ, FRANÇOIS, fils de François et de Marie Hardy, de St-Martin, diocèse de Noyon, Ile-de-France.
TAUXIER, Marie. [JEAN I.
Jean-Louis, b [8] 5 mai et s [8] 27 juillet 1762.— *Marie-Madeleine*, b [8] 6 juillet 1763.

1763, (17 janvier) Charlesbourg.
V.—PAGÉ (2), GABRIEL, [JEAN-FRANÇOIS IV.
b 1738.
BERNARD, Geneviève. [PIERRE III.

1763, (13 nov.) St-Philippe. [5]
I.—PAGÉ, JEAN, fils de Jean et d'Anne Ordenin, de Coulange-sur-Rione, diocèse d'Auxerre, Bourgogne.
CIRCÉ, Marie-Madeleine, [MICHEL-FRANÇOIS II.
b 1739.
Jean-Baptiste, b [5] 31 déc. 1764.

1768, (21 nov.) Pte-aux-Trembles, Q. [7]
V.—PAGÉ, PIERRE, [JEAN-FRANÇOIS IV.
b 1735.
AUGERS, Marie-Madeleine, [LOUIS II
b 1733.
Pierre, b [7] 4 sept. 1769.—*Jean-Baptiste*, b [7] 11 juin 1771; s 29 nov. 1772, aux Ecureuils.—*Marie-Madeleine*, b [7] 4 juillet 1773.—*Marie-Thérèse*, b [7] 12 nov. 1774; s [7] 14 janvier 1775.

V.—PAGÉ, JOSEPH, [ETIENNE IV.
b 1736.
HARDY, Madeleine.
François, b... m 2 fevrier 1795, à Charlotte FAUTEUX, à St-Cuthbert.

1774, (18 janvier) Ecureuils [1]
V.—PAGÉ, JEAN-BTE, [JOSEPH IV.
b 1750.
PAGÉ, Marie-Angélique, [ALEXANDRE IV.
b 1752.
Jean-Baptiste, b 3 juin 1775, à la Pte-aux-Trembles, Q.—*Louis-Joseph*, b [1] 2 et s [1] 16 juillet 1777.—*Marie-Françoise*, b [1] 21 février et s [1] 29 mars 1780.—*Marie-Marguerite*, b [1] 8 avril 1781.

(1) Dit Carcie.
(2) Marié sous le nom de Pageot.

PAGÉ, GABRIEL.
RICHARD, Françoise.
Jean-Baptiste, b 7 janvier 1776, aux Ecureuils.

PAGÉ, JOSEPH.
COTÉ, Marie-Jeanne.
Marie-Thérèse, b 18 mai 1777, à St-Cuthbert.

1777, (4 août) Pte-aux-Trembles, Q.
V.—PAGÉ, JEAN-BTE, [JOSEPH IV.
b 1753.
1° ROGNON, Félicité, [JEAN-BTE III.
b 1760; s 21 mars 1780, aux Ecureuils. [5]
Jean-Baptiste-Rémi, b... s [5] 20 nov. 1779.
1781, (23 juillet). [5]
2° DUSSAULT (1), Clotilde, [JEAN-BTE IV
b 1764.
Jean-Baptiste, b [5] 17 avril 1782.

PAGÉ, JOSEPH.
CASAUBON, Madeleine.
Joseph, b 19 janvier 1781, à St-Cuthbert.

1783, (13 nov.) St-Augustin.
VI.—PAGÉ, JEAN-BTE. [JEAN-BTE V.
DORÉ, Elisabeth, [JOSEPH III
b 1756.

1784, (25 oct.) Québec. [6]
V.—PAGÉ, PIERRE, [ETIENNE IV.
b 1751; navigateur.
1° DUPÉRON (2), Elisabeth, [CHS-NICOLAS I.
b 1748; veuve de Jacques Rowlands; s [6] 27 janvier 1788.
Joseph, b...
1790, (12 janvier). [6]
2° DAMIEN, Geneviève. [JACQUES

1790, (3 nov.) Québec.
VI.—PAGÉ, JOSEPH. [JEAN-BTE V.
DAGORY, Marie. [CHARLES

1793, (22 oct.) Québec.
VI.—PAGÉ, LOUIS. [JEAN V.
CHALIFOUR, Thérèse. [GILLES IV.

PAGÉ, TOUSSAINT.
TELTOWN, Charlotte.
François, b 12 dec. 1795, à St-Cuthbert.

1795, (2 fevrier) St-Cuthbert.
VI.—PAGÉ, FRANÇOIS. [JOSEPH V
FAUTEUX, Charlotte. [PIERRE III

PAGEOT.—*Variation et surnoms* : PAGÉ—CHAMPAGNE—LANGEVIN.

(1) Voy. Toupin.
(2) Et Dupéroux—Sansregret.

1675, (13 nov.) Quebec.
I.—PAGEOT (1), THOMAS,
b 1640; s 14 mars 1706, à Charlesbourg.[7]
ROY, Catherine, [MATHURIN I.
b 1659.
Joseph, b [7] 29 oct. 1695; m [7] 24 février 1716, à Madeleine BOESMÉ; s [7] 9 mai 1745.

1703, (26 nov.) Charlesbourg.[2]
II.—PAGEOT, JEAN-BTE, [THOMAS I.
b 1682; s [2] 5 février 1708.
PARADIS (2), Marie, [JEAN II.
b 1684.
Jean, b [2] 1er avril 1705; m [2] 22 janvier 1731, à Marie-Therèse JOBIN. — *Thomas*, b [2] 21 février 1707; m [2] 17 oct. 1729, à Madeleine GERVAIS.

1716, (24 fevrier) Charlesbourg.[1]
II.—PAGEOT, JOSEPH, [THOMAS I.
b 1695; s [1] 9 mai 1745.
BOESMÉ, Madeleine, [CHARLES II.
b 1697.
Charles-Joseph, b [1] 23 déc. 1716; 1° m [1] 16 janvier 1741, à Marguerite MEIGNIN; 2° m [1] 26 janvier 1760, à Marguerite-Françoise ALARD; 3° m à Louise LAURENCEL. — *Marie-Madeleine*, b [1] 1er mars 1718; m [1] 23 oct. 1747, à François MICHAUD. — *Marie-Joseph*, b [1] 3 sept. 1719; s [1] 16 sept. 1720.—*Marguerite*, b [1] 17 dec. 1720; 1° m [1] 23 avril 1742, à Louis MORAND; 2° m [1] 3 août 1750, à Augustin VÉSINA.—*Pierre*, b [1] 1er mai et s [1] 18 sept. 1722. — *Pierre*, b [1] 16 juin 1723; s [1] 20 juin 1724. — *Ignace-Jean*, b [1] 1er fevrier 1725; m 13 fevrier 1750, à Marie-Françoise TOUPIN, au Château-Richer.— *Cécile*, b [1] 22 mars 1726; s [1] 22 août 1727. —*Marie-Joseph*, b [1] 1er nov. 1727; m [1] 2 oct. 1747, à Jean-Baptiste SAVARD. — *Marguerite-Elisabeth*, b [1] 26 janvier 1729; 1° m [1] 11 nov. 1748, à Jacques SAVARD; 2° m [1] 27 nov. 1758, à Jean-Marie LEROUX. — *Marie-Françoise*, b [1] 5 sept. 1730; m [1] 5 nov. 1754, à Antoine DUBEAU.— *Anne-Charlotte*, b [1] 20 déc. 1731; m [1] 27 août 1753, à Prisque DELESSARD.—*Jean-François*, b [1] 2 mai 1733; s [1] 2 janvier 1738. — *Jean-Thomas*, b [1] 2 fevrier 1735; s [1] 14 nov. 1736.— *Pierre*, b [1] 17 sept. 1736; m [1] 16 nov. 1761, à Marguerite JOBIN.— *Charles-Thomas*, b [1] et s [1] 2 oct. 1738. — *Jean-Marie*, b [1] 23 août 1740; s [1] 17 avril 1741.—*Marie-Anne-Simone*, b [1] 27 dec. 1741, m [1] 8 nov. 1762, à Charles SAVARD.

I.—PAGEOT (3), PIERRE; b 1700; s 4 sept. 1725, à Montréal.

1729, (17 oct.) Charlesbourg.[7]
III.—PAGEOT, THOMAS, [JEAN-BTE II.
b 1707.
GERVAIS, Madeleine, [JACQUES II.
b 1710; s [7] 6 mars 1760.
Marie-Madeleine, b [7] 15 avril 1731, s [7] 8 juin 1733. — *Marie-Joseph*, b [7] 4 sept. 1732.— *Marie-Madeleine*, b [7] 9 juillet 1734; m [7] 20 oct. 1749, à Joseph VERRET; s [7] 27 oct. 1761. — *Joseph-Thomas*, b [7] 28 février 1736; m 11 mai 1767, à Marie-Louise VILERS, au Détroit. — *Joseph*, b [7] 26 oct. 1737.—*Marie-Marguerite*, b [7] 5 janvier 1740; m [7] 23 nov. 1761, à Godfroy BERNARD.—*Jacques*, b [7] 13 sept. 1741; s [7] 9 juin 1742. — *Jacques*, b [7] 27 mars 1743. — *Pierre*, b [7] 1er janvier 1745; s [7] 4 oct. 1755. — *Joseph*, b [7] 9 mars 1749. — *Marie-Louise*, b [7] 23 nov. 1750.

1731, (22 janvier) Charlesbourg.[2]
III.—PAGEOT, JEAN, [JEAN-BTE II.
b 1705.
JOBIN (1), Marie-Thérèse. [JACQUES II.
Jean-Charles, b [2] 3 nov. 1731; m [2] 16 juin 1755, à Marie-Jeanne PHILIPPE. — *Marie-Thérèse*, b [2] 7 juin 1733; m 9 février 1756, à Joachim PLAMONDON, à Lorette. — *Thomas*, b [2] 21 déc. 1734; s [2] 17 nov. 1751. — *Marie-Joseph*, b [2] 18 juin 1736; m [2] 5 mars 1753, à Pierre HÉLY.—*Agathe*, b 1738; s [2] 11 sept. 1739. —*Marie-Marguerite*, b [2] 22 déc. 1739; s [2] 18 janvier 1749.

PAGEOT, JOSEPH,
b 1709; s 18 avril 1783, à Quebec.
............, Marie-Madeleine.

1741, (16 janvier) Charlesbourg.[5]
III.—PAGEOT, CHARLES-JOSEPH, [JOSEPH II.
b 1716.
1° MEIGNIN, Marguerite, [GERMAIN II.
b 1719; s [5] 8 nov. 1759.
Marie-Marguerite, b [5] 15 oct. 1741. — *Marie-Geneviève*, b [5] 2 février 1743. — *Marie-Adrienne*, b [5] 21 juillet 1744; m 8 janvier 1781, à Joseph FORGET, à St-Vincent-de-Paul. — *Joseph*, b [5] 29 oct. 1745.—*Louise*, b [5] 14 août 1747; s [5] 11 mars 1749.—*Jacques*, b [5] 15 août 1748.—*André-Charles*, b [5] 3 nov. 1749.—*Marie-Joseph*, b [5] 18 oct. 1751; s [5] 23 oct. 1755. — *Marie-Angélique*, b [5] 18 dec. 1752. — *Charles-Joseph*, b [5] 27 janvier 1754. — *Jean-Baptiste*, b [5] 9 mars et s [5] 11 août 1755.— *Jean-Baptiste*, b... m 13 février 1775, à Geneviève BUREAU, à Québec.[6] — *Pierre*, b [5] 22 janvier 1758; m [6] 21 sept. 1779, à Marie-Anne GONTIER.
1760, (26 janvier).[5]
2° ALARD, Marguerite-Françoise, [THOMAS II.
b 1716.
Marie-Louise, b [5] 12 fevrier 1761.
3° LAURENCEL, Louise.
Marie, b... m [6] 21 oct. 1794, à Ephrem DESCHAMPS. — *Elisabeth*, b... m [6] 11 sept. 1798, à Ignace-Joseph ADAM

1750, (13 fevrier) Château-Richer.
III.—PAGEOT, IGNACE-JEAN, [JOSEPH II.
b 1725.
TOUPIN, Marie-Françoise, [ANTOINE III.
b 1714.
Pierre, b 5 nov. 1750, à Charlesbourg.[9] — *Charles-Joseph*, b [9] 20 oct. 1753. — *Jean-Ignace*, b [9] 9 mai 1757. — *Marie-Françoise*, b [9] 28 juillet 1762.

---

(1) Voy. vol. I, p. 458.
(2) Elle épouse, le 29 oct. 1709, Louis Thibaut, à Charlesbourg.
(3) Dit Champagne; soldat de la compagnie de Latour.

(1) Elle épouse, le 20 mai 1746, Charles Ratel, à Charlesbourg.

1755, (16 juin) Charlesbourg.[8]
IV.—PAGEOT, JEAN-CHARLES, [JEAN III.
b 1731.
PHILIPPE (1), Marie-Jeanne, [JACQUES III.
b 1730.
Marie-Jeanne, b [8] 1er sept. 1756.—*Jean-Baptiste,* b [8] 29 mars 1758.—*Thomas,* b [8] 27 juillet 1760.

1761, (16 nov.) Charlesbourg.[8]
III.—PAGEOT, PIERRE, [JOSEPH II.
b 1736.
JOBIN, Marguerite, [JACQUES-JEAN III.
b 1740.
Pierre, b [8] 6 février 1763. — *Marguerite,* b 16 juillet 1764, à Lorette [9]; s [9] 29 mai 1765.

PAGEOT, GABRIEL.—Voy. PAGÉ, 1763.

1767, (11 mai) Detroit.
IV.—PAGEOT, JOSEPH-THOMAS, [THOMAS III.
b 1736.
VILERS, Marie-Louise. [LOUIS I.

1775, (13 fevrier) Québec.
IV.—PAGEOT, JEAN-BTE. [CHARLES-JOSEPH III.
BUREAU, Geneviève, [FRANÇOIS III.
b 1754; s 28 oct. 1834, à l'Hôpital-Général, M.

1775, (24 avril) Québec.
I.—PAGEOT, URBAIN, fils de Michel et de Louise Thory, de Saumur, Anjou.
COURSEL (2), Françoise, [FRANÇOIS I.
b 1734; veuve de Simon Mazurier.

I.—PAGEOT (3), URBAIN.
1° CHEVALIER, Marie-Jeanne, [JEAN-ALEXIS III.
b 1735; s 9 dec. 1777, à Québec.[9]
1778, (18 mai).[9]
2° JOING, Marie. [PIERRE.

1779, (21 sept.) Quebec.
IV.—PAGEOT, PIERRE, [CHARLES-JOSEPH III.
b 1758.
GONTIER, Marie-Anne, [JOSEPH III.
b 1752.

PAGÉSI. — *Variations et surnom :* LEPAGE—PAGÉ—PAGÉSY—ST. AMANT.

1684.
I.—PAGÉSI (4), JEAN-BTE,
b 1640; s 27 avril 1696, à Boucherville.
1° COIGNAC, Marie. [CLAUDE I.
Anonyme, b et s 14 fevrier 1685, à Batiscan.
1686.
2° GLADUS, Catherine, [JEAN I.
b 1666.
Jeanne, b 6 oct. 1687, à Montréal.[1]—*Catherine-Antoinette,* b... m 16 oct. 1711, à Jean-Baptiste HAYOT, à Champlain.—*Anne-César,* b 21 mars 1690, à Lachine[2], m [1] 11 déc. 1712, à Pierre Roy.—*Jean-Baptiste,* b [2] 26 oct. 1692; m 6 sept. 1717 à Marie-Anne ONDOYER, à Québec; s 30 nov. 1764, au Bout-de-l'Ile, M.

1717, (6 sept.) Québec.
II.—PAGÉSI (1), JEAN-BTE, [JEAN-BTE I.
b 1692; s 30 nov. 1764, au Bout-de-l'Ile, M.[1]
ONDOYER, Marie-Anne, [MARTIN I.
b 1697; s 31 janvier 1773, à Montréal.[2]
Marie-Françoise, b [2] 21 juillet 1720; m 19 mars 1739, à François GENDRON, à Châteauguay.[3]—*Marie-Joseph,* b [2] 8 juillet 1722; m [3] 18 oct. 1756, à Joseph MICHEL.—*Jean,* b... m [3] 28 déc. 1744, à Marie-Anne HUBERT.—*Michel-Marie,* b [1] 17 mars 1726.—*Lambert,* b [1] 8 nov. 1727.—*Charles,* b [1] 23 janvier 1730; m [3] 25 fevrier 1756, à Marie-Joseph LAVIOLETTE.—*Joseph-Amable,* b [1] 22 janvier 1732, 1° m [3] 17 août 1750, à Marie-Madeleine PERRIER, 2° m [3] 24 oct. 1756, à Marie-Anne JOUBER.—*Marie-Joseph,* b [1] 8 mars 1734.—*Marie-Angélique,* b [1] 8 mars et s [1] 7 avril 1754.—*Marie-Anne,* b... m [1] 4 février 1754, à Joseph DAMOURS.—*Angélique,* b... m [1] 5 nov. 1759, à André MILLIKAN.

1744, (28 déc.) Châteauguay.
III.—PAGÉSI (2), JEAN. [JEAN-BTE II.
HUBERT, Marie-Anne. [PIERRE.

1750, (17 août) Châteauguay.[6]
III.—PAGÉSI (3), JOSEPH-AMABLE, [JEAN-BTE II.
b 1732.
1° PERRIER, Marie-Madeleine, [LAURENT I.
b 1717; veuve de Michel Bisaillon.
1756, (24 oct.)[6]
2° JOUBER, Marie-Anne. [JEAN-BTE III.
Marie-Angélique, b 9 août 1759, au Bout-de-l'Ile, M.[7]; s [7] 31 déc. 1760.—*Esther,* b [7] 13 sept. 1761.—*Pierre,* b [7] 3 juin 1768.

1756, (25 février) Châteauguay.
III.—PAGÉSI (4), CHARLES, [JEAN-BTE II.
b 1730.
LAVIOLETTE (5), Marie-Joseph.
Jean-Marie, b 2 janvier 1759, au Bout-de-l'Ile, M.[8]—*André,* b [8] 23 fevrier 1761.—*Catherine,* b [8] 24 nov. 1765.—*Marie-Françoise,* b [8] 13 fevrier 1768.

PAGÉSY.—Voy. PAGÉSI.

PAGIS.—Voy. PAGÉ.

PAGNOT.—Voy. HAMELIN.

(1) Appelée Audy en 1758.
(2) Mariée sous le nom de Croussel.
(3) Dit Langevin.
(4) Dit St. Amant; il était à Lotbinière en 1681; voy. vol. I, p. 458.

(1) Et Lepage—Pagésy dit St. Amant; meunier de l'Ile-Perrot. Jean Lepage et Etienne Crevier, âgé de 18 ans, fils de Jean-Baptiste Crevier, périrent tous deux par accident le 28 nov. 1764, et furent trouvés dans la seigneurie de Beauharnois.
(2) Dit St. Amant—Lepage.
(3) Et Lepage.
(4) Et Lepage dit St. Amant.
(5) Fille adoptive de Jean-Baptiste et de Françoise Dumont.

I.—PAIFER (1), PAUL-HENRI-ANDRÉ, Anglais.

PAILLANT.—Voy. PAYAN.

PAILLARD.—Voy. PAILLART.

PAILLART.— *Variations et surnom* : PAGÉ — PAILLARD— PAILLE — PAILLET — PAILLIER— PALLIÉ— PALLIER — PAYET — PÉRILLARD — POISSET—LABATTERIE.

I.—PAILLART (2), LÉONARD, b 1639, charpentier; du diocèse de Limoges, Limousin; s 6 janvier 1729, à l'Hôpital-Général, M.[2]
VACHON, Louise, [PAUL I
b 1662; s 11 juillet 1715, à Montréal.[5]
Marie-Madeleine, b 20 oct. 1681, à Beauport[1]; sœur Ste-Gertrude (cong. N.-D.); s 20 dec. 1702, à Québec. — *Charles*, b [1] 20 sept. 1683; m 9 février 1711, à Françoise LEMAITRE, aux Trois-Rivières; s 6 sept. 1758, à St-Ours. — *Marie-Louise*, b [3] 29 juin 1690; m [3] 15 juin 1711, à Joseph GREENHILL.—*Gabriel*, b [3] 11 mars 1693, 1° m [3] 5 mars 1717, à Catherine GUILLEMOT; 2° m [3] 22 janvier 1742, à Catherine-Angélique BOINNEAU; s [2] 6 avril 1777. — *Elisabeth*, b [3] 28 août 1695; 1° m [3] 30 déc. 1714, à Charles LEMAY; 2° m [3] 19 août 1726, à Pierre GAUTIER-ST. GERMAIN.—*Marguerite*, b [3] 22 août 1697; s [3] 9 dec. 1705. — *Louis-Joseph*, b [3] 1er fevrier 1704; s [3] 22 mars 1709.—*Jean-Baptiste*, b [3] 27 nov. 1705; s [3] 10 juillet 1725.

1711, (9 février) Trois-Rivières.[7]
II.—PAILLART (3), CHARLES, [LÉONARD I.
b 1683; charpentier; s 6 sept. 1758, à St-Ours.
LEMAITRE-AUGER, Marie-Frse, [CHARLES II.
b 1691.
Marie-Charlotte, b [7] 19 fevrier 1712; s 19 nov 1714, à la Rivière-du-Loup.[8]—*Marie-Anne*, b [7] 13 juin 1713. — *Joseph*, b [8] 16 nov. 1714; s [8] 17 février 1715.—*Marie-Catherine*, b [8] 28 oct. 1715; m [8] 13 juin 1738, à Jacques DULIGNON.— *Pierre*, b [8] 23 mai et s [8] 15 juillet 1717.—*Hypolite*, b [8] 28 mai 1718.—*Alexis*, b... m 2 mai 1752, à Marguerite RONDEAU, à Lanoraie. — *Marie-Louise*, b [8] 21 oct. 1728. — *Charlotte-Amable*, b [8] 13 avril 1731.—*Charles*, b [8] 14 août 1734; s [8] 26 janvier 1735.

1717, (5 mars) Montréal.[2]
II.—PAILLART (4), GABRIEL, [LÉONARD I.
b 1693; s 6 avril 1777, à l'Hôpital-Général, M.
1° GUILLEMOT (5), Catherine, [FRANÇOIS I.
b 1696; s [2] 6 août 1739.
Jacques-Gabriel, b [2] 13 janvier et s [2] 2 avril 1718. — *Jacques-François*, b [2] 13 février et s [2] 22 juillet 1719. — *Marie-Joseph*, b [2] 1er mars 1720; s [2] 18 fevrier 1733. — *Madeleine* (1), b [2] 4 juillet 1721; m 10 fevrier 1757, à Joseph DESBUTTES, au Détroit.[6]—*Louise*, b [2] 13 dec. 1722; s [2] 16 mai 1723.— *Louise*, b [2] 13 fevrier et s [2] 1er août 1724. — *Geneviève-Thérèse*, b [2] 20 juin et s [2] 19 sept. 1725.—*Marie-Anne-Antoinette*, b [2] 8 février 1727; s [2] 13 dec. 1729. — *Jean-Baptiste-Laurent*, b [2] 3 nov. 1728.— *Jean-Baptiste-Cécile*, b [2] 4 mai 1730. —*Anonyme*, b [2] et s [2] 20 mai 1735. —*Jean*, b [2] 20 mai 1735. — *Jean-Joseph*, b [2] 12 fevrier et s [2] 25 mars 1738.

1742, (22 janvier).[2]
2° BOINNEAU (2), Catherine-Ang., [RAYMOND I.
b 1695; s [6] 27 janvier 1751.

1752, (2 mai) Lanoraie.
III.—PAILLART (3), ALEXIS. [CHARLES II.
RONDEAU, Marguerite. [JEAN II.

PAILLART (4), FRANÇOIS.
PICHET, Marie-Thérèse.
Louis, b 8 janvier 1759, à la Rivière-du-Loup.

PAILLART (4), JOSEPH.
DEGERLAIS, Marie-Joseph.
Louis, b 20 oct. 1759, à la Rivière-du-Loup.

PAILLART (5), JOSEPH,
b 1730; s 4 janvier 1793, au Détroit.[7]
ST. GERMAIN-LAMOUREUX (6), Madeleine.
Marie-Madeleine, b... m [7] 21 fevrier 1791, à Alexis SOLO.—*Marie-Joseph*, b... s [7] 3 nov. 1777.

PAILLÉ.—Voy. PAILLART.

PAILLET.—Voy. PAILLART.

PAILLIER.—Voy. PAILLART.

PAIMAN.—Voy. PAYMENT.

PAIN —*Variation et surnoms* : PIN—LANGLOIS—MADOR.

II.—PAIN (7), JEAN-BTE, [MARIN I.
b 1662; s 22 janvier 1703, à Québec.[4]
TRUD (8), Marie-Geneviève. [MATHURIN I.
Joseph, b 6 janvier 1702, à Ste-Foye[5]; 1° m [4] 11 oct. 1729, à Marguerite DRAPEAU; 2° m [5] 9 oct. 1741, à Marie-Anne LECOQ.

(1) Il était, le 4 janvier 1754, au Lac-des-Deux-Montagnes.

(2) Et Paillé; voy. vol. I, p. 458.

(3) Et Paillé.

(4) Et Paillé—Paillet—Poisset—Pagé—Payet —Périllard à la sépulture de son épouse.

(5) Aussi appelée Guimont.

(1) Baptisée sous le nom de Poisset.

(2) Mariée Boisneau, et inhumée sous le nom de Boileau.

(3) Marié Paillet.

(4) Et Pallier.

(5) Et Paillé.

(6) Elle épouse, le 25 février 1794, François Cantara, au Détroit.

(7) Voy. vol. I, p 459.

(8) Elle épouse, le 16 avril 1708, Guillaume Boivin, à Ste-Foye.

1722, (9 fevrier) Ste-Foye.[3]

III.—PAIN, François. [Jean-Bte II.
Bisson (1), Marie-Anne, [Joseph III.
b 1702.

Joseph, b 1723 ; s [3] 1er mai 1741. — *Françoise*, b [3] 17 nov. 1724. — *Antoine-Gabriel*, b [3] 19 nov. 1726; 1° m 1755, à Thérèse Guillimin ; 2° m [3] 6 oct. 1766, à Marie-Louise .... ; s [3] 22 avril 1780. —*Marie-Anne*, b [3] 25 juin 1728.—*Marie-Marguerite*, b [3] 22 février 1731.—*Philippe*, b [3] 22 oct. 1734. —*Jean-François*, b [3] 28 avril 1735.—*Charles*, b... m 9 août 1762, à Angélique Hus, à Sorel.

1729, (11 oct.) Québec.[4]

III.—PAIN, Joseph, [Jean-Bte II.
b 1702.
1° Drapeau, Marguerite, [Jean-Bte II.
b 1715; s 15 janvier 1733.
1741, (9 oct.) Ste-Foye.[5]
2° Lecoq (2), Marie-Anne, [Pierre I
b 1718.

Marie-Geneviève, b [5] 23 sept. et s [5] 19 oct. 1742 —*Joseph*, b [4] 8 et s [4] 21 août 1743.—*Marie*, b [4] 6 sept. et s [4] 1er oct. 1745. — *Marie-Joseph*, b [5] 22 janvier 1747 ; s [5] 19 juillet 1748.

1732, (3 février) Ste-Anne-de-la-Pocatière.[1]

I.—PAIN (3), Jean, b 1708 ; fils de Jean et de Marie Harvey, d'Angteterre ; s 23 mai 1758, à St-Roch.[2]
1° Brisson, Marie-Joseph, [Jean II
b 1709 ; s [2] 4 nov. 1744.

Jean-Baptiste, b [1] 7 nov. 1732.—*Marie-Joseph*, b [2] 14 nov. 1734 ; 1° m [2] 21 juin 1756, à Roch Gagnon ; 2° m [2] 31 juillet 1758, à Jean-Baptiste Couillard.—*Marie-Françoise*, b [2] 8 janvier 1737 ; m [1] 19 nov. 1764, à Joseph Miville.—*Marie-Joseph*, b [2] 10 et s [2] 27 février 1740.—*Louise-Madeleine*, b [2] 14 oct. 1742 ; m 20 sept. 1761, à Charles-François Fortin, à l'Islet.

1745, (30 juin).[2]
2° St. Pierre (4), Marie-Basilisse, [Ignace II.
b 1722.

Marie-Catherine, b [2] 24 avril 1746.—*Marie-Modeste*, b [2] 21 mai 1747.—*Marie-Charlotte*, b [2] 27 oct. 1748.—*Henri-Marie-André*, b [2] 23 mars 1750. m 1er février 1779, à Catherine Desautels, à la Longue-Pointe.—*Jean-François*, b [2] 17 août 1751. —*Jean-Baptiste*, b [2] 30 mars 1753 ; m 28 janvier 1788, à Suzanne Cadieux, à la Rivière-des-Prairies.—*Marie-Euphrasie*, b [2] 13 déc. 1754.—*Pierre-Roch*, b [2] 9 et s [2] 17 mars 1756.—*Charles-Amable*, b [2] 9 juin 1757.

1740, (21 nov.) Quebec.[8]

III.—PAIN, Louis-Marie, [Jean-Bte II.
b 1707 ; journalier ; s 23 mai 1751, à Ste-Foye.[9]
Lemelin, Marie-Catherine, [Guillaume II.
b 1722.

Louis, b [9] 9 avril 1742.—*Gabriel*, b [8] 30 juin 1743 ; s [8] 22 février 1744.—*Marie-Louise*, b [8] 22 oct. 1744 ; m à François Auger ; s 14 dec. 1773, à St-Jean-Deschaillons.—*Geneviève*, b [8] 9 et s [8] 12 déc. 1747.—*Marie-Louise*, b [9] 17 fevrier 1749. —*Jean* (posthume), b [8] 10 et s [8] 11 juin 1751.

(1) Elle épouse, le 3 sept. 1741, Charles Lecoq-Lajeunesse, à Ste-Foye.

(2) Dit Lajeunesse; elle épouse, le 17 février 1749, Alexis Chevalier, à Québec.

(3) Dit Langlois, 1740.

(4) Elle épouse, le 8 janvier 1759, Joseph Dubé, à St-Roch.

1755, (26 août) Lévis.

I.—PAIN, Frédéric, chirurgien ; fils de Jean et de Marie Guidon, de St-Louis, diocèse de LaRochelle, Aunis.
Carrier, Suzanne, [Ignace II
b 1727.

1755.

IV.—PAIN, Antoine-Gabriel, [François III
b 1726 ; s 22 avril 1780, à Ste-Foye [1]
1° Guillimin, Thérèse,
b 1735 ; s 23 oct. 1761, à Québec.[2]

Antoine, b [2] 19 oct. et s [2] 6 nov. 1756.—*Charles*, b [2] 3 nov. 1757 ; s [2] 8 janvier 1758.—*Suzanne*, b sept. et s [2] 15 nov. 1759.—*Antoine*, b 1760, s [1] 29 avril 1762.—*Joseph*, b [2] 2 fevrier 1761.

1766, (6 oct.) [1]
2° .... (1), Marie-Louise.

Charles, b [1] 21 juillet 1767.—*Marie-Thérèse-Joseph*, b [1] 18 août 1769.—*Antoine-Gabriel*, b [1] 23 mars 1772.

1762, (9 août) Sorel.

IV.—PAIN, Charles. [François III
Hus, Angélique, 7 [Louis III
b 1742.

1779, (1er février) Longue-Pointe.

II.—PAIN (2), Henri-Marie-André, [Jean I
b 1750.
Desautels, Catherine, [Louis III
b 1761.

1788, (28 janvier) Rivière-des-Prairies.

II.—PAIN, Jean-Bte, [Jean I
b 1753.
Cadieux, Suzanne. [Joseph

PAINCHAU.—Voy. Painchaud.

PAINCHAUD.—*Variation :* Painchau.

1732, (6 oct.) Montréal.

I.—PAINCHAUD, François, b 1698 ; fils de Jean et de Marguerite Beauchêne, de Tourtoira, diocèse de Périgueux, Périgord.
Couvret, Marie-Catherine, [Victor I
b 1711.

(1) Elle épouse, le 17 juin 1783, Jean-Baptiste Blanchet, à Québec.

(2) Dit Langlois.

1758, (5 juin) Québec. [3]
I.—PAINCHAUD, François, navigateur ; b 1721 (1) ; fils de François et d'Esther Laurent, de St-Pierre, diocèse d'Avranches, Normandie.
Nuiret, Marie, fille de Jacques et de Marie Bourgeois, de Beauséjour, Acadie.
François, b [3] 15 avril 1759 ; m 29 oct. 1781, à Marie-Angélique Drouin, à St-François, I. O. [4], s [3] 20 fevrier 1797.—*Henri-Marie,* b 14 sept. 1761, au Cap-St-Ignace. [5] —*Jérôme-David,* b [5] 30 sept. 1763.—*Louis-Barthélemi,* b [4] 11 nov. 1769.

1781, (29 oct.) St-François, I. O.
II.—PAINCHAUD, François, [François I.
b 1759 ; s 20 fevrier 1797, à Québec. [5]
Drouin, Angélique, [Joseph-Marie IV.
b 1762.
François, b 7 sept. 1782, à l'Ile-aux-Grues [6] ; ordonné 21 sept. 1805 ; s [6] 8 février 1838.—*Joseph,* b [5] 24 janvier 1787.

PAINCOUR.—Voy. Desroches.

PAIRE.—*Surnom :* Carpentras.

PAIRE (2), François-Joseph, b 1670 ; s 14 déc. 1720, à Montreal.

PAISAN.—Voy. Paysan.

PAJOT, François,
voyageur.
Deshais, Suzanne.
Charles, b 20 janvier 1761, au Détroit [6] ; s [6] 1er août 1762.

PALADEAU.— *Variations et surnom :* Péladeau—Pladeau—St. Jean.

I—PALADEAU (3), Jean.
LeRoy, Jeanne.
Jeanne, b 28 janvier 1685, à Contrecœur ; m 4 mai 1701, à Andre Roy, à Montréal.

1701, (30 janvier) Montréal. [3]
II.—PALADEAU (4), Jean, [Jean I.
b 1680 ; s [3] 5 mars 1703.
Mandin (5), Marie-Thérèse, [Antoine I.
b 1676.
Jean, b [3] 15 mai 1701 ; 1° m [3] 7 janvier 1732, à Catherine Leduc ; 2° m 7 août 1747, à Marie-Renée Lemoine de Martigny, à Varennes.—*Jean-Baptiste,* b [3] 30 nov. 1702.

(1) Le 28 octobre, à St-Pierre-de-Vains, diocèse d'Avranches.
(2) Dit Carpentras.
(3) Dit St. Jean ; voy. vol. I, p. 459.
(4) Dit St. Jean—marié Pladeau
(5) Elle épouse, le 14 juillet 1704, Pierre Durand, à Montréal.

1732, (7 janvier) Montréal. [6]
III—PALADEAU (1), Jean, [Jean II.
b 1701.
1° Leduc, Catherine, [Lambert II.
b 1699 ; s [6] 7 mars 1745.
Catherine, b 1733 ; s [6] 10 janvier 1750.—*Marie-Antoinette,* b [6] 1er mars 1734 ; 1° m [6] 14 fevrier 1752, à Pierre Imbault ; 2° m [6] 24 avril 1775, à Ignace Leduc.—*Jean-Baptiste,* b [6] 12 nov. 1735 ; m [6] 2 février 1761, à Angélique Prévost.—*Agathe,* b [6] 1er sept. 1738.
1747, (7 août) Varennes.
2° Lemoine (2), Marie-Renée, [Jacques III.
b 1725.
Lambert-Joseph, b [6] 22 juin 1748.—*Marie-Renée,* b [6] 6 sept. 1749 ; s [6] 29 juillet 1750.—*Marie-Julie,* b 1753 ; m [6] 24 oct. 1774, à Eustache Panneton.

1761, (2 février) Montréal.
IV.—PALADEAU (3), Jean-Bte, [Jean III.
b 1735.
Prévost, Angélique, [Eustache III.
b 1743.

PALANGE.—*Surnom :* Beauséjour.

1742, (9 janvier) Québec. [2]
I.—PALANGE (4), Jean, fils de Jean et de Marguerite Petit, de St-Crespin, diocèse de Perigueux, Perigord.
Gilbert (5), Marie-Françoise, [Thomas I.
b 1723.
Jean-Noel, b [2] 11 oct. 1742.—*Marie-Louise,* b [2] 6 mai 1745.

I.—PALARDY, Charles.
Jarred, Madeleine.
Jean-Baptiste, b... m 6 mai 1754, à Marie-Elisabeth Bouvier-Bourhis, à Verchères. [7] —*Pierre,* b... m [7] 28 janvier 1760, à Catherine Casavan.—*Marie-Charlotte,* b... m [7] 4 nov. 1760, à Antoine Daudelin.—*Marguerite,* b... m [7] 1er avril 1761, à Augustin Vaillant.—*Marie-Joseph,* b... m [7] 18 avril 1763, à Antoine Messier.—*Marie-Angélique,* b 1750 ; s [7] 22 juillet 1751.—*Marie,* b [7] 20 fevrier 1752.—*Marie-Angélique,* b [7] 21 nov. 1753.

1754, (6 mai) Verchères. [7]
II.—PALARDY, Jean-Bte. [Charles I.
Bouvier (6), Marie-Elisabeth. [Michel III.
Marie-Charlotte, b [7] 18 mars 1755.—*Anonyme,* b [7] et s [7] 26 sept. 1756.—*Jean-Baptiste,* b [7] 28 oct. 1759.

1760, (28 janvier) Verchères.
II—PALARDY, Pierre. [Charles I.
Casavan, Catherine. [Pierre II.

(1) Marié Péladeau dit St. Jean.
(2) DeMartigny.
(3) Marié Peladeau.
(4) Dit Beauséjour.
(5) Elle épouse, le 9 oct. 1747, Charles-Philippe Jailliard, à Québec.
(6) Mariée sous le nom de Bourhis.

PALIAN.—Voy. PAYAN.

PALIN.—*Surnom* : D'ABONVILLE et DABONVILLE.

1691, (23 juillet) Québec. [1]

I.—PALIN (1), MATHURIN, b 1649 ; s [1] 26 janvier 1756.
RENAUD, Louise, [MATHURIN I. b 1677 ; s [1] 28 avril 1744.
Marie-Charlotte, b 9 nov. 1691, à Charlesbourg ; 1° m [1] 12 juillet 1713, à Corneille BEAN ; 2° m [1] 15 nov. 1734, à Balthazar ANDRÉ.—*Antoine*, b [1] 3 nov. 1717 ; 1° m [1] 26 août 1744, à Barbe GESSERON ; 2° m 20 sept. 1761, à Marie PROULX, à Berthier ; s [1] 26 janvier 1781.

1727, (7 janvier) Québec. [1]

II.—PALIN, LOUIS-CHARLES, [MATHURIN I. b 1709.
BELUCHE (2), Geneviève, [BERTRAND I. b 1707.
Marie-Louise, b [1] 10 oct. 1727 ; m 22 janvier 1748, à Antoine COUPAL, à Longueuil. [2] — *Louis-Mathurin*, b [1] 7 sept. 1729 ; m 25 sept. 1752, à Marie-Amable AUGER, à Montreal [3] ; s 1er mai 1761, à St-Constant. — *Radegonde*, b [1] 7 mars 1731 ; m [3] 12 janvier 1756, à François ROYER.—*Bertrand*, b [2] 25 oct. 1732.—*Geneviève*, b [2] 3 juin 1734 ; 1° m à Pierre LAMARCHE ; 2° m [3] 23 fevrier 1756, à Jean-Pierre ASTIER.—*François*, b [2] 29 déc 1735 ; m 11 nov. 1765, à Suzanne BARITEAU, à St-Philippe. [4]—*François*, b [2] 18 fevrier 1738 ; m [3] 18 janvier 1768, à Geneviève CHAROUX.—*Jean-Baptiste*, b [2] 27 juillet 1739 ; m [4] 14 janvier 1765, à Marie-Madeleine ROBERT.—*Marie-Marguerite*, b [2] 7 mai 1741 ; s [2] 15 avril 1744.—*Antoine*, b [2] 4 mars 1743 ; s [2] 22 février 1747. — *Marie-Louise*, b [2] 31 mars et s [2] 1er avril 1751.

1744, (26 août) Québec. [7]

II.—PALIN (3), ANTOINE, [MATHURIN I. b 1717 ; navigateur ; s [7] 26 janvier 1781.
1° GESSERON (4), Barbe, [JOSEPH II. b 1725 ; s 11 déc. 1760, à Bécancour. [8]
Charlotte-Radegonde, b [7] 14 mai 1746.—*Antoine-Charles*, b [7] 6 dec. 1747.—*Marie-Elisabeth*, b [7] 15 nov. 1749.—*Pierre*, b [7] 1er janvier 1752.—*Marie-Joseph*, b [7] 7 nov. 1753 ; m [7] 10 oct. 1774, à Pierre-Simon HOUDE.—*Louis-Simon*, b [7] 10 nov. 1755.—*Jeanne*, b [7] 2 dec. 1757 ; s [7] 13 janvier 1759.—*Marguerite*, b... s [8] 4 sept. 1759.—*Marie-Louise*, b... s [8] 2 janvier 1761.—*François-Xavier*, b [8] 2 dec. 1760.

1761, (20 sept.) Berthier.

2° PROULX, Marie, [PIERRE III. s [7] 18 sept. 1782.
Marie-Angélique, b [7] 15 et s [7] 29 juin 1762.—*Marie-Louise*, b [7] 15 août et s [7] 9 sept. 1763.—*Madeleine*, b... m [7] 23 février 1784, à Michel BANYAQUE.—*Basile*, b... m [7] 30 sept. 1794, à Marie-Elisabeth ALARD.

(1) Dit d'Abonville ; voy. vol. I, p 459.
(2) Voy. DeBluche.
(3) Dit d'Abonville.
(4) Dit Brûlot.

1750, (14 sept.) Quebec. [9]

II.—PALIN (1), JEAN-MARIE, [MATHURIN I. b 1720.
CHAUSSÉ, Marie-Marguerite, [JEAN-BTE II. b 1724 ; s [9] 16 sept. 1758.
Marie-Angélique, b [9] 21 août 1751 ; m [9] 20 février 1775, à Charles NOLIN.—*Marie-Geneviève*, b [9] 10 février 1753 ; s [9] 14 nov. 1758.—*Marie-Clotilde*, b [9] 28 déc. 1754 ; s [9] 18 juillet 1756.—*Marie-Louise*, b [9] 24 oct. 1756 ; s [9] 26 sept. 1758.

1752, (25 sept.) Montréal.

III.—PALIN (1), LOUIS-MATHURIN, [LOUIS-CHS II. b 1729 ; s 1er mai 1761, à St-Constant [1]
AUGER (2), Marie-Amable, [JEAN-BTE III. b 1734.
Marie-Joseph, b 3 et s 16 avril 1758, à St-Philippe. [2] — *Marie-Louise*, b [2] 3 et s [2] 5 avril 1758. —*Marie*, b [2] 22 sept. 1760 ; s [1] 19 août 1761.

1765, (14 janvier) St-Philippe.

III.—PALIN, JEAN-BTE, [LOUIS-CHARLES II. b 1739.
ROBERT, Marie-Madeleine. [FRANÇOIS IV.

1765, (11 nov.) St-Philippe. [1]

III.—PALIN, FRANÇOIS, [LOUIS-CHARLES II b 1735.
BARITEAU, Marie-Suzanne, [ETIENNE III. b 1749 ; s [1] 4 mai 1770.

1768, (18 janvier) Montréal.

III.—PALIN (1), FRANÇOIS, [LOUIS-CHARLES II. b 1738.
CHAROUX, Geneviève, [ANTOINE I. b 1742 ; veuve de Jacques-Antoine Chapon

1794, (30 sept.) Québec.

III.—PALIN (3), BASILE. [ANTOINE II
ALARD, Marie-Elisabeth. [JOSEPH.

PALLIÉ.—Voy. PAILLART.

PALLIER.—Voy.—PAILLART.

PALMIER.—Voy. PARMIER.

1761, (5 oct.) Montréal.

I.—PALOCHE, PIERRE, b 1740 ; fils d'Arnaud et de Cecile Seigneur, de St-Michel, Toulouse, Languedoc.
DUMAS, Madeleine, [JOSEPH III b 1745.

I.—PALOT (4), CHARLES, b 1666 ; s 21 août 1716, à Montreal.

PAMBRUN, ANDRÉ-DOMINIQUE.
HIRAGUE, Angelique.
Louise-Ménalie, b 6 août 1794, à Québec.

(1) Dit d'Abonville.
(2) Elle épouse, le 3 août 1761, François Catignon, à St-Constant.
(3) Marié sous le nom de Dabonville.
(4) Soldat de la compagnie de Sabrevois.

PAMPALON.—*Surnom :* LABRANCHE.

1699, (22 juin) Montréal.

I.—PAMPALON (1), FRANÇOIS, b 1672.
BOUCHARD, Marie-Jeanne, [ETIENNE I. b 1675 ; s 16 déc. 1737, à Québec.[4]
Michel, b [4] 27 nov. 1711 ; m [4] 3 mai 1732, à Madeleine ROULOIS ; s [4] 20 août 1779.—*Geneviève-Blanche,* b [4] 14 juin 1717 ; m 17 nov. 1738, à Louis CARON, à l'Islet [5] ; s [5] 22 juillet 1751.

1727, (21 avril) Québec.[1]

II.—PAMPALON (2), DOMINIQUE, [FRANÇOIS I. b 1706.
LECOURT (3), Ursule, [MICHEL I. b 1702.
Louis-Dominique, b [1] 8 oct. 1728 ; m [1] 22 juillet 1754, à Marie-Louise LOUINEAU ; s [1] 27 oct. 1756. —*Ignace,* b 16 mars 1731, à l'Islet [2] ; m 17 nov. 1755, à Madeleine GÉLY, à Lévis ; s [1] 11 oct. 1759. —*Dominique* (posthume), b [2] 5 février 1734.

1732, (3 mai) Quebec.[3]

II.—PAMPALON (2), MICHEL, [FRANÇOIS I. b 1711 ; s [3] 20 août 1779.
ROULOIS, Madeleine, [NOEL III. b 1710 ; s [3] 29 sept. 1777.
Marie-Madeleine, b [3] 26 déc 1735 ; s [3] 19 janvier 1736. — *Marie-Agnès,* b [3] 12 avril 1738 ; m [3] 22 fevrier 1762, à Ignace ADAM.—*Geneviève,* b [3] 12 janvier et s [3] 13 sept. 1740. — *Michel,* b 12 juillet 1742, à Montréal ; 1° m à Marie CHALIFOUR ; 2° m [3] 11 juin 1793, à Angélique BÉLANGER.—*Marie-Joseph,* b [3] 22 mars et s [3] 18 juillet 1746.—*Geneviève,* b [3] 9 et s [3] 23 juin 1748. — *Alexis,* b [3] 5 juin et s [3] 2 oct. 1749. — *Louise-Marie-Joseph,* b [3] 29 nov. 1751. — *Jacques,* b [3] 1er et s [3] 5 avril 1754.

1732, (10 nov.) Québec.[5]

II.—PAMPALON (2), JACQUES-FRS, [FRANÇOIS I. b 1708 ; charpentier ; s [5] 24 mai 1752.
LEGRIS, Marie-Geneviève, [JEAN I. b 1705 ; s [5] 8 juillet 1752.
Louise-Geneviève, b [5] 3 août 1733. — *Marie-Françoise,* b [5] 8 avril et s [5] 28 août 1735. — *Jacques-François,* b [5] 2 août 1736 ; 1° m à Marie-Françoise CADORET ; 2° m [5] 4 avril 1780, à Geneviève GRÉGOIRE. — *Louis-Joseph,* b [5] 19 juillet 1738, m 14 sept. 1761, à Marie-Joseph PÉRINEAU, à Montréal.—*Marie-Angélique,* b [5] 4 mai et s [5] 26 juin 1740.—*Madeleine,* b [5] 22 juillet 1741 ; sœur grise ; s 20 mai 1776, à l'Hôpital-Général, M. — *Louis,* b [5] 5 mai 1744.—*Michel,* b [5] 8 mai 1748. — *Marie-Geneviève,* b [5] 15 février 1750 ; s 30 mars 1753, à Beauport.

(1) Dit Labranche ; voy. vol. I, p 459.
(2) Dit Labranche.
(3) Elle épouse, le 26 nov. 1740, Louis-Jacques Enouille, à Québec.

1754, (22 juillet) Québec.[4]

III.—PAMPALON, LS-DOMINIQ., [DOMINIQUE II. b 1728 ; s [4] 27 oct. 1756.
LOUINEAU, Marie-Louise, [ANDRÉ II. b 1733.
Louis-Joachim (posthume), b [4] 1er et s [4] 11 juin 1757.

1755, (17 nov.) Lévis.[8]

III.—PAMPALON (1), IGNACE, [DOMINIQUE II. b 1731 ; tonnelier ; s 11 oct. 1759, à Quebec.
GÉLY, Madeleine, [JEAN II. b 1731.
Anonyme, b [8] et s [8] 22 février 1757. — *Marie-Louise,* b [8] 23 juin 1758.

1761, (14 sept.) Montréal.

III.—PAMPALON, LS-JOS., [JACQ.-FRANÇOIS II. b 1738.
PÉRINEAU, Marie-Joseph, [TOUSSAINT II. b 1736.

III.—PAMPALON, MICHEL, [MICHEL II. b 1742.
1° CHALIFOUR, Marie, s 17 janvier 1793, à Québec.[9]
1793, (11 juin).[9]
2° BÉLANGER, Angelique. [JEAN-BTE.

III.—PAMPALON, JACQUES-FRS, [JACQ.-FRS II. b 1736.
1° CADORET, Marie-Françoise.
1780, (4 avril) Québec.
2° GRÉGOIRE, Geneviève, [JEAN II. b 1749 ; veuve de Joseph Levasseur.

PANDELET.—Voy. PENDELETTE.

1747, (23 oct.) Québec.[9]

I.—PANET, JEAN-CLAUDE, b 1720, procureur et notaire public ; fils de Jean-Nicolas (caissier de la marine à Paris) et de Marie-Madeleine-Françoise Foucher, de St-Germain-l'Auxerrois, Paris ; s [9] 2 mars 1778.
BAROLET, Marie-Louise, [CLAUDE I. b 1729.
Marie-Louise-Françoise, b [9] 25 février et s 25 juillet 1749, à Lévis. — *Louise-Françoise,* b [9] 9 avril 1750.—*Jean-Antoine,* b [9] 8 juin 1751 ; m [9] 7 oct. 1779, à Louise-Philippe BADELARD.—*Bernard-Claude,* b [9] 10 janvier 1753 ; ordonné [9] le 25 oct. 1778, consacré [9] le 19 avril 1807 ; s [9] 14 février 1833.—*Jacques,* b [9] 15 février 1754 ; ordonné [9] le 29 mai 1779 ; s 23 mai 1834 à l'Islet.[8]— *Joseph,* b 1754 ; s 15 janvier 1755, à Lorette.—*Marie-Anne,* b [9] 13 mai 1755.—*Geneviève-Victoire,* b [9] 25 oct. 1756 ; m [8] 1er oct. 1782, à Joseph LEBOURDAIS.—*Jean-Baptiste,* b [9] 4 nov. 1757.—*Jean-Charles-Frédéric,* b [9] 5 février 1759.—*Marie-Anne-Archange,* b 12 juin 1760, à St-Jean, I. O.—*Thomas,* b [9] 18 déc. 1761.—*François-Louis,* b [9] 24 dec. 1762.—*Marie-Françoise,* b [9] 2 mars 1764.

(1) Dit Labranche ; marié sous ce nom.

1754, (2 oct.) Québec. [9]

I.—PANET (1), PIERRE, juge et notaire royal; fils de Jean-Nicolas (caissier de la marine à Paris) et de Marie-Madeleine-Françoise Foucher, de St-Germain-l'Auxerrois, Paris.

TREFFLÉ-ROTTOT, Marie-Anne, [PIERRE III. b 1734.

Marie-Anne, b... s 10 janvier 1756, à St-Laurent, M.[8]— *Charles-René*, b... s [8] 2 août 1758. — *Pierre-Bonaventure*, b 1758; s [8] 8 janvier 1759. — *Joseph*, b... s [8] 11 mai 1759. — *Pierre-Louis*, b 1761; m 13 août 1781, à Marie-Anne SERRÉ, à Montréal. — *Michel*, b 1762; s [9] 19 mai 1786.— *Marc-Antoine-Méru*, b 1763; m [9] 15 avril 1793, à Marie-Catherine POMMEREAU; s [9] 16 juin 1795.— *Bonaventure*, b... m [9] 6 avril 1787, à Marguerite DUNIÈRE.

1779, (7 oct.) Québec. [5]

II.—PANET, JEAN-ANTOINE, [JEAN-CLAUDE I. b 1751; avocat et notaire,

BADELARD, Lse-Philippe, [PHILIPPE-LS-FRS I. b 1761.

Marie (2), b [5] 15 août 1785; m [5] 19 mai 1806, à Jean-Thomas TASCHEREAU. — *Philippe*, b [5] 2 mars 1791; m à Marie-Luce CASGRAIN.

1781, (13 août) Montréal.

II—PANET, PIERRE-LOUIS, [PIERRE I. b 1761; avocat et notaire.

SERRÉ, Marie-Anne, [JEAN-GABRIEL III. b 1765.

Pierre-Gabriel, b 9 sept. 1783, à Québec.

1787, (6 avril) Québec.

II.—PANET, BONAVENTURE. [PIERRE I.

DUNIÈRE, Marguerite, [LOUIS II. b 1752.

Bonaventure, b et s 7 janvier 1789, à Ste-Foye. —*Pierre*, b et s 20 avril 1791, à Lachenaye.

1793, (15 avril) Québec. [1]

II.—PANET, MARC-ANTOINE-MÉRU, [PIERRE I. b 1763; s [1] 16 juin 1795.

POMMEREAU (3), Marie-Catherine. [FRANÇOIS III.

III.—PANET, PHILIPPE, [JEAN-ANTOINE II. b 1791.

CASGRAIN, Marie-Luce.

Marie-Alphonsine-Philomène, b 8 nov. 1839, à Quebec [2]; m [2] 10 juillet 1860, à François-Alexandre-Hubert DE LA RUE.

PANIS.

CHARLES, appartenant à Alexandre Sel sieur Duclos; né 1697; b 7 juin 1710, à Montreal.

PANIS, FRANÇOIS.

LAMONTAGNE, Madeleine.

Augustin, b 18 juillet 1720, au Cap-St-Ignace.

---

(1) Frère du précédent.

(2) Mère du cardinal Taschereau.

(3) Elle épouse, le 4 nov. 1805, Paul Hervieux, à Repentigny.

MARIE-LOUISE, appartenant à M. Leschelle; b 1737; s 1er juin 1754, à l'Hôpital-Général, M.

MARIE-ANNE, appartenant à M. Senneville; b 1732; s 27 juin 1754, à l'Hôpital-Général, M.

MARIE, appartenant à M. Feltz; b 1748; s 3 sept. 1754, à l'Hôpital-Général, M.

RENÉ, né... s 24 juillet 1755, à l'Hôpital-Général, M.

MARIE, appartenant à Delle Desrivières; née... s 5 sept. 1755, à l'Hôpital-Genéral, M.

CHARLOTTE, appartenant à M. Jean Vienne; b 1742; s 14 mars 1782, à l'Hôpital-Général, M.

MARIE, appartenant à M. A. Adhémar; b 1763, s 1er mai 1781, à l'Hôpital-Genéral, M.

JOSEPH, appartenant à Mme Cuillerier; né 1685, s 16 oct. 1755, à l'Hôpital-Général, M.

JOSEPH, appartenant à M. de Baune; né 1737, s 16 oct. 1755, à l'Hôpital-General, M.

JOSEPH, appartenant à M. Perigny; b et s 20 oct. 1755, à l'Hôpital-Général, M.

JOSEPH, appartenant à M. Simon Réaume; né 1735, s 30 oct. 1755, à l'Hôpital-General, M.

MARIE, appartenant à M. Ducharme; née... s 5 nov. 1755, à l'Hôpital-Général, M.

MARIE, appartenant à M Lacoste; née... s 7 sept. 1755, à l'Hôpital-General, M.

MARGUERITE, appartenant à M. Laplante; née 1720; s 2 oct. 1755, à l'Hôpital-Genéral, M

MARIE, appartenant à Mme Linctot; née 1715, s 10 oct. 1755, à l'Hôpital-Genéral, M.

JOSEPH, appartenant à M. le chevalier de la Verandérie; né 1736; s 11 oct. 1755, à l'Hôpital-Général, M.

MARIE, appartenant à M. de la Véranderie, née 1736; s 12 février 1756, à l'Hôpital-Général, M.

JOSEPH, appartenant au roi; né 1747; s 22 nov. 1756, à l'Hôpital-Général, M.

MARIE, appartenant au roi; nee 1744; s 28 nov. 1756, à l'Hôpital-Géneral, M.

LOUISE, appartenant au roi; née... s 30 dec. 1756, à l'Hôpital-Général, M.

DEUX FILLES, appartenant au roi; s 11 nov. 1756, à l'Hôpital-Géneral, M.

MARIE, appartenant à Mme de Lignery ; née 1745; s 8 février 1757, à l'Hôpital-Général, M.

MARIE, appartenant à Delle Monier; née 1743; s 28 février 1757, à l'Hôpital-Genéral, M.

MARIE, appartenant au chevalier de la Corne; née 1742; s 15 avril 1757, à l'Hôpital-Genéral, M.

MARIE, appartenant à M. deVaudreuil; nee 1742; s 13 juillet 1757, à l'Hôpital-Genéral, M.

MARIE, appartenant à Hubert Lacroix; née 1742; s 13 juillet 1757, à l'Hôpital-Général, M.

MARIE, appartenant au roi; née 1737; s 29 sept. 1757, à l'Hôpital-Géneral, M.

MARIE, appartenant au roi; née 1732; s 30 sept. 1757, à l'Hôpital-Genéral, M.

MARIE, appartenant au roi; née 1748; s 3 oct. 1757, à l'Hôpital-Général, M.

JOSEPH, appartenant au roi; née 1733; s 14 oct. 1757, à l'Hôpital-General, M.

URSULE, appartenant à M. Feltz; née 1749; s 13 nov. 1757, à l'Hôpital-Genéral, M.

MARIE, appartenant à M. Godet; née 1741; s 15 nov. 1757, à l'Hôpital-Géneral, M.

MARIE, appartenant à M. Chenneville; née 1730; s 17 nov. 1757, à l'Hôpital-Géneral, M.

LOUIS, appartenant à M. Messière Lahaye; né 1750; s 2 fevrier 1758, à l'Hôpital-Géneral, M.

JOSEPH, appartenant à M Jean Giasson; né 1750; s 10 mars 1758, à l'Hôpital-General, M.

LOUISE, appartenant à Mme Couteraux; née 1742; s 7 avril 1758, à l'Hôpital-General, M.

MARIE, appartenant à M. Antoine Baron; née 1743; s 26 juin 1758, à l'Hôpital-Géneral, M.

CATHERINE, appartenant à M. D'Aguille; s 21 déc. 1758, à l'Hôpital-General, M.

JOSEPH, appartenant à M. Pillamet; né 1750; s 21 février 1759, à l'Hôpital-General, M.

MARIE, appartenant à M. Leschelle; née 1743; s 18 juillet 1759, à l'Hôpital-General, M.

MARIE, appartenant à M. de la Ronde; née 1744; s 14 août 1759, à l'Hôpital-General, M.

MARIE, appartenant à M. Feltz; née 1725; s 20 sept. 1759, à l'Hôpital-Genéral, M.

JOSEPH, appartenant à M. Corporon; né 1749; s 16 oct. 1759, à l'Hôpital-General, M.

MARIE, appartenant au roi; née 1719; s 27 oct. 1759, à l'Hôpital-General, M.

MARIE, appartenant à M. Perthuis, interprête des Iroquois; née... s 16 dec. 1759, à l'Hôpital-Général, M.

MARIE, appartenant à M. de Bleury; née 1743; s 23 déc. 1759, à l'Hôpital-Genéral, M.

MARIE-THÉRÈSE, Abénaquise; née 1719; s 9 déc. 1759, à l'Hôpital-General, M.

MARIE, appartenant au roi; née 1747; s 12 déc. 1759, à l'Hôpital-Général, M.

MORAIGOU, né 1730; s 22 janvier 1760, à l'Hôpital-General, M.

JOSEPH, appartenant à M. Gagné; né 1748; s 17 février 1760, à l'Hôpital-Général, M.

MARIE, appartenant au roi; née 1755; s 25 mars 1760, à l'Hôpital-General, M.

MARIE, appartenant à Mme de la Naudière; nee 1740; s 28 mars 1760, à l'Hôpital-Général, M.

MARIE, appartenant au roi; née 1755; s 28 mars 1760, à l'Hôpital-Général, M.

MARIE, appartenant à M. Perrault; née 1745; s 4 avril 1760, à l'Hôpital-General, M.

MARIE, appartenant à Mme Giasson; nee 1748; s 18 avril 1760, à l'Hôpital-Général, M.

MARIE, appartenant à Mme de Périgny; nee 1740; s 23 avril 1760, à l'Hôpital-Genéral, M.

ESCLAVE, appartenant à Quiensek, chef des Algonquins du Lac; ne 1725; s 4 mai 1760, à l'Hôpital-Genéral, M.

MARIE, appartenant à M. St. Dizier; née 1736; s 8 mai 1760, à l'Hôpital-Général, M.

MARIE, appartenant à M. Deschambault; née 1745; s 21 mai 1760, à l'Hôpital-Général, M.

MARIE, appartenant à M. Simon Réaume; née 1740, s 1er juin 1760, à l'Hôpital-Géneral, M.

SAUTEUX, né 1739; s 29 juin 1760, à l'Hôpital-General, M.

ANTOINE, appartenant à M. Deschenaux; né 1738; s 27 juillet 1760, à l'Hôpital-General, M.

THÉRÈSE, née 1720; s 26 août 1760, à l'Hôpital-General, M.

PANISE, appartenant à M. Lessard; née... s 3 sept. 1760, à l Hôpital-General, M.

ANSELME, appartenant à M. de la Garde, missionnaire des Iroquois, à la Presentation; ne 1749; s 28 sept. 1760, à l'Hôpital-General, M.

MARIE, appartenant à Mme de Lignery; née 1739; s 31 oct. 1760, à l'Hôpital-Général, M.

MARIE, appartenant à Mme Benoit; née 1736; s 3 janvier 1761, à l'Hôpital-Genéral, M.

JOSEPH, appartenant à Mme Delisle; ne 1752; s 31 janvier 1760, à l'Hôpital-General, M.

JEAN-BAPTISTE, appartenant à Paul Brossard, ne 1746; s 9 mai 1761, à l'Hôpital-Général, M.

PANIS, appartenant à M. de Bleury; ne 1745, s 29 juin 1761, à l'Hôpital-General, M.

PANIS, appartenant à M. de la Corne, né 1743, s 24 juillet 1763, à l'Hôpital-General, M.

ANGÉLIQUE, appartenant à M. Ferrière; née 1748; s 4 août 1763, à l'Hôpital-General, M.

JEAN-BAPTISTE, appartenant à M. François Volant, né 1707; s 14 juin 1766, à l'Hôpital-General, M.

CATHERINE, née 1708; s 9 oct. 1768, à l'Hôpital-Géneral, M.

MARIE, appartenant à M. D'Auterive; née 1719; s 5 mars 1769, à l'Hôpital-General, M.

MARIE, appartenant à Dlle Guyon; nee 1748; s 7 juin 1769, à l'Hôpital-General, M.

MARIE-JOSEPH, appartenant à Mme de Blainville; née 1723; s 4 juin 1769, à l'Hôpital-General, M.

JOSEPH, appartenant à M. Carignan; né 1752, s 28 sept. 1769, à l'Hôpital-General, M.

CHARLOTTE, appartenant à M. Côte, voyageur, née 1762; s 27 août 1775, à l'Hôpital-General, M.

MARIE-CHARLOTTE, appartenant à M. Dauby, nee 1752; s 30 sept. 1776, à l'Hôpital-Général, M.

CLAIRE, appartenant à Jacques Lemoine-Despins, nee 1769; s 26 déc. 1776, à l'Hôpital-Général, M.

MARIE-JOSEPH, appartenant à M. St. Luc-Lacorne; née 1747; s 24 juin 1777, à l'Hôpital-Général, M.

JOSEPH, appartenant à M. Bernard (Anglais), né 1764; s 3 mars 1778, à l'Hôpital-Général, M.

MARIE-JOSEPH, appartenant à M. Jean-Baptiste Adhémar; née 1770; s 30 août 1778, à l'Hôpital-Genéral, M.

MARIE-JOSEPH, appartenant à Mme D'Auteuil; née 1699; s 12 avril 1799, à l'Hôpital-Général, M.

MARGUERITE, appartenant à M. de Clignancour, née 1714; s 18 sept. 1794, à l'Hôpital-General, M.

PANNEAU.—Voy. PANNOT.

1771.

I.—PANNETIER (1), JACQUES, de Dragé, diocèse d'Avranches, Basse-Normandie.
CARON, Marie-Clotilde.
Marie-Jacqueline, b 28 déc. 1773, à l'Islet[3], s[9] 5 février 1774.

PANNETON.—*Surnom :* LEFIFRE.

1687, (30 oct.) Ste-Famille, I. O.

I.—PANNETON (2), CLAUDE, b 1664.
DOYSON, Marguerite, [SÉBASTIEN I
b 1671; s 31 mars 1751, aux Trois-Rivières
Jean-Baptiste, b 21 avril 1703, à Québec[9]; m[9] 24 avril 1722, à Elisabeth BOHEUR; s[9] 19 fevrier 1787.

1722, (24 avril) Québec.[6]

II.—PANNETON, JEAN-BTE, [CLAUDE I.
b 1703; s[6] 19 fevrier 1787.
BOHEUR (3), Elisabeth, [NICOLAS I.
b 1697.
Eustache, b[6] 22 août 1722; m 14 oct. 1748, à Madeleine PRÉVOST, à Montreal.[7]— *Marie-Elisabeth*, b[6] 31 janvier 1724; m[6] 13 oct. 1749, à Pierre DUVAL.—*Ursule*, b[6] 19 mars et s[6] 26 août 1725.—*Marie-Angélique*, b 27 mars 1728, à Lotbinière[8]; m[6] 24 août 1750, à Louis-Nicolas DUFLOS; s[6] 7 mars 1781.— *Marie-Jeanne*, b[8] 23 fevrier 1730; s[8] 20 avril 1731. — *Jean-Baptiste*, b 1732; m[7] 12 oct. 1767, à Marie-Louise AMELOT. — *Pierre-Jean-Baptiste*, b[6] 8 nov. 1733; m à Marie-Anne BISSON; s[6] 11 janvier 1774.—*Anonyme*, b[6] et s[6] 16 mars 1740. — *Gabriel*, b[6] 7 sept. et s[6] 17 dec. 1741.

1727, (1er sept.) Varennes.

II.—PANNETON, CLAUDE, [CLAUDE I.
b 1698.
SENÉCAL, Pétronille, [ETIENNE II.
b 1708.
Marie-Agathe, b 19 avril 1732, à L'Assomption. — *Claude*, b... 1° m à Felicité VIANNE, 2° m 9 janvier 1800, à Marie-Joseph SORIN, à St-Charles, Mo.

(1) Etabli à l'Islet. (Procès-verbaux).
(2) Dit Lefifre; voy. vol. I, p. 460.
(3) Voy. Bosché, vol. I, p. 68.

1733, (11 août) Québec.[4]
II.—PANNETON, THÉODOSE, [CLAUDE I.
b 1711.
GOUIN, Louise. [JEAN-BTE.
Théodose, b[4] 3 juin 1734; m 14 nov. 1757, à Madeleine BOULANGER, aux Trois-Rivières.[5] — *Louise*, b[4] 12 août 1736; m[5] 29 oct. 1759, à Jean-Baptiste BUISSON. — *Elisabeth*, b[4] 28 oct. 1738; m 12 fevrier 1755, à Joseph ROCHEREAU, au Cap-de-la-Madeleine[6]; s[6] 28 août 1768. — *Jean-Baptiste*, b[4] 11 juin 1741.—*Thérèse*, b[4] 30 mars et s[4] 14 août 1744.—*Angélique*, b[4] 22 nov. 1745; s[4] 17 juillet 1747. — *Pierre*, b[4] 24 dec. 1747.— *Etienne-Denis*, b[5] 7 déc. 1749. — *Joseph*, b[5] 19 mars 1752. — *Augustin*, b[5] 31 mars et s[5] 1er oct. 1755.

1748, (14 oct.) Montréal.[6]
III.—PANNETON, EUSTACHE, [JEAN-BTE II.
b 1722.
PREVOST, Madeleine, [JEAN-BTE II.
b 1730; s[6] 14 juillet 1773.
Eustache, b[6] 27 août et s[6] 27 oct. 1749.— *Eustache*, b et s 29 juin 1751, à St-Laurent, M.[7] —*Eustache*, b 1753; m[6] 24 oct. 1774, à Marie-Julie PÉLADEAU. — *Marie-Madeleine*, b 1754; m[6] 1er juillet 1776, à François-Xavier DAVELUY.— *Marie*, b 1761; s[7] 16 mai 1763. — *Louis*, b 1762; s[7] 24 mars 1763.

1757, (14 nov.) Trois-Rivières.[7]
III.—PANNETON, THÉODOSE, [THÉODOSE II.
b 1734.
BOULANGER, Madeleine, [JOSEPH II.
b 1731.
Théodose, b[7] 1er sept. 1758. — *Louise*, b[7] 15 juillet 1760.

1767, (12 oct.) Montréal.
III.—PANNETON, JEAN-BTE, [JEAN-BTE II.
b 1732.
AMELOT (1), Marie-Louise, [JACQUES II.
b 1744.

III.—PANNETON, PIERRE, [JEAN-BTE II.
b 1733; s 11 janvier 1774, à Quebec.
BISSON, Marie-Anne.

PANNETON, AMABLE.
GIBEAU, Marie-Joseph.
Marie-Amable, b 1765; s 27 déc. 1769, à la Longue-Pointe.

1774, (24 oct.) Montréal.
IV.—PANNETON, EUSTACHE, [EUSTACHE III.
b 1753.
PÉLADEAU, Marie-Julie, [JEAN III.
b 1753.

III.—PANNETON, CLAUDE. [CLAUDE II.
1° VIANNE, Felicité.
François, b 5 fevrier 1798, à St-Louis, Mo.

1800, (9 janvier) St-Charles, Mo.[5]
2° SORIN-LAROCHELLE, Marie-Jos. [JOSEPH II.
Angélique, b... m[5] 31 mai 1818, à Charles BRICAULT. — *Narcisse*, b... m[5] 5 février 1822, à Thérèse BORDEAU. — *Joseph*, b... m[5] 2 février 1829, à Julie LACROIX.

1822, (5 février) St-Charles, Mo.[7]
IV.—PANNETON, NARCISSE. [CLAUDE III.
BORDEAU, Thérèse. [PIERRE.
Marguerite, b... m[7] 21 oct. 1845, à Jean-Baptiste CARDINAL.—*Narcisse*, b... m[7] 7 janvier 1856, à Marie-Louise CHANCELLIER.

1829, (2 fevrier) St-Charles, Mo.
IV.—PANNETON, JOSEPH. [CLAUDE III.
LACROIX, Julie. [PIERRE.

1856, (7 janvier) St-Charles, Mo.
V.—PANNETON (1), NARCISSE. [NARCISSE IV.
CHANCELLIER, Marie-Louise.

PANNOT.—*Variation et surnom* : PANNEAU — LANGEVIN.

1745, (17 août) St-Pierre-les-Becquets.
I.—PANNOT (2), RENÉ, fils de René et de Charlotte Jarsau, de Moustier, diocèse d'Angers, Anjou.
1° TIBAUT, Marie-Madeleine, [JEAN-BTE II.
b 1707; veuve de Nicolas Navarre; s 11 mai 1750, à Yamachiche.[9]
Joseph, b[9] 6 mai et s[9] 16 sept. 1750.
1751, (6 juillet).[9]
2° LAMONTAGNE, Geneviève, [FRANÇOIS II.
b 1714; veuve de Michel Rabouin.
Michel, b[9] 25 juin 1755. — *Marie-Catherine*, b[9] 14 nov. 1760.

PANTOUX.—*Surnom* : VALCOUR.

1736, (1er août) Québec.[7]
I.—PANTOUX (3), PIERRE, fils de Noël et d'Anne Carpignet, de St-Aignant, diocèse de Bayeux, Basse-Normandie.
VIGNAU, Marie-Charlotte, [ANTOINE II.
b 1714.
Charlotte, b[7] 3 mai 1738.

PAPI.—Voy. PEPIE.

PAPIE.—Voy. PEPIE

PAPILIOT.—Voy. PAPLAU.

PAPILLO.—Voy. PAPLAU.

---

(1) Elle épouse Michel Talime.

(1) Et Ponton.
(2) Dit Langevin.
(3) Dit Valcour.

1691, (11 juin) Pte-aux-Trembles, Q.[7]
I.—PAPILLON (1), ETIENNE,
b 1636; s[7] 7 mai 1710.
GRENIER, Marie-Geneviève, [FRANÇOIS I.
b 1670; s[7] 22 août 1745.
Etienne, b[7] 10 février 1693; 1° m[7] 12 janvier 1722, à Marie-Madeleine LARUE; 2° m[7] 28 sept. 1733, à Elisabeth WILLIS-HOULET; s[7] 28 mars 1745.— *Pierre*, b[7] 16 mars 1695; m[7] 21 juillet 1721, à Angélique GAUDIN; s 29 oct. 1749, aux Ecureuils.—*Geneviève*, b[7] 14 juillet 1697; 1° m[7] 14 nov. 1719, à René MEZERAY; 2° m[7] 6 août 1727, à Edmé BORNAIS; 3° m[7] 13 mai 1733, à Jean HOULET.

1721, (21 juillet) Pte-aux-Trembles, Q.[9]
II.—PAPILLON, PIERRE, [ETIENNE I.
b 1695; s 29 oct. 1749, aux Ecureuils.[5]
GAUDIN, Marie-Angélique. [CHARLES II.
Pierre-Charles, b[9] 4 nov. 1722; m[9] 2 fevrier 1750, à Marie-Joseph RICHARD.—*Etienne-Paschal*, b[9] 13 avril 1724; 1° m 20 sept. 1751, à Marie-Louise GOSSELIN, à St-Laurent, I. O.; 2° m[5] 1er février 1762, à Angelique GOULET; s 17 juin 1778, à Québec. — *Marie-Angélique*, b[9] 9 sept. 1725.— *Marie-Catherine*, b[9] 17 mai et s[9] 24 juin 1727. — *Jean-Baptiste*, b[9] 3 août 1734; s[9] 27 janvier 1739. — *Marie-Thérèse*, b[9] 4 mars 1738; m[5] 24 oct. 1757, à Augustin RICHARD. — *Jean-Baptiste*, b[9] 14 juin 1740; m[5] 16 nov. 1761, à Therèse DUSSAULT.—*Marie-Angélique*, b[5] 8 dec. 1745.

1722, (12 janvier) Pte-aux-Trembles, Q.[9]
II.—PAPILLON, ETIENNE, [ETIENNE I.
b 1693.
1° LARUE, Marie-Madeleine, [JEAN-BTE II.
b 1703; s[9] 1er juillet 1728.
Etienne, b[9] 17 oct. 1722; 1° m 7 janvier 1750, à Madeleine VELLE-SANSOUCY, à Sorel; 2° m 3 nov. 1778, à Marie-Geneviève PEPIN, à St-François, I. O. —*Pierre*, b[9] 10 mars 1724. — *Joseph*, b[9] 10 fevrier 1726; s[9] 3 mai 1727. — *Louis-Joseph*, b[9] 28 août 1727; m[9] 8 janvier 1753, à Geneviève MARTIN.
1733, (28 sept.)[9]
2° WILLIS (2), Elisabeth-Catherine, [JEAN I.
b 1713; s[9] 28 fevrier 1745.
Elisabeth, b[9] 24 juin 1734; 1° m à Charles MCFERLAND; 2° m 11 janvier 1768, à Joseph ROY, à Montreal.[5] — *Marie-Joseph*, b[9] 29 oct. 1735; m[5] 7 janvier 1761, à Louis PRUDHOMME. — *Jean-Baptiste*, b[9] 30 mai 1737. — *Dominique*, b[9] 26 sept. 1741; s 14 fevrier 1757, à Quebec.[4] —*Jean-Claude*, b[4] 2 février 1744; s[9] 30 juillet 1744.

1750, (7 janvier) Sorel.
III.—PAPILLON, ETIENNE, [ETIENNE II.
b 1722.
1° VELLE-SANSOUCY, Madeleine. [JEAN-BTE II.
Marie-Madeleine, b 17 oct. 1750, à St-Ours.[3]— *Marie-Charlotte*, b[3] 19 nov. 1751. — *Etienne*, b[3] 10 oct. 1752. — *Elisabeth*, b[3] 11 déc. 1753. — *Marie-Marguerite*, b[3] 17 août et s[3] 12 dec. 1755. — *Jacques*, b[3] 18 et s[3] 26 déc. 1756. — *Pierre*, b[3] 24 nov. 1757; s[3] 8 janvier 1758. — *Marie-Geneviève*, b[3] 29 déc. 1758.
1778, (3 nov.) St-François, I. O.
2° PEPIN, Marie-Geneviève, [GERVAIS III.
b 1751.

1750, (2 février) Pte-aux-Trembles, Q.[1]
III.—PAPILLON, PIERRE-CHARLES, [PIERRE II.
b 1722; s 13 juillet 1774, aux Ecureuils.[2]
RICHARD, Marie-Joseph, [JACQUES II.
b 1723.
Pierre-Charles, b[2] 11 février 1751. — *Jean-Baptiste*, b[2] 18 mars 1753.—*Marie-Charlotte*, b[2] 19 janvier 1758. — *Marie-Angélique*, b[2] 25 juin 1760. — *Charles*, b[1] 14 avril 1762. — *Marie-Thérèse*, b[2] 13 août 1764. — *Anonyme*, b[2] et s[2] 30 juin 1766.

1751, (20 sept.) St-Laurent, I. O.
III.—PAPILLON (1), ETIEN.-PASCHAL, [PIERRE II.
b 1724; s 17 juin 1778, à Québec.[1]
1° GOSSELIN, Louise, [FRANÇOIS III.
b 1731; s 20 mai 1761, aux Ecureuils.[2]
Marie-Louise, b[2] 3 mai 1753; m[2] 13 fevrier 1775, à Augustin BERTRAND. — *Etienne*, b[2] 18 sept. 1754; m[1] 12 oct. 1779, à Marie-Angelique MARC.—*Marie-Catherine*, b[2] 11 nov. 1756; s[2] 23 sept. 1758. — *Marie-Joseph*, b[2] 8 dec. 1758.
1762, (1er février).[2]
2° GOULET, Angélique. [LOUIS IV.
Jacques, b[2] 9 dec. 1762.—*Marie-Joseph*, b[2] 30 oct. 1764. — *Pierre*, b 3 oct. 1766, à la Pte-aux-Trembles, Q.[3]; m 9 juillet 1792, à Judith BAUDOIN, à Repentigny. — *Jean-Baptiste*, b[2] 25 nov. 1768; s[2] 30 janvier 1774. — *Marie-Elisabeth*, b[3] 11 nov. 1771. — *Angélique*, b[3] 15 mai et s[2] 10 juillet 1773.—*Marie-Geneviève*, b[3] 6 nov. 1774.— *Angélique*, b[2] 16 oct. 1776.

1753, (8 janvier) Pte-aux-Trembles, Q.[8]
III.—PAPILLON (2), LS-JOSEPH, [ETIENNE II.
b 1727.
MARTIN, Geneviève, [ETIENNE I.
b 1730.
Marie-Geneviève, b[8] 11 août 1756; m[8] 7 janvier 1777, à Pierre CLERMONT. — *Louis*, b[8] 11 sept. 1758; s[8] 9 mars 1766. — *Marie-Angélique*, b[8] 21 dec. 1761; s[8] 6 mars 1766. — *Etienne*, b[8] 13 août 1764; s[8] 24 fevrier 1766.—*Thérèse*, b 15, aux Ecureuils et s[8] 21 juillet 1768. — *Marie-Angélique*, b[8] 11 juin 1770. — *Marie-Louise*, b 1772; s[8] (de la picote) 21 fevrier 1776.

1761, (16 nov.) Ecureuils.[8]
III.—PAPILLON, JEAN-BTE, [PIERRE II.
b 1740.
DUSSAULT, Thérèse, [MICHEL III.
b 1744.
Jean-Baptiste, b[8] 3 dec. 1762.—*Charles*, b[8] 10 avril 1765. — *Thérèse*, b[8] 13 mai et s[8] 24 juin

---

(1) Voy. vol. I, p. 460.
(2) Mariée Houlet.

(1) Maître-pilote de Québec à Montréal.
(2) Pilote de Québec à Montréal.

1766.—*Louis*, b 29 août 1767, à la Pte-aux-Trembles, Q.[9] — *Thérèse*, b[9] 15 sept. 1770 ; s[8] 20 mai 1772.—*Alexis*, b[8] 25 mars 1774. — *Marie-Françoise*, b[8] 20 avril et s[8] 8 juin 1776. — *Marie-Louise*, b[8] 1er nov. 1780.

1779, (12 oct.) Québec.
IV.—PAPILLON, ETIENNE, [ETIEN.-PASCHAL III.
b 1754.
MARC, Marie-Angélique, [CHARLES I.
b 1761.

1792, (9 juillet) Repentigny.[3]
IV.—PAPILLON, PIERRE, [ETIEN.-PASCHAL III.
b 1766.
BAUDOIN, Judith. [FRANÇOIS.
Pierre, b[3] 25 nov. 1793.

PAPILLOT.—Voy. PAPLAU.

PAPILLOU.—Voy. PAPLAU.

PAPILLOUX.—Voy. PAPLAU.

PAPIN.—*Variation et surnom* : PEPIN— BARONNET.

1665, (14 déc.) Montréal.[2]
I—PAPIN (1), PIERRE,
b 1631.
PELLETIER, Anne,
b 1646 ; s 12 déc. 1686, à la Pte-aux-Trembles, M.
Gilles, b[2] 14 mars 1669 ; 1° m 25 oct. 1693, à Françoise CHAPERON, à Boucherville[4] ; 2° m[4] 18 août 1715, à Marie-Joseph BÉNARD.

1693, (25 oct.) Boucherville [4]
II—PAPIN (1), GILLES, [PIERRE I.
b 1669 ; arpenteur.
1° CHAPERON Marie-Françoise, [PIERRE I.
b 1678.
Marie-Charlotte, b[4] 4 nov. 1701 ; m[4] 12 janvier 1733, à Alexandre GUILLORY. — *Marie-Anne*, b... m[4] 26 février 1732, à Pierre LEVASSEUR.—*Pierre*, b 1709 ; m 11 février 1737, à Catherine GUICHARD, à Montréal.[5] — *Joseph*, b... m 1740, à Marguerite PEPIN.

1715, (18 août).[4]
2° BÉNARD, Marie-Joseph, [JOSEPH II.
b 1689.
Elisabeth, b 1716 ; s[4] 21 janvier 1717.—*Jean-Baptiste*, b[4] 24 juin 1717. — *Véronique*, b[4] 23 déc. 1718. — *François*, b[4] 16 janvier 1720. — *Basile*, b[4] 17 fevrier 1722. — *Marie-Anne*, b[4] 22 mai 1723.—*Cécile*, b[4] 27 oct. 1724 ; m[5] 11 nov. 1748, à François JOLIETTE.—*Ambroise*, b[4] 2 déc. 1726.

(1) Voy. vol. I, p. 460.

1737, (11 février) Montreal.[8]
III.—PAPIN (1), PIERRE, [GILLES II.
b 1709 ; marchand.
GUICHARD, Catherine, [JEAN I.
b 1720.
Marie, b[8] 26 oct. 1739. — *Marguerite*, b 1er mars 1741, à Lachenaye ; 1° m[8] 19 avril 1762, à Jean-Baptiste BARSOLOU ; 2° m[8] 15 février 1774, à Michel BATTU. — *Pierre*, b 15 mars et s 21 mai 1742, à Terrebonne.[7] — *Alexandre*, b[7] 18 mai 1743.—*Marie-Louise*, b 1744 ; s[7] 26 janvier 1745. —*Antoine*, b[7] 3 juillet et s[7] 6 août 1746.—*François*, b[8] 21 nov. 1748. — *Joseph*, b... s 25 juillet 1749, à Levis.—*Marie-Catherine*, b[8] 17 oct. 1749. —*Marie-Jeanne*, b[8] 29 nov. 1750. — *Charlotte*, b[8] 17 mai 1752. — *Luc*, b[8] 22 mai et s 28 juin 1753, à Charlesbourg. — *Marie-Julie*, b[8] 4 sept. 1754 ; m 27 nov. 1774, à Benoît VASQUEZ, à St-Louis, Mo. — *Marie-Félicité*, b[8] 12 oct. 1755.— *Pierre-Benjamin*, b[8] 18 dec. 1756. — *Marie-Madeleine*, b[8] 3 nov. 1758.

1740.
III.—PAPIN, JOSEPH. [GILLES II.
PEPIN, Marguerite.
Joseph-Marie, b 6 nov. 1741, à Montréal[9] ; m 9 janvier 1779, à Marie-Louise CHOUTEAU, à St-Louis, Mo.—*Joseph*, b[9] 10 et s[9] 20 août 1747.— *Marguerite*, b[9] 15 oct. 1748 ; s[9] 12 juin 1749.

PAPIN, JEAN-BTE.
PINARD, Marie-Louise.
Jean-Baptiste, b 23 juin 1757, à la Baie-du-Febvre.

PAPIN, LOUIS.
DUCLOS, Angélique.
Joseph, b 6 oct. 1777, à St-Cuthbert.

1779, (9 janvier) St-Louis, Mo.[1]
IV.—PAPIN, JOSEPH-MARIE, [JOSEPH III.
b 1741.
CHOUTEAU, Marie-Louise. [AUGUSTIN.
Joseph, né 23 janvier et b[1] 2 juillet 1780.—*Marguerite*, b[1] 10 août 1781 ; m[1] 30 août 1802, à Philippe LEDUC.—*Alexandre*, b[1] 27 avril 1783 ; m à Marie-Julie BRAZEAU.—*Marie-Thérèse*, b[1] 16 mai 1784.—*Marie-Louise*, b[1] 5 juin 1786.—*Hypolite*, b[1] 25 mai 1788 ; m[1] 4 juillet 1815, à Josephine LOISEL.—*Pélagie*, b[1] 4 juillet 1790.—*Sophie*, nee 24 sept. 1791 et b[1] 13 fevrier 1795.—*Pierre*, b[1] 4 août 1793.—*Sylvestre*, né 7 déc. 1794 et b[1] 13 fevrier 1795 ; m[1] 18 janvier 1817, à Clémentine LOISEL.—*Emilie*, b[1] 10 juin 1796 ; m[1] 23 juillet 1816, à François CHAUVIN.—*Didier*, né 7 mars et b[1] 4 juillet 1798; m à Catherine CERRÉ.—*Théodore*, ne 11 janvier 1799 ; b[1] 12 mai 1803 ; m 1822, à Celeste DUCHOUQUET.

V.—PAPIN, ALEXANDRE, [JOSEPH-MARIE IV.
b 1783.
BRAZEAU, Marie-Julie.
Marguerite-Marie-Louise, b... m 27 nov. 1828, à Henri MASURE, à St-Louis, Mo.[7] — *Zoé*, b[7] 5

(1) Dit Baronnet, 1755.

mai 1815; m [7] 9 août 1832, à Larkin DEAVER.— —*Alexandre*, b [7] 27 mai 1817. — *Julie*, b [7] 29 février 1820. — *Marie-Sophie*, b [7] 15 juillet 1823. —*Aimée-Henriette*, né 15 mars 1828 et b [7] 13 avril 1831.

1815, (4 juillet) St-Louis, Mo. [7]

V.—PAPIN, HYPOLITE, [JOSEPH-MARIE IV.
b 1788; forgeron.
LOISEL, Joséphine. [RÉGIS.
Louise-Anne, b [7] 2 août 1817; m [7] 3 juillet 1837, à Eugène-Charles DUPRÉ.—*Hypolite*, b [7] 24 avril 1819.—*Joseph*, b [7] 11 mars 1821. — *Joseph-Mélicour*, b [7] 9 avril 1823.—*Emilie-Lise*, b [7] 8 mai 1825.—*Zoé*, b [7] 10 juin 1827.—*Jean-Théodore*, b [7] 2 oct. 1830. —*Alexandre-Raymond*, b [7] 15 sept. 1838.

1817, (18 janvier) St-Louis, Mo. [9]

V.—PAPIN, SYLVEST.-VILLERAY, [JOS.-MARIE IV.
b 1795.
LOISEL, Clémentine. [REGIS.
Marie-Clémentine, b [9] 5 sept. 1818; m [9] 19 nov. 1838, à Léopold CARRIÈRE. — *Sylvestre*, b [9] 26 août 1820.—*Joseph*, b [9] 17 mai 1822.—*Timothée*, b [9] 20 fevrier 1825.— *Marie*, b [9] 18 août 1826.— *François-Régis-Théophile*, b [9] 1er juillet 1828.

1822.

V.—PAPIN, THÉODORE, [JOSEPH-MARIE IV.
b 1803.
DUCHOUQUET, Celeste.
Marie, b 15 juin 1823, à St-Louis, Mo [9]; m [9] 25 avril 1839, à Georges W. ATCHISON. — *Théodore-Adolphe*, b [9] 3 juillet 1825. — *Henri*, b [9] 10 juin 1827.—*Cornelie*, b [9] 24 juin 1830.

V.—PAPIN, DIDIER, [JOSEPH-MARIE IV.
b 1798.
CERRÉ, Céleste.
Marie-Thérèse, née 22 avril 1833; b 2 mai 1834, à St-Louis, Mo.

PAPINEAU. — *Surnoms :* DESLAURIERS — FORVILLE—MONTIGNY.

1704, (6 juin) Rivière-des-Prairies.

I.—PAPINEAU (1), SAMUEL, b 1670; fils de Samuel et de Marie Delain, de la ville de Montigny, Poitou; s 23 avril 1737, au Sault-au-Récollet. [1]
QUÉVILLON (2), Catherine, [ADRIEN I.
b 1686; veuve de Guillaume Lacombe.
Marie-Marguerite, b 23 mars 1705, à Montréal [2]; m 20 août 1725, à Jean-Baptiste PÉRILLARD, à St-Laurent, M. [3]—*Catherine*, b [2] 13 déc. 1706; m [3] 16 oct. 1730, à Nicolas PÉRILLARD. — *Marie-Louise*, b [2] 28 avril 1709; m à Pierre PARADIS.— *François*, b [2] 25 mai 1712, m [2] 7 oct. 1737, à Marie-Joseph DEVAUTOUR.—*Pierre*, b [2] 20 oct. 1714; m [1] 30 juin 1739, à Marie-Joseph BRIGNON.—*Jean-Baptiste*, b... m [1] 29 oct. 1743, à Marie-Charlotte MARTINEAU.—*Joseph*, b [2] 19 mars 1719; m 17 février 1749, à Marie-Joseph BAUDRY, à la Longue-Pointe; s [2] 8 sept. 1785.—*Michel*, b 1723; m [2] 5 mars 1753, à Marie-Anne SARAU.—*Louis*, b 1727, m [3] 18 avril 1746, à Marie-Joseph CHOMELIER.

(1) Dit Montigny.

(2) Elle épouse, le 3 avril 1742, Jacques Daniel, au Sault-au-Récollet.

PAPINEAU (1), JEAN.
....
Madeleine, b 1715; s 7 mai 1791, au Cap-de-la-Madeleine.

1737, (7 oct.) Montréal. [3]

II.—PAPINEAU (2), FRANÇOIS, [SAMUEL I
b 1712.
DEVAUTOUR, Marie-Joseph, [ANTOINE II
b 1715.
Jacques, b [3] 11 sept. 1738.—*Marie-Joseph*, b 1739; m à Jean SADOURIN; s [3] 25 avril 1796.— *Amable*, b... m 22 juin 1762, à Louis LAPORTE, à Chambly. [4] — *Marie*, b [4] 26 nov. 1746.—*Marie-Victor*, b [4] 12 mars et s [4] 25 juillet 1749.—*Pierre*, b [4] 11 oct. 1750.—*Marie-Desanges*, b [4] 4 mai 1753; s [4] 31 mai 1754.—*Antoine*, b [4] 13 oct 1754— *Marie-Archange*, b [4] 30 janvier et s [4] 18 août 1758.

1739, (30 juin) Sault-au-Récollet. [6]

II.—PAPINEAU (2), PIERRE, [SAMUEL I
b 1714.
BRIGNON, Marie-Joseph. [JEAN II
Jean-Baptiste, b [6] 9 avril 1740.—*Pierre*, b 17 avril 1742, à Montreal. [7] — *Louis-Toussaint*, b [7] 5 juin et s [7] 5 juillet 1744.—*Louis-Toussaint*, b 25 mars et s 20 juin 1750, à St-Laurent, M. [8]—*Jean-Marie*, b [8] 21 oct. 1752.—*Gabriel*, b [8] 12 mai et s [8] 27 juillet 1754 —*Marie-Brigitte*, b [8] 24 fevrier 1756.—*Louis-Gabriel*, b [8] 24 déc. 1758.

1743, (29 oct) Sault-au-Récollet. [9]

II.—PAPINEAU (2), JEAN-BTE. [SAMUEL I
MARTINEAU, Marie-Charlotte. [PIERRE II
Michel, b [9] 29 sept. et s [9] 12 oct. 1745.—*Marie-Catherine*, b [9] 12 fevrier 1749.—*Jean-Baptiste*, b [9] 1er fevrier 1753.

1746, (18 avril) St-Laurent, M.

II.—PAPINEAU, LOUIS, [SAMUEL I.
b 1727.
CHOMELIER, Marie-Joseph, [FRANÇOIS I.
b 1724.

1749, (17 fevrier) Longue-Pointe.

II.—PAPINEAU, JOSEPH, [SAMUEL I
b 1719; s 8 sept. 1785, à Montreal. [2]
BAUDRY, Marie-Joseph, [JACQUES II
b 1729.
Marie-Agnès, b [2] 24 déc. 1749.— *Marie-Joseph*, b 1762; m [2] 2 oct. 1780, à Ignace BERTRAND.— *Joseph*, b [2] 16 oct. 1752; m [2] 23 août 1779, à Marie-Rosalie CHERRIER. — *André*, b... m [2] 31 juillet 1797, à Marie-Anne ROUSSEL.

(1) DeFortville.

(2) Dit Montigny.

1751.

PAPINEAU (1), PIERRE.
DESMARETS, Marie-Louise.
Marie-Louise, b 14 nov. 1752, à St-Michel-d'Yamaska. [2] — *Marie-Geneviève*, b [2] 1er sept. 1754.—*Joseph*, b [2] 14 oct. 1756.

1753, (5 mars) Montréal.

II.—PAPINEAU (2), MICHEL, [SAMUEL I.
b 1723.
SARAU, Marie-Anne, [JEAN-BTE II.
b 1730.
Joseph, b 13 mai et s 17 juillet 1759, à St-Antoine-de-Chambly.

1779, (23 août) Montréal. [2]

III.—PAPINEAU, JOSEPH, [JOSEPH II.
b 1752 ; notaire royal.
CHERRIER, Marie-Rosalie. [PASCHAL-JOS. II.
Séraphin-Joseph, b [2] 24 nov. 1783.—*Louis-Joseph*, b [2] 10 oct. 1789 ; m 29 avril 1818, à Julie BRUNEAU, à Quebec ; s 24 sept. 1871, à Monte Bello. — *Toussaint-Victor*, b [2] 30 mars 1798 ; ordonné 20 sept. 1823.

1797, (31 juillet) Montréal. [6]

III.—PAPINEAU, ANDRÉ. [JOSEPH II.
ROUSSEL, Marie-Anne. [JEAN-BTE.
Marie-Rosalie-Emilie, b [6] 20 mai et s [6] 24 nov. 1801. — *Marie-Adélaide*, b [6] 6 janvier 1803.—*Marie-Angelique*, b [6] 31 août 1805. — *Marie-Fleury*, b [6] 18 mars 1807. — *André-Benjamin* et *Louis-Antoine*, b [6] 24 dec. 1809.

1818, (29 avril) Québec.

IV.—PAPINEAU (3), LOUIS-JOSEPH, [JOSEPH III.
b 1789 ; s 24 sept. 1871, à Monte Bello.
BRUNEAU, Julie. [PIERRE II.

PAPLAU.—*Variations et surnom :* PAPILIOT—PAPILLO—PAPILLOT—PAPILLOU—PAPILLOUX—PAPLEAU—PERIGNY.

1696, (27 nov.) Batiscan. [7]

I.—PAPLAU (4), JEAN-BTE,
b 1665 ; s [7] 29 janvier 1725.
MORAND, Marie, [PIERRE I.
b 1680.
Jean, b [7] 6 mars 1698 ; m 6 février 1729, à Madeleine LEFEBVRE, à Ste-Geneviève. [9]—*Pierre*, b [7] 10 avril 1700 ; 1° m [7] 22 nov. 1728, à Marguerite THOMAS ; 2° m 3 mai 1753, à Elisabeth HAMEL, à Ste-Anne-de-la-Pérade. [8] — *Marie-Madeleine*, b [7] 16 août 1703 ; m 1731, à Etienne BROUSSON.—*Marie-Joseph*, b [7] 8 mars 1706 ; m [9] 2 mai 1730, à Jean-Baptiste LEFEBVRE. — *Joseph*, b [7] 25 déc. 1708 ; s [9] 5 mai 1737. — *Marie-Catherine*, b [7] 27 juin 1711 ; m [9] 28 juillet 1733, à Michel LEFEBVRE. — *François-Marie*, b [7] 5 juin 1713 ; m [8] 17 janvier 1745, à Marie-Elisabeth BRISSON.

(1) Joseph, 1754—François, 1756.
(2) Dit Montigny.
(3) Membre et Orateur du Parlement du Bas-Canada jusqu'à l'epoque de la rebellion de 1837.—Seigneur de la Petite-Nation, etc.
(4) Dit Périgny ; voy. vol. I, p. 460.

1728, (22 nov.) Batiscan.

II.—PAPLAU (1), PIERRE, [JEAN-BTE I.
b 1700.
1° THOMAS, Marguerite. [JEAN I.
Marie-Marguerite, b 25 août 1729, à Ste-Geneviève. [4] — *Marie-Catherine*, b [4] 5 juillet 1731 ; m à Jean-Baptiste RAOUL. — *Marie-Joseph*, b [4] 19 avril 1733.— *Pierre*, b [4] 17 et s [4] 20 août 1735.—*Marie-Anne*, b [4] 28 oct. 1736. — *Thérèse*, b [4] 15 juin 1738 ; m 14 fevrier 1763, à Joachim ROY-CHATELLEREAU, à Ste-Anne-de-la-Pérade. [5]
1753, (3 mai). [5]
2° HAMEL, Elisabeth. [CHARLES III.

1729, (6 février) Ste-Geneviève. [4]

II.—PAPLAU (2), JEAN, [JEAN-BTE I.
b 1698.
LEFEBVRE, Madeleine, [GABRIEL-NICOLAS I.
b 1695.
Jean-Baptiste, b [4] 8 et s [4] 15 nov. 1729.—*Marie-Anne*, b [4] 27 nov. 1730.—*Marie-Catherine*, b [4] 12 mai 1732. — *Marie-Joseph*, b [4] 20 mai et s [4] 14 juin 1735. — *Jean-Gervais*, b [4] 14 juillet 1737.—*Marie-Joseph*, b [4] 12 sept. 1738.

1745, (17 janvier) Ste-Anne-de-la-Pérade. [1]

II.—PAPLAU (3), FRS-MARIE, [JEAN-BTE I.
b 1713.
BRISSON, Marie-Elisabeth, [MICHEL.
b 1727.
François, b 1749 ; s [1] 12 janvier 1755.—*Joseph*, b 18 août 1750, à Batiscan. [2]— *Marguerite*, b... m [1] 4 août 1779, à Hyacinthe BIGUET. — *Marie-Joseph*, b... m [1] 31 janvier 1780, à Jean-Baptiste COSSET.—*Catherine*, b [2] 4 juin 1762. —*Louis*, b [2] 25 mars 1764.

II.—PAPLAU (4), JOSEPH, [JEAN-BTE I.
b 1708 ; s 5 mai 1737, à Ste-Geneviève. —

PAPLAU (5), JOSEPH.
JUNEAU, Marie.
Marie-Geneviève, b 4 août 1772, à Ste-Anne-de-la-Perade.

PAPLEAU.—Voy. PAPLAU.

1742, (13 août) St-Laurent, M.

I.—PAQUERAUX (6), SIMON, b 1712 ; fils de Jean et de Marguerite Bouchet, de la Niode, diocèse de Luçon, Poitou.
HARDOUIN, Françoise, [PIERRE-CHARLES II.
b 1725.

PAQUET.—*Variations et surnoms :* PACQUET—PAQUIER—PASQUET—PASQUIER—PATIET—DE FRANCLIEU—LARIVIÈRE—LAVALLÉE—PRÊT-A-BOIRE—RANGER.

(1) Et Papillot—Papilloux dit Périgny.
(2) Et Papillot dit Périgny ; marié sous ce dernier nom.
(3) Marié Papilloux dit Perigny.
(4) Et Papillot.
(5) Et Papillot dit Périgny.
(6) Soldat de la compagnie de Céloron.

1668.

II.—PAQUET (1), MAURICE. [MÉRY I.
FORGET, Françoise. [NICOLAS I.
Jean-François, b 26 mai 1671, à Québec; m 9 nov. 1693, à Marie MARCOU, à Beauport; s 9 oct. 1758, à Charlesbourg.

1668, (6 nov.) Québec. [4]

I.—PAQUET (2), ETIENNE.
ROUSSEAU, Henriette.
Philippe, b [4] 20 nov. 1673; m 9 février 1699, à Jeanne BROSSEAU, à Charlesbourg [5]; s [5] 6 nov. 1735.

1669.

I.—PAQUET (3), PIERRE.
CAILLET, Marie,
b 1648; s 24 sept. 1685, à Ste-Famille, I. O. [1]
Pierre, b [1] 18 fevrier 1670. — *Pierre*, b [1] 20 avril 1671; m [1] 29 juillet 1694, à Marie CHARLAND; s 25 janvier 1703, à Quebec. — *Antoine* (4), b [1] 4 juin 1673; s [1] 19 juillet 1734.

1670, (30 juin) Château-Richer. [1]

I.—PAQUET (5), ISAAC,
s 18 juin 1702, à St-Laurent, I. O. [2]
MEUNIER, Elisabeth, [MATHURIN I.
b 1656.
Elisabeth, b... m 1689, à Pierre GUÉRET. — *Charles*, b 25 mars 1673, à Ste-Famille, I. O. [3]; m 1695, à Jeanne COLOMBE; s 13 oct. 1745, à Quebec. [4] — *Antoine*, b [4] 20 mai 1678; m 31 janvier 1708, à Geneviève PAULET, à St-Pierre, I. O.; s [2] 3 juin 1721.—*François*, b [2] 27 avril 1680; m [2] 11 juin 1703, à Marie-Anne BERNARD. — *Marguerite-Angélique*, b [2] 16 juin 1686; 1° m [4] 20 août 1703, à Denis DESÈVRE; 2° m [1] 24 oct. 1713, à Jean CHAPEAU; s [1] 4 février 1753. — *Jean-François*, b 1692; 1° m 1715, à Marguerite DEBLOIS; 2° m 27 nov. 1741, à Marguerite JOACHIM, à Boucherville; s 6 nov. 1762, à l'Hôpital-Général, M.

1671.

I.—PAQUET (6), PHILIPPE,
b 1631; maçon.
GOBEIL, Françoise, [JEAN I.
b 1656; s 25 fevrier 1716, à Ste-Famille, I. O. [1]
Jeanne, b [1] 7 nov. 1676; s [1] 17 avril 1743.— *Jacques*, b [1] 1er mars 1679; s 12 mai 1749, à St-Pierre, I. O. [2] — *François*, b 12 août 1685, à St-Jean, I. O. [3]; m [2] 21 janvier 1715, à Angelique PARADIS.—*Pierre*, b [3] 31 oct. 1692; 1° m 1er fevrier 1717, à Eleonore ROBERGE, à St-Laurent, I. O.; 2° m 7 février 1736, à Agnès BILODEAU, à St-François, I. O. — *Augustin*, b [3] 16 mars 1696; m 30 oct. 1724, à Jeanne BADEAU, à Québec.

(1) Voy. Pasquier, vol. I, p 465.
(2) Voy. vol. I, p. 465.
(3) Et Jacquet; voy. vol. I, p. 316.—Voy. aussi Pasquier, p. 466.
(4) Donné des Sœurs de la Cong. N.-D.
(5) Voy. Pasquier dit Lavallée, vol. I, pp. 465-66.
(6) Voy. Pasquier, vol. I, p. 466.

1679, (16 oct.) Quebec. [7]

II.—PAQUET (1), RENÉ, [MÉRY I.
b 1644; menuisier; s [7] 9 mai 1699.
LEMIEUX (2), Helène, [GABRIEL I.
b 1661.
Noel, b 1684; m 1708, à Marguerite BAUDET; s 26 juin 1744, à Laprairie. — *Louis*, b [7] 18 janvier 1692; 1° m [7] 10 février 1716, à Louise-Angélique GUILLOT; 2° m 25 janvier 1751, à Geneviève TROTIER, à Batiscan; s [7] 6 août 1753.

1690, (9 janvier) Charlesbourg. [5]

III.—PAQUET (1), LOUIS, [MAURICE II.
b 1669.
LEROUX, Geneviève, [FRANÇOIS I.
b 1673; s [5] 11 mai 1711.

1693, (9 nov.) Beauport.

III.—PAQUET (1), JEAN-FRANÇOIS, [MAURICE II.
b 1671. s 9 oct. 1758, à Charlesbourg. [8]
MARCOU (3), Marie, [PIERRE I.
b 1671; s [8] 10 déc. 1739.
François, b 29 août 1694, à Québec; m [8] 12 février 1719, à Anne LEMIRE.— *Noel*, b [8] 28 mai 1697; m 9 août 1728, à Marie-Geneviève CAMPAGNA, à St-François, I. O.; s [8] 10 août 1752.— *Pierre*, b [8] 4 août 1700; 1° m [8] 30 mai 1729, à Suzanne AUCLAIR; 2° m [8] 27 sept. 1734, à Marie-Charlotte RENAULT. — *Joseph*, b [8] 22 mars 1702; m [8] 29 fevrier 1740, à Marie-Joseph JACQUES— *Louise-Angélique*, b [8] 2 mai 1708; m [8] 16 février 1733, à Pierre LECLERC.—*Louis*, b [8] 25 août 1709, s [8] 13 janvier 1728.—*Ignace*, b [8] 5 mai 1711, m 27 juillet 1739, à Marie-Anne LABELLE, à St-François, I. J.—*Charles*, b 1716; s [8] 3 déc. 1735.

1694, (29 juillet) Ste-Famille, I. O.

II.—PAQUET (4), PIERRE, [PIERRE I.
b 1671; s 25 janvier 1703, à Québec.
CHARLAND (5), Marie, [CLAUDE I.
b 1669.

1695.

II.—PAQUET (6), CHARLES, [ISAAC I.
b 1673; s 13 oct. 1745, à Québec.
COLOMBE, Jeanne, [LOUIS I.
b 1677.
Jacques, b 27 nov. 1706, à Beaumont [1]; 1° m 13 avril 1733, à Geneviève GUAY, à Lévis; 2° m [1] 4 août 1735, à Geneviève LACASSE; s [1] 15 janvier 1776.—*Joseph*, b [1] 6 mars 1709; 1° m [1] 21 oct 1731, à Marie MIGNOT; 2° m 22 janvier 1742, à Marie-Charlotte GRENIER, à Boucherville.—*Jean-Baptiste*, b [1] 23 janvier 1711; 1° m 3 nov. 1731, à Anne BILODEAU, à St-François, I. O. [2]; 2° m [2] 27 juillet 1734, à Geneviève PLANTE; 3° m 8 août 1743, à Marie-Louise TERRIEN, à St-Jean, I. O. [3], 4° m [3] 4 août 1760, à Thècle CHARLAND.—*Pierre*,

(1) Voy. vol. I, p. 466.
(2) Elle épouse, le 23 nov. 1705, Robert Fouchet, à Québec.
(3) Aussi appelée Moreau.
(4) Et Pasquier.
(5) Elle épouse, le 31 août 1711, Jean Filiau, à Québec.
(6) Dit Lavallée; voy. vol. I, p. 466.

b[1] 24 mars 1714 ; m 15 sept. 1738, à Marie-Louise FILTEAU, à St-Michel[4]; s [4] 11 oct. 1756.—*Louis*, b[1] 24 août 1716 ; 1° m [4] 5 février 1742, à Marie-Françoise FILTEAU; 2° m 8 oct. 1749, à Geneviève SIMARD, à Ste-Anne.—*Marie-Joseph*, b [1] 5 juillet 1719; m [1] 30 janvier 1746, à Charles ROY.

1697, (1er août) Québec. [5]

III.—PAQUET (1), JACQUES, [MAURICE II.
b 1675; s [5] 4 mars 1764.
STEVENS (2), Marie-Françoise,
b 1681 ; s [5] 6 juin 1741.

Pierre, b [5] 13 juin 1698 ; m 11 nov. 1720, à Angélique BOURG, à St-Laurent, M.; s 21 nov 1766, à St-Vincent-de-Paul.—*Maurice*, b [5] 16 sept. 1699 ; m 1727, à Thérèse DRAPEAU.—*François*, b [5] 4 avril 1710 ; m 2 oct. 1741, à Geneviève GIROUX, à Beauport; s [5] 29 fevrier 1784.—*Jean-Baptiste*, b [5] 3 mars 1712 ; 1° m 19 nov. 1742, à Marie-Françoise PENISSON, à Charlesbourg ; 2° m [5] 4 nov. 1749, à Marie-Françoise BÉLANGER.

1699, (9 février) Charlesbourg. [8]

II.—PAQUET (3), PHILIPPE, [ETIENNE I.
b 1673 ; s [8] 6 nov. 1735.
BROSSEAU, Jeanne, [JULIEN I.
s [8] 4 avril 1757.

Julien, b [8] 9 août 1700 ; s [8] 4 février 1703.—*Madeleine*, b [8] 10 mars 1702 ; m 15 nov. 1724, à Pierre ALARD, à Quebec. [9] — *Pierre*, b [8] 14 fevrier 1706 ; m [8] 29 août 1729, à Madeleine RENAUD.—*Marie-Jeanne*, b [8] 14 février 1706 ; m [9] 19 août 1738, à Jean-Baptiste DUFOUR ; s [9] 24 avril 1774.—*Marie-Agnès*, b [8] 20 février 1708 ; m [8] 3 juillet 1730, à Joseph MARTEL.—*Jean-Baptiste*, b [8] 22 juin 1710 ; 1° m [8] 7 fevrier 1735, à Marie-Madeleine LOISEL ; 2° m [8] 12 nov. 1736, à Angélique FRÉCHET.—*Marguerite*, b [8] 15 juin 1712 ; m [8] 5 nov. 1732, à Etienne CHEVALIER.—*Jacques*, b [8] 8 fevrier 1716 ; m [8] 5 mai 1738, à Marie-Jeanne RENAULT.—*Marie-Joseph*, b [8] 13 juin 1717 ; m [8] 7 fevrier 1746, à Nicolas VALIN ; s [8] 17 mai 1754.—*François*, b [8] 6 janvier 1720 ; m 1746, à Marie-Charlotte VALIN ; s [8] 28 août 1762.

1700, (11 août) St-Jean, I. O [7]

II—PAQUET, PHILIPPE, [PHILIPPE I.
b 1674.
FONTAINE (4), Marie, [ETIENNE I.
b 1683.

Marie, b [7] 2 oct. 1701 ; s [7] 11 oct. 1703.—*Philippe*, b... 1° m [7] 19 janvier 1722, à Dorothée PLANTE ; 2° m 1745, à Marie-Louise GAUDREAU.—*Marie-Hélène*, b [7] 3 février 1704.—*Jean-François*, b [7] 13 avril 1712 ; m [7] 20 fevrier 1737, à Marie-Angélique PEPIN.—*Pierre*, b... 1° m 19 janvier 1740, à Marthe LABBÉ, à St-François, I. O. ; 2° m 4 fevrier 1752, à Angelique DUBÉ, à St-Roch.—*Joseph*, b... m [7] 23 nov. 1744, à Geneviève GREFFARD.—*Marie-Madeleine*, b [7] 27 nov. et s [7] 4 déc. 1723.—*Etienne*, b [7] 9 mai et s [7] 29 sept. 1725.

1703, (11 juin) St-Laurent, I. O.

II.—PAQUET (1), FRANÇOIS, [ISAAC I.
b 1680.
BERNARD, Marie-Anne, [ANDRÉ I.
b 1683.

Louise, b 1705 ; m 16 fevrier 1722, à Charles PÉRILLARD, à Montréal.

1703, (18 nov.) Québec. [8]

III.—PAQUET, RENÉ, [RENÉ II.
b 1680 ; menuisier ; s [8] 11 janvier 1710.
MAILLOU (2), Catherine, [JOSEPH II.
b 1686.

René, b [8] 25 sept. 1704 ; m [8] 23 oct. 1729, à Marie-Louise PARANT ; s [8] 25 mars 1776.—*Jean-François*, b [8] 4 et s [8] 29 oct. 1705.—*Marie-Catherine*, b [8] 10 oct. 1706 , s [8] 17 juillet 1714 —*Antoine*, b [8] 23 nov. 1707 ; s [8] 19 janvier 1708.—*Antoine*, b [8] 10 février 1709 , 1° m [8] 23 nov. 1733, à Marie-Anne MARTIN ; 2° m [8] 30 avril 1739, à Marie-Joseph GUILLOT —*Louis* (posthume), b [8] 27 mars 1710 ; m à Therèse BARBEAU.

1708, (31 janvier) St-Pierre, I. O.

II.—PAQUET (1), ANTOINE, [ISAAC I.
b 1678 ; s 3 juin 1721, à St-Laurent, I. O. [7]
PAULET (3), Geneviève, [ANTOINE II.
b 1688.

Geneviève, b [7] 15 août 1709.—*Anne*, b [7] 14 avril 1711 ; m [7] 23 nov. 1733, à Jean TIBAUT.—*Antoine*, b [7] 12 fevrier 1713 ; 1° m [7] 5 nov. 1742, à Angelique ROUSSEAU ; 2° m 21 oct. 1748, à Marie-Joseph COTÉ, à Beaumont.—*Catherine*, b [7] 28 fevrier 1715 ; m [7] 25 fevrier 1737, à Jean-François COTÉ.—*Jean-Baptiste*, b [7] 11 mars 1717 ; m [7] 17 août 1746, à Judith LECLERC.—*Elisabeth*, b... m [7] 9 nov. 1750, à Ignace RUEL. — *Marie-Madeleine*, b [7] 29 mai 1721.

1708, (20 février) St-Jean, I. O.

II.—PAQUET, JEAN, [PHILIPPE I.
b 1682.
CHARLAND (4), Marie, [NOEL II.
b 1686.

Jean-Baptiste, b... m 28 avril 1738, à Thérèse PRESSEAU, à St-Pierre, I. O.

1709, (1er avril) Chambly. [3]

I.—PAQUET (5), NOEL, b 1684 ; fils de Thomas et d'Anne Liardin, du diocèse de Verdun, Bourgogne ; s 26 juin 1744, à Laprairie. [4]
BAUDET, Marguerite, [LAURENT I.
b 1687.

Louise, b 1709 ; m [4] 6 février 1730, à Joseph FONTENEAU.—*Noël*, b 3 fevrier 1710, à Montreal [5];

(1) Voy. vol. I, pp. 466-467.
(2) Aussi appelée Estias—Nestyus—Stibre.
(3) Voy. vol. I, p. 467.
(4) Elle épouse, le 10 nov. 1738, Louis Marceau, à St-Jean, I. O.

(1) Dit Lavallée.
(2) Elle épouse, le 22 nov. 1712, Noël DeRainville, à Quebec.
(3) Elle épouse, le 27 juillet 1722, Joseph Labrecque, à St-Laurent, I. O.
(4) Elle épouse, en 1725, Pierre Morisset.
(5) Dit Larivière.

1° m [4] 14 février 1735, à Marie-Anne HERTAUT; 2° m [3] 26 janvier 1761, à Marie-Anne CÉRAT.—*Marguerite*, b [4] 2 août 1711.—*Louis*, b [5] 25 juillet 1713; s [5] 7 juin 1714.—*Marie*, b [5] 2 avril 1715; m [4] 14 fevrier 1735, à Jean-Baptiste PATENOTE.—*Jean*, b [5] 3 mars 1717; m 16 nov. 1744, à Marie-Anne GOUYOU, à Longueuil.[6]—*Marguerite*, b [6] 18 oct. 1718; m 1746, à Guillaume BESSET.—*Pierre-Louis*, b [6] 25 août 1720; m [4] 7 oct. 1748, à Elisabeth PIÉDALU.—*Alexis*, b... m [6] 22 janvier 1748, à Marie-Anne VIAU.—*Marie-Marthe*, b... m [6] 6 oct. 1749, à Pierre ROBERT.—*Marie-Joseph*, b 1725; s [6] 7 juin 1748.—*Marie-Catherine*, b 1727; s [4] 24 mars 1733.—*Marie-Anne*, b [4] 20 mai 1730; m [3] 27 juillet 1750, à Jean-Baptiste BESSET.—*Joseph-Marie*, b [4] 22 juillet 1732; m [3] 17 janvier 1757, à Catherine BARRÉ.

1711, (16 nov.) Château-Richer.[1]

II.—PAQUET (1), JOSEPH, [ISAAC I.
b 1689; s [1] 9 juillet 1715.
CLOUTIER, Françoise, [JEAN II.
b 1669; veuve d'Antoine Doyon.

1715, (21 janvier) St-Pierre, I. O.[7]

II.—PAQUET, FRANÇOIS, [PHILIPPE I.
b 1685.
PARADIS, Angélique, [PIERRE II.
s 23 août 1748, à Ste-Famille, I. O.[8]
François, b [8] 29 nov. 1715; s [8] 25 dec. 1727.—*Angélique*, b [8] 29 nov. 1715; 1° m [8] 4 août 1738, à Jean-Baptiste MARCOT; 2° m [8] 17 avril 1741, à Jean FERLAN; s [8] 16 oct. 1769.—*Madeleine*, b [8] 15 février 1718; m [8] 21 août 1747, à Joseph POULIOT.—*Marie-Marthe*, b [8] 2 mars 1722; m [8] 3 août 1744, à François GANAC; s [8] 6 sept. 1748.—*Basile*, b [7] 13 mars 1724; m [7] 6 février 1749, à Marie-Thérèse DORVAL.—*Joseph*, b [8] 11 avril 1726; m [8] 6 février 1747, à Louise FILIAU.—*Etienne-Prisque*, b [8] 27 juin 1727; m [7] 18 oct. 1756, à Marie-Thècle NOEL.—*François*, b [8] 29 oct. 1729.—*Marie-Rose*, b [8] 3 avril 1733.

PAQUET, FRANÇOIS.

....

Etienne, b 1738; s (noyé en revenant de la carrière) 25 juillet 1757, au Détroit.

1715.

II.—PAQUET (2), JEAN-FRANÇOIS, [ISAAC I
b 1692; s 6 nov. 1762, à l'Hôpital-Général, M
1° DEBLOIS (3), Marguerite, [JOSEPH II.
b 1688.
Brigitte, b 22 août 1716, à St-Valier.[4]—*Madeleine*, b [4] 26 juillet 1717.—*Jean-François*, b 17 avril 1720, à Beaumont[5]; m 23 août 1751, à Madeleine COULON, à Chambly.—*Antoine*, b [5] 24 sept. 1722.—*Marie-Joseph*, b [5] 26 mars 1724.—*Michel*, b [4] 24 nov. 1726.—*Marie-Anne*, b... m 1750, à Jean-Baptiste BARET.—*Catherine-Denise*, b 6 avril et s 14 mai 1729, à Québec.[6]—*Marie-Angélique*, b [6] 6 avril et s [6] 16 mai 1729.—*Marie-Madeleine*, b [6] 24 juin 1731; m 4 avril 1758, à Jean CHAPELET, à Montréal.

1741, (27 nov.) Boucherville.

2° JOACHIM, Marguerite, [BERNARD I.
b 1689; veuve d'André Maillot.

1716, (10 fevrier) Québec.[8]

III.—PAQUET (1), LOUIS, [RENÉ II.
b 1692; tonnelier; s [8] 6 août 1753 (dans l'église).
1° GUILLOT, Louise-Angélique, [JEAN I
b 1693; s [8] 12 déc. 1749.

1751, (25 janvier) Batiscan.[9]

2° TROTIER (2), Geneviève, [FRS-MARIE III.
b 1722; s [9] 16 déc. 1755.

1717, (1er février) St-Laurent, I. O.

II.—PAQUET, PIERRE, [PHILIPPE I
b 1692.
1° ROBERGE, Eléonore, [PIERRE I
b 1689; s 24 oct. 1734, à Québec.[3]
Paul, b 23 mars 1720, à Boucherville.[4]—*Marie-Anne*, b [4] 8 déc. 1721; m [3] 16 février 1757, à Pierre OUÈTRE.—*Elisabeth*, b [4] 24 juillet 1723; 1° m [3] 25 mai 1750, à Jean-Baptiste DURANSEAU, 2° m [3] 17 nov. 1755, à Pierre FISET.—*Louis*, b [4] 25 février 1725; s [3] 13 mai 1733.—*Jean-Louis*, b [4] 21 déc. 1726.—*Marie-Louise*, b 22 mai 1729, à Longueuil.—*Marie-Joseph*, b [3] 17 et s [3] 20 mai 1732.

1736, (7 février) St-François, I. O.[5]

2° BILODEAU (3), Agnès, [SIMON II
b 1708; s 31 janvier 1748, à St-Jean, I. O.[6]
Pierre-Noel, b [5] 15 oct. 1736; 1° m 26 nov. 1764, à Marie-Anne DUQUET, à Ste-Rose; 2° m 21 sept. 1767, à Marie PAQUET, à St-Vincent-de-Paul.—*Marie-Agnès*, b [5] 10 février 1738; m [6] 11 février 1760, à Charles FORTIER.—*Marie-Catherine*, b [6] 15 août 1740.—*Marie-Geneviève*, b [6] 15 sept. 1742; m 20 oct. 1766, à Pierre POUPART, à Montréal.—*Joseph-Marie*, b [6] 14 juin 1747.

1717, (20 nov.) Beaumont.[7]

III.—PAQUET (4), ETIENNE. [CHARLES II
LEROY, Marie-Anne, [GUILLAUME II
b 1700; s [7] 1er juin 1789.
Marie, b [7] 22 janvier 1719; m [7] 21 juin 1734, à Pierre LABRECQUE.—*Marie-Anne*, b [7] 9 mars 1721, m 8 janvier 1748, à François ROMAN, à Montréal.—*Marie-Louise*, b [7] 14 et s [7] 18 février 1723.—*Marie-Marthe*, b [7] 25 avril 1724; 1° m 13 nov. 1747, à Jean DESCHEVERY, à Québec[8]; 2° m [8] 8 janvier 1759, à Pierre-Germain JEAN-GODON.—*Joseph*, b [7] 16 mars 1726; s [7] 19 oct. 1727.—*Joseph*, b [7] 20 mars et s [7] 21 août 1728.—*Etienne*, b [7] 31 août 1729; s [7] 3 août 1733.—*Jacques*, b [7] 20 oct. 1731.—*Jean-Baptiste*, b [7] 17 juin 1734.—*Etienne*, b [8] 30 nov. 1736.

II.—PAQUET, JACQUES, [PHILIPPE I.
b 1679; s 12 mai 1749, à St-Pierre, I. O.

(1) Et Paquier.
(2) Dit Lavallée.
(3) Dit Grégoire.

(1) Et Pasquier.
(2) DeBellecour.
(3) Aussi appelée Blondeau—Falardeau.
(4) Dit Lavallée.

1719, (12 fevrier) Charlesbourg. [5]
IV.—PAQUET, François, [Jean-François III.
b 1694.
Lemire (1), Anne, [Joseph II.
b 1701.
Marie-Anne, b [5] 16 mars 1721 ; m [5] 3 juillet 1752, à Charles Boesmé.—*Geneviève-Elisabeth,* b [5] 22 janvier 1723 ; m [5] 21 janvier 1752, à Pierre-François Parant.—*Catherine,* b [5] 2 février 1725 ; s [5] 12 nov. 1727.—*François,* b [5] 7 avril 1727 ; s [5] 25 fevrier 1743.—*Joseph,* b [5] 10 avril 1730 ; s [5] 26 avril 1733.—*Louise-Angélique,* b [5] 24 avril 1732 ; s [5] 12 mai 1743.—*Etienne,* b [5] 12 mars 1737.

1720, (11 nov.) St-Laurent, M. [1]
IV.—PAQUET, Pierre, [Jacques III.
b 1698 ; s 21 nov. 1766, à St-Vincent-de-Paul. [2]
Bourg (2), Marie-Angélique, [Antoine I.
b 1705.
Jacques, b [1] 26 juillet 1721 ; m 1742, à Marie Barbeau-Potvin ; s [2] 1er août 1756. — *Maurice,* b... 1° m 1er oct. 1742, à Marie Colleret, au Sault-au-Recollet [3] ; 2° m [2] 10 nov. 1760, à Therese Boucher.—*Pierre,* b... 1° m [3] 27 juillet 1750, à Françoise Hunault ; 2° m [2] 30 janvier 1758, à Marie-Anne Noel.—*Claude,* b 29 oct. 1728, à St-François, I. J. [4] ; m [2] 23 juin 1760, à Elisabeth Dubois —*Charles,* b [4] 30 sept. 1730.—*Françoise,* b [4] 29 sept. 1732 ; m [2] 17 fevrier 1749, à Joseph Migneron.—*Jean-Baptiste,* b [4] 8 juillet 1734 ; m [2] 6 nov. 1757, à Marie-Louise Gagnon. — *Marie-Angélique,* b [4] 1er juin 1736 ; s [4] 1er mai 1738.—*Marie,* b... m [2] 6 nov. 1757, à Laurent Noel.—*Marie-Joseph,* b [3] 3 fevrier 1738 ; m [2] 9 nov. 1756, à Pierre Pelletier. — *Véronique,* b [4] 19 mai 1739 ; m [2] 19 oct. 1761, à Pierre Renaud.—*Angélique,* b... m [2] 2 fevrier 1761, à Joseph Aubé. — *Joseph,* b [2] 6 mars 1745 ; s [2] 12 avril 1751.

1722, (19 janvier) St-Jean, I. O. [3]
III.—PAQUET, Philippe. [Philippe II.
1° Plante, Dorothée, [Thomas II.
b 1704 ; s [3] 3 mai 1745.
Philippe, b 2 sept. 1730, à St-Laurent, I. O. [4] ; m 5 février 1759, à Françoise Petitclerc, à Lorette. — *Renée,* b 1732 ; s [3] 1er août 1733. — *Marie-Thérèse,* b [3] 20 juin et s [3] 20 août 1736.—*Marie-Françoise,* b [3] 26 sept. 1737 ; m [3] 21 fevrier 1757, à Pierre Vincent. — *Jean-François,* b [4] 2 juin 1739.—*Joseph-Marie,* b [4] 14 sept. 1740, m 7 nov. 1768, à Marie Vigeant, à Chambly. — *Etienne,* b... m 15 fevrier 1762, à Madeleine Demers, à St-Nicolas. — *Geneviève,* b [3] 27 avril 1744 ; s [3] 1er avril 1745.

1745.
2° Gaudreau, Marie-Louise.
Marie-Louise, b [3] 4 juin 1746. — *Louis,* b [3] 19 fevrier 1748.—*Jean,* b [3] 27 dec. 1750.—*Jean-Baptiste,* b [3] 16 mars 1752.—*Philippe* (3), b [3] 19 sept. 1753 —*Henri,* b [3] 26 mars 1759. — *Marie-Angélique,* b [3] 18 mai 1761. — *Paschal,* b [3] 4 avril 1763.

(1) Elle épouse, le 7 février 1763, François Parant, à Beauport.
(2) Et Dubourg dit Lachapelle.
(3) Filleul de son frère Philippe.

1722, (10 fevrier) Québec.
IV.—PAQUET, Germain, [Jean-François III.
b 1698.
Lemarié, Marie-Madeleine, [Thomas II.
b 1690 ; s 16 mars 1762, à Charlesbourg. [7]
Anonyme, b [7] et s [7] 19 juillet 1738.— *Germain,* b [7] et s [7] 14 avril 1740.

1724, (15 mai) Charlesbourg. [8]
IV.—PAQUET, Jacques, [Jean-François III.
b 1695 ; s 4 mars 1750, à Quebec. [9]
Auclair (1), Marie-Catherine, [Pierre I.]
b 1701.
Pierre, b [8] 8 et s [8] 21 février 1725. — *Jacques,* b [8] 1er février 1726 ; s [8] 5 dec. 1727. — *Marie-Madeleine,* b [8] 1er août 1727 ; m [9] 8 janvier 1748, à Noel-Joseph Girard.—*Jean-Baptiste,* b [8] 27 mai 1729 ; m [9] 24 nov. 1749, à Jeanne-Elisabeth Chobet ; s [9] 12 dec. 1785.—*Pierre,* b [8] 27 janvier 1731 ; m [9] 13 nov. 1752, à Geneviève Dasilva. —*Anne-Elisabeth,* b [8] 25 et s [8] 29 dec. 1732. — *Elisabeth,* b [8] 31 janvier 1734 ; m [9] 25 nov. 1754, à Jean-Baptiste Fiset ; s [9] 30 oct. 1755. — *Charlotte,* b [8] 25 sept. 1735 ; s [8] 6 août 1738.—*Marie-Joseph,* b [8] 7 nov. 1738.—*Marguerite-Agnès,* b [8] 31 mars 1740 ; s [9] 14 sept. 1758 —*Joseph,* b [9] 19 mars 1743 ; m [9] 8 nov. 1762, à Marie-Joseph Manceau.

1724, (30 oct.) Québec. [5]
II.—PAQUET, Augustin, [Philippe I.
b 1696.
Badeau, Jeanne, [François III.
b 1704 ; s [5] 21 août 1781.
Marie-Joseph, b [5] 13 fevrier 1726 ; m [5] 21 mai 1742, à Joseph Fortin. — *Marie-Jeanne,* b [5] 1er fevrier et s [5] 12 juin 1727. — *Ursule,* b [5] 4 avril 1728 ; s [5] 28 janvier 1730. — *Augustin,* b [5] 6 juillet 1729 ; s [5] 28 mai 1733. — *Marie-Suzanne,* b [5] 5 février 1731.—*Marie-Louise,* b [5] 5 fevrier 1731 ; s 25 août 1732, à St-Augustin.

1725, (29 oct.) Beaumont. [1]
III.—PAQUET (2), Charles, [Charles II.
b 1704
Allaire, Marie-Charlotte. [François II.
Marguerite, b [1] 3 sept. 1726 ; m 4 fevrier 1743, à Jean-Baptiste Normandin, à Verchères. [2] — *Charles,* b [2] 16 août 1728.—*Charlotte,* b... m [2] 15 mai 1752, à Joseph Tétreau.—*Marie-Françoise,* b... m [2] 15 mai 1752, à Antoine Chagnon. — *Joseph-Marie,* b... m [2] 12 janvier 1761, à Marie-Louise Charon. — *Angélique,* b... m [2] 19 janvier 1761, à Pierre Chicoine.

(1) Elle épouse, le 23 juin 1760, Adrien Leclerc, à Beauport.
(2) Dit Lavallée.

1725, (27 nov.) Québec.[2]
I.—**PAQUET** (1), Louis, b 1692; fils de René et de Marie Héry, de St-Romain, diocèse de LaRochelle, Aunis; s [2] 11 nov. 1747.
Paquet (2), Geneviève. [Louis III.
Guillaume-Louis, b [2] 16 mars et s [2] 3 avril 1727. — *Marie-Geneviève*, b [2] 29 mars 1728; m [2] 22 nov. 1751, à Louis Renaud. — *Louis*, b [2] 26 déc. 1729; s [2] 5 juin 1733. — *Geneviève-Agathe*, b [2] 7 nov. 1732; m 14 février 1757, à Jean-Baptiste Sourdive, à Beauport. — *Geneviève*, b [2] 5 oct. 1735. — *Louis-Bernard*, b [2] 7 avril 1738. — *Louis*, b [2] 5 oct. 1742; s [2] 23 sept. 1743.

1727.
IV.—PAQUET, Maurice, [Jacques III.
b 1699.
Drapeau, Thérèse.
Thérèse, b 16 et s 27 janvier 1728, à St-François, I. J.[7] — *Marie-Thérèse*, b [7] 7 mars 1729. s [7] (de la picote) 5 mai 1733 —*Marie-Joseph*, b [7] 17 avril 1731; m 10 nov. 1748, à Claude Gravel, à St-Vincent-de-Paul.[8] — *Anonyme*, b [7] et s [7] 6 déc. 1732.—*Marie-Amable*, b [7] 1er déc. 1733 · m [8] 25 oct. 1751, à Charles Gravel.—*Joseph*, b 1734, s [8] 30 juin 1744. — *Marie-Elisabeth*, b [7] 26 nov. 1736; m [8] 25 février 1754, à Louis Gravel.—*Marie-Anne*, b [7] 6 juillet 1738; m [8] 21 février 1757, à Michel Coutancineau, s [8] 16 mars 1761.—*Anonyme*, b [7] et s [7] 24 sept. 1739.—*Maurice-Amable*, b [7] 11 sept. 1740; m [8] 13 oct. 1760, à Marie-Louise Barette.—*Louis*, b... m [8] 22 février 1762, à Reine Boucher.—*Pierre*, b 1744; m [8] 14 avril 1766, à Charlotte Gravel. — *Charles-Marie*, b [8] 14 mai 1745.—*Marie-Anne*, b [8] 6 janvier 1748; s [8] 15 mars 1750.—*Jean-Marie*, b [8] 4 avril 1750.

IV.—PAQUET (3), Louis, [René III.
b 1710.
Barbeau, Thérèse.
Louis, b... 1° m 6 février 1748, à Marguerite Ménard, à Terrebonne; 2° m 8 janvier 1759, à Marie-Joseph Chartrand, à St-Vincent-de-Paul.[7] —*Marie*, b... m [7] 6 fevrier 1748, à Pierre Caillé. — *Elisabeth*, b... m [7] 2 février 1750, à Pierre Taillon. — *François*, b 1730; s [7] 2 sept. 1745.— *Marguerite*, b 25 avril 1731, à St-François, I. J.[8]; s [8] 7 nov. 1738. — *Marguerite*, b... m [7] 3 mai 1751, à Simon Hotte; s [7] 16 nov. 1762. — *Paul*, b [8] 26 dec. 1734. — *Thérèse*, b... m [7] 21 janvier 1754, à François Lalongé. — *Marie-Joseph*, b 24 mai 1737, à Lachenaye; m [7] 13 oct. 1760, à Amable Lalongé.—*Charles*, b [8] 23 août 1739; m [7] 1er février 1762, à Marie Drapeau. — *Marie-Amable*, b... m [7] 2 fevrier 1761, à Jean-Baptiste Perrot. —*Judith-Julienne*, b [7] 22 fevrier 1744; m [7] 9 janvier 1764, à Charles Renaut.

1728, (9 août) St-François, I. O.
IV.—**PAQUET**, Noel, [Jean-François III.
b 1697; s 10 août 1752, à Charlesbourg.[5]
Campagna, Marie-Geneviève, [Charles II.
b 1702.

(1) Et Pacquet.
(2) Et Pasquier.
(3) Père adoptif de Boniface qui épouse, le 20 oct. 1760, Victoire Monet.

Marie-Geneviève, b [5] 24 et s [5] 28 juillet 1729.— *Joseph-Marie*, b [5] 22 juillet 1730; m 20 août 1753, à Marguerite Dugast, à Quebec.[6] —*Marie-Geneviève*, b [5] 11 oct. 1731; m [5] 21 janvier 1754, à Jean-Paul Duthu.—*Pierre-Noel*, b [5] 25 fevrier 1733; s [5] 22 nov. 1740.—*Jean*, b [5] 1er juillet 1734 —*Marie-Marguerite*, b [5] 17 janvier 1736.—*Marie-Angelique*, b [5] 17 février et s [5] 9 mars 1737.— *Louis*, b... m [5] 19 février 1759, à Marie-Agathe Chalifour.— *Pierre-François*, b [5] 24 nov. 1739, 1° m [6] 18 mai 1763, à Madeleine Pepin; 2° m [6] 9 fevrier 1790, à Monique Lefrançois. — *Marie-Angélique*, b [5] 23 sept. 1741; m [5] 18 avril 1763, à Charles Renault.—*Marie-Félicité*, b [5] 10 et s [5] 28 oct. 1743.

1729, (30 mai) Charlesbourg.[5]
IV.—PAQUET, Pierre, [Jean-François III.
b 1700.
1° Auclair, Suzanne, [Pierre I.
b 1711; s [5] 11 déc. 1733.
Marie-Madeleine, b [5] 8 août 1730; m [5] 18 oct. 1751, à Jean-Baptiste Bedard. — *Pierre*, b [5] 22 mars 1732; s 22 oct. 1749, à Quebec. — *Marie-Charlotte*, b [5] 22 oct. 1733; s [5] 16 sept. 1748.
1734, (27 sept.)[5]
2° Renault, Marie-Charlotte, [Jean-Bernard II
b 1713.
Jean-Baptiste, b [5] 3 avril 1735; m [6] 22 août 1763, à Marie-Catherine Jobin. — *Louis*, b [5] 9 juillet 1736; m 14 février 1757, à Geneviève Lemarié, à Ste-Foye.—*Marie-Joseph*, b [5] 17 sept. 1737; s [5] 25 mai 1744. — *Marie-Thérèse*, b [5] 11 mars 1739.—*Marie-Louise*, b [5] 20 août 1740, m [5] 31 janvier 1763, à Simon Bedard.—*Marie-Jeanne*, b [5] 7 août 1742. — *Pierre-Laurent*, b [5] 10 août 1744.—*Charles*, b [5] 11 mars 1746; m 19 janvier 1767, à Angelique Giroux, à Beauport.—*Joseph*, b [5] 12 mars 1748.—*Francois*, b [5] 21 nov. 1749— *Marie-Charlotte*, b [5] 11 dec. 1751. — *Jacques*, b [5] 18 juin 1755.

1729, (29 août) Charlesbourg.
III.—**PAQUET**, Pierre, [Philippe II
b 1706.
Renaud, Madeleine, [Pierre II.
b 1707.

1729, (23 oct.) Québec.[9]
IV.—**PAQUET**, René, [René III
b 1704; maître-maçon; s [9] 25 mars 1776.
Parant, Marie-Louise, [Jean II.
b 1708; s [9] 3 avril 1776.
Marie-Madeleine, b [9] 7 déc. 1730; m [9] 24 mai 1751, à Pierre Labadie. — *Marie-Joseph*, b [9] 9 août 1732; s [9] 25 nov. 1733. — *René*, b [9] 19 sept 1734, s [9] 22 mai 1745. — *Pierre*, b [9] 17 juin 1737 —*Jean*, b [9] et s [9] 23 août 1738.—*Marie-Anne*, b [9] 2 sept. 1739; m [9] 6 juin 1757, à Jean-Nicolas Monjon.—*Guillaume-Louis*, b [9] 29 juillet 1741.— *Joseph-Ignace*, b [9] 31 oct. et s [9] 28 nov. 1742.— *Joseph*, b [9] 23 oct. 1743.—*Marie-Elisabeth*, b [9] 18 oct. et s [9] 28 dec. 1745.—*Augustin*, b [9] 23 oct. et s [9] 25 nov. 1746. — *Pierre-François*, b [9] 16 oct 1747; s [9] 13 fevrier 1748. — *François-Marie*, b [9] 10 nov. 1749. — *Marie-Joseph*, b [9] 24 avril et s [9] 25 juillet 1752, à Charlesbourg.

1731, (21 oct.) Beaumont. [2]
III.—PAQUET (1), JOSEPH, [CHARLES II.
b 1709.
1° MIGNOT, Marie, [JEAN I.
veuve de François Alaire.
Joseph-Etienne, b [2] 4 août 1732; m 12 juillet 1755, à Madeleine CHAUVIN, à Boucherville. [3] — *Marie-Madeleine*, b [2] 24 août 1734; 1° m 7 février 1763, à Jacques LEBEL, à la Rivière-Ouelle [4]; 2° m [4] 10 janvier 1775, à Louis HUDON; 3° m [4] 13 mai 1782, à Joseph AUTIN. — *Louis*, b 28 avril 1737, à Québec [5]; m [3] 11 nov. 1765, à Catherine CHARBONNEAU. — *Marie-Geneviève*, b [5] 21 avril 1739.
1742, (22 janvier). [3]
2° GRENIER, Marie-Charlotte, [CHARLES II.
b 1718.

1731, (3 nov.) St-François, I. O. [1]
III.—PAQUET (1), JEAN-BTE, [CHARLES II.
b 1711.
1° BILODEAU, Anne, [ANTOINE II.
s [1] 22 avril 1733.
Anne, b [1] 22 oct. 1732.
1734, (27 juillet). [1]
2° PLANTE, Geneviève, [JACQUES II.
b 1700; s [1] 13 août 1742.
Jean-Baptiste, b [1] 17 août 1735; m 19 oct. 1761, à Marguerite GUILBAULT, à St-Joachim. — *Joseph-Marie*, b [1] 27 nov. 1736. — *Marie-Madeleine*, b [1] 21 mars 1739.—*François*, b 15 juin, à Quebec et s [1] 28 juillet 1742.
1743, (8 août) St-Jean, I. O. [2]
3° TERRIEN, Marie-Louise, [ANDRÉ II.
b 1721; s [2] 2 février 1760.
Charles, b [2] 8 mars 1744; m 16 sept. 1771, à Marie-Charlotte DELAVOYE, aux Eboulements.—*François*, b [1] 6 mai 1745. — *Marie-Louise*, b [2] 8 mai 1746. — *Marie-Geneviève*, b [2] 28 mai et s [2] 8 juillet 1747.—*Jacques*, b [1] 14 oct. 1750. — *Catherine*, b [2] 4 dec. 1751. — *Marie-Angélique*, b [2] 1er mars 1753; m [2] 16 août 1772, à Charles PLANTE. — *Louis*, b [2] 20 oct. 1754. — *Alexis*, b [2] 19 et s [2] 24 mai 1756.—*Joseph*, b [1] 6 juin 1757.—*Marie-Louise*, b [2] 10 et s [2] 15 janvier 1759.
1760, (4 août). [2]
4° CHARLAND, Marie-Thècle. [FRS-NOEL III.
Michel, b [2] 9 sept. 1761. — *Pierre*, b [2] 3 oct. 1763.

1732, (4 nov.) St-François, I. J. [8]
IV.—PAQUET, JACQUES-CHS, [JACQUES III.
b 1707.
TALLARD (2), Marie-Anne. [RICHARD I.
Jacques, b [8] 29 avril 1733; m 2 février 1756, à Jeanne VÉSINA, à St-Vincent-de-Paul. [9]—*Joseph*, b [8] 6 fevrier 1735; m [9] 21 janvier 1760, à Marie ROSE. — *Basile*, b [8] 18 juin 1738, m [9] 27 sept. 1762, à Angélique RÉAUME. — *Marie-Anne*, b [8] 2 avril 1740; m [9] 16 juin 1760, à .... FRANÇOIS-DESNOYERS.—*Charles*, b [9] 7 juin 1744; m [9] 5 oct. 1767, à Marguerite LALANDE. — *Marie-Agathe*, b [9] 1er juillet 1748. — *Marie-Louise-Amable*, b [9] 2 mars et s [9] 8 juin 1750. — *Alexis-Charles*, b [9] 9 août 1751. — *François-Amable*, b [9] 28 août 1752. —*Marie-Louise*, b [9] 10 juin 1754. — *Marie-Charlotte*, b [9] 4 avril 1756.

1733, (13 avril) Lévis.
III.—PAQUET (1), JACQUES, [CHARLES II.
b 1706; s 15 janvier 1776, à Beaumont. [1]
1° GUAY, Geneviève, [IGNACE II.
b 1707; s [1] 23 fevrier 1734.
Jacques, b [1] 23 février 1734; m [1] 8 fevrier 1751, à Marie-Anne GAGNÉ.
1735, (4 août). [1]
2° LACASSE, Geneviève, [JOSEPH II.
b 1706; s [1] 12 avril 1770.
Charles, b [1] 20 oct. 1737; m [1] 10 janvier 1763, à Françoise BOUFFARD; s [1] 25 mars 1784. —*Marie-Anne*, b... m 14 oct. 1771, à Jean-Baptiste DESJARDINS, à Varennes.

1733, (23 nov.) Québec. [8]
IV.—PAQUET, ANTOINE, [RENÉ III.
b 1709; menuisier.
1° MARTIN, Marie-Anne, [NICOLAS I.
b 1719; s [8] 14 mars 1738.
Marie-Geneviève, b [8] 1er janvier 1737.
1739, (30 avril). [8]
2° GUILLOT, Marie-Joseph, [JEAN I.
b 1704; s [8] 30 mars 1779.
Marie-Joseph, b [8] 22 déc. 1739. — *Antoine-Michel*, b [8] 6 nov. 1741; s [8] 15 janvier 1760.—*Catherine*, b [8] 17 mai et s [8] 12 août 1743. — *Catherine*, b [8] 8 mai et s [8] 7 août 1744. — *Louis*, b [8] 16 et s 28 août 1746, à Charlesbourg. — *Louis-Jacques*, b [8] 15 et s [8] 17 dec. 1747. — *Louise*, b [8] 25 sept. 1750.

PAQUET, LOUIS, b 1690; s 17 juillet 1763, à St-Vincent-de-Paul.

1735, (7 fevrier) Charlesbourg. [2]
III.—PAQUET, JEAN-BTE, [PHILIPPE II.
b 1710.
1° LOISEL, Marie-Madeleine, [LOUIS I.
b 1712; s [2] 17 dec. 1735.
Jean, b 1735; m 17 nov. 1760, à Marie-Charlotte VAUQUIER, à Montreal.
1736, (12 nov.) [2]
2° FRÉCHET, Angelique, [JACQUES II.
b 1712.
Louis, b [2] 6 sept. 1737; m [2] 17 janvier 1763, à Marie-Therèse BEDARD. — *Marie-Madeleine*, b [2] 9 sept. 1739; m [2] 10 janvier 1757, à Gabriel RÉAUME. — *François*, b [2] 2 avril 1741. — *Joseph*, b 1743; s [2] 24 oct. 1749. — *Jacques*, b [2] 18 fevrier 1745; s [2] 16 nov. 1749.—*Marie-Angélique*, b [2] 29 août 1748; s [2] 18 juillet 1753.—*Marie-Catherine*, b [2] 2 avril 1751.

(1) Dit Lavallée.

(2) Pour Taylor—aussi appelée Alard—Richard, du nom de bapteme de son père.

(1) Dit Lavallée.

1735, (14 février) Laprairie.[6]
II.—PAQUET (1), NOEL, [NOEL I.
b 1710.
1° HERTAUT (2), Marie-Anne, [JACQUES I.
b 1717; s 17 janvier 1756, à Chambly.[7]
Anonyme, b[6] et s[6] 27 avril 1736. — *Jean-Baptiste,* b[6] 23 juin 1737; m[7] 11 février 1765, à Marie-Angélique VERRET. — *Marie-Anne,* b[6] 19 mai 1739; m[7] 10 janvier 1757, à Joseph CHAVET. —*Marguerite,* b... m[7] 26 février 1759, à Jean-Baptiste KERLE. — *Marie-Archange,* b[7] 1er dec 1746. — *Marie-Louise,* b[7] 7 mars 1749; m[7] 11 février 1765, à Joseph LAREAU. — *Marie-Angélique,* b[7] 5 et s[7] 13 février 1751. — *Antoine,* b[7] 10 août 1752.—*Noel,* b[7] 19 nov. 1754.
1761, (26 janvier).[7]
2° CÉRAT, Marie-Anne,
veuve de Joseph Verret.

1736, (6 nov.) Quebec.[8]
IV.—PAQUET, MARTIN-FRS, [JACQUES III.
b 1709.
CHAPEAU (3), Marie-Lse-Charlotte, [JEAN I
b 1718.
Jean-Martin, b[8] 7 sept. 1737. — *Charlotte,* b[8] 20 juin 1740; s[8] 17 mars 1754. — *Claude,* b[8] 21 oct. 1741.—*Anonyme,* b[8] et s[8] 10 février 1744. — *Denis,* b[8] 28 mai 1745; s[8] 22 dec. 1748.—*Louis,* b[8] 20 déc. 1747. — *François,* b[8] 16 déc 1750.—*Louise,* b[8] 8 nov. 1752; s[8] 25 août 1755. —*Marie-Joseph,* b[8] 8 oct. 1754; s[8] 2 oct. 1755. —*Marie-Joseph,* b... m[8] 17 avril 1787, à Georges ZILIAC.

1737, (20 février) St-Jean, I. O.[6]
III.—PAQUET (4), JEAN-FRS, [PHILIPPE II.
b 1712.
PEPIN (5), Marie-Angélique.
Marie-Angélique, b[6] 25 février 1738.— *Marie-Madeleine,* b[6] 10 juillet 1739; m 28 sept. 1761, à Joseph-Marie DEMERS, à St-Michel.—*Marie-Françoise,* b 19 janvier 1741, à St-Laurent, I. O.[7], m[6] 16 juin 1761, à Louis DEMERS.— *Marie-Angélique,* b[6] 15 février 1743. — *Marie-Anne,* b[6] 17 février 1747.—*Louis,* b[6] 8 et s[6] 19 janvier 1751. —*Anonyme,* b[6] 8 et s[6] 9 janvier 1751. — *Joseph,* b[6] 22 juin 1752.—*Jean-Baptiste,* b[6] 13 août 1754 — *Louis,* b[6] 1er déc. 1756; s[6] 24 août 1757.—*Ambroise,* b[7] 25 juillet et s[7] 29 août 1758.

1738, (28 avril) St-Pierre, I O.
III.—PAQUET (6), JEAN-BTE. [JEAN II.
PRESSEAU (7), Therese, [JEAN-BTE II
b 1719.
Marie-Thérèse, b 11 mai 1740, à St-Jean, I. O — *Charlotte,* b 12 juin 1741, à Quebec[1]; s[1] 20 mars 1743. — *Marie-Joseph,* b[1] 7 août 1746; s[1] 18 sept. 1747.

(1) Dit Larivière.
(2) Et Arteau.
(3) Elle épouse, le 19 avril 1762, Joseph Alain, à Lorette.
(4) Frère de Pierre.
(5) Sœur d'Antoine.
(6) Souvent appelé Patiet.
(7) Elle épouse, le 31 janvier 1757, Jean-Baptiste Blavier, à Beauport.

1738, (5 mai) Charlesbourg.[1]
III.—PAQUET, JACQUES, [PHILIPPE II.
b 1716.
RENAULT, Marie-Jeanne, [PIERRE II.
b 1719; s[1] 13 nov. 1762.
Jacques, b[1] 5 janvier 1743. — *Marie-Jeanne,* b[1] 14 et s[1] 27 juillet 1744. — *Michel,* b[1] 27 sept 1745.—*Pierre-Philippe,* b[1] 28 juin 1747.—*Marie-Marguerite,* b[1] 11 sept. 1748.— *Jean-Philippe,* b[1] 3 mai 1750; s[1] 30 août 1751. — *Charles,* b[1] 22 juin 1752.—*Marie-Charlotte,* b[1] 5 nov. 1754. —*Marie-Jeanne,* b[1] 12 avril 1756.

1738, (15 sept.) St-Michel.[7]
III.—PAQUET (1), PIERRE, [CHARLES II.
b 1714; s[7] 11 oct. 1756.
FILTEAU (2), Marie-Louise, [NICOLAS II.
b 1716.
Marie-Louise, b[7] 31 déc. 1739; s[7] 14 sept 1749. — *Marie-Françoise,* b[7] 8 avril 1741; s[7] 13 oct. 1749. — *Marie-Angélique,* b[7] 10 août 1743. s[7] 11 mars 1760.—*Pierre,* b[7] 3 février 1745; s[7] 27 oct. 1749. — *Geneviève,* b[7] 15 février 1747— — *Joseph,* b[7] 25 février 1748; s[7] 27 sept. 1749 —*Pierre,* b[7] 21 et s[7] 22 août 1750. — *Pierre* et *Jean-Baptiste,* b[7] 25 mars 1752.— *Louis-Alexandre,* b[7] 22 février et s[7] 9 août 1754. — *Marie-Louise,* b[7] 2 et s[7] 5 juillet 1755. — *Michel* (posthume), b[7] 5 nov. 1756, m à Charlotte MARTIN-BEAULIEU.

PAQUET, GUILLAUME,
b 1715; s 11 août 1741, à St-François, I. O[6]
LABBÉ (3), Françoise.
Anonyme, b[6] et s[6] 20 oct. 1740. — *Anonyme* (posthume), b[6] et s[6] 23 oct. 1741.

1739, (27 juillet) St-François, I. J.[6]
IV.—PAQUET, IGNACE, [JEAN-FRANÇOIS III
b 1711.
LABELLE, Marie-Anne, [JEAN-FRANÇOIS II
b 1723.
Ignace, b[6] 10 juillet 1740; m 19 janvier 1767, à Marie-Charlotte ROMUR, à St-Vincent-de-Paul[1] —*Jean-Marie,* b 17 oct. 1742, au Sault-au-Recollet.[8]—*Marie-Joseph,* b[7] 20 mars 1744.—*Marie-Catherine,* b[7] 11 oct. 1744; m[7] 24 sept. 1764, à François CHATEAU. — *Pierre,* b[7] 23 oct. 1745.—*François,* b[7] 6 nov. 1746.—*Marie-Charlotte,* b[7] 16 janvier 1747; m[7] 7 février 1763, à Leger-Amable DEVAUX.—*Marie,* b 1747; m[7] 21 sept 1767, à Pierre PAQUET.—*Marie-Marguerite,* b[7] 4 août et s[7] 5 sept. 1748. — *Joseph-Marie,* b[7] 10 janvier 1749. — *Jean,* b[7] 6 et s[7] 9 avril 1750 — *Marie-Madeleine,* b[7] 11 et s[7] 18 juillet 1753.— *Marie-Charlotte,* b[7] 24 avril 1756.

1740, (19 janvier) St-François, I. O.[2]
III.—PAQUET, PIERRE. [PHILIPPE II
1° LABBÉ, Marie-Marthe, [JACQUES II
b 1717.

(1) Dit Lavallée.
(2) Elle épouse, le 21 février 1757, Joseph Poliquin, à St-Michel.
(3) Elle épouse, le 20 oct. 1754, Louis Guillet, à St-François, I. O.

Marie-Françoise, b ² 17 déc. 1740 ; s ² 8 mars 1742. — *Marie-Françoise*, b 14 janvier 1743, à l'Islet.³ — *Charles*, b ³ 16 sept. 1748. — *Marie-Luce*, b ³ 20 dec. 1750.

1752, (4 février) St-Roch.

2° DUBÉ, Angélique, [JOSEPH III.
b 1734.

Rose, b... m 3 août 1772, à Charles LEBRET, à Ste-Anne-de-la-Pocatière.

1740, (29 février) Charlesbourg. ²

IV.—PAQUET, JOSEPH, [JEAN-FRANÇOIS III.
b 1702.

JACQUES, Marie-Joseph, [NICOLAS II.
b 1717.

Marie-Joseph, b ² 5 janvier 1741 ; s ² 28 mai 1757. — *Marie-Charlotte*, b ² 27 et s ² 30 avril 1744. — *Marie-Geneviève*, b ² 27 et s ² 2 mai 1744. —*Marie-Marguerite*, b ² 9 sept. 1751.

1740.

PAQUET, CLAUDE.

BIGNON (1), Catherine-Claude.

Louise-Catherine, b 24 août 1741, à Québec ⁴ ; s ⁴ 18 juin 1742.

1741, (2 oct.) Beauport.

IV.—PAQUET, FRANÇOIS, [JACQUES III.
b 1710 ; s 29 fevrier 1784, à Quebec.⁴

GIROUX, Geneviève, [RAPHAEL III.
b 1722.

Anonyme, b ⁴ et s ⁴ 24 avril 1742. — *François-Régis*, b ⁴ 18 fevrier et s ⁴ 17 mai 1743. — *Marie-Geneviève*, b ⁴ 12 mars 1745.—*François-Raphael*, b ⁴ 8 oct. 1762.

1742.

V.—PAQUET, JACQUES, [PIERRE IV.
b 1721 ; s 1er août 1756, à St-Vincent-de-Paul.⁹

BARBEAU (2), Marie.

Jacques, b 1743 ; m ⁹ 9 janvier 1764, à Françoise-Angelique MONET. — *Pierre*, b ⁹ 24 fevrier 1744.—*Marie-Joseph*, b ⁹ 9 juin 1747. — *Jacques-Simon*, b 1751 ; s ⁹ 17 fevrier 1753.—*Jacques*, b ⁹ 15 juin 1753 ; s ⁹ 17 août 1754.

1742, (5 fevrier) St-Michel. ⁶

III.—PAQUET (3), LOUIS, [CHARLES II.
b 1716.

1° FILTEAU, Marie-Françoise, [NICOLAS II.
b 1722 ; s ⁶ 12 février 1749.

Louis-Marie, b ⁶ 10 avril 1744.—*Joseph-Marie*, b 18 mars 1746, à St-Valier.

1749, (8 oct.) Ste-Anne.

2° SIMARD, Geneviève, [JOSEPH II.
b 1722.

Joseph-Marie, b ⁶ 31 juillet et s ⁶ 10 oct. 1750. —*Jean-Baptiste*, b ⁶ 7 et s ⁶ 26 oct. 1751.—*Pierre*, b ⁶ 10 et s ⁶ 24 dec. 1752.—*Marie-Joseph-Rosalie*, b ⁶ 18 mars et s ⁶ 21 avril 1754.—*Jean*, b ⁶ 13 janvier 1756. — *Marie-Geneviève*, b ⁶ 15 et s ⁶ 18 juillet 1759. — *Barthélemi*, b ⁶ 16 août 1760. — *Marie-Geneviève*, b ⁶ 16 et s ⁶ 28 août 1760.

1742, (1er oct) Sault-au-Récollet.

V.—PAQUET, MAURICE. [PIERRE IV.

1° COLLERET (1), Marie, [FRANÇOIS I.
b 1724; s 5 avril 1760, à St-Vincent-de-Paul.⁵

Marie-Amable, b ⁵ 18 avril 1745.— *Angélique*, b ⁵ 21 mai 1747. — *Marie-Joseph*, b ⁵ 5 janvier 1749. — *Maurice*, b ⁵ 11 et s ⁵ 31 août 1751.— *Marie-Madeleine*, b ⁵ 27 sept. 1752.—*Marie-Françoise*, b ⁵ 22 nov. 1754. — *Marie-Louise*, b ⁵ 2 mars 1756.

1760, (10 nov.) ⁵

2° BOUCHER, Thérèse, [NOEL III.
b 1735.

1742, (5 nov.) St-Laurent, I O.

III.—PAQUET (2), ANTOINE, [ANTOINE II.
b 1713.

1° ROUSSEAU, Angélique, [ANTOINE II.
b 1722 ; s 4 sept. 1747, à Beaumont.³

Antoine, b ³ 9 avril 1744 ; s ³ 23 juin 1746. — *Marie-Angélique*, b ³ 14 fevrier 1746. — *Marie-Louise*, b ³ 25 août et s 3 oct. 1747, à St-Michel.

1748, (21 oct.) ³

2° COTÉ, Marie-Joseph, [PIERRE III.
b 1718 ; veuve de Louis Goulet.

1742, (19 nov.) Charlesbourg. ⁶

IV.—PAQUET, JEAN-BTE, [JACQUES III.
b 1718 ; s 1er mars 1788, à Quebec.⁷

1° PENISSON, Marie-Françoise, [JEAN I.
b 1712 ; s ⁷ 27 janvier 1745.

Jean-Baptiste, b ⁷ 11 oct. 1743; s ⁶ 11 juillet 1749.—*Marie-Charlotte*, b ⁷ 15 janvier 1745 ; s ⁷ 18 juillet 1749.

1749, (4 nov.) ⁷

2° BÉLANGER, Marie-Françoise, [BERTRAND III.
b 1722 ; s ⁷ 6 mars 1790.

Jean-Baptiste, b ⁷ 6 oct. 1750; m ⁷ 3 juin 1777, à Madeleine MARTEL ; s ⁷ 22 avril 1783. — *Jean-Marie*, b ⁷ 5 et s ⁷ 31 mars 1752. — *François*, b ⁷ 21 mai et s ⁷ 3 juin 1753.—*Jacques*, b ⁷ 2 et s ⁷ 14 mai 1756.—*Louis*, b ⁷ 24 août et s ⁷ 25 sept. 1758. —*François*, b ⁷ 3 et s ⁷ 28 janvier 1764.

1744, (16 nov.) Longueuil. ¹

II.—PAQUET (3), JEAN, [NOEL I.
b 1717.

GOUYOU, Marie-Anne, [JEAN-BTE II.
b 1721.

Jean-Baptiste, b 1745 ; s ¹ 7 août 1747.—*Marie-Marthe*, b 6 janvier 1747, à Chambly.² —*Marie-Joseph*, b ¹ 15 juin et s ¹ 6 juillet 1748.—*Marie-Elisabeth*, b ² 1er et s ² 12 août 1749.—*Marie-Joseph*, b ² 28 août et s ² 20 nov. 1750.—*Joseph*, b ² et s ² 23 oct. 1751.—*Antoinette*, b ² 16 juin 1753. —*Jean-Baptiste*, b ² 10 et s ² 23 août 1754.— *Pierre*, b ² 4 avril et s ² 13 mai 1756.—*Julie*, b ² 29 janvier et s ² 7 sept. 1758.

(1) Elle épouse, en 1743, Pierre Leroux.
(2) Dit Potvin.
(3) Dit Lavallée.

(1) Dit Bourguignon.
(2) Dit Lavallée.
(3) Dit Larivière.

1744, (23 nov.) St-Jean, I. O.[5]

III.—**PAQUET,** Joseph. [Philippe II.
Greffard, Geneviève, [Louis II.
b 1725.
Joseph-Marie, b [5] 2 mars 1746.—*Anonyme,* b [5] et s [5] 13 janvier 1748.—*Marie-Joseph,* b 13 avril 1752, à St-Pierre, I. O.—*Geneviève,* b 5 août 1754, à St-Antoine-Tilly.[6]—*Marie-Charlotte,* b [6] 4 mars 1757.—*Marie-Françoise,* b [6] 16 juin 1760.—*François,* b [6] 5 juillet 1763.

PAQUET, Louis.
Vandandaique (1), Madeleine.
Louis, b 21 mai et s 18 juillet 1745, à St-Vincent-de-Paul.[7]—*Marie,* b [7] 24 oct. 1747.—*Louis,* b [7] 15 et s [7] 22 avril 1749.—*Pierre-André,* b [7] 5 et s [7] 15 août 1750.—*Marie-Thérèse,* b [7] 15 oct. 1751.—*Marie-Amable,* b [7] 23 sept. 1753.—*Marie-Joseph,* b [7] 17 fevrier 1755.

1746, (17 août) St-Laurent, I. O.

III.—PAQUET (2), Jean-Bte, [Antoine II.
b 1717.
Leclerc, Judith, [Jean III.
b 1725.
Jean-Baptiste, b 20 juillet 1747, à St-Michel.—*Gabriel,* b 24 mars 1749, à Beaumont.—*Charles,* b 11 avril 1751, à St-Charles[8]; s [8] 21 juillet 1753.—*Marie-Judith,* b [8] 7 juillet 1753; s [8] 26 août 1754.—*Pierre,* b [8] 7 et s [8] 24 mars 1756.—*Alexandre,* b [8] 14 avril 1757.—*Marie-Judith,* b [8] 20 oct. 1759.

1746.

III.—PAQUET, François, [Philippe II.
b 1720; s 28 août 1762, à Charlesbourg.[9]
Valin (3), Marie-Charlotte. [Charles II.
Jean-François, b [9] 22 août 1747.—*Pierre,* b [9] 16 avril 1749.—*Jacques-Pierre,* b [9] 11 février 1751.—*Joseph,* b [9] 27 déc. 1752; s [9] 18 mars 1754.—*Joseph,* b [9] 20 sept. 1754.—*Augustin,* b 1757; s [9] 3 août 1758.

1747, (6 février) Ste-Famille, I. O.[5]

III.—PAQUET, Joseph, [François II.
b 1726.
Filiau, Louise, [Jean I.
b 1728; s [5] 8 février 1765.
Marie-Louise, b [5] 3 dec. 1750.—*Joseph-Marie,* b [5] 10 sept. 1752.—*Victoire,* b [5] 5 avril 1755.—*Michel,* b [5] 14 juillet 1756.—*Marie-Pélagie,* b [5] 6 nov. 1759.—*Marie-Suzanne,* b [5] 9 déc. 1762.

1748, (22 janvier) Longueuil.[1]

II.—PAQUET (4), Alexis. [Noel I.
Viau, Marie-Anne, [Jacques II.
b 1724.
Thomas, b [1] 19 dec. 1751; s 8 mai 1758, à St-Philippe.[2]—*Joseph,* b [1] 14 juin 1753; s [2] 8 mai 1758.—*Louis-Mathieu,* b 22 juillet 1757, à St-Constant.[3]—*Pierre* b [3] 16 fevrier 1761.—*Alexis,* b [3] 28 nov. 1762.

1748, (6 février) Terrebonne.

V.—PAQUET, Louis. [Louis IV.
1° Ménard, Marguerite. [Jean-Bte III.
Marguerite, b 23 fevrier et s 15 mars 1749, à St-Vincent-de-Paul.[4]—*Marie-Marguerite,* b [4] 27 sept. 1750.—*Marie-Amable,* b [4] 29 mars et s [4] 13 avril 1753.—*Louis,* b [4] 2 fevrier 1754.—*Marie-Elisabeth,* b [4] 23 dec. 1755; s [4] 18 juillet 1756.
1759, (8 janvier).[4]
2° Chartran, Marie-Joseph. [Joseph II

1748, (15 juillet) Québec.

IV.—PAQUET, Pierre, [Jacques III.
b 1717.
Chalifour, Marie-Anne. [Joseph III.
Pierre, b 22 fevrier 1750, à St-Vincent-de-Paul.[9]—*Marie-Louise,* b [9] 14 mai 1752; s [9] 12 février 1753.—*Marie-Geneviève,* b [9] 9 août 1753.—*Jacques,* b [9] 20 oct. 1754.—*Marie-Elisabeth,* b [9] 16 sept. 1756.

1748, (7 oct.) Laprairie.

II.—PAQUET (1), Pierre-Louis, [Noel I.
b 1720.
Piédalu, Elisabeth, [Julien I
b 1731.
Marie-Joseph, b 7 mars 1758, à Chambly.

1749, (6 fevrier) St-Pierre, I. O.[3]

III.—PAQUET, Basile, [François II.
b 1724.
Dorval (2), Marie-Thérèse, [Pierre III.
b 1734; s 9 sept. 1759, à Charlesbourg.
Basile, b 12 oct. 1751, à Ste-Famille, I. O.[4]—*François,* b [3] 13 juillet 1754; m 28 mai 1782, à Marguerite Migneau, à Québec.—*Prisque,* b [3] 9 nov. 1756; s [3] 4 juin 1757.—*Joseph-Jean,* b [3] 17 mars et s [4] 18 nov. 1759.

1749, (5 mai) Montréal.[1]

I.—PAQUET (3), Jean-Pierre, b 1726; fils de Jean et d'Anne Pigot, de St-Georges, diocèse de Besançon, Franche-Comte.
Audon, Marie-Amable, [Bernard I
b 1732.
Marie-Joseph, b [1] 9 février et s [1] 3 mars 1750

1749, (24 nov.) Québec.[2]

V.—PAQUET, Jean-Bte, [Jacques IV
b 1729; forgeron; s [2] 12 déc. 1785.
Choret, Jeanne-Elisabeth, [Ignace III
b 1727.
Marie-Elisabeth, b [2] 18 dec. 1750.—*Marie-Joseph,* b [2] 21 mars 1752.—*Marguerite,* b [2] 12 fevrier 1754; m [2] 10 juin 1777, à Jean-Baptiste Bedard.—*Marie-Anne,* b [2] 27 sept. 1755.—*Marie-Ursule,* b [2] 20 avril 1757; s [2] 16 mai 1758.—*Geneviève,* b [2] 4 janvier 1759; s 5 janvier 1760, à

(1) Dit Gadbois.
(2) Dit Lavallée.
(3) Elle épouse, le 12 sept. 1763, Pierre Bernard, à Charlesbourg.
(4) Dit Larivière.

(1) Dit Larivière.
(2) Bouchard-Dorval.
(3) Et Paquier dit Prêt-à-boire; soldat de la compagnie de Vercheres.

Charlesbourg.— *Jean-Baptiste*, b [2] 17 nov. 1760; m [2] 23 nov. 1784, à Thérèse DENIS. — *Joseph*, b [2] 21 mai 1763.— *Geneviève*, b... m [2] 20 nov. 1787, à Jean-Baptiste FRÉCHET.—*Marie-Angélique*, b... m [2] 10 sept. 1793, à Charles VERMET.

1750, (27 juillet) Sault-au-Récollet.

V.—PAQUET, PIERRE. [PIERRE IV.
1° HUNAULT, Françoise, [TOUSSAINT II.
b 1728.
Marie-Charlotte, b 1er janvier 1752, à St-Vincent-de-Paul [3]; s [3] 17 déc. 1753. — *Toussaint*, b [3] 12 nov. 1753. — *Marie-Françoise*, b [3] 12 oct. 1756.

1758, (30 janvier). [3]

2° NOEL, Marie-Anne, [JOSEPH II.
veuve d'Augustin Sylvain.

1751, (8 février) Beaumont. [8]

IV.—PAQUET, JACQUES (1), [JACQUES III.
b 1734.
GAGNÉ, Marie-Anne. [PIERRE IV.
Jacques, b [8] 23 nov. 1751.— *Simon-Ignace*, b [8] 22 février 1754. — *Charles*, b [8] 16 sept. 1756. — *Marie-Angélique*, b 10 janvier 1759, à St-Michel.

1751, (23 août) Chambly. [3]

III.—PAQUET, JEAN-FRS, [JEAN-FRS II.
b 1720.
COULON, Madeleine, [FRANÇOIS III.
b 1732.
Marie, b 16 nov. 1752, à Lanoraie. — *Marie-Joseph*, b [3] 13 juin 1754.

1751.

PAQUET (2), ANTOINE-ANDRÉ,
b 1722; s 28 juillet 1759, à Verchères. [4]
CHEVIGNY, Marie-Anne,
b 1727; s [4] 19 mars 1759.
Joachim, b [4] 8 février et s [4] 21 mars 1752. — *Marie-Anne*, b [4] 28 mars 1753.—*Marie-Archange*, b [4] 22 déc. 1754; s [4] 13 mars 1755. — *Jean-Baptiste*, b [4] 28 mars 1756. — *Joseph-Noel*, b... s [4] 13 août 1759.

1752, (13 nov.) Québec. [3]

V.—PAQUET, PIERRE, [JACQUES IV.
b 1731.
DASILVA, Marie-Geneviève, [NICOLAS II.
b 1734.
Marie-Geneviève, b [3] 18 juillet et s [3] 6 août 1753.—*Marie-Madeleine*, b [3] 15 avril et s [3] 13 juin 1755.—*Pierre*, b [3] 16 juin et s [3] 25 juillet 1757.—*Marie-Louise*, b 12 nov. 1759, à Charlesbourg.—*Marguerite*, b [3] 31 oct. 1761; s [3] 23 juillet 1762.—*Marie-Madeleine*, b [3] 25 déc. 1762; s [3] 16 juin 1763. — *Madeleine*, b 7 mars et s 21 juin 1767, à Lévis. — *Marguerite*, b 1773; s 30 avril 1780, aux Ecureuils. [4]—*Antoine*, b 19 mars 1774, à la Pte-aux-Trembles, Q. — *Joseph*, b [4] 23 avril 1776. — *Pierre-Toussaint*, b [4] 1er nov. 1779; s [4] 15 avril 1780.

(1) Appelé Charles en 1754.
(2) Dit Lavallée

1753, (20 août) Québec. [5]

V.—PAQUET, JOSEPH-MARIE, [NOEL IV.
b 1730.
DUGAST, Marie-Marguerite, [FRANÇOIS I.
b 1733.
Joseph-Augustin, b [5] 28 août et s [5] 9 oct. 1754. —*Michel-Joseph*, b [5] 27 juillet 1755.— *Joseph*, b [5] 18 juin 1757; s [5] 9 mars 1760. — *Martin*, b [5] 19 avril et s 1er juin 1760, à Beauport.—*Joseph*, b [5] 13 février et s [5] 6 nov. 1763.

1755, (12 juillet) Boucherville.

IV.—PAQUET (1), JOSEPH-ETIENNE. [JOSEPH III.
CHAUVIN, Madeleine. [JEAN II.

1756, (2 février) St-Vincent-de-Paul. [1]

V.—PAQUET, JACQUES, [JACQUES-CHARLES IV.
b 1733.
VÉSINA, Marie-Jeanne, [ATHANASE IV.
b 1732.
Marie-Anne, b [1] 1er janvier 1757.

1756, (18 oct.) St-Pierre, I. O.

III.—PAQUET, ETIENNE-PRISQUE, [FRANÇOIS II.
b 1727.
NOEL, Marie-Thècle, [PHILIPPE III.
b 1737.
Marie-Thècle, b 26 août et s 4 sept. 1757, à Berthier (en haut). — *Alexis*, b... m 17 février 1794, à Marguerite DENIS, à St-Cuthbert.

1757, (17 janvier) Chambly. [3]

II.—PAQUET, JOSEPH-MARIE, [NOEL I.
b 1732, s 30 oct. 1792, à Québec.
BARRÉ, Catherine, [LOUIS I.
b 1736; s [3] 11 août 1758.
Catherine, b [3] 10 mai et s [3] 16 août 1758.

PAQUET, JEAN, b 1704; s 23 avril 1753, à St-Vincent-de-Paul.

PAQUET (2), JEAN-BTE, b 1718; s 19 nov. 1758, à Chambly.

PAQUET, JEAN, b 1685; s 14 nov. 1760, à Chambly.

1757, (14 février) Ste-Foye.

V.—PAQUET, LOUIS, [PIERRE IV.
b 1736.
LEMARIÉ, Marie-Geneviève. [CHS-AMADOR III.
Louis-Marie, b 15 sept. et s 15 nov. 1759, à Charlesbourg. [5] — *Marie-Geneviève*, b [5] 3 juin 1761.—*Louis-Joseph*, b [5] 28 nov. 1762.—*Ignace*, b... m 31 janvier 1792, à Marie-Charlotte FLUET, à Québec.

1757, (6 nov.) St-Vincent-de-Paul.

V.—PAQUET, JEAN-BTE, [PIERRE IV.
b 1734.
GAGNON, Marie-Louise. [LOUIS III.

(1) Dit Lavallée.
(2) Dit Lanvière.

PAQUET (1), PIERRE.
ROY, Marie-Catherine.
Charles, b 4 nov. 1758, à St-Valier.

PAQUET, JEAN-BTE.
LATULIPPE, Marie.
Marie, b 20 nov. 1759, à St-Charles.

1759, (5 fevrier) Lorette.
IV.—PAQUET, PHILIPPE, [PHILIPPE III.
b 1730.
PETITCLERC, Françoise, [CHARLES II.
b 1718; veuve de François Alain.

1759, (19 février) Charlesbourg. [6]
V.—PAQUET, LOUIS. [NOEL IV.
CHALIFOUR, Marie-Agathe, [GERMAIN III.
b 1737.
Louis, b [6] 30 et s [6] 31 oct. 1759.—*François-Louis*, b [6] 2 nov. 1760.—*Charles* et *Marie-Agathe*, b [6] 17 sept. 1762.

1760, (21 janvier) St-Vincent-de-Paul.
V.—PAQUET, JOSEPH, [JACQUES-CHARLES IV.
b 1735.
ROSE, Marie. [PIERRE III.

1760, (23 juin) St-Vincent-de-Paul.
V.—PAQUET, CLAUDE, [PIERRE IV.
b 1728.
DUBOIS (2), Elisabeth, [FRANÇOIS II.
b 1744.
Marie-Anne, b... m 9 janvier 1797, à Charles MAURICE, à Ste-Thérèse. [6]—*Marie-Louise*, b 1779; m [6] 24 nov. 1800, à Joseph DESJARDINS.

1760, (13 oct.) St-Vincent-de-Paul.
V.—PAQUET, MAURICE-AMABLE, [MAURICE IV.
b 1740.
BARETTE, Marie-Louise, [FRANÇOIS III
b 1739.

1760, (17 nov.) Montréal.
IV.—PAQUET, JEAN, [JEAN-BTE III
b 1735.
VAUQUIER, Marie-Charlotte, [NICOLAS I.
b 1741.

1761, (12 janvier) Verchères.
IV.—PAQUET (1), JOSEPH-MARIE. [CHARLES III.
CHARON, Marie-Louise, [JEAN-BTE III.
b 1746.

1761, (19 oct.) St-Joachim. [6]
IV.—PAQUET (1), JEAN-BTE, [JEAN-BTE III.
b 1735.
GUILBAUT, Marguerite, [JEAN-CHARLES III.
b 1737.
Jean-Cajetan, b [6] 7 août 1762; m 4 oct. 1779, à Marguerite PILON, à Lachenaye. [7] — *Marie-Marguerite*, b [6] 18 avril 1765. — *Marguerite*, b [6] 11 mars 1768; s [6] 16 mai 1770.—*Marie-Angélique*, b [6] 24 nov. 1769; m [7] 7 nov. 1785, à Antoine VAILLANCOUR. — *Marie-Marguerite*, b [7] 24 nov. 1771. — *François-Xavier*, b [7] 7 mai 1773; s [7] 10 mars 1774.—*Marie-Archange*, b [7] 17 janvier 1775.

(1) Dit Lavallée.

(2) Elle épouse, le 1er mars 1802, Paul Desjardins, à Ste-Thérèse.

1762, (1er février) St-Vincent-de-Paul.
V.—PAQUET, CHARLES, [LOUIS IV.
b 1739.
DRAPEAU, Marie. [JEAN III.

1762, (15 février) St-Nicolas.
IV.—PAQUET, ETIENNE. [PHILIPPE III
DEMERS, Madeleine, [MICHEL III
b 1736.
Marie, b... m 18 mai 1790, à Jean BOSSU-LYONNAIS, à Québec.

1762, (22 février) St-Vincent-de-Paul.
V.—PAQUET, LOUIS. [MAURICE IV
BOUCHER, Reine. [NOEL III.

1762, (27 sept.) St-Vincent-de-Paul.
V.—PAQUET, BASILE. [JACQUES-CHARLES IV.
RÉAUME, Angelique, [SIMON.
b 1743.

1762, (8 nov.) Québec. [3]
V.—PAQUET, JOSEPH, [JACQUES IV.
b 1743.
MANCEAU, Marie-Joseph, [LOUIS III.
b 1746.
Marie-Joseph, b [3] 8 sept. 1763.

1763, (10 janvier) Beaumont. [6]
IV.—PAQUET (1), CHARLES, [JACQUES III
b 1737; s [6] 25 mars 1784.
BOUFFARD, Françoise, [JACQUES III
b 1734.
Angélique, b... m [6] 21 nov. 1791, à François ROY. — *Geneviève*, b... m [6] 22 avril 1793, à François CARRIER.

1763, (17 janvier) Charlesbourg. [8]
IV.—PAQUET, LOUIS, [JEAN-BTE III
b 1737.
BEDARD, Marie-Thérèse. [JACQUES IV.
Marie-Madeleine, b [8] et s [8] 20 oct. 1763.

1763, (18 mai) Québec. [9]
V.—PAQUET, PIERRE-FRANÇOIS, [NOEL IV
b 1739; maître-maçon.
1° PEPIN, Madeleine, [LOUIS III
b 1740; s [9] 18 avril 1782.
François, b [9] 2 mars 1764. — *Geneviève*, b... m [9] 8 mai 1787, à Laurent ROY-AUDY.—*Anonyme*, b [9] et s [9] 18 avril 1782.
1790, (9 février). [9]
2° LEFRANÇOIS, Monique,
veuve de Jean-Baptiste Martineau.

(1) Dit Lavallée.

1763, (22 août) Charlesbourg.
V.—PAQUET, Jean-Bte, [Pierre IV.
b 1735.
Jobin, Marie-Catherine, [Jean-Charles II.
b 1744.

1764, (9 janvier) St-Vincent-de-Paul.
VI.—PAQUET, Jacques, [Jacques V.
b 1743.
Monet, Françoise-Angélique, [Charles III.
b 1743.

1764, (26 nov.) Ste-Rose.
III.—PAQUET, Pierre-Noel, [Pierre II.
b 1736.
1° Duquet, Marie-Anne, [Antoine III.
b 1720 ; veuve de Jean Beauchamp.
1767, (21 sept.) St-Vincent-de-Paul.
2° Paquet, Marie, [Ignace IV.
b 1747.

1765, (11 février) Chambly.
V—PAQUET, Jean-Bte, [Noel IV.
b 1737.
Vilbret, Marie-Angélique, [Joseph III.
b 1746.

1765, (11 nov.) Boucherville.
IV.—PAQUET (1), Louis, [Joseph III.
b 1737.
Charbonneau, Catherine. [Jean-Bte.

1766, (14 avril) St-Vincent-de-Paul.
V.—PAQUET, Pierre, [Maurice IV.
b 1744.
Gravel, Charlotte, [Claude IV.
b 1747.

1767, (19 janvier) St-Vincent-de-Paul.
V—PAQUET, Ignace, [Ignace IV.
b 1740.
Romur, Charlotte, [Pierre I.
b 1746.

1767, (19 janvier) Beauport.
V.—PAQUET, Charles, [Pierre IV.
b 1746.
Giroux, Angélique, [Vincent III.
b 1739.

1767, (5 oct.) St-Vincent-de-Paul.
V—PAQUET, Charles, [Jacques-Charles IV.
b 1744.
Lalande, Marguerite. [Jacques II.

1768, (7 nov.) Chambly.
IV.—PAQUET, Joseph-Marie, [Philippe III.
b 1740.
Vigeant, Marie. [Jean-Bte II.

(1) Dit Lavallée.

1771, (16 sept.) Eboulements. [6]
IV.—PAQUET (1), Charles, [Jean-Bte III.
b 1744.
DeLavoye, Marie-Charlotte, [Joseph IV.
b 1749.
Marie-Thérèse, b [6] 21 février 1774. — *Charles*, b... m 12 avril 1796, à Marguerite Labrie, à Rimouski. [8]—*Etienne*, b... m [8] 13 janvier 1801, à Marthe Ruest.—*Emérance*, b... m [8] 6 nov. 1809, à Isaie St. Laurent. — *Marie-Modeste*, b [8] 15 juillet 1783 ; 1° m [8] 2 oct. 1804, à Louis Banville ; 2° m [8] 5 juin 1810, à Amable St. Laurent. — *Antoine*, b [8] 15 juin 1784.

PAQUET, Claude.
Valière, Françoise.
Marie-Louise, b 25 sept. 1773, à Ste-Foye. [3]— *Joseph*, b [3] 6 août 1786.—*Marie-Geneviève*, b [3] 23 juillet 1788.

PAQUET, Jean-Bte,
b 1741 ; s 17 février 1796, à Québec.
Lafaudière, Charlotte.

IV.—PAQUET, Michel, [Pierre III.
b 1756.
Martin-Beaulieu, Charlotte.
Etienne, b... m 14 nov. 1797, à Charlotte Girard, à Beaumont. [2] — *Claude*, b... m [2] 8 janvier 1799, à Marguerite Labrecque ; s [2] 14 sept. 1841.

1777, (3 juin) Quebec. [2]
V.—PAQUET, Jean-Bte, [Jean-Bte IV.
b 1750 ; s [2] 22 avril 1783.
Martel, Madeleine, [Jean-Bte III.
b 1751.

PAQUET, François.
Pageau, Geneviève.
Marie-Joseph, b 1780 ; m 26 juillet 1802, à Michel Ethier, à Ste-Therèse. [1] — *Marie-Anne*, b 1782 ; m [1] 9 nov. 1801, à Joseph Filion.

1779, (4 oct.) Lachenaye.
V.—PAQUET (1), Jean-Cajetan, [Jean-Bte IV.
b 1762.
Pilon, Marguerite. [Jean-Bte III.
Pierre, b 20 sept. 1786, à Repentigny. [8]—*François*, b [8] 19 avril et s [8] 13 juillet 1788. — *Marie-Marguerite*, b [8] 11 août 1789 — *Marie-Louise*, b [8] 9 et s [8] 12 fevrier 1791. — *Marie-Louise*, b [8] 25 juin et s [8] 14 juillet 1792. — *Louis*, b [8] 28 février et s [8] 22 août 1794.— *Marie-Desanges*, b [8] 17 juin 1795.

PAQUET, Alexis,
b 1761 ; s 14 nov. 1835, à Beaumont. [1]
Dussault-Cantin, Marie-Charlotte,
b 1767 ; s [1] 23 sept. 1805.

1782, (28 mai) Québec.
IV.—PAQUET, François, [Basile III.
b 1754.
Migneau, Marguerite. [Jean-François III.

(1) Dit Lavallée.

1783.

PAQUET, Prisque.
Desrosiers-Lafrenière, Théotiste.
Marie-Julie, b 16 août 1784, à St-Cuthbert.[2] —*Théotiste*, b [2] 9 oct. 1785.—*Geneviève*, b [2] 21 juillet 1787. — *Prisque-Timothée*, b [2] 10 mars 1789.—*Séraphin*, b [2] 17 juillet 1791.—*Joseph-Hubert*, b [2] 15 mai 1795.

PAQUET, Joseph.
Drolet, Marie-Louise.
Joseph, b... m 1er fevrier 1804, à Marie-Joseph Gagnon, à Quebec.

1784, (23 nov.) Québec.[3]

VI.—PAQUET, Jean-Bte, [Jean-Bte V.
b 1760.
Denis, Thérèse, [Jean.
b 1755; s [3] 13 sept. 1797.

PAQUET, Godfroy.
Hamelin, Marie-Joseph.
Joseph, b 27 mars 1788, aux Grondines.

PAQUET, Alexis.
Dubois, Charlotte.
Charlotte, b... m 2 fevrier 1808, à Jean-Baptiste Couture, à Beaumont.

1792, (31 janvier) Québec.

VI.—PAQUET, Ignace. [Louis V.
Fluet, Charlotte, [Louis-Jean-Bte.
b 1762.

1794, (17 février) St-Cuthbert.

IV.—PAQUET, Alexis. [Etienne-Prisque III.
Denis, Marguerite, [Pierre-Louis IV.
b 1771.

1797, (14 nov.) Beaumont.

V.—PAQUET, Etienne. [Michel IV.
Girard, Charlotte. [Joseph IV

1799, (8 janvier) Beaumont.[4]

V.—PAQUET, Claude, [Michel IV
s [4] 14 sept. 1841.
Labrecque, Marguerite. [Joseph-Marie IV.

PAQUET, Joseph.
Emond, Therèse.
Paul, b... m 10 janvier 1820, à Judith Vaul, à St-Jean-Deschaillons.

1801, (13 janvier) Rimouski.

V.—PAQUET, Etienne. [Charles IV.
Ruest, Marthe, [Jean II.
b 1783.

1804, (1er fevrier) Quebec.[5]

PAQUET, Joseph, [Joseph.
maitre-d'ecole.
Gagnon, Marie-Joseph. [Zacharie V.
Joseph-Marie, b [5] 21 nov. 1804; ordonné le 28 sept. 1828.

1820, (10 janvier) St-Jean-Deschaillons.

PAQUET (1), Paul. [Joseph.
Vaul, Judith. [Paul I.

1822, (29 oct.) St-Louis, Mo.

I.—PAQUET (2), Jean-Auguste, fils de Jean-Julien et de Marie-Françoise Perrar, de L'Orient, France.
Primeau, Geneviève. [Paul.

PAQUIER.—Voy. Paquet.

PAQUIN.—*Variation:* Pasquin.

1676, (18 nov.) Château-Richer.[1]

I.—PAQUIN (3), Nicolas,
b 1648, s 17 dec. 1708, à Ste-Famille, I.O[2]
Plante, Marie-Françoise, [Jean I
b 1655; s [2] 18 avril 1726.
Nicolas, b 1677; 1° m 1707, à Marie-Anne Perrot; 2° m 13 janvier 1721, à Therèse Grosleau, à Deschambault[3]; s [3] 13 avril 1731.—*Marie*, b [1] 18 nov. 1680; m [2] 12 juin 1708, à Jean-Baptiste Marcot. — *Geneviève*, b [2] 9 oct. 1688, m [2] 28 juillet 1711, à Jean-François Naud — *Marie-Madeleine*, b [2] 13 déc. 1690; m [2] 28 juillet 1711, à Jacques Perrot. — *Marie-Anne*, b [2] 14 sept. 1695; m [3] 3 août 1720, à Pierre Grosleau — *Jean-Baptiste*, b [2] 15 mai 1701; m [3] 4 fevrier 1731, à Marguerite Chapelain; s [3] 9 avril 1743.

1707.

II.—PAQUIN, Nicolas, [Nicolas I.
b 1677; s 13 avril 1731, à Deschambault.[2]
1° Perrot-Lagorce, Marie-Anne, [Pierre I.
b 1682; s [2] 9 juin 1720.
Nicolas, b 17 mai 1708, au Cap-Santé[3]; m [2] 1er mars 1745, à Marie-Joseph Arcan; s [2] 20 oct. 1791.—*Paul*, b [3] 14 oct. 1709; m [2] 6 mai 1737, à Marie-Joseph Arcan.—*Marie-Joseph*, b [3] 16 avril 1711. — *Jean-François*, b [3] 18 juin 1714. — *Jean-Baptiste*, b [2] 13 juin 1716. — *Joseph*, b [2] 20 mai 1717; 1° m [3] 24 nov. 1734, à Marie-Anne Marcot, 2° m [3] 27 juillet 1750, à Marie-Angélique Gautier. — *Marie-Anne*, b [2] 31 dec. 1719. — *Louis*, b... m 16 août 1746, à Marie-Joseph Lesieur, à Yamachiche; s 1er juillet 1790, à St-Cuthbert.

1721, (13 janvier).[2]

2° Grosleau, Therèse, [Pierre I.
b 1688; s [2] 14 oct. 1724.
Joseph, b... m [2] 22 avril 1748, à Marguerite Cloutier.—*Pierre*, b [2] 29 juin 1723; m [2] 3 fevrier 1749, à Cécile Martineau.—*François*, b [2] 14 oct 1724; m [2] 22 nov. 1751, à Marie-Anne Grégoire.

1731, (4 fevrier) Deschambault.[6]

II.—PAQUIN, Jean, [Nicolas I.
b 1701; s [6] 9 avril 1743.
Chapelain, Marguerite, [Louis-Joseph III.
b 1705; s [6] 4 avril 1790.
Jean-Baptiste, b [6] 14 oct. 1731; 1° m [6] 21 fevrier 1757, à Marie-Joseph Morin; 2° m [6] 28 janvier

(1) Dit Lavallée.
(2) Et Pasquié.
(3) Voy. vol. I, p. 460.

1771, à Thérèse BENOIT.—*Marguerite*, b [6] 23 nov. 1733; m [6] 5 oct. 1750, à Jean LALLIER. — *Marie-Joseph*, b [6] 11 mai 1735; m [6] 20 août 1764, à Alexis LÉTOURNEAU. — *Paul*, b [6] 6 août 1737.—*Joseph*, b [6] 20 avril 1739; m [6] 20 janvier 1767, à Reine MATHIEU.—*Geneviève*, b [6] 24 février 1741; m [6] 3 nov. 1767, à François SAVOYE. — *Pierre-Joseph*, b [6] et s [6] 28 mars 1743.

1734, (24 nov.) Cap-Sante.[1]

III.—PAQUIN, JOSEPH, [NICOLAS II.
b 1717.
1° MARCOT, Marie-Anne, [JACQUES II.
b 1709; s [1] 5 janvier 1748.

Joseph, b [1] 15 sept. 1735; m 26 oct. 1767, à Catherine NAU, à Deschambault.[2]—*Marie-Joseph*, b [1] 2 nov. 1736; s [1] 12 juillet 1740.—*Nicolas*, b [2] 13 mars 1738.—*Marie-Thérèse*, b [2] 23 avril 1739, m 1762, à Antoine CHEVALIER.—*Michel*, b [2] 9 nov. et s [1] 28 déc. 1740.—*Marie-Françoise*, b [1] 26 mars 1742.—*Paul*, b [1] 31 mars 1744.—*Marie-Charlotte*, b [1] 18 sept. 1745.—*Joseph-Marie*, b [1] 14 nov. 1746.

1750, (27 juillet).[1]

2° GAUTIER, Marie-Angelique, [JEAN-BTE II.
b 1719.

Anonyme, b [1] et s [1] 29 avril 1751.—*Marie-Angelique*, b [1] 20 juillet 1752.—*Geneviève*, b [1] 19 août 1753.—*Marie-Joseph*, b [2] 15 mai 1755.—*Augustin*, b [2] 13 oct. 1756; m 14 oct. 1777, à Pelagie LÉCUYER, aux Grondines.—*Alexis*, b [2] 3 avril 1760.

1737, (6 mai) Deschambault.[9]

III.—PAQUIN, PAUL, [NICOLAS II.
b 1709.
ARCAN (1), Marie-Joseph, [PIERRE II.
b 1717.

Marie-Joseph, b [9] 1er février 1738; m [9] 6 nov. 1753, à Joseph PERRON; s [9] 6 mai 1758.—*Paul*, b [9] 10 et s [9] 11 mars 1739.—*Pierre*, b [9] 19 fevrier 1741; m [9] 21 janvier 1771, à Marie-Joseph SAUVAGEAU.—*Marie-Geneviève*, b [9] 24 oct. 1742; m [9] 1er janvier 1761, à Joseph-Louis MARCOT.—*Marie-Louise*, b [9] 10 février 1744; s [9] 5 mars 1745.—*Angélique*, b [9] 11 avril et s [9] 8 mai 1745.—*Paul*, b [9] 5 juin 1746; s [9] 15 avril 1748.—*Marie-Anne*, b [9] 22 mars et s [9] 29 juin 1748.—*Marie-Marguerite*, b [9] 15 oct. 1750; s [9] 28 août 1751.—*Joseph-Marie*, b [9] 2 avril 1752.

PAQUIN, NICOLAS.
LEFEBVRE, Marie-Anne,
veuve de Jacques Gautier.

1745, (1er mars) Deschambault.[6]

III.—PAQUIN, NICOLAS, [NICOLAS II.
b 1708; s [6] 20 oct. 1791.
ARCAN, Marie-Joseph, [JOSEPH II.
b 1719; s [6] 1er nov. 1788.

Nicolas, b [6] 29 nov. 1745; m [6] 18 janvier 1773, à Françoise GAUTIER.—*Marie-Joseph*, b [6] 2 et s [6] 27 avril 1747.—*Joseph-Marie*, b [6] 31 juillet et s [6] 29 nov. 1748.—*Jean*, b [6] 2 avril et s [6] 1er août 1750.—*Jean-Baptiste*, b [6] 30 oct. 1751.—*Paul*, b [6] 11 avril 1753.—*Marie-Joseph*, b [6] 1er nov. 1755.—*Anonyme*, b [6] et s [6] 18 oct. 1760.

1746, (16 août) Yamachiche.[7]

III.—PAQUIN, LOUIS, [NICOLAS II.
b 1720; s 1er juillet 1790, à St-Cuthbert.[8]
LESIEUR, Marie-Joseph. [CHARLES-JULIEN II.

Louis, b [7] 6 juin 1747; m [8] 11 février 1771, à Marguerite DUBORD.—*Marie-Anne*, b... m [8] 16 oct. 1775, à Jean-Baptiste FAFART.

1748, (22 avril) Deschambault.[9]

III.—PAQUIN, JOSEPH. [NICOLAS II.
CLOUTIER, Marguerite, [JOSEPH IV.
b 1721; s [9] 5 déc. 1790.

Joseph, b [9] et s [9] 10 nov. 1748.—*Marguerite*, b [9] 21 oct. et s [9] 15 nov. 1749.—*Joseph-Marie*, b [9] 20 juin 1752; m 10 janvier 1780, à Marie-Anne CHAREST, aux Grondines.—*Jean-Baptiste*, b [9] 14 avril 1754, s [9] 25 janvier 1756.—*Paul*, b [9] 16 nov. 1755; s [9] 19 avril 1756.—*Hyacinthe*, b [9] 30 juin 1758; m [9] 17 juin 1783, à Marie GAUTIER.—*Paul*, b [9] 27 avril 1762; m [9] 4 avril 1785, à Marguerite MARCOT.—*François-Xavier*, b [9] 3 avril 1764; m [9] 28 fevrier 1791, à Marie-Joseph NAU.—*Marie-Joseph*, b [9] 24 mai 1766; m [9] 18 janvier 1790, à Gabriel TOUSSAINT.—*Marguerite*, b... m [9] 20 avril 1795, à Amable COURTEAU.

1749, (3 février) Deschambault.[5]

III.—PAQUIN, PIERRE, [NICOLAS II.
b 1723.
MARTINEAU-ST. ONGE, Cécile, [SIMON II.
b 1729.

Jean-Baptiste, b [5] 14 oct. 1749; m à Marie NAU.— *Paul*, b [5] 12 février et s [5] 14 mai 1751.—*Joseph-Marie*, b [5] 2 avril 1752.—*Marie-Cécile*, b [5] 10 juin 1753.—*Paul*, b [5] 30 oct. 1754; m à Geneviève BELISLE.—*François*, b 3 fevrier et s 18 mai 1760, à la Rivière-du-Loup.

1751, (22 nov.) Deschambault.[3]

III.—PAQUIN, FRANÇOIS, [NICOLAS II.
b 1724.
GRÉGOIRE, Marie-Anne, [JEAN-BTE III.
b 1729.

Marie-Anne, b [3] 3 sept. 1752.—*François*, b [3] 1er mai et s [3] 8 juillet 1754.

1757, (21 février) Deschambault [9]

III.—PAQUIN, JEAN-BTE, [JEAN II.
b 1731.
1° MORIN, Marie-Joseph, [FRANÇOIS-MARIE III.
b 1735; s [9] 11 juin 1767.

Jean, b [9] 17 avril 1758. — *Marie-Joseph*, b [9] 10 janvier 1761. — *Joseph-Marie*, b [9] 1er mai 1764; m [9] 30 juillet 1792, à Marie-Joseph NAU.— *Paul*, b [9] 29 avril 1767.

1771, (28 janvier).[9]

2° BENOIT, Thérèse, [JEAN-FRANÇOIS III.
b 1746, s [9] 5 fevrier 1791.

Geneviève, b 1772; m [9] 21 janvier 1793, à Louis CLOUTIER; s [9] 31 mars 1794.

(1) Elle épouse, le 27 février 1764, Honoré Savoye, à Deschambault.

PAQUIN, Jean.
Doucet, Marie.
Marie-Agnès, b... m 15 février 1779, à Guillaume Brassard, à St-Cuthbert.

1767, (20 janvier) Deschambault.[3]
III.—PAQUIN, Joseph, [Jean II.
b 1739.
Mathieu, Reine, [Jean-Bte III.
b 1747.
Jean-Marie, b[3] 8 déc. 1767. — *Joseph*, b... m[3] 21 janvier 1793, à Louise Arcan.

1767, (26 oct.) Deschambault.
IV.—PAQUIN, Joseph, [Joseph III.
b 1735.
Nau, Catherine, [René II.
b 1742.

1771, (21 janvier) Deschambault.
IV.—PAQUIN, Pierre, [Paul III.
b 1741.
Sauvageau, Marie-Joseph, [Louis III.
b 1746.
Marguerite, b 6 août 1778, aux Grondines.[4] — *Paul*, b 1779; s[4] 23 nov. 1780. — *Paul*, b[4] 8 mars 1782. — *Alexandre*, b 1786; s[4] 27 sept. 1788.

1771, (11 février) St-Cuthbert.[8]
IV.—PAQUIN, Louis, [Louis III.
b 1747.
Dubord, Marguerite. [Pierre.
Marie-Joseph, b[8] 9 nov. 1771. — *Marie-Anne*, b[8] 18 nov. 1774. — *Jean-Baptiste*, b[8] 6 mars 1776; s[8] 16 avril 1777. — *Jean-Baptiste-Louis*, b[8] 17 mai 1778. — *Jean-Baptiste*, b[8] 15 nov. 1779. — *Marie-Thérèse*, b[8] 11 mai 1781.—*Marie-Reine*, b[8] 7 oct. 1786. — *Etienne*, b 1788; s[8] 11 déc. 1789.

IV.—PAQUIN, Jean-Bte, [Pierre III.
b 1749.
Nau, Marie,
b 1757; s 3 oct. 1784, à Deschambault.[1]
Marie, b... m[1] 15 janvier 1799, à François Hamelin.

IV.—PAQUIN, Paul, [Pierre III.
b 1754.
Belisle, Geneviève,
b 1743; s 7 mai 1797, à Deschambault.

1773, (18 janvier) Deschambault.
IV.—PAQUIN, Nicolas, [Nicolas III.
b 1745.
Gautier, Françoise, [Jacques III.
b 1749.

1773.
PAQUIN, Louis.
LeSiège, Geneviève.
Marie-Geneviève, b 4 sept. 1774, à St-Cuthbert.[9] — *Marie-Madeleine*, b[9] 20 août 1776. — *Théotiste*, b[9] 23 mai 1784. — *Etienne*, b[9] 8 sept. 1786.

1777, (14 oct.) Grondines.[9]
IV.—PAQUIN, Augustin, [Joseph III
b 1756.
Lécuyer, Pélagie, [Antoine III.
b 1754.

1780, (10 janvier) Grondines.
IV.—PAQUIN, Joseph-Marie, [Joseph III.
b 1752.
Charest, Marie-Anne, [Antoine III.
b 1742; veuve de Charles Trotier.

1783, (17 juin) Deschambault.
IV.—PAQUIN, Hyacinthe, [Joseph III
b 1758.
Gautier, Marie. [Pierre II.

1785, (4 avril) Deschambault.
IV.—PAQUIN, Paul, [Joseph III.
b 1762.
Marcot, Marguerite, [Joseph-Louis IV.
b 1763.

1786.
PAQUIN, Jean-Marie.
Carpentier, Marie-Rose.
Guillaume, b 25 juin 1787, à St-Cuthbert.[2] — *Joseph*, b[2] 17 août 1788. — *André*, b[2] 3 avril 1791; s[2] 21 mai 1792.—*Etienne*, b[2] 12 nov. 1795

1791, (28 février) Deschambault.
IV.—PAQUIN, François-Xavier, [Joseph III.
b 1764.
Nau, Marie-Joseph. [Joseph IV.

1792, (30 juillet) Deschambault.
IV.—PAQUIN, Joseph. [Jean III.
Nau, Marie-Joseph. [Joseph-René III

1793, (21 janvier) Deschambault (1).
IV.—PAQUIN, Joseph. [Joseph III
Arcan, Marie-Louise. [Pierre-Joseph III

I.—PAR, Jean, b 1696; de St-Malo, Basse-Bretagne; s 5 déc. 1756, à Quebec.

PARADIER.—Voy. Parseillé.

1734, (15 nov.) St-Laurent, M.
II.—PARADIER (2), Pierre, [Etienne I
b 1712; s 23 juillet 1745, au Sault-au-Récollet.[5]
Quenneville (3), Marie-Joseph, [Jean II
b 1717.
Pierre, b[5] 9 février et s[5] 2 mars 1737 —*Marie-Joseph*, b[5] 28 mai 1741; m[5] 21 juin 1756, à Silvain Robert.

PARADIS.—*Surnoms :* Audin — DesRoches — DeVidepoche—Dufresne.

(1) Réhabilité le 21 janvier 1796, à Deschambault, avec dispense du 4me au 4me degré.

(2) Voy. Parseillé dit Lachapelle.

(3) Elle épouse, le 18 février 1747, Laurent Lecompte, au Sault-au-Récollet.

I.—PARADIS (1), PIERRE,
b 1605 ; s 29 janvier 1675, à Ste-Famille, I.O.
GUYON, Barbe, [JEAN I.
b 1620 ; s 29 nov. 1700, à St-Pierre, I. O. [9]
Guillaume, b 1648 ; m 29 oct. 1670, à Geneviève MILLOUER, à Quebec [8] ; s [9] 13 fevrier 1716. —*Pierre*, b 1651 ; m 1670, à Jeanne-Françoise LEROY ; s [9] 5 déc. 1700.—*Louise*, b [8] 7 août 1661 ; 1° m [8] 12 sept. 1678, à Thomas MEZERAY ; 2° m [8] 18 juin 1691, à Hilaire SUREAU ; 3° m 24 sept. 1713, à Jean-Baptiste JARRY-LAHAIE, à Montréal.

1668, (28 oct.) Québec.
II.—PARADIS (1), JACQUES, [PIERRE I.
b 1646.
MILLOUER (2), Jeanne, [JEAN I.
b 1653 ; veuve de Mathurin LePrestre.
Jacques, b 25 avril 1670, à Ste-Famille, I. O. [9] — *Guillaume*, b... m 6 juin 1701, à Jeanne HUDON, à la Rivière-Ouelle. — *Pierre*, b... m 27 juillet 1701, à Madeleine DROUIN, à St-Pierre, I. O. — *Gabriel*, b 1675 ; m à Marie-Anne COTÉ ; s 9 déc. 1755, à Kamouraska.—*Barbe*, b [9] et s [9] 29 mars 1676. —*Marie*, b [9] 29 mars 1677 ; m 1696, à Jean MARANDA.

1670, (29 oct.) Québec.
II.—PARADIS (1), GUILLAUME, [PIERRE I.
b 1648 ; s 13 février 1716, à St-Pierre, I. O. [8]
MILLOUER, Geneviève, [JEAN I.
b 1654 ; s [8] 8 oct. 1712.
Geneviève, b 15 juin 1675, à Ste-Famille, I. O. [9] ; m [8] 9 nov. 1694, à Adrien LECLERC.—*Barbe*, b [8] 19 mars 1676.—*Marie-Anne*, b [8] 24 sept. 1681 ; m [8] 20 oct. 1698, à François LEMIEUX.—*Jean-Baptiste*, b [8] 9 avril 1684 ; s 25 juillet 1703, à la Rivière-Ouelle. [7] — *Elisabeth*, b [8] 1er sept. 1686 ; m [8] 3 nov. 1705, à Jean-Bte BOUCHARD. — *Pierre*, b [8] 23 janvier 1689 ; m [8] 23 nov. 1711, à Marguerite BOUCHARD-DORVAL. — *Jean*, b 1690 ; m [7] 25 avril 1718, à Marie-Françoise HUDON ; s 2 mars 1760, à Kamouraska. [6]—*Ignace*, b [8] 22 mai 1694 ; m [9] 13 nov. 1719, à Marie-Anne TURCOT. — *Jacques*, b [8] 23 mars 1698 ; m 1730, à Rosalie BOUCHER ; s [6] 24 juin 1767.—*Marie*, b 1703 ; m [8] 2 sept. 1726, à Augustin DIONNE ; s [6] 14 juillet 1728.

1670.
II—PARADIS, PIERRE, [PIERRE I.
b 1651 ; s 5 dec. 1700, à St-Pierre, I. O. [1]
LEROY (3), Jeanne-Françoise, [MATHURIN I.
s [1] 10 déc. 1700.
Marie, b 10 mai 1671, à Québec ; m [1] 17 nov. 1693, à Pierre AUBIN ; s [1] 12 mai 1755.—*Charles*, b 25 oct. 1674, à Beauport ; s [1] 7 nov. 1687.—*Pierre*, b 1676 ; m à Marie FERLAND ; s [1] 11 sept. 1702.—*Joseph*, b [1] 9 sept. 1679 ; m 5 avril 1712, à Geneviève CAUCHON, au Château-Richer ; s [1] 6 déc. 1749.—*Jeanne*, b [1] 22 fevrier 1682 ; 1° m [1] 21 nov. 1701, à Louis DUPONT ; 2° m 8 fevrier 1718, à Germain MARTINEAU, à Ste-Famille, I. O. [2] — *Elisabeth*, b [1] 26 avril 1684 ; s [1] 28 sept. 1752.—*Claire*, b [1] 21 août 1685 ; m [1] 1er août 1707, à Pierre HUDON.—*Anne*, b [1] 22 janvier 1687 ; m [1] 18 nov. 1709, à Pierre BOUCHARD-DORVAL ; s [1] 19 nov. 1728.—*Charles*, b [1] 29 fevrier 1688 ; m 20 nov. 1714, à Claire DEBLOIS, à St-Jean, I. O. — *Geneviève*, b [1] 25 mai 1690 ; s [1] 20 sept. 1697.—*Angélique*, b... m [1] 21 janvier 1715, à François PAQUET ; s [2] 23 août 1748.—*Madeleine*, b [1] 4 juillet 1694.—*Thérèse*, b [1] 6 mars et s [1] 30 avril 1696.—*Pierre*, b [1] 14 oct. 1697 ; s [1] 2 janvier 1709.—*Geneviève*, b [1] 30 oct. 1699 ; m [1] 19 juin 1724, à Pierre PAULET ; s [1] 8 oct. 1728.

(1) Voy. vol. I, p. 461.
(2) Et Milloy ; elle épouse, le 11 juillet 1679, François Fellan, à Ste-Famille, I. O.
(3) Souvent appelée Miloy.

1674.
II.—PARADIS (1), JEAN, [PIERRE I.
b 1658.
1° DAMIZÉ, Claude.
André-Jean, b 3 mars 1676, à Repentigny ; m 7 janvier 1697, à Marguerite MÉNARD, à Beauport [4] ; s [4] 12 oct. 1745.
1679, (5 février) Québec.
2° PASQUIER, Jeanne, [MAURICE II.
b 1666 ; s 15 mars 1711, à Charlesbourg. [3]
Jean, b [3] 15 fevrier 1697 ; m [4] 21 nov. 1718, à Marie-Françoise TESSIER ; s [3] 6 déc. 1722. — *Pierre*, b [3] 25 fevrier 1702 ; m 16 avril 1725, à Louise PAPINEAU, à St-Laurent, M.

1697, (7 janvier) Beauport. [6]
III.—PARADIS (1), ANDRÉ-JEAN, [JEAN II.
b 1676, s [6] 12 oct. 1745.
MÉNARD, Marguerite, [JACQUES I.
b 1681.
André, b [6] 17 août 1698 ; s [6] 10 fevrier 1723.—*Jacques*, b [6] 1er mai 1701 ; 1° m à ...... ; 2° m [6] 15 fevrier 1729, à Marguerite-Louise GIROUX ; 3° m [6] 7 août 1747, à Marguerite BINET ; s [6] 12 oct. 1769. —*Marie-Anne-Geneviève*, b [6] 24 février 1707 ; m [6] 17 avril 1747, à Augustin LESSARD.—*Florent*, b [6] 26 janvier 1716 ; m [6] 8 février 1751, à Louise BÉLANGER —*Charles*, b [6] 10 sept. 1721 ; m 26 janvier 1750, à Angelique GIROUX, à L'Ange-Gardien.

III.—PARADIS, PIERRE, [PIERRE II.
b 1676 ; s 11 sept. 1702, à St-Pierre, I. O.
FERLAND, Marie. [FRANÇOIS I.

1698, (5 nov.) Cap-St-Ignace.
III.—PARADIS (1), GABRIEL, [GUILLAUME II.
b 1675.
LEMIEUX, Marie-Geneviève, [GUILLAUME I.
b 1683.
Geneviève, b 17 oct. 1700, à St-Pierre, I. O. [7] ; s [7] 23 mars 1720.—*Marie*, b 19 mars et s 2 avril 1702, à la Rivière-Ouelle.

1701, (6 juin) Rivière-Ouelle. [6]
III.—PARADIS, GUILLAUME, [GUILLAUME II.
b 1677.
HUDON (2), Marguerite-Catherine, [PIERRE I.
b 1681 ; s [6] 25 janvier 1754.

(1) Voy. vol. I, p. 461.
(2) Dit Beaulieu.

Catherine-Marguerite, b [6] 18 et s [6] 23 juin 1702. —*Marie*, b [6] 23 déc. 1703; m 1726, à Augustin Dionne; s 14 juillet 1728, à Kamouraska.—*Guillaume*, b [6] 6 février 1706.—*Gabriel*, b [6] 27 nov. 1707; s [6] 2 février 1709.—*Jean-Baptiste*, b 1709; m [6] 22 nov. 1734, à Marie-Joseph Lévesque.—*Marthe*, b 1718; m [6] 12 janvier 1745, à François Macé.

1701, (6 juin) Rivière-Ouelle. [4]
III.—PARADIS, Guillaume. [Jacques II.
Hudon-Beaulieu, Jeanne, [Pierre I.
b 1682.

Marie, b [4] 14 juin 1702; m 2 sept. 1726, à Augustin Dionne, à St-Pierre, I. O. [5] — *Louis*, b [4] 5 mai et s [4] 12 août 1703.—*Geneviève*, b [4] 13 juillet 1704.—*Jeanne*, b [4] 6 avril 1706; m [5] 29 mars 1731, à Charles-Amador Raté; s 4 oct. 1759, à Charlesbourg.—*Marie-Anne*, b [4] 10 juin 1708; m [5] 8 nov. 1734, à Gabriel Bussière.—*Jacques*, b 1709; s [4] 27 sept. 1779.—*Hélène*, b 1710; m 17 janvier 1736, à Joseph Lebel, à Kamouraska. [6] — *François*, b 1711; m [6] 29 février 1740, à Marie-Anne Tardif; s [6] 14 avril 1757.—*Jean-Bernard*, b... m [6] 20 nov. 1736, à Marie-Anne Roy.—*Marie-Joseph*, b... m [5] 20 nov. 1741, à Ignace Raté.

1701, (27 juillet) St-Pierre, I. O. [1]
III.—PARADIS, Pierre. [Jacques II.
Drouin, Madeleine, [Nicolas II.
b 1680; veuve de Noël Côté; s [1] 17 déc. 1702.

1711, (23 nov.) St-Pierre, I. O.
III.—PARADIS, Pierre, [Guillaume II.
b 1689.
Bouchard (1), Marguerite. [Jean II.

1712, (5 avril) Château-Richer.
III.—PARADIS, Joseph, [Pierre II.
b 1679; s 6 déc. 1749, à St-Pierre, I. O. [3]
Cauchon, Geneviève, [Jacques III.
b 1696; s [3] 16 mai 1736.

Joseph, b [3] 23 juillet 1713; m 3 avril 1742, à Geneviève Boivin, à Ste-Anne [4]; s [4] 3 dec. 1749. —*Geneviève*, b [3] 30 oct. 1714; m [3] 25 sept. 1741, à Pierre Goulet.—*Claire*, b [3] 18 février 1717; s [3] 25 mars 1740.—*Pierre*, b [3] 20 déc. 1718; m [3] 28 sept. 1744, à Marie-Ursule Cantin.—*Marie-Joseph*, b [3] 20 sept. 1720.—*Jean-Baptiste*, b [3] 22 janvier 1723; s (trouvé mort dans le chemin du Cap-Rouge) 9 janvier 1768, à Ste-Foye.—*Paul*, b [3] 20 mai 1725; 1° m 4 nov. 1748, à Marie-Joseph Rouleau, à St-Laurent, I. O. [5]; 2° m [5] 12 février 1770, à Marie-Anne PoulIot.—*Etienne*, b [3] 10 oct. 1727, 1° m 20 janvier 1755, à Marie Tremblay, à St-Jean, I. O.; 2° m 25 oct. 1756, à Geneviève Dumay, à Lévis.—*Marie*, b [3] 11 nov. 1729.—*Marie-Madeleine*, b [3] 9 oct. 1731; s [3] 8 juillet 1733.—*Anonyme*, b [3] et s [3] 15 juin 1733.

(1) Dit Dorval.

1714, (20 nov.) Ste-Famille, I. O.
III.—PARADIS, Charles, [Pierre II.
b 1688.
Deblois, Claire, [Jean II.
b 1697.

Charles, b 20 nov. 1715, à St-Pierre, I. O. [1]; m [1] 27 juillet 1750, à Marguerite Goulet.—*Joseph*, b [7] 1er mai et s [7] 9 juillet 1718.—*Marie-Madeleine*, b [7] 13 août 1719.—*Gabriel*, b [7] 10 nov. 1721; m [1] 10 nov. 1749, à Marie-Joseph Niel.—*Marie-Louise*, b [7] 5 août 1724.—*Marie-Thérèse*, b [7] 19 oct. 1726; m [7] 27 juillet 1750, à Jean Goulet. — *Jean-Baptiste*, b [7] 16 avril 1729; s [7] 18 août 1730—*Pierre*, b [7] 10 et s [7] 25 août 1731.—*Louis*, b [7] 25 août 1732; m 9 juillet 1764, à Marguerite Demers, à Lévis —*Geneviève*, b [7] 25 août 1732.—*Pierre*, b [7] 19 août 1735.

1718, (25 avril) Rivière-Ouelle.
III.—PARADIS, Jean, [Guillaume II.
b 1690; s 2 mars 1760, à Kamouraska. [5]
Hudon-Beaulieu, Marie-Françoise, [Pierre I
b 1696; s [5] 27 mars 1762.

Marie-Joseph, b 1723; m [5] 22 nov. 1747, à Philippe Jouvin; s [5] 5 mars 1771.—*Jean-Baptiste*, b [5] 6 août 1727; m [5] 25 oct. 1751, à Marie-Louise Ouellet.—*Marie-Geneviève*, b [5] 4 juin et s [5] 20 août 1730. — *Marie-Reine*, b [5] 29 août 1731; m [5] 11 janvier 1762, à Jean-Baptiste Laplante; s [5] 8 mars 1763.—*Joseph*, b [5] 16 déc. 1734; m [5] 9 nov. 1756, à Marie-Anne Moreau.—*Judith*, b [5] 13 mai 1737; m [5] 6 juillet 1761, à Simon Chamberlan, s [5] 24 nov. 1770.

1718, (21 nov.) Beauport.
III.—PARADIS, Jean, [Jean II.
b 1697; s 6 déc. 1722, à Charlesbourg. [4]
Tessier (1), Marie-Françoise, [Mathieu I
b 1696.

Jean-Baptiste, b [4] 18 avril 1721; m [4] 10 juillet 1741, à Marguerite Jobin.

III.—PARADIS, Gabriel, [Jacques II.
b 1675; capitaine de la côte; s 9 déc. 1755, à Kamouraska. [6]
Coté, Marie-Anne, [Jean-Bte III.
b 1696; s [6] 12 avril 1757.

Geneviève, b 1719; m [6] 23 février 1756, à Jean Lebel; s [6] 24 février 1771.—*Jean-Baptiste*, b 1721, m 1753, à Marie Dionne; s [6] 22 avril 1766—*Alexandre*, b 1722; 1° m [6] 29 juillet 1743, à Elisabeth Levasseur; 2° m [6] 14 août 1752, à Marie-Joseph Ouellet; s [6] 25 mai 1773.—*Louise*, b [6] 3 mars 1728; 1° m [6] 2 sept. 1748, à Jean-Baptiste Dionne; 2° m [6] 9 août 1756, à Charles Soucy.—*Marc-Antoine*, b [6] 5 mars 1730; m [6] 10 janvier 1752, à Marie-Joseph Michaud; s [6] 10 dec. 1756 — *Marie-Joseph*, b [6] 5 avril 1732.—*Marie-Monique*, b [6] 21 avril 1734; m [6] 9 nov. 1756, à Augustin DeLavoye.—*Marie-Thérèse*, b [6] 13 mars 1736; m [6] 25 février 1754, à Joseph Dionne.—*Dorothée*, b [6] 19 juin 1738; m [6] 23 août 1756, à Joseph Boucher.—*Gabriel*, b... m [6] 9 mai 1746, à Marie-Charlotte Michaud; s [6] 8 avril 1759.

(1) Elle épouse, le 27 juillet 1723, René Tardif, à Charlesbourg.

1719, (13 nov.) Ste-Famille, I. O.

III.—PARADIS, Ignace, [Guillaume II. b 1694.

Turcot, Marie-Anne, [François II. b 1698.

Ignace, b 11 sept. 1720, à St-Pierre, I. O.[1]; m[1] 10 avril 1747, à Thérèse Gaulin. — *Marie-Anne*, b[1] 16 janvier 1722; m[1] 20 nov. 1741, à Pierre Choret; s[1] 20 avril 1744. — *Marie-Thérèse*, b[1] 2 déc. 1724; m[1] 25 juillet 1746, à Joseph Nolin. — *Charles-François*, b[1] 8 nov. 1726; m[1] 10 sept. 1749, à Ursule Coté.—*Nicolas*, b[1] 7 oct. 1728, m à Marie-Anne Niel. —*Jean-Baptiste*, b[1] 11 oct 1730; m 25 nov. 1755, à Véronique Carrier, à Lévis. — *Elisabeth*, b[1] 28 nov. 1732. — *Marie*, b... m[1] 7 avril 1750, à Joseph Coté.—*Gabriel*, b 3 août 1734, à L'Ange-Gardien[2]; s[1] 7 nov. 1757.—*Marie-Joseph*, b[1] 22 avril 1736; m[1] 12 nov. 1753, à Ignace Coté; s[2] 17 février 1755. —*Marie-Marguerite*, b[1] 29 sept. 1738; m[1] 20 nov. 1758, à Louis Noel. — *Geneviève*, b[1] 15 sept. 1741.

1725, (16 avril) St-Laurent, M.

III—PARADIS, Pierre, [Jean II. b 1702.

Papineau (1), Marie-Louise, [Samuel I. b 1709.

Hélène, b 1726; m 1744, à François Desnoyers; s 22 oct. 1753, à St-Vincent-de-Paul.[1] — *Louise*, b 1728; m[1] 21 juillet 1749, à Charles Desnoyers. —*Pierre*, b 7 avril 1731, à St-François, I. J.[2]; m 21 janvier 1754, à Agathe Tibaut, à Ste-Rose.[3] — *Marie-Elisabeth*, b[2] 18 juin 1735; m[1] 4 avril 1758, à Toussaint Cire.—*Marie-Madeleine*, b[2] 14 février et s[2] 7 sept. 1737. — *Marie-Charlotte-Ursule*, b[2] 10 juillet 1738; m[3] 30 avril 1759, à Joseph Masson.—*Françoise*, b[2] 22 juillet 1740.—*Marie-Rose-Séraphine-Constance*, b[1] 19 février 1745.—*François*, b[1] 19 déc. 1746. — *Marie*, b... m[1] 10 août 1767, à Joseph Barbeau. — *Marie-Anne*, b[1] 6 février 1750; s[1] 13 janvier 1752. — *Marie-Amable-Reine*, b[1] 11 oct. 1752.

1727, (9 oct.) Québec.[6]

I.—PARADIS, François-Joseph, b 1700; fils de Jean et de Catherine Bataille, de St-Jean, diocèse de LaRochelle, Aunis; s[6] 24 mars 1739.

Constantin, Lse-Véroniq.-Michelle, [Denis II. b 1702.

Jean-Denis, b[6] 3 et s[6] 4 nov. 1728.—*Françoise-Louise*, b[6] 3 janvier 1730; m 6 mai 1748, à Joseph Lefrançois, au Château-Richer.—*Joseph-Thomas*, b[6] 10 juillet 1732; m[6] 3 août 1750, à Geneviève Marchesseau. — *Marie-Catherine*, b[6] 27 juin 1735; s[6] 6 nov. 1755. — *Michel-François*, b[6] 10 sept. 1737; s 10 sept. 1751, à St-Antoine-de-Chambly.—*Jean-Augustin* (posthume), b[6] 8 sept. 1739.

IV—PARADIS, Jacques, [Jean-André III. b 1701; s 12 oct. 1769, à Beauport.[3]

1° .... (2).

1729, (15 février).[3]

2° Giroux, Marguerite-Louise, veuve de Vincent Rodrigue; s[3] 31 juillet 1746.

Marie-Marguerite, b[3] 8 mai 1730.

1747, (7 août).[3]

3° Binet, Marguerite, [Nicolas II. b 1698, veuve d'Alexandre Boissel; s[3] 13 février 1759.

1728, (3 février) Québec.

I.—PARADIS, Roland, b 1696, orfèvre; fils de Claude et de Geneviève Cussy, de St-Jacques-de-la-Boucherie, Paris; s 29 avril 1754, à Montréal.

Boivin (1), Marie-Angélique, [François II. b 1708.

1730.

III.—PARADIS, Jacques, [Guillaume II. b 1698; s 24 juin 1767, à Kamouraska.[4]

Boucher, Rosalie, [Pierre III. b 1710.

Marie-Anne, b[4] 14 et s[4] 20 février 1732.—*Marie-Anne*, b[4] et s[4] 6 août 1733. — *Marie-Joseph*, b[4] 21 sept. 1734; m[4] 7 janvier 1753, à Jean Blié.—*Agathe*, b[4] 18 nov. 1736; m[4] 20 février 1753, à Jean Martin; s[4] 18 mars 1756.—*Joseph-Antoine*, b[4] 13 juillet 1738; m[4] 25 juin 1764, à Marie-Therèse Lévesque.—*Marie-Rosalie*, b[4] 21 fevrier 1740; m[4] 16 janvier 1759, à Louis Saucier. — *Louise*, b[4] 25 août 1741; s[4] 8 août 1745.—*Catherine*, b[4] 2 et s[4] 7 oct. 1747.—*Elisabeth*, b[4] 25 et s[4] 27 oct. 1748.—*Jacques*, b... m[4] 5 février 1776, à Marie-Joseph Soucy.

1734, (22 nov.) Rivière-Ouelle.[1]

IV.—PARADIS (2), Jean-Bte, [Guillaume III. b 1709.

Lévesque, Marie-Joseph, [Joseph II. b 1714.

Jean-Baptiste, b[1] 7 oct. 1735; 1° m[1] 17 nov. 1755, à Marie-Joseph Perrot; 2° m 20 oct. 1760, à Marie-Felicité Pelletier, à St-Roch.—*Marie-Joseph*, b[1] 12 juillet et s 11 sept. 1737, à Kamouraska.—*Marie-Joseph*, b[1] 24 déc. 1738; m[1] 7 fevrier 1757, à Joseph Pelletier; s 13 avril 1767, à Ste-Anne-de-la-Pocatière.—*Marguerite*, b[1] 24 nov. 1740; s[1] 25 oct. 1772.—*Geneviève*, b[1] 14 sept. 1742; s[1] 3 janvier 1743.—*Marie-Catherine*, b[1] 17 janvier 1743; m[1] 19 janvier 1778, à Jean-Baptiste Miville.—*Marie-Louise*, b[1] 30 oct. 1745. —*Joseph*, b[1] 27 et s[1] 30 déc. 1747.—*Athanase*, b[1] 2 mai et s[1] 21 juin 1749.—*Louise-Geneviève*, b[1] 2 mai 1749.—*Joseph*, b[1] 18 avril et s[1] 18 juin 1751.—*Jacques*, b[1] 30 avril 1752.—*Marie-Rosalie*, b[1] 11 nov. 1754; m[1] 21 nov. 1774, à Joseph-Marie Sirois.—*Marie-Angélique*, b 1756; m[1] 18 janvier 1773, à Joseph Dionne.—*Marie-Geneviève*, b[1] 23 mars 1758.

IV.—PARADIS, Jacques, [Guillaume III. b 1709; s 27 sept. 1779, à la Rivière-Ouelle.

(1) Dit Montigny.

(2) Le nom de l'épouse n'est pas donné.

(1) Elle épouse, le 16 février 1756, Joseph Mignot, à Montreal.

(2) Dit DesRoches.

1736, (20 nov.) Kamouraska. [2]
IV.—PARADIS, JEAN-BERNARD. [GUILLAUME III.
ROY (1), Marie-Anne, [PIERRE III.
b 1718.

Marie-Anne, b 2 mars 1738, à la Rivière-Ouelle ; s [2] 18 août 1745. — *Marie-Madeleine*, b [2] 20 janvier 1739 ; m [2] 11 nov. 1771, à Zacharie GUÉRET-DUMONT. — *Marie-Joseph*, b [2] 16 juin 1740 ; s [2] 10 nov. 1744. — *Alexandre*, b [2] 30 janvier 1742 ; s [2] 20 avril 1762. — *Marie*, b [2] 29 déc. 1743 ; s [2] 1er avril 1744. — *Marie-Joseph*, b [2] 12 mars 1745 ; m [2] 24 nov. 1766, à Alexandre MICHAUD. — *Marie-Angélique*, b [2] 25 avril 1747. — *Antoine*, b 1748 ; m [2] 1er août 1774, à Marie-Anne GUÉRET. — *Jean-Baptiste*, b 1750 ; m [2] 11 juillet 1775, à Marie-Joseph LEBEL. — *Joseph*, b 1751 ; 1° m [2] 9 oct. 1775, à Marie-Judith LEVASSEUR ; 2° m [2] 27 nov. 1781, à Marie-Catherine AUTIN.

1740, (29 fevrier) Kamouraska. [3]
IV.—PARADIS, FRANÇOIS, [GUILLAUME III.
b 1711 ; s [3] 14 avril 1757.
TARDIF (2), Marie-Anne, [CHARLES III.
b 1720.

Marie-Joseph, b [3] 28 déc. 1740 ; m [3] 2 février 1761, à Joseph MICHAUD.—*Marie-Judith*, b [3] et s [3] 28 mai 1742.—*Jean-François*, b [3] 12 août 1743 ; 1° m [3] 18 fevrier 1765, à Marie-Catherine MICHAUD ; 2° m [3] 18 janvier 1776, à Brigitte OUELLET.—*Marie-Catherine*, b [3] 5 sept. 1745 ; m [3] 18 fevrier 1765, à Toussaint PELLETIER ; s [3] 9 avril 1781.—*Joseph-Marie*, b [3] 7 déc. 1747 ; m [3] 11 nov. 1771, à Marie LAPLANTE DE LA BOURLIÈRE.—*Antoine*, b 1749 ; m [3] 10 fevrier 1777, à Marie-Marthe DELAVOYE.—*Madeleine*, b... m [3] 9 avril 1771, à Alexis VAILLANCOUR.—*François*, b [3] 13 sept. 1752 ; s [3] 3 mai 1757.—*Etienne*, b [3] 27 déc. 1754 ; s [3] 8 déc. 1755.

1741, (10 juillet) Charlesbourg [4]
IV.—PARADIS, JEAN-BTE, [JEAN III.
b 1721.
JOBIN, Marguerite, [JACQUES-CHARLES III.
b 1725.

Jean-Baptiste, b [4] 16 nov. 1742.—*Jacques*, b [4] 25 mars et s [4] 20 sept. 1744.—*Marie-Marguerite*, b [4] 8 juin 1745.—*Marie-Angélique*, b [4] 29 janvier 1747.—*Louis*, b [4] 21 mars et s [4] 27 déc. 1748.—*Marie-Joseph*, b [4] 19 sept. 1749.—*Pierre*, b [4] 18 mai 1751.—*Jacques-Alexis*, b [4] 2 nov. 1752, m 1779, à Angelique HAMEL.—*Marie-Louise*, b [4] 16 août 1754.—*Gabriel*, b [4] 8 avril 1756.—*Henri-Marie*, b [4] 11 mai 1758.—*Deux anonymes*, b [4] et s [4] 11 fevrier 1760.—*Marie-Thérèse*, b [4] 28 déc. 1760.

1742, (3 avril) Ste-Anne. [5]
IV.—PARADIS, JOSEPH, [JOSEPH III.
b 1713 ; s [5] 3 dec. 1749.
BOIVIN (3), Geneviève, [JEAN II.
b 1723.

Marie-Reine, b [5] 7 janvier 1743.—*Marie-Thérèse*, b [5] 16 juin 1744.—*Marie-Geneviève-Flavie*, b [5] 24 mars 1746.—*Marie-Joseph*, b [5] 17 janvier 1748 ; s [5] 6 janvier 1750. — *Cécile-Victoire* (posthume), b [5] 17 avril 1750.

1743, (29 juillet) Kamouraska. [6]
IV.—PARADIS, ALEXANDRE, [GABRIEL III.
b 1722 ; s [6] 25 mai 1773.
1° LEVASSEUR, Elisabeth, [PIERRE III
b 1722 ; s [6] 8 février 1752.

Marie-Rose, b [6] 12 juillet 1744 ; s [6] 10 février 1764. — *Marie-Joseph*, b [6] 9 janvier 1746 ; m [6] 7 janvier 1766, à Germain PELLETIER.—*Marie-Elisabeth*, b [6] 9 janvier 1746 ; 1° m [6] 11 août 1766, à Jean HUDON ; 2° m [6] 17 mai 1773, à Ignace VAILLANCOUR.—*Dorothée*, b [6] 2 janvier 1748 ; s [6] 23 juillet 1764.—*Marie-Catherine*, b [6] 23 oct. 1751. —*Marie-Elisabeth*, b... s [6] 3 mai 1752.

1752, (14 août). [6]
2° OUELLET, Marie-Joseph, [JOSEPH III.
b 1733.

Marie-Thérèse, b [6] 17 janvier et s [6] 17 février 1754.—*Ignace*, b [6] 11 et s [6] 16 février 1755.—*Alexandre*, b [6] 14 déc. 1755.—*Ignace*, b [6] 16 fevrier 1757 ; m [6] 6 nov. 1775, à Marie-Modeste TERRIAU.—*Joseph*, b [6] 1er juin 1762 ; s [6] 22 mars 1763.—*Anonyme*, b [6] et s [6] 28 déc. 1763.—*Marie-Anne*, b [6] 25 avril 1765 ; m [6] 12 nov. 1781, à Gabriel PELLETIER.—*Gabriel*, b [6] 12 février 1768 —*Alexandre*, b [6] 22 août 1769.

1744, (28 sept.) St-Pierre, I. O. [7]
IV.—PARADIS, PIERRE, [JOSEPH III
b 1718.
CANTIN, Marie-Ursule, [LOUIS II
b 1722 ; s 8 juin 1762, à Ste-Foye. [8]

Pierre, b [7] 23 août 1745.—*Louis-Pierre*, b [7] 21 sept. et s [7] 29 oct. 1746.—*Marie-Marguerite*, b [8] 2 juin 1750 ; m [8] 30 janvier 1775, à Jacques BEDARD —*Marie-Louise*, b 29 nov. 1751, à Lorette—*Jean-Baptiste*, b [8] 11 janvier 1754.—*Ursule*, b [8] 8 oct. 1755.—*Françoise-Joseph*, b [8] 4 mai 1757 ; s [8] 22 fevrier 1758.—*Marie-Joseph*, b [8] 12 et s [8] 29 août 1758 —*Charles*, b [8] 10 avril 1761 ; m 1786, à Madeleine BERTHIAUME.

1746, (9 mai) Kamouraska [9]
IV.—PARADIS, GABRIEL, [GABRIEL III
s [9] 8 avril 1759.
MICHAUD (1), Marie-Charlotte, [PIERRE II
b 1726.

Marie, b [9] 1er juin 1747 ; s [9] 7 avril 1766.—*Marie-Charlotte*, b [9] 1er oct. 1748 ; m [9] 19 juillet 1779, à Joseph PELLETIER.—*Etienne*, b [9] 1er oct. 1748—*Théotiste*, b [9] 10 nov. 1752 ; m à Sébastien CHASSÉ.—*Joseph*, b [9] 1er oct. 1754 ; s [9] 28 mars 1759.—*Barthélemi*, b [9] 21 sept. 1755.—*Gabriel*, b... m [9] 10 avril 1780, à Marie-Geneviève ROY

(1) Desjardins ; elle épouse, le 10 juillet 1752, Gabriel Asselin, à Kamouraska.

(2) Elle épouse, le 2 juillet 1770, François Choret, à Kamouraska.

(3) Elle épouse, le 26 avril 1751, Louis Poulin, à Ste-Anne.

(1) Elle épouse, le 23 juin 1760, Jean Hyard, à Kamouraska.

1747, (10 avril) St-Pierre, I. O. [1]
IV—PARADIS, IGNACE, [IGNACE III.
b 1720.
GAULIN, Thérèse, [JEAN-BTE III.
b 1733.
Jean-Baptiste, b [1] 2 oct. 1751.—*Ignace*, b [1] 14 déc. 1754.—*Marie-Thérèse*, b [1] 6 nov. 1757; s [1] 29 janvier 1758.

1748, (4 nov.) St-Laurent, I. O. [2]
IV—PARADIS, PAUL, [JOSEPH III.
b 1725.
1° ROULEAU, Marie-Joseph, [GABRIEL III.
b 1728.
Paul, b 15 sept. 1749, à St-Pierre, I. O. [3]; s [3] 15 nov. 1751.—*Gabriel*, b [3] 30 juin 1751; s 6 sept. 1759, à Charlesbourg.—*Joseph*, b [3] 17 mars 1753.—*Jean*, b [2] 11 et s [3] 25 juin 1756.—*Marie-Joseph*, b [3] 11 mars 1758.
1770, (12 février). [2]
2° POULIOT, Marie-Anne, [FRANÇOIS III.
b 1743.

1749, (10 sept.) St-Pierre, I. O [4]
IV.—PARADIS, CHARLES-FRANÇOIS, [IGNACE III.
b 1726.
COTÉ, Ursule, [PIERRE III.
b 1722.
Pierre, b [4] 24 août 1750.—*François*, b [4] 25 sept. 1752.—*Jean-Baptiste*, b [4] 17 sept. 1755.—*Marguerite*, b [4] 28 oct. 1758.

1749, (10 nov.) St-Pierre, I. O. [5]
IV—PARADIS, GABRIEL, [CHARLES III.
b 1721.
NIEL (1), Marie-Anne-Joseph, [PIERRE III.
b 1732.
Marie-Agathe, b [5] 28 sept. 1751.—*Marie-Joseph*, b [5] 4 juillet 1753.—*Gabriel*, b [5] 28 déc. 1754.—*Antoine*, b [5] 11 mars 1757.—*Jean-Baptiste*, b 23 sept. 1759, à Charlesbourg.

1750, (26 janvier) L'Ange-Gardien.
IV.—PARADIS, CHARLES, [ANDRÉ-JEAN III.
b 1721.
GIROUX, Marie-Angelique, [LOUIS III.
b 1718.
Marie-Angélique, b 29 nov. 1750, à Beauport. [6]—*Marguerite*, b [6] 19 fevrier 1754.—*Marie*, b [6] 10 oct. 1756.

1750, (27 juillet) St-Pierre, I. O.
IV.—PARADIS, CHARLES, [CHARLES III.
b 1715.
GOULET, Marguerite, [LOUIS III.
b 1716.

1750, (3 août) Québec. [7]
II.—PARADIS, JOSEPH-THOMAS, [FRANÇOIS I.
b 1732.
MARCHESSEAU (2), Marie-Geneviève, [J.-BTE I.
b 1726; s 11 sept. 1764, à St-Antoine-de-Chambly. [8]

(1) Appelee Ruel en 1759.
(2) Dit Laramée.

Marie-Louise, b [8] 21 janvier 1752.—*Alexandre*, b [8] 23 février et s [8] 30 août 1753.—*Joseph-Charles*, b [8] 15 déc. 1757; m [7] 25 nov. 1783, à Marie-Joseph MIGNERON.—*Jean-Baptiste*, b [8] 15 avril 1760.—*Antoine-Amable*, b [8] 20 août et s [8] 3 sept. 1762.

PARADIS, JEAN, b 1730; s 8 mai 1781, à Kamouraska.

1751, (8 fevrier) Beauport.
IV.—PARADIS, FLORENT, [ANDRÉ-JEAN III.
b 1716.
BÉLANGER, Louise. [NICOLAS III.

1751, (25 oct.) Kamouraska. [1]
IV.—PARADIS, JEAN-BTE, [JEAN III.
b 1727.
OUELLET, Marie-Louise, [JOSEPH III.
b 1729.
Ignace, b [1] 3 et s [1] 21 août 1755.

1752, (10 janvier) Kamouraska. [2]
IV.—PARADIS, MARC-ANTOINE, [GABRIEL III.
b 1730; s [2] 10 dec. 1755.
MICHAUD (1), Marie-Joseph, [LOUIS III.
b 1735.
Antoine, b [2] 23 oct. 1752.—*Marc*, b [2] 11 août 1754; s [2] 8 août 1757.

1753.
IV.—PARADIS (2), JEAN-BTE, [GABRIEL III.
b 1721; s 22 avril 1766, à Kamouraska. [3]
DIONNE (3), Marie, [JEAN-BTE II.
b 1729.
Jean-Cyrille, b [3] 18 nov. 1753; m [3] 13 oct. 1777, à Marie-Anne MARTIN; s [3] 20 déc. 1781.—*Marie-Anne*, b [3] 4 nov. 1755; m [3] 22 nov. 1774, à François ALBERT.—*Gabriel*, b [3] 10 oct. 1757.—*Jean-Baptiste*, b 1758, m [3] 19 avril 1779, à Marie-Françoise MIVILLE.—*Alexandre*, b [3] 3 juillet 1760; m [3] 22 oct. 1781, à Madeleine GUÉRET-DUMONT.—*Marie-Louise*, b [3] 27 juin et s [3] 6 juillet 1762.

1754, (21 janvier) Ste-Rose. [4]
IV.—PARADIS, PIERRE, [PIERRE III.
b 1731.
TIBAUT, Marie-Agathe, [FRANÇOIS-XAVIER II.
b 1729.
Marie-Joseph, b [4] 29 déc. 1754; s [4] 22 juillet 1757.—*Pierre*, b [4] 25 oct. 1756.—*Marie-Louise*, b [4] 14 mars 1758.—*Marie-Agathe*, b [4] 26 juillet et s [4] 9 nov. 1761.

1755, (20 janvier) St-Jean, I. O. [5]
IV.—PARADIS, ETIENNE, [JOSEPH III.
b 1727.
1° TREMBLAY, Marie, [JACQUES III.
b 1730; s [5] 18 nov. 1755.
Etienne, b [5] 3 nov. 1755.

(1) Elle épouse, le 3 nov. 1756, François Dionne, à Kamouraska.
(2) DeVidepoche.
(3) Elle épouse, le 16 février 1767, Germain Soucy, à Kamouraska.

1756, (25 oct.) Lévis.[6]
2° DUMAY, Geneviève, [LOUIS-JOSEPH III.
b 1736; veuve de Joseph Dussault.
Louis, b 2, à Ste-Foye[7] et s[6] 9 juillet 1757. — *Geneviève*, b[6] 23 août 1758; s 17 juillet 1759, à St-Nicolas. — *Anonyme*, b[7] et s[7] 1er août 1760. — *François*, b[6] 7 déc. 1761. — *Charles*, b[6] 22 mai 1764.—*Louis*, b[6] 2 nov. 1766.

1755, (17 nov.) Rivière-Ouelle.[8]
V.—PARADIS, JEAN-BTE, [JEAN-BTE IV.
b 1735.
1° PERROT, Marie-Jos., [FRS-BARTHÉLEMI III.
b 1737; s[8] 18 nov. 1759.
Marie-Joseph, b[8] 18 avril 1758; m[8] 3 fevrier 1777, à Joseph DANJOU.
1760, (20 oct) St-Roch.
2° PELLETIER, Marie-Felicite, [CHS-JOSEPH IV.
b 1740.
Joseph-Marie, b 1761; m[8] 21 oct. 1782, à Marie-Catherine ROUSSEL.

1755, (25 nov.) Lévis.[9]
IV.—PARADIS, JEAN-BTE, [IGNACE III.
b 1730.
CARRIER, Véronique, [CHARLES III.
b 1733.
Jean-Baptiste, b[9] 25 nov. 1756.—*Marie-Thérèse*, b[9] 23 fevrier 1763.—*Louis*, b[9] 5 mai 1765. —*François*, b[9] 6 déc. 1767.—*Jean-Charles*, b[9] 31 déc. 1770.

1756, (9 nov.) Kamouraska[1]
IV.—PARADIS, JOSEPH, [JEAN III.
b 1734.
MOREAU, Marie-Anne, [PIERRE-JOSEPH III.
b 1739.
Jean, b[1] 2 nov. 1757; s[1] 8 dec. 1758.—*Euphrosine*, b... m[1] 5 juillet 1779, à André-Joseph MOREL DE BOISBRIAND.—*Joseph*, b[1] 23 nov. 1761. —*Jean-Baptiste*, b[1] 20 août 1764.—*Marie-Agnès*, b[1] 20 mai 1766.—*Marie-Madeleine*, b[1] 25 août 1768.—*Marie-Rosalie*, b[1] 12 nov. 1770.

PARADIS, FRANÇOIS.
RATÉ, Marie-Reine, [CHARLES-AMADOR III.
b 1748.
Louis, b 21 août 1764, à L'Ange-Gardien.

IV.—PARADIS, NICOLAS, [IGNACE III.
b 1728.
NIEL, Marie-Anne, [PIERRE III.
b 1742.
Ignace, b... m 6 sept. 1791, à Marie-Catherine BARDY, à Quebec.

1764, (25 juin) Kamouraska.[2]
IV.—PARADIS, JOSEPH-ANTOINE, [JACQUES III.
b 1738.
LÉVESQUE, Marie-Thérèse, [JEAN-BTE III.
b 1743.
Marie-Louise, b[2] 2 juillet 1765; m[2] 13 nov. 1780, à François DIONNE.—*Rosalie*, b[2] 2 dec. 1766.—*Marie-Euphrosine*, b[2] 19 août 1768.—*Joseph*, b[2] 15 août 1770.

1764, (9 juillet) Lévis.[3]
IV.—PARADIS, LOUIS, [CHARLES III.
b 1732.
DEMERS, Marguerite, [LOUIS-JOSEPH III
b 1745.
Marguerite, b[3] 28 mai 1765.

1765, (18 février) Kamouraska[4]
V.—PARADIS, JEAN-FRS (1), [FRANÇOIS IV.
b 1743.
1° MICHAUD, Marie-Catherine, [JACQUES III.
b 1742; s[4] 13 juillet 1775.
Marie-Joseph, b[4] 6 déc. 1765.—*Marie-Rose*, b[4] 26 août 1767.—*Marie-Judith*, b[4] 10 nov. 1769; s[4] 18 fevrier 1770.—*Marie-Catherine*, b[4] 18 février 1771.
1776, (18 janvier).[4]
2° OUELLET, Brigitte, [ALEXIS III
b 1748.

1771, (11 nov.) Kamouraska.
V.—PARADIS, JOSEPH-MARIE, [FRANÇOIS IV
b 1747.
DE LA BOURLIÈRE (2), Marie, [AUGUSTIN II.
b 1748.

PARADIS (3), PIERRE.
GÉNÉREUX (4), Catherine.
Marguerite, b... m 17 février 1794, à Pierre MARTEL, à St-Cuthbert.[5]—*Marie*, b... m[5] 26 mai 1794, à Alexis MARTEL.—*Rosalie*, b[5] 18 mars 1776; m[5] 3 août 1795, à François MARTEL.—*Pierre*, b[5] 9 oct. 1781.—*Marie-Agathe*, b[5] 21 août 1783.

1774, (1er août) Kamouraska.
V.—PARADIS, ANTOINE, [JEAN-BERNARD IV
b 1748.
GUÉRET, Marie-Anne, [JEAN-BTE II.
b 1754.

1775, (11 juillet) Kamouraska.
V.—PARADIS, JEAN-BTE, [JEAN-BERNARD IV
b 1750.
LEBEL, Marie-Joseph, [NICOLAS III
b 1746.

1775, (9 oct.) Kamouraska.[6]
V.—PARADIS, JOSEPH, [JEAN-BERNARD IV
b 1751.
1° LEVASSEUR, Marie-Judith, [JEAN IV.
b 1758; s[6] 27 janvier 1781.
1781, (27 nov.)[6]
2° AUTIN, Marie-Catherine, [JEAN-FRANÇOIS III
b 1754.

1775, (6 nov.) Kamouraska.
V.—PARADIS, IGNACE, [ALEXANDRE IV.
b 1757.
TERRIAU, Marie-Modeste, [PAUL I.
b 1754.

(1) Appelé Jean, 1765.
(2) Laplante.
(3) Dit Aubin.
(4) Elle épouse, le 4 février 1788, Louis Robin, à St-Cuthbert.

1776, (5 février) Kamouraska.

IV.—PARADIS, JACQUES. [JACQUES III.
SOUCY, Marie-Joseph, [CHARLES-FRANÇOIS IV.
b 1757.

PARADIS, JOSEPH,
marchand.
LÉVEILLÉ, Marie-Joseph.
Marguerite (1), b 1778; m 4 sept. 1798, à Jacques CARTIER, à St-Antoine-de-Chambly[2]; s[2] 26 avril 1848.

1777, (10 fevrier) Kamouraska.

V.—PARADIS, ANTOINE, [FRANÇOIS IV.
b 1749.
DELAVOYE, Marie-Marthe, [AUGUSTIN IV.
b 1757.

1777, (13 oct.) Kamouraska.[7]

V.—PARADIS, JEAN-CYRILLE, [JEAN-BTE IV.
b 1753; s[7] 20 dec. 1781.
MARTIN, Marie-Anne, [JEAN III.
b 1752.

1779, (19 avril) Kamouraska.

V.—PARADIS, JEAN-BTE, [JEAN-BTE IV.
b 1758.
MIVILLE, Marie-Françoise, [BERNARD IV.
b 1743; veuve de Germain Ouellet.

1779.

V.—PARADIS, JACQUES-ALEXIS, [JEAN-BTE IV.
b 1752.
HAMEL, Marie-Angélique, [JOSEPH-CHARLES IV.
b 1756.
Antoine-Alexis, b 6 mai 1780, à Ste-Foye.

1780, (10 avril) Kamouraska.

V.—PARADIS, GABRIEL. [GABRIEL IV.
ROY, Marie-Geneviève, [JOSEPH IV.
b 1765.

1781, (22 oct.) Kamouraska.

V.—PARADIS, ALEXANDRE, [JEAN-BTE IV.
b 1760.
GUÉRET-DUMONT, Marie-Madeleine, [PIERRE II.
b 1767.

1782, (21 oct.) Rivière-Ouelle.

VI.—PARADIS, JOSEPH-MARIE, [JEAN-BTE V.
b 1761.
ROUSSEL, Marie-Catherine, [JACQUES I.
b 1760.

1783, (25 nov.) Québec.

III.—PARADIS, JOSEPH-CHARLES, [JOSEPH II.
b 1757.
MIGNERON, Marguerite-Jos., [JOS.-THOMAS III.
b 1754; veuve de Jacques Boiteau.

(1) Mère de sir Georges-Etienne Cartier.

1786.

V.—PARADIS, CHARLES, [PIERRE IV.
b 1761.
BERTHIAUME, Madeleine, [IGNACE IV.
b 1761.
Marie-Marguerite, b 17 mai et s 1er juin 1787, à Ste-Foye.[9] — *Pierre*, b[9] 19 oct. et s[9] 19 déc. 1788.

1791, (6 sept.) Québec.

V.—PARADIS, IGNACE. [NICOLAS IV.
BARDY, Marie-Catherine, [MARTIAL (1) I.
b 1766.

PARADIS, JEAN-BTE,
b 1778, s 25 janvier 1875, à St-Roch, Q.
GENEST-LABARRE, Marguerite.

PARANT.— *Variation et surnoms:* PARENT — AUXIBI—CARON—JUNEAU—LUNEAU.

1654, (9 fevrier) Québec.[1]

I.—PARANT (2), PIERRE,
b 1610; s 6 août 1698, à Beauport.[2]
BADEAU, Jeanne, [JACQUES I.
b 1631; s[1] 23 nov. 1706.
Jacques, b[1] 25 nov. 1657; 1° m 1er février 1677 (contrat), à Geneviève-Louise CHEVALIER; 2° m[2] 9 nov. 1705, à Marie BELANGER; 3° m 17 août 1719, à Madeleine HUPPÉ, à Charlesbourg; s[2] 31 déc. 1744. — *Pierre*, b[1] 17 oct. 1660; m[2] 23 nov. 1683, à Marguerite BAUGIS: s[2] 29 juin 1715. — *André*, b[1] 8 dec. 1662; m 29 oct. 1692, à Marguerite COTÉ, à St-Pierre, I. O; s[2] 17 juillet 1699. — *Michel*, b[1] 21 dec. 1671; m[2] 24 nov. 1692, à Jeanne CHEVALIER; s[2] 17 dec. 1726. — *Etienne*, b 1674; 1° m[2] fevrier 1696, à Marie-Therèse CHEVALIER; 2° m 28 avril 1727, à Geneviève TRUDEL, à L'Ange-Gardien[3], s[2] 23 août 1756. — *Marie-Charlotte*, b 1676, m[2] 10 janvier 1695, à Michel CHEVALIER; s[2] 23 oct. 1763. — *Charles*, b[1] 13 nov. 1676, m[2] 7 janvier 1699, à Marie-Anne DUPRAC; s[2] 16 juin 1747. — *Antoine*, b[2] 3 sept. 1683; 1° m[3] 16 avril 1708, à Marie-Barbe TRUDEL; 2° m[2] 2 sept. 1720, à Charlotte VACHON.

1677, (1er fevrier) (3).

II.—PARANT, JACQUES, [PIERRE I.
b 1657; s 31 déc. 1744, à Beauport.[3]
1° CHEVALIER, Geneviève-Louise, [RENÉ I.
b 1659; s[3] 29 sept. 1703.
René, b 1678; m[3] 16 nov. 1699, à Marie-Madeleine GOURAULT; s[3] 26 août 1703. — *Marie-Angélique*, b[3] 12 février 1688; 1° m[3] 13 août 1706, à Germain LANGLOIS; 2° m[3] 5 nov. 1720, à Nicolas DUPONT. — *Michel*, b[3] 22 fevrier 1693; m 9 sept. 1724, à Marguerite BLONDEAU, à Québec; s 17 fevrier 1728, à Charlesbourg.[4] — *François*, b[3] 22 janvier 1697; 1° m[3] 28 nov. 1719, à Margue-

(1) Martial, fils de Mathieu et de Jeanne Clignan, de la paroisse de Gou, diocèse de Limoges, avait épousé Catherine Coste, le 4 nov. 1760, à Québec.

(2) Voy. vol. I, pp. 461-462.

(3) Date du contrat; voy. vol. I, p. 462.

rite-Catherine BINET ; 2° m [3] 7 fevrier 1763, à Marie-Anne LEMIRE.

1705, (9 nov.) [3]

2° BÉLANGER, Marie, [NICOLAS II.
b 1668 ; veuve d'Ignace Choret ; s [3] 7 janvier 1719.

Simon-Pierre, b [3] 24 oct. 1706; 1° m [3] 23 février 1729, à Jeanne BEDARD ; 2° m 6 juillet 1739, à Angélique MIGNERON, à Ste-Foye ; 3° m [3] 3 avril 1742, à Marie GIROUX ; s [3] 7 mai 1769.—*Jacques-Joseph*, b [3] 2 nov. 1707 ; m [3] 24 oct. 1740, à Louise TRUDEL.—*Marie-Joseph*, b [3] 23 nov. 1708 ; m [3] 10 nov. 1727, à Prisque DELESSARD ; s [4] 26 avril 1740.—*Geneviève*, b [3] 23 mai 1711 ; m [3] 14 février 1730, à Joseph BUSSIÈRE.

1719, (17 août). [4]

3° HUPPÉ, Marie-Madeleine, [MICHEL I.
b 1665 ; veuve de Louis Bedard.

1683, (23 nov.) Beauport. [4]

II.—PARANT (1), PIERRE, [PIERRE I.
b 1660 , s [4] 29 juin 1715.

BAUGIS, Marguerite, [MICHEL II.
b 1666 ; s [4] 22 avril 1737.

Pierre, b [4] 29 juillet 1684 ; m 15 nov. 1706, à Marguerite NOEL, à St-Laurent, I. O. ; s [4] 22 fevrier 1759. — *Jacques*, b [4] 2 février 1687 ; m [4] 16 nov. 1711, à Marie-Anne CHALIFOUR ; s [4] 26 juin 1734. — *Marie-Anne*, b [4] 28 fevrier 1697 ; m [4] 18 nov. 1732, à Jean-Baptiste MARCOU ; s [4] 2 oct. 1759.—*André-Lucien*, b [4] 11 janvier 1700 ; m [4] 18 nov. 1726, à Madeleine ROY.—*Michel-Jean*, b [4] 28 déc. 1704 ; m 26 août 1728, à Geneviève CHRÉTIEN, à Charlesbourg. [5] —*Pierre-François*, b [4] 22 juillet 1707 ; 1° m [5] 13 juin 1729, à Jeanne-Claudine CHALIFOUR ; 2° m [5] 18 fevrier 1743, à Marie-Anne ROY.

1687, (10 fevrier) Beauport. [7]

II.—PARANT (1), JEAN-FRANÇOIS, [PIERRE I.
b 1665.

1° LAVALLÉE, Marie-Marguerite, [PIERRE I.
b 1672 ; s [7] 11 dec. 1720.

André, b [7] 30 nov. 1688 ; m [7] 1er mars 1718, à Louise BRASSARD.— *Pierre*, b 5 mars 1694, à St-Pierre, I. O. ; m 31 janvier 1724, à Marie BONNET, à St-Laurent, M. —*Mathieu*, b [7] 23 janvier 1696 ; m 3 fevrier 1721, à Marie-Marthe DEBLOIS, à Ste-Famille, I. O. ; s 5 juillet 1760, à St-Michel-d'Yamaska. — *Antoine*, b [7] 23 août 1704 ; m 26 nov. 1731, à Marie-Therèse CUSTAUD, à Montreal. [8] — *Marie-Louise*, b [7] 13 août 1706 ; m [8] 18 janvier 1734, à Louis BRUNET ; s 6 juin 1769, à Lachenaye.

1721, (18 mars) Québec.

2° DUQUET (2), Anne, [PIERRE II.
b 1674 ; veuve de Jean Thomas.

1688, (12 janvier) Quebec.

I.—PARANT (1), MATHURIN,
maître-charpentier.

BOUCHER, Jeanne, [FRANÇOIS I.
b 1667 ; s 18 mars 1735, à Montreal. [9]

(1) Voy. vol. I, p. 462.

(2) Elle épouse, le 21 oct. 1724, Louis Jourdain, à Québec.

Charles, b [9] 21 mai 1689 ; m 1716, à Marguerite CESIRE. — *Jeanne*, b [9] 14 janvier 1691 ; 1° m [9] 30 juin 1725, à Pierre BRAU ; 2° m [9] 3 fevrier 1735, à Jean-Baptiste ADRAHAM. — *Etienne-Joseph*, b [9] 2 février 1696 ; m 13 janvier 1721, à Marguerite VINET, à la Pointe-Claire. — *Pierre*, b [9] 18 août 1700 ; m [9] 3 nov. 1723, à Marie-Anne SÉGUIN.—*Geneviève*, b [9] 3 nov. 1708 ; m [9] 18 oct. 1734, à Jean-Baptiste MESSAGUÉ.

1690, (31 janvier) Beauport.

II.—PARANT (1), JOSEPH, [PIERRE I.
b 1669.

MARET, Madeleine, [JACQUES I.
b 1670 ; s 29 août 1747, à Montreal. [1]

Joseph, b 13 août 1690, à Quebec [2] ; m [1] 30 avril 1725, à Marie-Françoise MONY. — *Marie-Madeleine*, b [2] 15 déc. 1692 ; m [1] 1er sept. 1715, à Jean-Baptiste TRUTAUT ; s [1] 18 oct. 1735.—*Jean-Baptiste*, b... m [1] 11 juillet 1718, à Geneviève AUBERT.—*Marguerite*, b [1] 7 juillet 1698, m [1] 8 août 1729, à Toussaint LECAVELIER—*Pierre*, b... m 1726, à Marie-Michelle BRUNET—*Marie-Anne*, b [1] 22 mai 1702 ; m [1] 28 janvier 1743, à Jean-Baptiste LEFEBVRE ; s 3 mai 1786, à l'Hôpital-Géneral, M.—*Gilbert*, b [1] 3 dec. 1703 ; m 1733, à Marie RICHARD.—*Joseph-Marie*, b [1] 25 avril 1705 ; m 13 nov. 1741, à Marie BONHOMME, à Terrebonne.

1692, (30 juin) Trois-Rivières.

I.—PARANT (1), MICHEL,
b 1643 ; s 11 sept. 1708, à Montréal [3]

BENOIT (2), Marie-Anne, [GABRIEL I
b 1669.

Jean-Baptiste, b 1697 ; 1° m 27 nov. 1713, à Jeanne GUAY, à Québec ; 2° m [3] 4 nov. 1752, à Geneviève DELAUNAY.—*Joseph*, b [3] 17 nov. 1697, m [3] 25 nov. 1721, à Elisabeth LAMAX ; s [3] 15 dec 1727.—*Pierre*, b [3] 23 nov. 1700 ; m 1724, à Catherine JACQUES-SANSOUCY.—*Claude-Michel*, b [3] 27 janvier 1706 ; s [3] 2 juin 1725.

PARANT, ...

LAFOREST, Madeleine,
b 1666 ; s 6 avril 1744, à l'Hôpital-General, Q.

1692, (29 oct.) St-Pierre, *I. O.*

II.—PARANT (3), ANDRÉ, [PIERRE I
b 1662 ; s (noye) 17 juillet 1690, à Beauport [4]

COTÉ (4), Marguerite, [MARTIN II
b 1672.

François, b [4] 21 nov. 1696 ; m [4] 30 juillet 1730, à Madeleine LANGLOIS ; s 3 août 1746, à Quebec—*André*, b [4] 2 dec. 1698 ; m 8 juillet 1720, à Marguerite PEPIN, à Charlesbourg.

(1) Voy vol. I, p. 462.

(2) Elle épouse, le 28 oct. 1709, Louis Roger-Vannier, à Montreal.

(3) Voy. vol. I, p 463.

(4) Elle épouse, le 2 fevrier 1701, Noel Marcoux, a Beauport.

1692, (24 nov.) Beauport. [5]
II—PARANT (1), MICHEL, [PIERRE I.
b 1671; s [5] 17 déc. 1726.
CHEVALIER, Jeanne, [RENÉ I.
b 1673; s 4 avril 1746, à Québec. [6]
Henri, b [5] 19 oct. 1696; 1° m 15 mai 1729, à Ursule CHOUINARD, à l'Islet; 2° m [6] 29 oct. 1735, à Geneviève LENORMAND; s [6] 16 nov. 1780.—*Marie-Jeanne,* b [5] 11 oct. 1698; m [5] 26 juin 1728, à Jean SPÉNARD.—*Marguerite-Véronique,* b [5] 24 sept. 1702; m [5] 9 avril 1720, à Joseph CHALIFOUR.

1696, (février) Beauport. [6]
II.—PARANT (1), ETIENNE, [PIERRE I.
b 1674; s [6] 23 août 1756.
1° CHEVALIER, Marie-Therèse, [RENÉ I.
b 1675.
Marie-Geneviève, b [6] 11 août 1702; m [6] 18 nov. 1726, à Alexandre LEFEBVRE.—*Jeanne-Cécile,* b [6] 24 mai 1706; 1° m [6] 3 janvier 1728, à Olivier HUGRON; 2° m 5 mars 1737, à Jean CHARPENTIER, à Québec. [7]—*Etienne,* b [6] 12 mai 1708; m [6] 28 août 1730, à Marie LEFEBVRE.—*Thérèse-Angélique,* b [6] 1er juin 1713; m [6] 27 sept. 1734, à Ambroise TRUDEL.
1727, (28 avril) L'Ange-Gardien.
2° TRUDEL, Geneviève, [NICOLAS II.
b 1696; s [6] 13 janvier 1748.
Nicolas, b [6] 7 janvier 1728; m [6] 19 janvier 1750, à Catherine MARCOU.—*Jean-Baptiste,* b [6] 6 juillet et s [6] 8 août 1729.—*Antoine,* b [6] 7 août 1730, 1° m [7] 18 avril 1757, à Marie-Madeleine LAVALLÉE; 2° m [7] 7 fevrier 1774, à Elisabeth VACHON.—*Charles,* b [6] 4 nov. 1732.—*Louise-Geneviève,* b [6] 27 mars 1734; m [6] 10 avril 1758, à Alexandre LAVALLÉE.—*Eustache,* b [6] 25 nov. 1735; m 30 juin 1761, à Marie-Amable MÉNARD, à Montréal. —*Marie-Françoise,* b [6] 18 oct. 1737; s [6] 1er fevrier 1738.—*Jean-Marie,* b [6] 5 nov. 1739; m [6] 5 février 1765, à Marie-Anne BARBEAU.

1696, (fevrier) Beauport. [8]
II—PARANT (1), JEAN. [PIERRE I.
BÉLANGER, Françoise, [NICOLAS II
b 1680; s [8] 20 juin 1746.
Marie-Madeleine, b [8] 16 juin 1704; 1° m [8] 17 nov. 1723, à Vincent VACHON; 2° m [8] 1er oct. 1727, à Basile BONNEAU; s [8] 11 nov. 1749.—*Geneviève,* b [8] 19 nov. 1706; m [8] 27 avril 1727, à Pierre BROUSSEAU.—*Marie-Joseph,* b [8] 7 janvier 1710: m [8] 23 nov. 1734, à Louis BERGEVIN.—*Marie-Catherine,* b [8] 28 fevrier 1712; m [8] 22 juillet 1737, à Charles-Joseph ROY-AUDY.—*Jacques,* b [8] 18 oct. 1716, m [8] 8 janvier 1742, à Marie-Madeleine GIROUX.

1696, (fevrier) Beauport. [9]
II—PARANT (1), JOSEPH. [PIERRE I.
BÉLANGER, Marie-Joseph, [NICOLAS II
b 1678; s [9] 16 nov. 1750.
Marie-Thérèse, b [9] 17 déc. 1696; m [9] 24 janvier 1720, à Claude LEFEBVRE; s 15 sept. 1737, à Charlesbourg.—*Marie-Joseph,* b [9] 19 janvier 1699, m [9] 28 février 1724, à Jacques LEFEBVRE; s [9] 30 janvier 1736.—*Marie,* b 1700; m [9] 24 janvier 1720, à Joseph LEFEBVRE; s [9] 14 février 1726.—*Joseph,* b [9] 23 janvier 1704; 1° m [9] 24 nov. 1727, à Elisabeth LEFEBVRE; 2° m [9] 26 nov. 1742, à Marguerite GIROUX.—*Charles,* b... s [9] 6 fevrier 1726.—*Marie,* b... m [9] 14 juin 1727, à Charles TURGEON. —*Jean-Baptiste,* b [9] 24 mai 1709, s [9] 25 déc. 1730.—*Noël,* b [9] 29 sept. 1712; m [9] 25 janvier 1740, à Geneviève GIROUX.—*Jacques,* b [9] 7 sept. 1714; m [9] 26 janvier 1750, à Marie-Catherine GIROUX.—*Marie-Louise,* b [9] 7 avril 1717; m [9] 20 janvier 1738, à Antoine BONNET.—*Marie-Geneviève,* b [9] 2 mars 1720; m [9] 20 août 1741, à Joseph LAVALLÉE.—*Barbe,* b [9] 1er déc. 1721; m [9] 10 janvier 1746, à Charles GIROUX.

(1) Voy. vol I, p. 463.

1699, (7 janvier) Beauport. [4]
II.—PARANT (1), CHARLES, [PIERRE I.
b 1676; s 16 juin 1747, à Québec. [5]
DUPRAC, Marie-Anne, [JEAN-ROBERT I.
b 1679; s [5] 24 dec. 1744.
Antoine, b [4] 30 janvier 1701; m [4] 5 fevrier 1725, à Marie-Angelique DELAUNAY. — *Noel,* b [4] 16 sept. 1702; s 3 février 1732, au Château-Richer. — *Pierre-Alexis,* b [4] 31 déc. 1705; m [4] 15 avril 1733, à Marie-Anne BÉLANGER. — *Marie-Joseph,* b [4] 20 nov. 1709; m [4] 7 janvier 1731, à Charles LAVALLÉE.—*Marguerite-Geneviève,* b [4] 25 mai 1711; m [4] 7 janvier 1731, à Pierre BEDARD; s [4] 21 sept 1731. — *Jacques,* b [4] 1er mai 1713; 1° m [4] 27 juillet 1739, à Marie-Geneviève LAVALLÉE; 2° m [4] 13 juillet 1750, à Antoinette COMIRÉ.—*René-François,* b [4] 5 janvier 1716; m [4] 24 avril 1741, à Catherine ROCHERBEAU; s [4] 2 mai 1756.

1699, (16 nov.) Beauport [9]
III.—PARANT (1), RENÉ, [JACQUES II.
b 1678; s [9] 26 août 1703.
COURAULT (2), Marie-Madeleine, [GYBAR I.
b 1683.
Joseph-Mathieu, b [9] 20 sept. 1700; 1° m 7 janvier 1728, à Louise BLONDEAU, à Kamouraska; 2° m 25 avril 1729, à Geneviève CARTIER, à St-Joachim.

1706, (15 nov.) St-Laurent, I. O. [7]
III.—PARANT, PIERRE, [PIERRE II.
b 1684; s 22 fevrier 1759, à Beauport. [8]
NOEL, Marguerite, [FRANÇOIS I.
b 1679; veuve de François Chabot; s [8] 28 mai 1752.
Pierre, b [7] 19 août 1707; m [8] 4 oct. 1729, à Jeanne CHEVALIER.— *Jean-Baptiste,* b [7] 15 et s [7] 26 mars 1709.— *Marie-Thérèse,* b [7] 10 et s [7] 15 avril 1710. — *Jean-Baptiste,* b [8] 21 et s [8] 30 mars 1712.— *Marie-Angélique,* b [8] 27 mars 1713; m [8] 13 sept. 1745, à Nicolas BELANGER. — *Michel,* b [8] 13 sept. et s [8] 12 oct. 1715. — *Adrien,* b [8] 7 sept. 1717; m [8] 13 sept. 1745, à Marguerite MAILLOU; s 11 fevrier 1782, à Quebec. [9] — *Louis-François,* b [8] 4 oct. 1722; m [9] 31 août 1750, à Marguerite BEAN.

(1) Voy. vol. I, p. 463.

(2) Elle épouse, le 21 juillet 1704, Pierre Lavallee, à Beauport.

1708, (16 avril) L'Ange-Gardien.
II.—PARANT (1), ANTOINE, [PIERRE I.
b 1683.
1° TRUDEL, Marie-Barbe, [NICOLAS II.
b 1689 ; s 13 fevrier 1720, à Beauport. [6]
Barbe, b [6] 14 nov. 1709 ; s [6] 20 janvier 1710.—*Antoine*, b [6] 15 mars 1711 ; s [6] 1er fevrier 1712.—*Barbe*, b 17 février 1713, à Terrebonne [7] ; m 8 juillet 1731, à Pierre L'EVEILLÉ, à St-François, I. J. [8] — *Marie-Jeanne*, b [6] 22 nov. 1716 ; m [8] 22 août 1740, à Jean-Baptiste OUDIN. — *Antoine*, b [6] 27 sept. 1718 ; 1° m [7] 11 août 1744, à Marie TAILLON ; 2° m à Madeleine ROCHON ; 3° m 4 avril 1758, à Marie-Joseph COLIN, à Ste-Rose [2] ; s [2] 26 mars 1760.
1720, (2 sept.) [6]
2° VACHON, Charlotte. [VINCENT II.
Catherine, b [6] 24 mars 1722.—*François*, b... m [7] 18 janvier 1745, à Marguerite BONHOMME.—*Toussaint*, b [8] 16 mai 1729.—*Charles*, b [8] 19 juin 1732.

1711, (16 nov.) Beauport. [1]
III.—PARANT, JACQUES, [PIERRE II.
b 1687 ; s [1] 26 juin 1734.
CHALIFOUR, Marie-Anne, [PAUL-FRS II.
b 1693.
Marie-Louise, b [1] 31 mai 1713 ; m [1] 9 nov. 1744, à Charles BONNEAU. — *Jacques*, b [1] 1er oct. 1714 ; m [1] 22 janvier 1748, à Angelique LAURENT. — *Joseph*, b [1] 20 juin 1716. — *Jean-François*, b [1] 15 nov. 1717 ; m 19 fevrier 1753, à Marie-Anne VÉSINA, à L'Ange-Gardien. — *Pierre*, b [1] 18 mai 1719 ; m [1] 13 fevrier 1747, à Marie-Catherine BERGEVIN ; s 7 sept. 1747, à Lorette. — *Marie-Anne*, b [1] 6 dec. 1721.—*Marie-Jeanne*, b [1] 13 nov. 1723 ; m [1] 15 fevrier 1745, à Charles GAGNÉ. — *Louis-Barthélemi*, b 24 août 1725, à Charlesbourg [2] ; m [2] 22 janvier 1748, à Agathe GIROUX ; s [2] 6 mars 1759.—*François*, b [1] 24 mars 1728 ; m [2] 5 fevrier 1753, à Madeleine BERNIER. — *Michel*, b [1] 18 mars 1730.—*Marie-Madeleine*, b [1] 18 mars 1733 ; m [1] 20 sept. 1751, à Philippe GALARNEAU.

1713, (27 nov.) Québec. [1]
II.—PARANT, JEAN-BTE, [MICHEL I.
b 1697 ; menuisier.
1° GUAY, Marie-Jeanne, [JEAN-BTE II.
b 1692 ; s 22 août 1752, à Montreal. [2]
Jean-Baptiste, b [1] 20 août 1715.—*Jacques*, b [2] 21 sept. et s [2] 1er nov. 1717. — *Marie-Louise*, b [1] 25 oct 1721 ; s [2] 3 sept. 1724. — *Laurent-Louis*, b [2] 10 avril 1723. — *Marie-Louise*, b [2] 16 août 1726 ; s [2] 26 fevrier 1745. — *Jean-Marie-Amable*, b [2] 10 janvier et s [2] 7 juillet 1728. — *Charles-Michel*, b [2] 18 avril et s [2] 16 mai 1730. — *Jean-Baptiste*, b [2] 28 mai 1734 ; m [2] 6 oct. 1760, à Madeleine SERRÉ.
1752, (4 nov.) [2]
2° DELAUNAY, Geneviève, [CHARLES II.
b 1703.

1716.
II.—PARANT, CHARLES, [MATHURIN I.
b 1689.
CESIRE, Marguerite.

(1) Procureur fiscal de l'Ile-Jésus.

Marguerite, b 5 déc. 1717, au Bout-de-l'Ile, M. ; m 26 nov. 1738, à Joseph CHARTRAN, à la Pointe-Claire. [2] — *Marie-Charlotte*, b [2] 8 janvier et s [2] 4 fevrier 1719. — *Charlotte*, b 4 fevrier 1720, à Montréal [3] ; m [3] 21 mai 1742, à François BINET.— *Marie*, b 1723 ; m [3] 27 nov. 1741, à Sebastien ROY.

1718, (1er mars) Beauport. [1]
III.—PARANT, ANDRÉ, [JEAN-FRANÇOIS II.
b 1688.
BRASSARD, Marie-Louise, [LOUIS II.
b 1694 ; s 27 mai 1781, à Montréal. [2]
Jean-Baptiste, b [1] 20 nov. 1718 ; m [2] 24 oct. 1757, à Marie-Joseph MARAY-LACHAUVIGNERIE. — *Marie-Louise*, b 30 août 1727, à Québec ; m [2] 22 janvier 1746, à Pierre CLAVEAU. —*Marie*, b... m [2] 24 oct. 1753, à Nicolas BOUCHER.—*Marie-Anne*, b 1732 ; m [2] 22 avril 1754, à Pierre-Jean-Louis MOREL.

1718, (12 juin) Québec. [1]
III.—PARANT, JACQUES, [JACQUES II.
b 1684.
SASSEVILLE, Marie-Madeleine, [PIERRE I.
b 1678 ; veuve d'Abel Sagot ; s [1] 15 juin 1754.
Marie-Anne, b [1] 27 août 1721 ; m [1] 22 sept. 1744, à Gabriel LABERGE ; s [1] 5 janvier 1748.

1718, (11 juillet) Montréal. [1]
III.—PARANT, JEAN-BTE. [JOSEPH II
AUBERT (1), Geneviève, [JULIEN I.
b 1701.
Julien, b [1] 20 et s [1] 21 février 1719. — *Marie-Geneviève*, b [1] 20 mai 1720 ; m 1749, à François DEGUIRE. — *Jean-Laurent*, b 21 avril 1721, à St-Laurent, M. [2]. 1° m 1748, à Madeleine MARTIN ; 2° m [2] 7 juin 1757, à Marie-Théophile RENAUD.—*Joseph-Marie*, b 1726 ; m 5 nov. 1752, à Marie-Madeleine QUÉVILLON, au Sault-au-Recollet.—*Marie-Catherine*, b 1731 ; m [2] 5 mars 1753, à Joachim QUÉVILLON. — *Marie-Louise*, b... m 26 février 1759, à Pierre-Simon MÉLOCHE, à Lachine.

1719, (9 janvier) Beauport. [1]
III.—PARANT, ETIENNE, [MICHEL II.
b 1695 ; s 22 juillet 1755, à Québec. [2]
BRASSARD, Simonne-Barbe, [LOUIS II.
b 1690 ; s 26 janvier 1765, à la Baie-St-Paul.
Etienne, b [1] 21 nov. 1719 ; 1° m [2] 11 sept 1741, à Marie-Anne PREVOST ; 2° m [2] 9 oct. 1747, à Marie-Joseph NICOLAS. — *Madeleine*, b 1720, s [1] 13 janvier 1726. — *Marguerite-Véronique*, b [1] 16 dec. 1721 ; m [1] 30 sept. 1743, à Thomas MORIN.—*Pierre*, b [1] 20 déc. 1723 ; m [1] 20 sept. 1751, à Angélique CHORET. — *Jacques*, b [1] 28 nov 1725. —*Joseph*, b [1] 15 fevrier 1728.—*Marie-Joseph*, b... 1° m [1] 25 août 1749, à François VILLENEUVE-GERMAIN ; 2° m 27 avril 1761, à Prisque PENISSON, à Charlesbourg.—*Marie-Charlotte*, b [1] 21 dec. 1730, m [2] 13 janvier 1755, à Thomas BEDARD. — *Marie-Anne*, b [1] 23 juillet 1732. — *Marie-Catherine*, b [1] 21 oct. 1733 ; m 4 avril 1758, à François GAGNON, à L'Ange-Gardien.—*Marie-Louise*, b [1] 21 juin 1736.

(1) Et Robert.

1719, (13 oct.) Québec.[3]

III.—PARANT, JACQUES, [JEAN II.
b 1697; s[3] 25 juin 1730.

DEVIN, Marie, [JEAN I.
b 1693; veuve de Pierre Mondain; s[3] 8 juin 1755.

Marie-Charlotte, b[3] 28 oct. 1720; m[3] 1er déc. 1742, à François CASTONGUAY. — *Jacques*, b[3] 31 janvier 1723. — *Marie-Hélène*, b[3] 12 avril 1726; m[3] 23 août 1751, à Michel DUCHARME; s[3] 29 oct. 1786. — *Louis*, b[3] 2 et s[3] 19 sept. 1728.—*Pierre-Joseph*, b[3] 30 mars et s[3] 21 avril 1730.

1719, (27 nov.) Québec.[4]

III.—PARANT, LOUIS, [JACQUES II.
b 1695.

BLANCHON, Suzanne, [ETIENNE I.
b 1699.

Marie-Louise, b[4] 25 oct. et s[4] 29 nov. 1720.—*Louis*, b[4] 23 oct. 1721; s[4] 26 avril 1733.—*Marie-Angélique*, b[4] 22 sept. 1723; s[4] 10 janvier 1724. — *Charles*, b[4] 1er et s[4] 7 nov. 1724. — *Louis-Jacques*, b[4] 3 juillet 1726; s[4] 30 avril 1733.—*Charles-Antoine*, b[4] 13 dec. 1727; m[4] 9 janvier 1758, à Marie-Louise FORNEL.—*Madeleine-Louise*, b[4] 10 janvier 1729.

1719, (28 nov.) Beauport.[7]

III—PARANT, FRANÇOIS, [JACQUES II.
b 1697.

1° BINET, Margte-Catherine. [JOS.-FRANÇOIS II.

Marie-Françoise, b[7] 15 nov. 1720; 1° m[7] 6 août 1742, à Pierre VÉSINA; 2° m[7] 7 sept. 1761, à Charles LAVALLÉE. — *Marie-Jeanne*, b[7] 18 mars 1722.—*François*, b[7] 10 oct. 1723; 1° m[7] 20 nov. 1752, à Madeleine DERAINVILLE; 2° m[7] 19 avril 1762, à Marie-Geneviève CHORET.—*Lazare*, b[7] 3 janvier 1725.—*Louis*, b[7] 4 avril 1726; s[7] 24 oct. 1729.—*Antoine*, b[7] 17 janvier 1728; m 23 nov. 1750, à Angélique SIMARD, à Québec[8]; s[8] 1er juillet 1751.—*Marie-Nathalie*, b[7] 3 février et s[7] 8 oct. 1729.— *Charles-Joachim*, b[7] 20 mars 1730. — *Marie-Anne*, b[7] 1er avril 1731; 1° m[7] 31 janvier 1752, à Guillaume CHENARD; 2° m[7] 3 fevrier 1766, à Guillaume MALENFANT, à Ste-Anne-de-la-Pocatière.—*Pierre*, b[7] 1er août 1732; m 25 août 1760, à Brigitte LEMIEUX, à St-Roch.[9] —*Jacques-Timothée*, b[7] 16 sept. 1733; s[7] 9 avril 1735.—*Marie-Catherine*, b[7] 5 oct. 1734; m[7] 14 nov. 1757, à Charles CHORET; s[7] 20 mars 1763. — *Louis*, b[7] 13 nov. 1735; m[7] 3 février 1766, à Marie PARANT.—*Marie-Joseph*, b[7] 11 nov. 1736; 1° m[7] 29 juillet 1754, à Michel GAGNON; 2° m[9] 17 janvier 1757, à Michel CARON. — *Jean-Baptiste*, b[7] 21 mars 1738; m[7] 20 juillet 1761, à Marie-Reine AVISSE; s[7] 18 mai 1769. — *Marguerite-Véronique*, b[7] 19 juillet 1739; m[7] 28 nov. 1761, à François-Michel LAJUS. — *Marie-Angélique*, b[7] 3 août 1741; m[7] 13 juillet 1761, à Pierre CHALOU.

1763, (7 fevrier).[7]

2° LEMIRE, Marie-Anne,
veuve de François Paquet.

1720, (5 fevrier) Lachine.[8]

II.—PARANT, GUILLAUME, [MATHURIN I.
b 1693.

ROY, Françoise, [FRANÇOIS II.
b 1695.

Marie-Françoise, b[8] 29 nov. 1720; m 5 oct. 1744, à Jacques POIRIAU, à la Pointe-Claire.—*Marie-Joseph*, b 1722; m 21 juillet 1749, à Paul BOYER, à Montréal. — *Suzanne*, b 1725; 1° m 1755, à Charles MONTREUIL; 2° m 15 juin 1761, à Jacques ARRIVÉE, à Soulanges[9]; s[9] 12 juillet 1767. — *Jean-Baptiste*, b... m 19 janvier 1750, à Marie-Charlotte LEBER, à Châteauguay.

1720, (8 juillet) Charlesbourg.

III.—PARANT, ANDRÉ, [ANDRÉ II.
b 1698.

PEPIN (1), Marguerite, [JEAN II.
b 1697.

Marie-Marguerite, b 15 avril 1721, à Beauport[1]; m 10 sept. 1742, à Charles BRACONNIER, à Quebec.[2] — *François*, b[1] 2 avril 1723; m[2] 7 sept. 1750, à Marie-Anne LEGRIS.—*André-François*, b[1] 8 sept. 1725.—*Louis*, b[1] 2 juin 1728.—*Louis*, b[2] 20 février 1730 · 1° m[2] 21 avril 1749, à Louise MARCHAND; 2° m[2] 28 août 1758, à Louise PELLETIER.

1721, (13 janvier) Pointe-Claire.[3]

II.—PARANT, ETIENNE-JOSEPH, [MATHURIN I.
b 1696.

VINET, Marguerite. [FRANÇOIS II.

Marie-Thérèse, b 1724; m[3] 11 fevrier 1743, à Jean-Marie BARDARY; s 8 fevrier 1764, à Ste-Rose. —*Françoise*, b 1735; m 10 avril 1758, à Pierre DESMARETS, à Montréal.—*Marie-Anne*, b... m 21 fevrier 1757, à Sébastien RODRIGUE, à Soulanges.[4] — *Angélique*, b... m[4] 14 nov. 1757, à Antoine BISSONNET.—*François*, b 1745; s 26 déc. 1759, à Ste-Geneviève, M.

1721, (3 février) Ste-Famille, I. O.

III.—PARANT, MATHIEU, [JEAN-FRANÇOIS II.
b 1696; s 5 juillet 1760, à St-Michel-d'Yamaska.[5]

DEBLOIS (2), Marie-Marthe, [JEAN II.
b 1690; s[5] 4 nov. 1760.

Madeleine, b 10 nov. et s 24 déc. 1722, à Beauport.[6] — *Joseph-Basile*, b[6] 5 janvier 1724. — *Mathieu*, b 17 nov. 1725, à Quebec[7] — *Marie-Marthe*, b[7] 20 juillet 1727; 1° m[7] 4 nov. 1748, à Jean GIROUX, 2° m[7] 23 nov. 1762, à Jean-Joseph HECKER.—*Marie-Jeanne*, b[7] 4 février 1729; s[7] 22 mai 1733.—*Jeanne*, b[7] 28 mai et s[7] 26 juin 1730. —*Charles-Amable*, b[7] 16 et s[7] 21 mai 1732.—*Louis*, b[7] 8 et s[7] 9 août 1733.—*Marie-Claire*, b[7] 15 dec. 1734; s[7] 21 avril 1735.—......... (3), b... s 26 juillet 1742, à Levis.

(1) Elle épouse, le 29 avril 1731, René Rodrigue, à Beauport.

(2) Grégoire, 1727.

(3) Le nom manque au registre.

1721, (25 nov.) Montreal. [8]
II.—PARANT, JOSEPH, [MICHEL I.
b 1697; s [8] 15 dec. 1727.
LAMAX (1), Elisabeth, [NATHANIEL I.
b 1707.
Geneviève, b [8] 28 août 1722; s [8] 24 juin 1744.—*Elisabeth,* b [8] 13 dec. 1723; m [8] 3 mai 1745, à Pierre DEGUIRE.—*Angélique,* b [8] 28 oct. 1725, m [8] 15 sept. 1755, à Nicolas TESSIER.—*Marie-Catherine,* b [8] 25 nov. et s [8] 2 déc. 1726.

1723, (3 nov.) Montréal. [9]
II.—PARANT, PIERRE, [MATHURIN I.
b 1700
SÉGUIN, Marie-Anne. [JACQUES I.
Pierre, b [9] 1er sept. 1724: m 1747, à Suzanne DUCHARME; s 4 déc. 1752, à Lachine.—*Joseph,* b [9] 16 mars 1726; m [9] 19 fevrier 1748, à Marie-Angélique DEMERS.—*Marie-Anne,* b [9] 12 dec. 1727; m [9] 19 janvier 1750, à Noël BRUNET.—*Françoise,* b [9] 6 février 1730; m [9] 15 mai 1747, à Ignace DESMARETS-COURVILLE.—*Veronique,* b 1733; s [9] 13 juin 1738.—*Honoré,* b 1734; 1° m [9] 22 fevrier 1762, à Thérèse PILON; 2° m [9] 16 janvier 1769, à Radegonde DENIS.—*Marie-Joseph,* b [9] 3 juillet 1735; m [9] 4 août 1755, à Joseph BRUNET.—*Jean-Baptiste,* b [9] 20 avril 1737.—*Charles,* b [9] 6 sept. 1739; m [9] 8 nov. 1762, à Archange GOUJON.—*Marie-Véronique,* b [9] 6 déc. 1743; m [9] 17 juin 1765, à Joseph MONET.

1723, (8 nov.) Lachine.
II.—PARANT, JEAN-BTE, [MATHURIN I.
b 1698.
BRUNET (2), Marie, [MICHEL II.
b 1701.

1724, (31 janvier) St-Laurent, M.
III.—PARANT, PIERRE, [JEAN-FRANÇOIS II.
b 1694.
BONNET (3), Marie. [JEAN I.

1724, (9 sept.) Québec.
III.—PARANT, MICHEL, [JACQUES II.
b 1693; s 17 fevrier 1728, à Charlesbourg.
BLONDEAU (4), Marguerite, [JOSEPH II.
b 1707.

1724.
II.—PARANT, PIERRE, [MICHEL I.
b 1700.
JACQUES (5), Catherine.
Pierre-Michel, b 26 juillet 1725, à la Longue-Pointe [3]; m 10 mai 1751, à Geneviève BERNARD, à Boucherville; s 1er oct. 1773, au Detroit.—*Louis,* b 16 mai 1727, à Chambly [4]; m [4] 9 nov. 1750, à Marie-Amable LAPORTE.—*Helène,* b [4] 15 fevrier 1734.—*Marie-Madeleine,* b [3] 22 mai 1736.—*Elisabeth,* b 1738; m [4] 18 janvier 1762, à Martial DONAT.

(1) Elle épouse, le 6 juin 1736, Jean-Baptiste Jetté, à Montréal.

(2) Elle epouse, le 23 mai 1729, François-Marie Cardinal, à la Pointe-Claire.

(3) Voy. vol. I, p. 65.

(4) Elle épouse, le 20 nov. 1730, Joseph Lécuyer, à Montréal.

(5) Dit Sansoucy.

1725, (5 fevrier) Beauport. [2]
III.—PARANT, ANTOINE, [CHARLES II.
b 1701.
DELAUNAY, Marie-Angélique, [HENRI II.
b 1698.
Antoine, b [2] 24 nov. 1725; m 24 avril 1752, à Angélique-Jeanne CHAUVEAU, à Charlesbourg. [3]—*Pierre,* b [3] 2 oct. 1727; m [3] 12 juin 1752, à Agathe BOESMÉ.—*Marie-Angélique,* b [3] 23 oct. 1729; m [3] 13 fevrier 1747, à Etienne LEROUX; s [3] 8 mars 1760.—*Marie-Louise,* b [3] 7 mai 1731; m 1er juin 1750, à Jean BAILLARGÉ, à Quebec.—*Marie-Joseph,* b [3] 22 juin 1732; m [3] 10 nov. 1749, à Jean-Baptiste ROY-AUDI.—*Charles-Joseph,* b [3] 19 août 1733.—*Joseph,* b [3] 17 sept. 1735; m [3] 19 avril 1762, à Marie-Charlotte AUCLAIR.—*Madeleine-Angélique,* b [3] 5 mai 1737; 1° m [3] 20 fevrier 1759, à Jean MOREL; 2° m [3] 10 janvier 1763, à Eustache CHARTRÉ.—*Marie-Louise,* b [3] 18 juin 1739; s [3] 23 sept. 1760.—*Michel,* b [3] 4 mars 1741.

PARANT, LOUIS.
MAHEU, Thérèse,
b 1694; s 14 janvier 1730, à Beauport.

PARANT, CHARLES.
LALANDE, Marie-Anne,
b 1690; s 6 nov. 1760, à Soulanges.

1725, (30 avril) Montréal. [1]
III.—PARANT, JOSEPH, [JOSEPH II
b 1690.
MONY (1), Marie-Françoise, [JEAN II.
b 1702; s [1] 9 janvier 1743.
Marie-Louise, b [1] 4 et s [1] 19 février 1726—*Marie-Joseph,* b [1] 19 et s [1] 23 janvier 1727.—*Marie-Françoise,* b [1] 24 avril 1728; m [1] 18 oct 1758, à Pierre DAUDEGAUD; s 2 mai 1803, à l'Hôpital-Général, M.—*Marie-Angélique,* b [1] 3 août 1729.—*Marguerite-Amable,* b [1] 7 août 1730; s [1] 21 déc. 1734.—*Elisabeth,* b [1] 23 janvier 1733.—*Joseph-François,* b [1] 11 janvier 1734.—*Marie-Madeleine,* b [1] 10 déc. 1740.

1726, (18 nov.) Beauport.
III.—PARANT, ANDRÉ-LUCIEN, [PIERRE II.
b 1700.
ROY, Madeleine, [JEAN III.
b 1706.

1726.
III.—PARANT, PIERRE. [JOSEPH II.
BRUNET, Marie-Michelle. [MICHEL II.
Geneviève, b 1727; s 4 février 1753, à St-Laurent, M. [1]—*Véronique,* b... m [1] 21 nov. 1757, à Jacques GRAVEL.—*Michel,* b 1731; m [1] 12 fevrier 1759, à Marie-Joseph JOLIVE.

(1) Et Monet, 1729.

1727, (24 nov.) Beauport. [2]
III.—PARANT, JOSEPH, [JOSEPH II.
b 1704.
1° LEFEBVRE, Elisabeth, [JEAN-BTE II.
b 1707 ; s [2] 5 mars 1741.
Marie-Louise, b [2] 8 avril 1729 ; s [2] 21 sept. 1738.—*Catherine-Pélagie,* b [2] 2 fevrier 1731 ; m [2] 28 janvier 1754, à Joseph-Michel GIROUX.—*Marie-Elisabeth,* b [2] 21 janvier 1733 —*Marie-Geneviève,* b [2] 18 mai 1734.—*Claire-Catherine,* b [2] 20 dec 1736 ; m [2] 14 sept. 1761, à Michel PARANT ; s [2] 10 août 1767.—*Marie-Louise,* b [2] 9 oct. 1738 ; m [2] 7 nov. 1763, à Jean LAVALLÉE ; s [2] 8 avril 1768.—*Marie,* b... m [2] 19 février 1759, à Joseph VÉSINA
1742, (26 nov.) [2]
2° GIROUX, Marguerite, [JEAN-FRANÇOIS III
b 1719 ; s [2] 20 juin 1760.
Marguerite, b... m [2] 7 nov. 1763, à François BERGERON.—*Marie-Joseph,* b [2] 8 juillet 1754.—*Catherine,* b [2] 5 mai 1759.

1728, (7 janvier) Kamouraska.
IV.—PARANT, JOSEPH-MATHIEU, [RENÉ III.
b 1700.
1° BLONDEAU, Louise, [JOSEPH II.
b 1710; s 19 nov. 1728, à Quebec. [3]
Joseph, b [3] 7 nov. 1728; m [4] 25 oct. 1762, à Marie-Joseph LEGRIS.
1729, (25 avril) St-Joachim. [4]
2° CARTIER, Geneviève, [PAUL II.
b 1706; s [3] 31 mai 1782.
Charles-Amable, b [4] 14 mai 1730.—*Marie-Geneviève,* b [4] 22 fevrier 1732 ; m [3] 7 nov. 1757, à Pierre RODITAILLE.—*Noel,* b [4] 27 juin et s [4] 24 août 1733.—*Marie-Anne,* b 1736 ; m [3] 22 avril 1754, à Michel HAMEL ; s [3] 27 février 1759.—*Marguerite,* b... m [3] 27 juin 1757, à Augustin GILBERT.—*René-Etienne,* b [3] 7 août 1740 ; s [3] 22 sept. 1748.

1728, (26 août) Charlesbourg [5]
III.—PARANT, MICHEL-JEAN, [PIERRE II.
b 1704.
CHRÉTIEN, Geneviève, [JEAN-CHARLES II.
b 1707.
Marie-Angélique, b [5] 5 juin et s [5] 21 juillet 1729.—*Jean-Thomas,* b [5] 18 sept. 1730.—*François,* b [5] 26 sept. 1732.—*Marie-Geneviève,* b [5] 30 mars et s [5] 13 avril 1735.—*Marie-Francoise,* b 12 mai 1741, à Beauport. [6] — *Marie-Agathe,* b [6] 17 mai 1744.—*Marie-Madeleine,* b [6] 30 avril 1749.

1729, (23 fevrier) Beauport [7]
III.—PARANT, SIMON-PIERRE, [JACQUES II.
b 1706; s [7] 7 mai 1769.
1° BEDARD, Jeanne, [LOUIS II.
b 1701 ; s 18 juin 1737, à Quebec. [8]
Simon-Jacques, b [7] 31 dec. 1729 ; m [7] 1er février 1751, à Marie-Jeanne GIROUX.—*Marie-Jeanne,* b [7] 19 juillet 1731 ; m [7] 21 août 1752, à Basile ROCHEREAU.—*Joseph-Marie,* b [7] 22 mars 1733 ; m 4 nov. 1760, à Marie-Renée MAILLOT, à Chambly. [8] — *François,* b [7] 16 oct. 1734 ; m [8] 11 fevrier 1760, à Geneviève AUBUCHON.—*Jean,* b [7] 10 avril et s [7] 16 juin 1737.

1739, (6 juillet) Ste-Foye.
2° MIGNERON, Angelique, [SÉBASTIEN II.
b 1712 ; s [7] 6 juin 1740.
1742, (3 avril). [7]
3° GIROUX, Marie, [RAPHAEL III.
s [7] 9 fevrier 1743.
Marie-Louise, b [7] 24 janvier 1743 ; m [7] 16 nov. 1761, à Pierre LEVASSEUR.

1729, (15 mai) Islet. [1]
III.—PARANT, HENRI, [MICHEL II.
b 1696 ; constructeur ; s 16 nov. 1780, à Quebec. [2]
1° CHOUINARD, Ursule, [JACQUES I.
b 1710 ; s [1] 26 mars 1735.
Anonyme, b et s 3 avril 1730, à Beauport. [3]—*Henri,* b [3] 15 fevrier 1731 ; m 23 janvier 1755, à Marie-Louise VIGER, à Montreal.
1735, (29 oct.) [2]
2° LENORMAND, Geneviève, [JOSEPH II.
b 1710.
Geneviève-Ursule, b [2] 15 janvier 1737 ; m [2] 20 juin 1757, à Pierre ROUAULT. — *Marie-Thérèse,* b [2] 6 et s [2] 18 déc. 1737. — *Henri,* b [2] 25 mars 1740.—*Marie-Joseph,* b [2] 18 et s [3] 21 mai 1741.—*Jean-Baptiste,* b [2] 14 mai 1742.—*Marie-Charlotte,* b [2] 3 mai et s 13 juin 1743, à Levis. — *Marie-Madeleine,* b [2] 1er et s [2] 28 mai 1744.—*Geneviève,* b [2] 12 juillet et s [2] 12 août 1745. — *Joseph-Bonaventure,* b [2] 5 avril 1747. — *Marie-Françoise,* b [2] 3 et s [2] 15 mai 1748. — *Michel,* b [2] 9 juillet et s [2] 1er août 1750.

1729, (13 juin) Charlesbourg. [7]
III.—PARANT, PIERRE-FRANÇOIS, [PIERRE II.
b 1707.
1° CHALIFOUR, Jeanne-Claudine, [PIERRE II.
b 1704 ; s [7] 6 avril 1742.
Pierre-François, b [7] 16 juin 1730 ; 1° m [7] 21 janvier 1752, à Geneviève PAQUET ; 2° m 22 fevrier 1791, à Marie-Louise RENAUD, à Quebec. —*Charles,* b [7] 26 avril 1733. — *Marie-Jeanne,* b [7] 26 avril 1733 ; m [7] 14 fevrier 1763, à François ALARD. — *François,* b [7] 26 nov. 1734. — *Louise,* b [7] 21 août 1736. — *Marie-Louise,* b [7] 1er et s [7] 3 mai 1738.—*Jacques,* b [7] 28 mars 1741 ; m 9 juin 1760, à Angélique HÉBERT, à L'Ange-Gardien.
1743, (18 février). [7]
2° ROY, Marie-Anne, [MATHURIN II.
b 1721.
Michel-Jean, b [7] 26 nov. et s [7] 4 dec. 1743.—*Jean-Baptiste,* b [7] 14 dec. 1744. — *Louis,* b [7] 25 avril 1747 ; s [7] 20 mars 1749.— *Marie-Geneviève,* b [7] 16 fevrier 1749. — *Jean-Baptiste,* b [7] 16 mai 1749.—*Joseph,* b [7] 27 mars et s [7] 25 mai 1751.—*Marie-Anne,* b [7] 15 avril 1753.

1729, (4 oct.) Beauport. [9]
IV.—PARANT, PIERRE, [PIERRE III.
b 1707 ; notaire royal.
CHEVALIER, Jeanne, [JEAN II.
b 1707.
Pierre, b [9] 8 et s [9] 26 août 1730. — *André,* b [9] 15 août et s [9] 19 sept. 1731.—*Pierre-Clément,* b [9] 13 avril 1733. — *Marie-Jeanne,* b [9] 6 juin 1735 ;

m [9] 30 sept. 1754, à Pierre-Clément CHORET.— *Michel*, b [9] 12 avril 1738; m [9] 14 sept. 1761, à Claire-Catherine PARANT.— *Louis-François*, b [9] 2 juin 1740; s [9] 4 janvier 1741.—*Louis-Adrien*, b [9] 19 nov. 1742. — *Jean-Lifard*, b [9] 7 juillet 1745; m [9] 17 nov. 1766, à Marie PARANT. — *Marie-Joseph-André*, b [9] 25 juillet 1748; m [9] 20 juillet 1767, à Jacques BERGEVIN.

PARANT, PIERRE.
CHABOILLÉ, Marie-Anne.
Pierre, b... m 13 août 1765, à Jeanne CASSE, au Détroit. — *Catherine*, b 1744; m 1er février 1768, à François-Jean-Baptiste CARON, à Montréal.

1730, (30 juillet) Beauport. [1]
III.—PARANT, FRANÇOIS, [ANDRÉ II.
b 1696; s 3 août 1746, à Québec. [2]
LANGLOIS, Madeleine. [FRANÇOIS III.
Geneviève-Agathe, b [1] 30 mars 1731; m [2] 15 février 1751, à Antoine LEMIRE.—*Marie-Thérèse*, b [1] 19 avril 1733; m 20 oct. 1760, à Pierre HAREL, à St-Michel-d'Yamaska.—*Joseph-François*, b [1] 17 avril 1735; m 4 oct. 1761, à Marie-Reine GAGNON, au Château-Richer. — *Nicolas-Gaspard*, b [1] 1er sept. 1737.—*Pierre*, b... m 7 août 1758, à Charlotte LAROQUE, à Ste-Geneviève, M. — *Marie-Louise*, b [1] 18 mars et s [1] 6 mai 1740. — *Marie-Françoise*, b [1] 25 juin 1741.—*Marie-Amable*, b [1] 2 mars 1745.

1730, (28 août) Beauport. [1]
III.—PARANT, ETIENNE, [ETIENNE II.
b 1708; arpenteur.
LEFEBVRE, Marie-Geneviève, [JEAN-BTE II.
b 1704.
Etienne, b [1] 15 août 1731; m 1763, à Marie-Charlotte BOULANGER; s 4 juin 1780, à la Rivière-Ouelle. — *Marie-Angélique*, b [1] 30 sept. 1732; m 21 janvier 1765, à Paul GRENIER, à St-Joseph, Beauce. [2] — *Marie-Geneviève*, b [1] 31 mai 1734; 1° m à Gabriel DELESSARD; 2° m [2] 17 avril 1760, à Augustin LABBÉ. — *Marie-Louise*, b [1] 27 oct. 1735; 1° m à Jean NOLET; 2° m 6 oct. 1761, à Jean-Baptiste LEFEBVRE, à Lévis. [3] — *Nicolas-Louis*, b [1] 27 sept. 1737; m [3] 19 août 1766, à Geneviève LAMSON. — *Marie-Angélique*, b [1] 23 juin 1739.— *François-Clément*, b [1] 22 nov. 1740; m [3] 30 janvier 1769, à Geneviève LECOURS. — *Marguerite-Agnès*, b [1] 5 juillet 1742. — *Marie-Cécile*, b [2] 25 avril 1744; s [2] 31 déc. 1745. — *Jacques*, b [2] 8 août 1745.—*François*, b 1746; s [2] 15 février 1747.

1731, (24 mai) Détroit. [5]
II.—PARANT (1), LAURENT, [MICHEL I.
b 1703; bourgeois.
1° DAUZET, Marie-Joseph, [PIERRE I.
b 1706; s [5] 16 oct. 1731.
1734, (27 juillet). [5]
2° CARDINAL, Jeanne, [JACQUES III.
b 1717.
Thérèse, b [5] 20 mai 1737.—*Jeanne*, b [5] 23 avril 1739; m [5] 8 sept. 1755, à François GODET. — *Laurent*, b [5] 14 sept. 1740. — *Jacques*, b [5] 26 oct. 1742; m [5] 18 nov. 1771, à Marie-Catherine BEAUBIEN.—*Félicité*, b [5] 14 mars 1745.—*Elisabeth*, b [5] 18 oct. 1747; m 24 février 1776, à François PRAT, à Sandwich, Ontario. — *Geneviève*, b [5] 22 avril 1749.—*Louise*, b [5] 4 dec. 1750. — *Julie-Charlotte*, b [5] 27 février et s [5] 6 juillet 1754. — *Julien*, b [5] 6 août 1755.—*Agathe*, b [5] 8 sept. 1759.

(1) Lunau.

1731, (8 oct.) Québec. [2]
III.—PARANT, JOS.-HENRI (1), [MICHEL II.
b 1708.
BONNEDEAU (2), Marie-Anne, [LOUIS II.
b 1714.
Marie-Anne, b [2] 7 avril 1732; s [2] 31 mai 1733. —*Joseph*, b [2] 14 et s [2] 26 juin 1733. — *Joseph*, b [2] 5 dec. 1734; m [2] 1er juin 1761, à Louise DEROME. — *Marie-Thérèse*, b [2] 8 mars 1736; s [2] 18 avril 1737. — *Louis*, b [2] 26 juillet 1737; m 7 janvier 1762, à Thérèse FORCIER, à St-Michel-d'Yamaska. — *Marie-Anne*, b [2] 14 mars 1739, s [2] 1er nov. 1740. — *Marie-Geneviève*, b [2] 11 nov. 1740. — *Marie-Joseph*, b [2] 30 mai 1742; s [2] 6 février 1756. —*Joseph*, b et s 9 juillet 1747, à St-Augustin.

1731, (26 nov.) Montréal. [9]
III.—PARANT, ANTOINE, [JEAN-FRANÇOIS II.
b 1704; tonnelier.
CUSTAUD, Marie-Therèse, [PIERRE-JACQUES I.
b 1704.
Marie-Amable, b [9] 28 février et s [9] 2 mars 1734.—*Marie-Joseph*, b [9] 18 et s [9] 28 sept. 1735. — *Antoine*, b [9] 14 juin et s [9] 12 juillet 1737. — *Joseph-Charles*, b [9] 11 et s [9] 13 oct. 1739. — *Catherine*, b [9] 21 dec. 1740; m [9] 16 nov. 1761, à Augustin VIGER.

PARANT, JOSEPH,
armurier.
MORISON, Marie-Joseph.
Marguerite, b 1730, s 11 juillet 1731, à Longueuil. [5] — *Marie*, b 1740; s [5] 30 janvier 1741.

I.—PARANT (3), JEAN, b 1713; fils de Louis et de Marie Brien, de Plouvigny, diocèse de Vannes, Bretagne; s 10 juillet 1734, à Montréal.

1732, (29 sept.) Quebec. [5]
I.—PARANT (4), JEAN-BTE, fils de Pierre et de Madeleine Chopin, de St-Jean, diocèse de Bayonne, Gascogne.
FRAPIER, Marie-Jeanne, [HILAIRE I
b 1669; veuve de Pierre Duronceau; s [5] 10 dec. 1746.

1733, (15 avril) Beauport. [1]
III.—PARANT, PIERRE-ALEXIS, [CHARLES II.
b 1705.
BÉLANGER, Marie-Anne. [NICOLAS III.
Anonyme, b [1] et s [1] 6 nov. 1734.—*Marie-Anne*,

(1) Il signe Joseph, 1736.
(2) Mariée sous le nom de Chatellereau.
(3) Soldat de la compagnie de M. de Longueuil.
(4) Dit Auxibi.

b[1] 6 oct. 1735; m[1] 7 juin 1762, à Jean-François DeRainville.—*Nicolas*, b[1] 24 oct. 1736; 1° m[1] 2 août 1762, à Marie-Louise Marcou; 2° m[1] 1er fevrier 1768, à Marie-Louise Baugis.—*Pierre*, b[1] 3 janvier 1738.—*Geneviève*, b[1] 8 juin 1739; m[1] 8 fevrier 1762, à Jean-Baptiste Proteau.—*Jean*, b[1] 12 oct. 1742.—*Marguerite*, b[1] 2 mars 1744; m[1] 4 fevrier 1771, à Louis-Joseph Giroux.—*Michel*, b[1] 1er oct. 1745; m à Geneviève Gravel. —*Paul-Vincent*, b[1] 21 avril 1748.

1733.

III.—PARANT, Gilbert (1), [Joseph II.
b 1703; marchand.
Richard (2), Marie-Suzanne, [Jean-Bte II.
b 1718.
Joseph-Gilbert, b 1734; s 18 fevrier 1742, à Montreal.[2] — *Madeleine*, b 15 juillet 1745, au Detroit.[3]; m[2] 19 sept. 1763, à Jean-Baptiste Lecavelier. — *Pierre*, b... s[3] 13 oct. 1748. — *Pierre*, b 1748; s[3] 3 nov. 1749.

1738, (22 sept.) Québec [4]

III.—PARANT, Pierre, [Etienne II.
charpentier.
Gagnon, Marie-Louise, [Joseph II.
b 1717.
Marie-Ignace, b[4] 17 juillet 1739; m[4] 23 août 1762, à Charles Hotte.—*Pierre-François*, b[4] 29 sept. 1741.—*Marie-Elisabeth*, b[4] 20 avril 1743; m[4] 5 juillet 1762, à Pierre Mourand.—*Marie-Joseph*, b[4] 18 mai 1745; m[4] 6 sept. 1774, à Joseph-André Collet.—*Pierre-François*, b[4] 8 avril 1746.—*Marie-Anne*, b[4] 31 août 1747; s[4] 28 nov. 1749.—*François*, b[4] 5 oct. 1749.—*Jean-Antoine*, b[4] 28 avril 1752.—*René-Marie*, b[4] 28 mars et s 13 juillet 1754, à Charlesbourg.—*Etienne*, b[4] 23 oct. et s[4] 13 nov. 1756.—*Joseph*, b[4] 28 avril 1758; m[4] 23 mai 1780, à Marie-Louise Audet.

1739, (27 juillet) Beauport. [5]

III.—PARANT, Jacques, [Charles II.
b 1713.
1° Lavallee, Marie-Geneviève, [Charles II.
b 1713; s[5] 3 mars 1750.
Marie-Geneviève, b[5] 28 août 1740; m[5] 21 août 1758, à Thomas Rochereau.—*Marie-Louise*, b[5] 5 nov. et s[5] 16 dec. 1741.—*Louise*, b[5] 14 mars et s[5] 19 avril 1743.—*Jacques*, b[5] 21 et s[5] 26 oct. 1744.—*Louis-Jacques*, b... s[5] 19 juin 1746. —*Louise*, b[5] 18 janvier 1747; m 4 fevrier 1765, à Vincent Comiré, à St-Joseph, Beauce. — *Jean-Jacques*, b[5] 28 janvier et s[5] 12 mars 1748.—*Marie-Charlotte*, b[5] 9 fevrier et s[5] 17 juin 1749.
1750, (13 juillet). [5]
2° Comiré, Antoinette. [Nicolas I.
Jean, b[5] 12 oct. 1750.—*Charles*, b[5] 3 nov. 1758.

---

(1) Aussi appelé Albert et Hubert.

(2) Elle épouse, le 9 juillet 1759, Charles Barthélemy, au Détroit.

1740, (25 janvier) Beauport. [7]

III.—PARANT, Noel, [Joseph II.
b 1712.
Giroux, Geneviève, [Joseph-Noel III.
b 1711.
Joseph-Noël, b[7] 7 janvier 1741; 1° m[7] 15 nov. 1762, à Marie-Marguerite Marcou; 2° m[7] 26 fevrier 1770, à Marie-Angélique Chalou.—*Anonyme*, b[7] et s[7] 27 dec. 1742.—*Charles*, b[7] 10 fevrier 1744.—*Joseph*, b[7] 10 fevrier 1744; s[7] 20 nov. 1759.—*Marie-Geneviève*, b[7] 11 février 1746. —*Marie*, b... m[7] 17 nov. 1766, à Jean-Livard Parant.—*Marie-Louise*, b[7] 9 sept. 1747.—*Pierre*, b[7] 25 janvier 1749.—*Catherine-Pélagie*, b[7] 10 juillet 1750; s[7] 8 avril 1760.—*Louis*, b[7] 5 sept. 1752; s[7] 9 mai 1760.—*Etienne*, b[7] 24 fevrier 1754.—*Jean-Baptiste*, b[7] 19 avril 1756.—*Marguerite*, b... m 20 sept. 1785, à Joseph Deblois, à Quebec.

1740, (24 oct.) Beauport. [8]

III.—PARANT, Jacques-Joseph, [Jacques II.
b 1707.
Trudel, Louise, [Philippe II.
b 1715; s[8] 25 oct. 1749.
Louise-Catherine, b[8] 2 juillet et s[8] 14 août 1741.—*Pierre-Joseph*, b[8] 24 et s[8] 26 avril 1742. —*Marie-Thérèse*, b[8] 21 avril 1743, m[8] 8 février 1762, à Jean-Baptiste Mignerand. — *Louise-Simone*, b[8] 19 juin 1745; s[8] 4 juillet 1747. — *Joseph-Marie*, b[8] 6 août 1747.

1741, (24 avril) Beauport. [8]

III.—PARANT, François-René, [Charles II.
b 1716; s[8] 2 mai 1756.
Rochereau, Catherine. [Jean-Bte II.
Marie-Charlotte, b[8] 5 mars 1742. — *Marie-Angélique*, b[8] 12 dec. 1743. — *Marie*, b... m[8] 3 fevrier 1766, à Louis Parant.—*Suzanne*, b... s[8] 15 nov. 1746. — *François*, b[8] 18 avril 1746. — *Simon*, b[8] 15 avril 1749. — *Charlotte-Antoinette*, b[8] 8 mars et s[8] 20 août 1752. — *Marie-Jeanne*, b[8] 11 juin 1754.

1741, (11 sept.) Québec [1]

IV.—PARANT, Etienne, [Etienne III.
b 1719.
1° Prevost, Marie-Anne, [Timothée I.
b 1716; s 7 mars 1744, à Beauport.[2]
Etienne-Michel, b[1] 5 dec. 1742; s[2] 23 mars 1744.—*Joseph-Marie*, b[2] 14 dec. 1743.
1747, (9 oct.) [1]
2° Nicolas, Marie-Joseph, [Guillaume I.
b 1728; s[1] 28 mars 1790.
Marie-Joseph, b 1748; m[1] 12 sept. 1768, à Louis Guyon-Dumontier; s[1] 26 oct. 1786.—*Marie-Joseph-Félicité*, b[1] 8 juillet 1749; s[1] 27 juillet 1751. —*Louise-Félicité*, b[1] 29 sept. 1752; s[1] 22 nov. 1758.—*Etienne-Flavien*, b[1] 29 août et s[1] 1er sept. 1754.—*Etienne-François*, b[1] 10 mars 1756; s[1] 9 juin 1758.—*Marie-Joseph*, b[1] 8 mai 1758.—*Marie-Félicité*, b[2] 6 août 1760. — *Etienne*, b[1] 16 avril 1763.

1741, (13 nov.) Terrebonne.[7]
III.—PARANT, JOSEPH-MARIE, [JOSEPH II.
b 1705; maître-serrurier.
BONHOMME, Marie. [CHARLES-IGNACE III.
Joseph, b[7] 17 nov. 1742.—*Marie-Charlotte*, b[7] 10 sept. 1744; s[7] 24 nov. 1766. — *Marie-Catherine*, b[7] 12 nov. 1747; s[7] 31 juillet 1748. — *Louis-Marie*, b[7] 16 sept. 1754.— *Pierre*, b... m[7] 9 janvier 1775, à Suzanne COLIN.

1742, (8 janvier) Beauport.[3]
III.—PARANT, JACQUES, [JEAN II.
b 1716.
GIROUX, Marie-Madeleine, [JOSEPH-NOEL III.
b 1721.
Jacques, b[3] 2 mai 1743.— *Antoine*, b[3] 26 juin 1745; m 22 juillet 1783, à Marie-Louise AMIOT, à Quebec.[4] — *Jean-Charles*, b[3] 19 fevrier 1747, m[4] 5 sept. 1774, à Charlotte-Cécile ROUILLARD.— *Marie-Louise*, b[3] 9 mai 1749; s[3] 15 avril 1750 — *Anonyme*, b[3] et s[3] 19 mars 1751. — *Marie-Louise-Madeleine*, b[3] 3 fevrier 1753. — *Marie-Geneviève*, b[3] 23 avril 1754. — *Pierre*, b 1767; s[3] 10 avril 1770.

PARANT, JOSEPH.
BOISSEL, Marguerite.
Marguerite, b 22 mai 1744, à Beauport.

1744, (11 août) Terrebonne.[4]
III.—PARANT, ANTOINE, [ANTOINE II.
b 1718; s 26 mars 1760, à Ste-Rose.[5]
1° TAILLON, Marie, [JEAN-FRANÇOIS III.
s[4] 19 août 1745.
2° ROCHON, Madeleine,
s[5] 27 avril 1757.
Françoise, b... m[5] 14 juin 1762, à André COLIN. — *Joseph*, b[5] 18 nov. 1749; s[5] 28 sept. 1750.—*François*, b[5] 25 janvier 1751; s[5] 25 oct. 1752. — *Marie-Marguerite*, b[5] 17 juillet 1752.— *Marie-Thérèse*, b[5] 16 avril 1754; s[5] 29 juillet 1756.—*Jean-Baptiste*, b[5] 6 février et s[5] 19 juillet 1756.
1758, (4 avril).[5]
3° COLIN, Marie-Joseph, [JOSEPH III.
b 1738.

PARANT, ALBERT,
s (1) 9 sept. 1750, au Detroit.[4]
CHESNE, Suzanne.
Albert, b[4] 7 oct. 1745; s[4] 4 juillet 1752.

1745, (18 janvier) Terrebonne.
III.—PARANT, FRANÇOIS. [ANTOINE II.
BONHOMME (2), Marguerite. [CHS-IGNACE III.
Marie-Rose, b 21 dec. 1758, à Lachenaye.

1745, (13 sept) Beauport.[6]
IV.—PARANT, ADRIEN, [PIERRE III.
b 1717; s 11 fevrier 1782, à Québec.
MAILLOU, Marguerite. [GERMAIN III.
Pierre-Adrien, b[6] 18 sept. 1746, s[6] 10 fevrier 1748.—*Marie-Marguerite*, b[6] 17 février et s[6] 15 mai 1748.—*Marie-Louise*, b[6] 6 juillet 1749; m[6] 10 février 1766, à Charles MORAN.—*Marie-Françoise-Joseph*, b[6] 2 mars 1751. — *Marguerite-Germaine*, b[6] 29 avril 1753; s[6] 30 sept. 1756. — *Marie-Madeleine*, b[6] 25 mars et s[6] 15 juin 1755. — *Marie-Joseph*, b[6] 12 et s[6] 30 juillet 1756 — *Marie-Marguerite*, b[6] 11 sept. 1757. — *Anonyme*, b[6] et s[6] 24 nov. 1760. — *Pierre*, b[6] 21 mai 1763.

(1) Tué d'un coup de fusil, à la rivière des Miamis.
(2) Beaupré.

1747, (13 février) Beauport.[8]
IV.—PARANT, PIERRE, [JACQUES III.
b 1719; s 7 sept. 1747, à Lorette.[9]
BERGEVIN (1), Marie-Catherine, [LOUIS II.
b 1727.
Marie-Catherine (posthume), b[8] 6 fevrier 1748; m[9] 18 février 1765, à Pierre ROBITAILLE.

1747.
III.—PARANT, PIERRE, [PIERRE II.
b 1724; s 4 déc. 1752, à Lachine.[1]
DUCHARME, Suzanne,
b 1724; s[1] 11 juin 1754.
Pierre, b 2 fevrier 1748, à Montréal.[2] — *Jacques*, b[1] 5 nov. et s[1] 24 dec. 1750. — *Suzanne*, b[1] 18 dec. 1751; m[2] 15 fevrier 1768, à Paschal LEGAUT-DESLAURIERS.

1748, (22 janvier) Beauport.
IV.—PARANT, JACQUES, [JACQUES III
b 1714.
LAURENT, Angelique. [JEAN II.

1748, (22 janvier) Beauport.[8]
IV.—PARANT, LOUIS-BARTHÉL., [JACQUES III.
b 1725; s[8] 6 mars 1759.
GIROUX (2), Agathe, [RAPHAEL III
b 1728.
Anonyme, b[8] et s[8] 5 oct. 1749.—*Agathe-Françoise*, b 8 oct. 1750, à Quebec[9]; m[8] 11 juillet 1768, à Dominique LAURENT.—*Geneviève-Agathe*, b[9] 21 fevrier 1752; m[8] 12 janvier 1767, à Louis DUPRAC.— *Marie-Louise*, b[8] 29 sept. 1753, s[8] 7 nov. 1756.—*Louis-Etienne*, b[8] 26 dec. 1754; s[8] 7 janvier 1759.— *Louise-Marguerite*, b[8] 29 avril 1756.—*Marie-Louise*, b[8] 14 janvier et s[8] 23 nov. 1758. — *Marie-Angélique* (posthume), b 2 aout 1759, à Charlesbourg; m[9] 25 juin 1782, à Jean LACROIX; s[9] 13 mars 1791.

1748, (19 fevrier) Montréal.[8]
III.—PARANT, JOSEPH, [PIERRE II.
b 1726.
DEMERS, Angelique, [FRANÇOIS III.
b 1732.
Joseph, b[8] 30 sept. 1749.

1748.
IV.—PARANT, JEAN-LAURENT, [JEAN-BTE III.
b 1721.
1° MARTIN, Madeleine,
b 1728; s 13 mai 1754, à Lachine.[3]

(1) Elle épouse, le 28 sept. 1749, Ignace Leroux, à Lorette.
(2) Elle épouse, le 12 oct. 1761, Charles Levasseur, à Beauport.

Jean-Baptiste, b 11 dec. 1749, à Montréal. — *Pierre*, b 1er mars 1751, à St-Laurent, M.[4]— *Madeleine-Archange*, b [8] 30 sept. 1753. — *Marie-Joseph*, b 1754 ; s [4] 16 janvier 1755.

1757, (7 juin).[4]

2° RENAUD, Marie-Théophile. [JEAN I.

Marie-Marguerite, b [4] 11 oct. 1758. — *Marie-Joseph*, b [4] 14 janvier 1760. — *Marie-Louise*, b [4] 27 janvier 1762.

1749, (21 avril) Québec.[5]

IV.—PARANT, LOUIS, [ANDRÉ III
b 1728 ; tonnelier.
MARCHAND, Louise, [CHARLES IV.
b 1729.

Marie-Louise, b [5] 18 déc. 1749. — *Marie-Marguerite*, b[5] 30 juin et s [5] 5 déc. 1751. — *Marie-Charlotte*, b [5] 10 dec. 1752 ; m [5] 9 sept. 1776, à Basile PRÉJEAN. — *Louis*, b [5] 17 avril 1754 ; m [5] 19 oct. 1784, à Marie-Anne TESSIER. — *Marie-Madeleine*, b [5] 29 mars 1757. — *Marie-Madeleine*, b [5] 1er juin 1758. — *Marguerite*, b [5] 15 juillet 1761 ; s [5] 8 avril 1762. — *Marie*, b [5] 10 janvier 1763 ; m [5] 7 août 1781, à Eustache MCGEE.— *Marguerite*, b... m [5] 28 janvier 1783, à Augustin SALOIS.

PARANT, JEAN-BTE.
MILOT, Marie-Joseph.

Apolline, b 14 sept. 1750, à St-Laurent, M. ; m 7 juin 1773, à Jean-Baptiste QUINTIN, à Montreal[6] ; s [6] 6 fevrier 1782.

1750, (19 janvier) Beauport.[7]

III—PARANT, NICOLAS, [ETIENNE II
b 1728.
MARCOU, Catherine, [ANDRÉ II.
b 1729.

Etienne-François, b [7] 3 déc. 1750 ; m 23 nov. 1790, à Elisabeth MARCHAND, à Quebec.[8] — *Antoine*, b [7] 10 juillet 1755. — *Marie-Catherine*, b [7] 30 sept. 1757 ; s [7] 8 oct. 1758. — *Catherine-Angélique*, b [7] 16 oct. 1759.— *Jean*, b [7] 11 nov. 1761 ; m[8] 18 fevrier 1794, à Elisabeth VINCENT.—*Marguerite*, b [7] 7 oct. 1763.

1750, (19 janvier) Châteauguay.

III—PARANT, JEAN-BTE. [GUILLAUME II.
LIBER, Marie-Charlotte. [PIERRE I.

1750, (26 janvier) Beauport.[6]

III.—PARANT (1), JACQUES, [JOSEPH II.
b 1714.
GIROUX, Marie-Catherine (2). [JOS.-NOEL III.

Marie-Marguerite, b [6] 13 janvier 1751 ; m 20 sept. 1785, à Joseph DEBLOIS, à Québec.[7]—*Marie-Madeleine*, b [6] 13 janvier 1751 ; m [6] 26 fevrier 1770, à Jean-François PASCHALE.— *Jacques*, b [6] 5 mai 1754.—*Marie-Louise*, b [6] 3 oct. 1755.—*Marie-Catherine*, b [6] 9 juin et s [6] 12 oct. 1756. — *Marie-Françoise*, b [6] 16 sept. 1758. — *Pierre*, b [6] 9 avril et s [6] 29 août 1761.—*Charles*, b [6] 29 août et s [6] 23 sept. 1762. — *Louis-Simon*, b [6] 28 oct. 1765. —

(1) Dit Jumeau.
(2) Madeleine en 1756.

Marie-Thérèse, b... m [7] 25 février 1783, à Germain DAMIEN.

1750, (31 août) Québec.[1]

IV.—PARANT, LOUIS-FRANÇOIS, [PIERRE III.
b 1722 ; forgeron.
BEAN (1), Marguerite, [CORNEILLE I.
b 1732.

Marguerite-Joseph, b [1] 27 sept. 1751.—*Charles*, b [1] 13 mars et s 30 sept. 1753, à Beaumont.— *Pierre-Charles*, b [1] 30 juin 1754 ; s [1] 2 juin 1756. —*Pierre-François*, b 28 oct. 1758, à Beauport.

1750, (7 sept.) Québec.[2]

IV.—PARANT, FRANÇOIS, [ANDRÉ III.
b 1723 ; tonnelier.
LEGRIS, Marie-Anne, [CLAUDE II.
b 1731 ; s [2] 18 janvier 1763.

Anne, b [2] 13 oct 1751.—*Marie-Marguerite*, b [2] 25 mars 1753 ; s [2] 12 oct. 1758.—*Marie-Madeleine*, b [2] 2 juin 1755 ; m [2] 4 sept. 1775, à Pierre COTÉ.—*Marie-Catherine*, b [2] 9 avril 1757 ; s [2] 12 oct. 1758 —*Marie-Joseph*, b [2] 8 fevrier 1759 ; s 13 mai 1760, à Beauport.—*François-Denis*, b [2] 15 juillet 1762.

1750, (9 nov.) Chambly.

III—PARANT, LOUIS. [PIERRE II.
LAPORTE, Marie-Amable. [DENIS III.

1750, (23 nov.) Québec.[3]

IV.—PARANT, ANTOINE, [FRANÇOIS III.
b 1728 ; maître-forgeron ; s [3] 1er juillet 1751.
SIMARD (2), Marie-Angelique, [AUGUSTIN II.
b 1722.

Marie-Angélique (posthume), b [3] 24 juillet et s [3] 24 sept. 1751.

1751, (1er février) Beauport.[4]

IV.—PARANT, SIMON-JACQ., [SIMON-PIERRE III.
b 1729.
GIROUX, Marie-Jeanne, [RAPHAEL III.
b 1730.

Anonyme, b [4] et s [4] 12 oct. 1751.—*Jeanne*, b [4] 12 et s [4] 17 oct. 1751.—*Marie-Jeanne*, b [4] 25 sept. 1752.—*Simon-Raphaël*, b [4] 12 mars 1754 —*Elisabeth*, b [4] 25 juillet 1755.—*Marie-Louise*, b [4] 5 avril 1757 ; s [4] 1er août 1760.— *Geneviève*, b [4] 1er mars et s [4] 20 oct. 1759.—*Marie-Geneviève*, b [4] 22 nov. 1760.—*Dominique*, b [4] 1er janvier 1763.—*Michel*, b [4] 17 oct. 1764.

1751, (10 mai) Boucherville.

III.—PARANT, PIERRE-MICHEL, [PIERRE II.
b 1725 ; maître-menuisier ; s 1er oct. 1773, au Detroit.
BERNARD (3), Geneviève. [PIERRE I.

(1) Dit Onelle.
(2) Elle épouse, le 9 oct. 1752, Pierre Bonhomme, à Québec.
(3) Dit Lajoie.

1751, (20 sept.) Beauport.
IV.—PARANT, PIERRE, [ETIENNE III.
b 1723.
CHORET, Marie-Angélique, [JACQUES III.
b 1729.
Etienne, b 24 février 1754, à Lorette.[5] — *Jacques-Martin,* b [5] 12 nov. 1756.—*Marie-Barbe-Angélique,* b 5 et s 18 sept. 1758, à Québec.— *Marie-Angélique,* b [5] 5 mars 1760.—*Pierre,* b[6] 10 juin 1762.—*Marie-Joseph,* b [5] 27 janvier 1764.

1752, (21 janvier) Charlesbourg [6]
IV.—PARANT, PIERRE-FRS, [PIERRE-FRS III.
b 1730.
1° PAQUET, Geneviève, [FRANÇOIS IV.
b 1723.
Anonyme, b [6] et s [6] 28 oct. 1754.—*Marie-Geneviève,* b [6] 20 juin 1756.
1791, (22 février) Québec.
2° RENAUD, Marie-Louise. [JEAN.

1752, (24 avril) Charlesbourg.
IV.—PARANT, ANTOINE, [ANTOINE III
b 1725.
CHAUVEAU, Angélique-Jeanne, [PIERRE I
b 1731; s 5 janvier 1785, à Québec.[7]
Marie-Angélique, b [7] 20 avril 1753.—*Marie-Catherine,* b [7] 24 nov. 1754; s [7] 5 janvier 1755.

1752, (12 juin) Charlesbourg.[7]
IV.—PARANT, PIERRE, [ANTOINE III.
b 1727.
BOESMÉ (1), Agathe. [JEAN-CHARLES III.
Pierre-Antoine, b [7] 29 mars 1753.—*Jean-Louis,* b [7] 26 août 1755.—*Marie-Agathe,* b[7] 21 oct. 1758; s[7] 2 juillet 1759.—*Jean-Baptiste,* b [7] 2 avril 1761. —*Agathe,* b [7] 25 sept. 1762.—*Thomas,* b [7] 17 dec. 1763.—*Joseph,* b... m 11 oct. 1796, à Madeleine CARON, à Quebec.

1752, (5 nov.) Sault-au-Récollet.
IV.—PARANT, JOSEPH-MARIE, [JEAN-BTE III.
b 1726.
QUÉVILLON, Marie-Madeleine.

1752, (20 nov.) Beauport.[6]
IV.—PARANT, FRANÇOIS, [FRANÇOIS III.
b 1723.
1° DERAINVILLE, Marie-Madeleine, [PAUL IV.
b 1731; s [6] 27 janvier 1754.
Anonyme, b [6] et s [6] 20 janvier 1754.
1762, (19 avril).[6]
2° CHORET, Marie-Geneviève, [CHARLES III.
b 1731.

1752.
PARANT, JACQUES.
MARANDA, Françoise-Angélique.
Pierre-Jacques, b 10 dec. 1753, à Lorette.[7] — —*Pierre,* b [7] 7 oct. et s [7] 1er nov. 1755.—*Joseph-Marie,* b [7] 29 mai 1757.—*Pierre,* b [7] 3 sept. 1760. —*Marie-Françoise,* b [7] 1er dec. 1763.

(1) Et Bohémier.

1753, (5 février) Charlesbourg.
IV.—PARANT, FRANÇOIS, [JACQUES III.
b 1728.
BERNIER, Madeleine, [ANDRÉ II.
b 1737.

1753, (19 fevrier) L'Ange-Gardien.
IV.—PARANT, JEAN-FRANÇOIS, [JACQUES III.
b 1717.
VÉSINA, Marie-Anne, [FRANÇOIS III.
b 1728.
Marie-Angélique, b 27 nov. 1753, à Beauport.[4] — *Marie-Louise,* b [4] 5 juin 1756.—*Jean-Toussaint,* b [4] 1er nov. 1757.—*Pierre,* b [4] 18 avril 1762; s[4] 29 juillet 1763.—*Ursule,* b [4] 26 fevrier 1764.

PARANT, JOSEPH.
PRIEUR-ST. LÉGER, Marie-Suzanne.
Joseph, b 21 janvier 1753, à Soulanges.[5] — *Marie-Suzanne,* b [5] 16 sept. 1754. — *Marie-Françoise,* b [5] 7 juin 1757; s [5] 25 juillet 1758.—*Marie-Charlotte,* b [5] 5 nov. 1759.

PARANT, JOSEPH.
MONFORT, Angélique.
Jeanne, b 29 mai 1753, à Lachine.[5] —*Joachim,* b [5] 30 avril et s [5] 8 déc. 1755.—*Marie,* b [5] 10 dec. 1756; s[5] 15 juin 1758. — *Françoise,* b [5] 2 mars 1759.—*Vincent,* b [5] 13 sept. 1761.

1754, (10 juin) Kamouraska.[9]
I.—PARANT, GABRIEL, b 1727; fils de Jean et de Jeanne Jardin, de Dumenigilbert, diocèse d'Avranches, Normandie; s [9] 6 avril 1777.
BOUCHER, Marguerite, [PIERRE III.
veuve de Pierre Roy.
Gabriel, b [9] 9 nov. 1755; m [9] 19 oct. 1778 à Marie-Judith HUDON. — *Marie-Bénonie,* b 1757; s[9] 28 mai 1763.—*Marguerite,* b [9] 15 sept. 1760— *Marie-Euphrosine,* b [9] 7 oct. 1762; m [9] 6 août 1781, à François CHORET.

1755, (23 janvier) Montréal.
IV.—PARANT, HENRI, [HENRI III.
b 1731.
VIGER (1), Marie-Louise, [CHARLES III.
b 1737.

PARANT, JOSEPH,
capitaine de navire.
LEBLANC, Marie-Jeanne.
Marie-Marguerite, b 16 mai 1756, à Quebec.

PARANT, TOUSSAINT.
LAMONTAGNE (2), Marie-Joseph.
Marie-Joseph, b 22 oct. 1757, à Ste-Rose[9].— *Louise,* b [9] 11 juin 1759.—*Marie-Madeleine,* b [9] 5 janvier 1761; s [9] 27 mars 1762. — *Toussaint,* b[9] 8 juillet et s [9] 6 dec. 1762.

(1) Elle épouse, le 30 janvier 1764, Antoine Pollinger, à Montréal.

(2) Remond—Pont.

1757, (18 avril) Québec. [7]
III.—PARANT, Antoine, [Etienne II.
b 1730 ; perruquier.
1° Lavallée, Marie-Madeleine, [Jean III.
b 1741.
Madeleine, b [7] 18 janvier 1758 ; s [7] 23 février 1759. — *Antoine*, b 9 juillet 1759, à la Pte-aux-Trembles, Q ; m [7] 17 juin 1783, à Geneviève Bois. — *Antoine*, b 17 sept. 1760, à Beauport.—*Marie-Louise*, b [7] 27 oct 1762 ; m [7] 8 août 1786, à Louis Dufresne.—*Marguerite*, b... m [7] 8 juillet 1783, à Guillaume Audet.
1774, (7 février) [7] (1).
2° Vachon, Elisabeth, [Louis IV.
b 1739 ; s [7] 12 oct. 1790.

1757, (24 oct.) Montreal.
IV—PARANT, Jean-Bte, [André III.
b 1718.
Maray (2), Marie-Joseph, [Louis I.
b 1714 ; veuve de Bonaventure LeGardeur.

1758, (9 janvier) Quebec. [2]
IV—PARANT, Charles-Antoine, [Louis III.
b 1727 ; marchand.
Fornel, Marie-Louise, [Jean-Louis II.
b 1739.
Charles-Louis, b [2] 10 février et s 11 mars 1759, à Ste-Foye. — *Marguerite-Louise-Alexandre*, b [2] 11 oct. 1760.—*Charles*, b [2] 27 oct. 1761 — *Louis-Thomas*, b [2] 5 déc. 1762 ; s 5 juin 1763, à Levis. —*Jacques-Louis*, b [2] 10 nov. 1763.

1758, (7 août) Ste-Geneviève, M.
IV.—PARANT, Pierre. [François III.
Laroque, Charlotte. [Michel II.
Pierre, b 20 fevrier et s 15 juillet 1759, à St-Laurent, M.

1758, (28 août) Quebec. [5]
IV.—PARANT, Louis, [André III.
b 1730 ; tonnelier.
Pelletier, Louise, [François III.
b 1734 ; s 19 mai 1779, au Château-Richer.
Louise-Angélique, b [5] 8 et s [5] 9 mai 1759. — *Pierre-Louis*, b 30 nov. 1760, à la Pte-aux-Trembles, Q. [6]— *Marie-Marguerite*, b [5] 24 nov. 1763 ; s [5] 11 juillet 1764. — *Marguerite*, b 1771 ; s [6] 17 février 1776.

PARANT, Jean-Bte.
Reaume, Marie-Charlotte.
Charlotte, b 1759 ; m 25 sept. 1775, à Jean-Marie Goujon, à Montreal. [3]—*Véronique*, b 1763 ; m [3] 24 sept. 1781, à Pierre Goujon.

1759, (12 fevrier) St-Laurent, M.
IV.—PARANT, Michel, [Pierre III.
b 1731.
Jolive, Marie-Joseph. [Pierre-Nicolas II.
Joseph-Louis, b 3 juillet 1760, à St-Laurent, M.

(1) Deux fois réhabilité : 1° le 9 fevrier, du 4me au 4me degré d'affinité ; 2° le 15 fevrier, du 3me au 4me degré de consanguinite.
(2) De la Chauvignerie.

1760, (11 fevrier) Chambly. [3]
IV.—PARANT, François, [Simon-Pierre III.
b 1734.
Aubuchon, Geneviève. [François IV.
François, b [3] 18 mars 1760.

1760, (9 juin) L'Ange-Gardien.
IV.—PARANT, Jacques, [Pierre-Frs III.
b 1741.
Hébert, Angélique, [François III.
b 1738.
Jean-François, b 8 et s 9 sept. 1761, à Beauport. [3] — *François*, b [3] 5 fevrier 1764. — *Marie-Angélique*, b [3] 10 mars et s [4] 21 juillet 1765.

1760, (25 août) St-Roch. [7]
IV.—PARANT, Pierre, [François III.
b 1732.
Lemieux, Brigitte, [Augustin III.
b 1740.
Pierre, b [7] 28 avril 1761. — *Michel*, b [7] 3 et s [7] 15 oct. 1762.—*Marie-Brigitte*, b [7] 7 oct. 1763.

1760, (6 oct.) Montréal.
III.—PARANT, Jean-Bte, [Jean-Bte II.
b 1734.
Serré, Madeleine, [Joseph II.
b 1740.

PARANT, Joseph.
Filion, Marie.
Joseph, b... m 15 oct. 1781, à Marie-Amable Content, à Lachenaye.—*Marie*, b... m à Jean-Charles Cotinault.

1760, (4 nov.) Chambly.
IV.—PARANT, Jos.-Marie, [Simon-Pierre III.
b 1733.
Maillot, Marie-Renée. [Jean-Bte.

1761, (1er juin) Québec. [1]
IV.—PARANT, Joseph, [Joseph-Henri III.
b 1734.
Derome, Louise, [Joseph III.
b 1736.
Joseph-François, b [1] 9 mars et s [1] 14 oct. 1762. — *Marie-Louise-Catherine*, b 6 avril 1763, à St-Michel-d'Yamaska.

1761, (30 juin) Montréal.
III—PARANT, Eustache, [Etienne II.
b 1735.
Ménard, Amable, [Louis I.
b 1729.

1761, (20 juillet) Beauport. [2]
IV.—PARANT, Jean-Bte, [François III.
b 1738 ; s [2] 18 mai 1769.
Avisse (1), Marie-Reine, [Eustache III.
b 1745.
Marie-Louise, b [2] 20 avril 1763.—*Jean-Baptiste*, b [2] 10 mai 1765.

(1) Elle épouse, le 3 sept. 1770, Pierre Maheu, à Beauport.

1761, (14 sept.) Beauport. [3]
V.—PARANT, MICHEL, [PIERRE IV.
b 1738.
PARANT, Claire-Catherine, [JOSEPH III.
b 1736 ; s [3] 10 août 1767.
Suzanne, b [3] 9 juin 1762.—*Marie-Catherine*, b [3] 26 juin 1763.—*Marie-Jeanne*, b [3] 10 nov. 1764.

1761, (4 oct.) Château-Richer. [4]
IV.—PARANT, JOSEPH-FRANÇOIS, [FRANÇOIS III.
b 1735.
GAGNON, Marie-Reine, [JEAN-FRANÇOIS IV.
b 1738.
Marie-Reine, b [4] 1er mai et s [4] 13 août 1762.—*Marie-Elisabeth*, b [4] 6 et s [4] 19 sept. 1763.—*Joseph-François*, b [4] 1er fevrier 1765.—*Louis*, b [4] 12 fevrier 1770 ; s [4] 23 mai 1771.—*Ignace*, b [4] 6 janvier 1772.

1762, (7 janvier) St-Michel-d'Yamaska. [5]
IV.—PARANT, LOUIS, [JOSEPH-HENRI III.
b 1737.
FONCIER, Thérèse, [JACQUES III.
b 1738 ; veuve de Modeste Carry.
Marie-Thérèse-Joseph, b [5] 11 oct. 1762 ; s [5] 6 août 1763.—*Marie-Thérèse*, b [5] 23 sept. 1763.—*Geneviève*, b [5] 24 déc. 1764.—*Louis*, b [5] 29 sept. 1767.—*Joseph*, b [5] 28 août 1768 ; s [5] 8 avril 1769.

1762, (22 février) Montréal. [6]
III.—PARANT, HONORÉ, [PIERRE II.
b 1734.
1° PILON, Thérèse, [JACQUES III.
b 1740.
Thérèse, b 1763 ; m [6] 17 janvier 1780, à Joseph SENÉCAL.
1769, (16 janvier). [6]
2° DENIS, Radegonde, [CHARLES II.
b 1751.

1762, (19 avril) Charlesbourg.
IV.—PARANT, JOSEPH, [ANTOINE III.
b 1735.
AUCLAIR, Marie-Charlotte, [JEAN-BTE II.
b 1736 ; s 11 fevrier 1790, à Quebec. [7]
Joseph, b [7] 21 mars et s [7] 20 juin 1763.—*Marie-Charlotte*, b [7] 3 juin 1764.—*Marie*, b... m [7] 27 janvier 1795, à Ignace LÉGARÉ.

1762, (2 août) Beauport. [8]
IV.—PARANT, NICOLAS, [PIERRE-ALEXIS III.
b 1736.
1° MARCOU, Marie-Louise, [ANDRÉ II.
b 1733 ; s [8] 19 mai 1766.
Marie-Jeanne, b [8] 22 juin 1763.—*Pierre-Nicolas*, b [8] 13 nov. 1764.—*André*, b [8] 26 nov. 1765.
1768, (1er fevrier). [8]
2° BAUGIS, Marie-Louise, [CHARLES IV.
b 1750.

1762, (25 oct.) Québec. [3]
V.—PARANT, JOSEPH, [JOS.-MATHIEU IV.
b 1728.
LEGRIS (1), Marie-Joseph, [CLAUDE III.
b 1745.
Angélique, b... m [3] 17 janvier 1797, à Joseph DROUIN.

1762, (8 nov.) Montréal.
III.—PARANT, CHARLES, [PIERRE II.
b 1739.
GOUJON, Archange, [PIERRE II.
b 1743.

1762, (15 nov.) Beauport. [7]
IV.—PARANT, JOSEPH-NOEL, [NOEL III
b 1741.
1° MARCOU, Marie-Marguerite, [JEAN-BTE III
b 1738 ; s [7] 24 sept. 1767.
Joseph-Noel, b [7] 23 déc. 1763.—*Antoine*, b [7] 19 et s [7] 28 juin 1765.
1770, (26 février). [7]
2° CHALOU, Marie-Angélique, [PIERRE-FRS I.
b 1746.

PARANT, JEAN.
1° LADOUCEUR, Madeleine.
1766, (26 mai) Terrebonne.
2° MARSAN, Radegonde,
veuve de Paul Cuvillon.

1763.
IV.—PARANT, ETIENNE, [ETIENNE III
b 1731 ; s 4 juin 1780, à la Rivière-Ouelle.
BOULANGER, Marie-Charlotte.
Marie-Charlotte, b 16 déc. 1764, à St-Joseph, Beauce.

1764, (30 juillet) Hôpital-Général, Q
PARANT, FRANÇOIS,
b 1721 ; s 2 juillet 1788, à Québec. [9]
MANSEAU, Madeleine,
b 1714 ; s [9] 14 dec. 1787.

1765, (5 février) Beauport.
III.—PARANT, JEAN-MARIE, [ETIENNE II.
b 1739.
BARBEAU, Marie-Anne, [JOSEPH III.
b 1743.
Marie, b... m 8 oct. 1793, à Pierre DEBLOIS, à Beaumont.

1765, (13 août) Détroit. [4]
PARANT, PIERRE, [PIERRE
commerçant-voyageur.
CASSE (2), Jeanne. [NOEL II.
Suzanne, b [4] 12 avril et s [4] 30 sept. 1768.

1766, (3 fevrier) Beauport.
IV.—PARANT, LOUIS, [FRANÇOIS III.
b 1735.
PARANT, Marie. [FRANÇOIS-RENÉ III

(1) Elle épouse, le 29 mai 1781, Jacques Cottin, à Québec.
(2) Elle épouse, le 15 avril 1771, Amable Latour, au Détroit.

1766, (19 août) Levis.
IV.—PARANT, Nicolas-Louis, [Etienne III.
b 1737.
Samson, Geneviève, [Eustache II.
b 1742.

1766, (17 nov.) Beauport.
V.—PARANT, Jean-Lifard, [Pierre IV.
b 1745.
Parant, Marie. [Noel III.

1769, (30 janvier) Lévis.
IV.—PARANT, Frs-Clément, [Etienne III.
b 1740.
Lecours, Geneviève, [Ambroise-Augustin III.
b 1749.

1771, (18 nov.) Détroit.
III.—PARANT, Jacques, [Laurent II.
b 1742.
Beaubien, Marie-Catherine, [Jean-Bte III.
b 1743.

IV.—PARANT, Michel, [Pierre-Alexis III.
b 1745.
Gravel, Geneviève,
b 1743; s 4 mars 1796, à Québec. 8
Jean, b... m 8 22 juillet 1794, à Louise Martinet.—*Catherine*, b... m 8 24 nov. 1795, à Joseph Damien.

PARANT, Pierre.
Lapierre, Marie-Joseph.
Marie-Louise, b 28 juin 1773, à Lachenaye.

1774, (5 sept.) Québec.
IV.—PARANT, Jean-Charles, [Jacques III.
b 1747.
Rouillard, Cecile-Charlotte, [Charles III.
b 1745; veuve de Rene Grageon.

1775, (9 janvier) Terrebonne.
IV.—PARANT, Pierre. [Joseph-Marie III.
Colin, Suzanne, [André III.
b 1747.

PARANT, Pierre.
Martel, Felicité.
Charles, b... m 13 février 1797, à Marie-Louise Parmentier, à Nicolet. 9— *Pierre*, b... m 9 9 oct. 1797, à Marguerite Chauret.

1778, (19 oct.) Kamouraska.
II.—PARANT, Gabriel, [Gabriel I.
b 1755.
Hudon, Marie-Judith, [Jean-Bernard III.
b 1761.

PARANT, François.
Rousseau, Marie-Charlotte.
.... (1), b 1774; s 10 juillet 1776, à Batiscan 5—*Marie-Elisabeth*, b 5 21 mars et s 5 30 juin 1776.— *Marie-Marguerite*, b 5 13 juin 1778. — *Louis*, b 5 29 mars 1781. — *Marie-Marguerite*, b 5 3 oct. 1782.—*Pierre*, b 5 12 mars 1784.

(1) Le nom manque au registre.

PARANT, Jacques.
Nadeau, Brigitte.
Marie, b... m 4 nov. 1801, à Melchior Réhel, à Rimouski. 6 — *Jacques*, b... m 6 19 janvier 1802, à Marie Ruest.—*Judith*, b... m 6 31 janvier 1804, à Louis Pineau.—*Marguerite*, b... m 6 15 janvier 1805, à Ulfrand St. Laurent. — *Claire*, b... m 6 29 avril 1805, à Noël Chouinard.—*François*, b... m 6 5 juin 1810, à Geneviève Réhel.—*Marie-Louise*, b 6 5 août 1792; m 6 24 oct. 1809, à Jean-Baptiste Langlois. — *Augustin* et *Pierre*, b 6 20 février 1795.

1780, (23 mai) Québec.
IV.—PARANT, Joseph, [Pierre III.
b 1758.
Audet-Lapointe, Marie-Lse, [Guillaume III.
b 1753.

1781, (15 oct.) Lachenaye.
PARANT, Joseph. [Joseph.
Content, Marie-Amable, [Etienne III.
b 1762.

1783, (17 juin) Québec. 8
IV.—PARANT, Antoine, [Antoine III.
b 1759
Bois, Geneviève, [Etienne III.
b 1762.
Antoine-Xavier, b 8 30 mars 1784; s 8 12 avril 1785.—*Antoine*, b 8 27 nov. 1785. — *Louis*, b et s 7 avril 1787, à Ste-Foye.

1783, (22 juillet) Québec. 5
IV.—PARANT (1), Antoine, [Jacques III.
b 1745.
Amiot, Marie-Louise, [Jean.
s 5 20 nov. 1821.

1784, (19 oct.) Québec.
V.—PARANT, Louis, [Louis IV.
b 1754.
Tessier, Marie-Anne, [Germain.
b 1764.

1790, (23 nov.) Québec.
IV.—PARANT, Etienne-François, [Nicolas III.
b 1750.
Marchand, Elisabeth. [Jean-Bte IV.

1794, (18 février) Québec.
IV.—PARANT, Jean, [Nicolas III.
b 1761.
Vincent, Elisabeth. [Pierre.

1794, (22 juillet) Québec.
V.—PARANT, Jean. [Michel IV.
Martinet, Louise. [Antoine III.

(1) Sergent d'armes de la Chambre.

I.—PARANT (1), François, b 1768; s 7 avril 1797, à Québec.

1796, (11 oct.) Québec.

V.—PARANT, Joseph. [Pierre IV.
Caron, Madeleine. [Joseph.

1797, (13 février) Nicolet.

PARANT, Charles. [Pierre.
Parmentier, Marie-Louise. [Paul II.

1797, (9 oct.) Nicolet.

PARANT, Pierre. [Pierre.
Chauret, Marguerite. [Pierre.

PARANT, Antoine.
Poulin, Marie-Charlotte,
b 1775; s 11 mars 1795, à Québec.

1802, (19 janvier) Rimouski.

PARANT, Jacques. [Jacques.
Ruest, Marie. [Joseph II.

1810, (5 juin) Rimouski.

PARANT, François. [Jacques.
Réhel, Geneviève. [Julien.

1653, (20 oct.) Québec. 1

I.—PARÉ (2), Robert,
b 1626; s 17 nov. 1684, à Ste-Anne. 2
LeHoux, Françoise, [Jacques I.
b 1626; s 2 9 avril 1685.
Jean, b 1 18 avril 1656; 1° m 3 nov. 1682, à Jeanne Racine, au Château-Richer; 2° m 23 mai 1709, à Catherine Laisné, à Ste-Famille, I. O., s 2 24 mars 1746.

1681, (20 oct.) Montréal.

I.—PARÉ (3), Jean,
b 1654.
Picard, Marguerite, [Hugues I.
b 1666; s 18 janvier 1727, à Lachine. 3
Marguerite, b... m 3 30 nov. 1711, à Jean Perrier.—*Marie-Catherine*, b 3 24 août 1698.—*Pierre*, b 3 10 mars 1702; s 27 janvier 1782, à Repentigny.—*Louise*, b 3 30 oct. 1703; m 3 1er déc 1727, à Joseph Braut.—*Joseph*, b 3 2 juillet 1705; m 1729, à Angelique Filiatreau.

1682, (3 nov.) Château-Richer.

II.—PARÉ (3), Jean, [Robert I.
b 1656; s 24 mars 1746, à Ste-Anne. 4
1° Racine, Jeanne, [Etienne I.
b 1660.
François, b 1686; m 4 17 février 1720, à Geneviève Cloutier; s 4 3 dec. 1749.—*Etienne*, b 4 5 mars 1691; m 4 18 fevrier 1716, à Anne Lacroix, s 4 23 oct. 1757.—*Prisque*, b 4 20 mai 1693; m 4 9 janvier 1717, à Marguerite Mesny; s 4 16 janvier 1762.—*Timothée*, b 4 25 sept. 1700; m 4 15 janvier 1725, à Geneviève Barette; s 4 26 mai 1755.

(1) Soldat du 60e régiment.

(2) Voy. vol. I, p. 463.

(3) Voy. vol. I, p. 464.

1709, (23 mai) Ste-Famille, I. O.
2° Laisné, Catherine,
b 1657; veuve d'Etienne Mesny.

1685, (9 janvier) Ste-Anne. 5

II.—PARÉ (1), Joseph, [Robert I
b 1658; s 5 30 nov. 1717.
Berthelot (2), Madeleine, [André I.
b 1662; veuve de Pierre Prevost.
Marie-Joseph, b... 1° m 5 17 oct. 1722, à Pierre Guignard; 2° m 1er août 1742, à Jean-Baptiste Rivet, à St-François-du-Sud.—*Louis*, b 5 31 mai 1710; m 5 22 juillet 1737, à Félicité DeLessard, s 5 22 oct. 1748.

1685, (12 nov.) Ste-Anne. 6

II.—PARÉ (1), Noel, [Robert I
b 1660.
Caron, Marguerite, [Jean II
b 1668.
Louis, b... 1° m 18 juillet 1719, à Marie-Joseph Guay, à Beaumont; 2° m 9 nov. 1750, à Marie Tremblay, à St-Joachim 7; s 13 dec. 1757, à Québec.—*Noël*, b 1700; m 7 14 fevrier 1730, à Marie-Joseph Chamard; s 7 29 janvier 1776.—*François*, b... 1° m 6 6 fevrier 1736, à Madeleine Gautier; 2° m 7 17 fevrier 1744, à Marie-Anne Plante.

1690, (18 avril) Ste-Anne. 8

II.—PARÉ (1), François, [Robert I
b 1670; s 8 14 avril 1746.
1° Racine, Marguerite, [Noel II
b 1671; s 8 18 mai 1703.
Louis, b 8 29 oct. 1701; m 8 17 avril 1730, à Agnès Poulin; s 8 27 août 1759.—*Louise*, b... m 19 mars 1724, à François Masson, à St-Augustin.

1704, (26 août). 8
2° Lacroix, Claire, [François I.
b 1688.
François, b 8 8 nov. 1706; m 8 26 janvier 1739, à Marguerite Poulin.—*Claude*, b 8 3 oct 1708, m 1er juillet 1743, à Marie-Joseph Roger, à St-Nicolas.—*Etienne*, b 8 27 déc. 1710; 1° m 8 3 oct. 1729, à Agnès Morel; 2° m 8 26 oct. 1762, à Françoise-Victoire Boivin.—*Marie-Françoise*, b 8 3 dec. 1712; m 8 14 juin 1745, à Marc-Antoine Dupont; s 8 13 fevrier 1770.—*Pierre*, b 8 5 mars 1715; m 8 25 nov. 1744, à Marie-Marguerite Racine.—*Marguerite*, b 8 30 oct. 1716, m 8 21 nov. 1741, à Jean Racine.—*Jean*, b 8 11 mars 1719; m 30 janvier 1747, à Hélène Gagnon, au Château-Richer.—*Joseph-Marie*, b 8 15 août 1721, m 8 8 nov. 1745, à Marie-Madeleine Racine.—*Ignace*, b 8 21 fevrier 1724; m 8 21 nov. 1747, à Marie-Joseph DeLessard.—*Timothée*, b 8 5 janvier 1727; 1° m 5 oct. 1751, à Françoise Boucher, à St-Joachim 9; 2° m 9 19 fevrier 1776, à Marie Bariau.—*Basile*, b 8 24 août 1730.—*Athanase*, b... s 8 24 juillet 1733.

(1) Voy. vol I, p. 464.

(2) Elle épouse, le 5 nov. 1725, Noel DeLessard, à Ste-Anne.

PARÉ, CATHERINE, b 1703 ; Sœur DesAnges, de la Cong. N.-D. ; s 8 février 1778, à Montréal.

1715, (9 janvier) Ste-Anne. [1]

III—PARÉ, PRISQUE, [JEAN II.
b 1693 ; s [1] 16 janvier 1762.
MESNY (1), Marguerite, [ETIENNE I.
b 1693.

Prisque, b [1] 1er et s [1] 21 mars 1715. — *Claire,* b [1] 12 août et s [1] 3 oct. 1716 —*Marie,* b [1] 12 sept. 1717, m [1] 30 avril 1743, à Jean CARON ; s [1] 8 février 1772. — *Jean-Baptiste,* b [1] 8 sept. 1719; m [1] 16 nov. 1744, à Marie-Thérèse RACINE. — *Agnès,* b [1] 16 sept. 1721 ; 1° m [1] 8 fevrier 1756, à Etienne RACINE ; 2° m [1] 11 avril 1768, à Ignace TREMBLAY ; s [1] 6 juin 1769. — *Marguerite,* b [1] 25 mai 1723 ; s [1] 19 déc. 1738. — *Joseph-Marie,* b [1] 18 juillet 1725 ; m [1] 8 fevrier 1751, à Judith SIMARD.—*Marie-Madeleine,* b [1] 2 sept. 1727 ; m [1] 9 fevrier 1750, à Jean-Marie PEPIN. — *Prisque,* b 14 nov. 1729, au Château-Richer [2] ; m [2] 24 nov. 1760, à Marie-Marthe RACINE.—*François-Xavier,* b [1] 1er déc. 1731.—*Etienne,* b [1] 27 sept. 1733 ; s 8 juin 1761, à St-Joachim. — *François,* b... s [1] 6 déc. 1737. — *Louis,* b [1] 5 janvier 1736 ; m [1] 26 oct. 1761, à Thérèse GIGUÈRE.

1716, (18 février) Ste-Anne. [2]

III—PARÉ, ETIENNE, [JEAN II.
b 1691 ; s 23 oct. 1757, à Beauport.
LACROIX, Anne, [FRANÇOIS I.
b 1690.

Angélique, b 1717 ; m [2] 13 mai 1739, à Joseph POULIN ; s 28 juin 1747, à St-Joseph, Beauce. [3]— *Marie-Anne,* b [2] 10 mai 1719 ; m 1740, à Etienne RACINE ; s [3] 13 mai 1746. — *Etienne,* b [2] 23 avril 1721 ; m [3] 6 fevrier 1748, à Louise VACHON.— *Claire,* b [2] 4 oct. 1723. — *Dorothée,* b [2] 1er déc. 1726. — *Marie-Geneviève,* b [2] 10 juin 1730. — *Marie-Françoise,* b [2] 15 janvier 1733. — *Claire,* b [3] 10 août 1747.

1717, (16 nov.) Lachine [1] (2).

II—PARÉ, JACQUES, [JEAN I.
b 1695 ; s [1] 4 mai 1719.
CARON, Marie-Anne, [VITAL II.
b 1698.

Jacques, b [1] 17 oct. 1718 ; m 4 avril 1758, à Elisabeth LABERGE, à Châteauguay.

1719, (18 juillet) Beaumont.

III.—PARÉ, LOUIS, [NOEL II.
menuisier ; s 13 déc. 1757, à Québec.
1° GUAY, Marie-Joseph, [JACQUES II.
b 1699.

Louis, b... m 1er oct. 1742, à Louise FOURNIER, à St-Thomas.—*Pierre,* b... m 5 juin 1747, à Marguerite GAGNON, à St-Joachim. [6]— *Marie-Joseph,* b 1723 ; 1° m [6] 19 nov. 1742, à Marc-François CARRÉ ; 2° m 26 nov. 1759, à Nicolas SIMON, à Montreal. — *Joseph,* b [6] 23 janvier 1728 ; m [6] 13 sept. 1752, à Catherine PLANTE —*Marie-Anne,* b [6] 23 janvier 1728 ; m [6] 11 janvier 1747, à François FORTIN ; s 5 février 1760, à St-Joseph, Beauce.— *Marie-Geneviève,* b [6] 27 mai 1730. — *Noël,* b [6] 5 sept. 1732 ; 1° m [6] 14 janvier 1760, à Marie-Anne MAGNAN ; 2° m 29 janvier 1771, à Charlotte NAU, à Lévis. — *Jean-Baptiste,* b [6] 18 janvier et s [6] 17 juillet 1735. — *Marie-Marguerite-Renée,* b [6] 18 mai 1740.—*Marie-Angélique,* b [6] 24 juillet 1744. —*Jacques,* b... m [6] 27 juin 1768, à Françoise MICHEL.

1750, (9 nov.) [6]

2° TREMBLAY, Marie, [PIERRE II.
b 1697 ; veuve de Julien Fortin.

1720, (17 février) Ste-Anne. [2]

III.—PARÉ, FRANÇOIS, [JEAN II.
b 1686 ; s [2] 3 déc. 1749.
CLOUTIER, Geneviève, [JEAN III.
b 1683 ; veuve de François Barette.

Jean, b [2] 16 janvier 1721 ; s [2] 23 nov. 1722.— *Elisabeth,* b [2] 26 fevrier 1723 ; m [2] 4 oct. 1741, à Bonaventure DELESSARD. — *Marguerite,* b [2] 13 sept. 1725 ; s [2] 20 sept. 1743. — *Augustin,* b 1729 ; s [2] 23 fevrier 1731.

1723, (3 fevrier) Ste-Anne. [7]

III —PARÉ, JOSEPH. [JOSEPH II.
DELESSARD, Ursule, [ETIENNE II.
b 1699 ; s [7] 26 mars 1763.

Marie-Madeleine, b [7] 17 février 1726 ; s [7] 24 nov. 1742. — *Marie-Joseph,* b [7] 18 et s [7] 19 oct. 1727. — *Joseph,* b [7] 7 oct. 1728 ; 1° m 7 janvier 1756, à Madeleine MAROIS, à L'Ange-Gardien ; 2° m [7] 1er août 1763, à Thérèse GUIMOND.—*Basile,* b [7] 19 août 1730 ; s [7] 17 mars 1761. — *Marie-Thérèse-Victoire,* b [7] 13 fevrier 1733. — *Marie-Ursule,* b [7] 8 avril 1737 ; m [7] 29 janvier 1759, à Joseph DELAVOYE.

1724, (12 juin) Ste-Anne. [8]

III.—PARÉ, IGNACE, [JOSEPH II.
b 1702.
RACINE, Agnès, [ETIENNE II.
b 1701.

Ignace, b [8] 6 nov. 1725 ; m 13 avril 1761, à Geneviève GAGNON, à St-Joachim. [9] — *Geneviève,* b [8] 25 déc. 1727 ; m [9] 10 janvier 1746, à Dominique POULIN.—*Louis,* b [8] 17 fevrier 1730 ; m [9] 9 avril 1755, à Geneviève PARÉ.—*Françoise,* b [8] 23 mars 1732. — *Charles,* b [8] 2 mars 1734 ; m [9] 26 janvier 1767, à Marie-Françoise DELESSARD.— *Marie-Joseph,* b [8] 13 avril 1736 ; m [9] 8 nov. 1756, à Jean-Baptiste FORTIN. — *Joseph,* b [9] 20 nov. 1740 ; m [9] 2 août 1762, à Marie-Joseph BOLDUC. —*Pierre,* b [9] 17 mars 1743 ; m [9] 26 janvier 1767, à Marie-Joseph DELESSARD.— *Jean-Baptiste,* b... m 11 fevrier 1765, à Marie-Françoise PELLETIER, au Détroit. —*Agnès,* b... m [9] 30 janvier 1769, à Joseph-Marie GAGNON.

1725, (15 janvier) Ste-Anne. [7]

III.—PARÉ, TIMOTHÉE, [JEAN II.
b 1700 ; s [7] 26 mai 1755.
BARETTE, Geneviève, [FRANÇOIS II.
b 1705.

Timothée, b [7] 28 sept. 1725 ; s [7] 19 août 1748. —*Marie-Anne,* b [7] 21 oct. 1727 ; 1° m [7] 24 janvier

(1) Aussi appelée Laisné, du nom de sa mère.
(2) L'acte est au registre de 1710 (24 août, Lachine).

1746, à Jean Racine; 2° m [7] 19 mai 1749, à Jean Gagnon. — *Geneviève*, b [7] 6 janvier 1730; m [7] 2 février 1750, à Joseph-Marie Pepin. — *Marie-Joseph*, b [7] 13 mars 1732; m [7] 15 mai 1752, à Pierre Racine.—*Marie-Dorothée*, b 24 août 1734, à St-Joachim; 1° m [7] 8 février 1752, à François Cliche; 2° m 10 janvier 1757, à Etienne Morin, à Québec. —*Michel*, b [7] 8 mai 1737; m [7] 27 juin 1757, à Marie-Marthe Dupont. — *Louis-Jacques*, b [7] 24 août 1740; s [7] 31 juillet 1759.—*Albert*, b [7] 13 août 1742; m [7] 31 janvier 1763, à Helène Blouin.—*Joseph-Marie*, b [7] 1er oct. 1747.

1729, (3 oct.) Ste-Anne.[5]

III.—PARÉ, Etienne, [François II.
b 1710.
1° Morel, Agnès, [Guillaume I.
b 1710; s [5] 25 avril 1761.

Marie-Madeleine, b [5] 30 nov. 1730; m [5] 6 février 1758, à Pierre Brun. — *Etienne*, b [5] 8 mai 1732. — *Dorothée*, b [5] 3 avril et s [5] 5 mai 1734.—*François*, b [5] 15 juin 1736; m [5] 25 fevrier 1772, à Elisabeth Michon. — *Marie-Joseph*, b [5] 16 sept. 1738; m 15 fevrier 1762, à Pierre Berthiaume, à St-Laurent, M. — *Agnès*, b... m [5] 27 janvier 1766, à Louis Boivin.—*Elisabeth*, b [5] 24 août et s [5] 1er sept. 1743. — *Timothée*, b [5] 20 mars 1745; m [5] 16 fevrier 1767, à Agnès Racine.—*Marie-Charlotte*, b [5] 11 et s [5] 14 mai 1747. — *Marie-Charlotte*, b [5] 26 août 1748, s [5] 20 fevrier 1749. — *Marie-Charlotte*, b [5] 14 août 1750.

1762, (26 oct.) [5]

2° Boivin, Françoise-Victoire, [Charles II.
b 1727.

Louis, b [5] 4 août et s [5] 19 sept. 1763. — *Marie-Joseph*, b [5] 18 avril 1765.

1729.

II.—PARÉ, Joseph, [Jean I.
b 1705.
Filiatreau, Angelique,
b 1710; s 9 janvier 1770, à Lachine.[2]

Catherine, b 1730; m [2] 11 janvier 1751, à Dominique Brunet. — *Eugénie*, b... m [2] 26 janvier 1756, à Pierre Charlebois. — *Marie-Angélique-Amable*, b... m [2] 30 avril 1759, à Philippe Sarrazin. — *Marguerite*, b... m [2] 10 nov. 1760, à Louis Gervais. — *Charlotte-Agathe*, b 1742; m [2] 13 oct. 1764, à Antoine Janson. — *François*, b 1745; s [2] 27 dec. 1754.

1730, (14 février) St-Joachim.[9]

III.—PARÉ, Noel, [Noel II.
b 1700, s [9] 29 janvier 1776.
Chamard, Marie-Joseph, [Nicolas II.
b 1698, s [9] 30 oct. 1770.

Marie-Anne, b [9] 15 nov. 1732; m [9] 11 avril 1768, à Joseph Poulin. — *Geneviève*, b [9] 11 mai 1735; m [9] 9 avril 1755, à Louis Paré. — *Marie-Joseph*, b [9] 19 mai 1740; 1° m [9] 31 janvier 1763, à Noel Boucher, 2° m [9] 20 fevrier 1775, à Jacques Guérin. — *Louise*, b... m [9] 10 oct. 1763, à Paul Bolduc.

1730, (17 avril) Ste-Anne.[1]

III.—PARÉ, Louis, [François II.
b 1701; s [1] (1) 27 août 1759.
Poulin, Agnès, [Jean-Bte III
b 1712; s 20 janvier 1758, à Québec.[4]

Jean-François, b [1] 21 avril 1731; m [2] 7 nov. 1752, à Marguerite Bourbeau.—*Marie-Madeleine*, b [1] 26 déc. 1732; m [2] 18 mai 1752, à François Coupeau. — *Louis*, b [1] 22 sept. 1734; m 17 avril 1758, à Marguerite Jobin, à Charlesbourg. — *Pierre*, b [1] 17 août 1736. — *Marie-Joseph*, b [1] 31 août 1738; m [2] 14 janvier 1754, à Nicolas Deviss Roger, b [1] 2 sept. 1742; s [2] 6 sept. 1755. — *Marie-Louise*, b [1] 10 juin 1745.

1736, (6 février) Ste-Anne.

III.—PARÉ, François. [Noel II
1° Gautier, Madeleine,
s 22 août 1742, à St-Joachim.[6]

Marie-Madeleine, b [6] 9 sept. 1737. — *Marie-Joseph*, b [6] 18 fevrier 1740, m [6] 8 mai 1775, à Jean-François Paré.—*Madeleine*, b [6] 3 sept. 1741, m 1768, à Charles DeLavoye.

1744, (17 février).[6]

2° Plante, Marie-Anne, [François II.
b 1711.

François, b [6] 30 avril 1746. — *Pierre*, b [6] 27 fevrier 1748. — *Marguerite-Félicité*, b [6] 30 avril 1752.—*Jean*, b... m [6] 2 mars 1778, à Marie-Joseph Poulin.

1737, (22 juillet) Ste-Anne.[2]

III.—PARÉ, Louis, [Joseph II
b 1710; s [2] 22 oct. 1748.
DeLessard, Félicité, [Joseph II
b 1713; s [2] 28 oct. 1748.

Louis, b [2] 17 mai 1738; m [2] 15 février 1762, à Marie-Therèse Simard; s [2] 11 juin 1765. — *Félicité-Amable*, b [2] 13 nov. 1739. —*Léon*, b [2] 17 oct. 1741; m 27 janvier 1766, à Marie-Louise Demers, à Chambly.—*Charlotte-Céleste*, b [2] 25 mai 1744, m 8 fevrier 1765, à Pierre Veilleux à St-Joachim.[3]—*Ignace-Henri*, b [2] 3 fevrier 1746, s [2] 16 janvier 1748. — *Marie-Thérèse*, b [2] 20 janvier 1748; m [3] 14 nov. 1768, à Guillaume Gosselin

---

1739, (26 janvier) Ste-Anne.

III.—PARÉ, François, [François II.
b 1706.
Poulin, Marguerite, [Jean-Bte III.
b 1722.

Marie-Joseph, b 21 déc. 1740, à St-Augustin.[3] — *Marie-Marguerite*, b [3] 30 avril 1742. — *Jean-François*, b [3] 28 dec. 1743. — *Nicolas-Joachim*, b [3] 27 mars et s [3] 11 juillet 1747.—*Timothée*, b [3] 26 sept. 1748, à la Pte-aux-Trembles, Q [4], m à Marie-Joseph Pigeon. — *Marie-Françoise*, b [4] 11 sept. 1757; s [3] 10 mai 1759.— *Marie-Anne*, b [4] 27 fevrier 1760. — *Pierre*, b... m 7 janvier 1788, à Marguerite Brazeau, à la Rivière-des-Prairies.

1742, (1er oct.) St-Thomas

IV.—PARÉ, Louis. [Louis III
Fournier, Louise. [Jean III

(1) Tué par les Anglais.

Marie-Louise, b 22 juillet 1743, à St-Frs-du-Sud[1]; s[1] 23 mai 1746.—*Marie-Geneviève*, b 23 février 1745, à Berthier.[2] — *Louis-Marie*, b[2] 5 mars 1747; s[1] 24 février 1749. — *Marie-Madeleine*, b[2] 2 juin 1749. — *Marie-Thérèse*, b[1] 3 février 1751. — *Marie-Joseph*, b[1] 30 nov. 1752.— *Marie-Louise*, b[1] 2 sept. 1754. — *Louis*, b[1] 27 sept. 1756. — *Marie-Françoise*, b 10 août 1758, à St-Pierre-du-Sud; s[1] 9 mars 1759.— *Marie-Marguerite*, b[1] 2 juillet 1760. — *Marie*, b... m à Augustin MERCIER.

1743, (1er juillet) St-Nicolas.
III.—PARÉ, CLAUDE, [FRANÇOIS II.
b 1708; voiturier.
ROGER, Marie-Joseph, [JOSEPH II.
b 1725.
Claude-François, b 31 juillet et s 27 août 1744, à Ste-Anne.—*Marie-Catherine*, b 25 nov. 1746, à Québec.[2] — *Jean-Baptiste*, b[2] 20 avril 1749; s[2] 10 juin 1755.— *Louis*, b[2] 7 mars 1752. — *Marie-Madeleine*, b[2] 7 mars et s[2] 16 sept. 1754.—*Marie-Marguerite*, b[2] 26 avril et s 30 sept. 1756, aux Grondines. — *Marie-Anne*, b 26 mars 1761, à St-Laurent, M.[3] —*Jean-Baptiste*, b[3] 17 février 1763.

1744, (16 nov.) Ste-Anne.[8]
IV.—PARÉ, JEAN-BTE, [PRISQUE III.
b 1719.
RACINE, Marie-Thérèse, [ETIENNE III.
b 1714; s[8] 18 oct. 1769.
Jean-Marie, b[8] 27 août 1745; m[8] 7 nov. 1768, à Marie-Angélique PEPIN. — *Jérôme*, b[8] 4 déc. 1747; m[8] 26 août 1771, à Marie-Louise CANAC.— *Marie-Oside*, b[8] 2 nov. 1750.—*Charlotte*, b 1751; s[8] 7 avril 1760. — *Prisque*, b[8] 26 oct. 1756; s[8] 23 juillet 1757.

1744, (25 nov.) Ste-Anne.[8]
III.—PARÉ, PIERRE, [FRANÇOIS II.
b 1715.
RACINE, Marie-Marguerite. [JOSEPH.
Pierre-François, b[8] 27 oct. 1745. — *Marie-Joseph*, b[8] 12 février 1747; m[8] 8 nov. 1773, à Charles RACINE. — *Etienne*, b[8] 29 oct. 1748. — *Joseph-Marie*, b[8] 15 août 1750. — *Marie-Madeleine*, b 21 juillet 1751, au Château-Richer.— *Joseph-François*, b[8] 12 juillet 1757.—*Michel*, b[8] 18 sept. 1759.—*Agnès*, b[8] 14 août 1762. — *Louis*, b[8] 18 avril 1764.— *Charles*, b[8] 23 oct. 1765; s[8] 16 août 1766.

1745, (8 nov.) Ste-Anne.[9]
III.—PARÉ, JOSEPH-MARIE, [FRANÇOIS II.
b 1721.
RACINE, Marie-Madeleine, [JEAN III.
b 1710.
Marie-Joseph, b[9] 21 juillet 1747. — *Jean-François*, b[9] 13 mai 1752; m 8 mai 1775, à Marie-Joseph PARÉ, à St-Joachim.

PARÉ, JACQUES.
MERLOT, Marie-Joseph.
Marie-Joseph, b... m 19 janvier 1767, à Pierre PRIMOT, à Châteauguay.

PARÉ, JEAN-BTE.
BOUCHARD, Marguerite.
Marguerite, b 1747; s 29 janvier 1750, à Lévis.

1747, (30 janvier) Château-Richer.
III.—PARÉ, JEAN, [FRANÇOIS II.
b 1719.
GAGNON, Hélène, [JEAN III.
b 1719.
Anonyme, b et s 16 juillet 1747, à Ste-Anne.[9] — *Jean-François*, b[9] 28 nov. et s[9] 11 déc. 1749.— *Sulpice*, b[9] 1er et s[9] 11 déc. 1750.—*Marie-Joseph*, b[9] 15 mai et s[9] 5 juin 1757.

1747, (30 janvier) St-Valier.[1]
I.—PARÉ (1), ANDRÉ, fils de Claude et de Jeanne Duval, de Ste-Anne, diocèse de Coutances, Normandie.
ASSELIN, Marthe. [JACQUES III.
Marie-Marthe, b[1] 23 août 1748.—*Marie-Angélique*, b[1] 16 juillet 1750. — *André-Didace*, b[1] 14 nov. 1752. — *Jean-Baptiste*, b[1] 14 février 1757.— *Marie-Anne*, b[1] 27 juin 1761.

1747, (5 juin) St-Joachim.[1]
IV.—PARÉ, PIERRE. [LOUIS III.
GAGNON, Marguerite, [PIERRE III.
b 1729.
Pierre-René, b[1] 6 avril 1748.—*Louis*, b 3 juin 1749, à St-Valier.—*François-Hyacinthe*, b 22 oct. 1750, à St-Pierre-du-Sud. —*Joseph-Marie*, b 9 mars 1752, à St-Frs-du-Sud[2]; s[2] 3 août 1760 — *Marie-Marguerite*, b[2] 28 oct. 1753.—*Marie-Reine*, b[2] 5 janvier 1757.—*Jérôme*, b[2] 17 mai 1759.— *Antoine*, b[2] 1er nov. 1760.

1747, (21 nov.) Ste-Anne.[3]
III.—PARÉ, IGNACE, [FRANÇOIS II.
b 1724.
DELESSARD, Marie-Joseph, [ETIENNE III.
b 1721.
Marie-Joseph, b[3] 11 sept. 1748; m 9 janvier 1769, à André PATRI, à Montréal.—*Marie-Geneviève*, b[3] 28 février 1750.—*Marie-Charlotte*, b[3] 13 oct. 1751.—*Marie-Elisabeth*, b 1753; s[3] 7 mars 1757.—*Marie-Thérèse*, b[3] 13 nov. 1754.—*Ignace*, b[3] 12 avril 1756; s[3] 9 août 1757.—*Joseph*, b[3] 10 sept. 1758.

1748, (6 février) St-Joseph, Beauce.[4]
IV.—PARÉ, ETIENNE, [ETIENNE III.
b 1721.
VACHON, Louise, [NOEL III.
b 1729; s[4] 8 avril 1766.
Joseph, b 1751; s[4] 12 mars 1774.—*Marie-Charlotte*, b 9 mai 1752, à Beauport, s[4] 26 février 1774.—*Marie-Louise*, b[4] 26 oct. 1753.—*Madeleine-Charlotte*, b[4] 29 avril 1755; s[4] 9 sept. 1776. —*Basile*, b[4] 8 janvier 1757; s[4] 12 février 1758. —*Marie-Victoire*, b[4] 6 avril 1759.—*Marie-Joseph*, b[4] 1er juin 1760.—*Euphrosie*, b[4] 17 sept. 1762.— *Catherine-Judith*, b[4] 18 mai 1764.—*Angélique*, b[4] 2 et s[4] 9 avril 1766.

(1) Ou Poré.

PARÉ, JEAN.
BOURASSA, Marguerite.
Jean, b 6 sept. 1750, à Lévis.

II.—PARÉ, PIERRE, [JEAN I.
b 1702; s 27 janvier 1782, à Repentigny.

1751, (8 février) Ste-Anne. [5]
IV.—PARÉ, JOSEPH-MARIE, [PRISQUE III
b 1725.
SIMARD, Judith, [ETIENNE III.
b 1734.
Jean-Marie, b [5] 21 déc. 1751.—*Marie-Joseph*, b [5] 1er mai 1757.—*Joseph*, b [5] 4 mars 1762.—*Louis*, b [5] 4 déc. 1763.—*Marie-Joseph*, b... s [5] 27 oct. 1770.—*Jean-Baptiste* et *Etienne*, b [5] 16 avril 1772.

1751, (5 oct.) St-Joachim. [6]
III.—PARÉ, TIMOTHÉE, [FRANÇOIS II.
b 1727.
1° BOUCHER, Françoise, [NOEL II.
b 1730.
Anonyme, b et s 1er mai 1755, à Ste-Anne. [7] — *Marie-Françoise*, b [7] 2 février 1756.—*Louis-François*, b [7] 22 oct. 1757.—*Marie-Madeleine*, b [7] 3 février 1760.—*Joseph*, b [7] 13 avril 1762.—*Marie-Geneviève*, b 1763; s [7] 30 mai 1765.—*Marie-Pélagie*, b [7] 10 mars 1765.—*Marie-Charlotte*, b [7] 7 juin 1768.
1776, (19 février). [6]
2° BARIAU, Marie, [JEAN-BTE I.
Acadienne.

1752.
PARÉ, JOSEPH.
TERRIEN, Catherine.
Marie-Catherine, b 22 avril 1753, à St-Joachim.—*Joseph*, b 9 août 1754, à St-Charles. [5]— *Marie-Judith*, b [5] 12 avril 1756. — *Geneviève*, b [5] 10 août 1758.—*Marie-Marthe*, b [5] 11 sept. 1760.

1752, (13 sept.) St-Joachim.
IV.—PARÉ, JOSEPH, [LOUIS III.
b 1728,
PLANTE, Catherine. [ANDRÉ.

1752, (7 nov.) Quebec. [2]
IV.—PARÉ, JEAN-FRANÇOIS, [LOUIS III.
b 1731.
BOURBEAU, Marguerite, [SIMON III.
b 1733.
Nicolas, b [2] 16 déc. 1753.

1755, (9 avril) St-Joachim. [1]
IV.—PARÉ, LOUIS, [IGNACE III.
b 1730.
PARÉ, Geneviève, [NOEL III.
b 1735.
Agnès, b [1] 28 mai 1755. — *Ignace*, b [1] 19 juillet 1760.—*Marie-Félicité*, b [1] 5 oct. 1762.—*Jean-Baptiste*, b [1] 16 juin 1764. — *Marie-Geneviève*, b [1] 15 février 1768.—*Jacques*, b [1] 10 avril 1770.—*Marie-Angélique*, b [1] 30 août et s [1] 2 sept. 1776.—*Joseph-Noel*, b [1] 20 mars 1778.

1756, (7 janvier) L'Ange-Gardien.
IV.—PARÉ, JOSEPH, [JOSEPH III.
b 1728.
1° MAROIS, Madeleine, [FRANÇOIS II.
b 1737; s 18 avril 1763, à Ste-Anne. [8]
Joseph-Ignace, b [8] 21 et s [8] 29 oct. 1756.—*Marie-Ursule*, b [8] 21 et s [8] 28 oct. 1756.— *Marie-Louise*, b [8] 9 sept. 1757.—*Louis*, b [8] 26 juin 1761.
1763, (1er août). [8]
2° GUIMOND, Thérèse, [LOUIS III.
b 1734.
Marguerite, b [8] 26 avril 1764; s [8] 26 mars 1772. — *Joseph-François*, b [8] 11 avril 1765.—*Etienne*, b [8] 14 mars 1766.—*Jean*, b [8] 6 août 1769.—*Geneviève*, b [8] 29 dec. 1770. — *Louis-Augustin*, b [8] 16 nov. 1772.

1757, (27 juin) Ste-Anne.
IV.—PARÉ, MICHEL, [TIMOTHÉE III.
b 1737.
DUPONT, Marie-Marthe, [MARC-ANTOINE III.
b 1732.

1758, (4 avril) Châteauguay. [2]
III.—PARÉ, JACQUES, [JACQUES II.
b 1718.
LABERGE, Elisabeth, [TIMOTHÉE III.
b 1737.
Marguerite, b... m [2] 22 avril 1788, à Louis LABERGE.

1758, (17 avril) Charlesbourg.
IV.—PARÉ, LOUIS, [LOUIS III.
b 1734.
JOBIN, Marguerite, [JEAN II
b 1736.

1760, (14 janvier) St-Joachim. [7]
IV.—PARÉ, NOEL, [LOUIS III.
b 1732.
1° MAGNAN (1), Marie-Anne, [MICHEL III.
b 1740; s 10 avril 1770, à St-Joseph, Beauce [5]
Marie-Anne, b [7] 13 dec. 1760. — *Marie*, b [7] 25 février 1762.—*Geneviève*, b [7] 7 mai 1763; s [8] 30 mars 1768.—*Joachim-Louis*, b [7] 27 août 1764.—*Marie-Angélique*, b [7] 17 mars 1767. — *Marie-Anne*, b [8] 7 août et s [8] 1er sept. 1768. — *Charles*, b [8] 3 février 1770.
1771, (29 janvier) Lévis.
2° NAU-LABRY, Charlotte, [JACQUES II.
b 1745.
Joseph, b [8] 1er nov. 1771. — *Marie-Charlotte*, b [8] 4 dec. 1774.— *Noel*, b [8] 15 fevrier 1777.—*Suzanne*, b [8] 28 mars 1779.

1760, (24 nov.) Ste-Anne. [1]
IV.—PARÉ, PRISQUE, [PRISQUE III.
b 1729.
RACINE, Marie-Marthe, [ETIENNE III.
b 1731.
Marie-Marthe, b 14 sept. 1761, à St-Joachim — *Prisque*, b [1] 22 déc. 1763. — *Jean-Marie*, b [1] 7 sept. 1765.—*Thérèse*, b [1] 17 juillet 1767.—*Marie-Madeleine*, b [1] 9 janvier 1770.

(1) Voy. Mignier.

1761, (13 avril) St-Joachim. [1]
IV.—PARÉ, IGNACE, [IGNACE III.
b 1725.
GAGNON, Geneviève, [JEAN III.
veuve de Pierre Boucher.
Ignace-Jérôme, b [1] 21 janvier 1762.

1761, (26 oct.) Ste-Anne. [9]
IV.—PARÉ, LOUIS, [PRISQUE III.
b 1736.
GIGUÈRE, Thérèse, [CHARLES III.
b 1737.
Thérèse, b [9] 17 et s [9] 18 juin 1762.—*Louis*, b [9] 14 et s [9] 15 juin 1763. — *Anonyme*, b [9] et s [9] 27 sept. 1764.—*Prisque*, b [9] 25 et s [9] 27 mai 1765.—*Anonyme*, b [9] et s [9] 11 avril 1766.—*Anonyme*, b [9] et s [9] 18 nov. 1767.—*Anonyme*, b [9] et s [9] 29 mars 1769.—*Anonyme*, b [9] et s [9] 19 oct. 1769. — *Anonyme*, b [9] et s [9] 23 sept. 1770. — *Anonyme*, b [9] et s [9] 28 juin 1771.— *Anonyme*, b [9] et s [9] 11 mai 1772.—*Louis*, b [9] 1er et s [9] 16 avril 1773.

1762, (15 février) Ste-Anne. [3]
IV.—PARÉ, LOUIS, [LOUIS III.
b 1738; s [3] 11 juin 1765.
SIMARD (1), Marie-Thérèse, [ETIENNE III.
b 1744.
Louis-Ignace-Etienne, b [3] 7 avril 1763.

1762, (2 août) St-Joachim [6]
IV.—PARÉ, JOSEPH, [IGNACE III
b 1740.
BOLDUC, Marie-Joseph, [JEAN III.
b 1740.
Marie-Joseph, b [6] 12 juin 1763.—*Joseph*, b [6] 23 février 1770 ; s [6] 9 sept. 1778. — *Marie-Angélique*, b [6] 21 avril 1775.

1763, (31 janvier) Ste-Anne. [1]
IV.—PARÉ, ALBERT, [TIMOTHÉE III.
b 1742.
BLOUIN, Hélène, [AUGUSTIN III.
b 1743.
Timothée, b [1] 23 juillet et s [1] 2 nov. 1764.—*Jean-Marie*, b [1] 27 juin et s [1] 20 sept. 1766.—*Marie-Geneviève*, b [1] 23 sept. 1767. — *Albert*, b [1] 27 nov. 1769; s [1] 14 mars 1770. — *Anonyme*, b [1] et s [1] 1er février 1771. — *Albert*, b [1] 25 sept. et s [1] 19 dec. 1772. — *Anonyme*, b [1] et s [1] 15 dec. 1773.

1765, (11 février) Detroit. [2]
IV.—PARÉ, JEAN-BTE, [IGNACE III.
maître-charron.
PELLETIER, Marie-Françoise, [JEAN-BTE V.
b 1749; s [2] 16 oct. 1793.
Jean-Baptiste, b [2] 14 déc. 1765; s [2] 27 sept. 1783.—*Marie-Françoise*, b [2] 29 oct. et s [2] 25 nov. 1767.—*Jean-Baptiste*, b [2] 9 janvier 1769.—*Pierre*, b [2] 2 juin 1770 ; s [2] 24 août 1771.—*Ignace*, b [2] 1er février 1772.—*Marie-Thérèse*, b [2] 18 juin 1773.—*Pierre*, b [2] 17 dec. 1774.—*Marie-Théotiste*, b [2] 28 nov. 1776.— *Véronique*, b [2] 6 août 1778.—*Simon*, b [2] 26 sept. 1780.

(1) Elle épouse, le 24 août 1767, François Caron, à Ste-Anne

1766, (27 janvier) Chambly.
IV.—PARÉ, LÉON, [LOUIS III.
b 1741.
DEMERS, Marie-Louise, [JOSEPH III.
b 1747.

PARÉ, JOSEPH-MARIE.
GAGNON, Thérèse, [JEAN IV.
b 1738.
Judith, b 26 février 1767, à Ste-Famille, I. O.

1767, (26 janvier) St-Joachim. [7]
IV.—PARÉ, CHARLES, [IGNACE III.
b 1734.
DELESSARD, Marie-Françoise, [PRISQUE III.
b 1746.
Pierre, b [7] 23 nov. 1768.—*Charles*, b [7] 7 et s [7] 8 février 1770. — *Angélique*, b 1772 ; s [7] 2 sept. 1778.—*Louise*, b 1774 ; s [7] 15 août 1778.—*Joseph-Joachim*, b [7] 24 nov. 1777 ; s [7] 26 août 1778.

1767, (26 janvier) St-Joachim. [9]
IV.—PARÉ, PIERRE, [IGNACE III.
b 1743.
DELESSARD, Marie-Joseph, [PRISQUE III.
b 1748.
Marie-Agnès, b [9] 29 nov. 1767.—*Pierre-Ambroise*, b [9] 19 nov. 1769.—*Pierre-Moïse*, b 1774; s [9] 3 mai 1775.—*Marie-Louise*, b [9] 14 février 1776 ; s [9] 3 nov. 1778.—*Marie-Joseph*, b [9] 25 août 1777; s [9] 13 nov. 1778.

1767, (16 février) Ste-Anne. [2]
IV.—PARÉ, TIMOTHÉE, [ETIENNE III.
b 1745.
RACINE, Agnès, [ETIENNE III.
b 1735.
Marie-Agnès, b [2] 17 juillet 1768 — *Thérèse-Victoire*, b [2] 27 oct. 1770.—*Etienne*, b [2] 21 juin et s [2] 1er août 1773.

1768, (27 juin) St-Joachim.
IV.—PARÉ, JACQUES. [LOUIS III.
MICHEL, Françoise, [CHARLES II.
b 1729.

1768, (7 nov.) Ste-Anne. [3]
V.—PARÉ, JEAN-MARIE, [JEAN-BTE IV.
b 1745.
PEPIN, Marie-Angélique, [JACQUES III.
b 1747.
Jean-Marie, b [3] 19 sept. 1769.—*Marie-Thérèse*, b [3] 26 mai et s [3] 14 oct. 1771.—*Marie-Monique*, b [3] 30 juillet 1772.—*Ambroise*, b [3] 15 nov. 1773.

PARÉ, FRANÇOIS,
b 1747 ; s (noyé) 28 mai 1785, à Lachenaye. [5]
BEAUCHAMP, Catherine.
Marie-Catherine, b [5] 3 juillet 1772.—*Marie-Louise*, b [5] 22 juin 1784.

1771, (26 août) Ste-Anne. [6]
V.—PARÉ, JÉROME, [JEAN-BTE IV.
b 1747.
CANAC, Marie-Louise, [JEAN-BTE II.
b 1745 ; veuve de Joseph-Marie Pepin.
Prisque, b [6] 25 mai 1772.

1772, (25 février) Ste-Anne. [7]
IV.—PARÉ, FRANÇOIS, [ETIENNE III.
b 1736.
MICHON, Elisabeth, [CHARLES II.
b 1744.
Anonyme, b [7] et s [7] 8 déc. 1772.—*François,* b [7] 30 dec. 1773.

IV.—PARÉ, TIMOTHÉE, [FRANÇOIS III.
b 1748.
PIGEON, Marie-Joseph.
François, b 13 fevrier et s 8 avril 1788, à la Rivière-des-Prairies.

1775, (8 mai) St-Joachim.
IV.—PARÉ, JEAN-FRANÇOIS, [JOSEPH-MARIE III.
b 1752.
PARÉ, Marie-Joseph, [FRANÇOIS III.
b 1740.

1778, (2 mars) St-Joachim. [8]
IV.—PARÉ, JEAN. [FRANÇOIS III.
POULIN, Marie-Joseph, [PIERRE IV.
b 1752.
Anonyme, b [8] et s [8] 7 dec. 1778.

PARÉ, JOSEPH.
DUFAUX, Marie-Charlotte,
b 1707 ; s 5 juin 1779, à Repentigny.

PARÉ, JEAN.
SIMARD, Marie-Charlotte.
Marie-Joseph, b 4 fevrier 1779, à St-Joachim.

PARÉ, JOSEPH.
BEAUPRÉ, Marie,
b 1753 ; s 22 juin 1781, à Repentigny.

1788, (7 janvier) Rivière-des-Prairies.
IV.—PARÉ, PIERRE. [FRANÇOIS III.
BRAZEAU, Marguerite. [JEAN.

PARÉ, JOSEPH.
LANGLOIS, Marguerite.
Marie-Louise, b 25 mai 1790, à Repentigny.

PARÉ, JEAN.
DELESSARD (1), Elisabeth.

PARENT.—Voy. PARANT.

1673, (12 sept.) Québec.
I.—PARENTEAU (2), PIERRE.
TISSERAND (3), Madeleine.
Marie-Renée, b 29 février 1677, à Sorel [6]; s 9 juin 1756, à St-Frs-du-Lac. [7] — *Marie-Jeanne,* b [6] 16 sept. 1680.—*Marie-Charlotte,* b [6] 16 nov. 1681 — *François,* b 1682 ; s 8 juin 1722, à Ste-Anne-de-la-Perade. — *Madeleine,* b [6] 28 février 1686, m [7] 28 nov. 1706, à Pierre BIBAUD.—*Pierre-Louis,* b [7] 12 janvier 1690 ; m [7] 28 juillet 1711, à Marguerite ST. LAURENT ; s 5 juin 1745, à St-Michel-d'Yamaska. — *Marie-Françoise,* b... m 1716, à Jean AUBIN.

1711, (28 juillet) St-Frs-du-Lac. [7]
II.—PARENTEAU, PIERRE-LOUIS, [PIERRE I
b 1690 ; s 5 juin 1745, à St-Michel-d'Yamaska. [8]
ST. LAURENT (1), Marguerite, [GILLES I.
b 1694.
Marguerite-Antoinette, b [7] 12 juin 1712, m [8] 29 oct. 1743, à François PÉTRIN. — *Anne-Catherine,* b [7] 25 dec. 1713 ; s [7] 1er juillet 1714.—*Geneviève-Joseph,* b [7] 22 oct. 1716 ; m [8] 30 juin 1745, à Pierre TESSIER, s [8] 10 dec. 1760. — *Pierre,* b [7] 22 août 1717 ; 1e m 1745, à Madeleine RONDEAU, 2e m [8] 13 janvier 1755, à Marie GEORGETEAU.—*Joseph,* b [7] 24 juin 1721 ; m 1751, à Jeanne POLIQUIN.—*Mathurin,* b [7] 6 juin 1723 ; m [8] 2 fevrier 1750, à Marie-Madeleine BADAILLAC. — *Marie-Agathe,* b [7] 24 janvier 1725 ; m [8] 9 fevrier 1750, à Placide THÉROUX. — *Jean-Baptiste,* b [7] 5 dec. 1726 ; s [7] (noye) 9 juin 1735. — *Marie-Madeleine,* b [7] 17 juillet 1729 ; m [8] 9 fevrier 1750, à Louis COTTENOIRE.—*François-Marie,* b [8] 27 mars 1731 ; m [8] 25 oct. 1754, à Marie-Anne MADOUE. —*Angélique,* b [8] 16 et s [8] 26 nov. 1732. — *Pierre,* b [8] 13 dec. 1733. — *Michel,* b [8] 17 juillet 1735 ; m [8] 13 sept. 1773, à Reine PETIT.

II.—PARENTEAU, FRANÇOIS, [PIERRE I
b 1682 ; s 8 juin 1722, à Ste-Anne-de-la-Perade.

1745.
III.—PARENTEAU, PIERRE, [PIERRE-LOUIS II
b 1717.
1e RONDEAU, Madeleine.
Madeleine-Joseph, b 26 janvier 1746, à St-Michel-d'Yamaska [1] ; m 10 août 1772, à Jean-Baptiste QUERCY, à Sorel. — *Pierre,* b [1] 30 juin 1748 ; m 27 avril 1772, à Marie-Louise LEFEBVRE, à Montréal.—*Marie-Jeanne,* b [1] 26 sept. 1751, s [1] 7 avril 1752. — *Marguerite,* b [1] 22 et s [1] 27 juillet 1753.

1755, (13 janvier). [1]
2e GEORGETEAU-JOLICŒUR, Marie. [CLAUDE I
Joseph, b [1] 1er et s [1] 11 dec. 1755.—*Joseph,* b [1] 14 fevrier 1761. — *Michel,* b [1] 26 avril 1764.—*François,* b [1] 7 fevrier 1770.

1750, (2 février) St-Michel-d'Yamaska [8]
III.—PARENTEAU, MATHURIN, [PIERRE-LS II.
b 1723.
BADAILLAC (2), Marie-Madeleine. [GILLES III.
Pierre-Mathurin, b [8] 8 nov. 1750. — *Marie-Madeleine,* b [8] 6 et s [8] 22 janvier 1769.

(1) Elle épouse, le 26 février 1821, Charles Vachon, à St-Jean-Deschaillons.
(2) Voy. vol. I, p. 464.
(3) Elle épouse, le 27 juillet 1695, Jean Charpentier, à Québec.

(1) Voy. Laurent.
(2) Mariée Laplante.

1751.

III.—PARENTEAU, JOSEPH, [PIERRE-LOUIS II.
b 1721.
POLIQUIN (1), Jeanne.
Marie-Joseph, b 24 oct. 1752, à St-Michel-d'Yamaska [9]; m [9] 14 février 1774, à Michel PETIT-GOBIN.—*Joseph*, b [9] 6 février 1754.—*Jean-Baptiste*, b [9] 16 janvier 1757.—*François-Marie*, b [9] 22 sept. 1758.—*Agathe*, b [9] 8 déc. 1760.—*Michel*, b [9] 30 sept. 1762.—*Marie*, b [9] 26 nov. 1763.—*Marie-Jeanne*, b [9] 16 février 1765.—*François-Régis*, b [9] 14 oct. 1766.—*Antoine*, b [9] 12 dec. 1767.—*Jean-Baptiste*, b [9] 21 mars et s [9] 6 juillet 1769.—*Nicolas*, b [9] 24 oct. 1770; s [9] 14 juillet 1771.

1754, (25 oct.) St-Michel-d'Yamaska.
III.—PARENTEAU, FRS-MARIE, [PIERRE-LS II.
b 1731.
MADOUE, Marie-Anne. [FRANÇOIS II.

PARENTEAU, AUGUSTIN.
BASTIEN (2), Angelique.
Amable, b 1754; m 1er février 1779, à Judith SIMON-LÉONARD, à Montréal.—*Marie-Angélique*, b 6 janvier 1760, à la Rivière-du-Loup.

1772, (27 avril) Montréal.
IV.—PARENTEAU, PIERRE, [PIERRE III.
b 1748.
LEFEBVRE, Marie-Louise, [IGNACE III.
b 1751.

1773, (13 sept.) St-Michel-d'Yamaska.
III.—PARENTEAU, MICHEL, [PIERRE-LOUIS II.
b 1735.
PETIT-GOBIN, Reine, [PIERRE II.
b 1750.

1779, (1er février) Montréal.
PARENTEAU, AMABLE, [AUGUSTIN.
b 1754.
SIMON (3), Judith, [JOSEPH IV.
b 1754; veuve de François Fleury.

PARIAU.—Voy. PARIOT.

PARIOT. — *Variation et surnom :* PARIAU — VADEBONCŒUR.

1753, (5 nov.) Montréal.
I.—PARIOT (4), JEAN-FIACRE, b 1726; fils de Fiacre et d'Anne Daubreville, de Villiers, diocèse de Sens, Champagne.
PÉRILLARD, Catherine, [JEAN-BTE-NICOLAS II.
b 1732.
Marie-Joseph, b 24 juillet et s 19 août 1754, à Ste-Geneviève, M. [1] — *Marie-Geneviève*, b [1] 15 avril 1756.—*Jean-Baptiste*, b [1] 24 mai et s [1] 1er juin 1758.—*Marie-Madeleine*, b [1] 29 mai 1759.

(1) Dit Jolicœur—Georgeteau.
(2) Vanasse.
(3) Dit Leonard.
(4) Et Pariau dit Vadeboncœur.

PARIS.—*Variation et surnoms :* PARY—FORTIN—LAMAGDELEINE.

1668, (26 nov.) Québec. [2]
I.—PARIS (1), FRANÇOIS,
cordonnier.
DESCHALETS, Elisabeth.
Marie-Anne, b [2] 8 oct. 1673; m [2] 8 nov. 1708, à François DUSAULT; s [2] 9 nov. 1755.

1681, (13 oct.) Québec. [0]
I.—PARIS (2), FRANÇOIS,
b 1654; cordonnier.
RABOUIN, Marie, [JEAN I.
b 1664; s [6] 26 mars 1731.
Pierre, b [6] 10 sept. 1691; m 15 nov. 1728, à Marie-Jeanne TELLIER, au Cap-Santé.

1691, (24 janvier) Ste-Famille, I. O. [6]
I.—PARIS (3), PIERRE,
b 1665.
CHARLAND, Michelle, [CLAUDE I.
b 1667; s [6] 17 dec. 1708.

1697, (29 juillet) Québec.
I.—PARIS (3), FRANÇOIS-GILLES.
MEZERAY (4), Catherine, [THOMAS II.
b 1678.
Jean-François, b 12 nov. 1700, à Charlesbourg; m 1726, à Marie-Charlotte GARAND.—*Pierre*, b 1er nov. 1704, à St-François, I. J. [4]; m 19 juillet 1751, à Françoise LEPAILLEUR, à Terrebonne. [5] —*Jean-Baptiste*, b 7 juillet 1709, à Montreal; m [5] 19 août 1737, à Catherine BONHOMME. — *Ambroise*, b [4] 4 déc. 1712; m [5] 18 février 1737, à Marie-Anne ROBIN; s [5] 24 juin 1775. — *Véronique*, b [4] 21 avril 1715, m [5] 6 juin 1735, à Jean-Baptiste JOLY; s [5] 15 sept. 1745.—*Marie-Joseph*, b [4] 30 mai 1717; m [5] 9 sept. 1737, à Joseph-Simon LECOMPTE; s [5] 31 dec. 1742. — *Angélique*, b 1719; m 1741, à Michel DUBOIS.

1702, (7 juin) Lévis.
I.—PARIS, GILLES-FRANÇOIS, fils de Jean et de Françoise Crevier, de St-Meir, diocèse de Dole, Franche-Comte.
CHARPENTIER, Marie-Louise, [JEAN I.
b 1671; veuve de François Pelisson; s 27 oct. 1739, à Quebec. [1]
Jean-Baptiste-Gilles, b [1] 10 mars 1703.—*Marie*, b [1] 29 juillet 1704. — *François-Jean*, b [1] 2 sept. 1705. — *Marie-Madeleine*, b [1] 16 mars 1707. — *Louis*, b... m 2 déc. 1733, à Michelle DAVID, à Champlain. — *Ignace*, b [1] 1er janvier 1709. — *Augustin*, b [1] 5 avril 1711; m [1] 30 juin 1733, à Madeleine TERRIAU-GRANDMAISON. — *Robert-Michel*, b [1] 20 janvier 1713.

(1) Voy. vol. I, p. 464.
(2) Voy. vol. I, pp. 464-465.
(3) Voy. vol. I, p. 465.
(4) Elle épouse, le 16 juin 1732, Louis Denis, à Terrebonne.

1708.

I.—PARIS (1), Antoine, marchand.
Baucher, Reine.
Jacques, b 1709 ; s 21 août 1714, à Québec.[3] —*Jean*, b nov. 1712 ; s[3] 15 juillet 1714. — *Marie-Jeanne*, b janvier et s[3] 4 juillet 1714. — *Marie-Reine*, b[3] 13 mars 1716.

I.—PARIS, Jacques.
Charland, Françoise.
Marie-Joseph, b... m 19 mars 1734, à Jean Rabau, à Québec.

1726.

II.—PARIS, Jean-François, [Frs-Gilles I. b 1700.
Garand, Marie-Charlotte.
Marie-Françoise, b 21 février 1728, à Terrebonne[3]; m[3] 7 janvier 1750, à Julien Maisonneuve. — *Michel*, b[3] 24 oct. 1729; s[3] 24 déc. 1750.—*Marie-Charlotte*, b... m[3] 17 fevrier 1749, à Joseph Gariépy. — *Pierre*, b... s[3] 13 juin 1733.—*Geneviève*, b[3] 8 et s[3] 14 nov. 1732.— *Joseph*, b[3] 18 mars 1734. — *Jean-Baptiste* b[3] 3 avril et s[3] 2 sept. 1737.— *Marie-Madeleine*, b[3] 3 avril et s[3] 31 août 1737. — *Anonyme*, b[3] et s[3] 5 août 1739.

1728, (15 nov.) Cap-Santé.[6]

II.—PARIS, Pierre, [François I. b 1691.
Tellier (2), Marie-Jeanne. [François II.
Pierre-François, b 21 avril 1730, à Québec[7]; s[7] 11 nov. 1732.—*Françoise*, b[7] 29 janvier 1733; m[6] 3 nov. 1753, à Alexis Richard; s 28 juillet 1754, à St-Pierre-les-Becquets.—*Marie-Geneviève*, b[7] 12 fevrier 1735; m 1753, à René Maillot.— *Marie-Louise*, b[7] 15 avril 1737.—*Pierre-Charles*, b[7] 7 mars 1739; m à Clotilde Brisson. — *Jean-Baptiste*, b[7] 11 fevrier 1741.—*Jean-François*, b[6] 12 juin 1743. — *Antoine*, b[6] 7 avril 1746; s[6] 11 août 1751. — *Joseph*, b[6] 8 mai 1748; m 17 oct. 1774, à Marie-Madeleine Prou, à la Pte-aux-Trembles, Q.

I.—PARIS (3), Etienne, b 1696; de LaRochelle, Aunis; s 27 sept. 1729, à Quebec.

1733, (30 juin) Québec.

II.—PARIS, Pierre-Augustin, [Gilles-Frs I. b 1711.
Terriau (4), Madeleine, [Guillaume I. b 1713.

(1) Arrivé, en 1714, de Plaisance. En 1715, il fait baptiser Marie, négresse de 17 ans, qui lui appartient.

(2) Et Lellier.

(3) Second charpentier sur le navire *La Marguerite*, commandé par M. de Fleury.

(4) Grandmaison; elle épouse, le 16 août 1735, André Goupy, à Québec.

1733, (2 déc.) Champlain.[2]

II.—PARIS (1), Louis. [Gilles-François I.
David (2), Michelle-Renée. [Barthélemi II.
Marie-Joseph-Françoise, b 19 nov. 1734, à Becancour.[3]—*Marie-Angélique*, b[2] 8 avril 1736.— *Marguerite*, b[3] 24 nov. 1739. — *Marie-Agathe*, b[3] 31 juillet 1742. —*Marie-Françoise*, b[3] 14 juin 1744. — *Marie-Anne*, b[3] 6 fevrier et s[3] 4 mai 1749.

1734, (25 janvier) Québec.[5]

II.—PARIS, Pierre-François, [François I b 1708; poulieur; s[5] 26 juillet 1744.
Boutillet (3), Marie-Joseph, [Jacques I. b 1712.
Louise, b[5] 27 nov. et s[5] 5 déc. 1734. — *Thérèse*, b[5] 2 février 1736; m[5] 28 oct. 1754, à Louis-Simon Hotte. — *Marie-Geneviève*, b[5] 20 sept. 1737; m[5] 25 juillet 1757, à Pierre Valentin.— *Catherine*, b[5] 4 sept. 1739; 1° m[5] 20 sept. 1762, à Louis Godbout; 2° m[5] 4 juillet 1763, à Guillaume Berlinguet.—*Elisabeth*, b[5] 15 mars 1741; m[5] 5 mars 1764, à Martial Vallet.—*Marc-François*, b[5] 21 oct. et s[5] 10 déc. 1742.

1737, (18 fevrier) Terrebonne.[4]

II.—PARIS, Ambroise, [François-Gilles I. b 1712; s[4] 24 juin 1775.
Robin, Marie-Anne, [Jean-Bte II b 1715; s[4] 5 mai 1760.
Marie-Anne, b[4] 19 nov. 1737; m[4] 7 février 1763, à François Tétard.—*Ambroise*, b[4] 4 juillet 1739; s[4] 27 sept. 1754. — *Etienne*, b[4] 22 août 1740; s[4] 24 avril 1760. — *Laurent*, b[4] 10 août 1742; m[4] 13 janvier 1766, à Geneviève Maisonneuve. — *Marie-Charlotte*, b[4] 5 mars 1744.— *Françoise*, b 1er février 1746, à Lachenaye; 1° m[4] 21 oct. 1765, à Joseph Bernard; 2° m[4] 9 août 1773, à Pierre Constantin.—*Ambroise*, b[4] 19 mars 1747; s[4] 7 avril 1748. — *Marie-Joseph*, b[4] 23 avril 1748; m[4] 7 janvier 1766, à Jerôme Roupille. — *Pierre-Noel*, b[4] 15 juillet et s[4] 15 août 1749. — *Joseph*, b[4] 9 mai 1751; s[4] 6 avril 1752.—*Marie-Angélique*, b[4] 6 et s[4] 29 mai 1752. —*Marie-Reine*, b[4] 5 et s[4] 22 juillet 1753.— *Marguerite*, b[4] 8 août 1754; s[4] 21 avril 1755 — *Marie-Angélique*, b[4] 15 mai 1757; m[4] 12 fevrier 1771, à Pierre Desautels.

1737, (19 août) Terrebonne.[2]

II.—PARIS, Jean-Bte, [François-Gilles I. b 1709.
Bonhomme, Catherine, [Charles-Ignace III. b 1710.
Catherine, b[2] 30 nov. 1737; s[2] 14 février 1738.—*Jean-Baptiste*, b[2] 28 nov. 1739; s[2] 5 mai 1740. — *Catherine*, b[2] 24 fevrier et s[2] 4 mars 1741.— *Marie-Joseph*, b[2] 4 et s[2] 26 juillet 1742. — *Jean-Baptiste*, b[2] 25 oct. 1743; s[2] 10 juillet 1744. — *Marie-Catherine*, b[2] 8 juin 1747, s[2] 28 mai 1749. — *Marie-Joseph*, b[2] 23 oct. 1748; s[2]

(1) Dit Lamagdeleine.

(2) Aussi appelee Barthélemi, du nom de baptême de son père

(3) Elle épouse, le 22 février 1745, Louis Choret, à Québec.

27 mai 1754. — *Marie-Angélique,* b [2] 24 mars et s 10 juillet 1750, à Ste-Rose.— *Louise-Françoise,* b [2] 22 nov. 1752; m [2] 28 janvier 1771, à Pierre CHARTRAN. — *Jean-Baptiste,* b [2] 31 mai et s [2] 7 juin 1756.

1738, (20 oct.) St-François, I. J.

II.—PARIS, JOSEPH, [FRANÇOIS-GILLES I.
b 1707.
TAILLON, Marie-Marguerite. [JEAN-MICHEL III.
Marguerite, b 30 nov. 1740, à Terrebonne [9]; m [9] 21 février 1757, à Michel BOISSEL. — *Marie-Joseph,* b [9] 11 nov. 1743. — *Joseph,* b [9] 25 juin 1745; m 3 oct. 1768, à Marie-Joseph BOUGINE, à Boucherville.

1751, (19 juillet) Terrebonne.

II.—PARIS, PIERRE, [FRS-GILLES I.
b 1704.
LEPAILLEUR, Françoise, [MICHEL-FRS I.
b 1706; veuve de Pierre Fortin.

1758.

PARIS (1), ROBERT.
SAVIGNAC, Marie-Anne.
Marie-Joseph, b 28 mars 1759, à St-Antoine-de-Chambly. [3] — *Michel,* b [3] 9 juin 1761.

1766, (13 janvier) Terrebonne.

III.—PARIS, LAURENT, [AMBROISE II.
b 1742.
MAISONNEUVE, Geneviève, [PRISQUE II.
b 1749.
Pierre, b 26 juillet 1786, à Lachenaye.

1768, (3 oct.) Boucherville.

III.—PARIS, JOSEPH, [JOSEPH II.
b 1745.
BOUGINE, Marie-Joseph. [AMABLE I.

III.—PARIS, PIERRE-CHARLES, [PIERRE II.
b 1739.
BRISSON, Clotilde.
Pierre, b... m 1er juillet 1793, à Rosalie BERNARD, à St-Jean-Deschaillons.

PARIS, FRANÇOIS.
LANGLOIS, Madeleine.
Marie-Thérèse, b 31 déc. 1771, à Ste-Anne-de-la-Perade. [2] — *Marie-Joseph,* b [2] 25 février et s [2] 15 mai 1775.

1774, (17 oct.) Pte-aux-Trembles, Q.

III.—PARIS, JOSEPH, [PIERRE II.
b 1748.
PROU, Marie-Madeleine. [LOUIS-JOSEPH III.

PARIS, PIERRE.
BAUDOIN, Geneviève.
Pierre, b 1777; s 20 février 1778, à Lachenaye.

(1) Dit Lamagdeleine.

1793, (1er juillet) St-Jean-Deschaillons. [5]

IV.—PARIS, PIERRE. [PIERRE-CHARLES III.
BERNARD, Rosalie,
veuve d'Urbain Baudet.
Rosalie-Céleste, b... m [5] 1er février 1813, à Ambroise MAILLOT.—*Marie,* b... m [5] 1er février 1813, à François COUTURE. — *Augustin,* b... m [5] 14 février 1820, à Marguerite TIBAUDEAU.—*Marie-Calixte,* b... m [5] 23 sept. 1823, à Jean-Baptiste VAUL.

1820, (14 février) St-Jean-Deschaillons.

V.—PARIS, AUGUSTIN. [PIERRE IV.
TIBAUDEAU, Marguerite. [ANSELME.

PARISEAU.—*Variation et surnoms :* PARIZOT —DELPÉE—DESBLÉS.

PARISEAU (1), JEAN-PAUL.
LESAGE, Françoise.
Jean-Baptiste, b 13 août 1723, à la Pte-aux-Trembles, M.

1731, (22 février) Longue-Pointe.

II.—PARISEAU (2), CHS-ALEXIS, [FRANÇOIS I.
b 1722.
DUCLOS, Marie-Joseph, [PIERRE II.
b 1735.
Marie-Joseph, b 29 dec. 1751, à la Pte-aux-Trembles, M.

II.—PARISEAU (3), FRS-JOSEPH, [FRANÇOIS I.
b 1720.
BASINET, Françoise.
Marie-Françoise, b 8 nov. 1753, à la Pte-aux-Trembles, M.

PARISEAU, CHARLES.
LEDUC, Françoise.
Marie, b 8 juin 1753, au Bout-de-l'Ile, M.

1756, (4 oct.) St-Laurent, M. [6]

I.—PARISEAU, MARTIN, fils de Martin et d'Anne Girard, de Bouzière-aux-Bois, diocèse de Toul, Lorraine.
JOLIVE (4), Marie-Louise. [PIERRE-NICOLAS II.
Marie-Anne, b [6] 13 et s [6] 29 août 1757.—*Joseph-Pierre,* b [6] 18 dec. 1760.

PARISEAU, JEAN-BTE.
DUFORT, Marie-Anne.
Joachim, b... m 4 sept. 1786, à Marie-Charlotte JUNEAU, à Repentigny.

1786, (4 sept.) Repentigny.

PARISEAU, JOACHIM. [JEAN-BTE.
JUNEAU, Marie-Charlotte. [FRANÇOIS.

(1) Dit Desblés.
(2) Voy. Desblés, vol. III, p. 363.
(3) Desblés dit Pariseau.
(4) Lépine.

1734, (22 nov.) Quebec. [8]

I.—PARISET, Gilles, b 1685, plâtrier; fils de Jean et de Julienne Chérier, de St-Laurent, Paris; s [8] 23 oct. 1763.

Michaud, Angélique. [Pierre II.

Angélique-Charlotte, b [8] 13 sept. 1735.—*Michel-Ignace*, b [8] 31 juillet 1737.—*Charles-Antoine*, b [8] 29 oct. 1738. — *Jean-Etienne-René*, b [8] 25 juillet 1741; s [8] 17 mai 1746.

PARISIEN.—Voy. Chardonnerot — Chavane—Deneau — Devaux — Didier—Duguay—Dupuis—Fougère—Grenier — Laréjouissance—Larcher— Léger — Paynel—Penel—Pivert.

I.—PARISIEN (1), Michel, b 1690; s 17 sept. 1726, à Montréal.

PARISIEN, ...

Jolicœur, Marie-Charlotte.

Marie, b 1708; s 5 juillet 1715, à la Rivière-du-Loup.

I.—PARISIEN (2), ..., s 30 août 1753, à Soulanges.

I.—PARISIS (3), Jean-Bte.

PARIZOT.—Voy. Pariseau—Desblés.

PARMENTIER.—*Surnom :* Lionais.

1736, (10 avril) Québec. [1]

I.—PARMENTIER (4), Louis, b 1699, marchand; fils de Jean (fermier de la messagerie royale) et de Marguerite Phaeton, de St-Nizier, diocèse de Lyon, Lyonnois; s 8 juillet 1759, à Nicolet. [2]

Filliau, Marie-Louise, [Jean I.
b 1708.

Louis-François, b [1] 4 et s [1] 28 avril 1737.—*Marie-Louise*, b 4 et s 12 août 1738, aux Trois-Rivières. [3] — *Marie-Louise*, b [3] 31 août et s [3] 23 sept. 1739. — *Paul*, b [3] 14 août 1740; m 27 juin 1763, à Agathe Niquet, à St-Michel-d'Yamaska. —*Marie-Louise*, b [3] 14 août et s [3] 18 sept. 1741.—*Louis-Joseph*, b [3] 16 oct. 1742; m 24 oct. 1768, à Angélique Roger, à la Baie-du-Febvre. — *Jean-Baptiste*, b [3] 20 nov. 1743; s [3] 1er janvier 1744.—*Marie-Louise*, b [3] 28 nov. 1744; m [2] 7 nov. 1763, à Simon Provencher.—*Augustin*, b [3] 18 et s [3] 22 avril 1746.—*Augustin*, b [3] 12 et s [3] 18 août 1747. —*Geneviève*, b [3] 31 oct. 1748; m [2] 16 août 1790, à Michel Jutras. — *Augustin*, b... m [2] 12 fevrier 1776, à Marie-Louise Jutras; s [2] 22 juillet 1781.

(1) Soldat de Montigny.

(2) Dit Laréjouissance; soldat de la compagnie de Boucherville.

(3) Oncle de Louis Hottot, 1757. Il était, en 1751, à l'Islet. Il signe Paresy.

(4) Dit Lionais.

1763, (27 juin) St-Michel-d'Yamaska (1).

II.—PARMENTIER, Paul, [Louis I.
b 1740.

Niquet, Agathe, [François III.
b 1735; s 21 mars 1790, à Nicolet. [1]

Antoinette, b... m [1] 23 avril 1792, à Louis Coutancineau. — *Marie-Louise*, b... m [1] 13 fevrier 1797, à Charles Parant. — *Louis*, b... m [1] 11 janvier 1796, à Marie-Claire Provencher.

1768, (24 oct.) Baie-du-Febvre.

II.—PARMENTIER, Louis-Joseph, [Louis I.
b 1742.

Roger (2), Angélique. [Pierre I.

Louis, b... m 2 juin 1794, à Françoise Terrien, à Nicolet.

1776, (12 fevrier) Nicolet. [9]

II.—PARMENTIER, Augustin, [Louis I.
s [9] (noye) 22 juillet 1781.

Jutras, Marie-Louise, [Michel III.
b 1758.

1794, (2 juin) Nicolet.

III.—PARMENTIER, Louis. [Louis II

Terrien, Françoise. [Pierre IV

1796, (11 janvier) Nicolet.

III.—PARMENTIER, Louis. [Paul II.

Provencher, Marie-Claire, [Alexis III
b 1750; veuve de Joseph Lauzière.

PARMIER.— *Variation et surnom :* Palmier—Beaulieu.

1733, (30 juin) Montréal. [5]

I.—PARMIER (3), Michel, b 1700, voyageur, fils de Pierre et de Jeanne Deunant, de St-Sulpice, Paris.

Roy, Marie-Marguerite, [François II.
veuve de Vincent-Mathieu Guay.

Michel-Joseph, b [5] 10 avril 1734.— *Jean-Basile*, b [5] 23 mai 1737.— *Joseph*, b [5] 14 fevrier et s [5] 22 mai 1740.— *Marie-Marguerite*, b [5] 14 août 1744, 1° m [5] 22 avril 1765, à Denis Périneau, 2° m [5] 10 février 1777, à Henri Edge. — *Louis*, b [5] 26 janvier 1746; s [5] 21 mars 1747.— *Louis*, b 1747; s [5] 2 mars 1748.

PARNEUF.—Voy. Borneuf.

PARNIER.—*Surnom :* Vadeboncœur.

1764.

I.—PARNIER (4), Joseph.

Larivière, Catherine.

Catherine, b 1765; m 30 oct. 1780, à Antoine Caderan, au Detroit [9]; s [9] 12 août 1793.—*Marie-Joseph*, b... m [9] 8 janvier 1790, à Paul Armand. — *Paul*, b... m [9] 13 avril 1795, à Therèse Cam-

(1) Cet acte se trouve au Registre de 1733.

(2) Mariée Derogé.

(3) Et Palmier dit Beaulieu.

(4) Dit Vadebonœur.

PEAU. — *Philippe*, b 9 1er mars 1772. — *Marie-Madeleine*, b 9 19 août 1774. — *Joseph*, b 9 9 août 1776 ; m 9 8 juillet 1793, à Suzanne LEBLANC — *Louis*, b 9 21 février 1778. — *Jacques*, b 9 20 février 1780.

1793, (8 juillet) Détroit.

II.—PARNIER, JOSEPH, [JOSEPH I.
b 1776.
LEBLANC, Suzanne. [FRANÇOIS.

1795, (13 avril) Détroit.

II.—PARNIER (1), PAUL. [JOSEPH I.
CAMPEAU, Therèse. [PIERRE.

PARON.—*Surnom :* ST. JULIEN.

I—PARON (2), Pierre.
LANGOUMAIS, Marie,
b 1696 ; s 9 février 1788, à l'Hôpital-Général, M.

PARSEILLÉ.—*Variation et surnom :* PARADIER —LACHAPELLE.

1702, (16 oct.) Laprairie.

I—PARSEILLÉ (3), ETIENNE, b 1678 ; fils de Denis et de ...., de la chapelle de Montobourlay, diocèse de Perigueux, Perigord.
EDELINE, Marie-Anne, [CHARLES I.
b 1685.
Marie-Joseph, b 20 mars 1707, à la Pte-aux-Trembles, M. 2 ; m 27 août 1725, à Joseph PINOT, à L'Assomption —*Marie-Catherine*, b 2 31 mai 1710.—*Pierre*, b 6 août 1712, à Montreal ; m 15 nov. 1734, à Marie-Joseph QUENNEVILLE, à St-Laurent, M. ; s 23 juillet 1745, au Sault-au-Recollet. —*Antoine*, b... s 6 mai 1757, à Soulanges.

1734, (15 nov.) St-Laurent, M.

II—PARSEILLÉ (4), PIERRE, [ETIENNE I.
b 1712 ; s 23 juillet 1745, au Sault-au-Recollet. 3
QUENNEVILLE (5), Marie-Joseph, [JEAN II.
b 1717.
Pierre, b 3 9 fevrier et s 3 2 mars 1737.—*Marie-Joseph*, b 3 28 mai 1741 ; m 3 21 juin 1756, à Silvain ROBERT.—*Jean-Baptiste*, b 3 12 janvier 1743 ; m 3 9 sept. 1766, à Angelique VANIER ; s 3 2 avril 1814.—*Marie-Joseph*, b 3 29 mai et s 3 11 juin 1745.

PARSEILLÉ, LOUIS.
DEVIEN, Marie-Joseph.
Marie-Joseph, b... m 15 février 1768, à Joseph SIMONEAU, à St-Thomas.

(1) Dit Vadeboncœur.
(2) Dit St. Julien.
(3) Dit Lachapelle.
(4) Et Paradier dit Lachapelle, voy. vol. VI, p. 222.
(5) Elle épouse, le 13 fevrier 1747, Laurent Lecompte, au Sault-au-Recollet.

1766, (9 sept.) Sault-au-Récollet. 7

III.—PARSEILLÉ (1), JEAN-BTE, [PIERRE II.
b 1743 ; s 7 2 avril 1814.
VANIER, Angélique, [JOSEPH III.
b 1747.

PARSON.—*Variations et surnom :* PARSONNE—PÉRON—PERSON—PERSONNE—LAFOND.

1716, (23 nov.) Montréal. 9

I.—PARSON (2), NICOLAS, b 1675 ; fils de Pierre et de Jeanne Feran, d'Anglat, diocèse de Périgueux, Perigord ; s 9 30 janvier 1745.
VACHER (3), Madeleine, [JEAN-GUILLAUME I.
b 1689 ; s 9 28 janvier 1745.
Marie-Hypolite, b 9 20 mai 1718. — *Charles-Joseph*, b 9 12 nov. 1719 ; 1° m 1er juillet 1747, à Suzanne REAUME, à Michillimakinac, 2° m à Agathe CHAGNON ; s 25 sept. 1786, à Repentigny. —*Louise*, b 9 5 nov. 1721 ; m 9 5 sept. 1747, à Louis REYNAUT.—*Agathe-Elisabeth*, b 9 19 et s 9 22 nov. 1723.—*Michel*, b 9 28 oct. 1725 ; s 9 21 sept. 1729. —*Toussaint*, b 9 2 mars 1728, s 9 9 janvier 1730.

1747, (1er juillet) Michillimakinac. 2

II.—PARSON (4), CHARLES-JOSEPH, [NICOLAS I.
b 1719 ; forgeron ; s 25 sept. 1786, à Repentigny. 3
1° REAUME, Suzanne. [JEAN-BTE.
Catherine, nee 14 avril et b 2 21 juillet 1748.—*Jean-Simon*, né 14 avril 1750 ; b 2 19 juillet 1756. —*Hubert*, né 1er déc. 1753 ; b 2 19 juillet 1756.—*Pierre*, b... m 3 29 sept. 1788, à Marie-Rose ETHIER.
2° CHAGNON, Agathe.
Joseph, b... m 3 1er février 1790, à Marie-Amable MOREAU.

1788, (29 sept.) Repentigny. 9

III.—PARSON (5), PIERRE. [CHS-JOSEPH II.
ETHIER, Marie-Rose. [CLAUDE III.
Marie-Joseph, b 9 14 nov. 1789.—*Pierre*, b 9 21 juin 1791.—*Marie-Rose*, b 9 20 août 1792.

1790, (1er février) Repentigny.

III.—PARSON (5), JOSEPH. [CHS-JOSEPH II.
MOREAU (6), Marie-Amable, [JOS.-MARIE III.
b 1770.

PARSONNE.—Voy. PARSON.

I.—PARSONS, WILLIAM,
de Wells, Nouvelle-Angleterre. 1
WHEELRIGHT, Anne.
Anna-Catherine (7), nee 1 6 mai 1701 ; b 10 janvier 1704, au Lac-des-Deux-Montagnes ; m à Claude-Antoine DE LA MARTINIÈRE.

(1) Dit Lachapelle.
(2) Et Parsonne—Person—Péron dit Lafond.
(3) Dit Lacorte.
(4) Dit Lafond.
(5) Et Personne dit Lafond.
(6) Dit Duplessis.
(7) Prise avec sa mère par les sauvages, le 22 août 1703 ; elle fut baptisée par M. Ménel, ptre S.S.

PARTHENAIS.—Voy. CHARTIER.

PARTHENAY.—Voy. CHARTIER—MÉNARD.

PARY.—Voy. PARIS.

PASCAL.—Voy. PASCHAL.

PASCHAL.—*Variations et surnoms :* PASCAL—PASCHALE—BRISEFER—POISSANT.

1713.

I.—PASCHAL, JOSEPH.
COURVILLE, Françoise. [JEAN-CHARLES II.
François, b 1714; m 19 nov. 1736, à Marie-Dorothée MONTRET, à Québec[1]; s[1] 6 déc. 1749.

1736, (19 nov.) Quebec. [7]

II.—PASCHAL (1), FRANÇOIS, [JOSEPH I.
b 1714; voiturier; s[7] 6 dec. 1749
MONTRET (2), Marie-Dorothee, [ANDRÉ I.
b 1718; s[7] 23 mai 1789.
Jean-François, b[7] 18 oct. 1737; m 26 février 1770, à Madeleine PARANT, à Beauport.—*Jacques*, b... m 8 nov. 1762, à Marguerite SAVARD, à Charlesbourg; s[7] 9 oct. 1798.—*Marie-Gilles*, b[7] 13 mars 1742. — *Charles*, b[7] 18 janvier et s[7] 2 février 1744.—*André-Marie*, b[7] 17 août 1745.

I.—PASCHAL, GILLES, b 1725; s 24 juillet 1755, à Québec.

I.—PASCHAL, NICOLAS.
GOUR, Marie.
Noel, b... m 5 oct. 1761, à Marie-Archange SENÉCAL, à Varennes.[1]—*Marie*, b... m[1] 16 août 1763, à Claude DODELIN. — *Augustin*, b... m[1] 7 nov. 1763, à Charlotte POUTRÉ-LAVIGNE.

I.—PASCHAL, FRANÇOIS.
PEPIN, Marie.
André, b 1749; m 2 février 1778, à Marie-Joseph ROBIN, à la Longue-Pointe.

1759, (19 fevrier) Terrebonne [8]

I.—PASCHAL (3), PIERRE.
COLIN (4), Marie-Joseph, [ANDRÉ III.
b 1743.
Marie-Joseph, b 1760; s[8] 18 fevrier 1773.

1761, (5 oct.) Varennes.

II.—PASCHAL, NOEL. [NICOLAS I.
SENÉCAL, Marie-Archange. [ADRIEN III.

1762, (8 nov.) Charlesbourg.

III.—PASCHAL, JACQUES, [FRANÇOIS II.
s 9 oct. 1798, à Quebec.[6]
SAVARD, Marguerite, [PIERRE III.
b 1741.
Nicolas, b[6] 4 sept. 1763.—*Antoine*, b... m[6] 30 nov. 1786, à Louise DUSSAULT.

(1) Et Paschale.
(2) Dit St. André.
(3) Dit Poissant—soldat de M. Duprac.
(4) Elle épouse, le 13 février 1764, Paul Desjardins, à Terrebonne.

1763, (7 nov.) Varennes.

II.—PASCHAL, AUGUSTIN. [NICOLAS I.
POUTRÉ-LAVIGNE, Charlotte. [JACQUES III.

1770, (26 fevrier) Beauport.

III.—PASCHAL, JEAN-FRANÇOIS, [FRANÇOIS II.
b 1737.
PARANT, Madeleine, [JACQUES III.
b 1751.

1778, (2 février) Longue-Pointe.[6]

II.—PASCHAL, ANDRÉ, [FRANÇOIS I.
b 1749.
ROBIN, Marie-Joseph, [JACQUES II.
b 1753; veuve d'Hubert Lorrain, s[6] 15 mars 1783.

1786, (30 nov.) Québec.

IV.—PASCHAL, ANTOINE. [JACQUES III.
DUSSAULT, Louise, [JEAN III.
b 1758.

PASCHALE.—Voy. PASCHAL.

I.—PASCHALIS (1), ANTOINE.

PASQUET.—Voy. PAQUET.

PASQUIER.—Voy. PAQUET.

PASQUIN.—Voy. PAQUIN.

PASSECAMPAGNE.—Voy. RAYMOND.

1763, (14 fevrier) Montréal.[1]

I.—PASSELEUR (2), FRANÇOIS-JOSEPH, b 1725; fils de Christin et de Marie Guilleran, de St-Nicolas, Luxembourg, Allemagne.
1° SARAU, Madeleine, [JEAN-BTE II.
b 1738.
1764, (3 mai).[1]
2° DESCHEVAUX (3), Marie-Angelique, [ANDRÉ I.
b 1748.

PASSEPARTOUT.—Voy. BOMBARDIER — NOLET —NASPLAISE.

PASSERIEU.—*Surnom :* BONNEFOND.

1687, (16 nov.) St-Frs-du-Lac.[2]

I.—PASSERIEU (4), PIERRE, fils de Curclat et de Guillemet DuBreu, de Chalay, diocèse de Perigueux, Perigord.
MAREST, Marie-Therèse, [MARIN I
b 1673; s 13 dec. 1755, aux Trois-Rivières
Pierre, b 11 mai 1697, au Château-Richer, s[2] 25 mars 1746.—*Marie*, b... m 1718, à Joseph RONDEAU.—*Joseph*, b 26 oct. 1702, à Sorel.

(1) Chevalier, capitaine d'infanterie au régiment de la reine; il était à Chambly le 25 janvier 1760.
(2) A son 2ème mariage, il est dit fils de Cristin et de Marie Millerive.
(3) Deschevaux n'est pas son nom; elle est la fille de Claude Landry III et de Suzanne Tareau (voy. vol. V, p. 128). André Deschevaux est le 2nd mari de sa mère.
(4) Dit Bonnefond; voy. vol. I, p. 467.

II—PASSERIEU (1), PIERRE, [PIERRE I.
b 1697; s 25 mars 1746, à St-Frs-du-Lac.

PASTOUREL.—*Surnom* : LAFRANCHISE.

I.—PASTOUREL (2), CLAUDE,
b 1639; s 21 juin 1699, à Montréal. [2]
1° LECLERC, Marie,
b 1643; s 12 mai 1681, à Boucherville. [3]
Anne, b [3] 29 mars 1677; 1° m [3] 19 juin 1698, à Jean MORICEAU; 2° m [2] 17 juillet 1707, à André CHAUVET; s 23 avril 1746, aux Trois-Rivières.
1685.
2° MOUSSEAUX (3), Marguerite. [JACQUES I.
Thérèse, b [3] 24 sept. 1693; m à François DESMARETS.—*Marguerite*, b [3] 2 août 1697; m 21 nov. 1718, à Henri GATIEN, à Quebec.

PATARD.—Voy. POTÈRE dit CHEVALIER.

PATEL.—Voy. PUTELLE.

PATENAUDE.—Voy. PATENOTRE.

PATENOTE.—Voy. PATENOTRE.

PATENOTRE.—*Variations* : PATENAUDE—PATENOTE.

1651, (30 oct.) Québec. [8]
I—PATENOTRE (4), NICOLAS,
b 1626; s 15 fevrier 1679, à Ste-Famille, I.O. [9]
BRETON, Marguerite,
b 1635.
Charles, b [8] 21 mai 1656; m 8 fevrier 1694, à Françoise SÉGUIN, à Montréal [7]; s 17 fevrier 1724, à Longueuil. — *Pierre*, b [8] 19 juillet 1658; m [7] 25 nov. 1685, à Catherine BRUNET; s [7] 31 mars 1715. —*Elisabeth*, b [9] 18 sept. 1672; m [7] 27 nov. 1696, à Jean FÉRON; s [7] 24 juin 1723.

1683, (25 oct.) Montréal. [6]
II—PATENOTRE (4), JEAN, [NICOLAS I.
b 1655; s [6] 25 juin 1699.
1° BRUNET, Marie, [ANTOINE I.
Marie, b [6] 7 avril 1686; m 29 juillet 1704, à Charles LAROSE (5), à Quebec; s 10 nov. 1737, au Sault-au-Recollet.
1686, (10 déc.) Laprairie. [7]
2° ROBIDOU, Romaine, [ANDRÉ I.
b 1669; veuve de Jean Roux; s [7] 1er sept. 1697.
Jean-François, b [7] 16 juillet 1689; m [7] 21 nov. 1712, à Marie BOYER.

1685, (25 nov.) Montréal. [6]
II.—PATENOTRE (4), PIERRE, [NICOLAS I.
b 1658; s [6] 31 mars 1715.
BRUNET, Catherine, [ANTOINE I.
b 1669.

(1) Dit Bonnefond.
(2) Dit Lafranchise; voy. vol. I, p. 467.
(3) Elle épouse, le 11 aout 1706, Pierre Doucet, à Repentigny.
(4) Voy. vol. I, p. 467.
(5) Pour Rose.

Pierre, b [6] 17 fevrier 1688; s 22 août 1701, à Longueuil. [7] — *Jean-Baptiste*, b [6] 26 déc. 1691; 1° m [6] 15 fevrier 1719, à Marie-Renée LEBER; 2° m 2 nov. 1745, à Marie-Catherine TURGEON, à Québec. — *Louise*, b [6] 7 fevrier 1697; 1° m à Pierre DEVILLE; 2° m [7] 21 fevrier 1718, à Pierre EDELINE; s 22 mai 1742, à Verchères. — *François*, b [7] 25 janvier 1701; 1° m [7] 16 février 1722, à Ursule ACHIM; 2° m [7] 20 fevrier 1745, à Geneviève LAMARRE. — *Pierre*, b [7] 1er mai et s [7] 16 juillet 1703. — *Joseph*, b [7] 13 juin 1705; m [7] 15 nov. 1728, à Marguerite ACHIM. — *Pierre*, b [7] 3 avril et s [7] 4 juillet 1707.—*Toussaint*, b [7] 1er nov. 1709; 1° m 1729, à Marie-Anne CHOQUET; 2° m 1754, à Thérése BACHAN.

1694, (8 février) Montréal. [1]
II.—PATENOTRE (1), CHARLES, [NICOLAS I.
s 17 fevrier 1724, à Longueuil. [2]
SÉGUIN, Françoise, [FRANÇOIS I.
b 1674; s [2] 20 mai 1751.
Charles, b 25 fevrier 1696, à Boucherville [3]; m [2] 12 août 1720, à Marie-Jeanne LHUISSIER; s [2] 24 avril 1762.—*Etienne*, b [3] 10 oct. 1697; m [2] 24 nov. 1721, à Angélique LAMARRE.—*Joseph*, b... m 21 fevrier 1729, à Marie-Françoise DESAUTELS, à la Longue-Pointe. [4]—*Marie-Marguerite*, b [2] 30 mai 1702; m [2] 8 janvier 1720, à Daniel-Marie GÉLINEAU; s [2] 21 janvier 1761.—*Antoine-Francois*, b [2] 21 avril 1704; s [2] 3 mai 1731.—*Nicolas*, b [2] 21 juillet 1706; m [4] 4 nov. 1732, à Marie-Joseph DESAUTELS.—*Marie-Thérèse*, b [2] 14 nov. 1708, m [2] 14 mai 1729, à Etienne ACHIM.—*Marie-Madeleine*, b [2] 3 déc. 1710; m [2] 17 nov. 1732, à Joseph LAMOUREUX.—*Marie-Françoise*, b [2] 11 dec. 1712; m [2] 27 nov. 1741, à Jean-Baptiste GADOIS.—*Charlotte*, b [1] 30 sept. 1715; m [2] 25 nov. 1737, à Pierre MARSIL.

1698, (11 nov.) Ste-Anne.
II.—PATENOTRE (2), MARIN-MICHEL, [NICOLAS I.
b 1668.
MERCIER, Marguerite, [JULIEN II.
b 1677; s 9 juin 1713, à Ste-Famille, I. O. [6]
François, b [6] 4 oct. 1707; m [6] 17 oct. 1734, à Elisabeth GUYON; s [6] 22 mars 1748.—*Marie-Madeleine*, b [6] 3 oct. 1709.—*Geneviève*, b [6] 30 nov. 1711.—*Michel*, b [6] 6 et s [6] 9 juin 1713.—*Jean-Baptiste*, b [6] 6 et s [6] 13 juin 1713.

1712, (21 nov.) Laprairie. [8]
III.—PATENOTRE, JEAN-FRANÇOIS, [JEAN II.
b 1689.
BOYER, Marie, [ANTOINE II.
b 1692.
Jean-Baptiste, b... m [8] 14 février 1735, à Marie PAQUET.—*Marie-Joseph*, b [8] 28 fevrier 1715; m 11 janvier 1734, à François LANCTOT, à Longueuil [9]; s [9] 14 oct. 1740. — *Marie-Marguerite*, b [8] 11 août 1717; m à Jean PIMPARE.—*Joseph*, b [8] 7 mai 1719; m [8] 25 fevrier 1743, à Marie-Françoise DENEAU.

(1) Et Patenote; voy. vol. I, p. 467.
(2) Voy. vol. I, p. 468.

1719, (15 février) Montréal.[4]
III.—PATENOTRE, Jean-Bte, [Pierre II.
b 1691.
1° LeBer (1), Marie-Renée, [Pierre-Yves I.
b 1700 ; veuve de Louis Duret ; s [4] 5 avril 1745.
Marie, b 1720 ; sœur Ste-Thècle (congrégation N.-D.) ; s [4] 9 août 1758 (sur mer).
1745, (2 nov.) Québec.
2° Turgeon, Marie-Catherine, [Jean II.
b 1712 ; veuve de Guillaume Lecorgne.

1720, (12 août) Longueuil.[6]
III.—PATENOTRE, Charles, [Charles II.
b 1696 ; s [6] 24 avril 1762.
Lhuissier, Marie-Jeanne, [Pierre II.
b 1702.
Charles, b [6] 30 août 1721 ; s [6] 21 avril 1722.—*Joseph*, b [6] 3 mars 1723 ; m [6] 20 nov. 1747, Marie-Gabrielle Gadois.—*Marie-Jeanne*, b [6] 5 juin 1725. — *Marie-Thérèse*, b [6] 27 juin 1727 ; m [6] 11 janvier 1751, à Pierre Ride.—*Pierre-Charles*, b [6] 29 juillet 1729 ; s [6] 27 mai 1730. — *Marie-Françoise*, b... m [6] 22 février 1751, à Pierre Pagé. — *Marie-Jeanne*, b [6] 22 mai 1732 ; 1° m [6] 26 fevrier 1748, à François Pagé ; 2° m [6] 14 fevrier 1752, à Louis Gadois. — *Charlotte-Amable*, b [6] 4 avril 1734 ; m [6] 9 janvier 1758, à Charles-Paschal Marie.—*Charles-Amable*, b [6] 21 et s [6] 25 mai 1736. — *Guillaume*, b [6] 26 oct. 1737, s [6] 19 janvier 1758. — *Marie-Félicité*, b... m [6] 29 sept. 1760, à Antoine Marie.—*Marie-Catherine*, b [6] 17 mars 1740.

1721, (24 nov.) Longueuil.[7]
III.—PATENOTRE, Etienne, [Charles II
b 1697.
Lamarre, Angelique, [André I.
b 1701.
Etienne, b 1722 ; m [7] 20 nov. 1747, à Marie-Joseph Benoit. — *Angélique*, b [7] 29 mars 1724, m [7] 5 fevrier 1742, à Joseph Pagé. — *Etienne-André*, b [7] 27 août 1725 ; s [7] 21 janvier 1728. — *André*, b [7] 9 fevrier 1727.—*Marie-Charlotte*, b... m [7] 27 nov. 1758, à Pierre Viau.— *François*, b [7] 23 nov. 1728 ; 1° m [7] 18 février 1754, à Angelique Pagé-St. Antoine ; 2° m 7 nov. 1757, à Marie Chardonneau, à Boucherville. — *Marguerite*, b [7] 9 oct. 1730.—*Marie-Joseph*, b 1731 ; m [7] 9 juin 1748, à Louis Ménard. — *Joseph-Amable*, b [7] 24 nov. 1732 ; s [7] 7 sept. 1736. — *Geneviève*, b [7] 26 janvier 1735 ; m [7] 13 janvier 1755, à Toussaint Truteau. — *Amable-Louis*, b [7] 25 mars 1737.—*Véronique*, b [7] 12 oct. 1741 ; m [7] 19 janvier 1761, à Jean-Baptiste Gervais. — *Louis*, b [7] 11 juillet 1743.—*Marie-Desanges*, b [7] 24 mai 1746.

1722, (16 fevrier) Longueuil.[2]
III.—PATENOTRE, François, [Pierre II.
b 1701.
1° Achim, Ursule, [Etienne II.
b 1704 ; s [2] 19 juin 1744.
François, b [2] 21 et s [2] 22 fevrier 1723.—*Marie-Ursule*, b [2] 2 avril 1724 ; m [2] 9 mai 1746, à Pierre Benoit. — *Françoise*, b 18 février 1726, à Montréal.[3] — *Joseph-François*, b [2] 30 janvier et s [2] 28 dec. 1727.—*Marguerite*, b [2] 13 et s [2] 19 fevrier 1729. — *Marie-Françoise*, b [2] 27 mars 1730 ; m [2] 27 sept. 1751, à Louis Prudhomme. — *Pierre-Amable*, b [2] 7 oct. 1731.—*François*, b [2] 13 février 1734 ; m 20 mai 1765, à Marie-Charlotte Ménard, à Chambly.[4] — *Louis*, b [2] 15 sept. 1736, m [4] 3 juin 1765, à Geneviève Laraue. — *Alexis*, b [2] 24 nov. et s [2] 19 déc. 1737. — *Catherine*, b [2] 9 mars 1739.—*Antoine*, b [2] 29 mai et s [2] 20 juin 1740.—*Charlotte-Elisabeth*, b [2] 20 sept. 1741 ; s [2] 14 oct. 1742.
1745, (20 février).[2]
2° Lamarre, Geneviève, [André I
b 1714 ; veuve de Guillaume Bray.
Alexis, b [2] 11 dec. 1745, m [3] 16 août 1768, à Marie-Charlotte Garfau. — *Marie-Anne*, b [2] 21 juillet et s [2] 6 août 1747. — *Marie*, b [2] 16 sept 1748 ; s [2] 8 mars 1754. — *Geneviève-Amable*, b [2] 17 sept. et s [2] 21 oct 1750.

1728, (15 nov.) Longueuil.[1]
III.—PATENOTRE, Joseph, [Pierre II.
b 1705.
Achim, Marguerite, [Etienne II.
b 1708.
François, b [1] 3 et s [1] 6 sept. 1729.—*Joseph*, b [1] 10 mai 1731 ; m [1] 27 sept. 1762, à Marie-Renée Robidou.—*Pierre*, b [1] 25 avril 1733 ; m [1] 19 avril 1762, à Marguerite Bray. — *Angélique*, b [1] 27 janvier 1735 ; m [1] 31 mars 1761, à Alexis Gervais.—*Marguerite*, b [1] 1er juin et s [1] 26 dec 1737. —*François*, b [1] 13 et s [1] 14 mars 1739.—*Nicolas*, b [1] 21 juin 1740 ; 1° m 7 nov. 1762, à Catherine Gatignon, au Detroit[2] ; 2° m [2] 21 fevrier 1791, à Marie-Joseph Tremblay. — *Michel*, b [1] 19 juillet 1742.—*François*, b [1] 31 janvier 1745. — *Etienne*, b [1] 14 juin 1747.—*Pierre-Amable*, b [1] 29 oct. 1751.

1729, (21 février) Longue-Pointe.
III.—PATENOTRE, Joseph. [Charles II
Desautels, Marie-Françoise, [Pierre II
b 1705.
Pierre-Albert, b 29 nov. 1729, à Longueuil[5], s [5] 17 août 1745. — *Marie-Joseph*, b [5] 15 mars et s [5] 14 août 1731. — *Marie-Madeleine*, b [5] 8 juin 1732 ; m [5] 22 juin 1751, à Bonaventure Viger.—*Marie-Françoise*, b [5] 15 sept. 1733 ; s [5] 1er juillet 1736. — *Joseph-Amable*, b [5] 22 juillet 1735.—*Nicolas*, b [5] 9 sept. 1736, m [5] 13 oct. 1760, à Angélique Dubuc. — *François*, b [5] 27 oct. 1738, m 3 avril 1769, à Angelique Poirier, à Montreal.[6] — *Charles-Amable*, b [5] 20 juin 1740 ; m [6] 18 février 1765, à Françoise Hay. — *Marguerite*, b [5] 13 mai 1742 ; m [5] 31 janvier 1763, à Louis-Amable Robrau. — *Marie-Charlotte*, b [5] 16 août 1743 ; s [5] 1er avril 1744. — *Pierre*, b [5] 3 et s [5] 25 oct. 1746.—*Angélique*, b [5] 3 oct. 1746.— *Etienne*, b 1747 ; s [5] 2 mars 1748.

1729.
III.—PATENOTRE, Toussaint, [Pierre II.
b 1709.
1° Choquet, Marie-Anne, [Julien II.
b 1712 ; s 19 dec. 1752, à Verchères.[1]

(1) Et Hébert dit Yvon.

Toussaint, b 1730; m à Marie-Joseph LAFRAMBOISE.—*Thérèse*, b... m 1er février 1768, à Jacques JODOIN, à Varennes. [2] —*Ambroise*, b... m [2] 28 mai 1770, à Marie LEDOUX.—*Jean-Baptiste*, b [1] 30 sept. 1751.—*Charlotte*, b... m [2] 9 août 1772, à Joseph LEDOUX.—*Marie*, b... m [2] 23 nov. 1772, à François MEUNIER.

1754.

2° BACHAN (1), Thérèse.

Marie-Thérèse, b [1] 18 avril et s [1] 14 nov. 1755.—*Marie-Catherine*, b [1] 12 janvier 1759.—*Joseph-Marie* b [1] 8 oct. 1760.

1732, (4 nov.) Longue-Pointe.

III.—PATENOTRE, NICOLAS, [CHARLES II.
b 1706.
DESAUTELS, Marie-Joseph, [PIERRE II.
b 1709.

Marie-Joseph, b 21 août 1733, à Longueuil. [3] —*Joseph-Amable*, b [3] 31 août 1734; s [3] 9 avril 1735. —*Marie-Archange*, b... m [3] 12 janvier 1750, à François DUBUC.—*Françoise-Amable*, b [3] 20 janvier 1736; m [3] 23 mai 1757, à Louis BENOIT.—*Marie-Charlotte*, b [3] 25 sept. 1737; m [3] 21 janvier 1759, à Charles GOISNEAU.—*Joseph*, b [3] 3 sept. 1739; s [3] 5 juillet 1740.—*Nicolas-Antoine*, b [3] 14 juin 1741; m 29 janvier 1770, à Charlotte AUDET, à Boucherville.—*Marie-Catherine*, b [3] 28 avril 1743; s [3] 22 février 1747.—*Joseph*, b [3] 14 mars 1745.—*Angélique*, b [3] 11 août et s [3] 10 sept. 1747. —*Vincent*, b [3] 18 février 1750.—*Angélique*, b [3] 4 sept. 1752; s [3] 20 mars 1753.

1734, (17 oct.) Ste-Famille, I. O. [5]

III.—PATENOTRE, FRANÇOIS, [MARIN II.
b 1707; s [5] 22 mars 1748.
GUYON (2), Elisabeth, [CLAUDE III.
b 1713.

Marie-Catherine, b [5] 20 oct. et s [5] 11 nov. 1736. —*François*, b [5] 22 juillet et s [5] 2 août 1738.—*Marguerite*, b [5] 19 juillet 1739; s [5] 15 nov. 1748. —*Jean-François*, b [5] 25 oct. 1741; s [5] 16 nov. 1748.—*Brigitte*, b [5] 20 nov. 1743.—*Joseph-Théophile*, b 16 août 1746, à St-Pierre, I. O.—*Augustin*, b [5] 22 janvier et s [5] 19 nov. 1748.

1735, (14 février) Laprairie. [1]

IV.—PATENOTRE, JEAN-BTE. [JEAN-FRS III.
PAQUET (3), Marie, [NOEL I.
b 1715.

Jean-Baptiste, b 14 déc. 1735, à Longueuil.—*Marie-Joseph*, b [1] 24 oct. 1737. — *Marguerite*, b [1] 19 février 1739.—*Pierre*, b [1] 13 oct. 1741.—*Marie-Joseph*, b [1] 19 mars 1743. — *Ursule*, b [1] 10 juillet 1744.—*André*, b 29 nov. 1753, à St-Constant. [2] —*Eustache*, b [2] 29 sept. 1757.

1743, (25 février) Laprairie. [4]

IV.—PATENOTRE, JOSEPH, [JEAN-FRANÇOIS III.
b 1719.
DENEAU, Marie-Françoise, [ETIENNE III.

(1) Vertefeuille.

(2) Elle épouse, le 27 nov. 1748, Théophile Greffard, à Ste-Famille, I. O.

(3) Dit Lanvière.

Marie-Joseph, b [4] 21 juillet 1744; m 26 nov. 1764, à Pierre ROBERT, à St-Philippe.

1747, (20 nov.) Longueuil [8]

IV.—PATENOTRE, JOSEPH, [CHARLES III.
b 1723.
GADOIS, Marie-Gabrielle, [JEAN-BTE III.
b 1727.

Marie-Françoise, b [8] 24 juillet et s [8] 13 déc. 1748. — *Marie-Joseph*, b [8] 27 oct. 1749.— *Marie-Félicité*, b [8] 5 mars 1751. — *Joseph-Marie*, b [8] 14 déc. 1752. — *Antoine-Amable*, b [8] 7 août 1754.—*Marie-Angélique*, b [8] 23 mars 1756. — *Paschal*, b [8] 10 avril 1757. — *Marie-Catherine*, b [8] 17 juin 1759; s [8] 4 août 1760. — *François*, b [8] 19 février et s [8] 24 juin 1761.—*Charles*, b [8] 2 avril 1762.

1747, (20 nov.) Longueuil. [8]

IV.—PATENOTRE, ETIENNE. [ETIENNE III.
BENOIT, Marie-Joseph, [JOSEPH III.
b 1723.

Etienne, b [8] 1er déc. 1748; s [8] 28 août 1751.—*Marie-Joseph*, b [8] 3 mai 1750.—*Louis-Etienne*, b [8] 29 août et s [8] 24 nov. 1751. — *Marie-Françoise*, b [8] 6 oct. 1752.— *Marie*, b [8] 6 janvier 1754. — *Louis*, b [8] 28 oct. 1755.

PATENOTRE, FRANÇOIS.
BAULIN-LAPERLE (1), Marie-Louise.

Marie-Françoise, b 23 mai 1752, à Longueuil. [2] — *Marie-Jeanne*, b [2] 27 déc. 1753. — *Charles*, b [2] 8 juillet 1755. — *Marie-Anne*, b [2] 19 janvier 1757; s [2] 5 janvier 1761.—*Jean-Baptiste*, b 1758; s [2] 18 nov. 1760.—*Joseph*, b [2] 2 mai et s [2] 22 nov. 1761.

1754, (18 février) Longueuil. [4]

IV.—PATENOTRE, FRANÇOIS, [ETIENNE III.
b 1728.
1° PAGÉ (2), Angélique, [PIERRE II.
b 1738, s [4] 5 oct. 1755.

Marie-Angélique, b [4] 27 sept. et s [4] 18 oct. 1755.

1757, (7 nov.) Boucherville.

2° CHARBONNEAU, Marie-Desanges. [JEAN.

François, b [4] 29 sept. 1759. — *Marie-Desanges*, b [4] 30 mars 1761.

IV.—PATENOTRE, TOUSSAINT, [TOUSSAINT III.
b 1730.
LAFRAMBOISE, Marie-Joseph.

Marie-Joseph, b 12 sept. 1760, à Verchères.

1760, (13 oct.) Longueuil.

IV.—PATENOTRE, NICOLAS, [JOSEPH III.
b 1736.
DUBUC, Angelique, [PRUDENT III.
b 1745.

1762, (19 avril) Longueuil.

IV.—PATENOTRE, PIERRE, [JOSEPH III.
b 1733.
BRAY, Marguerite. [JOSEPH III.

(1) Pour Banlier.

(2) Dit St. Antoine.

1762, (27 sept.) Longueuil.
IV.—PATENOTRE, Joseph, [Joseph III.
b 1731.
Robidou, Marie-Renée, [Laurent-François IV.
veuve de Joseph Abel.

1762, (7 nov.) Détroit. [9]
IV.—PATENOTRE, Nicolas, [Joseph III.
b 1740.
1° Gatignon, Catherine, [François II.
b 1749; s [9] 13 janvier 1783.
Catherine, b [9] 14 fevrier 1767.—*Nicolas*, b [9] 15 déc. 1768.—*Marie-Joseph*, b [9] 17 oct. 1770.—*Marie-Angélique*, b [9] 25 juillet 1772.—*Agnès*, b [9] 4 nov. 1774; m [9] 20 avril 1795, à Nicolas Vernet.—*Geneviève*, b [9] 31 oct. 1776; s [9] 8 fevrier 1777.—*Madeleine*, b [9] 22 janvier 1778.—*Cécile*, b [9] 29 dec. 1782; s [9] 4 février 1783.
1791, (21 février). [9]
2° Tremblay, Marie-Joseph, [Ambroise III.
b 1751; veuve d'Isidore Morin.

PATENOTRE, Jean-Bte, b 1734; s 14 août 1779, à Montreal.

PATENOTRE, Jean-Bte.
Bisaillon, Véronique.
Marie-Catherine, b 1er avril et s 3 juillet 1763, à St-Philippe.[1] — *Marie-Suzanne*, b [1] 29 avril et s [1] 11 mai 1764.

1765, (18 fevrier) Montréal.
IV.—PATENOTRE, Chs-Amable, [Joseph III.
b 1740.
Hay, Françoise, [Pierre II.
b 1744.

1765, (20 mai) Chambly.
IV.—PATENOTRE, François, [François III.
b 1734.
Ménard (1), Marie-Charlotte, [Antoine III.
b 1724.

1765, (3 juin) Chambly.
IV.—PATENOTRE, Jean-Louis, [François III.
b 1736.
Laraue, Geneviève, [Joseph IV.
b 1740.

1768, (16 août) Montréal.
IV.—PATENOTRE, Alexis, [François III.
b 1745.
Gareau, Marie-Charlotte, [Jean-Bte III.
b 1746.

1769, (3 avril) Montréal.
IV.—PATENOTRE, François, [Joseph III.
b 1738.
Poirier, Angelique, [Charles III.
b 1750.

(1) Fille adoptive.

1770, (29 janvier) Boucherville.
IV.—PATENOTRE, Nicolas-Ant., [Nicolas III.
b 1741.
Audet, Charlotte. [Jean-Bte III.

1770, (28 mai) Varennes.
IV.—PATENOTRE, Ambroise. [Toussaint III.
Ledoux, Marie. [Jacques III.

I.—PATERSON (1), Alexandre, b 1723; de Dunder, Irlande; s 28 juillet 1758, à l'Hôpital-Général, M.

I.—PATIENCE (2), Jacques-Noel, b 1669; de Bauve-sur-Matha, diocèse de Xaintes, Saintonge; s 10 fevrier 1750, à l'Hôpital-Géneral, M.

PATIET.—Voy. Paquet.

I.—PATIN (3), Mathurin, b 1725; s 7 mars 1745, à St-Thomas.

PATOILE.—*Variations et surnom :* Patouel—Patouelle—Desrosiers.

1723, (8 fevrier) Québec. [4]
I.—PATOILE (4), Jean-Nicolas, fils de Jean et de Jeanne Barbier, de St-Eustache, Paris.
Louineau, Marie-Anne, [Pierre II
b 1701; s [4] 3 janvier 1785.
Jean, b [4] 23 déc. 1723. — *Nicolas*, b... 1° m 24 nov. 1750, à Rosalie Saucier, à Ste-Anne-de-la-Pocatière; 2° m 19 janvier 1761, à Catherine Tanguay, à St-Valier. — *Joseph*, b [4] 20 oct. 1726; m 10 janvier 1757, à Geneviève Monet, à Montreal. —*Marie-Anne*, b [4] 14 avril 1728; m [4] 7 nov 1747, à Jean Labranche. — *François-Marie*, b [4] 7 mai 1732; s [4] 22 nov. 1778.

1750, (24 nov.) Ste-Anne-de-la-Pocatière.
II.—PATOILE, Nicolas. [Jean-Nicolas I
1° Saucier, Rosalie, [Charles III.
b 1731; s 25 nov. 1759, à St-Frs-du-Sud.
1761, (19 janvier) St-Valier.
2° Tanguay, Catherine, [Jacques II.
b 1740.
François, b... m 24 oct. 1797, à Marie St. Michel, à Quebec.

1757, (10 janvier) Montréal.
II.—PATOILE (5), Joseph, [Jean-Nicolas I
b 1726.
Monet, Geneviève, [François II
b 1726.

1797, (24 oct.) Québec.
III.—PATOILE, François. [Nicolas II.
St. Michel, Marie. [Joseph.

(1) Soldat du régiment du général Morris, capitaine Ludens.
(2) Et Lapatience.
(3) Breton, résidant chez Pierre Morin.
(4) Dit Desrosiers.
(5) Et Patouelle.

PATOILE (1), JEAN,
meunier.
LAVOIE, Madeleine.
Geneviève, b 8 oct. 1803, à Rimouski.

PATOKA.—Voy. BILLIAU.

PATOUEL.—Voy. PATOILE.

PATOUELLE.—Voy. PATOILE.

PATRI.—Voy. PATRY.

PATRICK —Voy. FITZPATRICK.

PATRIN.—Voy. PÉTRIN.

PATRIS.—Voy. PATRY.

PATROS.—Voy. BATEREAU.

PATRY —*Variations et surnom :* PATRI—PATRIS —JÉROME.

1675, (23 juillet) Québec. [2]

I.—PATRY (2), ANDRÉ,
s 11 déc. 1697, à St-Michel. [1]
CARTOIS, Henriette, veuve de Michel Autebout, s 8 janvier 1729, à St-Valier.
André, b 1680 ; m 18 nov. 1711, à Catherine PRUNEAU, à Berthier ; s [1] 30 mai 1741.—*René*, b [2] 26 août 1684 ; m 1714, à Marie-Charlotte DUPUIS ; s [1] 17 janvier 1750.—*Joseph*, b 3 avril 1687, à Lévis.—*Jeanne*, b 1690 ; m à Jean BOUTIN.

1693, (21 sept.) Trois-Rivières. [3]

I.—PATRY (3), JEAN.
VANASSE, Catherine. [FRS-NOEL I.
Marguerite, b [3] 25 sept. 1697 ; m 21 nov. 1719, à Antoine JOYELLE, à St-Frs-du-Lac. [4]—*Gabrielle*, b [3] 1er mai 1700 ; m [4] 14 mai 1725, à François CARRY.—*Catherine*, b [3] 27 dec. 1702 ; 1° m [4] 9 avril 1720, à Jacques-Julien ST. LAURENT ; 2° m [4] 24 fevrier 1737, à François THÉSARD ; s [4] 9 dec. 1752.—*Marguerite-Madeleine*, b [3] 3 février 1707 ; m [4] 9 avril 1731, à Joseph JOYELLE.—*Jacques*, b... s [4] 28 oct. 1714.—*Marie-Jérôme*, b [3] 30 sept. 1714 ; m [4] 24 janvier 1746, à Pierre-Alexandre FORCIER ; s [4] 3 oct. 1762.—*Louis-Joseph*, b [4] 25 août 1716 ; s [4] 4 janvier 1732.—*Pierre*, b... s [4] 21 dec. 1744.

1711, (18 nov.) Berthier.

II.—PATRY, ANDRÉ, [ANDRÉ I.
b 1680 ; s 30 mai 1741, à St-Michel. [5]
PRUNEAU (4), Catherine, [JEAN I.
b 1694.
André, b 31 août 1712, à Beaumont [6] ; m 17 février 1744, à Marie-Agathe ROY, à St-Valier. [7]—*Jean-Baptiste*, b [6] 24 oct. 1714.—*Clément*, b [5] 30 juillet 1716 ; m [7] 15 juin 1744, à Marie BROCHU.—*Joseph*, b [7] 22 février 1719 ; m [5] 22 nov. 1746, à Marie-Anne MORISSET.—*Marie-Joseph*, b [6] 29 mai 1721 ; m 12 oct. 1744, à Joseph TALBOT, à St-Thomas. — *Marie-Geneviève*, b [6] 15 août 1723 ; m 1746, à Pierre MARTIN.—*Pierre*, b [6] 21 déc. 1725 ; s [5] 10 août 1745.—*Marie-Anne*, b [6] 21 déc. 1725 ; m [5] 27 avril 1750, à Charles LACROIX.—*Michel*, b [7] 12 mars 1730 ; m [5] 26 février 1759, à Marie-Angélique QUÉRET.—*Augustin*, b [5] 14 mars 1737 ; s [5] 3 juin 1743.

1714.

II.—PATRY, RENÉ, [ANDRÉ I.
b 1684 ; s 17 janvier 1750, à St-Michel. [8]
DUPUIS (1), Marie-Charlotte, [NICOLAS I.
b 1693 ; s [8] 2 janvier 1750.
Joseph, b 1715 ; s [8] 7 nov. 1740.—*Marie-Joseph*, b [8] 19 déc. 1717 ; s 27 avril 1721, à Beaumont. [9] —*Michel*, b [9] 12 mai 1720 ; m [8] 28 janvier 1743, à Marie LACROIX. — *Jean-Baptiste*, b [9] 11 juillet 1722 ; m [8] 15 janvier 1748, à Marie-Joseph GROMELIN ; s 29 dec. 1749, à St-Charles.—*Pierre*, b [9] 2 août 1724 ; m [8] 29 janvier 1748, à Madeleine DANIAU.—*René*, b 19 janvier 1727, à St-Valier. [1]—*Amable*, b [1] 13 janvier 1732 ; s [1] 27 août 1733.

II.—PATRY, PIERRE, [JEAN I.
s (2) 21 dec. 1744, à St-Frs-du-Lac.

1721, (26 nov.) Beaumont.

II.—PATRY, RENÉ, [ANDRÉ I.
b 1689.
GIRARD, Marie-Catherine, [JACQUES I.
b 1701 ; s 4 avril 1753, à Lévis [2]
Marie-Catherine, b [2] 22 nov. 1722 ; m [2] 18 avril 1749, à Jean CLAVEAU.—*René-Joseph*, b [2] 12 fevrier 1724, s 5 juin 1747, à St-Joseph, Beauce. [3] —*Anonyme*, b [2] et s [2] 7 mai 1725.—*Claude*, b [2] 16 juillet 1726.—*Anonyme*, b [2] et s [2] 17 janvier 1728. —*Charles-Louis*, b [2] 11 sept. 1729.—*Louis*, b [2] 29 mars 1732 ; m [2] 5 nov. 1754, à Marie-Geneviève TURGEON.—*Marie-Jeanne*, b [2] 29 avril 1734 ; s [2] 11 avril 1758.—*Jean*, b [2] 14 avril 1736 ; m [3] 17 janvier 1764, à Véronique RAYMOND.—*Marie-Joseph*, b [2] 9 et s [2] 18 avril 1740.—*Barbe*, b [2] 28 oct. 1744 ; m à Joseph GRENIER ; s [3] 24 janvier 1779.

III.—PATRY, RENÉ-JOSEPH, [RENÉ II.
b 1724 ; s (3) 5 juin 1747, à St-Joseph, Beauce.

1743, (28 janvier) St-Michel. [4]

III.—PATRY, MICHEL, [RENÉ II.
b 1720.
LACROIX, Marie-Louise, [LOUIS II.
b 1718.
Marie-Louise, b [4] 30 oct. 1743 ; m [4] 27 avril 1761, à Louis TERRIEN.—*Michel*, b [4] 20 oct. et s [4] 18 nov. 1745.—*Marie-Joseph*, b [4] 21 avril et s [4] 19 août 1747.—*Marie-Catherine*, b [4] 2 sept. 1748.—*Michel*, b [4] 8 nov. 1750 ; s [4] 13 mars 1752.—*Ano-*

(1) Et Patouel.
(2) Voy. vol. I, p. 468.
(3) Dit Jérôme ; voy. vol. I, p. 468.
(4) Elle épouse, le 19 oct. 1744, Joseph Forgues, à St-Michel.

(1) Dit Montarvan.
(2) Trouvé mort dans son lit.
(3) Noyé dans la rivière Mechatigane.

nyme, b [4] et s [4] 20 nov. 1752.—*Michel*, b [4] 30 oct. 1753 ; m 7 juin 1779, à Marie-Charlotte Balan, à Berthier.—*Pierre*, b [4] 26 mai 1756 ; s [4] 4 déc. 1757. —*Joseph*, b [4] 11 mars 1759 ; m à Marie-Joseph Bauché ; s 14 juillet 1803, à Beaumont. — *Marie-Anne*, b [4] 1er août 1762.

1744, (17 février) St-Valier.

III.—PATRY, André, [André II.
b 1712.
Roy, Marie-Agathe, [Noel II.
b 1722.
André, b 26 nov. 1744, à St-Michel [5] ; m 9 janvier 1769, à Marie-Joseph Paré, à Montréal.—*Pierre*, b [5] 16 fevrier 1746 ; m à Marie Girard ; s 8 sept. 1821, à Beaumont.—*Michel*, b [5] 29 oct. 1747 ; m 17 janvier 1774, à Marie-Joseph Ethier, à St-Henri-de-Mascouche.—*Joseph*, b [5] 9 juillet 1749 ; s [5] 27 avril 1751.—*Charles*, b [5] 10 avril 1751.—*Jean-Baptiste*, b [5] 3 mars 1753 ; s [5] 18 mars 1754.—*Robert*, b [5] 11 oct. 1754.—*Augustin*, b [5] 22 sept. 1756.—*Jean-Baptiste*, b [5] 13 juillet 1758.—*Jean-Baptiste*, b [5] 28 sept. 1760.

1744, (15 juin) St-Valier.

III.—PATRY, Clément, [André II.
b 1716.
Brochu, Marie. [Jean III.
Dorothée, b 9 avril 1745, à St-Michel [6] ; s [6] 7 mars 1747.—*Clément*, b [6] 6 mars 1746.—*Pierre*, b [6] 29 juin et s [6] 10 juillet 1747.—*Ignace*, b [6] 26 sept. 1748 ; m à Geneviève Quéret ; s 6 nov. 1819, à Beaumont.—*Jacques-François*, b [6] 16 mars 1750.—*Marie-Dorothée*, b [6] 31 oct. 1751.—*Marie-Charlotte*, b [6] 27 avril 1754 ; s [6] 20 janvier 1755.—*Pierre*, b [6] 29 février et s [6] 14 mars 1756. —*Gabriel*, b [6] 21 janvier 1757.—*Joseph-Marie*, b [6] 6 juillet 1758 ; s [6] 22 mars 1760.—*Marie-Louise*, b [6] 16 fevrier 1760 ; s [6] 7 juin 1762.—*Geneviève*, b [6] 4 mars 1762 ; s [6] 4 fevrier 1763.

1746, (22 nov.) St-Michel. [7]

III.—PATRY, Joseph, [André II.
b 1719.
Morisset, Marie-Anne, [Nicolas II
b 1712 ; veuve de Gabriel Ouimet.
Pierre-Marie, b [7] 23 et s [7] 29 juin 1748.—*Joseph*, b [7] 7 juillet 1749.—*Marie-Catherine*, b [7] 6 juin 1751.

PATRY, Jean,
b 1724 ; s 29 sept. 1759, à St-Charles.

PATRY, François,
b 1719 ; s 7 mars 1759, à Verchères.

1748, (15 janvier) St-Michel. [8]

III.—PATRY, Jean-Bte, [René II.
b 1722 ; s 29 dec. 1749, à St-Charles.
Gromelin (1), Marie-Joseph, [Jos.-Noel II.
b 1728.
Marie-Joseph (posthume), b [8] 14 sept. 1750.

(1) Laforme ; elle épouse, le 16 nov. 1750, Laurent Couture, à St-Michel.

1748, (29 janvier) St-Michel. [9]

III.—PATRY, Pierre, [René II.
b 1724.
Daniau, Madeleine, [Jean II.
b 1721 ; veuve de Pierre Rouleau.
Marie-Madeleine, b [9] 19 juin 1749.—*Pierre*, b [9] 1er et s [9] 26 fevrier 1751.—*Pierre*, b [9] 13 mars 1752.—*Marie-Félicité*, b [9] 14 juin 1754.—*Michel*, b [9] 13 fevrier 1757 ; s [9] 21 janvier 1759.—*Geneviève*, b [9] 19 oct. 1758.—*Marie-Anne*, b [9] 21 janvier 1761 ; s [9] 1er avril 1762.

1750, (25 mai) Trois-Rivières. [1]

I.—PATRY, René, fils de Rene et de Marie Péan, de St-Sauveur, ville de Châteaugontier, diocèse d'Angers, Anjou.
Baudry (1), Marie. [Joseph II
René, b [1] 21 avril 1752.—*Marie-Charlotte*, b [1] 15 mars 1755.—*Marie*, b [1] 10 août et s [1] 7 sept. 1756.—*Marie-Louise*, b 25 oct. 1759, à Yamachiche. [2]—*Marie-Joseph*, b [2] 19 avril 1762.

1754, (5 nov.) Lévis [2] (2).

III.—PATRY, Louis, [René II
b 1732.
Turgeon, Marie-Geneviève, [Joseph III
b 1734.
Marie-Geneviève, b [2] 21 sept. et s [2] 5 oct. 1755 —*Louis*, b [2] 10 oct. 1756 ; s [2] 25 nov. 1757.—*Joseph*, b [2] 22 juin 1758.—*Louis*, b [2] 24 fevrier 1761.—*Marie-Louise*, b [2] 5 août 1763 ; s [2] 28 avril 1768.—*Jean-Baptiste*, b [2] 28 fevrier 1765.—*Marie-Suzanne*, b [2] 5 mars 1767.—*Marie-Joseph*, b [2] 21 avril 1770.

1759, (26 fevrier) St-Michel. [3]

III.—PATRY, Michel, [André II
b 1730.
Quéret, Marie-Angélique, [Charles II.
b 1736 ; veuve de Louis Bissonnet.
Marie-Geneviève, b [3] 30 dec. 1760.—*Marie-Catherine*, b [3] 16 février 1763.

IV.—PATRY, Ignace, [Clément III.
b 1748 ; s 6 nov. 1819, à Beaumont. [4]
Quéret, Geneviève, [Joseph II.
b 1756 ; s [4] 28 oct. 1803.

1764, (17 janvier) St-Joseph, Beauce.

III.—PATRY, Jean, [René II.
b 1736.
Raymond, Marie-Véronique. [Etienne II
b 1733.

1769, (9 janvier) Montréal.

IV.—PATRY, André, [André III.
b 1744.
Paré, Marie-Joseph, [Ignace III
b 1748.

(1) Lamarche.
(2) Ce mariage fut réhabilité le 20 janvier 1755.

1774, (17 janvier) St-Henri-de-Mascouche.
IV.—PATRY, Michel, [André III.
b 1747.
Ethier, Marie-Joseph. [Etienne III.

1779, (7 juin) Berthier.
IV.—PATRY, Michel, [Michel III.
b 1753.
Balan, Marie-Charlotte. [Joseph III.

IV.—PATRY, Joseph, [Michel III.
b 1759 ; s 14 juillet 1803, à Beaumont. [5]
Bauché, Marie-Joseph, [Hilaire III.
b 1751 ; s [5] 13 juin 1828.
Marie-Angélique, b... m [5] 23 janvier 1809, à François Labrecque.

IV.—PATRY, Pierre, [André III.
b 1746 ; s 8 sept. 1821, à Beaumont. [6]
Girard, Marie
Agathe, b... m [6] 12 janvier 1808, à Jean-Baptiste Martin.

1777, (14 oct.) Montréal.
I.—PATTON, Jean, b 1728; fils de Jean et d'Agnès Cochell, de Dublin, Irlande.
Godfray, Marguerite, b 1732; veuve de Thomas Triquet; fille de Jean et de Bridgett Dunn, de Canor, Irlande.

PAUL.—Voy. Hus.

1734, (17 nov.) Sorel. [7]
III.—PAUL (1), Louis, [Louis II.
b 1700 ; s [7] 13 mars 1744.
Pelletier (2), Marie-Catherine, [Michel III.
b 1716.
Joseph, b [7] 19 février 1737 ; m 12 janvier 1761, à Marguerite Sicard, à Lanoraie.

1761, (12 janvier) Lanoraie.
IV.—PAUL (3), Joseph, [Louis III.
b 1737.
Sicard, Marguerite. [Pierre II.

I.—PAUL (4), Jean-Christophe-Frédéric, Allemand.
Dauphin, Marie-Thérèse.
Anonyme, b et s 22 nov. 1786, à St-Cuthbert. [8] —*François*, b [8] 12 fevrier 1789.

PAULET.—*Variation et surnom :* Poulet—Neveu.

1655, (12 avril) Québec.
I.—PAULET (5), Antoine,
b 1626 ; s 5 nov. 1695, à St-Pierre, I. O. [1]
Miville, Suzanne, [Pierre I.
b 1642 , s 29 août 1675, à Ste-Famille, I. O. [9]

(1) Voy. Hus, vol. IV, p. 562.
(2) Elle épouse, le 18 janvier 1747, Augustin Plante, à Sorel.
(3) Dit Chevreuse; il était au Détroit, le 30 avril 1763.
(4) Poll.
(5) Voy. vol. I, p. 468.

Antoine, b [9] 23 janvier 1656 ; 1° m [1] 30 août 1683, à Renée Gratton ; 2° m [1] 13 fevrier 1685, à Anne Loignon ; s [1] 25 nov. 1722.

1683, (30 août) St-Pierre, I. O. [1]
II.—PAULET (1), Antoine, [Antoine I.
b 1656 ; s [1] 25 nov. 1722.
1° Gratton, Renée, [Claude I.
b 1666 ; s [1] 27 nov. 1684.
Ignace, b [1] 13 août 1684 ; s [1] 10 déc. 1685.
1685, (13 fevrier). [1]
2° Loignon, Anne, [Pierre I.
b 1663; veuve de Joseph Choret; s [1] 19 janvier 1736.
Pierre, b [1] 16 oct. 1686 ; 1° m [1] 19 juin 1724, à Geneviève Paradis ; 2° m [1] 17 janvier 1729, à Madeleine Gosselin ; s [1] 12 mars 1748.—*Geneviève*, b [1] 27 dec. 1688 ; 1° m [1] 31 janvier 1708, à Antoine Paquet ; 2° m 27 juillet 1722, à Joseph Labrecque, à St-Laurent, I. O. [2]—*Anne*, b [1] 7 déc. 1690 ; m [1] 28 nov. 1708, à François Ferland ; s [1] 18 février 1736.—*Hélène*, b [1] 23 fevrier 1693 ; m [1] 17 nov. 1710, à Louis Coulombe.—*Louise*, b [1] 10 et s [1] 23 déc. 1694.—*Madeleine*, b [1] 13 et s [1] 31 janvier 1696.—*Catherine*, b [1] 13 janvier 1697 ; 1° m [1] 29 juillet 1720, à François Marchand ; 2° m 21 oct. 1748, à Pierre Drapeau, à St-Antoine-Tilly ; s 26 avril 1754, à St-Nicolas.—*Louise*, b [1] 12 dec. 1698 ; s [1] 17 janvier 1703.—*Jean-Baptiste*, b [1] 7 nov. 1700 ; m [2] 6 août 1726, à Marie Roy.—*Marie*, b [1] 4 juillet 1704 ; 1° m [1] 29 oct. 1732, à Jean-Baptiste Huot-St. Laurent ; 2° m à Charles Dubois.—*Marie-Madeleine*, b [1] 24 mars 1706 ; m [1] 6 nov. 1730, à Pierre Bergeron.—*Louise*, b [1] 30 janvier et s [1] 24 fevrier 1708.

1724, (19 juin) St-Pierre, I. O. [2]
III.—PAULET, Pierre, [Antoine II.
b 1686 ; s [2] 12 mars 1748.
1° Paradis, Geneviève, [Pierre II.
b 1699 ; s [2] 8 oct. 1728.
Rose, b [2] 20 et s [2] 23 mai 1726.—*Marie-Thérèse*, b [2] 24 et s [2] 26 juin 1727.
1729, (17 janvier). [2]
2° Gosselin, Marie-Madeleine, [François II.
b 1697 ; s [2] 2 déc. 1749.
Pierre, b [2] 6 fevrier et s [2] 22 août 1730.—*Marie-Madeleine*, b [2] 4 avril 1731 ; m [2] 22 juillet 1748, à Jean-Baptiste-Marie Nolin.—*Marie-Joseph*, b [2] 19 oct. 1732 ; m 6 août 1764, à Pierre Pinel, à la Pte-aux-Trembles, Q.—*Pierre*, b [2] 13 nov. 1734.—*Monique*, b [2] 30 août 1738.

1726, (6 août) St-Laurent, I. O.
III.—PAULET, Jean-Bte, [Antoine II.
b 1700.
Roy, Marie-Joseph. [Jean II.
Jean-François, b 4 août 1727, à St-Pierre, I. O. [3]; m [3] 2 fevrier 1751, à Marie-Louise Noel.—*Louis*, b [3] 13 fevrier 1729.—*Marie-Geneviève*, b [3] 12 mars 1731, m [3] 7 fevrier 1752, à Pierre-Noël Fortier.—*Marie-Véronique*, b [3] 31 dec. 1732 ; m 2 fevrier 1767, à Joseph Langlois, à la Pte-aux-Trembles, Q. [4]—*Marie-Madeleine*, b [3] 28 janvier

(1) Voy. vol. I, p 468.

1735; m [3] 7 janvier 1754, à Paul Langlois.—*Marie-Marthe,* b [3] 25 mars 1737; m à Jean-Baptiste Toupin.—*André,* b [3] 30 nov. 1739; m [4] 23 nov. 1761, à Thérèse Coutancineau.—*Pierre-Philippe,* b [3] 25 nov. 1744.

1751, (2 février) St-Pierre, I. O. [4]

IV.—PAULET, Jean-Frs, [Jean-Bte III.
b 1727.
Noel, Marie-Louise, [Ignace III.
b 1728.
Marie-Louise, b [4] 17 et s [4] 26 avril 1752.—*Jean-Joseph,* b [4] 16 mars 1753.—*Charles,* b [4] 6 fevrier 1756.—*Marie-Joseph,* b [4] 12 avril 1758.

1761, (19 oct.) Québec.

I.—PAULET, Arnaud-Guillaume, fils de Guillaume et de Marie-Andrée Pauleze, de Bedende, diocèse de Xaintes, Saintonge.
Pepie, Cécile-Elisabeth, [Daniel I.
b 1726.

1761, (23 nov.) Pte-aux-Trembles, Q. [5]

IV.—PAULET, André, [Jean-Bte III.
b 1739.
Coutancineau, Thérèse, [Michel III.
b 1734; veuve de Louis Beland.
André, b [5] 26 juin 1762; m 1er avril 1788, à Marguerite Corriveau, à Quebec.—*Joseph,* b 3 juillet 1764, aux Ecureuils. [6]—*Thérèse,* b [6] 29 août 1766.—*Geneviève,* b [6] 16 nov. 1768.—*Antoine,* b [6] 4 avril 1771.—*Jean-Baptiste,* b [5] 2 mars 1775.—*Marie-Louise,* b [5] 5 mars 1777.

1788, (1er avril) Québec.

V.—PAULET, André, [André IV.
b 1762.
Corriveau, Marguerite. [Guillaume III.

1767, (12 janvier) St-Antoine-de-Chambly.

I.—PAULIN, Antoine, b 1737; fils d'Antoine et de Marie-Dominique Valois, de St-Paul-de-Varse, diocèse de Grenoble, Dauphine.
Cotard, Theotiste, [Pierre I.
b 1750.

PAUMEREAU.—*Variations :* Pomereau—Pommereau.

1701, (25 juin) Montréal. [1]

I.—PAUMEREAU, Jacques-Pierre, b 1677, marchand; fils d'Antoine et de Catherine Mainde, de St-Jean de la Chataigneraye, diocèse de La Rochelle, Aunis; s 19 nov. 1754, à Longueuil.
Nafrechon, Françoise, [Isaac I.
b 1673.
Jean, b [1] 15 avril 1702; m 11 mars 1736, à Françoise Boucher, à Boucherville; s 27 mars 1742, à Quebec.—*Jean-Nicolas,* b [1] 11 juillet 1717; s [1] 2 mars 1718.

1736, (11 mars) Boucherville.

II.—PAUMEREAU (1), Jean, [Jac.-Pierre I.
b 1702; s 27 mars 1742, à Québec. [8]
Boucher (2), Françoise, [Pierre III
b 1705.
Jean-François, b [8] 14 avril 1737; m 29 sept 1760, à Claire Lemaitre, aux Trois-Rivières.—*Gilles-François,* b [8] 8 juin 1738; m à Marie-Anne Boilevin.—*Marie-Charlotte,* b [8] 7 août 1739.—*Catherine-Elisabeth,* b [8] 20 nov. 1740.—*Françoise-Renée,* b [8] 5 janvier 1742.

1760, (29 sept.) Trois-Rivières. [9]

III.—PAUMEREAU, Jean-Frs, [Jean II.
b 1737.
Lemaitre, Claire, [Louis III
b 1736; s [9] 27 avril 1765.

III.—PAUMEREAU, Gilles-Frs, [Jean II.
b 1738; marchand.
Boilevin, Marie-Anne, [Yves I.
b 1752.
Gilette, b... m 3 mai 1792, à Joseph Lelièvre-Duval, à Québec. [8]—*Marie-Catherine,* b... 1° m [6] 15 avril 1793, à Marc-Antoine-Méru Panet; 2° m 4 nov. 1805, à Paul Hervieux, à Repentigny.—*François,* b et s 5 mai 1778, à Ste-Foye. [7]—*Marie,* b [7] juillet et s [7] 4 août 1779.

I.—PAUPERET (3), Claude.
1° Noblé, Marguerite.
David, b 1684; m 18 août 1710, à Marie Joly, à Quebec [8]; s 23 nov. 1759, à St-Frs-du-Lac.
1700, (13 fevrier) Champlain.
2° Babie, Jeanne, [Jacques I.
b 1671; veuve de Paul Lusignan; s [8] 4 janvier 1703.

1710, (18 août) Québec.

II.—PAUPERET, David, [Claude I
b 1684; s 23 nov. 1759, à St-Frs-du-Lac.
Joly, Marie, [Jean I
b 1673; veuve de Philippe Basquin.
Marie-Joseph, b... m à François Destours.

PAUQUET.—Voy. Noguères.

PAUSÉ.—Voy. Posé.

I.—PAVILLÉ, Gilles.
Michaud, Angelique.
Charles-Antoine, b 1738; s 3 mars 1742, à Québec.

I.—PAVIOT (4), Jean-Fiacre.
Périllard, Catherine, [Nicolas II.
b 1732.
Michel-Jean, b 30 sept. 1760, à St-Laurent, M.

PAVIS.—Voy. Duhaut.

(1) Commis au magasin du Roy — Ecrivain du Palais — Propriétaire du poste appelé " Gros-Mécatina.

(2) DeBoucherville; elle épouse, le 25 oct. 1745, Joseph-Michel LeGardeur, à Québec.

(3) Voy. vol. I, p. 468.

(4) Dit Vadeboncœur; voy. Pariot, vol. VI, p. 251.

PAVY.—*Surnom :* LAFLEUR.

1714, (11 nov.) Chambly.

I.—PAVY (1), CARLE, fils de Carle et de Françoise Gâteau, de St-Pierre, ville de Xaintes, Saintonge.
MÉNARD, Marie-Madeleine. [MAURICE II.

I.—PAXTON, THOMAS.
LEVITRE, Geneviève. [MICHEL III.
Marie-Geneviève, b 28 avril 1786, à Quebec.

PAYAN.—*Variations et surnoms :* PALIAN — PAILLANT — PAYANT — PAYEN—DECHAVOIS—DENOYAN — DESFORGES — LALIBERTÉ — ST. ONGE.

1664, (8 déc.) Quebec.

I.—PAYAN (2), PIERRE.
LEMOYNE, Catherine-Jeanne, [CHARLES I.
b 1673.
Pierre-Jacques, b 3 nov. 1695, à Montréal ; m 17 nov. 1731, à Louise-Catherine DAILLEBOUT, à Longueuil.

1699, (3 fevrier) Québec. [1]

I.—PAYAN (3), JACQUES,
cordonnier.
1° MORIN, Louise, [PIERRE II.
b 1678.
Nicolas, b... m 1725, à ....—*Joseph-Jacques,* b [1] 19 janvier 1700 ; m [1] 2 nov. 1721, à Marie-Jeanne LEGRIS.—*Pierre-Antoine,* b [1] 11 avril 1707 ; m [1] 26 nov. 1736, à Marie-Louise SASSEVILLE ; s [1] 28 mai 1776.
1710, (16 oct.) Ste-Foye.
2° SÉDILOT, Marguerite. [JEAN II.
Jacques-François, b [1] 9 mars 1721 ; m 14 nov. 1747, à Françoise RIVARD, à Batiscan.

1721, (2 nov.) Québec. [2]

II—PAYAN (4), JOSEPH-JACQUES, [JACQUES I.
b 1700.
LEGRIS, Marie-Jeanne-Geneviève, [JEAN I.
b 1699 ; s [2] 3 mars 1753.
Louis-Joseph, b [2] 12 août 1722 ; m [2] 10 mai 1746, à Geneviève DARUET.—*Dominique,* b [2] 23 nov. 1724 ; m 1749, à Marie-Louise LAPORTE.—*Jean-Baptiste,* b [2] 3 avril 1726 ; m 14 avril 1755, à Françoise-Catherine LÉRIGER, à Laprairie. [3]—*Pierre-François,* b [2] 11 mars et s [2] 27 juillet 1729.—*Jean-Marie,* b [2] 12 juin 1730 ; m 26 avril 1757, à Marie-Rosalie LEBEL, à Kamouraska.—*Marie-Angélique,* b [2] 3 fevrier et s [2] 4 juillet 1732.—*Nicolas,* b [2] 1er oct. 1733 ; m 1759, à Marie-Rose LERIGER.—*Marie-Jeanne,* b [2] 20 mai et s [2] 23 juillet 1735.—*Louis,* b [2] 21 sept. 1737.—*Marie-Joseph,* b [2] 22 mai 1740 ; 1° m [3] 5 fevrier 1759, à Guillaume DELPRAT, 2° m [3] 22 fevrier 1762, à Ignace-Rigobert PINSONNEAU.

(1) Dit Lafleur ; soldat de la compagnie de M. Levillier.
(2) Sieur de Noyan ; voy. vol. I, p. 468.
(3) Dit St. Onge ; voy. vol. I, pp. 468-469.
(4) Dit St. Onge.

1725.

II.—PAYAN (1), NICOLAS, [JACQUES I.
cordonnier.
....
s 20 janvier 1735, à Québec. [6]
Louis-Martin, b 1726 ; s [6] 10 sept. 1727.

1731, (17 nov.) Longueuil. [7]

II.—PAYAN (2), PIERRE-JACQUES, [PIERRE I.
b 1695.
DAILLEBOUT (3), Lse-Catherine, [NICOLAS III.
b 1697 ; veuve de Jean-Baptiste Charly.
Pierre, b 26 et s 30 juin 1732, à Montréal. [8]—*Marie-Gabrielle,* b [8] 27 sept. et s [7] 6 nov. 1733.—*Catherine-Angélique,* b [8] 30 mai 1735 ; m [8] 30 janvier 1753, à Pierre-Jean-Baptiste-François-Xavier LEGARDEUR ; s 19 déc. 1757, à Lachenaye.—*Pierre-Louis,* b 10 dec. 1741, au Detroit.

1735, (7 fevrier) Québec. [9]

II.—PAYAN (1), CHARLES, [JACQUES I.
b 1714.
LEMARIÉ, Marguerite, [ANTOINE II.
b 1705 ; s [9] 18 sept. 1757.
Marguerite-Angélique, b [9] 8 sept. et s [9] 7 nov. 1735.—*Marie-Catherine,* b [9] 25 nov. 1736 ; m [9] 28 nov. 1758, à François SASSEVILLE.—*Jeanne-Elisabeth,* b [9] 29 sept. et s [9] 1er oct. 1738.—*Pierre,* b [9] 21 mars 1740 ; s [9] 19 déc. 1741.—*Charles-Antoine,* b [9] 15 juin 1742.—*Anonyme,* b [9] et s [9] 13 avril 1745.

1736, (26 nov.) Québec. [6]

II.—PAYAN (1), PIERRE-ANTOINE, [JACQUES I.
b 1707 ; s [6] 28 mai 1776.
SASSEVILLE, Marie-Louise, [PIERRE II.
b 1717.

1746, (10 mai) Québec. [7]

III.—PAYAN (1), LOUIS-JOS., [JOS.-JACQUES II.
b 1722 ; armurier.
DARUET (4), Geneviève.
Marie-Louise, b [7] 29 juillet 1747.—*Louis-Joseph,* b [7] 13 fevrier 1749.—*Marie-Geneviève,* b 3 dec. 1750, à St-Antoine-de-Chambly [8], s [8] 17 oct. 1751.—*Marie-Geneviève,* b [8] 24 nov. 1752.—*Charles,* b [8] 5 nov. 1755.—*Jean-Baptiste,* b [8] 13 août 1760.

1747, (14 nov.) Batiscan.

II.—PAYAN (5), JACQUES-FRANÇOIS, [JACQUES I.
b 1721.
RIVARD (6), Françoise, [FRANÇOIS II.
b 1725.
Marie-Françoise, b 27 août 1748, à St-Pierre-les-Becquets. [9]—*Alexis,* b [9] 18 avril 1751.—*Joseph,* b [9] 17 sept. 1753 ; m 18 sept. 1780, à Charlotte TOUSIGNAN, à St-Jean-Deschaillons.—*Marie-Char-*

(1) Dit St. Onge.
(2) DeNoyan sieur de Chavois.—Capitaine d'une compagnie du detachement de la marine—Chevalier, major des troupes—Commandant du fort Pontchartrain.
(3) DeManthet.
(4) Et Daleret ; élève de Louis Dunière.
(5) Et Palian dit St. Onge
(6) Dit Lacoursière.

lotte, b [9] 24 mai 1756.—*Jérôme*, b [9] 10 oct. et s [9] 12 nov. 1758.—*Charles*, b [9] 17 juillet et s [9] 10 août 1760.

1749.

III.—PAYAN (1), DOMINIQUE, [JOS.-JACQUES II. b 1724.
LAPORTE, Marie-Louise.
Marie-Félicité, b 28 mars 1750, à St-Antoine-de-Chambly. [7]—*Joseph*, b [7] 12 fevrier 1754.—*Jean-Marie*, b 4 et s 7 dec. 1755, à St-Ours. [8]—*Etienne*, b [8] 4 déc. 1755; s [8] 4 janvier 1756.—*Pierre-Marie*, b [8] 20 mars 1757.

1755, (14 avril) Laprairie.

III.—PAYAN (2), JEAN-BTE, [JOS.-JACQUES II. b 1726.
LÉRIGER (3), Françoise-Catherine, [PIERRE II. b 1736.
Pierre, b... m 21 juillet 1799, à Elisabeth CRELY, à St-Louis, Mo.

I.—PAYAN (4), PIERRE, fils de Jean et de Marie Sonier, de Lavive-en-Glandages, diocèse de Die, Dauphiné.
1° CHALY, Jeanne, de Nancy, Lorraine; veuve de Benoît Gruzelin; s 23 oct. 1766, au Lac-des-Deux-Montagnes.
Marie-Jeanne, b 10 nov. 1758, au Bout-de-l'Ile, M.
1767, (2 mars) Montréal.
2° ROUSSEL, Marie-Joseph, [PIERRE II b 1745; veuve de Denis Roux.

1757, (26 avril) Kamouraska. [6]

III.—PAYAN (2), JEAN-MARIE, [JOS.-JACQUES II. b 1730.
LEBEL, Marie-Rosalie, [JEAN III. b 1735.
Marie, b 1758; s [6] 1er janvier 1759.—*Jean-Baptiste*, b 8 nov. 1759, à la Rivière-Ouelle.—*Joseph*, b [6] 20 mars 1761.—*Marie-Catherine*, b [6] 21 janvier 1763.—*Augustin*, b [6] 6 déc. 1764.—*Pierre*, b [6] 24 janvier 1767; m 20 janvier 1794, à Rosalie RIOUX, aux Trois-Pistoles.—*Marie-Madeleine*, b [6] 1er oct. 1769.—*Marie-Joseph*, b [6] 18 oct. 1771.

1759.

III.—PAYAN (1), NICOLAS, [JOS.-JACQUES II. b 1733.
LERIGER, Marie-Rose, [PAUL II. b 1738.
Marie-Rose, b 7 sept. 1760, à St-Antoine-de-Chambly.—*Agathe*, b 4 avril 1763, à St-Philippe.

1780, (18 sept.) St-Jean-Deschaillons.

III.—PAYAN (2), JOSEPH, [JACQUES-FRS II. b 1753.
TOUSIGNAN, Charlotte, [LOUIS III. b 1754.

(1) Et Paillant dit St. Onge.
(2) Dit St. Onge.
(3) Et Laplante.
(4) Dit Desforges—Laliberté.

1794, (20 janvier) Trois-Pistoles.

IV.—PAYAN, PIERRE, [JEAN-MARIE III. b 1767.
RIOUX, Rosalie. [JEAN-BTE III.

1799, (21 juillet) St-Louis, Mo. [7]

IV.—PAYAN (1), PIERRE. [JEAN-BTE III.
CRELY, Elisabeth. [JEAN-BTE.
Adèle, b [7] 14 juin 1802.—*Paschal*, b... 1° m 26 mai 1835, à Pelagie AUBUCHON, à Florissant, Mo [8], 2° m [8] 27 juillet 1838, à Lucile TOURVILLE.—*François*, b... m [8] 1er dec 1835, à Marie ZACHARIE.

1835, (26 mai) Florissant, Mo. [9]

V.—PAYAN, PASCHAL. [PIERRE IV.
1° AUBUCHON, Pelagie.
1838, (27 juillet). [9]
2° TOURVILLE, Lucile. [CHARLES.

1835, (1er dec.) Florissant, Mo.

V.—PAYAN, FRANÇOIS. [PIERRE IV.
ZACHARIE, Marie.

PAYANT.—Voy. PAYAN.

PAYEN.—Voy. PAYAN.

PAYET.—*Variations et surnom:* PAILLART—PAILLET—PAYETTE—PEGUET—PEIGUET—PEYET—PINGUET—ST. AMOUR.

1671, (23 nov.) Montréal. [6]

I.—PAYET (2), PIERRE, s 25 janvier 1719, à la Pte-aux-Trembles, M. [7]
TESSIER, Louise, [URBAIN I b 1657.
Philippe, b [6] 5 février 1673; m 8 nov. 1700, à Denise GAUTIER, à Boucherville [8]; s [7] 10 juillet 1703.—*Guillaume*, b [6] 23 déc. 1674; m [7] 11 janvier 1700, à Geneviève MÉNARD.—*Marguerite*, b [6] 21 avril 1681; m [7] 11 janvier 1700, à Pierre COUTURIER; s [6] 20 mai 1728.—*Pierre*, b [7] 25 nov. 1683; m [6] 10 avril 1708, à Catherine DEMERS.—*Louise*, b [7] 5 mars 1686; m [7] 2 juin 1704, à Antoine BOYER.—*Jean*, b [7] 11 août 1688; m [6] 6 janvier 1710, à Therèse POIRIER; s [6] 4 avril 1741.—*Claude*, b [7] 9 janvier 1691; m 8 oct. 1719, à Louise PEPIN, à Nicolet.—*Jacques*, b [7] 17 juin 1694; m [6] 30 oct. 1719, à Michelle DENIAU; s 30 août 1727, à Repentigny.—*François*, b [7] 19 sept 1696; m 1722, à Anne-Françoise BAUDOIN.—*Nicolas*, b [7] 6 janvier 1698; m [8] 26 sept. 1723, à Angelique ARRIVÉE.—*Marie-Anne*, b [7] 6 mars 1701; m [7] 23 fevrier 1718, à Pierre LARRIVÉE.—*Geneviève*, b [7] 11 avril et s [7] 21 juin 1705.

1700, (11 janvier) Pte-aux-Trembles, M.

II.—PAYET (3), GUILLAUME, [PIERRE I. b 1674.
MÉNARD, Geneviève, [PIERRE I. b 1677.

(1) Dit St. Onge.
(2) Dit St. Amour; voy. vol. I, p. 469.
(3) Et Peguet dit St. Amour, 1714.

Pierre, b 24 janvier 1701, à Repentigny[9]; m 14 février 1724, à Isabelle JETTÉ, à Montréal.—*Guillaume*, b [9] 22 oct. 1702; m [9] 17 nov. 1727, à Marguerite TOIN.—*Marie-Madeleine*, b... m [9] 9 janvier 1730, à Antoine BAUDRY.—*Marie-Geneviève*, b [9] 12 déc. 1706.—*Claude*, b [9] 31 oct. 1708; m 6 fevrier 1736, à Marie-Apolline BAUDRY, à L'Assomption.—*Agathe*, b [9] 9 nov. 1710; m [9] 21 juillet 1727, à Pierre BAUDRY.—*Marie-Elisabeth*, b[9] 20 et s[9] 24 oct. 1712.—*Louise*, b[9] 7 nov. 1714.—*Augustin*, b [9] 2 oct. 1716; m à Marie-Madeleine MONGEAU. — *Joseph*, b[9] 14 mai 1720; s 4 oct. 1726, à Boucherville.

1700, (8 nov.) Boucherville.

II.—PAYET (1), PHILIPPE, [PIERRE I.
b 1673; s 10 juillet 1703, à la Pte-aux-Trembles, M.[1]

GAUTIER, Denise, [GERMAIN I.
b 1679.

Agathe, b 28 avril 1702, à St-François, I. J.; s [1] 2 juillet 1703.

1708, (10 avril) Montréal.

II.—PAYET (1), PIERRE, [PIERRE I.
b 1683.

DUMERS (2), Catherine, [MICHEL II.
b 1687.

Pierre, b 29 sept. 1710, à St-François, I. J.[6]; m [6] 10 nov. 1732, à Madeleine FILLATRO.—*Marie-Joseph*, b [6] 17 mars 1712; s [6] 18 sept. 1728.—*Joseph*, b [6] 25 oct. 1713; s [6] 15 mars 1736.—*Francois*, b [6] 9 mai 1715.—*Jacques*, b [6] 13 août 1716; m 1742, à Marie-Anne CORON.—*Agathe*, b... m [6] 30 sept. 1739, à Basile SIMARD.—*Marie-Anne*, b 5 oct. 1726, à Lachenaye.

1710, (6 janvier) Montréal.[7]

II.—PAYET (1), JEAN, [PIERRE I.
b 1688; s [7] 4 avril 1741.

POIRIER (3), Thérèse, [JEAN I.
b 1687.

Pierre, b [7] 3 et s [7] 4 janvier 1711.—*Anonyme*, b [7] et s [7] 3 mai 1712.—*Anonyme*, b [7] et s [7] 11 juin 1713.—*Marie-Thérèse*, b [7] 23 juin et s [7] 27 nov. 1714.—*Antoine-Augustin*, b [7] 3 sept. 1715; m 1744, à Elisabeth ROY.—*Françoise*, b [7] 13 février et s[7] 26 mai 1717.—*Louis*, b [7] 25 août 1718; m [7] 4 nov. 1748, à Marie-Anne DENEAU.—*Thérèse-Angélique*, b [7] 27 mai 1720; m [7] 24 mai 1745, à Jean ALARD; s [7] 6 fevrier 1746.—*François*, b [7] 28 sept. 1721.—*Michel*, b [7] 6 mars et s[7] 20 juillet 1723.

1719, (8 oct.) Nicolet.

II.—PAYET, CLAUDE, [PIERRE I.
b 1691.

PEPIN, Louise, [PIERRE II.
b 1695.

(1) Dit St. Amour.
(2) Et Dumay—Dumets.
(3) Dit Lajeunesse.

1719, (30 oct.) Montréal.[8]

II.—PAYET (1), JACQUES, [PIERRE I.
b 1694; s 30 août 1727, à Repentigny.[9]

DENIAU (2), Michelle, [JOSEPH II.
b 1693.

Marie-Joseph, b [9] 22 juillet 1723; m [8] 15 fevrier 1745, à Paul POUGET.

1722.

II.—PAYET (3), FRANÇOIS, [PIERRE I.
b 1696.

BAUDOIN, Anne-Françoise. [GUILLAUME II.

Françoise, b 2 sept. 1723, à Repentigny[1]; m 1740, à Pierre HUNAUT; s 7 sept. 1760, au Bout-de-l'Ile, M.—*Marie-Charlotte*, b [1] 30 juillet et s[1] 20 sept. 1725.—*François*, b[1] 5 sept. 1726; 1° m 1747, à Marie-Françoise HUNEAU; 2° m [1] 22 janvier 1787, à Marie-Archange JETTÉ.—*Marie-Thérèse*, b [1] 3 janvier 1729; m 1745, à Antoine MASTA.—*Joseph*, b 1731; s 29 oct. 1747, à Montreal.—*Jean*, b... 1° m 20 fevrier 1754, à Geneviève GARIÉPY, à Lachenaye[2]; 2° m 1er fevrier 1779, à Charlotte BAZINET, à la Longue-Pointe.—*Charles*, b [2] 5 sept. 1735; m 1766, à Angelique LARAU.

1723, (26 sept.) Boucherville.[3]

II.—PAYET, NICOLAS, [PIERRE I.
b 1698.

ARRIVÉE, Angélique, [PIERRE I.
b 1701.

Angélique, b 7 juillet 1724, à la Pte-aux-Trembles, M.—*Marie-Joseph*, b... m [3] 23 juillet 1742, à Jean-Baptiste ROBIN.—*Madeleine*, b... m [3] 17 mai 1744, à Paul CHICOINE.

1724, (14 fevrier) Montréal.

III.—PAYET, PIERRE, [GUILLAUME II.
b 1701.

JETTÉ, Isabelle, [URBAIN II.
b 1697.

Pierre, b 28 nov. 1724, à Repentigny[4]; m 16 oct. 1752, à Louise GAUTIER, à Varennes.—*Jean-Baptiste*, b [4] 21 fevrier et s [4] 13 juillet 1726.—*Urbain*, b [4] 25 fevrier 1727.—*Elisabeth*, b [4] 25 mai 1729.

1727, (17 nov.) Repentigny.[5]

III.—PAYET (4), GUILLAUME, [GUILLAUME II.
b 1702.

TOIN, Marguerite, [JEAN-BTE II.
b 1708, s [5] 29 oct. 1790.

Jean-Baptiste, b [5] 30 août et s [5] 6 sept. 1728.—*Jean-Baptiste*, b 11 oct. 1729, à L'Assomption.[6]—*Marie-Thérèse*, b [6] 20 juillet 1731.

1732, (10 nov.) St-François, I. J.[1]

III.—PAYET (5), PIERRE, [PIERRE II.
b 1710.

FILLATRO, Madeleine, [LOUIS II.
b 1712; s 25 fevrier 1757, à Ste-Rose.[2]

(1) Dit St. Amour.
(2) DesTaillis; elle épouse, le 8 avril 1728, Jean-Baptiste Deguire, à Montreal
(3) Et Peguet—Pinguet dit St Amour.
(4) Et Peguet.
(5) Et Peyet dit St. Amour.

Marie-Anne, b [1] 17 juillet 1734; 1° m [2] 19 février 1753, à Antoine VERNET; 2° m 9 nov. 1767, à Joseph-Gabriel GAUDREAU, à Montréal.—*Louis*, b [1] 4 déc. 1735; m 1764, à Françoise BAUDRY; s 2 juin 1790, à Repentigny. [3]— *Pierre*, b [1] 21 août 1737; m 1768, à Marguerite PICHÉ; s [3] 27 oct. 1790.—*Michel*, b 10 mars et s 6 juillet 1739, à Terrebonne. [4]—*Marie-Madeleine*, b [1] 7 avril 1740; m à Joseph LEBEAU; s [3] 24 janvier 1772.—*Marie-Angélique*, b [4] 13 sept. 1744.—*François-Amable*, b 13 sept. 1746, à la Rivière-des-Prairies; m 1766, à Agathe BAUDRY.—*Catherine*, b [4] et s [4] 5 juin 1748. — *Louise-Marie-Anne*, b [2] 24 février 1749; m à Amable DESJARDINS. — *Marie-Marguerite*, b [2] 12 mai 1750.—*Marie-Madeleine*, b [2] 13 juillet 1753.— *Marie-Reine*, b [2] 6 déc. 1754; m à François CORON; s 10 mai 1797, à Ste-Therèse.

1736, (6 février) L'Assomption.

III.—PAYET, CLAUDE, [GUILLAUME II.
b 1708.
BAUDRY, Marie-Apolline, [LOUIS III.
b 1722.
Marie-Anne, b 1745; 1° m à François DUVIVIER; 2° m 8 sept. 1783, à Antoine GARO, à Montréal.

1742.

III.—PAYET, JACQUES, [PIERRE II.
b 1716.
CORON, Marie-Anne. [FRANÇOIS II.
Antoine, b et s 23 juillet 1743, à Terrebonne. [5] —*Marie-Anne*, b [5] et s [5] 5 juin 1745.—*Marie-Anne*, b 23 février et s 17 août 1746, à Ste-Rose. [6]— *Jacques-Amable*, b [6] 20 février 1747.—*François*, b [6] 17 février et s [6] 25 juin 1749.—*Marie-Cécile*, b [6] 3 février 1750.—*Joseph*, b [6] 20 février 1751.— *Marie-Catherine*, b [6] 24 mars et s [6] 14 août 1752. —*Antoine*, b [6] 5 et s [6] 7 juillet 1753.—*Jean-Marie*, b [6] 25 sept. et s [6] 12 oct. 1754.—*Marie-Anne*, b [6] 7 et s [6] 18 mai 1756.—*Marie-Amable*, b [6] 30 sept. 1757.—*Marie-Françoise*, b [6] 31 mars et s [6] 9 août 1759.—*Anonyme*, b [6] et s [6] 2 juillet 1762.

1744.

III.—PAYET, ANTOINE-AUGUSTIN, [JEAN II.
b 1715.
ROY, Elisabeth.
Elisabeth, b 1745; m 9 nov. 1767, à Joseph SIMON, à la Pte-aux-Trembles, M. [7]—*Antoine*, b [7] 5 et s [7] 6 juillet 1751.—*Marguerite*, b [7] 30 avril 1753.

1747.

III.—PAYET (1), FRANÇOIS, [FRANÇOIS II.
b 1726.
1° HUNEAU, Marie-Françoise, [ANTOINE III.
b 1723; veuve de Charles Moreau-Duplessis; s 24 juillet 1786, à Repentigny. [8]
François, b... m 3 juillet 1769, à Louise HUPPÉ, à Terrebonne.—*Marie*, b... m [8] 8 janvier 1770, à Pierre GRENON.—*Justine*, b 1758; m [8] 13 février 1775, à Antoine LÉVESQUE.—*Jean-Baptiste*, b [8] 17 oct. 1766; s [8] 2 avril 1767.—*Pierre*, b [8] 9 février 1768; m [8] 31 mars 1788, à Marie-Angélique BÉLANGER.

1787, (22 janvier). [8]
2° JETTÉ, Marie-Archange. [AMABLE IV.
Marie-Thérèse, b [8] 27 août 1794.

1748, (4 nov.) Montréal. [8]

III.—PAYET (1), LOUIS, [JEAN II.
b 1718.
DENEAU, Marie-Anne, [CHARLES II.
b 1727.
Louis, b [8] 23 août 1749; m à Thérèse DESMARETS.—*Louise-Amable*, b 1753; m [8] 8 janvier 1770, à Joseph-René LEBEUF.

III.—PAYET, AUGUSTIN, [GUILLAUME II.
b 1716.
MONGEAU, Marie-Madeleine. [PIERRE III.
Agathe, b... m 16 février 1767, à Charles LESCARBOT, à Repentigny.

1752, (16 oct.) Varennes.

IV.—PAYET, PIERRE, [PIERRE III.
b 1724.
GAUTIER, Louise. [JEAN II.
Marie-Louise, b... m 27 février 1775, à Pierre LANGLOIS, à Repentigny.

1754, (20 février) Lachenaye. [9]

III.—PAYET, JEAN. [FRANÇOIS II
1° GARIÉPY, Geneviève, [PIERRE II
b 1715.
Jean, b 1755; m 3 oct. 1774, à Marie-Anne LEVESQUE, à Repentigny.
1779, (1er février) Longue-Pointe.
2° BAZINET, Charlotte, [PIERRE III
b 1738; veuve d'Antoine Trudel.
Joseph, b [9] 31 déc. 1781.

1764.

IV.—PAYET, LOUIS, [PIERRE III.
b 1735; s 2 juin 1790, à Repentigny. [8]
BAUDRY, Françoise.
Marie-Angélique, b 1765; s [8] 24 nov. 1766— *Agathe*, b [8] 18 oct. 1766; s [8] 3 oct. 1767.—*Thérèse*, b [8] 21 sept. et s [8] 14 oct. 1767.—*Marie-Elisabeth*, b [8] 10 oct. et s [8] 17 déc. 1768.—*Marie-Madeleine*, b 1769; s [8] 25 mars 1770.—*François*, b [8] 1er avril et s [8] 28 mai 1773.—*François*, b [8] 17 avril et s [8] 3 mai 1775.

1766.

IV.—PAYET, FRANÇOIS-AMABLE, [PIERRE III
b 1746.
BAUDRY, Agathe.
François, b 12 juillet et s 28 nov. 1767, à Repentigny. [9] — *Agathe*, b [9] 22 juillet 1768.—*Louis*, b [9] 8 janvier et s [9] 10 juin 1770.—*Marie-Françoise*, b [9] 24 juillet et s [9] 6 août 1771.—*François-Xavier*, b [9] 18 juillet et s [9] 6 août 1772.—*Françoise*, b [9] 16 oct. 1773.—*Euphrosine*, b [9] 1er mai 1775.—*Pierre*, b... s [9] 27 juillet 1784.—*Joseph*, b... s [9] 12 sept. 1787.

(1) Dit St. Amour.

(1) Dit St. Amour.

IV.—PAYET, Louis, [Louis III.
b 1749.
Desmarets, Thérèse.
Louis, b... m 29 sept. 1794, à Angelique Galarneau, à Repentigny.

PAYET, Antoine.
Rivet, Louise.
Louise, b 6 nov. 1766, à Repentigny[9], m[9] 21 janvier 1788, à Antoine Jetté.

1766.

III.—PAYET (1), Charles, [François II.
b 1735.
Larau, Angélique.
Françoise, b... m 23 janvier 1786, à Jean-Baptiste Juneau, à Repentigny.[1]—*Jean-Baptiste*, b[1] 9 et s[1] 10 fevrier 1767.—*Marie-Amable*, b[1] 9 mars 1768.—*Charles*, b[1] 19 avril 1769; m[1] 28 janvier 1788, à Marie-Joseph Neuvillon.—*Jean-Baptiste-Abraham*, b[1] 22 mars et s[1] 24 dec. 1772. —*Marie-Hélène*, b[1] 22 mars 1772.—*Marie*, b... m[1] 28 oct. 1793, à Alexis Baudry.—*Jean-Abraham*, b 30 oct. 1773, à Lachenaye.[2]—*Marie-Charlotte*, b[2] 9 avril 1776; m[1] 22 oct. 1792, à Jean Gagnon.—*Marie-Félicité*, b[2] 10 juillet 1782. —*Marie-Louise*, b 1784; s[1] 25 janvier 1785.—*Jean-Baptiste*, b[1] et s[1] 10 janvier 1787.

PAYET, Augustin.
Riche (2), Marie-Amable,
b 1741; s 5 mai 1786, à Repentigny.[3]
Marie-Amable, b[3] 5 fevrier 1767; m[3] 30 janvier 1792, à Jean-Baptiste Fortin.—*Marie-Charlotte*, b[3] 24 fevrier et s[3] 21 mai 1768.—*Joseph*, b[3] 6 mars et s[3] 1er juillet 1769.—*Marie-Marguerite*, b[3] 1er janvier et s[3] 5 juin 1771.—*Augustin*, b... s[3] 22 août 1780.—*Louis*, b 8 juillet 1782, à Lachenaye.—*Eustache*, b 1784; s[3] 19 mai 1786. —*Marie-Thérèse*, b[3] 6 et s[3] 8 avril 1786.

1766.

IV.—PAYET, Pierre, [Pierre III.
b 1737; s (de mort subite) 27 oct. 1790, à Repentigny.[4]
Piche-Lamusette, Marguerite.
Charles, b[4] 8 mars 1767.—*Jean-Baptiste*, b... m[4] 1er oct. 1792, à Marie-Anne Langlois.—*Louis*, b[4] 11 mars 1772.—*Marie-Marguerite*, b[4] 26 avril 1774; m[4] 21 oct. 1793, à Jean-Baptiste Langlois. —*Marie*, b... m[4] 17 fevrier 1794, à Jean-Baptiste Langlois.

PAYET, Pierre.
Ricard, Marie-Thérèse.
Pierre, b 7 mars 1767, à Repentigny.

PAYET, Antoine.
Foucault, Louise.
Antoine, b 13 avril 1768, à Repentigny.

PAYET, Pierre.
Laraut, Marie-Françoise.
Pierre, b 8 et s 11 mars 1768, à Repentigny.[5]
—*Pierre*, b... m[5] 18 oct. 1790, à Rose Moreau. —*Marie-Charlotte*, b[5] 16 fevrier 1770.—*Marie-Hélène*, b[5] 7 avril 1772; s[5] 15 avril 1773.—*Marie-Angélique*, b 26 nov. 1773, à Lachenaye.[6]—*Marie-Madeleine*, b[6] 13 nov. 1777.—*Marie-Geneviève*, b[6] 4 déc. 1781.—*Jean-Baptiste*, b[6] 17 juin 1783.

1769, (3 juillet) Terrebonne.

IV.—PAYET, François. [François III.
Huppé, Marie-Louise, [Charles IV.
b 1752.
François, b... m 21 février 1791, à Marie-Charlotte Vaudry, à Repentigny.

1774, (3 oct.) Repentigny.[7]

IV.—PAYET (1), Jean, [Jean III.
b 1755.
Lévesque, Marie-Anne, [Joachim.
b 1757.
Elisabeth, b 1778; s[7] 27 déc. 1780.—*Marie-Anne*, b[7] 23 août et s[7] 6 sept. 1794.

PAYET, François,
b 1755; s 3 mai 1785, à Repentigny.

PAYET, François.
Baudry, Marie-Joseph.
Joseph, b et s 26 juillet 1780, à Repentigny.

PAYET, Joseph.
Bazinet, Marie-Thérèse.
Marie-Thérèse, b 26 avril 1781, à Lachenaye. —*Raphaël*, b et s 24 juillet 1784, à Repentigny.[8] —*François-Pierre*, b[8] 8 sept. 1786.—*Pierre-Marie*, b[8] 10 mai 1788; s[8] 13 août 1792.—*Charles*, b[8] et s[8] 21 juillet 1790.

PAYET, Louis.
Prudhomme, Agathe.
François, b 1782; s 7 mai 1784, à Repentigny.[9] —*Pierre*, b[9] et s[9] 20 janvier 1785.—*Marie-Françoise*, b[9] 26 dec. 1786.—*Pierre*, b[9] et s[9] 19 juillet 1788.—*Louis*, b[9] 7 mai 1789.—*Marie-Amable*, b[9] 9 juin 1791.—*Angélique*, b 1793; s[9] 7 mai 1794. —*François*, b[9] 15 nov. 1794.—*Charles*, b[9] 15 nov. 1794; s[9] 2 janvier 1795.—*Pierre*, b[9] 15 nov. 1794.

PAYET, Alexis.
Lépine, Elisabeth.
Alexis, b 16 oct. 1783, à Lachenaye.

PAYET, Pierre.
Gautier-Landreville, Angélique.
Pierre, b 1783; s 20 oct. 1787, à Repentigny.[9] —*Angélique*, b[9] et s[9] 16 nov. 1785.—*Jean-Baptiste*, b[9] 18 janvier 1786.—*Pierre*, b[9] 23 août et s[9] 3 sept. 1788.—*Marie-Angélique*, b[9] 17 janvier et s[9] 28 avril 1790.—*Joseph*, b[9] 19 fevrier 1791.

(1) Dit St. Amour.
(2) Dit Lasonde.

(1) Dit St. Amour.

1788, (28 janvier) Repentigny.[6]
IV.—PAYET (1), CHARLES, [CHARLES III.
b 1769.
NEUVILLON (2), Marie-Joseph. [JACQUES I.
Marie-Joseph, b [6] 22 février 1789.

1788, (31 mars) Repentigny.[7]
IV.—PAYET, PIERRE, [FRANÇOIS III.
b 1768.
BÉLANGER, Marie-Angelique. [FRANÇOIS V.
Pierre, b [7] 29 mars 1789.—*Marie-Marguerite*, b [7] 26 avril 1794.—*Joseph*, b [7] 30 nov. 1795.

1790, (18 oct.) Repentigny.
PAYET, PIERRE. [PIERRE.
MOREAU, Rose, [CHARLES III.
b 1771.

1791, (21 fevrier) Repentigny.[8]
V.—PAYET, FRANÇOIS. [FRANÇOIS IV.
VAUDRY, Marie-Charlotte, [JACQUES IV.
b 1772.
François, b [8] 14 février 1793.

1792, (1er oct.) Repentigny.[9]
V.—PAYET, JEAN-BTE. [PIERRE IV.
LANGLOIS (3), Marie-Anne. [FRANÇOIS III.
Marie-Anne, b [9] 27 juillet et s [9] 13 août 1793.

1794, (29 sept.) Repentigny.
V.—PAYET, LOUIS. [LOUIS IV.
GALARNEAU, Angelique, [FRANÇOIS IV.
b 1775.

PAYET (4), PIERRE.
1° MAISONNEUVE, Therèse,
b 1768 ; s 11 sept. 1802, à Ste-Thérèse.[1]
1803, (14 fevrier).[1]
2° PICHER, Felicite [PIERRE V.

PAYETTE.—Voy. PAYET.

PAYMENT.—*Variations et surnoms :* PAIMAN—PÉMANT—PEYMART—LAFOREST—LARIVIÈRE.

1709, (5 avril) Quebec [1]
I.—PAYMENT (5), PIERRE, b 1676 ; fils de Pierre et de Françoise Lafleur, du diocèse de Poitiers, Poitou, s 4 mars 1750, à Ste-Geneviève, M.[2]
1° MONDAIN, Geneviève, [ANTOINE I.
b 1684 ; s 1er juin 1723, à Montréal.[3]
Pierre, b [1] 2 dec. 1706, s [1] 26 fevrier 1726.—*Angelique-Félicité*, b [1] 4 juin 1709 ; s [1] 28 fevrier 1711.—*Pierre*, b... m [3] 28 fevrier 1729, à Angelique JOURDAIN.—*Marie-Louise*, b [1] 7 janvier 1713.
1724, (31 janvier) St-Laurent, M.
2° POITEVIN, Marie-Françoise. [FRANÇOIS II.

(1) Dit St. Amour.
(2) Dit Sansquartier.
(3) Dit Lachapelle.
(4) Et Pegnet.
(5) Dit Larivière ; à son second mariage il est dit de N.-D. de Castelnaudary, diocèse de St-Papoul, en Languedoc.

Marguerite, b [3] 31 oct. 1724 ; m [2] 4 fevrier 1743, à Jean-Bernardin SOLIÈRE.—*Pierre*, b [3] 4 juin 1726 ; m [2] 14 fevrier 1747, à Marie-Marguerite BRUNET.—*Louis-Marie*, b [3] 19 janvier 1728 ; m [2] 22 fevrier 1751, à Marie-Louise TURPIN.—*François*, b [3] 19 janvier 1730.—*Joseph*, b... m 1752, à Angelique CHORET.—*Louis-Antoine*, b [3] 4 sept. 1735 ; m [2] 10 janvier 1757, à Geneviève FAUTEUX.

1729, (28 fevrier) Montréal.[4]
II.—PAYMENT, PIERRE. [PIERRE I.
JOURDAIN, Angelique, [GUILLAUME-ALEX. II
b 1711.
Pierre-Guillaume, b [4] 22 août et s [4] 24 sept. 1730.—*Louise-Catherine*, b 1731 ; m 22 oct. 1764, à Jacques LAUZON, à Terrebonne[5] ; s [5] 3 août 1776.

1747, (14 février) Ste-Geneviève, M.[5]
II.—PAYMENT, PIERRE, [PIERRE I.
b 1726.
BRUNET, Marie-Marguerite. [PHILIPPE III.
Pierre, b [5] 8 mai 1750.—*Joseph-Louis*, b [5] 5 mai 1752.—*Amable*, b [5] 10 nov. 1753.—*Louis-Antoine*, b [5] 12 mars 1755.—*Marie-Marguerite*, b [5] 17 août 1756.—*Marguerite-Geneviève*, b [5] 25 fevrier 1758.

1751, (22 février) Ste-Geneviève, M.[6]
II.—PAYMENT, LOUIS-MARIE, [PIERRE I.
b 1728.
TURPIN, Marie-Louise, [JEAN-BTE III.
b 1734.
Marie-Louise, b [6] 21 déc. 1752.—*Marie-Joseph*, b [6] 23 avril 1754.

1752.
II.—PAYMENT (1), JOSEPH. [PIERRE I
CHORET, Angelique. [IGNACE III
Joseph, b 19 juin 1753, à Ste-Geneviève, M.[7]—*Louis-Antoine*, b [7] 30 oct. 1754.—*Marguerite*, b [7] 5 dec. 1756.—*Marie-Françoise*, b [7] 2 oct. 1758, s [7] 4 février 1759.

1757, (10 janvier) Ste-Geneviève, M.[8]
II.—PAYMENT, LOUIS-ANTOINE, [PIERRE I
b 1735.
FAUTEUX, Geneviève, [ALEXIS II
b 1737.
Marie-Geneviève, b [8] 25 oct. 1757.—*Marie-Marguerite*, b [8] 9 sept. 1759.

1725, (30 juillet) Montréal.[1]
I.—PAYNE, SAMUEL, b 1697 ; fils de Laurent et de Marie RIVIÈRE, de St-Jacques, Londres
GARAULT, Marguerite, [PIERRE II
b 1701.
Pierre-Laurent, b [1] 1er juillet et s [1] 8 oct. 1726.—*Laurent*, b [1] 4 sept. 1727.—*Amable-Charles*, b [1] 24 oct. 1728.—*Jean-Amable*, b [1] 23 et s [1] 29 janvier 1730.

(1) Dit Larivière.

I.—PAYNE (1), Yves,
b 1703 ; s 27 dec. 1728, à Montréal.

PAYNEL.—*Surnom :* Parisien.

1759, (26 nov.) Montréal.

I.—PAYNEL (2), Claude-Charles, b 1734, soldat ; fils de Charles-Louis et de Geneviève Potvin, de St-Barthelemi, Paris ; s (noyé) 6 juin 1765, à Sorel.
Carpentier, Marie-Anne, [Jean-Bte I.
b 1745.

PAYSAN. —*Variations et surnom :* Faysan — Paisan—Paysant—Pésant—Sansquartier.

1722, (3 nov.) St-Laurent, M.

I.—PAYSAN (3), Antoine, b 1682, fils d'Antoine et de Marie-Jeanne Marchand, de St-Germain, ville de Poitiers, Poitou.
Tessier (4), Marie-Elisabeth, [Jean-Bte II.
b 1701 ; s 11 fevrier 1780, à Montreal. [1]
Antoine, b 1723 ; m 13 janvier 1751, à Catherine Brignon, au Sault-au-Recollet. [2]—*Marie-Joseph,* b 1731 ; 1° m [1] 9 fevrier 1756, à Joseph Billion ; 2° m [1] 28 déc. 1766, à Joseph Dumay-Chefdeville. —*Angélique,* b 1733 ; 1° m [2] 13 oct. 1760, à Pierre Joly ; 2° m [1] 31 mai 1779, à François Bourdon. —*Marie-Elisabeth,* b 1735 ; m [2] 18 janvier 1762, à Antoine Didier.—*Jean-Baptiste,* b... m [2] 17 janvier 1757, à Marie-Joseph Turcot.—*Anonyme,* b [2] et s [2] 18 mars 1742.

1751, (13 janvier) Sault-au-Recollet.

II—PAYSAN (3), Antoine, [Antoine I.
b 1723.
Brignon, Marie-Catherine, [Jean II.
b 1725.

PAYSAN, Louis.
Noget, Anne.
Louise-Catherine (posthume), b 27 déc. 1756, à Quebec.

1757, (17 janvier) Sault-au-Récollet.

II—PAYSAN, Jean-Bte. [Antoine I.
Turcot, Marie-Joseph, [Louis-Gabriel II.
b 1734.

1763, (22 janvier) Lévis. [3]

I.—PAYSAN (5), Pierre, b 1725, chirurgien ; fils d'Andre et de Marie Gontier, du Bourg-de-Tour, diocèse de Seez, Normandie.
Dubouchet (6), Marie-Catherine, [Charles I.
b 1743.

---

(1) Caporal de la compagnie de M. DuBuisson.

(2) Dit Parisien.

(3) Dit Sansquartier.

(4) Dit Lavigne.

(5) Part de France, en 1758, sur la frégato *La Fidèle,* commandee par M. Sallabery, depuis 1741 au service du roi : 1o à l'armee d'Allemagne, 2o de 1743, aux armees do Flandre et d'Italie ; 3o en 1748, à Lisle, dans l'Hôpital ; 4o au regiment de Guyenne, 5o en 1756, au service de la marine, en 1758 fait prisonnier à Louisbourg, conduit à Halifax, d'où transporté à Québec en 1760.

(6) Desjadons.

Anonyme, b [3] et s [3] 5 mars 1764.—*Marie-Catherine,* b 3 et s 6 juin 1765, à St-Jean-Deschaillons. [4]—*Jean-Basilique,* b [4] 16 juin 1766.—*François,* b 1er nov. 1769, à St-Joseph, Beauce.

I.—PAYSAN (1), Pierre, de Narbonne.

PAYSANT.—Voy. Paysan.

I.—PEACHY, Jean.
Jude, Marie.
Jean, b... m 10 février 1777, à Marie-Louise Guignard, à Québec. [6]—*Elisabeth,* b 1766 ; m [6] 7 fevrier 1785, à Augustin Louvé ; s [5] 25 janvier 1793.

1777, (10 février) Québec. [6]

II.—PEACHY, Jean. [Jean I.
Guignard, Marie-Louise, [Julien I.
b 1752 ; s [6] 5 juillet 1781.
Jean-Julien, b [6] 16 sept. 1777 ; m [6] 11 oct. 1796, à Elisabeth Normand.

1796, (11 oct) Québec. [7]

III.—PEACHY, Jean-Julien, [Jean II.
b 1777 ; imprimeur.
Normand, Elisabeth. [Jean-André IV.
Anne-Louise-Adélaïde, b [7] 30 juillet 1797.

PÉAN.—*Surnoms :* DeLivaudière — DeSt. Michel.

1722, (25 juin) Montréal.

I.—PÉAN (2), Jacques-Hugues, b 1682 ; fils de Jean-Pierre et d'Anne de Corbarboineau, de St-Paul-de-Paris ; s 26 janvier 1747, à Québec. [8]
Pécody, Marie-Françoise, [Frs-Antoine II.
b 1703 ; s [8] 22 dec. 1755.
Michel-Jean-Hugues, b 1723 ; m [8] 3 janvier 1746, à Angelique Renaud.—*René-Pierre,* b 12 juillet 1724, à St-Ours. [8]—*Marthe-Louise,* b [8] 4 nov. 1725 ; s [8] 30 mars 1726.—*Charles,* b 26 nov. 1727, à Chambly [7] ; s [7] 13 janvier 1728.

1746, (3 janvier) Québec. [7]

II.—PÉAN (3), Mic.-Jean-Hug., [Jac.-Hugues I.
b 1723.
Renaud (4), Angélique, [Nicolas-Marie II.
b 1724.
Angélique-Renée-Françoise, b [7] 12 oct. 1751.

I.—PEARS, Nicolas,
de Cornouaille, Angleterre.
Merson, Marie.
Richard (5), b 7 sept. 1710, à Montréal.

---

(1) Et Faysan.

(2) Sieur de Livaudière, officier des troupes, chevalier de St-Louis, commandant le fort de Frontenac en 1724, et de Chambly, en 1727.

(3) Sieur de St. Michel, officier, aide-major des ville et château du gouvernement de Québec. Il signe à Charlesbourg, le 25 avril 1747.

(4) Davennes.

(5) Né en 1686, à Cornouaille, Angleterre ; pris à St-Jean, le 1er janvier 1709, par Mr de St. Ovide, et envoyé au Canada.

PÉCAUDY.—Voy. PÉCODY.

I.—PECLAVÉ (1).

1725.

I.—PECLAVÉ, LOUIS-PHILIBERT, s dans l'Ile St-Thomas.
GERBAIN (2), Marguerite-Geneviève.
Louis-François, b 1er fevrier 1726, à Québec[1]; s[1] 7 fevrier 1727.—*Nicolas-Louis*, b [1] 26 sept. 1727; s[1] 26 juin 1729.

PÉCODY.—*Variation et surnom :* PÉCAUDY—DE CONTRECŒUR.

1667, (17 sept.) Québec.

I.—PÉCODY (3), ANTOINE, b 1596.
DENIS, Barbe, [SIMON I. b 1652.
François-Antoine, b 1680; m 1701, à Jeanne DE ST. OURS; s 2 juillet 1743, à Montréal.

1701.

II.—PÉCODY (4), FRS-ANTOINE, [ANTOINE I. b 1680; s 2 juillet 1743, à Montreal.[1]
DEST. OURS, Jeanne, [PIERRE I. b 1671.
Anonyme, b et s 24 août 1702, à Contrecœur.[2] —*Marie-Françoise*, b[2] 30 déc. 1703; m[1] 25 juin 1722, à Jacques-Hugues PÉAN; s 22 dec. 1755, à Québec.—*Claude-Pierre*, b[2] 26 janvier 1706; 1° m 10 janvier 1729, à Madeleine BOUCHER, à Boucherville[3]; 2° m[1] 9 sept. 1768, à Marguerite PUIGIBAUT.—*Louise*, b 16 nov. 1707, à Verchères[4]; m[3] 8 mars 1742, à François DAINE.—*Antoine*, b[2] 22 mars 1710.—*Jeanne-Charlotte*, b[4] 19 avril 1714; m[1] 21 janvier 1737, à François-Clement BOUCHER.—*Louise-Renée*, b... m[3] 8 nov. 1739, à René BOUCHER.

1729, (10 janvier) Boucherville.[5]

III.—PÉCODY (5), CLAUDE-PIERRE, [FRS-ANT. II. b 1706.
1° BOUCHER (6), Madeleine, [RENÉ III. b 1707.
Claude-François, b[5] 16 janvier 1731.—*René-Marie*, b[5] 11 juin 1732.—*Madeleine-Louise*, b[5] 16 février et s[5] 20 juillet 1740.—*Charlotte*, b[5] 14 août 1742.—*Louis*, b 14, à Montreal[6] et s[5] 28 août 1743.—*Marie-Catherine*, b[6] 15 sept. 1744.—*Ignace*, b[6] 6 août 1745.—*Gilles*, b[5] 1er sept. 1746.—*Clément*, b[6] 10 juin et s 31 juillet 1749, à la Pte-aux-Trembles, M.

1768, (9 sept.)[6]

2° PUIGIBAUT, Marguerite, [LOUIS I. b 1709; veuve d'Etienne Rochert de la Morandière, ingénieur du roi.

(1) Desrosiers—Frère de Louis-Philibert, écrit de l'Ile St-Pierre, le 11 mai 1729, annonçant la mort de son frère.

(2) Elle épouse, le 20 juillet 1729, Antoine Marsal, à Québec.

(3) DeContrecœur; voy. vol I, p. 469.

(4) Chevalier, seigneur de Contrecœur.

(5) Officier, chevalier de St-Louis.

(6) De Lapérière.

PECOUTANT.—*Surnom* : ST. JEAN.

1750, (12 oct.) Quebec.[1]

I.—PECOUTANT (1), JEAN-PIERRE, fils de Guillaume et de Marie Daniers, de Vilidiac, diocèse de Cahors, Guienne.
BOUCHARD, Marie-Marguerite, [PIERRE I b 1734.
Marie-Marguerite, b[1] 10 nov. 1751.—*Marie-Catherine*, b[1] 17 fevrier 1753; s 7 fevrier 1754, à Charlesbourg.[2]—*Marie-Thérèse*, b[1] 24 avril 1754. —*Pierre*, b[1] 2 juillet 1755; s[1] 30 dec. 1756.—*Marie-Angélique*, b[1] 23 mai 1756; s[1] 8 sept 1757.—*Jean-François*, b[1] 17 et s[2] 22 mai 1757. —*Bernard*, b[1] 1er et s[1] 25 juin 1758.—*Marie-Geneviève*, b[2] 2 et s[2] 11 nov. 1759.

1750, (4 août) Beauport.

I.—PECQUEREL, JACQUES, b 1725; fils de René et d'Anne Feron, de Vierville, diocèse de Bayeux, Normandie.
LEFEBVRE (2), Marie-Joseph, [JACQUES III. b 1730.
Marie-Joseph, b 18 avril 1753, à Québec.

PEDEMONTÉ.—*Surnom* : LAFLEUR.

1706, (27 juillet) Montréal.[3]

I.—PEDEMONTÉ (3), PIERRE, b 1676; fils de Pierre et de Jeanne Marié, de Notre-Dame-des-Vertus, diocèse de Perigueux.
FLEURY, Angélique, [FRANÇOIS I b 1682.
Pierre, b[3] 28 sept. 1715.

I.—PEDENELLE, FRANÇOISE, b 1647; fille de Pierre et de Marie Boeste, de Louac, diocèse de LaRochelle, Aunis; m 2 juin 1670, à Maurice ARRIVÉ, à Ste-Famille, I. O.[1]; s[1] 8 avril 1706.

PEDNAUD.—Voy. PEDNOT.

PEDNOT.—*Variations :* PEDNAUD—PEDNEAU.

1732, (4 nov.) Baie-St-Paul.[1]

I.—PEDNOT, PIERRE-ETIENNE, b 1706; fils de Michel et de Catherine Melaine, de St-Martin-de-Re, diocèse de LaRochelle, Aunis.
BOUCHARD, Gertrude, [FRANÇOIS II. b 1711.
Marie-Gertrude, b[1] 22 juillet 1733; m 1750, à Pierre BILODEAU.—*Michel-Etienne-Joseph*, b 26 sept. 1738, à la Petite-Rivière[2]; m 4 juillet 1763, à Marie-Anne Tremblay, à l'Ile-aux-Coudres.[3] —*Marie-Catherine*, b[2] 6 oct. 1740; 1° m[3] 21 nov. 1757, à Louis TREMBLAY; 2° m[3] 19 sept. 1763, à Jean CARRÉ.—*Marie-Luce*, b... m[3] 6 avril 1751, à Jean-Baptiste DEBIEN.

(1) Dit St. Jean.

(2) Elle épouse, le 29 juillet 1754, Thomas Briand, à Québec.

(3) Dit Lafleur; soldat de Dumesnil.

1763, (4 juillet) Ile-aux-Coudres. [4]

II.—PEDNOT, MICHEL-ETIENNE-JOS., [PIERRE I. b 1738.

TREMBLAY, Marie-Anne, [GUILLAUME III. b 1744.

Euphrosine-Geneviève, b[4] 1768.—*Marie-Jeanne*, b[4] 22 avril 1770.—*Marie-Luce*, b[4] 13 mai 1772. —*Marie-Thècle*, b[4] 6 janvier 1775.—*Marie-Anne*, b[4] 30 avril 1777.—*Joseph*, b[4] 9 mai 1780.—*Louis-Guillaume*, b[4] 21 janvier 1783.

1755, (20 janvier) Ile-St-Jean, Acadie.

I.—PEDREMANT, ABRAHAM-LOUIS, fils de Jean et de Marguerite Clotu, de Berne, Allemagne.

HEBERT, Theotiste, Acadienne.

Geneviève, b 22 nov. 1760, à St-Jean-Deschaillons.

PÉGET.—Voy. PICHET.

PÉGIN.—Voy. PICHET.

PÉGUET.—Voy. PAYET.

I.—PEIGNÉ, MICHEL, b 1700, P. S. S. (1); s 26 oct. 1780, à Montreal.

PEIGUET.—Voy. PAYET.

I.—PEINSEING (2), (DE).

1724, (2 déc.) Québec. [5]

I.—PEIRÉ, PHILIPPE, b 1692; fils de Jacques et de Clemence Parage, de St-Vincent, diocèse de Carcassonne, Languedoc.

LANGLOIS (3), Marie-Anne, [JACQUES I. b 1689.

Marie-Guillaume, b[5] 22 avril et s[5] 16 mai 1726.

PÉLADEAU.—Voy. PALADEAU.

PÉLAUT.—Voy. PELOT.

PELCHAT.—*Surnom :* LAVOIE.

1760, (27 oct.) St-François-du-Sud.

I.—PELCHAT, FRANÇOIS, b 1731; fils de Julien et d'Olive Toursin, des Briards, diocèse d'Avranches, Normandie.

VERGUEUR, Marie-Joseph, [AMBROISE III. b 1733.

(1) Voyez le Répertoire du Clergé, 1ère édition, p. 100.

(2) Officier dans un détachement de la marine en 1748. Voy. vol. V, p. 437, à Pierre-Joseph Lourdin dit Galand.

(3) Elle épouse, le 31 août 1735, Louis DeFleury, à Québec.

1763, (31 janvier) St-Valier.

I.—PELCHAT (1), RENÉ, b 1735; fils de Jean et de Julienne Charuel, des Briards, diocèse d'Avranches, Normandie.

MARCEAU, Marie-Marguerite, [JACQUES III. b 1746.

PELEAU.—Voy. PLEAU.

1738, (18 nov.) Québec. [6]

I.—PELEGRIN, GABRIEL, b 1706, pilote du roi; fils de François et de Marie-Anne Bonnegrâce, de St-Louis, diocèse de Toulon, Provence.

BOISSY, Madeleine, [JULIEN II. b 1718.

Gabriel, b[6] 13 sept. 1739.—*Marie-Françoise*, b 1743; s[6] 30 nov. 1751.—*Michel*, b[6] 14 oct. 1752. —*Marie-Madeleine*, b[6] 25 oct. 1753.—*Jacques*, b[6] 18 août 1755.

PELISSIER.—*Surnom :* LAFEUILLADE.

1714, (sept.) Sorel. [6]

I.—PELISSIER (2), ISAAC-PIERRE, b 1675; s 29 oct. 1758, à St-Michel-d'Yamaska. [7]

HAREL, Marie-Clémence, [JEAN I. b 1677; s[7] 9 avril 1757.

Marguerite, b... m[7] 13 janvier 1740, à Ange SALOUÉ.—*Anonyme*, b et s 22 juin 1717, à St-Frs-du-Lac [8]—*Suzanne*, b[8] 24 juin 1718; s[8] 21 février 1720.—*Jeanne-Thérèse*, b[8] 27 dec 1719; 1° m[7] 6 fevrier 1741, à Pierre MORNEAU; 2° m[7] 19 janvier 1750, à André THÉROUX.—*Marie-Louise*, b[8] 6 juillet 1721; 1° m[7] 17 février 1744, à Jean-Marie THIBERT; 2° m[7] 12 janvier 1761, à Jean SALVA.—*Thérèse*, b[8] 13 dec. 1722; m[8] 11 janvier 1751, à Jean-Baptiste GOGUET.—*Marie-Angélique*, b[8] 12 avril 1725; m[7] 5 août 1748, à François MADOUE; s 27 juillet 1759, à Ste-Geneviève, M. —*Pierre-Jacques*, b[7] 20 mai 1728; m[7] 5 mars 1753, à Marie-Anne BROUILLARD.—*Marie-Rose*, b[7] 15 août et s[7] 22 sept. 1732.—*Marie-Françoise*, b[7] 13 et s[7] 20 mai 1734.

1741, (23 nov.) Québec. [9]

I.—PELISSIER, CHARLES-GABRIEL, b 1716; fils de Gabriel et d'Anne Brisson, de Paris.

SASSEVILLE, Marie-Joseph, [PIERRE II. b 1721; s[9] 16 avril 1788.

Charles-Denis, b[9] et s[9] 31 août 1742.—*Marie-Joseph*, b[9] 6 et s 12 fevrier 1744, à Charlesbourg. [8] —*Marie-Catherine*, b[9] 10 août 1745.—*Charles*, b[9] 29 sept. 1746.—*Marie-Joseph*, b[9] 9 et s[8] 21 fevrier 1749.—*Christophe-Hilarion*, b[9] 24 avril 1750.—*Marie-Joseph*, b[9] 10 juin 1756.

(1) Dit Lavoie, venu en 1752 et établi à St-Valier. (Procès-verbaux.)

(2) Dit Lafeuillade.

1753, (5 mars) St-Michel-d'Yamaska.[1]
II.—PELISSIER (1), PIERRE-JAC., [IS.-PIERRE I.
b 1728.
BROUILLARD, Marie-Anne, [JEAN-BTE II.
b 1727; veuve de Michel Ritchot.
Barthélemi, b [1] 2 déc. 1753; s [1] 28 oct. 1754.—*Isaac,* b [1] 24 mars 1755; s [1] 13 mars 1758.—*Marie-Anne,* b [1] 6 avril 1757.—*Marie-Agathe,* b [1] 6 août 1759; s [1] 26 janvier 1761.—*Thérèse,* b [1] 17 avril 1761.—*Marie-Agathe,* b [1] 5 déc. 1762.—*François-Régis,* b [1] 17 dec. 1763.—*Pierre,* b [1] 1er février 1765.—*Pierre-Jacques,* b [1] 23 juin et s [1] 18 août 1766.—*Marie-Catherine-Agnès,* b [1] 20 janvier 1770.

1757, (14 février) Québec.[3]
I.—PELISSIER, DENIS, b 1730, soldat; fils de Denis et de Marie Laserre, de St-Pierre-de-Royan, diocèse de Xaintes, Saintonge.
LEBEUF, Marie-Therèse, [JEAN-BTE III.
b 1733.
Denis, b [3] 19 nov. 1757; s [3] 5 juin 1758.—*Marie-Charlotte,* b [3] 21 avril 1759.

1758, (16 oct.) Québec.[4]
I.—PELISSIER, CHRISTOPHE, b 1730, écrivain; fils de François et d'Agathe Larigaudière, de St-Pierre, ville de Lyon, Lyonnois.
1° BEAUDOIN, Marthe, [GERVAIS II.
b 1740; s [4] 2 dec. 1763.
Pierre, b 11 août 1759, à la Pte-aux-Trembles, Q.—*Maurice-Jean,* b [4] 22 juillet 1760.—*Guillaume,* b [4] 26 sept. 1761.—*Catherine-Madeleine,* b [4] 13 avril 1763.
2° DELEZENNE (2), Marie-Cath., [IGNACE-FRS I.
b 1755.

PELISSON.—*Variation:* PENISSON.

1755, (23 juin) Québec.[5]
I.—PELISSON, FRANÇOIS, b 1730, boulanger; fils de Pierre et de Marie Bridier, de St-Dionet-du-bois, diocèse de Xaintes, Saintonge.
CHAUMEREAU, Marie-Joseph, [FRANÇOIS I.
b 1734.
Marie-Joseph, b [5] et s [5] 17 mars 1756.—*Marie,* b [5] 4 oct. 1757; s [5] 19 sept. 1758.—*François-Joseph,* b [5] 14 février et s [5] 12 oct. 1759.—*Marie-Joseph,* b [5] 20 déc. 1760.—*François,* b [5] 28 nov. 1761; m [5] 10 janvier 1786, à Therèse RENAULT.—*Claude,* b [5] 17 fevrier 1763.

1786, (10 janvier) Québec.
II.—PELISSON, FRANÇOIS, [FRANÇOIS I.
b 1761.
RENAULT, Thérèse. [JOSEPH-ALEXANDRE.

PELLANT.—Voy. MARTIN.

(1) Dit Lafeuillade.

(2) Elle épouse, le 10 oct. 1799, Pierre LaTerrière, à Québec

1742.
II.—PELLANT (1), FRANÇOIS, [YVES I.
b 1711.
LAPORTE, Thérèse.
Augustin, b 13 sept. 1757, à Berthier, M.

PELLANT, MARTIN.
DUPAS (2), Geneviève.

PELLERIN.—*Surnoms:* GARNIER—ST. AMAND.

1655, (6 avril) Trois-Rivières.
I.—PELLERIN (3), PIERRE,
b 1621; soldat.
MOUSSEAU, Louise,
s 13 juillet 1707, à Québec.[9]
Marguerite, b [9] 8 nov. 1665; hospitalière dite de la Nativité; s [9] 21 février 1711.

I.—PELLERIN, PIERRE.
BÉLANGER, Marie-Anne. [JACQUES II.
Pierre, b 1710; 1° m à Geneviève DESTROISMAISONS; 2° m 14 avril 1749, à Marie-Françoise MORIN, à St-Pierre-du-Sud.—*Louis,* b 1712; m 23 juin 1749, à Geneviève HUARD, à Lévis.—*Marie-Anne,* b 1714; m 19 avril 1746, à Antoine MORIN, à l'Islet.

1725, (30 janvier) Annapolis, Acadie.[1]
I.—PELLERIN, CHARLES, b 1698; fils d'Etienne et de Jeanne Savoye.
ROBICHAU, Madeleine, b 1699; fille de Prudent et de Huguette Petitpas; s 2 août 1789, à Quebec.[2]
Ursule, b [1] 17 oct. 1726; s [2] 12 juillet 1797.—*Charles,* b [1] 10 juin 1731; m à Monique DUGAS.—*Joseph,* b 1744; s [2] 8 février 1797.—*Venérande,* b 1751; m [2] 25 nov. 1771, à François RENVOYZÉ, s 26 février 1816, à l'Hôtel-Dieu, Q. — *Elisabeth,* b... m [2] 9 mai 1774, à Martin CHENNEQUI.

I.—PELLERIN, JACQUES-ANDRÉ, b 1705; de St-Jean-en-Grèves, Paris; s 18 fevrier 1731, au Château-Richer.

I.—PELLERIN, PIERRE,
Acadien.
BELIVEAU, Marie-Joseph,
Acadienne.
Marie, b... 1° m 15 juillet 1765, à Jean-Baptiste DESFOSSÉS, à Nicolet[3]; 2° m [3] 2 août 1779, à Jean-Baptiste LASPRON.—*Madeleine,* b... m [3] 17 février 1772, à Michel RICHARD.

II.—PELLERIN, PIERRE, [PIERRE I.
b 1710.
1° DESTROISMAISONS (4), Geneviève, [CHARLES II.
b 1716.
Pierre, b 1738; m 4 mai 1767, à Françoise DENEAU, à St-Thomas.

(1) Voy. Martin, vol. V, p 542.

(2) Elle était à St-Cuthbert, le 13 août 1773.

(3) Voy. vol. I, p. 469.

(4) Dit Picard.

1749, (14 avril) St-Pierre-du-Sud.[4]
2° MORIN, Marie-Françoise. [DENIS II.
Marie-Françoise, b[4] 8 fevrier 1750.—*Joseph-Marie* et *Louis-Marie*, b[4] 31 mai 1752.—*Marie-Angélique*. b[4] 26 avril et s[4] 5 mai 1754.—*Marie-Joseph*, b[4] 26 avril et s[4] 2 mai 1754.—*François*, b[4] 23 mai 1755; m 16 janvier 1786, à Marie-Joseph POIRIER, à Nicolet.[5]—*Marie-Angélique*, b[4] 19 sept. 1757; s[4] 30 sept. 1758.—*Marie-Céleste*, b[4] 10 août 1759.—*Marie*, b 1760; m[5] 19 fevrier 1787, à Jean-Baptiste CYR.—*Agathe*, b... m[5] 9 janvier 1792, à François BERGERON.—*Jean-Baptiste*, b 1766; m[5] 21 janvier 1793, à Marie-Anne POIRIER.

1749, (23 juin) Lévis.
II.—PELLERIN, LOUIS, [PIERRE I.
b 1712.
HUARD, Geneviève, [JEAN II.
b 1724.
Marie-Geneviève, b 6 avril 1750, à St-Pierre-du-Sud.[6]—*Marie-Anne*, b[6] 18 mars 1751.—*Louis-Michel*, b[6] 28 août 1752.—*Jean-Baptiste*, b[6] 3 fevrier 1754; s[6] 23 août 1755.—*Joseph-Marie*, b[6] 1er et s[6] 22 déc. 1755.—*Antoine*, b[6] 30 avril 1757; s[6] 13 oct. 1758.

1752, (24 janvier) St-Roch.[7]
I.—PELLERIN, FRANÇOIS, b 1722; fils de Martin et de Marie Charpentier, de Rasilly, diocèse d'Avranches, Normandie.
ST. PIERRE, Marie-Genevieve. [JACQUES II.
Jean-François, b[7] 20 fevrier 1753.—*Marie-Reine*, b[7] 6 janvier 1755; m[7] 9 fevrier 1778, à Jean-Baptiste BOUCHER.

1767, (4 mai) St-Thomas.
III.—PELLERIN, PIERRE, [PIERRE II.
b 1738.
DENEAU, Françoise, [RENÉ II.
b 1740.

I.—PELLERIN (1), GUILLAUME, b 1737; du Val-St-Père, diocèse d'Avranches, Normandie.

II.—PELLERIN, CHARLES, [CHARLES I.
b 1731; Acadien.
DUGAS, Monique,
Acadienne.
Marguerite-Vénérande, b 24 oct. 1777, à Quebec[8]; s[8] 30 dec. 1874.—*Marie-Louise*, b... m à Pierre CHARRON.

II.—PELLERIN, JOSEPH, [CHARLES I.
b 1744; s 8 fevrier 1797, à Québec.

1786, (16 janvier) Nicolet.
III.—PELLERIN, FRANÇOIS, [PIERRE II.
b 1755.
POIRIER, Marie-Joseph, [PIERRE I.
Acadienne.

(1) Parti à 15 ans sur le navire de Mr Gouenard, pour Gaspé, où il s'engage au R. Père Bonaventure, puis vient à St-Valier et à St-Pierre-du-Sud. (Registre de 1770.)

1793, (21 janvier) Nicolet.
III.—PELLERIN, JEAN-BTE, [PIERRE II.
b 1766.
POIRIER, Marie-Anne, [PIERRE I.
Acadienne.

PELLETIER.—*Variation et surnoms* · PELTIER—ANTAYA—BELLEFEUILLE—CHATEAUNEUF—DE LA PRADE—DOUCET—LAROSE—SANSSOUCY—VADEBONCŒUR.

I.—PELLETIER (1), NICOLAS.
ROUSSY, Jeanne,
b 1622; s 12 déc. 1689, à Sorel.
François, b... 1° m à Dorothee LASAUVAGESSE; 2° m 26 sept. 1661, à Marguerite MORISSEAU, à Québec.

1649, (9 nov.) Québec.[1]
II.—PELLETIER (1), JEAN, [GUILLAUME I.
b 1631; s 25 février 1698, à la Rivière-Ouelle.[2]
LANGLOIS, Anne, [NOEL I.
b 1637; s[2] 17 mars 1704.
René, b[1] 2 mars 1659; 1° m 5 nov. 1691, à Marie-Madeleine LECLERC, à St-Pierre, I. O.[3]; 2° m 23 juillet 1703, à Marie-Jeanne GODBOUT, à St-Laurent, I. O.; s[3] 13 janvier 1713.—*Charles*, b[1] 27 sept. 1671; 1° m[2] 7 janvier 1697, à Thérèse OUELLET; 2° m[2] 12 janvier 1711, à Barbe ST. PIERRE; s 30 dec. 1748, à St-Roch.

I.—PELLETIER (1), PIERRE,
b 1634; s 31 dec. 1694, à la Pte-aux-Trembles, Q.[4]
RICHARD, Françoise,
s[4] 15 mai 1706.
Noel, b 6 déc. 1675, à Québec: 1° m[4] 8 fevrier 1700, à Marie-Angelique GARNIER; 2° m[4] 13 août 1703, à Madeleine MATTE, s[4] 23 mai 1748.

II.—PELLETIER (1), FRANÇOIS. [NICOLAS I.
1° LASAUVAGESSE, Dorothee,
s 13 avril 1661, à Quebec.[5]
1661, (26 sept.)[5]
2° MORISSEAU, Marguerite-Madeleine. [JULIEN I.
Marguerite, b 30 août 1666, à Sillery; m 7 mai 1685, à Charles BOUCHER, à Sorel.[6]—*Elisabeth*, b[6] 18 sept. 1677.—*Louise*, b[6] 22 sept. 1678; m 13 août 1703, à Jean-Baptiste DEBLOIS, à Ste-Famille, I. O.[7]; s[7] 26 nov. 1703.—*Pierre*, b 1691; s 7 fevrier 1757, à Berthier-en-Haut.

1673, (22 juin) Québec.
II.—PELLETIER (1), NICOLAS, [NICOLAS I.
b 1649.
1° TEGOUSSI, Madeleine,
veuve d'Augustin Sauvage; s 12 dec. 1689, à Sorel.
2° LAMY, Françoise. [ISAAC I.

(1) Voy. vol. I, p. 470.

1676.

III.—PELLETIER (1), NOEL, [JEAN II.
b 1654; s 1er sept. 1712, à la Rivière-Ouelle.[7]
MIGNOT, Madeleine, [JEAN I.
b 1654.
Charles, b 1679; m [7] 24 nov. 1701, à Marie-Anne SOUCY; s 8 oct. 1713, à Québec.[8]—*Guillaume*, b 1681; m [7] 15 nov. 1706, à Marie-Louise PINEL; s 13 dec. 1734, à Kamouraska.—*Jean-François*, b 1684; 1° m [7] 21 avril 1710, à Marie-Madeleine DELAVOYE, 2° m 18 fevrier 1722, à Madeleine MORIN, à Ste-Anne-de-la-Pocatière[9]; s[9] 20 nov. 1743.—*Joseph*, b 1691; m [8] 9 juin 1714, à Marie-Marguerite LUMINA; s[9] 3 dec. 1721.

1684, (7 février) L'Ange-Gardien.[1]

I.—PELLETIER (2), FRANÇOIS,
b 1658; s 15 juillet 1711, à Québec.[2]
1° GIGNARD, Anne, [LAURENT I.
b1664; s[2] 18 dec. 1702.
Marie, b 1700; m 28 février 1718, à Michel BRUNET, au Bout-de-l'Ile, M.—*François*, b [2] 7 juillet 1701; m à Catherine RENAUD.—*Marie-Marguerite*, b... m 11 août 1723, à Antoine VACHER, à Montreal.

1703, (30 avril).[1]

2° TREMBLAY, Dorothee, [PIERRE I.
b 1677.
Marie-Françoise-Dorothée, b [2] 18 mai 1704; m 27 février 1737, à Etienne MORAN, à St-Augustin.—*François*, b [2] 8 avril 1706; 1° m 8 août 1734, à Marie-Anne LEBRODEUR, à Varennes[3]; 2° m [3] 20 août 1753, à Marie-Joseph MARTEL.

1685, (7 mai) Sorel.[4]

III.—PELLETIER (2), JEAN-FRS-X., [JEAN II.
b 1663; s[4] 2 nov. 1692.
LETENDRE (3), Geneviève. [PIERRE I
Catherine-Geneviève, b 1689; m 31 déc. 1713, à François LEFEBVRE-DUPLESSIS, à Montréal.

1689, (8 janvier) Rivière-Ouelle[9]

III.—PELLETIER (2), JEAN, [JEAN II.
b 1663.
HUOT-ST. LAURENT, Marie-Anne, [NICOLAS I.
b 1666; s 25 oct. 1734, à Ste-Anne-de-la-Pocatière.[8]
Joseph, b [9] 14 sept. 1694; m [9] 3 février 1721, à Marie-Anne BOUCHER; s 23 juin 1753, à St-Roch.—*Madeleine*, b [9] 26 fevrier 1697; m 1717, à Ignace ST. PIERRE.—*Charles*, b [9] 12 avril 1699; m [8] 8 janvier 1726, à Marie-Anne BOUCHER.—*Angélique*, b [9] 4 nov. 1703; m 4 fevrier 1743, à François GUIMOND, à l'Islet.

1689, (2 mai) Champlain.

III.—PELLETIER, (2), FRANÇOIS, [FRANÇOIS II.
b 1663.
THUNÈS (4), Madeleine, [FÉLIX I.
b 1676.

(1) Voy. vol. I, p. 470.
(2) Voy. vol. I, p. 471.
(3) Elle épouse, le 9 dec. 1693, Etienne Volant, à Sorel.
(4) Elle épouse, le 9 janvier 1698, Pierre Maillet, à Montréal.

Jean-François, b 15 août 1691, à Sorel[2]; m 25 mars 1718, à Marie-Louise ROBERT, au Detroit.—*Marie*, b 1697; m 1720, à Felix PELLOQUIN; s[2] 2 fevrier 1770.

1691, (5 nov.) St-Pierre, I. O.[1]

III.—PELLETIER, RENÉ, [JEAN II.
b 1659; s[1] 13 janvier 1713.
1° LECLERC, Marie-Madeleine, [JEAN I.
b 1672; s[1] 28 oct. 1702.
Jean, b[1] 1er nov. 1692; 1° m[1] 6 nov. 1714, à Marie-Charlotte GOSSELIN; 2° m[1] 25 nov. 1715, à Ursule FRELAN; s[1] 28 août 1728.—*Marie-Madeleine*, b [1] 12 août 1694; m [1] 30 oct. 1710, à Jacques DESTROISMAISONS-PICARD.—*Louise*, b [1] 12 juin 1696; m à Joseph LAVERGNE.—*Pierre*, b[1] 7 nov. 1700; m 13 avril 1722, à Elisabeth LAVERGNE, à St-Thomas.—*Geneviève*, b [1] 29 sept. 1702; s[1] 11 janvier 1703.

1703, (23 juillet) St-Laurent, I. O.[2]

2° GODBOUT, Marie-Jeanne, [NICOLAS I.
b 1665; veuve de Jean Baillargeon; s [2] 8 juillet 1732.
Marie-Charlotte, b[1] 29 mai 1704; s[1] 8 sept. 1705.—*Marguerite*, b[2] 3 juin 1706; s[1] 20 nov. 1709.—*Louis*, b [2] 28 oct 1709; 1° m à Marie-Marthe DESTROISMAISONS-PICARD; 2° m 24 janvier 1763, à Marie-Joseph BRUNET, à St-Vincent-de-Paul.

1696, (20 nov.) Pte-aux-Trembles, Q[3]

II.—PELLETIER (1), PIERRE, [PIERRE I.
b 1672.
HARBOUR (2), Madeleine, [MICHEL I.
b 1677.
Marie-Ursule, b [3] 20 nov. 1698; m 7 janvier 1733, à Louis LEMAIRE, à L'Assomption.[4]—*Marie-Madeleine*, b[3] 13 mai 1700; m 7 juillet 1721, à Raymond CHAGNON, à St-Ours.—*Jean-Baptiste*, b[3] 30 sept. 1707; m à Marie-Joseph CHAVIGNY.—*Augustin*, b[3] 14 dec. 1710; m[4] 8 fevrier 1734, à Marie MONTABERT.—*Joseph*, b[3] 11 mai 1715, m 30 nov. 1737, à Marie HAYET, à Varennes.

1697, (7 janvier) Rivière-Ouelle[5]

III.—PELLETIER (1), CHARLES, [JEAN II.
b 1671; s 30 déc. 1748, à St-Roch.[6]
1° OUELLET, Thérèse, [RENÉ I.
b 1679; s[5] 26 juillet 1707.
Charles, b[5] 9 janvier 1701; m 25 nov. 1726, à Louise CHOUINARD, à l'Islet[7]; s 12 janvier 1769, à Ste-Anne-de-la-Pocatière.[8]—*Joseph*, b[5] 23 nov. 1702; m[8] 20 nov. 1728, à Ursule ST. PIERRE.

1711, (12 janvier).[5]

2° ST. PIERRE, Barbe, [PIERRE I.
b 1692; s[6] 31 août 1752.
Jean-Bernard, b[5] 10 janvier 1712; m[6] 2 nov. 1738, à Marthe BRISSON.—*Marie-Barbe*, b[8] 17 fevrier 1715; m[6] 7 avril 1739, à Jean MORIN; s[8] 17 mai 1772.—*Gabriel*, b[8] 4 mars 1719; 1° m[8] 22 fevrier 1751, à Catherine ROY; 2° m[7] 10 fevrier 1755, à Marie-Elisabeth CARON; s[6] 14 fevrier 1756.—*Marie-Rosalie*, b[8] 16 janvier 1722,

(1) Voy. vol. I, p. 471.
(2) Elle epouse Philippe Bluteau.

m [6] 21 nov. 1740, à Joseph MARTIN.—*Reine*, b... m [6] 16 nov. 1745, à Jean-François MORNEAU.—*Jacques*, b... m [8] 7 août 1747, à Marie-Anne ROY. —*Marie-Anne*, b [8] 27 janvier 1725; m [6] 4 dec. 1743, à Pierre CHOUINARD.—*Pierre*, b... m 27 juin 1757, à Marie-Madeleine LEBEL, à Kamouraska.

1697, (9 juillet) Ste-Famille, I. O.[1]

III.—PELLETIER (1), MICHEL, [FRANÇOIS II. b 1674.

MENEUX, Françoise, [JACQUES I. b 1676.

Michel, b [1] 1er nov. 1700; m 6 février 1726, à Marie-Louise LETENDRE, à Sorel[2]; s [2] 6 mars 1762.—*Charles-François*, b [1] 2 sept. 1702; m [2] 6 mars 1728, à Marie-Thérèse PELLOQUIN.—*Dorothée*, b 8 dec. 1704, à la Rivière-Ouelle[3]; m à Pierre MANDEVILLE.—*Antoine*. b 3 fevrier 1706, à l'Ile-Dupas; m à Marie DAUZA (Algonquine); s 14 sept. 1795, à Kaskakia.—*Geneviève*, b [2] 1er oct. 1709; m [2] 14 janvier 1732, à Jean-Baptiste Hus-COURNOYER.—*Pierre*, b... m [2] 5 oct. 1739, à Marie-Charlotte MANDEVILLE.—*Marie-Françoise*, b [2] 14 fevrier 1712; m [2] 1er février 1735, à Jean-Baptiste PIETTE.—*Louis*, b [2] 19 juin 1714, s [2] 1er oct. 1730. —*Hyacinthe*, b [2] 8 mars 1716; m 3 mai 1744, à Catherine LEFEBVRE, à la Baie-du-Febvre; s 1er oct. 1780, à Nicolet.—*Catherine*, b [2] 8 mars 1716; 1° m [2] 17 nov. 1734, à Louis Hus; 2° m [2] 17 janvier 1747, à Augustin PLANTE; 3° m [2] 23 sept. 1755, à Pierre BOURGEOIS.—*Jacques*, b [2] 17 juillet 1718; m 1744, à Marguerite DESMARETS.

1700, (8 fevrier) Pte-aux-Trembles, Q.[4]

II.—PELLETIER, NOEL, [PIERRE I. b 1675; capitaine; s [4] 23 mai 1748.

1° GARNIER, Marie-Angelique, [FRANÇOIS I. b 1679; s [4] 2 fevrier 1703.

Noel, b [4] 20 déc. 1700; m [4] 8 février 1729, à Marie-Madeleine ARBOUR.—*Marie*, b... m [4] 8 février 1725, à François LAROCHE.

1703, (13 août).[4]

2° MATTE, Madeleine, [NICOLAS I. b 1685, s [4] 14 nov. 1747.

Nicolas, b [4] 21 juillet 1704; s [4] 29 août 1724.—*Marie-Madeleine*, b [4] 21 sept. 1706.—*François*, b [4] 16 sept. 1708; 1° m [4] 7 janvier 1732, à Marguerite LÉVEILLÉ; 2° m 17 mai 1745, à Françoise LARUE, aux Ecureuils[5], s [5] 28 sept. 1758.—*Marie-Françoise*, b [4] 16 fevrier 1711; m 26 août 1743, à François LETELLIER, à Québec.[6]—*Marie-Angélique*, b [4] 6 janvier 1713: 1° m [6] 25 janvier 1733, à Pierre GAUDET; 2° m [6] 12 sept. 1740, à Jean CHEVALIER; s [6] 27 sept. 1758.—*Antoine*, b [4] 22 dec. 1714; 1° m 2 juillet 1742, à Marie-Jeanne TESSIER, à Ste-Anne-de-la-Perade[7]; 2° m [4] 10 oct. 1757, à Madeleine LANGLOIS; s [4] 28 janvier 1767.—*Marie-Joseph*, b [4] 14 juillet 1716; m [4] 20 août 1736, à Jacques-Joseph FOURNEL, s [4] 27 fevrier 1745.—*Marie-Madeleine*, b [4] 23 mars 1718. —*Marie-Charlotte*, b [4] 6 dec. 1719; m [4] 27 avril 1750, à Jean-Baptiste MATTE; s [4] 25 fevrier 1757. —*Marie-Louise-Angélique*, b [4] 24 janvier 1722; 1° m [6] 30 oct. 1741, à Pierre GRENET; 2° m [7] 11 nov. 1759, à Pierre DUFAUX.—*Marie-Félicité*, b [4] 5 février 1724; m [4] 3 sept. 1742, à Jean-Baptiste GODET.—*Marie-Anne*, b... m [6] 31 janvier 1746, à Joseph QUIRION.—*Marie-Thérèse*, b [4] 8 février 1727; m 14 février 1752, à Pierre COUTURIER-LABONTÉ, à St-Frs-du-Lac.

PELLETIER, JEAN-BTE, b 1669; s 12 mai 1739, à St-Roch.

1701, (24 nov.) Rivière-Ouelle.[8]

IV.—PELLETIER, CHARLES, [NOEL III. b 1679; s 8 oct. 1713, à Québec.

SOUCY, Marie-Anne, [JEAN I. b 1675; s [8] 5 fevrier 1743.

Joseph, b [8] 19 janvier 1706.

1703, (13 août) Ste-Famille, I. O.[9]

III.—PELLETIER, PIERRE, [FRANÇOIS II. b 1676.

ROUSSEAU, Marguerite, [SYMPHORIEN I. b 1675; veuve de François Dupont.

Pierre, b [9] 22 mai 1704.—*Marie-Joseph*, b [9] 15 sept. 1705.—*Jean-Baptiste* et *Joseph*, b [9] 6 sept. 1707.—*Marguerite*, b [9] 25 dec. 1708; s [9] 1er mars 1709.—*Marie-Louise*, b [9] 25 déc. 1708; s [9] 20 mai 1709.—*François*, b [9] 15 janvier et s [9] 19 mai 1711. —*Dorothée*, b [9] 15 janvier 1711.—*Marc-Antoine*, b [9] 24 oct. et s [9] 31 dec. 1712.—*Augustin*, b [9] 30 mars 1715.—*Marie-Marthe*, b [9] 26 et s [9] 27 avril 1716.

1706, (15 fevrier) Rivière-Ouelle.[1]

IV.—PELLETIER, GUILLAUME, [NOEL III. b 1681; s 13 dec. 1734, à Kamouraska.[2]

PINEL (1), Marie-Louise, [FRANÇOIS III. b 1689.

Jean, b [1] 13 janvier 1707; m 1732, à Madeleine DUBÉ.—*Marie-Françoise*, b [1] 5 mars 1708, m [2] 27 août 1731, à Antoine DE LAVOYE.—*Guillaume*, b [1] 26 mars 1711; 1° m 1er dec. 1731, à Françoise JEAN, à l'Islet; 2° m [2] 21 août 1775, à Marie-Françoise GUENET.—*Marie-Angélique*, b [1] 5 mars 1713; m [2] 9 janvier 1734, à Charles-François MARTIN.—*Joseph*, b 8 août 1715, à Ste-Anne-de-la-Pocatière[3]; m 7 oct. 1748, à Elisabeth TIBAUT, à St-Thomas.—*François-Xavier*, b [3] 18 août 1718; 1° m 4 nov. 1744, à Marie-Anne GUIGNARD, à Berthier[5]; 2° m 24 août 1750, à Helène GENDRON, à St-Frs-du-Sud[4]; s [4] 24 avril 1756.—*Augustin*, b [3] 18 août 1718; m 21 nov. 1740, à Madeleine THIBOUTOT, à St-Roch.—*Charles*, b [3] 8 fevrier 1721; 1° m [3] 13 fevrier 1747, à Marie-Therèse MARTIN; 2° m [3] 25 nov. 1748, à Geneviève MIGNIER; 3° m [3] 9 sept. 1760, à Angelique MIGNIER; s [3] 5 mars 1763.—*Marie*, b [3] 11 mai 1723.—*Antoine-Simon*, b [3] 6 juin 1725; m [5] 30 janvier 1748, à Marie-Marguerite GUIGNARD.—*Marie-Brigitte*, b 1726; m [3] 20 janvier 1744, à Jean-Bernard MIGNIER; s [3] 7 mars 1746.—*Basile*, b... m 1751, à Agathe ST. LAURENT.

(1) Dit Antaya; voy. vol. I, p. 471.

(1) Elle épouse, le 6 août 1736, Michel Mignier, à Ste-Anne-de-la-Pocatière.

1708, (9 janvier) Rivière-Ouelle. 6
IV.—PELLETIER, NOEL, [NOEL III.
b 1677.
THIBOUTOT (1), Marie-Anne, [JACQUES I.
b 1685.
Marie-Anne, b 6 20 nov. 1708.

1710, (21 avril) Rivière-Ouelle. 7
IV.—PELLETIER, JEAN-FRANÇOIS, [NOEL III.
b 1684 ; s 20 nov. 1743, à Ste-Anne-de-la-Pocatière. 8
1° DELAVOYE, Marie-Madeleine, [JEAN II.
b 1691 ; s 8 23 nov. 1721.
Jean-François, b 7 7 avril 1711 ; m 8 8 janvier 1735, à Marie-Anne MORIN.—*Marie-Madeleine*, b 7 27 nov. 1712 ; 1° m 8 26 nov. 1736, à Jean-Bernard BOIS ; 2° m 8 24 mai 1743, à Julien REHEL.—*Joseph*, b 7 30 mai 1717 ; s 8 31 janvier 1742.—*Marie-Angélique*, b 8 29 mars 1720 ; m 7 27 avril 1739, à Jean-Baptiste LÉVESQUE.
1722, (18 fevrier). 8
2° MORIN, Madeleine, [ROBERT I.
b 1697 ; s 8 29 juin 1760.
Geneviève, b 8 1er dec. 1722 ; m 8 22 février 1745, à Pierre BACHELET ; s 8 24 février 1748.—*Jean-Bernard*, b 8 4 mars 1724.—*Marie-Françoise*, b 8 22 dec. 1725 ; m 8 21 fevrier 1746, à Gilles BERNARD.—*Charles*, b... m 14 février 1746, à Marie-Françoise SAUCIER, à Kamouraska.—*Marie-Louise*, b 8 31 dec. 1727.—*Marie-Anne*, b... m 8 13 avril 1750, à Charles HURET-ROCHEFORT.—*Louis-Marie*, b... m 8 12 fevrier 1753, à Felicite CHRÉTIEN.—*Marie-Brigitte*, b 8 13 sept. 1733 ; m 8 20 août 1753, à Basile HURET.—*Marie-Angélique*, b 8 17 sept. 1735 ; s 8 25 avril 1743.—*Charles-Marie*, b 8 22 sept. 1739.

1714, (16 avril) Rivière-Ouelle.
IV.—PELLETIER, JEAN-BTE, [JEAN III.
b 1689.
OUELLET, Angélique-Marguerite, [RENÉ I.
b 1690 ; veuve d'Ignace Berubé.
Angélique, b... m 9 janvier 1736, à Jean BOUCHARD, à St-Roch. 1—*Marguerite*, b 16 février 1717, à Ste-Anne-de-la-Pocatière 2 ; m 1 9 janvier 1736, à Michel MIGNIER.—*Marie-Clotilde*, b 2 11 mars 1719 ; 1° m 1 5 nov. 1742, à Joseph THIBAUT, 2° m 1 26 avril 1752, à Ignace VAILLANCOURT ; s 28 juin 1785, à St-Jean-Port-Joli. — *Marie-Joseph*, b 2 14 avril 1723 ; m 1 1er mars 1745, à Jacques SENÉCHAL.—*Rose*, b... m 1 25 nov. 1743, à Pierre THIBAUT.—*Marie-Anne*, b... m 2 7 janvier 1747, à Pierre-Jacques DUBÉ.—*Marie-Madeleine*, b 2 31 oct. 1732 ; 1° m 1 27 oct. 1755, à Rene-Louis DAMOURS ; 2° m 8 nov. 1762, à Jean BOSSÉ, à St-Thomas.

1714, (9 juin) Québec.
III.—PELLETIER, JOSEPH, [NOEL II.
b 1691 ; s 3 dec. 1721, à Ste-Anne-de-la-Pocatière. 3
LUMINA (2), Marie-Marguerite. [JEAN I.

(1) Elle épouse, le 28 nov. 1713, François Sirois, à la Rivière-Ouelle.

(2) Elle épouse, le 30 mai 1723, Jean-Baptiste Chambrelan, à Ste-Famille, I. O.

Marie-Anne-Joseph, b 3 26 juillet 1715 ; m 9 janvier 1745, à Jean DE LA RUE, à St-Roch. 4—*Marie*, b 3 27 avril 1717.—*Françoise*, b 3 17 mars 1719 ; m 4 26 février 1753, à Louis GAUVIN.—*Marie-Angélique*, b 3 19 mars 1721 ; m 4 3 février 1739, à Jean HAMOND ; s 4 24 janvier 1756.

1714, (6 nov.) St-Pierre, I. O. 8
IV.—PELLETIER, JEAN, [RENÉ III.
b 1692 ; s 8 28 août 1728.
1° GOSSELIN, Marie-Charlotte, [FRANÇOIS II.
b 1693 ; s 8 24 juillet 1715.
Jean-François, b 8 19 et s 8 20 juillet 1715.
1715, (25 nov.) 8
2° FRELAN (1), Ursule, [FRANÇOIS I.
b 1695.
Pierre, b 8 22 fevrier 1717. — *Alexis*, b 8 30 mars 1718 ; m 1755, à Geneviève MAISONNEUVE.—*Marguerite*, b... m 8 2 fevrier 1750 à Beaunet GILAUDÉ. — *Marie-Madeleine*, b 8 14 sept. 1721 ; m 8 12 oct. 1744, à Louis NOLET. — *Pierre*, b 8 2 nov. 1723. — *Scholastique*, b 8 1er avril 1725 ; s 8 31 août 1727. — *Jean-René*, b 8 22 fevrier 1727.—*Pierre* (posthume), b 8 18 oct. 1728 ; m 9 nov. 1756, à Marie-Joseph PAQUET, à St-Vincent-de-Paul.

1715, (5 août) Québec. 9
IV.—PELLETIER, JEAN-FRS. [JEAN-FRS-X III.
ARNAUD, Catherine, [BERTRAND I.
b 1694.
Louise-Geneviève, b 9 20 juin 1716 ; s 9 8 août 1717. — *Etienne-Alexandre*, b 9 10 mai 1718, s 9 8 juillet 1719. — *Etienne-Joseph*, b 9 15 déc 1720 —*François*, b 9 4 oct. 1723. — *Louis*, b 9 13 août 1727.

1715, (5 août) Québec. 5
I.—PELLETIER, NICOLAS.
2° SAUVAGESSE (2), Marie.
Marie, b... 1° m 5 9 janvier 1731, à Louis POLET ; 2° m 5 24 sept. 1731, à Pierre CLUSEAU.

I.—PELLETIER (3), JEAN-LOUIS, b 1717 ; s 29 mars 1742, aux Trois-Rivières.

1718, (25 mars) Detroit. 8
IV.—PELLETIER, JEAN-FRS, [FRANÇOIS III.
b 1691 ; bourgeois.
ROBERT (4), Marie-Louise, [PIERRE III.
b 1698.
Jean-Baptiste, b 8 13 nov. 1719 ; m 26 mai 1743, à Marie-Joseph CORNET, à Boucherville. — *Jean-François*, b 8 23 déc. 1720 ; s 8 (picote) 27 fevrier 1733.—*Marie-Anne-Angélique*, b 8 20 sept. 1722 ; 1° m 8 4 janvier 1736, à Antoine CAMPEAU ; 2° m 8 24 janvier 1760, à Etienne LIVERNOIS ; s 8 13 août 1762.

(1) Elle épouse, le 13 février 1730, François Chabot, à St-Pierre, I. O.

(2) Fille du grand chef Jean-Baptiste Nanabesa.

(3) Dit Larose ; soldat de M. DeNoyon.—Condamné à mort par un conseil de guerre, pour avoir déserté l'armée.

(4) Elle épouse, le 7 janvier 1725, Louis Campeau, au Detroit.

1721, (3 fevrier) Rivière-Ouelle.[8]

IV.—PELLETIER (1), JOSEPH, [JEAN III.
b 1694 ; s 23 juin 1753, à St-Roch.[4]
BOUCHER, Marie-Anne, [PIERRE III.
b 1701 ; s 18 avril 1766, à Ste-Anne-de-la-Pocatière.[5]
Joseph, b [5] 22 nov. 1722 ; m 15 janvier 1747, à Marie-Anne CARON, à l'Islet. [7]— *Madeleine*, b [6] 16 mars 1724 ; m [4] 9 janvier 1747, à François-Thomas OUELLET. —*Marie-Anne-Joseph*, b 1726 ; 1° m [4] 3 février 1749, à Pierre MORNEAU ; 2° m [4] 23 août 1756, à Gabriel ASSELIN ; 3° m [5] 11 fevrier 1765, à Jean BÉRUBÉ. — *Jean*, b... m 24 janvier 1752, à Marie-Anne MIGNIER, à St-Thomas. — *François*, b 1731 ; m [7] 9 janvier 1757, à Marguerite-Ursule CARON ; s [4] 28 janvier 1759. — *Isidore*, b [5] 7 février 1733 ; m [5] 17 février 1772, à Marguerite TIBOUTOT. — *Augustin*, b [4] 8 mars 1744 ; m [5] 11 janvier 1779, à Marie-Louise BÉRUBÉ.

1722, (13 avril) St-Thomas.[8]

IV.—PELLETIER, PIERRE, [RENÉ III.
b 1700.
LAVERGNE, Elisabeth. [ARNOUX-RENÉ II.
Elisabeth, b... m [8] 7 août 1747, à Louis MÉTIVIER.—*René*, b 1729 ; m [8] 22 nov. 1751, à Marie-Barbe TALON ; s 9 dec. 1775, à Beaumont.—*Jean-Baptiste*, b 8 mars et s 24 août 1731, à Berthier.[9] —*Augustin*, b [9] 15 mars 1733 ; s [8] 23 avril 1745. —*Jacques-François*, b [9] 19 dec. 1734. — *André*, b 29 janvier 1737, à St-Frs-du-Sud. — *Thomas*, b [8] 11 et s [8] 16 janvier 1739. — *Jean-Baptiste*, b [8] 14 mai 1741.—*Pierre*, b... s [8] 7 déc. 1748.

IV.—PELLETIER (2), ANTOINE, [MICHEL III.
b 1706 ; s 14 sept. 1795, à Kaskakia.
DAUZA-ALGONKINE, Marie.
Marie-Agnès, b 3 juillet 1722, à Batiscan.[7]— *Marie-Madeleine*, b [7] 14 dec. 1724.—*Marie-Charlotte*, b [7] 15 janvier 1729.

1726, (8 janvier) Ste-Anne-de-la-Pocatière.[8]

IV.—PELLETIER, CHARLES, [JEAN III.
b 1699.
BOUCHER (3), Marie-Anne, [CHARLES III.
b 1708.
Marie-Anne, b [8] 13 nov. 1727 ; s [8] 20 août 1728. —*Jean-Charles*, b [8] 28 oct. 1729 ; m 9 avril 1752, à Ursule BERNIER, à l'Islet. — *Jean-François*, b [8] 16 mai 1734 ; m [8] 25 nov. 1754, à Judith MIVILLE. —*Louis-Sébastien*, b 30 mai 1735, à St-Roch.[7] ; s [7] 22 nov. 1756.—*Jean-Baptiste*, b [8] 26 sept. 1736. — *Joseph*, b... m 7 fevrier 1757, à Marie-Joseph PARADIS, à la Rivière-Ouelle. —*André*, b [7] 8 dec. 1738. — *Marie-Félicité*, b [7] 15 oct. 1740 ; m [7] 20 oct. 1760, à Jean PARADIS.—*Marie-Angélique*, b [8] 1er juin 1741 ; m [8] 18 janvier 1762, à Joseph PLOURDE. — *Germain*, b [8] 14 oct. 1743 ; m [8] 23 fevrier 1767, à Rosalie BEAULIEU. — *Michel*, b [8] 7 mai 1746 ; m [8] 1er février 1768, à Françoise AUCOUTURIER. — *Jean-Roch*, b [7] 30 mai 1746 ; s [7] 7 déc. 1749.—*Joseph*, b [8] 1er nov. 1752.

(1) Dit Doucet.
(2) Algonquin.
(3) Elle épouse, le 28 avril 1756, François Thiboutot, à St-Roch.

1726, (6 fevrier) Sorel.[6]

IV.—PELLETIER (1), MICHEL, [MICHEL III.
b 1700 ; s [6] 6 mars 1762.
LETENDRE, Marie-Louise, [PIERRE I.
b 1700.
Marie-Catherine, b [6] 8 déc. 1726 ; m [6] 31 janvier 1763, à Charles HUS-MILLET. — *Michel*, b [6] 2 août 1729.—*Jean-Baptiste*, b [6] 30 avril 1730 ; m [6] 5 mars 1753, à Marie HUS-MILLET. — *Pierre*, b [6] 9 avril 1732 ; m [6] 4 nov. 1760, à Agathe SALVAYE. — *Marie-Louise*, b [6] 18 et s [6] 20 fevrier 1734.— *Marie-Louise*, b [6] 1er juin 1735 ; m [6] 12 juillet 1763, à Louis DELINEL. — *Joseph*, b [6] 27 fevrier 1738 ; s [6] 31 déc. 1745.— *Marie-Angélique*, b [6] 1er nov. 1742 ; m [6] 14 janvier 1765, à Jacques FORCIER. — *Marie-Louise*, b [6] 25 sept 1744. — *Geneviève*, b... m 17 avril 1765, à Joseph LÉPINE, à l'Ile-Dupas.

1726, (25 nov.) Islet.[1]

IV.—PELLETIER, CHARLES, [CHARLES III.
b 1701 ; s 12 janvier 1769, à Ste-Anne-de-la-Pocatière.[2]
CHOUINARD, Louise, [JACQUES I.
b 1704.
Charles-François, b [2] 11 mars 1728 ; m [1] 8 nov. 1751, à Marthe FORTIN. — *Marie-Louise*, b 5 oct. 1729, à St-Roch[3] (2) ; m [3] 27 juillet 1750, à François-Xavier FORTIN. — *Joseph-Marie*, b... m [3] 20 nov. 1752, à Marie-Madeleine SOUCY.— *François-Marie*, b [3] 27 avril 1734 ; m [3] 24 janvier 1761, à Marguerite-Ursule CARON. — *Marie-Anne*, b [3] 30 mars 1736 ; m [3] 14 fevrier 1757, à Pierre GASTONGUAY ; s [2] 9 avril 1770. — *Gabriel*, b [3] 12 nov. 1738 ; m [3] 26 janvier 1761, à Angélique GASTONGUAY. — *Julien*, b [3] 12 nov. 1741 ; m [3] 16 juillet 1764, à Marie-Reine LEMIEUX.— *Chrysostôme*, b [3] 12 mai 1744.

II.—PELLETIER, FRANÇOIS, [FRANÇOIS I.
b 1701.
RENAUD, Catherine.
Louis, b... 1° m 10 avril 1747, à Marie-Anne BODIN, à Laprairie ; 2° m 30 août 1762, à Agnès BABEU, à St-Philippe.

PELLETIER (3), JOSEPH, b 1707 ; s 22 avril 1723, à Quebec.

PELLETIER, JOSEPH ; b 1703 ; s 8 avril 1756, à St-Roch.

PELLETIER, JEAN ; b 1691 ; s 6 sept. 1769, à Ste-Anne-de-la-Pocatiere.

(1) Dit Antaya.
(2) Acte copié le 18 juillet 1744, il avait été omis en son lieu.
(3) Ecolier du séminaire.

1728, (6 mars) Sorel.[8]
IV.—PELLETIER (1), CHARLES-FRS, [MICHEL III.
b 1702.
PÉLOQUIN, Marie-Thérèse, [FRANÇOIS I.
b 1706.
Joseph, b 1728; s [8] 24 nov. 1747.—*Antoine*, b [8] 22 déc. 1730.—*Pierre-Armand*, b [8] 8 août 1732; m [8] 4 juillet 1757, à Marie-Joseph BERGERON.—*Thérèse*, b [8] 23 mars 1734. — *Marie-Ursule*, b [8] 5 juin 1735; m [8] 11 nov. 1760, à Antoine BAILLARGEON; s [8] 18 février 1765.— *Marie-Catherine*, b [8] 16 août 1737.—*Marie-Geneviève*, b [8] 24 mai 1742. —*Françoise*, b... s [8] 7 dec. 1743. — *Marie-Angélique*, b [8] 19 avril 1744; s [8] 1er août 1748.—*Geneviève*, b [8] 18 mars 1746; m 11 avril 1774, à Jean-Baptiste FAFART, à St-Cuthbert[9]; s [9] 7 mai 1775. —*Marie-Madeleine*, b [8] 26 oct. 1747.

1728, (20 nov.) Ste-Anne-de-la-Pocatière.[9]
IV.—PELLETIER, JOSEPH, [CHARLES III.
b 1702.
ST. PIERRE, Marie-Ursule, [PIERRE I.
b 1702.
Marie-Joseph, b 1730; 1° m [9] 1er fevrier 1745, à Charles GAGNON; 2° m 7 fevrier 1757, à Joseph DURANT, à l'Islet. — *Marie-Françoise*, b... m 27 juillet 1752, à Pierre CHOUINARD, à St-Roch.[8]— *Marie-Angélique*, b [9] 8 mars 1733; 1° m [8] 12 fevrier 1753, à Louis FORTIN; 2° m [8] 18 août 1760, à Louis-Etienne ROY. — *Pierre-François*, b [8] 17 nov. 1734. —*Marie-Hélène*, b [8] 7 oct. 1736; m [8] 12 nov. 1764, à Benjamin BOSSÉ. — *Jean-François*, b [8] 12 sept. 1738. — *Gabriel-Basile*, b [8] 13 nov. 1740. — *Joseph*, b... m [8] 14 nov. 1763, à Marie-Catherine LEMIEUX.—*Marie-Véronique*, b [8] 29 sept. 1743; s [8] 30 janvier 1760.

1729, (8 février) Pte-aux-Trembles, Q.
III.—PELLETIER, NOEL, [NOEL II.
b 1700.
HARBOUR, Marie-Madeleine, [JEAN-BTE II.
b 1704.

1731, (1er déc.) Islet.[4]
V.—PELLETIER, GUILLAUME, [GUILLAUME IV.
b 1711.
1° JEAN (2), Françoise. [PIERRE II.
Jean, b [4] 1er déc. 1731; m 10 nov. 1760, à Marie-Madeleine TARDIF, à Kamouraska.[6]—*Marie-Reine*, b [6] 23 juillet 1733; m 11 fevrier 1751, à Alexis THIBOUTOT, à Ste-Anne-de-la-Pocatière.[6] — *Marie-Claire*, b [5] 7 août 1735; m 12 janvier 1757, à Ambroise MIVILLE, à la Rivière-Ouelle.[7] —*Marie-Judith*, b 1736; m [7] 24 oct. 1757, à Louis HUDON.— *Toussaint*, b 20 mai 1740, à Quebec; 1° m [5] 18 fevrier 1765, à Marie-Catherine PARADIS; 2° m [5] 15 oct. 1781, à Madeleine DELA BOURLIÈRE.—*Marie-Joseph*, b [7] 17 juillet 1742.— *François*, b [6] 2 fevrier 1745; s [6] 8 déc. 1748. — *Germain*, b [6] 3 sept. 1746; m [5] 7 janvier 1766, à Marie-Joseph PARADIS. — *Marie-Charlotte*, b [6] 21 juin 1748. — *Joseph*, b... m [5] 6 février 1769, à Marie-Anne DANJOU. — *Joseph-Antoine*, b [5] 28 juillet 1751; m [5] 4 mai 1772, à Marie OUELLET.— *Marie-Euphrasie*, b [7] 18 juin 1753; s [7] 22 mars 1760.—*Pierre*, b [7] 30 juillet 1755; m [7] 10 fevrier 1777, à Madeleine LÉVESQUE.— *Marie-Françoise*, b [7] 20 oct. 1757; s [7] 24 janvier 1758.

1775, (21 août).[5]
2° GUENET, Marie-Françoise, [PIERRE II.
b 1698; veuve de Louis Béchard.

1732, (7 janvier) Pte-aux-Trembles, Q.[6]
III.—PELLETIER, FRANÇOIS, [NOEL II.
b 1708; s 28 sept. 1758, aux Ecureuils.[7]
1° LÉVEILLÉ, Marguerite, [JEAN II.
b 1711; s [6] 13 oct. 1741.
Marie-Marguerite, b [6] 28 février 1733; s [6] 30 avril 1736.—*Marie-Louise*, b [6] 10 août 1734; m [6] 28 août 1758, à Louis PARANT. — *François-de-Sales*, b [6] 2 avril 1736; m [6] 1er sept. 1766, à Marie-Louise BROUSSEAU. — *Marguerite*, b [6] 19 mai 1738; 1° m à Joseph BROUSSEAU; 2° m 7 fevrier 1774, à François LEVALOIS, à Québec[8]; s [8] 24 mars 1795.—*Jean-Baptiste*, b [6] 9 mars 1740.

1745, (17 mai).[7]
2° LARUE, Françoise, [JEAN-BTE II.
b 1698; veuve de Jean Roberge; s [7] 18 avril 1775.

I.—PELLETIER (1), CLAUDE, b 1714; de Lachaise-le-Viconite, Poitou; s 14 juillet 1734, à Montreal.

1732.
V.—PELLETIER, JEAN, [GUILLAUME IV.
b 1707.
DUBÉ, Marie-Madeleine.
Jean-Baptiste, b 18 janvier 1733, à Kamouraska; m 20 oct. 1754, à Catherine DANIAU, à l'Islet. — *Marie-Madeleine*, b 21 déc. 1734, à St-Roch[9]; s [9] 23 janvier 1735. — *Marie-Reine*, b [9] 6 janvier 1736.—*Joseph-Marie*, b [9] 11 fevrier 1737.—*Michel*, b [9] 2 août 1739; m 21 mai 1766, à Marie-Jeanne TREMBLAY, à la Baie-St-Paul.—*Basile*, b [9] 2 août 1739.—*Augustin*, b [9] 5 février 1742; m 27 juillet 1778, à Marie-Joseph DEBLOIS, à St-Jean-Port-Joli.—*Marie-Rose*, b [9] 21 dec. 1743. — *François*, b [9] 9 janvier 1746; s [9] 2 avril 1751. — *Pierre-Noel*, b [9] 21 janvier 1748; s [9] 10 sept. 1751.—*Jean-Vincent*, b [9] 19 juin et s [9] 5 juillet 1750.—*Marie-Madeleine*, b [9] 6 et s [9] 20 sept. 1751.—*Louis-Romain*, b [9] 22 nov. 1752. — *Gabriel*, b [9] et s [9] 4 mars 1755.

1734, (8 février) L'Assomption.
III.—PELLETIER, AUGUSTIN, [PIERRE II.
b 1710.
MONTABERT, Marie-Geneviève, [ETIENNE I.
b 1715.

1734, (8 août) Varennes.[1]
II.—PELLETIER, FRANÇOIS, [FRANÇOIS I.
b 1706.
1° LEBRODEUR, Marie-Anne. [JEAN-BTE I.

(1) Dit Châteauneuf, 1760.
(2) Et Pierre-Jean—Pinseau.

(1) Dit Vadeboncœur; soldat de la compagnie de Budemont.

1753, (20 août).[1]
2° Martel, Marie-Joseph, [Jos.-Alphonse III.
b 1729 ; veuve de Jean-Baptiste Mongeau.
Marie-Joseph, b 23 sept. 1754, à la Pte-aux-Trembles, M.

IV.—PELLETIER, Louis, [René III.
b 1709.
1° Distroismaisons-Picard, Marie-Marthe, b 1714 ; s 10 mai 1761, à St-Vincent-de-Paul.[5]
Marie, b 1734 ; m 12 nov. 1753, à Louis Gibault, à Lachine ; s[5] 11 janvier 1757. —*Marie*, b 19 et s 28 juin 1735, à St-Frs-du-Sud.— *Reine*, b 1739 ; s 27 sept. 1741, au Cap-St-Ignace.[6]— *Louis*, b[6] 28 fevrier 1741 ; m[5] 22 avril 1765, à Marie Thomas-Beaulieu. — *Marie-Agnès*, b[6] 17 juillet 1742 ; m[5] 18 février 1760, à Louis-François Bélanger ; s[5] 17 janvier 1766.— *Geneviève-Pélagie*, b[6] 11 sept. et s[6] 15 nov. 1748.—*Urbain*, b 24 et s 29 août 1749, à la Longue-Pointe. — *Joseph*, b et s 23 mai 1756, à St-Laurent, M.
1763, (24 janvier).[5]
2° Brunel, Marie-Joseph, [Pierre III.
veuve de Noël Boucher.

1735, (8 janvier) Ste-Anne-de-la-Pocatière.[5]
V.—PELLETIER, Jean-Frs, [Jean-Frs IV.
b 1711.
Morin, Marie-Anne, [Robert I.
b 1713 ; s 9 oct. 1780, à St-Jean-Port-Joli.[6]
Jean-François, b 25 sept. 1735, à la Rivière-Ouelle[7] ; s[5] 30 nov. 1736.— *Madeleine*, b[7] 7 juin 1737 ; m[7] 10 fevrier 1772, à Joseph Lamaudais.—*Joseph-Marie*, b[5] 15 janvier 1739.—*Marie-Anne*, b[5] 12 sept. 1740.— *Marie-Charlotte*, b[5] 21 mars 1742. — *Charles*, b... m 14 mai 1764, à Marie-Anne Dumont, à Kamouraska. — *Marie-Julienne*, b[5] 10 août 1745.—*Charles-François*, b 16 juin 1749, à l'Islet.[8]— *Marie-Françoise*, b[8] 25 mars 1751 ; m[6] 25 nov. 1771, à Louis Chouinard.

1737, (30 nov.) Varennes.
III.—PELLETIER, Joseph, [Pierre II.
b 1715.
Hayet, Marie. [Louis II.

1738, (16 juin) Lachenaye.[9]
III.—PELLETIER, Pierre-Jean, [Pierre II.
b 1705.
Lecours, Marguerite-Madeleine, [Gilles II.
s 25 mai 1795, à Repentigny.
Pierre, b[9] 29 août 1739. — *Marie-Marguerite*, b[9] 26 août 1740.—*Marie*, b[9] et s[9] 15 juillet 1749. — *Marie-Charlotte*, b[9] 17 sept. 1753. — *Antoine*, b[9] 24 dec. 1756.

1738, (2 nov.) St-Roch.[4]
IV.—PELLETIER, Jean-Bernard, [Charles III.
b 1712.
Brisson, Marthe, [Jean II.
b 1719.
Jean-Bernard, b[4] 30 août 1739 ; m[4] 3 oct. 1762, à Marie-Joseph Caron.—*Charles-François*, b[4] 9 oct. 1740, m[4] 12 nov. 1764, à Marie-Françoise Caron.—*Marie-Pélagie*, b[4] 1er mai et s[4] 15 juin 1742.—*François-Maurice*, b[4] 20 juin 1743 ; m 11 janvier 1768, à Marie-Angelique Saucier, à Ste-Anne-de-la-Pocatière. — *Marie-Marthe*, b[4] 6 juin 1745 ; m[4] 12 juillet 1763, à Pierre Talbot. — *Marie-Anne-Françoise*, b[4] 22 janvier 1747 ; m[4] 16 juillet 1764, à Jean-Baptiste Talbot.— *Augustin*, b[4] 13 oct. 1748.— *François-Marie*, b[4] 15 juin 1750 ; m 16 oct. 1775, à Angélique Tondreau, à l'Islet.—*Joseph-Marie*, b[4] 15 juillet 1752. —*Marie-Judith*, b[4] 20 avril 1754.—*Marie-Joseph*, b[4] 27 mars 1755. — *Marie-Catherine*, b[4] 15 juin 1758.—*Marie-Félicite*, b[4] 6 janvier 1760.—*Marie-Joseph*, b[4] 7 août 1761.—*Pierre-Noël*, b[4] 26 oct. 1762.

PELLETIER, Charles.
Chorette, Marie-Anne.
Marie-Anne, b 26 avril 1739, à Ste-Anne-de-la-Pocatière[1] ; m[1] 11 février 1765, à Jean-Baptiste Bérubé.

1739, (5 oct.) Sorel.[3]
IV.—PELLETIER (1), Pierre. [Michel III.
Mandeville, Marie-Charlotte, [Jean-Bte II.
b 1718 ; s[3] 25 mai 1767.
Marie, b 1740 ; s[3] 1er déc. 1755. — *Pierre*, b[3] 17 avril 1741 ; m[3] 29 avril 1765, à Elisabeth Gautron.—*Charlotte*, b[3] 9 fevrier 1744. — *Jean-Baptiste*, b[3] 28 août 1746. —*Antoine*, b[3] 27 juillet 1749 ; s[3] 29 oct. 1768. — *Michel*, b[3] 4 et s[3] 8 mars 1752. — *Michel*, b[3] 31 mai 1753. — *Agathe*, b[3] 12 mars 1756.

PELLETIER, Louis.
Fourneau, Jeanne.
Louis, b... m 14 avril 1760, à Marie-Joseph Malbeuf, aux Trois-Rivières.

PELLETIER, Pierre.
Blouf, Marie-Madeleine.
Geneviève, b 21 juillet 1741, à Sorel.

1740, (21 nov.) St-Roch.[2]
V.—PELLETIER, Augustin, [Guillaume IV.
b 1718.
Thiboutot, Madeleine. [Adrien II.
Marie-Joseph, b[2] 15 oct. 1741 ; m 18 fevrier 1765, à Joseph-Roch Ouellet, à Ste-Anne-de-la-Pocatière.[5]—*Angélique*, b[2] 28 janvier 1743. — *Marie-Françoise*, b[2] 30 août 1744. — *Augustin*, b[2] 6 mars 1746. — *Joseph*, b[2] 4 juin 1747. — *Charles-François*, b[5] 8 fevrier 1748. — *Henri*, b[2] 23 dec. 1750.—*François*, b[2] 22 oct. et s[2] 13 déc. 1752.—*Jean-Marie*, b[2] 21 fevrier 1754. — *Pierre-Laurent*, b[2] 8 et s[2] 24 août 1756. — *Nicolas*, b[2] 5 déc. 1757.—*Victor-Athanase*, b[2] 21 juillet 1761 ; m 10 janvier 1785, à Claire Jean, à St-Jean-Port-Joli.

PELLETIER, François, b 1707 ; s 18 oct. 1785, à St-Jean-Port-Joli.

---

(1) Dit Antaya.

1741, (3 nov.) Islet.
IV.—PELLETIER, FRANÇOIS, [CHARLES III.
b 1713.
MORNEAU, Geneviève, [FRANÇOIS III.
b 1723.
Marie-Geneviève, b 25 août 1742, à St-Roch[7]; m 21 janvier 1765, à Jean BOUCHARD, à Ste-Anne-de-la-Pocatière.[8] — *Marie-Françoise*, b[7] 13 oct. 1743; m[8] 16 fevrier 1767, à Louis FORTIN.— *Charles-François*, b[7] 23 fevrier et s[7] 14 oct. 1745.—*Marie-Victoire*, b[7] 14 avril 1746.—*Marie-Charlotte*, b[7] 3 mars 1748. — *François*, b[7] 11 déc. 1749; s[7] 13 juillet 1751. — *Marie-Charlotte-Eulalie*, b[7] 25 mars 1751; m[8] 6 nov. 1769, à Jean-Baptiste LECLERC —*Marie-Anne*, b[7] 17 nov. 1752. — *Marie-Félicité*, b[7] 11 mai 1754; m[7] 8 avril 1777, à Michel GAGNON. — *Jean-François*, b[7] 18 janvier 1756; m[7] 20 juillet 1778, à Marie-Joseph GAGNON.—*Louis*, b[7] 5 août 1757.—*Marie-Madeleine*, b[7] 7 oct. 1758; m[7] 27 avril 1778, à Alexis GAGNÉ.— *Marie-Claire*, b[7] 24 oct. 1760.— *Marie-Emerance*, b[7] 23 dec. 1761. — *Charles-François*, b[7] 29 avril et s[7] 28 juin 1763.

1742, (2 juillet) Ste-Anne-de-la-Perade.
III.—PELLETIER, ANTOINE, [NOEL II.
b 1714; s 28 janvier 1767, à la Pte-aux-Trembles, Q.[8]
1° TESSIER, Marie-Jeanne, [PIERRE III.
b 1725; s[8] 15 avril 1757.
Joseph, b[8] et s[8] 9 août 1743.—*Marie-Thérèse*, b[8] 5 et s[8] 7 fevrier 1744. — *Antoine*, b[8] 20 mars 1745.—*Noel*, b 1er sept. 1746, aux Ecureuils; s[8] 29 oct. 1746. — *Marie-Madeleine*, b[8] 30 juillet 1748; m[8] 20 nov. 1769, à François GINGRAS.— *Marie-Angélique*, b[8] 14 mars 1750. — *Louis-Joseph*, b[8] 22 juin 1751.— *Marie-Joseph*, b 1754; s 15 avril 1767, à l'Hôpital-General, M. —*Louis-Joseph*, b[8] 24 août 1756; s[8] 1er mai 1759.
1757, (10 oct.)[8]
2° LANGLOIS (1), Madeleine, [PIERRE III.
b 1726.
Marie-Madeleine, b[8] 4 août 1758; m[8] 25 fevrier 1778, à Nicolas VANDAL. — *Jean*, b[8] 6 février 1760.—*Marie-Angélique*, b[8] 1er avril 1762. —*Marie-Véronique*, b[8] 15 fevrier et s[8] 29 mars 1764.—*Marie-Françoise*, b[8] 26 mars et s[8] 5 mai 1765.

1743, (26 mai) Boucherville.
V.—PELLETIER, JEAN-BTE, [FRANÇOIS IV.
b 1719.
CORNET, Marie-Joseph. [JOSEPH I.
Jean-Baptiste, b 1744; m 26 mai 1770, à Catherine VALLÉE, au Detroit[8]; s[8] 24 sept. 1778.— *Marie-Joseph*, b[8] 6 juillet 1745; m[8] 7 janvier 1764, à Philippe LEDUC. —*Jacques-Amable*, b... s[8] 16 janvier 1747.—*Jean-Baptiste*, b 1748; m 27 mai 1771, à Madeleine LEVASSEUR, à Montreal.— *Marie-Françoise*, b[8] 6 fevrier 1749; m[8] 11 fevrier 1765, à Jean-Baptiste PARÉ. — *Marie-Angélique*, b[8] 13 avril 1750.— *Desanges*, b... m[8] 3 juin 1765, à Théophile LEMAY. — *François-Amable*, b[8] 25 mars 1752.—*Joseph*, b 1753; s[8] 13 août 1759.— *Jacques*, b 1755; s[8] 26 janvier 1776. —*Simon*, b 1757; s[8] 18 mars 1758.—*Thérèse*, b[8] 8 mars 1759; m[8] 1er février 1780, à Jean-Baptiste CHAPOTON; s[8] 17 juillet 1795.—*Antoine*, b[8] 16 sept. 1765; s[8] 19 août 1779. — *Félix*, b[8] 14 avril 1769; m[8] 16 avril 1792, à Catherine CASSE.

III.—PELLETIER, JEAN-BTE, [PIERRE II.
b 1707.
CHAVIGNY, Marie-Charlotte.
François, b... m 27 janvier 1766, à Marguerite GARIÉPY, à Lachenaye.

I.—PELLETIER (1), LOUIS,
b 1714; soldat; s 12 dec. 1749, à Montréal.[1]
CESIRE (2), Marie-Joseph, [JOSEPH II.
b 1722.
Antoine, b... m 19 nov. 1764, à Marie-Joseph POULIN, à St-Antoine-de-Chambly. — *Marie-Joseph*, b[1] 8 avril et s[1] 29 sept. 1745. — *Paul*, b[1] 13 juillet 1746. — *Jean-Baptiste*, b[1] 18 fevrier 1748.—*Marie-Madeleine*, b[1] 26 août 1749; m 30 juin 1766, à François-Denis LAPORTE, à Chambly.

PELLETIER, ANDRÉ.
RENAUD, Elisabeth.
André, b... m 7 février 1764, à Catherine MELOCHE, au Détroit.

1744.
IV.—PELLETIER (3), JACQUES, [MICHEL III.
b 1718.
DESMARETS (4), Marguerite,
b 1725; s 7 mai 1768, à Sorel.[6]
Anonyme, b[6] et s[6] 29 janvier 1745.—*Anonyme*, b[6] et s[6] 3 mars 1748.—*Michel*, b[6] 7 mars 1749. —*Marie-Madeleine*, b 3 mai 1752, à l'Ile-Dupas. —*Louis*, b[6] 12 juillet 1754; s[6] 4 février 1757.— *Jean-Baptiste*, b[6] 16 janvier 1757.

1744, (3 mai) Baie-du-Febvre.[1]
IV.—PELLETIER (3), HYACINTHE, [MICHEL III.
b 1716; s 1er oct. 1780, à Nicolet.[2]
LEFEBVRE, Catherine. [CLAUDE III.
Hyacinthe, b 1744; s[2] 17 oct. 1747. — *Louis*, b[2] 8 août 1746; m[1] 2 mars 1772, à Marie-Anne BENOIT. —*Joseph*, b[2] 9 avril 1748; m[2] 13 août 1781, à Marie-Joseph TRUDEL. — *Pierre*, b[2] 22 sept. 1749; s[2] 23 janvier 1750. — *Joseph*, b[2] 20 avril 1751. — *Marie-Marguerite*, b[2] 22 fevrier 1753; m[2] 12 février 1776, à François-Xavier GAGNON.—*Michel*, b[2] 10 juillet et s[2] 5 août 1755.— *Marie-Antoinette*, b[2] 7 sept. 1756; m[2] 2 mars 1778, à Joseph-Louis GUILBERT. — *Marie-Françoise*, b[2] 12 avril 1757; m[2] 6 août 1781, à Joseph BENOIT. — *Marie-Joseph-Françoise*, b[2] 9 janvier 1760; m[2] 19 janvier 1784, à Joseph RICARD.— *Marie-Claire*, b 1765; m[2] 3 oct. 1791, à Pierre ROUSSEAU.

(1) Elle épouse, le 4 juin 1768, René Lefebvre, à la Pte-aux-Trembles, Q.

(1) Dit Sanssoucy.

(2) Elle epouse, le 6 septembre 1751, Henri Miclette, à Montreal.

(3) Dit Antaya.

(4) Dit Abraham.

1744, (4 nov.) Berthier.
V.—PELLETIER, FRS-XAVIER, [GUILLAUME IV.
b 1718; s 24 avril 1756, à St-Frs-du-Sud.[1]
1° GUIGNARD, Marie-Anne, [AUGUSTIN II.
b 1722; s 21 nov. 1749, à Québec.
Marie-Françoise, b[1] 5 sept. 1745.—*Marie-Angélique*, b[1] 8 sept. 1747; m 14 janvier 1766, à Jean-Baptiste DANDURAND, à St-Thomas.—*Marie-Anne*, b[1] 4 déc. 1748.

1750, (24 août).[1]
2° GENDRON (1), Hélène. [JOS.-JACQUES III.
François, b[1] 23 janvier et s[1] 7 fevrier 1752.—*François-Hyacinthe*, b[1] 14 mars 1753. — *Marie-Joseph*, b[1] 27 mars et s[1] 11 nov. 1755. — *Marie-Françoise* (posthume), b[1] 23 oct. 1756; s[1] 5 août 1757.

1746, (14 fevrier) Kamouraska.[4]
V.—PELLETIER, CHARLES. [JEAN-FRS IV.
SAUCIER, Marie-Françoise, [CHARLES II.
b 1723; veuve de Pierre Michaud.
Charles-François, b[4] 10 sept. et s[4] 28 nov. 1746.—*Charles*, b[4] 2 nov. 1752. — *Marie-Catherine*, b 12 mai et s 28 juillet 1754, à Ste-Anne-de-la-Pocatière.[5] — *Marie-Reine*, b[5] 9 juin 1755. —*Marie-Charlotte*, b[5] 7 août 1760.

1747, (15 janvier) Islet.
V.—PELLETIER (2), JOSEPH, [JOSEPH IV.
b 1722.
CARON, Marie-Anne, [IGNACE III.
b 1724.
Louis-Joseph, b 15 oct. 1747, à St-Roch[4]; s[4] 21 janvier 1748. — *Joseph*, b[4] 24 nov. et s[4] 25 déc. 1748. — *Marie-Anne-Joseph*, b[4] 5 déc. 1749; m 24 février 1772, à François TIBAUT, à Ste-Anne-de-la-Pocatière.—*Marie-Joseph*, b[4] 23 dec. 1750.—*Joseph-Marie*, b[4] 6 dec. 1752; m 19 juillet 1779, à Marie-Charlotte PARADIS, à Kamouraska. —*Pierre-Noel*, b[4] 10 nov. 1754; m 7 juin 1784, à Marie-Elisabeth BOUCHER, à la Rivière-Ouelle.— *Anonyme*, b[4] et s[4] 24 mai 1757.—*Etienne*, b[4] 18 sept. 1758.—*Jean-Marie*, b[4] 18 oct. 1762.—*Jean-Charles*, b[4] 5 juin 1764.

1747, (13 février) Ste-Anne-de-la-Pocatière [1]
V.—PELLETIER, CHARLES, [GUILLAUME IV.
b 1721; s[1] 5 mars 1763.
1° MARTIN, Marie-Thérèse, [FRS-LUCIEN II.
b 1728; s[1] 2 dec. 1747.
Marie-Françoise, b[1] 11 nov. 1747; s[1] 23 nov. 1759.

1748, (25 nov.)[1]
2° MIGNIER, Marie-Geneviève, [MICHEL II.
b 1712; s[1] 23 nov. 1759.
Marie-Charlotte, b[1] 22 août 1750. —*Marie-Geneviève*, b[1] 11 fevrier 1752.—*Antoine*, b[1] 16 oct. 1754.

1760, (9 sept.)[1]
3° MIGNIER (1), Angélique, [BERNARD III.
b 1742.
Jean-Marie, b[1] 2 juillet 1761.—*Marie-Angélique*, b[1] 18 nov. 1762.

1747, (10 avril) Laprairie.
III.—PELLETIER, LOUIS. [FRANÇOIS II.
1° BODIN, Marie-Anne, [PIERRE II.
b 1726.
Joseph-Marie, b 2 fevrier 1754, à Chambly.[2] — *Charles*, b[2] 1er dec. 1755.

1762, (30 août) St-Philippe.
2° BABEU, Agnès, [ANDRÉ I.
b 1718; veuve de Louis Leclerc.

1747, (7 août) Ste-Anne-de-la-Pocatière.[3]
IV.—PELLETIER, JACQUES. [CHARLES III.
ROY (2), Marie-Anne, [AUGUSTIN III.
b 1727.
Marie-Anne, b[3] 3 nov. et s 8 déc. 1748, à St-Roch.[4] —*Marie-Catherine*, b 1749, s[4] 10 janvier 1751.—*Marie-Anne*, b[4] 3 janvier 1751; m[4] 18 nov. 1777, à Benoît LEBEL.—*Marie-Euphrasie*, b[4] 3 mai 1752; m[3] 3 août 1772, à Sébastien MICHAUD. —*Marie-Catherine*, b[4] 9 dec. 1753. — *Marie-Joseph*, b[4] 4 juin et s[4] 26 dec. 1755.—*Jacques*, b[4] 22 déc. 1756.—*Barthélemi*, b[4] 13 mars 1758. —*Jean-François*, b[4] 27 janvier 1760.—*Marie-Desanges*, b[4] 24 sept. 1761.—*Jean-Marie*, b[4] 27 mai et s[4] 23 dec. 1763.

1748, (30 janvier) Berthier.[5]
V.—PELLETIER, ANT.-SIMON, [GUILLAUME IV.
b 1725.
GUIGNARD, Marie-Marguerite, [NOEL II.
b 1726.
Marie-Marguerite, b[5] 25 oct. 1748.—*Antoine*, b[5] 11 janvier 1750.—*Marie-Joseph*, b 3 février 1752, à St-Frs-du-Sud.[6] — *Marie-Thérèse*, b[6] 22 mars 1754.—*Marie-Rose*, b[5] 27 dec. 1756.

1748, (7 oct.) St-Thomas.[7]
V.—PELLETIER, JOSEPH, [GUILLAUME IV.
b 1715.
TIBAUT, Elisabeth, [JACQUES II.
b 1715; veuve de Joseph Bouchard.
Joseph, b[7] 11 sept. 1749; m[7] 22 nov. 1773, à Therèse ROUSSEAU.—*Elisabeth*, b[7] 25 avril 1751; m[7] 12 juillet 1773, à Jacques LANGLOIS.

1751, (22 février) Ste-Anne-de-la-Pocatière.
IV.—PELLETIER, GABRIEL, [CHARLES III.
b 1719; s 14 février 1756, à St-Roch.[8]
1° ROY-LAUZIER, Marie-Cath., [AUGUSTIN III.
b 1729; s[8] 28 juin 1753.
Catherine-Ursule, b[8] 2 mai et s[8] 12 août 1753.

1755, (10 fevrier) Islet.
2° CARON (3), Marie-Elisabeth, [JOSEPH IV.
b 1735.
Marie-Elisabeth, b[8] 11 janvier 1756.

---

(1) Elle épouse, le 21 nov. 1757, Denis Terrien, à St-Frs-du-Sud.
(2) Dit Doucet.

(1) Elle épouse, le 13 nov. 1764, François Chrétien, à Ste-Anne-de-la-Pocatière.
(2) Desjardins—Lauzier.
(3) Elle épouse, le 9 janvier 1757, Louis Hottot, à l'Islet.

1751, (8 nov.) Islet.
V.—PELLETIER, Charles-Frs, [Charles IV.
b 1728.
Fortin, Marthe, [Joseph III.
b 1731.
Charles-François, b 22 juillet et s 10 déc. 1752, à St-Roch.[7]—*Charles-François*, b 4 juillet, à Ste-Anne-de-la-Pocatière et s [7] 3 sept. 1753.—*Pierre-François*, b [7] 25 sept. 1754; m [7] 27 oct. 1777, à Marie-Charlotte Dubé. — *Marie-Marthe*, b [7] 27 dec. 1755.—*Elisabeth-Ursule*, b [7] 14 fevrier 1757. — *Marie-Joseph*, b [7] 17 juillet 1758. — *Charles-François*, b [7] 8 mars 1760.—*Marie-Desanges*, b [7] 15 février 1762. — *Marie-Thérèse*, b [7] 25 juillet 1763.—*Marie-Reine*, b [7] 24 juillet 1764.

PELLETIER, Pierre.
Parant, Marie-Françoise,
b 1724; s 2 janvier 1752, à Cahokia.[1]
Pierre, b [1] 26 déc. et s [1] 2 janvier 1751.

PELLETIER (1), Pierre,
s 12 dec. 1759, à Lévis.[6]
Isabelle, Angelique.
Augustin, b [6] 4 avril 1751.— *Marie-Angélique*, b [6] 8 fevrier 1753. — *Marie-Geneviève*, b [6] 22 fevrier 1757.—*François*, b [6] 17 mai 1759.

1751, (22 nov.) St-Thomas.[1]
V.—PELLETIER, René, [Pierre IV.
b 1729; s 9 dec. 1775, à Beaumont.
Talon, Marie-Barbe, [Germain II.
b 1734.
Barbe, b... m [1] 30 janvier 1769, à Jean-Baptiste Morin. — *Anonyme*, b [1] et s [1] 23 mars 1754. — *Anonyme*, b [1] et s [1] 20 janvier 1755.— *Françoise*, b [1] 30 avril 1756, m [1] 18 janvier 1773, à Martin Morin.—*René*, b [1] 18 juin 1758.— *René*, b [1] 16 et s [1] 24 sept. 1760.

1751.
V.—PELLETIER, Basile. [Guillaume IV.
St. Laurent, Agathe.
Jean-Baptiste, b 24 fevrier 1752, à Kamouraska[7]; m [7] 9 fevrier 1778, à Marie-Anne Hudon.—*Joseph*, b [7] 11 sept. 1753; m [7] 26 août 1776, à Marie-Catherine Sirois.—*Marie-Geneviève*, b [7] 14 avril 1756; m [7] 10 février 1777, à Jean Laplante; s [7] 24 janvier 1778. — *Marie-Joseph*, b [7] 16 sept. et s [7] 16 dec. 1760.—*Charles-Gabriel*, b [7] 20 avril 1762; m [7] 12 nov. 1781, à Marie-Anne Paradis. —*Marie-Anne*, b [7] 4 avril 1764. — *Benjamin*, b [7] 7 et s [7] 29 juillet 1766. — *Maurice*, b [7] 3 avril et s [7] 25 juin 1768.

PELLETIER, Pierre.
Crête, Madeleine,
b 1723; s 2 mars 1753, à Québec [6]
Marie-Charlotte, b [6] 25 et s [6] 26 fevrier 1753.

PELLETIER, François.
Jean-Chaussé, Angélique. [Jean I.
Marie-Cécile, b 16 janvier 1753, à Lavaltrie.[4] —*Marie-Joseph*, b [4] 8 mars 1756. — *Pierre-Sulpice*, b [4] 7 juillet 1757. — *Laurent-Sulpice*, b [4] 21 janvier et s [4] 9 juin 1760.

(1) Il était décedé le 2 sept. 1759, à la prise de Québec.

1752, (24 janvier) St-Thomas.[4]
V.—PELLETIER, Jean. [Joseph IV.
Mignier-Lagacé, Marie-Anne, [André II.
b 1720; veuve de Jean Prou.
Marie-Joseph, b [4] 28 oct. 1754; m [4] 19 juillet 1773, à Jean Boutot.—*Jean-Baptiste*, b [4] 4 juillet 1757.—*Marie-Angélique*, b [4] 27 août 1760.

1752, (9 avril) Islet.
V.—PELLETIER, Jean-Charles, [Charles IV.
b 1729.
Bernier, Ursule, [Louis III.
b 1733.
Hypolite, b 3 août 1754, à la Rivière-Ouelle[3]; m [3] 7 fevrier 1780, à Marie-Anne Bélanger.—*Marie-Louise*, b [3] 19 mars 1757; m [3] 2 mars 1778, à François Lévesque.— *Charles*, b [3] 3 avril 1759. — *Louis-Charles*, b [3] 3 mai 1763. — *Jean-Bénoni*, b 3 juillet 1765, à Kamouraska.— *François*, b... m 28 février 1791, à Marie-Susanne Rioux, aux Trois-Pistoles.

1752, (20 nov.) St-Roch.[3]
V.—PELLETIER, Joseph-Marie. [Charles IV.
Soucy, Marie-Madeleine. [Joseph III.
Madeleine, b [3] 30 juillet 1753. — *Joseph-Marie*, b [3] 24 dec. 1754.—*Marie-Thècle*, b [3] 30 mars 1756. —*Jérôme*, b [3] 2 oct. 1757.—*Charles-François*, b [3] 17 déc. 1758. — *Henri-Benoit*, b [3] 17 oct. 1760.—*Marie-Louise*, b [3] 2 avril 1762.—*Marie-Anges*, b [3] 1er nov. 1763.

1753, (12 février) Ste-Anne-de-la-Pocatière.[7]
V.—PELLETIER (1), Ls-Marie. [Jean-Frs IV.
Chrétien, Marie-Félicité, [Jean II.
b 1728.
Marie-Thérèse, b [7] 1er nov. 1753. — *Marie-Joseph*, b [7] 10 mars 1755. — *Jean-Charles*, b [7] 6 mars 1760.—*Marie-Félicité*, b [7] 11 fevrier 1762.

1753, (5 mars) Sorel.[1]
V.—PELLETIER, Jean-Bte. [Michel IV.
Hus-Millet, Marie. [Claude III.
Geneviève, b [1] 29 juillet 1754. — *Jean-Baptiste*, b [1] 3 oct. 1756. — *Michel*, b 9 sept. 1759, à l'Ile-Dupas.

1754, (20 oct.) Islet.
VI.—PELLETIER, Jean-Bte, [Jean V.
b 1733.
Daniau (2), Catherine, [Guillaume II.
b 1731.
Marie-Catherine, b 11 oct. et s 5 déc. 1755, à St-Roch.[1] — *Marie-Madeleine*, b [1] 18 déc. 1756; s 12 avril 1778, à Kamouraska.[2] — *Jean-Marie*, b [1] 4 janvier 1759.—*Marie-Catherine*, b [1] 27 mars 1760. — *Jean-Victor*, b [2] 26 fevrier 1764. — *Germain*, b [2] 1er juillet 1770.

(1) Appelé François.
(2) Et Dagneau dit Laprise.

1754, (25 nov.) Ste-Anne-de-la-Pocatière.
V.—PELLETIER, JEAN-FRANÇOIS, [CHARLES IV.
b 1734.
MIVILLE, Judith, [JACQUES IV.
b 1736.

PELLETIER, JEAN-BTE.
METTAY, Marie-Joseph.
Joseph, b 19 nov. 1755, au Détroit.

1755.
V.—PELLETIER, ALEXIS, [JEAN IV.
b 1718.
MAISONNEUVE, Geneviève,
b 1720; s 8 oct. 1760, à St-Vincent-de-Paul.[1]
Jean-Baptiste, b [1] 7 juin 1756.—*Geneviève*, b... m 5 oct. 1778, à Pierre RANCOUR, à Terrebonne.

1756, (9 nov.) St-Vincent-de-Paul.
V.—PELLETIER, PIERRE, [JEAN IV.
b 1728.
PAQUET, Marie-Joseph, [PIERRE IV.
b 1738.
Joseph, b 21 mars 1769, à Lachenaye.

1756, (15 nov.) Cap-St-Ignace.
I.—PELLETIER, MATHURIN, fils de Pierre et de Jeanne Chanaux, de St-Jean, diocèse de La-Rochelle, Aunis.
CHAMBERLAN, Marie-Catherine, [JEAN-BTE III.
b 1732.

PELLETIER, LOUIS.
AUPRY, Marie-Anne.
Bertrand, b 16 février et s 3 juin 1757, à Chambly.

PELLETIER, AUGUSTIN.
JODOIN, Marie-Geneviève.
Joseph, b 27 déc. 1757, à Berthier.

1757, (9 janvier) Islet.[3]
V.—PELLETIER (1), FRANÇOIS, [JOSEPH IV.
b 1731; s 28 janvier 1759, à St-Roch.[4]
CARON (2), Marguerite-Ursule, [IGNACE IV.
b 1735.
Marguerite-Ursule, b [4] 26 oct. 1757. — *Marie-Françoise* (posthume), b [3] 21 juin 1759.

1757, (7 février) Rivière-Ouelle.
V.—PELLETIER, JOSEPH. [CHARLES IV.
PARADIS, Marie-Joseph, [JEAN-BTE IV.
b 1738; s 13 avril 1767, à Ste-Anne-de-la-Pocatière.[1]
Marie-Geneviève, b [1] 2 dec. 1760.

1757, (27 juin) Kamouraska.
IV.—PELLETIER, PIERRE. [CHARLES III.
LEBEL, Marie-Madeleine, [JEAN III.
b 1734.

(1) Dit Doucet.
(2) Elle épouse, le 24 janvier 1761, François-Marie Pelletier, à St-Roch.

Pierre, b 25 mars et s 25 mai 1758, à St-Roch.[2] —*Madeleine*, b [2] 25 mars 1758. — *Marie-Rosalie*, b [2] 11 nov. 1759; s [2] 29 mai 1762.—*Marie-Anges*, b [2] 19 janvier 1761. — *Jean-Pierre*, b [2] 11 avril 1763.—*Pierre-Basile*, b [2] 22 et s [2] 26 oct. 1764.

1757, (4 juillet) Sorel.
V.—PELLETIER, PIERRE. [CHS-FRANÇOIS IV.
BERGERON (1), Marie-Joseph. [JACQUES II.
Marie-Joseph, b... m 29 janvier 1781, à Joseph SICARD, à St-Cuthbert.

1757, (7 nov.) Montréal.
I.—PELLETIER (2), LÉONARD, b 1733, soldat; fils de Nicolas et d'Anathalie Moine, de St-Michel, diocèse de Besançon, Franche-Comte.
DELASSE, Marie-Madeleine, [PIERRE II.
b 1737.
Thomas, b 11 janvier 1775, à Lachenaye.

PELLETIER, JEAN-BERNARD.
BOIS, Marie-Angelique, [JACQUES III.
b 1731; s 10 mai 1782, à Repentigny.[3]
Marie-Madeleine, b 4 dec. 1761, à Ste-Anne-de-la-Pocatière.—*Marie-Louise*, b [3] 28 août 1770; m [3] 4 avril 1792, à Jean GAUDIN.—*Joseph*, b... m [3] 23 sept. 1793, à Marie-Geneviève ETHIER.

PELLETIER, JEAN-BTE.
GERVAIS, Geneviève.
Marie-Anne, b 16 avril 1761, à Ste-Anne-de-la-Pocatière.[4] — *Marie-Angélique*, b [4] 19 nov. 1762.

1760, (14 avril) Trois-Rivières.
PELLETIER, LOUIS. [LOUIS.
MALBEUF, Marie-Joseph, [FRANÇOIS II.
b 1743.

1760, (8 sept.) St-Augustin.[5]
I.—PELLETIER (3), JEAN.
MASSON, Marie-Brigitte, [JEAN-FRANÇOIS II.
b 1739.
Anonyme, b et s 28 juillet 1761, à la Pte-aux-Trembles, Q.[6] — *Marie-Marguerite*, b [6] 4 juin 1763.—*Jean-Baptiste*, b [6] 17 août 1765.—*Pierre*, b [6] 13 oct. 1767, s [6] 27 août 1776.—*Thierry*, b [6] 22 août 1769; 1° m 22 nov. 1791, à Marie-Madeleine DEGUISE, à Québec[7], 2° m [5] 3 nov. 1794, à Marguerite MORIN.—*Marie-Thérèse*, b [6] 1er fevrier 1775; m [7] 8 nov. 1791, à Jean-Baptiste HOULE.—*Marie-Madeleine*, b [6] 21 août 1777, m [7] 4 oct. 1796, à François COTÉ.

1760, (4 nov.) Sorel.
V.—PELLETIER, PIERRE, [MICHEL IV.
b 1732.
SALVAYE, Agathe, [PIERRE II.
b 1731.

(1) Elle épouse, plus tard, François Sylvestre.
(2) Dit Bellefeuille.
(3) Garçon libre et maître de sa personne, 1760.

1760, (10 nov.) Kamouraska. [9]
VI.—PELLETIER, JEAN, [GUILLAUME V.
b 1731.
TARDIF, Marie-Madeleine, [CHARLES III.
b 1733; veuve de Joseph Ouellet.
Jean-François, b [9] 24 oct. 1762; m 19 février 1787, à Marie-Charlotte GOULET, à Repentigny. —*Toussaint*, b [9] 12 mars 1764.—*Marie-Julie*, b [9] 26 dec. 1765.—*Barthélemi*, b [9] 3 oct. 1767.

1761, (24 janvier) St-Roch. [2]
V.—PELLETIER, FRS-MARIE, [CHARLES IV.
b 1734.
CARON, Marguerite-Ursule, [IGNACE IV.
b 1735; veuve de François Pelletier.
Charles-François, b [2] 4 nov. 1761.—*Marie-Louise*, b [2] 3 sept. 1763.

1761, (26 janvier) St-Roch. [5]
V.—PELLETIER, GABRIEL, [CHARLES IV.
b 1738.
GASTONGUAY, Marie-Angélique, [PIERRE III.
b 1739.
Gabriel, b [5] 9 mars 1762. — *Charles*, b [5] 11 août 1763.

1762, (3 oct.) St-Roch. [4]
V.—PELLETIER, JEAN-BERNARD, [J.-BERN. IV.
b 1739.
CARON, Marie-Joseph, [LOUIS IV.
b 1744.
Marie-Joseph, b [4] 4 et s [4] 12 oct. 1763.

1763, (14 nov.) St-Roch [9] (1).
V.—PELLETIER, JOSEPH. [JOSEPH IV.
LEMIEUX, Marie-Catherine, [AUGUSTIN III.
b 1737.
Catherine, b [9] 31 oct. 1764.

1764, (7 fevrier) Détroit. [5]
PELLETIER, ANDRÉ. [ANDRÉ.
MELOCHE, Catherine, [PIERRE II.
b 1737; veuve de Pierre-Louis Mallet.
André, b [5] 10 janvier 1765.

1764, (14 mai) Kamouraska. [4]
VI.—PELLETIER, CHARLES. [JEAN-FRS V.
DUMONT-GUERET, Marie-Anne, [MICHEL II.
b 1743.
Marie-Anne, b [4] 20 juillet 1765; m [4] 23 sept. 1787, à Clement CHASSÉ.—*Michel*, b [4] 8 dec. 1771.

1764, (16 juillet) St-Roch (1).
V.—PELLETIER, JULIEN, [CHARLES IV.
b 1741.
LEMIEUX, Marie-Reine, [AUGUSTIN III.
b 1742.

1764, (12 nov.) St-Roch.
V.—PELLETIER, CHS-FRS, [JEAN-BERNARD IV.
b 1740.
CARON, Marie-Françoise, [LOUIS IV.
b 1744.

(1) Rehabilité le 7 janvier 1765, à Ste-Anne-de-la-Pocatière, avec dispense du 4me au 4me degré.

1764, (19 nov.) St-Antoine-de-Chambly.
II.—PELLETIER, ANTOINE. [LOUIS I.
POULIN, Marie-Joseph, [BARTHÉLEMI.
b 1750.

1765, (18 fevrier) Kamouraska. [5]
VI.—PELLETIER, TOUSSAINT, [GUILLAUME V.
b 1740.
1° PARADIS, Marie-Catherine, [FRANÇOIS IV.
b 1745; s [5] 9 avril 1781.
Marie-Catherine, b [5] 29 déc. 1765; s [5] 22 avril 1766.— *Joachim*, b [5] 28 mars 1767.— *Joseph-Antoine*, b [5] 16 nov. 1768. — *Joseph-Marie*, b [5] 18 août et s [5] 12 sept. 1771. — *Marie-Madeleine*, b [5] 18 août 1771.
1781, (15 oct.) [5]
2° DE LA BOURLIÈRE (1), Madeleine, [JOS.-FRS III.
b 1757.

1765, (22 avril) St-Vincent-de-Paul.
V.—PELLETIER, LOUIS, [LOUIS IV.
b 1741.
THOMAS-BEAULIEU, Marie. [LOUIS II.

1765, (29 avril) Sorel.
V.—PELLETIER (2), PIERRE, [PIERRE IV.
b 1741.
GAUTRON, Elisabeth. [JOSEPH III.

1766, (7 janvier) Kamouraska. [6]
VI.—PELLETIER, GERMAIN, [GUILLAUME V.
b 1746.
PARADIS, Marie-Joseph, [ALEXANDRE IV.
b 1746.
Germain, b [6] 1er juillet 1768. — *Marie-Joseph*, b [6] 23 mars 1771.

1766, (27 janvier) Lachenaye. [7]
IV.—PELLETIER, FRANÇOIS. [JEAN-BTE III.
GARIÉPY, Marguerite, [JEAN III.
b 1745.
François, b [7] 2 déc. 1766; s [7] 20 juillet 1767.—*Jean-Marie*, b [7] 6 mars 1768.

1766, (21 mai) Baie-St-Paul.
VI.—PELLETIER, MICHEL, [JEAN V.
b 1739.
TREMBLAY, Marie-Jeanne, [FRANÇOIS III.
b 1726.
Marie, b 22 août 1767, à l'Ile-aux-Coudres.

1766, (1er sept.) Pte-aux-Trembles, Q.
IV.—PELLETIER, FRS-DE-SALES, [FRANÇOIS III.
b 1736.
BROUSSEAU, Marie-Louise, [JEAN-BTE II.
b 1718.

PELLETIER, PIERRE.
GALARNEAU, Marie-Angélique.
Pierre, b 7 mai 1767, à Repentigny.—*Marie-Joseph*, b 13 et s 14 avril 1769, à Lachenaye. [2] — *Marie-Angélique*, b [2] 13 avril et s [2] 19 mai 1769.

(1) Mariée Labourière-Laplante.
(2) Dit Antaya.

1767, (23 février) Ste-Anne-de-la-Pocatière.
V.—PELLETIER, GERMAIN, [CHARLES IV.
b 1743.
BEAULIEU, Rosalie. [BASILE.

1768, (11 janvier) Ste-Anne-de-la-Pocatière.
V.—PELLETIER, FRS-MAUR., [JEAN-BERNARD IV.
b 1743.
SAUCIER, Marie-Angelique, [CHS-FRANÇOIS III.
b 1747.

1768, (1er fevrier) Ste-Anne-de-la-Pocatière.
V.—PELLETIER, MICHEL, [CHARLES IV.
b 1746.
AUCOUTURIER, Françoise. [PIERRE I.

1769, (6 février) Kamouraska.[3]
VI.—PELLETIER, JOSEPH. [GUILLAUME V.
DANJOU, Marie-Anne, [JACQUES I.
b 1745.
Marie-Anne, b [3] 11 oct. 1770.—*Germain*, b... m 21 août 1804, à Perpétue TRUDEL, à Repentigny.

1770, (26 mai) Détroit [5]
VI.—PELLETIER, JEAN-BTE, [JEAN-BTE V.
b 1744, s [5] 24 sept. 1778.
VALLÉE, Catherine. [JEAN.
Jean-Baptiste, b [5] 9 mars 1771.—*Isidore*, b [5] 14 janvier 1773.—*Louis-Theophile*, b [5] 2 avril 1775. —*Jean-Baptiste*, b [5] 17 nov. 1777.

1771, (27 mai) Montréal.
VI.—PELLETIER, JEAN-BTE, [JEAN-BTE V.
b 1748.
LEVASSEUR, Madeleine, [PIERRE IV.
b 1753.

PELLETIER, JACQUES-AMABLE.
LEVASSEUR, Madeleine.
Jacques-Amable, b 24 sept. 1772, au Détroit.[7] —*Félicité*, b [7] 2 mars 1781.—*Archange*, b [7] 15 nov. 1782.—*Charles*, b [7] 11 fevrier 1784.—*Catherine*, b [7] 29 avril 1785.

1772, (17 février) Ste-Anne-de-la-Pocatière.
V—PELLETIER, ISIDORE, [JOSEPH IV.
b 1733.
TIBOUTOT, Marguerite, [FRANÇOIS III.
b 1752.

1772, (2 mars) Baie-du-Febvre.
V.—PELLETIER, LOUIS, [HYACINTHE IV.
b 1746.
BENOIT, Marie-Anne, [JOSEPH III.
b 1750.

1772, (4 mai) Kamouraska.
VI.—PELLETIER, JOS.-ANT., [GUILLAUME V.
b 1751.
OUELLET, Marie. [JEAN IV.

1773, (22 nov.) St-Thomas.
VI.—PELLETIER, JOSEPH, [JOSEPH V.
b 1749.
ROUSSEAU, Thérèse, [CHARLES III.
b 1749.

1775, (16 oct.) Islet.
V.—PELLETIER, FRS-MARIE, [JEAN-BERNARD IV.
b 1750.
TONDREAU, Angélique (1), [SIMON III.
b 1758.

1776, (26 août) Kamouraska.
VI.—PELLETIER, JOSEPH, [BASILE V.
b 1753.
SIROIS, Marie-Catherine. [AUGUSTIN III.

PELLETIER, JOSEPH.
PIETTE, Marie-Angelique.
François, b 5 juillet 1777, à St-Cuthbert.

1777, (10 février) Rivière-Ouelle.
VI.—PELLETIER, PIERRE, [GUILLAUME V.
b 1755.
LÉVESQUE, Madeleine, [PIERRE-BERNARD III.
b 1757.

1777, (27 oct.) St-Roch.
VI.—PELLETIER, PIERRE-FRS, [CHS-FRS V.
b 1754.
DUBÉ, Marie-Charlotte, [JEAN-FRANÇOIS III.
b 1750.

1778, (9 février) Kamouraska.
VI.—PELLETIER, JEAN-BTE, [BASILE V.
b 1752.
HUDON, Marie-Anne. [JEAN-BERNARD III.

1778, (20 juillet) St-Roch.
V—PELLETIER, JEAN-FRANÇOIS, [FRS IV.
b 1756.
GAGNON, Marie-Joseph, [JEAN IV.
b 1759.

1778, (27 juillet) St-Jean-Port-Joli.
VI.—PELLETIER, AUGUSTIN, [JEAN V.
b 1742.
DEBLOIS, Marie-Joseph, [FRANÇOIS III.
b 1736; veuve de François Dube.

1779, (11 janvier) Rivière-Ouelle.
V.—PELLETIER, AUGUSTIN, [JOSEPH IV.
b 1744.
BÉRUBÉ, Marie-Louise, [FRANÇOIS III.
b 1750.

1779, (19 juillet) Kamouraska.
VI.—PELLETIER, JOSEPH-MARIE, [JOSEPH V.
b 1752.
PARADIS, Marie-Charlotte, [GABRIEL IV.
b 1748.

(1) Pour Desanges.

1780, (7 février) Rivière-Ouelle.
VI.—PELLETIER, HYPOLITE, [JEAN-CHARLES V.
b 1754.
BÉLANGER, Marie-Anne. [ALEXIS.

1781, (13 août) Nicolet.
V.—PELLETIER (1), JOSEPH, [HYACINTHE IV.
b 1748.
TRUDEL, Marie-Joseph. [NICOLAS III.

1781, (12 nov.) Kamouraska.
VI.—PELLETIER, CHS-GABRIEL, [BASILE V.
b 1762.
PARADIS, Marie-Anne, [ALEXANDRE IV.
b 1765.

1784, (7 juin) Rivière-Ouelle.
VI.—PELLETIER, PIERRE-NOEL, [JOSEPH V.
b 1754.
BOUCHER, Marie-Elisabeth. [PIERRE IV.

1785, (10 janvier) St-Jean-Port-Joli.
VI.—PELLETIER, VICTOR-ATHANASE, [AUG. V.
b 1761.
JEAN, Claire. [PIERRE III.

1787, (19 février) Repentigny. [3]
VII.—PELLETIER, JEAN-FRS, [JEAN VI.
b 1762.
GOULET, Marie-Charlotte. [LOUIS IV.
Adélaïde, b... s [3] 19 juillet 1791. — *Joseph*, b [3] 22 et s [3] 26 dec. 1791.

PELLETIER, ALEXIS.
DESRY, Louise.
Antoine, b 29 mars 1791, à Lachenaye.

PELLETIER, JEAN-BTE.
1° PAGÉ, Angelique.
1791, (27 juin) St-Augustin. [6]
2° JULIEN, Marguerite. [MICHEL IV.
Madeleine, b [6] 30 mai 1792.—*Jean-Baptiste*, b [6] 10 février 1794.—*Thierry*, b [6] 16 mars 1795.

1791, (28 février) Trois-Pistoles.
VI.—PELLETIER, FRANÇOIS. [JEAN-CHARLES V.
RIOUX, Marie-Suzanne, [ETIENNE III.
b 1767.

1791, (22 nov.) Québec. [3]
II.—PELLETIER, THIERRY. [JEAN I.
1° DEGUISE, Madeleine, [MICHEL.
s [3] 7 nov. 1792.
1794, (3 nov.) St-Augustin.
2° MORIN, Marguerite. [JOSEPH III.

PELLETIER, FRANÇOIS.
TELLIER, Marie-Helène.
François, b 4 oct. 1792, à Repentigny.

(1) Dit Antaya.

1792, (16 avril) Détroit.
VI.—PELLETIER, FÉLIX, [JEAN-BTE V.
b 1769.
CASSE, Catherine. [CLAUDE III.

1793, (23 sept.) Repentigny. [2]
PELLETIER, JOSEPH. [JEAN.
ETHIER, Marie-Geneviève. [JOSEPH IV.
Joseph, b [2] 12 sept. 1794; s [2] 22 mars 1795.

1804, (21 août) Rimouski.
VII.—PELLETIER, GERMAIN. [JOSEPH VI.
TRUDEL, Perpetue. [LOUIS.

PELLION.—Voy. BOYER.

PELLOQUIN.—*Variation et surnoms :* PÉLOQUIN —CRÉDIT—FÉLIX.

1699, (20 juillet) Trois-Rivières. [2]
I.—PELLOQUIN (1), FRANÇOIS,
soldat.
1° NIQUET, Marie, [PIERRE-RENÉ I.
veuve de Dominique Jutras; s [2] 29 nov. 1706.
Pierre, b... m 31 août 1722, à Geneviève TOURNOIS, à Boucherville.—*François*, b [2] 30 mai 1702; 1° m à Marie EMERY; 2° m 1758, à Marie MANDEVILLE.—*Marie-Thérèse*, b [2] 4 fevrier 1706; m 6 mars 1728, à Charles-François PELLETIER, à Sorel.
1709, (7 janvier). [2]
2° HAREL, Françoise, [JEAN I.
b 1678; veuve de Pierre Blanchet.
Françoise, b 1710; m à Antoine AUBERNON.

1720.
II.—PELLOQUIN, FÉLIX, [FRANÇOIS I.
b 1700.
PELLETIER, Marie, [FRANÇOIS III.
b 1697; s 2 fevrier 1770, à Sorel. [6]
François, b 2 juin 1721, à l'Ile-Dupas [7]; m [6] 17 mai 1745, à Marie-Anne LAVALLÉE; s [6] 10 janvier 1756.—*Marie*, b 1723; 1° m [6] 5 fevrier 1742, à Antoine MANDEVILLE; 2° m [6] 28 avril 1749, à Pierre LAVALLÉE.—*Pierre*, b [6] 14 fevrier 1724; m [6] 17 oct. 1746, à Marie-Rose HUS.—*Joseph*, b [6] 18 mars 1725; s [6] 23 août 1747.—*Charles*, b [6] 16 janvier 1727; m [6] 7 janvier 1752, à Elisabeth SALVAIL.—*Félix*, b [6] 6 mai 1728; s [6] 14 déc. 1738.—*Marie-Geneviève*, b [6] 24 août 1729; m [6] 15 août 1746, à Nicolas LÉTOURNEAU.—*Marie-Joseph*, b [6] 14 nov. 1730; m [6] 11 janvier 1751, à Jacques POUTICHEROT.—*Emmanuel*, b [6] 25 déc. 1731; m [7] 19 fevrier 1759, à Marguerite LAVALLÉE.—*Marie-Françoise*, b [6] 10 mai et s [6] 26 juin 1733.—*Antoine*, b [6] 4 mai 1734; 1° m [6] 8 juillet 1755, à Marie-Joseph ST. MARTIN; 2° m [6] 19 avril 1773, à Marie-Anne HUS.—*Jean-Baptiste*, b [6] 18 août 1735; m [6] 26 sept. 1763, à Marie-Anne GAUTIER.—*Prisque*, b [6] 2 déc. 1736.—*Catherine*, b [6] 1er avril 1738; 1° m [6] 9 mai 1757, à Joseph SALVAIL, 2° m [6] 11 avril 1763, à Joseph LETENDRE.—*Paul*,

(1) Dit Crédit—Félix; voy. vol. I, p. 471.

b [6] 15 et s [6] 27 avril 1739.—*Ursule,* b [6] 23 oct. 1740; m [6] 23 avril 1759, à Mathurin GAZAILLE-BLOT.—*Rosalie,* b [6] 2 et s [6] 20 sept. 1742.

1722, (31 août) Boucherville.

II.—PELLOQUIN (1), PIERRE. [FRANÇOIS I.
TOURNOIS, Geneviève, [JEAN I.
b 1702.

Geneviève, b 4 fevrier et s 19 mars 1725, à Sorel. [9]— *Antoine,* b [9] 17 et s [9] 19 janvier 1726.— *Anonyme,* b [9] et s [9] 2 février 1728.— *Marie-Françoise,* b [9] 18 et s [9] 22 février 1730 —*Marie-Joseph,* b [9] 8 août 1731; m [9] 25 janvier 1751, à Joseph BOUDREAU. — *Pierre,* b [9] 1er juin 1733; 1° m [9] 1er mars 1756, à Agathe OSSANT; 2° m [9] 6 fevrier 1758, à Marguerite DUTREMBLE; 3° m [9] 7 janvier 1762, à Catherine GAUTIER.— *Joseph,* b [9] 18 et s [9] 10 août 1735. — *Anonyme,* b [9] et s [9] 10 oct. 1736. — *Geneviève,* b [9] 19 et s [9] 21 sept. 1737. — *François,* b [9] 1er et s [9] 8 oct. 1738.— *Antoine,* b [9] 13 et s [9] 15 déc. 1739.—*Jean-Baptiste,* b [9] 26 fevrier et s [9] 4 mars 1741. — *Jean-Baptiste,* b [9] 18 et s [9] 23 mars 1742. — *Marie-Joseph,* b [9] 19 et s [9] 21 sept 1743.—*Marie-Joseph,* b [9] 21 et s [9] 22 juin 1745.— *Marie-Madeleine,* b [9] 27 nov. et s [9] 1er dec. 1746.

1745, (17 mai) Sorel. [8]

III.—PELLOQUIN, FRANÇOIS. [FÉLIX II.
b 1721; s [8] 10 janvier 1756.
LAVALLÉE (2), Marie-Anne. [JEAN II.

Félix, b [8] 25 août 1745; m [8] 22 janvier 1770, à Marie-Amable HAZEUR.—*Marie,* b [8] 29 mars 1747; m [8] 7 janvier 1765, à François OSSANT. —*Pierre,* b [8] 18 mai 1748; m [8] 27 sept. 1773, à Marguerite ETHIER.—*Marie-Joseph,* b [8] 27 nov. 1749, m [8] 2 mars 1767, à Jean-Baptiste ST. MARTIN.—*Joseph,* b [8] 4 sept. 1751.—*Jean-Baptiste,* b [8] 25 mai et s [8] 28 août 1753.— *Marie,* b [8] 25 mai 1753. — *François,* b [8] 8 dec. 1754.

1746, (17 oct.) Sorel. [7]

III—PELLOQUIN (3), PIERRE, [FÉLIX II.
b 1724.
HUS, Marie-Rose, [PAUL III.
b 1729.

Félix, b [7] 1er août 1747; s [7] 7 juin 1748.— *Marie-Joseph,* b [7] 18 août 1748; m [7] 14 janvier 1765, à Amable LAVALLÉE. — *Rosalie,* b [7] 15 janvier 1750; m [7] 12 juillet 1773, à Pierre CHAPDELAINE.— *Marie-Anne,* b [7] 12 avril 1751. — *Marie,* b [7] et s [7] 1er sept. 1752.—*Marie,* b [7] 15 sept. 1753. —*Ursule,* b [7] 15 février 1755.— *Marguerite,* b [7] et s [7] 10 mai 1756.—*Pierre,* b [7] 5 avril 1759.

1752, (7 janvier) Sorel. [1]

III—PELLOQUIN (3), CHARLES, [FÉLIX II.
b 1727.
SALVAIL, Elisabeth, [PIERRE II.
b 1729.

Félix, b [1] 15 et s [1] 22 oct. 1752.—*Michel,* b [1] 29 sept. 1753; s [1] 1er sept. 1754. — *Marie-Catherine,* b [1] 15 sept. 1754. — *Marie,* b [1] 10 sept. 1755; s [1] 28 février 1756. — *Marie-Charlotte,* b [1] 22 juillet 1757.— *Marie-Anne,* b 10 déc. 1758, à St-Ours.— *Marie,* b [1] 10 janvier 1760.

1755, (8 juillet) Sorel. [3]

III.—PELLOQUIN, ANTOINE, [FÉLIX II.
b 1734.
1° ST. MARTIN, Marie-Joseph, [JEAN-BTE II.
b 1736; s [3] 2 janvier 1773.

Antoine, b [3] 28 juin et s [3] 3 juillet 1757. — *Pierre,* b [3] 29 juin 1758.

1773, (19 avril). [3]

2° HUS, Marie-Anne, [PAUL III.
b 1734.

1756, (1er mars) Sorel. [1]

III.—PELLOQUIN (1), PIERRE, [PIERRE II.
b 1733.
1° OSSANT-HUSSAU, Agathe, [ANGE III.
b 1731; s [1] 5 janvier 1757.

1758, (6 février). [1]

2° DUTREMBLE, Marguerite, [ANTOINE III.
b 1736; s [1] 20 janvier 1761.

Pierre, b [1] 13 déc. 1758.

1762, (7 janvier). [1]

3° GAUTIER-DELISLE, Catherine, [GUILLAUME I.
b 1742.

II.—PELLOQUIN, FRANÇOIS, [FRANÇOIS I.
b 1702.
1° CODERRE-EMERY, Marie-Lse, [ANTOINE III.
b 1718.

Marie-Amable, b 19 déc 1756, à St-Ours.

1758.

2° MANDEVILLE, Marie-Anne, [ALEXIS III.
b 1740.

Joseph, b 28 dec. 1758, à Sorel.

1759, (19 février) Ile-Dupas.

III.—PELLOQUIN, EMMANUEL, [FÉLIX II.
b 1731.
LAVALLÉE, Marguerite, [MICHEL III.
b 1737.

1763, (26 sept.) Sorel.

III.—PELLOQUIN (2), JEAN-BTE, [FÉLIX II.
b 1735.
GAUTIER, Marie-Anne. [GUILLAUME I.

1770, (22 janvier) Sorel.

IV.—PELLOQUIN, FÉLIX, [FRANÇOIS III.
b 1745.
HAZEUR (3), Amable. [MICHEL III.

Felix, b... m à Catherine HUS.

1773, (27 sept.) Sorel.

IV.—PELLOQUIN, PIERRE, [FRANÇOIS III.
b 1748.
ETHIER, Marguerite, [LOUIS I.
b 1757.

(1) Dit Crédit.
(2) Elle épouse, le 18 avril 1757, Michel Gautier, à Sorel.
(3) Dit Felix.

(1) Dit Crédit.
(2) Dit Félix.
(3) Et Azure.

V.—PELLOQUIN, Félix. [Félix IV.
Hus, Catherine.
Véronique, b 29 août 1813, à St-Michel-d'Yamaska; m à Paul Rajotte.

PÉLOQUIN.—Voy. Pelloquin.

PELOT.—*Variations et surnom :* Blot—Pélaut—Pleau—Plot—Laflèche.

1713, (18 avril) Montréal.[3]

I.—PELOT (1), Pierre, b 1665; fils de Louis et de Louise Chevalier, de St-Thomas, diocèse d'Angers, Anjou, s 27 avril 1750, à Quebec.[4]
Chapelain, Marguerite, [Bernard II.
b 1687.
Pierre-Maurice, b 10 mai 1714, aux Trois-Rivières[5]; m[4] 13 oct. 1738, à Marie-Therèse Hains.—*Marguerite*, b[5] 8 mars 1716; m[4] 10 oct. 1740, à Pierre Balan-Lacombe; s[4] 30 juillet 1755. — *Madeleine*, b[3] 6 août 1718; m[4] 19 sept. 1757, à Dominique Moulu.—*Charlotte*, b[3] 6 août 1718; m[4] 7 juillet 1749, à Louis Clarembaut.—*Marie-Anne*, b[3] 15 mars 1721; s[4] 26 avril 1760. —*Marie-Catherine*, b[5] 9 nov. 1723; m[4] 4 février 1743, à Pierre Cholet; s[4] 6 nov. 1793. — *Timothée*, b[3] 3 fevrier 1726; m[4] 12 janvier 1750, à Jeanne-Charlotte Roussel; s[4] 17 déc. 1797.

1738, (13 oct.) Québec.[1]

II.—PELOT, Pierre-Maurice, [Pierre I.
b 1714.
Hains (2), Marie-Thérèse, [Joseph I
b 1719.
Pierre-Maurice, b[1] 18 juillet 1739. — *Claude*, b[1] 11 sept. et s[1] 16 nov. 1740.—*Marie-Anne*, b[1] 6 sept. 1741; m 6 fevrier 1764, à Jacques Barllay, à Montreal.—*Marguerite*, b[1] 7 juin et s[1] 4 juillet 1743.

1750, (12 janvier) Québec.[3]

II.—PELOT (1), Timothée, [Pierre I.
b 1726; s[3] 17 déc. 1797.
Roussel, Jeanne-Charlotte, [Nicolas II.
b 1725; s[3] 10 sept. 1790.
Anonyme, b[3] et s[3] 5 mars 1751.—*René-Timothée*, b[3] 21 janvier 1752. — *Charlotte-Ange*, b[3] 6 et s[3] 23 avril 1753.—*François-Alexis*, b[3] 17 et s[3] 31 juillet 1754.—*Charlotte*, b[3] 10 nov. 1755, s[3] 19 août 1758. — *Angélique*, b[3] 12 et s[3] 14 mai 1757. — *Gilles-François*, b[3] 12 mai 1757.—*Charles*, b[3] 6 juin 1759.—*Marie-Charlotte*, b[3] 5 et s[3] 28 oct. 1761. — *Marie-Louise*, b[3] 23 avril 1763; m[3] 28 août 1787, à François-Michel Suzor.

PELTIER.—Voy. Pelletier.

PÉMANT.—Voy. Payment.

PENDELETTE.—*Variation et surnom :* Pandelet—Plaisance.

(1) Dit Laflèche; soldat de Montigny—Appelé Blot en 1723.

(2) Elle épouse, le 16 janvier 1747, René Douillard, à Montreal.

I.—PENDELETTE, Pierre.
Auger, Marie-Joseph.
Marie-Thérèse, b 1er sept. 1765, à Deschambault.—*Marie-Catherine*, b 27 sept. 1767, à Lotbinière.—*Augustin*, b... m 27 nov. 1798, à Therèse Plamondon, à Quebec.

1798, (27 nov.) Québec.

II.—PENDELETTE, Augustin. [Pierre I.
Plamondon, Therèse. [Jacques IV.

PENEL.—Voy. Paynel.

PENIN.—*Surnom :* Lafontaine.

1699, (4 février) Montréal.[2]

I.—PENIN (1), Michel,
b 1668; s 12 avril 1741, à Beaumont[3]
1° Pothier, Marie, [Etienne I.
b 1673; s[2] 20 mars 1703.
Louis-René, b 27 nov. 1699, à Varennes; 1° m 6 oct. 1732, à Catherine Bisson, à Charlesbourg[4], 2° m[4] 4 juillet 1746, à Marie-Joseph Barbot; s[4] 29 mars 1751.

1704, (22 sept.)[2]

2° Meunier, Marie-Louise, [Julien I.
b 1678; s[3] 6 déc. 1745.
Jean-Baptiste, b... m[3] 27 juillet 1731, à Angelique Guenet.—*Marie-Françoise*, b[2] 11 oct. 1705; s[2] 26 mai 1707.—*Jean-Baptiste*, b[2] 2 nov. 1707; s[2] 28 mars 1709. — *Toussaint*, b[2] 16 janvier 1710.

1731, (27 juillet) Beaumont.[5]

II.—PENIN (2), Jean-Bte. [Michel I
Guenet, Angelique, [Thomas II.
b 1707; s 29 mars 1759, à St-Charles.[6]
Jean-Marie, b[5] 26 avril 1732; s[5] 3 sept. 1733 —*Jacques*, b[5] 28 août 1733; m[6] 9 janvier 1758, à Jeanne Jourdain.—*Jean-Baptiste*, b[5] 13 fevrier 1735.—*Marie-Angélique*, b[5] 24 fevrier 1736.—*Marie-Thérèse*, b[5] 19 sept. 1737.—*Louis*, b[5] 22 juillet 1739; s[5] 12 mars 1741.—*Michel*, b[5] 9 avril 1741; m à Marie-Charlotte Auclair.—*André*, b[5] 25 janvier 1743.—*François*, b[5] 15 août 1744.—*Ambroise*, b[5] 23 nov. 1746.—*Joseph*, b[5] 20 et s[5] 24 avril 1748. — *Anonyme*, b[6] et s[6] 4 dec. 1749.

1732, (6 oct.) Charlesbourg.[7]

II.—PENIN (2), Louis-René, [Michel I.
b 1699; s[7] 29 mars 1751.
1° Bisson (3), Catherine, [Michel-Pierre I.
b 1708; s 21 janvier 1744, à Lévis[8]
Pierre, b[7] 1er sept. 1737.—*Louise-Geneviève*, b[8] 5 mars 1740.—*Marie-Joseph*, b[8] 30 mars 1742; m[8] 24 janvier 1763, à Joseph Cadoret.

1746, (4 juillet).[7]

2° Barbot (4), Marie-Joseph, [Simon II.
b 1703; veuve de Paul Thomas.
Louis, b[7] 27 août 1747; s[7] 9 sept. 1752.

(1) Dit Lafontaine; voy. vol. I, pp. 471-472.

(2) Dit Lafontaine.

(3) Voy. Buisson, vol. II, p. 503.

(4) Elle épouse, le 1er mai 1752, Jacques Adam, à Charlesbourg.

1758, (9 janvier) St-Charles.
III.—PENIN (1), JACQUES, [JEAN-BTE II.
b 1733.
JOURDAIN, Jeanne, [JOSEPH II.
b 1739.

III.—PENIN (2), MICHEL, [JEAN-BTE II.
b 1741.
AUCLAIR, Marie-Charlotte.
Agathe, b... m 3 mars 1794, à François BARIL, à St-Cuthbert.

1753, (2 mars) Montreal.
I.—PENISSEAU, LOUIS, b 1724, marchand; fils de Charles (avocat) et de Catherine Bry, de St-Paul-de-Poitiers, Poitou.
LEMOINE (3), Marie-Margte, [JEAN-ALEXIS II.
b 1733.

PENISSON.—*Variation:* PELISSON.

1707, (4 juillet) St-Augustin.[1]
I.—PENISSON, JEAN,
b 1676; s 16 juillet 1756, à Charlesbourg.[2]
COTIN-DUGAL, Isabelle, [TUGAL I.
b 1685; s[2] 22 mai 1760.
Marie-Elisabeth, b[1] 22 avril 1708; m[2] 9 oct. 1730, à Jean-Baptiste SAVARD. —*Anonyme*, b et s 17 avril 1709, à Lorette. — *Jean-Marie*, b 17 février 1710, à Ste-Foye[3]; m 1743, à Marie-Catherine MONET; s 14 déc. 1757, à Québec.[4] — *Françoise-Agnès*, b[3] 8 mai 1712; m[2] 19 nov. 1742, à Jean-Baptiste PAQUET; s[4] 27 janvier 1745.—*Marie-Charlotte*, b[1] 2 et s[1] 11 mars 1714. —*Charlotte*, b[1] 8 mai 1715. — *Marie-Françoise*, b[4] 6 avril 1716; m[2] 1er déc. 1742, à Prisque DELESSARD; s[2] 28 mars 1743. — *Charles*, b[4] 26 dec 1717.—*Louis*, b 11 février 1720, à Beauport[5] —*André*, b[5] 26 janvier 1722. — *Joseph*, b[5] 30 nov. 1723; m[2] 25 oct. 1751, à Geneviève BEAUMONT.—*Prisque*, b[2] 23 juillet 1726; m[2] 27 avril 1761, à Marie-Joseph PARANT.—*Marie-Charlotte-Catherine*, b[2] 16 juin 1728; m 27 février 1764, à Joseph ARBARIS, à St-Antoine-de-Chambly.

1743.
II.—PENISSON (4), JEAN-MARIE, [JEAN I
b 1710; meunier; s 14 déc. 1757, à Quebec.[7]
MONET (5), Marie-Catherine, [JEAN II.
b 1722; s[7] 20 dec. 1757.
Marie-Catherine, b 16 mai 1744, à St-Vincent-de-Paul.—*Noël*, b[7] 21 mai 1746; m 18 août 1777, à Marie-Anne ALARD, à l'Ile-Dupas.—*Françoise*, b[7] 27 mars 1748, s[7] 30 juin 1750.—*Jean*, b[7] 22 sept 1750; s[7] 8 sept. 1751.—*Marie-Amable*, b[7] 21 sept. et s[7] 28 oct. 1752.—*Jean-François*, b[7] 23 juin et s[7] 15 oct. 1755.—*Marie-Jeanne*, b[7] 25 juin 1757.

(1) Marié sous le nom de Lafontaine.
(2) Dit Lafontaine.
(3) Et Monière.
(4) Et Pelisson.
(5) Boismenu.

1751, (25 oct.) Charlesbourg.[8]
II.—PENISSON, JOSEPH, [JEAN I.
b 1723.
BEAUMONT, Geneviève, [PIERRE II.
b 1733.
Jean-Baptiste, b[8] 16 déc. 1752.— *Charles-Joseph*, b[8] 28 juin et s[8] 26 juillet 1754.—*Joseph*, b[8] 12 juillet et s[8] 8 oct. 1755.—*Marie-Geneviève*, b[8] 25 août 1756. — *Joseph*, b[8] 27 juin 1758. — *Prisque*, b[8] 20 dec. 1759; s[8] 13 mars 1761. — *Geneviève-Véronique*, b[8] 1er sept. 1763.

1761, (27 avril) Charlesbourg.[1]
II.—PENISSON, PRISQUE, [JEAN I.
b 1726.
PARANT, Marie-Joseph, [ETIENNE III.
veuve de Germain-François Villeneuve.
Marie-Elisabeth, b[1] 4 mars 1762.

1777, (18 août) Ile-Dupas.
III.—PENISSON, NOEL, [JEAN-MARIE II.
b 1746.
ALARD, Marie-Anne, [PIERRE III.
b 1753.

1728, (15 nov.) Montréal.[7]
I.—PENNE, YVES, b 1698, caporal; fils de Mathieu et de Jeanne Mersein, de St-Pol-de-Leon, Bretagne; s[7] 27 dec. 1728.
MARCHETEAU (1), Marie, [PIERRE I.
b 1706.

I.—PENNELEAU (2), ...

I.—PENSENS (DE) (3), JACQUES.

I.—PEPEREL (4), GUILLAUME.

PEPEROU.—Voy. PUYPEROUX.

PEPIE —*Variations et surnom :* PAPI—PAPIE—PEPY—LAFLEUR.

1709, (16 avril) Québec.[2]
I.—PEPIE (5), DANIEL, sergent; fils de Jacques et d'Elisabeth Fore, de N.-D.-de-Marienne, diocèse de Xaintes, Saintonge.
HERVÉ, Marie-Renee, [SÉBASTIEN I.
b 1689; s[2] 4 avril 1764.
Claude, b[2] 9 mai 1710.—*Josué*, b[2] 3 janvier 1712. — *Charles*, b... s[2] 7 mai 1716. — *Jean-Baptiste*, b[2] 26 juillet et s[2] 1er août 1717. — *Jacques*, b[2] 6 nov. 1718; m[2] 30 sept. 1748, à Marie-Cécile GOSSELIN; s[2] 25 mars 1754.—*Marie-Joseph*, b[2] 4 juillet 1721; s[2] 15 juillet 1722.—

(1) Dit Desnoyers; elle épouse, le 27 février 1734, Tousaint Berthelot, à Montreal.
(2) Capitaine d'une compagnie au régiment de Berry, 1756.
(3) Chevalier de St. Louis; capitaine d'une compagnie à l'Ile Royale; parrain de René-Ovide Hertel—en 1720, au Port Toulouse, Ile Royale. (Voy. Reg. de l'Hôpital-Général, M., 1759).
(4) Officier anglais; un grand nombre de ses soldats meurent à l'Hôpital-Général de Montreal, en 1755 et 1756.
(5) Dit Lafleur.

Guillaume, b [2] 27 août 1723.—*Cécile-Elisabeth*, b [2] 7 juillet 1726; m [2] 19 oct. 1761, à Arnaud-Guillaume PAULET.

1748, (30 sept.) Québec.[7]

II.—PEPIE (1), JACQUES, [DANIEL I.
b 1718; s [7] 25 mars 1754.
GOSSELIN (2), Cécile, [PIERRE III.
b 1724.

Marie-Geneviève-Cécile, b [7] 1er sept. 1749; 1° m [7] 17 janvier 1774, à Pierre DACHAS; 2° m [7] 25 avril 1786, à Marin DELORBEHAIS. — *Jean-Jacques*, b [7] 30 avril 1751; 1° m [7] 7 février 1774, à Geneviève DACHAS; 2° m [7] 24 oct. 1796, à Madeleine CHARLEVY.—*Cécile-Elisabeth*, b [7] 11 janvier 1753.

1774, (7 février) Québec [8]

III.—PEPIE (3), JEAN-JACQUES, [JACQUES II.
b 1751.
1° DACHAS, Geneviève, [GILLES I.
b 1752; s [8] 8 mai 1794.
1796, (24 oct.) [8]
2° CHARLEVY, Madeleine,
veuve de François Alard.

PEPIN.—*Variation et surnoms :* PAPIN—CARDONNET—DELAFOND—DESCARDONNETS—LACHANCE—LACHAUSSÉE—LAFORCE—REFORT—TRANCHEMONTAGNE.

I.—PEPIN (4), GUILLAUME,
b 1607; s 12 août 1697, aux Trois-Rivières.[9]
MÉCHIN, Jeanne,
b 1630.

Jacques, b [9] 14 avril 1646; m [9] 16 nov. 1671, à Marie-Jeanne CAIET; s 10 avril 1715, à Champlain.—*Jean*, b [9] août 1647; m 23 nov. 1685, à Madeleine LOISEAU, à Boucherville.—*Marie*, b [9] 21 avril 1649; m [9] 3 oct. 1663, à Guillaume LARUE.

1659, (11 nov.) (5).

I.—PEPIN (6), ANTOINE,
b 1632; s 23 janvier 1703, à Ste-Famille, I.O.[2]
TESTU, Marie,
b 1632; s [2] 11 sept. 1701.

Ignace, b 16 sept. 1660, à Quebec; 1° m [2] 27 janvier 1687, à Madeleine GAULIN; 2° m 3 août 1689, à Marie LEFORT, à St-Pierre, I. O.; s 14 fevrier 1716, à St-François, I. O.—*Jean*, b 3 avril 1664, au Château-Richer; 1° m [2] 25 oct. 1688, à Renee GUYON; 2° m 30 oct. 1703, à Madeleine FONTAINE, à St-Jean, I. O.[3] — *Paul*, b 8 août 1679, au Cap-St-Ignace[4]; m 1702, à Agnès MIGNERON; s 21 avril 1749, à St-Thomas.—*Joseph*, b [4] 8 août 1679; m à Marguerite FONTAINE; s [3] 25 janvier 1721.

(1) Dit Lafleur.
(2) Elle épouse, le 1er mars 1756, Louis-Pierre Normandeau, à Québec.
(3) Et Papi—Pepy dit Lafleur.
(4) Dit Tranchemontagne; voy. vol. I, p. 472.
(5) Date du contrat.
(6) Dit Lachance; voy. vol. I, p. 472.

1670, (4 nov.) Québec.[5]

I.—PEPIN (1), ROBERT.
CRÈTE (2), Marie, [JEAN I.
b 1657.

Jean, b [5] 11 sept. 1675; m [5] 10 oct. 1695, à Marguerite MOREAU; s 31 dec. 1752, à Charlesbourg.—*Robert*, b 1677; 1° m 16 nov. 1700, à Elisabeth ROYER, à St-Jean, I. O.; 2° m 15 sept. 1715, à Marie-Anne DELASSE, à Montreal; s 12 mai 1754, à Ste-Geneviève, M.—*Marie-Rosalie*, b [5] 3 juin 1684; m [5] 5 juillet 1700, à Pierre ELIE.

1671, (16 nov.) Trois-Rivières.[6]

II.—PEPIN (1), JACQUES, [GUILLAUME I.
b 1646; s 10 avril 1715, à Champlain.[7]
CAIET, Marie-Jeanne,
b 1654; s [7] 12 mars 1734.

Jean, b [6] 25 oct. 1675; m [7] 27 avril 1705, à Jacqueline BILLY; s [7] 26 août 1720.—*Jacques*, b [7] 4 dec. 1685; 1° m 25 fevrier 1713, à Isabelle DUFRESNE, à la Pte-aux-Trembles, M.; 2° m 8 oct. 1731, à Marie-Louise FORAN, à la Longue-Pointe[8]; s [8] 14 août 1747.—*Joseph*, b [7] 3 janvier 1689; m [7] 12 janvier 1728, à Angelique MANCEAU.—*Marie*, b... m 1725, à Pierre BERTHIAUME, à St-Vincent-de-Paul.

1681, (20 oct.) Quebec.

II.—PEPIN (3), PIERRE, [GUILLAUME I.
b 1652; s 2 avril 1722, aux Trois-Rivières[3]
LEMIRE, Louise, [JEAN I.
b 1666; s 22 juin 1727, à Montreal [4]

Pierre, b [3] 6 nov. 1683; 1° m 1er déc. 1714, à Michelle LEBERT, à Laprairie; 2° m [4] 27 nov. 1747, à Marie-Françoise LAGUERCHE.—*Marie-Louise*, b [3] 14 août 1695; m 8 oct. 1719, à Claude PAYLT, à Nicolet.[5]—*Madeleine*, b 1698; 1° m [4] 20 nov. 1719, à Jean-Baptiste ST. MARC; 2° m [4] 29 oct. 1726, à Charles TESSIER; 3° m [4] 16 mars 1750, à Philippe LEDUC.—*Marie-Joseph*, b [3] 16 mai 1700; m [5] 22 nov. 1722, à Jean-Baptiste ROBIDAS.—*Jean-Baptiste*, b [3] 27 juillet 1704; m 25 avril 1729, à Françoise CHICOT, à Boucherville.

1685, (23 nov.) Boucherville.[7]

II.—PEPIN (4), JEAN, [GUILLAUME I.
b 1647.
LOISEAU, Madeleine, [LUCAS I.
b 1671; s [7] 1er juin 1722.

Madeleine, b 1686; 1° m [7] 4 oct. 1706, à François JARRET; 2° m 22 mai 1718, à Jean-Baptiste CASAVAN, à St-Ours; s 30 oct. 1764, à St-Antoine-de-Chambly.—*Jean-Baptiste*, b [7] 28 août 1692; m 1716, à Marguerite CASAVAN.—*Joseph*, b [7] 18 oct. 1694; m 8 nov. 1720, à Angélique ROBERT, à Longueuil.—*Louis*, b [7] 22 juillet 1697; s [7] (noyé) 5 mai 1722.—*Michel*, b [7] 22 janvier 1701; 1° m 1723, à Louise PATENOTRE; 2° m 8 février 1744, à Marie-Anne JARRET, à Verchères.[8] — *Agnes*, b 1708; m à Martin JANSON; s [8] 30 dec. 1754.

(1) Voy. vol. I, p. 472.
(2) Elle épouse, le 21 avril 1687, Jean Bridault, à Québec.
(3) Dit Laforce; voy. vol. I, pp. 472-473.
(4) DesCardonnets; voy. vol. I, p. 473.

1687, (27 janvier) Ste-Famille, I. O.[1]
II.—PEPIN (1), IGNACE, [ANTOINE I.
b 1660; s 14 février 1716, à St-François, I. O.[2]
1° GAULIN, Madeleine, [FRANÇOIS I.
b 1665.
Ignace, b [2] 26 août 1688; s 13 mars 1703, au Château-Richer.
1689, (3 août) St-Pierre, I. O [3]
2° LEFORT (2), Marie, [ANTOINE I.
b 1670.
Antoine, b [1] 1er sept. 1690; 1° m [2] 12 nov. 1709, à Rose LEPAGE; 2° m 17 nov. 1755, à Marguerite GIROUX, à St-Joachim; s [2] 13 sept. 1756.—*Marie-Madeleine*, b [3] 7 avril 1694; s [2] 10 fevrier 1716.—*Geneviève*, b [3] 18 juin 1696 — *Marguerite*, b [2] 26 août 1700; 1° m 29 mai 1723, à Jean COURTIN, à Québec[4]; 2° m [4] 21 fevrier 1735, à Jacques PILET. —*Louis*, b [2] 28 dec. 1703; m [2] 28 février 1729, à Louise LEPAGE; s [2] 29 nov. 1759.—*Monique*, b... m 27 avril 1722, à Mathurin GAUTIER, à Charlesbourg.

1688, (25 oct.) Ste-Famille, I. O.
II—PEPIN (1), JEAN, [ANTOINE I
b 1664.
1° GUYON, Renée, [CLAUDE II
b 1670; s 15 janvier 1703, à St-Jean, I. O.[4]
Antoine, b [4] 21 janvier 1694; 1° m [4] 22 juin 1722, à Madeleine BLOUIN; 2° m [4] 14 fevrier 1752, à Madeleine NOEL; s [4] 20 déc. 1754. — *Marie-Anne*, b [4] 13 juillet 1698; m 28 fevrier 1724, à Germain LEROUX, à Montréal; s 6 nov. 1737, à Sorel.—*Elisabeth*, b [4] 3 août 1700; 1° m [4] 24 nov. 1723, à Gencien TIVIERGE; 2° m [4] 19 oct. 1744, à Joseph-Marie PLANTE. — *Marie-Catherine*, b [4] 27 juillet 1702; m 20 janvier 1724, à René RÉAUME, à Quebec[5]; s [5] 20 mai 1730.
1703, (30 oct.)[4]
2° FONTAINE, Madeleine, [ETIENNE I.
b 1688.
Jean, b 15 sept. 1704, à St-Laurent, I. O — *Joseph*, b [4] 14 mai 1706; s [4] 27 oct. 1723.—*Marie-Madeleine*, b [4] 15 mars 1708; m 25 juin 1732, à Etienne DELESSARD, à Ste-Anne[6]; s [6] 28 juin 1772.—*Monique*, b... m 18 janvier 1734, à Joseph GAGNÉ, à St-Thomas[8]; s [8] 27 déc. 1740 —*Marie-Joseph*, b [4] 1er juin 1711; 1° m 20 juillet 1739, à Jean LEFEBVRE, à St-Michel[7]; 2° m [7] 12 août 1748, à Gabriel BISSONNET; s [7] 22 oct. 1750.—*Gervais*, b [4] 30 oct. 1714; m [4] 21 oct. 1743, à Angélique BLOUIN.—*Jean-Joseph*, b... m à Louise MARCHAND. — *Jacques*, b... m [6] 9 février 1739, à Marie-Thérèse DELESSARD.—*Marie-Joseph*, b... 1° m [6] 10 fevrier 1740, à Augustin CARON; 2° m [6] 6 fevrier 1758, à Felix DESLAURIERS — *Angélique*, b [4] 25 août 1720; s [6] 10 janvier 1736. — *Brigitte*, b 1723; m [4] 30 juin 1739, à Jean-François FORTIER; s [4] 6 avril 1756. — *Joseph-Marie*, b [4] 19 juin 1725; 1° m [6] 2 fevrier 1750, à Geneviève PARÉ; 2° m 17 nov. 1777, à Marie-Joseph CRÉPEAU, au Château-Richer. — *Jean-Marie*, b... m [6] 9 février 1750, à Marie-Madeleine PARÉ.

1695, (10 oct.) Québec.[2]
II.—PEPIN (1), JEAN, [ROBERT I.
b 1675; s 31 dec. 1752, à Charlesbourg.[3]
MOREAU, Marguerite, [MARTIN I.
b 1676; s [3] 14 janvier 1752.
Marguerite, b [2] 9 mai 1697; 1° m [3] 8 juillet 1720, à André PARANT; 2° m 29 avril 1731, à René-Joseph RODRIGUE, à Beauport[4]; 3° m [4] 20 janvier 1732, à Joseph GROINIER; s [4] 29 mars 1745.—*Charles*, b [3] 18 sept. 1705; m 3 sept. 1731, à Marie-Louise MERCEREAU, à Montréal.—*Marie-Jeanne*, b [3] 16 juin 1707; m [3] 18 juillet 1735, à Louis-Joseph ROY-AUDY.—*Thérèse*, b [3] 4 février 1709; 1° m [3] 4 oct. 1734, à Jacques THOMAS; 2° m [3] 7 février 1757, à Quentin ADAM.—*Louis-Joseph*, b [3] 7 sept. 1710; m [4] 12 nov. 1736, à Marguerite BERGEVIN.—*Françoise*, b [3] 28 février 1712; 1° m [3] 15 sept. 1732, à Augustin GROINIER; 2° m [2] 20 avril 1744, à Jacques BOETARD — *Pierre*, b [3] 30 août 1715; m [3] 29 oct. 1738, à Madeleine BEDARD.—*Marie-Marguerite*, b [3] 10 mars 1720; m [3] 28 août 1752, à Mathieu HIANVEU.—*Marie-Joseph*, b [3] 13 oct. 1721; m [3] 24 oct. 1746, à Charles LOISEL; s [2] 30 août 1756.

II.—PEPIN (2), GERVAIS, [ANTOINE I.
b 1676.
FORTIER, Marie-Madeleine, [ANTOINE I.
b 1678; s 31 juillet 1756, à St-Jean, I. O.[6]
Gervais, b [6] 23 oct. 1698; m 1721, à Jeanne FONTAINE.—*Madeleine*, b [6] 21 février 1703; m [6] 20 oct. 1722, à Pierre FONTAINE; s [6] 12 mars 1739.—*Antoine*, b 1704; m [6] 15 avril 1739, à Elisabeth BIDET; s 21 sept. 1762, à St-Michel.—*Joseph-Marie*, b [6] 12 janvier 1712; m 23 avril 1736, à Geneviève DELAGE, à St-Laurent, I. O. — *Marie-Anne*, b [6] 30 mars 1714; m [6] 8 juillet 1737, à Raphaël NOEL, s 19 nov. 1746, à St-Pierre, I. O. —*Nicolas*, b [6] 12 avril 1720; s [6] 6 avril 1744.

1700, (16 nov.) St-Jean, I. O.[2]
II.—PEPIN (3), ROBERT, [ROBERT I.
b 1677; s 12 mai 1754, à Ste-Geneviève, M.[3]
1° ROYER, Elisabeth, [JEAN I.
b 1669; veuve de Pierre Blay; s 22 juin 1715, à Montreal.[4]
Marie-Isabelle, b [2] 23 sept. 1701.—*Charlotte*, b [4] 2 sept. 1703; m [4] 26 août 1732, à Etienne CAMPION. — *Marie-Françoise*, b [4] 20 sept. 1705; 1° m [4] 28 fevrier 1729, à Pierre COURCY, 2° m [4] 7 janvier 1738, à Elie LEGROS.—*Angélique*, b [4] 7 mai et s [4] 16 juillet 1707.—*Jean-Baptiste*, b [4] 16 mai 1708.—*Madeleine-Louise*, b [4] 20 mars 1710. —*Angélique*, b [4] 5 juin 1711; m 16 mars 1731, à Joseph DEGUIRE, à St-Michel-d'Yamaska.
1715, (15 sept.)[4]
2° DELASSE (4), Marie-Anne, [JEAN-PIERRE I.
b 1691.

---

(1) Dit Lachance; voy. vol. I, p. 473.
(2) Elle épouse, le 10 nov. 1718, Joseph Deblois, à St-François, I. O.

(1) Voy vol. I, p. 473.
(2) Dit Lachance; voy. vol I, p. 473.
(3) Fermier de M. de Maricour.
(4) Lafleur; elle épouse, le 21 février 1757, Jean Dany, à Ste-Geneviève, M.

Louis, b [4] 5 avril 1716.—*Joseph*, b 5 mai 1717, à St-François, I. J.[5]; m 25 avril 1746, à Marie-Louise FRENCHE, à la Pointe-Claire.—*Suzanne*, b 1719; 1° m [4] 15 janvier 1748, à François GODFROY; 2° m 10 sept. 1764, à Pierre JAVRAY, au Détroit[6]; s [6] 6 février 1793.—*Marie*, b 1723, m [4] 18 nov. 1743, à Quentin MAUROIS.—*Thérèse*, b... m [4] 6 nov. 1752, à Etienne BOILEAU.—*Jean*, b... s [5] 13 août 1729.—*Marie-Agnès*, b [6] 13 juillet 1730; m [3] 13 juillet 1750, à Pierre PLOUF.

1702.

II.—PEPIN, PAUL, [ANTOINE I.
b 1679, s 21 avril 1749, à St-Thomas.[7]
MIGNERON, Agnès, [LAURENT I.
b 1684; s [7] 16 juillet 1743.

Marie-Hélène, b 20 déc. 1703, à Ste-Famille, I.O.; m [7] 22 sept. 1728, à Louis TALON; s [7] 1er oct. 1733.—*Marie-Joseph*, b 1706; s [7] 23 oct. 1714.—*Ursule*, b [7] 9 juillet 1710.—*Marie*, b [7] 8 avril 1712; m [7] 14 avril 1733, à Louis MAROT.—*Alexandre*, b [7] 11 février 1714; m 14 sept. 1744, à Marie COTTIN, à St-Augustin.—*Marie-Joseph*, b 1716; m [7] 18 nov. 1738, à Etienne GAUMONT; s [7] 11 août 1766.—*Claire*, b... m [7] 18 nov. 1743, à Augustin TALON; s [7] 24 juillet 1748.—*Félicité*, b 1722; s [7] 30 janvier 1732.

1705, (27 avril) Champlain.[1]

III.—PEPIN, JEAN, [JACQUES II.
b 1675; s [1] 26 août 1720.
BILLY (DE) (1), Jacqueline. [JEAN-FRANÇOIS I.

Marie-Geneviève, b [1] 28 et s [1] 31 janvier 1706.—*Charles-François*, b 5 mars 1707, à Batiscan[2]; m 1733, à Françoise LAVERGNE.—*Marie-Geneviève*, b [2] 29 mai 1710; m [1] 31 janvier 1730, à Michel BRISSON.—*Marie-Elisabeth*, b [1] 15 août 1712; m [1] 23 janvier 1736, à Augustin DUBUC; s 21 février 1744, à St-Pierre-les-Becquets.—*Jean-Baptiste*, b [1] 6 mai 1714.—*Marie-Anne*, b [1] 8 sept. 1716.—*Pierre*, b [1] 30 avril 1719; m à Marie-Anne BOUTIN.—*Marie-Joseph* (posthume), b [1] 27 avril 1721.

1709, (12 nov.) St-François, I.O[7]

III.—PEPIN, ANTOINE, [IGNACE II.
b 1690; s [7] 13 sept. 1756.
1° LEPAGE, Rose, [LOUIS I.
b 1687; s [7] 17 nov. 1753.

Marie-Joseph, b [7] 7 déc. 1710; m [7] 24 nov. 1732, à Joseph GAGNON.—*Angélique*, b [7] 13 mai 1713; m [7] 24 nov. 1732, à Joseph QUEMENEUR-LAFLAMME.—*Hélène*, b [7] 6 sept. 1715; m [7] 23 juin 1749, à Ignace BELANGER.—*Antoine*, b [7] 8 février 1718; m 3 nov. 1745, à Geneviève HARBOUR, à St-Frs-du-Sud.[8]—*Elisabeth*, b [7] 16 mars 1720; s 22 mai 1752, à Québec[9]—*Louise*, b [7] 29 mars 1722; m [7] 25 sept. 1747, à Augustin DESMOLIERS; s [9] 17 déc. 1757.—*François*, b [7] 14 et s [7] 19 sept. 1724.—*Joseph*, b [8] 14 juin 1726; m [8] 24 août 1750, à Marie-Louise BOULE.—*Louis*, b [7] 6 juin 1729; m [8] 31 juillet 1752, à Marie-Thérèse BOULÉ.—*Marie-Madeleine*, b [7] 27 oct. 1733; m [7] 10 juillet 1752, à Michel LACOMBE.

1755, (17 nov.) St-Joachim.

2° GINOUX, Marguerite. [CHS I.

1710, (17 nov.) Lorette.[6]

II.—PEPIN, LOUIS, [ROBERT I.
b 1686.
BOUTIN, Elisabeth, [JEAN II.
b 1692; s 17 nov. 1744, à Charlesbourg.[6]

Louis-Michel, b [5] 15 août 1711; m [6] 4 août 1732, à Marguerite RENAULT; s [6] 15 août 1753.—*Jean-Baptiste*, b [5] 19 février 1713.—*Marie-Elisabeth*, b [5] 20 sept. 1715; m [6] 30 sept. 1732, à Jean-Baptiste ALARD.—*François-Gabriel*, b [6] 24 février 1718; s [5] (noyé) 13 juin 1727.—*Marie-Elisabeth*, b [6] 25 déc. 1719.—*Marie-Louise*, b [6] 13 nov. 1721, m [6] 10 nov. 1750, à Antoine CRÉPIN.—*Pierre*, b [6] 14 février 1724; 1° m [6] 22 sept. 1749, à Marie-Joseph VERRET; 2° m 20 sept. 1756, à Marie SAUCIER, à Yamachiche.[7]—*Marguerite*, b [6] 14 avril 1726; m [6] 10 nov. 1749, à Charles SAVARD.—*Jacques-François*, b [6] 24 février 1728; m [6] 23 juillet 1753, à Marie-Geneviève RENAULT.—*Joseph-Charles*, b [6] 12 avril 1730.—*André*, b [6] 30 mai 1732; s [6] 9 juillet 1733.—*François-Alexis*, b [6] 28 avril 1734.—*Marie-Charlotte*, b [6] 29 avril 1736; 1° m [6] 9 janvier 1758, à Joseph ROUFIAT, 2° m [7] 3 nov. 1762, à Pierre SAUCIER.

II.—PEPIN (1), JOSEPH, [ANTOINE I.
b 1679; s 25 janvier 1721, à St-Jean, I. O.[3]
FONTAINE (2), Marguerite. [ETIENNE I

Joseph, b... 1° m [3] 10 nov. 1732, à Louise TIBIERGE; 2° m [3] 9 nov 1737, à Marguerite FEUILLETEAU.—*Angélique*, b [3] 30 mars 1711; m [3] 26 mai 1732, à Augustin ROYER.—*Gabriel*, b [3] 5 juin 1713; 1° m 9 nov. 1739, à Marie-Louise PHILIPPE, à Charlesbourg[4]; 2° m [4] 16 nov. 1762, à Madeleine GRAVEL.—*Marie-Joseph*, b [3] 11 février 1715; m [3] 24 nov. 1732, à Joseph AUDET.—*Jean-Charles*, b... m [3] 16 nov. 1744, à Marie-Anne FORTIER, s [3] 24 juin 1751.—*Marie*, b [3] 12 mai et s [3] 11 juillet 1720.—*Geneviève*, b [3] 12 mai 1720.—*Pierre-Noël* (posthume), b [3] 12 juin 1721; m 1750, à Marie-Charlotte RONDEAU.

1713, (25 février) Pte-aux-Trembles, M[1]

III.—PEPIN, JACQUES, [JACQUES II
b 1685; s 14 août 1747, à la Longue-Pointe.[2]
1° DUFRESNE, Elisabeth, [JEAN-BTE II.
b 1694; s [2] 3 mars 1729.

Jacques, b [1] 4 janvier et s [1] 6 oct. 1714—*Joseph*, b... m [2] 6 juin 1746, à Hélène FISSIAU—*Elisabeth*, b 1717; m [2] 18 janvier 1737, à Jean ARCHAMBAULT.—*Jacques*, b [1] 6 avril 1718; m 1739, à Marie-Joseph POUDRET.—*Jean-Baptiste*, b [1] 12 avril 1719; 1° m [2] 8 février 1751, à Lucille BAUDREAU; 2° m [2] 7 janvier 1760, à Madeleine LEBEAU.—*François*, b [1] 1er sept. 1720; m 14 avril 1749, à Marie-Joseph LEMOINE-JASMIN, à Chambly.—*Toussaint*, b [1] 20 juillet 1722; m [1] 13 avril 1750, à Françoise BLAIS.—*Basile*, b [2] 19 juin

(1) Elle épouse, le 18 nov. 1722, Joseph Vivien, à Champlain.

(1) Dit Lachance.

(2) Elle épouse, le 29 nov. 1721, Barthélemi Terrien, à St-Jean, I. O.

1724; m 10 février 1749, à Marguerite MORISSEAU, à Boucherville.—*Pierre*, b [2] 22 sept. 1726; s [2] 26 mai 1741.—*Marie-Joseph*, b [2] 2 mars 1729; 1° m [2] 21 sept. 1750, à Pierre SAUVAGE; 2° m [2] 7 fevrier 1763, à Jean-Baptiste JANOT.

1731, (8 oct) [2]

2° FORAN (1), Marie-Louise, [ANDRÉ I.
b 1712.

Marie-Louise, b [2] 11 oct. 1732; s [2] 10 mai 1733. — *Marie-Louise*, b [2] 15 sept. 1733; s [2] 17 avril 1750.—*Antoine*, b [2] 17 oct. 1734.—*Agathe*, b [2] 17 oct. 1734; s [2] 24 fevrier 1736 — *Charles*, b [2] 9 dec. 1735. — *Antoine*, b [2] 1er oct. 1737. — *Marie-Charlotte*, b [2] 19 sept. 1738; m [2] 31 mars 1761, à Philippe GERVAISE.—*Marguerite*, b [2] 8 mars 1742, m [2] 10 janvier 1763, à Jacques LEBEAU-LALOUETTE. —*Pierre-Benjamin*, b [2] 30 avril 1744; m [2] 11 fevrier 1765, à Marie-Joseph CHOQUET.

1714, (1er dec) Laprairie [1]

III.—PEPIN (2), PIERRE, [PIERRE II.
b 1683.

1° LEBERT, Michelle, [JOACHIM II
b 1692; s 19 mai 1746, à Montréal. [2]

Louise-Michelle, b 26 janvier 1716, à Chambly, m [2] 27 sept. 1734, à Louis TESSIER; s [2] 20 janvier 1748 —*Marie-Joseph*, b 1716; m [2] 16 août 1735, à Benjamin ROUER.—*Marie-Catherine*, b [1] 25 mai 1723; m [2] 27 juin 1744, à Jean-Louis JOURDAIN, s [2] 13 juillet 1744.—*Pierre*, b [1] 12 mars 1725; 1° m 23 nov. 1751, à Marie-Joseph ROY-DESJARDINS, à Kamouraska; 2° m 22 sept. 1757, à Françoise GOSSELIN, à St-Jean, I. O. — *Véronique*, b 1727; m [2] 12 janvier 1750, à Antoine-Jean SAILLANT; s 22 mai 1756, à Québec. [3] — *René-Hypolite*, b [1] 5 dec. 1728: m [3] 10 janvier 1757, à Madeleine CORBIN; s [3] 5 fevrier 1802.

1747, (27 nov.) [2]

2° LAGUERCHE, Marie-Françoise, [FRANÇOIS I.
b 1689; veuve de Philippe LeSaunier; s 9 sept. 1761, à l'Hôpital-General, M.

1716.

III—PEPIN (3), JEAN-BTE, [JEAN II.
b 1692.

CASAVAN, Marguerite, [JEAN I.
b 1694.

Jean-Baptiste, b 2 oct. 1717, à Boucherville [5]; m [5] 7 fevrier 1751, à Angélique BLIN.—*Louis*, b [5] 23 janvier et s [5] 3 sept. 1719.—*Marie-Joseph*, b [5] 15 avril 1720; m [5] 16 nov. 1739, à Jean DAUNAY —*Marguerite*, b [5] 18 juin 1721 —*Marie-Anne*, b [5] 13 janvier 1723; s [5] 2 sept. 1724.—*Madeleine*, b [5] 16 mai 1724; s [5] 8 juillet 1726.—*Laurent*, b [5] 10 mai 1725.—*Louis*, b [5] 16 nov. 1726.—*Marie-Anne*, b... m [5] 20 janvier 1755, à Michel MEUNIER.—*Angélique*, b... m [5] 14 fevrier 1763, à Julien GRIGNON.—*Madeleine*, b... m [5] 22 avril 1771, à Jean-Baptiste CHICOT.

(1) Elle épouse, le 22 avril 1748, Pierre Lebeau, à la Longue-Pointe.

(2) Dit Laforce; garde-magasin du roi, à Niagara, 1735. Il etait, le 27 sept. 1710, à Chambly; il baptise, dans le bois, Marguerite Onodoca, sauvagesse, le 2 fevrier 1713, à Chambly.

(3) Dit Cardonnet.

1720, (8 nov.) Longueuil.

III.—PEPIN (1), JOSEPH, [JEAN II.
b 1694.

ROBERT (2), Angélique. [PIERRE III.

Joseph, b 8 août et s 7 sept 1721, à Boucherville. [6] — *Marie-Joseph*, b [6] 19 janvier 1723. — *Charlotte*, b [6] 8 juillet 1724, s [6] 12 mai 1725.— *Marie-Anne-Louise*, b [6] 13 mars 1726; 1° m 6 janvier 1744, à Pierre BOYER, au Detroit [7], 2° m [7] 11 avril 1768, à Hypolite CAMPEAU.—*Marie-Angélique*, b... m [7] 24 nov. 1749, à Ignace BOYER.— *Madeleine*, b... m [6] 7 oct. 1754, à Jean-Baptiste REGUINDEAU. — *Joseph*, b 1732; s [7] 13 janvier 1754.

1721.

III—PEPIN, GERVAIS, [GERVAIS II.
b 1698.

FONTAINE (3), Jeanne, [ETIENNE I.
b 1700.

Marie-Joseph, b 19 août 1722, à St-Jean, I. O. [8] —*Gervais*, b [8] 6 mai 1724; s [8] 21 juillet 1725.— *Madeleine*, b... m [8] 17 juin 1751, à Joachim GREFFARD.

1722, (22 juin) St-Jean, I. O. [1]

III.—PEPIN, ANTOINE, [JEAN II.
b 1694, s [1] 20 dec. 1754.

1° BLOUIN, Madeleine, [EMERY I.
b 1696.

Antoine, b 8 mai 1723, à Ste-Famille, I. O. [2]; 1° m 20 avril 1749, à Marie-Françoise HELY, à St-Valier; 2° m 2 mai 1774, à Marie-Anne JACQUES, à St-Joseph, Beauce.—*Joseph*, b [2] 30 nov. 1724.— *Jean-François*, b [2] 30 mars 1727; m 13 oct. 1750, à Madeleine BLANCHARD, à St-Pierre-du-Sud.— *Louis*, b [2] 13 avril 1729; s [2] 20 mai 1733.—*Marie-Louise*, b [2] 16 août 1731; m 11 janvier 1751, à Alexandre BLANCHET, à Levis. [3] — *Joseph*, b [2] 25 sept. 1733; m [3] 9 août 1762, à Suzanne BÉLAND. —*Madeleine*, b [3] 3 avril 1736; m 10 juillet 1752, à Michel BALAN, à St-François, I. O.

1752, (14 fevrier). [1]

2° NOEL, Madeleine, [FRANÇOIS I.
b 1687, veuve d'Antoine Fortier.

1723.

III.—PEPIN, MICHEL, [JEAN II.
b 1701.

1° PATENOTRE, Louise, [PIERRE II.
b 1697; s 2 oct. 1741, à Verchères. [1]

Michel, b 1723; m 25 nov. 1744, à Agathe LIMOGES, à Terrebonne. — *Marie-Michelle*, b [1] 7 mars 1728. — *Marie-Louise*, b... m [1] 10 janvier 1752, à Louis VETU. — *Marie-Anne*, b... m [1] 20 août 1753, à François JOBIN. — *Etienne*, b... m [1] 12 fevrier 1763, à Marie-Catherine CHALUT.

1744, (8 fevrier). [1]

2° JARRET, Marie-Anne, [LOUIS II.
b 1716; s [1] 2 dec. 1744.

(1) DesCardonnets.

(2) Elle epouse, le 1er août 1734, Joseph Cicot, à Boucherville.

(3) Elle épouse, le 7 janvier 1732, Jacques Greffard, à St-Jean, I. O.

1724, (30 oct.) Québec. [1]
III.—PEPIN, Louis, [Jean II.
b 1702.
Martin (1), Marie-Madeleine, [Nicolas I.
b 1700 ; s [1] 14 août 1774.
Louis, b [1] 7 sept. 1725 ; s [1] 22 mars 1731. — *Madeleine*, b [1] 15 août 1727 ; m [1] 15 janvier 1748, à Jacques Duchesneau. — *Marie-Thérèse*, b [1] 28 nov. 1729 ; m [1] 22 sept. 1755, à François Gravelle.—*Marie-Anne*, b [1] 18 juin 1732 ; m 1750, à Jean-Baptiste-François Maillot ; s 3 nov. 1783, à St-Jean-Deschaillons.—*Louis*, b [1] 27 mars 1734. — *Louis-Etienne*, b [1] 28 juin 1737 ; m 1761, à Jeanne Maclure.

1728, (12 janvier) Champlain [2]
III.—PEPIN, Joseph, [Jacques II.
b 1689.
Manceau, Angélique. [François II.
Joseph, b [2] 9 nov. 1728. — *Geneviève*, b [2] 12 février 1732 ; s [2] 6 juillet 1733. — *Marie-Marguerite*, b [2] 21 mars 1734.

1729, (28 février) St-François, I. O. [2]
III.—PEPIN (2), Louis, [Ignace II.
b 1703 ; s [2] 29 nov. 1759.
Lepage, Marie-Louise, [Joseph II.
b 1710 ; s [2] 12 août 1751.
Marie-Louise, b [2] 4 février 1730 ; m [2] 30 août 1751, à Jean Levasseur. — *Madeleine* et *Françoise*, b [2] 8 et s [2] 9 juin 1731.— *Marie-Hélène*, b [2] 28 avril 1732 ; m [2] 14 mai 1754, à Jean Baudon. — *Louis*, b [2] 20 mai 1734 ; m [2] 20 juin 1757, à Madeleine Emond. — *Marie-Joseph*, b [2] 21 avril 1736 ; m [2] 21 nov. 1757, à Joseph Dompierre.— *Joseph-Marie*, b [2] 12 avril 1738. — *Marie-Madeleine*, b [2] 31 mars 1740 ; m 18 mai 1763, à Pierre-François Paquet, à Québec [3] ; s [3] 18 avril 1782.— *Marie-Thècle* (3), b [2] 16 avril 1742 ; m [2] 20 août 1764, à Augustin Landry. — *Monique*, b [2] 16 mai et s [2] 11 déc. 1744.—*Marie-Geneviève*, b [2] 5 mars 1746 ; s [2] 10 août 1747. — *Pierre*, b [2] 15 oct. 1748 ; s [2] 18 janvier 1750. — *Augustin*, b [2] 10 avril et s [2] 12 août 1751.

1729, (25 avril) Boucherville. [1]
III.—PEPIN (4), Jean-Bte, [Pierre II.
b 1704.
Chicot (5), Françoise, [Jean II.
b 1700.
Marie-Joseph, b 1730 ; m [1] 5 juillet 1751, à Joseph Hobertin. — *Marie-Louise*, b... m [1] 7 février 1752, à Jacques Arrivé.—*Pierre*, b... m [1] 17 nov. 1766, à Angélique Laporte.

1731, (3 sept.) Montreal.
III.—PEPIN, Charles, [Jean II.
b 1705.
Mercereau, Marie-Louise, [Pierre II.
b 1709.

Marie-Catherine, b... m 16 août 1751, à Jacques Tassé, aux Trois-Rivières. [8] — *Marie-Charlotte*, b... m [8] 9 janvier 1752, à Charles-Etienne Laroche. — *Marguerite*, b... m [8] 16 août 1763, à Joseph Buisson.—*Jean-Charles*, b [8] 13 avril 1750.

1731.
III.—PEPIN (1), Jean-Joseph. [Jean II.
Marchand, Marie-Louise, [Valentin III.
b 1710.
Joseph, b 17 juin 1732, à St-Jean, I. O. [1] — *Marie-Joseph*, b [1] 5 oct. 1735 ; s [1] 24 nov. 1752.— *Jean-Marie*, b [1] 3 avril 1737. — *Marie-Louise*, b [1] 13 mars 1739 —*Pierre-Noël*, b 2 août 1740, à St-François, I. O. ; s 29 avril 1760, à St-Charles.— *Brigitte*, b 1741 ; m [1] 31 mars 1761, à Pierre Protain.—*Jean-François*, b [1] 4 février 1742.—*Marie-Christine*, b [1] 14 juillet 1744 ; 1° m 29 janvier 1774, à Charles Brisset, à St-Louis, Mo ; 2° m à Jean-Baptiste Provencher. — *Angélique*, b [1] 11 mars 1746.

1732, (4 août) Charlesbourg. [2]
III.—PEPIN, Louis-Michel, [Louis II
b 1711 ; s [2] (de mort subite) 15 août 1753.
Renault (2), Marguerite, [Pierre II.
b 1714.
Marie-Marguerite, b [2] 10 juin 1733 ; m 1757, à Antoine-Etienne Séglasse.—*Marie-Louise*, b [2] 26 déc. 1734, m 21 sept. 1759, à Jean-Pierre Massal, à Québec.—*Joseph*, b [2] 16 mars 1736.—*Marie-Thérèse*, b [2] 7 déc. 1737 ; s [2] 22 oct. 1738.—*Marie-Joseph*, b... m [2] 20 oct. 1760, à Michel Brousseau. —*Elisabeth-Françoise*, b [2] 5 mars 1740 ; m [2] 17 août 1761, à Pierre Valin.—*Marie-Elisabeth*, b [2] 13 déc. 1741 ; m 9 février 1763, à Jean-Baptiste Cire, à St-Vincent-de-Paul. — *Marie-Angelique*, b [2] 13 sept. 1743 ; s [2] 29 nov. 1746.—*Anonyme*, b [2] et s [2] 14 nov. 1745.—*Louis-Jacques*, b [2] 12 février et s [2] 30 déc. 1747.—*Louis*, b [2] 19 déc. 1748.—*Marie-Louise*, b [2] 5 déc. 1750 ; s [2] 9 oct. 1755.—*Marie-Jeanne*, b [2] 24 déc. 1752 ; s [2] 30 juin 1754.

1732, (10 nov.) St-Jean, I. O. [3]
III.—PEPIN (1), Joseph. [Joseph II.
1° Tibierge, Louise, [Gabriel II.
b 1700 ; s [3] 14 juillet 1737.
1737, (9 nov.) [3]
2° Feuilleteau, Marguerite. [Gabriel II.
Michel, b [3] 28 sept. et s [3] 26 nov. 1738.—*Marie-Anne*, b [3] 17 janvier 1740.—*Marie-Joseph*, b [3] 10 sept. 1741.—*Jean-Charles*, b [3] 1er juin 1743, 1° m 2 février 1763, à Catherine Boissonneau, à Québec [4] ; 2° m [4] 27 sept. 1791, à Marie-Louise Devau.—*Marguerite*, b [3] 13 juillet et s [3] 11 août 1747.—*Augustin*, b [3] 26 août et s [3] 15 sept. 1749. —*Marguerite*, b 1750 ; s [3] 28 août 1751.—*Augustin*, b [3] 29 sept. 1753.—*Marie-Joseph*, b [3] 2 août 1755.—*Marie-Geneviève*, b [3] 10 avril et s [3] 5 oct. 1758.—*Marie-Marguerite*, b [3] 8 août 1761.

(1) Dit Jolicœur.
(2) Dit Lachance.
(3) Mariée sous le nom de Thérèse.
(4) Dit Laforce.
(5) Elle épouse, le 23 oct. 1752, François Bau, à Boucherville.

(1) Dit Lachance.
(2) Elle épouse, le 26 oct 1761, Charles Jobin, à Charlesbourg.

1735.

IV.—PEPIN, CHARLES, [JEAN III.
b 1704 ; s 12 nov. 1756, à St-Pierre-les-Becquets.[5]
RIVARD (1), Catherine-Louise.
Charles-Jacques-François, b 27 février 1736, à Champlain ; s[5] 18 oct. 1747.—*Marie-Louise-Catherine*, b 22 mars 1737, à Batiscan.[6] — *Jean-Baptiste*, b[6] 3 janvier 1739.—*Joseph*, b[5] 24 avril 1740 ; s[5] 17 fevrier 1742.—*Pierre*, b[6] 29 juin 1741.—*François-Xavier*, b[5] 24 janvier 1743.—*Alexis*, b[5] 12 février 1745.—*Marie-Thérèse*, b[6] 9 oct. 1746.—*Alexandre*, b[5] 27 janvier 1748.—*Anonyme*, b[5] et s[5] 24 juillet 1749.—*Marie-Joseph*, b[5] 10 mai 1752.

1736, (23 avril) St-Laurent, I. O.
III.—PEPIN, JOSEPH-MARIE, [GERVAIS II
b 1712.
DELAGE (2), Geneviève, [CHARLES II.
b 1715.
Joseph-Marie, b 18 janvier 1737, à St-Jean, I.O.[7], m[7] 18 oct. 1757, à Marie-Joseph ALLAIRE.

IV.—PEPIN, PIERRE, [JEAN III.
b 1719.
BOUTIN, Marie-Anne.
Louis, b... m 4 nov. 1760, à Marie-Anne RIVARD, à Yamachiche.

1736, (12 nov.) Beauport.
III—PEPIN, LOUIS-JOSEPH, [JEAN II.
b 1710.
BERGEVIN, Marguerite, [LOUIS II
b 1719.
Joseph, b 1er oct. et s 20 nov. 1739, à Charlesbourg.[5]—*Thomas-Stanislas*, b[5] 22 janvier 1741.—*Marie-Marguerite*, b[5] 12 déc. 1742.—*Charles*, b[5] 7 mars 1745.—*Marie-Louise*, b[5] 18 mars 1748 ; m[5] 17 nov. 1766, à Jean-Philippe IMPLEMAN.—*Joseph*, b[5] 7 avril 1750.—*Pierre*, b[5] 20 juin 1752.—*Louis-François*, b[5] 5 nov. 1754.—*Marie-Elisabeth*, b[5] 19 avril 1757.—*Jean-Baptiste*, b[5] 6 mai 1763.

1738, (20 sept.) Chambly.
III.—PEPIN, JOSEPH, [PIERRE II.
b 1706.
LEGRAIN, Marie-Marguerite, [ADRIEN-CHS II.
b 1718.

1738, (29 oct.) Charlesbourg.[9]
III.—PEPIN, PIERRE, [JEAN II.
b 1715.
BEDARD, Madeleine, [BERNARD III.
b 1714.
Marie-Thérèse, b[9] 3 janvier 1740.—*Marie-Anne-Elisabeth*, b[9] 31 janvier 1741.—*Marie-Marguerite*, b[9] 19 nov. 1742.—*Marie-Joseph*, b[9] 24 déc. 1744.—*Pierre*, b[9] 21 juin 1746 ; s[9] 9 août 1747.—*Louis-Pierre*, b[9] 21 mai et s[9] 11 dec. 1748.—*Charles-Joseph*, b[9] 4 nov. 1751.—*Anonyme*, b[9] et s[9] 3 juin 1753.—*Marie-Thérèse*, b[9] 6 février et s[9] 27 juillet 1756.

(1) Dit Lavigne.
(2) Elle épouse, le 27 mai 1744, Gabriel Feuilleteau, à St-Jean, I. O.

1739.

IV.—PEPIN, JACQUES, [JACQUES III.
b 1718.
POUDRET, Marie-Joseph, [JEAN-ANDRÉ II.
b 1713.
Marie-Madeleine, b 13 déc. 1740, à la Longue-Pointe.[8] — *Catherine*, b... m[8] 1er février 1762, à Emmanuel VIDREGUER.—*Marie-Joseph*, b... m[8] 7 fevrier 1763, à Jean-Baptiste JANOT.—*Jacques*, b 1745 ; m 2 mars 1778, à Madeleine MARTIN, à Montréal.

1739, (9 février) Ste-Anne.[3]
III.—PEPIN (1), JACQUES. [JEAN II.
DELESSARD, Thérèse, [ETIENNE III.
b 1715 ; s[3] 11 mai 1772.
Marie-Thérèse, b 16 janvier 1740, à St-Jean, I. O.[4] ; s[3] 12 janvier 1760.—*Jacques*, b[4] 10 avril 1741.—*Amable-Judith*, b[3] 1er avril 1743 ; m[3] 3 oct. 1763, à Jean-Baptiste CANAC.—*Joseph-Marie*, b[3] 26 mai 1745 ; m 20 juillet 1767, à Marie-Louise CANAC, à Ste-Famille, I. O. ; s[3] 30 oct. 1769. — *Marie-Angélique*, b[3] 31 mars 1747 ; m[3] 7 nov. 1768, à Jean-Marie PARÉ. — *Monique*, b[3] 4 sept. 1749 ; s[3] 26 janvier 1760. — *Gervais*, b... m[3] 15 février 1773, à Geneviève CARON.

1739, (15 avril) St-Jean, I. O.
III.—PEPIN (1), ANTOINE, [GERVAIS II.
b 1704 ; s 21 sept. 1762, à St-Michel.[3]
BIDET (2), Marie-Elisabeth, [JACQUES II.
b 1716 ; s[3] 18 déc. 1762.
Antoine, b[3] 25 août 1740 ; s[3] 2 mars 1759.—*Marie-Isabelle*, b[3] 6 fevrier 1744 ; m[3] 8 janvier 1763, à Joseph BISSONNET. — *Joseph-Basile*, b[3] 7 mars 1745 ; s[3] 15 fevrier 1751. — *Jean-Baptiste*, b[3] 11 août 1748 ; s[3] 13 juillet 1749. — *Charles-Marie*, b[3] 25 janvier 1751.—*Jean-Baptiste*, b[3] 20 mai 1752. — *François*, b[3] 16 août et s[3] 9 sept. 1757.

1739, (9 nov.) Charlesbourg[4]
III.—PEPIN (1), GABRIEL, [JOSEPH II.
b 1713.
1° PHILIPPE (3), Marie-Louise, [JACQUES III.
b 1720 ; s[4] 1er juillet 1759.
Anonyme, b[4] et s[4] 8 oct. 1747. — *Gabriel*, b[4] 22 et s[4] 24 oct. 1749.—*Pierre-Michel*, b[4] 30 sept. 1753.

1762, (16 nov.)[4]
2° GRAVEL, Madeleine, [CHARLES III.
b 1742.
Jean, b[4] et s[4] 20 sept. 1763.

1743, (21 oct.) St-Jean, I. O.[2]
III.—PEPIN, GERVAIS, [JEAN II.
b 1714.
BLOUIN, Angélique, [JACQUES II.
b 1721.

(1) Dit Lachance.
(2) Dit Déroussel.
(3) Dit Lebel—Beaulieu.

Marie-Angélique, b [2] 27 déc. 1747. — *Marie-Geneviève*, b [2] 11 sept. 1751; m 3 nov. 1778, à Etienne PAPILLON, à St-François, I. O. [3]— *Jean-Marie*, b [2] 14 août 1753; m 13 janvier 1789, à Geneviève DUPILLE, à Quebec. — *Michel*, b [2] 25 sept. 1755. — *Joseph-Marie*, b [2] 26 mai et s [2] 5 sept. 1757. — *Marie-Joseph*, b [3] 21 août 1758. — *Marie-Louise*, b [2] 15 avril 1761.

1744, (14 sept.) St-Augustin. [8]
III.—PEPIN (1), ALEXANDRE, [PAUL II.
b 1714.
COTTIN-DUGAL, Marie, [JOSEPH II.
b 1719.
Marie, b [8] 8 juin 1745. — *Louis-Alexandre*, né 3 mai à Mingan et b 14 sept. 1752, à Quebec [1]; s [1] 6 nov. 1757.

1744, (16 nov.) St-Jean, I. O. [1]
III.—PEPIN (1), JEAN-CHARLES, [JOSEPH II.
b 1715; s [1] 24 juin 1751.
FORTIER (2), Marie-Anne, [ANTOINE II.
b 1724.
Jean-Charles, b [1] 11 août 1745. — *Marie-Anne*, b [1] 28 fevrier 1747. — *Anonyme*, b [1] et s [1] 22 janvier 1748. — *Marie-Louise*, b [1] 11 juin et s [1] 14 sept. 1751.

1744, (25 nov.) Terrebonne. [5]
IV.—PEPIN (3), MICHEL. [MICHEL III.
LIMOGES, Agathe, [PIERRE I.
b 1712.
Marguerite, b [5] 7 nov. 1745; s [5] 20 sept. 1746. — *Louis-Michel*, b [5] 21 oct. 1749; s [5] 23 juillet 1750.

1745, (3 nov.) St-Frs-du-Sud. [1]
IV.—PEPIN (1), ANTOINE, [ANTOINE III.
b 1718.
HARBOUR, Geneviève. [MICHEL III.
Marie-Angélique, b 5 sept., à Berthier [2] et s [1] 17 oct. 1746. — *Geneviève*, b [2] 23 janvier 1748; s [1] 17 juin 1749.—*Marie-Louise*, b [1] 24 mars et s [1] 25 avril 1750. — *Antoine*, b [1] 21 nov. 1751.—*Marie-Madeleine*, b [1] 30 oct. 1753.—*Marie-Joseph*, b [1] 24 juillet et s [1] 16 août 1755.—*Jean-François*, b [1] 11 août et s [1] 23 sept. 1756.—*Marie-Anne*, b [1] 25 nov. 1757.—*Marie-Victoire*, b [1] 3 et s [1] 17 oct. 1759.—*Marie-Joseph*, b [1] 25 oct. 1760.

1746, (25 avril) Pointe-Claire.
III.—PEPIN, JOSEPH, [ROBERT II.
b 1717.
FRENCHE (4), Marie-Louise, [ANDRÉ I.
b 1725.
Marie-Amable, b 6 oct. et s 21 nov. 1751, à Ste-Geneviève, M. [1]— *François*, b [1] 28 oct. 1753; s [1] 9 juillet 1754.—*Joseph-Marie*, b [1] 23 mai 1755.
— *Louis*, b [1] 15 février 1757. — *Pierre*, b [1] 23 mars 1759; m 10 juin 1782, à Marie VAILLANCOURT, à Montréal.

1746, (6 juin) Longue-Pointe. [2]
IV.—PEPIN, JOSEPH. [JACQUES III.
FISSIAU, Helène, [JACQUES II.
b 1727; s [2] 8 mai 1761.
Marie-Joseph, b [2] 14 mars 1748; s [2] 22 avril 1752. — *Joseph-Marie*, b [2] 27 sept. 1750; s [2] 23 oct. 1753. — *Anne*, b [2] 19 oct. 1751; s [2] 26 mai 1752.—*Pierre-Joseph*, b [2] 3 avril 1753. — *Joseph*, b [2] 4 août 1754. — *Elisabeth*, b [2] 22 déc. 1755; m [2] 5 oct. 1778, à François TRUTEAU. — *Hélène-Céleste*, b [2] 9 juillet 1757; s [2] 8 mai 1758 — *Céleste*, b [2] 11 oct. 1758. — *François*, b... m [2] 12 janvier 1784, à Marie-Anne SABAT.

1749, (10 fevrier) Boucherville.
IV.—PEPIN, BASILE, [JACQUES III
b 1724.
MORISSEAU, Marguerite, [JACQUES III.
b 1727.
Basile, b 1er fevrier 1750, à Montréal —*Joseph*, b 4 mars 1751, à la Longue-Pointe. [4]— *Marie-Marguerite*, b 13 oct. 1752, à Chambly. [5]—*Pierre*, b [5] 21 sept. 1754; s [5] 25 nov. 1755.— *Marie-Thérèse*, b [5] 23 nov. 1756. — *Marie-Louise*, b [5] 18 mars 1759. — *Marie-Catherine*, b [4] 30 nov. 1760.

1749, (14 avril) Chambly. [7]
IV.—PEPIN (1), FRANÇOIS, [JACQUES III.
b 1720.
LEMOINE-JASMIN, Marie-Joseph, [NOEL II.
b 1726.
François, b [7] 19 dec. 1749; s [7] 27 février 1750 —*Joseph*, b 29 août 1753, à St-Antoine-de-Chambly. — *Marie-Marguerite*, b [7] 10 août 1755.

1749, (20 avril) St-Valier.
IV.—PEPIN (2), ANTOINE, [ANTOINE III
b 1723.
1° HELY, Marie-Frse, [JOSEPH-PHILIPPE III.
b 1729; s 25 juin 1773, à St-Joseph, Beauce [1]
Marie, b 3 et s 25 juin 1752, à Levis. [2] — *Antoine-Paul*, b [2] 1er juillet 1753.—*François-Marie*, b [2] 8 sept. 1754; m 15 fevrier 1779, à Marie-Françoise BELLEAU, à Quebec [3]; s [3] 19 nov. 1782. —*Marie-Thérèse*, b [3] 14 oct. 1756.—*Augustin*, b [2] 23 mars 1758; m [3] 19 fevrier 1787, à Catherine BRISARD.—*Marie-Angelique*, b [2] 2 mai 1759 — *Pierre-Noel*, b [2] 3 mars 1764.—*Jean-Baptiste*, b [2] 4 août 1765.—*Charles*, b [1] 5 janvier 1768.—*Louis*, b 1769; s [1] 28 juin 1773.—*Joseph*, b [1] 12 mai 1772; s [1] 28 juin 1773.
1774, (2 mai). [1]
2° JACQUES, Marie-Anne, [PIERRE II.
b 1724; veuve de Joseph DuGrenier.

(1) Dit Lachance.
(2) Elle épouse, le 1er février 1752, Pierre Gosselin, à St-Jean, I. O.
(3) Dit Laforce, il etait, le 13 avril 1749, à Lachenaye.
(4) Dit Laframboise, elle est appelée Frange à son mariage.

(1) Et Papin.
(2) Dit Lachance.

1749, (22 sept) Charlesbourg. [5]
III.—PEPIN, PIERRE, [LOUIS II.
b 1724.
1° VERRET, Marie-Joseph, [JEAN II.
b 1723; veuve de Michel Berthiaume; s [5] 9 août 1754.
Marie-Anne-Elisabeth, b [5] 22 juin 1750.—*Marie-Charlotte*, b [5] 29 nov. 1751.—*Pierre*, b [5] 3 juin 1753; m 9 juillet 1782, à Véronique MARCHETEAU, à St-Louis, Mo.
1756, (20 sept.) Yamachiche. [6]
2° SAUCIER, Marie. [JOSEPH III
Marie-Madeleine, b [6] 6 et s [6] 22 sept. 1757.—*Marie-Geneviève*, b [6] 16 sept. 1758.—*Robert*, b [6] 9 juillet et s [6] 1er sept. 1760.—*Marguerite*, b [6] 18 janvier 1762.—*Marie-Louise*, b [6] 8 oct. 1763.—*Charles*, b [6] 4 nov. 1765.—*Marie-Joseph*, b [6] 29 janvier 1768.

1750, (2 février) Ste-Anne [7]
III.—PEPIN (1), JOSEPH-MARIE, [JEAN II.
b 1725.
1° PARÉ, Geneviève, [TIMOTHÉE III.
b 1730; s 21 janvier 1777, à St-Joachim. [8]
Marie-Geneviève, b [8] 9 janvier 1751. — *Joseph-Marie*, b [7] 8 fevrier 1752.—*Louis*, b [7] 28 mars 1756; m [8] 2 fevrier 1778, à Marie-Joseph POULIN.—*Agnès*, b [8] 6 déc. 1757.—*Marie-Françoise*, b.. m [8] 28 avril 1778, à Jean-Marie POULIN.—*Marguerite*, b [8] 5 juillet 1761; m [8] 3 fevrier 1778, à Etienne RACINE.—*Marie-Joseph*, b [8] 1er oct. 1763. —*François*, b [8] 5 sept. 1765.—*Catherine*, b [8] 13 août 1767.—*Marie-Agnès*, b [8] 11 juin 1769.
1777, (17 nov.) Château-Richer.
2° CRÉPEAU, Marie-Joseph, [BASILE III.
b 1727; veuve de Louis Plante.

1750, (9 février) Ste-Anne [9]
III.—PEPIN, JEAN-MARIE. [JEAN II.
PARÉ, Marie-Madeleine, [PRISQUE III.
b 1727.
Geneviève, b... s [9] 6 fevrier 1751.—*Marie-Madeleine*, b [9] 12 avril 1751; s [9] 27 juin 1771.—*Charlotte*, b... m [9] 16 fevrier 1773, à Joseph SIMARD.—*Jean-Baptiste*, b [9] 22 fevrier 1756.—*Joseph-Marie*, b [9] 29 janvier 1758.—*Pierre-François*, b [9] 29 juin 1760.—*Claude*, b [9] 17 et s [9] 28 fevrier 1762.—*Marie-Thérèse*, b [9] 31 mai 1763.—*Marie-Geneviève*, b [9] 25 fevrier 1765.—*Louis*, b [9] 14 oct. 1767.

1750, (13 avril) Pte-aux-Trembles, M.
IV.—PEPIN, TOUSSAINT, [JACQUES III.
b 1722.
BLAIS, Françoise, [GABRIEL II.
b 1724.
Toussaint, b 21 janvier 1759, à la Longue-Pointe [1]; m [1] 28 oct. 1781, à Marie-Joseph LONGPRE.—*Marie*, b [1] 26 fevrier 1761.—*Marie-Desanges*, b... m [1] 15 janvier 1781, à Paschal LONGPRE.—*Antoine*, b [1] 6 juillet 1764.

(1) Dit Lachance.

1750, (24 août) St-Frs-du-Sud.
IV.—PEPIN, JOSEPH, [ANTOINE III.
b 1726.
BOULE, Marie-Louise. [JACQUES III.
Joseph, b 30 juillet 1751, à St-François, I. O [2]; m [2] 20 juillet 1778, à Félicité MARTINEAU.—*Marie-Louise*, b [2] 31 oct. 1752; m 16 août 1780, à Louis GENDREAU, à Quebec.—*Louis*, b [2] 13 oct. 1755.—*Marie-Joseph*, b... m [2] 20 fevrier 1775, à Jean-Baptiste LECLERC.—*Augustin*, b [2] 13 juin 1760.

1750, (13 oct.) St-Pierre-du-Sud.
IV.—PEPIN (1), JEAN-FRANÇOIS, [ANTOINE III.
b 1727.
BLANCHARD, Madeleine. [ALEXANDRE I.
Marie-Madeleine, b 29 janvier 1752, à Lévis. [3] — *Marie-Louise*, b... m 20 janvier 1777, à François RANCOUR, à St-Joseph, Beauce. [4]—*Charlotte*, b [3] 12 juillet et s [4] 1er sept. 1756.—*Marie-Geneviève*, b [3] 8 et s [3] 16 dec. 1757.—*Marie-Angélique*, b [3] 21 janvier 1759. — *Jean-François*, b [3] 26 janvier 1761.—*Marie-Marguerite*, b [3] 25 mars 1763.—*Pierre*, b [3] 10 fevrier 1765.—*Joachim*, b [4] 24 juillet 1768.—*Charles*, b [4] 28 juillet 1770.—*Françoise*, b [4] 2 août 1772.—*René*, b [4] 6 août 1775.—*Anonyme*, b [4] et s [4] 26 oct. 1777.

1750.
III.—PEPIN (1), PIERRE-NOEL, [JOSEPH II.
b 1721.
RONDEAU, Marie-Charlotte.
Marie-Angelique, b 8 mai 1751, à St-Jean, I.O [8] —*Pierre-Noel*, b [8] 27 juillet 1752; s [8] 4 dec. 1755. —*Marie-Charlotte*, b [8] 24 dec. 1754.—*Marie-Joseph*, b [8] 12 fevrier et s [8] 6 sept. 1757.—*Marguerite*, b [8] 12 fevrier 1757; s [8] 23 mars 1759.—*Pierre* et *Joseph*, b 20 mars 1758, à St-Laurent, I. O.—*Marie-Anne*, b [8] 13 et s [8] 18 oct. 1759 —*Barthélemi*, b [8] 14 fevrier 1761.—*Gabriel*, b [8] 11 juin 1763.

1751, (7 février) Boucherville.
IV.—PEPIN, JEAN-BTE, [JEAN-BTE III.
b 1717.
BLIN, Angelique. [LOUIS I.

1751, (8 février) Longue-Pointe. [3]
IV.—PEPIN, JEAN-BTE, [JACQUES III.
b 1719.
1° BAUDREAU, Lucile, [PAUL II.
b 1732.
1760, (7 janvier). [3]
2° LEBEAU, Madeleine, [MARIEN II.
b 1742.

1751, (23 nov.) Kamouraska [1]
IV.—PEPIN (2), PIERRE, [PIERRE III.
b 1725.
1° ROY-DESJARDINS, Marie-Joseph, [J.-BTE III.
b 1728; s [1] 12 dec. 1755.

(1) Dit Lachance.
(2) Il signe Lebert Laforce.

1757, (22 sept.) St-Jean, I. O.
2° GOSSELIN (1), Françoise, [JOSEPH III.
b 1738, veuve de Lambert Cohornou.

1752, (31 juillet) St-Frs-du-Sud.
IV.—PEPIN, LOUIS, [ANTOINE III.
b 1729.
BOULÉ, Marie-Thérèse, [PIERRE III.
b 1732.
Marie-Thérèse, b 7 sept. 1755, à St-François, I. O.[2]; m [2] 4 nov. 1771, à François LANGLOIS. — *Louis-Marie,* b [2] 28 oct. 1759.—*Marie-Madeleine,* b [2] 13 mai 1762. — *Pierre,* b [2] 29 avril 1764; s [2] 11 août 1765.— *Marie-Julie,* b [2] 21 fevrier 1766. — *Pierre,* b [2] 21 juillet 1767. — *Antoine,* b [2] 7 juin 1769.—*Marie-Joseph,* b [2] 16 dec. 1771.

PEPIN, JOSEPH.
PARÉ, Therèse.
Thérèse, b 1769; s 2 juin 1784, à Repentigny.[3] —*Basile,* b... m [3] 5 fevrier 1786, à Marie-Louise JETTÉ.

PEPIN, FRANÇOIS.
CUSTOS, Catherine.
Marie-Catherine, b 1752; m 2 sept. 1782, à Michel BENOIT, à Montreal. — *Marie-Angélique,* b 13 nov. 1753, à St-Frs-du-Lac.

1753, (23 juillet) Charlesbourg.[4]
III.—PEPIN, JACQUES-FRS, [LOUIS II.
b 1728.
RENAULT, Marie-Geneviève, [CHARLES III.
b 1737.
François, b [4] 20 déc. 1754. — *Marie-Geneviève,* b [4] 22 juillet 1756.

1755.
PEPIN, JEAN-LOUIS.
JARET, Marie-Madeleine, [JOSEPH II.
b 1726.
Jean-Louis, b 1er juillet 1756, à Verchères.

1757, (10 janvier) Québec.[8]
IV.—PEPIN (2), RENÉ-HYPOLITE, [PIERRE III.
b 1728; marchand; s [8] 5 fevrier 1802.
CORBIN, Madeleine, [GASPARD-RICHARD III.
b 1738.
Marie-Madeleine, b 1757; s [8] 5 mai 1759.— *Julie,* b [8] 7 mai 1759; s [8] 26 juillet 1761.—*Madeleine,* b 22 sept., à Beauport et s [8] 7 nov. 1760. — *Pierre,* b [8] 8 oct. 1761; s 18 août 1762, à Kamouraska.[9] — *Hypolite,* b [9] 10 nov. 1762; s [9] 6 nov. 1765.—*Marie-Marguerite,* b [8] 21 juin 1764; m [8] 27 nov. 1787, à Pierre BOUCHER. — *Joseph-Alexandre,* b [9] 10 nov. 1765. — *Michel,* b [9] 6 dec. 1766.—*Madeleine,* b... m [8] 4 mars 1789, à Charles LUSIGNAN. — *Pierre* (3), b [8] 4 mars 1776; m 11 juin 1798, à Angelique-Antoinette LIMOGES, à Terrebonne; s [8] 28 mars 1836.

(1) Elle épouse, le 23 oct. 1763, François Laroche, à St-Jean, I. O.

(2) Dit Laforce; Lieut. colonel du 1er bataillon de milice —ancien capitaine de vaisseau—ancien marguillier.

(3) Grand-père de sir Hector Langevin.

1757, (20 juin) St-François, I. O.[6]
IV.—PEPIN, LOUIS, [LOUIS III.
b 1734.
EMOND, Madeleine, [JEAN IV.
b 1741.
Louis, b [6] 9 sept. 1758; s [6] 4 janvier 1774.— *Marie-Madeleine,* b [6] 28 fevrier 1761. — *Marie-Louise,* b [6] 24 janvier 1763. — *Marie-Joseph,* b [6] 23 sept. 1764; s [6] 28 sept. 1765. — *Marie-Joseph,* b [6] 13 oct. 1766. — *Marie,* b [6] 27 mars 1773.— *Marie-Geneviève,* b [6] 7 oct. 1775.

1757, (18 oct.) St-Jean, I. O.[1]
IV.—PEPIN, JOSEPH-MARIE, [JOSEPH-MARIE III.
b 1737.
ALLAIRE, Marie-Joseph. [JOSEPH III.
Joseph-Marie, b 21 juillet 1759, à Lorette.— *Marie-Joseph,* b [1] 12 avril 1762.

1758, (6 fevrier) St-Ours.[5]
I.—PEPIN (1), ANTOINE-PHILIPPE.
EMERY (2), Marie-Agathe. [JEAN III.
Joseph-Marie, b [5] 22 oct. 1758.

1760, (4 nov.) Yamachiche.[4]
V.—PEPIN, LOUIS. [PIERRE IV.
RIVARD, Marie-Anne, [LOUIS-JOSEPH III.
b 1738.
Marie-Anne, b [4] 10 nov. 1761. — *Marie-Joseph,* b [4] 4 juin 1764.—*Marguerite,* b [4] 11 mai 1767.

1761.
IV.—PEPIN, LOUIS-ETIENNE, [LOUIS III.
b 1737.
MACLURE, Jeanne. [JEAN I.
Jeanne, b 10 juin 1762, à Québec.[2] — *Marie-Madeleine,* b [2] 22 fevrier 1764. — *Etienne-Louis,* b 19 oct. 1765, à St-Michel-d'Yamaska[3]; 1° m 1789, à Marie BLANCHET; 2° m 28 juillet 1801, à Catherine GRANDMONT, à St-Charles, Mo.[4] — *Joseph,* b [3] 25 août 1767; m [4] 23 fevrier 1797, à Suzanne HUBERT-LACROIX.—*Antoine,* b [3] 29 avril 1769.

1762, (9 août) Lévis.
IV.—PEPIN (3), JOSEPH, [ANTOINE III.
b 1733.
BÉLAND, Suzanne, [JOSEPH III.
b 1745.

1763, (2 fevrier) Québec.[1]
IV.—PEPIN (3), JEAN-CHARLES, [JOSEPH III.
b 1743.
1° BOISSONNEAU, Catherine, [NICOLAS II
b 1741; veuve de Nicolas Thibault; s [1] 8 janvier 1790.
Charles, b [1] 8 sept. 1763. — *Louis,* b... 1° m [1] 27 juillet 1790, à Angelique FOURNIER; 2° m [1] 1er juillet 1793, à Marie VENNE.
1791, (27 sept.)[1]
2° DEVAU, Marie-Louise,
veuve de Charles Charland.

(1) Dit Refort; soldat de Guyenne.

(2) Voy. Coderre.

(3) Dit Lachance.

1763, (12 fevrier) Verchères.
IV.—PEPIN, Etienne. [Michel III.
Chalut, Marie-Catherine. [Jacques II.

1765, (11 fevrier) Longue-Pointe.[2]
IV.—PEPIN, Pierre-Benjamin, [Jacques III.
b 1744.
Choquet, Marie-Joseph. [Gabriel III.
Pierre-Benjamin, b [2] 19 nov. 1765. — *Marie-Joseph,* b [2] 18 dec. 1766.—*Gabriel,* b [2] 1er fevrier 1768.—*Marie-Charlotte,* b [2] 10 juillet 1769.

1766, (17 nov.) Boucherville.
IV.—PEPIN, Pierre. [Jean-Bte III.
Laporte, Angélique. [Joseph III.

1767, (20 juillet) Ste-Famille, I. O.
IV.—PEPIN, Joseph-Marie, [Jacques III.
b 1745 ; s 30 oct. 1769, à Ste-Anne.[2]
Canac (1), Marie-Louise, [Jean-Bte II.
b 1745.
Joseph-Marie, b [2] 28 et s [2] 30 mars 1768. — *Marie-Thérèse,* b [2] 9 avril 1769.

PEPIN, François.
Trudel, Veronique.
Marie-Véronique, b 3 juillet 1770, à St-François, I. O.

1773, (15 février) Ste-Anne.[2]
IV.—PEPIN, Gervais. [Jacques III
Caron, Geneviève. [Jean IV.
Gervais, b [2] 14 nov. 1773.

PEPIN, Joseph-Marie.
Racine, Geneviève.
Joseph-Marie, b 28 janvier 1776, à St-Joachim.[7] —*Marie-Geneviève,* b [7] 30 dec. 1777.

1778, (2 février) St-Joachim.[1]
IV.—PEPIN, Louis, [Joseph-Marie III.
b 1756.
Poulin, Marie-Joseph, [Louis IV.
b 1760.
Louis, b [1] 19 février 1779, à St-Joachim.

1778, (2 mars) Montreal.
V.—PEPIN, Jacques, [Jacques IV.
b 1745.
Martin, Madeleine, [Joseph.
b 1757.

1778, (20 juillet) St-François, I. O.
V.—PEPIN, Joseph, [Joseph IV.
b 1751.
Martineau, Félicité, [Pierre-Augustin IV.
b 1761.

1779, (15 fevrier) Québec.[1]
V.—PEPIN, François-Marie, [Antoine IV.
b 1754 ; s [1] 19 nov. 1782.
Belleau, Marie-Françoise, [Jean-Marc III.
b 1749.
Marie-Françoise, b 5 janvier 1780, à Ste-Foye.

(1) Elle épouse, le 26 août 1771, Jérôme Pare, à Ste-Anne.

1781, (28 oct.) Longue-Pointe.
V.—PEPIN, Toussaint, [Toussaint IV.
b 1759.
Longpré, Marie-Joseph. [Guillaume III.

1782, (10 juin) Montréal.
IV.—PEPIN, Pierre, [Joseph III.
b 1759.
Vaillancourt, Marie, [André III.
b 1759.

1782, (9 juillet) St-Louis, Mo.
IV.—PEPIN, Pierre, [Pierre III.
b 1753.
Marcheteau, Véronique. [François-Louis II.

1784, (12 janvier) Longue-Pointe.
V.—PEPIN, François. [Joseph IV.
Sabat, Marie-Anne. [Antoine.

1784, (16 nov.) Québec.
PEPIN, Louis-Augustin. [Joseph.
Doucet, Marie. [François II.

PEPIN, François.
1° Massé, Geneviève,
b 1764 ; s 3 avril 1786, au Cap-de-la-Madeleine.[5]
1787, (17 avril).[5]
2° Lefebvre, Madeleine. [Jacques IV.
Marie-Madeleine, b [5] 13 mars 1788. — *Marie-Geneviève,* b [5] 20 et s [5] 26 dec. 1789. — *François,* b [5] 15 fevrier 1791.—*Julie,* b [5] 31 mars 1794.

1786, (5 fevrier) Repentigny.[5]
PEPIN, Basile. [Joseph.
Jette, Marie-Louise, [Joseph IV.
b 1766.
Basile, b [5] 21 dec. 1786 ; s [5] 4 mars 1790.—*Joseph,* b [5] 29 dec. 1787.— *Antoine,* b [5] 6 et s [5] 21 août 1791. — *Anonyme,* b [5] et s [5] 9 août 1791.—*Marie-Angélique,* b [5] 7 et s [5] 18 oct. 1792.—*François,* b [5] 3 fevrier 1794.—*Marie-Angélique,* b [5] 22 fevrier 1795.

1787, (19 fevrier) Québec.
V.—PEPIN (1), Augustin, [Antoine IV.
b 1758.
Brisard, Catherine. [Jacques.

1789, (13 janvier) Quebec.
IV.—PEPIN, Jean-Marie, [Gervais III.
b 1753.
Dupille (2), Geneviève,
veuve de Pierre Richard.

1789.
V.—PEPIN, Etienne-Louis, [Louis-Etienne IV.
b 1765.
1° Blanchet, Marie.
Angélique, b 13 oct. 1790, à St-Louis, Mo.

(1) Dit Lachance.
(2) Elle épouse, le 3 fevrier 1795, François Greffard, à Quebec.

1801, (28 juillet) St-Charles, Mo.
2° GRANDMONT, Catherine. [FRANÇOIS.

1790, (27 juillet) Québec.[2]
V.—PEPIN (1), LOUIS. [JEAN-CHARLES IV.
1° FOURNIER, Angelique,
b 1755; veuve de Louis Héros; s[2] 30 janvier 1791.
1793, (1er juillet).[2]
2° VENNE, Marie. [PHILIPPE.

1797, (23 février) St-Charles, Mo.
V.—PEPIN, JOSEPH, [LOUIS-ETIENNE IV.
b 1767.
HUBERT-LACROIX, Suzanne. [JEAN-BTE.
Eléonore, b... m 2 fevrier 1835, à André PALMIER, à St-Louis, Mo.

1798, (11 juin) Terrebonne.
V.—PEPIN, PIERRE, [RENÉ-HYPOLITE IV.
b 1776; s 28 mars 1836, à Quebec.[5]
LIMOGES, Angelique-Antoinette.
Sophie (2), b... m[5] 15 août 1820, à Jean LANGEVIN.

PEPIN, JEAN-BTE.
GAUVREAU, Marie-Anne.
Hyacinthe, b... m 10 fevrier 1823, à Claire BERZA-LAFLEUR, à St-Jean-Deschaillons.

1823, (10 fevrier) St-Jean-Deschaillons.
PEPIN, HYACINTHE. [JEAN-BTE.
BERZA-LAFLEUR, Claire. [AMABLE.

PEPY.—Voy. PEPIE.

I.—PER, PHILIPPE, b 1668; marchand; s 12 mars 1733, à Québec (dans l'eglise.)

PÉRAS.—Voy. PERRAS.

PÉRAU.—Voy. PERROT.

I.—PÉRAUDEAU (3), MICHEL, s (noyé) 24 août 1735, à Quebec.

I.—PERCEVAUX (4), MATHURIN.

PERCHAND, JEAN.
.... Marie-Françoise.
Marie-Anne, b 2 nov. 1707, à Québec.

I.—PERCHE, FRANÇOIS.
CASTONGUAY, Marie,
b 1703; s 9 fevrier 1780, à Québec.

(1) Dit Lachance.
(2) Mère de Mgr et de sir Hector Langevin.
(3) Marinier sur le vaisseau *La Vierge de Grâce.*
(4) Marchand-armateur; il était, le 21 août 1745, à St-Augustin.

1761, (31 mars) Montréal.
I.—PERCHEL, JEAN, b 1732; fils de Jean et de Marie-Anne Cavelier, de Bonneville, diocese de Rouen, Normandie.
GUENET, Marie-Louise, [JACQUES-FRS III.
b 1734.

1760, (18 oct.) Deschambault.
I.—PERDIGAU (1), ETIENNE, fils d'Etienne et d'Anne Resplan, de Perpignan, Roussillon.
MORIN (2), Marie-Joseph, [PIERRE-JEAN III.
b 1731.

1727, (27 nov.) Québec.
I.—PERDRIEL, JULIEN, fils de Mathurin et de Mathurine Delaunay, de DuLauroux-de-Fougères, diocèse de Rennes, Bretagne.
LAFOREST (3), Catherine, [PIERRE II.
b 1690; veuve de Guillaume LePrince.

I.—PERÉ (4), JEAN.

PEREAU.—*Variation et surnoms :* PERRAULT—JOYELLE—ROCHEFORT.

1726, (7 janvier) St-Frs-du-Lac.[1]
I.—PEREAU (5), JULIEN, b 1681; fils de Jean (marchand drapier) et de Vincente Coligny, de St-Michel de la Roche-Bernard, diocese de Nantes, Haute-Bretagne; s[1] 3 avril 1756.
MAUGRAS, Marie-Madeleine, [JACQUES I.
b 1685; s[1] 12 dec. 1740.

PERET.—*Surnom :* LAPENSÉE.

1759, (26 fevrier) Montréal.
I.—PERET (6), PIERRE, b 1731, soldat; fils de Pierre et de Marguerite Gautier, de St-Antonin, diocèse de Rhodes, Guienne.
GLORIA, Marie-Louise, [ANTOINE II.
b 1732.

PÉRIER.—*Variation et surnoms :* PERRIER—BOURGUIGNON—LAFLEUR—OLIVIER—ST. JEAN.

I.—PÉRIER (7), JEAN.
GAILLARD (8), Marie.
Jacques, b 10 dec. 1672, à Québec; m 1712, à Marguerite PARÉ; s 21 dec. 1737, à Montreal—*Jean,* b 25 fevrier 1674, à Beauport; m 30 nov. 1711, à Marguerite PARÉ, à Lachine.

(1) Dit Larigueur; soldat du Royal-Roussillon.
(2) Elle épouse, le 3 juin 1771, Charles Gendreau, à Montreal.
(3) Dit Labranche.
(4) Il avait obtenu un terrain, dans Trois-Rivières, de Bertaut, qui, lui, en avait eu la possession de *Pachirini.*—(*Foi et Hommage,* vol. I, 1re partie, p. 140, 1668, archives).
(5) Et Perrault dit Rochefort.
(6) Dit Lapensée.
(7) Voy. vol. I, p. 474.
(8) Elle épouse, le 22 sept. 1682, Jean Sabourin, à Beauport.

1691.

I.—PÉRIER (1), LAURENT,
b 1670; s 17 juin 1740, à Lapraire.[1]
1° BESSET, Madeleine, [JEAN I.
b 1668.
Jean, b [1] 27 avril 1692; m 14 nov. 1718, à Catherine JOUSSET, à Montréal [2]; s 3 août 1752, à St-Constant.—*Angélique*, b [1] 24 mai 1698; s [2] 15 juillet 1713.—*Marguerite*, b 20 mai 1708, à Chambly[3]; 1° m [2] 23 juin 1729, à Pierre MOUILLERON; 2° m [2] 21 oct. 1744, à Jacques CONTANT; 3° m [2] 31 août 1761, à Marin DONNERY; s 25 oct. 1763, au Detroit. — *Marie-Thérèse*, b [3] 29 fevrier 1710.
1714, (22 juillet). [1]
2° DUMAS, Jeanne, [RENÉ I.
b 1679; veuve de François Dumont.
Barbe, b [1] 8 mai 1715; m [1] 16 juillet 1736, à Charles-Isidore GENDRON. — *Marie-Madeleine*, b [1] 2 juin 1717; 1° m [1] 11 janvier 1740, à Michel BISAILLON; 2° m 17 août 1750, à Joseph-Amable PAGÉSI, à Châteauguay.[4] — *Laurent*, b [1] 27 nov. 1719. — *René*, b [1] 3 juillet 1722. — *Jeanne*, b [1] 5 août 1724; m [4] 23 avril 1743, à Joseph GENDRON.

1711, (30 nov.) Lachine.

II.—PÉRIER, JEAN, [JEAN I.
b 1674.
PARÉ, Marguerite. [JEAN I.

PÉRIER (2), NICOLAS.
SABOURIN, Marie-Jeanne.
Pierre, b 7 nov. 1714, à Lorette.[1] — *François*, b [1] 1er janvier 1717.

1712.

II.—PÉRIER (3), JACQUES, [JEAN I.
b 1672; s 21 déc. 1737, à Montréal.[1]
PARÉ, Marguerite, [JEAN II.
b 1683; veuve d'Ange Dodier.
Jean-Baptiste, b 17 oct. 1713, à la Pointe-Claire [2]; s [2] 20 mars 1714. — *Jacques*, b [2] 5 mai 1715; m [2] 27 fevrier 1740, à Geneviève ROY.—*Marie-Marthe*, b... 1° m [2] 13 fevrier 1736, à Pierre MERAN; 2° m [2] 3 fevrier 1744, à Pierre DUMANT. — *Marie-Catherine*, b 14 janvier 1717, au Bout-de-l'Ile, M. — *Marie-Louise*, b [2] 16 avril et s [2] 8 sept. 1718.—*Marie-Joseph*, b [2] 10 et s [2] 18 juillet 1719.—*Jean-Baptiste*, b [2] 14 août 1720, m [2] 7 janvier 1743, à Marie-Charlotte PILON. — *Louise*, b 1725; m [1] 22 janvier 1748, à François QUÉVILLON.

1718, (14 nov.) Montréal.

II.—PÉRIER (4), JEAN, [LAURENT I.
b 1692; s 3 août 1752, à St-Constant.[1]
GOUSSET (5), Catherine, [PIERRE I.
b 1696; s 18 janvier 1760, à St-Philippe.[2]
Marie-Catherine, b 14 nov. 1719, à Laprairie[3]; 1° m [3] 6 fevrier 1741, à François DUMONT; 2° m [1] 24 avril 1752, à Louis JARED. — *Pierre*, b [3] 21 sept. 1721; m [3] 6 fevrier 1747, à Marie-Joseph LEMIEUX; s [2] 21 avril 1768. — *Marie-Anne*, b [3] 16 juin 1723; m [3] 10 fevrier 1749, à Toussaint MARTIN.—*Marie-Anne*, b [3] 22 sept. 1726. — *René*, b [3] 23 mars 1729; 1° m [1] 29 avril 1754, à Angélique GIROUX; 2° m [3] 14 fevrier 1757, à Marguerite DENEAU. — *Jean*, b [3] 19 et s [3] 23 avril 1731.—*Agnès*, b [3] 11 mai 1734. — *Jean-Baptiste*, b [3] 29 avril 1736; m [2] 12 février 1770, à Marie-Catherine POISSANT.

(1) Dit Olivier; voy. vol. I, p. 474.
(2) Dit Bourguignon.
(3) Dit Lafleur.
(4) Dit Olivier.
(5) Aussi appelée Monet.

1740, (22 fevrier) Pointe-Claire.

III.—PÉRIER, JACQUES, [JACQUES II.
b 1715.
ROY, Geneviève, [ANDRÉ II.
b 1721.

1743, (7 janvier) Pointe-Claire.[9]

III.—PÉRIER, JEAN-BTE, [JACQUES II.
b 1720.
PILON, Marie-Charlotte, [THOMAS II.
b 1727.
Jean-Baptiste, b... m [9] 19 oct. 1767, à Marie-Louise TROTIER.

PÉRIER, JEAN-BTE.
MILOT, Etiennette. [JACQUES.
Jacques, b 29 nov. 1745, au Bout-de-l'Ile, M.

1747, (6 fevrier) Laprairie.

III.—PÉRIER (1), PIERRE, [JEAN II.
b 1721; s 21 avril 1768, à St-Philippe.[3]
LEMIEUX, Marie-Joseph, [JOSEPH III.
b 1726; s [3] 22 sept. 1770.
Marie-Joseph, b 1750; s 5 mai 1753, à St-Constant.[4] — *Marie-Joseph*, b [3] 12 août 1758.—*Jean-François-Régis*, b [3] 16 août 1759. — *Marie*, b [4] et s [4] 26 dec. 1760.—*Marie-Joseph*, b [3] 4 avril 1763.

PÉRIER, FRANÇOIS.
PILON, Madeleine-Amable.
Madeleine, b et s 16 janvier 1750, à Ste-Geneviève, M.

1754, (29 avril) St-Constant.[1]

III.—PÉRIER (1), RENÉ, [JEAN II.
b 1729.
1° GIROUX, Angélique, [JEAN-BTE III.
b 1735.
1757, (14 fevrier).[1]
2° DENEAU, Marie-Marguerite, [FRANÇOIS II.
b 1733.
Marie-Marguerite, b 2 juin 1758, à St-Philippe.[2] —*Marie-Joseph* b [2] 21 août et s [2] 6 oct. 1759.—*René*, b [2] 17 juillet et s [2] 12 août 1762. — *Marie-Joseph*, b [2] 11 juillet 1763.

1756, (12 juillet) Montréal.

I.—PÉRIER (2), JEAN-MICHEL,
b 1721.
DEMERS, Elisabeth, [FRANÇOIS III.
b 1735.

(1) Dit Olivier.
(2) Dit St. Jean.

1767, (19 oct.) Pointe-Claire.
IV.—PÉRIER, JEAN-BTE. [JEAN-BTE III.
TROTIER, Marie-Louise. [FRANÇOIS.

1770, (12 février) St-Philippe.
III.—PÉRIER, JEAN-BTE, [JEAN II.
b 1736.
POISSANT, Marie-Catherine. [PIERRE II.

PÉRIGNY. — Voy. DAILLEBOUT — PAPILLOUX — PAPLAU.

PÉRIGORD.— Voy. CHEVALIER — DESMONTS — DUFION—MARQUET.

I.—PÉRIGORD (1), FRANÇOIS. Tome 2 p 56
QUAY, Louise, [LOUIS I.
b 1698.
Marie-Louise, b... m 3 juillet 1747, à Joseph LECOMPTE-LAFLEUR, à la Pointe-Claire.

I.—PÉRIGORD (2), PIERRE, b 1674; s 11 mars 1719, à Montreal.

PÉRILLARD.—*Variation et surnom :* PAILLART —BOURGUIGNON.

1695, (10 janvier) Montréal. [1]
I.—PÉRILLARD (3), NICOLAS,
b 1652; forgeron; s [1] 11 nov. 1726.
SABOURIN, Jeanne, [JEAN I.
b 1676; s [1] 20 mai 1750.
Marie-Madeleine, b [1] 27 oct. 1695; s 27 mars 1703, à St-Laurent, I. O. [2] — *Charles,* b 19 août 1697, à Sorel; m [1] 16 fevrier 1722, à Louise PAQUET.—*Jean-Baptiste,* b 1700; m 20 août 1725, à Marie PAPINEAU, à St-Laurent, M. [3]—*Jeanne,* b [2] 28 janvier 1702; 1° m [1] 4 nov. 1720, à Pierre SILVAIN; 2° m 29 oct. 1738, à Gabriel BAILLARGEON, à Quebec.—*Augustin,* b 1703; s [1] 14 août 1715.—*Madeleine,* b [2] 24 fevrier 1704; 1° m [1] 12 juin 1724, à Jean BESNARD; 2° m [1] 14 août 1741, à Jean-Baptiste AYMOND.—*Nicolas,* b 25 mars 1706, à L'Ange-Gardien; m [3] 16 oct. 1730, à Catherine PAPINEAU.—*Jeanne-Angélique,* b 5 mars 1708, à Lorette [4]; 1° m [1] 26 fevrier 1724, à Jean TESSIER; 2° m [1] 5 sept. 1740, à René JEANNOT-ST. MARTIN.—*Pierre,* b [4] 20 et s [4] 26 janvier 1710. —*Marie-Félicité,* b [4] 2 avril 1711; 1° m [1] 29 avril 1737, à Arthur-Laurent GUIGNARD; 2° m [1] 17 août 1750, à Jean-Baptiste KERDORÈS.—*Michel,* b [4] 19 juillet et s [4] 18 sept. 1713.—*Anne,* b 1714; 1° m à Jean-Baptiste PIERRE-LARAMÉE; 2° m [1] 20 août 1764, à Jean-Baptiste TRÉPANIER.—*Pierre,* b 1717; 1° m [1] 16 avril 1742, à Marie-Anne GIBAULT; 2° m [1] 14 mai 1764, à Marie-Cecile LEMIEUX.—*Marie-Joseph,* b [1] 2 nov. 1718; m [1] 30 mai 1740, à Jacques DUMAIS.—*Joseph,* b [1] 22 déc. 1720; m 1753, à Marie-Joseph BRUNET.

(1) Et Chevalier.
(2) Soldat de la compagnie de M. Ste. Marie.
(3) Dit Bourguignon; voy. vol. I, p. 474.

1722, (16 février) Montréal. [5]
II.—PÉRILLARD (1), CHARLES, [NICOLAS I.
b 1697.
PAQUET (2), Louise, [FRANÇOIS II
b 1705.
Marie-Louise, b [5] 11 avril 1723; s [5] 22 juillet 1728.—*Marie-Françoise,* b [5] 21 avril 1727; m 18 avril 1746, à André-Lambert FRANCHE, à St-Laurent, M. [6]—*Charles,* b [5] 11 fevrier 1729; s [5] 2 fevrier 1750.—*Marie-Madeleine,* b [5] 6 sept. 1730; m [6] 1er fevrier 1751, à Jean-Baptiste RENAULT.—*Joseph-Louis,* b [5] 2 janvier 1733; m [6] 16 nov. 1761, à Marguerite LECOURS.—*François,* b [5] 3 déc. 1734, m 1751, à Marie-Joseph PARANT.—*Marie-Louise,* b 1738; s [6] 5 nov. 1755.—*Marie-Anne-Félicité,* b 1742; m [5] 13 janvier 1761, à Jean-Baptiste MARZIER.—*Jean-Baptiste,* b 1744; s [6] 21 août 1756.—*Martial,* b [5] 29 sept. 1747.—*Michel,* b [6] 28 sept 1750.

1725, (20 août) St-Laurent, M. [7]
II.—PÉRILLARD (1), JEAN-BTE, [NICOLAS I.
b 1700.
PAPINEAU, Marie-Marguerite, [SAMUEL I.
b 1705.
Marie-Catherine, b 5 juin 1726, à Montreal [8], 1° m [8] 9 nov. 1744, à Alexis GREFFARD; 2° m [8] 15 fevrier 1757, à Edouard HOSQUENTS; 3° m [8] 3 oct. 1763, à Pierre DUFRESNAY.—*Marie-Louise,* b 1727; m [8] 26 janvier 1750, à Antoine BECHET.—*Simon,* b 1731, m [7] 26 sept. 1751, à Marie-Anne SERRÉ.—*Jacques,* b [8] 27 mars 1737.—*Nicolas,* b 1er fevrier 1740, à St-François, I. J.—*Marie-Véronique,* b 26 sept. 1744, au Sault-au-Recollet. [9] — *Marie-Louise,* b [9] 6 nov. 1746.—*Thérèse,* b [9] 12 et s [9] 16 juillet 1748.

1730, (16 oct.) St-Laurent, M.
II.—PÉRILLARD, NICOLAS, [NICOLAS I
b 1706.
PAPINEAU, Catherine, [SAMUEL I.
b 1706.
Marie-Catherine, b 6 nov. 1732, à Terrebonne [1]; m 5 nov. 1753, à Jean-Fiacre PARIOT, à Montréal. [2] — *Marie-Anne,* b 1733; m [2] 21 août 1752, à Philippe MALGUERET.—*Jacques-Charles,* b [1] 17 avril 1734. — *Marie-Joseph,* b 16 janvier 1736, à Lachenaye; m [2] 26 janvier 1756, à Louis DESCARRIS. — *Pierre,* b 25 juillet 1737, à St-François, I. J. [3]; m 7 janvier 1761, à Catherine LALANDE, à Ste-Rose. — *Jean-Marie,* b [3] 7 nov. 1738 — *Marie-Charlotte,* b [2] 4 mars 1739; 1° m [2] 10 janvier 1757, à Louis GÉLIN; 2° m [2] 7 janvier 1761, à Jacques PONT. — *Antoine-Louis,* b [2] 14 août 1740.—*Paul,* b [2] 16 sept. 1742; s [2] 28 juillet 1743. —*Jean-François,* b [2] 3 avril et s [2] 17 juin 1743 —*Marie-Charlotte,* b [2] 3 avril 1744.—*Etienne,* b [2] 4 mai 1746; s [2] 26 avril 1747.— *Marie-Anne-Félicité,* b [2] 27 août 1748; s [2] 19 juillet 1749.

(1) Dit Bourguignon.
(2) Dit Lavallée.

1742, (16 avril) Montréal. 6
II.—PÉRILLARD, Pierre, [Nicolas I.
b 1717.
1° Gibault, Marie-Anne, [Jean II.
veuve de Rene Besnard.
1764, (14 mai). 6
2° Lemieux, Marie-Cécile, [Chs-François III.
b 1735; veuve de Pierre Drouin.

1751.
III.—PÉRILLARD (1), François, [Charles II.
b 1734.
Parant, Marie-Joseph.
François, b 6 juillet 1752, à Soulanges 4; s 4 18 nov. 1753.—*Marie-Angélique*, b 4 19 juin 1754; s 4 24 oct. 1760. — *Barbe-Clémence*, b 4 2 déc. 1756; s 4 9 nov. 1760. — *Agathe-Françoise*, b 4 16 sept. 1758.—*Rosalie*, b 4 mars 1767, au Bout-de-l'Ile, M.

1751, (26 sept.) St-Laurent, M. 1
III.—PÉRILLARD, Simon, [Jean-Btl II.
b 1731.
Serré, Marie-Anne,
veuve de Paul Lachasse.
André, b 1 30 août 1752. — *Pierre-Simon*, b et s 8 fevrier 1754, à Lavaltrie.

1753.
II.—PÉRILLARD (1), Joseph, [Nicolas I.
b 1720.
Brunet-Létang, Marie-Joseph.
Joseph, b 4 oct. 1754, à St-Laurent, M. 5; s 5 1er nov. 1755.—*Joseph-Marie*, b 5 23 déc. 1756.

PÉRILLARD, Joseph, b 1709; s 17 janvier 1774, au Detroit.

1761, (7 janvier) Ste-Rose. 7
III.—PÉRILLARD, Pierre, [Nicolas II.
b 1737.
Lalande, Catherine, [Antoine II.
b 1743.
Pierre, b 7 10 mars 1762.

1761, (16 nov.) St-Laurent, M.
III.—PÉRILLARD, Jos.-Louis, [Charles II.
b 1733.
Lecours, Marguerite, [Denis II.
b 1723.

PÉRIN.—Voy. Perrin.

PÉRINAU. — *Variations et surnoms :* Périnault—Périnaut—Périneau—Périneaud—Perrinot—Lamarche—Sanspitié.

I.—PÉRINAU (2), Pierre, b 1646; s 19 nov. 1721, à Montreal.

(1) Dit Bourguignon.
(2) Dit Sanspitie.

1686, (25 février) Pte-aux-Trembles, M. 8
I.—PÉRINAU (1), Jacques,
b 1660; maçon; s 31 oct. 1726, à Montreal. 9
1° Lert, Marie, [Etienne I.
s 8 2 nov. 1687.
Nicolas, b 8 20 avril 1687; 1° m 9 25 oct. 1723, à Marie Quesdra; 2° m 9 22 nov. 1725, à Madeleine Lalongé; s 28 mai 1770, à l'Hôpital-General, M.
1688, (4 oct.) Boucherville. 7
2° Viger, Noelle, [Désiré I.
b 1670; veuve de Joseph Leduc.
Toussaint, b 7 4 nov. 1689; m 9 3 oct. 1718, à Marie-Joseph Cusson. — *Catherine-Louise*, b 9 7 janvier 1693; m 9 19 fevrier 1716, à Jean-Baptiste Desmarets; s 9 17 déc. 1721.—*Marie*, b 9 19 sept. 1694; m 9 18 sept. 1724, à Antoine Vermet.—*Jacques*, b 9 18 oct. 1696; m 9 3 nov. 1723, à Angelique Sureau; s 9 3 oct. 1727. — *Catherine-Angélique*, b 9 26 avril 1699; m 9 25 avril 1717, à Louis Malet. — *Jean-Baptiste*, b 9 15 juin 1701; s 9 15 janvier 1722. — *Louise*, b 9 31 août 1705; m 9 12 mai 1727, à Pierre Bardet.—*Marie-Joseph*, b 9 5 et s 9 12 février 1708.

1718, (3 oct.) Montréal. 9
II.—PÉRINAU, Toussaint, [Jacques I.
b 1689.
Cusson, Marie-Joseph, [Jean II.
b 1697.
François, b 9 11 oct. 1721; 1° m 9 1er mars 1745, à François Perrot, 2° m 1747, à Marie-Joseph Malet. — *Toussaint*, b 9 14 oct. 1723.—*René*, b 9 13 et s 9 15 avril 1725.—*Jacques*, b 9 18 juin 1726 — *Jean-Baptiste*, b 9 24 nov. 1727; m 1757, à Angelique Harel. — *Marie-Joseph*, b 9 6 nov. 1729; s 9 22 mars 1730. — *Joseph*, b 1732; 1° m 9 14 nov. 1757, à Marie-Elisabeth Harel; 2° m 9 8 janvier 1766, à Elisabeth Guyon-Després.—*Jacques*, b 9 22 février et s 9 18 mars 1734. —*Louis*, b 9 28 juin 1735. — *Marie-Joseph*, b 9 5 nov. 1736; m 9 14 sept. 1761, à Louis-Joseph Pampalon. — *Alexis*, b 9 9 et s 9 28 juin 1738.—*Marie-Catherine*, b 9 25 oct. 1739; s 9 4 février 1749. — *Denis*, b 9 11 janvier 1742; m 9 22 avril 1765, à Marguerite Parmier.

1723, (22 oct.) Montréal. 8
II.—PÉRINAU (2), Nicolas, [Jacques I.
b 1687; s 28 mai 1770, à l'Hôpital-General, M.
1° Quesdra (3), Marie, [François I.
b 1700; s 8 14 février 1725.
Marie-Françoise, b 8 24 février 1724.
1725, (22 nov.) 8
2° Lalongé (4), Madeleine, [Pierre I.
b 1701.
Nicolas, b 1726; s 8 20 oct. 1728 — *Marie-Joseph*, b 8 6 dec. 1728; m 8 9 nov. 1761, à François Gautier. — *Elisabeth*, b 1731; m 8 28 mai 1759, à Benoit Zillon. — *Charles-Amable*, b 8 9 février 1733. — *Marie-Angélique*, b 8 21 juillet

(1) Dit Lamarche; voy. vol. I, p. 474.
(2) Dit Lamarche.
(3) Et Guéry—Quéri—Frappe-d'abord.
(4) Et Lalonde, 1759.

1743; m [8] 3 février 1764, à Jean-Baptiste VALLÉE. —*Marie-Madeleine*, b [8] 22 sept. 1745.—*Charlotte*, b 1746; 1° m à Pierre VALET-PASSEPARTOUT; 2° m [8] 30 sept. 1776, à Claude RICHARD.

1723, (3 nov.) Montréal. [1]

II.—PÉRINAU (1), JACQUES, [JACQUES I.
b 1696; s [1] 3 oct. 1727.
SUREAU (2), Angelique, [HILAIRE I.
b 1705.
Jacques, b [1] 17 sept. 1724; m [1] 10 janvier 1752, à Marie-Joseph MASSY.—*Angélique*, b [1] 5 et s [1] 9 août 1726.—*Jean-Baptiste*, b [1] 7 août 1727.

1745, (1er mars) Montréal. [2]

III.—PÉRINAU (1), FRANÇOIS, [TOUSSAINT II.
b 1721.
1° PERROT, Françoise, [FRANÇOIS I.
b 1726; s [2] 17 mars 1747.
Marie-Françoise, b [2] 26 janvier 1746; m [2] 9 mai 1773, à Louis CASTAGNIER.—*Toussaint*, b [2] 12 mars 1747.

1747.

2° MALET, Marie-Joseph, [JEAN-BTE III.
b 1721.
François, b [2] 12 oct. et s [2] 8 nov. 1748.—*Marie-Joseph*, b 1759; m [2] 27 janvier 1777, à Jacques VARIN.

1752, (10 janvier) Montréal.

III.—PÉRINAU, JACQUES, [JACQUES II.
b 1724.
MASSY, Marie-Joseph, [JOSEPH II.
b 1733.

1757, (14 nov.) Montréal. [4]

III.—PÉRINAU (3), JOSEPH, [TOUSSAINT II.
b 1732; marchand.
1° HAREL, Marie-Elisabeth, [PASCHAL-JOS. III.
b 1736.

1766 (8 janvier). [4]

2° GUYON-DESPRÉS, Elisabeth, [JACQ.-JOS. IV.
b 1740; s [4] 31 janvier 1782.

1757.

III.—PÉRINAU, JEAN-BTE, [TOUSSAINT II.
b 1727.
HAREL (4), Angélique. [JACQUES III.
Madeleine, b 1757; m 2 mars 1778, à François PILON, à Montréal.

1765, (22 avril) Montréal.

III.—PÉRINAU, DENIS, [TOUSSAINT II.
b 1742.
PARMIER (5), Marguerite, [MICHEL I.
b 1744.

PÉRINAULT.—Voy. PÉRINAU.

(1) Dit Lamarche.

(2) Elle épouse, le 5 mars 1729, Joseph Bélanger, à Montréal.

(3) Seigneur de l'Ile-Bizard; il signe Périnault.

(4) Elle épouse, le 10 janvier 1763, Jean-Baptiste Tessereau, à Montréal.

(5) Elle épouse, le 10 fevrier 1777, Henri Edge, à Montréal.

PÉRINAUT.—Voy. PÉRINAU.

PÉRINEAU.—Voy. PÉRINAU.

PÉRINEAUD.—Voy. PÉRINAU.

1710, (29 oct.) Montréal.

I.—PERKINS, GUILLAUME, b 1665; fils de Guillaume et de Marie Low, du comte de Lincorn.
JEFFREY, Jeanne, b 1665; veuve de Thomas Hust, de Deerfield, Nouvelle-Angleterre.

PERNAY.—Voy. PERNIN.

PERNEL.—*Surnom :* BELLEROSE.

I.—PERNEL (1), ADRIEN,
b 1738; du diocèse de Soissons.

PERNIN.—*Variation :* PERNAY.

1747, (13 fevrier) Trois-Rivières. [7]

I.—PERNIN, JEAN, fils de Henri et d'Antoinette Labranche, de Guillon, diocèse de Bourges, en Berry.
DENEVERS (2), Marie-Joseph, [FRANÇOIS III.
b 1732.
Marie-Joseph, b [7] 9 fevrier 1749; m 2 mars 1772, à Etienne FAUCHER, à la Baie-du-Febvre.

PÉRODEAU.—*Surnom :* LAFLEUR.

1731, (22 janvier) Bout-de-l'Ile, M. [6]

I.—PÉRODEAU (3), JEAN-BTE, fils de Jean-Baptiste et d'Antoinette Besis, de Monchaud, diocèse de Xaintes, Saintonge.
GALLIEN (4), Marie-Angelique, [PIERRE II.
b 1713.
Jean-Baptiste, b [6] 21 fevrier 1732; s [6] 11 janvier 1733.—*Joseph*, b [6] 15 juillet 1734; m 4 oct. 1756, à Marie-Angelique LAFLÈCHE, à Lachine—*Marguerite*, b... m 9 fevrier 1756, à François MOLAIRE, à Soulanges. [7] — *Jean-Baptiste*, b [6] 21 sept. 1740. — *François-Amable*, b 18 et s 22 août 1742, à Ste-Geneviève, M. — *Jean-Gabriel*, b [6] 6 mai 1750.—*Pierre*, b [7] 11 juillet 1754.

1756, (4 oct.) Lachine.

II.—PÉRODEAU (3), JOSEPH, [JEAN-BTE I.
b 1734.
LAFLÈCHE, Marie-Angélique. [PIERRE.

PÉRON.—Voy. PERRON.

1749, (16 mai) Québec.

I.—PÉRONELLE, ANTOINE, fils de Pierre et de Marguerite Bienne, de St-Pierre, diocèse de Bordeaux.
DUBURON, Marguerite. [MATHURIN I.

(1) Dit Bellerose; soldat du Languedoc, compagnie de Hastrel. (Registre des Procès-verbaux, 1761, évêché)

(2) Elle épouse, le 22 mai 1751, François Lemire, aux Trois-Rivières.

(3) Dit Lafleur.

(4) Et Sémar.

PÉRONNE.—Voy. PHILIPPE.

PÉROT.—Voy. PERROT.

PEROUSSI.—*Surnom :* BAGUETTE.

PEROUSSI (1), PIERRE, b 1675; s 27 janvier 1725, à Montreal.

PERPIGNAN.—Voy. POUJOL.

PERRAIN.—Voy. PERRIN.

PERRAS.—*Variation et surnom :* PÉRAS — LAFONTAINE.

1660, (26 janvier) Montréal.[5]

I.—PERRAS (2), PIERRE,
b 1636; tonnelier; s 30 avril 1684, à Laprairie.[6]
LEMAISTRE (3), Denise,
b 1636.
Jean, b [5] 26 août 1668; 1° m [6] 7 juin 1698, à Marguerite TESTU; 2° m [6] 25 oct. 1701, à Madeleine ROY; s [6] 13 oct. 1736.

1696, (18 nov.) Laprairie.[1]

II.—PERRAS, PIERRE, [PIERRE I.
b 1674; s [1] 1er août 1699.
DIEL, Marguerite, [CHARLES I.
b 1678.
Pierre, b [1] 19 mars 1698; m 1er déc. 1724, à Marie CRÉPIN, à Montreal[2]; s [2] 23 nov. 1750.

1698, (7 juin) Laprairie.[6]

II.—PERRAS (4), JEAN, [PIERRE I.
b 1668; s [6] 13 oct. 1736.
1° TESTU (5), Marguerite, [JACQUES I.
b 1679; s 7 juin 1699, à Montréal.[6]
1701, (25 oct.)[5]
2° ROY, Madeleine, [PIERRE I.
b 1684; s [6] 23 février 1726.
Pierre, b [5] 3 mai 1703.— *Marie-Anne,* b [5] 11 juillet 1704; m [5] 6 nov. 1724, à Louis HERVÉ.—*Marie-Madeleine,* b [5] 6 fevrier 1707; m [5] 6 nov. 1724, à Dominique BOURDEAU.—*Jean,* b [5] 1er sept. 1709; 1° m [5] 12 janvier 1733, à Marie-Anne DENEAU; 2° m 1744, à Marie GUÉRINEAU.—*Clément,* b [5] 30 août 1711; m [5] 3 nov. 1733, à Elisabeth SUPERNANT.—*Joseph,* b 1713; m 7 février 1752, à Suzanne DAUNAY, a Longueuil[7]; s [7] 24 mai 1753. —*André,* b [5] 22 juin 1716; m [5] 21 nov. 1740, à Catherine LEBER.— *Marie-Joseph,* b [5] 18 mai 1719; m [5] 24 nov. 1738, à Pierre BARITEAU.—*Anne,* b [5] 20 mars 1722. — *Marie-Marguerite,* b [5] 27 juin 1724; m [5] 14 février 1746, à François CARDINAL.

1724, (1er déc.) Montréal.[1]

III.—PERRAS, PIERRE, [PIERRE II.
b 1698; s [1] 23 nov. 1750.
CRÉPIN, Marie, [CLAUDE I.
b 1698.
Jacques, b [1] 5 déc. 1725; m [1] 9 nov. 1750, à Thérèse GUY.—*Catherine,* b [1] 6 janvier 1727; m [1] 30 avril 1753, à Nicolas MARCHESSEAU. — *Marie-Amable,* b 1732; m [1] 19 sept. 1757, à Basile GAGNÉ.

1733, (12 janvier) Laprairie.[7]

III.—PERRAS, JEAN, [JEAN II.
b 1709.
1° DENEAU, Marie-Anne, [CHARLES-MARIN I.
b 1709.
Marie-Joseph, b [7] 22 février 1734; m [7] 12 mai 1755, à Joseph BABIN. — *Marie-Anne,* b [7] 17 août 1739.—*Jean,* b [7] 16 janvier 1741.—*Marie-Amable,* b [7] 9 mars 1743.
1744.
2° GUÉRINEAU, Marie,
b 1712.
Elisabeth, b 24 déc. 1745, à Montréal.

1733, (3 nov.) Laprairie.[5]

III.—PERRAS, CLÉMENT, [JEAN II.
b 1711.
SUPERNANT, Elisabeth, [LAURENT II.
b 1715.
Laurent, b [5] 15 et s [5] 23 sept. 1734.— *Antoine-Alexis,* b [5] 6 juillet 1736. — *Marguerite,* b [5] 15 avril 1739; m [5] 7 janvier 1761, à Pierre BOURASSA.—*Antoine,* b... m [5] 7 janvier 1761, à Marguerite BOURASSA.—*Flavienne,* b [5] 21 mars 1742; m [5] 1er fevrier 1762, à Joseph BOUTEILLER.—*Jean-Baptiste,* b [5] 16 sept. 1744. — *Marie-Louise,* b 1755; m 24 mai 1773, à Jean-Louis HEURTEBISE, à Montréal.

1740, (21 nov.) Laprairie.[8]

III.—PERRAS, ANDRÉ, [JEAN II.
b 1716.
LEBER, Catherine, [FRANÇOIS II.
b 1717.
Marie-Catherine, b [8] 7 et s [8] 27 juin 1741.—*André,* b [8] 16 déc. 1742. — *Marie-Anne,* b [8] 15 avril 1744. — *Etienne,* b... m 12 fevrier 1770, à Marie-Joseph GERVAIS, à St-Constant.[9]—*Jacques-Jean-Baptiste,* b [9] 21 oct. 1754. — *Amable,* b [9] 19 oct. 1757.

1750, (9 nov.) Montréal.

IV.—PERRAS, JACQUES, [PIERRE III.
b 1725.
GUY, Therèse, [PIERRE-THÉODORE I.
b 1733.
Marie-Joseph, b... m 7 sept. 1779, à Pierre PERRAULT, à Québec.—*Marie-Catherine,* b et s 9 juillet 1756, à Ste-Geneviève, M.

---

(1) Dit Baguette.
(2) Dit Lafontaine; voy. vol I, p. 473.
(3) Elle épouse, le 9 oct. 1684, François Cahel, à Laprairie.
(4) Dit Lafontaine; voy. vol. I, pp. 473-474.
(5) Dit Larivière.

PERRAS (1), JACQUES,
b 1726; marchand; s 6 février 1786, à Quebec.[1]
AUGER, Marie-Elisabeth.
Isidore-Xavier, b [1] 21 et s [1] 24 janvier 1781.

1752, (7 février) Longueuil.[2]

III.—PERRAS (2), JOSEPH, [JEAN II.
b 1713; s [2] 24 mai 1753.
DAUNAY (3), Suzanne, [PIERRE-ANTOINE II.
b 1712; veuve de Nicolas Varin.
Françoise-Amable, b [2] 16 juin 1752. — *Joseph* (posthume), b [2] 29 sept. 1753.

1761, (7 janvier) Laprairie.

IV.—PERRAS, ANTOINE. [CLÉMENT III
BOURASSA, Marguerite, [ANTOINE II
b 1738.

1770, (12 fevrier) St-Constant.

IV.—PERRAS, ETIENNE. [ANDRÉ III.
GERVAIS, Marie-Joseph, [JEAN-BTE III.
b 1752.

PERRAULT.—Voy. PERROT.

PERRAUT.—Voy. PERROT.

PERREAU.—Voy. PERROT.

PERRIER.—Voy. PÉRIER.

PERRIN.—*Variations et surnoms :* PÉRIN — PERRAIN—DESLAURIERS — DUPLESSY —GARAU —GAVAHAU.

I.—PERRIN, RENÉ, b 1632; s 27 avril 1712, à Montréal.

I.—PERRIN (4), ALAIN, b 1662; de Pontier, diocèse des Cornouailles; s 26 avril 1750, à l'Hôpital-Géneral, M.

1661, (18 juillet) Montreal.[2]

I.—PERRIN (5), HENRI,
b 1623.
MERRIN (6), Jeanne,
veuve d'Eloi Jarry.
Mathieu, b [2] 21 sept. 1664; m 5 sept. 1694, à Jeanne PILET, à Lachine[3], s 27 juillet 1742, au Bout-de-l'Ile, M. — *Barbe*, b [2] 4 janvier 1667; 1° m [3] 16 oct. 1680, à Rene HUGUET; 2° m à Pierre LORIN; 3° m [3] 31 dec. 1696, à Jacques ARRIVÉ.

(1) Lieutenant-colonel des milices.
(2) Dit Lafontaine.
(3) Elle épouse, le 7 janvier 1758, Pierre Maufin, à Longueuil.
(4) Dit Deslauriers.
(5) Voy. vol. I, p. 474.
(6) Elle épouse, le 20 juin 1672, René Moreau, à Montréal.

1694, (5 sept.) Lachine.

II.—PERRIN (1), MATHIEU, [HENRI I.
b 1664; s 27 juillet 1742, au Bout-de-l'Ile, M.[4]
PILET, Jeanne, [FRANÇOIS I.
b 1671; veuve de François Ethier; s [4] 25 déc. 1750.
Joseph, b 19 août 1694, à Montréal[6]; 1° m 30 juin 1716, à Jeanne DURAND, à Champlain; 2° m [5] 28 fevrier 1718, à Catherine POTIER.—*Marie-Anne*, b [6] 30 mai 1698; m [6] 14 juin 1716, à François GERMAIN.—*Marie-Barbe*, b [5] 7 février 1700; m [6] 30 mai 1718, à Jean DURAND.—*Marie*, b [5] 20 janvier 1702; m [4] 16 juillet 1725, à Joseph CODERRE-EMERY.—*Olivier*, b [5] 31 août 1706; m [4] 28 juillet 1738, à Marie-Madeleine PILON.—*Marie-Joseph*, b [5] 17 mai 1709; m [4] 6 fevrier 1741, à François-Charles LAMOUREUX.—*Toussaint*, b [5] 17 mai et s [5] 4 juin 1709.

1697, (12 février) Montréal.

II.—PERRIN (2), GABRIEL, [HENRI I.
b 1669; s 24 août 1703, à Lachine.
VAUDRY (3), Marie-Jeanne, [JACQUES I.
b 1678.

II.—PERRIN, RENÉ. [HENRI I.
JUIN (4), Marie-Jeanne.
Marie-Renée, b 1700; m 27 juillet 1728, à Louis VIGNEAU, à Montréal.[7] — *Marie-Joseph*, b 1701, m [7] 14 sept. 1722, à Philippe BIDAULT.—*Marie-Louise*, b [7] 21 juillet 1704.

1716, (30 juin) Champlain.

III.—PERRIN (5), JOSEPH, [MATHIEU II.
b 1694.
1° DURAND (6), Jeanne, [PIERRE I.
b 1678; s 24 nov. 1717, à Montréal.[8]

1718, (28 fevrier).[8]

2° POTHIER, Marie-Catherine, [JEAN-BTE I.
b 1698.
Marie-Catherine, b [8] 5 déc. 1718; m [8] 17 mai 1738, à François HÉVÉ.—*Marie-Barbe*, b [8] 12 dec. 1720; m [8] 7 janvier 1744, à Jacques-Nicolas GAUDRY.—*François*, b [8] 23 avril 1723.—*Joseph*, b [8] 15 mars 1725, 1° m 17 août 1750, à Marie-Joseph AUBER, à St-Vincent-de-Paul[9]; 2° m [9] 13 janvier 1755, à Marie BARBEAU.—*Jean-Louis*, b [8] 29 mars 1727.—*Jean-Louis*, b [8] 10 mars 1730.—*Marie-Joseph*, b 1735; s [8] 10 oct. 1741.—*Séraphin*, b [8] 9 et s [8] 16 août 1739.—*Catherine*, b 1740; s [8] 31 mars 1741.—*Pierre*, b [8] 12 avril et s [8] 7 août 1741.

(1) Dit Gavahau—Garau; voy. vol. I, p. 474.
(2) Voy. vol. I, p. 474.
(3) Elle épouse, le 7 juin 1706, Joseph Chevautier, à Montréal.
(4) Elle épouse, le 20 nov. 1712, Pierre Favreau, à Montréal.
(5) Dit Garau.
(6) Dit Demarchets.

1720, (25 juin) Montréal.[5]
I.—PERRIN, ANTOINE, b 1697, huissier; fils de Jacques et de Catherine Boissière, de St-Pierre-le-Monastier, diocèse du Puy, Languedoc.
CHOTARD (1), Marie-Anne, [JEAN-BTE I. b 1701.
Marie-Anne, b[5] 11 sept. 1722; m[5] 21 avril 1749, à Jean LESUEUR. — *Pierre,* b[5] 29 février 1724.— *Charles,* b[5] 31 janvier 1726. — *Charlotte,* b[5] 28 août 1729 ; s[5] 28 sept. 1748.—*Marguerite,* b 1733 ; s[5] 27 sept. 1734.—*Marie-Joseph,* b[5] 5 déc. 1735. — *Marie-Joseph,* b[5] 26 oct. 1737; s[5] 26 mai 1748.

1723, (8 février) Repentigny.
I.—PERRIN (2), JOSEPH-GILLES, fils de Jean et de Pérette Dorval, de Seçon, diocèse de Rennes, Bretagne.
LAROCHE, Marie-Joseph, [INNOCENT II. b 1690; s 29 mars 1763, à la Pte-aux-Trembles, Q.[7]
Jean-Joseph, b[7] 24 juin 1725; s[7] 19 déc. 1728. —*Marie-Angélique,* b[7] 25 sept. 1727 ; m[7] 26 mai 1747, à Jean-Baptiste AUGER.—*Louis-Joseph,* b[7] 1er et s[7] 10 fevrier 1730.

1738, (28 juillet) Bout-de-l'Ile, M.[9]
III.—PERRIN (3), OLIVIER, [MATHIEU II. b 1706.
PIJON, Marie-Madeleine, [JEAN II. b 1718.
Marie-Madeleine, b[9] 22 juillet 1739; s[9] 29 mars 1757. — *Marie-Joseph,* b[9] 20 et s[9] 23 janvier 1742. — *François-Olivier,* b[9] 8 sept. 1743.— *Jean-Baptiste-Olivier,* b[9] 31 déc 1747. — *Pierre-Amable-Olivier,* b[9] 6 sept. 1750, s[9] 27 fevrier 1757.—*Simon,* b[9] 6 août 1753.—*François,* b[9] 27 février 1756.—*Agathe,* b[9] 21 mars 1761.

1750, (17 août) St-Vincent-de-Paul.[6]
IV.—PERRIN (4), JOSEPH, [JOSEPH III. b 1725.
1° AUBER, Marie-Joseph, [CHARLES III. b 1713; veuve de Paul Guindon.
Marie-Marguerite, b[6] 24 mai 1751 ; s[6] 7 août 1752.— *Marie-Joseph,* b[6] 17 et s[6] 28 avril 1753. —*Joseph,* b[6] 14 avril 1754.

1755, (13 janvier).[6]
2° BARBEAU-POTVIN, Marie. [MICHEL II.
Marie-Louise, b[6] 15 oct. 1755.

1759, (26 nov.) Deschambault.
I.—PERRIN, DOMINIQUE, fils de Didier et de Catherine Faure, de Rouvre, diocèse de Toul, en Lorraine.
MARMET, Marie. [JEAN I.

(1) Elle épouse, le 25 sept. 1741, Jacques Rondart, à Montréal.
(2) Dit Duplessy; soldat de M. de Repentigny.
(3) Dit Gavahau.
(4) Dit Garau.

1761, (7 janvier) Ste-Anne-de-la-Pérade.[8]
I.—PERRIN, JEAN, fils de Renaud et de Marguerite ...., de Palatin, diocèse de Montauban, Languedoc.
CHARETS, Geneviève, [FRANÇOIS III. b 1741.
Nicolas, b[8] 28 août 1762; m 26 janvier 1789, à Gabrielle HAMELIN, aux Grondines. — *Marie-Ursule,* b[8] 28 déc. 1763.— *François,* b[8] 21 avril 1765.—*Marie-Hélène,* b[8] 25 dec. 1768.

1764, (29 oct.) St-Antoine-de-Chambly.
I.—PERRIN, JEAN, b 1738; fils de Jean et de Marie-Louise ...., de St-Nicolas, diocèse de Poitiers, Poitou.
LEBEAU, Marguerite, [RENÉ III. b 1746.

1789, (26 janvier) Grondines.
II.—PERRIN, NICOLAS, [JEAN I. b 1762.
HAMELIN, Gabrielle, [ANT.-AUGUSTIN III. b 1756; s 6 août 1855, à Ste-Anne-de-la-Perade.

PERRINOT.—Voy. PÉRINAU.

PERRON.—*Variations et surnoms :* DUPÉRON—PARSON—PÉRON—FLAMME—GRENIER—LAGIROFLÉE—LESUIRE—LORRAIN—SUIRE.

I.—PERRON (1), RENÉ, b 1627; s 3 mars 1707, à Longueuil.

1664, (26 février) Château-Richer.[2]
I.—PERRON (2), DANIEL-FRANÇOIS.
GARGOTTINE (3), Louise.
Marie, b 1667; m[2] 27 nov. 1691, à Louis TREMBLAY; s 7 avril 1706, à la Baie-St-Paul.— *Jean,* b[2] 24 août 1672; 1° m 10 nov. 1698, à Anne GAUDIN, à L'Ange-Gardien[3]; 2° m[3] 25 janvier 1706, à Suzanne TOUCHET; s 22 mai 1745, à Deschambault.

1691, (15 janvier) L'Ange-Gardien.[5]
II.—PERRON (4), ANTOINE, [DANIEL-FRS I. b 1664.
TREMBLAY, Jeanne, [PIERRE I. b 1672.
Hélène, b[5] 8 février 1694; 1° m mai 1714, à Jacques-Pierre ALARD, à la Baie-St-Paul[6]; 2° m[6] 24 fevrier 1716, à Jacques GAGNÉ.—*Ursule,* b[5] 2 fevrier 1696; 1° m[6] 11 janvier 1717, à Simon DUCHESNE; 2° m[6] 5 février 1731, à Olivier SAULTON; s[6] 1er avril 1755—*Jean,* b 1697; m[6] 24 avril 1724, à Agathe SIMARD; s[6] 16 dec. 1761.— *Antoine,* b[5] 10 oct. 1700; m[6] 8 nov. 1723, à Marie-Madeleine SIMARD; s 2 nov. 1763, à la Petite-Rivière.[7] — *François,* b[5] 1er sept. 1704; 1° m[6] 7 janvier 1727, à Marguerite FORTIN;

(1) Serviteur chez Etienne Truteau.
(2) Dit Suire; voy. vol. I, pp. 474-475.
(3) Elle épouse, le 7 janvier 1678, Louis-Charles Alain, à L'Ange-Gardien.
(4) Voy. vol. I, p 475.

2° m [7] 5 février 1743, à Emérance BOUCHARD; 3° m [7] 7 février 1746, à Marie-Charlotte BOUCHARD; s [7] 17 déc. 1755. — *Pierre*, b [5] 10 août 1706; m [6] 10 janvier 1729, à Félicité BOUCHARD —*Jacques*, b 1er août 1709, à Québec; m [7] 7 janvier 1734, à Marguerite SIMARD.

1698, (10 nov.) L'Ange-Gardien. [2]

II.—PERRON (1), JEAN, [DANIEL-FRANÇOIS I.
b 1672; s 22 mai 1745, à Deschambault. [3]
1° GAUDIN, Anne, [CHARLES I.
b 1670; s [2] 19 nov. 1705.

Jean-Baptiste, b [2] 10 avril 1700; m [3] 30 oct. 1724, à Geneviève BENOIT-ABEL.—*Paschal*, b [2] 15 avril 1702; m 1728, à Marie-Louise LAROCHE.—*Gaspard*, b [2] 28 fevrier 1704; m [3] 2 janvier 1727, à Dorothée DELEUGRÉ; s [3] 6 août 1733.—*Cécile*, b [2] 17 mai 1705.

1706, (25 janvier). [2]

2° FOUCHET, Suzanne, [SIMON II.
b 1688; s [3] 25 fevrier 1758.

Nicolas, b [2] 1er juin 1709; m [3] 2 mai 1730, à Françoise ARCAN.—*Louise*, b [2] 24 avril 1716; m [3] 28 janvier 1732, à Pierre HENNE-LEPIRE —*Louis*, b [2] 3 avril 1718; m 5 août 1748, à Agathe ABRAHAM, à St-Frs-du-Lac.—*Marie*, b 1720; 1° m [3] 15 nov. 1739, à Louis NAUD; 2° m 31 janvier 1752, à André HUBERT, à Lotbinière [4]; 3° m [4] 20 mai 1765, à Joseph LEMAY.—*Antoine*, b [3] 18 sept 1723.—*Joseph*, b [3] 15 avril 1725; m [3] 18 oct. 1745, à Angélique ARCAN.—*Antoine*, b [3] 16 mai 1727, m [3] 12 janvier 1750, à Marie MARCOT.—*Marie-Angélique*, b [3] 20 avril 1731; s [3] 29 avril 1733.—*Jean-Baptiste*, b [3] 20 avril 1731; s [3] 13 mai 1733 —*Marie-Angélique*, b [3] 25 sept. 1735; m 1753, à Pierre-Marie MORIN.

1723, (8 nov.) Baie-St-Paul. [5]

III.—PERRON, ANTOINE, [ANTOINE II.
b 1700; s 2 nov. 1763, à la Petite-Rivière. [9]
SIMARD, Marie-Madeleine, [ETIENNE II.
b 1702; s [8] 19 août 1768.

Marie-Madeleine, b [8] 27 nov. 1724; m [8] 9 janvier 1747, à François TREMBLAY.—*Charlotte*, b [8] 28 mai 1726.—*Agathe*, b [8] 30 août 1728; m [8] 8 janvier 1754, à Jean BOIVIN.—*Antoine*, b [8] 25 sept. 1730.—*Rosalie*, b [8] 23 oct. 1732; m [8] 8 avril 1755, à Michel TREMBLAY; s [8] 14 fevrier 1770.—*Joseph-Noel* et *Marguerite-Elisabeth*, b [8] et s [8] 3 août 1734.—*Amable*, b [8] 22 mai 1737; m [9] 25 nov. 1761, à Brigitte TREMBLAY.—*Dorothée*, b [8] 2 mai 1739; m [8] 21 avril 1762, à Pierre DESCOT.—*Pélagie-Victoire*, b [8] 10 fevrier 1741; m [8] 11 nov. 1760, à Jean-Baptiste RIEUTORD. — *Marie-Desanges* et *Julie*, b [8] 19 et s [8] 27 juillet 1744.

1724, (24 avril) Baie-St-Paul. [7]

III.—PERRON, JEAN, [ANTOINE II.
b 1697; s [7] 16 dec. 1761.
SIMARD, Agathe, [ETIENNE II.
b 1705; s [7] 25 janvier 1761.

Jean-Baptiste, b [7] 10 avril 1725; m [7] 18 nov. 1754, à Marie-Françoise THIBAULT. — *Félicité*, b [7] 31 oct. 1726; m [7] 11 oct. 1747, à Louis GAUTIER. —*François*, b [7] 16 mars et s [7] 17 mai 1729.—*Agathe*, b [7] 16 mars 1729; m [7] 8 nov. 1747, à Ignace GAGNÉ. — *Jean*, b [7] 3 nov. 1731. — *Geneviève*, b [7] 15 nov. 1733; s [7] 8 janvier 1734.—*Elisabeth*, b [7] 10 déc. 1734; m [7] 7 fevrier 1757, à Joseph BOYER-PELLION. — *Rosalie*, b [7] 23 avril 1737; m 31 janvier 1763, à François ACHIN, à St-Vincent-de-Paul. [8] — *Geneviève*, b [7] 29 mars 1739; m [8] 19 oct. 1761, à .... FRANÇOIS. — *Pierre-François*, b [7] 2 fevrier 1742. — *Paschal-Valentin*, b [7] 19 février 1745.—*Nathalie-Suzanne*, b [7] 18 sept. 1747; m [7] 23 janvier 1764, à Pierre GODARD.

(1) Dit Lesuire; voy. vol. I, p. 475.

1724, (30 oct.) Deschambault. [1]

III.—PERRON, JEAN-BTE, [JEAN II.
b 1700.
BENOIT-ABEL, Geneviève, [PIERRE II.
s [1] 14 nov. 1770.

Jean-Baptiste, b [1] 12 août 1725; m [1] 26 nov. 1753, à Marie-Judith GAUTIER; s [1] 5 déc. 1792.—*Marie-Joseph*, b [1] 25 avril 1727; s [1] 30 mai 1728. —*Joseph*, b [1] 19 oct. 1728; 1° m [1] 6 nov. 1753, à Marie-Joseph PAQUIN; 2° m [1] 11 janvier 1762, à Monique MATHIEU.—*Marie*, b... m [1] 20 oct. 1749, à Pierre GAUTIER. — *Marie-Joseph*, b [1] 31 mai 1730. — *Jacques*, b [1] 9 mars 1732. — *Geneviève*, b [1] 14 avril 1734. — *Paul*, b [1] 22 février 1736.—*Antoine*, b [1] 22 fevrier et s [1] 2 août 1736.—*Augustin*, b [1] 22 et s [1] 24 août 1737. — *Pierre*, b [1] 22 et s [1] 30 août 1737. — *Antoine*, b [1] 9 sept. 1738; m [1] 10 nov. 1766, à Marie-Joseph BENOIT-ABEL; s [1] 4 mars 1768. — *François-Xavier*, b [1] 1er juin 1740; s [1] 3 avril 1741.

1727, (2 janvier) Deschambault. [8]

III.—PERRON, GASPARD, [JEAN II.
b 1704; s [8] 6 août 1733.
DELEUGRÉ (1), Dorothee, [JACQUES II.
b 1697.

Marie-Louise. b [8] 4 oct. 1727; 1° m [8] 28 avril 1749, à Pierre RODRIGUEZ; 2° m [8] 2 nov. 1760, à Jean-François GUSTE. — *Joseph-Gaspard*, b 18 mai 1729, à Lotbinière [9]; m [8] 25 février 1754, à Marie JOBIN. — *Marie-Joseph*, b [9] 16 juillet 1730; m [8] 20 nov. 1757, à Jean-François NAU; s [8] 28 mai 1792. — *Gaspard*, b [8] 10 et s [8] 14 nov. 1732.

1727, (7 janvier) Baie-St-Paul. [5]

III.—PERRON, FRANÇOIS, [ANTOINE II
b 1704; s 17 dec. 1755, à la Petite-Rivière [6]
1° FORTIN, Marguerite, [JACQUES II.
b 1702; s [6] 30 août 1740.

Anonyme, b [5] et s [5] 7 nov. 1728. — *Marie-Geneviève*, b [5] 26 nov. 1729; m [6] 23 oct. 1756, à Jacques DELAVOYE. — *François*, b [5] 30 mai 1732 — *Jean-Baptiste*, b [5] 22 sept. et s [5] 18 oct. 1733 — *Louis-Marc-François*, b [6] 13 août 1734; m [6] 25 oct. 1756, à Madeleine DELAVOYE. — *Marguerite*, b [6] 13 avril 1736; m [6] 9 août 1773, à Joseph SIMARD. — *Hélène*, b [6] 1er nov. 1738; s [6] 14 mai 1750. — *Gabriel*, b [6] 30 août et s [6] 17 sept. 1740.

(1) Elle épouse, le 4 nov. 1737, Julien Huet, à Deschambault.

1743, (5 février).[6]
2° BOUCHARD, Emérance, [ANTOINE II.
b 1722 ; s [6] 30 mai 1744.
Jean-Baptiste, b [6] 24 déc. 1743 ; m [5] 7 nov. 1768, à Félicité TREMBLAY.

1746, (7 février).[6]
3° BOUCHARD (1), Marie-Charlotte, [FRANÇOIS II.
b 1722.
Joseph, b [6] 29 février 1748 ; m [6] 13 janvier 1768, à Felicité TREMBLAY. — *Hélène*, b [6] 1er avril 1751 ; m [5] 9 juillet 1770, à Louis TREMBLAY.— *Thérèse*, b [6] 25 avril 1753.—*Marie-Charlotte*, b [6] 22 fevrier 1755. — *Marie-Madeleine* (posthume), b [6] 18 avril 1756.

1728.
III.—PERRON, PASCHAL, [JEAN II.
b 1702.
LAROCHE, Marie-Louise, [INNOCENT II.
b 1711 ; s 12 sept. 1756, à Deschambault.[1]
Jacques, b 2 juillet 1729, à Lotbinière [2] ; s [2] 30 juillet 1730.—*Marie-Françoise*, b 9 sept. 1731, au Cap-Sante [3] ; s [1] 1er mars 1756. — *Pierre*, b [1] 21 nov. 1733. — *Prisque*, b [1] 21 mars et s [1] 12 avril 1736.— *Prisque*, b [3] 24 mars 1737 ; m 19 sept. 1763, à Marie-Louise MAILLOT, à Chambly.[4] — *Marie-Louise*, b [3] 25 août 1739 ; m [4] 10 mai 1762, à Joseph MORIN.—*Marie-Geneviève*, b [3] 27 juillet 1741 ; s [1] 26 mars 1742. — *Joseph-Marie*, b [1] 18 mai et s [1] 12 juin 1743. — *Joseph-Marie*, b [1] 20 fevrier 1745.—*Marie-Joseph*, b [1] 2 avril 1747 ; s [1] 4 dec. 1748.

1729, (10 janvier) Baie-St-Paul.[7]
III.—PERRON, PIERRE, [ANTOINE II.
b 1706.
BOUCHARD, Felicité, [ANTOINE II.
b 1705 ; s [7] 17 dec. 1751.
Antoine, b [7] 9 oct. 1729 ; m 27 août 1764, à Suzanne DEBIEN, à l'Ile-aux-Coudres.[8] —*Félicité*, b [7] 22 août 1731 ; 1° m [7] 26 fevrier 1759, à Georges ROGON ; 2° m [7] 27 janvier 1777, à Michel TREMBLAY.—*Pierre-François*, b [7] 25 février 1733 ; s [7] 4 nov. 1738.—*Alexis*, b [7] 8 déc. 1734 ; m [8] 9 nov. 1767, à Marie-Charlotte HERVÉ.—*Jean-Baptiste*, b [7] 20 janvier 1737 ; 1° m [8] 1er mai 1759, à Marie-Joseph BOUCHARD ; 2° m 8 mai 1781, à Catherine TREMBLAY, aux Eboulements.[9] — *Eméranciennne*, b [7] 11 mars 1741 ; m [7] 27 janvier 1777, à Jean-Marie GINGRAS.—*Joseph*, b... 1° m [7] 8 août 1768, à Madeleine BOUCHARD ; 2° m [9] 21 juin 1779, à Marie-Anne TREMBLAY.—*Henri*, b [7] 16 janvier 1743.—*Anonyme*, b [7] et s [7] 2 oct. 1744.—*Marie-Symphorose*, b [7] 18 déc. 1746 ; s [7] 20 août 1747. —*Pierre*, b [7] 23 juin 1748 ; m [7] 30 juin 1777, à Suzanne SIMARD.

1730, (2 mai) Deschambault.[1]
III.—PERRON, NICOLAS, [JEAN II.
b 1709.
ARCAN, Françoise, [PIERRE II.
b 1713.
Joseph, b 1732 ; s [1] 8 mai 1733.—*Nicolas*, b... m [1] 20 nov. 1757, à Marie-Geneviève ROBERT.— *François*, b [1] 19 juillet 1735.—*Joseph-Marie*, b [1] 6 avril 1738 ; m 23 janvier 1764, à Marie-Gabrielle GAUTIER, à la Baie-du-Febvre.[2]—*Marie-Amable*, b 7 mai 1741, à St-Frs-du-Lac.[3]—*Marie-Anne*, b [3] 1er sept. 1742 ; m [2] 4 mai 1761, à Louis-Rémi DELIEF (1).—*Eustache*, b [1] 8 nov. 1744.—*Simon*, b [1] 16 juin 1746 ; m 25 sept. 1769, à Isabelle BOUSQUET, à Varennes.—*Marguerite*, b [1] 16 juin 1746.—*Pierre*, b [1] 17 juillet 1748. — *Marie-Véronique*, b [1] 29 mars 1750 ; s [1] 27 janvier 1751.— *Marie-Clotilde*, b [1] 22 juillet et s [1] 7 août 1754.

1730, (28 août) Québec.[5]
I.—PERRON (2), JOSEPH, sergent ; fils de François et de Françoise Touveny, de St-Marin, diocèse de Metz, Lorraine.
ROY, Marie-Joseph, [MATHURIN II.
b 1704.
Marie-Joseph, b [5] 10 mai 1731 ; s [5] 15 janvier 1747.—*Joseph*, b [5] 18 janvier 1733 ; s [5] 15 mars 1744.—*André*, b [5] 1er et s [5] 12 dec. 1734.—*Pierre*, b [5] 3 et s [5] 4 fevrier 1736.—*Nicole-Louise*, b [5] 13 et s [5] 20 avril 1740.—*Marie-Anne*, b [5] 26 oct. 1741 ; m [5] 8 janvier 1757, à François-Eusèbe CORDIN.— *Gilles-Charles-Joseph*, b [5] 4 janvier 1746.

1734, (7 janvier) Petite-Rivière.[6]
III.—PERRON, JACQUES, [ANTOINE II.
b 1709.
SIMARD, Marguerite, [ETIENNE II.
b 1709.
Etienne, b [6] 13 janvier 1735 ; m 8 février 1752, à Marie-Reine DUFOUR, à la Baie-St-Paul.[7] — *Aimé*, b... m 30 mai 1763, à Félicite RACINE, à Ste-Anne.—*Anne*, b [7] 7 avril 1737.—*Marie-Ursule*, b [7] 5 nov. 1738 ; m [7] 19 fevrier 1759, à Jean-Baptiste CONNAISSANT.—*Marie-Charlotte*, b [7] 20 juillet 1740 ; m [7] 14 juin 1756, à Barthélemi LANCELEUR ; s [7] 23 février 1758.—*Louis-Etienne*, b [7] 7 oct. 1742 ; m 22 nov. 1774, à Helène TERRIEN, à l'Ile-aux-Coudres. — *Joseph-Marie*, b [7] 1er oct. 1744 ; s [7] 2 mai 1770.—*Euphrosine-Marguerite*, b [7] 17 août 1746 ; m [7] 25 nov. 1765, à Robert LALANDE.—*Rosalie*, b [7] 24 avril 1749 ; m [7] 25 nov. 1765, à Jean GAGNON.

I.—PERRON (3), FRANÇOIS.
........., Marie-Therèse.
Sébastien-François, b... m 3 nov. 1762, à Catherine VIVIEN, à Montréal.

1739, (26 juillet) Detroit.[9]
III.—PERRON, PIERRE, [JEAN II.
b 1711.
DUFOURNEL, Marie-Françoise, [JEAN-BTE I.
b 1724.
Pierre, b [9] 19 et s [9] 20 déc. 1740.—*Jean-Baptiste*, b [9] 22 fevrier 1742.

---

(1) Elle épouse, le 30 avril 1759, Nicolas Marchand, à la Baie St-Paul.

(1) Voy. aussi Liège.
(2) Dit Lorrain.
(3) Dit Flamme.

PERRON, Ange.
Meilleur, Françoise.
Jean-Baptiste, b 5 mars 1746, à St-Vincent-de-Paul.

1745, (18 oct.) Deschambault.[2]
III.—PERRON, Joseph, [Jean II.
b 1725.
Arcan, Angelique, [Pierre II.
s [2] 4 avril 1790.
Joseph, b [2] 13 avril et s [2] 7 mai 1747. — *François*, b [2] 14 déc. 1752. — *Marie-Angélique*, b [2] 31 janvier et s [2] 19 fevrier 1760.

1748, (5 août) St-Frs-du-Lac.[4]
III.—PERRON, Louis, [Jean II.
b 1718.
Abraham-Desmarets, Agathe, [Pierre II.
b 1719.
Pierre, b [4] 26 mai 1749. — *Marie-Agathe*, née 8 sept. 1750, à St-Michel-d'Yamaska [5]; b [4] 7 nov. 1750.—*Marie-Amable*, b [5] 10 février 1752; m 12 février 1771, à François Lefebvre, à la Baie-du-Febvre. — *Marie-Thérèse*, b [5] 24 mars 1753. — *Joseph*, b [5] 8 oct. 1754. — *Joseph-Louis*, b [5] 15 mars 1756.—*Marie*, b [4] 30 nov. 1757.—*Anonyme*, b [4] 17 janvier 1759.—*Marie-Catherine*, b [4] 5 juillet 1760.—*René-Antoine*, b [4] 10 fevrier 1762.

1750, (12 janvier) Deschambault.[9]
III.—PERRON, Antoine, [Jean II.
b 1727.
Marcot, Marie, [François II.
b 1726.
Marie-Joseph, b [9] 17 mars 1751; s [9] 27 nov. 1758. — *Marie-Marguerite*, b [9] 11 juin 1752. — *Marie-Cécile*, b [9] 18 sept. 1753. — *Marie-Louise*, b [9] 14 janvier 1755.—*Joseph*, b [9] 7 avril 1756; s [9] 18 janvier 1787. — *Antoine*, b [9] 19 août 1757; s [9] 17 dec. 1758. — *Marie-Madeleine*, b [9] 14 mars 1760; 1° m à Pierre Groleau; 2° m [9] 10 février 1795, à Julien Courteau. — *Marie-Françoise*, b [9] 13 avril et s [9] 25 dec. 1761. — *Marie-Françoise*, b [9] 5 avril 1762; m [9] 20 janvier 1784, à Joseph Cloutier. — *Antoine*, b [9] 23 sept. 1763; s [9] 1er février 1765.—*Dieudonnée*, b [9] 20 fevrier 1765; m [9] 15 nov. 1790, à Augustin Courteau.—*Marie-Joseph*, b [9] 5 oct. 1767; m [9] 26 sept. 1797, à Augustin Matte.—*Paul*, b... m [9] 9 fevrier 1789, à Elisabeth Gignac.

1752, (8 février) Baie-St-Paul.[7]
IV.—PERRON, Etienne, [Jacques III
b 1735.
Dufour, Marie-Reine. [Ignace II.
Marie-Marguerite-Joseph, b [7] 24 juillet 1753 — *Jacques-David*, b [7] 19 dec. 1755; s [7] 18 oct. 1758. — *Etienne-Joseph*, b [7] 18 janvier 1757. — *Marie-Thérèse*, b [7] 28 fevrier 1761. — *Etienne*, b [7] 10 mars 1763. — *Louis*, b [7] 10 juin 1767. — *Marie-Geneviève*, b [7] 15 juin 1769.

1753, (6 nov.) Deschambault.[9]
IV.—PERRON, Joseph, [Jean-Bte III.
b 1728.
1° Paquin, Marie-Joseph, [Paul III.
b 1738; s [9] 6 mai 1758.
Marie-Joseph, b [9] 6 sept. 1756.—*Joseph*, b [9] 5 mai 1758, s [9] 14 août 1760.
1762, (11 janvier).[9]
2° Mathieu, Monique, [Jean-Bte III.
b 1743; s [9] 25 mai 1766.
Monique, b [9] 8 nov. 1762; m [9] 5 août 1783, à Joseph-Marie Sauvageau.—*Joseph*, b [9] 17 mars 1764; m [9] 16 février 1795, à Louise Belisle.—*Anonyme*, b [9] et s [9] 20 mai 1766.

1753, (26 nov.) Deschambault.[5]
IV.—PERRON, Jean-Bte, [Jean-Bte III.
b 1725; s [5] 5 déc. 1792.
Gautier, Marie-Judith, [Pierre I.
b 1731.
Jean-Baptiste, b [5] 25 sept. et s [5] 21 oct. 1754.—*Marie-Judith*, b [5] 24 juin 1756.—*Jean-Baptiste*, b [5] 8 juillet 1758; m [5] 20 fevrier 1786, à Marie-Joseph Mérand.—*Michel*, b [5] 28 sept. 1760; m [5] 20 sept. 1791, à Marie-Joseph Petit.—*Marie-Madeleine*, b [5] 9 oct. 1762.—*Marie-Thérèse*, b [5] 24 sept. 1764; m [5] 25 sept. 1787, à Pierre Groleau —*Paul*, b [5] 14 mars 1767.—*Dominique*, b... m [5] 25 juillet 1796, à Marie Despitaux.

1754, (25 février) Deschambault.[6]
IV.—PERRON, Joseph-Gaspard, [Gaspard III.
b 1729.
Jobin-Boisverd, Marie, [Jean II.
b 1720.
Joseph-Marie, b [6] 23 mars 1755.—*Antoine*, b [6] 13 juin 1757; s [6] 31 août 1758.—*Marie*, b [6] 9 janvier 1760.—*Nicolas*, b [6] 4 nov. 1762; s [6] 3 oct 1764.—*Antoine*, b [6] 9 juillet 1766; s [6] 11 juin 1767.—*François*, b [6] 8 mars 1768.

1754, (18 nov.) Baie-St-Paul.[7]
IV.—PERRON, Jean-Bte, [Jean III.
b 1725.
Thibaut, Marie-Frse. [François-Xavier III.
Marie-Françoise-Monique, b [7] 10 sept. 1755 — *Jean-Baptiste-Amable*, b [7] 22 janvier 1757. — *Rosalie*, b [7] 16 sept. 1759.—*Joseph*, b [7] 1er oct. 1761. —*Marie-Procule*, b [7] 3 janvier 1765. — *Marie-Françoise-Emérance*, b [7] 11 janvier 1766.—*Marie-Elisabeth*, b [7] 30 avril 1769.—*Marie-Catherine*, b [7] 7 oct. 1771.—*Monique*, b [7] 22 mai 1774.

1756, (25 oct.) Petite-Rivière.
IV.—PERRON, Louis-Marc-Frs, [François III.
b 1734.
DeLavoye, Madeleine, [Jacques III.
b 1735.

1757, (14 février) St-Joachim.[8]
I.—PERRON (1), Jean-Guillaume, fils de Joseph et de Marie Olonne, du Complat-de-Vignon.
Alaire, Marie-Joseph. [Jean
Jean-Guillaume, b [8] 24 sept. 1757.—*Louis*, b 16 nov. 1760, à St-Augustin.

(1) Refugié à St-Augustin, 1760.

1757, (20 nov.) Deschambault. [9]
IV.—PERRON, NICOLAS. [NICOLAS III.
ROBERT-ST. AMAND, Geneviève, [SIMON II.
b 1733 ; s [9] 3 déc. 1767.
Nicolas, b [9] 16 mars 1758 ; s [9] 7 janvier 1760. —*Isabelle*, b [9] 19 juillet et s [9] 15 sept. 1759.— *Nicolas*, b [9] 19 oct. 1760.

1759, (1er mai) Ile-aux-Coudres. [1]
IV.—PERRON, JEAN-BTE, [PIERRE III.
b 1737.
1° BOUCHARD, Marie-Jos., [JOSEPH-FRANÇOIS III.
b 1741 ; s 2 janvier 1781, aux Eboulements. [2]
Jean-Pierre, b [1] 24 déc. 1760 ; m [2] 26 nov. 1781, à Elisabeth GIRARD.—*Marie-Joseph*, b [1] 11 avril 1763 ; s [2] 18 mars 1771.—*Joseph-Henri*, b [1] 17 avril 1767 ; s [2] 18 mars 1771.—*Joseph-Marie*, b [1] 1768.—*Dominique*, b 1770 ; s [2] 18 mars 1771.— *François*, b [2] 17 avril 1773.—*Etienne*, b [2] 22 avril 1775.—*Israël*, b [2] 26 mai 1778 ; s [2] 12 avril 1785. —*Vital*, b [2] 14 août 1779 ; s [2] 14 août 1785.— *Anonyme*, b [2] et s [2] 2 janvier 1781.
1781, (8 mai). [2]
2° TREMBLAY, Catherine.

PERRON, FRANÇOIS.
MORIN, Marie-Joseph.
Marie-Angélique, b 3 avril 1760, à Deschambault. [3] — *François-Marie*, b [3] 31 mai 1762.

1761, (27 juillet) Montréal.
I.—PERRON, RICHARD, b 1719 ; fils d'Antoine et de Marie Boucher, de St-Jean-en-Grève, Paris.
ROMAN, Louise, [JEAN I.
b 1737 ; veuve de Pierre Bardet.

1761, (25 nov.) Petite-Rivière.
IV.—PERRON, AMABLE, [ANTOINE III.
b 1737.
TREMBLAY, Brigitte, [LOUIS III.
b 1733.
Marie-Geneviève-Brigitte, b 13 sept. 1762, à la Baie-St-Paul. [4] — *Amable*, b... s 12 mai 1785, aux Eboulements.—*Félicité-Silvie-Dorothée*, b [4] 18 avril 1764.—*Pierre-Antoine-Saturnin*, b [4] 18 janvier 1768. — *Bruno-Saturnin-Sylvestre*, b [4] 31 déc. 1769. — *Catherine*, b [4] 16 février 1772. — *Amable*, b [4] 10 août 1773.

1762, (3 nov.) Montréal.
II.—PERRON (1), SÉBASTIEN-FRS. [FRANÇOIS I.
VIVIEN, Catherine. [ANTOINE.

1763, (30 mai) Ste-Anne.
IV.—PERRON, AIMÉ. [JACQUES III.
RACINE, Felicite, [JOSEPH III.
b 1738.
Christophe-Jacques-Aimé, b 29 janvier 1765, à la Baie-St-Paul. [5] — *Pierre-Saturnin*, b [5] 26 oct. 1766 —*Marie-Anne-Rosalie*, b [5] 29 janvier 1770.

(1) Dit Flamme.

1763, (19 sept.) Chambly.
IV.—PERRON, PRISQUE, [PASCHAL III.
b 1737.
MAILLOT, Marie-Louise, [JEAN II.
veuve de Pierre ....

1764, (23 janvier) Baie-du-Febvre.
IV.—PERRON, JOSEPH-MARIE, [NICOLAS III.
b 1738.
GAUTIER, Marie-Gabrielle, [ETIENNE-J.-BTE III.
b 1742.

1764, (27 août) Ile-aux-Coudres. [9]
IV.—PERRON, ANTOINE, [PIERRE III.
b 1729.
DEDIEN, Suzanne. [ETIENNE II.
Suzanne, b [9] 7 avril 1766 —*Marie-Anne*, b [9] 18 juillet 1767.—*Antoine*, b [9] 25 juin 1769.—*Marie-Madeleine*, b [9] 31 juillet 1771.—*Michel*, b [9] 26 sept. 1773.—*Victoire*, b [9] 13 août 1775.—*Pierre*, b [9] 18 août 1779.

1766, (10 nov.) Deschambault. [1]
IV.—PERRON, ANTOINE, [JEAN-BTE III.
b 1738, s [1] 4 mars 1768.
BENOIT-ABEL (1), Marie-Jos., [JEAN-FRS III.
b 1744.
Antoine-Benoît, b [1] 9 et s [1] 23 août 1767.— *Antoine* (posthume), b [1] 7 oct. 1768 ; m [1] 19 août 1793, à Marguerite PETIT.

1767, (9 nov.) Ile-aux-Coudres. [6]
IV.—PERRON, ALEXIS, [PIERRE III.
b 1734.
HERVÉ, Charlotte, [ZACHARIE-SÉBAST. III.
b 1751.
Félicité-Sophie-Emérance, b [6] 1768. — *Marie-Charlotte*, b [6] 8 juin 1770.—*Elisabeth*, b [6] 14 sept. 1772. — *Marie-Charlotte*, b [6] 31 juillet 1774 — *Pierre-Zacharie-Sébastien*, b [6] 5 juin 1776. — *Alexis*, b [6] 12 juillet 1778. — *Michel*, b [6] 29 sept. 1782.

1768, (13 janvier) Petite-Rivière,
IV —PERRON, JOSEPH, [FRANÇOIS III.
b 1748.
TREMBLAY, Felicité, [LOUIS-ANDRÉ III.
b 1750.

1768, (8 août) Baie-St-Paul. [6]
IV.—PERRON, JOSEPH. [PIERRE III.
1° BOUCHARD, Madeleine, [JOSEPH-FRS III.
b 1751 ; s 23 avril 1778, aux Eboulements. [7]
Marie-Félicité, b [6] 30 août 1769.— *Marie-Dorothée*, b [7] 21 juillet 1771. — *Joseph*, b [7] 10 mars 1773 ; s [7] 2 oct. 1774.—*André*, b [7] 4 janvier 1775. —*Madeleine*, b [7] 12 juin 1776.—*Marie-Emérance*, b [7] 17 fevrier 1778.
1779, (21 juin). [7]
2° TREMBLAY, Marie-Anne, [JEAN-FRANÇOIS IV.
b 1753.
Jean, b [7] 23 avril 1780.— *Germain*, b [7] 24 nov. 1781.—*Jacob*, b [7] 23 mai 1784.

(1) Elle epouse, le 19 nov. 1770, Antoine Méran, à Deschambault.

1768, (7 nov.) Baie-St-Paul. [2]
IV.—PERRON, JEAN-BTE, [FRANÇOIS III.
b 1743.
TREMBLAY, Félicité, [LOUIS-ANDRÉ III.
b 1751.
Marie-Hélène-Félicité, b [2] 25 nov. 1769.—*Jean-Baptiste-Louis-Denis*, b [2] 12 août 1771.

1769, (25 sept.) Varennes.
IV.—PERRON, SIMON, [NICOLAS III.
b 1746.
BOUSQUET, Isabelle, [CLAUDE III.
veuve de Jean-Baptiste Lavigne.

PERRON (1), JACQUES.
SANSCRAINTE, Louise.
Jacques, b... m 22 oct. 1793, à Helène DEROME, à Quebec.

1774, (22 nov.) Ile-aux-Coudres. [1]
IV.—PERRON, LOUIS-ETIENNE, [JACQUES III.
b 1742.
TERRIEN, Helène, [BARTHÉLEMI III
b 1749.
Anonyme, b [1] et s [1] 15 février 1777. — *Marie-Euphrosie*, b [1] 21 mars 1778. — *Anonyme*, b [1] et s [1] 27 sept. 1781.—*Marie-Anne*, b [1] 18 sept. 1782.

PERRON, JOSEPH.
GIROUX, Madeleine.
Madeleine, b... m 26 janvier 1790, à Joseph PLAU, à Deschambault.

1777, (30 juin) Baie-St-Paul.
IV.—PERRON, PIERRE, [PIERRE III.
b 1748.
SIMARD, Suzanne, [ETIENNE III.
b 1752.

1781, (26 nov.) Eboulements. [1]
V.—PERRON, JEAN-PIERRE, [JEAN-BTE IV.
b 1760.
GIRARD, Elisabeth, [JÉROME III.
b 1757.
Olivier, b [1] 14 avril 1784. — *Euphrosie*, b [1] 12 mars 1786.

1786, (20 février) Deschambault.
V.—PERRON, JEAN-BTE, [JEAN-BTE IV.
b 1758.
MÉRAND, Marie-Joseph, [LOUIS-MARIE III.
b 1766.

1789, (9 fevrier) Deschambault.
IV.—PERRON, PAUL. [ANTOINE III.
GIGNAC, Elisabeth, [JEAN-FRANÇOIS III.
b 1768.

1791, (20 sept.) Deschambault.
V.—PERRON, MICHEL, [JEAN-BTE IV.
b 1760.
PETIT, Marie-Joseph. [AUGUSTIN.

(1) Dit Lagiroflée.

1793, (19 août) Deschambault.
V.—PERRON, ANTOINE, [ANTOINE IV.
b 1768.
PETIT, Marguerite. [AUGUSTIN.

1793, (22 oct.) Québec.
PERRON (1), JACQUES, [JACQUES.
DEROME, Helène. [FRANÇOIS IV.

1795, (16 février) Deschambault.
V.—PERRON, JOSEPH, [JOSEPH IV.
b 1764.
BELISLE, Louise. [EUSTACHE.

1796, (25 juillet) Deschambault.
V.—PERRON, DOMINIQUE. [JEAN-BTE IV
DESPITAUX, Marie. [AMAND-JOSEPH I.

PERROT.— *Variations et surnoms :* PÉRAU—PÉRAULT — PÉREAU— PÉROT — PERRAULT—PERRAUT—PERREAU—CARCY — CHATEAUGUAY—DERYZY—DESROCHERS — JOYEL —LAGORCE—POITEVIN—QUERCY—ST. PIERRE— TURBAL—VILDAIGRE.

1654, (31 août) Quebec. [1]
I.—PERROT (2), JACQUES,
b 1629; s [1] 17 janvier 1703.
LEFLOT, Michelle,
b 1642; s 24 oct. 1710, à Montréal. [2]
Joseph, b 1663; m 21 avril 1688, à Marie GAGNÉ, à Laprairie [3]; s 30 juillet 1742, à Ste-Famille, I. O. [4] — *Jacques*, b [4] 24 juin 1668; m [2] 11 oct. 1690, à Anne GAGNÉ; s [3] 18 juillet 1700. — *Marguerite*, b [4] 24 juin 1679; m [2] 1er sept. 1710, à Alexandre CELLE-DUCLOS; s [2] 28 mai 1756.

1670, (4 nov.) Montréal.
I.—PERROT (3), PAUL,
b 1645, menuisier; s 19 sept. 1712, à Sorel
CHRÉTIEN, Marie,
b 1655; s 1er déc. 1733, à Deschambault. [1]
François, b 7 fevrier 1678, à Boucherville, m 1700, à Marie FEUILLETEAU. — *Marie-Anne*, b 8 juillet 1682, à Repentigny [2], m 1705, à Joseph-Louis CHAPELAIN; s [1] 15 avril 1744. — *Louis*, b [2] 18 et s [2] 24 janvier 1688. — *Jacques*, b [2] 20 mars 1690; m 28 juillet 1711, à Marie-Madeleine PAQUIN, à Ste-Famille, I. O.

I.—PERROT (4), NICOLAS,
b 1643, s 14 août 1717, à Bécancour. [1]
RACLOT, Marie.
Nicolas, b 1674; m à Marguerite BOURBEAU.—*Marie-Anne*, b 25 juillet 1681, aux Trois-Rivieres, m 1715, à François BIGOT; s [1] 17 nov. 1745.—*Claude*, b 1683; m 9 juillet 1714, à Marie GOULET, à Repentigny.

(1) Dit Lagiroflée.
(2) Dit Vildaigre, voy. vol. I, p. 475.
(3) Dit Lagorce; voy. vol. I, p. 475.
(4) Voy. vol. I, p. 475.

I.—PERROT (1), PIERRE.
b 1654; s 21 mai 1741, à Ste-Anne-de-la-Pérade. [6]
DUCLOS (2), Geneviève, [FRANÇOIS I.
b 1668; s [6] 6 juillet 1740.
Elisabeth, b 26 sept. 1694, au Cap-Santé; m [6] 2 nov. 1719, à Pierre BREILLARD. — *Pierre-François*, b 25 avril 1696, à la Pte-aux-Trembles, Q. [7]; m 16 janvier 1729, à Marie-Anne TROTIER, à Batiscan [8]; s [6] 15 fevrier 1765.—*François*, b [7] 1er mai 1700; m [6] 12 fevrier 1730, à Marie-Joseph ROY; s [6] 9 nov. 1757. — *Marie-Madeleine*, b [8] 5 juin 1702; s [6] 30 déc. 1731. —*Adrien*, b... m [6] 30 oct. 1730, à Barbe RIVARD.—*Marie-Joseph*, b [8] 13 mars 1706; m [6] 18 janvier 1729, à Ignace RIVARD —*Angélique*, b [8] 9 juin 1708; m [6] 16 nov. 1728, à Michel ROY; s [6] 9 fevrier 1778. — *Marie-Françoise*, b [8] 3 dec. 1710; m [6] 3 oct. 1735, à Pierre-Georges PROTEAU.

1688, (21 avril) Laprairie.

II—PERROT (3), JOSEPH, [JACQUES I
b 1663; s 30 juillet 1742, à Ste-Famille, I. O [b]
GAGNÉ, Marie, [PIERRE I.
b 1671; s [6] 28 oct. 1739.
Marie, b 30 juin 1690, à Montréal [7]; m [6] 31 janvier 1707, à François MERCURE. — *Bertrand*, b [7] 7 janvier 1692; 1° m [6] 25 fevrier 1715, à Madeleine GUYON; 2° m 1er août 1717, à Angelique SIMON-AUDET, au Château-Richer [8]; 3° m [6] 20 mai 1731, à Marie GAGNON; s [8] 4 avril 1772.—*François*, b [6] 31 janvier 1696; m [8] 17 avril 1719, à Dorothée BRISSON; s 23 juin 1772, à la Rivière-Ouelle —*Geneviève*, b [6] 1er fevrier 1698; m [6] 22 nov 1717, à Nicolas DROUIN; s [6] 23 avril 1765.—*Louis*, b [6] 11 déc. 1699; m [8] 22 sept. 1723, à Françoise AUDET; s [6] 6 dec. 1726. — *Jacques*, b [b] 19 mars 1702; 1° m [6] 22 fevrier 1729, à Marie-Françoise GUYON; 2° m [6] 17 août 1739, à Marthe LÉTOURNEAU.

1690, (11 oct.) Montreal. [1]

II—PERROT (4), JACQUES, [JACQUES I.
b 1668; s 18 juillet 1700, à Laprairie.
GAGNÉ, Anne, [PIERRE I.
b 1675.
Marie-Anne, b [1] 14 janvier 1692; 1° m 4 fevrier 1706, à Jean-Baptiste NORMANDIN, à Boucherville [2]; 2° m [2] 28 juin 1716, à Pierre FAVREAU.

1700.

II—PERROT (5), FRANÇOIS, [PAUL I.
b 1678.
FEUILLETEAU, Marie, [PIERRE I.
b 1668.
Madeleine, b... 1° m 20 nov. 1730, à Pierre BOURGOIN, à Lachenaye; 2° m 1762, à Jean TERRIEN; s 25 nov. 1769, à St-Henri-de-Mascouche. —*Isabelle*, b... m 1732, à Alexis DESROSIERS.

(1) Voy. vol. I, p. 476.
(2) Voy. Jacques Pourpoint.
(3) Seigneur d'Argentenay; voy. vol I, p. 476.
(4) Voy. vol. I, p. 476.
(5) Dit Lagorce.

1702, (6 nov.) Ste-Famille, I. O.

II.—PERROT (1), PIERRE-PAUL, [PAUL I.
b 1674,
MONTAMBAUT, Marie, [MICHEL I.
b 1670; s 3 avril 1751, à Deschambault. [4]
Paul, b 1703; m [4] 8 fevrier 1745, à Louise GARIÉPY; s [4] 4 août 1789. — *Marie-Joseph*, b... m [4] 12 février 1726, à Louis NAUD; s [4] 13 mars 1767. —*Marie-Madeleine*, b 10 mai 1709, au Cap-Santé [5], s [5] 30 nov. 1710. — *Marie-Angélique*, b [5] 25 sept. 1710. — *Madeleine*, b 1712; m [4] 21 mai 1742, à François GROSLEAU; s [4] 27 février 1790. — *Jacques*, b... m [4] 10 juin 1736, à Marie-Anne MARCOT.

1711, (28 juillet) Ste-Famille, I. O.

II.—PERROT, JACQUES, [PAUL I.
b 1690.
PAQUIN, Marie-Madeleine, [NICOLAS I.
b 1690.
Joseph, b 10, à Deschambault [7] et s 15 août 1712, au Cap-Santé.—*Jacques*, b... 1° m [7] 12 juillet 1739, à Marie-Agathe CLOUTIER; 2° m [7] 13 juillet 1750, à Geneviève MARTINEAU. — *Marie-Anne*, b [7] et s [7] 27 avril 1716.—*Marie-Anne*, b [7] 16 août 1717; m [7] 25 janvier 1739, à François MONTAMBAUT; s [7] 12 mars 1739. — *Joseph-Marie*, b [7] 24 juillet 1721. — *Marie-Madeleine*, b [7] 27 juin et s [7] 22 juillet 1723. — *Paul*, b [7] 4 avril 1725; m 3 août 1750, à Marie-Joseph RIVARD, à Ste-Anne-de-la-Pérade. — *Jean-Baptiste*, b [7] 8 juin 1727; 1° m [7] 10 oct. 1757, à Marie-Anne DELISLE; 2° m [7] 28 avril 1788, à Gertrude GUILBAUT.—*Marie-Joseph*, b [7] 19 août 1730; s [7] 3 août 1746. — *Nicolas*, b [7] 16 oct. 1732; m [7] 7 fevrier 1763, à Marie-Joseph DELISLE. — *Madeleine-Angélique*, b [7] 2 avril 1735; m [7] 28 oct. 1754, à Jean MATHIEU.—*Joseph-Marie*, b 6 juillet 1747, à Québec.

1712, (17 oct.) Trois-Rivières.

II—PERROT (2), MICHEL, [NICOLAS I.
b 1677.
BAUDRY (3), Marie-Jeanne, [GUILLAUME II.
b 1688.
Anonyme, b et s 12 janvier 1716, à Bécancour. [1] —*Marie-Joseph*, b [1] 20 mars 1717.—*Michel-Joseph*, b [1] 13 août et s [1] 16 oct. 1718.

PERROT, PIERRE.
CHAMPAU, Marie.
Marie-Madeleine, b 12 nov. 1712, à Repentigny. [1] — *Jean*, b [1] 12 oct. 1713. — *Pierre*, b [1] 12 oct. 1713; s [1] 19 mars 1714.

II.—PERROT, PAUL, [PAUL I.
b 1676.
L'EVEILLÉ, Madeleine, [ETIENNE I.
b 1684.
Marie-Madeleine, b 13 juin 1714, au Cap-Santé

(1) Dit Lagorce.
(2) Dit Chateauguay.
(3) Elle épouse, le 29 juillet 1724, Paul Blouin, à la Pte-aux-Trembles, M.

1714, (9 juillet) Repentigny.
II.—PERROT, Claude, [Nicolas I.
b 1683.
Goulet, Marie, [Charles II.
b 1690.
Michel, b... m 27 avril 1747, à Marie Hétu, à Lavaltrie. [1]—*Jean-Baptiste*, b... m [1] 21 juin 1751, à Madeleine Robillard.

1714, (18 août) Repentigny.
II.—PERROT, Jean, [Nicolas I.
b 1690.
Quintin, Marie, [Jean I.
b 1695.
Jean, b... 1° m 1743, à Jeanne Corriveau; 2° m 18 oct. 1745, à Suzanne Hayet, à Varennes.

1714.
II.—PERROT (2), Nicolas, [Nicolas I.
b 1674.
Bourbeau, Marguerite, [Pierre II.
b 1678.
Marie-Françoise, b... m 7 janvier 1733, à Joseph Deshaies, à Becancour. [8] — *François-Joseph*, b [8] 16 mars 1717; s [8] 26 nov. 1719.—*Marie-Catherine*, b [8] 25 avril 1719; m [8] 25 oct. 1745, à François David.—*Marie-Charlotte*, b [8] 26 oct. 1720.—*Marie-Elisabeth*, b... m [8] 23 nov. 1739, à Joseph Billy. — *Marie-Madeleine*, b [8] 11 mai 1723; m [8] 14 nov. 1740, à François Billy.

1715, (28 janvier) Batiscan. [5]
II.—PERROT, Louis, [Pierre I.
b 1692; s [5] 21 mars 1718.
Rivard (1), Madeleine, [Julien II.
b 1692.
Louise-Madeleine, b [5] 11 oct. 1715; s [5] 30 janvier 1716.—*Marie-Elisabeth*, b [5] 5 fevrier 1717.—*Marie-Louise* (posthume), b [5] 12 avril 1718.

1715, (25 février) Ste-Famille, I. O. [5]
III.—PERROT (3), Bertrand, [Joseph II.
b 1692; s [5] 4 avril 1772.
1° Guyon, Madeleine, [Claude III.
b 1695; s 5 avril 1717, à St-François, I. O. [6]
Marie-Madeleine-Thècle, b [5] 3 mars 1716; m [5] 6 février 1741, à Gabriel Blouin. — *Marie-Joseph*, b [5] 4 avril 1717; m [5] 28 août 1741, à Joseph-Marie Gagné.
1717, (1er août) Château-Richer. [7]
2° Simon-Audet, Angélique, [Guillaume II.
b 1693; s [6] 22 oct. 1730.
Anonyme, b [6] et s [6] 20 juillet 1718.—*François*, b [6] 1er sept. 1719; 1° m [5] 18 février 1743, à Brigitte Drouin; 2° m 23 juin 1760, à Marie-Angelique Langelier, à St-Joseph, Beauce. — *Louis-Bertrand*, b [6] 14 et s [6] 21 oct. 1720. — *Marie-Marthe*, b [5] 24 juin 1722. — *Jacques*, b [5] 19 août 1723; m [7] 9 fevrier 1750, à Dorothee Gagnon.—*Marie-Angélique*, b [5] 17 sept. 1724; m [5] 12 février 1748, à Joseph Gagnon; s [7] 20 avril 1762.—*Marie-Thérèse*, b [5] 27 oct. et s [5] 22 nov. 1726.—*Joseph*, b... 1° m 1748, à Charlotte Blouin; 2° m [5] 11 fevrier 1767, à Marie-Madeleine Drouin.—*Joseph*, b [5] 10 mars et s [5] 3 mai 1728.— *Louis*, b [5] 14 mars 1729.—*Jacques*, b [5] 20 oct. 1730.
1731, (20 mai). [5]
3° Gagnon, Marie, [Joseph II
b 1702; s [5] 8 mai 1767.

1715, (26 nov.) Québec. [6]
I.—PERROT, François (1), marchand; fils de Jacques (chirurgien) et de Marguerite Cache, de St-Jacques, ville de Cosne-sur-Loire, diocèse d'Auxerre, Bourgogne.
Pagé, Suzanne, [Guillaume II.
b 1690; s [6] 18 juin 1733.
François-Antoine, b [6] 23 oct. 1716. — *Jacques*, b [6] 2 juin 1718; m [6] 20 oct. 1749, à Charlotte Boucher; s [6] 21 mars 1775.—*Joseph-François* (2), b [6] 18 sept. 1719; ordonné [6] 22 sept. 1742, s [6] 1er mars 1774. — *Suzanne-Joseph*, b [6] 30 sept. 1720. — *Louis-François*, b [6] 16 nov. 1721; m 3 août 1750, à Marie-Joseph Babie, à Montreal.—*Marie-Suzanne*, b [6] 25 janvier et s 18 fevrier 1723, à Charlesbourg. — *Marie-Angélique*, b [6] 14 mai 1724. — *Guillaume-Michel*, b [6] 23 janvier 1726. — *Jean-Baptiste*, b [6] 3 juillet 1727, m 12 sept. 1757, à Marie Lemaitre, aux Trois-Rivières.—*Marie-Agathe*, b [6] 9 avril 1729; s [6] 3 mai 1733.—*Jean-Baptiste*, b [6] 2 juillet 1730. — *Marguerite-Suzanne*, b [6] 31 oct. 1731.

1719, (17 avril) Château-Richer.
III.—PERROT, Barthélemi-Frs, [Joseph II.
b 1696; s 23 juin 1772, à la Rivière-Ouelle [7]
Brisson, Dorothee, [René II.
b 1703; s [7] 10 nov. 1772.
Barthélemi-François, b 13 oct. 1720, à Ste-Famille, I O.—*Joseph*, b... m [7] 22 janvier 1748, à Louise-Geneviève Hudon. — *Louis*, b... m 11 fevrier 1754, à Marie-Louise Fortin, au Cap-St-Ignace.—*Dorothée*, b [7] 9 juillet 1733. — *Etienne*, b [7] 6 déc. 1733; m [7] 18 oct. 1756, à Madeleine Plourde.—*Charles*, b [7] 4 sept. 1735; s [7] 13 janvier 1738. — *Marie-Joseph*, b [7] 10 juillet 1737; m [7] 17 nov. 1755, à Jean-Baptiste Paradis; s [7] 18 nov. 1759.—*Louise-Geneviève*, b [7] 27 juillet 1739; m [7] 18 janvier 1762, à Jean-François Lévesque. — *Pierre*, b [7] 24 mai 1741; m 22 oct. 1764, à Louise-Madeleine Boucher, à Ste-Anne-de-la-Pocatière. — *Marie-Dorothée*, b [7] 30 dec 1742, s [7] 5 juin 1744. — *Marie-Madeleine*, b [7] 16 juin 1744; s [7] 27 dec. 1745.—*André*, b [7] 1er mars 1748.

1723, (22 sept.) Château-Richer.
III.—PERROT, Louis, [Joseph II.
b 1699; s 6 dec. 1726, à Ste-Famille, I. O. [1]
Audet (3), Françoise, [Nicolas I.
b 1709.
Marie-Françoise, b [1] 16 nov. 1724; m [1] 5 fevrier

(1) Elle épouse, le 18 nov. 1722, Jean-Baptiste Toutan, à Ste-Anne-de-la-Perade.
(2) Dit Turbal.
(3) Commandant de milices.

(1) Frère de Jacques, marié le 10 janvier 1724.
(2) Vicaire général.
(3) Dit Simon—Lapointe; elle épouse, le 3 mai 1728, Hilaire Bauché, à Ste-Famille, I. O.

1748, à François DEMEULE. — *Geneviève* (posthume), b [1] 23 mars 1727; m [1] 22 février 1745, à Charles VÉRIEUL.

1724, (10 janvier) Château-Richer.

I.—PERROT (1), JACQUES, b 1697, chirurgien; fils de Jacques (chirurgien) et de Marguerite Caché, de St-Jacques, ville de Cosne-sur-Loire, diocèse d'Auxerre, Bourgogne; s 20 avril 1754, à Lachenaye. [2]

NAVERS (2), Marie-Elisabeth, [JEAN-BTE I. b 1704.

Françoise, b [2] 21 août 1726.—*Jacques-Noël*, b 7 nov. 1727, à Montréal.—*Joseph*, b [2] 26 mai 1729, m [2] 10 nov. 1760, à Agathe CHARBONNEAU. — *Joseph-Charles*, b [2] 1er août 1730. — *Louise*, b 1733 m [2] 11 oct. 1762, à Jacques-Marie NOLAN; s [2] 22 déc. 1765. — *Jean-Marie*, b [2] 12 et s [2] 29 janvier 1735.— *Charles*, b [2] 7 et s [2] 28 nov. 1736.— *François*, b [2] 15 et s [2] 17 mai 1740. —*Jean-Jacques*, b [2] 23 août 1744; m [2] 15 janvier 1770, à Louise BOISSONNEAU. — *François-Paschal*, b [2] 17 oct. 1746.

1725, (10 oct.) Montréal. [3]

I—PERROT, FRANÇOIS, b 1699; fils de Laurent et de Jeanne Girau, de St-Sulpice, Paris.

RENAUD, Agnès, [ANTOINE I. b 1690; veuve de Joseph Cartier; s 4 août 1761, à St-Vincent-de-Paul. [4]

Agnès-Françoise, b [3] 8 oct. 1726; m [3] 1er mars 1745, à François PÉRINEAU; s [3] 17 mars 1747.— *Anonyme*, b [3] et s [3] 1er mars 1728.—*Jean-Baptiste*, b... m [4] 2 février 1761, à Marie-Amable PAQUET.

I.—PERROT (3), JEAN, sergent.

GUÉRINET, Jeanne.

Jean, b 1731; m 27 juin 1752, à Marie-Anne MÉNARD, à Montreal.[5] —*Marie-Jeanne*, b [5] 28 mars 1744.—*Elisabeth*, b 1746; m [5] 7 nov. 1772, à Joseph FILTEAU; s [5] 22 avril 1782.

1729, (16 janvier) Batiscan. [6]

II.—PERROT, PIERRE-FRANÇOIS, [PIERRE I. b 1696; s 15 fevrier 1765, à Ste-Anne-de-la-Pérade. [7]

TROTIER (4), Marie-Anne, [FRANÇOIS-MARIE III. b 1709; s [7] 6 nov. 1759.

Pierre, b [7] 24 mars 1730.—*Geneviève*, b [7] 11 nov. 1731; m [7] 17 fevrier 1756, à Jean-Baptiste DUBORD.—*Joseph*, b [7] 8 août et s [7] 2 déc. 1733.— *Joseph*, b [7] 13 et s [7] 16 nov. 1734.—*Marie-Anne*, b [7] 24 dec. 1735; m [7] 19 janvier 1755, à Alexis RAUX.—*Jean-Baptiste*, b [7] 27 et s [7] 29 oct. 1737.— *Henri*, b [7] 12 oct. 1738; m [7] 3 fevrier 1767, à Marie-Joseph ROCHEREAU. — *Louis-Joseph*, b [7] 20 oct. 1740; 1° m [7] 8 février 1773, à Marie-Joseph LAQUERRE; 2° m 21 août 1787, à Thérèse RIVARD, aux Grondines.—*Marie-Louise*, b [7] 10 février 1743; m [7] 3 juin 1765, à Jean-Baptiste TOUTAN.— *Marie-Elisabeth*, b [7] 15 fevrier 1745; m [7] 30 janvier 1775, à Jacques SÉDILOT.—*Marguerite*, b [7] 26 oct. 1746; m [6] 8 fevrier 1779, à Jean-Melchior HOURÉ-GRANDMONT.—*Louis-Alexis*, b [7] 16 août 1748.—*Joseph*, b... m [7] 20 fevrier 1775, à Marie-Anne GELIN.—*Claude-Thomas*, b [7] 24 mars 1750. —*Alexis*, b [7] 16 janvier 1752.—*Marie-Françoise*, b [7] 16 juillet 1753; s [7] 9 nov. 1757.

PERROT, FRANÇOIS, b 1687; s 1er dec. 1778, à Montreal.

1729, (22 fevrier) Ste-Famille, I. O. [9]

III.—PERROT, JACQUES, [JOSEPH II. b 1702.

1° GUYON, Marie-Françoise, [GERVAIS III. b 1711; s [9] 18 juillet 1738.

Marie-Madeleine, b [9] 25 avril et s [9] 27 août 1730.—*Marie-Françoise*, b [9] 25 juillet 1731; s [9] 11 nov. 1748.—*Joseph-Amable*, b [9] 1er août et s [9] 4 oct. 1733.—*Jacques*, b [9] 2 oct. 1734.—*Joseph*, b [9] 11 déc. 1736; m [9] 8 fevrier 1763, à Marguerite BLOUIN.

1739, (17 août). [9]

2° LÉTOURNEAU, Marthe, [JEAN III. b 1715; s [9] 28 mai 1761.

Marie-Marthe, b [9] 21 juillet 1740; m [9] 23 nov. 1761, à Antoine SIMON.—*Marie-Madeleine*, b [9] 17 mars 1742.—*Geneviève*, b [9] 9 mars 1744.—*Jean-Baptiste*, b [9] 30 août 1746.—*Bernard*, b [9] 1er janvier 1749; m 2 mars 1778, à Marie LAMONTAGNE, à Québec.—*Augustin*, b [9] 22 oct. 1752.—*Marie-Pélagie*, b [9] 20 mai 1756.—*Marie-Marguerite*, b [9] 20 mai 1759.

1729, (25 avril) Québec. [6]

I.—PERROT, BLAISE-ETIENNE-NICOLAS, b 1696; fils de Claude et de Marie-Anne Lambert, de St-Urbain, diocèse de Châlons, Champagne; s [6] 5 mars 1756.

GUENET, Marie-Anne, [THOMAS II. b 1706.

Marie-Françoise-Louise, b [6] 9 juin 1730, s [6] 22 mai 1731.—*Joseph*, b [6] 13 mars 1732.—*Nicolas*, b [6] 30 oct. 1736.—*Jean-François*, b [6] 8 juin et s [6] 22 août 1738.—*Marie-Geneviève*, b [6] 4 janvier 1740.—*Marie-Anne*, b [6] 20 avril 1743.—*Marie-Joseph*, b 1749; m 9 fevrier 1767, à François DUPUIS, à Montréal.

1730, (12 février) Ste-Anne-de-la-Pérade. [7]

II.—PERROT, FRANÇOIS, [PIERRE I. b 1700; s [7] 9 nov. 1757.

ROY, Marie-Joseph, [EDMOND II. b 1707; s [7] 7 janvier 1779.

1730, (30 oct.) Ste-Anne-de-la-Pérade. [4]

II.—PERROT, ADRIEN. [PIERRE I.

RIVARD (1), Barbe, [FRANÇOIS II. b 1712.

Marie-Joseph, b [4] 1er nov. 1731. — *Adrien*, b 1733; s [4] 12 juillet 1739. — *Pierre*, b 5 fevrier 1734, à Lotbinière.—*Marie-Marthe*, b... m 7 sept.

(1) Il signe Perreau, 1730. Frère de François, marié le 26 nov. 1715.

(2) Elle était sage-femme le 3 mars 1775, à Lachenaye.

(3) Dit Poitevin.

(4) Dit Belcour.

(1) Dit Lacoursière.

1758, à François-de-Sales Lemay, à St-Pierre-les-Becquets.[5]—*Joseph*, b 10 août 1737, à Ste-Geneviève; s[4] sept. 1754. — *Angélique*, b[4] 27 sept. 1739; s[5] 10 mars 1749. — *Marie-Barbe*, b[5] 12 juin 1743.—*Adrien-Amable*, b[6] 20 juillet 1746.—*Marie-Barbe*, b[5] 7 mai 1748.—*Michel*, b[5] 27 mai 1751.—*Basile*, b 30 sept. 1753, à Batiscan.

PERROT (1), Joseph,
b 1733; s 21 oct. 1793, à St-Cuthbert.[8]
1° Durand, Marie-Louise, [François II.
b 1734; s[8] 18 fevrier 1777.
1777, (28 avril).[8]
2° Boulet-Martin, Marie-Joseph, [Martin III.
b 1752.
Marie-Marguerite-Adélaïde, b... m[8] 12 mars 1795, à Guillaume-Clement Verneuil.

1730, (27 nov.) Montreal.[8]
I.—PERROT (2), Pierre, b 1692; fils de Jean et de Jeanne Vocate, de St-Cloud, diocèse d'Angoulesme, Angoumois.
Ethier, Louise-Françoise, [François II.
b 1710.
Marie-Catherine, b 7 janvier 1732, à Laprairie[9]; m[8] 9 février 1750, à Joseph Rives. — *Pierre*, b[9] 11 oct. 1733. — *Pierre*, b[9] 10 oct. 1734; m[8] 10 avril 1758, à Elisabeth Bernard. — *Antoine*, b[9] 29 sept. 1735; 1° m[8] 4 nov. 1760, à Marie-Angélique DuLignon; 2° m[8] 8 nov. 1762, à Jeanne Piquet.—*Marie-Françoise*, b[9] 21 août 1737; m[8] 31 janvier 1757, à Jean-Louis Gautier. —*Marie-Madeleine*, b[9] 21 et s[9] 23 août 1739.—*Guillaume*, b[9] 18 oct. 1740; 1° m[8] 4 fevrier 1765, à Marie-Joseph Prudhomme; 2° m[8] 12 janvier 1778, à Marie-Marthe Nadeau.—*Joseph-Marie*, b[9] 23 déc. 1742; 1° m[8] 3 juillet 1769, à Louise-Amable Prudhomme; 2° m[8] 17 août 1771, à Marie-Anne Tavernier. — *Jean-Baptiste*, b 1744; m[8] 18 fevrier 1764, à Marie-Françoise Miville.—*Laurent*, b[8] 2 mars 1748.

1735, (21 fevrier) Québec.[4]
I.—PERROT (3), Bernard, fils de Jean et d'Elisabeth Boutin, de Dixon, diocèse de Bordeaux.
Talon, Marguerite, [Etienne I.
b 1711.
Antoine, b[4] 6 juillet 1736; m[4] 12 fevrier 1759, à Marie-Joseph Lemelin.

PERROT, Michel.
1° Février, Françoise, [Christophe I.
b 1682; veuve d'Antoine Martin.
1767, (18 mai) St-Antoine-de-Chambly.
2° Dube, Marie-Joseph, [Pierre II.
b 1721; veuve de Frédéric DeLemont.

PERROT, Pierre.
Laisné, Agathe.
Marie-Louise, b 26 juillet 1736, à Québec.

---

(1) Dit Châteauguay.
(2) Dit St. Pierre.
(3) Et Perrault.

1736, (10 juin) Deschambault.[8]
III.—PERROT, Jacques. [Pierre-Paul II
Marcot, Marie-Anne, [Jean-Bte II
b 1715; s[8] 13 juillet 1795.
Marie-Angélique, b[8] 11 août 1737; m[8] 7 fevrier 1757, à Louis-Joseph Lefebvre. — *Marie-Madeleine*, b[8] 16 avril 1739; m 10 janvier 1774, à Joseph Caron, à Repentigny.[9] — *Jacques-Alexis*, b[8] 19 avril 1742; m[8] 14 fevrier 1791, à Marie-Joseph Laroche. — *Pierre-Joseph*, b[8] 29 juin 1743. — *Marie-Joseph*, b[8] 2 nov. 1744.—*Paul*, b[8] 25 fevrier 1746. — *Raphaël*, b[8] 7 oct. 1747; s[9] 19 sept. 1771. — *Monique*, b[8] 1er avril 1749; m[8] 20 fevrier 1786, à François Lefebvre. —*Joseph-Marie*, b[8] 9 août 1750.—*Jean-Baptiste*, b[8] 27 juillet 1752. — *Nicolas*, b[8] 9 dec. 1754; s[8] 28 mars 1756. — *Marie-Thérèse*, b[8] 5 dec. 1756; s[8] 10 août 1760.—*Marie-Marguerite*, b[8] 5 et s[8] 21 juillet 1759.

1739, (12 juillet) Deschambault.[8]
III.—PERROT, Jacques. [Jacques II.
1° Cloutier, Marie-Agathe, [Joseph II
b 1720; s[8] 6 janvier 1750.
Jacques, b[8] 10 avril 1740; m 29 juillet 1771, à Marie-Charlotte Richaume, à Repentigny.
1750, (13 juillet).[8]
2° Martineau, Geneviève, [Simon II
b 1729.
Joseph-Marie, b[8] 13 janvier 1752. — *Jean-Baptiste*, b[8] 12 oct. 1753.

1743, (18 fevrier) Ste-Famille, I. O.
IV.—PERROT, François, [Bertrand III.
b 1719.
1° Drouin, Brigitte, [Pierre III
b 1722.
Marie-Brigitte, b 1744; m 2 mars 1767, à Joseph Bolduc, à St-Joseph, Beauce[8]; s[8] 26 mars 1773.— *François*, b[8] 2 janvier 1745.
1760, (23 juin).[8]
2° Langelier, Marie-Angelique, [François III
b 1724.
Joseph, b[8] 23 février 1761.—*Michel*, b[8] 26 juin 1763.

1743.
III.—PERROT, Jean. [Jean II
1° Corriveau, Jeanne.
Marie-Jeanne, b 1744; m 16 nov. 1761, à Michel Choret, à Montréal.
1745, (18 oct.) Varennes.
2° Hayet, Suzanne, [Louis II
b 1720.

1745, (8 février) Deschambault.[8]
III.—PERROT, Paul, [Pierre-Paul II
b 1703; s[8] 4 août 1789.
Gariépy, Louise, [Louis III
b 1724.
Marguerite, b[8] 23 nov. 1745; m[8] 1er fevrier 1768, à Joseph Delisle; s[8] 29 juillet 1793—*Marie-Louise*, b[8] 19 juin 1747; m[8] 25 janvier 1768, à Augustin Delisle. — *Paul*, b[8] 26 nov.

1748. — *Joseph-Marie*, b [8] 12 oct. 1751. — *Pierre*, b [8] 26 février 1756. — *Marie-Joseph*, b [8] 4 fevrier et s [8] 2 juillet 1760. — *Marie-Anne*, b [8] 26 oct. 1761; 1° m [8] 2 oct. 1786, à Simon GAUTIER; 2° m [8] 9 juillet 1792, à François MATHIEU.

PERROT, JEAN, b 1720; s 5 déc. 1749, à St-Thomas.

1747, (27 avril) Lavaltrie. [8]
III.—PERROT, MICHEL. [CLAUDE II.
HÉTU, Marie, [JEAN-BTE II.
b 1727.
Marie-Archange, b [8] 6 et s [8] 15 juillet 1748.— *Marie-Louise*, b [8] 1er et s [8] 3 mai 1749. — *Ignace*, b [8] 12 août 1750. — *Marie-Archange*, b [8] 24 avril 1752.—*Marie-Brigitte*, b [8] 17 et s [8] 31 août 1753. —*Basile*, b [8] 29 mars et s [8] 15 oct. 1755. — *Marie-Marguerite*, b [8] 3 nov. 1756.— *Basile*, b [8] 15 juin et s [8] 11 juillet 1758. — *Jean-Baptiste*, b [8] 17 fevrier 1760.

1748, (22 janvier) Rivière-Ouelle. [4]
IV.—PERROT, JOSEPH. [BARTHÉLEMI-FRS III
HUDON, Lse-Geneviève. [LOUIS-CHARLES II.
Marie-Joseph, b [4] 15 mars 1749; m 10 août 1778, à Pierre-Antoine MORIN, à Kamouraska. [5] —*Anonyme*, b [5] et s [5] 5 juillet 1753. — *Louise-Geneviève*, b [4] 21 juin 1754; s [5] 26 oct. 1761.— *Marie-Judith*, b [5] 3 avril 1756. — *Marguerite-Apolline*, b [5] 10 mai 1757. — *Marie-Anne*, b [5] 17 août 1760.—*Joseph*, b [5] 12 avril 1762.—*Félix*, b [5] 17 mai 1764. — *Sébastien*, b [5] 24 sept. 1766. — *Marie-Julienne*, b [5] 9 mai 1771.

1748.
IV.—PERROT, JOSEPH. [BERTRAND III.
1° BLOUIN, Charlotte, [GABRIEL II
b 1722, s 12 nov. 1765, à Ste-Famille, I. O. [1]
Marie-Marthe, b [1] 30 juin 1749.—*Marie-Hélène*, b [1] 21 nov. 1750.—*Marie*, b... m [1] 4 février 1771, à Charles-Amable DROUIN. — *Marie-Joseph*, b 15 mars 1752, à Ste-Anne; s [1] 13 mars 1756. — *Catherine-Pélagie*, b [1] 25 oct. 1753; m [1] 6 août 1771, à Louis POULIN.— *Marie-Marguerite*, b [1] 31 dec. 1754; s [1] 19 janvier 1756.—*Marie-Geneviève*, b [1] 3 janvier et s [1] 4 août 1756. — *Joseph*, b [1] 20 fevrier 1757. — *Julie*, b [1] 2 avril 1759. — *Marie-Geneviève*, b [1] 20 mai 1763; s [1] 12 mars 1764.
1767, (11 février). [1]
2° DROUIN, Marie-Madeleine, [PIERRE IV.
b 1738.
François, b [1] 2 nov. 1767.

PERROT, Joseph.
BLOUIN, Catherine.
François-Marie, b 15 mars 1762, au Château-Richer.

PERROT, LAURENT. [LOUIS.
1° BOILEAU, Louise,
b 1729; s 27 janvier 1761, à Chambly. [9]
Marie, b... m [9] 1er fevrier 1768, à Antoine POIRIER.—*Joseph*, b [9] 28 fevrier et s [9] 20 mars 1748. —*Marie-Joseph*, b [9] 11 sept. 1750. — *Marguerite*, b [9] 11 fevrier 1753. — *Marie-Madeleine*, b [9] 11 et s [9] 17 avril 1754. — *Antoine-Laurent*, b [9] 30 janvier 1756. — *Michel-Hypolite*, b [9] 14 nov. et s [9] 6 déc. 1757.—*Pierre*, b [9] 15 janvier et s [9] 21 juillet 1759.
1761, (4 août). [9]
2° ROBERT, Charlotte, [JACQUES III.
veuve de Jean-Baptiste Choquet.

1749, (20 oct.) Québec. [8]
II.—PERROT, JACQUES, [FRANÇOIS I.
b 1718; marchand; s [8] (dans l'eglise) 21 mars 1775.
BOUCHER (1), Charlotte, [PIERRE IV.
b 1731; s [8] 6 août 1792.
Jacques-Nicolas, b [8] 6 août 1750; m à Marie-Anne AMIOT. — *Françoise-Charlotte*, b [8] 29 juin 1751.—*François-Joseph*, b [8] 19 juin 1752; s [8] 30 avril 1753.—*Charles-François*, b [8] 19 sept. 1753; ordonné [8] 21 dec. 1776; s 24 dec. 1794, à St-Laurent, M.—*Joseph-Michel*, b [8] 19 et s [8] 24 avril 1755.—*Pierre*, b [8] 20 mai 1756; m [8] 7 sept. 1779, à Marie-Joseph PERRAS. — *Charles*, b [8] 10 mai 1757; ordonné [8] 20 mai 1780; s 1er janvier 1793, à l'Ile-aux-Coudres. — *François-Michel*, b [8] 16 oct. 1758. — *Marie-Joseph*, b 10 oct. 1759, aux Trois-Rivières; m [8] 11 avril 1787, à Pierre-Louis BRASSARD, s 3 nov. 1810, à Montréal. — *Louis*, b [8] 11 juin 1764.

PERROT, JOSEPH.
1° CHAUSSÉ, Geneviève.
1751, (7 juin) Pte-aux-Trembles, Q.
2° LETARTE, Marie-Joseph, [RENÉ III.
b 1722.

1750.
PERROT, PIERRE.
LESCARBOT, Jeanne.
Joseph-Alexis, b 27 juin 1751, à Lanoraie [3]; s [3] 17 nov. 1755. — *Marie-Joseph*, b [3] 3 mars 1754.— *Marie-Angélique*, b [3] 16 mars 1756. — *Basile*, b [3] 10 oct. 1758.

1750, (9 février) Château-Richer.
IV.—PERROT, JACQUES, [BERTRAND III.
b 1723.
GAGNON, Dorothée, [PIERRE III.
b 1723.
Jacques, b 2 juillet 1752, à Quebec [1] — *Françoise*, b [1] 27 juillet 1755; s [1] 7 avril 1758.

1750, (3 août) Ste-Anne-de-la-Pérade.
III.—PERROT, PAUL, [JACQUES II.
b 1725.
RIVARD-LANOUETTE, Marie-Joseph, [PIERRE III.
b 1728.
Marie-Joseph-Marguerite, b 10 oct. 1751, à Deschambault. [2] — *Marie-Anne*, b [2] 2 déc. 1753. —*Marie*, b [2] 28 juin 1755.—*Marie-Geneviève*, b [2] 20 dec. 1757.

(1) De Boucherville.

1750, (3 août) Montréal.
II.—PERROT, LOUIS-FRANÇOIS, [FRANÇOIS I.
b 1721.
BABIE, Marie-Joseph, [RAYMOND II.
b 1728; s 24 avril 1762, aux Trois-Rivières.[3]
Marie-Joseph-Louise, b 24 juillet 1751, à Québec[4]; m 16 sept. 1776, à Martin DURALDE, à St-Louis, Mo.—*Nicolas-Louis*, b[4] 8 juillet 1752.—*Joseph-François*, b[4] 2 juin 1753; m à Ursule MCCARTY; s[4] 8 avril 1844.—*Thérèse*, b[4] 25 sept. et s 12 oct. 1754, à Charlesbourg.—*Françoise-Suzanne*, b[4] 14 mai 1756.—*Marie-Antoinette*, b[4] 14 mai et s 26 juillet 1756, à Beauport.[5]—*Louise*, b[4] 10 et s[5] 28 mai 1757.—*Michel-Nicolas*, b[4] 18 avril 1758.—*François*, b[4] 8 mai 1759.—*Charlotte*, b[3] 8 juin 1760.—*Jean-Baptiste*, b[3] 25 déc. 1761.

1751, (21 juin) Lavaltrie.[6]
III.—PERROT, JEAN-BTE. [CLAUDE II.
ROBILLARD, Madeleine. [PIERRE II.
Pierre, b[6] 22 sept. 1760.

1752, (27 juin) Montréal.
II.—PERROT, JEAN, [JEAN I.
b 1731.
MÉNARD, Marie-Anne, [JEAN-LOUIS I.
b 1734.

PERROT, JEAN,
b 1727; s (picote) 28 mars 1767, à Kamouraska[1]
OUELLET, Marie-Louise.
Jean-François, b[1] 13 et s[1] 22 août 1752.—*Jean-Raphaël*, b[1] 27 janvier et s[1] 12 mars 1754.—*Jean-Baptiste*, b[1] 25 août 1755; m 21 nov. 1785, à Marguerite LÉVESQUE, à la Rivière-Ouelle.—*Antoine*, b[1] 23 déc. 1757; s[1] 22 nov. 1763.—*Marie-Théotiste*, b[1] 19 mars 1764.

PERROT, BASILE.
RIVET, Marie-Anne.
Marie-Madeleine, b 15 fevrier 1753, à Verchères.[2] — *Marie-Cécile*, b[2] 25 février 1755. — *Marie-Catherine*, b[2] 13 nov. 1759.

1754, (11 février) Cap-St-Ignace.
IV.—PERROT, LOUIS. [BARTHÉLEMI-FRS III.
FORTIN, Marie-Louise, [LOUIS III.
b 1732.
Marie-Dorothée, b 15 janvier 1755, à la Rivière-Ouelle.[5] — *Pélagie*, b[5] 12 mars 1757; s[5] 26 août 1758.—*Marie-Pelagie*, b[5] 20 mars 1759; m 24 nov. 1777, à Pierre SÉRAT, à Montréal.[6]—*Marie-Joseph*, b 1761, m[6] 11 juin 1781, à Philippe KAQUERELLE.

1756, (18 oct.) Rivière-Ouelle.[7]
IV.—PERROT, ETIENNE, [BARTHÉLEMI-FRS III.
b 1733.
PLOURDE, Madeleine, [AUGUSTIN II.
b 1733.
Marie-Louise, b[7] 1er nov. 1759; m[7] 19 janvier 1784, à Alexandre OUELLET.—*Madeleine*, b... m[7] 19 nov. 1781, à Augustin DELAVOYE.—*Pierre* (1), b... s 13 fevrier 1788, à la Rivière-des-Prairies

PERROT, FRANÇOIS.
LÉVÊQUE, Madeleine.
Marie-Madeleine, b 9 avril 1758, à la Rivière-Ouelle.

1757, (12 sept.) Trois-Rivières.[3]
II.—PERROT, JEAN-BTE, [FRANÇOIS I.
b 1727.
LEMAITRE, Marie. [LOUIS III.
Anonyme, b[3] et s[3] 25 mars 1758. — *Marie-Claire*, b[3] 16 juillet 1759; s[3] 19 fevrier 1760.—*Louis*, b[3] 10 mars 1761.

1757, (10 oct.) Deschambault.[8]
III.—PERROT, JEAN-BTE, [JACQUES II
b 1727; notaire.
1° DELISLE, Marie-Anne, [LOUIS-JOSEPH III
b 1739.
Marie-Marguerite, b[8] 29 oct. 1758; s[8] 31 août 1759. — *Marie-Anne*, b[8] 28 mars 1760. — *Marie-Joseph*, b[8] 3 juillet et s[8] 19 déc. 1762. — *Marie-Marguerite*, b[8] 7 dec. 1763.—*Marie-Joseph*, b[8] 9 oct. 1765.—*Théotiste*, b[8] 31 déc. 1767.
1788, (28 avril).[8]
2° GUILBAUT, Gertrude,
Acadienne; veuve de Michel Laon.

1758, (10 avril) Montréal.[4]
II.—PERROT, PIERRE, [PIERRE I
b 1734.
BERNARD, Elisabeth, [JEAN-BTE
b 1735.
Geneviève, b 1763; m[4] 10 oct. 1778, à Jean-Baptiste IMBAULT.

1759, (12 fevrier) Québec.
II.—PERROT, ANTOINE, [BERNARD I
b 1736.
LEMELIN, Marie-Joseph, [LAURENT III.
b 1737.
Antoine, b 8 dec. 1759, à Verchères.

1760, (4 nov.) Montréal.[4]
II.—PERROT, ANTOINE, [PIERRE I
b 1735.
1° DULIGNON, Marie-Angélique, [JEAN II.
b 1731.
1762, (8 nov.)[4]
2° PIQUET, Jeanne, [FRANÇOIS II
b 1742.
Antoine, b 1763; m[4] 20 oct. 1783, à Geneviève GAUVREAU.

1760, (10 nov.) Lachenaye.[8]
II.—PERROT, JOSEPH, [JACQUES I
b 1729.
CHARBONNEAU, Agathe, [PHILIPPE III.
b 1742.
Joseph-Charles, b[8] 6 sept. 1761.—*Marie-Françoise*, b... m[8] 4 oct. 1784, à Simon PICARD.—*Marie-Elisabeth*, b[8] 6 fevrier et s[8] 20 sept. 1765.

(1) Venu en visite chez ses parents.

—*Jacques*, b [8] 2 avril et s [8] 10 août 1766. —*Jacques*, b [8] 6 juin 1767.— *Geneviève*, b [8] 15 juillet 1768; s [8] 1er janvier 1770. — *Marie-Charlotte*, b [8] 6 mars 1770. — *Marie-Agathe*, b [8] 16 mars et s [8] 8 avril 1771. — *Jean-Marie*, b [8] 4 juin et s [8] 8 août 1772. — *Jean-Marie*, b [8] 21 juillet et s [8] 4 août 1773. — *Augustin*, b [8] 2 août 1774.—*Marie-Angélique*, b [8] 9 et s [8] 28 sept. 1775. — *Jean*, b [8] 16 déc. 1776.—*Marie-Angélique*, b [8] et s [8] 17 mai 1778. — *Marie-Amable*, b [8] et s [8] 8 oct. 1780.—*Marie-Clémence*, b [8] 27 janvier 1782. — *Marie-Marguerite*, b [8] 18 avril et s [8] 22 juillet 1784.

1761, (2 fevrier) St-Vincent-de-Paul. [7]

II.—PERROT (1), JEAN-BTE, [FRANÇOIS I.
b 1730.
PAQUET, Marie-Amable, [LOUIS IV.
b 1740.
Agnès, b 1762; m [7] 8 oct. 1781, à Joseph FORGET (2) DESPATIS.

1763, (7 février) Deschambault. [1]

III.—PERROT, NICOLAS, [JACQUES II.
b 1732.
DELISLE (3), Marie-Joseph, [LOUIS-JOSEPH III.
b 1745; s [1] 25 janvier 1791.
Nicolas, b [1] 6 août 1766; m [1] 19 avril 1790, à Rosalie MAILLOU. — *Joseph*, b [1] 6 mars 1768; m [1] 23 nov. 1790, à Marie MARCOT.

1763, (8 février) St-Jean, I. O. [1]

IV.—PERROT (1), JOSEPH, [JACQUES III.
b 1736.
BLOUIN (4), Marie-Margte, [JOSEPH-MARIE III.
b 1741.
Joseph-Marie, b [1] 7 mai 1764.

1763, (11 avril) Québec [2]

I.—PERROT (5), PIERRE, b 1739; fils de Pierre-François et de Reine Didier, de Darcey, diocese d'Autun, Bourgogne.
POULIN, Genevieve, [PIERRE IV.
b 1745.
Geneviève, b... m [2] 30 août 1785, à Joseph LAURENCEL.—*Pierre-François*, b 30 janvier 1764, à St-Michel-d'Yamaska [3]; m [2] 30 janvier 1787, à Marie-Charlotte DUPRÉ —*François-Marie*, b [3] 4 juin 1765.

1764, (22 oct.) Ste-Anne-de-la-Pocatière.

IV.—PERROT, PIERRE, [BARTH.-FRANÇOIS III.
b 1741.
BOUCHER, Louise-Madeleine, [LOUIS-IGNACE IV.
b 1742.

(1) Et Perrault.
(2) Originairement Froget.
(3) Aubin.
(4) Et Bellouin.
(5) Venu en 1756; soldat de Berry, compagnie de St. Félix. (Procès-verbaux).

1765, (4 février) Montreal. [6]

II.—PERROT, GUILLAUME, [PIERRE I.
b 1740.
1° PRUD'HOMME, Marie-Jos., [FRS-XAVIER IV.
b 1746.
1778, (12 janvier). [6]
2° NADEAU (1), Marie-Marthe, [JEAN-BTE IV.
b 1750.

1765, (18 fevrier) Montréal.

II.—PERROT, JEAN-BTE, [PIERRE I.
b 1744.
MIVILLE, Marie-Françoise, [PIERRE IV.
b 1746.

1767, (3 février) Ste-Anne-de-la-Pérade. [9]

III.—PERROT, HENRI, [PIERRE-FRANÇOIS II.
b 1738.
ROCHEREAU, Marie-Joseph, [ALEXIS III.
b 1744.
Marie-Joseph, b [9] 16 nov. 1767.—*Anonyme*, b [9] et s [9] 28 janvier 1769.—*Anonyme*, b [9] et s [9] 4 sept. 1770.—*Judith*, b [9] 6 août 1776.—*Pierre-Alexis*, b [9] 28 oct. 1779.—*Henri*, b 3 août 1784, à Batiscan.

1769, (3 juillet) Montréal. [2]

II.—PERROT, JOSEPH, [PIERRE I.
b 1742.
1° PRUD'HOMME, Frse-Amable, [NICOLAS IV.
b 1750.
1771, (17 août). [2]
2° TAVERNIER, Marie-Anne, [JULIEN I.
b 1752; s [2] 8 avril 1822.
Claire, b... m [2] 7 nov. 1802, à Augustin CUVILLIER.

PERROT (2), JEAN-BTE.
GAUDET (3), Marie.
Suzanne, b... m 12 avril 1790, à Jean-Baptiste GUILLEMETTE, à St-Cuthbert. [3] — *Anonyme*, b [3] et s [3] 26 oct. 1770.—*Anonyme*, b [3] et s [3] 30 juin 1771.—*Anonyme*, b [3] et s [3] 11 avril 1777.—*Marie-Brigitte*, b [3] 22 et s [3] 25 juillet 1778.

1770, (15 janvier) Lachenaye. [4]

II.—PERROT, JEAN-JACQUES, [JACQUES I.
b 1744.
BOISSONNEAU, Louise. [NICOLAS III.
Marie-Louise-Amable, b [4] 14 mai 1771. — *Jacques*, b [4] 6 sept. 1773.

PERROT (2), PIERRE.
MONDOR (4), Marie-Ursule.
Marie, b... m 12 fevrier 1787, à Pierre RÉMILLARD, à St-Cuthbert. [5] — *Pierre-Sulpice*, b [5] 24 avril 1772.—*Antoine*, b [5] 6 et s [5] 29 avril 1774.—*Marguerite*, b [5] 6 avril 1774; s [5] 7 fevrier 1775.—*Marie-Anne*, b [5] 9 oct. 1775.—*Marie-Angélique*, b [5] 2 oct. 1778.—*Antoine*, b [5] 21 février 1780.—

(1) Elle épouse, plus tard, Joseph Morin.
(2) Dit Châteauguay.
(3) Dit Lacaillade.
(4) Dit Léonard.

Marie-Louise, b [5] 16 oct. 1783.—*Marie-Ursule*, b... m [5] 24 février 1783, à Paul SYLVESTRE.

1771, (29 juillet) Repentigny.

IV.—PERROT, JACQUES, [JACQUES III.
b 1740.
RICHAUME, Marie-Charlotte, [PIERRE IV.
b 1754.

1772, (19 oct.) Montréal.

PERROT, AMABLE, [PIERRE.
b 1751.
ROY, Elisabeth, [FRANÇOIS.
b 1753.

1773, (8 février) St-Anne-de-la-Pérade. [4]

III.—PERROT, LOUIS-JOS., [PIERRE-FRS II.
b 1740.
1° LAQUERRE (1), Marie-Joseph. [FRANÇOIS III.
Marie-Louise, b [4] 28 juillet 1774.— *Pierre*, b [4] 5 et s [4] 6 mai 1775. — *Marie-Joseph*, b [4] 19 mars 1776.—*Geneviève*, b [4] 20 janvier 1778.—*Anonyme*, b [4] et s [4] 6 février 1780. — *Louis-Joseph*, b [4] 26 oct. et s [4] 22 nov. 1780.

1787, (21 août) Grondines.

2° RIVARD, Thérèse, [NICOLAS IV.
b 1762.

1775, (20 février) Ste-Anne-de-la-Pérade. [5]

III.—PERROT, JOSEPH. [PIERRE-FRANÇOIS II.
GOUIN, Marie-Anne, [JOACHIM III.
b 1747.
Joseph, b [5] 20 déc. 1775 ; s [5] 13 janvier 1776.—*Marie-Anne-Elisabeth*, b [5] 11 avril 1780.

1777.

PERROT, JEAN-BTE.
COLIN, Marie-Joseph, [JOSEPH IV.
b 1758.
Jean-Baptiste, b et s 23 janvier 1778, à Repentigny. [9] — *Joseph*, b [9] et s [9] 31 déc. 1778.

PERROT (2), PIERRE-SULPICE.
RINFRET (3), Jeanne.
Sulpice, b et s 25 nov. 1777, à Repentigny. [3] — *François*, b [3] et s [3] 9 avril 1780. — *Joseph*, b... m 13 janvier 1807, à Marie-Louise SAVOIE, à St-Charles, Mo.—*Thérèse*, b [3] 7 sept. 1787. — *Marie-Anne*, b [3] 24 juin 1791. — *François*, b [3] 28 sept. 1792.

1778, (2 mars) Québec. [2]

IV.—PERROT, BERNARD, [JACQUES III.
b 1749.
LAMONTAGNE, Marie. [CHARLES I.
Augustin, b 25 mars 1781, à St-Augustin. [3] — *François*, b [3] 21 mars 1783 ; s [3] 18 mars 1784.—*François*, b [3] 28 mars 1785.—*Nicolas*, b [2] 29 juin 1787.

(1) Dit Picard.
(2) Dit Châteauguay.
(3) Malouin.

PERROT, JOSEPH.
PAYET, Agathe.
Pierre, b et s 17 déc. 1780, à Repentigny. [2] — *Marie-Joseph*, b [2] 8 déc. 1788.

III.—PERROT, JACQUES-NICOLAS, [JACQUES II.
b 1750 ; marchand.
AMIOT, Marie-Anne, [JEAN IV.
b 1755 ; s 20 avril 1782, à Québec. [5]
Jacques, b 1780 ; s [5] (1) 29 juin 1797.

PERROT (2), FRANÇOIS.
MONDOR, Marie-Louise.
Sulpice, b 1781 ; s 16 janvier 1782, à Repentigny. [7] — *Marie-Anne*, b [7] et s [7] 2 mai 1784.

1779, (7 sept.) Québec.

III.—PERROT, PIERRE, [JACQUES II
b 1756.
PERRAS, Marie-Joseph. [JACQUES IV.

1783, (7 janvier) Montréal.

III.—PERROT, JOSEPH-FRANÇOIS, [LOUIS II.
b 1753 ; protonotaire ; s 8 avril 1844 (dans l'église), à Québec. [7]
McCARTY, Ursule, [RICHARD I.
b 1767 ; s [7] 25 avril 1800.
Louis-Richard, b [7] 10 avril 1800. — *Charles-Norbert*, b... m à Charlotte DESBARATS.

1783, (20 oct.) Montréal.

III.—PERROT, ANTOINE, [ANTOINE II
b 1763.
GAUVREAU, Geneviève, [JEAN-BTE
b 1765.

1785, (21 nov.) Rivière-Ouelle.

PERROT, JEAN-BTE, [JEAN-BTE.
b 1755.
LÉVESQUE, Marguerite. [JEAN-BTE III.

1787, (30 janvier) Québec.

II.—PERROT, PIERRE-FRANÇOIS, [PIERRE I.
b 1764.
DUPRÉ, Marie-Charlotte. [JOSEPH

PERROT, BENJAMIN.
DALPÉ, Marie.
Benjamin, b 1er juillet 1789, à Repentigny.

1790, (19 avril) Deschambault.

IV.—PERROT, NICOLAS, [NICOLAS III.
b 1766.
MAILLOU, Rosalie. [GERMAIN IV.

1790, (23 nov.) Deschambault.

IV.—PERROT, JOSEPH, [NICOLAS III.
b 1768.
MARCOT, Marie. [JOSEPH-LOUIS IV.

(1) Noyé au Sault de la Chaudière avec Joseph Dérome.
(2) Dit Châteauguay.

PERROT (1), ANTOINE.
LAPORTE, Marie.
Antoine, b 22 juin 1791, à Repentigny.

1791, (14 fevrier) Deschambault.
IV.—PERROT, JACQUES-ALEXIS, [JACQUES III.
b 1742.
LAROCHE, Marie-Joseph. [JEAN-BTE III.

PERROT (1), PIERRE-SULPICE.
LAPORTE, Marguerite.
Marie-Marguerite, b 15 mars 1792, à Repentigny.

PERROT, AUGUSTIN.
PRÉMONT, Marie-Angélique.
Geneviève, b 18 mai et s 18 juin 1794, à St-Cuthbert.

PERROT, JEAN-BTE.
1° RICHARD, Louise.
1798, (27 nov.) Deschambault.
2° GAUDIN, Madeleine, [LOUIS-JOSEPH IV.
b 1775.

1807, (13 janvier) St-Charles, Mo.
PERROT, JOSEPH. [PIERRE-SULPICE.
SAVOIE, Marie-Louise. [ISIDORE.

PERROT, JULIEN.
1° BROUSSEAU, Marie-Marguerite.
Julie, b... m 7 janvier 1818, à Joseph LEBLOND, à Montréal.[3]
1806, (5 oct.)[3]
2° LAMONTAGNE, Euphrosine. [LOUIS.
Louis, b[3] 8 oct. 1807. — *Charles-Ovide*, b[3] 24 sept. 1809.—*Luce*, b[3] 20 juin 1811; m[3] 9 mai 1826, à Edouard-Raymond FABRE.—*Marie-Delphine*, b[3] 23 mai 1813.—*Euphrosine*, b[3] 20 janvier 1815.—*Joseph-Adolphe*, b[3] 14 août 1816.—*Elisabeth*, b 1818; s[3] 28 juin 1819.—*Julien*, b...

PERROT, AUGUSTIN.
1° PARTHENAIS, Catherine-Hélène.
Amélie, b 10 fevrier 1814, à Montréal.[2] — *Flavie*, b[2] 11 août et s[2] 15 sept. 1815.— *Marie-Joseph*, b[2] 24 oct. 1816.—*Cléophée*, b[2] 13 juin 1818.— *Angélique*, b[2] et s[2] 15 sept. 1820.
1822, (27 juillet).[2]
2° GAUDRY, Agathe,
veuve de David Genovalay.

PERROTIN.—*Surnom:* L'ÉVEILLÉ.

1728, (25 oct.) Québec.[4]
I.—PERROTIN (2), FRANÇOIS, tapissier; fils de Jean et de Catherine Bremande, de Tarovère, diocèse de Luçon, Poitou.
COURU, Marie-Anne, fille d'Etienne et de Marie-Anne Doutaut, de St-Louis-de-Rochefort, diocèse de LaRochelle, Aunis.
Joseph-François, b[4] 5 mars et s[4] 6 août 1730. —*Pierre*, b[4] 14 juillet 1731.

(1) Dit Châteauguay.
(2) Dit L'Éveillé.

1753, (15 oct.) Quebec.[3]
I.—PERROTIN, JACQUES, b 1696, navigateur; fils de Jacques et de Marie Alain, de St-Martin, Ile-Rhé, diocèse de LaRochelle, Aunis; s[3] 12 oct. 1797.
CAMPEAU, Marie-Geneviève, [JACQUES I.
b 1734; s[3] 19 oct. 1797.
Jacques-Gabriel, b[3] 23 août 1754; s[3] 30 juillet 1755.—*Joseph*, b[3] 24 juin 1756; s[3] 19 nov. 1757. —*Geneviève*, b[3] 20 janvier 1759.— *Marie-Ursule*, b[3] 1er mars 1761.

PERSIGNY.—Voy. DUMARCHAIS.

PERSIL.—Voy. LEDUC.

PERSON.—Voy. PARSON.

PERSONNE.—Voy. PARSON.

PERTHUIS.—*Surnoms :* DECELLES — DESFOURNEAUX—LALIME.

1668, (10 déc.) Montréal.[9]
I.—PERTHUIS (1), PIERRE,
b 1644; s[9] 16 avril 1708.
1° DAMIZÉ, Claude,
b 1650; s[9] 6 oct. 1705.
Angélique, b 1er janvier 1684, à la Pte-aux-Trembles, M.; m[9] 28 sept. 1700, à Louis LEFEBVRE; s[9] 26 avril 1755.
1707, (13 février).[9]
2° MOIZAN, Françoise,
b 1645; veuve d'Antoine Brunet.

1692, (9 nov.) Pte-aux-Trembles, M.[4]
I.—PERTHUIS (1), NICOLAS, b 1667; s 24 janvier 1745, à la Longue-Pointe.
CELLES, Marguerite, [GABRIEL I.
b 1657; veuve de Joseph Cartier; s 16 avril 1722, à Montreal.[5]
Nicolas, b[4] 30 mai 1693; m[5] 20 fevrier 1721, à Louise CHAUVIN; s 19 janvier 1772, à l'Hôpital-Général, M.

1697, (8 juillet) Québec.[1]
I.—PERTHUIS (2), CHARLES,
b 1664; s[1] 5 mars 1722.
ROBERGE, Madeleine, [DENIS I.
b 1681; s[1] 3 avril 1741.
Joseph, b[1] 30 août 1714; m[1] 16 sept. 1745, à Marie-Anne CHASLE.—*Jean-Baptiste-Ignace*, b[1] 13 avril 1716; m[1] 17 sept. 1742, à Marie-Joseph-Madeleine HICHÉ.

PERTHUIS (3), PIERRE.
BOUTEILLER, Angelique, [ANDRÉ I.
b 1686.
Pierre, b 16 février, à Longueuil et s 18 juillet 1709, à Montreal.

(1) Voy. vol. I, p. 476.
(2) Voy. vol. I, p. 477.
(3) Tué à Dearfield, par les Anglais, en 1708.

PERTHUIS, Joseph.
Renaud, Agnès.
Angélique-Agnès, b 16 janvier 1712, à Montréal.

1713, (24 janvier) Quebec.
II.—PERTHUIS, Pierre, [Pierre I.
b 1691.
Caron, Angélique, [Vital II.
b 1690; s 25 août 1715, à Montréal. 4
Pierre, b 4 2 août 1715.

II.—PERTHUIS, Pierre, [Pierre I.
b 1686.
Malet, Catherine.
Joseph, b 4 sept. 1717, à Montréal.—*Catherine*. b 1718; m 27 janvier 1737, à Jean-Baptiste Campeau, au Détroit 9; s 9 20 février 1763.—*Madeleine*, b 9 20 janvier 1720; m 9 19 mars 1736, à Joseph Roy.—*Angélique*, b 9 15 sept. 1721.—*Pierre*, b 9 14 nov. 1723.—*Marguerite*, b 9 15 juin 1725.—*Louise*, b 9 15 mars 1727.—*Claire*, b 9 3 nov. 1728.—*Jeanne*, b 9 17 avril 1730. — *François*, b 9 1er janvier 1732.—*Alexis*, b 9 16 nov. 1734.

1721, (20 février) Montréal. 7
II.—PERTHUIS (1), Nicolas, [Nicolas I
b 1693; boulanger; s 19 janvier 1772, à l'Hôpital-Général, M.
Chauvin, Louise, [Gilles II.
b 1699; s 7 13 juillet 1737.
Angélique, b 7 12 et s 7 17 mars 1722. — *François*, b 7 2 déc. 1724.—*Suzanne*, b 7 23 février 1726; s 7 5 février 1729.—*Angélique*, b 7 16 mars 1727.—*Marie-Louise*, b 7 18 avril et s 24 août 1728, à Laprairie.—*Louis-Amable*, b 7 27 dec. 1729; 1° m à Catherine Joly; 2° m 7 25 avril 1768, à Catherine Giasson; 3° m 7 11 nov. 1769, à Charlotte-Joseph Campeau.—*Marie-Anne*, b 7 5 oct. 1735; m 21 février 1751, à Ignace Courville, au Détroit 8; s 8 16 juillet 1752.

1724, (19 déc.) Québec. 1
II.—PERTHUIS, Charles-Denis, [Charles I.
b 1698.
Brousse, Louise, [Jean I.
b 1710; s 1 5 déc. 1729.
Marie-Louise, b 1 24 mars 1726.—*Marie-Madeleine-Joseph*, b 1 15 mars et s 1 11 avril 1727.

1742, (17 sept.) Québec. 9
II.—PERTHUIS, Jean-Bte-Ignace, [Charles I.
b 1716; marchand.
Hiché, Marie-Joseph-Madeleine, [Henri I.
b 1720.
Joseph-Henri, b 9 19 et s 9 26 mars 1744.—*Roch-Joseph*, b 9 10 mai et s 9 12 juin 1745.—*Charles-Ignace-Eustache*, b 9 16 nov. 1746. —*Marie-Anne-Madeleine-Charlotte*, b 9 22 mai et s 9 4 sept. 1748.—*Madeleine-Joseph*, b 9 6 nov. 1749. —*Jean-Marie*, b 9 14 dec. 1750.—*Louis*, b 9 4 nov. 1752.—*Marie-Louise-Ursule*, b 9 24 août 1755.

(1) Dit Decelles.

1745, (16 sept.) Québec. 3
II.—PERTHUIS, Joseph, [Charles I.
b 1714; conseiller du roi.
Chasle, Marie-Anne, [Claude II.
b 1716; veuve de Guillaume Gouze.
Marie-Angélique-Louise, b 3 16 février 1747.—*Marie-Anne-Elisabeth*, b 3 18 janvier 1748; s 9 oct. 1748, à Charlesbourg. 4 — *Marie-Anne-Madeleine*, b 3 6 mars 1749; s 3 11 sept. 1750.—*Marie-Joseph*, b 3 31 mars 1750.—*Joseph*, b 3 27 janvier 1752.—*Charles-Régis*, b 3 30 juillet 1754.—*Louis-Ignace*, b 3 27 mars 1756; s 4 2 avril 1756.

III.—PERTHUIS (1), Louis-Amable, [Nicolas II
b 1729.
1° Joly, Catherine.
1768, (25 avril) Montréal. 2
2° Giasson, Catherine, [Jacques-Ignace II
b 1746.
1769, (11 nov.) 2
3° Campeau, Charlotte-Joseph, [Henri III
b 1747.

PÉRUS.—*Variation et surnom :* Périer — St Jean.

1756, (12 juillet) Montréal.
I.—PÉRUS (2), Michel-Jean, b 1721; fils de Boniface et de Madeleine Piton, de Mongeay-la-Fray, diocèse de Mourienne, en Savoie.
Demers, Elisabeth, [François III.
b 1735.

PÉRUSIE.—*Surnom :* Baguette.

1710, (28 sept.) Montréal.
I.—PÉRUSIE (3), Julien, fils de Jean et d'Antoinette Percale, de St-Pierre, diocèse de Tulles, Limousin.
Campeau, Marie, [Etienne I
b 1665; veuve d'Etienne Debien.

I.—PÉRUSSE, Jean.
Barabé, Marie-Jeanne, [Nicolas I.
b 1673.
Angélique, b... m 1717, à Jean-Baptiste Lemay. —*Thérèse*, b 1705; m 16 avril 1719, à Michel Baudet, à la Pointe-Claire; s 2 janvier 1755, à Lotbinière. 5 — *Louis*, b... m 1er mars 1734, à Marie-Louise Fréchet, à St-Nicolas; s 5 11 mars 1746.

1734, (1er mars) St-Nicolas.
II.—PÉRUSSE, Louis, [Jean I.
s (4) 11 mars 1746, à Lotbinière. 5
Fréchet, Marie-Louise, [François II.
b 1716.
Marie-Louise, b 1734; m 1751, à Pierre-Ignace Leclerc. — *Françoise*, b... m 1763, à Jean-Baptiste Augé.—*Joseph*, b... m 3 2 mars 1767, à Therèse Faucher. — *Louis*, b... m 3 17 août 1767, à Therèse Tousignan.

(1) Dit Decelles.
(2) Dit St. Jean.
(3) Dit Baguette; soldat de LeGardeur.
(4) Exhumé et transporté dans la nouvelle église le 28 mars 1765, (Lotbinière).

1767, (2 mars) Lotbinière.[5]
III.—PÉRUSSE, JOSEPH. [LOUIS II.
FAUCHER, Marie-Therèse, [ANTOINE III.
b 1750.
Marie-Thérèse, b[5] 14 janvier 1768.—*Jean-Baptiste,* b... m 4 sept. 1810, à Marguerite HAMEL, à St-Jean-Deschaillons.

1767, (17 août) Lotbinière.[5]
III.—PÉRUSSE, LOUIS. [LOUIS II.
TOUSIGNAN, Marie-Therèse, [ANTOINE.
b 1749.
Louis, b[5] 28 avril 1768.

PÉRUSSE, JOSEPH.
LHEUREUX, Madeleine.
Siméon, b... m 4 fevrier 1823, à Elisabeth RAGAUT, à St-Jean-Deschaillons.

1810, (4 sept.) St-Jean-Deschaillons.
IV.—PÉRUSSE, JEAN-BTE. [JOSEPH III.
HAMEL, Marguerite. [JOSEPH.

1823, (4 février) St-Jean-Deschaillons.
PÉRUSSE, SIMÉON. [JOSEPH.
RAGAUT, Elisabeth. [LOUIS II.

PÉSANT.—Voy. PAYSAN.

I.—PESLE (1), CHARLES, b 1741, maçon; de Montreuil, en Bugey.

I.—PESQUEUX, TOUSSAINT, b 1662; s 27 déc. 1687, à Levis.

1726, (6 août) Québec.
I.—PETAU (2), PIERRE.
GIROT, Marie-Louise, [GUILLAUME I.
b 1712.

PETEL, PIERRE,
navigateur.
VERMET (3), Barbe.
Michel, b 11 nov. 1746, à Québec[5]; s[5] 26 oct. 1748.—*Pierre,* b[5] 20 mai 1748.—*Joseph,* b 1751, m 27 mai 1777, à Elisabeth LENOIR, à Montreal.

1760, (18 fevrier) Montréal.
I.—PETEL, PIERRE, b 1736; fils de Jacques et de Marie-Anne Dutillois, de St-Martin, diocèse de Beauvais, Ile-de-France.
CALVÉ, Rose, [FRANÇOIS II.
b 1739.

1777, (27 mai) Montreal.
PETEL, JOSEPH, [PIERRE.
b 1751.
LENOIR, Elisabeth, [ANTOINE II.
b 1747, veuve de Philippe Vêtu.

(1) Soldat de Berry, compagnie de Pennelau. (Procès-verbaux).

(2) Voy. Petiteau, p 336.

(3) Elle épouse, le 10 juillet 1754, Pierre Hilarest, à St-Augustin.

I.—PETINGUEL, BENJAMIN, b 1732; Anglais de Boston; s 22 sept. 1757, à l'Hôpital-Général, M.

PETIT. — *Variation et surnoms :* LEPETIT — BEAUCHEMIN — BOISMOREL — BRODEUR—BRUNEAU—DELPEC — DEVERNEUIL—DIEL—GOBIN —GRANDMÉNIL—GRAVIER—GUILLOT—JEAN—LALIBERTÉ—LALUMIÈRE—LAMARCHE—LAPRÉE —LEVILLIERS — MAISONBASSE — MILHOMME—NIGORET—NOUVILLE—ROSSIGNOL—ST.PIERRE —VADEBONCŒUR.

I.—PETIT (1), HENRI, b 1622, marchand; de St-Jacques-de-la-Boucherie, Paris; s 20 nov. 1686, à Quebec.[1]
FONTAINE, Elisabeth.
Joseph, b 1645; m[1] 16 sept. 1675, à Marie CHENAY.

1650.
I.—PETIT (2), PIERRE, de St-Germain-d'Auxerre, Paris.
DESNOYERS, Catherine.
Anne, b... 1° m 16 juin 1669, à Joachim MARTIN, à Québec; 2° m 10 sept. 1691, à Antoine JUCHEREAU, à St-Pierre, I. O.[2]; 3° m[2] 11 juin 1703, à Jean-Paul MAHEU, s 3 mars 1736, à St-Augustin.

1656, (17 août) Trois-Rivières.
I.—PETIT (1), NICOLAS, b 1631; s 26 juin 1697, à Varennes.[1]
POMPONNELLE, Marie,
b 1630; s[1] 18 nov. 1700.

I.—PETIT (3), JEAN, b 1648; huissier; s 9 mars 1720, à Montreal.

I.—PETIT, JEAN, b 1644; s 12 juillet 1714, à Montréal.

I.—PETIT, JEAN, b 1645; s 5 oct. 1710, à Montreal.

1670, (1er sept.) Québec.[2]
I.—PETIT (2), CHARLES,
b 1645.
ROSSIGNOL (4), Jeanne.
Jacques, b[2] 1er nov. 1672; m 24 nov. 1712, à Charlotte DUBOIS, à St-Frs-du-Lac.—*Nicolas* (posthume), b[2] 4 janvier 1674; 1° m 14 sept. 1700, à Marguerite BERTRAND, à la Pte-aux-Trembles, Q.[3]; 2° m[3] 24 fevrier 1727, à Marie-Jeanne SYLVESTRE; s 3 février 1731, au Cap-Santé.

1675, (16 sept.) Quebec.
II.—PETIT (5), JOSEPH, [HENRI I.
b 1645.
CHENAY, Marie, [BERTRAND I.
b 1658.

(1) Voy. vol. I, p. 477.

(2) Voy. vol. I, p. 478.

(3) Dit Nigoret.

(4) Elle épouse, le 4 février 1674, Jacques Forget, à Québec.

(5) Dit Bruneau; voy. vol. I, p. 478.

Joseph, b 22 août 1676, aux Trois-Rivières [4]; 1° m [4] 8 janvier 1709, à Marie-Anne DELPÉE; 2° m 5 juin 1713, à Marie-Jeanne BRISSET, à Sorel; 3° m à Agathe SICARD.—*Jean-Baptiste*, b [4] 19 nov. 1687; m [4] 28 juillet 1725, à Madeleine POTTIER.—*Marie-Joseph*, b [4] 26 février 1689; m 19 février 1716, à Charles BRISSET, à la Rivière-du-Loup. [5] — *Marie-Anne*, b [4] 26 juillet 1691; m [5] 25 février 1715, à Jean-Baptiste CASAUBON. — *Geneviève*, b [4] 20 juin 1695; m [5] 10 janvier 1718, à Jacques LUPIEN.

1678, (10 janvier) Montréal. [9]

I.—PETIT (1), JEAN,
b 1648; huissier royal.

BAILLY, Marie, [FRANÇOIS-JEAN I.
b 1661; s [9] 30 juillet 1720.

Jeanne-Françoise, b [9] 18 mars 1685; m [9] 26 janvier 1711, à Antoine PUYPEROUX. — *Louise-Thérèse*, b [9] 24 août 1688; m [9] 11 janvier 1708, à Julien AUGER.—*Suzanne*, b [9] 1er mai 1690; m [9] 10 juillet 1713, à Jean-Baptiste MORISSEAU.—*Etienne*, b [9] 7 sept. 1692; m [9] 11 mai 1733, à Marie-Anne CHAUVIN.—*Marie-Anne*, b [9] 11 avril 1698; m [9] 24 juillet 1725, à Michel LAMY.—*Céleste-Alberte*, b [9] 21 mars 1700; m [9] 8 février 1729, à Louis-Joseph LEFEBVRE; s [9] 19 janvier 1743.—*Elisabeth*, b [9] 4 oct. 1705; s [9] 27 août 1706.

1686, (7 janvier) Boucherville. [8]

II.—PETIT (2), LOUIS, [NICOLAS I.
b 1658.

1° CHARLES, Marie, [ETIENNE I.
b 1669; s 5 fevrier 1709, à Varennes. [9]

Louis, b [8] 22 mars 1689; m [8] 23 nov. 1711, à Marie-Anne MEUNIER. — *Marie-Geneviève*, b [8] 16 fevrier 1691; m [8] 3 mai 1711, à Jacques MEUNIER. —*Nicolas*, b [8] 3 nov. 1693; m [8] 30 juillet 1732, à Marie-Michelle CHAUVIN.—*François*, b... 1° m [8] 11 fevrier 1732, à Angélique FAVREAU; 2° m 25 juillet 1735, à Antoinette DENIAU, à Longueuil.—*Joseph*, b... m 3 fevrier 1738, à Geneviève LEMAIRE, à L'Assomption.

1710, (19 mars). [9]

2° CHARTIER, Micnelle,
veuve de Laurent Castel.

I.—PETIT (2), GASPARD.

PINGUET (3), Louise, [PIERRE II.
b 1668.

Elisabeth, b 1689; m 28 juillet 1716, à Jacques DUCHESNE, à la Baie-St-Paul [2]; s [2] 26 nov. 1754. —*François*, b 1693; m 25 juillet 1718, à Elisabeth BELLEPERCHE, à Montréal [3]; s [3] 19 juin 1741.—*Louise*, b 1698; m [3] 6 fevrier 1736, à Jean-Baptiste LAHAISE. — *Jean-Baptiste*, b 1700; m 21 janvier 1726, à Louise-Catherine AUBERT, à St-Laurent, M. — *Geneviève-Dorothée*, b 6 février 1702, à Ste-Foye; m 24 fevrier 1727, à Pierre PETIT, à Québec [4]; s [4] 1er mars 1764.—*Marie*, b... s [3] 15 oct. 1736.

(1) Dit Boismorel; voy. vol. I, p. 478.

(2) Voy. vol. I, p. 478

(3) Elle épouse, le 19 avril 1723, Jacques Cauchon, à Québec.

1691, (8 janvier) Boucherville. [2]

II.—PETIT (1), PAUL, [NICOLAS I.
b 1662.

1° BISSONNET, Marie-Louise, [JACQUES I.
b 1674.

Paul, b 22 oct. 1699, à Varennes [4]; m [4] 19 mars 1726, à Marie-Louise SENÉCAL. — *Marie-Louise*, b [4] 27 sept. 1701; 1° m [4] 6 oct. 1721, à Augustin BRODEUR; 2° m [4] 25 août 1724, à Louis SENÉCAL; 3° m [4] 7 janvier 1756, à Charles MÉNARD. — *Joseph*, b [4] 28 juillet 1706; m [4] 27 juin 1735, à Charlotte SENÉCAL. — *Louis*, b [4] 29 déc. 1709; m [4] 6 janvier 1738, à Louise POINEAU.—*Etienne*, b [4] 19 août 1712; m [2] 12 janvier 1739, à Marie-Elisabeth FAVREAU.

1725, (12 février). [4]

2° GAMELIN, Marguerite, [MICHEL I.
b 1664; veuve de Leger Hébert.

1692, (4 nov.) Trois-Rivières. [2]

I.—PETIT (2), PIERRE,
s [2] 24 avril 1737.

VÉRON, Marguerite, [ETIENNE II.
b 1678; s [2] 12 mai 1748.

Jean, b [2] 10 janvier 1694; m 21 sept. 1727, à Marguerite GAMELIN, à St-Frs-du-Lac [3]; s 7 fevrier 1750, à St-Michel-d'Yamaska. [4]—*Pierre*, b [2] 20 mars 1700; m 29 juillet 1743, à Marie-Anne MOREL, à Boucherville. — *Jeanne-Thérèse*, b [3] 25 dec. 1701. — *Agathe*, b [2] 31 juillet 1704; s [3] 10 fevrier 1713.—*Louise-Antoinette*, b [3] 15 mai 1707; m [2] 16 juillet 1731, à Andre CORBIN; s [2] 3 sept. 1746.—*Françoise-Angélique*, b [3] 24 fevrier 1713. — *Agathe-Véronique*, b [3] 15 juin 1716; m [4] 16 mai 1740, à Joseph FORCIER; s [4] 21 mars 1766.

1693, (20 juillet) Pte-aux-Trembles, Q [1]

II.—PETIT (3), ROBERT, [PIERRE I.
b 1664.

VALLIÈRE, Marie-Madeleine, [PIERRE I.
b 1676; s 13 avril 1744, à St-Augustin. [2]

Pierre, b [1] 27 sept. 1705; 1° m 3 nov. 1730, à Marie GIRARD, à Lorette; 2° m 23 avril 1759, à Claire TARDIF, à L'Ange-Gardien.— *Philippe*, b [2] 26 fevrier 1708; 1° m [2] 26 nov. 1731, à Marie-Madeleine DELAVOYE; 2° m [2] 1er oct. 1736, à Marie-Anne JEAN-DENIS; s [2] 15 oct. 1737.

1693, (18 oct.) Boucherville.

II.—PETIT (4), NICOLAS, [NICOLAS I.
b 1664; s 17 fevrier 1707, à Varennes. [1]

REGUINDEAU (5), Marie-Jeanne, [JOACHIM I.
b 1675.

Paul, b [1] 26 août 1694; 1° m [1] 6 déc. 1719, à Françoise VIAU; 2° m [1] 18 oct. 1745, à Thérèse ROUGEAU.—*Marie-Renée*, b [1] 2 avril 1696; 1° m à Joseph SIMON; 2° m 8 janvier 1748, à Jean-Baptiste DUCLOS, à la Pte-aux-Trembles, M. [2]; 3° m [2] 12 fevrier 1753, à Jacques JALATEAU. — *Margue-*

(1) Dit Lalumière; voy. vol. I, pp. 478-479.

(2) Seigneur d'Yamaska; voy. vol. I, p. 479.

(3) Dit Millhomme; voy. vol. I, p. 479.

(4) Dit Beauchemin; voy. vol. I, p. 479.

(5) Elle épouse, le 4 nov. 1709, Jacques Jodouin, à Varennes

rite, b [1] 29 mars 1698; m [1] 12 février 1725, à Joseph BREILLARD. — *Anne,* b [1] 21 fevrier 1700; 1° m [1] 5 fevrier 1731, à François CHORET; 2° m [1] 19 nov. 1736, à Barthélemi COLLET. — *Marie-Joseph,* b [1] 12 mars 1702; m [2] 7 février 1722, à François LAMOUREUX.—*Joseph,* b [1] 18 mars 1704; 1° m [1] 4 oct. 1737, à Marie-Anne PRÉVOST; 2° m [1] 26 nov. 1742, à Marie-Louise MONGEAU.—*Antoine,* b 1705, m à Marie-Joseph LAVALLÉE; s (noyé) 27 sept. 1752, à Sorel.—*Louis,* b [1] 6 juin 1706; m [1] 14 février 1734, à Marie DELPÉE-PARISEAU.

1694, (29 août) Montréal. [3]

I.—PETIT (1), CHARLES,
b 1660; s [3] 2 juillet 1714.

GAUTIER, Madeleine, [RENÉ I.
b 1674.

Marie-Charlotte, b 18 sept. 1695, à Boucherville [4]; m [3] 8 août 1718, à Nicolas-Joseph DENOYELLE.—*Jean-Baptiste,* b [4] 28 nov. 1700.—*Marguerite,* b 1704; 1° m [3] 1er oct. 1731, à Louis-Joseph ROCBERT; 2° m [3] 16 nov. 1744, à Antoine LACORNE. — *Joseph,* b 1706; s [3] 11 nov. 1714.—*Louise,* b [3] 9 fevrier 1711; m [3] 20 avril 1733, à Antoine BUSQUET. — *Marie-Catherine,* b [3] 19 février 1713; s [3] 21 juin 1714.

1699, (4 février) Varennes. [4]

II.—PETIT (2), MICHEL, [NICOLAS I.
b 1667.

LUSSIER, Madeleine, [JACQUES I.
b 1681.

Marie-Antoinette, b [4] 19 mars 1707; s [4] 16 oct. 1727. — *Jean-Baptiste,* b [4] 24 août 1712; 1° m à Marie CHOQUET; 2° m 14 février 1746, à Marguerite PINEAU, à Verchères. — *Joseph,* b [4] 4 août 1714; m 1739, à Marie-Catherine DELAUNAY. — *Elisabeth,* b... m [4] 27 janvier 1738, à Nicolas CHOQUET. — *Pierre,* b... m [4] 1er mars 1756, à Charlotte RENAUD.

1700, (14 sept.) Pte-aux-Trembles, Q. [4]

II.—PETIT, NICOLAS, [CHARLES I.
b 1674; s 3 fevrier 1731, au Cap-Sante. [5]

1° BERTRAND, Marie-Marguerite, [GUILLAUME I.
b 1676; s [5] 10 fevrier 1726.

Brigitte, b [4] 27 juin 1701; m [5] 24 janvier 1718, à Pierre JUGNAC.—*Jean-François,* b [4] 16 janvier 1704; m [5] 15 janvier 1725, à Marie-Françoise MATTE.—*Marie-Madeleine,* b [4] 14 août 1706; m [5] 4 mars 1726, à François JUGNAC. — *René,* b [4] 27 oct. 1708.—*Pierre,* b [4] 27 mars 1711, s [5] 3 oct. 1714.— *Michel,* b [4] 29 sept. 1713. — *Nicolas,* b... m [5] 20 nov. 1741, à Marie-Anne HARDY.—*Joseph,* b... m [5] 18 janvier 1751, à Marie-Geneviève HARDY.

1727, (24 février). [4]

2° SYLVESTRE (3), Marie-Jeanne, [NICOLAS I.
b 1686; veuve d'Augustin Ballard.

Marie-Thérèse, b [5] 10 déc. 1729; s [5] 27 août 1730.— *Marie-Barbe,* b [5] 10 dec. 1729.

(1) LeVilliers; voy. vol. I, p. 479.

(2) Voy. vol. I, p. 479.

(3) Elle épouse, le 2 mai 1733, Vincent Houdard, à Quebec.

I.—PETIT, JEAN.

1° SOREAU (1), Esther,
s 18 oct. 1700, à la Pte-aux-Trembles, M. [5]

Charles (2), né en 1698; b 12 sept. 1700, à Montréal.

1703, (21 janvier). [5]

2° CHARTIER (3), Elisabeth, [GUILLAUME I.
b 1683.

Jean, b [5] 22 sept. 1704; m à Marie-Claire CATY. —*Louis,* b [5] 1er mai 1706; m à Angélique SIMON. —*Etienne,* b [5] 22 mars 1708.

1701, (4 juillet) Québec. [1]

I.—PETIT (4), JEAN, b 1663, conseiller; fils de Jean et de Catherine DuBellineau, de St-Jean, Paris; s [1] 22 fevrier 1720.

1° DUPUY, Suzanne, [PAUL I.
b 1684; s [1] 12 février 1703 (dans l'église).

Marie-Claire, b [1] 1er juin 1702; s 4 fevrier 1703, à Charlesbourg.

1706, (13 sept.) [1]

2° DUGUÉ (5), Charlotte, [SIDRAC I.
b 1683.

Charlotte-Louise, b [1] 27 août 1707; m [1] 19 oct. 1733, à Eustache LAMBERT; s [1] 10 mai 1744.—*Alexis-Pierre,* b [1] 15 juillet et s [1] 12 août 1708.—*Anne-Catherine,* b [1] 30 juin 1709. — *Jeanne-Louise,* b [1] 5 sept. 1710. — *Marguerite,* b 1712; s [1] 21 oct. 1714. — *Jean-Hyacinthe,* b [1] 11 avril 1715; s [1] 19 avril 1726 (dans l'eglise). — *Marie-Joseph,* b [1] 24 juin 1716; s [1] 21 fevrier 1718.

PETIT, GOBERT, b 1707; s 14 mars 1757, à Ste-Anne-de-la-Pérade.

I.—PETIT (6), PHILIPPE, b... s 7 sept. 1713, à Montreal.

1709, (8 janvier) Trois-Rivières. [1]

III.—PETIT (7), JOSEPH, [JOSEPH II.
b 1676.

1° DELPÉE, Marie-Anne, [FRANÇOIS I.
s [1] 21 janvier 1710.

Madeleine, b... m à Pierre CARDIN; s 9 avril 1760, à Sorel. [2]

1713, (5 juin). [2]

2° BRISSET, Marie-Jeanne, [JACQUES II.
b 1682; s 13 mai 1727, à Montréal.

Marie-Joseph, b 11 juin 1715, à la Rivière-du-Loup. [3] — *Marguerite,* b [3] 18 oct. 1716. — *Madeleine-Charlotte,* b [3] 7 juillet 1718; m [2] 2 juin 1735, à Pierre LOISEAU. — *Marie-Jeanne,* b... m [1] 15 février 1738, à Michel DUMAS.—*Geneviève,* b 1722; m [2] 12 août 1742, à Pierre Hus; s [2] 1er oct. 1764. —*Catherine,* b... m [2] 1er oct. 1753, à Louis FORT.

(1) Ou Lozeau—Sozo.

(2) Baptisé à Esop, Nouvelle-Angleterre, par un ministre français.

(3) Elle épouse, le 20 janvier 1711, Pierre Roy, à la Pte-aux-Trembles, M.

(4) Trésorier de la marine, ancien contrôleur des rentes de l'hôtel-de-ville de Paris.

(5) Elle épouse, le 30 juillet 1723, Louis-Rémi Dugué, à Québec.

(6) Soldat de la compagnie de Duvivier.

(7) Dit Bruneau; seigneur de Maskinongé.

— *Marie-Anne,* b... m[2] 7 fevrier 1757, à Joseph BOURBEAU.
3° SICARD, Agathe.
Marie-Louise, b... m 8 janvier 1753, à François CARTIER, à St-Frs-du-Lac.

1711, (23 nov.) Boucherville.[6]
III.—PETIT, LOUIS, [LOUIS II.
b 1689.
MEUNIER, Marie-Anne, [PIERRE I.
b 1679; veuve d'Antoine Favreau.
Louise, b 1712; m 5 fevrier 1731, à Joseph QUINTIN, à Varennes.[7]—*Marie-Anne,* b... m[7] 26 nov. 1736, à Charles BREILLARD. — *Marie-Charlotte,* b 7 juin 1719, à Verchères; s[6] 1er nov. 1726. — *Marie-Joseph,* b... m[7] 29 avril 1748, à Joseph FONTAINE. — *Louis,* b[6] 12 oct. 1724; m[7] 29 janvier 1748, à Véronique BRUNEL. — *Joseph,* b[6] 27 et s[6] 29 nov. 1726. — *Charlotte,* b... m[7] 3 mai 1756, à Modeste HAYET. —*Cécile,* b... m[7] 24 janvier 1757, à Michel HAYET.— *Marie-Anne,* b... m[7] 2 fevrier 1761, à François MESSIER.

1712, (24 nov.) St-Frs-du-Lac.[1]
II.—PETIT, JACQUES, [CHARLES I.
b 1672.
DUBOIS (1), Charlotte, [ANTOINE I.
b 1691.
Antoine, b[1] 19 nov. 1713.

1718, (25 juillet) Montreal.[6]
II.—PETIT, FRANÇOIS, [GASPARD I.
b 1693; menuisier; s[6] 19 juin 1741.
BELLEPERCHE, Elisabeth, [DENIS I.
b 1686; s 5 juin 1756, à Lotbinière.
François-Toussaint, b[6] 1er et s[6] 30 nov. 1719. —*Françoise,* b[6] 21 avril 1722.—*Elisabeth,* b[6] 29 avril 1723; m[6] 20 nov. 1741, à Jean-Baptiste LENOIR; s[6] 8 nov. 1749. — *Marie-Claire,* b[6] 25 déc. 1724; s[6] 7 janvier 1725. — *Joseph-Amable,* b[6] 27 avril et s[6] 5 sept. 1726.

1719, (6 dec.) Varennes.[8]
III.—PETIT (2), PAUL, [NICOLAS II.
b 1694.
1° VIAU, Françoise, [JACQUES I.
b 1682; veuve de Jean Lavigne.
Paul, b 1720; m[8] 8 oct. 1742, à Marie FONTAINE. — *Françoise,* b... 1° m[8] 20 juillet 1744, à Gabriel CHOQUET; 2° m[8] 4 juillet 1757, à Jacques GOGUET.—*Joseph,* b[8] 11 fevrier 1726.
1745, (18 oct.)[8]
2° ROUGEAU, Thérèse. [PIERRE II.

1720, (29 avril) Varennes.[7]
III.—PETIT (3), MICHEL, [PAUL II.
b 1695.
SENÉCAL, Marie-Renee, [ETIENNE II.
b 1700.
Joseph, b... m 28 sept. 1750, à Angélique ARRIVÉE, à Boucherville.—*Marie-Marguerite,* b[7] 24 juin 1726; 1° m[7] 7 avril 1750, à Louis SAVARIA; 2° m[7] 25 nov. 1764, à Antoine LACOSTE. — *Brigitte,* b... m[7] 28 juillet 1750, à Joseph LARIVÉE. — *Michel,* b... m[7] 30 nov. 1754, à Madeleine PITALIER.—*Geneviève,* b... m[7] 30 janvier 1758, à Joseph CHARBONNEAU.—*Marie-Charlotte,* b 1734; m[7] 21 août 1758, à Claude MAGUET.

1721, (8 janvier) Varennes.
II.—PETIT (1), ALEXANDRE. [ALEXANDRE I.
MESSIER-ST. MICHEL, Marie-Anne, [MICHEL I.
b 1665; veuve de Jean-Baptiste Brodeur-Lavigne.

1725, (15 janvier) Cap-Santé.[4]
III—PETIT, JEAN-FRANÇOIS, [NICOLAS II.
b 1704.
MATTE, Marie-Françoise, [LAURENT II.
b 1706.
Marie-Anne, b[4] 29 oct. 1725; m[4] 24 août 1750, à Mathurin BRIÈRE.—*Jean-François,* b[4] 19 nov. 1729; m[4] 5 mars 1753, à Marie-Thérèse MOTARD — *Louis-Joseph,* b[4] 2 avril 1732; s[4] 17 nov. 1733.—*Marie-Gertrude,* b[4] 2 fevrier 1734; s[4] 4 février 1747. — *Marie-Thérèse,* b[4] 16 mars 1736 —*Augustin,* b[4] 10 janvier 1738; 1° m à Marie-Jeanne HARDY; 2° m 9 janvier 1764, à Marie-Joseph GAUDIN, aux Ecureuils.[5]—*Nicolas,* b[4] 27 février 1740. — *Alexis,* b[4] 29 déc. 1741; m[5] 23 fevrier 1767, à Marie-Anne GAUDIN.—*Jean-François,* b[4] 26 mai et s[4] 26 août 1744.—*Marie-Angélique,* b[4] 9 mars 1746.—*Marie-Geneviève,* b[4] 15 juin 1748.—*Marie-Madeleine,* b 18 juillet 1750, à Québec.

1725, (28 juillet) Trois-Rivières.
III.—PETIT (2), JEAN-BTE, [JOSEPH II.
b 1687.
POTTIER, Madeleine, [JEAN-BTE I.
b 1707.

I.—PETIT, ANTOINE, marchand; de Dieppe; s 16 mai 1738, aux Trois-Rivières.

1726, (21 janvier) St-Laurent, M.
II.—PETIT (3), JEAN-BTE, [GASPARD I
b 1700.
AUBERT, Louise-Catherine, [JULIEN I.
b 1706; s 16 mars 1740, à Montréal.[6]
Jean-Baptiste, b[6] 27 oct. 1726. — *Pierre,* b[6] 2 nov. 1728; s[6] 4 juin 1729. — *Louis,* b[6] 26 mars et s[6] 12 juillet 1730. — *François-Amable,* b[6] 14 mars et s[6] 7 août 1734. — *Louise,* b[6] 14 fevrier 1735; m[6] 27 mai 1754, à Pierre CHARBONNEAU.—*Marie-Joseph,* b[6] 22 mars 1736; s[6] 18 oct. 1737. —*Marie-Anne,* b[6] 6 avril 1737. — *Marie-Catherine,* b[6] et s[6] 24 janvier 1739.

(1) Elle épouse, le 15 nov. 1717, Etienne Vanasse, à St-Frs-du-Lac.
(2) Dit Beauchemin.
(3) Dit Lalumière.

(1) Dit Nouville; il abjure le Calvinisme.
(2) Dit Bruneau.
(3) Dit Rossignol.

1726, (19 mars) Varennes. [9]
III.—PETIT (1), PAUL, [PAUL II.
b 1699.
SENÉCAL, Louise, [ADRIEN II.
b 1708.
Marie-Joseph, b [9] 19 sept. 1727. — *Louis*, b... m 13 nov. 1758, à Thérèse NORMANDIN, à Boucherville.—*Marie-Louise*, b... m [9] 23 février 1756, à Charles CHAPUT. — *Judith*, b... m [9] 20 février 1764, à François GAUTIER. — *Félix*, b... m [9] 21 sept. 1772, à Therèse DELISLE.

1727, (4 janvier) Ste-Foye. [1]
III.—PETIT (2), JEAN. [ROBERT II
TAPIN (3), Marie-Catherine, [RENÉ II.
b 1697; s 5 déc. 1782, à St-Augustin. [2]
Pierre-Augustin, b [2] 26 oct. 1727; s [2] 3 déc 1739.—*Anonyme*, b [1] et s [1] 10 oct. 1728. —*Marie-Louise*, b [2] 2 janvier 1730; m à Joseph DUBEAU. —*Jean-Baptiste*, b [2] 12 février 1731; m 7 janvier 1752, à Marie-Joseph POUPART, au Detroit. — *Marie-Charlotte*, b 10 juillet 1732, à la Pte-aux-Trembles, Q.; m 1755, à Joseph AUDET.—*Joseph-François*, b [2] 26 avril 1735; s [2] 28 mars 1736.— *Joseph*, b [2] 8 juillet 1736. — *Jean-François*, b [2] 11 mars 1738; m 29 mai 1775, à Marie-Catherine GREFFARD, à Montreal. — *Jean-Ambroise*, b [2] 28 mai 1739. — *Marie-Victoire*, b [2] 24 oct. 1740; m à Pierre BAREILLE.— *Marie-Elisabeth*, b [2] 4 et s [2] 8 février 1742.—*Joseph-Augustin*, b [2] 5 février et s [2] 15 juin 1743.— *Catherine*, b [2] 30 nov. 1744, s [2] 7 janvier 1745.

1727, (24 fevrier) Québec. [3]
I.—PETIT, PIERRE, fils d'Antoine et de Jeanne Lagardère, de N.-D. de Casteljaloux, diocèse de Bazas, Gascogne.
PETIT, Geneviève-Dorothée, [GASPARD I.
b 1702; s [3] 1er mars 1764.
Pierre-Florent, b [3] 20 janvier 1728; ordonné [3] 31 janvier 1751; s 10 mars 1762, à St-Michel. — *Marie-Marguerite*, b [3] 21 mars 1729, m [3] 13 avril 1750, à Jean-Baptiste GUYON-DUROUVRAY.— *Geneviève*, b [3] 18 mars 1730.—*Marguerite-Agnès*, b [3] 27 mars 1732; m [3] 9 oct. 1752, à Pierre LEVASSEUR. — *Madeleine*, b [3] 19 mai 1733; m [3] 27 fevrier 1759, à Jean-Baptiste MONCEAU.

1727, (21 sept.) St-Frs-du-Lac. [3]
II.—PETIT (4), JEAN, [PIERRE I.
b 1694; officier; s 7 fevrier 1750, à St-Michel-d'Yamaska. [4]
GAMELIN (5), Marguerite, [PIERRE II.
b 1710; s [4] 7 janvier 1756.
Pierre-Jean, b [3] 24 oct. 1728; m [3] 14 mai 1759, à Marie-Claude HAREL. — *Joseph*, b 1729; m [4] 6 fevrier 1758, à Marie-Anne GIGUÈRE, s [4] 16 dec. 1760.—*Antoine*, b [4] 18 mai 1731; m [4] 18 fevrier 1765, à Marie-Joseph ....— *Marie-Jeanne*, b [4] 14 déc. 1732; m [4] 25 juin 1753, à Augustin LAROCHE.— *Marguerite*, b [4] 1er fevrier 1735; m [4] 2 juin 1755, à Joseph MADOUE. —*Marie-Anne*, b [4] 28 août 1737; m [4] 19 fevrier 1760, à Jacques FORCIER; s [4] 8 nov. 1768.

(1) Dit Lalumière.
(2) Dit Milhomme.
(3) Aussi appelée Pichon en 1752.
(4) Seigneur de St-Michel-d'Yamaska.
(5) Dit Châteauvieux.

1729, (17 janvier) Repentigny.
III.—PETIT, MICHEL. [MICHEL II.
JETTÉ, Madeleine, [PAUL II.
b 1702.
Michel, b... 1° m 21 nov. 1757, à Angélique LALEU, à Varennes; 2° m à Françoise BAUDOIN. — *Marie-Amable*, b 1735; m 4 nov. 1766, à Joseph RASSET, à Montréal.— *Jean-Baptiste*, b... m 2 janvier 1776, à Thérèse CHARON, à St-Louis, Mo.

PETIT (1), PIERRE.
DENEVERS, Marguerite.
Antoine, b 1733; m 13 oct. 1755, à Marie-Joseph PINEAU, à Montréal.

PETIT (2), LOUIS,
b 1702; marchand; s 3 janvier 1750, à Québec. [2]
JOUBERT, Marguerite.
Louise-Marguerite, b [2] 7 nov. 1740; s [2] 26 janvier 1741.

III.—PETIT, JEAN-BTE, [MICHEL II.
b 1712.
1° CHOQUET, Marie.
Jean-Baptiste, b... m 24 nov. 1760, à Agnès DESEL, à Varennes. [1]—*Augustin*, b... m [1] 7 fevrier 1763, à Marie MESSIER.—*Marie*, b... m [1] 26 nov. 1764, à Athanase GODARD.
1746, (14 février) Verchères. [4]
2° PINEAU, Marguerite. [FRANÇOIS III.
Marie-Amable, b... m [1] 30 oct. 1764, à Jean-Baptiste LEBRODEUR.—*Pierre*, b [4] et s [4] 17 fevrier 1752.—*Marie-Archange*, b... m [1] 2 mars 1772, à Pierre LEBRODEUR.

1729, (29 août) Montreal. [5]
I.—PETIT (3), LOUIS, b 1695; fils de Pierre et de Marie Dangeuse, de Degliré, diocèse de Xaintes, Saintonge; s 14 nov. 1777, à l'Hôpital-Genéral, M.
DAMBOURNAY, Marie-Joseph, [JOSEPH I.
b 1697; veuve de Pierre Arnould.
Etienne-Marie, b [5] 15 juin 1730. — *Simon*, b [5] 23 août 1734. — *Georges-Gabriel*, b [5] 8 janvier 1736.—*Joseph*, b [5] 2 et s [5] 9 juillet 1737.—*Pierre*, b [5] 27 août et s [5] 10 sept. 1738. — *Jacques*, b [5] 4 janvier 1740. — *Charlotte-Archange*, b [5] 23 mars 1741.

1730.
II.—PETIT, LOUIS, [JEAN I.
b 1706.
SIMON, Angelique, [LÉONARD II.
b 1705.
Marie-Anne, b 1731; m 2 mai 1757, à Antoine

(1) Dit Jean.
(2) Et Petitbois.
(3) Dit Rossignol; ancien soldat de la colonie.

Rousseau, à la Pte-aux-Trembles, M.[2] — *Marie-Joseph*, b 23 mars 1733, à la Longue-Pointe.[3] — *Jean-Baptiste*, b [3] 30 mars 1739. — *Angélique*, b [3] 3 mars 1741 ; m [2] 13 oct. 1766, à Simon Deniau. — *Ignace*, b 24 juillet 1743, à Montréal.[4] — *Jean-Simon*, b... s [4] 28 janvier 1744.

1730, (3 nov.) Lorette.

III.—PETIT (1), Pierre, [Robert II. b 1705.

1° Girard, Marie-Catherine, [Etienne I. b 1708 ; s 19 janvier 1758, à Québec.[7]

1759, (23 avril) L'Ange-Gardien.

2° Tardif, Claire, [Guillaume II. b 1704 ; veuve de Nicolas Trudel ; s [7] 28 déc. 1759.

I.—PETIT, Pierre, de France ; s (noyé) 22 sept. 1751, à Lotbinière.

1731, (26 nov.) St-Augustin.[5]

III.—PETIT, Philippe, [Robert II. b 1708 ; s [5] 15 oct. 1737.

1° DeLavoye, Marie-Madeleine. [Pierre I. b 1674 ; s [5] 18 juin 1736.

Marie-Agathe, b [5] 7 dec. 1733.

1736, (1er oct.) [5]

2° Jean-Denis, Marie-Anne, [Jean-Nicolas II. b 1711 ; s [5] 13 oct. 1737.

Antoine, b [5] 8 et s [5] 9 oct. 1737.

1732, (11 fevrier) Boucherville.[7]

III.—PETIT, François. [Louis II.

1° Favreau, Angelique, [Nicolas II. b 1715.

1735, (25 juillet) Longueuil.

2° Deniau (2), Antoinette, [Pierre II. b 1713.

Charlotte, b... m [7] 5 mars 1764, à Jean-Baptiste Morin. — *Marie-Joseph*, b... m [7] 25 nov. 1767, à Louis Audet.

1732, (30 juillet) Boucherville.[7]

III.—PETIT, Nicolas, [Louis II. b 1693 ; voyageur.

Chauvin (3), Marie-Michelle, [Jean I. b 1703.

Marie-Joseph, b... m [7] 25 oct. 1745, à Louis Blin. — *Madeleine*, b... 1° m [7] 19 fevrier 1753, à Antoine Blin ; 2° m [7] 6 fevrier 1764, à François Pouchat. — *Marguerite*, b... m [7] 30 janvier 1763, à Jean Berg.

1733, (11 mai) Montréal.[3]

II.—PETIT (4), Etienne, [Jean I. b 1692 ; marchand.

Chauvin, Anne, [Gilles II. b 1709 ; s [3] 23 oct. 1744.

Marie-Anne, b [3] 20 mars et s 23 juillet 1734, à la Longue-Pointe. — *Louise-Anne*, b [3] 12 nov. 1736 ; s 9 mars 1737, à Longueuil. — *Amable-Marguerite*, b [3] 31 août 1740 ; s [3] 31 août 1741. — *Françoise-Archange*, b [3] 21 oct. 1744.

1735, (14 février) Varennes.

III.—PETIT, Louis, [Nicolas II. b 1706.

Delpée-Pariseau (1), Marie, [François II b 1711.

1735.

I.—PETIT (2), Jean-Bte, b 1698 ; maître-menuisier ; s 25 sept. 1757, à Terrebonne.[5]

1° Gallien, Suzanne, s [5] 23 avril 1750.

Marie-Anne, b 1736 ; m 5 nov. 1770, à Jean Grenier, à Montréal.[6] — *Marie-Louise*, b 1740, m [6] 22 avril 1765, à François Vialard. — *Françoise-Charlotte*, b [6] 27 avril 1744 ; m [6] 1er juillet 1765, à Joseph Dauquain. — *Marie-Véronique*, b [6] 2 et s [6] 16 mars 1746. — *François*, b [5] 23 fevrier et s [5] 24 mai 1747. — *Marie-Joseph*, b [5] 17 avril 1749 ; m 20 oct. 1773, à Pierre Hambleton, au Détroit. — *Catherine*, b [5] 16 et s [5] 20 avril 1750.

1750, (7 sept.) [5]

2° Renaud (3), Agathe. [Louis II.

Charles, b [5] 28 juillet 1751. — *Marie-Reine*, b [5] 17 avril 1753. — *Marie-Joseph*, b [5] 19 fevrier et s [5] 12 juillet 1755. — *Jean*, b [5] 15 sept. 1756.

1735, (27 juin) Varennes.[7]

III.—PETIT, Joseph, [Paul II. b 1706.

Senécal, Charlotte, [Adrien II. b 1710.

Marie-Joseph, b... m [7] 28 janvier 1771, à Jean-Baptiste Gautier.

1737, (4 oct.) Varennes.[9]

III.—PETIT, Joseph, [Nicolas II. b 1704.

1° Prévost, Marie-Anne. [Pierre II.

1742, (26 nov.) [9]

2° Mongeau, Marie-Louise, [Jean-Bte III. b 1725.

Louis, b... m [9] 7 janvier 1765, à Charlotte Prévost. — *Marie-Joseph*, b 1748 ; m [9] 15 fevrier 1768, à Augustin Messier.

1738, (6 janvier) Varennes.

III.—PETIT (4), Louis. [Paul II

Poineau, Louise. [Jean I

Marie-Louise, b 1739 ; m 13 janvier 1755, à Joseph Primot, à Châteauguay.

(1) Dit Milhomme.

(2) Voy. Deneau.

(3) Elle épouse, le 26 oct. 1745, Pierre Joachim, à Boucherville.

(4) Dit Boismorel ; voyageur des pays d'en haut.

(1) Elle épouse, le 10 août 1739, Paul Senécal, à Varennes.

(2) Dit Laliberté.

(3) Elle epouse, le 30 déc. 1760, Joseph Minau, à Terrebonne.

(4) Dit Lalumière.

1738, (3 fevrier) L'Assomption.
III.—PETIT (1), JOSEPH. [LOUIS II.
LEMAIRE, Geneviève, [LOUIS II.
b 1720.
Marie, b... m 4 nov. 1760, à Louis BONNET, à Verchères.[4] — *Louis*, b... m 28 janvier 1765, à Marie CASAVAN, à St-Antoine-de-Chambly.[5] — *Jean-Marie*, b[5] 23 nov. 1750; s[5] 8 janvier 1756. —*Augustin*, b[5] 26 février 1753.—*Catherine*, b[4] et s[4] 28 juillet 1755.

1739, (12 janvier) Boucherville.[7]
III.—PETIT (2), ETIENNE, [PAUL II.
b 1712.
FAVREAU, Marie-Elisabeth, [PIERRE II.
b 1718.
Judith, b 1747; m[7] 21 oct. 1771, à François RACICOT.

1739.
III.—PETIT, JOSEPH, [MICHEL II.
b 1714.
DELAUNAY, Marie-Catherine, [CHARLES II.
b 1721.
Joseph, b 28 dec. 1740, à Cahokia.[8]—*Jean-Baptiste*, b[8] 28 janvier et s[8] 13 mars 1745. — *François*, b[8] 26 fevrier 1746.

II.—PETIT, JEAN, [JEAN I.
b 1704.
CATY, Marie-Claire, [PAUL I.
b 1715.
Paul-Jean, b... m 8 février 1762, à Marie-Joseph LECOMPTE, à Terrebonne[5] — *Marguerite*, b 1749; m 8 avril 1766, à Dominique RENAUT, à la Pte-aux-Trembles, M.[6]; s[5] 15 avril 1777. — *Marie-Agathe*, b[6] 11 fevrier et s[6] 12 août 1751.— *Jean-Marie*, b[6] 16 août 1752; s[6] 8 février 1753. —*Pierre*, b[5] 6 juin et s[6] 15 août 1754.

1741, (20 nov.) Cap-Sante.[8]
III.—PETIT, NICOLAS. [NICOLAS II.
HARDY, Marie-Anne. [PIERRE II.
Augustin, b[8] 27 août 1742.— *Marie-Anne*, b[8] 2 août 1744; s[8] 21 mai 1747. — *Nicolas*, b[8] 20 juillet 1746; m 1772, à Isabelle CABANA.—*Joseph*, b[8] 13 sept. et s[8] 24 oct. 1748. — *François*, b[8] 25 mai et s[8] 18 juin 1750. — *Marie-Joseph*, b[8] 15 mai 1752.

1742, (8 oct.) Varennes.[1]
IV.—PETIT (3), PAUL, [PAUL III.
b 1720.
FONTAINE, Marie, [GABRIEL III.
b 1727.
Marie-Françoise, b 1743; m[1] 26 janvier 1761, à Augustin HÉBERT.— *Marie-Louise*, b 1747; m[1] 7 nov. 1768, à Joseph MAURICE. — *Marie-Joseph*, b 1749; m[1] 16 oct. 1769, à Joachim TÉTRO.

(1) Dit Laprée.
(2) Dit Lalumière.
(3) Dit Beauchemin.

PETIT, JEAN-BTE.
CHARBONNEAU, Louise.
Ignace-Amable, b 1er février 1742, à Montréal.[3] — *François*, b[3] 12 avril et s[3] 4 juin 1745.

1743, (29 juillet) Boucherville.
II.—PETIT (1), PIERRE, [PIERRE I.
b 1700.
MOREL-LADURANTAYE, Marie-Anne, [LOUIS III.
b 1725.
Marie-Jeanne, b 27 déc. 1744, à St-Michel-d'Yamaska[2]; m[2] 5 mai 1766, à Augustin BONENFANT. — *Geneviève*, b 30 déc. 1745, aux Trois-Rivières; s[2] 25 août 1747.—*Pierre*, b[2] 23 juillet 1747. — *Michel*, b[2] 1er déc. 1748; m[2] 14 fevrier 1774, à Marie-Joseph PARENTEAU.—*Reine*, b[2] 26 sept. 1750; m[2] 13 sept. 1773, à Michel PARENTEAU. — *Marie-Anne*, b[2] 24 mars 1753. — *Marie*, b[2] 22 février 1758.—*Antoine*, b[2] 12 fevrier 1760. — *Michel-André*, b[2] 26 sept. 1762.

1748, (29 janvier) Varennes.[2]
IV.—PETIT, LOUIS, [LOUIS III.
b 1724.
BRUNEL, Véronique. [JACQUES II.
Louis, b... m[2] 17 oct. 1768, à Archange RENAUD.

1748, (11 nov.) Québec.[1]
I.—PETIT (2), PIERRE, fils de Jean et de Marie Blot, de St-Pierre, diocèse d'Evreux, Normandie.
CRESTE, Marie-Madeleine, [PIERRE II.
b 1719; veuve de Laurent Loraine.
Marie-Gabrielle, b[1] 8 août 1749. — *Pierre*, b 2 avril 1751, à Beauport.

PETIT (3), JOSEPH.
LAFRENIÈRE, Madeleine.
Marie-Madeleine-Rosalie, b... m 7 janvier 1771, à Pierre FROMENTEAU, à l'Ile-Dupas.

1749, (17 fevrier) Montréal.
I.—PETIT (4), JEAN, b 1720; fils de Claude et de Marguerite Juglat, de St-Etienne-de-Bar-sur-Seine, diocèse de Langres, en Champagne.
BRUNEL, Marie-Amable, [JEAN II.
b 1728.

1750, (28 sept.) Boucherville.
IV.—PETIT, JOSEPH. [MICHEL III.
ARRIVEE, Angelique, [JACQUES II.
b 1731.
Louis, b... m 21 avril 1816, à Julie LEPAGE, à Cahokia.

1751, (18 janvier) Cap-Santé.[3]
III.—PETIT, JOSEPH. [NICOLAS II.
HARDY, Marie-Geneviève, [JEAN-FRANÇOIS III.
b 1729.
François-Xavier, b[3] 27 oct. 1751; s[3] 23 avril

(1) Dit Gabin—Gobain.
(2) Dit St. Pierre, soldat de Linctot.
(3) Dit Bruneau.
(4) Dit Lamarche.

1752.—*Amable*, b [3] 2 mars 1753.—*Geneviève*, b 6 oct. 1754, aux Ecureuils.

1752, (7 janvier) Détroit.[7]
IV.—PETIT (1), JEAN-BTE, [JEAN III.
b 1731 ; maître-armurier.
POUPART, Marie-Joseph, [CHARLES II.
b 1734.
Agathe, b [7] 8 et s [7] 16 nov. 1752.—*Jean-Baptiste*, b [7] 28 déc. 1753 ; s [7] 4 août 1758.—*Pierre*, b [7] 27 février 1756 ; s [7] 19 déc. 1758. — *Charles*, b [7] 7 avril 1758.—*Catherine*, b [7] 2 et s [7] 13 sept. 1759. —*Marie-Anne*, b [7] 8 sept. 1760.

1753, (5 mars) Cap-Santé.
IV.—PETIT, JEAN-FRS, [JEAN-FRANÇOIS III.
b 1729.
MOTARD, Marie-Thérèse. [LOUIS-JOSEPH II.

1754, (30 nov.) Varennes.
IV.—PETIT, MICHEL. [MICHEL III.
PITALIER (2), Madeleine. [JEAN-BTE II.
Antoine, b... m 19 février 1784, à Marie-Joseph VILLERAY, à Vincennes [1] ; s [1] 15 juillet 1813.

1754.
PETIT, JEAN.
CAISSE, Marie.
Marie-Louise, b 23 nov. 1755, à Beauport. — *Marie-Madeleine*, b 20 avril 1758, à Quebec. [1] — *Antoine*, b [1] 21 nov. 1762 ; m 22 janvier 1788, à Geneviève LECHASSEUR, à Beaumont.

1755, (13 oct.) Montréal.[2]
PETIT (3), ANTOINE, [PIERRE.
b 1733 ; soldat.
PINAUT, Marie-Joseph,
b 1735 ; s [2] 14 nov. 1755.
Marie-Joseph, b [2] 4 août 1755.

1756, (1er mars) Varennes.
III.—PETIT, PIERRE. [MICHEL II.
RENAUD, Charlotte. [JEAN-BTE II.
Charlotte, b 1756 ; s 23 mars 1759, à Verchères.

PETIT, FRANÇOIS,
Espagnol.
LUSIGNAN, Marie-Charlotte.
Marie-Louise, b 2 juillet 1758, à Québec.

1757, (21 nov.) Varennes.
IV.—PETIT, MICHEL. [MICHEL III.
1° LALEU, Angélique. [JEAN-BTE II.
2° BAUDOIN (4), Françoise, [CLAUDE III.
b 1738.
Michel, b... m 17 janvier 1780, à Archange VARIN, à Montréal.

(1) Dit Milhomme.

(2) Elle épouse, le 3 avril 1769, Charles Racicot, à Boucherville.

(3) Dit Jean—Vadeboncœur.

(4) Elle épouse, le 26 fevrier 1770, Louis Brousseau, à Varennes.

1758, (6 fevrier) St-Michel-d'Yamaska.[3]
III.—PETIT (1), JOSEPH, [JEAN II.
b 1729 ; s [3] 16 dec. 1760.
GIGUÈRE (2), Marie-Anne, [LOUIS III.
b 1739.
Pierre, b [3] 29 déc. 1759 ; s [3] 7 avril 1770.

1758, (13 nov.) Boucherville.
IV.—PETIT, LOUIS. [PAUL III
NORMANDIN, Thérèse. [JEAN-BTE III

1759, (14 mai) St-Frs-du-Lac.
III.—PETIT, PIERRE-JEAN, [JEAN II.
b 1728.
HAREL, Marie-Claude, [PIERRE III.
b 1741.
Pierre-Michel, b 29 sept. 1760, à St-Michel-d'Yamaska [4] ; s [4] 20 juin 1761.—*Charles*, b [4] 5 déc. 1762.—*Joseph*, b [4] 22 sept. 1766.—*Marie*, b [4] 19 août 1768.—*Marie-Louise*, b [4] 22 juillet 1770.

1760, (24 nov.) Varennes.
IV.—PETIT, JEAN-BTE. [JEAN-BTE III.
DESEL (3), Agnès. [MICHEL III

PETIT, PIERRE.
DESLAURIERS, Charlotte.
Jean-Baptiste, b 11 août 1760, à Verchères [6] ; s [6] 21 mars 1761.

PETIT (4), FRANÇOIS.
CUILLERIER, Judith.
Alexis, b 13 dec. 1760, au Détroit [4] ; s [4] 3 janvier 1761.

1761, (14 sept.) Charlesbourg.
I.—PETIT (5), SALOMON, b 1724 ; fils de Toussaint et de Madeleine Julien, de Bourville, diocèse de Chartres, Beauce.
BEDARD, Marguerite, [JACQUES IV
b 1740.
Pierre, b 29 sept. 1762, à Québec. [1]—*François*, b [1] 18 déc. 1763.

I.—PETIT, PIERRE, des Pellerins, diocèse de Nantes, Haute-Bretagne.
1° OLIVE, Marie.
1761, (17 août) St-Pierre-les-Becquets.
2° BILLY, Madeleine, [MICHEL II
b 1724 ; veuve de Pierre Lécuyer.

II.—PETIT (6), PIERRE-FLORENT, [PIERRE I
b 1728 ; s 10 mars 1762, à St-Michel.

PETIT, PIERRE.
MIVILLE, Judith.
Germain, b 17 mars 1762, à Ste-Anne-de-la-Pocatière.

(1) Dit Grandménil.

(2) Elle épouse, le 22 février 1762, Joseph Fourquain, à St-Michel-d'Yamaska.

(3) Voy. Celles-Duclos.

(4) Dit Prudhomme.

(5) Dit Gravier ; soldat au régiment de Berry, 11 fevrier 1759, à Charlesbourg. (Procès-verbal.)

(6) Curé de St-Michel.

1762, (8 fevrier) Terrebonne.
III.—PETIT, Paul-Jean. [Jean II.
Lecompte (1), Marie-Joseph, [Jos.-Simon III.
b 1738.

1763, (7 fevrier) Varennes.
IV.—PETIT, Augustin. [Jean-Bte III.
Messier, Marie. [Jean-Bte III.

1763, (14 fevrier) Québec.[1]
I.—PETIT, Etienne, b 1737 ; fils d'Etienne et de Marie-Joseph Dubois, de Louisbourg.
Roy (2), Marie-Elisabeth, [Joseph III.
b 1740.
Anonyme, b[1] et s[1] 15 fevrier 1764.

IV.—PETIT, Augustin, [Jean-Frs III.
b 1738.
1° Hardy, Marie-Jeanne, [Jean-Frs III.
b 1739.
1764, (9 janvier) Ecureuils.
2° Gaudin, Marie-Joseph, [Jacques III.
b 1740.
Marie-Joseph, b... m 20 sept. 1791, à Michel Perron, à Deschambault.[9] — *Marguerite,* b... m[9] 19 août 1793, à Antoine Perron. — *Joseph,* b... m[9] 24 nov. 1795, à Marie-Joseph Nau.

PETIT, Nicolas.
Tellier, Marie-Joseph.
Nicolas, b 3 janvier 1765, aux Ecureuils.

1765, (7 janvier) Varennes.
IV.—PETIT (3), Louis. [Joseph III.
Prévost, Charlotte. [Antoine III.

1765, (28 janvier) St-Antoine-de-Chambly.
IV.—PETIT, Louis. [Joseph III.
Casavan, Marie. [Jean-Bte III.

1767, (23 fevrier) Ecureuils.
IV.—PETIT, Alexis, [Jean-François III.
b 1741.
Gaudin, Marie-Anne, [Jacques III.
b 1744.

PETIT, Antoine.
Forcier, Marie-Joseph.
Marie-Jeanne-Thérèse, b 1er janvier 1768, à St-Michel-d'Yamaska.[9] —*Marie-Louise,* b[9] 17 sept. 1769.

1768, (17 oct.) Varennes.
V.—PETIT, Louis. [Louis IV.
Renaud, Archange. [Charles.

PETIT, Jean.
Marette, Marie.
Marie-Marguerite, b 17 août 1769, à Berthier. — *Archange,* b... m 30 juillet 1787, à Germain Soucy, à Rimouski.

(1) Dit Simon.
(2) Elle épouse, le 15 fevrier 1790, Pierre Marois, à Québec.
(3) Dit Beauchemin.

1772.
IV.—PETIT, Nicolas, [Nicolas III.
b 1746.
Cabana-Charon, Isabelle.
Antoine, b... m 4 février 1793, à Françoise Laperle, au Detroit.[1] — *Louis,* b... m[1] 11 mai 1795, à Françoise Mesny. — *Marie-Catherine* et *Agnès,* b[1] 7 fevrier 1775. — *Brigide,* b[1] 3 avril et s[1] 31 août 1776. — *Jean-Baptiste,* b[1] 2 avril 1777.—*Marie-Anne,* b[1] 21 oct. 1778; m[1] 11 mai 1795, à Pierre Mesny.

1772, (21 sept.) Varennes.
IV.—PETIT, Félix. [Paul III.
Delisle, Thérèse, [Jérome-Thierry III.
b 1754.

1774, (14 février) St-Michel-d'Yamaska.
III.—PETIT (1), Michel, [Pierre II.
b 1748.
Parenteau, Marie-Joseph, [Joseph III.
b 1752.

1775, (29 mai) Montréal.
IV.—PETIT (2), François, [Jean III.
b 1738.
Greffard, Marie-Catherine, [Alexis III.
b 1756.

1776, (2 janvier) St-Louis, Mo.[1]
IV.—PETIT, Jean-Bte. [Michel III.
Charon, Thérese. [François.
Thérèse, b 1779; m[1] 11 oct. 1795, à Pierre Bordeaux.

1777, (13 janvier) Longue-Pointe.
I.—PETIT, Nicolas-Jean.
Galipeau, Cecile, [Antoine III.
b 1751.

1780, (17 janvier) Montréal.
V.—PETIT, Michel. [Michel IV.
Varin, Archange, [Jacques II.
b 1756.

PETIT, Augustin.
1° Morisset, Elisabeth
b 1748 ; s 18 mars 1785, à Deschambault.[4]
1785, (15 nov.)[4]
2° Marcot, Catherine, [Alexis IV.
b 1763.

1784, (19 fevrier) Vincennes, Indiana, E.-U.[5]
V.—PETIT, Antoine, [Michel IV.
s[5] 15 juillet 1813.
Villeray, Marie-Joseph. [Jean-Bte III.
Antoine, b[5] 23 juillet et s[5] 13 oct. 1788.—*Antoine,* b[5] 26 oct. 1791.—*Henriette,* b[5] 6 fevrier 1794; m[5] 3 sept. 1821, à Dominique Hubert-Lacroix.—*Françoise,* b[5] 19 août 1796.—*Marie-Louise,* b[5] 25 août 1801.— *Simon* (prêtre), b[5] 18 sept. 1804.— *Joséphine,* b[5] 11 juin 1808.

(1) Dit Gobin.
(2) Dit Milhomme.

PETIT, Ambroise.
Meunier, Catherine.
Michel, b 20 mai 1786, à St-Augustin.

1788, (22 janvier) Beaumont.
PETIT, Antoine, [Jean.
b 1762.
Lechasseur, Geneviève. [Jean-Bte III.

1793, (4 fevrier) Détroit.
V.—PETIT, Antoine. [Nicolas IV.
Laperle, Françoise. [Pierre.

1795, (11 mai) Détroit.
V.—PETIT, Louis. [Nicolas IV.
Mesny, Françoise, [Antoine III.
b 1775.

1795, (24 nov.) Deschambault.
V.—PETIT, Joseph. [Augustin IV.
Nau, Marie-Joseph. [Pierre-Joseph III.

1816, (21 avril) Cahokia.
V.—PETIT (1), Louis. [Joseph IV.
Lepage, Julie,
veuve de Joseph Desmarais.

PETITBOIS.—Voy. Gauron.

PETITBOIS (2), Louis

PETITBOIS, Etienne.
Dorion, Marguerite.
Geneviève, b... s 17 sept 1749, à Québec.

PETITCLERC.—*Variations :* Leclerc—Petit.

1673, (11 sept.) Québec. [1]
I.—PETITCLERC (3), Pierre,
s 1er juin 1711, à Ste-Foye. [2]
Paris (4), Françoise.
Marie-Anne, b... m [2] 17 nov. 1699, à François Poitras, s [1] 29 nov. 1737.—*François*, b [1] 24 août 1693, m 12 août 1720, à Marie-Rose Viau, à Longueuil. — *Jeanne*, b... m [2] 21 nov. 1713, à Catherine Houde ; s 25 avril 1738, à la Baie-du-Febvre.—*Charles*, b... 1° m [1] 18 fevrier 1715, à Marie-Catherine Provost ; 2° m 4 avril 1758, à Barbe Tardif, à St-Augustin.—*Geneviève*, b... m [2] 30 août 1717, à Gabriel Rouleau.

1709, (11 fevrier) Québec. [3]
II.—PETITCLERC, Jean-Bte, [Pierre I.
b 1684, s 16 fevrier 1773, à Ste-Foye. [4]
Provost, Marie-Françoise, [Jean-Bte II.
b 1690.
Jean-Baptiste, b [3] 22 oct. 1709 ; m [4] 17 mai 1733, à Felicite Bisson ; s 29 avril 1790, à St-Augustin.—*Marie-Françoise*, b [3] 15 fevrier 1711 ; m [4] 4 fevrier 1732, à François Bisson.—*Louis*, b [4] 14 mai 1712 ; m [4] 4 mars 1737, à Geneviève Belleau.—*Charles*, b [4] 27 mai 1713.—*Augustin*, b [4] 12 déc. 1715 ; 1° m [4] 6 février 1738, à Marie-Catherine-Françoise Belleau ; 2° m [4] 8 fevrier 1751, à Dorothée Bisson.

1715, (18 février) Québec. [5]
II.—PETITCLERC, Charles, [Pierre I.
capitaine ;
1° Provost, Marie-Catherine, [Jean-Bte II.
b 1695.
Marie-Catherine, b [5] 15 août 1716. — *Marie-Françoise*, b 20 janvier 1718, à Ste-Foye [6] : 1° m 27 nov. 1741, à François Alain, à St-Augustin [7], 2° m 5 février 1759, à Philippe Paquet, à Lorette. —*Marie-Joseph*, b [7] 10 déc. 1719 ; m [7] 27 nov 1741, à Joseph Alain.—*Louis-Joseph*, b [7] 18 avril 1721 ; m à Marie-Madeleine Gingras.—*Marie-Anne*, b [7] 7 mai 1724 ; m [7] 12 février 1748, à Jean Valin.—*Marie-Catherine*, b [7] 17 mars 1726—*Marie-Brigitte*, b [7] 20 avril 1728 ; s [7] 17 mai 1733 —*Joseph*, b [7] 23 sept. 1731 ; s [7] 25 août 1738—*Charles*, b [7] 23 sept. 1731 ; 1° m [7] 28 juillet 1760, à Marguerite Meunier ; 2° m [7] 15 janvier 1781, à Marie-Anne Trudel ; s [7] 4 janvier 1789.—*Jean-Marie-Augustin*, b [7] 7 sept. 1733.—*François-Augustin*, b [7] 8 dec. 1735.

1758, (4 avril). [7]
2° Tardif, Barbe, [Guillaume II
b 1701 ; veuve de Nicolas Trudel.

1720, (12 août) Longueuil. [4]
II.—PETITCLERC, François, [Pierre I
b 1693.
Viau-Lespérance, Marie-Rose, [Michel II.
b 1700 ; s 3 fevrier 1739, à Terrebonne. [5]
Marie-Catherine, b [4] 24 juin 1721 ; m [5] 7 janvier 1745, à Pierre Sureau-Blondin.—*Marguerite*, b [4] 6 et s [4] 10 fevrier 1723. — *François*, b [4] 2 fevrier 1724 ; s [5] 15 mai 1754. — *Marguerite*, b [5] 14 dec. 1727 ; m [5] 17 fevrier 1749, à François Lecompte.— *Jean-Baptiste*, b... s [5] 17 sept. 1749. —*Joseph-Marie*, b 9 juillet 1730, à Lachenaye—*Marie-Françoise*, b [5] 13 juillet 1732 ; s [5] 1er mars 1739. — *Marie-Joseph*, b [5] 15 août 1734 ; m [5] 18 juillet 1757, à Jean-Baptiste Dutrisac. — *Louis*, b [5] 26 sept. 1736, m [5] 21 janvier 1754, à Marie-Angelique Hus. — *Toussaint*, b [5] 5 mai et s [5] 29 juin 1738.—*Rose*, b... m 1758, à Joseph Belmont.

1733, (17 mai) Ste-Foye. [7]
III.—PETITCLERC, Jean-Bte, [Jean-Bte II.
b 1709 ; s 29 avril 1790, à St-Augustin. [8]
Bisson, Félicité, [Antoine III.
b 1712 ; s [8] 5 juin 1787.
Marie-Felicité, b [7] 19 avril 1735. — *Jean-Baptiste*, b [7] 5 juin 1737 ; m à Madeleine Raté — *Augustin-Gabriel*, b [8] 28 janvier 1740. — *Marie-Angélique*, b [8] 11 fevrier 1742. — *Marie-Joseph*, b [8] 9 mars 1744.—*Brigitte*, b 1745 ; m [8] 10 fevrier 1783, à Charles Vacher ; s [8] 21 juillet 1784—*Marie-Joseph-Antoinette*, b 1753 ; s [8] 30 août 1755. —*Raphael*, b [8] 26 juin 1760.

(1) Dit Lalumière.
(2) Signe le 24 nov. 1744, à Lorette.
(3) Voy. vol. I, p. 479.
(4) Elle épouse, le 12 fevrier 1714, Pierre Elie, à Ste-Foye.

1737, (4 mars) Ste-Foye. [4]
III.—PETITCLERC, Louis, [Jean-Bte II.
b 1712; charretier.
Belleau, Geneviève, [Jean-Bte II.
b 1715.
Marie-Catherine, b [4] 18 nov. 1737; m 8 janvier 1761, à François Morand, à Quebec. [5] — *Louis,* b [4] 22 déc. 1738; m [5] 26 oct. 1761, à Françoise Aubois.—*Marie-Geneviève,* b [4] 15 mars 1739; m [5] 14 oct. 1760, à Jean Labbé. — *Claude-Joseph,* b [5] 10 juillet 1741; m [5] 2 mai 1763, à Marie-Anne Baron; s [5] 28 juin 1788. — *Jacques-Hyacinthe,* b [5] 16 juillet 1743. — *Angélique,* b [5] et s [5] 28 mai 1744.—*Marie-Joseph,* b [5] 3 mai 1745; s [5] 13 déc. 1746. — *Marie-Louise,* b [5] 20 février 1748.—*Claude-Marie,* b [5] 15 mars 1750; 1° m [5] 24 avril 1775, à Madeleine Hélot; 2° m 8 janvier 1781, à Marthe Labrecque, à Beaumont.— *Geneviève,* b [5] 31 dec. 1751.—*Jean-Jacques,* b [5] 5 mai 1754; s [5] 21 déc. 1758. — *Marguerite-Charlotte,* b [5] 26 mai 1756; s [5] 21 déc. 1758.

1738, (6 février) Ste-Foye. [9]
III—PETITCLERC, Augustin, [Jean-Bte II.
b 1715.
1° Belleau, Catherine-Frse, [Jean-Bte II.
b 1717; s [9] 8 nov. 1749.
Marie, b [9] 20 déc. 1738; m [9] 5 oct. 1761, à Michel Langlois; s [9] 16 février 1788. — *Jean-Augustin,* b [9] 1er juin 1740. — *Marie-Françoise,* b [9] 27 juin 1741; m [9] 14 janvier 1771, à Pierre Bourassa.—*Charles,* b [9] 8 oct. 1742; m [9] 2 oct. 1769, à Marie-Anne Carié. — *Marie-Marguerite,* b [9] 24 mars 1744; m [9] 26 juillet 1762, à Pierre Masse. — *Anonyme,* b [9] et s [9] 15 avril 1745. — *Marie-Françoise,* b [9] 12 mars 1747. — *François,* b [9] 8 mai 1748; m [9] 10 oct. 1774, à Marie Routier.— *Anonyme,* b [9] et s [9] 4 nov. 1749.
1751, (8 février). [9]
2° Bisson, Dorothee, [Antoine III.
b 1719.

PETITCLERC, Joseph.
Renaud, Angelique.
Marie-Angélique, b 13 nov. et s 7 déc. 1747, à St-Augustin.

III.—PETITCLERC, Ls-Joseph, [Charles II.
b 1721.
Gingras, Marie-Madeleine, [Philippe II.
b 1720; s 16 avril 1794, à St-Augustin. [7]
Anonyme, b [7] et s [7] 24 mars 1755.—*Angélique,* b [7] 12 avril 1759. — *Marguerite,* b... m [7] 31 janvier 1785, à Joachim Plamondon.

1754, (21 janvier) Terrebonne. [3]
III.—PETITCLERC, Louis, [François II.
b 1736.
Hus, Marie-Angélique, [Louis II.
b 1718; veuve d'Etienne Dubois.
Marie-Angélique, b [3] 9 oct. 1754; s [3] 10 avril 1755.—*Paul* (1), b 8 mars 1756, à Ste-Rose.

(1) Baptisé sous le nom de Leclerc.

PETITCLERC, Louis.
Vachery, Marie-Madeleine, b 1724; de Saintonge; s 15 février 1786, à Québec.

1760, (28 juillet) St-Augustin. [8]
III.—PETITCLERC, Charles, [Charles II.
b 1731; s [8] 4 janvier 1789.
1° Meunier, Marguerite, [François III.
b 1739.
Marie-Marguerite, b [8] 24 juillet 1761; m [8] 24 janvier 1785, à Jean-Baptiste Trudel. — *Catherine,* b... m [8] 3 février 1783, à Joseph Marette-Lépine. — *Marie,* b... m [8] 12 fevrier 1787, à Pierre Trudel.
1781, (15 janvier). [8]
2° Trudel (1), Marie-Anne [Alexandre IV.
Marie-Anne, b [8] 17 mai 1782 —*Marguerite,* b [8] 22 sept. 1784. — *Charles,* b [8] 28 août 1787. — *Joseph* (posthume), b [8] 19 mars 1789.

1761, (26 oct.) Québec. [1]
IV.—PETITCLERC, Louis, [Louis III.
b 1738.
Aubois-St. Julien, Françoise, [Michel II.
b 1734; veuve de Michel Tiercelin; s [1] 18 sept. 1794.
Marie-Anne, b [1] 11 juillet 1762; m [1] 8 janvier 1782, à Jean Gobert. — *Marie-Louise,* b [1] 30 juillet et s [1] 23 août 1763. — *Louis,* b [1] 6 août 1764. — *Marie-Louise,* b... m [1] 13 avril 1790, à Thomas Contremine.

1763, (2 mai) Québec. [9]
IV.—PETITCLERC, Claude, [Jos.-Louis III.
b 1741; s [9] 28 juin 1788.
Baron-Lambert, Marie-Anne, [Joseph III.
b 1738.
Louis, b [9] 16 février 1764. — *Marie-Françoise,* b... m [9] 3 sept. 1793, à Louis Donohue.—*Joseph,* b... m [9] 12 juin 1794, à Marie-Louise Dalciat.— *Charles,* b... m [9] 12 janvier 1796, à Elisabeth Lapointe.

1769, (2 oct.) Ste-Foye. [5]
IV.—PETITCLERC, Charles, [Augustin III.
b 1742.
Carié, Marie-Anne, [Joseph III.
b 1747.
Marie-Joseph, b [5] 22 mars 1770.—*Charles,* b [5] 25 février 1771.—*Joseph,* b [5] 14 juin 1772; s [5] 23 fevrier 1773. — *François,* b [5] 8 oct. 1773; m 21 nov. 1797, à Marie-Anne Derome, à Quebec. — *Cécile,* b [5] 1er juin 1775.—*Jean,* b 1779; s [5] 8 oct. 1781.—*Louis,* b [5] 2 mars 1782.—*Marie-Elisabeth,* b [5] 7 juillet 1786.—*Charles,* b [5] 10 oct. 1787.

1774, (10 oct.) Ste-Foye. [9]
IV.—PETITCLERC, François, [Augustin III.
b 1748.
Routier, Marie-Marguerite, [Michel III.
b 1752.
Marie-Dorothée et *Marie-Augustine,* b [9] 1er oct.

(1) Elle epouse, le 10 janvier 1701, Augustin Brousseau, à St-Augustin.

1775.—*Judith*, b [9] 1er nov. 1779. — *Michel*, b [9] 1er août 1786.

1775, (24 avril) Québec. [2]

IV.—PETITCLERC, CLAUDE-MARIE, [LOUIS III. b 1750.

1° HÉLOT (1), Madeleine, [JULIEN II. b 1754; s [2] 13 juin 1780.

1781, (8 janvier) Beaumont.

2° LABRECQUE, Marthe, [PIERRE III. b 1755.

IV.—PETITCLERC, JEAN-BTE, [JEAN-BTE III. b 1737.

RATÉ, Madeleine.

Jean-Baptiste, b... m 9 février 1789, à Angélique AMIOT, à St-Augustin. — *Marie-Madeleine*, b... m 19 juin 1792, à Jean CONTREMINE, à Québec. [3] — *Gabriel*, b... m [3] 25 février 1794, à Victoire LAVILLE.—*Joseph*, b... m [3] 27 nov. 1798, à Marie-Charlotte LEVASSEUR.

1780.

PETITCLERC, JOSEPH.

MARET (2), Marie-Françoise.

Augustin, b 10 mars 1781, à St-Augustin. [9] — *Pierre*, b [9] 20 avril 1783.—*Charles*, b [9] 31 juillet 1784.—*Catherine*, b [9] 5 mai 1786.—*François*, b [9] 2 juin 1788.—*Louis*, b [9] 23 avril 1790.—*Antoine*, b [9] 11 sept. 1793.

1782.

IV.—PETITCLERC (3), JEAN, [FRANÇOIS III. b 1758.

ROY, Marie-Amable.

1787.

PETITCLERC, ANTOINE.

PLAMONDON, Geneviève.

Geneviève, b 12 janvier 1788, à St-Augustin. [1] —*Antoine*, b [1] 18 janvier 1790.—*Rose*, b [1] 17 sept. 1791.—*Catherine*, b [1] 20 oct. 1795.

1789, (9 février) St-Augustin. [2]

V.—PETITCLERC, JEAN-BTE. [JEAN-BTE IV.

AMIOT, Angelique, [JOSEPH V. b 1762.

Jean-Baptiste, b [2] 23 février 1791.—*Angélique*, b [2] 11 juillet 1792. — *Rose*, b [2] 14 fevrier 1794.—*Louis*, b [2] 13 juin 1795.

1794, (25 fevrier) Québec.

V.—PETITCLERC, GABRIEL. [JEAN-BTE IV.

LAVILLE, Victoire. [PIERRE I.

1794, (12 juin) Québec.

V.—PETITCLERC, JOSEPH. [CLAUDE-JOSEPH IV.

DALCIAT, Marie-Louise. [JEAN-ANTOINE I.

(1) Aussi appelée Julien.

(2) Dit Lépine.

(3) Et Leclerc; voy. vol. V, p. 240.

1796, (12 janvier) Québec.

V.—PETITCLERC, CHS. [CLAUDE-JOSEPH IV.

LAPOINTE, Elisabeth. [ANDRÉ.

1797, (21 nov.) Québec.

V.—PETITCLERC, FRANÇOIS, [CHARLES IV. b 1773.

DEROME, Marie-Anne. [LOUIS-GABRIEL IV.

1798, (27 nov.) Québec.

V.—PETITCLERC, JOSEPH. [JEAN-BTE IV.

LEVASSEUR, Charlotte. [PIERRE V.

PETITEAU.—*Variation et surnoms :* PETAU—PETITO—DESMARETS—SINCENNE.

1726, (6 août) Québec. [8]

I.—PETITEAU (1), PIERRE, aubergiste; veuf de Jeanne Tisserand; fils de Mathieu et d'Hélène Porcheron, de St-Jean-de-Livercet, La-Rochelle, Aunis.

1° GIROT (2), Marie-Louise, [GUILLAUME I. b 1712; s [8] 25 avril 1755.

Marie-Louise, b [8] 22 août 1727; m [8] 10 janvier 1757, à Yves MEZOU.—*Marie-Joseph-Françoise*, b [8] 10 août 1729; s [8] 14 juin 1730.—*Marie-Françoise*, b [8] 21 janvier 1731; s [8] 6 oct. 1756.—*Marie-Geneviève*, b [8] 20 avril et s [8] 26 mai 1732.—*Pierre*, b [8] 28 juillet 1733.—*Marie-Ursule*, b [8] 7 oct. 1734; m [8] 17 nov. 1750, à Jean-Louis DUFRESNAY; s [8] 7 août 1755.—*Pierre*, b [8] 14 sept. 1735; s [8] 24 mai 1745.—*Marie-Hélène*, b [8] 24 oct. 1736; s [8] 14 mai 1738.—*François*, b [8] 6 avril 1738.—*Marie-Hélène*, b [8] 16 mai 1739. — *Augustin*, b [8] 21 déc. 1741.—*Louis*, b [8] 22 août 1743; m 1er juillet 1782, à Marie-Joseph ROY, à Montreal.

1757, (15 juin). [8]

2° DION, Therèse. [PIERRE I.

I.—PETITEAU (3), JOSEPH, b 1730; Acadien, s 12 oct. 1757, à Québec.

1782, (1er juillet) Montréal.

II.—PETITEAU (4), LOUIS, [PIERRE I. b 1743.

ROY, Marie-Joseph, [ANDRÉ I. b 1761.

PETITJEAN.—*Surnom :* FRANCŒUR.

1750, (3 février) Montréal. [1]

I.—PETITJEAN (5), JOSEPH-ANTOINE, b 1725; fils de Nicolas et de Catherine Durand, de Tactimont, diocèse de Toul, Lorraine.

PINAUT, Marie [MATHURIN II.

Antoine, b 1757; m [1] 20 janvier 1781, à Geneviève BONNEAU.

(1) Et Petau dit Desmarets; il est dit aussi venu de la paroisse de Ste-Radegonde, Poitou.

(2) Et Giraud.

(3) Dit Sincenne.

(4) Dit Desmarets; marié sous le nom de Petito

(5) Dit Francœur; soldat de la compagnie de M De Vallon.

1781, (20 janvier) Montréal.
II.—PETITJEAN (1), ANT., [JOS.-ANTOINE I.
b 1757.
BONNEAU, Geneviève, [JOSEPH III.
b 1759.

PETITO.—Voy. PETITEAU.

1730, (24 avril) Québec.[3]
I.—PETITPAS, CHARLES-LOUIS, fils de Louis et de Marie Lefebvre, de St-Jacques-de-la-Boucherie, diocèse de Paris.
DUCHESNY (2), Marguerite, [FRANÇOIS I.
b 1688; veuve de Pierre Dumenil; s [3] 29 mars 1758.
Louis-François, b [3] 20 janvier 1731.—*Charles-Olivier*, b [3] 19 mai 1732. — *Marie-Joseph*, b [3] 13 avril 1734. — *Jean-Baptiste*, b 20 mai 1736, à Beauport.

PETITPIERRE (3), ABRAHAM-HENRI.

PETREL.—Voy. POTREL.

PÉTRIMOULX.—*Variation et surnom :* PÉTRIMOUX—ST. GERMAIN.

I.—PÉTRIMOULX (4), CHARLES.
GUESLIN (5), Marie,
b 1658.

1726, (7 oct.) Québec.[5]
I.—PÉTRIMOULX, PIERRE-MICHEL, b 1691, marchand et capitaine de vaisseau; fils de Pierre et de Marie-Anne Caillard, de N.-D.-de-Fontenelle-le-Comte, diocèse de LaRochelle, Aunis; s [5] 13 mars 1750 (dans l'eglise).
MAILLOU (6), Louise, [JEAN II.
b 1706.
Michel, b [5] 25 juillet 1727. — *Marie-Louise*, b [5] 30 juin 1729; s [5] 6 dec. 1733.—*Marie-Anne*, b [5] 12 juillet 1730; s [5] 22 mai 1733.—*Médard*, b [5] 3 oct. 1731. — *Marguerite*, b [5] 4 février et s [5] 6 avril 1733. — *Pierre*, b [5] 2 mars 1734; m [5] 16 nov. 1756, à Elisabeth SOUPIRAN. — *Jean-Baptiste*, b [5] 21 juillet 1735.—*Marie-Louise*, b [5] 16 mars 1737. —*Pierre-Antoine*, b [6] 6 juillet 1740.—*Joseph*, b [5] 24 juillet et s 15 sept. 1741, à Ste-Foye.[6]—*François*, b [5] 9 sept. 1742. — *Marie-Anne-Angélique*, b [5] 7 sept. 1743; s [5] 19 mai 1752.—*Marie-Joseph-Barbe*, b [5] 5 dec. 1744; s [6] 3 août 1745.

1756, (16 nov.) Québec.
II.—PÉTRIMOULX, PIERRE, [PIERRE-MICHEL I.
b 1734.
SOUPIRAN, Elisabeth, [SIMON II.
b 1738.
Pierre-Médard, b 28 avril 1758, aux Trois-Rivières.[2] — *Elisabeth-Madeleine*, b [2] 14 avril 1759. — *Marie-Elisabeth*, b 19 avril 1760, à la Rivière-du-Loup.

(1) Dit Vadeboncœur.
(2) Bretel—Duchesnay—Lamusique; mariée Lavallée.
(3) Il était, le 8 avril 1739, à St-Augustin.
(4) Dit St. Germain.
(5) Elle épouse, le 16 février 1716, Jean Roy, à Montréal.
(6) Elle épouse, le 10 janvier 1752, Jean-Etienne Jayat, à Québec.

PÉTRIMOUX.—Voy. PÉTRIMOULX.

PÉTRIN.—*Variation:* PATRIN.

1743, (29 oct.) St-Michel-d'Yamaska.[2]
I.—PÉTRIN (1), FRANÇOIS, fils de François et de Marie Bachelier, de Greneuville.
PARENTEAU, Margte-Antoinette, [PIERRE-LS II.
b 1712.
François, b [2] 13 août 1744; m [2] 22 fevrier 1773, à Elisabeth GIGUÈRE. — *Marguerite*, b [2] 14 déc. 1746.—*Louis*, b [2] 5 août 1748.— *Agathe*, b [2] 12 février et s [2] 29 juin 1750. — *Michel*, b [2] 18 sept. 1753. — *Antoine*, b... m [2] 22 août 1774, à Thérèse FORCIER.

1773, (22 février) St-Michel-d'Yamaska.
II.—PÉTRIN, FRANÇOIS, [FRANÇOIS I.
b 1744.
GIGUÈRE, Elisabeth, [LOUIS IV.
b 1746.

1774, (22 août) St-Michel-d'Yamaska.
II.—PÉTRIN, ANTOINE. [FRANÇOIS I.
FORCIER, Therèse, [FRANÇOIS III.
b 1756.

I.—PETUZOU, JEAN, chirurgien; s 26 février 1791, à Deschambault.

I.—PEUPE, SIMON.
BEDOQUECHETE, Judith.
Christine, b 24 juin 1797, aux Trois-Pistoles; m à Jean-Baptiste PHIALA.

PEUVRET. — *Surnoms :* DEGAUDARVILLE —DE MARGONTIER—DUMENU.

I.—PEUVRET (2), FRANÇOIS, fils de Jacques (conseiller du roi, lieut. criminel en l'élection du Perche) et de Marie de la Garenne; s (noye au Cap-à-l'Ange en se baignant) 24 juin 1657, à Quebec.

1659, (10 juillet) Quebec.[1]
I.—PEUVRET (3), JEAN-BTE,
b 1632; s [1] 23 mai 1697.
1° NAU, Marie-Catherine, [JACQUES I.
b 1634; veuve de Louis de Lauzon.
Alexandre, b [1] 6 oct. 1664; 1° m [1] 14 fevrier 1696, à Geneviève BOUTEVILLE; 2° m [1] 12 janvier 1700, à Marie-Anne GAUTIER; s [1] 30 déc. 1702.
1681, (16 oct.)[1]
2° LEPAGE, Marie-Rogère,
veuve en secondes noces de Roch Thoéry, de l'Ormeau.

(1) Et Patrin.
(2) Sieur de Margontier.
(3) Sieur du Menu; frère du précédent; voy. vol. I, p. 480.

1696, (14 février) Québec. [2]
II.—PEUVRET (1), ALEXANDRE, [JEAN-BTE I.
b 1664; s [2] 30 déc. 1702.
1° BOUTEVILLE, Geneviève, [LUCIEN I.
b 1682; s [2] 30 sept. 1699.
1700, (12 janvier). [2]
2° GAUTIER (2), Marie-Anne, [PHILIPPE I.
b 1681.
Joseph, b [2] 9 dec. 1701.

III.—PEUVRET (3), JOSEPH, [ALEXANDRE II.
b 1701.

PEYET.—Voy. PAYET.

PEYMART.—*Variation et surnom :* PAYMENT—LAFOREST.

1698, (10 février) L'Ange-Gardien. [3]
I.—PEYMART, JEAN-PIERRE,
s 22 mars 1702, à la Baie-St-Paul.
TREMBLAY, Marie-Anne, [PIERRE I.
b 1673.
Marie-Dorothée, b [3] 24 déc. 1700; m 2 dec. 1719, à Michel DELAROCHE, à Québec. [4] — *Pierre*, b... m [4] 22 février 1724, à Marie-Françoise HUPPÉ.

1724, (22 fevrier) Québec. [5]
II.—PEYMART (4), PIERRE. [JEAN-PIERRE I.
HUPPÉ, Marie-Françoise, [ANTOINE II.
b 1696.
Marie-Françoise, b [5] 28 déc. 1724; s [5] 5 oct. 1725.—*Jean-Baptiste*, b [5] 6 janvier 1726; s 25 janvier 1727, à Beauport.

PEZARD.—*Variation et surnoms :* PEZART—CHAMPLAIN—DECHAMPLAIN—DE LA TOUCHE.

1664, (20 juin) Montreal. [6]
I.—PEZARD (5), ETIENNE,
b 1624.
MULOIS, Madeleine,
b 1636; s 16 août 1704, à Champlain. [7]
Etienne, b 1673; m [6] 29 août 1705, à Marie-Joseph CHOREL; s [7] 3 janvier 1723.

1705, (29 août) Montréal.
II.—PEZARD, ETIENNE, [ETIENNE I.
b 1673; s 3 janvier 1723, à Champlain. [1]
CHOREL-ST. ROMAIN (6), Marie-Jos., [FRANÇOIS I.
b 1682.
Joseph-Antoine, b [1] 2 oct. 1706; 1° m 23 mai 1741, à Marie-Joseph TROTIER, à Batiscan [2]; 2° m 26 août 1743, à Marie-Joseph JUTRAT, aux Trois-Rivières; 3° m 27 oct. 1756, à Marie-Marguerite CHAVIGNY, à Lotbinière. — *Marie-Madeleine*, b [1] 10 juillet 1708; s [1] 7 mars 1710. — *Antoine*, b [1] 5 janvier 1710. — *Etienne*, b [1] 12 avril 1712.—*Pierre-Antoine*, b [1] 6 mai 1715; m [1] 2 dec. 1741, à Marie-Joseph BAUDOIN.—*Joseph-René*, b [1] 3 janvier 1717; s 12 sept. 1737, à Deschambault. — *Marie-Geneviève-Joseph*, b [2] 6 janvier 1720.—*Marie-Ursule*, b [1] 3 déc. 1721; s [1] 26 mars 1722. —*Léon*, b [1] 15 mars 1723.

1741, (23 mai) Batiscan.
III.—PEZARD (1), JOS.-ANT., [ETIENNE II.
b 1706.
1° TROTIER (2), Marie-Joseph, [NOEL III.
b 1716.
1743, (26 août) Trois-Rivières.
2° JUTRAT, Marie-Joseph, [JEAN-BTE II.
b 1714.
Marie-Joseph, b 1753; m 10 avril 1780, à Pierre DUPÉRÉ, à Montréal.
1756, (27 oct.) Lotbinière.
3° CHAVIGNY, Marie-Marguerite, [FRANÇOIS II.
veuve de Henri Arnaud; s 5 sept. 1762, à Ste-Rose.

1741, (2 dec.) Champlain.
III.—PEZARD (3), PIERRE-ANT., [ETIENNE II.
b 1715.
BAUDOIN, Marie-Joseph. [MICHEL II.

PEZARD, PIERRE-MELCHIOR.
DROUET-RICHARDVILLE, Louise.
Adélaïde, b... m 15 juillet 1817, à Michel DUBORD, à Quebec. [9] — *Louise*, b... m [9] 16 nov. 1812, à Joseph-Rémi VALLIÈRES.

PEZART.—Voy. PEZARD.

PHANEF.—*Variations :* FANEF—PHANEUF.

I.—PHANEF, MATHIAS.
CHARPENTIER, Catherine.
Marie-Catherine, b 6 juillet 1714, au Lac-des-Deux-Montagnes [7]; m 1734, à François CADIEU.—*Marie-Joseph*, b [7] 25 dec. 1715.—*Joseph*, b 1716 m 1745, à Marie-Anne PEYET; s 30 oct. 1756, à Ste-Rose. — *Claude*, b... 1° m 1744, à Marie BOUSQUET; 2° m 4 avril 1758, à Marguerite TELLIER, à St-Antoine-de-Chambly. — *François*, b... m 3 fevrier 1744, à Marguerite FORGET, à Lachenaye. [8] —*Jean*, b... m 1744, à Madeleine LAUZON —*Pierre*, b 1729; m 18 fevrier 1754, à Catherine BLAIS, à la Pte-aux-Trembles, M. [9] — *François*, b [8] 20 mars 1731.—*Paul*, b 1734; m [9] 10 fevrier 1755, à Marie-Anne BLAIS.

1744, (3 février) Lachenaye.
II.—PHANEF (1), FRANÇOIS. [MATHIAS I.
FORGET, Marguerite, [JEAN-BTE II.
b 1722.
François-Marie, b 1745; s 27 mai 1756, à St-Antoine-de-Chambly. [2] — *Claude*, b... m [2] 26 oct. 1767, à Marie-Joseph NOEL. — *Mathias*, b [2] 14

(1) Sieur de Gaudarville; voy. vol. I, p. 480.
(2) Elle épouse, le 6 février 1708, Claude-Charles DuTisné, à Québec.
(3) Se trouvait à St-Domingue en 1725. Actes de Foi et Hommage, vol. I, p. 440.
(4) Marié sous le nom de Payment.
(5) Voy. vol. I, p. 480.
(6) Sieur de la Touche—DeChamplain.

(1) Sieur de la Touche: seigneur de Champlain.
(2) De la Bissonnière.
(3) Dit Latouche—Champlain.

février 1750.—*Joseph*, b [2] 13 juin 1751.—*Pierre*, b [2] 15 janvier 1753.—*Marie-Marguerite*, b [2] 9 mai 1754.—*Jean-Baptiste*, b [2] 12 mai 1756. — *Marie-Anne*, b [2] 22 déc. 1757. —*François*, b [2] 15 juin 1761.

1744.

II.—PHANEF, JEAN. [MATHIAS I.
LAUZON, Madeleine.
Jean, b 1745 ; m 11 février 1765, à Catherine FORGET, à St-Antoine-de-Chambly [1] ; s [1] 14 mars 1765.—*Joseph*, b [1] 20 avril 1750.—*Marie-Geneviève*, b [1] 31 mai 1751.—*Marie-Geneviève*, b [1] 28 juillet 1753 ; s [1] 26 déc. 1760.—*Pierre*, b [1] 16 oct. 1755.—*Louis*, b [1] 5 mars et s [1] 28 juillet 1758.—*Jean-Marie*, b... s [1] 7 juillet 1762.

1744.

II.—PHANEF, CLAUDE. [MATHIAS I.
1° BOUSQUET, Marie,
s 21 nov. 1756, à St-Antoine-de-Chambly. [2]
Claude, b 1745 ; m [2] 18 janvier 1768, à Félicité MIGNAU.—*Marie*, b 1747 ; m [2] 14 janvier 1765, à Guillaume LABERGE.—*Charles*, b 1748 ; s [2] 3 janvier 1761.—*Paul*, b [2] 13 mai 1750.—*Jean-Baptiste*, b 1751 ; s [2] 16 juillet 1752.—*Marie-Joseph*, b [2] 12 janvier 1753. — *Joseph*, b [2] 8 mai et s [2] 3 sept. 1754.—*François-Marie*, b [2] 8 juin 1755 ; s [2] 17 août 1756.—*Marie-Victoire*, b [2] 16 nov. 1756.
1758, (4 avril) [2]
2° TELLIER, Marguerite, [FRANÇOIS-ELIE II.
b 1730.
Marie-Marguerite, b [2] 26 mars et s [2] 15 juillet 1759.

1745.

II—PHANEF, JOSEPH, [MATHIAS I.
b 1716 ; s 30 oct. 1756, à Ste-Rose. [3]
PEVET (1), Marie-Anne.
Joseph, b [3] 16 déc. 1746 ; m 5 oct. 1767, à Marie-Angélique VANDAL, à St-Antoine-de-Chambly. —*Marie-Anne*, b 1748 ; m [3] 7 mai 1764, à Joseph FORGET. — *Marie-Françoise*, b [3] 30 juin 1750 ; s [3] 21 août 1752.—*Louis-Amable*, b 29 juillet 1752, à Terrebonne. — *Jean-Marie*, b [3] 5 mai 1754. —*Pierre*, b [3] 8 mars 1756.

1754, (18 février) Pte-aux-Trembles, M.
II.—PHANEF, PIERRE, [MATHIAS I.
b 1729.
BLAIS, Catherine, [GABRIEL II.
b 1734.
Catherine, b 1754 ; s 31 déc. 1768, à St-Antoine-de-Chambly.—*Joseph-Marie*, b 18 février 1761, à Lachenaye. [4] — *François*, b [4] 26 mars 1762.

1755, (10 février) Pte-aux-Trembles, M.
II.—PHANEF, PAUL, [MATHIAS I.
b 1734.
BLAIS, Marie-Anne, [GABRIEL II.
b 1731.
Paul, b 1760 ; s 29 mars 1761, à St-Antoine-de-Chambly. [5] — *Marie-Charlotte*, b [5] 24 février 1762.

(1) Elle épouse, le 17 oct. 1757, Nicolas Lamy, à Ste-Rose.

1765, (11 février) St-Antoine-de-Chambly. [6]
III.—PHANEF, JEAN, [JEAN II.
b 1745 ; s [6] 14 mars 1765.
FORGET (1), Catherine, [GABRIEL III.
b 1745.

1767, (5 oct.) St-Antoine-de-Chambly.
III.—PHANEF, JOSEPH, [JOSEPH II.
b 1746.
VANDAL, Marie-Angélique, [JEAN-BTE III.
b 1750.

1767, (26 oct.) St-Antoine-de-Chambly.
III.—PHANEF, CLAUDE. [FRANÇOIS II.
NOEL, Marie-Joseph, [LOUIS.
b 1753.

1768, (18 janvier) St-Antoine-de-Chambly.
III.—PHANEF, CLAUDE, [CLAUDE II.
b 1745.
MIGNAU, Félicité, [JEAN.
b 1752.

PHANEUF.—Voy. PHANEF.

1758, (17 janvier) Trois-Rivières. [1]
I.—PHELIP, PIERRE, fils de Pierre et de Marie Feuillet, de Segonzac, Saintonge.
CHATELAIN, Madeleine, [FRANÇOIS I.
b 1741 ; s [1] 19 mars 1762.

PHENIS.—*Variation et surnom :* FENIS—DAUPHINÉ.

1721, (6 oct.) Repentigny. [9]
I.—PHENIS (2), FRANÇOIS, fils de Christophe et de Jeanne Delaplace, de Ste-Marie-de-Vaux, diocèse de Genève, Savoie.
GADIOU, Madeleine, [GILLES I.
b 1695.
Marie-Françoise, b [9] 12 oct. 1723. — *Jean-Baptiste*, b [9] 16 juillet 1725. — *Joseph*, b [9] 19 juillet 1727.—*Charles*, b [9] 6 août 1729.

PHIALA.—Voy. VIGNOLAS.

PHIBONIÈRE.—Voy. LARONDE.

PHILIBERT. — *Surnoms :* CARTON—DIVERTISSANT—JACQUIN—MALISSON.

I.—PHILIBERT (3), b 1674 ; s 4 sept. 1734 (dans l'église), à Québec.

(1) Elle épouse, le 16 février 1767, Pierre Renaud, à Terrebonne.

(2) Et Fenis dit Dauphiné, 1727.

(3) Officier d'un détachement de la marine ; il était à Chambly, le 24 avril 1713 ; enseigne en pied, dans les troupes.

1733, (23 nov.) Québec.[1]
I.—PHILIBERT (1), Nicolas-Jacques,
b 1700; s[1] 23 janvier 1748.
Guérin (2), Marie-Anne, [Louis I.
b 1715.

1758, (22 mai) Pte-aux-Trembles, Q.[3]
I.—PHILIBERT (3), Jean-Bte, fils de Jean-Baptiste et de Geneviève Henrion, du village de Querville, diocèse de Metz, Lorraine.
Trudel, Marie-Félicite, [Gabriel III.
b 1738.
Marie-Félicité, b[3] 13 nov. 1760.

1760, (10 nov.) Deschambault.
PHILIBERT, Joseph.
Dutailly (4), Marie-Louise, [Denis I.
b 1733.

I.—PHILIBERT (5), Michel.
Nadeau, Suzanne,
b 1752; s 29 juin 1792, à Québec.
Joseph, b... s 11 août 1772, à Batiscan.

PHILIBOT.—Voy. Flibot.

I.—PHILIBOT (6), Jacques,
s 18 avril 1730, à l'Hôpital-Général, Q.
Baudeau, Françoise.

PHILIP.—Voy. Philippe.

PHILIPEAU.—Voy. Philippe, 1757.

1697, (20 mai) Batiscan.
II.—PHILIPPAUX (7), Louis, [Claude I.
b 1668; tailleur.
Dubois, Marie-Louise, [René I.
b 1678.
Marie-Louise-Charlotte, b 3 nov. 1706, à Montréal[1]; s[1] 12 mai 1721.—*Marie-Louise*, b... m 25 nov. 1726, à Lambert Gautier, à Varennes.[2] —*Joseph*, b[1] 26 mars 1709.—*Marie-Renée*, b[1] 12 mai 1712; m[2] 18 avril 1735, à Paul Guertin.—*René*, b[1] 6 mars 1714.

PHILIPPE.—*Variations et surnoms :* Philip—Philipeau—Beaulieu—Belhumeur—Durivage—Duvivier—Hautmesny—Lafontaine—LeBel—L'Irlande—Péronne—St. Amant.

(1) Voy. Jacquin, vol. IV, p. 575.
(2) Elle épouse, le 24 nov. 1751, Bernard Cardeneau, à Ste-Foye.
(3) Grenadier du 2e bataillon de Languedoc.
(4) Elle épouse, le 31 juillet 1775, Jean-Baptiste Briard, à Québec.
(5) Dit Divertissant.
(6) A sa sépulture, il est dit âgé de 111 ans.
(7) Voy. vol I, p. 480.

1669, (15 oct.) Trois-Rivières.[2]
I.—PHILIPPE (1), Laurent,
b 1639.
Giguère (2), Charlotte, [Robert I.
b 1654.
Marie, b[2] 1er oct. 1673; 1° m 14 oct. 1703, à Jean Legras, à St-Frs-du-Lac; 2° m 13 juin 1718, à René Fezeret, à Montreal[3]; 3° m[3] 24 janvier 1725, à Pierre Rivet.

I.—PHILIPPE (3), ..., b 1662; s 27 dec. 1712, à Montréal.

PHILIPPE .... (4), b 17 janvier 1700, à Lévis.

1685, (30 juillet) Charlesbourg.[4]
II.—PHILIPPE (5), Jean, [Nicolas I.
b 1651; s[4] 7 janvier 1703.
Galarneau (6), Catherine, [Jacques I.
b 1672.
Jacques, b[4] 10 août 1692; m 17 juin 1715, à Angelique Bodin, à Québec.—*Marie-Jeanne*, b[4] 6 déc. 1696; m[4] 7 janvier 1712, à Pierre Hérodo.—*Jean-Baptiste*, b[4] 6 mars 1701; m 5 nov. 1731, à Marie Letard, à Boucherville.

I.—PHILIPPE (7), Richard.
Gresleau, Judith.
Joseph, b 2 fevrier 1759, à Quebec.

1698, (20 sept.) Pte-aux-Trembles, M.[5]
II.—PHILIPPE (8), Raymond-René, [Philippe I.
b 1673; s 17 mai 1710, à Montreal.
Aubuchon (9), Marie, [Jean I.
b 1671.
Jean-Charles, b[5] 8 oct. 1702; s[5] 7 juin 1703.—*Philippe*, b[5] 24 juillet 1706.

1712, (18 mars) Montréal.[6]
I.—PHILIPPE (10), Bernard, b 1681; fils de Jacques et de Marie-Anne ......, de St-François, diocèse de Lescar, Gascogne.
Gallien, Anne, [Robert I.
b 1676; veuve de Jérôme Marillac.
Marie-Charlotte, b[6] 8 mai 1712; m[6] 17 juin 1734, à Antoine Charbonnier.—*Marie-Agathe*, b[6] 1er avril 1714; s[6] 26 janvier 1717.—*Louis-Hypolite*, b[6] 3 août 1716; m[6] 24 nov. 1757, à Catherine Ménard; s[6] 14 avril 1780.

(1) Dit Lafontaine; voy. vol. I, p. 481.
(2) Elle épouse, le 25 oct. 1693, Antoine Planiol, à Quebec.
(3) Dit L'Irlande.
(4) Natif de la Barbade, âgé de 16 ans et esclave des Abénaquis.
(5) Dit Beaulieu—Lebel; voy. vol. I, pp. 356 et 481.
(6) Elle épouse, le 16 avril 1703, Jean Savard, à Charlesbourg.
(7) Anglais de la Nouvelle-Angleterre.
(8) Philippe, nom de baptême d'Etienne dit Durivage, est devenu nom propre; voy. vol. I, p. 225, et vol. III, p. 600.
(9) Elle épouse, le 13 avril 1711, Maurice Laspron, à la Pte-aux-Trembles, M.
(10) Dit Belhumeur.

1715, (17 juin) Québec.[1]
III.—PHILIPPE (1), JACQUES, [JEAN II.
b 1692.
BODIN, Marie-Angélique, [PIERRE I.
b 1689; s 29 avril 1763, à Charlesbourg.[2]
Jean-Jacques, b [1] 3 et s [1] 8 sept. 1717. —*Marie-Madeleine*, b [1] 12 nov. 1718. — *Marie-Louise*, b 1720; m [2] 9 nov. 1739, à Gabriel PEPIN; s [2] 1er juillet 1759.—*Marie-Barbe*, b [1] 28 nov. 1720; m [2] 13 juin 1746, à François JOBIN. — *Jean-Jacques*, b [1] 8 déc. 1722.—*Louis-Jacques*, b [2] 6 juillet 1725; m [2] 18 oct. 1751, à Marie-Louise MARTEL.—*Marie-Françoise*, b [2] 11 juillet 1727; m [2] 22 janvier 1748, à François CHARTRÉ.—*Marie-Jeanne*, b [1] 13 mars 1730; m [2] 16 juin 1755, à Jean-Charles PAGEOT.—*Jean-Baptiste*, b... m 12 fevrier 1753, à Geneviève VÉSINA, à L'Ange-Gardien. — *Marie-Thérèse*, b [1] 23 dec. 1732; m [2] 24 sept. 1753, à Alexis BELLEAU.—*Marie-Joseph*, b [2] 4 mai 1735; m [2] 27 juillet 1756, à Pierre DUBEAU.

1731, (5 nov.) Boucherville.[1]
III.—PHILIPPE (2), JEAN-BTE, [JEAN II.
b 1701.
LETARD, Marie, [FRANÇOIS I.
b 1703.
Jacques, b... m [1] 30 janvier 1769, à Louise CAMPAGNA.

I.—PHILIPPE, NICOLAS, b... s 8 mars 1760, à L'Ange-Gardien.

1749, (14 juillet) Quebec.[3]
I.—PHILIPPE (3), PIERRE, jardinier, soldat; fils de Pierre et de Perine Lerisson, de Torigny, diocèse du Mans, en Charny.
GENDREAU, Catherine, [JEAN-FRS III.
b 1721.
Pierre, b [3] 23 avril et s [3] 1er août 1750.—*Marie-Madeleine*, b 1er août 1751, à Charlesbourg.[4]— *Judith*, b [4] 11 juin et s [4] 21 août 1753. — *Marie-Françoise*, b [4] 21 juin 1754.—*Felicité*, b 1755; s [3] 12 déc. 1758. — *Marie-Judith*, b [4] 4 mars 1756.— *Anonyme*, b [3] et s [3] 19 août 1758. — *Pierre*, b 26 juin 1761, à St-Laurent, M.; m 8 janvier 1781, à Marie-Charlotte CHAPON, à Montréal.

1751, (18 oct.) Charlesbourg.[1]
IV—PHILIPPE (2), LS-JACQUES, [JACQUES III
b 1725.
MARTEL, Marie-Louise, [PIERRE III
b 1729.
Marie-Louise, b [1] 21 sept. 1752.—*Louis*, b [1] 25 janvier 1754. — *Marie-Joseph*, b [1] 6 nov. 1755.— *Marie-Françoise*, b [1] 10 oct. 1758.—*Pierre-François*, b [1] 19 nov. 1760.

1753, (12 fevrier) L'Ange-Gardien.
IV—PHILIPPE (4), JEAN-BTE. [JACQUES III.
VÉSINA (5), Geneviève, [PIERRE III.
b 1719.
Jean-Baptiste, b 16 mai 1755, à Charlesbourg. —*Marie-Geneviève*, b 13 août 1756, à Quebec.

1757, (24 nov.) Montréal.[1]
II.—PHILIPPE (1), HYPOLITE, [BERNARD I.
b 1716; s [1] 14 avril 1780.
MÉNARD, Marie-Catherine, [LOUIS I.
b 1723; veuve de Joseph Truteau.
Marie, b 1760; m [1] 25 oct. 1779, à Jean LEBLANC.—*Marie-Joseph*, b 1762; m [1] 20 nov. 1780, à Joseph LEBLANC.

1769, (30 janvier) Boucherville.
IV.—PHILIPPE (2), JACQUES. [JEAN-BTE III.
CAMPAGNA, Louise-Antoinette, [LOUIS III.
b 1744.

1781, (8 janvier) Montréal.
II.—PHILIPPE (3), PIERRE, [PIERRE I.
b 1761.
CHAPON (4), Marie-Charlotte, [JACQUES-ANT. I.
b 1765.

PHILIPPON.—*Surnom :* PICARD.

1737, (5 février) Québec.[1]
I.—PHILIPPON (5), PIERRE, b 1706; fils de Jean et de Louise Ligne, de Flecher, diocèse d'Amiens, Picardie; s [1] 18 mai 1784.
1° BONHOMME, Louise, [MICHEL III.
b 1721; s [1] 28 fevrier 1738.
1739, (26 juillet).[1]
2° AMIOT, Marie-Angelique, [CHARLES IV.
b 1720; s [1] 22 avril 1788.
Marie-Angélique, b [1] 3 mai 1740; s [1] 8 février 1741. — *Marie-Angélique*, b [1] 22 janvier 1742; m [1] 15 oct. 1759, à Charles MARQ.— *Pierre*, b [1] 18 juillet 1744. — *Marie-Anne*, b [1] 13 mars 1747; m [1] 23 nov. 1772, à Jean-Baptiste DEROME; s [1] 2 juin 1835.— *Jean-Charles*, b [1] 25 mars et s [1] 11 avril 1749. — *Madeleine*, b [1] 19 juillet 1750.— *Marie-Françoise*, b [1] 14 sept. et s [1] 5 oct. 1753.— *Yves*, b [1] 27 déc. 1754; 1° m [1] 11 avril 1780, à Marie-Louise HAUTBOIS; 2° m [1] 9 janvier 1787, à Marie-Louise FAUCHER. — *Paul*, b [1] 23 février 1757; s [1] 7 sept. 1759. — *Marie-Joseph*, b 9 août 1760, à St-Michel; m [1] 7 sept. 1779, à Jean CHEVALIER.

1780, (11 avril) Québec.[2]
II.—PHILIPPON (5), YVES, [PIERRE I.
b 1754.
1° HAUTBOIS (6), Marie-Lse, [MICHEL-JACQ. III.
b 1763; s [2] 7 mars 1786.
1787, (9 janvier).[2]
2° FAUCHER, Marie-Louise, [CHARLES III.
b 1765; s [2] 4 nov. 1797.

(1) Dit Lebel—Beaulieu en 1718.
(2) Dit Beaulieu.
(3) Dit Péronne.
(4) Dit Beaulieu—Lebel.
(5) Elle épouse, le 6 fevrier 1759, Pierre Gaudin, à Québec.

(1) Marié et inhumé Philipeau dit Belhumeur.
(2) Marié sous le nom de Beaulieu.
(3) Marié Péronne.
(4) Deslauriers.
(5) Dit Picard.
(6) St. Julien.

PHILIS.—Voy. DAUPHINÉ.

PHLEM.—*Variations et surnoms :* DEFLEME—FLAME—FLEM—BRETON—FRICHOND—YVON.

1724, (8 avril) Ste-Famille, I. O.

I.—PHLEM (1), YVES, fils de Guillaume et de Marguerite Peroine, de St-Jean-de-Morlaix, diocèse de Tréguier, Basse-Bretagne; s 27 sept. 1749, à Ste-Anne-de-la-Pérade. [2]
LEVREAU (2), Marie, [SIXTE II. b 1695.
Marie-Thérèse, b 9 sept. 1725, à St-Nicolas, m [2] 17 janvier 1746, à Jean-Baptiste HAYOT. — *Joseph-Yves,* b [2] 27 juillet 1727; 1° m 1748, à Françoise DESSUREAUX; 2° m [2] 9 janvier 1757, à Marie-Joseph TESSIER.—*Marie-Louise,* b [2] 5 avril 1729; m [2] 6 nov. 1745, à Jean-Baptiste GENDRON. — *Charles-François,* b [2] 17 avril 1731; m [2] 22 février 1751, à Jeanne GENDRON. — *Marie-Madeleine,* b [2] 23 mars 1733; m 7 avril 1755, à Antoine ADAM, à Batiscan. [3] — *Marie-Françoise,* b [3] 13 nov. 1735; m [3] 29 février 1756, à Jean-Baptiste TESSIER.—*Louis,* b [2] 25 janvier 1738; m [2] 10 oct. 1763, à Marie-Anne ROBERT-ST. AMANT. — *Marie-Joseph,* b... m [2] 17 fevrier 1760, à Joseph GUYON-DESPRÉS.

1748.

II.—PHLEM (3), JOSEPH-YVES, [YVES I. b 1727.
1° DESSUREAUX, Françoise, [FRANÇOIS II. b 1718.
Joseph, b et s 16 mai 1749, à Ste-Anne-de-la-Pérade. [6]—*Marie-Françoise,* b [6] 18 mars 1750.—*Marie-Joseph,* b [6] 18 août 1752. — *Joseph,* b [6] 10 avril 1754.
1757, (9 janvier). [6]
2° TESSIER, Marie-Joseph, [FRANÇOIS III. b 1732.
Elisabeth, b 20 août 1762, à Batiscan. [7] — *Angélique,* b... m [7] 12 janvier 1784, à Pierre TROTIER.—*Marguerite,* b 1773; s [6] 27 août 1775.

1751, (22 février) Ste-Anne-de-la-Pérade. [6]

II.—PHLEM (4), CHARLES-FRS, [YVES I. b 1731.
GENDRON, Marie-Jeanne, [RENÉ II. b 1731.
Charles-François, b [6] 17 juin 1752.—*Anonyme,* b [6] et s [6] 8 avril 1753. — *François,* b [6] 1er sept. 1754.—*Geneviève,* b [6] 13 sept. 1756; m [6] 27 nov 1780, à Charles MARTIN.—*François-Marie,* b [6] 25 août 1759; m [6] 18 mai 1780, à Angelique VALLEE —*Madeleine,* b [6] 15 avril 1761. — *Michel,* b [6] 4 août 1765; s [6] 24 oct. 1777.—*Anonyme,* b [6] et s [6] 1er mai 1767.—*Antoine,* b [6] 5 nov. 1769.—*Pierre,* b [6] 10 juin 1772.

(1) Dit Yvon ; il était, le 30 nov. 1726, à Ste-Anne-de-la-Pérade.

(2) Elle épouse, le 14 février 1752, François-Xavier Tessier, à Ste-Anne-de-la-Pérade.

(3) Dit Yvon.

(4) Dit Yvon—Frichond en 1765.

1763, (10 oct.) Ste-Anne-de-la-Pérade. [1]

II.—PHLEM (1), LOUIS, [YVES I. b 1738
ROBERT-ST. AMANT, Marie-Anne, [JEAN-BTE II b 1741.
Louis, b [1] 1er déc. 1764. — *Marie-Anne,* b [1] 17 oct. 1766.

1780, (18 mai) Ste-Anne-de-la-Pérade.

III.—PHLEM (2), FRS-MARIE, [CHARLES-FRS II. b 1759.
VALLÉE, Angélique, [JOSEPH IV. b 1757; veuve de Pierre Devaux.

PHLIBOT.—Voy. FLIBOT.

PHLIBOURG.—Voy. COITTY, 1760.

PHOCAS.—*Variations et surnom :* DEFOGAS—PHOCASSE—RAYMOND.

1709, (21 janvier) Rivière-Ouelle. [1]

I.—PHOCAS (3), ROMAIN, b 1684; fils de Renauld et de Catherine Daguspart, de St-Pierre-de-Langon, diocèse de Vasa, Gascogne; s 9 janvier 1762, à Kamouraska. [2]
1° OUELLET, Marie-Angelique, [MATHURIN II. b 1691.
Geneviève, b... m [2] 7 nov. 1735, à Pierre LEVASSEUR.
2° ST. PIERRE, Thérèse, b 1699; s [2] 22 août 1763.
Jean, b... m [2] 3 février 1739, à Geneviève HUDON; s [2] 17 nov. 1766. — *François-Romain,* b 1719; m [2] 6 nov. 1741, à Geneviève CORDEAU, s [2] 15 avril 1767. — *Gabriel,* b... m [1] 24 juillet 1747, à Marie-Joseph DUBÉ. — *Pierre,* b [1] 8 sept. 1727; m [1] 16 nov. 1750, à Marie-Anne DANCOSSE, s [2] 11 dec. 1772.—*Joseph-Marie,* b [2] 15 mai 1729; 1° m [2] 24 oct. 1757, à Madeleine LABOURLIÈRE, 2° m [2] 13 juin 1761, à Marie-Catherine OUELLET. —*Etienne,* b [2] 13 février 1731; m [2] 22 nov. 1756, à Marie-Joseph LEBEL; s [2] 27 sept. 1780. — *Jean-Clément,* b [2] 6 mars 1735; s [2] 16 nov. 1752.

1739, (3 février) Kamouraska [3]

II.—PHOCAS (4), JEAN, [ROMAIN I. s [3] 17 nov. 1766.
HUDON, Geneviève, [PIERRE II. b 1713; veuve de Joseph-Nicolas Huot; s [3] 11 juin 1769.
Geneviève, b [3] 12 janvier 1740; m [3] 11 janvier 1763, à Jean-Roch DE LA BOURLIÈRE. — *Jean,* b [3] 23 janvier 1742; s [3] 9 fevrier 1758. — *Joseph-Marie,* b [3] 30 janvier et s [3] 30 avril 1744. — *Gabriel,* b [3] 9 juillet 1745; m [3] 11 nov. 1765, à Marie-Claire MICHAUD; s [3] 7 nov. 1769. — *Marie-Joseph,* b... m [3] 30 avril 1770, à Joseph CHORET. — *Marie-Louise,* b 1750; s [3] 12 dec. 1751.—*Alexandre,* b [3] 15 fevrier 1752. — *Marie-Marguerite,* b [3] 12 janvier 1756.— *Joseph-Amable,* b [3] 12 nov. 1758.

(1) Dit Yvon.

(2) Marié Yvon dit Frichond.

(3) Et Defogas—Voy. Phocasse, vol. I, p. 481.

(4) Dit Raymond.

1741, (6 nov.) Kamouraska [8]
II.—PHOCAS (1), Frs-Romain, [Romain I.
b 1719; s [8] 15 avril 1767.
Cordeau, Geneviève, [Jacques II.
b 1712.
François-Raymond, b [8] 2 sept. 1742; m [8] 23 avril 1770, à Marie-Catherine Soucy. — *Etienne*, b [8] 26 déc. 1743; m [8] 10 fevrier 1766, à Marie-Geneviève Michaud.—*Michel*, b [8] 31 janvier 1746; m [8] 11 février 1771, à Marie-Louise Michaud.

1747, (24 juillet) Rivière-Ouelle [7]
II.—PHOCAS (1), Gabriel. [Romain I.
Dubé, Marie-Joseph. [Augustin III.
Marguerite, b... m 19 janvier 1768, à Benjamin Lebel, à Kamouraska. [8] — *Marie-Joseph*, b [8] 10 mai 1748; m [8] 6 juin 1774, à Etienne Michaud.—*Marie-Louise*, b [7] 22 dec. 1751; s [7] 15 oct. 1753. —*Marie-Judith*, b [7] 7 mars 1753; s [8] 5 mars 1778. —*Marie-Perpétue*, b [7] 8 sept. 1754 —*Marie-Catherine*, b [8] 18 fevrier 1756. — *Jean-Baptiste*, b [7] et s [7] 21 sept. 1757.— *Marie-Euphrosine*, b [7] 31 oct. 1758.—*Marie-Geneviève*, b [8] 15 sept. 1762.—*Jean-Baptiste*, b [8] 24 mai 1764. — *Michel*, b [8] 18 mars 1766.—*Marie-Salomée*, b [8] 6 oct. 1767.

1750, (16 nov.) Rivière-Ouelle. [7]
II.—PHOCAS (1), Pierre, [Romain I.
b 1727; s 11 dec. 1772, à Kamouraska. [8]
Dancosse, Marie-Anne. [Pierre II.
Pierre, b [8] 24 et s [8] 28 déc. 1752.—*Pierre-François*, b [8] 6 février 1754; m [7] 13 janvier 1777, à Louise Hudon.— *Marie-Françoise*, b [8] 1er et s [8] 6 nov. 1755. — *Etienne*, b [8] 22 oct. 1756. — *Marie-Anne*, b... m [8] 7 fevrier 1780, à Joseph-Amable Michaud.—*Jean-François*, b [8] 13 oct. 1761.—*Marie-Geneviève*, b [8] 1er juin et s [8] 11 août 1763.— *Marie-Thérèse*, b [8] 30 août 1764. — *Marie-Geneviève*, b [8] 14 août et s [8] 6 dec. 1766. — *Joseph-Marie*, b [8] 8 mars 1769.

1756, (22 nov.) Kamouraska. [9]
II.—PHOCAS (1), Etienne, [Romain I.
b 1731; s [9] 27 sept. 1780.
Lebel, Marie-Joseph, [Jean III.
b 1738.
Jean, b [9] 1er oct. 1757; m [9] 30 juillet 1781, à Marguerite Grandmaison.—*Pierre*, b [9] 14 février 1759. — *Marie-Joseph*, b [9] 16 nov. 1760, s [9] 15 mai 1767. — *Marie-Jeanne*, b [9] 1er août 1762.— *Marc-Antoine*, b [9] 7 mai 1764. — *Anonyme*, b [9] et s [9] 13 février 1767. — *Marie-Euphrosine*, b [9] 13 fevrier et s [9] 2 mars 1767. — *Ignace*, b [9] 16 sept. et s [9] 4 nov. 1768. — *Marie-Joseph*, b [9] 9 mars 1770.—*Marie-Thècle*, b [9] 22 janvier 1772.

1757, (24 oct.) Kamouraska. [7]
II.—PHOCAS, Joseph-Marie, [Romain I.
b 1729.
1° Labourlière (2), Madeleine, [Jean-Bte II.
Joseph, b [7] 10 déc. 1758.

(1) Dit Raymond.
(2) Laplante.

1761, (13 juin). [7]
2° Ouellet (1), Catherine-Frse, [Augustin III.
b 1743.
Marie-Catherine, b [7] 6 janvier 1762. — *Joseph-Marie*, b [7] 29 sept. 1763.— *Marie-Geneviève*, b 30 oct. 1770, à St-Cuthbert [8]; m [8] 17 janvier 1791, à Alexis Rivard.

1765, (11 nov.) Kamouraska. [5]
III.—PHOCAS, Gabriel, [Jean II.
b 1745; s [5] 7 nov. 1769.
Michaud, Marie-Claude, [Joseph III.
s [5] 11 déc. 1769.
Gabriel-Amable, b [5] 26 avril 1769.

1766, (10 fevrier) Kamouraska. [1]
III.—PHOCAS (2), Etienne, [Frs-Romain II.
b 1743.
Michaud, Marie-Geneviève. [Jacques III.
Marie-Geneviève, b [1] 29 nov. 1766; s [1] 21 avril 1767. — *Anonyme*, b [1] et s [1] 4 dec. 1768. — *Jean-François*, b [1] 3 dec. 1769. — *Joseph-Marie*, b [1] 5 août 1771.

1770, (23 avril) Kamouraska. [7]
III.—PHOCAS (2), Frs-Raymond, [Frs-Romain II.
b 1742.
Soucy, Marie-Catherine, [Pierre III.
b 1742.
Marie-Catherine, b [7] 22 mai 1771.

1771, (11 février) Kamouraska. [6]
III.—PHOCAS, Michel, [Frs-Romain II.
b 1746.
Michaud, Marie-Louise, [Jacques III.
b 1753; s [6] 23 fevrier 1772.
Anonyme, b [6] et s [6] 24 janvier 1772.

1777, (13 janvier) Rivière-Ouelle.
III.—PHOCAS (2), Pierre-Frs, [Pierre II.
b 1754.
Hudon, Louise, [Joseph III.
b 1756.

1781, (30 juillet) Kamouraska.
III.—PHOCAS (3), Jean, [Etienne II.
b 1757.
Grandmaison, Marguerite, [Jean-Bte I.
b 1758.

PHOCASSE.—Voy. Phocas.

PIATANE.—Voy. Fiore.

PIAU.—Voy. Piot.

PIC.—Voy. DuLignon de la Mirande.

(1) Elle épouse, le 18 avril 1785, Antoine Bibaut, à St-Cuthbert.
(2) Dit Raymond.
(3) Marié sous le nom de Raymond.

PICARD.—*Variations et surnoms :* LEPICARD—PICART—BORNIVAL — COLLET — DENIS—DEQUOY — DESFORGES — DESTROISMAISONS — DUBOIS—DUBOURS — GARIÉPY — LAROCHE—NOBLESSE—NOIRET— OLIVIER — PHILIPPON—PIOT—SAJOT—SENSAR.

1656, (28 juillet) Québec.[3]

II.—PICARD (1), JEAN, [PIERRE I.
b 1634 ; s [3] 29 nov. 1700.
1° CARON, Marie, [ROBERT I.
s [3] 10 juin 1660.
1663, (18 nov.) Château-Richer.
2° GAGNON, Marie-Madeleine, [MATHURIN I.
b 1650 ; s [3] 12 sept. 1680.
1683.
3° FORTIN, Marie-Anne. [JULIEN I.
Marie-Catherine, b [3] 7 mai 1691 ; m 28 mai 1713, à Etienne VÉRON, à Montréal ; s [3] 9 février 1719.

1660, (30 juin) Montréal.[5]

I.—PICARD (2), JACQUES-HUGUES,
b 1618 ; s [5] 22 dec. 1707.
DELIERCOURT, Antoinette,
b 1633 ; veuve de Blaise Juillet ; s [5] 30 sept. 1707.
Jacques, b [5] 27 février 1672 ; m [5] 28 oct. 1697, à Marie-Anne LEFEBVRE ; s 24 janvier 1735, à la Longue-Pointe.

1664.

I.—PICARD (3), PIERRE,
b 1649 ; s 29 juin 1726, aux Trois-Rivières.[7]
CEDERET, Jeanne,
b 1641 ; s [7] 5 juillet 1741.
Alexis, b 9 août 1681, à Boucherville[8] ; m 28 juillet 1704, à Louise BRAULT, à Montreal[9] ; s [9] 22 avril 1745. — *Pierre,* b 14 sept. 1690, à la Pte-aux-Trembles, M. ; m 1714, à Madeleine PROVENCHER ; s 14 avril 1753, à Lachenaye. — *Marie,* b [8] 24 juin 1694 ; m [9] 30 dec. 1715, à Louis DUCHARME ; s [9] 10 janvier 1726.

I.—PICARD, FRANÇOIS, b 1641 ; s 18 février 1716, à Montreal.

I.—PICARD, JEAN, b 1627 ; s 5 janvier 1727, à Ste-Anne-de-la-Perade.

1673, (12 oct.) Québec.

I.—PICARD (3), JEAN,
b 1636.
GAUTIER (4), Anne, [CHARLES II.
b 1657.

(1) Voy. vol. I, p. 481.
(2) Voy. vol. I, pp. 481-482.
(3) Voy. vol. I, p. 482.
(4) Elle épouse, le 25 février 1686, Nicolas Samus, à Boucherville.

1688, (3 août) Montréal.[6]

I.—PICARD (1), JEAN,
b 1661 ; s [6] 1er mai 1728.
1° SABOURIN, Marie, [JEAN I.
s [6] 26 fevrier 1706.
Charles-François, b [6] 30 nov. 1695 ; m 3 février 1722, à Geneviève MÉNARD, à Boucherville — *Marie,* b [6] 25 fevrier et s [6] 2 mars 1706.
1706, (9 mai).[6]
2° HÉRON, Marie-Jacqueline,
b 1645 ; veuve de Jacques Galarneau.

1694, (18 oct.) Boucherville.[2]

II.—PICARD (1), FRANÇOIS, [PIERRE I.
b 1673 ; s 7 oct. 1728, au Détroit.[3]
1° FAVREAU, Anne, [PIERRE I.
b 1678 ; s 2 mai 1703, à Montréal.[4]
Anne, b [2] 18 mars 1698 ; m [4] 25 février 1719, à Melchior MICHELET. — *Agnès,* b [2] 3 juillet 1700 ; m [4] 13 avril 1722, à Antoine GUY.
1728, (25 janvier).[3]
2° DESFORGES (2), Marie-Geneviève, [JEAN I.
b 1691 ; veuve de Jean-Baptiste Prévost.
Joseph (posthume), b [3] 28 janvier 1729.

1696, (9 janvier) Lachine.[7]

II.—PICARD (1), JEAN-GAB., [JACQ.-HUGUES I.
b 1669.
RAPIN, Madeleine, [ANDRÉ I.
b 1678 ; s [7] 12 sept. 1758.
Marie-Madeleine, b 14 dec. 1696, à Montréal[8] ; m [7] 6 fevrier 1730, à Joseph SÉRÉ. — *Jean-Gabriel,* b [8] 20 sept. 1698 ; m [8] 15 février 1734, à Agnès LAFOND. — *Antoine,* b [7] 7 juillet 1700 ; m [7] 8 janvier 1731, à Catherine CARON. — *Marguerite,* b [7] 28 août 1710. — *Paul,* b... m à Marie-Anne QUESNEL. — *Joseph-Marie,* b 1714 ; m 1740, à Suzanne HENRI ; s [7] 2 mai 1760.

1697, (28 oct.) Montréal.[4]

II.—PICARD (1), JACQUES, [JACQ.-HUGUES I.
b 1672 ; s 24 janvier 1735, à la Longue-Pointe.[5]
LEFEBVRE, Marie-Anne, [JEAN-BTE I.
b 1681 ; s [5] 29 dec. 1733.
Cunégonde, b [4] 2 août 1698 ; m [4] 14 fevrier 1724, à Jean-Baptiste DEGUIRE ; s [4] 1er dec 1727. — *Catherine,* b [4] 25 nov. 1699 ; m [4] 5 février 1720, à Louis BAUDRY. — *François,* b [4] 4 déc. 1702 ; m [4] 24 nov. 1727, à Marguerite CUSSON. — *Madeleine,* b [4] 17 mai 1704 ; m [4] 26 oct. 1722, à Louis DÉCARY. — *Jean,* b [4] 26 mars 1706 ; m 16 mai 1729, à Marie-Françoise PIGEON, à St-François, I. J. ; s [5] 22 oct. 1729. — *Louis,* b [4] 27 nov. 1707 ; s [5] 9 sept. 1729. — *Marguerite,* b [4] 28 sept. 1709 ; m [5] 27 dec 1728, à Antoine TRUDEL ; s [5] 17 avril 1783. — *Pierre-Joseph,* b [4] 26 dec. 1711 ; 1° m [5] 12 nov. 1736, à Marie-Joseph PIGEON ; 2° m [4] 23 nov. 1739, à Marie-Angelique DEZERY ; s [5] 14 juin 1770. — *Françoise,* b [4] 9 nov. 1713, s [4] 18 juillet 1714. — *Anne-Marguerite,* b [4] 15 mai 1715 ; m [5] 16 juin 1732, à François PIGEON.—

(1) Voy. vol. I, p 482.
(2) Elle épouse, le 24 nov. 1729, Pierre Stèbre, au Détroit.

Marie-Joseph, b [4] 24 juin 1717; m [4] 2 juin 1738, à Paul Descaris. — *Jacques*, b [4] 3 avril 1720; m 12 février 1741, à Marie-Joseph Bougret, à Longueuil. — *Marie-Anne-Apolline*, b [4] 15 oct. 1722; m [4] 13 janvier 1744, à Pierre Basinet.— *Joseph-Marie*, b [4] 11 mars 1724; m [5] 9 mars 1756, à Suzanne Lebœuf.

I.—PICARD, François.
Bouchard, Marie.
Nicolas, b 1701; m 1er mars 1734, à Marie-Joseph Forget, à Lachenaye; s 11 mars 1763, à St-Henri-de-Mascouche.

1704, (5 mai) Montréal.

I.—PICARD (1), François, b 1667; fils de Jean et de Marie Morin, de St-André, ville de Niort, diocèse de Poitiers, Poitou; s 5 avril 1743, aux Trois-Rivières. [1]
1° Picard, Geneviève, [Pierre I. b 1686.
1732, (25 août). [1]
2° Baudry, Françoise, [Guillaume II b 1691.

1704, (28 juillet) Montréal. [1]

II.—PICARD, Alexis, [Pierre I. b 1681; s [1] 22 avril 1745.
Brault, Louise, [Henri I. b 1681.
Joseph, b 1705; s [1] 25 mars 1726. — *Jean*, b [1] 21 déc. 1706; s [1] 30 déc. 1726. — *Marie-Louise*, b [1] 17 février et s [1] 1er mai 1708. — *Marie-Joseph*, b [1] 14 juillet 1709, m [1] 8 janvier 1731, à Jean-Baptiste Mallet; s [1] 15 mai 1738.— *Marie-Louise*, b [1] 18 février et s [1] 8 mars 1711.—*Marie-Anne*, b [1] 30 mai et s [1] 2 juin 1712.— *Louise*, b [1] 9 oct. 1713; m [1] 11 janvier 1734, à Etienne Brabeau. — *Marie-Joseph*, b [1] 4 sept. 1715. — *Agnès*, b [1] 26 avril 1717; s [1] 13 février 1718.—*Louis*, b [1] 7 mars 1719; s [1] 20 janvier 1733.—*Alexis*, b [1] 13 août 1720; s [1] 25 février 1721.—*Alexis*, b [1] 4 janvier 1722. — *Marie-Anne*, b 1727; m [1] 26 juillet 1742, à Philippe Daniau.

1714.

II.—PICARD, Pierre, [Pierre I. b 1690; s 14 avril 1753, à Lachenaye. [1]
Provencher, Madeleine, s [1] 17 déc. 1770.
Catherine, b 1er oct. 1715, aux Trois-Rivières [2]; m [2] 8 février 1739, à Jean-Baptiste Bériau. — *Marie-Joseph*, b [1] 24 oct. 1717; m [1] 13 oct. 1738, à François Gariépy; s [1] 7 août 1752. — *Louise-Geneviève*, b [2] 29 avril 1720; m [2] 7 février 1740, à Louis Lalonde. — *Madeleine*, b [2] 6 sept. 1722; 1° m [1] 19 août 1743, à Jacques Muloin; 2° m [1] 19 avril 1762, à Ignace Crépeau. — *Marie-Elisabeth*, b [2] 8 avril 1725; s [2] 19 sept. 1726. — *Elisabeth*, b [2] 22 sept. 1726; m [1] 16 janvier 1747, à Maurice Bériau, s [1] 17 sept. 1750.—*Marie-Anne*, b [2] 25 sept. 1728. — *François-Marie*, b [2] 17 et s [2] 21 nov. 1731. —*Marie-Marguerite*, b [2] 17 sept. et s [2] 1er oct. 1733. — *Marguerite*, b 1734; s [2] 27 février 1736. — *Joseph*, b [2] 12 avril 1736; s [1] 1er mars 1758.

1722, (3 février) Boucherville.

II.—PICARD, Charles-François, [Jean I. b 1695.
Ménard, Geneviève, [Louis II. b 1696; veuve d'Antoine Vautour; s 20 août 1759, à Chambly.
François, b 1er mars 1725, à Montréal; m 28 janvier 1754, à Marie-Anne Guérin-Lafontaine, à Laprairie.

1723, (18 avril) Québec. [9]

III.—PICARD, Joseph-Jean, [Jean II. b 1695; s [9] 28 juillet 1727.
Reiche, Marie-Louise, [François I. b 1696; s [9] 28 février 1754.
Jean-François, b [9] 17 avril 1724; m [9] 15 nov. 1756, à Marguerite Delisle. — *Jean-Baptiste*, b [9] 15 mai 1726.

1727, (24 nov.) Montréal. [7]

III.—PICARD, François, [Jacques II. b 1702.
Cusson, Marguerite, [Jean II. b 1705; s [7] 15 sept. 1783.
François, b [7] 3 sept. 1728; s [7] 17 déc. 1747.— *Catherine-Amable*, b [7] 21 mai 1730; m [7] 10 nov. 1749, à Joseph Desautels. — *Marie-Joseph*, b 1733; s [7] 30 nov. 1739. — *Charles-Toussaint*, b [7] 15 janvier 1735; m [7] 27 février 1764, à Marie-Louise Leduc —*Marie-Marguerite*, b [7] 15 avril et s [7] 21 mai 1736.—*Marie-Joseph*, b [7] 25 mars et s [7] 28 juin 1737. — *Marie-Marguerite*, b [7] 25 mars 1737; s [7] 20 avril 1741.—*Marie-Anne*, b [7] 30 oct. 1738; m [7] 13 oct. 1760, à Jean-Baptiste-Joseph Tisson.—*Charles*, b [7] 29 février 1740; m [7] 3 juin 1765, à Marguerite Lebeau. — *Hypolite-Antoine*, b [7] 30 juin 1741, s [7] 27 déc. 1742.—*Joseph*, b [7] 3 août et s [7] 24 déc. 1742. — *Marie-Marguerite*, b [7] 15 sept. 1743; s [7] 21 février 1748. —*Marie-Hypolite*, b [7] 15 sept. 1743.—*Marie-Hypolite*, b [7] 3 janvier 1744.—*Marie-Agathe*, b [7] 5 février 1745; s [7] 20 déc. 1748.—*Elisabeth*, b [7] 2 sept. 1746; s [7] 17 avril 1748.—*Louis*, b [7] 21 nov. 1747.

1729, (16 mai) St-François, I. J.

III.—PICARD, Jean, [Jacques II. b 1706; s 22 oct. 1729, à la Longue-Pointe.
Pigeon (1), Marie-Françoise, [Louis II. b 1707.
Marie-Agnès (posthume), b 1er mars 1730, à Montréal.

1731, (8 janvier) Lachine. [1]

III.—PICARD, Antoine, [Jean-Gabriel II. b 1700.
Caron, Catherine, [Vital II. b 1707.
Marie-Hélène, b... m [1] 6 nov. 1752, à Jean-Baptiste Quesnel.—*Antoine*, b... m 4 nov. 1760, à Angélique Duquet, à Châteauguay. — *Jean-*

(1) Dit Laroche; soldat de M. de Sabrevois.

(1) Elle épouse, en 1735, Joseph-Jean-Baptiste Vanier.

Baptiste, b 1740; 1° m 5 nov. 1764, à Marie-Charlotte BERTHELET, à Montréal[2]; 2° m[2] 15 janvier 1781, à Marguerite BLANCHARD; s[2] 1832.—*Catherine*, b 1744; m[1] 19 janvier 1767, à Paul DUMOUCHEL.

I.—PICARD (1), JACQUES, b 1702; de Ste-Croix, Bordeaux; s 16 août 1733, à Quebec.

1734, (15 février) Montréal.

III.—PICARD, JEAN-GABRIEL, [JEAN-GABRIEL II. b 1698.

LAFOND, Agnès, [PIERRE II. b 1696; veuve de Jean-Baptiste Lefebvre.

1734, (1er mars) Lachenaye.[3]

II.—PICARD, NICOLAS, [FRANÇOIS I. b 1701; s 11 mars 1763, à St-Henri-de-Mascouche.[4]

FORGET, Marie-Joseph, [JEAN-BTE II. b 1709.

Marie-Joseph, b[3] 9 mai 1735; m[4] 26 nov. 1753, à Jean-Baptiste VAUDRY.—*Michel*, b 17 août 1736, à St-François, I. J.[5]; 1° m[3] 22 nov. 1762, à Marie-Anne MAURICEAU; 2° m à Marie-Joseph LAPORTE; s[4] 20 juin 1770.—*Nicolas*, b[3] 17 mars 1738; s[3] 21 mars 1739.—*Jean-Baptiste*, b[5] 15 sept. 1739.—*Jean-Baptiste*, b[3] 6 fevrier 1741.—*Marie-Charlotte*, b[3] 27 août 1742.—*Marie-Louise*, b[3] 24 juin 1745; m[4] 2 fevrier 1761, à Jean-Marie VAUDRY; s[4] 11 juillet 1767.—*François*, b[3] 25 avril 1748; s[3] 31 juillet 1749.

1736, (12 nov.) Longue-Pointe.[6]

III.—PICARD, PIERRE-JOSEPH, [JACQUES II b 1711; s[6] 14 juin 1770.

1° PIGEON, Marie-Joseph, [FRANÇOIS II. s[6] 26 sept. 1737.

Marie-Madeleine-Amable, b[6] 18 sept. 1737; m[6] 18 février 1760, à Jean-Baptiste LEBEAU.

1739, (23 nov.) Montreal.[7]

2° DEZÉRY, Marie-Angelique, [CHARLES I. b 1720; s[6] 21 sept. 1755.

Joseph, b[6] 28 janvier 1742; m[6] 30 janvier 1764, à Catherine DESAUTELS.—*François*, b[6] 24 janvier 1744; m[7] 28 sept. 1772, à Catherine MILLET.—*Jean-Baptiste*, b[6] 22 oct. 1745; m[7] 27 avril 1767, à Marie-Renée BONNERON.—*Louis*, b[6] 25 nov. 1747.—*Marie-Angélique*, b[6] 24 oct. 1749, m[6] 3 fevrier 1772, à Antoine DESAUTELS; s[6] 12 déc. 1772.—*Marie-Anne*, b[6] 1er mai et s[6] 1er août 1752.—*Marie-Agathe*, b[6] 19 fevrier 1754; m[6] 13 juillet 1772, à Joseph-Amable LABONTÉ.

1740.

III.—PICARD, JOSEPH-MARIE, [JEAN-GABRIEL II. b 1714; s 2 mai 1760, à Lachine.[6]

HENRI (2), Suzanne, [VINCENT I. b 1718.

Madeleine, b 1741, m[6] 26 oct. 1761, à Gabriel ROUSSEL.—*Suzanne*, b 1743; m[6] 23 nov. 1763, à Jacques ROUSSET.—*Joseph-Gabriel*, b... m 10 oct. 1768, à Marie-Thérèse ARCHAMBAULT, à Repentigny.—*Vincent*, b[6] 22 sept. 1749.—*Marie-Charlotte*, b[6] 14 sept. et s[6] 22 oct. 1750.—*Charles*, b[6] 28 oct. et s[6] 7 dec. 1751.—*Marie-Apolline*, b[6] 8 sept. et s[6] 6 oct. 1753.—*Toussaint*, b[6] 30 oct. 1754.—*Antoine*, b[6] 21 mars 1756.—*Marie*, b[6] 22 sept. 1758.—*Paul* (posthume), b[6] 11 août 1760.

1741, (12 février) Longueuil.

III.—PICARD, JACQUES, [JACQUES II. b 1720.

BOUGRET (1), Marie-Joseph, [LOUIS II. b 1722.

Marie-Anne, b... s 25 mars 1742, à Montréal.[1]—*Marie-Anne*, b[1] 12 avril 1744; 1° m[1] 21 janvier 1772, à Jean-Baptiste GABBÉ; 2° m à Joseph DEROME; s 20 août 1785, à Repentigny.—*Marie-Joseph*, b[1] 7 sept. 1745; m[1] 2 mars 1767, à Guillaume CAVELIER.—*Nicolas-Jacques*, b[1] 6 et s[1] 31 dec. 1747.—*Joseph-Jacques*, b[1] 8 août 1749; m[1] 5 mai 1774, à Louise-Hypolite QUESNEL.

1742.

III.—PICARD, PAUL. [JEAN-GABRIEL II.

QUESNEL, Marie-Anne.

Marie-Hypolite, b 1743; m 22 nov. 1762, à Antoine PRIMOT, à Lachine.[9]—*Marie-Anne*, b 1744, m[9] 9 janvier 1764, à Toussaint LEGAUT.—*Catherine*, b... m[9] 20 fevrier 1764, à Gervais DESCARRIS.—*Marie-Céleste*, b[9] 30 janvier et s[9] 28 juillet 1750.—*Jean-Baptiste*, b[9] 3 et s[9] 6 juin 1751.—*Jeanne-Madeleine*, b[9] 24 juillet 1752.—*Marie-Joseph*, b[9] 10 fevrier et s[9] 22 juin 1754.—*Marie-Véronique*, b[9] 30 juin 1755.—*Jean-Gabriel*, b[9] 21 février 1757.—*Antoine*, b[9] 4 juillet 1757.—*Marie-Joseph*, b[9] 12 oct. 1758.—*Joseph-Marie*, b[9] 19 et s[9] 24 juillet 1760.—*Joseph*, b[9] 18 sept. 1761.

1750, (17 août) Sault-au-Récollet.

III.—PICARD, JOSEPH-MARIE. [JACQUES II.

ROSE (2), Angelique-Amable, [CHS-FRS III. b 1735.

1750, (23 nov.) Ste-Anne-de-la-Pérade.[7]

III.—PICARD (3), FRANÇOIS, [PIERRE II. b 1718; s[7] 20 dec. 1761.

ROY, Marie-Joseph. [PIERRE II.

Marie-Joseph, b... m[7] 8 fevrier 1773, à Louis PERRAULT.—*Pierre*, b[7] 26 août 1754.

1754, (28 janvier) Laprairie.

III.—PICARD, FRANÇOIS, [CHARLES-FRS II. b 1725.

LAFONTAINE-GUÉRIN, Marie-Anne, [JACQUES II. b 1732.

François, b 30 nov. et s 15 déc. 1754, à Chambly.[8]—*Jacques*, b[8] 4 oct. 1756; s[8] 5 oct. 1760.—*Françoise*, b[8] 28 mars 1758.—*Michel*, b[8] 26 mai 1760.

(1) Matelot sur le "Rubis."

(2) Dit Laforge—Andrieux.

(1) Dit Dufort.

(2) Elle epouse, le 20 oct. 1760, Louis-François Ménard, au Sault-au-Récollet.

(3) Laquerre dit Picard—Lacaire; voy. vol. V, p. 161.

1756, (9 mars) Longue-Pointe. [3]

III.—PICARD, JOSEPH-MARIE, [JACQUES II. b 1724.

LEBEUF (1), Suzanne, [JULIEN I. b 1727.

Marie-Joseph, b [3] 13 mars et s [3] 15 juin 1757. —*Joseph*, b [3] 28 mars 1759.—*Amable*, b [3] 22 sept. et s [3] 12 oct. 1760.—*Suzanne*, b [3] 27 oct. et s [3] 15 nov. 1761.—*Pierre-Joseph*, b [3] 22 fevrier et s [3] 11 sept. 1763.—*Marie-Angélique*, b [3] 28 mai 1764.—*Jean-François*, b [3] 23 mars 1768.—*Catherine*, b [3] 5 mars et s [3] 29 mai 1769.

1756, (15 nov.) Québec. [2]

IV.—PICARD (2), JEAN-FRS, [JOSEPH III. b 1724 ; écrivain.

DELISLE, Marguerite, [LOUIS-JOSEPH III. b 1738.

Marie-Marguerite-Joseph, b [2] 10 mai et s 12 sept. 1758, à Charlesbourg.—*Joseph*, b [2] 22 août 1761.

1758, (4 avril) Québec. [6]

I.—PICARD, ALEXANDRE, fils de Louis et de Marie-Anne Dutrieu, de Duminy-St-Georges, diocèse d'Amiens, Picardie.

GOUPIL, Louise-Madeleine, [ANDRÉ II. b 1737.

Marie-Louise, b [6] 29 dec. 1758; s 7 janvier 1759, à Lévis.—*Marie-Louise*, b [6] 7 janvier 1760. —*Charles*, b 8 février 1761, à St-Michel. [7] —*Anonyme*, b [7] et s [7] 26 février 1762. — *Marie-Radegonde*, b [7] 25 juin 1763.

1759, (7 mai) Québec. [5]

I.—PICARD, LOUIS-ALEXANDRE, orfèvre; fils de Pierre-François et de Jeanne Leger, de St-Eustache, Paris.

MAUFILS, Françoise, [PIERRE III. b 1734.

Marie-Anne, b [5] 28 janvier 1759. — *Pierre*, b 4 août 1760, à St-Valier. — *Louis-François*, b [5] 25 janvier et s 22 juillet 1762, à St-Augustin.—*Louise-Rose*, b [5] 17 fevrier 1763; s [5] 23 juillet 1785.

PICARD, JEAN-BTE.

GALIPEAU, Marie-Catherine.

Marie-Amable, b 28 janvier 1760, à Chambly.

1760, (4 nov.) Châteauguay.

IV.—PICARD, ANTOINE. [ANTOINE III.

DUQUET, Angelique. [JOSEPH III.

Antoine, b 20 oct. 1761, à Lachine.

PICARD, JEAN-BTE.

PROU, Antoinette.

Jean-Baptiste, b... m 8 janvier 1781, à Marguerite PINARD, à Nicolet.

(1) Elle épouse, le 14 juin 1772, Joseph Trudeau, à la Longue-Pointe.

(2) Et LePicard.

PICARD, GABRIEL.

MARTIN, Geneviève.

Gabriel, b... m 12 janvier 1795, à Marie-Joseph LOYER, à Repentigny.

PICARD, JOSEPH, capitaine.

FORTIN, Marie-Louise.

Simon, b... m 4 oct. 1784, à Marie-Françoise PERRAULT, à Lachenaye.

1762, (22 nov.) Lachenaye. [5]

III.—PICARD, MICHEL, [NICOLAS II. b 1736 ; s 20 juin 1770, à St-Henri-de-Mascouche. [6]

1° MAURICEAU, Marie-Anne, [MICHEL III. b 1744 ; s [6] 19 fevrier 1765

Michel, b... m [5] 8 oct. 1787, à Marie-Louise BERTRAND.

2° LAPORTE (1), Marie-Joseph.

Marie-Marguerite, b 1767 ; m [5] 14 janvier 1788, à Charles GOULET. — *Marie-Joseph*, b [5] 10 mai 1769.

1764, (30 janvier) Longue-Pointe. [2]

IV.—PICARD, JOSEPH, [PIERRE-JOSEPH III. b 1742.

DESAUTELS, Marie-Catherine. [NICOLAS III.

Marie-Apolline et *Marie-Catherine*, b [2] 28 sept. 1764.—*Jean-Baptiste*, b [2] 31 mars 1767.

1764, (27 fevrier) Montréal.

IV.—PICARD, CHS-TOUSSAINT, [FRANÇOIS III. b 1735.

LEDUC, Marie-Louise, [JOSEPH III. b 1746.

1764, (5 nov.) Montréal. [7]

IV.—PICARD, JEAN-BTE, [ANTOINE III. b 1740.

1° BERTHELET, Marie-Charlotte, [TOUSSAINT II. b 1742.

Pierre, b... m [7] 2 fevrier 1801, à Elisabeth PRUDHOMME.

1781, (15 janvier). [7]

2° BLANCHARD, Marguerite, [JEAN-BTE I. b 1751.

1765, (3 juin) Montréal.

IV.—PICARD, CHS-HUGUES, [FRS-HUGUES III. b 1740.

LEBEAU, Marguerite, [JOSEPH III. b 1743.

1767, (27 avril) Montréal.

IV.—PICARD, JEAN-BTE, [PIERRE-JOSEPH III. b 1745.

BONNERON, Marie-Renée, [FRS-MATHURIN I. b 1745.

(1) Elle épouse, le 17 mars 1771, Joseph Leclerc, à Lachenaye.

1768, (10 oct.) Repentigny. [5]
IV.—PICARD, Joseph-Gabriel. [Jos.-Marie III.
Archambault, Marie-Thérèse. [Gervais IV.
Marie-Joseph, b [5] 29 janvier et s [5] 8 juin 1770. —*Joseph-Marie*, b [5] 17 déc. 1770; s [5] 31 juillet 1771.—*Marie*, b 1773; s [5] 28 janvier 1784.—*Thérèse*, b 1774; s [5] 25 juillet 1775.— *Elisabeth*, b [5] et s [5] 27 mars 1782.—*Anonyme*, b [5] et s [5] 4 août 1783.—*Anonyme*, b [5] et s [5] 20 avril 1785.—*Marie-Joseph*, b [5] et s [5] 22 août 1786.—*Marie-Angélique*, b [5] 13 déc. 1787. — *Louis*, b [5] et s [5] 18 dec. 1788. —*Michel*, b [5] et s [5] 20 août 1789.—*Ambroise*, b [5] 20 avril 1790. — *Marie-Madeleine*, b [5] 30 avril et s [5] 30 juin 1791.—*Jean-Baptiste*, b [5] 6 mars et s [5] 12 août 1795.

1769, (10 avril) Varennes.
III.—PICARD (1), Noel-André, [Noel II.
b 1744.
1° Renaud, Marie. [Charles.
1773, (8 nov.) Montréal.
2° Prévost, Elisabeth, [Paul III.
b 1753.

1772, (28 sept.) Montréal.
IV.—PICARD, François, [Pierre-Joseph III.
b 1744.
Millet, Catherine, [François IV.
b 1755.

1774, (5 mai) Montréal. [4]
IV.—PICARD, Jos.-Jacques, [Jacques III.
b 1749.
Quesnel, Louise-Hypolite, [Raymond III.
b 1749.
Joseph, b [4] 20 mars 1774.

1781, (8 janvier) Nicolet.
PICARD, Jean-Bte. [Jean-Bte.
Pinard, Marguerite, [Ls-Hyacinthe III.
b 1759.

1784, (4 oct.) Lachenaye.
PICARD, Simon. [Joseph.
Perrault, Marie-Françoise. [Joseph II.

1787, (8 oct.) Lachenaye.
IV.—PICARD, Michel. [Michel III.
Bertrand, Marie-Louise. [Louis.

1795, (12 janvier) Repentigny.
PICARD, Gabriel. [Gabriel.
Loyer, Marie-Joseph, [Joseph IV.
b 1770.

1801, (2 fevrier) Montréal. [6]
V.—PICARD, Pierre. [Jean-Bte IV.
Prudhomme, Elisabeth. [Eustache V.
Elisabeth, b... 1° m à Louis Blanchard; 2° m à Joseph-Alfred Parant; s [6] 1888.—*Marie-Anne*, b... m à Alfred Blanchard.— *Marie-Amable*, b... m à Jean-Baptiste Legault-Delorier.—*Pierre*, b... — *Eustache* (1), b 20 juin 1817, à la Côte-des-Neiges; ordonné [6] 30 août 1840; s [6] 31 juillet 1886. — *Marie-Marguerite*, b... m à Guillaume Palatio.

(1) Voy. Collet, vol. III, p. 113.

PICART.—Voy. Picard.

PICAULT.—*Variation* : Picot.

1720, (25 nov.) Charlesbourg.
I.—PICAULT (2), Pierre, fils de Pierre et de Marie LaBlanche, de Neuville-en-Beaumont, diocèse de Coutances, Normandie.
Brousseau, Marie-Madeleine, [Nicolas II.
b 1700.
Pierre, b 27 nov. 1721, à St-Augustin [1], m 24 oct. 1746, à Marie-Joseph Marois, à Lachenaye. — *Marie-Madeleine*, b [1] 7 mai 1723. — *Marie-Louise*, b 27 août 1724, à Repentigny. [2] — *Jean-Baptiste*, b [2] 7 nov. 1725. — *Joseph*, b [2] 26 mars 1727.— *Jean-Baptiste*, b [2] 19 avril 1728. — *François*, b [2] 9 mars et s [2] 30 juillet 1729. —*Augustin*, b [2] 29 oct. 1730. — *Marie-Marguerite*, b 13 juin 1732, à L'Assomption.

1746, (24 oct.) Lachenaye.
II.—PICAULT, Pierre, [Pierre I.
b 1721.
Marois, Marie-Joseph, [Basile II.
b 1724.

I.—PICH, Jean,
Anglais.
.... Elisabeth.
Marie-Elisabeth, b 13 mai 1770, au Detroit.

PICHARD.—*Variation et surnom* : Pichart—St. Jean.

1689, (17 oct.) Lachine. [2]
II.—PICHARD (3), Louis, [Jean I.
b 1659; s [2] 7 sept. 1699.
Fortin (4), Marie. [Louis I
Louis, b [2] 6 fevrier 1692; m 1733, à Marie-Anne Padoka (des Ricaras).—*Louise*, b [2] 16 mars 1695; m 26 dec. 1713, à Jacques Coutaux, à la Pointe-Claire.—*Marie-Catherine*, b [2] 3 juin 1698; s 8 nov. 1708, à Montreal.

1733.
III.—PICHARD, Louis, [Louis II.
b 1692.
Padoka (5), Marie-Anne.
Marie-Louise, b 1734; m 12 août 1754, à Etienne Magnan, à Cahokia [3]; s [3] 28 juillet 1757.—*Marie-Louise*, b [3] 23 avril 1741; s [3] 25 janvier 1743.—*Louis*, b [3] 12 mai 1743.—*Marie-Catherine*, b [3] 25 nov. 1745.—*Agnès* b [3] 1er oct. 1747; m 13 fevrier 1787, à Charles Belanger, à St-Louis, Mo.

(1) Ptre S.S. de Montréal et fondateur de l'Union de Prieres.
(2) Et Picot.
(3) Voy. vol. I, p. 462.
(4) Elle épouse, le 25 avril 1700, Jean Chotard, à Lachine.
(5) DesRicaras; elle épouse, le 22 août 1749, Joseph Dorion, à Cahokia.

PICHARD (1), Nicolas,
s (noyé) 10 juin 1764, à L'Ange-Gardien.
Vallé, ... [Charles.

PICHART.—Voy. Pichard.

PICHAU.—*Variation :* Pichot.

1723, (18 janvier) St-Augustin. [4]

I.—PICHAU (2), Charles, fils de Charles (capitaine de vaisseau) et de Marie Montbard, de St-Nicolas, diocèse de LaRochelle, Aunis.
Petit, Marie-Anne, [Robert II.
b 1700 ; s [4] (noyee) 25 juin 1726.
Marie-Anne, b [4] 27 sept. 1723.

PICHÉ.—Voy. Pichet.

PICHER.—Voy. Pichet.

PICHEREAU.—*Variation :* Picherou.

1762, (12 juillet) St-Frs-du-Lac.

I.—PICHEREAU, Vincent, fils de Vincent et de Françoise Langoumais, de Ligue-les-Bois, diocèse de Poitiers, Poitou.
Campagna, Veronique, [Jean-Bte III.
b 1735.
Anonyme, b et s 20 fevrier 1766, à Ste-Anne-de-la-Perade.

PICHEROU.—Voy. Pichereau.

PICHET.—*Variations et surnoms :* Piché—Picher—Péget—Pégin—Dupré—Lamusette.

1665, (25 nov.) Quebec. [2]

I.—PICHET (3), Pierre,
b 1636 ; s 30 oct. 1713, à Repentigny.
Durand, Catherine,
b 1639.
Adrien, b [2] 5 nov. 1668 ; m 22 nov. 1694, à Elisabeth *Léveillé*, à la Pte-aux-Trembles, Q. [3] ; s 3 juillet 1739, au Cap-Santé. — *Ignace-Joseph,* b [3] 19 oct. 1685 ; m à Marie-Anne Coderre.

1666.

I.—PICHET (4), Jean,
b 1636 ; s 19 juin 1699, à St-Pierre, I. O. [1]
Leblanc, Madeleine, [Jean I.
b 1652 ; s [1] 28 déc. 1708.
Jacques, b 20 mai 1668, à Québec [2] ; m 30 avril 1686, à Louise Asselin, à Ste-Famille, I. O. [3] ; s [1] 10 avril 1713. — *Madeleine,* b [3] 14 avril 1675 ; 1° m à Gabriel Gosselin ; 2° m [1] 19 fevrier 1703, à Antoine Vignau.—*Jean,* b [1] 20 juin 1680 ; m [1] 8 nov. 1700, à Geneviève Crépeau ; s [1] 2 janvier 1703.— *Pierre,* b [1] 13 juillet 1682 ; m [1] 26 nov. 1703, à Elisabeth Coté ; s [2] 13 janvier 1745.— *Louis,* b [1] 13 fevrier 1685 ; 1° m [1] 10 nov. 1710, à Marie-Anne Coté ; 2° m [1] 20 juillet 1730, à Marguerite Godbout.

1694, (22 nov.) Pte-aux-Trembles, Q. [2]

II.—PICHET (1), Adrien, [Pierre I.
b 1668 ; s 3 juillet 1739, au Cap-Santé. [3]
Léveillé, Elisabeth, [Etienne I.
b 1676 ; s [3] 11 janvier 1738.
Pierre, b [2] 12 dec. 1697 ; m 1724, à Scholastique Lesage. — *Marie-Madeleine,* b [2] 30 nov. 1699, à François Denevers. — *Adrien,* b... m [3] 7 nov. 1729, à Elisabeth Germain.

1696, (30 avril) Ste-Famille, I. O. [1]

II.—PICHET (2), Jacques, [Jean I.
b 1668 ; s 10 avril 1713, à St-Pierre, I. O. [2]
Asselin, Louise, [Jacques I.
b 1675 ; s 8 juin 1750, à Beauport. [3]
Jean, b [2] 10 fevrier 1697 ; 1° m [2] 22 oct. 1725, à Marie Vallière ; 2° m [1] 16 avril 1731, à Marie-Françoise Létourneau ; s [2] 7 avril 1744.—*Louise,* b [2] 15 mars 1699 ; 1° m 12 oct. 1723, à Pierre Lefrançois, à St-Jean, I. O. ; 2° m 6 février 1747, à Pierre Pouliv, au Château-Richer. [4] — *Jacques,* b [2] 21 avril et s [2] 26 mai 1701. — *Jacques,* b [2] 30 avril 1702 ; 1° m [1] 20 janvier 1733, à Thècle Bauché ; 2° m [1] 27 nov. 1758, à Geneviève Morisset ; s [1] 1er mai 1772. — *Marie-Madeleine,* b [2] 22 janvier 1704 ; 1° m [2] 15 fevrier 1735, à Jean Turgeon ; 2° m [3] 6 août 1753, à Pierre Choret. — *Louis,* b [2] 16 mai 1706 ; 1° m [1] 20 janvier 1733, à Marie-Joseph Bauché ; 2° m [2] 3 février 1738, à Dorothée Noel. — *Elisabeth,* b [2] 24 juin 1708 ; m [4] 21 avril 1732, à Louis-Joseph Roy-Audy ; s 9 août 1734, à Charlesbourg.—*Michel,* b [2] 6 juillet 1710 ; m 11 fevrier 1737, à Marie-Thérèse Vallière, à St-Augustin. — *Pierre,* b [2] 10 et s [2] 12 mai 1712.

1697, (4 nov.) Pte-aux-Trembles, Q. [7]

II.—PICHET (3), Pierre, [Pierre I.
b 1674 ; s 12 août 1712, au Cap-Santé. [8]
Sylvestre (4), Marie-Anne, [Nicolas I.
b 1678.
François, b 28 mai 1700, à la Rivière-Ouelle ; m 7 janvier 1727, à Marie-Françoise Blanchet, à St-Ours. — *Marie-Anne,* b [7] 22 juillet 1704 ; m 1720, à Etienne Denevers. — *Madeleine,* b [7] 4 nov. 1706 ; m 11 mai 1722, à François Denevers, à Lotbinière. —*Marie-Thérèse,* b [7] 26 sept. 1708 ; m 12 janvier 1728, à Jean-Baptiste Houde, à Ste-Croix. [9] — *Marie-Catherine,* b [8] 5 sept. 1710 ; m [9] 15 nov. 1729, à Louis Denevers. — *Marie-Joseph* (posthume), b [8] 9 oct. 1712.

1700, (30 août) St-Augustin. [7]

II.—PICHET, Jean-Bte, [Pierre I.
b 1666.
Dolbec, Marie-Anne, [François I.
b 1682 ; s [7] 8 juillet 1732.

(1) Dit St. Jean.
(2) Et Pichot.
(3) Voy. vol. I, pp. 482-483.
(4) Voy. vol. I, p. 483.

(1) Et Piché ; voy. vol. I, p. 483.
(2) Et Pégin, voy. vol. I, p 483.
(3) Voy. vol. I, p. 483.
(4) Elle épouse, le 28 février 1718, François Biron, au Cap-Santé.

Marie-Marthe, b 1705 ; m [7] 10 sept. 1731, à Jean-Baptiste GINGRAS ; s [7] 15 mars 1785.—*Jean-Baptiste*, b 18 janvier 1707, à la Pte-aux-Trembles, Q.[8] — *Benjamin*, b [8] 12 déc. 1709 ; m 7 janvier 1744, à Marie-Madeleine PLEAU, au Cap-Santé. — *Marie-Catherine*, b [8] 29 sept. 1712 ; m [7] 6 août 1725, à Jean-Baptiste VAILLANCOUR. — *Joseph-Prisque*, b [7] 21 mai 1716. — *MarieAnne*, b [7] 24 avril 1719. — *Jeanne-Françoise*, b [7] 4 mars 1722 ; m [7] 3 mai 1745, à Jean ALAIN.

1700, (8 nov.) St-Pierre, I. O. [1]

II.—PICHET, JEAN, [JEAN I.
b 1680 ; s [1] 2 janvier 1703.
CRÉPEAU, Geneviève, [MAURICE I.
b 1684.
Marie-Madeleine, b [1] 19 déc. 1701 ; m 20 nov. 1719, à Charles DENIS, à St-Laurent, I. O.

1703, (26 nov.) St-Pierre, I. O.

II.—PICHET, PIERRE, [JEAN I.
b 1682 ; s 13 janvier 1745, à Québec.
COTÉ, Elisabeth, [MARTIN II.
b 1681.

1710, (10 nov.) St-Pierre, I. O. [6]

II.—PICHET, LOUIS, [JEAN I.
b 1685 ; notaire royal.
1° COTÉ, Marie-Anne, [MATHIEU-JEAN II.
b 1675 ; s [6] 29 août 1729.
Marie-Joseph, b [6] 29 mars 1713 ; m [6] 26 avril 1740, à Gabriel FERLAN ; s [6] 5 nov. 1749.—*Louis*, b 16 sept. 1714, à L'Ange-Gardien ; m [6] 18 nov. 1737, à Thérèse GODBOUT ; s 16 juin 1750, à Lévis. —*Pierre*, b [6] 8 février 1716.—*Jean*, b [6] 15 février 1717.—*Marie-Thérèse*, b [6] 3 oct. 1718.—*Marguerite*, b [6] 30 mars 1720.—*Geneviève*, b [6] 2 janvier 1722 ; m [6] 6 nov. 1747, à Claude VAILLANCOUR.—*Joseph*, b [6] 21 avril 1724 ; s [6] 30 oct. 1747.—*Madeleine*, b [6] 6 janvier 1726 ; m 18 janvier 1762, à Ignace MARTEL, à Ste-Famille, I. O. — *Marie-Anne*, b [6] 22 oct. 1727 ; m [6] 6 nov. 1752, à Charles-Joseph CARRIER.—*Marie-Françoise*, b [6] 14 et s [6] 22 août 1729.

1730, (20 juillet). [6]

2° GODBOUT, Marguerite. [NICOLAS II.
Marie-Louise, b [6] 7 sept. 1731.—*Thérèse*, b [6] 22 déc. 1732.—*Elisabeth*, b [6] 3 mai 1734.—*Pierre*, b [6] 6 nov. 1735.—*Marie-Thècle*, b [6] 1er mai 1737 ; s [6] 5 mai 1757.—*Paul-François*, b [6] 6 février 1739 ; m [6] 19 février 1759, à Charlotte COUTURE. —*Marie-Reine*, b [6] 29 juin 1741.—*Françoise*, b... s [6] 4 avril 1758.

1712, (11 janvier) Repentigny. [7]

II.—PICHET, LOUIS, [PIERRE I.
b 1691.
GÉLINAUD, Marie-Françoise. [FRANÇOIS I.
François, b [7] 9 août 1712.

PICHET, MICHEL.
PILOTE, Louise.
Louis, b... s 26 janvier 1722, à Ste-Anne-de-la-Pérade.

1724.

III.—PICHET, PIERRE, [ADRIEN II.
b 1697.
LESAGE (1), Scholastique.
Marie, b 12 et s 28 août 1725, au Cap-Santé.[1] —*Adrien*, b [1] 10 nov. 1726 ; 1° m [2] 15 janvier 1753, à Madeleine MATTE ; 2° m 1756, à Marie-Louise RONDEAU ; s 17 février 1757, à St-Ours.—*Pierre*, b... m [2] 10 janvier 1752, à Marie-Angélique JUGNAC.—*Marie-Thérèse*, b [2] 26 juin 1729 ; m [2] 6 oct. 1749, à Athanase GAUDIN.—*Marie-Madeleine*, b 25 février, à la Pte-aux-Trembles, Q. et s [2] 23 mai 1731.—*Jean-Marie*, b [2] 9 et s [2] 16 juin 1732. — *Joseph-Louis*, b [2] 3 sept. 1733. — *Jean-Baptiste*, b [2] 4 juin 1735.—*Marie-Angélique*, b [2] 9 janvier 1737.—*Marie-Anne*, b [2] 7 sept. 1738 ; m 7 nov. 1768, à Pierre LEMERLE, à Ste-Anne-de-la-Pérade.[3] — *Marie-Madeleine*, b [2] 11 avril 1740, m [3] 10 oct. 1763, à Jean-Baptiste GAUDIN.—*Augustin*, b [2] 1er août et s [2] 3 sept. 1741.—*Marie-Scholastique*, b [2] 14 avril 1743.—*Marie-Catherine*, b [2] 25 juillet 1744.—*Louis-Joseph*, b [2] 25 août et s [2] 21 oct. 1746. — *François-de-Sales*, b [2] 25 août et s [2] 18 oct. 1746.

1725, (22 oct.) St-Pierre, I. O. [4]

III.—PICHET, JEAN, [JACQUES II.
b 1697 ; s [4] 7 avril 1744.
1° VALLIÈRE, Marie, [JEAN II.
b 1705 ; s [4] 20 février 1726.

1731, (16 avril) Ste-Famille, I. O. [5]

2° LÉTOURNEAU, Marie-Françoise, [JEAN III.
b 1709.
Jean-Baptiste, b [4] 4 février 1732 ; m [5] 3 février 1766, à Rose VAILLANCOUR.—*Louis*, b [4] 5 nov. 1733 ; s [4] 27 mars 1734.—*Marie-Françoise*, b [4] 29 mars 1735.—*Louis*, b [4] 6 sept. 1737.—*Joseph-Marie*, b [4] 23 oct. 1740 ; s [4] 8 février 1757.—*François-Marie*, b [4] 17 et s [4] 23 juin 1743.—*Marie-Thérèse* (posthume), b [4] 13 sept. 1744.

II.—PICHET, IGNACE-JOSEPH, [PIERRE I.
b 1685.
CODERRE, Marie-Anne.
Ignace, b 1730 ; m à Madeleine BEIGNET ; s 30 oct. 1783, à Repentigny.—*Basile*, b... m 10 juillet 1751, à Marguerite COLIN, à Lavaltrie. — *Pierre*, b... m 31 mars 1761, à Marie-Charlotte VÉGIARD, à Verchères.

1727, (7 janvier) St-Ours. [8]

III.—PICHET (2), FRANÇOIS, [PIERRE II.
b 1700.
BLANCHET, Marie-Françoise, [PIERRE I.
b 1706.
André, b... m [8] 16 février 1756, à Marie-Elisabeth RONDEAU. — *Marguerite*, b... m [8] 29 sept. 1760, à Pierre DUHAMEL.—*Marie-Jeanne*, b... m [8] 14 oct. 1760, à François DEGUIRE. — *Joseph*, b... m 31 mars 1761, à Agathe BIBAUT, à Sorel.

(1) Bernardin, 1743.
(2) Dit Dupré.

1729, (7 nov.) Cap-Santé.[8]
III.—PICHET, Adrien. [Adrien II.
Germain, Elisabeth. [Antoine II
Adrien, b [8] 9 sept. 1730; m [8] 10 janvier 1752, à Marie-Joseph Morisset.—*Marie-Isabelle*, b [8] 2 avril 1732; m [8] 20 nov. 1747, à Pierre Delisle. —*Marie-Joseph*, b [8] 16 avril 1734; m [8] 9 fevrier 1750, à Mathurin Morisset.—*Joseph*, b [8] 8 mars 1736.—*Louis*, b [8] 20 fevrier 1738. — *Marie-Angélique*, b [8] 28 mars 1740. — *Jean-Baptiste*, b [8] 23 avril 1742. — *François-de-Sales*, b [8] 21 janvier 1745. — *Joseph-Alexis*, b [8] 20 juin et s [8] 3 juillet 1748.—*Alexis*, b [8] 4 nov. 1750. — *Antoine-Basile*, b [8] 6 juin 1754.

1733, (20 janvier) Ste-Famille, I. O.
III.—PICHET, Louis, [Jacques II.
b 1706.
1° Bauché-Morency, Marie-Jos. [Joseph II.
b 1713; s 30 nov. 1735, à St-Pierre, I. O.[9]
Louis, b [9] 5 et s [9] 26 déc. 1733.—*Gertrude*, b [9] 3 nov. 1735; m [9] 28 janvier 1754, à Jean-Baptiste Roberge.
1738, (3 fevrier).[9]
2° Noel, Dorothée, [Pierre II
b 1714.
Louis, b [9] 19 nov. 1738; s [9] 13 fevrier 1739. — *Louis*, b 11 janvier 1740, à St-Laurent, I. O.; s [9] 14 fevrier 1746. — *Pierre*, b [9] 8 fevrier 1742.—*Noel-François*, b [9] 25 dec. 1743.—*Joseph*, b [9] 21 nov. 1745.—*Marie-Hélène*, b [9] 24 sept. 1747; m [9] 11 avril 1768, à Gabriel Coté. — *Marie-Joseph*, b [9] 17 juillet 1749.—*Louis*, b [9] 8 juillet 1751.

1733, (20 janvier) Ste-Famille, I. O.[3]
III.—PICHET, Jacques, [Jacques II
b 1702; s [3] 1er mai 1772.
1° Bauché, Thècle, [Joseph II
b 1717; s [3] 10 mars 1749.
Marie-Thècle, b [3] 22 sept. 1734; m [3] 23 juin 1755, à Rene Destroismaisons-Picard.—*Michel-Ange*, b [3] 30 mai 1736.— *Marie-Angélique*, b [3] 20 et s [3] 23 janvier 1738.—*Joseph-Basile*, b [3] 14 juin 1739; s [3] 25 sept. 1740. — *Marie-Gertrude*, b [3] 4 avril 1741; m [3] 19 avril 1762, à Gabriel Foucher. —*Jean-Guillaume*, b [3] 3 mars 1743. — *Jacques*, b... m [3] 22 juin 1767, à Rosalie Létourneau.—*Pierre*, b [3] 9 fevrier 1745; m [3] 26 janvier 1767, à Marie-Thècle Canac. — *Marie-Marthe*, b [3] 20 oct. 1746, s [3] 7 avril 1749.— *Marie-Charlotte*, b [3] 24 janvier et s [3] 1er fevrier 1748.—*Jean-Baptiste*, b [3] 1er mars 1749; s [3] 3 janvier 1750.
1758, (27 nov.)[3]
2° Morisset, Geneviève, [Gencien II.
b 1712; veuve de Jean-Baptiste Premont.

1737, (11 fevrier) St-Augustin.[3]
III.—PICHET, Michel, [Jacques II.
b 1710.
Vallière, Marie-Thérèse, [Pierre II.
b 1707; veuve de Jean Gosselin.
Michel, b 15 déc. 1737, à St-Pierre, I. O.[4]—*Marie-Louise*, b [4] 6 mai 1739. — *Augustin*, b [3] 27 oct. 1740.—*Charles*, b [3] 18 juillet 1742.—*Joseph*, b [3] 18 février 1744.—*Ambroise*, b [3] 7 et s [3] 8 sept. 1745.—*Marie-Augustine*, b [3] 24 mai 1747.

1737, (18 nov.) St-Pierre, I. O.
III.—PICHET, Louis, [Louis II.
b 1714; s 16 juin 1750, à Lévis.[4]
Godbout (1), Thérèse, [Nicolas II.
b 1712.
Marie-Thérèse, b [4] 7 avril 1739; m [4] 4 février 1760, à Nicolas Couture. — *Marie-Agathe*, b [4] 9 sept. 1741, m [4] 28 avril 1761, à Charles Carrier. —*Marie-Geneviève*, b [4] 6 nov. 1743; s [4] 23 nov. 1749. — *Françoise*, b... m [4] 27 fevrier 1764, à Joseph Aubert. — *Louis*, b [4] 24 fevrier 1746.—*Véronique*, b [4] 30 avril 1750; m [4] 8 fevrier 1768, à Antoine Carrier.

1744, (7 janvier) Cap-Santé.[5]
III.—PICHET, Benjamin, [Jean-Bte II.
b 1709.
Pleau, Marie-Madeleine, [Simon-Denis II.
b 1721.
Benjamin, b [5] 21 oct. 1744. — *Jean-François*, b [5] 25 avril 1746.—*Augustin*, b [5] 30 nov. 1748.—*Joachim*, b [5] 23 mai et s [5] 6 juillet 1751.—*Amable*, b [5] 29 sept. 1752.

PICHET, Jean.
Paillé, Madeleine.
Louis, b 11 sept. 1749, à Yamachiche.

III.—PICHET, Ignace, [Ignace-Joseph II.
b 1730; s 30 oct. 1783, à Repentigny.[2]
Beignet, Madeleine.
Pierre, b... m 6 juillet 1770, à Marie-Ursule Marsolet, à L'Assomption. — *Ignace*, b... m 22 nov. 1779, à Marie-Geneviève Bérard, à St-Cuthbert.—*François*, b 1760; s [2] 17 avril 1780.

1751, (10 juillet) Lavaltrie.
III.—PICHET (2), Basile. [Ignace-Joseph II.
Colin, Marguerite. [François III.
Basile, b... m 1782, à Marie-Angélique Fagnan.

1752, (10 janvier) Cap-Santé.[1]
IV.—PICHET, Pierre. [Pierre III.
Jugnac, Marie-Angélique, [Pierre II.
b 1732.
Marie-Angélique, b [1] 31 oct. 1752. — *Pierre*, b 9 mars 1754, aux Ecureuils[2]; m 2 fevrier 1778, à Marie-Anne Pinel, à la Pte-aux-Trembles, Q.[3]—*Marie-Joseph*, b [2] 21 janvier 1765.—*Marie-Louise*, b [3] 27 fevrier 1772.

1752, (10 janvier) Cap-Santé.[1]
IV.—PICHET, Adrien, [Adrien III.
b 1730.
Morisset, Marie-Joseph, [Pierre II.
b 1736.
Jean-Baptiste, b [1] 19 juillet 1753. — *Marie-Ursule*, b 12 nov. 1754, aux Ecureuils.

---

(1) Elle épouse, le 9 nov. 1750, Jacques Maurepas, à Lévis.
(2) Dit Lamusette.

1753, (15 janvier) Cap-Santé.[1]

IV.—PICHET (1), ADRIEN, [PIERRE III.
b 1726; s 17 février 1757, à St-Ours.[2]
1° MATTE, Madeleine, [NICOLAS III.
b 1731.
Nicolas, b[1] 26 mars 1754.

1756.

2° RONDEAU (2), Marie-Louise. [JOSEPH II.
Marie-Louise, b[2] 30 janvier 1757.

1756, (16 février) St-Ours.

IV.—PICHET (1), ANDRÉ. [FRANÇOIS III.
RONDEAU, Marie-Elisabeth. [JOSEPH II.

1759, (19 février) St-Pierre, I. O.

III.—PICHET, PAUL-FRANÇOIS, [LOUIS II.
b 1739.
COUTURE, Charlotte. [JOSEPH III.
Marie-Charlotte, b 7 mars 1768, à Ste-Famille, I. O.

1761, (31 mars) Sorel.

IV.—PICHET (3), JOSEPH. [FRANÇOIS III.
BIBAUT, Agathe, [NICOLAS II.
b 1738.

1761, (31 mars) Verchères.

III.—PICHET, PIERRE. [IGNACE-JOSEPH II.
VÉGIARD, Marie-Charlotte. [LOUIS II.

PICHET, JEAN-BTE.
LANGLOIS, Therèse.
François, b 21 août 1764, aux Ecureuils.

1766, (3 février) Ste-Famille, I. O.

IV.—PICHET, JEAN-BTE, [JEAN III.
b 1732.
VAILLANCOUR, Marie-Rose, [PAUL III.
b 1739; veuve de François Asselin.

1767, (26 janvier) Ste-Famille, I. O.[2]

IV.—PICHET, PIERRE. [JACQUES III.
CANAC, Marie-Thècle, [JOSEPH II.
b 1749.
Pierre, b[2] 3 février 1768.

1767, (22 juin) Ste-Famille, I. O.[3]

IV.—PICHET, JACQUES. [JACQUES III.
LÉTOURNEAU, Rosalie, [LOUIS IV.
b 1745.
Marie-Rose, b[3] 22 juin 1768.

PICHET, PIERRE.
BRANE-BOURDELAIS, Agathe. [CLAUDE II.
Catherine, b... m 16 nov. 1795, à Venant LEMAIRE, à Repentigny.

(1) Dit Dupré.

(2) Elle épouse, le 27 juin 1757, François Tellier, à St-Ours.

(3) Et Piché dit Dupré.

1770, (6 juillet) L'Assomption.[4]

IV.—PICHET, PIERRE, [IGNACE III.
maitre de poste.
MARSOLET, Marie-Ursule. [BONAVENTURE.
Pierre-Ignace, b... s[4] 21 mars 1811.

PICHET, ALEXIS.
JUGNAC, Marie-Anne.
Marie-Anne, b 12 août 1776, aux Ecureuils.

1778, (2 février) Pte-aux-Trembles, Q

V.—PICHET, PIERRE, [PIERRE IV.
b 1754.
PINEL, Marie-Anne. [JEAN-FRANÇOIS V.
Félicité, b... m 14 février 1803, à Pierre PAYET, à St-Thérèse.

1779, (22 nov.) St-Cuthbert.[5]

IV.—PICHET, IGNACE. [IGNACE III.
BÉRARD, Marie-Geneviève. [PIERRE.
Marie-Geneviève, b[5] 31 août 1781.—*Madeleine*, b[5] 2 juin 1783.

PICHET, LOUIS.
GOULET, Marie.
Marie, b... s 24 août 1784, à Repentigny[6]—*Jean-Baptiste*, b[6] 17 nov. 1789.—*Benjamin*, b[6] 21 juillet 1791.

1782.

IV.—PICHET (1), BASILE. [BASILE III.
FAGNAN (2), Marie-Angélique.
Basile, b... s 20 déc. 1782, à Repentigny.[7]—*Basile*, b 1783; s[7] 17 mars 1784.—*Marie-Charlotte*, b 1783; s[7] 18 mars 1784.—*Madeleine*, b... m 16 oct. 1797, à Louis DESCHAMBAULT (3), à Ste-Thérèse.

PICHET, JEAN-BTE.
1° PRÉ, Marie-Louise.

1790, (25 oct.) Nicolet.

2° BÉLIVEAU, Marie. [PIERRE.

PICHET, ANTOINE.
RIVET, Marie-Anne.
Judith, b 11 nov. 1787, à Repentigny.[8]—*Hypolite*, b[8] 18 sept. 1793.

PICHET (4), TOUSSAINT.
TELLIER, Marie-Desanges.
Ursule, b 24 mars 1791, à Repentigny.[9]—*Marie-Marguerite*, b[9] 10 mai 1793.

PICHOT.—*Variation:* PICHAU.

I.—PICHOT, JACQUES,
b 1692; s 15 nov. 1728, à Berthier.[8]
GODET (5), Marie-Anne.
Jacques, b 1723; s 10 sept. 1755, à Québec.—

(1) Et Piché dit Lamusette.

(2) Elle épouse, plus tard, Jean Joly.

(3) Fils de Jean et de Marie Desjardins.

(4) Dit Lamusette.

(5) Elle épouse, le 19 nov. 1733, Michel Garnier, à Québec.

françoise, b 1726; s 20 nov. 1748, à St-Thomas. —*Marie-Françoise*, b [8] 25 oct. et s [8] 23 nov. 1728.

II.—PICHOT, Jacques, [Jacques I.
b 1723; navigateur; s 10 sept. 1755, à Québec.

1678, (14 février) Montréal. [3]

I.—PICHOU (1), Antoine,
b 1645.
Pacrau, Marie,
b 1629; veuve de Fiacre Ducharme; s [3] 6 sept. 1699.

PICORON.—*Surnom :* DesCoteaux.

1705, (9 février) St-Pierre, I. O. [3]

I.—PICORON (2), Jacques-Henri, b 1670; fils de Jacques et de Marie Naud, de St-Nicolas, ville et diocèse de Nantes, Haute-Bretagne; s 16 août 1746, à St-Thomas.
Martin, Marguerite, [Joachim I.
b 1675; veuve de Jean Jollet; s 14 nov. 1751, à Quebec. [4]
Marie-Angélique, b [3] 20 nov. 1706. — *Barbe*, b [3] 27 août 1708; m [4] 28 juillet 1728, à Jérôme Dupuis.—*Marie-Jeanne-Thérèse*, b 1719; m 9 oct. 1740, à François Harbour, à Ste-Anne-de-la-Pocatière.

PICOT.—Voy. Picault—Pitaut.

PICOTÉ.—*Surnom :* DeBelestre.

I.—PICOTÉ (3), François,
marchand.
Lambert, Périnne.
Périnne, b 1645, m 2 sept. 1664, à Michel Godfroy, à Montréal; s 19 déc. 1723, aux Trois-Rivières.

I.—PICOTÉ (4), Pierre,
s 30 janvier 1679, à Montréal. [7]
Paris, Marie,
b 1638; s [7] 3 nov. 1684.
Jeanne, b 1669, s [7] 2 juin 1721.— *Marie-Anne*, b [7] 9 fevrier 1673; m [7] 17 fevrier 1689, à Alphonse Tonty; s [7] 11 sept. 1714. — *François-Marie*, b [7] 5 fevrier 1677; 1° m [7] 24 août 1709, à Anne-Françoise Bouthier; 2° m [7] 27 mai 1714, à Marie-Catherine Trotier; s 9 oct. 1729, au Detroit.

1709, (24 août) Montréal. [3]

II.—PICOTÉ (5), François-Marie, [Pierre I.
b 1677; s 9 oct. 1729, au Detroit. [4]
1° Bouthier, Anne-Françoise, [Guillaume I.
b 1689; s 25 sept. 1710, à Québec.

1714, (27 mai). [3]
2° Trotier, Marie-Catherine, [Antoine II.
veuve de Jean Cuillerier; s 26 fevrier 1731, à Lachine.
Marie-Anne, b 1714; m [3] 4 déc. 1736, à Louis-Césaire Daigneau; s [4] 5 mai 1756. — *François-Marie*, b 1719; 1° m [3] 28 juillet 1738, à Marie-Anne Nivard; 2° m [3] 29 janvier 1753, à Marie-Anne Magnan.

1738, (28 juillet) Montréal. [9]

III.—PICOTÉ (1), Frs-Marie, [Frs-Marie II.
b 1719.
1° Nivard (2), Marie-Anne, [Pierre I.
b 1719; s [9] 16 oct. 1750.
François-Louis, b [9] 11 avril 1739; m à Joachime Coulon de Villiers. — *Marie-Joseph*, b [9] 18 mars 1741. — *Etienne*, b [9] 15 sept. 1742; s 18 mars 1743, à Longueuil.—*François-Xavier*, b [9] 2 dec. 1743; s 11 juin 1744, au Sault-au-Recollet.—*Marie-Anne*, b [9] 10 sept. 1746.—*Marie-Archange*, b [9] 9 juin et s [9] 20 août 1748.

1753, (29 janvier) [9]
2° Magnan, Marie-Anne, [Jean-Antoine II.
b 1721.

IV.—PICOTÉ (3), Frs-Louis, [François III.
b 1739.
Coulon de Villiers, Joachime.
Marie-Félicité, nee 19 juillet 1768; b 25 juin 1770, à St-Louis, Mo. [9] — *Pierre*, b [9] 5 oct. 1770. —*Constance*, b [9] 10 oct. 1772. — *Antoine*, b [9] 22 avril 1775. — *Marie-Louise*, b [9] 28 oct. 1776. — *Marie-Joseph*, b [9] 7 fevrier 1779. — *Joachim*, b [9] 22 août 1780. —*Elisabeth*, b [9] 16 juillet 1781.— *Antoine-François*, b [9] 8 dec. 1783.

PICOTIN, Antoine.
Bastien, Suzanne,
b 1747, s 7 avril 1792, à Nicolet.

PICQUET.—Voy. Piquet.

PIED.—*Surnom :* St. François.

1743, (25 nov.) Montréal. [5]

I.—PIED (4), François, b 1712, voyageur; fils de Louis et de Suzanne Lamy, de St-Joachim-de-Donkerque, diocèse d'Arras, Artois.
Brunel, Marie-Joseph, [Jean II.
b 1721.
Jean-Baptiste, b [5] 20 février 1745. — *Marie-Charlotte*, b [5] 12 avril 1747.—*François*, b [5] 2 août 1748.—*François-Xavier*, b [5] 6 nov. 1750.

PIÉDALU.—*Surnoms :* Laprairie—Prairie.

(1) Et non pas Pichau; voy. vol. I, p. 483.
(2) Sieur DesCoteaux.
(3) Vol. vol. I, p. 483.
(4) DeBelestre; voy. vol. I, p. 483.
(5) DeBelestre; officier, chevalier, capitaine des troupes.

(1) DeBelestre; chevalier de St. Louis; commandant au Détroit; il était en cette ville le 28 oct. 1760.
(2) St. Dizier.
(3) DeBelestre.
(4) Dit St. François.

1716, (23 nov.) Laprairie.[8]

I.—PIÉDALU (1), JULIEN, b 1681 ; fils de Pierre et de Marie Dolebon, de Courtalier, diocèse de Chartres, Beauce ; s [8] 5 sept. 1739.

1° ROUSSEAU (2), Marie-Marguerite, [ANTOINE I. b 1688.

Marie-Jeanne, b [8] 2 oct. 1717. — *Marie-Louise*, b [8] 14 juin 1720 ; m [8] 4 août 1738, à Joseph MARIE.—*Marie-Anne*, b [8] 6 janvier 1722.

1722, (16 nov.) [8]

2° AUPRI (3), Françoise, [LE-BERTRAND I. veuve d'André Foucreau.

Julien-Bertrand, b [8] 6 dec. 1723 ; m [8] 15 janvier 1748, à Felicité BOURASSA.—*Marie-Charlotte*, b [8] 11 mars 1725 ; m 26 fevrier 1748, à Charles BRAY, à Longueuil.[9]— *Marie-Françoise*, b [8] 21 sept. 1726. — *Marie*, b... m [9] 17 février 1749, à Ignace THUOT.—*Joseph*, b [8] 17 mars 1729 ; m [8] 13 janvier 1755, à Marie-Anne BOURASSA. — *Marie-Isabelle*, b [8] 28 avril 1731 ; m [8] 7 oct. 1748, à Louis PAQUET.—*Marie-Amable*, b [8] 6 mars 1735 ; m [9] 18 fevrier 1754, à Ignace OUIMET.—*Louis*, b [8] 9 août 1737.—*Marie-Catherine*, b [8] 30 mai 1739.

1748, (15 janvier) Laprairie.

II.—PIÉDALU (4), JULIEN-BERTRAND, [JULIEN I. b 1723.

BOURASSA, Félicité. [FRANÇOIS II.

Marie-Joseph, b 1748 ; m 9 oct. 1764, à Étienne DUMAS, à Chambly.[1] — *Marie-Catherine*, b [1] 11 sept. 1751.—*Michel-Archange*, b [1] 5 juin et s [1] 2 oct. 1753.—*Marie-Véronique*, b [1] 6 juillet 1754.—*Marie-Anne*, b [1] 9 oct. 1755 —*Marie-Marguerite*, b [1] 11 fevrier et s [1] 8 août 1756.—*Marie-Anne*, b [1] 31 mars 1757.—*Jean-Baptiste*, b [1] 29 oct. 1758.—*Antoine*, b [1] 12 fevrier et s [1] 21 août 1760.

1755, (13 janvier) Laprairie.

II.—PIÉDALU (1), JOSEPH, [JULIEN I. b 1729.

BOURASSA, Marie-Anne, [ANTOINE II. b 1733.

Joseph, b 1756 ; s 28 janvier 1761, à Chambly.[2] —*Marguerite*, b [2] 24 nov. 1757.—*Angélique*, b [2] 18 fevrier 1759.—*Marie-Hypolite*, b [2] 15 juin 1760.

PIEDFERME.—Voy. GA, 1759.

PIEDMONT.—Voy. BAUDIN.

1760, (21 avril) Trois-Rivières.

I —PIERRE, ...

DECHAU (5), Marguerite, [ADRIEN I. b 1742.

(1) Dit Laprairie.

(2) Dit Labonté.

(3) Voy. Aubri ; elle épouse, le 3 juillet 1741, Jean Pacquelin-Comptois, à Laprairie.

(4) Dit Praine.

(5) Et Deschamps.

1763, (23 nov.) Quebec.

I.—PIERRE, JOSEPH, b 1735, écrivain ; fils de Jean-Nicolas et de Catherine Ancillon, de St-Jean-Baptiste-de-Châteausalins, diocese de Metz, Lorraine.

PLANTE, Elisabeth-Marguerite, [SIMON III. b 1735 ; veuve de Jean-Pierre Tancret.

1798, (30 janvier) Deschambault.

I.—PIERRE, ...

CHAVIGNY, Rose. [LOUIS-MARIE IV.

PIERRE-DE-MARBRE. — Voy. CHENEVERT — LENTIER.

PIERREJEAN.—Voy. JEAN.

PIET.—Voy. PIETTE.

I.—PIETAIN, JEAN, b 1700 ; de St-Chrystophe, diocèse d'Angers, Anjou ; s 27 oct. 1770, à St-Joachim.

PIETTE.— *Variations et surnoms :* PIED—PIET — COURVILLE — FRENIÈRE — LAFRENIÈRE — TREMPE.

1670.

I.—PIETTE (1), JEAN, b 1641.

CHEMEREAU, Marguerite, b 1651 ; s 15 sept. 1715, à Sorel.[3]

Marie, b [3] 23 juin 1675, m 1704, à Yves MARTIN-PELLANT ; s 24 juin 1757, à Berthier (en haut).—*Angélique*, b... m à Antoine DESROSIERS.

1700, (22 nov.) Sorel.[1]

II.—PIETTE (2), PIERRE, [JEAN I. b 1670.

HAREL, Marie-Jacqueline, [JEAN I b 1684.

Marguerite, b 1703 ; m 1720, à Pierre ENAU ; s 3 janvier 1757, à Berthier (en haut).—*Angélique*, b 31 janvier 1704, à l'Ile-Dupas.[2]—*Pierre*, b [2] 12 oct. 1710.—*Jean-Baptiste*, b [1] 21 juin 1713, m [1] 1er fevrier 1735, à Françoise PELLETIER.

1701, (30 janvier) Sorel.[4]

II.—PIETTE (3), ANTOINE, [JEAN I b 1673.

1° CHARON, Therèse, [PIERRE I b 1674.

1711, (2 mai).[4]

2° BOUCHER, Marie, [CHARLES III. b 1693.

Marie-Anne, b [4] 24 fevrier et s [4] 19 mars 1712 — *Marie-Anne*, b [4] 18 fevrier 1715. — *Antoine-Nicolas*, b... s [4] 4 août 1717.—*Jean*, b [4] 6 mai 1718 ; m 10 janvier 1757, à Marguerite GUIBAUT, à Berthier (en haut).[5] — *Marie-Catherine*, b [4] 10 janvier 1723.—*Joseph*, b [4] 2 avril 1726, m [5] 9 janvier 1758, à Marie GUIBAUT.

(1) Voy. vol. I, p. 484

(2) Dit Trempe.

(3) Dit Lafrenière—Trempe.

1706, (15 avril) Ile-Dupas.
II.—PIETTE (1), JEAN-BTE, [JEAN I.
b 1683.
GUIGNARD-DOLONNE, Louise, [PIERRE I.
b 1684.
Jean-Baptiste, b 27 août 1711, à Verchères.—*Joseph*, b 14 mars 1714, à Sorel.

PIETTE (2), JEAN-BTE.
GUIBORD, Marie-Anne, [ANTOINE I.
veuve de Charles Lagrave.

1735, (1er février) Sorel.
III.—PIETTE, JEAN-BTE, [PIERRE II.
b 1713.
PELLETIER, Françoise, [MICHEL III.
b 1712.

PIETTE (3), JEAN-BTE.
VERTEFEUILLE, Marguerite.
Marguerite, b 18 février 1756, à l'Ile-Dupas.

1757, (10 janvier) Berthier (en haut).
III.—PIETTE, JEAN, [ANTOINE II.
b 1718.
GUIBAUT (4), Marguerite. [LOUIS III.

1758, (9 janvier) Berthier (en haut).
III.—PIETTE, JOSEPH, [ANTOINE II.
b 1726.
GUIBAUT (4), Marie. [LOUIS III.

1786.
PIETTE, JOSEPH (5).
CHAMPAGNE, Therèse.
Joseph, b 12 nov. 1787, à St-Cuthbert. 8 —*Pierre-Amable*, b 8 14 oct. 1788.—*Marie-Joseph*, b 8 4 déc. 1789.—*Marie-Angélique*, b 8 31 mars 1792.—*Casimir*, b 8 15 juin et s 8 7 juillet 1794.—*Casimir*, b 8 20 août 1795.

PIETTE, PIERRE.
BRANCONNIER, Marie-Joseph.
Julie, b 29 déc. 1794, à St-Cuthbert.

PIGEAT.—Voy. BIGEOT, 1736.

PIGEON.—*Surnom :* LAFORTUNE.

PIGEON (6), JEAN-BTE.

1662, (20 nov.) Montréal. 9
I.—PIGEON (7), PIERRE,
b 1636 ; s 9 25 juillet 1678
GODART, Jeanne,
b 1638; veuve de Simon LeRoy.
François, b 9 20 sept. 1669, m 15 oct. 1697, à Madeleine ETIENNE, à la Pte-aux-Trembles, M. ; s 1er août 1728, à la Longue-Pointe.

1697, (15 oct.) Pte-aux-Trembles, M. 6
II.—PIGEON (1), FRANÇOIS, [MICHEL I.
b 1669 ; s 1er août 1728, à la Longue-Pointe. 7
ETIENNE, Madeleine, [PHILIPPE I.
b 1680 ; s 7 15 mars 1766.
Pierre, b 6 12 et s 6 28 mars 1700. — *François*, b 6 3 juin 1701 ; m 7 16 juin 1732, à Anne-Marguerite PICARD. — *Marie-Madeleine*, b 7 6 sept. 1704. — *Marie-Charlotte*, b... m 7 19 nov. 1725, à Jean-Baptiste LECAVELIER.—*Louis*, b 6 8 et s 6 30 oct. 1706.—*Hélène*, b 6 22 oct. 1707 ; m 7 16 août 1730, à Antoine BAUDRY.—*Marie-Joseph*, b 1709 ; s 6 30 janvier 1710. — *Antoine*, b 6 11 nov. 1710 ; 1° m 22 juillet 1749, à Marie-Anne LAMOUREUX, à Boucherville ; 2° m 22 nov. 1762, à Thérèse LECLERC, à Montreal ; s 7 7 oct. 1785. — *Louise-Angélique*, b 6 5 août 1712 ; s 6 1er février 1714. —*Marie-Joseph*, b... m 7 12 nov. 1736, à Pierre-Joseph PICARD ; s 7 26 sept. 1737.—*Pierre*, b 6 30 juin et s 6 14 août 1714. — *Etienne*, b 6 30 juin et s 6 19 août 1714.—*Marie-Anne*, b 6 15 juillet 1718 ; s 7 2 juin 1730. — *Marie-Madeleine*, b 6 12 janvier 1720. — *Jacques*, b 6 2 oct. 1721 ; m 6 8 février 1751, à Marie-Joseph GALIPEAU.

1702, (7 janvier) Montréal. 1
II.—PIGEON, LOUIS, [PIERRE I.
b 1675.
CORON, Agnès, [JEAN I.
b 1681.
Marie-Joseph, b 1 21 déc. 1702 ; s 1 3 janvier 1703.—*Marie-Angélique*, b 1 7 mai 1704.—*Louis-Basile*, b 1 9 février 1706 ; m 1 22 oct. 1736, à Marie-Joseph GAUTIER. — *Marie-Françoise*, b 1 5 oct. 1707 ; 1° m 16 mai 1729, à Jean PICARD, à St-François, I. J. ; 2° m 1735, à Joseph-Jean-Baptiste VANIER. — *Marie-Joseph*, b 1 30 mars 1709 ; m 8 août 1740, à Joseph LORAIN, au Sault-au-Récollet 2, s 1 25 août 1747. — *Barthélemi*, b 8 sept. 1710, à la Pte-aux-Trembles, M. 3 ; m 2 16 janvier 1741, à Marie-Joseph TURCOT ; s 2 11 février 1749. — *Marie-Agnès*, b 3 3 février 1712.—*Joseph-Marie*, b 1 1er janvier 1714.—*Marie-Louise*, b 1 24 et s 1 26 juin 1715. — *Ursule*, b 1 23 juin 1716 ; m 2 14 janvier 1737, à Jean-Baptiste-François GREVIER. — *Jean-Baptiste*, b 1 18 avril 1718 ; m 2 29 mai 1747, à Marguerite TURCOT.—*Charles*, b 1 19 nov. 1719 ; m 29 oct. 1748, à Marie-Louise BAUDREAU, à la Longue-Pointe. — *Marie-Louise*, b 4 février 1721, à St-Laurent, M., m 2 17 janvier 1746, à François DAGENAIS. — *Marie-Charlotte*, b 1 2 juillet 1722, m 2 17 janvier 1746, à Jacques DAVID.

1732, (16 juin) Longue-Pointe. 9
III.—PIGEON, FRANÇOIS, [FRANÇOIS II.
b 1701.
PICARD, Anne-Marguerite, [JACQUES II.
b 1715.
Jacques, b 9 21 mars 1733.—*François*, b 9 20

(1) Trempe dit Courville.
(2) Dit Courville.
(3) Dit Lafrenière.
(4) Et Guilbault.
(5) Jean-Baptiste en 1788.
(6) Dit Lafortune.
(7) Voy. vol. I, p. 484.

(1) Voy. vol. I, p. 484.

sept. et s [9] 11 nov. 1734.—*François-Amable*, b [9] 20 déc. 1735.—*Marie-Barbe*, b [9] 23 sept. 1737.—*Paul*, b [9] 11 juin 1739.—*Marie-Marguerite*, b [9] 11 dec. 1740.—*Joseph-Marie*, b [9] 9 sept. 1742; s [9] 9 février 1747.—*Marie-Apolline*, b [9] 6 juin 1744.—*Laurent*, b [9] 18 juillet et s [9] 5 août 1746.—*Anne*, b [9] 18 et s [9] 22 juillet 1746.—*Louis*, b [9] 28 avril et s [9] 15 juillet 1748.—*Louis*, b [9] 10 sept. 1749.—*Marie-Charlotte*, b [9] 13 oct. 1752. — *Marie-Archange*, b [9] 14 août 1754.

1736, (22 oct.) Montréal. [8]

III.—PIGEON, Louis-Basile, [Louis II. b 1706.

Gautier, Marie-Joseph, [Pierre II. b 1719.

Marie-Joseph, b [8] 17 juillet 1738; m [8] 4 avril 1758, à Martin Supiot.—*Pierre*, b [8] 14 fevrier 1740.—*Louis-Basile*, b [8] 2 mars 1742.—*Françoise-Joseph*, b [8] 3 février 1745.—*Marie-Louise-Amable*, b [8] 11 juin et s 14 juillet 1748, au Sault-au-Récollet.—*Raphaël*, b [8] 24 oct. 1749.

1741, (16 janvier) Sault-au-Récollet. [7]

III.—PIGEON, Barthélemi, [Louis II. b 1710; s [7] 11 fevrier 1749.

Turcot (1), Marie-Joseph, [Jean II. b 1720.

Jean-Louis, b [7] 14 juin 1742.—*Barthélemi*, b [7] 7 oct. 1743.—*Marie-Joseph*, b [7] 6 mars 1745.—*Marie-Marguerite*, b [7] 9 mars 1746.—*Marie-Thérèse*, b [7] 12 oct. 1747.—*Joseph*, b [7] 28 oct. 1748.

PIGEON, Jean, charretier · s (de mort subite) 16 oct. 1747, aux Trois-Rivières.

1747, (29 mai) Sault-au-Récollet [6]

III.—PIGEON, Jean-Bte, [Louis II. b 1718.

Turcot, Marguerite. [Jean II.

Jean-Baptiste-Amable, b [6] 11 mars et s [6] 15 mai 1748.—*Marie-Marguerite-Agnès*, b [6] 11 mars 1748. — *Marie-Françoise*, b [6] 22 juillet 1749. — *Jean-Baptiste*, b... m 24 oct. 1774, à Marie-Angélique Lebeau, à la Longue-Pointe.

1748, (29 oct.) Longue-Pointe.

III.—PIGEON, Charles, [Louis II. b 1719.

Baudreau, Marie-Louise, [Paul II. b 1729.

Marie-Louise, b 28 avril 1749, au Sault-au-Recollet.

1749, (22 juillet) Boucherville.

III.—PIGEON, Antoine, [François II. b 1710; s 7 oct. 1785, à la Longue-Pointe [2]

1° Lamoureux, Marie-Anne, [Louis III. b 1724; s [2] 18 avril 1761.

Antoine, b [2] 8 oct. 1750; m [2] 24 janvier 1785, à Agathe Dufresne.—*Marie-Françoise*, b [2] 30 janvier 1752.—*Louis-Paschal*, b [2] 9 avril 1753.—*Marie-Charlotte*, b [2] 7 mars et s [2] 17 déc. 1755.—*Marie-Madeleine*, b [2] 9 avril 1757; s [2] 3 juin 1758.—*Marie-Agathe*, b [2] 13 avril 1759.—*Marie-Anne*, b... m [2] 20 nov. 1775, à Antoine Trudel.

1762, (22 nov.) Montréal.

2° Leclerc, Thérèse, [Sauveur-Germain I. b 1725.

PIGEON, Joseph.

Rivet, Charlotte.

Joseph, b 4 juillet 1752, à Verchères. [3] — *François-Xavier*, b [3] 22 août et s [3] 5 oct. 1753.—*Michel*, b [3] 6 sept. 1754.—*André-Jacques*, b [3] 5 fevrier 1756.

1751, (8 fevrier) Pte-aux-Trembles, M

III.—PIGEON, Jacques, [François II b 1721.

Galipeau, Marie-Joseph. [Jean-Bte II

Jean-Baptiste, b 2 nov. 1751, à la Longue-Pointe [1]; s [1] 28 juin 1752.—*Marie-Joseph*, b [1] 10 janvier et s [1] 18 juin 1753.—*Marie-Joseph*, b [1] 26 mai 1754.—*Jacques-Louis*, b [1] 11 nov. 1757.—*Marie-Véronique*, b [1] 6 sept. 1759.—*Joseph*, b [1] 15 juillet 1761.—*Marie*, b [1] 10 août 1763.—*Marie-Monique*, b [1] 20 oct. 1765.—*Marie-Amable*, b [1] 4 mai 1767.—*Laurent*, b [1] 16 fevrier et s [1] 13 juillet 1769.

1753, (26 nov.) St-Frs-du-Sud [2]

I.—PIGEON, Julien, fils de Joseph et de Françoise Cantin, de St-Martin-de-Biard, diocèse d'Avranches, Normandie.

Garand, Marie-Therèse, [Pierre II b 1735.

Julien-Marie, b [2] 21 août 1754.—*Charles-Marie*, b [2] 28 août 1758.

I.—PIGEON (1), Pierre.

Barde, Marguerite.

Pierre, b... s 20 mai 1759, à Longueuil.

PIGEON, Jacques.

Bourbonnière, Marie-Anne.

Catherine, b... m 18 oct. 1790, à Pierre Bougis, à Repentigny.

1774, (24 oct.) Longue-Pointe [2]

IV.—PIGEON, Jean-Bte. [Jean-Bte III.

Lebeau, Marie-Angelique, [Joseph III. b 1750; s [2] 30 mai 1783.

1785, (24 janvier) Longue-Pointe.

IV.—PIGEON, Antoine, [Antoine III. b 1750.

Dufresne, Agathe, [Antoine IV. b 1761.

PIGEON, Jacques.

Gilet, Marie-Charlotte.

Marie-Suzanne, b 28 juin 1780, à Lachenaye.

PIGNAN.—Voy. Vidal—Vital.

(1) Elle épouse, le 7 février 1752, Pierre Baret, au Sault-au-Recollet.

(1) Soldat du régiment de Béarn.

PIJEAU.—*Variation et surnom :* BIGEOT—LAJEUNESSE.

1736, (29 oct.) Montréal.[1]

I.—PIJEAU (1), RENÉ,
b 1703.
ROULEAU (2), Marie-Anne, [LOUIS I.
b 1710.
Marie-Joseph, b[1] 15 janvier 1743; m[1] 21 janvier 1765, à Pierre BELLEFEUILLE.—*René,* b 1746; m[1] 15 février 1768, à Marie ASSELIN.

1768, (15 février) Montréal.

II.—PIJEAU (3), RENÉ, [RENÉ I.
b 1746.
ASSELIN, Marie,
b 1750.

PILAIRE.—Voy. PIREYRE.

PILET.—*Variations et surnoms :* LEPILEUR — PILLET—DESMOULINS — JOLICOEUR — LAJEUNESSE—MARTINBAULT—SANSFAÇON.

I.—PILET (4), FRANÇOIS,
b 1630; s 8 sept. 1688, à Boucherville.[1]
LOISEL (5), Françoise, [LOUIS I.
b 1652.
Joseph, b[1] 3 avril 1674; m 1er fevrier 1700, à Jeanne FORTIER, à Lachine[2]; s[2] 24 mai 1729.

1700, (1er février) Lachine.[7]

II.—PILET (4), JOSEPH, [FRANÇOIS I.
b 1674; s[7] 24 mai 1729.
FORTIER, Jeanne, [LOUIS I.
b 1681; s[7] 2 nov. 1725.
Françoise, b 1702; 1° m[7] 6 mai 1724, à Jean TABAUT; 2° m 18 août 1732, à Gabriel LEMAIRE, à Montréal.[8]—*Paschal-Joseph,* b[7] 8 avril 1708; m 1734, à Marguerite CHENIER; s[8] 23 oct. 1780. —*Marie,* b[7] 23 fevrier 1711.

PILET (6), PIERRE.
GERVAIS, Etiennette, [RENÉ I.
b 1673.
Joachim, b 27 août 1706, à Québec[1]; s[1] 3 janvier 1709.

1707, (20 février) Boucherville.[8]

I.—PILET, JACQUES,
b 1673; s[8] 21 mars 1723.
VALIQUET, Helène, [JEAN I.
b 1667; veuve de Jacques Martinbaut.
Jacques (7), b 13 juin 1703; m 14 fevrier 1724, à Marguerite VIAU, à Longueuil; s 2 fevrier 1765, au Detroit.[4]— *Joseph,* b... m[8] 18 fevrier 1736, à Hélène GAUTIER.—*Jean-Baptiste,* b 1709; 1° m[4] 3 août 1738, à Anne PROVOST; 2° m[4] 6 mars 1753, à Geneviève VANNIER; s[4] 1er nov. 1762.

(1) Pour Bigeot dit Lajeunesse; voy. vol. II, p. 276.

(2) Elle épouse, le 28 août 1752, Louis Corbière, à Montréal.

(3) Dit Lajeunesse.

(4) Voy. vol. I, p. 484.

(5) Elle épouse, le 16 août 1689, Charles Chenaye, à Boucherville.

(6) Dit Desmoulins.

(7) Reconnu légitime le 11 nov. 1720, à Boucherville.

PILET, JEAN.
LIVERNOIS, Marguerite.
Marguerite, b 1724; s 5 sept. 1728, à Montréal.

1724, (14 fevrier) Longueuil.

II.—PILET, JACQUES, [JACQUES I.
b 1703; s 2 fevrier 1765, au Détroit.[7]
VIAU, Marguerite, [MICHEL II.
b 1706, s[7] 17 sept. 1766.
Marguerite, b 30 nov. 1724, à Boucherville.[8]— *Joseph,* b[8] 15 déc. 1726; m[7] 13 nov. 1752, à Jeanne BELLEPERCHE; s[7] 14 sept. 1764. — *Angélique,* b 1728; 1° m[8] 4 nov. 1746, à Pierre MARTIN; 2° m[8] 12 août 1754, à François REGUINDEAU. —*Charlotte,* b 1730; m[8] 3 fevrier 1749, à Jacques REGUINDEAU. — *Jacques,* b 1732; s[7] 2 déc. 1756.— *Catherine,* b 1736; m[7] 7 janvier 1754, à Joseph ROCHELEAU; s[7] 5 juin 1763. — *Marie-Joseph,* b... m[7] 7 janvier 1754, à Pierre RÉAUME. —*Madeleine,* b... m[7] 7 sept. 1761, à Nicolas LANGLOIS.

1727, (19 fevrier) Québec.[2]

I.—PILET (1), LOUIS, sergent; fils de Jean et de Marie Roussin, de St-Etienne-du-Mont, Paris.
BARBEAU (2), Thérèse, [FRS-JEAN.
s[2] 25 nov. 1747.
Laurent, b[2] 31 août 1727.— *Jean-Louis,* b[2] 19 mai 1729; s[2] 4 mai 1733. — *Pierre,* b[2] 16 sept. et s[2] 3 nov. 1730.— *Vincent-Maurice,* b[2] 22 janvier 1733, m 6 nov. 1752, à Marie-Geneviève GODBOUT, à St-Laurent, I. O —*Louise-Catherine,* b[2] 10 dec. 1734; m[2] 30 avril 1759, à François DELISLE.— *Antoine,* b[2] 19 nov. 1736. — *Thérèse,* b[2] 28 mars 1738.—*François-Louis,* b[2] 19 fevrier 1740.—*Marie-Catherine,* b[2] 24 février 1742; m[2] 11 juin 1759, à Claude HOTTE.—*Elisabeth,* b[2] 27 nov. 1744.—*Thérèse,* b[2] 30 mai 1746; s 7 juillet 1746, à Ste-Famille, I. O.— *Marie-Madeleine,* b[2] 15 nov. 1747.

1734.

III.—PILET, PASCHAL-JOSEPH, [JOSEPH II.
b 1708; s 23 oct. 1780, à Montréal.[2]
CHENIER, Marguerite.
Jean-Paschal, b 1735; 1° m[2] 20 nov. 1758, à Charlotte RÉAUME; 2° m[2] 5 oct. 1778, à Marguerite LACROIX. — *Marie-Marguerite,* b 1736; m 8 janvier 1759, à Pierre LAGOTERIE, à Lachine.[8]— *Joseph,* b et s 22 mai 1740, au Bout-de-l'Ile, M.— *Ignace,* b 1746; m[2] 27 mai 1771, à Marie-Joseph LAMY-DEFOND.—*François-Michel,* b[3] 2 nov. 1749; s[3] 11 avril 1750.—*Félicité,* b[3] 5 nov. 1750, m[2] 20 janvier 1770, à Jean-Louis BESNARD-CARIGNAN. — *Antoine-Michel,* b[3] 28 nov. 1752. — *Marie-Joseph-Rosalie,* b[3] 22 février et s[3] 2 mai 1756

(1) Dit Jolicœur.

(2) Dit Boisdore.

1735, (21 février) Quebec. [3]
I.—PILET (1), JACQUES, tailleur; fils de Julien et de Louise Moreau, de Sermèse, Anjou.
PEPIN, Marguerite, [IGNACE II.
b 1700; veuve de Jean-Baptiste Courtin.
Marie-Clotilde, b 2 sept. et s 2 oct. 1736, à la Pte-aux-Trembles, Q. — *Marie-Anne*, b [3] 4 sept. 1737; s 14 août 1739, à l'Islet. — *Marie-Louise*, b 16 mai 1739, à St-Pierre, I. O. — *Marguerite*, b 5 juin 1740, au Cap-St-Ignace. [1] — *Geneviève-Julienne*, b [1] 16 déc. 1741.

1736, (18 février) Boucherville [5]
II.—PILET, JOSEPH. [JACQUES I.
GAUTIER, Hélène, [JACQUES II.
b 1706.
Louis, b 1736; m [5] 5 août 1765, à Marie-Louise BRIEN.—*Angélique*, b 1738; m [5] 4 fevrier 1771, à Jean-Baptiste REGUINDEAU.—*Marie-Anne*, b... m [6] 14 oct. 1771, à Jacques SENÉCAL.— *Apolline*, b... m [5] 23 nov. 1772, à Jean-Baptiste FAVREAU.

1738, (3 août) Détroit. [4]
II.—PILET (2), JEAN-BTE, [JACQUES I.
b 1709; s [4] 1er nov. 1762.
1° PROVOST (3), Anne, [JEAN-BTE II.
b 1716; s [4] 11 avril 1750.
Marie-Anne, b [4] 23 juin 1748; m [4] 6 février 1764, à Hyacinthe DESHÊTRES. — *Jean-Baptiste*, b... s [4] 9 juillet 1749.
1753, (6 mars). [4]
2° VANNIER, Geneviève, [JEAN-BTE II.
b 1715; veuve de Pierre Becquet.

PILET, FRANÇOIS.
ROY-LAPENSÉE, Catherine.
Céleste-Amable, b 29 nov. 1749, à Lachine [6]; s [6] 28 oct. 1750. — *Louis-François-André*, b [6] 14 nov. 1750.—*Marguerite-Céleste*, b [6] 15 dec. 1751. —*Julie*, b [6] 29 mars et s [6] 1er mai 1753.—*Charles*, b [6] 4 oct. 1754. — *Félicité*, b [6] 24 oct. 1755.— *Marie-Madeleine*, b [6] 16 janvier 1757. — *Marie-Archange*, b [6] 26 sept. et s [6] 26 oct. 1759. — *Michel*, b [6] 29 sept. 1761.

1752, (6 nov.) St-Laurent, I. O.
II.—PILET (4), VINCENT-MAURICE, [LOUIS I.
b 1733; forgeron.
GODBOUT, Marie-Geneviève, [ANTOINE III.
b 1728.
Louis, b et s 12 nov. 1755, à Québec. [7]— *Geneviève*, b 1756; s [7] 14 août 1758.—*Joseph-Amable*, b [7] 20 oct. 1758.— *Jean-Baptiste*, b 13 sept. 1760, à St-Frs-du-Sud.

(1) Dit Lajeunesse.

(2) A son 2nd mariage il est dit, par erreur, veuf de Geneviève Montreuil.—Geneviève Sedilot-Montreuil est la mère de sa première femme, Anne Provost.

(3) Et Pionean.

(4) Dit Jolicœur; il était, le 29 sept. 1770, à St-Joseph, Beauce.

1752, (13 nov.) Détroit. [7]
III.—PILET, JOSEPH, [JACQUES II.
b 1726; s [7] 14 sept. 1764.
BELLEPERCHE, Jeanne. [PIERRE II.
Joseph, b [7] 18 sept. 1754. — *Jeanne-Marie*, b [7] 23 juillet 1756. — *Catherine*, b [7] 24 mars 1758.— *Angélique*, b [7] 1er février 1760; s [7] 19 janvier 1761. — *Marie-Louise*, b... s [7] 18 février 1764.— *Jacques* (posthume), b [7] et s [7] 21 oct. 1764.

PILET, LOUIS.
ROULEAU, Geneviève.
Louis, b 8 nov. 1753, à Québec.

PILET, LOUIS.
GODBOUT, Marie-Joseph.
Pierre, b 20 juillet 1755, à Québec.

PILET, JEAN-BTE.
CORNETTE, Marie-Joseph.
Louis, b 20 janvier 1754, au Détroit.

1758, (26 juin) Montreal. [2]
I.—PILET (1), PIERRE, b 1723, soldat; fils de Pierre et de Marie Dupuis, de St-Sauveur, ville et diocèse de LaRochelle, Aunis.
1° POTARD, Marie-Simone-Marguerite, [SIMON I.
b 1721; veuve de Pierre Dacier.
1771, (4 nov.) [2]
2° BARBEAU, Marie-Catherine, [SIMON II.
b 1716; veuve de Charles Buveteau-St. Onge.

1758, (20 nov.) Montréal. [1]
IV.—PILET, JEAN-PASCHAL, [PASCHAL-JOS III.
b 1735.
1° RÉAUME, Charlotte, [CHS-AUGUSTIN III
b 1739.
Marguerite-Charlotte, b 1er sept. 1759, à Lachine. [2] — *Marguerite-Françoise*, b [2] 9 janvier 1761.—*Marie*, b [2] 30 dec. 1761.
1778, (5 oct.) [1]
2° LACROIX, Marguerite, [PIERRE.
b 1757.

PILET (2), ANTOINE, perruquier.

1765, (5 août) Boucherville.
III.—PILET, LOUIS. [JOSEPH II
BRIEN, Marie-Louise. [JULIEN II

1771, (27 mai) Montréal.
IV.—PILET, IGNACE, [PASCHAL-JOSEPH III
b 1746.
LAMY-DEFOND, Marie-Joseph, [LOUIS IV.
b 1753.

PILET, MARIE-HENRIETTE, b 1791; m à Pierre-Charles-Robert TROTIER; s 23 juin 1825, au Bout-de-l'Ile, M.

PILIAMET.—Voy. PILLIAMET.

(1) Dit Sansfaçon.

(2) Il était dans la Nouvelle-Georgie de 1761 à 1763, ayant, après la prise de Quebec, suivi un capitaine anglais. (*Registre des procès-verbaux de 1769.*)

1737, (12 août) Pte-aux-Trembles, Q.[2]

I.—PILLARD (1), Louis, fils de Pierre et d'Anne Pariset, de St-Sulpice, Paris.

1° Dubuc, Marie-Angélique, [Jean-François II. b 1703; s 5 dec. 1752, aux Trois-Rivières.[3]

Marie-Louise, b[2] 29 juin et s[2] 1er juillet 1738. — *Marie-Angélique*, b[2] 20 août 1739. — *Louis-Joseph*, b[2] 26 sept. et s[2] 7 oct. 1741. — *Marie-Thérèse*, b[2] 26 sept. 1741. — *Louis*, b[2] 6 juin 1743.

1753, (26 juin)[3]

2° Baudry, Marguerite. [Charles.

Agnès, b[3] 18 mars 1754.—*Eustache*, b[3] 31 mai et s[3] 7 oct. 1755.— *Louis*, b[3] 4 janvier 1757. — *Joseph*, b[3] 14 juin 1759.—*Madeleine*, b[3] 27 août 1761.

I.—PILLARD (2), Louis, maître d'école.

PILLET.—Voy. Pilet.

PILLIAMET.—*Variation*: Piliamet.

1752, (3 juillet) Montréal.

I.—PILLIAMET, Philippe-Pierre, b 1720; fils de Jean et de Therèse Thoret, de St-Rioul, ville de Senlis, Ile-de-France.

Poupart (3), Marie-Madeleine, [Jean-Bte II. b 1724.

André, b 1755; s 10 janvier 1756, à St-Laurent, M.

PILON.—*Surnoms:* Lafortune—Landreau.

1688, (1er mars) Repentigny.

I.—PILON (4), Jean-Bte, b 1653.

Bertaut, Elisabeth, veuve de Noël Laurence.

Mathurin, b 19 janvier 1691, à Boucherville[9]; m 20 janvier 1726, à Charlotte Laniel, à Sorel.— *Ignace*, b[9] 28 février 1693; s 23 fevrier 1713, à la Pte-aux-Trembles, M.

1689, (20 janvier) Montréal[5]

I.—PILON (5), Antoine, s 22 fevrier 1715, à la Pointe-Claire.[6]

Brunet (6), Marie-Anne, [Michel-Mathieu I. b 1672.

Jean, b 1691; m 18 nov. 1714, à Marie-Anne Gervais, au Bout-de-l'Ile, M.[7]; s[7] 10 avril 1755. —*Pierre*, b 2 mars 1693, à Laprairie; m[6] 7 janvier 1715, à Anne Daoust. — *Elisabeth*, b[5] 29 avril 1696, m[6] 7 janvier 1715, à Guillaume Daoust.—*Mathieu*, b 5 avril 1700, à Lachine[8], m[7] 28 février 1724, à Marie-Joseph Daoust.— *Thomas*, b[8] 28 avril 1702; m[6] 24 janvier 1725, à Madeleine Daoust; s 25 février 1750, à Ste-Geneviève, M. — *Marie*, b... m[6] 24 nov. 1727, à André Prézeau.—*Antoine*, b[8] 12 juin 1707; m[6] 27 juin 1729, à Marie-Joseph Roy.— *Marie-Anne-Antoinette*, b[7] 30 mars 1709; m[6] 27 nov. 1730, à Jean-Baptiste Dubois. — *Jacques*, b... m[6] 19 oct. 1733, à Marie-Jeanne Messaguier.

1714, (18 nov.) Bout-de-l'Ile, M.[9]

II.—PILON, Jean, [Antoine I. b 1691; s[9] 10 avril 1755.

Gervais, Marie-Anne, [Mathieu I. b 1692.

Anne-Geneviève, b 23 mars 1716, à la Pointe-Claire[8]; m[9] 6 oct. 1738, à Charles Valade; s[9] 17 juillet 1765. — *Marie-Madeleine*, b[9] 27 fevrier 1718; m[9] 28 juillet 1738, à Olivier Perrin.— *Louise-Hélène*, b[8] 2 avril 1720; m[9] 7 janvier 1740, à Joseph Poirier; s[9] 2 août 1748.—*Marie-Joseph*, b[9] 31 déc. 1721; s[9] 2 janvier 1722.— *Marie-Catherine*, b[9] 7 mai 1723; m[9] 18 févrer 1748, à François Renelle; s[9] 23 oct. 1764.— *Marie-Anne*, b[9] 26 déc. 1725; m à Jean-Baptiste Dubois.—*Marie*, b... m[9] 7 février 1745, à Jacques St. Denis. — *Marie-Charlotte*, b... m[9] 8 janvier 1748, à Pierre Poirier.— *Marie-Elisabeth*, b[9] 13 mars 1729 —*Marie-Joseph*, b[9] 30 avril 1731; s[9] 23 fevrier 1733. — *Jean-François*, b... m[9] 6 mai 1754, à Marie-Joseph Roy.

1715, (7 janvier) Pointe-Claire.[7]

II.—PILON, Pierre, [Antoine I. b 1693.

Daoust, Anne, [Guillaume I. b 1699.

Marie, b[7] 21 et s[7] 26 oct. 1716. — *Pierre*, b[7] 13 et s[7] 14 avril 1718. — *Marie-Madeleine*, b[7] 25 déc. 1719, m[7] 7 janvier 1740, à Louis Magdeleine. — *Angustin*, b... m 30 oct. 1747, à Marie-Anne Robillard, au Bout-de-l'Ile, M.[8]—*Jaoques-Amable*, b... m 7 fevrier 1752, à Marie-Suzanne Brazeau, à Ste-Geneviève, M. — *Pierre*, b... m[8] 8 janvier 1753, à Marie-Charlotte Tabaut. — *Marie-Amable*, b[8] 28 juin 1732.— *Marie-Amable*, b[8] 5 sept. 1734.—*Ambroise*, b... m[8] 13 oct. 1760, à Marie-Joseph Robillard. — *Joseph-Marie*, b... m[8] 7 janvier 1765, à Geneviève Guérin.

1724, (28 fevrier) Bout-de-l'Ile, M.

II.—PILON, Mathieu, [Antoine I. b 1700.

Daoust, Marie-Joseph. [Guillaume I.

Marie-Joseph, b... m 2 mai 1746, à Pierre Sabourin, à la Pointe-Claire.[1]— *Toussaint-Amable*, b... m[1] 19 juin 1747, à Marie-Amable Fortier

1725, (24 janvier) Pointe-Claire.[1]

II.—PILON, Thomas, [Antoine I. b 1702; s 25 fevrier 1750, à Ste-Geneviève, M.[2]

Daoust, Madeleine, [Guillaume I. b 1704.

Monique, b... m[1] 18 février 1743, à Jean Clément.—*Marie-Charlotte*, b 4 juillet 1727, au Bout-de-l'Ile, M., m[1] 7 janvier 1743, à Jean-Baptiste

(1) Notaire-Royal et Greffier des Trois-Rivières; il était, le 2 juin 1743, a la Baie-du-Febvre.

(2) Frère hospitalier et missionnaire; il était, le 17 janvier 1721, à Boucherville.

(3) Lafleur.

(4) Dit Lafortune; voy. vol. I, p. 484.

(5) Voy. vol. I, pp. 484-485.

(6) Elle épouse, le 26 juin 1719, Laurent Godin, à la Pointe-Claire.

PÉRIER. — *Louise*, b 1732 ; m à Feréol DOUTRE ; s 14 oct. 1768, à Soulanges. — *Thomas*, b... m [2] 19 sept. 1757, à Suzanne LALANDE.

1726, (20 janvier) Sorel.

II.—PILON (1), MATHURIN, [JEAN-BTE I.
b 1691.
LANIEL-DESROSIERS, Charlotte, [JULIEN I.
b 1701.
Jean-Baptiste, b 29 nov. 1726, à Repentigny [4] ; m 18 février 1760, à Marie GAMACHE, à Lachenaye ; s [4] 20 avril 1768.—*Elisabeth-Thérèse*, b [4] 21 mars 1728. — *Marie-Charlotte*, b [4] 17 et s [4] 19 avril 1729. — *Marie-Madeleine*, b [4] 27 mai 1730. — *Joseph*, b... m 5 oct. 1761, à Marie-Anne FORTIN, à Lanoraie.

1729, (27 juin) Pointe-Claire. [3]

II.—PILON, ANTOINE, [ANTOINE I.
b 1707.
ROY, Marie-Joseph. [ANDRÉ II.
Antoine, b... m 11 janvier 1762, à Marie-Angélique SAUVÉ, au Bout-de-l'Ile, M. — *François-Marie*, b 16 janvier 1744, à Ste-Geneviève, M.— — *Pierre*, b... m [3] 16 février 1767, à Veronique LEGAULT.

1733, (19 oct.) Pointe-Claire.

III.—PILON, JACQUES. [ANTOINE II.
MESSAGUIER-LAPLAINE, Jeanne. [JACQUES II.
Marie-Jeanne, b... m 21 oct. 1754, à François LAROCQUE, au Lac-des-Deux-Montagnes. — *Thérèse*, b 1740 ; m 22 fevrier 1762, à Honoré PABANT, à Montréal. [8] — *Jacques*, b... m 1766, à Françoise CHARLEBOIS. — *Agathe*, b 1746 ; m [3] 7 janvier 1766, à Alexis DANY.—*François*, b 1751 ; m [3] 2 mars 1778, à Madeleine PÉRINEAU.

1747, (19 juin) Pointe-Claire.

III.—PILON, TOUSSAINT-AMABLE. [MATHIEU II.
FORTIER, Marie-Amable. [LOUIS II.
Toussaint-Amable, b 27 avril 1751, au Bout-de-l'Ile, M.

1747, (30 oct.) Bout-de-l'Ile, M. [8]

III.—PILON, AUGUSTIN. [PIERRE II.
ROBILLARD, Marie-Anne, [NICOLAS II.
b 1725.
Marie-Elisabeth, b [8] 27 janvier et s [8] 26 août 1749.—*Augustin*, b [8] 1er avril 1750.—*Pierre*, b [8] 25 août 1751.—*Adrien*, b [8] 2 dec. 1752.—*Amable-Louis*, b [8] 18 oct. 1754.—*Marie-Anne*, b [8] 5 et s [8] 12 août 1758.—*Antoine*, b [8] 26 sept. 1760.—*Paul*, b [8] 31 oct. 1762.—*Joseph-Marie*, b [8] 5 fevrier 1764.

1748.

PILON, THOMAS.
NEVEU, Marguerite.
Marguerite, b 28 août et s 4 sept. 1749, à Ste-Geneviève, M. [2] — *Thomas*, b [2] 9 oct. 1750 ; s [2] 26 août 1751.—*Jean-Baptiste*, b [2] 11 juillet 1752 ; s [2] 6 mai 1753.—*Thomas*, b [2] 20 mars et s [2] 20 juillet 1754.—*Marie-Marguerite*, b [2] 29 juin 1755 ; s [2] 23 sept. 1758.—*Marie-Archange*, b [2] 13 avril et s [2] 5 juin 1757.—*Joseph*, b [2] 22 juin et s [2] 11 sept. 1758.—*Luc*, b 28 mai et s 1er août 1761, au Bout-de-l'Ile, M. [3] — *Marie-Marguerite*, b [3] 21 juillet 1762 ; s [3] 16 mars 1763. — *Louis*, b [3] 17 sept. 1763 ; s [3] 22 mars 1764.—*Marie-Joseph*, b [3] 3 et s [3] 19 oct. 1765.—*Marie-Rose*, b [3] 8 mars 1767. —*Anonyme*, b [3] et s [3] 30 mars 1768.

1752, (7 fevrier) Ste-Geneviève, M. [6]

III.—PILON, JACQUES-AMABLE. [PIERRE II.
BRAZEAU, Marie-Suzanne. [FRANÇOIS III
Marie-Amable, b [6] 25 janvier 1753. — *Jean-Baptiste*, b 25 janvier 1755, au Bout-de-l'Ile, M. [7] —*Jacques-Amable*, b [7] 19 août 1756.—*Ambroise*, b [7] 22 août 1757.—*Marie-Louise*, b [7] 5 août 1759 —*Thomas*, b [7] 1er juillet 1761.—*Louis*, b [7] 24 mars et s [7] 7 juin 1763.—*Rosalie*, b [7] 27 janvier et s [7] 8 fevrier 1765.—*Gabriel*, b [7] 5 mai 1766.—*Joseph*, b [7] 4 juin 1768.

1753, (8 janvier) Bout-de-l'Ile, M.

III.—PILON, PIERRE. [PIERRE II
TABAUT, Marie-Charlotte, [PIERRE-JOSEPH III
b 1735.

1754, (6 mai) Bout-de-l'Ile, M. [8]

III.—PILON, JEAN-FRANÇOIS. [JEAN II.
ROY, Marie-Joseph. [AUGUSTIN I.
Thomas-Jean, b [8] 9 mars 1755.—*Joseph-Eloi*, b [8] 1er déc. 1759. — *Jean-Baptiste*, b [8] 1er avril 1762.—*Marie-Françoise*, b [8] 19 juin 1764 ; s [8] 23 juin 1765.—*Marie-Victoire*, b 7 mars 1766, au Lac-des-Deux-Montagnes.—*Marie-Louise*, b [8] 24 mars 1768.

PILON (1), ANDRÉ.
LEFEBVRE (2), Marie-Catherine.
Anonyme, b et s 20 nov. 1755, au Bout-de-l'Ile, M. [9] —*Marie-Geneviève*, b [9] 31 mars 1757.—*Marie-Catherine*, b... s [9] 12 juin 1761.

1757, (19 sept.) Ste-Geneviève, M. [1]

III.—PILON, THOMAS. [THOMAS II.
LALANDE, Suzanne, [ANTOINE II.
b 1738.
Suzanne-Amable, b [1] 10 juillet 1758.—*Marie-Catherine*, b 11 fevrier 1760, à Ste-Rose.

1760, (18 février) Lachenaye. [2]

III.—PILON, JEAN-BTE, [MATHURIN II
b 1726 ; s 20 avril 1768, à Repentigny.
GAMACHE (3), Marie. [FRANÇOIS III.
Marguerite, b... m [2] 4 oct. 1779, à Jean-Baptiste PAQUET-LAVALLÉE.

1760, (13 oct.) Bout-de-l'Ile, M. [2]

III.—PILON, AMBROISE. [PIERRE II.
ROBILLARD, Marie-Joseph, [LAMBERT III.
b 1743.

(1) Dit Lafortune.

(1) Dit Landreau.

(2) Lacıserayе.

(3) Elle épouse, le 29 janvier 1769, Nicolas Langlois, à Repentigny.

Marie-Joseph, b [2] 16 sept. 1761.—*Paschal*, b [2] 6 avril et s [2] 30 août 1765.—*Antoine-Amable*, b [2] 2 sept. 1766.

1761, (5 oct.) Lanoraie.

III.—PILON, JOSEPH. [MATHURIN II.
FORTIN, Marie-Anne,
veuve de Joseph Goulet.

1762, (11 janvier) Bout-de-l'Ile, M. [3]

III.—PILON, ANTOINE. [ANTOINE II.
SAUVÉ, Marie-Angelique, [LOUIS II.
b 1739.

Marie-Antoinette, b [3] 23 oct. 1762 ; s [3] 28 oct. 1765.—*Antoine*, b [3] 19 oct. 1766 ; s [3] 24 avril 1767.—*André*, b [3] 18 mars 1768.

1765, (7 janvier) Bout-de-l'Ile, M. [2]

III.—PILON, JOSEPH-MARIE. [PIERRE II.
GUÉRIN, Geneviève. [ETIENNE I.

Marie-Geneviève, b [2] 26 sept. 1766.

1766.

IV.—PILON, JACQUES. [JACQUES III.
CHARLEBOIS, Françoise.

Jacques, b 28 mars 1767, au Bout-de-l'Ile, M.[2] —*Joseph*, b [2] 14 sept. 1768 ; m à Françoise SARGOLAS.

PILON, THOMAS.
PICHET, Helène.

Thomas, b et s 20 avril 1784, à Repentigny.

1767, (16 fevrier) Pointe-Claire.

III—PILON, PIERRE. [ANTOINE II.
LEGAULT, Veronique, [CHARLES II.
veuve de Louis Cavelier.

PILON, PIERRE, b 1725 ; s 7 mai 1795, à Repentigny.

1778, (2 mars) Montréal.

IV.—PILON, FRANÇOIS, [JACQUES III.
b 1751.
PERINEAU, Madeleine, [JEAN-BTE III.
b 1757.

V.—PILON, JOSEPH, [JACQUES IV.
b 1768.
SARGOLAS (1), Françoise, [JACQUES I.
b 1768.

PILON, ISIDORE.
....

Damase, b... m 2 fevrier 1864, à Caroline RABAU, à Ste-Geneviève, M.

1867, (21 mai) Lachine.

PILON, EUSTACHE.
RABAU, Marie-Sara-Jeanne, [MARCELIN V.
b 1847.

(1) Elle épouse, le 14 mai 1810, Martin Levac, à Soulanges.

PILORGETTE, JEAN, b 1719 ; s 6 dec. 1757, à St-Thomas.

PILOT.—Voy. PILOTE.

PILOTE.—*Variations :* PILOT—PILOTTE.

1678, (27 juin) Québec.[2]

II.—PILOTE (1), JEAN, [LÉONARD I.
s [2] 16 mai 1738.
GAUDRY, Marie-Françoise, [NICOLAS I.
b 1662.

Jean, b 13 oct. 1681, à l'Islet ; m [2] 21 oct. 1710, à Catherine BRASSARD ; s 11 déc. 1749, à St-Valier.—*Marie-Françoise*, b 9 juillet 1688, à la Pte-aux-Trembles, Q. ; s 25 déc. 1695, à St-Nicolas.[3]— *Madeleine*, b 1692 ; m 24 nov. 1715, à Michel LEMARIÉ, à Ste-Foye. — *Pierre*, b 1693 ; m [2] 30 sept. 1716, à Louise CHALIFOUR ; s 26 juin 1762, à Sorel. — *Marie-Louise*, b 1694 ; 1° m 1714, à Michel RICHER ; 2° m 24 avril 1729, à Robert HOUY, à Ste-Anne-de-la-Pérade. — *Marie-Jeanne-Françoise*, b [3] 8 dec. 1696 ; m 1715, à Jean-Baptiste RICHER-LAFLÈCHE ; s 21 avril 1756, aux Grondines. — *Marie-Anne*, b [3] 3 avril 1701 ; m [2] 14 mai 1724, à Antoine TREMBLAY, s 17 août 1744, à la Baie-St-Paul.

1694, (11 janvier) Quebec.[5]

II.—PILOTE (1), PIERRE, [LÉONARD I.
b 1663 , s [5] 12 oct. 1735.
BRASSARD, Jeanne, [JEAN-BTE II.
b 1674.

1710, (21 oct.) Québec.[2]

III.—PILOTE, JEAN, [JEAN II.
b 1681 , s 11 dec. 1749, à St-Valier.[3]
BRASSARD, Catherine, [JEAN-BTE II.
b 1682.

Marie-Catherine, b [2] 4 août 1711 ; m [2] 21 mai 1731, à Julien MASSON.—*Jean-Baptiste*, b [2] 5 oct. 1712 ; m [3] 6 fevrier 1734, à Dorothée BISSONNET. — *Marie-Michelle*, b [2] 3 juillet 1714 ; s [2] 6 nov. 1716.—*Louis*, b [2] 15 août 1716.—*Angélique*, b 14 fevrier 1718, à Beauport ; m 19 avril 1748, à Nicolas LAPORTE, à Lavaltrie. — *François-Louis*, b [2] 27 juillet et s [2] 8 août 1722. — *Jean-François*, b... m 21 janvier 1754, à Marie-Anne CHAMBERLAN, à St-Michel.

1716, (30 sept.) Québec. [2]

III.—PILOTE, PIERRE, [JEAN II.
b 1693 ; s 26 juin 1762, à Sorel. [3]
CHALIFOUR, Louise, [PAUL II.
b 1690 , s [3] 26 dec. 1755.

Louise, b [2] 21 juillet 1717 ; s [3] (noyée) 23 août 1755.—*Charlotte*, b [2] 27 sept. 1718 , m [2] 3 nov. 1739, à Jean-François DUFAUX ; s [3] 24 nov. 1760. —*Pierre*, b [2] 6 juin 1720 , s 4 août 1733, à St-Laurent, I. O. — *Paul*, b [2] 3 oct. 1722 ; m [2] 27 sept. 1751, à Louise-Françoise MARCHAND. — *Joseph-Charles*, b [2] 18 juin 1726 ; 1° m [2] 9 août 1751, à Geneviève CHAUVEREAU ; 2° m [2] 1er juin 1755, à Marie MORIN ; 3° m 7 janvier 1760, à Angelique

(1) Voy. vol. I, p 485.

Mignot, à St-Pierre-du-Sud; 4° m 8 juin 1761, à Marie-Françoise Emond, à la Rivière-Ouelle.—*Marie-Angélique*, b [2] 13 mai 1728; s [2] 9 sept. 1730.—*Marie-Joseph*, b [2] 21 avril 1730; m [2] 29 sept. 1750, à Jean-Baptiste Guillet. — *Jean-Baptiste*, b [2] 30 oct. 1736; s [2] 9 juillet 1738.

1726, (27 juillet) Quebec. [4]

III.—PILOTE, Joseph, [Jean II.
b 1699.
Rancour (1), Barbe, [Joseph I.
b 1706.
Joseph, b [4] 20 juillet et s [4] 7 août 1727.—*Joseph*, b [4] 22 août 1728; s [4] 21 déc. 1729.—*Antoine*, b [4] 19 nov. 1729.—*Jean-Baptiste*, b 15 février et s 20 juillet 1731, à St-Nicolas. [5] —*François-Joseph*, b [5] 1er mars 1732; s [5] 15 juillet 1733. — *Denis*, b [5] 11 oct. 1733; s [5] 19 mai 1737.—*Joseph-Michel*, b [5] 12 mars 1735; s [5] 28 janvier 1737.—*Marie-Elisabeth*, b [5] 19 juin 1736; s [5] 9 oct. 1737.—*Charlotte*, b [5] 21 sept. et s [5] 12 oct. 1738.—*Angélique*, b 15 oct. 1739, à St-Valier, s 17 avril 1741, à St-Michel.—*Joseph*, b 1er mars 1742, à la Baie-St-Paul.

PILOTE, François.
Vanasse (2), Madeleine. [François I.

1730, (22 oct.) Quebec. [1]

III.—PILOTE, Charles, [Jean II.
b 1703.
Tremblay, Ursule, [Michel II.
b 1714; s 13 nov. 1784, aux Eboulements. [2]
Marie-Geneviève, b 20 nov. 1731, à la Baie-St-Paul [3]; s [2] 21 nov. 1760.—*Ambroise*, b [3] 10 août 1733; m 19 oct. 1762, à Marie-Anne Boucher, à St-Joachim. — *Marie-Thérèse*, b [3] 4 nov. 1737, s [3] 23 janvier 1747.—*Louis-Charles*, b [3] 9 nov. 1739; m [2] 3 mai 1762, à Gertrude Tremblay.—*Ursule*, b... m [2] 6 sept. 1761, à Dominique Gagnon.—*Marie-Joseph-Emérance*, b [3] 13 nov. 1742; s [1] 13 janvier 1751.—*Félix-Philémon*, b [3] 8 mars 1745, m 1er juin 1772, à Marie Marié, à l'Ile-aux-Coudres.—*Jean-François*, b [3] 12 sept. 1747; m [2] 18 nov. 1776, à Marie-Théophile Tremblay.—*François-Bernard*, b [2] 19 mai 1750.

1734, (6 fevrier) St-Valier. [8]

IV.—PILOTE, Jean-Bte, [Jean III.
b 1712.
Bissonnet, Dorothée, [Jacques II.
b 1711; veuve de Paul Boulet.
Jean-Baptiste, b [8] 15 oct. 1735; 1° m 8 janvier 1759, à Marie-Anne Gautron, à St-Michel [9], 2° m [8] 5 mars 1764, à Marie-Agathe Bolduc. — *Augustin*, b [9] 12 sept. 1737; m [8] 21 nov. 1763, à Marguerite Bolduc.—*Marie-Marguerite*, b [9] 1er oct. 1741, m [9] 23 nov. 1761, à Joseph Bolduc.—*Ignace*, b [9] 5 mai 1743, m [9] 18 fevrier 1765, à Catherine Clément.—*Jean-François*, b [9] 19 dec. 1745.—*Pierre*, b [9] 3 nov. 1748; s [9] 23 mai 1749.—*Marie-Dorothée*, b [9] 9 sept. 1751.—*Jacques*, b [9] 24 mai 1754.

(1) Elle épouse, le 19 sept. 1757, Blaise Borde, à Quebec.

(2) Elle épouse, le 9 fevrier 1718, François Letard, à St-Frs-du-Lac.

1751, (9 août) Québec. [2]

IV.—PILOTE, Joseph-Charles, [Pierre III.
b 1726.
1° Chaumereau, Geneviève, [François I.
b 1722; veuve de Noël Souzanet; s [2] 13 avril 1753.

1755, (1er juin). [2]

2° Morin, Marie, [Michel II.
b 1727; s 20 mai 1759, à St-Pierre-du-Sud. [3]

1760, (7 janvier). [3]

3° Migneau, Angélique. [Joseph

1761, (8 juin) Rivière-Ouelle.

4° Emond, Marie-Frse, [Pierre-Augustin II
veuve de François Bergeron.

1751, (27 sept.) Québec.

IV.—PILOTE, Paul, [Pierre III.
b 1722.
Marchand, Louise-Françoise, [Jean-Bte IV
b 1730.

1754, (21 janvier) St-Michel.

IV.—PILOTE, Jean-François. [Jean III.
Chamberlan, Marie-Anne. [Jean III.
Marie-Anne, b... s 6 avril 1756, à Verchères [4] —*François-Marie*, b [4] 6 oct. 1759.—*Catherine*, b 19 mai 1767, à Repentigny. [5] — *Thérèse*, b... m [5] 17 fevrier 1792, à Michel Derome.

1759, (8 janvier) St-Michel. [6]

V.—PILOTE, Jean-Bte, [Jean-Bte IV
b 1735.
1° Gautron, Marie-Anne, [Pierre II.
b 1736.
Marie-Anne-Agnès, b [6] 4 nov. 1759. — *Jean-Baptiste*, b [6] 9 août 1762.

1764, (5 mars) St-Valier

2° Bolduc, Marie-Agathe, [Louis III.
b 1730.

1762, (3 mai) Eboulements. [5]

IV.—PILOTE, Louis-Charles, [Charles III.
b 1739.
Tremblay, Gertrude. [Jean III
Louis-Charles, b [5] 5 nov. 1764; s [5] 5 janvier 1765. — *Elisabeth*, b [5] 18 avril 1767. — *Marie-Joseph*, b [5] 14 août 1769. — *Marie-Félicité*, b [5] 23 fevrier 1772. — *Louis*, b [5] 3 juillet 1774. — *Jean*, b [5] 12 juin et s [5] 12 août 1776. — *Etienne*, b [5] 10 sept. et s [5] 5 oct. 1777.— *Isaac*, b [5] 4 oct. 1778.—*Catherine*, b [5] 31 dec. 1785.

1762, (19 oct.) St-Joachim.

IV.—PILOTE, Ambroise, [Charles III
b 1733.
Boucher, Marie-Anne, [Noel II.
b 1736.
Charles, b 11 nov. 1767, aux Eboulements. [5]—*Bernard-Laurent*, b [5] 14 août 1769. — *Marie-Joseph*, b [5] 24 juin et s [5] 21 juillet 1771.—*Pierre*, b [5] 13 sept. et s [5] 31 oct. 1773. — *Jean*, b [5] 5 juin 1775.—*Anonyme*, b [5] et s [5] 23 janvier 1777.

1763, (21 nov.) St-Valier.
V.—PILOTE, AUGUSTIN, [JEAN-BTE IV.
b 1737.
BOLDUC, Marguerite, [PIERRE III.
b 1743.
Marie-Angélique, b 2 août 1769, à St-Michel. [7] —*Augustin*, b [7] 3 juillet 1771.— *Jean*, b [7] 31 déc. 1772.

1765, (18 février) St-Michel. [7]
V.—PILOTE, IGNACE, [JEAN-BTE IV.
b 1743.
CLÉMENT-LABONTÉ, Catherine, [LOUIS II.
b 1741.
Marie-Catherine, b 1766; s [7] 1er avril 1768.— *Marie-Madeleine*, b [7] 28 août 1768.

1772, (1er juin) Ile-aux-Coudres. [6]
IV.—PILOTE, FÉLIX-PHILÉMON, [CHARLES III.
b 1745.
MARIÉ, Marie-Louise, [ANTOINE IV.
b 1754; s 2 février 1786, aux Eboulements. [7]
Marie-Anastasie, b [6] 23 avril 1773.—*Catherine*, b [7] 4 janvier 1775.—*Marie-Juste*, b [7] 6 mars 1776. —*Elisabeth*, b [7] 9 nov. 1777. — *François*, b [7] 1er nov. 1779.—*Antoinette*, b [6] 8 oct. 1781. — *Marie-Rose*, b [7] 14 sept. 1783.

1776, (18 nov.) Eboulements. [5]
IV.—PILOTE, JEAN-FRANÇOIS, [CHARLES III.
b 1747.
TREMBLAY, Marie-Théophile. [FRANÇOIS IV.
Marie-Romaine, b [5] 26 juillet 1778. — *Marie-Hélène*, b [5] 17 juillet 1780. — *Ambroise*, b [5] 31 oct. 1784.

PILOTTE.—Voy. PILOTE.

PIMPARÉ.—*Variations et surnom* : PIMPAREZ—PINPARÉ—TOURANGEAU.

1724, (18 juillet) Montréal. [3]
I.—PIMPARÉ (1), CHARLES, b 1697; fils de Pierre et d'Anne Chaqueneau, de St-Symphorien, Tours, Touraine.
BOUHOURS, Louise, [ANTOINE I.
b 1704.
Marie-Louise, b [3] 5 sept. 1724.—*Marie-Thérèse*, b 1725; m [3] 6 nov. 1747, à Louis PLICHON.—*Charles*, b 1727; s 16 août 1728, à St-François, I. J. [4] — *Charles*, b [4] 17 oct. 1728; s [4] 22 avril 1730.—*Jean*, b [4] 3 février 1731; 1° m 7 janvier 1755, à Jeanne LANGEVIN, à St-Laurent, M.; 2° m [3] 23 avril 1777, à Marie-Anne CHARLOPIN; s 31 déc. 1791, au Détroit. [7]—*Joseph-Amable*, b [4] 26 oct. 1732; m [3] 25 nov. 1754, à Marie-Madeleine LANGEVIN. — *Augustin*, b 5 juillet 1734, à Lachenaye [5]; m [5] 24 sept. 1769, à Marie-Charlotte GOULET.—*Marie-Louise*, b [4] 15 juillet 1735; m [3] 4 nov. 1755, à Denis-Joseph MAILLY.—*Louis*, b 18 août 1737, à Terrebonne [6]; 1° m [3] 27 août 1764, à Marie-Thomas BOULLARD; 2° m [3] 15 oct. 1781, à Marie-Louise LAVERGNE. — *Marie-Françoise*, b [6] 24 mai 1739; m [7] 4 oct. 1756, à Basile MAROIS. — *Anonyme*, b [6] et s [6] 4 oct. 1740. — *Marie-Anne*, b 1741; m [3] 21 février 1757, à Pierre JACOM. — *Charles*, b [3] 8 et s [3] 25 mai 1744. — *Marie-Françoise*, b [3] 13 et s [3] 29 avril 1746.— *Charlotte*, b [3] 17 nov. 1747.

(1) Soldat de DeLigny.

I.—PIMPARÉ, JEAN.
PATENOTE, Marguerite, [JEAN III.
b 1717.
Marie, b... 1° m à François BABEU; 2° m 19 nov. 1764, à Jacques DENEAU, à St-Philippe.

1754, (25 nov.) Montréal.
II.—PIMPARÉ, JOS.-AMABLE, [CHARLES I.
b 1732.
LANGEVIN (1), Marie-Madeleine, [ANTOINE II.
b 1735.
Marie-Louise, b et s 28 août 1755, à St-Laurent, M. [1]—*Marie-Charlotte*, b [1] 17 février 1756.— *Marie-Louise*, b [1] 27 mai 1757. — *Joseph*, b 21 janvier 1759, à Ste-Geneviève, M.

1755, (7 janvier) St-Laurent, M. [1]
II.—PIMPARÉ (2), JEAN, [CHARLES I.
b 1731; s 31 déc. 1791, au Détroit.
1° LANGEVIN, Marie-Jeanne, [ANTOINE II.
b 1734.
Jean-Baptiste, b [1] 20 sept. et s [1] 18 nov. 1755.
1777, (23 avril) Montréal.
2° CHARLOPIN (3), Marie-Anne, [JEAN-BTE I.
b 1752.

1764, (27 août) Montréal. [4]
II.—PIMPARÉ (2), LOUIS, [CHARLES I.
b 1737.
1° BOULLARD, Marie-Thomas, [ANT.-JEAN-BTE I.
b 1747.
Louis, b 16 nov. 1765, au Bout-de-l'Ile, M.
1781, (15 oct.) [4]
2° LAVERGNE, Marie-Louise,
b 1756.
Jean-Baptiste, b... m 19 nov. 1810, à Marie-Louise ROCHELEAU, à St-Roch-l'Achigan.

1769, (24 sept.) Lachenaye.
II.—PIMPARE, AUGUSTIN, [CHARLES I.
b 1734.
GOULET, Marie-Charlotte, [CHARLES IV.
b 1752.

1810, (19 nov.) St-Roch-l'Achigan.
III.—PIMPARÉ, JEAN-BTE. [LOUIS II.
ROCHELEAU, Marie-Rose.

PIMPAREZ.—Voy. PIMPARÉ.

PIN.—Voy. MADOR—PAIN.

(1) Lacroix.
(2) Dit Tourangeau.
(3) St. Onge.

I.—**PINADEAU**, CHARLES, b 1676 ; de St-Dizier, diocèse de Poitiers, Poitou ; s 23 fevrier 1741, à l'Hôpital-Général, M.

PINAR.—Voy. PINARD.

PINARD. — *Variations et surnoms:* PINAR — BEAUCHEMIN — FLEURANT — GAUCHÉ — LAUNIÈRE—LAUZIER—LAUZIÈRE—ST. PIERRE.

1658, (29 oct.) Trois-Rivières.[4]

I.—PINARD (1), LOUIS,
b 1636 ; s 12 janvier 1695, à Batiscan.[5]
1° HERTEL, Marie-Madeleine, [JACQUES I.
b 1645.

Françoise, b[4] 15 nov. 1664 ; m 7 mai 1682, à Martin GIGUÈRE, à Sorel[6] ; s 19 dec. 1743, à St-François-du-Lac.[7] — *Claude*, b 1666 ; m à Françoise GAMELIN, s[7] 19 avril 1748. — *Antoine*, b... m à Madeleine BAUDET. — *Louis*, b 1669; m[7] 24 nov. 1698, à Madeleine RENOU ; s[7] 20 mai 1731. — *Angélique*, b 1677 ; m 1699, à Jean NIQUET ; s[6] 18 mars 1732.—*Madeleine*, b 1679 ; m[7] 26 oct. 1705, à André BONIN.

1680, (30 nov.) Champlain.[8]

2° PEPIN, Marie-Ursule, [GUILLAUME I.
b 1662 ; veuve de Nicolas Geoffroy ; s 2 août 1740, à Nicolet.[9]

Antoine, b[8] 10 mai 1683, m 1709, à Marie JUTRAS ; s[9] 3 juin 1753. — *Jean-Baptiste*, b[5] 20 oct. 1694 ; m 3 sept. 1724, à Agnès GAUTIER, à Boucherville.

II.—PINARD, ANTOINE. [LOUIS I.
BAUDET, Madeleine.

Catherine, b 1687 ; m 26 avril 1716, à Vincent JARED, à Boucherville.

1698, (24 nov.) St-Frs-du-Lac.[5]

II.—PINARD (2), LOUIS, [LOUIS I.
b 1669 ; s[5] 20 mai 1731.
RENOU (3), Madeleine, [FRANÇOIS I.
b 1684.

Marie-Madeleine, b[5] et s[5] 24 fevrier 1699. — *Marie-Jeanne*, b[5] 24 février 1707 ; m[5] 12 fevrier 1725, à Jean-Baptiste JUTRAS ; s[5] 5 oct. 1725.— *Joseph-Antoine*, b[5] 13 juin 1712.—*Agathe*, b 1713 ; m[5] 7 janvier 1734, à Jean-Baptiste BUISSON.— *Jean-Baptiste*, b[5] 19 sept. 1714 ; m[5] 21 fevrier 1746, à Thérèse VÉRONNEAU. — *Madeleine*, b... m[5] 5 mars 1736, à Louis VÉRONNEAU. — *Joseph-Antoine*, b[5] 4 sept. 1718 ; 1° m[5] 10 fevrier 1755, à Elisabeth PINARD, 2° m[5] 16 mai 1758, à Angélique CREVIER ; 3° m 31 juillet 1780, à Marie-Claire PROVENCHER, à Nicolet.—*Ignace-Régis*, b[5] 3 sept. 1720, m 1747, à Catherine LAUNIÈRE. — *Marguerite*, b[5] 6 sept. 1722 ; s[5] 6 juin 1733.— *Marie-Anne*, b[5] 8 août 1724 ; 1° m[5] 4 nov. 1745, à Joseph LEMAITRE ; 2° m 27 nov. 1752, à Pierre DUGUAY, aux Trois-Rivières. — *Pierre-Michel*, b[5] 9 mars 1728 ; s[5] (noyé) 9 juin 1735. — *François-Régis*, b... m[5] 15 nov. 1751, à Thérèse CARTIER.

(1) Voy vol. I, p. 485.

(2) Dit Lauzier—Lauzière.

(3) Elle épouse, le 17 sept. 1736, Antoine Dubois, à St-Michel-d'Yamaska.

II.—PINARD, CLAUDE, [LOUIS I.
b 1666 ; s 19 avril 1748, à St-Frs-du-Lac.[4]
GAMELIN, Françoise, [MICHEL I.
b 1677 ; s[4] 28 déc. 1757.

Marie-Louise, b... m[4] 7 avril 1717, à Jean-Baptiste MONJEAU. — *Marie-Charlotte-Joseph*, b[4] 6 juin 1700 ; m[4] 1er juillet 1723, à Pierre CHAPDELAINE ; s[4] 11 avril 1735. — *Michel*, b... m[4] 18 oct. 1723, à Madeleine RITCHOT — *Marie-Agathe*, b[4] 24 avril 1707 ; m[4] 28 janvier 1726, à François NIQUET, s[4] 24 mai 1750. — *François-Joseph*, b[4] 30 sept. 1708 — *Marie-Claude*, b... s[4] 5 juin 1717.

PINARD, JEAN-BTE, b 1666 ; s 18 oct. 1746, à Nicolet.

1709.

II.—PINARD, ANTOINE, [LOUIS I.
b 1683 ; s 3 juin 1753, à Nicolet.[1]
JUTRAS, Marie, [DOMINIQUE I.
b 1686 ; s[1] 20 janvier 1750.

Marie-Catherine, b 19 oct. 1710, aux Trois-Rivières[2] ; m[1] 26 août 1731, à Jean-Baptiste LEMIRE ; s[1] 19 mars 1790.—*Marie-Françoise*, b 1711 ; m[1] 30 sept. 1731, à Louis ROBIDAS s 7 fevrier 1760, à la Baie-du-Febvre.[3] — *Marie-Jeanne*, b[2] 24 juin 1712.—*Marie-Louise*, b[2] 19 avril 1714 ; m[3] 4 nov. 1743, à François-Marie DIDIER.—*Jean-Baptiste*, b[2] 25 mars 1716 m[1] 27 sept. 1747, à Antoinette PROU ; s[1] 14 avril 1776. —*Marie-Anne*, b[1] 1er mai 1718. — *Marie-Jeanne*, b[1] 29 avril 1720 ; m[1] 16 janvier 1747, à Pierre LEMIRE ; s[1] 26 avril 1776.—*Marie-Madeleine*, b[1] 22 janvier 1723, m[1] 3 juin 1747, à Jean-Baptiste PROU.—*Joseph*, b[2] 20 mai 1725 ; s[2] 15 nov. 1746. —*Marie-Antoinette*, b[1] 24 juin 1727 ; m[1] 7 janvier 1750, à Jean-Baptiste LUPIEN.—*Angelique*, b[2] 2 août 1729, s[1] 9 avril 1731.

1720, (8 janvier) Trois-Rivières

II.—PINARD (1), GUILLAUME, [LOUIS I
b 1689.
LECLERC, Marguerite, [JEAN II.
b 1690.

Marie-Joseph, b 27 déc. 1720, à Nicolet[4] ; m[4] 16 nov. 1744, à Joseph ROBIDAS.—*Guillaume*, b[4] 26 mai 1722 ; 1° m 30 oct. 1747, à Marie-Joseph LOISEAU, à Boucherville ; 2° m 14 mai 1753, à Marie-Joseph TURCOT, à Batiscan, s[4] 9 dec. 1792.—*Marguerite*, b[4] 4 mars 1725, m[4] 17 nov. 1749, à Joseph ROUILLARD ; s[4] 31 janvier 1786— *Jean-Baptiste*, b[4] 16 avril 1727.—*Joseph*, b[4] 20 mars 1729 ; m 6 février 1758, à Elisabeth GAUTIER, à la Pointe-du-Lac.—*Marie-Louise*, b[4] 11 mars 1732, m[4] 18 janvier 1751, à Jean-Baptiste-François LEFEBVRE-DESCOTEAUX.—*Louis-Hyacinthe*, b[4] 8 mai 1735 ; m 1759, à Marguerite LUPIEN.

1723, (18 oct.) St-Frs-du-Lac.[8]

III.—PINARD, MICHEL. [CLAUDE II.
RITCHOT, Madeleine. [JACQUES II.

Marie-Elisabeth, b[8] 30 sept. 1726 ; m[8] 10 fevrier 1755, à Joseph PINARD ; s[8] 2 dec. 1757.—*Isabelle*,

(1) Dit Beauchemin.

b 23 février 1729, à St-Michel-d'Yamaska.—*Jean-Marie*, b [8] 11 sept. 1731.—*Marie-Joseph*, b [8] 7 avril 1735; s [8] 18 juin 1748. — *Catherine*, b [8] 26 déc. 1736.—*Joseph*, b [8] 9 juin 1738.—*Michel*, b [8] 27 mai 1741.—*François-Xavier*, b [8] 7 nov. 1743; s [8] 5 juin 1744.—*François-Xavier*, b [8] 11 mai 1745.

1724, (3 sept.) Boucherville. [9]

II.—PINARD, JEAN-BTE, [LOUIS I.
b 1694.
GAUTIER, Agnès, [GERMAIN I.
b 1701.
Jean-Baptiste, b [9] 6 juillet 1725.—*Joseph*, b [9] 4 et s [9] 22 déc. 1726.—*Marie-Joseph*, b... m [9] 30 janvier 1759, à Joseph BONIN.

1747, (30 oct.) Boucherville.

III.—PINARD (1), GUILLAUME, [GUILLAUME II.
b 1722, s 9 déc. 1792, à Nicolet. [6]
1° LOISEAU, Marie-Joseph, [JEAN III.
s [6] 6 février 1750.
Jean-Baptiste, b [6] 12 mai 1749.

1753, (14 mai) Batiscan.

2° MARCOT (2), Marie-Joseph, [PIERRE II.
b 1733; s [6] 30 juin 1797.
Pierre-Joseph, b [6] 9 février 1755.—*Joseph*, b [6] et s [6] 15 mars 1756.—*Marie-Ursule*, b [6] 20 et s [6] 25 février 1758. — *Marie-Joseph*, b [6] 11 avril 1759; m [6] 5 février 1781, à Modeste LEMIRE; s [6] 5 février 1782.—*François*, b... m [6] 2 oct. 1786, à Elisabeth LEMIRE.—*Marguerite*, b 1766, m [6] 4 juin 1787, à Jean-Baptiste ROUSSEAU.—*Guillaume*, b... m [6] 28 janvier 1793, à Marie-Ursule LEGROS.

1746, (21 février) St-Frs-du-Lac [2]

III.—PINARD (3), JEAN-BTE, [LOUIS II.
b 1714.
VÉRONNEAU, Thérèse. [LOUIS II.
Antoine, b [2] 30 nov. 1746; s [2] 28 août 1747.—*Louis*, b [2] 30 nov. 1746; s [2] 5 janvier 1747.—*Marguerite*, b [2] 20 et s [2] 24 mai 1749. — *Marie-Marguerite*, b [2] 27 février 1751. — *Michel*, b [2] 5 mars et s [2] 22 juillet 1752.—*Jean-Baptiste*, b [2] 22 sept. 1753. — *Félicité*, b [2] 3 nov. 1755, s [2] 8 août 1756.

1747.

III.—PINARD (3), IGNACE-RÉGIS, [LOUIS II.
b 1720.
LAUNIÈRE, Catherine.
Anne-Thérèse, b 2 février 1748, à St-Frs-du-Lac.

PINARD (3), CHARLES.
PELLETIER, Marie-Anne.
Anonyme, b et s 27 nov. 1759, à Ste-Anne-de-la-Pocatière.

(1) Dit Beauchemin.
(2) Mariée sous le nom de Turcot.
(3) Dit Lauzier.

1747, (27 sept.) Nicolet. [3]

III.—PINARD, JEAN-BTE, [ANTOINE II.
b 1716, s [3] 14 avril 1776.
PROU, Antoinette, [JOSEPH II.
b 1725; s [3] 13 déc. 1779.
Anonyme, b [3] et s [3] 24 oct. 1748.—*Marie-Antoinette*, b... m [3] 30 sept. 1766, à Pierre-Bellarmin BRASSARD.—*Marie-Françoise*, b [3] 4 mars 1750.—*Jeanne*, b [3] 27 avril et s [3] 11 août 1751. — *Marie-Madeleine*, b [3] 11 nov. 1752; m [3] 14 janvier 1771, à Michel LASPRON. — *Jean-Baptiste*, b [3] 22 mai 1754; s [3] 20 mars 1776. —*Joseph*, b [3] 12 nov. 1755. — *Antoine*, b [3] 20 mai 1757; m [4] 13 janvier 1777, à Marie-Joseph DUMAS.—*Marie-Joseph*, b [3] et s [3] 15 mai 1758. — *Joseph*, b [3] 30 mai 1759.—*Marie-Elisabeth*, b... m [4] 16 juillet 1781, à Joseph MANSEAU.—*Ignace*, b... m [3] 2 mars 1783, à Claire RÈCHE. — *Angélique*, b... m [3] 27 février 1786, à Michel LAMOTTE. — *Louis*, b... m [3] 21 nov. 1796, à Louise NORMAND.

1751, (15 nov.) St-Frs-du-Lac. [4]

III.—PINARD (1), FRANÇOIS-RÉGIS, [LOUIS II.
CARTIER, Therèse. [NICOLAS II.
Anonyme, b [4] et s [4] 26 mai 1753.—*Madeleine*, b [4] 17 août et s [4] 6 sept. 1754. — *Marie-Thérèse*, b [4] 13 janvier et s [4] 14 juin 1756. — *Marguerite*, b [4] 13 janvier 1756. — *Jean-François-Régis*, b [4] 7 mars 1757. — *Marie-Madeleine*, b [4] 23 août 1758. — *Charles-Joseph*, b [4] 30 août et s [4] 19 sept. 1760.—*Thérèse*, b [4] 30 août et s [4] 24 sept. 1760.—*Charlotte*, b [4] 14 mars 1762.

1755, (10 février) St-Frs-du-Lac. [7]

III.—PINARD (2), JOSEPH-ANT., [LOUIS II.
b 1718.
1° PINARD, Elisabeth, [MICHEL III.
b 1726, s [7] 2 déc. 1757.
Joseph-Angélique, b [7] 24 juillet et s [7] 30 nov. 1756. — *Joseph*, b [7] 14 nov. 1757; m à Marie-Antoinette DAGNEAU.

1758, (16 mai) [7]

2° CREVIER (3), Angélique, [JOSEPH IV.
b 1733; veuve de Jacques Babie.
Joseph, b [7] 5 et s [7] 7 février 1760.—*Marguerite*, b [7] 4 février et s [7] 5 mars 1761.—*Angélique*, b [7] 4 janvier 1762. — *Hyacinthe*, b [7] 12 et s [7] 24 déc. 1762.

1780, (31 juillet) Nicolet.

3° PROVENCHER (4), Marie-Claire, [ALEXIS III.
b 1750.

1758, (6 février) Pointe-du-Lac.

III.—PINARD (5), JOSEPH, [GUILLAUME II.
b 1729.
GAUTIER, Elisabeth, [ELIE-JEAN I.
b 1734.
Marie-Suzanne, b 14 août et s 8 sept. 1759, à Nicolet. [7] — *Agathe*, b... m [7] 26 février 1781, à

(1) Dit Lauzier.
(2) Dit Lauzier—Gauché, 1762.
(3) Dit St. François.
(4) Elle épouse, le 1er janvier 1796, Louis Parmentier, à Nicolet.
(5) Dit Beauchemin.

Jean-Baptiste LASPRON. — *Elisabeth*, b... m [7] 17 juillet 1786, à Joseph-Louis DANIAU; s [7] 27 juillet 1790.—*Antoine*, b... m [7] 14 fevrier 1791, à Madeleine LASPRON. — *Joseph*, b... m [7] 23 janvier 1792, à Madeleine TROTIER-BEAUBIEN.—*Marguerite*, b... m [7] 16 février 1795, à Joseph GAUDREAU.

1759.

III.—PINARD (1), LS-HYACINTHE, [GUILLAUME II. b 1735.
LUPIEN, Marguerite.
Marguerite, b 10 déc. 1759, à Nicolet [9]; m [9] 8 janvier 1781, à Jean-Baptiste PICARD. — *Marie-Louise*, b [9] 16 mars 1760; m à Joseph MORIN.—*Catherine*, b... m [9] 11 janvier 1790, à Joseph-Ambroise BOISVERD. — *Marie-Anne*, b... 1° m [9] 8 fevrier 1790, à Michel ROBIDA; 2° m [9] 27 oct 1794, à Joseph GAZELETTE.

1760, (13 oct.) Montréal.

I.—PINARD (2), PIERRE, b 1730; fils de Jean et de Catherine Bertinet, de Bassa, diocèse de Xaintes, Saintonge.
HENGARD (3), Marie-Celeste, [JOS.-JEAN-BTE I. b 1740.

1777, (13 janvier) Nicolet.

IV.—PINARD, ANTOINE, [JEAN-BTE III. b 1757.
DUMAS, Marie-Joseph. [ETIENNE.

IV.—PINARD, JOSEPH, [JOSEPH-ANTOINE III. b 1757.
DAGNEAU, Antoinette, [IGNACE III. b 1758.
Marguerite, b 1779; m 16 oct. 1797, à Simon RATIER, à Nicolet.

1783, (2 mars) Nicolet.

IV.—PINARD, IGNACE. [JEAN-BTE III.
RÈCHE, Claire. [JEAN-BTE.

PINARD, JEAN-BTE, b 1711; s 2 février 1786, à Nicolet.

1786, (2 oct.) Nicolet.

IV.—PINARD, FRANÇOIS. [GUILLAUME III.
LEMIRE, Elisabeth. [PIERRE-JEAN IV.

1791, (14 fevrier) Nicolet.

IV.—PINARD (1), ANTOINE. [JOSEPH III.
LASPRON, Madeleine. [BASILE-PRISQUE IV.

1792, (23 janvier) Nicolet

IV.—PINARD, JOSEPH. [JOSEPH III.
TROTIER-BEAUBIEN, Madeleine. [LOUIS IV.

1793, (28 janvier) Nicolet.

IV.—PINARD, GUILLAUME. [GUILLAUME III.
LEGROS, Marie-Ursule. [JOSEPH.

(1) Dit Beauchemin.
(2) Dit St. Pierre.
(3) Beausoleil.

1796, (21 nov.) Nicolet.

IV.—PINARD, LOUIS. [JEAN-BTE III.
NORMAND, Louise. [JEAN-BTE

PINAU.—Voy. PINEAU.

PINAUD.—Voy. PINEAU.

PINAULT.—Voy. PINEAU.

PINAUT.—Voy. PINEAU.

PINCENTE, JEAN-NOEL.
PIN, Marie-Joseph.
Jean-Noel, b 24 janvier 1795, à St-Cuthbert.

PINEAU.— *Variations et surnoms* : BINEAU—PINAU—PINAUD — PINAULT — PINAUT —PINEAULT—PINOT—BAUDET—DESCHASTELETS—DESCHESNEAUX—LAPERLE — LARIGUEUR—LAVIGUEUR.

1658, (14 mai) (1).

I.—PINEAU (2), PIERRE, b 1631; s 27 août 1708, à Ste-Anne-de-la-Pérade.[1]
BOYER, Anne, b 1636; s [1] 9 déc. 1704.
Michel, b 26 avril 1662, aux Trois-Rivières[2], m 4 juillet 1689, à Simone BAUDET, au Cap-Santé; s [1] 9 avril 1712.—*Jean*, b... m à Anne CHIASSON.—*Thomas*, b 1671; 1° m [2] 24 juillet 1702, à Marguerite VANASSE; 2° m 19 août 1715, à Marie-Renee DESRY, aux Grondines; s 21 avril 1748, à la Pointe-du-Lac.[3] —*René*, b [2] 11 août 1675; m [1] 28 fevrier 1705, à Catherine JANVIER, s [3] 1er avril 1747. — *Mathurin*, b 1676; 1° m à Marie-Charlotte DUBEAU; 2° m 6 avril 1723, à Marguerite DENEVERS, à Repentigny; s 14 mai 1745, à Montreal.

1689, (4 juillet) Cap-Santé.

II.—PINEAU (2), MICHEL, [PIERRE I b 1662; s 9 avril 1712, à Ste-Anne-de-la-Pérade.[4]
BAUDET (3), Simone, [JEAN I. b 1673.
François, b [4] 5 janvier 1694; m 7 janvier 1721, à Marie-Anne GUERTIN, à St-Ours.[5] — *Madeleine*, b [4] 8 avril 1696; m 25 oct. 1723, à Jean-Baptiste LACOSTE, à Boucherville.[6]—*Marie-Anne*, b... m [5] 27 mai 1718, à Jean RENAUT.—*Charlotte*, b [4] 10 oct. 1703; m [6] 21 nov. 1725, à Joseph JARED.

1693, (12 oct.) Batiscan.[7]

II.—PINEAU (2), JOSEPH, [PIERRE I b 1667.
RICHER, Catherine, [PIERRE I b 1674.
Pierre, b [7] 3 oct. 1694; 1° m 14 août 1718, à Madeleine COUILLARD, à St-Ours[8]; 2° m 1727, à Marie-Thérèse DAUDELIN.—*Angélique*, b 22 avril

(1) Date du contrat.
(2) Voy. vol I, p. 485.
(3) Elle epouse, en 1714, Joseph Roy.

1696, à Ste-Anne-de-la-Pérade [9]; 1° m [8] 24 nov. 1721, à Raymond VÉZIARD; 2° m à Charles COGNARD.—*Joseph*, b [9] 12 nov. 1700; m 27 août 1725, à Marie-Joseph PARSEILLEZ, à L'Assomption.—*Jean-Baptiste*, b [9] 3 juin 1703; m 1725, à Agnès CHAILLÉ. — *Marie-Charlotte*, b [9] 8 avril 1707; m à Louis-Benjamin TÉTREAU.

PINEAU, FRANÇOIS, b 1657; s 24 mars 1741, à l'Hôpital-Général, Q.

1698, (13 juillet) Lachine.

I—PINEAU (1), PIERRE,
b 1662; soldat; s 6 oct. 1717, à Québec. [1]
1° MANSARD, Jeanne,
b 1674; s [1] 16 août 1699.
1700, (20 février). [1]
2° HÉBERT (2), Jeanne, [MICHEL I.
b 1676; s [1] 16 fevrier 1701.
Pierre, b [1] 8 juin 1699; s [1] 28 avril 1700.
1701, (28 avril). [1]
3° COUSSON (3), Suzanne, [FRANÇOIS I.
b 1676; veuve d'Etienne Poirier.
Marie-Dorothée, b [1] 19 fevrier 1702; m [1] 1er août 1723, à Jean BEZIERS.—*Marie-Jeanne*, b [1] 19 dec. 1703.—*Marie*, b... m 30 juin 1722, à Pierre RUPARON, à Montreal.—*Marie-Joseph*, b [1] 17 mars 1706; s [1] 14 nov. 1707.— *Louis*, b [1] 12 août 1708. — *Jean*, b [1] 19 juillet et s [1] 4 nov. 1712. — *Jean-Baptiste*, b [1] 23 juin 1715; m [1] 10 avril 1741, à Françoise BERTHELOT; s [1] 18 sept. 1755.

1702, (24 juillet) Trois-Rivières. [2]

II.—PINEAU (4), THOMAS, [PIERRE I.
b 1671; s 21 avril 1748, à la Pointe-du-Lac. [3]
1° VANASSE, Marguerite, [FRANÇOIS-NOEL I.
b 1684; s 10 mai 1715, à la Baie-du-Febvre. [4]
Pierre, b 23 janvier 1704, aux Trois-Rivières [5]; m à Marie-Louise CHEVALIER.—*Marguerite*, b [5] 24 août 1706; 1° m 2 mai 1729, à Jean MATIGNON, à Laprairie [6]; 2° m [6] 25 nov. 1746, à Jacques LEMIEUX.—*Marie-Joseph*, b [5] 3 mai 1709.—*Marie-Charlotte*, b [5] 11 juin 1714; s [4] 29 avril 1715.
1715, (19 août) Grondines.
2° DESRY, Marie-Renee, [JACQUES I.
b 1678; veuve de Henri Chaille; s [5] 27 août 1748.
Marie-Charlotte, b [4] 11 juin 1716; m 2 juin 1735, à Dominique LÉTOURNEAU, au Cap-de-la-Madeleine; s [5] 20 août 1745.—*Joseph*, b [4] 22 juin 1716; m [5] 26 juin 1740, à Madeleine BERTRAND; s [3] 2 déc. 1749.—*Marie-Madeleine*, b 1718; m 14 avril 1738, à Jean-Baptiste LEMAITRE, à Ste-Geneviève.

1705, (28 fevrier) Ste-Anne-de-la-Perade. [1]

II.—PINEAU (5), RENE, [PIERRE I.
b 1675; s 1er avril 1747, à la Pointe-du-Lac. [2]
JANVIER, Catherine. [JEAN I.
René, b [1] 8 août 1705; s 26 juillet 1728, à Verchères. [3] —*Claude*, b 23 juillet 1710, à Batiscan; m 1740, à Catherine BENOIT; s [2] 24 avril 1760.—*Marie-Anne*, b [1] 31 août 1712. — *Marie-Anne*, b [1] 23 sept. 1713. — *Pierre-Deschenaux*, b [1] 26 mai 1715; 1° m 26 juillet 1736, à Louise MARQUET, aux Trois-Rivières [4]; 2° m 1er fevrier 1751, à Marguerite AUBRY, à Yamachiche [5]; s [2] 1er avril 1760. — *Joseph*, b [1] 18 avril 1717; s [4] 8 déc. 1733.—*Catherine*, b [1] 12 avril 1719; m [4] 8 février 1739, à Simon BOUIN. — *Louis*, b [4] 11 juin 1721; s [4] 16 juillet 1722.—*Maurice*, b [4] 26 juillet 1723; m [5] 2 oct. 1749, à Marie-Joseph BERTRAND. —*Marie-Madeleine*, b [4] 2 sept. 1725; s [4] 17 oct. 1729.—*Anonyme*, b [3] et s [3] 29 nov. 1727.—*Louis*, b [4] 23 nov. et s [4] 5 déc. 1729.

1710.

II.—PINEAU, JEAN. [PIERRE I.
CHIASSON, Anne.
Françoise, b 1711; m 18 janvier 1730, à Basile GAGNÉ, à Rimouski [2]; s [2] 8 mars 1756. — *Jean*, b 10 août 1713, à St-Thomas; 1° m 12 oct. 1756, à Marie-Geneviève MÉTHOT, au Cap-St-Ignace; 2° m [2] 24 mai 1762, à Reine GASSE. — *Marie-Louise*, b... m 1747, à Ambroise LAURENT. — *Louis*, b... m 1748, à Reine DESROSIERS.—*Pierre-Joseph*, b [2] 4 janvier 1730.—*François*, b [2] 10 janvier 1733.

1715, (1er juillet) Québec. [1]

I.—PINEAU, FRANÇOIS, capitaine de vaisseau; fils de Pierre (notaire) et de Marie Pinault, de St-Pierre, Xaintes, Saintonge.
PRUDHOMME (1), Catherine, [PIERRE II.
b 1694
Paschal, b 11 avril et s 25 juillet 1716, à Montreal. — *Marie-Catherine*, b [1] 1er nov. 1718; s [1] 11 mars 1719. — *Marie-Madeleine-Catherine*, b [1] 9 et s 24 oct. 1719, à Charlesbourg. [2] — *Marie-Catherine*, b [1] 12 janvier 1721; s [2] 10 avril 1721. — *Joseph-Nicolas*, b 19 avril 1722, à Beaumont. [3] — *Jean-François*, b [3] 17 mai 1724. — *Jacques*, b [3] 3 fevrier 1731; s [3] 6 sept. 1733.

1718, (14 août) St-Ours.

III.—PINEAU, PIERRE, [JOSEPH II.
b 1694.
1° COUILLARD, Madeleine, [FRANÇOIS I.
b 1677; veuve de Jacques Larue.
1727.
2° DAUDELIN (2), Therèse, [RENÉ II.
b 1701.
Marie-Anne, b 7 janvier 1728, à Verchères. [2] — *Marie-Charlotte*, b... m [2] 8 janvier 1753, à François LAROCQUE.

1721, (7 janvier) St-Ours. [8]

III.—PINEAU, FRANÇOIS, [MICHEL II.
b 1694.
GUERTIN, Marie-Anne. [LOUIS II.
Marie-Louise, b [8] 21 juillet 1721; m à Pierre

(1) Dit LaRigueur; voy. vol. I, p. 486.
(2) Dit Laverdure.
(3) Elle épouse, le 15 sept. 1718, André Rozerot, à Québec.
(4) Dit Laperle.
(5) Dit Deschenaux, 1715.

(1) Elle épouse, le 6 juin 1746, Claude-Joseph Roy, à Beaumont.
(2) Elle épouse, en 1736, Charles Boissel.

CHOQUET. — *Marguerite,* b... m 14 février 1746, à Jean-Baptiste PETIT, à Verchères.[9] — *François,* b... m [9] 4 juillet 1746, à Marie-Louise LAVIGNE.— *René,* b [9] 3 sept. 1727.—*Marie-Françoise,* b... m [9] 7 juin 1751, à Jean-Baptiste CHAGNON. — *Marie-Anne,* b... m [9] 13 janvier 1755, à Jacques CHALU. — *Marie-Catherine,* b... m [9] 24 nov. 1760, à Nicolas CIRIER.

II.—PINEAU (1), MATHURIN, [PIERRE I.
b 1676; s 14 mai 1745, à Montréal.[1]
1° DUBEAU, Marie-Charlotte.
Marie-Charlotte, b... m 5 février 1742, à Paul CAMPEAU, au Détroit.

1723, (6 avril) Repentigny. [2]
2° DENEVERS (2), Marguerite, [DANIEL II.
b 1700.
Marie-Thérèse, b [2] 3 juillet 1724; 1° m 14 avril 1749, à Pierre BARBIER, à Montréal [3]; 2° m 14 nov. 1769, à Joseph JASMIN, à St-Constant.— *Marie-Catherine,* b 1er et s 10 fevrier 1726, à L'Assomption. [4] — *Pierre,* b [4] 2 et s [4] 14 sept. 1727.—*Geneviève,* b [4] 29 août 1728; 1° m [1] 27 mai 1754, à Louis MARCOUX; 2° m [1] 30 sept. 1771, à Mathieu ROUSSEL.—*Marguerite,* b [4] 25 déc. 1730; m [1] 12 janvier 1756, à Jean-Baptiste BARATEAU. —*Marie,* b... m [1] 3 février 1750, à Joseph PETIT-JEAN. — *Pierre,* b [4] 22 juillet 1732. — *Joseph,* b 1738; m [1] 23 sept. 1776, à Madeleine GIROUX.— *Marie-Joseph,* b [1] 30 janvier 1739 —*Louis,* b [1] 29 oct. 1741.

III.—PINEAU (1), PIERRE, [THOMAS II.
b 1704.
CHEVALIER, Marie-Louise,
b 1715; s 26 déc. 1749, à la Pointe-du-Lac.

1725, (27 août) L'Assomption. [5]
III.—PINEAU (3), JOSEPH, [JOSEPH II.
b 1700.
PARSEILLEZ, Marie-Joseph, [ETIENNE I.
b 1707.
Marie-Joseph, b [5] 10 août 1726. — *Joseph,* b [5] 2 février 1729; m à Suzanne GAREAU. — *Antoine,* b [5] 11 oct. 1732.

1725.

III.—PINEAU (4), JEAN-BTE, [JOSEPH II.
b 1703; bedeau.
CHAILLE, Agnès, [HENRI II.
b 1699; s 25 août 1749, aux Trois-Rivières.[2]
Marie-Madeleine, b [2] 12 mai 1726; s [2] 13 fevrier 1745. — *Jean-Baptiste,* b 18 sept. 1727, à Verchères; 1° m [2] 7 février 1752, à Marie-Joseph COURTEAU; 2° m [2] 30 janvier 1765, à Françoise MICHELIN.—*Joachim,* b et s 5 janvier 1730, à Becancour. — *Marie-Anne-Charlotte,* b [2] 17 juin 1733; s [2] 24 mai 1745. — *Joachim,* b [2] 29 avril 1736; s [2] 26 oct. 1742.—*Marie-Joseph-Claire,* b [2] 16 fevrier 1738. — *Marie-Françoise,* b [2] 12 août 1741; s [2] 4 mars 1745.

(1) Dit Laperle.

(2) Elle épouse, le 26 février 1748, Jean-Baptiste Leduc, à Montréal.

(3) Deschastelets, 1729.

(4) Dit Descheneau.

PINEAU (1), JEAN.
VÉGIARD, Geneviève.
Joseph-Marie, b 16 sept. 1730, à L'Assomption.[1] — *Pierre,* b [1] 21 fevrier 1732.

1730.

PINEAU, PIERRE.
DALERET, Marie-Anne. [MARTIN I
Pierre, b 1733; m 8 juin 1761, à Geneviève BARDET, à Montréal.[8] — *Louis,* b [8] et s [8] 22 oct 1744.

1736, (26 juillet) Trois-Rivières [8]
III.—PINEAU (2), PIERRE, [RENÉ II
b 1715; s 1er avril 1760, à la Pointe-du-Lac.[9]
1° MARQUET (3), Marie-Louise, [FRANÇOIS I.
b 1719.
Pierre, b 1736; s [9] 16 nov. 1747. — *Pierre,* b [8] 27 sept. 1737. — *Joseph-Simon,* b 1740; s [8] 18 sept. 1741. — *François-Xavier,* b 24 avril 1742, à St-Frs-du-Lac, s [8] 2 août 1748. — *Marie-Catherine-Geneviève,* b [9] 8 avril et s [9] 22 juillet 1744 — *Joseph-Antoine,* b [9] 13 juillet 1745; s [9] 29 août 1746.—*Marie-Louise,* b [9] 1er nov. 1747. — *Pierre,* b [9] 30 nov. 1749.

1751, (1er fevrier) Yamachiche.
2° AUBRY (4), Marguerite. [JEAN I
Marguerite, b [9] 14 février 1752.—*Marie-Joseph,* b 1753; s [9] 18 mai 1760. — *Pierre,* b [9] 8 avril et s [9] 9 sept. 1754. — *Marie-Marguerite,* b [9] 13 oct. 1755; s [9] 22 janvier 1758. — *Louis,* b [9] 17 nov 1757; s [9] 11 nov. 1758. — *Marie-Ursule,* b [9] 23 avril 1759.

1740, (26 juin) Trois-Rivières. [1]
III.—PINEAU (5), JOSEPH, [THOMAS II
b 1716; s 2 déc. 1749, à la Pointe-du-Lac.[9]
BERTRAND, Marie-Madeleine, [RENÉ II.
b 1724.
Joseph, b [1] 31 juillet 1741; m 10 janvier 1774, à Marie-Françoise BRILLANT, au Detroit.—*Suzanne,* b [1] 3 mars 1743; m 30 juin 1761, à Jacques LACAILLE, à Yamachiche.—*Pierre-Amable,* b [1] 2 fevrier 1745, m à Marie VIGER.—*Marie-Joseph,* b [2] 3 janvier 1748. — *Alexis* (posthume), b [2] 22 mars 1750; m 1er fevrier 1773, à Marie-Anne RAYMOND, à Montreal.

1740.

III.—PINEAU, CLAUDE, [RENÉ II.
b 1710, s 24 avril 1760, à la Pointe-du-Lac.
BENOIT, Catherine [NICOLAS II.
René-Janvier, b 19 oct. 1741, aux Trois-Rivières.[1] — *Maurice,* b [1] 13 mars 1743.

PINEAU, CLAUDE.
CHARPENTIER, Marie-Anne.
Pierre, b 9 janvier 1748, aux Trois-Rivières.

(1) Deschastelets.

(2) Deschenaux—Laperle.

(3) Périgord.

(4) Elle épouse, le 6 janvier 1761, Jacques Boisclerc, à la Pointe-du-Lac

(5) Et Pinot dit Laperle.

1741, (10 avril) Québec. [2]
II.—PINEAU (1), JEAN-BTE, [PIERRE I.
b 1715; journalier; s [2] 18 sept. 1755.
BERTHELOT, Françoise, [JACQUES I.
b 1715.
Jean-François, b [2] 30 nov. 1744.—*Marie-Françoise*, b [2] 7 déc. 1746.—*Marie-Anne*, b [2] 20 janvier 1749.—*Charles*, b [2] 8 dec. 1751; s [2] 29 mars 1752.

PINEAU, JEAN-BTE.
FRÉCHETTE, Marie-Françoise.
Louise-Catherine, b 10 février 1742, à Québec.

1746, (4 juillet) Verchères. [3]
IV.—PINEAU, FRANÇOIS. [FRANÇOIS III.
LAVIGNE, Marie-Louise, [LOUIS-PHILIPPE I.
b 1725.
Elisabeth, b [3] 3 mars 1752.—*Marie-Marguerite*, b [3] 15 oct. et s [3] 14 dec. 1753.—*François*, b [3] 27 fevrier 1755.—*Amable*, b [3] 31 août et s [4] 15 sept. 1759.—*Marie-Catherine*, b [4] 30 oct. 1760.

1748.
III.—PINEAU, LOUIS. [JEAN II.
DESROSIERS, Reine, [MICHEL III.
b 1729.
Antoine, b 15 nov. 1749, à Rimouski [8]; m [8] 15 juillet 1783, à Catherine ST. LAURENT.—*Louis-Gabriel*, b [8] 3 janvier 1751.—*Antoine*, b [8] 9 avril 1752.—*Jean-Baptiste*, b [8] 9 nov. 1753.—*Marie-Geneviève*, b [8] 16 août 1755.—*Veronique*, b [8] 5 juin 1757.—*Reine*, b [8] 10 juillet 1762, 1° m 24 janvier 1785, à Ambroise DAMOURS, à l'Ile-Verte; 2° m 5 nov. 1787, à Claude LARRIVÉE, aux Trois-Pistoles.—*Germain*, b... m [8] 21 juin 1784, à Marie-Ursule ST. LAURENT.—*François*, b... m [8] 18 oct. 1803, à Marie-Thérèse COTÉ.

1749, (2 oct.) Yamachiche.
III.—PINEAU, MAURICE, [RENÉ II.
b 1723.
BERTRAND (2), Marie-Joseph, [RENÉ II.
b 1734.

PINEAU, JANVIER.
CHARPENTIER, Geneviève.
Joseph-Marie, b 29 mars 1750, à la Pointe-du-Lac. [9] — *Joseph*, b [9] 2 et s [9] 21 mars 1752.—*Claude-Michel*, b [9] 25 mai 1753.—*Marie-Anne*, b [9] 8 dec. 1755.

1752, (7 fevrier) Trois-Rivières. [2]
IV.—PINEAU (3), JEAN-BTE, [JEAN-BTE III.
b 1727.
1° COURTEAU, Marie-Joseph, [JACQUES II.
b 1729.
Jean-Baptiste, b [2] 14 nov. 1752. — *Joseph*, b [2] 7 janvier 1754. — *Marie-Charlotte*, b [2] 6 avril 1756.
1765, (30 janvier). [2]
2° MICHELIN, Françoise.

(1) Dit Lavigneur.
(2) Elle épouse, le 5 juillet 1756, Jean Ciépi, à Yamachiche.
(3) Deschenaux.

PINEAU, JOSEPH.
ROY, Marguerite.
François, b et s 27 oct. 1755, à Verchères.

1756, (12 oct.) Cap-St-Ignace.
III.—PINEAU, JEAN, [JEAN II.
b 1713.
1° MÉTHOT, Marie-Geneviève, [JOSEPH II.
b 1737.
Jean-Baptiste, b 9 mars 1758, à Rimouski [9]; 1° m [9] 1er juin 1785, à Geneviève LÉVESQUE; 2° m [9] 18 fevrier 1805, à Marie DELAVOYE.
1762, (24 mai). [9]
2° GASSE, Reine, [JOSEPH II.
b 1740.
Reine, b... m [9] 30 juillet 1787, à Louis LEPAGE. — *Marie-Angélique*, b [9] 23 avril 1767. — *Marie-Anne*, b [9] 5 oct. 1771. — *Marie-Elisabeth*, b [9] 1er juillet 1774. — *Bénoni*, b... m [9] 5 juin 1810, à Theodosie ARCENEAU.

IV.—PINEAU, JOSEPH, [JOSEPH III.
GAREAU, Suzanne. [BERNARD II.
Marie-Louise, b 1758; m 24 août 1778, à Joseph LECOMPTE, à Terrebonne.

PINEAU (1), JEAN-BTE.
COURTEAU, Marie-Joseph.
Charles, b 3 février 1758, aux Trois-Rivières. [9] — *Marie-Pierre*, b [9] 11 août 1760.

PINEAU, JEAN-BTE.
PELLETIER, Marie-Charlotte.
François, b 18 dec. 1760, à Verchères.

1761, (8 juin) Montréal. [1]
PINEAU, PIERRE, [PIERRE.
b 1733.
BARDET, Geneviève, [FRANÇOIS-MARIE II.
b 1736.
Joseph, b 1762; m [1] 11 février 1782, à Marie COUPAL.

PINEAU (2), PIERRE.
PRESSEAU, Marie.
Marie-Croiselle, b... m 13 sept. 1790, à Louis HUYET, au Detroit. [8] — *Françoise*, b... m [8] 4 fevrier 1793, à Antoine PETIT.

1773, (1er fevrier) Montréal.
IV.—PINEAU (2), ALEXIS, [JOSEPH III.
b 1750.
DAMOUR-RAYMOND, Marie-Anne, [JOSEPH I.
b 1754.

IV.—PINEAU (2), PIERRE-AMABLE, [JOSEPH III.
b 1745.
VIGER, Marie.
Suzanne, b... m 3 mars 1794, à Laurent MAURE, au Detroit.

(1) Deschenaux.
(2) Dit Laperle.

1774, (10 janvier) Detroit. [8]

IV.—PINEAU, JOSEPH, [JOSEPH III.
b 1741.
BRILLANT, Marie-Françoise, [JEAN-BTE I.
b 1757.
Marie-Françoise, b [8] 5 février 1774; m [8] 24 nov. 1794, à Louis CAUCHOIS. — *Jeanne,* b [8] 26 février 1776.—*Thérèse,* b [8] 8 mars 1778. —*Agathe,* b [8] 20 nov. 1780.—*Nicolas,* b [8] 11 février 1783.—*Archange,* b [8] 21 janvier 1785.

1776, (23 sept.) Montréal.

III.—PINEAU (1), JOSEPH, [MATHURIN II.
b [illegible].
GIR[illegible], Madeleine, [LOUIS III
b 1728; veuve de Jean-Marie Charpentier.

1782, (11 fevrier) Montreal.

PINEAU, JOSEPH, [PIERRE.
b 1762.
COUPAL, Marie, [JEAN-BTE.
b 1764.

1783, (15 juillet) Rimouski. [6]

IV.—PINEAU, ANTOINE, [LOUIS III.
b 1749.
ST. LAURENT, Marie-Catherine. [JOSEPH II
Marie-Hedwige, b [6] 23 juin 1784.—*Antoine,* b [6] 16 juillet 1787; m [6] 5 juin 1810, à Félicite GAGNÉ —*Apolline,* b [6] 18 juillet 1790.—*Anselme,* b [6] 1er juin 1791; m [6] 12 janvier 1813, à Ursule COTÉ.—*Marie,* b [6] 17 avril 1793.—*Brigitte,* b... m [6] 12 janvier 1813, à Alexis VALLÉE.—*Agnès,* b [6] 4 avril 1795.

PINEAU, JEAN.
ST. LAURENT, Marie.
Ursule, b 14 juin 1784, à Rimouski.

1784, (21 juin) Rimouski. [7]

IV.—PINEAU, GERMAIN. [LOUIS III.
ST. LAURENT, Marie-Ursule, [GABRIEL III.
b 1761.
Scholastique, b... m [7] 12 nov. 1805, à Jean-Evariste VOLANT.—*Benjamin,* b [7] 19 juillet 1790.—*Ursule,* b... s [7] 19 sept. 1790.—*Pétronille,* b [7] 20 nov. 1791, m [7] 29 janvier 1811, à Louis-Joseph DELAVOYE.—*François,* b [7] 9 nov. 1794.

1785, (1er juin) Rimouski. [8]

IV.—PINEAU, JEAN-BTE, [JEAN III.
b 1758.
1° LÉVESQUE (2), Marie-Geneviève. [JEAN-BTE.
Angélique, b [8] 22 mai 1786; m [8] 19 août 1806, à Antoine-Samson DELAVOYE.—*Jean-Baptiste,* b [8] 5 mai 1788.—*Domitilde,* b [8] 18 mai 1789; m [8] 26 nov. 1811, à Joseph DELAVOYE.—*Thècle,* b [8] 18 juillet 1790.—*Agathe,* b [8] 20 nov. 1791.—*Victoire,* b [8] 28 oct. 1792.—*Hélène,* b [8] 28 nov. 1793.—*Balthazar,* b [8] 15 février 1795.—*Anonyme,* b [8] et s [8] 30 juillet 1796.

(1) Dit Laperle.
(2) Dit St. Jean.

1805, (18 fevrier). [8]
2° DELAVOYE, Marie, [JOSEPH.
veuve de Michel Ruais.

PINEAU, LOUIS.
DELAVOYE (1), Marie-Anne.
Louis, b... m 31 janvier 1804, à Judith PARANT, à Rimouski.

1803, (18 oct.) Rimouski.

IV.—PINEAU, FRANÇOIS. [LOUIS III
COTÉ, Marie-Therèse. [LOUIS-GABRIEL.

1804, (31 janvier) Rimouski.

PINEAU, LOUIS. [LOUIS.
PARANT, Judith. [JACQUES.

1810, (5 juin) Rimouski.

IV.—PINEAU, BÉNONI. [JEAN III.
ARCENEAU, Théodosie. [JEAN

1810, (5 juin) Rimouski.

V.—PINEAU, ANTOINE, [ANTOINE IV
b 1787.
GAGNÉ, Felicite, [JOSEPH VI.

1813, (12 janvier) Rimouski.

V.—PINEAU, ANSELME, [ANTOINE IV
b 1791.
COTÉ, Ursule, [GABRIEL V.
b 1791.

PINEAULT.—Voy. PINEAU.

PINEL.—*Variation et surnom:* PINELLE—LAFRANCE.

I.—PINEL (2), NICOLAS, s 18 sept. 1655, à Quebec.
MARANDA (3), Madeleine.

1657, (2 sept.) Québec.

II.—PINEL (4), GILLES, [NICOLAS I
b 1635; s 15 janvier 1700, à la Pte-aux-Trembles, Q.[1]
LEODET, Anne,
b 1631; veuve de Jean Nepveu; s [1] 11 dec 1700.
Guillaume, b 16 janvier 1668, à Sillery; m [18] janvier 1692, à Marie-Madeleine FAUCHER; s [1] 30 sept. 1740.

(1) Elle épouse, le 22 mai 1786, Basile Côté, à Rimouski.
(2) Il mourut à l'hôpital d'une blessure d'arquebuse. Le 27 avril 1651, sur les 7 heures du soir, Nicolas Pinel et son fils Gilles furent attaqués dans leur désert par deux Iroquois qui pensèrent les prendre vifs. Boisverdun tira dessus sans les blesser. Maître Nicolas et son fils se précipitèrent de peur aval la montagne pour se sauver. Ces Iroquois ayant été se joindre à d'autres, vers la maison de Nopee, ils y tirèrent un coup d'arquebuse dans la porte de la maison. La nuit, les chiens ne firent qu'aboyer à la côte Ste-Geneviève. (*Journal des Jésuites.*)—Voy. vol. I, p. 486.
(3) Elle épouse, le 10 février 1659, André Renaud, à Quebec.
(4) Voy. vol. I, p. 486.

1662, (30 nov.) Québec. [2]
II.—PINEL (1), PIERRE-JEAN, [NICOLAS I.
s 9 juillet **1707,** à Ste-Foye. [3]
1° FOUGERAT, Charlotte.
1692, (27 nov.) [2]
2° DUPONT (2), Marie-Barbe. [GILLES I.
Marie-Joseph, b [3] 30 sept. 1701; m 2 février 1718, à Michel LAROQUEBRUNE, au Bout-de-l'Ile, M.

1687, (24 nov.) Pte-aux-Trembles, Q. [6]
III.—PINEL (1), FRS-XAVIER, [GILLES II.
b 1664; s [6] 10 février 1709.
COUTANCINEAU (3), Louise, [JULIEN I.
b 1670.
Marie-Louise, b 1689; 1° m 15 fevrier 1706, à Guillaume PELLETIER, à la Rivière-Ouelle [7], 2° m 6 août 1736, à Michel MIGNIER, à Ste-Anne-de-la-Pocatière [8]; s [8] 13 oct. 1752. — *François-Xavier,* b [6] 22 sept. 1690; m [6] 5 février 1720, à Marie-Anne VOYER; s [6] 15 dec. 1749 —*Noel,* b 1692; m 1716, à Rose CHERY. — *Marie-Anne,* b [6] 14 fevrier 1694; 1° m [7] 27 juillet 1712, à Sebastien GRONDIN, 2° m [8] 17 août 1750, à Jean-Baptiste GAGNON; s [8] 2 sept. 1761.—*Charles-François,* b [7] 12 nov 1695; m [8] 15 janvier 1720, à Marie-Anne OUELLET; s [8] 15 mai 1760.—*Marie-Françoise,* b [7] 9 mars 1698; m 1er juillet 1726, à Joseph HENS, à Quebec [9]; s [9] 26 fevrier 1729. — *Madeleine,* b [7] 31 janvier 1700; m [9] 17 janvier 1724, à Ignace AIDE-CREQUI; s [6] 21 juin 1769.—*Marie-Catherine-Angelique,* b [7] 7 fevrier 1702; s [6] 19 mai 1706.— *Félicite,* b [7] 30 nov. 1703 1° m [8] 11 nov. 1720, à François OUELLET; 2° m [8] 26 nov. 1744, à Jean-François RUELLANS. — *Brigitte,* b [7] 25 janvier 1706; m [9] 31 janvier 1735, à Jean-Jacques GRENET.—*Gilles,* b [7] 24 janvier 1708, s [7] 26 juin 1711.

PINEL, JEAN, b 1684; s 26 juillet 1744, à l'Hôpital-General, Q.

1692, (8 janvier) Pte-aux-Trembles Q. [1]
III—PINEL, GUILLAUME, [GILLES II.
b 1668; s [1] 30 sept. 1740.
FAUCHER, Marie-Madeleine, [LÉONARD I.
b 1672.

1699, (8 janvier) Pte-aux-Trembles, Q. [6]
III.—PINEL (1), JEAN, [GILLES II.
b 1675; s [6] 24 fevrier 1703.
COUTANCINEAU (4), Romaine, [JULIEN I.
b 1675.

1716.
IV.—PINEL, NOEL, [FRANÇOIS-XAVIER III.
b 1692.
CHERY, Rose.
Marie, b 13 juin 1717, à Rimouski.

(1) Voy. vol. I, p. 486.

(2) Elle épouse, le 21 mai 1709, Jacques Julien, à Montreal.

(3) Elle épouse, le 11 nov. 1713, Roch Ripau, à la Pte-aux-Trembles, Q.

(4) Elle épouse, le 2 avril 1704, Jacques Dussaut, à la Pte-aux-Trembles, Q

1720, (15 janvier) Ste-Anne-de-la-Pocatière. [1]
IV.—PINEL, CHS-FRANÇOIS, [FRS-XAVIER III.
b 1695, s [1] 15 mai 1760.
OUELLET, Marie-Anne, [JOSEPH II.
b 1694.
Marie-Anne, b [1] 1er nov. 1720; m [1] 22 nov. 1740, à François SIROIS; s [1] 10 nov. 1762. — *Marie-Joseph,* b [1] 25 déc. 1721; m [1] 1er mai 1741, à Jean SIROIS. — *Joseph,* b [1] 18 avril 1723; m 1749, à Geneviève MIGNOT. — *Charles-François,* b [1] 2 sept. 1724; 1° m 13 avril 1750, à Madeleine HUDON, à la Rivière-Ouelle [2]; 2° m [2] 11 fevrier 1754, à Marie-Angelique PLOURDE.—*Marie-Madeleine,* b [1] 26 sept. 1726; m [1] 18 nov. 1748, à Jacques GAGNON. — *Marie-Geneviève,* [illegible] 3 mai 1728; m [1] 19 août 1748, à Antoine GAGNON.— *Marie-Françoise,* b [1] 25 oct. 1729; m [1] 12 sept. 1751, à Charles-Joseph MOREL. — *Marie-Clotilde,* b [1] 2 mars 1733.—*Marie,* b... m [1] 26 nov. 1764, à Charles MIGNOT.

1720, (5 fevrier) Pte-aux-Trembles, Q. [9]
IV.—PINEL, FRS-XAVIER, [FRS-XAVIER III.
b 1690; s [9] 15 dec. 1749.
VOYER, Marie-Anne, [PIERRE II.
b 1700; s [9] 3 mai 1768.
Jean-François, b [9] 16 janvier 1721; m [9] 1er août 1746, à Marie-Anne BORDELEAU.—*Jean-Baptiste,* b [9] 8 août 1722.—*François,* b 1723; s [9] 7 janvier 1745.—*Nicolas,* b [9] 2 mai 1724.—*Charles,* b [9] 17 avril 1726.—*Marie-Anne,* b [9] 12 avril 1728.— *Marie-Françoise,* b [9] 14 mai 1730: s [9] 3 sept. 1733.—*Joseph,* b [9] 1er et s [9] 4 juin 1732.—*Marie-Louise,* b [9] 29 oct. 1733, s [9] 10 mai 1756.—*Pierre,* b [9] 20 dec. 1735; m [9] 6 août 1764, à Marie-Joseph POLLET. — *Marie-Thérèse,* b [9] 12 nov. 1738. — *Marie-Joseph,* b [9] 20 mars 1741.—*Brigitte,* b [9] 23 mai 1743.

1727, (17 fevrier) Pte-aux-Trembles, Q. [6]
IV.—PINEL, NICOLAS, [NICOLAS III.
b 1697.
LEFEBVRE (1), Madeleine, [FRANÇOIS II.
b 1705; s 28 avril 1750, aux Ecureuils [7]
Anonyme, b [6] et s [6] 23 dec. 1727 — *Marie-Madeleine,* b [6] 1er nov. 1728, m [7] 20 juillet 1750, à Jean-Baptiste GAUDIN; s [7] 5 juillet 1776.—*François-de-Sales,* b [6] 1er mars 1730.—*Marie-Charlotte,* b [6] 27 sept. 1731. — *Joseph-François,* b [6] 23 et s [6] 25 janvier 1733.—*Marie-Pélagie,* b [6] 5 juillet 1734. — *Marie-Anne,* b [6] 6 juillet 1736. — *Jean-François,* b [6] 9 janvier 1738; m 1760, à Madeleine DECHOISY.—*Marie-Françoise,* b [6] 9 mars et s [6] 29 avril 1745.—*Louis,* b [6] 9 mars 1746.— *Marie-Joseph,* b [7] 7 avril 1748.

1746, (1er août) Pte-aux-Trembles, Q. [8]
V.—PINEL (2), JEAN-FRANÇOIS, [FRS-XAVIER IV.
b 1721.
BORDELEAU (3), Marie-Anne, [ANTOINE II.
b 1720.

(1) Angers.

(2) Dit Lafrance.

(3) Elle épouse, le 18 avril 1761, André Bavière, à Terrebonne.

Jean-François, b [8] 24 août 1747.—*François*, b [8] 30 juin 1749.—*Marie-Anne*, b... m [8] 2 février 1778, à Pierre Pichet.—*Charles*, b [8] 30 juin 1752.

1749.

V.—PINEL, Joseph, [Charles-François IV.
b 1723.
Mignot, Geneviève.
Marie-Geneviève, b 20 août 1750, à Ste-Anne-de-la-Pocatière. [9] — *Joseph-François*, b [9] 5 mars et s [9] 17 avril 1752.—*Marie-Anne*, b [9] 20 juillet 1753. — *Marie-Geneviève*, b [9] 19 mai 1755. — *Marie-Joseph*, b... m [9] 19 nov. 1770, à Roch Bois.—*Marie-Angélique*, b [9] 1er sept. 1760.— *Pierre-Noel*, b [9] 20 oct. 1762.

1750, (13 avril) Rivière-Ouelle [5]

V.—PINEL, Chs-François, [Chs-François IV.
b 1724.
1° Hudon, Madeleine, [Nicolas II.
b 1727 ; s [5] 5 dec. 1753.
Marie-Charlotte, b 9 avril et s 20 mai 1751, à Ste-Anne-de-la-Pocatière. [6] — *Charles-Henri*, b [6] 10 avril 1752. — *Jean*, b [6] 1er mai et s [6] 23 juin 1753.

1754, (11 février). [5]

2° Plourde, Marie-Angélique, [Augustin II.
b 1735.
Augustin, b [6] 9 mai 1755. — *Jean-Baptiste*, b [5] 15 oct. et s [5] 23 nov. 1760.

1760.

V.—PINEL, Jean-François, [Nicolas IV.
b 1738.
Choysy de Sennecy, Madeleine.
Charles, b 19 mai 1761, à Ste-Anne-de-la-Pocatière.

1764, (6 août) Pte-aux-Trembles, Q. [5]

V.—PINEL (1), Pierre, [François-Xavier IV.
b 1735.
Pollet, Marie-Joseph, [Pierre III.
b 1732.
Marie-Joseph, b [5] 11 et s [5] 15 juin 1765. — *Pierre*, b et s 28 août 1766, aux Ecureuils — *Marie-Joseph*, b [5] 28 août 1766. — *Pierre*, b [5] 4 janvier 1768. — *François-Xavier*, b [5] 30 sept. 1769.—*Marie-Félicité*, b [5] 19 sept. 1771. — *Jean-Baptiste*, b [5] 16 juillet 1773. — *Nicolas*, b [5] 1er et s [5] 28 janvier 1775.

PINELLE.—Voy. Pinel.

PINET.— *Variation et surnoms :* Binet — Desmarets—Lamothe.

(1) Dit Lafrance.

I.—PINET (1), Jean-François, b 1626 ; fils de Robert et de Marie Bouët, de Brouville, diocèse de Rouen, Normandie ; s 21 dec. 1698, aux Trois-Rivières.
LeSont, Anne,
b 1619 ; veuve de Jean Lafortune, de St-Sébastien, Lorraine.
Gabrielle, b 1680 ; m 1699, à Charles Renault du Buisson ; s 15 mars 1715, à Quebec.

I.—PINET, Antoine, de Louisbourg, Acadie.
Bellemaire, Marguerite.
Claire, b 1709 ; s 11 oct. 1714, à Québec. [9] — *Paul*, b 1712 ; s [9] 25 oct. 1714.—*Françoise*, b [9] 13 février 1714. — *Alexis*, b... m [9] 3 nov. 1750, à Marie-Anne Gaffé.

1710, (3 février) Québec.

I.—PINET, Jean, fils de Philippe et de Catherine Hebert, de St-Jean-Port-Royal, Acadie.
Morin, Marie,
veuve de Jacques Cocheu.

1750, (3 nov.) Quebec. [9]

II.—PINET, Alexis, [Antoine I
navigateur.
Gaffé, Marie-Anne. [Jean-Bte I
Alexis, b [9] 17 dec. 1751. — *Marie-Anne*, b [9] 23 janvier 1753.—*Jean-Baptiste*, b [9] 8 juillet et s [9] 4 sept. 1755.—*Marie-Geneviève*, b [9] 9 août 1756 — *Claude*, b [9] 23 mars et s [9] 11 août 1758.—*Marie-Geneviève*, b [9] 20 juin et s [9] 4 sept. 1759.—*Marie-Catherine*, b [9] 26 nov. 1762.

1756, (7 janvier) Ile-St-Jean, Acadie.

I.—PINET, Pierre, fils de Charles et de Marie Thetard (Acadiens).
1° Trahan, Monique, b 1736 ; fille de Jean-Baptiste et de Catherine Boudrot (Acadiens), s 26 fevrier 1758, à St-Charles. [2]
Anonyme, b [2] et s [2] 26 fevrier 1758.

1758, (30 oct.) [2]

2° Vianeau, Marie. [Michel

1765, (18 février) Kamouraska. [5]

I.—PINET, Pierre, fils de Julien et d'Antoinette Cocralle, de Charleaudre, diocèse d'Avranches, Normandie.
Michaud, Marguerite. [Louis III
Marguerite, b [5] 8 nov. 1765. — *Marie-Anne*, b [5] 29 oct. 1766 ; m [5] 17 janvier 1785, à Jean Chassé. — *Benjamin*, b [5] 9 dec. 1768.—*Louis*, b [5] 16 sept 1770.

PINGUET.— *Variation et surnoms :* Payet — De la Glardière — DeMontigny—DeTargis —DeVaucour.

(1) Voy. Desmarets dit Lamothe, vol. I, p. 189 ; voy aussi p. 486.

1652, (15 oct.) *Québec.* [9]

II.—PINGUET (1), NOEL, [LOUIS-HENRI I.
b 1630; s [9] 11 juin 1685.
DUPONT, Marie-Madeleine,
b 1636; s [9] 29 sept. 1696.
Jean, b [9] 8 déc. 1655; ordonné [9] 21 déc. 1680; s [9] 20 mars 1715.

1659, (4 nov.) Québec.

II.—PINGUET (1), PIERRE, [LOUIS-HENRI I.
b 1630, s 22 avril 1704, à Ste-Foye.
LECHEVALIER, Anne. [CHARLES I.

1691, (8 janvier) Québec. [4]

III.—PINGUET (2), JACQUES, [NOEL II.
b 1668; s [4] 16 mai 1729.
1° MORIN (3), Marie-Anne, [JEAN-BTE II.
b 1675; veuve de Gilles Rageot; s [4] 31 dec. 1702.
1705, (10 fevrier). [4]
2° HUBERT, Marie-Charlotte, [RENÉ I.
b 1683; s 26 avril 1760, à Ste-Foye.
Joseph-François-Régis, b [4] 10 mai 1721; s [4] 15 sept. 1758.

1740, (7 juin) Québec. [2]

IV.—PINGUET (4), NIC.-CHARLES, [JACQUES III.
b 1713; s [2] 16 mai 1751.
MARCOU, Madeleine, [NOEL II.
b 1704; veuve d'Antoine Carpentier.
Charles, b [2] 11 mars 1741; m [2] 24 janvier 1774, à Françoise CHAUVEAU. — *Jacques-Nicolas,* b [2] 20 janvier 1743; m [2] 29 oct. 1776, à Geneviève SÉGUIN; s [2] 7 janvier 1793.

PINGUET, JOSEPH, b 1675; s 8 janvier 1720, à Quebec.

IV.—PINGUET (5), JOS.-FRS-RÉGIS, [JACQ. III.
b 1721; s 15 sept. 1758, à Québec (dans l'eglise.)

1774, (24 janvier) Québec.

V.—PINGUET (6), CHARLES, [NIC.-CHARLES IV.
b 1741.
CHAUVEAU, Françoise, [CLAUDE II.
b 1753.

1776, (29 oct.) Quebec. [2]

V.—PINGUET, JACQ.-NICOLAS, [NIC.-CHARLES IV.
b 1743; notaire et avocat; s [2] 7 janvier 1793.
SEGUIN, Geneviève, [JOSEPH I.
b 1750.
Françoise, b 1782; s 2 février 1784, à St-Augustin.

PINON.—*Surnom :* LASANTÉ.

(1) Voy. vol. I, p. 487.
(2) Sieur de Vaucour, voy. vol. I, p. 487.
(3) Rochebelle.
(4) Dit Montigny—Vaucour; notaire royal et juge sénéchal de la seigneurie de Beauport.
(5) Capitaine de la flûte du roy *L'Outarde.*
(6) Vaucour.

1742, (22 janvier) St-Thomas. [2]

I.—PINON (1), LOUIS, b 1714; fils de Julien et de Mathurine Breslé, de Dongré, diocèse d'Angers, Anjou; s [2] 13 dec. 1749.
CHRÉTIEN (2), Marie-Anne. [JEAN II.
Joseph-Marie, b [2] 23 juillet 1744; s [2] 4 avril 1747. — *Marie-Elisabeth,* b [2] 10 mars 1746 — *Nicolas,* b [2] 6 dec. 1747; s [2] 13 déc. 1749. — *Marie* et *Victoire,* b [2] 1er et s [2] 2 juin 1749.

PINOT.—Voy. PINEAU.

PINPARÉ.—Voy. PIMPARÉ.

PINSIER, PIERRE (3), né le 19 avril 1779, à Batiscan.

PINSONNAULT.—Voy. PINSONNEAU.

PINSONNEAU.—*Variation et surnom :* PINSONNAULT—LAFLEUR.

I.—PINSONNEAU (4), FRANÇOIS,
b 1646; s 27 janvier 1731, à Laprairie. [8]
LEBER, Anne,
b 1647; s [8] 30 janvier 1732.
Pierre, b 3 avril 1674, à Sorel [9]; m 19 oct. 1700, à Marie-Charlotte LECOURS, à Montreal [7]; s [8] 22 sept. 1744. — *Marie-Anne,* b [9] 2 nov. 1676; m [7] 11 oct. 1694, à Nicolas BRAZEAU; s [7] 17 janvier 1741. — *Jacques,* b... m [8] 21 juillet 1712, à Marie BOURASSA.

1700, (19 oct.) Montreal.

II.—PINSONNEAU, PIERRE, [FRANÇOIS I.
b 1674, s 22 sept. 1744, à Laprairie. [8]
LECOURS, Marie-Charlotte, [MICHEL I.
b 1678; veuve de Benoît Bisaillon; s [8] 25 mai 1741.
Paul, b [8] 17 nov. 1701; m 1722, à Marie-Joseph TESSIER; s [8] 7 juin 1742. — *Jean,* b [8] 4 déc. 1702. — *Pierre,* b [8] 16 mai 1704; 1° m [8] 14 janvier 1725, à Marie-Catherine BISAILLON; 2° m [8] 21 avril 1732, à Françoise ROBERT. — *Charlotte,* b [8] 25 juillet 1706; m [8] 23 janvier 1730, à Joseph LALANNE; s [8] 23 fevrier 1737. — *Marie-Françoise,* b 1708; m [8] 1er fevrier 1734, à Louis LEFEBVRE. — *François,* b [8] 25 sept. 1709; m [8] 9 janvier 1736, à Elisabeth GERVAIS; s [8] 28 mars 1741.— *Joseph,* b [8] 2 mai 1711; m [8] 25 juin 1736, à Marie-Louise LEFEBVRE; s [8] 8 février 1744.— *Agnès,* b [8] 8 sept. 1712; m [8] 30 oct. 1741, à Louis LEFEBVRE; s 19 fevrier 1769, à St-Philippe.— *Jean-Baptiste,* b [8] 24 janvier 1715; s [8] 8 mars 1736.

(1) Dit Lasanté; soldat de Lantagnac.
(2) Elle épouse, le 30 juillet 1758, Pierre Lamarre, à St-Thomas.
(3) Fils naturel de Chrétien-Théodore-Henri Pinsier (lieutenant dans les troupes allemandes) et de Claire Desmarets.
(4) Dit Lafleur; voy. vol. I, p. 487.

1712, (21 juillet) Laprairie. [9]

II.—PINSONNEAU (1), JACQUES. [FRANÇOIS I.
BOURASSA, Marie. [FRANÇOIS I.
Marie-Françoise, b [9] 27 janvier 1717 ; m [9] 14 avril 1738, à Joseph BROSSEAU. — *Marie-Anne*, b [9] 27 août 1718, m [9] 26 janvier 1739, à René DUPUIS. — *Jacques*, b [9] 21 mars 1720. — *Marie-Françoise*, b [9] 5 oct. 1721. — *René*, b [9] 23 mai 1724 ; m 1754, à Angélique BODIN.— *Marie-Marguerite*, b [9] 28 nov. 1725 ; m [9] 22 fevrier 1745, à Antoine-François MOQUIN.—*Marie-Françoise*, b [9] 7 oct. et s [9] 18 déc. 1727. — *François*, b... m [9] 19 février 1748, à Anne-Catherine BROSSEAU. — *Paschal*, b [9] 19 avril 1729 ; m [9] 5 fevrier 1753, à Marguerite BOURDEAU. — *Marie-Rose*, b [9] 11 août 1731 ; s [9] 2 mars 1732.—*Joseph*, b [9] 11 avril 1733 ; 1° m 13 janvier 1755, à Marie-Anne DUPUY, à St-Constant, 2° m [9] 2 février 1761, à Marie-Madeleine DUQUET.—*Pierre-Marie*, b [9] 19 février et s [9] 28 avril 1735.—*Marie-Amable*, b [9] 19 déc. 1739. — *Marie-Jeanne*, b [9] 23 et s [9] 31 mars 1743.

1722.

III.—PINSONNEAU, PAUL, [PIERRE II.
b 1701 ; s 7 juin 1742, à Laprairie. [9]
TESSIER, Marie-Joseph.
Rosalie, b [9] 19 juin 1723 ; 1° m [9] 17 fevrier 1749, à Claude-Joseph LEFEBVRE ; 2° m [9] 9 nov. 1761, à Ignace COTÉ.—*Félicite*, b [9] 17 avril 1726. — *Marie-Charlotte-Joseph*, b [9] 10 nov. 1728 ; m [9] 8 oct. 1753, à Jacques DENEAU. — *Joseph*, b... s [9] 4 sept. 1730.—*Marie-Joseph*, b [9] 11 sept. 1730, m [9] 18 fevrier 1754, à Louis COTÉ.—*Thomas*, b [9] 1er déc. 1731 ; m à Euphrasie ARTAUD. — *Marie-Louise*, b [9] 29 juillet et s [9] 6 sept. 1733. — *Marie-Joseph*, b [9] 24 nov. 1734. — *Ignace-Rigobert*, b [9] 13 juillet 1736 ; m [9] 22 février 1762, à Marie-Joseph PAYAN. — *Marie-Madeleine*, b [9] 10 mars 1739.—*Elisabeth*, b [9] 29 mai et s [9] 15 juin 1740.

1725, (14 janvier) Laprairie. [9]

III.—PINSONNEAU, PIERRE, [PIERRE II.
b 1704.
1° BISAILLON, Marie-Catherine, [ETIENNE I.
b 1688 ; veuve de Pierre Moquin ; s [9] 30 oct. 1728.
Pierre, b [9] 16 sept. 1726 ; 1° m [9] 29 janvier 1748, à Geneviève DENEAU ; 2° m 22 oct. 1759, à Marie-Joseph DUPUIS, à St-Philippe ; s 13 mars 1761, à St-Constant. — *François-Michel*, b [9] 1er oct. 1727 ; m 1753, à Madeleine GIROUX.
1732, (21 avril). [9]
2° ROBERT, Françoise, [ANDRÉ I.
b 1707.

1736, (9 janvier) Laprairie [9]

III.—PINSONNEAU, FRANÇOIS, [PIERRE II.
b 1709, s [9] 28 mars 1741.
GERVAIS, Elisabeth, [JEAN II.
b 1716 ; s [9] 24 oct. 1737.

(1) Dit Lafleur.

1736, (25 juin) Laprairie. [9]

III.—PINSONNEAU, JOSEPH, [PIERRE II
b 1711 ; s [9] 8 fevrier 1744.
LEFEBVRE (1), Marie-Louise, [FRANÇOIS II
b 1718.
Joseph-Louis, b [9] 18 nov. 1738 ; m 23 avril 1770, à Marie-Judith BARETTE, à St-Constant.— *Anonyme*, b [9] et s [9] 7 août 1740.— *Pierre-Albert*, b [9] 7 août 1740 ; s [9] 3 sept. 1741. — *François*, b [9] 27 mars 1742.

1748, (29 janvier) Laprairie.

IV.—PINSONNEAU, PIERRE, [PIERRE III
b 1726 ; s 13 mars 1761, à St-Constant. [6]
1° DENEAU, Geneviève, [CHARLES II
b 1730 ; s 16 déc. 1758, à St-Philippe. [7]
Pierre, b... m [6] 3 avril 1769, à Marie-Marguerite ROBERT.—*Gertrude*, b [6] 30 juin 1757.—*Marie-Anne*, b [7] 15 déc. 1758.
1759, (22 oct.) [7]
2° DUPUIS (2), Marie-Joseph, [JEAN II
b 1737.
Hypolite, b [6] 2 déc. 1760.

1748, (19 fevrier) Laprairie.

III.—PINSONNEAU, FRANÇOIS. [JACQUES II
BROSSEAU, Anne-Catherine. [PIERRE II

1753, (5 février) Laprairie.

III.—PINSONNEAU, PASCHAL, [JACQUES II
b 1729.
BOURDEAU, Marguerite, [JOSEPH II
b 1731.

1753.

IV.—PINSONNEAU, FRS-MICHEL, [PIERRE III
b 1728.
GIROUX (3), Madeleine,
s 16 janvier 1769, à St-Philippe. [3]
Pierre, b 21 juin 1754, à St-Constant. [4]—*François*, b [3] 9 sept. 1758. — *Jean-Baptiste*, b [4] 26 oct. 1761.

1754.

III.—PINSONNEAU, RENÉ, [JACQUES II
b 1724.
BODIN, Angelique.
Marie-Angélique, b 31 mars 1755, à St-Constant.—*Marie-Joseph*, b 23 mars et s 6 juillet 1759 à St-Philippe. [8]—*Louis*, b [8] 13 nov. 1760.— *Paul*, b [8] 19 avril 1763.

1755, (13 janvier) St-Constant.

III.—PINSONNEAU, JOSEPH, [JACQUES II
b 1733.
1° DUPUY, Marie-Anne, [FRANÇOIS III
b 1735.
1761, (2 fevrier) Laprairie.
2° DUQUET, Marie-Madeleine, [ETIENNE III
b 1734.

(1) Elle épouse, le 26 sept. 1746, Paul Deneau, à Laprairie.
(2) Elle épouse, le 28 janvier 1771, Pierre Lefebvre, à St-Philippe.
(3) Dit Girard.

1762, (22 février) Laprairie.
IV.—PINSONNEAU, IG.-RIGOBERT, [PAUL III.
b 1736.
PAYAN, Marie-Joseph, [JOSEPH-JACQUES II.
b 1740; veuve de Jacques Delprat.

1769, (3 avril) St-Constant.
V.—PINSONNEAU, PIERRE. [PIERRE IV.
ROBERT, Marie-Marguerite. [JACQUES IV.

1770, (23 avril) St-Constant.
IV.—PINSONNEAU, JOS.-LOUIS, [JOSEPH III.
b 1738.
BARETTE, Marie-Judith. [PIERRE III.

IV—PINSONNEAU, THOMAS, [PAUL III
b 1731.
ARTAUD (1), Euphrasie.
Paul-Théophile, b... m 17 août 1807, à Clotilde RAYMOND, à Laprairie.

1807, (17 août) Laprairie.
V.—PINSONNEAU, PAUL-THÉOPH. [THOMAS IV.
RAYMOND, Clotilde. [JEAN-BTE IV.
Jacques-Alfred, b 25 fevrier 1812, à St-Philippe.[2]—*Adolphe* (2), b[2] 25 nov. 1815; ordonne 19 dec. 1840, à Paris.—*Honorine*, b... sœur grise.—*Zaïre*, b... Ursuline, Trois-Rivières.

PINTARDE —Voy. POYER.

PIO.—Voy. PIOT.

I—PIOCHAU (3), JEAN, s 26 juin 1735, à la Petite-Rivière.

PION.—*Surnom :* LAFONTAINE.

1673, (19 sept.) Québec.
I.—PION (4), NICOLAS.
AMIOT (5), Jeanne.
Jeanne, b 29 sept. 1676, à Sorel; 1° m 9 février 1694, à Jean SÉRÉ, à Montreal[1], 2° m[1] 4 sept. 1727, à Louis DUCHARME; s[1] 27 oct. 1748.—*Maurice*, b 13 août 1684, à Contrecœur; m 1717, à Therèse CHICOINE; s 21 dec. 1727, à Verchères.

1717.
II.—PION (6), MAURICE, [NICOLAS I.
b 1684; s 21 déc. 1727, à Verchères[7]
CHICOINE (7), Therèse, [PIERRE I.
b 1688.
Marie-Joseph, b 5 juin 1718, à St-Ours[8], 1° m à Jean-Baptiste JARRET; 2° m[7] 8 nov. 1751, à Louis COTÉ.—*Jean*, b[7] 28 sept. 1719; m[7] 16 août 1740, à Louise-Angelique TÉTREAU.—*Therèse*, b[8] 17 mai 1721; 1° m[7] 11 fevrier 1743, à Maurice GUERTIN; 2° m[7] 2 février 1756, à Ambroise GUYON.—*Elisabeth*, b 1723; m[7] 4 juin 1742, à Andre MAZURÉ.—*Marie-Rose*, b[8] 23 avril 1724.—*Jean-Louis*, b 1726; m 1750, à Marguerite GUERTIN.

1740, (16 août) Verchères.[1]
III.—PION, JEAN, [MAURICE II.
b 1719.
TÉTREAU, Louise-Angélique. [JACQUES II.
Joseph, b[1] 29 avril 1753.—*Marie-Louise*, b[1] 6 janvier 1756.

1750.
III.—PION (1), JEAN-LOUIS, [MAURICE II.
b 1726.
GUERTIN, Marguerite. [GABRIEL II.
Louis, b 18 mai 1751, à Verchères.[5]—*Amable*, b[5] 25 fevrier 1753.—*Marguerite*, b[5] 22 juillet 1754.—*Joseph*, b[5] 4 fevrier 1756.—*Joseph*, b[5] 21 dec. 1759.

PIOT.—*Variations et surnoms :* PIAU—PIO—DE L'ANGLOISERIE—PICARD.

1691, (15 août) Sorel.
I.—PIOT (2), CHARLES-GASPARD,
b 1655, s 21 fevrier 1715, à Québec.
DUGUÉ, Marie-Therese, [SIDRAC I.
b 1671; s 17 juillet 1744, à Montreal.[2]
Charlotte-Angelique, b[2] 2 août 1696, sœur Ste Rosalie, cong. N-D., s[2] 2 mai 1744.—*Suzanne*, b[2] 21 juin 1700, m[2] 25 oct. 1730, à Jean-Baptiste CÉLORON.—*Marie-Marguerite*, b 11 fevrier 1702, à Varennes; sœur Ste Hypolite, cong. N-D., s[2] 12 fevrier 1781.

1749, (14 avril) Trois-Rivières.[1]
I.—PIOT (3), NICOLAS-FRANÇOIS, soldat; fils de Nicolas et de Geneviève Letellier.
CHAILLE, Françoise, [FRANÇOIS II.
b 1723.
Jean-Nicolas, b[1] 19 nov. 1749; s[1] 11 mai 1754.—*Joseph*, b[1] 6 sept. 1751.—*Marie-Joseph*, b[1] 12 mars 1753.—*Marie-Geneviève*, b[1] 17 dec. 1754.—*Charles*, b[1] 4 mars et s[1] 3 juin 1757.—*Claire*, b[1] 18 avril 1759; s[1] 19 mai 1760.

1761, (24 août) St-Laurent, M.
I.—PIOT, TOUSSAINT, fils d'Olivier et d'Hélène Drian, de St-Germain-de-Rennes, Bretagne.
COUVRET, Veronique. [JEAN-BTE II.

PIPARDEAU.—Voy. COUTRET.

I.—PIPART-DENORÉ (4), ..., b 1663; s 28 oct. 1713, à Montreal.

PIPEREAU.—Voy. PUYPEROUX.

PIPERON.—Voy. PUYPEROUX.

(1) Pour Hertaux.
(2) Evêque de London, Ontario.
(3) Matelot du navire le *Comte de Toulouse*.
(4) Dit Lafontaine; voy. vol. I, p. 488.
(5) Elle epouse, le 12 nov. 1704, François Chicoine, à Contrecœur.
(6) Dit Lafontaine.
(7) Elle épouse, le 24 avril 1729, Paul Tétreau, à Verchères.

(1) Dit Lafontaine.
(2) DeL'Angloiserie; chevalier de St. Louis—voy. vol. I, p. 488.
(3) Dit Picard.
(4) Sieur Dumesnil; major des troupes.

PIQUET. — *Variation et surnom :* PICQUET — LAFLEUR.

1706, (10 février) Québec. [1]

I.—PIQUET (1), JOSEPH, fils d'Eustache et de Jeanne Boucher, de Goudaine, diocèse du Mans, Maine.
MÉRIENNE (2), Marie-Therèse, [JEAN I. b 1688; s [1] 11 mai 1760.
Joseph, b [1] 14 sept. 1708.—*François-Eustache*, b [1] 4 oct. 1710; m 25 oct. 1734, à Charlotte GAUDRY, à Montreal. [2]—*Noël*, b [1] 25 déc. 1712; 1° m [2] 22 avril 1748, à Angelique POITRAS; 2° m 11 janvier 1790, à Marie-Anne CHALUT, à Repentigny.—*Marie-Thérèse*, b [1] 13 nov. 1714; m [1] 5 fevrier 1741, à Louis COINTA.—*Nicolas*, b 1716; s 30 janvier 1736, à Lorette. [3]—*Marguerite-Joseph*, b [1] 2 janvier et s [1] 27 fevrier 1717.—*Marie-Thérèse*, b [1] 16 janvier 1718.—*Marie-Jeanne*, b [1] 20 mai 1720; m [3] 11 février 1743, à Pierre JOBIN; s [3] 10 juin 1748.—*Pierre*, b [1] 19 juillet et s [1] 10 août 1722.—*Pierre*, b [1] 11 et s [1] 16 sept. 1723.—*Marie-Louise*, b [1] 10 nov. 1724; s [1] 4 avril 1725.—*Jean-Marie*, b [1] 15 février 1726.—*Nicolas-Marie*, b [1] 19 oct. 1729; s [1] 16 juillet 1730.—*Marie-Françoise*, b [1] 12 juillet et s [1] 2 août 1731.—*Louis-François*, b [1] 9 mars 1734; m 16 janvier 1764, à Marie-Charlotte VOYNE, à la Pte-aux-Trembles, M.

1734, (25 oct.) Montréal. [4]

II.—PIQUET, FRANÇOIS-EUSTACHE, [JOSEPH I. b 1710.
GAUDRY (3), Charlotte, [ANDRÉ II. b 1715.
François, b [4] 1er sept. 1735.—*Charles-Amable*, b [4] 3 janvier 1738; m [4] 21 nov. 1774, à Marie-Joseph LEDUC.—*Jean-Baptiste*, b [4] 14 février et s [4] 10 mars 1740.—*Jeanne-Pierre*, b [4] 13 fevrier 1742; m [4] 8 nov. 1762, à Antoine PERROT.—*Marie-Thérèse*, b [4] 21 janvier et s [4] 18 juillet 1744.—*Marguerite*, b [4] 1er mai et s [4] 20 août 1745.—*Marie-Joseph*, b [4] 22 sept. et s [4] 2 dec. 1747.—*Michel*, b [4] 7 et s [4] 26 nov. 1748.—*Jean-Baptiste-Joseph*, b [4] 18 février 1750; m [4] 2 fevrier 1778, à Marguerite RENAUD; s [4] 6 nov. 1783.

1748, (22 avril) Montréal. [5]

II.—PIQUET, NOEL, [JOSEPH I. b 1712; voyageur.
1° POITRAS, Angélique, [LOUIS II. b 1718.
Marie-Angélique, b [5] 27 oct. et s [5] 18 nov. 1754.

1790, (11 janvier) Repentigny. [6]

2° CHALUT, Marie-Anne, [JACQUES II. b 1729; veuve de Pierre Baudoin; s [6] 24 sept. 1794.

I.—PIQUET (4), FRANÇOIS, d'Avignac, diocèse de St-Malo, Bretagne.

(1) Dit Lafleur.

(2) Lasolaye.

(3) Lanoix; elle épouse, le 17 janvier 1763, Joseph Rives, à Montréal.

(4) Neveu de Jean Boulier.

1764, (16 janvier) Pte-aux-Trembles, M.

II.—PIQUET, LOUIS-FRANÇOIS, [JOSEPH I. b 1734.
VOYNE, Marie-Charlotte, [JEAN-BTE IV. b 1740.

1774, (21 nov.) Montréal.

III.—PIQUET, CHS-AMABLE, [FRS-EUSTACHE II. b 1738.
LEDUC, Marie-Joseph, [ANTOINE III. b 1750.

PIQUET, JOSEPH.
GAUDRY-ST. GODARD, Angélique.
Jean-Baptiste, b... m 23 sept. 1816, à Marie-Joseph PARANT, à Montréal.

1778, (2 février) Montréal. [1]

III.—PIQUET, JEAN-BTE-JOS., [FRS-EUST. II. b 1750, s [1] 6 nov. 1783.
RENAUD, Marguerite, [JEAN-BTE III. b 1761.
Antoine, b... m [1] 7 nov. 1803, à Marie-Joseph CADIEUX.

1803, (7 nov.) Montréal.

IV.—PIQUET, ANTOINE. [JEAN-BTE-JOSEPH III.
CADIEUX, Marie-Joseph. [LOUIS.

1816, (23 sept.) Montréal.

PIQUET, JEAN-BTE. [JOSEPH.
PARANT, Marie-Joseph. [CHARLES.

1763, (24 janvier) St-Henri-de-Mascouche.

I.—PIRANT, JULIEN, fils de Pierre et de Marguerite Lebrun, de St-Pierre-d'Hamby, diocese de Coutances, Normandie.
CHAILLÉ, Marie-Catherine, [LS-AUGUSTIN III. b 1738.

PIRE.—Voy. HENNE-LEPINE.

PIRER.—Voy. PIREYRE.

PIRET.—Voy. FRENCHE—LAFRAMBOISE.

PIREYRE.—*Variations :* PILAIRE—PIRER.

1741, (16 janvier) Pointe-Claire. [1]

I.—PIREYRE (1), JEAN-BTE, fils de Jean-Baptiste (notaire-royal) et de Jacqueline Annat, de Beaumont-les-Rendans, diocèse de Clermont, Auvergne.
MILOT (2), Etiennette, [JACQUES II. b 1715; s 21 janvier 1767, à l'Hôpital-Général, M.
Jean-Baptiste, b [1] 18 mai 1742.—*Joseph*, b 1753. m 26 juin 1780, à Marguerite SERRURIER, à Montreal.

(1) Et Pilaire—Pirer.

(2) Et Mulot.

1780, (26 juin) Montréal.
II.—PIREYRE (1), JOSEPH, [JEAN-BTE I.
b 1753.
SERRURIER (2), Margte, [JACQUES-JEAN II
b 1763.

PISANNE.—Voy. PIZANNE, 1751.

PISCINE.—Voy. ORSON.

PISTOLET.—Voy. BEAUMONT.

PITALIER.—*Surnom :* LAMARINE.

I.—PITALIER, JEAN-BTE.
CHAPERON, Marie-Joseph.
Jean-Baptiste, b... m à Marie-Charlotte CATY. — *Marie-Joseph,* b 1728 ; m 17 février 1749, à Ignace BRODEUR, à la Pte-aux-Trembles, M. [2] — *Jean-Baptiste,* b 1732 ; s [2] 17 mars 1752.

1714, (5 avril) Repentigny. [4]
I.—PITALIER (3), CHARLES, b 1678 ; fils de Charles et de Madeleine Vasseur, d'Orléans, Orléanois; s 7 mars 1748, à Montréal. [5]
TOUIN-ROCQUE, Madeleine, [ROCH I.
b 1689 ; s [5] 8 janvier 1746.
Marie-Charlotte, b [4] 25 fevrier 1714. — *Marie-Marguerite,* b [5] 5 juin 1716 ; s [5] 20 janvier 1733. —*Pierre,* b [5] 23 juillet 1718. — *Marie-Charlotte,* b [5] 10 juillet 1722 ; m [5] 9 sept. 1744, à Barthelemi ROUTOY. — *François,* b 1724 ; m 1745, à Marie MORGEAU. — *Charles,* b 1726 ; m à Marie-Joseph BEAUCHAMP. — *Jean-Baptiste,* b... m à Charlotte BADEAU.—*Simon,* b [5] 14 avril 1729 ; s [5] 24 fevrier 1730.—*Marie-Louise,* b [5] 13 août 1734 ; 1° m [5] 9 janvier 1758, à François JUDICQ ; 2° m [5] 17 oct. 1763, à Charles-Prisque BERGEVIN ; 3° m [5] 3 mars 1783, à Augustin FOURNIER.

II.—PITALIER, JEAN-BTE. [JEAN-BTE I.
CATY, Marie-Charlotte, [PAUL I.
b 1704.
Elisabeth, b 1740 ; m 1er février 1762, à Louis BAUDRY, à la Pte-aux-Trembles, M.

II.—PITALIER, JEAN-BTE. [CHARLES I.
BADEAU, Charlotte.
Madeleine, b... 1° m 30 nov. 1754, à Michel PETIT, à Varennes; 2° m 3 avril 1769, à Charles RACICOT, à Boucherville.

1745.
II.—PITALIER (3), FRANÇOIS, [CHARLES I.
b 1724.
MORGEAU, Marie.
François, b 1746 ; m 10 fevrier 1771, à Elisabeth NORMAND, à Montreal.

II.—PITALIER (3), CHARLES. [CHARLES I.
BEAUCHAMP, Marie-Joseph.
Marie-Louise, b 11 avril 1763, à Lachenaye. [6] —*Marie-Rose,* b [6] 1er juin 1767.

(1) Marié Pilaire.
(2) Dubreuil.
(3) Dit Lamarine.

1771, (10 février) Montreal.
III.—PITALIER (1), FRANÇOIS, [FRANÇOIS II.
b 1746.
NORMAND, Elisabeth, [CHARLES IV.
b 1748.

PITARD.—Voy. PITART.

PITART.—*Variation :* PITARD.

1731, (3 mai) Québec.
I.—PITART, FRANÇOIS, fils de Jean et de Marie Gautier, de Saugeon, diocèse de Xaintes, Saintonge.
HENNE (2), Marie-Lse-Marguerite, [JACQUES II.
b 1732.
Marie-Joseph, b... m 1765, à Joseph BENOIT.— *Marie-Louise,* b 9 février 1754, à Lorette. [9] — *Jean-Baptiste,* b [9] 1er avril 1755. — *Andre,* b [9] 8 mai 1757.—*Marie,* b 5 janvier et s 8 nov. 1759, à Yamachiche. [8]— *Pierre,* b [8] 18 août 1760 ; s [8] 1er dec. 1764. — *Françoise,* b [8] 18 août 1760 ; s [8] 16 février 1761. — *Joseph,* b [8] 2 août 1762 ; s [8] 28 fevrier 1763.—*Joseph,* b [8] 9 fevrier 1764.—*Pierre,* b [8] 1er février 1766. — *Prisque,* b [8] 27 déc. 1767.

PITAUT.—Voy. BIBAUT.

1735, (5 sept.) Québec.
I.—PITHOUAS, BERTRAND, fils de Jean et de Julienne Ouimet, de Vildaiquingara, diocèse de St-Malo, Basse-Bretagne.
DUMESNIL, Françoise, [PIERRE I.
b 1713.

PITON.—*Surnoms :* LAVIOLETTE—TOULOUSE.

I —PITON (3), SIMON-DOMINIQUE,
b 1657 ; s 30 mai 1737, à Montréal. [3]
BRESAC (4), Marie.
Marie-Anne, b 1689 ; m [3] 1er février 1711, à Zacharie DESJARDINS —*Angélique,* b... sœur St-Felix (Congreg. N.-D.) ; s [3] 5 août 1709.—*Thérèse,* b [3] 29 mars 1697 ; 1° m à Jean-Baptiste MORIN ; 2° m 7 fevrier 1746, à Guillaume BONHOMME, à la Longue-Pointe. [4] — *Marguerite,* b [3] 3 juin 1699 ; s [4] 23 sept. 1717.—*Joseph,* b... m 1725, à Marie MARTIN.—*Cécile,* b [3] 17 avril 1704 ; m [4] 8 janvier 1731, à Joseph LALONGÉ.—*Pierre,* b [3] 24 fevrier 1706 , m [3] 17 nov. 1739, à Marie-Joseph POIRIER ; s [3] 2 août 1750.—*François,* b [3] 14 fevrier 1708 ; m 7 fevrier 1735, à Jeanne LANTIER, à Lachenaye.—*Angélique,* b [3] 1er nov. 1711 ; m [3] 27 nov. 1741, à Jean DUBREUIL.—*Pierre,* b [3] 24 mars 1714 ; m à Geneviève DUCHESNE ; s 25 avril 1761, à St-Vincent-de-Paul. — *Marguerite,* b [3] 21 dec. 1716 , m [3] 1er juin 1735, à Jacques VARIN.

(1) Dit Lamarine.
(2) Lepire.
(3) Dit Toulouse , voy. vol. I, p. 488.
(4) Brazeau, 1711.

1725.

II.—PITON (1), JOSEPH. [SIMON-DOMINIQUE I.
MARTIN, Marie.
Marie-Angélique, b 13 oct. 1726, à Laprairie; m 1758, à Noël BERTHIAUME.

II.—PITON (2), PIERRE, [SIMON-DOMINIQUE I.
b 1714; s 25 avril 1761, à St-Vincent-de-Paul.
DUCHESNE, Geneviève.
Marguerite, b... m 12 février 1753, à Joseph LAVIOLETTE, à Châteauguay.

1735, (7 février) Lachenaye.

II.—PITON, FRANÇOIS, [SIMON-DOMINIQUE I.
b 1708.
LANTIER, Jeanne, [JACQUES I.
b 1708.

1739, (17 nov.) Montreal. [7]

II.—PITON (2), PIERRE, [SIMON-DOMINIQUE I.
b 1706; s [7] 2 août 1750.
POIRIER (3), Marie-Joseph, [JOSEPH I.
b 1717.
Anonyme, b [7] et s [7] 9 dec. 1740.—*Pierre*, b [7] 28 nov. 1742.—*Louis*, b 24 mai 1745, à la Longue-Pointe.—*Michel*, b [7] 31 janvier et s [7] 24 août 1748.

PITRE.—Voy. BENÈQUES.

I.—PITRE (4), JEAN-BTE.
TÉRIOT, Judith.
Françoise, b... m 26 nov. 1763, à Michel CORNEAU, à Levis.

I.—PITRE, JEAN-BTE,
Acadien.
BOUDROT, Cécile,
Acadienne.
Marie-Agathe, b... m 25 sept. 1760, à Jean-Baptiste DESFOSSES, à Nicolet. [2]—*Louise*, b 1739; m [2] 10 oct 1760, à Gabriel COLTRET, s [2] 16 mai 1791.—*Joseph*, b... m [2] 7 juin 1770, à Marie-Antoinette LUPIEN.

I.—PITRE, JEAN-BTE.
LALIBERTÉ, Marie-Anne.
Jean-Baptiste, b 1746, m 8 janvier 1776, à Madeleine OMIER, à Montreal.

I.—PITRE, JOSEPH,
de Port-Royal, Acadie.
TIBAUDEAU, Catherine,
Acadienne.
Flavien, b 1746; s 25 juillet 1757, à Québec.—*Jean-Baptiste*, b... m 5 janvier 1773, à Marie-Françoise-Anne ST. COME, au Detroit.

(1) Dit Laviolette—Toulouse.

(2) Dit Toulouse.

(3) Desloges; elle épouse, le 5 mai 1755, Joseph Bourgeois, à Montréal.

(4) Acadiens, de Copeguit; lesquels s'étaient mariés aux Iles-de-la-Madeleine, par contrat naturel, en présence de quatre témoins, et avaient une fille nommee Françoise, baptisée le 24 nov. 1763.

I.—PITRE, JEAN-BTE,
Acadien.
1° TIBAUDEAU, Marie-Anne,
Acadienne.
Théotiste, b 1755; s 5 nov. 1757, à Québec. [1]—*Elisabeth*, b [1] 25 sept. 1757.

1761, (31 mars) St-Pierre-les-Becquets.

2° SURET, Anne,
veuve de Paul Doucet.
Marie-Victoire, b 23 oct. 1763, à la Longue-Pointe.—*Jean-Baptiste*, b 14 oct. 1766, à Lachine.

1770, (7 juin) Nicolet [1]

II.—PITRE, JOSEPH. [JEAN-BTE I.
LUPIEN, Marie-Antoinette, [JEAN-BTE III
b 1755.
Cécile, b... m [1] 3 mars 1794, à Jean-Baptiste DUGUAY.

1773, (5 janvier) Détroit. [4]

II.—PITRE, JEAN-BTE, [JOSEPH I
maître-menuisier.
ST. COME, Marie-Frse-Anne, [PIERRE-LAUR II
b 1753; s [4] 28 août 1783
Marie-Catherine, b [4] 29 déc. 1773, s [4] 13 juillet 1774. — *Jean-Baptiste*, b [4] 18 mars et s [4] 3 juillet 1775.—*Jean-Baptiste*, b [4] 21 et s [4] 29 fevrier 1776—*Charles-Denis*, b [4] 10 août 1777.

1776, (8 janvier) Montreal.

II.—PITRE, JEAN-BTE, [JEAN-BTE I.
b 1746.
OMIER (1), Madeleine, [MICHEL II
b 1742.

PITRE, JEAN-BTE.
CHAUVIN, Angelique.
Euphrosine, b 30 janvier 1794, au Detroit

PIVAIN.—*Variation et surnom:* PIVIN —LA RÉCOMPENSE.

I.—PIVAIN (2), PIERRE.
BÉRARD (3), Marie,
s 5 nov. 1719, à Quebec. [2]
Marie, b 12 sept 1663, à Charlesbourg [3], 1° m [2] 25 août 1676, à Jacques GLINEL; 2° m [2] 1er sept. 1710, à Jean DELOUDAIS; s 7 mai 1740, à l'Hôpital-Général, Q.— *Louis*, b [2] 7 avril 1673—*Jacques*, b [2] 22 juillet 1675; m [3] 9 fevrier 1712, à Marie-Anne LEBLANC; s [3] 1er oct 1744. — *Pierre*, b 1677; m [3] 21 fevrier 1707, à Claudine FASCHE, s 27 oct. 1757, à Beauport.

I.—PIVAIN, ANTOINE, b 1684; huissier, du Puy, Velay; s 27 avril 1739, à Montreal

1707, (21 fevrier) Charlesbourg [1]

II.—PIVAIN, PIERRE, [PIERRE I.
b 1677, s 27 oct. 1757, à Beauport. [2]
FASCHE, Claudine, [NICOLAS I
b 1685; s [1] 4 mars 1742.

(1) Et Aumier.

(2) Dit LaRecompense; voy. vol. I, p 488.

(3) A sa sépulture elle est dite âgée de 100 ans.

Marie-Joseph, b [1] 15 mai 1708 ; m [1] 6 nov. 1730, à Thomas LOIRE.—*Pierre*, b [1] 11 février 1710, 1° m [2] 5 nov. 1738, à Charlotte-Therèse GIROUX ; 2° m [1] 5 nov. 1754, à Françoise BERTHELOT.—*Anne*, b [1] 26 juillet 1711 ; m [1] 13 sept. 1745, à François GUÉGUIN.—*Elisabeth*, b [1] 21 mai 1713, s [1] 17 juillet 1714.—*Thérèse*, b [1] 4 avril 1715 ; m [1] 2 sept. 1743, à Louis GIROUX.—*Charles*, b [1] 27 janvier et s [1] 14 mars 1717.—*Anonyme*, b [1] et s [1] 28 janvier 1717.—*Jacques-Charles*, b [1] 11 mars 1718.—*Joseph*, b [1] 4 avril 1720 ; m [1] 28 juillet 1749, à Marie-Louise ALARD ; s 19 oct. 1761, à Quebec.—*Marie-Anne*, b [1] 1er avril 1722 ; m [1] 27 janvier 1744, à Louis GIROUX.—*Madeleine*, b [1] 9 dec. 1723.—*Marie-Marguerite*, b [1] 28 et s [1] 31 mai 1726.—*Madeleine*, b [1] 28 sept. 1729.—*Dominique*, b [1] 16 janvier 1730 ; s [2] 20 avril 1756.

1712, (9 fevrier) Charlesbourg. [9]

II.—PIVAIN, JACQUES, [PIERRE I.
b 1675 ; s [9] 1er oct. 1744.
LEBLANC, Marie-Anne, [JACQUES I.
b 1684 ; s [9] 27 avril 1744.

Marie-Angélique, b [9] 2 janvier 1713 ; s [9] 29 sept. 1714.—*Marie-Charlotte*, b [9] 31 mars 1714 ; s [9] 11 mai 1715.—*Jacques*, b [9] 23 sept. 1715.—*Jean-Baptiste*, b [9] 29 janvier 1717.—*Marie-Anne-Angélique*, b [9] 30 juillet et s [9] 25 août 1718.—*Jean-Charles*, b [9] 22 août 1719.—*Marie-Joseph*, b [9] 20 oct. 1720.—*Marie-Françoise*, b [9] 10 janvier 1723 ; m [9] 26 février 1748, à Joseph DUROCHER, s 5 avril 1752, à la Rivière-Ouelle.—*Pierre*, b [9] 8 mars 1725 ; m [9] 7 sept. 1750, à Geneviève HUPPÉ.—*Marie*, b [9] 2 juillet 1727.—*Elisabeth*, b... m [9] 17 juin 1748, à Etienne BIORD.

1738, (5 nov.) Beauport.

III.—PIVAIN, PIERRE, [PIERRE II.
b 1710.
1° GIROUX, Charlotte-Thérèse, [TOUSSAINT II.
b 1712 ; veuve de François Boutillet ; s 6 nov. 1747, à Charlesbourg. [8]

Pierre, b [8] 22 août 1739.—*Marie-Pelagie*, b [8] 11 mars 1741 ; s [8] 20 oct. 1743.—*Marie-Geneviève*, b [8] 12 et s [8] 16 sept. 1743.—*Ange*, b [8] 8 mars 1746.—*Joseph*, b [8] 18 août et s [8] 8 sept. 1747.

1754, (5 nov.) [8]

2° BERTHELOT, Françoise,
veuve de Jean-Baptiste Lariguour.
Louis, b [8] 20 juillet 1758.

1749, (28 juillet) Charlesbourg. [7]

III.—PIVAIN, JOSEPH, [PIERRE II.
b 1720, s 19 oct 1761, à Quebec.
ALARD, Marie-Louise, [GEORGES II.
b 1717, s [7] 24 janvier 1754.

Joseph-Marie, b [7] 10 juillet 1750.—*Marie-Louise*, b [7] 1er mars et s [7] 10 avril 1752.

1750, (7 sept.) Charlesbourg.

III.—PIVAIN, PIERRE, [JACQUES II.
b 1725.
HUPPÉ, Geneviève, [CHARLES III.
b 1730.

III.—PIVAIN, DOMINIQUE, [PIERRE II.
b 1730, s 20 avril 1756, à Beauport.

PIVERT.—*Surnom :* PARISIEN.

1744, (17 février) Montréal. [3]

I.—PIVERT (1), LOUIS, b 1719, fils de Louis et de Marguerite Corsa, de St-Sulpice, Paris.
1° CHARON, Elisabeth, [PIERRE III.
b 1722, s [3] 22 mai 1756.

Louis, b [3] 1er janvier et s [3] 24 juin 1745.—*Louis*, b [3] 15 août 1746.—*Pierre*, b [3] 29 juin 1748 ; s [3] 14 juin 1749.—*Marie-Elisabeth*, b [3] 20 juin et s [3] 25 août 1750.

1757, (17 janvier). [3]

2° VIGER, Marie-Joseph, [CHARLES III.
b 1727.

Marguerite, b 1758 ; m [3] 14 sept. 1778, à Michel BÉLAND.

PIVIN.—Voy. PIVAIN.

PIZANNE.—*Variation :* PISANNE.

1751, (19 avril) Quebec. [1]

I.—PIZANNE, NICOLAS, navigateur ; fils de François et de Madeleine Tamar, de St-Pierre, ville de Bordeaux.
NESLE, Louise, [FRANÇOIS I.
b 1731.

Nicolas-Michel, b [1] 11 juillet 1752 ; m [1] 14 août 1775, à Françoise EZEQUEL.—*Louise*, b [1] 4 sept 1753.—*Jean-Baptiste*, b [1] 15 juin 1755 ; s [1] 27 juin 1756.

1775, (14 août) Québec.

II.—PIZANNE, NICOLAS-MICHEL, [NICOLAS I.
b 1752.
EZÉQUEL (2), Françoise. [YVES III.

PLADEAU.—Voy. PALADEAU.

PLAGNOT.—Voy. HAMELIN.

1757, (23 mai) Montréal.

I.—PLAID, FRANÇOIS, b 1728 ; fils de François et de Françoise Caillou, de Gardevilliers, Metz, Lorraine.
LAFOY, Elisabeth, [ANTOINE I.
b 1739.

PLAIRAND, EMOND.
DESRIVIÈRES, Marie.
François, b 7 fevrier 1737, à Beaumont.

PLAISANCE.—Voy. PENDELETTE.

I.—PLAISANT, PIERRE, b 1664 ; s 23 août 1727, à Montreal.

PLAMONDON.—*Surnom :* LAFLEUR.

---

(1) Soldat de la compagnie de M. de St. Ours.
(2) Et Chiquet.

1680, (23 avril) Laprairie. [2]
I.—PLAMONDON (1), PHILIPPE,
b 1641; s 15 sept. 1691, à Montreal.
CLÉMENT, Marguerite. [JEAN I.
Benoît, b [2] 24 déc. 1685; m [2] 17 nov. 1710, à Angelique ROUSSEAU.

1709, (2 mai) Lorette. [1]
II.—PLAMONDON (2), PIERRE, [PHILIPPE I.
b 1683.
HAMEL, Marie-Charlotte, [JEAN-FRANÇOIS II.
b 1691.
Marie-Félicité, b [1] 16 mars 1710; m [1] 13 nov. 1731, à Ignace BERTHIAUME.—*Pierre,* b [1] 12 avril 1711. — *Ignace,* b [1] 25 août 1712; m [1] 7 janvier 1739, à Thérèse DROLET. —*Joseph,* b [1] 16 avril 1714; m 6 février 1741, à Marguerite MARET, à L'Ange-Gardien.—*Marguerite,* b [1] 2 janvier 1716; m [1] 11 janvier 1734, à Pierre DROLET. — *Michel,* b [1] 20 fevrier 1717; m [1] 29 nov. 1749, à Catherine ROBITAILLE.— *Catherine,* b [1] 18 juillet 1718; m [1] 22 janvier 1742, à Louis MARET. — *Antoine,* b [1] 14 nov. 1719; m 1746, à Marie-Ursule MARET. —*Jean-Baptiste,* b [1] 12 janvier 1721; s [1] 6 août 1732. — *Charles,* b [1] 2 avril 1722, s [1] 14 nov. 1742. — *Jacques,* b [1] 24 oct. 1723; m [1] 19 mai 1749, à Marguerite DROLET. — *André,* b [1] 9 avril 1727; m [1] 22 fevrier 1751, à Felicité MEUNIER.— *Marie-Anne,* b [1] 23 juin 1728; m [1] 23 août 1750, à Alexandre TRUDEL. — *Joachim,* b [1] 26 avril 1730; m [1] 9 fevrier 1756, à Therèse PAGEOT.— *Marie-Jeanne,* b [1] 2 avril 1736; m [1] 28 avril 1755, à Pierre BOUTET.

1710, (17 nov.) Laprairie. [1]
II.—PLAMONDON, BENOIT, [PHILIPPE I.
b 1685.
ROUSSEAU (3), Angélique, [ANTOINE I.
b 1686.
Angélique, b [1] 4 et s [1] 6 sept. 1711.—*Marie-Angélique,* b [1] 21 sept. 1715.—*Marie-Angélique,* b [1] 14 août 1717; s [1] 6 mars 1733.—*Marie-Anne,* b [1] 14 août 1719; m [1] 9 mai 1735, à Joseph NORMANDIN.

1739, (7 janvier) Lorette. [2]
III.—PLAMONDON, IGNACE, [PIERRE II.
b 1712; arpenteur.
DROLET, Marie-Therèse, [JACQUES III.
b 1721.
Marie-Thérèse, b [2] 31 août 1741.—*Marie-Louise,* b [2] 23 janvier 1743; s [2] 24 fevrier 1757.—*Marie-Marguerite,* b [2] 25 sept. 1744; m [2] 22 nov. 1763, à Jean-Baptiste LÉGARÉ —*Marie-Joseph,* b [2] 6 sept. 1748.—*Pierre,* b [2] 21 avril 1750.—*Ignace,* b... 1° m 16 nov. 1772, à Marie-Joseph GAUVIN, à Ste-Foye [3]; 2° m [3] 7 nov. 1780, à Marie-Louise DELISLE.—*Jean-Baptiste,* b [2] 20 mai 1755.—*Joseph,* b [2] 8 dec. 1757.

(1) Voy. vol. I, p. 489.
(2) Dit Lafleur.
(3) Labonté.

1741, (6 février) L'Ange-Gardien.
III.—PLAMONDON (1), JOSEPH, [PIERRE II
b 1714.
MARET, Marguerite, [CHARLES II
b 1721.
Marie-Marguerite, b 1er août 1742, à Lorette [6], m [6] 25 janvier 1762, à Jean VALIN.—*Marie-Joseph,* b [6] 15 juillet 1743; s [6] 2 juin 1754.—*Marie-Charlotte,* b [6] 15 mars 1745.—*Michel,* b [6] 13 mai 1748. —*Pierre-Marie,* b [6] 8 dec. 1749; s [6] 27 sept. 1750. —*Jean-Marie,* b [6] 23 août 1751.—*Joachim,* b [6] 25 mars et s [6] 24 juillet 1753.—*Pierre,* b [6] 5 août 1754. — *Marie-Catherine,* b [6] 31 août 1758 — *Pierre,* b [6] 10 janvier 1761.—*Michel-Marie,* b [6] 30 juin 1762.

1746.
III.—PLAMONDON, ANTOINE, [PIERRE II
b 1719.
MARET, Marie-Ursule.
Marie-Charlotte, b 26 juillet 1747, à Lorette [7] — *Charles-Antoine,* b [7] 24 fevrier 1749. — *Marie-Joseph,* b [7] 22 mars 1750.—*Marie-Marguerite,* b [7] 15 avril et s [7] 3 mai 1751.—*Marie-Catherine,* b [7] 17 avril 1753.—*Jean-Baptiste,* b [7] 22 janvier 1755 — *Prisque-Dominique,* b [7] 4 août 1756; s [7] 27 août 1758.—*Marie-Marguerite,* b [7] 17 mai et s [7] 31 août 1758.—*Pierre,* b [7] 1er sept. 1761.—*Charles,* b [7] 4 et s [7] 14 nov. 1762.—*Jean-François-Regis,* b [7] 29 janvier et s [7] 30 juillet 1764.

1749, (19 mai) Lorette. [8]
III.—PLAMONDON, JACQUES, [PIERRE II
b 1723.
DROLET, Marguerite, [PHILIPPE III
b 1732.
Jacques-Augustin, b [8] 27 août 1751.—*Marguerite,* b 1752; s 15 oct. 1784, à Québec. [9] — *Joachim,* b [8] 19 janvier 1754.—*Jacques,* b [8] 19 janvier 1754; m [9] 8 janvier 1776, à Therèse GOSSELIN, s [9] 7 mai 1778.—*René-Timothée,* b [8] 30 mars 1755.—*Marie-Rosalie,* b [8] 3 sept. 1756.—*Marie,* b 1757; m [9] 23 juillet 1776, à Pierre-Amable RATÉ; s [9] 14 sept. 1779.—*Michel,* b [8] 19 janvier et s [8] 24 oct. 1758.—*Louis,* b [8] 7 juin 1759.—*Jean,* b 9 sept. 1760, à St-Augustin; m [9] 21 nov. 1786, à Marie-Anne LEDROIT.—*Ignace,* b [8] 25 fevrier 1762. — *Marie-Madeleine,* b [8] 20 juin 1763. — *Marie-Thérèse,* b [8] 7 déc. 1764.—*Marie-Anne,* b... m [9] 10 février 1789, à Pierre CLOISEL.—*Joseph,* b... m [9] 18 mai 1790, à Elisabeth LEDROIT.— *Catherine,* b... m [9] 21 nov. 1786, à Pierre FRÉCHETTE.

1749, (29 nov.) Lorette. [2]
III.—PLAMONDON (1), MICHEL, [PIERRE II.
b 1717.
ROBITAILLE, Catherine, [ANDRÉ II.
b 1719.
Michel, b [2] 9 oct. 1750; s [2] 7 avril 1751.— *Joseph-Marie,* b [2] 21 juillet 1754; s [2] 2 nov. 1756. — *Marie-Thérèse,* b [2] 4 nov. 1756. — *Jacques,* b [2] 15 février 1759. — *Jean-Baptiste,* b [2] et s [2] 29 oct. 1760.—*Marie-Madeleine,* b 4 janvier 1762, à Ste-Foye.—*Joseph-Marie,* b [2] 24 août 1764.

(1) Dit Lafleur.

1751, (22 février) Lorette [2]
III.—PLAMONDON, ANDRÉ, [PIERRE II.
b 1727.
MEUNIER, Félicité, [JEAN III.
b 1734.
Pierre, b [2] 27 dec. 1751. — *Marie-Félicité*, b [2] 3 juin 1753. — *André*, b [2] 7 août 1754. — *Marie-Félicité*, b [2] 21 août et s [2] 26 sept. 1757.—*Joseph*, b [2] 11 avril 1759.—*Jean-Baptiste*, b 24 sept. 1760, à la Pte-aux-Trembles, Q.—*Ignace*, b [2] 28 fevrier 1762.— *Marie-Joseph*, b [2] 13 oct. 1763. — *Michel*, b [2] 26 oct. 1764.

1756, (9 février) Lorette [2]
III.—PLAMONDON, JOACHIM, [PIERRE II.
b 1730.
PAGEOT, Thérèse, [JEAN III.
b 1733.
Pierre-Joachim, b [2] 18 oct. 1758 ; m 31 janvier 1785, à Marguerite PETITCLERC, à St-Augustin.— *Marie-Thérèse*, b [2] 31 mai 1761 ; s [2] 4 février 1762.— *Marie-Thérèse*, b [2] 16 fevrier 1763. — *Marie-Catherine*, b [2] 11 fevrier 1765.

1772, (16 nov.) Ste-Foye [6]
IV.—PLAMONDON, IGNACE, [IGNACE III.
arpenteur.
1° GAUVIN, Marie-Joseph. [PIERRE III.
1780, (7 nov.) [6]
2° DELISLE, Marie-Louise, [AUGUSTIN III
b 1764.

PLAMONDON, PIERRE.
VALIN, Catherine.
Marie, b... m 15 nov. 1796, à Jean DROLET, à Quebec.

1776, (8 janvier) Québec [3]
IV.—PLAMONDON, JACQUES, [JACQUES III.
b 1754 ; s [3] 7 mai 1778.
GOSSELIN, Thérèse, [BASILE IV.
b 1754.
Thérèse, b .. m [3] 27 nov. 1798, à Augustin PANDELET.

1785, (31 janvier) St-Augustin.
IV.—PLAMONDON, PIERRE-JOAC., [JOACHIM III.
b 1758.
PETITCLERC, Marguerite [LOUIS-JOSEPH III.

1786, (21 nov.) Québec.
IV.—PLAMONDON, JEAN, [JACQUES III.
b 1760.
LEDROIT, Marie-Anne. [FRANÇOIS II.
François-Xavier, b 10 sept. 1791, à St-Augustin.

1790, (18 mai) Quebec.
IV.—PLAMONDON, JOSEPH. [JACQUES III.
LEDROIT, Elisabeth. [FRANÇOIS II

PLANCHAR.—Voy. RAYNAUD.

1693, (25 oct.) Quebec.
I.—PLANIOL (1), ANTOINE,
s 7 avril 1705, à St-Frs-du-Lac.
GIGUÈRE, Marie-Charlotte, [ROBERT I.
b 1654 ; veuve de Laurent Philippe ; s 5 août 1710, à Ste-Anne.

I.—PLANTANET (2), ...

PLANTE.—*Surnom :* CHAMPAGNE.

1650, (1er sept.) Quebec. [2]
I.—PLANTE (1), JEAN,
b 1621 ; s 29 mars 1706, au Château-Richer.[3]
BOUCHER, Françoise, [MARIN I.
s [3] 18 avril 1711.
Claude, b [2] 26 janvier 1653 , 1° m 7 nov. 1678, à Marie PATENOTRE, à St-François, I. O.[4] ; 2° m 6 janvier 1706, à Catherine DUFRESNE, à St-Laurent, I. O. ; s 19 nov. 1729, à Ste-Famille, I. O.[5] —*Jacques*, b 1657 ; 1° m [5] 13 nov. 1686, à Françoise TURCOT ; 2° m [3] 6 fevrier 1696, à Geneviève DUCHESNE ; s [4] 18 mars 1737.—*Pierre*, b [3] 7 avril 1666 ; m [5] 6 nov. 1691, à Marguerite PATENOTRE ; s 4 déc. 1737, à St-Jean, I. O. — *François*, b [3] 4 dec. 1668 , 1° m [3] 26 oct. 1694, à Louise BÉRARD ; 2° m [3] 25 oct. 1700, à Marie-Anne COIGNAC ; s [3] 4 janvier 1742 —*Joseph*, b [3] 15 dec. 1674 ; s [3] 17 sept. 1730.

1678, (7 nov.) Ste-Famille, I. O [6]
II.—PLANTE (1), CLAUDE, [JEAN I.
b 1653 ; s [6] 19 nov. 1729.
1° PATENOTRE, Marie, [NICOLAS I.
b 1660 ; s [6] 14 juin 1699.
Jacques, b [6] 10 fevrier 1683 ; m [6] 9 fevrier 1711, à Marie-Charlotte VAILLANCOUR ; s [6] 30 déc. 1737.—*Catherine*, b [6] 14 fevrier 1691 ; 1° m 30 oct. 1719, à Pierre GERVAIS, à Laprairie [7] ; 2° m [7] 17 juillet 1722, à Jean-Baptiste BIBAUT. — *Louis*, b [6] 28 oct. 1692 , m à Angelique PATENOTRE.— *Augustin*, b [6] 16 dec. 1694 ; m 26 avril 1718, à Geneviève CHARTIER, aux Grondines.—*Thérèse*, b [6] 10 oct. 1696 , s [6] 22 dec. 1708.—*Angélique*, b [6] 4 juillet 1698 ; m [6] 20 janvier 1721, à Louis TURCOT ; s [6] 10 fevrier 1748.
1706, (6 janvier) St-Laurent, I. O. [8]
2° DUFRESNE, Catherine, [PIERRE I.
b 1668 ; veuve de Guillaume Rouleau ; s [8] 14 janvier 1711.
Dorothée, b [8] 7 oct. 1706 ; m à Joseph FOURNIER. —*Claude*, b [8] 25 oct. 1709 , s [8] 2 fevrier 1711.

1685, (5 nov.) St-Pierre, I. O.[3]
II.—PLANTE (1), GEORGES, [JEAN I.
b 1659.
CRÉPEAU, Marguerite, [MAURICE I.
b 1669 ; s 29 nov. 1745, à St-Jean, I. O.[4]
Marie-Anne, b [3] 1er janvier 1689, m 1709, à Marc JOANNE. — *Geneviève*, b [4] 21 janvier 1693 ; m à Jacques BLOUIN.—*Nicolas*, b [4] 26 mai 1699, m 1734, à Marie BROCHU. — *Ursule*, b [3] 4 août

(1) Voy. vol. I, p. 489.
(2) DeLapause, major du régiment de Guienne ; il était à la Pte-aux-Trembles, M., le 16 février 1756.

1701. — *Suzanne*, b 1702; m [4] 9 avril 1720, à Joseph FORTIER; s [4] 22 août 1732. — *Véronique*, b [4] 21 avril 1706; m [4] 22 nov. 1723, à Gilles DUFAUX. — *Marie-Joseph*, b 1708; 1° m [4] 3 sept. 1725, à Charles DELAGE; 2° m 28 août 1758, à Jacques TANGUAY, à St-François, I. O.; 3° m [4] 17 août 1761, à Joseph AUDET. — *Joseph-Marie*, b [4] 13 sept. 1711; m [4] 19 oct. 1744, à Elisabeth PEPIN.

1686, (13 nov.) Ste-Famille, I. O.

II.—PLANTE (1), JACQUES, [JEAN I.
b 1657; s 18 mars 1737, à St-François, I. O. [6]
1° TURCOT, Françoise, [ABEL I.
b 1668.
Simon, b [6] 15 nov. 1691; m 1729, à Helène PAQUET.
1696, (6 février) Château-Richer.
2° DUCHESNE, Geneviève, [PIERRE I.
b 1675; s [6] 21 nov. 1742.
Pierre, b [6] 14 sept. 1698; m 1725, à Marguerite LAVERDIÈRE; s [6] 20 oct. 1772. — *Geneviève*, b [6] 26 nov. 1700; m [6] 27 juillet 1734, à Jean PAQUET; s [6] 13 août 1742.—*Joseph*, b... m 19 oct. 1733, à Marie-Charlotte LAROSE, à St-Valier; s 2 août 1759, à St-Michel.

1687, (9 février) St-Jean, I. O. [1]

II.—PLANTE (1), THOMAS, [JEAN I
b 1664.
PAILLEREAU, Marthe, [PIERRE I.
b 1667; s 11 sept 1747, à St-Valier. [2]
Simon, b [1] 14 juin 1694; m [1] 19 janvier 1722, à Marie-Geneviève RONDEAU; s [2] 10 oct. 1764 — *Madeleine*, b [1] 30 juin 1696; s [1] 30 janvier 1733. — *Anne*, b [1] 27 juillet 1698; m 17 avril 1730, à Joseph GUIMOND, à Ste-Anne. [8] — *Marie*, b [1] 6 août 1700; m [1] 6 nov. 1725, à Joseph RACINE; s [3] 17 janvier 1761. — *Dorothée*, b [1] 6 avril 1704; m [1] 19 janvier 1722, à Philippe PAQUET; s [1] 3 mai 1745. — *François*, b [1] 4 oct 1706; m [3] 21 avril 1732, à Madeleine CARON.—*Marie-Marthe*, b [1] 30 janvier 1711; m [1] 17 juin 1734, à Louis FORTIN.

1687, (14 avril) Ste-Famille, I. O.

II.—PLANTE (2), JEAN, [JEAN I.
b 1661; s 6 mai 1711, à St-Jean, I. O. [6]
1° DELEUGRÉ, Mathurine, [JACQUES I.
b 1670; s [6] 6 dec. 1698.
Angélique, b 1689; m à Jean LEROUX; s 15 nov. 1759, à St-Charles.
1699.
2° LEFEBVRE, Suzanne, [CLAUDE I.
b 1680.

1691, (6 nov.) Ste-Famille, I. O.

II.—PLANTE (3), PIERRE, [JEAN I.
b 1666, s 4 dec. 1737, à St-Jean, I. O. [7]
PATENOTRE, Marguerite, [NICOLAS I.
b 1669, s [7] 4 mai 1738.
Pierre, b [7] 31 oct. 1692; m 1718, à Angélique HAVARD; s [7] 29 oct 1740. — *Charles*, b [7] 4 mai 1694; 1° m [7] 11 oct. 1723, à Marie-Madeleine HAVARD; 2° m [7] 29 août 1740, à Dorothée AUDIBERT; s [7] 2 mai 1754. — *Jean*, b [7] 3 fevrier 1696; s 14 oct. 1714, à Montréal. — *Joseph*, b [7] 21 dec. 1700; m 26 août 1732, à Jeanne CLÉMENT, à St-Michel [8]; s [8] 2 août 1759. — *Marguerite*, b... m [7] 30 janvier 1720, à Pierre LAISNÉ. — *Madeleine*, b [7] 19 dec. 1707; 1° m [7] 31 août 1733, à Louis CLÉMENT; 2° m [8] 11 fevrier 1754, à Michel LEFEBVRE.—*Paul*, b... m [7] 20 nov 1734, à Perpétue GREFFARD.

1694, (26 oct.) Château-Richer. [2]

II.—PLANTE (1), FRANÇOIS, [JEAN I
b 1668, s [2] 4 janvier 1742.
1° BÉRARD, Marie-Louise, [GABRIEL I
b 1674, s [2] 25 mai 1699.
Jean, b [2] 5 oct. 1695; m 1722, à Marie-Jeanne HUS-MILLET.—*Joseph*, b [2] 17 janvier 1697, m [3] 27 août 1724, à Marie-Therèse DESORCY, à Sorel [3] s 10 avril 1770, à l'Ile-Dupas. [4] — *François*, b [2] 5 sept. 1698; m [3] 9 sept. 1725, à Marie-Louise JOLY
1700, (25 oct) [2]
2° COIGNAC (2), Marie-Anne, [CLAUDE I
b 1679, s 30 mars 1749, à Beauport.
Thérèse, b 1701; s [4] 14 mars 1752.—*Pierre*, b [2] 8 janvier 1702. m [3] 16 nov. 1728, à Marie-Jeanne LETENDRE.—*Paul*, b... m [3] 10 mai 1734, à Marie-Jeanne HUS; s [4] 13 juin 1761.—*Louis*, b [2] 14 oct. 1703; 1° m 18 fevrier 1732, à Veronique COCHON, à St-Jean, I. O.; 2° m [2] 14 nov. 1746, à Marie-Joseph CRÉPEAU; s [2] 7 juin 1776 —*Augustin*, b [2] 28 avril 1709; m [3] 18 janvier 1747, à Catherine PELLETIER.—*Marie-Anne*, b [2] 9 août 1711; m 17 fevrier 1744, à François PARÉ, à St-Joachim— *Marie*, b [2] 14 août 1715, m [2] 13 avril 1744, à Jean ALARD —*Guillaume*, b [2] 1er déc 1717, m [2] 26 oct. 1750, à Marie-Louise BOUTILLET. — *Thérèse*, b [2] 1er janvier 1720; 1° m [4] 24 janvier 1752, à Joseph DARGIS; 2° m [4] 29 mai 1765, à Joseph FAHI.

II.—PLANTE, JOSEPH, [JEAN I
b 1674, s 17 sept. 1730, au Château-Richer

1711, (9 fevrier) Ste-Famille, I. O [1]

III.—PLANTE, JACQUES, [CLAUDE II
b 1683; s [1] 30 dec. 1737.
VAILLANCOUR, Marie-Charlotte, [ROBERT I
b 1689, s [1] 10 août 1759.

1718, (26 avril) Grondines. [2]

III.—PLANTE, AUGUSTIN, [CLAUDE II
b 1694.
CHARTIER, Geneviève, [CHARLES II
b 1702.
Augustin (3), b 14 mars 1719, à Deschambault [1], ord. 23 sept. 1747; s 23 nov. 1755, à Kamouraska. [4] — *Joseph*, b [3] 11 juin 1720.—*Charles*, b [1] 2 sept. 1721, s [3] 8 déc. 1725.—*Marie-Anne*, b... m 3 avril 1742, à Antoine DUFAUX, à la Baie-du-Febvre. [5] — *Geneviève*, b [2] 24 janvier 1723. —

(1) Voy. vol. I, p. 489.
(2) Voy. vol. I, pp. 489-490.
(3) Voy. vol. I, p. 490.

(1) Voy. vol. I, p. 490.
(2) Aussi appelée Gagnon.
(3) Missionnaire et curé de Kamouraska depuis 1748.

Geneviève, b [3] 25 fevrier 1725, m [5] 24 avril 1742, François DUFAUX.—*Marie-Joseph*, b [3] 9 avril 1726 —*Marie-Joseph*, b [3] 30 juillet 1727.—*Pierre*, b [3] 17 fevrier 1729; m 21 juillet 1755, à Jeanne MARTIN, à St-Ours.—*Marie-Louise*, b [3] 24 avril et s [3] 29 mai 1731. — *Marie-Madeleine*, b [3] 9 juillet 1732; m [4] 19 nov. 1753, à Antoine ROY.—*Louis-Joseph*, b [3] 7 mai 1734.—*Marie-Françoise*, b [3] 5 août 1735.—*Marie-Angélique*, b [3] 6 mars 1737.—*Marie-Brigitte*, b.. s [3] 19 oct. 1738. — *Marie-Catherine*, b [3] 14 juillet 1740; m 14 avril 1760, à Nicolas VADENAIS, à Lanoraie.

1718.

III.—PLANTE, PIERRE, [PIERRE II.
b 1692; s 29 oct. 1740, à St-Jean, I. O. [1]
HAVARD, Angélique. [PIERRE I.
Thècle, b... m [1] 16 nov. 1739, à Jean-Baptiste FORTIER.—*Pierre*, b [1] 1er janvier 1720; m [1] 21 nov. 1746, à Elisabeth BOISSONNEAU. — *Prisque*, b [1] 31 janvier 1722; m 10 avril 1747, à Marie-Joseph LECLERC, à St-Pierre, I. O.— *Marie-Angélique*, b [1] 15 nov. 1723; m [1] 26 nov. 1742, à Jean-François AUDIBERT.—*Basile*, b [1] 13 mai 1725, m [1] 5 mars 1753, à Marie-Françoise FORTIER; s 29 avril 1760, à St-Michel.—*Geneviève*, b 25 juillet 1727, à St-François, I. O. [2], m à François COTE —*Marie-Joseph*, b [1] 24 mars 1733; m [1] 22 nov 1756, à Rene BLOUIN.—*Joseph-Marie*, b [2] 6 sept. 1735.—*Jean*, b... m [2] 19 fevrier 1759, à Marthe VÉRIEUL.

1722, (19 janvier) St-Jean, I. O. [3]

III.—PLANTE, SIMON, [THOMAS II.
b 1694; s 10 oct. 1764, à St-Valier.
RONDEAU, Marie-Geneviève.
Simon, b 1724, s [3] 26 nov 1725.—*Simon*, b 8 nov. 1728, à St-François, I. O. [4], s 7 sept. 1747, à St-Michel. [5]—*André*, b... m [5] 28 janvier 1754, à Angélique MONTMINI. — *Anonyme*, b [4] et s [4] 16 mars 1732.—*Marie-Elisabeth*, b [4] 24 avril 1733.—*Marie-Joseph*, b [4] 5 janvier 1735; m [5] 5 nov. 1753, à Joseph ADAM.—*Pierre*, b [5] 29 mars 1741.—*Anne-Françoise*, b [5] 25 juillet 1743; s [5] 18 août 1744.—*Joseph*, b [5] 30 juin et s [5] 24 oct. 1745.

PLANTE, THOMAS,
b 1692; s 31 janvier 1742, à St-Michel [2]
PAQUET (1), Geneviève.
Thomas, b... 1° m [2] 30 janvier 1747, à Marie-Louise BACQUET; 2° m [2] 21 juillet 1748, à Marie-Joseph GAUTRON.

1722.

III.—PLANTE, JEAN, [FRANÇOIS II.
b 1695.
HUS-MILLET, Marie-Jeanne. [JEAN I.
Catherine, b 3 oct. 1723, à Sorel [3], s [3] 10 juin 1731.— *Marie-Louise*, b [3] 10 mars 1725. — *Jean-Baptiste*, b [3] 6 et s [3] 8 oct. 1726.— *Jean-Baptiste*, b [3] 2 sept. 1727, s [3] 12 juin 1731.

(1) Elle epouse, le 17 avril 1742, Antoine Quéret, à St-Michel.

1723, (11 oct.) St-Jean, I. O. [3]

III.—PLANTE, CHARLES, [PIERRE II.
b 1694; s [3] 2 mai 1754.
1° HAVARD, Marie-Madeleine, [PIERRE I.
b 1704.
Geneviève, b [3] 23 mars 1725; m 1er sept. 1755, à Nicolas BOISSONNEAU, à St-Frs-du-Sud.—*Marie-Madeleine*, b... m [3] 3 juillet 1747, à Jean-Baptiste DAGNEAU.— *Félicité*, b [3] 23 mai 1734. — *Charles*, b [3] 18 mars 1736; 1° m [3] 8 juillet 1765, à Elisabeth BOISSONNEAU; 2° m [3] 16 août 1772, à Angélique PAQUET-LAVALLÉE.

1740, (29 août). [3]

2° AUDIBERT, Dorothee, [ETIENNE I.
b 1704.
Marie-Joseph, b [3] 12 sept. 1743; s [3] 2 fevrier 1753.

PLANTE, CHARLES.
GREFFARD, Madeleine.
Louise, b 27 dec. 1732, à St-Jean, I. O. [2]—*Pierre-Noel*, b [2] 5 juin 1739.

1724, (27 août) Sorel. [3]

III.—PLANTE, JOSEPH, [FRANÇOIS II.
b 1697: s 10 avril 1770, à l'Ile-Dupas. [4]
DESORCY, Marie-Therese, [MICHEL II.
b 1701
Joseph, b [3] 19 nov. 1725, m [4] 13 juillet 1750, à Geneviève DENIS.—*Joseph-Ambroise*, b [4] 10 sept. 1727; m [4] 1er mars 1756, à Judith DENIS: s [4] 12 dec. 1760 —*Charles*, b [3] 26 mai 1729; s [4] 21 oct. 1742.—*Marie-Françoise*, b [3] 8 et s [3] 12 nov 1730. —*Jean-Baptiste*, b [3] 9 oct. 1731; m [3] 15 janvier 1759, à Gertrude CHEVALIER. — *Marie-Joseph*, b [3] 8 et s [3] 13 mai 1733. — *Marie-Joseph-Thérèse*, b [3] 2 juin 1734, m 1753, à Joseph BRULÉ, s [4] 9 dec. 1755.—*Marie-Joseph*, b [3] 1er et s [3] 6 nov. 1735.—*François*, b [3] 31 dec. 1736.—*Gabriel-Amable*, b [3] 27 avril 1739, s [3] 26 août 1740 — *Louis*, b [3] 23 sept 1740, 1° m [4] 4 fevrier 1765, à Catherine DENIS, 2° m [4] 20 août 1781, à Geneviève JOLY-LAFOREST.—*Marie-Anne*, b [4] 3 dec. 1743.

1725, (9 sept.) Sorel. [5]

III.—PLANTE, FRANÇOIS, [FRANÇOIS II.
b 1698.
JOLY, Marie-Louise, [JULIEN II.
b 1695; s 12 juillet 1777, à St-Cuthbert.
Jean-François, b [5] 17 oct. 1726, 1° m 18 oct. 1751, à Marie-Agathe FRAPIER, à Lavaltrie; 2° m 1756, à Marie-Louise LAMBERT. — *Marie-Louise*, b [5] 4 déc. 1728.—*Pierre*, b [5] 24 juin 1730; s [5] 11 juillet 1731. — *Jean-Baptiste*, b [5] 9 sept. 1732, s [5] 4 juin 1733. — *Anonyme*, b [5] et s [5] 11 sept. 1732.—*Marie-Catherine*, b [5] 13 fevrier 1735. — *Jean-Baptiste*, b [5] 14 sept. 1736. — *Marie-Monique*, b 1er oct. 1739, à l'Ile-Dupas.

PLANTE, ANDRÉ.
CHARLAND, Marie.
Catherine, b... m 13 sept. 1752, à Joseph PARÉ, à St-Joachim.

1725.

III.—**PLANTE**, Pierre, [Jacques II.
b 1698; s 20 oct. 1772, à St-François, I. O.[7]
Laverdière, Marguerite.
Marie-Geneviève, b 15 déc. 1726, à St-François-du-Sud; m 28 sept. 1761, à Joseph-Alexis Roy, à St-Valier. — *Pierre*, b[7] 11 juillet 1728; s[7] 6 août 1730.— *Pierre*, b[7] 28 janvier et s[7] 3 fevrier 1731. — *Marie-Claire*, b[7] 7 janvier 1732; s[7] 27 juillet 1733.—*Joseph*, b[7] 13 nov. 1733; m[7] 4 nov. 1765, à Elisabeth Edmont.—*Marie-Joseph*, b[7] 12 juillet 1735; m[7] 4 oct. 1773, à Pierre Gagné.—*Marie-Claire*, b[7] 17 mars 1738; m[7] 24 août 1767, à Joseph Lheureux.— *Marie-Geneviève*, b[7] 17 mars 1738; m[7] 17 nov. 1750, à Jacques Bilodeau.—*Jacques*, b[7] 24 mars 1740, m 11 février 1771, à Marie-Joseph-Charlotte Guyon, à Ste-Famille, I. O.— *Pierre-Noel*, b[7] 23 fevrier 1742. — *Marie-Louise*, b[7] 11 avril 1744; s[7] 28 nov. 1750. — *Pierre-Augustin*, b[7] 9 mai 1746; m 17 fevrier 1778, à Veronique Chalifour, à Quebec.

1728, (16 nov.) Sorel.[2]

III.—**PLANTE**, Pierre, [François II.
b 1702.
Letendre, Marie-Jeanne, [Pierre I.
b 1708.
Pierre, b[2] 15 et s[2] 20 août 1729 — *Pierre*, b[2] 5 nov. 1730; m 18 nov. 1754, à Marie-Amable Menanteau, à Boucherville.— *Marie-Jeanne*, b[2] 31 mai 1733.— *Marie-Louise*, b[2] 17 oct. 1734, m[2] 27 sept. 1762, à Joseph Thyrion.—*Félix*, b[2] 8 et s[2] 19 déc. 1735.—*Jean-Baptiste*, b[2] 2 mai et s[2] 3 sept 1737.—*Antoine*, b[2] 11 mai 1738; m à Marie-Joseph Valois.—*Marie-Françoise*, b[2] 2 et s[2] 6 avril 1739. — *Paul*, b[2] 25 janvier 1741.— *Jean-Baptiste*, b[2] 6 fevrier et s[2] 7 juin 1743.— *Monique*, b[2] 4 avril et s[2] 8 juin 1744.—*Armand*, b[2] 8 août 1745.— *Marie-Joseph*, b[2] 2 juin et s[2] 1er juillet 1747.

1729.

III.—**PLANTE**, Simon, [Jacques II
b 1691.
Paquet, Hélène,
b 1708, s 20 sept. 1758, à Montréal.[6]
Jean-Baptiste, b[6] 5 mars 1730; m[6] 22 sept. 1750, à Marie-Joseph Dufresne.—*Marie-Joseph*, b 1731, s[6] 25 août 1746.—*Henri*, b[6] 19 janvier 1733.—*Marie*, b 1733; s[6] 5 fevrier 1734.—*Elisabeth-Marguerite*, b[6] 30 janvier 1735; 1° m 5 nov. 1748, à Jean-Pierre Tancret, à Quebec[7]; 2° m[7] 23 nov. 1763, à Joseph Pierre.—*Jean*, b[6] 24 mai 1737.—*Pierre*, b[6] 5 juillet 1739.—*Marie-Anne-Apolline*, b... s[6] 13 août 1742 —*Pierre-Gabriel*, b[6] 2 avril 1744; s[6] 2 fevrier 1745.

III.—**PLANTE**, Louis, [Claude II.
b 1692.
Patenotre, Angelique.
Catherine, b... m 11 août 1749, à Joseph Dany, à St-Michel-d'Yamaska

1732, (18 février) St-Jean, I O.

III.—**PLANTE**, Louis, [François II
b 1703; s 7 juin 1776, au Château-Richer.
1° Cochon (1), Veronique, [Louis II
b 1711; s[4] 14 avril 1744.
Véronique, b[4] 9 et s[4] 30 déc. 1732.—*Marie-Renée*, b[4] 9 nov. 1733; m 25 oct. 1763, à Louis Denis, à l'Ile-Dupas.—*Louis*, b[4] 27 juin 1735.—*Catherine*, b[4] 18 et s[4] 23 mars 1737.—*Marie-Louise*, b 6 avril 1740, à L'Ange-Gardien; m[4] 7 février 1763, à Jean-Baptiste Doyon. — *Marie-Marthe*, b[4] 21 février 1742; m[4] 9 janvier 1761 à Prisque Doyon.—*François*, b[4] 9 avril et s[4] 2 mai 1744.

1746, (14 nov.)[4]

2° Crépeau (2), Marie-Joseph, [Basile III
b 1727.

1732, (21 avril) Ste-Anne.

III.—**PLANTE**, François, [Thomas II
b 1706.
Caron, Madeleine, [Jean III
b 1710.
Marie-Madeleine, b 11 fevrier 1736, à St-Jean, I. O.[5] — *Marie-Louise*, b[5] 2 avril 1738, m[5] 4 juillet 1763, à Jean-François Fontaine.—*François*, b[5] 7 mars 1740; s[5] 14 avril 1741.—*Geneviève*, b[5] 21 juillet 1744; s[5] 20 oct. 1755.—*Marie-Joseph*, b 1749; s[5] 24 nov. 1755.—*Pierre-Noel* b... s[5] 8 avril 1765.

1732, (26 août) St-Michel.[7]

III.—**PLANTE**, Joseph, [Pierre II
b 1700; s[7] 2 août 1759.
Clément (3), Jeanne. [Léonard I
Joseph-Marie, b[7] 6 août 1733.—*Joseph*, b 3 juillet 1734, à St-Valier.[8] — *Marie-Joseph*, b[8] 27 mai 1735; s[7] 9 mai 1737.—*Marie-Angélique*, b[7] 15 sept. 1737; m[7] 21 fevrier 1757, à Charles Remillard.—*Jean-Baptiste*, b[7] 1er mai 1739.—*Louis-Marie*, b[7] 29 janvier 1741; s[7] 24 mars 1743 —*Marie-Agathe*, b[7] 25 mars 1744; s[7] 14 avril 1746 —*Marie-Marguerite-Joseph*, b[7] 9 mai 1745, s[7] 6 nov. 1746.—*Charles*, b[7] 17 sept. 1750.—*Pierre-Noel*, b[7] 29 mars et s[7] 31 juillet 1752.

1733, (19 oct.) St-Valier.[3]

III.—**PLANTE**, Joseph, [Jacques II
s 2 août 1759, à St-Michel.[4]
Guichard (4), Marie-Charlotte. [Pierre-J.-Bte I
Joseph, b[3] 19 nov. 1734; m 14 janvier 1754, à Marie-Joseph Dumont, à St-Pierre-du-Sud. — *Marie-Madeleine*, b[3] 16 dec. 1736; m[4] 26 fevrier 1753, à Jacques Furois.—*Marie-Charlotte*, b[3] 26 juin 1738.—*Felicité*, b[4] 16 nov. 1740, m[3] 18 fevrier 1765, à François Roy.

---

(1) Laverdière.

(2) Elle épouse, le 17 nov. 1777, Joseph-Marie Pepin, au Château-Richer.

(3) Labonté.

(4) Larose.

1734, (10 mai) Sorel. [2]
III.—PLANTE, PAUL, [FRANÇOIS II.
s 13 juin 1761, à l'Ile-Dupas. [3]
HUS (1), Marie-Jeanne, [PIERRE-JEAN II.
b 1706; veuve de Jean-Baptiste Aubuchon-Desalliers; s [3] 18 juin 1766.
Paul, b [2] 31 juillet 1735.—*Marie-Joseph*, b [2] 17 janvier 1737; m [3] 10 avril 1758, à Pierre GUEVREMONT.—*Jean-Baptiste*, b [2] 26 nov. 1740; m [3] 26 fevrier 1772, à Marie-Louise MASSON.

1734, (9 nov.) St-Michel. [2]
III.—PLANTE, GEORGES, [THOMAS II.
b 1702; s [2] 16 mai 1751.
MORISSET (2), Marie-Madeleine. [NICOLAS II.
b 1716.
Marie-Madeleine, b [2] 6 et s [2] 7 dec. 1735.—*Georges*, b 29 oct. 1736, à St-François, I. O.—*Augustin*, b [2] 5 janvier 1738; m 7 janvier 1767, à Marie-Joseph ...., à Sorel.—*Charles-Marie*, b [2] 15 janvier 1740. — *Madeleine*, b [2] 20 avril et s [2] 11 mai 1743. — *Michel*, b [2] 17 mars 1745 — *Laurent*, b [2] 26 dec. 1746; s [2] 24 mars 1748 — *Jean-Baptiste*, b [2] 29 sept. et s [2] 15 déc 1748 —*Pierre*, b [2] 28 juin 1750.

1734, (20 nov.) St-Jean, I. O.
III.—PLANTE, PAUL. [PIERRE II.
GREFFARD, Perpetue, [JACQUES II.
b 1716; s 15 août 1751, à St-Michel. [6]
Marie-Marguerite, b [6] 24 oct. 1735.— *Paul*, b [6] 2 oct. 1737; s 19 dec. 1755, à l'Ile-Dupas.—*Jean-Baptiste*, b [6] 25 janvier 1739; s [6] 17 mars 1740 —*Marie-Madeleine*, b [6] 18 mars 1740.—*Geneviève*, b [6] 6 sept. 1741; s [6] 17 juillet 1742. — *Marie-Joseph*, b [6] 25 avril 1743. — *Marie-Elisabeth*, b [6] 30 janvier 1745; s [6] 18 janvier 1747.— *François-Marie*, b [6] 18 sept. 1746; m 12 nov. 1770, à Marie DESPONTS, à St-Valier.— *Joseph-Marie*, b [6] 3 mars 1748; s [6] 10 janvier 1750.— *Paul*, b [6] 8 mars 1750.

1734.
III.—PLANTE, NICOLAS, [GEORGES II.
b 1699.
BROCHU, Marie, [JEAN II.
b 1699.
Marie-Madeleine, b 22 oct. 1735, à St-Jean, I. O [7] — *Joseph-Marie*, b [7] 16 mars 1737; m 1 fevrier 1771, à Marie-Françoise GOSSELIN, à St-Laurent, I. O.—*Georges*, b [7] 30 janvier 1740.

PLANTE, ANTOINE,
b 1712, s 23 dec. 1791, à St-Cuthbert.
ARCAN, Marie-Louise.

1740, (26 nov.) St-Michel. [7]
III.—PLANTE, LOUIS, [JEAN II.
b 1705.
BISSONNET, Marie-Joseph, [JEAN III.
b 1725.
Louis-Marie, b [7] 19 janvier 1742; m 21 nov. 1768, à Françoise BOLDUC, à St-Valier. — *Marie-Joseph*, b [7] 21 sept. 1743. — *Marie-Joseph*, b [7] 9 déc. 1745. — *Marguerite-Angélique*, b [7] 1er août 1747.—*François*, b [7] 14 sept. 1749. — *Eustache*, b [7] 29 avril 1751.

1744, (19 oct.) St-Jean, I. O.
III.—PLANTE, JOSEPH-MARIE, [GEORGES II.
b 1711.
PEPIN, Elisabeth, [JEAN II.
b 1700; veuve de Gencien Tibierge.

1746, (21 nov.) St-Jean, I. O. [7]
IV.—PLANTE, PIERRE-NOEL, [PIERRE III.
b 1720.
BOISSONNEAU, Elisabeth, [JEAN II.
b 1725.
Pierre-Noel, b [7] 4 sept. 1747; m [7] 8 janvier 1776, à Marie-Joseph FORTIER.— *Jean-Marie*, b [7] 12 fevrier 1751. — *Jean-François*, b [7] 8 fevrier 1753. — *Elisabeth*, b [7] 15 fevrier 1755. — *Marie-Joseph*, b [7] 4 sept. 1757. — *Joseph*, b [7] 10 janvier 1760. — *Charles*, b [7] 12 et s [7] 14 oct. 1762.— *Joseph-Bénoni*, b [7] 19 nov. 1763.

1747, (18 janvier) Sorel. [5]
III.—PLANTE, AUGUSTIN, [FRANÇOIS II.
b 1709.
PELLETIER (1), Catherine, [MICHEL III.
b 1716; veuve de Louis Hus.
Marie-Geneviève, b [5] 30 oct. 1747; m [5] 16 août 1768, à Jean-Baptiste FORTIN.— *Augustin*, b [5] 18 juin 1749.

1747, (30 janvier) St-Michel. [1]
PLANTE, THOMAS. [THOMAS.
1° BACQUET, Marie-Louise, [FRANÇOIS II.
b 1722; s [1] 9 fevrier 1748.
Thomas, b [1] 7 fevrier et s [1] 6 oct. 1748.
1748, (21 juillet). [1]
2° GAUTRON, Marie-Joseph, [PIERRE II.
b 1731; s [1] 11 mai 1752.
Marie-Joseph, b [1] 7 fevrier 1750; s [1] 27 oct. 1752. — *Pierre-Thomas*, b [1] 17 août 1751; s [1] 5 mai 1752.

1747, (10 avril) St-Pierre, I. O. [6]
IV.—PLANTE, PRISQUE, [PIERRE III.
b 1722.
LECLERC, Marie-Joseph, [ADRIEN III.
b 1727; veuve d'Augustin Vallière.
Marie-Joseph, b [6] 22 et s [6] 23 dec. 1747. — *Thècle*, b [6] 4 fevrier 1749. —*Pierre*, b [6] 24 juillet 1751; s [6] 12 avril 1752. — *Marie-Joseph*, b [6] 4 mars 1753.—*Pierre*, b [6] 30 juin et s [6] 9 dec. 1755. —*Prisque*, b [6] 19 oct. 1756. — *Catherine*, b [6] 18 mars 1759.

1750, (13 juillet) Ile-Dupas. [8]
IV.—PLANTE, JOSEPH, [JOSEPH III.
b 1725.
DENIS (2), Geneviève, [JOSEPH-MARIE III.
b 1731, s [8] 16 sept. 1779.

(1) Cournoyer.
(2) Elle épouse, le 13 février 1753, Guillaume Michon, à St-Michel.

(1) Elle epouse, le 23 sept. 1755, Pierre Bourgeois, à Sorel.
(2) Voy. Jean dit Denis.

Joseph, b [8] 6 août 1751 ; s [8] 9 oct. 1754.—*Jean-Baptiste*, b [8] 25 oct. 1753 ; s [8] (noyé) 8 août 1768. — *Ambroise*, b [8] 24 août 1757. — *Joseph*, b [8] 7 janvier 1760. — *Alexis*, b [8] 8 oct. 1764.—*Louis*, b [8] 21 avril 1767 ; s [8] 16 déc. 1769.—*Marie-Geneviève*, b [8] 26 dec. 1770.

1750, (22 sept.) Montréal. [6]

IV.—PLANTE, Jean-Bte, [Simon III.
b 1730 ; orfèvre.
Dufresne, Marie-Joseph, [Luc I.
b 1731.
Marie-Catherine, b [6] 2 sept. 1751 ; m [6] 17 juillet 1780, à Pierre Ganochaud.

1750, (26 oct) Château-Richer.

III.—PLANTE, Guillaume, [François II.
b 1717.
Boutillet, Marie-Louise, [Jacques I.
b 1719 ; veuve de Louis Turgeon.
Anonyme, b et s 9 juillet 1751, à Québec. [5] — *Pierre-Guillaume*, b [5] 30 juillet et s [5] 14 août 1752.

1751, (18 oct.) Lavaltrie.

IV.—PLANTE, Jean-François, [François III.
b 1726.
1° Frapier, Marie-Agathe. [Antoine III.
1756.
2° Lambert-Aubin, Marie-Louise.
Jean-Baptiste, b... m 17 janvier 1780, à Marguerite Rivard, à St-Cuthbert. [1] — *Marie-Françoise*, b... m [1] 28 février 1791, à Jean-Baptiste Ledain. — *François*, b... m [1] 19 janvier 1795, à Marie-Joseph Ledain.—*Louis*, b 1770 ; s [1] 19 mai 1771.—*Marie-Charlotte*, b [1] 25 février 1774 ; s [1] 8 déc. 1775. — *Marie-Joseph*, b [1] 12 nov. 1775.—*Geneviève*, b [1] 22 mai 1777. — *Augustin*, b [1] 1er juillet et s [1] 8 août 1778.

1752, (7 février) Lanoraie.

IV.—PLANTE, Jean-Bte, [Jean III.
b 1731.
1° Cottu, Louise, [Daniel-Louis II.
b 1726 ; s 24 mars 1778, à St-Cuthbert. [7]
Jean-Baptiste, b... 1° m [7] 27 oct. 1777, à Marie-Joseph Grenon ; 2° m [7] 20 avril 1795, à Françoise Lairet. — *Marie*, b... m à Claude Martin. — *François-Alexis*, b 11 janvier 1757, à Berthier (en haut) ; m [7] 16 février 1778, à Marie-Charlotte Grenon. —*Gervais*, b... m [7] 2 oct. 1780, à Marguerite Trudel. — *Louis*, b... m [7] 6 février 1786, à Marie Boulanger. — *Marguerite*, b... m [7] 26 janvier 1789, à Basile Naud.
1778, (27 juillet). [7]
2° Naud, Marie-Louise, [Mathieu III.
b 1742 ; veuve de Jean-Nicolas Edoux-Crespin.
Augustin, b [7] 14 janvier 1781.

1753.

IV.—PLANTE, Joseph-Augustin. [Jean III.
Gilbert (1), Marguerite, [Louis I.
b 1732 ; s 5 mars 1787, à St-Cuthbert. [1]

(1) Dit Comptois.

Joseph-Augustin, b... m [1] 29 août 1774, à Marie-Catherine Grenon.—*Charles*, b 12 juillet 1757, à Berthier (en haut).—*Marguerite*, b 1758 ; m [1] 7 janvier 1777, à Paul Vallée ; s [1] 5 mars 1777.

1753, (5 mars) St-Jean, I. O.

IV.—PLANTE, Basile, [Pierre III.
b 1725 ; s 29 avril 1760, à St-Michel. [2]
Fortier (1), Marie-Françoise, [Antoine III
b 1734.
Basile, b [2] 31 déc. 1753 ; s [2] 23 août 1758.—*Charles*, b [2] 10 déc. 1755 ; s [2] 16 janvier 1756.—*Jean-François*, b [2] 26 oct. 1756. — *Basile*, b [2] 23 sept. 1759.

1754, (14 janvier) St-Pierre-du-Sud.

IV.—PLANTE, Joseph, [Joseph III.
b 1734.
Dumont, Marie-Joseph. [François III.
Joseph-Marie, b 28 dec. 1754, à St-Michel [3]— *Ambroise*, b [3] 14 dec. 1757 ; s [3] 19 janvier 1758 — *Marie-Catherine*, b [3] 17 mars 1759. — *Jean-Baptiste*, b [3] 20 juin 1761.

1754, (28 janvier) St-Michel. [4]

IV.—PLANTE, André. [Simon III
Montmini, Marie-Angélique, [Joseph III
b 1736.
Marie-Angélique, b [4] 3 déc. 1754.—*Marie-Marguerite*, b [4] 4 et s [4] 14 sept. 1756.—*André*, b [4] 26 nov. 1757 ; s [4] 4 février 1760.—*Jean-Baptiste*, b [4] 9 juillet 1759.—*Marie-Joseph*, b [4] 24 avril et s [4] 6 juillet 1762.

1754, (18 nov.) Boucherville.

IV.—PLANTE, Pierre, [Pierre III.
b 1730.
Menanteau (2), Marie-Amable. [François III
Pierre, b 4 avril 1757, à Sorel. [5] — *François*, b [5] 13 dec. 1758.

1755, (21 juillet) St-Ours. [6]

IV.—PLANTE, Pierre, [Augustin III.
b 1729.
Martin, Jeanne.
Marie-Joseph, b... s [6] 3 août 1757.—*Pierre*, b [6] 19 oct. 1758 ; s [6] 9 juin 1759.

1756, (1er mars) Ile-Dupas. [7]

IV.—PLANTE, Jos.-Ambroise, [Joseph III.
b 1727 ; s [7] 12 déc. 1760.
Denis (3), Judith, [Joseph-Marie III
b 1734 ; s [7] 23 sept. 1770.
Joseph-Ambroise, b [7] 8 mars 1757.—*Marie-Judith*, b [7] 24 avril 1759 ; m [7] 4 février 1782, à Pierre Joinville.—*Anne-Céleste*, b [7] 31 juillet 1761.

(1) Elle épouse, le 28 oct. 1760, Joseph Lacroix, à St-Michel.

(2) Elle épouse, le 29 avril 1765, Pierre Duclos, à Boucherville.

(3) Voy. Jean dit Denis.

PLANTE (1), JEAN-BTE.
GROTON, Catherine.
Joseph-Louis, b 11 nov. 1757, à St-Laurent, M.[8]; s[8] 17 janvier 1760.

IV.—PLANTE, ANTOINE, [PIERRE III.
b 1738.
VALOIS, Marie-Joseph.
Pierre, b... m 17 nov. 1778, à Marguerite TRUDEL, à St-Cuthbert.[7] —*Jean-Baptiste*, b... 1° m à Marie-Joseph LADOUCEUR ; 2° m[7] 24 fevrier 1783, à Marie-Madeleine BELISLE.

1759, (15 janvier) Sorel.
IV.—PLANTE, JEAN-BTE, [JOSEPH III.
b 1731.
CHEVALIER (2), Marie-Gertrude, [JEAN-BTE III.
b 1736.

1759, (19février) St-François, I. O.[8]
IV.—PLANTE, JEAN. [PIERRE III.
VÉRIEUL, Marthe, [JOSEPH II.
b 1728; veuve de Denis Gagné.
Jean-Marie, b[8] 8 août 1760; s[8] 27 août 1761. —*Marie-Julie*, b[8] 26 sept. 1762; s[8] 7 août 1765. —*Marie-Joseph*, b[8] 15 sept. 1765; m[8] 4 nov. 1782, à Barthelemi GAGNON. — *Marie-Angélique*, b[8] 4 juillet 1767.— *Jean-Baptiste*, b[8] 9 juin 1769.

1765, (4 fevrier) Ile-Dupas.[1]
IV.—PLANTE, LOUIS, [JOSEPH III.
b 1740.
1° JEAN-DENIS, Catherine, [JOS.-MARIE III.
b 1741; s[1] 17 oct. 1778.
Joseph-Louis, b[1] 12 déc. 1765.—*Jean-Baptiste*, b[1] 3 mai 1768. — *Marie-Catherine*, b[1] 5 mai 1770.—*Etienne*, b[1] 10 dec. 1772. — *Pierre*, b[1] 6 mai 1775; s[1] 21 mars 1777. — *Ambroise*, b[1] 20 mars 1777. — *Marie-Geneviève*, b[1] 8 avril 1778, s[1] 9 janvier 1779.
1781, (20 août).[1]
2° JOLY-LAFOREST, Geneviève. [JEAN III.

1765, (8 juillet) St-Jean, I. O.[7]
IV.—PLANTE, CHARLES, [CHARLES III.
b 1736.
1° BOISSONNEAU, Elisabeth,
s[7] 23 mars 1772.
Charles, b 1766, s[7] 19 janvier 1770.— *Pierre-Noel*, b[7] 13 fevrier 1768, m 11 août 1795, à Charlotte TURCOT, à Quebec. — *Marie-Elisabeth*, b[7] 4 mai 1771.
1772, (16 août).[7]
2° PAQUET (3), Angelique, [JEAN-BTE III.
b 1753.
Charles, b 22 oct. 1775, à St-François, I. O.

1765, (4 nov.) St-François, I. O.
IV.—PLANTE, JOSEPH, [PIERRE III.
b 1733.
EDMOND, Elisabeth, [FRANÇOIS IV.
b 1742.

(1) Dit Champagne
(2) Elle épouse, le 24 juin 1765, Hypolite Amelot, à Sorel.
(3) Lavallée.

1767, (7 janvier) Sorel.
IV.—PLANTE, AUGUSTIN, [GEORGES III.
b 1738.
.... Marie-Joseph,
veuve de Pierre Destin.

PLANTE, AUGUSTIN.
MATHIEU, Anne. [JEAN.
Augustin, b 24 janvier 1768, à St-Joseph, Beauce.[6]—*Jean*, b[6] 29 août 1769.— *Marie-Anne*, b[6] 28 avril 1771; s[6] 13 fevrier 1779. — *Louis*, b[6] 28 nov. 1773.— *Pierre*, b[6] 26 mai et s[6] 2 juin 1776.—*Marguerite*, b[6] 29 juin 1777.

1768, (21 nov.) St-Valier.
IV.—PLANTE, LOUIS-MARIE, [LOUIS III.
b 1742.
BOLDUC, Françoise, [PIERRE III.
b 1751.

1770, (12 nov.) St-Valier.
IV.—PLANTE, FRANÇOIS-MARIE, [PAUL III.
b 1746.
DESPONTS, Marie. [JEAN II.

1771, (4 fevrier) St-Laurent, I. O.
IV.—PLANTE, JOSEPH-MARIE, [NICOLAS III.
b 1737.
GOSSELIN, Marie-Françoise, [IGNACE IV.
b 1752.

1771, (11 fevrier) Ste-Famille, I. O.
IV.—PLANTE, JACQUES, [PIERRE III.
b 1740.
GUYON, Marie-Joseph-Charlotte, [JEAN-IV.
b 1743.
François, b 25 nov. 1771, à St-François, I. O.[9] — *Jacques*, b[9] 4 février 1773.

1772, (26 fevrier) Ile-Dupas.
IV.—PLANTE, JEAN-BTE, [PAUL III.
b 1740.
MASSON, Marie-Louise, [BARNABÉ II.
b 1750.

1774, (24 août) St-Cuthbert[4]
V.—PLANTE, JOSEPH-AUGUSTIN. [JOSEPH IV.
GRENON, Marie-Catherine, [JOSEPH III.
b 1756.
Joseph, b[4] 27 juin 1775; s[4] 14 fevrier 1776.— *Louis*, b[4] 30 nov. 1777. — *Joseph*, b[4] 15 juillet 1782.—*Pierre*, b[4] 19 juillet 1784.—*Ambroise*, b[4] 19 sept. 1785, s[4] 10 mars 1786.—*Marie-Rosalie*, b[4] 11 août 1788; s[4] 24 juillet 1789.

1776, (8 janvier) St-Jean, I. O.
V.—PLANTE, PIERRE-NOEL, [PIERRE-NOEL IV.
b 1747.
FORTIER, Marie-Joseph.

1777, (27 oct.) St-Cuthbert.[5]
V.—PLANTE (1), JEAN-BTE. [JEAN-BTE IV.
1° GRENON, Marie-Joseph, [JOSEPH III.
b 1759 ; s [5] 23 nov. 1794.
Marie-Joseph, b [5] 6 et s [5] 22 sept. 1778.— *Anonyme*, b [5] et s [5] 16 mars 1779. — *Jean-Baptiste*, b [5] 8 août 1782. — *Joseph*, b [5] 16 août 1784. — *Marie-Euphrosine*, b [5] 28 nov. 1786. — *Marguerite*, b [5] 1er juillet 1789. — *Paul*, b [5] 26 février 1792.—*Antoine*, b [5] 27 oct. 1794.
1795, (20 avril).[5]
2° LAIRET, Françoise. [JEAN-BTE III.

PLANTE, JEAN-BTE.
1° NAUD, Marie-Louise.
Joseph-François, b 10 juin 1779, à St-Cuthbert.[9]
1795, (16 nov.)[9]
2° DUQUET, Marie-Rose. [PIERRE.

1778, (16 fevrier) St-Cuthbert.[6]
V.—PLANTE, ALEXIS. [JEAN-BTE IV
GRENON, Marie-Charlotte, [JOSEPH III
b 1758.
Alexis, b [6] 28 mars 1779.

1778, (17 fevrier) Québec.
IV.—PLANTE, PIERRE-AUGUSTIN, [PIERRE III.
b 1746.
CHALIFOUR, Veronique, [GILLES IV.
b 1753.

1778, (17 nov.) St-Cuthbert.[9]
V.—PLANTE, PIERRE. [ANTOINE IV.
TRUDEL, Marie-Marguerite. [JOSEPH.
Marie-Angélique, b [9] 6 avril 1787.

1780, (17 janvier) St-Cuthbert.[8]
V.—PLANTE, JEAN-BTE. [JEAN-FRANÇOIS IV
RIVARD, Marguerite. [FRANÇOIS
Jean-Baptiste, b [8] 27 janvier 1780.—*Alexis*, b [8] 7 oct. 1781. — *Dominique*, b [8] 10 fevrier 1782.— *Marguerite*, b [8] 11 fevrier et s [8] 19 dec. 1785.— *Dominique*, b [8] 1er mars 1788 ; s [8] 6 avril 1795.— *Joseph*, b [8] 26 nov. 1789. — *Pierre*, b [8] 18 fevrier 1792.—*Marie-Julie*, b [8] 16 mars 1794.

V.—PLANTE, JEAN-BTE. [ANTOINE IV
1° LADOUCEUR, Marie-Joseph.
1783, (24 fevrier) St-Cuthbert.[7]
2° BELISLE (2), Marie-Madeleine. [CHARLES.
François, b [7] 2 nov. 1786. — *Basile*, b [7] 4 dec. 1788. — *Charles*, b [7] 1er mai 1791. — *Deux anonymes*, b [7] et s [7] 22 avril 1793. — *Joseph*, b [7] 2 nov. 1794.

1780, (2 oct.) St-Cuthbert.[5]
V.—PLANTE, GERVAIS. [JEAN-BTE IV.
TRUDEL, Marguerite. [JOSEPH.
Joseph, b 1785 ; s [5] 4 mai 1786. — *Joseph*, b [5] 18 juin 1787 ; s [5] 22 mars 1788. — *Marie-Geneviève*, b [5] 21 juillet 1789, s [5] 26 juin 1790. — *Judith*, b [5] 15 sept. 1791.— *Madeleine*, b [5] 3 août 1795.

PLANTE, JOSEPH, b 1718; s 29 sept. 1786, à St-Cuthbert.

1783, (18 août) St-Cuthbert.
PLANTE, JEAN-BTE.
BOUCHER, Marie.

1786, (6 février) St-Cuthbert.[5]
V.—PLANTE, LOUIS. [JEAN-BTE IV.
BOULANGER, Marie. [JOSEPH II
Joseph, b [5] 29 juillet et s [5] 22 oct. 1786.

1788.
PLANTE, PIERRE.
TRUDEL, Marie.
Antoine, b 14 août 1789, à St-Cuthbert [3].— *Marie-Geneviève*, b [3] 1er avril 1792.—*Marie-Anne*, b [3] 4 août 1795.

1791, (29 août) St-Cuthbert [5]
V.—PLANTE, ANTOINE. [JEAN-BTE IV
GOUIN, Geneviève. [PIERRE-AMABLE IV
Marie-Geneviève, b [5] 12 août et s [5] 13 sept 1792.—*Antoine*, b [5] 17 juillet 1793.

1795, (19 janvier) St-Cuthbert.
V.—PLANTE, FRANÇOIS. [JEAN-FRANÇOIS IV.
LEDAIN, Marie-Joseph, [JEAN-PHILIPPE I
b 1771.

1795, (11 août) Québec.
V.—PLANTE, PIERRE-NOEL. [CHARLES IV
b 1768.
TURCOT, Charlotte. [LOUIS III

1752, (10 avril) Pte-aux-Trembles, Q [6]
I.—PLANTÉ, BERNARD, chirurgien ; fils de Dominique (chirurgien major de l'hôpital royal de Prechac) et de Blaise des Palingues, de St-Saturnin, diocèse de Tarbes, province de Bigore.
1° FAUCHER, Marie-Thérèse, [JEAN-BTE II
b 1729 , s [6] 21 janvier 1765.
Marie, b 1754 ; s [6] 19 janvier 1759. — *Agathe*, b [6] 11 février 1757.
1765, (16 sept.)[6]
2° FAUCHER, Marie-Joseph, [NICOLAS III
b 1739.
Marie-Joseph, b [6] 17 mars 1767 ; s [6] 17 fevrier 1770. — *Joseph-Bernard*, b [6] 19 dec. 1768 ; m 20 mai 1794, à Marie-Louise BERTHELOT, à Québec. —*Marie-Joseph*, b [6] 16 mai 1771. — *Antoine*, b [6] 17 oct. 1774.—*Marie-Anne*, b [6] 29 oct. 1775.

1794, (20 mai) Québec.
II.—PLANTÉ, JOSEPH-BERNARD, [BERNARD I.
b 1768.
BERTHELOT, Marie-Louise. [CHARLES.
Julie, b... m à Georges-Barthélemi FARIBAULT.

(1) Dit Coutu, du nom de sa mère.
(2) Germain.

1760, (13 oct.) Varennes.
I.—PLANTIER (1), JEAN-BTE, fils de François et de Jeanne Rivel.
CHOQUET, Marie-Joseph. [NICOLAS III.

1744, (13 avril) Québec.
I.—PLANTIS (2), ETIENNE, fils d'Etienne et de Marguerite Lecompte, de St-Jemme, diocèse d'Avranches, Basse-Normandie.
LARCHER (3), Marie-Angélique, [JEAN-BENOIT I. b 1725.

1695, (1er nov.) Lévis.
I.—PLASSAN (4), PIERRE.
ALBERT, Marie-Louise, [GUILLAUME II. b 1671; s 13 fevrier 1750, à Beaumont.
Louis, b 16 juin 1697, à Québec[2]; m[2] 2 sept. 1713, à Charlotte GONTAULT; s[2] 12 février 1730.

PLASSY.—Voy. THÉROU.

1763, (27 juin) Boucherville.
I.—PLAT, CHARLES, fils de Jean et de Marie Burgade, de Dulhiac, diocèse de Narbonne, Languedoc.
DENOYON, Marie-Françoise. [JEAN-BTE III.

I.—PLATT, SAMUEL.
CHALIFOUR, Marie, b 1734; s 2 nov. 1793, à Québec.

1764, (9 janvier) Beauport.
I.—PLATT, EDOUARD, fils de Robert et de Marguerite Yrouse, Irlande.
TESSIER, Marie-Joseph, [JEAN-BTE II. b 1733.

PLAU.—Voy. PLEAU.

PLAUD.—Voy. PLEAU.

PLEAU.—*Variations et surnoms* : BELLEAU — PELEAU— PELOT— PLAU— PLAUD — PLOT— HOCCIBI—LAFLEUR.

1680, (28 nov.) Pte-aux-Trembles, Q.[1]
I.—PLEAU (5), SIMON, b 1641; s[1] 1er oct. 1711.
COUTANSINEAU, Marie-Jeanne, [JULIEN I. b 1665; s[1] 12 fevrier 1707.
Simon-Denis, b[1] 5 dec. 1682; m 1720, à Marie-Madeleine SYLVESTRE; s 24 déc. 1749, au Cap-Santé.—*Marie-Suzanne*, b[1] 11 mars 1695; m 9 mai 1728, à Antoine-Louis MARTINET, à Quebec.[2] — *François-Ignace*, b[1] 16 janvier 1697; m[1] 4 fevrier 1722, à Marie-Madeleine GAUDIN; s 28 janvier 1759, aux Ecureuils. — *Marie-Geneviève*, b[1] 28 déc. 1699; m[2] 24 avril 1729, à Jacques DAMIEN; s[2] 28 août 1734.—*Auxibie*, b[1] 2 juillet 1702; m[2] 3 juillet 1731, à Marie-Jeanne GUENET; s 20 sept. 1759, à Deschambault.

1720.
II.—PLEAU, SIMON-DENIS, [SIMON I. b 1682; s 24 déc. 1749, au Cap-Santé.[3]
SYLVESTRE, Marie-Madeleine.
Marie-Madeleine, b[3] 16 sept. 1721; m[3] 7 janvier 1744, à Benjamin PICHÉ. — *Jean-François*, b... m 14 oct. 1748, à Marie NAUD, à Deschambault.

1722, (4 février) Pte-aux-Trembles, Q.[3]
II.—PLEAU, FRANÇOIS-IGNACE, [SIMON I. b 1697; s 28 janvier 1759, aux Ecureuils.[4]
GAUDIN, Marie-Madeleine, [CHARLES II. b 1693; s[4] 20 mai 1776.
Marie-Thérèse, b[3] 30 nov. 1722; m[4] 3 février 1749, à Joseph MARCOT. — *François*, b[3] 15 août 1724. — *Louis-Joseph*, b[3] 29 avril 1726, m[4] 20 fevrier 1748, à Madeleine LEFEBVRE.— *Jean-Baptiste*, b[3] 3 avril 1728; m 22 nov. 1751, à Marie-Charlotte CHATENAY, au Cap-Santé; s[4] 12 avril 1768.—*Marie-Elisabeth*, b[3] 23 fevrier 1730; m[4] 7 fevrier 1752, à Jerôme-Thierry FISET. —*Jean-Baptiste*, b[3] 5 mars 1732; m[4] 12 janvier 1755, à Angelique DUSSAULT; s[4] 5 oct. 1781.— *Jacques-Ignace*, b[3] 24 avril 1738; m[4] 18 juillet 1757, à Marie-Françoise CHATENAY.

1731, (3 juillet) Québec.[9]
II.—PLEAU (1), AUXIBIE-JOSEPH, [SIMON I. b 1702; s 20 sept. 1759, à Deschambault.
GUENET, Marie-Jeanne, [JACQUES II. b 1708.
Marie-Jeanne, b[9] 16 mai et s 18 juin 1732, à Lorette.—*Marie-Angélique*, b 19 juin et s 6 juillet 1733, à la Pte-aux-Trembles, Q — *Marie-Stanislas*, b[9] 14 et s[9] 16 nov. 1734. — *François-de-Sales*, b[9] 29 janvier 1736. — *Jacques*, b[9] 22 janvier et s[9] 14 fevrier 1737. — *Jean-Marie*, b[9] 22 fevrier et s[9] 7 sept. 1738.

1748, (20 fevrier) Ecureuils.[8]
III—PLEAU, LOUIS-JOSEPH, [FRS-IGNACE II. b 1726.
LEFEBVRE, Madeleine, [GUILLAUME II. b 1727.
Marie-Madeleine, b[8] 2 déc. 1748; s[8] 27 déc. 1774. — *Elisabeth*, b[8] 27 janvier et s[8] 19 avril 1750.—*Louis-Joseph*, b[8] 5 avril 1751; s[8] 2 mai 1752.—*Marie-Françoise*, b[8] 8 mars 1753.—*Louis-Joseph*, b[8] 20 mars 1755. —*Jean-Baptiste*, b[8] 15 mars 1757. — *Marie-Scholastique*, b[8] 30 sept. 1761.—*Joseph*, b[8] 20 nov. 1763. — *Marie-Hélène*, b[8] 9 avril 1769; s[8] 15 mars 1770.

1748, (14 oct.) Deschambault.
III.—PLEAU, JEAN-FRS. [SIMON-DENIS II.
NAUD, Marie-Joseph, [CLAUDE II. b 1731.

(1) Soldat de la compagnie de Manneville, régiment de Guienne.

(2) Mort dans la traversée de Québec en Europe, et enterre sur les caps près de l'Ile-aux-Coudres.

(3) Mariée sous le nom de Benoît.

(4) Voy. vol. I, p. 490.

(5) Et Belleau dit Lafleur, voy. vol. I, p. 490.

(1) Dit Lafleur.

1751, (22 nov.) Cap-Santé.

III.—PLEAU, Jean-Bte, [Frs-Ignace II. b 1728 ; s (1) 12 avril 1768, aux Ecureuils. [8]
Chatenay, Marie-Charlotte, [Jean-Bte II. b 1730.

Marie-Joseph, b [8] 16 janvier 1753 ; m [8] 22 nov. 1774, à Jean Tardif. — *Marie-Charlotte*, b [8] 29 déc. 1754. — *Jean-Baptiste*, b [8] 8 sept. 1760. — *Jacques*, b [8] 11 août 1762. — *Marie-Geneviève*, b [8] 25 oct. 1764. — *Anonyme*, b [8] et s [8] 8 nov. 1765.—*Marie-Thérèse*, b 23 sept. 1767, à la Pte-aux-Trembles, Q.

1755, (12 janvier) Ecureuils. [9]

III.—PLEAU, Jean-Bte, [Ignace II. b 1732 ; s [9] 5 oct. 1781.
Dussault, Angelique, [Denis II. b 1730.

Jean-Baptiste, b [9] 18 mars 1756 ; s [9] 17 nov. 1777. — *Marie-Angélique*, b [9] 25 sept. 1757. — *Prisque*, b [9] 27 fevrier et s [9] 30 mars 1759.— *Louis-Joseph*, b [9] 14 avril 1761 ; s [9] 26 mai 1766. —*François*, b [9] 3 nov. 1762. — *Augustin*, b [9] 22 août 1764.—*Ignace*, b [9] 4 oct. 1765.—*Marie-Françoise*, b 23 sept. 1767, à la Pte-aux-Trembles, Q. [7] —*Marie-Thérèse*, b [7] 22 mars 1769.—*Antoine*, b [7] 3 sept. 1770. — *Joseph*, b [9] 11 mai et s [9] 29 août 1777.

1757, (18 juillet) Ecureuils. [7]

III.—PLEAU, Jacques-Ignace, [Frs-Ignace II. b 1738.
Chatenay, Marie-Françoise, [Jean-Bte II b 1731.

Marie, b [7] 4 fevrier 1760. — *Joseph*, b... m 26 janvier 1796, à Madeleine Perron, à Deschambault.

1796, (26 janvier) Deschambault.

IV.—PLEAU, Joseph. [Jacques-Ignace III.
Perron, Madeleine. [Joseph.

1731, (30 nov.) Quebec. [1]

I.—PLÉHAN, Hamon, soldat ; fils de Robert et d'Anne Saliot, de St-Louis-de-Léon, Bretagne.
Rivière, Marie, [Jérome-François I. b 1708, s [1] 5 mars 1753.
Marie-Anne, b [1] 15 nov. 1731.

1784, (14 sept.) Québec.

I.—PLEICH, Elias, fils de Conrad et de Marguerite Pleich, de Werthum, principaute de Wursbourg, Allemagne.
Ménard, Marie-Joseph, [Charles II. b 1747.

I.—PLEMAREST, Geneviève, b... m à Antoine Regnault ; s 1er janvier 1679, à Montréal.

PLESSIS.—Voy. Plessy.

PLESSY.— *Variation et surnom :* Plessis — Bélair.

(1) Ecrasé sous sa traine.

1713, (27 février) Montréal. [4]

I.—PLESSY (1), Jean-Louis, b 1678, marchand-tanneur ; fils de Jean et de Françoise Mathuson, de St-Sulpice, ville de Metz, Lorraine ; s [4] 21 mars 1743.
Petit, Marie-Anne, [Jean I. b 1694 ; s [4] 10 avril 1766.

Jean-Louis, b [4] 19 dec. 1713 ; s [4] 15 oct. 1714 —*Charles*, b [4] 20 dec. 1714 ; m [4] 30 sept. 1738, à Elisabeth Brossard. — *Etienne*, b [4] 20 février et s [4] 18 dec. 1716. — *Marie-Anne*, b [4] 14 juin et s [4] 15 oct. 1717. — *Charles-François*, b [4] 23 juillet 1718 ; s [4] 2 mai 1733. — *Jacques*, b [4] 2 février 1720 ; s [4] 14 fevrier 1733.—*Geneviève*, b [4] 12 avril 1721. — *Marie-Joseph*, b [4] 14 avril et s [4] 23 juin 1721. — *Jean-Louis*, b [4] 6 mai 1722 ; s [4] 9 août 1724.—*Marie-Anne*, b [4] 15 et s [4] 18 août 1723.— *Marie-Céleste*, b [4] 23 déc. 1724 ; m [4] 27 juillet 1743, à Charles Gervaise. — *Michel*, b [4] 1er mars 1726 ; m [4] 19 janvier 1750, à Marie-Louise Lecours.—*Marie-Louise*, b [4] 7 juillet et s [4] 23 août 1727. — *Louis-Amable*, b [4] 27 août et s [4] 19 sept. 1728. — *Marie-Louise*, b [4] 9 oct. et s [4] 1er nov. 1729.—*Louis*, b [4] 24 avril 1731 ; s [4] 10 juin 1755 —*Joseph-Amable*, b [4] 19 nov. 1732 ; m [4] 24 juillet 1752, à Marie-Louise Ménard ; s [4] 25 août 1810 — *Charles-Louis*, b [4] 8 sept. et s [4] 25 nov. 1734 — *Marie-Louise*, b [4] 21 mai 1736 ; m [4] 8 janvier 1753, à Pierre Robreau. — *Paul-Amable*, b [4] 1 juillet 1737 ; m [4] 27 sept. 1762, à Marie-Jeanne Jarry. — *Jean-Baptiste*, b [4] 14 sept. et s 22 oct. 1739, au Sault-au-Récollet.

1738, (30 sept.) Montréal. [8]

II.—PLESSY (1), Charles, [Jean-Louis I b 1714 ; tanneur.
Brossard, Elisabeth, [Claude II b 1719.

Marie-Elisabeth, b [8] 27 août et s [8] 7 sept. 1739 — *François-Charles*, b [8] 11 oct. 1741, m [8] 21 janvier 1760, à Marie-Joseph Baudry. — *Marie-Catherine*, b [8] 24 mars 1743 ; m [8] 20 sept. 176., à Jean-Baptiste Alard. — *Marie-Madeleine*, b [8] 9 déc. 1745 ; s [8] 17 mai 1746. — *Marie-Louise*, b [8] 23 mai et s [8] 28 juin 1748. — *Michel*, b [8] 3 nov 1750.—*Pierre*, b 1753 ; m [8] 26 avril 1773, à Elisabeth Roy.

1750, (19 janvier) Montréal. [3]

II.—PLESSY (1), Michel, [Jean-Louis I. b 1726.
Lecours, Marie-Louise, [Nicolas II b 1708 ; veuve de Jacques Grignon, s [3] 26 mai 1783.

1752, (24 juillet) Montreal. [9]

II.—PLESSY (1), Jos.-Amable, [Jean-Louis I. b 1732 ; s [9] 25 août 1810.
Ménard, Marie-Louise, [Jean-Louis I. b 1736, s [9] 9 janvier 1790.

Jean-Louis, b [9] 7 sept. 1754 ; m [9] 13 oct. 1777, à Angelique Poitras. — *Joseph*, b [9] 23 et s [9] 24 sept. 1755. — *Joseph*, b [9] 12 déc. 1756. — *Louise*, b [9] 18 déc. 1758 ; s [9] 31 janvier 1759.—*Louis*, b [9]

(1) Dit Bélair.

7 sept. 1760. — *Marie-Thérèse*, b [9] 9 oct. 1761; m [9] 23 juin 1783, à Etienne Camarre. — *Joseph-Octave* (1), b [9] 3 mars 1763; ordonné le 11 mars 1786; consacré le 25 janvier 1806; s 4 déc. 1825, à Québec. — *Louise*, b [9] 9 fevrier 1765; s [9] 10 mars 1801. — *Marguerite-Geneviève*, b [9] 18 janvier 1767.—*Marie-Anne*, b [9] 29 mars 1769; s [9] 10 nov. 1790.— *Marie-Amable*, b [9] 16 nov. 1772, s [9] 17 juillet 1773.—*Marguerite*, b [9] 8 juillet 1774; s [9] 6 sept. 1775. — *Ursule*, b [9] 26 déc. 1775; s [9] 1er juin 1776. — *Marie-Agathe*, b [9] 8 mars et s [9] 2 juillet 1777. — *Jean-Baptiste*, b [9] 5 mai et s [9] 3 juillet 1778. — *François-René*, b [9] 5 mai et s [9] 4 juillet 1778. — *Marie-Agathe*, b [9] 21 avril et s [9] 8 août 1780.

1760, (21 janvier) Montréal. [3]

III.—PLESSY (2), Frs-Charles, [Charles II. b 1741.

Baudry, Marie-Joseph, [André-Joseph III. b 1736.

Marie-Charlotte, b 1762; m [3] 20 nov. 1780, à Louis Leduc-Deganne.

1762, (27 sept.) Montréal. [6]

II.—PLESSY, Paul-Amable, [Jean-Louis I. b 1737.

Jarry (3), Marie-Jeanne, [Jean-Bte IV. b 1747; s [6] 23 sept. 1783.

Marie-Anne, b 1762; m [6] 10 sept. 1781, à Joseph Beseau.— *Paul*, b... m 27 juillet 1795, à Archange Rivard, au Détroit.

PLESSY, Louis.

Richardville, Catherine, b 1724; s 7 juillet 1807, à l'Hôpital-Général, M.

1773, (26 avril) Montréal.

III.—PLESSY (2), Pierre, [Charles II. b 1753.

Roy, Elisabeth, [Pierre III. b 1752.

1777, 13 oct.) Montréal.

III.—PLESSY (2), Jean-Louis, [Jos.-Amable II. b 1754.

Poitras (4), Angelique, [Frs-Joseph III. b 1755.

1795, (27 juillet) Detroit.

III.—PLESSY (2), Paul. [Paul-Amable II.

Rivard, Archange, [Jean-Bte IV. b 1774.

(1) Onzième évêque de Québec.—Voy. *Répertoire du Clergé canadien*.

(2) Dit Bélair.

(3) Et Henry—Henrichon.

(4) Trechemin.

1760, (14 janvier) Beauport. [3]

I.—PLICHARD, Jean-Nicolas, fils de Nicolas et d'Anne-Louise Chrétien, de Thieraut-Soumarl, diocèse de Laon, Ile-de-France.

Lavallée (1), Marie-Madeleine, [Charles III. b 1734.

Jean-Charles, b [3] 23 janvier 1761. — *Louis-Nicolas*, b [3] 1er avril 1762.— *Jean-Charles*, b [3] 19 oct. 1763.

PLICHON.—*Surnom* : St. Louis.

1747, (6 nov.) Montreal. [8]

I.—PLICHON (2), Louis, b 1719; fils de Charles et de Marie Coquerel, des Centeaux, diocèse d'Amiens, Picardie.

Pimparé (3), Marie-Thérèse, [Charles I. b 1725.

Louis, b [8] 1er oct. 1747.— *Marie-Louise*, b [8] 11 et s [8] 16 janvier 1749.—*François*, b 26 nov. 1749, au Détroit. [9] — *Joseph-Marie*, b [9] 7 nov. 1751.— *Marie-Joseph*, b [9] 21 et s [9] 26 dec. 1753. — *Catherine*, b [9] 7 janvier 1755. — *Pierre*, b [9] 16 avril 1757; s [9] 13 sept. 1758.— *Marie-Françoise*, b [9] 11 avril 1759.

PLINGUÉ.—*Variation et surnom* : Plinguet—St. Vincent.

1751, (18 janvier) Montréal. [7]

I.—PLINGUÉ (4), Vincent, b 1722; fils de Vincent et de Louise Bouillie, de Poisé-le-Joly, diocèse de Poitiers, Poitou.

1° Vignaud, Marie-Anne, [Jean-Bte I. b 1724.

Vincent, b 1753; m [7] 8 nov. 1774, à Marie-Louise Coursel.

1774, (16 mai). [7]

2° Ste. Foye, Madeleine, [François II. b 1724; veuve de François Coursel-Chevalier.

1774, (8 nov) Montréal.

II.—PLINGUÉ, Vincent, [Vincent I. b 1753.

Coursel, Marie-Louise, [François I. b 1759.

PLINGUET.—Voy. Plingué.

PLOT.—Voy. Pelot—Pleau.

PLOUF.— *Variations* : Belouf—Blouf.

1669, (24 juin) Montréal. [1]

I.—PLOUF (5), Jean, b 1636; s [1] 15 avril 1700.

Guillebœuf, Marie-Madeleine, b 1655.

(1) Elle épouse, le 29 juillet 1765, Louis Ménard, à Beauport.

(2) Dit St. Louis; soldat de la compagnie de LaCorne.

(3) Poupart en 1751.

(4) Dit St. Vincent.

(5) Voy. Blouf, vol. I, p 60.

Jean, b 24 janvier 1675, à Boucherville [2]; m 12 sept. 1707, à Marie PACAUD, à Varennes.—*Marie-Geneviève*, b [2] 21 sept. 1677; m à René FOY-LACROIX.

1695, (30 mai) Montréal. [3]

II.—PLOUF (1), FRANÇOIS, [JEAN I.
b 1672.
LEBON, Catherine, [PIERRE I.
b 1673; s 3 août 1749, au Sault-au-Récollet.
Pierre, b [3] 23 mai 1698; m 11 janvier 1723, à Marie-Joseph ERICHER, à St-Laurent, M.—*Marie-Madeleine*, b [3] 16 janvier 1701; m [3] 25 août 1718, à Pierre SORIEUL. — *Jeanne-Marguerite*, b [3] 25 mars 1704; 1° m à Louis ROULEAU; 2° m 1755, à Antoine DUPUIS. — *Marie-Jeanne*, b [3] 13 juillet 1707; m à Jean-Noel JABOT-LAMARCHE.—*Marie-Catherine*, b [3] 21 avril 1710; s [3] 20 juillet 1729.

1707, (12 sept.) Varennes.

II.—PLOUF, JEAN, [JEAN I.
b 1675.
PACAUD, Marie. [JEAN-JOSEPH II.
Michel, b... m 16 février 1740, à Marie-Joseph FOISY, à Verchères. [4] — *Madeleine*, b... m [4] 29 février 1740, à Jacques GOGUET.—*Jean*, b 1713; 1° m à Jeanne FOISY; 2° m 9 fevrier 1767, à Marie-Françoise DRAPEAU, à St-Antoine-de-Chambly. [5] — *Marguerite*, b... m [4] 19 avril 1746, à Charles BOIVIN.—*Françoise*, b 1717; m 23 mai 1746, à Jean BONIN, à Montréal.—*Anonyme*, b et s 9 nov. 1720, à St-Ours. [6] — *Basile*, b [6] 9 nov. 1720; m 1748, à Marie-Charlotte LECLAIRE. — *Marie-Jeanne*, b [4] 21 fevrier 1728; 1° m à Philippe DUDEVOIR; 2° m [5] 8 janvier 1753, à Joseph ALARD. —*Louis*, b [4] et s [4] 28 fevrier 1729.

1714.

II.—PLOUF, LOUIS, [JEAN I.
b 1691.
TRUCHON, Marie. [LOUIS I.
Marie-Louise, b 1er oct. 1715, à Verchères.—*Pierre*, b... m 21 juillet 1749, à Marie-Angelique HAMEL, à Sorel.—*Elisabeth*, b 12 nov. 1728, à Lachenaye. [6] — *Marie*, b [6] 27 sept. 1733. — *Ambroise*, b... m 10 janvier 1763, à Marie-Joseph LAVIGNE, à Varennes.

1723, (11 janvier) St-Laurent, M. [1]

III.—PLOUF, PIERRE, [FRANÇOIS II.
b 1698.
ERICHER, Marie-Joseph, [JACQUES I.
b 1710.
François, b... m 4 juillet 1746, à Marie-Françoise AUBIN, à Ste-Genevieve, M. [2] — *Maurice*, b... m 16 janvier 1747, à Marie-Françoise MÉNARD, au Sault-au-Recollet. [3] — *Pierre*, b... m [2] 13 juillet 1750, à Marie-Agnès PEPIN.—*Charles*, b... m 18 janvier 1751, à Cecile BERTHIAUME, à St-Vincent-de-Paul. [4] — *Jacques*, b... m [2] 1er mars 1756, à Geneviève LIBERSON.—*Augustin*, b... m [3] 2 mai 1757, à Marie-Charlotte ROBIDOU.—*Jean-François*, b 20 fevrier 1735, à Montreal [5]; m [3] 8 janvier 1759, à Marie ROBIDOU.—*Laurent*, b 1737; m [3] 18 février 1760, à Louise BERTHIAUME.—*Marie*, b... m [1] 11 oct. 1756, à Jean-Marie COUVRET.—*Marie-Louise*, b... m [1] 6 oct. 1760, à Vincent CHAMPIGNY. —*Michel*, b 1743; m [4] 5 août 1765, à Marie FORGET.—*Joseph*, b 1748; m [5] 14 sept. 1772, à Catherine DUBILLEAU.—*Marie-Joseph*, b [4] 13 juin 1749.

PLOUF, PIERRE.
CHARON, Marguerite,
s 26 mars 1749, à Lavaltrie. [1]
Jean-Baptiste, b... s [1] 7 fevrier 1750.

1740, (15 fevrier) Verchères.

III.—PLOUF, MICHEL. [JEAN II.
FOISY, Marie-Joseph, [LOUIS II
s 13 sept. 1751, à St-Ours.

1742.

PLOUF, LOUIS.
LAPORTE (1), Louise.
Marie-Joseph, b 8 sept. 1743, à Lavaltrie. [4] — *Marie-Louise*, b... m [4] 6 oct. 1760, à Charles LARCHEVÊQUE.—*Michel*, b [4] 14 mars 1747.—*Marie-Agathe*, b [4] 3 juin 1749.—*Anonyme*, b [4] et s [4] 28 oct. 1750.—*Antoine*, b [4] 1er avril 1752.—*Joseph*, b [4] 19 mars 1754.—*Marie-Louise*, b [4] 3 nov. 1755, s [4] 31 dec. 1759.—*Joseph-Ambroise*, b [4] 29 août 1757.—*Françoise-Agathe*, b [4] 25 avril 1759.

III.—PLOUF, JEAN, [JEAN II
b 1713.
1° FOISY, Jeanne.
1767, (9 février) St-Antoine-de-Chambly.
2° DRAPEAU, Marie-Françoise, [JEAN I
veuve de Louis Poulin.

1746, (4 juillet) Ste-Geneviève, M. [5]

IV.—PLOUF, FRANÇOIS. [PIERRE III
AUBIN, Marie-Françoise. [RENÉ II
François-Pierre, b 20 juin 1747, au Sault-au-Recollet [6]; s [6] 2 août 1748.—*Jean-Baptiste*, b [5] 20 mai et s [5] 18 juillet 1749.—*Louis-Marie*, b [5] 2 juin 1752. — *Marie-Françoise*, b [5] 2 juillet 1754.—*François*, b 17 nov. 1756, à St-Laurent, M. [7], s [5] 8 sept. 1757.—*Jean-Marie*, b [5] 21 mars et s [5] 16 sept. 1759.—*Marie-Thérèse*, b [7] 16 sept. 1763.

1747, (16 janvier) Sault-au-Récollet. [8]

IV.—PLOUF, MAURICE. [PIERRE III.
MÉNARD, Marie-Françoise, [LOUIS III.
b 1730.
Marie-Charlotte, b [8] 24 nov. 1747; s [8] 5 mars 1749.—*Marie-Anne*, b 16 janvier 1754, à Ste-Geneviève, M. [9] — *Louis*, b [9] 7 avril 1756.—*Marie-Angélique*, b [9] 6 mars 1759.

1748.

III.—PLOUF, BASILE, [JEAN II.
b 1720.
LECLAIRE-LAFRENAY, Marie-Charlotte.
Marie-Brigitte, b 26 oct. 1749, à Sorel.—*Basile*, b 17 fevrier 1752, à St-Ours. [2] — *Alexis*, b [2] 23

(1) Voy. Blouf, vol. I, p. 60.

(1) St. Georges.

août 1753.—*Joseph*, b [2] 6 juin 1755 ; s [2] 3 fevrier 1756.—*Joseph*, b [2] 3 juillet 1756. — *François*, b [2] 6 sept. 1757.

1749, (21 juillet) Sorel. [2]

III.—PLOUF, PIERRE. [LOUIS II.
HAMEL, Marie-Angelique. [JEAN-BTE.
Marie-Joseph, b 14 mars 1751, à Lavaltrie; m [2] 15 juillet 1766, à Antoine BAILLARGEON.—*Geneviève*, b [2] 2 fevrier 1753. — *Joseph-Marie*, b 11 fevrier 1757, à Contrecœur. [3] — *Jean-Baptiste*, b [3] 27 juillet et s [3] 14 sept. 1758. — *Marie-Agathe*, b 1770; s 1er juin 1774, à St-Cuthbert.

1750, (13 juillet) Ste-Geneviève, M. [1]

IV.—PLOUF, PIERRE. [PIERRE III.
PEPIN, Marie-Agnès, [ROBERT II.
b 1730.
Pierre, b 1750; s 25 nov. 1755, à St-Laurent, M. [2] — *Louis*, b 1752; s [2] 11 nov. 1755.—*Geneviève*, b [1] 12 mars 1755.—*Pierre*, b [2] 16 janvier et s [2] 7 juin 1757. — *Marie-Madeleine*, b [2] 23 juillet 1758.—*Marie-Joseph*, b [2] 25 et s [2] 27 mars 1761.

1751, (18 janvier) St-Vincent-de-Paul.

IV.—PLOUF, CHARLES. [PIERRE III.
BERTHIAUME, Marie-Cécile, [PIERRE III.
b 1731.
Marie-Elisabeth, b 14 nov. 1751, à Ste-Geneviève, M. [1] — *Jacques*, b [1] 3 mai 1753. — *Marie-Anne*, b 1755 ; s 28 fevrier 1759, à St-Laurent, M. [2] —*Charles*, b 1757 ; s [2] 8 sept. 1759.—*Michel*, b [2] 26 avril 1759.—*Jean-Baptiste*, b [2] 14 juillet 1761. —*Louis*, b [2] 28 août 1763.

1751.

PLOUF, FRANÇOIS.
CODERRE, Marie-Ursule.
Jean-Baptiste, b 5 oct. 1752, à Verchères [4] ; s [4] 23 oct. 1754. — *Marie-Marguerite*, b [4] 10 juin 1754 , s [4] 22 août 1759.—*Marie-Catherine*, b [4] 18 sept. 1756.—*François*, b 1758 ; s [4] 19 mars 1760. —*Marie-Ursule*, b [4] 4 juillet et s [4] 26 oct. 1760.

1756, (1er mars) Ste-Geneviève, M. [5]

IV.—PLOUF, JACQUES. [PIERRE III.
LIBERSON-LAVIOLETTE, Geneviève. [ANTOINE II.
Jacques, b [5] 5 juin et s [5] 5 sept. 1757. — *Marguerite*, b [5] 4 oct. 1758. — *Joseph*, b 11 janvier 1763, à St-Laurent, M.

PLOUF, JOSEPH.
RONDEAU, Ursule.
Marie-Joseph, b 9 et s 21 nov. 1756, à Contrecœur. [3] — *Louise*, b [3] 21 nov. 1757. — *François*, b [3] 23 et s [3] 26 janvier 1759.

PLOUF, JOSEPH.
TAILLEFER, Marie-Geneviève.
Marie-Geneviève, b... m 16 mai 1803, à Pierre VIVIEN, à Ste-Therèse.

PLOUF, JACQUES.
HUBERDEAU, Marie.
Marguerite, b 1758 ; s 15 avril 1760, à St-Laurent, M.

PLOUF, PIERRE.
ROULEAU, Marie.
Jean-Baptiste, b 1758 ; s 7 mai 1760, à St-Laurent, M.

1757, (2 mai) Sault-au-Récollet.

IV.—PLOUF, AUGUSTIN. [PIERRE III.
ROBIDOU, Marie-Charlotte, [JOSEPH III.
b 1733.
Augustin, b 3 août 1759, à St-Laurent, M. [1] — *Marie-Louise*, b [1] 3 nov. 1761.

1759, (8 janvier) Sault-au-Récollet.

IV.—PLOUF, JEAN-FRANÇOIS, [PIERRE III.
b 1735.
ROBIDOU, Marie-Joseph, [JOSEPH III.
b 1738.
François, b 18 sept. 1767, à St-Michel-d'Yamaska. [2] — ....(1), b... s [2] 23 avril 1769.—*Louis*, b [2] 22 juillet 1770.

1760, (18 février) Sault-au-Récollet.

IV.—PLOUF, LAURENT, [PIERRE III.
b 1737.
BERTHIAUME, Louise, [PIERRE III.
b 1736.
Marie-Elisabeth, b 22 nov. 1760, à St-Laurent, M.

PLOUF, PIERRE.
DUDEVOIR, Marie-Charlotte.
Marie-Madeleine, b 21 fevrier 1762, à St-Antoine-de-Chambly.—*Hyacinthe*, né en déc. 1769, à St-Hyacinthe ; b 15 mars 1770, à St-Michel-d'Yamaska.

1763, (10 janvier) Varennes.

III.—PLOUF, AMBROISE. [LOUIS II.
LAVIGNE, Marie-Joseph, [JACQUES III.
b 1730 ; veuve d'Honoré-Joseph Gagne.

1765, (5 août) St-Vincent-de-Paul.

IV.—PLOUF, MICHEL, [PIERRE III.
b 1743.
FORGET, Marie, [JEAN-FRANÇOIS III.
b 1744.

PLOUF, JEAN-BTE.
VAILLANT, Marie-Therèse.
Thérèse, b... s 11 août 1771, à Repentigny.

1772, (14 sept.) Montréal.

IV.—PLOUF, JOSEPH, [PIERRE III.
b 1748.
DUBILLEAU, Catherine, [JEAN.
b 1740.

PLOUF, JEAN-BTE.
AUBIN (2), Marguerite.

(1) Le nom manque au registre.
(2) Lambert.

Michel, b 17 sept. 1775, à St-Cuthbert. [3] — *Antoine*, b [3] 1er mai 1777.—*François*, b [3] 17 mai 1779.

PLOUF, Joseph.
Bélanger, Marguerite.
Marie-Marguerite, b 27 février 1780, à St-Cuthbert.[4] — *Marguerite*, b [4] 3 avril 1786.

PLOUF, Jean-Bte.
Fiset, Agathe.
Jean-Baptiste, b 15 sept. 1769, à St-Cuthbert.

PLOUF, Antoine.
Rocheleau, Angélique.
Louis, b 11 mars 1789, à St-Cuthbert. [2] — *Charles*, b [2] 10 juillet 1793.

1697, (26 août) Rivière-Ouelle. [1]
I.—PLOURDE (1), René.
Bérubé, Jeanne-Marguerite, [Damien I.
b 1680; s [1] 26 fevrier 1709.
Joseph, b [1] 25 août 1699; m 21 avril 1727, à Thérèse DeChambre, à Montréal.— *Pierre*, b [1] 21 août 1701; m à Marie-Ursule Lévesque; s [1] 28 sept. 1771.—*Augustin*, b 1708; m 1729, à Madeleine Lévesque; s [1] 22 avril 1756.

1727, (21 avril) Montreal.
II.—PLOURDE, Joseph, [René I.
b 1699.
DeChambre (2), Thérèse, [Romain II.
b 1704.

II.—PLOURDE, Pierre, [René I.
b 1701; s 28 sept. 1771, à la Rivière-Ouelle. [7]
Lévesque, Marie-Ursule.
Brigitte, b... m [7] 18 janvier 1751, à Pierre Boucher. — *Marie-Ursule*, b... m [7] 30 janvier 1758, à Jean Maurais; s [7] 17 dec. 1781.—*Pierre-François*, b [7] 27 sept. 1733; m [7] 14 fevrier 1757, à Louise Hudon; s [7] 13 mai 1772.— *Marie-Geneviève*, b [7] 19 juillet 1735; m [7] 30 janvier 1758, à Etienne Hudon. — *Marie-Catherine*, b [7] 1er avril 1737; m [7] 14 janvier 1755, à Sebastien Ouellet. —*Joseph-François*, b [7] 17 juin 1739; m 18 janvier 1762, à Marie-Angélique Pelletier, à Ste-Anne-de-la-Pocatière. — *Jean-Baptiste*, b [7] 6 juin 1741; m [7] 11 février 1765, à Anne Hudon. — *Marie-Joseph*, b [7] 1er avril 1744; m [7] 24 janvier 1763, à Alexandre Roy. — *Marie-Louise*, b [7] 8 août 1747; m [7] 12 fevrier 1765, à Augustin Dionne. — *Marie-Charlotte*, b [7] 10 juillet 1749, m [7] 9 janvier 1769, à Alexis-Barthélemi Gagnon; s [7] 28 avril 1771.—*Jean-André*, b [7] 24 sept. 1752; m [7] 3 fevrier 1772, à Françoise Hudon; s [7] 5 mai 1778.

1729.
II.—PLOURDE, Augustin, [René I.
b 1708; s 22 avril 1756, à la Rivière-Ouelle.[1]
Lévesque, Marie-Madeleine,
b 1711; s [1] 21 oct. 1777.

(1) Voy. vol. I, p. 490.
(2) Elle épouse, le 7 nov. 1730, Pierre Deniau, à Longueuil.

Joseph, b 1730; m 30 juillet 1755, à Marie-Catherine Lisot, à St-Roch; s [1] 30 mars 1760.— *Augustin*, b 14 déc. 1732, à Ste-Anne-de-la-Pocatière [2]; s [1] 4 janvier 1733.—*Marie-Madeleine*, b [1] 10 nov. 1733; m [1] 18 oct. 1756, à Etienne Perrot — *Marie-Angélique*, b [1] 24 sept. 1735; m [1] 11 février 1754, à Charles-François Pinel. — *Marie-Agathe*, b [1] 10 juillet et s [1] 6 sept. 1737.—*Marie-Louise*, b [2] 21 sept. 1738; 1° m [1] 9 janvier 1758, à Pierre Dupéré; 2° m [1] 11 janvier 1762, à Jean-Baptiste Lisot.—*Marie-Anne*, b [1] 15 janvier 1740; m [1] 12 janvier 1761, à Joseph-Maurice Dubé.— *Marie-Catherine*, b [1] 18 nov. 1741; m [1] 11 août 1783, à Louis Tremblay; s 29 oct. 1784, aux Eboulements.—*Marie-Joseph*, b [1] 11 et s [1] 19 oct. 1743.—*Marie-Joseph*, b [1] 12 dec. 1744; s [1] 28 fevrier 1760.—*Denis*, b [1] 4 oct. 1746; m [2] 1er fevrier 1768, à Madeleine Lévesque.—*Pierre*, b [1] 14 juillet 1748; m [1] 23 nov. 1772, à Marie-Charlotte Bérubé.— *Augustin*, b [1] 21 mars 1750; m [1] 26 avril 1769, à Madeleine Bérubé.—*Athanase*, b [1] 12 mai 1752; m [1] 25 nov. 1771, à Judith Bérubé.

1755, (30 juillet) St-Roch.
III.—PLOURDE, Joseph, [Augustin II
b 1730; s 30 mars 1760, à la Rivière-Ouelle.[1]
Lisot (1), Marie-Catherine, [Nicolas III.
b 1736.
Joseph, b [2] 13 nov. 1757; s [2] 4 sept. 1758— *Marie-Catherine*, b [2] 6 janvier 1759; m [2] 26 janvier 1778, à Jean-Baptiste Lévesque; s [2] 21 février 1783. — *Joseph-Marie* (posthume), b [2] 23 sept 1760; m [2] 25 juin 1781, à Marie Arbour.

1757, (14 février) Rivière-Ouelle. [1]
III.—PLOURDE, Pierre-François, [Pierre II.
b 1733; s [2] 13 mai 1772.
Hudon (2), Louise, [Nicolas II
b 1739.
Marie-Madeleine, b [2] 24 déc. 1757; m [2] 22 janvier 1776, à Etienne Rioux. — *Pierre*, b [2] 8 mai et s 3 juin 1759, à l'Islet. — *Pierre*, b [2] 2 août 1760; m [2] 29 janvier 1781, à Marie DeLavoye.— *Marie-Anne*, b... m [2] 17 janvier 1780, à Augustin Bérubé. — *Clément*, b... m 5 nov. 1787, à Françoise Damours, aux Trois-Pistoles.[3] — *Gabriel*, b... m [3] 8 oct. 1792, à Louise-Véronique Damours.

1762, (18 janvier) Ste-Anne-de-la-Pocatière.
III.—PLOURDE, Joseph-François, [Pierre II
b 1739.
Pelletier, Marie-Angélique, [Charles IV.
b 1741.
Marie-Angélique, b... m 11 nov. 1782, à Ignace DeLavoye, à la Rivière-Ouelle.

1765, (11 février) Rivière-Ouelle. [1]
III.—PLOURDE, Jean-Bte, [Pierre II
b 1741.
Hudon-Beaulieu, Anne, [Joseph III
b 1744.
Madeleine, b... m [1] 12 janvier 1784, à Pierre-Antoine Roy.

(1) Elle épouse, le 11 janvier 1762, Charles Hudon-Beaulieu, à la Rivière-Ouelle.
(2) Elle epouse, le 15 février 1773, Jean-Maurice Ouellet, à la Rivière-Ouelle.

1768, (1er février) Ste-Anne-de-la-Pocatière.
III.—PLOURDE, DENIS, [AUGUSTIN II.
b 1746.
LÉVESQUE, Madeleine.

1769, (26 avril) Rivière-Ouelle.
III.—PLOURDE, AUGUSTIN, [AUGUSTIN II.
b 1750.
BERUBÉ, Madeleine, [PIERRE III.
b 1746.

1771, (25 nov.) Rivière-Ouelle.
III.—PLOURDE, ATHANASE, [AUGUSTIN II.
b 1752.
BÉRUBÉ, Judith, [JEAN III.
b 1749.

1772, (3 février) Rivière-Ouelle.[1]
III.—PLOURDE, JEAN-ANDRÉ, [PIERRE II.
b 1752; s[1] 5 mai 1778.
HUDON (1), Françoise, [JOSEPH III.
b 1750.

1772, (23 nov.) Rivière-Ouelle.
III.—PLOURDE, PIERRE, [AUGUSTIN II.
b 1748.
BÉRUBÉ, Marie-Charlotte, [PIERRE III.
b 1749.

1781, (29 janvier) Rivière-Ouelle.
IV.—PLOURDE, PIERRE, [PIERRE-FRANÇOIS III.
b 1760.
DELAVOYE, Marie. [JOSEPH IV.

1781, (25 juin) Rivière-Ouelle.
IV.—PLOURDE, JOSEPH-MARIE, [JOSEPH III.
b 1760.
ARBOUR, Marie. [JEAN.

1787, (5 nov.) Trois-Pistoles.[5]
IV.—PLOURDE, CLÉMENT. [PIERRE-FRS III.
DAMOURS, Françoise, [AMBROISE IV.
b 1766.
Joseph, b[5] 10 oct. 1788.—*Adrien*, b[5] 20 février 1791.—*Marie-Julienne*, b[5] 23 mars 1793.—*Raphael*, b[5] 12 mai 1795.—*Louise-Véronique*, b[5] 5 nov. 1797.

1792, (8 oct.) Trois-Pistoles.
IV.—PLOURDE, GABRIEL. [PIERRE-FRANÇOIS III.
DAMOUR, Louise-Veronique, [AMBROISE IV.
b 1770.

PLUCHE.—Voy. DEBLUCHE.

PLUCHON.—*Surnom :* AUBUCHON.

(1) Elle épouse, le 11 janvier 1779, Paschal Hudon, à la Rivière-Ouelle.

1662, (28 nov.) Québec.[7]
I.—PLUCHON (1), PIERRE,
b 1617; s 2 oct. 1699, à Ste-Foye.
GRIGNAULT, Marie,
b 1636.
Catherine, b 26 fevrier 1668, à Sillery; 1° m à François SAVARIA; 2° m[7] 26 août 1715, à Jean MARCHET.

1687, (7 janvier) Pte-aux-Trembles, Q.[9]
II.—PLUCHON (1), PIERRE, [PIERRE I.
b 1664; s[9] 12 oct. 1723.
LORIOT, Jeanne, [JEAN I.
b 1671.
Joseph, b[9] 13 sept. 1697; m[9] 21 fevrier 1729, à Marie-Thérèse DE LA RUE.

1729, (21 fevrier) Pte-aux-Trembles, Q.
III.—PLUCHON, JOSEPH, [PIERRE II.
b 1697.
DE LA RUE, Marie-Thérèse, [JEAN-BTE II.
b 1706.

I.—PLUMBY, THOMAS.
MCLEOD, Louise.
Marie, b... m 27 mai 1812, à Jean-Baptiste DUBERGER, à l'Hôpital-Général, Q.

PLUMEREAU.—*Surnom :* LATREILLE.

I.—PLUMEREAU (2), JULIEN.
BARBIER (3), Jeanne,
b 1649.
Louise, b 8 mai 1678, à Sorel; 1° m 21 oct. 1692, à Raymond BOINNEAU, à Lachine[6]; 2° m[6] 17 nov. 1698, à Antoine DUBOIS.—*Catherine*, b 1680; m[6] 17 juin 1698, à François ROY; s[6] 10 janvier 1752.

PLUTEAU.—Voy. PROTEAU.

POETTEVIN.—Voy. POITEVIN.

1725, (19 nov.) Québec.[1]
I.—POGNOT, JEAN, fils de Jean et de Marie Favre, d'Aignac, diocèse d'Angoulême, Angoumois.
POUSSART, Marie-Clotilde, fille de Rene et de Marie Pere, du diocèse de St-Brieux, Bretagne.
Antoine, b[1] 13 janvier 1726; s[1] 30 dec. 1727.

POIDEVIN.—Voy. POITEVIN.

POIDRAS.—Voy. POITRAS.

POILBLANC.—Voy. TOUSSAINT.

(1) Voy. Aubuchon, vol. I, p 16.
(2) Dit Latreille; voy. vol. I, p. 490.
(3) Elle épouse, le 27 janvier 1681, François Hablin, à Contrecœur.

1703, (7 mai) Lachine. [2]

I.—POINEAU, JEAN, b 1676, meunier; fils de Gabriel et de Jeanne Gouet, de Chandenier, diocèse de Poitiers, Poitou; s 23 juillet 1716, à Montréal.

BOURSIER, Barbe, [JEAN I.
b 1677.

Jean-Joseph, b [2] 6 avril 1704.—*Marie-Joseph*, b 25 mars 1706, à Longueuil [3]; m 27 mai 1732, à Jacques BOUTIN, au Détroit [4]; s [4] 12 oct. 1732. — *Marie-Thérèse*, b [3] 18 fevrier 1708; m à Joseph COUILLARD. — *Marie-Anne*, b [3] 23 fevrier 1710; m 1737, à François RUFIANGE.—*Louise*, b... m 6 janvier 1738, à Louis PETIT, à Varennes. — *Antoine*, b 7 juin 1716, à Laprairie; 1° m 7 avril 1739, à Marie-Joseph PRIMOT, à Châteauguay; 2° m à Marie-Anne PINSONNEAU.

1739, (7 avril) Châteauguay. [5]

II.—POINEAU, ANTOINE, [JEAN I.
b 1716.

1° PRIMOT, Marie-Joseph. [CLAUDE II.

Ursule, b... m [5] 19 avril 1762, à François FAUBER.—*Catherine*, b... m [5] 30 août 1762, à Jacques LACROIX.—*Marie-Charlotte*, b... m 22 fevrier 1770, à Antoine LEFEBVRE, au Détroit.

2° PINSONNEAU, Marie-Anne.

Jean-Baptiste, b 1742; s 17 février 1743, à Laprairie.

1764, (11 sept.) Québec. [6]

I.—POINT (1), GUILLAUME, b 1736, marin; de Bordeaux.

GRAVEL, Helène, [CLAUDE III.
b 1742.

Guillaume, b... m [6] 15 sept. 1795, à Madeleine HUOT.—*Marguerite*, b 26 mars 1776, au Château-Richer [7]; s [7] 21 avril 1777.

1795, (15 sept.) Québec.

II.—POINT, GUILLAUME. [GUILLAUME I.

HUOT, Madeleine, [PIERRE-MARIE IV.
veuve de François Gourdeau.

1671, (26 nov.) Québec. [2]

I.—POIRÉ (2), LAURENT,
b 1630.

LECLERC, Geneviève,
b 1640.

Laurent, b 28 février 1681, à l'Islet; m 2 mai 1709, à Suzanne BÉGIN, à Levis; s [2] 27 mai 1741.

1709, (2 mai) Lévis. [3]

II.—POIRÉ, LAURENT, [LAURENT I.
b 1681; s 27 mai 1741, à Québec.

BÉGIN, Suzanne. [LOUIS I.

Marie-Anne, b [3] 12 juin 1710.—*Charles-Louis*, b [3] 23 avril 1712; m 1749, à Louise LECOURS.—*Suzanne*, b 1715; m [3] 23 oct. 1742, à André-Joseph CARJÉ; s 3 nov. 1799, à Beaumont. — *Louis-Laurent*, b [3] et s [3] 11 fevrier 1718.—*Marie-Joseph*, b 1720, m [3] 24 oct. 1741, à Jean-Baptiste BUSSIÈRE; s [3] 2 oct. 1759. — *Jean-Baptiste*, b... m [3] 3 nov. 1745, à Marguerite BOURASSA.—*Marie-Louise*, b [3] 28 avril 1722; s [3] (picote) 16 août 1733 —*Barbe*, b [3] 10 avril 1726; m à Michel LECOURS, s [3] 12 nov. 1769.—*Joseph*, b... m [3] 20 avril 1751, à Marguerite TURGEON. — *Marie-Jeanne*, b [3] 25 janvier et s [3] 2 février 1729. — *Marie-Françoise*, b [3] 16 et s [3] 20 avril 1730.—*Marie-Geneviève*, b [3] 19 août 1731; m [3] 7 nov. 1752, à André-Joseph GUAY.

1745, (3 nov.) Lévis. [4]

III.—POIRÉ, JEAN-BTE. [LAURENT II.

BOURASSA, Marguerite, [FRANÇOIS II
b 1726.

Marie-Louise, b [4] 24 août et s [4] 5 nov. 1749—*Jean*, b [4] 6 sept. 1750. — *Marguerite*, b [4] 27 mai 1752; s [4] 22 mai 1763. — *Marie-Joseph*, b [4] 10 sept. 1753.—*Michel*, b [4] 8 déc. 1754.—*Joseph*, b [4] 22 fevrier 1756; m 20 nov. 1786, à Marie-Joseph COUTURE, à Beaumont.—*Marie-Louise*, b [4] 15 mai et s [4] 11 sept. 1757. — *Laurent*, b [4] 15 et s [4] 26 mars 1759. —*Marie-Angélique*, b [4] 4 mars 1760; m 1777, à Pierre DELAVOYE. — *Laurent*, b [4] 30 juin 1761.—*François*, b [4] 18 oct. 1762.—*Etienne*, b 1764; s [4] 31 oct. 1765.—*Pierre*, b [4] 25 juillet 1766.

1749.

III.—POIRÉ, CHARLES-LOUIS, [LAURENT II
b 1712.

LECOURS, Louise, [MICHEL II
b 1723.

Charles, b 20 et s 27 mars 1750, à Lévis. [5]—*Marie-Louise*, b [5] 6 avril 1751.—*Charles-Laurent*, b [5] 30 août 1752.— *Louis*, b [5] 30 juin 1754 — *Laurent*, b [5] 30 avril 1756; s [5] 31 mars 1759—*Marguerite*, b [5] 7 mars 1758.

1751, (20 avril) Lévis. [9]

III.—POIRÉ, JOSEPH. [LAURENT II

TURGEON, Marguerite, [JOSEPH III
b 1721; veuve de Pierre Nau; s [9] 6 mai 1768.

Joseph-Marc, b [9] 25 avril 1752.—*Michel*, b [9] 17 juin 1754.—*Jean-François*, b [9] 24 avril 1756—*Charles*, b [9] 1er oct. 1757; s [9] 26 août 1758—*Marguerite*, b [9] 11 mai 1759.—*Charles*, b [9] 19 nov. 1760.—*Charles*, b [9] 6 nov. 1763.

1786, (20 nov.) Beaumont.

IV.—POIRÉ, JOSEPH, [JEAN-BTE III.
b 1756.

COUTURE, Marie-Joseph. [ETIENNE IV.

POIRÉ, JEAN-BTE.

SIAMBRE, Marie.

Marie-Adélaïde, b 13 mars 1790, à St-Augustin. [1] — *Charles*, b [1] 18 mars 1791.

POIRIAU.—*Variation et surnom* : POIRIOT—BELLEFEUILLE.

(1) Venu en 1757 (Procès-verbal).

(2) Voy. vol. I, p. 491.

1714, (3 avril) Montréal. [2]

I.—POIRIAU (1), PAUL, b 1685; fils de Paul et de Marie-Jeanne ......, de St-Médard-de-Paris; s [2] 23 juin 1744.
JOUSSET, Françoise, [PIERRE I.
b 1695.

Hélène-Françoise, b [2] 5 dec. 1714; m [2] 21 juin 1751, à Jean-François CANUT.—*Paul,* b [2] 2 sept. 1716.—*Jacques,* b... m 5 oct. 1744, à Marie-Françoise PARANT, à la Pointe-Claire.—*Jeanne,* b 1723; m [2] 23 nov. 1744, à Jean-Baptiste-Laurent MINGUY. —*Joseph,* b 1726; s [2] 20 sept. 1747.—*Charlotte,* b 1727; s 9 mai 1736, à Laprairie. [3] — *Marie,* b 1730; m [2] 24 mai 1756, à Nicolas LIBERSON.— *Marguerite,* b [3] 1er février 1735; m [2] 3 juillet 1758, à Jean BRENIER.—*Marie-Renée,* b [3] 4 oct. 1736.—*Marie-Joseph,* b... m [2] 18 mai 1756, à Jacques BUREL.—*Marie-Charlotte,* b [3] 25 janvier 1739; m [2] 26 nov. 1759, à Jean-Baptiste DOYON.

1744, (5 oct.) Pointe-Claire.

II—POIRIAU (2), JACQUES. [PAUL I.
PARANT, Marie-Françoise, [GUILLAUME II.
b 1720.

Joseph, b 4 mai et s 30 juin 1752, à Ste-Geneviève M. [2]— *Geneviève,* b [2] 4 mai 1752. — *Françoise,* b [2] 24 avril et s [2] 26 juin 1754. — *Michel,* b [2] 2 janvier 1756.

POIRIER.—*Surnoms :* BELLEPOIRE—DELOGES—DESLOGES—LAFLEUR—LAJEUNESSE — LANGEVIN.

1668, (18 mars) Montréal. [2]

I.—POIRIER (3), JEAN-BTE,
b 1647; s 18 fevrier 1722, à Boucherville. [3]
1° LANGLOIS, Marie,
b 1647.

Philippe, b 1680; m [3] 9 juin 1710, à Marguerite VACHER.—*Marie-Thérèse,* b 1687; m [2] 6 janvier 1710, à Jean PEYET.

1688, (22 nov.) [3]

2° MOITIÉ, Catherine,
veuve de Desiré Viger; s [3] 21 oct. 1727.

Jeanne, b 1690; m [3] 6 juin 1713, à Rene VANDET, s 23 nov. 1733, à Terrebonne.

I.—POIRIER (4), MICHEL,
b 1643.
RIGAU, Jeanne,
b 1656.

Marie-Anne, b 28 nov. 1685, à Champlain.—*Madeleine,* b 1686; s 27 août 1706, à Montreal [2] —*Marie,* b 1691; 1° m 12 avril 1706, à Jean BERTHODY, à Quebec [3]; 2° m [2] 1er juin 1713, à Pierre DUPUY; s [3] 1er juin 1751.

(1) Et Poiriot dit Bellefeuille; soldat de Tonty.
(2) Dit Bellefeuille.
(3) Dit Lajeunesse; voy. vol. I, p. 491.
(4) Dit Langevin; voy. vol. I, p. 491.

1689, (1er août) Montreal. [2]

I.—POIRIER (1), NICOLAS.
RABOUIN (2), Anne, [JEAN I.
b 1671.

Jean, b [2] 15 août 1694; m [2] 27 déc. 1714, à Marguerite JARRY.

1694, (11 janvier) Boucherville. [1]

II.—POIRIER (1), DANIEL, [JEAN I.
b 1668.
VIGER, Catherine, [DÉSIRÉ I.
b 1675.

Jean-Baptiste, b [1] 11 avril 1695; 1° m 5 février 1731, à Catherine BARSALOU, à Montréal [2]; 2° m [2] 21 fevrier 1735, à Marguerite JETTÉ.—*François,* b [1] 15 avril 1699; 1° m [2] 18 juin 1726, à Madeleine DEMERS; 2° m 30 avril 1753, à Marie-Louise LEGRAS, à Chambly. [3] —*Madeleine,* b [1] 25 janvier 1701; m [1] 2 mai 1730, à Michel DUMETS.—*Joseph,* b 1703; m [2] 9 février 1728, à Catherine DEMERS. —*Charles,* b 1708; m [2] 11 février 1732, à Marie-Ursule DEMERS.—*Marie-Joseph,* b 1713; m [1] 6 fevrier 1731, à Joseph DEMERS; s [3] 8 mars 1753. —*Pierre,* b... m [3] 15 février 1735, à Charlotte LAGU.—*Daniel,* b [1] 24 avril 1717; 1° m 21 janvier 1743, à Marie-Anne GIRARD, à Varennes; 2° m 7 mai 1758, à Marie-Françoise BOUTEILLER, à Longueuil.—*Anonyme,* b [1] et s [1] 26 mars 1719.—*Jacques,* b... 1° m 1744, à Marie-Anne LAGU; 2° m [3] 28 sept. 1761, à Catherine CUSSON.

1707, (12 juin) Lachine.

I.—POIRIER (3), PIERRE-RENÉ, b 1666; fils de Pierre et de Marie-Louise ......; s 5 fevrier 1744, à Montreal. [4]
MAUPETIT, Marie-Clémence, [PIERRE I.
b 1688.

Marie-Louise-Hélène, b 1707; 1° m 7 février 1724, à Jean-Baptiste VIGNAU, à la Pointe-Claire; 2° m [4] 16 août 1741, à Louis JUSSELIN.—*Angélique,* b 10 mars 1709, au Detroit; m 8 juin 1744, à François-Michel MESSIER, au Bout-de-l'Ile, M. [5] —*Pierre,* b 1711; 1° m [5] 8 janvier 1753, à Marie-Anne DAOUST; 2° m [5] 3 mai 1756, à Marie-Charlotte ROBILLARD.—*Marie-Elisabeth,* b [5] 23 nov. 1714; 1° m [4] 9 janvier 1742, à Pierre RAYMOND; 2° m [5] 11 janvier 1757, à Ignace ANDRE; s [5] 6 mai 1760 —*Jean-Baptiste,* b [5] 23 août 1716.—*Félicité,* b [5] 1er janvier 1719, m [4] 26 nov. 1743, à Didier HUJOT.—*Clémence,* b 1720; m 1740, à François DEGUIRE.—*Joseph,* b [5] 18 sept. 1722; m 1750, à Marie-Joseph LEFEBVRE.—*Louis,* b [5] 7 fevrier 1728; s [5] 25 fevrier 1730.—*Jacques,* b [5] 25 juillet 1731.

I.—POIRIER, MICHEL,
b 1686; s 16 janvier 1758, à la Pte-aux-Trembles, Q. [6]
BOURGEOIS, Jeanne,
b 1684, s [6] 22 dec. 1760.

(1) Voy. vol. I, p. 491.
(2) Elle épouse, le 4 janvier 1690, Armand Monjoly, à Montreal.
(3) Dit Lafleur; soldat de la compagnie de M. de Vaudreuil.

1709, (16 sept.) Montréal. [1]

I.—POIRIER (1), JOSEPH, b 1685; fils de Jacques et de Françoise Brunet, de Ladu, diocèse de Poitiers, Poitou; s 24 février 1754, au Bout-de-l'Ile, M. [2]

1° GAUTIER, Marie, [PIERRE I.
b 1684; veuve d'Alexandre Turpin; s [2] 20 mai 1728.

Charles, b [1] 13 oct. 1710; m 30 juin 1730, à Marie-Anne CASSE, à Beaumont [3]; s [3] 13 nov. 1732.—*Jean-Baptiste*, b 1711; m [2] 15 sept. 1733, à Marie-Charlotte BOYER. — *Michel*, b [1] 29 sept. 1712.—*Joseph*, b 1er nov. 1714, à la Pointe-Claire [4]; 1° m [2] 7 janvier 1740, à Hélène PILON; 2° m [2] 23 juin 1749, à Marie-Anne GUILLERIER. — *Marie-Joseph*, b [2] 27 juillet 1717; 1° m [1] 17 nov. 1739, à Pierre PITON; 2° m [1] 5 mai 1755, à Joseph BOURGEOIS. — *Jean*, b [2] 13 oct. 1719; 1° m [2] 3 février 1742, à Geneviève HUNAUT; 2° m 23 fevrier 1767, à Marie-Anne SÉDILOT, à Soulanges. [5] —*Jacques*, b... m [2] 25 fevrier 1743, à Marie LAROCQUE. — *Marie-Marguerite*, b [2] 25 mars 1722; m [1] 21 nov. 1741, à Jean-Baptiste SÉDILOT. — *Pierre*, b [2] 5 oct. 1726; m [2] 8 janvier 1748, à Marie-Charlotte PILON; s [2] 11 juillet 1764.

1729, (12 janvier). [4]

2° LALANDE, Marie-Marguerite, [LÉONARD I.
b 1705.

Marie-Charlotte, b [2] 25 déc. 1730; s [2] 6 juin 1731. — *Marie-Anne*, b [2] 2 fevrier 1732; m [2] 5 mars 1753, à Antoine LAROCQUE. — *Marie-Charlotte*, b... s [2] 18 mai 1733. — *Amable-Jérémie*, b [2] 22 nov. 1733. — *Marie-Anne*, b [2] 3 juin 1735.— *Marie-Madeleine*, b [2] 24 août 1736.—*Marie-Joseph*, b [2] 22 oct. 1738.—*Marie-Elisabeth*, b 1740; 1° m [2] 23 oct. 1754, à Jacques SOUCHEREAU; 2° m [5] 5 nov. 1768, à Pierre LUC.—*Joseph-Marie*, b [2] 24 et s [2] 28 mars 1740. — *Michel*, b [2] 10 août et s [2] 14 sept. 1742. — *Nicolas-Amable*, b [2] 8 dec. 1743. —*Marie-Louise*, b [2] 29 août 1745.—*Marie-Ursule*, b [2] 17 sept. 1746; m [5] 27 février 1764, à Antoine CHANTELOY.

1710, (9 juin) Boucherville. [3]

II.—POIRIER, PHILIPPE, [JEAN I.
b 1680, s 17 sept. 1717, à Chambly. [4]

VACHER-LASERTE (2), Margte, [GUILLAUME I.
b 1691.

Marguerite, b [4] 25 avril 1711. — *Thérèse-Geneviève*, b [4] 5 mars 1713; m [3] 7 fevrier 1735, à Henri DEMERS; s [4] 22 fevrier 1753.—*François-Philippe*, b [4] 17 fevrier 1715. — *Louise-Madeleine*, b [4] 20 avril 1717; s [4] 16 sept. 1723.

1714, (27 déc.) Montréal. [5]

II.—POIRIER, JEAN, [NICOLAS I.
b 1694.

JARRY (3), Marguerite, [HENRI II.
b 1696.

Marie-Louise, b [5] 4 dec. 1715; m [5] 16 mai 1746, à Antoine VIGER.—*Jean-Baptiste*, b [5] 9 avril 1717; s [5] 26 août 1728.—*Joseph-Marie*, b [5] 28 oct. 1718; m [5] 21 nov. 1746, à Françoise-Veronique DANIS. — *Jérôme*, b [5] 18 février 1720. — *Pierre*, b [5] 30 juillet et s [5] 15 août 1721. — *Geneviève*, b [5] 1er août 1722; m [5] 1er juillet 1743, à Joseph-Pierre TROTIER. — *Nicolas*, b [5] 5 juin 1724; 1° m [5] 18 janvier 1755, à Marie-Claire LENOIR-ROLLAND; 2° m [5] 26 février 1770, à Marie-Joseph DUMOUCHEL. — *Marie-Anne*, b [5] 9 février 1726; s [5] 9 fevrier 1729. — *Marguerite*, b 1728; m [5] 19 mai 1749, à Joseph CECIRE. — *Marie-Jeanne*, b [5] 1er nov. 1729. — *Marie-Joseph*, b 1732; m [5] 21 avril 1755, à Jacques-Joseph LEPAGE. — *Jean-Baptiste*, b [5] 15 juin 1734; m [5] 8 nov. 1762, à Dorothée DURAND. — *Charles*, b [5] 20 oct. 1737; 1° m [5] 12 janvier 1761, à Louise DURAND; 2° m [5] 16 avril 1767, à Marguerite DUMOUCHEL. — *Paul-Amable*, b [5] 11 janvier 1739; m 26 oct. 1761, à Madeleine TABEAU, à Lachine.

1720, (18 juin) Montréal. [2]

III.—POIRIER, FRANÇOIS, [DANIEL II
b 1699.

1° DEMERS, Marie-Madeleine, [ROBERT II.
b 1697.

François, b 29 juin 1727, à Chambly. [3]—*Joseph*, b 1729, m [2] 12 sept. 1763, à Marguerite TESSIER. —*Antoine*, b 1730; m [3] 11 janvier 1762, à Madeleine MARCHAND.— *Madeleine*, b... m [3] 21 fevrier 1757, à Toussaint BARSALOU.—*Marie-Joseph*, b... m [3] 27 nov. 1758, à Guillaume CASSAN.— *Marie-Catherine*, b... m [3] 20 oct. 1760, à Denis FORDET. — *Marie-Anne*, b... m [3] 12 janvier 1761, à Jean CARLES.

1753, (30 avril). [3]

2° LEGRAS, Marie-Louise, [JEAN I.
b 1700.

1726, (23 juillet) Annapolis, Acadie.

I.—POIRIER, MICHEL, b 1700; veuf de Françoise Arseneau; fils de Michel et d'Anne Bourgeois (Acadiens.)

BRUN, Marie-Joseph, b 1704; fille d'Abraham et d'Anne Pellerin (Acadiens).

Grégoire, b... m 4 janvier 1759, à Geneviève GUENET, à St-Charles. — *Marie-Joseph*, b... m 30 juin 1767, à Joseph TOUSIGNAN, à Lotbinière.

1727, (14 oct.) Annapolis, Acadie.

I.—POIRIER, JEAN-BTE, b 1702, fils de Michel et de Madeleine Bourgeois (Acadiens).

SAVOYE, Marie-Joseph, b 1706; fils de Germain et de Marie Brau (Acadiens).

Pierre, b... m 23 janvier 1764, à Elisabeth COUTURE, à St-Thomas. [5] — *Marie-Modeste*, b... m [5] 5 mars 1764, à François PROU.—*Jacques*, b... m [5] 9 janvier 1769, à Marie-Madeleine FOURNIER.

1728, (9 février) Montréal. [9]

III.—POIRIER, JOSEPH, [DANIEL II.
b 1703.

DEMERS, Catherine. [ROBERT II.

Joseph, b [9] 2 juillet 1729; 1° m [9] 20 nov. 1753, à Marie-Anne BOUGRET; 2° m [9] 12 sept. 1763, à Marguerite TESSIER. — *Marie-Catherine*, b [9] 2

---

(1) Dit Desloges.

(2) Elle épouse, le 25 juillet 1718, Jean Maillot, à Chambly.

(3) Aussi appelée Henri, du nom de baptême de son père.

août 1730. — *Thérèse*, b 9 3 sept. 1734 ; m 9 16 janvier 1758, à Charles Berey.—*François-Marie*, b 9 10 oct. 1739 ; m 9 22 juillet 1765, à Marie-Joseph Gaudry. — *Marie-Joseph*, b 9 24 dec. 1740 ; m 9 21 juillet 1760, à Seraphin Lauzon.

1730, (30 juin) Beaumont. 6

II.—POIRIER (1), Charles, [Joseph I.
b 1710 ; s 6 (noye) 13 nov. 1732.
Cassf (2), Marie-Anne, [Joseph II.
b 1703.
Charles-Joseph, b 6 24 mars et s 6 15 avril 1731. —*Marie-Anne-Amable*, b 12 juin 1732, au Bout-de-l'Ile, M. ; s 6 19 sept. 1733.

1731, (5 fevrier) Montréal. 5

III.—POIRIER, Jean-Bte, [Daniel II.
b 1695.
1° Barsalou, Marie-Catherine, [Girard I.
b 1705.
1735, (21 fevrier). 5
2° Jetté, Marguerite, [Urbain II.
b 1701.
Marie-Anne, b 1736 ; m 18 avril 1768, à Etienne Lacoste, à Boucherville.

1732, (11 fevrier) Montréal. 8

III.—POIRIER, Charles, [Daniel II.
b 1708.
Demers, Marie-Ursule, [Robert II.
b 1707 ; s 8 16 fevrier 1774.
Daniel, b 1740 ; m 8 18 mai 1767, à Charlotte Martin.—*Jean-Baptiste*, b 1741 ; m 25 nov. 1765, à Marie-Charlotte Duclos, à la Longue-Pointe.—*Joseph*, b 8 18 avril 1744 ; 1° m 8 11 août 1766, à Marie-Louise Chatigny ; 2° m 8 17 janvier 1780, à Marie Béland.—*Jean-Louis*, b 8 30 mai et s 8 23 juillet 1746. — *Ignace-Joseph*, b 8 13 mai et s 8 8 juillet 1748.—*Marie-Angélique*, b 8 7 avril 1750 ; m 8 3 avril 1769, à François Patenotre.

I.—POIRIER, Bernard,
Acadien.
Michel, Madeleine,
Acadienne.
Madeleine, b 1733, m 6 nov. 1758, à Simon Hébert, à St-Charles 9, s 9 20 nov. 1759.

I.—POIRIER, Bernard,
de Beausejour, Acadie.
Larouine, Madeleine,
Acadienne.
Jean-Baptiste, b... m 3 fevrier 1766, à Marie-Elisabeth Bouchard, à St-Thomas. 5 — *Marie-Madeleine*, b... m 5 15 février 1773, à Augustin Lefebvre.

1733, (15 sept.) Bout-de-l'Ile, M. 2

II.—POIRIER (1), Jean-Bte, [Joseph I.
b 1711.
Boyer, Marie-Charlotte, [Jean-Etienne II.
b 1710.

Jean-Baptiste, b 2 6 et s 2 12 mai 1734.— *Geneviève*, b 2 21 et s 2 27 juillet 1735. — *Joseph-Etienne*, b 2 16 juillet 1736 ; m 8 février 1768, à Therèse Quévillon, à Soulanges. — *Antoine*, b 2 10 mars 1738 ; m 2 2 fevrier 1761, à Geneviève Laroquebrune.—*Michel*, b 2 13 oct. 1739 ; m 2 2 fevrier 1761, à Marie-Louise Genus. — *Philippe*, b 2 22 avril et s 2 24 mai 1742.—*Marie-Elisabeth*, b 2 22 avril 1742. — *Jean-Baptiste*, b 2 17 juin 1745 ; m 2 8 sept 1766, à Marie-Joseph Fortier. — *Marie-Charlotte*, b 2 21 mars 1747. — *Louis-Amable*, b 2 1er nov. 1748. — *Paul-Alexandre*, b 2 30 juillet 1751.

1735, (15 fevrier) Chambly. 2

III.—POIRIER, Pierre. [Daniel II.
Lagu, Charlotte, [Michel I.
b 1719 ; s 2 28 avril 1760.
Catherine, b... m 2 6 fevrier 1769, à Jacques Thomas. — *Antoine*, b... m 2 1er février 1768, à Marie Perrault.—*Marie-Pélagie*, b 2 2 février et s 2 7 juin 1747.—*Henri-Amable*, b 2 8 oct. 1751. — *Paul-Marie*, b 2 10 janvier 1755 ; s 2 25 mars 1756. — *Marguerite* et *Marie-Joseph*, b 2 20 mai 1757. — *Julie*, b 2 21 mai et s 2 7 sept. 1759.— *Charlotte*, b... s 2 25 mars 1760.

1737, (30 sept.) Ste-Foye.

I.—POIRIER, Pierre, b 1707 ; fils de François et d'Anne Soreau, de Grenonville, diocèse d'Angers, Anjou, s 13 dec. 1749, à Quebec. 7
Sédilot (1), Marie-Catherine, [Jean III.
b 1719.
Anne, b 7 1er juillet 1738 ; s 7 14 août 1741.— *Pierre*, b 7 29 juillet 1739 ; s 7 18 juin 1741.— *Marie-Françoise*, b 7 15 oct. 1740 ; s 7 18 janvier 1741.—*François*, b 7 14 nov. 1741. — *Pierre*, b 7 11 et s 7 29 oct. 1743. — *Jacques*, b 7 20 février 1745 ; m 1er oct. 1764, à Angélique Yon-Rochefort, à Montreal. 8 — *Jean-Pierre-Toussaint*, b 7 31 oct. 1746. — *Marie-Louise*, b 7 16 août 1748 ; m 8 2 fevrier 1767, à Alexis Dubois. — *Pierre* (posthume), b 7 22 mars 1750.

1740, (7 janvier) Bout-de-l'Ile, M. 7

II.—POIRIER (2), Joseph, [Joseph I.
b 1714.
1° Pilon, Hélène, [Jean II.
b 1720 ; s 7 2 août 1748.
Marie-Joseph, b 7 20 juin 1741.—*Marie-Hélène*, b 1742 ; m 1760, à .... Hembosroy.—*Etienne-Joseph*, b 7 2 oct. 1743. — *Pierre-Amable*, b 7 15 août 1746.—*Marie-Anne*, b 7 20 janvier 1748 ; s 7 10 janvier 1749.
1749, (23 juin). 7
2° Cuillerier, Marie-Anne, [René-Hilaire II.
b 1731.
Agathe, b 7 29 mars 1750 ; m 10 février 1766, à Jacques Larocquebrune, à Soulanges. 8 —*Marie-Amable-Jérémie*, b 7 18 août 1751.— *Noël*, b 7 26 déc. 1753.—*Marie-Charlotte*, b 8 27 sept. 1755.— *Michel*, b 7 12 sept. 1759. — *Jean-Baptiste*, b 7 1er juillet 1761.—*Toussaint*, b 7 1er nov. 1763.

(1) Dit Desloges.

(2) Elle épouse, le 12 sept. 1740, Pierre DeVau (voy. aussi Hevreau), à Québec.

(1) Montreuil ; elle épouse, le 8 janvier 1752, Etienne Gastelier, à Québec.

(2) Dit Desloges.

1741, (13 février) Québec.[1]
I.—POIRIER, Pierre, procureur; fils de Jacques et d'Anne Provost, de N.-D.-de-Gournay, diocèse de Beauvais, Ile-de-France.
Lecourt, Marie-Louise, [Ignace II.
b 1723; s[1] 4 nov. 1777.
Marie-Louise, b[1] 9 et s 12 août 1747, à Charlesbourg.—*Marie-Louise*, b[1] 26 fevrier 1758; s[1] 12 oct. 1763.

1742, (3 février) Bout-de-l'Ile, M.[8]
II.—POIRIER (1), Jean, [Joseph I.
b 1719.
1° Hunaut, Geneviève, [Pierre III.
b 1724; s[3] 28 sept. 1766.
Jean-Baptiste, b[3] 21 dec. 1742.—*Joseph*, b[3] 23 janvier 1745; m 18 janvier 1768, à Marie-Françoise Sauvé, à Soulanges.[4]—*Pierre*, b[4] 8 février 1748.—*Charles*, b[3] 20 nov. 1749.—*Marguerite*, b[8] 13 juin 1751.—*Alexis*, b[3] 26 déc. 1752; s[3] 18 juillet 1754.—*Alexis*, b[3] 28 juillet 1754.—*Jean-Baptiste*, b[8] 3 nov. 1756.—*Ignace*, b[3] 20 dec. 1758; s[3] 14 janvier 1760. — *Michel*, b[3] 9 juillet 1760.—*Marie-Marguerite*, b[3] 13 dec. 1761.
1767, (23 fevrier).[4]
2° Sédilot, Marie-Anne, [Jean-Bte III.
b 1717; veuve de René Rouillard.

POIRIER, Jacques.
Lalonde, Marie-Madeleine.
Marie-Thérèse, b... m 14 janvier 1760, à Louis Chevalier, au Bout-de-l'Ile, M.

1743, (21 janvier) Varennes.
III.—POIRIER, Daniel, [Daniel II.
b 1717; forgeron.
1° Girard, Marie-Anne, [Jacques II.
b 1725; s 23 nov. 1757, à Longueuil.[6]
Marie-Joseph, b[6] 6 janvier et s[6] 13 avril 1744.—*Marie-Louise*, b[6] 10 mars et s[6] 23 fevrier 1745.—*Marie-Anne*, b[6] 23 août 1746.—*Daniel*, b[6] 5 avril et s[6] 1er mai 1748.—*Marie-Joseph*, b[6] 21 mars 1749.—*Daniel*, b[6] 3 mars et s[6] 24 août 1751.—*Anonyme*, b[6] et s[6] 18 janvier 1754.—*Elisabeth*, b[6] 28 mars et s[6] 7 juin 1755.
1758, (7 mai).[6]
2° Bouteiller, Marie-Françoise. [Antoine.
Daniel, b[6] 26 sept. 1759; s[6] 20 fevrier 1760.—*Elisabeth*, b[6] 6 nov. 1760.—*Marie-Louise*, b[6] 28 janvier et s[6] 14 fevrier 1762.

1743, (25 février) Bout-de-l'Ile, M.
II—POIRIER (1), Jacques. [Joseph I.
Larocque, Marie-Joseph, [Louis II.
b 1727.
Marie-Joseph, b 27 juillet et s 25 sept. 1748, à Ste-Geneviève, M.[9]—*Joseph*, b[9] 22 août 1749.—*Toussaint-Noel*, b[9] 2 nov. 1750.—*Marie-Catherine*, b[9] 16 juillet et s[9] 10 août 1752.—*Jacques*, b[9] 6 juillet 1753; s[9] 13 dec. 1755. — *Marie-Amable*, b[9] 6 sept. 1754; s[9] 24 janvier 1755.—*Etienne*, b[9] 23 et s[9] 26 dec. 1755.—*Jean-Paschal*, b[9] 12 fevrier 1757.—*Marie-Joseph*, b[9] 24 nov. 1758; s[9] 19 août 1759.

(1) Dit Desloges.

1744.
III.—POIRIER, Jacques. [Daniel II.
1° Lagu, Marie-Anne,
b 1708; s 16 mars 1758, à Chambly.[8]
Marie-Joseph, b 1744; m[8] 21 juin 1762, à Jean-Baptiste-Eutrope Olivier.—*Jacques-Paschal*, b 1745; s[8] 17 janvier 1752.—*Joseph*, b[8] 17 mars 1747.—*Elie*, b[8] 21 mai 1749.—*Marie-Amable*, b[8] 5 sept. 1751; s[8] 26 mars 1752.—*Michel*, b[8] 27 sept. 1753.—*Marie-Amable*, b[8] 31 juillet 1756.
1761, (28 sept.)[8]
2° Cusson, Catherine. [Ange II.

1746, (21 nov.) Montréal.[7]
III.—POIRIER, Joseph-Marie, [Jean II.
b 1718.
Danis (1), Françoise-Véronique, [Jean-Bte III.
b 1728.
Joseph-Marie, b[7] 13 oct. 1747.—*Véronique-Françoise*, b[7] 20 mars 1749; m[7] 18 oct. 1767, à Nicolas Cazelet.

1748, (8 janvier) Bout-de-l'Ile, M.[6]
II.—POIRIER (2), Pierre, [Joseph I.
b 1726; s[6] (ecrasé par un arbre) 11 juillet 1764.
Pilon, Marie-Charlotte. [Jean II.
Jean-Baptiste, b[6] 18 déc. 1748.—*Pierre*, b[6] 4 nov. 1750.—*Augustin*, b[6] 12 dec. 1752.—*Jean-Baptiste*, b[6] 29 mai 1755.—*Charles*, b[6] 11 mars 1757.—*Michel*, b[6] 8 août 1759; s[6] 7 sept. 1760.—*Marie-Marguerite*, b[6] 19 sept. et s[6] 15 nov. 1761.—*Marie-Amable*, b[6] 9 sept. 1762.

I.—POIRIER, Joseph,
Acadien.
Tibaudeau, Marguerite,
Acadienne.
Marie-Anne, b... m 5 février 1787, à François Béliveau, à Nicolet.[5] — *Marie*, b... m[5] 8 oct 1787, à Jean-Baptiste Rèche.—*Joseph*, b... m[5] 26 janvier 1795, à Louise Morin. — *Marie-Joseph*, b 26 nov. 1759, à Ste-Anne-de-la-Pocatière; m[5] 9 oct. 1797, à Jean-Baptiste Bourgeois.—*Joseph-François*, b août et s 26 sept. 1765, à Deschambault.

POIRIER, Louis.
Foreau (3), Véronique.
Marie-Amable, b 7 août et s 4 sept. 1751, à Chambly.[5] — *Joseph*, b[5] 14 fevrier 1753.—*Marie-Louise*, b[5] 8 juin et s[5] 12 juillet 1754.—*Claude-Joseph*, b[5] 19 avril 1756; s[5] 13 dec. 1757. — *Jean-Baptiste*, b[5] 20 sept. 1757.—*François-Paul*, b[5] 9 mai 1759.—*André*, b[5] 14 oct. 1760.

1750.
II.—POIRIER (4), Joseph, [Pierre-René I.
b 1722.
Lefebvre, Marie-Joseph.

(1) Elle épouse, le 9 août 1756, Germain Lefebvre, à Montreal.
(2) Dit Desloges.
(3) Favreau, 1751.
(4) Dit Lafleur.

Antoine, b 20 déc. 1751, au Bout-de-l'Ile, M.[5] —*Jean-Baptiste*, b [5] 31 août et s [5] 17 déc. 1755. —*Joseph*, b [5] 16 février 1757. — *Dominique*, b [5] 26 février 1759.—*Anonyme*, b [5] et s [5] 9 mai 1761. —*Geneviève*, b [5] 7 oct. 1762.—......... (1), b... s [5] 23 août 1765.—*Marie-Archange*, b [5] 9 sept. 1766. —*Marie-Apolline*, b [5] 10 juillet 1768.

1753, (8 janvier) Bout-de-l'Ile, M.[6]
II.—POIRIER (2), PIERRE, [PIERRE-RENÉ I.
b 1711.
1° DAOUST, Marie-Anne. [CHARLES II.
Pierre, b [6] 14 oct. 1753.
1756, (3 mai).[6]
2° ROBILLARD, Marie-Charlotte. [NICOLAS II.
Charles-Marie, b [6] 28 avril 1757. — *Françoise*, b [6] 7 oct. 1759. — *Marguerite*, b [6] 25 janvier et s [6] 13 mars 1761. — *Marie-Marguerite*, b [6] 4 juin 1762; m 1785, à François DUMESNIL.—*Luc*, b [6] 9 oct. 1764; s [6] 27 juillet 1765. — *Marie-Joseph*, b [6] 24 juillet 1766.—*Augustin*, b [6] 1er mai 1768.

POIRIER (2), JOSEPH.
DAOUST, Jeanne,
b 1732; s 24 mai 1755, au Bout-de-l'Ile, M.[9]
Anonyme, b [9] et s [9] 30 mai 1755.

1755, (18 janvier) Montréal.[1]
III.—POIRIER, NICOLAS, [JEAN II.
b 1724.
1° LENOIR-ROLLAND, Marie-Claire, [GABRIEL II.
b 1736.
1770, (26 fevrier).[1]
2° DUMOUCHEL, Marie-Joseph, [JEAN III.
b 1753.

POIRIER, LAURENT,
b 1719; s 5 déc. 1759, à St-Joseph, Beauce.[8]
JACQUES (3), Françoise. [PIERRE.
Geneviève, b [8] 6 mars 1757. — *Pierre*, b... m [8] 13 juillet 1779, à Cécile POULIN.

1758, (20 nov.) Montréal.[9]
IV.—POIRIER, JOSEPH, [JOSEPH III.
b 1729.
1° BOUGRET, Marie-Anne, [LOUIS II.
b 1739.
1763, (12 sept.)[9]
2° TESSIER, Marguerite, [LOUIS III.
b 1743.

I.—POIRIER, PIERRE,
Acadien.
FOREST, Marie-Madeleine,
Acadienne.
Marie-Angélique, b 1er nov. 1759, à la Rivière-Ouelle; m 12 août 1793, à Gabriel BENOIT, à Nicolet.[2]—*Marie-Joseph*, b... m [2] 16 janvier 1786, à François PELLERIN.— *Jean-Baptiste*, b... m [2] 15 janvier 1787, à Madeleine BERGERON. — *Pierre*, b... m [2] 15 janvier 1787, à Marie-Rose BERGERON. — *Joseph*, b... m [2] 6 août 1792, à Marguerite BERGERON.—*Marie-Anne*, b... m [2] 21 janvier 1793, à Jean-Baptiste PELLERIN.

I.—POIRIER, PIERRE,
b 1715; Acadien; s 22 mars 1785, à Nicolet.[3]
GAUDET, Marie,
b 1722; Acadienne; s [3] 28 avril 1794.
Claude-Marie, b 27 nov. 1761, au Cap-St-Ignace.[4]—*Anne-Catherine*, b [4] 31 août 1763; m [3] 20 fevrier 1792, à David BERGERON.—*Pierre*, b... m [3] 28 fevrier 1791, à Marie BOUDROT.—*Victoire*, b... m [3] 5 sept. 1796, à Pierre LEMIRE.

1759, (4 janvier) St-Charles.
II.—POIRIER, GRÉGOIRE, [MICHEL I.
Acadien.
GUENET, Geneviève, [THOMAS II.
b 1732.

1761, (12 janvier) Montréal.[3]
III.—POIRIER, CHARLES, [JEAN II.
b 1737.
1° DURAND (1), Louise, [PIERRE III.
b 1745.
1767, (16 avril).[3]
2° DUMOUCHEL, Marguerite, [JEAN III.
b 1750.

1761, (2 février) Bout-de-l'Ile, M.[4]
III.—POIRIER, ANTOINE, [JEAN-BTE II.
b 1738.
LAROCQUEBRUNE, Geneviève, [LOUIS III.
b 1739.
Marie-Joseph, b [4] 15 nov. 1761; s [4] 2 mars 1762. — *Marie-Marguerite*, b [4] 16 février 1763.— *Antoine*, b [4] 25 juin 1764.

1761, (2 février) Bout-de-l'Ile, M.[4]
III.—POIRIER (2), MICHEL, [JEAN-BTE II.
b 1739.
GENUS, Marie-Louise. [JACQUES I.
Marie-Joseph, b [4] 10 janvier 1762. — *Marie-Charlotte*, b [4] 19 juillet 1765.

1761, (26 oct.) Lachine.
III.—POIRIER, PAUL-AMABLE, [JEAN II.
b 1739.
TABEAU, Madeleine. [ANTOINE III.

1762, (11 janvier) Chambly.
IV.—POIRIER, ANTOINE, [FRANÇOIS III.
b 1730.
MARCHAND, Madeleine, [FRANÇOIS II.
b 1734.

1762, (8 nov.) Montréal.
III.—POIRIER, JEAN-BTE, [JEAN II.
b 1734.
DURAND, Dorothée, [PIERRE III.
b 1746.

(1) Le nom manque au registre.
(2) Dit Lafleur.
(3) Elle épouse, le 18 sept. 1760, Jean-François Thomas, à St-Joseph, Beauce.

(1) Dit Desmarchets.
(2) Dit Desloges.

1763, (12 sept.) Montréal.
IV.—POIRIER, JOSEPH, [FRANÇOIS III.
b 1729.
TESSIER, Marguerite, [LOUIS III.
b 1743.

POIRIER, PIERRE.
GAUDREAU, Marie.
Marie-Victoire, b 5 février 1765, au Cap-St-Ignace.

1764, (23 janvier) St-Thomas.
II.—POIRIER, PIERRE, [JEAN-BTE I.
Acadien.
COUTURE, Elisabeth, [CHARLES III.
b 1745.

1764, (1er oct.) Montréal.
II.—POIRIER, JACQUES, [PIERRE I.
b 1745.
YON (1), Angélique, [ETIENNE I.
b 1745.

1765, (22 juillet) Montréal.
IV.—POIRIER, FRANÇOIS-MARIE, [JOSEPH III.
b 1739.
GAUDRY (2), Marie-Joseph, [JEAN-BTE III.
b 1734.

1765, (25 nov.) Longue-Pointe.
IV.—POIRIER, JEAN-BTE, [CHARLES III.
b 1741.
DUCLOS, Marie-Charlotte, [PIERRE II.
b 1741.
Marie-Charlotte, b 24 août 1766, à la Longue-Pointe. [1] — *Jean-Baptiste,* b [1] 30 oct. et s [1] 4 dec. 1767. — *Jean-Baptiste,* b [1] 20 oct. et s [1] 17 dec. 1768.—*Ambroise,* b [1] 13 fevrier 1770.

1766, (3 février) St-Thomas.
II.—POIRIER, JEAN-BTE, [BERNARD I.
Acadien.
BOUCHARD, Marie-Elisabeth, [CLAUDE-JOS. III.
b 1740.

1766, (11 août) Montréal. [5]
IV.—POIRIER, JOSEPH, [CHARLES III.
b 1744.
1° CHATIGNY, Marie-Louise, [JOSEPH III.
b 1754; s [5] 5 janvier 1779.
Marie-Louise, b 21 juillet 1767, à la Longue-Pointe.
1780, (17 janvier). [5]
2° BÉLAND, Marie, [TOUSSAINT-MATHURIN II.
b 1761.

1766, (8 sept.) Bout-de-l'Ile, M.
III.—POIRIER, JEAN-BTE, [JEAN-BTE II.
b 1745.
FORTIER, Marie-Joseph, [JOSEPH II.
b 1745.

(1) Rochefort.
(2) Bourbonnière.

1767, (18 mai) Montréal.
IV.—POIRIER, DANIEL, [CHARLES III.
b 1740.
MARTIN, Charlotte, [PIERRE IV.
b 1751.

1768, (18 janvier) Soulanges.
III.—POIRIER (1), JOSEPH, [JEAN II.
b 1745.
SAUVÉ (2), Marie-Françoise, [FRANÇOIS II.
b 1750.

1768, (1er février) Chambly.
IV.—POIRIER, ANTOINE. [PIERRE III
PERRAULT, Marie. [LAURENT.

1768, (8 février) Soulanges.
III.—POIRIER (1), JOS.-ETIENNE, [JEAN-BTE II.
b 1736.
QUEVILLON, Therèse, [JOSEPH
b 1750.

1769, (9 janvier) St-Thomas.
II.—POIRIER, JACQUES, [JEAN-BTE I.
Acadien.
FOURNIER, Marie-Madeleine, [PIERRE IV.
b 1745.

1779, (13 juillet) St-Joseph, Beauce.
POIRIER, PIERRE. [LAURENT.
POULIN, Cécile, [JOSEPH
b 1758.

POIRIER, SÉBASTIEN.
PETIT, Marie-Anne.
Anastasie, b... m 18 août 1800, à Jean-Baptiste GAGNE, à Rimouski. [5] — *Pierre,* b... m [5] 21 fevrier 1803, à Agathe RUEST. — *Julie,* b [5] 17 juillet 1783; m [5] 30 avril 1804, à Jean RICHARD —*Joseph,* b... m [5] 17 février 1806, à Apolline RUEST.—*Germain,* b [5] 29 juillet 1786; m [5] 8 mai 1809, à Geneviève ST. LAURENT.— *Jean-Baptiste,* b... m [5] 7 nov. 1809, à Anastasie MIGNOT. —*Antoine,* b [5] 5 août 1792.

1787, (15 janvier) Nicolet. [3]
II.—POIRIER, JEAN-BTE, [PIERRE I.
Acadien.
BERGERON, Madeleine, [MICHEL I.
b 1745; s [3] 10 mai 1793.

1787, (15 janvier) Nicolet.
II.—POIRIER, PIERRE, [PIERRE I.
Acadien.
BERGERON, Marie-Rose. [MICHEL I.

1791, (28 février) Nicolet.
II.—POIRIER, PIERRE, [PIERRE I.
Acadien.
BOUDROT, Marie. [OZIAS II.

(1) Dit Desloges.
(2) Laplante.

1792, (6 août) Nicolet.
II.—POIRIER, JOSEPH, [PIERRE I.
Acadien.
BERGERON, Marguerite. [MICHEL I.

POIRIER, SIMON.
DESROSIERS, Marie-Anne.
Geneviève, b 27 nov. 1794, à St-Cuthbert.

1795, (26 janvier) Nicolet.
II.—POIRIER, JOSEPH, [JOSEPH I.
Acadien.
MORIN, Louise. [JOSEPH.

1803, (21 février) Rimouski.
POIRIER, PIERRE. [SÉBASTIEN.
RUEST, Agathe. [JEAN.

1806, (17 février) Rimouski.
POIRIER, JOSEPH. [SÉBASTIEN.
RUEST, Apolline. [JEAN.

1809, (8 mai) Rimouski.
POIRIER, GERMAIN, [SÉBASTIEN.
b 1786.
ST. LAURENT, Geneviève. [GABRIEL.

1809, (7 nov.) Rimouski.
POIRIER, JEAN-BTE. [SÉBASTIEN.
MIGNOT, Anastasie.

POIRIOT.—Voy. POIRIAU.

1769, (4 sept.) Lévis.
I—POIROT (1), VALENTIN, b 1734; fils de Mathias et de Marguerite Richard, de Labrosse, diocèse de Toul, Lorraine.
POLICAIN, Catherine, [CLAUDE II.
b 1722; veuve de Pierre Nau-Labrie.

POISSANT.—*Variation et surnoms :* POISSON—LASALINE—LASELLINE—PASCHAL.

1699.
I.—POISSANT (2), JACQUES,
b 1660; s 19 août 1734, à Laprairie. [5]
BESSET, Marguerite. [JEAN I.
Jacques, b [5] 10 août 1702; m [5] 1er déc. 1730, à Marie-Angélique MONET.—*Marguerite*, b... 1° m [5] 8 janvier 1731, à Pierre BAUDIN; 2° m [5] 19 janvier 1756, à Louis GLINEL; 3° m 24 janvier 1763, à Paul LAMARRE, à St-Philippe.—*François*, b [5] 18 juin 1704.—*Pierre*, b 1707; m [5] 16 avril 1736, à Marie-Angélique GIROU. — *Claude*, b [5] 27 janvier 1709; m 1751, à Marie LEMIEUX. — *Jean-François*, b [5] 13 oct. 1716; s [5] 1er mai 1733.—*Marie-Agathe*, b [5] 27 juillet 1720; m [5] 19 janvier 1739, à Jean MONET.—*Marie*, b [5] 27 juillet 1720. — *Jean-Baptiste*, b... m [5] 6 février 1747, à Catherine GAGNÉ.

(1) Venu en 1756 comme soldat de la marine, il fait la campagne de Carillon dans la compagnie de M. de Beaujeu. Étant passé dans la compagnie de M. de Gaspé, il va à Niagara, d'où, ayant été fait prisonnier avec la garnison, il est conduit à New-York, puis en Georgie.—Il revint à Montréal en 1765.

(2) Dit Lasaline; voy. vol. I, p. 492.

1730, (1er déc.) Laprairie. [3]
II.—POISSANT, JACQUES, [JACQUES I.
b 1702.
MONET (1), Marie-Angélique, [FRANÇOIS I.
b 1709.
Jacques, b [3] 5 oct. 1731.—*Ambroise*, b [3] 14 février 1733.

1736, (16 avril) Laprairie. [2]
II.—POISSANT, PIERRE, [JACQUES I.
b 1707.
GIROUX, Marie-Angélique, [PIERRE-FRS III.
b 1715.
Pierre-François, b [2] 6 janvier 1737. — *Marie-Angélique*, b [2] 25 déc. 1740; 1° m 30 janvier 1758, à Dominique MANCHAUT, à St-Philippe [3]; 2° m [3] 20 oct. 1760, à Jean-Baptiste FALARD.—*Pierre*, b... m [2] 19 avril 1762, à Marie-Catherine MONET. — *Marie-Catherine*, b... m [3] 12 février 1770, à Jean-Baptiste PÉRIER. — *Jean-Baptiste*, b... m [2] 13 août 1770, à Marie-Louise BARITEAU.

1747, (6 février) Laprairie.
II—POISSANT, JEAN-BTE. [JACQUES I.
GAGNÉ, Catherine. [LOUIS-ETIENNE II.

1751.
II.—POISSANT (2), CLAUDE, [JACQUES I.
b 1709.
LEMIEUX, Marie,
b 1709.
Joseph-Isidore, b 28 mai 1752, à St-Constant. [3]—*Marie-Véronique*, b [3] 25 mai et s [3] 17 juin 1754.—*Marie-Catherine-Marguerite*, b [3] 7 déc. 1755.—*Marie-Osithe*, b 12 janvier 1763, à St-Philippe [4]; s [4] 24 mai 1764.

1762, (19 avril) St-Philippe. [3]
III—POISSANT, PIERRE. [PIERRE II.
MONET, Marie-Catherine, [FRANÇOIS II.
b 1738.
Marie-Elisabeth, b [3] 12 mars 1763.—*Marie-Angélique*, b [3] 15 août et s [3] 22 sept. 1764.

1770, (13 août) St-Philippe.
III.—POISSANT, JEAN-BTE. [PIERRE II.
BARITEAU, Marie-Louise. [ETIENNE III.

POISSET.—*Variation et surnoms :* PAILLART.—DE LA CONCHE—DUTREUIL.

I.—POISSET, FRANÇOIS-THOMAS, marchand.
QUENET, Elisabeth.
François, b 9 oct. 1715, à Montréal [1]; s [1] 9 août 1716. — *Marie-Elisabeth*, b [1] 9 déc. 1717.—*Jean-François*, b [1] 23 mai 1719; s [1] 9 juin 1720. — *François*, b 1722; s [1] 2 août 1730. — *Marie-Elisabeth*, b 1723; s 31 mars 1774, à Lachenaye.—*René*, b 1724; s [1] 29 avril 1746.—*Thomas*, b... m 1er mai 1753, à Louise-Marie-Anne LAMBERT, à Québec.

(1) Elle épouse, le 19 juin 1758, Jean Froge, à St-Philippe.

(2) Et Poisson dit Lasaline.

1753, (1er mai) Québec.[6]
II.—POISSET (1), THOMAS, [FRANÇOIS I.
écrivain.
LAMBERT, Lse-Marie-Anne, [RENÉ-LOUIS III.
b 1726.
Elisabeth-Françoise, b[6] 26 juillet 1756.—*François-Thomas*, b[6] 18 août 1757. — *Jean-Baptiste-Charles*, b[6] 16 février 1763; s 9 août 1766, à Ste-Foye.

POISSON.—Voy. POISSANT.

1644.
I.—POISSON (2), JEAN.
CHAMBOY (3), Jacqueline,
b 1628.
François, b 24 mai 1649, à Québec; m 11 nov. 1687, à Marguerite BAUDRY, aux Trois-Rivières, s 13 déc. 1708, à Champlain.

1671.
I.—POISSON (2), MARTIN,
b 1641; s 6 mars 1700, à St-Jean, I. O[1]
PROVOST, Marguerite,
b 1646.
Barbe, b 9 juillet 1676, à Ste-Famille, I. O.; m à Daniel THOMAS; s[1] 17 nov. 1705.—*Thérèse*, b 1679; m[1] 31 janvier 1699, à Marc JOANNE; s 27 nov. 1705, à St-Laurent, I. O.—*Jeanne*, b[1] 20 mars 1691; m à Nicolas BOISSONNEAU; s 2 juillet 1739, à Québec.

1687, (11 nov.) Trois-Rivières.
II.—POISSON (4), FRANÇOIS, [JEAN I.
b 1649; s 13 déc. 1708, à Champlain.[2]
BAUDRY, Marguerite, [URBAIN I.
b 1665; s[2] 24 avril 1706.
Marguerite, b... m[2] 21 février 1724, à Joseph BAUDOIN; s[2] 7 février 1740. — *François*, b 1692, m[2] 7 janvier 1715, à Elisabeth DISY; s[2] 13 février 1729. — *Joseph*, b[2] 20 mars 1705; m[2] 19 nov. 1727, à Marie-Catherine BAUDOIN.

1715, (7 janvier) Champlain.[3]
III.—POISSON (5), FRANÇOIS, [FRANÇOIS II.
b 1692; s[3] 13 février 1729.
DISY, Elisabeth, [IGNACE-MICHEL II.
b 1695.
François, b[3] 12 janvier 1716; m[3] 24 juillet 1741, à Marguerite RIVARD. — *Joseph-Ignace*, b[3] 4 nov. 1717; m 17 février 1749, à Madeleine GOUIN, à Ste-Anne-de-la-Perade.—*Elisabeth*, b[3] 6 et s[3] 18 août 1719.—*Pierre-Antoine*, b[3] 10 août 1720. — *François*, b[3] 20 août 1722; s[3] 13 oct. 1723. — *Alexis*, b[3] 29 oct. 1724.—*Michel-Ignace*, b[3] 18 août 1726.—*Marie-Joseph*, b[3] 8 sept. 1728; s[3] 1er déc. 1730.

(1) Commissaire d'Acadie; il était, le 6 août 1760, à Kamouraska.
(2) Voy. vol. I, p. 492.
(3) Elle épouse, plus tard, Michel Pelletier de la Prade.
(4) Seigneur de Gentilly; voy. vol. I, p. 492.
(5) Seigneur de Gentilly.

1727, (19 nov.) Champlain.[2]
III.—POISSON (1), JOSEPH, [FRANÇOIS II.
b 1705.
BAUDOIN, Marie-Catherine, [RENÉ I.
b 1704.
Joseph, b[2] 21 février 1729.—*Alexis*, b[2] 2 oct. 1730.—*François*, b[2] 11 oct. 1732. — *Marie-Marguerite*, b[2] 18 juin 1735.—*Marie-Thérèse*, b[2] 19 juillet 1737. — *Marie-Thérèse*, b[2] 17 mars 1739; s[2] 27 juin 1741.—*Marie-Joseph*, b[2] 17 mars 1739. —*Joseph-Antoine*, b[2] 27 mars 1741.

1732, (28 avril) Québec.
I.—POISSON, FRANÇOIS, veuf de Marie Dupré, de St-Maxant, diocèse de Poitiers, Poitou.
DUBREUIL, Marie-Catherine. [PIERRE II.

1741, (24 juillet) Champlain.
IV.—POISSON (2), ~~Marguerite~~ François, [FRANÇOIS III.
b 1716.
RIVARD, Marguerite, [FRANÇOIS III.
b 1720.

1749, (17 février) Ste-Anne-de-la-Pérade.
IV.—POISSON, JOSEPH-IGNACE, [FRANÇOIS III.
b 1717.
GOUIN, Marie-Madeleine. [LOUIS II.

1757, (21 nov.) Pointe-Claire.[3]
I.—POISSON, JEAN,
de Lorraine.
FRANCHE (3), Angelique, [ANDRÉ I.
b 1733.
Jean-Baptiste, b 1761; s[3] 29 mai 1765.—*Marie-Charlotte*, b[3] 2 février 1767.

POISSON, MODESTE.
PELLETIER, Marie-Madeleine.
Edouard-Modeste, b... m 7 juin 1848, à Caroline-Delphine BUTEAU, à Québec.

1848, (7 juin) Québec.
POISSON, EDOUARD-MODESTE, [MODESTE.
médecin.
BUTEAU, Marie-Caroline-Delphine. [FRANÇOIS.

POITEVIN.—*Variations et surnoms :* LEPOITEVIN — POETTEVIN — POIDEVIN — POTDEVIN — POTVIN — ALOIGNON — AYMARD — BARBEAU — BEAUPOIL — CADIEUX — CRIQUET — DESERRE — DESÈVE — DUMONT — DUREAU — FLORENSON — GAGNÉ — GAUTIER — GENDRON — GIBAUT — GIRAULT — GIROUX — GRELIER — GRENIER — GRESLON — HERPIN — LAFLEUR — LAGNEAU — LAMONTAGNE — LAROCHE — LATENDRESSE — LAVIOLETTE — MAUPETIT — NELTIER — PACRAU — PERROT — PRÉFONTAINE — RAFOUX — ROY — SALMANAYE — ST. LOUIS.

(1) Dit Gentilly.
(2) Seigneur de Gentilly.
(3) Mariée sous le nom de Frey.

1669, (19 août) Québec.[7]
I.—POITEVIN (1), JEAN,
b 1651.
GUILLAUDEAU, Madeleine,
b 1653.
Jean, b [7] 14 sept. 1672; 1° m 29 oct. 1696, à Françoise ROZOTTY, à Beauport; 2° m [7] 10 avril 1731, à Renée DESRIVIÈRES; s 4 février 1752, à Charlesbourg.

1692, (15 oct.) Beauport.
II.—POITEVIN (2), FRANÇOIS, [JEAN I.
b 1670; s 12 nov. 1715, à Québec.[7]
1° MOREL, Marie-Françoise, [PIERRE I.
b 1677; s [7] 11 déc. 1702.
Marie-Françoise, b... m 31 janvier 1724, à Pierre PAYMENT, à St-Laurent, M.
1706, (12 avril) Charlesbourg.
2° L'HOMME (3), Madeleine, [MICHEL I.
b 1673.
Marie-Anne, b 24 déc. 1711, au Château-Richer; m [7] 12 nov. 1731, à Joseph LEVITRE.

1692, (11 nov.) Québec.[1]
II.—POITEVIN (4), LOUIS, [JACQUES I.
b 1668.
1° PRINSEAU, Marie-Jeanne, [LOUIS I.
b 1674; s [1] 27 nov. 1701.
Marthe, b 21 oct. 1695, au Cap-St-Ignace; m [1] 17 février 1716, à Jean MAURIAY.—*Jean-Baptiste*, b [1] 16 oct. 1700; m 30 sept. 1726, à Françoise DUMONT, à Laprairie.
1702, (24 juillet) Pte-aux-Trembles, Q.
2° BÉLAN, Angélique, [JEAN I.
b 1683.

1696, (29 oct.) Beauport.
II.—POITEVIN (5), JEAN, [JEAN I.
b 1672; s 4 février 1752, à Charlesbourg.[1]
1° ROZOTTY (6), Françoise,
b 1677; Anglaise; s [1] 7 juillet 1729.
Jean, b [1] 8 juin 1699; m 19 janvier 1728, à Marie-Anne BOURGET, à Québec[2]; s [2] 4 juillet 1775.—*Françoise-Joseph*, b [1] 4 février 1702; m [1] 5 août 1726, à Louis BOURGET.—*Charles*, b [1] 10 nov. 1705; m 5 nov. 1736, à Geneviève VÉSINA, à L'Ange-Gardien.—*Michel*, b [1] 6 mai 1712; m 14 nov. 1735, à Françoise TREMBLAY, à la Petite-Rivière; s 20 juin 1759, à la Baie-St-Paul.—*Marie-Thérèse*, b [1] 7 juin 1715; m [2] 10 avril 1736, à Didier DEGRÉS; s [2] 18 nov. 1749.—*Jean-François*, b [1] 9 sept. 1719; m [1] 16 oct. 1752, à Marie-Angélique BERGEVIN; s [1] 7 oct. 1759.—*Suzanne*, b [1] 6 juin 1722; m 10 avril 1752, à Charles DEGRÉS, aux Trois-Rivières.[3]

1731, (10 avril).[2]
2° DESRIVIÈRES (1), Renee, [JÉROME-FRS I.
b 1700; veuve de Nicolas LEROY; s 11 février 1760, à St-Valier.
Marie-Anne, b [2] 27 oct. 1732; s [1] 27 juin 1736.—*Louis-Charles*, b [1] 31 mars et s [1] 30 juillet 1735.—*Louise*, b [1] 18 sept. 1737; m [3] 20 avril 1761, à Joseph PRÉ.—*Nicolas*, b [1] 5 juillet 1739; s [1] 9 juillet 1741.

I.—POITEVIN, ETIENNE,
de St-Laurent, Acadie.
DAIGLE, Anne,
Acadienne.
Jacques-Christophe, b 1697; m 8 janvier 1731, à Marie VIAU, à Longueuil; s 27 juillet 1747, à Montréal.

POITEVIN (2), ...
MORIN, Thérèse.
Marie-Angélique, b 1709; m 22 nov. 1728, à François ROY, à Montréal.

1716, (26 janvier) Québec.
I.—POITEVIN (3), FRANÇOIS, b 1691; fils de François et de Marguerite Vincent, de St-Jean d'Angély, diocèse de Xaintes, Saintonge; s 15 mars 1756, à St-Laurent, M.[6]
1° LESIEUR (4), Catherine, [JEAN I.
b 1684; veuve de Jean Brisset; s 2 janvier 1727, à Montreal.[7]
Marie-Françoise, b [7] 13 juin 1718; s [7] 12 février 1723.—*Catherine*, b [7] 13 mai et s [7] 1er juillet 1725.
1727, (27 juillet).[6]
2° HOUÉ, Marie-Joseph,
veuve de Jacques Bayard.

1717, (10 janvier) St-François, I. J.[3]
II.—POITEVIN (5), JEAN-BTE, [JOSEPH I.
b 1693.
HÉNAUT, Marie, [TOUSSAINT II.
b 1694.
Marie-Madeleine, b [3] 22 déc. 1717.—*Louise*, b... m 1741, à Pierre BONNEAU.—*Antoine*, b [3] 7 février 1729.—*Michel*, b [3] 18 oct. 1730.—*Marie-Anne*, b [3] 20 mai 1732; 1° m 10 nov. 1749, à Joseph MONPLAISIR, à Montréal[4]; 2° m [4] 30 juin 1761, à François COURSEL.—*Marie-Joseph*, b [3] 19 mai 1737; m 22 avril 1754, à Joseph LANDRY, à Lachine.—*Jean*, b... m 14 avril 1760, à Marie-Joseph BEZEAU, à St-Vincent-de-Paul.

1726, (30 sept.) Laprairie.
III.—POITEVIN (6), JEAN-BTE, [LOUIS II.
b 1700.
DUMONT, Françoise. [FRANÇOIS I.
Joseph, b... m 12 février 1753, à Marguerite TOULOUZE, à Châteauguay.

---

(1) Dit Laviolette; voy. vol. I, p. 492.
(2) Dit Laviolette; voy. vol. I, pp. 492-493.
(3) Elle épouse, le 1er sept. 1716, Thomas Shouldom, à Québec.
(4) Voy. Greslon dit Laviolette, vol. I, p. 283.
(5) Dit Laviolette; voy. vol. I, p. 493.
(6) Pour Rose Otisse—Aussi appelée Hotesse.

(1) Voy. Rivière.
(2) Dit Laviolette.
(3) Dit Laroche.
(4) Mariée sous le nom de Lefebvre.
(5) Voy. aussi Barbeau, vol. II, p. 112.
(6) Pour Greslon dit Laviolette—Marié sous le nom de Laviolette.

1728, (19 janvier) Québec. [8]

III.—POITEVIN, JEAN, [JEAN II.
b 1699 ; s [8] 4 juillet 1775.
BOURGET, Marie-Anne, [CLAUDE I.
b 1684 ; veuve de Jean Gariguc.
Louise-Marguerite, b [8] 10 mars 1730 ; s [8] 12 mai 1733.

1731, (8 janvier) Longueuil. [8]

II.—POITEVIN (1), JACQ.-CHRIST., [ETIENNE I.
b 1697 ; Acadien ; s 27 juillet 1747, à Montréal.
VIAU, Marie. [MICHEL II.
Etienne, b [8] 17 oct. 1731 ; m 16 mai 1763, à Marie DAVIGNON, à Chambly. [9]—*Charlotte-Amable,* b [8] 4 août 1733. — *Catherine,* b... m [8] 9 avril 1755, à Michel LAROCQUE.—*François,* b... m [9] 1er août 1768, à Marie-Joseph DEMERS.

1732.

I.—POITEVIN (2), FRANÇOIS.
GUÉRIN (3), Françoise, [SILVAIN I
veuve de Joseph Robidou ; s 13 mars 1745, au Sault-au-Récollet. [6]
Marie-Louise, b 1733 ; s [6] 21 avril 1742. — *Charles,* b [6] 23 avril 1739 ; m 18 février 1765, à Marie-Françoise CARBONNEAU, à Terrebonne. — *Simon,* b [6] 7 sept. 1741 ; m à Marie ETHIER.— *François-Marie,* b [6] 4 avril 1743 ; s 28 mai 1745, à St-Vincent-de-Paul. — *François-Marie,* b [6] 13 mars 1745.

POITEVIN (4), ETIENNE.
LEBRAUX, Marguerite.
Louis, b 1735 ; s 13 mai 1738, à Quebec. [2] — *Pierre,* b 1741 ; s [2] 1er mai 1744.—*Anonyme,* b [2] et s [2] 14 nov. 1742.

1735, (14 nov.) Petite-Rivière.

III.—POITEVIN, MICHEL, [JEAN II.
b 1712 ; s 20 juin 1759, à la Baie-St-Paul. [3]
TREMBLAY, Françoise, [LOUIS II.
b 1708.
Marie-Victoire, b [3] 8 sept. 1736 ; m [3] 15 janvier 1755, à Jean-Marie-François PRADET. — *Michel,* b [3] 9 fevrier 1738 ; m 1769, à Marie-Joseph SIMARD.—*Jean-Baptiste,* b [3] 6 mars 1739 ; m [3] 8 fevrier 1768, à Barbe GAGNON.—*Catherine,* b... m 18 oct. 1756, à Joseph BONNEAU, à Contrecœur. —*Prisque,* b [3] 14 avril 1742 ; m [3] 15 oct. 1764, à Dorothée SIMARD.—*Françoise-Philothée,* b [3] 16 juin 1744 ; m [3] 27 oct. 1766, à Joseph-Amable VERRAULT.—*Thérèse-Victoire,* b [3] 9 avril 1749.— *Joseph,* b... m [3] 21 nov. 1774, à Rose GAGNON.

POITEVIN, MICHEL.
GODON, Marie-Madeleine.
Catherine, b... m 18 oct. 1756, à Joseph BONNEAU, à Contrecœur.

(1) Et Cadieux, voy. vol. II, p. 516.
(2) Lafleur.
(3) Et Sigouin.
(4) Aloignon dit Poitevin.

1736.

I.—POITEVIN, FRANÇOIS.
ANDRIEU, Françoise. [ANTOINE II
François-Laurent, b 1737 ; m 14 fevrier 1763, à Françoise ROBIDOU, à Montreal.

1736, (5 nov.) L'Ange-Gardien.

III.—POITEVIN, CHARLES, [JEAN II.
b 1705 ; journalier.
VÉSINA, Geneviève, [PIERRE III.
b 1712.
Jean-Charles, b 4 déc. 1737, à Québec [4] ; s [4] 24 mars 1738.—*Geneviève-Catherine,* b [4] 23 avril 1739 ; m 23 août 1762, à Maurice-Nicolas COUTLEAU, à Charlesbourg. [5] — *Marie-Geneviève,* b [4] 27 oct. 1740.—*Charles-François,* b [4] 19 janvier 1743, s [4] 24 août 1748.—*Marie-Angélique,* b [4] 22 juin 1745 ; s [4] 28 janvier 1750.—*Marie-Anne,* b [4] 13 avril 1748. — *Charlotte,* b [4] 10 juillet 1750. — *Charles,* b [5] 18 fevrier 1753. — *Françoise,* b [5] 23 sept. 1755. — *Jean-François,* b [5] 3 juin 1761. — *François,* b... 1° m à Marguerite FILION ; 2° m [4] 12 janvier 1796, à Angelique GARANT.

1737, (17 sept.) Québec. [1]

I.—POITEVIN (1), JEAN-BTE, fils de l'honorable Henri et de Jeanne-Olive Arsan, de St-Malo, Basse-Bretagne.
BISSOT, Marie-Angelique. [FRANÇOIS II.
Marie-Angélique, b [1] 11 juillet 1738.

POITEVIN, RENÉ.
GRAVELINE (2), Thérèse.
Marie-Catherine, b... m 26 nov. 1760, à Louis FORCADE, à Lanoraie.—*Antoine,* b 28 oct. 1756, à Contrecœur. [6] — *Hypolite,* b [6] 5 mai 1758.

1741, (1er août) St-Frs-du-Lac.

II.—POITEVIN (3), MICHEL. [FRANÇOIS I.
PREVOST, Marie, [JEAN-BTE II.
b 1714 ; s 24 mai 1757, à St-Michel-d'Yamaska. [9]
Marie-Agathe, b [9] 26 avril et s [9] 8 mai 1742 — *Marie-Jeanne,* b [9] 7 août 1744 ; m [9] 9 janvier 1764, à Louis CARTIER.—*Michel,* b [9] 3 oct. 1746 ; s [9] 18 juillet 1760. — *Louis,* b [9] 24 sept. 1748 ; m [9] 6 fevrier 1769, à Marie-Madeleine RENAUD.

POITEVIN, MICHEL.
VAILLANCOUR, Madeleine.
Madeleine, b 5 mai 1748, à Berthier ; m 17 oct. 1768, à Adrien-Amable MONET, à St-Henri-de-Mascouche.

POITEVIN, FRANÇOIS.
GAUVIN, Marie-Jeanne.
Marie-Joseph, b... m 15 juin 1767, à Joseph LEVASSEUR, à Kamouraska.

1748, (21 juin) Pointe-Claire.

I.—POITEVIN, FRANÇOIS, de Poitiers, Poitou.
FRANCHE, Marie-Joseph, [ANDRÉ I.
b 1719.

(1) Sieur de la Salmonaye.
(2) Baudrot.
(3) Voy. Gagné dit Poitevin, vol. IV, p. 127.

1749.

POITEVIN, Jean-François.
Parant, Marie.
Jean-Baptiste, b 20 déc. 1750, à St-Vincent-de-Paul[1]; s[1] 5 oct. 1751.—*Jean*, b[1] 15 juillet 1753. —*Pierre*, b[1] 20 nov. 1754; s[1] 20 mai 1755.—*François-Amable*, b[1] 25 fevrier 1756; s[1] 30 janvier 1757.

1752, (10 janvier) Rivière-Ouelle.[2]

I.—POITEVIN, Charles, fils de Nicolas et de Jeanne Chenay, de Sartilly, diocèse d'Avranches, Normandie.
Dubé, Marie-Angelique, [Alexandre III.
b 1733.
Jean-Charles, b 20 nov. 1753, à Ste-Anne-de-la-Pocatière[3]; s[3] 7 février 1754.—*Marie-Joseph*, b[2] 4 juillet 1755. — *Alexandre*, b[3] et s[3] 3 mai 1761.

1752, (16 oct.) Charlesbourg.[4]

III.—POITEVIN, Jean-François, [Jean II.
b 1719; s[4] 7 oct. 1759.
Bergevin, Marie-Angélique. [Jean-Frs II.
Marie-Angélique, b 14 oct. 1754, à Québec[5]; s[5] 30 août 1755.—*François*, b[5] 14 janvier 1756; s[5] 21 avril 1758.—*Joseph*, b[5] 19 mars 1758.—*Marie-Joseph*, b[5] 16 avril et s[4] 23 juillet 1759.

POITEVIN, Pierre.
Lahaie, Marie-Joseph.
Marie-Marguerite, b 20 juillet 1753, aux Trois-Rivières.

1753, (12 février) Châteauguay.

IV.—POITEVIN (1), Joseph. [Jean-Bte III.
Toulouze, Marguerite. [Pierre.

1754, (25 fevrier) Montréal.[1]

III.—POITEVIN (2), Pierre-Hya., [Jos.-Denis II.
b 1724.
1° Madeleine (3), Marie-Joseph. [Jean-Bte II.
1768, (7 nov.)[1]
2° Omier, Marie-Joseph, [Michel II.
b 1737; veuve de François Salomon.

POITEVIN, Gabriel,
b 1720; s 7 déc. 1756, à Contrecœur.[2]
Baudin (4), Suzanne. [René.
Joseph, b[2] 27 janvier 1757.

1756, (15 nov.) Charlesbourg.[3]

I.—POITEVIN (5), François, fils de Jean-François et de Marie Gohalin, de Ste-Marie, diocèse de Coutances, Normandie.
Falardeau, Marie-Marguerite, [Louis-Frs II.
b 1731.
Marie-Joseph, b[3] 17 janvier 1759.

(1) Pour Greslon dit Laviolette.
(2) Pour Desève dit Poitevin, voy. vol. III, p. 371.
(3) Dit Ladouceur.
(4) Elle épouse, le 4 avril 1758, Jacques Jarluy, à Contrecœur.
(5) Dit Lamontagne; canonnier de la garnison de Québec.

I.—POITEVIN, Louis, b 1725; de France; s 29 oct. 1770, à la Baie-du-Febvre.

POITEVIN, Pierre.
Brcaut, Louise.
Charlotte, b... m 25 août 1795, à Jérôme Fiset, à Quebec.

1759, (5 février) St-Frs-du-Lac.

III.—POITEVIN (1), Jacques-Joseph, [René II.
b 1727.
Alard, Suzanne, [Jean-François II.
b 1730.
Isabelle, b 15 avril 1761, à St-Michel-d'Yamaska.[4]—*Marguerite*, b[4] 5 et s[4] 13 août 1762.—*Joseph*, b[4] 11 oct. 1763.—*Catherine*, b[4] 22 sept. 1766; s[4] 11 avril 1768.

1760, (14 avril) St-Vincent-de-Paul.

III.—POITEVIN, Jean. [Jean-Bte II.
Bezeau, Marie-Joseph, [Noel III.
b 1739.

1763, (14 février) Montréal.

II.—POITEVIN, Frs-Laurent, [François I.
b 1737.
Robidou, Françoise, [François-Laurent III.
b 1745.

1763, (16 mai) Chambly.

III.—POITEVIN (2), Etienne, [Jacques II.
b 1731.
Davignon (3), Marie. [François I.

I.—POITEVIN (4), Nicolas, b 1735; de Mons, Hainaut.

1764, (15 oct.) Baie-St-Paul.[9]

IV.—POITEVIN, Prisque, [Michel III.
b 1742.
Simard, Marie-Dorothée, [Noel III.
b 1747.
Jean-Marie-François, b[9] 31 déc. 1765.—*Marie-Félicité*, b[9] 2 mai 1767.—*Marie-Constance-Silvie*, b[9] 26 fevrier 1771.—*Pierre*, b[9] 10 et s[9] 23 juin 1774.—*Janvier*, b[9] 1er janvier 1777.

1765, (18 fevrier) Terrebonne.

II.—POITEVIN (5), Charles, [François I.
b 1739.
Carbonneau (6), Marie-Françoise, [Pierre II.
veuve de Jacques Migneron.
Jean-Baptiste, b 3 avril 1767, à Lachenaye.

1765, (18 février) St-Michel-d'Yamaska.

I.—POITEVIN, Jean, fils de François et d'Anne Labroque, diocèse de Condom, Gascogne.
Lhuissier, Marie-Anne. [Christophe III.

(1) Voy. Gagné dit Poitevin, vol. IV, p 131.
(2) Dit Cadieu.
(3) Beauregard.
(4) Dit Latendresse; soldat de la compagnie de M. Berry (Procès-verbal).
(5) Dit Lafleur.
(6) Provençal.

1767, (2 mars) Kamouraska.

I.—POITEVIN (1), FRANÇOIS, b 1740, chirurgien; fils de François et de Françoise Bogar, de Goron, diocèse du Mans, Maine.
RIOUX, Marie-Catherine. [VINCENT II.
Marie-Victoire, née 25 déc. 1767; b 12 mai 1768, à l'Ile-Verte.[8] — *Marie-Elisabeth*, b [8] 16 sept. 1770.

POITEVIN, FRANÇOIS.
ROBIDOU, Marie-Louise.
Marie-Louise, b 28 avril 1768, à St-Michel-d'Yamaska.

1768, (8 février) Baie-St-Paul. [9]

IV.—POITEVIN, JEAN-BTE, [MICHEL III.
b 1739.
GAGNON, Barbe. [CHARLES IV.
Jean, b 1770; s [9] 24 oct. 1773.—*Félicité*, b [9] 3 mars 1773.—*Véronique*, b [9] 10 février 1775.—*Jean-Marie*, b [9] 23 nov. 1776.

1768, (1er août) Chambly.

III.—POITEVIN, FRS. [JACQUES-CHRISTOPHE II.
DEMERS, Marie-Joseph. [FRANÇOIS IV.

POITEVIN (2), LOUIS.
BLOZE (3), Madeleine.
Marie-Thérèse, b 17 déc. 1770, à Repentigny.[8] —*Marie-Angélique*, b 21 janvier 1773, à Lachenaye.—*Marie-Louise*, b [8] 21 nov. 1774.—*Jean-Baptiste*, b... s [8] 12 avril 1781. — *Antoine*, b [8] 13 février 1787.

1769.

IV.—POITEVIN, MICHEL, [MICHEL III.
b 1738.
SIMARD, Marie-Joseph.
Marie-Joseph-Monique-Scholastique, b 6 avril 1770, à la Petite-Rivière.—*Michel*, b 17 sept. 1771, à la Baie-St-Paul.[7] — *Louis*, b [7] 16 avril 1773.—*Laurent*, b [7] 16 août 1775.—*Jean-Baptiste*, b [7] 21 juillet 1777.

II.—POITEVIN (4), SIMON, [FRANÇOIS I.
b 1741.
ETHIER, Marie.
Jean-Simon, b 14 février 1774, à Lachenaye.

POITEVIN (5), JOSEPH, b 1741.

1774, (21 nov.) Baie-St-Paul. [6]

IV.—POITEVIN, JOSEPH. [MICHEL III.
GAGNON, Rose. [PIERRE IV.
Joseph, b [6] 31 août 1775.—*Michel*, b [6] 27 avril 1777.

(1) Il signe Poidevin; venu à Gaspé en 1754, de là à Québec. (Procès-verbal.)
(2) Dit St. Louis.
(3) Belhumeur.
(4) Dit Lafleur.
(5) Il était aux Illinois de 1759 à 1766 avec Jean-François Guyon. (Procès-verbal.)

POITEVIN, LOUIS.
BROUSSEAU, Marie-Anne.
Joseph, b 25 février 1781, à Lachenaye.

POITEVIN, ALEXIS.
BLÉE, Theotiste.
Marie-Céleste, b 1797; s 14 mai 1798, aux Trois-Pistoles.[1] — *Raphaël*, b [1] 10 mars 1799.

POITEVIN, FRANÇOIS. [CHARLES.
1° FILION, Marguerite.
1796, (12 janvier) Québec.
2° GARANT, Angélique, [JEAN-MARIE III.
b 1764.

POITIERS.—Voy. POTHIER.

POITOU.—*Surnom :* ST. JEAN.

I.—POITOU (1), JEAN-BTE.
PILOTE (2), Madeleine.
Marie-Thérèse, b 1743; m 7 janvier 1766, à Augustin FOURNEL, à Terrebonne[1]; s [1] 15 août 1766.—*Marie-Angélique*, b... m [1] 9 nov. 1772, à René HUOT.—*François*, b... 1° m [1] 16 janvier 1775, à Marie-Françoise DESJARDINS; 2° m [1] 11 janvier 1779, à Françoise DUFRESNE. — *Jean-Baptiste*, b... m [1] 8 juillet 1776, à Marie-Françoise GIBAUT.

1775, (16 janvier) Terrebonne. [2]

II.—POITOU (1), FRANÇOIS. [JEAN-BTE I.
1° DESJARDINS, Marie-Françoise, [JOSEPH III.
b 1747; veuve de Joseph Colard; s [2] 13 avril 1777.
1779, (11 janvier). [2]
2° DUFRESNE, Françoise. [LOUIS.

1776, (8 juillet) Terrebonne.

II.—POITOU (1), JEAN-BTE. [JEAN-BTE I.
GIBAUT, Marie-Françoise, [JEAN-BTE IV.
b 1759.

POITOU, LOUIS.
TRUTAUT, Marie.
Louis-Alexandre, b 22 juin 1784, à Lachenaye.

POITRAS.—*Variation et surnom :* POITRAS—TOURENNE.

1664, (27 août) Québec. [3]

I.—POITRAS (3), JEAN,
b 1639.
1° VIVIER, Marie-Xaintes,
b 1650.
Louis, b [3] 3 nov. 1669; s [3] 20 janvier 1670.—*Joseph*, b [3] 19 mars 1673; m 19 oct. 1705, à Catherine ALAIN, à Lorette[4]; s [4] 13 juin 1753.—*Joseph-Lucien*, b [3] 6 août 1684; m [4] 24 nov. 1708, à Geneviève MOISAN; s 3 oct. 1748, à Ste-Foye.—*Louis*, b 1692; m 5 avril 1712, à Madeleine CHEVALIER, à Montréal[5]; s [5] 24 janvier 1747.

(1) Dit St. Jean.
(2) Et Piquot, 1775.
(3) Voy. vol. I, p. 493.

1695, (26 avril) [8]
2° DeLavoye, Marie-Anne, [Pierre I.
b 1673 ; s [4] 7 mai 1711.
Jeanne, b [8] 3 dec. 1700 ; m [8] 8 mai 1729, à Etienne Ranvoizé.—*Elisabeth*, b... 1° m 1723, à Pierre De la Haye ; 2° m 9 juin 1739, à Etienne Goguet, à la Longue-Pointe.[6]—*Jacques*, b [4] 10 avril 1704 ; m 12 nov. 1736, à Marie-Anne Gagné, à St-Joachim ; s 18 avril 1774, à la Baie-St-Paul. —*Madeleine-Joseph*, b 1706 ; m à Louis Barbe-Abel ; s [6] 4 fevrier 1771.—*Marie-Louise*, b [4] 8 fevrier 1708 ; m [4] 6 avril 1728, à Louis Guestier. —*Marie-Anne*, b [4] 22 oct. 1709 ; m 13 août 1731, à Etienne Amiot, à St-Augustin.

1691.

II.—POITRAS, Jean, [Jean I.
b 1671.
Mauffay, Jeanne, [Pierre I.
b 1656 ; veuve de Simon Alain ; s 11 fevrier 1742, à Lorette.

1699, (17 nov.) Ste-Foye.
II.—POITRAS (1), François, [Jean I.
b 1675.
Petitclerc, Anne, [Pierre I.
s 29 nov. 1737, à Québec. [4]
Marie-Anne, b [4] 11 nov. 1700 ; m [4] 8 août 1729, à Pierre Genest, s 13 nov. 1773, à Montreal.

1705, (19 oct.) Lorette. [9]
II.—POITRAS, Joseph, [Jean I.
b 1673 ; s [9] 13 juin 1753.
Alain (2), Catherine, [Simon I.
b 1680 ; s [9] 2 fevrier 1760.
Joseph, b [9] 5 janvier 1707.—*Pierre*, b [9] 12 et s [9] 16 fevrier 1709.—*Marie-Catherine*, b [9] 12 mai 1711.—*Noël*, b [9] 16 août 1714 ; m [9] 22 avril 1743, à Marguerite Robitaille.—*Marie-Joseph*, b [9] 16 août et s [9] 11 sept. 1714.—*Marie-Joseph*, b [9] 1er mai 1717 ; m [9] 8 mars 1734, à Etienne Gagné.—*Jacques*, b [9] 16 février 1719 ; s [9] 25 oct. 1742.—*Marie-Marguerite*, b [9] 16 fevrier 1719.—*Catherine*, b [9] 11 déc. 1720 ; m [9] 5 février 1748, à Basile Fiset, s [9] 4 juillet 1755.—*Charles*, b [9] 10 et s [9] 17 oct. 1723.

1708, (24 nov.) Lorette. [7]
II.—POITRAS, Joseph-Lucien, [Jean I.
b 1684 ; s 3 oct. 1748, à Ste-Foye. [8]
Moisan, Geneviève, [Pierre I.
1691 ; s [8] 15 nov. 1766.
Jean-Baptiste, b [7] 16 sept. 1709 ; m [8] 13 février 1736, à Marie-Charlotte Harnois — *François-Lucien*, b [7] 12 oct. 1711 ; m [8] 2 mai 1748, à Marguerite Guenet. — *Joseph-Marie*, b [7] 9 janvier 1714. 1° m [8] oct. 1749, à Françoise Girard ; 2° m [8] 6 oct. 1761, à Marie-Joseph Guerraux.—*Geneviève*, b [7] 10 dec. 1715 ; s [7] 26 mars 1720.—*Jean*, b... s [7] 20 dec. 1716.—*Jean*, b [7] 24 août 1717 ; s [8] 5 oct. 1725.—*Jean-Baptiste*, b [7] 6 juillet 1719, s [8] 30 avril 1729.—*Geneviève*, b [7] 11 oct. 1721 ; m [8] 23 février 1756, à Charles-Jacques Villeneuve ; s [8] 7 mai 1781.—*Ignace*, b [8] 7 avril 1724 ; s 12 janvier 1735, à Québec.—*Pierre*, b [8] 9 août 1726.—*Michel*, b... m [8] 9 nov. 1751, à Mar-Marguerite Arnoul.—*Pierre*, b [8] 28 avril 1729. —*Jean-Baptiste*, b [8] 24 juin 1730 ; m [8] 18 février 1760, à Françoise Guenet.—*Marie-Anne*, b [8] 8 avril 1734 ; m [8] 29 janvier 1765, à René Morin.

1712, (5 avril) Montréal. [6]
II.—POITRAS, Louis, [Jean I.
b 1692 ; s [6] 24 janvier 1747.
Chevalier, Madeleine, [Joseph I.
b 1690.
Louis-Séraphin, b [6] 12 et s [6] 25 avril 1713.—*Louis*, b [6] 22 oct. 1714 ; s [6] 23 déc. 1726.—*Pierre*, b [6] 20 avril 1716.—*Madeleine-Angélique*, b [6] 14 mars 1718 ; m [6] 22 avril 1748, à Noel Piquet.—*Joseph-Alexandre*, b [6] 21 mai et s [6] 20 sept. 1720. —*Marie-Joseph*, b [6] 1er août 1721 ; s [6] 9 août 1722. —*François-Joseph*, b [6] 1er avril 1723 ; m 1750, à Madeleine Lamontagne.—*Jean-Seraphin*, b [6] 19 janvier 1725 ; s [6] 12 avril 1750.—*Marie-Véronique*, b [6] 9 août 1726.—*Marie-Anne*, b [6] 15 mars 1728 ; 1° m [6] 7 janvier 1747, à Charles-Esprit Senet ; 2° m [6] 16 sept. 1776, à Antoine-Jean Boullard.—*Françoise*, b [6] 5 janvier 1730 ; s [6] 14 mars 1741. —*Marie-Amable*, b 1734 ; m [6] 14 janvier 1754, à Pierre Bourg.

1729, (16 nov.) Québec. [4]
III.—POITRAS, François, [François II.
b 1702.
Hens, Marguerite, [Joseph I.
b 1710 ; s 15 août 1760, à St-Michel.
François, b [4] 4 sept. 1730 ; m [4] 16 nov. 1750, à Elisabeth Diers-Beaulieu.—*Jean-Baptiste*, b [4] 16 février 1732 ; m [4] 7 juin 1751, à Marguerite Gatien ; s 27 juin 1780, à Montréal.[5] — *Marguerite*, b [4] 21 oct. 1733 ; 1° m [4] 6 sept. 1751, à Joseph Truel ; 2° m [5] 27 sept. 1762, à Gilbert Desautels.—*Joseph*, b [4] 1er sept. 1735 ; m [5] 13 juin 1763, à Elisabeth Lenoir.—*Marie-Madeleine*, b [4] 17 fevrier 1737 ; s [4] 11 juin 1738. — *Marie-Geneviève*, b [4] 3 janvier 1739 ; m [4] 23 oct. 1759, à Jean Bezeau.—*Louis*, b [4] 29 juillet et s [4] 25 oct. 1740.—*Etienne*, b [4] 14 août 1741.—*Jacques*, b [4] 23 mai 1743 ; s [4] 8 juin 1745.—*Angélique*, b [4] 14 mars et s [4] 7 mai 1745.—*Louise*, b [4] 29 mai 1746 ; m [5] 6 février 1764, à Eustache Prevost. — *Jean*, b [4] 14 fevrier 1749 ; 1° m [5] 9 janvier 1769, à Marie-Amable Raza ; 2° m [5] 13 mai 1782, à Marie-Archange Morier.—*Catherine*, b [4] 27 nov. 1750 ; m [5] 23 nov. 1772, à Antoine Leduc.—*Charles*, b [4] 3 nov. 1752 ; s [4] 11 mars 1753.—*Anonyme*, b [4] et s [4] 27 janvier 1754.—*Jean-Barthélemi*, b [4] 25 fevrier 1758.

1736, (13 février) Ste-Foye. [1]
III.—POITRAS, Jean-Bte, [Joseph-Lucien II.
b 1709.
Harnois, Marie-Charlotte, [Eustache II.
s [1] 29 dec. 1756.
Marie-Geneviève, b 10 juin 1737, à Lorette ; m [1] 29 janvier 1759, à Charles Belleau.—*Marie-Charlotte*, b [1] 26 mai 1739.—*Jean-Baptiste*, b [1] 24

(1) Voy. vol. I, p. 494.
(2) Et Maufet, du nom de sa mère.

février 1741; m [1] 11 février 1771, à Marie-Joseph ALLARD. — *Marie-Joseph*, b [1] 12 mars 1743. — *Joseph-Marie*, b [1] 20 mars 1745; m 30 janvier 1775, à Madeleine LÉTOURNEAU, à Repentigny.— *Marie-Anne*, b [1] 3 mars 1750.—*Antoine*, b [1] 22 juin 1752.—*Charles*, b [1] 4 sept. 1754.

1736, (12 nov.) St-Joachim.

II.—POITRAS, JACQUES, [JEAN I.
b 1704; s 18 avril 1774, à la Baie-St-Paul. [2]
GAGNÉ, Marie-Anne. [FRANÇOIS IV.
Marie-Anne, b 6 oct. 1737, à Ste-Anne. [3] — *Pierre*, b [3] 18 nov. 1739.—*Marguerite-Euphrosie*, b [3] 22 juin 1742; m [2] 26 janvier 1767, à Antoine LAFOREST. — *François-Marie*, b [3] 15 sept. 1745; m 26 oct. 1778, à Marie-Joseph GRÉFIN, à Montréal.—*Marie-Joseph*, b [3] 10 juin 1749.—*Thérèse*, b [3] 14 mai 1752.—*Louis*, b 1754; s [3] 14 mai 1758.

1743, (22 avril) Lorette. [7]

III.—POITRAS, NOEL, [JOSEPH II.
b 1714.
ROBITAILLE, Marguerite, [JEAN II.
b 1717.
Anonyme, b [7] et s [7] 9 juillet 1744. — *Jean-Baptiste-Joseph*, b [7] 4 juillet 1747.—*Marie-Madeleine*, b [7] 15 août 1749; s 14 juin 1786, à Ste-Foye.[8] —*Jean-Baptiste*, b [7] 5 avril 1751; s [7] 31 oct. 1755. —*Marie-Louise*, b [7] 23 sept. 1754.—*Marie-Madeleine*, b [7] 28 dec. 1755.—*François*, b [7] 30 sept 1757.—*Félicité*, b 1er juillet 1760, à St-Augustin; m 27 janvier 1784, à Louis TRUDEL, à Quebec. — *Marie*, b... m [8] 24 avril 1780, à André ARNOUL. —*Joseph*, b [7] 4 sept. 1764.

1748, (2 mai) Ste-Foye. [5]

III.—POITRAS, FRS-LUCIEN, [JOSEPH-LUCIEN II.
b 1711.
GUENET, Marguerite, [JACQUES-FRANÇOIS III.
b 1732.
Joseph-Lucien, b [5] 7 janvier 1750.—*Marguerite*, b [5] 24 août 1752; m 27 nov. 1770, à Jean-Baptiste RATEL, à Repentigny [4]; s [4] 10 avril 1789.—*Marie-Joseph*, b [5] 22 mars 1755.—*Marie-Anne*, b [5] 8 oct. 1756.—*Marie-Louise*, b 23 avril 1759, à Québec —*Jean-Baptiste*, b [5] 18 nov. 1760; s [5] 18 mars 1761.—*Marie-Joseph*, b 11 août 1762, à Lorette. —*Marie-Angélique*, b [5] 18 juin 1765.—*Marie-Françoise*, b [5] 27 août 1767.

1749, (oct.) Ste-Foye. [9]

III.—POITRAS, JOS.-MARIE, [JOSEPH-LUCIEN II
b 1714.
1° GIRARD (1), Françoise, [RENÉ I.
b 1721; s [9] 14 nov. 1759
Joseph-Gabriel, b [9] 30 août et s [9] 12 sept. 1750. —*Joseph-Marie*, b [9] 22 mars 1752; s [9] 27 dec. 1759.—*Jean-Baptiste*, b [9] 27 avril 1754.—*Louis*, b [9] 31 janvier 1756.—*Marie-Françoise*, b [9] 3 avril 1757.

1761, (6 oct.) [9]

2° GUERNAUX (2), Marie-Joseph. [JEAN II.
Pierre, b [9] 7 janvier 1762. — *Jean-Baptiste*, b [9] 19 sept. 1762.—*Marie-Joseph*, b [9] 9 avril et s [9] 30 juillet 1764.—*Joseph*, b [9] 1er juin 1765. — *Michel*, b [9] 12 mars 1767.—*Marie-Joseph*, b [9] 8 mai 1769 —*Marie-Louise*, b [9] 17 juillet 1772; s [9] 18 fevrier 1776.—*Marie-Madeleine*, b [9] 24 mars 1774.

1750.

III.—POITRAS, FRANÇOIS-JOSEPH, [LOUIS II.
b 1723.
LAMONTAGNE, Madeleine.
Joseph-Noël, b 2 janvier 1751, à Montréal. [1] — *Madeleine*, b 1754; m [1] 8 janvier 1776, à Jean-Baptiste-Marie NOREAU.—*Angélique*, b 1755, m [1] 13 oct. 1777, à Jean-Louis PLESSIS (1). — *Marie-Joseph*, b 1756; m [1] 22 nov. 1779, à Pierre ROY.

1750, (16 nov.) Quebec. [2]

IV.—POITRAS (2), FRANÇOIS, [FRANÇOIS III.
b 1730; charpentier.
DIERS, Elisabeth, [PIERRE I.
b 1728.
François-Roch, b [2] 23 août 1751; 1° m à Agathe BROUILLÉ-BÉLAIR; 2° m 7 août 1780, à Angelique BOUTRON, à Montreal. [3]—*Elisabeth*, b [2] 12 fevrier 1754; s [2] 18 fevrier 1761.—*Geneviève*, b [2] 4 avril 1756; m [3] 15 fevrier 1779, à Charles POUPART.—*Jacques*, b 9 mars 1760, St-Frs-du-Sud; m [3] 20 oct. 1783, à Marguerite DÉLORME.—*Elisabeth*, b [2] 4 avril 1763.

1751, (7 juin) Quebec. [4]

IV.—POITRAS, JEAN-BTE, [FRANÇOIS III
b 1732; s 27 juin 1780, à Montreal. [5]
GATIEN, Marguerite, [HENRI II
b 1726.
Jean-Baptiste, b [4] 17 mars 1752; m [5] 27 nov 1775, à Véronique GAUVREAU. — *Joseph-Amable*, b [4] 3 avril 1753.—*Marie-Marguerite*, b [4] 24 mai et s [4] 20 juillet 1754.—*Marguerite*, b 1756; s 30 juin 1757, à St-Laurent, M. [6] — *Etienne*, b... s [6] 7 nov. 1761.

1751, (9 nov.) Ste-Foye. [7]

III.—POITRAS, MICHEL. [JOSEPH-LOUIS II.
ARNOUL (3), Marguerite, [ANDRÉ I.
b 1728.
Michel, b [7] 8 sept. 1752.—*Pierre*, b [7] 11 mars 1754; m 1er août 1781, à Marguerite-Ursule CARON, à l'Islet. [8] — *Marie-Madeleine*, b [7] 27 déc. 1755, m 1773, à André DROLET.—*Jean-Baptiste*, b [7] 17 janvier 1758; m [8] 11 nov. 1782, à Marie-Geneviève COUILLARD.— *André*, b [7] 10 fevrier 1760.— *François*, b 25 juillet 1762, à Charlesbourg, s [7] 27 oct. 1765.—*Joseph*, b [7] 20 janvier 1765.

1760, (18 fevrier) Ste-Foye. [1]

III.—POITRAS, JEAN-BTE, [JOSEPH-LUCIEN II
b 1730.
GUENET, Françoise, [JACQUES-FRANÇOIS III.
b 1737.

(1) Brindamour.
(2) Pour Garneau.

(1) Frère de l'archevêque de Québec.
(2) Dit Tourenne.
(3) Villeneuve, 1758.

Joseph, b [1] 10 février 1763 ; s [1] 22 avril 1764.—*Benjamin*, b [1] 10 fevrier 1763.—*Jean-Baptiste*, b [1] 26 mars 1764 ; m 21 oct. 1793, à Marie-Noëlle ARCHAMBAULT, à Repentigny.—*Marie-Madeleine*, b [1] 24 juillet et s [1] 17 nov. 1765.—*Françoise*, b [1] 7 déc. 1766 ; s [1] 4 mars 1767. — *Marie-Françoise*, b [1] 4 février 1768.—*Michel*, b... s [1] 29 juillet 1769. —*Marie-Louise-Angélique*, b [1] 28 juillet 1770. — *Marguerite*, b [1] 3 fevrier 1772.

1768, (13 juin) Montréal.

IV.—POITRAS, JOSEPH, [FRANÇOIS III.
b 1725.
LENOIR, Elisabeth, [JEAN-BTE II.
b 1743.

1769, (9 janvier) Montréal. [2]

IV.—POITRAS, JEAN, [FRANÇOIS III.
b 1749.
1° RAZA, Marie-Amable, [PIERRE II.
b 1753, s [2] 30 dec. 1780.
1782, (13 mai). [2]
2° MORIER, Marie-Archange, [EUSTACHE III.
b 1766.

1771, (11 fevrier) Ste-Foye. [3]

IV.—POITRAS, JEAN-BTE, [JEAN-BTE III
b 1741.
ALLARD, Marie-Joseph, [THOMAS III.
b 1747.
Jean-Baptiste, b [3] 22 nov. 1771.—*Marie-Joseph*, b 1773 ; m 23 oct. 1792, à Jacques CHALIFOUR, à Quebec.

1775, (30 janvier) Repentigny.

IV.—POITRAS, JOSEPH-MARIE, [JEAN-BTE III.
b 1745.
LÉTOURNEAU, Madeleine, [JOSEPH IV.
b 1753.

1775, (27 nov.) Montréal.

V.—POITRAS, JEAN-BTE, [JEAN-BTE IV.
b 1752.
GAUVREAU, Véronique, [JEAN-BTE II.
b 1757.

V.—POITRAS, FRANÇOIS-ROCH, [FRANÇOIS IV.
b 1751.
1° BROUILLÉ (1), Agathe,
b 1760 ; s 8 nov. 1778, à Montréal. [1]
1780, (7 août). [1]
2° BOUTRON (2), Angelique, [LOUIS.
b 1766.

1778, (26 oct.) Montréal.

III.—POITRAS, FRANÇOIS-MARIE, [JACQUES II.
b 1745.
GRÉFIN, Marie-Joseph, [PIERRE.
b 1762.

POITRAS, JOSEPH.
LANGLOIS, Therèse,
b 1752 ; s 12 avril 1784, à Repentigny.

(1) Et Breullier-Bélair.
(2) Major.

1781, (1er août) Islet.

IV.—POITRAS, PIERRE, [MICHEL III.
b 1754.
CARON, Marguerite-Ursule, [LOUIS-CLAUDE IV.
b 1757.

1782, (11 nov.) Islet.

IV.—POITRAS, JEAN-BTE, [MICHEL III.
b 1758.
COUILLARD (1), Marie-Geneviève. [EMMANUEL V.

1783, (20 oct.) Montréal.

V.—POITRAS, JACQUES, [FRANÇOIS IV.
b 1760
DÉLORME, Marguerite, [JOSEPH.
b 1763.

1793, (21 oct.) Repentigny. [1]

IV.—POITRAS, JEAN-BTE, [JEAN-BTE III.
b 1764.
ARCHAMBAULT, Marie-Noelle [ANTOINE V.
Jean, b [1] 13 déc. 1795.

I.—POIVRE (2), JOSEPH.
GAULTIER, Marie.
Joseph, b 1er nov. 1714, à la Pointe-Claire.

I.—POLEMOND (3), JEAN-BTE, b... s 20 juillet 1755, à St-Jean-Deschaillons.

POLET.—Voy. PAULET—POLLET.

POLETTE.—Voy. POLLET.

POLICAIN.—*Variations :* POLIQUIN—SAULQUIN.

1671, (7 nov.) Quebec. [2]

I.—POLICAIN (4), JEAN,
b 1641 ; s 3 oct. 1721, à Lévis. [3]
1° ADAM, Anne,
b 1652 ; s [3] 18 mai 1709.
Claude, b [3] 30 sept. 1683 ; m 24 sept. 1718, à Marie LABBÉ, à St-Valier.—*Jean*, b [2] 23 mai 1686 ; m [2] 31 août 1718, à Marie-Louise LECOURS ; s 21 sept. 1751, à St-Michel.
1713, (7 nov.) [3]
2° LEDRAN, Louise, [TOUSSAINT I.
b 1664 ; veuve de Michel Lecours.

1718, (31 août) Quebec. [4]

II.—POLICAIN, JEAN, [JEAN I.
b 1686 ; s 21 sept. 1751, à St-Michel. [5]
LECOURS, Louise. [MICHEL I.
Jean, b... m [5] 15 nov. 1745, à Angélique FILTEAU, s 27 janvier 1784, à Repentigny. — *Charles*, b 3 fevrier 1722, à Lévis. [6]—*Joseph*, b [6] 8 fevrier 1724 ; m [5] 21 février 1757, à Marie-Louise FILTEAU.—*Jacques*, b [4] 26 juillet 1726 ; m 22 février 1751, à Marie COTÉ, à St-Charles. [7]

(1) Desprès.
(2) Dit Delage.
(3) Ancien chirurgien-major de la ville de Douai, en Flandre ; chirurgien-major des troupes françaises en Canada ; noyé le 18 juillet, dans la rivière du Chesne.
(4) Voy. vol. I, p. 494.

—*Claude*, b [6] 22 avril 1729; m [7] 5 mars 1753, à Marie-Louise NADEAU.—*Michel*, b [6] 21 sept. et s [6] 8 nov. 1731.—*Louise*, b [6] 17 mai 1733; m [5] 27 juillet 1751, à Pierre BAUDIN.—*Marie-Jeanne*, b [5] 25 juin 1738; m [7] 25 janvier 1758, à Pierre CHARIER.

1718, (24 sept.) St-Valier. [1]
II.—POLICAIN, CLAUDE, [JEAN I.
b 1683.
LABBÉ, Marie, [PIERRE I.
b 1685; veuve de Pierre Ducuront; s 31 mars 1758, à Lévis. [2]
Marie, b 2 mai 1719, à Beaumont. [3] — *Charles*, b 1721; s [1] 11 juin 1734.—*Marie-Catherine*, b [2] 3 juillet 1722; 1° m [2] 8 fevrier 1740, à Charles COUTURE; 2° m [2] 10 fevrier 1755, à Pierre NAU; 3° m [2] 4 sept. 1769, à Valentin POIROT.—*Jean*, b 1723; m [3] 5 oct. 1744, à Marie-Anne ROY; s [3] 4 juillet 1797.—*Joseph-Dominique*, b [3] 28 sept. 1726; m [3] 24 juin 1752, à Angelique LECHASSEUR. — *Jean-Baptiste*, b [2] 24 juin 1728; 1° m [2] 23 juillet 1753, à Marguerite SULLIÈRES; 2° m 25 janvier 1762, à Elisabeth GOUPIL, à St-Michel. — *Claude*, b... m [2] 18 oct. 1751, à Suzanne JOURDAIN.

1744, (5 oct.) Beaumont. [1]
III.—POLICAIN, JEAN, [CLAUDE II.
b 1723; s [1] 4 juillet 1797.
ROY, Marie-Anne. [JEAN III.
Jean, b [1] 13 dec. 1745; s [1] 21 juillet 1746.—*Jean-Baptiste*, b [1] 3 et s [1] 5 fevrier 1747.—*Jean-Baptiste*, b [1] 8 fevrier et s [1] 31 juillet 1748.—*Joseph*, b [1] 25 mai 1749.—*Charles*, b 11 avril 1751, à St-Charles. [2] — *Joseph-Dominique*, b [2] 10 avril 1753.—*Louis*, b [2] 26 janvier 1755.—*Jean-Baptiste*, b [2] 25 sept. 1756; s [2] 22 déc. 1759.—*François*, b [2] 12 janvier 1758.

1745, (15 nov.) St-Michel. [3]
III.—POLICAIN, JEAN, [JEAN II.
s 27 janvier 1784, à Repentigny. [4]
FILTEAU, Angélique, [NICOLAS II
b 1719.
Angélique, b [3] 9 dec. 1746; m 1er mai 1764, à Jean-Marie MÉTHOT, à l'Islet. [5] — *Marie-Louise*, b [3] 14 avril 1748. — *Jean-Baptiste*, b [3] 6 juillet et s [3] 10 oct. 1749.—*Marie-Théotiste*, b [3] 2 août 1750; m [4] 21 janvier 1771, à Pierre-Louis RATEL.—*Marie-Jeanne*, b [3] 16 février 1752; s [4] 23 juillet 1770.—*Jean-Marie*, b [3] 30 dec. 1753; s [3] 20 janvier 1758.—*Marie-Euphrosie*, b [3] 14 fevrier 1756; s [3] 17 juillet 1757.—*Joseph-Honoré*, b 16 mai 1758, au Cap-St-Ignace. [6] — *Pierre-Thomas*, b [6] 24 dec. 1760.—*Marie-Sophie*, b [5] 1er nov. 1762.

1751, (22 février) St-Charles. [8]
III.—POLICAIN, JACQUES, [JEAN II.
b 1726.
COTÉ, Marie, [IGNACE III.
b 1734.
Marie-Louise, b [8] 22 avril 1752. —*Jacques*, b [8] 21 et s [8] 22 mai 1753.—*Suzanne*, b [8] 7 et s [8] 8 avril 1754.—*Joseph*, b [8] 13 juillet 1755.—*Charles*, b [8] 23 mai 1757; s [8] 22 mars 1758.

1751, (18 oct.) Lévis. [1]
III.—POLICAIN, CLAUDE. [CLAUDE II.
JOURDAIN, Suzanne, [JOSEPH II.
b 1728; s [1] 19 mars 1754.
Jean-Joseph, b [1] 15 juillet 1752.—*Anonyme*, b [1] et s [1] 10 mars 1754.

1752, (24 juin) Beaumont. [3]
III.—POLICAIN, JOSEPH-DOMINIQUE, [CLAUDE II.
b 1726.
LECHASSEUR (1), Angélique, [JEAN I.
b 1736.
Angélique, b 7, à St-Michel [4] et s [3] 21 avril 1754.—*Marie-Desanges*, b [3] 19 et s [4] 24 août 1755. — *Joseph-Dominique*, b [4] 15 dec. 1756; s [4] 28 janvier 1757.—*Dominique*, b [4] 20 avril 1759.—*Jean-Baptiste*, b [4] 23 nov. 1761.—*François*, b... m [3] 12 fevrier 1787, à Marie-Agathe TURGEON.—*Joseph*, b... m 14 juillet 1789, à Marie LIBERGE, à Québec.

1753, (5 mars) St-Charles. [7]
III.—POLICAIN, CLAUDE, [JEAN II.
b 1729.
NADEAU, Marie-Louise, [DENIS II.
b 1732.
Marie-Louise, b [7] 3 février et s [7] 28 mai 1754. —*Marie-Louise*, b [7] 15 avril et s [7] 19 nov. 1755 —*Charles*, b [7] 22 mars 1756.—*Claude*, b [7] 9 avril et s [7] 2 sept. 1758.

1753, (23 juillet) Lévis. [4]
III.—POLICAIN, JEAN-BTE, [CLAUDE II.
b 1728.
1° SULLIÈRES, Marie, [NICOLAS II.
b 1735; s [4] 28 mars 1758.
Marthe, b [4] 28 août 1754.—*Marie-Louise*, b [4] 26 juillet 1756.—*Judith*, b [4] 4 et s [4] 18 mars 1758.
1762, (25 janvier) St-Michel.
2° GOUPIL, Elisabeth, [LOUIS II.
b 1738.
Marie-Madeleine, b [4] 21 juin et s [4] 23 août 1765. —*Jean-Baptiste*, b [4] 21 août 1766.—*Marie-Geneviève*, b [4] 11 avril 1769.

1757, (21 fevrier) St-Michel. [5]
III.—POLICAIN, JOSEPH, [JEAN II.
b 1724.
FILTEAU, Marie-Louise, [NICOLAS II.
b 1716; veuve de Pierre Paquet.
Marie-Joseph, b 1759; s [5] 24 janvier 1760.

1787, (12 fevrier) Beaumont. [6]
IV.—POLICAIN, FRANÇOIS. [JOS.-DOMINIQUE III.
TURGEON, Marie-Agathe, [MICHEL IV.
b 1759; s [6] 22 mai 1789.

1789, (14 juillet) Québec.
IV.—POLICAIN, JOSEPH. [JOS.-DOMINIQUE III.
LIBERGE, Marie.

POLICAIN, JOSEPH.
1° FAFARD, Geneviève.

(1) Dangeuger.

1790, (13 sept.) Beaumont.
2° ......, Marie-Anne.

POLICARP.—Voy. Augeard.

POLIGNY.—Voy. Sappé.

POLIQUIN.—Voy. Policain.

1751, (5 oct.) Quebec. [9]
I.—POLLAINGRE, Jean-Charles, fils de Jean et de Jeanne Dureau, de Poissy, diocèse de Chartres, Beauce.
Crenet, Marie-Joseph, [Juste I.
b 1723; veuve de François Trevet.
Charlotte, b [9] 13 et s [9] 20 juillet 1752.—*Marie-Joseph*, b [9] 25 juillet et s [9] 17 dec. 1753.—*Antoinette-Gilles*, b [9] 14 août et s [9] 30 sept. 1754.

POLLET.—*Variations et surnoms :* Paulet—Polet—Polette—Berger—De la Combe.

1660, (29 nov.) Québec. [1]
I—POLLET (1), François,
s 20 mars 1672 (2).
Juchereau (3), Marie-Anne, [Nicolas II.
b 1653.
Marie-Thérèse (posthume), b [1] 27 mars 1672; 1° m [1] 8 oct. 1693, à Pierre Lemoyne d'Iberville, 2° m au comte de Bethune, lieut.-general des armees.

1729, (10 mai) Grondines. [2]
I.—POLLET (4), Balthazar, b 1702, notaire-royal; fils de Germain et de Marguerite Harry, de St-Nicolas-des-champs, Paris; s 17 janvier 1756, à Batiscan. [4]
Hamelin, Angélique, [Louis I.
b 1707; s [2] 1er déc. 1775.
Louis-Balthazar, b 5 juin 1730, à Ste-Anne-de-la-Perade; s [3] 18 dec. 1749.—*Pierre-Balthazar*, b [3] 24 mai et s [3] 11 août 1732.

1731, (9 janvier) Québec. [5]
I.—POLLET, Louis, fils d'Hilaire et de Françoise Signoret, d'Aze, diocèse de Poitiers, Poitou; s [5] 10 mars 1731.
Pelletier (5), Marie. [Nicolas I.

I.—POLLET (6), Arnaud-Guillaume, b 1731, de Bedenac, diocèse de Xaintes, Saintonge.

POLLET, Jean.
1° Cantin, Marie.
1796, (21 sept.) Beaumont.
2° Couture, Marie-Joseph. [Guillaume

(1) De la Combe, voy. vol. I, p. 491.
(2) Registre du Conseil souverain, 18 oct. 1673.
(3) Elle épouse, le 23 février 1683, François D'Auteuil, à Québec.
(4) Il signe le 7 nov. 1724, à Ste-Anne-de-la-Pérade.
(5) Elle épouse, le 24 sept. 1731, Pierre Cluseau, à Québec.
(6) Dit Berger; arrivé en 1748. (Registre des Procès-verbaux, 1761.)

POLLINGER.—*Variation :* Bulinger.

1754, (25 février) Montréal. [6]
I.—POLLINGER (1), Antoine, b 1727; fils de Michel et de Suzanne Hélène, de St-Roch, diocèse de Rastach, Allemagne.
1° Robrau, Marie-Anne, [Pierre I.
b 1729.
1764, (30 janvier) [6]
2° Viger, Marie-Louise, [Charles III.
b 1737, veuve de Henri Parant.

1761, (20 janvier) Montréal.
I.—POLONCEAUX, Christophe-Nicolas, b 1735; fils de Jean et de Jeanne Bourguet, d'Ermonville, diocèse de Reims, Champagne.
Mayer, Geneviève-Charlotte, [Pierre-Louis I.
b 1745.

POLYCARPE.—Voy. Augeard.

POMBERT.—Voy. Trotier

POMEREAU.—Voy. Paumereau.

POMERET.—*Variation et surnom :* Pommeray—Groschêne.

1757, (10 janvier) St-Pierre-du-Sud. [1]
I.—POMERET (2), Julien, fils de Guillaume et de Jeanne Pomeret, de Plétien, diocèse de Dol, Bretagne.
Langlois, Marie-Agathe, [Louis III.
b 1725; s [1] 13 nov. 1759
Joseph-Julien, b 7 nov., à St-Thomas et s [1] 20 déc. 1759.

POMIER.—*Variation et surnoms :* Pommier—Jolibois—St. Martin.

I.—POMIER, Noel, b 1693; de Chervais, diocèse de Dol, Bretagne; s 7 mars 1757, à l'Hôpital-Général, M.

I.—POMIER (3), François, b 1700, soldat; fils de François et de Marie Guillauchau, de Ste-Marie, Ile-Rhe; s 20 dec. 1749, à Montréal.

I.—POMIER (4), Pierre, b 1712; fils de Jean-Baptiste et de Catherine Vincenne, de St-Remi, diocèse de Bordeaux.
1° Biset, Marie-Joseph,
b 1709; s 10 nov. 1737, à Montréal. [3]
2° Périllard, Angelique,
s [2] 10 dec. 1755.

(1) Appelé Bulinger à ce premier mariage—voy. vol. II, p. 505. A son second mariage, il est appelé Pollinger et est dit fils de Michel et de Suzanne Hellen, de Bade, Allemagne.
(2) Il signe Pomeret-Groschêne;—venu en 1754. (Procès-verbaux.)
(3) Dit Jolibois.
(4) Dit St. Martin; soldat de la compagnie de M. de Rigauville.

1756, (26 avril). [2]
3° MEUNIER (1), Elisabeth, [GERVAIS I.
b 1733.

1756, (9 février) Québec. [3]
I.—POMIER, PIERRE-LOUIS, soldat; fils de Louis et de Marie Garce, de St-Sulpice, Paris.
ALARY (2), Marguerite, [RENÉ II.
b 1721.
Charles-Louis, b [3] 9 déc. 1756; s [3] 26 oct. 1758.—*Jacques*, b [3] 2 fevrier et s [3] 29 juillet 1758.—*Jean-Louis*, b [3] 25 août et s [3] 29 déc. 1759.—*Marguerite*, b... m à Michel RACINE.

1760, (10 nov.) Lorette.
I.—POMIER, JEAN, fils de René et d'Anne Mocour, de St-Pavin-des-Champs, diocèse du Mans, Maine.
VALIN, Louise, [CHARLES II.
b 1718.

POMIER, GEORGES.
GAUDET, Marie-Joseph.
Michel, b... m 5 février 1793, à Basilisse BLANCHARD, à Québec.

1793, (5 fevrier) Québec.
POMIER, MICHEL. [GEORGES.
BLANCHARD, Basilisse. [FRANÇOIS.

POMINVILLE.—Voy. BRAULT.

1708.
II.—POMINVILLE (3), PIERRE, [HENRI I.
b 1683.
1° DAVID (4), Clémence, [MICHEL II.
b 1687.
Pierre, b 27 sept. 1716, à la Pointe-Claire. [4] — *Jean-Baptiste*, b [4] 26 dec. 1717.—*Marie-Joseph*, b [4] 21 juin 1719.

1727, (1er dec.) Lachine.
III.—POMINVILLE (3), JOSEPH, [JOSEPH II.
b 1706.
PARÉ, Louise, [JEAN I.
b 1703.
Jean-Baptiste, b 1740; m 25 janvier 1768, à Marie-Louise GAUDRY, à Montreal.

1768, (25 janvier) Montréal.
IV.—POMINVILLE (5), JEAN-BTE, [JOSEPH III.
b 1740.
GAUDRY (6), Marie-Louise, [JEAN-BTE III.
b 1746.

POMMERAY.—Voy. POITIERS—POMERET.

(1) Lafleur.
(2) Elle épouse, le 26 oct. 1760, Jacques Decharnay, à Québec.
(3) Voy. Brault, vol. II, p. 453.
(4) Et Daud.
(5) Et Brau.
(6) Bourbonnière.

POMMEREAU.—Voy. PAUMEREAU.

POMMIER.—Voy. POMIER.

I.—POMPARDEAU (1), PIERRE.
MARISSAR, Madeleine.

1702, (15 mai) Trois-Rivières. [1]
II.—POMPARDEAU, JEAN. [PIERRE I.
GLADUS, Marguerite, [JEAN I
b 1674; veuve de René Couteret.
Marie-Françoise, b [1] 22 oct. 1702.

I.—PONCEAU (2), JACQUES-RENÉ.

PONCELAY.—Voy. HUYET.

I.—PONCELET (3), THOMAS-FRANÇOIS, b 1670, ordonné 26 nov. 1692; s 31 août 1712, à St-Laurent, I. O.

PONCELEY.—Voy. HUYET-CHAMPAGNE.

PONCET.—*Surnom :* LAJOIE.

1760, (4 nov.) Lachine.
I.—PONCET, ETIENNE, b 1720; fils de Jean-François et d'Anne-Marie Faure, du diocèse d'Ambrun, en Dauphiné.
BECHARD, Marie-Joseph. [LOUIS II.

1762, (22 fevrier) Québec. [4]
I.—PONCET (4), MELCHIOR, b 1740, boulanger; fils de François et de Louise Rey, de Gersieur, diocèse de Vienne, Dauphiné.
CHAILLÉ, Marie-Joseph, [FRANÇOIS-MATHIEU III.
b 1745.
Henri, b [4] 23 mars 1763.—*Jean-François*, b [4] 4 avril 1764.—*Jean-Baptiste*, b... s 23 sept. 1768, à Ste-Foye.

PONCY.—*Variation :* PONSY.

1745, (23 août) Québec. [5]
I.—PONCY, FRANÇOIS-PHILIPPE, marchand; fils de Jean (ingenieur royal) et de Barthelemie Ferrier, de St-Etienne, diocèse de Nice, comte de Nice.
1° LEMAITRE-LAMORILLE, Pélagie, [FRANÇOIS III.
b 1724; s [5] 8 juin 1763.
Marie-Françoise-Pélagie, b [5] 7 mai 1746; s 22 nov. 1748, à Charlesbourg. [6] — *Marie-Françoise*, b [5] 14 mai 1747.—*François-Henri*, b [5] 2 juin 1748, s [5] 3 juillet 1757.—*Elisabeth*, b... s 23 août 1750, à Levis. [7] — *Marie-Françoise-Charlotte*, b [5] 23 avril et s [7] 23 août 1750.—*Pierre*, b [5] 11 août 1751.—*Marie-Elisabeth*, b [5] 20 oct. 1752.—*Marie-*

(1) Voy. vol. I, p. 494.
(2) Cordelier, aumônier de la frégate "Lapomone."—Il signe au registre des Grondines, le 21 août 1759.—Il était à Ste-Rose, le 16 fevrier 1760.
(3) Premier curé de St-Laurent, I. O.; décédé à l'Hôtel-Dieu, des fièvres pourpres (Voy. *Repertoire du Clergé canadien*, p. 67.)
(4) Dit Lajoie; soldat de la compagnie de M. d'Alembert, régiment de Roussillon.

Charlotte, b [5] 8 février 1754.—*Joseph-Jean-Marie*, b [5] 9 juillet 1755.—*Marie-Thérèse*, b [5] 4 sept. et s 1er oct. 1756, à Lorette.—*François-André*, b [5] 28 août et s [6] 6 oct. 1758.—*François-Louis*, b 31 mars et s 26 août 1760, à Beauport.—*Marie-Louise*, b [5] 3 déc. 1761 ; m 8 janvier 1781, à Jean-Baptiste GAUVREAU, à Montréal.

2° LARCHEVÊQUE, Angélique.

François, b... m [5] 18 mai 1790, à Perpétue MIVILLE.

1790, (18 mai) Québec.

II.—PONCY, FRANÇOIS. [FRANÇOIS-PHILIPPE I.
MIVILLE, Perpetue. [LOUIS-GERMAIN V.

PONSANT.—*Surnom :* LATULIPPE.

1749, (7 juillet) Québec. [1]

I.—PONSANT (1), RAYMOND, b 1717, caporal; fils de Pierre et de Marie-Anne Dupart, de Ste-Marguerite, Paris ; s [1] 22 juillet 1786.

1° TURCOT, Madeleine, [JACQUES III. b 1726 ; s [1] 22 juin 1750.

Marie-Madeleine, b [1] 20 dec. 1749.

1754, (28 janvier). [1]

2° VARAMBOUVILLE, Angélique, [ANTOINE I. b 1737.

Joseph-Raymond, b [1] 16 déc. 1754 ; m [1] 25 juillet 1780, à Madeleine ROBITAILLE. — *Jean-Baptiste-Stanislas*, b [1] 16 oct. et s [1] 7 nov. 1757. —*Thérèse*, b [1] 16 oct. 1757 ; s [1] 31 août 1758.—*Raymond*, b [1] 27 août 1761.— *Louis-Raymond*, b [1] 24 août 1762.—*Marie-Agathe*, b... m [1] 27 janvier 1783, à Joseph POTVIN.—*Geneviève*, b... m [1] 14 août 1798, à Etienne MATHIEU.

1756, (2 fevrier) Trois-Rivières. [2]

I.—PONSANT (2), DENIS, b 1721 ; fils de Pierre et de Marie-Anne Duparc, de Ste-Marguerite, Paris.

COURSOL-LARLOTTE, Marie-Joseph.

Charlotte, b [2] 20 janvier 1757.—*Jeanne*. b [2] 22 janvier 1758 ; s [2] 22 août 1760.—*Denis*, b [2] 3 déc. 1759.

1780, (25 juillet) Quebec.

II.—PONSANT, JOSEPH-RAYMOND, [RAYMOND I. b 1754.
ROBITAILLE, Madeleine, [JOSEPH III. b 1765.

PONSY.—Voy. PONCY.

PONT.—Voy. ETIENNE-LAMONTAGNE.

1722, (4 fevrier) Varennes.

II—PONT (3), RAYMOND. [JEAN I.
GAUDRY (4), Anne, [JACQUES II. b 1703.

Marie-Anne, b 4 sept. 1727, à Repentigny.—

(1) Dit Latulippe ; il était à St-Nicolas, le 30 avril 1733.

(2) Sergent de la compagnie de M. de Repentigny.

(3) Etienne—Prou—Lamontagne ; voy. Etienne, vol. III, p. 600.

(4) Aussi appelée Bourdon, du nom de sa mère.

Marie-Thérèse, b... m 14 février 1752, à Jacques GAUTIER, à Verchères.

1761, (7 janvier) Montréal.

I.—PONT, JACQUES, b 1735 ; fils d'André et d'Elisabeth Olive, de Ste-Catherine-de-Revelle, diocèse de Mirepoix, Toulouse.

PÉRILLARD, Marie-Charlotte, [J.-BTE-NICOLAS II. b 1739 ; veuve de Louis Gelin.

I.—PONTARD (1), LOUIS, b 1714 ; de St-Servant, diocèse d'Avranches, Normandie ; s 7 nov. 1746, à Québec.

PONTAS.—*Variation et surnom :* POONTASSE—LABATTE.

1757, (10 janvier) Montréal.

I.—PONTAS (2), JEAN-BTE, b 1728, soldat; fils de Jacques-Andre et de Marie Sprit, de Vixol, diocèse de Pavie, Italie.

NORMAND (3), Françoise, [PIERRE I. b 1740.

PONTEAU.—*Variation :* JOUTEAU.

1760, (11 nov.) Montréal.

I.—PONTEAU (4), JEAN, b 1732.

1° DESÈVE, Marie-Joseph, [FRANÇOIS II. b 1738.

1767, (1er juin) St-Vincent-de-Paul.

2° PAGÉ. Marie-Joseph, [JEAN-FRANÇOIS IV. b 1740.

I.—PONTENIER, MARIE, b 1637 ; 1° m (5) 12 août 1657, à Pierre GADOIS, à Québec ; 2° m 3 nov. 1660, à Pierre MARTIN, à Montreal [3] ; 3° m [3] 5 dec. 1661, à Honore LANGLOIS ; s 7 janvier 1718, à la Pte-aux-Trembles, M.

PONTEU. — *Variations et surnom :* PONTU — PONTUS—CLERMONT.

1732, (24 nov.) Québec.

I.—PONTEU (6), GUILLAUME, fils de Pierre et de Catherine Rodon, de St-Eloi, diocèse de Clermont, Auvergne.

1° CHAILLÉ, Marie-Charlotte, [FRANÇOIS II. veuve d'Antoine Fardeau.

1738, (24 nov.) Lanoraye.

2° BOUCHER, Marie-Anne. [CHARLES IV.

Marie-Anne, b 18 fevrier 1742, au Sault-au-Récollet [4] ; m [4] 12 fevrier 1759, à Pierre DAUBAN. —*Joseph*, b [4] 20 oct. 1743.—*François-Amable*, b [4] 11 août 1745. — *Jean-Baptiste*, b [4] 1er juin 1747 ; s 17 janvier 1750, à St-Vincent-de-Paul. [5] — *Jean-Baptiste*, b... s [5] 11 août 1751. — *François-Ange*,

(1) Il était passager sur le "St-Esprit."

(2) Dit LaBatte.

(3) Elle épouse, le 21 oct. 1760, Arnoux-Dominique Mondy, à Montréal.

(4) Pour Jouteau, voy. vol. V, p. 27.

(5) Mariage déclaré nul le 30 août 1660.

(6) Et Pontu—Pontus dit Clermont.

b... s[5] 12 mars 1752.—*Marie-Françoise*, b 3 juin 1755, à St-Laurent, M.[6] — *Marie-Joseph*, b[6] 15 janvier 1757.—*Marie-Joseph*, b[6] 16 avril 1758.

PONTOIS (DE).—Voy. MAMIEL, 1744.

PONTIFE.—Voy. DAVID.

1756, (19 janvier) Montréal.

I.—PONTON, PIERRE-ANDRÉ, b 1731, soldat; fils de Pierre-André et de Geneviève Troisvalet, de St-Germain-en-Laye, Paris.
THOMAS, Marie-Jeanne, [PAUL II.
b 1737.

PONTTRIAN, GUILLAUME.
BOUCHER, Marie-Anne.
Louis, b 23 août 1763, à St-Laurent, M.

PONTU.—Voy. PONTEU-CLERMONT.

PONTUS.—Voy. PONTEU-CLERMONT.

POONTASSE.—Voy. PONTAS.

POPULUS.—Voy. DOUGE, 1766.

PORCHERON.—*Surnom* : DECOMBRE.

1763, (8 août) Quebec.[1]

I.—PORCHERON (1), CHARLES, fils de Pierre et de Catherine Breau, de St-Martial, ville d'Angoulême, Angoumois.
LAROCHE (2), Marie-Charlotte, [AUGUSTIN II.
b 1737.
Charles, b[1] 26 juin 1764.

POREAU.—Voy. POREAUX.

POREAUX.—*Variations* : POREAU—PORREAU.

1686, (7 janvier) Pte-aux-Trembles, Q.[7]

I.—POREAUX (3), JEAN,
b 1651; s 14 avril 1700, à St-Augustin.[8]
MORIN (4), Françoise, [CHARLES I.
b 1669.
Michel, b[7] 12 août 1692; m[7] 4 juillet 1730, à Marie-Joseph BÉLAND; s[8] 1er mai 1745. — *Philippe*, b[7] 1er dec. 1694; 1° m 16 nov. 1729, à Anne-Felicite ROUTIER, à Québec; 2° m[8] 15 février 1740, à Marie-Ursule GINGRAS; s[8] 9 juin 1760.

1729, (16 nov.) Québec.

II.—POREAUX, PHILIPPE, [JEAN I.
b 1694; s (5) 9 juin 1760, à St-Augustin.[2]
1° ROUTIER, Anne-Felicité, [CHARLES-MARIE II.
b 1711; s[2] 12 février 1736.

(1) Dit Decombre.—Officier et chirurgien-major.—Il était, le 21 déc. 1758, à la Baie-St-Paul; le 6 oct. 1760, à l'Islet; le 29 sept. 1769, à Lachenaye.

(2) Elle était, le 25 oct. 1772, à Lachenaye.

(3) Voy. vol. I, p. 494.

(4) Elle épouse, en 1700, Mathieu Raby.

(5) Cet acte est au 8 août 1761.

Philippe, b 1729; s[2] 8 juillet 1736.— *Félicité*, b[2] 4 déc. 1730. — *Simon*, b[2] 1er avril 1732; m[2] 18 avril 1762, à Marie-Madeleine DUBAU; s[2] 16 oct. 1791.—*Marie-Joseph*, b[2] 18 oct. et s[2] 7 nov 1733. — *Marie-Thérèse*, b 15 février 1735, à Lorette.

1740, (15 février).[2]

2° GINGRAS, Marie-Ursule, [MATHIEU II.
b 1713.
Marie-Hélène, b[2] 17 juillet 1741; s[2] 19 janvier 1743. — *Marie-Joseph*, b[2] 22 fevrier 1743, s[2] 3 juillet 1745. — *Philippe*, b[2] 24 déc. 1744, s[2] 3 juin 1745. — *Philippe*, b[2] 7 février 1747, m à Angelique PETITCLERC. — *Marie-Charlotte*, b 15 sept. 1754, à Ste-Foye; m[2] 20 janvier 1783 à Ambroise MARTEL.

1730, (4 juillet) Pte-aux-Trembles, Q.[1]

II.—POREAUX, MICHEL, [JEAN I.
b 1692; s 1er mai 1745, à St-Augustin.[2]
BÉLAND (1), Marie-Joseph, [JEAN II
b 1711.
Jean-Baptiste, b[2] 16 sept. 1731; s[1] 18 juin 1733.— *Marie-Joseph*, b[2] 24 mai 1733. — *Marie-Cécile*, b[2] 10 et s[2] 17 juillet 1735.—*Marie-Augustine*, b[2] 1er et s[2] 3 août 1736.— *Marie-Charlotte*, b[2] et s[2] 15 mai 1737.—*Pierre-Marie*, b[2] et s[2] 4 juin 1738. — *Marie-Charlotte*, b[2] 16 oct. 1739.— *Augustin*, b[2] 27 mars et s[2] 20 avril 1742 — *Joseph-Michel*, b[2] 27 fevrier et s[2] 25 nov. 1744

1762, (18 avril) St-Augustin.[6]

III.—POREAUX, SIMON, [PHILIPPE II.
b 1732; s[6] 16 oct. 1791.
DUBAU, Marie-Madeleine, [JOSEPH-MARIE III.
b 1732.
Marie, b 18 janvier 1763, à Lorette. — *Marie-Charlotte*, b 12 fevrier 1767, à la Pte-aux-Trembles, Q.

III.—POREAUX, PHILIPPE, [PHILIPPE II
b 1747.
PETITCLERC, Angélique.
Marie, b... m 13 fevrier 1792, à Joseph DROLET, à St-Augustin.[3] — *Ambroise*, b[3] 20 août 1781.

POREAUX, MICHEL.
DROLET, Marie-Anne.
Anne, b 17 juin 1792, à St-Augustin.[1] —*Marguerite*, b[1] 26 mai 1793. — *Marie-Anne*, b[1] 27 juillet 1794.

PORLIER.—*Surnoms* : BENALQUE — BRUYÈRE—VINCENNES.

1682, (5 dec.) Quebec.[1]

I.—PORLIER (2), CLAUDE,
b 1652; s[1] 31 juillet 1689.
BISSOT (3), Marie, [FRANÇOIS I.
b 1657.

(1) Elle épouse, le 10 janvier 1746, Louis Garnault, à St-Augustin.

(2) Voy. vol. I, p. 495.

(3) Elle épouse, le 26 février 1691, Jacques Gourdeau, à Québec.

Claude-Cyprien, b [1] 7 oct. 1683; m 26 août 1719, à Angélique Cuillerier, à Lachine; s 3 sept. 1744, à Montréal.

1719, (26 août) Lachine.

II.—PORLIER (1), Claude-Cyp.-Jacq., [Claude I.
b 1683; s 3 sept. 1744, à Montreal. [4]
Cuillerier (2), Angélique, [Jean II.
b 1698; s [4] 1er mai 1781.

Marie-Joseph, b [4] 1er sept. 1720; s [4] 10 mars 1752.—*Jean-Cyprien*, b [4] 10 juin 1722.—*Jacques*, b [4] 14 mai 1723; m [4] 16 janvier 1764, à Marie Gamelin-Lacroix; s [4] 18 déc. 1782. — *Angélique-Barbe*, b [4] 12 mai 1724; m [4] 12 sept. 1746, à Ignace Hubert-Lacroix.—*Pierre-Antoine*, b [4] 19 mai 1725.—*Agathe-Ignace*, b [4] 31 juillet 1726; s [4] 9 sept. 1731.—*Marie-Jeanne*, b [4] 26 août 1727; s 17 mai 1734, à Charlesbourg. — *Louise*, b 19, à Québec [6] et s 24 oct. 1728, à Lévis. — *Etienne-Joseph*, b [4] 9 fevrier 1730; m [4] 5 février 1759, à Louise Gamelin-Lacroix.—*Charles*, b [4] 18 février 1731; m [5] 25 sept. 1752, à Marie-Geneviève Lambert.—*Louise-Amable*, b [4] 29 juin 1732; s [4] 20 fevrier 1734.—*Louis-Joseph*, b [4] 5 oct. 1734; m [4] 21 sept. 1767, à Marie-Joseph Lecompte.—*Françoise-Louise*, b [4] 7 déc. 1735; m [4] 17 nov. 1760, à Amable Hubert-Lacroix.—*Marie-Charlotte*, b [4] 22 dec. 1736.—*Marie-Catherine*, b... s 21 janvier 1737, au Sault-au-Récollet. [6] — *Claude-Hyacinthe*, b [4] 26 avril et s [4] 1er mai 1738.—*Claude-Louis*, b [4] 1er janvier 1740; s [6] 26 mai 1741.

PORLIER (3), Amable.
Delisle, Catherine.

Jean-Baptiste, b 6 nov. 1734, à la Longue-Pointe.

1752, (25 sept.) Québec.

III.—PORLIER (4), Chs, [Claude-Cyprien II.
b 1731.
Lambert, Frse-Geneviève, [René-Louis III.
b 1732.

Charles-Alexis, b 25 nov. 1754, au Détroit [7]; s [7] 18 sept 1755.—*Charles-Antoine*, b [7] 2 mars 1756.—*Joseph*, b [7] 21 mars et s [7] 18 juin 1757.—*Alexis-Stanislas*, b [7] 14 oct. 1758.—*Marie-Madeleine*, b 21 août 1766, à St-Antoine-Tilly.

1759, (5 février) Montréal.

III.—PORLIER (5), Et.-Jos., [Claude-Cyp. II.
b 1730.
Gamelin, Louise, [Ignace III.
b 1734.

Marguerite, b 1768; s 6 janvier 1769, à la Longue-Pointe.

(1) Marchand, notaire public et greffier à Montréal.
(2) Appelée Trotier à sa sépulture, du nom de sa mère.
(3) Dit Bruyère.
(4) Dit Vincennes; garde-magasin du roi, au Détroit.
(5) Dit Benalque.

1764, (16 janvier) Montreal. [8]

III.—PORLIER, Jacques, [Claude-Cyprien II.
b 1723; s [8] 18 dec. 1782.
Gamelin (1), Marie, [Ignace III.
b 1740; s [8] 6 nov. 1780.

1767, (21 sept.) Montréal.

III.—PORLIER, Ls-Jos., [Claude-Cyprien II.
b 1734.
Lecompte (2), Marie-Joseph, [Jean-Bte II.
b 1744.

I.—PORMIER-BEAULIEU, Michel, b 1700; voyageur; s 17 août 1755, à Montréal.

PORREAU.—Voy. Poreaux.

PORTAIL.—*Surnoms* : DeGlvron —DeMarsac.

1728, (8 sept.) Batiscan. [4]

I.—PORTAIL (3), Daniel, fils de Daniel (maire perpetuel de la ville de St-Florent-le-Vieil) et d'Anne Guilbaut, de la Pomerais, diocèse d'Angers, Anjou.
Langy (4), Anne-Antoinette, [Léon-Joseph I.
b 1706.

Daniel-Léon, b [4] 23 nov. 1729. — *Marie-Anne-Marguerite*, b [4] 5 déc. 1731.— *Joseph*, b [4] 1er janvier 1733. — *Marie-Catherine-Charlotte*, b [4] 11 nov. 1734.—*Marie-Joseph*, b [4] 12 fevrier et s [4] 3 mars 1736.

PORTAIS.—*Variations* : Porter.

1741.

I.—PORTAIS (5), François, b 1714; fils de François et d'Isabelle Lebrec, de Bassilly, diocèse d'Avranches, Normandie.
1° Monet, Madeleine.

Marguerite, b 30 sept. 1742, à Terrebonne. [3]— *François*, b [3] 4 avril et s [3] 3 juillet 1744.— *François*, b [3] 27 août 1747; s [3] 3 janvier 1748.—*François*, b [3] 23 février 1749. — *Jean-Baptiste*, b [3] 7 janvier 1751.—*Marie-Madeleine*, b... s [3] 25 juillet 1752.—*Joseph*, b 28 nov. 1752, à Ste-Rose; s [3] 6 sept. 1753. — *Marie-Elisabeth*, b [3] 27 juin 1754; m 7 oct. 1776, à Antoine Dandurand, à Montréal. [4]—*Louis*, b [3] 24 juillet 1756.—*Joseph*, b [3] 15 mai et s [3] 23 juin 1758.

1764, (1er oct.) [4]

2° Forçan (6), Marie-Jeanne, [Claude I.
b 1699; veuve de Henri Hilarest; s 30 juin 1779, à l'Hôpital-Général, M.

(1) Mariee sous le nom de Lacroix.
(2) Dupré.
(3) Sieur de Gevron; ce mariage a été réhabilité le 8 sept. 1728, parce qu'il avait été contracté dans l'église de Batiscan pendant que le curé Gervais Lefebvre célébrait une messe basse, le 23 décembre 1727 et à son insu. (Note du Registre.)
(4) Lorreau.
(5) Et Porter.
(6) Voy. vol. I, p. 235.

1754, (16 sept.) Québec.[5]

I.—**PORTE**, André, marchand ; fils de François et de Marie Mathieu, de St-Hilaire, diocèse d'Adge, Languedoc.
Martel, Catherine. [Nicolas II.
Marie-Catherine, b [5] 16 juillet 1755. — *Marie-Angélique*, b [5] 31 juillet 1756. — *Catherine-Marguerite*, b [5] 22 février 1758.

I.—PORTEL (1), Jean, b 1718 ; s 29 janvier 1757, à Chambly.

PORTELANCE.—Voy. Roy.

PORTER.—Voy. Portais.

I —PORTES (2), Valérien.

PORTIER.—*Surnom* : Pouillac.

1775, (6 février) Kamouraska.[1]

I.—PORTIER (3), Pierre, fils de Marc et de Françoise Lorneau, de St-Lambert, diocèse de Carlas, Bordeaux.
Bélanger, Blanche, [Ignace IV.
b 1750.
Marie-Jeanne, b [1] 24 janvier 1777.

PORTNEUF.—*Surnom* : Grandmaison.

I.—PORTNEUF, Jean-Bte.
Abénaquise, Marie-Anne.
Marie-Angélique, b 7 oct. 1748, à Chambly.

I.—PORTNEUF (4), René, s 26 août 1759, à Ste-Anne.

PORTNEUF (5), Pierre.
Cornet, Marie-Françoise,
b 1742 ; s 7 janvier 1794, à Québec.
Pierre, b... s 20 janvier 1766, à Lévis.

I.—PORTRINEAU (6), Jean, soldat ; s 12 mai 1757, à Chambly.

PORTSCHE.—Voy. Potche.

PORTUGAIS.—Voy. Dasilva—Henne-Lepire.

PORTUGAIS (7), Jean-Marie.
Laramée, Catherine.

(1) Soldat de Roussillon.

(2) Dit Beaumont —Sergent de M. de St. Ours ; il était, le 6 avril 1708, à l'Ile-Dupas.

(3) Dit Pouillac.

(4) Curé de St-Joachim, massacré par les Anglais le 23 août, étant à la tête de sa paroisse pour la défendre des incursions et hostilités qu'y commettaient les ennemis. Inhumé, sans cercueil, près les balustres sous le chœur.—Louis Paré, 64 ans, Jean Gagnon, 69 ans, Pierre Gagnon, 61 ans, Charles Languedoc, 48 ans, Michel Magnan, 30 ans, Jean Fortin, 25 ans, Louis Alaire, 20 ans, furent tués par les Anglais en même temps que leur curé, M. Portneuf, et inhumés le 27 août 1759, à Ste-Anne.

(5) Dit-Grandmaison.

(6) Dit Montplaisir.

(7) Dasilva.

Louis, b 1770 ; s 13 nov. 1783, à Montreal.[2] — *Pierre*, b 1782 ; s [2] 14 nov. 1783.

PORTUGAL.—Voy. Bideau.

POSÉ.—*Variation et surnom* : Pausé—Isabel.

1678, (9 fevrier) Quebec.

I.—POSÉ (1), Jacques,
b 1639 ; s 3 janvier 1709, à St-Thomas.[3]
Jobidon, Marie, [Louis I.
b 1657 ; veuve de Michel Isabel ; s [3] 10 sept. 1712.
François, b [3] 15 février 1689 ; 1° m 29 oct. 1710, à Anne Coté, à St-Pierre, I. O., 2° m [3] 3 fevrier 1744, à Marie-Anne Dube ; s [3] 22 mai 1765.—*Jeanne*, b... m à Antoine Desmarchais — *Marie*, b [3] 4 nov. 1694 ; m [3] 3 oct. 1712, à Joseph Hains ; s 1781, à Belœil.

1710, (29 oct.) St-Pierre, I. O.

II.—POSÉ, François, [Jacques I.
b 1689 ; s 22 mai 1765, à St-Thomas.[4]
1° Coté, Anne, [Noel II.
b 1690 ; s [4] 16 oct. 1743.
Jacques, b [4] 26 juillet 1711 ; s [4] 16 août 1714.— *François*, b [4] 16 oct. 1712 ; m [4] 14 nov. 1746, à Marie-Madeleine Boulé ; s [4] 28 fevrier 1756 — *Marthe*, b [4] 5 août et s [4] 10 sept. 1714.—*Joseph*, b [4] et s [4] 6 juin 1715.—*François-Noel*, b [4] 10 mars 1717.—*Marie*, b [4] 17 août 1719, m [4] 22 dec. 1734, à Jacques Mondina ; s [4] 24 dec. 1758.—*Louise-Angélique*, b [4] 12 nov. 1725, s [4] 18 juillet 1730 — *Marie-Marthe*, b [4] 17 août 1727 ; s [4] 23 nov. 1759. —*Jean*, b... m [4] 23 nov. 1750, à Veronique Lacroix. — *Joseph-Marie*, b... m 7 nov. 1752, à Catherine Grondin, au Cap-St-Ignace.—*Charlotte*, b [4] 4 nov. 1731 ; m [4] 21 janvier 1754, à Julien Sénéchal.

1744, 3 fevrier).[4]

2° Dubé, Marie-Anne, [Mathurin II.
b 1693 ; veuve de Jean Mignau.

POSÉ, Joseph-Amand, b 1737 ; s 29 mars 1760, à St-Thomas.

1746, (14 nov.) St-Thomas.[5]

III.—POSÉ, François, [François II.
b 1712, s [5] 28 fevrier 1756.
Boulé, Marie-Madeleine. [Jacques III.
François, b [5] 27 et s [5] 29 mai 1747. — *Jean-François*, b [5] 2 août 1748 ; s [5] 17 juin 1750. — *Marie-Madeleine*, b [5] 6 sept. 1750.

1750, (23 nov.) St-Thomas.[5]

III.—POSÉ, Jean. [François II.
Lacroix, Veronique, [Pierre II.
b 1730.
Véronique, b [5] 28 dec. 1751 ; m 21 oct. 1771, à Joachim Terrien, à Lachenaye.[6]— *Marie-Geneviève*, b [5] 29 sept. 1753 ; m [6] 19 oct. 1772, à Charles Milliet. — *Jean*, b [5] 27 mai 1755. — *Joseph* et *Louis*, b [5] 15 avril 1757. — *Louis-Marie*, b [5] 26 août 1758 —*Charles*, b [5] 4 sept.

(1) Voy. vol. I, p. 495.

1760; m [6] 7 janvier 1788, à Marie-Françoise GIROUX.—*François*, b... m [5] 4 février 1788, à Madeleine GOULET. — *Marie-Thérèse*, b [6] 14 et s [6] 30 juillet 1774.

1752, (7 nov.) Cap-St-Ignace.

III.—POSÉ, JOSEPH-MARIE. [FRANÇOIS II.
GRONDIN, Catherine, [JEAN-BTE II.
b 1719; veuve de Claude Cahouet; s 27 mai 1753, à St-Thomas.

1770, (26 nov.) St-Constant.

POSÉ, JOSEPH-AMABLE. [JOSEPH.
RIEL, Marie-Therèse. [JEAN-BTE II.

1788, (7 janvier) Lachenaye.

IV.—POSÉ, CHARLES, [JEAN III.
b 1760.
GIROUX, Marie-Françoise, [RAPHAEL IV.
b 1759.

1788, (4 fevrier) Lachenaye. [5]

IV.—POSÉ, FRANÇOIS. [JEAN III.
GOULET, Marie-Madeleine, [JOSEPH IV.
b 1769.
Marie-Madeleine, b [5] 22 et s [5] 23 sept. 1788.—*François*, b [5] 27 août 1789.—*Marie-Joseph*, b [5] 13 août 1791.

POTARD.—Voy. POTÈRE-CHEVALIER.

POTCHE.—*Variation et surnom* : PORTSCHE—LARIVIÈRE.

I.—POTCHE (1), JOSEPH.
BOULRIVE, Françoise.
Madeleine, b 1755; m 27 février 1775, à Henri CROIZEAU, à Montreal. [1] — *Pierre*, b 1759; m [1] 7 fevrier 1780, à Marguerite BARBIER.

1780, (7 fevrier) Montréal.

II.—POTCHE (2), PIERRE, [JOSEPH I.
b 1759.
BARBIER-LAFREDAINE, Marguerite, [PIERRE I.
b 1758.

POTDEVIN.—Voy. POITEVIN.

POTEL.—*Surnom* : SANSCOMPLAISANCE.

I.—POTEL (3), ANDRÉ, de St-Maclou, ville de Rouen, Normandie.
1° CURAY (4), Marie.
1760, (10 nov.) St-Augustin.
2° DOLBEC, Véronique, [JEAN-FRANÇOIS II.
b 1726.
Véronique, b 19 oct. 1762, à la Pte-aux-Trembles, Q.—*Pierre*, b 24 avril 1764, à Yamachiche.

(1) Et Portsche dit Larivière.
(2) Dit Larivière.
(3) Dit Sanscomplaisance.
(4) Cette première femme est morte en France.

POTÈRE. — *Variations et surnom* : PATARD — POTARD—CHEVALIER.

1721, (16 mars) Québec. [7]

I.—POTÈRE (1), SIMON, b 1680; fils de Jean et de Jeanne Courcy, de St-Pierre, ville d'Angoulême, Angoumois; s [7] 19 mars 1750.
LOISEAU, Marguerite, [JEAN I.
b 1700.
Marie-Marguerite-Simone, b [7] 3 juin 1721; 1° m [7] 30 janvier 1742, à Alexis DUMAS; 2° m [7] 17 août 1750, à Pierre LACIER; 3° m 26 juin 1758, à Pierre PILET, à Montréal. [8] — *André*, b [7] 7 nov. 1722.—*Charles*, b [7] 22 déc. 1724.—*Madeleine*, b [7] 1er juillet 1727; s [7] 14 janvier 1730. — *François-Thierry*, b [7] 31 août 1729; m [8] 17 août 1767, à Marie-Louise HARIER.—*Simon-Antoine*, b [7] 30 mai 1731.—*Jean-François*, b [7] 31 janvier 1733; s [7] 28 mai 1734.—*Louise*, b [7] 8 déc. 1734; s [7] 24 oct. 1735.—*Léonard*, b [7] 26 janvier 1736. — *Jean-Baptiste*, b [7] 24 juillet 1737; s [7] 5 sept. 1738. — *Etienne*, b [7] 23 juillet 1739; s [7] 10 fevrier 1741.—*Denis-Joseph*, b [7] 18 et s [7] 23 juillet 1741.—*Marie-Catherine*, b [7] 23 fevrier 1743; s [7] 27 fevrier 1744. —*Joseph*, b 1744; m [8] 9 juin 1766, à Marie-Louise DUROCHER.

1766, (9 juin) Montréal.

II.—POTÈRE (2), JOSEPH, [SIMON I.
b 1744.
DUROCHER, Marie-Louise, [AUGUSTIN II.
b 1749.

1767, (17 août) Montréal.

II.—POTÈRE (3), FRANÇOIS-THIERRY, [SIMON I.
b 1729.
HARIER (4), Marie-Louise, [FRANÇOIS II.
b 1745.

POTHIER.—*Variations et surnoms* : DEPOITIERS—DUPOITIERS—POITIERS—POTIER—POTTIER CORDIER — DECOURCY — DEPOMMERAY — DE ST. GERMAIN — DUBUISSON — LAFONTAINE — L'ARDOISE — LAVERDURE — POTICHON — ST. GEMME—ST. JÈME.

I.—POTHIER (5), GABRIEL, b 1672; s 25 avril 1742, à Montreal.

I.—POTHIER (6), CLAUDE,
b 1644; s 12 août 1728, à Lachine. [8]
BOISDON, Louise,
b 1650, s 11 juin 1702, à Montreal. [9]
Marie, b 1673, m [9] 12 mai 1689, à Charles MILOT; s [8] 16 mars 1734.—*Marie-Anne*, b [9] 20 juillet 1688; 1° m à Michel PRIANT; 2° m [8] 5 dec. 1705, à Jean BINEAU.—*Charles*, b [9] 15 sept. 1693; 1° m [9] 7 janvier 1716, à Marie-Angelique MALET; 2° m [9] 30 juillet 1731, à Marguerite ROY.

(1) Dit Chevalier; souvent appelé Potard.
(2) Marié sous le nom de Chevalier.
(3) Marie sous le nom de Potard.
(4) Buisson.
(5) Dit Cordier.
(6) Voy. vol. I, p 495.

1672.

I.—POTHIER (1), JEAN-BTE,
b 1645; s 28 mars 1727, à Montréal. [1]
JOSSARD, Elisabeth,
b 1652; s [1] 10 nov. 1728.
Marie-Catherine, b 1671; m [1] 27 août 1703, à Jean TESSIER.—*Marie-Marguerite*, b 10 juin 1673, à Sorel; m 1693, à François FRETÉ.—*Jeanne*, b 1675; m [1] 23 août 1700, à François BECQUET.—*Marie-Angélique*, nee 28 janvier 1679. — *Robert*, né 14 dec. 1682; b [1] juin 1683; m [1] 16 août 1707, à Marie-Charlotte ARNAUD; s 26 mars 1744, à l'Ile-St-Jean, Acadie.—*Guillaume*, né 28 janvier 1685; b 1689; m [1] 26 août 1728, à Jeanne-Elisabeth DECATALOGNE.—*Louis* (2), b [1] 15 nov. 1699; s [1] 9 mars 1715.

1688, (14 juin) Montreal. [2]

I.—POTHIER (3), JEAN-BTE,
notaire royal; s 11 juillet 1711, aux Trois-Rivières. [3]
BEAUVAIS, Marie-Etiennette, [JACQUES I.
b 1669; s [3] 14 sept. 1753.
Joseph-Marie, b 29 février 1696, à Lachine [4]; m [3] 21 janvier 1718, à Marie-Joseph MOUET DE MORAS; s [3] 27 mai 1742.—*Marie-Catherine*, b [4] 28 fevrier 1698; m [2] 28 février 1718, à Joseph PERRIN.—*Jean-Baptiste*, b [4] 30 dec. 1699; m [3] 12 avril 1728, à Marie-Anne CREVIER; s 23 avril 1760, à la Rivière-du-Loup (en haut). — *Isabelle*, b... m à Toussaint HUNAULT.—*Jean-Baptiste*, b... m 3 nov. 1733, à Judith LEMAITRE, à la Longue-Pointe.—*Marie-Françoise*, b [3] 21 mars 1710; m 16 février 1733, à Jacques CHAMAILLARD, à la Pointe-Claire.

1696, (24 sept.) Montréal. [9]

II.—POTHIER (4), JEAN, [ETIENNE I.
b 1671; taillandier; s [9] 21 mai 1732.
MACE, Marie, [MARTIN I.
b 1673; s [9] 19 février 1736.
Michelle, b [9] 29 sept. 1698; m [9] 11 juillet 1723, à François VOLANT. — *Jeanne*, b [9] 19 oct. 1702; m [9] 7 janvier 1732, à Nicolas VOLANT. — *Jean-Baptiste*, b [9] 27 fevrier 1704; s [9] 3 oct. 1706. — *Anonyme*, b [9] et s [9] 13 août 1705. — *Madeleine-Claude*, b [9] 13 et s [9] 15 août 1706. — *Anne*, b [9] 12 et s [9] 13 oct. 1707. — *Jean-Jacques*, b [9] 13 déc. 1708; s [9] 5 mars 1712. — *Jean-Baptiste*, b [9] 16 sept. 1710; s [9] 23 oct. 1711.—*Catherine*, b [9] 5 juin 1712; m [9] 21 nov. 1735, à Pierre HUBERT.—*Pierre*, b [9] 20 août 1713.

1703, (1er dec.) Montréal. [8]

II.—POTHIER, TOUSSAINT, [ETIENNE I.
b 1675.
THUNAY, Marguerite, [FÉLIX I.
b 1678; s [8] 13 mai 1748.
Toussaint, b [8] 28 oct. 1704; m [8] 3 mai 1734, à Geneviève HERVIEUX; s [8] 26 nov. 1755. — *Marguerite*, b [8] 4 avril 1706; m [8] 6 février 1738, à Joseph RÉAUME; s 2 déc. 1750, à St-François, I. J. —*Antoine*, b [8] 15 avril 1708. — *Françoise-Catherine*, b [8] 2 oct. 1710; s [8] 24 oct. 1776. — *Joseph*, b [8] 3 août 1712. — *Marie-Joseph*, b [8] 22 janvier 1714. — *Angélique*, b [8] 23 déc. 1715; s [8] 20 nov. 1716. — *Jean-Baptiste-Paschal*, b [8] 4 nov. 1718, s [8] 30 janvier 1733.

1707, (16 août) Montréal. [3]

II.—POTHIER (1), ROBERT, [JEAN-BTE I
b 1682; s 26 mars 1744, à l'Ile-St-Jean, Acadie.
ARNAUD, Marie-Charlotte, [BERTRAND I.
s [3] 1er nov. 1708.
Louise-Marguerite, b [3] 18 oct. 1708.

1716, (7 janvier) Montréal. [7]

II.—POTHIER, CHARLES, [CLAUDE I
b 1693.
1° MALET, Marie-Angélique, [RENÉ II.
b 1696; s [7] 7 oct. 1718.
Marie-Marguerite-Joseph, b [7] 13 sept. 1716, 1° m [7] 28 mai 1736, à Michel VALADE; 2° m [7] 7 janvier 1744, à Jacques LANGEVIN; 3° m [7] 22 oct 1759, à Joseph LAUZON.
1731, (30 juillet). [7]
2° ROY, Marguerite, [JEAN II
b 1696; s [7] 21 mars 1735.

1717.

I.—POTHIER (2), CHARLES.
D'AUTEUIL, Mad.-Catherine, [FRANÇOIS II.
b 1689; veuve de François DeSelles.

1718, (21 janvier) Trois-Rivières. [4]

II.—POTHIER, JOSEPH-MARIE, [JEAN-BTE I
b 1696; s [4] 27 mai 1742.
MOUET DE MORAS (3), Marie-Joseph, [PIERRE II
b 1697.
Marie-Joseph, b [4] 2 et s [4] 7 juillet 1718.—*Joseph*, b [4] 24 sept. 1719; m [4] 9 oct. 1747, à Madeleine HERTEL.—*François*, b [4] 10 sept. 1721; m [4] 12 janvier 1750, à Marie-Anne-Louise ALAVOINE — *Marie-Joseph*, b [4] 30 mai 1726. — *Barthélemi*, b [4] 19 août 1728; m [4] 21 janvier 1758, à Geneviève BLONDIN.—*Louis*, b [4] 15 déc. 1731; m [4] 28 janvier 1754, à Marie-Anne BELISLE. — *Marie-Madeleine*, b [4] 26 dec. 1737.

1728, (12 avril) Trois-Rivières. [8]

II.—POTHIER (4), JEAN-BTE, [JEAN-BTE I.
b 1699; s 23 avril 1760, à la Rivière-du-Loup (en haut).
CREVIER, Marie-Anne, [CLAUDE I.
b 1706.
Marie-Joseph, b [8] 7 et s [8] 20 avril 1729.—*Marie-Anne*, b [8] 7 mai et s [8] 25 juin 1730.—*Jean*, b [8] 16

(1) Et Poitiers-DuBuisson; voy. la note, vol. I, p. 493.

(2) Ne à Esope, Nouvelle-Angleterre, le 7 déc. 1696, il fut ondoyé par un ministre d'Orange.

(3) Voy. vol. I, p. 495.

(4) Dit Laverdure; voy. vol. I, pp. 495-496.

(1) Sieur DuBuisson, commis au contrôle de la marine, il était, le 3 mars 1722, à l'Ile-St-Jean, Acadie.

(2) Chevalier de Courcy, enseigne de vaisseau du roy.

(3) Elle épouse, le 15 janvier 1748, Joseph Jutras, à Nicolet.

(4) Sieur de St. Gemme; dit Potichon, 1730, il signe Poitier, 1741.

mai 1731.—*Louis*, b [8] 19 oct. 1732 ; m [8] 10 février 1766, à Isabelle GIRARD.—*Jean-Baptiste*, b [8] 24 oct. 1734 ; m [8] 12 février 1759, à Marie-Amable GIRARD.—*Joseph*, b... m 26 oct. 1760; à Madeleine CADORET, à la Pointe-du-Lac. [9] — *Marie-Joseph*, b [6] 24 juin 1737; m [9] 7 janvier 1755, à Joseph CORBIN.—*Jeanne-Madeleine*, b [8] 23 août 1739; m [9] 5 sept. 1757, à Hugues MONIN.—*Marie-Anne*, b [8] 15 juin 1741 ; m [9] 22 juin 1761, à Scipion-François DEBAR (1).

1728, (26 août) Montréal.

II.—POTHIER (2), GUILLAUME, [JEAN-BTE I. b 1689.

DECATALOGNE, Jeanne-Elisabeth. [GÉDÉON I.

Louise-Charlotte, b... m 2 août 1756, à Jean-Baptiste ORILLON, à l'Ile-St-Jean, Acadie. [2] — *René-Gédéon*, b... m [2] 14 nov. 1757, à Marguerite DAILLEBOUT.

1733, (3 nov.) Longue-Pointe.

II.—POTHIER, JEAN-BTE. [JEAN-BTE I.

LEMAITRE, Judith, [JEAN II. b 1703.

1734, (3 mai) Montreal. [3]

III.—POTHIER, TOUSSAINT, [TOUSSAINT II. b 1704 ; s [3] 26 nov. 1755.

HERVIEUX, Geneviève, [JEAN-BTE-LÉONARD II. b 1709; s [3] 4 juillet 1755.

Geneviève, b [3] 13 mars et s 15 juillet 1735, à la Rivière-des-Prairies. [4] — *Geneviève*, b [3] 12 dec. 1736; s [4] 16 août 1737.—*Catherine*, b [3] 31 mars 1738; s [3] 15 janvier 1743. — *Louis-Toussaint-Joseph*, b [3] 5 janvier 1740; m [3] 28 avril 1767, à Louise GOURAULT.—*Marie-Anne-Geneviève*, b [3] 22 janvier et s [3] 20 août 1741.—*Marie-Anne*, b [3] 9 et s [3] 24 août 1742.—*Anonyme*, b [3] et s [3] 9 mars 1744.—*Marie-Michelle*, b [3] 1er juin 1745 ; m [3] 18 août 1766, à Ambroise MAGNAN.—*Jacques-Joseph*, b [3] 25 oct. 1746 ; s 5 août 1747, au Sault-au-Recollet. [5] — *Anonyme*, b [3] et s [3] 29 juin 1749.—*Marie-Louise*, b [3] 24 janvier et s 23 juin 1751, à la Pte-aux-Trembles, M. [6] — *Toussaint-Marc*, b [3] 26 avril et s [6] 16 mai 1752.—*Antoine*, b [3] 10 et s [5] 13 avril 1753. — *Anonyme*, b [3] et s [3] 4 juillet 1755.

1747, (9 oct.) Trois-Rivières.

III.—POTHIER, JOSEPH, [JOSEPH-MARIE II. b 1719.

HERTEL DE LAFRENIÈRE, Madeleine, veuve de ...... Belisle.

1750, (12 janvier) Trois-Rivières. [7]

III.—POTHIER, FRANÇOIS, [JOSEPH-MARIE II. b 1721.

ALAVOINE, Marie-Anne-Louise, [CHARLES II. b 1728.

Marie-Joseph, b [7] 2 dec. 1751.—*Joseph*, b [7] 11 oct. 1754.—*Marie-Louise*, b [7] 17 juillet et s [7] 23 sept. 1756.—*Marie-Joseph*, b [7] 12 février 1760.

1754, (28 janvier) Trois-Rivières. [8]

III.—POTHIER, LOUIS, [JOSEPH-MARIE II. b 1731.

BELISLE, Marie-Anne. [LOUIS.

Louis, b [8] 24 mai 1758.—*Joseph*, b [8] 30 nov. 1759.—*Michel*, b [8] 11 mai 1761.

1755, (27 oct.) Montréal. [9]

I.—POTHIER (1), CHARLES, b 1730 ; fils de Louis et de Barbe Chantray, de Fouchecour, diocèse de Besançon, Franche-Comté.

POUDRET (2), Catherine, [JACQUES II. b 1724.

Marie-Catherine, b [9] 9 août 1756 — *Marie-Amable*, b [9] 2 février 1758.—*Alexis*, b... s [9] 24 sept. 1769.

1757, (14 nov.) Ile-St-Jean, Acadie.

III.—POTHIER(3), RENÉ-GÉDÉON. [GUILLAUME II.

DAILLEBOUT, Marguerite. [PIERRE.

1758, (21 janvier) Trois-Rivières. [5]

III.—POTHIER, BARTHÉLEMI, [JOS.-MARIE II. b 1728.

BLONDIN-LECLERC, Geneviève, [CLAUDE III. b 1730 ; veuve de Louis Lemaître.

Marie-Joseph, b [5] 29 oct. 1758.—*Madeleine*, b [5] 22 janvier 1760. — *Barthélemi-Louis*, b [5] 4 nov. 1761.

1759, (12 février) Trois-Rivières

III.—POTHIER, JEAN-BTE, [JEAN-BTE II. b 1734.

GIRARD, Marie-Amable, [JOSEPH III. b 1737.

Marie-Joseph, b 28 mai 1765, à Yamachiche.

1760, (26 oct.) Pointe-du-Lac.

III.—POTHIER, JOSEPH. [JEAN-BTE II.

CADORET, Madeleine, [PIERRE II. b 1725 ; veuve de Louis Corbet.

Marie-Joseph, b 7 juillet 1761, aux Trois-Rivières.

1765, (23 sept.) Ste-Anne-de-la-Pocatière.

I.—POTHIER, PAUL, fils de Jean et de Marie-Joseph Hebert, de Beauséjour, Acadie.

TIBODEAU, Judith. [JEAN I.

I.—POTHIER (4), MADELEINE, fille de Jean et de Marie-Joseph Hébert, de Beauséjour, Acadie ; m 23 sept. 1765, à Olivier TIBODEAU, à Ste-Anne-de-la-Pocatière.

(1) Voy. aussi Scipion.

(2) Sieur de Pommeray; cadet dans les troupes ; officier. —DePoitiers—DuBuisson. Il etait à Montréal, le 31 déc. 1708.

(1) Dit L'Ardoise.

(2) Lavigne.

(3) Sieur de Pommeray, enseigne-major de la garnison.

(4) Sœur du précedent.

1766, (10 février) Trois-Rivières.

III.—POTHIER, Louis, [Jean-Bte II.
b 1732.
Girard, Isabelle, [Joseph III.
b 1742.

1767, (28 avril) Montréal. [7]

IV.—POTHIER, Ls-Toussaint, [Toussaint III.
b 1740; marchand.
Courault (1), Marie-Louise, [Pierre II.
b 1749.
Louise, b [7] 26 janvier 1768.—*Marie-Geneviève-Michelle*, b 5 février et s 17 août 1769, à la Longue-Pointe. — *Pierre-Louis*, b [7] 17 février 1770. — *Jean-Baptiste* (2), b [7] 16 mai 1771. — *Marie-Joseph*, b [7] 12 avril 1773.—*Toussaint*, b... m [7] 10 janvier 1820, à Anne-Françoise Bruyère.

POTHIER (3), Louis-Toussaint.

POTHIER, Louis.
1° Rivard-Dufresne, Marie-Joseph.
1794, (12 mai) Batiscan.
2° Marchand, Françoise. [Ls-Joachim III.

1820, (10 janvier) Montréal. [6]

V.—POTHIER, Toussaint. [Ls-Toussaint IV.
Bruyère, Anne-Françoise. [Ralph-Henri I.
Jessé-Louise, b [6] 21 mai 1824; m à Georges Desbarats.

POTIER.—Voy. Pothier.

POTIN.—*Variation et surnom :* Pottin—Bourguignon.

I.—POTIN (4), Germain, b 1661; sergent; de St-Eusèbe, diocèse d'Auxerre, Bourgogne; s 26 mars 1740, à Montreal.

1754.

I.—POTIN, Adrien, b 1707, maître-tailleur; de L'Enderdin, diocèse de St-Paul-de-Leon, Bretagne; s 30 janvier 1792, à l'Hôpital-Général, M.
Lesdider, Marie-Catherine-Vincent.
Marie-Joseph, b 1755; s 22 juillet 1756, à Québec. [6]—*Elisabeth*, b [6] 26 avril 1757.—*Marie*, b... m [6] 10 sept. 1781, à Jean Keho. — *Louis*, b [6] 14 oct. 1758; s 6 janvier 1759, à Lévis.—*Jean-Marie*, b 4 juillet et s 17 sept. 1760, à St-Frs-du-Sud.— *François-Louis*, b [6] 9 dec. 1761.—*Marguerite-Françoise*, b [6] 20 fevrier 1763. — *Louis*, b [6] 22 juillet 1764.

POTTIER.—Voy. Pothier.

POTTIN.—Voy. Potin.

(1) Courreaud—Lacote.
(2) En marge Toussaint
(3) Il était, le 22 juin 1783, au Detroit.
(4) Dit Bourguignon.

1756, (30 août) Pte-aux-Trembles, Q.

I.—POTREL, Joseph, fils de Julien et de Françoise Christophe, de Trigarou, diocèse de St. Malo, Basse-Bretagne.
Bordeleau, Françoise, [Antoine II
b 1714.

POTVIN.—Voy. Poitevin.

POUCHAT.—*Surnom :* Laforce.

I.—POUCHAT (1), François.
Duperet, Jeanne.
François, b... m 6 fevrier 1764, à Madeleine Petit, à Boucherville.

1764, (6 fevrier) Boucherville.

II.—POUCHAT (1), François. [François I
Petit, Madeleine, [Nicolas III
veuve d'Antoine Blin.

1770, (23 avril) Montréal.

I.—POUCHOT, Martin, b 1738; fils de Barthelemi et de Christine Richelieu, de Richebourg, diocèse de Strasbourg, Alsace.
Vauquier, Marie-Anne, [Nicolas I.
b 1749.

POUDRET.—Voy. Poutré.

1686, (19 août) Boucherville.

I.—POUDRET (2), Antoine,
b 1659; boulanger; s 28 juin 1737, à Montréal. [6]
Gendron, Catherine, [Guillaume I.
b 1668.
Antoine, b [6] 26 mars 1691; m [6] 28 dec. 1724, à Marie-Elisabeth Féron.

1724, (28 dec.) Montréal.

II.—POUDRET, Antoine, [Antoine I.
b 1691.
Feron, Marie-Elisabeth, [Jean I
b 1703.
François, b... m 17 février 1765, à Apolline Spagniolini, à Boucherville.

1765, (17 fevrier) Boucherville.

III.—POUDRET, François. [Antoine II.
Spagniolini, Apolline [Jean I.

POUDRIER.—Voy. Lemay.

POUFLE, Louis.
Truchon, Marie.
Ambroise, b 10 mars 1739, à l'Ile-Dupas.

POUGEOLE.— *Variation et surnom :* Poujol—Perpignan.

(1) Dit Laforce.
(2) Voy. vol. I, p. 498.

1764, (12 nov.) Québec.[6]
I.—POUGEOLE (1), JEAN-FRANÇOIS, fils de Jean et de Marie Pla, de St-Jacques, ville de Perpignan, Roussillon.
DASILVA, Marie-Angelique, [JEAN-BTE III.
b 1745.
Marie-Louise, b[6] 2 oct. 1763. — *Marie-Françoise,* b... m[6] 28 sept. 1784, à Jean-François THIBAULT.

POUGET.—*Surnom :* GRISDELIN.

1699, (19 janvier) Montréal.[7]
I.—POUGET (2), JEAN,
b 1671; tailleur.
BROSSARD, Marthe, [ISAAC I.
b 1673; s[7] 5 oct. 1745.
Jean-Baptiste, b[7] 23 dec. 1699; m[7] 28 janvier 1726, à Gabrielle DUGAST; s[7] 16 mars 1736.—*Thérèse,* b 1702; m[7] 26 août 1722, à Charles DEMERS.—*Marie,* b 1703; m à Pierre MARBEC. — *Marie-Anne,* b[7] 14 avril 1705; m[7] 23 mai 1729, à Vincent MORAN; s[7] 30 janvier 1737. — *Angélique,* b[7] 5 mai et s 29 août 1706, à Lachine.—*Claude,* b[7] 19 août 1707.—*Louis,* b[7] 15 juillet 1708; m[7] 8 fevrier 1740, à Catherine HOTESSE; s[7] 1er sept. 1744.—*Geneviève,* b[7] 17 déc. 1709.—*Paul,* b[7] 29 février 1712; m[7] 15 fevrier 1745, à Marie-Joseph PAYET. — *Marie,* b... s[7] 30 août 1713. — *Marie-Joseph,* b[7] 8 avril 1714; s[7] 29 nov. 1716.

1726, (28 janvier) Montréal.[1]
II.—POUGET, JEAN-BTE, [JEAN I.
b 1699; maitre-tailleur; s[1] 16 mars 1736.
DUGAST, Gabrielle, [VINCENT I.
b 1695; s[1] 11 fevrier 1756.
Jean-Baptiste-Benjamin, b[1] 1er avril 1727; s[1] 31 juillet 1737.—*Joseph-Gabriel,* b[1] 4 déc. 1728, m 22 janvier 1759, à Françoise BELLEPERCHE, au Detroit.—*Marguerite-Gabrielle,* b[1] 8 juillet 1730; 1° m[1] 18 fevrier 1753, à Antoine DENEAU; 2° m 31 janvier 1763, à Pierre ST. PIERRE, à St-Philippe.—*Marie-Marthe,* b[1] 14 juin 1735; m[1] 5 juillet 1762, à François BRUNET.

1740, (8 fevrier) Montréal.[2]
II.—POUGET, LOUIS, [JEAN I.
b 1708, maitre-tailleur, s[2] 1er sept. 1744.
HOTESSE (3), Catherine, [PAUL I.
b 1717.
Louis-Paul, b[2] 23 oct. 1740; s[2] 3 mai 1744.—*Charles,* b[2] 18 et s[2] 19 juillet 1741.—*Marie-Catherine,* b[2] 27 août 1742, s[2] 4 juin 1743.—*Anonyme,* b[2] et s[2] 27 avril 1743.—*Jean-Baptiste,* b[2] 22 avril et s[2] 23 mai 1744.

(1) Et Poujol dit Perpignan.
(2) Dit Grisdelin; voy. vol. I, p. 496
(3) Elle épouse, le 9 janvier 1748, Laurent Bertrand, à Montreal.

1745, (15 février) Montreal.[4]
II.—POUGET (1), PAUL, [JEAN I.
b 1712.
PAYET, Marie-Joseph, [JACQUES II.
b 1723.
Jean-Baptiste-Noël, b[4] 25 déc. 1745.—*Marie-Joseph,* b[4] 24 déc. 1746; s[4] 4 janvier 1747.—*Marie-Joseph,* b[4] 17 déc. 1747.—*Joseph-Paul,* b[4] 15 sept. et s[4] 21 oct. 1749.—*Marie-Amable,* b[4] 16 sept. 1750.—*Marie-Anne,* b... s 18 sept. 1756, à St-Laurent, M.—*Marie,* b 1758; s 20 juillet 1759, à Longueuil.—*Louis,* b... s 24 nov. 1765, à la Longue-Pointe.

1759, (22 janvier) Détroit.[5]
III.—POUGET, JOS.-GABRIEL, [JEAN-BTE II.
b 1728; maître-tailleur.
BELLEPERCHE, Françoise. [PIERRE II.
Joseph, b[5] 29 janvier 1760.—*Charles,* b[5] 4 janvier 1764.—*Jean-Baptiste,* b[5] 30 sept. 1765.—*Marie-Marthe,* b[5] 17 et s[5] 21 avril 1767.—*Jacques,* b[5] 19 juillet 1769.—*Thérèse,* b[5] 30 juillet 1771.—*Marthe,* b[5] 10 mars et s[5] 1er oct. 1773.—*Suzanne,* b[5] 18 nov. 1776.

POUILLAC.—Voy. PORTIER.

POUILLOT.—Voy. POULIOT.

POUJOL.—Voy. POUGEOLE.

POUJOT.—*Surnom :* L'ESPÉRANCE.

1766, (15 sept.) Nicolet.
I.—POUJOT (2), ETIENNE, fils de Guillaume et de Louise Sabattier, de St-Denis, diocèse d'Orange, Dauphiné.
DUGUAY, Françoise, [PIERRE III.
b 1738.

POULAIN.—Voy. POULIN.

POULET.—Voy. PAULET.

POULIN.—*Variation et surnoms :* POULAIN—ALAIRE—COURVAL—DECOURVAL—DECRESSE—DEFRANCHEVILLE—DE LA FONTAINE—LAFONTAINE—NICOLET.

1654, (9 sept.) Trois-Rivières.[1]
II.—POULIN (3), MAURICE, [PIERRE I.
b 1620.
JALLAUT, Jeanne,
b 1624; veuve de Marin Francheville; s[1] 27 mai 1708.
Jean-Baptiste, b[1] 15 janvier 1657; 1° m[1] 7 janvier 1696, à Louise CRESSÉ; 2° m 22 juillet 1708, à Marie-Madeleine FORESTIER, à Montreal; s[1] 16 fevrier 1727.

(1) Dit Grisdelin.
(2) Dit L'Espérance; soldat du régiment du Languedoc.
(3) Voy. vol. I, p. 496.

1667, (14 nov.) Ste-Anne. [2]

II.—POULIN (1), JEAN. [JACQUES I
PARÉ, Louise, [ROBERT I.
b 1654.

Jean, b [2] 20 août 1671; m 1709, à Marie GAGNÉ. —*Cécile*, b [2] 20 janvier 1676; m à Jean-Baptiste OTISSE; s 27 avril 1731, à St-Joachim.[3]—*Paschal*, b [2] 30 août 1679; m 1709, à Marguerite GAGNÉ; s 22 sept. 1747, à St-François, I. O.—*Guillaume*, b [2] 16 mai 1686; m à Geneviève-Marguerite CARON; s 20 janvier 1765, au Château-Richer. —*Madeleine*, b [2] 10 sept. 1688; m 9 juin 1711, à Noël CASTONGUAY, à la Baie-St-Paul [4]; s [4] 30 oct. 1713.—*Dominique*, b 1693; 1° m à Geneviève GRAVEL; 2° m [2] 29 oct. 1727, à Marie-Joseph BERTHELOT; s [3] 5 avril 1731.

1683, (2 juin) Trois-Rivières. [4]

III.—POULIN (1), MICHEL, [MAURICE II.
b 1655; s 2 février 1694, à Québec.
JUTRAS, Marie, [CLAUDE I.
b 1660; s [4] 17 janvier 1736.

François, b [4] 2 oct. 1692; m 27 nov. 1718, à Thérèse DECOUAGNE, à Montréal.—*Louis*, b... m à Agnès GOYET.

1683, (23 août) Ste-Anne. [5]

II.—POULIN (1), IGNACE, [CLAUDE I.
b 1656.
PARÉ, Marguerite, [ROBERT I.
b 1664.

Ignace, b... m [5] 24 janvier 1724, à Marguerite CARON; s 29 août 1739, à St-Joachim.—*Louise*, b... m à François RANCOUR.

1688, (21 janvier) Ste-Anne [6]

II.—POULIN (1), MARTIN, [CLAUDE I.
b 1648; s [6] 16 janvier 1710.
BARETTE (2), Jeanne, [JEAN I.
b 1668.

Jean, b [6] 27 nov. 1688; m 21 juillet 1711, à Agnès DROUIN, au Château-Richer [7]; s 12 août 1777, à St-Joseph, Beauce.—*André*, b [6] 31 dec. 1690; 1° m [7] 18 oct. 1718, à Catherine DROUIN; 2° m [6] 5 fevrier 1725, à Marie-Thérèse CARON; s [6] 22 janvier 1759.—*Marie*, b [6] 14 février 1693; m 3 fevrier 1713, à Germain TÉRIOT, à Ste-Famille, I. O.—*Agnès*, b... 1° m [6] 16 oct. 1714, à Jean CARON; 2° m 3 fevrier 1738, à Alexandre SIMARD, à Québec; 3° m [6] 16 nov. 1761, à Pierre-François LACROIX.—*Marguerite*, b [6] 6 mai 1702; m 1728, à Louis BOLDUC.—*Geneviève*, b [6] 27 nov. 1703; 1° m [7] 25 juin 1727, à François GAGNON; 2° m [6] 18 juin 1770, à Marc-Antoine DUPONT.

1689, (13 nov.) Ste-Anne. [1]

II.—POULIN (3), PIERRE, [CLAUDE I.
b 1664.
GIGUÈRE, Anne, [ROBERT I.
b 1668; s [1] 8 nov. 1762.

Joseph, b [1] 19 juillet 1690; m 1719, à Louise BOLDUC; s 20 août 1758, au Château-Richer. [2]—*Pierre*, b [1] 25 mai 1701; m [2] 6 février 1747, à Louise PICHET.—*Louis*, b [1] 1er juillet 1703; m 17 mai 1734, à Françoise DRAPEAU, à St-François, I. J.; s 3 déc. 1759, à St-Antoine-de-Chambly.—*Barthélemi*, b [1] 23 sept. 1708; m à Marie-Joseph MONET.

I.—POULIN, JEAN.
ROBIN, Anne.

Jean, b 1690; m 22 nov. 1726, à Marie GAGNÉ, à Rimouski [3]; s [3] 1er janvier 1750.

1696, (7 janvier) Trois-Rivières. [5]

III.—POULIN (1), JEAN-BTE, [MAURICE II.
b 1657; s [5] 16 février 1727.
1° CRESSÉ, Louise, [MICHEL I.
b 1675; s [5] 23 mars 1706.

Louis-Jean, b [5] 15 nov. 1696; 1° m 18 déc. 1724, à Françoise-Gabrielle FOUCAULT, à Quebec [6]; 2° m [6] 22 nov. 1733, à Thérèse BOUAT; s [5] 21 février 1743.—*Claude*, b [5] 21 août 1700; m [6] 26 juillet 1727, à Marie-Anne LEFEBVRE. — *Jean-Joseph*, b [5] 9 juillet 1702; m 13 février 1730, à Anne CHERON, à Charlesbourg; s [6] 22 avril 1738.

1708, (22 juillet) Montréal.

2° FORESTIER, Madeleine, [ANTOINE I.
b 1680; s [6] 15 fevrier 1763.

1700, (27 avril) Ste-Anne.

III.—POULIN, JULIEN, [JEAN II.
b 1673.
RACINE (2), Jeanne, [NOEL II.
b 1677.

Françoise, b... m 1720, à François GAGNÉ.—*Marie*, b 1705; s 12 avril 1731, à St-Joachim. [7]—*Thérèse*, b... m [7] 13 oct. 1727, à Joseph BOLDUC—*Marguerite*, b... m [7] 6 février 1733, à Joseph GAGNON.

1709.

III.—POULIN, PASCHAL, [JEAN II
b 1679; s 22 sept. 1747, à St-François, I. O. [9]
GAGNÉ, Marguerite, [OLIVIER III
b 1692.

Paschal, b 1709; s 14 déc. 1736, à Ste-Famille, I. O.—*Charles*, b [9] 29 août 1711; m [9] 23 nov. 1744, à Claire DEBLOIS; s [9] 11 juillet 1765.—*Marc-Antoine*, b [9] 15 nov. 1717.—*Véronique*, b [9] 18 mai 1720; s [9] 15 avril 1748.—*Marie-Madeleine*, b [9] 19 août 1722; s [9] 11 août 1747.—*Marie-Joseph*, b [9] 19 août 1722; 1° m [9] 20 oct. 1760, à Charles GUÉRARD; 2° m [9] 7 sept. 1778, à Pierre TERRIEN.—*Joseph-Marie*, b [9] 18 et s [9] 31 août 1724.—*Marie-Françoise*, b [9] 16 juin 1727.

1709.

III.—POULIN, JEAN, [JEAN II.
b 1671.
GAGNÉ, Marie.

Louis, b 1710; s 2 déc. 1733, à St-Joachim. [4]

(1) Voy. vol. I, p. 496.

(2) Elle épouse, le 13 avril 1711, Etienne Drouin, à Ste-Anne.

(3) Voy. vol. I. pp 496-497.

(1) Dit Courval, procureur du roi, aux Trois-Rivières, et constructeur; voy. vol. I, p. 497.

(2) Elle épouse, plus tard, Charles Cauchon.

—*Marguerite*, b... m [4] 21 mai 1731, à Jean-Marie DASYLVA.—*Jean*, b... m [4] 22 février 1734, à Reine BOLDUC. — *Marie-Joseph*, b... m [4] 6 nov. 1737, à Etienne SIMARD. — *Pierre*, b... 1° m [4] 18 février 1743, à Marie-Anne DOYON; 2° m 21 juillet 1756, à Louise BOUTILLET, au Château-Richer; s [4] 20 déc. 1759. — *Joseph*, b... 1° m [4] 22 avril 1743, à Agnès BOLDUC; 2° m [4] 11 avril 1768, à Marie-Anne PARÉ.

IV.—POULIN (1), LOUIS. [MICHEL III.
GOYET, Agnès.
Louis, b... m 5 oct. 1744, à Marie DUPRÉ, à Terrebonne. [9]— *Paul*, b... 1° m [9] 9 juin 1745, à Elisabeth DUPRÉ; 2° m [9] 13 avril 1760, à Marie-Joseph LIMOGES. — *François*, b 1725; m [9] 1er février 1751, à Marie-Madeleine DUPRÉ; s [9] 28 oct. 1770.— *Angélique*, b... m 30 janvier 1758, à François BABIN, à Boucherville.

1711, (21 juillet) Château-Richer.

III.—POULIN, JEAN, [MARTIN II.
b 1688; s 12 août 1777, à St-Joseph,Beauce.[1]
DROUIN, Agnès, [ETIENNE II.
b 1691; s 7 nov. 1741, à Ste-Anne. [2]
Agnès, b [2] 19 mai 1712; m [2] 17 avril 1730, à Louis PARÉ; s 20 janvier 1758, à Québec.— *Jean*, b [2] 23 oct. 1713; m 5 nov. 1736, à Marie-Louise RENAULT, à Charlesbourg. [3] — *Joseph*, b [2] 27 mai 1715; m [3] 13 mai 1739, à Angélique PARÉ; s [2] 13 nov. 1756.—*Marie-Madeleine*, b [2] 17 sept. 1717; s [2] 29 avril 1737.— *Geneviève*, b [2] 11 février 1720; m [2] 23 mai 1735, à Jacques-Charles JOBIN; s [3] 10 mars 1758. — *Marguerite*, b [2] 12 mars 1722; m [2] 26 janvier 1739, à François PARÉ. — *Pierre*, b [2] 11 oct. 1724; 1° m 3 nov. 1744, à Geneviève BOUCHER, à St-Joachim [4]; 2° m [4] 5 août 1765, à Marthe BOLDUC; s [1] 18 avril 1779. —*Claude*, b [2] 5 mars 1727; m [3] 10 janvier 1746, à Marguerite CLICHE.—*Athanase*, b [2] 3 mai 1729; 1° m 8 janvier 1748, à Marie-Angélique GOULET, à St-Augustin; 2° m [3] 1er août 1757, à Marie-Madeleine DÉRY. — *Félicité-Jeanne*, b [2] 24 février 1732; m [3] 12 juin 1747, à Jean-Charles JOBIN.

1713, (20 juin) Château-Richer.

III.—POULIN, CLAUDE, [IGNACE II.
b 1686.
NAVERS, Marguerite, [JEAN I.
b 1695; s 29 janvier 1777, à St-Joachim. [3]
Pierre, b... 1° m [3] 16 oct. 1744, à Charlotte RACINE; 2° m 5 nov. 1753, à Marie-Anne DAVID, à Quebec.—*Marguerite*, b... m [3] 21 nov. 1746, à Jean HENRI.—*Joseph*, b... m [3] 9 janvier 1751, à Marie-Charlotte DELAVOYE.—*Marie-Louise*, b [3] 9 déc. 1729.—*Claude*, b [3] 9 août 1731; m 9 janvier 1764, à Marie-Louise TRUDEL, à L'Ange-Gardien. —*Marie-Anne*, b [3] 13 juillet 1733; m [3] 26 janvier 1756, à Zacharie BOLDUC.—*Philippe-René-Joseph*, b [3] 13 mai 1736. — *Elisabeth*, b... m [3] 16 juin 1761, à Jean BOLDUC.

(1) Dit Courval.

III.—POULIN, GUILLAUME, [JEAN II.
b 1686; s 20 janvier 1765, au Château-Richer.
CARON, Geneviève-Marguerite,
s 17 mai 1761, à St-Joachim.[1]
Marie-Joseph, b... m [1] 8 février 1734, à Pierre RENAUD. — *Marie-Anne*, b... m [1] 7 nov. 1740, à Joseph BACON. — *Pierre*, b 1724; m [1] 19 avril 1751, à Marie-Joseph LAFOREST; s [1] 17 février 1776.— *Marguerite*, b 1728; m [1] 29 mai 1747, à Pierre SILVAIN. — *Marie-Geneviève*, b [1] 13 mars 1730; m [1] 27 nov. 1752, à Louis BOUCHER. — *Cécile*, b [1] 22 avril 1732; m [1] 9 janvier 1751, à François BÉLANGER.—*Françoise*, b [1] 18 dec. 1734; m [1] 19 juin 1753, à Jean TRUDEL.

1718, (18 oct.) Château-Richer. [8]

III.—POULIN, ANDRÉ, [MARTIN II.
b 1690; s 22 janvier 1759, à Ste-Anne. [9]
1° DROUIN, Catherine, [ETIENNE II.
b 1696; s [9] 10 juin 1724.
Marie-Françoise, b [9] 12 sept. 1719; m [8] 3 juillet 1741, à Jean-Baptiste DEMEULE. — *Marie-Cécile*, b [9] 1er et s [9] 22 février 1721. — *Etienne*, b [9] 20 fevrier et s [9] 21 mars 1722.—*André*, b [9] 20 fevrier 1722; 1° m 10 janvier 1746, à Marie-Charlotte CLICHE, à Charlesbourg; 2° m [9] 9 nov. 1761, à Marthe RACINE.— *Etienne*, b [9] 4 mai et s [9] 8 juillet 1724.

1725, (5 février). [9]

2° CARON, Marie-Therèse, [JEAN III.
b 1695; s [9] 19 fevrier 1755.
Marie-Ursule, b [9] 1er février 1726; m [9] 14 nov. 1746, à Jean MABEU; s 31 mars 1777, à St-Joseph, Beauce. —*Louis-Marie*, b [9] 13 juin 1728; m [9] 26 avril 1751, à Geneviève BOIVIN. — *Thérèse-Victoire*, b [9] 22 oct. 1730, 1° m [9] 9 janvier 1758, à François DESFOSSÉS; 2° m 27 avril 1761, à Bernard GUINEAU, à Quebec.—*Jean*, b [9] 28 mai 1733. —*Françoise*, b [9] 7 juillet 1736. — *Martin*, b... s [9] 8 nov. 1743.

1718, (27 nov.) Montréal. [4]

IV.—POULIN (1), FRANÇOIS, [MICHEL III.
b 1692.
DECOUAGNE, Thérèse, [CHARLES I.
b 1697.
Marie-Angélique, b [4] 3 oct. et s 28 déc. 1719, à la Pte-aux-Trembles, M.

POULIN, JOSEPH, b 1683; s 2 déc. 1759, à Ste-Anne.

1718.

IV.—POULIN, PIERRE, [MICHEL III.
b 1684; marchand et notaire royal.
LEBOULANGER (2), Madeleine-Louise, [PIERRE I.
b 1694; s 31 oct. 1754, aux Trois-Rivières. [6]
Marie-Thérèse, b [6] 20 mai 1719; s [6] 3 juillet 1722.—*Louise-Michelle*, b [6] 7 oct. 1721; m 7 janvier 1758, à François-Michel LAJUS, à Québec. [7] — *Marie-Jeanne*, b [6] 9 déc. 1723; m [7] 22 août

(1) Dit Francheville.
(2) De St. Pierre.

1763, à Etienne TROTIER. — *Marie-Antoinette*, b [6] 6 oct. 1725. — *Marie-Anne*, b [6] 26 juillet 1727; m [6] 15 juillet 1761, à Joseph CREVIER. — *Marie-Madeleine-Elisabeth*, b [6] 20 juin 1729. — *Marie-Françoise*, b [6] 20 oct. 1732. — *Pierre-Antoine*, b [6] 25 mai 1735.

III.—POULIN, DOMINIQUE, [JEAN II.
s 5 avril 1731, à St-Joachim. [1]
1° GRAVEL, Geneviève.
Dominique, b... 1° m [1] 10 janvier 1746, à Geneviève PARÉ; 2° m 22 juin 1750, à Therèse CREPEAU, au Château-Richer.

1727, (29 oct.) Ste-Anne.

2° BERTHELOT (1), Marie-Joseph, [JOSEPH II.
b 1704.
Joseph, b [1] 21 juillet et s [1] 9 août 1728.—*Marie-Madeleine*, b [1] 4 juin 1730.

1719.

III.—POULIN, JOSEPH, [PIERRE II.
b 1690; s 20 août 1758, au Château-Richer. [2]
BOLDUC, Louise. [LOUIS II.
Marie-Joseph, b 1720; m [2] 1er oct. 1736, à Guillaume GUÉRIN; s [2] 9 mai 1744.—*Marie-Louise*, b 1722; m [2] 17 nov. 1738, à Augustin GUÉRIN.—*Ignace*, b [2] 3 février 1725; 1° m 10 avril 1747, à Louise FILION, à St-Joachim [3]; 2° m 7 sept. 1761, à Marie-Marthe JOLIVET, à St-Valier.—*Joseph*, b... m [3] 10 avril 1747, à Thérèse POULIN.—*Louis*, b [2] 24 août 1727; m [2] 15 février 1751, à Dorothee CLOUTIER.—*Pierre*, b... m [2] 12 oct. 1750, à Louise CLOUTIER.—*Marie-Françoise*, b [2] 19 avril 1733; m [2] 27 mai 1761, à François TOUPIN.—*Jean*, b [2] 25 mai 1735.

1724, (24 janvier) Ste-Anne [4]

III.—POULIN, IGNACE, [IGNACE II.
s 29 août 1739, à St-Joachim. [5]
CARON (2), Marguerite, [JEAN III.
b 1704.
Marie-Anne, b 1724; m [5] 8 sept. 1736, à Augustin VÉRIEUL.—*Marguerite*, b... 1° m [5] 26 avril 1740, à Charles CORNEAU; 2° m [5] 2 fevrier 1747, à Claude GRAVEL; 3° m 24 mars 1765, à Pierre DELESSARD, à St-Joseph, Beauce.—*Thérèse*, b [4] 18 fevrier 1726; m [5] 10 avril 1747, à Joseph POULIN.—*Geneviève*, b... m [5] 4 oct. 1745, à Pierre GATIEN.—*Jean*, b [5] 5 fevrier 1728; s [5] 18 sept. 1733.—*Marie-Joseph*, b [5] 28 déc. 1729; m [5] 7 fevrier 1751, à Pierre CLOUTIER.—*Joseph*, b [5] 17 et s [5] 22 avril 1730.—*Jean-Baptiste*, b [5] 19 sept. 1731.—*Marie-Cécile*, b [5] 11 et s [5] 23 février 1732.—*Louis*, b [5] 6 avril 1733; m [5] 13 juin 1757, à Agnès CHABOT.—*Agnès*, b [5] 27 août 1735; m [5] 14 fevrier 1757, à François BARET.—*Pierre*, b... s [5] 6 janvier 1736 —*Claude*, b... m [5] 17 janvier 1763, à Marie-Charlotte GAUCHON.

(1) Elle épouse, le 18 avril 1735, Jean Baret, à St-Joachim.

(2) Elle épouse, le 7 nov. 1746, Charles Quéret, à St-Joachim.

1724, (18 déc.) Québec [8]

IV.—POULIN (1), LOUIS-JEAN, [JEAN-BTE III.
b 1696; s 21 fevrier 1743, aux Trois-Rivières.
1° FOUCAULT, Françoise-Gabrielle, [FRANÇOIS I.
b 1698; s [8] 25 avril 1730.
Louise-Catherine, b [8] 19 juin 1726; s 14 sept. 1727, à Charlesbourg. — *Marie-Madeleine-Françoise*, b [8] 11 mai 1727; s [8] 10 mai 1733.—*François-Louis*, b [8] 30 oct. 1728.

1733, (22 nov.) [8]

2° BOUAT (2), Therèse, [FRANÇOIS-MARIE I.
b 1711.

1726, (22 nov.) Rimouski. [6]

II.—POULIN, JEAN, [JEAN I.
b 1690; s [6] 1er janvier 1750.
GAGNÉ (3), Marie, [ALEXIS III.
b 1703.
Jean-François, b [6] 2 déc. 1727.—*Joseph*, b [6] 12 déc. 1729.—*Marie-Agnès*, b [6] 31 mai 1733.—*Jean-Baptiste*, b [6] 30 avril 1735.—*Joseph*, b [6] 20 juillet 1736; s [6] 6 mars 1737. — *Anonyme*, b [6] et s [6] 22 oct. 1738. — *Marie-Charlotte*, b [6] 13 juillet 1740; m [6] 16 février 1757, à François MORIN.

1727, (26 juillet) Québec. [1]

IV.—POULIN (4), CLAUDE, [JEAN-BTE III.
b 1700.
LEFEBVRE, Marie-Anne, × [PIERRE II.
b 1707.
Louis-Pierre, b [1] 8 avril 1728; m [1] 7 janvier 1755, à Louise LAMBERT-DUMONT; s 29 juin 1764, aux Trois-Rivières. [2] — *Claude*, b [1] 16 janvier 1730. —*Claude-Joseph*, b [1] 13 janvier 1731; m [2] 26 oct. 1761, à Gilles-Geneviève DUMONT.

1730, (13 février) Charlesbourg.

IV.—POULIN (5), JEAN-JOSEPH, [JEAN-BTE III
b 1702; s 22 avril 1738, à Quebec. [8]
CHERON, Anne, [MARTIN I.
b 1710.
Joseph-Louis, b [8] 31 déc. 1730. — *Anne-Madeleine*, b [8] 17 août 1732. — *Michel-Antoine*, b [8] 31 août 1733.—*Thérèse-Charlotte*, b [8] 21 fevrier 1735. —*Marie-Joseph*, b [8] 16 juillet 1736. — *Geneviève* (posthume), b [8] 26 et s [8] 28 mai 1738.

1734, (22 février) St-Joachim.

IV.—POULIN, JEAN. [JEAN III.
BOLDUC (6), Reine. [JACQUES II

(1) Sieur de Courval; conseiller du roi, lieut.-général de la juridiction des Trois-Rivières, seigneur de Nicolet. Il etait à Charlesbourg en 1727, et aux Trois-Rivières en 1740.

(2) Elle épouse, le 7 nov. 1744, Jean-Baptiste DeGannes, à Montréal.

(3) Bellavance; elle épouse, le 14 janvier 1751, Louis Laneau, à Rimouski.

(4) Dit Courval—Sieur de Cressé.

(5) Dit Courval—Miolet en 1733.

(6) Elle épouse, le 18 nov. 1737, Jean-Baptiste Doyon, au Château-Richer.

1734, (17 mai) St-François, I. J.[7]
III.—POULIN (1), Louis, [Pierre II.
b 1703; s 3 déc. 1759, à St-Antoine-de-Chambly.[8]
Drapeau (2), Françoise, [Jean I
b 1708.
Marie-Félicité, b [7] 22 février 1735; m [8] 25 février 1754, à Joseph Lecompte-Lavimaudière. —*Louis-Marie-Joseph*, b 1736; m [8] 9 juin 1766, à Marie-Amable Chefdevergue. —*Jean-Baptiste*, b... m [8] 23 février 1767, à Françoise Bonin.—*Marie-Ursule*, b [8] 24 février 1758.

1736, (5 nov.) Charlesbourg.
IV.—POULIN, Jean, [Jean III.
b 1713; forgeron.
Renault, Marie-Louise, [Michel II.
b 1705; veuve de Jean-Baptiste Lauzé.
Marie-Louise, b 14 août 1737, à Québec[6]; m[6] 27 sept. 1756, à Pierre-Jean Beaupré.—*Marie-Marguerite*, b [6] 15 sept. 1739; m [6] 24 avril 1758, à Charles Restif. — *Marie-Anne*, b [6] 28 février 1741; m [6] 7 janvier 1764, à Thomas Handfield. — *Marie-Charlotte*, b [6] 15 oct. 1743. — *Marie-Madeleine*, b [6] 12 oct. 1746; s [6] 2 avril 1748. — *Jean*, b [6] 5 janvier 1749.

1739, (13 mai) Ste-Anne.[5]
IV.—POULIN, Joseph, [Jean III.
b 1715; s [5] 13 nov. 1756.
Paré, Angélique, [Etienne III.
b 1717; s 28 juin 1747, à St-Joseph, Beauce.[6]
Joseph, b [5] 18 février 1740; m [6] 25 janvier 1762, à Angélique Rodrigue. — *Angélique*, b [6] 1er nov. 1745; s [6] 22 avril 1766.—*Louis*, b... m [6] 8 février 1768, à Marie-Joseph Cloutier.

1739, (23 nov.) Lévis.[4]
I.—POULIN, Jacques, b 1707; fils de Barnabé et de Julienne de Longray, de Montoiron, diocèse d'Avranches, Normandie; s [4] 3 déc. 1757.
Marchand (3), Marie-Thérèse, [Louis II.
b 1723.

1742, (17 juillet) Cap-St-Ignace.[1]
I.—POULIN, Philippe, b 1711; fils de Charles et de Louise Poulet, de St-Pierre, Anjou; s 25 février 1756, à L'Ange-Gardien.[2]
Bluteau (4), Marguerite, [Etienne II.
b 1722.
Philippe, b [1] 17 avril 1743.—*Marguerite*, b 14 et s 16 août 1744, à Québec.—*Marie-Véronique*, b... m 13 juillet 1767, à Augustin Miville, à Ste-Anne-de-la-Pocatière.—*Marguerite*, b [2] 20 et s [2] 21 mai 1753.—*Véronique*, b 19 sept. 1754, au Château-Richer[3]; m [3] 8 juin 1779, à François Racine.

(1) Dit Alaire.

(2) Elle épouse, le 9 février 1767, Jean Plouf, à St-Antoine-de-Chambly.

(3) Elle épouse, le 31 mars 1761, Antoine Nadeau, à Lévis.

(4) Elle épouse, en 1758, Pierre Césard.

1743, (18 février) St-Joachim.[9]
IV.—POULIN, Pierre, [Jean III.
s [9] (1) 20 déc. 1759.
1° Doyon, Marie-Anne, [Jean-Bte III.
b 1717.
Marie-Anne-Claire-Renée, b [9] 15 janvier 1744; s [9] 4 oct. 1759.—*Pierre*, b [9] 20 mars 1746.—*Louise*, b... m [9] 15 juillet 1765, à François Bilodeau.—*Marie-Joseph*, b [9] 27 février 1749; m [9] 4 nov. 1766, à Joseph-Marie Simard.—*Marie-Agnès*, b [9] 20 février 1751.—*Louis*, b [9] 25 février 1753.—*Suzanne*, b [9] 27 août 1754.
1756, (21 juillet) Château-Richer.
2° Boutillet (2), Louise, [Jacques I.
veuve de Guillaume Plante.
Marie, b... m [9] 13 février 1775, à Prisque Bolduc.

1743, (22 avril) St-Joachim.[8]
IV.—POULIN, Joseph. [Jean III.
1° Bolduc, Agnès. [Louis III.
Amable, b [8] 9 mai 1744.—*Joseph*, b [8] 2 avril 1745; s [8] 1er nov. 1759.—*Jean*, b [8] 20 mars 1746.—*Louis*, b [8] 3 déc. 1749.—*Louis*, b [8] 14 déc. 1751; m 21 janvier 1782, à Marguerite Chapeau, à Terrebonne.—*Marie-Anne*, b [8] 18 janvier 1753.—*Marie-Marguerite*, b [8] 6 avril 1754.—*Jean-Marie*, b [8] 7 janvier 1756; m [8] 28 avril 1778, à Marie-Françoise Pepin.—*Agnès*, b [8] 1er avril 1757.—*Pierre*, b [8] 19 oct. et s [8] 17 déc. 1758.—*Joseph*, b [8] 12 mai 1761.—*Joachim-Jacques*, b [8] 8 janvier et s [8] 8 février 1765.
1768, (11 avril).[6]
2° Paré, Marie-Anne, [Noel III.
b 1732.
Urbain, b [8] 23 avril 1769; s [8] 7 mai 1770.

1744, (5 oct.) Terrebonne.[7]
V.—POULIN (3), Louis. [Louis IV.
Dupré, Marie. [Jean II.
Louis-Augustin, b [7] 5 juillet 1745; m [7] 23 avril 1770, à Angélique Rousseau.—*Jean-Baptiste*, b [7] 18 juin 1747; s [7] 11 oct. 1752.—*Joseph*, b [7] et s [7] 22 janvier 1750.—*Paul*, b [7] 6 avril 1751; s [7] 19 février 1752.—*Antoine*, b [7] 9 juillet 1752; m [7] 9 oct. 1775, à Marie-Anne Corbeil.—*Marie-Angélique*, b [7] 10 nov. 1755.—*Marie*, b... m [7] 11 janvier 1773, à Louis Denevers.—*Marie-Joseph*, b [7] 10 avril et s [7] 25 mai 1757.—*Marie-Joseph*, b [7] 16 juillet 1758.—*Jean-Baptiste*, b... m [7] 8 janvier 1781, à Marie-Joseph-Félicité Lefort.

1744, (16 oct.) St-Joachim[1]
IV.—POULIN, Pierre. [Claude III.
1° Racine, Charlotte, [Pierre III.
s 29 janvier 1753, à Québec.[2]
Marie-Geneviève, b [1] 5 sept. 1745; m [2] 11 avril 1763, à Pierre Perrot. — *Marie-Anne*, b 23 août 1747, à Ste-Anne.[3] — *Mathurin*, b [3] 24 sept et s [3] 16 oct. 1749.—*Pierre*, b [2] 6 janvier 1753; m [3] 9 janvier 1775, à Angélique Duval.

(1) Tué par les Anglais (août 1759).

(2) Elle épouse, le 9 janvier 1764, Paul Bolduc, à St-Joachim.

(3) Dit Courval.

1753, (5 nov.) [2]
2° DAVID, Marie-Anne, [JACQUES I.
b 1719.
Joseph, b [2] 9 juillet 1756; s [2] 31 juillet 1758.—*Joseph-Jacques*, b [2] 11 sept. et s [2] 1er oct. 1756.—*Michel*, b [2] 7 nov. 1758.—*Marie*, b [2] 1er juin 1762; s [2] 7 mai 1764.

1744, (3 nov.) St-Joachim. [3]
IV.—POULIN, PIERRE, [JEAN III.
b 1724; capitaine de milice; s 18 avril 1779, à St-Joseph, Beauce. [4]
1° BOUCHER, Geneviève, [NOEL II.
b 1727; s [4] 14 mars 1765.
Marie-Geneviève, b... m [4] 29 oct. 1770, à Jean-Baptiste JACQUES.—*Pierre*, b 1750; s [4] 8 janvier 1757.—*Louis*, b [4] 1er dec. 1753; m [4] 8 avril 1771, à Marie-Joseph ROY.—*Marie-Geneviève*, b [4] 9 nov. 1755; s [4] 29 janvier 1756. — *Pierre*, b [4] 6 oct. 1758; m [4] 30 juin 1779, à Victoire DELESSARD.—*Marie-Angélique*, b [4] 6 août 1760; m [4] 6 fevrier 1775, à Charles RODRIGUE. — *Etienne*, b [4] 8 août 1762.
1765, (5 août). [3]
2° BOLDUC, Marthe. [ZACHARIE III.
Marie-Marguerite, b [4] 18 oct. et s [4] 1er nov. 1767. — *Pierre-François*, b [4] 30 avril 1769. — *Marie-Louise*, b [4] 25 août 1771.

1744, (23 nov.) St-François, I. O. [1]
IV.—POULIN, CHARLES, [PASCHAL III.
b 1711; s [1] 11 juillet 1765.
DEBLOIS (1), Marie-Claire, [JEAN-BTE II.
b 1714.
Marie-Anne, b 11 et s 19 février 1746, à Ste-Famille, I. O. [2] — *Charlotte-Bénonie*, b [2] 6 juin 1747; m [1] 4 oct. 1762, à Joseph HÉBERT.—*Marie-Louise*, b [1] 12 avril 1749; s [1] 27 oct. 1759.

1745, (9 juin) Terrebonne. [9]
V.—POULIN (2), PAUL. [LOUIS IV.
1° DUPRÉ, Elisabeth, [JEAN II.
b 1724; s [9] 21 avril 1754.
Marie-Elisabeth, b [9] 25 mars et s [9] 24 avril 1746.—*Marie-Elisabeth*, b [9] 30 juillet et s [9] 6 oct. 1747.—*Paul*, b [9] 17 mars 1749, s [9] 24 sept. 1752. — *Jean-Baptiste*, b [9] 16 août 1751; s [9] 27 sept. 1752.—*Paul*, b [9] 21 mars et s [9] 15 avril 1754.
1760, (13 avril). [9]
2° LIMOGES, Marie-Joseph, [JOSEPH II
b 1736.

POULIN, JOSEPH.
HUOT, Marie-Marguerite,
b 1723; s 10 fevrier 1777, à St-Joseph, Beauce. [4]
Angélique, b... m [4] 28 janvier 1765, à Jean DUPUY. — *Pierre*, b... m à Marthe BOLDUC. — *Marie-Louise*, b [4] 26 oct. 1753. — *Marguerite*, b [4] 20 déc. 1754. — *Marie-Joseph*, b [4] 22 mars 1756, m [4] 30 juillet 1770, à Augustin HUARD. — *Cécile*, b [4] 15 août 1758; m [4] 13 juillet 1779, à Pierre POIRIER. — *Marie-Charlotte*, b [4] 4 juillet 1760. — *Charles*, b [4] 26 avril 1762. — *Jean*, b [4] 21 janvier 1766.— *Marie-Geneviève*, b... m [4] 9 janvier 1775, à Jean-Baptiste BOURBEAU.

1746, (10 janvier) St-Joachim. [8]
IV.—POULIN, DOMINIQUE. [DOMINIQUE III.
1° PARÉ, Geneviève, [IGNACE III.
b 1727.
Marie-Dominique-Renée, b [8] 4 janvier 1747.
1750, (22 juin) Château-Richer.
2° CRÉPEAU (1), Therèse, [BASILE III.
b 1728.
Basile, b [8] 30 nov. 1751; m 13 mai 1782, à Marie-Therèse BARDET-LAPIERRE, à Montreal.—*Ignace-Henri*, b [8] 13 avril 1753. — *Marie-Félicité*, b [8] 26 juin 1754 — *Francois-Marie*, b [8] 26 dec. 1756.—*Thérèse*, b... m [8] 23 février 1778, à Jean-Baptiste CHEVALIER.—*Marie-Françoise*, b [8] 8 janvier 1760. — *Marie-Louise*, b 1762; s [8] 27 dec. 1763.—*Pierre*, b [8] 18 fevrier 1764.

1746, (10 janvier) Charlesbourg.
IV.—POULIN, ANDRÉ, [ANDRÉ III.
b 1722.
1° CLICHE, Charlotte, [VINCENT II.
b 1733; s 22 sept. 1761, à Ste-Anne. [1]
Anonyme, b [1] et s [1] 26 fevrier 1747.—*Marie-Charlotte*, b [1] 22 oct. 1748; m [1] 30 sept. 1765, à Prisque-Amable GAGNON.—*Marie-Louise*, b 28 février 1751, à St-Joachim.—*André*, b [1] 7 juillet 1752.—*Etienne*, b [1] 29 dec. 1755.
1761, (9 nov.) [1]
2° RACINE, Marthe, [ETIENNE IV.
b 1739.

1746, (10 janvier) Charlesbourg. [2]
IV.—POULIN, CLAUDE, [JEAN III.
b 1727.
CLICHE, Marguerite, [VINCENT II.
b 1728.
Marie-Joseph, b 24 mars 1747, à St-Joseph, Beauce [3]; s [3] 16 janvier 1748.—*Marie-Geneviève*, b [3] 9 sept. 1748 (2).—*Jean-Marie*, b [2] 16 juin 1752; m [8] 18 janvier 1779, à Marie-Louise FORTIN.—*Marie-Thérèse*, b [3] 22 nov. 1754.—*Marie-Marguerite*, b [3] 30 août et s [3] 9 oct. 1757.—*Marie-Charlotte*, b [3] 19 mars 1760; m [3] 14 juillet 1777, à François AUCLAIR. — *François*, b [3] 12 avril 1762. —*Marie-Geneviève*, b [3] 5 mai 1764.—*Marie*, b [3] 1er mars 1767.—*Marie-Louise*, b [3] 9 février 1769. —*Joseph*, b [3] 18 avril 1773.

1747, (6 fevrier) Château-Richer.
III.—POULIN, PIERRE, [PIERRE II.
b 1701.
PICHET, Louise, [JACQUES II.
b 1699; veuve de Pierre Lefrançois.

1747, (10 avril) St-Joachim.
IV.—POULIN, IGNACE, [JOSEPH III.
b 1725.
1° FILION, Louise. [JEAN II.

(1) Grégoire.
(2) Dit Courval.

(1) Elle épouse, le 2 oct. 1769, Louis Hély, à St-Joachim.
(2) Registre de 1754.

Ignace, b 3 oct. 1755, à St-Valier[4]; s[4] 11 sept. 1761.—*André*, b[4] 13 mai 1757.

1761, (7 sept.)[4]

2° JOLIVET, Marie-Marthe, [JOSEPH II.
b 1739.

1747, (10 avril) St-Joachim.[5]

IV.—POULIN, JOSEPH. [JOSEPH III.
POULIN, Thérèse, [IGNACE III.
b 1726.

Marie-Marguerite, b[5] 9 août 1750.—*Thérèse*, b 1751; s[5] 24 juin 1767.—*Marie-Geneviève*, b[5] 3 juin 1752.—*Louis*, b[5] 23 janvier 1754.—*Louis*, b[5] 7 nov. 1759.—*Marie-Dorothée*, b[5] 25 mars 1764.

1748, (8 janvier) St-Augustin.

IV.—POULIN, ATHANASE, [JEAN III.
b 1729; maître-maçon.
1° GOULET, Marie-Angelique, [FRANÇOIS III.
b 1721.

Jean, b 23 sept. 1748, à Québec.[6] — *François-Athanase*, b[6] 15 nov. 1749; s[6] 21 sept. 1750.—*Louis*, b 17 déc. 1750, à Lorette.—*Marie-Angélique*, b[6] 6 juillet et s[6] 11 sept. 1752.—*Marie-Angélique*, b 21 janvier et s 3 février 1754, à Charlesbourg.[7]—*Charles*, b[6] 11 mars 1755.—*Angélique*, b... s[6] 13 dec. 1757.

1757, (1er août).[7]

2° DÉRY, Marie-Madeleine, [JOSEPH II.
b 1721.

Joseph-Alexis, b[6] 10 oct. 1758.—*Marie-Louise*, b 17 déc. 1760, à St-Joseph, Beauce.[8] — *Joseph*, b[8] 18 fevrier 1763.

III.—POULIN, BARTHÉLEMI, [PIERRE II.
b 1708.
MONET, Marie-Joseph.

Marie-Joseph, b 3 sept. 1750, à St-Antoine-de-Chambly[9]; m[9] 19 nov. 1764, à Antoine PELLETIER.

1750, (12 oct.) Château-Richer.[9]

IV.—POULIN, PIERRE. [JOSEPH III.
CLOUTIER, Louise, [JEAN-BTE III.
b 1715.

Marie-Louise, b[9] 11 juillet et s[9] 1er oct. 1751.—*Louise*, b[9] 10 mai 1753. — *Joseph*, b[9] 19 mars 1755; m 17 oct. 1774, à Marie-Joseph FILION, à St-Joachim.

1751, (9 janvier) St-Joachim[1]

IV.—POULIN, JOSEPH. [CLAUDE III.
DELAVOYE (1), Charlotte, [FRS-XAVIER III.
b 1724; veuve d'Etienne Alaire.

Joseph-François, b[1] 6 nov. 1751; s 15 dec. 1771, à Ste-Anne.[2] — *Marie-Catherine*, b[2] 29 janvier 1756.—*Marie-Charlotte*, b[2] 16 avril 1757.—*Marie-Madeleine*, b[2] 29 oct. 1762.

(1) Appelée Xavier, en 1757, du nom de baptême de son père.

1751, (1er fevrier) Terrebonne.[9]

V.—POULIN (1), FRANÇOIS, [LOUIS IV.
b 1725; s[9] 28 oct. 1770.
DUPRÉ (2), Marie-Madeleine, [JEAN.
b 1734.

François, b[9] 8 août et s[9] 7 oct. 1752.

1751, (15 fevrier) Château-Richer.[1]

IV.—POULIN, LOUIS, [JOSEPH III.
b 1727.
CLOUTIER, Dorothée, [FRANÇOIS IV.
b 1725.

Marie-Joseph, b[1] 27 déc. 1751. — *Louis*, b[1] 8 mars 1753; m 6 août 1771, à Catherine-Pélagie PERRAULT, à Ste-Famille, I. O.[2] — *Charles*, b[1] 18 mai 1755. — *Marie-Dorothée*, b 13 juillet et s 2 août 1758, à St-François, I. O.— *Marguerite*, b[1] 12 déc. 1759. — *Jean-Marie*, b[1] 28 août 1762. —*Joseph-François*, b[2] 22 mars 1766.

POULIN, IGNACE, b 1721; s 27 mars 1756, à St-Joachim.

1751, (19 avril) St-Joachim.[9]

IV.—POULIN, PIERRE, [GUILLAUME III.
b 1724; s[9] 17 février 1776.
LAFOREST, Marie-Joseph, [JEAN III.
b 1730.

Marie-Joseph, b[9] 16 janvier 1752; m[9] 2 mars 1778, à Jean PARÉ. — *Marie-Geneviève*, b[9] 24 fevrier 1753.—*François*, b[9] 8 juin 1754.—*Cécile*, b[9] 23 août 1755, s[9] 19 juillet 1757.—*Françoise*, b[9] 2 déc. 1760. — *Pierre-Jérôme*, b[9] 18 nov. 1762. — *Louis-Pierre*, b[9] 18 mars 1765; s[9] 15 juin 1778. — *Jean-Baptiste*, b[9] 18 mars 1767. — *Marie-Agathe*, b[9] 30 juillet 1768. — *Augustin-Guillaume*, b[9] 20 oct. 1770. — *Agnès-Théotiste*, b 1775; s[9] 4 juin 1778.

1751, (26 avril) Ste-Anne.[7]

IV.—POULIN, LOUIS-MARIE, [ANDRÉ III.
b 1728.
BOIVIN, Geneviève, [JEAN II.
b 1723; veuve de Joseph Paradis.

Marie-Geneviève, b[7] 5 mai et s[7] 4 août 1752. — *Pierre*, b[7] 8 juin 1756; s[7] 31 juillet 1758.—*Jean-Baptiste*, b[7] 9 avril 1758; s[7] 5 mars 1759. — *Marie-Madeleine*, b 1759; s[7] 5 avril 1760.

POULIN, JEAN.
GASSE, Isabelle.

Marie-Isabelle, b 7 déc. 1754, à Rimouski.[9] — *Marie-Rose*, b[9] 8 mars 1757.

POULIN, JEAN-BTE, b 1728; s 1er mars 1808, à l'Hôpital-Général, M.

1755, (7 janvier) Québec.[1]

V.—POULIN (3), LOUIS-PIERRE, [CLAUDE IV.
b 1728; s 29 juin 1764, aux Trois-Rivières.[2]
LAMBERT-DUMONT, Louise, [EUSTACHE III.
b 1735.

(1) Marié sous le nom de Courval.

(2) Elle épouse, le 15 avril 1771, Charles Huppé, à Terrebonne.

(3) Marié Courval— Cressé; sous-constructeur des vaisseaux du roi.

Charlotte-Louise, b [1] 24 mars 1757.—*Pierre-Michel*, b [1] 20 sept. 1758.—*Claude-Eustache*, b [2] 10 mars 1760.

POULIN (1), MAURICE.
DUMONT, Geneviève.
Jean-Baptiste, b... s 1er août 1764, à Yamachiche.

POULIN, JEAN-BTE.
BOUCHER, Marie-Charlotte.
Marie, b avril et s 7 août 1757, à Berthier (en haut).

1757, (13 juin) St-Joachim. [9]
IV.—POULIN, LOUIS, [IGNACE III.
b 1733.
CHABOT, Agnès. [PIERRE IV.
Marie-Joseph, b [9] 2 janvier 1760; m [9] 2 fevrier 1778, à Louis PEPIN.—*Marguerite*, b [9] 2 sept. 1761. — *Marie-Françoise*, b [9] 11 mars 1763. — *Marie-Félicité*, b [9] 14 dec. 1764.—*Guillaume*, b [9] 18 mars 1767.—*Joseph*, b [9] 20 nov. 1768.—*Marie-Louise*, b [9] 5 oct. 1776.

1757, (22 juillet) Cap-de-la-Madeleine [1]
I.—POULIN, JOSEPH, fils de Joseph et de Marie Cholet, de Brie-contre-ber, en Brie.
ROCHEREAU, Marguerite, [FRANÇOIS III.
b 1740.
Marguerite, b 28 mai 1758, aux Trois-Rivières [2] —*Marie-Joseph*, b [2] 15 oct. 1759.—*Joseph*, b [1] 23 mars et s [1] 6 juillet 1761.—*François-Xavier*, b [1] 18 avril et s [1] 14 juin 1762.—*François-Joseph*, b [1] 6 juin 1763.

POULIN (2), LOUIS.
COUTURIER, Marguerite.
Joseph, b... m 13 oct. 1783, à Marie BISSONNET, à Lachenaye.

POULIN, JEAN-BTE.
GAGNON, Marie-Joseph.
Jean-Baptiste, b 19 sept 1762, à Ste-Anne.

1761, (26 oct.) Trois-Rivières. [4]
V.—POULIN (3), CLAUDE-JOSEPH, [CLAUDE IV.
b 1731.
DUMONT, Gilles-Geneviève, [EUSTACHE III.
b 1741.
Gabriel, b... s 28 nov. 1763, à Yamachiche.[5]—*Joseph-Claude*, b [4] 12 août 1762. — *Raphaël-Louise*, b [4] 31 juillet 1763.—*François*, b... s [5] 26 mars 1768.

1762, (25 janvier) St-Joseph, Beauce. [8]
V.—POULIN, JOSEPH, [JOSEPH IV.
b 1740.
RODRIGUE, Angélique. [JEAN III.
Marie-Angelique, b [8] 18 mars 1763.—*Joseph*, b [8] 22 juillet 1764.—*Marie-Joseph*, b [8] 21 avril 1766.—*Jean*, b [8] 7 février 1768.—*Marie-Marguerite*, b [8] 17 et s [8] 27 dec. 1769.—*Anonyme*, b [8] et s [8] 1er avril 1771.—*Charles*, b [8] 29 août 1772.—*Marie-Charlotte*, b [8] 2 mars 1775.—*Pierre*, b [8] 24 dec. 1776.—*Marguerite*, b [8] 20 déc. 1778.

1763, (17 janvier) St-Joachim.
IV.—POULIN, CLAUDE. [IGNACE III.
CAUCHON, Marie-Charlotte. [CHARLES IV.

1763, (24 janvier) Château-Richer. [8]
I.—POULIN (1), FRANÇOIS, b 1731; fils de François et de Madeleine Tausé, de Mesnil-Thebaut, diocèse d'Avranches, Normandie
CAUCHON, Marie-Joseph, [ZACHARIE IV.
b 1746.
Marie-Joseph, b [8] 29 oct. 1775.

1764, (9 janvier) L'Ange-Gardien.
IV.—POULIN, CLAUDE, [CLAUDE III.
b 1731.
TRUDEL, Marie-Louise, [NICOLAS III.
b 1742.
Marie-Marguerite, b 16 sept. 1764, à St-Joachim. [9] — *Joseph*, b [9] 26 avril 1767; s [9] 14 mars 1770. — *Jean-Baptiste*, b [9] 23 oct. 1769; s [9] 10 février 1770.—*Marie-Joseph*, b [9] 12 mars 1779.

1766, (9 juin) St-Antoine-de-Chambly.
IV.—POULIN, LS-MARIE-JOSEPH, [LOUIS III.
b 1736.
CHEFDEVERGUE, Marie-Amable, [LOUIS II.
b 1736.

POULIN, ETIENNE.
GAGNÉ, Marie-Louise. [PIERRE
Joseph, b 20 sept. et s 18 oct. 1767, à St-Joseph, Beauce. [9] — *Etienne*, b [9] 2 oct. 1768.—*Joseph*, b [9] 8 dec. 1770; s [9] 5 dec. 1778. — *Jean-Baptiste*, b [9] 25 juin 1772. — *Pierre*, b [9] 10 avril 1774, s [9] 24 janvier 1779.—*Marie-Louise*, b [9] 21 janvier 1776 —*François*, b [9] 25 août 1777.— *Pierre*, b [9] 17 fevrier 1779.— *Jean-Charles*, b [9] 17 et s [9] 27 février 1779.

1767, (23 février) St-Antoine-de-Chambly.
IV.—POULIN, JEAN-BTE. [LOUIS III.
BONIN, Françoise, [LOUIS III.
b 1740.

1768, (8 février) St-Joseph, Beauce. [9]
V.—POULIN, LOUIS. [JOSEPH IV.
CLOUTIER, Marie-Joseph, [AUGUSTIN IV.
b 1746.
Joseph, b [9] 24 dec 1768; s [9] 23 janvier 1769.—*Marie-Angélique*, b [9] 18 dec 1769.—*Louis*, b [9] 24 mai 1772. — *Augustin*, b [9] 24 sept. et s [9] 23 oct. 1774.—*Joseph*, b [9] 9 mars 1776. — *Marie-Joseph*, b [9] 16 nov. 1777.

(1) Dit Cressé.
(2) Dit Courval.
(3) Cressé-Courval; seigneur de Nicolet, directeur des Forges; il était aux Trois-Rivières, le 20 janvier 1749.

(1) Venu à Gaspé en 1748 et à Québec en 1750; il demeura chez Louis Bacon, procureur fiscal de Beaupré. (Procès-verbaux).

1770, (23 avril) Terrebonne.
VI.—POULIN (1), LOUIS-AUGUSTIN, [LOUIS V.
b 1745.
ROUSSEAU, Marie-Angélique, [PIERRE II.
b 1750.

1771, (8 avril) St-Joseph, Beauce.[9]
V.—POULIN, LOUIS, [PIERRE IV.
b 1753.
ROY, Marie-Joseph, [THOMAS
b 1756.
Pierre, b [9] 5 et s [9] 18 juillet 1772. — *Marie-Joseph*, b [9] 5 sept. 1773.—*Cécile*, b [9] 4 février et s [9] 19 août 1776.—*Joseph-Marie*, b [9] 24 déc. 1777. —*Louis*, b [9] 5 sept. 1779.

1771, (6 août) Ste-Famille, I. O.
V.—POULIN, LOUIS, [LOUIS IV.
b 1753.
PERRAULT, Catherine-Pélagie, [JOSEPH IV.
b 1753.

POULIN, DOMINIQUE.
BOUCHER, Marie-Joseph.
Pierre-Dominique, b 6 fevrier 1773, à St-Joseph, Beauce [3]; s [3] 4 août 1776.—*Marie-Joseph*, b [3] 6 nov 1774; s [3] 19 août 1776. — *Thérèse*, b [3] 2 fevrier 1777.—*Félicité*, b [3] 6 fevrier 1780.

1774, (17 oct.) St-Joachim.
V.—POULIN, JOSEPH, [PIERRE IV.
b 1755.
FILION, Marie-Joseph. [JEAN IV.
Marie, b 28 juin 1776, au Château-Richer.[7] — *Marie-Louise*, b [7] 3 déc. 1777. — *Joseph-Mathias*, b [7] 25 fevrier 1779.

1775, (9 janvier) Québec [4]
V.—POULIN, PIERRE, [PIERRE IV.
b 1753.
DUVAL, Angélique, [PIERRE III.
b 1750; s [4] 7 mai 1793.
Nicolas, b et s 30 juillet 1780, à Ste-Foye.

POULIN, JEAN-BTE.
LALIBERTE, Geneviève.
Jean-Baptiste, b 1775; s 29 juin 1777, à St-Joseph, Beauce.[7] — *Marie-Angélique*, b [7] 15 août 1778.

1775, (9 oct.) Terrebonne.
VI.—POULIN (1), ANTOINE, [LOUIS V.
b 1752.
CORBEIL, Marie-Anne. [ANDRÉ III.

1778, (28 avril) St-Joachim.
V.—POULIN, JEAN-MARIE, [JOSEPH IV.
b 1756.
PEPIN, Marie-Françoise. [JOSEPH-MARIE III.

POULIN, PIERRE.
RACINE, Judith.
Pierre-François, b 5 mars 1779, à St-Joachim.

(1) Marié Courval.

1779, (18 janvier) St-Joseph, Beauce. [1]
V.—POULIN, JEAN-MARIE, [CLAUDE IV.
b 1752.
FORTIN, Marie-Louise. [FRANÇOIS IV.
Marie-Louise, b [1] 2 nov. 1779.

1779, (30 juin) St-Joseph, Beauce.
V.—POULIN, PIERRE, [PIERRE IV.
b 1758.
DELESSARD, Marie-Victoire, [PIERRE III.
b 1758.

1781, (8 janvier) Terrebonne.
VI.—POULIN (1), JEAN-BTE. [LOUIS V.
LEFORT, Marie-Joseph-Félicité. [PIERRE I.

1782, (21 janvier) Terrebonne.
V.—POULIN, LOUIS, [JOSEPH IV.
b 1751.
CHAPEAU, Marguerite, [LOUIS III.
b 1746; veuve de Thomas Ducheneau.

1782, (13 mai) Montreal.
V.—POULIN, BASILE, [DOMINIQUE IV.
b 1751.
BARDET (2), Marie-Thérèse, [JOSEPH.
b 1764.

POULIN, IGNACE.
BISSONNET (3), Agathe. [JOSEPH-PAUL.
Marie-Joseph, b 14 août 1783, à Lachenaye.[2]— *François-Paschal*, b [2] 29 mars 1785. — *Marie-Joseph*, b [2] 20 mars 1787.—*Apolline*, b [2] 18 sept. 1789.

1783, (13 oct.) Lachenaye.
POULIN (1), JOSEPH. [LOUIS.
BISSONNET, Marie. [JOSEPH-PAUL.

POULIN, JOSEPH.
ST. DENIS, Marie-Rose.
Marie-Rose, b 25 juin 1790, à Repentigny [3]; s [3] 19 juillet 1791.—*Marie-Joseph*, b [3] 29 fevrier 1792.

POULIOT.—*Variations :* POUILLOT—POULLIAU.

1667.
I.—POULIOT (4), CHARLES,
b 1631; charpentier.
MEUNIER (5), Françoise, [MATHURIN I.
b 1653.
Charles, b 6 déc. 1668, au Château-Richer; 1° m 1692, à Marie CHABOT; 2° m 9 juillet 1703, à Geneviève CRÉPEAU, à St-Pierre, I. O.[4]; s 15 sept. 1737, à St-Laurent, I. O.[5]—*Jean*, b 26 déc. 1674, à Ste-Famille, I. O.[6]; m 1699, à Madeleine AUDET; s [5] 3 juin 1745.—*Françoise*, b [6] 3 déc.

(1) Marié Courval.
(2) Dit Lapierre.
(3) Appelée Masta, en 1789, du nom de sa mère.
(4) Voy. vol. I, p. 497.
(5) Elle epouse, le 26 sept. 1700 (date du contrat), Jean-Paul Maheu.

1676; m [4] 24 nov. 1692, à Joseph CHABOT.—*André*, b [5] 25 janvier 1680; 1° m 1700, à Marguerite CHABOT; 2° m [5] 29 oct. 1703, à Françoise MANSEAU; s [5] 16 déc. 1744. — *Marguerite*, b [5] 18 mai 1682; m [5] 8 février 1706, à François MANSEAU; s [5] 18 mai 1717.

1667, (12 oct.) Québec.

I.—POULIOT (1), PIERRE.
DESCHAMPS, Marie.

1671.

I.—POULIOT (2), ANTOINE.
GUILBOUT, Marguerite, [CHARLES I.
b 1656.

Françoise, b 13 mars 1675, à Québec; m 17 nov. 1699, à Ignace BOUCHER, à St-Nicolas.

1692.

II.—POULIOT, CHARLES, [CHARLES I.
b 1668; s 15 sept. 1737, à St-Laurent, I. O. [1]
1° CHABOT, Marie, [MATHURIN I.
b 1671.

Marie, b 9 mars 1693, à St-Pierre, I. O.[2]; m [1] 26 mai 1721, à Joseph CARREAU. —*François*, b [1] 16 août 1701; s [1] 31 déc. 1721. — *André*, b [1] 5 mars et s [1] 3 avril 1703.—*Jeanne*, b... m [1] 7 avril 1723, à Pierre CARREAU. — *Madeleine*, b... m [1] 5 nov. 1725, à Joseph CARREAU.

1703, (9 juillet). [2]

2° CRÉPEAU, Geneviève, [MAURICE I.
b 1684; veuve de Jean Pichet; s [1] 30 mai 1764.

Geneviève, b [1] 30 mai 1704; m [1] 19 nov. 1725, à Louis-Thomas LEMELIN; s 6 mai 1746, à St-Valier.[3]—*Marguerite-Angélique*, b [1] 6 août 1706; m [1] 16 août 1734, à Louis COLOMBE. — *Pierre-François*, b [1] 3 sept. 1708; m [1] 29 oct. 1730, à Marie-Anne AUDET; s [1] 2 février 1759.—*Innocent*, b [1] 16 nov. 1709, m [1] 29 août 1735, à Jeanne ISABEL.—*Marguerite*, b [1] 23 février 1712; m 1730, à Louis ANCELIN. — *Jean*, b [1] 16 juin 1715; s [1] 27 juillet 1717.—*Joseph*, b [1] 19 mars 1718.—*Nicolas*, b [1] 13 avril 1720; m [1] 15 oct. 1742, à Thérèse LEMELIN.—*Charles*, b [1] 23 déc. 1722; 1° m [1] 21 oct. 1743, à Thérèse ISABEL; 2° m [3] 31 août 1761, à Geneviève CORRIVEAU.— *Marie-Joseph*, b 1724; m [1] 21 oct. 1743, à Louis ISABEL; s 31 déc. 1745, à Beaumont.

1699.

II.—POULIOT, JEAN, [CHARLES I.
b 1674; s 3 juin 1745, à St-Laurent, I. O. [2]
AUDET, Madeleine,
b 1677; s [2] 9 nov. 1761.

Jean, b 1700; m [2] 31 janvier 1724, à Anne DENIS; s [2] 1er mars 1751.—*Marie*, b [2] 9 déc. 1701; s [2] 14 sept. 1710. — *Madeleine*, b 1702; m [2] 22 nov. 1723, à Charles DELAGE; s [2] 11 juin 1724.—*Charles*, b [2] 15 mai 1704; m [2] 24 nov. 1727, à Geneviève GODBOUT. — *Gertrude*, b [2] 2 février 1706; s [2] 9 oct. 1754. — *François*, b [2] 27 février 1708; 1° m [2] 19 janvier 1733, à Marguerite RULL; 2° m [2] 17 janvier 1735, à Marie-Madeleine CHABOT.—*Pierre*, b [2] 11 février 1710.—*Nicolas*, b [2] 2 janvier 1712.—*Marie-Françoise*, b [2] 19 août 1715; m [2] 21 oct. 1735, à Jean GODBOUT; s [2] 20 déc. 1760.

(1) Frère du précédent; voy. vol I, p. 497.

(2) Frère des deux précédents; voy. vol. I, p. 497.

1700.

II.—POULIOT, ANDRÉ, [CHARLES I
b 1680; s 16 déc. 1744, à St-Laurent, I. O. [1]
1° CHABOT, Marguerite, [MATHURIN I.
b 1682; s [1] 22 janvier 1703.

Françoise, b [1] 8 février 1701; m [1] 27 sept. 1723, à Jean-Marie GIROUX.—*André*, b [1] 20 juillet 1702; s [1] 27 mars 1703.

1703, (29 oct.) [1]

2° MANSEAU, Françoise, [JACQUES I.
b 1687; s [1] 2 oût 1757.

André, b [1] 31 août 1704; s [1] 5 août 1707.—*Marie-Angélique*, b [1] 7 avril 1706; s [1] 10 février 1707. — *André*, b [1] 15 nov. 1707; m [1] 13 nov. 1730, à Therèse JOANNE.—*Jean*, b 1709; s (1) 16 juillet 1759, à Québec. [2] —*Elisabeth*, b [1] 2 mai et s [1] 12 sept. 1710. — *Elisabeth*, b [1] et s [1] 20 juin 1711. — *Marguerite*, b [1] 20 et s [1] 22 juin 1711.—*Ignace*, b [1] 24 août 1712. — *Marie-Madeleine*, b [1] 14 oct. 1714; m 19 août 1765, à Pierre BERGERON, à St-Antoine-Tilly.—*Marguerite*, b [1] 2 oct. 1716, m [1] 1er sept. 1738, à Antoine HUPÉ; s [1] 26 mars 1752, à Beauport.—*Charles*, b 1718; m [1] 28 sept 1744, à Louise LAIGU; s [2] 19 août 1780. — *Brigitte*, b 20 avril 1721, à Ste-Famille, I. O.[3]; m 5 mai 1749, à Pierre BEAUCHAMP, à Lachenaye.—*Joseph*, b [1] 18 mars 1723; m [3] 21 août 1747, à Madeleine PAQUET.— *Jean-Baptiste*, b [1] 26 mai et s [1] 12 juin 1725. — *Agathe*, b [1] 15 et s [1] 28 août 1726.—*Françoise-Augustine*, b [1] 14 juillet 1728; m 15 sept. 1760, à Joseph BÉRIAU, aux Trois-Rivières. — *Antoine*, b [1] 14 mars 1731; m 18 février 1750, à Angelique LIÉNARD, à Ste-Foye —*André*, b 1738; s 25 juillet 1758, à Batiscan.

1724, (31 janvier) St-Laurent, I. O. [1]

III.—POULIOT, JEAN, [JEAN II
b 1700; s [1] 1er mars 1751.
DENIS-LAPIERRE, Anne, [PIERRE I
b 1701.

Marie-Anne, b [1] 26 février 1725; m [1] 16 nov 1750, à Ignace GOSSELIN; s 5 oct. 1804, à Chambly.—*Jean-François*, b [1] 26 mars 1726; m 6 août 1753, à Marie-Joseph FORTIER, à St-Jean, I O. —*Gertrude*, b [1] 3 mars 1728; m [1] 23 juin 1750, à Jean-Baptiste BÉGIN. — *Geneviève*, b [1] 10 oct 1729; s [1] 20 mars 1743.—*Marie-Louise*, b [1] 5 août 1731; m 24 oct. 1752, à Augustin COUTURE, à Levis.[2]—*Angélique*, b [1] 28 août 1733; m [1] 23 août 1756, à Joseph-Marie FONTAINE. — *Joseph-Marie*, b [1] 5 sept. 1734.—*Madeleine*, b [1] 27 août 1736; m [2] 10 janvier 1758, à Jean-Baptiste HÉLY. —*Ignace*, b [1] 27 août 1738; m à Judith GODBOUT. —*Nicolas*, b [1] 27 août 1738; m 15 février 1762, à Marie-Louise BONHOMME, à St-Joseph, Beauce.[3] —*Marguerite*, b [1] 11 nov. 1740; m [3] 21 juin 1762, à Ignace QUIRION.

(1) Tué par une bombe.

1727, (24 nov.) St-Laurent, I. O. [5]
III—POULIOT, CHARLES, [JEAN II.
b 1704.
GODBOUT, Geneviève, [JOSEPH II.
b 1704.
Marie, b 1730; s 21 février 1750, à St-Jean, I. O.[6] — *Charles,* b [6] 27 oct. 1732. — *Marguerite,* b... m [6] 25 nov. 1754, à Joseph FORTIER. — *Marie-Thérèse-Renée,* b [6] 20 janvier 1735.—*Marie-Madeleine,* b [6] 31 mars 1737; s [6] 22 oct. 1755.— *Marie-Anne,* b [5] 10 juillet 1739; s [6] 30 janvier 1750.—*Marie-Angélique,* b [6] 1er juillet 1744.— *Geneviève,* b... s [6] 19 fevrier 1750.

1730, (29 oct.) St-Laurent, I. O. [9]
III.—POULIOT, PIERRE-FRANÇOIS, [CHARLES II.
b 1708; s [9] 2 fevrier 1759.
AUDET, Marie-Anne, [NICOLAS II.
b 1712; s [9] 15 nov. 1759.
Marie-Anne, b [9] 11 août 1731; m [9] 19 avril 1762, à Augustin ROBERGE. — *Marie-Geneviève,* b [9] 9 mai 1733.—*Pierre,* b [9] 6 fevrier 1735.— *Louis,* b [9] 6 mars 1737.—*Nicolas* et *Marie-Angélique,* b [9] 13 fevrier 1739.—*Marie-Joseph,* b [9] 1er mars 1741; m 3 fevrier 1761, à Jean-Baptiste NAGLE, à Québec. — *Marie-Louise,* b [9] 13 avril 1743; m [9] 7 nov. 1763, à Alexandre COUTURE.— *Jean,* b [9] 17 mars 1745.— *Gabriel,* b [9] 14 juin et s [9] 12 sept. 1747.—*Marc,* b [9] 11 juin 1748.—*François,* b [9] 26 août 1750. — *Thérèse,* b [9] 23 mars 1753. — *Jacques,* b [9] 9 et s [9] 18 oct. 1755. — *Joseph,* b [9] 12 juillet 1757.

1730, (13 nov) St-Laurent, I O.[1]
III.—POULIOT, ANDRÉ, [ANDRÉ II.
b 1707.
JOANNE, Marie-Thérèse, [MARC II.
b 1713.
André, b [1] 9 juillet et s [1] 11 août 1731.—*Madeleine,* b 1732; s 9 août 1733, à St-Jean, I. O. [2] — *Marie-Thècle,* b [2] 6 juin 1733. — *Marie-Thérèse-Andrée,* b [2] 17 mai 1734.— *Marie-Charlotte,* b [1] 3 mars 1736; s [1] 1er juillet 1742. — *André,* b [1] 22 dec. 1737. — *Joseph,* b [1] 16 mai 1739; s [1] 17 oct. 1741. — *Charles,* b 20 avril 1743, à Beaumont [3]; s 14 oct. 1759, à St-Charles.[4] — *Jean-Baptiste,* b [3] 11 avril 1746; s [4] 20 juillet 1757.—*Jean-François,* b [3] 2 juillet 1749.

1733, (19 janvier) St-Laurent, I. O. [5]
III.—POULIOT, FRANÇOIS, [JEAN II.
b 1708.
1° RUEL, Marguerite, [PIERRE II.
b 1710; s [5] 30 sept. 1733.
Marguerite, b [5] 29 sept. 1733.
1735, (17 janvier). [5]
2° CHABOT, Marie-Madeleine, [JEAN III.
b 1719.
Jean-François, b [5] 1er nov. 1736, m [5] 21 nov. 1763, à Elisabeth CAMPEAU. — *Jean-Charles,* b [5] 7 sept. 1738.—*Cécile,* b [5] 9 oct. 1740; 1° m [5] 4 juin 1764, à Antoine GOUJOU; 2° m [5] 20 oct. 1771, à Bernard DUBERGÈS. — *Marie-Anne,* b [5] 12 août 1743; m [5] 12 fevrier 1770, à Paul PARADIS.— *Joseph,* b [5] 19 déc. 1746, s [5] 4 juillet 1771. — *Pierre,* b [5] 23 mai 1749.—*Geneviève,* b [5] 1er sept. 1751. — *Marie-Joseph,* b [5] 10 nov. 1753. — *Marie-Madeleine,* b [5] 1er mai 1756. — *Charles,* b [5] 8 juillet 1758; s 1er août 1759, à Charlesbourg.

1735, (29 août) St-Laurent, I. O.[8]
III.—POULIOT, INNOCENT, [CHARLES II.
b 1709.
ISABEL, Jeanne, [MARC II.
b 1712.
Geneviève, b [8] 18 sept. 1736. — *Marie-Thérèse,* b [8] 16 mars et s [8] 17 avril 1738. — *Marie-Joseph,* b [8] 23 fevrier 1739.—*Innocent,* b [8] 6 et s [8] 28 sept. 1740. — *Marie-Thérèse,* b [8] 5 dec. 1741. — *Innocent,* b [8] 14 sept. 1743.—*Pierre,* b [8] 10 juin 1745; s [8] 3 juillet 1749.—*Marie-Anne,* b [8] 25 mars 1747; m 23 nov. 1767, à Paul MARCEAU, à St-Valier.— *Marguerite-Angélique,* b [8] 20 déc. 1748.— *Louis,* b [8] 13 dec. 1750. — *Cécile,* b [8] 25 sept. et s [8] 7 oct. 1752.—*François,* b [8] 22 août 1756.

1742, (15 oct.) St-Laurent, I. O.[6]
III.—POULIOT, NICOLAS, [CHARLES II.
b 1720.
LEMELIN (1), Thérèse, [LOUIS II.
b 1718.
Jacques, b [6] 25 juillet 1743.—*Marie-Anne,* b 24 août 1745, à Beaumont [7] — *Nicolas,* b [7] 27 mars 1748. — *Marie,* b 22 nov. 1750, à St-Charles.[8] — *Charles,* b [8] 25 oct. 1752.

1743, (21 oct.) St-Laurent, I O. [1]
III.—POULIOT, CHARLES, [CHARLES II.
b 1722.
1° ISABEL, Thérèse, [MARC II.
b 1723; s 24 mai 1760, à St-Charles. [2]
Marie-Thérèse, b [1] 31 oct. 1744.—*Charles,* b 30 mars et s 3 avril 1746, à Beaumont.[3]—*Charlotte,* b [3] 30 mars et s [3] 9 juin 1746.—*Louis,* b [3] 5 mars 1747.—*Marie-Joseph,* b [3] 23 mars 1749.—*Charles,* b [2] 16 février et s [2] 2 avril 1751.—*Marie-Marthe,* b [2] 19 avril 1753; s [2] 13 mars 1756.—*Charles,* b [2] 8 février 1756 —*Marie-Louise,* b [2] 26 avril 1759.
1761, (31 août) St-Valier.
2° CORRIVEAU, Geneviève, [JEAN-BTE II.
b 1733.

1744, (28 sept.) St-Laurent, I. O.
III.—POULIOT, CHARLES, [ANDRE II.
b 1718, charpentier, s 19 août 1780, à Quebec. [3]
LAIGU-LANOUX, Louise, [RENÉ-CHARLES I.
b 1724; charpentier; s [3] 8 sept. 1783.
Joseph, b [3] 9 nov 1745, s [3] 26 juillet 1746.— *Charles,* b [3] 6 août 1747; s [3] 18 nov. 1749.

1747, (21 août) Ste-Famille, I. O.
III.—POULIOT, JOSEPH, [ANDRÉ II.
b 1723.
PAQUET, Madeleine, [FRANÇOIS II.
b 1718.
Joseph-Marie, b 7 sept. et s 12 nov. 1748, à St-Laurent, I. O.[4] — *Marie-Joseph,* b [4] 20 dec. 1749; s [4] 26 dec. 1750.—*Charles,* b [4] 4 déc. 1751.

(1) Elle épouse, le 8 fevrier 1702, Joseph Barbier, a Laprairie.

—*Madeleine,* b [4] 4 déc. 1751; s [4] 15 nov. 1759.—*Marie-Françoise,* b [4] 29 janvier 1754.—*Joseph,* b 22 oct. 1755, à St-Pierre, I. O.; s [4] 24 avril 1756.—*Jean-Baptiste,* b [4] 24 janvier et s [4] 12 juillet 1758.—*Joseph,* b [4] 24 janvier et s [4] 16 nov. 1758.

1750, (18 février) Ste-Foye. [7]
III.—POULIOT, ANTOINE, [ANDRÉ II.
b 1731.
LIÉNARD, Angélique, [LOUIS II.
b 1717; veuve de Pierre Dion; s [7] 13 mai 1768.
Marie-Angélique, b [7] 22 fevrier 1751.—*Joseph,* b [7] 4 mars 1752; m 2 mars 1772, à Charlotte CHRÉTIEN, à St-Thomas.—*Marie-Joseph,* b [7] 2 avril 1754; m 4 mai 1779, à Pierre MAINGUY, à Quebec. — *Marguerite-Hyacinthe,* b [7] 30 août 1755.—*Ursule,* b [7] 18 août 1757; s [7] 14 mars 1761. —*Marie-Joseph,* b [7] 18 août et s [7] 27 sept. 1757. —*Antoine,* b [7] 10 janvier 1760.

III.—POULIOT (1), JEAN, [ANDRÉ II.
b 1709; s 16 juillet 1759, à Québec.

1753, (6 août) St-Jean, I. O. [1]
IV.—POULIOT, JEAN-FRANÇOIS, [JEAN III.
b 1726.
FORTIER, Marie-Joseph, [GUILLAUME II.
b 1732.
Marie-Joseph, b 3 juillet 1754, à St-Laurent, I. O. [2] — *Jean,* b [1] 14 juin 1756.—*Angélique,* b [2] 24 oct. 1758.—*Joseph-Marie,* b [2] 19 août 1762.—*Pierre-Noel,* b [2] 19 mars 1764.

1762, (15 fevrier) St-Joseph, Beauce. [3]
IV—POULIOT, NICOLAS, [JEAN III.
b 1738.
BONHOMME, Marie-Louise, [JOSEPH IV.
b 1741.
Marie, b [3] 4 déc. 1762.

1763, (21 nov.) St-Laurent, I. O.
IV.—POULIOT, JEAN-FRANÇOIS, [FRANÇOIS III.
b 1736.
CAMPEAU, Elisabeth, [PAUL III.
b 1739.

IV.—POULIOT, IGNACE, [JEAN III.
b 1738.
GODBOUT, Judith.
Ignace, b... m 1er juin 1790, à Angelique MOREAU, à Québec. — *Marie-Anne,* b 30 juillet 1769, à l'Ile-Dupas.

1772, (2 mars) St-Thomas.
IV.—POULIOT, JOSEPH, [ANTOINE III.
b 1752.
CHRÉTIEN, Charlotte, [CHARLES III.
b 1750.

(1) Tué par une bombe.

1790, (1er juin) Québec.
V.—POULIOT, IGNACE. [IGNACE IV.
MOREAU, Angélique, [FRANÇOIS IV.
b 1757.

POULLALIER (1), LOUIS.
CAMPEAU, Ursule, [ETIENNE III.
b 1739; s 2 août 1778, à Montréal.

POULLIAU.—Voy. POULIOT.

I.—POULOIS (2), JEAN-LOUIS-MANUEL,
b 1717.
RICHER, Marie-Geneviève,
b 1719.

POUPARD.—Voy. POUPART.

I.—POUPARDEAU, PIERRE.
MARISAL, Madeleine.
Louis, b 1678; s 6 janvier 1682, à Québec.

POUPART.—*Variations et surnom :* POUPARD—POUPEAU—LABOISE—LAFLEUR.

1679, (6 avril) Boucherville.
I.—POUPART (3), RENÉ,
b 1650.
GENDRON, Marie, [GUILLAUME I.
b 1666.
René, b 25 avril 1682, à Contrecœur [2]; m 24 oct. 1712, à Catherine LABERGE, à L'Ange-Gardien; s 20 déc. 1754, à Verchères. — *Joseph,* b [2] nov. 1684; 1° m à Marie PÉRIER; 2° m 1er dec. 1711, à Catherine JUILLET, à Montréal. [3]—*Marie,* b 1686; m [3] 31 déc. 1708, à Henri ROCLOFF-VANDE-WERKEN. — *Jean,* b 1688; m [3] 14 mars 1718, à Marguerite POUDRET; s 30 mars 1793, au Detroit. [4]—*Elisabeth,* b 1690; m [3] 26 fevrier 1713, à Charles CHARON. — *Charles,* né 5 mai 1698, à Hill-Walter [5]; b [3] 10 juin 1708; m [3] 20 mars 1719, à Agnès BRAZEAU; s [4] 19 dec. 1761. — *Clotilde,* née [5] 10 dec. 1699; b [3] 3 juin 1708.— *Jean,* b... m 1720, à Marie-Anne EUGÈNE.— *Madeleine,* née [5] 6 oct. 1704; b [3] 29 mai 1708. — *Paul-Clement,* né [5] août 1706; b [3] 29 mai 1808.

1682, (11 août) Laprairie. [5]
I.—POUPART (4), PIERRE,
b 1653; s 7 juin 1699, à Montreal. [6]
PERRAS (5), Marguerite. [PIERRE I.
b 1655
Catherine, b [5] 14 avril 1684; 1° m [6] 27 oct 1715, à Bonaventure COMPAIN; 2° m [6] 18 fevrier 1732, à François LANCTOT; s 3 fevrier 1741, à Longueuil. — *Jean-Baptiste,* b [5] 23 sept. 1689, 1° m [5] 8 oct. 1713, à Marguerite PATENOTRE, 2° m [5] 23 fevrier 1716, à Marie-Catherine GER-

(1) Dit St. Amour.
(2) Voir Recensement de Québec de 1744, No 986.
(3) Voy vol. I, p. 497—Il était établi à Hill Water, proche Orange, Nouvelle-Angleterre, après 1684 (Voy. 1er dec. 1711, reg de Montreal.)
(4) Voy. vol. I, p 497.
(5) Elle épouse, le 20 sept. 1699, Joseph Dumay, à La-prairie.

VAIS; s 5 14 avril 1730.—*Joseph*, b 5 8 juin 1696: m 5 6 nov. 1724, à Anne LEMIEUX; s 6 17 avril 1726.

POUPART, VINCENT.—Voy. POUPEAU, 1690.

II.—POUPART, JOSEPH, [RENÉ I.
b 1684.
1° PÉRIER, Marie. [JEAN I.
Madeleine, b... m 23 nov. 1732, à Gaspard MUNIER, à Québec.

1711, (1er déc.) Montreal. 7

2° JUILLET, Catherine, [LOUIS II.
b 1686; veuve de Jacques HUSSEY.
Joseph, b 7 17 oct. 1713; s 7 14 mai 1714. — *Anonyme*, b 7 et s 7 8 dec. 1714.

1712, (24 oct.) L'Ange-Gardien.

II.—POUPART, RENÉ, [RENÉ I.
b 1682; s 20 déc. 1754, à Verchères.
LABERGE, Catherine, [ROBERT I
b 1667; veuve de Guillaume Maroist; s 28 mars 1742, à Quebec.

1713, (8 oct.) Laprairie. 7

II.—POUPART, JEAN-BTE, [PIERRE I.
b 1689; s 7 14 avril 1730.
1° PATENOTE, Marguerite, [JEAN II.
b 1692; s 24 nov. 1715, à Montréal.
Marie-Marguerite, b 3 avril 1714, à Longueuil, m 7 18 avril 1735, à François BABEU.

1716, (23 fevrier). 7

2° GERVAIS, Marie-Chatherine, [MATHURIN I.
b 1689.
Jean-Baptiste, b 7 4 août 1718; m 7 22 oct. 1742, à Madeleine DENIGER. — *Jacques*, b 7 16 sept. 1720.—*Pierre*, b 7 9 sept. 1722; m 7 14 avril 1749, à Marie-Anne DENIAU. — *Marie-Catherine*, b 7 12 avril 1725. — *Joseph*, b 7 7 sept. 1727. — *Marie-Anne*, b 7 3 août 1729.

1718, (14 mars) Montreal. 7

II.—POUPART (1), JEAN, [RENÉ I.
b 1688; s 30 mars 1793, au Détroit. 8
POUDRET-GENDRON, Marguerite, [ANTOINE I.
b 1698.
Madeleine-Marguerite, b 7 15 mars et s 7 18 juillet 1719. — *Jean*, b 7 31 mai 1720. — *Antoine*, b 7 27 nov. 1721. — *Jeanne*, b 7 17 janvier et s 7 3 sept. 1723. — *Jean-Baptiste*, b 7 27 nov. 1723.— *Marie-Madeleine*, b 7 18 mai 1724; m 7 3 juillet 1752, à Philippe PILLIAMET. — *Joseph*, b 7 5 mai 1725; m 8 14 fevrier 1751, à Agathe RÉAUME; s 8 20 sept. 1792.— *Marie-Catherine*, b 7 8 mai 1726 —*Joseph*, b 7 9 août 1727.— *Marie-Catherine*, b 7 21 sept. 1728. — *Marie-Louise*, b 7 5 fevrier 1737.

1719, (20 mars) Montréal. 3

II.—POUPART (1), CHARLES, [RENÉ I.
b 1698; s 19 dec. 1761, au Détroit. 4
BRAZEAU, Agnès, [NICOLAS II.
b 1697 s 4 7 nov. 1742.
Marie-Anne, b 3 28 déc. 1719; s 3 3 janvier 1720.— *Charles*, b 3 23 oct. 1720; m 4 10 fevrier 1755, à Isabelle ST. AUBIN; s 4 1er oct. 1777.— *Pierre*, b 3 29 janvier 1722; 1° m 3 9 février 1750, à Marie-Anne DEMERS; 2° m 3 20 oct. 1766, à Geneviève PAQUET. — *Jean-Baptiste*, b 3 9 février et s 3 7 juin 1723. — *Marie-Joseph-Gabrielle*, b 3 17 mars et s 3 22 juillet 1725.—*Nicolas*, b... s 3 3 juin 1726. — *Nicolas*, b 1727; s 3 9 mars 1728.— *Charlotte-Elisabeth*, b 3 8 et s 3 29 janvier 1728. — *Marie-Françoise*, b 3 12 mars 1729. — *Marie*, b 4 février 1730, à Lachine. — *Marie-Joseph*, b 3 4 oct. 1734; m 4 7 janvier 1752, à Jean-Baptiste PETIT.—*Marie-Anne-Louise*, b 3 13 avril et s 3 19 juillet 1737. — *Agnès*, b 3 26 déc. 1738; s 19 janvier 1739, à la Longue-Pointe.

(1) Dit Lafleur.

1724, (6 nov.) Laprairie. 5

II.—POUPART, JOSEPH, [PIERRE I.
b 1696; s 17 avril 1726, à Montréal.
LEMIEUX, Marie-Anne, [GABRIEL II.
b 1706.
Marie-Joseph, b 15 sept. 1725, à Longueuil; 1° m 5 27 nov. 1741, à Louis BARET; 2° m 29 avril 1754, à Jacques DELINEL, à St-Constant.

POUPART, CHARLES.
BOURQUE, Marie-Louise.
Thérèse, b 17 nov. 1725, à Laprairie.

1742, (22 oct.) Laprairie. 6

III.—POUPART, JEAN-BTE, [JEAN-BTE II.
b 1718.
DENIGER, Madeleine (1), [PIERRE II.
b 1721.
Marie-Anne, b 6 26 juillet 1743.—*Marie-Joseph*, b 1746; 1° m à Jacques CHARDON; 2° m 23 nov. 1767, à Jacques ROUSSIN, à Montreal.

1749, (14 avril) Laprairie.

III.—POUPART, PIERRE, [JEAN-BTE II.
b 1722.
DENIAU (2), Marie-Anne. [JACQUES III.
Jean-Baptiste, b 7 juillet 1758, à St-Philippe. 2 —*Marie-Joseph*, b 13 dec. 1761, à St-Constant.— *Rosalie-Marie-Madeleine*, b 2 22 juillet 1763.

1750, (9 fevrier) Montreal. 2

III.—POUPART (3), PIERRE, [CHARLES II.
b 1722.
1° DEMERS, Marie-Anne, [PIERRE III.
b 1731.
Pierre-Amable, b 2 24 janvier 1751; m 2 17 nov. 1777, à Suzanne SARO. — *Charles*, b 1756; m 2 15 fevrier 1779, à Geneviève POITRAS.

1766, (20 oct.) 2

2° PAQUET, Geneviève, [PIERRE II.
b 1742.

1751, (14 fevrier) Détroit. 4

III.—POUPART (4), JOSEPH, [JEAN II.
b 1725; marchand, s 4 20 sept. 1792.
RÉAUME, Agathe. [HYACINTHE III.

(1) Appelée Angélique en 1767.
(2) Voy. Deneau.
(3) Dit Lafleur.
(4) Dit Laboise.

Marie-Joseph, b [4] 11 mars 1752 ; s [4] 8 sept. 1757. —*Angélique*, b [4] 12 sept. 1753 ; m [4] 18 juin 1770, à Jean-Baptiste CICOTTE. —*Antoine*, b [4] 5 février et s [4] 3 juin 1755.

POUPART, GUILLAUME.
CHAILLÉ, Marie-Joseph.
Louis, b 1er janvier 1752, aux Trois-Rivières.

1755, (10 fevrier) Détroit.[5]

III.—POUPART (1), CHARLES, [CHARLES II.
b 1720 ; maitre-charron ; s [5] 1er oct. 1777.
ST. AUBIN (2), Isabelle. [JOSEPH III.
Charles, b [5] 22 sept. 1755.—*André*, b [5] 19 nov 1758. — *Marie-Joseph*, b [5] 21 janvier 1763 ; s [5] 4 nov. 1770.

1777, (17 nov.) Montreal.

IV.—POUPART (3), PIERRE, [PIERRE III.
b 1751.
SARO, Suzanne, [PIERRE III.
b 1760.

1779, (15 fevrier) Montreal.

IV.—POUPART (1), CHARLES, [PIERRE III.
b 1756.
POITRAS, Geneviève, [FRANÇOIS IV.
b 1756.

POUPEAU.—*Variation* : POUPART.

1690, (27 avril) Boucherville.

I.—POUPEAU, VINCENT.
BARSA (4), Madeleine, [ANDRÉ I.
b 1675.
Madeleine, b 1690 ; m 19 mars 1711, à Jean-Baptiste JOLY, à Montreal[6], s [6] 22 mars 1714.

POUPEVILLE. — *Variations* : BONNEVILLE — POUVIL—PROUVILLE.

1743, (5 février) Château-Richer.

I.—POUPEVILLE, JACQUES, fils de Robert et de Jeanne Baudet, de Cherbourg, diocèse de Coutances, Normandie.
GAUCHON, Catherine, [JOSEPH III.
b 1720.
Marie-Louise, b 8 février 1745, à St-Joseph, Beauce.[5]—*Marie-Thérèse*, b [5] 14 janvier 1746.—*Gabriel*, b [5] 9 avril 1747.

1763, (21 nov.) St-Antoine-de-Chambly.

I.—POUPOT, PIERRE, b 1733 ; fils de Pierre et de Marie Brisard, de Goulay, diocese de Bordeaux, Guienne.
VANDANDAIQUE, Marie-Jos, [PIERRE-JOACHIM III.
b 1745.

(1) Dit Lafleur.

(2) Elle épouse, le 12 oct. 1781, Amable Maillou, au Détroit.

(3) Marié sous le surnom Lafleur.

(4) Et Bresac ; elle epouse, le 27 juin 1696, Jean Bizoux, à Montréal.

POUQUEVILLE.—*Variation et surnom* : BOUQUEVILLE—NORMAND.

I.—POUQUEVILLE (1), JACQUES, b 1745 ; s (noye) 17 juillet 1791, à Quebec.[2]
DECASTEL, Louise, [JEAN-BARTHÉLEMI I.
b 1752.
Marie-Louise, b [2] et s [2] 18 nov. 1785.

I.—POURPOINT (2), JACQUES.

I.—POURS (3), JEAN, b 1735, s 1er oct. 1793, à Quebec.

POUS (4), JEAN.
MORIN, Françoise.
Jean-François, b 25 fevrier 1760, à Quebec.

POUSSARD.— *Surnoms* : BONAPPÉTIT — JOLICOEUR.

1711, (8 nov.) Montréal.[2]

I.—POUSSARD (5), JEAN, b 1671 ; fils de Gabriel et d'Andree Hunaud, de St-Jean-d'Angely, diocèse de Xaintes, Saintonge ; s [2] 6 oct. 1724.
1° DAVID, Madeleine, [GUILLAUME I.
b 1666 ; veuve de Jacques Lepage ; s [2] 3 février 1715.
1722 (9 nov.)[2]
2° MARTINEAU (6), Françoise, [JACQUES I.
b 1678 ; veuve de Nicolas Bridet.

1712, (1er août) Quebec.[7]

I.—POUSSARD (7), RAYMOND, fils de Nicolas et de Jeanne Rigaut, de St-André, Bordeaux.
MOREL, Louise, [PIERRE I.
b 1683 ; veuve de Charles Ducharme, s [7] 6 juin 1744.
Louis-Nicolas, b [7] 7 mai 1713.— *Marie-Joseph*, b [7] 14 dec. 1714.—*Jean*, b [7] 27 dec. 1715.—*Marie-Anne*, b [7] 12 juillet et s [7] 29 août 1717. — *Joseph-Laurent*, b [7] 22 juin 1718 — *Marie-Madeleine*, b [7] 20 sept. 1720 ; m [7] 30 sept. 1744, à Louis LABORD. —*Raymond*, b [7] 29 mars 1724.

(1) Et Bouqueville dit Normand.

(2) Soldat de la compagnie de Crisaphy. Accusé, en avril 1686, de crimes et délits, d'avoir déserté du détachement de la compagnie de M. de Troyes, dans le voyage de la Baie du Nord et d'avoir violé Geneviève Duclos, femme de Pierre Perrault, il est condamné à être pendu, à la Basseville, après avoir été conduit nu en chemise, une torche ardente au poing, devant la principale porte de l'église paroissiale de cette ville, pour y demander pardon à Dieu des dits crimes ; et pour plus grand exemple, il est ordonné que la tête soit retranchée du corps mort, et mise au haut d'un pieu qui sera planté à la butte plus proche de cette ville sur la grande route tendante d'icelle à Coulonges, pour y demeurer tant qu'elle sera en être.

(3) Etranger venu dans un vaisseau anglais.

(4) Dit Carcassonc.

(5) Dit Bonappétit.

(6) Elle épouse, le 4 oct. 1725, Léonard Casmin, à Montréal.

(7) Dit Jolicœur.

I.—POUSSARD, JEAN-JACQUES, de Plaisance, Ile Terreneuve.

....

Jacques, né 1735; b 7 dec. 1756, à Québec[6]; m à Marie-Anne DEROME; s[6] 18 nov. 1782.

1761, (12 fevrier) St-Thomas.

I.—POUSSARD, JEAN, fils de Jean et de Marie Gravière, de Louisbourg.
GAUDREAU (1), Marguerite, [JEAN-BTE I. Acadienne.

II.—POUSSARD, JACQUES, [JEAN-JACQUES I. ne 1735; s 18 nov. 1782, à Quebec.[6]
DEROME, Marie-Anne. [FRANÇOIS III.
Geneviève, b... m[6] 11 janvier 1791, à Jean-Baptiste CRÊTE.—*Jacques*, b... m[6] 7 juin 1791, à Marguerite CORNEAU.

1791, (7 juin) Québec.

III.—POUSSARD, JACQUES. [JACQUES II.
CORNEAU, Marguerite. [MICHEL.

I—POUSSE-AU-LARGE, JEAN, b 1659; s 12 juin 1719, à Montreal.

POUTICHEROT.—*Surnom* : GAMARD.

1751, (11 janvier) Sorel.[1]

I.—POUTICHEROT (2), JACQUES, b 1717; fils de Nicolas et de Marie Gomond, de St-Léonard, diocèse de Lizieux, Normandie; s[1] 6 juin 1757.
PELOQUIN, Marie-Joseph, [FÉLIX II b 1730.
Marie-Joseph, b[1] et s[1] 26 déc. 1751. — *Marie-Joseph*, b[1] 8 mars 1753: m 30 juin 1770, à Jean-Baptiste LAVENTURE, à l'Ile-Dupas.—*Emmanuel*, b[1] 22 et s[1] 28 oct. 1755. — *Ursule*, b[1] 29 nov. 1756.

POUTRÉ.—*Variation et surnoms* : POUDRET — BRISETOUT—CALUCHON—LAVIGNE.

1667, (3 nov.) Quebec.

I.—POUTRÉ (3), ANDRÉ, b 1646; s 2 juin 1724, à la Pte-aux-Trembles, M.[6]
BUREL, Jeanne, b 1646; s[6] 17 avril 1724.
Madeleine, b 27 dec. 1670, à Sorel[7]; 1° m[7] 28 mai 1687, à Antoine MORAN; 2° m 21 avril 1709, à Antoine GABRIEL, à Montréal[8]; s[8] 29 août 1730.—*Jean-André*, b[7] 2 fevrier 1680; 1° m[6] 14 fevrier 1707, à Jeanne DESROCHES; 2° m 3 mai 1729, à Marie PAQUET, à Lachenaye. — *Jean*, b[8] 25 août 1682; m 1701, à Françoise VIAU; s 30 oct. 1714, à Varennes.—*Jeanne*, b[7] 14 dec. 1684; m[6] 25 nov. 1712, à Antoine BAUDRIA. — *Pierre*, b[6] 1er août 1687; 1° m 1717, à Marie-Anne FORAN; 2° m[6] 27 sept. 1723, à Madeleine MASSON; 3° m à Françoise LAURENCE-LAVIOLETTE; s 13 mars 1746, à la Longue-Pointe. — *Jacques*, b[8] 30 sept. 1690; m[6] 16 avril 1714, à Marie-Anne SIMON.

(1) Elle était, le 27 août 1768, à Kamouraska.
(2) Dit Gamard en 1755.
(3) Dit Lavigne; voy. vol. I, p. 498.

1701.

II.—POUTRÉ (1), JEAN, [ANDRÉ I. b 1682; s 30 oct. 1714, à Varennes.[1]
VIAU (2), Françoise, [JACQUES I. b 1682.
Jacques, b 29 nov. 1701, à Longueuil[2]; m[1] 18 juillet 1729, à Marie-Anne BISSONNET.—*Michel*, b[2] 21 sept. 1704. — *Françoise*, b 1707; s[1] 9 mai 1708.—*Marguerite*, b 22 oct. 1708, à Repentigny; m[1] 26 nov. 1731, à Jean-Baptiste CHARON; s[2] 8 fevrier 1733.—*Marie-Françoise*, b[1] 1er sept. 1711. —*Jean-Baptiste*, b[1] 7 dec. 1713; m[2] 12 janvier 1739, à Marie BOUTEILLER.

1707, (14 février) Pte-aux-Trembles, M.[3]

II.—POUTRÉ (3), JEAN-ANDRÉ, [ANDRÉ I. b 1680.
1° DESROCHES, Jeanne, [NICOLAS II. b 1687; s 8 août 1727, à Repentigny.[4]
Nicolas, b[3] 21 nov. 1707; 1° m à Marie-Joseph MIGNERON; 2° m 28 avril 1749, à Françoise BEAUMOND, à Ste-Rose.—*André*, b[3] 1er oct. 1711; m 10 avril 1736, à Dorothee ETHIER, à Lanoraie.[5] — *Marie-Joseph*, b[3] 20 sept. 1713; m 1739, à Jacques PEPIN.—*Anne*, b[3] 6 avril 1718; m 1749, à Jean PROVOST.—*Jean-Baptiste*, b[3] 5 mars 1720. —*Jean-Baptiste*, b[3] 17 et s[3] 18 mars 1721.— *Marie-Angélique*, b... s[3] 13 avril 1722.—*Pierre*, b[4] et s[4] 8 août 1727.

1729, (3 mai) Lachenaye.

2° PAQUET, Marie, [LOUIS III. b 1693; veuve de Nicolas Thibaut.

1714, (16 avril) Pte-aux-Trembles, M.[6]—

II.—POUTRÉ (3), JACQUES, [ANDRÉ I. b 1690.
SIMON (4), Marie-Anne, [LÉONARD II. b 1696.
Angélique, b 1715; s (noyee) 23 oct. 1737 à Lachenaye.—*André*, b[6] 9 juillet 1722; m 6 fevrier 1747, à Marie-Joseph DAOUST, à la Pointe-Claire. —*Catherine*, b[6] 3 avril 1724; m 27 oct. 1755, à Charles POTHIER, à Montreal.—*Marie-Amable*, b 1731; m 3 fevrier 1749, à Timothee LEBLANC, au Sault-au-Recollet.[7] — *Marie-Anne*, b 1735; s[7] 1er sept. 1737.

1717.

II.—POUTRÉ (5), PIERRE, [ANDRÉ I b 1687; s 13 mars 1746, à la Longue-Pointe.[2]
1° FORAN, Marie-Anne, s 22 janvier 1723, à la Pte-aux-Trembles, M.[3]
Marie-Joseph, b[3] 9 juillet 1718: m 2 fevrier 1750, à Pierre DENIAU, au Sault-au-Recollet.

(1) Dit Lavigne—Brisetout.
(2) Elle épouse, le 6 déc 1719, Paul Petit, à Varennes.
(3) Poudret dit Lavigne.
(4) Elle est aussi appelée Léonard, du nom de baptême de son père.
(5) Et Poudret dit Lavigne—Caluchon.

1723, (27 sept.) [3]
2° MASSON, Madeleine, [PIERRE II.
b 1704.
Pierre, b [3] 21 juin 1724; m 29 mai 1752, à Angélique LAMARRE, à Longueuil. [4] — *André*, b [2] 11 oct. 1725.—*Marie-Joseph-Charlotte*, b [2] 20 nov. 1726; m [2] 16 oct. 1752, à François SIMON.—*Pierre*, b 1728; s [2] 20 janvier 1730.—*Marie-Françoise*, b [2] 31 janvier 1730.—*Marie*, b... m 1748, à André BOMBARDIER.—*Marie-Françoise*, b [2] 3 déc. 1731; m [3] 27 oct. 1760, à Pierre ETIENNE.—*Marie-Amable*, b [2] 14 juin 1733.—*Antoine*, b 1734; s 9 sept. 1741, à Terrebonne.—*Elisabeth*, b... m [4] 10 février 1755, à Pierre GOGUET.—*Madeleine*, b... m [4] 23 février 1756, à Joseph GOGUET.—*Marie-Anne*, b... m [4] 24 janvier 1757, à François DHERRE.—*Pierre*, b [2] 23 avril 1738; 1° m [3] 9 février 1766, à Elisabeth GOGUET; 2° m [2] 11 février 1771, à Marie-Celeste LARCHEVÊQUE; s [2] 8 oct. 1784.

POUTRÉ, FRANÇOIS.
CHEVALIER, Geneviève
Geneviève, b 1723; s 7 oct. 1724, à Montréal.

1729, (18 juillet) Varennes. [2]
III.—POUTRÉ (1), JACQUES, [JEAN II.
b 1701.
BISSONNET, Marie-Anne, [PAUL II.
b 1712.
Marie-Joseph, b 1730, 1° m [2] 10 avril 1752, à Joseph GAGNÉ; 2° m [2] 10 janvier 1763, à Ambroise PLOUF. — *Amable*, b 1732; m [2] 9 janvier 1758, à Charles JOACHIM. — *Joseph*, b... m [2] 20 oct. 1760, à Marguerite DESEL. — *Marie-Anne*, b... m [2] 20 oct. 1760, à Jacques NOUVIOU. — *Marie-Françoise*, b... 1° m [2] 5 oct. 1761, à Pierre FORTIER; 2° m [2] 29 sept. 1766, à François TESSANDIER. — *Charlotte*, b... m [2] 7 nov. 1763, à Augustin PASCHAL. — *Louis*, b... m [2] 9 janvier 1764, à Marie-Joseph BRUNEL. — *Augustin*, b... m [2] 29 oct. 1764, à Marguerite CADIEU. — *Elisabeth*, b... m [2] 12 janvier 1767, à Jean-Baptiste FUGÈRE. — *Christophe*, b... m [2] 16 juillet 1770, à Madeleine HAMEL.

III.—POUTRÉ, NICOLAS, [JEAN-ANDRÉ II.
b 1707.
1° MIGNERON, Marie-Joseph.
Marie-Amable, b 1735, m 17 janvier 1757, à Honoré BLANCHARD, à la Pte-aux-Trembles, M.
1749, (28 avril) Ste-Rose. [3]
2° BEAUMONT, Françoise,
veuve d'Antoine Clement.
Raphael, b 11 août, à Terrebonne [4] et s [3] 24 oct. 1750.—*Jacques*, b [4] 25 mars 1752.

1736, (10 avril) Lanoraie.
III.—POUTRÉ, ANDRÉ, [JEAN-ANDRÉ II.
b 1711; bedeau.
ETHIER, Dorothee. [RENÉ II.
Jean-Baptiste, b 24 janvier 1737, à St-Frs-du-Lac; m 8 février 1762, à Marie-Anne DESROCHES, à la Pte-aux-Trembles, M. [2] — *Marie-Monique*, b [2] 22 et s [2] 27 juillet 1749. — *Louis*, b [2] 21 août et s [2] 2 sept. 1751.

(1) Dit Lavigne.

1739, (12 janvier) Longueuil.
III.—POUTRÉ (1), JEAN-BTE, [JEAN II.
b 1713.
BOUTEILLER, Marie. [FRANÇOIS I.
Jean-Baptiste, b... m 7 sept. 1761, à Isabelle BOUSQUET, à Varennes. [3] — *Louis*, b... m [3] 24 oct. 1768, à Françoise BISSONNET. — *Angélique*, b... m [3] 28 mai 1770, à François BRUNEL.—*Marie-Joseph*, b... m [3] 13 août 1770, à Louis HÉBERT.

POUTRÉ, PIERRE.
TREMBLAY, Madeleine.
Marie-Anne, b... m 20 juillet 1762, à Joseph SOZET, à Longueuil.

1747, (6 février) Pointe-Claire.
III.—POUTRÉ (1), ANDRÉ, [JACQUES II.
b 1722.
DAOUST, Marie-Joseph, [GUILLAUME II.
b 1728.
André, b 7 mai et s 7 juin 1751, à Ste-Geneviève, M. [3] — *Joseph-Marie*, b [3] 26 juillet 1755.—*Anonyme*, b [3] et s [3] 31 mai 1758.— *François*, b [3] 6 juin et s [3] 20 août 1759.

1752, (29 mai) Longueuil. [6]
III.—POUTRÉ (1), PIERRE, [PIERRE II.
b 1724.
LAMARRE, Angélique, [ANDRÉ II.
b 1735.
Catherine-Angélique, b [6] 15 oct. 1753.—*Marie-Angélique*, b 9 avril et s 21 mai 1758, à St-Philippe. [7] — *Joseph*, b [6] 11 nov. 1759. — *François-Séraphin*, b [6] 19 février 1762.—*Marie-Angélique*, b... s [7] 7 avril 1764.

1760, (20 oct.) Varennes.
IV.—POUTRÉ (1), JOSEPH. [JACQUES III.
DESEL, Marguerite. [MICHEL III.

1761, (7 sept.) Varennes.
IV.—POUTRÉ (2), JEAN-BTE. [JEAN-BTE III
BOUSQUET (3), Isabelle. [CLAUDE III.

1762, (8 février) Pte-aux-Trembles, M.
IV.—POUTRÉ, JEAN-BTE, [ANDRÉ III.
b 1737.
DESROCHES, Marie-Anne. [JEAN-BTE III

1764, (9 janvier) Varennes.
IV.—POUTRÉ (1), LOUIS. [JACQUES III.
BRUNEL, Marie-Joseph. [JACQUES III.

1764, (29 oct.) Varennes. [7]
IV.—POUTRÉ (1). AUGUSTIN. [JACQUES III.
CADIEU (4), Marguerite. [JEAN-BTE IV.

(1) Dit Lavigne.
(2) Dit Lavigne—Brisetout.
(3) Elle épouse, plus tard, Simon Perron.
(4) Elle épouse, le 11 février 1771, Jean-Baptiste Roger-Latouche, à Varennes.

Marguerite, b... 1° m [7] 24 avril 1786, à Jean-Pierre MONJEAU; 2° m [7] 5 oct. 1806, à François HEBERT.

1766, (9 février) Pte-aux-Trembles, M.

III.—POUTRÉ (1), PIERRE, [PIERRE II.
b 1738; s 8 oct. 1784, à la Longue-Pointe. [7]
1° GOGUET, Elisabeth, [ÉTIENNE III.
b 1743; s [7] 11 oct. 1766.
1771, (11 février). [7]
2° LARCHEVÊQUE, Marie-Céleste, [JOSEPH IV.
b 1754.

1768, (24 oct.) Varennes.

IV—POUTRÉ (2), LOUIS, [JEAN-BTE III.
BISSONNET, Françoise. [JOSEPH III.
Marie, b... m 27 février 1797, à Joseph FORGET, à St-François, I. J.

1770, (16 juillet) Varennes.

IV—POUTRÉ (2), CHRISTOPHE. [JACQUES III.
HAMEL, Madeleine. [LOUIS IV.

POUVIL.—Voy.—POUPEVILLE.

I.—POUZOLLE (3), JEAN-FRANÇOIS, b 1737; de St-Jean, ville et diocèse de Perpignan, capitale de Roussillon.

POYER.—*Variations et surnom* : BOYER—PAGÉ LAPINTARDE.

I.—POYER (4), JACQUES,
s 7 sept. 1748, à Sorel.
DUBOIS, Marguerite, [ANTOINE I.
b 1685.
Paul-Alexandre, b 18 fevrier 1707, à Chambly. [6] —*Françoise-Marguerite*, b [6] 27 sept. 1708; m [6] 12 janvier 1728, à Antoine GRISÉ-VILLEFRANCHE. —*Marie-Marthe*, b [6] 20 août 1710; 1° m [6] 27 fevrier 1729, à Jean MONTY; 2° m [6] 17 février 1760, à Philippe MEUNIER. — *Louise-Ursule*, b [6] 23 sept. 1712; m [6] 11 août 1733, à Claude MIAU.—*Louise-Marguerite*, b [6] 10 janvier 1715.—*Louise-Thérèse*, b [6] 18 avril 1717; 1° m [6] 11 août 1733, à François LOUPE; 2° m [6] 1er juillet 1748, à Marie-Françoise BOURDEAU. — *Louis*, b [6] 19 mars 1719.—*Marie-Joseph*, b [6] 4 avril 1723; m [6] 18 nov. 1750, à Nicolas CORDEAU; s [6] 10 mai 1751. — *Jacques-Joseph*, b [6] 26 février 1726.

PRADET. — *Variation et surnoms* : FRADET—CINGELAIS—LAFORGE—SINGELAIS.

(1) Dit Caluchon—Lavigne.
(2) Dit Lavigne.
(3) Soldat de Berry, venu en 1757 (procès-verbal.)
(4) Et Boyer dit Lapintarde, sergent dans les troupes, compagnie de M. de Beaujeu—inhumé sous le nom de Page.

1730, (20 fevrier) St-Pierre, I. O. [5]

I.—PRADET (1), JEAN-SIMON, fils de Gaspard et d'Elisabeth Chainyon, de St-André, diocèse de Poitiers, Poitou.
CHARON (2), Geneviève, [JEAN-BTE II.
b 1710.
Elisabeth, b [5] 20 janvier 1731; m 12 janvier 1755, à Jean-Baptiste SIMARD, à la Baie-St-Paul. [6] — *Geneviève*, b... s [5] 23 mai 1733.— *Jean-François*, b [6] 6 sept. 1734; m [6] 15 janvier 1755, à Marie-Victoire POTVIN.— *Simon*, b 7 et s 9 avril 1737, à Beaumont. [7] —*Marie*, b [7] 18 mai 1738; m 1761, à Louis-Joseph BÉLAN. — *Louis-Joseph*, b 26 oct. 1740, à Ste-Anne-de-la-Pocatière. — *François*, b 8 août 1743, à St-Roch. [8] — *Marie-Geneviève*, b [8] 31 juillet 1746; s [6] 14 dec. 1747. — *Simon-Alexis-Victor*, b [6] 18 fevrier 1749; s [6] 17 juillet 1752.— *Marie-Geneviève*, b [6] 29 août et s [6] 1er sept. 1751 —*Louis-Samson-David*, b [6] 20 mai 1753; m 28 avril 1783, à Marguerite CAMPEAU, au Détroit.

1755, (15 janvier) Baie-St-Paul. [9]

II.—PRADET (3), JEAN-MARIE-FRS, [JEAN-SIMON I.
b 1734.
POTVIN (4), Marie-Victoire, [MICHEL III.
b 1736.
Jean-Marie-François, b [9] 19 mars 1756; s [9] 22 avril 1758.—*Marie-Cécile*, b [9] 24 nov. 1757; m [9] 3 fevrier 1777, à François TREMBLAY.—*Sauveur*, b [9] 26 juin 1761.—*Marie-Modeste-Ursule*, b [9] 13 mars 1763.—*Joseph-Marie*, b [9] 29 août 1765.—*Marguerite-Agathe*, b [9] 26 oct. 1767.—*Marie-Félicité*, b [9] 16 juin 1771. — *François-Xavier*, b [9] 10 fevrier 1774.— *Théophile*, b [9] 11 oct. 1776.

PRADET, JEAN-FRANÇOIS.
DUCHESNE, Suzanne-Caroline.
Louis-Marie-Moïse, b 9 avril 1769, à la Baie-St-Paul. [2] —*Jean-Baptiste*, b [2] 18 nov. 1771.— *François*, b [2] 25 nov. 1774.

1783, (28 avril) Détroit.

II.—PRADET (5), LS-SAMSON-DAV., [JEAN-SIMON I.
b 1753.
CAMPEAU, Marguerite. [CHARLES III.
Louis, b 8 mars 1784, au Détroit.

PRAT.—Voy. DUPRAT.

1735, (4 juillet) Trois-Rivières. [8]

II.—PRAT (6), JEAN-BTE, [JEAN I.
b 1710; s 21 mars 1790, à St-Cuthbert.
BOUTON, Claire, [ANTOINE I.
b 1714.
François, b [8] 2 dec. 1744; m 24 fevrier 1776, à Elisabeth PARANT, à Sandwich, Ont.—*Marguerite*, b [8] 24 mai 1746; s [8] 23 juin 1749 —*Marie-Joseph*, b [8] 2 dec. 1749.—*Joseph*, b [8] 24 janvier et

(1) Dit Laforge—Singelais; soldat de M. de Rigaud.
(2) Dit Laferrière.
(3) Et Fradet dit Cingelais—Singelais—Laforge.
(4) Et Fortin.
(5) Dit Laforge.
(6) Pour Duprat, voy. vol. III, p. 551.

s [8] 14 avril 1751. — *Antoine*, b [8] 11 nov. 1752.— *Geneviève*, b [8] 21 dec. 1755.

1738, (4 nov.) Trois-Rivières. [9]

II.—PRAT (1), CHARLES, [JEAN I.
b 1712 ; tailleur.
LECLERC, Clemence, [JEAN-BTE II.
b 1712.
Marguerite, b [9] 24 sept. 1749.—*Claude*, b [9] 4 juin 1751.—*Joseph*, b [9] 18 mars 1753.—*Clément*, b [9] 8 janvier 1755.

1776, (24 février) Sandwich, Ont.

III.—PRAT, FRANÇOIS, [JEAN-BTE II.
b 1744.
PARANT, Elisabeth, [LAURENT II.
b 1747.

PRAYÉ.—*Variations et surnom :* DUPRÉ — PRÉ PREZ—RICHARD.

1656, (10 nov.) Québec.

I.—PRAYÉ (2), NICOLAS.
BUISSON, Mathurine. [FLEURENT I.

1689, (7 février) Québec. [2]

II.—PRAYÉ (2), NICOLAS, [NICOLAS I.
b 1661 ; s [2] 27 dec. 1702.
CHASLE, Elisabeth, [CLAUDE I.
b 1673 ; s [2] 14 dec. 1702.
Jacques, b... m à Louise POITIERS.

1725.

I.—PRAYÉ (3), JOSEPH-PIERRE-JACQUES.
Anglais.
POITIERS, Louise.
Marie-Joseph, b 1726 ; s 16 juin 1733, à la Rivière-du-Loup. [5]—*Marie-Amable*, b [5] 27 avril 1731. —*Marie-Joseph*, b [5] 15 oct. 1733.—*Marie-Louise*, b [5] 23 avril 1735 ; m 16 janvier 1764, à Jean BOULANGER, aux Trois-Rivières. [6] — *Joseph*, b [6] 9 nov. 1736.—*Joseph*, b [5] 19 juin 1738 ; m [6] 20 avril 1761, à Louise POTVIN. — *Geneviève*, b... m 19 oct. 1759, à Charles BOURBEAU, à Becancour.

PRAYÉ (4), JACQUES.
DESHAYES, Jeanne.
François-Xavier, b 26 février 1753, aux Trois-Rivières.

PRAYÉ, JACQUES.
SIVIGNY, Marie-Jeanne.
Joseph, b 24 nov. 1734, à la Rivière-du-Loup

1761, (20 avril) Trois-Rivières.

II.—PRAYE, JOSEPH, [JOS.-PIERRE-JACQUES I.
b 1736.
POTVIN, Louise, [JEAN II.
b 1737.

(1) Pour Duprat, voy. vol. I, p. 552.
(2) Voy. vol. I, p. 498.
(3) Et Prez dit Richard.
(4) Dit Richard.

PRÉ.—Voy. PRAYÉ.

PRÉAUX.—Voy. PROU.

PRÉCOUR.—Voy. DEGRÉ—VANASSE.

PRÉFONTAINE.—Voy. FOURNIER.

PRÉJEAN.—*Variations et surnoms :* PRESSAU— PRESSEAU — PRÉZEAU — PRÉZOT—PRIGEAT— PRIJEAN—PRUDHOMME—FABIEN—LOEILLET.

1684, (14 juin) St-Laurent, I. O.

I.—PRÉJEAN (1), FABIEN,
b 1652 ; s 1er nov. 1712, à St-Pierre, I. O [2]
ENAUD, Helène, [MICHEL I.
b 1668 ; s [2] 2 janvier 1694.
Michel, b [2] 3 dec. 1685 ; s [2] 10 mars 1686.— *Etienne*, b [2] 9 avril 1687 ; s [2] 14 août 1688.— *Jean*, b [2] 24 juin 1689 ; m 7 nov. 1712, à Angélique HUPPÉ, à Beauport : s [2] 16 nov. 1721 — *Marie-Madeleine*, b [2] 23 juillet 1691 ; m [2] 19 nov. 1708, à Pierre NOLIN.

1698, (18 janvier) Montréal.

I.—PRÉJEAN (2), LOUIS,
b 1669 ; s 26 juin 1727, à Lachine. [2]
MAILLET, Marie-Anne, [PIERRE I.
b 1666 ; veuve de Louis Ducharme.
Jean-François, b [2] 25 juillet 1700 ; m 1729, à Catherine BRUNET, s [2] 29 sept. 1731.—*Marie-Joseph*, b [2] 10 juin 1705 ; m [2] 7 nov. 1730, à Pierre VALLÉE.—*Louis*, b [2] 15 août 1707 ; m à Angelique LEMAIRE.—*Suzanne*, b [2] 29 sept. 1709 ; m [2] 4 juillet 1729, à Jacques MÉNARD.

1712, (7 nov.) Beauport. [1]

II.—PRÉJEAN (3), JEAN, [FABIEN I.
b 1689 ; s 16 nov. 1721, à St-Pierre, I. O. [2]
HUPÉ (4), Angelique, [ANTOINE II.
b 1694.
Marie-Joseph, b [2] 28 février 1714 ; m 7 nov. 1735, à Jean ROUDIER, à Charlesbourg ; s 3 juin 1747, à Quebec.—*Angélique*, b [2] 5 avril 1716 ; s [2] 8 dec. 1719.—*Jean-Baptiste*, b [2] 22 sept. 1717 ; m 1er fevrier 1740, à Marie LABELLE, à St-François, I. J. — *Marie-Thérèse*, b [2] 25 sept. 1719 ; 1° m [2] 28 avril 1738, à Jean-Baptiste PAQUET ; 2° m [1] 31 janvier 1757, à Jean-Baptiste BLAVILR. —*Ignace*, b [2] 7 avril et s [2] 28 mai 1721.

I.—PRÉJEAN, FRANÇOIS,
Acadien.
VRIGNON, Madeleine,
Acadienne.
Marie, b... m 10 avril 1742, à Louis-Julien FORTIN, à l'Islet. [5] — *Grégoire*, b 9 juillet 1730, à Annapolis, Acadie.—*Jean*, b [5] 1er fevrier 1742.

(1) Devenu Presseau ; voy. vol. I, p. 498.
(2) Et Prudhomme—Prigeat—Voy. vol. I, pp. 498-501.
(3) Et Presseau.
(4) Elle épouse, le 25 nov. 1727, Joseph Davion-Boisjoli, à Beauport.

1729.

II.—PRÉJEAN, JEAN-FRANÇOIS, [LOUIS I.
b 1700; s 29 sept. 1731, à Lachine.[6]
BRUNET, Catherine.
François, b[6] 1er juin 1730; m 6 avril 1761, à Marie-Louise CADIEU, au Bout-de-l'Ile, M.

II.—PRÉJEAN, LOUIS, [LOUIS I.
b 1707.
LEMAIRE, Angélique.
Marie-Anne, b... m 18 février 1754, à Vital BRAU, à Lachine.[8]—*Marie-Angélique*, b... m[8] 19 sept. 1757, à Antoine PREVOST.—*Suzanne-Amable*, b... m[8] 14 nov. 1757, à Martial DUQUET. —*Louis*, b... m 10 nov. 1760, à Angélique GRENIER, au Bout-de-l'Ile, M.—*François*, b... m 19 janvier 1767, à Marie GAGNÉ, à Châteauguay. —*Marie-Françoise*, b 1747; s[8] 2 nov. 1749.—*Pierre*, b[8] 5 février 1750.

1740, (1er février) St-François, I. J.

III.—PREJEAN (1), JEAN-BTE, [JEAN II.
b 1717.
LABELLE, Marie. [JOSEPH II.
Marie-Charlotte, b 3 déc. 1742, à Lachenaye. —*Marie-Anne*, b 20 sept. 1744, à Terrebonne.—*Marie-Marguerite*, b 16 janvier et s 14 avril 1746, à Ste-Rose.[9]—*Jean-Baptiste*, b[9] 15 mai et s[9] 28 juin 1749.—*Pierre*, b[9] 9 juillet et s[9] 24 août 1750.—*Marie-Thérèse*, b[9] 12 oct. 1751; s[9] 2 oct. 1752.—*Marie*, b[9] 29 avril 1753; m à Augustin LABELLE.—*Jean-Baptiste*, b[9] 21 mars 1755.—*Louis*, b[9] 19 fevrier et s[9] 20 mai 1757.—*Marie-Rose*, b[9] 28 sept. 1758, s[9] 12 mai 1759.—*Antoine*, b[9] 22 nov. 1760.

I.—PRÉJEAN (2), ANDRÉ,
Acadien.
LADOUCEUR, Angélique.
Geneviève-Amable, b... m 12 janvier 1767, à Bernard JOLIVE, à la Pointe-Claire.—*Eustache*, b... m 22 fevrier 1773, à Madeleine ETHIER, à Terrebonne.

PRÉJEAN, PIERRE.
LEBRUN, Marguerite.
Basile, b... m 9 sept. 1776, à Marie-Charlotte PARANT, à Québec.

1760, (10 nov.) Bout-de-l'Ile, M.[5]

III.—PRÉJEAN, LOUIS. [LOUIS II.
GRENIER, Angelique, [CLAUDE III
b 1740.
Marie-Angélique, b 19 sept. 1761, à Lachine—*Marie-Elisabeth*, b[5] 12 sept. 1763—*Marie-Madeleine*, b[5] 24 fevrier 1766.—*Louis*, b[5] 14 mars 1767.

---

(1) Et Pressau dit Fabien.

(2) Et Préseau—Prezot—Prijean.

1761, (6 avril) Bout-de-l'Ile, M.[1]

III.—PRÉJEAN, FRANÇOIS, [FRANÇOIS II.
b 1730.
CADIEU, Marie-Louise, [PIERRE III.
b 1736; veuve de Maurice Héry.
Marie-Joseph, b[1] 28 mars 1762.—*Marie-Anne*, b 10 avril 1763, au Lac-des-Deux-Montagnes[2]; s[2] 23 mai 1765.—*Anonyme*, b[1] et s[1] 20 fevrier 1764.—*Louise-Marguerite*, b[2] 2 janvier 1765.—*Pierre*, b[1] 18 juin 1766.—*Marie-Catherine*, b[1] 13 mars et s[2] 13 mai 1768.

PRÉJEAN, AMABLE.
LANDRY, Jeanne.
Anne, b 17 juin 1767, à Deschambault.

1767, (19 janvier) Châteauguay.

III.—PRÉJEAN, FRANÇOIS. [LOUIS II.
GAGNÉ, Marie. [PAUL III.

1773, (22 fevrier) Terrebonne.

II.—PRÉJEAN (1), EUSTACHE. [ANDRÉ I.
ETHIER, Madeleine. [ANDRÉ.

1776, (9 sept.) Québec.

PRÉJEAN, BASILE. [PIERRE.
PARANT, Marie-Charlotte, [LOUIS IV.
b 1752.

PRELAS.—Voy. PRELAT.

PRELAT.—*Variation et surnom:* PRELAS—BESANÇON.

1759, (19 fevrier) Québec.

I.—PRELAT (2), JACQUES, fils de Sébastien et d'Anne Beaulieu, de Sèvre-les-Moulières, diocèse de Besançon, Franche-Comte.
CARBONNEAU, Elisabeth, [JEAN II.
b 1728.
Jean-Jacques, b 15 juin 1760, à Lachenaye.

PREMAGNY.—Voy. BOITARD.

1760.

I.—PREMARD, FRANÇOIS.
DAVID, Marie.
Marie, b 12 mai 1761, à St-Constant.

PREMONT.—Voy. PRIMONT.

PRENIER.—*Surnom:* VADEBONCŒUR.

1763, (16 mai) St-Michel-d'Yamaska.[4]

I.—PRENIER (3), MARTIN, fils de Charles et de Jeanne Meline, de St-Martin, village de Malzeline, Lorraine.
THIBERT, Marie-Pelagie. [JEAN-MARIE I.
Marie-Louise, b[4] 22 août 1763.—*Jean*, b[4] 27 sept. 1765.—*Louis*, b... s[4] 18 mars 1770.

---

(1) Et Préseau.

(2) Dit Besançon; soldat de la compagnie de Millet, régiment de Berry.

(3) Dit Vadeboncœur.

I.—PRENONNAUX, Joseph, s (trouvé noyé) 30 sept. 1729, à la Baie-St-Paul.

PRENOVEAU.—Voy. Rouillard.

PRÉSEAU.—Voy. Prézeau.

PRESSAU.—Voy. Préjean.

PRESSEAU.—Voy. Préjean.

PRESSÉ.—*Variation et surnoms :* Pressecq.—Deschamps—Girard—Montauban.

I.—PRESSÉ (1), Hyacinthe-Olivier, notaire public.

1748, (26 fevrier) Montréal. [2]

I.—PRESSÉ (2), Jacques, b 1705; fils de Pierre et d'Anne Largny, de St-Forent, diocèse de Montauban, Guienne.
1° Darragon, Marie-Charlotte, [François I. b 1716.
1750, (27 avril). [2]
2° Milot, Angelique, [Charles II. b 1710.

PRESSECQ.—Voy. Pressé.

1786, (30 mai) Québec.

I.—PRESSER, Louis, fils de Louis et de Marguerite Hellebrinting, de Mayence, Allemagne.
Lamontagne, Catherine. [Charles I.

PRET-A-BOIRE. — Voy. Bazanaire — Bessenaire—Corsin—Lavallée — Noel—Paquet—Raffoux—Sabathier—Saucours— Schoumarker.

PRÉTAT.—*Surnom :* Lajoie.

1757, (11 juillet) Montréal.

I.—PRÉTAT (3), Jean-Bte, b 1708, sergent; fils d'Edme et de Marie Curard, de St-Sulpice, Paris.
Homier, Marie, [Jean-Bte I. b 1689; veuve de Paul Bertrand.

PRÉVILLE. — Voy. Cottenoire — Laforge — Vinet.

PREVOST.—*Variations et surnoms :* Prévot—Provost—Lafleur—Laviolette.

(1) Il était, en 1737, aux Trois-Rivières.

(2) Dit Montauban; soldat de la compagnie de M. de Verchères.—A son second mariage, il est dit fils de Pierre et de Marie Lardrais, de St-Oran, diocèse de Montauban, et il est appelé Pressecq.

(3) Dit Lajoie.

1644, (3 nov.) Québec. [1]

I —PREVOST (1), Martin,
b 1611; s 26 janvier 1691, à Beauport. [2]
1° Sylvestre, Marie-Olivier, Sauvagesse; s [1] 10 sept. 1665.
Jean-Baptiste, b 1659; 1° m [2] 18 août 1683, à Marie-Anne Giroux; 2° m 3 fevrier 1712, à Geneviève Sédilot, à Ste-Foye; s 12 mai 1737, à St-Augustin.—*Thérèse,* b [1] 3 juin 1665; m [2] 18 août 1683, à Michel Giroux; s [2] 20 mai 1743.
1665, (8 nov.) [1]
2° D'Abancour, Marie, [Adrien I. b 1618; veuve de Godfroy Guillot.

I —PREVOST, Jean-Bte,
b 1653; s 10 janvier 1713, à Montreal [9]
DeNoel, Marie-Elisabeth.
Jean, b 1690; m 2 dec. 1714, à Marguerite Dumets, à Boucherville; s [9] 2 fevrier 1715.

1672, (21 février) Château-Richer. [5]

II.—PREVOST (1), Louis, [Martin I.
b 1651; s 27 mai 1686, à Beauport. [6]
1° Gagnon, Françoise, [Mathurin I. b 1655.
1681, (17 février). [5]
2° Careau (2), Marguerite, [Louis I. b 1662.
Vincent, b [6] 7 mars 1682; m 7 nov. 1701, à Marie-Agnès Vésina, à L'Ange-Gardien [7]; s [6] 12 avril 1758. — *Ange,* b [6] 19 sept. 1683; m [7] 1er fevrier 1719, à Marie Brisson; s 2 août 1753, à Charlesbourg. — *Louis* (posthume), b [6] 13 oct. 1686; 1° m [6] 7 nov. 1712, à Marie-Thérèse Maheu, 2° m 9 juillet 1731, à Marie-Anne Giroux, à Quebec; s 21 déc. 1770, à St-Philippe.

1673, (13 nov.) Montréal. [8]

I.—PREVOST (3), Eustache,
b 1644; s [8] 27 mars 1730.
Guertin, Elisabeth, [Louis I. b 1659; s [8] 21 mars 1714.
Rosalie, b 22 avril 1688, à la Pte-aux-Trembles, M; m [8] 31 mai 1713, à Jean Crevier; s 28 juin 1752, à St-Laurent, M. [9] — *Anne-Charlotte,* b [8] 19 fevrier 1690; m [8] 6 janvier 1710, à Jean Brignon.—*Eustache,* b [8] 20 sept. 1692; 1° m [8] 1er déc. 1715, à Catherine Brazeau; 2° m [9] 17 fevrier 1727, à Marie-Madeleine Sarrault. — *Marie-Louise,* b [8] 28 dec. 1694; m [8] 20 oct. 1718, à Jacques Desmarets —*Jean-Baptiste,* b [8] 13 avril 1702; 1° m [8] 29 sept. 1725, à Marie-Anne Mélange; 2° m [8] 9 janvier 1730, à Catherine Jolive.

1677.

I.—PREVOST (3), Pierre.
Berthelot (4), Madeleine, [André I. b 1662.

(1) Voy. vol. I, p. 499.

(2) Elle épouse, le 25 nov. 1687, Mathieu Texier, à Beauport.

(3) Voy. vol. I, p 500.

(4) Elle épouse, le 9 janvier 1685, Joseph Paré, à Ste-Anne.

1680.

II.—PREVOST (1), JEAN, [MARTIN I.
b 1660.
LEBLANC (2), Françoise, [LÉONARD I.
b 1662.
Thérèse-Françoise, b 24 fevrier 1684, à Beauport[5]; m 17 janvier 1712, à Jean-Baptiste MÉNARD, à Montreal[6]; s [6] 17 janvier 1722.—*Marie-Jeanne*, b [5] 14 janvier 1687; m [6] 24 mai 1706, à Pierre DENOYON (3); s 24 fevrier 1755, à St-Laurent, M.—*Françoise*, b [5] 29 août 1689; m [6] 23 nov. 1711, à Jean VIAU.—*Noel*, b [5] 19 dec. 1693; s [6] 1er janvier 1713.

1683, (18 août) Beauport.

II.—PREVOST (4), JEAN-BTE, [MARTIN I.
b 1659; s 12 mai 1737, à St-Augustin.
1° GIROUX, Marie-Anne, [TOUSSAINT I.
b 1667.
Pierre, b 9 oct. 1701, à Québec[2]; 1° m [2] 27 fevrier 1724, à Marie-Joseph SÉDILOT; 2° m 9 fevrier 1762, à Reine BOLDUC, à St-Joseph, Beauce[3]; 3° m [3] 18 fevrier 1765, à Charlotte JACQUES.—*Guillaume*, b [2] 20 oct. 1707; m [2] 20 avril 1733, à Marie-Marguerite MARIÉ; s [2] 11 déc. 1788.

1712, (3 février) Ste-Foye.

2° SÉDILOT, Geneviève, [JEAN II.
b 1685.
Jean-Baptiste, b [2] 11 août 1712; m [2] 9 mai 1734, à Angelique BISSON.—*Marie-Joseph*, b [2] 29 août 1713.—*Jeanne*, b [2] 12 dec. 1714; m [2] 18 août 1733, à Joseph MAILLOT.—*Anne*, b [2] 25 nov. 1716, m 3 août 1738, à Jacques PILET, au Détroit[4]; s [4] 11 avril 1750.—*Ange-François*, b [2] 30 avril 1718; m 30 oct. 1741, à Françoise MEILLEUR, au Sault-au-Recollet.—*François*, b [2] déc. 1719; m [3] 23 mai 1740, à Marie-Françoise MAHEU; s [3] 23 avril 1760.—*Marie*, b... m 1er août 1741, à Michel GAGNÉ, à St-Frs-du-Lac.—*Marie-Catherine*, b [2] 18 août 1725; s [2] 28 déc. 1726.—*Joseph*, b [2] 29 sept. 1726.—*Marie-Geneviève*, b [2] 16 fevrier 1728.

1686.

I.—PREVOST (1), RENÉ.
DAUDELIN, Anne, [NICOLAS I.
b 1667.
François, b 30 sept. 1694, à Varennes[8]; m 27 avril 1716, à Marguerite BOURDON, à Boucherville.—*Marie*, b... m [6] 25 nov. 1715, à Louis ROBERT.—*René*, b [8] 2 juillet 1706, m [8] 5 fevrier 1731, à Marie-Marguerite BRUNEL.

1699.

II.—PREVOST (1), FRS-MICHEL, [FRANÇOIS I.
b 1669; s 5 juin 1711, à Ste-Foye.[9]
BONHOMME (5), Catherine, [IGNACE II.
b 1677.

(1) Voy. vol. I, p. 500.

(2) Elle épouse, le 18 février 1709, Pierre Delorme, à Montreal.

(3) Voy. aussi Desvoyon.

(4) Seigneur de St-François, proche Québec; voy. vol. I, p. 500.

(5) Dit Beaupré; elle épouse, le 12 fevrier 1714, Pierre Fortin, à Ste-Foye.

Noel, b [9] 8 fevrier 1704; m à Marie-Anne HAM.—*Charles*, b [9] 5 avril 1705; m 24 avril 1741, à Marie-Charlotte RICOSSE, à St-Jean, I. O.—*Joseph*, b... m à Marie-Louise GAUTIER.

1701, (7 nov.) L'Ange-Gardien.

III.—PREVOST, VINCENT, [LOUIS II.
b 1682; s 12 avril 1758, à Beauport.[1]
VÉSINA, Agnès, [FRANÇOIS II.
b 1679; s [1] 16 janvier 1766.
Louis, b [1] 15 déc. 1702; s [1] 17 février 1703.

1710, (16 nov.) Montreal.[8]

I.—PREVOST, JEAN-BTE,
b 1680; Panis.
DESFORGES (1), Geneviève, [JEAN I.
b 1691.
Jean-Baptiste, b [8] 21 oct. 1712.—*Marie-Jeanne*, b [8] 18 août et s [8] 8 nov. 1714.—*Marie-Madeleine*, b [8] 29 dec. 1715; s [8] 8 oct. 1716.—*Marie-Pierre*, b [8] 9 mai 1718.—*Marie-Elisabeth*, b [8] 12 avril 1721.

1712, (11 janvier) Québec.[7]

I.—PREVOST, TIMOTHÉE, b 1681; fils de Claude et d'Anne Vivien, de St-Venant, Tours, Touraine; s [7] 16 oct. 1731.
RIVIÈRE (2), Marie-Anne. [JÉROME-FRANÇOIS I.
Marie-Madeleine, b [7] 6 oct. 1712; s [7] 1er oct. 1714.—*Timothée*, b [7] 17 fevrier 1715; m [7] 23 août 1734, à Geneviève DERNI.—*Marie-Anne*, b [7] 11 mai 1716; m [7] 11 sept. 1741, à Etienne PARANT.—*Marguerite*, b [7] 15 fevrier 1718; m [7] 12 janvier 1738, à Louis ALLAIRE; s [7] 17 juillet 1743.—*Louis*, b [7] 28 fevrier 1720; m 11 nov. 1744, à Agnès CARON, à Ste-Anne[8]; s [8] 5 janvier 1756.—*Françoise-Joseph*, b [7] 1er nov. 1722; m [7] 26 fevrier 1759, à Jean GUEYRAUD.—*Noël-André*, b [7] 22 juillet 1725; m à Louise COTÉ.

1712, (5 avril) Varennes.[4]

II.—PREVOST, PIERRE, [RENÉ I.
b 1687.
CHAUDILLON, Marie-Anne, [ANTOINE I.
b 1691.
Antoine, b [4] 27 avril 1713.—*Marie-Anne*, b... m [4] 4 oct. 1737, à Joseph PETIT.—*Antoine*, b... m [4] 7 janvier 1739, à Elisabeth LEBRODEUR.—*Françoise*, b 1721; m [4] 21 janvier 1743, à Jean-Baptiste JODOIN.—*Joseph*, b [4] 4 août 1726; m [4] 7 oct. 1748, à Veronique CHOQUET.

1712, (7 nov.) Beauport.[2]

III.—PREVOST, LOUIS, [LOUIS II.
b 1686; s 21 dec. 1770, à St-Philippe.[3]
1° MAHEU, Marie-Therèse, [PIERRE II.
b 1696.
Louis, b [2] 2 nov. 1713; s 24 nov. 1739, à Charlesbourg.[4]—*Marie-Thérèse*, b [2] 29 dec. 1714; s [2] 13 janvier 1730.—*Marie-Angélique*, b [2] 14 juin et s [2] 15 juillet 1716.—*Jean-Baptiste*, b [2] 6

(1) Elle épouse, le 23 janvier 1728, François Picard, au Détroit.

(2) Jerôme; elle épouse, le 18 sept. 1733, Michel Brousseau, à Quebec.

oct. 1717 ; m [2] 3 février 1739, à Elisabeth De l'Espinay. — *Louis-Joseph*, b [4] 2 sept 1719 ; m 1744, à Françoise LeRoy. — *Gabriel*, b [4] 7 juin 1721 ; m 14 nov. 1746, à Marie-Anne Bourassa, à Laprairie. — *Pierre*, b [4] 31 mai 1723 ; m 21 avril 1751, à Marie Lesiège, à Lavaltrie. — *Marie-Jeanne*, b [4] 15 fevrier 1725. — *Marie-Angélique*, b [4] 28 sept. 1726 ; s [4] 4 fevrier 1733. — *Clément*, b [2] 31 janvier 1728 ; s [2] 14 février 1736. — *Antoine*, b [2] 3 sept. 1729.

1731, (9 juillet) Québec.
2° Giroux, Marie-Anne, [Raphael II.
b 1697 ; s [3] 25 mai 1767.
Marie-Madeleine, b [4] 17 juillet 1732 ; m [3] 4 nov. 1760, à Jacques Legrand. — *Louis-Antoine*, b [2] 7 mai 1734 ; m 1761, à Barbe-Amable Robidou.— *Clément*, b [2] 7 mai 1735. — *Raphael*, b [2] 12 juin 1736 ; m 1760, à Ursule Deneau. — *Marie-Anne*, b [4] 16 avril et s [4] 16 nov. 1739.

1714, (2 déc.) Boucherville. [1]
II.—PREVOST, Jean, [Jean-Bte I.
b 1690 ; s 2 fevrier 1715, à Montréal.
Dumets (1), Marguerite, [Etienne II.
b 1691.
Jean-Louis, b 1715, s [1] 15 janvier 1717.

1715, (1er dec.) Montréal. [5]
II.—PREVOST, Eustache, [Eustache I.
b 1692.
1° Brazeau, Marie-Catherine, [Charles II.
b 1695 ; s [5] 13 mai 1726.
Eustache, b [5] 24 nov. 1716 ; m [5] 16 janvier 1741, à Jeanne Valade. — *Marie*, b 1718 ; m [5] 1er mars 1745, à Charles Larrivée. — *Paul*, b [5] 29 fevrier 1719 ; m [5] 29 juillet 1748, à Agathe Charlan. — *Jean-Baptiste*, b [5] 4 août 1720 ; m 1749, à Marie-Anne Poutré. — *Francois*, b [5] 10 mai et s [5] 1er juin 1722.—*Claude*, b [5] 24 mai et s [5] 2 juin 1723. — *Ignace*, b [5] 4 et s [5] 23 juillet 1724. — *Marie-Jeanne*, b [5] 5 et s [5] 25 mai 1726.

1727, (17 fevrier) St-Laurent, M.
2° Sarrault, Marie-Madeleine, [Jean I.
b 1700 ; s [5] 11 sept. 1783.
Antoine, b [5] 24 nov. 1727 ; 1° m [5] 26 nov. 1753, à Thérèse Coiteux ; 2° m 19 sept. 1757, à Marie-Angelique Préjean, à Lachine. — *Marguerite-Louise*, b [5] 16 juillet 1729.—*Marguerite*, b 1731 ; m [5] 23 nov. 1750, à François Bigué. — *Pierre*, b 1733 ; s [5] 10 juin 1734. — *Madeleine*, b [5] 22 oct. 1735 ; m [5] 6 fevrier 1758, à René Coiteux. — *Jean-Baptiste*, b [5] 5 août 1737 ; m [5] 17 oct. 1763, à Marie-Françoise Dezéry-Latour.—*Charles*, b [5] 25 oct. 1739, m [5] 13 oct. 1766, à Véronique Gauthier. — *Clotilde-Amarante*, b [5] 7 mars 1742, m [5] 7 mai 1764, à Jacques Viger.

1716, (27 avril) Boucherville. [5]
II.—PREVOST, François, [René I.
b 1694.
Bourdon (2), Marguerite, [Jacques I.
b 1695.

(1) Elle épouse, le 8 mars 1722, Gabriel Gibault, à Lachine.

(2) Elle épouse, le 19 juin 1724, Michel Darragon, à Longueuil.

François, b [5] 18 mars 1717 ; m [5] 22 mai 1739, à Agathe Robert.—*Marguerite*, b [5] 5 déc. 1718, m [5] 25 mai 1739, à Pierre Robert.—*Joseph*, b 1720 ; 1° m [5] 27 avril 1750, à Marie Vincelet ; 2° m [5] 10 août 1768, à Agathe Hébert.—*Jean-Baptiste*, b... m [5] 7 fevrier 1757, à Charlotte Lamoureux.

1719, (1er février) L'Ange-Gardien.
III.—PREVOST, Ange, [Louis II.
b 1683 ; s 2 août 1753, à Charlesbourg. [2]
Brisson, Marie, [René I.
b 1675 ; veuve de Nicolas Julien ; s [2] 21 oct. 1750.

1719, (2 mai) Montréal.
I.—PREVOST, Louis, b 1682 ; fils de Louis et de Jeanne Viande, de Dessaix, diocèse de Poitiers, Poitou.
Sené (1), Marie, [Jean I.
b 1686 ; s 8 mai 1762, à l'Hôpital-Général, M.

PREVOST, François.
St. Maurice, Marie-Anne.
Elisabeth, b 1724 ; m 14 nov. 1746, à Jean Samson, à Quebec [6] ; s [6] 3 oct. 1754.

1724, (27 fevrier) Quebec. [2]
III.—PREVOST, Pierre, [Jean-Bte II.
b 1701.
1° Sédilot (2), Marie-Joseph, [Jean II.
b 1706 ; s 16 nov. 1760, à Ste-Foye. [3]
Marie-Louise, b [3] 14 et s [3] 30 juillet 1725— *Inonyme*, b [3] et s [3] 28 oct. 1726.—*Marie-Renée*, b [3] 12 fevrier 1728 —*Marie-Angélique*, b... m [2] 24 nov. 1750, à François Langelier.—*Pierre*, b [3] 30 avril 1731 ; 1° m [2] 25 février 1754, à Marie-Louise Bergeron, 2° m [2] 20 juin 1763, à Judith Alary. —*Jean-Marie*, b [2] 26 mars 1732 ; m 15 janvier 1761, à Marie-Anne Madoux, à St-Michel-d'Yamaska.—*Marie-Angélique*, b [2] 21 sept. 1734 ; s [2] 11 janvier 1750.—*Marie-Joseph*, b [2] 30 avril 1737 ; s [2] 16 oct. 1756.—*Marie-Françoise*, b [2] 1er mars 1739 ; m [2] 19 oct. 1761, à Louis-François-Xavier Gautier.—*Marie-Louise*, b 1740 ; m 9 mai 1763, à Joseph-François Villiers, à Montréal.—*Louise-Elisabeth*, b [2] 25 et s [2] 27 mars 1741.—*Marguerite*, b [2] 18 avril 1742.—*Marie-Angélique*, b [2] 23 août 1744.

1762, (9 fevrier) St-Joseph, Beauce. [4]
2° Bolduc, Reine, [René II.
b 1707 ; veuve d'Ignace DeLessard ; s [4] 9 février 1764.

1765, (18 fevrier) [4]
3° Jacques, Charlotte, [Pierre II.
b 1720 ; veuve de Pierre Labrecque ; s [4] 6 mai 1770 (brûlée dans sa maison).

1725, (4 août) Québec. [5]
I.—PREVOST, Jean, fils de Michel et de Jacques Amelin, de St-Pierre-de-Pimbœuf, diocèse de Nantes, Haute-Bretagne.
Descoteaux (3), Marie-Angélique. [Henri I.

(1) Voy. Senelé

(2) Aussi appelée Imgulotte—Montreuil.

(3) Picorum ; voy. Picoron, vol. I, p. 483.

Jean-François, b [5] 20 mai 1729; s [5] 23 juillet 1730.

1725, (29 sept.) Montreal. [4]

II.—PREVOST, Jean-Bte, [Eustache I.
b 1702.
1° Mélange, Marie-Anne,
b 1706; s [3] 23 août 1728.
Geneviève, b 1726; 1° m 1749, à Félix Aunis: 2° m 6 avril 1761, à Toussaint Hunaut, à St-Vincent-de-Paul.

1730, (9 janvier). [3]

2° Jolive, Catherine, [Nicolas I.
b 1699.
Madeleine, b 1730; m [4] 14 oct. 1748, à Eustache Panneton; s [3] 14 juillet 1773. — *Jean-Baptiste*. b 1732; s [3] 25 février 1734. — *Amable-Ignace*, b [4] 14 août 1734.—*Jean-Baptiste*, b [3] 24 juillet et s [4] 5 août 1735. — *Antoine-Marie*, b [3] 18 juillet et s [4] 8 sept. 1736.—*Thérèse-Amable*, b [3] 15 dec. 1737, m [3] 31 oct. 1757, à Joseph-Marie Harel.

III—PREVOST, Noel, [François II.
b 1704.
Hau-Chaussé, Marie-Anne.
Marie, b... m 3 fevrier 1755, à Antoine Hétu, à Lavaltrie [6]; s [6] 17 nov. 1755.—*Joseph-Noel*, b... m [6] 18 août 1760, à Marie-Geneviève Vernas.

III—PREVOST, Joseph [François II.
Gautier (1), Marie-Louise.
Joseph, b 1729; m 14 nov. 1774, à Marie-Anne Bouin, à Montreal.—*Marie-Louise*, b... m 26 janvier 1750, à Jean-Baptiste Laporte, à Lavaltrie [3] —*Marguerite-Agathe*, b... 1° m [3] 5 fevrier 1753, à Etienne Lesiège; 2° m [3] 14 juillet 1760, à Amable Collin. — *Marie-Judith*, b... m [3] 1er mars 1756, à Maurice Lescarbot. — *Louis*, b... m [4] 14 janvier 1760, à Marie-Françoise Favreau.—*Marie-Pelagie*, b [4] 5 mai 1739; s [4] 2 oct 1756. — *Jean-Baptiste*, b [4] 29 mars 1741; s [3] 4 sept. 1745. — *François-Xavier*, b [3] 1er janvier et s [3] 27 avril 1744. — *François-Marie*, b [3] et s [3] 1er juillet 1746. — *Joachim*, b [3] 26 juin et s [3] 7 juillet 1747. — *Marie-Cécile*, b [3] 1er janvier et s [3] 3 août 1750.

1731, (5 février) Varennes [9]

II.—PREVOST, René, [René I.
b 1706.
Brunel, Marie-Marguerite. [Jacques II
Marie-Joseph, b... m [9] 15 oct. 1753, à Michel Boutillier. — *René*, b 1732, m [9] 21 nov. 1763, à Marie-Joseph Dubois.—*Anne*, b 1740, m [9] 26 juin 1770, à André Jodoin. — *Joseph*, b... m 25 juin 1770, à Marie-Anne Lacoste, à Boucherville.

1733, (20 avril) Quebec. [6]

III.—PREVOST, Guillaume, [Jean-Bte II.
b 1707; voiturier; s [6] 11 dec. 1788.
Marié, Marie-Marguerite, [Charles II.
b 1708; s 3 avril 1783, à Montreal. [7]
Joseph-Guillaume, b [6] 21 avril 1734; m 18 oct. 1761, à Marie-Joseph Berthiaume, à Ste-Foye.— *Marie-Marguerite*, b [6] 21 oct. 1735, m 12 janvier 1761, à François Chartran, à St-Vincent-de-Paul. — *Françoise*, b [6] 18 août 1737; m [6] 18 juin 1759, à Antoine Bergeron. — *Marie-Thérèse*, b [6] 19 mai 1739; m [6] 13 oct. 1760, à François Samson.—*Louis-François*, b [6] 22 oct. 1740.— *Marie-Madeleine*, b [6] 30 mars 1743 —*Marie-Angélique*, b [6] 14 mai 1745. — *Marie*, b 1746; m [7] 20 sept. 1773, à Jean-Baptiste Richelieu. — *Charlotte*, b [6] 11 août 1748.—*Elisabeth-Antoinette*, b [6] 20 avril et s [6] 1er sept. 1750. — *Marie*, b [6] 8 mai et s [6] 1er août 1752.

(1) Landreville.

PREVOST, Charles,
s 26 août 1743, à St-Valier. [9]
Samuel (1), Marie-Charlotte.
Jean-François (posthume), b [9] 27 dec. 1743.

1734, (9 mai) Québec. [3]

III.—PREVOST, Jean-Bte, [Jean-Bte II.
b 1712.
Bisson (2), Angélique, [Michel-Pierre I.
b 1706.
Angélique-Louise, b [4] 26 dec. 1734; m 31 janvier 1763, à Louis Jahan, à St-Vincent-de-Paul. [4] —*Marie-Anne*, b [3] 22 fevrier 1738; m [3] 26 nov. 1759, à François Derome. — *Marie-Rose*, b [3] 1er nov. 1739; m [4] 24 nov. 1760, à Joseph Vanier.— *Marie-Joseph*, b [3] 28 avril 1741. — *Marie-Louise*, b 1742, m 7 janvier 1765, à Augustin Raymond, à Montreal.—*Marie-Jeanne*, b [3] 4 juin 1743; s [3] 9 janvier 1744.—*Marie-Françoise*, b [3] 27 avril 1746. —*Etienne*, b [3] 25 juin et s [3] 1er oct. 1748.—*Marie-Thérèse-Dorothée*, b 27 nov. 1749, à Lorette.

1734, (23 août) Québec [1]

II.—PREVOST, Timothée, [Timothée I.
b 1715, charpentier.
Derni (3), Geneviève, [Alexandre I.
b 1719.
Marie-Louise, b [1] 22 juin et s [1] 24 dec. 1735.— *Marie-Anne*, b [1] 22 juin et s [1] 17 juillet 1735.— *Geneviève*, b [1] 6 mars 1737.—*Timothée*, b [1] 18 avril 1739.—*Marie-Marguerite*, b [1] 5 avril et s [1] 19 nov. 1741.—*Marie-Joseph*, b [1] 7 mars et s [1] 20 avril 1743.—*Marie-Joseph*, b [1] 28 mai 1744.— *Marie-Françoise*, b [1] 3 mai 1746; s [1] 9 nov. 1748. —*Marie-Joseph*, b [1] 9 juin et s [1] 12 oct. 1748.— *Charles*, b [1] 16 juin 1750; m à Geneviève Thibault; s [1] 7 sept. 1782.—*Marie-Marguerite*, b [1] 25 mai 1752.—*Joseph*, b [1] 9 janvier 1757; s [1] 28 juillet 1758.—*Simon-Casimir*, b [1] 10 oct. 1758; s [1] 3 juillet 1759—*Antoine*, b 2 mai 1760, à Beauport.—*Jean-Baptiste*, b [1] 23 avril 1762.

1739, (7 janvier) Varennes. [2]

III.—PREVOST, Antoine. [Pierre II.
LeBrodeur, Elisabeth. [Jean-Bte II.
Marie-Anne, b... m [2] 23 nov. 1761, à Joseph Girard.—*Jean-Baptiste*, b... m [2] 14 fevrier 1763, à Charlotte Lhuissier.—*Charlotte*, b... m [2] 7 janvier 1765, à Louis Petit.—*Marie-Antoinette*, b... m [2] 24 sept. 1770, à Jacques Messier.

(1) Elle épouse, le 3 août 1744, Louis Bazin, à St-Valier.
(2) Voy. Buisson.
(3) Larose et Duclos.

1739, (3 fevrier) Beauport. [5]

IV.—PREVOST, JEAN-BTE, [LOUIS III.
b 1717.
DE L'ESPINAY (1), Elisabeth, [IGNACE II.
b 1719.
Marie-Françoise, b 22 nov. 1739, à Laprairie [6]; s [6] 18 dec. 1742.—*Isabelle,* b [6] 24 mars 1742; m [5] 6 fevrier 1758, à Louis-Marie RAYMOND.—*Marie-Louise,* b [5] 12 juillet 1745; m 17 nov. 1766, à Louis LEFEBVRE, à St-Philippe.

1739, (22 mai) Boucherville.

III.—PREVOST, FRANÇOIS, [FRANÇOIS II.
b 1717.
ROBERT, Agathe. [JOSEPH III

1740, (23 mai) St-Joseph, Beauce. [8]

III.—PREVOST, FRANÇOIS, [JEAN-BTE II.
b 1719; s [8] 23 avril 1760.
MAHEU (2), Marie-Françoise. [NOEL III.
Marie-Françoise, b [8] 9 fevrier 1741.—*Angélique,* b [8] 6 janvier 1746; m [8] 4 mai 1764, à Michel DROUIN; s [8] 27 juin 1774. — *Marie-Geneviève,* b [8] 2 juin 1754; m 21 janvier 1781, à Antoine BOUTONNÉ, à Montréal.—*Jean-Marie,* b [8] 14 nov. 1756; s [8] 24 sept. 1758.

1741, (16 janvier) Montréal. [9]

III.—PREVOST, EUSTACHE, [EUSTACHE II.
b 1716.
VALADE, Jeanne, [GUILLAUME II.
b 1721.
Eustache, b [9] 23 oct. 1741; m [9] 6 fevrier 1764, à Marie-Louise POITRAS.—*Marie-Jeanne,* b [9] 12 sept. 1743; s [9] 3 juillet 1744.—*Marie-Angélique,* b [9] 12 sept. 1743; m [9] 2 fevrier 1761, à Jean-Baptiste PÉLADEAU. — *Charles-Clément,* b [9] 10 sept. 1745.—*Marie-Rose,* b [9] 12 janvier et s [9] 16 août 1747.—*Marie-Jeanne,* b [9] 24 oct. 1748; s [9] 5 août 1749.—*Guillaume,* b [9] 23 juillet et s [9] 10 août 1750. — *François,* b 1751; m [9] 13 juillet 1773, à Marie-Joseph RAYMOND.

1741, (24 avril) St-Jean, I. O. [5]

III.—PREVOST, CHARLES, [FRANÇOIS II.
b 1705.
RICOSSE (3), Marie-Charlotte. [EMMANUEL I.
Charles, b [5] 23 avril 1742.

1741, (30 oct.) Sault-au-Récollet. [1]

III.—PREVOST, ANGE-FRANÇOIS, [JEAN-BTE II
b 1718.
MEILLEUR (4), Françoise. [JEAN II
François, b [1] 24 août 1742, m 10 février 1766, à Elisabeth RICHARD, à St-Vincent-de-Paul. [2] — *Pierre,* b [1] 16 avril 1744; m [2] 21 sept. 1767, à Marie-Anne RICHARD.—*Joseph,* b [2] 30 sept. 1747. —*Marie-Françoise,* b [1] 24 oct. 1749; m [2] 22 juin 1767, à Antoine LORRAIN.—*Marie-Thérèse,* b [2] 7 mars 1751; m [2] 12 janvier 1767, à Joseph LOZON. —*Jean-André,* b [2] 23 déc. 1752.—*Jean,* b [2] 7 et s [2] 20 dec. 1754.—*Marie-Claire,* b [2] 31 mars 1756.

(1) Elle épouse, le 7 nov. 1746, Jean-Baptiste Raymond, à Montréal.

(2) Elle épouse, le 2 février 1761, Augustin Huard, à St-Joseph, Beauce

(3) Elle épouse, le 3 août 1744, Louis Bazin, à St-Valier.

(4) Elle épouse, le 6 juillet 1761, Augustin Bisson, à St-Vincent-de-Paul.

1744.

IV.—PREVOST, LOUIS-JOSEPH, [LOUIS III.
b 1719.
LEROY, Françoise.
Marie-Anne, b 16 déc. 1745, à Lavaltrie. [4] — *Joseph,* b... s [4] 15 juin 1747.

1744, (11 nov.) Ste-Anne. [5]

II.—PREVOST, LOUIS, [TIMOTHÉE I.
b 1720; s [5] 5 janvier 1756.
CARON (1), Agnès, [JEAN III.
b 1720.
Agnès, b [5] 19 nov. 1746; s 13 février 1784, à Quebec.—*Louis-Marie,* b [5] 15 mai 1749.

1746, (14 nov.) Laprairie.

IV.—PREVOST, GABRIEL, [LOUIS III.
b 1721.
BOURASSA, Marie-Anne, [FRANÇOIS II.
b 1726.
Joseph, b... s 2 janvier 1751, à Chambly. [8] — *Marie-Joseph,* b [8] 8 dec. 1751; s [8] 11 août 1752 —*Marie-Anne,* b [8] 6 sept. 1753.—*Félicité,* b [8] 3 avril et s [8] 18 juillet 1756.—*Marie-Madeleine,* b [8] 12 nov. 1757; s [8] 19 août 1759.—*Claude,* b [8] 2 janvier et s [8] 22 août 1759.

1748, (29 juillet) Montréal. [9]

III.—PREVOST, PAUL, [EUSTACHE II.
b 1719.
CHARLAN (2), Agathe, [PIERRE III
b 1731; s [9] 14 fevrier 1780.
Paul, b [9] 7 et s [9] 20 juin 1749.—*Marie-Agathe,* b [9] 6 et s [9] 24 juin 1750.—*Elisabeth,* b 1753; m [9] 8 nov. 1773, à Noel-Andre PICARD-GOLLET. — *Paul-Amable,* b 1759; m [9] 28 avril 1783, à Marie-Elisabeth DURANSEAUX.

1748, (7 oct.) Ste-Foye. [7]

I.—PREVOST, PIERRE, fils de Simon et de Jacques Lecompte, de Cherbourg, diocèse de Coutances, Normandie.
GABOURY (3), Marie-Charlotte, [ANTOINE II.
b 1719.
Marie-Louise, b [7] 16 juin 1749; s [7] 28 avril 1751.—*Marie-Charlotte,* b 6 nov. 1750, à Quebec.

1748, (7 oct.) Varennes. [6]

III.—PREVOST, JOSEPH, [PIERRE II.
b 1726.
CROQUET, Véronique, [JACQUES III.
b 1728.
Marie-Joseph, b... m [6] 28 sept. 1772, à Joseph BOURDON.—*Marie-Judith,* b... m [6] 16 nov. 1772, à Louis PARISEAU.

(1) Elle épouse, le 7 février 1757, Jean Dupont, à Ste-Anne.

(2) Francœur.

(3) Elle épouse, le 1er sept. 1753, François Bergevin, à Ste-Foye

1749.
III.—PREVOST, JEAN-BTE, [EUSTACHE II.
b 1720.
POUTRÉ, Marie-Anne, [ANDRÉ II.
b 1718.
Jacques, b 30 sept. 1750, à la Pte-aux-Trembles, M.[5]; s[5] 29 juillet 1751.—*Jeanne*, b 30 janvier 1753, à la Longue-Pointe.

1750, (27 avril) Boucherville.[8]
III.—PREVOST, JOSEPH, [FRANÇOIS II.
b 1720.
1° VINCELET, Marie. [NICOLAS II
Marie, b... m[8] 18 juin 1770, à Christophe BOUSQUET.
1768, (10 août).[8]
2° HÉBERT, Agathe, [JOSEPH III.
b 1729; veuve de Charles Robert.

1751, (21 avril) Lavaltrie.[2]
IV.—PREVOST, PIERRE, [LOUIS III.
b 1723.
LESIÈGE (1), Marie, [ETIENNE II.
b 1726.
Marie-Louise, b[2] 28 février 1752; m 10 nov. 1777, à Alexis HOULE, à St-Cuthbert.[3] — *Geneviève*, b 1754; 1° m[3] 17 août 1778, à Louis-Marie-Balthazar ROBERT; 2° m[4] 24 nov. 1794, à Pierre ROULEAU. — *Marie-Charlotte*, b 27 mars 1757, à Berthier-en-haut; m[3] 9 oct. 1780, à François-Germain BELISLE. — *Judith*, b... m[3] 5 fevrier 1787, à Josue OUATTÉ.—*Marguerite*, b... m[3] 11 fevrier 1793, à Pierre MANÈGRE. — *Pierre*, b... m à Marie-Geneviève BOURÉ. — *Joseph*, b 29 fevrier 1760, à Verchères. — *Marie-Archange*, b[8] 12 nov. 1775; s[3] 27 août 1777. — *Joseph*, b[3] 21 mai 1778.

1753, (22 janvier) St-Laurent, I. O.
II.—PREVOST (2), ANTOINE, [ANTOINE I.
b 1725.
CRÉPEAU, Marie-Anne, [ROBERT II.
b 1728.
Antoine, b 25 août 1758, à St-Antoine-de-Chambly.

1753, (26 nov.) Montréal.[6]
III.—PREVOST, ANTOINE, [EUSTACHE II.
b 1727, maître-tonnelier.
1° COITEUX, Therèse, [FRANÇOIS II.
b 1725.
Thérèse, b et s 24 juillet 1756, à St-Laurent, M.
1757, (19 sept.) Lachine.
2° PRÉJEAN, Marie-Angelique. [LOUIS II.
Angélique, b 1761; m[6] 7 avril 1777, à Joseph DUFAUX.—*Louis*, b 25 mai 1774, au Detroit.[7] — *Marie-Joseph*, b[7] 29 mai et s[7] 14 juillet 1776 — *Rosalie*, b[7] 29 mai et s[7] 9 août 1776.

(1) Appelée Lucargave en 1760.
(2) Ce nom est celui de sa mère, son véritable nom est Billot, voy. vol II, p. 280.

1754, (25 fevrier) Québec.[8]
IV.—PREVOST, PIERRE, [PIERRE III.
b 1731.
1° BERGERON, Marie-Louise, [JOSEPH II.
b 1735; s[8] 12 février 1762.
Pierre, b[8] 6 janvier 1755. — *Louis*, b[8] 25 février et s[8] 5 juillet 1757. — *Jean*, b[8] 22 avril et s[8] 20 juin 1758.—*Jean-Baptiste*, b[8] 11 juin et s[8] 23 juillet 1759. — *Michel*, b 30 oct. 1760, à St-Nicolas; s[8] 19 juillet 1761.
1763, (20 juin).[8]
2° ALARY, Judith, [RENÉ II.
b 1728.

II.—PREVOST, NOEL-ANDRÉ, [TIMOTHÉE I.
b 1725.
COTÉ, Louise, [PIERRE IV.
b 1734; s 11 janvier 1797, à Quebec.

1755, (21 avril) St-Roch.[9]
I.—PREVOST, PIERRE, fils de Jean-François et de Catherine Dumont, de N.-D.-des-Champs, diocèse d'Avranches, Normandie.
BÉLANGER, Elisabeth-Ursule, [IGNACE III.
b 1736.
Pierre, b[9] 29 janvier et s[9] 14 fevrier 1756.— *Marie-Elisabeth*, b[9] 19 août 1757. — *Pierre*, b[9] 11 sept. 1760.—*Marthe*, b[9] 24 janvier 1763.

1757, (7 fevrier) Boucherville.
III.—PREVOST, JEAN-BTE. [FRANÇOIS II.
LAMOUREUX, Charlotte. [FRANÇOIS III.

1760, (14 janvier) Lavaltrie.[1]
IV.—PREVOST, LOUIS. [JOSEPH III.
FAVREAU, Marie-Françoise, [NICOLAS III.
b 1728; veuve de Joseph Lescarbot.
Marie-Cécile, b[1] 3 nov. 1760.—*Louis*, b ~~1762~~; m 3 mars 1794, à Marie-Angélique FAUCHER, à St-Cuthbert.

1760, (18 août) Lavaltrie.
IV.—PREVOST, JOSEPH-NOEL. [NOEL III.
VERNAS, Marie-Geneviève, [LOUIS II.
b 1739.

1760.
IV.—PREVOST, RAPHAEL, [LOUIS III.
b 1736.
DENEAU, Ursule, [FRANÇOIS-XAVIER III.
b 1740.
Louis, b 2 août 1761, à St-Constant. — *Alexis*, b 27 oct. 1763, à St-Philippe.

1761, (15 janvier) St-Michel-d'Yamaska.[1]
IV.—PREVOST, JEAN-MARIE, [PIERRE III.
b 1732.
MAUDOUX (1), Marie-Anne, [ETIENNE II.
b 1740.
Marie-Antoinette, b[1] 4 nov. 1761. — *Jean-Baptiste*, b[1] 20 janvier 1764 —*Louis*, b[1] 16 oct. 1765.

(1) Mariée Madoue.

1761, (18 oct.) Ste-Foye.[1]
IV.—PREVOST, Jos.-Guillaume, [Guill. III.
b 1734.
Berthiaume, Marie-Joseph, [Noel III.
b 1738.
Marie-Joseph, b 20 sept. 1762, à Québec[2]; m[1] 16 janvier 1786, à Charles Moreau.—*Marie-Charlotte*, b[2] 19 fevrier 1764.—*Marie-Louise*, b 1775; s[1] 2 mars 1776.

1761.
IV.—PREVOST, Louis-Antoine, [Louis III.
b 1734.
Robidou, Barbe-Amable.
Marie-Marguerite, b 10 mai 1762, à St-Philippe.[1] — *Jean-Baptiste*, b[1] 26 juin et s[1] 6 oct. 1763.—*Barthélemi*, b[1] 27 janvier 1765.

1763, (14 fevrier) Varennes.
IV.—PREVOST, Jean-Bte. [Antoine III.
Lhuissier, Charlotte, [Paul III.
b 1741.

1763, (17 oct.) Montréal.
III.—PREVOST, Jean-Bte, [Eustache II.
b 1737.
Dezéry-Latour, Marie-Frse, [François II.
b 1743.

1763, (21 nov.) Varennes.
III.—PREVOST, René, [René II.
b 1732.
Dubois, Marie-Joseph, [Joseph II.
b 1734.

1764, (6 fevrier) Montreal.
IV.—PREVOST, Eustache, [Eustache III.
b 1741.
Poitras, Marie-Louise, [François III.
b 1746.

1765, (20 fevrier) Rimouski.
I.—PREVOST, (1), François, de St-Servé, diocèse de St-Malo, Bretagne.
Landais, Madeleine, [Jacques I.
b 1741; veuve de François Brisson.

1766, (10 février) St-Vincent-de-Paul.
IV.—PREVOST, François, [Ange-Frs III.
b 1742.
Richard, Elisabeth. [Joseph.

1766, (13 oct.) Montreal.
III.—PREVOST, Charles, [Eustache II.
b 1739.
Gauthier (2), Véronique, [Pierre-Ant. III.
b 1747.

(1) Dit Lafleur; soldat du régiment du Languedoc; arrivé au Canada en 1757, (Reg procès-verbaux, 1766, archeveché) — Retourna en France en 1766, et son épouse, Madeleine Landais, prétendit qu'il y avait une première femme du nom de Jacqueline Moussard et qu'elle était encore vivante (procès-verbaux 1770.) Conséquemment ce mariage fut annulé le 15 janvier 1771, à la Rivière-Ouelle. —Note du Père Ambroise.

(2) Rabot.

1766, (27 oct.) St-Joseph, Beauce.
I.—PREVOST (1), François, fils de François et de Catherine Colardin, de N.-D.-des-Champs, diocèse d'Avranches, Normandie.
Bluteau, Marguerite, [Etienne II.
b 1722; veuve de Pierre César.

1767, (21 sept.) St-Vincent-de-Paul.
IV.—PREVOST, Pierre, [Ange-Frs III.
b 1744.
Richard, Marie-Anne. [Joseph

1769, (26 janvier) Montréal.
I.—PREVOST, Pierre, b 1735; fils de Jean et d'Elisabeth Ledoux, de N.-D.-de-Vernon, diocèse d'Evreux, Normandie.
Hubert, Marguerite, [Pierre II.
b 1745.

PREVOST, Louis.
Jéhan-Laviolette, Marie-Joseph.
Marie-Madeleine, b... m 17 mai 1790, à Jean-Baptiste Amiot, à Quebec.

1770, (25 juin) Boucherville.
III.—PREVOST, Joseph. [René II
Lacoste, Marie-Anne, [Louis III
b 1753.

PREVOST, Joseph,
b 1733; s 25 juillet 1792, à Repentigny.[3]
Joly, Cécile.
Marie, b 1773; s[3] 27 nov. 1790. — *Marie-Joseph*, b 31 mai 1786, à St-Cuthbert.—*François*, b[3] 28 juillet et s[3] 26 août 1791.

1773, (13 juillet) Montréal.
IV.—PREVOST, François, [Eustache III.
b 1751.
Raymond, Marie-Joseph, [Chs-Joseph III.
b 1754.
Hyacinthe, b 1779; m 7 janvier 1800, à Marie-Angelique Seguin, à Ste-Therèse; s 17 mai 1819, à Terrebonne.

1774, (14 nov.) Montréal.
IV.—PREVOST, Joseph, [Joseph III.
b 1729.
Bouin (2), Marie-Anne, [Louis III.
b 1749.

1779, (9 août) Montreal.
PREVOST, François, [Joseph.
b 1757.
Wiste, Catherine, b 1759; fille de Nicolas et de Catherine Villier, de Sarlouis, Lorraine.

1783, (28 avril) Montréal.
IV.—PREVOST, Paul-Amable, [Paul III.
b 1759.
Duranseaux, Marie-Elisabeth, [Jean-Bte II.
b 1751.

(1) Dit Lafleur.

(2) Dufresne.

III.—PREVOST, CHS-TIMOTHÉE, [TIMOTHÉE II.
b 1750; s 7 sept. 1782, à Quebec.
THIBAULT (1), Geneviève.

PREVOST, PIERRE.
CHALIFOUR (2), Marie.

V.—PREVOST, PIERRE. [PIERRE IV.
BOURÉ, Marie-Geneviève.
Pierre, b 17 juin 1794, à St-Cuthbert.

1794, (3 mars) St-Cuthbert. [6]
V.—PREVOST, LOUIS, [LOUIS IV.
b 1762.
FAUCHER, Marie-Angélique, [LS-JOSEPH III.
b 1771.
Louis, b [6] 7 avril 1795

PREVOST, CHARLES.
COTÉ, Marie.
Louis, b... m 12 février 1805, à Marguerite BOSCHÉ, à Beaumont.

1800, (7 janvier) Ste-Therèse. [2]
V.—PREVOST, LS-HYACINTHE, [FRANÇOIS IV.
b 1779; s 17 mai 1819, à Terrebonne. [1]
SÉGUIN (3), Marie-Angelique, [JEAN-BTE IV.
b 1782.
François-Hyacinthe, b [1] 6 avril 1801; m [1] 6 nov. 1821, à Marie-Angelique-Athalide TURGEON. —*Léandre*, b [1] 7 mai et s [1] 23 août 1802 —*Marie-Angélique*, b [1] 11 août 1803; m [1] 24 sept. 1821, a Venant LEMAIRE.—*Joseph-Léandre*, b 22 fevrier 1805, à Lachenaye; m 6 fevrier 1826, à Hedwidge COITEUX, à Montreal; s [1] 7 mars 1843.—*Julie*, b [2] 9 oct. 1809, 1° m [1] 30 janvier 1827, à François-Toussaint MARIÉ; 2° m [1] 28 nov. 1839, à G. M. PREVOST.—*Sara-Adile*, b [1] 19 nov. 1811; m [1] 24 sept. 1827, à Godfroy CHAGNON. — *Pierre-Domptail*, b [1] 15 avril 1814; m 7 juillet 1834, à Dorothee BOUC, à Ste-Anne-de-Mascouche. — *Joseph-Octave*, b [1] 2 mai et s [1] 20 août 1815. — *Seraphin-Maxime*, b [1] 10 août et s [1] 14 sept. 1816. — *Marguerite-Aurélie*, b [1] 27 sept. et s [1] 18 oct. 1817.

1805, (12 fevrier) Beaumont.
PREVOST, LOUIS. [CHARLES.
BOSCHÉ, Marguerite. [GUILLAUME.

1821, (6 nov.) Terrebonne. [1]
VI.—PREVOST, FRS-HYACINTHE, [LS-HYAC. V.
b 1801.
TURGEON, Marie-Angelique-Athalide.
Michel-François-Hyacinthe (4), b [2] 1er sept. 1822, ordonne 6 juin 1846, à Montreal [3], s [3] 14 sept. 1864.

(1) Elle épouse, le 10 nov. 1780, Jean Conrad Waeigaud, à Québec.

(2) Elle épouse, le 30 janvier 1792, Pierre Gouin, à St-Cuthbert.

(3) Elle épouse, le 10 mars 1821, François Coyteux, à Terrebonne.

(4) Pretre de Saint-Sulpice et ancien curé de Notre-Dame de Montreal.

1826, (6 février) Montréal.
VI.—PREVOST, JOS.-LÉANDRE, [LS-HYAC. V.
b 1805; s 7 mars 1843, à Terrebonne. [1]
COITEUX, Hedwidge. [FRANÇOIS.
Anonyme, b [1] et s [1] 17 déc. 1826. — *François-Joseph-Léandre*, b [1] 29 fevrier 1828; ordonné 1er sept. 1850; s 22 juin 1861, à St-Jérôme.—*Hedwidge*, b [1] 18 sept. 1829; m [1] 10 sept. 1849, à Jules PREVOST.

1834, (7 juillet) St-Anne-de-Mascouche.
VI.—PREVOST, PIERRE-DOMPTAIL, [LS-HYAC. V.
b 1814.
BOUC, Dorothée.

PREVOST, MICHEL.
CARRIÈRE, Eleonore.
Eléonore, b... m 10 août 1868, à Napoléon-Evariste SANCHE, à Montreal. [2] — *Angélique*, b... m [2] 8 juin 1874, à Zoel-Oswald SANCHE.

PRÉVOT.—Voy. PRÉVOST.

PRÉZEAU.—*Variations et surnom :* PRÉJEAN—PREZOT—CHAMBLY.

1673, (2 oct.) Québec.
I.—PRÉZEAU (1), MICHEL,
b 1648.
CHAUSY, Marguerite,
b 1657.
André, b... m 24 nov 1727, à Louise PILON, à la Pointe-Claire.

1727, (24 nov.) Pointe-Claire.
II.—PRÉZEAU (2), ANDRÉ. [MICHEL I.
PILON, Louise. [ANTOINE I.

PRÉZEAUX (DE)—Voy. GUYON, 1742.

PRÉZOT.—Voy. PRÉJEAN.—PRÉZEAU.

I.—PRICE, ROBERT.
WEBB, Sara.
Elisabeth (3), née 23 août 1683, à Northampton, Nouvelle-Angleterre; b 25 avril 1705, à Montreal; veuve d'André Stevens.

I.—PRICE, ROBERT,
Anglais.
....
Etienne-Michel (4), né 1739; b 27 juin 1749, à Montreal. [2] — *Marie-Louise* (4), nee 1743; b [2] 24 juin 1749.

PRIEUR.—*Variations et surnoms :* LEPRIEUR—PRIEURE—LAFLEUR—LÉGER.

(1) Voy. Prézot, vol. I, p. 500.

(2) Dit Chambly.

(3) Prise en guerre à Dearfield, le 11 mars 1704.

(4) Pris à Sarosto, près Philadelphie.

I.—PRIEUR (1), JEAN,
b 1664; s 8 sept. 1714, à Montréal.[2]
1° FORTIER, Louise,
s en France.
1704, (5 mars).[2]
2° GLORY (2), Marie-Charlotte, [LAURENT I.
b 1670; veuve de Jean Auger.
Marie, b [2] 3 janvier 1709; s [2] 5 oct. 1710.—*Françoise*, b [2] 23 juin 1711; m [2] 17 sept. 1733, à Jacques-Joseph DAMOURS.

PRIEUR, FRANÇOIS, b 1690; s 15 janvier 1756, à Quebec.

I.—PRIEUR (3), JOSEPH,
s 14 août 1706, à Quebec.[3]
MÉCHIN, Helène,
s [3] 17 juillet 1728.
Marguerite, b [3] 9 février 1691; 1° m [3] 13 fevrier 1708, à Barthelemi VERHEAU; 2° m 18 janvier 1721, à Pierre GRAVEL, au Château-Richer [1], s [1] 17 août 1758. — *Charles-Louis*, b [3] 12 mars 1695; m 2 mai 1725, à Marie-Marthe CRÊTE, à Beauport.

1725, (29 janvier) Lachine.
I.—PRIEUR (4), PIERRE, b 1696; fils de Jean et de Bernardine Lafond, de St-Ager, province de Gênes.
JENNE-ST. ONGE, Marie-Louise, [PIERRE I.
b 1690; veuve de Simon Couillard.
François, b 12 nov. 1725, au Bout-de-l'Ile, M. [6], m 9 fevrier 1756, à Marie-Isabelle SÉDILOT, à Soulanges. [7]— *Marie-Anne*, b 1726; m 17 fevrier 1738, à Louis LEROUX, à la Pointe-Claire.—*Louis*, b [6] 26 janvier 1728.—*Anonyme*, b [6] et s [6] 30 déc. 1731.—*Amable-Charlotte*, b... m [7] 3 fevrier 1755, à Sebastien RODRIGUE; s [7] 1er déc. 1755.

1725, (2 mai) Beauport.[1]
II.—PRIEUR, CHARLES-LOUIS, [JOSEPH I.
b 1695; maitre-perruquier.
CRÊTE, Marie-Marthe, [PIERRE II.
b 1699; s 15 janvier 1759, à Québec.[2]
Hélène, b [2] 14 mars 1726; s [2] 24 oct. 1727.—*Charles*, b [2] 12 juin et s [2] 8 juillet 1727.— *Marie-Marthe*, b [2] 27 juin 1728; s [2] 21 nov. 1729.—*Nicolas-Prisque*, b [2] 8 janvier 1730. — *Joseph*, b [2] 13 et s [2] 30 janvier 1732.—*Louis-Henri*, b [2] 17 janvier 1733; s [2] 8 oct 1736.—*Marie-Joseph*, b [2] 26 août et s [2] 13 sept. 1734. — *Louise-Elisabeth*, b [2] 25 août et s [2] 9 sept. 1735. — *Charles*, b [2] 17 déc. 1737; s [2] 12 fevrier 1738.—*Marie-Geneviève*, b [2] 1er et s [1] 25 janvier 1741.—*Marguerite*, b [2] 28 avril et s [2] 3 juin 1743.

(1) Dit Lafleur; voy. vol. I, p. 501.
(2) Elle épouse, le 22 sept. 1716, Pierre Dumas, à Montréal
(3) Voy. vol. I, p. 501.
(4) Dit Léger; hors des troupes de Ste-Anne-du-Bout-de-l'Ile.

1756, (9 fevrier) Soulanges.[3]
II.—PRIEUR (1), FRANÇOIS, [PIERRE I.
b 1725.
SÉDILOT, Marie-Isabelle, [JEAN-BTE III.
b 1733.
Jean-François, b [3] 21 nov. 1756. — *Pierre-Antoine*, b [3] 14 mars 1758. — *Joseph-Marie*, b [3] 13 janvier 1760.—*Marie-Madeleine*, b [3] 1er oct. 1761

PRIEURE.—Voy. PRIEUR.

PRIGEAT.—Voy. PRÉJEAN.

PRIJEAN.—Voy. PRÉJEAN.

I.—PRIMARD, FRANÇOIS, b 1728; s 12 juin 1806, à l'Hôpital-General, M.

PRIMAUT.—Voy. PRIMEAU.

PRIMAUX.—Voy. PRIMEAU.

PRIMEAU.—*Variations et surnoms* : PRIMAUT —PRIMAUX—PRIMEAUX — PRIMOT—BOISJOLY —LAPLAINE.

1687, (19 oct.) Laprairie.[4]
I.—PRIMEAU (2), FRANÇOIS,
b 1667; s 19 oct. 1725, à Montréal.[5]
DENEAU, Madeleine, [JEAN I.
b 1671.
Marie-Jeanne, b [5] 15 oct. 1692.— *Catherine*, b [5] 30 nov. 1698; m [4] 11 fevrier 1714, à Jean RIDÉ —*Marie*, b [5] 14 dec. 1702; m 1727, à Jacques DURANSEAU. — *Paul*, b 6 janvier 1705, au Bout-de-l'Ile, M.; m à Marie-Joseph COUILLARD — *Jacques*, b [4] 22 fevrier et s [4] 28 sept. 1707.— *Joachim*, b 1er avril 1711, à Lachine; m 18 janvier 1734, à Madeleine BENOIT, à Longueuil

---

I.—PRIMEAU, CHARLES.
BOURSIER, Barbe, [JEAN I.
b 1677; veuve de Jean Poineau.
Anne, b 1716; 1° m 7 janvier 1736, à Jean-Nicolas GRANDMAISON, à Châteauguay[1]; 2° m [1] 18 janvier 1741, à Pierre RUFIANGE.—*Barbe*, b... m à Jacques DUVAL.

1717, (14 juin) Laprairie.
II.—PRIMEAU, CLAUDE, [FRANÇOIS I.
b 1690.
BABEU (3), Angélique, [ANDRÉ I
b 1697.
Marie-Joseph, b 1718; m 7 avril 1739, à Antoine POINEAU, à Châteauguay.[2]— *Marie-Anne*, b 1721; m [2] 26 nov. 1742, à Augustin LEMIRE.—*Jacques*, b 1722; 1° m [2] 17 oct. 1746, à Marie-Charlotte LEGAUD; 2° m [2] 7 janvier 1767, à Marguerite COUILLARD.—*Joachim*, b 1725; m 4 oct. 1751, à Marie LÉGARÉ, à Quebec.—*Claude*, b 1735; s 22 oct. 1788, à l'Hôpital-Genéral, M.

(1) Dit Léger.
(2) Voy. vol. I, p. 501.
(3) Elle etait à Lorette, le 16 avril 1760.

1721, (10 fevrier) Lachine. [3]
II.—PRIMEAU, Pierre, [François I.
b 1696.
Couillard, Marie-Anne, [Pierre II.
b 1705.
Pierre, b 1721 ; 1° m à Louise Maillet ; 2° m 1er juillet 1765, à Marie-Marguerite Bourbeau, à Montreal.—*François,* b 1722 ; m 1755, à Marie-Anne Laviolette.—*Marie-Joseph,* b 1723 ; m 22 avril 1748, à Jean-Baptiste Mallet, à Châteauguay.[4]— *Joseph,* b 1725 ; m[4] 13 janvier 1755, à Louise Petit-Lalumière.—*Suzanne,* b... m[4] 12 janvier 1756, à Louis-Basile Lefebvre.—*Paul,* b 1730 ; m[4] 15 nov. 1756, à Marie-Anne Legaut. —*Antoine,* b 1737 ; m [3] 22 nov. 1762, à Marie-Hypolite Picard.—*Joachim,* b 1738 ; m[4] 6 février 1764, à Françoise Duquet.—*Jacques,* b 1740 ; m[4] 7 janvier 1767, à Angélique Fauber.—*François,* b 1742 ; m 6 oct. 1767, à Françoise Dupuis, à St-Constant.

1730.
II.—PRIMEAU (1), Paul, [François I.
b 1705.
Couillard, Marie-Joseph, [Pierre II.
b 1709.
Catherine, b 1731 ; m 29 oct 1753, à Nicolas Boursier, à Châteauguay.[5]— *Marie-Joseph,* b 1733 ; m[5] 7 janvier 1755, à Jacques Laberge.—*Paul,* b 1734 ; m [5] 20 fevrier 1759, à Louise Aymard —*Marguerite,* b 1736 ; m[5] 15 avril 1765, à Charles Langevin.—*Pierre,* b 1738 ; m [5] 19 janvier 1767, à Marie-Joseph Paré.

1734, (18 janvier) Longueuil. [3]
II.—PRIMEAU, Joachim, [François I.
b 1711.
Benoit, Madeleine, [Laurent II.
b 1708.
Joachim. b [3] 16 nov. 1734 ; m 26 janvier 1761, à Veronique Couillard, à Châteauguay. [4] — *Madeleine,* b 1736 , m[4] 26 janvier 1761, à Pierre Couillard. — *Jean-Baptiste,* b 1738 ; m[4] 19 janvier 1767, à Louise Gagné. — *Marie,* b... m[4] 22 juin 1767, à Jean-Baptiste Caron.

1742.
III.—PRIMEAU, Pierre, [Pierre II.
b 1721.
1° Maillet (2), Louise, [Jean-Bte III.
b 1724.
Jean-Baptiste, b 1742 ; 1° m à Marie-Louise Duquet , 2° m 20 fevrier 1791, à Elisabeth Marechal, à St-Louis, Mo. — *Marie-Anne,* b... m 14 avril 1766, à Hypolite Deneau, à Châteauguay.
1765, (1er juillet) Montréal.
2° Bourbeau, Marie-Marguerite, [Simon III.
b 1733 ; veuve de Jean Pare.

(1) Dit Laplaine.
(2) Et Mallet, voy. vol. V, p 459.

1746, (17 oct.) Châteauguay. [4]
III.—PRIMEAU, Jacques, [Claude II.
b 1722.
1° Legaut, Marie-Charlotte, [Jean II.
b 1728.
1767, (7 janvier). [4]
2° Couillard, Marguerite. [Joseph III.

1751, (4 oct.) Quebec. [3]
III.—PRIMEAU, Joachim, [Claude II.
b 1725 ; tanneur.
Légaré, Marie, [Jean III.
b 1724.
Marie-Louise, b [3] 20 mai et s [3] 10 juin 1752.—*Joachim-René,* b [6] 18 avril 1753 ; m [3] 16 janvier 1775, à Angelique Vésina.—*Marie-Louise,* b [3] 26 fevrier 1755.—*Marie-Angélique,* b [3] 23 sept. 1757. — *Joseph,* b [3] 3 février et s 23 nov. 1759, à Lorette.[4] — *Joseph-Marie,* b[4] 16 avril 1760 , m à Marie-Charlotte Deguise ; s [3] 9 juillet 1798. — *Nicolas,* b[4] 16 sept. 1761 ; s[4] 14 août 1762.—*Paul,* b[3] 17 juin 1763 ; m[3] 6 fevrier 1798, à Marie-Joseph Bureau.—*Marguerite,* b... m [3] 15 janvier 1788, à François Bureau.

1755, (13 janvier) Châteauguay.
III.—PRIMEAU, Joseph, [Pierre II.
b 1725.
Petit-Lalumière, Louise, [Louis III.
b 1739.

1755.
III —PRIMEAU, François, [Pierre II.
b 1722.
Laviolette, Marie-Anne.
Antoine-François, b 14 août 1756, à Lachine.

1756, (28 août) Québec.
I.—PRIMEAU, Jacques, soldat ; fils de Louis et de Catherine Olive, de St-Savournin, diocese d'Aix, Provence.
Nonsordine, Anne-Catherine, fille de Jean et de Marguerite Besigneré, de Doulme, diocese d'Auxbourg, Allemagne.

1756, (15 nov.) Châteauguay.
III.—PRIMEAU, Paul, [Pierre II.
b 1730.
Legaut (1), Marie-Anne, [Jean II.
b 1737.

1759, (20 fevrier) Châteauguay.
III.—PRIMEAU (2), Paul, [Paul II.
b 1734.
Aymard, Louise, [François II.
b 1737.

1761, (26 janvier) Châteauguay.
III.—PRIMEAU, Joachim, [Joachim II.
b 1734.
Couillard, Véronique, [Joseph III.
b 1737.

(1) Elle épouse, le 10 janvier 1763, Joseph Trudel, a Châteauguay.
(2) Dit Laplaine.

1762, (22 nov.) Lachine.
III.—PRIMEAU, Antoine, [Pierre II.
b 1737.
Picard, Marie-Hypolite, [Paul III.
b 1743.

1764, (6 fevrier) Châteauguay.
III.—PRIMEAU, Joachim, [Pierre II.
b 1738.
Duquet, Françoise, [Joseph III.
b 1744.

1767, (7 janvier) Châteauguay.
III.—PRIMEAU, Jacques, [Pierre II.
b 1740.
Foubert, Marguerite-Angélique. [Jean-Bte II.

1767, (19 janvier) Châteauguay.
III.—PRIMEAU, Jean-Bte, [Joachim II.
b 1738.
Gagné, Louise, [Paul III.
b 1744.

1767, (19 janvier) Châteauguay.
III.—PRIMEAU, Pierre, [Paul II.
b 1738.
Paré, Marie-Joseph, [Jacques III.
b 1747.

1767, (6 oct.) St-Constant.
III.—PRIMEAU, François, [Pierre II.
b 1742.
Dupuis, Françoise, [Louis III.
b 1744.

1775, (16 janvier) Québec.
IV.—PRIMEAU, Joachim-René, [Joachim III.
b 1753.
Vésina, Angélique, [Pierre IV.
b 1749.

IV.—PRIMEAU, Jean-Bte, [Pierre III.
b 1742.
1° Duquet, Marie-Louise.
1791, (20 fevrier) St-Louis, Mo.
2° Maréchal, Elisabeth, [Nicolas I.
b 1757; veuve d'Antoine Martin-Ladouceur.

1791.
IV.—PRIMEAU, Joseph, [Joachim III.
b 1760; s 9 juillet 1798, à Québec.
Deguise, Marie-Charlotte, [François III.
b 1758.
Charles-Joseph, b 25 sept. 1792, à St-Michel; ordonne le 24 oct. 1815; s 31 janvier 1855, à Varennes.

PRIMEAU, Jean.
1° Babin, Marie-Anne.
1794, (24 nov.) Quebec.
2° Ménard, Madeleine. [Joseph.

1798, (6 février) Québec.
IV.—PRIMEAU, Paul, [Joachim III.
b 1763.
Bureau, Marie-Joseph, [François III.
b 1761.

PRIMEAUX.—Voy. Primeau.

PRIMONT.—*Variation :* Prémont.

1663, (2 déc.) Château-Richer.
I.—PRIMONT (1), Jean,
b 1639; s 4 déc. 1698, à Ste-Famille, I. O.[1]
Aubert, Marie, [Claude I.
b 1649; s 28 juillet 1715, à Québec.[2]
Jean, b [1] 26 sept. 1671, 1° m [1] 28 nov. 1703, à Marie Gerbert; 2° m 28 juin 1709, à Thérese Bélanger, à Beauport; 3° m [2] 19 fevrier 1716, à Marie-Anne Bolduc; s [1] 5 déc. 1731.—*Elisabeth*, b [1] 26 janvier 1686; m [1] 8 août 1706, à Louis Gautier; s [1] 3 nov. 1706

1703, (28 nov.) Ste-Famille, I. O.[2]
II.—PRIMONT, Jean, [Jean I.
b 1671; s [2] 5 déc. 1731.
1° Gerbert, Marie, [Mathurin I.
b 1672; s [2] 13 déc. 1704.
Jean-Baptiste, b [2] 26 nov. 1704; m [2] 27 nov. 1731, à Geneviève Morisset; s [2] 19 avril 1756.
1709, (28 juin) Beauport.
2° Bélanger, Thérèse, [Nicolas II.
b 1676.
Marie-Thérèse, b [2] 6 mai 1710.
1716, (19 fevrier) Québec.
3° Bolduc, Marie-Anne, [Louis I.
b 1670; veuve de Jean Marsolet.
Thérèse, b 7 juin 1719, au Château-Richer.

1731, (27 nov.) Ste-Famille, I. O.[3]
III.—PRIMONT, Jean-Bte, [Jean II.
b 1704; s [3] 19 avril 1756.
Morisset (2), Geneviève, [Gencien II.
b 1712.
Madeleine, b [3] 17 avril 1733; s [3] 20 août 1735.—*Jean-Baptiste*, b [3] 30 janvier 1735; m [4] 3 fevrier 1756, à Angelique Bauché.—*Jacques*, b [3] 6 janvier 1737; s [3] 28 avril 1748.—*Amand*, b [3] 26 fevrier 1739; m 18 juin 1764, à Louise Chatel, à Québec[4]; s [4] 1er sept 1788.—*Marie-Joseph*, b [3] 18 mars et s [3] 9 mai 1741.—*Charles-Augustin*, b [3] 27 juin 1742.—*Augustin*, b [3] 22 sept. 1743; m 22 juin 1767, à Marie-Angelique Senet, à Montreal.—*Geneviève*, b [4] 14 juin 1747; m [3] 28 oct. 1771, à Jerôme Drouin.—*Maxime-André*, b [3] 22 janvier et s [3] 15 fevrier 1750.—*Marie-Anne*, b [3] 3 avril et s [3] 9 mai 1753.—......... (3), b [3] 13 février 1755.

1756, (3 fevrier) Ste-Famille, I. O.[4]
IV.—PRIMONT, Jean-Bte, [Jean-Bte III.
b 1735.
Bauché, Angélique, [Guillaume III.
b 1729.

(1) Voy. Prémont, vol. I, pp. 498 499.
(2) Elle épouse, le 27 nov. 1758, Jacques Pichet, à Ste-Famille, I. O.
(3) Le nom manque au registre.

Marie-Angélique, b [4] 5 déc. 1756.—*Jean-Baptiste*, b [4] 6 oct. 1758; s [4] 30 oct. 1759.—*Jean-Baptiste*, b [4] 25 sept. 1760.—*Jacques*, b [4] 13 fevrier 1763.—*Anonyme*, b [4] et s [4] 15 mars 1765.—*Marie* et *Anne*, b [4] 18 nov. 1765.—*Charles-Amable*, b [4] 30 janvier 1767.

1760, (5 août) St-Philippe.[5]

I.—PRIMONT, François, fils de Jacques et de Marie-Anne Lavigne, de St-Loup-de-Fribois, diocèse de Lizieux, Normandie.
David, Marie-Celeste, [Nicolas II.
b 1733; veuve de Louis Chrétien.
François, b [5] 10 août 1762.—*Jacques*, b [5] 3 sept. 1763.—*Elisabeth*, b [5] 19 sept. 1764.

1764, (18 juin) Québec.[2]

IV.—PRIMONT, Amand, [Jean-Bte III.
b 1739; s [2] 1er sept. 1788.
Chatel, Marie-Louise, [Pierre III.
b 1752.

1767, (22 juin) Montréal.

IV.—PRIMONT, Augustin, [Jean-Bte III.
b 1743.
Senet, Marie-Angélique, [Charles-Esprit II.
b 1749.

PRIMOT.—Voy. Primeau.

PRINCE.—*Variation* : LePrince.

I.—PRINCE, Honoré,
de Port-Royal, Acadie.
Forest, Elisabeth,
Acadienne.
Jeanne-Victoire, b... m 7 janvier 1760, à François Cormier, à Becancour.

I.—PRINCE, Marie-Marguerite (Anglaise), b 1735; s 15 sept. 1752, aux Trois-Rivières.

I—PRINCE, Pierre,
Acadien.
Bourgeois (1), Félicité,
Acadienne.

I.—PRINCE, Jean,
Acadien.
Tibaudeau, Marie,
Acadienne.
Marguerite, b... m 15 nov. 1790, à Joseph Bourg, à Nicolet.

I.—PRINCE, Jean-Bte,
Acadien.
Darois, Marie,
Acadienne.
Jean-Baptiste, b... m 12 nov. 1792, à Elisabeth Hebert, à Nicolet.

(1) Elle épouse, le 19 nov. 1760, Bénoni Bourg, à Bécancour.

I.—PRINCE, Joseph,
Acadien.
Richard, Anne,
Acadienne.
Marguerite, b... m 20 janvier 1794, à Honoré Hébert, à Nicolet.

I.—PRINCE, Jean,
Acadien.
Bourg, Madeleine,
Acadienne.
François, b... m 8 février 1796, à Marguerite Doucet, à Nicolet.

1792, (12 nov.) Nicolet.

II.—PRINCE, Jean-Bte. [Jean-Bte I.
Hebert, Elisabeth, [Joseph.

1796, (8 fevrier) Nicolet.

II.—PRINCE, François. [Jean I.
Doucet, Marguerite. [Louis.

PRINSEAU.—Voy. Pruneau.

PRINTEMPS.—Voy. Merlin—Millot—Miot.

PRIOR.—Voy. Périllard.

I.—PRIPE, Abenize.
Halé, Marie, [Louis III.
b 1728.
Louise, née 1755; b 10 mars 1759, à Quebec.

PRIVÉ.—*Surnom* : Laframboise.

1713, (16 oct.) Pointe-Claire.

I—PRIVÉ (1), André.
Bigras, Marie-Louise, [François I.
b 1694.
André-Lambert, b 12 sept. 1717, au Bout-de-l'Ile, M.

1733, (24 août) Québec.[6]

I.—PRIVÉ, Michel, b 1701; fils de Pierre et de Louise Potin, de St-Malo, Basse-Bretagne; s 2 août 1759, à la Pte-aux-Trembles, Q.
LeGris, Marie-Louise, [Adrien I.
b 1705.
Françoise-Michelle, b [6] 6 mai 1734; m 16 juin 1755, à Louis-Joseph Latouche-Soupras, à Verchères.[7]—*Marie-Françoise*, b... m [7] 19 fevrier 1759, à Jean-Baptiste Toupin.—*Madeleine*, b... m [7] 12 juillet 1762, à Joseph Amiot. — *Michel*, b 1738; m 1756, à Marie-Amable Chagnon.

1756.

II.—PRIVÉ, Michel, [Michel I.
b 1738.
Chagnon, Marie-Amable, [Louis II.
b 1740.
Michel-Victor, b 15 août 1757, à Contrecœur.—*Marie-Amable*, b 11 sept. 1760, à Verchères.

(1) Dit Laframboise.

I.—PROPHETER (1), HERMAN, de Franconie.

PROTAIN.—*Variation :* PROTIN.

1761, (31 mars) St-Jean, I. O.

I.—PROTAIN (2), PIERRE, b 1737; fils de Pierre et de Madeleine Dedier, de St-Gervais-de-Paris (rue de la Martellerie).
PEPIN (3), Brigitte, [JEAN-JOSEPH III. b 1741.
Marie-Madeleine, b... m 9 avril 1782, à Joseph GAGNON, à Québec.

PROTEAU.—*Variations :* PLUTEAU — PROTO — PROTOT—PROUTOT—ROTOT.

I.—PROTEAU (4), ETIENNE.
SÉGUIN (5), Marguerite, b 1630.
Jean-Baptiste, b 13 nov. 1677, à Québec; m 2 mai 1707, à Marie-Anne BOURÉ, à Charlesbourg[8]; s[8] 3 déc. 1733.—*Michel,* b 1678; m[8] 20 janvier 1710, à Suzanne BEDARD; s[8] 3 dec. 1762.—*Marguerite,* b[8] 6 mai 1685; m 6 juin 1707, à Jacques RÉAUME, au Château-Richer; s 24 janvier 1709, à St-Thomas.

1690, (31 janvier) Pte-aux-Trembles, Q.

I.—PROTEAU (6), LUC, b 1668; s 30 janvier 1752, à Batiscan.[8]
GERMAIN, Marie-Madeleine, [ROBERT I. b 1670; s[8] 15 sept. 1757.
Marie-Catherine, b[8] 28 juin 1691; m[8] 11 janvier 1712, à Joseph COUTURIER; s 31 mars 1717, à Ste-Anne-de-la-Perade.[7]—*Luc,* b[7] 17 avril 1705; m[7] 19 oct. 1733, à Marie-Anne BARIL; s[8] 12 nov. 1733.—*Pierre-Georges,* b[7] 16 mai 1707; m[7] 3 oct. 1735, à Marie-Françoise PERROT; s[8] 8 sept. 1762.

1707, (2 mai) Charlesbourg.[8]

II.—PROTEAU, JEAN-BTE, [ETIENNE I. b 1677; s[8] 3 dec. 1733.
BOURÉ, Marie-Anne, [GILLES I. b 1689; s 3 février 1745, à Québec.[5]
Jean-Baptiste, b[8] 10 oct. 1708; m 25 oct. 1734, à Marie BRUNEAU, à Beauport[7]; s[8] 12 dec. 1758.—*Etienne,* b[8] 11 juillet et s[8] 19 sept. 1710.—*Marie-Anne,* b[8] 25 mai 1713, m[8] 4 août 1732, à Jean LANDRY.—*Pierre,* b[8] 18 oct. 1715; m[7] 11 janvier 1745, à Marie-Charlotte-Ursule ALARD.—*Marie-Ambroise,* b[8] 20 juin 1717; m[8] 11 janvier 1740, à Augustin DUBÉ.—*François,* b[8] 14 avril 1720; m[7] 8 oct. 1742, à Marie-Joseph BRUNEAU.—*Louise-Jeanne,* b[8] 16 janvier 1723; m[8] 16 janvier 1741, à Charles GAUTIER.—*Marie-Louise,* b... 1° m à Charles LOISEAU; 2° m[5] 1er mai 1752, à Joseph MERCIER.—*François-Louis,* b[8] 23 mars 1725; s[8] 14 juillet 1726.—*Maurice,* b[8] 24 août 1727.—*Marie-Elisabeth,* b[8] 1er sept. 1730; s[8] 30 juillet 1732.—*Marie-Geneviève,* b[8] 2 et s[8] 20 juin 1733.—*Louis,* b 1734; m[7] 24 janvier 1763, à Geneviève BRUNEAU.

1710, (20 janvier) Charlesbourg.[2]

II.—PROTEAU, MICHEL, [ETIENNE I. b 1678; s[2] 3 dec. 1762.
BEDARD, Marie-Suzanne, [LOUIS II. b 1691.
Marie-Elisabeth, b[2] 8 avril 1711; 1° m[2] 23 janvier 1736, à Simon SAVARD; 2° m[2] 22 août 1763, à Pierre DURAND.—*Etienne,* b[2] 18 déc. 1712.—*Marie-Madeleine,* b[2] 27 février et s[2] 9 août 1714.—*Michel,* b[2] 8 avril 1716; s[2] 1er mai 1731.—*Marie-Suzanne,* b[2] 15 sept. 1717; m[2] 9 nov. 1744, à Germain BÉLANGER.—*Jacques,* b[2] 23 février 1719; m[2] 16 nov. 1750, à Marie-Anne CHALIFOUR.—*Marie-Jeanne,* b[2] 11 juillet 1720; m[2] 1er sept. 1749, à Jacques BÉLANGER.—*Geneviève,* b[2] 3 mars 1722; m 1750, à Noël DÉRY.—*Louis,* b[2] 12 juillet 1723.—*Jean-Baptiste,* b[2] 5 mars 1725; m[2] 27 nov. 1758, à Catherine CHALIFOUR.—*Marie-Marguerite,* b[2] 8 août 1726; m[2] 4 juin 1753, à Pierre CHALIFOUR.—*Jacques,* b[2] 28 sept. 1727; m 25 nov. 1754, Angelique GRENIER, à Beauport.—*Pierre-Alexis,* b[2] 6 juin et s[2] 17 sept. 1729.—*Marie-Renée,* b[2] 29 août 1731; m[2] 7 février 1752, à Gilles CHALIFOUR.—*Michel,* b[2] 16 mars 1733; m 27 fevrier 1764, à Angelique DUPUIS, à St-Joseph, Beauce.

1733, (19 oct.) Ste-Anne-de-la-Pérade.

II.—PROTEAU, LUC, [LUC I. b 1705; s 12 nov. 1733, à Batiscan.
BARIL (1), Marie-Anne, [LOUIS II. b 1713.

1734, (25 oct.) Beauport.[1]

III.—PROTEAU, JEAN-BTE, [JEAN-BTE II. b 1708; s 12 dec. 1758, à Charlesbourg.[2]
BRUNEAU, Marie, [FRANÇOIS II. b 1715.
Jean-Baptiste, b[1] 26 sept. 1736; m[1] 8 février 1762, à Geneviève PARANT.—*François,* b[2] 13 sept. et s[2] 8 oct. 1742.—*Joseph,* b[2] 20 oct. 1747, s[1] 15 août 1748.

1735, (3 oct.) Ste-Anne-de-la-Pérade.

II.—PROTEAU, PIERRE-GEORGES, [LUC I. b 1707; s 8 sept. 1762, à Batiscan.[7]
PERROT, Marie-Françoise, [PIERRE I. b 1710.
Pierre, b[7] 16 août 1736; m[7] 12 mai 1777, à Marie-Joseph RIVARD.—*François-Joseph,* b[7] 2 sept. 1737.—*Louis,* b[7] 3 nov. 1738.—*Françoise-Geneviève,* b[7] 4 février 1740; m[7] 31 janvier 1763, à Joseph GOUIN.—*Eustache,* b[7] 23 avril 1741, s[7] 2 fevrier 1742.—*Marie-Anne-Françoise,* b[7] 3

(1) Affirmé, par Jean Frédéric, qu'il n'est point marié. (Proces-verbaux, 1764.)

(2) Soldat de Berry, compagnie de Cadillac. (Evêché, Registre des Procès-verbaux, 1761.)

(3) Lachance.

(4) Voy. vol. I, p. 501.

(5) Elle épouse, le 15 nov. 1694, André Leroux, à Charlesbourg.

(6) Voy. vol. I, p 501.

(1) Elle épouse, le 17 janvier 1735, Gabriel Tellier, à Ste-Anne-de-la-Pérade.

mai 1742 ; m 1765, à Jean-Baptiste RIVARD ; s [7] 22 août 1770.—*Jean-Baptiste*, b [7] 12 et s [7] 14 mai 1744.—*Elisabeth*, b [7] 10 mars 1745.—*Marie-Joseph-Angélique*, b [7] 12 mai 1746 ; s [7] 7 août 1747. —*Marie-Louise*, b [7] 23 août 1748.—*Alexis-Amable*, b [7] 27 sept. 1750 ; s [7] 24 mai 1751.—*Hyacinthe*, b [7] 30 avril 1752, s [7] 18 dec. 1771.—*Antoine*, b [7] 15 août 1753.—*Marie-Joseph*, b... m à Jean-Roch PAUDRY.

PROTEAU, PIERRE.
ROY-CHATELLEREAU, Françoise, s 29 mars 1792, à Batiscan.

1742, (8 oct.) Beauport.
III.—PROTEAU, FRANÇOIS, [JEAN-BTE II. b 1720.
BRUNEAU, Marie-Anne-Joseph, [FRANÇOIS II. b 1720.
François, b 12 février 1744, à Charlesbourg [1] ; s [1] 13 juillet 1745.—*Marie-Joseph*, b [1] 7 juin 1746. —*Pierre-François*, b [1] 27 juillet 1748.—*Marie-Geneviève*, b [1] 21 mai et s [1] 13 juin 1750.—*Jean-Baptiste*, b [1] 14 nov. 1751 ; s [1] 26 sept. 1755.—*Jean-Baptiste*, b [1] 27 avril 1754.—*Jean-François*, b [1] 14 juin et s [1] 23 juillet 1757.—*Marie-Joseph*, b [1] 21 juillet 1758 ; s [1] 4 sept. 1759.—*Marie-Geneviève*, b [1] 1er fevrier 1762.

1745, (11 janvier) Beauport.
III.—PROTEAU, PIERRE, [JEAN-BTE II. b 1715.
ALARD, Marie-Ursule-Charlotte, [JEAN-FRS II. veuve de Louis Lamotte.

1750, (16 nov.) Charlesbourg. [2]
III.—PROTEAU, JACQUES, [MICHEL II. b 1719.
CHALIFOUR, Marie-Anne, [PIERRE III. b 1725.
Jacques, b [2] 27 août 1751.—*Michel*, b [2] 18 mars 1755 ; s [2] 3 sept. 1759.—*Marie-Louise*, b [2] 3 avril 1757.—*Marie-Angélique*, b [2] 6 juin 1760.—*Michel*, b 2 sept. et s 6 oct. 1763, à Beauport.

1754, (25 nov.) Beauport.
III.—PROTEAU, JACQUES, [MICHEL II. b 1727.
GRENIER, Marie-Angélique, [JOSEPH III. b 1734.
Jean-Baptiste, b 1er janvier 1757, à Charlesbourg [3] ; s [3] 4 dec. 1759.—*Marie-Angélique*, b [3] 14 oct. 1760.

1758, (27 nov.) Charlesbourg. [4]
III.—PROTEAU, JEAN-BTE [MICHEL II. b 1725.
CHALIFOUR, Catherine, [PIERRE III. b 1732.
Marie-Geneviève, b [4] 15 oct. 1759.—*Jean-Baptiste*, b 7 fevrier 1763, à Quebec [5] ; m [5] 20 janvier 1789, à Madeleine MORIN.—*Marie-Catherine*, b [5] 7 fevrier et s [5] 23 mai 1763.

PROTEAU, MICHEL.
BERGEVIN, Marie-Françoise.
François, b 27 février 1760, à Charlesbourg.

1762, (8 fevrier) Beauport.
IV.—PROTEAU, JEAN-BTE, [JEAN-BTE III. b 1736.
PARANT, Geneviève, [PIERRE-ALEXIS III. b 1739.
Jean-Baptiste, b 29 avril 1763, à Charlesbourg.

PROTEAU, ETIENNE.
JACQUOT, Madeleine.
Marie-Madeleine, b 16 mars 1763, à Lorette.

1763, (24 janvier) Beauport.
III.—PROTEAU, LOUIS, [JEAN-BTE II. b 1734.
BRUNEAU, Geneviève, [FRANÇOIS II. b 1722.

1764, (27 fevrier) St-Joseph, Beauce. [4]
III.—PROTEAU, MICHEL, [MICHEL II. b 1733
DUPUIS, Angelique, [GILBERT-CHARLES I. b 1745.
Marie-Angélique, b [4] 24 juillet 1765.—*Marie-Joseph*, b [4] 2 nov. 1768.

1777, (12 mai) Batiscan.
III.—PROTEAU, PIERRE, [PIERRE II. b 1736
RIVARD, Marie-Joseph. [FRANÇOIS.
Pierre, b 2 oct. 1778, à Ste-Anne-de-la-Perade.

1789, (20 janvier) Québec.
IV.—PROTEAU, JEAN-BTE, [JEAN-BTE III. b 1763.
MORIN, Madeleine. [CLAUDE.

1793, (2 juillet) Quebec.
I.—PROTEAU (1), JOSEPH, fils de Martin et de ...., de St-Michel-de-Metz, Lorraine.
DELIGNY, Therèse, [GUILLAUME I. b 1754.

PROTO.—Voy. PROTEAU.

PROTOT.—Voy. PROTEAU.

PROU. —*Variations et surnoms :* LEPROU — LE PROUST—PRÉAUX—PROULT—PROULX—PROUX —BAGUETTE—BELLISLE—BONNEAU—CLÉMENT —DUPRAS—HARNOIS—LEPOITEVIN.

1673, (5 juin) Québec.[1]
I.—PROU (2), JEAN, b 1647, s 1er mars 1703, à St-Thomas. [2]
FOURNIER, Jacquette, [GUILLAUME I. b 1659 ; s [2] 23 janvier 1736.
Denis, b [1] 7 mai 1676 ; m 19 nov. 1699, à Anne

---

(1) Ancien soldat du régiment de Brunswick. (Procès-verbaux, 5 août 1792.)

(2) Voy. vol. I, p 502.

GAGNÉ, au Cap-St-Ignace[6]; s [2] 13 déc. 1749.—*Jean-Baptiste*, b [6] 9 fevrier 1678; m [2] 14 juin 1701, à Louise ROUSSEAU; s [2] 20 avril 1756.—*Pierre*, b [2] 16 juin 1681; m [2] 8 juin 1711, à Agathe PICARD-DESTROISMAISONS; s [2] 11 mai 1757.—*Thomas*, b [2] 8 sept. 1686; m [2] 5 nov. 1714, à Marie-Catherine CARON; s [2] 10 juin 1753.—*Angélique*, b [2] 12 août 1688; m [2] 12 nov. 1705, à Jean-François TIBAUT; s 28 janvier 1763, à l'Islet.—*Marie-Anne*, b [2] 20 sept. 1693; m [2] 30 oct. 1720, à Henri RUEL; s [2] 7 dec. 1749.—*Louis*, b [2] 3 avril 1696; m 23 oct. 1730, à Marie DUFRESNE, à St-Laurent, I.O.; s [2] 7 oct. 1748.—*Joseph*, b [2] 28 avril 1698; 1° m 1729, à Dorothee BOUCHARD; 2° m [2] 19 nov. 1736, à Angelique LABERGE; s [2] 15 juin 1767.—*Françoise*, b [2] 18 déc. 1701; m [2] 24 oct. 1729, à Alexandre GAGNÉ.

1676, (2 nov.) Québec.[1]

I.—PROU (1), JEAN-BTE,
b 1641; s 9 dec. 1703, à la Pte-aux-Trembles, Q.[8]
PINEL, Catherine, [GILLES II.
b 1658; veuve de Denis Massé; s [8] 14 juin 1723.

Jean-Baptiste, b [8] 24 déc. 1679; m 1713, à Marie-Geneviève HARBOUR, s [8] 19 sept. 1760.—*Marie-Anne*, b [8] 3 sept. 1684; s [8] 16 déc. 1737.—*François*, b [8] 25 mars 1686; m [8] 20 fevrier 1713, à Therèse FAUCHER; s [8] 3 dec. 1749.—*Madeleine*, b [8] 23 août 1688; 1° m [8] 4 mai 1711, à Augustin HARBOUR; 2° m à Pierre BERGERON.—*Claude*, b [8] 17 sept. 1692; 1° m 18 janvier 1716, à Marie-Anne BIBAUD, à St-François-du-Lac[9]; 2° m 25 nov. 1717, à Isabelle MANSEAU, à la Baie-du-Febvre.—*Alexis*, b [8] 28 oct. 1694; m [9] 16 février 1724, à Françoise ROBIDAS.—*Joseph*, b [8] 5 mars 1697; m [8] 6 nov. 1726, à Marie-Thérèse AIDE-CRÉQUI; s [1] 18 nov. 1756. — *Marie-Félicité*, b [8] 1er mars 1699; m [8] 10 fevrier 1718, à Jean-Baptiste BROUSSEAU; s 25 mars 1759, à St-Augustin.

1699, (2 mars) Québec.

I.—PROU (2), JEAN,
b 1651; s 22 mai 1711, à Charlesbourg.[1]
FLEURY (3), Marie, [FRANÇOIS I.
b 1673.

Jean-François, b 1700; 1° m 29 avril 1729, à Suzanne LEDUC, à Lachine; 2° m 23 avril 1743, à Geneviève AUGER, au Sault-au-Récollet. — *Clément*, b [1] 8 dec. 1703; m 11 fevrier 1737, à Marie-Placide DUBOIS, à Montreal; s 28 mars 1760, à Ste-Geneviève, M.—*Marie*, b... m à Jean-Baptiste DAGENAIS.

1699, (17 nov.) Cap-St-Ignace.

II.—PROU (1), DENIS, [JEAN I.
b 1676; s 13 dec. 1749, à St-Thomas.[6]
GAGNÉ, Marie-Anne, [PIERRE III.
b 1674; s [6] 18 avril 1751.

Jean-Hilaire, b [6] 11 avril 1701; m [6] 15 janvier 1712, à Marie-Anne MIGNIER. — *Madeleine*, b [6] 27 déc. 1702; s [6] 8 janvier 1709.—*Geneviève*, b [6] 27 janvier 1707; m [6] 19 nov. 1731, à Pierre DUCHÊNE. —*Anne*, b [6] 28 mars 1709.—*Marie*, b [6] 12 mars 1712; 1° m 1737, à Nicolas BAILLARGEON; 2° m [6] 23 février 1745, à Ignace ST. PIERRE.—*Joseph*, b [6] 1er mai 1714.

1701, (14 juin) St-Thomas.[7]

II.—PROU, JEAN-BTE, [JEAN I.
b 1678; s [7] 20 avril 1756.
ROUSSEAU, Louise, [THOMAS I.
b 1682; s [7] 2 oct. 1759.

Jean-Baptiste, b [7] 30 avril 1702; s [7] 13 avril 1703.—*Jean-Baptiste*, b [7] 24 mai 1704; m 11 nov 1727, à Claire-Françoise JOLY, à Berthier; s [7] 4 avril 1751.—*Louise*, b [7] 6 juin 1706; s [7] 14 avril 1708.—*Joseph*, b [7] 28 avril 1708; m [7] 6 nov. 1730, à Marthe GAGNÉ.—*Pierre-Noel*, b [7] 25 mars 1710. —*Louis*, b [7] 25 janvier 1712; s [7] 18 nov. 1714.—*Véronique*, b [7] 16 août 1716; m [7] 13 janvier 1738, à Antoine DANDURAND.—*Geneviève*, b... 1° m [7] 13 janvier 1738, à Jean-Baptiste BÉLAND; 2° m [7] 20 nov. 1758, à Jean CHRÉTIEN.—*Madeleine*, b... m [1] 23 oct. 1741, à Jacques BAUDOIN.

1702.

II.—PROU (1), JOSEPH, [PIERRE I.
b 1672; s 24 nov. 1725, aux Trois-Rivières[1]
DUPONT, Marie-Joseph, [GILLES I.
b 1670; veuve de François Malbeuf; s 28 oct. 1729, à Nicolet.[2]

Pierre, b 1703; s [1] 27 août 1728.—*Marie-Joseph*, b 2 avril 1704, à Charlesbourg[6]; m à François RANGER.—*Marie-Madeleine*, b [6] 26 janvier 1710, m [2] 28 dec. 1731, à Laurent BOURGOIN.—*Jean-Baptiste*, b 12 février 1716, à Champlain[7]; 1° m [2] 3 juin 1747, à Madeleine PINARD; 2° m [1] 15 fevrier 1757, à Charlotte FAFARD-LONGVAL.—*Marie-Jeanne-Céleste*, b [7] 21 juin 1719.—*Antoinette*, b 1725; m [2] 27 sept. 1747, à Jean-Baptiste PINARD, s [2] 13 déc. 1779.

1706, (1er février) Lachine.

I.—PROU (2), JACQUES, fils de Jacques et de Madeleine Rivé, de Gouray, diocèse de Poitiers, Poitou.
PILON, Jeanne, [ANTOINE I.
b 1689.

Marie-Madeleine, b 1708; m à Claude HOMAY. —*Louise-Helène*, b 1710; m 20 nov. 1730, à Jean-Baptiste BAUNE, à la Pointe-Claire.[8] — *Thomas*, b 1712; m 1751, à Marie-Joseph LAROCQUE. — *Jacques*, b [8] 12 août 1714; 1° m [8] 11 août 1733, à Marie-Suzanne VILLERAY; 2° m 8 janvier 1748, à Marguerite BOILEAU, à Ste-Geneviève, M.[9]—*Geneviève*, b [8] 23 août 1716; m [8] 10 fevrier 1734, à Antoine LANTIER. — *Joseph*, b [8] 21 juillet 1718, m [8] 10 fevrier 1738, à Marie-Charlotte CLÉMENT. — *Françoise*, b [8] 19 mai 1720; m à François BRUNET; s [9] 9 janvier 1750. — *Antoine*, b 1721; m [8] 16 janvier 1747, à Marie-Anne ROY.

(1) Voy. vol. I, p. 502.
(2) Voy. Preaux, vol. I, p. 498.
(3) Elle épouse, le 30 mai 1712, Nicolas Bosché, à Charlesbourg.

(1) Dit Belisle; voy. vol. I, p 502.
(2) Dit LePoitevin.

1711, (8 juin) St-Thomas.[7]
II.—PROU, PIERRE, [JEAN I.
b 1681 ; s [7] 11 mai 1757.
PICARD-DESTROISMAISONS, Agathe, [PHILIPPE I.
b 1691.
Pierre, b [7] 1er mars 1712 ; m 16 janvier 1736, à Marie GAGNÉ, au Cap-St-Ignace [5] ; s [7] 20 janvier 1756. — *François*, b [7] 2 mai 1713 ; 1° m [7] 4 mai 1744, à Marie-Charlotte GRONDIN ; 2° m [5] 23 mai 1757, à Marie-Joseph OUABART ; s [7] 18 déc. 1766. —*Augustin*, b [7] 7 avril 1715 ; s [7] 1er déc. 1733.— *Guillaume*, b [7] 9 août 1718 ; m 1751, à Marie LANDAIS.—*Jean*, b 1721 ; m [7] 5 février 1748, à Therese TALON ; s [7] 1er mai 1762. — *Augustin*, b 1723 ; m 1745, à Françoise FORTIN. — *Marie-Madeleine*, b... m [7] 12 juin 1749, à Marin MÉTAYER. — *Marie*, b [7] 16 août 1726 ; m 20 juillet 1751, à Louis CANUEL, à Rimouski.— *Chrysostôme*, b [7] 2 nov. 1728 ; s [7] 5 janvier 1734.—*Raphael*, b [7] 14 sept. 1730 ; m 1755, à Marie-Catherine HYSARD. —*Louis*, b 1732 ; s [7] 2 fevrier 1734.

1713, (20 février) Pte-aux-Trembles, Q [8]
II.—PROU, FRANÇOIS, [JEAN I.
b 1686 ; s [8] 3 déc. 1749.
FAUCHER, Therèse, [LÉONARD I.
b 1688 ; veuve de François Delisle, s [8] 10 mai 1749.
Marie-Thérèse, b [8] 14 mars 1714 ; m [8] 10 oct. 1740, à Joseph GINGRAS.—*François-de-Sales*, b [8] 24 nov. 1715 ; m [8] 26 août 1744, à Marie-Anne RICHARD. — *Jean-Baptiste*, b [8] 3 janvier 1717 — *Angélique*, b [8] 18 avril 1718 ; m [8] 26 avril 1751, à Alexandre PAGÉ. — *Marie-Joseph*, b [8] 23 nov. 1719 ; m [8] 15 fevrier 1751, à Pierre BERTHIAUME. —*Joseph*, b [8] 26 janvier 1721 ; m [8] 17 janvier 1757, a Jeanne MARTIN. — *Marie-Jeanne*, b [8] 12 janvier 1723 ; m [8] 18 août 1749, à Jean-Baptiste PAGÉ ; s 4 oct. 1752, aux Ecureuils. — *Augustin-Paschal*, b [8] 2 avril 1725 ; s [8] 14 août 1730. — *Antoine*, b [8] 15 juin 1726.— *Marie-Madeleine*, b [8] 18 juin 1728, m [8] 24 juillet 1747, à Augustin MATTE.—*Marie-Louise*, b [8] 29 mars 1730, m [8] 9 fevrier 1756, à François-Amable TOUPIN.—*Marie-Angélique*, b [8] 24 mars 1732 ; m [8] 26 avril 1751, à Alexandre PAGÉ.

1713.
II.—PROU, JEAN, [JEAN-BTE I.
b 1679 ; s 19 sept. 1760, à la Pte-aux-Trembles, Q. [6]
HARBOUR, Marie-Geneviève, [MICHEL I.
b 1692 ; s [6] 8 janvier 1767.
Marie-Clémence, b [6] 22 février 1714 ; m [6] 18 janvier 1734, à Basile GRÉGOIRE. — *Marie-Anne*, b [6] 25 oct. 1715 ; m 9 avril 1742, à Jean-Baptiste GUILLOT, à Québec.[1] — *Geneviève*, b [6] 13 sept. 1717 ; m [6] 18 janvier 1745, à Jean GRÉGOIRE. — *Jean-Baptiste*, b [6] 2 juin 1719 ; m à Marie-Joseph MARCOT. — *Marie-Louise*, b [6] 1er mai 1721 ; m [1] 22 janvier 1753, à Nicolas JOLY.—*François-Régis*, b [6] 12 fevrier 1723 ; m [6] 8 juillet 1748, à Louise GRÉGOIRE. — *Louis-Joseph*, b [6] 16 nov. 1726 ; 1° m [6] 18 nov. 1754, à Marie-Anne MERCURE ; 2° m [6] 7 sept. 1767, à Therèse BERTRAND. — *Antoine*, b [6] 5 mai 1728. — *Marie-Madeleine*, b... m [6] 1er mai 1752, à Antoine LEBLANC ; s [6] 20 nov. 1759. — *Marie-Rose*, b [6] 29 janvier 1730 ; m [6] 9 fevrier 1756, à Jean-Baptiste DEROME. — *Augustin*, b [6] 5 août et s [6] 23 nov. 1731. — *Marie-Angélique*, b [6] 15 dec. 1733 ; m [6] 30 avril 1753, à Jacques GOUGET ; s [1] 18 mai 1774.—*Marie-Céleste*, b [6] 9 mars et s [6] 3 juillet 1735. — *Marie-Catherine*, b [6] 20 février et s [6] 14 août 1737.

I.—PROU, ANTOINE.
....
Claude, b... m 2 juin 1736, à Madeleine LEPELÉ-DESMARETS, aux Trois-Rivières.

1714, (5 nov.) St-Thomas.[9]
II.—PROU, THOMAS, [JEAN I.
b 1686 ; s [9] 10 juin 1753.
CARON, Marie-Catherine, [JOSEPH II.
b 1695 ; s [9] 26 juillet 1744.
Thomas, b 1716 ; s [9] 11 juin 1736.—*Jean-Baptiste*, b 1719 ; s [9] 16 dec. 1744.—*Marie-Louise*, b [9] 22 déc. 1724 ; s [9] 11 janvier 1725. — *Marie-Anne*, b... m [9] 23 oct. 1746, à Guillaume DUFRESNE. — *Joseph*, b [9] 2 nov. 1728 ; m 1755, à Geneviève JEANNOT.—*Louis*, b 1730 ; 1° m [9] 12 nov. 1753, à Monique DUFRESNE ; 2° m 22 juin 1761, à Marie-Rose QUEMENEUR, à St-Frs-du-Sud. — *Marie-Cécile*, b [9] 2 sept. 1731 ; m [9] 26 mai 1755, à François ALEXANDRE.—*François*, b [9] 3 mars 1734 ; m [9] 5 mars 1764, à Marie-Modeste POIRIER.—*Thérèse*, b [9] 22 avril 1737, m [9] 23 nov. 1761, à Germain GAUMONT. — *Marie-Catherine*, b... m [9] 11 avril 1768, à Joseph DENEAU.

1716, (18 janvier) St-Frs-du-Lac.[1]
II.—PROU, CLAUDE, [JEAN-BTE I.
b 1692.
1° BIBAUD, Marie-Anne, [FRANÇOIS I.
b 1698 . s [1] 29 mars 1717.
Marie-Madeleine, b [1] 8 nov. 1716 ; m 11 janvier 1741, à Joseph BENOIT (1), à la Baie-du-Febvre.[2]
1717, (25 nov.) [2]
2° ROBIDAS-MANSEAU, Isabelle, [JACQUES I.
b 1696 ; s [2] 20 avril 1772.
Marie-Joseph, b [1] 19 et s [1] 23 sept. 1718.—*Jean-Baptiste*, b [1] 6 mars 1721 ; m [2] 18 avril 1747, à Catherine LEFEBVRE. — *Marie-Françoise*, b 1722 ; m [2] 3 juin 1736, à Jean-Baptiste VACHER ; s 21 dec. 1755, aux Trois-Rivières.—*Louis*, b [1] 30 mai 1723 ; m [2] 5 fevrier 1753, à Marie-Joseph LEFEBVRE.—*François-Joseph*, b [1] 15 août 1724 ; m [1] 17 fevrier 1749, à Marie-Angelique ALARD. — *Gabriel*, b [1] 27 dec. 1725, m [1] 22 fevrier 1751, à Marguerite LANGLOIS. — *Marie-Antoinette*, b [2] 3 août 1727.—*François*, b... m [1] 17 fevrier 1749, à Marie ALARD. — *Marie-Elisabeth*, b [2] 22 janvier 1730 ; m [2] 12 février 1748, à Gabriel ALARD.— *Marie-Louise*, b [2] 10 sept. 1731. — *Jean-Baptiste-Amable*, b [2] 26 oct. 1732 ; 1° m [1] 26 sept. 1757, à Geneviève LANGLOIS ; 2° m [1] 12 nov. 1760, à Catherine JOYELLE. — *Marie-Thérèse*, b [2] 14 juillet 1734 ; m [2] 11 fevrier 1754, à Pierre JANELLE.

(1) Voy. Laforest, vol. V, pour la date de son baptême.

1724, (16 fevrier) St-Frs-du-Lac.
II.—PROU, Alexis, [Jean-Bte I.
b 1694.
Robidas (1), Françoise, [Jacques I.
b 1699.
Marie-Anne, b 22 mars 1725, à la Pte-aux-Trembles, Q. [8] —*Joseph-Marie,* b 29 mars 1726, à St-Augustin [7]; s [7] 15 janvier 1742. — *Marie-Françoise,* b [7] 6 mai 1728 ; m 13 avril 1759, à Joseph Lefebvre-Labbé, à la Baie-du-Febvre. — *Basile,* b [7] 26 mars 1730 ; m 30 janvier 1758, à Geneviève Chenier, à Lachine. — *Jean-Baptiste,* b [7] 28 février 1732 ; 1° m [8] 20 sept. 1762, à Marie-Joseph Lefebvre-Angers ; 2° m 31 août 1767, à Marie-Joseph Margot, à Deschambault. — *Marie-Angélique,* b [7] 27 juin 1734 ; m [7] 12 oct. 1761, à Joseph Loriot. — *Marie-Geneviève,* b [7] 11 avril 1736. — *Marie-Anne,* b [8] 12 avril 1736 , m 30 sept. 1776, à François Séguin, à Terrebonne. — *Claire,* b [7] 3 mai 1740.

III.—PROU (2), Pierre, [Joseph II.
b 1703; s 27 août 1728. aux Trois-Rivières.

I.—PROU, Guillaume,
b 1686; s (3) 1er juillet 1736, à Champlain.

1726, (6 nov.) Pte-aux-Trembles, Q. [9]
II.—PROU, Joseph, [Jean-Bte I.
b 1697 ; maître-tonnelier; s 18 nov. 1756, à Quebec. [8]
Aide-Créqui, Marie-Thérèse, [Jean I.
b 1705; s [8] 29 sept. 1759.
Marie-Thérèse, b [9] 26 juillet 1727 ; s [8] 31 juillet 1744.—*Marie-Louise,* b [8] 4 fevrier et s [8] 1er avril 1729.—*Joseph,* b [8] 24 août 1730 , s [8] 9 sept. 1731. —*Thérèse-Elisabeth,* b [8] 18 mai 1732 ; s [8] 6 juin 1733.—*François,* b [8] 11 avril 1734 ; m 11 janvier 1762, à Elisabeth-Victoire Bernier, au Cap-St-Ignace.—*Marie,* b [8] 8 sept. 1735 ; m [8] 14 fevrier 1752, à Pierre Henry.—*Marie-Madeleine,* b [8] 30 mars 1737 ; m [8] 21 fevrier 1757, à Jean-Claude Dubois. — *Marie-Angélique,* b [8] 2 avril 1739 ; 1° m [8] 2 fevrier 1761, à Guillaume Curtain ; 2° m à Jean-Marie Gingras. — *Marie-Catherine,* b [8] 27 sept. 1740.—*Joseph,* b [8] 24 mars 1742 ; m à Marie-Geneviève Bernier ; s [8] 10 mai 1792. — *Marie-Catherine,* b [8] 9 juin 1744 ; s [8] 30 juillet 1745.— *Jean-Baptiste,* b [8] 7 et s [8] 10 mars 1746. — *Jean,* b [8] 14 juin 1747 ; s [8] 3 nov. 1748.

1727, (11 nov.) Berthier.
III.—PROU, Jean-Bte, [Jean-Bte II.
b 1704 ; s 4 avril 1751, à St-Thomas. [1]
Joly, Claire-Françoise, [Vital I.
b 1705.
Marie-Louise, b [1] 25 janvier et s [1] 21 nov. 1729. —*Jean-Baptiste,* b [1] 13 fevrier 1730 ; s [1] 19 fevrier 1734. — *Jean-Baptiste,* b 1732 ; 1° m [1] 7 fevrier 1757, à Marie-Geneviève Métivier ; 2° m [1] 18 mai 1767, à Marie-Joseph Gendreau. — *Augustin,* b [1] 4 janvier et s [1] 4 mars 1734. — *Marie-Madeleine,* b [1] 21 janvier 1735.—*Elisabeth,* b [1] 5 mars 1736 ; 1° m [1] 7 janvier 1754, à Charles-Claude Coté ; 2° m [1] 23 nov 1767, à Antoine Lamarre. —*Veronique,* b [1] et s [1] 12 mai 1737.—*Joseph-Marie,* b [1] 8 déc. 1738 ; m [1] 1er oct. 1764, à Marie-Reine Hosteille. — *François-Marie,* b [1] 2 fevrier 1742 ; m [1] 19 nov. 1764, à Catherine Létourneau — *Marie-Joseph,* b [1] 15 mai 1743 ; m [1] 9 janvier 1764, à Guillaume Ross.—*Marie-Geneviève,* b [1] 10 avril 1744.—*Nicolas,* b [1] 6 mars 1746.

1729, (29 avril) Lachine.
II.—PROU (1), Jean-François, [Jean I.
b 1700.
1° Leduc, Suzanne, [Charles II.
b 1697 ; s 9 sept. 1740, à Montréal. [7]
Marie-Louise, b [7] 12 juillet 1730 ; 1° m 1746, à Jean-Baptiste Beaune, 2° m 1755, à Alexandre Maguet. — *Marie-Anne,* b et s 27 déc. 1732, au Bout-de-l'Ile, M. [9] — *Joseph,* b 22 sept. 1734, à Laprairie.—*Jean-Amable,* b 3 mars 1736, au Sault-au-Recollet. [8] — *Charles,* b [8] 4 juin 1738 ; m [8] 27 oct. 1760, à Marguerite Aubin.
1743, (23 sept.) [8]
2° Auger-Baron, Geneviève, [Jean-Bte II.
b 1714 ; veuve de Jean-François Labelle.
Marie-Geneviève, b [8] 25 sept. 1744 ; m 4 avril 1758, à Jacques Sireude, à St-Vincent-de-Paul. [6] —*Joseph-Amable,* b [6] 9 fevrier 1747 ; m 15 nov. 1773, à Marie-Joseph Janot, à la Longue-Pointe. —*Marie-Joseph,* b [6] 18 juin 1749.

1729.
II.—PROU, Joseph, [Jean I.
b 1698 ; s 15 juin 1767, à St-Thomas. [7]
1° Bouchard, Dorothée, [Nicolas II.
b 1710 ; s [7] 23 mai 1734.
Joseph-Marie, b [7] 20 fevrier 1730 ; m [7] 9 juin 1755, à Françoise Larchet ; s [7] 16 dec. 1755. — *Marie-Geneviève,* b [7] 22 mai 1732.
1736, (19 nov.) [7]
2° Laberge (2), Angelique, [Nicolas III.
b 1718.
Alexis, b [7] 7 février 1738.—*Marie-Scholastique,* b [7] 10 déc. 1739 ; m [7] 22 mai 1769, à Joseph Gaudreau.—*Louis,* b [7] 1er avril 1742 ; m [7] 7 janvier 1771, à Marie-Louise Deneau. — *Elisabeth-Françoise,* b [7] 20 avril 1744 ; s [7] 30 nov. 1745.—*François,* b [7] 30 août 1746. — *Angélique-Ursule,* b [7] 2 oct. 1749. — *Marie-Madeleine,* b [7] 2 déc. 1751. — *Augustin,* b [7] 6 fevrier 1754 ; s [7] 4 juin 1755. — *Marie-Marthe,* b [7] 21 mars 1756.—*Thérèse,* b [7] 21 mars 1758.—*Marie-Victoire,* b [7] 17 mai 1760

1730, (23 oct.) St-Laurent, I. O.
II.—PROU, Louis, [Jean I.
b 1696 ; s 7 oct. 1748, à St-Thomas [9]
Dufresne (3), Marie, [Guillaume II.
b 1706.
Marie-Joseph, b [9] 24 juillet 1732 ; m [9] 26 juillet 1756, à Clement Hins. — *Louis,* b [9] 2 oct. 1735 ;

(1) Dit Manseau ; aussi appelée Robitaille, 1725.
(2) Dit Bellisle.
(3) Noye en février 1736, près des Trois-Rivières.

(1) Pour Préaux—Clément, 1760.
(2) Elle epouse, le 17 juin 1771, Joseph Côté, à St-Thomas.
(3) Elle épouse, le 24 novembre 1749, Jean Duval, à St-Thomas.

s[9] 22 fevrier 1756. — *Marie-Geneviève*, b [9] 2 oct. 1735; 1° m 1753, à Joseph-Chrysostôme FORTIN; 2° m 21 février 1757, à Augustin GAGNÉ, au Cap-St-Ignace.—*Jean-Baptiste*, b [9] 9 sept. 1737; m 14 fevrier 1763, à Marie-Ursule BUTEAU, à Berthier.

1730, (6 nov.) St-Thomas.[6]

III.—PROU, JOSEPH, [JEAN-BTE II.
b 1708.

GAGNÉ, Marthe, [JEAN IV.
b 1702; veuve de Claude Gendron; s[6] 23 février 1761.

Jean-Baptiste, b[6] 27 sept. et s[6] 14 déc. 1733.—*Geneviève*, b[6] 27 sept. 1733. — *Jean-Baptiste*, b[6] 28 nov. 1734; m[6] 27 oct. 1760, à Marie HOROSTEILLE.—*Pierre*, b[6] 10 avril 1737.—*Marie-Joseph*, b[6] 10 avril 1737.—*Augustin*, b[6] 23 fevrier 1739; m[6] 26 janvier 1761, à Elisabeth HOROSTEILLE.—*Marie-Madeleine*, b[6] 11 mai 1741; s[6] 22 janvier 1742. — *Marie-Françoise*, b[6] 4 dec. 1742; s[6] 31 mars 1743.

1733, (11 août) Pointe-Claire[1]

II.—PROU, JACQUES, [JACQUES I.
b 1714.

1° VILLERAY, Suzanne, [ANTOINE I.
b 1713, s[1] 16 mars 1747.

Jean-Baptiste, b 1734; m 19 février 1759, à Catherine DUMAY, à Ste-Geneviève, M.[2] — *Geneviève*, b[2] 17 fevrier 1746.

1748, (8 janvier).[2]

2° BOILEAU, Marguerite, [PIERRE III.
b 1722.

1736, (16 janvier) Cap-St-Ignace.

III.—PROU, PIERRE, [PIERRE II.
b 1712; s 20 janvier 1756, à St-Thomas.[1]

GAGNÉ, Marie, [AUGUSTIN IV.
b 1710.

Basile, b 1736; m 1759, à Félicite GAGNÉ. — *Marie-Reine*, b[1] 9 avril 1739. — *Marie*, b... m 20 sept. 1761, à Antoine PALIN, à Berthier; s 18 sept. 1782, à Québec.—*Marie-Madeleine*, b... m[1] 4 sept. 1769, à Ignace DESCENT.—*Pierre*, b 1747; s 14 juillet 1749, à St-Pierre-du-Sud.[7] — *Pierre-Basile*, b[7] 30 avril 1753

1736, (2 juin) Trois-Rivières.[8]

II.—PROU, CLAUDE. [ANTOINE I.

LEPELÉ-DESMARETS, Madeleine, [ANTOINE II.
b 1711; s[8] 24 fevrier 1738.

Pétronille, b[8] 6 dec. 1737.

1737, (11 fevrier) Montréal.[7]

II.—PROU (1), CLÉMENT, [JEAN I.
b 1703; s 28 mars 1760, à Ste-Geneviève, M.[9]

DUBOIS, Marie-Placide, [ANTOINE I.
b 1711; s[9] 2 mai 1763.

Marie-Clémence, b 1739; m[9] 17 oct. 1757, à Joseph BIROLEAU; s[9] 9 nov. 1759. — *Joseph*, b[9] 5 juin 1742; m 14 fevrier 1763, à Marie-Amable DEVOYON, à St-Laurent, M. — *Clément*, b[9] 11 juillet 1743; s[9] 25 avril 1745.—*Marie-Geneviève*, b[9] 7 déc. 1745; s[7] 26 juin 1747. — *Clément*, b[9] 19 août 1748.—*Antoine*, b[9] 27 juillet et s[9] 7 sept. 1750.—*Marie-Catherine*, b[9] 24 janvier 1753; m[9] 15 février 1768, à Joseph CHORET. — *Geneviève*, b[9] 16 avril 1754; m[9] 27 janvier 1772, à Joseph-Hilaire-Charles MARTIN; s[9] 26 déc. 1814.—*Marie*, b... m 1774, à Antoine BIROLEAU.

(1) Pour Préaux.

1738, (10 fevrier) Pointe-Claire.

II.—PROU, JOSEPH, [JACQUES I.
b 1718.

CLÉMENT, Marie-Charlotte, [PIERRE I.
b 1717.

1742, (15 janvier) St-Thomas.[7]

III.—PROU, JEAN-HILAIRE, [DENIS II.
b 1701.

MIGNIER (1), Marie-Anne, [ANDRÉ II.
b 1720.

Marie, b 1743; s[7] 21 oct. 1758.—*Marie-Anne*, b[7] 17 mai 1746; m[7] 31 janvier 1763, à Pierre CHEVERY.—*Jean-Hilaire*, b[7] 17 mai 1750.

1744, (4 mai) St-Thomas.[8]

III.—PROU, FRANÇOIS, [PIERRE II.
b 1713; s[8] 18 dec. 1766.

1° GRONDIN (2), Marie-Charlotte, [JEAN-BTE II.
b 1722; s[8] 26 dec. 1755.

Marie-Claire, b[8] 8 août 1745. — *François*, b[8] 25 janvier 1747; m[8] 9 nov. 1767, à Marie-Joseph MICHAUD. — *Marie-Joseph*, b[8] 27 fevrier et s[8] 13 avril 1749. — *Marie-Louise*, b[8] 13 mars 1750. — *Marie-Ursule*, b[8] 13 fevrier 1752. — *Marie-Geneviève*, b[8] 12 et s[8] 17 nov. 1753.

1757, (23 mai) Cap-St-Ignace.

2° OUABART, Marie-Joseph, [JOS.-PHILIPPE I.
b 1734.

1744, (26 août) Pte-aux-Trembles, Q.[1]

III.—PROU (3), FRANÇOIS-DE-SALES, [FRS II.
b 1715.

RICHARD, Marie-Anne, [JACQUES II.
b 1714.

Marie-Anne, b[1] 27 mai 1745; m[1] 26 janvier 1767, à Jean-Baptiste TRÉPANIER.—*François*, b 1747; s[1] 27 sept. 1748.—*Marie-Joseph*, b[1] 5 mai 1749.—*Alexandre*, b[1] 25 juillet 1750.—*Jean-Baptiste*, b 23 mars 1752, aux Ecureuils.— *François-Xavier*, b 1753; m[1] 16 janvier 1775, à Marie-Madeleine VÉSINA.

1745.

III.—PROU, AUGUSTIN, [PIERRE II.
b 1723.

FORTIN, Françoise, [JEAN-BTE II.
b 1724.

Augustin, b 7 avril 1746, à St-Thomas[2]; m[2] 12 fevrier 1770, à Françoise DENEAU. — *Marie-Françoise*, b[2] 15 avril 1747; s[2] 22 avril 1749.—*Jean-Denis*, b[2] 18 août 1748; s[2] 25 mars 1749.—

(1) Elle épouse, le 24 janvier 1752, Jean Pelletier, à St-Thomas.

(2) Appelée, en 1749, Mignot-Labrie, du nom de sa grand'mère.

(3) Dit Bonneau, 1750.

Marie-Marthe, b [2] 21 oct. 1749; m [2] 18 janvier 1768, à Louis Morin. — *Marie-Françoise*, b [2] 8 février 1751.—*Marie-Geneviève*, b [2] 26 août 1752; s [2] 4 février 1761. — *Marie-Joseph*, b [2] 21 juin 1754; m [2] 2 oct. 1769, à Pierre Fournier.—*Jean-Baptiste*, b [2] 16 fevrier 1756; s [2] 20 fevrier 1761. —*Isaac*, b [2] 14 nov. 1757; s [2] 9 nov. 1759.—*Marguerite*, b [2] 6 déc. 1759.

1747, (16 janvier) Pointe-Claire.

II.—PROU (1), Antoine, [Jacques I.
b 1721.
Roy, Marie-Anne, [André II.
b 1725.

1747, (18 avril) Baie-du-Febvre. [7]

III.—PROU, Jean-Bte, [Claude II.
b 1721.
Lefebvre (2), Catherine, [Jean-Bte III.
b 1726.

Jean-Baptiste, b 30 août et s 22 sept. 1748, à Nicolet.—*Marie-Catherine*, b [7] 1er oct. 1749; m [7] 2 mars 1767, à Antoine Cailla.—*Jean-Baptiste*, b [7] 8 avril 1751.—*Marie-Thérèse*, b [7] 20 mars 1753; m [7] 5 oct. 1772, à Joseph Houde.—*Marie-Joseph*, b [7] 11 avril 1755.—*Elisabeth*, b [7] 4 déc. 1756.—*Louis*, b [7] 4 mai 1760; s [7] 2 avril 1770.—*Antoine*, b [7] 9 janvier 1761.—*Marie*, b [7] 7 sept. 1763.—*Marie-Joseph*, b [7] 4 oct 1763.—*François-Marie*, b [7] 3 avril 1765; s [7] 13 mai 1770.—*Joseph*, b [7] 26 avril 1767; s [7] 20 avril 1770.

1747, (8 mai) Trois-Rivières. [8]

I.—PROU (3), Antoine-Claude, fils d'Antoine et de Marie-Anne Riou, de St-Martin-d'Angle, diocèse de Poitiers, Poitou.
Godfroy (4), Marie-Charlotte, [Jacques III.
b 1722.

Marie-Charlotte, b [8] 8 avril 1748. — *Louis-Joseph*, b [8] 19 mars 1750, m à Françoise Lefebvre; s [8] 1er juin 1817.—*Antoinette*, b [8] 12 juillet et s [8] 2 déc. 1752.—*Antoine*, b [8] 22 juin 1754.—*Claude-Antoine*, b [8] 5 avril 1756.—*Marie-Louise*, b [8] 2 déc. 1757; s [8] 2 sept. 1758.—*Marie-Anne*, b [8] 8 juin et s [8] 10 oct. 1759.—*Françoise*, b [8] 28 oct. 1760.—*Joseph*, b [8] 28 oct. 1760; s [8] 25 oct. 1761.

1747, (3 juin) Nicolet. [9]

III.—PROU, Jean-Bte, [Joseph II.
b 1716.
1° Pinard, Marie-Madeleine, [Antoine II.
b 1723.

Jean-Baptiste, b [9] 15 août et s [9] 6 sept. 1748.—*Jean-Baptiste*, b [9] 24 sept. 1749.—*Louis*, b [9] 30 oct. 1751; m [9] 18 janvier 1784, à Marie-Anne Brassard.—*Joseph*, b [9] 19 dec. 1753.—*Raphael*, b [9] 6 dec. 1755.—*Madeleine*, b... m [9] 2 mars 1778, à Joseph Lemaitre-Lotinville.

(1) Dit LePoitevin.

(2) Senneville; voy. aussi ce nom pour la date juste de sa naissance.

(3) Et LeProust; frère de Jean, marié le 25 sept. 1747; sergent dans les troupes de la marine.

(4) DeVieuxpont.

1757, (15 février) Trois-Rivières.
2° Fafard-Longval, Charlotte, [Michel III
b 1721.

1747, (25 sept.) Trois-Rivières. [1]

I.—PROU (1), Jean, notaire public; fils d'Antoine (chirurgien) et de Marie-Anne Riou, de St-Martin-d'Angle, diocèse de Poitiers, Poitou.
Goubault, Marie-Anne, [Pierre I.
b 1728; s [1] 27 déc. 1755.

Marie-Anne, b [1] 29 nov. et s [1] 24 dec. 1748.—*Antoine-Claude*, b [1] 11 fevrier et s [1] 29 mars 1753.

1748, (5 fevrier) St-Thomas. [2]

III.—PROU, Jean, [Pierre II.
b 1721; s [2] 1er mai 1762.
Talon, Thérèse, [Etienne I.
b 1722; s [2] 13 janvier 1761.

Jean-Marie, b [2] 8 et s [2] 20 juin 1749.—*Germain*, b [2] 26 juillet 1752; m 9 oct. 1786, à Marie-Joseph Bacon, à St-Cuthbert. — *Thérèse*, b [2] 11 avril 1755.

1748, (8 juillet) Pte-aux-Trembles, Q. [5]

III.—PROU, François-Régis, [Jean II.
b 1723.
Grégoire, Louise, [Jean-François II.
b 1717; s [5] 22 nov. 1760.

François-Régis, b [5] 28 mai 1749.—*Augustin*, b [5] 9 nov. 1758.—*Marie-Louise*, b [5] 20 oct. 1757, s [5] 2 juillet 1758.

1749, (17 février) St-Frs-du-Lac.

III.—PROU, François-Joseph, [Claude II.
b 1724.
Alard, Marie-Angélique. [Jean-François II.

Marie-Joseph, b 15 janvier 1750, à la Baie-du-Febvre [7]; s [7] 18 mars 1753.—*Marie-Thérèse*, b [7] 15 nov. 1751.—*Joseph*, b [7] 13 mars 1754.—*Elisabeth*, b 1756; m [7] 4 nov. 1776, à Jean-Baptiste Provencher.—*Marie-Angélique*, b [7] 8 avril 1759. —*Monique*, b [7] 17 mai 1761.—*François*, b [7] 6 mai 1764.—*Louis*, b [7] 26 mars 1767.

1751, (22 fevrier) St-Frs-du-Lac.

III.—PROU, Gabriel, [Claude II.
b 1725.
Langlois, Marguerite, [Noel III.
b 1731.

Noel-Gabriel, b 31 janvier 1752, à la Baie-du-Febvre [8]; m [8] 2 mars 1772, à Marie Benoit.—*Jean-Baptiste*, b [8] 25 dec. 1753.—*Joseph*, b [8] 25 fevrier 1756.—*Etienne*, b [8] 12 et s [8] 25 août 1757 —*Marguerite*, b [8] 22 janvier 1758.—*Marguerite*, b [8] 25 janvier 1759.—*Marie-Elisabeth*, b [8] 14 nov. 1760.—*Louis*, b [8] 26 mars 1763.—*Marie-Jeanne*, b [8] 31 mars 1765.—*Marie-Antoinette*, b [8] 15 juillet 1767; s [8] 18 avril 1770.—*Antoine*, b [8] 26 août 1770.—*Marie-Antoinette*, b [8] 2 août et s [8] 27 dec. 1772.

(1) Et LeProulx; frère d'Antoine-Claude, marié le 8 mai 1747.

1751.

III.—PROU, Guillaume, [Pierre II.
b 1718.
Landais, Marie-Agnès, [Jacques I.
b 1733.
Marie-Madeleine, b 28 mai 1752, à Rimouski [9]; m [9] 29 sept. 1783, à Joseph Phiala.—*Charles*, b [9] 1er dec. 1754; m 1782, à Marie Chouinard.—*Madeleine*, b [9] 24 dec. 1757.—*Marie-Charlotte*, b 22 août 1760, à St-Pierre-du-Sud; m 1784, à François Bourguignon. — *Pierre*, b [9] 17 janvier 1767. —*Thérèse*, b... m [9] 12 oct. 1802, à Louis-Gabriel St. Laurent.

1751.

II.—PROU, Thomas, [Jacques I.
b 1712.
Larocque, Marie-Joseph.
Jacques, b 26 fevrier 1752, au Bout-de-l'Ile, M.; m à Angelique Charlebois.—*Marie-Charlotte*, b 14 fevrier 1755, à Ste-Geneviève, M. [1] — *Thomas-Amable*, b [1] 24 oct. 1756.—*François-Amable*, b [1] 22 mai et s [1] 30 août 1758.

1753, (5 fevrier) Baie-du-Febvre. [2]

III.—PROU, Louis, [Claude II.
b 1723.
Lefebvre (1), Marie-Joseph, [Jean-Bte III.
b 1737.
Marie-Joseph, b [2] 20 mars 1763.

1753, (12 nov.) St-Thomas. [3]

III.—PROU, Louis, [Thomas II.
b 1730.
1° Dufresne, Monique, [Guillaume II.
b 1725; s [3] 26 sept. 1759.
Louis, b [3] 9 oct. 1754.—*Thomas*, b [3] 6 nov. et s [3] 26 dec. 1755.—*Guillaume*, b 5 sept. 1757, à St-Pierre-du-Sud. [4] — *Monique*, b [4] 19 oct. et s [3] 23 nov. 1758.
1761, (22 juin) St-Frs-du-Sud.
2° Quemeneur (2), Marie-Rose, [Jean-Bte II.
b 1736.
Joseph, b 19 mai et s 30 juin 1768, à Kamouraska. [5] —*Marie-Rose*, b [5] 4 mai 1769.—*Marie-Joseph*, b [5] 13 fevrier 1771.

1754, (18 nov.) Pte-aux-Trembles, Q. [6]

III.—PROU, Louis-Joseph, [Jean II.
b 1726.
1° Mercure, Marie-Anne, [Jean-François II.
b 1732, s [6] 23 août 1765.
Marie-Louise, b [6] 27 juillet 1762; s [6] 19 mars 1766.—*Marie-Madeleine*, b... m [6] 17 oct. 1774, à Joseph Paris.—*Louis-Joseph*, b [6] 17 janvier 1764. —*Marie-Louise*, b [6] 11 et s [6] 15 août 1765.—*Anonyme*, b [6] et s [6] 11 août 1765.
1767, (7 sept.) [6]
2° Bertrand, Marie-Therèse, [Guillaume II.
b 1727.

(1) Senneville.
(2) Dit Laflamme.

1755, (9 juin) St-Thomas. [7]

III.—PROU, Joseph-Marie, [Joseph II.
b 1730; s [7] 16 dec. 1755.
Larchet (1), Charlotte-Fse, [Jean-Bte-Benoit I.
b 1732.

1755.

III.—PROU, Raphael, [Pierre II.
b 1730.
Hysard (2), Marie-Catherine.
Pierre-Raphael, b 15 avril 1756, à Rimouski. [5] —*Antoine*, b [5] 7 mai 1758.

1755.

III.—PROU, Joseph, [Thomas II.
b 1728.
Janot (3), Geneviève, [Antoine III.
b 1729.
Joseph, b 2 avril 1756, à St-Thomas [7] — *Jean-François*, b [7] 9 sept. 1758; s [7] 7 avril 1760.—*Augustin*, b [7] 9 nov. 1760.—*Jean-Baptiste*, b 12 sept. 1762, à St-Joseph, Beauce.

1757, (17 janvier) Pte-aux-Trembles, Q. [8]

III.—PROU, Joseph, [François II.
b 1721.
Martin, Jeanne, [Etienne I.
b 1724; veuve de Mathurin Signy.
François-Xavier, b 9 mars 1758, aux Ecureuils. —*Marie-Jeanne*, b [8] 5 nov. 1761.—*Joseph*, b [8] 5 janvier 1764. — *Françoise*, b [8] 5 oct. 1765. — *Gabriel*, b [8] 23 sept. et s [8] 19 oct. 1768.

1757, (7 fevrier) St-Thomas. [9]

IV.—PROU, Jean-Bte, [Jean-Bte III.
b 1732.
1° Métivier, Marie-Geneviève, [François II.
b 1738; s [9] 14 dec. 1766
Jean-Baptiste, b [9] 27 fevrier 1758.—*Augustin*, b [9] 5 juillet 1760.
1767, (18 mai). [9]
2° Gendreau, Marie-Joseph, [Jacques III.
b 1729.

1757, (26 sept.) St-Frs-du-Lac. [1]

III.—PROU, Jean-Bte-Amable, [Claude II.
b 1732.
1° Langlois, Geneviève, [Noel III.
b 1733, s 14 juin 1760, à la Baie-du-Febvre. [2]
Marguerite, b [2] 8 sept. 1758.—*Amable*, b [2] 6 fevrier et s [2] 23 juin 1760.
1760, (12 nov.) [1]
2° Joyelle, Catherine, [François II.
b 1729.
Catherine-Amable, b [2] 24 août et s [2] 12 sept. 1761.—*Louis*, b... s [2] 15 fevrier 1763.—*Louis*, b [2] 13 janvier 1765; s [2] 13 avril 1766.—*Marie-Catherine*, b [2] 8 juin 1767; m 13 fevrier 1786, à Antoine Courchêne, à Nicolet.

(1) Elle épouse, le 2 août 1756, Simon Deneau, à St-Thomas.
(2) Et Hyard.
(3) Et Jeannot dit Lachapelle.

PROU, François.
Langlois, Marie-Joseph.
Joseph, b 10 avril 1758, à St-Thomas.—*Augustin*, b 18 août 1762, à Berthier.

1758, (30 janvier) Lachine. [1]
III.—PROU, Basile, [Alexis II.
b 1730.
Chenier, Geneviève, [Jean-Bte III.
b 1731.
Françoise-Barbe, b [1] 7 mars 1759 ; m 11 janvier 1779, à Jean-Baptiste Tabeau, à Montréal.—*Suzanne-Geneviève*, b 6 août 1760, au Bout-de-l'Ile, M. [2]; s [2] 23 janvier 1761.—*Marie-Geneviève*, b [2] 15 janvier 1762.—*Marie-Joseph*, b [2] 23 mars et s [2] 28 juillet 1763.—*Antoine-Basile*, b 8 avril 1764, au Lac-des-Deux-Montagnes. [3] —*Laurent-Eloi*, b [3] 10 août et s [3] 7 sept. 1765.—*Basile-Alexis*, b [2] 16 juin 1767.

1759.
IV.—PROU, Basile, [Pierre III.
b 1736.
Gagné, Félicité, [Barnabé V.
b 1740.
Marie-Félicité, b 24 nov. 1759, à St-Thomas.

1759, (19 février) Ste-Geneviève, M.
III.—PROU, Jean-Bte, [Jacques II.
b 1734.
Dumay, Marie-Catherine, [Jean-Bte III.
b 1739.

1760, (27 oct.) St-Thomas.
IV.—PROU, Jean-Bte, [Joseph III.
b 1734.
Horosteille, Marie-Simone, [Mathieu I.
b 1739.

1760, (27 oct.) Sault-au-Recollet.
III.—PROU (1), Charles, [Jean-François II.
b 1738.
Aubin-Champagne, Marguerite, [Jean-Bte III.
b 1742.

1761, (26 janvier) St-Thomas.
IV.—PROU, Augustin, [Joseph III.
b 1739.
Horosteille, Marie-Elisabeth, [Mathieu I.
b 1740.

1762, (11 janvier) Cap-St-Ignace.
III.—PROU, François, [Joseph II.
b 1734.
Bernier, Elisabeth-Victoire, [Barthélemi III.
b 1740.
François, b 10 et s 12 août 1762, à Quebec. [5] —*François*, b [5] 5 nov. 1763 ; m [5] 5 août 1794, à Angélique Jourdain.—*Marie*, b 1766 ; s [5] 7 janvier 1840.—*Marie-Victoire*, b... m [5] 12 nov. 1793, à Augustin Jourdain.

(1) Pour Préaux.

1762, (20 sept.) Pte-aux-Trembles, Q. [6]
III.—PROU, Jean-Bte, [Alexis II.
b 1732.
1° Lefebvre-Angers, Marie-Jos., [Jean-Bte III.
b 1739 ; s [6] 23 juillet 1766.
Marie-Joseph, b [6] 9 dec. 1763 ; m 14 juillet 1794, à Augustin Dubuc, à St-Augustin. [7] —*Jean-Baptiste*, b [6] 21 janvier 1765.—*Marie-Joseph*, b [6] 23 juillet 1766.—*Thérèse*, b... m à Joseph-Romain Dubuc.

1767, (31 août) Deschambault.
2° Marcot, Marie-Joseph, [Michel III.
b 1734.
Marie-Anne, b [6] 17 juillet 1768.—*Angélique*, b [6] 10 nov. 1770 ; m [7] 22 janvier 1788, à Augustin Gingras.—*Marie-Anne*, b... m [7] 25 janvier 1790, à Jean-Baptiste Doré.—*Marie-Françoise*, b [6] 30 avril 1772.—*Joseph*, b [6] 31 dec. 1773.—*Marie-Louise*, b [6] 5 juillet 1776.

III.—PROU, Jacques, [Thomas II.
b 1752.
Charlebois, Angélique.
Jacques, b... m 21 fevrier 1803, à Marie-Geneviève Cadieu, à Ste-Therèse.

1763, (14 fevrier) St-Laurent, M.
III.—PROU, Joseph, [Clément II.
b 1742.
DeVovon, Marie-Amable, [Nicolas II.
b 1743.

1763, (14 fevrier) Berthier.
III.—PROU, Jean-Bte, [Louis II
b 1737.
Buteau, Marie-Ursule, [Joseph III.
b 1743.

1764, (5 mars) St-Thomas.
III.—PROU, François, [Thomas II.
b 1734.
Poirier, Marie-Modeste, [Jean-Bte I.
Acadienne.

1764, (1er oct.) St-Thomas.
IV.—PROU, Joseph-Marie, [Jean-Bte III.
b 1738.
Horosteille, Marie-Reine, [Mathieu I.
b 1748.

1764, (19 nov.) St-Thomas.
IV.—PROU, François-Marie, [Jean-Bte III.
b 1742.
Létourneau, Catherine, [Jean III.
b 1723 ; veuve de Jean-Baptiste Fournier.

III.—PROU, Joseph, [Joseph II.
b 1742 ; s 10 mai 1792, à Québec. [8]
Bernier, Marie-Geneviève,
b 1736 ; s [8] 4 juillet 1785.
Joseph, b... m [8] 7 janvier 1794, à Marguerite Jérémie.

1767, (9 nov.) St-Thomas.
IV.—PROU, François, [François III.
b 1747.
Michaud, Marie-Joseph, [François III.
b 1743.

1770, (12 fevrier) St-Thomas.
IV.—PROU, Augustin, [Augustin III.
b 1746.
Deneau, Françoise, [Joseph II.
b 1742.

1771, (7 janvier) St-Thomas.
III.—PROU, Louis, [Joseph II.
b 1742.
Deneau, Marie-Louise, [Joseph II.
b 1744.

1772, (2 mars) Baie-du-Febvre.
IV.—PROU, Noel-Gabriel, [Gabriel III.
b 1752.
Benoit, Marie, [Gabriel III.
b 1750.

II.—PROU (1), Louis-Joseph, [Ant.-Claude I.
b 1750; s 1er juin 1817, aux Trois-Rivières. [3]
Lefebvre, Françoise. [François.
Françoise, b... m à François Rientord; s [3] 5 fevrier 1818.

1773, (15 nov.) Longue-Pointe.
III.—PROU (2), Jos.-Amable, [Jean-François II.
b 1747.
Janot, Marie-Joseph, [Joseph IV.
b 1754.

1775, (16 janvier) Pte-aux-Trembles, Q. [4]
IV.—PROU (3), Frs-X., [Frs-de-Sales III.
b 1753.
Vesina, Marie-Madeleine, [Alexandre IV.
b 1751.
François, b [4] 20 mars et s [4] 21 juillet 1776.

1782.
IV.—PROU, Charles, [Guillaume III.
b 1754.
Chouinard, Marie.
Angélique, b 15 juillet 1783, à Rimouski [7]; m [7] 5 fevrier 1805, à Joseph Lévesque.—*Guillaume*, b [7] 13 juin 1784.—*Marguerite*, b [7] 29 juillet 1786; m [7] 7 nov. 1809, à Jacques Chouinard.—*Félicité*, b [7] 5 mai 1788.—*Ursule*, b [7] 29 sept 1790.—*Reine*, b [7] 31 oct. 1792.—*Louis*, b [7] 17 avril 1795.

1784, (18 janvier) Nicolet.
IV.—PROU, Louis, [Jean-Bte III.
b 1751.
Brassard, Marie-Anne. [Pierre-Bellarmin IV.

(1) Et LeProust.
(2) Pour Préaux.
(3) Dit Bonneau.

1786, (9 oct.) St-Cuthbert.
IV.—PROU, Germain, [Jean III.
b 1752.
Bacon, Marie-Joseph. [Joseph.

PROU, Alexandre.
Vésina, Marie-Anne.
Thierry, b 14 juin 1788, à St-Augustin.

PROU, Jean-Bte.
Lecompte, Felicité.
Marie-Louise, b... m 10 fevrier 1817, à Joseph Rabau, à Ste-Geneviève. M.; s 8 janvier 1825, à St-Benoit.

1794, (7 janvier) Québec.
IV.—PROU, Joseph. [Joseph III.
Jérémie-Douville, Marguerite. [Louis-Chs III.

1794, (5 août) Québec.
IV.—PROU, François, [François III.
b 1763.
Jourdain, Angélique. [Jean-Augustin III.

1803, (21 fevrier) Ste-Thérèse.
IV.—PROU, Jacques. [Jacques III.
Cadieu, Marie-Geneviève. [Pierre IV.

PROULT.—Voy. Prou.

PROULX.—Voy. Prou.

PROUTOT.—Voy. Proteau.

PROUVILLE.—Voy. Poupeville.

PROUX.—Voy. Prou.

PROVANCHER.—Voy. Provencher.

PROVENÇAL.—Voy. Augias—Bourgeat—Carbonneau—Croze—Enard—Gallian—Girard—Giroux—Inard—Isoir—Laurent—Leroux—Lery—Tirand.

PROVENÇAL, Jean, b 1678; s 23 mai 1749, à St-François, I. O.

1728, (3 oct.) Beauport. [1]
II.—PROVENÇAL (1), Jean, [Antoine I.
b 1707; s [1] 20 août 1754.
Girou, Marie-Angelique, [Toussaint II.
b 1706.
Jean, b... m 24 nov. 1783, à Angelique Cotin-Dugal, à Montreal.

PROVENÇAL, Jacques, b 1740; s 15 nov. 1780, à Montreal.

1783, (24 nov.) Montréal.
III.—PROVENÇAL (2), Jean. [Jean II.
Cotin (3), Angelique, [Charles III.
b 1755.

(1) Voy. Isoir, vol. IV, p. 569.
(2) Isoir.
(3) Dugal.

PROVENCHÉ.—Voy. PROVENCHER.

PROVENCHER.—*Variations et surnoms*: PROVANCHER—PROVENCHÉ—BELLEVILLE—BOUDOR—DUCHARME—VILLARD—VILLEBRUN.

1663.

I.—PROVENCHER (1), SÉBASTIEN,
b 1628.
MANCHON, Marguerite,
b 1637.
Madeleine, b 1664; m 1686, à Aubin MAUDOUX; s 19 juin 1731, à St-Michel-d'Yamaska. — *Sébastien*, b 1670; 1° m 1692, à Catherine GUILLET; 2° m 1698, à Marie MASSÉ; s 18 février 1739, à Montréal. — *Jean-François*, b 1673; m 15 nov. 1701, à Marguerite MOREAU, à Batiscan; s 2 février 1734, à Becancour.

1692.

II.—PROVENCHER, SEBASTIEN, [SÉBASTIEN I.
b 1670; s 18 fevrier 1739, à Montreal.
1° GUILLET, Catherine, [PIERRE I.
veuve de Jean Macé.
Marie-Catherine, b 1693; m à Pierre BOURBEAU; s 23 nov. 1745, à Bécancour.[1] — *Marie-Madeleine*, b 1697; m[1] 3 oct. 1734, à François DIDIER; s 18 mai 1743, à la Baie-du-Febvre.[2] — *Jeanne*, b... m 1715, à Médard CARPENTIER.

1698.

2° MASSÉ, Marie. [JACQUES I.
Jean-Baptiste, b 1699; m[2] 5 mars 1737, à Marie-Jeanne LEFEBVRE; s 8 sept 1754, à Nicolet.[3] — *Marguerite*, b... m 4 fevrier 1720, à Jean GUYON, aux Trois-Rivières. — *Simon*, b 1701; 1° m[2] 15 nov. 1734, à Madeleine LEFEBVRE; 2° m[3] 11 janvier 1768, à Marguerite PITRE; s[3] 28 mai 1771. —*Alexis*, b 1703; m[1] 17 janvier 1735, à Marie-Angelique LEBLANC-LABRIE. — *Charles*, b 1715; m[3] 30 juin 1739, à Marie-Joseph JUTRAS; s[3] 4 mars 1775.—*Madeleine*, b... m[3] 18 janvier 1735, à Nicolas LEBLANC.

II.—PROVENCHER, LOUIS, [SÉBASTIEN I.
b 1668.
MASSE, Simone. [JACQUES I.
Louis, b... m 2 juillet 1725, à Marie-Anne LECLERC, aux Trois-Rivières. — *Joseph*, b 1699, m 18 mai 1728, à Claire RAUX, à Champlain; s 6 sept. 1763, au Cap-de-la-Madeleine.[6]—*Angélique*, b... 1° m à Jean-Baptiste BARET; 2° m[6] 29 oct. 1742, à Michel DORVAL.

1701, (15 nov.) Batiscan.[7]

II.—PROVENCHER (2), JEAN-FRS, [SÉBASTIEN I.
b 1673; s 2 fevrier 1734, à Becancour.[8]
MOREAU, Marguerite, [JEAN I.
b 1680.
Marie-Charlotte, b 1703; s[8] 22 déc. 1733. — *Jean-Baptiste*, b 1707; m 2 mai 1737, à Marie-Joseph LESIEUR, à Yamachiche. — *Marie-Joseph*, b 1709; s[8] 14 fevrier 1734.—*Madeleine*, b 1712; s[8] 15 avril 1731. — *Antoine-Alexis*, b[7] 21 mai 1716; m[8] 6 sept. 1745, à Angélique HOUDE. — *Marie-Anne*, b[8] 22 fevrier 1719; s[8] 23 fevrier 1742.—*François-Joseph*, b[8] 2 nov. 1722; m 1760, à Marie BELLEFEUILLE. — *Charles*, b 1724; m[8] 24 juin 1748, à Madeleine DESROSIERS. — *Monique*, b 1727; s[8] 21 juillet 1745.

(1) Voy. vol. I, p 502.

(2) Dit Ducharme.

1725, (2 juillet) Trois-Rivières.[3]

III.—PROVENCHER, LOUIS. [LOUIS II.
LECLERC (1), Marie-Anne, [FLORENT II.
b 1703.
Joseph-Louis-Bonaventure, b 5 oct. 1726, à Bécancour.[4]—*Marie-Joseph*, b[3] 27 mai 1728. — *Jean-Baptiste-Joseph*, b[3] 16 oct. 1729; s 20 janvier 1756, au Cap-de-la Madeleine.[5] — *Joseph-Marie-Claude*, b[4] 11 août 1731; m[4] 25 fevrier 1759, à Marie-Louise VERVILLE. — *Marie-Anne-Catherine*, b[4] 19 janvier 1733. — *Charles-Louis*, b[4] 27 janvier 1735. — *François*, b 1736; s[5] 20 nov. 1754. — *Marie-Anne*, b[4] 1er sept. 1737. — *Louis*, b[4] 6 mai et s[4] 20 juin 1739. — *Joseph-Louis*, b[4] 27 mai 1740; s[4] 1er mai 1741.—*Louis*, b[4] 27 mars et s[4] 23 juin 1742.—*François-Xavier*, b[4] 6 et s[4] 27 mars 1744.—*François-Xavier*, b[4] 7 nov. 1745; s[4] 15 mars 1747. — *François-Louis*, b[4] 7 et s[4] 12 juillet 1747.

1728, (18 mai) Champlain.

III.—PROVENCHER, JOSEPH, [LOUIS II.
b 1699; s 6 sept. 1763, au Cap-de-la-Madeleine.[7]
RAUX, Claire, [JOSEPH II.
b 1700.
Jean, b 1729; m[7] 27 février 1764, à Thérèse LEFEBVRE.

1734, (15 nov.) Baie-du-Febvre.[2]

III.—PROVENCHER (2), SIMON, [SÉBASTIEN II.
b 1701; s 28 mai 1771, à Nicolet.[3]
1° LEFEBVRE, Madeleine, [RENÉ III.
b 1711; s[3] 8 mai 1751.
Joseph, b[3] 28 nov. 1735; m[3] 22 oct. 1761, à Marie-Anne DESFOSSÉS; s[3] 2 juin 1769. — *Antoine*, b[3] 7 avril 1737.—*Marie-Joseph*, b[3] 2 sept. 1738; m[2] 22 sept. 1761, à Louis ROBIDAS. — *Simon*, b[3] 26 mars 1740; m[3] 7 nov. 1763, à Marie-Louise PARMENTIER; s[3] 9 oct. 1795. — *Marie-Madeleine*, b[3] 13 mars 1742; m[3] 28 oct. 1764, à Clement GRENIER (3); s[3] 13 sept. 1766 — *Jean-Baptiste*, b 1744; m[3] 6 juillet 1767 à Marie-Jeanne LEMIRE.—*Louis*, b[3] 14 janvier 1747, m[3] 22 janvier 1770, à Marie-Joseph DANIAU.—*Alexis*, b[3] 6 mai 1749; s[3] 8 mars 1768.—*Modeste*, b[3] 22 avril 1751; m[3] 22 janvier 1770, à Cécile BOUDROT.

1768, (11 janvier).[3]

2° PITRE, Marguerite,
Acadienne, veuve de François Boudrot.

PROVENCHER (4), RENÉ.

(1) Fleurant.

(2) Dit Villebrun.

(3) Il est le fils de Jean-Baptiste-Lyvrain Fournier I, voy. vol. IV, p. 89.

(4) Il était, le 17 mars 1748, à Michillimakinac.

1735, (17 janvier) Bécancour.
III.—PROVENCHER, ALEXIS, [SÉBASTIEN II.
b 1703.
LEBLANC (1), Marie-Angélique. [NICOLAS II.
Marie-Jeanne, b 11 janvier 1736, à Nicolet. [9]—*Jean-Baptiste*, b [9] 22 juin 1738. — *Marie-Angélique*, b [9] 23 juin 1742. — *Joseph*, b [9] 6 fevrier 1744 ; m [9] 4 fevrier 1793, à Marie-Anne COLTRET.—*Alexis*, b [9] 10 juillet 1746.—*Marie-Claire*, b [9] 5 mai 1750 ; 1° m [9] 31 juillet 1780, à Joseph LAUZIÈRE; 2° m [9] 11 janvier 1796, à Louis PARMENTIER.—*Louise-Angélique*, b [9] 8 juin 1752 ; m [9] 27 mai 1782, à Louis COLTRET.—*Marie-Anne*, b [9] 17 mars 1754.

1737, (5 mars) Baie-du-Febvre. [1]
III.—PROVENCHER (2), J.-BTE, [SÉBASTIEN II.
b 1699 ; s 8 sept. 1754, à Nicolet. [2]
LEFEBVRE (3), Marie-Jeanne, [RENÉ III.
b 1712.
Marie-Jeanne, b [2] 3 février 1738 ; s [2] 1er juillet 1753. — *Marie-Joseph-Elisabeth*, b [2] 14 février 1740 ; s [2] 27 juillet 1753.—*Marie-Thérèse*, b [2] 2 avril 1742 ; m [2] 28 oct. 1765, à Raphael LEMIRE-FOUCAUT ; s [2] 10 août 1795.—*Marie-Ursule*, b [2] 14 janvier 1745 ; s [2] 14 février 1756.—*Jean-Baptiste*, b [2] 17 oct. 1747 ; 1° m [2] 8 février 1773, à Marie-Joseph PRÉCOUR ; 2° m [1] 4 nov. 1776, à Elisabeth PROULX.—*Marie-Madeleine*, b [2] 6 janvier 1750 ; s [2] 30 sept. 1751.—*Joseph*, b [2] 19 avril 1752 ; m [2] 8 août 1791, à Marguerite COURTOIS.—*Marie-Jeanne*, b... s [2] 20 oct. 1757.—*Marie-Louise*, b... s [2] 1er déc. 1757.—*Marie-Ursule*, b... s [2] 10 juin 1758.

1737, (2 mai) Yamachiche. [5]
III.—PROVENCHER (4), J.-BTE, [JEAN-FRS II.
b 1707.
LESIEUR, Marie-Joseph-Frse, [JULIEN II.
b 1707 ; s [5] 6 juin 1761.
Marie-Joseph, b [5] 26 sept. 1738 ; m [5] 16 nov. 1767, à Joseph CHAMPOUX.—*Marie-Françoise*, b [5] 15 mars 1741 ; m [5] 9 février 1766, à Louis CHAMPOUX.—*Marie-Charlotte*, b [5] 13 avril 1744 ; s [5] 7 fevrier 1756.—*Jean-Baptiste*, b [5] 25 juillet 1747.—*Joseph*, b [5] 26 juin 1750.

1739, (30 juin) Nicolet. [7]
III.—PROVENCHER (5), CHS, [SÉBASTIEN II.
b 1715 ; s [7] 4 mars 1775.
JUTRAS, Marie-Joseph, [MICHEL II.
b 1718.
Marie-Michelle, b [7] 10 juillet 1740 ; m [7] 25 sept. 1760, à Louis COLTRET ; s [7] 20 nov. 1781.—*Marie-Joseph*, b [7] 25 mai 1742.—*Marie-Charlotte*, b [7] 13 mai 1744 ; m [7] 14 juin 1762, à Louis LEMIRE ; s 5 sept. 1770, à la Baie-du-Febvre.—*Jean-Baptiste*, b [7] 19 mai 1746.—*Louis*, b [7] 14 juin 1748 ; s [7] 20 dec. 1750.—*Antoine-Hyacinthe*, b [7] 23 juin 1751, s [7] 14 mars 1753.—*Joachim*, b [7] 9 juillet 1753.—*Thérèse*, b [7] 17 juillet 1755 ; 1° m [7] 12 juin 1775, à Joseph THOMAS-OUILEM ; 2° m [7] 6 nov. 1780, à Jacques COURTOIS. — *Marie-Anne*, b [7] 27 avril et s [7] 27 mai 1757.—*Angélique*, b [7] 27 avril et s [7] 1er juin 1757.—*Angélique*, b [7] 15 juillet 1758 ; m [7] 19 fevrier 1776, à Joseph DUPONT.—*Marie*, b 1760 ; m à Michel BELLEROSE.

(1) Labrie.
(2) Dit Belleville.
(3) Elle épouse, le 8 février 1755, Augustin Constantineau, à Nicolet.
(4) Dit Ducharme.
(5) Dit Villard.

1745, (6 sept.) Bécancour. [8]
III.—PROVENCHER (1), ANT., [JEAN-FRS II.
b 1716.
HOUDE, Angélique, [ETIENNE II.
b 1720.
Marie-Angélique, b [8] 3 oct. 1746 ; m [8] 4 nov. 1760, à Charles MACÉ.—*Marie-Joseph*, b [8] 7 nov. 1749.

1748, (24 juin) Bécancour.
III.—PROVENCHER (2), CHS, [JEAN-FRS II.
b 1724.
DESROSIERS, Madeleine, [JEAN-FRANÇOIS III.
b 1725.
Marie-Angélique, b 5 juin 1749, au Cap-de-la-Madeleine.

PROVENCHER, JOSEPH.
DESJORDY, Marie-Louise, [FRANÇOIS I.
b 1713 ; s 29 nov. 1749, à Montreal. [9]
Joseph, b [9] 18 nov. 1749 ; s 8 juin 1750, à St-Laurent, M.

1759, (25 fevrier) Bécancour. [1]
IV.—PROVENCHER, JOS.-CLAUDE, [LOUIS III.
b 1731.
VERVILLE, Marie-Louise, [PIERRE II.
b 1736.
Marie-Joseph, b [1] 13 avril 1761.

1760.
III.—PROVENCHER (2), FRS-JOS., [JEAN-FRS II.
b 1722.
BELLEFEUILLE, Marie.
François, b 1er mars 1761, à Bécancour.

1761, (22 oct.) Nicolet. [1]
IV.—PROVENCHER (3), JOSEPH, [SIMON III.
b 1735 ; s [1] 2 juin 1769.
DESFOSSÉS, Marie-Anne, [CLAUDE III.
b 1738, s [1] 16 avril 1776.
Joseph, b 1762 ; m [1] 8 août 1787, à Madeleine CHARLERY.—*Marie-Anne*, b 1765 ; m [1] 8 mai 1786, à Pierre GAUTIER ; s [1] 19 mars 1788.

1763, (7 nov.) Nicolet. [1]
IV.—PROVENCHER (3), SIMON, [SIMON III.
b 1740 ; s [1] 9 oct. 1795.
PARMENTIER, Marie-Louise, [LOUIS I.
b 1744.
Joseph, b... m [1] 9 fevrier 1795, à Ursule JUTRAS.—*Louis*, b... m [1] 19 juin 1797, à Angelique BELLEROSE.

(1) Dit Ducharme—Boudor.
(2) Dit Ducharme.
(3) Dit Villebrun.

1764, (27 fevrier) Cap-de-la-Madeleine.
IV.—PROVENCHER, JEAN, [JOSEPH III.
b 1729.
LEFEBVRE, Thérèse, [JEAN-BTE IV.
b 1745.

1767, (6 juillet) Nicolet.[1]
IV.—PROVENCHER (1), JEAN-BTE, [SIMON III.
b 1744.
LEMIRE, Marie-Jeanne, [JEAN-BTE III.
b 1748.
Jean-Baptiste, b... m[1] 10 janvier 1791, à Marie MORISSET. — *Pierre,* b 1770; m[1] 3 mars 1794, à Marie-Agathe DESHAIES.

1770, (22 janvier) Nicolet.
IV.—PROVENCHER (1), LOUIS, [SIMON III.
b 1747.
DANIAU (2), Marie-Joseph, [IGNACE III.
b 1751.

1770, (22 janvier) Nicolet.[1]
IV.—PROVENCHER (1), MODESTE, [SIMON III.
b 1751.
BOUDROT, Cécile, [FRANÇOIS I.
Acadienne.
Marie, b... m[1] 11 oct. 1790, à Jean-Baptiste LEMIRE. — *Marie-Anne,* b... m[1] 22 sept. 1794, à Théodore LEMIRE-FOUCAULT.

1773, (8 fevrier) Nicolet [6]
IV.—PROVENCHER (3), J.-BTE, [J.-BTE III.
b 1747.
1° PRÉCOUR, Marie-Joseph, [JOSEPH III.
b 1755; s[6] 14 août 1775.
1776, (4 nov.) Baie-du-Febvre.
2° PROULX, Elisabeth, [FRANÇOIS-JOSEPH III.
b 1756.
Alexis, b[6] 5 juillet 1777.—*Antoine,* b[6] 19 mars 1780. — *Louis,* b[6] 4 déc. 1781. — *Simon,* b[6] 23 sept. 1783.—*Elisabeth,* b[6] 1er nov. 1785.—*Joseph-Norbert* (4), b[6] 12 février 1787; ordonné 21 déc. 1811; consacré 12 mai 1822; s 7 juin 1853, à la Rivière-Rouge.—*Marguerite,* b[6] 5 oct. 1788. — *Raphaël,* b[6] 7 sept. 1790. — *Pierre,* b[6] 25 mai 1792.—*Marie-Joseph,* b[6] 3 août 1793.—*Thérèse,* b[6] 15 déc. 1796. — *Michel,* b[6] 12 oct. 1798.

1787, (8 août) Nicolet.
V.—PROVENCHER (1), JOSEPH, [JOSEPH IV.
b 1762.
CHARLERY, Madeleine. [MICHEL II.

1791, (10 janvier) Nicolet.
V.—PROVENCHER (1), J.-BTE. [JEAN-BTE IV.
MORISSET, Marie, [JEAN III.
veuve de Pierre Choret.

(1) Dit Villebrun.
(2) Elle épouse, le 31 janvier 1780, Antoine Lemire, à Nicolet.
(3) Dit Belleville.
(4) Premier évêque de la Rivière-Rouge.

1791, (8 août) Nicolet.
IV.—PROVENCHER, JOSEPH, [JEAN-BTE III.
b 1752.
COURTOIS, Marguerite, [JACQUES III.
b 1765.

1793, (4 fevrier) Nicolet.
IV.—PROVENCHER, JOSEPH, [ALEXIS III.
b 1744.
COLTRET, Marie-Anne, [JOSEPH III.
b 1768.

1794, (3 mars) Nicolet.
V.—PROVENCHER (1), PIERRE, [JEAN-BTE IV.
b 1770.
DESHAIES, Marie-Agathe, [JOSEPH-PIERRE III
b 1771.

1795, (9 fevrier) Nicolet.
V.—PROVENCHER (1), JOSEPH, [SIMON IV.
b 1764.
JUTRAS, Ursule. [MICHEL III.

1797, (19 juin) Nicolet.
V.—PROVENCHER (1), LOUIS. [SIMON IV.
BELLEROSE, Angélique, [JOS.-HYACINTHE I
b 1771.

PROVOST.—Voy. PRÉVOST.

PRUDENT.—Voy. VINET.

PRUDHOMME (2).—*Surnoms :* FAILLY—NANTAIS—SANSCARTIER—ST. PIERRE.

1650, (30 nov.) Montréal.[4]
I.—PRUDHOMME (3), LOUIS, (l'honorable),
b 1608, s[4] 2 juillet 1671.
GADOIS, Roberte,
b 1626.
François-Xavier, b[4] 2 déc. 1651; m[4] 20 nov. 1684, à Cécile GERVAISE; s[4] 22 avril 1741. — *Marguerite,* b[4] 16 mars 1656; 1° m[4] 14 juillet 1670, à Jean MARTINET; 2° m[4] 23 janvier 1703, à Jean LATOUR; s[4] 3 sept. 1725.

1684, (20 nov.) Montréal.[5]
II.—PRUDHOMME (3), FRS-XAVIER, [LOUIS I.
b 1651; s[5] 22 avril 1741.
GERVAISE, Cécile, [JEAN I.
b 1671.
François, b[5] 8 déc. 1685; m[5] 17 nov. 1710, à Marie-Anne COURREAU. — *Jean-Baptiste,* b[5] 14 fevrier 1687; s[5] 10 nov. 1709.—*Cécile,* b[5] 25 fevrier 1689; m[5] 18 janvier 1718, à Louis LAMY; s[5] 19 juillet 1777.—*Cunégonde,* b[5] 26 dec. 1690; m[5] 7 janvier 1721, à Jacques GAUTIER; s[5] 18 oct. 1735.—*Catherine-Marguerite,* b[5] 31 janvier 1693; m[5] 27 juillet 1718, à Pierre LAMY; s[5] 16 avril 1774.—*Marie,* b[5] 31 janvier 1695; s[5] 26 oct. 1714.—*Marie-Anne,* b[5] 27 déc. 1699: m[5] 6 oct.

(1) Dit Villebrun.
(2) S'écrit aussi Prud'homme.
(3) Voy. vol. I, p. 502.

1727, à Pierre DEMERS. — *Louis*, b 1702; m [5] 2 juillet 1727, à Marie-Madeleine ST. AUBIN. — *Elisabeth*, b [5] 24 janvier 1704; s [5] 20 mars 1708.—*Madeleine*, b [5] 5 avril 1706; m [5] 4 février 1743, à Louis BOUGRET. — *Elisabeth*, b [5] 1er mai 1708.—*Jean-Baptiste*, b [5] 17 mai 1710; m [5] 21 janvier 1737, à Marie-Agathe SARRASIN. — *Marie-Joseph*, b [5] 7 et s [5] 10 février 1713.

1688, (9 février) Québec. [6]

II.—PRUDHOMME (1), PIERRE, [LOUIS I.
b 1658; s [6] 29 mars 1703.
CHASLE, Marie-Anne, [CLAUDE I.
b 1669; s 27 mai 1720, à Montréal. [7]

Marie-Anne, b [6] 26 février 1689, m [7] 16 janvier 1712, à Pierre NIVARD-ST. DIZIER.—*Louis*, b [7] 18 déc. 1692; m [7] 19 nov. 1728, à Louise MARIN; s [7] 20 sept. 1747.—*Marie-Joseph*, b [7] 19 juillet 1696; m [7] 1er février 1722, à Nicolas ROSA; s [7] 14 mars 1723. — *Cécile*, b [7] 8 oct. 1699; sœur St. Pierre, Congrég. N.-D.; s [7] 17 oct. 1757.

1706, (11 janvier) Pte-aux-Trembles, M.

I.—PRUDHOMME, JEAN, fils de Julien et de Perinne Guérin, de Meniac, diocèse de St-Malo, Basse-Bretagne.
MORIN, Marie-Anne, [ANDRÉ I.
b 1685.

François, b 5 sept. 1711, à Repentigny. — *François-Joseph*, b 11 nov. 1713, à Montreal.

1710, (17 nov.) Montréal. [5]

III.—PRUDHOMME, FRANÇOIS, [FRS-X II.
b 1685.
COURAULT, Marie-Anne, [CYBAR I.
b 1689; s [5] 1er déc. 1778.

François-Xavier, b [5] 6 sept. 1711; m à Judith CUILLERIER. — *Marie*, b [5] 23 juillet 1714, m 1735, à Jacques CREVIER.—*Joseph*, b [5] 24 juillet 1716; 1° m à Madeleine BELPEC; 2° m 4 nov. 1745, à Marie-Anne JUILLET, à la Longue-Pointe; s 12 nov. 1760, à St-Laurent, M. — *Elisabeth*, b [5] 14 mars 1719. — *Françoise*, b [5] 26 nov. 1720; m [5] 16 août 1740, à Jacques ROY. — *Nicolas*, b [5] 31 juillet 1722; 1° m 1747, à Françoise ROY; 2° m 12 février 1759, à Helène SIMON, au Sault-au-Recollet. — *Marie-Joseph*, b [5] 5 mai 1724; m [5] 7 janvier 1741, à Jean-Baptiste BIRON. — *Marguerite*, b [5] 11 avril 1726; m [5] 8 janvier 1746, à Louis LEBER. — *Cécile*, b [5] 26 février 1728; m [5] 28 déc. 1756, à Louis LAMOUREUX. — *Marie-Catherine*, b [5] 27 août 1729; m [5] 17 juin 1748, à Etienne DESAUTELS. — *Michel-Amable*, b [5] 18 février 1733.

1716, (18 avril) Quebec. [5]

I.—PRUDHOMME (2), PIERRE, b 1695; fils de François et d'Anne Baudy, de Coron, diocèse de LaRochelle, Aunis; s [5] 4 mars 1758.
COLOMBE, Catherine, [LOUIS I.
b 1692.

(1) Voy. vol. I, p. 503.
(2) Dit St. Pierre.

François, b [5] 22 janvier et s [5] 5 juillet 1717.—*Marie-Joseph*, b... m [5] 4 juillet 1757, à François BLANCHARD.

1726, (28 mai) Montreal. [2]

I.—PRUDHOMME, JEAN, b 1701; fils d'Antoine et de Suzanne Troy, de St-Nicolas, diocèse de Coutances, Normandie.
L'ARCHE (1), Félicité, [JACQUES III.
b 1703; veuve de Joseph Dupré.

Anonyme, b [2] et s [2] 25 juin 1728.

1727, (2 juillet) Montréal. [5]

III.—PRUDHOMME, LOUIS, [FRS-XAVIER II.
b 1702.
ST. AUBIN (2), Marie-Madeleine, [JULIEN II.
b 1710.

Louis, b [5] 10 mai 1728; 1° m 27 sept. 1751, à Françoise PATENOTE, à Longueuil; 2° m [5] 7 janvier 1761, à Marie-Joseph PAPILLON. — *Marie-Angélique*, b [5] 27 déc. 1730. — *Marie-Paschale*, b [5] 10 avril 1735.

1728, (19 nov.) Montréal. [5]

III.—PRUDHOMME, LOUIS, [PIERRE II.
b 1692; s [5] 20 sept. 1747.
MARIN (3), Louise, [CHARLES-CÉSAR I.
b 1704; s [5] 28 déc. 1780.

Marie-Louise, b [5] 25 oct. 1729; s 31 mars 1730, à Lachine. — *Louise-Charlotte*, b [5] 1er nov. 1730. —*Marie-Louise*, b [5] 7 juin 1734; 1° m [5] 14 juillet 1751, à Louis DEBONNE; 2° m [5] 6 mars 1770, à Joseph-Dominique-Emmanuel LEMOYNE.—*Marie-Jeanne*, b [5] 18 juin 1735; s [5] 23 août 1748. — *Marie-Amable*, b [5] 3 mars 1737; 1° m [5] 29 déc. 1753, à Louis COULON; 2° m [5] 15 sept. 1760, à Michel MOUGON. — *Françoise-Agathe*, b [5] 23 déc. 1741; s [5] 7 mai 1743. — *Louis* (posthume), b [5] 20 février et s 11 août 1748, à Longueuil.

1737, (21 janvier) Montreal. [5]

III.—PRUDHOMME, JEAN-BTE, [FRS-X. II.
b 1710.
SARRASIN, Marie-Agathe, [THOMAS III.
b 1717; s [5] 3 janvier 1780.

Marie-Louise, b [5] 5 juin 1738, m [5] 30 mai 1763, à Charles MÉNARD. — *Jean-Baptiste*, b [5] 16 mars 1740. — *Marie-Anne-Marguerite*, b [5] 14 janvier 1742; m [5] 5 février 1759, à André LANGLOIS.—*Marie-Catherine*, b [5] 7 mai 1744.—*Marie-Thérèse*, b [5] 9 sept. 1745; s [5] 30 juin 1746. — *Cécile*, b [5] 28 nov. 1746; s [5] 14 janvier 1747. — *Marie-Joseph*, b [5] 4 juin 1748.—*Angélique*, b [5] 9 août 1749.

1737, (29 oct.) Montréal. [7]

I.—PRUDHOMME (4), JEAN-BTE, b 1704, sergent; fils de François et de Barbe Petit, de Beauchan, diocèse de Coutances, Normandie.
TESSIER, Marie-Anne, [JACQUES II.
b 1709.

(1) Pour L'Archevêque.
(2) Elle épouse, le 11 juin 1751, Pierre Cardinal, à Montréal.
(3) De la Massière.
(4) Dit Sanscartier.

Marie-Anne, b [7] 20 nov. 1739. — *Jean-Baptiste-François*, b [7] 9 et s [7] 26 sept. 1747. — *Marie-Joseph*, b [7] et s [7] 13 juin 1748. — *Charles*, b [7] 23 avril 1749.

1742.

IV.—PRUDHOMME, Frs-Xav., [François III. b 1711.

Cuillerier, Judith, [Antoine III. b 1724.

Marguerite, b 1742 ; m 1er sept. 1761, à Robert Thibault, au Détroit.[7] — *Jeanne*, b 1744 ; m à Jean-Baptiste Rhault. — *Marie-Joseph*, b 1746 ; m 4 fevrier 1765, à Guillaume Perrot, à Montréal.[8] — *François*, b 1748; m [7] 31 mai 1767, à Louise Godfroy. — *Amable-Judith*, b 28 juillet 1749, à Lachine; m [7] 3 fevrier 1766, à Etienne Laviolette.—*Pierre-Amable*, b [8] 12 dec. 1750.—*Agathe-Amable*, b [7] 4 mars 1752. — *Marie-Joseph*, b [7] 3 et s [7] 6 nov. 1753. — *Marie-Madeleine*, b [7] 1er fevrier 1755. — *Jean-Louis*, b [7] 5 et s [7] 7 janvier 1757.

1743.

IV.—PRUDHOMME, Joseph, [François III. b 1716; s 12 nov. 1760, à St-Laurent, M.[9]

1° Belpec, Madeleine.

Madeleine, b 1744 ; 1° m à Simon Cotignon ; 2° m 10 janvier 1774, à Jean-Louis Ruffians-Laviolette, à Montréal.

1745, (4 nov.) Longue-Pointe (1).

2° Juillet (2), Marie-Anne, [Blaise III. b 1722.

Joseph, b [9] 12 sept. 1746. — *Marie-Amable*, b [9] 26 août 1747.—*Marie-Anne*, b... m [9] 7 nov. 1763, à Joseph Bouteiller. — *Michel-Amable*, b [9] 29 sept. 1750 ; m à Françoise Girard. — *Marie-Joseph*, b [9] 27 mai 1752. — *Marie-Amable*, b [9] 13 dec. 1754 ; s [9] 30 nov. 1755. — *Marie-Louise*, b [9] 1er avril 1756; m [9] 11 oct. 1779, à François Leduc. — *Marie-Marguerite*, b [9] 27 juillet et s [9] 25 août 1758. — *Joseph*, b... s [9] 10 sept. 1758. — *Félicité*, b [9] 14 août 1759 ; s [9] 10 dec. 1760.

1747, (10 avril) St-Pierre, I. O.

I.—PRUDHOMME, François, fils de Louis et de Marguerite Guedon, Grande-Boseange, diocèse du Mans, Maine.

Daniel, Marie-Geneviève, [Thomas I. b 1722 ; s 13 déc. 1786, à St-Augustin.[9]

François, b [9] 31 janvier 1748 ; m 1780, à Geneviève Favron ; s [9] 6 déc. 1792. — *Françoise*, b 1757; s [9] 27 mai 1783. — *Marie-Thérèse*, b [9] 13 janvier 1759.—*Geneviève*, b... m 23 sept. 1783, à Charles Galarneau, à Québec. — *Jean-Baptiste*, b 1764 ; s [9] 2 juin 1789.—*Marie-Anne*, b... m [9] 9 fevrier 1795, à Pierre Drolet. — *Marie-Joseph*, b... m [9] 20 avril 1795, à Michel Julien.—*Augustin*, b... m [9] 3 août 1795, à Marie-Joseph Stigny.

(1) Réhabilité avec dispense du 4e au 4e degré, le 2 janvier 1748, à St-Laurent, M. Ils ont légitime les deux enfants nés avant 1748.

(2) Elle épouse, le 3 août 1761, Joseph Girard, à St-Laurent, M.

1747.

IV.—PRUDHOMME, Nicolas, [François III. b 1722.

1° Roy, Françoise, b 1722 ; s 1er avril 1758, à St-Laurent, M.[7]

Nicolas, b 1748 ; s [7] 1er dec. 1749.—*Françoise-Amable*, b [7] 8 mars 1750 ; m 3 juillet 1769, à Marie-Joseph Perrot, à Montreal.[8]— *Nicolas-Amable*, b [7] 16 juin 1751 ; m [8] 7 août 1769, à Marie-Jeanne Hardy.—*Marie-Agathe*, b [7] 24 nov. 1752 ; m [8] 1er juillet 1776, à Pierre Leduc. — *Marie-Catherine*, b [7] 4 mai et s [7] 22 juin 1754 — *Marie-Catherine*, b [7] 22 juillet et s [7] 3 nov. 1755. —*Eustache*, b [7] 7 nov. 1756 ; m [8] 12 juin 1775, à Angelique Barré.

1759, (12 février) Sault-au-Récollet.

2° Simon, Hélène, [François III. b 1729.

V.—PRUDHOMME, Michel, [Joseph IV. b 1750.

Girard, Françoise.

Michel, b... m 16 février 1801, à Marie Filion, à Ste-Thérèse.

PRUDHOMME, Charles.

Béland, Marie-Joseph.

Joseph, b... m 1er oct. 1770, à Marie-Louise Brien, à Varennes.

1751, (27 sept) Longueuil.

IV.—PRUDHOMME, Louis, [Louis III. b 1728.

1° Patenote, Françoise, [François III. b 1730.

1761, (7 janvier) Montréal.[1]

2° Papillon, Marie-Joseph, [Etienne II. b 1735.

Antoine, b 1761 ; m [1] 7 janvier 1784, à Marie-Louise Boutin-Dubord.

PRUDHOMME, Joseph.

Morne, Marie.

Louise, b 15 sept. 1756, à Lachenaye.[2] —*Marie-Françoise*, b [2] 23 déc. 1758.

1758, (24 avril) Montréal.[3]

I.—PRUDHOMME (1), Jean-Bte, b 1733 ; fils de Jean-Baptiste-Guillaume et de Jeanne Joly, de St-Nicolas, Nantes, Haute-Bretagne.

1° Bigeot (2), Marguerite, [Pierre I. b 1739.

Jean-Baptiste, b 1759; 1° m 1782, à Marie Dellard ; 2° m 21 fevrier 1791, à Archange De Marsac, au Detroit.

1777, (22 sept.)[3]

2° Dellard, Marie-Thérèse, [François I. b 1752.

(1) Dit Nantais.

(2) Et Dumouchel, du nom de sa mère.

1767, (31 mai) Detroit.
V.—PRUDHOMME, FRS, [FRANÇOIS-XAVIER IV.
b 1748.
GODFROY, Louise, [FRANÇOIS I.
b 1751.

1769, (7 août) Montréal.
V.—PRUDHOMME, NICOLAS-AM., [NICOLAS IV.
b 1751.
HARDY, Marie-Jeanne, [JEAN-BTE III.
b 1749.

1770, (1er oct.) Varennes.
PRUDHOMME, JOSEPH. [CHARLES.
BRIEN, Marie-Louise, [FRANÇOIS III.
b 1747.

1775, (12 juin) Montréal. [5]
V.—PRUDHOMME, EUSTACHE, [NICOLAS IV.
b 1756; cultivateur.
BARRÉ, Angélique, [JOSEPH II.
b 1759.
Elisabeth (1), b... m [5] 2 fevrier 1801, à Pierre PICARD.

PRUDHOMME, FRANÇOIS.
PAILLÉ, Marie-Anne.
François, b... s 30 déc. 1778, à Repentigny. [6] —*Marie-Anne*, b... s [6] 27 juin 1784.—*Ambroise*, b [6] 27 mars 1789.—*Gabriel*, b [6] 19 mai 1791.

1780.
II.—PRUDHOMME (2), FRANÇOIS, [FRANÇOIS I.
b 1748; s 6 dec. 1792, à St-Augustin. [7]
FAVRON, Geneviève.
Marie-Joseph, b [7] 8 août 1781.—*Joseph*, b [7] 14 oct. 1782.—*Geneviève*, b [7] 12 mai 1784.—*Nicolas*, b [7] 5 juin 1785.—*Joseph*, b [7] 4 mars 1787.—*Jean-Baptiste*, b [7] 17 août et s [7] 24 sept. 1788.—*Marie-Anne*, b [7] 18 déc. 1790.

1782.
II.—PRUDHOMME (3), JEAN-BTE, [JEAN-BTE I.
b 1759.
1° DELLARD, Marie-Anne, [FRANÇOIS I.
b 1756.
Jean, b 10 sept. 1783, au Detroit. [8]
1791, (21 février). [8]
2° DEMARSAC, Archange, [JEAN-BTE III.
b 1774.
Archange, b [8] 15 janvier 1792.

1784, (7 janvier) Montréal.
V.—PRUDHOMME, ANTOINE, [LOUIS IV.
b 1761.
BOUTIN-DUBORD, Marie-Louise, [LOUIS.
b 1769.

1795, (3 août) St-Augustin.
II.—PRUDHOMME, AUGUSTIN. [FRANÇOIS I.
STIGNY, Marie-Joseph. [AUGUSTIN-CHARLES II.

(1) Mère de Messire Eustache Picard, prêtre S.S.
(2) Dit Failly.
(3) Dit Nantais; bedeau en 1783.

1801, (16 février) Ste-Thérèse.
VI.—PRUDHOMME, MICHEL. [MICHEL V.
FILION, Marie. [ANTOINE IV.

PRUNEAU.— *Variations :* BRUNEAU — PRINSEAU —RENAUD.

1691, (25 mai) St-François, I. O. [7]
I.—PRUNEAU (1), JEAN.
EMOND, Suzanne, [RENÉ I.
b 1668.
René, b [7] 11 mai 1692; 1° m 10 février 1716, à Madeleine DUMONT, à St-Michel [8]; 2° m 24 nov. 1721, à Anne LEROUX, à Charlesbourg. — *Catherine*, b [7] 10 janvier 1694; 1° m 18 nov. 1711, à André PATRY, à Berthier [5]; 2° m [5] 19 oct. 1744, à Joseph FORGUES. — *Pierre*, b [8] 9 août 1700; m à Geneviève BOUIET. — *François*, b 1701; s [5] 10 nov. 1763. — *Jean*, b 1702; m 1723, à Geneviève BOUTIN. — *Marie*, b [8] 12 janvier 1704; m 9 oct. 1724, à François DECHAMBRE, à Québec. — *Geneviève*, b 18 juillet 1706, à St-Thomas; m 1734, à Olivier SAUTIER. — *Madeleine*, b 1710; 1° m 31 juillet 1731, à Jean-Baptiste CASSE, au Detroit [6]; 2° m [6] 20 juillet 1735, à Vital CARON.

1716, (10 février) St-Michel. [1]
II.—PRUNEAU (2), RENÉ, [JEAN I.
b 1692.
1° DUMONT (3), Marie-Madeleine, [JULIEN II.
b 1697.
Ignace, b 8 nov. 1716, à St-Valier. [2] — *Marie-Joseph*, b [2] 21 mars 1718; 1° m 25 sept. 1741, à François JEAN-TOURANGEAU, à Québec [3]; 2° m [3] 26 février 1759, à Laurent CASTAGNAT; s [3] 28 février 1784.—*François*, b 1719; m 29 août 1740, à Ursule ETHIER, à St-François, I. J.
1721, (24 nov.) Charlesbourg. [4]
2° LEROUX, Anne, [IGNACE II.
b 1694; s [3] 1er nov. 1757.
Charles, b [4] 14 sept. et s [4] 11 nov. 1722. — *René*, b [4] 9 oct. 1724; m [1] 28 février 1745, à Marie-Therèse FORGUES; s [3] 15 avril 1784. — *Jean-Marie*, b 1726; m 8 nov. 1747, à Marie-Madeleine ASSELIN, à Kamouraska. — *Michel-Jean*, b [4] 9 août 1728. — *Pierre*, b [4] 10 février 1731; m [4] 7 avril 1750, à Marie-Geneviève DESROCHERS; s [3] 10 oct. 1755.

II.—PRUNEAU, FRANÇOIS, [JEAN I.
b 1701; s 10 nov. 1763, à Berthier.

1723.
II.—PRUNEAU, JEAN, [JEAN I.
b 1702.
BOUTIN, Geneviève, [JEAN-BTE II.
b 1704; s 22 janvier 1771, à Berthier. [5]
Jean-Baptiste, b 25 mai 1724, à St-Valier. — *Louis-Joseph*, b [5] 23 avril 1726; 1° m [5] 18 nov. 1748, à Marie-Anne TALBOT; 2° m 1762, à Marie-Geneviève PICARD. — *Pierre*, b [5] 18 fevrier 1728. — *Joseph*, b [5] 7 avril 1730; m [5] 20 nov. 1752, à

(1) Voy. vol. I, p. 503.
(2) Dit Bruneau.
(3) Lafleur.

Marie-Joseph BOUCHARD.—*Marie-Geneviève*, b [5] 3 et s [5] 12 avril 1734.—*Marie-Madeleine*, b [5] 30 mai et s [5] 13 juin 1735. — *Geneviève-Marie*, b [5] 18 juillet 1740 ; m [5] 29 janvier 1765, à Ignace GAGNON.

II.—PRUNEAU, PIERRE, [JEAN I.
b 1700.
BOULET, Geneviève, [PAUL II.
b 1705.
Pierre, b 1726 ; m 4 février 1754, à Marie-Claire BOUCHARD, à St-Valier.

1740, (29 août) St-François, I. J.
III.—PRUNEAU, FRANÇOIS, [RENE II.
b 1719.
ETHIER, Ursule, [JOSEPH II.
b 1714.

1745, (28 février) St-Michel.
III.—PRUNEAU, RENÉ, [RENÉ II.
b 1724 ; s 15 avril 1784, à Québec. [2]
FORGUES, Thérèse, [JOSEPH III.
b 1726.
François, b 25 déc. 1745, à Charlesbourg [3] ; s [3] 4 janvier 1746.—*Marie-Catherine*, b [3] 26 sept. 1747 ; m [2] 23 février 1784, à Joseph GOSSELIN.—*Pierre*, b [2] 3 avril 1750 ; s [2] 21 juin 1751. — *François-Simon*, b [2] 7 mars 1752 ; m à Marie-Françoise JOLIVET. — *Jean-François*, b [2] 18 mai 1754 ; s [2] 30 nov. 1758. — *Marie-Thérèse*, b [2] 8 août 1756 ; s [2] 18 août 1758. — *Marie-Louise*, b [2] 7 août 1758 ; s [2] 23 février 1762. — *Marie-Joseph*, b [2] 23 mars 1762 ; m [2] 14 janvier 1783, à Nicolas BUISSON.—*Jean-Baptiste*, b [2] 28 fevrier 1764.

1747, (8 nov.) Kamouraska.
III.—PRUNEAU (1), JEAN-MARIE, [RENÉ II.
b 1726.
ASSELIN (2), Marie-Madeleine. [PHILIPPE II.
Marie-Madeleine, b et s 25 août 1751, à Quebec.

1748, (18 nov.) Berthier. [6]
III.—PRUNEAU, LOUIS-JOSEPH, [JEAN II.
b 1726.
1° TALBOT, Marie-Anne, [JEAN II.
b 1730 ; s [6] 28 août 1761.
Marie-Geneviève, b [6] 7 sept. 1749 ; m [6] 1er février 1768, à Jean-Baptiste GUILLEMETTE.—*Marie-Anne*, b [6] 7 nov. 1750 ; s [6] 20 nov. 1768. — *Louis-Marie*, b [6] 20 sept. 1752. — *Marie-Reine*, b [6] 20 fevrier 1757 ; s [6] 7 sept. 1758.—*Marie*, b [6] 12 janvier 1761.

1762.
2° PICARD, Marie-Geneviève.
Charles, b [6] 10 juillet 1763.—*Marie-Joseph*, b [6] 20 mai 1765.—*Marie-Rogère*, b [6] 19 nov. 1767.—*Louise*, b 1770 ; s [6] 4 avril 1772.—*Joseph*, b 1775 ; s [6] 12 janvier 1777. — *Marie-Marguerite*, b [6] 4 mars 1778 —*Augustin*, b [6] 22 oct. 1781.

(1) Et Prinseau.
(2) Et Ancelin.

1750, (7 avril) Charlesbourg. [1]
III.—PRUNEAU, PIERRE, [RENÉ II.
b 1731 ; s [1] 10 oct. 1755.
DESROCHERS (1), Marie-Genev., [JACQ.-AUG. III.
b 1727.
Pierre, b [1] 25 janvier et s [1] 31 déc. 1751.—*Catherine*, b [1] 16 oct. 1752 ; s [1] 24 août 1755.—*Thérèse*, b [1] 8 janvier 1755 ; m 3 oct. 1775, à Joseph MAILLY, à Québec.

1752, (20 nov.) Berthier. [8]
III.—PRUNEAU, JOSEPH, [JEAN II.
b 1730.
BOUCHARD, Marie-Joseph, [IGNACE II.
b 1735.
Joseph-Marie, b [8] 28 sept. 1753. — *Pierre*, b 24 oct. 1754, à St-Pierre-du-Sud.—*Marie-Marguerite*, b [8] 16 oct. 1755.—*Marie-Joseph*, b 6 sept. 1757, à St-Valier. [9] — *Marie-Reine*, b [8] 6 janvier et s [8] 21 fevrier 1759. — *Geneviève*, b [8] 11 fevrier et s [8] 20 nov. 1760. — *Jean-Baptiste*, b [9] 11 juin 1761. — *Reine*, b... m [8] 9 janvier 1781, à Augustin GUILMET.—*François*, b [8] 25 oct. 1764 ; s [8] 26 juin 1765.

1754, (4 février) St-Valier. [4]
III.—PRUNEAU, PIERRE, [PIERRE II
b 1726.
BOUCHARD, Marie-Claire, [IGNACE II.
b 1728.
Pierre-Joseph, b 23 fevrier 1756, à Berthier [5] — *Jean-Baptiste*, b [4] 21 sept. 1757. — *Marie-Joseph*, b [5] 4 déc. 1762. — *Marie-Claire*, b [5] 19 sept. 1763.

1778.
IV—PRUNEAU, FRANÇOIS, [RENÉ III.
b 1752.
JOLIVET, Marie-Françoise, [JOSEPH-MARIE III
b 1760.
Marie-Françoise, b 1779 ; m 14 août 1798, à Bonaventure TRUDEL, à Quebec.

1789, (27 oct.) Quebec. [2]
I.—PRUSSIEN, NICOLAS, fils de Pierre et d'Angelique Paschal, de Peraste, Venise, Italie.
RICHARD, Therèse, [JOSEPH.
b 1765 ; veuve de Jean Francis ; s [2] 30 juillet 1797.

1757, (29 août) Quebec.
I.—PUCE, JACQUES-JOSEPH, fils de Nicolas et de Thérèse Joye, de St-Jean, ville de Namur, Belgique.
JOSEPH (2), Marie-Michelle, [PIERRE I
b 1720 ; veuve de Jean-Baptiste Carpentier
Marie-Amable, b 22 avril 1756, à Montreal.

PUCELLE.—*Surnom :* CHAMPAGNE.

(1) Voy. Desroches ; elle épouse, le 31 janvier 1757, Jacques Bacquet, à Québec.
(2) Langoumois.

1757, (9 mai) Montréal.
I.—PUCELLE (1), EDMOND, b 1718, soldat ; fils d'Edmond et de Jeanne Georges, de Châtellereau, diocèse de Châlons, Champagne ; s 9 février 1789, à Quebec. [2]
1° BOURG, Marie-Anne, [ANTOINE I. b 1699 ; veuve de Claude Blanchard.
1778, (25 août). [2]
2° MONTMINY (2), Geneviève. [JOSEPH IV.

1754, (11 fevrier) Québec. [7]
I.—PUET, JEAN-BTE, fils de Guillaume et de Jeanne Boirie, de Levignac, diocèse de Rhodès, Guienne.
1° BUSCAILLE, Laurence, b 1718 : fille de Pierre et de Marie Brouillard, de St-Malo, Basse-Bretagne ; s [7] 16 dec. 1756.
Marie-Reine, b [7] 5 janvier et s [7] 6 fevrier 1755. —*Anonyme,* b [7] et s [7] 14 dec. 1756.
1757, (18 avril). [7]
2° GUYONNET, Suzanne, fille de Pierre et de Jeanne Brottier, de St-Savinien, diocèse de Xaintes, Saintonge.
Marie-Suzanne, b [7] 28 avril 1758. — *Jean-Baptiste,* b 1759 ; m 17 mai 1779, à Marie-Charlotte ROCAND, à Montréal.

1779, (17 mai) Montreal.
II.—PUET, JEAN-BTE, [JEAN-BTE I. b 1759.
ROCAND, Marie-Charlotte, [LOUIS II. b 1753.

PUGIBEAUX.—Voy. HINGUE.

PUIGIBAULT.—Voy. HINGUE.

PUIGIBAUT.—Voy. HINGUE.

1707, (22 sept.) Varennes.
I.—PUIGIBAUT (3), LOUIS.
GAUTIER (4), Marie-Marguerite, [RENÉ I. b 1680.
Marguerite-Barbe, b 29 oct. 1709, à Québec ; 1° m 15 janvier 1730, à Etienne ROCBERT, à Montréal [3] ; 2° m [3] 9 sept. 1768, à Claude-Pierre PÉCODY.

1758, (9 janvier) Montréal.
I.—PUJOL, JEAN, b 1725, sergent ; fils de François et de Monique Sartre, de St-Frousin, Toulouse, Languedoc.
BARTHE, Marguerite, [THÉOPHILE I. b 1740.

(1) Dit Champagne.
(2) Elle épouse, le 27 avril 1790, Jacques Coté, à Quebec.
(3) Voy. Hingue, vol. IV, p. 508.
(4) De Varennes.

1748, (26 février) Detroit. [2]
I.—PUTELLE, JEAN-BTE, b 1717 ; fils de Nicolas et de Jeanne Mercier, de St-Loup, diocèse de Verdun ; s [2] 10 sept. 1752.
BOURON (1), Madeleine, [ANTOINE-JOSEPH II. b 1722.
Marie-Madeleine, b [2] 9 et s [2] 21 janvier 1749.— *Jeanne,* b... m [2] 7 janvier 1765, à Jean-Baptiste OUELLET. — *Marie-Suzanne,* b [2] 13 avril 1750.— *Marie-Marguerite,* b [2] 5 mars 1752.

PUYBARO —*Surnom :* DEMAISONNEUVE.

1681, (25 nov.) Trois-Rivières.
I.—PUYBARO (2), JEAN, b 1651.
BAUDRY (3), Madeleine, [URBAIN I. b 1661.
Pierre, b 9 août 1684, à Boucherville ; m 21 nov. 1712, à Marie-Catherine-Anne LORIN, à Montréal [4] ; s [4] 12 nov. 1757.

1712, (21 nov.) Montréal. [2]
II.—PUYBARO (4), PIERRE, [JEAN I. b 1684 ; chirurgien ; s [2] 12 nov. 1757
LORIN, Marie-Catherine-Anne, [JEAN II. b 1694.
Marie-Anne, b [2] 12 sept. 1713 ; s [2] 24 sept 1714.

PUYGIBAUT.—Voy. HINGUE.

PUYPEROUX.— *Variations et surnoms :* PEPEROU — PIPEREAU — PIPERON— DELAFORGE— DE LA FOSSE—LAFOSSE.

1711, (26 janvier) Montréal. [1]
I.—PUYPEROUX (5), ANTOINE, b 1680, notaire royal, fils de Laurent et de Jeanne Vergnon, de Toussignat, diocèse de Perigueux, Perigord.
1° PETIT-BOISMOREL, Françoise, [JEAN I. b 1685 ; s [1] 21 fevrier 1734.
Marie-Angélique, b 28 fevrier 1712, à Sorel. [2] — *Marie-Joseph,* b [2] 27 août 1713 ; s [1] 23 oct. 1719. — *Antoine-Fabien,* b [2] 7 avril 1715 ; m à Marie-Joseph LAFOSSE. — *Françoise-Suzanne,* b [1] 26 mai 1717. — *Laurent-Etienne,* b [1] 16 sept. et s [2] 26 nov. 1718. — *Marie-Madeleine,* b [1] 22 nov. 1719 ; s [1] 26 juillet 1720.—*Marie-Joseph,* b 25 déc. 1721, à l'Ile-Dupas.
1737, (4 nov.) Cap-Santé.
2° MORISSET (6), Elisabeth, [MATHURIN I. b 1695 ; veuve d'Andre Leparc.

(1) Elle épouse, le 8 janvier 1753, François Lacoste, au Détroit.
(2) De Maisonneuve ; voy. vol. I, p. 503.
(3) Elle épouse, le 8 janvier 1688, Marien Tailhandier, à Boucherville.
(4) De Maisonneuve.
(5) Sieur de la Fosse.
(6) Elle épouse, le 6 sept. 1747, Louis Agathe, au Cap-Santé.

II.—PUYPEROUX (1), ANT.-FABIEN, [ANT. I.
b 1715.
LAFOSSE, Marie-Joseph.
Jean-Baptiste, b... m 26 juin 1775, à Marie-Geneviève CARPENTIER, à l'Ile-Dupas.

PUYPEROUX (2), JOSEPH.
BERTHIAUME, Véronique.
Véronique-Amable, b et s 23 juin 1773, à l'Ile-Dupas.[1]—*Joseph*, b... s[1] 26 août 1777.

1775, (26 juin) Ile-Dupas.[1]
III.—PUYPEROUX (1), JEAN-BTE. [ANT.-FAB. II.
CARPENTIER, Marie-Geneviève, [JOS.-MARIE III.
b 1756.
Jean-Baptiste, b[1] et s[1] 1er sept. 1777.—*Alexis*, b[1] 6 janvier 1783.

Q

1762, (22 nov.) Québec.
I.—QUAILAN, JEAN, fils de Henri et de Marguerite Moncouèt, de Gargamilan, diocèse de Montauban, Guienne.
DEMITRE, Jeanne, [JEAN-ROBERT I.
b 1738.

QUARÉ.—Voy. CARRÉ.

I.—QUATREBARBE (3), PIERRE.
LEROY, Marie.
François, b 22 janvier 1692, à la Pte-aux-Trembles, M.; s (noyé) 21 sept. 1705, à Quebec.

I.—QUATREFAGE (4), PIERRE.

QUAY.—*Variations et surnoms :* CUÉ—GUAY—HEGUÉ—QUÉE—THIAY—TUÉ—DRAGON.

I.—QUAY (5), LOUIS,
b 1642; s 20 mars 1712, à Montréal.
1° LAFONTAINE, Angélique.
Marie-Anne, b... m 1701, à Pierre HUNAULT.—*Marie-Louise*, b 21 dec. 1698, à Varennes, 1° m 1718, à Jean SÉGUIN; 2° m 1728, à François CHEVALIER-PÉRIGORD; 3° m 31 juillet 1731, à Pierre GENDRAS, aux Trois-Rivières.
2° RICHAUME, Marthe, [PIERRE I.
b 1665; veuve de Gilles Monin; s 28 juillet 1703, à Contrecœur.[1]
François, b... m 1723, à Charlotte GIARD.—*Louis*, b[1] 30 mars 1702; m 10 fevrier 1727, à Louise CHARBONNEAU, à Boucherville; s 7 nov. 1750, à St-Antoine-de-Chambly.[2]
1709, (4 fevrier).[2]
3° COUJEAN, Catherine,
b 1685; veuve de Noël Boulier; s[2] 25 oct. 1750.
François, b 1709; m 1733, à Marie-Joseph BOURGAUD.

(1) Et Pipereau dit Lafosse.
(2) Dit Lafosse.
(3) Voy. vol. I, p. 503.
(4) Dit Beausoleil; sergent; il était à St-Joachim, le 14 février 1757
(5) Dit Dragon; sergent de la compagnie de M. Marigny; voy. vol. I, p 503.

1723.
II.—QUAY (2), FRANÇOIS. [LOUIS I.
GIARD, Charlotte, [GABRIEL II.
b 1704.
Marie-Antoinette, b 21 mai 1724, à St-Ours.[4]—*Louis*, b[4] 26 fevrier 1726; m 13 avril 1750, à Marie-Marguerite CIRCÉ, à St-Antoine-de-Chambly.[5]—*Joseph*, b 1730; m[5] 26 février 1759, à Marie-Marguerite CIRCÉ.

1727, (10 février) Boucherville.[6]
II.—QUAY (3), LOUIS, [LOUIS I
b 1702; s 7 nov. 1750, à St-Antoine-de-Chambly
CHARBONNEAU, Louise, [MICHEL II
b 1707.
Marie-Amable, b 1733; m 5 mai 1749, à Joseph DUBOIS, à Montreal.—*Alaric*, b 1734; m[6] 22 sept. 1755, à Marie-Joseph HOBERTIN.

1733.
II.—QUAY (2), FRANÇOIS, [LOUIS I.
b 1709.
BOURGAUD, Marie-Joseph, [GILLES I.
b 1710.
André, b 1734, m 7 juin 1763, à Marie-Catherine ALARD, à St-Antoine-de-Chambly[7]; s[7] 21 oct. 1763.—*Joseph*, b 1736, m[7] 26 fevrier 1759, à Marie-Marguerite CIRCÉ.—*Jean-Baptiste*, b 1738; m à Therèse-Hyacinthe GOULET.

1750, (13 avril) St-Antoine-de-Chambly.[8]
III.—QUAY (2), LOUIS, [FRANÇOIS II.
b 1726.
CIRCÉ (4), Marie-Marguerite, [JEAN-BTE II.
b 1734.
Louis, b[8] 12 mai 1752.

III.—QUAY, JEAN-BTE. [FRANÇOIS II.
GOULET (5), Thérèse-Hyacinthe, [JOSEPH III.
b 1742.

(1) Et Pipereau dit Lafosse.
(2) Dit Dragon.
(3) Dit Dragon—Thiay—Tué.
(4) St. Michel
(5) Elle épouse, le 18 août 1766, Claude Senécal, à St-Antoine-de-Chambly.

1755, (22 sept.) Boucherville.

III.—QUAY (1), Alaric, [Louis II.
b 1734.
Hobertin, Marie-Joseph, [Pierre II.
b 1734.

1759, (26 février) St-Antoine-de-Chambly.[1]

III.—QUAY (2), Joseph, [François II.
b 1730.
Circé, Marie-Marguerite, [Jean-Bte II.
b 1741.
Joseph, b [1] 22 et s [1] 27 déc. 1759.

1763, (7 juin) St-Antoine-de-Chambly.[1]

III.—QUAY, André, [François II
b 1734; s [1] 21 oct. 1763.
Alard (3), Marie-Catherine, [Joseph-Méry II.
b 1734.

QUECY.—Voy. Quessy.

QUÉDRA.—Voy. Quesdra.

QUÉE.—Voy. Quay.

QUÉLÉ.—Voy. Kenny.

QUÉLOU.—*Surnom* : St Joseph.

I—QUÉLOU (4), Joseph, b 1726; de St-Jacques-de-Castres, Languedoc.

QUEMELEUR.—Voy. Quemeneur.

QUEMENEUR. — *Variations et surnom* : Kemleur—Quemeleur — Quemleur—Timineur—Laflamme.

1700, (15 nov.) St-François, I. O.[3]

I—QUEMENEUR (5), François, b 1672; fils d'Hervé (notaire royal du parlement de Bretagne) et de Françoise-Joseph ...., de Place-Daniel, diocèse de Lyon; s [3] 23 août 1728.
Chambrelan, Marie-Madeleine, [Simon I.
b 1685; s [3] 15 nov. 1765.
Geneviève, b [3] 9 et s [3] 28 août 1701. — *François*, b 1702; s [3] 8 fevrier 1703. — *Jean-Baptiste*, b [3] 28 déc. 1703; 1° m 1724, à Louise Poulin; 2° m 20 avril 1750, à Marie-Françoise Métivier, à St-Pierre-du-Sud; s 7 nov. 1767, à St-Frs-du-Sud.[4] — *Joseph*, b [3] 6 avril 1706, m [3] 24 nov. 1732, à Angelique Pepin. — *Marie*, b [3] 9 dec. 1708; m [3] 29 oct. 1727, à Charles Boissonnet; s [3] 26 sept. 1775. — *Antoine*, b [3] 2 février 1711; m 9 sept. 1737, à Madeleine-Angelique Chouinard, à St-Joachim; s [3] 24 juin 1780. —*Thérèse*, b 20 mai 1713, à Ste-Famille, I. O.; m [3] 20 juillet 1733, à Jacques Morin.—*Pierre*, b [3] 8 mai 1716. — *Charles*, b 1717; 1° m à Brigitte Gagné; 2° m 22 février 1748, à Marie-Joseph Vermet, à Berthier. — *François*, b [3] 15 mars 1719; 1° m 2 fevrier 1739, à Marguerite Brochu, à St-Valier; 2° m [4] 3 nov. 1745, à Marie-Joseph Frégeau; 3° m 14 nov. 1757, à Marguerite Fournier, à St-Thomas. — *Marie-Geneviève*, b [4] 27 oct. 1721; m [4] 25 oct. 1745, à Louis Chiasson. — *Louis*, b [3] 15 août 1724; m [4] 17 oct. 1746, à Catherine Rouleau; s [4] 19 nov. 1750.

(1) Hegué en 1755.
(2) Dit Dragon.
(3) Elle épouse, le 5 nov. 1764, Jean-Baptiste Vandandaique, à St-Antoine-de-Chambly.
(4) Dit St. Joseph; soldat de Berry. (Registre des procès-verbaux, évêché, 1761.)
(5) Dit Laflamme.

1724.

II.—QUEMENEUR (1), Jean-Bte, [François I.
b 1703; s 7 nov. 1767, à St-Frs-du-Sud.[1]
1° Poulin, Louise,
b 1704; s [1] 3 oct. 1749.
Marie-Louise, b 11 fevrier 1725, à St-François, I. O.[2]; m [1] 2 fevrier 1744, à Pierre-Noël Frégeau. —*Marguerite*, b 1er sept. 1727, à St-Joachim; m [1] 12 janvier 1750, à Michel Gagnon.—*Marie-Anne*, b [2] 26 août 1729; m 19 nov. 1748, à Louis Ouellet, à Berthier.[3]—*François*, b... s [1] 22 sept. 1733. — *Jean-Baptiste*, b [3] 30 août 1731; m [1] 5 nov. 1753, à Marie-Madeleine Gagnon.—*Marie-Joseph*, b [3] 18 juillet 1734.—*Rosalie*, b [3] 23 janvier 1736; m [1] 22 juin 1761, à Louis Proux.—*Jacques*, b [1] 8 sept. 1737; m [1] 23 janvier 1764, à Marie-Madeleine Boulé.—*Joseph*, b 1739; m [1] 19 janvier 1761, à Marie-Louise Huret. —*Marie-Angélique*, b [1] 6 sept. 1743.—*Marie-Geneviève*, b [1] 16 et s [1] 27 sept. 1745.—*Marie-Françoise*, b... m [1] 16 oct. 1774, à Jacques Gravel.

1750, (20 avril) St-Pierre-du-Sud.[4]

2° Métivier, Marie-Françoise, [Jean I.
b 1713; veuve de Jean-Baptiste Lurette.
Marie-Madeleine, b [4] 12 février 1751; m [1] 5 nov. 1770, à Antoine Marseau.—*François*, b [1] 14 nov. 1752.—*Marie-Thérèse*, b [1] 25 avril 1754; m à André Sickman; s 2 fevrier 1794, à Québec.—*Marie-Louise*, b [1] 6 et s [1] 12 août 1756.

1732, (24 nov.) St-François, I. O.[4]

II.—QUEMENEUR (1), Joseph, [François I.
b 1706.
Pepin (2), Angélique, [Antoine III.
b 1713.
Marie-Joseph, b [4] 12 mars 1733.—*Charles*, b 26 juin et s 1er juillet 1734, à Berthier.[5] — *Antoine*, b [4] 7 août et s 29 oct. 1735, à St-Jean, I. O.—*Angélique*, b 1737; s 22 nov. 1749, à St-Frs-du-Sud.[6] — *Madeleine*, b [6] 15 juillet et s [6] 18 oct. 1739.—*Joseph*, b 1740; m [6] 14 avril 1760, à Marie-Louise Thibault.—*Jean-Baptiste*, b [5] 31 mars 1743; m 16 oct. 1769, à Angelique Bouchard, à St-Valier.—*François-Marie*, b [4] 26 mars 1745.—*Marie-Joseph*, b [5] 18 mars 1747; s [6] 31 janvier 1750. — *Marie-Geneviève*, b [5] 16 mars 1748.—*Jacques*, b [6] 7 avril 1750; s [6] 26 mai 1751.—*Augustin*, b [6] 5 et s [6] 15 mai 1752.—*Zacharie*, b [6] 2 mars 1756.

(1) Dit Laflamme.
(2) Lachance.

1737, (9 sept.) St-Joachim.
II.—QUEMENEUR, Antoine, [François I.
b 1711; s 24 juin 1780, à St-François, I. O.
Chouinard, Madeleine-Angelique, [Nicolas II.
b 1712.
Marie-Angélique, b 1739; s 3 déc. 1741, à St-Frs-du-Sud.[7] —*Antoine*, b 2 juillet 1741, à Québec; s[7] 14 nov. 1747. — *Pierre-Noel*, b[7] 14 mai 1744; m 19 avril 1762, à Marguerite Tanguay, à St-Valier.—*Marie-Geneviève*, b... s[7] 19 juillet 1746.—*Joseph-Marie*, b[7] 13 août 1747; s[7] 7 janvier 1748.—*Marie-Angélique*, b... s[7] 28 août 1749.—*Joseph*, b 21 janvier 1749, à Berthier.[8] — *Antoine*, b[8] 16 déc. 1749.—*Marie-Madeleine*, b[7] 28 avril 1751; s[7] 18 avril 1752.—*Marie-Catherine*, b[7] 27 avril et s[7] 15 sept. 1752.—*Louis-Marie*, b[7] 2 et s[7] 17 nov. 1753.—*Marie-Joseph*, b[7] 2 et s[7] 27 nov. 1753.—*Anonyme*, b[7] et s[7] 15 oct. 1755.

1739, (2 fevrier) St-Valier.[4]
II.—QUEMENEUR (1), François, [François I.
b 1719.
1° Brochu, Marguerite, [Jean II.
b 1705; veuve de Jean Gagné; s[4] 5 juin 1745.
Marie-Angélique, b 17 avril 1741, à St-Frs-du-Sud.[4]
1745, (3 nov.)[4]
2° Frégeau, Marie-Joseph, [Daniel I.
b 1721; s[4] 24 juin 1756.
Jean-François, b 21 juin 1747, à Berthier.—*Marie-Joseph*, b[4] 19 avril 1749; s 22 nov. 1751, à Québec.[5] —*Pierre*, b[5] 25 mars 1751.—*Louis*, b[5] 14 oct. 1753.—*Marie-Marguerite*, b[5] 8 et s[5] 18 mai 1755.
1757, (14 nov.) St-Thomas.
3° Fournier, Marguerite, [Joseph III.
b 1735.
Jean-Baptiste, b 24 juin 1763, à St-Laurent, M.

1746, (17 oct.) St-Frs-du-Sud.[9]
II.—QUEMENEUR, Louis, [François I.
b 1724; s[9] 19 nov. 1750.
Rouleau (2), Marie-Catherine. [Guillaume III.
Marie-Geneviève, b[9] 12 juillet 1747; m[9] 7 janvier 1771, à Joseph Martineau.—*Louis*, b[9] 11 oct. 1750; m[9] 6 oct. 1777, à Marie-Françoise Mercier.

II.—QUEMENEUR (3), Charles, [François I.
b 1717.
1° Gagné, Brigitte, [Pierre III.
b 1716.
1748, (22 fevrier) Berthier.[4]
2° Vermet, Marie-Joseph, [Pierre-Robert III.
b 1730.
Charles, b 31 juillet 1750, à Lévis.[4] — *Louis-Marie*, b[4] 17 mai et s[4] 21 juin 1752. — *Joseph-Marie*, b[4] 2 mai 1753; m[3] 8 oct. 1782, à Marie-Therèse Baudoin. — *Françoise*, b[4] 18 juin et s[4] 27 juillet 1756.—*Jean*, b[4] 22 fevrier 1758.—*Jean-Baptiste*, b[4] 4 mars 1764. — *Deux anonymes*, b[4] et s[4] 27 dec. 1765.

(1) Dit Laflamme.
(2) Elle épouse, le 15 juillet 1754, Jean-Baptiste Martineau, a St-François-du-Sud.
(3) Et Quemleur dit Laflamme.

1753, (5 nov.) St-Frs-du-Sud.[7]
III.—QUEMENEUR (1), J.-Bte, [Jean-Bte II.
b 1731.
Gagnon, Marie-Madeleine, [Mathurin III.
b 1726.
Madeleine, b[7] 2 et s[7] 8 février 1755. — *Marie-Madeleine*, b[7] 9 et s[7] 11 déc. 1755.—*Marie-Rose*, b[7] 7 août 1757.—*Marie-Victoire*, b[7] 2 déc. 1759. — *Jean-Baptiste*, b[7] 24 fevrier 1761.— *Joseph*, b[7] 21 août 1762. — *Pierre-Noel*, b[7] 18 oct. 1764. — *Marie-Françoise*, b[7] 7 fevrier 1767. — *Jean-Baptiste*, b[7] 1er août 1769. — *Antoine*, b[7] 18 juillet 1772.—*Marie-Angélique*, b[7] 21 juillet 1774.

1760, (14 avril) St-Pierre-du-Sud.
III.—QUEMENEUR (1), Joseph, [Joseph II.
b 1740.
Thibault, Marie-Louise, [Athanase III.
b 1736.

1761, (19 janvier) St-Frs-du-Sud[6]
III.—QUEMENEUR, Joseph, [Jean-Bte II.
b 1739.
Huret (2), Marie-Louise, [Jean-Bte II.
b 1740.
Marie-Louise, b[6] 5 février 1762. — *Marie-Marguerite*, b[6] 26 juillet et s[6] 22 dec. 1765. — *Marguerite*, b 29 sept. 1767, à Berthier. — *Marie-Anne*, b[6] 31 oct. 1771. — *Marie-Modeste*, b[6] 21 mai 1773.

QUEMENEUR, Michel.
Blanchet, Claire.
Michel, b 21 oct. 1765, à St-Frs-du-Sud.[3] — *Joseph-Marie*, b[3] 4 avril 1769. — *Joseph*, b[3] 15 nov. 1770.

1762, (19 avril) St-Valier.
III.—QUEMENEUR, Pierre-Noel, [Antoine II.
b 1744.
Tanguay, Marguerite, [Jacques II.
b 1742.
Marie-Geneviève, b 26 mars 1765, à St-Frs-du-Sud.[2] —*Pierre-Noel*, b[2] 12 mai 1767.—*François*, b[2] 28 janvier 1769.

1764, (23 janvier) St-Frs-du-Sud.[3]
III.—QUEMENEUR, Jacques, [Jean-Bte II.
b 1737.
Boulé, Marie-Madeleine, [Jean IV.
b 1746.
Jacques, b[3] 29 nov. 1764.—*Louis*, b[3] 2 janvier 1767.—*Joseph*, b[3] 26 fevrier 1769.—*Marie-Madeleine*, b[3] 16 mars 1771.—*Marie-Euphrasie*, b[3] 21 juin 1774.

(1) Et Quemleur dit Laflamme.
(2) Rochefort.

1769, (16 oct.) St-Valier.
III.—QUEMENEUR, Jean-Bte, [Joseph II.
b 1743.
Bouchard, Angelique, [Charles III.
b 1754.

1777, (6 oct.) St-Frs-du-Sud.
III.—QUEMENEUR, Louis, [Louis II.
b 1750.
Mercier, Marie-Françoise, [François.
b 1760.

QUEMENEUR (1), François.
Simard, Pelagie.
Pélagie, b... m 14 nov. 1814, à François Caty, à Montreal.

1782, (8 oct.) Berthier.
III.—QUEMENEUR, Jos.-Marie, [Charles II.
b 1753.
Baudoin, Marie-Thérèse, [Jacques IV.
b 1762.

1793, (8 janvier) St-Thomas.
QUEMENEUR, Joseph.
Proulx, Elisabeth-Therèse.
Simon, b 23 oct. 1793, à St-Frs-du-Sud.[2] — *Marie-Françoise*, b [2] 30 janvier 1795. — *Simon*, b [2] 6 mai 1796. — *Marie-Rose*, b [2] et s [2] 22 août 1799.

QUEMERÉ.—Voy. Comiré.

QUEMLEUR.—Voy. Quemeneur.

I.—QUENAY, Jean,
Acadien.
Hébert, Cécile,
Acadienne.
Rose, b 1733; m 6 oct. 1760, à Léger Raymond, à Montréal.

QUÉNEL.—Voy. Quesnel.

QUENET.—Voy. Guenet.

1741, (21 août) Québec.[1]
I.—QUENET, François, journalier; fils d'Etienne et de Madeleine Monin, de Champagne, diocèse de Dijon, Bourgogne.
Nolet, Marie-Anne. [François II.
Louis-François, b [1] 10 avril 1742. — *Marie-Anne*, b [1] 20 janvier 1744. — *Joseph*, b [1] 13 nov. 1745. — *Guillaume*, b [1] 6 janvier 1748. — *Deux anonymes*, b et s 22 sept 1749, à St-Vincent-de-Paul.[2] — *Louise*, b [2] 1er janvier 1751. —*Marie-Joseph*, b [2] 23 mai 1754.

QUENIVEL.—Voy. Glinel.

(1) Et Quemleur dit Laflamme.

1674, (12 fevrier) Montreal.[2]
I.—QUENNEVILLE (1), Jean,
b 1651.
Marie, Denise,
b 1654; s [2] 31 août 1720.
Jeanne, b 1675.—*Geneviève*, b 8 juin 1676, à Lachine: m [3] 5 oct. 1693, à Charles Brazeau; s [3] 16 juillet 1726. — *Antoine*, b 1682; m 26 mai 1710, à Marie Bourdon, à Longueuil.—*François*, b [3] 17 août 1689; m à Therèse Carbonneau; s [2] 12 nov. 1749.

I.—QUENNEVILLE (2), Jean, b 1659.

1686, (20 nov.) Montréal.[4]
I.—QUENNEVILLE (1), Jean-Bte,
b 1660; bedeau; s [4] 31 mai 1723.
Lauzon, Louise, [Gilles I.
b 1671.
Catherine, b [4] 30 sept. 1689; m [4] 7 mai 1713, à François Lafargue. — *Charles*, b [4] 2 mars 1692; s [4] 1er fevrier 1749. — *Marie-Louise*, b [4] 4 avril 1694, sœur Brigitte, cong. N.-D.; s [4] 16 sept. 1721.

1704, (5 juillet) Lachine.[7]
II.—QUENNEVILLE, Jean, [Jean I.
b 1688.
Deniau (3), Marie, [Jean I.
b 1685; s [7] 31 déc. 1753.
Marie-Angélique, b [7] 13 mai 1706; 1° m à Jean-Baptiste Jubinville; 2° m 30 janvier 1758, à Joseph Berthiaume, au Sault-au-Recollet.[8] — *Louise*, b [8] 8 avril 1708; m [8] 22 nov. 1728, à Rolland Maillé. — *Antoine*, b [7] 12 fevrier 1710; 1° m 1731, à Geneviève Trotier; 2° m [8] 7 fevrier 1757, à Marie Chartran. — *Madeleine*, b 1712; m [7] 31 janvier 1729, à Ignace Bourdon.—*Ursule*, b 1715; m 16 avril 1732, à Jacques Lemeilleur, à St-Laurent, M.[9]—*Marie-Joseph*, b 1717; 1° m [9] 15 nov. 1734, à Pierre Parsillé; 2° m [8] 13 fevrier 1747, à Laurent Lecompte.—*Marie-Angélique*, b [7] 30 mai 1720.—*Catherine*, b 1723, m 21 juin 1745, à Jacques Dupont, à Montreal.—*Jean-Baptiste*, b 1724; m 21 janvier 1754, à Barbe-Amable Sédilot, à Soulanges.

II.—QUENNEVILLE, François, [Jean I.
b 1689; s 12 nov. 1749, à Montréal.
Carbonneau, Therèse, [Esprit I.
b 1684; veuve de Pierre Menanteau; s 15 nov. 1756, à St-Vincent-de-Paul.[8]
François, b 1707; m 1727, à Marie-Catherine Filiastreau.—*Marie-Thérèse*, b 9 oct. 1712, à St-François, I. J.[4]; m [4] 26 oct. 1733, à Jean Dazé.—*Pierre*, b [4] 9 avril 1717; m [4] 1er juin 1739, à Françoise Labelle.—*Marie-Anne*, b 13 juillet 1719, à la Pte-aux-Trembles, M.[5]; s [5] 21 juillet 1720.—*Marie-Joseph*, b... m [4] 22 fevrier 1740, à Pierre Vandandaique.—*Suzanne*, b 1723; m 1750,

(1) Voy. vol. I, p. 504.
(2) Il était au service de M. François Lenoir-Rolland, négociant de Montreal (Voir le recensement de 1681).
(3) Haudecœur est son vrai nom—Deniau est le nom du 2nd mari de sa mère.

à Julien Fortin ; s 25 fevrier 1755, à Terrebonne. —*Marie-Anne*, b... m [3] 25 nov. 1748, à Claude Labelle.

1710, (26 mai) Longueuil. [6]

II.—QUENNEVILLE, Antoine, [Jean I. b 1682.

Bourdon, Marie, [Jacques I. b 1675 ; veuve de Jean Cadieu.

Louis, b [6] 17 juillet 1711 ; m [6] 6 juin 1730, à Marie-Joseph Benoit.—*Marie-Françoise*, b [6] 9 juillet 1714 ; s [6] 7 mai 1720.—*Barbe*, b [6] 23 mars 1717 ; 1° m [6] 24 janvier 1735, à Jean-Baptiste Sabourin ; 2° m 26 juillet 1762, à Maurice Ménard, à Chambly.

1717, (9 nov.) Montréal. [4]

II.—QUENNEVILLE, Jean, [Jean I. b 1695.

Guilbert (1), Madeleine, [Jean I. b 1701.

Angélique, b... s [4] 26 déc. 1718.—*Marie-Jeanne*, b [4] 19 mars 1719 ; 1° m [4] 22 juillet 1737, à Jean Jardon ; 2° m [4] 8 nov. 1756, à Alexandre Noiret. —*Marie-Anne*, b [4] 24 mai et s [4] 3 juin 1720.—*Marie-Joseph*, b 1724 ; m 10 oct. 1752, à Louis Trudel, à la Longue-Pointe. — *Marie-Anne*, b 1728 ; m 8 janvier 1742, à Hubert Leroux, au Sault-au-Recollet [5] ; s 26 oct. 1764, à Lachine.—*Pierre*, b 1730 ; m [5] 2 juin 1755, à Marie-Joseph Dagenais.—*Françoise*, b 1731 ; m [5] 4 juillet 1757, à Louis-Basile Dagenais.

II.—QUENNEVILLE, Charles, [Jean-Bte I. b 1692 ; s 1er février 1749, à Montréal.

1730, (6 juin) Longueuil. [1]

III.—QUENNEVILLE, Louis, [Antoine II. b 1711.

Benoit, Marie-Joseph, [Etienne II. b 1715.

Joseph-Antoine, b [1] 25 juin 1731 ; m 30 mai 1762, à Geneviève Lefort, à Chambly. [2]—*Louis*, b [2] 7 août 1733 ; m [2] 24 oct. 1757, à Marie-Anne Béique. — *Antoine*, b [1] 18 mai 1735 ; s [1] 24 sept. 1736.

1731.

III.—QUENNEVILLE, Antoine, [Jean II. b 1710.

1° Trotier (2), Geneviève.

Thérèse, b 1732 ; m 10 janvier 1757, à Jean Valade, au Sault-au-Recollet. [1] — *Jean-Baptiste*, b [1] 8 avril 1737. — *Simon*, b [1] 28 juin 1739. — *Marie-Madeleine*, b [1] 2 mars 1742 ; m [1] 13 oct. 1760, à Joseph Dagenais. — *Gabriel*, b [1] 11 juin 1747.

1757, (7 février). [1]

2° Chartran, Marie, [Charles III. b 1722 ; veuve de François Rose.

(1) Voy. Gilbert dit Laframboise.

(2) Dit St. Jean en 1742.

1739, (1er juin) St-François, I. J. [1]

III.—QUENNEVILLE, Pierre, [François II. b 1717.

Labelle, Françoise, [Jacques II. b 1718.

Pierre, b [1] 24 sept. 1740. — *François*, b 1742, m 16 août 1768, à Judith Galipeau, à la Longue-Pointe. — *Françoise*, b... m 14 janvier 1765, à Joseph Chartran, à St-Vincent-de-Paul. [2] — *Marie-Anne*, b 8 mars 1746, à Ste-Rose [3] ; m [2] 30 janvier 1764, à Joseph Dubreuil. — *Jean-Marie*, b [3] 17 avril 1747.— *Euphrosine*, b 24 sept. 1748, à Terrebonne. — *Euphrosine*, b [3] 31 mai 1749.— *Charles*, b [2] et s [2] 18 sept. 1752. — *Joseph-Marie*, b [2] 31 mai et s [2] 13 sept. 1755.

1742.

III.—QUENNEVILLE, François, [François II. b 1707.

Filiatreau, Marie-Catherine, [Louis II. b 1711.

Marie, b 1743 ; s 11 février 1754, à St-Vincent-de-Paul. [8] — *Geneviève-Amable*, b [8] 16 oct. 1744 ; s [8] 11 juin 1750.—*François-Amable*, b [8] 27 nov. 1745 ; m 20 juillet 1773, à Angelique Matte, à Lachenaye. [9] — *Geneviève*, b 1746 ; s [8] 30 janvier 1754.—*Louise*, b... m [8] 6 juillet 1767, à Antoine Charbonneau.—*Judith*, b [8] 13 nov. 1750.—*Catherine-Amable*, b [9] 27 nov. 1752.—*Marie-Anne*, b [8] 23 mai 1754.—*Marie-Madeleine*, b [8] 27 juin et s [8] 3 août 1755.

1754, (21 janvier) Soulanges. [5]

III.—QUENNEVILLE, Jean-Bte, [Jean II. b 1724.

Sedilot, Barbe-Amable, [Jean-Bte III. veuve de Pierre Martin-St. Jean.

Marie-Elisabeth, b [5] 24 oct. 1754. — *Jean-Baptiste*, b [5] 13 avril 1756. — *Barbe*, b [5] 5 nov. et s [5] 1er déc. 1757.—*Barbe-Amable*, b [5] 27 fevrier 1759. —*Marie-Anne*, b [5] 4 oct. 1760.

1755, (2 juin) Sault-au-Récollet.

III.—QUENNEVILLE, Pierre, [Jean II. b 1730.

Dagenais, Marie-Joseph, [Pierre III. b 1734 ; s 9 oct. 1761, à St-Vincent-de-Paul.

1757, (24 oct.) Chambly. [9]

IV.—QUENNEVILLE, Louis, [Louis III. b 1733.

Beique, Marie-Anne, [Joseph II. b 1735.

Marie, b [9] 12 nov. 1758.—*Marie-Charlotte*, b [9] 23 janvier 1760.

1763, (30 mai) Chambly.

IV.—QUENNEVILLE, Antoine, [Louis III. b 1731.

Lefort, Geneviève, [Jean-Bte II. b 1742.

1768, (16 août) Longue-Pointe.[6]
IV.—QUENNEVILLE, François, [Pierre III.
b 1742.
Galipeau, Marie-Judith, [Laurent II.
b 1747.
Louise-Judith, b [6] 2 nov. 1769.

1773, (20 juillet) Lachenaye.
IV.—QUENNEVILLE, Frs-Amable, [Frs III.
b 1745.
Matte, Angelique, [Pierre-François III.
b 1745.

QUENOCHE.—Voy. Clément-Lajeunesse.

QUENTIN. — *Variation et surnom :* Cantin — De la Salle.

1660, (3 août) Québec.
I.—QUENTIN (1), Nicolas,
b 1633 ; s 27 mai 1683, à L'Ange-Gardien.[2]
Roulois (2), Madeleine, [Michel I.
b 1646.
Charles, b [2] 26 mars 1681 ; m [2] 25 juin 1703, à Marie-Madeleine Vésina.

1689, (24 janvier) L'Ange-Gardien.[1]
II.—QUENTIN (1), Denis, [Nicolas I.
b 1668.
Gaudin, Ursule, [Charles I.
b 1667.
Marie-Ursule, b [1] 5 déc. 1697; m [1] 25 août 1723, à Thomas Touchet ; s [1] 23 nov. 1742.

1701, (17 janvier) L'Ange-Gardien.[1]
II.—QUENTIN, Louis, [Nicolas I.
b 1676.
Mathieu, Marie, [Jean I.
b 1682.
Marie, b [1] 18 mai 1702; m [1] 7 nov. 1718, à François Garnaud. — *Véronique,* b [1] 6 fevrier 1704, m [1] 11 janvier 1722, à Charles Lefrançois ; s [1] 16 dec. 1761. — *Marguerite,* b [1] 19 nov. 1705 ; m [1] 29 janvier 1725, à Jean Trudel. — *Marie-Angélique,* b [1] 8 mars 1707 ; m [1] 6 avril 1728, à Jacques Tremblay. — *Louise,* b [1] 27 mai 1708.— *Anne,* b [1] 1er fevrier 1710 ; m [1] 25 nov. 1737, à Pierre Tremblay. — *Marie-Catherine,* b [1] 4 mai 1711, m [1] 11 février 1732, à Louis Hébert. — *Louis,* b [1] 7 fevrier 1713 ; 1° m 19 oct. 1739, à Marguerite Leclerc, à St-Pierre, I. O.[2] ; 2° m 13 avril 1750, à Suzanne Carrier, à Levis.[3] — *Elisabeth,* b [1] 7 dec. 1714 ; m [1] 6 février 1741, à Louis Gagnon. — *Charles,* b [1] 30 nov. 1716 ; m [2] 18 fevrier 1743, à Ursule Leclerc. — *Madeleine,* b [1] 21 mars 1719 ; m [1] 18 août 1749, à Boniface Gagnon. — *François,* b [1] 19 mai 1721 ; m [1] 20 janvier 1750, à Marie-Nathalie Huot ; s [1] 7 fevrier 1764. — *Marie-Ursule,* b [1] 23 janvier 1723 ; m [2] 28 sept. 1744, à Pierre Paradis. — *Cécile,* b [1] 20 fevrier 1725 ; m [3] 23 juillet 1770, à Michel Bégin. — *Ambroise,* b [1] 4 nov. 1726 ; m [2] 19 fevrier 1748, à Dorothée Leclerc ; s (noyé) 13 mai 1761, à Québec.

(1) Voy. vol. I, p. 504.

(2) Elle épouse, le 20 août 1684, Louis Boucher, à L'Ange-Gardien.

1703, (25 juin) L'Ange-Gardien.
II.—QUENTIN, Charles, [Nicolas I.
b 1681.
Vésina (1), Marie-Madeleine, [François II.
b 1683.

1716, (8 juin) Château-Richer.[7]
III.—QUENTIN, Guillaume, [Denis II.
b 1691.
Paradis, Madeleine, [Jacques II.
b 1696 ; s 11 nov. 1749, à L'Ange-Gardien.[8]
Nicolas, b [8] 25 sept. 1717 ; m [8] 30 juin 1744, à Geneviève Coté. — *Louis,* b [8] 28 mars 1720.— *Guillaume,* b [8] 14 avril 1722 ; m [8] 27 janvier 1749, à Louise Coté. — *Prisque-Denis,* b [8] 16 déc. 1724 ; m [8] 13 nov. 1752, à Marie-Anne Huot.— *Angilique,* b [8] 19 avril 1727 ; 1° m [8] 8 juillet 1748, à Jean-Baptiste Coté ; 2° m [8] 7 avril 1750, à Nicolas Julien.—*Marie-Madeleine,* b [8] 2 août 1729 ; m [8] 15 janvier 1753, à Gabriel Vésina.—*Raphael,* b [8] 12 mai 1731. — *Marie-Madeleine,* b [8] 19 sept. 1733 ; 1° m à Boniface Gagnon ; 2° m [7] 25 février 1754, à Yves Coté ; 3° m [7] 7 juillet 1760, à Sulpice Gagnon.—*Marie-Victoire,* b [8] 19 sept. 1733 ; m [8] 12 fevrier 1759, à Louis Goulet. — *Ursule,* b [8] 27 oct. 1736 ; m [8] 19 nov. 1753, à Joseph Huot ; s [8] 15 nov. 1760.

1719, (6 nov.) L'Ange-Gardien.
III.—QUENTIN, Louis, [Denis II.
b 1695.
Goulet, Helène, [Antoine II.
b 1700.
Louis, b 20 oct. 1720, à St-Augustin[3] ; m 1753, à Marie-Madeleine Brousseau. — *Marie-Anne,* b 21, à la Pte-aux-Trembles, Q.[4] et s [3] 30 déc. 1721.—*Marie-Charlotte,* b [3] 15 juin 1723.—*Denis,* b [3] 11 mars 1725 ; m 1756, à Marie-Joseph Letarte. — *Marie-Victoire,* b [3] 15 mars 1727. — *Charles,* b [3] 3 oct. 1728 ; m [3] 20 oct. 1755, à Madeleine Laberge. — *Pierre-Augustin,* b [3] 28 août 1730 ; m [3] 23 juin 1760, à Marie-Joseph Marois ; s [3] 23 nov. 1795. — *Etienne,* b [3] 5 sept. 1732.— *Jean-Baptiste,* b [3] 28 avril 1734. — *Anonyme,* b [3] et s [3] 16 février 1736. — *Marie-Joseph,* b [3] 3 mars 1737. — *Raphael,* b [3] 6 mars 1740 ; m 1779, à Marie-Joseph Soulard.—*Marie-Celeste,* b [4] 2 déc. 1743.

1739, (19 oct.) St-Pierre, I. O.
III.—QUENTIN, Louis, [Louis II.
b 1713.
1° Leclerc, Marguerite, [Adrien II.
b 1719.
Louis-Joseph, b 6 nov. 1740, à Lévis.[6]—*Marie-Charlotte,* b 9 avril 1742, à Québec.—*Louise-Angélique,* b [6] 11 août et s [6] 16 oct. 1744.—*Augustin,* b [6] 22 nov. 1745.
1750, (13 avril).[6]
2° Carrier, Suzanne, [Ignace III.
b 1731.

(1) Elle épouse, le 22 mai 1719, Jean Amiot, à Québec.

Ignace, b [6] 26 fevrier 1751.—*Charles*, b [6] 19 juin 1752.—*Suzanne*, b [6] 10 déc. 1753.—*Geneviève*, b [6] mai et s [6] 11 nov. 1755.—*Ignace*, b 5 nov. 1756, à Ste-Foye. [7] —*François*, b [6] 10 mars 1759.—*Jean-Baptiste*, b [6] 8 mars 1761.—*Marie-Louise*, b [6] 31 déc. 1762; s [6] 18 mai 1770.—*Jacques*, b [6] 31 août 1764. — *Marie-Charlotte*, b [6] 14 janvier 1767.—*Marie-Marguerite*, b [7] 4 sept. 1769.

1743, (18 février) St-Pierre, I. O. [3]
III.—QUENTIN, CHARLES, [LOUIS II.
b 1716.
LECLERC, Ursule, [ADRIEN III.
b 1726.
Marie-Anne, b 3 juillet 1744, à L'Ange-Gardien.[4] —*Catherine*, b [4] 20 oct. 1749.—*Marie-Christine*, b [3] 14 janvier 1755.—*Louis*, b [4] 23 nov. 1756.—*Marie-Marguerite*, b [4] 21 avril 1760.—*Marie-Ursule*, b [4] 15 avril 1763.

1744, (30 juin) L'Ange-Gardien.
IV.—QUENTIN, NICOLAS, [GUILLAUME III.
b 1717.
COTÉ, Geneviève, [JOSEPH III.
b 1721.
Nicolas, b 24 juin 1745, à St-Augustin[5]; m 1774, à Marie-Joseph DEROME.—*Marie-Madeleine*, b [5] 20 mars 1748.—*Joseph-Marie*, b[5] 6 août 1758.—*Marie*, b... s [5] 15 mars 1760.—*Guillaume*, b... m 1782, à Madeleine BOURDEAU.—*Etienne*, b... m [5] 30 août 1784, à Marie-Charlotte TINON.

1748, (19 fevrier) St-Pierre, I. O. [6]
III.—QUENTIN, AMBROISE, [LOUIS II.
b 1726; s (1) 13 mai 1761, à Québec.
LECLERC, Dorothee, [ADRIEN III.
b 1731.
Ambroise, b [6] 16 et s[6] 22 oct. 1748. — *Adrien*, b [6] 7 nov. 1749.—*Ambroise*, b [6] 7 janvier 1752.—*Marie-Agathe*, b [6] 18 mai 1754.—*Guillaume*, b [6] 29 avril 1757; s 10 sept. 1759, à Charlesbourg.[7]—*Marie-Ursule*, b [7] 3 oct. 1759.

1749, (27 janvier) L'Ange-Gardien. [8]
IV.—QUENTIN, GUILLAUME, [GUILLAUME III.
b 1722.
COTÉ, Louise, [JOSEPH III.
b 1725.
Guillaume, b [8] 22 juillet 1750.—*Marie-Angélique*, b [8] 29 mai 1753.—*Louise*, b 12 oct. 1754, au Château-Richer. [9] — *Marguerite*, b [8] 8 mars 1757.—*Joseph*, b [8] 9 juin 1759. — *Marie-Isabelle*, b [8] 28 avril 1762.—*Madeleine*, b 15 juin 1763, à Beauport.—*Marie-Louise*, b [9] 13 sept. et s [9] 6 oct. 1766.

1750, (20 janvier) L'Ange-Gardien. [1]
III.—QUENTIN, FRANÇOIS, [LOUIS II.
b 1721; s [1] 7 fevrier 1764.
HUOT, Marie-Nathalie, [PIERRE II.
b 1723.
Marie, b [1] 18 juin 1756.—*Angélique*, b [1] 22 nov. 1757.

(1) Noyé au passage de la riviere St-Charles; voy Joseph Vallee.

1752, (13 nov.) L'Ange-Gardien.
IV.—QUENTIN, PRISQUE-DENIS, [GUILLAUME III.
b 1724.
HUOT, Marie-Anne, [NICOLAS II
b 1732.

1753.
IV.—QUENTIN, LOUIS, [LOUIS III
b 1720.
BROUSSEAU, Marie-Madeleine, [JEAN-BTE II
b 1728.
Marie-Madeleine, b 27 janvier 1754, à St-Augustin; m à Joseph DORÉ.— *Jean-François-Baptiste*, b 8 avril 1758, à la Pte-aux-Trembles, Q., m 1780, à Marie-Joseph THIBAUT. — *Marie-Marguerite*, b 19 mars 1762, à Lachenaye.

1755, (20 oct.) St-Augustin.
IV.—QUENTIN, CHARLES, [LOUIS III.
b 1728.
LABERGE, Marie-Madeleine, [PIERRE III.
b 1724.

1756.
IV.—QUENTIN, DENIS, [LOUIS III.
b 1725.
LETARTE, Marie-Joseph, [RENÉ IV.
b 1734.
Marie-Angélique, b 24 février 1757, à la Pte-aux-Trembles, Q. — *Louis*, b 25 dec. 1758, à St-Augustin.

QUENTIN, PIERRE.
1° CHAUNIÈRE-SABOURIN, Marie.
1760, (24 nov.) Lanoraie.
2° BEAUNOYER, Marie-Chtte, [HILAIRE-JOS I.
b 1738.

1760, (23 juin) St-Augustin. [9]
IV.—QUENTIN, PIERRE-AUGUSTIN, [LOUIS III.
b 1730; s [9] 23 nov. 1795.
MAROIS, Marie-Joseph, [PRISQUE II.
b 1739.
Jean-Baptiste, b [9] 17 juin 1762.—*Augustin*, b... m 5 juillet 1785, à Marie-Anne HENRI, à Quebec

1774.
V.—QUENTIN, NICOLAS, [NICOLAS IV.
b 1745.
DEROME, Marie-Joseph, [JEAN-BTE III.
b 1752.
Marie-Joseph, b... m 9 février 1795, à Augustin JUNEAU, à St-Augustin. [4] — *Brigitte*, b [4] 15 janvier et s [4] 30 avril 1784. — *Michel*, b [4] 13 déc. 1791.

1779.
IV.—QUENTIN, PRISQUE-RAPHAEL, [LOUIS III.
b 1740.
SOULARD, Marie-Joseph.
Nicolas, b 19 déc. 1780, à St-Augustin. [2]—*Joseph*, b [2] 13 oct. 1782; s [2] 8 mai 1784.—*Louis*, b [2] 16 mars et s [2] 12 juin 1784. — *Joseph*, b [2] 11 mars 1786.—*Guillaume*, b [2] 7 avril 1788.—*Marie*, b [2] 26 avril 1790. — *Rosalie*, b [2] 20 avril 1793.—*Dorothée*, b [2] 6 février 1795.

QUENTIN, MICHEL.
GOSSELIN, Madeleine.
Michel, b... m 1er août 1809, à Euphrosine CHABOT, à Beaumont.

1780.

V.—QUENTIN, JEAN-FRS-BTE, [LOUIS IV.
b 1758.
THIBAUT, Marie-Joseph.
Marie-Joseph, b 13 mai 1781, à St-Augustin. [1] —*Angélique*, b [1] 25 oct. 1782; s [1] 13 juin 1784. —*Jean-Baptiste*, b [1] 12 août 1784.—*Jean-Baptiste*, b [1] 22 août 1786.

1782.

V.—QUENTIN, GUILLAUME. [NICOLAS IV.
BOURBEAU, Madeleine.
Scholastique, b 21 nov. 1783, à St-Augustin [4]; s [4] 12 juin 1784.—*Guillaume*, b [4] 5 juin 1785.

QUENTIN, GUILLAUME.
LABERGE, Marie.
Louis, b 22 juillet 1786, à St-Augustin.

1784, (30 août) St-Augustin. [3]

V.—QUENTIN, ETIENNE. [NICOLAS IV.
TINON, Marie-Charlotte, [JOSEPH.
b 1761.
Marie-Joseph, b [3] 12 août 1785.—*Etienne*, b [3] 15 juin 1788.—*Guillaume*, b... s [3] 30 avril 1793 —*François-Xavier*, b [3] 19 fevrier 1794.

1785, (5 juillet) Québec.

V.—QUENTIN, AUG. [PIERRE-AUGUSTIN IV.
HENRY, Marie-Anne. [FRANÇOIS I.

1809, (1er août) Beaumont.

QUENTIN, MICHEL. [MICHEL.
CHABOT, Euphrosine. [JEAN-BTE IV.

QUERCY.—Voy. DUHEMME—JOYELLE—PERRAULT.

1772, (10 août) Sorel.

I.—QUERCY, JEAN-BTE, fils de Jean-Baptiste et de Marie-Anne Caplan, de St-Pierre, Martinique.
PARENTEAU, Madeleine, [PIERRE III.
b 1746.

QUERDAIL.—Voy. QUESDRA.

QUERDIN. —Voy. FRAPPE-D'ABORD — QUÉRI — QUESDRA.

QUERDRAN.—Voy. QUESDRA.

QUERET.—*Variation et surnom* : GUERET-DUMONT—LATULIPPE.

1697.

I.—QUERET (1), MICHEL,
b 1668; s 29 nov. 1746, à St-Michel. [4]
DAVENNES, Françoise, [CHARLES I.
b 1677; s [4] 12 mars 1757.

(1) Dit Latulippe; voy. vol. I, p. 504.

Jean-Baptiste, b [4] 17 août 1700; m 1720, à Marie-Jeanne BOURGET.—*Joseph*, b 20 déc. 1704, à St-Thomas [5]; 1° m 18 nov. 1726, à Angelique GAUTRON, à Beaumont [6]; 2° m [4] 28 nov. 1742, à Marie-Anne LACROIX.—*Simon*, b [5] 19 oct. 1706; 1° m 30 mai 1728, à Marie-Claire ROY, à St-Valier; 2° m [4] 7 avril 1750, à Marie-Françoise BISSONNET; 3° m 13 oct. 1762, à Marie-Charlotte BALTÉ, à Charlesbourg.—*Pierre*, b [4] 3 janvier 1711; 1° m [4] 13 août 1736, à Marie-Anne LEFEBVRE; 2° m 6 nov. 1769, à Geneviève COULOMBE, à Berthier.[7] —*Antoine*, b [6] 2 déc. 1712; m [4] 17 avril 1742, à Geneviève PAQUET; s 2 janvier 1755, à Cahokia. — *Michel*, b [6] 10 février 1723; m [4] 10 nov. 1745, à Marie-Joseph MONMINY.—*Marie-Charlotte*, b... m [7] 13 janvier 1756, à Joseph BALAN.

1720.

II.—QUERET (1), JEAN-BTE, [MICHEL I.
b 1700.
BOURGET, Marie-Jeanne, [PIERRE I.
b 1696.
Charles, b... m 7 nov. 1746, à Marguerite CARON, à St-Joachim.

1726, (18 nov.) Beaumont. [8]

II.—QUERET (1), JOSEPH, [MICHEL I.
b 1704.
1° GAUTRON, Angelique, [MICHEL I.
b 1705; s 20 janvier 1741, à St-Michel. [9]
Marie-Angélique, b [9] 30 juin 1728.—*Joseph*, b 16 février 1730, à St-Valier; m [9] 24 janvier 1763, à Marie-Anne GOSSELIN.—*Marie-Angélique*, b [8] 18 mai 1732; m [9] 7 février 1752, à Joseph LEFEBVRE.—*Marguerite*, b [8] 29 juin 1734; m [9] 4 avril 1758, à André BACQUET.—*Marie-Anne*, b [9] 20 juillet 1736; 1° m [9] 3 nov. 1750, à Jean-Baptiste BACQUET; 2° m [9] 31 mai 1756, à Jacques ROCHON. —*Jean-Baptiste*, b [9] 21 août 1738; m à Catherine LEFEBVRE.—*Michel*, b [9] 30 oct. et s [9] 9 nov. 1740. —*Anonyme*, b [9] et s [9] 30 oct. 1740.

1742, (28 nov.) [9]

2° LACROIX, Marie-Anne, [ANDRÉ II.
b 1708; s [9] 19 août 1762.
Marie-Anne, b [9] 1er oct. 1743.—*Marie-Madeleine*, b [9] 5 juin 1745.

1728, (30 mai) St-Valier. [4]

II.—QUERET (1), SIMON, [MICHEL I.
b 1706.
1° ROY, Marie-Claire, [JEAN-BTE II.
b 1702; s 5 janvier 1750, à St-Michel. [5]
Marie-Helène, b [4] 6 janvier 1729. — *Marie-Claire*, b... m [5] 12 fevrier 1748, à Jean BISSONNET, s [5] 15 dec. 1756. —*Marie-Angélique*, b [4] 6 mars 1735, m [5] 3 nov. 1757, à François GREFFARD; s 25 fevrier 1760, à St-Charles — *Gertrude*, b [5] 21 avril 1738.—*Marie*, b... m [4] 24 nov. 1760, à François REMILLARD. — *Marie-Christine*, b [5] 25 mars 1741; m 23 juin 1766, à Joseph GAGNÉ, à St-Thomas.—*Joseph*, b [5] 19 mars et s 17 juin 1743, à Quebec.

(1) Dit Latulippe.

1750, (7 avril). [5]
2° Bissonnet, Marie-Françoise, [Jean III.
b 1730.
Simon, b [5] 3 mars 1751.—*Marie-Geneviève,* b [5] 23 juin 1752; m 6 nov. 1780, à Ambroise Goulet, à St-Cuthbert.—*Louise,* b 17 mai 1754, à la Rivière-Ouelle; s [5] 25 août 1758.—*Jean-Baptiste,* b [4] 3 oct. 1755.
1762, (13 oct.) Charlesbourg.
3° Balté (1), Marie-Charlotte, [Mathieu I.
b 1744.

1730, (27 nov.) St-Michel. [9]
II.—QUERET, Charles, [Michel I.
b 1708.
1° Plante, Suzanne, [Jean II.
b 1707; s [9] 10 nov. 1746.
Madeleine, b... m [9] 9 janvier 1758, à Jean-Baptiste Ruel.—*Marie-Geneviève,* b 24 nov. 1734, à St-Valier. — *Marie-Angélique,* b [9] 21 oct. 1736; 1° m [9] 23 août 1756, à Louis Bissonnet; 2° m [9] 26 février 1759, à Michel Patry.—*Marie-Joseph,* b [9] 29 août 1738. — *Antoine,* b [9] 2 nov. 1739. — *Pierre-Charles,* b [9] 24 oct. et s [9] 13 nov. 1745.—*Marie-Anne,* b [9] 24 oct. et s [9] 15 nov. 1745.
1750, (1er juin). [9]
2° Bacquet, Helène, [François II.
b 1718.
Marie-Joseph, b [9] 2 juillet et s [9] 23 sept. 1752. —*Marie-Hélène,* b [9] 5 août 1753.— *Marie-Agathe,* b [9] 22 juillet 1756. — *Charles,* b [9] 25 juillet et s [9] 13 août 1759.

1736, (13 août) St-Michel. [7]
II.—QUERET, Pierre, [Michel I.
b 1711.
1° Lefebvre, Marie-Anne, [Claude II.
b 1718; s [7] 29 mars 1762.
Pierre, b [7] 12 avril et s [7] 6 juillet 1738. — *Pierre,* b [7] 17 sept. 1739. — *Marie-Joseph,* b [7] 9 nov. 1741. — *Marie-Agathe,* b [7] 21 sept. 1743.— *Joseph-Marie,* b [7] 23 février et s [7] 14 avril 1746. — *Geneviève,* b [7] 11 avril 1748. — *Marie-Louise,* b [7] 24 déc. 1749; s [7] 11 février 1750.— *Elisabeth,* b [7] 19 avril et s [7] 20 mai 1751. — *Marie,* b [7] 14 juin 1752.—*Charlotte,* b [7] 10 avril 1755.—*Michel,* b [7] 4 dec. 1756. — *Marie-Félicité,* b [7] 28 déc. 1759; s [7] 6 janvier 1760.—*Anonyme,* b [7] et s [7] 19 mars 1761.—*Anonyme,* b [7] et s [7] 19 mars 1762.
1769, (6 nov.) Berthier. [1]
2° Coulombe, Geneviève, [Alexis III.
b 1739.

1742, (17 avril) St-Michel. [4]
II.—QUERET (2), Antoine, [Michel I.
b 1712; s 2 janvier 1755, à Cahokia.
Paquet (3), Geneviève,
veuve de Thomas Plante.

(1) Et Mathé dit Lajeunesse.
(2) Voyageur.
(3) Elle épouse, le 16 janvier 1759, Jean Monminy, à St-Michel.

1745, (10 nov.) St-Michel. [1]
II.—QUERET (1), Michel, [Michel I.
b 1723.
Monminy, Marie-Joseph. [Joseph III.
Michel, b [1] 23 sept. 1746.—*Marie-Françoise,* b [1] 16 et s [1] 20 juin 1748.—*Joseph,* b [1] 7 sept. 1749.—*Marie-Françoise,* b [1] 5 sept. 1751.—*Marie-Louise,* b [1] 12 juin 1753.—*Louis,* b [1] 13 mars 1755.—*Pierre,* b [1] 18 janvier et s [1] 5 nov. 1758. —*Antoine,* b [1] 31 janvier 1760.—*Pierre,* b [1] 18 mai 1762.

1746, (7 nov.) St-Joachim. [2]
III.—QUERET (1), Charles. [Jean-Bte II.
Caron, Marguerite, [Jean III.
b 1704; veuve d'Ignace Poulin; s [2] 17 dec. 1748.
Jeanne-Renée, b [2] 7 sept. 1747.

1754, (4 février) St-Michel. [3]
II.—QUERET, Joseph, [Michel I.
b 1719; s [3] 23 avril 1760.
Bissonnet (2), Marguerite, [Jean-Bte III.
b 1735.
Thérèse, b [3] 7 déc. 1754.—*Geneviève,* b [3] 13 juillet 1756; m 1776, à Ignace Patry; s 28 oct. 1703, à Beaumont.—*Joseph-André,* b [3] 28 avril 1758; s [3] 20 janvier 1760. — *Jean-Baptiste* (posthume), b [3] 14 juillet 1760.

1763, (24 janvier) St-Michel.
III.—QUERET, Joseph, [Joseph II.
b 1730.
Gosselin, Marie-Anne. [François.

III.—QUERET (1), Jean-Bte, [Joseph II.
b 1738.
Lefebvre, Catherine.
Gabriel, b... m 25 oct. 1797, à Marie-Geneviève Bourbeau, à Québec.

1797, (25 oct.) Québec.
IV.—QUERET (1), Gabriel. [Jean-Bte III.
Bourbeau, Marie-Geneviève. [Jean-Bte IV.

QUERGANIVET.—Voy. Gu**e**rganivet.

QUERI.—*Variation et surnom :* Quesdra—Lamouche.

I.—QUERI (3), François.
......, Marie-Louise.
Jean-Marie, b... m 6 août 1798, à Louise Rocque, à St-Charles, Mo.

1798, (6 août) St-Charles, Mo.
II.—QUERI (3), Jean-Marie. [François I.
Rocque, Louise. [Joseph

QUERIGNON.—Voy. Quevillon.

(1) Dit Latulippe.
(2) Elle épouse, le 23 nov. 1760, Pierre Clément, à St-Michel.
(3) Dit Lamouche.

QUERIO.—Voy. GRUYAU.

QUERRY, LOUIS.
GLUSEAU, Madeleine.
Marie-Louise, b 1740; m 19 nov. 1764, à Gabriel DESCOTEAUX, à Montreal.

1760, (13 oct.) Montréal.
I.—QUERTY, JEAN, *b* 1735; fils de Jean et de Laurence Cardinal, de Craule, diocèse de Grenoble, Dauphine.
HENGARD, Marie-Joseph, [JOS.-JEAN-BTE I.
b 1742.

1773.
II—QUESCE (1), FRANÇOIS. [FRANÇOIS I.
GRIGNON, Marie-Françoise, [MICHEL II.
b 1741.
François, b 30 juin 1774, à St-Cuthbert.[4]—*Pierre*, b [4] 7 fevrier 1776.

QUESDRA.— *Variations et surnom :* CARRÉ — GUERTIN — GUÉRY — QUEDRA— QUERDAIL— QUERDRAN—QUERI—FRAPPE-D'ABORD.

1698, (5 nov.) Trois-Rivières.
I.—QUESDRA (2), FRANÇOIS,
b 1675; s 25 mai 1740, à Montreal.[8]
LESIEUR, Louise. [JEAN I.
Marie-Madeleine, b [8] 23 nov. 1700; m [8] 25 oct. 1723, à Nicolas PÉRINAULT; s [8] 14 février 1725. — *Marie-Elisabeth*, b [8] 1er août 1703. — *Marie-Louise*, b [8] 22 nov. 1705. — *Marie-Louise*, b [8] 18 mai 1711. — *Thérèse*, b [8] 25 mai 1712; m [8] 28 août 1731, à Pierre DUBOIS.

QUESEL.—Voy. QUEZEL.

QUESNEL.—*Variations et surnoms :* QUENEL— THIÉNEL—TIENNEL—FOMBLANCHE—ST. DENIS.

1680, (15 janvier) Montreal. [4]
I—QUESNEL (3), OLIVIER,
b 1654; s 15 mai 1719, à Lachine.[5]
PRUDHOMME, Catherine, [LOUIS I.
b 1659; s [4] 25 juin 1736.
Jean, b [4] 31 oct. 1681; 1° m [5] 20 janvier 1705, à Marie GOURDON; 2° m [4] 18 août 1715, à Jeanne AUBUCHON. — *Jacques-François*, b [5] 14 mai 1684; 1° m [5] 23 nov. 1715, à Marie-Anne TRUILLIER; 2° m 13 oct. 1730, à Marie-Anne FRANQUELIN, à Québec. — *Marie*, b 1694; m 1709, à Laurent LEDUC; s [4] 22 janvier 1751. — *Raymond*, b [4] 14 juillet 1697; m 1718, à Jeanne DENIAU. — *Marie-Louise*, b [5] 12 juillet 1705, m [5] 28 février 1729, à Jacques CHASLE.

1705, (20 janvier) Lachine. [6]
II.—QUESNEL, JEAN-BTE, [OLIVIER I.
b 1681.
1° GOURDON, Marie, [JEAN-BTE I.
b 1684; s [6] 22 janvier 1709.

(1) Voy. Caisse, vol. II, p. 526.
(2) Dit Frappe-d'abord; voy. vol. I, p 505.
(3) Dit Fomblanche; voy. vol. I, p. 505.

Michel-Antoine, b [6] 25 oct. 1705; m 9 avril 1736, à Angelique GAVILLON, au Bout-de-l'Ile, M.; s 17 juin 1760, au Lac-des-Deux-Montagnes. — *Marie-Madeleine*, b [6] 21 février 1707; m [6] 7 janvier 1727, à Jean CHASLE.

1715, (18 août) Montréal. [7]
2° AUBUCHON, Jeanne, [JOSEPH II.
b 1690.
Catherine, b [7] 15 janvier et s [7] 11 février 1717. — *Marie-Anne*, b [7] 6 avril 1718. — *Jean-Baptiste*, b 3 sept. 1720, à la Pte-aux-Trembles, M.; m [6] 6 nov. 1752, à Marie-Hélène PICARD.— *Charles*, b [6] 17 oct. 1727; m 1er juillet 1754, à Marguerite BARON, à Cahokia. — *Amable*, b [6] 9 janvier 1729.—*Jeanne*, b [6] 11 mars 1730.

1715, (23 nov.) Lachine.
II.—QUESNEL (1), JACQUES-FRS, [OLIVIER I.
b 1684.
1° TRUILLIER, Marie-Anne, [JEAN I.
b 1695; s 27 fevrier 1729, à Montréal.[2]
Elisabeth, b [2] 8 nov. 1716; s [2] 26 août 1717.— *Jacques*, b [2] 5 sept. et s [2] 30 oct. 1718. — *Catherine*, b [2] 27 sept. 1721; m [2] 4 sept. 1752, à Etienne RIVARD. —*Jeanne*, b [2] 21 nov. 1722; m [2] 22 nov. 1745, à Jacques HERVIEUX; s [2] 10 dec. 1806.— *Louise*, b [2] 6 déc. 1723; m [2] 8 janvier 1742, à Louis-François HERVIEUX; s [2] 5 fevrier 1746.— *Joseph*, b [2] 25 avril 1725. — *Joseph*, b [2] 22 avril 1726; s [2] 26 mars 1736.— *Jacques*, b [2] 13 oct. 1727; s [2] 24 dec. 1728.

1730, (13 oct.) Québec.[3]
2° FRANQUELIN, Marie-Anne. [J.-BTE-LOUIS I.
b 1690.
Marie-Joseph, b 1733, m [2] 3 juillet 1756, à Andre GRASSET.

1717, (10 janvier) Lachine.
II.—QUESNEL, JEAN-PIERRE, [OLIVIER I.
b 1686.
GIRARD (2), Marie-Angelique, [LÉON I.
b 1690.

1718.
II.—QUESNEL, RAYMOND, [OLIVIER I.
b 1697.
DENIAU, Jeanne.
Raymond, b 1719; 1° m 17 avril 1747, à Marie-Anne BOULAY, à Montreal[4]; 2° m [4] 29 sept. 1758, à Angelique MALIDOR.

1736, (9 avril) Bout-de-l'Ile, M.[1]
III.—QUESNEL (3), MICHEL-ANT., [J.-BTE II.
b 1705; s 17 juin 1760, au Lac-des-Deux-Montagnes.[2]
GAVILLON (4), Angélique, [LOUIS I.
b 1720.
Marie-Angélique, b [1] 7 mars 1736; m [1] 4 février 1760, à François SEGUIN. — *Antoine*, b [1] 22 oct.

(1) Dit Fomblanche.
(2) Elle épouse, le 3 juin 1722, Antoine Cuillerier, à Lachine
(3) Dit Lafeuillade.
(4) Elle épouse, le 27 février 1764, François Roy, au Bout-de-l'Ile, M.

1737; m[2] 15 nov. 1762, à Elisabeth SÉGUIN.—*Michel*, b[1] 31 août 1739; m 30 juin 1790, à Marie-Louise JOURDAIN, à St-Louis, Mo.—*Marie-Anne*, b 1744; m[2] 15 nov. 1762, à Jean-Thomas RANGER. — *Marie-Hypolite*, b[2] 3 et s[2] 23 sept. 1750. — *Marie-Hypolite*, b[2] 10 sept. 1751. — *Charles*, b[2] 29 mai 1755; m 1790, à Marie-Madeleine THIBODEAU. — *Jean-Baptiste*, b[2] 6 juillet 1758.

1747, (17 avril) Montréal.[4]

III.—QUESNEL, RAYMOND, [RAYMOND II.
b 1719.
1° BOULAY, Marie-Anne, [NICOLAS-LOUIS I.
b 1725.
Marie-Anne, b[4] 17 janvier et s[4] 3 août 1748.—*Louise-Hypolite*, b[4] 9 juillet 1749; m[4] 5 mai 1774, à Jos.-Jacques PICARD.
1758, (29 sept.)[4]
2° MALIDOR, Angelique, [SÉBAST.-VICTOR I.
b 1724; veuve de Jean-Baptiste Migret.

1752, (6 nov.) Lachine.[4]

III.—QUESNEL, JEAN-BTE, [JEAN-BTE II.
b 1720.
PICARD, Marie-Hélène. [ANTOINE III.
Jean-Louis, b[4] 26 août 1753. — *Antoine*, b[4] 13 février et s[4] 13 déc. 1755. — *Marguerite*, b[4] 14 nov. 1756.—*Apolline*, b[4] 15 fevrier 1758.—*Madeleine*, b[4] 1er nov. 1759. — *Antoine*, b[4] 29 sept. 1760.

1754, (1er juillet) Cahokia.[9]

III.—QUESNEL, CHARLES, [JEAN-BTE II.
b 1727; armurier.
BARON, Marguerite, [JEAN-BTE II.
b 1724; s[9] juin 1758.

1760, (27 nov.) Detroit.

I.—QUESNEL (1), JACQUES, soldat; fils de Germain (maitre-fabricant de coton) et de Marguerite Goubert, de St-Remy-de-Dieppe, diocèse de Rouen, Normandie.
MOREL, Marguerite, [MICHEL III.
veuve de Rene Lebeau.

1762, (15 nov.) Lac-des-Deux-Montagnes.[1]

IV.—QUESNEL, ANTOINE, [ANTOINE III.
b 1737.
SÉGUIN (2), Elisabeth, [LOUIS III.
b 1744.
Antoine, b[1] 1er sept. 1764.—*Marie-Joseph*, b[1] 6 août 1766.—*François-de-Sales*, b[1] 14 mai 1768.

1790.

IV.—QUESNEL (3), CHS, [MICHEL-ANTOINE III.
b 1755; chirurgien.
THIBODEAU, Marie-Madeleine.
Jean-Charles, b 5 dec. 1791, à Lachenaye.

(1) Dit St. Denis; il était au Détroit, le 28 nov. 1764.
(2) Dit Laderoute.
(3) Il signe Thiénel.

1790, (30 juin) St-Louis, Mo.

IV.—QUESNEL, MICHEL, [MICHEL-ANTOINE III.
b 1739.
JOURDAIN (1), Marie-Louise, [JEAN-BTE III.
b 1747; veuve de Jean-Baptiste Lebeau.
Suzanne, b... m 1er oct 1799, à Jean-Baptiste McDONALD, à St-Charles, Mo.

QUESNET.—Voy. GUENET.

QUESSI.— *Variations et surnoms :* CACY—KESSY—QUECY—QUESSY—BIZIN—JULIEN—PAGE.

I.—QUESSI, JEAN,
b 1700; Acadien; s 1er juillet 1789, à Batiscan.[2]
RICHARD, Marie,
b 1700; Acadienne; s[2] 3 mai 1781.

1768.

I.—QUESSI, JOSEPH,
Acadien.
BOURG, Theotiste, [JOSEPH.
Acadienne.
Nicolas, b 1769; s 7 fevrier 1770, à Batiscan.[4]—*Joachim*, b[4] 30 nov. 1770; m[4] 25 nov. 1793, à Therese GAUDIN.—*Marguerite*, b... m[4] 25 nov. 1793, à Pierre GOUIN.—*Marie-Joseph*, b[4] 15 sept. 1780 —*Marie-Geneviève*, b[4] 4 mai 1782.—*Jean-Baptiste et Rosalie*, b[4] 22 mars 1784.—*Antoine*, b[4] 20 oct. 1785.—*François*, b[4] 29 juillet 1787.

I.—QUESSI (2), JEAN,
b 1736; s 27 dec. 1786, à Québec.[5]
FORTON, Louise, [JEAN-BTE II.
b 1748.
Jean, b... m[5] 12 nov. 1799, à Suzanne DAMIEN.

I.—QUESSI, AMANT,
b 1732; s 1er juin 1776, à Québec.[6]
MOUTON, Marguerite.
Marguerite, b... m[6] 27 février 1797, à Antoine LETARD.

I.—QUESSI, NICOLAS,
Acadien.
BOURQUE, Elisabeth, [JOSEPH.
Acadienne.
Marie-Madeleine, b 19 dec. 1775, à Batiscan.[7]—*Nicolas*, b 1776; s[7] 28 août 1783.—*Joseph*, b[7] 14 janvier 1782.—*Nicolas*, b[7] 9 janvier 1784.—*Marie-Louise*, b[7] 6 fevrier 1785.—*Abraham*, b[7] 6 août 1789.—*Urbain*, b[7] 27 oct. 1790.—*Judith*, b[7] 31 août 1792.—*Reine*, b[7] 12 mars 1795.

1793, (25 nov.) Batiscan.

II.—QUESSI (3), JOACHIM, [JOSEPH I.
b 1770.
GAUDIN, Therèse, [FÉLIX II.
b 1775.

(1) Labrosse.
(2) Et Quessy—Quecy dit Bizin.
(3) Et Kessy—Quessy.

1799, (12 nov.) Québec.
II.—QUESSI (1), JEAN, [JEAN I.
b 1774 ; navigateur.
DAMIEN, Suzanne, [JACQUES II.
b 1775.

QUESSY.—Voy. QUESSI.

QUEVILLON.—*Variations et surnom :* CUVILLON—QUERIGNON—QUIRION—QUIVION—LUMINA.

1672, (2 fevrier) Montréal. [1]
I.—QUEVILLON (2), ADRIEN,
b 1641.
HUNAULT (3), Jeanne, [TOUSSAINT I.
b 1658.
Jean-Baptiste, b 25 juillet 1683, à la Pte-aux-Trembles, M.[2]; m [2] 19 janvier 1711, à Marie-Jeanne MOINEAU.—*François,* b 1688; m [1] 2 dec. 1713, à Marie-Louise VILLERAY.

I.—QUEVILLON (4), JULIEN.
LAVERGNE, Françoise, [FRANÇOIS I.
b 1682 ; s 18 mars 1702, à St-Thomas. [3]
Ignace, b 1693 ; m 3 mai 1719, à Marie-Françoise RÉMILLARD, à St-Valier[4]; s [4] 19 dec. 1725. —*Joseph,* ne 14 mai 1695, à la Pointe-Verte ; b 20 dec. 1695, au Cap-St-Ignace[5]; m 27 juillet 1720, à Marguerite GIROUX, à Quebec[6]; s [6] 14 nov. 1750. —*François,* b [5] 10 avril 1697 ; m 25 avril 1724, à Marie-Joseph OTHYS ; s 29 juillet 1735, à St-Joachim.—*Marie-Marthe,* b [3] 29 juin 1699 ; 1° m [6] 13 oct. 1721, à Pierre FLAMBARD ; 2° m[6] 3 nov. 1731, à Pierre GUNERIC, s [6] 5 mai 1748.

1711, (19 janvier) Pte-aux-Trembles, M. [3]
II.—QUEVILLON (5), JEAN-BTE, [ADRIEN I
b 1683.
MOINEAU, Marie-Jeanne, [MICHEL-JEAN I.
b 1692.
Jean-Baptiste, b 1711 ; m 1739, à Marie-Anne GAUDIN ; s 15 dec. 1766, à Terrebonne. [4]—*Marie-Marguerite,* b [3] 6 dec. 1712.—*Jean-Baptiste,* b 1713; m 1744, à Marie-Anne CADIEU; s 10 dec. 1754, à St-Vincent-de-Paul.—*Joseph,* b 1718, 1° m à Marie LABELLE ; 2° m [3] 22 avril 1748, à Therèse LAMARRE ; s [4] 23 août 1775.—*Michel,* b 1720 ; m 1743, à Marie-Anne MONARQUE.—*Marie-Madeleine,* b 1724; m 5 nov. 1752, à Joseph PARANT, au Sault-au-Recollet. [5] — *Adrien,* b... 1° m [4] 17 janvier 1749, à Marie-Françoise BOULLERISE ; 2° m [4] 13 oct. 1766, à Angelique FOURNEL —*Joachim,* b 1728 ; m 5 mars 1753, à Marie-Catherine PARANT, à St-Laurent, M. — *Marie-Anne,* b 1728 ; m [5] 15 janvier 1753, à Joseph MERSAN.— *Paul,* b 1730 ; m [3] 6 nov. 1752, à Radegonde MERSAN.—*Gabriel,* b... m [4] 17 janvier 1763, à Marie-Louise TRUTEAU —*Jeanne,* b... m à François LAFONTAINE.—*Joseph,* b [5] 18 fevrier 1736.

(1) Et Quessy dit Bizin.

(2) Voy, vol. I, p. 505.

(3) Elle épouse, en 1697, Jacques Corval.

(4) Et Querignon—Quirion—Quivion—Voy vol. I, p. 505.

(5) Et Cuvillon.

1713, (2 déc.) Montreal. [6]
II.—QUEVILLON, FRANÇOIS, [ADRIEN I.
b 1688.
VILLERAY, Marie-Louise, [ANTOINE I.
b 1696.
Marie-Madeleine, b... m 1740, à Charles COURTOIS.—*François,* b 1726 ; m [6] 22 janvier 1748, à Louise PÉRIER.

1719, (3 mai) St-Valier. [7]
II.—QUEVILLON (1), IGNACE, [JULIEN I.
b 1693 ; s [7] 19 dec. 1725.
RÉMILLARD (2), Marie-Françoise, [FRANÇOIS I.
b 1692 ; veuve de Guillaume Corriveau.

1720, (27 juillet) Québec. [4]
II.—QUEVILLON, JOSEPH, [JULIEN I.
b 1695 ; s [4] 14 nov. 1750.
GIROUX (3), Marguerite, [CHARLES I.
b 1700 ; s 4 dec. 1774, à St-Joseph, Beauce. [5]
Joseph, b [4] 31 août 1721 ; 1° m [4] 31 janvier 1746, à Marie-Anne PELLETIER ; 2° m 25 sept. 1775, à Marie-Geneviève BROUSSEAU, à la Pte-aux-Trembles, Q. — *Marie-Françoise,* b [4] 29 oct. 1723 ; m 20 août 1742, à Augustin VÉRIEUL, à St-Joachim. [6] — *Ignace,* b [4] 31 dec. 1725 ; 1° m 10 fevrier 1749, à Marie DROUIN, au Château-Richer; 2° m [5] 21 juin 1762, à Marguerite POULIOT. — *François-Marie,* b [4] 17 juillet 1728 ; m [6] 26 janvier 1750, à Marguerite BOLDUC. — *Charles-Etienne,* b [4] 10 nov. 1729 ; s [4] 20 juin 1730.— *Marie-Anne,* b [4] 20 février 1732 ; s [6] 9 nov. 1744. — *Marie-Louise,* b [4] 17 sept. 1734 ; m [6] 1er avril 1750, à Jean BOLDUC. — *Jean-Baptiste,* b [4] 16 fevrier 1739; s [6] 27 nov. 1741.— *Marguerite,* b... m à Pierre BOUCHER.

1724, (25 avril) (4).
II.—QUEVILLON, FRANÇOIS, [JULIEN I.
b 1697 ; s 29 juillet 1735, à St-Joachim [4]
OTHYS (5), Marie-Joseph, [JEAN I.
b 1700.
Jean-Baptiste, b [4] 27 et s [4] 30 janvier 1728.— *Marie-Joseph,* b [4] 13 et s [4] 16 janvier 1729.— *François,* b [4] 7 mars 1730. — *Noel,* b [4] 10 avril 1732; s [4] 19 dec. 1733.— *Marie-Anne,* b [4] 18 dec. 1734 ; m [4] 17 fevrier 1756, à Pierre GAGNÉ.

1739.
III.—QUEVILLON, JEAN-BTE, [JEAN-BTE II.
b 1711 ; s 15 dec. 1766, à Terrebonne. [5]
GAUDIN, Marie-Anne.
Félix, b 1740 ; s [5] 22 février 1762. — *Marie-Anne,* b [5] 25 mai 1741 ; m [5] 11 mai 1767, à Jean BRIÈRE. — *Marie-Suzanne,* b [5] 4 fevrier 1743 ; m [5] 8 oct. 1764, à Etienne LAPOINTE. — *Jean-François,* b [5] 7 oct. 1744 ; s [5] 21 sept. 1752.— *Bertrand,* b [5] 28 août 1747.

(1) Marié sous le nom de Querignon.

(2) Elle épouse, le 11 nov. 1727, Hilaire Martin, à St-Valier.

(3) Elle épouse, le 17 nov. 1755, Antoine Pepin, à St-Joachim.—Son decès a ete omis dans l'article de son nd mariage—voy. Pepin, p. 294.

(4) Date du contrat.

(5) Elle épouse, le 16 juillet 1736, Jean Bolduc, à St-Joachim.

1741.

III.—QUEVILLON, JOSEPH, [JEAN-BTE II.
b 1718 ; s 23 août 1775, à Terrebonne.
1° LABELLE, Marie-Joseph, [CHARLES II.
b 1716.
Joseph-Amable, b 4 février 1742, au Sault-au-Récollet.
1748, (22 avril) Pte-aux-Trembles, M.
2° BELISLE (1), Anne-Therèse, [HENRI I.
b 1723.

QUEVILLON, JOSEPH.
VASSEUR, Marie-Thérèse.
Marie-Marguerite, b... m 15 juin 1772, à Jean-Baptiste FORGET, à Terrebonne; s 4 juin 1793, au Bout-de-l'Ile, M.

1743.

III.—QUEVILLON, MICHEL, [JEAN-BTE II.
b 1720.
MONARQUE, Marie-Anne, [CHARLES I.
b 1723; s (2) 20 juin 1782, à Terrebonne.

1744.

III.—QUEVILLON, JEAN-BTE, [JEAN-BTE II.
b 1713; s 10 déc. 1754, à St-Vincent-de-Paul. [7]
CADIEU (3), Marie-Anne, [PIERRE II.
b 1718.
Jean-Baptiste, b [7] 19 avril 1745.— *Marie-Anne*, b [7] 26 août 1746. — *Marie-Joseph*, b [7] 19 janvier 1748. — *Louis-Amable*, b 14 oct. 1749, au Sault-au-Récollet.—*Marie-Françoise*, b [7] 5 avril 1751.— *Pierre*, b [7] 28 fevrier 1754. — *Marie-Archange* (posthume), b [7] 27 juillet 1755.

1746, (31 janvier) Québec.[1]

III.—QUEVILLON, JOSEPH, [JOSEPH II.
b 1721 ; forgeron.
1° PELLETIER, Marie-Anne, [NOEL II.
b 1726 ; s 17 mars 1775, aux Ecureuils. [2]
Marie-Anne, b [1] 8 déc. 1746 ; m [2] 8 fevrier 1768, à Thierry GAUDIN. — *Joseph*, b [1] 12 et s [1] 16 juillet 1748. — *Marie-Joseph*, b [1] 4 avril 1750, s [1] 26 sept. 1751. — *Marie-Thérèse*, b [1] 4 avril 1750; m [2] 24 janvier 1780, à Joseph GAUDIN. — *Suzanne*, b [1] 3 et s [1] 13 oct. 1751. — *Louis-Joseph*, b [2] 13 fevrier 1754 ; s [2] 17 nov. 1766. — *François*, b [2] 23 nov. et s [2] 11 dec. 1755.— *François*, b [2] 2 et s [2] 24 nov. 1757. — *Jean-François*, b [2] 21 juillet 1760 ; s [2] 21 février 1778.
1775, (25 sept.) Pte-aux-Trembles, Q.
2° BROUSSEAU, Marie-Geneviève, [JEAN-BTE II.
b 1726 ; veuve de Jean-Louis Marcou.

1748, (22 janvier) Montréal.

III.—QUEVILLON, FRANÇOIS, [FRANÇOIS II.
b 1726.
PÉRIER, Marie-Louise, [JACQUES II.
b 1725.

(1) Lamarre.

(2) Tuée par la foudre.

(3) Elle épouse, le 24 mai 1756, François Chabot, à St-Vincent-de-Paul.

Marie-Antoinette, b 24 oct. 1748, à Ste-Geneviève, M. [1]—*François*, b [1] 27 mars et s [1] 18 avril 1750. — *Ignace*, b [1] 20 mars 1751. — *Jean-Marie*, b [1] 20 mai 1753.— *Marie-Marguerite*, b [1] 30 mars 1755.—*Jacques*, b [1] 12 juillet 1759.

QUEVILLON, JOSEPH.
VANASSE, Marie-Thérèse.
Thérèse, b 1750; m 8 février 1768, à Joseph POIRIER-DESLOGES, à Soulanges.

QUEVILLON, JOSEPH.
BOSSÉ, Thérèse.
Marie-Charlotte, b 22 juillet et s 11 août 1750, à Montreal.

1749, (17 janvier) Terrebonne. [2]

III.—QUEVILLON, ADRIEN. [JEAN-BTE II.
1° BOULLERISE (1), Marie-Françoise, [YVES II.
b 1719 ; s [2] 29 avril 1760.
Marie-Françoise, b [2] 9 et s [2] 14 déc. 1749. — *Adrien-Amable*, b 17 mars 1751, à Ste-Rose.— *Marie*, b [2] 14 août 1752. — *Marie-Desanges*, b... m [2] 19 oct. 1772, à Joseph-Benjamin DION. — *Marie-Anne*, b [2] 7 août 1754. — *Marie-Archange*, b [2] 28 janvier 1756 ; m [2] 25 nov. 1776, à Joseph-Marie GIROUX.—*Marie-Archange*, b [2] 9 dec. 1758.
1766, (13 oct.) [2]
2° FOURNEL, Angelique, [JACQUES II.
b 1720 ; veuve de Louis Constantineau.

1749, (10 février) Château-Richer.

III.—QUEVILLON, IGNACE, [JOSEPH II.
b 1725.
1° DROUIN, Marie-Françoise, [JEAN III.
b 1723 ; s 12 nov. 1761, à St-Joseph, Beauce [8]
Marie, b [8] 7 mai 1755.— *Marie-Marguerite*, b [8] 25 sept. 1758 ; m [8] 6 fevrier 1776, à Ignace GAGNON.—*Marie-Angélique* et *Jeanne*, b [8] 5 juin et s [8] 20 juillet 1761.
1762, (21 juin). [8]
2° POULIOT, Marguerite, [JEAN III.
b 1740.
Ignace, b [8] 3 mai 1763. — *François*, b [8] 3 mai 1764.—*Pierre*, b [8] 25 mai 1767.—*François-Régis*, b [8] 8 janvier 1769.— *Louise*, b [8] 1er mars 1770.— *Charles*, b [8] 22 déc. 1771.—*Jean*, b [8] 29 juin 1773. — *Marie-Marthe*, b [8] 29 juin 1775. — *Marie-Marguerite*, b [8] 7 mars et s [8] 3 oct. 1777. — *Marguerite*, b [8] 2 août 1778 ; s [8] 14 février 1779.—*Marie-Angélique*, b [8] 7 janvier 1780.

1750, (26 janvier) St-Joachim. [8]

III.—QUEVILLON, FRS-MARIE, [JOSEPH II.
b 1728.
BOLDUC, Marguerite, [ZACHARIE III.
b 1734.
Marguerite, b [8] 6 sept. 1752. — *Marie-Louise*, b 18 août 1755, à St-Joseph, Beauce [9]; m [9] 22 janvier 1776, à Isaac TREILLI. — *Thérèse*, b [9] 23 nov. 1758.—*Marie-Geneviève*, b [9] 26 et s [9] 28 dec. 1760. — *Marie-Françoise*, b [9] 10 fevrier 1762. — *Marie-Joseph*, b [9] 9 fevrier 1764. — *Pierre-Fran-*

(1) Pour Bourhis.

çois-Marie, b [9] 24 août 1767. — *Thérèse,* b [9] 27 août 1769.—*Catherine,* b [9] 22 sept. 1771.—*Pierre,* b [9] 14 nov. 1773. — *Jean-Marie,* b [9] 3 sept. 1775; s [9] 20 sept. 1776.—*Angélique,* b [9] 10 août 1777.—*Félicité,* b [9] 29 juin 1779.

1752, (6 nov.) Pte-aux-Trembles, M.
III.—QUEVILLON, Paul, [Jean-Bte II.
b 1730.
Mersan (1), Radegonde, [François II.
b 1727.
Joseph-Amable, b 27 fevrier 1755, à St-Vincent-de-Paul. [5] — *Paul-Armand,* b [5] 3 mai 1756. —*Joseph-Amable,* b 7 juin 1759, à Terrebonne.

1753, (5 mars) St-Laurent, M. [1]
III.—QUEVILLON, Joachim, [Jean-Bte II.
b 1728.
Parant, Marie-Catherine, [Jean-Bte III.
b 1731.
Joachim, b [1] 14 avril 1754. — *Jean-Marie,* b 25 juillet 1755, à Lachine — *Joseph,* b 1758; s 13 mars 1761, au Bout-de-l'Ile, M. [7]—*Suzanne-Eugénie,* b [7] 4 juillet 1760; s [7] 30 avril 1761.—*Louis,* b [7] 12 mars 1762. — *Joseph-Paschal,* b [7] 7 avril 1768.

1763, (17 janvier) Terrebonne.
III.—QUEVILLON (2), Gabriel. [Jean-Bte II.
Trudeau, Marie-Louise, [Etienne II.
b 1738.
Gabriel, b 1er août 1768, à Lachenaye.

QUEVILLON, Joseph.
Lambert, Marie-Louise-Angélique.
Joseph, b 25 dec. 1774, à St-Joseph, Beauce. [2] —*Ignace,* b [2] 20 oct. 1776.

QUEVILLON, Pierre.
Archambault, Thérèse.
Marie-Joseph, b 22 fevrier 1787, à Repentigny.

QUEVILLON, Joseph.
1° Bertrand, Marie-Renee.
1792, (19 nov.) Nicolet.
2° Marot, Marie-Rose. [Jean-Bte III.

QUEZEL. — *Variations :* Quesel — Quezet — Quinzèle.

1753.
I.—QUEZEL, Antoine.
Gingras (3), Madeleine, [Pierre-Jacques III.
b 1724.
Michel, b 24 janvier 1754, à St-Augustin [1], m [1] 6 août 1792, à Geneviève Vidal.—*Antoine,* b [1] 18 mars 1755.—*Marie-Charlotte,* b [1] 14 mai 1758; m 1er oct. 1782, à Pierre Levasseur, à Québec. [2] —*Marie,* b... m [2] 23 juillet 1782, à Maurice Deligny.

(1) Et Marceau; elle épouse, le 26 mai 1766, Jean Parant, à Terrebonne.
(2) Et Cuvillon.
(3) Elle épouse, plus tard, Pierre Alain.

1792, (6 août) St-Augustin. [3]
II.—QUEZEL (1), Michel, [Antoine I.
b 1754.
Vidal (2), Geneviève, [Antoine I.
b 1774.
Angélique, b [3] 25 mars et s [3] 20 avril 1793.—*Michel,* b [3] 3 mars 1794.

QUEZET.—Voy. Quezel.

QUIEUREMON.—Voy. Guevremont.

QUIGOU.—Voy. Fily—Kerrigou.

QUILLET.—Voy. Guillet.

QUIMPEZ.—Voy. Denis—Divelec.

QUINAN.—*Variation :* Gygnant.

1760, (26 oct.) Baie-du-Febvre. [4]
I.—QUINAN (3), David, fils de David et d'Esther Goderre, de Brené, province de Neufchâtel, Suisse.
Benoit, Marie-Louise, [Joseph III.
b 1746.
Marie-Louise, b [4] 2 août 1761.—*Marie-Anne,* b [4] 28 août 1763.

QUINIARD.—Voy. Quiniart.

QUINIART.—*Variation et surnom :* Quiniard—Duplessis.

1701, (3 février) Ste-Famille, I. O.
I.—QUINIART (4), Antoine-Olivier, b 1642; fils d'Antoine et de Jeanne Branquais, de St-Michel, diocèse de St-Brieux, Bretagne; s 17 sept. 1738, à l'Hôpital-General, Q.
Bolper, Marie-Louise,
veuve de Gabriel Roger; s 18 nov. 1728, à St-François, I. O.

1791, (27 juin) Québec.
I.—QUINN, Jean, fils de Jean et de Marie Bury, de Glanot, Cork, Irlande.
McDonald, Marie. [Thomas I.

1791, (29 août) Québec.
I.—QUINN, Jacques, fils de Jean et de Catherine Newman, d'Irlande.
Haussmann (5), Marie-Angélique. [Jean I.

QUINQUEREL.—Voy. Caquerel.

1749, (2 juin) Montreal. [5]
I.—QUINQUEREL (6), Jean-Nicolas,
b 1726
Duval, Marie-Joseph, [Claude I.
b 1725.

(1) Et Quesel, 1794.
(2) Labonté.
(3) Aussi Gygnant.
(4) Dit Duplessis.
(5) Menager.
(6) Pour Caquerel-Jolibois, voy. vol. II, p. 539.

Jean-Philippe, b [5] 11 oct. 1745 ; m [5] 3 nov. 1767, à Marguerite NEVEU. — *Marie-Louise*, b... m 18 mai 1772, à Louis MEUNIER, à Varennes.

1767, (3 nov.) Montreal.

II.—QUINQUEREL (1), JEAN-PH, [J.-NICOLAS I.
b 1745.
NEVEU, Marguerite, [MICHEL I.
b 1744.

1678, (17 oct.) Québec.

I.—QUINTAL (2), FRANÇOIS,
b 1646.
GAUTIER, Marie, [CHARLES II.
b 1660.

François, b 6 juin 1682, à Boucherville [1], m 1714, à Marie GUERTIN — *Louis*, b [1] 20 sept 1695; m [1] 11 oct. 1722, à Marguerite REGUINDEAU. —*Michel*, b [1] 14 mars 1701 ; m 1729, à Madeleine GUERTIN —*Marie-Charlotte*, b 1705 , m [1] 19 juillet 1723, à Louis REGUINDEAU

1714.

II.—QUINTAL, FRANÇOIS, [FRANÇOIS I.
b 1682.
GUERTIN, Marie, [LOUIS II
b 1696.

Louise, b 1716 ; m 16 avril 1742, à Nicolas LEDOUX, à Boucherville.[1] — *Agathe*, b... m 31 oct 1732, à François BRUNET, à Nicolet. — *François*, b [1] 5 mars 1717 ; m 10 oct. 1740, à Elisabeth ROBIN, à Longueuil.—*Marie-Anne*, b [1] 18 dec. 1718 ; s [1] 24 août 1719. — *Marie-Anne*, b [1] 14 juillet 1720, 1° m à Guillaume TOUGAS, 2° m [1] 2 mai 1757, à François CHICOT ; 3° m [1] 18 fevrier 1765, à Jean MOREL. — *Ursule*, b [1] 4 mars 1722 ; s [1] 20 dec. 1723.—*Antoine*, b [1] et s [1] 18 mars 1723.—*Augustin*, b [1] 11 août 1724 ; 1° m [1] 11 janvier 1751, à Isabelle DEMERS ; 2° m [1] 30 mai 1763, à Elisabeth LEVASSEUR. — *Joseph*, b [1] 5 juin et s [1] 17 sept. 1726. — *Charlotte*, b 1728 , m [1] 10 fevrier 1749, à Pierre LEDOUX. — *Véronique*, b 1730 ; m [1] 23 oct. 1752, à Andre MARSIL.—*Marie*, b... m [1] 8 juillet 1754, à Marc-Antoine VIGNAU.

1722, (11 oct.) Boucherville.[1]

II.—QUINTAL, LOUIS, [FRANÇOIS I.
b 1695.
REGUINDEAU (3), Marguerite, [JACQUES II.
b 1705.

Marie, b [1] 20 juin 1724. — *Marie-Angélique*, b 1726, m [1] 27 août 1744, à Louis MARTINBAUT —*Louis*, b 1728 , m [1] 5 février 1753, à Françoise CHICOT.

1729.

II —QUINTAL, MICHEL, [FRANÇOIS I.
b 1701.
GUERTIN, Madeleine, [LOUIS II.
b 1709.

François, b 1730 , m 19 fevrier 1753, à Louise AMIOT, a Verchères.[3] — *Charlotte*, b 1737 ; s [3] 15 nov. 1753. — *Joseph*, b 1738 ; s [3] 10 sept. 1755.— *Marguerite*, b... 1° m [3] 9 nov. 1769, à Jacques CREVIER ; 2° m [3] 12 oct. 1778, à Pierre WEILBRENNER.

1740, (10 oct) Longueuil.[3]

III.—QUINTAL, FRANÇOIS, [FRANÇOIS II.
b 1717.
ROBIN, Elisabeth, [MICHEL II.
b 1716.

François, b [3] et s [3] 8 sept. 1741. — *Marie-Desanges*, b [3] 30 juin 1742.—*Marie-Charlotte*, b... m [3] 7 janvier 1763, à Joseph BOBO.—*Antoine*, b [3] 8 janvier 1746 ; m 7 janvier 1765, à Marie-Anne RENAUD, à Boucherville. — *François*, b [3] 2 sept 1747. — *Augustin*, b [3] 11 et s [3] 29 mai 1749.— *Marguerite*, b [3] 11 et s [3] 24 août 1750.—*Jean*, b [3] 20 fevrier 1752 ; m 3 nov. 1772, à Marie-Amable CREVIER, à Verchères. — *Marie-Elisabeth*, b [3] 3 mars et s [3] 19 juin 1754 — *Marie-Angelique*, b [3] 11 oct. 1755.—*Joseph*, b [3] 17 avril 1757.—*Marie-Madeleine*, b [3] 23 avril et s [3] 13 août 1759.

1751, (11 janvier) Boucherville.[1]

III.—QUINTAL, AUGUSTIN, [FRANÇOIS II.
b 1724.
1° DEMERS, Marie-Isabelle, [ETIENNE III.
b 1732.

François, b 1751 ; m 21 sept. 1772, à Marie-Charlotte SAVARIA, à Varennes.

1763, (30 mai). [1]

2° LEVASSEUR, Elisabeth, [PIERRE-JACQUES III
b 1734.

Marie-Anne, b... m [1] 12 juin 1786, à Georges STUBINGER.

1753, (5 fevrier) Boucherville.

III.—QUINTAL, LOUIS, [LOUIS II.
b 1728
CHICOT, Françoise, [FRANÇOIS III.
b 1733.

1753, (19 fevrier) Verchères. [3]

III.—QUINTAL, FRANÇOIS, [MICHEL II.
b 1730.
AMIOT (1), Louise, [JEAN-BTE IV.
b 1729.

François, b [3] 23 dec. 1752 ; s [3] 7 mai 1754 — *Marie-Louise*, b [3] 10 juin et s [3] 15 août 1754 — *François*, b [3] 22 fevrier 1756. — *Michel*, b [3] 12 dec. 1759.

1765, (7 janvier) Boucherville.

IV.—QUINTAL, ANTOINE, [FRANÇOIS III.
b 1746.
RENAUD, Marie-Anne, [AUGUSTIN III.
b 1743.

1772, (21 sept) Varennes.

IV.—QUINTAL, FRANÇOIS, [AUGUSTIN III.
b 1751
SAVARIA, Marie-Charlotte, [JEAN-BTE III.
b 1750.

(1) Marié sous le nom de Kakerel.

(2) Voy. vol. I, p. 505.

(3) Elle epouse, le 10 mai 1745, François Chicot, à Boucherville.

(1) Elle épouse, le 2 février 1761, Augustin Brousson, à Verchères.

1772, (3 nov.) Verchères.
IV.—QUINTAL, JEAN-BTE, [FRANÇOIS III. b 1752.
CREVIER (1), Marie-Amable, [JACQUES IV. b 1752.

QUINTIN.—*Surnom* : DUBOIS.

1695, (17 janvier) Varennes.[2]
I.—QUINTIN (2), JEAN, fils de Claude et de Claudine Lafalune, de St-Aubin, diocèse de Vannes, Bretagne.
DELPUE-PARISEAU, Jeanne, [JEAN I. b 1675.
Joseph, b 1705; m [2] 5 février 1731, à Louise PETIT. — *François*, b 1706; s 11 mars 1718, à Boucherville. — *Marie-Anne*, b 1711; m 9 nov. 1739, à Jean-Baptiste-Rene LEFEBVRE, aux Trois-Rivières; s 24 mars 1748, à la Pointe-du-Lac — *Charles*, b 2 août 1713, à Repentigny [3]; 1° m 28 juin 1745, à Marie-Louise SERRÉ, à St-Laurent, M.[4]; 2° m [4] 26 fevrier 1753, à Cecile COUVRET.— *François*, b [3] 12 oct. 1719; s [3] 24 oct. 1727.

1730, (24 janvier) Repentigny.[5]
II.—QUINTIN, PIERRE, [JEAN I. b 1704.
HUNAULT (3), Marguerite, [PIERRE II. b 1707; veuve de Jacques Morisseau.
Marie-Madeleine, b [5] 1er oct. 1730; m 31 janvier 1752, à Marc-Antoine RIEL, à la Pte-aux-Trembles, M.— *Pierre*, b 1732; 1° m à Charlotte ROUILLÉ; 2° m 26 sept. 1768, à Louise LAPORTE, à Chambly.—*Louise*, b... m 24 nov. 1760, à François MANDEVILLE, à Lanoraie.

1731, (5 février) Varennes.[5]
II.—QUINTIN, JOSEPH, [JEAN I. b 1705.
PETIT, Louise, [LOUIS III. b 1712.
Joseph, b 1731; m [5] 8 avril 1755, à Marie-Joseph BRUNEL.—*Antoine*, b 1732; m [5] 23 fevrier 1767, à Veronique BRUNEL.— *Louise*, b 1734; m 14 oct. 1765, à Joseph LAMOUREUX, à Boucherville. — *Madeleine*, b... m [5] 5 oct. 1772, à Louis GAUTIER.

1745, (28 juin) St-Laurent, M.[1]
II.—QUINTIN (4), CHARLES, [JEAN I. b 1713.
1° SERRE-ST. JEAN, Marie-Louise, [ANDRÉ I. b 1721; s [1] 19 mars 1752.
Marie-Marguerite, b [1] 18 fevrier et s [1] 25 avril 1750. — *Marie-Louise*, b [1] 16 janvier et s [1] 20 fevrier 1752.
1753, (26 fevrier).[1]
2° COUVRET, Cécile, [JEAN-BTE II. b 1733.
Jean-Baptiste, b [1] 29 nov. 1753, m 7 juin 1773, à Appolline PARANT, à Montreal.— *Joseph*, b [1] 14 mars 1755.—*Pierre*, b [1] 17 juin 1757; s [1] 1er juin 1758.—*François*, b [1] 13 nov. 1758.— *Barthélemi*, b [1] 2 avril 1760.

(1) Elle épouse, le 25 juillet 1774, Urbain Favreau, à Verchères.
(2) Dit Dubois; voy. vol. I, p. 505
(3) Appelée Raynaud au mariage de sa fille.
(4) Dit Dubois.

1755, (8 avril) Varennes.
III.—QUINTIN, JOSEPH, [JOSEPH II. b 1731.
BRUNEL, Marie-Joseph, [JOSEPH III. b 1736.

III.—QUINTIN, PIERRE, [PIERRE II. b 1732.
1° ROULIER, Charlotte, [JOSEPH II. b 1732.
1768, (26 sept.) Chambly.
2° LAPORTE, Louise. [PAUL III.

1767, (23 février) Varennes.
III.—QUINTIN, ANTOINE, [JOSEPH II. b 1732.
BRUNEL, Veronique, [JOSEPH III. b 1742.

1773, (7 juin) Montréal.[6]
III.—QUINTIN (1), JEAN-BTE, [CHARLES II. b 1753.
PARANT, Appolline (2), [JEAN-BTE. b 1750; s [6] 6 fevrier 1782.

QUINZÈLE.—Voy. QUEZEL.

1762, (16 août) Michillimakinac.[7]
II.—QUIRIGOU (3), CONSTANT, [MICHEL I. b 1710.
MÉTIVIER, Marie-Anne-Angélique.
Laurent-Constant, b [7] 13 sept. 1764.—*Félicité*, née 8 juillet 1767, à St-Louis, Mo.[8]; b [8] 9 mai 1771, m [8] 25 fevrier 1786, à Henri DUCHOUQUET.

QUIRION.—Voy. QUEVILLON.

1746, (3 oct.) Québec.[1]
I.—QUIROUET, FRANÇOIS, navigateur; fils de Pierre et de Marie Flouquet, d'Ambarez, diocese de Bordeaux.
1° AMIOT, Marie-Thérèse, [CHARLES IV. b 1724.
François, b [1] 12 juillet et s [1] 22 nov. 1747. — *François-Thomas*, b [1] 22 dec. 1748; m [1] 29 août 1774, à Marie-Anne HILL.—*Thérèse*, b [1] 21 avril 1751; s [1] 30 août 1755.—*Jacques*, b [1] 30 mai 1754; m 26 juillet 1779, à Angelique BOUCHER, à Berthier.[2] — *Isaac*, b [1] 17 oct. 1756, s [1] 5 avril 1758. —*Michel*, b [1] 17 oct. 1756; s [1] 28 mars 1758.— *Paschal*, b 15 avril 1759, à St-Pierre-du-Sud.
1767, (23 nov.)[2]
2° HOUELLE (4), Marie. [FRANÇOIS I.
Marie-Marguerite, b [2] 23 oct. 1769.—*Jacques*, b [2] 27 dec. 1772.—*Jean-Baptiste*, b [2] 4 oct. 1776. —*Joseph-Marie*, b [2] 7 sept. 1778.— *Veronique*, b [2] 20 fevrier 1782.

(1) Dit Dubois.
(2) Appelée Hypolite à sa sépulture.
(3) Fily de Quirigou, voy. vol. IV, p. 32.
(4) Nièce de Barthélemi Hill.

1774, (29 août) Québec. [3]
II.—QUIROUET, FRS-THOMAS, [FRANÇOIS I.
b 1748.
HILL, Marie-Anne, [BARTHÉLEMI I.
b 1755; s [3] 12 mars 1797.
Joseph, né 14 avril 1779, à la côte du Labrador; b [3] 7 juillet 1779.

1779, (26 juillet) Berthier. [4]
II.—QUIROUET, JACQUES, [FRANÇOIS I.
b 1754.
BOUCHER, Angélique, [JOSEPH III.
b 1756.
Jacques, b [4] 4 sept. 1781.—*Jean-Frédéric*, b [4] 19 juillet 1795.

QUISIGOU.—Voy. FÉLIP—FÉLIX—FILY—KÉRIGOU—PHILI—PHILIP.

1764.
I.—QUIT, JEAN.
MARANDA, Louise, [GABRIEL III.
b 1737; s 28 avril 1784, à Québec.

1667.
I.—QUITEL, JEAN, de Ciré, diocèse de LaRochelle, Aunis.
MELLIÈRE, Françoise, de Marsillac, diocèse d'Angoulesme, Angoumois.
Jeanne, b... m 29 oct. 1687, à Bernard KARESQUIL, à Lachine.

QUIVION.—Voy. QUEVILLON.

R

1732, (22 oct.) Québec. [1]
I.—RABANIER, DENIS, fils de Denis et d'Anne Vinelle, de St-Forbin, diocèse de Xaintes, Saintonge.
MARANDA, Madeleine, [JEAN-BTE II.
b 1711; s [1] 5 mai 1733.

I.—RABAS, PIERRE, b 1708; de St-Maclou; s 23 juin 1796, à l'Hôpital-Général, M.

1761, (19 oct.) Terrebonne.
I.—RABASSE, PIERRE, fils de Guillaume et de Catherine Canivet, de Brequeville, diocèse de Coutances, Normandie.
MIGNERON, Charlotte, [CHARLES III.
b 1730.

RABAU.—*Variations et surnoms:* RABEAU—RABOT—SANSCHAGRIN.

1734, (19 mars) Québec. [5]
I.—RABAU (1), JEAN, soldat; fils de Jean et de Renée Charpentier, de Ste-Radegonde, diocèse de Poitiers, Poitou.
PARIS, Marie-Joseph, [JACQUES I.
b 1700.
Marie-Louise, b [5] 26 mai et s [5] 29 août 1734.—*Marie-Louise*, b [5] 27 juillet 1735; s [5] 7 fevrier 1736.—*Jean-Joseph*, b [5] 13 avril 1737; m 21 nov. 1763, à Marie-Anne PARANT, à la Pointe-Claire; s 5 août 1827, à Ste-Geneviève, M.

1763, (21 nov.) Pointe-Claire. [1]
II.—RABAU, JEAN-JOSEPH, [JEAN I.
b 1737, s 5 août 1827, à Ste-Geneviève, M. [2]
PARANT, Marie-Anne, [PIERRE II.
b 1727; veuve de Noël Brunet; s [2] 17 dec. 1806.
Joseph, b [1] 29 sept. 1764; m [1] 15 oct. 1787, à Suzanne LANGEVIN-CITOLEUX. — *Marie-Anne* (1), b... m à Joseph SAUVÉ-LAPLANTE; s [1] 31 mai 1798.

(1) Dit Sanschagrin.

1787, (15 oct.) Pointe-Claire. [8]
III.—RABAU, JOSEPH, [JEAN-JOSEPH II.
b 1764.
LANGEVIN (2), Suzanne, [AMABLE.
b 1770; s 6 sept. 1854, à Ste-Geneviève, M [9]
Joseph, b [9] 1er dec. 1788; s [9] 9 sept. 1789.—*Alexandre*, b [9] 18 dec. 1789; s [9] 13 janvier 1885.—*Joseph*, b [9] 5 avril 1792; 1° m [9] 10 fevrier 1817, à Marie-Louise PROULX; 2° m [9] 3 avril 1826, à Therèse DROUIN; s [9] 31 mars 1866.—*Marie-Suzanne*, b [8] 20 nov. 1793; s [9] 10 juillet 1794.—*Jacques-Amable*, b [8] 27 fevrier 1795; m [9] 7 fevrier 1825, à Rosalie TROTIER; s 27 août 1832, au Bout-de-l'Ile, M. — *Jean-Baptiste*, b [8] 20 sept. et s [9] 17 oct. 1796.—*Antoine*, b [9] 25 sept. 1797, s [9] 8 oct. 1831. — *Paschal*, b [8] 21 août 1799; m [9] 30 janvier 1826, à Françoise DROUIN.—*Suzanne*, b [9] 25 juillet 1801; m [9] 9 oct. 1818, à Jean-Baptiste TROTIER; s [9] 2 janvier 1834.—*Benoît*, b [9] 16 mars 1803; m [9] 3 nov. 1834, à Therèse DEMERS.—*Michel*, b [9] 4 février 1805; m [9] 6 juin 1834, à Marie-Joseph THÉORET; s [9] 7 fevrier 1866.—*Isidore*, b [9] 8 fevrier et s [9] 13 sept. 1808.—*Marie-Luce*, b [9] 8 juin 1809; m à Edouard BLEAU—*Charles*, b [9] 13 avril et s [9] 2 août 1811. — *Henriette*, b [9] 9 dec. 1812; s [9] 6 août 1813

1817, (10 février) Ste-Geneviève, M. [1]
IV.—RABAU, JOSEPH, [JOSEPH III.
b 1792; s [1] 31 mars 1866.
1° PROULX, Marie-Louise, [JEAN-BTE.
s 8 janvier 1825, à St-Benoît. [2]
Anonyme, b [2] et s [2] 22 dec. 1817. — *Anonyme*, b [2] et s [2] 12 déc. 1819. — *Marcelin*, b [2] 8 juillet 1821; m 15 juin 1845, à Esther BRUNET, à la Pointe-Claire. [3] — *Cyrille*, b [2] 3 mars et s [2] 6 août 1823.

(1) Appelée Charlotte à son décès.
(2) Citoleux.

1826, (3 avril).[1]
2° Drouin, Thérèse, [Louis.
b 1803; s 6 février 1868, à Montréal.
Joseph-Dolphis, b[2] 18 janvier 1827; s (1) 30 mars 1857, à Lachine. — *Cyrille*, b[3] 20 février et s[3] 20 mars 1828.—*Marie-Délina* (2), b[3] 16 février 1829; m[1] 8 oct. 1849, à Jean-Baptiste Martin.—*Charles*, b[3] 11 et s[3] 14 juillet 1832. — *Célonie*, b[3] 20 juillet 1833; s[3] 9 mai 1834.—*François*, b[3] 27 oct. 1834; s sept. 1865, à Memphis, État du Tenessee, E. U. — *Anthime*, b[3] 17 nov. 1837; m 23 sept. 1862, à Hélène Lafontaine, à St-Andre-d'Acton.—*Sévère* (3), b[3] 3 juin 1840; m (4) 22 oct. 1871, à Marie-Odina Marion, à Haverhill, Mass.

1825, (7 février) Ste-Geneviève, M.[7]
IV.—RABAU, Jacques-Amable, [Joseph III.
b 1795; s 27 août 1832, au Bout-de-l'Ile, M.[8]
Trotier, Rosalie, [Antoine.
s[8] 26 août 1832.
Marie-Caroline, b[7] 18 dec. 1825; m[7] 2 juillet 1849, à Magloire Leblanc. — *Théophile*, b 2 sept. 1827, à la Pointe-Claire; m[7] 27 mai 1850, à Julie Neveu. — *Amédée*, b[8] 4 avril 1829; m[7] 19 août 1850, à Marie-Elmire Martin. — *Marie-Adéline*, b[8] 12 janvier 1831; m[7] 23 avril 1860, à Sevère Legault.

1826, (30 janvier) Ste-Geneviève, M.
IV.—RABAU, Paschal, [Joseph III
b 1799.
Drouin, Françoise.

1834, (6 juin) Ste-Geneviève, M.[2]
IV.—RABAU, Michel, [Joseph III.
b 1805; s[2] 7 fevrier 1866.
Théoret, Marie-Joseph.

1834, (3 nov.) Ste-Geneviève, M.[4]
IV.—RABAU, Benoit, [Joseph III.
b 1803.
Demers, Thérèse, [François.
s 3 nov. 1873, à Clarence-Creek, comte de Russell, Ontario.
Amédée, b[4] 30 août 1835.—*Stanislas*, b[4] 8 juin 1837.—*Marie-Anne* (5), b 20 août 1839, à la Pointe-Claire[5]; m[4] 1er sept. 1857, à Benjamin Désormeau; s[4] 5 mars 1862.—*Magloire*, b[5] 13 oct. 1841.—*Benoît-Théodulphe*, b[5] 12 juin 1843, s[5] 10 mars 1844.—*Caroline*, b[4] 1er nov. 1844, m[4] 2 fevrier 1864, à Damase Pilon.—*Benoît*, b[4] 4 oct. 1846.—*Godfroi*, b[4] 5 août et s[4] 17 sept. 1848 —*Godfroi*, b[4] 25 juillet 1849.—*Emeric*, b[4] 17 et s[4] 25 août 1851.—*Henri*, b[4] 17 et s[4] 27 août 1851.—*Marie-Elodie*, b[4] 15 août 1852; s[4] 22 mars 1854.—*Elodie*, b[4] 23 juin 1855.—*François-Xavier*, b[4] 4 mai 1858; ord. 28 août 1881, à Montreal (chapelle du Grand Seminaire).

(1) Noyé à Lachine le 1er nov. 1856.
(2) Appelée Adélina à son mariage.
(3) Appele Cyrille à son mariage.
(4) Eglise St-Grégoire.
(5) Connue sous le nom d'Emélie.

1845, (15 juin) Pointe-Claire.
V.—RABAU, Marcelin, [Joseph IV.
b 1821.
Brunet, Marie-Esther, [François-Xavier.
b 1820.
Marie-Louise (1), b 15 sept. 1846, à Lachine[8]; s[8] 12 sept. 1847.—*Marie* (*Sara-Jeanne*), b[8] 12 déc. 1847; m[8] 21 mai 1867, à Eustache Pilon.—*Marcelin*, b[8] 14 fevrier 1850, s[8] 1er dec. 1866.—*Philippe*, b[8] 1er nov. 1851; s[8] 25 juillet 1852.—*Marie-Liliose*, b[8] 2 oct. 1853.—*Marie-Louise*, b[8] 15 sept. 1855; m 26 sept. 1881, à François-Xavier Martin, à Montreal.[9] — *Marie-Salomée*, b[8] 4 août 1857; m[8] 25 sept. 1877, à Jean-Baptiste Beaudoin.—*Joseph*, b[8] 19 dec. 1859; m[9] 9 mai 1888, à Marie-Cordélia Souillière.—*Henri* (2), b[8] 9 février 1863; s[8] 23 juin 1864.

1850, (27 mai) Ste-Geneviève, M.
V.—RABAU, Théophile, [Jacques-Amable IV.
b 1827.
Neveu, Julie. [Jean-Bte.

1850, (19 août) Ste-Geneviève, M.
V.—RABAU, Amédée, [Jacques-Amable IV.
b 1829.
Martin, Marie-Elmire. [Joseph.

1862, (23 sept.) St-André-d'Acton.
V.—RABAU, Anthime, [Joseph IV.
b 1837.
Lafontaine, Hélène, [Bénoni.
b 1841.
Joseph-Alfred, b 23 nov. 1878, à Fetchburg, Mass, E.-U.[5] — *Joseph-Aimé*, b[5] 29 avril 1883. —*Marie-Hélène*, b[5] 5 nov. 1885.

1871, (22 oct.) Haverhill, Mass., E.-U.[9]
V.—RABAU (3), Sévère, [Joseph IV.
b 1840.
Marion, Marie-Odina, [Gilbert.
b 1850.
Adéline, b[9] 2 juillet 1873; s[9] 24 août 1883.—*Marie-Louise*, b[9] 13 sept. 1875; s[9] 11 oct. 1876. —*Joseph-Henri*, b[9] 8 oct. 1876.—*Adolphe-Albert*, b[9] 24 juillet 1880.

1888, (9 mai) Montréal.
VI.—RABAU, Joseph, [Marcelin V.
b 1859.
Souillière, Marie-Cordélia, [Charles.
b 1871.

RABEAU.—Voy. Rabau.

RABEL.—Voy. Isabel.

I.—RABION (4), Jean, b 1723; s 20 mai 1755, à St-Jean-Deschaillons.

(1) Appelee Onésime à sa sépulture.
(2) Appelé Honoré à sa sépulture.
(3) Appele Cyrille à son mariage.
(4) Dit Charante, Français passant à St-Jean-Deschaillons.

RABIS.—Voy. Raby.

I.—RABONET, Jean.
Beaulieu, Marie-Anne,
b 1707 ; s 11 fevrier 1777, à Berthier.

RABOT.—Voy. Gautier—Grosnier—Rabau.

1663, (28 oct.) Québec.

I.—RABOUIN (1), Jean,
b 1637 ; s 8 déc. 1707, à St-Jean, I. O.[6]
1° Ardion, Marguerite,
b 1643.
Suzanne, b 4 déc. 1665, au Château-Richer; 1° m 12 juillet 1689, à Jean Leferty-Lamontagne, à Sorel ; 2° m 1er mai 1696, à Pierre Rocher, à Batiscan. — *Elisabeth*, b 3 sept. 1669, à Ste-Famille, I. O.[7] ; m 1685, à Jean-Baptiste Caron ; s 7 oct. 1691, à Champlain.
1678, (8 sept.) [7]
2° Leclerc, Marguerite,
veuve de Nicolas Leblond ; s [7] 24 janvier 1705.
Jeanne, b 9 janvier 1684, à St-Pierre, I. O., m [7] 26 nov. 1703, à Etienne Corriveau ; s 15 juin 1750, à St-Valier.
1706, (6 juillet) [6]
3° Minaud, Marie, [Jean I.
b 1660 ; veuve de Jean Mourier.

I.—RABOUIN, Louis, b 1668 ; de LaRochelle, s 7 sept. 1728, à l'Hôpital-General, Q.

1739.

I.—RABOUIN, Michel,
b 1700 ; s 13 oct. 1750, à Yamachiche.[6]
Bayard (2), Geneviève, [François II.
b 1714.
Michel, b 31 oct. 1740, à Nicolet.—*Marie-Madeleine* (posthume), b [6] 14 mars 1751.

RABUTY, Jacques.
Leblanc, Ursule.
Jacques-Christophe, b 3 oct. 1760, à Chambly.

RABY.—*Variations :* Araby—Rabis.

1700.

I.—RABY (3), Mathieu.
Morin, Françoise, [Charles I.
b 1669 ; veuve de Jean Poreaux, s 9 juin 1735, à St-Augustin.[5]
Augustin, b 1702 ; m 23 avril 1731, à Françoise Delisle, à Quebec[6] ; s [6] 19 dec. 1782. — *Marie-Anne*, b [5] 7 oct. 1703.—*Marie-Anne*, b [6] 26 juillet 1705 ; m [5] 24 nov. 1728, à Pierre Vallière. — *Marie-Thérèse*, b [5] 4 juillet 1707 ; m [5] 28 juillet 1734, à Joseph-Marie Boivin.

(1) Voy. vol I, p. 505.
(2) Et Bayac dit Lapierre.
(3) Et Araby.

1731, (23 avril) Québec.[4]

II.—RABY (1), Augustin, [Mathieu I.
b 1702 ; navigateur ; s [4] 19 déc. 1782.
Delisle, Françoise, [Antoine II.
b 1701 ; veuve de Jean Toupin ; s [4] 3 déc. 1776.
Françoise-Elisabeth, b [4] 19 nov. 1732 ; s [4] 19 août 1738.—*Louise-Madeleine*, b [4] 6 janvier 1735, m [4] 23 août 1763, à Louis Gariépy. — *Marie*, b [4] 25 mai et s [4] 7 juillet 1736. — *Charles-Augustin*, b [4] 28 sept. 1737 ; s [4] 17 nov. 1741.—*Marie-Catherine*, b [4] 2 et s [4] 6 janvier 1740.—*Pierre-Antoine*, b [4] 29 mai 1741 ; s [4] 3 mai 1743. — *Augustin-Jérôme*, b [4] 10 nov. 1745 ; 1° m [4] 16 sept. 1771, à Catherine Chauveau, 2° m [4] 22 nov. 1784, à Marie-Gilette Turgeon ; s [4] 23 sept. 1822.—*Marie-Louise*, b... m à Pierre Boisvert.

1756, (22 nov.) Pte-aux-Trembles, M.

I.—RABY (2), Pierre, b 1723 ; fils de Claude et de Jeanne Bompart, de la Salle, diocèse d'Ambrun, Dauphine.
1° Brouillet, Gabrielle-Françoise, [Pierre II.
b 1735.
1765, (4 fevrier) Terrebonne.
2° Lepage (3), Marguerite, [Germain III.
b 1730.

1761, (2 fevrier) Beaumont.

I.—RABY (4), Jean, de Fromental, en Limousin.
Paquet (5), Marie-Anne, [Jean-Bte III.
b 1732.
Jean-Baptiste, b 8 juillet 1762, à St-François, I. O.

1771, (16 sept.) Québec [9]

III.—RABY (6), Augustin-Jérome, [Augustin II.
b 1745 ; s [9] 23 sept. 1822.
1° Chauveau, Catherine, [Claude II.
b 1751 ; s [9] 25 juin 1780.
1784, (22 nov) [9]
2° Turgeon, Marie-Gilette, [Louis IV.
b 1763 ; s [9] 18 janvier 1797.
Catherine, b... m [9] 3 sept. 1798, à François Langlois.—*Roger*, b... m [9] 6 sept. 1813, à Marie-Victoire-Elisabeth Dambourgès.

1813, (6 sept.) Québec.

IV.—RABY, Roger. [Augustin-Jérome III.
Dambourgès, Marie-Vict.-Elisabeth, [François.

RACET.—Voy. Rasset.

RACETTE.—Voy. Rasset.

RACICOT.—*Variation :* Rassicot.

(1) Et Araby.
(2) Sergent au régiment de Guienne.
(3) De St. François.
(4) Et Rabis.
(5) Lavallee.
(6) Membre du Parlement.

1715, (6 mai) Québec. [2]

I.—RACICOT, JACQUES, fils de Michel et de Geneviève Alard, de St-Jean, ville de Château-Gontier, diocèse d'Angers, Anjou.
LABBÉ, Marie-Jeanne, [JEAN I.
b 1694.
Marie-Madeleine, b [2] 18 août 1715; s [2] 6 août 1718.—*Jacques,* b 7 et s 19 janvier 1717, à Beauport.—*Marie-Charlotte,* b [2] 6 avril 1718.—*Charles,* b 1719; 1° m 23 nov. 1744, à Pelagie ROBIN, à Boucherville [3]; 2° m [3] 3 avril 1769, à Madeleine PITALIER.—*Jacques-Marie,* b [3] 19 nov. 1720; m 1er mars 1745, à Pelagie DAVID, à Montreal.—*Marie-Madeleine,* b [4] 11 fevrier 1723.—*Marie,* b 1724, m [4] 17 nov. 1744, à Etienne BOUCHER.—*Antoine,* b [3] 31 janvier 1726; m 3 oct. 1747, à Agathe HÉROU, à Yamachiche.—*Joseph,* b 1726; m [3] 29 avril 1748, à Françoise FAVREAU.

I.—RACICOT, PIERRE, b 1715; de la Normandie: s 2 janvier 1755, à la Rivière-Ouelle.

1744, (23 nov.) Boucherville [4]

II.—RACICOT, CHARLES, [JACQUES I
b 1719.
1° ROBIN, Pelagie, [MICHEL II.
b 1727.
François, b 1746; 1° m [4] 21 oct. 1771, à Judith PETIT; 2° m à Angelique DUVERNAY.
1769, (3 avril). [4]
2° PITALIER, Madeleine, [JEAN-BTE II.
veuve de Michel Petit.

1745, (1er mars) Montréal.

II.—RACICOT, JACQUES-MARIE, [JACQUES I.
b 1720.
DAVID, Pelagie, [JOSEPH III
b 1721.
Jacques, b 1746; m 26 oct. 1767, à Cécile NORMANDIN, à Boucherville.

1748, (29 avril) Boucherville [5]

II.—RACICOT, JOSEPH, [JACQUES I.
b 1726.
FAVREAU, Françoise, [JEAN II.
b 1725.
Marie, b 1749, m [5] 6 nov. 1769, à Antoine NORMANDIN.—*Marie-Anne,* b... m [5] 3 nov. 1772, à Jean-Marie MIET.

1767, (26 oct.) Boucherville.

III.—RACICOT, JACQUES, [JACQUES-MARIE II.
b 1746.
NORMANDIN, Cecile, [JEAN-BTE III.
b 1746.

1771, (21 oct.) Boucherville.

III.—RACICOT, FRANÇOIS, [CHARLES II.
b 1746, notaire.
1° PETIT-LALUMIÈRE, Judith, [ETIENNE III.
b 1747.
2° DUVERNAY, Angélique.
Marie-Joseph, b 178., s 7 oct. 1803, à l'Hôpital-General, M.

1777.

RACICOT, JEAN-BTE,
maître-forgeron.
LAGARDE-BONVOULOIR, Apolline.
Antoine, b 7 fevrier 1778, au Detroit.

RACINE.—*Surnoms :* BEAUCHESNE— DESNOYERS —NOYER—STE. MARIE—VARENNE.

1638, (22 mai) Québec. [1]

I.—RACINE (1), ETIENNE,
b 1607; s 24 avril 1689, à Ste-Anne. [2]
MARTIN, Marguerite, [ABRAHAM I.
b 1624; s 25 nov. 1679, au Château-Richer. [3]
Noel, b [1] 26 déc. 1643; m [3] 12 sept. 1667, à Marguerite GRAVEL; s [2] 4 mars 1728. — *Marie-Madeleine,* b [1] 25 juillet 1646: m [3] 22 nov. 1661, à Noel SIMARD; s 3 dec. 1726, à la Baie-St-Paul.

1667, (12 sept.) Château-Richer. [1]

II.—RACINE (1), NOEL, [ETIENNE I.
b 1643; s 4 mars 1728, à Ste-Anne. [2]
GRAVEL, Marguerite, [MASSÉ-JOSEPH I.
b 1651; s [2] 11 dec. 1708.
Pierre, b [1] 9 oct. 1672; 1° m à Catherine CAUCHON; 2° m [2] 5 oct. 1711, à Geneviève GUIMONT; s 6 avril 1731, à St-Joachim. — *Jean,* b [2] 9 avril 1679, m [2] 8 nov. 1701, à Marie-Anne DELESSARD. — *Etienne,* b [2] 2 sept. 1689, m [2] 20 nov. 1713, à Therèse DELESSARD; s [2] 1er janvier 1742.

1676, (29 oct.) Ste-Famille, I. O.

II.—RACINE (1), FRANÇOIS, [ETIENNE I.
b 1649; s 26 fevrier 1714, à Ste-Anne. [6]
BAUCHÉ, Marie, [GUILLAUME I.
b 1660; s [6] 24 août 1703.
Joseph, b [6] 3 juillet 1688; 1° m [6] 25 nov. 1710, à Madeleine PARÉ; 2° m [6] 4 fevrier 1721, à Marguerite VLAU, 3° m 6 nov. 1725, à Marie PLANTE, à St-Jean, I. O., s [6] 16 janvier 1762.

1682, (6 juillet) Ste-Famille, I. O.

II.—RACINE (1), PIERRE, [ETIENNE I.
b 1654; s 14 mars 1729, à Quebec. [3]
GUYON, Louise, [CLAUDE II.
b 1660; s [4] 12 déc 1727.
Joseph, b 27 nov. 1690, à Ste-Anne; 1° m [3] 23 sept. 1715, à Marguerite PILOTTE, 2° m 11 sept. 1738, à Louise GAGNÉ, à la Baie-St-Paul. — *Louise,* b 1695, m [4] 13 avril 1711, à Louis LIÉNARD, s 17 sept. 1760, à Ste-Foye.

1683, (25 oct.) Ste-Famille, I. O. [1]

II.—RACINE (2), ETIENNE, [ETIENNE I.
b 1662; s 5 janvier 1722, à Ste-Anne. [2]
GUYON, Catherine, [CLAUDE II.
b 1664; s [2] 8 août 1718.
Jean, b 1697; m [2] 9 nov. 1722, à Madeleine BOUCHARD,; s 29 mai 1767, au Château-Richer. [3] — *Etienne-Prisque,* b [2] 9 juin 1703; 1° m [3] 29 nov. 1724, à Marie-Anne GAGNON; 2° m [2] 20 oct. 1729, à Louise GIGUÈRE; 3° m [1] 23 fevrier 1745, à Marguerite VAILLANCOUR; s [1] 24 mars 1771.

(1) Voy. vol. I, p. 506.
(2) Voy. vol. I, pp. 506-507.

1700, (25 oct.) Ste-Anne. [2]
III.—RACINE, NOEL, [NOEL II.
b 1675.
GUIMONT (1), Françoise, [JOSEPH II.
b 1685.
Marie-Anne, b [2] 6 août 1701, m 1720, à Pierre GAGNON.

1700.
III.—RACINE, PIERRE, [NOEL II.
b 1672; s 6 avril 1731, à St-Joachim. [5]
1° CAUCHON, Catherine, [JEAN II.
b 1675.
Prisque, b 1704; m 27 juillet 1735, à Catherine PLANTE, à St-Jean, I. O.—*Geneviève,* b 1706; m[5] 14 nov. 1730, à Louis ALAIRE; s [5] 4 sept. 1731.—*Dorothée,* b... m [5] 11 juin 1731, à Jean-Baptiste GUILBAUT.
1711, (5 oct.) Ste-Anne.
2° GUIMONT, Geneviève, [JOSEPH II.
b 1686.
Pierre, b 1712; m [5] 21 oct. 1743, à Marguerite GAGNÉ.—*Charlotte,* b... m [5] 16 oct. 1744, à Pierre POULIN; s 29 janvier 1753, à Quebec.—*Marie,* b... m [5] 28 sept. 1746, à Pierre FOURNIER.

1701, (8 nov.) Ste-Anne [2] (2).
III.—RACINE, JEAN, [NOEL II.
b 1679.
DELESSARD, Marie-Anne, [ETIENNE II.
b 1685; s [2] 30 sept. 1757.
Anne, b 1706; m [2] 18 nov. 1727, à Louis GUIMOND; s [2] 6 juillet 1730. — *Thérèse,* b [2] 17 mars 1708; m [2] 3 fevrier 1733, à Jean BOLDUC; s 9 déc. 1733, à St-Joachim. [3]— *Marie-Madeleine,* b [2] 17 mai 1710; m [2] 8 nov. 1745, à Joseph PARÉ.—*Jean-Baptiste,* b [2] 1er sept. 1712; m [3] 14 oct. 1737, à Marie-Anne BOLDUC; s 21 juin 1762, à St-Michel. — *Joseph,* b [2] 22 oct. 1714; m [2] 24 janvier 1746, à Marie-Genevieve CARON. — *Marthe,* b [2] 11 fevrier 1718; m [2] 10 fevrier 1738, à Paul BOLDUC; s [2] 3 juillet 1759. — —*Agnès,* b [2] 8 mars 1721; m [2] 15 fevrier 1751, à Pierre SIMARD.—*Marie-Dorothée,* b [2] 17 déc. 1723; m [2] 11 février 1755, à Joseph BOLDUC. — *Marie-Louise,* b [2] 6 août 1726.

1706, (23 nov.) Ste-Anne. [9]
III.—RACINE, JOSEPH, [NOEL II.
b 1681; s [9] 11 oct. 1717.
DELESSARD, Marie-Jeanne, [ETIENNE II.
b 1687.
Joseph, b [9] 20 juillet 1708; m [9] 8 juin 1733, à Madeleine BOYER.—*Etienne,* b [9] 5 avril 1710; s [9] 14 fevrier 1711.—*Marie-Thérèse,* b [9] 9 dec. 1711; s [9] 20 août 1712.—*Noel,* b [9] 9 août 1713; s [9] 29 sept 1714.—*Etienne,* b [9] 11 avril 1715, 1° m [9] 19 fevrier 1737, à Elisabeth LACROIX; 2° m [9] 8 fevrier 1756, à Agnès PARÉ; s [9] 12 déc. 1765.—*Louis,* b [9] 10 août et s [9] 12 nov. 1716.

(1) Elle épouse, le 21 nov. 1701, Joseph DeLavoye, à Ste-Anne.
(2) Acte fait mais non signé.

1710, (25 fevrier) Château-Richer. [7]
III.—RACINE (1), CLAUDE, [ETIENNE II.
b 1684; s 13 déc. 1749, à Ste-Anne. [8]
GAGNON, Geneviève, [NOEL II.
b 1692; s [8] 21 avril 1745.
Pierre, b [8] 29 oct. et s [8] 13 nov. 1710. — *Geneviève,* b [8] 29 oct. et s [8] 7 nov. 1711.—*Marie-Joseph,* b [8] 18 sept. 1712.—*Dorothée,* b [8] 27 fevrier 1715; m [8] 24 nov. 1732, à Chrétien GIGUÈRE; s [8] 18 nov. 1766.—*Louis,* b [8] 23 nov. 1716; 1° m [8] 12 juillet 1745, à Dorothée SIMARD; 2° m [8] 13 mai 1748, à Marie-Marguerite CARON.—*Marie-Françoise,* b [8] 12 janvier 1719; m [8] 15 fevrier 1740, à Michel TREMBLAY.—*Jean-Baptiste,* b [8] 20 fevrier 1721; m 31 janvier 1746, à Marguerite DENIS, à St-Valier; s 1788, à St-Michel.—*Geneviève,* b [8] 31 déc. 1722; m [8] 22 nov. 1745, à Michel HUOT.—*Catherine,* b [8] 7 janvier 1725; m [8] 17 juillet 1747, à Pierre HUOT.—*Etienne,* b [8] 19 avril 1727; s [8] 30 avril 1728.—*Anonyme,* b [7] et s [7] 20 oct. 1730.—*Félicité,* b [7] 20 oct. 1730; m [8] 13 fevrier 1748, à Pierre COTÉ; s 2 mars 1756, à L'Ange-Gardien. —*Marie-Marguerite,* b [8] 19 août 1733; m [8] 7 avril 1750, à Charles-François FISET.—*Marie-Joseph,* b [8] 8 mars 1737.

1710, (25 nov.) Ste-Anne. [6]
III.—RACINE, JOSEPH, [FRANÇOIS II
b 1688; s [6] 16 janvier 1762.
1° PARÉ, Madeleine, [JOSEPH II.
b 1691; s [6] 30 mars 1720.
Joseph, b [6] 13 sept. 1711; m 11 nov. 1737, à Marie GERVAIS, à Ste-Famille, I. O. — *François,* b [6] 25 février 1713; m [6] 26 sept. 1736, à Marie GAGNON; s [6] 1er nov. 1773.—*Claude,* b [6] 18 et s [6] 30 janvier 1715.—*Marie-Madeleine,* b [6] 22 mars et s [6] 11 avril 1716.—*Jean,* b [6] 27 dec. 1717; m [6] 21 nov. 1741, à Marguerite PARÉ.—*Marie-Madeleine,* b [6] 23 mars et s [6] 2 août 1720.
1721, (4 fevrier). [6]
2° VEAU (2), Marguerite, [ETIENNE II.
b 1700; s [6] 27 mars 1724.
Marguerite, b [6] 6 nov. 1721; s [6] 13 nov. 1738. —*Louis,* b [6] 21 mars et s [6] 20 juillet 1724.
1725, (6 nov.) St-Jean, I. O.
3° PLANTE, Marie, [THOMAS II.
b 1700; s [6] 17 janvier 1761.
Marie, b... m [6] 25 nov. 1744, à Pierre PARÉ —*Marie-Anne,* b [6] 4 janvier 1727.—*Pierre,* b [6] 7 oct. 1728; m [6] 15 mai 1752, à Marie-Joseph PARÉ. —*Prisque,* b [6] 7 août 1730.—*Ignace,* b [6] 27 juin 1732; m [6] 2 fevrier 1756, à Angelique BOYER.—*Athanase,* b [6] 9 mars 1734.—*Prisque,* b [6] 5 mars 1736.—*Félicité,* b [6] 19 janvier 1738; m [6] 30 mai 1763, à Aime PERRON.—*Michel,* b [6] 20 nov. 1739. —*Jérôme,* b [6] 15 avril 1742.

1712, (21 nov.) Québec. [7]
III.—RACINE, JEAN-BTE, [PIERRE II.
b 1687; menuisier; s [7] 30 déc. 1757.
GUILLOT, Marie-Angelique, [JEAN I.
b 1689; s [7] 10 mai 1763.
Marie-Louise, b [7] 12 juin 1725.

(1) Dit Noyer, 1711.
(2) Et Sylvain.

1712, (22 nov.) Québec. [5]
III.—RACINE (1), PIERRE, [PIERRE II.
b 1689.
LEVASSEUR, Louise, [NOEL II.
b 1692.
Pierre-Marie, b [5] 9 août 1713; 1° m 23 nov. 1740, à Angelique NORMANDIN, à Verchères [6], 2° m [6] 29 janvier 1753, à Marie-Louise CHALU.—*Jean-François,* b [5] 18 janvier 1715; s [5] 3 avril 1716. — *Louis,* b [5] 4 mai 1716. — *Joseph,* b [5] 20 dec. 1717; s 7 août 1777, à l'Hôpital-Général, M. *Jean-Baptiste,* b [5] 5 juillet 1719. — *Marie-Françoise,* b [5] 22 nov. 1721; s [5] 17 sept. 1753.—*Marie-Louise,* b [5] 10 mars 1723; m [5] 10 avril 1752, à Pierre BEQUET. — *Marie-Marguerite,* b [5] 24 sept. 1724. s [5] 21 juillet 1725. — *Marguerite,* b [5] 12 février 1726; m [5] 13 sept. 1745, à Alexis BRUNET; s [5] 23 avril 1760. — *François* (2), b [5] 16 janvier 1728. — *Michel,* b [5] 4 juin 1729; 1° m [5] 11 août 1766, à Marguerite LEPAULMIER; 2° m [5] 2 mai 1774, à Marie-Elisabeth LAROSE; s [5] 3 juin 1780. —*Jacques,* b [5] 10 janvier 1731; m [5] 27 oct. 1755, à Marie-Angelique BRUNET; s [5] 14 juin 1791. — *Nicolas-Antoine,* b [5] 4 juillet et s [5] 4 août 1733. —*Charles,* b [5] 9 nov. 1734; m 1er sept. 1766, à Marguerite BEAUMONT, à Montreal.

1713, (20 nov.) Ste-Anne. [7]
III.—RACINE, ETIENNE, [NOEL II
b 1689; s [7] 1er janvier 1742.
DELESSARD, Thérèse, [ETIENNE II.
b 1694; s [7] 4 dec. 1749.
Marie-Thérèse, b [7] 8 oct. 1714; m [7] 16 nov. 1744, à Jean PARÉ; s [7] 18 oct. 1769.— *Catherine,* b [7] 14 oct. 1717; s [7] 3 août 1745.—*Etienne,* b [7] 12 avril 1721; m [7] 21 janvier 1749, à Geneviève LACROIX.—*Jean-Baptiste,* b [7] 31 juillet 1723; m [7] 24 janvier 1746, à Marie-Anne PARÉ; s [7] 20 mars 1748.—*Basile,* b [7] 16 fevrier et s [7] 23 juillet 1725. —*Louis,* b [7] 2 sept. 1726; m [7] 7 mai 1748, à Antoinette BOIVIN. — *Barthélemi,* b [7] 27 janvier 1729; m [7] 10 août 1767, à Marie-Geneviève SIMARD.—*Marie-Marthe,* b [7] 13 fevrier 1731; m [7] 24 nov. 1760, à Prisque PARÉ —*Marie-Joseph,* b [7] 26 et s [7] 27 juin 1734 — *Agnès,* b [7] 17 juillet 1735; m [7] 16 fevrier 1767, à Timothee PARÉ.

1715, (20 fevrier) Ste-Anne. [7]
III—RACINE, FRANÇOIS, [FRANÇOIS II.
b 1685.
1° PARÉ, Dorothée, [JOSEPH II.
b 1693; s [7] 9 dec. 1715.
Etienne, b [7] 6 dec. 1715; 1° m 1740, à Marie-Anne PARÉ; 2° m 1747, à Marie-Louise JULIEN.
1717, (18 avril). [7]
2° VEAU (3), Geneviève, [ETIENNE II.
b 1698; s [7] 13 août 1765.

(1) Dit Ste. Marie.

(2) Le 11 février 1768 sont comparus devant M. Hubert, secretaire de Mgr de Québec, Michel et Louise Racine dit Ste. Marie, frère et sœur, etc., lesquels ont assuré par serment que François Racine dit Ste Marie, actuellement vivant à Michilimakinac est celui dont le nom de baptême a ete omis au registre de bapteme de Quebec, le 16 janvier 1728.

(3) Silvain—Vallée, 1745.

Pierre, b [7] 28 juillet 1718; s [7] 31 oct. 1746. — *François,* b [7] 9 et s [7] 10 juin 1720. — *Geneviève,* b [7] 21 oct. 1721; m [7] 2 juillet 1742, à Jean-Baptiste GUILLOT; s 24 janvier 1749, à Québec.—*Claude,* b [7] 10 janvier 1724. —*Geneviève,* b [7] 26 avril et s [7] 25 mai 1726. —*Dorothée,* b [7] 24 et s [7] 27 août 1727.—*Dorothée,* b [7] 7 oct. 1731; s [7] 26 mai 1745. — *Marie-Françoise,* b [7] 23 sept. et s [7] 3 oct. 1733.—*Charles,* b [7] 4 et s [7] 26 nov. 1734.—*Françoise,* b [7] 5 déc. 1735; m 1758, à Nicolas DROUIN.—*François,* b [7] 10 oct. 1738. — *Geneviève-Victoire,* b 26 sept. 1740, au Château-Richer.

1715, (23 sept.) Québec. [1]
III.—RACINE (1), JOSEPH, [PIERRE II.
b 1690; bourgeois.
1° PILOTTE, Marguerite, [PIERRE II.
b 1694; s [1] 7 sept. 1728.
Marie-Joseph, b [1] 17 sept. 1716; m [1] 2 oct. 1747, à André BANET; s [1] 12 janvier 1756. — *Pierre-François-Michel,* b [1] 22 mai 1718; m [1] 20 oct. 1749, à Charlotte DUPUYAU. — *Pierre,* b [1] 18 février 1720. — *Joseph-Clément,* b [1] 3 mars 1722. — *Marguerite,* b [1] 25 oct. 1723; 1° m 6 février 1747, à Charles GRÉGOIRE, à Ste-Foye [2]; 2° m [1] 28 oct. 1748, à Joseph DUPUYAU. — *François,* b 1725; m 25 juillet 1746, à Angélique GÉLIBERT, au Détroit.—*Marie-Anne,* b [1] 9 nov. 1726; s [2] 27 mars 1744.—*Charles,* b [1] 4 et s [1] 5 sept. 1728.
1738, (11 sept.) Baie-St-Paul. [3]
2° GAGNÉ, Louise, [JACQUES IV.
b 1717; s [3] (picote) 3 nov. 1755.
Marie-Angélique, b [1] 27 juin et s [1] 23 août 1739. — *Marie-Hélène,* b [1] 27 juin 1739; s [3] 25 fevrier 1760.—*Antoine-Joseph-Casimir,* b [3] 7 mars 1743; m 7 nov. 1768, à Marie-Marguerite DESLANDES, à Montreal.—*Marie-Olive,* b [3] 11 février 1747; m [3] 30 juin 1766, à Guillaume TREMBLAY. — *Rosalie,* b [3] 26 oct. et s [3] 3 nov. 1755.

1722, (9 nov.) Ste-Anne. [1]
III.—RACINE, JEAN, [ETIENNE II.
b 1697; s 29 mai 1767, au Château-Richer. [6]
BOUCHARD (2), Madeleine, [PAUL-CLAUDE II.
b 1704.
Marie-Madeleine, b [1] 23 sept. 1723; m [1] 1er oct. 1742, à Claude CARON.—*Marie-Joseph,* b [1] 19 mai 1725; m [1] 3 fevrier 1744, à Guillaume TAILLON-MICHEL; s [6] 8 nov. 1765. — *Jean-Baptiste,* b [1] 5 sept. 1726; s [1] 4 mars 1735. — *Monique,* b [1] 19 juillet 1728. — *Claude,* b [6] 27 sept. 1730; m [6] 22 nov. 1756, à Marguerite DETRÉPAGNY. —*Charles,* b [1] 10 oct. 1732; m [1] 19 janvier 1761, à Marie-Pélagie GAGNON. —*Michel,* b [1] 2 oct. 1734; m [1] 8 février 1762, à Marie-Geneviève GAGNON.

1724, (28 sept.) Québec. [6]
III.—RACINE, FRS-CLÉMENT, [PIERRE II.
b 1700.
LECOMPTE, Elisabeth, [JEAN I.
b 1706.

(1) Dit Beauchesne, 1739.

(2) Dit Dorval.

François-Clément, b [6] 7 dec. 1725 ; m [6] 9 oct 1747, à Françoise HARNOIS.—*Jean-Baptiste*, b [6] 9 janvier 1727 ; m 9 fevrier 1750, à Marguerite MONTY, à Chambly.[7] — *Marie-Madeleine*, b [6] 6 avril 1728 ; m [6] 26 avril 1751, à François GAULIN ; s [6] 2 sept. 1762.—*François*, b [6] 1er déc. 1729, m [6] 21 sept. 1750, à Marie-Michelle VIVIER. — *Marie-Catherine*, b [6] 5 juin 1731 ; m [6] 18 juin 1749, à Charles LAMONTAGNE. — *Marie-Elisabeth*, b [6] 14 janvier 1733 ; m [6] 11 sept. 1752, à Jean-Baptiste GAULIN ; s [6] 16 avril 1789.—*Urbain*, b [6] 24 mai 1734 ; m [6] 18 avril 1757, à Jeanne BRUNET. — *Marie-Anne*, b [6] 9 février 1736 ; m [6] 20 fevrier 1759, à Nicolas MARTIN — *Angélique*, b [6] 12 avril 1737 ; m [7] 31 août 1761, à Jean MARTIN. —*Marie-Nicolas*, b [6] 7 juin 1738 ; m 6 août 1760, à Louis ALBERT, à Beauport. — *Charlotte*, b [6] 27 fevrier 1740 ; m [7] 14 janvier 1760, à Barthélemi DARCHE.—*Joseph*, b [6] 26 dec. 1743.

1724, (29 nov.) Château-Richer. [7]

III.—RACINE, ETIENNE-PRISQUE, [ETIENNE II
b 1703 ; s 24 mars 1771, à Ste-Famille, I. O.[8]
1° GAGNON, Marie-Anne, [PIERRE II.
b 1704 ; s 17 sept. 1725, à Ste-Anne.[9]

Marie-Catherine, b [9] 11 sept. 1725. — *Marie-Marguerite*, b... m [8] 23 janvier 1747, à Alexandre VAILLANCOUR.

1729, (20 oct.) [9]

2° GIGUÈRE, Louise, [JOSEPH II.
b 1704 ; s [8] 7 mars 1744.

Prisque, b [9] 12 et s [9] 21 juillet 1730.—*Prisque* b... s [9] 24 sept. 1731.—*Etienne*, b [8] 23 août 1733 ; m [8] 2 fevrier 1767, à Marie-Joseph DONVAL.— *François*, b [8] 7 fevrier 1735 ; s [8] 2 mars 1754.— *Prisque*, b [8] 8 oct. 1736 ; m [8] 24 février 1756, à Marie-Louise VAILLANCOUR. — *Marie-Louise*, b [8] 13 et s [8] 18 mai 1738.—*Marie-Louise*, b [8] 22 dec. 1739 ; s [8] 22 janvier 1740.—*Joseph*, b [8] 30 janvier et s [8] 17 fevrier 1741. — *Marie-Louise*, b [8] 22 fevrier 1742 ; s [8] 5 mars 1751. — *Jean-Baptiste*, b 6 mars et s 25 juin 1744, à St-Pierre, I. O.

1745, (23 février). [8]

3° VAILLANCOUR, Marguerite, [PAUL II.
b 1724.

Marguerite, b [8] 4 janvier et s [8] 24 sept. 1746.— *Cajetan*, b [8] 11 février et s [8] 3 mai 1748.—*Joseph-Laurent*, b [7] 13 février 1750. — *Charles-Amable*, b [8] 16 février et s [8] 16 juillet 1752. — *Amable*, b [8] 31 mai 1753.—*Michel*, b [8] 23 juillet 1755.

1733, (8 juin) Ste-Anne. [9]

IV.—RACINE, JOSEPH, [JOSEPH III.
b 1708.
BOYER, Madeleine, [JEAN-BTE II.
b 1716.

Joseph, b [9] 31 mai 1734. — *Marie-Anne*, b [9] 7 juin 1737. — *François-Xavier*, b [9] 4 nov. 1739 ; m [9] 26 janvier 1767, à Marthe BLOUIN ; s [9] 23 nov. 1771. — *Elisabeth*, b [9] 15 mars 1742 ; m [9] 3 sept. 1764, à Pierre DUPONT ; s [9] 6 mai 1771.— *Etienne-Marie*, b [9] 18 fevrier et s [9] 17 juin 1744. — *Marie-Angélique*, b... m [9] 7 janvier 1771, à Pierre GAGNON.—*Michel*, b [9] 31 août 1749.

1735, (27 juillet) St-Jean, I. O.

IV.—RACINE, PRISQUE, [PIERRE III.
b 1704.
PLANTE (1), Catherine, [PIERRE II.
b 1699.

1736, (26 sept.) Ste-Anne. [9]

IV.—RACINE, FRANÇOIS. [JOSEPH III,
b 1713 ; s [9] 1er nov. 1773.
GAGNON, Marie, [PIERRE III.
b 1714.

Marie-Joseph, b [9] 12 juin 1737.—*Marie-Geneviève*, b [9] 31 mars 1739 ; m [9] 7 janvier 1767, à Pierre DELESSARD.—*Marie-Madeleine*, b 2 mars 1741, à St-Joachim.—*Amour*, b [9] 6 et s [9] 17 mars 1742.—*François-Marie*, b [9] 20 avril 1743 ; 1° m [9] 26 janvier 1767, à Geneviève BLOUIN ; 2° m [9] 3 fevrier 1772, à Charlotte DELESSARD ; 3° m 8 juin 1779, à Veronique POULIN, au Château-Richer.— *Marie-Madeleine*, b [9] 13 août 1745.—*Pierre-François*, b [9] 18 nov. 1747 ; m [9] 12 fevrier 1770, à Marguerite LACROIX.—*Marie-Anne*, b [9] 1er fevrier 1750 ; m [9] 15 fevrier 1773, à Augustin LACROIX.

1737, (19 fevrier) Ste-Anne. [7]

IV.—RACINE (2), ETIENNE, [JOSEPH III
b 1715, s [7] 12 dec. 1765.
1° LACROIX, Elisabeth, [AUGUSTIN II.
b 1715.

Madeleine, b [7] 14 fevrier 1738.—*Marie-Marthe*, b [7] 24 fevrier 1739 ; m [7] 9 nov. 1761, à André POULIN.—*Pierre*, b [7] 2 fevrier 1742.—*Marie-Thérèse*, b [7] 3 juin 1744 ; s [7] 1er juillet 1745.—*Marie-Judith-Amable*, b [7] 4 juin 1746.—*Joseph-Marie*, b [7] 7 mai 1749 ; m 18 nov. 1776, à Marie-Anne SIMARD, à St-Joachim. — *Etienne*, b [7] 6 et s [7] 25 janvier 1750.—*Angélique*, b... m [7] 4 février 1771, à Henri-Marie MERCIER.

1756, (8 février). [7]

2° PARÉ (3), Agnès, [PRISQUE III.
b 1721.

Etienne, b [7] 2 janvier 1758.—*Charles*, b [7] 15 sept. 1759.—*Louis*, b [7] 25 et s [7] 28 mai 1762.

1737, (14 oct.) St-Joachim.

IV.—RACINE, JEAN-BTE, [JEAN III.
b 1712 ; s 21 juin 1762, à St-Michel. [2]
BOLDUC, Marie-Anne, [LOUIS II.
b 1714.

Marie-Anne, b [2] 15 sept. 1738 ; m [2] 14 nov. 1757, à Joseph FORTIER.—*Joseph*, b [2] 15 sept. 1739.— *Marie-Marguerite*, b [2] 2 mars 1741 ; s [2] 27 janvier 1757.—*Louise*, b 26 août 1744, à St-Valier.— *Marie-Madeleine*, b [2] 15 mai 1749.—*Marie-Thérèse*, b [2] 17 fevrier 1751 ; m 1769, à Joseph MARTINEAU —*Jean-Baptiste*, b [2] 21 avril 1753 ; s [2] 15 juin 1757.—*Marie-Marguerite*, b [2] 6 sept. 1756.— *Marie-Angélique*, b [2] 25 oct. 1757.

---

(1) Elle épouse, le 11 janvier 1758, Etienne Robert, à St-Joachim.

(2) Dit Varenne, 1750.

(3) Elle epouse, le 11 avril 1768, Ignace Tremblay, à Ste-Anne.

1737, (11 nov.) Ste-Famille, I. O.
IV.—RACINE, JOSEPH, [JOSEPH III.
b 1711.
GERVAIS, Marie-Catherine, [PIERRE II.
b 1720.

1740.
IV.—RACINE, ETIENNE, [FRANÇOIS III.
b 1715 ; s 1748 (1).
1° PARÉ, Marie-Anne, [ETIENNE III.
b 1719 ; s 13 mai 1746, à St-Joseph, Beauce. [6]
Etienne, b [6] 23 oct. 1745.
2° JULIEN (2), Marie-Louise, [JEAN III.
b 1718.
Marie-Angélique, b 1747, m [6] 18 avril 1768, à François RODRIGUE. — *Louise* (posthume), b 3 mai 1749, à L'Ange-Gardien ; m [6] 16 oct. 1769, à Joseph LALAGUE.

1740, (23 nov.) Verchères. [1]
IV.—RACINE (3), PIERRE-MARIE, [PIERRE III.
b 1713.
1° NORMANDIN, Angélique, [JOSEPH I.
b 1719.
Marie, b 1741 ; m [1] 18 fevrier 1760, à Amable LEDOUX.
1753, (29 janvier). [1]
2° CHALU, Marie-Louise, [JACQUES II.
b 1727.
Marie-Anne, b [1] 9 nov. 1753. — *Pierre*, b [1] 29 janvier et s [1] 6 fevrier 1755.—*Marie-Louise*, b [1] 4 fevrier 1756. — *Catherine*, b 1758 ; s [1] 25 mars 1759. — *Pierre*, b [1] 22 mai 1759. — *Joseph*, b [1] 13 nov. 1760.

1741, (21 nov.) Ste-Anne. [4]
IV.—RACINE, JEAN, [JOSEPH III.
b 1717.
PARÉ, Marguerite, [FRANÇOIS II.
b 1716.
Joseph-Marie, b [4] 20 avril 1743 ; m 18 janvier 1768, à Marie MIGNAU, à St-Antoine-de-Chambly. — *Jean-François*, b [4] 3 nov. 1747. — *Jean-Baptiste*, b [4] 9 mars 1750 ; m 5 juillet 1773, à Marie-Charlotte VIEN, à St-Michel-d'Yamaska. — *Thérese*, b [4] 7 juin 1756 ; s [4] 28 oct. 1758.

1743, (21 oct.) St-Joachim. [8]
IV.—RACINE, PIERRE, [PIERRE III.
b 1712.
GAGNÉ (4), Marguerite, [FRANÇOIS IV.
b 1725.
Marie-Joseph, b... m [8] 23 janvier 1769, à René-Marie GAGNON.

(1) La veuve demande inventaire, le 17 dec. 1748.
(2) Elle épouse, le 30 juillet 1749, Augustin DeLessard, à L'Ange-Gardien.
(3) Dit Ste Marie.
(4) Elle épouse, le 19 nov. 1759, Jacques Fugère, à St-Joachim.

1745, (12 juillet) Ste-Anne. [2]
IV.—RACINE (1), LOUIS, [CLAUDE III.
b 1716.
1° SIMARD, Dorothée, [AUGUSTIN II.
b 1727 ; s [2] 25 janvier 1745.
Anonyme, b [2] et s [2] 21 janvier 1747.
1748, (13 mai). [2]
2° CARON, Marguerite, [AUGUSTIN III.
b 1718.
Marie-Marguerite, b [2] 12 et s [2] 13 août 1749.— *Jean*, b 23 juin 1751, à L'Ange-Gardien ; m 19 avril 1773, à Charlotte LEFRANÇOIS, au Château-Richer. [3] — *Louis*, b [2] 30 avril 1757. — *Louis-François*, b [2] 9 août 1759 ; m [3] 3 août 1778, à Elisabeth LEFRANÇOIS.

1746, (24 janvier) Ste-Anne. [1]
IV.—RACINE, JEAN-BTE, [ETIENNE III.
b 1723, s [1] 20 mars 1748.
PARÉ (2), Marie-Anne, [TIMOTHÉE III.
b 1727.
Marie-Charlotte, b [1] 2 nov. 1746 ; m 27 janvier 1766, à Charles DOYON, à St-Joseph, Beauce.

1746, (24 janvier) Ste-Anne. [1]
IV.—RACINE, JOSEPH, [JEAN III.
b 1714
CARON, Marie-Geneviève, [AUGUSTIN III.
b 1728 ; s [1] 11 fevrier 1765.
Joseph-Toussaint, b [1] 31 oct. 1746 ; m [1] 2 fevrier 1767, à Marguerite VEAU. — *Augustin*, b [1] 4 janvier 1748 ; m 1771, à Marie-Joseph VEAU. — *Jean-François*, b [1] 22 dec. 1749, m [1] 9 nov. 1772, à Angelique BARETTE.—*Michel*, b [1] 25 avril 1752. — *Geneviève*, b 1754, s [1] 2 avril 1759. — *Marie-Joseph*, b [1] 12 mars 1756 ; s [1] 15 mai 1769. — *Ignace*, b [1] 14 août 1758.—*Marie-Brigitte*, b [1] 14 mars 1761.—*Basile*, b [1] 6 mai 1763.—*Marguerite*, b [1] 31 dec. 1764, s [1] 15 février 1765.

1746, (31 janvier) St-Valier. [1]
IV.—RACINE (1), JEAN-BTE, [CLAUDE III.
b 1721 ; s 1788, à St-Michel. [2]
DENIS, Marguerite, [CHARLES II.
b 1725.
Marie-Marthe, b [1] 20 mars et s [1] 13 juillet 1747. —*Marie-Marguerite*, b [2] 21 juillet et s [2] 4 oct. 1748.—*Marguerite* (3), b [2] 28 fevrier 1750 ; s [2] mars 1784. — *Jean-Charles*, b [2] 16 sept. 1751. — *Louis-Eloi*, b [2] 25 juin 1753. — *Laurent*, b [2] 28 août 1755.—*Ignace*, b [2] 28 août et s [2] 12 nov. 1755. —*Laurent* (3), b [2] 21 mai 1757 ; s [2] avril 1784.— *Charles*, b 1758 ; s [2] 9 juillet 1761.—*Marie-Thérèse*, b 1759 ; s [2] 7 juillet 1761.—*Marie-Joseph*, b [2] 22 fevrier 1760 ; s [2] 7 juillet 1761.—*Marie-Geneviève*, b [2] 30 juin 1761.

(1) Dit Noyer.
(2) Elle épouse, le 19 mai 1749, Jean Gagnon, à Ste-Anne.
(3) Excommunies en oct. 1775 ; voy. *La Patrie*, 12 dec. 1883.

1746, (25 juillet) Detroit.
IV.—RACINE (1), François, [Joseph III.
b 1725.
Gélibert (2), Angelique, [Simon I.
b 1730.

1747, (9 oct.) Québec. [3]
IV.—RACINE, Frs-Clément, [Frs-Clément III.
b 1725.
Harnois, Françoise, [Joseph II.
b 1716 ; veuve de Jean-Baptiste Brière.
François-Clément, b [3] 20 mai 1750.—*Jean*, b [3] 29 mars 1752.

1748, (7 mai) Ste-Anne. [4]
IV.—RACINE, Louis, [Etienne III.
b 1726.
Boivin, Antoinette, [Charles II.
b 1719.
Joseph-Louis, b [4] 2 fevrier 1749.—*Etienne*, b [4] 7 dec. 1750.—*Charles*, b 1752 ; m [4] 8 nov. 1773, à Marie-Joseph Paré.—*Marie-Madeleine* et *Marie-Geneviève*, b [4] 30 juillet 1756.

1749, (21 janvier) Ste-Anne. [5]
IV.—RACINE, Etienne, [Etienne III.
b 1721.
Lacroix, Geneviève, [Augustin II.
b 1720.
Etienne, b 23 mai 1756, au Château-Richer ; 1° m 3 février 1778, à Marguerite Pepin, à St-Joachim [6] ; 2° m [6] 13 janvier 1779, à Dorothée Simard. —*Louis*, b [5] 22 mars 1759 ; s [6] 26 mars 1762.

1749, (20 oct.) Québec. [9]
IV.—RACINE (1), Pierre-Frs-Michel, [Jos. III.
b 1718 ; maître-tonnelier.
Dupuyau (3), Charlotte, [Jean I.
b 1721.
Pierre, b [9] 17 août et s [9] 11 sept. 1750.—*Pierre-André*, b [9] 29 dec. 1751 ; s [9] 14 janvier 1752.—*Charlotte*, b [9] 31 oct. 1753 ; s [9] 3 mars 1754.—*Pierre*, b [9] 14 fevrier 1755 ; m 20 sept. 1784, à Marguerite Groleau, à Deschambault.—*Louis*, b [9] 14 mars 1758 ; s [9] 17 avril 1759.

1750, (21 sept.) Québec.
IV.—RACINE, François, [Frs-Clément III.
b 1729.
Vivier (4), Marie-Michelle, [Pierre II.
b 1731.

1750, (9 fevrier) Chambly [1]
IV.—RACINE, J.-B.-Clément, [Frs-Clément III.
b 1727 ; menuisier.
Monty, Marguerite, [Jean I.
b 1730.
Jean-Baptiste, b 14 mars 1752, à Québec. [2] —*Marguerite*, b [2] 23 mai 1753 ; m [1] 7 nov. 1768, à Joseph Brêard.—*Jean-Baptiste*, b [1] et s [1] 29 août 1754.—*Marie-Louise*, b [1] 15 août 1755.—*Claude*, b [1] 27 août et s [1] 19 sept. 1756.—*Jean-Baptiste*, b [1] 24 sept. 1758 ; s [1] 23 juillet 1759.—*Marie-Geneviève*, b [1] 27 mars et s [1] 15 mai 1760.

(1) Dit Beauchesne.
(2) Voy. aussi Sanspeur, vol. VI.
(3) Le Marquis.
(4) Elle épouse, le 17 janvier 1774, Michel Drolet, à Quebec.

1752, (15 mai) Ste-Anne. [1]
IV.—RACINE, Pierre, [Joseph III.
b 1728.
Paré, Marie-Joseph, [Timothée III.
b 1732.
Catherine, b 1754 ; s [1] 6 dec. 1755.—*Scholastique*, b [1] 7 mars 1757 ; s [1] 28 février 1770.—*Marie-Madeleine*, b [1] 23 fevrier 1761.—*Pierre*, b [1] 19 mars 1763.—*Joseph*, b [1] 16 sept. 1765 ; s [1] 2 mars 1770.—*René*, b [1] 3 avril 1768 ; s [1] 3 mars 1770.—*Jean*, b [1] 11 oct. 1770.

1755, (27 oct.) Quebec. [2]
IV.—RACINE (1), Jacques, [Pierre III.
b 1731 ; s [2] 14 juin 1791.
Brunet (2), Marie-Angelique, [Alexis I.
b 1733.
Marie-Louise, b [2] 21 août et s [2] 6 oct. 1756—*Pierre*, b [2] 4 et s [2] 27 août 1757.—*Marie-Charlotte*, b [2] 3 mars et s [2] 9 juin 1759.—*Marie-Charlotte*, b [2] 4 nov. 1762.

1756, (2 février) Ste-Anne. [3]
IV.—RACINE, Ignace, [Joseph III.
b 1732.
Boyer, Angélique, [Jean-Bte II.
b 1724 ; s [3] 12 oct. 1772.
Ignace, b [3] 26 nov. 1756 ; m 1773, à Victoire Simard.—*Joseph-François*, b [3] 28 février 1760.—*Michel*, b [3] 13 dec. 1761.—*Marie-Angélique*, b [3] 7 mai 1763.—*Marie-Agnès*, b [3] 20 oct. 1766.

1756, (24 fevrier) Ste-Famille, I. O. [4]
IV.—RACINE, Prisque, [Etienne-Prisque III.
b 1736.
Vaillancour, Marie-Louise, [Paul III.
b 1735.
Françoise, b [4] 1er nov. 1757 ; s [4] 30 juillet 1758. —*Marie-Angélique*, b [4] 4 nov. 1759.—*Amable*, b 1761 ; m 3 juin 1783, à Louise Labady-Normandeau, à Quebec.—*Marguerite*, b [4] 3 oct. 1767.

1756, (22 nov.) Château-Richer.
IV.—RACINE, Claude, [Jean III.
b 1730.
DeTrépagny, Marguerite, [Claude III.
b 1735.
Marie-Marguerite, b 27 août et s 4 sept. 1758, à Ste-Anne. [5] — *Marie-Marguerite*, b [5] 26 dec. 1759.—*Marie-Angélique*, b [5] 23 janvier 1762—*Louis*, b [5] 19 fevrier 1764.—*Marie-Louise-Marguerite*, b [5] 22 déc. 1765 ; s [6] 8 fevrier 1766.—*Claude*, b 20 février 1767, à St-Joachim, s [5] 27 mars 1770.—*Jean-Marie*, b [5] 5 janvier 1769 ; s [5] 18 avril 1770. — *Geneviève*, b [5] 10 août 1771.—*Charlotte*, b [5] 21 juin et s [5] 13 août 1773.

(1) Dit Ste Marie.
(2) Dit Dauphiné.

1757, (18 avril) Quebec.[8]
IV.—RACINE, URBAIN, [FRANÇOIS-CLÉMENT III.
b 1734 ; charpentier.
BRUNET (1), Jeanne, [ALEXIS I.
b 1734.
Marie-Jeanne, b[8] 23 juin et s 27 août 1757, à Lévis.— *Urbain-Barthélemi,* b[8] 27 juillet et s[8] 13 août 1758. — *Urbain,* b[8] 6 nov. 1759. — *Marie-Jeanne,* b[8] 14 et s[8] 22 nov. 1760.—*Charles,* b[8] 6 avril 1762.—*Geneviève,* b[8] 28 juillet 1763.

1761, (19 janvier) Ste-Anne.
IV.—RACINE, CHARLES, [JEAN III.
b 1732.
GAGNON, Marie-Pelagie, [JOSEPH IV.
b 1743.

1762, (8 fevrier) Ste-Anne.[1]
IV.—RACINE, MICHEL, [JEAN III.
b 1734.
GAGNON, Marie-Geneviève, [JOSEPH IV.
b 1740.
Michel, b[1] 23 février et s[1] 18 août 1763.—*Marie-Geneviève,* b 13 sept. 1764, à St-Joachim. —*Joseph,* b[1] 19 mars 1767.—*Marie-Louise,* b[1] 7 sept. 1768.—*Bonaventure,* b[1] 11 juin 1773.

1766, (11 août) Québec.[2]
IV.—RACINE, MICHEL, [PIERRE III.
b 1729 ; s[2] 3 juin 1780.
1° LEPAULMIER (2), Marguerite, [GEORGES I.
b 1743.
Michel, b sept. et s 6 dec. 1767, à Lévis.
1774, (2 mai).[2]
2° LAROSE (3), Marie-Elisabeth.
Elisabeth, b 1775 ; m[2] 23 juin 1796, à Pierre RACINE.

1766, (1er sept.) Montréal.
IV.—RACINE (4), CHARLES, [PIERRE III
b 1734.
BEAUMONT, Marguerite, [ANTOINE II.
b 1745.
Pierre, b 1770 ; m 23 juin 1796, à Elisabeth RACINE, à Quebec.

1767, (26 janvier) Ste-Anne.[2]
V.—RACINE, FRANÇOIS-MARIE, [FRANÇOIS IV.
b 1743.
1° BLOUIN, Geneviève, [JOSEPH III.
b 1744 ; s[2] 11 oct. 1771.
François, b[2] 4 dec. 1767.— *Marie-Pélagie,* b[2] 23 dec. 1769.—*Anonyme,* b[2] et s[2] 6 oct. 1771.
1772, (3 fevrier).[2]
2° DELESSARD, Charlotte, [BONAVENTURE III.
b 1744.
Marie-Charlotte, b[2] 8 mars 1773.
1779, (8 juin) Château-Richer.
3° POULIN, Veronique. [AUGUSTIN.

---

(1) Dauphiné.
(2) Et Pommier.
(3) Elle épouse, le 28 août 1781, Charles Derome, à Quebec.
(4) Dit Ste. Marie.

1767, (26 janvier) Ste-Anne.[2]
V.—RACINE, FRANÇOIS-XAVIER, [JOSEPH IV.
b 1739 ; s[2] 23 nov. 1771.
BLOUIN, Marthe, [JOSEPH III.
b 1746 ; s[2] 23 nov. 1771.
Joseph-François, b[2] 17 nov. 1767.—*Jean-Baptiste,* b[2] 6 août 1769.

1767, (2 fevrier) Ste-Famille, I. O.
IV.—RACINE, ETIENNE, [ETIENNE-PRISQUE III.
b 1733.
DORVAL, Marie-Joseph, [PIERRE IV.
b 1747.

1767, (2 février) Ste-Anne.[2]
V.—RACINE, JOSEPH-TOUSSAINT, [JOSEPH IV.
b 1746.
VEAU, Marguerite, [PIERRE IV.
b 1748.
Marie-Marguerite, b[2] 17 déc. 1767.—*Victoire-Amable,* b[2] 27 fevrier 1769. — *Marie-Geneviève,* b[2] 12 sept. 1770. — *Marie-Françoise,* b[2] 4 avril 1772.—*Marie-Pélagie,* b[2] 15 août et s[2] 24 sept. 1773.

IV.—RACINE, JOSEPH, [PIERRE III.
b 1717 ; s 7 août 1777, à l'Hôpital-General, M.

1767, (10 août) Ste-Anne.[8]
IV.—RACINE, BARTHÉLEMI, [ETIENNE III.
b 1729.
SIMARD, Marie-Geneviève, [ETIENNE III.
b 1744 : s[8] 14 mars 1772.
Marie-Geneviève, b[8] 12 août 1768. — *Barthélemi,* b[8] 20 nov. 1769.

1768, (18 janvier) St-Antoine-de-Chambly.
V.—RACINE, JOSEPH-MARIE, [JEAN IV.
b 1743.
MIGNAU, Marie. [JEAN.

1768, (7 nov.) Montréal.
IV.—RACINE, ANT.-JOS.-CASIMIR, [JOSEPH III.
b 1743.
DESLANDES, Marie-Marguerite, [PIERRE II.
b 1740.

1770, (12 février) Ste-Anne.[2]
V.—RACINE, PIERRE-FRANÇOIS, [FRS IV.
b 1747.
LACROIX, Marguerite, [AUGUSTIN III.
b 1751.
Louise-Marguerite, b[2] 8 juillet 1771 ; s[2] 13 sept. 1772.—*Angélique,* b[2] 28 mars 1773.

RACINE, MICHEL,
s 27 mars 1787, à Québec.
RACINE, Marie.

1772, (9 nov.) Ste-Anne.
V.—RACINE, JEAN-FRANÇOIS, [JOSEPH IV.
b 1749.
BARETTE, Angélique, [FRANÇOIS III.
b 1751.

1773.

V.—RACINE, Ignace, [Ignace IV.
b 1756.
Simard, Victoire.
Marie-Louise, b 11 oct. 1773, à Ste-Anne.

1773, (19 avril) Château-Richer.

V.—RACINE (1), Jean, [Louis IV.
b 1751.
Lefrançois, Charlotte, [Charles III.
b 1759.
Anonyme, b et s 25 déc. 1773, à Ste-Anne.[1] — *Marguerite,* b [1] 25 déc. 1773.

1773, (5 juillet) St-Michel-d'Yamaska.

V.—RACINE, Jean, [Jean IV.
b 1750.
Vien, Marie-Charlotte. [Pierre.

1773, (8 nov.) Ste-Anne.

V.—RACINE, Charles, [Louis IV.
b 1752.
Paré, Marie-Joseph, [Pierre III.
b 1747.

1776, (18 nov.) St-Joachim. [1]

V.—RACINE, Joseph-Marie, [Etienne IV
b 1749.
Simard, Marie-Anne, [Etienne III.
b 1754.
Joseph, b [1] 9 janvier et s [1] 6 oct. 1778.

V.—RACINE, Augustin, [Joseph IV
b 1748.
Veau, Marie-Joseph.
Michel-Pierre, b 29 sept. 1776, à St-Joachim

1778, (3 fevrier) St-Joachim. [2]

V.—RACINE (2), Etienne, [Etienne IV.
b 1756.
1° Pepin, Marguerite, [Joseph-Marie III
b 1761.
1779, (13 janvier). [2]
2° Simard, Dorothee, [Etienne III
b 1752.

1778, (3 août) Château-Richer.

V.—RACINE, Louis-François, [Louis IV.
b 1759.
Lefrançois, Elisabeth. [Charles III

1783, (3 juin) Québec.

V.—RACINE, Amable, [Prisque IV.
b 1761.
Labady-Normandeau, Marie-Louise.

1784, (20 sept.) Deschambault.

V.—RACINE, Pierre, [Pierre-Frs-Michel IV.
b 1755.
Groleau, Marguerite, [Pierre III.
b 1750.

(1) Dit Noyer.
(2) Dit Varenne.

RACINE, Jean,
b 1753; s 13 oct. 1788, à Québec.
Berthelot, Marie.

1796, (23 juin) Québec.

V.—RACINE, Pierre, [Charles IV.
b 1770.
Racine, Elisabeth, [Michel IV.
b 1775.

RACLOS.—Voy. Dufaux.

I.—RADIER (1), François, b 1715; s 6 janvier 1751, à Montreal.

I.—RADISSON (2), Etienne, b 1665; colonel, s 15 juin 1735, à Montreal.

RADOUL.—*Variation :* Wadoul.

1764, (7 août) Levis [6]

I.—RADOUL (3), Salvator, fils de François et de Marguerite Roussy, du Crucifix, Ile-de-Malte.
......, Marie-Anne.
Marie-Marguerite, b [6] 2 sept. 1765.—*Marie-Anne,* b [6] 19 nov. 1767.—*Marie-Louise,* b [6] 12 oct. et s [6] 25 nov. 1769.

RADUMÉ.—*Surnom :* Langevin.

1714, (12 fevrier) Longueuil. [7]

I.—RADUMÉ (4), Thomas, b 1667, soldat; fils de René et de Louise Beauvais, de Trinite, ville d'Angers, Anjou; s [7] 19 fevrier 1729.
Robin, Catherine, [Jean I.
b 1685; s [7] 12 mars 1726.

RAFAULT.—Voy. Raffoux.

I.—RAFFARD, ..., b 1684; s 31 janvier 1764, à Lorette.

RAFFOUX.—*Variation et surnoms :* Rafault —Poitevin—Prêt-a-boire.

1755, (13 janvier) Québec. [8]

I.—RAFFOUX (5), Pierre, fils de François et d'Anne Chanlué, de Linaze, diocèse de Poitiers, Poitou; s [8] 11 avril 1784.
Bezeau, Marie-Louise, [Pierre III.
b 1730.
Pierre, b [8] 10 fevrier 1754; s [8] 25 sept. 1755 — *Jean,* b [8] 30 sept. 1755.—*François,* b [8] 17 mars 1757; s [8] 23 mars 1764.—*Marie-Louise,* b [8] 8 fevrier 1759; m [8] 4 mai 1784, à Joseph Fournier. —*Marguerite,* b 2 avril 1761, à Ste-Foye; s [8] 20 juillet 1762.—*Catherine,* b [8] 5 mars 1763.

(1) Dit Dubuisson
(2) Voy. Volant—Il était, le 12 mai 1710, à Chambly.
(3) Et Wadoul.
(4) Dit Langevin.
(5) Dit Prêt-à-boire—Poitevin; soldat, canonnier et bombardier.

I.—RAFIN (1), Luc.

RAGAUT.—*Surnom :* Bélaire.

1761, (12 oct.) St-Jean-Deschaillons. [9]

I.—RAGAUT (2), Etienne, b 1725 ; fils de Bastien et de Jeanne Royer, de Veulon-le-bas, Lorraine, s [9] 11 juillet 1809.

1° Trunet, Marie-Elisabeth, [Etienne II.
b 1742 ; s [9] 13 mai 1767.

Etienne, b [9] 10 et s [9] 21 août 1762.

1768, (24 juillet) Lotbinière.

2° Augé, Marie-Anne, [Jean-Louis III.
b 1737 ; s [9] 30 juin 1821.

Marguerite, b [9] 16 juillet 1769.—*Marie-Françoise,* b [9] 22 janvier 1771, m [9] 19 nov. 1804, à Jean-François Couture ; s [9] 28 mai 1823.—*Louis,* b [9] 28 février 1773 ; m à Elisabeth Gendron.—*Etienne,* b [9] 26 fevrier 1775.

II.—RAGAUT, Louis, [Etienne I.
b 1773.

Gendron, Elisabeth, [Joachim III.
b 1774.

Judith, b... m 26 fevrier 1821, à Clément Vaul, à St-Jean-Deschaillons. [2] —*Elisabeth,* b... m [2] 4 février 1823, à Siméon Pérusse.—*Louis,* b... m [2] 21 avril 1823, à Angelique Royer.

1823, (21 avril) St-Jean-Deschaillons.

III.—RAGAUT, Louis. [Louis II.
Royer, Marie-Angélique. [François.

RAGEAR.—Voy. Raza.

RAGENAUD (3), Michel, de St-Thomas, diocèse de Xaintes, Saintonge ; s 18 sept. 1749, à Québec.

RAGEOT.—*Variations et surnoms :* Rajot—Rajotte—DeBeaurivage—DeSt. Luc—Langevin—LeLionnais—Malouin—Morin.

1673, (29 mai) Quebec. [1]

I.—RAGEOT (4), Gilles,
b 1642, s [1] 3 janvier 1692.

Morin, Madeleine, [Noel I.
b 1656 ; s [1] 22 juillet 1720.

Charles-Jean-Baptiste, b [1] 11 juin 1680 ; ordonne 21 juillet 1700 (5) ; s 28 fevrier 1729, à Montréal.—*François,* b [1] 3 mars 1682 ; 1° m [1] 24 nov. 1711, à Geneviève Gautier ; 2° m [1] 1er août 1727, à Angelique Manseau ; 3° m [1] 16 oct. 1741, à Catherine Chevalier ; s 16 avril 1754, à St-Thomas.

(1) Dit St. Onge ; soldat de la compagnie de M. DeLamotte ; il etait à Montreal, le 9 juin 1706.

(2) Dit Belaire.

(3) Matelot sur *Le Léopard*

(4) Dit Morin ; voy. vol. I, p. 507.

(5) Curé du Cap-Santé.

1711, (24 nov.) Quebec. [8]

II.—RAGEOT, François, [Gilles I.
b 1682 ; s 16 avril 1754, à St-Thomas. [9]

1° Gautier, Geneviève, [Jean I.
b 1681 ; veuve de Michel Caddé ; s [8] 30 mars 1727.

François, b [8] 4 sept. 1712 ; 1° m [8] 17 nov. 1739, à Marie-Joseph Janson ; 2° m [9] 5 fevrier 1748, à Geneviève Baudoin. — *Pierre-Michel,* b [8] 29 sept. 1715 ; s [8] 12 mai 1716. — *Jacques,* b [8] 6 mars 1723 ; m 9 oct. 1752, à Geneviève Hus, à Sorel.—*François-Etienne,* b [8] 31 janvier 1725 ; s [8] 25 juin 1733.

1727, (1er août). [8]

2° Manseau, Angélique, [Jacques I.
b 1685 ; veuve de Michel Fortier ; s [8] 8 avril 1741.

1741, (16 oct.) [8]

3° Chevalier, Catherine, [Jean II.
b 1692 ; veuve de Pierre Latour.

1724, (23 février) Quebec. [8]

II.—RAGEOT (1), Gilles, [Gilles I.
b 1689 ; s [8] 19 mai 1754.

Douaire (2), Elisabeth, [Augustin II.
b 1693.

Joseph, b [8] 19 nov. et s [8] 14 déc. 1724. — *Marie-Charlotte,* b [8] 25 mai 1726, s [8] 22 août 1727.—*Louis-Etienne,* b [8] 20 juillet 1727.—*Gilles-Joseph,* b [8] 27 nov. 1728. — *Louise,* b [8] 1er déc. 1730 ; s [8] 24 nov. 1732.—*Charles,* b [8] 10 janvier 1732 ; s 8 mai 1763, à l'Hôpital-General, M.—*Anne-Elisabeth,* b [8] 1er août 1734 ; s [8] 24 août 1735.

1738, (9 sept.) Ste-Anne-de-la-Pérade. [5]

I.—RAGEOT (3), François, b 1678 ; fils de Jacques et de Cecile Pelletier, de la Trinite, diocèse d'Angers, Anjou ; s 15 janvier 1748, à St-Frs-du-Lac.

Guibaud (4), Marie-Anne, [Jean II.
b 1703 ; veuve de Jean-Baptiste Campagna.

Joseph, b [5] 28 mai 1739 ; m [5] 20 sept. 1762, à Marie-Joseph St. Amant. — *Pierre-Charles,* b [5] 28 mai et s [5] 6 août 1739 — *Marie-Françoise,* b [5] 3 nov. 1741.

1739, (17 nov.) Québec. [1]

III.—RAGEOT, François, [François II.
b 1712.

1° Janson (5), Marie-Joseph, [Pierre I.
b 1716 ; s [1] 29 août 1744.

Marie-Joseph, b [1] 21 août 1740 ; s [1] 18 août 1741. — *François-Régis,* b [1] 31 mars 1742. — *Joseph,* b [1] 20 fevrier et s 23 août 1744, à Lorette.

1748, (5 fevrier) St-Thomas.

2° Baudoin, Genevieve, [Louis II.
b 1708 ; veuve de Claude Côté.

(1) DeBeaurivage.

(2) DeBondy.

(3) Dit Langevin.

(4) Elle épouse, le 13 août 1758, Joseph Forcier, à St-Frs-du-Lac

(5) Lapalme.

I.—RAGEOT (1), JOSEPH, b 1720 ; s 18 dec. 1749, à St-Thomas.

1752, (9 oct.) Sorel. [2]
III.—RAGEOT, JACQUES, [FRANÇOIS II.
b 1723.
HUS, Geneviève, [PAUL III.
b 1733.
Jacques, b [2] 8 nov. 1753. — *Geneviève,* b [2] 26 janvier 1755. — *Elisabeth,* b [2] 18 nov. 1756. — *Marie-Joseph,* b [2] 7 fevrier 1758. — *Marie-Charlotte,* b [2] 9 déc. 1759.

III.—RAGEOT (2), CHARLES, [GILLES II.
b 1732 , s 8 mai 1763, à l'Hôpital-Général, M.

1762, (20 sept.) Ste-Anne-de-la-Pérade. [1]
II.—RAGEOT, JOSEPH, [FRANÇOIS I.
b 1739.
ST. AMANT, Marie-Joseph. [JEAN-BTE.
Marie-Joseph, b [1] 10 juillet 1763. — *Joseph-Antoine,* b 12 sept. 1766, à la Baie-du-Febvre.

I.—RAGODI (3), PIERRE, natif de Rochefort ; s (noyé) 10 sept. 1732, à Québec.

RAIMBAULT.—Voy. RAIMBAUT.

RAIMBAUT.— *Variations et surnoms :* RAIMBAULT—REMBAUD—RIMBAULT — DEBARROLON — DESIMBLIN— DEST. BLIN—POITEVIN—ST. LOUIS.

1670, (15 déc.) Montréal. [2]
I.—RAIMBAUT (4), CLAUDE.
SALLÉ, Madeleine-Therèse.
Pierre, b [2] 11 oct. 1671 ; 1° m à Jeanne-Françoise SIMBLIN; 2° m [2] 9 janvier 1707, à Louise NAFRECHOUX , s [2] 17 oct. 1740.

II.—RAIMBAUT (5), PIERRE, [CLAUDE I.
b 1671 , s 17 oct. 1740, à Montréal. [1]
1° SIMBLIN, Jeanne-Françoise, [PAUL-FRS I.
b 1673 ; s [1] 25 dec. 1705.
Joseph-Charles, b 1693 ; m [1] 30 nov. 1724, à Charlotte DAMOURS; s [1] 18 déc. 1737. — *Paul-François,* b [1] 24 août 1696 ; m 8 janvier 1718, à Marie-Catherine DUVERGER-D'AUBUSSON, à St-Ours. — *Louise-Catherine,* b [1] 12 janvier 1699, 1° m [1] 9 janvier 1718, à Julien TROTIER ; 2° m 11 oct. 1739, à Joseph DOUAIRE, à Québec. — *Anne-Madeleine,* b [1] 15 avril 1701 ; m [1] 13 sept. 1727, à Philippe DAGNEAU.—*Marie-Geneviève,* b [1] 12 mai 1703. — *Marie-Elisabeth,* b [1] 12 déc. 1705 ; m 17 mars 1728, à Jean DANIAUX, à la Longue-Pointe.
1707, (9 janvier). [1]
2° NAFRECHOUX, Louise, [ISAAC I.
b 1677.
Marie-Louise, b [1] 11 mars 1708.— *Pierre-Marcel,* b [1] 17 juin 1709. — *Anne-Marguerite,* b [1] 27 mars 1711 ; m [1] 14 sept. 1731, à Pierre BOUCHER. —*Jean-Marie,* b [1] 19 février 1712 ; m [1] 11 juin 1765, à Marie-Louise TÉTARD DE MONTIGNY. — *Jeanne-Françoise,* b [1] 19 dec. 1713. — *Louis-Philippe,* b [1] 22 avril 1715.—*Claude-François,* b [1] 21 février 1717.—*Anonyme,* b [1] et s [1] 28 avril 1719. —*Jean-Baptiste,* b [1] 29 avril 1719. — *François-Dominique,* b [1] 30 avril 1720.

1718, (8 janvier) St-Ours. [2]
III.—RAIMBAUT (1), PAUL-FRS, [PIERRE II.
b 1696.
DUVERGER (2), Marie-Catherine, [ANTOINE I.
b 1690.
Marie-Catherine, b [2] 25 dec. 1718 ; s 24 août 1719, à Contrecœur.—*Marie-Joseph,* b [2] 24 fevrier 1720 ; m 16 août 1740, à Michel MARAY, à Verchères.—*Pierre-Marie-Joseph,* b 1er février 1723, à Montreal [3] ; m [3] 25 janvier 1751, à Charlotte JARRET. — *Paul-François,* b 1725 ; m [3] 11 sept. 1747, à Louise HERTEL.

1724, (30 nov.) Montréal. [6]
III.—RAIMBAUT (3), JOS.-CHARLES, [PIERRE II.
b 1693 ; s [6] 18 déc. 1737.
DAMOURS (4), Charlotte, [CHARLES II.
b 1701.

I.—RAIMBAUT (5), NOEL, b 1708 ; s 13 juillet 1735, à Montreal.

1737, (21 juin) Sorel.
RAIMBAUT, JACQUES.
HAMEL, Marie-Françoise,
veuve de Richard Ossant.

1747, (11 sept) Montréal.
IV.—RAIMBAUT (6), PAUL-FRS, [PAUL-FRS III.
b 1725.
HERTEL (7), Louise, [PIERRE III.
b 1731 ; s 30 juillet 1814, à l'Hotel-Dieu, M.
Jean-Baptiste b 1751 ; s 6 fevrier 1752, à Verchères.

1748, (11 nov.) Trois-Rivières. [2]
I.—RAIMBAUT (8), FRANÇOIS-JOSEPH, chirurgien ; fils de Claude et de Jeanne Daudin, de St-Cyprien, ville de Toulon, Provence.
1° BAUDRY-LAMARCHE, Charlotte, [JOSEPH II.
b 1729, s [2] 23 nov. 1757.
Marie-Charlotte, b [2] 19 janvier 1750. — *Catherine,* b [2] 12 mars et s [2] 10 août 1751. — *Marie-Ursule,* b [2] 25 avril 1752. — *Marie-Anne,* b [2] 29 avril 1755.—*Charles-François,* b [2] 31 mars 1756. —*Jean-Baptiste,* b [2] 1er et s [2] 3 sept. 1757.

(1) Dit Malouin.
(2) DeBeaurivage.
(3) Matelot du vaisseau *La Jeanne-Françoise.*
(4) Voy. vol. I, p. 507.
(5) Conseiller et procureur du roy ; lieutenant-général à Montreal en 1740 , voy. vol. I, p. 508.

(1) DeSimblin.
(2) D'Aubusson.
(3) Procureur du roy.
(4) Elle épouse, le 11 mai 1738, Louis-Hector LeFournier, à Montréal.
(5) Dit Poitevin ; soldat de la compagnie de M. de Senneville.
(6) DeSt. Blin.
(7) DeMontcourt.
(8) Il signe Rembaud.

1759, (8 janvier) Rivière-du-Loup.[3]
2° Sicard, Madeleine, [Louis II.
b 1731; veuve de .... Lalongé.
Marie-Anne, b [3] 27 sept. 1759. — *Marie-Reine*, b [3] 13 mars 1763.

1751, (25 janvier) Montréal.[2]
IV.—RAIMBAUT (1), Pierre, [Paul-Frs III.
b 1723
Jarret (2), Charlotte, [Jean II.
b 1735.
Madeleine, b 1753; m [2] 6 juin 1770, à Rene-Amable Boucher de Boucherville.

1751, (16 fevrier) Détroit.[3]
I.—RAIMBAUT, Charles-Nicolas, fils de Nicolas et de Barbe Lafontaine, de St-Sulpice, Paris.
Cécire, Julie (3), [Jean II.
b 1728.
Marie-Louise-Julie, b [3] 20 janvier 1752; s [3] 17 sept. 1753. — *Louis-Charles*, b [3] 26 avril 1753.—*Pierre*, b [3] 26 mars 1755.—*Catherine*, b [3] 27 juin 1758; s [3] 4 sept. 1761.—*Etienne*, b [3] 13 oct. 1759.

1756, (8 nov.) Longueuil.[3]
I.—RAIMBAUT (4), Louis-Jean, fils de Jean et de Marie Perron, de Biron-sur-Seine, diocèse de Dijon, Bourgogne.
Bigné, Marie-Joseph, [Jean-Bte II.
b 1737.
Marie-Catherine, b [3] 8 juin 1757. — *Catherine-Amable*, b [3] 12 janvier 1759.— *Marie*, b [3] 3 sept. 1760.—*Jean*, b [3] 11 fevrier 1762.

1757, (2 mai) Montreal.
I.—RAIMBAUT (5), Antoine-Claude, b 1720; fils de Claude-Robert et de Charlotte-Catherine Guinard, de St-Jacques-de-Hautpas, Paris.
Dandonneau (6), Catherine, [Ls-Adrien III.
b 1740.

1765, (11 juin) Montreal.
III.—RAIMBAUT, Jean-Marie, [Pierre II.
b 1712.
Tétard de Montigny, Marie-Lse, [Jacques II.
b 1721.

RAIMOND.—Voy. Raymond.

RAINEAU.—*Variation et surnom* : Raynaud — De la Roche.

(1) DeSt. Blin.

(2) DeVerchères; elle épouse, le 5 fevrier 1767, René-Ovide Hertel, à Montréal

(3) Pour Judith-Amable.

(4) Dit St Louis.

(5) Sieur de Barrolon, enseigne.

(6) DuSablé.—Passée en France, elle résida à Poitiers, ayant un traitement de $600 du gouvernement français.

1728, (21 nov.) Québec.[2]
I.—RAINEAU (1), Philippe-Antoine, fils d'Antoine (commandant la *Vennerie* de son Altesse le comte de Toulouse) et de Marguerite LePrince de Poncy, de St-Blaise, Paris.
Minet, Thérèse, [Jean II.
b 1697; veuve de Jean DeHogue.
Marie-Thérèse, b [2] 29 oct. 1730; s [2] 2 déc. 1732. — *Marie-Charlotte*, b [2] 7 août 1732; s [2] 29 janvier 1733.

RAINFRAY.—Voy. Rinfret.

RAINVILLE.—Voy. DeRainville.

1715, (29 juillet) Lac-des-Deux-Montagnes.[8]
I.—RAIZENNE (2), Ignace, fils de Jean et de Sara Hall, de Suffield, Nouvelle-Angleterre.
Steben (3), Elisabeth. [Jean I.
Marie-Anne, b... m 1738, à Louis Séguin. — *Anastasie*, b 1728; 1° m 1745, à Jean-Baptiste Sabourin; 2° m 12 oct. 1750, à Pierre Castonguay, à Montréal — *Marie*, b 1736; sœur St. Ignace, cong. N.-D. — *Jean-Baptiste-Jérôme*, b... m [8] 15 fevrier 1762, à Marie-Charlotte Sabourin.

1762, (15 février) Lac-des-Deux-Montagnes.[7]
II.—RAIZENNE (4), J.-Bte-Jérome. [Ignace I.
Sabourin, Marie-Charlotte, [Jean-Bte III.
b 1741.
Catherine-Elisabeth, b [7] 17 nov. 1762; religieuse de la cong. N.-D. — *Reine-Ursule*, b [7] 11 nov. 1764; sœur grise. — *Marie-Clotilde*, b [7] 12 avril 1766; sœur grise. —*Joseph-Jérôme*, b [7] 19 mars 1768; ord. 20 août 1793; s 24 mai 1842, à St-Roch-de-l'Achigan.— *Angélique*, b... sœur St. Jerôme, cong. N.-D.—*Ignace*, b 1771; m janvier 1800, à Clemence Guindon, à St-Eustache. — *Marie-Charlotte*, b 1773; sœur grise; s 12 juillet 1816, à l'Hôtel-Dieu, M. — *Marguerite-Victoire*, b 1775; m 1796, à Antoine Chevrier de Faucamp.

1800, (janvier) St-Eustache.[2]
III.—RAIZENNE, Ignace. [Jean-Bte-Jérome II.
Guindon, Clemence. [François.
Clet, b [2] fevrier 1806; m 8 février 1831, à Rose-Sophie Gautier, à Rigaud.

1831, (8 fevrier) Rigaud.
IV.—RAIZENNE, Clet, [Ignace III.
b 1806.
Gautier, Rose-Sophie. [Hyacinthe.

RAJOT.—Voy. Rageot.

(1) De la Roche—seigneur de Granval et lieutenant des troupes.

(2) Né 2 fevrier 1694.—Pris à 12 ans par les Sauvages, il fut conduit de Dearfield, N.-A., au Canada et baptisé le 10 déc. 1706 au Lac-des-Deux-Montagnes — Son nom était Isaias Raizentown; aussi appelé Josiah Rising, en sauvage Shoontakwauni.

(3) En sauvage Touatogowach — captive prise à 2 ans (voir Faillon).

(4) Dit Genson.

RAJOTTE.—Voy. RAGEOT.

RALBIÉ, JACQUES.
DUBOIS, Marie.
Marie-Joseph, b 3 août 1741, à Québec.

I.—RALY, CHARLES.
MCKENZIE, Marie.
Marie-Anne, b... m 26 juillet 1798, à Jean VENTON, à Québec.

RAMENEUIL.—Voy. LAFRANCHISE.

RAMEZAY.—Voy. DERAMEZAY.

II.—RAMEZAY (1), CHS-HECTOR, [CLAUDE I.
b 1696.

I.—RANCIN, JEANNE, b 1648; m à Jean LACROIX; s 24 mars 1708, à Montréal.

1667, (11 oct.) Québec.[3]

I.—RANCIN (2), CHARLES,
b 1637.
CONFLANS, Françoise,
b 1640; s[3] 29 fevrier 1728.
Ursule, b[3] 16 sept. 1668; 1° m[3] 8 janvier 1684, à Pierre HÉDOUIN; 2° m[3] 29 oct. 1689, à Pierre JANSON; s[3] 15 déc. 1702.— *Jean-Baptiste*, b... m 1715, à Marie-Jeanne HALLÉ.

1700, (11 oct.) Québec.[6]

II.—RANCIN, CHARLES, [CHARLES I.
b 1676.
HÉDOUIN (3), Angelique, [JACQUES I.
b 1680.
Joseph, b[6] et s[6] 19 août 1701.—*Catherine*, b[6] 7 sept. 1702; m[6] 11 avril 1723, à Etienne CAMANE; s[6] 14 nov. 1728. — *François-Marie*, b[6] 7 août 1704. — *Marie-Charlotte*, b[6] 4 mars 1706; m[6] 9 janvier 1736, à Jean LAVALETTE. — *Jean-Marie*, b[6] 24 dec. 1707; m à Madeleine BOURGOIN — *Joseph*, b[6] 26 août 1709; m[6] 7 avril 1739, à Anne-Angélique LÉTOURNEAU. — *Alexandre*, b[6] 28 juin 1711.— *Marie-Louise*, b[6] 8 fevrier 1713; s[6] 21 juillet 1714.

1715.

II.—RANCIN, JEAN-BTE. [CHARLES I.
HALLÉ (4), Marie-Jeanne, [JEAN-BTE II.
b 1696.
Jean-Baptiste, b 3 juin et s 16 sept. 1716, à Quebec.[7] — *Marie-Louise*, b 30 nov. 1717, à Lévis; m 8 oct. 1738, à Jacques CHARTRÉ, à l'Hôpital-Général, Q. — *Marie-Charlotte*, b... m à Jean LAVALLET. — *Michelle-Jeanne*, b[7] 15 juin 1720; m[7] 25 juin 1738, à Charles SÉDILOT. — *Jean-Baptiste*, b[7] 1er mars 1723.—*Joseph*, b[7] 18 mai 1726. —*Simon*, b[7] 29 avril 1731; s[7] 30 août 1737.

(1) Sieur de la Gesse, lieutenant. Il était, le 20 avril 1721, à Chambly.

(2) Voy. vol. I, p. 508.

(3) Elle épouse, le 2 sept. 1715, Jean Brunet, à Québec.

(4) Elle épouse, le 14 fevrier 1746, Jacques Massy, à Québec.

III.—RANCIN, JEAN-MARIE, [CHARLES II.
b 1707.
BOURGOIN, Madeleine, [PIERRE II.
b 1702.
Marie, b... m 29 janvier 1753, à Alexis ROULEAU, à St-Vincent-de-Paul.

1739, (7 avril) Québec.[4]

III.—RANCIN, JOSEPH, [CHARLES II.
b 1709; navigateur.
LÉTOURNEAU, Anne-Angélique, [BERNARD III.
b 1715; s[4] 6 mai 1791.
Marie-Hélène, b[4] 28 déc. 1739.—*Jean-Baptiste-Joseph*, b[4] 16 mai 1743; s[4] 12 avril 1793. — *Louis-Joseph*, b[4] 23 mai 1745.—*Marie-Françoise*, b[4] 23 juin et s[4] 23 août 1748.—*Geneviève*, b[4] 24 mai 1751; s[4] 21 sept. 1755.—*Charles*, b[4] 24 mai 1753; m[4] 26 août 1783, à Marie-Charlotte ROY-AUDY.

IV.—RANCIN, JEAN-BTE-JOSEPH, [JOSEPH III.
b 1743; s 12 avril 1793, à Québec.

1783, (26 août) Quebec.

IV.—RANCIN, CHARLES, [JOSEPH III.
b 1753.
ROY-AUDY, Marie-Charlotte, [PIERRE IV.
b 1762.

1760, (14 janvier) Montréal.

I.—RANCK, JEAN-VALENTIN, b 1735; fils de Jean-Georges et d'Elisabeth Minger, de Manheim, Allemagne.
GAGNIER, Marie-Louise, [PIERRE V.
b 1739.
Marie-Félicité, b 19 oct. 1760, à Terrebonne.

RANCOUR.—*Variations :* RENCOUR—RENCOURT.

1685, (5 fevrier) Beauport.[2]

I.—RANCOUR (1), JOSEPH,
b 1655; s 21 mars 1719, à Quebec.[3]
1° PARANT, Marie, [PIERRE I.
b 1655; veuve de David Corbin; s[3] 6 dec. 1700.
Claude, b[2] 2 oct. 1691; 1° m[3] 4 mai 1717, à Catherine BLANCHON, 2° m[2] 1er sept. 1721, à Anne-Marguerite TURGEON; s[3] 22 avril 1743.— *François*, b[3] 4 oct. 1694; m à Louise POULIN.
1701, (18 sept.) Château-Richer.
2° DAVEAU (2), Françoise, [CHARLES I.
b 1680.
Jean-Baptiste, b[3] 17 janvier 1705; m 9 mai 1730, à Marie HOBERTIN, à Boucherville; s 21 dec. 1767, à Terrebonne.— *Claude*, b[3] 21 mai 1716; s[3] 29 dec. 1717.

1717, (4 mai) Québec.[4]

II.—RANCOUR, CLAUDE, [JOSEPH I.
b 1691; s[4] 22 avril 1743.
1° BLANCHON, Catherine, [ETIENNE I.
b 1694; s[4] 11 juin 1720.
Etienne, b[4] 27 dec. 1718; m[4] 28 février 1740,

(1) Voy. vol. I, p. 508.

(2) Elle épouse, le 7 avril 1720, Pierre Laforest, à Québec.

à Geneviève BAUSANG; s 6 mars 1761, à Charlesbourg. — *Marie-Louise,* b [4] 2 juin et s 19 nov. 1720, à Lorette.

1721, (1er sept.) Beauport.

2° TURGEON, Anne-Marguerite, [JEAN II. b 1699.

Marguerite, b [4] 20 juillet 1722; m [4] 7 juillet 1761, à Stanislas BELLEFEUILLE.—*Anne-Marguerite,* b [4] 6 février 1724; m [4] 12 fevrier 1748, à Michel HUBERT.—*Joseph-François,* b [4] 19 avril 1725.— *Marie-Françoise,* b [4] 23 juin 1726; m 16 oct. 1752, à Augustin COUTURE, à Beaumont.— *Jean-Baptiste,* b [4] 12 janvier 1728.—*Charlotte-Françoise,* b [4] 13 juillet 1729; m [4] 14 sept. 1756, à Dominique DAMESTEUIL.—*Louis-Joseph,* b [4] 19 nov. 1730.—*Anne-Marguerite,* b [4] 30 nov. 1731.— *Marie,* b... m [4] 11 juillet 1757, à Bernard VAUTOUR.—*Marie-Françoise,* b... m 15 sept. 1760, à François DUPRÉ, aux Trois-Rivières.—*Antoinette-Charlotte,* b [4] 5 et s [4] 16 déc. 1737.—*Louise,* b [4] 21 mai 1739.—*Joseph-Michel,* b [4] 30 sept. 1741, s [4] 20 nov. 1756.

1719.

II.—RANCOUR, FRANÇOIS, [JOSEPH I. b 1694.

POULIN, Louise. [IGNACE II.

François, b 1719; m 1739, à Marie-Claire JODOIN.—*Joseph,* b 1721; m 21 nov. 1746, à Elisabeth GAGNON, à St-Joachim. [6] — *Marguerite,* b 1722; m [8] 22 avril 1743, à Eustache BACON.— *Marie-Louise,* b 1726, m [8] 6 fevrier 1747, à Charles DOYON.—*Marie-Joseph,* b [8] 8 et s [8] 20 mai 1728.—*Elisabeth,* b [8] 30 juin et s [8] 11 juillet 1729.—*Jean-Baptiste-Michel,* b [8] 6 août et s [8] 6 sept. 1732.—*François-de-Sales,* b [8] 30 janvier 1734.

1726, (29 juillet) Québec. [5]

II.—RANCOUR, CHARLES-FRANÇOIS, [JOSEPH I. b 1703.

1° DUQUET, Marie-Françoise, [JEAN II. b 1699; s [5] 14 mars 1743.

Charles, b [5] 24 nov. 1727.—*Charles-Alexandre,* b [5] 16 juillet 1729.—*Marie-Joseph,* b [5] 3 fevrier 1731; s [5] 6 mars 1740.—*Marguerite-Elisabeth,* b [5] 9 oct. 1732; m [5] 30 oct. 1752, à Jean-Marie ROUILLARD.—*Catherine-Rosalie,* b [5] 3 oct. 1734; s [5] 7 nov. 1757.—*Pierre-Joseph,* b [5] 14 juillet 1737, m 25 janvier 1763, à Marie-Reine GAGNÉ, à St-Joseph, Beauce [6]; s [6] 26 mars 1774.—*Marie-Louise,* b [5] 29 juillet 1739.—*Jean-Baptiste,* b [5] 14 juin et s [5] 6 août 1741.

1745, (9 août). [5]

2° LAISNÉ, Ursule, [BERNARD I. b 1704; veuve de Jean-Baptiste Brousseau.

1730, (9 mai) Boucherville.

II.—RANCOUR, JEAN-BTE, [JOSEPH I. b 1705; s 24 dec. 1767, à Terrebonne. [9]

HOBERTIN (1), Marie, [JEAN-BTE I. b 1706; s [9] 29 avril 1777.

Jean-Baptiste, b 1730; s [9] 19 nov. 1740.— *Etienne,* b 10 sept. 1732, à St-François, I. J.— *Etienne,* b [9] 26 avril 1734.—*Angelique,* b [9] 6 mai 1736; m [9] 19 avril 1762, à Gerson REGIMBAL.— *Thérèse,* b [9] 29 oct. 1738; s [9] 4 mars 1739.— *Marie-Joseph,* b [9] 31 mai 1740; m [9] 2 fevrier 1761, à Joseph LIMOGES; s [9] 12 déc. 1762.—*Pierre,* b [9] 11 avril 1743; 1° m [9] 27 avril 1772, à Marie-Françoise CLÉMENT; 2° m [9] 5 oct. 1778, à Geneviève PELLETIER.—*Joseph-Marie,* b [9] 2 août 1745; m [9] 23 nov. 1772, à Charlotte CLÉMENT.—*Laurent,* b [9] 31 juillet 1747; s [9] 29 nov. 1772.

1739.

III.—RANCOUR, FRANÇOIS. [FRANÇOIS II.

JODOIN, Marie-Claire, [CLAUDE II. b 1712.

Marie-Renée-Claire, b 10 et s 26 avril 1740, à St-Joachim. [9] — *Jean-Baptiste,* b [9] 28 déc. 1741; m [9] 7 fevrier 1763, à Monique BOUCHER. — *Marguerite,* b [9] 28 oct. 1743. — *Marie-Claire-Louise,* b... m [9] 23 janvier 1769, à Jean-Baptiste DELESSARD. — *Marguerite,* b... m [9] 23 janvier 1769, à Joseph TIBAUDEAU. — *Claude,* b [9] 14 oct. 1746.— *Louis,* b [9] 17 oct. 1748 — *Marie-Joseph,* b [9] 20 mars 1752.

1740, (28 février) Quebec. [7]

III.—RANCOUR, ETIENNE, [CLAUDE II. b 1718; forgeron; s 6 mars 1761, à Charlesbourg.

BAUSANG, Geneviève, [JACQUES I. b 1721; s [7] 12 sept. 1761.

Etienne, b [7] 20 oct. 1740, m 28 sept. 1767, à Marie-Joseph CAZEAU, au Château-Richer. — *Françoise-Geneviève,* b [7] 10 oct. 1741. — *Pierre,* b [7] 19 fevrier 1743.— *Etienne,* b [7] 31 dec. 1744.— *Marie-Françoise,* b [7] 18 juin et s [7] 3 août 1746.— *Marie-Elisabeth,* b [7] 25 août et s [7] 4 sept. 1747. — *Francois,* b [7] 1er dec. 1748; m 1774, à Geneviève DELESSARD. — *Marie-Catherine,* b [7] 17 fevrier 1750.—*Marie-Louise,* b [7] 6 oct. 1751; m à Michel CHOLEUX; s 16 juin 1794, au Détroit. — *Catherine,* b [7] 7 nov. 1754. — *Marie,* b [7] 10 août 1756.—*Marie-Thérèse,* b [7] 15 mai 1759.

1746, (21 nov.) St-Joachim. [6]

III.—RANCOUR, JOSEPH, [FRANÇOIS II. b 1721.

GAGNON, Elisabeth, [JEAN III. b 1722.

Joseph, b [6] 5 oct. 1747; m 14 janvier 1771, à Thérèse VERIEUL, à St-Joseph, Beauce. [7] —*François,* b [6] 9 fevrier 1749; m [7] 20 janvier 1777, à Marie-Louise PEPIN. — *Jean-Marie,* b [6] 22 juin 1753.—*Jean-Marie,* b [6] 29 août 1754.— *Jean-Baptiste,* b [7] 23 nov. 1758. — *Marie-Geneviève,* b [7] 15 fevrier 1762; s [7] (noyée) 21 janvier 1763.—*Marie-Elisabeth,* b [7] 19 mars 1764. — *Marie-Louise,* b [7] 4 mars 1766.—*Monique,* b [7] 2 oct. 1768.

1763, (25 janvier) St-Joseph, Beauce. [7]

III.—RANCOUR, P.-JOS.-MYSTÈRE, [CHS-FRS II. b 1737; s [7] 26 mars 1774.

GAGNÉ (1), Marie-Reine, [PIERRE V. b 1744.

François-d'Assise, b [7] 11 nov. 1763. — *Deux*

---

(1) Aussi appelée Aubert.

(1) Elle épouse, en 1774, Joseph Miville.

anonymes, b [7] et s [7] 2 juillet 1765. —*Charles*, b [7] 1er avril 1766.— *Jean-Baptiste*, b [7] 7 août 1768.— *Pierre*, b [7] 27 janvier 1771 ; m 21 fevrier 1797, à Marie DUBEAU, à Québec. — *Marie*, b [7] 25 juillet 1773.

1763, (7 février) St-Joachim.

IV.—RANCOUR, JEAN-BTE, [FRANÇOIS III.
b 1741.
BOUCHER, Monique, [PIERRE III.
b 1743.

Jean-Baptiste, b 8 juin 1768, à St-Joseph, Beauce.[9] — *Marie-Félicité*, b [9] 20 mai 1770. — *François*, b [9] 29 nov. 1774.—*Marie-Joseph*, b [9] 20 oct. 1776.—*Marie-Geneviève*, b [9] 28 dec. 1778.

1767, (28 sept.) Château-Richer.

IV.—RANCOUR, ETIENNE, [ETIENNE III.
b 1740.
CAZEAU, Marie-Joseph, [JEAN I.
b 1746.

1771, (14 janvier) St-Joseph, Beauce.[2]

IV.—RANCOUR, JOSEPH, [JOSEPH III.
b 1747.
VÉRIEUL, Thérèse, [RENÉ-AUGUSTIN III.
b 1751.

Marguerite, b [2] 19 janvier 1772.—*Joseph*, b [2] 2 mai 1773.—*Pierre*, b [2] 23 oct. 1774. — *Augustin*, b [2] 21 juillet 1776. — *Marie-Thérèse*, b [2] 20 avril 1778.

1772, (27 avril) Terrebonne.[2]

III.—RANCOUR, PIERRE, [JEAN-BTE II.
b 1743.
1° CLÉMENT (1), Marie-Frse, [JEAN-BTE III.
b 1751 ; s [2] 4 avril 1773.
1778, (5 oct.)[2]
2° PELLETIER, Geneviève. [ALEXIS V.

1772, (23 nov.) Terrebonne.

III.—RANCOUR, JOS.-MARIE, [JEAN-BTE II.
b 1745.
CLÉMENT (1), Charlotte, [JEAN-BTE III.
b 1753.

1774.

IV.—RANCOUR, FRANÇOIS, [ETIENNE III.
b 1748.
DELESSARD, Geneviève, [JEAN-BTE III.
b 1750.

Louis, b 3 février 1775, à St-Joachim.[3] — *Marie-Joseph*, b [3] 9 août 1776. — *Marie-Claire*, b [3] 10 mars et s [3] 4 dec. 1778.

1777, (20 janvier) St-Joseph, Beauce.[2]

IV.—RANCOUR, FRANÇOIS, [JOSEPH III.
b 1749.
PEPIN, Marie-Louise, [JEAN-FRANÇOIS IV.
b 1754.

Anonyme, b [2] et s [2] 30 nov. 1777. — *Anonyme*, b [2] et s [2] 22 nov. 1778. — *Marie-Anne*, b [2] 27 nov. 1779.

(1) Et Charles.

1797, (21 fevrier) Quebec.

IV.—RANCOUR, PIERRE, [PIERRE-JOSEPH III.
b 1771.
DUBEAU, Marie, [ANTOINE IV.
b 1776.

RANÉ.—Voy. LEGANTIER.

1680, (28 nov.) Montréal.

I.—RANÉ (1), FRANÇOIS,
officier ; s 13 nov. 1710, au Détroit.
LOISEL (2), Barbe, [LOUIS I.
b 1663 ; veuve de Pierre Roussel ; s 24 dec. 1742, à l'Hôpital-Général, Q.

RANGEARD.—Voy. RAZA.

I.—RANGEARD, GENCIEN, b 1682 ; Ptre S.S. ; s 26 avril 1722, à Montréal.

RANGEO.—Voy. GAUDIN-TOURANGEAU.

RANGER.—*Surnoms :* LAVALLÉE — LAVIOLETTE —PAQUET.

1686, (30 juillet) Lachine.[1]

I.—RANGER (3), ROBERT.
GIRARDIN (4), Anne, [LÉONARD I.
b 1673 ; s 30 avril 1760, au Bout-de-l'Ile, M.[2]

François, b 1690 ; 1° m 1718, à Madeleine LAUZON ; 2° m 1732, à Marie-Joseph PROU. — *Pierre*, b [1] 16 sept. 1696 ; m [2] 31 mars 1723, à Anne-Geneviève BRISEBOIS.—*Marie-Joseph*, b [1] 10 sept. 1698 ; m 1722, à Joseph LORAIN.—*Thomas*, b [1] 26 sept. 1700 ; m 1726, à Marie-Anne TABEAU. — *Joseph*, b [2] 11 mai 1704 ; m [2] 20 oct. 1726, à Suzanne SAUVÉ. — *Louise-Angélique*, b 1706 ; m 1726, à Pierre SAUVÉ. — *Paul*, b 1710 ; 1° m [2] 5 mai 1732, à Marie-Anne MERLOT ; 2° m [2] 29 oct. 1738, à Angelique ROBILLARD ; s [2] 17 juillet 1760. —*Anne*, b [2] 25 et s [2] 26 mai 1715.

1692.

I.—RANGER (5), PIERRE.
FORTIN, Marguerite, [FRANÇOIS I.
b 1677.

Mathurin, b 11 déc. 1693, à Montréal [5] ; s [5] 17 mars 1713. — *Pierre*, b [5] 27 fevrier 1696 ; m 1720, à Marie-Françoise LAMOUREUX.—*Marguerite-Elisabeth*, b [5] 31 janvier 1699. — *Marie-Joseph*, b [5] 13 déc. 1701.

1718.

II.—RANGER, FRANÇOIS, [ROBERT I.
b 1690.
1° LAUZON, Madeleine, [PAUL II.
b 1699.

Jean-Baptiste, b 1719 ; 1° m à Jeanne HOGUE ; 2° m 19 janvier 1761, à Marie-Joseph CARBONNEAU, à Terrebonne.[4] —*François*, b 1720 ; m [4] 18 janvier 1751, à Marie-Therèse LAMOUREUX.

(1) Pour LeGantier, voy. vol. I, p. 369.
(2) A sa sépulture elle est dite veuve Rané.
(3) Dit Laviolette, voy. vol. I, pp. 508-509
(4) Et Girardy.
(5) Dit Paquet, voy. vol. I, p. 509.

1732.
2° PROU, Marie-Joseph, [JOSEPH II.
b 1704.

Marie-Agathe, b... m [4] 19 janvier 1755, à François GODARD-LAPOINTE. — *Jean-Baptiste*, b 1735; m 8 janvier 1759, à Thérèse TESSIER, à la Longue-Pointe; s [4] 29 oct. 1761.—*Pierre*, b 1742; m [4] 10 janvier 1763, à Marie-Amable LAMOUREUX; s [4] 6 janvier 1764.

1720.

II.—RANGER (1), PIERRE, [PIERRE I.
b 1696.
LAMOUREUX, Marie-Françoise, [LOUIS I
b 1685; s 9 mai 1766, à Montréal.

1723, (31 mars) Bout-de-l'Ile, M.[5]

II.—RANGER, PIERRE, [ROBERT I.
b 1696.
BRISEBOIS (2), Anne-Geneviève, [JEAN-FRS II.
b 1707.

Pierre-Hubert, b [5] 26 dec. 1723; 1° m [5] 17 février 1749, à Marie-Louise DUBREUIL; 2° m [5] 19 avril 1751, à Marie-Joseph TABAUT. — *Marie-Joseph*, b [5] 11 sept. 1725.—*Marie-Thérèse*, b [5] 24 fevrier 1727; m [5] 9 nov. 1750, à Joseph DENEAU; s [5] 14 mai 1764. — *Marie-Geneviève*, b [5] et s [5] 17 juin 1729. — *Anonyme*, b [5] et s [5] 21 août 1732.—*Geneviève*, b [5] 17 mai 1734, m [5] 18 oct. 1751, à Joseph-Amable DUBREUIL.—*Marguerite-Amable*, b [5] 20 mars 1736; m [5] 6 nov. 1752, à Charles-Marie ROBILLARD; s [5] 14 février 1766. — *Marguerite*, b... m [5] 2 juillet 1764, à Michel LEFEBVRE.—*Augustin-François*, b [5] 4 mars 1740; m [5] 24 nov. 1766, à Marie-Rose ROBILLARD.—*François-Marie*, b [5] 1er août 1741; m à Catherine BLANCHARD; s 5 mai 1786, à l'Ile-Perrot. — *Christophe*, b [5] 11 mars 1743. — *Marie-Françoise*, b [5] 5 sept. 1745; m [5] 2 mars 1767, à Pierre DICAIRE. — *Joseph-Marie*, b 1747; m [5] 13 juin 1768, à Judith BARAIRE. —*Marie-Suzanne*, b [5] 17 août 1748.

1726, (20 oct.) Bout-de-l'Ile, M.[8]

II.—RANGER, JOSEPH, [ROBERT I.
b 1704.
SAUVÉ, Suzanne, [PIERRE I.
b 1705.

Joseph, b [8] 7 fevrier 1727; m [8] 14 avril 1749, à Therèse LAMOUREUX.—*Hubert*, b [8] 18 avril 1728; m [8] 10 avril 1752, à Marie-Elisabeth ROBILLARD. —*Marie-Joseph*, b [8] 30 mars 1730; m [8] 25 janvier 1751, à Joseph ROBILLARD.—*Marie-Angélique*, b [8] 25 juin 1731; m [8] 22 avril 1748, à Joseph MADELEINE.—*Louis-Amable*, b [8] 17 mars 1733; m [8] 7 janvier 1756, à Françoise CUILLERIER.—*Marie-Suzanne*, b [8] 5 juin 1736; m [8] 22 nov. 1756, à Jean CHARLEBOIS.—*Marie-Véronique*, b [8] 31 mai et s [8] 3 juin 1738.—*Louis-Amable*, b [8] 8 mai 1739; m [8] 19 avril 1762, à Marie-Agathe ROBILLARD.—*Agathe*, b [8] 29 oct. 1740, m [8] 14 fevrier 1764, à Antoine DAOUT.—*Marie-Reine*, b 1742; m [8] 19 avril 1762, à Joseph-Marie ROBILLARD.—*Marie-Rose*, b [8] 31 janvier 1744; m [8] 2 fevrier 1767, à Jean-Baptiste TURPIN.—*Marie-Archange*, b [8] 5 juin 1746; s [8] 25 juillet 1748.—*Marie*, b [8] 21 et s [8] 28 oct. 1749.

(1) Dit Paquet.
(2) Voy. Dubois.

1726.

II.—RANGER (1), THOMAS, [ROBERT I.
b 1700.
TABEAU, Marie-Anne, [PIERRE II.
b 1710.

Marie-Ursule, b 9 août 1727, au Bout-de-l'Ile, M.[2]; m [2] 19 fevrier 1748, à François DICAIRE.—*Marie-Joseph*, b [2] 15 janvier 1729; m 10 fevrier 1766, à Jean-Baptiste DUFORT, au Lac-des-Deux-Montagnes.[3]—*Jean-Thomas*, b [2] 2 dec. 1731; m [3] 15 nov. 1762, à Marie-Anne QUESNEL.—*Jean-Baptiste*, b 1732; m [3] 25 oct. 1756, à Louise GAUDIN-TOURANGEAU; s [2] 27 mars 1760.—*Hubert* et *Marie-Rosalie*, b [2] 8 mars et s [2] 12 sept. 1734. —*Gabriel*, b [2] 17 juillet 1735; m 18 fevrier 1765, à Marie-Archange ROUSSEAU, à Soulanges.—*Marie-Rosalie*, b [2] 15 juin 1737; m [3] 11 avril 1763, à Jean-Baptiste HOMAY.—*Marie-Véronique*, b [2] 17 oct. 1739.—*Eustache*, b [2] 20 fevrier 1742; m [2] 10 mai 1768, à Angelique CHARLES.—*Antoine*, b [2] 14 et s [2] 15 août 1749.

1732, (5 mai) Bout-de-l'Ile, M.[4]

II.—RANGER (1), PAUL, [ROBERT I.
b 1710; s [4] 17 juillet 1760.
1° MERLOT, Marie-Anne, [JOACHIM II.
b 1709; s [4] 29 juin 1735.

Charles, b 1732, m 1752, à Geneviève CHAINE.

1738, (29 oct.)[4]
2° ROBILLARD, Marie-Angélique, [NICOLAS II.
b 1711.

Paul-Gabriel, b [4] 3 nov. 1739.—*Marie-Françoise*, b [4] 28 mars 1742.—*Marie-Françoise*, b [4] 19 et s [4] 20 fevrier 1745.—*Louis-Amable*, b [4] 15 mai 1746.

1749, (17 fevrier) Bout-de-l'Ile, M.[5]

III.—RANGER, PIERRE-HUBERT, [PIERRE II.
b 1723.
1° DUBREUIL, Marie-Louise, [JEAN I.
b 1731, s [5] 14 janvier 1750.

1751, (19 avril).[5]
2° TABAUT, Marie-Joseph, [PIERRE-JOSEPH III.
b 1731.

Marie-Joseph, b [5] 19 nov. 1752.—*Marie-Louise*, b [5] 1er sept. 1754.—*Pierre-Hubert*, b [5] 3 mai 1756. —*Luc-Elie*, b [5] 10 mars 1761.—*Marie-Rose*, b [5] 4 mars et s [5] 13 août 1765.—*Basile*, b [5] 16 juillet 1766.—*Marie-Rose*, b [5] 2 mai 1768.

1749, (14 avril) Bout-de-l'Ile, M.[9]

III.—RANGER (1), JOSEPH, [JOSEPH II.
b 1727.
LAMOUREUX (2), Thérèse-Catherine, [FRS III.
b 1728; s [9] 23 oct. 1765.

Joseph-Bonaventure, b [9] 21 janvier et s [9] 9 avril 1750.—*François*, b [9] 21 janvier et s [9] 10 mai 1750.—*Marie-Archange*, b [9] 14 mai 1751.—*Marie-Joseph*, b [9] 26 juin 1752; m [9] 2 fevrier 1767, à

(1) Dit Laviolette.
(2) St. Germain.

Jacques Denis. — *Joseph*, b [9] 8 nov. 1753; s [9] 18 mai 1754.—*François-Marie*, b [9] 29 déc. 1754; s [9] 5 sept. 1758.— *Marie-Louise*, b [9] 13 fevrier et s [9] 12 avril 1756. — *Marie-Françoise*, b [9] 9 et s [9] 12 fèvrier 1757.—*Antoine*, b [9] 23 et s [9] 26 août 1758. —*François-Joseph*, b [9] 9 déc. 1759; s [9] 11 avril 1760. — *Joseph-Amable*, b [9] 31 janvier et s [9] 4 fèvrier 1761.—*Joseph*, b [9] 19 et s [9] 23 fevrier 1762. —*Marie-Victoire*, b [9] 1er dec. 1764; s [9] 19 janvier 1765.

III.—RANGER, Jean-Bte, [François II.
b 1719.
1° Hogue, Jeanne, [François II.
b 1723.
1761, (19 janvier) Terrebonne.
2° Carbonneau (1), Marie-Joseph, [Pierre II.
b 1730; veuve de Joseph Clement.

1751, (18 janvier), Terrebonne. [7]
III.—RANGER, François, [François II.
b 1720.
Lamoureux, Marie-Thérèse, [François III.
b 1732.
François, b [7] 11 sept. 1751. — *Jean-Baptiste*, b [7] 2 et s [7] 4 fevrier 1753. — *Marie-Thérèse*, b [7] 9 juillet 1754; m [7] 12 fevrier 1776, à Jacques Migneron; s [7] 16 janvier 1782.

1752, (10 avril) Bout-de-l'Ile, M. [7]
III.—RANGER (2), Hubert, [Joseph II.
b 1728.
Robillard, Marie-Elisabeth, [Nicolas II.
b 1733.
Françoise, b [7] 12 juin 1753; s [7] 19 août 1754. —*Hubert*, b [7] 10 mars 1755. — *Marie-Angélique*, b [7] 2 oct. 1756.—*Marie-Charlotte*, b [7] 4 nov. 1758. —*Joseph*, b [7] 23 dec 1760; s [7] 10 juillet 1761.— *Marie-Rose*, b [7] 9 janvier et s [7] 29 mai 1762.— *Pierre-Hubert*, b [7] 8 mars et s [7] 2 juillet 1763.— *Marie-Archange*, b [7] 5 sept. 1764. — *Jacques-Amable*, b [7] 1er mai 1766.— *Jean-Baptiste*, b [7] 23 oct. 1767.

1752.
III.—RANGER (2), Charles, [Paul II.
b 1732.
Ducharme (3), Geneviève, [Jean III.
b 1726.
Marie-Rose, b 14 mai 1753, au Bout-de-l'Ile, M. [6] — *Marie-Catherine*, b 2 juin 1755, à Soulanges.—*Charles*, b [6] 25 juillet 1756.

1756, (7 janvier) Bout-de-l'Ile, M. [6]
III.—RANGER (2), Ls-Amable, [Joseph II.
b 1733.
Cuillerier, Françoise, [René-Hilaire II.
b 1737.
Pierre-Amable, b [6] 25 sept. 1756; s [6] 1er sept. 1757.—*Marie-Rose*, b [6] 25 nov. 1759.—*Françoise*, b [6] 1er juin et s [6] 1er juillet 1761.—*Louis-Amable*, b [6] 28 juin 1762.—*Marie*, b [6] et s [6] 3 août 1764.— *Marie-Geneviève*, b [6] 18 juillet et s [6] 2 sept. 1765. —*Ursule*, b [6] 27 nov. 1766.—*Joseph*, b [6] 12 juillet 1768.

1756, (25 oct.) Lac-des-Deux-Montagnes.
III.—RANGER, Jean-Bte, [Thomas II.
b 1732; s 27 mars 1760, au Bout-de-l'Ile, M. [4]
Gaudin-Tourangeau (1), Louise, [Joseph I.
b 1740.
Marie-Louise, b [4] 8 mars 1760.

1759, (8 janvier) Longue-Pointe.
III.—RANGER, Jean-Bte, [François II.
b 1735; s 29 oct. 1761, à Terrebonne.
Tessier (2), Therèse, [Paul III.
b 1737.

1762, (19 avril) Bout-de-l'Ile, M. [5]
III.—RANGER, Louis-Amable, [Joseph II.
b 1739.
Robillard, Marie-Agathe, [Claude III.
b 1744.
Louis-Basile, b [5] 20 février 1764.—*Rosalie*, b [5] 1er nov. 1765.—*Marie-Angélique*, b [5] 15 sept. 1767.

1762, (15 nov.) Lac-des-Deux-Montagnes [6]
III.—RANGER, Jean-Thomas, [Thomas II.
b 1731.
Quesnel, Marie-Anne, [Michel-Antoine III.
b 1741.
Marie-Ursule, b 6 sept. 1763, au Bout-de-l'Ile, M.—*Marie-Joseph*, b [6] 24 février 1765.—*Jean-Baptiste*, b [6] 23 janvier 1767.

1763, (10 janvier) Terrebonne. [7]
III.—RANGER, Pierre, [François II.
b 1742; s [7] 6 janvier 1764.
Lamoureux (3), Marie-Amable, [François III.
b 1738.

1765, (18 février) Soulanges. [8]
III.—RANGER (4), Gabriel, [Thomas II.
b 1735.
Rousseau (5), Marie-Archange, [Joseph II.
b 1742.
Joseph-Marie, b 23 nov. 1765, au Bout-de-l'Ile, M. [9] — *Marie-Joseph*, b [8] 16 juin et s [9] 1er juillet 1767.

1766, (24 nov.) Bout-de-l'Ile, M. [1]
III.—RANGER, Augustin-Frs, [Pierre II.
b 1740.
Robillard, Marie-Rose, [Lambert III.
b 1747.
Marie-Geneviève, b [1] 17 oct. 1767.

(1) Elle épouse, le 19 nov. 1764, Etienne Charles, à Terrebonne.
(2) Dit Laviolette.
(3) Aussi appelée Chaine—Duchesne.

(1) Elle épouse, le 7 avril 1761, Ignace André dit St. Amand, au Lac-des-Deux-Montagnes.
(2) Elle épouse, le 10 janvier 1763, Gabriel Forget dit Dépaty, à Terrebonne.
(3) Elle épouse, le 15 oct. 1764, Louis Goulre, à Terrebonne.
(4) Dit Laviolette.
(5) Labonté.

1768, (10 mai) Bout-de-l'Ile, M.
III.—RANGER, EUSTACHE, [THOMAS II.
b 1742.
CHARLES (1), Marie-Angélique, [JEAN-BTE III.
b 1752.

1768, (13 juin) Bout-de-l'Ile, M.
III.—RANGER (2), JOSEPH-MARIE, [PIERRE II.
b 1747.
BARAIRE, Judith, [PIERRE I.
b 1749.

III.—RANGER, FRANÇOIS-MARIE, [PIERRE II.
b 1741; s 5 mai 1786, à l'Ile-Perrot.[1]
BLANCHARD, Catherine.
Geneviève, b 1783; s[1] 11 juin 1786.

RANGER, CLAUDE.
SAGOLA (3), Felicité.
Marguerite, b... m 2 sept. 1816, à Bonaventure LEVAC, à Soulanges.

1691, (10 sept.) Montréal.[3]
II.—RANNY (4), JEAN, [HONORÉ I
b 1668.
BADEL, Anne. [ANDRE I.
René, b[3] 23 mai 1705.

RANVOIZÉ.—Voy. RENVOIZÉ.

RAOUL.—*Variations et surnoms:* RAOULT — RAU — RAULT — RAUX—REAUX — RHAULT— RHÉAULT—RHO—ALEXANDRE—MORINVILLE— POMINVILLE.

1664, (19 fevrier) Trois-Rivières.
I.—RAOUL (5), ALEXANDRE,
b 1636; s 6 juillet 1692, à Champlain.[3]
DESROSIERS, Marie, [ANTOINE I.
b 1650.
Marie-Anne, b 1672; m[3] 18 août 1686, à Nicolas TOUTANT; s[3] 30 juillet 1734.— *Alexis,* b[3] 18 fevrier 1691, m[3] 22 sept. 1716, à Anne-Charlotte BAUDOIN.

1695, (21 juin) Champlain[7]
II.—RAOUL (5), JOS.-FRANÇOIS, [ALEXANDRE I
b 1669.
DUBOIS (6), Françoise, [RENÉ I.
b 1674.
Claire, b[7] 16 mai 1698; m[7] 18 mai 1728, à Joseph PROVENCHER. — *Marie-Anne,* b[7] 17 mars 1700; m[7] 24 juillet 1720, à Jean-Baptiste LEFEBVRE.— *Marie-Joseph,* b... m[7] 9 janvier 1724, à Nicolas RIVARD.—*Thérèse,* b[7] 19 fevrier 1702, m[7] 29 juillet 1725, à Pierre DISY.—*Joseph,* b[7] 25 juillet 1705; 1° m 1727, à Catherine LEFEBVRE, 2° m 12 sept. 1740, à Marie-Joseph LEBLANC, à Becancour. — *Françoise,* b[7] 29 mai 1707; s[7] 10 janvier 1723.—*Elisabeth,* b[7] 28 avril 1709; m[7] 5 août 1740, à Joseph BAUDOIN.—*Jean-Baptiste,* b[7] 14 mai 1711; m[7] 19 nov. 1736, à Geneviève MERCEREAU.—*Jeanne-Suzanne,* b[7] 19 mars 1715; m[7] 16 nov. 1734, à Julien LEFEBVRE.

(1) Lajeunesse.
(2) Dit Laroche.
(3) Sanschagrin.
(4) Pour Dauny, voy. vol. I, p. 157, et vol. III, p. 237.
(5) Voy. vol. I, p. 509.
(6) Aussi appelee Brisebois.

1712, (11 janvier) Champlain.[6]
II.—RAOUL (1), MICHEL, [ALEXANDRE I.
b 1684.
BILLY, Marie-Renée, [JEAN-FRANÇOIS I.
b 1692.
Michel, b[6] 2 juillet 1713.—*Joseph,* b[6] 24 nov. 1715.—*Geneviève,* b[6] 29 janvier 1718. — *Antoine,* b[6] 18 février 1720.—*Jean-Baptiste,* b[6] 16 février 1722; 1° m à Catherine PAPLAU; 2° m 6 nov. 1752, à Agathe LEFEBVRE, à Batiscan.—*François,* b[6] 8 sept. 1724. — *Alexis,* b[6] 5 mars 1726. — *Pierre,* b[6] 16 mars 1728. — *Marie-Angélique,* b[6] 19 et s[6] 22 sept. 1729.—*Louis,* b[6] 6 février 1732. — *Marie-Etiennelle,* b[6] 1er avril 1734.

1716, (22 sept.) Champlain.[6]
II—RAOUL (2), ALEXIS, [ALEXANDRE I.
b 1691; capitaine.
BAUDOIN, Anne-Charlotte, [RENÉ I.
b 1681.
Anonyme, b[6] et s[6] 6 août 1717.—*Alexis,* b[6] 6 juillet 1718; m 19 janvier 1755, à Marie-Anne PERRAULT, à Ste-Anne-de-la-Perade. — *Marie,* b[6] 13 mai 1720, s[6] 21 juillet 1741. — *Geneviève,* b[6] 17 nov. 1721.—*Jean-Baptiste,* b 1722; m à Marie-Jeanne PRUDHOMME; s 4 dec. 1779, au Detroit — *Antoine,* b[6] 7 sept. et s[6] 10 oct. 1723. — *Marie-Joseph,* b[6] 13 janvier 1726; m à Joseph BAUDOIN.

1727.
III.—RAOUL, JOSEPH, [JOSEPH-FRANÇOIS II.
b 1705.
1° LEFEBVRE (3), Catherine, [JACQUES I
b 1700, s (tuee par le tonnerre) 1er sept. 1736, au Cap-de-la-Madeleine.[8]
Marie-Joseph, b 1728; s[8] (tuée par le tonnerre) 1er sept. 1736.—*Adrien,* b[8] 6 juin 1735; m 1763, à Marie-Joseph FRIGON.— *François-Xavier,* b[8] 6 juin 1735. — *Marie-Catherine* et *Marie-Anne,* b[8] 12 juillet 1736.
1740, (12 sept.) Bécancour.[9]
2° LEBLANC, Marie-Joseph. [RENÉ II.
Jean-Baptiste, b 1743; s[9] 25 avril 1745. — *Marie-Joseph,* b[9] 16 février 1745. — *Marie-Anne,* b[9] 9 sept. et s[9] 22 nov. 1746 —*Alexis,* b[9] 2 nov. 1747. — *Marie-Anne,* b[9] et s[9] 22 juin 1749.

1736, (19 nov.) Champlain[2]
III.—RAOUL, JEAN-BTE, [JOSEPH II.
b 1711.
MERCEREAU, Geneviève, [JOSEPH II.
b 1717.
Jean-Baptiste, b[2] 12 et s[2] 26 février 1738. — *Joseph,* b[2] 6 mars 1741.

(1) Et Raux dit Alexandre.
(2) Dit Morinville.
(3) Lacroix.

III.—RAOUL, JEAN-BTE, [MICHEL II.
b 1722.
1° PAPLAU, Catherine, [PIERRE II.
b 1731.

1752, (6 nov.) Batiscan.
2° LEFEBVRE, Agathe, [NICOLAS III.
b 1732.

1755, (19 janvier) Ste-Anne-de-la-Pérade.
III.—RAOUL, ALEXIS, [ALEXIS II.
b 1718.
PERRAULT, Marie-Anne, [PIERRE-FRANÇOIS II.
b 1735.
Marie-Joseph, b... m à Antoine RIVARD.— *Marie-Anne*, b... m 8 fevrier 1779, à Joseph TOUTANT, à Batiscan.[7] — *Alexis*, b... m[7] 16 fevrier 1789, à Marie-Joseph ROUILLARD.

III.—RAOUL, JEAN-BTE, [ALEXIS II.
b 1722; s 4 dec. 1779, au Détroit[8]
PRUDHOMME, Marie-Jeanne, [FRS-XAVIER IV.
b 1744.
Jean-Baptiste, b... m[8] 27 sept. 1790, à Marguerite LAPOINTE.

1763.
IV.—RAOUL, ADRIEN, [JOSEPH III.
b 1735.
FRIGON (1), Marie-Joseph, [FRS-MARIE III.
b 1739.
François, b 7 juillet 1764, au Cap-de-la-Madeleine.

RAOUL, ALEXIS.
COLLET (2), Marie-Anne.
Marie-Geneviève, b 6 nov. 1785, à St-Cuthbert. — *Marie-Marguerite*, b 19 oct. 1794, à Batiscan.

1789, (16 février) Batiscan.
IV.—RAOUL (3), ALEXIS. [ALEXIS III.
ROUILLARD-ST. CYR, Marie-Joseph [PIERRE IV.

1790, (27 sept.) Détroit.
IV.—RAOUL, JEAN-BTE. [JEAN-BTE III.
LAPOINTE, Marguerite. [JEAN-BTE.

RAOUL, PIERRE.
LANGEVIN, Marie-Anne.
Pierre, b 26 sept. 1795, à Batiscan.

RAOULT.—Voy. RAOUL.

RAPIDIEUX.—Voy. RAPIDIOU.

RAPIDIOU.—*Variation et surnoms :* RAPIDIEUX —LAMAIRE et LAMÈRE.

(1) Et Fregant.
(2) Et Cosset.
(3) Dit Morinville.

1701, (2 janvier) Montréal.[6]
I.—RAPIDIOU (1), JEAN, b 1672; fils d'Antoine et de Laurence Cordeau, de Lesignat, diocèse d'Angoulesme, Angoumois.
FLEURY, Françoise, [FRANÇOIS I.
b 1675; s 11 août 1752, à Ste-Geneviève, M.[7]
Jean-Marie, b[6] 9 janvier et s[6] 7 juillet 1702.— *Charles*, b[6] 30 mai 1703; m 13 août 1739, à Françoise MARTIN, à la Pointe-Claire.[8] — *Marie-Françoise*, b[6] 20 avril 1705; m 1735, à Jean-Baptiste ROULEAU.—*Marie-Madeleine*, b[6] 28 nov. et s[6] 5 dec. 1706. — *Marie*, b[6] 22 nov. 1707; m à Alexis FAUTEUX.— *Paul*, b[6] 25 oct. 1709; m 7 nov. 1729, à Anne-Angelique JÉROME-LATOUR, à St-Laurent, M. — *Marie-Angélique*, b[6] 3 avril 1712.—*Marie-Madeleine*, b[6] 22 mars et s[6] 2 mai 1714. — *Michel*, b[6] 21 mai 1715; m[8] 21 juillet 1738, à Ursule DUBOIS. — *Louise*, b[6] 20 août 1719; m[7] 13 sept. 1751, à Jean-Baptiste MOSION.

1729, (7 nov.) St-Laurent, M.[3]
II.—RAPIDIOU (1), PAUL, [JEAN I.
b 1709.
JÉROME-LATOUR, Anne-Angélique, [FRS I.
b 1710.
Joseph, b 1730, m 2 fevrier 1756, à Madeleine BRUNET, à Ste-Geneviève, M[4]— *Jean-Baptiste*, b 1732; m[3] 4 fevrier 1760, à Marie-Anne TARTRE. — *Marie-Louise*, b 1734; m[3] 30 janvier 1758, à Michel ROCHERON. — *Charles*, b 1736; m[3] 16 nov. 1761, à Anne-Catherine FRETÉ. — *Marie-Anne*, b[4] 28 mai et s[4] 31 août 1741.—*Nicolas*, b[4] 5 mars 1743; s[4] 13 oct. 1751. — *Marie-Geneviève*, b[4] 18 mars et s[4] 30 mai 1744.— *Elisabeth*, b[4] 19 mars 1745. — *François*, b[4] 28 mai 1747; s[4] 19 janvier 1752.— *Paul*, b[4] 19 juin et s[4] 7 juillet 1749.

1738, (21 juillet) Pointe-Claire.
II.—RAPIDIOU (1), MICHEL, [JEAN I.
b 1715.
DUBOIS, Ursule, [ANTOINE I.
b 1718.
Marie, b 29 juillet 1739, à Montréal.[1] — *Dominique-Michel*, b[1] 11 août 1740. — *François*, b... s 2 juillet 1746, à Ste-Geneviève, M.[2] — *Antoine-Marie*, b[2] 15 août 1750.—*Joseph*, b[2] 4 juin 1752; s[2] 4 avril 1753.—*Madeleine*, b[2] 30 août et s[2] 30 oct. 1753.—*Philippe*, b[2] 12 sept. 1754.—*Louis-Amable*, b[2] 5 mars et s[2] 8 mai 1756.—*Jean-Paul*, b[2] 27 juin 1757.—*Geneviève*, b[2] 31 mai et s[2] 1er juin 1758.—*Marie-Joseph*, b[2] 11 oct. 1759.

1739, (13 août) Pointe-Claire.
II.—RAPIDIOU (2), CHARLES, [JEAN I.
b 1703.
MARTIN, Françoise, [PIERRE I.
b 1704, veuve de Pierre Blénier.
Charles, b... s 20 août 1741, à Ste-Geneviève, M.[5] — *Marie-Charlotte*, b[5] 24 nov. et s[5] 26 dec. 1741.—*Geneviève-Amable*, b[5] 12 avril 1743.— *Marie-Charlotte*, b[5] 12 et s[5] 26 août 1745.— *Joseph-Marie*, b[5] 1er et s[5] 30 juillet 1747.

(1) Dit Lamère.
(2) Dit Lamère—Marié sous le nom de Rapidieux.

1756, (2 fevrier) Ste-Geneviève, M. [6]
III.—RAPIDIOU, JOSEPH, [PAUL II.
b 1730.
BRUNET, Marie-Madeleine, [PHILIPPE III.
b 1732.
Joseph, b [6] 8 nov. et s [6] 6 déc. 1756.—*Marie-Joseph*, b [6] 17 mars 1758.

1760, (4 février) St-Laurent, M. [7]
III.—RAPIDIOU, JEAN-BTE, [PAUL II.
b 1732.
TARTRE, Marie-Anne, [JEAN-BTE II.
b 1738.
Jean-Baptiste, b [7] 6 février 1761.—*Joseph*, b [7] 19 sept. 1763.

1761, (16 nov.) St-Laurent, M. [8]
III.—RAPIDIOU, CHARLES, [PAUL II.
b 1736.
FRETÉ, Anne-Catherine, [FRS-SYLVESTRE II.
b 1737.
Charles-Louis, b [8] 25 août 1763.

I.—RAPIEUX, MARIE-URSULE, b... m 7 février 1803, à Ignace HÉBERT, à Florissant, Mo.

RAPIN.—*Variation et surnoms :* HERPIN—POITEVIN—SKAIANIS.

1669, (25 nov.) Montréal. [1]
I.—RAPIN (1), ANDRÉ,
b 1640; chirurgien; s 28 déc. 1694, à Lachine. [2]
JARRY (2), Clémence, [ELOY I.
b 1657.
Madeleine, b [2] 10 avril 1678; m [2] 9 janvier 1696, à Jean-Gabriel PICARD; s [2] 12 sept. 1758 — *Marie-Anne*, b [2] 1er mai 1682; m à Jacques CHARBONNIER; s [1] 17 juin 1755.—*Antoine-Jean*, b [1] 9 février 1687; m [2] 31 juillet 1725, à Françoise ROY; s [1] 21 janvier 1750.— *Jean-Baptiste*, b [2] 1er mars 1691; m [1] 27 janvier 1711, à Marie-Catherine JANSON; s [2] 24 fevrier 1755. — *Marie-Barbe*, b [1] 8 déc. 1693; m [1] 23 dec. 1711, à Jean-Baptiste SEDILOT.

II.—RAPIN (3), HENRI-EMERY, [JEAN I.
b 1670.
COULON, Marie, [AUFRAY I.
b 1673.
René-Guillaume, b 10 mars 1709, à Verchères.

1706, (18 avril) Lachine. [3]
II.—RAPIN (4), ANDRÉ, [ANDRÉ I.
b 1677.
GOURDON (5), Anne, [JEAN-BTE I.
b 1678; veuve de Pierre Lelat.
Antoine, b [3] 30 août 1706.—*Jeanne*, b [3] 21 sept. 1708.—*Suzanne*, b [3] 21 oct. 1710; s [3] 22 juillet 1731.—*André*, b 1712; m 1751, à Anne PARANT.

(1) Voy. vol. I, p 509.
(2) Elle épouse, le 16 août 1699, Joseph Gautier, à Montréal.
(3) Pour Herpin dit Poitevin, voy. vol. IV, p. 495.
(4) Dit Skaianis; fils adoptif.
(5) Lachasse.

1711, (27 janvier) Montréal.
II.—RAPIN, JEAN-BTE, [ANDRÉ I.
b 1691; s 24 février 1755, à Lachine. [4]
JANSON (1), Catherine, [PIERRE I.
b 1689; s [4] 28 janvier 1755.
Jean-Baptiste, b 1er juin 1711, à Champlain.—*Elisabeth*, b 1712; 1° m [4] 5 février 1731, à Jean-Baptiste DROUILLARD; 2° m 12 fevrier 1756, à Joseph GUIGNARD, au Detroit.—*Jean-Baptiste*, b 3 juin 1714, à Batiscan [5]; m 1740, à Catherine MOREL-MADOR.—*Joseph*, b 1er mars 1716, à Ste-Anne-de-la-Perade [6], m 1749, à Marie-Françoise-Reine LEDUC.—*Françoise*, b [6] 30 janvier 1718.—*Marie-Joseph*, b [5] 28 avril et s [5] 3 mai 1720.

1725, (31 juillet) Lachine. [7]
II.—RAPIN, ANTOINE-JEAN, [ANDRÉ I.
b 1687; s 21 janvier 1750, à Montreal. [8]
ROY, Françoise, [LOUIS II.
b 1705; s [7] 3 mai 1731.
Françoise, b 1728; m [8] 1er février 1751, à Louis CHRÉTIEN.

1740.
III.—RAPIN, JEAN-BTE, [JEAN-BTE II.
b 1714.
MOREL (2), Catherine, [FRANÇOIS II.
b 1715.
Elisabeth, b... m 17 août 1761, à Paul HUBERT-LACROIX, à Lachine. [9] — *Catherine*, b... m [9] 21 mai 1764, à Dominique HUBERT-LACROIX.—*André*, b [9] 17 oct. 1750.—*François-Benjamin*, b [9] 17 mai et s 16 juillet 1753, à Ste-Geneviève, M.—*Joseph-Benjamin*, b [9] 1er juin 1755.—*Marie-Angélique*, b [9] 10 juillet 1758.—*Marie-Véronique*, b [9] 19 juin 1760.

1749.
III.—RAPIN, JOSEPH, [JEAN-BTE II.
b 1716; marchand.
LEDUC, Marie-Françoise-Reine, [PIERRE I.
b 1726.
Joseph-Marie, b 16 août 1750, au Lac-des-Deux-Montagnes. [1] — *François-Bernardin*, b [1] 30 juillet 1752.—*Jean*, b 6 mai 1754, au Bout-de-l'Ile, M.

1751.
III.—RAPIN (3), ANDRÉ, [ANDRÉ II.
b 1712.
PARANT, Anne, [GUILLAUME II.
b 1726.
André, b 1er février 1752, à Lachine. [2] — *Madeleine-Amable*, b [2] 9 juin 1753; s [2] 27 mars 1756.—*Pierre-André-Constant*, b [2] 21 janvier 1755.—*Marie-Catherine*, b [2] 11 oct. 1756.

I.—RAQUEBOT, JACQUES, b 1710; marinier; natif de Bordeaux; s 5 août 1733, à Québec.

RAQUELIN, JEAN.—Voy. PAQUELIN.

(1) Lapalme.
(2) Mador.
(3) Dit Skaianis.

RASSET.—*Variations :* Racet—Racette—Rassette.

1678, (21 nov.) Québec. [3]

I.—RASSET (1), Jean,
b 1666; s 27 oct. 1711, à la Pte-aux-Trembles, Q. [4]
Chappau, Jeanne, [Pierre I.
b 1657; s 20 mai 1733, à St-Augustin. [5]
Romain, b [4] 19 oct. 1682; m 12 nov. 1731, à Marie-Anne Cloutier, au Château-Richer. [6] — *Marie-Madeleine,* b [4] 6 juin 1686; 1° m [5] 1er mai 1709, à Jean Gaboury; 2° m [5] 16 février 1722, à Eustache Bourbeau; 3° m [5] 6 oct. 1738, à Charles Cotin.—*François,* b [4] 5 janvier 1690; 1° m 29 janvier 1725, à Marguerite Jobin, à Charlesbourg; 2° m 12 août 1737, à Marguerite Coiteux, à L'Ange-Gardien; s [5] 18 janvier 1758. — *Jean-Baptiste,* b [4] 27 mars 1691; m [3] 5 août 1715, à Marie-Anne Caron.—*Antoine,* b [4] 1er août 1694; m 9 nov. 1722, à Jeanne Nolin, à St-Pierre, I. O. —*Philippe,* b [5] 2 fevrier 1699; 1° m [6] 22 oct. 1736, à Catherine Simard; 2° m 1753, à Marie-Madeleine Delage.—*Louise,* b 1702; m [5] 23 juillet 1725, à Pierre Rondeau.

1713, (25 janvier) St-Augustin. [2]

II.—RASSET, Pierre, [Jean I.
b 1681, s [2] 5 avril 1715.
Gaboury (2), Marie, [Antoine I.
b 1686.
Joseph-Pierre, b [2] 20 mars 1714; s [2] 3 mai 1715.—*Pierre* (posthume), b [2] 3 juin 1715; 1° m [2] 29 oct. 1736, à Marie-Françoise Tinon; 2° m [2] 28 fevrier 1745, à Marie-Angelique Defoy.

1715, (5 août) Québec. [2]

II.—RASSET, Jean-Bte, [Jean I.
b 1691.
Caron, Marie-Anne, [Vital II.
b 1689; s [2] 26 mars 1755.
Marie-Anne, b [2] 7 juillet 1716; m [2] 29 avril 1737, à Jean-Baptiste Dubé, s [2] 29 janvier 1797. —*Jean-Baptiste,* b [2] 3 fevrier 1718; s [2] 19 janvier 1720.—*Agnès,* b [2] 22 juin 1721; s [2] 7 mai 1724.— *Marguerite,* b 1722; 1° m [2] 2 sept. 1743, à Joseph Roza; 2° m [2] 5 nov. 1755, à Germain Blondeau; 3° m 15 février 1764, à Martin-Joseph Delru, à St-Thomas.—*Jean,* b 1723, 1° m [2] 4 sept. 1752, à Marie-Louise Labadie, 2° m [2] 24 avril 1759, à Madeleine Chamard; 3° m [2] 9 juillet 1764, à Marguerite Jourdain; s [2] 29 dec. 1785. — *Vital,* b 1726; s 10 oct. 1729, à Charlesbourg. — *Françoise,* b... m 1751, à Joseph Barthelemy.

1722, (9 nov.) St-Pierre, I. O. [1]

II.—RASSET, Antoine, [Jean I.
b 1694.
Nolin, Jeanne, [Jacques I.
b 1685; veuve de Pierre Raté; s [1] 26 nov. 1733.

(1) Et Racet; voy. vol. I, p. 509.

(2) Fille épouse, le 18 nov. 1720, André Clément, à St-Augustin.

1725, (29 janvier) Charlesbourg.

II.—RASSET, François, [Jean I.
b 1690; s 18 janvier 1758, à St-Augustin. [3]
1° Jobin, Marguerite, [Jacques II.
b 1704; s [3] 5 dec 1736.
Anonyme, b [3] et s [3] 24 nov. 1725.— *Jean-François,* b [3] 18 déc. 1726; m 1753, à Madeleine Amiot.—*Jacques,* b [3] 18 oct. 1728; 1° m 1760, à Marie-Louise Thibault; 2° m [3] 28 janvier 1782, à Angelique Gingras. — *Marie-Thérèse,* b [4] 10 sept. 1730. — *Jean-Charles,* b [3] 10 dec. 1732; m 1754, à Marie-Anne Tinon. — *Pierre-Augustin,* b [3] 19 juillet et s [3] 7 sept. 1734. — *Louis-Joseph* et *Pierre-Augustin,* b 14, à la Pte-aux-Trembles, Q. et s [3] 17 juillet 1735.

1737, (12 août) L'Ange-Gardien.

2° Coiteux (1), Marguerite, [Jean II.
b 1705.
Joseph, b [3] 18 juillet 1738. — *Ignace,* b [3] 14 mars 1740. — *Louis,* b [3] 30 dec. 1741. — *Marie-Angélique,* b [3] 4 nov. 1743.

1731, (12 nov.) Château-Richer. [2]

II.—RASSET, Romain, [Jean I.
b 1682.
Cloutier, Marie-Anne, [Jean-Bte III.
b 1707.
Marie-Anne, b 1er oct. 1732, à St-Augustin [3]; s [3] 28 sept. 1733. — *Romain,* b [3] 13 sept. 1733; m [3] 27 janvier 1755, à Jeanne Roy-Audy; s [3] 19 mars 1794. — *Paul,* b [3] 6 avril 1735. — *Marie-Louise,* b [3] 13 juin 1737; s [3] 25 mars 1739— *Marie-Thérèse,* b [3] 20 fevrier 1741; s [3] 29 dec. 1780.—*Marguerite-Véronique,* b [3] 9 nov. 1742.

1736, (22 oct.) Château-Richer. [5]

II.—RASSET, Philippe, [Jean I.
b 1699.
1° Simard, Catherine, [Pierre II.
b 1708; veuve de Gabriel Réaume; s [5] 26 juin 1753.
Jacques-Philippe, b [5] 25 juillet 1737. — *Marie,* b [5] 18 juin 1739. — *Germain,* b [5] 25 juin 1741; m [5] 18 juin 1770, à Marguerite Blau.—*Louis,* b [5] 27 sept. 1746. — *Jean,* b [5] 25 juillet et s [5] 30 dec. 1751.

1753.

2° Delage, Marie-Madeleine, [Charles II.
b 1718.
Madeleine, b [5] 17 sept. 1754; s 20 mars 1757, au Cap-St-Ignace. [6] — *Joseph-Marie,* b [6] 13 juin 1756. — *Charles,* b [6] 16 août 1757; s [6] 4 janvier 1759.—*Marie-Louise,* b [6] 20 avril 1760.

1736, (29 oct.) St-Augustin. [7]

III.—RASSET, Pierre, [Pierre II.
b 1715.
1° Tinon, Marie-Françoise, [Jean-Ignace II.
b 1715; s [7] 20 avril 1743.
Pierre-Hypolite, b [7] 13 août 1737; m 4 nov. 1766, à Marie-Amable Petit, à Montreal. [8] — *Marie-Françoise,* b [7] 13 sept. 1739. — *Marie,* b... m 17 nov. 1760, à Noël-Joseph Gély, à Lorette. — *Louis-Joseph,* b [7] 19 mars 1741. — *Marie-*

(1) Et Mathieu.

Rosalie, b 7 15 sept. 1742; m 8 16 juillet 1771, à Victor-Honoré DURAND.

1745, (28 février). 7

2° DEFOY, Marie-Angélique, [CHARLES II.
b 1718.

Marie-Angélique, b 7 21 nov. 1745; m 16 nov. 1761, à Nicolas DROUARD, à Lachenaye. 9—*Marie-Thérèse*, b 7 17 juin 1747; m 9 1er fevrier 1768, à Jean-Marie VAUDRY. — *Augustin*, b 7 avril 1750, à la Pte-aux-Trembles, Q.— *Marie-Louise*, b 7 11 fevrier 1755.—*Charles*, b 7 12 avril 1758.—*Marie-Amable*, b 9 22 août 1760.

1752, (4 sept) Québec. 6

III.—RASSET, JEAN, [JEAN-BTE II.
b 1723; tonnelier, s 6 29 déc. 1785.

1° LABADIE, Marie-Louise, [LOUIS-JOSEPH II.
b 1733; s 6 10 août 1757.

Louise, b 6 30 juin et s 6 9 août 1753. — *Louis-Joseph*, b 6 3 juin 1754; s 6 4 oct. 1756. — *Marie-Anne*, b 6 1er janvier 1756.

1759, (24 avril). 6

2° CHAMARD, Madeleine, [PIERRE III.
b 1737; s 6 28 mai 1763.

1764, (9 juillet). 6

3° JOURDAIN, Marguerite, [PIERRE I.
b 1736.

Joseph, b et s 29 nov. 1766, à Lévis.—*Marguerite*, b... m 6 1er août 1786, à Jean-Baptiste-Nicolas LETELLIER.

1753.

III.—RASSET, JEAN-FRANÇOIS, [FRANÇOIS II.
b 1726.

AMIOT, Madeleine, [ETIENNE III.
b 1723; s 17 avril 1759, à St-Augustin. 6

Marie-Angelique, b 6 22 juin 1754. — *Marie-Madeleine*, b 6 18 nov. 1755.—*Marie-Louise*, b 16 mars 1759, à la Pte-aux-Trembles, Q.

1754.

III.—RASSET, JEAN-CHARLES, [FRANÇOIS II.
b 1732.

TINON-DESROCHES, Marie-Anne, [JEAN-FRS III.
b 1736.

Jean-Charles, b 4 juillet 1755, à St-Augustin. 6 —*Louis-Augustin*, b 6 15 oct. 1758.—...... (1) b .. s 6 2 août 1761.—*Jean-Marie*, b 6 24 juin 1762.—*Pierre*, b 16 oct. 1763, à la Pte-aux-Trembles, Q.

1755, (27 janvier) St-Augustin. 6

III.—RASSET, ROMAIN, [ROMAIN II.
b 1733; s 6 19 mars 1794.

ROY-AUDY, Jeanne, [SIMON III.
b 1733.

Marie-Joseph, b 6 1er et s 6 23 nov. 1755. — *Romain*, b 1757; s 6 18 janvier 1758. — *Paul*, b 1757; s 6 14 janvier 1758. — *Louis-Augustin*, b 6 3 sept. 1760; m 6 8 fevrier 1790, à Marie-Joseph GINGRAS. — *Romain*, b 26 juillet 1762, à Lorette.—*Charles*, b 19 août 1765, à la Pte-aux-Trembles, Q.

(1) Le nom manque au registre.

1760.

III.—RASSET, JACQUES, [FRANÇOIS II.
b 1728.

1° THIBAUT, Marie-Louise.

Marie-Louise, b 10 déc. 1761, à St-Augustin. 6 — *Thérèse*, b... m 6 11 janvier 1790, à Nicolas DROLET. — *Charles*, b 1770; s 6 31 juillet 1785.— *Marie-Anne*, b... m 6 24 fevrier 1794, à Joseph JUNEAU.

1782, (28 janvier). 6

2° GINGRAS, Angélique, [JOSEPH II.
b 1734; s 20 sept. 1785, à Québec.

1766, (4 nov.) Montréal.

IV.—RASSET, JOSEPH, [PIERRE III.
b 1737.

PETIT, Marie-Amable, [MICHEL III.
b 1735.

1770, (18 juin) Château-Richer. 2

III.—RASSET, GERMAIN, [PHILIPPE II.
b 1741.

BLAU (1), Marguerite, [CHARLES II.
b 1751.

Marguerite, b 2 23 mai et s 2 13 juillet 1771.— *Germain*, b 2 9 oct. 1772. — *Charles*, b 1776; s 2 7 fevrier 1777. — *Marie-Catherine*, b 2 20 janvier 1779.

RASSET, JACQUES.

MAILLET, Marie-Anne

Marie-Anne, b 1er mars 1774, à Lachenaye.

RASSET, ETIENNE.

VAUDRY, Marie-Charlotte.

Marie-Angélique, b 1er nov. 1788, à Lachenaye 9, s 9 24 juin 1789.

1790, (8 fevrier) St-Augustin. 3

IV.—RASSET, LOUIS-AUGUSTIN, [ROMAIN III.
b 1760.

GINGRAS, Marie-Joseph, [LS-AUGUSTIN III.
b 1770.

Augustin, b 3 30 déc. 1791. — *Marie-Joseph*, b 3 19 janvier 1795.

RASSET, PAUL.

BIDON, Catherine,
veuve de Joseph Vésina.

RASSETTE.—Voy. RASSET.

RASSICOT.—Voy. RACICOT.

RASTOUT.—*Surnom :* VADEBONCŒUR.

1757, (10 janvier) Montreal.

I.—RASTOUT (2), FRANÇOIS, b 1731, soldat; fils de Pierre et de Marie Sambrèze, de St-Michel, Toulouse, Languedoc.

ALARY, Madeleine, [RENÉ II.
b 1725.

François, b 1758; s 8 février 1759, à Longueuil.

(1) Mariée Belleau.

(2) Dit Vadeboncœur.

RATÉ.—*Variation :* RATTÉ.

1658, (12 nov.) Québec.

I.—RATÉ (1), JACQUES,
b 1630 ; menuisier ; s 10 avril 1699, à St-Laurent, I. O.
MARTIN, Anne, [ABRAHAM I.
b 1645.

Jean-Baptiste, b 7 déc. 1667, à Ste-Famille, I. O.[1] ; m 13 oct. 1698, à Madeleine BLOUARD, à St-Pierre, I. O.[2] — *Anne,* b [1] 19 oct. 1670 ; 1° m [2] 20 fevrier 1691, à Jacques DETRÉPAGNY ; 2° m 8 mars 1707, à Jean LANGLOIS (2), au Château-Richer[3] ; s [3] 25 déc. 1709.—*Pierre,* b [1] 20 août 1675 ; m [2] 27 nov. 1702, à Jeanne NOLIN ; s [2] 21 mars 1721.—*Geneviève,* b [1] 2 février 1678 , m [2] 27 nov. 1694, à Jean SICARD.—*Louise,* b [2] 20 juin 1680 ; m [2] 12 janvier 1700, à Louis MARTIN.—*Ignace,* b [2] 29 août 1683 ; 1° m [2] 10 nov. 1705, à Helène BOUCHARD ; 2° m [2] 13 juin 1729, à Geneviève LANGLOIS ; s [2] 15 janvier 1744.—*Guillaume,* b [2] 17 nov. 1686 ; m [2] 4 nov. 1710, à Madeleine NOLIN.

1698, (13 oct.) St-Pierre, I. O. [4]

II.—RATÉ, JEAN-BTE, [JACQUES I.
b 1667.
BLOUARD, Madeleine, [MATHURIN I.
b 1682 ; s [4] 30 mars 1746.

Pierre, b [4] 29 nov. 1699 ; m 14 oct. 1725, à Marie-Charlotte MARTIN, à Quebec ; s [4] 10 mars 1737.—*Geneviève,* b [4] 23 mai 1701 ; m [4] 12 janvier 1722, à Joseph GOULET ; s [4] 27 nov. 1754.—*Jean-Baptiste,* b [4] 7 et s [4] 17 janvier 1703.—*Marie-Anne,* b [4] 21 mars 1704 ; m [4] 20 nov. 1730, à Paul VAILLANCOUR.—*Jean-Baptiste,* b [4] 3 janvier 1706 ; m 6 nov. 1736, à Marie-Joseph BAZIN, à St-Augustin[5] ; s [5] 13 fevrier 1784. — *Mathieu,* b [4] 13 mars 1708 ; m [4] 4 avril 1731, à Marie-Anne MARTEL ; s [5] 1er dec. 1786.—*André,* b [4] 6 mars 1710 ; m [4] 19 nov. 1736, à Marie-Jeanne MARTEL. —*Charles,* b [4] 1er août 1712, m [5] 13 nov. 1741, à Marie-Joseph GABOURY ; s [5] 12 mai 1783.—*Thérèse,* b [4] 12 juillet 1716 , 1° m [4] 22 nov. 1734, à Louis ASSELIN ; 2° m 10 janvier 1752, à Jean TURCOT, à Ste-Famille, I. O [6] —*Marie-Angélique,* b [4] 15 août 1719 ; m [4] 30 juin 1744, à Jean-Baptiste BAZIN.—*Marie-Joseph,* b [4] 1er mars 1721 ; s [4] 12 août 1733.—*Madeleine,* b 1723 ; m [4] 20 février 1748, à Charles MARTEL.— *Ignace-Marie,* b [4] 27 sept. 1725 , m [6] 13 fevrier 1747, à Marguerite CHARLAND.

1702, (27 nov) St-Pierre, I. O. [7]

II.—RATÉ, PIERRE, [JACQUES I.
b 1675 ; s [7] 21 mars 1721.
NOLIN (3), Jeanne, [JACQUES I.
b 1685.

Ignace, b [7] 13 mai 1704 ; m [7] 11 oct. 1730, à Marie-Anne BOUCHARD.—*Pierre,* b [7] 3 août 1708 ; s [7] 12 sept. 1728. — *Joseph,* b [7] 18 mars 1710 ; s [7] 7 avril 1712.—*Marie-Françoise,* b [7] 1er août 1712 ; m [7] 4 février 1732, à Antoine MARTEL ; s [7] 1er fevrier 1751. — *Jean-Baptiste,* b [7] 3 oct. 1717 ; 1° m [7] 3 nov. 1744, à Marie-Joseph BOUCHARD-DORVAL ; 2° m 27 juillet 1750, à Agathe TREMBLAY, à St-Jean, I. O. — *Cécile,* b [7] 15 oct. 1719 ; m [7] 18 nov. 1737, à Pierre DORVAL.—*Anonyme,* b [7] et s [7] 8 mars 1721.

1705, (10 nov.) St-Pierre, I. O. [8]

II.—RATÉ, IGNACE, [JACQUES I.
b 1683 ; s [8] 15 janvier 1744.
1° BOUCHARD, Helène, [JEAN II.
b 1689 ; s [8] 1er juin 1728.

Marguerite, b [8] 15 nov. 1706 ; m [8] 26 nov. 1725, à Basile CRÉPEAU ; s 4 nov. 1745, au Château-Richer —*Charles-Amador,* b [8] 8 nov. 1708, m [8] 29 mars 1731, à Jeanne PARADIS.—*Pierre,* b [8] 14 janvier 1711 ; m [8] 17 nov. 1732, à Marie-Louise CRÉPEAU ; s 16 avril 1783, à Quebec. — *Ignace,* b 19 juin 1713, à Ste-Famille, I. O. ; m [8] 20 nov. 1741, à Marie-Joseph PARADIS , s 19 mars 1764, à St-Antoine-Tilly.—*Joseph,* b [8] 24 oct. 1715 —*Hélène,* b [8] 7 oct. 1717 ; m [8] 19 nov. 1736, à Ignace MARTEL ; s [8] 25 août 1755.—*Marie-Joseph,* b [8] 30 mars 1720 ; m [8] 19 oct. 1744, à Paul GOURGUES.—*Paul-Basile,* b [8] 25 janvier 1723 ; s [8] 14 juillet 1738.—*Marie-Véronique,* b [8] 15 mars 1726 ; m [8] 18 avril 1746, à Joseph-Marie CHARLAND.

1729, (13 juin). [8]

2° LANGLOIS, Geneviève, [PIERRE III.
b 1703.

Joseph-Marie, b [8] 1er juin et s [8] 15 sept. 1730.—*Pierre,* b [8] 6 et s [8] 23 juillet 1731. — *Marie-Geneviève,* b [8] 30 mai 1732.—*Gertrude,* b [8] 4 nov. 1734.—*Prisque,* b [8] 8 mars 1737.—*Charles,* b 28 août 1739, à L'Ange-Gardien.—*Marie-Madeleine,* b [8] 17 avril 1742, m 24 oct. 1763, à Jérôme RICHARD, à la Pte-aux-Trembles, Q. [9] ; s [9] 11 fevrier 1767.

1710, (4 nov.) St-Pierre, I. O. [7]

II.—RATÉ, GUILLAUME, [JACQUES I.
b 1686.
NOLIN, Madeleine, [JACQUES I.
b 1690 ; s [7] 17 juillet 1748

Madeleine, b [7] 1er janvier 1712 ; m [7] 12 nov. 1731, à Claude VAILLANCOUR.—*Hélène,* b [7] 25 fevrier 1714 ; m [7] 15 nov. 1734, à François GOULET.—*Agathe,* b [7] 7 sept. 1716 ; m [7] 11 nov. 1737, à Pierre DORVAL.—*Marie-Anne,* b 1720, 1° m [7] 16 oct. 1747, à Joseph VOYER ; 2° m 26 nov. 1753, à Joseph FERLAND, à Ste-Famille, I. O. —*Joseph-Marie,* b [7] 23 janvier 1722 ; s [7] 28 nov. 1738.—*Marie-Marguerite,* b 24 février 1724, à L'Ange-Gardien ; m [7] 29 oct. 1742, à Pierre CHATIGNY.—*Guillaume-Marie,* b [7] 31 août 1726 ; s [7] 3 janvier 1728 —*Ignace,* b [7] 10 mars 1729 ; m [7] 6 fevrier 1747, à Therèse LECLERC.—*Pierre,* b [7] 9 août 1731.

1725, (14 oct.) Quebec.

III.—RATÉ, PIERRE, [JEAN-BTE II.
b 1699 , s 10 mars 1737, à St-Pierre, I. O.
MARTIN, Marie-Charlotte, [JOACHIM I.
b 1689 ; veuve de Louis Vernas.

Marie, b... m 1730, à Jean CARDINAL.

(1) Voy. vol. I, p. 509.

(2) Voy. aussi Jean, vol. IV, p. 594.

(3) Elle épouse, le 9 nov. 1722, Antoine Rasset, à St-Pierre, I. O.

1730, (11 oct.) St-Pierre, I. O. [1]
III.—RATÉ, IGNACE, [PIERRE II.
b 1704.
BOUCHARD-DORVAL, Marie-Anne, [PIERRE III.
b 1712.
Marie-Anne, b [1] 19 août 1731. — *Marie-Joseph*, b [1] 1er mai 1733 ; m [1] 5 mars 1753, à Pierre ROBERGE.—*Marie-Anne*, b [1] 28 juin 1735.— *François*, b [1] 21 fevrier 1738. — *Joseph-Marie*, b [1] 20 mars 1740. — *Hyacinthe*, b [1] 28 juillet 1742; m 1769, à Marie GOBEIL. — *Augustin*, b [1] 26 avril 1745.—*Alexis*, b [1] 10 oct. 1747.—*Germain*, b [1] 2 janvier 1750.—*Ignace*, b [1] 15 avril 1753.

1731, (29 mars) St-Pierre, I. O. [2]
III.—RATÉ, CHS-AMADOR, [IGNACE II.
b 1708.
PARADIS, Jeanne, [GUILLAUME III.
b 1706 ; s 4 oct. 1759, à Charlesbourg.
Marie-Joseph, b [2] 18 mars 1732. — *Thècle*, b [2] 15 janvier 1734. — *Louis*, b [2] 10 avril 1736.— *Louise*, b 28 juillet 1738, à St-Laurent, I. O. ; s [2] 14 oct. 1755. — *Marie-Angélique*, b [2] 7 mai 1741. —*Marie-Reine*, b [2] 8 juillet 1748 ; m à François PARADIS.

1731, (4 avril) St-Pierre, I. O.
III.—RATÉ, MATHIEU, [JEAN-BTE II.
b 1708 ; s 1er déc. 1786, à St-Augustin. [4]
MARTEL, Marie-Anne, [ANTOINE II.
b 1711.
Marie-Anne, b [4] 12 avril 1732.—*Jean-François*, b [4] 17 déc. 1734. — *Marie-Françoise*, b [4] 26 mars 1737.— *Marie-Charlotte*, b [4] 3 février 1739 ; s 16 nov. 1755, à St-Jean, I. O.— *Marie-Joseph*, b [4] 11 sept. 1740 ; s [4] 1er oct. 1741. — *Charles*, b [4] 19 juillet 1742 ; s [4] 4 oct. 1755.—*Augustin*, b [4] 5 dec. 1744 ; s [4] 7 juillet 1745. — *Joseph-Gaspard*, b [4] 5 janvier 1746 ; m à Marie PETITCLERC. — *Louis*, b [4] 26 juillet et s [4] 18 oct. 1747.

1732, (17 nov.) St-Pierre, I. O. [1]
III.—RATÉ, PIERRE, [IGNACE II.
b 1711 ; journalier ; s 16 avril 1783, à Quebec. [2]
CRÉPEAU, Marie-Louise, [ROBERT II
b 1715.
Marie-Madeleine, b [1] 15 déc. 1733 ; m [2] 20 nov. 1752, à Hilaire CHAUBERT ; s [2] 8 avril 1760.— *Marie-Louise*, b 10 juillet 1735, à St-Augustin [3] ; s [3] 22 mars 1737. — *Marie-Louise*, b [3] 21 juin 1737 ; s [2] 29 juin 1747. — *Marie-Geneviève*, b [3] 1er avril et s [3] 14 sept. 1739. — *Marie-Rose*, b [3] 5 juin 1740 ; m [2] 9 janvier 1764, à François ROUSSET. — *Anonyme*, b [3] et s [3] 22 février 1742. — *Marie-Joseph*, b [3] 22 mai 1743.—*Marie-Joseph*, b [2] 15 sept. 1745 ; m [2] 15 oct. 1759, à Guilain CAUCHY. — *Joseph-Marie*, b... s [2] 15 dec. 1748. — *Marie-Thérèse*, b [2] 15 et s [2] 24 fevrier 1748. — *Pierre*, b [2] 23 nov. 1749 ; s [2] 16 sept. 1750. — *Pierre*, b [2] 30 mars et s [2] 3 avril 1752. — *Louis*, b [2] 21 mai 1753 ; m [2] 25 nov. 1783, à Marie-Louise AMIOT. — *Pierre-Amable*, b [2] 20 avril 1755 ; 1° m [2] 23 juillet 1776, à Marie PLAMONDON ; 2° m [2] 26 sept. 1780, à Marie DASYLVA.

1736, (6 nov.) St-Augustin. [3]
III.—RATÉ, JEAN-BTE, [JEAN-BTE II.
b 1706 ; s [3] 13 fevrier 1784.
BAZIN, Marie-Joseph, [FRANÇOIS II.
b 1720.
Jean-Ignace, b [3] 1er février 1739. — *Augustin*, b [3] 23 avril 1740. — *Marie-Joseph*, b [3] 16 juin 1742. — *Marie-Madeleine*, b [3] 30 janvier et s [3] 22 mai 1744.—*Charles*, b [3] 27 oct. 1745 ; 1° m 1780, à Thérèse GINGRAS ; 2° m [3] 9 janvier 1786, à Madeleine GUAY. — *Pierre-Gabriel*, b [3] 15 juin 1747.

1736, (19 nov.) St-Pierre, I. O. [7]
III.—RATÉ, ANDRÉ, [JEAN-BTE II.
b 1710.
MARTEL, Marie-Jeanne, [ANTOINE II.
b 1715.
Marie-Madeleine, b [7] 7 sept. 1737. — *Marie-Louise*, b [7] 19 mai et s [7] 24 juillet 1739. — *Marie-Rose-Marthe*, b [7] 19 mai 1739 ; m [7] 18 nov. 1754, à Pierre DOSTIE-DEBELOT ; s 2 mai 1770, à Ste-Famille, I. O.—*Marie-Catherine*, b... m [7] 23 janvier 1758, à Etienne GIGUÈRE. — *Charles*, b [7] 30 janvier 1742.—*Marie-Louise*, b [7] 24 janvier 1751 ; s [7] 7 déc. 1752.

1741, (13 nov.) St-Augustin. [1]
III.—RATÉ, CHARLES, [JEAN-BTE II.
b 1712 ; s [1] 12 mai 1783.
GABOURY, Marie-Joseph, [JEAN-BTE II.
b 1714.
Charles-André, b [1] 30 nov. 1742. — *Marie-Joseph*, b [1] 14 avril et s [1] 28 mai 1744. — *Jean-Baptiste*, b [1] 13 avril 1745 ; m 1781, à Marie-Anne DUFOUR. — *Toussaint*, b [1] 1er et s [1] 25 nov. 1747. — *Marie-Agnès*, b 19 fevrier 1750, à Ste-Foye. — *Marie-Charlotte*, b [1] 27 avril 1758. — *Marie-Louise*, b... m [1] 18 août 1783, à Augustin DELAVOYE.

1741, (20 nov.) St-Pierre, I. O. [6]
III.—RATÉ, IGNACE, [IGNACE II.
b 1713 ; s 19 mars 1764, à St-Antoine-Tilly. [7]
PARADIS, Marie-Joseph, [GUILLAUME III.
Marie-Joseph, b... m [7] 26 nov. 1765, à Jean-Baptiste HAYOT. — *Marie*, b [6] 6 janvier 1745.— *Ignace*, b [6] 25 mai 1746 ; s [7] 7 août 1767. — *François*, b [6] 15 juin 1748.—*Joseph*, b [7] 26 juillet 1750. —*Augustin*, b [7] 28 août 1755.

1744, (3 nov.) St-Pierre, I. O.
III.—RATÉ, JEAN-BTE, [PIERRE II.
b 1717.
1° BOUCHARD-DORVAL, Marie-Joseph, [CHS III.
b 1722 ; s 17 nov. 1749, St-Michel. [3]
Marie-Joseph, b [3] 13 juin et s [3] 2 août 1746.— *Jean-Baptiste*, b [3] 25 dec. 1747. — *Marie-Madeleine*, b 22 sept., à St-Valier et s [3] 7 oct. 1749.
1750, (27 juillet) St-Jean, I O.
2° TREMBLAY, Agathe, [JACQUES III.
b 1731.
Angélique-Brigitte, b [3] 16 mai et s [3] 3 juin 1751.—*Marie-Agathe*, b [3] 5 mai 1752. — *Jacques*, b [3] 29 juillet 1753. — *Marie-Louise*, b [3] 26 fevrier

1755.—*François*, b [3] 9 juin 1756. — *Louis-Marie*, b [3] 11 sept. et s [3] 16 déc. 1758. — *Basile*, b [3] 24 février 1760.—*Marie-Madeleine*, b [3] 5 juin 1762.

1747, (6 février) St-Pierre, I. O. [6]

III.—RATÉ, IGNACE, [GUILLAUME II.
b 1729.
LECLERC, Marie-Thérèse, [JEAN-BTE III.
b 1730.
Ignace, b [6] 12 oct. et s [6] 7 déc. 1748.—*Thérèse*, b [6] 19 avril 1750 ; m 1773, à Jean-Baptiste BEDARD. — *François*, b [6] 4 oct. 1751 ; m 1776, à Marie-Louise MAILHOT. — *Marie-Victoire*, b [6] 13 mai 1753. — *Marie-Joseph*, b [6] 13 mai 1753 ; m à .... ISOIR.—*Marie-Gertrude*, b [6] 30 mai 1755 ; m 26 avril 1774, à Jean-Marie TANGUAY, à St-Charles. —*Marie-Thècle*, b [6] 18 nov. 1758.

1747, (13 février) Ste-Famille, I. O.

III.—RATÉ, IGNACE-MARIE, [JEAN-BTE II.
b 1725.
CHARLAND, Marguerite, [GABRIEL II.
b 1727.

1769.

IV.—RATÉ, HYACINTHE, [IGNACE III.
b 1742.
GOBEIL, Marie-Françoise, [ANTOINE III.
b 1752.
Hyacinthe, b 1er juillet 1770, à St-François, I. O.

IV.—RATÉ, JOSEPH-GASPARD, [MATHIEU III.
b 1746.
PETITCLERC, Marie.
Marie-Joseph, b... m 12 janvier 1795, à Louis JOBIN, à St-Augustin. [1] — *Marie*, b... m [1] 26 janvier 1795, à Louis DORÉ.—*Marie-Louise*, b [1] 19 mars 1782.—*Marie-Jeanne*, b [1] 14 février 1785, s [1] 27 mai 1791.—*Jean-François*, b [1] 2 nov. 1787. —*Marguerite*, b [1] 12 oct. 1789.—*Godfroy*, b [1] 1er avril 1793.

1776.

IV.—RATÉ, FRANÇOIS, [IGNACE III.
b 1751.
MAILHOT, Marie-Louise.
Amarante, b... m 13 février 1798, à Pierre CHALOU, à Quebec.

1776, (23 juillet) Québec. [2]

IV.—RATE (1), PIERRE-AMABLE, [PIERRE III.
b 1755.
1° PLAMONDON, Marie, [JACQUES III.
b 1757 ; s [2] 14 sept. 1779.
1780, (26 sept.) [2]
2° DASYLVA, Marie, [PIERRE.
b 1761 ; s [2] 13 février 1797.

1780.

IV.—RATÉ, CHARLES, [JEAN-BTE III.
b 1745.
1° GINGRAS, Thérèse, [MATHIEU III.
b 1740 ; s 25 janvier 1785, à St-Augustin. [3]
Jean-Baptiste, b [3] 26 juin 1781.

(1) Soldat de la compagnie des Royaux Canadiens.

1786, (9 janvier). [3]
2° GUAY, Madeleine. [LOUIS-FRANÇOIS.
François, b [3] 14 oct. 1786. — *Madeleine*, b [3] 17 sept. 1787.

1781.

IV.—RATÉ, JEAN-BTE, [CHARLES III.
b 1745.
DUFOUR, Marie-Anne.
Marie-Madeleine, b 31 janvier 1782, à St-Augustin. [4] — *Augustin*, b [4] 30 mars 1784.—*Marie-Anne*, b [4] 8 juillet 1785.—*Louis*, b [4] 16 juillet 1789.—*Marie-Hélène*, b [4] 11 juillet 1791.—*Marie-Joseph-Nathalie*, b [4] 27 août 1793.

1783, (25 nov.) Québec. [5]

IV.—RATÉ, LOUIS, [PIERRE III.
b 1753.
AMIOT, Marie-Louise. [FRANÇOIS.
Louise, b 1793 ; s [5] 11 août 1796.

RATEL.—*Variations et surnom :* DERASTEL—RATTIER—DEROCHEBLAVE.

RATEL (1), PIERRE-LOUIS.

1669, (28 dec.) Montréal.

I.—RATEL (2), PIERRE,
b 1639.
1° LEMAIRE, Marie.
Pierre, b 30 juillet 1674, à Boucherville ; m 8 nov. 1698, à Antoinette VERGER-DESJARDINS, à Repentigny. [1]
1684, (22 août). [1]
2° FONTAINE (3), Marguerite,
veuve de Jacques Girard.

1698, (8 nov.) Repentigny. [7]

II.—RATEL (2), PIERRE, [PIERRE I
b 1674.
VERGER (4), Marie-Antoinette, [JEAN-ANT. I
b 1680.
Madeleine, b... m 1723, à Nicolas GENDRON—*Geneviève*, b 23 juin 1704, à l'Ile-Dupas [8] ; s 21 sept. 1726, à Sorel. [9]— *Pierre*, b [8] 15 mars 1708, 1° m [7] 13 février 1730, à Françoise BOUSQUET 2° m à Marie CUSSON. — *Jean-Baptiste*, b [8] 20 juillet 1710, m 1757, à Marie-Madeleine GAUTIER —*Charles*, b [9] 12 sept. 1712 ; 1° m à Marie-Anne DESPLEINES ; 2° m 20 mai 1746, à Thérèse JOBIN, à Charlesbourg ; s [7] 6 mai 1770.— *Marie-Agathe*, b [9] 5 août 1714.—*Alexis*, b [9] 2 août 1717.—*Marie-Françoise*, b [9] 9 juillet 1719 ; m à Pierre SANSOUCY.—*Marie-Charlotte*, b [8] 31 janvier 1723.

III.—RATEL, CHARLES, [PIERRE II
b 1712 ; s 6 mai 1770, à Repentigny.
1° DESPLEINES, Marie-Anne.
Marie, b... m 30 avril 1759, à Jean BERTRAND, à Yamachiche.

(1) Sieur de Rocheblave—Voy. DeRastel.

(2) Voy. vol. I, p. 510.

(3) Elle épouse, le 21 déc. 1691, Olivier Maurice, à la Pte-aux-Trembles, M.

(4) Desjardins.

1746, (20 mai) Charlesbourg.[2]
2° JOBIN, Marie-Thérèse, [JACQUES II.
veuve de Jean Pageot.
François, b [2] 27 février 1747; s [2] 18 janvier 1749.—*Pierre*, b [2] 1er août 1748; m 1767, à Marie-Madeleine ROY. — *Geneviève-Alexine*, b [2] 2 mai 1750.—*Louise-Angélique*, b [2] 1er janvier 1752.

1730, (13 février) Repentigny.[8]
III.—RATEL, PIERRE, [PIERRE II.
b 1708.
1° BOUSQUET, Françoise, [JEAN II.
b 1710.
Jean-Baptiste, b 1731; 1° m 1752, à Marie-Joseph BAUDRY; 2° m [8] 27 nov. 1770, à Marguerite POITRAS. — *Pierre-Louis*, b 1732; 1° m 5 juillet 1762, à Marie-Joseph TARTE, à Montreal; 2° m [8] 21 janvier 1771, à Marie-Théotiste POLIQUIN.—*Antoine*, b 1734; m 1766, à Angélique DESPLAINES.—*Madeleine*, b 1740; m 1775, à René-Julien MAUFILS.
2° CUSSON, Marie-Catherine, [NICOLAS-CHS II.
b 1713.
Marie, b... m à Raphaël CAMENOS. — *Marie-Joseph*, b 1754; m [8] 8 juillet 1771, à Antoine DELAVOYE. — *Marie-Françoise*, b 1756; m [8] 2 août 1773, à Joseph BAUDOIN; s [8] 2 mars 1783. —*Marie*, b... m à Jean-Baptiste GAUTIER. — *Marie-Marguerite*, b... m 1777, à Jean-Baptiste DELAHAYE.

1752.
IV.—RATEL, JEAN-BTE, [PIERRE III.
b 1731.
1° BAUDRY, Marie-Joseph, [PIERRE III.
b 1733; s 26 juin 1768, à Repentigny.[7]
Henriette-Thérèse, b... m [7] 31 janvier 1774, à François-Xavier MOREAU. — *Marie-Joseph*, b... m [7] 31 janvier 1774, à François HARNOIS.—*Marie-Catherine*, b [7] 26 avril et s [7] 8 juillet 1767.
1770, (27 nov.)[7]
2° POITRAS, Marguerite, [FRS-LUCIEN III.
b 1752; s [7] 10 avril 1789.
Anonyme, b [7] et s [7] 11 mai 1772. — *Anonyme*, b [7] et s [7] 23 février 1773. — *Louis*, b [7] 3 avril et s [7] 16 juillet 1774. — *Marie-Rosalie*, b 1787; s [7] 16 mars 1788.—*Jacques*, b [7] 16 mars 1789.

1757.
III.—RATEL, JEAN-BTE, [PIERRE II.
b 1710.
GAUTIER, Marie-Madeleine, [PIERRE II.
b 1721.
Marie-Madeleine, b 1758; m 31 janvier 1774, à Jean-Baptiste GOULET, à Repentigny.[2]—*Marguerite*, b 1762; m à Joseph DEZIEL-LABRÈCHE; s [2] 15 fevrier 1780.

1762, (5 juillet) Montréal.
IV.—RATEL, PIERRE-LOUIS, [PIERRE III.
b 1732.
1° TARTE, Marie-Joseph, [JEAN-MARIE II.
b 1741.
1771, (21 janvier) Repentigny.
2° POLIQUIN, Marie-Théotiste, [JEAN-BTE III.
b 1750.

1766.
IV.—RATEL, ANTOINE, [PIERRE III.
b 1734.
DESPLAINES (1), Angélique, [JOSEPH I.
b 1740.
Marie-Angélique, b 11 février 1767, à Repentigny.

1767.
IV.—RATEL, PIERRE, [CHARLES III.
b 1748.
ROY, Marie-Madeleine.
Jacques, b 15 août 1768, à Repentigny.

1770.
RATEL, CHARLES.
BRO, Anne.
Marie-Madeleine, b 17 oct. 1771, à Repentigny.

RATEL, JACQUES, b 1765; s 10 sept. 1793, au Détroit.

1787.
RATEL, JEAN-BTE.
JANOT-BELHUMEUR, Marie-Marguerite.
Marie-Marguerite, b 15 mars 1788, à Repentigny.[2] — *Charles*, b [2] 30 août 1791.—*François*, b [2] 5 oct. 1792.—*Marie-Geneviève*, b [2] 25 janvier 1794.—*Marguerite*, b [2] 31 juillet 1795.

1788.
RATEL, NOEL.
LANDRY, Marie.
Marie-Amable, b 14 février 1789, à Repentigny[8]; s [8] 12 juillet 1790.

1783, (14 oct.) Québec.
I.—RATH, CHARLES-GEORGES-FRÉDÉRIC, fils de Georges-Frédéric (médecin) et d'Amélie Denelegus, de Vitemberg, Allemagne.
JOLIN, Marie-Rose, [JOSEPH III.
b 1760.

RATIER. — *Variations et surnoms :* RATEL — RATTIER—ROUTIER—DUBUISSON—RAYMOND.

I.—RATIER, FRANÇOIS.
MERCADIER, Bertrande. [MATHURIN I.
Raymond, b 1694; m 4 oct. 1722, à Marguerite ONDOYER, aux Trois-Rivières; s 10 dec. 1778, à Nicolet.

1704.
I.—RATIER (2), PIERRE.
ROUSSEAU (3), Catherine, [ANTOINE I.
b 1676.
François-Pierre, b 9 fevrier 1705, à Quebec.[8] —*Marie-Charlotte*, b [8] 6 fevrier 1707; s [8] 19 sept. 1708.—*Joseph*, b [8] 28 août 1708. — *Marie-Catherine*, b [8] 15 juin 1710. — *Agnès-Thérèse*, b [8] 12 sept. 1713; m 2 juillet 1733, à François BERGE, à l'Hôpital-General, Q.—*Janvier*, b [8] 20 sept. 1715.

(1) Et Deplaine.
(2) DuBuisson.
(3) Laliberté.

—*Joseph*, b [8] 7 août 1717.—*Thomas-Roch*, b [8] 23 août 1722 ; s [8] 11 août 1725.

1722, (4 oct.) Trois-Rivières. [1]
II.—RATIER, RAYMOND, [FRANÇOIS I.
b 1694 ; s 10 déc. 1778, à Nicolet. [2]
ONDOYER, Marguerite, [MARTIN I.
b 1699.
Jacques-Joseph, b [1] 18 sept. et s [1] 30 oct. 1723. —*Antoine-François*, b [1] 28 août 1724 ; m [2] 7 janvier 1749, à Marie-Joseph COLTRET.—*Joseph*, b 6 oct. 1726, à St-Frs-du-Lac ; m [2] 19 février 1754, à Marie-Antoinette COLTRET. — *Denis*, b 1728 ; s 21 août 1729, à Montréal. [3]—*Daniel*, b [3] 14 juin 1730 ; m [2] 7 février 1757, à Marie-Françoise ROBERT ; s [2] 3 février 1776.—*Hyacinthe-Amable*, b [2] 10 mai 1733 ; m [2] 8 janvier 1760, à Marie-Jeanne TERRIEN ; s [2] 20 oct. 1797.—*Marie-Louise*, b [2] 1er août 1735 ; s [2] 2 janvier 1754. — *Louis-Raymond*, b [2] 30 juin 1737 ; 1° m [2] 18 juillet 1763, à Marguerite GAUDET ; 2° m [2] 6 février 1769, à Geneviève SIMONEAU. —*Jean-Baptiste*, b [2] 25 août 1739 ; s [2] 4 mars 1740. — *Simon*, b [2] 22 avril 1742 ; m [2] 10 janvier 1763, à Marie-Angelique ROBERT.

1749, (7 janvier) Nicolet. [4]
III.—RATIER (1), ANTOINE, [FRS-RAYMOND II.
b 1724.
COLTRET, Marie-Joseph, [PIERRE II.
b 1729.
Marie-Joseph, b [4] 1er janvier et s [4] 7 nov. 1750. — *Marie-Louise*, b [4] 2 mars 1751. — *Marie*, b... m [4] 29 août 1774, à Joseph TERRIEN, s [4] 25 août 1786. — *Marguerite*, b [4] 9 déc. 1752. — *Marie-Joseph*, b [4] 16 avril 1754 ; m [4] 22 août 1774, à François MOTARD.—*Marie-Françoise*, b [4] 31 août 1755 ; m [4] 21 mai 1792, à Michel SIMONEAU ; s [4] 25 avril 1793.—*Antoine*, b [4] 3 mars 1757 ; m [4] 4 nov. 1788, à Marie-Joseph DESHAIES-ST. CYR.—*Alexis*, b... s [4] 20 août 1760.—*Jean-Baptiste*, b [4] 13 avril 1759 ; m [4] 13 fevrier 1787, à Marie-Antoinette DUMAS. — *Marie-Angélique*, b [4] 23 déc. 1760 ; m [4] 16 janvier 1786, à Pierre DUMAS. — *Marie-Antoinette*, b... m [4] 29 sept. 1794, à Joseph DESHAIES.—*Cécile*, b... m [4] 20 avril 1795, à François BABINEAU.

1754, (19 février) Nicolet. [5]
III.—RATIER, JOSEPH, [RAYMOND II.
b 1726.
COLTRET, Marie-Antoinette, [PIERRE II.
b 1738 ; s [5] 16 sept. 1770.
Joseph, b [5] 22 oct. et s [5] 12 nov. 1754. — *Anonyme*, b [5] et s [5] 3 août 1755.—*Marie*, b [5] et s [5] 12 juin 1756.—*Antoine*, b 1758 ; m [5] 31 juillet 1797, à Marie-Thérèse OUILEM.

1757, (7 février) Nicolet. [5]
III.—RATIER (1), DANIEL, [RAYMOND II.
b 1730 ; s [5] 3 février 1776.
ROBERT, Françoise, [CLAUDE II.
b 1735.
Daniel, b 1757 ; m [5] 23 février 1789, à Marie-Louise GAUDREAU. — *Françoise*, b [5] 4 oct. 1759 — *Félicité*, b... m [5] 13 nov. 1786, à Jacques BARON, —*Simon*, b 1762 ; m [5] 16 oct. 1797, à Marguerite PINARD.

(1) Marié sous le nom de Raymond.

1760, (8 janvier) Nicolet. [5]
III.—RATIER, HYAC.-AMABLE, [RAYMOND II.
b 1733 ; s [5] 20 oct. 1797.
TERRIEN, Marie-Jeanne, [THOMAS III.
b 1740.
Marguerite, b 1761 ; m [5] 2 février 1784, à Antoine DESROSIERS-DESILETS. — *Marie-Jeanne*, b 1763 ; m [5] 23 fevrier 1789, à Henri JANVIER.— *Joseph*, b 1765 ; m [5] 1er oct. 1792, à Marguerite COLTRET. — *Marie-Louise*, b 1767 ; m [5] 19 mai 1794, à François LASPRON.

1763, (10 janvier) Nicolet.
III.—RATIER, SIMON, [RAYMOND II.
b 1742.
ROBERT, Marie-Angélique, [CLAUDE II.
b 1740.

1763, (18 juillet) Nicolet. [1]
III.—RATIER, LOUIS-RAYMOND, [RAYMOND II.
b 1737.
1° GAUDET, Marguerite, [JEAN-BTE I.
b 1738 ; s [1] 30 janvier 1768.
1769, (6 février). [1]
2° SIMONEAU, Geneviève, [MICHEL II
b 1752.

1787, (13 fevrier) Nicolet.
IV.—RATIER (1), JEAN-BTE, [ANTOINE III.
b 1759.
DUMAS, Marie-Antoinette, [JEAN-BTE IV.
b 1761.

1788, (4 nov.) Nicolet.
IV.—RATIER (1), ANT., [ANTOINE-FRS III.
b 1757.
DESHAIES-ST. CYR, Marie-Jos., [JOS.-PIERRE III.
b 1763.

1789, (23 fevrier) Nicolet.
IV.—RATIER (1), DANIEL, [DANIEL III
b 1757.
GAUDREAU, Marie-Louise, [JEAN-BTE-LOUIS IV.
b 1771.

1792, (1er oct.) Nicolet.
IV.—RATIER Jos., [HYACINTHE-AMABLE III
b 1765.
COLTRET, Marguerite. [MICHEL III.
b 1770.

1797, (31 juillet) Nicolet.
IV.—RATIER, ANTOINE, [JOSEPH III
b 1758.
OUILEM (2), Marie-Thérèse, [JOSEPH III.
b 1776.

(1) Dit Raymond.
(2) Thomas dit Ouilem.

1797, (16 oct.) Nicolet.

IV.—RATIER (1), SIMON, [DANIEL III.
b 1762.
PINARD, Marguerite, [JOSEPH IV.
b 1779.

RATTÉ.—Voy. RATÉ.

RATTIER.—Voy. RATEL—RATIER.

RAU.—Voy. RAOUL.

I.—RAUDOT (2), JACQUES.

RAUJOT.—Voy. RAVIOT.

RAULT.—Voy. RAOUL.

1691.

I.—RAULT (3), PIERRE, de Xaintes, Saintonge.
VANASSE (4), Madeleine, [FRANÇOIS I.
b 1676.
Pierre, b 27 avril 1692, aux Trois-Rivières[1]; s[1] 31 mars 1699 — *Marie-Catherine*, b 1695; m 27 avril 1716, à François JOYELLE, à St-Frs-du-Lac.

RAUQUE.—Voy. ROCQ.

I.—RAUQUERET, JOSEPH-MATHURIN.
COUTU, Marie-Joseph.
Marie-Marguerite, b 13 février 1772, à St-Cuthbert.

RAUX.—Voy. COURAULT—RAOUL.

RAVARY.—*Surnom :* FRANCŒUR.

1761, (25 janvier) Ste-Anne-de-la-Pérade.

I.—RAVARY (5), FRANÇOIS, fils de René et de Marie Ancery, de St-Vénérant, Laval, diocèse du Mans, Maine.
MAROT (6), Catherine, [JEAN-BTE I.
b 1744.
François-Etienne, b 26 déc. 1764, au Bout-de-l'Ile, M[2]; m à Marie-Anne LEROUX.—*Basile*, b[2] 30 janvier et s[2] 24 mai 1767.—*Marie-Louise*, b[2] 23 juillet 1768.

II.—RAVARY (5), FRS-ETIENNE, [FRANÇOIS I.
b 1764.
LEROUX, Marie-Anne.
Marie-Louise, b 8 février 1806, à Soulanges.

RAVELET.—*Surnom :* LAROSE.

1758, (25 sept.) Détroit.[1]

I.—RAVELET (1), JEAN-BTE, fils de Marcel et de Jeanne Durandeau, de Tierçay, diocèse d'Angers, Anjou.
FAUVEL, Rosalie, [JACQUES II.
b 1740.
Louis, b[1] 28 sept. 1758 — *Madeleine*, b[1] 10 juin 1760.—*Guillaume*, b 1763; s[1] 21 août 1764.

I.—RAVENEL (2), CHRYSOSTOME.
CHARON, Agathe, [JEAN-BTE III.
b 1746.
Marie-Françoise, b 8 déc. 1760, à Verchères.

RAVENNE.—Voy. DAVENNE.

RAVIGNAC.—Voy. SAVIGNAC.

RAVION.—Voy. DAVION—RAVIOT.

RAVIOT. — *Variations et surnom :* DAVION — RAUJOT—RAVION—BOISJOLI.

1700, (21 nov.) Trois-Rivières.

I.—RAVIOT (3), JACQUES-JEAN.
1° HEUDE, Suzanne, [JACQUES I.
b 1671; veuve de Claude Forsan; s 27 juillet 1711, à Québec.[8]
Marie-Thérèse, b[8] 22 avril 1708; m 7 sept. 1728, à François BARBEAU, à Levis; s[8] 6 mai 1733.

1717, (3 août).[8]

2° JUNEAU, Marie-Anne, [PIERRE I.
b 1671; veuve de René Salé; s[8] 9 fevrier 1736.

RAVOISI.—Voy. RENVOIZÉ.

RAYMOND.—*Variations et surnoms :* FRÉMONT —RAIMOND—REMOND—ROMAIN—BELLEGARDE —BERTRAND—CHAGNON—DAMOURS—DEFOGAS —DUPUIS—FOURMY— LABROSSE —LAGAYOU— PASSE-CAMPAGNE—PHOCAS— RATIER — SANS-FAÇON—TOULOUSE.

I.—RAYMOND (4), JEAN, b 1664; s 8 avril 1734, à l'Hôpital-Genéral, Q.

1686, (4 nov.) Québec.

I.—RAYMOND (5), JEAN,
b 1661.
LEMYRE (6), Catherine, [JEAN I.
b 1668.

I.—RAYMOND (7), TOUSSAINT,
b 1669; s 16 fevrier 1741, à Montreal.[1]
1° BEAUMONT, Marie-Jeanne.

---

(1) Dit Raymond.

(2) Et DeRaudot; intendant de justice, police et finances. Il etait à Montréal, le 1er juillet 1766.

(3) Voy. vol. I, p. 510.

(4) Elle épouse, le 14 oct. 1697, Mathieu Courier, aux Trois-Rivières.

(5) Dit Francœur.

(6) Labersodière.

(1) Dit Larose; soldat de Baune.

(2) Soldat du Royal Roussillon.

(3) Et Raujot — Ravion — Davion, voir ce dernier nom, vol. III, p. 257.

(4) Dit Lagayou; soldat.

(5) Dit Bellegarde; voy. vol. I, p. 510.

(6) Elle épouse, le 11 sept. 1707, Louis Lecavelier, à Montreal.

(7) Dit Passe-Campagne; voy. vol. I, p. 510.

Etienne, b... 1° m 22 juin 1732, à Marie-Cécile MIGNOT, à la Rivière-Ouelle; 2° m 24 juin 1754, à Marie-Françoise JEAN-VIEN, à Lévis.

1692, (29 juin) Laprairie. [2]

2° LEMAISTRE, Marie-Ursule, [PASCHAL I. b 1672; veuve de Jean Duval.

1696, (1er oct.) [1]

3° PILET (1), Barbe, [FRANÇOIS I. b 1677; s 3 janvier 1757, à l'Hôpital-Général, M. [3]

Charles-François, b [2] 19 juillet 1697; m 24 nov. 1721, à Marguerite DANY, à Lachine; s [1] 6 sept. 1746.—*Joseph-Stanislas*, b [2] 15 janvier 1702; m [1] 16 avril 1736, à Madeleine DAUDELIN. — *Marie*, b 22 dec. 1703, au Bout-de-l'Ile, M. [4]; s [6] 19 janvier 1769.—*Marie-Joseph*, b [4] 19 fevrier 1705; m [1] 7 janvier 1730, à Nicolas L'HERMITE.—*Marie-Catherine*, b [1] 7 février 1710; s [1] 22 février 1717.—*Marie-Anne*, b [1] 19 janvier 1712; s [1] 7 mai 1717. —*Louis*, b [1] 22 oct. et s [1] 7 nov. 1713. — *Louise-Agnès*, b [1] 27 sept. 1715.—*Pierre*, b [1] 30 déc. 1717; m [1] 9 janvier 1742, à Marie-Elisabeth POIRIER.—*Madeleine*, b [1] 3 et s [1] 20 sept. 1719.—*Marie-Madeleine*, b [1] 14 avril 1721; m 22 janvier 1748, à Antoine GALIPEAU, à la Pte-aux-Trembles, M; s 24 mai 1780, à la Longue-Pointe.

1699, (10 février) Laprairie. [7]

I.—RAYMOND (2), JEAN-BTE, b 1664; s [7] 7 janvier 1737.

DROUSSON (3), Louise, [ROBERT I. b 1683; s [7] 18 déc. 1742.

Jean-Baptiste, b [7] 13 nov. 1699; s 17 déc. 1761, à St-Constant.[8]—*Jean-Baptiste-Bertrand*, b [7] 10 avril 1704; m [7] 9 nov. 1728, à Françoise LAROCHE.—*Pierre*, b [7] 31 oct. 1707; m [7] 28 sept. 1733, à Geneviève DUCHESNE; s [7] 22 déc. 1743.—*Marie*, b [7] 28 juin 1710.—*Jean-Louis*, b 1713; m [7] 7 janvier 1734, à Marie-Madeleine LAROCHE.—*François*, b [7] 9 janvier 1716.—*Marguerite*, b [7] 2 juillet 1718. —*Marie*, b [7] 8 avril 1721.—*Catherine*, b 1722; m [7] 3 mai 1745, à Jacques ROBERT.—*Marie-Louise*, b [7] 23 nov. 1724; m [8] 24 mai 1752, à Louis CHARBONNEAU.

1707, (6 juin) Annapolis, Acadie. [9]

I.—RAYMOND, FRANÇOIS, fils de Claude et de Marguerite Morga, de la Marche, Doray.

COMEAU, Anne, fille de Pierre et de Jeanne Bourg, Acadiens.

Pierre, b [9] 7 juin 1708; s [9] 4 février 1725. — *Charles*, b [9] 23 et s [9] 26 sept. 1709.—*Jean-Baptiste*, b [9] 4 déc. 1710; m [9] 23 oct. 1730, à Marie-Joseph MIUS.—*François*, b [9] 18 avril 1713.—*Marie*, b [9] 16 mai 1715.—*Joseph*, b [9] 8 dec. 1716; s 18 nov. 1768, à St-Joachim.—*Charles*, b [9] 6 août 1719; m à Madeleine SINCENNES; s 26 déc. 1791, à Deschambault.—*Jacques*, b [9] 25 juillet 1721.—*Anne*, b [9] 11 juin 1724.—*Pierre*, b [9] 4 déc. 1726.

(1) Loiselle.

(2) Pour Bertrand dit Toulouse, voy. vol. I, p. 48.

(3) Et Rousson—Appelée Robert à sa sépulture.

1721, (24 nov.) Lachine.

II.—RAYMOND, CHS-FRANÇOIS, [TOUSSAINT I. b 1697; voyageur; s 6 sept. 1746, à Montréal.[8]

DANY, Marguerite, [HONORÉ II. b 1699.

Charles-Joseph, b 1722; m [8] 11 juin 1742, à Veronique CICOT. — *Toussaint*, b [8] 18 déc. 1723; m [8] 15 janvier 1748, à Catherine MAINGUY. — *Pierre*, b [8] 10 mai 1725; m [8] 9 janvier 1751, à Marie-Geneviève MAINGUY. — *Marie-Joseph*, b [8] 7 mars 1727; 1° m [8] 6 fevrier 1747, à François GIRARD; 2° m [8] 28 avril 1749, à Jean-Baptiste LESOURD-DUCHÈNE. — *Marguerite-Amable*, b [8] 2 avril et s [8] 15 juillet 1729. — *Marguerite*, b [8] 11 juillet 1730.— *Marie-Amable*, b [8] 23 sept. 1734.— *Marguerite*, b [8] 11 février et s [8] 11 juin 1736 — *Marie-Louise*, b [8] 28 sept. 1737. — *Jeanne*, b [8] 16 et s [8] 26 janvier 1740.—*Michel*, b 1743; 1° m 25 oct. 1756, à Marguerite AUBIN, au Detroit (1), 2° m [8] 1er fevrier 1766, à Marie-Joseph LEDUC.

1723, (6 avril) Laprairie.[8]

II.—RAYMOND (2), FRANÇOIS, [TOUSSAINT I. b 1698.

LONQUETIN, Marie, [JÉROME I. b 1702.

Pierre, b [8] 27 mars 1725. — *Angélique*, b [8] 22 nov. 1726. — *Jean-Baptiste*, b [8] 19 dec. 1727, m 7 nov. 1746, à Elisabeth LÉPINAY, à Montréal.—*François*, b [8] 25 sept. 1729; s [8] 11 mars 1731.—*Louis-Toussaint*, b [8] 2 nov. 1731; m 31 juillet 1764, à Marie-Reine COUPAL, à St-Philippe. [9] — *Agnès*, b [8] 19 sept. 1733; m 22 février 1762, à Philippe TYRIEST, à St-Constant.—*Marie-Joseph*, b [8] 17 oct. 1735.—*François*, b [8] 29 juillet 1738.—*Marie-Angélique*, b [8] 28 juin 1740. — *Marie*, b.. 1° m [9] 12 fevrier 1759, à Jacob CACHET, 2° m [9] 29 sept. 1766, à Joseph TESSON.—*Charles*, b [8] 15 août 1742.—*Constance*, b [8] 12 nov. 1744.

I.—RAYMOND, PIERRE, b 1694, maître-cordier; de Marenne, diocèse de LaRochelle, Aunis; s 21 mai 1743, à Québec. [1]

LAMOUREUX (3), Françoise, [ETIENNE I. b 1700; veuve d'Antoine Hubert.

Marie-Anne, b... m [1] 5 sept. 1746, à François BEAUJOUX.—*Pierre-Denis*, b [1] 28 mai et s 9 sept. 1734, à Charlesbourg.

1725, (2 oct.) St-Laurent, M.

II.—RAYMOND (4), JOSEPH, [JEAN-BTE I. b 1700.

ONDOYER, Marie, [MARTIN-ANTOINE I b 1701; veuve de Henri Léonard.

Marie-Angélique, b 1726; s 12 avril 1733, à Laprairie.[1] — *Jeanne*, b 24 février 1729, à Montréal [2]; s [2] 3 janvier 1730. — *Joseph*, b [2] 24 nov. 1730; m 1754, à Elisabeth LAPLANTE. — *Jean-Baptiste*, b 1732; s [1] 22 avril 1733. — *Jean-Bap-*

(1) Cet Acte se trouve aussi au registre de Ste-Geneviève de Montréal, le 11 fevrier 1759.

(2) Dit Passe-Campagne.

(3) St. Germain; elle épouse, le 2 sept. 1748, René Georges, à Québec.

(4) Dit Toulouse.

tiste-Marie, b [1] 24 janvier 1736 ; m [2] 29 janvier 1759, à Marie-Joseph DESPAROIS ; s 22 sept. 1792, au Détroit.—*Clément,* b [1] 10 mars 1738 ; m 1770, à Genevieve PLANTE.—*Marie-Louise,* b [1] 25 août et s [1] 26 oct. 1741.

1728, (9 nov.) Laprairie. [1]

II.—RAYMOND (1), J.-BTE-BERTRAND, [J.-BTE I. b 1704.

LAROCHE, Françoise, [JEAN I. b 1710 ; s 14 mars 1769, à St-Philippe. [2]

Jean-Baptiste, b [1] 29 sept. 1729, m 16 nov. 1761, à Geneviève SUPERNANT, à St-Constant. [3]—*Pierre,* b [1] 23 juin 1731. — *Marie-Françoise,* b [1] 22 avril 1733. — *Catherine-Hélène,* b [1] 31 mai 1735 ; m [2] 25 août 1766, à Jean-Louis JOLIVET. — *Marie,* b... m [1] 9 août 1756, à Jean-Baptiste SOREL. — *René,* b [1] 18 nov. 1737. — *Thérèse,* b [1] 30 mars 1740 ; s [3] 13 sept. 1752. — *Marie-Joseph,* b [1] 19 mars 1742 ; m [2] 21 mai 1764, à Michel VERLY.— *Gabriel,* b 1744 ; m [2] 2 mai 1768, à Marguerite JOLIVET. — *Marie-Elisabeth,* b 1752 ; s [2] 9 mai 1769.

1730, (23 oct.) Annapolis, Acadie. [6]

II.—RAYMOND, JEAN-BTE, [FRANÇOIS I. b 1710.

MIUS, Marie-Joseph, fille de Joseph et de Marie Amiraut, Acadiens.

François, b [6] 13 dec. 1731 ; m 1759, à Angélique BERRY-MARAMBOUVILLE. — *Marie-Anne,* b 1735 ; m 21 juin 1762, à Michel DUMONT, à Kamouraska [7] ; s [7] 17 avril 1771. — *Jean,* b 1737, m [7] 11 janvier 1768, à Marie-Catherine BOUCHER.

1732, (17 février) Québec. [6]

I.—RAYMOND (2), ..., navigateur.

1° TRUDEL, Marie-Madeleine, [NICOLAS II. b 1686 ; veuve de Jacques Gendron ; s [6] 9 sept. 1735.

1732, (22 juin) Rivière-Ouelle. [1]

II.—RAYMOND, ETIENNE, [TOUSSAINT I. b 1710.

1° MIGNOT (3), Marie-Cecile, [JEAN I. b 1711.

Marie-Véronique, b [1] 22 mars 1733 ; m 17 janvier 1764, à Jean PATRY, à St-Joseph, Beauce. [2] — *Pierre-François,* b [1] 22 sept. 1734 ; s 3 sept. 1758, à Levis. [3] — *Marie-Geneviève,* b [1] 8 nov. 1736 ; s [1] 20 janvier 1737. — *Joseph-Marie,* b [2] 6 janvier 1739 ; m [2] 11 avril 1763, à Geneviève LANDRY.— *Marie-Cécile,* b [2] 14 fevrier 1741.—*Marie,* b... m 10 janvier 1763, à Pierre LAFLEUR, à Lachine. — *Marie-Louise,* b [2] 15 juin 1744.—*Marie-Anne,* b 1750 ; m 2 mars 1772, à Clément BUISSON, à Montreal.

1754, (24 juin). [3]

2° JEAN-VIEN, Marie-Françoise, [PIERRE II. veuve de Jean Patry.

(1) Dit Toulouse.

(2) Voy. Fourmy, vol. IV, p. 83.—Raymond est le nom de bapteme.

(3) Aussi appelée Boucher.

1733, (28 sept.) Laprairie. [4]

II.—RAYMOND, PIERRE, [JEAN-BTE I. b 1707 ; s [4] 22 déc. 1743.

DUCHESNE, Geneviève, [JACQUES II. b 1713.

Marie-Geneviève, b [4] 27 mai 1742.

1734, (7 janvier) Laprairie. [5]

II.—RAYMOND (1), JEAN-LOUIS, [JEAN-BTE I. b 1713.

LAROCHE, Madeleine, [JEAN I. b 1704.

Marie-Louise, b [5] 10 mars 1734 ; m 18 oct. 1757, à Jean-Baptiste GADOIS, à St-Philippe [6] ; s [6] 11 juillet 1765.—*Jean-Louis,* b [5] 25 février 1736 ; m [6] 27 sept. 1762, à Marie-Catherine DUMONT.—*Marie,* b 1738 ; m [6] 17 mai 1762, à Jean BIGONESSE.— *Marie-Julie,* b [5] 31 déc. 1743 ; m [6] 9 janvier 1764, à Jean-Baptiste SUPERNANT.

1736, (16 avril) Montréal. [7]

II.—RAYMOND (2), JOS.-STANISL., [TOUSSAINT I. b 1702.

DAUDELIN, Madeleine, [RENÉ II. b 1712 ; veuve de Jean-Baptiste Soucy.

Marie-Angélique, b [7] 26 février 1737 ; s [7] 11 nov. 1739. — *Marie-Joseph,* b [7] 4 mai 1740. — *Marie-Joseph-Amable,* b [7] 13 nov. 1741.—*Nicolas,* b 1743 ; m 28 sept. 1772, à Thérèse NORMANDIN, à Boucherville.—*Marie-Louise,* b 1744 ; s 17 mars 1754, à St-Laurent, M.—*Joseph-Marie,* b [7] 25 dec. 1746.—*Jean-Baptiste,* b [7] 16 oct. 1748.—*Marie-Julie-Hyacinthe,* b 16 juillet 1750, à Lachine.

1742, (9 janvier) Montréal. [8]

II.—RAYMOND, PIERRE, [TOUSSAINT I. b 1717 ; s 11 mai 1754, au Bout-de-l'Ile, M. [9]

POIRIER (3), Marie-Elisabeth, [PIERRE-RENÉ I. b 1714.

Marie-Elisabeth, b [8] 27 fevrier 1743 ; m [9] 7 juillet 1760, à Jacques SOULIER.—*Marie-Clémence,* b [9] 1er nov. 1744 ; m 20 fevrier 1764, à Jean-Louis LALONDE, à Soulanges.—*Marie-Anne,* b [9] 15 mars 1752 ; s [9] 16 mai 1761.

1742, (11 juin) Montréal. [6]

III.—RAYMOND, CHS-JOS., [CHS-FRANÇOIS II. b 1722.

CICOT (4), Veronique, [JEAN-BTE III. b 1725.

Charles, b [6] 31 oct. et s [6] 1er nov. 1742.—*Marie-Véronique,* b [6] 18 oct. 1743 ; s [6] 15 dec. 1747.— *Amable-Raymond,* b [6] 24 mars 1745.—*Charles-Marie,* b [6] 17 oct. 1746 ; s [6] 4 avril 1747.—*Jean-Baptiste,* b [6] 27 dec. 1747 ; s [6] 24 janvier 1748.— *Véronique,* b [6] 23 nov. 1749 ; s [6] 3 sept. 1750.— *Marie-Joseph,* b 1754 ; m [6] 13 juillet 1773, à François PRÉVOST.—*Louis-Amable,* b... s 5 mai 1756, à la Longue-Pointe. [7] — *Louis,* b... s [7] 25 juillet 1757.

(1) Voy. aussi Bertrand, vol. II, p. 258.

(2) Frémont, 1740.

(3) Lafleur ; elle épouse, le 11 janvier 1757, Ignace André, au Bout-de-l'Ile, M.

(4) Voy. Chiquot.

1746, (7 nov.) Montréal.
III.—RAYMOND, JEAN-BTE, [FRANÇOIS II. b 1727.
LÉPINAY, Elisabeth, [IGNACE II. b 1718 ; veuve de Jean-Baptiste Prévost.
Marie-Joseph, b 21 sept. 1747, à Beauport[7] ; s[7] 15 sept. 1749. — *Marie-Madeleine*, b[7] 4 oct. 1749. — *Louis*, b 24 mai 1753, à Lachine.[8] — *Marie-Céleste*, b[8] 16 juillet 1755. — *Marie-Charlotte*, b[8] 4 déc. 1759.

1748, (15 janvier) Montréal.[1]
III.—RAYMOND, TOUSSAINT, [CHS-FRS II. b 1723.
MAINGUY, Marie-Catherine, [JEAN-JULIEN I. b 1727.
Marie-Marguerite, b[1] 22 mai et s[1] 12 juin 1749. — *Amable-Toussaint*, b[1] 17 juillet et s[1] 28 sept. 1750.

1748, (2 sept.) Quebec.[3]
I.—RAYMOND, FRANÇOIS, b 1704, fils d'Arnoul et de Barbe Noisel, de N.-D.-de-Marte, diocèse de Trève, Duche de Luxembourg ; s[3] 7 sept. 1756.
1° MASSARD, Marie-Françoise, [NICOLAS I. veuve de Pierre Barbereau ; s[3] 1er février 1752.
1752, (16 oct.)[3]
2° GUENET (1), Marie-Joseph, [THOMAS II. b 1716.
François, b[3] 1er août 1753 ; s[3] 7 sept. 1755.— *François-Martin*, b[3] 29 février 1756.

1751, (9 janvier) Montréal.[2]
III.—RAYMOND, PIERRE, [CHS-FRS II. b 1725.
MAINGUY, Geneviève, [JEAN-JULIEN I. b 1729.
Angélique, b 1751 ; m[2] 24 fevrier 1772, à René-Andre CLÉROUX.

1754, (4 février) Bout-de-l'Ile, M.[5]
I.—RAYMOND (2), JOSEPH.
PAGÉSI-LEPAGE, Marie-Anne. [JEAN-BTE II.
Marie-Anne, b[5] 22 déc. 1754 ; m 1er fevrier 1773, à Alexis PINEAU, à Montreal.

1754.
III.—RAYMOND, JOSEPH, [JOSEPH II. b 1730.
LAPLANTE, Elisabeth.
Amable, b 19 déc. 1754, à Soulanges.

1756, (25 oct.) Détroit (3).
III.—RAYMOND, MICHEL, [CHS-FRANÇOIS II. b 1743.
1° AUBIN, Marguerite, [RENÉ II. b 1726.

(1) Elle épouse, le 26 janvier 1757, Jean Delmas, à Quebec.
(2) Voy. Damours, vol. III, p. 230.
(3) Cet acte est aussi entré aux registres de Ste-Geneviève, M., le 11 février 1759.

1766, (1er février) Montreal.
2° LEDUC, Marie-Joseph, [ANTOINE III. b 1750.

1758, (6 fevrier) Beauport.[3]
I.—RAYMOND (1), LOUIS-MARIE, fils de Pierre et de Jeanne Carbalest, de Nanterre, diocèse de Paris.
PRÉVOST, Elisabeth, [JEAN-BTE IV. b 1742.
Marie-Elisabeth, b[3] 23 nov. 1758. — *Marie-Marguerite*, b[3] 11 avril 1761.

II.—RAYMOND (2), CHARLES, [FRANÇOIS I. b 1719 ; Acadien ; s 26 dec. 1791, à Deschambault.[5]
SINCENNES, Madeleine, Acadienne.
Augustin-Charles, b 4 juillet 1760, à Ste-Foye, m[5] 27 janvier 1784, à Françoise MONTAMBAUT.— *Louis*, b[5] 1er déc. 1762 ; m[5] 14 janvier 1793, à Marguerite MÉRAND.—*Elisabeth*, b... m[5] 6 fevrier 1787, à Simon GAUTIER.

1759, (29 janvier) Montréal.
III.—RAYMOND (3), JEAN-BTE, [JOSEPH II. b 1736 ; s 22 sept. 1792, au Détroit.[3]
DESPAROIS, Marie-Joseph, [LAURENT I. b 1737.
Marie-Joseph, b 1760 ; m[3] 2 juin 1777, à Louis TREMBLAY. — *Louise*, b 1761 ; m[3] 2 mars 1778, à Louis-Michel TREMBLAY.—*Madeleine*, b 1766, s[3] 14 sept. 1772. — *Jacques*, b[3] 15 sept. 1772 ; m[3] 2 fevrier 1795, à Geneviève HUYET. — *Angélique*, b[3] 28 mars 1775 ; m[3] 23 avril 1792, à Charles LAUZON.

II.—RAYMOND, JEAN-BTE, [JEAN-BTE I. b 1699 ; s 17 déc. 1761, à St-Constant.

1759.
III —RAYMOND, FRANÇOIS. [JEAN-BTE II.
BERRY (4), Angélique, [CHARLES-GILLES I. b 1740.
Geneviève-Agathe, b 29 janvier 1760, à Beauport.

1760, (6 oct.) Montreal.
I.—RAYMOND, LÉGER, b 1736, fils de François et de Françoise-Louise Lapierre, de Bordeaux.
QUENAY, Rose, [JEAN I. b 1733 ; Acadienne.

1761, (16 nov.) St-Constant.
III.—RAYMOND, J.-BTE, [J.-BTE-BERTRAND II. b 1729
SUPERNANT (5), Marie-Geneviève, [ANTOINE III. b 1744.

(1) Dit Sansfaçon ; grenadier de la compagnie de Foulhiac, régiment de Berry.
(2) Meunier de Deschambault.
(3) Dit Toulouse.
(4) Dit Marambouville.
(5) Sansoucy.

Jean-Baptiste, b 26 mars 1764, à St-Philippe; m 6 sept. 1784, à Marie-Clotilde GIRARDIN, à Montréal; s 19 mars 1825, à Laprairie.

1762, (27 sept.) St-Philippe.[6]
III.—RAYMOND, JEAN-LOUIS, [JEAN-LOUIS II.
b 1736.
DUMONT, Marie-Catherine, [FRANÇOIS II.
b 1741.
Anonyme, b[6] et s[6] 5 juillet 1763. — *Marie-Catherine*, b[6] 1er juin 1764.

1763, (11 avril) St-Joseph, Beauce.[7]
III.—RAYMOND, JOSEPH-MARIE, [ETIENNE II.
b 1739.
LANDRY, Marie-Geneviève, [AUGUSTIN III.
b 1733.
Marie-Geneviève, b[7] 20 janvier 1765.

1764, (31 juillet) St-Philippe.[6]
III.—RAYMOND, LS-TOUSSAINT, [FRANÇOIS II.
b 1731.
COUPAL, Marie-Reine, [ANTOINE I.
b 1748.
Marie, b... m[6] 15 oct. 1781, à Henri-Eloi TREMBLAY.

1765, (7 janvier) Montréal.[6]
I.—RAYMOND, AUGUSTIN, b 1739, fils de Bernard et d'Angelique Jérôme, de St-Denys, diocèse de Lyon, Lyonnois.
1° PREVOST, Marie-Louise, [JEAN-BTE III.
b 1742.
1773, (3 nov.)[6]
2° DEMERS, Marie-Anne, [CHARLES.
b 1749.

II.—RAYMOND, JOSEPH, [FRANÇOIS I.
b 1716; Acadien; s 18 nov. 1768, à St-Joachim.

1768, (11 janvier) Kamouraska[8]
III.—RAYMOND, JEAN, [JEAN-BTE II.
b 1737; Acadien.
BOUCHER, Marie-Catherine. [PIERRE IV.
b 1739.
Jean-Baptiste, b[8] 1er et s[8] 4 fevrier 1769. — *Marie-Catherine*, b[8] 3 juin 1770.

1768, (2 mai) St-Philippe.
III.—RAYMOND, GABRIEL, [J.-B.-BERTRAND II.
b 1744.
JOLIVET, Marguerite, [CHARLES-FRANÇOIS II.
b 1743.

1770.
III.—RAYMOND (1), CLÉMENT, [JOSEPH II.
b 1738.
PLANTE, Geneviève,
b 1737; s 4 juin 1775, à St-Cuthbert[1]
Joseph-Marie, b[1] 4 fevrier 1771.—*François-Xavier*, b[1] 9 nov. 1773; s[1] 11 janvier 1774.

(1) Dit Toulouse.

1772, (28 sept.) Boucherville.
III.—RAYMOND, NICOLAS, [JOS.-STANISLAS II.
b 1743.
NORMANDIN (1), Thérèse, [LOUIS III.
b 1744.

RAYMOND (2), ANTOINE.
PICHET, Marie-Louise.
Pierre, b... m 12 janvier 1795, à Marie-Joseph LEBEAU, à Repentigny.

1774.
I.—RAYMOND, JOSEPH,
Acadien.
RANCOUR, Marie-Joseph.
Marie-Joseph, b 14 fevrier 1775, à St-Joachim.[2] —*Joseph-Marie*, b[2] 15 nov. 1776.—*Geneviève*, b[2] 18 dec. 1778.

1784, (27 janvier) Deschambault.
III.—RAYMOND, AUGUSTIN-CHS, [CHARLES II.
b 1760.
MONTAMBAUT, Françoise, [FRANÇOIS III.
b 1762.

1784, (6 sept.) Montréal.
IV.—RAYMOND, JEAN-BTE, [JEAN-BTE III.
b 1764; s 19 mars 1825, à Laprairie.[4]
GIRARDIN (3), Marie-Clotilde. [CHS-FRANÇOIS.
Clotilde (4), b... m[4] 17 août 1807, à Paul-Théophile PINSONNAULT.—*Geneviève-Sophie* (5), b[4] 6 oct. 1798; m[4] 6 avril 1818, à Joseph MASSON.—*Marie-Flavie*, b... m à Joseph MCCALLUM.—*Marie-Esther*, b... m à Guillaume D'ESCHAMBAULT.

1793, (14 janvier) Deschambault.
III.—RAYMOND, LOUIS, [CHARLES II.
b 1762.
MÉRAND, Marguerite. [LOUIS-MARIE III.

1795, (12 janvier) Repentigny.
RAYMOND (2), PIERRE. [ANTOINE.
LEBEAU, Marie-Joseph. [JACQUES III.

1795, (2 fevrier) Détroit.
IV.—RAYMOND, JACQUES, [JEAN-BTE III.
b 1772.
HUYET, Geneviève, [PIERRE II.
b 1777.

RAYMONEAU.—*Variation et surnom :* REMONEAU—TOURANGEAU.

(1) Beausoleil.
(2) Dit Dupuis.
(3) Elle épouse, plus tard, Edmond Henry.
(4) Mère de Mgr Adolphe Pinsonnault, premier évêque de London, Ontario.
(5) Mère de l'ex-Lieutenant-Gouverneur de la Province de Québec, l'hon. Ls-Frs-Rodrigue Masson.

1708, (15 oct.) Pte-aux-Trembles, Q.

I.—**RAYMONEAU** (1), CHARLES, boulanger; fils de Charles et de Marie Ardoin, de Mobre, diocèse de Tours, Touraine; s 18 janvier 1725, à Quebec.[1]

1° BERTRAND (2), Thérèse, [GUILLAUME I. b 1686; s[1] 16 mars 1717.

Charlotte-Jacqueline, b 21 juillet 1709, à Montréal[2]; m[1] 27 nov. 1727, à Jean-Baptiste COTTY. —*Marie-Catherine*, b[2] 23 janvier et s[2] 8 fevrier 1711.—*Joseph*, b[2] 13 mars 1712; s[2] 15 oct. 1714. —*Marie-Anne*, b[1] 25 juillet 1713.—*Pierre*, b[1] 10 mars 1717.

1717, (24 juillet).[1]

2° BRIDAUD (3), Louise-Catherine, [JEAN I. b 1698.

Charles, b[1] 12 et s[1] 28 mars 1719.—*Pierre*, b[1] 15 juin 1720.—*Joseph-François*, b[1] 21 mars et s[1] 4 mai 1722.—*Charles*, b[1] 2 sept. 1723.

RAYNARD.—*Surnom :* ST. ANDRÉ.

I.—**RAYNARD**, BARTHÉLEMI.

GEMELOT, Catherine.

Michel, b 1715; m 7 janvier 1739, à Ursule LALANDE, au Bout-de-l'Ile, M.[3]— *Joseph-Marie*, b[3] 24 fevrier 1746.

1739, (7 janvier) Bout-de-l'Ile, M.[4]

II.—**RAYNARD** (4), MICHEL, [BARTHÉLEMI I. b 1715.

LALANDE (5), Ursule, [LÉONARD I. b 1712.

Marie-Angélique, b[4] 6 déc. 1739; m à Augustin LARIVIÈRE.—*François-Barthélemi*, b[4] 3 dec. 1742; s[4] 14 nov. 1763.—*Ursule-Amable*, b[4] 26 fevrier 1748.

RAYNAU.—Voy. RENAUD.

RAYNAUD.—*Variations et surnoms :* RAINEAU —RAYNEAU— RENAUD— BLANCHARD —PLANCHAR.

1671, (7 janvier) Montréal.

I.—**RAYNAUD** (6), JEAN.

MILLET, Catherine, [NICOLAS I. s 26 sept. 1722, à la Pte-aux-Trembles, M.[5]

Louis, b 1671; m 1708, à Marie-Anne GLORY. —*Jean*, b[5] 24 janvier 1677; m[5] 17 nov. 1710, à Thérèse BRICAUT; s 17 oct. 1747, à la Longue-Pointe.—*Françoise*, b[5] 8 avril 1685; m[5] 16 janvier 1713, à Alexis GARIEPY; s 15 dec. 1717, à St-François, I. J.—*Joseph*, b[5] 22 juin 1687; m[5] 20 fevrier 1721, à Marguerite VOYNE.—*Jacques*, b[5] 11 juillet 1689; m 1717, à Madeleine SENET-LALIBERTE.

(1) Dit Tourangeau.

(2) Aussi appelée Berthelot.

(3) Elle épouse, le 28 oct. 1725, Pierre Bastien, à Québec.

(4) Dit St. André.

(5) Latreille; elle épouse, le 17 août 1750, Bernard Chambly, au Bout-de-l'Ile, M.

(6) Dit Blanchard, voy. vol. I, p. 510.

1708.

II.—**RAYNAUD**, LOUIS, [JEAN I. b 1671.

GLORY-LABRIÈRE, Marie-Anne, [LAURENT I b 1674.

Marie-Anne, b 1709; m 7 janvier 1749, à Andre BODIN.

1710, (17 nov.) Pte-aux-Trembles, M.[6]

II.—**RAYNAUD** (1), JEAN, [JEAN I. b 1677; s 17 oct. 1747, à la Longue-Pointe

BRICAUT, Therèse, [JEAN I. b 1690.

Jean-Baptiste, b[6] 10 sept. 1711.—*François*, b[6] 27 dec. 1713; m 1742, à Marie-Joseph ROY.—*François-Gabriel*, b[6] 15 mai 1719; m[6] 10 fevrier 1749, à Marie-Joseph JANOT.—*Marie-Anne*, b[6] 10 et s[6] 20 janvier 1721.—*Raphael-Charles*, b[6] 30 dec. 1721; m[6] 30 janvier 1747, à Marie-Geneviève SICARD.—*Marie-Louise-Jeanne*, b[6] 25 juillet 1724.

1717.

II.—**RAYNAUD** (2), JACQUES, [JEAN I. b 1689.

SENET-LALIBERTÉ, Madeleine, [NICOLAS I. b 1694.

Marie-Joseph, b 1718; m 25 fevrier 1737, à Jacques BAUDOIN, à L'Assomption.—*Marie-Madeleine*, b 3 juin 1719, à la Pte-aux-Trembles, M.[1] —*Marie-Anne*, b[1] 27 juin 1721. —*Jacques*, b[1] 10 avril 1723.—*Pierre*, b 1724; m à Madeleine GAUTIER-LANDREVILLE. — *Jean-Baptiste*, b 16 août 1727, à Repentigny.

1721, (20 février) Pte-aux-Trembles, M.[1]

II.—**RAYNAUD**, JOSEPH, [JEAN I. b 1687.

VOYNE, Marguerite, [JEAN II. b 1689.

Joseph, b[1] 2 juillet 1724.

1742.

III.—**RAYNAUD** (3), FRANÇOIS, [JEAN II. b 1713.

ROY (4), Marie-Joseph, [PIERRE II. b 1718.

Jean-Marie, b 15 juin 1742, à Montreal.— *Thérèse*, b 1743; m 13 fevrier 1764, à Jean LÉONARD, à la Longue-Pointe.[5]—*François*, b 1745; m[5] 21 juin 1773, à Marie-Anne LONGPRÉ. — *François-Gabriel*, b[5] 24 mars 1747.— *Marie-Joseph*, b[5] 27 et s[5] 30 déc. 1748. — *Marie-Joseph*, b 1749; m[5] 25 janvier 1768, à Jean-Baptiste CHAUDILLON. —*Basile*, b[5] 9 juin 1751.—*Marguerite*, b 27 févrer 1753, à la Pte-aux-Trembles, M. — *Pierre*, b[5] 17 août 1755.

(1) Dit Blanchard—Planchar.

(2) Et Raineau—Renaud dit Planchar.

(3) Dit Blanchard.

(4) Elle épouse, le 10 avril 1758, Joseph Lahaise, à la Longue-Pointe.

1747, (30 janvier) Pte-aux-Trembles, M. [3]
III.—**RAYNAUD**, RAPHAEL-CHARLES, [JEAN II.
b 1721.
SICARD (1), Marie-Geneviève, [BARTHÉLEMI II.
b 1724.
Marie-Anne, b [3] 7 déc. 1752.— *Barthélemi*, b [3] 4 août 1754.

1749, (10 février) Pte-aux-Trembles, M.[2]
III.—**RAYNAUD**, FRS-GABRIEL, [JEAN II.
b 1719.
JANOT, Marie-Joseph, [JEAN III.
b 1727.
Marie-Joseph, b 1750 ; m [2] 19 oct. 1767, à Jacques VAUDRY.

1749.
III.—**RAYNAUD** (2), PIERRE, [JACQUES II.
b 1724.
GAUTIER-LANDREVILLE, Madeleine, [CHARLES II.
b 1714.
Pierre, b 12 juin 1750, à la Pte-aux-Trembles, M.[1] —*Marie-Madeleine*, b [1] 2 dec. 1751.—*Joseph*, b [1] 16 sept. 1754.

1773, (21 juin) Longue-Pointe.
III.—**RAYNAUD**, FRANÇOIS, [FRANÇOIS II.
b 1745.
LONGPRÉ, Marie-Anne, [GUILLAUME III.
b 1754.

RAYNEAU.—Voy. RAYNAUD.

RAZA.—*Variations et surnom :* CRAZA—RAGEAR—RANGEARD—RAZARD—GASCON.

1721, (2 mai) Montréal. [7]
I.—**RAZA** (3), PIERRE, fils d'Antoine et de Marguerite Suzanne, de St-Astof, diocèse de Bordeaux.
RÉQUET (4), Marie-Françoise, [FRANÇOIS I.
b 1705 ; s [7] 25 juillet 1739.
Pierre, b 1722 ; m [7] 27 mai 1748, à Marie-Anne BERNARD.—*Louis*, b [7] 27 avril 1724 ; s [7] 16 déc. 1747.—*Nicolas*, b 1725 ; m [7] 27 nov. 1752, à Marie-Louise BOYER. — *Angélique*, b [7] 17 janvier 1727 ; m [7] 15 janvier 1748, à Jean RIGAUD. — *Bertrand*, b [7] 1er mars 1728.— *Charles-Augustin*, b [7] 27 février et s [7] 1er mars 1730.—*Marie-Joseph*, b [7] 8 fevrier 1735.—*François*, b [7] 13 mai 1737.

1748, (27 mai) Montréal. [1]
II.—**RAZA** (5), PIERRE, [PIERRE I.
b 1722.
BERNARD, Marie-Anne, [JEAN-BTE I.
b 1725.
Pierre, b [1] 8 mai 1749.—*Marie-Amable*, b 1753 ; m [1] 9 janvier 1769, à Jean POITRAS.

(1) Elle épouse, le 8 nov. 1762, Laurent Galipeau, à la Pte-aux-Trembles, M.
(2) Dit Planchard.
(3) Dit Gascon.
(4) Pour Héritier-Lamalice.
(5) Dit Gascon—Appelé Rangeard, 1749.

1752, (27 nov.) Montreal. [1]
II.—**RAZA** (1), NICOLAS, [PIERRE I.
b 1725.
BOYER, Marie-Louise, [LOUIS I.
b 1735.
Marie-Louise, b 1762 ; m [1] 8 février 1779, à François NORMAND.

RAZARD.—Voy. RAZA.

1831, (4 juillet) St-Jean, I. O.
I.—**READMAN**, JEAN, fils de Jean et de Geneviève Sweeteng, de Wedbec, Angleterre.
JAHAN, Marie-Joseph. [LAURENT.

RÉ.—*Surnom :* CRÉPIN.

I.—**RÉ** (2), FRANÇOIS,
b 1732 ; s 6 août 1797, à Québec.
CHEVALIER, Marie-Thérèse, [MICHEL III.
b 1751.

RÉAL.— *Variations et surnoms :* DROUARD—ROUARD—ROUAUD—VILLEMER.

1726, (4 oct.) Ste-Foye.[1]
I.—**RÉAL** (3), NICOLAS, b 1697 ; fils de Pierre et de Marguerite Duperré, de Varennes, diocèse de Liège ; s 19 avril 1755, à Montreal.
GALARNEAU, Marie-Anne, [JACQUES II.
b 1708.
Nicolas-Noël, b [1] 1er sept. 1727 ; s 1er avril 1733, à Québec. [2] — *Philippe-Jacques*, b [1] 13 août 1731. — *Elisabeth-Angélique*, b [2] 9 avril et s [2] 4 mai 1732. — *Joseph*, b [2] et s [2] 1er avril 1733. —*Nicolas*, b 21 juillet 1734, à Terrebonne ; m 16 nov. 1761, à Marie-Angélique RASSET, à Lachenaye. [3] — *Marie-Agnès*, b [3] 1er déc. 1735 ; m [3] 4 fevrier 1765, à François MAGUIEN.—*Pierre*, b [3] 27 sept. 1737. — *Marie-Marguerite*, b [3] 6 et s [3] 10 nov. 1739. — *Antoine*, b [3] 4 juillet 1741. — *Jean-Baptiste*, b [3] 25 nov. 1743.—*Marie-Geneviève*, b [3] 9 août 1747.— *Marguerite*, b [3] 31 juillet et s [3] 28 sept. 1749. — *Marie*, b et s 20 juillet 1751, à St-Henri-de-Mascouche.

1761, (16 nov.) Lachenaye. [1]
II.—**RÉAL** (4), NICOLAS, [NICOLAS I.
b 1734.
RASSET, Marie-Angélique, [PIERRE III.
b 1745.
Angélique, b [1] 12 oct. 1762. — *Augustin*, b [1] 13 juin 1764. — *Jean-Baptiste*, b [1] 7 mars 1766. — *Marguerite*, b [1] 18 sept. 1772.

RÉAME.—Voy. RÉAUME.

RÉAUME.— *Variations et surnoms :* ALÉAUME—BEAUNE — LÉAUME — RÉAME — RHÉAUME—LAROSE —THAMUR—THEMUS.

(1) Dit Gascon.
(2) Dit Crépin ; traiteur.
(3) Dit Villemer—Rouaud, 1727.
(4) Dit Villemer—Surnommé Rouaud, Rouard et Drouard.

1665, (26 janvier) Québec.

I.—RÉAUME (1), JEAN, b 1642.

HURDOUIL, Marie, b 1627 ; veuve de Simon Savard ; s 25 nov. 1703, à Charlesbourg. 4

Marie-Madeleine, b 4 21 mai 1666 ; s 20 février 1754, au Château-Richer.

1665, (29 oct.) Québec. 4

I.—RÉAUME (2), RENÉ, b 1643 ; s 4 31 oct. 1722.

CHEVREAU, Marie, b 1652.

Robert, b 4 26 janvier 1668 ; m 22 sept. 1696, à Elisabeth BRUNET, à Montréal 5 ; s 24 mars 1744, à St-Vincent-de-Paul. — *Simon*, b 4 9 nov. 1669 ; m 5 19 mars 1710, à Therèse CATIN. —*René*, b 14 oct. 1673, à Charlesbourg 6 ; m 6 22 nov. 1694, à Marie GUYON ; s 17 janvier 1768, à St-Valier. — *Jacques*, b 6 25 avril 1683 ; 1° m 6 juin 1707, à Marguerite PROTEAU, au Château-Richer 7 ; 2° m 7 11 nov. 1709, à Agnès GAGNON ; s 6 22 mars 1711. — *Michel*, b 6 22 déc. 1685 ; m 5 27 janvier 1733, à Catherine AMELOT. — *Pierre*, b 6 28 juillet 1691 ; m à Thérèse LAJEUNESSE.

1689, (19 avril) Charlesbourg. 3

II.—RÉAUME (2), MAURICE, [RENÉ I. b 1666 ; s 3 17 janvier 1709.

1° VIVIER, Marie-Anne, [PIERRE I. b 1671 ; s 3 29 janvier 1703.

René, b 3 15 janvier 1690 ; 1° m 20 janvier 1724, à Marie-Catherine PEPIN, à Québec 4 ; 2° m 4 5 février 1731, à Agathe BIARD. — *Joseph*, b 3 14 février 1696 ; m 28 avril 1722, à Marie-Madeleine GIBAUT, à Boucherville.

1705, (10 janvier). 3

2° GIROUX, Madeleine, [TOUSSAINT I b 1670 ; veuve de Pierre Choret ; s 3 5 juin 1751.

Alexandre, b 3 16 dec. 1705 ; m 22 oct. 1736, à Catherine GRAVEL, au Château-Richer. — *René-Louis*, b 3 21 avril 1707 ; 1° m 3 10 nov. 1732, à Marie-Anne VERRET ; 2° m 3 7 sept. 1744, à Marie-Françoise BEDARD.

1694, (22 nov.) Château-Richer. 7

II.—RÉAUME (2), RENÉ, [RENÉ I b 1673 ; s 17 janvier 1768, à St-Valier. 8

GUYON, Marie, [SIMON II. b 1662 ; veuve de Guillaume Tibaut.

Simon, b 7 7 août 1697 ; m 9 fevrier 1724, à Marie-Madeleine JULIEN, à Charlesbourg.—*Marie*, b... 1° m à Pierre DUBAU ; 2° m 8 12 nov. 1728, à Louis LABRÈQUE. — *Gabriel*, b 7 27 janvier 1704, m 7 3 fevrier 1727, à Catherine SIMARD ; s 7 30 juin 1733.

(1) Voy vol. I, p. 510.

(2) Voy. vol. I, p. 511.

1696, (22 sept.) Montréal. 1

II.—RÉAUME (1), ROBERT, [RENÉ I. b 1668 ; s 24 mars 1744, à St-Vincent-de-Paul. 2

BRUNET-BELHUMEUR, Elisabeth, [ANTOINE I. b 1674 ; s 2 20 juillet 1748.

Simon, b 1 14 sept. 1697 ; 1° m 10 sept. 1722, à Charlotte TURPIN, à Lachine 3 ; 2° m 3 3 nov. 1767, à Angélique HUNAUT.—*Nicolas*, b 1 25 nov. 1699 ; 1° m 1726, à Marguerite BERLOIN-NANTEL ; 2° m 7 juin 1734, à Catherine LABELLE, à St-François, I. J. ; s 2 22 mars 1762.—*Marie-Joseph*, b 3 25 mars 1702 ; m 18 janvier 1720, à Joseph FORTIER, à la Pointe-Claire. 4—*Hyacinthe*, b 3 25 mars 1704 ; m 1 17 nov. 1727, à Agathe DE LA CELLE ; s 10 juin 1774, au Détroit. 5 — *Jean-Baptiste*, b 3 10 déc. 1705 ; 1° m 4 5 avril 1731, à Marie-Louise BAUNE ; 2° m 4 31 août 1733, à Marie-Anne CHAMAILLARD. — *Pierre*, b 3 6 oct. 1709 ; 1° m 1722, à Marie STÈBRE ; 2° m 5 20 janvier 1738, à Suzanne HUBERT ; s 5 19 déc. 1766.—*Alphonse*, b 3 12 avril 1711.

1707, (6 juin) Château-Richer. 8

II.—RÉAUME, JACQUES, [RENÉ I. b 1683 ; s 22 mars 1711, à Charlesbourg. 7

1° PROTEAU, Marguerite, [ETIENNE I. b 1685 ; s 24 janvier 1709, à St-Thomas. 9

Jacques, b 9 17 et s 9 20 mars 1708. — *Marie-Louise*, b 9 21 et s 9 22 janvier 1709.

1709, (11 nov.) 8

2° GAGNON (2), Agnès, [JEAN II b 1688.

Marthe-Agnès, b 9 31 août 1710 ; s 7 4 sept 1712.

1710, (19 mars) Montréal. 9

II.—RÉAUME, SIMON, [RENÉ I b 1669 ; marchand.

CATIN, Thérèse, [HENRI I. b 1686.

Charles-Augustin (3), b 9 24 oct. 1711 ; m 17 mai 1734, à Marguerite LABELLE, à St-François, I. J. ; s 7 août 1752, au Cap-St-Ignace.— *Joseph-Bernardin*, b 9 22 mai 1713 ; m 9 6 février 1738, à Marguerite POTHIER.— *Jean-Simon*, b 9 12 oct. 1716 ; m 9 3 avril 1742, à Marie-Louise DECOUAGNE. — *Madeleine*, b 9 31 août et s 9 9 nov. 1718.

1722, (28 avril) Boucherville. 4

III.—RÉAUME, JOSEPH, [MAURICE II b 1696.

GIBAUT, Marie-Madeleine, [JEAN II. b 1696 ; veuve de Daniel Cardinal ; s 26 février 1771, à St-Constant. 5

Joseph, b 4 1er janvier 1723 ; m 18 nov. 1748, à Elisabeth TABEAU, à Laprairie. 6 — *Marie-Madeleine*, b 4 18 juillet 1725. — *Marie-Joseph*, b 26 sept. 1727, à Lachine 7 ; s 6 18 avril 1733 —*Marie-Angélique*, b 7 12 oct. 1729 ; m 5 18 oct. 1756, à

(1) Voy. vol. I, p. 511.

(2) Elle épouse, le 5 oct. 1712, Jean Roy, à Charlesbourg.

(3) Filleul du gouverneur DeVaudreuil ; noyé le 11 nov. 1751, allant à St-Joachim.

Pierre BAUDIN.—*Jean-Baptiste* (1), b 9 sept. 1731, à Longueuil; m [5] 22 nov. 1756, à Marguerite MOQUANT.—*François-Michel*, b [6] 29 janvier 1734; 1° m [5] 3 oct. 1757, à Marie-Catherine GAGNÉ; 2° m [5] 27 juillet 1772, à Marie-Suzanne LONGTIN.—*André*, b [6] 24 nov. 1736.

1722, (10 sept.) Lachine. [1]

III.—RÉAUME, SIMON, [ROBERT II.
b 1697.

1° TURPIN, Charlotte, [ALEXANDRE I.
b 1691; veuve de Nicolas Legros, s 17 juillet 1767, à Soulanges.

Françoise, b 1723; m 8 janvier 1742, à Pierre HUNAUT, au Bout-de-l'Ile, M. [2]—*Jean-Baptiste*, b 1725; s 24 fevrier 1726, à Montreal.—*Pierre*, b 1726; m 1763, à Elisabeth VILLERAY.—*Marie-Elisabeth*, b... m [2] 8 fevrier 1745, à François LALONDE.—*Marie-Joseph*, b [1] 14 mars 1729; m [2] 7 janvier 1749, à Martin DELENAC (voy. aussi Leval).—*Catherine*, b 1732; m [2] 15 oct. 1750, à Thomas LEDUC; s [2] 28 juin 1764.—*Jean-Baptiste*, b 1733; m à Marie-Françoise ST. AMANT.

1767, (3 nov.) [1]

2° HUNAUT, Angelique, [TOUSSAINT II.
b 1707; veuve de Paul Massiot (ou Matias).

1722.

III.—RÉAUME, PIERRE, [ROBERT II
b 1709; bourgeois; s 19 déc. 1766, au Detroit. [3]

1° STÈBRE (2), Marie-Thérèse,
b 1700; s [3] 14 mai 1730.

Marie-Thérèse, b [3] 10 janvier 1723; m 17 février 1738, à Joseph CHARBONNEAU, à St-François, I. J.—*Marguerite*, b [3] 3 juillet 1725; m [3] 7 janvier 1756, à Charles BOURON.—*Pierre*, b [3] 25 août 1727; 1° m [3] 7 janvier 1754, à Marie-Joseph PILETTE; 2° m 22 août 1763, à Marie-Catherine DUBOIS, à Montreal; s [3] 8 juillet 1777.—*Marie-Angélique*, b [3] 18 janvier et s [3] 20 mai 1729.

1738, (20 janvier). [3]

2° HUBERT, Suzanne, [LOUIS-JOSEPH II.
b 1709.

Marie-Charlotte, b [3] 19 juin 1738; m [3] 4 nov. 1760, à Pierre-Charles DANEAU DE MUY.—*Suzanne*, b [3] 13 sept. 1740; m [3] 23 nov. 1760, à Jacques BABY.—*Pierre*, b [3] 4 nov. 1741.—*Claude-Thomas*, b [3] 7 août 1743; m [3] 7 janvier 1766, à Geneviève JANIS.—*Véronique*, b [3] 2 fevrier 1745; m [3] 26 juillet 1764, à Gabriel-Christophe LEGRAND.—*Bonaventure*, b 1746; 1° m [3] 6 janvier 1767, à Jeanne DESHÊTRES; 2° m [3] 7 mai 1793, à Marie-Joseph GATIGNON.—*Marie-Louise*, b [3] 8 mars 1750.

1724, (20 janvier) Québec. [8]

III.—RÉAUME, RENÉ, [MAURICE II.
b 1690.

1° PEPIN, Catherine, [JEAN II.
b 1702; s [8] 20 mai 1730.

Marie-Anne, b [8] 7 nov. 1724; 1° m [8] 23 nov. 1744, à Jean-Baptiste GADIOU; 2° m [8] 6 août 1748, à François BELLET.—*Marie-Louise*, b [8] 22 juin 1726; m 13 nov. 1747, à Jean-Baptiste CHARBONNEAU, à St-Vincent-de-Paul. [9]—*Marie-Françoise*, b [8] 24 février 1728, s [8] 2 janvier 1730.

1731, (5 fevrier). [8]

2° BIARD, Agathe, [PIERRE I.
b 1710; s [8] 2 nov. 1753.

Pierre-René, b [8] 20 nov. 1731; s [8] 12 février 1742.—*Marie-Louise*, b [8] 13 août et s [8] 19 sept. 1733.—*Claude*, b [8] 24 août 1734.—*Pierre*, b [8] 8 juillet 1736.—*Charles*, b [8] 31 dec. 1738; m [9] 1er mars 1767, à Françoise SYRE.—*Marie-Françoise*, b [8] 3 juillet 1741.

1724, (9 février) Charlesbourg. [1]

III.—RÉAUME, SIMON, [RENÉ II.
b 1697

JULIEN, Marie-Madeleine, [NICOLAS II.
b 1707.

Ange, b [1] 27 janvier et s [1] 17 mars 1725.—*Marie-Madeleine*, b [1] 23 mai 1726; s [1] 20 avril 1727.—*François*, b [1] 19 sept. 1727; s [1] 25 mars 1748.—*Marie-Madeleine*, b [1] 24 fevrier 1729; s [1] (de mort subite) 16 nov. 1746.—*Jacques-François*, b [1] 5 avril 1731; m [1] 24 mai 1751, à Marguerite ALARD.—*Marie-Joseph*, b [1] 19 mars et s [1] 26 juillet 1733.—*Marie-Geneviève*, b [1] 19 et s [1] 21 mars 1733.—*Simon-René*, b [1] 12 dec. 1735; m 16 fevrier 1762, à Catherine-Charlotte DION, au Château-Richer.—*Ange* et *Marguerite*, b [1] 23 sept. 1737.—*Anonyme*, b [1] et s [1] 9 fevrier 1739.—*Marie-Joseph*, b [1] 15 juillet 1742; s [1] 14 janvier 1749.—*Simon*, b [1] 13 nov. 1743.—*Marie-Françoise*, b [1] 8 janvier 1747.

1726.

III.—RÉAUME (1), NICOLAS, [ROBERT II.
b 1699; s 22 mars 1762, à St-Vincent-de-Paul. [1]

1° BERLOIN-NANTEL, Marguerite, [JEAN I.
b 1696; veuve de Pierre Charbonneau; s 12 mars 1734, à Montreal.

Michel, b 1727; 1° m [1] 11 janvier 1749, à Elisabeth MIGNERON; 2° m 19 nov. 1754, à Marie-Joseph LAPLANTE, au Sault-au-Récollet.—*Charles*, b 7 juin 1729, à St-François, I. J. [2]—*Hyacinthe*, b [2] 21 oct. 1731; s [1] 26 janvier 1760.—*Marie-Marguerite*, b [2] 9 août 1733.

1734, (7 juin) [2]

2° LABELLE, Catherine, [JACQUES II.
b 1714.

Nicolas, b [2] 12 février 1735, m [1] 25 février 1754, à Catherine MIGNERON.—*Marie-Jeanne*, b [2] 6 juin 1736; m [1] 10 avril 1752, à Simon SORIN.—*Joseph*, b 1738; m [1] 14 janvier 1759, à Marguerite LEBLANC.—*Victoire*, b 1739; m [1] 26 février 1759, à Etienne BIGUET.—*Catherine*, b [2] 23 sept. 1740, m [1] 21 février 1757, à Robert JEANNE.—*Elisabeth*, b... m [1] 3 août 1761, à François BÉLANGER.—*Marie-Madeleine*, b [1] 19 janvier 1745; m [1] 24 nov. 1760, à François DESNOYERS.—*Louis*, b [1] 18 avril 1747; s [1] 26 mars 1754.—*Marie-Joseph*, b [1] 27 février 1750; m 14 avril 1766, à

(1) Baptisé sous le nom de Léaume.

(2) Lajeunesse.

(1) Major de l'Ile.

Joseph JUBINVILLE, à St-Laurent, M.— *Théotiste*, b [1] 1er nov. 1751.

1727, (3 février) Château-Richer. [6]
III.—RÉAUME, GABRIEL, [RENÉ II.
b 1704 ; s [6] 30 juin 1733.
SIMARD (1), Catherine, [PIERRE II.
b 1708.
Charles, b [6] 18 juin 1728 ; m [6] 3 nov. 1751, à Marie GRAVEL. — *Etienne*, b [6] 24 sept. 1729 ; m [6] 23 août 1751, à Marie-Louise CLOUTIER. — *Catherine*, b [6] 16 sept. 1731 ; m [6] 7 avril 1755, à Jean-Baptiste MOREAU. — *Gabriel* (posthume), b [6] 2 juillet 1733 ; m 10 janvier 1757, à Madeleine PAQUET, à Charlesbourg.

1727, (3 février) Québec. [7]
III.—RÉAUME, JEAN-BTE, [MAURICE II.
b 1701.
COUSSI-SOUCY (2), Marie-Catherine, [PIERRE I.
b 1710.
Jean-Baptiste, b [7] 1er mai 1727 ; m [7] 4 nov. 1749, à Françoise DEGUISE. — *Marie-Anne*, b [7] 23 juillet 1729 ; m [7] 15 fevrier 1745, à Nicolas BOULARD.—*Marie-Madeleine*, b [7] 17 août 1732 ; m [7] 4 juin 1753, à Joseph DION. — *Marie-Cécile*, b [7] 23 mars 1734 ; m 19 avril 1751, à Jean BRUNEAU, à Beauport. — *Marie-Charlotte*, b [7] 21 juin 1736 ; s [7] 28 mars 1738. — *Jean* (posthume), b [7] 4 août 1739.

1727, (17 nov.) Montréal. [6]
III.—RÉAUME (3), HYACINTHE, [ROBERT II.
b 1704 ; cordonnier ; s 10 juin 1774, au Détroit. [7]
DELACELLE, Agathe, [JACQUES I.
b 1709 ; s [7] 19 juillet 1778.
Pierre, b [6] 25 oct. 1728 ; s [7] 11 août 1748.— *Marie-Anne*, b [6] 16 sept. 1730.— *Agathe*, b... m [7] 14 fevrier 1751, à Joseph POUPARD. — *Elisabeth*, b [7] 3 juillet 1734 ; s [7] 4 sept. 1748. — *Alexis*, b [7] 14 et s [7] 18 février 1736.—*Jacques*, b [7] 14 mai et s [7] 12 oct. 1737.—*Marie-Françoise*, b [7] 16 sept. 1738 ; s [7] 30 janvier 1739. — *Joseph*, b [7] 3 nov. 1739 ; m 7 juillet 1766, à Marie-Charlotte LEVASSEUR, à Boucherville.— *Jean-Baptiste*, b [7] 9 juillet 1741 ; m [7] 20 déc. 1763, à Agathe BARROIS. — *Charles*, b [7] 4 fevrier 1743. — *Catherine*, b [7] 22 oct. 1744.—*Marie-Anne*, b [7] 16 février 1746 ; m [7] 21 oct. 1765, à Pierre BARON. — *Marie-Julie*, b [7] 22 janvier 1748. — *François*, b [7] 1er et s [7] 2 mars 1750.

1731, (5 avril) Pointe-Claire. [1]
III.—RÉAUME, JEAN-BTE, [ROBERT II.
b 1705.
1° BAUNE, Marie-Louise, [JEAN II.
b 1714, s [1] 23 fevrier 1732.

(1) Elle épouse, le 22 oct 1736, Philippe Basset, au Château-Richer.

(2) Elle épouse, le 26 juillet 1739, Charles Marois, à Québec.

(3) Oncle d'Antoine-Louis Descomps.

1733, (31 août). [1]
2° CHAMAILLARD, Marie-Anne, [JEAN II.
b 1710.

1732, (10 nov.) Charlesbourg. [9]
III.—RÉAUME, RENÉ-LOUIS, [MAURICE II.
b 1707.
1° VERRET, Marie-Anne, [JACQUES II.
b 1713 ; s [9] 2 fevrier 1744.
Louis, b [9] 13 juin 1734. — *Marie-Jeanne*, b [9] 3 avril 1736 ; s [9] 29 fevrier 1744.—*Louise-Michelle*, b [9] 29 sept. 1739.— *Marie-Charlotte*, b [9] 1er août 1741 ; s [9] 10 mars 1748. — *Marie-Jeanne*, b [9] 26 juillet 1743 ; m [9] 11 janvier 1757, à François GENOIN.
1744, (7 sept.) [9]
2° BEDARD, Marie-Françoise, [JACQUES III.
b 1715.
François, b [9] 21 juin et s [9] 14 juillet 1745. — *Deux anonymes*, b [9] et s [9] 29 avril 1746.—*Joseph*, b [9] 8 avril 1747. — *Marie-Charlotte*, b [9] 18 sept. 1749 ; s [9] 14 août 1753. — *Jean-François*, b [9] 25 sept. 1753 ; s [9] 17 mars 1755.

1733, (27 janvier) Québec. [4]
II.—RÉAUME, MICHEL, [RENÉ I.
b 1685.
AMELOT, Catherine, [JACQUES I.
b 1704.
Michel, b 9 août 1734, à Beauport. — *Marie-Louise*, b 11 avril 1736, à Charlesbourg. [5] — *Marie-Angélique*, b [5] 9 mai 1738. — *Charles*, b [5] 9 août 1739 ; s [4] 14 déc. 1744. — *Marie-Anne*, b [4] 19 déc. 1741 ; s [4] 30 août 1742.

1734, (17 mai) St-François, I. J. [1]
III.—RÉAUME, CHS-AUGUSTIN, [SIMON II.
b 1711 ; marchand ; s (1) 7 août 1752, au Cap-St-Ignace.
LABELLE, Marie-Marguerite, [PIERRE II.
b 1715.
Marie-Charlotte, b 1739 ; m 20 nov. 1758, à Jean-Paschal PILET, à Montréal. [2] — *Charles-Simon*, b [1] 3 janvier 1740. — *Thérèse*, b 1743 ; m [2] 15 janvier 1759, à Simon SANGUINET. — *Marguerite*, b 1744 ; m [2] 10 sept. 1764, à Joseph SANGUINET. — *Marie-Archange*, b [2] 1er janvier et s [2] 22 fevrier 1748. — *Etienne-Louis*, b [2] 27 déc. 1748, m 1er fevrier 1780, à Charlotte BARTHE, au Detroit.—*Charles*, b [2] 6 dec. 1749 ; s [2] 18 janvier 1750.

1736, (22 oct.) Château-Richer.
III.—RÉAUME, ALEXANDRE, [MAURICE II.
b 1705.
GRAVEL, Catherine, [CHARLES II.
b 1710.
Marie-Catherine, b 18 février 1744, à Charlesbourg. [9] — *Toussaint*, b [9] 2 nov. 1745. — *Marie-Jeanne*, b [9] 19 janvier 1748 ; s [9] 15 mars 1749.— *Marie-Angélique*, b [9] 13 mars 1752 ; s [9] 13 juillet 1754.—*Alexandre*, b [9] 18 juin 1756 ; s [9] 24 mars 1757.

(1) Noye le 11 nov. 1751, allant à St-Joachim.

1738, (6 février) Montréal. [3]
III.—RÉAUME, Jos.-Bernardin, [Simon II.
b 1713.
Pothier, Marguerite, [Toussaint II.
b 1706.
Charles, b 1744 ; s [3] 2 mai 1749.

1739, (3 fevrier) St-Laurent, I. O.
I.—RÉAUME (1), Alexis.
Létourneau (2), Jeanne, [Louis III.
b 1709.

RÉAUME, Simon.
Labelle, Angelique.
Angélique, b 11 nov. 1743, à St-Vincent-de-Paul [7] ; m [7] 27 sept. 1762, à Basile Paquet.—*Simon*, b [7] 8 mai 1745. — *François*, b [7] 28 sept. 1746.—*Marie-Geneviève*, b 1748 ; m 8 août 1768, à Pierre Greffin, à Montréal. — *Marie-Joseph*, b [7] 22 fevrier 1751 ; s [7] 4 mai 1752. — *Marie-Jeanne*, b [7] 21 juillet 1752.

1742, (3 avril) Montréal. [2]
III.—RÉAUME, Jean-Simon, [Simon II.
b 1716 ; voyageur.
Decouagne, Marie-Louise, [René II
b 1717 ; s [2] 4 dec. 1756.
Marie-Louise, b [2] 14 sept. 1742 ; m [2] 4 février 1760, à Joseph Fournerie.—*Charles*, b [2] 5 oct. 1743.—*Thérèse*, b [2] 11 fevrier 1745.—*Marie-Anne-Charlotte*, b [2] 30 oct. 1746 ; s [2] 19 juin 1747.—*Simon-François*, b [2] 4 déc. 1747 ; s 30 avril 1748, à Longueuil.—*Marie-Catherine*, b [2] 5 et s 21 août 1750, à la Pte-aux-Trembles, M.

1748, (18 nov.) Laprairie.
IV.—RÉAUME, Joseph, [Joseph III.
b 1723.
Tabeau, Elisabeth, [Pierre II.
b 1719.
Joseph, b 1751 ; s 9 janvier 1755, à St-Constant. [4] —*Pierre*, b [4] 3 juillet 1753 ; s [4] 10 juillet 1754.—*Joseph-Marie*, b [4] 22 avril 1755.—*François-Régis*, b [4] 17 mars 1757.

1749, (11 janvier) St-Vincent-de-Paul. [5]
IV.—RÉAUME, Michel, [Nicolas III.
b 1727.
1° Migneron, Elisabeth, [Jean-François III.
b 1728 ; s [5] 28 avril 1754.
Marie-Elisabeth, b [5] 13 mai et s [5] 11 juillet 1751.—*Marie-Jeanne*, b [5] 27 avril et s [5] 26 mai 1752.—*Marie-Catherine*, b [5] 20 et s [5] 25 mai 1753.
1754, (19 nov.) Sault-au-Récollet.
2° Laplante, Marie-Jos., [Thomas-Bonav. I.
b 1734.
Marie-Joseph, b [5] 20 oct. 1755.—*Barbe*, b... m 1770, à François Bélanger.

---

(1) Pour Aléaume dit Larose, voy. vol. II, p. 28.

(2) Elle épouse, le 11 oct. 1746, François Harbour, à Quebec.

1749, (4 nov.) Québec. [6]
IV.—RÉAUME, Jean-Bte, [Jean-Bte III.
b 1727.
Deguise (1), Françoise, [Girard-Guillaume II.
b 1734.
Marie-Françoise, b [6] 23 oct. 1751. — *Marie-Louise*, b [6] 26 août 1753.—*Jean-Baptiste*, b [6] 18 janvier et s [6] 9 sept. 1755.—*Charlotte*, b [6] 5 juillet et s [6] 28 sept. 1756.—*Marguerite*, b 28 sept. 1758, à Ste-Geneviève, M.

1751, (24 mai) Charlesbourg. [7]
IV.—RÉAUME, Jacques-François, [Simon III.
b 1731.
Alard, Marguerite, [Pierre III.
b 1731 ; s 26 dec. 1770, au Château-Richer. [8]
Nicolas, b [7] 5 avril 1752.—*Marie-Marguerite*, b [7] 5 sept. 1753. — *François*, b [7] 12 janvier 1755. —*Jacques*, b [7] 23 juillet 1756 ; s [8] 6 fevrier 1757. —*Marguerite*, b [8] 2 sept. 1760 ; s [8] 16 juin 1769. —*Marie-Joseph*, b [8] 5 oct. 1762. — *Marie-Rose*, b 25 sept. 1764, à L'Ange-Gardien.—*Marie-Catherine*, b [8] 8 et s [8] 20 mai 1766.—*Prisque*, b [8] 29 fevrier 1768.—*Marguerite*, b [8] 18 mars 1770.

1751, (23 août) Château-Richer. [9]
IV.—RÉAUME, Etienne, [Gabriel III.
b 1729.
Cloutier, Marie-Louise, [Charles IV.
b 1727.
Gabriel, b [9] 26 avril et s [9] 27 août 1752.—*Gabriel*, b [9] 10 avril 1753.—*Marie-Louise*, b [9] 22 juillet et s [9] 8 août 1754.—*Etienne*, b [9] 3 nov. 1755 ; m 1780, à Marguerite Noel, à St-Laurent, I. O.—*René*, b 1760, s [9] 28 avril 1762.—*Jean-Baptiste*, b [9] 22 déc. 1762.—*Charles*, b [9] 28 avril 1765.—*Marie-Thérèse*, b [9] 28 dec. 1771.

1751, (3 nov.) Château-Richer. [8]
IV.—RÉAUME, Charles, [Gabriel III.
b 1728.
Gravel, Marie, [Charles III.
b 1728.
Marie, b [8] 31 déc. 1752.—*Catherine*, b 30 août 1756, à Charlesbourg. [9] — *Gabriel*, b [9] 5 déc. 1758.—*Marie-Charlotte*, b [9] 11 janvier 1761 ; m 30 avril 1783, à Charles Verret, à Quebec

---

1754, (7 janvier) Detroit. [8]
III.—RÉAUME (2), Pierre, [Pierre II.
b 1727, s [8] 8 juillet 1777.
1° Pilet, Marie-Joseph, [Jacques II.
b 1736 ; s [8] 12 dec. 1757.
Pierre, b [8] 6 nov. et s [8] 1er dec. 1754.—*Pierre-Jeanne*, b [8] 30 juillet 1756.
1763, (22 août) Montréal.
2° Dubois, Marie-Catherine, [Pierre II.
b 1714 ; veuve d'Etienne Gibault.

---

(1) Et Flamands.

(2) Dit Thamur ou Themus.

1754, (25 février) St-Vincent-de-Paul.[1]
IV.—RÉAUME, NICOLAS, [NICOLAS III.
b 1735.
MIGNERON, Catherine, [JEAN-FRANÇOIS III.
b 1732.
Marie-Joseph-Félicité, b [1] 9 janvier 1755. — *Marie-Catherine*, b [1] 11 juillet 1755.—*René*, b [1] 4 oct. 1756.

1756, (22 nov.) St-Constant.[4]
IV.—RÉAUME, JEAN-BTE, [JOSEPH III.
b 1731.
MOQUANT (1), Marguerite, [PIERRE II.
b 1736.
Jean, b [4] 11 fevrier 1758.

1757, (10 janvier) Charlesbourg.[3]
IV.—RÉAUME, GABRIEL, [GABRIEL III.
b 1733.
PAQUET, Madeleine, [JEAN-BTE III.
b 1739.
Marie-Louise, b [3] 23 nov. 1758. — *Gabriel*, b [3] 28 sept. 1760 ; s [3] 26 janvier 1761. — *Gabriel-Toussaint*, b [3] 22 déc. 1761.

1757, (3 oct.) St-Constant.[4]
IV.—RÉAUME, FRS-MICHEL, [JOSEPH III.
b 1734.
1° GAGNÉ, Marie-Catherine, [PIERRE III.
b 1737.
1772, (27 juillet).[4]
2° LONGTIN, Marie-Suzanne, [IGNACE III.
b 1752.

1759, (14 janvier) St-Vincent-de-Paul.
IV.—REAUME, JOSEPH, [NICOLAS III.
b 1738.
LEBLANC, Marguerite, [PIERRE-LOUIS III.
b 1741.

1762, (16 fevrier) Château-Richer.[3]
IV.—RÉAUME, SIMON-RENÉ, [SIMON III.
b 1735.
DION (2), Catherine-Charlotte, [FRANÇOIS IV.
b 1740.
François-Simon, b 27 fevrier 1763, à Charlesbourg. — *Marie-Françoise*, b [3] 14 mai 1770. — *Marguerite*, b [3] 24 fevrier 1772. — *Marie-Marthe*, b [3] 17 sept. 1773. — *Pélagie*, b 1775, s [3] 19 mai 1777.—*Euphrosine*, b [3] 18 oct. 1778

1763.
III.—RÉAUME, PIERRE, [SIMON II.
b 1726.
VILLERAY, Elisabeth, [ANTOINE II.
b 1734.
Marie-Anne, b 7 sept. 1764, au Bout-de-l'Ile, M.

III.—RÉAUME, JEAN-BTE, [SIMON II.
b 1733.
ST. AMANT, Marie-Françoise.
Marie-Geneviève, b 29 sept. 1764, au Bout-de-l'Ile, M.

(1) Magnan — Champagne — Gaspard, elle épouse, le 8 août 1770, Noël Comet, à St-Constant.
(2) Voy. Guyon.

1763, (20 déc.) Détroit.[4]
IV.—RÉAUME, JEAN-BTE, [HYACINTHE III.
b 1741.
BARROIS, Agathe, [FRANÇOIS II.
b 1735.
Jean-Noel, b [4] 26 déc. 1764 ; s [4] 22 juin 1765.— *Jean-Baptiste*, b [4] 20 avril 1766. — *François*, b [4] 13 sept. 1767 ; s [4] 30 août 1768.— *Louise-Agathe*, b [4] 12 mars 1769 ; m [4] 16 janvier 1792, à Joseph BOURDEAU.—*Marie*, b [4] 29 avril 1770. — *Joseph*, b [4] 15 fevrier 1772.—*François-Xavier*, b [4] 10 sept. 1782.

1766, (7 janvier) Detroit.
IV.—RÉAUME, CLAUDE-THOMAS, [PIERRE III.
b 1743.
JANIS, Geneviève, [NICOLAS-FRANÇOIS II.
b 1751.

1766, (7 juillet) Boucherville.
IV.—RÉAUME, JOSEPH, [HYACINTHE III
b 1739 ; maître-menuisier.
LEVASSEUR, Marie-Charlotte, [PIERRE-JACQ III.
b 1747.
Agathe, b 16 juillet 1767, au Détroit.[2] — *Charlotte*, b [2] 22 dec. 1768.—*Joseph*, b [2] 3 mai 1770 — *Nicolas*, b [2] 14 sept. et s [2] 20 nov. 1771.—*Jeanne*, b [2] 28 sept. 1772.—*Paschal*, b [2] 2 avril 1774.— *Antoine*, b [2] 9 nov. 1775.—*Marie-Louise*, b [2] 21 juin et s [2] 17 août 1777.—*Marie-Thérèse*, b [2] 22 juillet 1778.

1767, (6 janvier) Detroit.[3]
IV.—RÉAUME, BONAVENTURE, [PIERRE III.
b 1746.
1° DESHÊTRES, Jeanne, [ANTOINE I.
b 1751.
Bonaventure, b 1767 ; s [3] 6 sept. 1793.—*Jean-Baptiste*, b [3] 21 janvier 1772.
1793, (7 mai).[3]
2° GATIGNON, Marie-Joseph, [FRANÇOIS II.
b 1744 ; veuve de Julien Ferton.

1767, (1er mars) St-Vincent-de-Paul.
IV.—RÉAUME, CHARLES, [RENE III.
b 1738.
SYRE, Françoise, [JOSEPH II.
b 1725 ; veuve de ...... Delorme.

1780, (1er fevrier) Detroit.
IV.—RÉAUME, ETIENNE-LS, [CHS-AUGUST. III.
b 1748, officier.
BARTHE (1), Charlotte, [PIERRE II.
b 1763.

1780, (23 oct) St-Laurent, I. O.
V.—RÉAUME, ETIENNE, [ETIENNE IV.
b 1755.
NOEL, Marguerite, [LOUIS IV.
b 1760.
Clément, b... m 15 août 1809, à Marie-Louise MERCIER, à St-Charles.

(1) Elle épouse, le 18 oct. 1784, Antoine-Louis Descomps, au Détroit

1809, (15 août) St-Charles.
VI—RÉAUME, Clément. [Etienne V.
Mercier, Marie-Louise. [Jean-Bte-Simon VI.
Anselme, b... m 17 août 1847, à Adeline Simard, à St-Roch, Q.

1847, (17 août) St-Roch, Q. [4]
VII.—RÉAUME, Anselme. [Clément VI.
Simard, Adéline. [Etienne V.
Anselme (1), b [4] 25 mars 1850; ordonné le 22 mai 1875, à Québec.

REAUX.—Voy. Raoul.

REBEL.—*Variation et surnom :* Rebelle—Larose.

1723, (30 dec.) Montréal [9]
I.—REBEL (2), Pierre, b 1695; fils de Pierre et de Claire Deserime, de Ste-Colombe, diocèse de Condom, Gascogne; s 10 mai 1743, à l'Hôpital-Genéral, M.
Haguenier, Angélique, [Paul II.
b 1697; s [9] 10 mai 1743.
Marie, b 4 août 1724, à Laprairie.—*Pierre*, b [9] 1er nov. 1725; s [9] 19 janvier 1726.—*Marie-Anne*, b [9] 7 mars 1727; m [9] 7 fevrier 1746, à Paul Gibault.—*Marie-Angélique*, b [9] 4 avril et s [9] 15 août 1728.—*Pierre-Daniel*, b [9] 22 mai 1729; s [9] 12 janvier 1730.—*Pierre-Joseph*, b [9] 9 oct. 1730.

REBELLE.—Voy. Rebel.

REBERDY.—*Surnom :* Sansoucy.

1759, (8 janvier) Grondines. [5]
I—REBERDY (3), Pierre, fils de Bernard et de Claire Pachina, de Xainte, diocèse de St-Papoul, Languedoc.
Hamelin-Belou, Geneviève, [Laurent II.
b 1740.
Geneviève, b [5] 24 janvier et s [5] 21 avril 1759 —*Pierre*, b [5] 11 mars 1761; s 12 fevrier 1790, à St-Cuthbert. [6]—*Marguerite*, b [5] 13 nov. 1762; m [5] 19 août 1783, à Jean-Baptiste Benoit. — *Geneviève*, b... m [6] 13 juillet 1785, à Pierre DeRainville. — *Marie-Rose*, b... m [6] 13 janvier 1794, à Louis Sylvestre. — *Charles*, b [5] 13 août 1776.—*Marie-Angélique*, b... m [6] 20 juillet 1795, à Paschal Mignier. — *François*, b [5] 5 août 1778. — *Marie-Archange*, b [5] 7 avril 1780. — *Claire*, b [5] 1er et s [5] 14 août 1782. — *Marie-Joseph*, b [5] 31 juillet 1784.

1741, (3 juillet) Montreal.
I—REBÉRIEUX, François, b 1709; fils de Claude et de Marguerite Prevost, de St-Pierre-de-Mont-Luçon, diocèse de Bourges, en Berry.
Millet, Elisabeth, [Jacques II.
b 1696; veuve de Jean-Baptiste Magdeleine.

(1) Professeur à l'Université Laval de Québec.
(2) Et Rebelle dit Larose.
(3) Dit Sansoucy.

REBILLAU.—*Variation et surnom :* Ribilliau—Lajoie.

1761, (3 février) Varennes. [1]
I.—REBILLAU (1), Louis, fils de René et de Marie Couci, de Varin, diocèse d'Anjou.
1° Bousquet, Thérèse. [Nicolas III.
1764, (21 mai). [1]
2° LeBrodeur, Véronique. [Joseph II.

REBOU.—Voy. Rebour.

REBOUL.—Voy. Rebour.

REBOUR. — *Variations et surnom :* Rebou — Reboul—Léveillé.

1724, (2 oct.) Montréal. [1]
I.—REBOUR (2), Toussaint, maître-perruquier; fils de Jean et de Louise Revel, de Toussaint, ville de Rennes, Bretagne.
1° Vacher, Agathe, [Jean-Guy I.
b 1697; s [1] 11 sept. 1725.
Louis, b [1] 14 juin 1725.
1726, (18 février) Longue-Pointe.
2° Tessier, Hélène, [Paul II.
b 1694.
Toussaint, b 1726; s [1] 7 juin 1745. — *Marie-Hélène*, b [1] 9 nov. 1727; s [1] 1er janvier 1728.—*François*, b [1] 14 avril 1729. — *Michel*, b 1731; m [1] 4 fevrier 1754, à Dorothee Trudel.— *Hélène*, b 1733; s [1] 6 mai 1734. — *Catherine*, b [1] 7 juillet 1735; m [1] 29 janvier 1759, à Jacques-Benjamin Guérin.

1754, (4 fevrier) Montréal.
II.—REBOUR, Michel, [Toussaint I.
b 1731.
Trudel, Dorothee, [Jean III.
b 1726.

RÈCHE.—Voy. Reiche.

RÉEL.—Voy. Riel.

REFORT.—Voy. Pepin, 1758.

REGAL.—Voy. Regeas.

REGAS.—Voy. Regeas

REGAULT.—*Variation et surnoms :* Rouau—Argos—Dominique.

1690, (2 oct.) St-Thomas. [9]
I.—REGAULT (3), Dominique,
b 1647; s [9] 1er août 1743.
Gaumond, Louise, [Robert I.
b 1673; s [9] 1er mai 1748.
Jean-Dominique, b [9] 26 août 1704; m [9] 9 avril 1731, à Angélique Trudel.—*Suzanne*, b [9] 15

(1) Et Ribilliau dit Lajoie; soldat de la compagnie de M. Bigas, régiment de Guenne.
(2) Dit Léveillé.
(3) Et Rouau; voy. vol. I, p. 511.

sept. 1707; 1° m [9] 4 mars 1726, à François VILALUN; 2° m à Jean VALIÈRE.—*Marie-Geneviève*, b [9] 7 déc. 1709; 1° m [9] 24 nov. 1732, à Thomas GAGNÉ; 2° m à François MÉTIVIER; s [9] 22 mars 1763.—*Marthe*, b [9] 1er sept. 1712; m [9] 19 oct. 1739, à Louis GAGNÉ.

1731, (9 avril) St-Thomas. [2]

II.—REGAULT (1), JEAN-DOM., [DOMINIQUE I.
b 1704.
TRUDEL (2), Angélique, [PHILIPPE II.
b 1697; veuve de Nicolas Laberge.
Geneviève, b [2] 22 août 1731; m [2] 6 août 1764, à Etienne SIMARD.—*Augustin*, b [2] 1er fevrier 1733; m [2] 16 nov. 1761, à Marie-Angelique ROUSSIN.

1761, (16 nov.) St-Thomas.

III.—REGAULT (3), AUGUSTIN, [JEAN-DOM. II.
b 1733.
ROUSSIN, Marie-Angélique, [JEAN III
b 1740.

REGEAS. — *Variations et surnom :* REGAL — REGAS—REJAS—RIGEALLE—LAPRADE.

1683, (25 nov.) Contrecœur.

I.—REGEAS (4), JEAN,
b 1643.
JAMEIN, Madeleine, [JULIEN I
b 1668.
Louis, b 1686; m à Marie-Anne GUINARD; s 18 mars 1757, à Lavaltrie.

II.—REGEAS (5), LOUIS, [JEAN I.
b 1686; s 18 mars 1757, à Lavaltrie [2]
GUINARD (6), Marie-Anne, [PIERRE I.
b 1687.
Jacques, b 1710; m [2] 20 avril 1733, à Isabelle BAILLARGEON.—*Louis*, b 22 mai 1718, à Sorel; m à Marguerite LAROCHE.

1733, (20 avril) Lavaltrie. [3]

III.—REGEAS (7), JACQUES, [LOUIS II.
b 1710.
BAILLARGEON, Isabelle, [NICOLAS II.
b 1709; s 3 août 1755, à Lanoraie. [4]
Elisabeth, b... m [4] 10 fevrier 1755, à Pierre LAROCHE.—*Jacques*, b [4] 3 juillet 1738.—*Marie-Geneviève*, b 1739; s [4] 18 avril 1758.—*Paul*, b 1745; s [4] (noye) 5 août 1752.—*Pierre*, b [3] 12 oct. 1749.

III.—REGEAS (7), LOUIS, [LOUIS II.
b 1718.
LAROCHE, Marguerite.
Marie-Amable, b 8 avril 1752, à Lanoraie.

(1) Dit Dominique—Argos.

(2) Elle épouse, le 10 oct 1735, Barnabé Gagné, à St-Thomas.

(3) Dit Dominique.

(4) Et Regas; marié sous le nom de Rigealle; voy. vol. I, p. 512.

(5) Et Rigealle—Regas, 1718—Laprade.

(6) Et Gignard.

(7) Dit Laprade.

I.—REGENBOGEN, JOSEPH-ANTOINE.
Allemand.
WIDERSCHUMIN, Catherine,
Allemande.
Marie-Joseph-Dorothée, b 27 nov. 1778, à Lachenaye.

1752, (10 juillet) Montréal.

I.—RÉGENT, SIMON, b 1731, soldat; fils de Joseph et de Jeanne Philippeau, de St-Etienne de Rennes, Bretagne.
DESBOIS, Geneviève,
b 1716.

I.—REGEREAU (1), LOUIS-JOSEPH,
Nègre.
BOUCHET, Marie-Joseph.
Joseph, b 20 janvier 1769, à Lachenaye [1].—*Jean-Baptiste*, b [1] 30 dec. 1769. — *André*, b [1] 29 nov. 1778.

1762, (19 avril) Terrebonne. [1]

I.—REGIMBAL, GERSON, fils d'Antoine et de Gabrielle Amadien, de Condat, diocèse de Clermont, Auvergne.
1° RANCOUR, Marie-Angélique, [JEAN-BTE II.
b 1736.
Jean-Baptiste, b... m 1785, à Marie-Rose LAURIOT.
1770, (13 août). [1]
2° LAPOINTE, Marie-Louise. [LOUIS
Marie-Françoise, b 2 mars 1777, à Lachenaye. [7] — *Pierre*, b 1779; m 30 juin 1802, à Apolline DESJARDINS, à Ste-Thérèse.— *Marie-Angelique*, b [7] 11 juin 1782. — *Elisabeth*, b [7] 21 août 1783.—*Marie-Madeleine*, b [7] 5 sept 1784.

1785.

II.—REGIMBAL, JEAN-BTE. [JÉROME I.
LAURIOT, Marie-Rose.
Augustin, b 1er juillet 1787, à Lachenaye.

1802, (30 juin) Ste-Thérèse.

II.—REGIMBAL, PIERRE, [JÉROME I
b 1779.
DESJARDINS, Marie-Apolline, [AMABLE.
b 1786.

I.—REGISTRE, FRANÇOIS.
BERTHELOT, Madeleine.
François, b... m 24 juillet 1769, à Marthe ASSELIN, à St-Henri-de-Mascouche.

1769, (24 juillet) St-Henri-de-Mascouche.

II.—REGISTRE, FRANÇOIS. [FRANÇOIS I.
ASSELIN, Marthe, [JEAN-BTE III.
b 1725; veuve d'Aubin Guimond.

REGNARD.—Voy. DUPLESSIS.

REGNAUD.—Voy. RENAUD.

REGNAULT.—Voy. RENAUD.

(1) Et Vegenereau—Negro.

REGNAUT.—Voy. RENAUD.

REGNÉ.—Voy. REGNIER.

REGNIER.—*Variations et surnoms :* REGNÉ—REIGNÉ—REIGNIER—REINIER—RENIER—BEAN—BRION—ROUGEAU.

1708, (26 nov.) Pte-aux-Trembles, M.[7]

I.—REGNIER (1), JEAN, b 1679; fils de Jean et de Marguerite Brion, de Dompierre, diocèse de LaRochelle, Aunis; s [7] 16 oct. 1747.

MONET, Marie-Françoise, [ANTOINE I. b 1687.

Marie, b 1713; 1° m à Jacques AUBUCHON; 2° m 30 avril 1759, à Nicolas BROUILLET, à Montréal. — *Toussaint*, b [7] 20 nov. 1722; m [7] 19 janvier 1750, à Marie-Anne DESROCHES.—*Jean-Baptiste*, b 1726; 1° m [7] 24 nov. 1755, à Therèse DESROCHES; 2° m 11 nov. 1765, à Angelique LAMOUREUX, à Boucherville.

1718, (31 janvier) Longueuil.[1]

I—REGNIER, PIERRE, b 1690; fils de Henri et de Marie Chaudronne, de N.-D.-du-Cogne, LaRochelle, Aunis; s 19 nov. 1768, à l'Hôpital-General, M.

CHARLES (2), Marie-Madeleine, [ETIENNE I. b 1687; s 8 mai 1756, à Montreal.[2]

Marie-Françoise, b [1] 10 mai 1719.—*Marie-Madeleine*, b 1720; s [2] 4 mars 1723.—*Elisabeth*, b [1] 3 dec. 1720; m [1] 29 juillet 1742, à Joseph COLIN. —*Thérèse*, b [2] 25 nov. 1722; 1° m [2] 29 février 1740, à Joseph LAPORTE; 2° m [2] 6 sept. 1745, à Hugues DELAGE. — *Marie*, b 1725; s [2] 17 juin 1729. — *Marie-Joseph*, b [2] 10 nov. 1726, m à François DESROCHES.—*Pierre-Louis*, b [2] 18 juillet 1729; 1° m 1755, à Marie-Jeanne ST. PIERRE; 2° m 17 oct. 1761, à Marie-Clemence LAROCHE, à St-Constant.

I.—REGNIER, JOSEPH, marinier; s (noye) 14 juillet 1729, à Quebec.

1730, (18 sept.) Québec.[1]

I.—REGNIER, ELIE, b 1696; fils de Simon et de Marguerite Chevalier, de St-Jean-de-Livourne, diocèse de Bordeaux; s [1] 4 dec. 1736.

DUMAREUIL (3), Ursule, [BLAISE I. b 1710.

Marie-Madeleine, b [1] 10 fevrier 1731; m [1] 16 août 1751, à Jacques LECOURT.

1750, (19 janvier) Pte-aux-Trembles, Q.[4]

II.—REGNIER (4), TOUSSAINT, [JEAN I. b 1722.

DESROCHES, Marie-Anne, [JEAN-FRANÇOIS III. b 1732.

Marie-Anne, b [4] 28 sept. 1751.—*Marie-Agathe*, b [4] 12 mars et s [4] 9 oct. 1753. — *Toussaint*, b [4] 9 fevrier et s [4] 30 mai 1754.

(1) Et Reinier dit Brion.

(2) Lajeunesse.

(3) Elle épouse, le 13 avril 1738, François Desroches, à Québec.

(4) Dit Brion.

1755, (24 nov.) Pte-aux-Trembles, M.

II.—REGNIER (1), JEAN-BTE, [JEAN I. b 1726.

1° DESROCHES, Thérèse, [JEAN-BTE III. b 1729.

Jean-Baptiste, b 14 février 1758, à Chambly.[8] —*Joseph*, b 1759; s [8] 22 oct. 1760.

1765, (11 nov.) Boucherville.

2° LAMOUREUX, Marie-Angelique, [JOSEPH III. b 1740.

1755.

II.—REGNIER, PIERRE-LOUIS, [PIERRE I. b 1729.

1° ST. PIERRE, Marie-Jeanne, [JEAN-BTE II. b 1735, s 16 mars 1761, à St-Constant.[3]

Louis, b 11 avril 1758, à St-Philippe.

1761, (17 août).[3]

2° LAROCHE, Marie-Clemence, [JEAN I. b 1724; veuve de Pierre Monbleau.

1760, (29 sept.) Yamachiche.[6]

I.—REGNIER (2), CLAUDE, fils de François et d'Agnès Berthon, de Bayeux, Normandie.

GIBAUT (3), Geneviève, [AMOND I. b 1740.

Marie-Joseph, b [6] 24 avril 1761.—*Jean-Baptiste*, b [6] 16 janvier 1763. — *Marie-Marguerite*, b [6] 14 août 1764. — *Marie-Renée*, b [6] 5 janvier 1766.— *Pierre*, b [6] et s [6] 5 mars 1766. — *Marie-Louise*, b [6] 21 juin 1768.

REGNIER, PIERRE.

MARTIN (4), Marie-Angélique, b 1737; s 27 février 1767, à Repentigny.[8]

Louis, b... m [8] 21 fevrier 1790, à Marie-Catherine BELISLE.—*Joseph*, b [8] 22 fevrier 1767; s [8] 11 mars 1768.

REGNIER, PIERRE.

MIGNERON, Marie.

Jean-Baptiste, b 20 janvier 1769, à Repentigny.[7] —*Joseph*, b [7] 21 sept. 1771. — *Pierre-Antoine*, b [7] 22 dec. 1774; s [7] 4 août 1775.

1790, (21 fevrier) Repentigny.

REGNIER, LOUIS. [PIERRE.

BELISLE, Marie-Catherine. [HENRI II.

REGUINDEAU.—*Variation et surnom :* RIENDEAU—JOACHIM.

I.—REGUINDEAU (5), JOACHIM.

HANNETON, Madeleine, b 1645; s 14 mars 1689, à Boucherville.[5]

Louis, b [5] 9 juin 1681; m [5] 7 nov. 1712, à Marie CHARBONNEAU.

(1) Dit Brion.

(2) Dit Rougeau.

(3) Duplessial—St. Amant.

(4) Versailles

(5) Voy. vol. I, p. 512.

1696, (29 oct.) Boucherville. [7]
II.—REGUINDEAU (1), JACQUES, [JOACHIM I.
b 1673.
VÉRONNEAU, Marguerite, [DENIS I.
b 1677.
Jean-Baptiste, b [7] 21 juin 1699 ; m [7] 19 juillet 1723, à Marie-Anne COURIER.—*Louis,* b [7] 19 dec. 1701 ; 1° m [7] 19 juillet 1723, à Charlotte QUINTAL. 2° m [7] 20 nov. 1741, à Marie-Devine BLIN ; 3° m [7] 30 oct. 1758, à Marie-Françoise GIRARD.—*Marguerite,* b 1705 ; 1° m [7] 11 oct. 1722, à Louis QUINTAL ; 2° m [7] 10 mai 1746, à François CHICOT —*Angélique,* b 1712 ; 1° m [7] 7 mai 1731, à Pierre DENIAU ; 2° m [7] 7 fevrier 1757, à François BERTHOUMIER.—*Joseph,* b 1714 ; 1° m [7] 26 août 1733, à Angélique LAPORTE ; 2° m [7] 11 août 1744, à Madeleine LACOSTE.

1712, (7 nov.) Boucherville [8]
II.—REGUINDEAU, LOUIS, [JOACHIM I.
b 1681.
CHARBONNEAU, Marie, [MICHEL II.
b 1693.
Marie-Anne, b... m [8] 16 nov. 1739, à Joseph CHARON.—*Marie-Joachime,* b [8] 6 juillet 1717.—*Angélique,* b [8] 15 juillet et s [8] 15 août 1718.—*Jean-Baptiste,* b [8] 19 juillet 1719. — *Louis,* b [8] 18 nov. 1720.—*Antoine,* b [8] 6 nov. et s [8] 10 dec. 1721. —*Joseph,* b [8] 3 déc. 1722 ; s [8] 27 fevrier 1723.—*François,* b [8] 17 janvier et s [8] 10 fevrier 1724.—*Jacques,* b [8] 20 mai et s [8] 9 juin 1725.—*Véronique,* b [8] 23 juin 1726, m [8] 4 mai 1749, à Jean-Baptiste BOYER.

1723, (19 juillet) Boucherville. [9]
III.—REGUINDEAU, JEAN-BTE, [JACQUES II.
b 1699.
COURIER, Marie-Anne, [MATHIEU I
b 1703.
Jean-Baptiste, b [9] 5 nov. 1724 ; m [9] 7 oct. 1754, à Madeleine PEPIN.—*Marie-Anne,* b [9] 23 mars 1726 ; m [9] 21 oct. 1748, à Laurent GAUTIER.—*Marie-Joseph,* b 1728 ; m [9] 24 nov. 1749, à Jean-Baptiste SÉGUIN.—*François,* b 1730 ; 1° m [9] 27 nov. 1752, à Angélique SEGUIN ; 2° m [9] 25 sept. 1769, à Marie LAFRANCE.—*Madeleine,* b... m [9] 29 sept. 1755, à François GAUTIER.—*Pierre,* b 1734, m 14 oct. 1762, à Suzanne CHAUVIN, à Varennes. —*Joseph,* b 1736, m [9] 27 fevrier 1764, à Angelique CHAUVIN.

1723, (19 juillet) Boucherville. [2]
III.—REGUINDEAU, LOUIS, [JACQUES II.
b 1701.
1° QUINTAL, Charlotte, [FRANÇOIS I.
b 1705.
Jacques, b [2] 15 avril 1724 ; m [2] 3 fevrier 1749, à Charlotte PILET.—*Michel,* b [2] 18 juillet 1726, m [2] 17 avril 1752, à Marie-Joseph CHICOT.—*Louis,* b 1728 ; m [2] 26 nov. 1753, à Françoise CHAUVIN. —*François,* b 1730 ; m [2] 12 août 1754, à Angélique PILET.—*Pierre,* b 1732, m [2] 10 avril 1758, à Marie-Anne SÉGUIN.

(1) Voy. vol. I, p 512.

1741, (20 nov.) [2]
2° BLIN, Marie-Devine (1), [LOUIS I.
b 1718.
Jean-Baptiste, b 1742 ; m [2] 4 fevrier 1771, à Angelique PILET.

1758, (30 oct.) [2]
3° GIRARD, Marie-Françoise, [ETIENNE I.
b 1714 ; veuve de Charles Duret.

1733, (26 août) Boucherville. [3]
III.—REGUINDEAU (2), JOSEPH, [JACQUES II.
b 1714.
1° LAPORTE, Angélique, [PAUL II
b 1714.
Angélique, b... m [3] 28 oct. 1754, à François AUDET.

1744, (11 août). [3]
2° LACOSTE (3), Madeleine, [JEAN-BTE II.
b 1724.
Marie-Anne, b 1745 ; m 3 août 1767, à Amable COURTEMANCHE, à St-Antoine-de-Chambly. — *Madeleine,* b... m [3] 16 sept. 1765, à Joseph TISSAUT. — *Marguerite,* b... m [3] 15 juin 1767, à Antoine LAJEUNESSE.

1749, (3 février) Boucherville.
IV.—REGUINDEAU, JACQUES, [LOUIS III.
b 1724.
PILET, Charlotte, [JACQUES II.
b 1730.

1752, (17 avril) Boucherville.
IV.—REGUINDEAU, MICHEL, [LOUIS III.
b 1726.
CHICOT, Marie-Joseph, [FRANÇOIS III
b 1730.

1752, (27 nov.) Boucherville. [4]
IV.—REGUINDEAU, FRANÇOIS, [JEAN-BTE III
b 1730.
1° SEGUIN, Angélique, [SIMON II.
b 1731.

1769, (25 sept.) [4]
2° LAFRANCE, Marie. [MICHEL

1753, (26 nov.) Boucherville.
IV.—REGUINDEAU, LOUIS, [LOUIS III.
b 1728.
CHAUVIN, Françoise, [JEAN II.
b 1734.

1754, (12 août) Boucherville.
IV.—REGUINDEAU, FRANÇOIS, [LOUIS III
b 1730.
PILET, Angelique, [JACQUES II
b 1728 ; veuve de Pierre Martin.

(1) Et Irène.
(2) Et Rieudeau dit Joachim, 1767.
(3) Elle épouse, le 12 nov. 1770, Louis Mongeau, à Boucherville.

1754, (7 oct.) Boucherville.
IV.—REGUINDEAU, JEAN-BTE, [JEAN-BTE III.
b 1724.
PEPIN (1), Madeleine, [JOSEPH III.
b 1730.

1758, (10 avril) Boucherville.
IV.—REGUINDEAU, PIERRE, [LOUIS III.
b 1732.
SÉGUIN, Marie-Anne, [SIMON II.
b 1729 ; veuve de Simon Favreau.

1762, (14 oct.) Varennes.
IV.—REGUINDEAU, PIERRE, [JEAN-BTE III.
b 1734.
CHAUVIN, Suzanne, [FRANÇOIS II.
b 1737.

1764, (27 février) Boucherville.
IV.—REGUINDEAU, JOSEPH, [JEAN-BTE III.
b 1736.
CHAUVIN, Angélique, [JEAN II.
b 1738.

1771, (4 février) Boucherville.
IV.—REGUINDEAU, JEAN-BTE, [LOUIS III.
b 1742.
PILET, Angélique, [JOSEPH II.
b 1738.

I.—REHEL, JULIEN, fils d'Yves et de Jeanne Fouré, de Mégny, diocèse de St-Malo, Bretagne.
1° SAUVAGESSE, Madeleine-Alexandre,
b 1725 ; s 3 janvier 1743, à St-Roch.[5]
Anonyme, b [5] et s [5] 1er janvier 1743.
1743, (24 mai) Ste-Anne-de-la-Pocatière.[6]
2° PELLETIER, Marie-Madeleine, [JEAN-FRS IV.
b 1712 ; veuve de Jean-Bernard Bois.
Julien, b [6] 24 nov. 1744 ; m 5 juillet 1774, à Marie-Louise COTÉ, à Repentigny.[7] — *Jean-Marie*, b [6] 21 mars 1747. — *Marie-Angélique*, b [6] 18 et s [6] 21 sept. 1749.— *Joseph*, b [7] 26 mai 1752. —*François*, b [7] 3 nov. 1756.

1774, (5 juillet) Repentigny.[7]
II.—REHEL, JULIEN, [JULIEN I
b 1744.
COTÉ, Marie-Louise, [BASILE V.
b 1759.
Théotiste, b [7] 6 sept. 1775 ; s [7] 25 février 1794. —*Ursule*, b [7] 30 juillet 1777.— *Julie*, b [7] 21 mars 1778.—*Julienne*, b [7] 9 août 1780 ; m [7] 23 fevrier 1802, à Louis LANGLOIS.—*Melchior*, b [7] 13 juillet 1783 ; m [7] 4 nov. 1801, à Marie PARANT.— *Scholastique*, b [7] 13 juin 1784 ; m [7] 28 avril 1801, à Pierre ROULEAU.— *Anastasie*, b [7] 16 juillet 1787 ; m [7] 20 nov. 1804, à Joseph ST. LAURENT.—*François*, b [7] 18 juillet 1790. — *Geneviève*, b [7] 15 avril 1793 ; m [7] 5 juin 1810, à François PARANT.

(1) Descardonnets.

1801, (4 nov.) Rimouski.
III.—REHEL, MELCHIOR, [JULIEN II.
b 1783.
PARANT, Marie. [JACQUES-LOUIS V.
Marie, b... m à Abel COTÉ.

REICHE.—*Variation et surnoms* : RÈCHE—BEAUCHEMIN—PINARD.

1692, (18 fevrier) Quebec.[1]
I.—REICHE (1), FRANÇOIS,
b 1667 ; s [1] 25 juin 1727.
PINARD, Marguerite, [LOUIS I.
b 1670 ; s [1] 26 oct. 1742.
Jean-Baptiste, b... m 1751, à Agathe LUPIEN.

1751.
II.—REICHE (2), JEAN-BTE. [FRANÇOIS I.
LUPIEN, Agathe. [JEAN-BTE II.
Jean-Baptiste-Antoine, b 20 et s 27 nov. 1752, à Nicolet.[2] — *Marie-Agathe*, b [2] 1er oct. 1753 ; m [2] 17 fevrier 1772, à Joseph-Geoffroy LASPRON-DESFOSSES ; s [2] 6 février 1790.—*Jean-Baptiste*, b [2] 28 janvier 1755 ; m [2] 8 oct. 1787, à Marie POIRIER.—*Gabriel*, b [2] 15 mars 1757.—*Joseph-Marie*, b [2] 14 août 1758.—*Marie-Angélique*, b [2] 13 janvier et s [2] 20 mai 1760.—*Catherine*, b... m [2] 2 mars 1778, à Pierre LEFEBVRE.—*Claire*, b... m [2] 2 mars 1783, à Ignace PINARD.—*Angélique*, b... m [2] 23 février 1789, à Louis LACERTE.—*Antoine*, b... m [2] 23 avril 1792, à Marie GRANDBOIS.

1787, (8 oct.) Nicolet.
III.—REICHE, JEAN-BTE, [JEAN-BTE II.
b 1755.
POIRIER, Marie, [JOSEPH I.
Acadienne.

● **1792,** (23 avril) Nicolet.
III.—REICHE, ANTOINE. [JEAN-BTE II.
GRANDBOIS, Marie,
veuve de Joseph Benoît.

REIGNÉ.—Voy. REGNIER.

REIGNIER.—Voy. REGNIER.

REIGNOIR.—*Surnom* : DE ST. ETIENNE.

I.—REIGNOIR (3), ETIENNE.
CAILLÉ, Jeanne,
b 1659 ; s 13 dec. 1689, à Montréal.[8]
Etienne, b 26 fevrier 1672, aux Trois-Rivières ; m à Marguerite DESCARY.—*Marie-Jeanne*, b 1675 ; m [8] 19 sept. 1695, à Hugues MESSAGUIER ; s 19 janvier 1719, à Lachine.

(1) Voy. vol. I, p. 512.
(2) Et Rèche dit Beauchemin — Pinard, voy. vol. VI, p. 441.
(3) De St. Etienne.

II.—REIGNOIR (1), ETIENNE, [ETIENNE I.
b 1672.
DESCARY, Marguerite.
Thomas, b... s 17 juillet 1759, à St-Laurent, M.

1784, (24 fevrier) Québec. [3]
I.—REIMSHNEDER, JEAN-HENRI, fils de Charles et de Marie-Louise Larose, de Vensheim, Brunswick, Allemagne.
1° BOLDUC, Marie-Joseph, [ZACHARIE.
b 1758; s [3] 20 mars 1788.
1788, (26 août). [3]
2° HARNOIS, Marguerite, [JOSEPH III.
b 1766.

REINIER.—Voy. REGNIER.

REJAS.—Voy. REGEAS.

REL.—Voy. HAREL—RIEL—RUEL.

REMBAUD.—Voy. RAIMBAUT.

REMBERT.—*Surnom* : ST. MARTIN.

1758, (6 fevrier) Montreal.
I.—REMBERT (2), ANDRÉ, b 1734, soldat; fils de Paschal et de Marie Poncé, de St-Martin-Dufresne, en Bujai, diocèse de Lyon, Lyonnois.
CLAVEAU, Louise, [JEAN I.
b 1737.

REMENEUIL.—*Variation et surnom* : LARMELOEIL—LAFRANCHISE.

1736, (16 août) Québec. [8]
I.—REMENEUIL (3), LOUIS, b 1703, boulanger; fils de Mathieu et de Jeanne Bonivet, de Martèse, Poitou, s [8] 30 mars 1748.
LIENARD (4), Catherine, [JEAN-FRANÇOIS III.
b 1715.
Marie-Catherine, b [8] 8 nov. 1736.—*Nicolas*, b [8] 16 mars 1738.—*Louis*, b [8] 6 nov. 1739.—*Marie-Louise*, b [8] et s [8] 8 juin 1742.—*Louis-François*, b [8] 22 sept. 1743; s [8] 15 août 1744.—*Joseph-Louis*, b [8] 19 juin 1745; s [8] 21 août 1747.—*Louis-Charles*, b [8] 21 avril 1747.—*Marie-Angélique* (posthume), b [8] 19 dec. 1748.

REMILLARD.—*Variations* : ROBILLARD—ROUILLARD.

(1) De St. Etienne.
(2) Dit St. Martin.
(3) Dit Lafranchise.
(4) Durbois.

1681, (7 mai) Islet.
I.—REMILLARD (1), FRANÇOIS, b 1645; fils de Guillaume et de Marie Testard, de Château-Joinsard, diocèse de Limoges, Limousin, s 4 avril 1700, à St-Michel. [1]
GABOURY (2), Anne, [LOUIS I.
b 1668.
Marie-Françoise, b 1692; 1° m [1] 10 nov. 1709, à Guillaume CORRIVEAU; 2° m 3 mai 1719, à Ignace QUERIGNON, à St-Valier [2]; 3° m [2] 11 nov 1727, à Hilaire MARTIN; s [2] 28 sept. 1767.—*François*, b [2] 12 mai 1694; m [2] 6 fevrier 1720, à Françoise HÉLIE.—*Antoine*, b [1] 1er avril 1698; m 6 juin 1728, à Marie-Marguerite LEMARIÉ, à Quebec [4]; s [2] 31 oct. 1757.—*Etienne*, b [1] 5 avril 1700; m [3] 29 juillet 1726, à Marie-Anne BOLDUC; s [2] 9 juin 1756.

1720, (6 février) St-Valier. [3]
II.—REMILLARD, FRANÇOIS, [FRANÇOIS I.
b 1694.
HÉLIE, Françoise, [PIERRE II.
b 1704; s 14 juin 1779, à St-Cuthbert. [2]
Anonyme, b [3] et s [3] 13 sept. 1720.—*Augustin*, b [3] 25 juillet 1721, m [3] 26 avril 1746, à Madeleine DENIS.—*Marie-Françoise*, b [3] 24 oct. 1722—*François*, b [3] 11 et s [3] 24 mars 1724.—*François*, b [3] 22 fevrier 1725; 1° m [3] 1er août 1746, à Marie-Joseph ALAIRE; 2° m [3] 24 nov. 1760, à Marie QUÉRET.—*Louis*, b [3] 14 oct. 1726; s [3] (3) 20 avril 1748.—*Dominique-Valier*, b [3] 4 août 1728.—*Pierre-Marie*, b [3] 3 janvier 1730; m [3] 20 nov. 1753, à Charlotte TIBAUT.—*Jacques*, b [3] 1er mai 1731; m 19 août 1754, à Geneviève COUTURE, à St-Michel [4]; s [3] 12 janvier 1758.—*Joseph-Marie*, b [3] 31 juillet 1733; m [4] 8 avril 1755, à Clotilde DENIS.—*Ambroise-Martin*, b [3] 12 sept. 1734; m [3] 1er mai 1764, à Madeleine HÉVÉ.—*Charles*, b [3] 8 juillet 1736, m [4] 21 fevrier 1757, à Marie-Angelique PLANTE.—*Marie-Joseph*, b [3] 22 mars 1738, m [3] 17 janvier 1763, à Etienne BEAU.—*Antoine*, b [3] 13 nov. 1739.—*Marie-Exupère*, b [3] 19 juin 1742.—*Michel*, b [3] 1er et s [3] 14 sept. 1743.—*Marie-Anne*, b [3] 1er dec. 1744.—*Marie*, b... m [3] 10 nov. 1766, à Guillaume FOURNIER.—*Marie-Judith*, b [3] 25 mars et s [3] 1er avril 1746.—*Marie-Angelique*, b [3] 27 sept. 1747, 1° m [3] 18 nov. 1765, à Michel BARNÈCHE, 2° m [2] 13 oct. 1783, à Joseph BOULET.

1726, (29 juillet) Quebec. [1]
II.—REMILLARD, ETIENNE, [FRANÇOIS I
b 1700, s 9 juin 1756, à St-Valier. [2]
BOLDUC, Marie-Anne, [RENÉ II
b 1702.
Marie-Anne, b [2] 26 juillet 1727; m [2] 5 fevrier 1748, à Andre AUBÉ.—*Etienne-Urbain*, b [2] 9 mars 1729; m 1er août 1757, à Geneviève BLAIS, à Berthier. [3]—*Marie-Joseph*, b [2] 3 avril 1731; 1° m [2] 9 janvier 1758, à Claude GUYON; 2° m [3] 24 mai 1762, à Jean-Baptiste BLAIS; s [3] 27 fevrier 1775.

(1) Et Rouillard; voy. vol. I, pp. 512-528.
(2) Elle épouse, le 6 février 1702, Pierre Corriveau, à St-Michel.
(3) Tue par la chute d'un arbre.

— *Agathe*, b 1732 ; m [2] 5 février 1759, à Joseph Loubier. — *Marie-Madeleine*, b [2] 30 janvier et s [2] 6 avril 1734.—*Jacques-Thomas*, b [2] 7 mars et s [2] 2 mai 1735. — *Marie-Joseph*, b [2] 16 mai 1736. — *Louise*, b 1737 ; s [1] 23 juillet 1742. — *Marie-Simone*, b [2] 8 janvier 1738 — *Marguerite*, b [2] 2 sept. 1739 ; m [2] 24 mai 1762, à Joseph Roy. — *Marie-Madeleine*, b [2] 14 mai et s [2] 13 juin 1741.— *Anonyme*, b [2] et s [2] 31 mai 1742. — *Marie-Anne*, b [2] 6 nov. 1743, s [2] 23 juillet 1744. — *Marie-Geneviève*, b [2] 25 mars 1745 ; s [2] 27 mai 1752.— *Jean-Baptiste*, b [2] 26 nov. 1748 ; s [2] 20 juillet 1749.

1728, (6 juin) Québec.

II.—REMILLARD, Antoine, [François I.
b 1698 ; s 31 oct. 1757, à St-Valier. [4]

Lemarié, Marie-Marguerite, [Michel II.
b 1702 ; s [4] 5 juin 1755.

Antoine-François, b [4] 2 avril 1729 ; s [4] 27 mars 1758. — *Antoine*, b [4] 9 février 1730, m 19 janvier 1756, à Elisabeth Couture, à Beaumont.—*Marie-Agathe*, b [4] 5 mars 1732. — *Michel*, b 1733 ; s [4] 7 août 1735. — *Marguerite-Angelique*, b [4] 6 avril 1734 ; s [4] 7 août 1735.—*Joseph-Marie*, b [4] 7 août 1735. — *Jean-Baptiste*, b [4] 18 juin 1738 ; m [4] 7 mai 1764, à Elisabeth Nouel. — *Marie*, b 1739 ; m [4] 4 avril 1758, à Charles Boucher. — *Marie-Madeleine*, b [4] 28 mars 1740. — *Etienne-Maurice*, b [4] 22 sept. 1741.

1746, (26 avril) St-Valier [1]

III.—REMILLARD, Augustin, [François II.
b 1721.

Denis, Madeleine, [Joseph II
b 1725 ; veuve de François Dallaire ; s 19 avril 1794, à St-Cuthbert. [2]

Augustin, b [1] 17 avril 1747 ; s 11 nov. 1748, à St-Michel.—*Pierre*, b [1] 29 déc. 1748 ; m [2] 12 février 1787, à Marie Perrault.—*Marie-Madeleine*, b [1] 8 sept. 1750 ; m [2] 11 février 1771, à Gabriel Laliberté.—*Joseph-Marie*, b [1] 2 juin 1752 ; 1° m 9 janvier 1775, à Marie Laurendeau, à l'Ile-Dupas ; 2° m [2] 30 juin 1794, à Pelagie Roberge.—*Jean-Baptiste*, b [1] 29 avril 1754. m 1787, à Marie-Joseph Ricard.—*Marie-Exupère*, b [1] 18 mai 1756 ; m [2] 25 sept. 1775, à Joseph Jacques.— *Marie-Véronique*, b [1] 2 oct. 1757 ; s [2] 24 sept. 1774.—*Marie-Rose*, b 1759 ; s [1] 2 janvier 1760.— *Augustin*, b [1] 9 mars 1761.

1746, (1er août) St-Valier. [3]

III.—REMILLARD, François, [François II.
b 1725.

1° Alaire, Marie-Joseph,
b 1720 ; s [3] 10 mars 1759.

Marie-Françoise, b [3] 19 oct. 1747. — *François*, b [3] 9 dec. 1748. — *François*, b [3] 20 mars 1750. — *Marie-Joseph*, b [3] 22 juillet 1751.—*Charles*, b [3] 25 février 1753.

1760, (24 nov.) [3]

2° Quéret, Marie. [Simon II.

1753, (20 nov.) St-Valier. [4]

III.—REMILLARD, Pierre-Marie, [François II.
b 1730.

Tibaut, Charlotte, [Louis II.
b 1735.

Antoine, b [4] 19 mai 1755.—*Pierre*, b [4] 9 déc. 1756.—*Jean*, b [4] 7 sept. 1758.

1754, (19 août) St-Michel.

III.—REMILLARD, Jacques, [François II.
b 1731 ; s 12 janvier 1758, à St-Valier. [5]

Couture, Geneviève, [Pierre III.
b 1728.

Jacques, b [5] 19 oct. et s [5] 4 déc. 1755.—*Marie-Geneviève*, b [5] 9 avril 1757.

1755, (8 avril) St-Michel. [6]

III.—REMILLARD, Joseph-Marie, [François II.
b 1733.

Denis (1), Clotilde, [Joseph II.
b 1740.

Marie-Françoise, b [6] 4 sept. 1756. — *Marie-Joseph*, b [6] 8 avril 1758.—*Marie-Geneviève*, b [6] 26 et s [6] 29 mai 1760.—*Marie-Clotilde*, b [6] 6 juillet 1761.—*Louis-Marie*, b [6] 8 mars 1763.

1756, (19 janvier) Beaumont.

III.—REMILLARD (2), Antoine, [Antoine II.
b 1730.

Couture (3), Elisabeth, [Guillaume III.
b 1729.

Marie, b 7 mai 1758, à St-Valier.

1757, (21 fevrier) St-Michel. [7]

III.—REMILLARD, Charles, [François II.
b 1736.

Plante, Marie-Angelique, [Joseph III.
b 1737.

Jean, b [7] 12 janvier et s [7] 5 mars 1758.—*Charles*, b [7] 2 janvier 1760.—*Charles*, b [7] 31 juillet 1761 ; s [7] 18 janvier 1762.—*Marie-Charlotte*, b [7] 5 nov. 1762.

1757, (1er août) Berthier.

III.—REMILLARD, Et.-Urbain, [Etienne II.
b 1729.

Blais, Geneviève, [Jean-Bte III.
b 1736.

Etienne, b 22 mai 1758, à St-Valier.

1764, (1er mai) St-Valier.

III.—REMILLARD, Amb.-Martin, [François II.
b 1734.

Hévé, Madeleine, [Joseph III.
b 1739 ; veuve de Dominique Daguerre.

1764, (7 mai) St-Valier.

III.—REMILLARD, Jean-Bte, [Antoine II.
b 1738.

Nouel-Desfournaux, Elis., [Jean-François I.
b 1739.

(1) Lapierre.

(2) Ou Roullard.

(3) Elle epouse, le 17 juin 1760, François Boucher, à St-Valier.

1775, (9 janvier) Ile-Dupas.

IV.—REMILLARD (1), Jos.-Marie, [August. III. b 1752.

1° Laurendeau, Marie-Lse, [Joseph-Louis III. b 1753.

Marguerite, b 22 janvier 1776, à St-Cuthbert[8]; m [8] 9 février 1795, à Antoine Brulé.—*Marie-Madeleine*, b [8] 1er juin 1777.—*Joseph-Marie*, b [8] 20 janvier 1779.—*Jean*, b [8] 27 déc. 1780.

1794, (30 juin). [8]

2° Roberge, Marie-Pelagie, [Joseph III. b 1773.

Joseph-Marie, b [8] 1er oct. 1795.

1782.

REMILLARD, Joseph.

Gagnon, Elisabeth.

Pierre, b 23 août 1783, à St-Cuthbert.[1]—*Guillaume*, b [1] 14 janvier 1794.

1787, (12 février) St-Cuthbert. [2]

IV.—REMILLARD, Pierre, [Augustin III. b 1748.

Perrault, Marie. [Pierre.

Pierre-Augustin, b [2] 20 juin 1788.—*Augustin*, b [2] 30 janvier 1793.

1787.

IV.—REMILLARD, Jean-Bte, [Augustin III. b 1754.

Ricard, Marie-Joseph.

Marie-Joseph, b 17 déc. 1788, à St-Cuthbert.[4]—*Marie-Marguerite*, b [4] 25 mai 1792.

RÉMOND.—Voy. Lamontagne—Raymond.

I.—REMONDIER, Andrée, b... m 1667, à Thomas Rondeau; s 22 nov. 1702, à St-Pierre, I. O.

REMONDRÉ.—Voy. Montret.

REMONEAU.—Voy. Raymonneau.

REMONT.—*Surnom :* DeMomire.

1757, (10 janvier) Varennes.

I.—REMONT (2), Claude, fils de Philippe et d'Antoinette Delechon, de St-Hugues, diocèse de Grenoble, Dauphine.

Laleu, Marie-Joseph, [Jean-Bte II. b 1737.

RÉMY.—*Surnoms :* DeMontmidy—Lespérance.

I.—RÉMY (3), Pierre, b 1636, à Paris; ordonné le 31 mai 1676, à l'Hôtel-Dieu, M.; s 25 février 1726, à Montreal.

(1) Et Robillard.

(2) DeMomire.

(3) Prêtre de Saint-Sulpice (voy *Répertoire du Clergé*).

1724, (28 février) Champlain. [5]

I.—RÉMY (1), Martin, fils de Nicolas et de Georgette Nolin, de St-Amand-de-Chauvansy, diocèse de Reims, Champagne.

Poisson, Angélique, [François II. b 1688; veuve de Jacques Baudoin.

Joseph-Marie, b [5] 28 juillet 1726.—*Marie-Anne*, b [5] 18 août 1730.

1730, (1er mai) Québec.

I.—RÉMY (2), André, fils de Pierre et de Marie Charbonneau, de St-Paul, ville d'Orleans.

Boucher, Louise, [François I. b 1681; veuve de Jean-Christophe Cretot dit Lesperance.

1758, (9 janvier) L'Ange-Gardien.

I.—RÉMY (3), Leopold, du diocèse de Thou.

Trudel, Angelique, [Nicolas III. b 1725.

RENAL.—Voy. Regnard-Duplessis.

RENARD.—Voy. Renaud-Deslauriers.

1677, (22 nov.) Québec. [6]

I.—RENARD (4), Claude.

Coipel, Marie, [Jean I. b 1646; veuve de Guillaume Fagot; s [6] 4 janvier 1681.

Jeanne, b 1678; 1° m à ...... Augrard; 2° m à Pierre Amiot; s 4 juillet 1724, à St-Augustin.—*Claude*, b [6] 10 juin 1679.—*Jean-Baptiste*, b... 1° m à Marie-Anne Prevost; 2° m 27 mai 1718, à Marie-Anne Pineau, à St-Ours.

1709, (9 avril) Boucherville.

I.—RENARD, Pierre, b 1677; fils de Guillaume et de Marie-Claude Cardon, de Levante, diocèse de Rouen, Normandie.

Daniel, Madeleine, [Julien I. b 1690.

Anonyme, b et s 5 janvier 1710, à Varennes.[7]—*Marie-Jeanne*, b [7] 5 janvier 1710.—*Marie-Madeleine*, b [7] 30 sept. 1711.

II.—RENARD (5), Jean-Bte, [Claude I. b 1680.

1° Prévost, Marie-Anne.

Louis, b 1710; 1° m 28 janvier 1732, à Marie Rivière, à Boucherville[1]; 2° m [1] 13 février 1737, à Marie Denoyon; 3° m [1] 16 janvier 1764, à Marie-Joseph Gaze.—*Pierre*, b 1712; m [1] 27 nov 1741, à Marie Lacoste.

1718, (27 mai) St-Ours.

2° Pineau, Marie-Anne. [Michel II.

Marie-Anne, b 1719; m 3 fevrier 1740, à Jean Martin, à Varennes. [2] — *François*, b... m [2] 19 fevrier 1748, à Marguerite Cardinal. — *Michel*,

(1) Sieur de Montmidy; enseigne.

(2) Dit Lespérance.

(3) Soldat de la compagnie de M. Bécourt, regiment de la Reine.

(4) Et Renaud; voy. vol. I, p. 512.

(5) Et Renaud dit Desloriers.

b [2] 19 sept. 1726 ; m [2] 22 fevrier 1751, à Marie-Charlotte LATOUCHE.—*Charlotte*, b... m [2] 1er mars 1756, à Pierre PETIT. — *Jean*, b... m [2] 16 août 1762, à Catherine MALEPART.

1732, (28 janvier) Boucherville. [5]

III.—RENARD (2), LOUIS, [JEAN-BTE II.
b 1710.
1° RIVIÈRE, Marie, [JACQUES I.
b 1711.
1737, (13 janvier). [5]
2° DENOYON, Marie. [JACQUES II.
Marie-Amable, b 1737 ; m [5] 13 février 1757, à Jean-Baptiste HOBERTIN.—*Marie-Joseph*, b... m [5] 24 oct. 1763, à Joseph FAVREAU. — *Toussaint*, b 1741 ; m [5] 30 oct. 1765, à Marguerite NORMANDIN. — *Marie-Madeleine*, b... m [5] 11 août 1766, à Paschal DUDUC.
1764, (16 janvier). [5]
3° GAZE, Marie-Joseph,
veuve de François Lacoste.

1741, (27 nov.) Boucherville. [3]

III.—RENARD (2), PIERRE, [JEAN-BTE II.
b 1712.
LACOSTE, Marie, [ANTOINE II.
b 1723.
Apolline, b... m [3] 16 oct. 1769, à Simon FAVREAU.

1748, (19 fevrier) Varennes.

III.—RENARD (2), FRANÇOIS. [JEAN-BTE II.
LEROUX-CARDINAL (3), Marguerite. [JEAN.
Marie-Joseph, b 28 février et s 3 mars 1750, à Chambly.

1751, (22 fevrier) Varennes.

III.—RENARD (2), MICHEL, [JEAN-BTE II.
b 1726.
LATOUCHE, Marie-Charlotte, [JEAN-BTE II
b 1727.

1755, (27 janvier) Soulanges. [2]

I.—RENARD (1), JOSEPH.
MARTIN-ST. JEAN, Marie-Joseph, [JEAN I.
b 1728.
Marie-Joseph, b [2] 6 déc. 1755.— *Amable*, b [2] 18 janvier 1758.—*Marie-Anne*, b [2] 26 juillet 1761.

1762, (16 août) Varennes.

III.—RENARD (2), JEAN. [JEAN-BTE II.
MALEPART (4), Catherine, [JEAN I.
b 1742.

1765, (30 oct.) Boucherville.

IV.—RENARD (2), TOUSSAINT, [LOUIS III.
b 1741.
NORMANDIN, Marguerite, [JEAN-BTE III.
b 1740.

(1) De nation.
(2) Et Renaud dit Desloriers.
(3) Elle épouse, le 12 janvier 1756, Joseph Bérard, à Varennes.
(4) Tourangeau.

RENAUD.—*Variations et surnoms :* ARNAULT—NAU — RAYNAU — RAYNAUD — REGNAUD — REGNAULT— REGNAUT— RENARD-DESLORIERS —RENAULT—RENAUT—RENAUX— RENEAUX— RENIAU — RENO — BLANCHARD— BOISJOLI — CANNARD — CHATELLEREAU et CHATERNEAU — DAGUET—DAVENNE—DAVESNE — DECOUAGNE —DENEUVILLE— DESMELOISES — DESMOULINS — DUBUISSON — DUCHEMIN — LABONTÉ—LACHAPELLE —LAGIROFLÉE—LAJEUNESSE —LANGLOIS—LAVERGNE — LETAMBOUR — LOCAT—NARBONNE—ST. JEAN.

I.—RENAUD (1), PIERRE-BAIL, b 1668 ; s 3 janvier 1740, à Québec.

1666, (11 janvier) Montréal. [3]

I.—RENAUD (2), ANTOINE.
1° PLEMAREST, Geneviève,
b 1645 ; s [3] 1er janvier 1679.
1681, (12 août) Québec. [4]
2° DUVAL (3), Françoise,
veuve de Pierre Courault.
Marie-Agnès, b [4] 10 sept. 1690 ; 1° m [3] 12 mai 1710, à Joseph CARTIER ; 2° m [3] 10 oct. 1725, à François PERROT.

1668, (13 février) Québec. [2]

I.—RENAUD (4), RENE, fils de Julien et de Françoise Fonteneau, du Mans, Maine.
VIGNIER, Marie, [SAMUEL I.
b 1656 ; s 24 nov. 1697, à Montréal.
René-Henri, b [2] 12 juin 1695 ; m [2] 2 juin 1722, à Catherine-Louise LARCHEVÊQUE.

1668, (27 nov.) Québec. [2]

I.—RENAUD (2), GUILLAUME,
b 1644 ; s 6 janvier 1709, à Charlesbourg. [3]
DE LA MARE, Marie,
b 1650 ; s [3] 23 déc. 1708.
Louis, b [2] 28 août 1669 , m [3] 22 nov. 1694, à Madeleine BEDARD ; s [3] 21 janvier 1735.—*Pierre*, b [3] 2 oct. 1679 ; m [3] 8 nov. 1706, à Therèse DERY ; s [3] 9 dec. 1721. — *Joseph*, b [3] 1er nov. 1692 ; m [3] 18 nov. 1715, à Jeanne BEDARD ; s [3] 28 janvier 1737.

1669, (7 oct.) Québec. [4]

I.—RENAUD (2), MATHURIN.
PELLETIER (5), Marie.
Pierre, b [4] 2 oct. 1670 ; m 24 janvier 1695, à Angelique FASCHE, à Charlesbourg [5] ; s [5] 23 nov. 1730.

(1) Dit Labonté.
(2) Voy. vol. I, p. 513.
(3) Elle épouse, le 10 déc. 1695, François Renaud, à Québec.
(4) Pour Arnault, voy vol. I, p. 12.
(5) Elle épouse, le 19 oct. 1677, Pierre Cannard, à Québec.

1670.

I.—RENAUD (1), PIERRE-ANDRÉ,
b 1645; s 25 janvier 1713, aux Grondines.[1]
DESPORTES, Françoise, b 1641; de St-Etienne-d'Ars, Ile-de-Ré, diocèse de LaRochelle, Aunis; s[1] 13 avril 1736.
Françoise-Elisabeth, b 17 janvier 1675, à Sillery; m[1] 2 mai 1694, à Jean JOUBIN; s[1] 2 mars 1743.— *Marie-Antoinette*, b 1678; s 10 oct. 1750, à Terrebonne.[2]—*Louis*, b 1680; m 26 nov. 1711, à Marie DUMETS, à Boucherville; s[2] 30 sept. 1740.—*Jacques*, b 15 avril 1689, au Cap-Santé[3], m[1] 13 janvier 1724, à Madeleine GIPOULON; s[1] 16 avril 1762. — *François*, b[3] 17 janvier 1693, m 2 mai 1715, à Therèse GAREAU, à St-François, I. J.; s[2] 26 dec. 1777.—*Pierre*, b[1] 20 déc. 1699, m 1739, à Marie-Joseph CHEVALIER.

1674, (20 déc.) Montréal.[1]

II.—RENAUD (2), ANTOINE, [GUILLAUME I.
b 1648; s[1] 8 oct. 1687.
HUBERT (3), Elisabeth, [NICOLAS I.
b 1658.
Marguerite, b[1] 8 juin 1684; m[1] 15 oct. 1708, à Nicolas CUSSON.

1680, (19 sept.) Ste-Famille, I. O.[3]

I.—RENAUD (4), JOSEPH,
b 1648.
LEROUX (5), Marie, [JEAN II.
b 1663.
Marie-Anne, b 1690; m[3] 10 août 1716, à Gabriel GOSSELIN.—*Claude*, b[3] 24 août 1693; s 6 fevrier 1747, à St-Joseph, Beauce.

I.—RENAUD, PIERRE.
GAREAU-ST. ONGE, Anne. [JEAN I.
Pierre, b... m 25 nov. 1715, à Catherine MÉNARD, à Boucherville.

1687, (13 mai) Québec.[4]

I.—RENAUD (6), FRANÇOIS-MARIE,
b 1657; s[4] 22 avril 1699.
DUPONT, Françoise-Thérèse, [NICOLAS I.
b 1670; s[4] 13 dec. 1698.

1687, (15 nov) Lachine.[5]

I.—RENAUD, ANTOINE,
caporal.
GIGNARD, Marie-Madeleine, [LAURENT I.
veuve de Pierre Bonneau.
Marie-Madeleine, b[5] 6 mars 1689.—*Antoine*, b 1691; m 1726, à Madeleine PÉRILLARD.

---

(1) Dit Locat; voy. vol. I, p. 514.

(2) Dit Desmoulins; voy. vol. I, p 514.

(3) Elle épouse, le 23 fevrier 1688, Jacques Millet, à Montreal.

(4) Voy. vol I, p. 514.

(5) Elle épouse, le 7 janvier 1699, Pierre Salier, à Ste-Famille, I. O.

(6) Davenne; voy vol. I, p. 514.

1688, (23 nov.) Charlesbourg.[6]

III.—RENAUD (1), JEAN-BTE, [JACQUES II.
b 1668.
FONTAINE (2), Françoise, [LOUIS I.
b 1672.
Marie-Madeleine, b[6] 3 sept. 1691; 1° m 7 mai 1731, à Michel BALÉ, à Québec[7]; 2° m[7] 27 nov. 1735, à Pierre D'ESTRÈME.—*Charles*, b[7] 22 juin 1702; 1° m 25 nov. 1726, à Marguerite BAU, à Montreal[8]; 2° m[8] 9 mai 1746, à Marie GADOIS.

1689.

I.—RENAUD (3), JEAN.
WATERS (3), Suzanne.
Jean, b 1690; m 10 fevrier 1710, à Marguerite CHARBONNEAU, à Charlesbourg; s 16 nov. 1730, à Montréal.

I.—RENAUD, DANIEL, b 1670; soldat; de LaRochelle, Aunis; s 4 oct. 1740, à Montréal.

1694, (22 nov.) Charlesbourg.[8]

II.—RENAUD (1), LOUIS, [GUILLAUME I.
b 1669; s[8] 21 janvier 1735.
BEDARD, Madeleine, [JACQUES II.
b 1677; s[8] 22 juillet 1747.
Marie-Madeleine, b[8] 19 nov. 1695; m[8] 17 nov. 1732, à François DOLBEC.—*Pierre*, b[8] 6 mars 1701; s[8] 25 janvier 1726. — *François*, b[8] 3 août 1702; s[8] 10 dec. 1721.—*Marie-Charlotte*, b[8] 5 mai 1704; m[8] 10 nov. 1727, à René FALARDEAU, s[8] 28 mars 1753.—*Marie-Anne*, b[8] 26 nov. 1705; m[8] 21 août 1730, à Andre GENEST.—*Marie-Joseph*, b[8] 28 fevrier 1707; m[8] 13 janvier 1738, à Mathieu BALTE.—*Charles*, b[8] 18 avril 1708, 1° m[8] 29 oct. 1731, à Elisabeth GARNEAU, 2° m 7 avril 1750, à Marie-Jeanne GIROUX, à L'Ange-Gardien.—*Jean-Charles*, b[8] 16 mars 1710; m[8] 15 nov. 1734, à Marie-Thérèse CHRÉTIEN.—*Louis*, b[8] 19 oct. 1712; 1° m[8] 26 janvier 1739, à Marie SAVARD; 2° m 22 nov. 1751, à Geneviève PACQUET, à Quebec.—*Elisabeth*, b[8] 31 mars 1716; m[8] 19 nov. 1736, à Jean-Baptiste GARNEAU.—*Jacques*, b[8] 17 avril 1719, m[8] 21 août 1747, à Barbe MORAND; s[8] 27 mars 1759.—*Jeanne*, b[8] 24 mai 1720; m[8] 19 oct. 1739, à Ignace CLICHE.—*Angélique*, b[8] 24 août 1721.

1695, (24 janvier) Charlesbourg.[9]

II.—RENAUD (4), PIERRE, [MATHURIN I.
b 1670; s[9] 23 nov. 1730.
FASCHE, Angelique, [NICOLAS I
b 1675; s[9] 18 nov. 1745.
Pierre, b[9] 22 juillet 1698, m 17 juillet 1731, à Angelique FORTIER, à Quebec; s[9] 7 fevrier 1759.

---

(1) Voy. vol. I, p 514

(2) Elle épouse, le 17 janvier 1718, Etienne Laisné, à Québec

(3) Anciens catholiques de Londres; voy. vol. I, p. 514.

(4) Voy. vol. I, p. 515 —Il est dit Cannard, du nom du second mari de sa mere.

1695.

II.—RENAUD (1), JEAN-BTE-RENÉ, [RENÉ I.
b 1679.
CHERLOT, Marguerite. [JEAN I.
André-René, b 1696; m 4 nov 1715, à Madeleine CHARBONNEAU, à Varennes; s 11 nov. 1758, à St-Antoine-de-Chambly.

1695, (27 déc.) St-Augustin.

II.—RENAUD (2), LAURENT, [ANTOINE I.
b 1669.
GUYON-DUROUVRAY, Marie-Anne, [MICHEL II.
b 1675.
Laurent-Nicolas, b 1er sept. 1705, à Montréal.[1] —*Anne*, b [1] 21 juillet 1710, s [1] 7 août 1711.

I.—RENAUD, JEAN-BTE.
HAMEL, Marie, [JEAN I.
b 1667.
Jean-Baptiste, b 1696; m 17 fevrier 1721, à Marie LESCUYER, à Montreal.

1698, (20 janvier) Charlesbourg.[7]

II.—RENAUD (3), JEAN-BERNARD, [GUILLAUME I.
b 1671; s [7] 5 dec. 1715.
DÉRY (4), Jeanne, [MAURICE I.
b 1681.
Jean-Bernard, b [7] 2 avril 1708; 1° m [7] 12 juillet 1728, à Marie-Elisabeth VERRET; 2° m [7] 14 avril 1749, à Marie-Joseph BERGEVIN. — *Marie-Joseph*, b [7] 5 mars 1710; 1° m [7] 26 nov. 1731, à Simon ROY-AUDY; 2° m [7] 24 janvier 1752, à Jean-Baptiste THIBAULT.—*Pierre*, b [7] 18 oct. 1711; m 8 fevrier 1734, à Marie-Joseph POULIN, à St-Joachim.—*Marie-Charlotte*, b [7] 29 dec. 1713; m [7] 27 sept. 1734, à Pierre PAQUET.—*Marie-Louise* (posthume), b [7] 23 janvier 1716; m [7] 14 nov. 1740, à Joseph-François AUCLAIR.

1698, (25 nov.) Charlesbourg.[4]

II.—RENAUD (3), MICHEL, [MATHURIN I.
b 1672; s 29 juin 1743, à Québec.
RÉAUME, Marie-Renée, [RENÉ I
b 1677; s [4] 1er janvier 1733.
Marie-Anne, b [4] 25 dec. 1700; 1° m [4] 30 août 1723, à Paul LAUZÉ; 2° m [4] 10 février 1749, à Guillaume ASTELME. — *Marie-Louise*, b [4] 2 sept. 1705; 1° m [4] 21 nov. 1729, à Jean-Baptiste LAUZÉ; 2° m [4] 5 nov. 1736, à Jean POULIN. — *Charles*, b [4] 27 avril 1710; m [4] 5 nov. 1736, à Marie-Jeanne BALAN-LACOMBE; s [4] 28 mars 1745. — *Marie-Charlotte*, b [4] 31 oct. 1711; m [4] 26 nov. 1731, à Joseph ALAIRE. — *Marie-Jeanne*, b [4] 13 mars 1713; m [4] 22 juin 1751, à Charles LACASSE. — *Jean-Baptiste*, b [4] 16 janvier 1717, m 7 janvier 1744, à Françoise-Renee LARCHEVÊQUE, à Montréal. — *Charles-François*, b [4] 4 fevrier 1720; m 13 nov. 1741, à Catherine CUSSON, à Lachenaye.

(1) Pour Arnault; voy vol. I, pp 12 et 515, et vol. II, p. 51.
(2) Marchand-bourgeois, voy. vol. I, p. 515.
(3) Voy. vol. I, p. 515.
(4) Elle épouse, le 27 juillet 1717, Pierre Besnard, à Charlesbourg

1699.

I.—RENAUD (1), CHARLES,
b 1664; s (chapelle de Ste-Geneviève) 25 déc. 1739, aux Trois-Rivières.
DESMAREST, Gabrielle,
b 1680; s (dans l'église) 15 mars 1715, à Québec.[1]
Anne-Michelle, b 13 nov. 1700, à Repentigny. —*Marie-Charlotte*, b 15 sept. 1702, à Montréal[2]; m [2] 3 février 1733, à Joseph DECATALOGNE. — *Marie*, b [1] 25 sept. 1703; s [1] 23 sept. 1710. — *Louise*, b 1707; m [2] 15 sept. 1732, à Joseph TONTY. — *Madeleine*, b [2] 23 mars 1708; m [2] 23 juillet 1731, à Philippe DEJONCAIRE — *Louis-Jacques-Charles*, b [1] 22 juillet 1709; m [2] 3 août 1741, à Thérèse GODFROY.

I.—RENAUD (2), JACQUES, b 1678; s 5 déc. 1726, à Montréal.

1706, (8 nov.) Charlesbourg.[6]

II.—RENAUD, PIERRE, [GUILLAUME I.
b 1679; s [6] 9 dec. 1721.
DÉRY (3), Therèse, [MAURICE I.
b 1689.
Marie-Madeleine, b [6] 22 août 1707; m [6] 29 août 1729, à Pierre PAQUET.—*Marie-Thérèse*, b [6] 27 oct. 1708; 1° m [6] 15 juillet 1726, à Antoine DUBAU; 2° m [6] 6 mai 1737, à Jacques HENNE-LEPIRE. — *Charles*, b [6] 1er août 1710; m [6] 3 février 1733, à Marie-Charlotte BEDARD. — *Pierre*, b [6] 3 août 1712; m [6] 21 nov. 1735, à Marguerite BEDARD. — *Marguerite*, b [6] 5 janvier 1714; 1° m [6] 4 août 1732, à Louis-Michel PEPIN; 2° m [6] 26 oct. 1761, à Charles JOBIN. — *Joseph*, b [6] 9 fevrier 1716; m [6] 11 nov. 1737, à Marie-Madeleine MARTEL. — *Angélique*, b [6] 4 sept. 1717; s [6] 20 dec. 1721. — *Marie-Jeanne*, b [6] 16 déc. 1719; m [6] 5 mai 1738, à Jacques PAQUET, s [6] 13 nov. 1762. — *Marie-Louise*, b [6] 13 oct 1721; m [6] 9 nov. 1739, à Antoine BEDARD; s [6] 4 mai 1756.

RENAUD, MICHEL, b 1673; s 3 juillet 1708, à Montreal.

1708, (3 sept.) Quebec.

II.—RENAUD (4), LOUIS, [MATHURIN I.
b 1686.
SAVARY (5), Catherine, [FRANÇOIS I.
b 1690.
Augustin, b 30 mai 1710, à Lévis; m 26 avril 1740, à Marie-Anne LESUEUR, à Boucherville.— *Marie-Joseph*, b... m 1733, à François TISSOT, à Chambly.

(1) Sieur DuBuisson, lieutenant des troupes — Major des Trois-Rivières.
(2) Dit St. Jean; soldat de la compagnie de M. Deschaillons.
(3) Elle épouse, le 15 janvier 1736, Jean-Baptiste Chrétien, a Charlesbourg.
(4) Pour Arnault, voy. vol. II, p. 52.
(5) Elle épouse, le 3 fevrier 1718, Paul Laporte, à Boucherville.

1710, (10 fevrier) Charlesbourg.[5]

II.—RENAUD (1), JEAN, [JEAN I.
b 1690 ; Anglais ; s 16 nov. 1730, à Montréal.[6]

CHARBONNEAU (2), Marguerite, [JEAN I.
b 1689 ; s[6] 2 avril 1739.

Marie-Suzanne, b[5] 9 nov. 1710 ; s[5] 23 janvier 1711. — *Marie-Charlotte*, b[5] 9 nov. 1710 ; s[5] 27 janvier 1711. — *Geneviève*, b[5] 1er mars 1712 ; m[6] 15 février 1729, à François DUROCHER-LAFLEUR. — *Marie-Madeleine*, b 1714 ; m[6] 16 août 1731, à Jean DORÉ. — *Marguerite*, b[5] 15 déc. 1715 ; m[6] 19 mai 1749, à Jacques BERGERON.— *Jean-Baptiste*, b[6] 4 et s[6] 15 juillet 1722.—*Joseph*, b[5] 3 nov. 1723 ; 1° m 13 sept. 1751, à Marie-Angélique GENU, au Bout-de-l'Ile, M. ; 2° m[6] 29 juillet 1771, à Thérèse BISSONNET.—*Charles*, b[6] 27 mai 1727 ; m 1751, à Angelique CATUDAS-ST. JEAN. — *Louise-Marguerite*, b[6] 6 mai 1729.

1711, (15 sept.) Québec.[7]

II.—RENAUD, PIERRE, [PIERRE-ANDRÉ I.
b 1672.

LAMBERT-CHAMPAGNE, Marie, [AUBIN I.
b 1678.

Marie-Joseph, b[7] 4 juillet 1715. — *Marie-Elisabeth*, b 4 dec. 1718, à St-Nicolas[8] ; m[8] 16 nov. 1733, à François DUBOIS ; s[8] 6 sept. 1751.— *Marie-Angélique*, b[8] 6 juillet 1720 ; m[8] 7 janvier 1737, à Michel SIMONEAU. — *Pierre*, b[8] 4 juin 1722 ; s[8] 31 janvier 1723.

1711, (26 nov.) Boucherville.

II.—RENAUD (3), LOUIS, [PIERRE-ANDRÉ I.
b 1680, s 30 sept. 1740, à Terrebonne.[7]

DUMETS, Marie, [ETIENNE II.
b 1680 ; veuve de Jean-Baptiste Léveille, s[7] 22 déc. 1763.

Angélique, b 2 oct. 1712, à St-François, I. J.[8] ; m[7] 24 nov. 1733, à Jacques BRIÈRE. — *Louis*, b[8] 18 nov. 1714. — *Antoine*, b[8] 13 sept. 1716 ; m[7] 25 mai 1739, à Marie-Joseph LAMOUREUX.— *Françoise*, b 1721 ; 1° m[7] 25 mai 1739, à Jean-Baptiste BERLOIN ; 2° m[7] 23 oct. 1769, à Jean-Charles ROTUREAU-BELISLE ; s[7] 24 février 1781. —*Marguerite*, b... m[7] 8 oct. 1742, à Jean-François AUDET.— *Agathe*, b... 1° m[7] 7 sept. 1750, à Jean PETIT ; 2° m[7] 30 déc. 1760, à Joseph MINAU. — *Louis*, b[7] 28 nov. 1727 ; s[7] 26 nov. 1739. — *Jean-Baptiste*, b[7] 20 fevrier 1730.—*Jean-Baptiste*, b[7] 1er fevrier 1732 ; m[7] 11 juillet 1757, à Marie-Louise AMIOT.

I.—RENAUD (4), ANDRÉ,
b 1661 ; s 18 mars 1736, à St-François, I. J.[6]

BRAULT (5), Marie, [HENRI I.
b 1693.

Marguerite, b... m[6] 1er février 1734, à Jean-Baptiste GODARD. — *Jacques*, b 1719 ; m 22 sept. 1739, à Marie-Madeleine ROSE, au Sault-au-Récollet. — *Marie-Joseph*, b 1722 ; 1° m 24 nov. 1749, à Pierre LUCAS, à St-Vincent-de-Paul[7] ; 2° m[7] 10 avril 1758, à Jacques GIRARD. — *Agathe*, b 3 mai 1725, à St-Joachim ; m[7] 11 oct. 1745, à Michel SYRE.—*Angélique*, b[6] 3 fevrier 1729 ; m[7] 17 fevrier 1749, à Louis GIRARD.—*Jean-Baptiste*, b[6] 24 juin 1731 ; m[7] 14 janvier 1754, à Marie GUINDON. — *Joseph*, b[6] 15 juin 1734.

(1) Dit Langlois.

(2) Aussi appelée Germaneau.

(3) Dit Locat.

(4) Dit Desmoulins

(5) Elle épouse, le 26 août 1737, Michel Syre, à St-François, I. J.

1714, (6 fevrier) Château-Richer.[6]

I.—RENAUD, CLAUDE, b 1682 ; fils de Jean et de Jeanne Lenoble, du Pont-d'Agry, diocèse d'Angoulesme, Angoumois.

BAILLES, Marie-Anne, [PIERRE I.
b 1695.

Pierre, b[6] 24 avril 1715. — *Gabriel-Ange*, b 9 nov. 1717, à Québec[7] ; 1° m 8 nov. 1740, à Marie-Joseph ANDRY, à Beauport ; 2° m[7] 11 février 1744, à Louise NOLET. — *Jean-Marie*, b[7] 28 sept. 1719.—*Michel*, b[7] 22 mars et s[7] 23 août 1721.— *Marie-Joseph*, b[7] 5 nov. 1723 ; m[7] 22 sept. 1739, à Jean-Baptiste CÉDERAT.

1715, (2 mai) St-François, I. J.[1]

II.—RENAUD (1), FRANÇOIS, [PIERRE-ANDRÉ I.
b 1693 ; s 26 déc. 1777, à Terrebonne.[2]

GAREAU, Therèse, [PIERRE I.
b 1696 ; s[2] 14 août 1768.

Marie-Françoise, b[1] 28 juin 1716 ; m[2] 14 février 1735, à François LAROCHE. — *François*, b 1717 ; m[2] 25 janvier 1740, à Antoinette COLLIN.—*Joseph*, b 1719 ; m à Madeleine ROLAND. — *Bonaventure*, b 1720 ; m[2] 26 juillet 1745, à Catherine MAISONNEUVE. — *Charlotte*, b 1723 ; m[2] 4 nov. 1743, à Joseph LECOMPTE. — *Marguerite*, b 1726 ; m[2] 21 juin 1745, à Jean-Baptiste LECOMPTE ; s[2] 26 mars 1753. — *Dominique*, b[2] 2 sept. 1732 ; m 8 avril 1766, à Marguerite PETIT, à la Pte-aux-Trembles, M. ; s[2] 13 mars 1777.—*Marie-Joseph*, b[2] 29 dec. 1734.—*Marie-Thérèse*, b[2] 15 février 1737 ; s[2] 31 mars 1738.—*Toussaint*, b[2] 1er nov. 1738.—*Pierre*, b[2] 2 août 1740 ; s[2] 27 sept. 1760.

1715, (4 nov.) Varennes.[1]

III.—RENAUD, ANDRÉ-RENÉ, [J.-BTE-RENÉ II.
b 1696 ; s 11 nov. 1758, à St-Antoine-de-Chambly.

CHARBONNEAU, Madeleine, [JEAN II.
b 1695 ; s 12 fevrier 1760, à Chambly.[2]

Jean-Baptiste, b 1718 ; m 1741, à Catherine LAPORTE. — *André*, b 1720 ; m à Marie-Anne VALENTIN. — *Marie*, b[1] 10 juin 1726 ; m[2] 4 fevrier 1754, à Charles-Alexandre ROY. — *Marie-Ursule*, b[1] 20 et s[1] 24 sept. 1727. — *Jeanne*, b... m[2] 3 février 1749, à Jean BARRÉ.— *Joseph*, b 1730 ; s[2] 14 août 1752.

1715, (18 nov.) Charlesbourg.[1]

II.—RENAUD, JOSEPH, [GUILLAUME I.
b 1692 ; s[1] 28 janvier 1737.

BEDARD, Jeanne, [JACQUES II
b 1691 ; s[1] 29 juillet 1734.

Marie-Joseph, b 22 mars 1717, à Lorette[2] ; s[1]

(1) Dit Locat.

23 mai 1733.—*Marie*, b [2] 4 juillet 1718.—*Marie-Charlotte*, b... m [1] 29 avril 1737, à Louis SASSEVILLE.—*Catherine*, b [2] 14 mars 1720.—*Joseph*, b [2] 1er mai 1721 ; s [1] 18 janvier 1730. — *Marie-Anne*, b... m à Louis-Joseph JODIN.—*Pierre-Charles*, b [1] 5 mai 1729 ; s [1] 19 juin 1730.

1715, (25 nov.) Boucherville [3]

II.—RENAUD, PIERRE. [PIERRE I.
MÉNARD (1), Catherine, [JEAN-BTE II.
b 1694.

Pierre-René, b 15 sept. 1716, à Montréal [4] ; s [4] 31 janvier 1717.—*Charles*, b [4] 13 dec. 1717 ; s [3] 14 juin 1718.

I.—RENAUD (2), PIERRE.
LEPAGE, Marie.
Pierre, b 4 sept. 1715, à Montréal.

I.—RENAUD, PIERRE.
CARDAN, Claude.
Charles, b 15 mars 1718, à St-Ours; m 1748, à Marie SICARD.

1717, (5 avril) Lachine.

II.—RENAUD, LOUIS, [ANTOINE I.
b 1683.
PERTHUIS, Geneviève, [PIERRE I
b 1680 ; veuve d'Urbain Gervais.
Louis, b 19 fevrier 1718, à Montréal.

1720, (18 nov.) Charlesbourg. [5]

I.—RENAUD (3), JEAN, b 1662 ; fils de Jean et de Marguerite-Anne ......, de Ste-Aumario, diocèse de Perigueux, Perigord ; s [5] 9 juillet 1758.
ALARD, Anne, [FRANÇOIS I
b 1683 ; veuve de Pierre Boutillet ; s [5] 2 dec. 1758.

Jean-Charles, b [6] 9 sept. 1721 ; 1° m [5] 16 août 1747, à Marie-Louise LEROUX ; 2° m [5] 13 janvier 1755, à Marie-Louise DAUPHIN ; s 14 janvier 1779, à Quebec.—*Jeanne-Elisabeth-Françoise*, b [5] 15 mars 1723 ; s [5] 20 juillet 1730.—*Joseph*, b [5] 22 avril 1725 ; m [5] 5 oct. 1750, à Marie-Anne LEROUX.

1721, (17 fevrier) Montréal. [6]

II.—RENAUD, JEAN-BTE, [JEAN-BTE I.
b 1696.
L'ESCUYER, Marie, [PIERRE I.
b 1671 ; veuve de René Maillet ; s [6] 20 août 1755.

1721, (28 avril) Montreal. [7]

I.—RENAUD, JEAN, b 1695, fils d'Ardouin et d'Isabelle Milet, de Marenne, diocèse de Xaintes, Saintonge.
AUGER (4), Marie-Françoise. [JEAN II.
b 1695.

Marie-Joseph, b [7] 23 janvier et s [7] 10 mai 1722. —*Jean Baptiste*, b [7] 27 mai et s [7] 15 juin 1723.—*Marie-Barbe*, b [7] 5 juin 1724 ; m à Louis DUFRESNE.—*Marie-Catherine*, b [7] 23 août 1727 ; m [7] 12 fevrier 1748, à Charles GIRARD.—*Marie-Madeleine*, b [7] 13 fevrier 1729 ; m [7] 17 fevrier 1753, à Nicolas CAVELIER.—*Jean-Baptiste*, b 1730 ; 1° m 1er fevrier 1751, à Marie-Madeleine PÉRILLARD, à St-Laurent, M. [8] ; 2° m 9 fevrier 1756, à Marie-Anne MÉLOCHE, à Ste-Geneviève, M. — *Marie-Joseph*, b [7] 24 dec. 1734 ; m 25 avril 1757, à Jacques FRANCHE, à la Pointe-Claire. — *Marie-Théophile*, b... m [8] 7 juin 1757, à Jean-Baptiste PARANT.—*Marie-Charlotte*, b... m [8] 21 nov. 1757, à Jean-Baptiste BLONDIN.

1722, (19 avril) Québec. [7]

II.—RENAUD (1), NICOLAS-MARIE, [FRS-MARIE I.
b 1696 ; s [7] (dans l'église) 5 juillet 1743.
CHARTIER (2), Angélique, [LOUIS-RENÉ II.
b 1693 ; veuve de Jean-François Delino ; s [7] (dans l'église de l'Hotel-Dieu) 14 dec. 1772.

Angélique-Geneviève, b [7] 12 déc. 1722.—*Charlotte-Louise*, b [7] 26 mai 1724.—*Marie-Angélique*, b 10 sept. 1724, à Charlesbourg ; m [7] 3 janvier 1746, à Michel-Jean-Hugues PÉAN. — *Marie-Louise*, b [7] 12 août 1725 ; s 6 mai 1731, à Lorette. — *Louise-Elisabeth*, b [7] 23 sept. 1726 ; s [7] 29 avril 1739. — *Anonyme*, b et s 23 oct. 1728, à Beaumont. — *Nicolas*, b [7] 22 nov. 1729. —*Louis-François*, b [7] 24 fevrier 1731. — *Louise-Gilette*, b [7] 13 mars 1732 ; m [7] 23 sept. 1754, à Louis-Antoine DELUSIGNAN.—*Eustache-Louis*, b [7] 12 mai 1734. — *Pierre-Louis*, b [7] 14 mai et s 4 août 1735, à Beauport.

1722, (2 juin) Québec. [9]

II.—RENAUD (3), RENÉ-HENRI, [RENÉ I.
b 1695.
LARCHEVÊQUE, Catherine-Louise, [JEAN II.
b 1700.

Marie-Anne, b [9] 25 déc. 1725. — *Thérèse*, b [9] 7 juillet 1727. — *Louis-Alexandre*, b [9] 3 sept. 1731. —*Joseph-Alexandre*, b 1733 ; m 7 fevrier 1757, à Louise BRUGEVIN, à Batiscan.

1724, (13 janvier) Grondines. [8]

II.—RENAUD (4), JACQUES, [PIERRE-ANDRÉ I.
b 1689 ; s [8] 16 avril 1762.
GIPOULON-MONTAUSON, Madeleine, [PIERRE I.
b 1700.

Marie-Madeleine, b [8] 19 oct. 1724 ; m [8] 13 avril 1750, à Alexis GRIGNON ; s [8] 5 mai 1752 —*Marie-Joseph*, b [8] 26 déc. 1728 ; m [8] 19 avril 1751, à Joseph BAUDOIN.—*Jacques*, b [8] 19 mai 1731 ; m [8] 11 août 1760, à Marguerite MARTINEAU. — *René*, b [8] 22 juin 1733 ; s [8] 24 mars 1738.—*Marie-Anne*, b [8] 29 mai 1736 ; s [8] 29 mars 1738. — *Marie-Louise*, b 6 février 1741, à Deschambault ; m [8]

(1) Bellerose ; elle épouse, le 26 avril 1728, Jean-Baptiste Létourneau, à Chambly.

(2) Dit St Jean ; soldat de la compagnie de Blainville, 1713.

(3) Et Regnault dit Chaterneau.

(4) Elle épouse, le 4 oct 1745, Jean Massy, à St-Laurent, M.

(1) Davesne ; sieur Desmeloises et seigneur de Neuville, capitaine de la marine ; il était, le 27 sept. 1737, à Beauport.

(2) DeLotbinière.

(3) Pour Arnault.

(4) Dit Locat.

13 janvier 1765, à Hyacinthe Richer. — *Alexis*, b [8] 15 juin 1743; s [8] 18 oct. 1759.—*Jean-Baptiste*, b [8] 17 mars 1746; m [8] 5 mars 1764, à Henriette Grignon.

1726, (25 nov.) Montréal.[1]

IV.—RENAUD, Charles, [Jean-Bte III.
b 1702.
1° Bau. Marguerite, [Jean-Bte II.
b 1706; s [1] 11 janvier 1744.

Anonyme, b [1] et s [1] 24 août 1727. — *Charles*, b [1] 21 juillet et s [1] 23 nov. 1728. — *Marguerite-Amable*, b [1] 23 août 1729. — *François*, b 1733; 1° m à Marie-Joseph Mercereau; 2° m [1] 4 mai 1767, à Marie-Joseph Morin.—*Joseph-Marie*, b [1] 24 sept. 1734; s [1] 30 avril 1758.—*Charlotte-Amable*, b [1] 17 oct. 1735; m [1] 21 juin 1763, à Joseph Ducharme. — *Jean-Baptiste*, b [1] 6 et s [1] 22 août 1737. — *Marguerite*, b [1] 10 nov. 1738, s [1] 27 mars 1739.—*Antoine*, b [1] 11 janvier 1740.

1746, (9 mai).[1]
2° Gadois, Marie, [Jean-Bte II.
b 1699; veuve de François Gatien.

II.—RENAUD, Claude, [Joseph I.
b 1693, s 6 fevrier 1747, à St-Joseph, Beauce.

1726.

II.—RENAUD, Antoine, [Antoine I.
b 1691.
Périllard (1), Madeleine, [Nicolas I.
b 1695.

Marie-Madeleine, b 22 janvier 1727, à la Longue-Pointe.

1728, (12 juillet) Charlesbourg.[5]

III.—RENAUD, Jean-Bernard, [J.-Bernard II.
b 1708.
1° Verret, Marie-Elisabeth, [Pierre II.
b 1705; s [5] 19 dec. 1747.

Marie-Jeanne, b [5] 30 mars 1729; s [5] 3 sept. 1758. — *Jean-Charles*, b [5] 2 mars 1731. — *Marie-Joseph*, b [5] 27 nov. 1732, 1° m à Guillaume Daigle; 2° m 26 nov. 1776, à Charles Renaud, à Quebec. — *Marie-Elisabeth*, b [5] 10 mars 1735; s [5] 11 sept. 1761.—*Pierre*, b [5] 28 avril 1737; s [5] 4 avril 1746.—*Jeanne-Cécile*, b [5] 29 mars 1740; s [5] 1er sept. 1744.—*Charles*, b [5] 3 avril 1746; s [5] 1er sept. 1747.

1749, (14 avril).[5]
2° Bergevin, Marie-Joseph, [Jean II.
b 1727.

Louis-Michel, b [5] 11 mars 1750.—*Marie-Louise*, b [5] 28 août 1752. — *Marie-Felicité*, b [5] 12 mai 1755. — *Joseph*, b [5] 26 fevrier et s [5] 11 nov. 1758 —*Henri-Jerôme*, b [5] 7 dec. 1759.

RENAUD, Joseph.
1° Gobineau, Marie.

1738, (20 oct.) Boucherville.
2° Bourgery, Marie-Marguerite, [Pierre II.
b 1681; veuve de Denis Bonvoyot.

(1) Dt Péna.

1729, (21 fevrier) L'Ange-Gardien.

III.—RENAUD (1), Pierre, [Michel II.
b 1699; maître-maçon.
Gariépy, Marie, [Louis II.
b 1712.

Pierre, b 28 nov. 1729, à Québec [1]; s [1] 2 sept. 1730.—*Pierre-Simon*, b [1] 13 fevrier 1731; ordonné 30 mars 1754, s 26 janvier 1808, à Beauport.[2] — *Louis*, b [1] 18 déc. 1732, s [1] 22 mai 1733.—*Marie-Louise*, b [1] 20 juin 1734; s [1] 14 juillet 1735.—*Marie-Marguerite*, b [1] 27 sept. 1736. — *Marguerite*, b [1] 10 avril 1738; m [2] 15 fevrier 1762, à Jean DeGerlais. — *Marie-Angélique*, b [1] 21 fevrier 1740; m 21 nov. 1763, à Alexis Leclerc, à Charlesbourg.—*Marie-Jeanne*, b [1] 14 août 1741; m [2] 16 janvier 1764, à Raphaël Giroux.— *Marie-Joseph*, b [1] 14 oct. 1745. — *Marie-Charlotte*, b [1] 6 juin 1749.

1731, (10 juillet) Lachenaye.[6]

III.—RENAUD, Michel, [Michel II.
b 1703.
Rochon, Elisabeth, [Jean II
b 1711.

Agathe, b [6] 29 janvier 1732; s [6] 23 janvier 1741. —*Michel*, b [6] 12 mars 1733.—*Marie-Joseph*, b [6] 9 juillet 1734.—*Marie-Osithe*, b [6] 11 dec. 1735; s [6] 31 mai 1738. — *Jean-Baptiste*, b [6] 8 juin et s [6] 22 août 1737.—*Marie-Elisabeth*, b [6] 10 août 1738 — *Joseph-Paschal*, b [6] 20 mai 1740; m 20 janvier 1766, à Marie-Joseph Villeneuve, à St-Henri-de-Mascouche.[4]—*Marie-Charlotte*, b [6] 10 sept. 1742, m [4] 22 nov. 1762, à Jean-Baptiste Leveille.—*Agathe*, b [6] 29 oct. 1743, m [4] 28 janvier 1765, à Jean-Baptiste Beauchamp. — *Charles*, b [6] 4 avril 1745.—*Charles*, b [6] 28 fevrier 1747. — *Pierre*, b [6] 16 mars 1748.—*Pierre*, b [6] 24 juillet et s [6] 6 août 1749.—*Marie-Brigitte*, b 1750; s [4] 1er sept. 1751. —*Marie-Joseph*, b [6] 13 mai et s [6] 18 juin 1752.—*Marie-Archange*, b [4] 11 juin et s [4] 21 août 1756.

1731, (17 juillet) Québec.

III.—RENAUD, Pierre, [Pierre II.
b 1698; s 7 fevrier 1759, à Charlesbourg [2]
Fortier, Marie-Angelique, [Louis I.
b 1702.

Marguerite-Angélique, b [2] 6 déc. 1735; m [2] 18 oct. 1756, à Jean-Baptiste Dorion. — *Pierre-Ignace*, b [2] 30 juin 1738; s [2] 21 avril 1759. —*Geneviève*, b [2] 11 fevrier 1740; s [2] 7 oct. 1756. — *Louis*, b [2] 12 sept. 1741.

1731, (29 oct.) Charlesbourg.[8]

III.—RENAUD Charles, [Louis II.
b 1708.
1° Garneau, Elisabeth, [Jean II.
b 1709; s [8] 6 avril 1748.

Jean-Charles, b [8] 5 nov. 1736. — *Marie-Madeleine*, b [8] 26 avril 1739; s [8] 6 mai 1750.— *Marie-Joseph*, b [8] 22 fevrier 1741; m [8] 29 août 1763, à Joseph Alard.— *Marie-Louise*, b [8] 9 oct. 1742.—*Marie-Elisabeth*, b [8] 20 mai 1744.— *Marie*, b [8] 23 juin 1746

(1) Dit Cannard.

1750, (7 avril) L'Ange-Gardien.
2e Giroux, Marie-Jeanne, [Louis III.
b 1714.
Anonyme, b [8] et s [8] 10 août 1751. — *Marie-Thérèse*, b [8] 16 oct. et s [8] 10 nov. 1753.

1732, (12 février) St-Laurent, M. [6]
I.—RENAUD (1), Pierre, b 1707; fils de Guillaume et de Marguerite Prurel, de Pleovane, diocèse de Dol, Bretagne.
Minguy (2), Louise, [Jean I.
b 1709.
Jean-Baptiste, b 1733: m 15 avril 1765, à Marie-Anne Circé, à St-Philippe. — *Simon*, b 1743; m 11 janvier 1773, à Marie-Monique Groux, à Montreal.—*Madeleine*, b... m [6] 12 janvier 1761, à Pierre Amasse.

1733, (3 février) Charlesbourg.
III.—RENAUD, Charles, [Pierre II.
b 1710.
Bedard, Marie-Charlotte, [Antoine III.
b 1715.

1734, (8 février) St-Joachim. [1]
III.—RENAUD, Pierre, [Jean-Bernard II.
b 1711
Poulin, Marie-Joseph, [Guillaume III.
s 22 dec. 1759, à Charlesbourg. [2]
Pierre, b [2] 12 dec. 1734.—*Marie-Joseph*, b [2] 21 fevrier 1737.—*Jean-Marie*, b [2] 19 janvier 1740; m [1] 19 janvier 1761, à Marie-Anne Guerigue.—*Marie-Marguerite*, b [2] 4 sept. 1742. — *Jean-Baptiste*, b [2] 15 août 1744; m 6 fevrier 1769, à Marie-Joseph Chicoine, à l'Ile-Dupas. — *Marie-Louise*, b [2] 9 sept. 1746 —*Joseph*, b [2] 10 oct. 1748.—*Madeleine*, b [2] 20 oct. 1750; m 13 juin 1774, à Jean-Baptiste Thomas, à Quebec [3]; s [3] 12 mars 1786.—*Jean-François*, b [2] 6 dec. 1755.

1734, (21 juin) Pte-aux-Trembles, Q. [4]
I.—RENAUD, Jean, fils de Jacques et de Michelle Priston, de Linerville, diocese de Coutances, Normandie.
Delisle, Catherine, [Antoine II
b 1698; veuve de Jean Amiot; s [4] 23 mai 1772.
Jean-Jérôme, b 30 mars 1736, à Quebec.

1734, (15 nov.) Charlesbourg. [5]
III.—RENAUD, Jean-Charles, [Louis II.
b 1710.
Chretien, Marie-Therèse, [Michel II.
b 1709.
Marie-Joseph, b [5] 5 sept. 1735.—*Jean-Baptiste*, b [5] 12 mars 1737.—*Louis*, b [5] 9 oct. 1738.—*François*, b [5] 23 nov. 1740. s [5] 29 mars 1749.—*Jean*, b [5] 28 dec. 1744.—*Joseph*, b [5] 30 mars 1748.

(1) I t Renaut dit Lachapelle—Soldat de la compagnie de M. de St Ours.
(2) Lachaussée.

I.—RENAUD, Jean-Bte,
sauvage.
Lagiroflée, Marguerite,
sauvagesse.
Joseph, b 22 janvier 1736, à Ste-Anne-de-la-Pocatière.

1735, (8 février) St-Thomas. [9]
I.—RENAUD, Jean, b 1701; fils de Laurent et de Marie-Rolette Heusé, d'Evrard, diocèse de Dol, Bretagne; s [9] 27 avril 1762.
Gaumont, Marie-Angelique, [Germain II.
b 1717.
Marie-Angélique, b [9] 21 avril et s [9] 4 juin 1736. —*Marie-Angélique*, b [9] 2 et s [9] 31 mai 1737.—*Jean-Baptiste*, b [9] 17 juillet et s [9] 12 oct. 1738.—*Louise*, b [9] 12 août et s [9] 3 sept. 1740 —*Jean*, b [9] 6 juillet 1742.—*Marie-Joseph*, b [9] 6 oct. 1743; m [9] 11 fevrier 1765, à Robert Boulet.—*Louis*, b [9] 21 juillet et s [9] 9 août 1745.—*Marie-Madeleine*, b [9] 28 août 1746; m [9] 3 fevrier 1772, à Nicolas Morin. —*Marie-Angélique*, b [9] 30 mai 1748.—*Joseph*, b [9] 30 oct. 1749; s [9] 25 avril 1751.—*Thérèse*, b [9] 26 mars 1752; s [9] 15 fevrier 1756.—*Joseph*, b [9] 14 et s [9] 20 juillet 1754.—*Marguerite*, b [9] 18 juillet et s [9] 2 août 1756.

1735, (21 nov.) Charlesbourg [5]
III.—RENAUD, Pierre, [Pierre II.
b 1712.
Bedard, Marguerite, [Antoine III.
b 1717.
Pierre, b [5] 6 mars 1737; m 19 oct. 1761, à Veronique Paquet, à St-Vincent-de-Paul.—*Louis*, b [5] 29 août 1739; m 12 août 1771, à Marie-Anne Casse, au Detroit.—*Marie-Catherine*, b [5] 6 mars 1741; s [5] 15 avril 1756 —*Marie-Louise*, b [5] 30 oct. 1742; s [5] 7 fevrier 1743.—*Charles-Ange*, b [5] 2 août 1744.—*Laurent*, b [5] 9 août 1747; s [5] 1er nov. 1748. —*Thomas*, b [5] 31 mars 1750.—*Françoise*, b [5] 5 mars 1752; m 7 janvier 1771, à Michel Riquier, à Terrebonne. [6]— *Marie-Louise*, b [5] 12 mai et s [5] 25 juillet 1755.—*Marie-Louise*, b... m [5] 5 oct. 1779, à Joseph Rochon.

I.—RENAUD (1), Pierre,
b 1705, de Gascogne; s 30 dec. 1783, à Quebec [1]
Levitre, Marie-Charlotte.
Marie-Charlotte, b 1755; m [1] 16 sept. 1776, à Pierre Moisan; s [1] 2 dec. 1785.

1736, (5 nov.) Charlesbourg. [5]
III.—RENAUD (2), Charles, [Michel II.
b 1710, s [5] (de mort subite) 28 mars 1745.
Balan-Lacombe, Marie-Jeanne, [Jean-Bte II.
b 1712.
Marie-Geneviève, b [5] 14 sept. 1737; m [5] 23 juillet 1753, à Jacques-François Pepin.—*Charles*, b [5] 15 oct. 1738; 1° m [5] 18 avril 1763, à Marie-Angelique Paquet; 2° m 26 nov. 1776, à Marie-Joseph Renaud, à Quebec. — *Marie-Charlotte*, b [5] 10 déc. 1739. — *Felicité*, b [5] 4 avril 1741. —

(1) Dit Duchemin.
(2) Dit Cannard.

Jean-Marie, b [5] 3 mai 1742.—*Marie-Louise*, b [5] 18 juin 1743. — *Marie-Angélique*, b [5] 1er et s [5] 20 mars 1745.

1737, (11 nov.) Charlesbourg. [5]

III.—RENAUD, JOSEPH, [PIERRE II.
b 1716.

MARTEL, Marie-Madeleine, [JEAN-FRANÇOIS II.
b 1714 ; s [5] 28 avril 1759.

Marie-Madeleine, b [5] 26 oct. et s [5] 2 nov. 1738. —*Joseph*, b [5] 6 oct. 1739 ; s [5] 15 avril 1741. — *Marie-Madeleine*, b [5] 15 juillet 1741.—*Joseph*, b [5] 19 mars 1743. — *Marie-Joseph*, b [5] 17 sept. 1745 ; s [5] 2 juillet 1754. — *Marie-Marguerite*, b [5] 18 fevrier 1747 ; s [5] 20 sept. 1759.—*Charles*. b [5] 2 juin et s [5] 23 sept. 1748 — *Marie-Thérèse*, b [5] 18 août 1749 ; s [5] 3 sept. 1750. — *Marie-Françoise*, b [5] 19 février et s [5] 4 août 1751. — *Deux anonymes*, b [5] et s [5] 4 déc. 1751.—*Marie-Françoise*, b [5] 4 fevrier 1753.—*François*, b [5] 13 oct. 1756.

1738, (2 avril) Lachenaye. [7]

III.—RENAUD, JOSEPH, [MICHEL II.
b 1715.

BEAUCHAMP, Catherine, [JEAN II.
b 1714.

Joseph, b [7] 25 avril 1738 ; m 20 juillet 1772, à Louise BRIÈRE, à Terrebonne. [8] — *François*, b [7] 27 sept. 1739 ; m [8] 11 fevrier 1765, à Geneviève LAUZON.—*Pierre*, b [7] 3 avril 1741 ; m [8] 16 fevrier 1767, à Catherine FORGET.—*Jean-Baptiste*, b [7] 10 août 1743. — *Marie-Catherine*, b [8] 5 nov. 1746 ; m [8] 9 janvier 1769, à Antoine RENAUD-LOCAT — *Geneviève*, b [7] 6 mai 1748 ; m [8] 20 janvier 1766, à Amable BRIÈRE.—*Charles*, b [8] 23 août 1750 ; m [7] 12 fevrier 1772, à Marie-Joseph GRATON ; s 9 juin 1834, à Ste-Thérèse. — *Marie-Françoise*, b [8] 16 mai et s [8] 1er août 1752. — *Louis*, b [8] 27 avril 1754 ; m [8] 8 fevrier 1779, à Madeleine BASTIEN. — *Marie-Joseph*, b [8] 10 avril 1757.

1739, (26 janvier) Charlesbourg [9]

III.—RENAUD, LOUIS, [LOUIS II.
b 1712.

1° SAVARD, Marie, [PIERRE III.
b 1717.

Marie-Louise, b [9] 25 avril 1740.—*Marie-Louise*, b [9] 12 août 1741 ; m [9] 31 janvier 1763, à Pierre VERRET.— *Louis*, b [9] 9 nov. 1742.—*Marie-Madeleine*, b [9] 15 mai 1744 ; m 6 fevrier 1769, à Louis GAGNIER, à St-Michel-d'Yamaska.—*Marie-Joseph*, b [9] 13 fevrier 1746.—*Marie-Anne*, b [9] 27 oct. 1747 ; s [9] 12 juin 1749. —*Jean-Baptiste*, b [9] 10 sept. 1749 ; s [9] 16 oct. 1750.

1751, (22 nov.) Québec.

2° PAQUET, Geneviève, [LOUIS I.
b 1728.

Marie-Geneviève, b [9] 12 sept. 1754. — *Françoise*, b [9] 3 sept. 1756 ; s [9] 6 fevrier 1758.—*Marie-Louise*, b... s [9] 4 avril 1758.—*Jacques*, b [9] et s [9] 6 août 1763.

1739, (25 mai) Terrebonne. [8]

III.—RENAUD, ANTOINE, [LOUIS II.
b 1716.

LAMOUREUX, Marie-Joseph. [FRANÇOIS III.

Antoine, b [8] 17 et s [8] 29 mars 1740. — *Marie-Joseph*, b [8] 14 fevrier 1741 ; m [8] 8 janvier 1759, à Athanase MIGNERON. — *Louis*, b [8] 18 janvier 1743 ; m [8] 31 janvier 1774, à Marie-Anne GIBAUT. —*Jean-Antoine*, b [8] 8 juin 1745 ; m [8] 9 janvier 1769, à Marie-Catherine RENAUD ; s [8] 16 août 1780. —*François*, b [8] 1er avril 1747 ; m [8] 10 sept. 1770, à Louise LECOMPTE. — *Marie-Françoise*, b [8] 30 avril 1750 ; m [8] 2 mars 1767, à Simon NANTEL.— *Joseph*, b [8] 19 juin 1753 ; s [8] 30 mars 1755. — *Marie-Louise*, b [8] 31 janvier 1757. — *Marie-Suzanne*, b [8] 24 avril 1760.

1739, (22 sept) Sault-au-Récollet.

II.—RENAUD (1), JACQUES. [ANDRÉ I.

ROSE, Madeleine, [CHARLES II.
b 1716.

Marie-Angélique, b... m 29 janvier 1759, à François-Xavier AUBÉ, à St-Vincent-de-Paul. [1]— *Charles*, b 1742 ; m [1] 9 janvier 1764, à Judith-Julienne PAQUET.—*Marie-Thérèse*, b [1] 25 janvier et s [1] 18 juin 1744. — *Jean-Baptiste*, b [1] 3 juillet 1745.—*Joseph*, b [1] et s [1] 4 juillet 1747. — *Joseph*, b [1] 15 oct. 1750. — *Charlotte*, b [1] 28 et s [1] 31 déc. 1752.—*Pierre*, b [1] 17 juin 1754.—*François-Xavier-Charles*, b [1] 30 janvier 1756.

RENAUD, JEAN-BTE,
b 1717.

LABONTÉ, Marguerite.

Marguerite, b 1740 ; m 19 avril 1762, à Pierre DAUNAY, à St-Antoine-de-Chambly. [2] — *Marie-Joseph*, b 1742 ; m [2] 31 janvier 1763, à Pierre-Paul CHALIFOUR.

RENAUD, JEAN-BTE,
b 1722 ; s 8 mars 1763, à St-Antoine-de-Chambly. [9]

MONET (2), Therèse,
b 1719.

Marie-Félicité, b [9] 22 février 1750.—*Joseph*, b [9] 16 sept. 1751.—*Joseph-Marie*, b [9] 4 mars 1753.—*Pierre*, b [9] 4 déc. 1754.—*Marie-Joseph*, b [9] 8 mai 1756.— *Marie-Louise*, b [9] 11 sept. 1759.— *Marie-Joseph*, b [9] 24 janvier 1761.

1739.

II.—RENAUD (3), PIERRE, [PIERRE-ANDRÉ I.
b 1699.

CHEVALIER (4), Marie-Joseph.

Pierre-René, b 8 juillet 1740, à Laprairie [2], m 1758, à Marie-Marguerite CHALIFOUR. — *Elisabeth*, b... m 24 nov. 1760, à .... COURVILLE, à Cahokia. [3] — *Marie-Joseph*, b [2] 21 sept. et s [2] 4 nov. 1742. — *François* et *Charles*, b 17 et s 22 février 1744, à Terrebonne. — *Jean-Baptiste*, b [3] 29 janvier 1749.— *Marie-Joseph*, b [3] 9 mars et s [3] 5 oct. 1751. — *Marie-Jeanne*, b [3] 22 déc. 1752. — *Joseph*, b [3] 27 mars et s [3] 10 mai 1754.—*Julienne*, b [3] 6 janvier 1756 , m à Pierre ROY.— *Louis*, b [3]

---

(1) Dit Desmoulins.

(2) Elle épouse, le 23 janvier 1764, Christophe Barabé, à St-Antoine-de-Chambly.

(3) Dit Locat.

(4) De Michillimakinac ; elle épouse, le 7 avril 1760, Marc Fush, à Cahokia.

17 août et s [8] 30 sept. 1757. — *Suzanne*, b [8] 12 mars 1759.— *Geneviève*, b... m [8] 27 sept. 1786, à Alexis BRISSON.

1739, (10 oct.) Varennes [9]

II.—RENAUD (1), CHARLES, [JEAN-BTE I.
b 1714.
MASSON, Marie-Joseph.
Marie-Joseph, b... m [9] 12 février 1759, à François CADIEU.—*Madeleine*, b... m [9] 11 janvier 1762, à Thomas LATOUCHE.—*Archange*, b... m [9] 17 oct 1768, à Louis PETIT. — *Marie*, b... m [9] 10 avril 1769, à Noël COLLET.

1740, (25 janvier) Terrebonne. [3]

III.—RENAUD, FRANÇOIS, [FRANÇOIS II.
b 1717.
COLLIN, Antoinette, [ANDRÉ II.
b 1718.
François, b [3] 13 nov. 1740.—*Jean-Baptiste*, b [3] 1er mars 1743. — *Marguerite*, b [3] 12 mai 1745 ; s 11 août 1746, à Ste-Rose. [4] — *Joseph*, b [3] 18 mars 1747. — *Marie-Louise*, b [4] 7 nov. 1749 ; s [4] 14 sept. 1751.—*Marie-Jeanne*, b [4] 28 janvier 1758.

1740, (26 avril) Boucherville. [2]

III.—RENAUD, AUGUSTIN, [LOUIS II.
b 1710.
LESUEUR, Marie-Anne, [JEAN-BTE II.
b 1715.
Marie-Anne, b 1743 ; m [2] 7 janvier 1765, à Antoine QUINTAL.

1740, (8 nov.) Beauport.

II.—RENAUD, GABRIEL-ANGE, [CLAUDE I.
b 1717 ; tailleur.
1° ANDRY, Marie-Joseph, [PIERRE I.
b 1720 ; s 26 juin 1743, à Québec. [1]
Marie-Françoise, b [1] 5 oct. et s [1] 12 nov. 1741. —*Gabriel-Michel*, b [1] 24 mai et s [1] 28 juin 1743.
1744, (11 février). [1]
2° NOLET, Louise, [LOUIS-FRANÇOIS II.
b 1718.
Louise-Victoire-Renée, b [1] 5 déc. 1744 ; s (de mort subite) 6 déc. 1760, à Charlesbourg. — *Charles-Gabriel*, b [1] 23 sept. 1748 ; s [1] 21 sept. 1753.—*Jean-Claude*, b [1] 17 sept. 1751.—*Anonyme*, b [1] et s [1] 28 dec. 1754.—*Anonyme*, b [1] et s [1] 30 janvier 1756.—*Pierre-François-Gabriel*, b [1] 2 mai et s 19 dec. 1757, à Ste-Foye.

1741, (3 août) Montréal. [6]

II.—RENAUD (2), LOUIS-JACQ.-CHS, [CHARLES I.
b 1709.
GODFROY, Thérèse, [JEAN-BTE III.
b 1718.
Louise-Jeanne-Hyacinthe, b [6] 6 déc. 1742.—*Thérèse-Catherine*, b [6] 24 nov. 1743.—*Charles-Jean-Baptiste*, b [6] 27 juin 1745.—*Louis-Jacques*, b [6] 2 juin 1746 —*André-Antoine*, b [6] 19 sept. et s 3 oct. 1750, à St-Laurent, M.

(1) Pour Arnault dit Desloriers, voy. vol. II, p. 52.
(2) DuBuisson.

1741, (13 nov.) Lachenaye. [4]

III.—RENAUD, CHARLES-FRS, [MICHEL II.
b 1720.
GUSSON (1), Catherine, [JEAN-BTE II.
b 1721.
Anonyme, b [4] et s [4] 30 sept. 1742.—*François*, b [4] 24 août 1743.—*Antoine*, b [4] 18 déc. 1744.—*Catherine*, b... m 18 février 1765, à Paschal BEAUCHAMP, à St-Henri-de-Mascouche [5] ; s [5] 27 mars 1771.—*Marie-Marguerite*, b [4] 24 mars 1748 ; m [5] 1er juin 1772, à Jean-Baptiste ALARD.—*Joseph-Marie*, b [4] 9 oct. 1749 ; m [5] 15 janvier 1771, à Madeleine VILLENEUVE.—*Jean-Baptiste*, b [4] 23 nov. 1750 ; m [5] 20 juin 1774, à Marie-Françoise MULOIN. —*Charles*, b [5] 30 mars 1752 ; m [5] 24 mai 1773, à Marie-Rose BOESME.—*Marie-Amable-Joseph*, b [5] 2 février 1754 ; m 25 janvier 1768, à Jean-Baptiste CHAUDILLON, à la Longue-Pointe.—*Pierre*, b [5] 3 avril 1755.—*Françoise*, b [5] 10 mars 1756.—*Marie-Archange*, b [5] 22 sept. 1757.—*Henri-Marie*, b [5] 31 juillet et s [5] 10 août 1760.—*Charles*, b [5] 10 oct. et s [5] 29 nov. 1761.

1741.

IV.—RENAUD, JEAN-BTE, [ANDRÉ-RENÉ III.
b 1718.
LAPORTE, Catherine, [DENIS III.
b 1720.
Marie-Joseph, b 1742 ; m 31 janvier 1763, à Pierre CHALIFOUR, à St-Antoine-de-Chambly.

RENAUD, JEAN-BTE.
GROSSE-TÊTE (2), Marguerite.
Louis, b 19 juin 1744, à Ste-Famille, I. O.

1744, (7 janvier) Montréal. [7]

III.—RENAUD, JEAN-BTE, [MICHEL II.
b 1717 ; voyageur.
LARCHEVÊQUE, Françoise-Renée, [MATHIEU III.
b 1721.
François, b [7] 22 mars et s [7] 9 avril 1744.—*Jean-Baptiste*, b [7] 1er juillet 1745 ; s [7] 25 mars 1747.—*Marie-Amable*, b [7] 5 oct. 1746 ; m [7] 7 sept. 1767, à Joseph GAGNÉ.—*Jean-Baptiste*, b [7] 20 nov. 1747.—*Marie-Louise*, b [7] 16 mai 1749.— —*Marie-Angélique-Françoise*, b [7] 1er et s [7] 21 avril 1750.—*Marie*, b 1754 ; m [7] 1er juin 1772, à Louis DUCHARME.—*Marguerite*, b 1761 ; m [7] 2 février 1778, à Jean-Baptiste-Joseph PIQUET.

1744.

IV.—RENAUD, ANDRÉ, [ANDRÉ-RENÉ III.
b 1720.
GRÉGOIRE-VALENTIN, Marie-Anne, [JULIEN II.
b 1719.
André, b 1745 ; s 23 avril 1758, à Chambly. [9] — *Alexis*, b [9] 6 et s [9] 8 avril 1751. — *François-Marie*, b [9] 28 déc. 1752. — *Archange*, b [9] 13 juin 1754 , s [9] 19 mai 1755. — *Jean-Baptiste*, b [9] 12 oct. 1755.

(1) Desormiers.
(2) Micmac de nation.

1745, (26 juillet) Terrebonne.[1]
III.—RENAUD (1), BONAVEN., [FRANÇOIS II.
b 1720.
MAISONNEUVE, Catherine, [PIERRE I.
b 1722.
Bonaventure, b [1] 6 et s [1] 8 juin 1746.— *Marie-Thérèse*, b [1] 14 mai et s [1] 15 juin 1747. — *Catherine*, b [1] 20 avril et s [1] 18 juin 1748. — *Marie-Catherine*, b 12 avril et s 29 août 1750, à Ste-Rose.[2] — *Joseph*, b [2] 10 oct. 1752. — *René*, b 1er sept. 1754, au Bout-de-l'Ile, M.[3] — *Marie-Elisabeth*, b 1758: s [3] 27 janvier 1760. — *Antoine*, b [3] 26 juin et s [3] 4 juillet 1761.

1747, (16 août) Charlesbourg. [4]
II.—RENAUD (2), JEAN-CHARLES, [JEAN I.
b 1721; s 14 janvier 1779, à Québec.[5]
1° LEROUX, Marie-Louise, [FRANÇOIS III.
b 1729; s [5] 28 déc. 1783.
Jean-Charles, b [4] 6 nov. 1748. — *François*, b [4] 31 déc. 1750.—*Joseph-Louis*, b [4] 7 nov. 1752; s [4] 28 mars 1753. — *Françoise*, b... m [5] 23 janvier 1781, à Pierre VOCELLE.
1755, (13 janvier). [4]
2° DAUPHIN, Marie-Louise, [RENÉ III.
b 1737. [4]
Marie-Louise, b [4] 16 sept. 1756. — *Jean-Baptiste*, b [4] 26 juin 1758; s [4] 25 mars 1759.—*Louise*, b [4] 20 mars 1760; m [5] 22 fevrier 1791, à Pierre-François PARANT. — *Jean-Baptiste*, b [4] 10 mars 1762.

1747, (21 août) Charlesbourg [8]
III.—RENAUD, JACQUES, [LOUIS II.
b 1719; s [8] 27 mars 1759.
MORAND, Barbe, [JACQUES II.
b 1722; s 17 février 1793, à Quebec. [9]
Marie-Louise, b [8] 26 juillet et s [8] 17 août 1748. —*Georges* et *Jacques*, b [8] et s [8] 26 mars 1749.— *Marie-Anne*, b [8] et s [8] 19 nov. 1750. — *Louis*, b [8] 12 nov. 1751; m [9] 3 juillet 1775, à Louise DION. —*Jacques*, b [8] 25 mars 1753.— *Marie-Jeanne*, b [8] 22 mars 1755.—*Marie-Madeleine*, b [8] 9 mai 1757. —*Marie-Louise*, b [8] 27 août 1758.

1748.
II.—RENAUD, CHARLES, [PIERRE I.
b 1718.
SICARD, Marie.
Marie-Anne, b 18 déc. 1748, à Chambly.[4] — *Charles*, b [4] 31 janvier 1750. — *Marie-Joseph*, b [4] 15 et s [4] 22 août 1751.

1750, (12 janvier) Détroit. [2]
I.—RENAUD (3), JEAN-LOUIS, fils de Claude et de Marie-Anne Bondet, de St-Jean, diocèse de Grenoble, en Dauphiné.
GUIGNARD (4), Marie-Joseph, [PIERRE I.
b 1730.
Marie-Joseph, b [2] 28 juillet 1752. — *Joseph*, b [2] 7 janvier 1755.—*Jean-Baptiste*, b [2] 4 mai 1757.— *Catherine*, b 1762; s [2] 22 mars 1764.

(1) Dit Locat.
(2) De Chaterneau—Chatellereau.
(3) Dit Lajeunesse.
(4) Dit St. Etienne.

1750, (5 oct.) Charlesbourg.
II.—RENAUD (1), JOSEPH, [JEAN I.
b 1725.
LEROUX, Marie-Anne, [FRANÇOIS III.
b 1733.
Marie-Joseph, b 6 nov. 1751, à Québec.[1]— *Pierre-Joseph*, b [1] 21 janvier 1754.—*Marie-Madeleine*, b [1] 17 oct. 1755; s [1] 17 août 1756.— *Françoise*, b [1] 26 janvier 1759.—*François*, b [1] 1er mai 1761. — *Marie-Marguerite*, b [1] 19 janvier 1763.— *Marie*, b... m [1] 6 oct. 1789, à Joseph VOCELLE.

RENAUD, JACQUES.
DANIS, Louise.
Marie-Anne, b 19 sept. 1750, à Montréal.

RENAUD, JACQUES.
LAROSE (2), Marie-Anne.
Marie-Charlotte, b 13 janvier 1751, à St-Antoine-de-Chambly. [1] — *Marie-Joseph*, b 16 oct. 1752, à St-Ours. — *Marie-Desanges*, b... s [1] 17 juillet 1754.—*Marie-Charlotte*, b [1] 5 avril et s [1] 25 juillet 1757.—*Jean-Louis*, b [1] 10 déc. 1761; s [1] 7 mars 1762.

1750.
III.—RENAUD (3), LOUIS, [LOUIS II.
b 1714.
PHANEF, Marie-Anne, [MATHIAS I.
b 1722.
Mathias, b 19 et s 30 août 1751, à Ste-Rose.[3] — *Louis*, b [3] 16 nov. 1752; s [3] 3 mars 1753.—*Marie-Anne*, b [3] 24 fevrier et s [3] 20 juin 1754. — *Joseph-Marie*, b [3] 1er mai 1755.—*Jean-Marie*, b [3] 15 et s [3] 22 août 1756.—*François*, b [3] 10 sept. 1757; s [3] 1er mai 1758.—*Pierre*, b [3] 1er février et s [3] 27 août 1759.—*Marie-Rose*, b [3] 30 sept. et s [3] 19 oct. 1760. —*Pierre*, b [3] 27 juin et s [3] 27 juillet 1762.

1751.
III.—RENAUD (4), CHARLES, [JEAN II.
b 1727.
CATUDAS (5), Angelique, [JEAN-BTE I.
b 1730.
Anonyme, b et s 28 oct. 1752, à St-Antoine-de-Chambly.[4]— *Marie-Angélique*, b [4] 15 et s [4] 24 janvier 1754.

1751, (1er fevrier) St-Laurent, M. [5]
II.—RENAUD, JEAN-BTE, [JEAN I.
b 1730.
1° PÉRILLARD, Marie-Madeleine, [CHARLES II.
b 1730.
Jean-Baptiste, b [5] 12 juillet 1752.—*Joseph*, b [5] 10 sept. 1754.

(1) Dit Chatellereau, 1761.
(2) Chefdevergue.
(3) Dit Locat.
(4) Dit Langlais.
(5) Elle épouse, le 10 sept. 1764, François Gautier-St. Germain, à Chambly.

1756, (9 février) Ste-Geneviève, M.
2° Méloche, Marie-Anne, [François I.
b 1710; veuve de Jean Guitard.

1751, (13 sept.) Bout-de-l'Ile, M. [6]
III.—RENAUD, Joseph, [Jean II.
b 1723.
1° Genu, Marie-Angélique, [Jacques I.
b 1728; s [6] 21 oct. 1765.
Joseph-Pierre, b [6] 28 juin 1754.—*Paul,* b [6] 29 février 1756.—*Michel,* b 22 sept. 1758, à Soulanges; s [6] 14 juillet 1759.—*Marie-Anne,* b [6] 19 juin 1761.
1771, (29 juillet) Montreal.
2° Bissonet, Thérèse, [Pierre.
b 1751.

RENAUD, Gabriel.
Janot (1), Marie-Joseph, [Antoine III.
b 1721; s 22 mars 1757, à Chambly. [7]
Jean-Baptiste, b [7] 28 avril 1752; s [7] 19 février 1754.—*Thérèse,* b [7] 22 avril 1754.—*Marie-Marguerite,* b [7] 4 mars et s [7] 20 avril 1756.

1754, (14 janvier) St-Vincent-de-Paul. [8]
II.—RENAUD (2), Jean-Bte, [André I.
b 1731.
Guindon, Marie, [Jean II.
b 1732.
Marie-Françoise, b [8] 21 oct. 1754. — *Jean-Baptiste,* b [8] 16 oct. 1755.—*Marie-Anne,* b [8] 3 dec. 1756.—*Philippe,* b sept. et s [8] 10 nov. 1764.

1754.
III.—RENAUD (3), Joseph, [François II.
b 1719.
Lenoir-Rolland, Madeleine, [Gabriel II.
b 1739.
Marie-Joseph, b 30 juillet 1755, à Terrebonne [6]; m [6] 7 janvier 1772, à Joseph Laroche. — *Joseph,* b [6] 13 février 1757.—*François,* b [6] 8 janvier et s [6] 22 février 1759. — *Marie-Geneviève,* b [6] 27 août 1760. — *François,* b 17 mars 1768, à Lachenaye.

1757, (8 janvier) Boucherville. [1]
I.—RENAUD (4), Barthélemi, fils de François et de Catherine Berti, de St-Poul, diocèse de Narbonne, Languedoc.
1° LeBeau, Françoise, [François III.
b 1720.
1766, (25 août). [1]
2° Gautier, Agathe, [Jacques II.
b 1730.

1757, (7 février) Batiscan. [1]
III.—RENAUD (5), Jos.-Alex., [René-Henri II.
b 1733.
Brugevin, Marie-Louise, [Louis I.
b 1740.
Joseph-Alexandre, b [1] 20 et s [1] 25 janvier 1758.

— *Anonyme,* b [1] et s [1] 24 mars 1759. — *Thérèse,* b... m 10 janvier 1786, à François Pelisson, à Québec.

1757, (11 juillet) Terrebonne. [6]
III.—RENAUD, Jean-Bte, [Louis II.
b 1732.
Amiot, Marie-Louise, [Etienne IV.
b 1723; veuve d'Antoine Houde.
Jean-Baptiste, b [6] 31 mai 1758; m [6] 23 sept. 1782, à Françoise Labelle. — *François-Maurice,* b [6] 24 mai 1760.

V.—RENAUD, François, [Charles IV.
b 1733.
1° Mercereau, Marie-Joseph.
1767, (4 mai) Montréal.
2° Morin, Marie-Joseph, [Joseph IV.
b 1741.

1758, (9 janvier) Contrecœur. [4]
I.—RENAUD (1), François, de St-Clément, ville de Tours, Touraine.
Charbonneau, Marie-Anne, [Michel III.
b 1732; veuve de Pierre Labaty.
François, b [4] 2 nov. 1758.

1758, (16 janvier) St-Laurent, M. [6]
I.—RENAUD, Bertrand, fils de Pierre et d'Isabelle Chauret, de LaRochelle, Aunis.
Gautier, Marie-Charlotte, [Joseph III.
b 1738.
Marie-Charlotte, b [6] 25 oct. 1761.

1758, (4 avril) Contrecœur.
I.—RENAUD (2), Louis, de St-Clement, ville de Tours, Touraine.
Jacques, Marie-Jeanne, [Nicolas II.
b 1731; veuve de François Messin.

1758.
III.—RENAUD (3), Pierre-René, [Pierre II.
b 1740.
Chalifour, Marie-Marguerite, [Jean-Bte III.
b 1732.
Marie-Charlotte, b 8 juillet 1760, à Lachenaye. [7] —*Pierre,* b [7] 12 nov. 1762.

I.—RENAUD, Jean-Marie, de Coutances, Normandie; s 22 mars 1760, à St-Thomas.
Demers (4), Marguerite, [Michel III.
b 1740.

1760, (11 août) Grondines. [5]
III.—RENAUD (3), Jacques, [Jacques II.
b 1731.
Martineau, Marguerite, [Pierre III.
b 1737.
Anonyme, b [5] et s [5] 29 juillet 1761. — *Marie-Suzanne,* b [5] 29 juillet 1761.—*Marie-Marguerite,* b [5] 16 juin 1762.

(1) Lachapelle.
(2) Dit Desmoulins.
(3) Dit Locat.
(4) Dit Narbonne.
(5) Appelé Arnaud en 1758.

(1) Soldat du Roussillon, compagnie de Valette.
(2) Grenadier du Roussillon—frère de François de 1758.
(3) Dit Locat.
(4) Elle épouse, le 15 sept. 1760, Antoine Grenier, à St-Nicolas.

1760, (20 oct.) St-Ours.
I.—RENAUD, NOEL.
DIDIER, Madeleine, [JEAN II.
b 1740.

1761, (19 janvier) St-Joachim.[1]
IV.—RENAUD (1), JEAN-MARIE, [PIERRE III.
b 1740.
GUÉRIGUE, Marie-Anne, [CHARLES II.
b 1745.
Pierre, b[1] 2 février 1763.

1761, (19 oct.) St-Vincent-de-Paul.
IV.—RENAUD, PIERRE, [PIERRE III.
b 1737.
PAQUET, Véronique, [PIERRE IV.
b 1739.
Marie, b... m 17 sept. 1781, à Pierre TOUIN, à Terrebonne.

1761, (23 nov.) St-Thomas.
I.—RENAUD, PIERRE, fils de Pierre et d'Elisabeth Chenu, de LaRochelle, diocèse d'Auche, Gascogne.
COTÉ, Elisabeth, [JOSEPH IV.
b 1735.

1763, (18 avril) Charlesbourg.
IV.—RENAUD, CHARLES, [CHARLES III.
b 1738 ; maçon.
1° PAQUET, Marie-Angélique, [NOEL IV.
b 1741.
Charles, b 22 et s 27 février 1764, à Québec.[2] —*Charles*, b 20 oct. 1764, à St-Vincent-de-Paul. —*Louis*, b 1766 ; m 23 avril 1798, à Marie-Marguerite TAILLON, à Ste-Thérèse.[3] — *Marie*, b... m[3] 19 nov. 1798, à Louis LEGAUT (2).—*Augustin*, b... m[3] 17 février 1800, à Marguerite FOUCAULT (3).
1776, (26 nov.)[2]
2° RENAUD, Marie-Joseph, [JEAN-BERNARD III.
b 1732 ; veuve de Guillaume Daigle.

1764, (9 janvier) St-Vincent-de-Paul.
III.—RENAUD, CHARLES, [JACQUES II.
b 1742.
PAQUET, Judith-Julienne, [LOUIS IV.
b 1744.

1764, (5 mars) Grondines.
III.—RENAUD (4), JEAN-BTE, [JACQUES II.
b 1746.
GRIGNON, Henriette, [MICHEL II.
b 1747.

1765, (11 février) Terrebonne.
IV.—RENAUD, FRANÇOIS, [JOSEPH III.
b 1739.
LAUZON, Geneviève, [JACQUES-PAUL III.
b 1742.

(1) Appelé Bernard en 1763.
(2) Fils de François et de Céleste Brion-Lapierre.
(3) Fille de Jean-Baptiste et d'Elisabeth Sarazin.
(4) Dit Locat.

1765, (15 avril) St-Philippe.
II.—RENAUD (1), JEAN-BTE, [PIERRE I.
b 1733.
CIRCÉ, Marie-Anne, [MICHEL-FRANÇOIS II.
b 1726 ; veuve de Laurent-Eustache Demers.

1766, (20 janvier) St-Henri-de-Mascouche.[7]
IV.—RENAUD, JOSEPH-PASCHAL, [MICHEL III.
b 1740.
VILLENEUVE, Marie-Joseph, [PIERRE III.
b 1743.
Joseph-Paschal, b 1766 ; m[7] 1795, à Marie-Scholastique TRUCHON. — *Marie-Anne*, b 13 mars 1770, à Lachenaye.

1766, (8 avril) Pte-aux-Trembles, M.
III.—RENAUD (2), DOMINIQUE, [FRANÇOIS II.
b 1732 ; s 13 mars 1777, à Terrebonne.[4]
PETIT, Marguerite, [JEAN II.
b 1749 ; s[4] 15 avril 1777.

1767, (16 février) Terrebonne.
IV.—RENAUD, PIERRE, [JOSEPH III.
b 1741.
FORGET, Catherine, [GABRIEL III.
b 1745 ; veuve de Jean Phaneuf.

1769, (9 janvier) Terrebonne.[5]
IV.—RENAUD (2), JEAN-ANTOINE, [ANTOINE III.
b 1745 ; s[5] 16 août 1780.
RENAUD, Marie-Catherine, [JOSEPH III.
b 1746.

RENAUD, MICHEL.
MAILLET, Catherine.
Michel, b 12 juillet 1769, à Lachenaye.

1769, (6 février) Ile-Dupas.
IV.—RENAUD, JEAN-BTE, [PIERRE III.
b 1744.
CHICOINE, Marie-Joseph. [FRANÇOIS III.

1770, (10 sept.) Terrebonne.
IV.—RENAUD (2), FRANÇOIS, [ANTOINE III.
b 1747.
LECOMPTE, Marie-Louise, [JOSEPH-SIMON III.
b 1742.

1771, (15 janvier) St-Henri-de-Mascouche.
IV.—RENAUD, JOS.-MARIE, [CHS-FRANÇOIS III.
b 1749.
VILLENEUVE, Madeleine, [JEAN-PIERRE III.
b 1747.
Joseph, b 7 nov. 1771, à Lachenaye.

1771, (12 août) Détroit.[1]
IV.—RENAUD, LOUIS, [PIERRE III.
b 1739.
CASSE, Marie-Anne, [JACQUES II.
b 1753.
Louis, b[1] 10 juin 1772. — *Marie-Anne*, b[1] 13

(1) Dit Lachapelle.
(2) Dit Locat.

janvier 1774.—*Gabriel*, b [1] 23 nov. 1775.—*Marie-Catherine*, b [1] 11 déc. 1776. — *Marie-Geneviève*, b [1] 4 février et s [1] 28 août 1778. — *Geneviève*, b [1] 17 avril 1779.—*Antoine*, b [1] 30 mars 1780.—*Véronique*, b [1] 22 avril 1782. — *Irène*, b [1] 19 mars 1783. — *François-Xavier*, b [1] 19 avril 1784. — *Cécile*, b [1] 6 mai 1785.

1772, (12 février) Lachenaye.
IV.—**RENAUD,** CHARLES, [JOSEPH III.
b 1750 ; s 9 juin 1834, à Ste-Thérèse. [2]
GRATON, Marie-Joseph, [LOUIS III.
b 1753 ; s [2] 16 avril 1834.

1772, (20 juillet) Terrebonne.
IV.—**RENAUD,** JOSEPH, [JOSEPH III.
b 1738.
BRIÈRE, Louise, [JEAN-FRANÇOIS III.
b 1737.

1773, (11 janvier) Montréal.
II.—**RENAUD,** SIMON, [PIERRE I.
b 1743.
GROUX, Marie-Monique, [GABRIEL III.
b 1737 ; veuve de Louis-Sébastien Huberdeau-Lafrance.

1773, (24 mai) St-Henri-de-Mascouche.
IV.—**RENAUD,** CHS-FRANÇOIS, [CHS-FRS III.
b 1752.
BORSMÉ, Marie-Rose, [MICHEL III.
b 1751 ; veuve de Michel Marois.

1774, (31 janvier) Terrebonne.
IV.—**RENAUD** (1), LOUIS, [ANTOINE III.
b 1743.
GIBAUT, Marie-Anne. [JEAN-BTE III.

1774, (20 juin) St-Henri-de-Mascouche.
IV.—**RENAUD,** JEAN-BTE, [CHARLES-FRS III.
b 1750.
MULOIN, Marie-Françoise, [PIERRE III.
b 1754.

1775, (3 juillet) Québec.
IV.—**RENAUD,** LOUIS, [JACQUES III.
b 1751.
DION, Louise, [JOSEPH III.
b 1749.

1779, (8 février) Terrebonne.
IV.—**RENAUD,** LOUIS, [JOSEPH III.
b 1754.
BASTIEN, Madeleine. [ETIENNE.
Charles, b... m 6 nov. 1797, à Ursule RENAUD, à Ste-Anne-des-Plaines. [6] — *Marie-Ursule*, b... m [6] 6 nov. 1797, à Charles DESROCHES.

1782, (23 sept.) Terrebonne.
IV.—**RENAUD,** JEAN-BTE. [JEAN-BTE III.
LABELLE, Françoise, [JOSEPH III.
b 1756 ; veuve de Barthélemi Vaillancour.

(1) Dit Locat.

1795, St-Henri-de-Mascouche. [9]
V.—**RENAUD,** JOS.-PASCHAL, [JOS.-PASCHAL IV.
b 1766.
TRUCHON-LÉVEILLÉ, Marie-Scholastique.
Narcisse, b... m [9] 1823, à Marie-Louise ROY.

1798, (23 avril) Ste-Thérèse.
V.—**RENAUD,** LOUIS, [CHARLES IV.
b 1766.
TAILLON, Marie-Marguerite. [MICHEL-OLIVIER V.

1800, (17 février) Ste-Therèse.
V.—**RENAUD,** AUGUSTIN, [CHARLES IV.
b 1773.
FOUCAULT, Marguerite, [JEAN-BTE.
b 1779.

1823, St-Henri-de-Mascouche. [9]
VI.—**RENAUD,** NARCISSE. [JOSEPH-PASCHAL V.
ROY, Marie-Louise.
Octave, b [9] 1825 ; m [9] 11 juillet 1849, à Florentine ALARD.

1849, (11 juillet) St-Henri-de-Mascouche.
VII.—**RENAUD,** OCTAVE, [NARCISSE VI.
b 1825.
ALARD, Florentine.

1761, (26 janvier) Montréal.
I.—**RENAUDEAU,** FRANÇOIS, b 1758 ; fils de Jean et de Marie Bonedeau, de Jonjaque, diocèse de Xaintes, Saintonge.
GROUILLON, Marie-Anne, [JEAN-BTE I.
b 1713.

1717.
I.—**RENAUDET,** JOSEPH-JEAN-BTE.
MÉNARD, Madeleine, [JEAN-BTE II.
b 1692 ; s 22 nov. 1756, à Chambly. [1]
Louise-Madeleine, b [1] 23 janvier 1718 ; m [1] 6 juin 1735, à Michel BROUILLET. — *Jean-Baptiste*, b [1] 6 janvier 1720 ; m 25 fevrier 1754, à Marie-Anne HUET, à Boucherville.

1754, (25 février) Boucherville.
II.—**RENAUDET,** JEAN-BTE, [JOS.-JEAN-BTE I.
b 1720.
HUET-DULUDE, Marie-Anne, [JACQUES II.
b 1723.
Marie-Anne, b 4 août 1755, à Chambly [9] ; s [9] 4 déc. 1758.—*Madeleine*, b [9] 30 mars 1757. — *Jean-Baptiste*, b [9] 3 janvier 1759.

I.—**RENAUDIN** (1), MARIE, fille de Vincent et de Françoise .... ; m 10 sept. 1654, à Nicolas LEVIEUX DE HAUTEVILLE, à Quebec.

RENAULT.—Voy. RENAUD.

RENAUT.—Voy. RENAUD.

RENAUX.—Voy. RENAUD.

(1) De la Blanchetière, voy. vol. I, p 393.

RENCONTRE.—Voy. Coutaut — Dumas—Judic —Lemay—Tévenin.

I.—**RENCONTRE**, Jean, b 1675 ; s 20 sept. 1725, à Montréal.

RENCOUR.—Voy. Rancour.

RENCOURT.—Voy. Rancour.

I.—**RENDU**, Julien, b 1720 ; d'Agon, diocèse de Coutances, Normandie ; s 23 oct. 1744, à Ste-Anne-de-la-Pocatière.

RENÉ.—Voy. Coltret—De la Roche-Vernay—Regnier.

I.—**RENÉ**, b 1662 ; jardinier ; s 26 nov. 1742, à Quebec.

RENEAU.—Voy. Renaud.

RENELLE.—*Surnoms :* Fleuridor — Girard—Lebrun.

1723, (28 déc.) Pointe-Claire.

I.—**RENELLE** (1), Jacques-Girard-François, fils de Cornius et de Marguerite Semet, de St-Germain, France.

Lalande (2), Marie-Jeanne, [Et.-Louis I. b 1700 ; veuve de Jean Brunet ; s 8 mai 1762, au Bout-de-l'Ile, M.[7]

François, b [7] 24 mars 1725 ; m [7] 19 février 1748, à Marie-Catherine Pilon.—*Simon*, b [7] et s [7] 28 oct. 1727.

1748, (19 février) Bout-de-l'Ile, M.[7]

II.—**RENELLE** (3), Frs, [Jacq.-Girard-Frs I. b 1725.

Pilon, Marie-Catherine, [Jean II. b 1723 ; s [7] 23 oct. 1764.

François-Amable, b [7] 12 et s [7] 22 mars 1750.—*Amable-Pierre*, b [7] 24 août 1751. — *Marie-Françoise*, b [7] 24 mars 1753.—*Antoine-Amable*, b [7] 29 sept. et s [7] 1er oct. 1755. — *Charles*. b [7] 5 oct. 1756.—*Louis*, b [7] 27 déc. 1758. — *Marie-Marguerite*, b [7] 4 janvier 1761. — *Joseph-Marie*, b [7] 19 et s [7] 28 mars 1763.

RENETTE.—Voy. Revot.

1759, (19 nov.) Beauport.

II.—**RENFOUR** (4), Charles, [René I. b 1732.

Crête, Madeleine-Angélique, [Pierre III. b 1740.

Marie-Angélique, b 5 et s 6 août 1761, à L'Ange-Gardien.

RENIAUT.—Voy. Renaud.

(1) Dit Fleuridor—Lebrun : marié sous ce dernier nom.

(2) Langliche.

(3) Dit Fleuridor.

(4) Pour Charles-René Fourré dit Vadeboncœur, voy. vol. IV, p. 97.

RENIER.—Voy. Regnier.

RENIÈRE (De).—Voy. Vuideris.

RENNERO.—*Surnom :* Laframboise.

1710, (17 nov.) Québec.[7]

I.—**RENNERO** (1), Lucas, fils de Jean et d'Offrande Bertin, du Bois, Ile Rhé, diocèse de LaRochelle, Aunis.

Bruneau (2), Marie-Agnès, b 1680 ; fille de Vincent et de Marie Rigaud, de Pontchartrain, diocèse de Paris ; s [7] 28 oct. 1723.

Agnès, b [7] 12 février 1711.—*Marie-Joseph*, b... m [7] 26 nov. 1738, à Antoine-François Sarrazin.

RENO.—Voy. Renaud.

RENOCHE.—Voy. Gagné.

RENOU.—*Surnoms :* De la Chapelle — Lachapelle—Laveille.

1683, (21 août) Boucherville.

I.—**RENOU** (3), François, b 1644.

Crevier (4), Marguerite, [Christophe I. b 1645 ; veuve de Michel Gamelin.

Madeleine, b 23 juin 1684, aux Trois-Rivières[4] ; 1° m 24 nov. 1698, à Louis Pinard, à St-Frs-du-Lac[5] ; 2° m 17 sept. 1736, à Antoine Dubois, à St-Michel-d'Yamaska.—*Jeanne*, b [4] 10 déc. 1685 ; m [5] 17 mai 1705, à Jean-Baptiste Couturier ; s [6] 9 juillet 1754.—*François-Michel*, b [4] 20 déc. 1687 ; m [5] 6 juin 1713, à Catherine Marin.

1713, (6 juin) St-Frs-du-Lac.[9]

II.—**RENOU** (5), Frs-Michel, [François I. b 1687.

Marin, Catherine, [Charles-César I. b 1696, s [9] 15 janvier 1747.

François-Michel, b [9] 10 mai 1714. — *Paul*, b [9] 31 mai 1715 ; s [9] 4 avril 1733.—*Jean-Baptiste*, b [9] 14 août et s [9] 31 oct. 1716.—*Jeanne-Elisabeth*, b [9] 11 sept. 1717 ; m [9] 23 mai 1746, à Jean-Baptiste Laserre. — *Jean-Baptiste*, b [9] 16 août 1719. — *Catherine-Thérèse*, b [9] 17 déc. 1720 ; m [9] 18 janvier 1750, à Joseph Dubois.—*Agathe*, b 1721 ; s [9] 24 août 1722.—*Thérèse*, b [9] 30 août 1722 ; s [9] 24 sept. 1723.—*Jean-Baptiste*, b [9] 3 février 1724 ; s [9] 16 oct. 1745. — *Michel*, b [9] 10 juin 1725 ; s [9] 7 février 1726. — *Catherine*, b [9] 21 janvier 1727. — *Agathe*, b [9] 27 juillet 1728 ; m [9] 22 nov. 1751, à Claude Cartier. — *Michel*, b [9] 24 avril et s [9] 4 juin 1730. — *Marie-Angélique*, b [9] 23 avril et s [9] 23 juin 1731.—*Marguerite*, b [9] 8 juillet 1732 ; m [9] 8 sept. 1749, à Joseph Launière. — *Paul*, b [9] 1er mars 1734.—*Michel*, b [9] 25 juin 1735.—*Louis*, b [9] 14 mars et s [9] 19 juin 1738.

(1) Dit Laframboise.

(2) Aussi appelée Drouillard.

(3) De la Chapelle, voy. vol. I, p. 515.

(4) Elle épouse, en 1692, Robert Groston.

(5) Dit Lachapelle.

1748, (17 sept.) Montréal.[6]

I.—RENOU (1), Charles, b 1715, soldat; fils de Léonard et de Marie-Anne Filleul, de St-Germain-de-Dourdan, diocèse de Chartres, Beauce.

Georget, Marie, [Jean I. b 1723.

Jacques, b [6] 25 août 1749.

RENOUARD.—Voy. Renouer.

RENOUER.—*Variation :* Renouard.

1753, (30 avril) St-Nicolas.[1]

I.—RENOUER (2), François, fils de Joseph et de Victoire Vincenne, de St-Pierre-de-Pertuis, diocèse d'Aix, Provence.

Guignard, Marie, [Pierre II. b 1729.

Marie-Françoise, b [1] 12 février 1754.—*Victoire*, b [1] 4 avril et s [1] 15 mai 1755. — *Pierre-Joseph*, b 19 juillet 1756, à Kamouraska. [2] — *Marie-Victoire*, b [2] 16 juillet 1758. — *Marie-Judith*, b [2] 25 dec. 1760.—*François*, b [2] 26 déc. 1762. — *Marie-Geneviève*, b [2] 12 juin 1764. — *Jean-Baptiste*, b [2] 24 août 1766.—*Joseph*, b [2] 4 avril 1768. — *Marie-Anne*, b 1772 ; s 19 avril 1777, à St-Cuthbert.

I.—RENOYER, Ambroise, b 1676 ; marchand ; s (dans l'église) 19 nov. 1719, à Québec.[6]

Arguin (3), Olive-Pélagie, b 1678.

Marie-Jeanne, b 1705 ; 1° m [6] 6 mai 1729, à Louis Boucher ; 2° m [6] 11 avril 1735, à Jean Damours.—*Jean*, b 1713 ; s [6] 14 février 1717.—*Marguerite*, b [6] 16 et s [6] 21 déc. 1716. — *Marie-Françoise*, b [6] 2 sept. 1718 ; s [6] 17 avril 1733. — *Yves-Ambroise* (posthume), b [6] 8 août 1720.

RENVOIZÉ.—*Variations et surnom :* Ravoisi—Ranvoizé—Renvoysé—Renvoyzé—Sanschagrin.

1729, (8 mai) Québec.[6]

I.—RENVOIZÉ (4), Etienne, b 1699, boutonnier; fils de Pierre et de Marie Goupil, de Caen, Normandie; s [6] 4 sept. 1749.

Poitras, Marie-Jeanne, [Jean I. b 1700.

Etienne-Joseph, b [6] 4 juillet 1730. — *Marie-Geneviève*, b [6] 3 janvier 1732 ; m [6] 25 sept. 1758, à Nicolas Letellier. — *Marie-Joseph*, b 4 et s 19 mars 1734, à Lorette. [7] — *Marie-Françoise*, b [6] 24 juillet et s [7] 9 sept. 1735. — *Marie-Anne*, b [6] 6 août 1736. — *Jacques*, b [6] 13 août et s [6] 23 sept. 1737.—*Louis-Marie*, b [6] 5 déc. 1738 ; m [6] 11 juin 1772, à Marie-Anne Vésina ; s [6] 8 mars 1779.—*François*, b [6] 26 déc. 1739 ; m [6] 25 nov. 1771, à Vénérande Pellerin ; s 11 oct. 1819, à l'Hôtel-Dieu, Q. — *Pierre*, b [6] 14 mai et s [6] 25 juillet 1741. — *Elisabeth*, b [6] 8 mars 1743 ; s [6] 16 juin 1744. —*Martial*, b [6] 25 oct. 1748.

1771, (25 nov.) Québec.[2]

II.—RENVOIZÉ, François, [Etienne I. b 1739 ; s 11 oct. 1819, à l'Hôtel-Dieu, Q.[3]

Pellerin, Vénérande, [Charles I. b 1751 ; Acadienne ; s [3] 26 février 1816.

Vénérande, b 1773 ; m [2] 2 juillet 1804, à Joseph DeBlois ; s [3] 26 nov. 1836.

1772, (11 juin) Québec.[2]

II.—RENVOIZÉ, Louis-Marie, [Etienne I. b 1738 ; s [2] 8 mars 1779.

Vésina (1), Marie-Anne.

RENVOYSÉ.—Voy. Renvoizé.

RENVOYZÉ.—Voy. Renvoizé.

REPOCHE.—*Surnom :* Ducharme.

I.—REPOCHE (2), François, b 1624 ; s 20 nov. 1701, à Montréal.

Hubert (3), Renée-Madeleine, [Frs-Jacques I b 1651.

Joseph, b... m 26 sept. 1702, à Marie-Geneviève Bisson, à Ste-Foye.

1702, (26 sept.) Ste-Foye.[6]

II.—REPOCHE, Joseph. [François I.

Bisson, Marie-Geneviève, [René-Gervais II. b 1682 ; s [6] 17 dec. 1702.

Geneviève, b [6] 11 dec. 1702.

1753, (9 janvier) Québec.[6]

I.—REQUIEM (4), Jean, b 1732 ; fils de Pierre et de Marie Moreau, de Tremblade, diocèse de Xaintes, Saintonge.

Laroche (5), Marie-Joseph, [Augustin II. b 1736.

Marie-Joseph, b [6] 12 et s 17 sept. 1754, à Charlesbourg. — *Marie-Joseph*, b [6] 12 dec. 1756 ; s 30 mars 1758, à Lorette.

REQUIER (De).—Voy. Dabadie.

1758, (24 avril) Québec.[7]

I.—RESTIF, Charles, b 1736 ; écrivain ; fils de Charles (avocat) et de Perine Houite, de St-Jouin, diocèse de St-Malo, Basse-Bretagne ; s [7] 26 oct. 1761.

Poulin, Marie-Marguerite, [Jean IV. b 1739.

Charles, b 30 août 1760, à Beaumont.

RETAU.—Voy. Setau.

(1) Dit Laveille.

(2) Et Renouard, 1754.

(3) Elle épouse, le 14 février 1722, François Lemaitre, à Québec.

(4) Et Ravoisi dit Sanschagrin; absent de la colonie en 1734.

(1) Elle épouse, le 27 nov. 1781, Joseph Côté, à Québec.

(2) Voy. vol. I, p. 515, et Ducharme, vol. III, p. 490.

(3) Elle épouse, en 1703, Julien Saugeon.

(4) Capitaine de navire dont la mère réside à Rochefort (registre des procès-verbaux de Liberté, arch. 1766.)

(5) Elle épouse, le 6 oct. 1760, Alexandre Dumas, à l'Islet.

I.—RETEIL, JEAN.
CHAUVIN (1), Marie-Amable, [JEAN II.
b 1739.
Marie-Joseph, b 1766; m 29 avril 1783, à Jacques MILAIRE, à Montréal.

RETOR.—Voy. DEVAU.

I.—RETOUR (2), LOUIS.

RETROSE.—Voy. GILLIET.

REVEL.—Voy. DURETTE.

REVERDRA.—Voy. BRAC—BRAIS.

1744, (17 fevrier) Beaumont.
I.—REVOT, PIERRE, marchand; fils de Jacques (procureur au parlement) et d'Hélène Bastard, de St-Louis-de-Grenoble, en Dauphine.
ROY, Charlotte, [JOSEPH III.
b 1728.
Pierre-Charles, b 3 nov. 1745, à Québec[8]; s[8] 2 juillet 1748. — *Charlotte*, b[8] 22 février et s 8 avril 1747, à St-Augustin.— *Charlotte-Marie*, b[8] 27 juillet 1748. — *Pierre*, b[8] 5 août 1750; s[8] 18 déc. 1753. — *Marie-Anne-Victoire*, b[8] 19 février 1752.— *Jean-Victor*, b[8] 22 juillet 1753. — *Marie-Madeleine*, b[8] 23 fevrier et s[8] 11 mars 1755.— *Elisabeth*, b[8] 7 août et s 9 oct. 1756, à Charlesbourg.

1764, (2 juillet) Québec.
I.—REY, FRANÇOIS, b 1734; fils de Jean et de Jeanne Estival, de St-Laurent, diocèse de Cahors, Guienne.
CHEVALIER, Therèse, [LOUIS III.
b 1731; veuve de Pierre St. Andre.

I.—REYBOOCENN, JOSEPH,
b 1734; s 25 déc. 1789, à Québec.
VYTERHEIM, Catherine.

1777, (14 avril) Montréal.
I.—REYDIS (3), THOMAS, b 1756; fils de Patrice et de Louise Macaire, de Kilkenny, Irlande.
MOUSSEAU, Marie-Louise, [JEAN I.
b 1760.

1694, (25 juillet) Québec. [1]
II.—REY-GAILLARD (4), PIERRE, [LAURENT I.
b 1656; s[1] 8 juillet 1726.
CAILTEAU, Françoise, [JACQUES I.
b 1665; veuve de Denis Richard; s[1] 12 mai 1720.
Marie-Françoise-Achille, b[1] 4 avril 1701. — *Jean-Baptiste-Pierre* (5), b[1] 24 juin 1702.

(1) Elle épouse, le 10 juin 1771, Joseph Ouilem, à Boucherville.

(2) Soldat au régiment de Berry, compagnie Goffreteau.

(3) Dit Thomas.

(4) Voy. vol. I, p. 516.

(5) En 1753 il se trouvait absent de la colonie depuis plus de 30 ans; ce qui fait que sa sœur, Marie-Françoise-Achille, entre en possession de l'hérédité du dit Pierre pour les trois fiefs de Miramichi, Gobin-de-Nipissiquit et d'Iberville-de-Ristigouche. (Acte de foi, vol. II, pp. 219-220.)

1747, (5 sept.) Montréal.
I.—REYNAUT, LOUIS, b 1720; fils de Louis et de Marie-Anne Laframboise, de Louisbourg, Acadie.
PARSONNE, Louise, [NICOLAS I.
b 1721.

RHAULT.—Voy. RAOUL.

RHÉAULT.—Voy. RAOUL.

RHÉAUME.—Voy. RÉAUME.

I.—RHÉBOULE (1).

RHO.—Voy. RAOUL.

I.—RHODES, ANTOINE,
chaudronier.
CÉRISIER, Anne.
Marguerite, b 1733; m 10 janvier 1752, à Jacques GUICHAUD, à Quebec[2]; s[2] 6 avril 1785. —*Marie-Geneviève*, b[2] 9 et s[2] 12 sept. 1741.— *Marie-Françoise*, b[2] 30 janvier et s[2] 30 mai 1743. —*Marie-Jeanne*, b[2] 23 mai et s[2] 2 juin 1744. — *Marguerite*, b[2] 9 août et s[2] 4 sept. 1745.

RHODES (2), GÉRARD.
SAUVAGESSE, ...
Antoine, né août 1779; b 17 juin 1785, au Detroit.[3] — *Charles*, né 1783; b[3] 17 juin 1785.— *Marie-Claire*, née avril et b[3] 17 juin 1785.

RIBERGE.—Voy. LIBERGE.

RIBERVILLE.—Voy. CESIRE.

1708, (31 juillet) Lachine. [4]
I.—RIBERVILLE (3), JOSEPH.
ANGLAISE (4), Marie-Anne.
Joseph, b[4] 9 déc. 1708.—*Antoine*, b[4] 4 mars et s[4] 20 août 1710.—*Marie-Anne*, b[4] 1er mars 1711; 1° m 1738, à Claude BOYER; 2° m 4 juillet 1757, à François LALONDE, au Bout-de-l'Ile, M — *François-Guillaume*, b[4] 10 juillet et s[4] 11 août 1719.

RIBILLIAU.—Voy. REBILLAU.

1723, (18 nov.) Québec. [4]
I.—RIBOULET, JEAN, fils de Jean et de Marie-Anne Gabrielle, de St-Jean, ville de Marseille, Provence; s[4] 29 juin 1728.
MADRAC, Marie-Anne, [DENIS I.
b 1700; s[4] 26 juin 1729.
Jean-Pierre, b[4] 5 déc. 1725.

RICARD.—*Variation:* RICHARD.

(1) Commandant de "la Carcasière." Il était à la Pte-aux-Trembles, Q., le 26 août 1759.

(2) Ils n'étaient pas mariés.

(3) Sauvage panis, engagé chez M. DeLorimier.

(4) Engagère chez M. DeLorimier.

I.—RICARD (1), JEAN,
b 1636; s 9 juillet 1726, à Ste-Anne-de-la-Pérade.[7]
PINEAU, Madeleine, [PIERRE I.
b 1660; s [7] 27 mai 1734.
Charles, b... m [7] 7 mars 1707, à Marguerite RICHER; s [7] 23 février 1750.— *Marie-Renée*, b 26 mai 1686, à Batiscan [8]; m à Jean-Baptiste-Gilles DUPONT. — *Thomas*, b [8] 18 sept. 1691; 1° m 3 février 1716, à Marie-Françoise GRIGNON, aux Grondines [9]; 2° m [7] 10 sept. 1753, à Marie-Madeleine COURTOIS; s [7] 23 mars 1772.—*Marguerite-Joseph*, b [7] 9 oct. 1693; m [7] 27 nov. 1713, à Jean-François BEAUDOIN; s [7] 11 nov. 1759.—*Angélique*, b [7] 19 mars 1697; m [7] 1er avril 1727, à Etienne TALON. —*François*, b [7] 27 juin 1699; m [9] 23 janvier 1731, à Marie-Joseph BOISVERD. — *Marie-Anne*, b [7] 2 mai 1702; m [7] 8 mars 1734, à Jean-Baptiste MORAND; s [7] 14 mars 1740.

1707, (7 mars) Ste-Anne-de-la-Pérade.[8]
II.—RICARD (2), CHARLES-SIMON, [JEAN I.
s [8] 23 fevrier 1750.
RICHER, Marguerite, [PIERRE I.
b 1691; s [8] 23 août 1761.
Marie-Louise, b 1710; m [8] 16 août 1735, à Jean-Baptiste ROBERT-ST. AMAND.—*Pierre-Charles*, b [8] 7 fevrier 1712; m [8] 6 février 1736, à Marie-Françoise L'ECUIER; s 11 nov. 1788, à St-Cuthbert. — *Marie-Thérèse*, b [8] 29 juin 1715; s [8] 23 août 1718. — *Charles*, b [8] 4 juillet 1717; m 1752, à Angélique HOUDE.—*François*, b [8] 20 avril 1720; m [8] 22 février 1751, à Marie-Joseph CHAREST. — *Marie-Anne*, b [8] 23 février 1724; m [8] 8 avril 1755, à Joseph GERVAIS. — *Michel*, b [8] 16 mai 1727; m [8] 8 nov. 1751, à Françoise BOISVERD. —*Joseph*, b [8] 11 mars 1730; s [8] 5 fevrier 1734.— *Jean-Baptiste*, b [8] 31 mars et s [8] 24 juillet 1733.

1708, (11 février) Ste-Anne-de-la-Pérade.[2]
II.—RICARD (2), JEAN, [JEAN I.
b 1683.
MORNEAU, Marie-Louise, [JEAN II.
b 1690.
Marie-Françoise, b [2] 4 mars 1709; m 8 mars 1734, à Joseph LERICHE, à L'Assomption. — *Thomas*, b [2] 5 juillet 1711.—*Marie-Louise*, b [2] 20 oct. 1713.—*François*, b [2] 19 mars 1716.—*Pierre*, b [2] 28 janvier 1718.

1716, (3 février) Grondines.[3]
II.—RICARD (2), THOMAS, [JEAN I.
b 1691; s 23 mars 1772, à Ste-Anne-de-la-Pérade.[4]
1° GRIGNON, Marie-Françoise, [JACQUES I.
b 1694; s [4] 16 février 1738.
Thomas, b [3] 26 janvier 1717; m [4] 7 février 1752, à Madeleine JUNEAU; s [4] 17 dec. 1769.—*Jacques*, b [4] 28 janvier 1722; m 1758, à Marie-Joseph MARTIN. — *Marie-Jeanne*, b [4] 11 nov. 1723. — *Marie-Françoise*, b [4] 10 nov. 1725; m [4] 19 nov. 1753, à Michel BARIBAUT.—*Marie-Angélique*, b [4] 21 août 1727.—*Marie-Catherine*, b [4] 6 mai 1729.—*Marie-Anne*, b [4] 31 août 1731. — *Louis-Joseph*, b [4] 13 avril 1733; m 19 oct. 1761, à Marie-Anne HÉBERT, aux Trois-Rivières. — *Antoine*, b [4] 16 août 1735; m [4] 11 oct. 1762, à Marie BOUDREAU.— *Madeleine*, b 1737; m 15 janvier 1755, à Jean-Baptiste MARTIN, au Cap-de-la-Madeleine.

1753, (10 sept.) [4]
2° COURTOIS, Marie-Madeleine, [GABRIEL II.
b 1707.

1731, (23 janvier) Grondines.[6]
II.—RICARD, FRANÇOIS, [JEAN I.
b 1699.
JOBIN-BOISVERD, Marie-Joseph, [JEAN II.
b 1710.
François, b 22 déc. 1731, à Ste-Anne-de-la-Pérade [7]; m 1775, à Marie-Joseph RICARD. — *Joseph*, b [7] 11 mai 1733; m [6] 15 nov. 1762, à Marguerite TROTIER. — *Pierre-Basile*, b [7] 25 février 1735; s 18 juin 1810, à l'Hôpital-Général, M. — *Marguerite-Joseph*, b [7] 9 juin 1738. —*Alexis*, b [7] 7 août 1740; 1° m [7] 6 février 1764, à Françoise LAQUERRE; 2° m [7] 20 oct. 1777, à Thérèse BARIL. — *Marie-Joseph*, b [7] 16 août et s [7] 31 déc. 1741. — *Charles*, b [7] 19 déc. 1745; s [7] 15 déc. 1748.—*Eustache*, b [7] 30 juin et s [7] 17 oct. 1747.—*Marie-Pélagie*, b [7] 5 mars 1749; m [7] 9 février 1777, à Louis-Joseph LÉVESQUE.— *Eustache*, b [7] 13 sept. et s [7] 15 oct. 1750.—*Marie-Joseph*, b [7] 14 août 1752; m [7] 13 février 1775, à Rene TROTIER.

1736, (6 février) Ste-Anne-de-la-Pérade.[1]
III.—RICARD, PIERRE-CHARLES, [CHS-SIMON II.
b 1712; s 11 nov. 1788, à St-Cuthbert.[2]
LÉCUIER, Marie-Françoise, [ANTOINE III.
b 1703; veuve de François Jobin.
Joseph, b [1] 26 nov. 1736; m [1] 18 fevrier 1765, à Marguerite GAGNON. — *Pierre*, b 1738; 1° m [1] 18 février 1765, à Marie-Joseph VALLÉE; 2° m [2] 15 oct. 1770, à Madeleine TURCOT.—*Marie-Marguerite*, b [1] 5 mai 1739.—*Marie-Anne*, b [1] 26 avril 1740; m [1] 18 février 1765, à Alexis VALLÉE.— *Jean-Baptiste*, b [1] 8 oct. 1741.

1751, (22 février) Ste-Anne-de-la-Pérade.[5]
III.—RICARD, FRANÇOIS, [CHARLES II.
b 1720.
CHAREST, Marie-Joseph, [JOSEPH III.
b 1731.
Marie-Joseph, b [5] 6 juin 1752; m 1775, à François RICARD.—*Marie-Rose*, b [5] 23 sept. 1753; m [5] 26 janvier 1779, à Joseph FÈCHE.—*François*, b [5] 8 nov. 1755.—*Marie-Charlotte*, b [5] 12 mars 1758.— *Marie-Françoise*, b [5] 3 nov. 1761; s [5] 23 janvier 1762.—*Joseph*, b [5] 22 sept. 1763.—*Geneviève*, b 5 juillet 1766, à Deschambault; s [5] 2 mars 1770.— *Marie-Joseph*, b [5] 16 déc. 1771.

1751, (8 nov.) Ste-Anne-de-la-Pérade.[8]
III.—RICARD, MICHEL, [CHARLES II.
b 1727.
BOISVERD, Françoise, [FRANÇOIS III.
b 1732.
Joseph, b [8] 10 oct. 1752.—*Michel*, b [8] 22 nov. 1754.—*Marie-Françoise*, b [8] 8 avril 1757.—*Pierre*,

(1) Voy. Richard, vol. I, p 517.
(2) Et Richard.

b [8] 28 fevrier et s [8] 25 août 1759.—*Jean-Baptiste*, b [8] 30 juillet 1760.—*Alexis*, b [8] 5 et s [8] 17 janvier 1763.—*François*, b [8] 16 mars 1764. — *Pierre*, b [8] 24 août 1766.

1752, (7 février) Ste-Anne-de-la-Pérade. [9]
III.—RICARD, Thomas, [Thomas II.
b 1717; s [9] 17 dec. 1769.
Juneau (1), Madeleine, [Charles III.
b 1730.
Marie-Joseph, b [9] 31 janvier 1753.—*Thomas*, b 1754; s [9] 18 mars 1772. — *Charles*, b [9] 13 sept. 1755; s [9] 4 février 1772.—*Marie-Françoise*, b [9] 2 mars 1758.—*Marie-Louise*, b... m 15 fevrier 1779, à Jean-Baptiste Colin, à St-Cuthbert.—*Marie-Rosalie*, b [9] 6 juillet 1761.—*Marie-Angélique*, b [9] 8 juin 1763.—*François*, b [9] 17 avril 1765.—*Marguerite*, b [9] 21 août 1768.

1752.
III.—RICARD, Charles, [Charles II.
b 1717.
Houde, Angélique, [Jean-Bte III.
b 1724.
Marie-Judith, b 28 août 1753, à Ste-Anne-de-la-Pérade. [2] — *Jean-François*, b [2] 4 sept. 1755.—*Jean-Baptiste*, b [2] 13 mai 1757.—*Marie-Anne-Angélique*, b 25 août 1760, à St-Pierre-les-Becquets.

1758.
III.—RICARD, Jacques, [Thomas II.
b 1722.
Martin, Marie-Joseph, [Jean-Bte I.
b 1733.
Jacques, b 25 oct. et s 28 nov. 1759, à Ste-Anne-de-la-Pérade. [3] — *Joseph*, b [3] 24 janvier 1762.—*Marie-Joseph*, b [3] 23 nov. 1767.—*Marie-Marguerite*, b [3] 17 sept. 1769; s [3] 8 fevrier 1771.

1761, (19 oct.) Trois-Rivières.
III.—RICARD, Louis-Joseph, [Thomas II.
b 1733.
Hébert, Marie-Anne,
Acadienne; veuve de Joseph Doucet.
Joseph, b 1762; m 19 janvier 1784, à Marie-Joseph Pelletier, à Nicolet.

1762, (8 fevrier) Terrebonne.
I.—RICARD (2), Joseph, fils de Joseph et de Marguerite Barula, du diocèse de Carpentras, Comte-Venaissin.
Forget, Marguerite, [Gabriel III.
b 1743.

1762, (11 oct.) Ste-Anne-de-la-Pérade. [7]
III.—RICARD, Antoine, [Thomas II.
b 1735.
Boudreau, Marie-Modeste, [François I.
Acadienne.
Marie-Théotide, b [7] 4 sept. 1763.—*Marie-Cécile*, b [7] 18 août 1765. — *Marie-Joseph*, b [7] 23 sept. 1767.—*François-Marie*, b [7] 5 avril 1770.—*Augustin*, b [7] 23 février 1772. — *Jean-Philippe*, b [7] 30 juin 1774.

(1) Elle épouse, le 18 janvier 1773, Charles Dorion, à Ste-Anne-de-la-Pérade.
(2) Dit Fleur-d'orange.

1762, (15 nov.) Grondines.
III.—RICARD, Joseph, [François II.
b 1733.
Trotier, Marguerite, [René IV.
b 1736.
Joseph, b 3 mai 1764, à Ste-Anne-de-la-Pérade. [6] —*François*, b [6] 14 nov. 1771; s [6] 10 juillet 1776.

1764, (6 février) Ste-Anne-de-la-Pérade. [2]
III.—RICARD, Alexis, [François II.
b 1740.
1° Laquerre, Françoise, [Pierre-Thomas III.
b 1744; s [2] 15 juillet 1776.
Marie-Elisabeth, b [2] 19 nov. 1764. — *Alexis-Célestin*, b [2] 22 mars 1767. — *Marie-Basile*, b [2] 2 sept. 1769. — *Louis-Joseph*, b [2] 20 oct. 1771.—*François-Olivier*, b [2] 30 janvier 1774. — *Marie-Marguerite*, b [2] 4 mars 1776.
1777, (20 oct.) [2]
2° Baril-Ducheny, Thérèse, [Joseph III.
b 1749.
Joseph-Frédéric, b [2] 11 juillet 1778; m 8 sept. 1800, à Marie-Joseph Tousignan, à St-Jean-Deschaillons.—*Marie-Geneviève*, b [2] 10 avril 1780.

1765, (18 février) Ste-Anne-de-la-Pérade. [4]
IV.—RICARD, Pierre, [Pierre-Charles III.
b 1738.
1° Vallée, Marie-Joseph, [Jacques III.
b 1740.
Jean-Baptiste, b [4] 16 déc. 1765.—*Marie-Joseph*, b [4] 9 juin 1767.
1770, (15 oct.) St-Cuthbert. [8]
2° Turcot, Madeleine, [Alexis III.
b 1745.
Marie-Madeleine, b [8] 31 août 1771. — *Pierre*, b [8] 6 mars 1774; s [8] 17 juin 1775.— *Marie-Françoise*, b [8] 25 mai 1775.—*Pierre*, b [8] 30 janvier et s [8] 23 mars 1777.—*Vital*, b [8] 4 sept. 1779.—*Marie-Ursule*, b [8] 9 déc. 1780.—*Joseph*, b [8] 20 oct. 1782. —*Marie-Angélique*, b [8] 25 mars 1787.

1765, (18 février) Ste-Anne-de-la-Pérade.
IV.—RICARD, Joseph, [Pierre-Charles III.
b 1736.
Gagnon, Marguerite, [Pierre IV.
b 1742.

III.—RICARD, Pierre-Basile, [François II.
b 1735; s 18 juin 1810, à l'Hôpital-Général, M.

1775.
III.—RICARD, François, [François II.
b 1731.
Ricard, Marie-Joseph, [François III.
b 1752.
Raymond-François, b 23 janvier 1776, à Ste-Anne-de-la-Perade.

1784, (19 janvier) Nicolet.
IV.—RICARD, JOSEPH, [LS-JOSEPH III.
b 1762.
PELLETIER, Marie-Joseph, [HYACINTHE IV.
b 1760.

1800, (8 sept.) St-Jean-Deschaillons.
IV.—RICARD, JOS.-FRÉDÉRIC, [ALEXIS III.
b 1778.
TOUSIGNAN, Marie-Joseph, [LOUIS IV.
b 1778.

I.—RICE, TIMOTHÉE, b 1731; Anglais; s 28 sept. 1756, à l'Hôpital-Général, M.

RICHABOURG.—Voy. BOILEAU.

RICHARD.—*Variation et surnoms :* RICARD — BEAUCAIRE — BELMONT — DALBERT — DE LA FLEUR — LARICHARDIÈRE — LARIVIÈRE—LAROSE—LAVALLÉE—MARETTE—PRAYÉ.

I.—RICHARD (1), JACQUES, b 1685; s 12 juillet 1702, à Montréal.

I.—RICHARD, JACQUES, b 1685; s 30 avril 1765, aux Trois-Rivières.

I.—RICHARD (2), FRANÇOIS, b 1687; de la ville de Guéret, diocèse de Limoges; s 15 janvier 1751, à Batiscan.

1669, (21 oct.) Québec.
I.—RICHARD (3), MARIN,
b 1655; s 28 mai 1715, aux Grondines.
GRANDJON, Madeleine,
b 1645; s 28 mars 1725, à Deschambault. 7
Anne, b 1671; m 6 24 fevrier 1716, à Joseph CHAPLAIN; s 7 30 janvier 1751.—*Jacques,* b 1681; m 26 juin 1719, à Marguerite GRÉGOIRE, à Ste-Anne-de-la-Perade 8; s 8 14 fevrier 1741.—*Antoinette,* b 1689; m 6 10 août 1706, à Jacques HAMELIN; s 6 3 mars 1759.

1670, (24 sept.) Château-Richer.
I.—RICHARD (4), PIERRE,
b 1643; s 16 mai 1709, à la Pte-aux-Trembles, Q. 7
HÉVAIN, Marguerite,
b 1646; s 7 24 mars 1718.
Pierre, b 11 mars 1676, à L'Ange-Gardien; m 7 16 nov. 1700, à Marguerite PAGE; s 12 mai 1729, au Cap-Santé. 8 — *Louis,* b 7 7 sept. 1679; m 7 12 nov. 1708, à Marie-Thérèse-Pérette FOURNEL; s 8 4 déc. 1736.— *Jacques,* b 7 28 mai 1684, m 7 21 nov. 1708, à Marie-Charlotte GRENON; s 7 11 juin 1766.

(1) Dit Beaucaire—soldat de M. DeSoulanges.
(2) Curé de Batiscan.
(3) Dit Lavallée, voy. vol. I, p. 516.
(4) Voy. vol. I, p. 516.

1675, (26 nov.) Montréal. 4
I.—RICHARD (1), GUILLAUME,
s 8 juillet 1690, à la Pte-aux-Trembles, M. 5
TESSIER (2), Agnès, [URBAIN I.
b 1659.
Agnès, b 4 23 août 1676; m 5 1er déc. 1703, à Jean MORAU-DUPLESSY.—*Pierre,* b 4 8 août 1678; m 11 oct. 1706, à Catherine LARRIVÉE, à Boucherville. — *Jean-Baptiste,* b 5 19 mars 1682; m 4 15 août 1718, à Marie-Anne YON.— *Marguerite,* b... m 1705, à Jean BONNET. — *Anne,* b 5 1er avril 1686; m 5 23 nov. 1705, à Mathieu COITEUX.— *Marie-Madeleine,* b 5 14 mars 1688; 1° m 5 22 nov. 1706, à Pierre LAMBEYE; 2° m 5 24 mai 1723, à Pierre DESJARDINS. — *Urbain,* b... m 1719, à Marguerite FLEURICOUR.

1680, (16 nov.) Cap-St-Ignace. 9
I.—RICHARD (1), PIERRE,
b 1650; s 9 13 février 1719.
MIVILLE, Françoise, [FRANÇOIS II.
b 1663; s 9 6 dec. 1727.
Pierre, b 9 30 sept. 1681; 1° m 9 7 janvier 1709, à Elisabeth GAMACHE; 2° m 9 22 février 1751, à Marie-Françoise DUMAS. — *Jean,* b 1687; 1° m 9 16 janvier 1713, à Anne GAMACHE; 2° m 9 21 juillet 1749, à Marie FOURNIER; s 9 26 janvier 1763. — *Geneviève,* b 9 25 juin 1695; m 16 août 1723, à René CHEVALIER, à Beauport 8; s 8 9 mai 1768.

1688, (5 déc.) Boucherville. 3
I.—RICHARD (3), MATHURIN,
b 1658; soldat; s 3 22 août 1695.
BERTAUT (4), Jeanne, [JACQUES I.
b 1660; veuve de Vincent Verdon.
Marie, b 17 sept. 1689, à Montréal; m 3 28 nov. 1711, à Léger MARTIN.

1692, (11 août) Pte-aux-Trembles, Q. 9
II.—RICHARD (5), ALEXIS, [PIERRE I.
b 1672.
LANGLOIS, Claudine, [NICOLAS I.
b 1672; s 20 janvier 1740, au Cap-Sante. 8
Marie-Anne, b 9 10 oct. 1695; m 8 7 nov. 1713, à Jacques JUGNAC. — *Elisabeth,* b 9 17 oct. 1697; m à Guillaume JUGNAC. — *Nicolas,* b 9 27 nov. 1700; m 8 29 juillet 1728, à Marie-Joseph JUGNAC. — *Marie-Louise,* b 8 6 juin 1710, m 8 2 août 1728, à Michel MARCOT; s 9 18 mars 1761. — *Joseph,* b 8 5 sept. 1712; 1° m 8 6 août 1731, à Marie-Louise MARCOT; 2° m 18 août 1743, à Geneviève CHAPELAIN, à Deschambault.

1696, (3 sept.) Montréal. 4
I.—RICHARD (5), JACQUES,
b 1664; s 4 18 mars 1714.
BAUDEREAU, Elisabeth, [URBAIN I.
b 1673.

(1) Voy. vol. I, p. 516.
(2) Elle épouse, le 21 nov. 1692, Claude DuCongé, à la Pte-aux-Trembles, M.
(3) DesSablons—voy. vol. I, p. 517.
(4) Elle épouse, le 18 août 1698, Nicolas Vinet, à Boucherville.
(5) Voy. vol. I, p. 517.

Jacques, b [4] 19 janvier 1699; s [4] 18 mars 1714. —*Blaise*, b [4] 24 nov. 1700; m [4] 17 nov. 1732, à Marguerite GERVAISE. — *Marie-Catherine*, b [4] 12 fevrier 1704; m 3 février 1728, à Nicolas JETTÉ, à la Longue-Pointe. [5] — *Marie-Charlotte*, b [4] 30 déc. 1705; m [5] 7 janvier 1732, à Nicolas TESSIER. —*Agnès*, b [4] 8 et s [4] 16 juin 1708.—*Joseph*, b [4] 11 et s [4] 12 août 1709. — *Vincent*, b [4] 11 et s [4] 16 août 1709. — *Jacques-Charles*, b [4] 8 sept. 1710; s [5] 26 janvier 1749.

1700, (18 oct.) L'Ange-Gardien.
I.—RICHARD, JEAN, b 1675; fils d'Austrille et de Marie Pillard, de Saunay, diocèse de Poitiers, Poitou; s 24 avril 1715, à St-François, I. J. [1]
RENAUD (1), Marie, [PIERRE-ANDRÉ I. b 1680.
Anonyme, b [1] et s [1] 19 mai 1703.—*Marie-Suzanne*, b [1] 10 août 1704; m à Charles CLÉMENT; s 28 nov. 1760, à Terrebonne.

1700, (16 nov.) Pte-aux-Trembles, Q. [2]
II.—RICHARD, PIERRE, [PIERRE I. b 1676; s 12 mai 1729, au Cap-Santé. [3]
PAGÉ, Marguerite, [ROBERT II. b 1679; s [2] 19 nov. 1740.
Pierre, b [2] 9 oct. et s [2] 3 nov. 1701.—*Jacques*, b [2] 16 janvier 1703.—*Pierre*, b [2] 9 oct. 1704; 1° m 1727, à Madeleine CARPENTIER; 2° m [3] 26 février 1748, à Brigitte JUGNAC.—*Louis*, b [2] 27 juillet et s [2] 28 oct. 1706.—*Marie-Madeleine*, b [2] 10 nov. 1707; s [3] 1er nov. 1711.—*Adrien*, b [3] 7 oct. 1710.—*Anonyme*, b [3] et s [3] 1er mars 1712.—*François*, b [3] 22 oct. et s [3] 23 nov. 1714.—*Joseph-Marie*, b [3] 29 mars 1721; m [3] 12 oct. 1744, à Marie-Anne MOTARD. — *Marguerite*, b... m 2 février 1750, à François GAUDIN, aux Ecureuils.

1702, (30 janvier) Pte-aux-Trembles, Q. [4]
II.—RICHARD, FRANÇOIS, [PIERRE I. b 1677; s [4] (2) 8 août 1722.
BERTRAND, Marie-Angélique, [GUILLAUME I. b 1678; s 31 janvier 1747, aux Ecureuils. [5]
Marie-Catherine, b [4] 26 nov. 1702; s [4] 13 fevrier 1703.—*Jean-François*, b [4] 15 janvier 1704; s [4] 29 sept. 1712.—*Marie-Angélique*, b [4] 19 janvier 1706; m [4] 22 nov. 1723, à Guillaume LEFEBVRE; s 24 juillet 1778, à Québec.—*Marie-Louise*, b [4] 11 février 1708; m [4] 4 février 1732, à André BONENFANT.—*Marie-Madeleine*, b [4] 18 août 1710; m [4] 24 janvier 1735, à Joseph LEFEBVRE.—*Pierre*, b [4] 16 janvier 1712; m [5] 20 avril 1744, à Veronique DUSSAULT.—*Marie-Anne*, b [4] 31 oct. et s [4] 18 nov. 1714.—*Marie-Thérèse*, b [4] 1er nov. 1715.—*Jean-François*, b [4] 10 janvier 1720.—*Marie-Charlotte* (posthume), b [4] 26 août 1722; m [5] 13 nov. 1747, à Gabriel GAUDIN.

---

(1) Elle épouse, le 22 juillet 1715, François Brunet, à St-François, I. J.

(2) Ecrasé par son moulin.

1706, (11 oct.) Boucherville. [6]
II.—RICHARD, PIERRE, [GUILLAUME I. b 1678.
LARRIVÉE, Catherine, [PIERRE I. b 1686.
Joseph, b... s 7 août 1709, à Montréal. [7] — *Pierre*, b... s [7] 14 oct. 1709.—*Marie-Charlotte*, b 8 avril 1713, à la Pte-aux-Trembles, M. [8]; m [6] 10 mai 1734, à Joseph FAVREAU.—*Agathe*, b 1714; m 13 mars 1740, à Joseph LEROUX, à St-François, I. J.—*Catherine*, b [8] 5 mai 1719.—*Pierre-Joseph*, b [8] 19 mars 1721.—*Nicolas*, b [8] 31 mars 1723.

1707, (25 février) Annapolis, Acadie. [1]
I.—RICHARD, MICHEL, fils de Michel et de Jeanne Babin, Acadiens.
BOURGEOIS, Agnès, fille de Germain et de Madeleine Dugas, Acadiens.
Amand, b [1] 24 avril 1726; m 18 février 1760, à Marie GAUDET, à St-Pierre-les-Becquets; s 17 février 1770, à Nicolet. [2] — *Nathalie*, b... m [2] 4 février 1765, à Jean-Baptiste DESCOTEAUX; s [2] 26 mars 1790.

1708, (12 nov.) Pte-aux-Trembles, Q. [3]
II.—RICHARD, LOUIS, [PIERRE I. b 1679; s 4 dec. 1736, au Cap-Santé. [4]
FOURNEL, Marie-Thérèse-Perette, [JACQUES I. b 1683.
Elisabeth, b [4] 7 sept. 1709; m [4] 14 février 1729, à Laurent MATTE; s [4] 2 nov. 1747.—*Jacques*, b [3] 15 avril 1710.—*Jean-François*, b [4] 21 avril 1711; m [3] 8 août 1735, à Geneviève PAGÉ.—*Marie-Joseph*, b [4] 7 mai 1713; m [4] 6 février 1736, à Jean-Baptiste PAGÉ; s 20 août 1743, aux Ecureuils.

1708, (21 nov.) Pte-aux-Trembles, Q. [5]
II.—RICHARD, JACQUES, [PIERRE I. b 1684; s [5] 11 juin 1766.
GRENON, Marie-Charlotte, [PIERRE I. b 1694; s [5] 15 déc. 1775.
Marie-Charlotte, b [5] 14 sept. 1710; m [5] 23 janvier 1741, à Pierre AUGÉ, s [5] 10 dec. 1777.—*Marie-Angélique*, b [5] 10 sept. 1712.—*Marie-Anne*, b [5] 13 oct. 1714; m [5] 26 août 1744, à François PROU.—*Marie-Françoise*, b [5] 9 avril 1719; s [5] 7 dec. 1733.—*François*, b [5] 29 mars 1721; m 30 janvier 1748, à Marie-Anne PAGÉ, aux Ecureuils. [6] —*Marie-Joseph*, b [5] 1er avril 1723; m [5] 2 février 1750, à Pierre-Charles PAPILLON.—*Jean-Baptiste*, b [5] 13 avril 1725.—*Louis-Joseph*, b [5] 27 avril 1727.—*Charles*, b [5] 5 mars 1729; s [5] 3 nov. 1733. —*Augustin*, b [5] 5 août 1731; m [6] 24 oct. 1757, à Thérèse PAPILLON.—*Marie-Thérèse*, b [5] 27 février 1734; m [5] 25 oct. 1762, à Joseph-Louis BERTRAND. —*Charles*, b [5] 22 avril 1736.—*Jérôme*, b [5] 24 mars 1739; 1° m [5] 24 oct. 1763, à Madeleine RATÉ; 2° m [5] 3 sept. 1769, à Françoise TOUPIN.

1709, (7 janvier) Cap-St-Ignace. [1]
II.—RICHARD, PIERRE, [PIERRE I. b 1681; s [1] 8 janvier 1756.
1° GAMACHE, Elisabeth, [NICOLAS I. b 1684; s [1] 2 fevrier 1750.
Pierre, b [1] 6 nov. 1709; s [1] 21 août 1733. —

Elisabeth, b [1] 30 mars 1711; s [1] 9 juin 1733. — *Jean-Baptiste*, b [1] 26 mars 1712; m 30 juin 1739, à Angelique BOUCHER, à la Rivière-Ouelle [2]; s [2] 26 nov. 1755. — *Elisabeth*, b [1] 11 nov. 1713. — *Marie-Geneviève*, b [1] 23 février 1715; m [1] 21 février 1746, à Philippe FORTIN. — *Marguerite-Ursule*, b [1] 22 février 1719; 1° m [1] 21 février 1746, à Pierre FORTIN; 2° m [1] 22 nov. 1751, à François GAGNÉ.—*Joseph*, b [1] 25 déc. 1720; 1° m [1] 29 mai 1747, à Marie-Rose GOSSELIN; 2° m [1] 29 avril 1760, à Marie-Geneviève BERNIER. — *Lambert*, b [1] 19 sept. 1722; m [2] 30 juin 1749, à Marie-Françoise HUDON.—*Marthe*, b [1] 28 oct. 1724; m [1] 14 juin 1751, à Joseph SOUCY.—*Luce*, b... m [1] 16 février 1744, à Pierre MIVILLE. — *Marie-Claire*, b [1] 8 avril 1727; 1° m [1] 28 juillet 1750, à Joseph BLONDEAU; 2° m [2] 17 nov. 1756, à Jean-Baptiste BOUCHER.

1751, (22 février). [1]
2° DUMAS, Marie-Françoise, [CHARLES II.
veuve de Jean Fournier.

I.—RICHARD (1), JEAN, b 1657; s 5 janvier 1735, à l'Hôpital-Général, M.

1713, (16 janvier) Cap-St-Ignace. [2]
II —RICHARD, JEAN, [PIERRE I.
b 1687; s [2] 26 janvier 1763.
1° GAMACHE, Anne, [NICOLAS I.
b 1690; s [2] 15 oct. 1748.
Jean-Baptiste, b [2] 9 juillet 1714; s [2] 14 janvier 1734. — *Pierre*, b [2] 25 janvier 1716.—*François-Ignace*, b [2] 25 janvier 1719; m [2] 24 janvier 1752, à Salomée GOSSELIN. — *Anne*, b [2] 22 mars 1720. m [2] 14 février 1746, à François TIBAUT. — *Louis-Raphaël*, b [2] 27 février 1724; m [2] 22 février 1751, à Louise FOURNIER.—*Geneviève*, b [2] 9 sept 1725. — *Pierre*, b [2] 23 janvier 1727; s [2] 15 nov. 1730. — *Ursule*, b [2] 24 avril 1729; m 20 janvier 1755, à Jean-François MORIN, à St-Frs-du-Sud.— *Lazare*, b 1730; m 25 oct. 1751, à Marie-Marthe GUIGNARD, à Berthier.—*Augustin*, b... m 13 nov. 1753, à Marie-Geneviève HUDON, à la Rivière-Ouelle.—*André*, b... m [2] 7 février 1757, à Marie-Elisabeth FOURNIER.

1749, (21 juillet). [2]
2° FOURNIER, Marie, [JEAN II.
b 1712.

1714, (29 janvier) Québec. [3]
I.—RICHARD (2), BERNARD, b 1680; fils de Renaut et de Pierrette Londé, de St-Martial, diocèse de Périgueux, Périgord; s [3] 23 sept. 1714.
REPOCHE (3), Madeleine, [FRANÇOIS I.
b 1694.

1716, (8 janvier) St-Augustin.
I.—RICHARD, PIERRE, fils de François et de Marie-Charlotte LeGros, de St-Lau-et-St-Gilles, diocèse de Paris.
MARTIN, Geneviève, [PIERRE I.
b 1671; veuve de Charles Bernard.

(1) Dit Larivière.

(2) Dit Larose; soldat de M. de Rouville.

(3) Ducharme; elle épouse, le 22 février 1716, Pierre Bonneau, à Québec.

1716, (13 juillet) Québec. [4]
I.—RICHARD (1), LOUIS, b 1675; fils de Pierre et de Geneviève Chrétien, de St-Barthélemi, Paris; s [4] 4 oct. 1750.
DAIGLE-LALLEMAND, Marie. [JEAN-THOMAS I.
Marie-Louise, b [4] 7 juin 1717; s [4] 24 mars 1718. — *Marie-Louise*, b [4] 29 mars 1719; m [4] 1er août 1740, à Gatien LARIEUX; s [4] 24 janvier 1758. —*Marie-Françoise*, b [4] 16 mai et s [4] 26 juin 1721. — *Louis*, b [4] 11 août et s [4] 1er sept. 1722.—*Louis-Gabriel*, b [4] 23 juillet 1724; s [4] 15 août 1725.— *Jacques*, b [4] 6 juin 1726; s [4] 15 sept. 1727. — *Geneviève*, b [4] 18 juin et s [4] 1er juillet 1728. — *Marie-Angélique*, b [4] 14 sept. 1730; s [4] 1er déc. 1731. — *Geneviève*, b [4] 7 avril 1734; s [4] 26 août 1739.

RICHARD, LOUIS,
GUENET, Marie-Elisabeth.
Marie-Louise, b... m 21 août 1741, à Louis COTÉ, à Beaumont. [5] — *Marie-Elisabeth*, b [5] 19 oct. 1738.

1718, (15 août) Montréal. [6]
II.—RCIHARD, JEAN-BTE, [GUILLAUME I.
b 1682; interprète.
YON-LADÉCOUVERTE (2), Marie-Anne, [PIERRE I.
b 1694.
Suzanne, b [6] 15 août 1718; 1° m à Gilbert PARANT; 2° m 9 juillet 1759, à Charles BARTHÉLEMY, au Détroit.—*Jean*, b 22 nov. 1721, à la Pte-aux-Trembles, M.

1718, (28 dec.) Québec. [7]
I.—RICHARD, JEAN-JACQUES, b 1691, marchand; fils de Pierre et de Marthe-Elisabeth Couaille, de Maise, diocèse de Xaintes, Saintonge; s [7] 15 oct. 1723.
AMIOT, Geneviève, [CHS-JOSEPH III.
b 1693; s [7] 4 avril 1735.
Jean-Baptiste-Louis, b [7] 12 et s [7] 22 janvier 1720. — *Marie-Elisabeth*, b [7] 28 août 1721. — *Louise-Geneviève*, b [7] 25 juillet 1723.

1719, (11 janvier) Cap-St-Ignace. [9]
II.—RICHARD, FRANÇOIS, [PIERRE I.
b 1688.
BERNIER, Marie-Charlotte, [PIERRE II.
b 1701.
Charlotte-Françoise, b [9] 23 sept. 1720; m [9] 2 avril 1742, à Pierre BOSSÉ. — *Marthe*, b [9] 28 oct. 1722; m [9] 7 nov. 1740, à Jean-Baptiste FORTIN. —*Marie-Cécile*, b [9] 2 sept. 1724; s [9] 2 déc. 1728. —*Geneviève*, b [9] 3 août 1726; m [9] 20 nov. 1747, à Louis GUYON. — *Marie-Rosalie*, b [9] 13 juillet 1728; m [9] 25 oct. 1756, à Joseph BÉLANGER.— *Marie-Madeleine*, b [9] 27 mai 1730.— *Marie-Françoise*, b [9] 12 mai 1732. — *Marie-Angélique*, b [9] 5 mai 1734; s [9] (noyée) 15 oct. 1735. — *François-Marie*, b [9] 5 février 1736; m [9] 17 janvier 1757, à Louise LEMIEUX.—*Marie-Angélique*, b [9] 8 février 1738; m [9] 23 nov. 1761, à Jean-Damien

(1) Gardien au Bureau.

(2) Sauvagesse Miamis.

TALBOT. — *Marie-Victoire*, b [9] 6 et s [9] 14 février 1740. — *Marie-Victoire*, b [9] 11 février 1742. — *Marie-Anne*, b [9] 2 août 1746 ; m 27 sept. 1773, à Pierre-Paul BOUCHER, à l'Islet.

1719, (26 juin) Ste-Anne-de-la-Pérade.

II.—RICHARD (1), JACQUES, [MARIN I.
b 1681 ; s [5] 14 fevrier 1741.
GRÉGOIRE, Marguerite, [JOSEPH II.
b 1698.

Joseph, b [5] 17 sept. 1720. — *Jacques*, b [5] 4 juin 1722. — *Agathe*, b [5] 11 et s [5] 16 sept. 1724. — *Gabriel*, b [5] 27 sept. 1725 ; 1° m 19 février 1754, à Marie-Françoise GAUTIER, à Deschambault ; 2° m 1762, à Scholastique PICHÉ.—*Alexis*, b [5] 16 nov. 1727.—*Louis*, b [5] 20 juillet 1729 ; m 24 janvier 1774, à Jeanne LÉTOURNEAU, à St-Michel-d'Yamaska. — *Marie-Marguerite*, b [5] 26 et s [5] 30 déc. 1731.—*Marguerite*, b [5] 10 mars 1733 ; m 11 février 1760, à Charles DUBORD, aux Grondines.[6] — *Marie-Louise*, b [5] 28 août 1735 ; s [5] 5 avril 1738. — *Marie-Louise*, b [5] 28 avril 1738 ; m [6] 23 février 1767, à Alexis HAMELIN. — *Pierre*, b [5] 2 et s [5] 5 juillet 1740.

1719.

II.—RICHARD, URBAIN, [GUILLAUME I.
b 1687.
FLEURICOUR, Marguerite, [JEAN-BTE I.
b 1697.

Urbain, b 11 janvier 1720, à la Pte-aux-Trembles, M.[4] ; m 28 fevrier 1745, à Marie-Louise TROYE, à Varennes. [5] — *Marie-Marguerite*, b [4] 6 janvier 1722. — *Alexis*, b [4] 16 sept. 1723 ; 1° m [5] 28 février 1745, à Marie-Joseph TROYE ; 2° m [5] 26 oct. 1767, à Marie-Joseph PARISEAU. — *Marie-Angélique*, b... m [5] 10 mai 1752, à Antoine TROYE. — *Jean-Baptiste*, b... m 9 nov. 1752, à Marie-Louise LAPORTE, à Lavaltrie. — *Joseph*, b... m [5] 12 février 1753, à Véronique LEDOUX.— *Louis*, b... m [5] 24 sept. 1760, à Marie-Louise HAYET. — *Marie-Charlotte*, b... 1° m à Jean TROYE ; 2° m [5] 3 août 1766, à Jacques CHOQUET.

1726, (26 mai) St-Valier[4] (2).

I.—RICHARD, JEAN-BTE,
Anglais.
TANGUAY, Marie-Anne, [JEAN I.
b 1708 ; s [4] 24 juin 1770.

1727.

III.—RICHARD, PIERRE, [PIERRE II.
b 1704.
1° CARPENTIER, Madeleine, [JEAN-BTE II.
b 1706 ; s 14 août 1739, au Cap-Santé.[3]

Anonyme, b [3] et s [3] 29 avril 1728.— *Pierre*, b [3] 13 et s [3] 23 février 1729. — *Marie-Anne*, b [3] 20 fevrier et s [3] 20 mars 1730. — *Marie-Madeleine*, b [3] 28 mars 1731 ; m [3] 25 janvier 1751, à Louis-Joseph JUGNAC. — *Jean-François*, b [3] 30 janvier 1733. — *Pierre*, b [3] 31 mai 1734 ; s [3] 23 juillet 1736. — *Jean-Baptiste*, b [3] 27 mars et s [3] 23 mai 1736.

1748, (26 février). [3]

2° JUGNAC, Brigitte, [PIERRE II.
b 1724.

Marie-Brigitte, b [3] 8 mai 1749 ; s [3] 5 juillet 1750. — *Pierre*, b [3] 26 août 1750 ; s [3] 15 juillet 1751.—*Pierre*, b [3] 1er juillet 1752. — *Marie-Thérèse*, b [3] 13 sept. 1753.—*François*, b 24 août 1759, aux Ecureuils.

1728, (29 juillet) Cap-Santé. [6]

III.—RICHARD, NICOLAS, [ALEXIS II.
b 1700.
JUGNAC, Marie-Joseph, [FRANÇOIS I.
b 1714.

Marie-Madeleine, b [6] 19 août 1729 ; m [6] 15 janvier 1753, à Jean-François LAROCHE. — *Nicolas*, b [6] 5 mars 1731 ; s [6] 13 février 1743.— *Jean-Baptiste*, b [6] 27 juillet 1733 ; s [6] 5 déc. 1734.—*Marie-Joseph*, b [6] 26 février 1735 ; m 1752, à Jean-Baptiste-François MATTE. — *Alexis*, b [6] 23 juillet 1736 ; m [6] 3 nov. 1753, à Françoise PARIS. — *Marie-Angélique*, b [6] 17 mai 1738 ; s [6] 15 nov. 1748. — *Joseph-Marie*, b [6] 28 mars 1740 ; s [6] 16 sept. 1741. — *Marie-Scholastique*, b [6] 11 et s [6] 24 mars 1742.—*François-de-Sales*, b [6] 19 mars 1743. —*Marie-Anne*, b [6] 29 nov. 1744.

1731, (6 août) Cap-Santé. [1]

III.—RICHARD, JOSEPH, [ALEXIS II.
b 1712.
1° MARCOT, Marie-Louise, [JACQUES II.
b 1701 ; s [1] 27 déc. 1739.

Marie-Louise, b [1] 17 juin 1732 ; m [1] 4 nov. 1754, à Michel FRENET.—*Joseph-Marie*, b [1] 16 juin 1733.—*Marie-Madeleine*, b 15 oct. 1734, à Deschambault. [2] — *Augustin*, b [2] 22 janvier 1736. —*Geneviève*, b [1] 27 mars 1737 ; s [1] 10 mars 1738. —*Jean*, b [1] 7 août 1739.

1743, (18 août). [2]

2° CHAPELAIN, Geneviève, [JOSEPH-LOUIS III.
b 1720.

Marie-Geneviève, b [1] 30 juin 1744.—*Marie-Angélique*, b [1] 2 nov. 1745 ; s [1] 14 avril 1746.— *Pierre*, b [1] 10 janvier 1747.—*Marie-Joseph*, b [1] 9 sept. 1748.—*Marie-Madeleine*, b [1] 8 mai 1750 ; s 23 dec. 1783, à Quebec.—*Jacques*, b [2] 15 mars 1754.

1732, (17 nov.) Montreal.

II.—RICHARD, BLAISE, [JACQUES I.
b 1700.
GERVAISE, Marguerite, [CHARLES II.
b 1698.

II.—RICHARD, JACQUES-CHARLES, [JACQUES I.
b 1710 ; s 26 janvier 1749, à la Longue-Pointe.

1735, (8 août) Pte-aux-Trembles, Q. [3]

III.—RICHARD, JEAN-FRANÇOIS, [LOUIS II.
b 1711.
PAGÉ, Geneviève, [MARTIN III.
b 1713.

Marie-Geneviève, b 4 août 1738, au Cap-Santé.[4] —*Marie-Françoise*, b [3] 8 mars 1740.—*Jean-François*, b [4] 19 sept. 1742.—*Marie-Joseph*, b [4] 1er

(1) Et LaRichardière dit Lavallée.

(2) Ce mariage fut bénit par Mgr St. Valier.

mars 1744.—*Jean-Baptiste*, b [4] 17 mars 1746.—*Marie-Thérèse*, b [4] 1er et s [4] 18 août 1748.—*Alexandre*, b [4] 31 juillet 1750.—*Jean-Marie*, b [4] 10 mars 1752.—*Marie-Françoise*, b [4] 8 juillet 1753.

I.—RICHARD, JOSEPH, de St-Charles-de-Beau-Bassin, Acadie.
MARTIN, Marie.
Marie-Joseph, b 1737; m 11 février 1759, à Jean SCHOUMAKKER, à Charlesbourg.

1739, (30 juin) Rivière-Ouelle. [5]
III.—RICHARD, JEAN-BTE, [PIERRE II.
b 1712; s [5] 26 nov. 1755.
BOUCHER (1), Angélique, [PIERRE III.
b 1711.
Marie-Angélique, b [5] 27 nov. 1740.—*Jean*, b... s 21 août 1741, à Ste-Anne-de-la-Pocatière. [6] — *Marie-Anne*, b [5] 2 mars 1742; m [5] 2 mai 1757, à Pierre MAYET.—*Jean-Baptiste*, b [6] 25 mai 1747; m [5] 6 février 1769, à Marie-Anne TÉRIAULT.

I.—RICHARD, MARTIN, de Beauséjour, Acadie.
CORMIER, Marguerite,
Acadienne.
François, b... m 8 nov. 1762, à Marie-Charlotte OUELLET, à Ste-Anne-de-la-Pocatière.—*Paul*, b... m 23 nov. 1763, à Angélique COUILLARD, à Châteauguay.

I.—RICHARD, JOSEPH, de Beau-Bassin, Acadie.
LEBLANC, Madeleine,
Acadienne.
Michel, b... m 17 fevrier 1772, à Madeleine PELLERIN, à Nicolet.

I.—RICHARD, PIERRE,
Acadien.
JOUARD, Madeleine,
Acadienne.
Jean, b... 1° m à Elisabeth GUILDAUT; 2° m 23 sept. 1764, à Marie-Anne CHARETS, à Ste-Anne-de-la-Pérade.

1743.
RICHARD, AUGUSTIN.
CLOUTIER, Reine.
Augustin, b 16 février et s 14 mars 1744, au Cap-St-Ignace. [9] — *Joseph-Marie*, b [9] 12 mars 1747.

I.—RICHARD, JOSEPH.
AUBÉ, Angélique. [LOUIS I.
Pierre, b 23 août 1744, à St-Vincent-de-Paul. —*Marie-Anne*, b... m 10 fevrier 1777, à Andre ETHIER, à Terrebonne.—*Jean-Baptiste*, b 11 mars 1758, à Lachenaye.

1744, (20 avril) Ecureuils. [5]
III.—RICHARD, PIERRE, [FRANÇOIS II.
b 1712.
DUSSAULT, Véronique, [DENIS II.
b 1717; s [6] 28 février 1761.

(1) Elle épouse, le 11 avril 1758, Pierre-François Miville, à la Rivière-Ouelle.

Jean-Baptiste, b 17 sept. 1745, à la Pte-aux-Trembles, Q.; m [5] 1er février 1768, à Marie-Charlotte MATTE.— *Marie-Madeleine*, b [5] 16 avril et s [5] 21 oct. 1748.—*Véronique*, b 29 août 1749, au Cap-Santé. — *Marie-Angélique*, b [6] 10 nov. 1751; m [5] 24 janvier 1780, à Alexandre LÉVEILLÉ. — *Marie-Thérèse*, b [5] 24 mars 1755; s [5] 28 mars 1758. — *Marie-Madeleine*, b [5] 28 nov. et s [5] 28 déc. 1756.—*Marie-Françoise*, b [5] 10 juillet 1758; m [5] 20 février 1775, à Charles-François THÉPAGNY.

1744, (12 oct.) Cap-Santé. [3]
III.—RICHARD, JOSEPH-MARIE, [PIERRE II.
b 1721.
MOTARD, Marie-Anne. [LOUIS-JOSEPH II.
Joseph-Marie, b [3] 13 et s [3] 23 juillet 1745. — *Joseph-Marie*, b [3] 10 juin 1747.—*Marie-Anne*, b [3] 19 sept. 1748. — *Marie-Geneviève*, b [3] 10 mars 1751. — *Augustin*, b [3] 18 juin 1753; s [3] 21 mai 1754.

1745, (28 février) Varennes. [6]
III.—RICHARD, URBAIN, [URBAIN II.
b 1720.
TROYE, Marie-Louise, [ANTOINE I.
b 1711.
Urbain, b 1746; m [6] 15 février 1768, à Marie-Louise SENÉCAL.

1745, (28 fevrier) Varennes. [6]
III.—RICHARD, ALEXIS, [URBAIN II.
b 1723.
1° TROYE, Marie-Joseph. [ANTOINE I.
Marie-Joseph, b... m 15 juin 1777, à Alexis GUYON, à Lachenaye. [7] — *Marie-Rose*, b... m [7] 10 août 1778, à Guillaume-Amable ROCHON.
1767, (26 oct.) [6]
2° PARISEAU, Marie-Joseph. [JEAN-BTE III.

RICHARD, JOSEPH.
LARTACHE, Anne.
Anne, b... m 24 oct. 1768, à Charles BURE, à St-Antoine-de-Chambly.

1747, (29 mai) Cap-St-Ignace. [3]
III.—RICHARD, JOSEPH, [PIERRE II.
b 1720.
1° GOSSELIN, Marie-Rose, [JEAN-BTE III.
b 1727; s [3] 24 sept. 1759.
Marie-Salomée, b [3] 2 avril 1748; s [3] 18 janvier 1749. — *Marie-Geneviève*, b [3] 27 déc. 1749; s [3] 26 août 1751. — *Marie-Reine*, b [3] 24 juin 1751. — *Joseph-Paschal*, b [3] 22 avril 1753. — *François-Marie*, b [3] 24 nov. 1754. — *Marie-Madeleine*, b [3] 25 avril 1756.—*Charles-Basile*, b [3] 4 oct. 1757.
1760, (29 avril). [3]
2° BERNIER, Marie-Geneviève, [JOSEPH III.
b 1738.
Louis, b [3] 6 oct. 1760.—*Marie-Geneviève*, b [3] 9 janvier 1763.—*Elisabeth*, b [3] 13 août 1764.

1747, (16 août) Ste-Foye.

I.—RICHARD (1), FRANÇOIS, fils de Jacques et de Marie Cormier, de Chante, diocèse de Nantes, Haute-Bretagne.
DELAVOYE, Marie-Françoise, veuve de Michel Gendron.

1748, (30 janvier) Ecureuils. [2]

III.—RICHARD, FRANÇOIS, [JACQUES II. b 1721.
PAGÉ, Marie-Anne. [MARTIN III.
Marie-Anne, b [2] 5 nov. 1748 ; m [2] 22 août 1774, à Antoine GAUDIN.—*Jean-Baptiste,* b [2] 4 nov. 1750 ; s [2] 13 août 1770.—*Marie-Joseph,* b [2] 30 mai 1755 ; s [2] 23 nov. 1759.—*Françoise,* b 1757 ; m [2] 16 juillet 1781, à Ignace ROUSSEAU.

1749, (30 juin) Rivière-Ouelle.

III.—RICHARD, LAMBERT, [PIERRE II. b 1722.
HUDON, Marie-Françoise, [JEAN-BERNARD II. b 1728.
Marie-Françoise, b 6 sept. 1750, au Cap-St-Ignace [9] ; s [9] 18 août 1751.—*Joseph,* b [9] 11 juillet 1752.—*Marie-Geneviève,* b [9] 10 janvier 1754.—*Pierre-Lambert,* b [9] 30 juin et s [9] 16 juillet 1755.—*Pierre,* b [9] 29 juin 1756 ; s [9] 11 sept. 1757.—*Louis-Marie,* b [9] 8 déc. 1757.—*Marie-Françoise,* b [9] 22 mars 1759.—*Pierre,* b [9] 26 oct. et s [9] 17 nov. 1760.—*Benjamin,* b [9] 31 janvier 1762.—*Lambert,* b [9] 5 fevrier 1764.

RICHARD, MICHEL.
MERCIER, Angélique.
Joseph-Michel, b 14 mars 1750, à St-Valier. [8] —*Jean-Baptiste-Barthélemi,* b [8] 19 juin et s [8] 17 août 1751.—*Marie-Joseph,* b [8] 15 juin 1752.—*Marie-Françoise,* b [8] 26 juillet 1754.—*Paschal,* b [8] 22 août 1756.—*Philippe,* b [8] 13 sept. 1758.

1751, (22 février) Cap-St-Ignace. [7]

III.—RICHARD, LOUIS-RAPHAEL, [JEAN II. b 1724.
FOURNIER (2), Louise, [JEAN III. b 1724.
Anonyme, b [7] et s [7] 22 nov. 1752.—*Marie-Geneviève,* b [7] 3 fevrier 1754.—*Ursule,* b [7] 26 avril 1755.—*Louis-Marie,* b [7] 2 août 1757 ; m 4 fevrier 1782, à Marie THIBAUT, à l'Islet.

1751, (25 oct.) Berthier.

III.—RICHARD, LAZARE, [JEAN II. b 1730.
GUIGNARD (3), Marie-Marthe, [NOEL II. b 1732.
Lazare, b 15 et s 20 janvier 1754, au Cap-St-Ignace. [6] — *Lazare,* b [6] 30 janvier 1756.

(1) Voy. vol. IV, p. 240.
(2) Elle épouse, le 10 avril 1768, Pierre Girouard, au Cap-St-Ignace.
(3) Elle épouse, le 9 janvier 1764, Gilles Hébert, au Cap-St-Ignace.

1752, (24 janvier) Cap-St-Ignace. [5]

III.—RICHARD, FRANÇOIS-IGNACE, [JEAN II. b 1719.
GOSSELIN, Salomée, [JEAN-BTE III. b 1729.
Marie-Geneviève, b [5] 17 déc. 1752 ; s [5] 13 janvier 1753.—*François,* b [5] 28 février 1754.—*Jean-Baptiste,* b [5] 4 sept. 1755 ; s [5] 11 sept. 1757.—*André,* b [5] 29 nov. 1756.—*Pierre-Lambert,* b [5] 20 février 1758.—*Nicolas-Lazare,* b [5] 2 sept. 1759 ; s [5] 19 fevrier 1761.—*Marie-Louise,* b [5] 12 avril 1761.—*Jérôme,* b [5] 29 oct. 1762.—*Marie-Angelique,* b [5] 27 avril 1764.

1752, (31 janvier) St-Valier.

I.— RICHARD, BARTHÉLEMI-JOSEPH, notaire-royal ; fils de Barthelemi (contrôleur general de la Haute et Basse Bretagne) et de Marie Martré, de St-Audlon, diocèse de Luçon, Poitou.
FORTIN, Marie-Dorothée, [LOUIS III. b 1727.
Jean-Baptiste, b 1752 ; m 21 oct. 1777, à Thérèse GAGNÉ, à St-Roch. [7] — *Marie-Dorothée,* b 5 fevrier 1755, à la Longue-Pointe. — *Marie-Anne,* b [7] 27 nov. 1756.—*Madeleine,* b [7] 17 dec. 1758.—*Marie-Thérèse,* b 5 sept. 1761, à Ste-Anne-de-la-Pocatière.

1752, (9 nov.) Lavaltrie. [7]

III.—RICHARD, JEAN-BTE. [URBAIN II.
LAPORTE, Marie-Louise, [JEAN II. b 1728.
François, b [7] 29 mars 1756 ; s [7] 26 mai 1759.—*Antoine,* b [7] 15 juillet 1757 ; s [7] 16 février 1759.—*Marguerite,* b [7] 26 mai 1759.

1753, (12 fevrier) Varennes.

III.—RICHARD, JOSEPH. [URBAIN II.
LEDOUX, Véronique, [NICOLAS II. b 1728.
Marguerite, b... m 10 nov. 1777, à Pierre JOUBERT, à Chambly.

1753, (3 nov.) Cap-Sante.

IV.—RICHARD, ALEXIS, [NICOLAS III. b 1736.
PARIS, Françoise, [PIERRE II. b 1733 ; s 28 juillet 1754, à St-Pierre-les-Becquets.

1753, (13 nov.) Rivière-Ouelle.

III.—RICHARD, AUGUSTIN. [JEAN II.
HUDON, Marie-Geneviève, [JEAN-BERNARD II. b 1734.
Marie-Geneviève, b 1er oct. 1755, au Cap-St-Ignace. [2]— *Marie-Luce,* b [2] 13 avril et s [2] 18 mai 1757. — *Marie-Charlotte,* b [2] 26 sept. 1758.— *Augustin,* b [2] 6 juin 1760. — *Julien-Richard,* b [2] 27 mai 1762.

1754, (19 février) Deschambault.

III.—RICHARD (1), Gabriel, [Jacques II.
b 1725.

1° Gautier, Marie-Françoise, [Pierre I.
b 1725; s 21 nov. 1759, à Ste-Anne-de-la-Pérade. [9]

Anonyme, b [9] et s [9] 18 oct. 1755.—*Gabriel*, b [9] 3 oct. 1758.

1762.

2° Piché, Scholastique.

Marie-Angélique, b [9] 18 juin 1763. — *Marie-Anne*, b [9] 11 janvier et s [9] 28 juillet 1765.—*Marie-Scholastique*, b [9] 15 juin 1766. — *Alexis*, b [9] 30 oct. 1767. — *Marie-Rose*, b [9] 31 juillet 1769. — *Louis-Archange*, b [9] 2 oct. 1771.

1756, (14 juin) Montréal.

I.— RICHARD (2), Jean-Bte, b 1727, soldat; fils de François et de Jeanne Guilmin, de Vits, diocèse de Langres, Champagne.

Pélagie, Catherine,
b 1736.

RICHARD, Jean-Bte.

Gagnon, Françoise.

Angélique, b 1756; s 7 nov. 1775, à la Baie-St-Paul.

1757, (17 janvier) Cap-St-Ignace.

III.—RICHARD, Frs-Marie, [François II.
b 1736.

Lemieux, Louise, [Louis III.
b 1737.

I.—RICHARD (3), Jean, b 1735; d'Auvergne; s 29 nov. 1757, à la Baie-St-Paul.

1757, (7 février) Cap-St-Ignace. [4]

III.—RICHARD, André. [Jean II.

Fournier, Marie-Elisabeth, [Augustin III.
b 1738.

Marie-Geneviève, b [4] 8 nov. 1757; s [4] 31 oct. 1760.—*André*, b [4] 2 mars et s [4] 14 juillet 1759.

1757, (24 oct.) Ecureuils. [1]

III.—RICHARD, Augustin, [Jacques II.
b 1731.

Papillon, Thérèse, [Pierre II.
b 1738.

Thérèse, b [1] 22 août et s [1] 19 oct. 1759.—*Augustin*, b 4 nov. 1760, à la Pte-aux-Trembles, Q. [2] — *Marie-Angélique*, b [1] 23 août 1762.—*Marie-Joseph*, b [2] 6 juin 1764.—*Marie-Thérèse*, b [2] 29 août 1766; s [1] 19 mars 1768.

---

(1) Dit LaRichardière—Lavallée—marié sous ce dernier nom.

(2) Dit Belmont.

(3) Soldat de la 3ème compagnie.

1760, (18 février) St-Pierre-les-Becquets.

II.—RICHARD, Amand, [Michel I.
b 1726; Acadien; s 17 février 1770, à Nicolet.

Gaudet (1), Marie, [Jean-Bte I.
b 1739; Acadienne.

Joseph, b 14 avril 1761, à St-Frs-du-Lac.

1760, (24 sept.) Varennes.

III.—RICHARD, Louis. [Urbain II.

Hayet, Marie-Louise, [Jean-Bte II.
b 1732.

1761, (7 janvier) Montréal.

I.—RICHARD, Paul, b 1734; fils de Charles et de Marie-Anne Owen, de Londres, Angleterre.

Campeau, Thérèse-Amable, [Etienne III.
b 1734.

1762, (8 nov.) Ste-Anne-de-la-Pocatière.

II.—RICHARD, François, [Martin I.
Acadien.

Ouellet, Marie-Charlotte, [Joseph III.
b 1742.

II.—RICHARD, Jean, [Pierre I.
Acadien.

1° Guilbaut, Elisabeth, [Pierre-Mathurin III.
b 1738.

1764, (23 sept.) Ste-Anne-de-la-Pérade. [2]

2° Charets, Marie-Anne, [François III.
b 1743.

Marie-Anne, b [2] 18 sept. 1765.—*Jean-Baptiste*, b [2] 21 mars 1768.—*Geneviève*, b [2] 20 sept. 1770. —*Marie-Anne*, b [2] 13 nov. 1772.—*François*, b [2] 28 mai et s [2] 2 juillet 1776.—*Pierre*, b [2] 14 mai 1779.

1763, (24 oct.) Pte-aux-Trembles, Q. [3]

III.—RICHARD, Jérome, [Jacques II.
b 1739.

1° Raté, Madeleine, [Ignace II.
b 1742; s [3] 11 février 1767.

Jérôme, b 2 sept. 1764, aux Ecureuils. [4] — *Marie-Thérèse*, b [4] 30 janvier et s [3] 27 février 1767.

1769, (3 sept.) [3]

2° Toupin, Françoise, [Jean-François III.
b 1744.

François, b [3] 23 nov. 1770.—*Marie-Joseph*, b [3] 28 oct. 1774.—*Jean-Baptiste*, b [3] 15 janvier 1777.

1763, (23 nov.) Châteauguay.

II.—RICHARD, Paul, [Martin I.
Acadien.

Couillard, Angélique, [Joseph III.
b 1739.

1764.

RICHARD, Joseph,
b 1740; s 11 déc. 1775, à l'Islet. [5]

Fortin, Marie-Anne-Ursule, [Louis-Julien III.
b 1746.

---

(1) Elle épouse, le 17 sept. 1770, Michel Simoneau, à Nicolet.

Thérèse, b 1765; 1° m 29 avril 1788, à Jean Françis, à Québec [6]; 2° m [6] 27 oct. 1789, à Nicolas Prussien; s [6] 30 juillet 1797.—*Joseph*, b... m 11 nov. 1793, à Marguerite Bibeau, à Nicolet. [7] — *Ursule*, b... m [7] 24 juillet 1797, à Louis-Hyacinthe Rouillard. — *Marie*, b... m à Gabriel Dionne.—*Pierre*, b [5] 28 mars 1775.

RICHARD, Jean-Bte.
Hamel, Marie-Joseph.
Marie-Angelique, b 8 mai et s 15 juillet 1765, à Lotbinière. [1] —*Jean-Baptiste*, b [1] 28 oct. 1766.

1765, (23 sept.) Montréal.

I.—RICHARD, Pierre, b 1737; fils de Jean-Baptiste et de Marie-Nicole Gatin, de Conde, diocèse de Reims, Champagne.
Dugas-Labrèche, Charlotte, [Charles II. b 1747.

1768, (1er février) Ecureuils. [2]

IV.—RICHARD, Jean-Bte, [Pierre III. b 1745.
Matte, Marie-Charlotte, [Alexis II. b 1743.
Jean-François, b 5 mai 1769, à la Pte-aux-Trembles, Q.; s [2] 12 mars 1776.—*Marie-Charlotte*, b [2] 11 juillet et s [2] 6 sept. 1770.—*Marie-Geneviève*, b [2] 25 oct. 1774.—*Madeleine-Archange*, b [2] 29 sept. et s [2] 17 oct. 1781.

1768, (15 fevrier) Varennes. [3]

IV.—RICHARD, Urbain, [Urbain III. b 1746.
Senécal, Marie-Louise, [Etienne III. b 1748; s [3] 7 août 1802.

1769, (6 février) Rivière-Ouelle.

IV.—RICHARD, Jean-Bte, [Jean-Bte III b 1747.
Tériault, Marie-Anne, [Paul I. Acadienne.

1774, (24 janvier) St-Michel-d'Yamaska.

III.—RICHARD (1), Louis, [Jacques II. b 1729.
Létourneau, Jeanne. [Louis III.

I.—RICHARD, Joseph, Acadien.
Boucher, Marie-Anne.
Joseph, b... m 22 nov. 1790, à Marie Bourgeois, à Nicolet.

RICHARD, Nicolas.
Vallée, Marie.
Jean, b... m 31 janvier 1792, à Marie-Joseph Delinel, à Quebec.

I.—RICHARD, Victor, Acadien.
Bourgeois, Hedwige, Acadienne.

(1) Marié sous le nom de Lavallée dit LaRichardière.

Joseph, b... m 20 juillet 1795, à Clemence Touin, à Repentigny.

RICHARD, Pierre.
Dupille (1), Geneviève, [Pierre III. b 1761.

RICHARD, Jacques, b 1752; s 3 avril 1822, à Beaumont. [1]
Vien, Marguerite, b 1751; s [1] 8 fevrier 1838.
Archange, b... m [1] 18 janvier 1809, à Louis Campeau.

1772, (17 fevrier) Nicolet.

II.—RICHARD, Michel, [Joseph I. Acadien.
Pellerin, Madeleine, [Pierre I. Acadienne.

1776, (30 sept.) Montréal.

I.—RICHARD, Claude, b 1721; fils de Claude et de Marie-Louise Beaumont, de Notre-Dame-de-Tours, Touraine.
Périneau (2), Charlotte, [Pierre-Nicolas II. b 1746; veuve de Pierre Valet dit Passepartout.

1777, (21 oct.) St-Roch.

II.—RICHARD, Jean-Bte, [Barth.-Joseph I. b 1752.
Gagné, Thérèse, [Basile IV. b 1756.

RICHARD, Claude.
Lamarche, Ursule.
Ursule, b... s 21 oct. 1778, à l'Hôpital-Général, M.

I.—RICHARD, Jean.
Dugast, Marguerite.
Jean, b... m 30 avril 1804, à Julie Poirier, à Rimouski.

1782, (4 février) Islet.

IV.—RICHARD, Ls-Marie, [Louis-Raphael III. b 1757.
Thibaut, Marie-Geneviève, [François-Jean. b 1760.

RICHARD, Joseph.
Gautier, Marie-Joseph.
Marie-Joseph, b 18 janvier 1787, à Repentigny.

1790, (22 nov.) Nicolet.

II.—RICHARD, Joseph, [Joseph I. Acadien.
Bourgeois, Marie, [Claude I. Acadienne.

(1) Elle épouse, le 13 janvier 1789, Jean-Marie Pepin, à Quebec.
(2) Lamarche.

1792, (31 janvier) Quebec.
RICHARD, JEAN. [NICOLAS.
DELISLE, Marie-Joseph. [FRANÇOIS.

1793, (11 nov.) Nicolet.
RICHARD, JOSEPH. [JOSEPH.
BIBEAU, Marguerite,
Acadienne; veuve de Joseph Beliveau.

1795, (20 juillet) Repentigny.
II—RICHARD, JOSEPH, [VICTOR I.
Acadien.
TOUIN, Clémence. [GERMAIN III.

I.—RICHARD, JEAN-BTE, b 1758; Acadien; s (de mort subite) 21 oct. 1794, à St-Augustin.

1804, (30 avril) Repentigny.
II.—RICHARD, JEAN. [JEAN I.
POIRIER, Julie, [SÉBASTIEN.
b 1783.

RICHARVILLE.—Voy. DROUET.

RICHAUME.—*Surnom* : PETRUS.

1658, (16 sept.) Montréal. [2]
I.—RICHAUME (1), PIERRE,
b 1636; s [2] 21 avril 1713.
ARNUE, Marthe,
b 1636; s [2] 26 août 1700.
Barbe, b [2] 22 juin 1659, 1° m 1675, à Pierre MEUNIER; 2° m 19 nov. 1703, à François GARNIER, à Boucherville [3]; s 17 janvier 1725, à St-Ours.—*Madeleine,* b [2] 23 nov. 1662; m [3] 1er avril 1677, à Jean BRUNEL; s [2] 10 janvier 1722. — *Jeanne,* b [2] 3 déc. 1668; m 1687, à Pierre JANOT; s [2] 7 déc. 1701.

II.—RICHAUME (2), JACQUES, [PIERRE I.
b 1661.
1° GRATIOT, Marguerite, [JACQUES I.
b 1666.
Marie-Anne, b... m à François BÉLAIR.
1710, (25 fevrier) Repentigny.
2° URBAIN (3), Marie-Madeleine, [PIERRE I.
b 1686.

1719, (29 mai) Repentigny. [1]
III.—RICHAUME, JEAN-BTE, [JACQUES II.
b 1692.
GAUTIER, Marie-Françoise, [MATHURIN I.
b 1689; veuve de Nicolas Cusson.
Pierre, b [1] 26 mars 1720; m à Marie-Joseph ARCHAMBAULT. — *Marie-Joseph,* b [1] 9 sept. 1721; s [1] 17 mai 1723. — *Marie-Angélique,* b [1] 12 mai 1723; m à Jean-Baptiste NORMAND. — *Jean-Baptiste,* b [1] 27 mai 1726; s [1] 30 oct. 1727. — *Charlotte,* b [1] 3 oct. 1728.

(1) Dit Petrus; voy. vol. I, p. 517.
(2) Voy. vol. I, p. 517.
(3) Voy. Fouquereau, vol. I, p. 238; elle épouse, le 8 janvier 1714, Louis Caillonneau, à la Pte-aux-Trembles, M.

IV.—RICHAUME, PIERRE, [JEAN-BTE III.
b 1720.
ARCHAMBAULT, Marie-Joseph.
Angélique, b... m 9 janvier 1769, à François GALARNEAU, à Repentigny. [2] — *Marie-Thérèse,* b... 1° m [2] 8 janvier 1770, à Michel LARAUT; 2° m [2] 2 oct. 1786, à Joseph-Henri NOISEUX. — *Marie-Charlotte,* b 1754, m [2] 29 juillet 1771, à Jacques PERRAULT. — *Marie-Joseph,* b... m à Joseph HUNAULT.

RICHE.—*Surnom* : LASONDE.

I.—RICHE (1), PASCHAL.
b 1710; s 9 sept. 1790, à Repentigny. [2]
ROGER-LATOUCHE, Thérèse,
b 1721; s [2] 3 juillet 1788.
Madeleine, b... m [2] 8 fevrier 1768, à Jean-Baptiste TOUIN.

RICHE, ...
DESNOYERS (2), Marie-Rose, [JACQUES I.
b 1709; s 26 oct. 1789, à Repentigny.

RICHÉ.—Voy. RICHER.

RICHEBOURG.—Voy. BOILEAU.

RICHELIEU.—Voy. DESFORETS — DESFOSSÉS— LAPORTE—LÉGER—MARNEY.

1749, (23 juin) Pte-aux-Trembles, M.
I.—RICHELIEU (3), JEAN,
b 1728.
MONET, Marie-Louise, [JEAN-BTE II.
b 1728.
Jean-Baptiste, b 3 mars 1750, à Montréal [7]; m [7] 20 sept. 1773, à Marie PRÉVOST.—*Laurent,* b 1751; m [7] 13 juin 1774, à Marguerite SORIN.

1773, (20 sept.) Montréal.
II.—RICHELIEU (4), JEAN-BTE, [JEAN I.
b 1750.
PRÉVOST, Marie, [GUILLAUME III.
b 1746.

1774, (13 juin) Montréal.
II.—RICHELIEU (4), LAURENT, [JEAN I.
b 1751.
SORIN-LAROCHELLE, Marguerite, [SIMON I.
b 1756.

RICHER.—*Variations et surnoms* : ERICHÉ — HÉRICHÉ — RICHÉ — RICHET — COULONGE — DUPRÉ — LAFLOTTE.

1665.
I.—RICHER (5), PIERRE,
b 1645; s 3 mai 1722, à Ste-Anne-de-la-Pérade. [6]
1° DURAND, Catherine.

(1) Dit Lasonde.
(2) Lajeunesse; voy. vol. III, p. 387.
(3) Marie Laporte, voy. vol. V, p. 159.
(4) Marié sous le nom de Laporte.
(5) Dit Laflèche, voy. vol. I, pp. 517-518.

1671, (5 oct.) Québec.[7]

2° BRASSARD, Dorothée, [ANTOINE I.
b 1656 ; s [6] 7 nov. 1738.

Pierre, b 17 janvier 1680, à Champlain ; 1° m [7] 12 oct. 1716, à Marguerite HUBERT ; 2° m 1726, à Marie-Charlotte HAMEL ; s [6] 3 nov. 1755.—*Michel*, b 13 février 1686, à Batiscan [8] ; m 1714, à Louise-Charlotte PILOTE ; s [6] 23 février 1727. — *Jean-Baptiste*, b [8] 11 déc. 1688 ; m 1715, à Marie-Françoise PILOTE ; s 4 nov. 1748, aux Grondines. — *Marguerite*, b [8] 24 mai 1691 ; m [6] 7 mars 1707, à Charles RICARD (et Richard) ; s [6] 23 août 1761.

1714.

II.—RICHER, MICHEL, [PIERRE I.
b 1686 ; s 23 fevrier 1727, à Ste-Anne-de-la-Pérade.[2]

PILOTE (1), Louise-Charlotte, [JEAN II.
b 1694.

Michel, b [2] 30 juillet 1715 ; m 1735, à Marie-Renée MAILLOT ; s 8 mars 1776, à St-Jean-Deschaillons. — *Joseph*, b [2] 20 mars 1717 ; m 1753, à Marguerite BÉLAIR-LUPIEN.—*Marie-Joseph*, b [2] 25 mars 1719. — *Michel* et *Marie-Louise*, b [2] 2 dec. 1721.

1715.

II.—RICHER (2), JEAN-BTE, [PIERRE I.
b 1688 ; s 4 nov. 1748, aux Grondines.[1]

PILOTE, Marie-Françoise, [JEAN II.
b 1696 ; s [1] 21 avril 1759.

Jean-Baptiste, b [1] 23 août 1716.—*Marie-Joseph-Dorothée*, b [1] 23 janvier 1718 ; m [1] 6 nov. 1741, à René TROTIER.— *Pierre*, b [1] 25 août 1721 ; m [1] 7 avril 1750, à Madeleine HAMELIN ; s [1] 25 août 1775. — *Marie-Angélique*, b [1] 10 août 1724. — *Marie-Anne*, b 18 août 1726, à Deschambault[4], m [1] 10 janvier 1752, à Laurent HAMELIN.—*Marie-Louise*, b [1] 10 août 1728 ; s [1] 18 juillet 1730.—*Charles-François*, b [2] 23 juin 1730 ; m [1] 20 janvier 1755, à Marie-Joseph HAMELIN ; s [1] 1er août 1784.—*François-Marie*, b 9 mai 1733, à Ste-Anne-de-la-Pérade ; s [1] 22 avril 1756. — *Marie-Louise*, b [2] 9 sept. 1735 ; m à Joseph BARABÉ.—*Hyacinthe*, b [1] 10 juin 1737 ; 1° m [1] 28 mars 1761, à Louise GRIGNON ; 2° m [1] 13 janvier 1765, à Marie-Louise RENAUD-LOCAT.

1716, (24 mai) Montréal.

I.—RICHER (3), PIERRE, b 1676 ; fils de Pierre et de Marguerite Tessier, de l'Ile-de-la-Flotte, diocèse de LaRochelle, Aunis.

BARBAU (4), Marie-Catherine, [FRANÇOIS I.
b 1694.

(1) Elle épouse, le 21 avril 1729, Robert Houy, à Ste-Anne-de-la-Pérade.

(2) Dit Laflèche.

(3) Dit LaFlotte—sergent de Bégon.

(4) Elle épouse, le 3 nov. 1751, Louis Rose, au Sault-au-Récollet.

1716, (12 oct.) Québec.[7]

II.—RICHER (1), PIERRE, [PIERRE I.
b 1680 ; s 3 nov. 1755, à Ste-Anne-de-la-Pérade.[2]

1° HUBERT, Marguerite, [FRANÇOIS I.
b 1692 ; s [2] 14 février 1723.

Françoise, b 1718 ; m [7] 17 fevrier 1744, à Jean-Louis MAMIEL. — *Marie-Geneviève*, b [2] 18 mai 1719. — *Pierre*, b [2] 1er juin 1721 ; m [2] 27 oct. 1749, à Marie-Charlotte NORMANDEAU-DESLAURIERS.—*Joseph*, b [2] 13 février 1723 ; s [2] (noyé) 3 juin 1749.—*François-Xavier*, b [2] 13 février 1723 ; m [2] 7 fevrier 1752, à Marguerite CADOT.

1726.

2° HAMEL, Marie-Charlotte,
b 1690 ; s [2] 24 déc. 1750.

Marie-Louise, b [2] 31 août et s [2] 7 sept. 1727.—*Charles*, b [2] 11 janvier 1729. — *Marie-Charlotte*, b [2] 1er déc. 1730 ; m [2] 20 janvier 1755, à Etienne BRANSARD. — *Louis-Joachim*, b [2] 7 oct. 1732 ; s [2] 29 nov. 1750. — *Jean-Baptiste*, b [2] 28 oct. 1734.—*Louis-Antoine*, b [2] 8 sept. 1736.

RICHER (2), FRANÇOIS.

LAPORTE, Angélique,
s 22 sept. 1726, à St-Ours.

1723, (18 oct.) St-Laurent, M.

II.—RICHER (1), FRANÇOIS, [JACQUES I.
b 1702.

1° BRUNET, Marie-Anne, [MICHEL II.
b 1700 ; s 24 oct. 1744, à Ste-Geneviève, M.[1]

1745, (11 oct.) Sault-au-Recollet.

2° LENORMAND, Marie-Joseph, [PIERRE I.
b 1721.

François, b [1] 23 sept. 1747 ; m 11 février 1765, à Marie-Therèse BAZINET, à St-Vincent-de-Paul.

1735.

III.—RICHER (1), MICHEL, [MICHEL II.
b 1715 ; s 8 mars 1776, à St-Jean-Deschaillons.[1]

MAILLOT, Marie-Renée, [RENÉ II.
b 1703 ; s [1] 21 janvier 1788.

Marie, b 1736, m [1] 23 janvier 1758, à Pierre COURTEAU ; s [1] 10 avril 1766. — *Joseph*, b 2 mars 1739, à Batiscan ; m [1] 1er mai 1764, à Louise ROIROUX ; s [1] 28 juillet 1815.—*Marguerite*, b [1] 24 mars 1741 ; m [1] 29 août 1768, à Joseph LEBEUF. — *Marie-Joseph*, b [1] 9 mars 1743 ; 1° m [1] 6 sept. 1762, à Michel LEBEUF ; 2° m [1] 5 juillet 1773, à Louis TOUSIGNAN.— *Marie-Hélène*, b 1751 ; s [1] 23 avril 1753.

1749, (27 oct.) Ste-Anne-de-la-Pérade.[2]

III.—RICHER (3), PIERRE, [PIERRE II.
b 1721.

NORMANDEAU (4), Marie-Chtte-Mgte, [PIERRE II.
b 1721 ; veuve de Charles Tousignan-Lapointe.

(1) Dit Laflèche.

(2) Dit Dupré.

(3) Voy. Eriché, vol. III, p. 594, et Hériché, vol. IV, p. 493.

(4) Deslauriers.

Pierre, b [2] 12 avril 1750. — *Marie-Marguerite*, b [2] 10 avril 1752. — *Augustin*, b [2] 6 février 1754. —*François-Athanase*, b [2] 22 février 1756.— *Jean-Baptiste*, b [2] 11 janvier 1758 ; s [2] 6 mai 1765.— *Marie-Charlotte*, b [2] 11 février 1760.—*Joseph*, b [2] 15 oct. 1761.

1750, (7 avril) Grondines. [6]

III.—RICHER, PIERRE, [JEAN-BTE II.
b 1721 ; s [6] 25 août 1775.
HAMELIN, Madeleine, [LAURENT II.
b 1723.

1752, (7 février) Ste-Anne-de-la-Pérade.

III —RICHER (1), FRS-XAVIER, [PIERRE II.
b 1723.
CADOT, Marguerite, [RENE II.
b 1732.

1753.

III.—RICHER (1), JOSEPH, [MICHEL II.
b 1717.
BÉLAIR (2), Marguerite.
Modeste, b 23 sept. 1754, a Ste-Anne-de-la-Perade [7] ; m [7] 20 oct. 1776, à Scholastique GOUIN.—*Joseph-René*, b [7] 22 février 1757.—*Rose-Louise*, b [7] 29 février 1759. — *Pierre*, b [7] 1er juin 1761 ; m 15 oct. 1792, à Marie-Anne GERMAIN, à Deschambault. — *François*, b [7] 30 mars 1763.— *Abraham*, b [7] 17 dec. 1764.—*Marguerite-Euphrosine*, b [7] 6 mai 1767.—*Bénoni*, b [7] 27 mars 1769. —*Michel-Archange*, b [7] 2 juillet 1771.

1754.

RICHER, JOSEPH,
b 1717 ; s 16 mai 1755, à St-Jean-Deschaillons. [7]
VEILLET, Jeanne, [JEAN I.
b 1730.
Marie-Catherine, b [7] 17 janvier et s [7] 4 fevrier 1755.—*Marie-Helène*, b [7] 17 janvier 1755.

1755, (20 janvier) Grondines. [7]

III.—RICHER, CHS-FRANÇOIS, [JEAN-BTE II.
b 1730 ; s [7] 1er août 1784.
HAMELIN, Marie-Joseph, [JOSEPH-MARIE II.
b 1732.
Marie-Joseph, b [7] 2 août 1755 ; s [7] 17 sept. 1760.—*François-Marie*, b [7] 9 mars 1757.—*Marie-Judith*, b [7] 17 juin 1759 ; s [7] 12 sept. 1760.—*Marguerite*, b [7] 23 sept. 1761.

RICHER, JACQUES, b 1730 ; s 26 nov. 1811, à l'Hôpital-General, M.

III.—RICHER (3), JEAN-BTE. [FRANÇOIS II.
1° HENRIE, Marie.
1756, (1er mars) St-Laurent, M.
2° EMERY (4), Marie-Lse-Victoire, [LOUIS III.
b 1727.

(1) Dit Laflèche.
(2) Lupien en 1792.
(3) Voy. Eriché dit Louveteau, vol. III, p. 594, et Hériché, vol. IV, p. 493.
(4) Codeire—aussi appelée Beauvais.

Marie-Amable, b 15 sept. 1758, à Ste-Geneviève, M.

1761, (28 mars) Grondines. [8]

III —RICHER, HYACINTHE, [JEAN-BTE II.
b 1737.
1° GRIGNON, Louise, [JEAN-BTE II.
b 1744.
Bernard, b [8] 19 sept. 1762.
1765, (13 janvier). [8]
2° RENAUD-LOCAT, Marie-Louise, [JACQUES II.
b 1741.

1764, (1er mai) St-Jean-Deschaillons. [8]

IV.—RICHER, JOSEPH, [MICHEL III.
b 1739 ; s [8] 28 juillet 1815.
ROIROUX (1), Louise, [MICHEL II.
b 1734 ; s [8] 25 nov. 1816.
Marie-Louise, b [8] 9 mars 1765. — *François*, b [8] 5 avril 1767 ; s [8] 26 avril 1797. — *Joseph*, b [8] 13 mars 1768 ; 1° m 1790, à Monique-Elisabeth BAILLARGEON ; 2° m [8] 16 janvier 1821, à Françoise MORAND-DOUVILLE.—*Marguerite*, b... m [8] 10 fevrier 1789, à Amable BRISSON.—*Marie-Louise*, b [8] 18 juin et s [8] 26 août 1770. — *Hilaire*, b [8] 8 et s [8] 30 juillet 1773. — *Marcelline*, b [8] 8 et s [8] 28 juillet 1773.—*Michel*, b [8] 23 mai 1776.

1765, (11 février) St-Vincent-de-Paul.

III.—RICHER (2), FRANÇOIS, [FRANÇOIS II.
b 1747.
BAZINET, Marie-Therèse, [JOSEPH III.
b 1747.

1776, (20 oct.) Ste-Anne-de-la-Pérade. [2]

IV.—RICHER, MODESTE, [JOSEPH III.
b 1754.
GOUIN, Scholastique, [JOACHIM III.
b 1750.
Marie-Joseph-Scholastique, b [2] 8 oct. 1778. — *Louis-Modeste*, b [2] 31 août 1780.

1790.

V.—RICHER, JOSEPH, [JOSEPH IV.
b 1768.
1° BAILLARGEON, Monique-Elis., [LOUIS IV.
b 1771 ; s 12 dec. 1811, à St-Jean-Deschaillons. [7]
Marguerite, b... m [7] 27 janvier 1817, à Charles JACQUES. — *Monique*, b... m [7] 11 nov. 1822, à François COTÉ. — *Frédéric*, b 1798 ; m [7] 30 sept. 1823, à Madeleine BEDARD.
1821, (16 janvier). [7]
2° MORAND-DOUVILLE, Françoise, [JOSEPH III.
b 1778 ; veuve de François Couture.

1792, (15 oct.) Deschambault.

IV.—RICHER, PIERRE, [JOSEPH III.
b 1761.
GERMAIN (3), Marie-Anne, [LOUIS-ALEXIS IV.
b 1767.

(1) Voy. Roy dit Laliberté.
(2) Pour Eriché.
(3) Belisle.

1823, (30 sept.) St-Jean-Deschaillons.

VI.—RICHER, FRÉDÉRIC, [JOSEPH V.
b 1798.
BEDARD, Madeleine, [PIERRE.
b 1800.

RICHET.—Voy. RICHER.

RICHEVILLE.—Voy. NEVEU.

RICHOT.—Voy. RITCHOT.

RICHOUX.— *Variation et surnom :* RICHOU — LANOIX.

1742, (22 oct.) Quebec. [6]

I.—RICHOUX (1), ANTOINE, b 1714, charpentier ; fils de Jacques et de Barbe Lanau, de St-Martin, diocèse de Laon, Ile-de-France ; s [6] 2 mars 1780.
1° GUILBERT (2), Marie-Thérèse, [CHARLES I.
b 1727 ; s [6] 23 mars 1754.
Charles-Antoine, b [6] 10 août et s [6] 8 sept. 1743. —*Charles-Antoine,* b [6] 21 oct. 1744 ; m [6] 26 oct. 1779, à Louise-Suzanne-Angélique MAYER. — *Marie-Thérèse-Angélique,* b [6] 23 fevrier 1747 ; s [6] 1er nov. 1748.— *Jean-Charles,* b [6] 11 oct. 1748. — *Joseph-Marie,* b [6] 17 avril et s 12 nov. 1750, à Beauport. —*Marie-Marguerite,* b [6] 15 et s [6] 18 mai 1751.— *Michel,* b [6] 12 et s 18 février 1752, à Charlesbourg. — *Anonyme,* b [6] et s [6] 3 février 1753.

1754, (11 nov.) L'Ange-Gardien.

2° BOUTILLET, Marie-Geneviève, [JACQUES I.
b 1710 ; s [6] 31 oct. 1781.

1779, (26 oct.) Québec.

II.—RICHOUX, CHS-ANTOINE, [ANTOINE I.
b 1744.
MAYER, Lse-Suzanne-Ang., [HYPOLITE-ANT. II.
b 1763.
Amable-Thècle, b 3 mai 1792, à St-Cuthbert.

I.—RICOSSE, EMMANUEL.
CHORET (3), Anne-Charlotte, [JEAN II.
b 1698.
Marie-Charlotte, b... 1° m 24 avril 1741, à Charles PREVOST, à St-Jean, I. O. ; 2° m 3 août 1744, à Louis BAZIN, à St-Valier.

RIDAY.—Voy. RIDÉ.

RIDDE.—Voy. RIS.

RIDE.—Voy. RIS.

RIDÉ.—*Variation et surnom :* RIDAY —BEAUCERON et BOSSERON.

(1) Dit Lanoix.

(2) Pour Gilbert.

(3) Elle épouse, le 4 nov. 1720, Louis Boutin, à St-Jean, I. O.

1709, (6 mai) Montréal. [1]

I.—RIDÉ (1), JEAN, b 1680, maitre-cordonnier ; fils de Jean et d'Anne Philippeau, de St-Jean-de-la-Loupe, diocèse de Chartres, Beauce.
DUBAU, Louise-Catherine, [LAURENT I.
b 1681.
Jean-Baptiste, b [1] 20 mai 1710.—*Marie-Louise,* b [1] 14 janvier 1712 ; m [1] 24 janvier 1729, à Jacques VIGER.—*Jacques-Philippe,* b [1] 9 nov. 1713 ; s [1] 28 nov. 1716.—*Charles,* b [1] 22 sept. 1715 ; m à Marie-Anne VIVARENNE. — *Suzanne,* b [1] 30 mai 1717 ; m [1] 1er août 1740, à Michel VIGER.—*Marie-Geneviève,* b [1] 15 août et s [1] 1er sept. 1719. — *Marie-Thérèse,* b [1] 15 août 1719 ; s [1] 27 déc. 1725. —*Marie-Joseph,* b [1] 19 sept. 1721 ; m [1] 11 juillet 1763, à Nicolas LEFEBVRE. — *Joseph,* b [1] 19 fevrier 1723 ; s [1] 3 janvier 1724. — *Joseph-Laurent,* b [1] 10 août et s [1] 19 sept. 1724.

II.—RIDÉ (2), CHARLES, [JEAN I.
b 1715.
VIVARENNE, Marie-Anne.
François, b... m 18 juin 1774, à Françoise DROUET, au Détroit.

1774, (18 juin) Détroit.

III.—RIDÉ (2), FRANÇOIS. [CHARLES II.
DROUET, Françoise. [ANTOINE II.

RIDECHOT.—Voy. RITCHOT.

RIDLEY, ...
marchand.
DROUILLARD, Geneviève.
Elisabeth, b 1er janvier 1784, au Détroit.

I.—RIDOUTÉ (3), JOSEPH, b 1729 ; s 22 février 1761, à Verchères.

RIEL.—*Variations et surnoms :* RÉEL — REL — DELORME—L'IRLANDE—SANSOUCY.

1704, (21 janvier) Ile-Dupas. [2]

I.—RIEL (4), JEAN-BTE, fils de Jean-Baptiste et de Louise Lafontaine, de St-Pierre, ville et diocèse de Limerick, Irlande.
COTTU, Louise, [FRANÇOIS I
b 1684 ; s 26 oct. 1735, à Lanoraie.
Jean-Baptiste, b [2] 12 juin 1705 ; m 1732, à Marie-Louise FRAPIER ; s 27 déc. 1762, à St-Philippe.— *Jacques,* b 1706 ; m 1727, à Elisabeth DEGANNE. — *Antoine,* b 1708 ; m 1738, à Marie-Anne PERROT. — *Maurice,* b 25 mai 1711, à Repentigny [3] ; m 1735, à Marie-Anne LABRÈCHE. — *Marie-Catherine,* b [3] 5 mars 1713 ; m à Louis FRAPIER. — *Louise,* b 1719 ; m 3 fevrier 1738, à Claude-Toussaint RIQUET, à Lavaltrie ; s 2 nov. 1755, à St-Frs-du-Lac. — *Marc-Antoine,* b 1724, m 31 janvier 1752, à Madeleine QUINTIN, à la Pte-aux-Trembles, M. — *Basile,* b 1725, m 24

(1) Dit Beauceron, 1709.

(2) Dit Bosseron.

(3) Soldat de la compagnie de Montanier, régiment de Guyenne.

(4) Voy. Réel, vol. I, p. 511.

nov. 1755, à Louise-Amable BOYER, à Montréal. —*Pierre*, b 1727; m 15 fevrier 1762, à Catherine GUÉRIN, à Laprairie.

1727.

II.—RIEL (1), JACQUES, [JEAN-BTE I.
b 1706.
DEGANNE, Elisabeth.

Elisabeth, b... m 1747, à Gabriel TROTELLE.—*Jean-Baptiste*, b 1733; m 25 janvier 1755, à Marie-Charlotte SYLVESTRE, à Lavaltrie. [8] — *Joseph*, b 1735; m à Marie LÉVESQUE; s 8 avril 1785, à St-Cuthbert. — *Marie-Joseph*, b [8] 17 mai 1738; m [8] 11 août 1760, à Jean-Baptiste LAPORTE. — *Maurice*, b [8] 11 mai 1740. — *Marie-Marguerite*, b [8] 8 avril 1742. — *Marie-Agathe*, b [8] 19 avril 1744. —*Pierre*, b [8] 26 fevrier 1746. —*Jacques*, b [8] 30 mars et s [8] 11 juin 1747.— *Jacques-Amable*, b [8] 7 avril 1748.—*Joseph*, b [8] 15 avril 1752. — *Madeleine*, b [8] 10 sept. 1754.

1732.

II.—RIEL, JEAN-BTE, [JEAN-BTE I.
b 1705; s 27 dec. 1762, à St-Philippe. [1]
FRAPIER, Marie-Lse-Marguerite, [MICHEL II.
b 1710.

Marie-Marguerite, b 21 mai 1733, à Lavaltrie; m 6 nov. 1747, à François HAREL, à Montreal. [2] —*Marie-Louise*, b [2] 10 mars 1738; m 24 janvier 1757, à Joseph BISSON, à St-Constant. [3]—*Nicolas*, b [2] 24 janvier 1740; m [1] 23 janvier 1764, à Marie-Catherine HAGUENIER. — *Marie-Elisabeth*, b [2] 5 dec. 1741.—*Marie-Thérèse*, b [2] 19 oct. 1743; m [3] 26 nov. 1770, à Joseph-Amable PAUZÉ. — *Ambroise*, b [2] 29 juin et s [2] 8 juillet 1745. — *Louise-Marguerite*, b [2] 7 dec. 1746; m 26 juillet 1762, à Rene HAMELIN, à la Pte-aux-Trembles, M. — *Marie-Hyacinthe*, b [2] 8 et s [2] 12 juillet 1748. — *Joseph*, b [3] et s [3] 24 nov. 1752.

1735.

II.—RIEL (1), MAURICE, [JEAN-BTE I
b 1711.
DELGUIEL-LABRÈCHE, Marie-Anne, [CHARLES II.
b 1716.

Marie-Anne, b 1736; m 17 janvier 1757, à Antoine MOURNET, à Contrecœur. [5]—*Pierre-Maurice*, b et s 12 juillet 1739, à Lavaltrie. [4] — *Marie-Amable*, b [4] 20 mai 1740; s [4] 27 fevrier 1747.— *Marie-Louise*, b [4] 28 sept. 1741.— *Marie-Thérèse*, b [4] 9 août et s [4] 8 sept. 1743. — *Marie-Charlotte*, b [4] 12 août 1744. — *Marie-Amable*, b [4] 20 août 1745. — *Maurice-Basile*, b [4] 28 nov. 1746. — *Judith*, b [5] 17 déc. 1757.

1738.

II.—RIEL (2), ANTOINE, [JEAN-BTE I.
b 1708.
PERROT, Marie-Anne, [CLAUDE II.
b 1716.

Marie-Anne, b 14 déc. 1739, à Lavaltrie. [4] — *Marie-Louise*, b [4] 11 fevrier et s [4] 29 mars 1741. — *Antoine*, b [4] 18 janvier 1742. — *Joseph*, b [4] 23 fevrier 1743. — *Jean-Baptiste*, b [4] 23 juin 1746.— *Marie-Agathe*, b... s [4] 16 août 1748. — *Basile*, b [4] 29 avril et s [4] 13 juillet 1749.—*Marie-Marguerite*, b [4] 9 avril 1750.—*Basile*, b [4] 7 mai et s [4] 27 juin 1751. — *François*, b... s [4] 24 mars 1753. — *Marie-Thérèse*, b [4] 22 avril et s [4] 30 juillet 1754. —*Jean-Baptiste*, b [4] 4 juin et s [4] 23 août 1756.— *Alexis*, b [4] 2 mai 1757. — *Louise*, b [4] 25 mars et s [4] 16 avril 1759.

(1) Dit l'Irlande.
(2) Dit Delorme.

1752, (31 janvier) Pte-aux-Trembles, M.

II.—RIEL, MARC-ANTOINE, [JEAN-BTE I.
b 1724.
QUINTIN, Madeleine, [PIERRE II.
b 1730.

Marie-Judith, b 4 et s 20 déc. 1752, à Lavaltrie. [9] — *Pierre*, b [9] 24 oct. 1753. — *Louis-Basile*, b [9] 22 avril 1755. — *Marie-Cécile*, b [9] 10 fevrier 1758.—*Alexis*, b [9] 7 sept. 1760.

1755, (25 janvier) Lavaltrie. [9]

III.—RIEL, JEAN-BTE, [JACQUES II.
b 1733.
SYLVESTRE, Marie-Charlotte, [NICOLAS II.
b 1736.

.........(1), b... s [9] 26 déc. 1755.—*Jean-Baptiste*, b [9] 3 sept. 1757; m 1780, à Marie COLLIN.—*Marie-Charlotte*, b [9] 1er oct. 1758; s [9] 18 sept. 1759.—*Pierre*, b [9] 10 nov. 1759.

1755, (24 nov.) Montréal.

II.—RIEL, BASILE, [JEAN-BTE I.
b 1725.
BOYER, Louise-Amable, [ANTOINE II.
b 1728.

1762, (15 fevrier) Laprairie.

II.—RIEL, PIERRE, [JEAN-BTE I.
b 1727.
GUÉRIN, Catherine, [JEAN-BTE II.
b 1743.

1764, (23 janvier) St-Philippe. [1]

III.—RIEL, NICOLAS, [JEAN-BTE II.
b 1740.
HAGUENIER, Marie-Catherine, [LOUIS IV.
b 1739.

Marie-Catherine, b [1] 22 dec. 1764.

III.—RIEL (2), JOSEPH, [JACQUES II.
b 1735; s 8 avril 1785, à St-Cuthbert.
LÉVESQUE, Marie.

1780.

IV.—RIEL, JEAN-BTE, [JEAN-BTE III.
b 1757.
COLLIN, Marie.

Marie-Brigitte, b 31 août 1783, à St-Cuthbert. —*Jean-Baptiste*, b... m à une métisse française.

V.—RIEL, JEAN-BTE. [JEAN-BTE IV.
...........(3)

Louis, b 1817, à l'Ile-à-la-Crosse; m à Julie LAGIMODIÈRE.

(1) Le nom manque au registre.
(2) Dit L'Irlande.
(3) Métisse française.

VI.—RIEL, Louis, [Jean-Bte V.
b 1817.
Lagimodière, Julie.
Louis, b... m à Marguerite Monet-Belhumeur; s (sur l'echafaud) 16 nov. 1885, à Regina.

VII.—RIEL (1), Louis, [Louis VI.
s 16 nov. 1885, à Régina.
Monet-Belhumeur, Marguerite,
s juin 1886, à St-Vital.

RIENDEAU.—Voy. Reguindeau.

1760, (11 nov.) Baie-St-Paul. [2]
I.—RIEUTORD (2), Jean-Bte, chirurgien; fils de Jacques et de Françoise Deray, de Grammont, diocèse de Lectour, Gascogne.
Perron, Pélagie-Victoire, [Antoine III.
b 1741.
Marie-Madeleine, b [2] 18 février 1761. — *Marie-Joseph-Pélagie*, b [2] 14 mars 1762; m 15 février 1779, à Jacques-Joseph Hubert; au Château-Richer.[3] — *Jean-Baptiste*, b [3] 5 février 1764. — *Louis*, b [3] 14 avril 1765.—*Jean-François*, b [3] 23 juillet et s [3] 23 août 1766.—*François*, b [3] 24 août 1768; m à Françoise LeProust.—*Nicolas*, b [3] 25 mai et s [3] 4 sept. 1770. — *Marguerite*, b [3] 1er mai et s [3] 9 oct. 1771.—*Marguerite*, b 28 nov., à Ste-Anne et s [3] 15 déc. 1773. — *Pierre*, b... s [3] 28 août 1775.—*Joseph*, b en oct. et s [3] 8 nov. 1776.—*Charles-Marie*, b [3] 18 dec. 1778.

II.—RIEUTORD, François, [Jean-Bte I.
b 1768; chirurgien.
LeProust, Françoise, [Louis-Joseph.
s 5 fevrier 1818, aux Trois-Rivières.
Françoise-Hermine, b... m à ...... Dumoulin.

RIEWIES.—Voy. Rives.

I.—RIFAUT, Mathurin, b 1650; s 3 août 1730, à Montréal.

1759, (7 février) Quebec. [6]
I.—RIFFO, Jacques, fils d'Isaac et d'Isabelle Suzande, de Ruffec, diocèse d'Angoulème, Angoumois.
Monmellian, Marie-Barbe, [Jean-Bte II.
b 1729; veuve de Jean-Pierre Andry.
Marie-Barbe, b [6] 19 dec. 1759; s [6] 10 sept. 1761. —*Marie-Barbe*, b [6] 11 avril et s [6] 4 août 1762.—*Christophe*, b [6] 13 dec. 1763.

1761, (4 mai) Montréal.
I.—RIGAL, Raymond, b 1739; fils de Jean et de Marie-Anne Etienne, de Toulouse.
Marin, Marguerite, de Michillimakinac.

RIGAU.—Voy. Rigaud.

(1) Chef de l'insurrection des Territoires du Nord-Ouest.
(2) Venu en 1758 sur le "Nancy." (Reg. des Procès-verbaux de l'évéché, 1770.)

RIGAUD.—*Variations et surnoms*: DeRigault—Rigau—Rigault—Rigaut—Ripau—Tripaut—Cavagnial—DeVaudreuil—Lamontagne—St. Surin.

I.—RIGAUD (1), Jean, b 1659; s 11 février 1719, à Montréal.

II.—RIGAUD (2), Ls-Philippe, [Philippe I.
b 1691; s 27 nov. 1763, à Rochefort, France.

1733, (2 mai) Québec. [2]
II.—RIGAUD (3), Pierre, [Philippe I.
b 1698; s 16 nov. 1793, à l'Hôtel-Dieu, Q.
Fleury (4), Louise, [Joseph II.
b 1713; s en France.
Louise-Claire, b [2] 27 mai et s [2] 6 juin 1734.—*Louise-Françoise-Xavier*, b [2] 27 juin 1742; s [2] 16 avril 1743.—*Louise-Françoise-Ignace*, b [2] 17 août 1744; s [2] 4 sept. 1745.—*Louise-Joseph*, b 21 juin 1746, aux Trois-Rivières [3]; s [2] 8 oct. 1748.—*Henri-Marie-Joseph*, b [3] 28 août 1753; s [3] 6 août 1754.

1744, (2 mai) Québec.
I.—RIGAUD, François, huissier du conseil; fils de François et d'Anne Millet, de St-Eustache, Paris.
Nadeau, Marie-Madeleine, [Denis II.
b 1717.
Marie-Angélique, b 30 avril 1745, à Beaumont.

1748, (15 janvier) Montréal.
I.—RIGAUD (5), Jean, b 1693; fils de Julien et de Françoise Derousseau, de St-Julien, diocèse de Limoges, Limousin.
Baza, Angélique, [Pierre I.
b 1727.

RIGAUDIAU.—*Variation*: Rigaudio.

I.—RIGAUDIAU (6), Antoine, b 1737; de Ste-Famille près Sijaque, diocèse de Bazas, Gascogne.
1° LaCoste, Marthe-Françoise, [André II.
b 1748; s 28 juillet 1774, à Québec. [7]
1775, (23 janvier). [7]
2° Vincent, Anne. [Jean.

RIGAUDIO.—Voy. Rigaudiau.

RIGAULT.—Voy. Rigaud.

RIGEALLE.—Voy. Regeas.

(1) Dit Lamontagne.
(2) Voy. DeRigault, vol. III, p. 352.—Chevalier, baron de Vaudreuil, lieutenant-général des armées navales—père du marquis de Vaudreuil qui decéda à Paris, le 14 déc. 1802, âgé de 79 ans. (Voy. *Joies et tristesses de la mer*, p. 122—Faucher de St. Maurice).
(3) DeVaudreuil, chevalier de St. Louis, major de ville et gouverneur des Trois-Rivières, 1742—Cavagnial de Vaudreuil, voy. DeRigault, vol. III, p. 352.
(4) D'Eschambault—De la Gorgendière.
(5) Sergent de Lepervanche.
(6) Et Rigaudio; matelot du *Nancy* venu de Bordeaux en 1758.

1758, (16 août) St-Laurent, M. [7]

I.—RIGEREAU, LOUIS-FRANÇOIS, fils de Jacques et de Marie Houdoyer, d'Epineau, diocèse du Mans, Maine.

BOUCHER (1), Marie-Joseph, [FLEURANT II. b 1737.

Marie-Joseph, b [7] 10 oct. 1761.

RIGNAN.— *Variations et surnom :* DENIAU — DIGNAN — DINANT — GUIGNARD—GUINAND — ST. ETIENNE.

1729, (11 août) Montréal. [1]

I.—RIGNAN (2), PIERRE, b 1700 ; fils de Pierre et de Marie Boutineau, de St-Surin, Bordeaux ; s 9 avril 1756, au Détroit. [2]

LEBEUF, Marie-Joseph, [PIERRE I. b 1704 ; s [2] 7 nov. 1767.

Pierre, b [1] 18 juin 1730. — *Marie-Catherine-Elisabeth* (3), b [1] 25 oct. 1734.—*Marie-Catherine,* b [1] 28 janvier 1736. — *Amable,* b [1] 11 avril 1738. — *Charles-Louis,* b [1] 28 mai 1742; s [1] 19 déc 1743. — *Pierre,* b [1] 18 août et s [1] 1er sept. 1744.

1755, (24 nov.) St-Valier.

I.—RIHOUET, PIERRE, fils de Jean et d'Anne DelaLande, de la Vaudelee, diocèse de Coutances, Normandie.

BESNARD, Marie-Barbe, fille de René et de Jeanne Mahiet, de Lambert, diocèse d'Angers, Anjou.

RIMBAULT.—Voy. RAIMBAUT.

RINFRET.— *Variation et surnom :* RAINFRAY—MALOUIN.

1693, (28 nov.) Lévis.

I.—RINFRET (4), JEAN, b 1662 ; s 4 mars 1717, à Quebec. [3]

1° MASSARD, Marguerite, [NICOLAS I. b 1671 ; s [3] 24 nov. 1702.

Marie-Françoise, b 4 sept. 1697, à St-Nicolas, m [3] 13 janvier 1716, à Michel ROUILLARD.

1704.

2° LETELLIER (5), Jeanne, [ETIENNE I. b 1675.

Jean-Baptiste, b [3] 27 avril 1710 ; m [3] 9 janvier 1736, à Marie-Joseph SIMON ; s [3] 22 nov. 1758.— *Joseph,* b [3] 6 sept. 1713 ; m [8] 2 juin 1738, à Madeleine GENDRON.

1736, (9 janvier) Québec. [7]

II.—RINFRET, JEAN-BTE, [JEAN I. b 1710 ; maître-maçon ; s [7] 22 nov. 1758.

SIMON (6), Marie-Joseph, [PIERRE-LUCIEN III. b 1719 ; s [7] 2 janvier 1798.

(1) St. Amour.

(2) Et Dinant dit St. Etienne ; voy. aussi Guignard, vol. IV, p. 408

(3) Baptisée sous le nom de Deniau.

(4) Voy. vol. I, p. 518

(5) Elle épouse, le 1er février 1723, Jean Mondain, à Quebec.

(6) Delorme.

Anonyme, b [7] et s [7] 8 janvier 1737. — *Marie-Joseph,* b [7] 27 nov. 1737 ; m [7] 15 nov. 1757, à Antoine SIMON. — *Jean-François,* b [7] 2 février 1739 ; 1° m [7] 18 fevrier 1760, à Marie-Anne BONNEAU ; 2° m à Geneviève PERRAULT ; s [7] 20 avril 1794.—*Ursule,* b [7] 8 avril 1740 ; s [7] 23 juin 1742. —*Marie-Marthe,* b [7] 21 juin 1741.—*Ursule,* b [7] 7 août 1742.—*Jean-François,* b [7] 18 sept. 1743.— *Marie-Anne,* b [7] 20 oct. et s [7] 2 nov. 1744, à Lorette.—*Marie-Geneviève,* b [7] 21 fevrier 1746.—*Joseph-Antoine,* b [7] 9 mai 1747.—*Marie-Louise,* b [7] 27 mai 1748. — *Amable-Michel,* b [7] 16 juillet 1749 ; s [7] 3 sept. 1750. — *Jean-Baptiste,* b [7] 26 août 1750. — *Pierre,* b [7] 18 oct. et s [7] 10 nov. 1751. — *Marie-Anne,* b [7] 22 déc. 1752. — *Pierre,* b [7] 28 février 1754 ; m [7] 21 janvier 1777, à Marie-Anne-Elisabeth DELAGE.—*Michel,* b [7] 14 juillet et s [7] 5 août 1755.—*Marie-Louise,* b [7] 11 mai 1757.

1738, (2 juin) Québec. [8]

II.—RINFRET (1), JOSEPH, [JEAN I. b 1713 ; maître-maçon.

GENDRON, Marie-Madeleine, [JACQUES II. b 1714 ; veuve de Charles Guiétier.

Joseph, b [8] 6 mars 1739 ; s [8] 6 janvier 1743.— *Marie-Madeleine,* b [8] 23 sept. 1740.—*Noël,* b [8] 1er janvier 1742 ; m [8] 2 juillet 1776, à Geneviève VOCELLE.—*Angélique,* b [8] 13 juin 1745.—*Joseph,* b [8] 13 fevrier 1747.—*Joseph,* b [8] 20 avril 1748.— *Louis,* b [8] 15 avril et s 7 juin 1749, à Charlesbourg. [9]— *Marie-Joseph,* b [8] 6 avril et s [8] 5 oct. 1750. — *François,* b [8] 24 mars 1751. — *Pierre-André,* b [8] 14 mai 1752 ; s [8] 13 février 1756. — *Joseph,* b [8] 21 juillet et s [9] 7 août 1753. — *Louis,* b [8] 30 mai 1755. — *Antoine,* b [8] 18 juin 1756.— *Jean-Baptiste,* b [8] 15 mars 1758. — *Marie-Madeleine,* b 10 août 1759, à la Pte-aux-Trembles. Q.

RINFRET, JEAN-BTE.

NAU, Marie-Angelique.

Marie-Geneviève, b 20 juin 1752, à Québec.

RINFRET, JOSEPH.

TRUDEL, Madeleine.

Benjamin, b et s 22 juillet 1755, à Québec.

1760, (18 février) Québec. [9]

III.—RINFRET (1), JEAN-FRS, [JEAN-BTE II. b 1739 ; s [9] 20 avril 1794.

1° BONNEAU, Marie-Anne, [JOSEPH III. b 1738 ; s [9] 23 sept. 1776.

Jacques, b 1761 ; m [9] 17 avril 1787, à Marie-Joseph MOISAN.—*Pierre-François,* b [9] 20 août et s [9] 7 sept. 1763.— *Ursule,* b... m [9] 9 août 1791, à Joseph BOURGET.

2° PERRAULT, Geneviève.

1776, (2 juillet) Québec.

III.—RINFRET (2), NOEL, [JOSEPH II. b 1742.

VOCELLE-BELHUMEUR, Geneviève. [JEAN I.

(1) Dit Malouin.

(2) Marié Malouin.

1777, (21 janvier) Québec. [5]
III.—RINFRET, PIERRE, [JEAN-BTE II.
b 1754.
DELAGE, Marie-Anne-Elisabeth, [PIERRE II.
b 1756; s [5] 5 oct. 1797.
Marie-Anne, b... m [5] 12 janvier 1796, à Joseph TRUDEL.

1787, (17 avril) Québec.
IV.—RINFRET, JACQUES, [JEAN-FRANÇOIS III.
b 1761.
MOISAN, Marie-Joseph, [JOSEPH-MARIE III.
b 1764.

I.—RINGUET (1), PIERRE, b 1696, meunier; de Coujan, diocèse d'Angoulème, Angoumois; s 1er avril 1765, à la Baie-St-Paul. [8]
BUISSON, Catherine.
Jean, b... m [8] 25 nov. 1738, à Geneviève DUCHÊNE.

1738, (25 nov.) Baie-St-Paul. [9]
II.—RINGUET, JEAN. [PIERRE I.
DUCHESNE, Marie-Geneviève, [SIMON II.
b 1719.
Marie-Geneviève-Catherine, b 13 et s 18 janvier 1740, à Québec.—*Marie-Catherine*, b [9] 25 août 1741; 1° m [9] 15 oct. 1753, à Ambroise BOIVIN, 2° m [9] 22 juin 1756, à Jean-Baptiste LECOLLEN; 3° m 1773, à François IMBAUT.—*Marie-Jeanne*, b [9] 18 déc. 1743; m [9] 5 juin 1764, à Charles GAUDREAU.—*Pierre-Jean-Simon*, b [9] 24 mars 1746; m [9] 30 sept. 1765, à Marie-Joseph CAMPAGNA.—*Clotilde-Silvie*, b [9] 14 fevrier et s [9] 6 mars 1748.—*Félicité-Luce*, b [9] 12 mai 1749; m [9] 13 janvier 1766, à Cyprien HÉBERT.—*Pierre-Michel*, b [9] 6 avril 1752.—*Aimé-Sylvestre*, b [9] 31 déc. 1755; s [9] 10 sept. 1758.—*Marie-Joseph*, b [9] 30 mars 1759.—*Ignace*, b [9] 2 fevrier 1762. — *Marie-Angélique*, b [9] 12 dec. 1763.

1765, (30 sept.) Baie-St-Paul.
III.—RINGUET, PIERRE-JEAN-SIMON, [JEAN II.
b 1746.
CAMPAGNA, Marie-Joseph, [SIMON III.
b 1743.

1687, (4 nov.) L'Ange-Gardien [1]
I.—RIOPEL (2), PIERRE,
b 1660; s 9 dec. 1700, à Quebec. [2]
JULIEN, Marie, [JEAN I.
b 1667; s [2] 20 dec. 1702.
Pierre, b [2] 15 nov. 1691; m [1] 21 février 1718, à Marie-Anne MAHEU, s [1] 3 oct. 1757.—*Nicolas*, b [2] 10 mars 1696; m [1] 12 mai 1721, à Marguerite GARNAUD; s 15 oct. 1759, à Lorette.

1718, (21 février) L'Ange-Gardien. [6]
II.—RIOPEL, PIERRE, [PIERRE I.
b 1691; s [6] 3 oct. 1757.
MAHEU (3), Marie-Anne, [PIERRE II.
b 1700, s [6] 7 mars 1764.
Marie, b [6] 26 février 1719.—*Pierre*, b [6] 5 juin 1720; 1° m [6] 30 sept. 1748, à Marie-Anne BÉLANGER; 2° m 26 juillet 1756, à Marie-Françoise TRUDEL, à Lorette.—*Marie-Anne*, b [6] 5 mars 1722; m [6] 22 février 1745, à Jean HUOT.—*Marie-Louise*, b [6] 28 mars 1724; m [6] 10 fevrier 1749, à Laurent GENEST.—*Joseph*, b [6] 3 mars 1726; m [6] 30 juillet 1753, à Marie JULIEN.—*Elisabeth*, b [6] 21 juillet 1727.—*Barbe*, b [6] 26 juillet 1730; m [6] 23 mai 1757, à Pierre COTÉ.—*Gabriel*, b [6] 15 oct. 1732; m [6] 1er juillet 1754, à Marie-Louise HEBERT.—*Marie-Madeleine*, b [6] 22 sept. 1735; m [6] 20 nov. 1758, à Ignace COTÉ.—*Ambroise*, b [6] 3 mars 1738; m 24 nov. 1766, à Therèse CAMPEAU, au Detroit.—*Marie-Isabelle*, b [6] 9 oct. 1741.—*Marie*, b... m [6] 22 nov. 1762, à Jacques JULIEN; s 7 nov. 1786, à St-Augustin.

1718, (17 oct.) L'Ange-Gardien. [2]
II.—RIOPEL, LOUIS, [PIERRE I.
b 1693.
VÉSINA, Ursule, [PIERRE III.
b 1702; s 14 nov. 1785, à Québec. [3]
Pierre, b [2] 29 nov. 1719; m 23 août 1745, à Marguerite MASSON, à St-Augustin [4]; s [4] 7 mai 1789.—*Marguerite-Ursule*, b 6 oct. 1722, à Lorette [5]; s [3] 12 mai 1733.—*Marie-Anne-Laurence*, b... 1° m 1746, à Louis DÉRY; 2° m [5] 27 juillet 1750, à Pierre DELAGE.—*Marie-Joseph*, b [5] 19 mars 1728.—*Marie-Louise*, b [5] 8 fevrier 1731.—*Félicité*, b [5] 20 sept. 1732; s [5] 19 juin 1733.—*Barbe*, b [5] 5 juillet 1735.—*Louis*, b [5] 23 mai 1738.—*Joseph*, b [5] 4 fevrier 1740; m à Angelique GAUVIN; s [3] 24 août 1789.

1721, (12 mai) L'Ange-Gardien.
II.—RIOPEL, NICOLAS, [PIERRE I.
b 1696; s 15 oct. 1759, à Lorette. [7]
GARNAUD, Marguerite, [LOUIS II.
b 1701.
Marguerite, b 7 février 1724, à St-Augustin, m [7] 19 février 1748, à Jean MEUNIER.—*Elisabeth*, b... m [7] 19 fevrier 1748, à Louis OUVRARD.—*Marie-Félicité*, b [7] 13 avril 1732; s [7] 25 juin 1750.—*Geneviève*, b [7] 23 juin 1734; m [7] 27 janvier 1755, à Jean VÉSINA.—*Barbe*, b [7] 8 nov. 1736.

1745, (23 août) St-Augustin. [8]
III.—RIOPEL, PIERRE, [LOUIS II.
b 1719; s [8] 7 mai 1789.
MASSON, Marguerite, [JEAN-FRANÇOIS II.
b 1725.
Pierre, b 14 mars 1747, à Lorette [9]; s [9] 13 août 1748.—*Marguerite*, b 1751; s [8] 27 oct. 1755.—*Louis-Joseph*, b 1757; s [8] 12 janvier 1758.

1748, (30 sept.) L'Ange-Gardien.
III.—RIOPEL, PIERRE, [PIERRE II.
b 1720.
1° BÉLANGER, Marie-Anne, [LOUIS IV.
b 1722.
Louis, b 29 nov. 1753, à Lorette [2]; s 2 oct. 1758, à St-Augustin. [3] — *Jacques*, b [3] 28 mars et s [3] 14 avril 1755.

(1) Voir registre de la Baie-St-Paul, 23 juin 1756.
(2) Voy. vol. I, p. 518.
(3) Et Marchand.

1756, (26 juillet). [2]
2° TRUDEL (1), Marie-Frse, [ALEXANDRE III.
b 1737 ; s [3] 17 août 1786.

1753, (30 juillet) L'Ange-Gardien. [7]
III.—RIOPEL, JOSEPH, [PIERRE II.
b 1726.
JULIEN, Marie, [JEAN III.
b 1733.
Marie-Louise, b [7] 28 mai et s [7] 12 juin 1754.—*Pierre*, b [7] 12 juillet 1755.—*Marie-Barbe*, b [7] 1er août 1757.—*Marie-Anne*, b [7] 28 dec. 1760. — *Gabriel*, b [7] 9 avril 1762. — *Marie-Madeleine*, b [7] 24 nov. 1763.—*Marie-Madeleine*, b 6 juillet 1765, au Château-Richer.

1754, (1er juillet) L'Ange-Gardien.
III.—RIOPEL, GABRIEL, [PIERRE II
b 1732.
HÉBERT, Marie-Louise, [FRANÇOIS III.
b 1735.

1766, (24 nov.) Detroit. [8]
III.—RIOPEL, AMBROISE (2), [PIERRE II.
b 1738.
CAMPEAU, Therèse, [ANTOINE III.
b 1749.
Pierre, b [8] 21 sept. et s [8] 29 nov. 1767. — *Toussaint*, b [8] 31 oct. 1768. — *Catherine*, b [8] 6 juillet 1770.—*Pierre*, b [8] 5 avril 1772. — *Antoine*, b [8] 14 mai 1774. — *Thérèse*, b [8] 24 mars 1776.— *Elisabeth*, b [8] 19 fevrier 1778 : m [8] 19 janvier 1795, à René METTAY.—*Hyacinthe*, b [8] 10 fevrier 1780.—*Archange*, b [8] 25 mai 1784.

1777.
III.—RIOPEL, JOSEPH, [LOUIS II.
b 1740 ; s 24 août 1789, à Québec.
GAUVIN, Marie-Angelique, [IGNACE III.
b 1757.

1798, (13 août) Québec.
I.—RIORDAN, MICHEL, fils de Michel et de Marie Kelley, de Limerick, Irlande.
DUGGAN, Elisabeth. [ANDRÉ I.

RIOU.—*Variation :* RIOUX.

1678, (16 janvier) Ste-Famille, I. O. [5]
I.—RIOU (3), JEAN, fils de Jean et de Marguerite Guinguen, de Ploujas, diocèse de Treguier, Bretagne.
LEBLOND, Catherine, [NICOLAS I.
b 1664 ; s 1er déc. 1758, aux Trois-Pistoles. [6]
Nicolas, b 1683 ; m [5] 13 août 1710, à Louise ASSELIN ; s [6] 6 janvier 1756.

1710, (13 août) Ste-Famille, I. O.
II.—RIOU, NICOLAS, [JEAN I.
b 1683.
ASSELIN, Louise, [PIERRE II.
b 1690.

(1) Suicidée dans la folie.
(2) Appelé Pierre en 1767.
(3) Voy. vol. I, pp. 518-519.

Marie-Anne, b 1712 ; m 1730, à Jacques JOANNE. —*Catherine* (1), b 8 sept. 1713, aux Trois-Pistoles [7] ; m [7] 15 nov. 1735, à Paul LEPAGE.—*Louise*, b [7] 1er nov. 1715 ; m 20 oct. 1739, à Joseph LAURENT, à Rimouski. [8] — *Nicolas*, b [7] 8 oct. 1718 ; m 19 oct. 1746, à Catherine GERBERT, à St-Roch ; s [7] 6 janvier 1756 —*Marie-Madeleine*, b [7] 26 février 1721 ; m [8] 25 oct. 1742, à Nicolas LEPAGE ; s [7] 29 déc. 1797.—*Marie-Geneviève*, b [7] 30 avril 1724 ; m 1748, à Germain LEPAGE.—*Etienne*, b [7] 30 nov. 1726 ; m [8] 21 juillet 1749, à Véronique LEPAGE.— *Jean-Baptiste*, b 6 sept. 1728, à Kamouraska.— *Jean-Baptiste*, b [7] 26 mai 1729.—*Véronique*, b [7] 29 mars 1731 ; m [7] 14 juillet 1749, à Pierre LEPAGE. —*Louise-Françoise*, b [8] 10 avril 1732.

1731, (20 août) Rimouski. [9]
II.—RIOU, VINCENT, [JEAN I.
b 1690.
COTE, Catherine, [JEAN-BTE III.
b 1700.
Jean-Baptiste, b 29 août 1733, aux Trois-Pistoles [8] ; m 23 juillet 1764, à Marie-Reine BOUCHER, à la Rivière-Ouelle. [7] — *Pierre*, b [9] 11 nov. 1734.—*Pierre*, b [8] 29 nov. 1735.—*Vincent*, b [8] 26 mai 1736 ; m 1er juillet 1766, à Julienne DROUIN, à Ste-Famille, I. O.— *Charles*, b [8] 5 mai 1738.— *Catherine*, b [8] 21 dec. 1742.—*Etienne*, b [8] 2 fevrier 1746 ; m [7] 22 janvier 1776, à Marie-Madeleine PLOURDE.—*Paul*, b [8] 25 mars 1748 ; m à Marguerite COTÉ.—*Rosalie*, b [8] 4 mai 1750.— *Marie*, b... m 2 mars 1767, à François POIVIN, à Kamouraska.

1746, (19 oct.) St-Roch.
III.—RIOU, NICOLAS, [NICOLAS II.
b 1718 ; s 6 janvier 1756, aux Trois-Pistoles. [9]
GERBERT, Catherine, [JOSEPH III.
b 1727.
Marie-Catherine, b [9] 25 janvier 1748. — *Véronique-Isabelle*, b [9] 24 avril 1749 ; m [9] 22 juillet 1766, à Jean-Baptiste COTÉ. — *Marie-Madeleine*, b [9] 20 fevrier 1751 ; m [9] 28 janvier 1768, à Prisque SOUCY. — *Marie-Geneviève*, b [9] 15 mars 1753. — *Nicolas-François*, b [9] 9 sept. 1755 ; s [9] 8 janvier 1756.

1749, (21 juillet) Rimouski.
III.—RIOU, ETIENNE, [NICOLAS II.
b 1726 ; seigneur.
LEPAGE, Veronique, [PIERRE III.
b 1730.
Etienne, b 12 août 1750 aux Trois-Pistoles [9] ; 1° m 15 janvier 1772, à Marie-Rosalie COTÉ, à l'Ile-Verte, 2° m à Marie-Joseph DELAVOYE.— *Louise*, b [9] 14 juin 1752. — *Jean-Baptiste*, b [9] 13 janvier 1754 ; m à Madeleine COTÉ. — *Marie-Catherine*, b [9] 22 mai 1756 ; m 19 février 1776, à Antoine BOUCHER, à Kamouraska. — *Marie-Thérèse*, b [9] 1760.—*Nicolas-François*, b [9] 3 dec. 1763. —*Suzanne*, b [9] 7 juin 1767 ; m [9] 28 février 1791, à François PELLETIER.— *Marie-Reine*, b [9] 15 mai 1769.

(1) Premier bapteme aux Trois-Pistoles.

1764, (23 juillet) Rivière-Ouelle.
III.—RIOU, JEAN-BTE, [VINCENT II.
b 1733.
BOUCHER, Marie-Reine, [PIERRE IV.
b 1739.
Pierre, b 24 mai 1767, aux Trois-Pistoles. [4]— *Vincent*, né 6 nov. 1768 ; b [4] 12 janvier 1770.— *Nicolas*, b [4] 26 mai 1773. — *Rosalie*, b... m [4] 20 janvier 1794, à Pierre PAYAN. — *Joseph*, b... m [4] 29 janvier 1799, à Thérèse RIOU.

1766, (1er juillet) St-François, I. O.
III.—RIOU, VINCENT, [VINCENT II.
b 1736.
DROUIN, Julienne, [JOSEPH IV.
b 1746 ; s 26 déc. 1788, aux Trois-Pistoles. [4]
Vincent, b [4] 24 mai 1767.—*Julienne*, b... m [4] 29 sept. 1794, à Joseph-Marie LÉVESQUE ; s [4] 9 sept. 1795. — *Marie*, b [4] mai 1769 ; m [4] 20 août 1792, à Charles-François LÉVESQUE ; s [4] 16 mai 1797.— *Paul*, b [4] 5 mai 1770 ; m 1794, à Marguerite COTÉ.—*Marie-Thècle*, b 14 janvier 1772, à l'Ile-Verte. — *Jean-Baptiste*, b [4] 26 mai 1773. —*Elie*, né 27 déc. 1782 ; b [4] 12 oct. 1783. — *Joseph*, b [4] 18 août 1784. — *Théotiste*, b [4] 14 fevrier 1786.— *Edesse*, b [4] 14 février 1786 ; m à Louis-Christophe CARON.—*Marie-Geneviève*, b [4] 11 avril 1787.

1772, (15 janvier) Ile-Verte. [5]
IV.—RIOU, ETIENNE, [ETIENNE III.
b 1750 ; seigneur.
1° COTÉ, Marie-Rosalie, [GABRIEL IV.
b 1755 ; s [5] 19 janvier 1794.
Joseph, b [5] 10 juillet 1774. — *Cécile*, b... m 9 janvier 1797, à Marcel DELAVOYE, aux Trois-Pistoles. [4]—*Isabelle*, née [5] 20 janvier 1782 ; b [5] 29 mars 1783.—*Marie-Théodore*, b [4] 21 mars et s [4] 6 avril 1784. — *Maximien*, b [4] 26 oct. 1785. — *Modeste*, b [4] 16 juillet 1790. — *Etienne*, b [4] 2 août 1792.

1795.
2° DELAVOYE, Marie-Joseph, [BARTH.-AUG. III.
b 1763 ; s [4] 2 mai 1796.

1776, (22 janvier) Rivière-Ouelle.
III.—RIOU, ETIENNE, [VINCENT II.
b 1746.
PLOURDE, Marie-Madeleine, [PIERRE III.
b 1757 ; s 10 mars 1795, aux Trois-Pistoles. [7]
Prime, b [7] 14 déc. 1783. — *Esther*, b [7] 26 oct. 1785. — *Anonyme*, b [7] et s [7] 6 janvier 1791.— *Barbe*, b [7] 20 janvier 1793. — *Edésie*, b [7] 4 mars 1795.

IV.—RIOU (1), JEAN-BTE, [ETIENNE III.
b 1754.
COTÉ, Madeleine, [PRISQUE V.
b 1758.
Thérèse, b... m 29 janvier 1799, à Joseph RIOU, aux Trois-Pistoles. [2]— *Modeste*, b 1780 ; s [2] 10 oct. 1786.—*Ignace*, né mars 1782 ; b 29 mars 1783, à l'Ile-Verte.—*Germain*, b [2] 22 février 1784.— *Euphrosine*, b [2] 24 oct. 1785.—*Marie-Rosalie*, b [2] 21 nov. 1790.—*Vital-Isaac*, b [2] 28 avril 1792.— *Eloi*, b [2] 20 janvier 1793.—*Célestin*, b [2] 8 fevrier 1795.—*Modeste*, b [2] 3 et s [2] 24 juillet 1796.— *Etienne-Isaïe*, b [2] 7 oct. 1798.

(1) Appelé aussi Riaux.

RIOU, ETIENNE.
COTÉ, Geneviève, [PRISQUE V.
b 1756.
Pierre, né 9 juin 1782 ; b 29 mars 1783, à l'Ile-Verte.

1794.
IV.—RIOU, PAUL, [VINCENT III.
b 1770.
COTÉ, Marguerite, [PRISQUE V.
b 1770.
Honoré, b 17 mai 1795, aux Trois-Pistoles. [6]— *Modeste*, b [6] 22 mai 1796.—*Marie-Céleste*, b [6] 27 août 1797.—*Anastasie*, b [6] 21 avril 1799.

RIOU, JOSEPH.
ASSELIN, Pélagie.
Rosalie, b 6 fevrier 1796, aux Trois-Pistoles [3] —*Marie-Dudule*, b [3] 10 juillet 1797.—*Eloi*, b [3] 23 déc. 1798.—*Raphaël*, b [3] 23 déc. 1798 ; s [3] 6 janvier 1799.

RIOU, ETIENNE.
MORAS, Judith.
Edouard, b 17 déc. 1797, aux Trois-Pistoles.

1799, (29 janvier) Trois-Pistoles. [4]
IV.—RIOU, JOSEPH. [JEAN-BTE III.
RIOU, Therèse. [JEAN-BTE IV.
Raphael, b [4] 15 dec. 1799.

RIOU, JEAN-BTE.
BOUCHER, Therèse.
Suzanne, b 15 déc. 1799, aux Trois-Pistoles.

RIOU, PAUL.
LAGACÉ-MINIER, Marie-Archange.
Sophie, b... m 16 janvier 1827, à Jean-Saturnin DAMOURS, aux Trois-Pistoles.

RIOUSSEL.—*Surnom :* LANGUEDOC.

1760, (14 avril) St-Vincent-de-Paul.
I.—RIOUSSEL (1), LAURENT, fils de Jacques et de Françoise Hysegelle, du diocèse de Carcassone, Languedoc.
NICOLET (2), Marie, fille d'Ambroise et de Catherine Disurat, de St-Martin, diocèse de Senez, Provence.

RIOUX.—Voy. RIOU.

RIPAU.—*Variation et surnom :* RIGAUD—ROLET.

(1) Dit Languedoc ; soldat du régiment de la Sarre.
(2) Lubine.

1689, (6 février) Cap-Santé.

I.—RIPAU (1), JACQUES-ROCH,
b 1665; s 14 mars 1715, aux Grondines [6]
AUBERT, Marie-Anne, [JACQUES I.
b 1672; s [6] 29 août 1712.

Jacques, b 4 oct. 1690, à Batiscan; m 1715, à Marie-Françoise DELOMÉ; s [6] 8 mai 1772.—*Marie*, b [6] 11 oct. 1693; m [6] 1712, à Charles DUBORD; s [6] 26 mars 1759.—*Antoinette*, b... m [6] 10 février 1716, à François VANDAL.—*Marie-Joseph*, b [6] 22 fevrier 1699; m [6] 30 janvier 1720, à Balthazar DUBORD.—*Madeleine*, b [6] 5 nov. 1702; s [6] 17 oct. 1707.—*Jacques*, b 27 avril 1706, à Deschambault.

1713, (11 nov.) Pte-aux-Trembles, Q. [7]
2° COUTANCINEAU, Marie-Louise, [JULIEN I.
b 1670; veuve de François Pinel; s [7] 16 oct. 1736.

1715.

II.—RIPAU (2), JACQUES, [JACQUES-ROCH I.
b 1690; s 8 mai 1772, aux Grondines. [5]
DELOMÉ, Marie-Françoise, [BERNARD I.
b 1694; s [5] 12 avril 1760.

Jacques-François, b 15 et s 20 février 1716, à Deschambault. [6] — *Marie-Françoise*, b [5] 1er mai 1717, s [5] 20 mai 1755.— *Marie-Joseph*, b [5] 16 mars 1719; m [5] 7 janvier 1744, à Eustache GERMAIN.—*Jacques*, b [5] 22 dec. 1720.—*Marie-Joseph*, b [5] 9 mai 1722; m [5] 7 avril 1739, à Jean-Baptiste DUPUYAU — *Joseph*, b [5] 2 juin 1724; s [5] 20 avril 1757.— *Anonyme*, b [5] et s [5] 17 nov. 1725.—*Marie-Anne*, b... m [5] 15 avril 1749, à Charles JOBIN-BOISVERD; s [5] 13 fevrier 1751.—*Marie-Judith*, b [5] 16 juin 1729; s [5] 11 août 1730.— *Jean-Baptiste*, b [5] 28 juin 1731; m [6] 18 fevrier 1754, à Felicite ARCAN; s [5] 22 avril 1789. — *Judith*, b [5] 12 déc. 1734; s [5] 11 fevrier 1752.

1754, (18 fevrier) Deschambault.

III.—RIPAU (3), JEAN-BTE, [JACQUES II.
b 1731, s 22 avril 1789, aux Grondines. [2]
ARCAN, Félicité, [SIMON II.
b 1733.

Marie-Joseph, b [2] 25 nov. 1754; s [2] 15 janvier 1756. — *Marie-Françoise*, b [2] 5 fevrier 1757. — *Joseph-Marie*, b [2] 20 oct. 1758.—*Suzanne*, b [2] 13 avril et s [2] 9 juillet 1760. — *Marie-Joseph*, b [2] 23 avril 1761; m [2] 2 mars 1778, à Joseph HAMELIN-PLAGNOT. — *Marie-Louise*, b... m [2] 7 mai 1787, à Charles-François HAMELIN.

I.—RIPON (4), FRANÇOIS, b 1738; s 28 août 1759, à Beauport.

RIQUET. — *Variations et surnom :* NIQUET — RIQUIER—RITIER—LAVERDURE.

---

(1) Et Rigaud dit Rolet; marié sous le nom de Rigaud, voy. vol. I, p. 518.

(2) Et Rigaud dit Rolet.

(3) Dit Rolet; marié sous ce nom.

(4) Dit Lagiroflée; soldat de Montesson.

1699, (8 sept.) Montreal. [1]

I.—RIQUET (1), FRANÇOIS-JEAN-BTE,
b 1677; s 7 janvier 1760, à Terrebonne. [2]
RENAUD, Marie-Anne, [PIERRE-ANDRÉ I.
b 1672; s 5 fevrier 1750, à Lachenaye. [3]

Jean, b [1] 26 août 1700; m [2] 21 février 1730, à Marie-Anne LÉVEILLÉ; s [2] 22 février 1750.—*François*, b 26 nov. 1702, aux Grondines. [4] — *Marie-Thérèse*, b [4] 1er juillet 1705; m 3 fevrier 1739, à Mathieu MORIN, à Varennes. [5] — *Alexis*, b [4] 13 mai 1707; m [3] 8 janvier 1742, à Agnès FILION.—*Jeanne*, b 18 février 1710, à Batiscan [6]; m [1] 4 sept. 1752, à Alexis BERTHELET. — *Marie-Françoise*, b... m 8 août 1735, à Joseph CHAUVIN, à Boucherville. [7] — *Marie-Anne*, b [6] 8 mars 1715; 1° m [2] 17 nov. 1738, à Marin-Paul FOREST; 2° m [2] 14 oct. 1754, à François BERLOIN; s [2] 16 oct. 1778. — *Gabriel*, b 1718; m [2] 25 nov. 1750, à Marie-Joseph GIBAUT. — *Louis*, b 1720; 1° m [2] 6 oct. 1749, à Geneviève FORGET; 2° m 13 juin 1757, à Marie-Louise FORGET, à St-Vincent-de-Paul; 3° m 1767, à Marie BLONDIN. — *Joseph*, b [7] 23 fevrier 1723; m [2] 7 oct. 1747, à Marguerite GIPOULON. — *Marie-Charlotte*, b [5] 18 juin 1726; m [3] 9 janvier 1747, à Jean-Baptiste GIBAUT; s [2] 31 avril 1754.—*Marie-Amable*, b... m [2] 21 janvier 1765, à Léger BLIN. — *Marguerite*, b... m [2] 3 février 1766, à Antoine NADEAU.

1730, (21 février) Terrebonne. [6]

II.—RIQUET (2), JEAN, [FRS-JEAN-BTE I.
b 1700; s [6] 22 février 1750.
LÉVEILLE (3), Marie-Anne, [LAURENT-J.-BTE I.
b 1708; s [6] 2 juin 1778.

Jean-Louis, b [6] 8 janvier 1731. — *Marie-Anne*, b [6] 15 nov. 1732; m [6] 1er fevrier 1773, à François MIVILLE. — *Louise*, b [6] 5 dec. 1734; m [6] 20 oct. 1760, à Joseph CABANAC. — *Marie-Françoise*, b [6] 12 déc. 1736; m [6] 6 oct. 1760, à François GRANET. — *Charles-Joseph*, b [6] 1er août 1739; s [6] 20 oct. 1740.—*Joseph-Marie*, b [6] 30 mars 1741.—*Marie-Agathe*, b [6] 24 juin 1743; m [6] 6 oct. 1760, à Pierre LEFORT; s [6] 23 juin 1773.—*Marie-Marguerite*, b [6] 31 juillet 1745.—*Marie-Louise*, b [6] 2 juillet 1747. —*Jean-Baptiste*, b [6] 6 et s [6] 15 sept. 1749.

1742, (8 janvier) Lachenaye. [7]

II.—RIQUET, ALEXIS, [FRANÇOIS-JEAN-BTE I.
b 1707
FILION, Agnès, [MICHEL II.
b 1712. s [7] 15 mars 1773.

Alexis, b [7] 19 sept. 1742; m 1771, à Marie-Joseph LABELLE; s 27 nov. 1829, à Ste-Therèse. —*Marie-Françoise*, b [7] 22 mars 1745; s [7] 17 août 1777.—*Michel*, b [7] 26 fevrier 1748; m 7 janvier 1771, à Françoise RENAUD, à Terrebonne. [8]—*Jean-Louis*, b [7] 30 août et s [7] 29 sept. 1749.—*Marie-Joseph*, b [8] 28 sept. 1750.—*Henri*, b [7] 4 mars 1752.

---

(1) Et Riquier—Ritier; voy. vol. I, p. 519.

(2) Et Ritier dit Laverdure.

(3) Locat.

1747, (7 oct.) Terrebonne. [2]

II.—RIQUET (1), JOSEPH, [FRANÇOIS-JEAN-BTE I.
b 1723.
GIPOULON, Marguerite, [FRANÇOIS II.
b 1726.
Joseph, b [2] 1er oct. 1748.—*Marie-Anne*, b [2] 6 sept. 1750.—*Marie-Joseph*, b [2] 11 mars 1752.—*Jean-Baptiste*, b [2] 9 août 1755; s [2] 6 sept. 1757.—*Michel*, b [2] 6 oct. 1756.—*Marie-Françoise*, b [2] 26 mars et s [2] 9 sept. 1758.

1749, (6 oct.) Terrebonne. [3]

II.—RIQUET (1), LOUIS, [FRANÇOIS-JEAN-BTE I.
b 1720.
1° FORGET, Geneviève, [JEAN II.
b 1726; s 21 juillet 1755, à Ste-Rose. [4]
Marie-Geneviève, b [4] 7 août 1750. — *Marie-Charlotte*, b [4] 3 février 1752; m [3] 20 janvier 1772, à Joseph DUBOIS.—*Marie-Louise*, b [4] 23 sept. 1753; s [4] 29 juin 1754.

1757, (13 juin) St-Vincent-de-Paul. [5]
2° FORGET, Marie-Louise, [JEAN-FRANÇOIS III.
b 1735; s [5] 14 nov. 1764.
Louis, b 1760; s [5] 26 nov. 1764.

1767.
3° BLONDIN, Marie.
Etienne, b 22 février 1769, à Lachenaye. [6] — *Charles*, b [6] 1er juin 1775.

1750, (25 nov.) Terrebonne. [7]

II.—RIQUET, GABRIEL, [FRANÇOIS-JEAN-BTE I.
b 1718.
GIBAUT, Marie-Joseph, [JEAN-BTE III.
b 1726.
Joseph, b [7] 12 février 1752; m [7] 10 février 1777, à Marie-Louise LEBLANC.—*Jean-Baptiste*, b... s [7] 19 nov. 1755.—*Marie-Joseph*, b 15 mars 1755, à Lachenaye. [8] — *Marie-Catherine*, b [8] 14 février 1759.

1771.

III.—RIQUET, ALEXIS, [ALEXIS II.
b 1742; s 27 nov. 1829, à Ste-Thérèse.
LABELLE, Marie-Joseph.
Alexis, b 28 mars 1772, à Lachenaye [9]; s [9] 15 mars 1773.—*Marie-Joseph*, b [9] 8 nov. 1773.—*Alexis*, b [9] 29 juillet 1783.

1771, (7 janvier) Terrebonne.

III.—RIQUET (2), MICHEL, [ALEXIS II.
b 1748.
RENAUD, Françoise, [PIERRE III.
b 1752.

1777, (10 février) Terrebonne.

III.—RIQUET (2), JOSEPH, [GABRIEL II.
b 1752.
LEBLANC, Marie-Louise, [CHARLES III.
b 1750.

RIQUIER.—Voy. RIQUET.

(1) Et Riquier dit Laverdure.
(2) Et Riquier—Ritier.

RIS.—*Variations* : REID—RIDDE—RIDE.

1714, (11 février) Laprairie.

I.—RIS (1), JEAN, fils de David et d'Elisabeth McKinnon, d'Inverness, Ecosse.
PRIMAUT, Catherine, [FRANÇOIS I.
b 1698.
Marie-Catherine, b 21 oct. 1715, à Montréal. [1] —*Jean*, b 18 août 1717, à Longueuil [2]; m 30 nov. 1741, à Marie-Anne DESCENT, à Châteauguay. [3] — *Marie-Joseph*, b... m [3] 18 janvier 1740, à Pierre DESCENT.—*Pierre*, b [1] 12 janvier 1722; m [2] 11 janvier 1751, à Marie-Thérèse PATENOTE.—*Claude*, b 1726; m [1] 7 janvier 1749, à Marie-Joseph DESCENT.—*Antoine*, b [2] 25 oct. et s [2] 30 nov. 1730.

1741, (30 nov.) Châteauguay. [1]

II.—RIS (2), JEAN, [JEAN I.
b 1717.
DESCENT, Marie-Anne, [RAPHAEL I.
b 1719.
Marie-Anne, b 1742; m [1] 7 janvier 1766, à Jean-Baptiste DORAY.—*Marie-Joseph*, b... m [1] 2 février 1767, à Jean-Louis DORAY.

1749, (7 janvier) Montréal.

II.—RIS (3), CLAUDE, [JEAN I.
b 1726.
DESCENT, Marie-Joseph, [RAPHAEL I.
b 1723.

1751, (11 janvier) Longueuil. [2]

II.—RIS (3), PIERRE, [JEAN I.
b 1722.
PATENOTE, Marie-Thérèse, [CHARLES III.
b 1727.
Claude, b 1753; s [2] 18 oct. 1755.

I.—RISSERAC, JEAN-BTE.
MAURICE, Marie.
Marie-Desanges, b... m 28 oct. 1765, à Joseph HOULE, à Chambly.

RISTIN.—Voy. CHRISTIN.

1752, (31 janvier) Ile-St-Jean, Acadie.

I.—RISTOR, JEAN, fils de Jean et de Marie Beranger, de la Bretonnière, ville de Rochefort.
BOYER (4), Marie-Jeanne, fille d'Etienne et de Thérèse Dauphin (Acadiens).
Jean-Marie, b 11 et s 28 mai 1753, au Cap-St-Ignace.

RITAIE.—Voy. RITSIR.

RITCHÉ, HUGUES,
tailleur.
NADEAU, Suzanne,
b 1755; s 11 mars 1788, à Québec.

(1) Et Reid—Ridde—Ride.
(2) Et Ride.
(3) Marié Ridde.
(4) Et Royer.

RITCHOT.—*Variations :* RICHOT—RIDECHOT.

I.—RITCHOT, JACQUES.
CALQUET, Suzanne.
Jacques, né 1680; b 6 janvier 1691, à St-Frs-du-Lac[4]; m[4] 23 sept. 1703, à Elisabeth DUBOIS; s 8 avril 1729, à St-Michel-d'Yamaska.

1703, (23 sept.) St-Frs-du-Lac.[6]
II.—RITCHOT (1), JACQUES, [JACQUES I.
né 1680; s 8 avril 1729, à St-Michel-d'Yamaska.[7]
DUBOIS-BRISEBOIS, Elisabeth, [PIERRE-RENÉ I.
b 1682; s[7] 17 janvier 1742.
Madeleine, b... m[6] 18 oct. 1723, à Michel PINARD.—*Jean-Baptiste*, b[6] 30 sept. 1708; s[6] 14 août 1710.—*Marie-Claude*, b[6] 13 mars 1711; s[6] 7 juillet 1712.—*François-Joseph*, b[6] 5 juin 1713; m 14 oct. 1737, à Marie-Anne GIROU, à Laprairie; s[7] 1er août 1748.—*Pierre-Louis*, b[6] 13 mars 1715; m 12 nov. 1742, à Marie-Claire LEFEBVRE, à Montréal.—*Jean-Baptiste-Michel*, b[6] 10 janvier 1717; m[7] 8 juin 1750, à Marie-Anne BROUILLARD; s[7] 19 février 1751.—*Dorothée*, b[6] 5 juillet 1719; s[7] 16 août 1770.—*Marie-Joachim*, b[6] 26 déc. 1721.—*Marguerite*, b[6] 24 juin 1723; m[7] 2 juin 1749, à Antoine BIBAUT.—*Charles-Joseph*, b[6] 10 août 1724.—*Geneviève*, b[7] 16 août 1727; m[7] 6 février 1758, à Joseph CARRY.

1737, (14 oct.) Laprairie.
III.—RITCHOT, FRANÇOIS-JOSEPH, [JACQUES II.
b 1713; s 1er août 1748, à St-Michel-d'Yamaska.[8]
GIROUX (2), Marie-Anne, [PIERRE-FRANÇOIS III.
b 1717.
Jacques, b[8] 4 mars 1740; s[8] 8 sept. 1748.—*Joseph*, b[8] 10 déc. 1741.—*Joachim*, b[8] 12 août 1743; m[8] 9 février 1767, à Marie-Charlotte COUTURIER.—*Pierre*, b[8] 31 déc. 1744; m[8] 17 mai 1774, à Jeanne JOYEL.—*Michel*, b[8] 4 mars 1747.—*Elisabeth*, b[8] 12 et s[8] 23 mai 1748.

1742, (12 nov.) Montréal.[1]
III.—RITCHOT, PIERRE-LOUIS, [JACQUES II.
b 1715; voyageur.
LEFEBVRE, Marie-Claire, [NICOLAS II.
b 1723.
Elisabeth, b[1] 19 nov. 1743.—*Marie-Claire*, b[1] 2 février 1745.—*Pierre-Dominique*, b[1] 19 janvier 1748.

1750, (8 juin) St-Michel-d'Yamaska.[2]
III.—RITCHOT, JEAN-BTE-MICHEL, [JACQUES II.
b 1717, s[2] 19 février 1751.
BROUILLARD (3), Marie-Anne, [JEAN-BTE II.
b 1727.
Michel, b[2] 18 déc. 1752.

(1) Appelé Ridechot.

(2) Elle épouse, le 22 nov. 1751, Louis Breza, à St-Michel-d'Yamaska.

(3) Elle épouse, le 5 mars 1753, Pierre Pelissier, à St-Michel-d'Yamaska.

1767, (9 février) St-Michel-d'Yamaska.[3]
IV.—RITCHOT, JOACHIM, [FRANÇOIS-JOSEPH III.
b 1743.
COUTURIER, Marie-Charlotte, [JOSEPH III.
b 1745.
Catherine, b[3] 11 sept. 1768.—*Joachim*, b[3] 15 juillet 1770.

1774, (17 mai) St-Michel-d'Yamaska.
IV.—RITCHOT, PIERRE, [FRANÇOIS-JOSEPH III.
b 1744.
JOYEL, Jeanne, [JEAN-BTE III.
b 1753.

RITIER.—Voy. RIQUET.

RITREMENT.—*Surnom :* SANSSOUCY.

1742, (8 janvier) Charlesbourg.[4]
I.—RITREMENT (1), CHARLES, fils de Simon et de Marie-Françoise Lallemant, de St-Maclou, Rouen, Normandie.
BERGEVIN, Madeleine, [JEAN II.
b 1720.
Marie-Madeleine, b[4] 19 avril 1746.

RITSIR.—*Variation :* RITAIE.

1784, (22 nov.) Rivière-Ouelle.
I.—RITSIR (2), JEAN-FRANÇOIS, fils de Charles et de Marie-Anne Jacobi, de Plisener, Allemagne.
MICHAUD, Geneviève, [JEAN-FRANÇOIS IV.
b 1761.

RIVAL.—*Variation et surnoms :* RIVARD—BELLEROSE—LANGUEDOC—TOULOUSE.

I.—RIVAL, IGNACE.
SAUVAGESSE, Marie.
Marie, b 1704; s 5 oct. 1722, à Montréal.

1740, (8 février) Montréal.[5]
I.—RIVAL (3), RENÉ, b 1710, soldat; fils de Barthélemi et de Françoise Basque, de St-Etienne, ville de Toulouse.
BERTRAND, Marie-Anne, [JEAN-BTE I.
b 1720.
René, b[5] 10 avril et s[5] 16 juin 1740.—*Paul*, b[5] 22 avril 1741.—*Marie-Marguerite*, b[5] 30 déc. 1742; s[5] 9 janvier 1743.—*François*, b[5] 10 février 1744.—*Marie-Suzanne*, b[5] 14 janvier 1746; s[5] 17 février 1749.—*Charles-René*, b[5] 21 sept. 1747; s[5] 20 mai 1748.—*Charles*, b[5] 12 juin 1749.—*Pierre*, b[5] 10 déc. 1750, s[5] 7 février 1751.

RIVAL, JEAN.
JOLY, Angélique.
Marie-Françoise, b 15 mai 1764, à l'Ile-Dupas.—*Pierre*, b 20 juin 1777, à St-Cuthbert.

(1) Dit Sanssoucy; soldat de la compagnie de M. de la Perrière.

(2) Appelé Ritaie.

(3) Dit Languedoc—Et Rivard dit Toulouse.

RIVAL, ANDRÉ.
AUCLAIR, Marie-Joseph.
Marie-Joseph, b 27 janvier 1762, à l'Ile-Dupas.

RIVAL (1), ALEXANDRE.
MARTIN, Angelique.
Jean-Baptiste, b 10 oct. 1792, à St-Cuthbert.

RIVARD.—*Variation et surnoms :* RIVAL-TOULOUSE — BEAUCOUR — BELLEFEUILLE—DE LA GLANDERIE—DESPRÉS— DUFRESNE—FEUILLEVERTE — LACOURSIÈRE — LAGLANDERIE—LANOUETTE — LAVIGNE — LORANGER— MAISONVILLE—MONGRAIN — MONTENDRE— PRÉVILLE —ST. MARS.

I.—RIVARD (2), NICOLAS,
b 1624 ; s 1er juillet 1701, à Batiscan. ²
ST. PER, Catherine,
b 1636 ; s ² 28 juin 1709.
Nicolas, b 1er février 1654, aux Trois-Rivières ; 1° m à Elisabeth TROTIER ; 2° m 27 juin 1709, à Françoise MARIEN, à Quebec ; s ² 2 dec. 1719.— *Jean*, b... m ² 5 sept. 1703, à Geneviève TROTIER ; s 30 juin 1731, à l'Ile-Dupas. — *Marie-Madeleine*, b 1663 ; m 1677, à Pierre LAFOND-LAFORCE.

1664.

I.—RIVARD (3), ROBERT,
b 1638 ; s 11 mai 1699, à Batiscan. ⁷
GUILLET, Madeleine, [PIERRE I.
b 1650 ; s ⁷ 27 avril 1736.
Claude, b 1665 ; m 14 fevrier 1696, à Marie-Catherine ROY, à Ste-Anne-de-la-Pérade ; s 15 février 1736, à Ste-Geneviève. — *Mathurin*, b 1667 ; 1° m ⁷ 20 avril 1700, à Françoise TROTIER ; 2° m ⁷ 19 fevrier 1710, à Jeanne FRIGON ; s ⁷ 6 juillet 1737. — *Madeleine*, b 1671 ; m ⁷ 14 nov. 1698, à Jean TROTIER ; s 12 nov. 1744, aux Grondines. ⁸ — *François*, b 1684 ; m ⁸ 27 fevrier 1710, à Marie-Joseph HAMELIN ; s ⁸ 13 fevrier 1756. — *Louis-Joseph*, b 1685 ; m 5 avril 1717, à Françoise LESIEUR, à la Rivière-du-Loup ; s 4 juillet 1740, à Yamachiche. — *Nicolas*, b... m 30 oct. 1721, à Marie-Anne DESROSIERS, à Champlain ; s ⁷ 18 août 1733.—*René-Alexis*, b ⁷ 27 oct. 1691 ; m ⁷ 16 nov. 1727, à Marie-Charlotte LAFOND ; s ⁷ 4 dec. 1757.

1679.

II.—RIVARD (4), NICOLAS, [NICOLAS I.
b 1654 ; s 2 déc. 1719, à Batiscan. ⁷
1° TROTIER (5), Elisabeth, [JULIEN II.
b 1664 ; s ⁷ 6 avril 1699.
Nicolas, b ⁷ 25 juillet 1686 ; m 9 janvier 1724, à Marie-Joseph RAUX, à Champlain ⁸ ; s 26 sept. 1729, aux Grondines —*Julien*, b ⁷ 6 fevrier 1689 ; m 2 mai 1725, à Geneviève GERVAISE, à Montréal ⁹ ; s ⁹ 5 mars 1767. — *Antoine*, b ⁷ 13 oct. 1690 ; m ⁷ 12 oct. 1724, à Marie-Joseph TROTIER ; s ⁷ 3 mars 1778. — *Pierre*, b ⁷ 8 sept. 1692, 1° m ⁷ 5 juin 1724, à Marie-Joseph MERCEREAU, 2° m ⁸ 24 nov. 1727, à Marie-Jeanne DUBOIS ; s ⁷ 26 juillet 1760. — *Jean*, b ⁷ 16 avril 1694 ; m ⁹ 22 nov. 1729, à Marie-Joseph GERVAISE.

1709, (27 juin) Québec.
2° MARIEN, Françoise, [LOUIS I.
b 1677 ; veuve de Sébastien Grenet.
Francois, b ⁷ 28 juin 1712. — *Marie-Catherine*, b ⁷ 14 mai 1714 ; 1° m ⁷ 10 nov. 1738, à François HERBECQ ; 2° m ⁷ 3 avril 1769, à Charles DESÈVE, s ⁷ 16 août 1788.

1682, (3 février) Champlain. ¹
II.—RIVARD (1), JULIEN, [NICOLAS I.
b 1657 ; s 10 dec. 1708, à Batiscan. ²
THUNAY-DUFRESNE, Elisabeth, [FÉLIX I.
b 1667, s 26 mars 1734, à Yamachiche. ³
Julien, b ² 29 déc. 1687 ; m ² 29 juillet 1721, à Catherine GAILLON ; s ³ 28 mars 1761.—*François*, b 1695 ; 1° m ² 16 nov. 1720, à Marie-Elisabeth MOREAU ; 2° m ³ 21 nov. 1757, à Charlotte LESIEUR ; s ³ 1er mai 1758.—*Jean-Baptiste*, b ² 27 juillet 1702 ; 1° m ¹ 29 mars 1728, à Geneviève TOUTAN ; 2° m ³ 3 février 1749, à Marie-Anne LESIEUR ; s ³ 27 déc. 1784.—*Joseph*, b 1704 ; m ¹ 10 nov. 1732, à Marie TOUTAN.

II.—RIVARD (2), PIERRE, [NICOLAS I.
b 1661 ; s 1er mars 1724, à Batiscan. ³
TROTIER, Catherine,
b 1665 ; s ³ 12 fevrier 1735.
Pierre, b 1686 ; m 9 juin 1721, à Marie-Anne GAILLIA, à Champlain ¹ ; s 2 sept. 1755, à Ste-Anne-de-la-Perade. ²— *Julien*, b ³ 8 fevrier 1689 ; s ² 25 nov. 1757. — *François*, b ³ 11 avril 1691 ; 1° m ³ 26 fevrier 1712, à Madeleine TURCOT ; 2° m ¹ 18 sept. 1724, à Marie-Renée CARON. — *Antoine*, b ³ 14 avril 1693 ; m ¹ 30 avril 1736, à Therèse CAILLIA ; s ³ 2 dec. 1762.—*Ignace*, b ³ 24 janvier 1697 ; m ² 18 janvier 1729, à Marie-Joseph PERRAULT ; s ² 5 août 1761.— *Marie-Anne*, b ³ 1er nov. 1706 ; s ² 28 déc. 1737.

1696, (14 fevrier) Ste-Anne-de-la-Pérade. ¹
II.—RIVARD (3), CLAUDE, [ROBERT I.
b 1665 ; capitaine ; s 15 février 1736, à Ste-Geneviève. ²
ROY, Marie-Catherine, [MICHEL I.
b 1676
Nicolas, b ¹ 4 déc. 1698 ; m 24 janvier 1735, à Antoinette DUBORD, à Champlain ; s 23 juillet 1760, à Yamachiche. ³ — *François*, b 1700 ; m 8 fevrier 1723, à Louise-Rose HAMELIN, aux Grondines.—*Joseph*, b 20 nov. 1708, à Batiscan ⁵ ; m ² 26 avril 1740, à Geneviève COTÉ ; s ³ 8 fevrier 1768.—*Marie-Catherine*, b ⁵ 19 juin 1715 ; m ² 25 mai 1739, à Joseph JUINEAU.

(1) Dit Bellerose.

(2) Dit Lavigne; voy. vol. I, p. 519.

(3) Dit Loranger.—Robert, entré au 1er volume, p. 519, comme étant fils de Nicolas, n'est que son frère ; alors ses descendants doivent monter un degré dans l'échelle généalogique.

(4) Voy. vol. I, p. 519.

(5) Aussi appelée Blanchet, du nom du 2nd mari de sa mère.

(1) Laglanderie ; voy. vol. I, p. 519.

(2) Dit Lanouette ; voy. vol. I, p 519.

(3) Dit Loranger ; voy. vol. I, p. 520.

1697, (18 février) Batiscan. [1]
II.—RIVARD (1), François, [Nicolas I.
b 1659; s [1] 14 sept. 1726.
1° LePelé-Lahait, Madeleine, [Pierre I.
b 1672; s [1] 9 avril 1713.
Joseph, b [1] 12 août 1702; m [1] 10 nov. 1726, à Marie-Joseph Desranlot. — *Pierre*, b [1] 13 nov. 1709; m [1] 9 janvier 1730, à Marie-Louise Masson; s [1] 9 avril 1749. — *Barbe-Michelle*, b [1] 20 avril 1712; m 30 oct. 1730, à Adrien Perrault, à Ste-Anne-de-la-Pérade. [2]
1717, (1er avril). [1]
2° Lagrave-Chêne (2), Geneviève. [Raymond I.
Luc-Antoine, b [1] 22 février 1718; m [2] 9 janvier 1746, à Geneviève Brisson; s [1] 9 oct. 1789.

1700, (20 avril) Batiscan. [2]
II.—RIVARD (3), Mathurin, [Robert I.
b 1667; s [2] 6 juillet 1737.
1° Trotier, Françoise, [Jean II.
b 1682; s [2] 9 février 1706.
Marie-Françoise, b [2] 21 oct. 1703; m [2] 24 mai 1736, à Pierre Dubois; s 8 mai 1741, à Champlain.
1710, (19 février). [2]
2° Frigon, Jeanne, [François I.
b 1683.
Anonyme, b [2] et s [2] 26 janvier 1712. — *Joseph*, b [2] 19 nov. 1712; m à Marie-Catherine Cottenoire; s 3 mai 1756, à l'Ile-Dupas. — *François-Xavier*, b [2] 1er janvier 1715; m 1740, à Thérèse Paplau.—*Antoine-Mathurin*, b [2] 13 juin 1717; s [2] 12 avril 1786. — *Jean-Baptiste*, b [2] 29 oct. 1719; m 1761, à Geneviève Lefebvre-Villemur. — *Marie-Joseph*, b [2] 17 juillet 1722; m [2] 17 mai 1745, à Pierre Trotier.—*Michel*, b [2] 28 mai 1727, s [2] 7 déc. 1787.

1703, (5 sept.) Batiscan. [1]
II.—RIVARD (4), Jean, [Nicolas I.
s 30 juin 1731, à l'Ile-Dupas. [2]
Trotier, Geneviève, [Jean II.
b 1684.
Joseph, b [1] 14 août 1704; s [1] 22 mai 1710.— *Marie-Joseph*, b [1] 6 janvier 1707. — *Marie-Catherine*, b [1] 25 oct. 1709; m [2] 28 août 1730, à Joseph Aubuchon.—*Jean-Baptiste*, b [1] 26 nov. 1711; m [2] 28 août 1738, à Marie-Joseph Cottenoire. — *Antoine*, b [1] 15 déc. 1713. — *Léon-Charles*, b [1] 30 oct. 1715. — *François-Xavier-Didace*, b [1] 30 mai 1718.—*Alexis*, b [1] 22 juillet 1720; m à Geneviève Dutaut.—*Gervais-Marie*, b [1] 21 mars 1722; m [2] 7 janvier 1743, à Marie-Anne Loiseau.

1710, (27 février) Grondines. [2]
II.—RIVARD (5), François, [Robert I.
b 1684; capitaine; s [2] 13 février 1756.
Hamelin, Marie-Joseph, [Louis I.
b 1684; s 1er mai 1758, à Ste-Anne-de-la-Pérade. [3]

(1) Dit Lacoursière; voy. vol. I, p. 520.
(2) Elle épouse, le 7 janvier 1732, Guillaume Corvessier, à Batiscan.
(3) Dit Feuilleverte.
(4) Dit Préville.
(5) Dit Montendre; il était au Détroit, en 1709.

Marie-Louise, b [2] 13 février 1711; s [2] 3 avril 1756.—*Marie-Elisabeth*, b [2] 26 avril 1712; m [2] 11 janvier 1740, à Joachim Gouin; s [3] 30 juin 1754. —*Marie-Joseph*, b [2] 8 mars 1716; m [2] 12 février 1748, à Louis-Joachim Marchand; s 24 mars 1759, à Batiscan. — *Anonyme*, b [2] et s [2] 2 mai 1717.—*François-Joseph*, b [2] 13 janvier 1721.

1712, (26 février) Batiscan. [1]
III.—RIVARD (1), François, [Pierre II.
b 1691.
1° Turcot, Madeleine, [Jacques II.
b 1685; s 8 mai 1724, à Champlain. [6]
Louise-Catherine, b [6] 6 mars 1712.— *François*, b [6] 12 nov. 1713. — *Marie-Thérèse*, b [6] 1er nov. 1715; m [6] 30 août 1734, à Pierre Augé.— *Marie-Joseph*, b [6] 25 mai 1718; m [6] 8 nov. 1740, à Nicolas Vésina. — *Marguerite-Geneviève*, b [6] 26 avril 1720; m [6] 24 juillet 1741, à François Poisson.— *Pierre*, b [6] 2 février 1722.—*Joseph-Jacques*, b [6] 2 janvier 1724.
1724, (18 sept.) [6]
2° Caron, Marie-Renée, [Jean-Bte I.
b 1707.
Marie-Françoise, b [6] 19 sept. 1725. — *Alexis*, b [6] 17 et s [6] 19 août 1727. — *Alexis*, b [6] 1er mai 1729; s [6] 6 août 1730. — *Marie-Geneviève*, b [6] 16 nov. 1730. — *Jean-Baptiste*, b [1] 29 sept. 1732.— *Marie*, b... s 26 mars 1736, à St-Pierre-les-Becquets. [7] — *Thérèse*, b [6] 15 juillet 1737; m [7] 2 février 1761, à Laurent Turcot. — *Marie-Anne-Marguerite*, b [6] 2 février 1739.—*Marie-Angélique*, b [1] 5 et s [1] 6 sept. 1740.

1717, (5 avril) Rivière-du-Loup.
II.—RIVARD (2), Ls-Joseph, [Robert I.
b 1685; s (tué par le tonnerre) 4 juillet 1740, à Yamachiche. [8]
LeSieur, Françoise, [Charles I.
b 1695; s [8] 22 février 1758.
Joseph, b 1719; m [8] 26 février 1748, à Charlotte Lemaitre; s [8] 19 déc. 1759.—*Robert*, b [8] 25 juillet 1723; m 1753, à Marie-Joseph LeSieur.— *Françoise*, b 1725; m [8] 11 avril 1747, à Jean-Baptiste LeSieur; s [8] 5 février 1756.—*Jean-Baptiste*, b [8] 25 mars 1726; m [8] 6 février 1758, à Marie-Joseph LeSieur-Duchesne.—*Marie-Joseph*, b [8] 18 avril 1729; 1° m [8] 4 août 1755, à Joseph Rivard; 2° m [8] 3 juin 1764, à François Fréchet. —*François*, b 1733; s [8] 26 juillet 1738. — *Marie-Antoinette*, b [8] 4 mai 1736; m [8] 13 février 1757, à Pierre Toutan.— *Marie-Anne*, b [8] 29 oct. 1738; m [8] 4 nov. 1760, à Louis Pepin.

1720, (16 nov.) Batiscan.
III.—RIVARD (3), François, [Julien II.
b 1695.
1° Moreau, Marie-Catherine, [Jean I.
b 1690.
Françoise, b 1722; m 19 février 1743, à Joseph Massé, à Yamachiche. [9] — *Jean-François*, b [9] 15 février 1724.—*Marie-Catherine*, b [9] 20 mai 1726;

(1) Dit Lavigne—Lanouette.
(2) Dit Bellefeuille.
(3) De la Glande rie—Beaucour.

s [9] 19 oct. 1728. — *François*, b [9] 17 et s [9] 31 mai 1728. — *Antoine*, b [9] 15 déc. 1730 ; m [9] 29 mai 1752, à Françoise TOUTAN.—*Marie-Anne*, b 1733 ; s [9] 16 nov. 1751.

1757, (21 nov.) [9]

2e LESIEUR, Charlotte, [CHS-JULIEN II. b 1709 ; veuve de Jean-Baptiste Casaubon ; s [9] 20 nov. 1763.

1721, (9 juin) Champlain.

III.—RIVARD (1), PIERRE, [PIERRE II. b 1686 ; capitaine ; s 2 sept. 1755, à Ste-Anne-de-la-Pérade. [1]

CAILLIA, Marie-Anne, [PIERRE II. b 1696 ; s [1] 22 nov. 1774.

Marie-Anne, b [1] 4 et s [1] 8 mai 1723. — *Marie-Anne*, b [1] 27 juin 1724 ; m [1] 28 janvier 1743, à Augustin DELISLE ; s 15 août 1771, à la Pte-aux-Trembles, Q.—*Pierre-François*, b [1] 27 mai 1726. — *Marie-Joseph*, b [1] 23 mai 1728 ; m [1] 3 août 1750, à Paul PERRAULT. — *Marie-Thérèse*, b [1] 23 juin 1732 ; m [1] 26 janvier 1756, à Louis GOUIN.—*Joseph*, b [1] 10 sept. 1734 ; 1e m [1] 31 janvier 1758, à Marie-Catherine GOUIN ; 2e m [1] 5 août 1771, à Madeleine GUAY.—*Marie-Geneviève*, b [1] 28 juillet 1736 ; s [1] 30 sept. 1737.—*Joachim-Antoine*, b [1] 13 mars 1739 ; m [1] 6 nov. 1758, à Marie-Marguerite GOUIN.

1721, (29 juillet) Batiscan. [9]

III.—RIVARD (2), JULIEN, [JULIEN II. b 1687 ; s 28 mars 1761, à Yamachiche. [8]

GAILLON, Catherine, [PIERRE I. b 1703

Julien-Jean-Marie, b [3] 2 février 1722 ; m [3] 14 janvier 1754, à Marie LACERTE. — *Joseph*, b [3] 2 mars 1724 ; m [3] 18 juillet 1746, à Marie-Anne LEMAY ; s [3] 26 oct. 1756. — *Marie-Louise*, b [3] 5 mars 1726 ; 1e m [3] 25 nov. 1748, à Joseph ROCHEREAU ; 2e m [3] 14 nov. 1757, à Antoine LESIEUR.—*Jean-Baptiste*, b [3] 5 juillet 1728, m 1752, à Geneviève GAUTIER. — *Marie-Catherine*, b [3] 22 oct. 1730.—*Paul*, b [3] 26 sept. 1734 ; m [3] 15 août 1760, à Marie-Anne LEFEBVRE ; s [3] 1er mai 1766. — *Marie-Joseph*, b... m [3] 21 nov. 1757, à Pierre GÉLINA.

1721, (30 oct.) Champlain.

II.—RIVARD (3), NICOLAS, [ROBERT I. s 18 août 1733, à Batiscan.

DESROSIERS-DESILETS, Marie-Anne, [MICHEL II. b 1685 ; s 3 avril 1749, à Yamachiche.

1723, (8 février) Grondines.

III.—RIVARD (3), FRANÇOIS, [CLAUDE II. b 1700.

HAMELIN, Louise-Rose, [LOUIS I. b 1704.

Marie-Louise, b 17 août 1724, à Ste-Anne-de-la-Pérade [8] ; m [8] 18 février 1754, à Pierre BARIL. —*Joseph*, b [8] 17 oct. 1725 ; m 1753, à Marie LEREAU-L'ENSEIGNE.—*Charles-François*, b [8] 8 nov. 1727 ; m [8] 24 janvier 1757, à Marie-Renée BIGUET. —*Marguerite*, b [8] 6 février 1729 ; m [8] 8 janvier 1753, à Louis TIFFAUT. — *Marie-Joseph*, b [8] 21 mai 1730 ; m [8] 3 février 1755, à Louis CADOT.—*Pierre-Thomas*, b [8] 15 août 1733 ; m [8] 19 février 1759, à Marie-Anne CADOT. — *René*, b [8] 17 mars 1736 ; m [8] 24 juillet 1758, à Marie-Louise BARIL.

1724, (9 janvier) Champlain.

III.—RIVARD, NICOLAS, [NICOLAS II. b 1786 ; s 26 sept. 1729, aux Grondines. [9]

RAUX (1), Marie-Joseph. [JOSEPH II.

Marie-Joseph, b [9] 8 janvier 1725 ; s [9] 23 oct. 1744.—*Nicolas*, b [9] 6 janvier 1726 ; m 23 juillet 1753, à Marie-Anne GAUTIER, à Ste-Anne-de-la-Pérade. — *Marie-Isabelle*, b [9] 3 mars 1728 ; m [9] 5 juillet 1751, à Joachim GOUIN. — *Jean-Baptiste* (posthume), b [9] 22 nov. 1729.

1724, (5 juin) Batiscan. [9]

III.—RIVARD, PIERRE, [NICOLAS II. b 1692 ; s [9] 26 juillet 1760.

1o MERCEREAU, Marie-Joseph, [PIERRE I. b 1697.

François-Marie, b [9] 27 avril 1725. — *Marie-Joseph*, b [9] 23 août 1726.

1727, (24 nov.) Champlain.

2o DUBOIS, Marie-Jeanne, [JEAN I. b 1700 ; s [9] 7 oct. 1751.

Marie-Madeleine, b [9] 10 oct. 1728 ; m [9] 9 mai 1757, à Alexis GOUIN. — *Antoine-Amable*, b [9] 13 février 1730 ; m [9] 2 février 1761, à Marie-Joseph LAPORTE.—*Pierre*, b [9] 22 sept. 1731 ; m 4 février 1771, à Geneviève LEFEBVRE, à Ste-Anne-de-la-Pérade ; s [9] 6 février 1776. — *Nicolas*, b [9] 10 juin 1734 ; m [9] 26 avril 1757, à Madeleine DAVID — *Françoise-Brigitte*, b [9] 18 février 1742, m [9] 26 oct. 1761, à Louis-Joseph LHEUREUX.

1724, (12 oct.) Québec.

III.—RIVARD (2), ANTOINE, [NICOLAS II. b 1690 ; s 3 mars 1778, à Batiscan. [7]

TROTIER (3), Marie-Joseph, [JEAN-BTE III b 1707 ; s [7] 9 juin 1747.

Antoine, b 24 et s 29 août 1725, aux Grondines. [8] — *Anonyme*, b [8] et s [8] 6 juin 1726.— *Antoine*, b 1727, s [7] 20 août 1729.—*Anonyme*, b [7] et s [7] 22 oct. 1730. — *Anonyme*, b [7] et s [7] 8 février 1732. — *Jean-Baptiste*, b [7] 14 déc. 1733 ; m [7] 13 février 1764, à Françoise BERGERON. — *Antoine*, b [7] 14 et s [7] 16 sept. 1735.—*Marie-Joseph*, b 1737 ; s [7] 17 août 1738. — *Antoine*, b [7] 26 juin 1739.— *François-Xavier*, b [7] 10 mars 1741. — *Marie-Joseph*, b [7] 22 nov. 1742 ; m [7] 22 nov. 1762, à Antoine-Alexis RIVARD.—*Marie-Marguerite-Françoise*, b [7] 25 mai 1744 ; m [7] 9 oct. 1775, à Joseph BERGERON. — *Charles-Joseph*, b [7] 24 dec. 1745 — *Augustin*, b [7] et s [7] 7 juin 1747.

(1) Dit Lanouette.
(2) De la Glanderie.
(3) Dit Loranger.

(1) Et Rho—Lerau.
(2) Dit Loranger—Appelé Nicolas, 1745.
(3) Appelée Marie-Joseph, 1741.

1725, (2 mai) Montreal.[4]
III.—RIVARD, JULIEN, [NICOLAS II.
b 1689; marchand; s[4] 5 mars 1767.
GERVAISE, Geneviève, [CHARLES II.
b 1702.
Geneviève, b[4] 22 avril et s[4] 21 juillet 1727.—*Angélique*, b[4] 20 juin 1729; 1° m[4] 29 sept. 1755, à François-Xavier GAUDET; 2° m[4] 22 fevrier 1762, à Jean-Baptiste LEGRAS. — *Marie-Joseph*, b[4] 3 oct. et s[4] 8 nov. 1734.

1726, (10 nov.) Batiscan.[1]
III.—RIVARD (1), JOSEPH, [FRANÇOIS II.
b 1702.
DESRANLOT (2), Marie-Joseph, [JEAN I.
b 1707.
Anonyme, b[1] et s[1] 13 fevrier 1728. — *Joseph*, b[1] 4 fevrier 1730.—*Marie-Joseph*, b 22 dec. 1730, à Ste-Anne-de-la-Pérade.[2] — *Louis*, b[2] 29 juin 1732. — *François-Michel*, b 12 février 1734, à Lotbinière. — *Alexis*, b[2] 4 sept. 1735. — *Marie-Joseph*, b[2] 3 mars 1737. — *Marie-Geneviève*, b 1738, m à Joseph BOUSQUET; s 13 nov. 1760, à St-Antoine-de-Chambly.—*Anonyme*, b et s 8 nov. 1739, à St-Pierre-les-Becquets[3] — *Jean-Baptiste*, b[2] 7 juillet 1741; m 7 mai 1771, à Marie-Claire BLONDEAU, à St-Michel-d'Yamaska.—*Marie-Madeleine*, b[3] 20 mars 1743.—*Basile*, b[2] 13 oct 1744. — *Pierre*, b 1746; m 1er oct. 1770, à Clemence BRAY, à Boucherville.

1727, (16 nov.) Batiscan.[7]
II.—RIVARD (3), RENÉ-ALEXIS, [ROBERT I.
b 1691; s[7] 4 déc. 1757.
LAFOND (4), Marie-Charlotte, [PIERRE II.
b 1701, s[7] 29 août 1749.
Jean-Alexis, b[7] 15 sept. 1728; 1° m 1757, à Marie-Françoise GUEVREMONT; 2° m 1773, à Marguerite CHABERT. — *François-Robert*, b[7] 17 mai et s[7] 3 juin 1730. — *Marie-Charlotte*, b[7] 1er mai 1731; m[7] 10 avril 1752, à Pierre FRIGON. — *Pierre-Robert*, b[7] 19 et s[7] 21 février 1733. — *Joseph*, b[7] 10 août 1736; m 8 sept. 1762, à Marguerite HAREL, à Quebec.— *François*, b[7] 17 juin 1739. — *Pierre-Basile*, b[7] 30 oct. et s[7] 8 nov. 1740.— *Marie-Joseph*, b[7] 20 nov. 1742; s[7] 19 sept. 1749.

1728, (29 février) Champlain.
III.—RIVARD (5), JEAN, [JULIEN II.
b 1702, s 27 dec. 1784, à Yamachiche.[4]
1° TOUTAN, Geneviève [NICOLAS I.
b 1706; s[4] 29 juillet 1746.
Jean-Baptiste, b 9 fevrier 1729, à Batiscan[5]; m[4] 14 fevrier 1752, à Marie TOUSIGNAN.—*Joseph*, b[5] 6 juillet 1730; m[4] 4 août 1755, à Marie-Joseph RIVARD. — *Marie-Geneviève*, b[5] 22 et s[5] 25 dec. 1732. — *Jean-Baptiste*, b[4] et s[4] 10 mai 1734. — *Nicolas-Amable*, b[4] 30 mai 1735, s[4] 18 mai 1756.—*Nicolas*, b[4] 9 mars 1737.—*François*, b[4] 30 juin 1738; s[4] 11 janvier 1739.—*Alexis*, b[4] 26 dec. 1739; m[4] 7 février 1763, à Veronique GAUTIER. — *Anonyme*, b[4] et s[4] 3 juillet 1741. — *François*, b[4] 20 mars 1743; m[4] 23 oct. 1763, à Ursule LEDROIT; s 14 avril 1819, à St-Leon. — *François-Amable*, b[4] 21 mars 1744.—*Antoine*, b[4] 11 et s[4] 17 juillet 1746.

1749, (3 fevrier)[4] (1).
2° LESIEUR, Marie-Anne, [CHS-JULIEN II.
b 1712.

1729, (18 janvier) Ste-Anne-de-la-Pérade.[9]
III.—RIVARD (2), IGNACE, [PIERRE II.
b 1697; s[9] 5 août 1761.
PERRAULT, Marie-Joseph, [PIERRE I.
b 1706.
Pierre, b[9] 21 sept. 1729; s[9] 21 janvier 1732. — *Jean-Baptiste*, b[9] 1er avril 1731; m 1762, à Catherine YAX. — *Joseph*, b[9] 5 oct. 1732; s[9] 23 sept. 1734.—*Marie-Joseph*, b[9] 25 mai 1734; m[9] 17 fevrier 1754, à Joseph GUILLET.—*Thérèse-Antoinette*, b[9] 19 dec. 1735; m[9] 3 février 1755, à Jean-Baptiste BIGUET.—*Angélique-Catherine*, b[9] 13 mars et s[9] 5 sept. 1737.—*Marie-Catherine-Julienne*, b[9] 15 juillet 1738; s[9] 11 janvier 1756.— *Elisabeth*, b[9] 26 février 1740. — *Ignace*, b[9] 21 et s[9] 22 mai 1741. — *Françoise*, b[9] et s[9] 21 mai 1741. — *Joseph-Alexis*, b[9] 5 avril 1742; 1° m[9] 12 janvier 1767, à Marie-Anne LÉVESQUE; 2° m[9] 16 janvier 1775, à Marie-Louise HAYOT.—*Marie-Françoise*, b[9] 11 avril 1744. — *Louis* et *Marguerite*, b[9] 8 et s[9] 9 dec. 1745.

1729, (22 nov.) Montréal.
III.—RIVARD, JEAN, [NICOLAS II.
b 1694.
GERVAIS, Marie-Joseph, [CHARLES II.
b 1704.

1730, (9 janvier) Batiscan.[2]
III.—RIVARD (3), PIERRE, [FRANÇOIS II.
b 1709; s[2] 9 avril 1749.
MASSON (4), Marie-Louise. [MICHEL II.
Marie-Louise, b 20 août 1731, à Ste-Geneviève; m[2] 14 juin 1751, à Ignace ADAM, s[2] 18 août 1753. —*Marie-Thérèse*, b[2] 25 mai 1733.—*Marie-Madeleine*, b[2] 20 mai 1735; s[2] 5 sept. 1753.—*Marie-Geneviève*, b[2] 17 dec. 1736; s[2] 8 fevrier 1738.— *Pierre*, b[2] 30 nov. 1738.—*Marie-Françoise*, b[2] 25 nov. 1740.—*Joseph*, b[2] 20 juillet 1742.—*Claude-Joseph*, b[2] 3 mai 1745, m 1768, à Marie-Felicite CADOT.—*Jean-Baptiste*, b[2] 3 mai 1745; m 16 fevrier 1767, à Angelique LEMAY, à Lotbinière.— *Marie-Geneviève*, b[2] 24 mars 1747. — *Louis-Amable*, b[2] 11 avril 1749.

(1) Dit Lacoursière.
(2) Dit Châteauneuf.
(3) Dit Loranger—Maisonville.
(4) Maugrain.
(5) De la Glanderie—Dufresne, maitre de poste à Yamachiche.

(1) Réhabilité en 1753, avec dispenses du 2ème au 3ème degré.
(2) Dit Lanouette.
(3) Dit Lacoursière.
(4) Elle épouse, le 13 avril 1750, Jean-Baptiste Massicot, à Batiscan.

1732, (10 nov.) Champlain.

III.—RIVARD (1), JOSEPH, [JULIEN II.
b 1704.
TOUTAN, Marie, [NICOLAS I.
b 1702.
Joseph, b 1er mai 1735, à Yamachiche[3]; m[3] 13 nov. 1758, à Marie HOUDE; s[3] 12 avril 1768.—*Marie-Anne*, b[3] 24 mars et s[3] 1er mai 1737.—*Michel*, b[3] 2 avril 1738; m[3] 1er février 1761, à Félicité MÉLANÇON.—*Marie*, b[3] 15 nov. 1739; s[3] 12 juillet 1741.—*Marie-Joseph*, b... 1° m[3] 13 nov. 1758, à Louis HOUDE; 2° m[3] 3 juin 1764, à Marie-Joseph RIVARD.—*Augustin-Amable*, b[3] 11 mars 1743, m 1765, à Françoise GAUTIER.

RIVARD, MAURICE.
MOREAU, Marie-Joseph.
Paul, b 17 dec. 1735, à Montréal.

1735, (24 janvier) Champlain.

III.—RIVARD (2), NICOLAS, [CLAUDE II.
b 1698; s 23 juillet 1760, à Yamachiche.[7]
DUBORD (3), Antoinette, [PIERRE II.
b 1715.
Pierre, b 30 nov. et s 1er déc. 1735, à Batiscan[8]—*Joseph*, b[8] 3 oct. 1736.—*Marie-Joseph*, b[8] 24 avril 1738; s 22 déc. 1775, à Ste-Anne-de-la-Perade.—*Alexis-François* et *Nicolas*, b[8] 29 janvier 1740.—*Claude*, b[8] 7 et s[8] 26 avril 1742.—*Marie-Geneviève*, b[8] 17 et s[8] 19 août 1743.—*Marie-Geneviève*, b[8] 19 août 1744; m[7] 11 avril 1763, à Augustin GIRARDIN.—*Marie-Anne*, b[7] 21 dec. 1746; s[7] 5 janvier 1747.—*Marie-Antoinette*, b[7] 26 fevrier 1748.—*Louis*, b[7] 25 août et s[7] 4 sept. 1749.—*Marie-Anne*, b[7] 13 et s[7] 25 janvier 1751.—*Marie-Anne*, b[7] 20 juin 1752.—*Marie-Anne*, b[7] 18 juin 1756.—*Antoine*, b[7] 22 janvier 1759; s[7] 10 mars 1760.

1736, (30 avril) Champlain.

III.—RIVARD (4), ANTOINE, [PIERRE II.
b 1693; s 2 dec. 1762, à Batiscan.[9]
CAILLIA, Thérèse, [PIERRE II.
b 1700; s[9] 7 déc. 1762.
Joseph-Antoine, b[9] 20 mars et s[9] 6 avril 1737.—*Antoine-Alexis*, b[9] 2 avril 1738; m[9] 22 nov. 1762, à Marie-Joseph RIVARD.—*Joseph*, b[9] 17 nov. 1739; m[9] 27 oct. 1765, à Marie-Charlotte BERGERON.—*François*, b[9] 4 août 1743; m 14 oct. 1765, à Françoise LEFEBVRE, à Montreal.

III.—RIVARD (4), JULIEN, [PIERRE II.
b 1689; s 25 nov. 1757, à Ste-Anne-de-la-Perade.

III.—RIVARD, JOSEPH, [MATHURIN II.
b 1712; s 3 mai 1756, à l'Ile-Dupas.[2]
COTTENOIRE, Marie-Catherine, [ANTOINE I.
b 1714.
Marie-Elisabeth, b 1737; m[2] 19 février 1759, à Pierre MASSÉ.—*Marie-Anne*, b 20 et s 26 août 1738, à Sorel.[3]—*Jean-Baptiste*, b[3] 26 juin 1740—*Joseph*, b[3] 26 et s[4] 31 mai 1741.—*Anonyme*, b[3] et s[3] 4 fevrier 1742—*Marie-Joseph*, b... m[2] 11 fevrier 1760, à François DUDEMAINE.—*Marie-Catherine*, b... m[2] 10 nov. 1760, à Joseph DUBORD.

(1) Laglanderie dit Dufresne.
(2) Dit Loranger.
(3) Lafontaine.
(4) Dit Lanouette.

1738, (28 août) Ile-Dupas.[4]

III.—RIVARD, JEAN-BTE, [JEAN II.
b 1711.
COTTENOIRE, Marie-Joseph, [ANTOINE I.
b 1715.
Joseph, b[4] 25 fevrier 1743.

RIVARD (1), JOSEPH.
LEPELLÉ, Angélique,
s 12 juin 1753, à Batiscan.

1740, (26 avril) Ste-Geneviève.

III.—RIVARD (2), JOSEPH, [CLAUDE II.
b 1708, s 8 février 1768, à Yamachiche.[9]
COTÉ, Geneviève, [JEAN IV.
b 1722.
Marie, b[9] 11 février 1760.—*Marie-Amable*, b[9] 30 dec. 1761.—*François*, b[9] 17 avril 1764.

1740.

III.—RIVARD (3), FRS-XAVIER, [MATHURIN II.
b 1715.
PAPLAU, Thérèse, [JEAN-BTE I.
b 1715.
Anonyme, b et s 20 sept. 1741, à Batiscan.[1]—*Marie-Marguerite*, b[1] 16 oct. 1742.—*Marie-Thérèse*, b[1] 14 et s[1] 20 février 1744.—*Jean-Baptiste*, b 1745; m 13 janvier 1772, à Marguerite LANDRY, à Deschambault.—*Marie-Joseph*, b... m[1] 12 mai 1777, à Pierre PROTEAU.

1743, (7 janvier) Ile-Dupas.[3]

III.—RIVARD (4), GERVAIS-MARIE, [JEAN II.
b 1722.
LOISEAU (5), Marie-Anne, [PIERRE II.
b 1723.
Marie-Madeleine, b[3] 4 oct. 1743.—*Jean-Baptiste*, b 1745; m 1770, à Marie-Joseph LAUZÉ.—*Marie-Geneviève*, b[3] 23 oct. 1756; m 17 janvier 1780, à Joseph-Adrien NEVEU, à St-Cuthbert—*Joseph*, b... m[3] 29 mai 1780, à Marie-Anne CARTIER.

1746, (9 janvier) Ste-Anne-de-la-Pérade.

III.—RIVARD (6), LUC-ANTOINE, [FRANÇOIS II.
b 1718; s 9 oct. 1789, à Batiscan.[2]
BRISSON, Geneviève, [MICHEL III.
b 1724; s[2] 4 mars 1794.
Antoine-Didace, b[2] 21 dec. 1746; m[2] 18 oct 1784, à Elisabeth GUILLET.—*Geneviève*, b... m[2] 22 fevrier 1762, à Jean LANGLOIS.—*Geneviève-Marguerite*, b[2] 12 oct. et s[2] 17 déc. 1748.—*François-Amable*, b[2] 13 janvier 1750; s[2] 30

(1) Dit St. Mars.
(2) Dit Loranger.
(3) Dit Feuilleverte.
(4) Dit Préville.
(5) Et Loumeau.
(6) Dit Lacoursière.

avril 1751. — *Antoine*, b [2] 11 mars et s [2] 30 avril 1751. — *Jean-Baptiste*, b [2] 20 mars 1752 ; 1° m [2] 21 janvier 1782, à Marguerite Desranlot ; 2° m [2] 4 août 1794, à Marie-Joseph Rivard. — *Thérèse*, b [2] 15 mars 1754. — *Marie-Thérèse*, b [2] 18 mai 1755.— *Marie-Joseph*, b [2] 10 janvier 1757 ; s [2] 28 juillet 1758. — *Anonyme*, b [2] et s [2] 30 avril 1758. — *Antoinette*, b... m [2] 8 février 1779, à Jacques Baudouin. — *François*, b [2] 3 mai 1761. — *Hyacinthe* et *Joseph*, b [2] 3 juillet 1762.—*Didace*, b [2] 5 nov. 1763.

1746, (18 juillet) Yamachiche. [5]

IV.—RIVARD (1), Joseph, [Julien III.
b 1724 ; s [5] 26 oct. 1756.
Lemay (2), Marie-Anne. [Joseph III.
Joseph, b [5] 25 juillet 1747. — *Marie-Louise*, b [5] 24 oct. 1751 ; s [5] 19 mai 1762. — *Marie-Amable*, b 1753 ; s [5] 3 janvier 1754. — *Marie-Joseph*, b... s [5] 7 déc. 1755.—*Julien* (posthume), b [5] 7 nov. 1756.

RIVARD, François.
Grenier, Marie-Françoise,
b 1719 ; s 19 déc. 1792, à St-Cuthbert. [7]
Marie-Joseph, b 2 oct. 1748, à Sorel. — *Marie-Françoise*, b... m à Etienne Grégoire.—*Marguerite*, b... m [7] 17 janvier 1780, à Jean-Baptiste Plante.— *Thérèse*, b... m [7] 8 juillet 1783, à Antoine Frapier.—*Jean-Baptiste*, b 1766 ; s [7] 9 oct. 1785.

RIVARD, Joseph.
Grenier, Marie-Cécile.
Marie-Louise, b 8 fevrier 1749, à Yamachiche.

1748, (26 fevrier) Yamachiche. [7]

III.—RIVARD, Joseph, [Louis-Joseph II.
b 1719 ; s [7] 19 dec. 1759.
Lemaitre (3), Charlotte, [Jean-Bte III.
b 1731.
Charlotte, b [7] 8 déc. 1748.—*Joseph*, b [7] 23 sept. 1750.—*Jean-Baptiste*, b 1756 ; s [7] 22 juillet 1757. —*Marie-Anne*, b [7] 23 sept. 1758.

1748, (18 nov.) Batiscan. [8]

III.—RIVARD (4), Louis, [François II.
b 1721.
Marcot (5), Marie-Anne. [Pierre II.
Louis-Amable, b [8] 19 fevrier 1750.— *Théotiste*, b... m 29 juillet 1776, à Pierre Moreau, à St-Cuthbert.

III.—RIVARD (6), Alexis, [Jean II.
b 1720.
Dutaut, Geneviève, [Pierre II.
b 1724.

(1) Laglanderie.

(2) Elle épouse, le 6 février 1758, Jean-Baptiste Balan, à Yamachiche.

(3) Bellenoix ; elle épouse, le 4 nov. 1760, Joseph Gadiou, à Yamachiche.

(4) Dit Lacoursiere.

(5) Elle épouse, le 13 oct. 1764, Louis Chèvrefils, à la Baie-du-Febvre.

(6) Dit Préville.

Marie-Marguerite, b 4 nov. 1751, à l'Ile-Dupas [4] ; s [4] 17 fevrier 1770.

RIVARD (1), Etienne.
Pepin, Marie-Charlotte.
Antoine, b 17 dec. 1752, à Batiscan.

1752, (14 février) Yamachiche. [8]

IV.—RIVARD, Jean-Bte, [Jean III.
b 1729.
Tousignan, Marie. [Michel II.
Jean-Baptiste, b 1753 ; s [8] 8 janvier 1761. — *Marie-Joseph*, b [8] 30 sept. et s [8] 22 oct. 1759. — *Marie*, b 1760 ; s [8] 10 janvier 1761. — *Louise-Catherine*, b [8] 19 fevrier et s [8] 5 mars 1764.— *Jean-Baptiste*, b [8] 30 avril et s [8] 19 juin 1765.— *Joseph*, b [8] et s [8] 7 oct. 1766.— *Marie-Joseph*, b [8] 18 mai 1768.

1752, (29 mai) Yamachiche.

IV.—RIVARD, Antoine, [François III.
b 1730.
Toutan, Françoise, [Pierre II.
b 1731.

1752.

IV.—RIVARD (2), Jean-Bte, [Julien III.
b 1728.
Gautier, Geneviève.
Joseph, b 1753, à Yamachiche. [9] — *Jean-Baptiste*, b [9] 26 nov. 1754. — *Augustin*, b [9] 8 mai 1757. — *Marie-Madeleine*, b [9] 25 juillet 1759 — *Jean-Baptiste*, b [9] 4 juin 1764. — *Etienne*, b [9] 24 juin 1766.

1753.

III.—RIVARD (3), Robert, [Louis-Joseph II.
b 1723.
LeSieur (4), Marie-Joseph.
Marie-Joseph-Amable, b 11 février 1754, à Yamachiche. [9] — *Marie-Anne*, b [9] 17 mars 1755.— *Marie-Françoise*, b [9] 14 avril 1757. — *Marie-Louise*, b [9] 25 juillet 1759 ; s [9] 3 nov. 1760. — *Robert*, b [9] 15 fevrier 1761.—*Marie-Louise*, b [9] 17 mars 1763. — *Marie*, b [9] 20 juin et s [9] 12 juillet 1764.—*Marie-Charlotte*, b [9] 7 mai 1766.

1753.

IV.—RIVARD (5), Joseph, [François III.
b 1725.
Leroux (6), Marie-Véronique. [Joseph II.
Marie-Joseph, b 1754 ; s 22 sept. 1755, à Yamachiche. [4] — *Madeleine*, b [4] 27 mai 1756 ; s [4] 22 juin 1757. — *Marie*, b [4] 13 nov. 1757 ; s [4] 1er avril 1759.—*Joseph*, b [4] 21 oct. 1759. — *Marie-Louise*, b [4] 2 mars 1762.—*Marie-Marguerite*, b [4] 21 mars et s [4] 22 juillet 1764.—*Pierre*, b [4] 8 avril 1766.— *Charles*, b [4] 5 mars 1768.

(1) Dit Lanouette.

(2) Dit Laglanderie.

(3) Dit Bellefeuille.

(4) Lapierre—Desaulniers.

(5) Dit Loranger—Desprès.

(6) L'Enseigne—Lereau—Rho.

RIVARD, Nicolas.
Chavigny, Marguerite,
b 1732; s 31 oct. 1789, à Québec.

1753, (23 juillet) Ste-Anne-de-la-Pérade.
IV.—RIVARD, Nicolas, [Nicolas III.
b 1726.
Gautier, Marie-Anne, [Elie-Jean I.
b 1731.
Marie-Anne, b 20 avril 1754, aux Grondines[2]; m[2] 13 fevrier 1775, à Louis-Marin Hamelin.—*Nicolas,* b[2] 26 juin 1755; m[2] 2 fevrier 1784, à Marie-Louise Hamelin. —*Jean-François,* b[2] 2 avril 1757; s[2] 25 fevrier 1758. — *Flavie,* b[2] 24 sept. 1758; m[2] 2 mars 1778, à Joseph DeChavigny.—*Marie-Charlotte,* b[2] 3 juillet 1760.—*Marie-Thérèse,* b[2] 27 sept. 1762; m[2] 21 août 1787, à Louis Perrault.— *Jean,* b... m 9 fevrier 1790, à Marie-Joseph Rivard, à Batiscan.

RIVARD, Pierre.
Marcot, Marie-Anne.
Marie-Joseph, b... m 26 oct. 1772, à Pierre Lafond, à la Baie-du-Febvre.

1754, (14 janvier) Yamachiche.[2]
IV.—RIVARD (1), Julien, [Julien III.
b 1722.
Lacerte-Vacher, Marie. [Charles II.
Marie-Antoinette, b[2] 1er déc. 1754.—*Marie-Claire,* b[2] 27 janvier 1757.—*Julien,* b[2] 23 nov. 1759.—*Marie-Louise,* b[2] 24 avril 1762.—*Joseph,* b[2] 26 mai 1764.—*Marie-Louise,* b[2] 9 juillet 1766.

1755, (4 août) Yamachiche.[3]
IV.—RIVARD (2), Joseph, [Jean-Bte III.
b 1730.
Rivard (3), Marie-Joseph, [Louis-Joseph III.
b 1729.
Marie-Joseph, b[3] 8 mai 1756, à Batiscan.[4] — *Antoinette,* b[3] 3 mars 1758; s[4] 3 fevrier 1759.—*Joseph,* b[3] 11 juillet 1760.

1757, (24 janvier) Ste-Anne-de-la-Pérade.[5]
V.—RIVARD (4), Charles-Frs, [François IV.
b 1727.
Biguet-Nobert, Marie-Renée, [Etienne II.
b 1738.
Marguerite, b[5] 6 janvier 1759.—*Marie-Prospère,* b[5] 27 oct. 1760.—*Marie-Joseph,* b[5] 15 mars 1762.—*Charles-Bénoni,* b[5] 9 mai 1764.—*Etienne-Amable,* b[5] 2 avril 1766.—*François* et *Marguerite,* b[5] 28 juillet et s[5] 12 sept. 1769.—*Marie-Flavie,* b[5] 20 sept. 1770.—*Joachim,* b[5] 2 août 1772.—*Abraham,* b[5] 4 et s[5] 13 avril 1779.

1757, (26 avril) Batiscan.[6]
IV.—RIVARD, Nicolas, [Pierre III.
b 1734.
David, Madeleine, [Charles I.
b 1730.

(1) Dit Laglauderie.
(2) Dit Laglanderie—Dufresne.
(3) Bellefeuille; elle épouse, le 3 juin 1764, François Fréchet, a Yamachiche.
(4) Dit Loranger.

Marie-Madeleine, b 13 janvier 1758, à St-Pierre-les-Becquets.[7] — *Marie-Louise,* b[7] 4 mai 1760.—*Pierre-Amable,* b 5 mai 1762, à Ste-Anne-de-la-Perade; s[6] 17 mars 1763.—*Nicolas,* b[6] 3 mars 1764.—*Julien,* b[6] 6 août 1770.

1758, (31 janvier) Ste-Anne-de-la-Pérade[8]
IV.—RIVARD (1), Joseph, [Pierre III.
b 1734.
1° Gouin, Marie-Catherine, [Joseph III.
b 1734; s[8] 30 dec. 1760.
Joseph, b[8] 26 oct. 1758.—*Pierre-Charles,* b[8] 19 nov. 1759.

1771, (5 août).[8]
2° Guay, Madeleine, [Charles III.
b 1743.
Joseph-Joachim-Placide, b[8] 5 oct. et s[8] 15 nov. 1775.—*Marie-Madeleine,* b[8] 21 janvier 1777.—*Louis-Joseph-Charles,* b[8] 10 fevrier 1778.—*Marie-Charlotte-Thérèse,* b[8] 28 avril 1780.

1758, (6 fevrier) Yamachiche.[2]
III.—RIVARD (2), Jean-Bte, [Louis-Joseph II.
b 1726.
LeSieur (3), Marie-Joseph, [Pierre III.
b 1741.
Marie-Joseph, b[2] 4 oct. 1759. — *Jean-Baptiste,* b[2] 5 juin 1761. — *Louis-Philippe,* b[2] 28 août 1763.

1758, (24 juillet) Ste-Anne-de-la-Pérade.[5]
IV.—RIVARD (4), René, [François III.
b 1736.
Baril, Marie-Louise, [Jean-Bte III.
b 1743.
François, b[5] 9 juin 1759. — *Eustache,* b[5] 1er dec. 1761. — *Anonyme,* b[5] et s[5] 20 fevrier 1764. —*Marie-Louise,* b[5] 11 juin 1766. — *Marguerite,* b[5] 25 mars 1770.—*Marie-Joseph,* b[5] 6 nov. 1772. —*Louis-Martin,* b[5] 19 juillet 1774. — *Archange-Modeste,* b[5] 16 fevrier 1778. — *Marie-Suzanne,* b[5] 11 dec. 1780.

1758, (6 nov.) Ste-Anne-de-la-Perade.[9]
IV.—RIVARD (1), Joachim-Ant., [Pierre III.
b 1730.
Gouin, Marie-Marguerite, [Joseph III.
b 1737.
Marie-Marguerite, b[9] 27 déc. 1759. — *Marie-Joseph,* b[9] 22 juin 1761.—*Anonyme,* b[9] et s[9] 20 août 1764.—*Joseph,* b[9] 1er sept. 1765. — *Pierre,* b[9] 15 sept. 1767.—*Antoine-Godfroy,* b[9] 26 mars 1769.—*Louis,* b[9] 29 juillet 1771. — *François,* b[9] 24 août 1774. — *Augustin,* b[9] 10 mai 1776 — *Marie-Anne,* b[9] 4 fevrier 1780.

1758, (13 nov.) Yamachiche.[4]
IV.—RIVARD (5), Joseph, [Joseph III.
b 1735, s[4] 12 avril 1768.
Houde, Marie. [Louis III.

(1) Dit Lanouette.
(2) Dit Bellefeuille.
(3) Duchesne.
(4) Dit Loranger.
(5) Dit Laglanderie—Dufresne.

Joseph, b [4] 6 août 1759. — *Jean-Baptiste*, b [4] 26 nov. 1760. — *Marie-Joseph*, b [4] 16 janvier et s [4] 2 juillet 1762. — *Marie-Louise*, b [4] 13 dec. 1763.— *Michel*, b [4] 11 mars 1765.—*Augustin*, b [4] 17 sept. 1766.—*Marie-Joseph*, b [4] 5 et s [4] 23 mars 1768.

1759, (19 février) Ste-Anne-de-la-Pérade. [8]
IV.—RIVARD (1), PIERRE-THS, [FRANÇOIS III.
b 1733.
CADOT, Marie-Anne, [RENÉ II.
b 1735.
Pierre, b [8] 17 août 1760.—*Joseph*, b [8] 1er août 1762.—*Louis*, b [8] 7 février 1764 — *Augustin*, b [8] 31 dec. 1765. — *Marie-Anne-Flavie*, b [8] 20 et s [8] 21 dec. 1767. — *Marie-Marguerite*, b [8] 14 dec. 1768.—*Alexis*, b [8] 16 mai 1771. — *Vital-Modeste*, b [8] 8 juillet 1773.

III.—RIVARD (2), JEAN-ALEX , [RENÉ-ALEXIS II.
b 1728.
1° GUEVREMONT, Marie-Frse, [JEAN-BTE II.
b 1727.
Alexis, b 7 nov. 1758, à l'Ile-Dupas. [5] — *Antoine-François*, b 11 janvier 1760, a Sorel. — *Alexis*, b [5] 22 mars 1762. — *Jacques*, b [5] 30 avril et s [5] 6 mai 1763. — *Marie-Françoise*, b [5] 3 et s [5] 8 déc. 1765.—*Jean-Baptiste*, b [5] 27 juillet et s [5] 8 août 1770.
1773.
2° CHABERT, Marguerite.

1760, (15 août) Yamachiche. [1]
IV.—RIVARD (3), PAUL, [JULIEN III.
b 1734; s [1] 1er mai 1766.
LEFEBVRE (4), Marie-Anne. [PIERRE II.
Paul, b [1] 17 et s [1] 25 mars 1761.—*Marguerite*, b [1] 7 avril 1762.—*Marie-Anne*, b [1] 1er fevrier 1764. —*Marie-Antoinette*, b [1] 18 mars 1766.

1761.
III.—RIVARD (5), JEAN-BTE, [MATHURIN II.
b 1719.
LEFEBVRE-VILLEMUR, Geneviève, [JOSEPH II.
b 1726.
Jean-Baptiste, b 13 dec. 1761, à Batiscan.

1761, (1er fevrier) Yamachiche. [2]
IV.—RIVARD (6), MICHEL, [JOSEPH III.
b 1738.
MELANÇON, Felicité, [AMBROISE I.
b 1742 ; s [2] 31 mars 1768.
Michel, b [2] 13 juin 1763.—*Joseph*, b [2] 5 août 1765.—*Marie-Felicité*, b [2] 18 sept. 1767.

RIVARD, JEAN-BTE.
TOUTAN, Marie.
Marie-Antoinette, b 14 juin 1762, à Yamachiche.

(1) Dit Loranger.
(2) Dit Loranger—Maisonville ; le 29 juin 1773, dispense de trois bans lui est accordée, au Détroit, pour son second mariage.
(3) Dit Laglanderie.
(4) Descôteaux.
(5) Dit Feuilleverte.
(6) Dit Dufresne.

1761, (2 février) Batiscan. [3]
IV.—RIVARD, ANTOINE-AMABLE, [PIERRE III.
b 1730.
LAPORTE (1), Marie-Joseph, [MICHEL I.
b 1729.
Marie-Joseph, b [3] 21 sept. 1762 ; m [3] 4 août 1794, à Jean-Baptiste RIVARD.—*Catherine*, b [3] 2 mars 1764.—*Marie*, b [3] 6 mars 1770.

1762, (8 sept.) Québec.
III.—RIVARD (2), JOSEPH, [RENÉ-ALEXIS II.
b 1736.
HAREL (3), Cécile-Marguerite, [FRANÇOIS III.
b 1736.
Marie-Louise, b 13 sept. 1762, à la Pte-aux-Trembles, Q.—*Marie-Marguerite*, b 3 nov. 1763, à Batiscan.—*Charles*, b 18 déc. 1768, au Détroit.

1762, (22 nov.) Batiscan. [4]
IV.—RIVARD (4), ANT.-ALEXIS, [ANTOINE III.
b 1738.
RIVARD, Marie-Joseph, [ANTOINE III.
b 1742.
Marie-Joseph, b [4] 14 nov. 1763.—*Geneviève*, b [4] 5 oct. 1771 —*Ursule*, b [4] 30 août 1778.—*Geneviève*, b [4] 4 sept. 1781.—*François*, b [4] 20 et s [4] 28 juillet 1785.—*Anne-Louise*, b [4] 23 oct. et s [4] 5 nov. 1787.

1762.
IV.—RIVARD (5), JEAN-BTE, [IGNACE III.
b 1731.
YAX, Catherine, [MICHEL I.
b 1747 ; s 27 sept. 1792, au Détroit. [6]
Jean-Baptiste, b [6] 22 janvier 1763. — *Jean-Baptiste*, b [6] 9 sept. 1764.—*Pierre*, b [6] 6 fevrier 1766 ; m [6] 2 fevrier 1795, à Archange SÉGUIN.— *Anonyme*, b [6] et s [6] 12 mai 1768.—*Nicolas*, b [6] 8 avril 1769.—*Marie-Catherine*, b [6] 22 juillet 1770 ; m [6] 20 nov. 1790, à Jean-Baptiste LASELLE.— *Michel*, b 1772 ; m [6] 3 fevrier 1794, à Agnès SAUCIER.—*Joseph*, b [6] 1er fevrier 1772.—*François*, b [6] 9 nov. 1773.—*Archange*, b [6] 31 déc. 1774 ; m [6] 27 juillet 1795, à Paul PLESSIS-BÉLAIR.—*Jacques*, b [6] 1er mai et s [6] 7 sept. 1777.—*Jean-Baptiste*, b [6] 20 mars 1779.—*Antoine*, b [6] 11 avril 1782.

1763, (7 fevrier) Yamachiche. [9]
IV.—RIVARD (6), ALEXIS, [JEAN III.
b 1739.
GAUTIER, Veronique, [JOSEPH II.
b 1742.
Marie-Véronique, b [9] 23 janvier 1767.

1763, (23 oct.) Yamachiche. [2]
IV.—RIVARD (6), FRANÇOIS, [JEAN III.
b 1743 ; s 14 avril 1819, à St-Léon. [3]
LEDROIT, Ursule, [FRANÇOIS I.
b 1742 ; s [3] 21 oct. 1834.

(1) Et Loyer.
(2) Dit Loranger—Maisonville.
(3) Et Relle—Despointes.
(4) Dit Lanouette ; capitaine de milice, 1785.
(5) Dit Lanouette , habitant de la Grosse-Pointe.
(6) Dit Laglanderie—Dufresne.

Jean-Baptiste, b [2] 8 et s [2] 23 juin 1764.—*Marguerite*, b 1765 ; m février 1791, à Simon DUPUIS, à la Rivière-du-Loup (en haut).[4] — *Ursule*, b 1768 ; m 1793, à André GÉRIN-LAJOIE.—*Alexis*, b 1786 ; 1° m 4 nov. 1811, à Marie GUILLET, à Batiscan ; 2° m à Marie-Catherine DRAPEAU ; s à Rimouski.—*Benjamin*, b [4] 27 fevrier 1789 ; m [3] 6 fevrier 1809, à Adelaïde LUPIEN.

1764, (13 février) Batiscan [5]

IV.—RIVARD (1), JEAN-BTE, [ANTOINE III.
b 1733.
BERGERON, Françoise, [JEAN-BTE III.
b 1738 ; s [5] 16 mai 1765.

1765.

RIVARD, JEAN-BTE,
s 7 août 1770, à Batiscan. [5]
PROTEAU, Marie-Françoise, [PIERRE-GEORGES II.
b 1742 ; s [5] 22 août 1770.
Marie-Joseph, b... m [5] 9 fevrier 1790, à Jean RIVARD. — *Marie-Angélique* (posthume), b [5] 22 août 1770.

1765, (14 oct.) Montréal.

IV.—RIVARD (2), FRANÇOIS, [ANTOINE III.
b 1743.
LEFEBVRE, Françoise, [JACQUES II.
b 1749 ; veuve de Pierre Achim.

1765, (27 oct.) Batiscan.

IV.—RIVARD (2), JOSEPH, [ANTOINE III.
b 1739.
BERGERON, Marie-Charlotte, [JEAN-BTE III.
b 1742.

1765.

IV.—RIVARD (3), AUGUSTIN, [JOSEPH III.
b 1743.
GAUTIER, Françoise.
Joseph, b 7 août 1766, à Yamachiche. [5] — *Marie-Joseph*, b [5] 6 juin 1768.

RIVARD, ANTOINE.
STE. MARIE, Felicité.
Marie-Joseph, b... m 8 juin 1787, à Gérard RODE, au Detroit. [5] — *Silvie*, b [5] 27 nov. 1781 ; s [5] 23 juin 1783.—*Angélique*, b [5] 16 sept. 1783.

1767, (12 janvier) Ste-Anne-de-la-Pérade. [5]

IV.—RIVARD (2), JOSEPH-ALEXIS, [IGNACE III.
b 1742.
1° LÉVESQUE (4), Marie-Anne, [JOSEPH III.
b 1749.
Joseph, b [5] 18 oct. 1767.—*Joseph-Ignace*, b [5] 27 janvier 1769. — *François*, b [5] 4 août 1770. — *Marie-Anne*, b [5] 3 janvier 1772 ; s [5] 9 janvier 1773.
1775, (16 janvier). [5]
2° HAYOT, Marie-Louise. [FRANÇOIS.
Alexis-Joseph, b [5] 25 oct. 1775.—*Marie-Louise*, b [5] 14 août 1778 ; s [5] 13 août 1779. — *Marie-Louise*, b [5] 5 mai 1780 (1).

(1) Dit Loranger.
(2) Dit Lanouette.
(3) Dit Laglanderie.
(4) Rompré.

1767, (16 fevrier) Lotbinière.[1]

IV.—RIVARD (2), JEAN-BTE, [PIERRE III.
b 1745.
LEMAY, Marie-Angélique. [IGNACE.
Jean-Baptiste, b [1] 8 déc. 1767 ; s [1] 25 fevrier 1768. — *Marguerite*, b 1774 ; s 19 janvier 1775, à St-Cuthbert. [2] — *Marie-Geneviève*, b [2] 22 mai et s [2] 4 juillet 1775.—*Jean-Baptiste*, b [2] 7 avril 1777.

1768.

IV.—RIVARD (2), CLAUDE-JOSEPH, [PIERRE III.
b 1745.
CADOT, Marie-Felicite, [RENÉ II.
b 1740.
Alexis, b 1er sept. 1774, à Ste-Anne-de-la-Pérade.

1770, (1er oct.) Boucherville.

IV.—RIVARD (2), PIERRE, [JOSEPH III.
b 1746.
BRAY, Marie-Clémence. [ANTOINE III.

1771, (4 février) Ste-Anne-de-la-Pérade.

IV.—RIVARD, PIERRE, [PIERRE III.
b 1731 ; s 6 fevrier 1776, à Batiscan. [9]
LEFEBVRE (3), Geneviève. [ALEXIS II.
Elisabeth, b [9] 3 nov. 1771.

1771, (7 mai) St-Michel-d'Yamaska.

IV.—RIVARD, JEAN-BTE, [JOSEPH III.
b 1741.
BLONDEAU, Marie-Claire, [JOSEPH IV.
b 1755.

IV.—RIVARD (4), JEAN-BTE, [GERVAIS III.
b 1745.
LAUSÉ, Marie-Joseph.
Marie-Geneviève, b... m 9 juin 1794, à Pierre MOREAU, à St-Cuthbert. [9] — *Paul*, b [9] 1er dec. 1773. — *Alexis*, b [9] 11 et s [9] 29 juillet 1775. — *François-Xavier*, b [9] 15 et s [9] 19 avril 1777.— *Basile*, b [9] 2 fevrier 1779. — *Joseph*, b [9] 29 déc. 1781. — *Joseph*, b [9] 23 dec. 1784.—*Jean-Baptiste*, b [9] 24 avril et s [9] 20 juin 1787.

1772, (13 janvier) Deschambault.

IV.—RIVARD (5), JEAN-BTE, [FRS-XAVIER III.
b 1745.
LANDRY, Marguerite, [JOSEPH I.
Acadienne.
Joseph, b 1er août 1775, à Ste-Anne-de-la-Pérade.

RIVARD, FRANÇOIS.
LAFONTAINE, Geneviève.

(1) Cet acte est à la fin du registre de 1779.
(2) Dit Lacoursière.
(3) Elle épouse, le 28 avril 1777, Jean-Baptiste Marchildon, à Batiscan.
(4) Dit Preville—Gervais, du nom de baptême de son père.
(5) Dit Feuilleverte.

Marie-Marguerite, b 27 janvier 1774, à Batiscan.[2] — *François*, b 1775 ; s [2] 2 juin 1785.—*Antoine*, b [2] 11 août 1781.—*Jean-Baptiste*, b [2] 11 avril 1783.—*François*, b [2] 29 juillet 1785.—*Thérèse*, b [2] 19 juin 1787.—*Louis-Benoît*, b [2] 18 juin 1789.—*Alexis*, b [2] 28 avril 1791.

RIVARD, CHARLES.
TOUTAN, Geneviève.
Antoine, b 24 nov. 1774, à Ste-Anne-de-la-Pérade[3] ; s [3] 6 août 1775.—*Marie-Joseph*, b [3] 24 nov. 1775. — *Joseph-Alexis*, b [3] 21 janvier 1777. — *Charles*, b [3] 24 nov. 1778.—*Marie-Geneviève*, b [3] 24 dec. 1780.

RIVARD, JOSEPH.
RIVARD, Marie-Claire.
Marie-Claire, b 14 juin 1780, à l'Ile-Dupas.[4] — *Marie-Joseph*, b [4] 21 août 1782.

1780, (29 mai) Ile-Dupas.[5]
IV.—RIVARD, JOSEPH. [GERVAIS-MARIE III.
CARTIER, Marie-Anne. [FRANÇOIS III.
Gervais, b [5] 27 oct. 1782.

RIVARD (1), FRANÇOIS.
1° GENEST, Elisabeth.
1783, (17 février) St-Jean-Deschaillons.
2° ROIROUX, Elisabeth, [MICHEL III
b 1762.

RIVARD, BASILE.
BÉRARD, Françoise-Geneviève.
Geneviève, b 1782 ; s 6 sept. 1794, à St-Cuthbert.[6] — *Basile*, b [6] 17 dec. 1784 , s [6] 12 mai 1790 —*Marie-Thérèse*, b [6] 26 août et s [6] 7 sept. 1787. —*Marie-Marguerite*, b [6] 19 fevrier 1789.—*Marie-Françoise*, b [6] 26 mars et s [6] 20 sept. 1791.—*Basile*, b [6] 4 oct. 1793.

RIVARD, ALEXIS.
LEFORT, Marguerite-Louise.
Marie, b 28 sept. 1782, à St-Cuthbert.[7]—*Jean-Baptiste*, b [7] 11 dec. 1783.

RIVARD, PIERRE.
RUEL (2), Marie-Clémence.
Jean-Baptiste, né 15 janvier 1782, à l'Ile-Verte[8], b [8] 12 janvier 1783.—*Charlotte*, nee [8] 18 juillet et b [8] 15 août 1784.—*Luce*, b [8] 13 dec. 1786.—*Marguerite-Esther*, b [8] 29 déc. 1788.

1782, (21 janvier) Batiscan.[9]
IV.—RIVARD (3), JEAN-BTE, [LUC-ANTOINE III.
b 1752.
1° DESRANLOT, Marguerite, [JEAN-BTE III.
b 1766 ; s [9] 9 dec 1790.
Marguerite, b [9] 30 nov. et s [9] 4 déc. 1782.—*Marie-Marguerite*, b [9] 23 nov. 1783. — *Jean-Baptiste*, b [9] 1er oct. 1785.—*Louis-Modeste*, b [9] 9 août 1787.—*Modeste*, b [9] 2 août 1789.

(1) Dit Lavigne.
(2) Brillyrie, 1786.
(3) Dit Lacoursière.

1794, (4 août).[9]
2° RIVARD (1), Marie-Jos., [ANT.-AMABLE IV.
b 1762.

RIVARD, ALEXIS.
1° CHORET, Marie,
b 1765 ; s 4 avril 1789, à St-Cuthbert.[7]
Alexis, b [7] 9 juin 1784.—*Marie-Françoise*, b [7] 24 nov. 1785 —*Joseph*, b [7] 19 janvier 1787.—*Anonyme*, b [7] et s [7] 10 sept. 1788.
1791, (17 janvier).[7]
2° PHOCAS, Marie-Geneviève. [JOSEPH.
Benjamin, b [7] 25 oct. 1790 ; s [7] 14 juin 1793.

1784, (2 février) Grondines.[1]
V.—RIVARD, NICOLAS, [NICOLAS IV.
b 1755.
HAMELIN, Marie-Louise, [RENÉ III.
b 1763.
Nicolas, b [1] 17 nov. 1784.—*Augustin*, b [1] 15 février 1786.—*Jean*, b [1] 1er mars 1787.—*François-Xavier*, b [1] 24 mars 1789.

1784, (18 oct.) Batiscan.[2]
IV.—RIVARD (1), ANT.-DIDACE, [LUC-ANT. III.
b 1746.
GUILLET, Elisabeth, [LOUIS IV.
b 1764 ; s [2] 5 fevrier 1789.
Marie-Marguerite, b [2] 22 nov. 1785.

RIVARD (1), AMABLE.
JUINEAU, Marie.
Marie-Madeleine, b 8 avril 1788, à Batiscan.

RIVARD (2), FRANÇOIS.
BARIL, Geneviève.
François-Germain (3), b 22 février 1790, à St-Cuthbert[3], ordonne le 4 fevrier 1816 ; s 28 nov. 1857, aux Trois-Rivières. — *Marie-Geneviève*, b [3] 26 juin 1793. — *Marie-Marguerite*, b [3] 8 avril et s [3] 3 août 1795.

1790, (9 février) Batiscan.
V.—RIVARD, JEAN. [NICOLAS IV.
RIVARD, Marie-Joseph. [JEAN-BTE.

RIVARD (1), ANTOINE.
RAU-MORINVILLE, Marie-Joseph. [ALEXIS.
Jacques-Amable, b 14 dec. 1791, à Batiscan.

1794, (3 février) Détroit.
V.—RIVARD, MICHEL, [JEAN-BTE IV.
b 1772.
SAUCIER, Agnès, [JOSEPH-MARIE IV.
b 1775.

RIVARD, PIERRE.
ROY (4), Marguerite.
Marie-Marguerite, b 1er nov. 1795, à Batiscan.

(1) Lacoursière.
(2) Dit Loranger.
(3) Vicaire-général des Trois-Rivières en 1852.
(4) Chatellereau.

1795, (2 fevrier) Détroit.

V.—RIVARD, Pierre, [Jean-Bte IV.
b 1766.
Séguin, Archange, [Joseph III.
b 1768.

1809, (6 fevrier) St-Léon.

V.—RIVARD (1), Benjamin, [François IV.
b 1789.
Lupien, Adelaide.

1811, (4 nov.) Batiscan.

V.—RIVARD (2), Alexis, [François IV.
b 1786; s à Rimouski. [6]
1° Guillet, Marie.
2° Drapeau, Marie-Catherine, [Pierre III.
veuve d'Augustin Trudel; s [5] sept. 1869.

RIVAUT.—*Variation :* Rivaux.

1667, (30 oct.) Québec. [1]

I.—RIVAUT (3), Pierre,
b 1645; s [1] 5 sept. 1681.
Quequejeu, Marie,
b 1647; s [1] 14 mai 1684.
François, b 19 février 1673, à Sillery, m 27 janvier 1710, à Marie-Madeleine Tessier, à Charlesbourg.

1710, (27 janvier) Charlesbourg. [1]

II.—RIVAUT, François, [Pierre I.
b 1673.
Tessier, Marie-Madeleine, [Marc I.
b 1676, veuve de François Hileret; s [1] 17 juillet 1735.
François, b [1] 30 oct. 1710. — *Pierre*, b [1] 28 avril 1713, m 1749, à Catherine Gravelle. — *Jean-Baptiste*, b [1] 26 août et s [1] 26 nov. 1718.

1749.

III.—RIVAUT, Pierre, [François II.
b 1713.
Gravelle, Catherine.
François, b 15 avril 1750, à L'Ange-Gardien.

RIVAUX.—Voy. Rivaut.

RIVÉ.—*Variation et surnom :* Rivet—Sanschagrin.

RIVEDOUX.—Voy. D'Hastrel.

RIVELIN.—Voy. Riverin.

RIVERIN.—*Variation :* Rivelin.

1697, (28 janvier) Quebec. [1]

I.—RIVERIN (3), Joseph.
Mars, Michelle, [Simon I.
b 1665; veuve de Raymond Dubocq; s [1] 13 dec. 1728.

(1) De ce mariage sont nés 10 garçons et 7 filles.
(2) Dit Laglanderie.
(3) Voy. vol. I, p. 520.

1724, (20 juin) Québec. [7]

II.—RIVERIN, Jean-Joseph, [Joseph I.
b 1669; marchand; s [7] (dans l'eglise) 25 oct. 1756.
1° Perthuis, Marie-Joseph, [Charles I.
b 1703; s [7] (dans l'eglise) 23 avril 1738.
Michel-Joseph, b [7] 8 mai 1725.— *Marie-Joseph*, b [7] 23 sept. 1726; m 8 juillet 1752, à Louis Duchambon, à Ste-Foye. — *Claire-Charlotte*, b [7] 27 juillet 1728; s [7] 6 fevrier 1737. — *Denis-Joseph*, b [7] 22 sept. 1729; s 11 août 1730, à Charlesbourg. —*Marie-Louise*, b [7] 12 août 1731; s [7] (dans l'eglise) 20 oct. 1754. — *Joseph-Ignace*, b [7] 25 avril 1734; s [7] 12 nov. 1735. — *Louis-Joseph*, b [7] 5 mars 1736; m [7] 31 oct. 1757, à Marie-Louise DeCouagne.
1740, (27 juillet). [7]
2° Guillimin, Charlotte, [Charles I.
b 1718.
Charles, b [7] 14 et s [7] 30 déc. 1741. — *Charles-Denis*, b [7] 10 mai 1743; 1° m à Marie-Anne Amiot; 2° m [7] 3 fevrier 1783, à Louise Gauvreau. — *Marie-Joseph*, b [7] 23 avril 1744; s [7] 21 janvier 1745.—*Antoine*, b [7] 18 nov. 1745.—*Louis-Michel*, b [7] 6 oct. 1747. — *Antoine-François*, b [7] 23 oct. 1748. — *Marie-Charlotte*, b [7] 29 mai 1750. —*Thomas-Joseph*, b [7] 15 dec. 1752. — *Marie*, b [7] 11 avril 1755.—*Jacques*, b [7] 29 juillet 1756.

1730, (5 juillet) Trois-Rivières.

II.—RIVERIN, Denis-Michel, [Joseph I.
b 1700, marchand.
Poulin (1), Louise, [Jean-Bte III.
b 1713, s 27 juillet 1763, à Quebec. [7]
Michel-Joseph, b [7] 13 mai et s 11 août 1731, à Charlesbourg.— *Louise-Joseph*, b [7] 22 déc. 1734; s [7] 29 juillet 1748.

1751, (8 fevrier) Quebec. [1]

I.—RIVERIN (2), Michel, couvreur, fils de Michel et de Henriette Lombry, de Pont-le-roy, diocèse de Blois, Blaisois.
Heurtaut, Marie-Marguerite, [Jean I.
b 1734.
Marie-Madeleine, b [1] 18 fevrier 1752; m 13 mai 1771, à Charles Henne-Lepire, à St-Michel-d'Yamaska.— *Marie-Louise*, b [1] 1er mars 1754; s [1] 30 août 1755. — *Louise*, b 1759, s [1] 9 sept. 1761. — *Marie-Amable*, b 22 et s 28 avril 1766, au Lac-des-Deux-Montagnes.

1757, (31 oct.) Quebec (3).

III.—RIVERIN, Ls-Joseph, [Jean-Joseph II.
b 1736.
DeCouagne, Marie-Lse, [Charles-René III.
b 1740.

III.—RIVERIN (4), Chs-Denis, [Jean-Joseph II.
b 1743.
1° Amiot, Marie-Anne.

(1) De Courval.
(2) Et Rivelin.
(3) Dispense du 3e au 4e degrés.
(4) Seigneur du fief La Chevaline.

1783, (3 février) Québec.
2° Gauvreau, Louise, [Etienne II.
b 1751.

1763, (7 nov.) Montréal.
I.—RIVERO, Antoine, b 1725; fils de Pierre et de Marie Martinet, de Ste-Marie, ville de Rada, diocèse de Burgos, Espagne.
Monmellian (1), Catherine, [Jean-Bte II.
b 1733.

RIVES.—*Variation et surnom :* Riewies— Langlois.

1750, (9 février) Montréal.[6]
I.—RIVES (2), Joseph, b 1727; fils de Jean et de Jeanne Crine (3), de Ste-Marie, Maryland, Nouvelle-Angleterre.
1° Perrault, Catherine, [Pierre I.
b 1732.
1763, (17 janvier).[6]
2° Gaudry, Charlotte, [André II.
b 1715; veuve de François Piquet; s[6] 18 juin 1773.

RIVESAC, Jean.
Bertrand, Marie.
Louis, b 3 juillet 1762, à Yamachiche.

RIVET.—*Variation et surnoms :* Rivé — Cavelier—Cavellier—DuSouchet — Lafortune — Larrivé — Lecavelier — Maurice — St. Pierre.

1642.
I.—RIVET, Jacques.
Doré, Marie.
Maurice, b 1640; m 1670, à Marie Cusson. — *Marie*, b 1643; s 10 juin 1723, à Quebec.

1670.
II.—RIVET (4), Maurice, [Jacques I.
b 1640.
Cusson, Marie, [Jean I.
b 1662.
René, b 1679; m 12 mars 1710, à Madeleine Deneau, à Laprairie[4], s[3] 30 janvier 1735. — *Nicolas*, b 1691; m 19 juin 1719, à Marie-Anne Langlois, à Repentigny.[7] — *Alexis*, b 1693; m[7] 25 fevrier 1721, à Anne Migneron. — *Maurice*, b 1694, m 1718, à Marguerite Langlois.

1683.
II.—RIVET (5), Pierre, [Robert I.
s 3 nov. 1725, à Quebec.[6]
DuSouchet, Louise,
b 1645; s 1er avril 1721, à Montréal.
Alexandre, b 22 mai 1685, à Lachine; 1° m[6] 23 août 1712, à Louise Arnaud; 2° m[6] 5 août 1724, à Brigitte Brisson; 3° m[6] 13 nov. 1731, à Marie-Agnès Langlois; s[6] 29 nov. 1759.

(1) Et Montmeillant dit St. Germain.
(2) Et Riewies dit Langlois.
(3) Grinn au second mariage.
(4) Voy. vol. I, p. 520.
(5) Voy. Cavelier, vol. I, p. 108 et vol. II, p. 586.

RIVET (1), Jean-Bte.—Voy. Larrivé.

1708, (28 nov.) Québec.[2]
III.—RIVET (2), Pierre, [Pierre II.
b 1684; s[2] (dans l'eglise) 9 février 1721.
Rageot, Marie-Madeleine, [Gilles I.
b 1692.

1710, (12 mars) Laprairie.[1]
III.—RIVET, René, [Maurice II.
b 1679, s[1] 30 janvier 1735.
Deneau (3), Madeleine, [Charles I.
b 1689.
Nicolas, b[1] 20 janvier 1711.—*Marie-Madeleine*, b[1] 8 et s[1] 11 sept. 1712. — *Marie-Madeleine*, b 1714; m[1] 22 juillet 1737, à Pierre Lestage.— *Marie-Jeanne*, b[1] 18 sept. 1715; m[1] 17 nov. 1732, à François Aupry; s[1] 9 juin 1744.— *Jean-Baptiste*, b[1] 8 fevrier 1717.—*Etienne*, b[1] 10 août 1718; m 1757, à Françoise Gagné; s 24 janvier 1765, à St-Philippe —*Madeleine*, b[1] 19 mai 1720; m[1] 25 nov. 1754, à Michel Martin. — *René*, b[1] 30 sept. 1721; m[1] 24 janvier 1746, à Marguerite Lefebvre — *Marie-Marguerite*, b[1] 3 nov. 1723; m[1] 10 janvier 1726, à Antoine Deniger. — *Marie-Catherine*, b[1] 22 janvier 1726, s[1] 2 fevrier 1732. — *Ursule*, b[1] 18 sept. 1727; m[1] 15 janvier 1753, à François Bisaillon. — *Marie-Anne*, b[1] 7 nov. et s[1] 7 dec. 1730. — *Marie-Amable*, b[1] 23 déc. 1731. — *Marie-Renée*, b[1] 11 sept. 1734, s[1] 1er mars 1738.

I.—RIVET, Etienne,
de Ste-Famille, Acadie.
Tibaut, Cecile-Joseph.
Jean-Baptiste, b... m 28 juillet 1732, à Marie Palin, à Quebec.

1712, (23 août) Québec.[2]
III.—RIVET (4), Alexandre, [Pierre II.
b 1685; s[2] 29 nov. 1759.
1° Arnaud, Louise, [Bertrand I.
b 1690, s[2] (dans l'eglise) 18 juin 1717.
1724, (5 août).[2]
2° Brisson, Brigitte, [René II.
b 1705; s[2] (dans l'eglise) 1er mars 1727.
Geneviève-Brigitte, b[2] 5 juin 1725; s[2] 23 juillet 1739.—*Alexandre*, b[2] 22 fevrier 1727.
1731, (13 nov.)[2]
3° Langlois, Marie-Agnès, [Jacques I.
b 1693.

(1) Souvent appele Maurice du nom de son grand-père.
(2) Et Cavelier, greffier en chef, conseiller-secretaire du roi.
(3) Elle épouse, le 6 février 1736, Denis Charland, à Laprairie.
(4) Cavelier, sieur du Souchet — capitaine des gardes — écrivain au bureau du domaine.

1714, (12 juillet) Montreal.[2]
I.—RIVET (1), PIERRE, b 1684; fils de Jacques et de Louise Viaude, d'Aiguillon, diocèse de Luçon, Poitou.
1° SÉRAT, Marie-Madeleine, [PIERRE I.
b 1695.
1725, (24 janvier).[3]
2° PHILIPPE, Marie, [LAURENT I.
b 1673; veuve de René-Claude Fezeret.

1715, (7 mai) Repentigny.
III.—RIVET, PIERRE, [MAURICE II.
b 1687.
MORISSEAU, Catherine, [VINCENT I.
b 1696.
Pierre, b 1717; m 9 nov. 1744, à Marie-Angélique VÉGIARD, à Verchères. — *Louise-Catherine*, b 1730; m 1753, à Jean-Marie LOYER.

1718, (18 janvier) Repentigny.
III.—RIVET, MICHEL. [MAURICE II.
URBAIN (2), Marie-Hélène, [PIERRE I.
b 1696.
Michel, b... m 1753, à Elisabeth LAPERCHE.

1718.
III.—RIVET, MAURICE, [MAURICE II.
b 1694.
LANGLOIS, Marguerite, [JEAN II.
b 1699.
Jean-Baptiste, b 1722; m 3 juillet 1752, à Véronique LALEU, à Varennes. — *Louis*, b 1734; m 5 avril 1758, à Charlotte CHEFDEVERGUE, à St-Antoine-de-Chambly.

1719, (19 juin) Repentigny.[3]
III.—RIVET, NICOLAS, [MAURICE II.
b 1691.
LANGLOIS (3), Marie-Anne, [JEAN II.
b 1701.
Marguerite, b 1722; m à Paul-Amable JETTÉ; s[3] 4 nov. 1793.

1721, (25 fevrier) Repentigny.
III.—RIVET, ALEXIS, [MAURICE II.
b 1693.
MIGNERON, Anne, [ABRAHAM-JEAN II.
b 1703.
Alexis, b 1722; m 1751, à Marguerite BOUSQUET.

1732, (28 juillet) Québec.
II.—RIVET, JEAN-BTE, [ETIENNE I.
Acadien.
PALIN (4), Marie-Madeleine, [MATHURIN I.
b 1712.

(1) Dit St Pierre.
(2) Et Fouquereau.
(3) Lachapelle.
(4) Elle épouse, le 29 août 1735, Jean Tardy, à Québec.

1744, (9 nov.) Verchères.
IV.—RIVET, PIERRE, [PIERRE III
b 1717.
VÉGIARD, Marie-Angélique, [RAYMOND I.
b 1723.

1746, (24 janvier) Laprairie.
IV.—RIVET, RENÉ, [RENÉ III.
b 1721.
LEFEBVRE, Marguerite, [PIERRE II.
b 1712.

1751.
IV.—RIVET, ALEXIS, [ALEXIS III.
b 1722.
BOUSQUET, Marguerite.
Joseph, b 4 janvier 1752, à Verchères.

1752, (3 juillet) Varennes.
IV.—RIVET, JEAN-BTE, [MAURICE III
b 1722.
LALEU, Véronique, [JEAN-BTE II.
b 1734.

1753.
IV.—RIVET, MICHEL. [MICHEL III.
LAPERCHE (1), Elisabeth.
Michel, b 13 mars 1754, à Verchères.—*Marie-Joseph*, b 1762; s 6 mai 1784, à Repentigny.[1] — *Marie-Anne*, b 1763; s[1] 24 juin 1781. — *Thérèse*, b[1] 14 août 1769.

RIVET, MICHEL.
PAYET, Marie-Charlotte.
Marie-Joseph, b 14 fevrier 1761, à Lachenaye. —*Michel*, b... m 2 février 1795, à Marie-Catherine CHARTIER, à Repentigny.

I.—RIVET (2), PIERRE, b 1718; de la Haute-Polignac, diocèse de DuPuy-en-Velez.
GAULIN, Marie-Marthe,
b 1730; s 4 sept. 1804, à l'Hôpital-General, M.

I.—RIVET, JOSEPH, b 1705; d'Esdme, Savoie; s 22 nov. 1773, à Montreal.

1757.
IV.—RIVET, ETIENNE, [RENÉ III.
b 1718, s 24 janvier 1765, à St-Philippe.[7]
GAGNÉ, Françoise, [NICOLAS II.
b 1724; s[7] 21 mars 1766.
René, b[7] 9 avril et s[7] 3 déc. 1758. — *Joseph*, b[7] 7 nov. 1760, s 27 janvier 1761, à St-Constant.[8] — *Pierre*, b[8] 5 et s[8] 8 mars 1762. — *Joseph-Anselme*, b[7] 21 avril 1763.

(1) St. Jean.
(2) Dit Lafortune; soldat de la marine en 1750, incorporé à Montréal dans la compagnie de M. de Boucherville, jusqu'en 1764, actuellement chaudronnier, au quartier St-Roch. (Reg. Procès-verbaux, archevеché, 1766).

1758, (5 avril) St-Antoine-de-Chambly. [3]
IV.—RIVET, Louis, [MAURICE III.
b 1734.
CHEFDEVERGUE, Charlotte, [LOUIS II.
b 1729.
Marie-Elisabeth, b [3] 23 déc. 1758. — *Louis-Marie*, b [3] 1er août 1760. — *Marie-Joseph*, b [3] 31 dec. 1761.

RIVET, CHARLES.
DESMARAIS, Marie-Joseph,
b 1700; s 27 juin 1780, à Repentigny.

RIVET, LOUIS-MICHEL, b 1742; s 9 fevrier 1782, à Repentigny.

1761, (18 mai) Ecureuils. [7]
I.—RIVET (1), PIERRE, b 1729, boucher; fils de Pierre et d'Anne Herva, de Troli, Picardie.
PAGÉ, Madeleine. [JOSEPH IV.
Marie-Madeleine, b [7] 11 sept. 1761. — *Pierre*, b [7] 8 août 1763. — *Louis*, b [7] 23 nov. 1767.

RIVET, JOSEPH,
b 1726; s 15 mars 1774, à Repentigny.
GAUTIER-LANDREVILLE, Catherine.

RIVET, JOSEPH,
b 1739; s 10 avril 1790, à Repentigny. [6]
MÉTHOT, Geneviève,
s [6] (de mort subite) 4 mai 1790.
Jean-Marie, b [6] 20 avril et s [6] 27 août 1769 — *Charles*, b [6] 29 mars 1771. — *François-de-Sales*, b [6] 28 janvier 1774.

I.—RIVET (2), FRANÇOIS, b 1757; s 15 sept. 1852, à St-Paul-de-Wallamette.

RIVET, JOSEPH.
MARTIN, Madeleine.
Madeleine, b... s 30 août 1779, à Repentigny.

RIVET, LOUIS.
JANOT, Marie-Angélique.
Marie-Charlotte, b... s 24 août 1780, à Repentigny.

RIVET, LOUIS.
MAZURÉ, Thérèse.
Marie-Louise, b... s 17 fevrier 1781, à Repengny. [1] — *Louis*, b... s [1] 17 mars 1784.—*Marie-Louise*, b 1781; s [1] 26 avril 1784.

RIVET, LOUIS.
GOULET, Marguerite.
Louise, b... s 19 mai 1783, à Repentigny.

RIVET, JOSEPH.
BAUDOIN, Louise.
Joseph, b... s 27 juin 1784, à Repentigny.

(1) Dit Sanschagrin; soldat de Languedoc, compagnie de DuChapt. (Reg. Procès-verbaux, 1761, évêché).

(2) Il traversa le continent en 1805 avec Lewis, Clarke et Philippe Degie (exploration).

RIVET, ALEXIS.
ST. JEAN, Agathe.
Alexis, b 8 juin 1788, à Repentigny.

1795, (2 février) Repentigny. [2]
RIVET, MICHEL. [MICHEL.
CHARTIER, Marie-Catherine, [LOUIS IV.
b 1777; s [2] 22 nov. 1795.
Madeleine, b [2] 1er nov. 1795.

RIVIÈRE.—*Variations et surnoms* : DESRIVIÈRES—LARIVIÈRE—LARRIVÉ—CHAPDELAINE—FONTAINE dit BIENVENU—JÉROME

1680, (23 avril) Repentigny. [3]
I.—RIVIÈRE (1), PIERRE,
b 1635; s [3] 9 mai 1700.
MOUSSEAUX, Marie-Anne, [JACQUES I.
b 1661; veuve de Jean Blot.
Marie-Marguerite, b [3] 9 août 1684: 1° m [3] 22 nov. 1700, à Jacques BAUDOIN; 2° m 1720, à Sébastien BRISSON.—*Marien-Joseph*, b... m [3] 24 nov. 1712, à Marie-Anne FOUQUEREAU; s [3] 1er mars 1719.—*Jean-Baptiste*, b 1692; m [3] 24 nov. 1712, à Marie-Joseph GOULET.

1683.
I.—RIVIÈRE (2) PIERRE, fils de Jean et de Michelle Soyer, du diocèse de Sens.
1° TÉTARD, Marguerite.
1689, (27 juin) Quebec [4]
2° ROUILLARD, Marie, [ANTOINE I.
b 1659; s [4] 2 juin 1690.
1696, (7 janvier). [4]
3° LARAIRE, Catherine,
b 1670; veuve de Martin Aridé.
René, b 12 avril 1701, à Montréal [5], 1° m [5] 1er déc. 1725, à Marie DIEL; 2° m 29 mai 1753, à Marie-Joseph TIBI, au Bout-de-l'Ile, M. —

1699, (1er fevrier) Boucherville. [3]
I.—RIVIÈRE (2), JACQUES, b 1674; fils de Gaspard et de Catherine Launay, de Rouen, Normandie.
MÉNARD, Catherine, [JACQUES I.
b 1673; s 2 janvier 1727, à Montréal. [4]
Jeanne, b 1700; m [3] 9 janvier 1723, à Pierre HOBERTIN.—*François*, b [3] 1er mars 1701; m 1723, à Cecile COUSINEAU; s [4] 27 nov. 1730.— *Jacques*, b 28 dec. 1702, à Longueuil; m [4] 1er mars 1734, à Marie-Charlotte ALARIE. — *Marie-Madeleine*, b 1703; m [3] 3 nov. 1722, à Jean DESFORGES.— *Joseph*, b 1706, m [3] 27 juillet 1728, à Marie LOISEAU. — *Pierre*, b 4 janvier 1707, à St-François, I. J. [5]— *Michel*, b [5] 2 et s [5] 4 oct. 1707. — *Marie-Catherine*, b [5] 30 août 1708. — *Jean-Baptiste*, b [5] 9 juin 1710; 1° m à Therèse LEGRAIN; 2° m 1er août 1757, à Madeleine ROBERT, à Chambly. — *Marie*, b 1711; m [3] 28 janvier 1732, à Louis RENAUD. — *Pierre*, b [5] 20 avril 1712; m [4] 9 juin 1740, à Suzanne DESROCHES. — *Charles*, b [5] 4 mars 1714; 1° m [4] 28 nov. 1743, à Marie-Jeanne

(1) Voy. vol. I, p. 520.

(2) Voy. vol. I, p. 521.

Durand; 2° m [3] 25 juillet 1746, à Marguerite Carignan; s 12 mai 1780, au Détroit.—*Louise*, b [5] 24 déc. 1715; m [3] 3 février 1739, à Jean-Marie Desforges.

1700, (9 sept.) St-Jean, I. O. [2]

I.—RIVIÈRE, Robert, b 1675; fils de Guillaume et de Jacquette Lemignon, de Notre-Dame, diocèse de Dole, Franche-Comté.
Pasquet, Marie, [Pierre I.
b 1678.
Joseph, b [2] 17 mai 1701; s [2] 30 janvier 1703.

1712, (24 nov.) Repentigny. [6]

II.—RIVIÈRE, Jean-Bte, [Pierre I.
b 1692.
Goulet, Marie-Joseph, [Thomas II.
b 1693.
Léonard, b [6] 4 avril 1713.—*Marie*, b [6] 14 et s [6] 23 oct. 1714. — *Jean-Baptiste*, b [6] 13 mai 1716 — *Marie-Joseph*, b [6] 19 déc. 1717: s [6] 15 février 1718. — *Marie-Joseph*, b [6] 10 et s [6] 17 avril 1719. — *Elisabeth*, b [6] 27 mars et s [6] 18 avril 1720.— *Louis-Joseph*, b [6] 26 mars et s [6] 29 avril 1721.— *Marie-Louise*, b [6] 2 et s [6] 5 mai 1724. — *Marie-Marguerite*, b [6] 6 mai 1725. — *Agathe*, b [6] 9 mai et s [6] 19 juillet 1727. — *Charlotte*. b [6] 21 et s [6] 22 août 1728.—*Agathe*, b 8 février 1730, à Lachenaye.

1712, (24 nov.) Repentigny. [6]

II.—RIVIÈRE, Marien-Joseph, [Pierre I.
s [6] 1er mars 1719.
Fouquereau (1), Marie-Anne, [Urbain I.
b 1693.
Jean-Baptiste, b [6] 18 oct. 1713.— *Marie-Renée*, b [6] 4 sept. et s [6] 11 oct. 1715. — *Marie-Charlotte*, b [6] 21 sept. 1716; s [6] 11 janvier 1717. — *Louis*, b [6] 18 janvier 1718; s 3 mai 1734, à Montréal.

1723.

II.—RIVIÈRE, François, [Jacques I.
b 1701; s 27 nov. 1730, à Montréal. [6]
Cousineau, Cécile. [Jean-Bte I.
Véronique, b 2 déc. 1724, à Boucherville; m [6] 19 août 1743, à Pierre-Antoine Gautier.— *François*, b 1726; s [6] 6 avril 1727. — *Marie-Amable*, b [6] 18 février 1728; m [6] 1er mars 1745, à Charles Surault.—*Marie-Cécile*, b [6] 26 janvier 1730; m [6] 22 avril 1748, à Louis Lécuyer.

1725, (1er déc) Montréal. [6]

II.—RIVIÈRE, René, [Pierre I.
b 1701.
1° Diel (2), Marie-Françoise, [Charles I.
b 1703.
Antoine, b [6] 13 déc. 1726; m 5 mai 1749, à Marie-Anne Aymond, au Bout-de-l'Ile, M. [7] — *Anonyme*, b [6] et s [6] 27 janvier 1729. — *Nicolas*, b [6] 17 et s [6] 18 mai 1730. — *Amable*, b [7] 7 sept. 1732. — *Augustin-René*, b [7] 14 juillet 1734; m 1758, à Angélique Raynard.—*Joseph-Amable*, b [7] 3 nov. 1735; s [7] 3 sept. 1757. — *Pierre*, b [6] 10 mai et s [7] 30 oct. 1737.—*Marie-Joseph*, b [7] 10 oct. 1738; m [7] 21 février 1757, à Joseph Souchereau. — *Marie-Françoise*, b [7] 4 juin 1740; m [7] 26 février 1759, à Jean Avon. — *Marie-Anne*, b [7] 28 mars 1742; m [7] 21 mai 1759, à René Gareau.— *Thomas*, b [7] 21 déc. 1743. — *Agathe*, b [7] 13 mai 1746; m [7] 15 avril 1765, à Jacques Forget.— *Pierre-Hubert*, b [7] et s [7] 20 juillet 1748. — *Marie-Louise*, b [7] 2 mai 1749; s [7] 21 mai 1750.—*Joseph-Marie*, b [7] 1er avril et s [7] 10 juillet 1751.

1753, (29 mai). [7]

2° Tibi, Marie-Joseph, [Marin I.
b 1708; veuve d'Augustin Roy.

(1) Et Urbain, du nom de baptême de son père; elle épouse, le 29 nov. 1719, Antoine Lamel, à Repentigny.

(2) Thierry.

1728, (27 juillet) Boucherville.

II.—RIVIÈRE, Joseph, [Jacques I.
b 1706.
Loiseau, Marie, [Joachim II.
b 1711.
Joseph, b 30 mars 1729, à L'Assomption. [6] — *Jean-Baptiste*, b [6] 25 mai 1731.—*Alexis*, b 1744; m 10 février 1772, à Elisabeth Jetté, à Repentigny.

1734, (1er mars) Montréal. [8]

II.—RIVIÈRE (1), Jacques, [Jacques I.
b 1702.
Alarie (2), Marie-Charlotte, [Pierre I.
b 1715.
Marie-Amable, b [8] 8 février 1735; m 7 juin 1751, à Jean-Baptiste Gautier, à Ste-Geneviève, M. [9]; s [9] 30 oct. 1759.—*Marie-Louise*, b [8] 16 avril 1737; m [9] 18 août 1755, à Michel Boileau.— *Marie-Madeleine*, b [9] 22 août 1741.—*Marie-Catherine*, b [9] 7 nov. 1743.—*Marie-Archange*, b [9] 4 janvier 1746.—*Marie-Charlotte*, b [9] 1er février 1748. —*François*, b [9] 14 sept. 1750; s [9] 1er juillet 1751. —*Marie-Joseph*, b [9] 26 juin 1752.—*Geneviève*, b [9] 7 mars 1755.—*Marie-Françoise*, b [9] 22 déc. 1756, s [9] 13 août 1757.

RIVIÈRE, Antoine.
Diel, Marie-Joseph. [Charles I.
Françoise, b 1738; m à François Avon; s 24 nov. 1767, à Soulanges.

II.—RIVIÈRE, Jean-Bte, [Jacques I.
b 1710.
1° Legrain, Frse-Thérèse, [Adrien-Charles II.
b 1713; s 21 juillet 1753, à Chambly. [1]
Thérèse, b... m [1] 21 février 1757, à Toussaint Alix.—*Marie-Elisabeth*, b [1] 10 avril 1747. —*Véronique*, b [1] 11 février 1749.—*Charles*, b [1] 17 janvier 1753.

1757, (1er août). [1]

2° Robert, Madeleine, [Prudent III.
b 1713; veuve de François Mace.
Marie-Madeleine, b [1] 22 juillet et s [1] 22 août 1758.

(1) Marié Larivière.

(2) Et Alard—Laramée.

1740, (9 juin) Montreal.
II.—RIVIÈRE, Pierre, [Jacques I.
b 1712.
Desroches, Suzanne, [Paul II.
b 1692; veuve de Pierre Goguet.

1743, (28 nov.) Montréal.[2]
II.—RIVIÈRE, Charles, [Jacques I.
b 1714; s 12 mai 1780, au Detroit.
1° Durand, Marie-Jeanne, [Pierre II.
b 1714, s[2] 11 fevrier 1745.
Charles, b[2] 11 dec. 1744.
1746, (25 juillet) Boucherville.
2° Carignan (1), Marguerite, [Louis III.
b 1718; s 17 mars 1794, à l'Hôpital-Général, M.
Alexis, b[2] 27 juillet et s[2] 9 août 1747.

RIVIÈRE, Alexis.
Viau-Lespérance, Marie-Anne.
Marie-Anne, b 24 janvier 1749, à Chambly.[3] — *Jean-Marie-Alexis*, b[3] 26 mai 1750.

1749, (5 mai) Bout-de-l'Ile, M.
III.—RIVIÈRE, Antoine, [René II.
b 1726.
Aymond, Marie-Anne, [Jean-Bte II.
b 1729.

RIVIÈRE, Louis.
Prairie-Piédalu, Elisabeth.
Marie-Anne, b 2 avril 1750, à Chambly.[4] — *Marie-Louise*, b[4] 21 août 1751.—*Elisabeth*, b[4] 6 avril 1753.—*Marguerite*, b[4] 18 août 1754; s[4] 10 dec. 1755. — *Pierre-Louis*, b[4] 27 fevrier 1756. — *François*, b[4] 2 janvier 1760.

RIVIÈRE, André.
Mongrain, Agnès.
André, b 30 oct. 1750, à St-Ours.[3] — *Pierre*, b[3] 30 avril et s[3] 12 août 1752. — *Marie-Angélique*, b[3] 22 sept. 1753.

RIVIÈRE, Joseph.
Chorlt, Angelique.
Anonyme, b et s 28 dec. 1755, à Ste-Genevieve, M.

RIVIÈRE, Louis.
Boucher, Geneviève.
Louis, b et s 17 août 1757, à Berthier (en haut).

1758.
III.—RIVIÈRE, Augustin-René, [René II.
b 1734.
Raynard (2), Angélique. [Michel.
Augustin-Bernard, b 11 février 1759, au Bout-de-l'Ile, M.[6], s[6] 8 août 1765. — *Pierre-Célestin*, b[6] 19 mai 1762. — *Pierre*, b[6] 28 mars 1764; s[6] 16 juillet 1765.

(1) Et Bourbeau.
(2) St André.

RIVIÈRE, Joseph.
Migneron, Marie-Louise.
Marie, b 1760; s 16 mai 1773, à Repentigny.

I.—RIVIÈRE, Jean, b 1727, soldat; du diocèse d'Angoulesme, Angoumois; s 25 oct. 1749, à Montréal.

1772, (10 février) Repentigny.
III.—RIVIÈRE, Alexis, [Joseph II.
b 1744.
Jetté, Elisabeth, [Urbain III.
b 1754.

1788.
RIVIÈRE, Antoine,
Brançonnier, Marie-Anne.
Marie-Anne, b 7 mai 1789, à St-Cuthbert.[1] — *Antoine-Théodore*, b[1] 27 février 1791.—*Anonyme*, b[1] et s[1] 17 mars 1794. — *Alexis*, b[1] 4 fevrier 1795.

RIVLA, Pierre.
Trotier, Madeleine.
Marie-Elisabeth, b 29 août 1758, à Batiscan.

ROBERCHON.—*Surnom :* Hérode.

1764, (30 janvier) St-Valier.
I.—ROBERCHON (1), Robert, Montagnard.
Bazin, Marie-Claire, [Jean III.
b 1747.

ROBERGE.—*Variation et surnom :* Lauberge—Lacroix.

1672, (22 oct.) Ste-Famille, I. O.[1]
I.—ROBERGE (2), Pierre,
b 1637; s 17 juin 1710, à St-Laurent, I. O.
1° DeBeaurenom, Antoinette.
1679, (3 juillet).[1]
2° Loignon, Françoise, [Pierre I.
b 1659.
Pierre, b 24 fevrier 1681, à St-Pierre, I. O.[2]; s[2] 1er sept. 1694. — *Jean*, b[2] 12 dec. 1683; m[2] 22 oct. 1709, à Anne Blouard. — *Anne*, b[2] 20 janvier et s[2] 2 fevrier 1686.—*Marie-Anne*, b[2] 29 juin 1687, m[2] 23 nov. 1711, à Jean-Baptiste Blouard —*Joseph*, b[2] 2 fevrier 1690; 1° m 16 janvier 1716, à Geneviève Leduc, à Quebec[3]; 2° m[3] 8 janvier 1748, à Madeleine Girard; s[3] 1er août 1756.—*Charles*, b[2] 25 nov. 1692; 1° m[2] 21 oct. 1720, à Marie-Madeleine Coté; 2° m 1760, à Marie-Claire Chantal.—*Geneviève*, b[2] 13 juin 1695; s[2] 9 janvier 1742.—*Pierre*, b[2] 6 dec. 1697; m 21 oct. 1726, à Marie Lefrançois, au Château-Richer. — *Françoise*, b[2] 12 janvier 1700, s[2] 26 janvier 1703. — *Ignace*, b[2] 17 nov. 1702; s[2] 29 janvier 1703. — *Elisabeth*, b[2] 12 janvier 1704; m[2] 22 oct. 1726, à Joseph Maranda.—*Ambroise*, b[2] 14 mai 1706; m[2] 20 juin 1730, à Marie-Louise Goulet.—*Thècle*, b[2] 20 dec. 1709.

(1) Dit Hérode.
(2) Dit Lacroix; voy. vol I, p. 521.

1684, (10 avril) Château-Richer.
I.—ROBERGE (1), Pierre,
b 1649; s 24 oct. 1725, à St-Pierre, I. O.
Lefrançois, Marie, [Charles I.
b 1659.
Pierre, b 25 février 1685, à St-Laurent, I. O.[1]; m[1] 24 nov. 1710, à Marie-Anne Joanne; s 14 déc. 1760, à St-Joseph, Beauce. — *Joseph*, b[1] 29 mai 1686; m[1] 26 nov. 1715, à Madeleine Lemelin; s[1] 20 oct. 1753.—*Louise*, b... m[1] 23 nov. 1716, à Joachim Audet.—*Eléonore*, b... m[1] 1er février 1717, à Pierre Paquet.—*Jean*, b 1696; 1° m 12 janvier 1722, à Angélique Faucher, à la Pte-aux-Trembles, Q.[2]; 2° m[2] 8 oct. 1736, à Françoise Larue; s[2] 26 avril 1741.

1709, (22 oct.) St-Pierre, I. O.
II.—ROBERGE, Jean, [Pierre I.
b 1683.
Blouard (2), Anne, [Mathurin I.
b 1685.
Marie-Anne, b 3 août 1710, à St-Nicolas[3]; m 4 février 1737, à Louis Croteau, à St-Antoine-Tilly.[4]— *Charlotte-Françoise*, b[4] 14 janvier 1712; 1° m[4] 16 février 1733, à André Bergeron; 2° m[4] 3 nov. 1734, à Pierre Magnan; s 18 mars 1735, à la Pte-aux-Trembles, Q. — *Marie-Joseph*, b[3] 18 juillet 1713. — *Jean-Baptiste* (posthume), b[4] 22 février 1715.

1710, (24 nov.) St-Laurent, I. O.[5]
II.—ROBERGE (3), Pierre, [Pierre I.
b 1685; s 14 déc. 1760, à St-Joseph, Beauce.
Joanne, Marie-Anne, [Jean I.
b 1686; veuve de Charles Manseau; s[5] 10 janvier 1746.
Louis, b[5] 14 août 1711; m 1er oct. 1736, à Marie-Thérèse Brousseau, à St-Augustin.—*Cécile*, b[5] 12 mars 1713; m à Fiacre Delahais.—*Louise*, b[5] 18 oct. 1715; m[5] 24 juin 1748, à François Mazureau.—*Pierre*, b[5] 6 et s[5] 20 juin 1722. —*Pierre*, b[5] 5 déc. 1725; m[5] 13 nov. 1747, à Marie Sivadier.

1715, (26 nov.) St-Laurent, I. O.[6]
II.—ROBERGE, Joseph, [Pierre I.
b 1686; s[6] 20 oct. 1753.
Lemelin, Madeleine, [Louis II.
b 1694.
Louis, b[6] 2 janvier 1718.—*Joseph*, b... m 7 janvier 1742, à Elisabeth Couture, à Beaumont. —*Jean-Baptiste*, b[6] 14 déc. 1721.—*Marie*, b[6] 20 juillet 1723.—*Gertrude*, b[6] 8 avril 1725; m[6] 26 février 1753, à Ignace Sivadier.—*Marie-Anne*, b[6] 3 oct. 1726; m 11 sept. 1756, à Nicolas Trudel, à Québec.—*Marguerite-Espérance*, b[6] 20 juillet 1728.—*Laurent*, b[6] 22 nov. 1729; s[6] 10 mai 1730. —*François*, b[6] 14 mars 1731.—*Augustin*, b[6] 26 avril 1734; m[6] 19 avril 1762, à Marie-Anne Pouliot.—*Michel*, b 1735; 1° m[6] 4 juillet 1757, à Louise Sivadier; 2° m 28 juillet 1767, à Marie-Elisabeth Trudel, à Nicolet.—*Geneviève*, b[6] 10 août 1737.

(1) Dit Lacroix; voy. vol. I, p. 521.
(2) Elle épouse, le 7 juin 1717, Jean Cauchon, à St-Pierre, I. O.
(3) Dit Lacroix.

1716, (16 janvier) Québec.[7]
II.—ROBERGE, Joseph, [Pierre I.
b 1690; tanneur; s[7] 1er août 1756.
1° Leduc, Geneviève, [René I.
b 1674; veuve de Pierre Métayer.
Joseph, b[7] 7 oct. 1716; m 17 oct. 1740, à Marie-Cécile Lefebvre, à Beauport.
1748, (8 janvier).[7]
2° Girard, Madeleine, [Jean-Bte II.
b 1719.
Joseph, b 16 nov. 1749, à St-Nicolas.[8]—*Madeleine-Geneviève*, b[8] 16 janvier 1752; s[8] 12 oct. 1754.—*Marguerite*, b[8] 26 avril 1755; s[7] 4 sept. 1756.

1720, (21 oct.) St-Pierre, I. O.[3]
II.—ROBERGE, Charles, [Pierre I.
b 1692.
1° Coté, Marie-Madeleine, [Jean III.
b 1696; s[3] 14 mars 1758.
Marie-Joseph, b[3] 7 nov. 1721; 1° m[3] 10 juillet 1742, à François Brousseau; 2° m[3] 13 mai 1748, à Jean-Marie Gilbert; s[3] 4 avril 1749. — *Geneviève*, b... m[3] 10 juillet 1747, à François Bertrand.—*Marie*, b[3] 2 déc. 1724.—*Joseph*, b 1727; s[3] 10 juillet 1728.—*Jean-Baptiste*, b[3] 3 avril 1729; m[3] 28 janvier 1754, à Gertrude Pichet.—*Angélique*, b 19 mars 1731, au Château-Richer; m[3] 1er juillet 1755, à Louis Blouin.—*Joseph*, b[3] 16 oct. 1733; 1° m 23 nov. 1761, à Marie-Charlotte Dutaut, à l'Ile-Dupas; 2° m 4 avril 1785, à Marie-Louise Filteau, à St-Cuthbert.—*Louis*, b[3] 13 avril 1736; m 13 février 1764, à Marie-Reine Vachon, à Beauport.—*Charles*, b... s[3] 30 déc. 1748.
1760.
2° Chantal, Marie-Claire, [Pierre I.
b 1701; veuve de Joseph Godbout; s 9 sept. 1777, à Québec.

1722, (12 janvier) Pte-aux-Trembles, Q.[1]
II.—ROBERGE, Jean, [Pierre I.
b 1696; s[1] 26 avril 1741.
1° Faucher, Angélique, [Nicolas II.
b 1706.
Jean-Baptiste-Marie, b[1] 8 déc. 1723. — *Marie-Angélique*, b[1] 30 janvier 1726; s[1] 5 déc. 1740.—*Madeleine*, b[1] 7 nov. 1727; m[1] 22 février 1751, à Charles-François Robitaille. — *Pierre*, b[1] 14 avril 1729; m[1] 2 février 1761, à Brigitte Angers. —*Marie-Anne*, b[1] 19 mai 1731; s[1] 16 déc. 1733. —*Félicité*, b[1] 15 mars 1733; m[1] 2 février 1756, à Louis Auger.
1736, (8 oct.)[1]
2° Larue (1), Françoise, [Jean-Bte II.
b 1698; veuve de Pierre Page.

(1) Voy. De la Rue; elle épouse, le 17 mai 1745, François Pelletier, aux Ecureuils.

1726, (21 oct.) Château-Richer. [8]
II.—ROBERGE, Pierre, [Pierre I.
b 1697.
Lefrançois, Marie, [Alexis-Nicolas II
b 1708 ; s 25 février 1749, à St-Pierre, I. O. [9]
François-Marie, b [9] 4 janvier et s [9] 2 avril 1728. — *Marie-Madeleine*, b [9] 18 janvier 1729 ; s [9] 10 juillet 1749. — *Marie*, b [8] 9 et s [8] 11 juin 1730.— *Reine*, b [8] 9 et s [8] 13 juin 1730. — *Brigitte*, b [9] 3 et s [9] 19 juillet 1731. — *Pierre*, b [9] 7 mars 1733, m [9] 5 mars 1753, à Marie-Joseph Raté.—*Charles-Prisque*, b [9] 22 fevrier 1735. — *Marguerite*, b [9] 15 fevrier 1737. — *Joseph*, b [9] 25 oct. 1739. — *Nicolas*, b [9] 6 juillet 1741. — *Marie-Joseph*, b [9] 9 sept. 1743. — *Marie-Geneviève*, b [9] 8 mai 1746 ; s [9] 3 nov. 1750. — *Philippe-Gabriel*, b [9] 9 mai et s [9] 15 juin 1748.

1730, (20 juin) St-Pierre, I. O. [8]
II.—ROBERGE, Ambroise, [Pierre I.
b 1706.
Goulet, Marie-Louise, [Jean-Bte III.
b 1708.
Pierre, b [8] 17 mars 1731. — *Marie-Françoise*, b [8] 8 nov. 1732; s [8] 9 août 1733. — *Ignace*, b [8] 3 juin 1734. — *Marie-Madeleine*, b [8] 6 oct. 1736.— *Jean-Baptiste*, b [8] 27 oct. 1738.—*François*, b [8] 1er février 1741. — *Ambroise*, b 23 janvier 1743, au Château-Richer.—*Charles*, b [8] 2 mars 1746.

1736, (1er oct.) St-Augustin. [1]
III.—ROBERGE, Louis, [Pierre II.
b 1711.
Brousseau, Marie-Thérèse. [Nicolas II.
Pierre-Louis, b [1] 1er juin et s [1] 29 juillet 1737 —*Joseph*, b [1] 23 sept. 1738. — *Marie-Thérèse*, b [1] 9 avril 1740. — *Agathe*, b 1er juillet 1744, à St-Joseph, Beauce. [2] — *Louise*, b [2] 26 mars 1747.— *Louis*, b 1748; m 1779, à Hélène Blouin. — *Charles*, b [2] 21 et s [2] 28 fevrier 1754.—*Marie*, b [2] 8 et s [2] 13 mars 1755. — *Marie-Marguerite*, b [2] 11 août 1756.

1740, (17 oct.) Beauport.
III.—ROBERGE, Joseph, [Joseph II.
b 1716.
Lefebvre, Marie-Cécile, [Jacques III.
b 1724.
Louis-Joseph, b 6 février 1742, à Québec. — *Louis*, b 25 juillet 1744, à Lévis. [8] — *Charles*, b [8] 23 sept. 1749.—*Jean-Baptiste*, b [8] 19 février 1752. —*Louis*, b [8] 11 août 1754. — *Etienne*, b [8] 12 mai 1757 ; s [8] 21 dec. 1758. — *Pierre*, b 16 oct. 1759, à St-Antoine-de-Chambly.—*Marie-Catherine*, b [8] 8 avril 1761. — *Marie-Geneviève*, b [8] 25 fevrier et s [8] 21 mai 1765.—*François*, b [8] 24 dec. 1766.

1742, (7 janvier) Beaumont. [7]
III.—ROBERGE, Joseph. [Joseph II.
Couture, Elisabeth, [Augustin III.
b 1723.
Elisabeth, b [7] 30 oct. 1742. — *Geneviève*, b [7] 11 janvier 1744 : m 27 nov. 1764, à François Roy, à Levis. [8] — *Véronique*, b 27 août 1745, à St-Laurent, I. O.; m [8] 1er mai 1764, à Jean Demers.— *Marie-Joseph*, b [7] 9 avril 1747. — *Joseph-Marie*, b [7] 7 avril 1749. — *Charles*, b 4 dec. 1750, à St-Charles. [9] — *Jean-Baptiste*, b [9] 27 oct. 1752. — *Louis*, b [9] 28 nov 1754. — *Marie-Joseph*, b [9] 7 dec. 1756.—*Marie-Anne*, b... m à Nicolas Trudel. — *François*, b [8] 1er mars 1764; s [8] 18 mars 1765.

1747, (13 nov.) St-Laurent, I. O. [5]
III.—ROBERGE (1), Pierre, [Pierre II.
b 1725 ; charretier.
Sivadier, Marie, [Antoine II.
b 1718.
Pierre, b [5] 1er et s [5] 3 août 1748. —*Joseph*, b 21 fevrier 1750, à Quebec; s [5] 26 sept. 1751.— *François*, b [5] 2 avril 1752. — *Marie-Louise*, b [5] 12 oct. 1754. — *Angélique*, b [5] 10 juin 1757; s [5] 8 juillet 1758.

ROBERGE, Jean.
Roy, Marie-Joseph.
Marie-Angélique, b 14 avril 1752, à Quebec.

1753, (5 mars) St-Pierre, I. O. [7]
III.—ROBERGE, Pierre, [Pierre II.
b 1733.
Raté, Marie-Joseph, [Ignace III.
b 1733.
Marie-Joseph, b [7] 12 mars 1758.

1754, (28 janvier) St-Pierre, I. O. [1]
III.—ROBERGE, Jean-Bte, [Charles II.
b 1729.
Pichet, Gertrude, [Louis III.
b 1735.
Jean-Baptiste, b [1] 1er avril 1755.

1757, (4 juillet) St-Laurent, I. O.
III.—ROBERGE, Michel, [Joseph II.
b 1735.
1° Sivadier, Marie-Louise, [Antoine II.
b 1722.
Michel, b 20 juillet 1758, à St-Charles.
1767, (28 juillet) Nicolet.
2° Trudel, Marie-Elisabeth. [Nicolas III.

1761, (2 fevrier) Pte-aux-Trembles, Q. [6]
III.—ROBERGE, Pierre, [Jean II.
b 1729.
Augers, Brigitte, [Louis II.
b 1740.
Pierre, b [6] 9 déc. 1761.

1761, (23 nov.) Ile-Dupas.
III.—ROBERGE, Joseph, [Charles II.
b 1733.
1° Dutaut (2), Marie-Charlotte, [Pierre II.
b 1740.
Marie-Charlotte, b... m 30 janvier 1786, à Jean-Moïse Maldeuf, à St-Cuthbert. [8] — *Marie-Geneviève*, b... m [8] 2 août 1790, à Prisque Sylvestre. — *Marie-Pelagie*, b... m [8] 30 juin 1794, à Joseph Rémillard. — *Jean-Baptiste*, b [8] 4 juillet 1771.—*Marie-Angelique*, b [8] 25 février 1775 ; s [8]

(1) Et Lauberge, 1750.
(2) Vilandré.

13 mars 1777. — *Marguerite*, b [8] 3 dec. 1776. — *Marie-Anne*, b [8] 19 dec. 1778. — *Théotiste*, b [8] 10 fevrier 1780.

1785, (4 avril). [8]

2° FILTEAU, Marie-Louise, [JOSEPH III.
b 1765.

Jean-Baptiste, b [8] 6 et s [8] 18 juin 1786. — *Anonyme*, b [8] et s [8] 8 juin 1786. — *Marie-Louise*, b [8] 30 juillet 1787. — *Marie-Joseph*, b [8] 6 nov. 1788; s [8] 2 mai 1789. — *Antoine*, b [8] 30 août 1790; s [8] 31 janvier 1793. — *Marie-Geneviève*, b [8] 8 nov. 1792. — *Théotiste*, b [8] 28 août 1794.

1762, (19 avril) St-Laurent, I. O. [1]

III.—ROBERGE, AUGUSTIN, [JOSEPH II.
b 1734.

POULIOT, Marie-Anne, [PIERRE-FRANÇOIS III.
b 1731.

Deux anonymes. b [1] et s [1] 6 fevrier 1763. — *Augustin*, b [1] 6 avril 1764.

1764, (13 fevrier) Beauport.

III.—ROBERGE, LOUIS, [CHARLES II.
b 1736.

VACHON, Marie-Reine, [LOUIS IV.
b 1743.

ROBERGE, PIERRE.

LAURENCE, Elisabeth.

Pierre, b et s 20 oct. 1777, à Repentigny.

ROBERGE, JEAN-BTE, b 1744; s 24 août 1780, à Repentigny.

1779.

IV.—ROBERGE, LOUIS, [LOUIS III.
b 1748

BLOUIN, Hélène, [FRANÇOIS III.
b 1761.

Marie-Louise et *Marie-Hélène*, b 31 dec. 1780, à St-Augustin. [1] — *Louis*, b [1] 26 février 1782. — *Joseph*, b [1] 11 août 1783. — *Marguerite*, b [1] 24 fevrier 1785. — *Marie-Louise*, b [1] 12 nov. 1786. — *Geneviève*, b [1] 12 avril 1788. — *Thérèse*, b [1] 10 nov. 1789. — *Jean-Baptiste*, b [1] 2 fevrier 1791. — *Elisabeth*, b [1] 30 mars 1792. — *Brigitte*, b [1] 19 mars 1794. — *François-Xavier*, b [1] 1er oct. 1795.

ROBERGE, JEAN.

ROLET, Madeleine.

Jean-Baptiste, b 26 oct. 1785, aux Grondines.

ROBERT.— *Variations et surnoms* : ROBERT-JEANNE—ROOBERT—CANILLOU — CHARTIER— DAUPHINÉ—DE LA ROCHETTE — DESLAURIERS —DROUSSON—DURAUDEAU—DURAUT—DUROS —DUVERGER—FASCHE—FORBÈS — GRENOBLE —JEANNE — LAFONTAINE — LAMOUCHE— LAPIERRE—LAPOMERAYE—LEBRETON—MOSSION —NAMUR—ST. AMANT—ST. HILAIRE—WATSON.

I.—ROBERT (1), PHILIPPE, de St-Jacques, diocèse d'Amiens, Picardie.

DUPUIS, Jeanne,
de St-Jacques, diocèse d'Amiens, Picardie.

Michel, b 1656; m 17 juillet 1681, à Marie-Madeleine HAYOT, à Sorel.

1670.

II.—ROBERT (2), LOUIS, [PHILIPPE I.
b 1649.

BOURGERY, Marie, [JEAN-BTE I.
b 1654; s 26 sept. 1719, à Boucherville. [7]

Joseph, b [7] 23 oct. 1674; m [7] 26 dec. 1701, à Marie-Joseph LARRIVÉ; s 19 nov. 1748, à Chambly. — *François*, b [7] 20 février 1678; m 26 juin 1712, à Marie LANCTOT, à Longueuil [8]; s [8] 22 sept. 1756. — *Jean-Baptiste*, b [8] 3 juin 1688; m 5 fevrier 1714, à Geneviève BRABANT, à Repentigny; s 21 mai 1748, à Lavaltrie. — *Jacques*, b [7] 15 mars 1694; m [7] 25 avril 1718, à Jeanne DUMETS. — *Louis*, b [7] 15 mars 1695; m 25 nov. 1715, à Marie PRÉVOST, à Varennes. — *Antoine*, b [7] 17 janvier 1698; m [7] 17 février 1721, à Charlotte BOURDON. — *Marguerite*, b... m [7] 9 sept. 1732, à Charles DIEL.

1681, (17 juillet) Sorel. [2]

II.—ROBERT (1), MICHEL, [PHILIPPE I.
b 1656.

HAYOT (3), Marie-Madeleine, [JEAN II.
b 1666.

Jean-François, b [2] 28 mai 1682.

1691, (30 juillet) Pte-aux-Trembles. Q. [3]

I.—ROBERT (4), MATHURIN,
b 1665.

MARCOT (5), Elisabeth, [NICOLAS I.
b 1673.

Simon-Augustin, b [3] 28 août 1692; m 1er mars 1729, à Marie-Anne TERRIEN, à Deschambault. [4] — *Elisabeth*, b [3] 15 oct. 1694. — *Marie-Louise*, b 8 janvier 1697, au Cap-Sante; s [4] 23 mars 1725. — *Marie-Joseph*, b [3] 20 sept. 1699; 1° m 26 fevrier 1721, à François BARIBAUT, à Ste-Anne-de-la-Perade [5]; 2° m à Edmond GUIBAUT. — *Jean-Baptiste*, b 1700; m [5] 16 août 1735, à Marie-Louise RICARD. — *Louis-Joseph*, b 1701; m [4] 27 juillet 1738, à Marie-Joseph MARCOT; s [4] 29 avril 1767.

1695.

I.—ROBERT (6), ANDRE,
b 1670.

1° ENARD, Marie, [SIMON I
b 1675; veuve de Pierre Ango.

Françoise, b 18 mars 1698, à Champlain, m 9 fevrier 1728, à Pierre HAVARD, à Longueuil. — *Claude*, b 15 dec. 1701, aux Trois-Rivières [2]; m 15

(1) Voy. vol. I, p. 522.
(2) Dit Lapomeraye; voy. vol. I, p. 522.
(3) Elle épouse, plus tard, Jacques Larchevêque.
(4) Dit St. Amant; voy. vol. I, p. 522.
(5) Elle épouse, le 25 avril 1713, David Giraudeau, à Deschambault.
(6) Dit LeBreton; voy. vol. I, p. 522.

août 1723, à Marie-Françoise Coltret, à Nicolet [1]; s [1] 15 août 1791.

1706, (30 mai). [2]

2° Davias (1), Marguerite.

Françoise, b [2] 27 mars 1707; m 21 avril 1732, à Pierre Pinsonneau, à Laprairie. [3] — *Jacques*, b [2] 10 avril 1711; 1° m [3] 20 avril 1739, à Marie-Anne Laurent; 2° m [3] 3 mai 1745, à Catherine Raymond.— *Marie-Louise*, b [2] 1er sept. 1715, m [3] 1er août 1735, à Joseph Robidou.— *Marie-Joseph*, b [1] 6 et s [1] 24 nov. 1718.—*Marie-Catherine*, b [1] 28 avril 1720.

1698, (27 janvier) Lachine. [1]

III.—ROBERT (2), Pierre, [Louis II. b 1671.

Ptolomée (3), Angelique, [Charles I b 1679.

Angélique, b... 1° m 8 nov. 1720, à Joseph Pepin, à Longueuil [2]; 2° m 1er août 1734, à Joseph Cicot, à Boucherville. [3] — *Louise-Marie*, b [1] 15 déc. 1698; 1° m 25 mars 1718, à Jean-François Pelletier, au Detroit [4]; 2° m [4] 7 janvier 1725, à Louis Campeau; s [4] 2 avril 1776.—*Jean-Baptiste*, b [3] 24 juin 1700; m 1739, à Marguerite Ethier; s 6 nov. 1793, à St-Cuthbert.—*Pierre*, b [1] 5 nov. 1704; m [2] 27 mars 1726, à Marie-Reine Benoit, s [2] 28 fevrier 1740. — *Joseph*, b 1708; m [3] 26 janvier 1733, à Marie-Madeleine Laporte.

1701, (26 dec.) Boucherville. [8]

III.—ROBERT (4), Joseph, [Louis II. b 1674; s 19 nov. 1748, à Chambly. [9]

Larrivé, Marie-Joseph, [Pierre I b 1682.

Marie-Joseph, b [8] 17 sept. 1704 (5).—*Françoise*, b 1705; s [8] 20 dec. 1722.—*Angélique*, b... m [8] 5 février 1731, à Pierre Lamoureux.—*Charles*, b 1716; m 1744, à Marie-Anne Ménard.—*Agathe*, b... m [8] 22 mai 1739, à François Prevost.— *Joseph*, b [3] 19 avril 1718; m [8] 17 fevrier 1749, à Madeleine Bourdon.—*Pierre*, b [8] 17 mars 1720. —*Jean-Baptiste*, b [8] 30 mai 1722; m [9] 1er oct. 1753, à Marie-Angélique Laporte. — *François-Marie*, b [8] 28 janvier 1724.—*Louis*, b 1726; m [9] 9 fevrier 1750, à Marie-Anne Gareau.

1711, (7 janvier) Détroit.

III.—ROBERT (4), Prudent, [Louis II. b 1686.

Fafard (6), Madeleine, [François II. b 1691; s 6 dec. 1754, à Chambly. [3]

Marie, b 1711; m [3] 10 août 1728, à Joseph Vanier.—*Marie-Anne*, b... m [3] 9 sept. 1732, à Rene Boileau.—*Madeleine*, b 2 juillet 1713, à Sorel; 1° m [3] 8 nov. 1728, à François Macé, 2° m [3] 1er août 1757, à Jean-Baptiste Larivière.—*Antoine*, b 1714; m 1743, à Charlotte Vigeant.—*Catherine*, b 1715; m [3] 18 août 1749, à Pierre Macé.— *Renée-Elisabeth*, b 12 janvier 1718, à Boucherville. [4] — *Suzanne*, b [4] 3 avril et s [4] 24 mai 1719. —*Charles*, b [3] 11 mai 1720.—*Pierre*, b [3] 19 janvier 1722; m [3] 5 fevrier 1748, à Françoise Vigeant. —*Laurent*, b [3] 10 et s [3] 14 août 1723.—*Marie-Anne-Françoise*, b [3] 22 sept. 1724; m 4 nov. 1748, à Jean-François Leblanc, à Montréal; s 10 nov. 1760, à St-Antoine-de-Chambly. — *Louis*, b [3] 17 mai 1726; m [3] 2 février 1750, à Marie Lebeau.— *Laurent*, b 1740; m [3] 12 janvier 1761, à Charlotte Cadieu.

(1) Et Dagnac.

(2) Dit Lapierre—Lapomeraye.

(3) Elle épouse, le 16 août 1716, Guillaume Boucher, au Détroit.

(4) Dit Lafontaine.

(5) Cet acte est au registre de 1696.

(6) Delorme.

1711, (15 nov.) Montréal. [5]

I.—ROBERT (1), Joseph, b 1683; fils de Jean et d'Anna Austin, de Piscatoué, Nouvelle-Angleterre, s [5] 14 juillet 1749.

1° Demers, Madeleine, [Charles II. b 1697.

Madeleine, b 1712; m à Joseph Marcheteau; s [5] 21 nov. 1730.—*Marie-Joseph*, b 1715; 1° m [5] 10 fevrier 1738, à Jean-Baptiste Joliet-Baillargé; 2° m [5] 9 sept. 1754, à Joseph Lamoureux.

1717, (11 avril) Boucherville.

2° Bénard, Angélique, [Joseph II. b 1696; s [5] 27 nov. 1721.

Angélique, b [5] 30 mai 1718; m [5] 10 mai 1742, à Joseph Baby.—*Joseph-Jacques*, b [5] 26 juillet et s [5] 29 août 1719.—*Marie*, b [5] 9 sept. et s [5] 18 oct. 1720.

1712, (26 juin) Longueuil. [1]

III.—ROBERT (2), François, [Louis II. b 1678, s [1] 22 sept. 1756.

Lanctot, Marie, [François II. b 1694.

François, b 1713; m [1] 11 mai 1739, à Marie-Charlotte Robin, s 25 oct. 1763, à St-Philippe.— *Jacques*, b 8 mars 1717, à Boucherville [2], m [2] 11 janvier 1745, à Marguerite Martinbaut.—*Angélique*, b [2] 19 février 1719; m [1] 29 fevrier 1740, à Jacques Viau. — *Maurice*, b [1] 24 nov. 1720. — *Pierre*, b [1] 19 sept. 1722; 1° m [1] 6 oct. 1749, à Marthe Paquet, 2° m [1] 31 mars 1761, à Marie Magnan.—*Marie-Joseph*, b... m [1] 10 nov. 1748, à Michel Laroche. — *Joseph*, b [1] 30 mai 1725; m 1757, à Marguerite Longtin.— *Etienne*, b [1] 30 mai et s [2] 29 juin 1725. — *Pierre*, b [1] 6 dec. 1726. — *Marie-Louise-Antoinette*, b [1] 26 août 1729; s [1] 17 avril 1733.—*Antoine*, b [1] 15 mai 1731; m 1758, à Marie-Françoise Deniger.

1714, (5 fevrier) Repentigny. [6]

III.—ROBERT (3), Jean-Bte, [Louis II. b 1688, s 21 mai 1748, à Lavaltrie. [7]

Brabant, Geneviève, [Pierre I. b 1697.

Pierre, b [6] 9 déc. 1714; m [7] 25 mai 1739, à Marguerite Perrault, à Boucherville. — *Marie*, b 1718, m [7] 15 juin 1739, à Pierre Cantara; s 2 nov. 1760, à St-Michel-d'Yamaska. — *Angélique*,

(1) Watson, 1738. A son second mariage, il est dit fils de Robert et d'Anne Sterman.

(2) Dit Lapomeraye.

(3) Dit Lafontaine.

b... m [7] 2 mai 1747, à Michel CHARBONNEAU.—*Etienne*, b 1722; m [7] 24 janvier 1754, à Marie-Joseph BEAUPARLANT.

1714.

I.—ROBERT, NICOLAS.
ROY, Marie-Anne.
Marie-Anne, b 1715; m 20 mai 1737, à Claude ROUSSAY, à Montréal.

1715, (25 nov.) Varennes. [6]

III.—ROBERT (1), LOUIS, [LOUIS II.
b 1695.
PREVOST, Marie, [RENÉ I.
b 1691.
Joseph, b 25 sept. 1720, à Boucherville [7]; m 24 sept. 1742, à Marie-Louise CHARON, à Longueuil.—*Charles*, b [7] 6 mai 1723; m [6] 22 février 1751, à Agathe HÉBERT.—*Anonyme*, b [7] et s [7] 9 mars 1725.

1718, (31 janvier) Québec. [4]

I.—ROBERT (2), CHARLES-PIERRE, b 1661; fils de Simon et de Marguerite Rollet, de Libourne, diocèse de Bordeaux; s 20 janvier 1743, à l'Hôpital-Général, Q.
BERTHELOT, Marie-Marguerite, [JACQUES I.
b 1697.
Marie-Marguerite, b [4] 15 sept. 1719; m [4] 11 oct. 1745, à Jacques JAHAN.—*Pierre*, b [4] 1er août 1721.—*Charles*, b [4] 20 mai 1725; m [4] 17 juillet 1747, à Elisabeth FENNELENS.—*Etienne*, b [4] 10 avril et s [4] 3 août 1727.

1718, (25 avril) Boucherville. [3]

III.—ROBERT, JACQUES, [LOUIS II.
b 1694.
DUMETS, Jeanne, [ETIENNE II.
b 1698.
Jacques, b [3] 15 février 1719; m 20 avril 1761, à Marie-Anne SARREAU, à Chambly. [4]—*Marie-Marguerite*, b [3] 5 avril 1720.—*Marie-Madeleine*, b [4] 25 mai 1722.—*Françoise*, b [4] 23 juillet et s [4] 1er nov. 1724.—*Marie-Françoise*, b [4] 10 sept 1725.—*Jeanne*, b 1727; 1° m à Pierre BERTRAND, 2° m [3] 18 avril 1757, à Pierre LHOMME.—*Marie-Charlotte*, b... 1° m [3] 2 oct. 1758, à Jean-Baptiste CHOQUET; 2° m [4] 4 août 1761, à Laurent PERROT.—*François*, b 1728; m 6 avril 1761, à Marie-Catherine LEDUC, à Verchères.

1719, (13 nov.) Montréal.

I.—ROBERT, PIERRE, b 1664; fils de Pierre et de Perine Cormery, de St-Pierre-du-boise, diocèse de Tours, Touraine.
FLEURY, Jeanne, [FRANÇOIS I.
b 1671; veuve de François Descolombiers.

1721, (17 février) Boucherville. [9]

III.—ROBERT, ANTOINE, [LOUIS II.
b 1698.
BOURDON, Charlotte, [JACQUES I.
b 1701.

Louis, b [9] 6 juillet 1722; m [9] 18 avril 1746, à Geneviève VINCELET.—*Marie-Joseph*, b [9] 31 janvier 1724; m [9] 17 oct. 1740, à François DENOYON.—*Antoine*, b [9] 4 mai 1726; m [9] 21 janvier 1752, à Marie-Joseph DELIÈRES.—*Marie-Anne*, b 1728; m [9] 11 oct. 1751, à Antoine HÉBERT.

1723, (15 août) Nicolet. [8]

II.—ROBERT, CLAUDE, [ANDRÉ I.
b 1701; s [8] 15 août 1791.
COLTRET, Marie-Françoise, [RENÉ I.
b 1703.
Marie-Marguerite, b [8] 23 juin 1724; m 23 mai 1756, à Pierre TAURET, au Cap-de-la-Madeleine.—*Marie-Joseph*, b [8] 14 janvier 1727; m [8] 4 mai 1761, à Pierre BOISVERD; s [8] 25 mars 1762.—*Marie-Madeleine*, b [8] 2 et s [8] 4 mars 1732.—*Joseph-Amable*, b [8] 23 août 1733, m [8] 8 janvier 1758, à Françoise TERRIEN.—*Marie-Françoise*, b [8] 29 juin 1735; m [8] 7 fevrier 1757, à Daniel RATIER.—*Marie-Madeleine*, b [8] 4 mars 1737; 1° m [8] 31 mars 1761, à Jean-Baptiste MALBEUF; 2° m [8] 3 mars 1794, à Jean-Baptiste MAROT.—*Marie-Angélique*, b [8] 24 mai 1740; m [8] 10 janvier 1763, à Simon RATIER.—*Dominique*, b [8] 9 mars 1742.—*Jean-Baptiste*, b [8] 16 mars 1744; m [8] 7 janvier 1765, à Nathalie ORION.—*Marie-Charlotte*, b 8 juin 1747, aux Trois-Rivières; m [8] 25 avril 1768, à Joseph TERRIEN.

1723, (15 nov.) Beauport. [7]

I.—ROBERT, RENÉ, fils de Pierre et de Françoise-Michelle Audy, d'Estadin, diocèse de St-Malo, Basse-Bretagne; s 3 fevrier 1740, à Montreal.
GIROUX, Marie-Joseph, [JEAN II.
b 1700.
Pierre, b [7] 13 août et s [7] 9 nov. 1724.—*Marie*, b [7] 20 oct. 1725; s [7] 13 avril 1727.—*Marie-Anne*, b [7] 21 mars 1727.—*Etienne*, b [7] 11 mars 1729, s [7] 17 juillet 1733.—*Anonyme*, b [7] et s [7] 31 mai 1731.—*René*, b [7] 24 mai 1732; s [7] 14 juillet 1733.—*Marie-Angélique*, b 1733; m [7] 2 juin 1749, à Pierre FAGOT.

1726, (27 mars) Longueuil. [6]

IV.—ROBERT (1), PIERRE, [PIERRE III.
b 1704; s [6] (noyé) 28 fevrier 1740.
BENOIT, Marie-Reine, [ETIENNE II.
b 1706; s 27 août 1747, à Montreal.
Marie, b [6] 23 avril 1727, m [6] 21 oct. 1748, à Laurent VIAU.—*Nicolas-Albert*, b [6] 28 nov. 1729.—*Véronique*, b [6] 16 août 1731; 1° m [6] 24 mai 1751, à Joseph LAROCHE; 2° m 9 août 1762, à Jean-Baptiste GIROUX, à St-Philippe.—*Vincent*, b [6] 27 juillet 1733.—*François*, b [6] 5 mai 1735.—*Joseph*, b [6] 11 juin 1737; m 19 février 1759, à Veronique GAUTIER, à Boucherville.—*Marie-Judith*, b [6] 11 avril et s [6] 18 mai 1739.—*Marie-Joseph* (posthume), b [6] 16 avril et s [6] 15 mai 1740.

(1) Dit Lafontaine.
(2) Dit Duraudeau—Duraut—DuRos—Duverger.

(1) Dit Lapierre.

1711, (13 avril) Varennes. [6]
III.—ROBERT (1), JOSEPH, [IGNACE II.
b 1687.
1° GIRARD, Marguerite, [PIERRE I.
1728, (9 juillet). [5]
2° LENEPVEU DE LÉMON (2), Marie, [FRANÇOIS I.
b 1689 ; veuve de Jean-Baptiste Banlier.
Alexandre, b 1736 ; m [5] 10 février 1766, à Marie-Claire JODOIN.

1729, (1er mars) Deschambault. [1]
II.—ROBERT (3), SIMON-ANTOINE, [MATHURIN I.
b 1692.
TERRIEN, Marie-Anne, [IGNACE II.
b 1709 ; s 9 mars 1741, à Québec.
Marie-Anne, b [1] 8 déc. 1729 ; m 2 février 1761, à Ignace-François GUIBORD, à Ste-Anne-de-la-Pérade [2] ; s [2] 28 oct. 1769.—*Marie*, b [1] 22 juillet 1731.—*Marie-Geneviève*, b [1] 21 mai 1733 ; m [1] 20 nov. 1757, à Nicolas PERRON ; s [1] 3 dec. 1767.—*Gabriel*, b [1] 2 mai 1735.—*Louis-Antoine*, b [1] 12 oct. 1736.—*Marie-Louise*, b [1] 23 fevrier 1738 ; s [1] 8 juin 1739.—*Antoine*, b [1] 29 mai 1739.

1733, (26 janvier) Boucherville.
IV.—ROBERT, JOSEPH, [PIERRE III.
b 1708.
LAPORTE, Marie-Madeleine, [PIERRE III.
b 1713.

1735, (16 août) Ste-Anne-de-la-Pérade. [8]
II.—ROBERT (3), JEAN-BTE, [MATHURIN I.
b 1700.
RICARD, Marie-Louise, [CHARLES II.
b 1710.
Marie-Louise, b [8] 7 janvier 1737; m [8] 8 janvier 1759, à Joseph GERVAIS.—*Marie-Joseph*, b 1738 ; s [8] 27 mai 1740.—*Robert*, b [8] 6 et s [8] 24 nov. 1739.—*Marie-Anne*, b [8] 9 janvier 1741 ; m [8] 10 oct. 1763, à Louis PHLEM.—*Jean-Baptiste*, b [8] 7 dec. 1742; m [8] 3 février 1767, à Marie-Prospère GUIBAUT.—*Marie-Joseph*, b [8] 29 mai 1745, m [8] 20 sept. 1762, à Joseph RAJOTTE.

1738, (27 juillet) Deschambault. [9]
II.—ROBERT (3), LOUIS-JOSEPH, [MATHURIN I.
b 1701 ; s [9] 29 avril 1767.
MARCOT, Marie-Joseph, [JEAN-BTE II.
b 1717; s [9] 5 sept. 1785.
Marie-Joseph, b [9] 26 dec. 1739 ; m [9] 18 fevrier 1760, à François CHAILLÉ.—*Louis-Alexis*, b [9] 3 avril et s [9] 19 août 1741.—*Marie-Thérèse*, b [9] 12 août 1742 ; m [9] 14 fevrier 1763, à Pierre MORIN ; s [9] 3 déc. 1767.—*Marie-Ursule*, b [9] 23 sept. 1744 ; m [9] 15 janvier 1793, à Pierre MATHIEU.—*Louis-Joseph*, b [9] 27 déc. 1746 ; m à Marie-Joseph RODRIGUE ; s [9] 5 dec. 1785.—*Marguerite*, b [9] 22 avril et s [9] 9 août 1749.—*Marie-Marguerite*, b [9] 5 oct. 1750.—*Joseph*, b [9] 17 mars 1754 ; m [9] 4 fevrier 1783, à Théotiste GROLEAU.—*Marie-Angelique*, b [9] 17 sept. 1756 ; m [9] 3 mars 1783, à Pierre RODRIGUE.

1738, (29 oct.) Boucherville.
I.—ROBERT, NICOLAS-FRANÇOIS, soldat ; fils de Nicolas et de Marie-Anne Jacquier, de Reims, Champagne.
MÉNARD, Marie-Rose, [LOUIS II.
b 1698.
Marie-Joseph-Amable, b 26 août 1739, à Montréal [8] ; m [8] 16 janvier 1758, à Léopold BOURGEOIS.

1739, (20 avril) Laprairie. [1]
II.—ROBERT, JACQUES, [ANDRÉ I.
b 1711.
1° LAURENT (1), Marie-Anne, [FRANÇOIS I.
b 1719 ; s [1] 6 sept. 1744.
Marie-Anne, b [1] 13 février 1740 ; 1° m 4 nov. 1760, à Jacques MORIN, à St-Philippe [2] ; 2° m 11 janvier 1762, à Antoine SUPERNANT, à St-Constant. [3] — *Marie-Joseph*, b [1] 24 avril et s [1] 19 août 1741.—*Marie-Marguerite*, b [1] 21 sept. 1742, s [1] 16 juillet 1744.—*Jacques*, b [1] 20 juin et s [1] 5 dec. 1744.
1745, (3 mai). [1]
2° RAYMOND, Catherine, [JEAN-BTE I.
b 1722.
Jacques, b 1745 ; m [3] 12 février 1770, à Suzanne LEMIEUX.—*Hedwige*, b... m [2] 16 août 1768, à Jacques-Michel LAMARRE.—*Marie-Françoise*, b... s [3] 24 juillet 1752.—*Marie-Catherine*, b [2] 6 avril 1759.

1739, (11 mai) Longueuil. [4]
IV.—ROBERT (2), FRANÇOIS, [FRANÇOIS III.
b 1713 ; s 25 oct. 1763, à St-Philippe. [5]
ROBIN-LAPOINTE, Marie-Charlotte, [MICHEL II.
b 1713.
Marie-Judith, b [4] 26 juin et s [4] 19 août 1740.—*Angélique*, b [4] 22 avril et s [4] 6 mai 1741.—*Charlotte*, b [4] 22 avril 1741 ; m 29 août 1757, à Laurent LONGTIN, à St-Constant. [6] — *Pierre*, b 1742 ; m [6] 26 nov. 1764, à Marie-Joseph PATENOTE.—*Pierre*, b [4] 12 janvier et s [4] 3 juillet 1743.—*François*, b [4] 12 janvier 1743.—*Marguerite*, b [4] 29 janvier et s [4] 10 juin 1744.—*Joseph*, b [4] 9 mai et s [4] 15 août 1745.—*Marie*, b [4] 21 août 1746.—*Marie-Madeleine*, b... m [5] 14 janvier 1765, à Jean-Baptiste PALIN.—*Anonyme*, b [4] et s [4] 10 août 1747.—*Marguerite*, b [4] 8 oct. et s [4] 2 déc. 1748.—*Louise-Marguerite*, b [6] 21 sept. 1752; m [5] 6 fevrier 1769, à Joseph BOURDEAU.—*François*, b [6] 17 oct. et s [6] 24 déc. 1753.—*Marie-Catherine*, b [6] 22 janvier et s [6] 8 fevrier 1755.—*Marie-Madeleine*, b [6] 8 juin 1756.—*Jean-François-Régis*, b [5] 4 fevrier 1758.

1739, (25 mai) Boucherville. [1]
IV.—ROBERT, PIERRE, [JEAN-BTE III.
b 1714.
PRÉVOST (3), Marguerite, [FRANÇOIS II.
b 1718.
Marguerite, b... m [1] 18 avril 1757, à Etienne BIRTZ.

(1) C'est pour Hébert, voy. vol. IV, p. 477.
(2) Et Laurmont.
(3) Dit St. Amant.

(1) Lamothe.
(2) Dit Lapomeraye.
(3) Et Perrault.

1739.

IV.—ROBERT, JEAN-BTE, [PIERRE III.
b 1700; s 6 nov. 1793 à St-Cuthbert.[3]
ETHIER, Marguerite, [RENÉ II.
b 1710.
Jean-Baptiste, b 20 nov. 1740, à Lavaltrie[1]; m 1765, à Angélique-Catherine VIGNEAU.—*Marie-Joseph*, b[1] 10 mars 1742. — *Louis*, b... s[1] 4 juillet 1743. — *Marie-Anne*, b[1] 1er et s[1] 25 mars 1744.— *Pierre-Marie*, b[1] 8 déc. 1745; m 1769, à Françoise SAVOYE. — *Marie*, b[1] 1er et s[1] 22 mai 1747.—*Joseph-Amable*, b... s[1] 21 fevrier 1749.— *Joseph*, b 6 août 1750, à l'Ile-Dupas.[2] — *Louis-Balthazar*, b[2] 31 déc. 1753; m[3] 17 août 1778, à Geneviève PROVOST; s[3] 14 mars 1793.—*Antoine*, b[2] 15 mars 1756.

1742, (24 sept.) Longueuil.

IV.—ROBERT, JOSEPH, [LOUIS III.
b 1720.
CHARON, Marie-Louise, [NICOLAS II.
b 1716.
Madeleine, b... m 12 nov. 1764, à Louis CHAUVIN, à Boucherville.[2] — *Véronique*, b... m[2] 13 janvier 1772, à François CHARBONNEAU.

1743, (30 nov.) Détroit.[2]

IV.—ROBERT (1), ANTOINE, [PIERRE III.
b 1713.
BECQUEMONT, Marie-Louise, [JULIEN I.
b 1727.
Marie-Louise, b[2] 9 mars 1745; m[2] 11 nov. 1760, à Jean-Baptiste MELOCHE. — *Marie-Joseph*, b... m[2] 8 avril 1766, à Joseph HUNAUT.—*Antoine*, b[2] 18 oct. 1747; m 1777, à Therèse DROUILLARD. —*Joseph*, b[2] 26 et s[2] 28 janvier 1750.— *Thérèse*, b[2] 26 janvier 1750. — *Marie-Françoise*, b[2] 4 février 1752; m[2] 26 fevrier 1770, à Alexis DESCOMPS.—*Joseph-Marie*, b[2] 22 mars 1754; m[2] 22 août 1791, à Suzanne TIRIOT. — *Bernard-François*, b[2] 9 août 1756. — *Cécile*, b[2] 22 mars 1761.

1743.

IV.—ROBERT (2), ANTOINE, [PRUDENT III.
b 1714.
VIGEANT (3), Charlotte, [JEAN I.
b 1718.
.... (4), b 1744; s 8 sept. 1747, à Chambly.[4] — *Marie-Charlotte*, b[4] 6 nov. 1747; s[4] 13 dec. 1748.— *Pierre*, b[4] 2 fevrier et s[4] 6 nov. 1749.— *Joseph-Marie*, b[4] 16 mars 1750. — *Jean-Baptiste*, b[4] 27 juin et s[4] 16 oct. 1751.—*Marie-Charlotte*, b[4] 26 oct. 1752. — *Noel*, b[4] 14 janvier 1754.— *Anonyme*, b[4] et s[4] 22 fevrier 1757. — *Marie-Amable*, b[4] et s[4] 14 juillet 1760.

1744.

IV.—ROBERT, CHARLES, [JOSEPH III.
b 1716.
MÉNARD, Marie-Anne, [JEAN-BTE III.
b 1722.

Charles-Albert, b 1745; s 7 nov. 1749, à Chambly.[5] — *Jean-Baptiste*, b[5] 26 sept. 1747; s[5] 28 oct. 1749. — *Pierre*, b[5] 29 juin 1749; s[5] 3 nov. 1756.—*Marie-Joseph*, b[5] 9 juillet 1751.—*Charles-Albert*, b[5] 27 mars 1753. — *Joseph-Urbain*, b[5] 12 août 1757.

1745, (11 janvier) Boucherville.

IV.—ROBERT (1), JACQUES, [FRANÇOIS III.
b 1717.
MARTINBAUT, Marguerite, [JEAN-MARTIN II.
b 1719.
Jacques, b 13 janvier 1746, à Longueuil; m 11 février 1765, à Marie-Suzanne ROY, à St-Philippe.[5] — *Marie-Marguerite*, b 1er août et s 21 sept. 1752, à St-Constant.[6] — *Marie-Marguerite*, b... m[6] 3 avril 1769, à Pierre PINSONNEAU. — *Suzanne*, b[5] 11 avril 1763.

1746, (18 avril) Boucherville.[5]

IV.—ROBERT, LOUIS, [ANTOINE III.
b 1722.
VINCELET (2), Geneviève, [NICOLAS II.
b 1722.
Louis, b 1746; m[5] 12 sept. 1768, à Charlotte GUILLORY. — *Marie-Anne*, b 1747; m[5] 12 oct. 1767, à Louis GLADU.

1747, (17 juillet) Québec.[5]

II.—ROBERT (3), CHARLES, [CHARLES-PIERRE I.
b 1725; navigateur.
FENNELENS, Elisabeth, [JEAN I.
b 1726.
Marie-Louise, b 4 avril 1748, au Cap-Santé.— *Charles*, b[5] 12 juin 1750.

ROBERT, MICHEL.
ROY, Agathe.
Agathe, b 1747; s 14 juillet 1775, à Repentigny.

1748, (5 fevrier) Chambly[5]

IV.—ROBERT (4), PIERRE, [PRUDENT III.
b 1722.
VIGEANT, Françoise, [JEAN I.
b 1725.
Marie-Angélique, b[5] 14 sept. 1748. — *Marie-Françoise*, b[5] 14 sept. et s[5] 16 nov. 1748.— *Louis*, b[5] 19 oct. 1751. — *Jean-Baptiste*, b[5] 16 sept. 1753. — *Pierre*, b[5] 20 mai 1755. — *Jean-Amable*, b[5] 2 août 1758. — *Marie-Françoise*, b[5] 6 oct. 1760.

1748, (29 avril) Quebec.[6]

I.—ROBERT (5), JEAN, b 1712, navigateur; fils de Jean et de Catherine Vallette, de Bayoli, diocèse de Tolède, Espagne; s[6] 23 oct. 1758.
AUGER, Marie-Geneviève, [JOSEPH II.
b 1720.
Geneviève, b[6] 29 nov. 1749. — *Marie-Joseph*,

(1) Et Boucher, 1765.
(2) Dit Lafontaine.
(3) Taupier.
(4) Le nom manque au registre.

(1) Dit Lapomeraye.
(2) Elle épouse, le 22 janvier 1759, Joseph Lamoureux, à Boucherville.
(3) Dit Duverger.
(4) Dit Lafontaine.
(5) Dit Canillon, 1758.

b [6] 19 mars 1752 ; m [6] 31 août 1779, à Jean-Baptiste JOURDAIN. — *François*, b 1753 ; s [6] 21 dec. 1758.—*Jean-Baptiste*, b 4 oct. 1757, à Rimouski ; s [6] 13 sept. 1758.

1748, (11 nov.) Québec.

I.—ROBERT (1), PIERRE, fils de Jean et de Marie Rene, de Dupont-Labe, en Saintonge.
COUSSY, Agnès-Marie-Joseph, [JOSEPH II. b 1733.

1749, (17 fevrier) Boucherville.

IV.—ROBERT, JOSEPH, [JOSEPH III. b 1718.
BOURDON, Madeleine, [JOSEPH-FRANÇOIS II. b 1726.
Marie-Madeleine, b 1er déc. 1749, à Longueuil. — *Joseph*, b 1751 ; s 7 mars 1753, à Chambly. [7] — *Marie-Joseph*, b [7] 26 fevrier 1754. — *Antoine*, b [7] 15 août et s [7] 3 nov. 1755.—*François-Gabriel*, b [7] 8 sept. 1756.—*Marie-Anne*, b [7] 27 mars 1758.

1749, (6 oct.) Longueuil. [1]

IV.—ROBERT, PIERRE, [FRANÇOIS III. b 1722.
1° PAQUET-LARIVIÈRE, Marthe, [NOEL I. b 1723.
Pierre, b [1] 13 août 1750.—*François*, b [1] 5 mars et s [1] 6 août 1752.—*Antoine-Bernardin* (2), b 7 fevrier 1757, à Laprairie ; ordonne 20 oct. 1782 ; s 11 janvier 1826, à l'Hôpital-General, Q.
1761, (31 mars). [1]
2° MAGNAN (3), Marie, [GASPARD I. b 1731.
Bernardin, b 23 janvier 1762, à St-Constant. — *Marie-Marthe*, b 6 fevrier et s 26 juin 1763, à St-Philippe. [2] — *Benjamin*, b [2] 8 janvier et s [2] 6 juillet 1764. — *Joseph*, b [2] 8 janvier 1765.

I.—ROBERT (4), CLAUDE, b 1727 ; s 5 janvier 1757, à Longueuil.

1750, (2 fevrier) Chambly. [3]

IV.—ROBERT, LOUIS, [PRUDENT III. b 1726.
LEBEAU, Marie, [MATHURIN II. b 1728.
Elisabeth, b [3] 11 sept. 1759.

1750, (9 février) Chambly. [3]

IV.—ROBERT (5), LOUIS, [JOSEPH III. b 1726.
GAREAU (6), Marie-Anne, [JEAN II. b 1724.
Louis, b [3] 26 juillet 1751. — *Marie-Anne*, b [3] 4 sept. 1753.—*Joseph*, b [3] 8 juin 1756.

(1) Soldat bombardier.
(2) Vicaire-Général du diocèse de Québec, 1813.
(3) Champagne.
(4) Soldat du régiment Royal Roussillon.
(5) Dit Lafontaine.
(6) St. Onge.

1751, (16 fevrier) Beauport.

I.—ROBERT, FRANÇOIS, canonnier ; fils de Michel et de Jeanne Lemire, de St-Georges, ville de St-Lo, diocèse de Bayeux, Normandie.
CRÊTE, Marie-Marguerite, [PIERRE II. b 1697 ; veuve de Jean Chevalier.

I.—ROBERT (1), HENRI-JOSEPH.
MOUILLERON (2), Marguerite, [PIERRE I. b 1735.
Joseph, b 1752 ; m 25 juillet 1774, à Marie-Joseph TRÉPANIER, à Montreal.

1751, (22 fevrier) Varennes.

IV.—ROBERT, CHARLES, [LOUIS III. b 1723.
HÉBERT (3), Agathe, [JOSEPH III. b 1729.

1752, (21 janvier) Boucherville.

IV.—ROBERT, ANTOINE, [ANTOINE III. b 1726.
DELIÈRES, Marie-Joseph, [JULIEN I. b 1725.
Marie-Joseph, b 28 oct. 1755, à Longueuil. [7] — *Charlotte*, b [7] 28 janvier 1757.

1753, (1er oct.) Chambly. [2]

IV.—ROBERT (4), JEAN-BTE, [JOSEPH III. b 1722.
LAPORTE, Marie-Angelique, [DENIS III. b 1726.
Marie-Joseph, b [2] 19 dec. 1754.—*Jean-Baptiste*, b [2] 7 mars 1756. — *Marie-Angélique*, b [2] 6 mai 1758.

1754, (24 janvier) Lavaltrie.

IV.—ROBERT (4), ETIENNE, [JEAN-BTE III. b 1722.
BEAUPARLANT, Marie-Joseph, [JEAN I. b 1736.
Etienne, b 30 mars 1756, à l'Ile-Dupas. [1]— *Alexis*, b [1] 4 sept. 1761. — *Joseph*, b [1] 24 fevrier 1764.

1756, (21 juin) Sault-au-Récollet.

I.—ROBERT, SILVAIN, b 1723 ; fils de Gilbert et de Marie Dorgeron, de Jolibois, diocèse de Bourges, Berry.
PARADIER (5), Marie-Joseph, [PIERRE I. b 1741.
Marie-Louise, b 14 sept. 1763, à St-Laurent, M.

(1) Dit Namur.
(2) Elle épouse, le 8 janvier 1759, Pierre Bossu, à Montréal.
(3) Elle épouse, le 10 août 1768, Joseph Provost, à Boucherville.
(4) Dit Lafontaine.
(5) Et Perseillé.

1757.

IV.—ROBERT (1), Joseph, [François III.
b 1725.
Longtin (2), Marguerite, [Michel II.
b 1730.
Jean-Baptiste, b 30 juin 1758, à St-Philippe[2]; s[2] 26 avril 1759. — *Pierre*, b[2] 30 mars 1760. — *Ursule*, b 1761; s[2] 30 mars 1763. — *Jean-Baptiste*, b[2] 31 mars et s[2] 21 août 1763.

1758.

IV.—ROBERT, Antoine, [François III.
b 1731.
Deniger, Marie-Françoise, [Laurent III.
b 1735.
Antoine, b et s 11 nov. 1758, à St-Philippe.[6] — *Antoine*, b[6] 6 fevrier 1760. — *Bernardin*, b 22 avril et s 5 juillet 1761, à St-Constant. — *Louis*, b[6] 27 août et s[6] 11 sept. 1762. — *Jean-Baptiste*, b[6] 21 janvier et s[6] 20 juillet 1764.

1758, (8 janvier) Nicolet.

III.—ROBERT, Joseph-Amable, [Claude II.
b 1733.
Terrien, Françoise, [Joseph III.
b 1737.

1758, (11 janvier) St-Joachim.

I.—ROBERT (3), Etienne, caporal; fils de René et de Marie Samuel, de St-Guillaume, diocèse de Viviers, Languedoc.
Plante, Catherine, [Pierre II.
b 1699; veuve de Pierre Racine.

1759, (19 fevrier) Boucherville.

V.—ROBERT, Joseph, [Pierre IV.
b 1737.
Gautier (4), Véronique, [Pierre III.
b 1737.

1759, (23 avril) Montréal.

I.—ROBERT (5), François, b 1733, soldat; fils de Jean-Baptiste et de Marthe Rupelien, de Grenoble, Dauphiné.
Desparois, Marie-Catherine, [Laurent I.
b 1735.

1760, (21 sept.) Montréal.

I.—ROBERT (6), Alexandre, b 1730; fils de Charles et d'Elisabeth Martin, de St-Louis de Toulon, Provence.
Levasseur, Marie-Anne, [René-Nicolas I.
b 1738.

1761, (12 janvier) Chambly.

IV.—ROBERT, Laurent, [Prudent III.
b 1740.
Cadieu, Charlotte, [Augustin III.
b 1743.

(1) Dit Lapomeraye.
(2) Et Lonquetin.
(3) Dit Dauphiné.
(4) St. Germain.
(5) Dit Grenoble.
(6) De St. Hilaire, sieur de la Rochette, trésorier de la marine.

1761, (6 avril) Verchères.

IV.—ROBERT, François, [Jacques III.
b 1728.
Leduc, Marie-Catherine, [Jean-Bte III.
b 1740.

1761, (20 avril) Chambly.

IV.—ROBERT, Jacques, [Jacques III.
b 1719.
Sarreau, Marie-Anne, [Joseph II.
b 1740.

1763.

ROBERT (1), Pierre.
Casse-St. Aubin, Madeleine.
Nicolas, b 1764; s 28 avril 1777, au Détroit.[5] — *Joseph*, b[5] 21 janvier 1766. — *Thérèse*, b[5] 14 nov. 1767; s[5] 10 juillet 1784. — *Marie-Louise*, b[5] 29 juin 1769. — *Alexis*, b[5] 7 juin 1771; s[5] (noyé) 20 mai 1784. — *Isidore*, b[5] 12 juin 1773. — *Cécile*, b[5] 7 juin 1776; m[5] 13 janvier 1791, à Joseph Ménard. — *Marie-Joseph*, b[5] 28 avril et s[5] 26 juin 1778. — *Jean-Baptiste*, b[5] 21 mai 1779. — *Pierre*, b... s[5] 9 août 1781. — *François*, b[5] 25 nov. 1781.

1764, (26 nov.) St-Philippe.

V.—ROBERT (2), Pierre, [François IV.
b 1742.
Patenote, Marie-Joseph, [Joseph IV.
b 1744.
Pierre, b 28 août 1767, à St-Constant.[4] — *François*, b[4] 17 déc. 1768.

1765, (7 janvier) Montréal.[4]

I.—ROBERT, Michel, b 1730; fils de Jean et de Marie-Françoise Lefebvre, de l'Acadie.
Julien-Lacombe, Therèse, [Jean I.
b 1743.
Michel, b[4] 27 nov. 1764.

1765.

V.—ROBERT, Jean-Bte, [Jean-Bte IV.
b 1740.
Vigneau, Angélique-Catherine, [Nicolas I.
b 1747.
Angélique, b... m 15 fevrier 1790, à Charles-Ambroise Masse, à St-Cuthbert.[4] — *Geneviève*, b... m[4] 14 janvier 1793, à Pierre Gilbert. — *Marguerite*, b... m[4] 21 juillet 1794, à Jean Bareilles. — *Marie-Amable*, b[4] 23 mars 1786. — *Pierre*, b[4] 20 dec. 1787.

1765, (7 janvier) Nicolet.[3]

III.—ROBERT, Jean-Bte, [Claude II.
b 1744.
Orion, Nathalie, [Charles I.
Acadienne.
Jean-Baptiste, b... m[3] 19 sept. 1791, à Catherine Desfossés.

(1) Maître-charpentier.
(2) Dit Lapomeraye.

1765, (11 fevrier) St-Philippe.
V.—ROBERT, Jacques, [Jacques IV.
b 1746.
Roy, Marie-Suzanne, [André III.
b 1744.
Augustin, b... m 7 sept. 1802, à Eulalie Barada, à St-Charles, Mo. — *Charlotte*, b 11 janvier 1768, à St-Constant.[7] — *Marguerite*, b[7] 30 août 1769.

1766, (10 février) Varennes.
IV.—ROBERT (1), Alexandre, [Joseph III.
b 1736.
Jodoin, Marie-Claire, [Jacques III.
b 1742.

1768, (12 sept.) Boucherville.
V.—ROBERT, Louis, [Louis IV.
b 1746.
Guillory, Charlotte, [Alix-Simon III.
b 1734.

III.—ROBERT (2), Ls-Joseph, [Ls-Joseph II.
b 1746, s 5 dec. 1785, à Deschambault.[1]
Rodrigue, Marie-Joseph, [Pierre I.
b 1752; s[1] 14 avril 1789.

1769.
V.—ROBERT, Pierre-Marie, [Jean-Bte IV.
b 1745.
Savoye, Françoise.
Marie-Marguerite, b 22 dec. 1770, à St-Cuthbert.[1] — *Marie-Françoise*, b[1] 30 mars 1772; s[1] 27 dec. 1773. — *Geneviève*, b[1] 14 avril 1775. — *Marie-Madeleine*, b[1] 22 mars et s[1] 9 août 1777. — *Jean-Baptiste*, b[1] 28 juin et s[1] 10 juillet 1778. — *Marie-Françoise*, b[1] 31 août 1781. — *Marie-Marguerite*, b[1] 5 avril 1783. — *Jean-Baptiste*, b[1] 26 juillet 1786. — *Marie-Claire*, b[1] 4 et s[1] 20 oct. 1788. — *Marie-Rose*, b[1] 15 mai 1791; s[1] 21 août 1792.

1770, (12 février) St-Constant.
III.—ROBERT, Jacques, [Jacques II.
b 1745.
Lemieux, Suzanne, [Gabriel III.
b 1746.

1774, (25 juillet) Montréal.
II.—ROBERT, Joseph, [Joseph I.
b 1752.
Trépanier, Marie-Joseph, [Jean-Bte.
b 1756.

1777.
V.—ROBERT, Antoine, [Antoine IV.
b 1747.
Drouillard, Therèse, [Jean-Bte III.
b 1758.
Agnès, b 16 nov. 1778, au Détroit[1]; m[1] 18 nov. 1793, à Joseph Bissonnet.

(1) Dit Hébert.
(2) Dit St. Amant.

1778, (17 août) St-Cuthbert.[2]
V.—ROBERT, Ls-Marie-Balthazar, [J.-Bte IV.
b 1753; s[2] 14 mars 1793.
Provost (1), Geneviève, [Pierre IV.
b 1754.

1783, (4 février) Deschambault.
III.—ROBERT (2), Joseph, [Louis-Joseph II.
b 1754.
Groleau, Théotiste, [Pierre-Joseph III.
b 1764.

ROBERT, Joseph.
Godfrre, Marie-Joseph,
b 1770; s 19 août 1790, au Détroit.

1791, (22 août) Detroit.
V.—ROBERT, Joseph-Marie, [Antoine IV.
b 1754.
Tiriot, Suzanne. [Jean-Bte.

1791, (19 sept.) Nicolet.
IV.—ROBERT, Jean-Bte. [Jean-Bte III.
Desfossés, Catherine. [Joseph IV.

1802, (7 sept.) St-Charles, Mo.
VI.—ROBERT, Augustin. [Jacques V.
Barada (3), Eulalie. [Louis.

ROBERTJEANNE.—Voy. Jeannes.

ROBICHAU.—Voy. Robichaud.

ROBICHAUD.—*Variation :* Robichau.

1730, (7 fevrier) Annapolis, Acadie.
I.—ROBICHAUD (4), Louis, b 1703; fils de Prudent et d'Huguette Petitpas, Acadiens; s 21 déc. 1780, à Quebec.[3]
Bourgeois, Jeanne, b 1701; fille de Germain et de Madeleine Dugas, Acadiens; s[3] 19 mars 1790.
Vénérande, b 1744; s[3] 25 nov. 1839.

I.—ROBICHAUD, François,
Acadien.
Belisle, Marie,
Acadienne.
Marie-Joseph, b... m 21 mai 1764, à Pierre

(1) Elle épouse, le 24 nov. 1794, Pierre Rouleau, à St-Cuthbert.
(2) Dit St. Amant.
(3) Elle épouse, le 19 août 1811, Michel Roy, à St-Charles, Mo.
(4) Salem, 1774.—En vertu des pouvoirs accordés à moi, Louis Robichaud, par M. Charles-François Bailly, prêtre, vicaire-général du diocèse de Québec, à présent à Halifax, missionnaire des Sauvages et des Français, pour recevoir le consentement mutuel des personnes catholiques qui voudront s'unir ensemble dans cette province; comme aussi d'accorder dispense à ceux qui voudront se marier à tel et tel degré tant d'affinité que de consanguinité à ceux qui en auront besoin, je confesse avoir reçu le consentement mutuel de mariage de .... (du 3e au 4e degré de consanguinité) les dites parties ont promis et promettent que par la première occasion qu'elles trouveront un prêtre approuvé de la sainte église catholique, apostolique et romaine pour recevoir la bénédiction nuptiale. Le dit acte fait en présence, etc.

DURAND, à l'Islet.—*Joseph*, b... m 26 oct. 1773, à Louise CHOUINARD, à St-Jean-Port-Joli.—*Anselme*, b... m 23 nov. 1775, à Geneviève MARQUIS, à Kamouraska.

I.—ROBICHAUD, PIERRE,
Acadien.
BELISLE, Anne-Françoise,
Acadienne.
Françoise, b... m 21 janvier 1765, à Amable BERNIER, au Cap-St-Ignace.

I.—ROBICHAUD, JOSEPH,
de St-Charles, Acadie.
DUPUIS, Madeleine,
Acadienne.
Joseph, b... m 7 janvier 1766, à Elisabeth BAU, à Boucherville.—*Dominique*, b... m 10 janvier 1775, à Madeleine VACHON, à Québec.

ROBICHAUD, PIERRE,
Acadien.
BOURGEOIS, Marie-Anne,
Acadienne.
Marie-Modeste, b... m 8 février 1768, à Jacobé GIGNAC, à Deschambault.

I.—ROBICHAUD, PRUDENT,
Acadien.
RICHARD, Marie,
Acadienne.
Félicité, b... m 14 oct. 1771, à Charles VINCENT, à Varennes.

I.—ROBICHAUD, FRANÇOIS,
Acadien.
LEBLANC, Osithe,
Acadienne.
Marie-Anne, b 1750 ; s 12 mai 1790, à Québec.

I.—ROBICHAUD, PIERRE,
Acadien.
LEBORGNE (1), Françoise,
Acadienne.
Jean-Baptiste, b 1756 ; s 10 déc. 1759, à l'Islet. [6] —*Marie-Angélique*, b... 1° m à Jean DAMOURS ; 2° m [6] 28 oct. 1782, à René DENAULT. — *Marie-Modeste*, b... m [6] 15 juillet 1782, à Joseph LEFEBVRE.

I.—ROBICHAUD, FRANÇOIS,
Acadien.
TIBODEAU, Cécile,
Acadienne.
Marie-Louise, b 5 déc. 1760, à Bécancour.—*Louis*, b 27 sept. 1762, à l'Islet. —*François*, b 17 sept. 1764, à St-Roch.

1766, (7 janvier) Boucherville.

II.—ROBICHAUD, JOSEPH. [JOSEPH I.
BAU (2), Elisabeth. [FRANÇOIS III.

(1) De Bellisle.
(2) Et Lebeau.

1766, (27 oct.) Deschambault.

I.—ROBICHAUD (1), MICHEL,
Acadien ; s 8 février 1767, à Deschambault.
LANDRY, Marguerite,
Acadienne.

1766, (12 nov.) Deschambault. [8]

I.—ROBICHAUD (2), TITE,
Acadien ; s [8] 21 février 1770.
LANDRY (3), Marie,
Acadienne.
Marguerite, née 1764 ; b [8] 6 oct. 1766. — *Jean-Tite*, b [8] 9 oct. 1766. — *Marie-Joseph*, b [8] 30 sept. 1768.

I.—ROBICHAUD, PIERRE,
Acadien.
GUIMOND, Marie-Geneviève,
Acadienne.
Marie-Françoise, b 5 mai 1773, à l'Islet. [6]—*Marie-Ursule*, b [6] 2 sept. 1774.—*Marie-Geneviève*, b [6] 21 oct. 1775.

1773, (26 oct.) St-Jean-Port-Joli.

II.—ROBICHAUD, JOSEPH. [FRANÇOIS I.
CHOUINARD, Louise, [CHARLES II.
b 1755.

1775, (10 janvier) Québec.

II.—ROBICHAUD, DOMINIQUE. [JOSEPH I.
VACHON (4), Madeleine, [LOUIS IV.
b 1744.

1775, (23 nov.) Kamouraska.

II.—ROBICHAUD, ANSELME. [FRANÇOIS I.
MARQUIS, Geneviève, [JOSEPH-MARIE III.
b 1756.

I.—ROBICHAUD, EDOUARD,
Acadien.
TROYE-LAFRANCHISE, Marie-Amable.
Antoine, b 6 août 1783, à Lachenaye.— *Marie-Joseph*, b 22 juillet 1789, à Repentigny [6] ; s [6] 26 avril 1791.

I.—ROBICHON, JEAN-NICOLAS.
DUBOIS, Marie-Anne,
b 1667 ; s 22 nov. 1757, aux Trois-Rivières. [7]
Jean-Nicolas, b 1700 ; m [7] 13 mai 1741, à Denise CHAPU.

(1) " Lesquels nous ont montré un écrit par lequel il est dit qu'ayant été faits prisonniers par les Anglais et chassés de leur pays, faute de recevoir les leçons et la doctrine des ministres anglais, ils se seraient mariés en présence de leurs parents assemblés et des vieillards acadiens dans la Nouvelle-Angleterre, dans l'espérance de renouveler leur mariage si jamais ils pouvaient tomber (leur prison finie) entre les mains des prêtres français," leur avons donné la bénédiction, etc. (27 oct. 1766, Deschambault).

(2) Chassés de l'Acadie (voir la note de Michel Robichaud, 27 oct. 1766.)

(3) Elle épouse, le 31 oct. 1770, Joseph Montambault, à Deschambault.

(4) Elle épouse, le 25 oct. 1785, Ignace Lefrançois, à Québec.

1741, (13 mai) Trois-Rivières.[7]
II.—ROBICHON (1), J.-Nicol., [Jean-Nicolas I.
b 1700.
Chapu, Denise, [Jean-Bte II.
b 1727.
Michel, b[7] 19 août et s[7] 9 sept. 1742.—*Marie-Catherine*, b[7] 24 et s[7] 29 mai 1744. — *Marie*, b[7] 30 sept. 1746. — *Pierre-Jean*, b[7] 2 août 1749.— *Pierre-Nicolas*, b[7] 11 juillet 1752.— *Véronique*, b[7] 12 mars 1755. — *Louise*, b[7] 28 sept. 1757. — *Marie-Joseph*, b[7] 25 juillet 1760. — *Catherine*, b 1763; s[7] 25 mars 1764.

ROBIDA.—Voy. Robidas.

ROBIDAS. — *Variation et surnom:* Robida — Manseau.

1692, (14 janvier) Montréal.[1]
I.—ROBIDAS (2), Jacques,
b 1656; s 20 août 1741, à la Baie-du-Febvre.[2]
1° DeGuitre, Louise,
b 1668; veuve de François Cibardin; s[2] 10 août 1732.
Gabriel, b[1] 25 oct. 1692; 1° m[2] 16 sept. 1715, à Madeleine Benoit; 2° m[2] 3 nov. 1734, à Marguerite Constantineau; s[2] 10 avril 1769. — *Isabelle*, b[1] 15 avril 1696; m[2] 25 nov. 1717, à Claude Proulx; s[2] 20 avril 1772. — *Françoise*, b 2 sept. 1699, aux Trois-Rivieres[3]; m 16 fevrier 1724, à Alexis Prou, à St-Frs-du-Lac.[4] — *Jean-Baptiste*, b[3] 15 juillet 1702, 1° m 22 nov. 1722, à Marie-Joseph Pepin, à Nicolet[5]; 2° m 5 oct. 1751, à Angelique Poirier, à Varennes; s[5] (noye) 18 mai 1757.— *Louis*, b[3] 28 mars 1705; m[5] 30 sept. 1731, à Marie-Françoise Pinard. — *Madeleine*, b... m[2] 23 fevrier 1729, à Pierre Lefebvre.

1734, (7 janvier).[4]
2° Miville, Marie-Madeleine, [Jean III.
b 1706; s[2] 20 avril 1772.
Joseph, b[2] 16 mars 1735.

1715, (16 sept.) Baie-du-Febvre.[1]
II.—ROBIDAS (3), Gabriel, [Jacques I.
b 1692; s[1] 10 avril 1769.
1° Benoit, Madeleine, [Gabriel II.
b 1695, s[1] 22 mai 1734.
Joseph, b 25 juin 1716, aux Trois-Rivières[2]; m 16 nov. 1744, à Marie-Joseph Pinard, à Nicolet.[3]— *Louise-Marguerite*, b[2] 22 dec. 1717; m[1] 22 sept. 1749, à Antoine Vanasse.—*Jacques*, b[2] 25 dec. 1718; m[1] 7 janvier 1750, à Marie-Joseph Lemire.—*Gabriel*, b[2] 29 juillet et s[2] 25 oct. 1720. —*François*, b[2] 26 août 1721; 1° m[1] 10 nov. 1749, à Madeleine Vanasse; 2° m[3] 30 juin 1761, à Jeanne Beaulorier.—*Jeanne-Charlotte*, b[2] 7 mars 1723; s[2] 30 janvier 1724.—*Marie-Louise*, b[2] 26 février 1725.—*Gabriel*, b 14 dec. 1726, à St-Frs-du-Lac.—*Joseph-Bonaventure*, b[1] 15 janvier 1728; s[1] 9 juillet 1729.—*Joseph*, b[1] 11 oct. 1729.—*Gabriel*, b[1] 24 juillet 1732; s[1] 15 nov. 1733.—*Anonyme*, b[1] et s[1] 1er mai 1734.

(1) Marteleur aux forges de St-Maurice.

(2) Dit Manseau; voy. vol. I, p. 522.

(3) Dit Manseau.

1734, (3 nov.)[1]
2° Constantineau, Marguerite, [Michel II.
b 1707; s[1] 17 avril 1766.
Anonyme, b[1] et s[1] 3 mai 1735.—*Marie-Elisabeth*, b[1] 28 mai 1736; m[1] 7 janvier 1756, à René LeGuay.—*Gabriel*, b[1] 1er nov. 1738; m[1] 4 mai 1761, à Françoise Lefebvre.—*Jean-Baptiste*, b[1] 1er mai 1740.—*Michel*, b[1] 23 sept. et s[1] 21 oct. 1742.—*Michel*, b[1] 6 janvier 1747; m 1766, à Elisabeth Niquet.

1722, (22 nov.) Nicolet.[4]
II.—ROBIDAS (1), Jean-Bte, [Jacques I.
b 1702, s[4] 18 mai 1757 (2).
1° Pepin, Marie-Joseph, [Pierre II.
b 1700; s 20 janvier 1751, à la Baie-du-Febvre.[5]
Anonyme, b[4] et s[4] 26 déc. 1723.—*Joseph*, b 10 mai 1725, aux Trois-Rivières[6]; m[5] 8 janvier 1748, à Marie-Anne Courchène.—*Marie-Joseph*, b[4] 16 et s[4] 20 fevrier 1727.—*Marie-Joseph*, b[6] 1er janvier 1729; m[5] 8 janvier 1748, à François Courchène.—*Jean-Baptiste*, b[4] 24 mai 1731; m[5] 7 janvier 1756, à Therese Lefebvre-Senneville. —*Basile*, b[4] 25 août 1733.—*Louis*, b[4] 9 oct. 1735; m[5] 14 avril 1766, à Marguerite Lefebvre. —*Marie-Louise*, b[4] 23 et s[4] 24 août 1738.

1751, (5 oct.) Varennes.
2° Poirier, Angelique, [Pierre-René I.
b 1709; veuve de François-Michel Messier.

1731, (30 sept.) Nicolet.[7]
II.—ROBIDAS (1), Louis, [Jacques I.
b 1705; s 26 janvier 1771, à la Baie-du-Febvre.[8]
Pinard, Françoise, [Antoine II.
b 1711; s[8] 7 fevrier 1760.
Marie-Louise, b[8] 20 juillet 1732; m[7] 13 février 1752, à Louis Beaubien; s[7] 29 oct. 1792.—*Marie-Joseph*, b[8] 25 avril et s[8] 19 oct. 1734.—*Jean-Baptiste*, b[8] 16 juillet 1735; m[8] 31 mars 1761, à Monique Baillargeon.—*Basile*, b 1737; s[8] 1er mars 1757.—*Joseph*, b[8] 10 mai 1739; s[8] 4 mars 1754.—*Louis*, b... m[8] 22 sept. 1761, à Marie-Joseph Villebrun.—*Marie-Françoise*, b[8] 3 sept. 1741; s[8] 9 sept. 1749.—*Marie-Thérèse*, b[8] 4 nov. 1743; m[8] 10 avril 1769, à François Belcour.— *Marie-Anne*, b[8] 26 juillet 1746; s[8] 20 août 1749. —*Antoine-Louis*, b[7] 24 sept. 1748; s[8] 28 janvier 1750.—*Marie-Françoise*, b[8] 25 fevrier et s[8] 1er mars 1750.

1744, (16 nov.) Nicolet.[3]
III.—ROBIDAS (1), Joseph, [Gabriel II.
b 1716.
Pinard (3), Marie-Joseph, [Guillaume II.
b 1720.
Joseph, b 25 avril 1746, à la Baie-du-Febvre[8]; 1° m[3] 16 oct. 1770, à Veronique Coté; 2° m[3] 16 juillet 1781, à Elisabeth Pinard.—*Marie-Joseph*, b[3] 16 fevrier 1748; m[3] 27 oct. 1767, à Charles

(1) Dit Manseau.

(2) Noyé l'automne précédent et trouvé à la Pointe-au-Sable.

(3) Beauchemin.

Coté.—*Louis*, b [3] 28 janvier et s [3] 14 février 1750. —*Jean-Baptiste*, b [3] 15 sept. 1751. — *Marie-Thérèse*, b [3] 25 mai 1753.—*Antoine*, b [3] 24 déc. 1755 ; m 1787, à Marie Coté.—*Jean-Noel*, b [3] 24 déc. 1757 ; s [3] 11 janvier 1758.—*Marie-Louise*, b [3] 14 oct. 1760.—*François*, b [3] 8 oct. 1762.

1748, (8 janvier) Baie-du-Febvre. [9]
III.—ROBIDAS (1), Joseph, [Jean-Bte II.
b 1725.
Courchêne (2), Marie-Anne, [Pierre II.
b 1730.
Marie-Joseph, b 18 sept. 1748, à Nicolet ; s [9] 3 oct. 1749.—*Marie-Anne*, b [9] 30 mars et s [9] 13 juin 1750.—*Joseph*, b [9] 20 avril et s [9] 24 août 1751.—*Marie-Joseph*, b [9] 25 sept. 1752, m [9] 26 oct. 1767, à Pierre Lebeuf.—*Joseph*, b [9] 12 juin et s [9] 3 oct. 1755.

1749, (10 nov.) Baie-du-Febvre [1]
III.—ROBIDAS (1), François, [Gabriel II.
b 1721.
1° Vanasse (3), Madeleine, [François II.
b 1727.
1761, (30 juin) Nicolet. [2]
2° Beaulorier (4), Jeanne. [Alexis I.
François, b [1] 13 avril 1762. — *Jean-Baptiste*, b [1] 1er février 1764. — *Marie-Jeanne*, b [1] 4 janvier 1766 ; m [2] 19 avril 1784, à Jean-Louis Trotier-Beaubien. — *Marie-Gabrielle*, b [1] 5 avril 1768.— *Marie-Agathe*, b [1] 30 juillet 1771.

1750, (7 janvier) Baie-du-Febvre. [6]
III.—ROBIDAS (1), Jacques, [Gabriel II.
b 1718.
Lemire, Marie-Joseph, [Jean-François III.
b 1732.
Marie-Joseph, b [6] 8 juillet 1753 ; s [6] 28 fevrier 1765.— *Joseph*, b [6] 6 juillet 1755. — *Marie-Françoise*, b [6] 25 avril 1757. — *François*, b [6] 16 mars 1760.—*Michel*, b [6] 11 janvier 1763. — *Michel*, b [6] 20 fevrier 1764 ; m 8 fevrier 1790, à Marie-Anne Pinard, à Nicolet. — *Marie-Jeanne* et *Thérèse*, b [6] 26 et s [6] 29 août 1766. — *Marie-Thérèse*, b [6] 13 mai 1770.

ROBIDAS, Joseph.
1° Gautier, Marie-Joseph.
1759, (15 nov.) Baie-du-Febvre. [6]
2° Grenon, Marie-Joseph, [Jean-Fs II.
b 1721 ; veuve d'Isidore Côte.
Geneviève, b [6] 27 août 1760. — *Marguerite*, b [6] 24 juin 1761. — *Marguerite*, b [6] 27 juin 1762. — *Joseph*, b [6] 1er avril 1764 ; s [6] 31 mars 1765. — *Pierre* et *Augustin*, b [6] 16 fevrier 1765. — *Eustasie*, b [6] 20 sept. 1767.— *Marie-Anne*, b [6] 18 déc. 1768.—*Jean-Baptiste*, b [6] 11 janvier 1771; s [6] 27 dec. 1772.—*Marie-Antoinette*, b [6] 25 août 1772.

(1) Dit Manseau.
(2) Elle épouse, le 8 février 1759, Pierre Deschaux, aux Trois-Rivières.
(3) Précourt.
(4) Et Caubrier.

1756, (7 janvier) Baie-du-Febvre. [5]
III.—ROBIDAS (1), Jean-Bte, [Jean-Bte II.
b 1731.
Lefebvre (2), Thérèse, [Jean-Bte III.
b 1733 ; s [5] 23 déc. 1772.
Thérèse, b [5] 11 déc. 1756. — *Jean-Baptiste*, b [5] 22 mars 1758. — *Marie-Joseph*, b [5] 17 fevrier 1761. — *Marie-Judith*, b [5] 17 nov. 1762.—*Basile*, b [5] 4 février et s [5] 20 mars 1765. — *Monique*, b [5] 10 janvier 1767. — *Joseph-Marie*, b [5] 28 janvier 1769.—*Joseph-Basile*, b [5] 27 dec. 1770.

1761, (31 mars) Baie-du-Febvre.
III.—ROBIDAS (1), Jean-Bte, [Louis II.
b 1735.
Baillargeon, Monique, [Paul III.
b 1736.

1761, (4 mai) Baie-du-Febvre. [6]
III.—ROBIDAS, Gabriel, [Gabriel II.
b 1738.
Lefebvre (3), Marie-Françoise. [Claude IV.
b 1742.
François, b [6] 1er mars 1761.— *Gabriel*, b [6] 20 février 1762. — *François*, b [6] 10 sept. 1763 ; s [6] 6 juin 1764.— *François*, b [6] 22 dec. 1764 ; s [6] 20 fevrier 1765. — *François*, b [6] 23 mai 1766 ; s [6] 13 mai 1770. — *Marie-Elisabeth*, b [6] 5 juillet 1769.— *Marie-Marguerite*, b [6] 12 fevrier 1771 ; s [6] 14 fevrier 1772.—*Marie-Joseph*, b [6] 7 juillet 1772.

1761, (22 sept.) Baie-du-Febvre. [6]
III.—ROBIDAS (1), Louis. [Louis II.
Villebrun (4), Marie-Joseph, [Simon III.
b 1738.
Louis, b [6] 9 août 1769 ; m 16 oct. 1796, à Apolline Brassard, à Nicolet.

1766, (14 avril) Baie-du-Febvre.
III.—ROBIDAS, Louis, [Jean-Bte II.
b 1735.
Lefebvre, Marguerite, [Antoine III.
b 1745.

1766.
III.—ROBIDAS (1), Michel, [Gabriel II.
b 1747.
Niquet, Elisabeth, [François III.
b 1741.
Michel, b 17 février 1767, à la Baie-du-Febvre [9] ; s [9] 5 juillet 1768. — *Elisabeth*, b [9] 14 mai 1768.— *Marie-Geneviève*, b [9] 21 janvier 1770. — *Marie-Joseph*, b [9] 21 juillet 1771. — *Marguerite*, b [9] 3 fevrier 1773.

1770, (16 oct.) Baie-du-Febvre. [8]
IV.—ROBIDAS (1), Joseph, [Joseph III.
b 1746.
1° Coté Véronique, [Isidore IV.
b 1750.

(1) Dit Manseau.
(2) Senneville.
(3) Beaulac—Descôteaux.
(4) Voy. Provencher.

Joseph, b [8] 24 juillet 1771.—*Etienne*, b [8] 5 dec. 1772.

1781, (16 juillet) Nicolet.

2° PINARD, Elisabeth. [JEAN-BTE III.

1787.

IV.—ROBIDAS, ANTOINE, [JOSEPH III.
b 1755.
COTÉ, Marie.

Antoine, b 12 juillet 1788, à la Baie-du-Febvre; ordonne 2 janvier 1814; s 9 avril 1866, à Joliette.

1790, (8 fevrier) Nicolet

IV.—ROBIDAS, MICHEL, [JACQUES III.
b 1764.
PINARD (1), Marie-Anne, [LS-HYACINTHE III.
b 1765.

1796, (16 oct.) Nicolet.

IV.—ROBIDAS (2), LOUIS, [LOUIS III.
b 1769.
BRASSARD, Apolline, [PIERRE-BELLARMIN IV.
b 1770.

ROBIDAUT.—Voy. ROBIDOU.

ROBIDOU.—*Variations et surnoms:* ROBIDAUT —ROBIDOUX—DESMOULINS—L'ESPAGNOL.

1667, (7 juin) Québec. [7]

I.—ROBIDOU (3), ANDRÉ.
LEDUC-DENAUT (4), Jeanne.

Romaine, b [7] 11 juillet 1669; 1° m 8 nov. 1683, à Jean ROUX, à Laprairie [8]; 2° m [8] 10 déc. 1686, à Jean PATENOTE; s [8] 1er sept. 1697. — *Guillaume*, b [8] 28 nov. 1675; m 11 juin 1697, à Marie GUÉRIN, à Montreal [9]; s [9] 2 juillet 1754.—*Joseph*, b [8] 15 janvier 1678; m 10 oct. 1701, à Jeanne SÉGUIN, à Longueuil, s [9] 25 août 1728.

1697, (11 juin) Montréal. [1]

II.—ROBIDOU (5), GUILLAUME, [ANDRÉ I.
b 1675; s [1] 2 juillet 1754.
GUÉRIN, Marie, [SILVAIN I.
b 1680.

Etienne, b 10 juin 1699, à Laprairie [2]; m 24 nov. 1721, à Marie-Anne LAROCHE, à Longueuil [3]; s [1] 22 oct. 1723. — *Joseph*, b [2] 20 mars 1701; 1° m [2] 7 janvier 1721, à Marie-Anne FONTENEAU, 2° m [2] 1er août 1735, à Marie-Louise ROBERT. — *Catherine*, b [2] 3 mars et s [3] 7 mai 1703.— *Marie-Antoinette*, b [3] 24 fevrier 1705, 1° m [4] 17 fevrier 1721, à Pierre COQUILLARD, 2° m [1] 24 avril 1752, à Jean DEVINE. — *Marie-Françoise*, b [3] 25 juin 1707; m [3] 5 fevrier 1725, à Louis MENARD; s [1] 19 janvier 1773. — *François*, b [3] 23 avril 1709; m [1] 23 avril 1731, à Geneviève HAINAUT. — *Antoine*, b [4] 27 et s [3] 30 dec. 1710. — *Marie-Anne-Angélique*, b [3] 8 dec. 1711; m [3] 9 avril 1731, à Louis JUDIC. — *François-Laurent*, b [3] 7 dec. 1713; m [2] 25 avril 1740, à Marguerite LAQUERRE. — *Paul*, b [2] 12 nov. 1715; s [1] 29 sept. 1716. — *Marie-Charlotte*, b [4] 30 nov. 1717; s [3] 3 avril 1718. — *Charles*, b [3] 10 mai 1720, m 1740, à Marie-Anne-Thérèse LEHOUX; s 7 nov. 1766, au Bout-de-l'Ile, M. — *Madeleine*, b [3] 12 janvier 1722; s [1] 17 juillet 1741.

(1) Elle épouse, le 27 oct. 1794, Joseph Gazelette, à Nicolet.

(2) Dit Manseau.

(3) Dit L'Espagnol; voy. vol. I, pp. 522-523.

(4) Elle épouse, le 16 août 1678, Jacques Surprenant, à Laprairie.

(5) Voy. vol. I, p. 523.

1701, (10 oct.) Longueuil. [1]

II.—ROBIDOU, JOSEPH, [ANDRÉ I.
b 1678; s 25 août 1728, à Montréal. [2]
SÉGUIN, Jeanne, [FRANÇOIS I.
b 1680; s [1] 21 déc. 1749.

Marie-Joseph, b [1] 24 sept. 1702. — *Toussaint*, b 15 oct. 1704, à Laprairie. [3] — *Joseph*, b [3] 10 mars 1706; m [3] 31 oct. 1729, à Marie-Anne MESNIL.—*Marguerite*, b [2] 3 mars 1708; 1° m [1] 17 juillet 1730, à Jean-Baptiste VARIN; 2° m [1] 27 nov. 1736, à Pierre GAGNIER; s 25 mai 1768, à St-Constant. [4] — *Jean*, b [3] 17 août 1709.—*Agnès*, b [3] 8 fevrier 1711; m [1] 27 juin 1729, à Toussaint MARSIL; s [1] 20 janvier 1750. — *Jean-Baptiste*, b [3] 25 mars 1712; m [1] 28 avril 1738, à Jeanne DIEL. — *Barbe*, b [3] 4 juillet 1715; m [1] 24 oct. 1740, à Pierre JÉROME.— *Marie-Jeanne*, b [3] 20 avril 1718; m [1] 3 fevrier 1733, à Pierre MAGNAN. — *Etienne*, b [3] 3 fevrier 1720; m [1] 14 sept. 1744, à Jeanne ACHIN; s [4] 3 nov. 1767.

1721, (7 janvier) Laprairie. [1]

III.—ROBIDOU (1), JOSEPH, [GUILLAUME II.
b 1701.
1° FONTENEAU, Marie-Anne, [PIERRE I.
b 1699; s 16 fevrier 1735, à Longueuil. [2]

Joseph, b 1722; m 3 fevrier 1749, à Marie-Anne LEBLANC, au Sault-au-Récollet. [3] — *Marie-Joseph*, b [2] 19 et s [2] 20 mars 1724.—*Jean-Baptiste*, b [2] 22 mai 1727; m [2] 15 fevrier 1751, à Marie-Anne MÉNARD.—*Marie-Charlotte*, b [2] 11 et s [2] 19 fevrier 1729 —*François*, b [2] 6 juillet 1731; m [3] 26 fevrier 1753, à Elisabeth NORMAND. — *Marie-Charlotte*, b [2] 25 janvier 1733; m [3] 2 mai 1757, à Augustin PLOUF.—*Thérèse-Amable*, b [2] 14 fevrier 1735.

1735, (1er août). [1]

2° ROBERT (2), Marie-Louise, [ANDRÉ I.
b 1715.

Antoine, b [2] 17 oct. 1736; m [2] 19 février 1759, à Marguerite GALLE.—*Marie-Joseph*, b [2] 22 avril 1738; m [3] 8 janvier 1759, à Jean-François PLOUF. —*Marie-Angélique*, b [3] 7 juillet 1743.—*Joseph-Amable*, b [3] 7 août 1745; 1° m 11 avril 1768, à Catherine ROY, à St-Michel-d'Yamaska [4]; 2° m 11 nov. 1782, à Françoise LABONTÉ, à Nicolet.— *Marie-Joseph*, b [3] 2 mars 1747.—*Jean-Louis*, b [3] 6 sept. 1748; m [4] 11 avril 1774, à Marie-Anne GOGUET.—*Marie-Anne*, b 21 fevrier 1752, à St-Vincent-de-Paul. [3] — *Marie-Elisabeth*, b [3] 1er juin 1753.

(1) Dit Desmoulins.

(2) Breton, 1753.

1721, (24 nov.) Longueuil. [6]
III.—ROBIDOU, ETIENNE, [GUILLAUME II.
b 1699; s 22 oct. 1723, à Montreal. [7]
LAROCHE (1), Marie-Anne, [JEAN I.
b 1702.
Marie-Joseph, b [6] 22 sept. 1722; m [7] 3 mai 1741, à Jacques JALATEAU; s [7] 4 avril 1750.—*Etienne* (posthume), b [7] 30 janvier 1724; m 4 fevrier 1743, à Marie-Catherine CHAMBLY, au Bout-de-l'Ile, M.

1729, (31 oct.) Laprairie. [8]
III.—ROBIDOU, JOSEPH, [JOSEPH II.
b 1706.
MESNIL, Marie-Anne, [CLAUDE I.
b 1709.
Joseph, b [8] 22 août 1730: 1° m 12 janvier 1756, à Marguerite DUPUIS, à St-Constant [9], 2° m 1766, à Marie-Marguerite BARET.—*Augustin*, b 7 oct. 1731, à Longueuil; m [9] 3 fevrier 1755, à Marie-Angélique DUPUIS.—*Marie-Amable*, b [8] 26 déc. 1732. — *Marie-Anne*, b... m [9] 5 mars 1753, à Etienne BISAILLON.—*Marguerite*, b [8] 6 avril 1734. —*Louis*, b [8] 16 mars 1735; m [8] 21 sept. 1760, à Félicité BOURDEAU.—*Pierre*, b [8] 6 mai 1736; s [8] 19 sept. 1737. — *Toussaint-Amable*, b [8] 10 sept. 1737.—*Thérèse-Amable*, b [8] 26 dec. 1738; m 28 sept. 1778, à François BIGUET, au Détroit.— *Marie-Angélique*, b [8] 9 fevrier 1740.—*Antoine*, b [8] 27 août 1741, m 1763, à Marie-Anne MARIE.— *Marie-Ursule*, b [8] 23 déc. 1742, s [8] 21 juillet 1743. —*Marie-Charlotte*, b [8] 26 sept. 1744.

1731, (23 avril) Montréal. [1]
III.—ROBIDOU, FRANÇOIS, [GUILLAUME II.
b 1709.
HAINAULT-CANADA, Geneviève, [PIERRE I.
b 1709.
Jean-Baptiste, b 1732; m 15 nov. 1756, à Marie-Madeleine MAURICE, au Bout-de-l'Ile, M. [2] — *Jacques*, b [1] 5 mars 1734; m 22 janvier 1753, à Marie BARBE, à la Longue-Pointe.—*Jean-François*, b [2] 21 nov. 1735; s [2] 17 oct. 1748.—*Marie*, b 1745; s [2] 31 déc. 1748.

1738, (28 avril) Longueuil. [3]
III.—ROBIDOU, JEAN-BTE, [JOSEPH II.
b 1712.
DIEL, Jeanne, [CHARLES II.
b 1717; s 18 février 1769, à St-Constant. [4]
Jeanne, b [3] 6 mars 1739; m [4] 14 février 1757, à Louis GUÉRIN.—*Marie-Jeanne*, b 15 mai 1740, à Laprairie [5]; s [5] 17 mars 1741.—*Jean-Baptiste*, b [5] 17 oct. 1741.—*Marie-Anne*, b [5] 28 août 1743; m [4] 9 janvier 1769, à Jean-Ambroise MONET.— *Charles*, b [4] 7 juin 1752.—*Marguerite*, b [4] 22 avril 1754; m [4] 18 nov. 1771, à Louis BRISSON.— *Louis*, b [4] 17 mai 1756.—*Marie-Joseph*, b 22 mars 1764, à St-Philippe.

1740, (25 avril) Laprairie.
III.—ROBIDOU, FRS-LAURENT, [GUILLAUME II.
b 1713.
LAQUERRE, Marguerite, [FRANÇOIS I.
b 1720.

(1) Elle épouse, le 26 février 1724, Jacques-Philippe Vètu, à Montreal.

Marie-Renée, b 29 avril 1741, à Longueuil [7]; 1° m [7] 22 août 1757, à Nicolas CREMER; 2° m 20 oct. 1760, à Joseph ABEL, au Bout-de-l'Ile, M.; 3° m [7] 27 sept. 1762, à Joseph PATENOTE.—*François-Ambroise*, b [7] 15 mars et s [7] 9 juin 1743. — *Marie-Françoise*, b [7] 20 janvier 1745; m 14 fevrier 1763, à Laurent POITEVIN, à Montréal.—*François*, b [7] 15 fevrier 1747; s [7] 14 août 1751.—*Marguerite*, b [7] 25 fevrier 1749.—*Marie-Thérèse*, b [7] 14 janvier et s [7] 24 nov. 1751.—*Joseph*, b [7] 7 mars 1752. — *Marie-Amable*, b [7] 16 avril 1754. — *Antoine*, b [7] 15 juin 1755. — *François*, b [7] 15 et s [7] 18 dec. 1759.

III.—ROBIDOU (1), CHS, [FRS-GUILLAUME II.
b 1720; s 7 nov. 1766, au Bout-de-l'Ile, M. [1]
LEHOUX (2), Marie-Anne-Thérèse, [NICOLAS I.
b 1718.
Charles-Amable, b... s 28 août 1741, à Montréal. [2] — *Paul*, b 1741; m [1] 26 janvier 1761, à Monique BARBE-ABEL.—*Jean-Louis*, b 24 nov. 1742, à Longueuil; m 9 janvier 1764, à Elisabeth SOUCHEREAU, à Soulanges. [3] — *Louis*, b 1er sept. 1744, au Sault-au-Recollet; m 7 janvier 1766, à Marie-Angélique SENET, à la Longue-Pointe.— *Etienne*, b [2] 26 dec. 1744; m [1] 12 janvier 1767, à Agathe SOUCHEREAU.—*Marie-Thérèse*, b [3] 20 sept. 1745. — *Joseph*, b [1] 28 mars 1747; m [3] 21 nov. 1768, à Geneviève SOUCHEREAU.

1743, (4 février) Bout-de-l'Ile, M. [5]
IV.—ROBIDOU, ETIENNE, [ETIENNE III.
b 1724.
CHAMBLY (3), Catherine, [CLÉMENT-BERNARD I.
b 1723.
Marie-Joseph, b [5] 9 nov. 1743; m [5] 17 mai 1762, à Augustin ROY. — *Etienne-Paschal*, b 17 avril 1745, à Ste-Geneviève, M. [6]; s [6] 10 mars 1746. — *Marie-Françoise*, b [6] 14 janvier 1747.— *Marie-Ursule*, b [6] 9 sept. 1748; s 23 sept. 1751, au Lac-des-Deux-Montagnes. [7] — *Pierre-Amable*, b [5] 3 fevrier 1751. — *Etienne*, b [7] 13 nov. 1752.— *Jean-Baptiste*, b [7] 13 oct. 1754. — *Geneviève*, b [7] 26 sept. 1756. — *Hyacinthe-Amable*, b [7] 23 oct. 1758; s [7] 21 déc. 1760. — *Elisabeth*, b [7] 29 sept. 1760.—*Augustin*, b [7] 3 janvier 1763. — *Philibert*, b [7] 26 sept. 1764; s [7] 19 janvier 1765.— *Scholastique*, b [7] 11 février 1767. — *Jacques-Etienne*, b [7] 7 mai 1768.

1744, (14 sept.) Longueuil.
III.—ROBIDOU, ETIENNE, [JOSEPH II.
b 1720; s 3 nov. 1767, à St-Constant. [8]
ACHIN (4), Jeanne, [ETIENNE II.
b 1718; s [8] 23 février 1768.
Anonyme, b [8] et s [8] 5 juillet 1753. — *Marie-Catherine*, b [8] 15 juillet 1754. — *Louise*, b [8] 17 mars 1757.

(1) Voy. "A la Veillée," par Faucher de St. Maurice; il était beau-frère de Pierre Serat-Coquillart.
(2) Laliberté.
(3) Larivière.
(4) St. André.

1749, (3 février) Sault-au-Récollet.
IV.—ROBIDOU, Joseph, [Joseph III.
b 1722; maître-cordonnier.
Leblanc, Marie-Anne, [Charles II.
b 1724.
Joseph, b 1750; m 21 sept. 1782, à Catherine Rolet, à St-Louis, Mo.[6] —*Marie-Marguerite*, b... m 22 juin 1779, à Nicolas Miran, au Detroit [7]— *Marie-Thérèse*, b... m [7] 28 sept. 1778, à François Billet. — *Marie-Joseph*, b 1763; 1° m 24 fevrier 1783, à Pierre Mauriceau, à Montréal; 2° m [6] 17 août 1796, à Alexandre Bellissime.

1751, (15 fevrier) Longueuil.
IV.—ROBIDOU, Jean-Bte, [Joseph III.
b 1727.
Menard-Bellerose, Marie-Anne, [Frs III.
b 1734.
Marie-Anne, b 1er mai 1752, à St-Vincent-de-Paul.—*Marie-Joseph*, b 1753; s 17 mai 1755, à Ste-Geneviève, M. — *Marguerite*, b... s 4 janvier 1760, à St-Laurent, M.[3] — *Jean-Baptiste*, b [3] 18 avril 1763.

1753, (22 janvier) Longue-Pointe.
IV.—ROBIDOU, Jacques, [François III.
b 1734.
Barbe, Marie, [Joseph-Louis II.
b 1736.
Marie-Suzanne, b 10 juillet 1754, au Bout-de-l'Ile, M.[5] —*Marie-Rosalie*, b [5] 9 juillet 1755.

1753, (26 fevrier) Sault-au-Recollet.
IV.—ROBIDOU, François, [Joseph III.
b 1731.
Normand (1), Elisabeth, [Pierre I.
b 1736.

1754.
ROBIDOU, Jean-Bte.
Rose, Marie, [Chs-François III.
b 1734.
Marie-Françoise, b 19 juin 1755, à St-Vincent-de-Paul.

1755, (3 fevrier) St-Constant.[9]
IV.—ROBIDOU, Augustin, [Joseph III.
b 1731.
1° Dupuis, Marie-Angelique, [Louis III.
b 1734.
Marie-Angélique, b [9] 5 nov. 1755; s [9] 13 mai 1756.
2° Baret, Marie-Marguerite, [Pierre III.
b 1740.
Marie-Marguerite, b [9] 11 sept. et s [9] 26 nov. 1767. — *François*, b [9] 28 fevrier et s [9] 22 juin 1769.

(1) Elle épouse, le 10 janvier 1757, François Clin, à Montréal.

1756, (12 janvier) St-Constant [5]
IV.—ROBIDOU, Joseph, [Joseph III.
b 1730.
Dupuis, Marie-Marguerite, [Louis III.
b 1735.
Marguerite, b [5] 17 janvier 1757.—*Marie-Charlotte*, b [5] 8 et s [5] 10 dec. 1757. — *Marie-Joseph*, b et s 23 dec. 1763, à St-Philippe. —*Anonyme*, b [5] et s [5] 14 fevrier 1768.—*Toussaint*, b [5] 26 avril 1769.

1756, (15 nov.) Bout-de-l'Ile, M.[9]
IV.—ROBIDOU, Jean-Bte, [François III.
b 1732.
Maurice, Marie-Madeleine, [Chs-Marie II.
b 1734.
Thérèse, b [9] 26 juillet 1759. — *Marie-Louise*, b [9] 14 juin 1761.—*Jean-Baptiste*, b [9] 2 juin 1763. —*Joseph*, b [9] 4 fevrier 1766.

1759, (19 fevrier) Longueuil.[5]
IV.—ROBIDOU (1), Antoine, [Joseph III.
b 1736.
Gasse, Marguerite. [François I.
Antoine (posthume), b [5] 25 dec. 1759.

1760, (21 sept.) Laprairie.
IV.—ROBIDOU, Louis, [Joseph III.
b 1735.
Bourdeau, Marie-Felicité, [Pierre II.
b 1745.
Pierre-Amable, b 22 juin 1769, à St-Constant.

1761, (26 janvier) Bout-de-l'Ile, M.[5]
IV.—ROBIDOU, Paul, [Chs-François III.
b 1741.
Barbe-Abel, Marie-Monique, [Ls-Joseph II.
b 1740.
Paul, b [5] 15 nov. 1761. — *Joseph-Etienne*, b [5] 7 fevrier 1764.

IV.—ROBIDOU, Antoine, [Joseph III.
b 1741.
Marie-Ste. Marie, Marie-Anne.
Antoine-Marie, b 15 août 1764, à St-Philippe. — *Marie-Archange*, b 18 juin 1768, à St-Constant.

1764, (9 janvier) Soulanges.
IV.—ROBIDOU, Jean-Louis, [Chs-François III.
b 1742.
Soucheräu (2), Isabelle, [Jacques I.
b 1745.
Elisabeth, b 30 oct. 1766, au Bout-de-l'Ile, M.; m 13 fevrier 1792, à Rene Cloutier, au Detroit.[7] — *Charles*, b [7] 19 sept. 1778.

(1) Voy vol. I, p. 182.
(2) Et Fouchereau—Jouchereau dit Langoumois.

1766, (7 janvier) Longue-Pointe.
IV.—ROBIDOU, Louis, [Chs-François III. b 1744.
Senet, Marie-Angélique, [Joseph II. b 1741.
Louis, b 25 oct. et s 26 dec. 1766, au Bout-de-l'Ile, M.[5] — *Antoine-Amable*, b [5] 28 juillet 1768.

1767, (12 janvier) Bout-de-l'Ile, M.
IV.—ROBIDOU, Etienne, [Chs-François III. b 1744.
Soucherau (1), Agathe, [Jacques I. b 1747.
Catherine, b... m 6 fevrier 1794, à Louis Bèlair, au Détroit.

1768, (11 avril) St-Michel-d'Yamaska.[5]
IV.—ROBIDOU, Joseph-Amable, [Joseph III. b 1745.
1° Roy, Catherine.
Laurent, b [5] 17 février et s [5] 15 mars 1769.
1782, (11 nov.) Nicolet.
2° Labonté, Françoise. [Jean-Bte.

1768, (21 nov.) Soulanges.
IV.—ROBIDOU, Joseph, [Chs-François III. b 1747.
Soucherau, Geneviève, [Jacques I. b 1748.

1774, (11 avril) St-Michel-d'Yamaska.
IV.—ROBIDOU, Jean-Louis, [Joseph III. b 1748.
Goguet, Marie-Jeanne, [Jean-Bte III. b 1753.

1782, (21 sept.) St-Louis, Mo.[1]
V.—ROBIDOU, Joseph, [Joseph IV. b 1750.
Rolet (2), Catherine, [Michel. b 1767.
Joseph, b [1] 5 août 1784; m [1] 13 août 1814, à Angélique Vaudry.—*Louis*, b [1] 6 oct. 1786.—*François*, b [1] 25 sept. 1788.—*Marguerite*, b [1] 12 oct. 1790.—*Pierre-Isidore*, b [1] 6 nov. 1791; m 14 oct. 1715, à Julie Desjarlais, à Cahokia.—*Toussaint*, b... m 26 mai 1815, à Marie Rapieux, à Florissant, Mo.—*Antoine*, b [1] 24 sept. 1794.—*Louis*, b [1] 31 juillet 1796.—*Michel*, b [1] 8 août 1798; m [1] 22 juin 1825, à Suzanne Vaudry.—*Eulalie*, b [1] 7 sept. 1800.—*Marie-Pélagie*, b [1] 2 mai 1802.

1814, (13 août) St-Louis, Mo.[2]
VI.—ROBIDOU, Joseph, [Joseph V. b 1784.
Vaudry, Angélique.
Antoine, b [2] 3 mai 1816.—*François*, b [2] 25 février 1818.—*Félix*, b [2] 5 mai 1820.—*Edmond-Valentin*, b [2] 12 mai 1825.—*Marie-Agnès*, née 10 mars 1827; b [2] 21 juin 1832. — *Charles*, né 10 juillet 1831; b [2] 21 juin 1832.

1815, (26 mai) Florissant, Mo.
VI.—ROBIDOU, Toussaint. [Joseph V.
Rapieux, Marie. [Joseph.

1815, (14 oct.) Cahokia.
VI.—ROBIDOU, Pierre-Isidore, [Joseph V. b 1791.
Desjarlais, Julie.
Louis, b 10 oct. 1820, à St-Louis, Mo.

1825, (22 juin) St-Louis, Mo.[3]
VI.—ROBIDOU, Michel, [Joseph V. b 1798; tailleur.
Vaudry, Suzanne. [Antoine.
Agnès-Sophie, b [3] 5 août 1832.—*Pélagie*, b [3] 26 août 1839.

ROBIDOUX.—Voy. Robidou.

(1) Langoumois.
(2) Ladéroute.

FIN DU SIXIÈME VOLUME.

E. SENÉCAL & FILS, IMPRIMEURS-ÉDITEURS, RUE ST-VINCENT, No 20, MONTRÉAL.

www.ingramcontent.com/pod-product-compliance
Lightning Source LLC
Chambersburg PA
CBHW071141270326
41929CB00012B/1828